Simon Herzhoff
Politik des Miteinander

Edition Moderne Postmoderne

Simon Herzhoff, geb. 1981, studierte u.a. Soziale Arbeit und ist im Öffentlichen Dienst beschäftigt.

Simon Herzhoff

Politik des Miteinander

Eine Philosophie des gemeinsamen Seins und Handelns

[transcript]

Diese Arbeit ist die überarbeitete Fassung meiner Dissertation zur Erlangung des Grades eines Doktors der Philosophie, die 2019 am Fachbereich Kunstbezogene Wissenschaften der Kunstakademie Düsseldorf unter dem Titel »Politik des Miteinander« eingereicht wurde.

Bibliografische Information der Deutschen Nationalbibliothek
Die Deutsche Nationalbibliothek verzeichnet diese Publikation in der Deutschen Nationalbibliografie; detaillierte bibliografische Daten sind im Internet über http://dnb.d-nb.de abrufbar.

© 2022 transcript Verlag, Bielefeld

Umschlaggestaltung: Kordula Röckenhaus, Bielefeld
Korrektorat: Matthias Warkus (https://matthias-warkus.de)
Druck: Majuskel Medienproduktion GmbH, Wetzlar
Print-ISBN 978-3-8376-6367-9
PDF-ISBN 978-3-8394-6367-3
https://doi.org/10.14361/9783839463673
Buchreihen-ISSN: 2702-900X
Buchreihen-eISSN: 2702-9018

Gedruckt auf alterungsbeständigem Papier mit chlorfrei gebleichtem Zellstoff.
Besuchen Sie uns im Internet: *https://www.transcript-verlag.de*
Unsere aktuelle Vorschau finden Sie unter *www.transcript-verlag.de/vorschaudownload*

Inhalt

Zweiter Teil

Dritter Teil

Anhang

Vorbemerkung

In dieser Arbeit greife ich auf Vorarbeiten zurück. Zudem weisen manche Aspekte meines Themas Parallelen zu den Problemen auf, die ich in meiner im Jahr 2010 an der Hochschule Düsseldorf eingereichten Master-Thesis »Aber etwas fehlt«. Über das utopische Potential der Literatur am Beispiel von Nicolas Born verhandelt habe: etwa zu dem Totalitarismusvorbehalt, dem sich Gemeinschaft und Utopie im 20. Jahrhundert ausgesetzt sehen, sowie der daraus resultierenden Schwierigkeit, Gemeinschaft und Utopie als unmöglich und notwendig zu denken; ferner ist für Utopie und Gemeinschaft die neuzeitliche Geschichtsauffassung von Bedeutung. Auf einige der in meiner Thesis untersuchten Autor*innen (z.B. Theodor W. Adorno und Ernst Bloch) rekurriere ich auch in dieser Arbeit. Meine Ausführungen zu Jean-Jacques Rousseau stützen sich zum Teil auf meinen 2009 online publizierten, nicht mehr zugänglichen Aufsatz mit dem (auf die Arbeit Über den Zusammenhang von Anthropologie, Politik und Pädagogik bei Jean-Jacques Rousseau von Heinz-Hermann Schepp anspielenden) Titel »Der zivilisierte Wilde oder Über den Zusammenhang von Kulturkritik, Anthropologie und Pädagogik bei Jean-Jacques Rousseau«. Einige der in der vorliegenden Arbeit zitierten Schriften habe ich für das Internet-Portal socialnet sowie für die Zeitschrift für philosophische Literatur rezensiert; sporadische Übereinstimmungen bei Formulierungen und in der Darstellung der Argumentation waren unvermeidbar. Eingearbeitet und übernommen sind in diese Arbeit zudem Passagen meines Aufsatzes Jean-Luc Nancy und Carl Schmitt über das Politische (2018). Genaue Angaben zu den Vorarbeiten finden sich im Literaturverzeichnis.

In ihrem Bemühen, vor allem anhand der Philosophie Jean-Luc Nancys dem Verdacht gegenüber dem Begriff der Gemeinschaft nachzugehen sowie zugleich die unveränderte politische Bedeutung des Gemeinschaftsbegriffs herauszuarbeiten und einen neuen Begriff von Gemeinschaft zu entwickeln, weist die vorliegende Arbeit in eine ähnliche Richtung wie z.B. die Arbeit von Juliane Spitta Gemeinschaft jenseits von Identität? Über die paradoxe Renaissance einer politischen Idee (Bielefeld 2013). Die Autorin rekurriert bei ihrer Suche nach einem neuen Gemeinschaftsbegriff auf die Theorien Ernesto Laclaus und Chantal Mouffes sowie Nancys, wobei ihre skizzenhafte Darstellung der Komplexität der einzelnen Ansätze nicht Rechnung trägt. Ausführlicher widmet sich die Autorin dem Denken Hannah Arendts, das für diese Arbeit ebenfalls relevant ist. Auch die Studie von Susanne Lüdemann Metaphern der Gesellschaft. Studien zum soziologischen *und politischen Imaginären* (München 2004) überschneidet sich mit der Intention dieser Arbeit, einen nicht-holistischen Gemeinschaftsbegriff zu entwickeln. Dietmar J. Wetzel knüpft in *Diskurse des Politischen. Zwischen Re- und Dekonstruktion* (München 2003) ebenfalls an die Philosophie Nancys an, um zu zeigen, dass Gemeinschaft erst neu gedacht werden kann, lässt man die Idee der Gemeinschaft als Identität hinter sich. Dabei führt die Beschäftigung mit Nancy den Autor zu der (auch in dieser Arbeit zu verhandelnden) Frage, unter welchen Voraussetzungen (demokratische) Politik möglich ist. Wichtig für meine Arbeit war außerdem die Studie von Marie-Eve Morin *Jenseits der brüderlichen Gemeinschaft. Das Gespräch zwischen Jacques Derrida und Jean-Luc Nancy* (Würzburg 2006). Nicht nur teile ich die These der Autorin, dass man das Wort ›Gemeinschaft‹ gerade wegen seiner belasteten Vergangenheit und Gegenwart (Stichworte: Nationalismus, Rassismus) nicht abtun, sondern anders neu denken muss; ich verdanke ihr auch wichtige Einsichten zum Verhältnis von Jacques Derrida und Nancy sowie zur Philosophie Nancys selbst. (Letzteres gilt auch für Marie-Eve Morins Arbeit *Jean-Luc Nancy*, Cambridge u. Malden 2012.) Mit Blick auf die Verbindung von Politik und einem (neuen) Denken der Gemeinschaft ergeben sich schließlich Übereinstimmungen mit Felix Trautmanns *Partage. Zur Figurierung politischer Zugehörigkeit in der Moderne* (Marburg 2010). Die Studie von Trautmann, wie die vorliegende Arbeit, knüpft an eine Denktradition an, die mit Namen wie Étienne Balibar, Roberto Esposito, Jacques Derrida, Jacques Rancière und Jean-Luc Nancy verbunden ist, und entwickelt dabei einen nicht mehr ein- und ausschließenden Begriff politischer Teilhabe, was schließlich in demokratietheoretische Überlegungen mündet.

Zitierweise

Bei der ersten Nennung eines Titels gebe ich die bibliographischen Daten vollständig an, danach in Kurzform. Liegen deutsche Übersetzungen vor, zitiere ich diese, sonst das englische oder französische Original. Den übersetzten Schriften Jean-Luc Nancys, im Bedarfsfall auch den Texten anderer Autor*innen, wird die korrespondierende Fundstelle im Original in Klammern als Sigle beigefügt. Wo es zum Verständnis beiträgt, werden Übersetzungen durch den originalsprachlichen Ausdruck in eckigen Klammern ergänzt; liegt eine solche Anfügung im übersetzten Text bereits vor, fällt diese weg oder wird durch eine eigene ersetzt. In Übersetzungen verwendete Asteriske übernehme ich, nicht aber Fußnoten im Zitattext. Majuskeln werden ohne Hinweis übertragen. Anführungszeichen habe ich typographisch vereinheitlicht. Für Nancys Schriften gilt: Wenn französische und deutsche Ausgaben unterschiedlich kompiliert sind, zitiere ich darin enthaltene Texte wie einzelne Aufsätze; Arbeiten, die in ihrer französischen und deutschen Zusammenstellung identisch sind und monographischen Charakter haben, wie Monographien. Bei der Zitation von Gesprächen wird in der Regel der/die Interviewte als Autor*in genannt und der Titel entsprechend angepasst. Soweit diese zu ermitteln waren, schreibe ich Vornamen aus.

Einleitung oder Der Horizont, der hinter uns liegt

> Gemeinschaft steht nackt da, aber sie drängt
> sich auf.[1]

> Wie [...] gemeinsam sein, ohne das zu bilden,
> was die gesamte Tradition [...] eine Gemein-
> schaft nennt (einen identitären Körper, eine
> Intensität des Eigenen, eine natürliche Inti-
> mität)?[2]

»GEMEIN, *communis, ein altes hochwichtiges und edles wort, nun aber übel heruntergekom-
men*«[3], stellt am Ende des 19. Jahrhunderts Grimms Wörterbuch fest. Hat dieses Urteil heute noch Bestand? ›Gemeinschaft‹ zähle zu den Worten, meint Jacques Rancière,
»die außer Gebrauch gekommen oder verdächtig geworden sind«.[4] Als ein »*Gegenbe-
griff*« fasst(e) ›Gemeinschaft‹ einen Großteil dessen unter sich, »was von den mächtigen
Tendenzen instrumenteller Rationalität eingeschränkt oder bedroht wird« und dient(e)
so der »Artikulation von Verlustgefühlen«.[5] Vor allem »durch den Mißbrauch durch die
NS-Diktatur und die kommunistischen Regime«, resümiert Dietmar J. Wetzel, »galt

---

1   Jean-Luc Nancy: Vom singulär pluralen Sein. In: ders.: singulär plural sein. Berlin 2004, S. 15-150,
     66 (Jean-Luc Nancy: De l'être singulier pluriel. In: ders.: Être singulier pluriel. Paris 1996, S. 15-123,
     56: »La communauté est nue, mais elle est impérative.«).

2   Jean-Luc Nancy: Cum. In: ders.: Das nackte Denken. Zürich, Berlin 2014, S. 141-149, 143 (Jean-Luc
     Nancy: Cum. In: ders.: La pensée dérobée. Accompagné de ›L'échappée d'elle‹ de François Martin.
     Paris 2001, S. 115-121, 116f.).

3   Art. ›Gemein‹ in: Jacob Grimm/Wilhelm Grimm: Deutsches Wörterbuch. Bd. 5 (= Vierten Bandes
     Erste Abtheilung. Zweiter Theil. Gefoppe-Getreibs). Bearbeitet von Rudolf Hildebrand und Her-
     mann Wunderlich. Fotomechan. Nachdruck d. Erstausg. 1897. München 1984, Spp. 3169-3220, 3169,
     Hv. i. Orig.

4   Jacques Rancière: Ist Kunst widerständig? In: ders.: Ist Kunst widerständig? Herausgegeben, über-
     setzt, um ein Gespräch mit Jacques Rancière und ein Nachwort erweitert von Frank Ruda und Jan
     Völker. Berlin 2008, S. 7-35, 7.

5   Hans Joas: Gemeinschaft und Demokratie in den USA. Die vergessene Vorgeschichte der
     Kommunitarismus-Diskussion. In: Brumlik, Micha/Brunkhorst, Hauke (Hg.): Gemeinschaft und
     Gerechtigkeit. Frankfurt a.M. 1993, S. 49-62, 51, Hv. i. Orig.

Gemeinschaft lange Zeit als antimodern, bestenfalls von Individualisierung überholt, schlimmer noch: als Brutstätte des Konservatismus und bis heute als zu überwindender Topos holistischer Totalitarismen«.[6] Schon vor dem Beginn der nationalsozialistischen Herrschaft war in Deutschland »der Gemeinschaftsbegriff das Codewort antidemokratischer sozialer Bewegungen«[7], und nach 1945 war er in der Soziologie und Philosophie Deutschlands »desavouiert«.[8] Das 20. Jahrhundert hatte in aller Deutlichkeit gezeigt: Für den Versuch, die Idee der Gemeinschaft in ein »philosophisch-politisches Vokabular« zu übersetzen, zahlt man unweigerlich den »Preis einer unhaltbaren Verzerrung«, wenn nicht gar einer »Perversion«.[9] Insgesamt erweist sich die Tradition des Gemeinschaftsdenkens als ambivalent: Immer wieder haben »sich die Leitbilder eines guten, kollektiven Lebens [...] zu einem Basismotiv totalitärer, völkischer oder nationaler Hypostasen verdichtet«.[10] Mit Jean-Luc Nancy kann man deshalb sagen:

---

6   Dietmar J[ürgen] Wetzel: Gemeinschaft. Vom Unteilbaren des geteilten Miteinanders. In: Moebius, Stephan/Reckwitz, Andreas (Hg.): Poststrukturalistische Sozialwissenschaften. Frankfurt a.M. 2008, S. 43-57, 45. Ähnlich die auch von Morin: Brüderliche Gemeinschaft, S. 18, Anm. 6, zitierten Carsten Schlüter/Lars Clausen: Einleitung. Anfragen bei ›Gemeinschaft‹ und ›Gesellschaft‹. In: dies. (Hg.): Renaissance der Gemeinschaft? Stabile Theorie und neue Theoreme. Berlin 1990, S. 9-16, 13: »Gemeinschaft [...] wurde, wo nicht mit ihrem Nazi-Mißbrauch als ›Volksgemeinschaft‹, so zumindest mit Unmodernität assoziiert: Die braunabweisende Modernisierungskraft, die man dem [...] Kapitalismus zutraute, hatte damals für ›Gemeinschaft‹ nichts übrig und überließ das Wort gerne der ulbrichtschen Prägekraft: ›Sozialistische Menschen-Gemeinschaft‹.«

7   Joas: Gemeinschaft und Demokratie, S. 49; so auch Gérard Raulet: Die Modernität der ›Gemeinschaft‹. In: Brumlik, Micha/Brunkhorst, Hauke (Hg.): Gemeinschaft und Gerechtigkeit. Frankfurt a.M. 1993, S. 72-93, 72, der davor warnt, »Gemeinschaft und Faschismus gleichzusetzen«, habe doch »das Gemeinschaftsideologem [...] auch ›links‹, oder – vorsichtiger ausgedrückt – in Diskursen, die nicht im Nationalsozialismus gemündet haben, eine lange Tradition«. (Ebd., S. 78; siehe zudem ebd., S. 81)

8   Heike Delitz: Art. ›Gemeinschaft‹. In: Gosepath, Stefan/Hinsch, Wilfried/Rössler, Beate (Hg.): Handbuch der Politischen Philosophie und Sozialphilosophie. Bd. 1. A-M. Berlin 2008, S. 376-380, 379; siehe auch Hartmut Rosa et al.: Theorien der Gemeinschaft zur Einführung. Hamburg 2010, S. 10. Für einen Überblick über den Inhalt und eine kritische Würdigung des für die vorliegende Arbeit sehr brauchbaren Bandes von Rosa et al. siehe Simon Herzhoff: [Rezension von] Hartmut Rosa et al. Theorien der Gemeinschaft zur Einführung. Veröffentlicht am 01.06.2011, o. S. Abrufbar unter: <https://www.socialnet.de/rezensionen/11460.php> (Zugriff am 29.1.2022).

9   Roberto Esposito: Communitas. Ursprung und Wege der Gemeinschaft [1998]. Berlin 2004, S. 7. Die hier skizzierten Vorbehalte gegenüber der Gemeinschaft ließen sich ohne Anstrengung auf die Utopie übertragen: So halten es manche für ausgemacht, dass die Utopie, »ihrem Wesen nach, stets eine totale Gesellschaft verlangt«. (Joachim Fest: Der zerstörte Traum. Vom Ende des utopischen Zeitalters. Berlin 1991, S. 84) Den gängigsten Spielarten und prominentesten Vertretern und Vertreterinnen der Utopiekritik (darunter auch Fest) habe ich mich in meiner unveröffentlichten Master-Thesis »Aber etwas fehlt«. Über das utopische Potential der Literatur am Beispiel von Nicolas Born gewidmet.

10   Joseph Vogl: Einleitung. In: ders. (Hg.): Gemeinschaften. Positionen zu einer Philosophie des Politischen. Frankfurt a.M. 1994, S. 7-27, 10; siehe auch Spitta: Gemeinschaft jenseits von Identität, S. 12; Wetzel: Diskurse des Politischen, S. 228; 261; Lars Gertenbach/Dorothee Richter: Das Imaginäre und die Gemeinschaft. Überlegungen im Anschluss an die dekonstruktivistische Herausforderung des Gemeinschaftsdenkens. In: Bippus, Elke/Huber, Jörg/Richter, Dorothee (Hg.): ›Mit-Sein‹. Gemeinschaft – ontologische und politische Perspektivierungen. Zürich, Wien, New York 2010, S. 119-140, 122, sowie Rosa et al.: Theorien der Gemeinschaft, S. 9f.

Der Faschismus und der realexistierende Kommunismus haben offensichtlich gemacht, dass das »gemein-« der Gemeinschaft und aller Wörter, in denen es vorkommt, die Doppeldeutigkeit einschreibt, die ihm eigen ist, das heißt die Niederträchtigkeit genauso wie einen Bezug aufs Allgemeine. Damit ist sowohl die Möglichkeit eines allgemeinen Sinnes angezeigt als auch der Wille zu einer totalitären Form, die sich nicht auf alle hin öffnet, sondern sich an deren Stelle setzt, indem sie sich ihnen aufzwingt.[11]

Und doch: »Gemeinschaft« ist nicht umzubringen.«[12] Man kann nicht, aber muss von ihr sprechen.[13] In einer Zeit der »ungeheure[n] Erschütterung der Struktur oder Erfahrung der *Angehörigkeit* und *Zugehörigkeit*«[14], als die Jacques Derrida unsere Zeit charakterisiert, kommt es zu (Versuchen) einer Neubelebung der Gemeinschaft.[15] Oft ist diese Renaissance von einem »politischen *Kalkül*«[16] bestimmt: Überall wird Gemeinsamkeit beschworen, wird zu Feiern der Gemeinschaftlichkeit aufgerufen[17]; dabei wird ›Gemeinschaft‹ auch erneut »völkisch ausprobiert.«[18]

Vor diesem Hintergrund geht die vorliegende Arbeit davon aus, dass »*das Bedürfnis nach Gemeinschaft* zwar sehr ernst zu nehmen und unbedingt wissenschaftlich zu analysieren« ist, dies »aber keinesfalls die soziale Regression«[19] rechtfertigt. Gerade weil

---

11   Jean-Luc Nancy: Demokratie und Gemeinschaft. Im Gespräch mit Peter Engelmann (Hg. Engelmann, Peter). Wien 2015, S. 74f.

12   Schlüter/Clausen: Einleitung, S. 9. Für Spitta: Gemeinschaft jenseits von Identität, S. 11, Hv. i. Orig., ist ›Gemeinschaft‹ »wieder *im Kommen*. Fast 70 Jahre nach dem Ende des Nationalsozialismus scheint die Gemeinschaft sich von ihrer Geschichte emanzipiert zu haben.« Siehe zur Persistenz des Motivs der Gemeinschaft auch ebd., S. 273ff.

13   Vgl. Philipp Stoellger: Mit-Teilung und Mit-Sein: Gemeinschaft aus ›Neigung‹ zum Anderen. Zu Nancys Dekonstruktion der Gemeinschaft. In: Bippus, Elke/Huber, Jörg/Richter, Dorothee (Hg.): ›Mit-Sein‹. Gemeinschaft – ontologische und politische Perspektivierungen. Zürich, Wien, New York 2010, S. 45-64, 45f.

14   Jacques Derrida: Politik der Freundschaft. Frankfurt a.M. 2002, S. 119, Hv. i. Orig. Den Hinweis auf diese Derrida-Passage entnehme ich Morin: Brüderliche Gemeinschaft, S. 18, Anm. 5; siehe auch Trautmann: Partage, S. 74.

15   Esposito: Communitas, S. 7: »Es scheint, als wäre nichts mehr an der Tagesordnung als ein Denken der Gemeinschaft: als sei in den Zeiten einer Krise, die das Scheitern aller Kommunismen und das Elend der neuen Individualismen der Epoche zu einem unentwirrbaren Knäuel verstrickt, nichts so angebracht, eingefordert, ausgerufen.«

16   Schlüter/Clausen: Einleitung, S. 9, Hv. i. Orig.

17   Krystian Woznicki: Wer hat Angst vor Gemeinschaft? Ein Dialog mit Jean-Luc Nancy. Berlin 2009, S. 9, spricht von »einer weitgehend unreflektierten Sehnsucht nach Gemeinschaft«, die zusammengehe mit einer »Ökonomie der Angst« und dabei »ein Phantom gebiert, das von den wahren Ursachen der vorherrschenden Unsicherheit ablenkt«.

18   Schlüter/Clausen: Einleitung, S. 13. Rosa et al.: Theorien der Gemeinschaft, S. 12, betonen, der Gemeinschaftsbegriff sei »aufs Engste mit politischen Bedeutungen und Bewegungen verwoben und daher niemals zu ›reinigen‹ von politischen Besetzungen«. Gleichwohl gilt es von einer »Politik *im Namen der Gemeinschaft*« Abstand zu nehmen, die nicht zuletzt auch »deswegen problematisch ist, weil Differenzen übergangen und Grenzziehungen totalisiert werden«, so Gertenbach/Richter: Das Imaginäre und die Gemeinschaft, S. 125, Hv. i. Orig.

19   Schlüter/Clausen: Einleitung, S. 15, Hv. i. Orig.

aber diese Regression jederzeit droht, ist ein Nachdenken darüber geboten, was Gemeinschaft heißt. Den zutage liegenden Gefahren der Gemeinschaftsidee – und zumal der Idee einer Politik der Gemeinschaft[20] – lässt sich nicht dadurch begegnen, dass man jegliche (Politik der) Gemeinschaft als durch die eigene Geschichte diskreditiert ausgibt.[21] Dies verdeckte nur, dass man auf »die Frage der Gemeinschaft, die Gemeinschaft *als Frage*«[22], noch keine rechte – oder: bislang leider vor allem eine rechte – Antwort gefunden hat.[23] Die liberale Demokratie und die (globalisierte) Marktwirtschaft, die sich nach dem Ende des real existierenden Kommunismus als Antworten nahelegten, konnten die in sie gesetzten Hoffnungen nicht erfüllen; zu diagnostizieren ist vielmehr die »Unterjochung unter eine techno-politische Herrschaft«.[24] Möglicherweise auch deswegen hat die Gemeinschaft europaweit in ihrer substantialistisch-identitären, kurz: ›völkischen‹ Gestalt Konjunktur.[25] Mit Chantal Mouffe ließe sich dieser Erfolg als eine Folge der »Schwächung kollektiver Identitäten«[26] deuten, wie sie der auf das Individuum fokussierte Liberalismus betreibe.[27] Mit anderen Worten: Wo man die Gemeinschaft (politisch) hinter sich gelassen zu haben meint, kehrt sie als Verdrängtes umso machtvoller zurück und macht sich als Rassismus und Nationalismus geltend.[28]

---

20   Siehe dazu auch die Beiträge in Janine Böckelmann/Claas Morgenroth (Hg.): Politik der Gemeinschaft. Zur Konstitution des Politischen in der Gegenwart. Bielefeld 2008; Joseph Vogl (Hg.): Gemeinschaften. Positionen zu einer Philosophie des Politischen. Frankfurt a.M. 1994, sowie ferner Elke Bippus/Jörg Huber/Dorothee Richter (Hg.): ›Mit-Sein‹. Gemeinschaft – ontologische und politische Perspektivierungen. Zürich, Wien, New York 2010.

21   Ich folge hier der Argumentation von Morin: Brüderliche Gemeinschaft, S. 18ff. Auch Spitta: Gemeinschaft jenseits von Identität, S. 292f., weist die Forderung, den Begriff oder das Konzept der Gemeinschaft einfach aufzugeben, als politisch bedenklich zurück; ähnlich zudem Wetzel: Diskurse des Politischen, S. 259.

22   Lüdemann: Metaphern der Gesellschaft, S. 105, Hv. i. Orig.

23   Siehe auch Trautmann: Partage, S. 17, mit der Ansicht, »dass der Stellenwert von Zugehörigkeit für die politische Gemeinschaft noch immer nicht hinreichend kritisch geklärt ist«.

24   Jean-Luc Nancy: Die entwerkte Gemeinschaft. In: ders.: Die undarstellbare Gemeinschaft. Stuttgart 1988, S. 9-92, 11 (Jean-Luc Nancy: La communauté désœuvrée. In: ders.: La communauté désœuvrée [1986]. Nouvelle édition revue et augmentée. Paris 2004, S. 9-105, 11). Siehe auch Spitta: Gemeinschaft jenseits von Identität, S. 284f.

25   Siehe zu den unerfüllten Hoffnungen auf den Kapitalismus sowie zum essentialistischen Gebrauch des Gemeinschaftsbegriffs Lüdemann: Metaphern der Gesellschaft, S. 102; 105, die allerdings auf die Verbindung zwischen beiden Phänomenen nicht eingeht; einen Zusammenhang deutet Trautmann: Partage, S. 17, an.

26   Chantal Mouffe: Über das Politische. Wider die kosmopolitische Illusion. Frankfurt a.M. 2007, S. 7.

27   Vgl. ebd., S. 12, sowie zum Erfolg des Rechtspopulismus ebd., S. 87ff. Siehe für eine geraffte Darstellung von *Über das Politische* Simon Herzhoff: [Rezension von] Chantal Mouffe: Über das Politische. Wider die kosmopolitische Illusion. Veröffentlicht am 14.1.2011, o. S. Abrufbar unter: <https://www.socialnet.de/rezensionen/10657.php> (Zugriff am 29.1.2022), sowie allgemein zu Mouffes Position Abschnitt II.3 der vorliegenden Arbeit.

28   Vgl. Morin: Brüderliche Gemeinschaft, S. 19f., und siehe Spitta: Gemeinschaft jenseits von Identität, S. 274: »Das Problem der Gemeinschaft in der politischen Gegenwart scheint […] eng mit dem Phänomen der Verdrängung und seiner Wiederkehr verbunden.« Joas: Gemeinschaft und Demokratie, S. 51, meint: Tabuisiere man die Äußerung von Empfindungen eines Gemeinschaftsverlustes, könnten »sich die Verlustgefühle in verschobener Weise artikulieren; dann trägt ein für Verluste unsensibles Rationalitätspathos eben zu dem bei, was es verhindern möchte: nämlich der

Es sind also verschiedene, jedoch eng verbundene Phänomene, die ein Nachdenken über die Politik und die Gemeinschaft notwendig machen: Auf der einen Seite das Erstarken an dem Begriff des Volkes orientierter (rechtspopulistischer und -extremer) Gruppierungen sowie die weltweiten »blutige[n] Konflikte zwischen Identitäten«[29] ; auf der anderen Seite (als Pendant, so die gleich zu erläuternde These) die kapitalistische Globalisierung.[30] In dem einen Fall gründet man die Gemeinschaft auf eine gegebene gemeinsame Substanz (etwa ›Blut und Boden‹[31]), was mit einer ausschließenden, schlimmstenfalls vernichtenden Politik einhergeht. Hiergegen können Appelle von »guten ›Demokratenseelen‹«[32] an die Errungenschaften der Moderne fatalerweise kaum verschlagen. Denn auch oder vielmehr: insbesondere die moderne Gesellschaft nimmt zu ihrer Selbstlegitimation Bezug auf den prekären Begriff des (souveränen) Volkes.

Gerade die demokratische Selbstbegründung drängt auf eine Säkularisierung politischer Autorität und unterbricht den Rekurs auf eine transzendente Quelle der Legitimität. Umgekehrt aber nimmt gerade die Fundierung politischen Handelns Zuflucht bei der Identität des Volkssouveräns und damit bei einer »Metaphysik des Volkes«, die schließlich die Hypostasen der Gemeinschaftsidee nicht grundsätzlich ausschließen kann.[33]

Verwendung des Gemeinschaftsmotivs in manipulativen Formen politischer und kommerzieller Werbung«.

29   Jean-Luc Nancy: Ohne Titel [Peritext]. In: ders.: singulär plural sein. Berlin 2004, S. 9-11, 10, Hv. i. Orig. (Jean-Luc Nancy: Ohne Titel [Peritext]. In: ders.: Être singulier pluriel. Paris 1996, S. 11-12, 12); vgl. Morin: Brüderliche Gemeinschaft, S. 19f.

30   Siehe zu diesem Zusammenhang Christopher Watkin: A Different Alterity: Jean-Luc Nancy's ›Singular Plural‹. In Paragraph 30 (2007), H. 2, S. 50-64, 52f.; Christopher Watkin: Being Just? Ontology and Incommensurability in Nancy's Notion of Justice. In: Hutchens, Benjamin C. (Hg.): Jean-Luc Nancy. Justice, Legality and World. London, New York 2012, S. 19-34, 25. Der Verbindung von Gemeinschaft und Globalisierung forscht auch Krystian Woznicki in seinem schon erwähnten Essay Wer hat Angst vor Gemeinschaft? Ein Dialog mit Jean-Luc Nancy nach.

31   Delitz: Gemeinschaft, S. 378, Hv. i. Orig.: »Blut und Boden sind die völkischen Quellen von Gemeinschaft«. Siehe zum Zusammenhang von ›Blut‹ und Antisemitismus die Anmerkungen von Caspar Battegay: Das andere Blut. Gemeinschaft im deutsch-jüdischen Schreiben 1830-1930. Köln, Weimar, Wien 2011, S. 15f.

32   Jean-Luc Nancy: Das gemeinsame Erscheinen. Von der Existenz des ›Kommunismus‹ zur Gemeinschaftlichkeit der ›Existenz‹. In: Vogl, Joseph (Hg.): Gemeinschaften. Positionen zu einer Philosophie des Politischen. Frankfurt a.M. 1994, S. 167-204, 198, Anm. 3 (Jean-Luc Nancy: La comparution. [De l'existence du ›communisme‹ à la communauté de l'›existence‹]. In: Bailly, Jean-Christophe/ders.: La comparution [1991]. Paris 2007, S. 51-105, 64, Anm. 1).

33   Vogl: Einleitung, S. 10; siehe etwa auch Trautmann: Partage, S. 7ff.; 11; 13. Nicht nur der Rekurs auf das ›Volk‹, auch die Konjunktur der Metapher des Organismus im 19. Jhd. lässt sich mit Lüdemann: Metaphern der Gesellschaft, S. 106, deuten als Versuch, »ein Legitimationsvakuum« zu füllen: »Postabsolutistisch und postrevolutionär ließ sich soziale Ordnung nicht mehr als Schöpfungsordnung, Herrschaft nicht mehr als Gottesgnadentum plausibel machen.« Oliver Kohns: Die Politik des ›politischen Imaginären‹. In: Doll, Martin/ders. (Hg.): Die imaginäre Dimension der Politik. München 2014, S. 19-48, 43, Hv. i. Orig., stellt fest: »Die ästhetische Suggestion, Inszenierung oder Beschwörung des Volks als einheitlicher und integraler politischer Körper […] ist nicht mit den totalitären Regimes des 20. Jahrhunderts untergegangen. Die Ästhetisierung des Volkskörpers bleibt ein wesentliches Element des politisch Imaginären etwa auch in den ›westlichen Demokratien‹ der Gegenwart.« Ähnlich Oliver Marchart: Äquivalenz und Autonomie. Vorbemerkungen

Die Idee der Gemeinschaft ist eine Idee der Moderne.[34] Wie der Begriff der Nation, so steht auch der Begriff des Volkes für »den Aufstieg zu einem modernen, posttraditionalen und organisierten Gemeinwesen«, fällt aber »zugleich in das Dunkel von ›Blut und Boden‹, verborgener Wurzeln und einer fernen, gemeinsamen Herkunft zurück. [...] Die in ›Volk‹ oder ›Nation‹ verklumpte Gemeinschaft ist nicht prämodern, sondern ein Modernisierungseffekt«.[35]

Als solche ist die Gemeinschaft (auch) ein Resultat des Kapitalismus. Marx und Engels haben im *Manifest der Kommunistischen Partei* (1848) die »höchst revolutionäre Rolle«[36] der kapitalistischen Bourgeoisie in gleichem Maße beeindruckt wie eindrucksvoll geschildert.

> Die Bourgeoisie, wo sie zur Herrschaft gekommen, hat alle feudalen, patriarchalischen, idyllischen Verhältnisse zerstört. Sie hat die buntscheckigen Feudalbande, die den Menschen an seinen natürlichen Vorgesetzten knüpften, unbarmherzig zerrissen und kein anderes Band zwischen Mensch und Mensch übriggelassen, als das nackte Interesse, als die gefühllose »bare Zahlung«. [...] Sie hat die persönliche Würde in den Tauschwert aufgelöst und an die Stelle der zahllosen verbrieften und wohlerworbenen Freiheiten die *eine* gewissenlose Handelsfreiheit gesetzt. [...] Die Bourgeoisie hat dem Familienverhältnis seinen rührend-sentimentalen Schleier abgerissen und es auf ein reines Geldverhältnis zurückgeführt.[37]

Diese Schilderung lässt erahnen, warum ›Gemeinschaft‹ »als soziologischer Begriff erst im Zuge der Industrialisierung und mit dem Beigeschmack des romantischen Gefühls eines historischen Verlustes gemeinschaftlicher Lebensformen aufkam«.[38] Mit den modernetypischen strukturellen Veränderungen – Industrialisierung, Durchsetzung des Kapitalismus (und als Folge: Verelendung, Verstädterung, Entstehen der ›Masse‹[39]),

---

zu Chantal Mouffes Demokratietheorie. In: Mouffe, Chantal: Das demokratische Paradox. Durchgeseh. Nachaufl. Wien 2013, S. 7-14, 12. Exemplarisch für die Verbindung der Idee der Volkssouveränität mit der Vorstellung eines substantialistisch begriffenen Volkes ist die Demokratietheorie Carl Schmitts; siehe dazu etwa die Ausführungen zu Schmitt bei Francesca Raimondi: Die Zeit der Demokratie. Politische Freiheit nach Carl Schmitt und Hannah Arendt. Konstanz 2014, S. 44ff.

34   »Gemeinschaft und Moderne«, so Raulet: Modernität der Gemeinschaft, S. 77, bildeten »in der Ideengeschichte ein wiederkehrendes Begriffspaar«. Auch für Spitta: Gemeinschaft jenseits von Identität, S. 13, ist ›Gemeinschaft‹ »ein originär moderner Begriff«.

35   Vogl: Einleitung, S. 17.

36   Karl Marx/Friedrich Engels: Manifest der Kommunistischen Partei [1848]. In: dies.: Werke. Bd. 4 (Hg. Institut für Marxismus-Leninismus beim ZK der SED). Berlin 1959, S. 459-493, 464.

37   Ebd., S. 464f., Hv. i. Orig.

38   Wetzel: Gemeinschaft, S. 43. Die Soziologie selbst ist im 19. Jhd. der Versuch, eine Gesellschaft (neu) zu ordnen, deren Ordnung fragwürdig geworden ist; siehe dazu Lüdemann: Metaphern der Gesellschaft, S. 107ff.

39   Siehe zum Zusammenhang von Kapitalismus, Gemeinschaft und der Entstehung von ›Massen‹ etwa Zygmunt Bauman: Gemeinschaften. Auf der Suche nach Sicherheit in einer bedrohlichen Welt. Frankfurt a.M. 2009, S. 36: »Damit sie sich in ihre neue Rolle fügten, mußte man die angehenden Arbeiter zunächst in eine ›Masse‹ verwandeln, indem man sie aus der Einkleidung in gemeinschaftliche Gewohnheiten löste. Der Krieg gegen die Gemeinschaft wurde im Namen der Befreiung des Individuums von der Trägheit der Masse geführt. Doch das unausgesprochene Ziel dieses Krieges war das genaue Gegenteil der erklärten Absicht: Man wollte die Macht der Gemein-

funktionale Differenzierung der Gesellschaft[40] – wandelt sich auch die »Sinndimension des modernen Weltverhältnisses«[41]: Es kommt zu mit dem Begriff der Gesellschaft als »Angstformel«[42] assoziierten Erfahrungen von Entfremdung und eines Schwindens von Sinn, »während das Konzept der Gemeinschaft vielerorts zur Projektionsfläche für die im Zuge der Modernisierung verlorenen Sicherheiten avanciert«.[43] Wer sich mit ›Gemeinschaft‹ auseinandersetzt, muss sich (zunächst) nicht dafür interessieren, was ›Gemeinschaft‹ ist, sondern welche Funktion der Begriff im Modernediskurs übernimmt. Die Gemeinschaft hat keine Substanz, sondern indiziert die Krisenhaftigkeit der modernen Welt.[44]

> Der Diskurs der Moderne hatte seit dem Ausgang des 18. Jahrhunderts unter immer wieder neuen Titeln ein einziges Thema: das Erlahmen der sozialen Bindungskräfte, Privatisierung und Entzweiung, kurz: jene Deformation einer einseitig rationalisierten Alltagspraxis, die das Bedürfnis nach einem Äquivalent für die vereinigende Macht der Religion hervorrufen.[45]

Eines dieser Äquivalente ist die Idee der Gemeinschaft. Sie befriedigt die vom Kapitalismus beförderte »Sehnsucht der Menschen nach der Verwurzelung in einer Gemeinde«.[46] Wenn die Gegenwart, wie Walzer meint, geprägt ist durch geographische, soziale, eheliche und politische Mobilität[47], verheißt die Gemeinschaft ein Ende des damit verbundenen »Verlustgefühl[s]«.[48]

---

schaft zur Festlegung von Verhaltensweisen und Rollen brechen, um dann die ihrer Individualität beraubten menschlichen Einzelstücke zur Masse der Arbeiter zu komprimieren.«

40 Vgl. Rosa et al.: Theorien der Gemeinschaft, S. 32 f.

41 Ebd., S. 32.

42 So die treffende Formulierung von Oliver Marchart: Das unmögliche Objekt. Eine postfundamentalistische Theorie der Gesellschaft. Berlin 2013, S. 43.

43 Rosa et al.: Theorien der Gemeinschaft, S. 34; vgl. ebd., S. 33, und siehe etwa auch Carl Schmitt: Der Gegensatz von Gemeinschaft und Gesellschaft als Beispiel einer zweigliedrigen Unterscheidung. Betrachtungen zur Struktur und zum Schicksal solcher Antithesen. In: Estudios Juridico-Sociales. Homenaje al Profesor Luis Legaz y Lacambra. Bd. 1. Santiago de Compostela 1960, S. 165-178, 172.

44 Vgl. Raulet: Modernität der Gemeinschaft, S. 72 f.; siehe auch Spitta: Gemeinschaft jenseits von Identität, S. 13 f.; Wetzel: Diskurse des Politischen, S. 229; Wetzel: Gemeinschaft, S. 45.

45 Jürgen Habermas: Der philosophische Diskurs der Moderne. Zwölf Vorlesungen. Frankfurt a.M. 1988, S. 166. Das Zitat findet sich etwa auch bei Trautmann: Partage, S. 21, Anm. 1, sowie Hans Bernhard Schmid: Wir-Intentionalität. Kritik des ontologischen Individualismus und Rekonstruktion der Gemeinschaft. 2. Aufl. als Studienausgabe. Freiburg i.Br. 2012, S. 410, der, ähnlich wie Jean-Luc Nancy, so wird sich zeigen, in dieser und anderen »Erosionsdiagnose[n]« eine Verkennung erkennt: »Der Verlust gesellschaftlichen ›Zusammenhalts‹ wird möglicherweise bloß umso heftiger beklagt, je weniger unser Miteinandersein in seiner Eigenart überhaupt begriffen wird.«

46 Richard Sennett: Der flexible Mensch. Die Kultur des neuen Kapitalismus. 6. Aufl. Berlin 2000, S. 189.

47 Vgl. Michael Walzer: Die kommunitaristische Kritik am Liberalismus. In: Honneth, Axel (Hg.): Kommunitarismus. Eine Debatte über die moralischen Grundlagen moderner Gesellschaften. Frankfurt a.M., New York 1993, S. 157-180, 164 ff.

48 Ebd., S. 166. Joas: Gemeinschaft und Demokratie, S. 57, sieht in Walzers Aufsatz das in der Debatte um den Kommunitarismus zu beklagende Versäumnis »soziologischer Konkretisierung« zwar noch am ehesten vermieden. Aber auch Walzer übersehe Befunde, die zeigen könnten, dass die

Der (globalisierte) Kapitalismus impliziert allerdings auch selbst eine bedenkliche Gemeinschaftsvorstellung. Durchaus knüpft er, wie Marx und Engels erkannten, ein ›Band‹ zwischen den Menschen[49] – jedoch nur das des bloßen Interesses, der ›baren Zahlung‹. Folgt man Nancy, so ist der Kapitalismus heute die »einzige wirksame Allgemeinheit«; eine Art *volonté générale*, ein »Wille, der von einer Vorstellung des ›Allgemeinen‹ als Akkumulation und Wachstum der ›allgemeinen Äquivalenz‹, d.h. des Geldes, geleitet wird«.[50] Im Kapitalismus, so Marx und Engels, gerate jedes Verhältnis zum ›Geldverhältnis‹, was die absolute Gleichförmigkeit und »Austauschbarkeit (von Individuen, Vorstellungen, Instrumenten, Zwecken)«[51] voraussetzt. Das für den Kapitalismus konstitutive Prinzip der allgemeinen Äquivalenz stiftet Gleichheit, indem es alle Unterschiede tilgt und eine Kommensurabilität von allem und jedem etabliert.[52] Wie die Idee einer substantialistisch-identitären Gemeinschaft, so leugnet auch die »Allgemeinheit des Kapitalismus«[53], was Nancy eine »Gleichheit der Unvergleichbaren«[54] nennt: Der Kapitalismus und die Idee einer substantialistisch-identitären Gemeinschaft implizieren ein »Einssein [communion]«[55], in dem es keine Differenz(en) mehr gibt, in dem jede Einzigartigkeit getilgt ist. Dieses ›Einssein‹ verkennt die »Tatsache der Pluralität der Menschen«[56], die das Fundament von Politik ist.[57]

Die Negation von »Vielheit«[58] ist der Grund für das Verhängnis der Gemeinschaft; dafür, dass sie sich (vor allem) im 20. Jahrhundert als ein »Todes-Werk«[59] erwiesen hat. Als solches drängt sie sich als Frage auf: Wie kann man die Gemeinschaft anders als ein ›Einssein‹ denken, anders als auf die eine oder andere – kapitalistische oder

---

bloße Feststellung einer »geographische[n] Mobilität der Amerikaner« ungeeignet dafür sei, »die These eines akuten Gemeinschaftsverlusts« (ebd., S. 58) zu belegen.

49   Zur Metapher des sozialen Bandes siehe Thomas Bedorf/Steffen Herrmann (Hg.): Das soziale Band. Geschichte und Gegenwart eines sozialtheoretischen Grundbegriffs. Frankfurt a.M., New York 2016.

50   Jean-Luc Nancy: Die Politik und darüber hinaus. Philip Armstrong und Jason Smith im Dialog mit Jean-Luc Nancy. In: Meyzaud, Maud (Hg.): Arme Gemeinschaft. Die Moderne Rousseaus. Berlin 2015, S. 214-241, 220 (Jean-Luc Nancy: Politique et au-delà. Entretien avec Philip Armstrong et Jason E. Smith. Paris 2011, S. 20).

51   Ebd., S. 234 (PED 45).

52   Siehe hierzu und weiter zum Begriff der allgemeinen Äquivalenz bei Nancy etwa Matthew Ellison: Art. ›General Equivalence‹. In: Gratton, Peter/Morin, Marie-Eve (Hg.): The Nancy Dictionary. Edinburgh 2015, S. 98-101, sowie zu Nancys Kritik des Prinzips der Äquivalenz, auf das ich noch genauer eingehen werde, etwa die Darstellung bei Frédéric Neyrat: Le communisme existentiel de Jean-Luc Nancy. Paris 2013, S. 51ff.

53   Jean-Luc Nancy: ›Der literarische Kommunismus‹. In: ders.: Die undarstellbare Gemeinschaft. Stuttgart 1988, S. 149-169, 157 (Jean-Luc Nancy: ›Le communisme littéraire‹. In: ders.: La communauté désœuvrée [1986]. Nouvelle édition revue et augmentée. Paris 2004, S. 175-198, 184).

54   Jean-Luc Nancy: Äquivalenz der Katastrophen (nach Fukushima). Zürich, Berlin 2013, S. 59 (Jean-Luc Nancy: L'Équivalence des catastrophes [Après Fukushima]. Paris 2012, S. 69).

55   Nancy: Literarischer Kommunismus, S. 157 (CL 185).

56   Hannah Arendt: Was ist Politik? Fragmente aus dem Nachlaß (Hg. Ludz, Ursula). 4. Aufl. München 2010, S. 9.

57   Vgl. ebd.

58   Hannah Arendt: Vita activa oder Vom tätigen Leben [1958]. 12. Aufl. München 2001, S. 214.

59   Nancy: Literarischer Kommunismus, S. 158 (CL 185).

völkische – Weise totalitäre Gemeinschaft? Dazu bedarf es zunächst des Blicks zurück: »Um zu begreifen, was auf dem Spiel steht, muß man zunächst auch den Horizont, der *hinter* uns liegt, freilegen.«[60]

Dies wird im Folgenden der erste Schritt sein. Es soll skizziert werden, wovon die Rede ist, wenn wir von ›Gemeinschaft‹ sprechen. Dabei werden sich insbesondere zwei Momente als für das bisherige Gemeinschaftsdenken wesentlich herausstellen. Zum einen die Klage über einen Gemeinschaftsverlust: Die Gemeinschaft gilt stets als die (bedauerlicherweise) verlorene Gemeinschaft. Sie erscheint als ein vorgegenwärtiger gemeinsamer Ursprung, den es zukünftig wiederherzustellen gilt. In der Moderne vollzieht sich Politik in diesem Sinne »unter dem Zeichen eines fortgesetzten Rousseauismus«.[61] Die moderne »politische Erfahrung [ist] in der gegenläufigen Bewegung zwischen Verlust und Versprechen« gefangen; die verlorene, aber zu restituierende Gemeinschaft markiert »den unüberschreitbaren Horizont politisch-sozialen Denkens«.[62] In welcher Gestalt denkt man die(se) Gemeinschaft? Als wirkmächtig erweist sich das Bild des Körpers, das seit der Antike die gemeinschaftliche Kommunion veranschaulichen soll: »Ein lebender Körper ist seiner Natur nach nur als unauflösliche Einheit der Körperteile zu denken«[63], und dies soll auch für die (politische) Gemeinschaft gelten. Die ersten Soziologen fassen im 19. Jahrhundert die Gemeinschaft als Organismus und forcieren damit (und sei es unbeabsichtigt) ein »biologistisches, und das heißt *à la limite* rassistisches, Verständnis«.[64]

Es bedarf des Abrisses hergebrachter Gemeinschaftsvorstellungen, um die Gemeinschaft anders denken zu können. Für dieses Neudenken ist die Philosophie Nancys unerlässlich.[65] Nancy kann als einer der wichtigsten zeitgenössischen Philosoph*innen der Gemeinschaft gelten.[66] Mit der Veröffentlichung von *La communauté désœuvrée* (1983/86)[67] stieß er ein Nachdenken über ›Gemeinschaft‹ an, das die totalitären Implikationen traditioneller Auffassungen von Gemeinschaft offenlegt, aber das (politische) Verlangen nach Gemeinschaft als dennoch berechtigt anerkennt.[68] In seinen Arbeiten widmet Nancy sich der selbstgestellten Aufgabe, »[d]en Identitäten gerecht zu

---

60   Nancy: Entwerkte Gemeinschaft, S. 26, Hv. i. Orig. (CD 28f., Hv. i. Orig.). Diese Strategie verfolgt auch Lüdemann: Metaphern der Gesellschaft, S. 105f.

61   Vogl: Einleitung, S. 8.

62   Ebd.

63   Albrecht Koschorke et al.: Der fiktive Staat. Konstruktionen des politischen Körpers in der Geschichte Europas. Frankfurt a.M. 2007, S. 18.

64   Lüdemann: Metaphern der Gesellschaft, S. 106, Hv. i. Orig.

65   Morin: Brüderliche Gemeinschaft, S. 191: »Es ist Nancys explizite Aufgabe, die Gemeinschaft neu zu denken.«

66   Helen Morgan Parmett: Community/Common: Jean-Luc Nancy and Antonio Negri on Collective Potentialities. In: Communication, Culture & Critique 5 (2012), S. 171-190, 174, nennt Nancys Arbeit »the most influential poststructural theory on community«. Ich schließe mich dieser Auffassung an.

67   *La communauté désœuvrée* wurde zunächst 1983 als Aufsatz in der Zeitschrift *Aléa*, 1986 in Buchform veröffentlicht; zur Entstehungsgeschichte siehe ausführlich den Beginn von Teil 1 (*Jean-Luc Nancy und die Undarstellbarkeit der Gemeinschaft*).

68   Siehe etwa Rosa et al.: Theorien der Gemeinschaft, S. 159f., sowie Gertenbach/Richter: Das Imaginäre und die Gemeinschaft, S. 129: Nancy ziele ab auf »eine Reinigung des Gemeinschaftsbegriffs

werden – ohne ihrem Irrsinn nachzugeben, jenem Anspruch, auf substantielle Weise Identitäten zu sein«; ihm geht es um »ein neues Denken, das nicht mehr grobschlächtig, schmutzig und gemein wäre, wie es ein Denken der Reinheit immer ist«.[69] Nancy denkt die Gemeinschaft als eine nicht-essentialistische[70], im Wortsinne anarchische Gemeinschaft[71], die weder eine Verbindung präexistenter Individuen, noch ein gegebener, mit sich selbst identischer Körper ist.[72] Gemeinschaft sei unhintergehbar, was die entschiedene Distanzierung von einer Politik bedeutet, die »eine scheinbar verlorene oder zu erwartende Einswerdung ausfindig machen, wiederfinden oder ins Werk setzen«[73] möchte. Nancy zufolge gab und gibt es »im Denken der Gemeinschaft einen Exzeß an Theorie (genauer gesagt, ein Überschreiten des Theoretischen)«[74]: Die gedachte Gemeinschaft sollte Wirklichkeit werden. Wie sich zeigen wird, hält Nancy diese Verbindung von Politik und Philosophie für potentiell totalitär. Dächte man aber die Gemeinschaft anders als bislang, würde der Theorieexzess in einem positiven Sinne »zu einer anderen *Praxis* des Diskurses und der Gemeinschaft verpflichten«[75] – zu einer Praxis als »*Politik des Gemeinschaftlichen*«[76], als Politik des Miteinander. Die Frage, ob Nancys Überlegungen eine solche Politik ermöglichen oder ob sie nicht auf eine heikle Entpolitisierung der Gemeinschaftsidee hinauslaufen[77], wird die Diskussion seiner Philosophie begleiten und über Nancy hinaus die Erörterung anderer Ansätze, die Gemeinschaft (neu) zu denken, erfordern.

von […] identitätslogischen und fatalen Konnotationen, ohne jedoch den Begriff bzw. das Konzept selbst als politische Forderung aufzugeben«.

69   Jean-Luc Nancy: Lob der Vermischung. Für Sarajewo, März 1993. In: Lettre International 21 (1993), S. 4-7, 5 (Jean-Luc Nancy: Éloge de la mêlée. Pour Sarajevo, mars 1993. In: ders.: Être singulier pluriel. Paris 1996, S. 169-182, 173).

70   Im Anschluss an Spitta: Gemeinschaft jenseits von Identität, S. 281, kann als ›essentialistisch‹ ein Verständnis bezeichnet werden, »das Gemein-Begriffe nicht als Gewordene adressiert, sondern die Zusammengehörigkeit von Menschen als natürlich und den Ebenen politischer Konstruktion vorgängig begreift«.

71   Siehe dazu ausführlich Barend Kiefte: The Anarchist Concept of Community in the Thought of Bataille, Blanchot and Nancy. Diss. (McMaster University). Hamilton 2002. Zur Kennzeichnung des Denkens Nancys als anarchisch siehe zudem Kurt Röttgers: Die Möglichkeit einer an-archischen Praxis. In: Alkemeyer, Thomas/Schürmann, Volker/Volbers, Jörg (Hg.): Praxis denken. Konzepte und Kritik. Wiesbaden 2015, S. 51-79, 58f., wonach »Nancy sich von allem Denken des Einen Ursprungs verabschiedet, von allem Archie-Denken«.

72   Dies unterstreicht Kathrin Busch: Jean-Luc Nancy – Exposition und Berührung. In: Alloa, Emmanuel et al. (Hg.): Leiblichkeit. Begriff, Geschichte und Aktualität eines Konzepts. Tübingen 2012, S. 305-319, 305: »Weder besteht das gesellschaftliche Band – wie im Liberalismus – aus einem vertraglichen Zusammenschluss voneinander unabhängig gedachter Individuen noch lässt sich zwischen ihnen eine ursprüngliche Zusammengehörigkeit oder Einheit ausfindig machen, wie es in kommunitaristischen Ansätzen verfochten wird.«

73   Nancy: Entwerkte Gemeinschaft, S. 87 (CD 100).

74   Ebd., S. 58 (CD 66).

75   Ebd., Hv. i. Orig.

76   Wetzel: Diskurse des Politischen, S. 245, Hv. i. Orig.

77   Dieser Ansicht ist als eine von vielen Kommentator*innen Spitta: Gemeinschaft jenseits von Identität, S. 297f.

Etymologische Annäherung[78]

Der Begriff der Gemeinschaft ist »durch seine gnadenlose Überfrachtung mit Sinn und Zuschreibung gekennzeichnet«[79]; er ist »schwer an Geschichte und Denken.«[80] Der Blick auf die Etymologie von ›Gemeinschaft‹ vermag zwar von dieser Fracht etwas zu löschen, er kann allerdings die diskursive Funktion des Gemeinschaftsbegriffs nicht vollständig erfassen, sondern lediglich erste Hinweise auf den weiten diskursiven Bedeutungsraum geben.

Das Wort ›Gemeinschaft‹, so Grimms Wörterbuch, sei das Substantiv zu ›gemein‹, in dessen »*weiten bedeutungskreise*«[81] es gehöre. ›Gemein‹ sei »*urverwandt*« mit dem lateinischen ›communis‹, und »*beide gehen in ihrer gebrauchsentwickelung wie hand in hand [...], wie denn heute noch [...] franz.* commun, *auch engl.* common *sich mit* gemein *decken. und auch im ursprung müssen sie eins sein*«.[82]

Die Bedeutung von ›gemein‹ ist »mehreren abwechselnd zukommend«.[83] Das Wort ›Gemeinschaft‹ meint also »etwas zur gemeinen Hand haben, wie es auch für den Gemeindegrund, die Allmende und das Gemeindegebiet verwendet wird«.[84] Es bezeichnet »eine Beziehung zwischen einem Kreise von Personen und einem Umkreis von Sachen«.[85] Das heißt: Wie die Ausdrücke ›commun‹ oder ›common‹, so steht auch das Wort ›gemein‹ für »dasjenige, was nicht eigen ist [...], was zu mehr als einem, zu vielen, zu allen gehört«.[86] Davon ausgehend entwickelte sich der pejorative Sinn von ›gemein‹, denn »was vielen gemeinsam ist, [kann] nicht wertvoll sein«.[87]

---

78   Die Nähe der folgenden Ausführungen zu denen von Morin: Brüderliche Gemeinschaft, S. 8off., ergibt sich aus dem gemeinsamen Rekurs auf Espositos Studie *Communitas* und die einschlägigen Einträge in Grimms Wörterbuch. Siehe ferner auch Spitta: Gemeinschaft jenseits von Identität, S. 16.

79   Wetzel: Gemeinschaft, S. 43. Woznicki: Angst vor Gemeinschaft, S. 15, spricht mit Blick auf den Begriff der Gemeinschaft von einer »Agglomeration von Sinn«.

80   Jean-Luc Nancy: Mit-Sinn. (Zürich, März 2010). In: Bippus, Elke/Huber, Jörg/Richter, Dorothee (Hg.): ›Mit-Sein‹. Gemeinschaft – ontologische und politische Perspektivierungen. Zürich, Wien, New York 2010, S. 21-32, 21.

81   Art. ›Gemeinschaft‹ in: Jacob Grimm/Wilhelm Grimm: Deutsches Wörterbuch. Bd. 5 (= Vierten Bandes Erste Abtheilung. Zweiter Theil. Gefoppe-Getreibs). Bearbeitet von Rudolf Hildebrand und Hermann Wunderlich. Fotomechan. Nachdruck d. Erstausg. 1897. München 1984, Spp. 3264-3268, 3264, Hv. i. Orig.

82   Grimm/Grimm: Gemein, Sp. 3169, Hv. i. Orig. Dieser Hinweis erlaubt es, die Etymologie von ›Gemeinschaft‹ und ›communauté‹ zusammen abzuhandeln; siehe hierzu auch Morin: Brüderliche Gemeinschaft, S. 8of.

83   Art. ›gemein‹ in: Duden. Das große Wörterbuch der deutschen Sprache in zehn Bänden. Band 4: Gele-Impr (Hg. Wissenschaftlicher Rat der Dudenredaktion). 3., völlig neu bearb. u. erw. Aufl. Mannheim u.a. 1999, S. 1447.

84   René König: Die Begriffe Gemeinschaft und Gesellschaft bei Ferdinand Tönnies. In: Kölner Zeitschrift für Soziologie und Sozialpsychologie 7 (1955), H. 3, S. 348-420, 388; siehe auch Grimm/ Grimm: Gemeinschaft, Sp. 3265f.

85   König: Gemeinschaft und Gesellschaft, S. 388. Siehe auch Theodor Geiger: Art. ›Gemeinschaft‹. In: Vierkandt, Alfred (Hg.): Handwörterbuch der Soziologie. Stuttgart 1959, S. 173-180, 173.

86   Esposito: Communitas, S. 11.

87   Duden: Gemein, S. 1447.

In einem übertragenen Verständnis benennt ›Gemeinschaft‹ zudem »*alle anderen formen gemeinsamen lebens und wesens*«[88], etwa jede verwandtschaftliche oder politische Beziehung bis hin zum Menschengeschlecht oder zur Gemeinschaft der Heiligen. Vor allem gebraucht man den Begriff zur Bezeichnung »*von engeren und engsten kreisen oder verhältnissen gemeinsamen lebens*«[89] (Ehe, Gütergemeinschaft) oder für einen besonders vertrauten (etwa freundschaftlichen) Umgang miteinander. »Von hier aus«, so König, »gibt es auch eine ausgesprochen emphatische Bedeutung des Wortes Gemeinschaft im Sinne eines höchsten Wertgefühls.«[90]

Neben der erwähnten »kanonischen Bedeutung« von ›gemein‹ als »öffentlich‹ [...] oder ›allgemein‹«[91] macht Roberto Esposito auf eine weitere, eine andere Auffassung von ›Gemeinschaft‹ ankündigende Lesart aufmerksam. Dazu geht er auf den Stamm der Worte ›gemein‹ und ›communis‹ zurück: den komplexen Begriff des *munus*, gebildet aus der Wurzel *mei-* und der Nachsilbe *-nes*.[92] Besonders zwei Bedeutungen von *mei-* prägen den Gemeinschaftsbegriff.

Zum einen hat *mei-* die Bedeutung von »›befestigen‹; nominal ›Pfahl; Holzbau‹«; das lateinische ›moenia‹ etwa benannte eine »›Umwallung, Stadtmauern‹ (›*Umpfäh-lung‹)«.[93] Von dieser Bedeutung leitet Grimms Wörterbuch die Genese von ›commu-nis‹ ab: »*communes müssen zuerst solche genannt sein, die sich innerhalb einer gemeinsamen schutzwehr ansiedelten, von moenia, moinia*«.[94] Mit dem gotischen ›gamains‹, von dem sich ›gemein‹ ableite, müsse es »*dasselbe sein, trotzdem dasz sich im stamme von einer bedeu-tung schutzwall o. ä. keine spur mehr findet*«.[95] Wie Peter Trawny ausführt, wurzeln mithin ›gemein‹ und ›communis‹ in »a certain interpretation of the inside/outside-relation. The inside gives shelter from the outside, which is hostile in forms of other commu-nities and also of nature as such. The outside is alien, is a threat.«[96] Spuren dieser Bedeutung finden sich noch heute überall dort, wo man die (politische) Gemeinschaft gebildet sieht durch die eindeutige »Unterscheidung von *Freund* und *Feind*«[97], wie man mit Carl Schmitt sagen könnte. An dessen Überlegungen anknüpfend enthält für Chan-

---

88   Grimm/Grimm: Gemeinschaft, Sp. 3266, Hv. i. Orig.

89   Ebd., Sp. 3267, Hv. i. Orig.

90   König: Gemeinschaft und Gesellschaft, S. 388; vgl. ebd.

91   Esposito: Communitas, S. 11.

92   Vgl. ebd.

93   Art. ›mei-‹ in: Julius Pokorny: Indogermanisches Etymologisches Wörterbuch. I. Band. 2. Aufl. Bern, Stuttgart 1989, S. 709-712, 709.

94   Grimm/Grimm: Gemein, Sp. 3170, Hv. i. Orig.

95   Ebd., Hv. i. Orig.; vgl. ebd., Sp. 3169.

96   Peter Trawny: Heidegger and the Question of Community [Unveröffentlichter Vortrag bei dem Symposium ›To Koinon – Heidegger and the Political‹ an der Södertörns Högskola in Stockholm vom 13.-14.4.2011], S. 1-12, 1. (Ich danke dem Autor für die Zusendung des Manuskripts.) Siehe auch Morin: Brüderliche Gemeinschaft, S. 81.

97   Carl Schmitt: Der Begriff des Politischen. Text von 1932 mit einem Vorwort und drei Corollarien. Berlin 1963, S. 26, Hv. i. Orig. Siehe dazu etwa meine Arbeit *Jean-Luc Nancy und Carl Schmitt über das Politische*. In: Röttgers, Kurt (Hg.): Plurale Sozio-Ontologie und Staat. Jean-Luc Nancy. Baden-Baden 2018, S. 81-119, 87ff. Eine Skizze des Gedankengangs Schmitts findet sich etwa auch bei Morin: Brüderliche Gemeinschaft, S. 55ff.

tal Mouffe jede Kollektividentität eine »Wir-Sie-Unterscheidung«.[98] Man habe es »[a]uf dem Gebiet der kollektiven Identitäten [...] immer mit der Schaffung eines ›Wir‹ zu tun, das nur bestehen kann, wenn auch ein ›Sie‹ umrissen wird«.[99]

Den Aspekt von Innen (Freund) und Außen (Feind) vernachlässigend, konzentriert Esposito sich auf die Bedeutung von *mei-* als »wechseln, tauschen«; daraus ›gemeinsam, Tauschgabe, Leistung‹ und ›tauschen, täuschen‹«.[100] Das lateinische ›munus‹ (oder ›moenus‹) stand entsprechend für »Leistung; Amt; Abgabe; Geschenk, Liebesdienst«.[101] Grimms Wörterbuch nach bildet den »*begriffskern der ganzen lat. wortsippe* [von ›communis‹, S. H.] [...] *das rechts- und pflichtverhältnis des einzelnen gemeindebürgers zum ganzen und umgekehrt, und das dadurch bedingte gemeinsame leben nach allen seiten, ganz wie bei* gemein«, wobei sich der Zusammenhang mit der obigen Bedeutung von *mei-* daraus ergibt, dass das Verhältnis von Rechten und Pflichten »*angeknüpft* [ist] *an die gemeinsame sicherung*«.[102] (Entsprechend meinte ›immunis‹ »*frei von Leistungen*«[103] oder wurde zur Bezeichnung desjenigen verwendet, »*der sich den gemeindelasten aus mangel an gemeinsinn entzieht*«.[104])

Für die Interpretation des Gemeinschaftsbegriffs ist wichtig, wie man ›munus‹ versteht. Wie Esposito darlegt, schillert das Wort zwischen den Bedeutungen ›onus‹, ›officium‹ und ›donum‹. Sie führten auf das Begriffsfeld von ›Pflicht‹ und ›Schulden‹, was für ›onus‹ (Last, Abgaben) und ›officium‹ (Dienst, Verbindlichkeit) unmittelbar eingehe. Für ›donum‹ (Gabe) indes nicht: Eine Pflicht und eine gemeinhin als spontan und freiwillig verstandene Gabe scheinen sich auszuschließen.[105] In dem Wort ›munus‹ (Obliegenheit) nähern sich beide an.[106] ›Munus‹ bezeichne gegenüber ›donum‹ eine besondere Form der Gabe, wie sich an der Wurzel *mei-* (›Tauschgabe‹) zeige. Die Gabe, die ›munus‹ ist, beinhaltet eine Obligation. Sie nötigt den/die Empfänger*in der Gabe zu einer Erwiderung: »Sobald jemand das *munus* angenommen hat, geht er die Verpflichtung (*onus*) ein, als Tausch eine Gegenleistung entweder von Gütern oder in Diensten (*officium*) zu erbringen«.[107] Damit ist ›munus‹ nicht die empfangene Gabe, sondern die dem/der Gebenden geschuldete Rückgabe, »die Gabe, die man gibt, weil man geben *muß* und *nicht nicht geben darf*«.[108]

---

98   Mouffe: Über das Politische, S. 12.

99   Ebd., S. 24. Siehe zu diesem Vergemeinschaftungsmechanismus auch Rosa et al.: Theorien der Gemeinschaft, S. 75ff. Die hierbei stets drohende Gefahr von Ausschließungen macht ›Wir‹ zu einem »gefährliche[n] Pronomen«, wie Sennett: Der flexible Mensch, S. 187, formuliert.

100   Pokorny: Mei-, S. 710.

101   Ebd.

102   Grimm/Grimm: Gemein, Sp. 3170, Hv. i. Orig.

103   Pokorny: Mei-, S. 710.

104   Grimm/Grimm: Gemein, Sp. 3170, Hv. i. Orig. Siehe auch Esposito: Communitas, S. 15f.

105   Vgl. Esposito: Communitas, S. 12.

106   Siehe für die Übersetzungsvorschläge die Einträge zu ›onus‹, ›officium‹, ›donum‹ und ›munus‹ in: Langenscheidts Großwörterbuch Latein. Teil I. Lateinisch-Deutsch. 25. Aufl. Berlin u.a. 1996.

107   Esposito: Communitas, S. 13, Hv. i. Orig.

108   Ebd., Hv. i. Orig.

Marcel Mauss (1872-1950) hat dieses Verhältnis von Gabe und Tausch in seinem *Essai sur le don* (1925) ausführlich untersucht.[109] Von Mauss aus lässt sich eine Linie zu Georges Bataille weiterverfolgen, der mit seinem Begriff der *»unproduktive[n] Verausgabung«*[110] an die Studie Mauss' anschließt und im Rahmen des von ihm mitgegründeten *Collège de Sociologie* (1937-1939) die Idee einer ›negativen‹ Gemeinschaft entwickelt, die wiederum, so wird sich zeigen, Jean-Luc Nancy zu Beginn der 1980er Jahren kritisch aufnehmen und weiterdenken wird.[111]

Auch Esposito lässt sich in dieser »spezifisch französischen Diskussion um Gemeinschaft«[112] verorten, die sich dadurch auszeichnet, dass sie das, was die Mitglieder einer Gemeinschaft vereint, negativ, als etwas Fehlendes, und nicht als positiv Gegebenes (z.B. eine gemeinsame Eigenschaft[113]) fasst: »[D]as Sein der Gemeinschaft ist selbst nicht gegenständlich verfasst«.[114] Diese Idee verdeutlichen Espositos Schlussfolgerungen aus seiner etymologischen Spurensuche. »Welches ist die ›Sache‹, die die Mitglieder der Gemeinschaft gemein haben? Und ist es wirklich ›etwas‹ im positiven Sinne? Ein Gut, eine Substanz, ein Interesse?«[115] Keineswegs:

> Wie uns die komplexe, aber zugleich eindeutige Etymologie [...] anzeigt, ist das *munus*, das die *communitas* miteinander teilt, weder ein Eigen-tum noch eine Zugehörigkeit. Es ist kein Haben, sondern im Gegenteil eine Schuld, ein Pfand, eine zu-gebende-Gabe. [...] Die Subjekte der Gemeinschaft sind durch ein ›Schulden‹ vereint [...], das sie nicht vollständig Herren ihrer selbst sein läßt. Und das sie [...] zum Teil oder ganz und gar enteignet, sie ihres anfänglichen Eigentums, ihrer eigentlichsten Eigen-schaft enteignet – nämlich ihrer Subjektivität selbst. [...] [D]as Gemeine ist nicht vom Eigenen gekennzeichnet, sondern vom Uneigen(tlich)en [...], vom Anderen. Von einer – teilweisen oder gänzlichen – Entleerung des Eigenen in sein Negatives.[116]

Für Esposito besteht das Band, das die Einzelnen miteinander verknüpft, aus nicht mehr als der »Gemeinsamkeit der Schuld [...]. Im gebenden Bezug aufeinander finden

---

109   Esposito erwähnt dies; vgl. ebd., S. 12f. Siehe Marcel Mauss: Die Gabe. Form und Funktion des Austauschs in archaischen Gesellschaften [1925]. Frankfurt a.M. 1990, sowie dazu etwa Morin: Brüderliche Gemeinschaft, S. 86ff.

110   Georges Bataille: Der Begriff der Verausgabung [1933]. In: ders.: Das theoretische Werk in Einzelbänden. Die Aufhebung der Ökonomie. Der Begriff der Verausgabung. Der verfemte Teil. Kommunismus und Stalinismus. Die Ökonomie im Rahmen des Universums (Hg. Bergfleth, Gerd). 3., erw. Aufl. München 2001, S. 7-31, 11, Hv. i. Orig.

111   Siehe zu dem Motiv der negativen Gemeinschaft bei Georges Bataille und Jean-Luc Nancy den Aufsatz von Felix Trautmann: Nichtmitmachen. Zur Negativität der Gemeinschaft. In: Liebsch, Burkhard/Hetzel, Andreas/Sepp, Hans Rainer (Hg.): Profile negativistischer Sozialphilosophie. Ein Kompendium. Berlin 2011, S. 181-199.

112   So Rosa et al.: Theorien der Gemeinschaft, S. 154, die allerdings statt Mauss' die Rolle Émile Durkheims für diese Diskussion betonen.

113   Siehe für eine Darstellung dieser Auffassung etwa Morin: Brüderliche Gemeinschaft, S. 33f.

114   Trautmann: Nichtmitmachen, S. 190.

115   Esposito: Communitas, S. 15.

116   Ebd., S. 16, Hv. i. Orig.; siehe auch Morin: Brüderliche Gemeinschaft, S. 83.

die Subjekte nur eine Leere, die sie ebenso aneinander bindet, wie sie sie trennt.«[117] Auch Nancy gibt zu verstehen, das Wort ›communis‹ bedeute »nicht eine einzige Substanz, sondern im Gegenteil, das Fehlen einer Substanz, in dem sich dem Wesen nach das Fehlen einer Wesenheit *mitteilt [partage]*«.[118]

Ein wesentlicher Mangel an Substanz kennzeichnet die Gemeinschaft; sie ist leer, grundlos.[119] Mit dieser These einer negativen Gemeinschaft stellen sich Nancy und Esposito gegen beinahe die gesamte Tradition des Gemeinschaftsdenkens.[120] Immer habe man die Gemeinschaft entweder als »eine ›Eigenschaft‹ der in ihr zusammengeführten Subjekte […]: ein Attribut, eine Bestimmung, ein Prädikat, das sie als ein und derselben Gesamtheit zugehörig auszeichnet« aufgefasst oder als »eine durch ihre Union erzeugte ›Substanz‹«.[121] Dahinter stehe die Idee von der Gemeinschaft als Subjekt mit den »metaphysischen Konnotationen von Einheit, Absolutheit, Innerlichkeit«.[122] Die Gemeinschaft hebe die Einzelnen in sich auf und verwandele sie in »Subjekte einer Wesenheit, die größer, höherstehend oder gar besser ist als die einfache individuelle Identität – die aber dennoch in jener entspringt und letztendlich deren Spiegelbild ist«.[123] Von einer negativen Gemeinschaft auszugehen bedeutet dagegen, sich von der Annahme einer einheitlichen, abgeschlossenen, unwandelbaren Identität der Gemeinschaft zu verabschieden.[124]

Von der Auffassung der Gemeinschaft als Subjekt[125] leiten sich für Esposito zwei weitere, im Kern identische Vorstellungen von Gemeinschaft ab. Zum einen denke man die Gemeinschaft »als ein ›Vollständiges‹ – oder ein ›Ganzes‹«[126], kurz: als einen Körper. Zum anderen gelte sie »als unser ›Eigen(tlich)stes‹«[127], als etwas, das uns als gemeinsame Identität (an)zeig(n)en sei. Diese zweite Ansicht gibt einer Ursprungs- und Verlustsemantik Raum: Die Gemeinschaft figuriert »als ein Gut, ein Wert, eine Essenz, die […] verlorengehen oder wiedergefunden werden kann, als etwas, das uns einst an-

---

117   Thomas Bedorf: Das Politische und die Politik. Konturen einer Differenz. In: ders./Röttgers, Kurt (Hg.): Das Politische und die Politik. Berlin 2010, S. 13-37, 32.

118   Nancy: Das gemeinsame Erscheinen, S. 171, Hv. i. Orig. (CP 58, Hv. i. Orig.). Bedorf: Das Politische und die Politik, S. 32, sieht Esposito von Nancy »in Teilen […] inspiriert«. Esposito: Communitas, S. 7, Anm. 1, weist auf diesen Einfluss selbst hin, wenn er gegenüber Nancys *La communauté désœuvrée* eine »untilgbare Schuld« eingesteht.

119   Vgl. Trautmann: Nichtmitmachen, S. 183, der von einer »konstitutiven Leere« (ebd.) der Gemeinschaft spricht.

120   Zwar hätten, wie Morin: Brüderliche Gemeinschaft, S. 84ff., mit Espositos Communitas zeigt, etwa Jean-Jacques Rousseau, Martin Heidegger oder Georges Bataille bereits eine Negativität als Grund der Gemeinschaft ausgemacht, sie seien aber hinter diese Erkenntnis eines fehlenden (positiven) Gemeinschaftsgrundes wieder zurückgefallen.

121   Esposito: Communitas, S. 8.

122   Ebd.

123   Ebd.

124   Vgl. Trautmann: Partage, S. 62f.

125   Siehe dazu auch Spitta: Gemeinschaft jenseits von Identität, S. 282f.

126   Esposito: Communitas, S. 9.

127   Ebd.

gehörte und uns eben deshalb einst wieder angehören können wird. Als ein Ursprung, dem nachzutrauern, oder als Geschick, das zu präfigurieren wäre«.[128]

Mit diesen Erörterungen verlässt Esposito die Etymologie von ›Gemeinschaft‹ und geht den ersten Schritt hin zu einer begriffsgeschichtlichen Untersuchung, die im Weiteren anhand zentraler Topoi nachgezeichnet werden soll. Möchte man aufschlüsseln, was unter ›Gemeinschaft‹ zu verstehen ist, kann es nicht streng nur um den Begriff der Gemeinschaft gehen. In Frage steht vielmehr der »Gemein-Begriff«[129], unter den sich zwar besonders prominent ›Gemeinschaft‹, aber ebenso noch andere Begriffe subsumieren lassen.

Begriffsgeschichte

In der Einleitung zum ersten Band des von ihm mitherausgegebenen Lexikons *Geschichtliche Grundbegriffe* merkt Reinhart Koselleck an, dass sich Wörterbücher meist nicht dazu eigneten, den sich wandelnden »politischen oder sozialen Bedeutungsraum«[130] der philologisch sezierten Wörter auszuschreiten und sie damit erst als Begriffe zu erschließen.[131] Koselleck regt an, sich bei der Begriffsgeschichte an einem »heuristische[n] Vorgriff«[132] zu orientieren. Ausgangspunkt ist die Beobachtung, in der Zeit von 1750 bis 1850 habe »ein tiefgreifender Bedeutungswandel klassischer topoi«[133] stattgefunden. Dieser Wandel betrifft auch den Begriff der Gemeinschaft: Wenn behauptet wurde, es handele sich bei ›Gemeinschaft‹ um einen modernen Begriff, lässt sich diese Modernität mithilfe des ›heuristischen Vorgriffs‹ nun weiter präzisieren. Koselleck zufolge macht sich der Wandel der Bedeutung von Begriffen in

---

128   Ebd.

129   Diesen Ausdruck schlägt Spitta: Gemeinschaft jenseits von Identität, S. 19, Hv. i. Orig., vor, um sich nicht »für oder gegen Gemeinschaft« entscheiden zu müssen: »Als Gemein-Begriffe sind politische Kollektivbegriffe zu verstehen, die auf unterschiedliche Weise an die Bindungskräfte und an die Kohärenz eines sozialen Gefüges appellieren. Der Gemein-Begriff umfasst Begrifflichkeiten des alltäglichen, politischen und sozialen Diskurses, der Soziologie und der Philosophie. Er schließt *Gemeinschaft* (politische Gemeinschaft, Kultur- oder Wertegemeinschaft), *Gesellschaft*, *(National-)Staat* und *kollektive Identität* ebenso ein wie *Volk, Rasse, Vaterland, Ethnie, Nation* und beinhaltet auch politisch-ökonomische Kollektivbegriffe wie *Klasse*.« (Ebd., S. 20, Hv. i. Orig.)

130   Reinhart Koselleck: Einleitung. In: ders./Brunner, Otto/Conze, Werner (Hg.): Geschichtliche Grundbegriffe. Historisches Lexikon zur politisch-sozialen Sprache in Deutschland. Bd. 1. A-D. Stuttgart 1972, S. XIII-XXVII, XIX.

131   Zur Differenzierung von ›Wort‹ und ›Begriff‹ siehe ebd., S. XXII: »Der Begriff haftet zwar am Wort, ist aber zugleich mehr als das Wort. Ein Wort wird [...] zum Begriff, wenn die Fülle eines politisch-sozialen Bedeutungszusammenhanges, in dem – und für den – ein Wort gebraucht wird, insgesamt in das eine Wort eingeht.«

132   Ebd., S. XV (im Original in Fettdruck).

133   Ebd.

der Moderne fest an den vier Kriterien[134] der »Demokratisierung«[135], »Verzeitlichung«[136], »Ideologisierbarkeit«[137] sowie »Politisierung«.[138]

Heuristischer Vorgriff I: Der Verlust der Gemeinschaft

Im Falle des Begriffs der Gemeinschaft, so die These, verdichten sich diese Kriterien zu der Erzählung von der verlorengegangenen und wiederherzustellenden Gemeinschaft. Es mag zutreffen, dass »die Klage über den Verlust der Gemeinschaft so alt [ist], wie es Denken über Gemeinschaft gibt«.[139] In der Moderne aber nimmt diese Klage eine spezifische Form an: Sie äußert sich jetzt, an die Erfahrung vieler Menschen anknüpfend, als (ideologische und politisierbare) Anklage wider die moderne Gesellschaft.[140] Das heißt zum einen: »Gemeinschaft [wird] negativ, vom »Gemeinschafts*verlust* her,

---

134   Siehe dazu auch Oliver Marchart: Die politische Differenz. Zum Denken des Politischen bei Nancy, Lefort, Badiou, Laclau und Agamben. Berlin 2010, S. 52f.

135   Koselleck: Einleitung, S. XVI, Hv. i. Orig. War der Gebrauch politischer Ausdrücke bis zur Mitte des 18. Jhd. auf Aristokraten, Juristen und Gelehrte beschränkt, so erweitert sich dieser Kreis in dem Maße, wie eine zunehmend literarisierte und von Zeitungen und Zeitschriften informierte Öffentlichkeit entstand. (Vgl. ebd.)

136   Ebd., Hv. i. Orig. »Überkommene topoi werden gefühlsmäßig aufgeladen, sie gewinnen Erwartungsmomente, die ihnen früher nicht innewohnten.« (Ebd.)

137   Ebd., S. XVII, Hv. i. Orig. Begriffe werden zu abstrakten »Leer- und Blindformeln, die nach Klassen- und Interessenlage der Sprecher verschieden und gegenläufig verwendbar sind«. (Ebd.) In diesem Sinne auch Claas Morgenroth: Einleitung. Zur Politik der Gemeinschaft. In: Böckelmann, Janine/ders. (Hg.): Politik der Gemeinschaft. Zur Konstitution des Politischen in der Gegenwart. Bielefeld 2008, S. 9-27, 10: »Gemeinschaft […] wird zur Inkarnation eines leeren Begriffs, der positiv wie negativ jeder Theorie-Politik seinen Dienst erweist.« Einen Beleg liefern die Reaktionen auf Nancys *La communauté désœuvrée*: Nach dem Erscheinen der deutschen Übersetzung im Jahr 1988 sei der Text in der *tageszeitung* mit dem Nationalsozialismus in Verbindung gebracht worden; andere hingegen hätten darin später eine begrüßenswerte Rückkehr zum Kommunismus erkannt; vgl. Jean-Luc Nancy: Die herausgeforderte Gemeinschaft. Zürich, Berlin 2007, S. 19 (Jean-Luc Nancy: La Communauté affrontée. Paris 2001, S. 26f.), sowie Jean-Luc Nancy: ›Dem Politischen mangelt es an Symbolizität‹. Ein Gespräch [von Andreas Wagner, Andreas Niederberger, Dietmar Köveker] mit Jean-Luc Nancy. In: Information Philosophie 30 (2002), H. 4, S. 35-41, 38, und siehe Morin: Brüderliche Gemeinschaft, S. 18, Anm. 6; Morin: Nancy, S. 15. Den von Nancy erwähnten taz-Artikel konnte ich nicht ermitteln, siehe aber Jörg Nowak: Die Wiederkehr des Kommunismus. In: Anti New York Pläne (A.N.Y.P.). Zeitung für 10 Jahre 9 (1999), H. 1, S. 28-30. Ich danke dem Autor für die Zusendung des Artikels.

138   Koselleck: Einleitung, S. XVIII, Hv. i. Orig. Begriffe werden zunehmend »in praktischer Absicht geprägt oder verwendet« (ebd.) und adressieren, beteiligen und mobilisieren immer mehr Menschen. Was »die breite ideologische Wirkung des Gemeinschaftsbegriffs« angeht, habe bereits Helmuth Plessner in *Grenzen der Gemeinschaft* (1924) gezeigt, »daß sich die unterschiedlichsten politischen und sozialen Kräfte auf ihn beziehen konnten«, so Raulet: Modernität der Gemeinschaft, S. 89. Marchart: Das unmögliche Objekt, S. 10, widerspricht grundsätzlich dem Neutralitätspostulat sozialwissenschaftlicher Grundbegriffe (wie ›Gesellschaft‹): »Das Grundvokabular der Sozialwissenschaften ist alles andere als neutral. Es ist politischer Einsatz in einem feldübergreifenden hegemonialen Spiel.«

139   Wetzel: Gemeinschaft, S. 47.

140   Siehe Rosa et al.: Theorien der Gemeinschaft, S. 30ff., ferner Spitta: Gemeinschaft jenseits von Identität, S. 17f.

bestimmt«.[141] An diesen Verlust allerdings, unterstreicht Raulet, knüpft sich mit der
»ideologisch-politischen An- und Verwendung« der Idee, auf Gemeinschaft folge Gesellschaft, zum anderen die Hoffnung, dieser Verlust der Gemeinschaft sei revidier-
bar – und zwar nicht durch eine simple Rückkehr, sondern durch ein Vorwärts: In diesem Sinne habe »[d]as Gemeinschaftspathos [...] immer mit Aufbruchsstimmung zu
tun. Die Gemeinschaft ist zugleich Ursprung und *Idee*, Hoffnung auf die revolutionäre Veränderung des Bestehenden.«[142] Es gilt, so könnte man sagen, »eine natürliche
Gemeinschaft in die Gesellschaft hinein zu kopieren«.[143] Mithin dürfe »die scheinbare
Friedlichkeit des Gemeinschaftstraums über den strukturellen *dynamischen* Charakter
des Gemeinschaftsideologems nicht hinwegtäuschen«.[144]

Eine wichtige Rolle spielt in diesem Kontext die neuzeitliche Zeit- und Geschichtsauffassung.[145] Wie Koselleck zeigt, treten in der Neuzeit die »Grenzen des Erfahrungs-
raumes und der Horizont der Erwartung [...] auseinander«[146], was heißt, dass sich aus
der Vergangenheitserfahrung kein Einspruch gegen ein zukünftiges Anderssein mehr
ableiten lässt.[147] Für das Denken der Gemeinschaft bedeutet das neuzeitliche Schwinden der »überzeitlichen Simultaneität«[148], wie sie Anderson zufolge das mittelalter-
liche Denken beherrscht hatte, die Möglichkeit einer Bedrohung, eines Verlustes der
Gemeinschaft. Mit der »Verzeitlichung der Geschichte«[149] konnte sich daher einerseits
die Idee verknüpfen, die Gemeinschaft gehöre der Vergangenheit an. Denkbar wurde
andererseits auch, dass die Gemeinschaft zukünftig wiederherstellbar wäre. So lange
die Zeit als »ewiger Kreislauf«[150] gegolten hatte, war sie weder vergangenheits- noch

---

141   Raulet: Modernität der Gemeinschaft, S. 73, Hv. i. Orig.

142   Ebd., S. 84, Hv. i. Orig.

143   Thorsten Bonacker: Die Gemeinschaft der Dekonstruktion. Zum normativen Gehalt liberaler Ge-
       meinschaften. In: Kern, Andrea/Menke, Christoph (Hg.): Philosophie der Dekonstruktion. Zum
       Verhältnis von Normativität und Praxis. Frankfurt a.M. 2002, S. 264-288, 268.

144   Raulet: Modernität der Gemeinschaft, S. 84, Hv. i. Orig.

145   Zum Folgenden vgl. Rosa et al.: Theorien der Gemeinschaft, S. 34f., die ebenfalls auf Arbeiten von
       Koselleck und Anderson rekurrieren, sowie Rainer Rotermundt: Jedes Ende ist ein Anfang. Auf-
       fassungen vom Ende der Geschichte. Darmstadt 1994, S. 11ff.; 37ff. In den folgenden Absatz sind
       zudem Ergebnisse meiner Master-Thesis »*Aber etwas fehlt*«. *Über das utopische Potential der Literatur
       am Beispiel von Nicolas Born* eingeflossen; siehe auch die Anmerkungen bei Simon Herzhoff: [Rezen-
       sion von] Peter Massing/Gotthard Breit/Hubertus Buchstein (Hg.): Demokratietheorien. Von der
       Antike bis zur Gegenwart. Texte und Interpretationshilfen. Veröffentlicht am 6.2.2012, o. S., Abs.
       22. Abrufbar unter: <https://www.socialnet.de/rezensionen/12516.php> (Zugriff am 29.1.2022).

146   Reinhart Koselleck: ›Erfahrungsraum‹ und ›Erwartungshorizont‹ – zwei historische Kategorien.
       In: ders.: Vergangene Zukunft. Zur Semantik geschichtlicher Zeiten. Frankfurt a.M. 1979, S. 349-
       375, 364.

147   Vgl. ebd., S. 364f.

148   Benedict Anderson: Die Erfindung der Nation. Zur Karriere eines folgenreichen Konzepts. 2., um
       ein Nachwort von Thomas Mergel erw. Aufl. der Neuausg. 1996. Frankfurt a.M., New York 2005,
       S. 32. (Die Originalausgabe aus dem Jahr 1983 trägt den Titel »Imagined Communities. Reflections
       on the Origin and Spread of Nationalism«.)

149   Reinhart Koselleck: Vergangene Zukunft der frühen Neuzeit. In: ders.: Vergangene Zukunft. Zur
       Semantik geschichtlicher Zeiten. Frankfurt a.M. 1979, S. 17-37, 19.

150   Michael Wildt: Volk, Volksgemeinschaft, AfD. 2., aktual. Aufl. Hamburg 2017, S. 36.

zukunftsoffen gewesen. Die Neuzeit hingegen ist überzeugt von einer »Machbarkeit«[151] der Geschichte. Mit dieser Gewissheit ließ sich die Gemeinschaft in eine Zukunft verlegen: Zwar mag es an einer Gemeinschaft, wie es sie früher gab, derzeit fehlen, aber sie kann (wieder) werden.[152]

Die zeitliche Verflüssigung der Gesellschaft ist die Voraussetzung dafür, die Gemeinschaft als etwas konzipieren zu können, das dem Vergehen widersteht und erneut hervorgebracht werden kann. Gerade also die Verzeitlichung trägt zu einer Substantialisierung der Gemeinschaft bei. Rosa et al. verweisen auf Benedict Anderson, der am Beispiel der Gemeinschaft der Nation[153] gezeigt habe, dass man die Gemeinschaft als eine von den Zeitläuften und den mit ihnen einhergehenden Veränderungen ausgenommene, über- oder mehr noch: unzeitliche Gestalt des Zusammenlebens denkt.[154] Gegen die Verzeitlichung (aber zugleich nur aufgrund der Verzeitlichung) wird die Gemeinschaft imaginiert als eine »beständige Gemeinschaft«[155], die verheißt, der »Sinnlosigkeit und Diesseitigkeit des modernen Daseins«[156] wieder eine Bedeutung zu verleihen; etwa dadurch, dass sie den »kümmerlichen [...] Tod des Individuums«[157], den es in der Moderne sterben muss, zu einem sinnvollen Opfertod für die Gemeinschaft erhöht.[158] Der Versuch einer Wiederherstellung der (verlorenen) Gemeinschaft ist die »Vermittlung des Überzeitlichen mit der Geschichte«: Weil »die ursprüngliche ideale Gemeinschaft [...] prä- bzw. a-historisch«[159] gedacht wird, kann sie restituiert werden.

Heuristischer Vorgriff II: Der Körper der Gemeinschaft

Die Idee einer Beständigkeit der (nationalen) Gemeinschaft, meint Anderson, entspreche der »Vorstellung eines sozialen Organismus, der sich bestimmbar durch eine homogene und leere Zeit bewegt«.[160] Damit weist Anderson auf ein in der Tradition des

---

151   Reinhart Koselleck: Historia Magistra Vitae. Über die Auflösung des Topos im Horizont neuzeitlich bewegter Geschichte. In: ders.: Vergangene Zukunft. Zur Semantik geschichtlicher Zeiten. Frankfurt a.M. 1979, S. 38-66, 61.

152   Vgl. Rosa et al.: Theorien der Gemeinschaft, S. 35. David Kuchenbuch: Geordnete Gemeinschaft. Architekten als Sozialingenieure – Deutschland und Schweden im 20. Jahrhundert. Bielefeld 2010, S. 21, hält in diesem Sinne fest: »In vielen industrialisierten Ländern stand [...] in der ersten Hälfte des 20. Jahrhunderts eine Krisendiagnose – das Verschwinden der Gemeinschaft – dem Gestaltbarkeitsbewusstsein verschiedener Experten und Planer gegenüber.«

153   Zu der Frage, was die Gemeinschaft als Nation von anderen Gemeinschaften unterscheidet, siehe Étienne Balibar: Die Nation-Form: Geschichte und Ideologie. In: ders./Wallerstein, Immanuel: Rasse – Klasse – Nation. Ambivalente Identitäten. 2. Aufl. Berlin 1992, S. 107-130. Die Gemeinschaft der Nation sei verknüpft mit dem Begriff des Volkes: »[D]as Volk muß *sich* permanent als nationale Gemeinschaft *schaffen*«. (Ebd., S. 115, Hv. i. Orig.)

154   Vgl. Rosa et al.: Theorien der Gemeinschaft, S. 35.

155   Anderson: Erfindung der Nation, S. 33.

156   Rosa et al.: Theorien der Gemeinschaft, S. 35.

157   Nancy: Entwerkte Gemeinschaft, S. 11 (CD 12).

158   Siehe dazu Anderson: Erfindung der Nation, S. 144f. Eine solche Idee findet man bei Carl Schmitt; siehe Andrew Norris: Jean-Luc Nancy on the political after Heidegger and Schmitt. In: Philosophy and Social Criticism 37 (2011), H. 8, S. 899-913, 904, sowie den kurzen Hinweis in meiner Arbeit Herzhoff: Nancy und Schmitt, S. 91.

159   Raulet: Modernität der Gemeinschaft, S. 74.

160   Anderson: Erfindung der Nation, S. 33; vgl. ebd.

Gemeinschaftsdenkens zentrales Bild hin: die Gemeinschaft als Organismus, »die Sozialität *als Körper*«.[161]

Weshalb gibt es Bilder der Gemeinschaft? Anderson zufolge sind Gemeinschaften –
etwa eine Nation[162] – vorgestellte, imaginierte Gemeinschaften. Die Mitglieder einer
(nationalen) Gemeinschaft kennen die meisten anderen Mitglieder nicht, begegnen ihnen nie und hören nie etwas von ihnen – und doch habe jedes Mitglied eine Idee der
Gemeinschaft im Kopf.[163] Das Bild einer Gemeinschaft präsentiert die Gemeinschaft
ihren Mitgliedern als eine sinnlich nicht wahrnehmbare »Ganzheit«.[164] Koschorke et al.
formulieren: »Metaphern für das ›Ganze‹ eines Gemeinwesens sind also *Hypotyposen*,
Versinnlichungen eines Begriffs, die mit rhetorischen Mitteln vor Augen stellen, was anders nicht gesehen werden kann.«[165]

Im Anschluss an Cornelius Castoriadis (*L'institution imaginaire de la société*, 1975) ließe
sich sagen, dass ein »*Gemein-Begriff*«[166] wie ›Gemeinschaft‹ etwas im doppelten Wortsinne Fiktives meint.[167] Eine Gemeinschaft wird gemacht (*fictio* = Bildung, Gestaltung) –
durch eine Fiktion, die aber der Gemeinschaft nichts an Realität nimmt.[168] Die Idee
der (verlorenen, wiederherzustellenden, körperhaften) Gemeinschaft prägt den Raum
des von Castoriadis so genannten Imaginären:

---

161   Jean-Luc Nancy/Philippe Lacoue-Labarthe: Panik und Politik. In: Fragmente. Schriftenreihe zur Psy-
      choanalyse 29/30 (1989), S. 63-98, 78, Hv. i. Orig. (Jean-Luc Nancy/Philippe Lacoue-Labarthe: La pa-
      nique politique. In: Cahiers Confrontation 2 [1979], S. 33-57, 43, Hv. i. Orig.). Siehe auch Spitta: Ge-
      meinschaft jenseits von Identität, S. 88, sowie Trautmann: Nichtmitmachen, S. 181: »Die Idee der
      Verkörperung des Sozialen steht […] paradigmatisch für alle klassischen Gemeinschaftskonzep-
      tionen.« Ich orientiere mich im Folgenden vor allem an Koschorke et al.: Der fiktive Staat, sowie
      Lüdemann: Metaphern der Gesellschaft.

162   Siehe zur Herausbildung des Begriffs der Nation etwa Spitta: Gemeinschaft jenseits von Identität,
      S. 125ff.

163   Vgl. Anderson: Erfindung der Nation, S. 15.

164   Koschorke et al.: Der fiktive Staat, S. 58, Hv. i. Orig.

165   Ebd., Hv. i. Orig. Siehe auch Lüdemann: Metaphern der Gesellschaft, S. 109, sowie Trautmann:
      Nichtmitmachen, S. 181: »Das Unsichtbare der sozialen Substanz wird in den verschiedenen Ein-
      heitsfiktionen und Kollektivmythen als sichtbar, greifbar und sinnhaft dargestellt.«

166   Spitta: Gemeinschaft jenseits von Identität, S. 19, Hv. i. Orig.

167   Siehe zu Castoriadis etwa Lüdemann: Metaphern der Gesellschaft, S. 47ff., sowie Abschnitt II.2
      dieser Arbeit. Weitere Anknüpfungspunkte für die hier vorgetragenen Überlegungen fände man
      bei Jacques Lacan und Slavoj Žižek, zeigen Lars Gertenbach/Dorothee Richter: Das Imaginäre und
      die Gemeinschaft, S. 122ff. In eine andere Richtung als diese Ansätze zielt Raulet: Modernität der
      Gemeinschaft, S. 74, Hv. i. Orig., demzufolge der »vermeintliche soziologische Grundbegriff [der
      Gemeinschaft, S. H.] von der literarischen *Fiktion* kaum zu unterscheiden« ist.

168   Vgl. Koschorke et al.: Der fiktive Staat, S. 10. Siehe auch die ebenfalls von Lüdemann: Metaphern
      der Gesellschaft, S. 103, zitierte Bemerkung von Balibar: Nation-Form, S. 115, Hv. i. Orig., demzu-
      folge »das Imaginäre […] realitätsbildend wirkt«; man könne sogar sagen, »daß unter bestimmten
      Bedingungen *allein imaginäre Gemeinschaften real sind*«. Dies gilt, wie Spitta: Gemeinschaft jenseits
      von Identität, S. 48, betont, vor allem für die negativen Auswirkungen imaginärer Gemeinschaften
      wie Gewalt und Ausgrenzungen. Lüdemann: Metaphern der Gesellschaft, S. 102f., hält allgemein
      fest: »Die Imagines (Metaphern) von Gesellschaft und Gemeinschaft, an denen wir unser Handeln
      orientieren, sind von zentraler Bedeutung für das, was wir schließlich füreinander darstellen, was
      wir leben können.«

Weder im Faktischen angewachsen noch bloß irrational, ist dies der Raum einer wirkungsvollen Irrealität, der sich den Urteilen über wahr und falsch entzieht und dennoch all die Bilder speichert, die als unmittelbare Antwort auf die Frage nach Identität und Zusammenhalt einer Gesellschaft ausfließen.[169]

Es bedarf »Vorstellungen von Einheit und Ganzheit«[170], damit sich eine Gemeinschaft als Gemeinschaft identifizieren kann. Fiktionen wie Mythen, Bilder, aber auch die Architektur[171], drücken keine bestehende gemeinschaftliche Realität aus, sondern stellen sie her, indem sie etwa das Bild eines gemeinsamen Feindes zeichnen oder die Gründung der Gemeinschaft literarisch oder ikonographisch inszenieren.[172] In diesem Sinne nennt Nancy den Mythos »die Vorstellung am Werk [...]: er ist die Fiktion, die gründet«.[173] Auch der Mythos zählt zum »sozialen Imaginären«, durch das »ein Gemeinwesen sich selbst inszeniert – und sich selbst als *Eines* inszeniert«.[174]

Für diese Aufgabe eignet sich besonders gut das Bild des sozialen Körpers oder Organismus (des Sozialen als Organismus oder Körper). Als eine »Metapher der Natürlichkeit«[175] ist es prädestiniert dazu, seine Bildhaftigkeit vergessen zu machen und die Gemeinschaft zu einem naturhaften Gebilde zu substantialisieren.[176] Die Metapher

---

169   Vogl: Einleitung, S. 15. Einer Theorie des Imaginären in diesem Sinne folgt auch Spitta: Gemeinschaft jenseits von Identität, S. 21f.; 24f.; 33ff.

170   Koschorke et al.: Der fiktive Staat, S. 11.

171   Siehe dazu vor allem Heike Delitz: Gebaute Gesellschaft. Architektur als Medium des Sozialen. Frankfurt a.M., New York 2010, sowie Abschnitt II.4 dieser Arbeit.

172   Vgl. Koschorke et al.: Der fiktive Staat, S. 10f.; Lüdemann: Metaphern der Gesellschaft, S. 111. Gertenbach/Richter: Das Imaginäre und die Gemeinschaft, S. 121, meinen, man dürfe das »imaginäre Moment« einer Gemeinschaft »nicht als kontingentes Supplement« auffassen; es sei »vielmehr ein konstitutiver Bestandteil von Gemeinschaften« und also »das Gegenteil einer Illusion. Es ist Voraussetzung und Grundlage der Gemeinschaftskonstruktion anstatt deren logisch nachgängiger Reflex«. Mit Castoriadis meint Battegay: Das andere Blut, S. 43: »Die Rolle des Imaginären besteht darin, dass es Antworten liefert auf die Frage nach der Identität des ›Wir‹, nach den Grundfragen jeder Gemeinschaft. Diese Antworten vermag weder die Wirklichkeit (denn es gibt keine Essenz einer Gemeinschaft, die ganz real ist) noch rationales Nachdenken zu geben, sondern müssen im Imaginären liegen.«

173   Jean-Luc Nancy: Der unterbrochene Mythos. In: ders.: Die undarstellbare Gemeinschaft. Stuttgart 1988, S. 93-148, 121 (Jean-Luc Nancy: Le mythe interrompu. In: ders.: La communauté désœuvrée [1986]. Nouvelle édition revue et augmentée. Paris 2004, S. 107-174, 143). Siehe auch Morin: Brüderliche Gemeinschaft, S. 221, sowie zum Mythos Abschnitt I.2.3 der vorliegenden Arbeit.

174   Koschorke et al.: Der fiktive Staat, S. 62, Hv. i. Orig. Dabei gilt, »dass sich Faktum und Fiktion im Raum des Politischen« (ebd., S. 56) wechselseitig aufeinander auswirken. Man habe es »mit einem *zirkulären* Verhältnis zwischen ›harten‹ und ›weichen‹ Machtfaktoren zu tun. Zwar beeinflussen die vorhandenen politischen Strukturen die Art und Weise, wie sie rhetorisch zur Evidenz gebracht werden können, doch werden sie umgekehrt nach Maßgabe dieser Evidenz remodelliert«. (Ebd., S. 61, Hv. i. Orig.) Lüdemann: Metaphern der Gesellschaft, S. 59, fasst das Verhältnis zwischen dem Imaginären und der sozialen Realität auf »als eine Art Chiasmus«.

175   Lüdemann: Metaphern der Gesellschaft, S. 26.

176   Vgl. Koschorke et al.: Der fiktive Staat, S. 57f., und siehe auch Spitta: Gemeinschaft jenseits von Identität, S. 88. Die ›Herstellung‹ der Gemeinschaft ist ein Machtakt, zeigt Hinrich Fink-Eitel: Gemeinschaft als Macht. Zur Kritik des Kommunitarismus. In: Brumlik, Micha/Brunkhorst, Hauke (Hg.): Gemeinschaft und Gerechtigkeit. Frankfurt a.M. 1993, S. 306-322: »Gemeinschaft ist [...] nichts Gegebenes. Die sie auszeichnende Vereinigung heterogener Elemente ist Erfindung oder

des sozialen Körpers ist nicht mehr als Metapher bewusst: Sie »›stirbt‹ *als Metapher* in dem Augenblick, in dem die durch sie konstituierte sprachliche Realität für natürliche, materielle Realität gehalten wird«.[177]

Das Bild des sozialen Körpers erweist sich als äußerst wirkungsvoll dafür, eine »faktische Zerrissenheit«[178] des Sozialen zwar nicht zu beheben, jedoch durch eine paradoxe Operation zu eskamotieren. Die Vorstellung von der Gemeinschaft als Körper impliziert die Vorstellung einer Einheit oder Ganzheit der Gemeinschaft – und das Gegenteil: eine ursprüngliche Uneinheitlichkeit. Mehr noch: Das Bild des sozialen Körpers muss »überhaupt erst und nur deswegen aufgeboten werden [...], wenn und weil das politische Gemeinwesen, anders als der Organismus, permanent von seiner eigenen Spaltung und Teilung bedroht ist«.[179] Behauptet man, das Bild des sozialen Körpers stelle Einheit her, so sagt man zugleich, »dass es die postulierte ursprüngliche Einheit nicht gibt – außer eben in der durch die Wirksamkeit von Metaphern gestifteten Welt«.[180]

Das Bild des sozialen Körpers bewirkt, dass das Fehlen einer ursprünglichen Einheit der Gemeinschaft als bedrohlich empfunden wird, da es an die Fiktion einer Ganzheit des eigenen Körpers und an die Angst vor seiner Fragmentierung und Zerstückelung anknüpft.[181] Zugleich bannt das Bild des (individuellen wie sozialen) Körpers diese Angst. Es beschwört »das Phantasma einer vor-organischen Dissoziation«[182] herauf, die es selbst zu kurieren verspricht, denn der menschliche wie soziale Körper kann nur »gedeihen«, wenn und solange »seine Glieder in Eintracht zusammenwirken«.[183] Das Körper-Bild stellt eine natürliche Einheit vor Augen und verdeckt eine tatsächliche Dissoziation, die es als hintergründige Ängstigung aufrechterhält. Es beruhigt, bleibt aber deshalb unweigerlich an die Unruhe gebunden. Das Bild des Körpers verspricht: »[I]m Körper kann es keinen Bürgerkrieg geben«.[184]

Konstruktion. Die Konstruktionsregeln der einheitsstiftenden Geschichten und Symbole sind zumeist Regeln unter Gesichtspunkten der Macht.« (Ebd., S. 314) Man müsse »konstruktiven Zwang« einsetzen, »um die willkürliche Vereinigung als organische Einheit erscheinen zu lassen«. (Ebd.)

177 Lüdemann: Metaphern der Gesellschaft, S. 44, Hv. i. Orig.

178 Koschorke et al.: Der fiktive Staat, S. 55.

179 Lüdemann: Metaphern der Gesellschaft, S. 84; siehe auch Spitta: Gemeinschaft jenseits von Identität, S. 88.

180 Koschorke et al.: Der fiktive Staat, S. 53.

181 Vgl. ebd., S. 62; siehe auch Spitta: Gemeinschaft jenseits von Identität, S. 283. Zur Fiktionalität des ganzen Körpers siehe etwa Dietmar Kamper: Art. ›Körper‹. In: Barck, Karlheinz et al. (Hg.): Ästhetische Grundbegriffe. Historisches Wörterbuch in sieben Bänden. Bd. 3. Harmonie-Material. Stuttgart, Weimar 2001, S. 426-450, 438: »Der ganze Körper ist kein Körper, sondern ein Bild.« Das Motiv des fragmentierten Körpers untersuchen etwa Madlen Sell/Joachim Küchenhoff: ›In Stücke zerrissen‹: Der fragmentierte Körper. Phantasma, Lustobjekt und Erkenntnisparadigma. In: Psyche. Zeitschrift für Psychoanalyse und ihre Anwendungen 69 (2015), H. 11, S. 1007-1032.

182 Koschorke et al.: Der fiktive Staat, S. 20.

183 Ebd., S. 16. Die Autor*innen beziehen sich hier auf die von dem römischen Historiker Titus Livius überlieferte Fabel des Menenius Agrippa; siehe dazu ebd., S. 15ff., sowie Lüdemann: Metaphern der Gesellschaft, S. 84ff., und kurz auch Jacques Rancière: Die Gemeinschaft der Gleichen. In: Vogl, Joseph (Hg.): Gemeinschaften. Positionen zu einer Philosophie des Politischen. Frankfurt a.M. 1993, S. 101-132, 107f.; 121; 124.

184 Koschorke et al.: Der fiktive Staat, S. 18.

Der Rückgang auf eine (vermeintlich) natürliche Körpereintracht berichtigt eine tatsächliche Zwietracht nicht nur, sondern markiert sie als widernatürlich und schädlich.[185] Die im 19. Jahrhundert aufkommende, im folgenden Jahrhundert zur Vernichtungspraxis gewordene Idee, man müsse den ›Volkskörper‹ im Sinne einer »prophylaxie sociale«[186] von ›Schädlingen‹ befreien[187], ergibt sich aus dem Bild der Gemeinschaft als Körper nicht zwangsläufig, liegt aber nahe.[188] Es ist kein Zufall: Die Körper-Metapher erscheint »in allen ihren Varianten (vom Volkskörper über den Körper des ›Führers‹ bis hin zum biologisch verstandenen Körper der Rasse) für totalitäre Systeme geradezu konstitutiv«.[189] Claude Lefort zufolge versucht der Totalitarismus[190], die mit der Enthauptung des königlichen Körpers[191] in der Französischen Revolution eingetretene »désincorporation des individus«[192] rückgängig zu machen. Die Einzelnen sollen zusammenwachsen zum »peuple-Un«.[193] Von diesem »Volk-als-Eines«[194] gelte es »l'Autre«[195], das Andere, fernzuhalten; mehr noch: die Einheit des Volkes stellt sich her durch Ausschluss des Anderen.[196]

> Comprenons ainsi que la constitution du peuple-Un exige la production incessante d'ennemis. [...] L'ennemi du peuple est considéré comme un parasite ou un déchet à

---

185 Vgl. ebd.

186 Claude Lefort: L'image du corps et le totalitarisme. In: ders.: L'invention démocratique. Les limites de la domination totalitaire. Paris 1981, S. 159-176, 166.

187 Zu dieser Vorstellung siehe etwa auch die Anmerkungen von Iris Därmann: Undienlichkeit. Gewaltgeschichte und politische Philosophie. Berlin 2020, S. 293f.

188 Siehe etwa Lüdemann: Metaphern der Gesellschaft, S. 106. Grimms Wörterbuch gibt an, mit dem Begriff ›Volkskörper‹ werde »das volk als lebender organismus« gedacht, siehe Art. ›Volkskörper‹ in: Jacob Grimm/Wilhelm Grimm: Deutsches Wörterbuch. Bd. 26 (= Zwölfter Band, II. Abteilung. Vesche-vulkanisch). Bearbeitet von Rudolf Meiszner. Fotomechan. Nachdruck d. Erstausg. 1951. München 1984, Sp. 486, Hv. i. Orig. Zur Etymologie von ›Volk‹ und zur Herkunft weiterer ›Volks‹-Komposita siehe etwa Jörn Retterath: ›Was ist das Volk?‹ Volks- und Gemeinschaftskonzepte der politischen Mitte in Deutschland 1917-1924. Berlin, Boston 2016, S. 33ff., dort (S. 36) auch der Hinweis auf die Passage in Grimms Wörterbuch. Für Spitta: Gemeinschaft jenseits von Identität, S. 18, Hv. i. Orig., ist »die Begriffskoalition von *Gemeinschaft* und *Volk* [...] ein originär deutschsprachiges Phänomen«.

189 Koschorke et al.: Der fiktive Staat, S. 12f.

190 Abschnitt I.1.3 dieser Arbeit geht ausführlicher auf Leforts Totalitarismusanalyse ein.

191 Siehe zur Bedeutung der Enthauptung des Königs für den modernen politischen Diskurs Trautmann: Partage, S. 7ff. Der Autor sieht die Moderne beunruhigt von der »gleichzeitige[n] Unmöglichkeit und Notwendigkeit, einen legitimatorischen Selbstbezug zu benennen, der ohne Rückgriff auf eine höhere Instanz auskommt«. (Ebd., S. 7)

192 Lefort: L'image du corps, S. 172, auch zitiert bei Koschorke et al.: Der fiktive Staat, S. 231.

193 Lefort: L'image du corps, S. 165.

194 Claude Lefort: Fortdauer des Theologisch-Politischen? Wien 1999, S. 65.

195 Lefort: L'image du corps, S. 165.

196 Der Feind ist ein »internes Außen«, durch das »der Volkskörper *als ganzer*, d.h. als Identität, vorgestellt werden kann«, so Oliver Marchart: Die politische Theorie des zivilgesellschaftlichen Republikanismus: Claude Lefort und Marcel Gauchet. In: Brodocz, André/Schaal, Gary S[tuart] (Hg.): Politische Theorien der Gegenwart II. Eine Einführung. Opladen 2001, S. 161-191, 172, Hv. i. Orig. Siehe auch Koschorke et al.: Der fiktive Staat, S. 257f.

éliminer. [...] La poursuite des ennemis du peuple s'exerce au nom d'un idéal de prophylaxie sociale [...]. Ce qui est en cause, c'est toujours l'intégrité du corps. Tout se
passe comme si le corps devait s'assurer de son identité propre en expulsant ses dé-
chets [...].[197]

Damit zeichnet sich eine Verknüpfung zwischen dem Bild der Gemeinschaft als Körper
und der Politik ab. Das Bild des sozialen Körpers (oder Organismus) ist eine performative »*Intervention* in die politische Sphäre«[198]; es schafft erst die Verhältnisse, die es
nur darzustellen vorgibt. Es inszeniert eine Ganzheit, die ohne dieses Bild nicht existierte, wobei die Natürlichkeitsanmutung des sozialen Körpers die Künstlichkeit dieser
Ganzheit verdeckt.[199] Verknüpft mit dem Bild des sozialen Körpers ist ein »Denken des
Politischen« und ein Denken der Gemeinschaft, das den Bürgerkrieg vergessen lässt,
den Widerstreit oder allgemeiner: die Differenz als »›Grund‹ des Politischen und der Gemeinschaft«.[200] Zugespitzt: Politik ist Körper-Politik, ist »die Kunst, einen politischen
Körper zu erzeugen. [...] Politik wäre demnach jene Operation, die in den verstreuten
Körpern den einen und zusammenhängenden bewegt und aus den disparaten, undeut-
lichen oder ungehörten Stimmen ein einziges Sagen hervorbringt.«[201] Sie betreibt »eine Identifizierung von Gliedern und Teilen, die sich im Imaginären des einheitlichen
Körpers treffen«.[202]

Gegen dieses Verständnis von Politik wendet sich die vorliegende Arbeit. Argumentiert wird für eine Politik, die nicht (auf) Versöhnung (aus) ist, sondern im Gegenteil
sich als »ein Augenblick des Bruchs, in dem sich die Figur des politischen Körpers defi-
guriert und in einer grundlegenden Verrückung keine Einheit, sondern *membra disjecta*
präsentiert«[203], darstellt.

Zunächst aber sollen nun eingedenk der skizzierten ›heuristischen Vorgriffe‹ (dem
Motiv eines Verlustes der Gemeinschaft und dem Bild von der Gemeinschaft als Körper) zentrale ideengeschichtliche Topoi des Gemeinschaftsdenkens skizziert werden.
Im Sinne einer »historisch-kritische[n] [...] Rekonstruktion des philosophisch-diskursi-
ven Status der Gemeinschaft«, ist dieses Vorhaben »unerläßlich, wenn man ihrer Ideo-
logisierung vorbeugen will«.[204]

---

197   Lefort: L'image du corps, S. 166. Ähnlich Claude Lefort: La logique totalitaire. In: ders.: L'invention
      démocratique. Les limites de la domination totalitaire. Paris 1981, S. 85-106, 101f. Den Hinweis auf
      diesen Aufsatz finde ich bei Antoine Chollet: ›Peuple-Un‹ ou dèmos: les figures du peuple chez
      Lefort et Castoriadis. In: Poirier, Nicolas (Hg.): Cornelius Castoriadis und Claude Lefort: L'expérience
      démocratique. Lormont 2015, S. 31-42, 32.
198   Koschorke et al.: Der fiktive Staat, S. 56, Hv. i. Orig.
199   Vgl. ebd., S. 18f.
200   Lüdemann: Metaphern der Gesellschaft, S. 86, mit Bezug auf Nicole Loraux: Das Band der Teilung.
      In: Vogl, Joseph (Hg.): Gemeinschaften. Positionen zu einer Philosophie des Politischen. Frankfurt
      a.M. 1994, S. 31-64.
201   Joseph Vogl: Asyl des Politischen. Zur Topologie politischer Gelegenheiten. In: Hebekus, Uwe/
      Matala de Mazza, Ethel/Koschorke, Albrecht (Hg.): Das Politische. Figurenlehren des sozialen Kör-
      pers nach der Romantik. München 2003, S. 23-38, 23.
202   Ebd., S. 25.
203   Ebd., S. 24, Hv. i. Orig.
204   Raulet: Modernität der Gemeinschaft, S. 89. Hilfreich waren für das Folgende vor allem die zum
      Teil oben bereits herangezogenen Darstellungen von Juliane Spitta (*Gemeinschaft jenseits von Iden-*

Platon (428-348 v. Chr.) und Aristoteles (384-322 v. Chr.)

Aristoteles bestimmt den Menschen in der *Politik* als *zoon politikon*, als ein »von Natur« aus »staatliches Wesen«.[205] Den Menschen zeichnet aus, dass er die »Fähigkeit für politische Organisation«[206] besitzt. Nur er lebt in »politischen Strukturen«[207] im engeren Sinne; solchen, die sich nicht, wie bei anderen »Vereinswesen«[208] (etwa Bienen), aus den »Notwendigkeiten seines biologischen Lebendigseins«[209] ergeben. Mit der Auszeichnung des Menschen als *zoon politikon* möchte Aristoteles nicht einem moderneren Politikverständnis gemäß die Grundzüge einer Verwaltungslehre des Sozialen ausbuchstabieren[210], sondern benennen, was den Menschen als zu einer besonderen Gemeinschaftlichkeit disponiert ausweist: Es sind die »Unselbständigkeit«[211] des Menschen, argumentiert bereits Platon, seine Verschiedenheit und seine existentiellen Grundbedürfnisse, die ihn zur Kooperation und zum Zusammenleben führen.[212] Das Zusammenleben in der Polis ist allerdings gegenüber dem von Notwendigkeiten bestimmten »naturhaften Zusammenleben«[213] (im Haushalt) »das Politischsein eines höheren Typus«.[214] Den Menschen definiert, dass »er das Politische in höherem Maße verwirklicht als andere Tiere«, indem er »an einem reichhaltigeren Werk (das eine differenzierte Kooperationsform voraussetzt)«[215] partizipiert – der Polis. Das Leben in

tität? Über die paradoxe Renaissance einer politischen Idee), Susanne Lüdemann (Metaphern der Gesellschaft. Studien zum soziologischen und politischen Imaginären), Hartmut Rosa et al. (Theorien der Gemeinschaft zur Einführung), sowie Thomas Bedorf/Steffen Herrmann: Das Gewebe des Sozialen. Geschichte und Gegenwart des sozialen Bandes. In: dies. (Hg.): Das soziale Band. Geschichte und Gegenwart eines sozialtheoretischen Grundbegriffs. Frankfurt a.M., New York 2016, S. 11-47.

205   Aristoteles: Politik (Übers. Rolfes, Eugen). Philosophische Schriften in sechs Bänden. Bd. 4. Hamburg 1995, S. 4 (1253a).

206   Arendt: Vita activa, S. 35.

207   Dominic O'Meara: Der Mensch als politisches Lebewesen. Zum Verhältnis zwischen Platon und Aristoteles. In: Höffe, Otfried (Hg.): Der Mensch – ein politisches Tier? Essays zur politischen Anthropologie. Stuttgart 1992, S. 14-25, 16.

208   Aristoteles: Politik, S. 4 (1253a).

209   Arendt: Vita activa, S. 35.

210   Felix Böttger: Postliberalismus. Zur Liberalismuskritik der politischen Philosophie der Gegenwart. Frankfurt a.M., New York 2014, sieht etwa den Liberalismus seit Hobbes dadurch charakterisiert, dass er »Politik auf Interessenverwaltung reduziert« (ebd., S. 12), wodurch »die Vereinigung zu einer politischen Gemeinschaft« lediglich verstanden werde als ein »äußeres Mittel, um ungestört seine privaten Interessen verfolgen zu können«. (Ebd., S. 13)

211   O'Meara: Der Mensch als politisches Lebewesen, S. 20.

212   Vgl. Platon: Politeia. In: ders.: Sämtliche Werke. Bd. 3. Phaidon, Politeia. In der Übersetzung von Friedrich Schleiermacher (Hg. Otto, Walter F[riedrich]/Grassi, Ernesto/Plambōck, Gert). Reinbek bei Hamburg 1969, S. 67-310, 106ff. (369b-371b). Schon für Platon sei damit »der Mensch [...] von Natur aus ein politisches Wesen«, so O'Meara: Der Mensch als politisches Lebewesen, S. 20; siehe auch Rosa et al.: Theorien der Gemeinschaft, S. 18f.

213   Arendt: Vita activa, S. 35.

214   Jacques Rancière: Das Unvernehmen. Politik und Philosophie. Frankfurt a.M. 2002, S. 15.

215   O'Meara: Der Mensch als politisches Lebewesen, S. 17. Bei Aristoteles: Politik, S. 4 (1253a), heißt es, der Mensch sei »mehr noch als jede Biene und jedes schwarm- oder herdenweise lebende Tier ein Vereinswesen«; siehe dazu O'Meara: Der Mensch als politisches Lebewesen, S. 16f.

der Polis wird dabei als ein Zusammenleben in größtmöglicher Einheit konzipiert[216], und oft ist der menschliche Körper das Modell dieser Einheit.[217]

Die Einheit der Polisgemeinschaft entsteht bei Platon auf dem Boden einer Gleichheit oder »Einheit der *Lebenspraxis*«[218], die die Individuen so sehr unifiziert, dass sie kaum mehr Individuen sind.[219] Die Voraussetzung für die Eintracht des Gemeinwesens ist ein affektives Miteinander: eine »Gemeinschaft der Lust und Unlust«.[220] Diese Gemeinschaft »*psychischer Homogenität*«[221] muss gestiftet werden.[222] Wie die Inswerksetzung einer Gemeinschaft vor sich geht, exemplifiziert Platon an der Lebensweise der Wächter; sie bildeten eine »Gemeinschaft von Genießenden«.[223]

Platon denkt dabei vor allem an zwei Arten körperlichen Genusses. Eine der beiden stellen die »gemeinsame[n] Speisungen«[224] der Wächter dar. Identität zwischen den Beteiligten kommt hierbei dadurch zustande, dass alle von der gleichen Nahrung zehren und auf diese Weise ihre Lebenskraft aus einer Quelle schöpfen.[225] Für Einheit sorgt zum anderen sexueller Genuss. Da im Wächterstand »keiner etwas [...] für sich allein besitzt« und also auch die Wohnungen gemeinsam behaust werden, werden die Wächter durch die »Notwendigkeit [...] des Geschlechtstriebes« dazu veranlasst, »sich miteinander zu vermischen«.[226] Im Wächterstand solle keine Frau einem Mann »eigentümlich beiwohne[n]«, vielmehr seien alle Frauen »allen diesen Männern gemeinsam«.[227] Nach Platons Vorstellung wird »[d]urch gemeinsame sexuelle Handlungen [...] ein soziales Band zwischen den Beteiligten gestiftet, da diese sich, indem sie körper-

---

216   Platon zufolge gibt es für den Staat kein »größeres Übel [...] als das, welches ihn zerreißt und zu vielen macht, anstatt eines«, und also kein »größeres Gut als das, was ihn zusammenbindet und zu einem macht«. (Platon: Politeia, S. 183 [462a-b]) Für Platon sei »jeder Konflikt etwas Verderbliches« (Loraux: Band der Teilung, S. 56), und auch Aristoteles meint, »das Hauptaugenmerk der Staatslenker« sei auf »Eintracht« orientiert, »während sie die Zwietracht als eine Feindschaft am meisten zu verbannen bemüht sind«. (Aristoteles: Nikomachische Ethik [Übers. Rolfes, Eugen; bearb. von Bien, Günther]. Philosophische Schriften in sechs Bänden. Bd. 3. Hamburg 1995, S. 182 [1155a]) Den Hinweis auf die Platon- und Aristoteles-Zitate verdanke ich Bedorf/Herrmann: Gewebe des Sozialen, S. 14.

217   Platon vergleicht den »wohlgeordneten Staat« mit einem menschlichen »Leibe« (Platon: Politeia, S. 185 [464b]) und veranschaulicht: »So wie, wenn einem unter uns der Finger verwundet ist, die gesamte [...] Gemeinschaft es zu fühlen pflegt und insgesamt zugleich mit zu leiden mit einem einzelnen schmerzenden Teile, sie, die ganze, und wir sodann sagen, daß der Mensch Schmerzen hat am Finger.« (Ebd., S. 183 [(462c-d]) Siehe hierzu und allgemein für eine Analyse der Analogie von Gemeinschaft und Organismus Lüdemann: Metaphern der Gesellschaft, S. 79ff.

218   Bedorf/Herrmann: Gewebe des Sozialen, S. 14, Hv. i. Orig.

219   Vgl. ebd., S. 16.

220   Platon: Politeia, S. 183 (462b).

221   Lüdemann: Metaphern der Gesellschaft, S. 79, Hv. i. Orig.

222   Vgl. ebd., und siehe auch Koschorke et al.: Der fiktive Staat, S. 72, Anm. 28.

223   Bedorf/Herrmann: Gewebe des Sozialen, S. 15; vgl. zum Folgenden ebd., S. 15f., sowie Lüdemann: Metaphern der Gesellschaft, S. 79f.

224   Platon: Politeia, S. 147 (416e).

225   Vgl. Bedorf/Herrmann: Gewebe des Sozialen, S. 16.

226   Platon: Politeia, S. 180 (458c-d).

227   Ebd., S. 179 (457c-d).

lich ›ein Fleisch‹ werden, auch geistig miteinander identifizieren«.[228] Eine Folge dieser »Polyamorösität«[229] ist, dass »auch die Kinder gemeinsam [sind], so daß weder ein Vater sein Kind kenne, noch auch ein Kind seinen Vater«.[230] Unter den Angehörigen des Wächterstandes gibt es deshalb keine Fremden und kein einheitszersetzendes »›mein‹ und ›nicht mein‹«[231] – jeder könnte ein Blutsverwandter sein.[232]

Gegen dieses Modell einer Gemeinschaft von Verwandten wird seit Aristoteles angeführt, man müsse die Gemeinschaft denken »als eine ›Vereinigung der Vielen‹«.[233] Hannah Arendt hat in *Was ist Politik?* (1950) auf die Folgen eines Familienmodells der Gemeinschaft hingewiesen: »Solange man politische Körper auf der Familie aufbaut und im Bild der Familie versteht«, lösche man die »ursprüngliche Verschiedenheit«[234] der Menschen aus. Politik handele aber gerade »von dem Zusammen- und Miteinander-Sein der *Verschiedenen*«.[235] Die Organisation der Polis nach dem Verwandtschaftsmodell ist für Arendt daher eine »Perversion des Politischen«.[236]

Aristoteles macht gegen Platons »*identitäre* Konzeption des sozialen Bandes«[237] (das heißt: gegen die Idee der organisch-familiären Gemeinschaft) geltend, die staatliche Gemeinschaft sei wesentlich – ihrer »Natur nach«, wie es heißt – »eine Vielheit«[238], und führt weiter aus: »[D]ie Bestandteile, woraus eine Einheit werden soll, müssen der Art nach verschieden sein.«[239] Um diese Verschiedenheit der »Teile des Ganzen«[240] aufzuweisen, zerlegt Aristoteles die Polis in ihre Elemente, beginnend mit den familiären Hausgemeinschaften, die sich zu Dorfgemeinden assoziieren, aus deren Zusammenschluss die Polis entsteht[241] und damit »eine Gemeinschaft, die gleichsam das Ziel

---

228 Bedorf/Herrmann: Gewebe des Sozialen, S. 15.

229 Ebd., S. 16.

230 Platon: Politeia, S. 179 (457d).

231 Ebd., S. 183 (462c).

232 Vgl. ebd., S. 184 (463c).

233 Bedorf/Herrmann: Gewebe des Sozialen, S. 17. Zu Aristoteles' Kritik an Platon siehe ebd., S. 16ff., sowie Lüdemann: Metaphern der Gesellschaft, S. 81ff., deren Darstellung ich im Weiteren folge.

234 Arendt: Was ist Politik, S. 10.

235 Ebd., S. 9, Hv. i. Orig.

236 Ebd., S. 10; siehe auch Spitta: Gemeinschaft jenseits von Identität, S. 311f.

237 Bedorf/Herrmann: Gewebe des Sozialen, S. 19, Hv. i. Orig. Mit Ernesto Laclau: Subjekt der Politik, Politik des Subjekts. In: ders.: Emanzipation und Differenz. 3. Aufl. Wien 2010, S. 79-103, 97f., könnte man bei Platon von einer Unterordnung des Partikularen unter das Universelle sprechen. »Nur *eine* Art des sozialen Arrangements, die sich bis über die winzigsten Aspekte des sozialen Lebens ausdehnt, ist mit dem kompatibel, was die Gemeinschaft in ihrer letzten Instanz ist. Andere Formen sozialer Organisation [...] sind nur degenerierte Formen, reine Korruption des Seins, Ergebnis einer Verstandestrübung.« (Ebd., S. 98, Hv. i. Orig.)

238 Aristoteles: Politik, S. 32 (1261a); siehe auch Rainer Rotermundt: Staat und Politik. Münster 1997, S. 26f.

239 Aristoteles: Politik, S. 33 (1261a).

240 Ebd., S. 2 (1252a).

241 Aristoteles denke die Polis als »erweiterte Familie«, resümiert Jean-Pierre Vernant: Die Entstehung des griechischen Denkens. Frankfurt a.M. 1982, S. 75.

vollendeter Selbstgenügsamkeit erreicht hat, die um des Lebens willen entstanden ist und um des vollkommenen Lebens willen besteht«.[242]

Aus dieser Definition des Staates entwickelt Aristoteles ein Argument für die »*holistische Überordnung des hierarchisch und funktional differenzierten ›Ganzen‹ über seine ›Teile‹*«[243], die er durch einen Rekurs auf die »Metapher des biologischen Körpers«[244] zu naturalisieren versucht. Die staatliche Gemeinschaft sei das »Ziel«, nach dem die »ersten und ursprünglichen menschlichen« Gemeinschaften (des Hauses bzw. der Familie) strebten, und dieses Ziel, mithin »die Beschaffenheit, die ein jedes Ding beim Abschluß seiner Entstehung hat, nennen wir die Natur des betreffenden Dinges«.[245] Daraus folgt nicht nur, dass der Mensch ein *zoon politikon* ist und »der Staat zu den von Natur bestehenden Dingen gehört«[246]; es ergibt sich auch ein Holismus, der die platonische Ordnung (von der Vielheit zur Einheit) auf den Kopf stellt: Vorausgesetzt sind nicht die zu vereinheitlichenden Teile, sondern umgekehrt ist das Ganze ursprünglicher als die Teile:

> Darum ist denn auch der Staat der Natur nach früher als die Familie und als der einzelne Mensch, weil das Ganze früher sein muß als der Teil. Hebt man das ganze menschliche Kompositum auf, so kann es keinen Fuß und keine Hand mehr geben, außer nur dem Namen nach, wie man etwa auch eine steinerne Hand Hand nennt; denn nach dem Tode ist sie nur mehr eine solche. [...] Man sieht also, daß der Staat sowohl von Natur besteht, wie auch früher ist als der Einzelne.[247]

Alle Teilgemeinschaften in einer Polis (z.B. Berufs- oder Kultgemeinschaften) bleiben auf das Gesamte der Polis, deren Zweck sie untergeordnet sind, bezogen. Bei Aristoteles gibt es keine methodische oder systematische Verselbständigung (des Begriffs) der Gemeinschaft, etwa in Abgrenzung zu ›Gesellschaft‹.[248] Er denkt vielmehr an ein »Vergesellschaftetsein im elementaren Sinne«[249], das er als *koinonia* bezeichnet. Dieses Wort, führt Manfred Riedel aus, benenne

---

242   Aristoteles: Politik, S. 4 (1252b). In der Polis, resümiert Hannah Arendt: Was ist Autorität? In: dies.: Zwischen Vergangenheit und Zukunft. Übungen im politischen Denken I (Hg. Ludz, Ursula). 2. Aufl. München 2013, S. 159-200, 183, ging es nicht um »das schiere Leben«, sondern um »die Freiheit des ›gut leben‹«.

243   Lüdemann: Metaphern der Gesellschaft, S. 81, Hv. i. Orig.

244   Ahlrich Meyer: Mechanische und organische Metaphorik politischer Philosophie. In: Archiv für Begriffsgeschichte 13 (1969), S. 128-199, 129.

245   Aristoteles: Politik, S. 4 (1252b).

246   Ebd. (1253a).

247   Ebd., S. 5 (1253a); vgl. Lüdemann: Metaphern der Gesellschaft, S. 81f.

248   Vgl. Manfred Riedel: Art. ›Gemeinschaft‹. In: Ritter, Joachim (Hg.): Historisches Wörterbuch der Philosophie. Bd. 3: G-H. Basel, Stuttgart 1974, Spp. 239-243, 242. Aristoteles: Nikomachische Ethik, S. 197 (1160a): »Von allen diesen Verbindungen kann man [...] sagen, daß sie unter der staatlichen Gemeinschaft stehen. Denn diese zielt nicht auf den Nutzen des Augenblicks ab, sondern umfaßt das gesamte Leben (die Zwecke der anderen Verbände [...] ordnen sich [...] dem Staatszweck unter, und das gilt auch von Geselligkeitsvereinen nach Art der eben genannten).«

249   Manfred Riedel: Art. ›Gesellschaft, Gemeinschaft‹. In: Brunner, Otto/Conze, Werner/Koselleck, Reinhart (Hg.): Geschichtliche Grundbegriffe. Historisches Lexikon zur politisch-sozialen Sprache in Deutschland. Bd. 2. E-G. Stuttgart 1975, S. 801-862, 804.

alle societären Verbindungen und Zusammenhänge, gleichgültig, ob es sich dabei um natürlich-familienhafte, durch Neigung und Gewohnheiten bejahte Zusammenhänge oder um willkürlich-vereinbarte, um eines äußeren Zweckes willen gewollte und rechtlich befestigte Verbindungen, um »Status- oder Kontraktverhältnisse« im Sinne der neuzeitlichen Sozialphilosophie [...] handelt.[250]

Demgemäß lässt sich *koinonia* als ein »genereller Begriff« verstehen, als »›Gattung‹ der verschiedenen ›Arten‹ von G[emeinschaft]«[251], wobei die holistische Annahme gilt, wie Aristoteles in der *Nikomachischen Ethik* deutlich macht, *»daß alle Gemeinschaften Teile der staatlichen Gemeinschaft sind«.*[252]

Aristoteles' Metapher, der Staat sei ein ›menschliche[s] Kompositum‹, diene herrschaftslegitimatorischen Zwecken, so Lüdemann.[253] Für Aristoteles bestehen »die sinnlich belebten Wesen [...] zunächst aus Leib und Seele, von welchen beiden das eine naturgemäß herrscht, während das andere dient«.[254] So wenig es zwischen Leib und Seele eine »Gleichstellung«[255] geben solle, so wenig könne Gleichheit im körpergleichen Staat obwalten. Die »ungleichen Teile[...]«[256], aus denen der Staat zusammengesetzt sei, seien von Natur aus und zum Nutzen aller Teile in Herrschende und Dienende unterteilt: »So erhellt denn, daß einige Menschen von Natur Freie oder Sklaven sind, für welche letzteren es auch nützlich und gerecht ist, Sklaven zu sein.«[257]

Das Körper-Bild legitimiert Ungleichheit und Herrschaft dadurch, dass es der gesellschaftlichen Ordnung, die es allererst ins Werk setzt, die Evidenz einer natürlichen Ordnung verleiht.[258] So macht es vergessen, dass »keine gesellschaftliche Ordnung in der Natur gegründet ist, kein göttliches Gesetz die menschlichen Gesellschaften beherrscht«.[259] Erforderlich ist das Bild des Körpers gerade deshalb, weil es weder eine natürliche Einheit der Gemeinschaft gibt[260] noch sich diese Einheit von einem ihr (göttlichen) Äußeren herleitet. Man kann mit Nancy das Bemühen um eine Einheit – oder Vereinheitlichung – der Gemeinschaft als das (in der vorliegenden Arbeit zu hinterfragende) Kerngeschäft der Politik seit ihren griechischen Anfängen verstehen.[261]

---

250   Ebd.

251   Riedel: Gemeinschaft, Sp. 242.

252   Aristoteles: Nikomachische Ethik, S. 197, Hv. i. Orig. (1160a).

253   Vgl. Lüdemann: Metaphern der Gesellschaft, S. 82f.

254   Aristoteles: Politik, S. 9 (1254a). Wie Andreas Hetzel: Sprachräume der Macht. Eine Rhetorik der Wortergreifung. In: Bedorf, Thomas/Unterthurner, Gerhard (Hg.): Zugänge. Ausgänge. Übergänge. Konstitutionsformen des sozialen Raums. Würzburg 2009, S. 121-127, 123, in Bezug auf Aristoteles meint, »die Dichotomie von Leib und Seele [...] vielleicht immer dazu [...], Hierarchien zu rechtfertigen«.

255   Aristoteles: Politik, S. 10 (1254b).

256   Ebd., S. 83 (1277a).

257   Ebd., S. 11 (1255a).

258   Vgl. Lüdemann: Metaphern der Gesellschaft, S. 83f.

259   Rancière: Unvernehmen, S. 28.

260   Vgl. Lüdemann: Metaphern der Gesellschaft, S. 84.

261   Siehe etwa Nancy: Demokratie und Gemeinschaft, S. 67; 76.

Die Entwicklung nach Aristoteles

Ausgehend von der aristotelischen Bestimmung des Menschen als *zoon politikon* differenziert sich das Denken der Gemeinschaft in eine »politisch-ethische« und eine »ontologische Ebene«.[262] Zum einen analysiert, konstruiert und beurteilt man konkrete Formen menschlicher Gemeinschaft, wobei drei Fragen im Fokus stehen: Welches gemeinsame Gut teilen die Mitglieder einer Gemeinschaft? (Mögliche Antworten sind: Traditionen, Bräuche, Erinnerungen, Sprache, Werte, Territorium, Abstammung.) Wen oder was umfasst die Gemeinschaft? Nur eine Kleingruppe, die Menschheit, oder gibt es auch eine Gemeinschaft mit Dingen, der Natur, mit Gott?[263] Die dritte Frage zielt auf das Verhältnis von Gemeinschaft und Individuum: Gibt es unantastbare individuelle Rechte und Freiheiten oder sind diese nachrangig gegenüber den Rechten der Gemeinschaft?[264] Auf der Ebene der Ontologie widmet man sich der Frage nach dem Wesen der Sozialität des Menschen. Entscheidenden Einfluss auf die Entwicklung dieses Stranges hatte die Übertragung des griechischen *zoon politikon* in das lateinische *animal sociale* etwa durch Seneca (1-65) und Thomas von Aquin (1225-1274).[265] Mit dieser Übersetzung ging nicht nur einher eine »Ontologisierung der Begrifflichkeit«[266], sondern löste sich auch die Verbindung des Ausdrucks *zoon politikon* zur Politik. Der Begriff des *animal sociale* nämlich betont die Idee einer »natürlich gegebene[n] Sozialität des Menschen« und hebt weniger »auf die Dimension des Handelns«, das heißt »auf den ›Gestaltungsauftrag‹ für die Gemeinschaft«[267] ab, den noch die Wendung vom *zoon politikon* enthielt.

---

262   Rosa et al.: Theorien der Gemeinschaft, S. 20, Hv. i. Orig., deren Darstellung ebd., S. 20ff., ich im Weiteren folge. Die Positionen sind im Einzelnen nicht immer eindeutig nur der einen oder anderen Ebene zuzuordnen. Wie sich zeigen wird, verfolgt etwa Nancy mit seinem »sozialontologisch[en]« Denken einer »Pluralität des Seins« (Bedorf/Herrmann: Gewebe des Sozialen, S. 41) zugleich den politischen Anspruch, ein Gegenmodell zu faschistischen, kommuni(tari)stischen und liberalen, am Individuum orientierten Konzepten einer (Politik der) Gemeinschaft zu entwerfen; vgl. Rosa et al.: Theorien der Gemeinschaft, S. 158ff.

263   Schon in der Spätantike und im frühen Christentum gab es für ›koinonia‹ eine »Ausdehnung des begrifflichen Anwendungsbereichs über die Institution der Polis hinaus« (Riedel: Gemeinschaft, Sp. 242): Der Begriff wird »nicht mehr durch die doppelte Bezogenheit auf die Gemeinsamkeit (κοινόν) eines begrenzten politischen Gemeindeverbands und die ihm zugehörige Bürgerschaft eingegrenzt, sondern erweitert sich zu einer nicht mehr institutionell-politisch gedachten Idee der Weltbürgerschaft. In der Sprache des frühen Christentums kehrt sie als Gemeinschaft der Gläubigen mit Gott und Christus wieder.« (Riedel: Gesellschaft, Gemeinschaft, S. 805f., Hv. i. Orig.)

264   Vgl. Rosa et al.: Theorien der Gemeinschaft, S. 28. Als gemeinsames Kennzeichen »kollektivistischer Gesellschaftsorganisation« (Kommunismus, Faschismus, Nationalsozialismus), so Martina Munk: Ungeheuerliche Massen. Tierbilder für das Phänomen des Massenhaften in der Literatur des 20. Jahrhunderts. Köln, Weimar, Wien 2011, S. 68, könne gelten, »dass dem Kollektiv eine unbedingte Vorrangstellung vor dem Einzelnen zugesprochen wird«. Eugen Lerch: ›Gesellschaft‹ und ›Gemeinschaft‹. In: Deutsche Vierteljahresschrift für Literaturwissenschaft und Geistesgeschichte 22 (1944), S. 106-120, 107, erkennt darin den »entscheidende[n] Unterschied« zwischen Gesellschaft und Gemeinschaft: »[B]ei der Gesellschaft freie Wahl, bei der Gemeinschaft etwas Vorherbestimmtes, dem man nicht entrinnen kann und in der Regel auch nicht entrinnen will«.

265   Vgl. Rosa et al.: Theorien der Gemeinschaft, S. 21, mit Verweis auf Arendt: Vita activa, vgl. dort etwa S. 34; siehe zudem Lerch: Gesellschaft und Gemeinschaft, S. 118.

266   Rosa et al.: Theorien der Gemeinschaft, S. 21.

267   Ebd.

Thomas Hobbes (1588-1679) und Jean-Jacques Rousseau (1712-1778)

Bis in die frühe Neuzeit, resümiert Manfred Riedel, ist die Theorie Aristoteles' die »exemplarische Sozialtheorie«[268], und auch danach noch bleibt sie als Bezugsgröße präsent. So verwerfen Thomas Hobbes wie auch Jean-Jacques Rousseau die aristotelische Vorstellung von einem »dem Menschen ursprünglich innewohnenden ›Sozialtrieb‹«.[269] Ihr Ausgangspunkt ist vielmehr ein methodologischer wie ontologischer Individualismus bzw. Atomismus, der sie zu maßgeblichen Vertretern des Topos von der Gesellschaft als eines durch Vertrag entstandenen Kollektivs macht.

War Aristoteles noch von der Vorgängigkeit des Ganzen vor den Teilen und damit von einer ›natürlichen‹ Sozialität ausgegangen, so behaupten nun Hobbes und Rousseau: Um das Ganze – die Gesellschaft – erklären zu können, müsse man beim Individuum und seinen Handlungen und Entscheidungen beginnen; denn der Mensch, lautet die These, sei ein »ursprünglich solitäres Wesen«.[270] Anders gesagt: Beide verstehen »den Menschen nicht als von Natur aus politisch im Sinne der älteren Tradition«[271], wie sie am Beispiel von Platon und Aristoteles skizziert wurde. Gleichwohl müssen Hobbes und Rousseau, wollen sie die Entstehung von Sozialität erklären, hinter den Rücken der Individuen eine Universalität in Stellung bringen: Ausgehend vom »isolierten Subjekt«, so Bedorf, könne man »Sozialität nur unter Verwerfung der Singularität und Rekurs auf ein Allgemeines denken«.[272] Wie sich zeigen wird, ist »ein Rückgriff auf die gemeinsame Vernunft, gemeinsame (Selbsterhaltungs-)Interessen oder eine gemeinsame (Natur-)Geschichte erforderlich, um die Subjekte zu geselligen zu machen«.[273]

Hobbes und Rousseau eint, dass sie Politik in hergebrachter Weise als »Beherrschung von Vielheiten durch den einen«[274] verstehen: Bei Hobbes ist dieser eine der Leviathan genannte Staat, und Rousseau behauptet mit der *volonté générale*, »die Vielheit sei in Wahrheit Einheit«.[275] Nachfolgend soll es nun um die Frage gehen, wie Hobbes und Rousseau die Einheit der (politischen) Gemeinschaft denken. Beide rekurrieren auf

---

268 Riedel: Gemeinschaft, Sp. 242.

269 So für Rousseau etwa Ernst Cassirer: Das Problem Jean-Jacques Rousseau [1932]. In: ders.: Über Rousseau (Hg. Kreis, Guido). Berlin 2012, S. 7-90, 66, für Hobbes beispielsweise Spitta: Gemeinschaft jenseits von Identität, S. 75; vgl. Bedorf/Herrmann: Gewebe des Sozialen, S. 20; 23, sowie zudem und auch für das Folgende die Darstellung bei Rosa et al.: Theorien der Gemeinschaft, S. 24ff.

270 Rosa et al.: Theorien der Gemeinschaft, S. 25. In der vorliegenden Arbeit begegnet man einem (methodologischen wie ontologischen) Individualismus in den Theorien zur kollektiven Intentionalität (Abschnitt II.1). Obzwar mit Differenzen im Detail, eint sie die »Annahme, daß das Phänomen des gemeinsamen Seins, Empfindens und Tuns, des ganzen Miteinanderseins, letztlich vollständig als Angelegenheit der beteiligten Individuen [...] beschrieben werden kann und muß«, fasst Schmid: Wir-Intentionalität, S. 20, zusammen.

271 Heinz-Hermann Schepp: Die Krise in der Erziehung und der Prozeß der Demokratisierung. Zum Verhältnis von Politik und Pädagogik bei J. J. Rousseau. Kronberg/Ts. 1978, S. 18.

272 Thomas Bedorf: Bodenlos. Der Kampf um den Sinn im Politischen. In: Deutsche Zeitschrift für Philosophie 55 (2007), H. 5, S. 689-715, 693.

273 Ebd.

274 Kurt Röttgers: Flexionen des Politischen. In: Bedorf, Thomas/ders. (Hg.): Das Politische und die Politik. Berlin 2010, S. 38-67, 40.

275 Ebd.

die Körper-Metaphorik; im Mittelpunkt stehen also nicht zuletzt die jeweiligen »Konstruktionen des politischen Körpers«.[276]

Hobbes: Der Körper als Maschine

Der Gründung des Sozialen geht bei Hobbes eine dem cartesianischen Zweifel ähnelnde »Arbeit der *Negation* oder der *Annihilation*«[277] voraus, die in der Fiktion des Naturzustandes resultiert. Als ein a-sozialer Zustand ist er das »*fundamentum inconcussum* der Sozialphilosophie«.[278] Das Soziale erscheint als eine *creatio ex nihilo*, eine Schöpfung aus dem Nichts: Dem Sein des Sozialen geht sein Nicht-Sein voraus. »Hobbes war es, der *systematisch* jegliche Illusion zerstreute, die Menschen seien einander *substanziell* verbunden, sei es durch affektive, genealogische oder ethnische Zugehörigkeit, sei es durch politisch-rechtliche Mitgliedschaft in einem Gemeinwesen.«[279]

Der naturzuständlichen Negation des Sozialen entspricht Hobbes' »individualistische Anthropologie«, die Idee eines »Menschsein[s] [...], dem seine sozialen, politischen und religiösen Bindungen problematisch geworden sind«.[280] Die aristotelische Auffassung eines seiner Natur nach in Gemeinschaft lebenden Wesens ersetzt Hobbes durch die These: Am Anfang waren die Einzelnen.[281] Die »Natur«, so formuliert er im *Leviathan* (1651), habe »die Menschen [...] ungesellig gemacht und sogar einen zu des andern Mörder bestimmt«.[282]

Der Naturzustand zerstört kein gegebenes Soziales, sondern negiert das Soziale überhaupt. Er bezeichnet nicht das zeitweilige Fehlen von Gemeinschaft, das dadurch zu beheben wäre, dass man zu einer ursprünglichen, einst vorhandenen Gemeinschaft

---

276   Siehe für diese Wendung die bereits zitierte Studie von Albrecht Koschorke et al.: *Der fiktive Staat. Konstruktionen des politischen Körpers in der Geschichte Europas.*

277   Lüdemann: Metaphern der Gesellschaft, S. 154, Hv. i. Orig. Zu den Gemeinsamkeiten und Unterschieden zwischen Hobbes und Descartes siehe ebd., S. 155; 159.

278   Ebd., S. 155, Hv. i. Orig. Hobbes konzipiere den Naturzustand nicht als historische Beschreibung, sondern als Ausgangspunkt einer Erörterung über »die Entstehung von Gesellschaftlichkeit überhaupt«. (Ebd., S. 163)

279   Burkhard Liebsch: Ausgesetzte Gemeinschaft – unter radikalem Vorbehalt. Fragen zur aktuellen Kritik jeglicher Vergemeinschaftung mit Blick auf Helmuth Plessner und Jean-Luc Nancy. In: ders./ Hetzel, Andreas/Sepp, Hans Rainer (Hg.): Profile negativistischer Sozialphilosophie. Ein Kompendium. Berlin 2011, S. 55-75, 56, Hv. i. Orig. Für diese desillusionierende Annahme Hobbes' sprachen die Zeitumstände, betont Lüdemann: Metaphern der Gesellschaft, S. 154. Der Veröffentlichung des *Leviathan* (1651) war der englische Bürgerkrieg (1642-1649) vorausgegangen, der durch die Enthauptung des vom englischen Parlament verurteilten Königs Karl I. beendet wurde (siehe zu der Hinrichtung ausführlich Koschorke et al.: Der fiktive Staat, S. 119ff.). Der Bürgerkrieg stellte »die soziale Ordnung als Schöpfungsordnung radikal in Frage«. (Lüdemann: Metaphern der Gesellschaft, S. 154)

280   Reinhart Koselleck: Kritik und Krise. Eine Studie zur Pathogenese der bürgerlichen Welt. 2. Aufl. Frankfurt a.M. 1976, S. 18.

281   Vgl. Bedorf/Herrmann: Gewebe des Sozialen, S. 21.

282   Thomas Hobbes: Leviathan. Erster und zweiter Teil [1651] (Übers. Mayer, Jacob Peter). Stuttgart 2002, S. 116. Esposito: Communitas, S. 26, zufolge, ist das einzig Gemeinsame der Menschen im Naturzustand »ihre generalisierte Tötbarkeit: die Tatsache, daß ein jeder von jedem anderen getöten [sic!] werden kann«.

zurückkehrte. Für die aus dem Naturzustand hervorgehende soziale Ordnung gibt es kein Bild, nach dem sie zu formen wäre.[283]

Das soziale Band, das die Individuen durch den »Vertrage eines jeden mit einem jeden«[284] knüpfen, ist substanzlos.[285] Es ist nicht im Voraus (als ›natürlich‹) vorhanden, sondern muss hergestellt werden: Die Gemeinschaft ist für Hobbes ein »künstliches Gebilde, das erst im Laufe der Geschichte ›gemacht‹ und konstruiert wird«.[286] Der gesellschaftliche Zustand ist dabei nicht das ganz Andere des Naturzustandes, sondern »seine Übernahme in gewendeter Form«.[287] Denn auch im Gesellschaftszustand und unter der Herrschaft des durch den Gesellschafts- und zugleich »Unterwerfungsvertrag«[288] eingesetzten Leviathan, der als »eine einschränkende Macht«[289] den Individuen »Frieden und Schutz«[290] sichern sollte, dauert die Angst der Menschen vor »einem tödlichen Kontakt«[291] mit ihresgleichen fort. Um diesen Kontakt zu vermeiden, beziehen sich die Einzelnen auch in der Gesellschaft negativ aufeinander. Hobbes' Einrichtung der Gemeinschaft erweist sich als ihre Vernichtung. Er entwirft eine »Beziehung der Beziehungslosigkeit«[292], da das Recht, das die Einzelnen einander vertraglich zusichern, darin besteht, unbehelligt von den anderen »bei dem ruhigen Genuß der Früchte ihres Fleißes und der Erde ihren Unterhalt finden können«.[293] Die einzige Gemeinschaft, in der Menschen leben können, ist für Hobbes die Nicht-Gemeinschaft: Wenn sich das soziale Band, wenn sich die Beziehung der Menschen zueinander als lebensfeindlich erweist, können die Menschen nur dadurch zusammenfinden und -bleiben, dass sie sich voneinander fernhalten, sich des Bandes zwischen ihnen entbinden.[294]

---

283   Vgl. Lüdemann: Metaphern der Gesellschaft, S. 158f.; 166.

284   Hobbes: Leviathan, S. 155.

285   Vgl. Bedorf/Herrmann: Gewebe des Sozialen, S. 22.

286   Rosa et al.: Theorien der Gemeinschaft, S. 25. Hobbes, so Liebsch: Ausgesetzte Gemeinschaft, S. 57, stehe für den Beginn der »Zerstörung des Substanzdenkens«. Bei ihm »*tritt die Technik künstlicher Vergesellschaftung an die Stelle der substanziellen Gemeinschaft, die originärer Vergemeinschaftung scheinbar gar nicht bedarf*«. (Ebd., S. 58, Hv. i. Orig.) Lüdemann: Metaphern der Gesellschaft, S. 13f., Hv. i. Orig., betont allgemein, »daß das Vertragsdenken [...] das konstruktive, genauer: das fiktive und *à la limite* performative Element jeglicher Beobachtung gesellschaftlicher Wirklichkeit mitbenennt. Von den organischen Lehren unterscheidet sich das Vertragsdenken [...] darin, daß [...] das über naturhaft Vorfindliches immer schon Hinausreichende *jeglicher* Konstruktion der Gesellschaft behauptet und anerkannt ist.«

287   Esposito: Communitas, S. 45. Siehe auch Spitta: Gemeinschaft jenseits von Identität, S. 83: »Der Naturzustand ist kein Bereich, der mit dem Eintritt in die staatliche Ordnung verlassen wird. Die Imaginationen des Naturzustands sind integraler und notwendiger Bestandteil der gemeinschaftlichen Gegenwart. Nur durch den Bezug auf ihr Anderes kann die staatliche Realität ihre Gründung, ihre Gegenwart und ihre Zukunft legitimieren.«

288   Michael Gamper: Masse lesen, Masse schreiben. Eine Diskurs- und Imaginationsgeschichte der Menschenmenge 1765-1930. München 2007, S. 47.

289   Hobbes: Leviathan, S. 115.

290   Ebd., S. 155.

291   Esposito: Communitas, S. 48.

292   Bedorf/Herrmann: Gewebe des Sozialen, S. 22.

293   Hobbes: Leviathan, S. 155.

294   Vgl. Esposito: Communitas, S. 48.

Hobbes will die Herstellung sozialer Ordnung denken, denn wo von einer »originären *A-Sozialität*«[295] des Menschen auszugehen ist, erweist sich jede Gemeinschaft als konstruiert.[296] »Menschen können und müssen das Gemeinsame in der Welt produzieren«[297], weiß Hobbes, aber sie produzieren es als »Verhältnis der Irrelation«.[298] Konstitution und Dissoziation sind bei Hobbes eins: »Der Staat *ist* die Desozialisierung des gemeinschaftlichen Bandes«.[299] Er ist der Dritte, auf den sich alle beziehen können, ohne miteinander verbunden sein zu müssen.[300]

Wie stellt sich Hobbes den Staat und also die menschliche (Nicht-)Gemeinschaft vor? Das göttliche Vermögen zur Schöpfung des Menschen nachahmend[301], erschaffen die Menschen den Staat als »sterbliche[n] Gott«[302] namens Leviathan. Es handelt sich hierbei um einen »mimetischen Prozess«[303], denn das Vorbild für den Leviathan ist der menschliche Körper.[304] Anders als später Rousseau, stellt Hobbes die Künstlichkeit des »Staatskörpers«[305] offensiv aus.[306] Die Metapher vom Staat als Maschinen-Körper – als »künstlicher Mensch«[307], so Hobbes' Formulierung – generiert »*eine Ganzheit* […], die es ohne ihre Zuhilfenahme gar nicht gäbe«.[308] Sie dient dem Zweck, wie man mit einem Ausdruck Cornelius Castoriadis' sagen kann, die »Gemeinschaft als ›imaginäre Institution‹ […] überhaupt erst herzustellen oder wiederherzustellen«.[309]

Mit dem Bild vom Staat als Körper knüpft Hobbes an eine seit der Antike bekannte Metaphorik an – und subvertiert sie, indem er den Staat als Maschinenkörper vorstellt.[310] Die imaginierte politische (und körperliche) Einheit ist nicht natürlich, sondern künstlich.[311] Macht die »Organismus-Analogie« im Allgemeinen (z.B. auch bei Platon und Aristoteles) »die symbolische Ordnung der Gesellschaft in einer vorsymboli-

---

295   Spitta: Gemeinschaft jenseits von Identität, S. 74, Hv. i. Orig.

296   Die Gemeinschaft sei bei Hobbes, so Ernesto Laclau: New Reflections on The Revolution of Our Time. In: ders.: New Reflections on The Revolution of Our Time. London, New York 1990, S. 3-85, 71, »an act of radical creation«, was seine Philosophie gegenüber etwa der Platons »fundamentally modern« erscheinen lasse. Esposito: Communitas, S. 48, betont ebenfalls, »die Intonation – und auch die Intention – seines Diskurses ist ›konstruktiv‹«.

297   Spitta: Gemeinschaft jenseits von Identität, S. 77.

298   Esposito: Communitas, S. 49.

299   Ebd., Hv. i. Orig.

300   Vgl. ebd., S. 51; siehe auch Bedorf/Herrmann: Gewebe des Sozialen, S. 22f.; Spitta: Gemeinschaft jenseits von Identität, S. 76; Morin: Brüderliche Gemeinschaft, S. 37.

301   Vgl. Hobbes: Leviathan, S. 6; siehe Spitta: Gemeinschaft jenseits von Identität, S. 78, und Wolfgang Leidhold: Das kreative Projekt: Genealogie und Begriff. In: Bluhm, Harald/Gebhardt, Jürgen (Hg.): Konzepte politischen Handelns. Kreativität – Innovation – Praxen. Baden-Baden 2001, S. 51-72, 66.

302   Hobbes: Leviathan, S. 155, Hv. i. Orig.

303   Spitta: Gemeinschaft jenseits von Identität, S. 77.

304   Vgl. Hobbes: Leviathan, S. 5f.

305   Ebd., S. 6.

306   Vgl. Koschorke et al.: Der fiktive Staat, S. 111f.

307   Hobbes: Leviathan, S. 5.

308   Koschorke et al.: Der fiktive Staat, S. 18, Hv. i. Orig.

309   Lüdemann: Metaphern der Gesellschaft, S. 83; zur Metaphorik Hobbes' siehe auch ebd., S. 172ff.

310   Siehe hierzu auch Därmann: Undienlichkeit, S. 78ff.

311   Vgl. Spitta: Gemeinschaft jenseits von Identität, S. 90.

schen, präpolitischen Ordnung«[312] der Natur fest, so unterstreicht das Bild vom Körper als Maschine: Jede Ordnung, jede Einheit ist (politisch) gemacht.[313] Hobbes möchte mit dem Bild des Kollektivkörpers eine Einheit symbolisieren, die den realen Verhältnissen abgeht.[314] Das Körper-Bild erlaubt es auch ihm, Störungen der Einheit als Krankheiten des Kollektivkörpers zu pathologisieren. So seien »[z]u große Städte [...] monarchischen Staaten gefährlich«, denn diese machten »in dem eigentlichen Staate kleine Staaten aus, wie wenn in den Eingeweiden des lebendigen Menschen lebendige Würmer sind«.[315]

Rousseau: Organische Einheit der Gemeinschaft[316]

Wie Hobbes, so folgt auch Jean-Jacques Rousseau dem »individualistischen Paradigma«[317]: Für ihn ist der Mensch ebenfalls »nicht [...] ein von Natur aus auf die Gemeinschaft abgestelltes Wesen, sondern [...] ein selbstgezogenes [sic!] Individuum, dessen Vergemeinschaftung grundsätzlich erklärungsbedürftig ist«.[318] In seinem (fiktiven) Ursprung[319], spekuliert Rousseau, lebte der Mensch »zerstreut« zwischen den Tieren in der Natur, die »alle seine Bedürfnisse befriedigt«.[320] Naturunglücke hätten allerdings

---

312 Lüdemann: Metaphern der Gesellschaft, S. 83.

313 Vgl. Spitta: Gemeinschaft jenseits von Identität, S. 76ff.; 94.

314 Zu dieser Funktion der Körper-Metaphorik vgl. Lüdemann: Metaphern der Gesellschaft, S. 84; Spitta: Gemeinschaft jenseits von Identität, S. 88.

315 Hobbes: Leviathan, S. 277; vgl. Koschorke et al.: Der fiktive Staat, S. 113.

316 Bei den folgenden (sowie den weiteren in dieser Arbeit zu findenden) Ausführungen zu Rousseau greife ich zurück auf Ergebnisse meiner Arbeit Simon Herzhoff: Der zivilisierte Wilde oder Über den Zusammenhang von Kulturkritik, Anthropologie und Pädagogik bei Jean-Jacques Rousseau. Veröffentlicht am 5.4.2009, o. S. Abrufbar unter: <www.iablis.de/iab2/content/view/436/95/> (letzter Zugriff am 8.4.2013, der Aufsatz ist [Stand: 29.1.2022] unter der angegebenen Adresse sowie über die Seite www.iablis.de nicht mehr zugänglich). Für die Explikation der rousseauschen Argumentation instruktive Darstellungen waren neben der im Weiteren angegebenen Literatur vor allem auch Thomas Schölderle: Utopia und Utopie. Thomas Morus, die Geschichte der Utopie und die Kontroverse um ihren Begriff. Baden-Baden 2011, S. 237ff.; Spitta: Gemeinschaft jenseits von Identität, S. 102ff.

317 Esposito: Communitas, S. 67.

318 Bedorf/Herrmann: Gewebe des Sozialen, S. 23. Für Rousseau, schreibt Schepp: Krise in der Erziehung, S. 18, bilde »das (dem Begriff nach) nicht mehr teilbare Individuum [...] das Basiselement seiner Konstruktion«.

319 Die Überlegungen zum Naturzustand und zur Entwicklung des Menschen seien keine »historische[n] Wahrheiten«, sondern müssten verstanden werden als »bedingte und hypothetische Vernunftschlüsse«, betont Jean-Jacques Rousseau: Abhandlung über den Ursprung und die Grundlagen der Ungleichheit unter den Menschen [1755]. In: ders.: Schriften. Bd. 1 (Hg. Ritter, Henning). Frankfurt a.M. 1995, S. 165-302, 193.

320 Ebd., S. 196; siehe für detaillierte Angaben zum natürlichen Menschen Iring Fetscher: Rousseaus politische Philosophie. Zur Geschichte des demokratischen Freiheitsbegriffs. 3., überarb. Aufl. Frankfurt a.M. 1975, S. 29ff.

die natürliche Ordnung gestört und die solitär lebenden Menschen dazu gedrängt, sich einander anzunähern[321] und ihre Menschlichkeit auszubilden.[322]

> Alles gewinnt nunmehr ein anderes Aussehen. Die Menschen, die bisher in den Büschen herumgestreift waren, [...] kommen langsam näher zusammen, sie versammeln sich in verschiedenen Haufen und bilden in einer jeden Weltgegend eine besondere Nation von einerlei Sitten und Charakter, nicht sosehr durch Verordnungen und Gesetze als durch die Lebensart, die Speisen und den Einfluß des Klimas, die Glieder einer jeden Nation miteinander gemein haben. [...] Sowie Begriffe und Empfindungen zunahmen, sowie sich Geist und Herz in steter Übung erhielten, so fuhr das menschliche Geschlecht fort, sich nach und nach zu bezähmen, die Gemeinschaft breitete sich weiter aus und die Bande schlossen sich fester zusammen.[323]

Auch wenn bereits in den ersten Gemeinschaften in Form von »Stolz und Verachtung, [...] Scham und Neid«, wie Rousseau schreibt, »schädliche Beimischungen für die Glückseligkeit der Menschen und für ihre Unschuld«[324] festzustellen sind, so war doch, meint er, »diese Zeit, da sich ihre Fähigkeiten entwickelten, vielleicht die glücklichste und dauerhafteste Zeit für die Menschen«.[325] Rousseau beschreibt diese Epoche in seinem *Essay über den Ursprung der Sprachen* näher:

> Man versammelt sich um ein gemeinsames Feuer, man veranstaltet dort seine Feste und tanzt dort; die sanften Bande der Gewohnheit nähern den Menschen dort unmerklich seinesgleichen an; und so brennt in diesem ländlichen Feuer zugleich das heilige

---

321   Vgl. Jean-Jacques Rousseau: Essay über den Ursprung der Sprachen, worin auch über Melodie und musikalische Nachahmung gesprochen wird [1781]. In: ders.: Musik und Sprache. Ausgewählte Schriften (Hg. Gülke, Peter; Übers. Gülke, Peter/Gülke, Dorothea). Leipzig 1989, S. 99-168, 129. Zur Datierung sowie zum Bezug dieser Schrift zu anderen Werken Rousseaus siehe Jacques Derrida: Grammatologie. Frankfurt a.M. 1983, S. 292f.; 328ff.

322   Vgl. Spitta: Gemeinschaft jenseits von Identität, S. 103. Siehe zur zufallsgeschuldeten Menschwerdung des Menschen etwa Leo Strauss: Naturrecht und Geschichte. Frankfurt a.M. 1977, S. 284ff.; Fetscher: Rousseaus politische Philosophie, S. 35ff., sowie Dieter Beyerle: Rousseaus zweiter Discours und das Goldene Zeitalter. In: Romanistisches Jahrbuch 12 (1961), S. 105-123, 118ff. Von einer Menschwerdung ist hier zu sprechen, da es dem ›Menschen‹ im natürlichen Zustand an Sprache, Vernunft und Moral fehlte. (Vgl. Spitta: Gemeinschaft jenseits von Identität, S. 103) »Der wilde Mensch also [...] wird anfänglich nichts als tierische Funktionen haben«, so Rousseau: Ursprung und Grundlagen der Ungleichheit, S. 205. In einem Brief bezeichnet Rousseau unter Bezug auf seine *Abhandlung über den Ursprung und die Grundlagen der Ungleichheit unter den Menschen* den natürlichen Menschen als »Tier«. (Jean-Jacques Rousseau: Brief an Christophe de Beaumont [1763]. In: ders.: Schriften. Bd. 1 [Hg. Ritter, Henning]. Frankfurt a.M. 1995, S. 497-589, 509) Was allerdings schon den Naturmenschen vom Tier unterscheide und ihm seine spätere Menschwerdung ermögliche, sei das »*Vermögen, sich vollkommener zu machen*«, wie Rousseau: Ursprung und Grundlagen der Ungleichheit, S. 204, Hv. i. Orig., formuliert; siehe auch Strauss: Naturrecht und Geschichte, S. 283.

323   Rousseau: Ursprung und Grundlagen der Ungleichheit, S. 236.

324   Ebd., S. 237.

325   Ebd., S. 238. Siehe zu den Gefährdungen des Glücks etwa Beyerle: Rousseau und das Goldene Zeitalter, S. 121f.

Feuer, das in die Herzen die ersten Gefühle für die Zusammengehörigkeit der Menschheit trägt.[326]

Durch mit »bukolischen Elemente[n]«[327] garnierte Schilderungen wie diese erwarb sich Rousseau den zweifelhaften Ruf, der erste gewesen zu sein, der die Gemeinschaft als mythisch ausgab[328]; sie machten ihn »zum ersten Denker einer Utopie der Gemeinschaft in der Moderne«.[329]

Genauer müsste man sagen: Rousseau entwickelt seine Gemeinschaftsutopie in der Moderne gegen die Moderne, vor allem gegen die moderne Gesellschaft. Er konfrontiert den Gesellschaftszustand des Menschen mit dem Ideal eines Gemeinschaftslebens. Die Gemeinschaften des Goldenen Zeitalters sind für Rousseau der Nullpunkt, von dem aus die Entwicklung des Menschen sich als Geschichte seines Niedergangs fortschreibt.[330] Der vergesellschaftete Mensch begibt sich in die widernatürliche »Abhängigkeit«[331] von seinesgleichen, was in ihm »den schwarzen Trieb«[332] der eifersüchtigen Begierde und des Übertrumpfenwollens wachsen lässt. In Gesellschaft ist der Mensch fortan genötigt, »zu seinem eigenen Besten sich anders [zu] stellen, als man war. Sein und Scheinen

---

326   Rousseau: Ursprung der Sprachen, S. 130, auch zitiert bei Spitta: Gemeinschaft jenseits von Identität, S. 104.

327   Rotermundt: Staat und Politik, S. 81.

328   Vgl. Esposito: Communitas, S. 86.

329   Spitta: Gemeinschaft jenseits von Identität, S. 104.

330   Vgl. ebd., S. 105; 103f. Siehe für eine Schilderung der einzelnen Stufen des Verfalls etwa Fetscher: Rousseaus politische Philosophie, S. 43ff. Vogl: Einleitung, S. 8, spricht in diesem Kontext mit Derrida von einem »›Beinahe‹ der Gesellschaft«. Gemeint ist eine »Grenze [...], an der [...] die erste Natur schon abwesend ist, die Verfallsgeschichte bis hin zur bürgerlichen Ordnung aber noch nicht begonnen hat«. (Ebd., S. 9) Bei Derrida: Grammatologie, S. 434, Hv. i. Orig., heißt es: »Weder Natur noch Gesellschaft, aber *beinahe* Gesellschaft. Gesellschaft im Zuge der Entstehung. Augenblick, wo sich der Mensch entweder – beinahe – nicht mehr im Zustand reiner Natur [...], oder – beinahe – noch diesseits der Gesellschaft befindet.« Siehe auch ebd., S. 457, Hv. i. Orig.: »Die *Entstehung der Gesellschaft* ist [...] kein Übergang, sie ist vielmehr ein Punkt, eine reine, fiktive und unbeständige, unfaßbare Grenze. [...] In ihr bricht die Gesellschaft an, und in ihr verschiebt sie sich. Mit ihrem Beginn beginnt auch ihr Verfall.«

331   Jean-Jacques Rousseau: Emile oder Über die Erziehung [1762] (Hg. Rang, Martin; Übers. Sckommodau, Eleonore). Stuttgart 2006, S. 197. Für Rousseau ist die »Abhängigkeit« [...] von den Dingen, die der Natur entspringt«, ohne eine »sittliche Bedeutung«: Sie könne »der Freiheit gar nichts anhaben und erzeugt keinerlei Laster«. (Ebd.) Laut Heinz-Hermann Schepp: Über den Zusammenhang von Anthropologie, Politik und Pädagogik bei Jean-Jacques Rousseau. In: Kanz, Heinrich (Hg.): Bildungsgeschichte als Sozialgeschichte. Festschrift zum 60. Geburtstag von Franz Pöggeler. Frankfurt a.M. u.a. 1986, S. 257-281, 259, birgt Rousseaus Kritik der wechselseitigen Abhängigkeit der Menschen einen Imperativ: »Es gilt, eine Ordnung zu schaffen, die keine Über- und Unterordnung von Menschen kennt, deren Wirksamkeit sich vielmehr so neutral und total darstellt wie die der Naturgesetze.«

332   Rousseau: Ursprung und Grundlagen der Ungleichheit, S. 243.

wurden zwei ganz verschiedene Dinge«.[333] Den Menschen fehlt in der Gesellschaft die frühere »Leichtigkeit, mit der sie sich wechselseitig durchschauten«.[334]

Damit ist jener Zustand erreicht, den Hobbes für den Naturzustand hielt, Rousseau aber gegen Hobbes als Folge der Vergesellschaftung des Menschen ausweist.[335] Erst im Gesellschaftszustand werde »jeder ein geborener Feind des anderen [...] und [finde] sein Wohl nur in dem Schaden des anderen«.[336] Kurzum: »Die kaum entstandene Geselligkeit wich dem Stande des Krieges«.[337] Rousseau lege uns in seinen Schriften dar, so das Resümee Jean Starobinskis,

> wie die Art der ursprünglichen Beziehungen – direkt, spontan, transparent – sich fortschreitend auflöst und pervertiert; sie werden abhängig vom äußeren Schein, undurchsichtig und gewalttätig: jede Neuerung, die die Zivilisation hervorbringt, errichtet eine weitere Barriere zwischen den Individuen.[338]

Rousseau, anders als Hobbes, gilt der Naturzustand als »ein positiver Maßstab«.[339] Mit ihm zeigt er, dass jeder Fortschritt des Menschen »allem Anschein nach der Vollkommenheit des Individuums fortgeholfen hat, aber ein Schritt näher zur Verderbnis seines Geschlechts gewesen ist«.[340]

Eine Rückkehr in den natürlichen Zustand ist für Rousseau gleichwohl ausgeschlossen, »eine vorpolitische Existenz nicht mehr möglich«.[341] In einer Anmerkung zu seiner *Abhandlung über den Ursprung und die Grundlagen der Ungleichheit unter den Menschen* (1755) fragt er: »Wird man die Gesellschaften zerstören, das Mein und Dein aufheben und wieder in die Wälder zurückkehren müssen, um dort mit den Bären zusam-

---

333 Ebd., S. 242; vgl. ebd., S. 242f., und siehe auch Spitta: Gemeinschaft jenseits von Identität, S. 103f., sowie ausführlich zum Missverhältnis von ›Sein und Scheinen‹ etwa Hans Barth: Über die Idee der Selbstentfremdung des Menschen bei Rousseau. In: Zeitschrift für philosophische Forschung 8 (1959), H. 1, S. 16-35, 20ff.

334 Jean-Jacques Rousseau: Abhandlung über die Frage, ob die Wiederherstellung der Wissenschaften und Künste zur Läuterung der Sitten beigetragen hat? Von einem Bürger Genfs [1750]. In: ders.: Schriften. Bd. 1 (Hg. Ritter, Henning). Frankfurt a.M. 1995, S. 27-60, 35.

335 Als Hobbes den Naturzustand beschrieb, habe er nicht den »wilden Menschen« präsentiert, sondern ein Bild des schon »gesitteten« (Rousseau: Ursprung und Grundlagen der Ungleichheit, S. 192) gezeichnet. Rousseau wirft Hobbes Inkonsequenz vor, da er – fasst Strauss: Naturrecht und Geschichte, S. 280, die rousseausche Kritik zusammen – »einerseits verneint, daß der Mensch von Natur aus gesellig sei, und andererseits versucht, den Charakter des natürlichen Menschen durch Hinweis auf seine Erfahrung mit Menschen zu bestimmen, welche die Erfahrung eines Menschen in der Gesellschaft ist«. Siehe auch Esposito: Communitas, S. 72f.

336 Rousseau: Brief an Beaumont, S. 510.

337 Rousseau: Ursprung und Grundlagen der Ungleichheit, S. 244. Fetscher: Rousseaus politische Philosophie, S. 21, Hv. i. Orig., spricht von einem »die Gemeinschaft zerstörenden *Konkurrenzkampf*«; siehe auch ebd., S. 46.

338 Jean Starobinski: Rousseaus Anklage der Gesellschaft. Konstanz 1977, S. 16.

339 Strauss: Naturrecht und Geschichte, S. 295.

340 Rousseau: Ursprung und Grundlagen der Ungleichheit, S. 238. Siehe zu dieser Passage die Interpretation von Fetscher: Rousseaus politische Philosophie, S. 41.

341 Schepp: Anthropologie, Politik und Pädagogik, S. 267; vgl. Spitta: Gemeinschaft jenseits von Identität, S. 106; Strauss: Naturrecht und Geschichte, S. 295; Barth: Selbstentfremdung bei Rousseau, S. 26f.

menzuleben?«[342] Rousseaus Antwort ist eindeutig: Bei allem Übel, das die Gesellschaft über die Menschen gebracht hat, gilt: Erst der vergesellschaftete Mensch ist tatsächlich Mensch und nicht mehr Tier. Denn die Gesellschaft – oder genauer: der Gesellschaftsvertrag –, stellt Rousseau unmissverständlich klar, habe »aus einem stumpfsinnigen und beschränkten Lebewesen ein intelligentes Wesen und einen Menschen gemacht«.[343]

Hier zeigt sich, dass Rousseau in dem gleichen Maße, wie er sich gegen die Moderne richtet, von ihr abhängig ist. Dies gilt besonders für sein Verhältnis zur modernen Zeitlichkeit. Rousseaus Gedanke eines durch die Entstehung der Gesellschaft ausgelösten Verfalls ist erst in der Moderne denkbar. Die Gemeinschaft ist nicht mehr unhinterfragt und unwandelbar gegeben, sondern wird »in einem zeitkritischen Sinn als *Problem* erfahren«.[344] Für Nancy war Rousseau

> vielleicht der erste, der versucht, die Gemeinschaft zu denken, oder genauer gesagt der erste, der das Problem der Gesellschaft als Sorge [inquiétude] um die Gemeinschaft empfindet; der erste, der sich als Bewußtsein eines (vielleicht irreparablen) Bruchs, eines Auseinanderfallens [rupture] der Gemeinschaft erlebt.[345]

Zwar ist Rousseaus gegengesellschaftliches Gemeinschaftsideal einer (fiktiven) Vergangenheit entnommen, aber man missverstünde es als eine bloß retrograde Utopie, als den regressiven Wunsch nach einem fernen Früher – es enthält vielmehr die Losung: ›Zurück nach vorne‹.[346]

Wenn dem Menschen seine Rückkehr in den vormenschlichen Naturzustand verwehrt ist, muss Rousseau einen Weg finden, wie sich der Mensch als Mensch seinem natürlichen Zustand möglichst weit wieder annähern kann. Der Naturzustand ist keine unwiederbringliche Urzeit, der nachzutrauern wäre, sondern eine »Mahnung zum Vorwärts«[347], ein Imperativ, dass der Mensch seiner ›Natur‹ gemäß in der Gesellschaft leben könne.[348] Dieser Anspruch lässt sich nach Rousseaus Vorstellung auf zwei Wegen erfüllen: Entweder durch eine Erziehung, deren Grundsätze Rousseau in seiner

---

342 Rousseau: Ursprung und Grundlagen der Ungleichheit, S. 281; siehe auch Rotermundt: Staat und Politik, S. 89, der dieses Zitat ebenfalls anführt.

343 Jean-Jacques Rousseau: Vom Gesellschaftsvertrag oder Grundsätze des Staatsrechts [1762] (Hg. u. Übers. Brockard, Hans). Bibliograph. erg. Ausg. Stuttgart 2003, S. 22. »Der natürliche Mensch ist noch nicht menschlich«, fasst mit Belegen Strauss: Naturrecht und Geschichte, S. 283, Rousseaus Einschätzung zusammen.

344 Rosa et al.: Theorien der Gemeinschaft, S. 31, Hv. i. Orig.

345 Nancy: Entwerkte Gemeinschaft, S. 26 (CD 29); siehe auch Morin: Nancy, S. 74.

346 Rousseau gelinge es, so Spitta: Gemeinschaft jenseits von Identität, S. 98f., »seinen negativen Geschichtsbegriff mit der hoffnungsvollen Proklamation der Möglichkeit einer Emanzipation des Menschen vom Schein und einer in die Zukunft verlegten neuartigen Rückkehr zu sich selbst zu verbinden, einer Rückkehr, die den Menschen nicht einfach in den vorgesellschaftlichen Naturzustand versetzt, sondern ihn sublimiert. Derart verknüpft er die konservative Anklage über Verlust und Verfall mit einer handlungsoptimistischen Aufforderung zur Revolution der Werte.«

347 Ernst Bloch: Tübinger Einleitung in die Philosophie. Werkausgabe. Bd. 13. Frankfurt a.M. 1970, S. 224.

348 Vgl. Strauss: Naturrecht und Geschichte, S. 295; Schepp: Anthropologie, Politik und Pädagogik, S. 262; 267.

Schrift *Émile* (1762) entwickelt, oder durch die Konstruktion einer Gesellschaft, die den Ansprüchen des Gesellschaftsvertrags genügt.[349]

Rousseau folgt wie Hobbes der frühneuzeitlichen Konzeption von der Gesellschaft als Vertragsgemeinschaft. Gewährt jedoch bei Hobbes der Gesellschaftsvertrag den Ausgang aus dem Naturzustand, verheißt er bei Rousseau umgekehrt die Möglichkeit, einen (verlorenen) ›natürlichen‹ Zustand wiederherzustellen, ist er ein Weg zur Utopie der Gemeinschaft. Der Gesellschaftsvertrag dient der Fortsetzung der Gemeinschaft mit anderen Mitteln.

Im *Contrat Social* (1762) macht Rousseau einen Vorschlag, wie die Vergemeinschaftung des Menschen zu einem anderen Ende führen könnte als zur Abhängigkeit von anderen und zur Unfreiheit. Das folgende »grundlegende Problem«[350] solle der Gesellschaftsvertrag lösen:

> »Finde eine Form des Zusammenschlusses [forme d'association], die mit ihrer ganzen gemeinsamen Kraft die Person und das Vermögen jedes einzelnen Mitglieds verteidigt und schützt und durch die doch jeder, indem er sich mit allen vereinigt, nur sich selbst gehorcht und genauso frei bleibt wie zuvor.«[351]

Rousseau findet diese Form der freiheitsbewahrenden Assoziation, indem er sich von der Theorie Hobbes' absetzt und sie zugleich bis zur äußersten Konsequenz zuspitzt. Bei Hobbes erschien ein Ende des Kriegszustandes nur möglich, wenn alle ihre individuelle Freiheit partiell aufgeben. Rousseau aber möchte die Freiheit des in Gemeinschaft lebenden Einzelnen sichern. Dies gelinge gerade durch »die völlige Entäußerung jedes Mitglieds mit allen seinen Rechten an das Gemeinwesen als Ganzes [à toute la communauté]«.[352] Der Bürger oder die Bürgerin werde

> eine Bruchzahl, die von ihrem Nenner abhängig ist und deren Wert in ihrer Beziehung zum [...] gesellschaftlichen Ganzen [besteht]. Die guten gesellschaftlichen Einrichtungen sind diejenigen, die es am besten verstehen, dem Menschen seine Natur zu nehmen, ihm seine absolute Existenz zu entziehen und ihm dafür eine relative zu geben und das *Ich* auf die Einheit der Gemeinschaft zu übertragen, so daß jeder einzelne sich [...] als Teil der Einheit fühlt, der nur noch im Ganzen empfindungsfähig ist.[353]

---

349   Vgl. hierzu und weiter zur Funktion des Gesellschaftsvertrages Strauss: Naturrecht und Geschichte, S. 295ff.; Barth: Selbstentfremdung bei Rousseau, S. 27ff.; ebenfalls dazu sowie zur Rolle der Erziehung Spitta: Gemeinschaft jenseits von Identität, S. 106ff. Zur Verbindung zwischen Anthropologie, Politik und Pädagogik bei Rousseau siehe den Aufsatz von Schepp: *Über den Zusammenhang von Anthropologie, Politik und Pädagogik bei Jean-Jacques Rousseau.*

350   Rousseau: Gesellschaftsvertrag, S. 17.

351   Ebd. (Jean-Jacques Rousseau: Du Contrat social [1762]. Paris 1992, S. 39).

352   Ebd.; vgl. Bedorf/Herrmann: Gewebe des Sozialen, S. 24. Lüdemann: Metaphern der Gesellschaft, S. 172, bezeichnet mit Blick auf Hobbes' Theorie den Vertragsschluss als jenen Moment, »in dem die Autonomie der vereinzelten Einzelnen in die Heteronomie aller umschlägt«.

353   Rousseau: Emile, S. 112, Hv. i. Orig. Um »ein Volk zu errichten«, heißt es bei Rousseau: Gesellschaftsvertrag, S. 43, entsprechend, müsse man nicht weniger als »die menschliche Natur [...] ändern«, nämlich sich daran machen, »jedes Individuum, das von sich aus ein vollendetes und für sich bestehendes Ganzes ist, in den Teil eines größeren Ganzen zu verwandeln, von dem dieses Individuum in gewissem Sinn sein Leben und Dasein empfängt«. Siehe zu Rousseaus Modell der Bürger*in-

Der Mensch behält seine Freiheit dadurch, dass er sich ganz und gar dem Gemeinwesen überantwortet, zu dessen Teil er damit wird; denn als ein Teil des einheitlichen Ganzen untersteht er keinem fremden Gesetz, sondern nur dem eigenen.[354] »Freiheit kann es nach diesem Akt nur noch im Kollektiv geben.«[355] Dem Gemeinwillen, der *volonté générale*, haben die Einzelnen ihren (möglicherweise devianten) »Sonderwillen [volonté particulière]«[356] unterzuordnen. Wer sich weigere, meint Rousseau, könne zur Unterordnung – also zur Freiheit – gezwungen werden.[357]

Während bei Hobbes »der Wille des Staates sich nicht reflektiert im Willen der Individuen, sondern gewaltsam gegen diese sich durchsetzt«[358], möchte Rousseau zeigen, dass und wie die Einzelnen an der souveränen Macht teilhaben können. Zu diesem Zweck entwickelt er das Konzept der *volonté générale*.[359] Ähnlich wie Hobbes, so meint auch Rousseau, dass »der Widerstreit der Einzelinteressen die Gründung von Gesellschaften nötig gemacht hat«, und er ergänzt: Es sei »der Einklang derselben Interessen«[360] gewesen, der Gesellschaften ermöglichte.

> Das Gemeinsame nämlich in diesen unterschiedlichen Interessen bildet das gesellschaftliche Band [lien social], und wenn es nicht irgendeinen Punkt gäbe, in dem alle Interessen übereinstimmen, könnte es keine Gesellschaft geben. Nun darf aber die Gesellschaft nur gemäß diesem Gemeininteresse regiert werden.[361]

Bei der *volonté générale* handelt es sich um einen »für das soziale Band guten Willen«[362], der von jedem Individuum fordert, von den eigenen Interessen abzusehen und als Bürger*in nurmehr »das öffentliche Wohl [utilité publique]«[363] zu berücksichtigen. In dem »totalen Identitätsmodell«[364] Rousseaus sind Herrschende und Beherrschte gleich: Als

---

nenschaft detailliert Spitta: Gemeinschaft jenseits von Identität, S. 111ff., insbesondere ebd., S. 112, zu der vollkommenen »Hingabe an die Gemeinschaft«, die man als Bürger*in vollziehen müsse.

354   Vgl. Bedorf/Herrmann: Gewebe des Sozialen, S. 24.

355   Juliane Rebentisch: Die Kunst der Freiheit. Zur Dialektik demokratischer Existenz. Berlin 2012, S. 308.

356   Rousseau: Gesellschaftsvertrag, S. 21 (CS 42).

357   »Damit [...] der Gesellschaftsvertrag keine Leerformel sei, schließt er stillschweigend jene Übereinkunft ein, die allein die anderen ermächtigt, daß, wer immer sich weigert, dem Gemeinwillen zu folgen, von der gesamten Körperschaft dazu gezwungen wird, was nichts anderes heißt, als daß man ihn zwingt, frei zu sein«. (Ebd.)

358   Manfred Frank: Der kommende Gott. Vorlesungen über die Neue Mythologie. I. Teil. Frankfurt a.M. 1982, S. 172. Das heißt nicht, wie Rotermundt: Staat und Politik, S. 71 betont, dass Hobbes »jegliche Tyrannenmacht« rechtfertigt. Die hingenommene Stärke des Leviathans knüpft sich an den Auftrag, das (bürgerliche) Dasein aller zu ermöglichen und zu beschützen. (Vgl. ebd.) »Die vom Gesetz verordneten Beschränkungen [...] haben die Funktion, die Freiheit aller zu beschränken, um die Freiheit aller zu verwirklichen.« (Ebd.)

359   Vgl. hierzu und zum Folgenden Bedorf/Herrmann: Gewebe des Sozialen, S. 24f.

360   Rousseau: Gesellschaftsvertrag, S. 27.

361   Ebd. (CS 51).

362   Bedorf/Herrmann: Gewebe des Sozialen, S. 25.

363   Rousseau: Gesellschaftsvertrag, S. 30 (CS 54).

364   Spitta: Gemeinschaft jenseits von Identität, S. 112.

Bürger*innen sind die Einzelnen »Teilhaber an der Souveränität«[365], deren Gesetzen sie als Untertan*innen unterworfen sind.

Die Voraussetzung für die Verpflichtung der Einzelnen auf das »Gemeinwohl [bien commun]«[366] ist der Gesellschaftsvertrag.[367] Er bringt ein Gemeinsames allererst ins Leben[368], und durch ihn überantwortet sich jede/r vollständig dem Gemeinschaftsganzen.[369] Um das Gemeinsame näher zu beschreiben und vor allem seine Einheit zu betonen, bedient auch Rousseau sich der Metapher des Körpers.[370] Die Formulierung des Gesellschaftsvertrages lautet: »*Gemeinsam stellen wir alle, jeder von uns seine Person und seine ganze Kraft unter die oberste Richtschnur des Gemeinwillens [volonté générale]; und wir nehmen, als Körper, jedes Glied als untrennbaren Teil des Ganzen auf.*«[371] Durch den Gesellschaftsvertrag verwandelten sich die Einzelnen in eine »sittliche Gesamtkörperschaft [corps moral et collectif], die aus ebenso vielen Gliedern besteht, wie die Versammlung Stimmen hat, und die durch ebendiesen Akt ihre Einheit, ihr gemeinschaftliches Ich [son *moi* commun], ihr Leben und ihren Willen erhält«.[372] Rousseau nennt die Gesamtheit der einzelnen (Mit-)Glieder des Körpers ›Volk‹.[373] Das Volk ist also nicht nur eine Bürger*innenversammlung, sondern vielmehr noch: ein kollektives, mit einem (einheitlichen) Willen ausgestattetes Subjekt.[374] Mit dieser Auffassung fördere Rousseaus Theorie, so die Einschätzung von Wildt,

> die Vorstellung von der ungeteilten Einheit des Volkes ungemein. Von Rousseau aus entstehen in der Moderne sowohl die Konzeptionen der Homogenität und Identität des Volkes als auch die Versuchung, dass Gruppen [...] oder Einzelne [...] für sich in Anspruch nehmen, die *volonté générale* des Volkes zu exekutieren.[375]

---

365   Rousseau: Gesellschaftsvertrag, S. 19.

366   Ebd., S. 27 (CS 51).

367   Vgl. Bedorf/Herrmann: Gewebe des Sozialen, S. 25.

368   Mit Trautmann: Partage, S. 12, ließe sich Rousseau deshalb als jener moderne Denker lesen, der »erstmals ein scharfes Bewusstsein für die Szene der autonomen Selbstgründung« an den Tag legt und zeigt, »dass sich die politische Gemeinschaft erst im Glauben an sich selbst formieren kann«.

369   Spitta: Gemeinschaft jenseits von Identität, S. 117, bezeichnet diesen Prozess als »Denaturalisierung«.

370   Nach der Lesart von Maud Meyzaud: Prekäre Existenz. Rousseau und die Demokratie. In: dies. (Hg.): Arme Gemeinschaft. Die Moderne Rousseaus. Berlin 2015, S. 156-187, 170, hat diese Verwendung allerdings bei Rousseau im Unterschied zu der Tradition vor ihm keine naturalisierende Funktion.

371   Rousseau: Gesellschaftsvertrag, S. 18, Hv. i. Orig. (CS 40, Hv. i. Orig.).

372   Ebd. (CS 40, Hv. i. Orig.).

373   Vgl. ebd., S. 19. Siehe zum Begriff des Volkes bei Rousseau auch die Ausführungen von Spitta: Gemeinschaft jenseits von Identität, S. 118f.

374   Vgl. Wildt: Volk, Volksgemeinschaft, AfD, S. 26.

375   Ebd., S. 26f., Hv. i. Orig. Seyla Benhabib: Demokratie und Differenz. Betrachtungen über Rationalität, Demokratie und Postmoderne. In: Brumlik, Micha/Brunkhorst, Hauke (Hg.): Gemeinschaft und Gerechtigkeit. Frankfurt a.M. 1993, S. 97-116, 111, kritisiert eine »Vermischung zweier unterschiedlicher Prozesse [...]: der Konstituierung der politischen Gemeinschaft als Einheit einerseits und der Form der Autorität, nach der diese politische Gemeinschaft regiert werden wird, andererseits«. Man müsse dies trennen, denn: »Die Identität eines Gemeinwesens bezieht sich nicht primär auf die politischen Prozesse, nach denen es regiert wird, sondern auf andere Kriterien wie sprachliche, ethnische und religiöse Homogenität«. (Ebd.) Rousseau (oder allgemeiner: der Republikanismus)

Hobbes und Rousseau denken das ›Produkt‹ des Gesellschaftsvertrags als Körper. Hobbes konzipiert das staatliche Gemeinwesen als eine maschinenhafte »technische Einrichtung«[376], Rousseau hingegen beschreibt den Gemeinschaftskörper als einen Organismus.[377] Während die Einzelteile einer Maschine »nicht in sich selbst die Idee vom Zweck des Ganzen enthalten« (sie ihnen also aufgezwungen werden muss), sind in die Teile eines Organismus »Zweck und Idee des Ganzen eingeschrieben«.[378] Daher gilt für die durch den Gesellschaftsvertrag entstandene Körperschaft: Man kann »keines ihrer Glieder verletzen, ohne die Körperschaft anzugreifen; noch weniger kann man die Körperschaft verletzen, ohne daß die Glieder die Wirkung spüren«.[379]

In der Metaphorik Rousseaus durchdringen sich, merkt Esposito an, seine individualistische Prämisse und seine Idee der Gemeinschaft: Rousseau fasst die Gemeinschaft als Individuum, als Subjekt – »als einen einzigen Körper [...], der von einem einzigen Willen durchherrscht ist«[380], wie man mit Arendt sagen könnte. Er zeichnet »die Gemeinschaft nach dem Muster des abgesonderten und sich selbst genügenden Individuum [sic!] [...]. Kurz: der Weg, der vom individuellen Einen zum kollektiven Einen führt, kann nur im Dunstkreis des Organizismus münden.«[381] Im subjektgleichen Gemeinschaftsorganismus ist jede Verschiedenheit ausgelöscht und ersetzt durch eine vollkommene Immanenz, in der jede/r ein (Körper-)Teil des Ganzen ist.[382]

Mit dem Modell des Organismus übt Rousseau Kritik an der von Hobbes inaugurierten »frühaufklärerisch-absolutistischen Staatsideologie«[383]; an der Ideologie eines Staates also, der sich als gewaltgeborene »Anhäufung [agrégation]« zeigt, nicht aber als ein gemeinwohlorientierter »Zusammenschluß [association]« der Einzelnen zu einem »Staatskörper [corps politique]«.[384] Rousseau bezichtigt Hobbes »nicht nur der Abwesenheit, sondern der gewaltsamen Austreibung einer jeden Idee von Gemeinschaft«.[385] Er erkennt, dass bei Hobbes die Vereinigung der Individuen unter der Macht des Leviathan dazu dient, sie voneinander fernzuhalten.[386]

Hobbes fasst die Beziehungen der Menschen als (über den Leviathan) vermittelte. Rousseau verurteilt diesen Verlust einer unmittelbaren Gemeinschaft zwischen den Menschen als ein allgemeines Phänomen der Gesellschaft seiner Zeit. Sein Hinweis auf die Notwendigkeit einer *volonté générale* und also einer Orientierung am »Gemeininteresse [intérêt commun]«, ist die Reaktion auf das Fehlen einer solchen Ausrichtung: In der modernen Gesellschaft habe man es mit einem »Gesamtwillen [volonté de tous]« zu

---

legitimiere auf diese Weise »die Setzung eines homogenen Volkskörpers als Ort aller politischen Autorität«. (Ebd.)

376   Frank: Der kommende Gott, S. 172.
377   Vgl. ebd., S. 172f.
378   Ebd., S. 155.
379   Rousseau: Gesellschaftsvertrag, S. 20.
380   Hannah Arendt: Über die Revolution [1963]. 3. Aufl. München, Zürich 1986, S. 97, die ihre Aussage nicht auf den Begriff der Gemeinschaft, sondern auf den Begriff ›Nation‹ münzt.
381   Esposito: Communitas, S. 84.
382   Vgl. ebd.
383   Frank: Der kommende Gott, S. 173.
384   Rousseau: Gesellschaftsvertrag, S. 15 (CS 37).
385   Esposito: Communitas, S. 79, der sich hier auf die vorstehend zitierte Passage bei Rousseau bezieht.
386   Vgl. ebd.

tun, mit einer »Summe von Sonderwillen«, die nur auf das »Privatinteresse«[387] blick-
ten. Es fehlt der Gesellschaft an Gemeinschaft, wenn man darunter keine bloße Addition Einzelner versteht, sondern einen organischen Zusammenhang, einen Körper.
Rousseau sah deutlich, »dass die ›Gesellschaft‹ nichts ist als eine Verbindung von Interessen, der jedes übergeordnete Interesse (oder Desinteresse) fehlt«.[388] Sein *Contrat
social* drückt das Bewusstsein einer »Auflösung [déliaison] des Ensembles oder der vorhandenen Ensembles« aus, und der Begriff der *volonté générale* benennt die Suche des
»›Allgemeine[n]‹ danach, eine Art von Ensemble wiederherzustellen«.[389] Rousseau er-
widerte die Erfahrung einer »Auflösung [dislocation] der Gemeinschaft« durch die moderne Gesellschaft: »Man erfährt oder betrachtet die *Gesellschaft* als Verlust oder als Verfall einer gemeinschaftlichen (und kommunikativen) Vertrautheit [intimité]«.[390] Seine
Kritik gilt dem Verlust einer organischen »Unmittelbarkeit«[391] der Beziehungen in der
Gesellschaft. Zwar zerstöre, ähnlich wie Marx und Engels es später konstatieren sollten,
die moderne Gesellschaft nicht jede Beziehung zwischen den Menschen:

> Alle unsere Schriftsteller betrachten als das Meisterwerk der Politik unseres Jahrhun-
> derts die Wissenschaften, die Künste, den Handel, die Gesetze und die anderen Bande,
> welche unter den Menschen den Knoten der Gesellschaft durch das persönliche Inter-
> esse knüpfen, sie alle in eine wechselseitige Abhängigkeit voneinander bringen, ihnen
> gegenseitige Bedürfnisse und gemeinsame Interessen geben und jeden von ihnen ver-
> pflichten, zum Glück der anderen beizutragen, um das seine machen zu können.[392]

Die so geknüpften Bande seien aber keine unvermittelten Relationen mehr, in die
sich die Menschen aufgrund einer wechselseitigen Durchsichtigkeit ihrer Psychen finden.[393] In der modernen Gesellschaft besteht für Rousseau – ähnlich wie für Hobbes –
das die Menschen Vereinigende in ihrer Trennung voneinander.[394] Es sei den Menschen unmöglich geworden, beklagt er, »miteinander zu leben, ohne sich gegenseitig

---

387   Rousseau: Gesellschaftsvertrag, S. 31 (CS 54).

388   Nancy: Politik und darüber hinaus, S. 216 (PED 12).

389   Ebd., S. 219 (PED 17). Rousseau baue in diese Suche des Allgemeinen mit dem Begriff des Wil-
       lens eine Spannung ein: Sein Gesellschaftsvertrag entberge eine »›doppelte Vorgängigkeit‹ des
       Gemeinsamen vor dem Besonderen und des Besonderen vor dem Gemeinsamen« beziehungs-
       weise die »doppelte Vorgängigkeit des ›Gemeinwillen‹ und des einzelnen Begehrens. [...] Wenn es
       einen Gemeinwillen gibt, der vorausgeht, wie kann sich von ihm ein einzelnes Begehren ablösen,
       oder auch umgekehrt?« (ebd., S. 218 [PED 15f.]) Diese ›doppelte Vorgängigkeit‹, so wird sich zeigen,
       ähnelt dem Zugleich von Singularität und Pluralität, das Nancy in seinen Schriften zur (Ontologie
       der) Gemeinschaft herausarbeitet. Rebentisch: Kunst der Freiheit, S. 309, formuliert die hier auf-
       geworfene Aporie mit Blick auf den Mechanismus und das Ziel des Gesellschaftsvertrags so: »Wie
       soll sich der Einzelne der Gemeinschaft überantworten, wenn es diese Gemeinschaft noch nicht
       gibt? Der Akt der Entäußerung an das Gemeinwesen setzt die Existenz jenes Gemeinwillens be-
       reits voraus, der zugleich doch erst Resultat dieses Aktes sein soll.«

390   Nancy: Entwerkte Gemeinschaft, S. 26, Hv. i. Orig. (CD 29, Hv. i. Orig.).

391   Jean Starobinski: Rousseau. Eine Welt von Widerständen [1971]. Frankfurt a.M. 2003, S. 41.

392   Jean-Jacques Rousseau: Vorrede zu ›Narcisse‹ [1753]. In: ders.: Schriften. Bd. 1 (Hg. Ritter, Henning).
       Frankfurt a.M. 1995, S. 145-164, 157.

393   Vgl. Starobinski: Rousseau, S. 41.

394   Vgl. Vogl: Einleitung, S. 8.

zu beschuldigen, beiseite zu drängen, zu täuschen, zu verraten und zu vernichten«.[395] Dadurch untergräbt die moderne Gesellschaft – die für Rousseau eine Gesellschaft des Theaters, des verstellenden und entstellenden Maskenspiels ist[396] – die Möglichkeit der Demokratie als »einer kollektiven Selbstregierung von Gleichen«.[397] Dagegen setzt er mit dem Bild des *corps social* »den Mythos einer für sich selbst transparenten Gesellschaft, in der jeder einzelne dem Anderen das eigene gemeinschaftliche Wesen kommuniziert«.[398]

Die Popularisierung des Gemeinschaftsbegriffs im 19. Jahrhundert

Anhand des Gegensatzes von »Transparenz und Undurchsichtigkeit« hatte zwar Rousseau »Typen von Beziehungen«[399] unterschieden, diese aber noch nicht als ›Gemeinschaft‹ und ›Gesellschaft‹ auf differenzierte Begriffe gebracht.[400] Die heute im Deutschen wie selbstverständliche Unterscheidung zwischen ›Gemeinschaft‹ und ›Gesellschaft‹ wurde erst ab dem 19. Jahrhundert gebräuchlich. Bis zu dieser Zeit lässt sich von einer »terminologischen Verschränkung«[401] beider Begriffe sprechen[402]: Obschon bereits in aller Regel affirmativ gebraucht und »mit Gefühlen und Werten prälogischen Ursprungs« besetzt, ist ›Gemeinschaft‹ »terminologisch nicht vereinbart, sondern mit ›Gesellschaft‹ synonym«.[403] ›Gemeinschaft‹ und ›Gesellschaft‹ meinten beide »den Tatbestand des Verbundenseins von Menschen überhaupt, unabhängig von verschiedenen Wertgefühlen, Einigkeitsgraden, Arten und Formen, in denen es sich vollziehen kann«.[404]

Gegen Ende des 18. Jahrhunderts treten ›Gemeinschaft‹ und ›Gesellschaft‹ in ihrer Bedeutung auseinander und geraten, so Carl Schmitt, »in den Bereich von Wert-

---

395 Rousseau: Vorrede zu Narcisse, S. 157.
396 Siehe hierzu vor allem Rebentisch: Kunst der Freiheit, S. 273ff., ferner auch Esposito: Communitas, S. 75f.
397 Rebentisch: Kunst der Freiheit, S. 273.
398 Esposito: Communitas, S. 84. Mit Verweis u.a. auf Starobinskis Studie *Rousseau. Eine Welt von Widerständen* (1971) charakterisiert Foucault den »rousseauistische[n] Traum« als den »Traum einer transparenten, in jedem ihrer Teile sowohl sichtbaren als auch lesbaren Gesellschaft; es sollte keine Dunkelzonen [...] geben; jeder sollte von der Stelle aus, die er innehat, das Ganze der Gesellschaft sehen können; die Herzen sollen miteinander kommunizieren, die Blicke auf keinerlei Hindernisse mehr stoßen, und es soll die Meinung regieren, die eines jeden über jeden.« (Michel Foucault: Das Auge der Macht [Gespräch mit Jean-Pierre Barou, Michelle Perrot]. In: ders.: Schriften in vier Bänden. Dits et Ecrits. Bd. III. 1976-1979 [Hg. Defert, Daniel/Ewald, François]. Frankfurt a.M. 2003, S. 250-271, 257)
399 Starobinski: Rousseau, S. 41.
400 Vgl. Spitta: Gemeinschaft jenseits von Identität, S. 104, Anm. 31.
401 Riedel: Gesellschaft, Gemeinschaft, S. 807.
402 Vgl. Rosa et al.: Theorien der Gemeinschaft, S. 30f., deren Darstellung (ebd., S. 30ff.) ich auch im Weiteren folge.
403 Riedel: Gesellschaft, Gemeinschaft, S. 854.
404 Ebd., S. 808. Auch König: Gemeinschaft und Gesellschaft, S. 388, Hv. i. Orig., unterstreicht, dass »*das gegenseitige Verhältnis* der Begriffe Gemeinschaft *und* Gesellschaft keineswegs klar ist, indem ursprünglich die beiden Worte gar nicht so bedeutungsverschieden zu sein scheinen, so daß selbst noch im ausgehenden XVIII. Jahrhundert [...] häufig das als Gemeinschaft bezeichnet wird, was wir als Gesellschaft verstehen, und umgekehrt«.

Bezugsystemen«.[405] Der Begriff der Gemeinschaft, in Frontstellung gegen den der Gesellschaft, wird politisiert, wird zu einem »*Kampfbegriff*«[406], mit dem man versucht, »auf die bittere [dure] Wirklichkeit der Erfahrung der Moderne zu antworten«.[407] Anders gesagt: Die Idee einer ursprünglichen, verlorenen Gemeinschaft ist fiktiv[408]; die(se) Gemeinschaft verdankt ihre Genese der modernen Gesellschaft.

> Die ›Entdeckung der Gesellschaft‹ ist die Bedingung für die genauere Profilierung des Gemeinschaftsbegriffs, insofern er nun zum Sammelbegriff all dessen avancieren kann, was im Gesellschaftsbegriff *nicht* aufgeht. Während ›Gesellschaft‹ so immer mehr zum Inbegriff der Moderne wird, bündelt sich im Begriff der Gemeinschaft eine romantische Sehnsucht mit einer grundlegenden Kritik der Moderne. Gleichzeitig bleibt Gemeinschaft gerade in dieser Hinsicht ein durch und durch modernes Konzept, weshalb der Begriff bis heute eine gewisse Ambivalenz in sich trägt: Auch wenn er sich im Extremfall in direkter Opposition zum Gesellschaftsbegriff und zur Moderne artikuliert – er ist als solcher selbst zutiefst modern, insofern er auf die Erfahrung der modernen Gesellschaft reagiert.[409]

Raulet betont, »daß die eigentliche Realität der Gemeinschaft nicht in einer bestimmten vergangenen Epoche zu suchen ist [...], sondern in der gegenwärtigen Wirklichkeit, gegen welche sie ausgespielt wird«.[410] Dies deutete sich bei Rousseau bereits an und bestätigt sich bei einem Blick auf die zwei Bewegungen, die im 19. Jahrhundert zur Popularisierung und Politisierung des (Gegen-)Begriffs der Gemeinschaft maßgeblich beigetragen haben: Kommunismus und Romantik.[411]

Karl Marx formulierte seine Kritik an der bürgerlich-kapitalistischen Gesellschaft im Hinblick auf eine vergangene wie zukünftige gemeinschaftliche Form des Zusammenlebens. Sein kommunistisches Ideal der Gesellschaft ist dabei nicht zuletzt von der Metapher des Organismus getragen. So stellt er in seiner *Kritik der Politischen Ökonomie* (1859) der kapitalistischen Gesellschaft das gemeinsame Leben und Arbeiten in ei-

---

405   Schmitt: Gemeinschaft und Gesellschaft, S. 166. Es erscheine »die Gemeinschaft als das Natürliche, Echte und Wahre, und die Gesellschaft infolgedessen als das Künstliche, Gemachte und Unwahre [...], oder aber umgekehrt: die Gesellschaft als das Höhere weil Fortschrittliche, wodurch die Gemeinschaft automatisch als etwas Primotives [sic!], Barbarisches oder Reaktionäres einen negativen Stellenwert erhält«. (Ebd.)

406   Rosa et al.: Theorien der Gemeinschaft, S. 14, Hv. i. Orig.

407   Nancy: Entwerkte Gemeinschaft, S. 29 (CD 32), auch zitiert bei Rosa et al.: Theorien der Gemeinschaft, S. 38.

408   Daniel Baranowski: Simon Srebnik kehrt nach Chełmno zurück. Zur Lektüre der Shoah. Würzburg 2009, S. 304, nennt sie im Anschluss an Nancy ein »phantasmatisches Konstrukt«.

409   Rosa et al.: Theorien der Gemeinschaft, S. 37f., Hv. i. Orig. Siehe auch Lüdemann: Metaphern der Gesellschaft, S. 135: »Der unvermittelte Dualismus von Gemeinschaft und Gesellschaft [...] erklärt sich nur so, daß die moderne Gesellschaft unter dem Namen ›Gemeinschaft‹ alles das aus sich heraussetzt, was sie nicht (mehr) zu sein glaubt, worin sie aber gleichwohl ihr ›Eigentliches‹, den verlorenen, wiederzugewinnenden Kern ihres Wesens erblickt.«

410   Raulet: Modernität der Gemeinschaft, S. 73.

411   Vgl. und siehe auch für das Weitere Rosa et al.: Theorien der Gemeinschaft, S. 35ff.

ner »ländlich-patriarchalischen Industrie«[412] gegenüber. In ihr habe sich »das gesellschaftliche Band« noch aus der »Besonderheit« der einzelnen Arbeiten(den) gebildet und nicht aus der durch den sogenannten Tauschwert hergestellten »Allgemeinheit der Arbeit«.[413] Marx entwirft das Bild eines »der Produktion vorausgesetzte[n] Gemeinwesen[s], das die Arbeit des einzelnen verhindert, Privatarbeit und sein Produkt Privatprodukt zu sein, die einzelne Arbeit vielmehr unmittelbar als Funktion eines Gliedes des Gesellschaftsorganismus erscheinen läßt«.[414] Zu Recht kritisiert Nancy in seinem Kommentar zu dieser Passage, man begegne hier einer »nostalgischen Ideologie«, einer »idyllische[n] Erzählung, die gegebenenfalls in einen utopischen Entwurf umschlagen kann«.[415] Problematisch sei insbesondere die organizistische Metaphorik Marx', da sie das zwischen den ›Besonderheiten‹ geknüpfte ›gesellschaftliche Band‹ in ein »Operationssystem von Finalitäten«[416] umgestalte. Das Identitätsverhältnis, das Nancy am kapitalistischen ›Todes-Werk‹ kritisiert[417], kehrt in verwandelter Form wieder.

Indes ist Marx' Position auf dem von den Begriffen ›Gemeinschaft‹ und ›Gesellschaft‹ abgesteckten Kampffeld vertrackt.[418] Die im *Manifest der Kommunistischen Partei* ausgedrückte Anerkennung der revolutionären Gewalt, mit der die Bourgeoisie die falsche Idylle der ›ländlich-patriarchalischen Industrie‹ zertrümmert habe, wurde bereits angeführt. Marx' und Engels' Bewunderung für »den Fortschritt der bürgerlichen Gesellschaft als Triumph über alle vormodernen Vergemeinschaftungsformen«[419] ist aber stets von Kritik an den Folgen dieser Umwälzung begleitet. Die Bourgeoisie, hieß es, habe »kein anderes Band zwischen Mensch und Mensch übriggelassen, als das nackte Interesse, als die gefühllose ›bare Zahlung‹«.[420] Als kritikwürdig erscheint Marx der nationalökonomische Gesellschaftsbegriff, der das »*Gemeinwesen des Menschen*« nur »unter der Form des *Austauschs* und des *Handels*« begreife, so aber »die *entfremdete* Form des geselligen Verkehrs als die *wesentliche* und *ursprüngliche* und der menschlichen Bestimmung entsprechende *fixiert*«.[421] Dagegen stellen er und Engels die Idee einer »wirkli-

---

412 Karl Marx: Zur Kritik der Politischen Ökonomie [1859]. In: ders./Engels, Friedrich: Werke. Bd. 13 (Hg. Institut für Marxismus-Leninismus beim ZK der SED). Berlin 1971, S. 3-160, 20.

413 Ebd., S. 21.

414 Ebd.

415 Nancy: Literarischer Kommunismus, S. 157 (CL 184); siehe zu dieser Textstelle etwa Morin: Nancy, S. 92f.

416 Nancy: Literarischer Kommunismus, S. 160 (CL 188).

417 Vgl. ebd., S. 157f. (CL 185).

418 Vgl. Micha Brumlik/Hauke Brunkhorst: Vorwort. In: dies. (Hg.): Gemeinschaft und Gerechtigkeit. Frankfurt a.M. 1993, S. 9-16, 10. Siehe für das Folgende (und darüber hinaus) auch die Darstellungen bei Riedel: Gesellschaft, Gemeinschaft, S. 849ff., sowie Rosa et al.: Theorien der Gemeinschaft, S. 36, denen ich den Hinweis auf das *Vorwort* von Brumlik und Brunkhorst verdanke.

419 Brumlik/Brunkhorst: Vorwort, S. 10.

420 Marx/Engels: Manifest der Kommunistischen Partei, S. 464.

421 Karl Marx: Auszüge aus James Mills Buch ›Élémens d'économie politique‹. Trad. par J. T. Parisot, Paris 1823 [1844]. In: ders./Engels, Friedrich: Werke. Ergänzungsband. Schriften. Manuskripte. Briefe bis 1844. Erster Teil (Hg. Institut für Marxismus-Leninismus beim ZK der SED). Berlin 1968, S. 443-463, 451, Hv. i. Orig.; vgl. Riedel: Gesellschaft, Gemeinschaft, S. 850.

chen Gemeinschaft«[422], die die Arbeitsteilung und die Klassengesellschaft aufhebt und die Freiheit der Einzelnen ermöglicht.

> Erst in der Gemeinschaft [mit Andern hat jedes] Individuum die Mittel, seine Anlagen nach allen Seiten hin auszubilden; erst in der Gemeinschaft wird also die persönliche Freiheit möglich. In den bisherigen Surrogaten der Gemeinschaft, im Staat usw. existierte die persönliche Freiheit nur für die in den Verhältnissen der herrschenden Klasse entwickelten Individuen und nur, insofern sie Individuen dieser Klasse waren. Die scheinbare Gemeinschaft, zu der sich bisher die Individuen vereinigten, verselbständigte sich stets ihnen gegenüber und war zugleich, da sie eine Vereinigung einer Klasse gegenüber einer andern war, für die beherrschte Klasse nicht nur eine ganz illusorische Gemeinschaft, sondern auch eine neue Fessel.[423]

Marx' Gebrauch der Organismus-Metapher weist auf romantische Züge seiner Kritik an der (kapitalistischen) Gesellschaft hin. Einerseits Vertreter einer »*radikalisierten Aufklärung*«, fänden sich, so Hauke Brunkhorst, bei Marx andererseits auch Züge einer »romantischen und expressiv-ästhetischen Opposition gegen die konformistische Unterdrückung der menschlichen Natur durch die Nützlichkeitsmaschine des kapitalistischen Systems«.[424] Ein ähnliches Urteil fällt Leszek Kołakowski: Für ihn ist »*das romantische Motiv*« eines der zentralen Motive des Denkens Marx': »In den Hauptaspekten seiner Kapitalismuskritik erscheint Marx als Erbe der Romantik.«[425]

Die Romantik, so die These Manfred Franks, richtete ihre Kritik am »Maschinen-Staat« nicht (wie Rousseau) gegen die »feudal-absolutistische[n]«, sondern gegen den »bürgerliche[n] Staat«, gegen die mit dem Staat identifizierte »bürgerliche Gesellschaft«[426], wie sie sich seit dem Jahr 1789 herausgebildet hatte.[427] Wie bereits Rousseau, »einer der Väter der Romantik«[428], der zeitgenössischen Gesellschaft vorgeworfen hatte, klagen auch die Romantiker*innen die bürgerliche Gesellschaft an, ihr fehle jegliches »übergeordnete Interesse (oder Desinteresse)«.[429] Sie kritisieren ihr lediglich »automatenhaftes Funktionieren«, das keiner leitenden Idee mehr unterstehe, denn für den Automaten (im Unterschied zum Organismus) gilt: »Das Ganze teilt

---

422   Karl Marx/Friedrich Engels: Die deutsche Ideologie. Kritik der neuesten deutschen Philosophie in ihren Repräsentanten Feuerbach, B. Bauer und Stirner, und des deutschen Sozialismus in seinen verschiedenen Propheten [1845/46]. In: dies.: Werke. Bd. 3 (Hg. Institut für Marxismus-Leninismus beim ZK der SED). Berlin 1969, S. 9-530, 74.

423   Ebd. Nach Ansicht von Rosa et al.: Theorien der Gemeinschaft, S. 36, findet sich in diesem Zitat ein »utopischer Begriff von Gemeinschaft«.

424   Hauke Brunkhorst: Marxismus und Alternativbewegungen. In: Neue Rundschau 92 (1981), H. 1, S. 100-115, 105f., Hv. i. Orig.

425   Leszek Kołakowski: Die Hauptströmungen des Marxismus. Entstehung. Entwicklung. Zerfall. Erster Band. München, Zürich 1977, S. 466, Hv. i. Orig. Zu den angeführten Arbeiten Brunkhorsts und Kołakowskis brachte mich Raulet: Modernität der Gemeinschaft, S. 80.

426   Frank: Der kommende Gott, S. 176.

427   Vgl. König: Gemeinschaft und Gesellschaft, S. 397f. Zum Gemeinschaftsbegriff der Romantik siehe auch Rosa et al.: Theorien der Gemeinschaft, S. 36f.

428   Nancy: Politik und darüber hinaus, S. 217 (PED 13).

429   Ebd., S. 216 (PED 12).

sich – wie in einem ›Räderwerk‹ – den Teilen äußerlich mit, es reflektiert sich nicht in ihnen.«[430]

Die Absicht hinter der romantischen Darstellung des Gesellschaftsbegriffs, so König, war »*eine ausschließlich polemische (auch politisch)*«; was die Romantiker*innen der von ihnen als ›automatenhaft‹ empfundenen Gesellschaft vorwarfen, sei erwachsen »*im Dienste einer allgemeinen Kulturkritik [...], für die dann schließlich Gemeinschaft das Gute und Gesellschaft das schlechthin Böse wurde*«.[431] Vor allem richtete man sich gegen die (liberale) Theorie des Gesellschaftsvertrags. Sie überbewerte

> den Anteil der Vernunft am Zustandekommen menschlicher Beziehungen, sie versteht unter ›Gesellschaft‹ einen Zusammenhang von Mitteln zur Realisierung von Zwecken, die das Individuum in vernünftiger Erwägung zur Befriedigung seiner Bedürfnisse und Interessen bestimmt. Damit verliert sie den Blick für das »wahre Wesen menschlicher Beziehungen«, das nicht im »vernünftigen« Reden und Handeln, sondern in vorvernünftigen Instinkten, Gefühlen, Gewohnheiten, Gebräuchen und Abhängigkeiten (von Familie, Stamm, Volk usw.) besteht.[432]

Die Romantik störte die (von Hobbes akzentuierte) Künstlichkeit der qua Vertrag zustande gekommenen Gesellschaft – sie laufe der Natur des Menschen zuwider.[433] Denn für die Romantik bestand »[d]ie natürliche Bestimmung des Menschen [...] darin, daß er in einer Gemeinschaft lebt, die nicht durch negative Interessenbindung zustande kommt, sondern durch das eigenständige, durch nichts bedingte Bedürfnis nach Kommunikation mit den anderen«.[434]

Jedoch legt die romantische Kritik, meint Riedel, die Theorien des Gesellschaftsvertrags bewusst falsch aus: Der Gesellschaftsvertrag wurde nicht als eine gesetzte »Norm zur Beurteilung der Vernünftigkeit menschlicher Gesellschaftsbildung überhaupt«[435] verstanden, sondern als tatsächlicher Ursprung der Gesellschaft. »[T]heoriepolitisch beabsichtigt«[436] dachte man sich den Gesellschaftsvertrag nach dem Muster des Privatvertrags, um die durch ihn begründete »mercantilische Societät«[437] des Staates, wie es bei Adam Müller (1779-1829) heißt, mit seiner ›natürlichen‹ Grundlage zu konfrontieren:

---

430 Frank: Der kommende Gott, S. 181.

431 König: Gemeinschaft und Gesellschaft, S. 397, Hv. i. Orig.

432 Riedel: Gesellschaft, Gemeinschaft, S. 828f., mit Bezug auf Lerch: Gesellschaft und Gemeinschaft, S. 112, wo man auch liest, das rationalistische Denken der Renaissance und der Aufklärung hätte »den grundlegenden Unterschied zwischen den auf äußerlichen Zwecken und Verträgen beruhenden Gesellschaften und der wesenhaften, blut- oder schicksalsmäßigen Verbundenheit, die die Gemeinschaften charakterisiert, nicht zu sehen vermocht«. (Ebd., S. 110) Siehe auch Rosa et al.: Theorien der Gemeinschaft, S. 36f.

433 Siehe zur Kritik der Romantik an Theorie des Gesellschaftsvertrags auch Spitta: Gemeinschaft jenseits von Identität, S. 139f., die die romantische Abwehr insbesondere der Philosophie von Hobbes betont.

434 Kołakowski: Hauptströmungen des Marxismus, S. 468; vgl. ebd., S. 467f.

435 Riedel: Gesellschaft, Gemeinschaft, S. 829.

436 Ebd.

437 Adam Müller: Die Elemente der Staatskunst [1809]. 1. Halbband. Jena 1922, S. 37, siehe zu Müller die Hinweise und Ausführungen von Riedel: Gesellschaft, Gemeinschaft, S. 829f.; Lerch: Gesellschaft und Gemeinschaft, S. 114ff.; Spitta: Gemeinschaft jenseits von Identität, S. 161ff.

dem Volk. In Abgrenzung zur Künstlichkeit der Gesellschaft nimmt in der Romantik der Begriff der Gemeinschaft die »emotionale Bedeutung des ›natürlich‹ Gewachsenen an«.[438] In der Romantik populäre Worte wie ›Familie‹, ›Stamm‹ oder ›Volk‹ benennen »naturhafte und geschichtlich gewordene Grundlagen der Sozialbeziehungen«.[439] Ihr Gebrauch macht die Romantiker*innen zu »Propheten nach Rückwärts«.[440]

Die Idee einer ›natürlichen‹ Gemeinschaft wirkt sich auf die Vorstellungen über das Verhältnis zwischen den Einzelnen und der Gemeinschaft aus.[441] So halte es Müller, resümiert Ernst Cassirer, für eine »Fiktion, daß der Einzelne sich aus der gesellschaftlichen Verbindung lösen und ihr mit der schrankenlosen Willkür subjektiver Kritik entgegentreten könne«.[442] Die Romantiker*innen »stilisieren [...] das gesellschaftliche Ganze und seine Teile zu sozialen ›Ganzheiten‹ hoch, die dem individuellen Handeln vorgeordnet sind«.[443] Dies meint keine »Annullierung des personalen Lebens«[444] da für die Romantik kein Gegensatz zwischen Individuum und Kollektiv besteht: Die »Rückkehr zur Gemeinschaft« ist zugleich »die Rückkehr zur Persönlichkeit«[445], da sich die Einzelnen mit dem Gemeinschaftsganzen – wie Teile eines Körpers – identifizieren.

---

438   Delitz: Gemeinschaft, S. 376; auch zitiert bei Rosa et al.: Theorien der Gemeinschaft, S. 37.

439   Riedel: Gesellschaft, Gemeinschaft, S. 828.

440   König: Gemeinschaft und Gesellschaft, S. 398. »Durch die deutschen Romantiker stieg *Gemeinschaft* zu einem der bedeutsamsten Begriffe der politischen Identitätsbestimmung auf und wurde mit einer [...] Mythologie des *Volkes* verschränkt.« (Spitta: Gemeinschaft jenseits von Identität, S. 128, Hv. i. Orig.) Siehe zur Rückwärtsgewandtheit der Romantik auch die Ausführungen von Spitta ebd., S. 143f.

441   Vgl. Rosa et al.: Theorien der Gemeinschaft, S. 37, die sich beziehen auf (die Ausgabe der Wissenschaftlichen Buchgesellschaft aus dem Jahr 1975 von) Ernst Cassirer: Freiheit und Form. Studien zur deutschen Geistesgeschichte. 2. Aufl. Berlin 1918, S. 547-550, der in dieser Passage die Lehre Friedrich Wilhelm Joseph Schellings referiert. Für diesen sei der Staat »nicht aus dem Wollen der einzelnen geworden und in seiner Gültigkeit von ihm abgeleitet, sondern er steht diesem Wollen wie eine in sich selbst bestehende und lediglich auf sich selbst beruhende Naturmacht gegenüber. Er ist nicht geschaffen, sondern gewachsen, – nicht ein Ergebnis der Vereinbarung und des begrifflichen Kalküls [sic!], sondern eine Bildung ursprünglich und unbewußt waltender lebendiger Kräfte.« (Ebd., S. 549f.) Siehe zu der im Folgenden umrissenen romantischen Verhältnisbestimmung von Individuum und Gemeinschaft auch Spitta: Gemeinschaft jenseits von Identität, S. 146f.

442   Cassirer: Freiheit und Form, S. 554.

443   Riedel: Gesellschaft, Gemeinschaft, S. 828.

444   Kołakowski: Hauptströmungen des Marxismus, S. 468.

445   Ebd., S. 469, wo Kołakowski strenggenommen von der »Marxschen Utopie« spricht, die in ihren wesentlichen Merkmalen, vor allem in dem Glauben an eine zukünftige Aufhebung jeder »*Vermittlung zwischen Individuum und menschlicher Gattung*« (ebd., S. 468, Hv. i. Orig.), allerdings ein romantisches Erbstück sei. (Vgl. ebd.)

Die Arbeit am Begriff (Ferdinand Tönnies)

Ferdinand Tönnies versucht in seiner erstmals 1887 erschienenen Schrift *Gemeinschaft und Gesellschaft*[446] die titelgebenden Begriffe, die »die bisherige wissenschaftliche Terminologie [...] ohne Unterscheidung nach Belieben«[447] verwechselt habe, auseinanderzuhalten; er wird damit zum »Begründer der Theorie von Gemeinschaft und Gesellschaft«.[448] Sein Erfolg beruht darauf, dass sich *Gemeinschaft und Gesellschaft* als ein auf den ersten Blick klarer »Deutungsschlüssel für Tendenzen und Gefahren der Moderne«[449] anbot. Mit der gegensätzlichen Differenzierung von ›Gemeinschaft‹ und ›Gesellschaft‹, fasst in diesem Sinne Carl Schmitt zusammen,

> schien eine erste allgemeine, grundlegende und alles beherrschende Orientierung gefunden. [...] Sie hatte die ganze Suggestivkraft einer einfachen und klaren Antithese, namentlich dann, wenn sie als Alternative oder gar als ausschliessende Disjunktion aufgefasst wurde. Dann war jede soziale Gruppe entweder eine Gemeinschaft oder eine Gesellschaft oder ein Zwischengebilde oder Uebergang.[450]

Zwar weist Tönnies den Vorwurf zurück, er vertrete eine pessimistische Theorie[451], die »im heutigen sozialen Leben nur ein Vergehen und Sterben«[452] ausmache. Dennoch ist er »modernitätsskeptisch«[453] und begründet »Gesellschaft als Verfallsbegriff von Gemeinschaft«[454], da er das Werden der Gesellschaft »als einen fortschreitenden Verlust

---

446   Die Erstauflage trug den Untertitel »Abhandlung des Communismus und des Socialismus als empirischer Culturformen«, ab der zweiten Auflage 1912 hieß es »Grundbegriffe der reinen Soziologie«. König: Gemeinschaft und Gesellschaft, S. 350, Hv. i. Orig., sieht in dieser »Titelgestaltung« ein Zeichen dafür, »daß *Tönnies* in seinen Grundauffassungen nicht ganz einheitlich ist«. Zitiert wird im Folgenden nach Ferdinand Tönnies: Gemeinschaft und Gesellschaft. Grundbegriffe der reinen Soziologie [1887]. Fotomechan. Nachdr. der 8., verb. Aufl. 1935. Darmstadt 1963.

447   Tönnies: Gemeinschaft und Gesellschaft, S. 3.

448   Schmitt: Gemeinschaft und Gesellschaft, S. 170; so auch Rosa et al.: Theorien der Gemeinschaft, S. 39.

449   Karl-Siegbert Rehberg: Gemeinschaft und Gesellschaft – Tönnies und Wir. In: Brumlik, Micha/ Brunkhorst, Hauke: Gemeinschaft und Gerechtigkeit. Frankfurt a.M. 1993, S. 19-48, 26; teilweise auch zitiert von Rosa et al.: Theorien der Gemeinschaft, S. 39.

450   Schmitt: Gemeinschaft und Gesellschaft, S. 165f. Zweifel an der Ansicht, es handele sich bei ›Gesellschaft‹ und ›Gemeinschaft‹ tatsächlich um eine unmissverständliche ›Antithese‹, äußern etwa König: Gemeinschaft und Gesellschaft, S. 377ff.; 399ff., sowie Spitta: Gemeinschaft jenseits von Identität, S. 199, die Tönnies' Begriffen eine »unsichere Beschaffenheit« attestiert, und Lüdemann: Metaphern der Gesellschaft, S. 131f.

451   Tönnies bezieht sich auf Harald Höffding: Sozialer Pessimismus [1890]. In: Tönnies, Ferdinand/ders.: Briefwechsel (Hg. Bickel, Cornelius/Fechner, Rolf). Berlin 1989, S. 294-305. Tönnies, analysiert Höffding, pathologisiere die Entwicklung von der Gemeinschaft zur Gesellschaft. (Vgl. ebd., S. 298) Sein »Pessimismus« sei »mit der Romantik verbunden. Er sieht in der Vergangenheit ein strahlendes Licht, während die Gegenwart kalt, leer und dunkel scheint«. (Ebd., S. 299) Allerdings distanziert sich Tönnies: Gemeinschaft und Gesellschaft, S. XL (Vorrede zur vierten und fünften Auflage, 1922), eindeutig von den romantischen Autor*innen, »denen das Vergangene im Lichte der Poesie verklärt entgegenschimmert«. Siehe auch König: Gemeinschaft und Gesellschaft, S. 385.

452   Tönnies: Gemeinschaft und Gesellschaft, S. XXXIX (Vorrede zur vierten und fünften Auflage, 1922).

453   Rehberg: Gemeinschaft und Gesellschaft, S. 26.

454   Lüdemann: Metaphern der Gesellschaft, S. 128.

organischer (›substantieller‹) zugunsten bloß mechanischer (›künstlicher‹, ›nicht wesentlicher‹) Verbindungen«[455] darstellt.

Tönnies entwickelt ›Gemeinschaft‹ und ›Gesellschaft‹ als soziologische »Normaltypen [...], zwischen denen sich das wirkliche soziale Leben bewegt«.[456] Es handelt sich bei ›Gemeinschaft‹ und ›Gesellschaft‹ nicht um »real existierende soziale Formationen«[457], sondern dem Verständnis Tönnies' nach um wissenschaftliche »Normalbegriffe«, das heißt um »Artefakte des Denkens«[458], mit denen die Realität (wertfrei) analysiert werden soll.[459] Um den Gegensatz von ›Gemeinschaft‹ und ›Gesellschaft‹ zu bestimmen, rekurriert Tönnies auf die bereits erwähnte Differenz zwischen ›organisch‹ und ›mechanisch‹. Als Gegensatz, so Frank, gehe diese zurück auf Lord Shaftesbury (1671-1713)[460], der die Idee entwickelt habe, »daß im Organismus jedes Glied unmittelbar Symbol des Ganzen ist oder dieses Ganze im Detail variiert; im Unterschied zur Maschine, deren Glieder weder mittelbar noch unmittelbar über die Information des Ganzen verfügen, an dem sie – äußerlich – partizipieren«.[461] Bei Rousseau und in der Romantik sei diese Idee des Organismus zu einer »Metapher im sozio-politischen Diskurs«[462] geworden, mit der man den »bürgerlichen Staat als ›unnatürlich‹, d.h. als bloß ›mechanisch‹«[463] kritisieren konnte.

›Gemeinschaft‹ und ›Gesellschaft‹ (mit den korrespondierenden Ausdrücken ›organisch‹ und ›mechanisch‹) baut Tönnies zu einer »Stereotypen-Ontologie«[464] aus. »Das Verhältnis selber, und also die Verbindung, wird entweder als reales und organisches Leben begriffen – dies ist das Wesen der Gemeinschaft, oder als ideelle und mechanische Bildung – dies ist der Begriff der Gesellschaft.«[465] Gemeinschaft sei »das dauernde und echte Zusammenleben, Gesellschaft nur ein vorübergehendes und scheinbares«, und so solle »Gemeinschaft selber als ein lebendiger Organismus, Gesellschaft als ein mechanisches Aggregat und Artefact verstanden werden«.[466]

---

455 Ebd., S. 127.

456 Tönnies: Gemeinschaft und Gesellschaft, S. XLV (Vorrede zur sechsten und siebenten Auflage, 1926).

457 Lüdemann: Metaphern der Gesellschaft, S. 135; siehe auch König: Gemeinschaft und Gesellschaft, S. 358.

458 Tönnies: Gemeinschaft und Gesellschaft, S. 133.

459 Vgl. Rosa et al.: Theorien der Gemeinschaft, S. 40. Tönnies löst diesen Anspruch nicht konsequent ein. Er entwerfe »dichotomische Welten, nicht konstruktive [...] Hilfsbegriffe«, so Rehberg: Gemeinschaft und Gesellschaft, S. 43, Anm. 17. Siehe zu den Unklarheiten bei Tönnies in diesem Punkt auch Lüdemann: Metaphern der Gesellschaft, S. 131f., sowie König: Gemeinschaft und Gesellschaft, S. 377f.

460 Vgl. Frank: Der kommende Gott, S. 155. Wie Lüdemann: Metaphern der Gesellschaft, S. 133, betont, dachten weder die antiken Autoren noch Hobbes Mechanismus und Organismus als ein Gegensatzpaar.

461 Frank: Der kommende Gott, S. 155f.

462 Ebd., S. 156.

463 Ebd., S. 161. Siehe für eine Übersicht zu den verschiedenen Bedeutungen des Begriffs ›organisch‹ etwa Schmitt: Gemeinschaft und Gesellschaft, S. 169f.

464 Rehberg: Gemeinschaft und Gesellschaft, S. 29.

465 Tönnies: Gemeinschaft und Gesellschaft, S. 3.

466 Ebd., S. 5. An diesen Gegensatz konnten sich »unendlich viele zweigliedrige Gegensätze« ketten, etwa »Gefühl gegen Verstand, Herz gegen Kopf und schliesslich sogar [...] Warm gegen Kalt«.

Paradigmatisch für das gesellschaftliche Verhältnis »ist die geschäftliche Tauschbeziehung anonymer Marktteilnehmer«.[467] Die (bürgerliche) Gesellschaft sei eine »Tauschgesellschaft«[468], der ein Vertrag zwischen Individuen zugrunde liege.[469] Bei der Betrachtung der Gesellschaft müsse »von allen ursprünglichen oder natürlichen Beziehungen der Menschen zueinander abstrahiert werden«, denn um ein gesellschaftliches Verhältnis zu begründen, sei nur »eine Mehrheit von nackten Personen, die etwas zu leisten und folglich auch etwas zu versprechen fähig sind«[470], vorausgesetzt. Für Tönnies ist die gesellschaftliche Einheit »das prekäre und widerrufliche Resultat der vertraglichen Einigung«[471] von Individuen. Die gesellschaftlichen Verhältnisse seien nur »Mittel für die [...] Zwecke der Individuen«.[472] Anders als in der Gemeinschaft seien die Menschen in der Gesellschaft nicht »wesentlich verbunden, sondern wesentlich getrennt [...], und während dort verbunden bleibend trotz aller Trennungen, hier getrennt bleibend trotz aller Verbundenheiten«.[473] In der Gesellschaft sei »ein jeder für sich allein, und im Zustande der Spannung gegen alle übrigen«.[474] Ähnlich wie Elias Canetti stellt Tönnies eine »Berührungsfurcht«[475] der in Gesellschaft lebenden Menschen fest: Es würden »Berührungen und Eintritt« empfunden wie »Feindseligkeiten«[476] und einander verwehrt. Damit ist für Tönnies »das Verhältnis aller zu allen [...] als

---

(Schmitt: Gemeinschaft und Gesellschaft, S. 171) Dirk Käsler: Erfolg eines Mißverständnisses? Zur Wirkungsgeschichte von ›Gemeinschaft und Gesellschaft‹ in der frühen deutschen Soziologie. In: Clausen, Lars/Schlüter, Carsten (Hg.): Hundert Jahre ›Gemeinschaft und Gesellschaft‹. Ferdinand Tönnies in der internationalen Diskussion. Opladen 1991, S. 517-526, 519, Hv. i. Orig., hält den Gegensatz von Gemeinschaft und Gesellschaft für das »Generalthema der frühen deutschen Soziologie«, dem andere Gegensätze (»Fortschritt vs. Verfall/Untergang« oder »Individualität vs. Vermassung«) nachgeordnet waren. Peter Friedrich: Das Erlebnis und die Masse. Zu Elias Canettis poetischer Massentheorie. In: Lüdemann, Susanne/Hebekus, Uwe (Hg.): Massenfassungen. Beiträge zur Diskurs- und Mediengeschichte der Menschenmenge. München 2010, S. 125-144, 127, nimmt Tönnies' »politische Antinomie« als Versuch, »die Sehnsucht nach Ganzheitserfahrung in der ›Gemeinschaft‹ von Urbanität und Massenhaftigkeit in der realen ›Gesellschaft‹ zu unterscheiden«.

467   Rosa et al.: Theorien der Gemeinschaft, S. 41. Siehe auch Lerch: Gesellschaft und Gemeinschaft, S. 111, sowie Ferdinand Tönnies: Zur Einleitung in die Soziologie. In: ders.: Soziologische Studien und Kritiken. Erste Sammlung. Jena 1925, S. 65-74, 66; 67; Ferdinand Tönnies: Die Entstehung meiner Begriffe Gemeinschaft und Gesellschaft. In: Kölner Zeitschrift für Soziologie und Sozialpsychologie 7 (1955), H. 3, S. 463-467, 464.

468   Tönnies: Gemeinschaft und Gesellschaft, S. 52.

469   Vgl. ebd., S. XXXV (Vorrede zur zweiten Auflage, 1912); siehe zum Vertragsbegriff Tönnies' und der Bedeutung Hobbes' hierfür etwa Lüdemann: Metaphern der Gesellschaft, S. 133f.

470   Tönnies: Gemeinschaft und Gesellschaft, S. 53.

471   Lüdemann: Metaphern der Gesellschaft, S. 134.

472   Tönnies: Gemeinschaft und Gesellschaft, S. XXXV (Vorrede zur zweiten Auflage, 1912). Siehe auch Ferdinand Tönnies: Der Begriff der Gemeinschaft. In: ders.: Soziologische Studien und Kritiken. Zweite Sammlung. Jena 1926, S. 266-276, 274.

473   Tönnies: Gemeinschaft und Gesellschaft, S. 40.

474   Ebd. Siehe auch Tönnies: Einleitung in die Soziologie, S. 66, wo er davon spricht, dass die Individuen in der Gesellschaft »einander fremd sind und nichts miteinander gemein haben, also wesentlich antagonistisch oder geradezu feindlich einander gegenüberstehen«.

475   Elias Canetti: Masse und Macht. Frankfurt a.M. 1980, S. 9.

476   Tönnies: Gemeinschaft und Gesellschaft, S. 40.

potentielle Feindseligkeit oder als ein latenter Krieg«[477] zu deuten. Er sieht, Rousseau nahekommend, den von Hobbes beschriebenen Naturzustand nicht als das Vorher der Gesellschaft, sondern als gesellschaftlichen Normalzustand.[478] Das Verhältnis zwischen den Individuen ist Verhältnis-als-Abstand.[479] Die gesellschaftliche Einheit resultiert aus einem Vertragsschluss von Individuen, die trotz ihrer (unsicheren) Bande im Wesen voneinander entzweit sind.[480]

Die Differenz zwischen Gesellschaft und Gemeinschaft liegt keineswegs darin, dass letztere vorbewusst-ungewollt ist.[481] Gesellschaft und Gemeinschaft, betont Tönnies, seien »Typen individueller Willensgestaltungen«.[482] Auch auf den ersten Blick willenlos eingegangene Verbindungen können gewollt, das heißt für Tönnies: bejaht werden.[483] Tönnies begreife die »Grundmerkmale des sozialen Daseins [...] als *Akte des Bejahens*«; für ihn seien »*diejenigen Menschen [...] als sozial miteinander verbunden anzusehen, die bestimmte Dinge und Werte gemeinsam bejahen*«.[484]

Gemeinschaft und Gesellschaft unterscheiden sich für Tönnies durch ein unterschiedliches Verhältnis »zwischen einem Ganzen und seinen Teilen«, was meint: durch den »Gegensatze des Organismus und des Artefakts«.[485] Die Gesellschaft folgt einem atomistischen Modell: Sie erscheint »als etwas, das vom Einzelnen als ihrer Wirk- oder Endursache bestimmt ist und aus Individuellem konstruiert oder zusammengefügt werden kann«.[486] Die Gemeinschaft hingegen ist »kein System *partes extra partes*«, son-

---

477   Ebd., S. 53.

478   Vgl. Rehberg: Gemeinschaft und Gesellschaft, S. 28; Spitta: Gemeinschaft jenseits von Identität, S. 198f. Die Expertise Tönnies' für die Theorie Hobbes' betont Rehberg: Gemeinschaft und Gesellschaft, S. 22; 38.

479   Spitta: Gemeinschaft jenseits von Identität, S. 198, spricht von einem »Zustand der Spannung, der den Einzelnen mit anderen Einzelnen verbindet«.

480   Vgl. Lüdemann: Metaphern der Gesellschaft, S. 134f.

481   Vgl. Rosa et al.: Theorien der Gemeinschaft, S. 40. »Auch die Gemeinschaft«, gibt König: Gemeinschaft und Gesellschaft, S. 357, Tönnies' Überzeugung wieder, »hat ihre Form der Rationalität«.

482   Tönnies: Gemeinschaft und Gesellschaft, S. XXXV (Vorrede zur zweiten Auflage, 1912). Siehe auch Spitta: Gemeinschaft jenseits von Identität, S. 201ff., sowie Tönnies: Begriff der Gemeinschaft, S. 268, wonach »alle sozialen Verhältnisse [...], insofern als sie für ihre Subjekte – die sozialen Menschen – vorhanden sind, durch deren Willen geschaffen, gesetzt oder eingerichtet werden, daß eben diese ihre psychologische Bedingtheit ihr Wesen ausmacht«.

483   Vgl. Tönnies: Begriff der Gemeinschaft, S. 269f.

484   König: Gemeinschaft und Gesellschaft, S. 365f., Hv. i. Orig.; siehe detailliert hierzu ebd., S. 362ff. Wie Schmitt: Gemeinschaft und Gesellschaft, S. 166, meint, ist damit Tönnies' Theorie »im Ansatz psychologisch«. Für Tönnies: Einleitung in die Soziologie, S. 71f., Hv. i. Orig., muss daher »auch die ›organische‹ Theorie [...] psychologisch« aufgefasst werden, denn »was einer menschlichen Verbindung *quasi*-organischen Charakter gibt, kann nur die eigene Empfindung, das Gefühl, das Wollen der verbundenen Menschen selber sein«.

485   Tönnies: Gemeinschaft und Gesellschaft, S. XXXV (Vorrede zur zweiten Auflage, 1912); vgl. hierzu sowie für den Rest dieses Absatzes Lüdemann: Metaphern der Gesellschaft, S. 48; 134f.

486   Cornelius Castoriadis: Gesellschaft als imaginäre Institution [1975]. Entwurf einer politischen Philosophie. Frankfurt a.M. 1990, S. 302.

dern folgt dem holistischen »Modell des Organismus«[487], bei dem das Ganze den Teilen vorausgeht und ihre Konstituierung ermöglicht.[488]

Eine wesentliche Verbundenheit der ihr zugehörigen Menschen, die zusammenhalten wie »Glieder eines Ganzen«[489], charakterisiert die Gemeinschaft. Man erfasse sie, meint Tönnies, »am vollkommensten [...] als metaphysische Verbundenheit der Leiber oder des Blutes«; sie habe »von Natur ihren eigenen Willen und ihre eigene Kraft zum Leben, folglich ihr eigenes Recht in bezug auf die Willen ihrer Glieder«, was so weit gehe, »daß diese [...] nur als Modifikationen und Emanationen jener organischen Gesamtsubstanz erscheinen dürfen«.[490] Die Gemeinschaft bedingt die Einzelnen, »wie ein Organismus als Ganzes seine Organe als Teile bedingt«.[491]

Für Tönnies – anders als für Hobbes und Rousseau – ist »Zusammenbleiben das von Natur Gegebene [...]; für Trennung liegt gleichsam die Last des Beweises ob«.[492] Als Urform des menschlichen Zusammenlebens gilt Tönnies die Familie: »[I]n der Idee der Familie« finde man den »allgemeinsten Ausdruck für die Realität von Gemeinschaft«.[493] Sie sei verwandtschaftliche »Gemeinschaft des Blutes«[494] und besitze »das Haus als ihre Stätte und gleichsam als ihren Leib«.[495] Im organizistischen Sprachbild bleibend, heißt es: »Das Studium des Hauses ist das Studium der Gemeinschaft, wie das Studium der organischen Zelle Studium des Lebens ist.«[496]

Mit der dörflichen, auf Nachbarschaft gründenden »Gemeinschaft des Ortes«, sowie mit der freundschaftlichen »Gemeinschaft des Geistes«[497] kennt Tönnies weitere Gemeinschaftstypen, aber aus der familiären Gemeinschaft sprießen jegliche anderen

---

487   Ebd., S. 304, Hv. i. Orig.

488   Tönnies: Einleitung in die Soziologie, S. 65: »Die Einheit mehrerer Menschen kann wie jede Einheit auf doppelte Weise begriffen werden. Sie ist entweder vor der Vielheit, welche aus ihr entspringt, oder die Vielheit ist früher und Einheit ist ihr Gebilde. In der wahrnehmbaren Natur ist jene das Wesen des Organismus, diese bezeichnet das anorganische Aggregat wie das mechanische Artefact.« Diese unterschiedlichen Auffassungen spiegeln sich etwa in der Debatte zwischen Liberalen und Kommunitarist*innen wider: Schematisch ließe sich die Differenz mit Fink-Eitel: Gemeinschaft als Macht, S. 306, folgendermaßen ausdrücken: »Der Liberale sagte, er sei davon überzeugt, daß das Individuum seinen sozialen Verhältnissen vorausgehe. [...] Der Kommunitarist wendete dagegen ein, daß das Individuum keineswegs seiner Gemeinschaft vorausgehe, sondern im Gegenteil von ihr abhänge.«

489   Tönnies: Gemeinschaft und Gesellschaft, S. 20.

490   Ebd., S. 179; ebenfalls zitiert von Lüdemann: Metaphern der Gesellschaft, S. 136.

491   Ferdinand Tönnies: Gemeinschaft und Individuum. In: ders.: Soziologische Studien und Kritiken. Zweite Sammlung. Jena 1926, S. 200-208, 205. Die Passage findet sich auch bei Lüdemann: Metaphern der Gesellschaft, S. 138.

492   Tönnies: Gemeinschaft und Gesellschaft, S. 25.

493   Ebd., S. 23; vgl. Lüdemann: Metaphern der Gesellschaft, S. 136.

494   Tönnies: Gemeinschaft und Gesellschaft, S. 14.

495   Ebd., S. 15.

496   Ebd., S. 26.

497   Ebd., S. 14; siehe auch Tönnies: Entstehung meiner Begriffe, S. 464.

Formen hervor.[498] Das Fundament jeder Gemeinschaft ist die Kognation.[499] Mit Plessner gesprochen[500]: Stets ergibt sich für Tönnies die gemeinschaftliche »Gebundenheit aus gemeinsamer Quelle des *Blutes*«[501], denn man könne ›Blut‹, so Plessner, in wörtlichem wie übertragenem Sinne verstehen:

> Ohne blutsmäßige Verbundenheit[502] der Glieder, und darunter ist sowohl biologische Verwandtschaft als auch geheimnisvollere Gleichgestimmtheit der Seelen zu verstehen, lebt keine Gemeinschaft, so daß da, wo nicht ursprünglich-natürliche Gemeinsamkeit der Abkunft besteht, sie wenigstens in der Bereitschaft der Glieder liegt, für einander und das Ganze zu opfern, oder die spirituelle Bindung überdies aus vergossenem Blute erwächst wie etwa das Christentum aus dem Opfertode des Herrn. [...] Eine Stufenleiter von unbewußt organischer Einheitlichkeit bis zur bewußt und individuell in jedem Teil bloß noch vertretenen Einheit der Solidarität dient zur Wertskala der Gemeinschaftstypen. Aber auch die geistigste Gemeinschaft [...] braucht, um Gemeinschaft zu sein, die einheitliche Durchblutung der Individuen.[503]

Vor diesem Hintergrund sei es selbstverständlich, »daß Gemeinschaft [...] Affektwerte höchsten Grades einschließt«[504] – und tatsächlich schildert Tönnies die Gemeinschaft als ein Idyll[505] ganz ohne »Differenz, Vermittlung, Fremdheit, aber auch Dissens, Gewalt und Zwang«.[506]

---

498   Vgl. Tönnies: Gemeinschaft und Gesellschaft, S. 23.

499   Vgl. Morin: Brüderliche Gemeinschaft, S. 35; Lüdemann: Metaphern der Gemeinschaft, S. 136. Tönnies übersehe, so Lüdemann ebd., S. 143, dass es sich bei Verwandtschaftsverhältnissen um eine symbolische Ordnung handele.

500   Ich folge in meiner Skizze der Gedanken Plessners den Ausführungen von Lüdemann: Metaphern der Gesellschaft, S. 139f., Anm. 198. Siehe auch die Darstellung von Battegay: Das andere Blut, S. 40ff.

501   Helmuth Plessner: Grenzen der Gemeinschaft. Eine Kritik des sozialen Radikalismus [1924]. In: ders.: Gesammelte Schriften V. Macht und menschliche Natur (Hg. Dux, Günter/Marquard, Odo/Ströker, Elisabeth). Frankfurt a.M. 2003, S. 7-133, 44, Hv. i. Orig.

·502   Die Wendung »blutsmäßige Verbundenheit« zur Charakterisierung der Gemeinschaft findet sich auch bei Lerch: Gesellschaft und Gemeinschaft, S. 106.

503   Plessner: Grenzen der Gemeinschaft, S. 44f.

504   Ebd., S. 45.

505   Spitta: Gemeinschaft jenseits von Identität, S. 199, sieht hier eine Entsprechung zu Rousseaus Goldenem Zeitalter: »[D]ie Zeit der Gemeinschaft« sei eine Zeit, »in der die Menschen ursprünglich, harmonisch und in unvermittelter Weise verbunden waren«. Tönnies fasse gemeinschaftliche Verhältnisse zwar nicht als herrschaftslos auf, so Rehberg: Gemeinschaft und Gesellschaft, S. 35, und König: Gemeinschaft und Gesellschaft, S. 410f. Aber er behauptet: Während in der Gesellschaft der eigene Vorteil zähle, herrschten in der Gemeinschaft »wahre Hilfeleistung, gegenseitige Unterstützung und Förderung« (Tönnies: Gemeinschaft und Gesellschaft, S. 12), es walte dort »eine instinktive und naive Zärtlichkeit des Starken zu den Schwachen, eine Lust zu helfen und zu beschützen«. (Ebd., S. 13)

506   Lüdemann: Metaphern der Gesellschaft, S. 142. König: Gemeinschaft und Gesellschaft, S. 372, erinnert Tönnies daran, dass es »Verhältnisse der Gewalt in der menschlichen Gesellschaft [gibt], die für diese genau so bezeichnend sind wie die Verhältnisse der Gegenseitigkeit«. Siehe auch Lüdemann: Metaphern der Gesellschaft, S. 85, Anm. 22.

Nach dieser Skizze der wesentlichen Charakteristika von Gemeinschaft und Gesellschaft ist noch fraglich, wie sich beide Sozialformen zueinander verhalten. Plessner denkt sie als ein Zugleich: Die Gesellschaft begrenze die Gemeinschaft; sie verhindere, als Öffentlichkeit, die »Panarchie der Gemeinschaft«.[507] Auch Tönnies setzt die Gemeinschaft gegen die Gesellschaft, löst aber ihr Zugleich in eine zeitliche Abfolge auf. »Die Gemeinschaft kann nur im Gegensatz zur Gesellschaft positiv definiert werden, mehr noch, sie bestimmt sich ausgehend von ihrem eigenen Verlust, der an die Verneinung der Gesellschaft gekoppelt ist«.[508] Tönnies verquickt die normalbegriffliche Differenzierung von ›Gemeinschaft‹ und ›Gesellschaft‹ mit einer Zeitdiagnose, die von der Überzeugung getragen ist, gemeinschaftliche Verhältnisse seien zugunsten gesellschaftlicher im Verschwinden begriffen.[509] »Der Begriff ›Gesellschaft‹ bezeichnet [...] den gesetzmäßig-normalen Prozeß des Verfalles aller ›Gemeinschaft‹.«[510] Die gesamte »Entwicklung« der Gemeinschaftsepoche sei »auf eine Annäherung zu Gesellschaft hin gerichtet«.[511] Es stünden sich »[z]wei Zeitalter [...] in den großen Kulturentwicklungen einander gegenüber: ein Zeitalter der Gesellschaft folgt einem Zeitalter der Gemeinschaft«.[512]

Mit dieser These bedient Tönnies die Idee einer ursprünglichen Gemeinschaft, die er der Gesellschaft »historisch [...] *vorordnet*«.[513] So schreibt er: »Gemeinschaft ist alt, Gesellschaft neu, als Sache und Namen.«[514] Dem vorherrschenden Eindruck nach sieht Tönnies im Gemeinschaftsverlust keine positive Entwicklung – ein solches Urteil wäre indes denkbar, denn die Unterscheidung von ›Gemeinschaft‹ und ›Gesellschaft‹, so Schmitt, ziehe »die Linie einer geschichtlichen Entwicklung, die sowohl als die Linie eines Fortschrittes nach oben (vom Primitiven zum Höherentwickelten), oder aber auch als die Linie eines Abstiegs nach unter [sic!] (vom reinen Ursprung zum Verfall) gedeutet werden kann«.[515] Tönnies schlägt sich scheinbar eindeutig auf die Seite der Verfalls-

---

507 Plessner: Grenzen der Gemeinschaft, S. 55; vgl. Rosa et al.: Theorien der Gemeinschaft, S. 44f. Gemeinschaft gibt es laut Plessner nicht ohne die Öffentlichkeit der Gesellschaft: »Öffentlichkeit [...] ist der Inbegriff von Möglichkeitsbeziehungen zwischen einer unbestimmten Zahl und Art von Personen als ewig unausschreitbarer, offener Horizont, der eine Gemeinschaft umgibt. Sie ist gerade in dieser Negativität eine sozialformende Macht ersten Ranges.« (Plessner: Grenzen der Gemeinschaft, S. 55)

508 Spitta: Gemeinschaft jenseits von Identität, S. 199f.

509 Vgl. Rosa et al.: Theorien der Gemeinschaft, S. 41.

510 Tönnies: Einleitung in die Soziologie, S. 71.

511 Tönnies: Gemeinschaft und Gesellschaft, S. 252.

512 Ebd., S. 251. Für Käsler: Erfolg eines Mißverständnisses, S. 520f., begründet diese Verlustgeschichte den (späten) Erfolg von Tönnies' Schrift.

513 König: Gemeinschaft und Gesellschaft, S. 383, Hv. i. Orig. Spitta: Gemeinschaft jenseits von Identität, S. 200, meint: Für Tönnies liege »die Eigentlichkeit der Gemeinschaft [...] nicht in der Vergangenheit [...], ihr vorpolitischer Seinsmodus ist nur ausgehend von der politischen Wirklichkeit zu verstehen, gegen die sie ausgespielt wird«.

514 Tönnies: Gemeinschaft und Gesellschaft, S. 4; siehe auch Tönnies: Entstehung meiner Begriffe, S. 465. Tönnies liegt falsch: Gemeinschaft *und* Gesellschaft sind ›neu‹, beide sind Moderne-Begriffe. König: Gemeinschaft und Gesellschaft, S. 391, nennt Tönnies' Satz mit Blick auf die Begriffsgeschichte daher einen »unverständliche[n] Lapsus«.

515 Schmitt: Gemeinschaft und Gesellschaft, S. 166. Entsprechend macht Trautmann: Nichtmitmachen, S. 182, zwei Bedeutungen der Rede von einer »Negativität der Gemeinschaft« aus: »Der ne-

theoretiker*innen, für die der »gesellschaftliche[...] Zustand [...] das Verderben und der Tod des Volkes«[516] ist. Mit dieser zeittypischen »Verfallsdiagnose«[517] weicht Tönnies die Antinomie von ›Gemeinschaft‹ und ›Gesellschaft‹ auf, wie König zu bedenken gibt: ›Gesellschaft‹ erscheint als Name für die »verfallene Gemeinschaft«.[518]

Es scheint so, als wäre »die gesamte Kultur in gesellschaftliche und staatliche Zivilisation umgeschlagen«, und als ginge »in dieser ihrer verwandelten Gestalt die Kultur selber zu Ende«; gleichwohl sei nicht ausgeschlossen, »daß ihre zerstreuten Keime lebendig bleiben, daß Wesen und Ideen der Gemeinschaft wiederum genährt werden und neue Kultur innerhalb der untergehenden heimlich entfalten«.[519] Trotz des gegenteiligen Eindrucks, den *Gemeinschaft und Gesellschaft* durch seine »vielfältigen, eindeutig bewertenden, Ober- und Untertöne«[520] und die »neoromantische Emphase des Natürlichen«[521] hervorruft, deutet sich an: Tönnies' Gemeinschaftsbegriff »war weder aus kulturpessimistischem noch reaktionärem Geiste hervorgegangen«.[522] Problematisch bleibt, dass er den Verfall, nicht das innergesellschaftliche Keimen neuer Gemeinschaft(en) in den Fokus rückte; seine »Zukunftsperspektive des Einbaus gemeinschaftlicher Elemente in die ›Gesellschaft‹ blieb eine politische Orientierung außerhalb der eigentlichen Theorie«.[523] Diese eignete sich dazu, als ein »rückwärtsgewandtes Konzept«[524] rezipiert zu werden, für das die Vergangenheit der (verlorenen) Gemeinschaft ein antigesellschaftliches Zukunftsversprechen barg.[525]

So diente die Studie Kulturkritikern als willkommener Steinbruch, aus dem sie einzelne Kapitel, Argumentationen oder Begriffspaare problemlos nehmen und in ihr eige-

---

gative, das heißt abzulehnende Charakter der Gemeinschaft besteht einerseits in totalisierenden Formen der Volks- oder Schicksalsgemeinschaft, welche dann in der modernen Gesellschaft begrenzt, säkularisiert und liberalisiert werden. Eine andere Bedeutung besitzt die Negativität der Gemeinschaft schlicht in Form der Diagnose, dass traditionale Vergemeinschaftungsformen (der Sippe, der Großfamilie etc.) der Vergangenheit angehören.«

516   Tönnies: Gemeinschaft und Gesellschaft, S. 250.

517   Rosa et al.: Theorien der Gemeinschaft, S. 42.

518   König: Gemeinschaft und Gesellschaft, S. 384; vgl. ebd.

519   Tönnies: Gemeinschaft und Gesellschaft, S. 251. In diesem Zitat komme Tönnies' »zaghafte *Hoffnung* auf Erneuerung im Sinne der Hervorbringung solcher gemeinschaftlicher Beziehungen [...], die der Moderne angemessen sind«, zum Ausdruck, kommentieren Rosa et al.: Theorien der Gemeinschaft, S. 41f., Hv. i. Orig. Siehe zu der Frage eines Optimismus bei Tönnies auch König: Gemeinschaft und Gesellschaft, S. 378ff. Es gelte, bekräftigt Tönnies: Gemeinschaft und Gesellschaft, S. 252, dass »die Kraft der Gemeinschaft auch innerhalb des gesellschaftlichen Zeitalters, wenn auch abnehmend, sich erhält und die Realität des sozialen Lebens bleibt«. Vor dem Hintergrund solcher Äußerungen vermutet Rehberg: Gemeinschaft und Gesellschaft, S. 27, Tönnies erstelle vor allem die Diagnose eines Geltungsverlustes gemeinschaftlicher Bindungen, meine aber nicht, diese verschwänden tatsächlich.

520   Käsler: Erfolg eines Mißverständnisses, S. 524, siehe auch Rosa et al.: Theorien der Gemeinschaft, S. 42.

521   Battegay: Das andere Blut, S. 39.

522   Joas: Gemeinschaft und Demokratie, S. 50.

523   Ebd., S. 54.

524   Spitta: Gemeinschaft jenseits von Identität, S. 196.

525   Vgl. ebd.; 199f. Tönnies' Theorie, so die Autorin ebd., S. 196, stehe »in einer unauflösbaren Spannung zwischen Verlust und Versprechen«.

nes Gedankengebäude einsetzen konnten. Die unverstandene und verteufelte Gegenwart mit ihrem kapitalistischen Wirtschaftssystem, den anonymen Großstädten, den fehlenden traditionellen sozialen Bindungen und einem sich verändernden Wertesystem wurde bald von vielen Zeitgenossen unter dem negativ konnotierten Begriff der »Gesellschaft« subsumiert. Ihr wurde als idealisiertes Modell die »Gemeinschaft« entgegengesetzt, die Geborgenheit, Wärme und Nähe, intakte und einfache Sozialstrukturen sowie wahre Werte und echte Bindungen verhieß.[526]

Gemeinschaft und Gesellschaft bot sich ideologischer Fehldeutung und politischer Vereinnahmung an, auch wenn Tönnies betont, er habe früh »nachdrücklich vor mißverständlichen Auslegungen und sich klug dünkenden Nutzanwendungen gewarnt«.[527] Dennoch: Tönnies hat für diese Interpretationen und das Praxiswerden seiner Kategorien eine »*geistige Mitverantwortung*«[528]; dafür, dass sich ein »idealtypisches Begriffspaar [...] von einem diskursiven Konstrukt der Soziologie zu einem ideologisch-politischen Verhängnis«[529] wandelte. Entgegen seinen Absichten und seiner politischen Haltung[530] hatte er daran teil, »der Gesellschaft der Weimarer Republik das affektive Kapital zu entziehen, das dann in die nationalsozialistische Volksgemeinschaft investiert wurde«.[531]

Das ›ideologisch-politische Verhängnis‹ der Gemeinschaft

Tönnies' Gemeinschaftsbegriff konnte nicht direkt in die nationalsozialistische, das heißt: in eine explizit »rassistisch formierte Volksgemeinschaft«, zentriert um einen »»Volkskörper««[532], umgemünzt werden. Rehberg betont, dass Tönnies »gewiß *nicht*

---

526 Retterath: Was ist das Volk, S. 62.

527 Tönnies: Gemeinschaft und Gesellschaft, S. LI (Vorwort zur achten Auflage, 1935); siehe auch Lüdemann: Metaphern der Gesellschaft, S. 128; Spitta: Gemeinschaft jenseits von Identität, S. 196. Rehberg: Gemeinschaft und Gesellschaft, S. 25, Hv. i. Orig., nennt Tönnies' Schrift zu Recht ein »mißverständliches Buch«.

528 Käsler: Erfolg eines Mißverständnisses, S. 524, Hv. i. Orig.; ähnlich auch Rehberg: Gemeinschaft und Gesellschaft, S. 26f., der meint, »daß die Absichten eines Autors [...] kaum als Entlastungsgrund gelten können«.

529 Raulet: Modernität der Gemeinschaft, S. 83.

530 Siehe etwa König: Gemeinschaft und Gesellschaft, S. 350, oder Carsten Klingemann: Soziologie im Dritten Reich. Baden-Baden 1996, S. 13, Anm. 4: Tönnies kennzeichne eine »in der Soziologenzunft außergewöhnliche antifaschistische Haltung«. So »polemisierte« Tönnies »mehrfach öffentlich gegen Hitler und die nationalsozialistische Programmatik und trat am 1. April 1930 demonstrativ in die SPD ein«. (Ebd., S. 12) Dennoch, betont Klingemann, argwöhnte auch Tönnies »noch nicht, was die Herrschaft des Nationalsozialismus wirklich bedeuten würde, sondern befürchtete die Wiederherstellung monarchistischer Verhältnisse unter preußischer Vorherrschaft«. (Ebd.) Siehe zu Tönnies' politisch ›linker‹ Haltung auch Spitta: Gemeinschaft jenseits von Identität, S. 196f., und Rehberg: Gemeinschaft und Gesellschaft, S. 26, der unterstreicht: »Tönnies trat entschieden für sozialpolitische Reformen und die Entwicklung einer sozialen Demokratie ein.«

531 Lüdemann: Metaphern der Gesellschaft, S. 138. Wie Brumlik und Brunkhorst: Vorwort, S. 10, resümieren, war trotz Tönnies' Neigung zur Sozialdemokratie »die Wirkungsgeschichte seiner Unterscheidung fast ausnahmslos reaktionär und mündete unmittelbar in die ›Volksgemeinschaft‹«. Siehe zum Voranstehenden auch die Darstellung bei und das Verdikt von Rosa et al.: Theorien der Gemeinschaft, S. 43.

532 Wildt: Volk, Volksgemeinschaft, AfD, S. 76. Zur Popularität des Begriffs der Volksgemeinschaft in der Weimarer Republik bei allen — linken wie rechten — Parteien siehe ebd., S. 51ff.

›biologistisch‹«[533] argumentiert habe. Bei aller problematischen Missverständlichkeit seines Werkes, so auch Clausen, müsse nicht, wer (mit Tönnies) »mit ›Gemeinschaft‹ argumentieren will, sich in biologischer Kuhwärme kuscheln«.[534] Zu bedenken ist, dass im Anschluss an die tönniessche Begriffsarbeit der Topos der Zugehörigkeit in den Mittelpunkt rückte. Die Frage, was Gemeinschaft (im Unterschied zur Gesellschaft) sei, wurde verknüpft mit der Frage danach, wer zur Gemeinschaft gehört. Die auch von Tönnies gebrauchte Metapher des Organismus stellte dabei die Weichen dafür, dass man auf die genuin politische Frage der Gemeinschaftszugehörigkeit eine biologische Antwort fand.

Beeinflusst von Charles Darwins *On the Origin of Species* (1859) entstand gegen Ende des 19. Jahrhunderts »ein naturwissenschaftlich ausgerichtetes, biologistisches Weltbild«[535], dominiert von zwei verknüpften Begriffen: Rasse und Blut.[536] Sie versprachen eine im Bild des Organismus bislang nur metaphorisch evozierte Grundlegung der Gemeinschaft: In Gang kommt durch sie ein »Prozeß der *Entmetaphorisierung* [...], in dessen Verlauf die alte sozialphilosophische Organismus-Analogie unmittelbar positivistisch und ›wissenschaftlich‹-biologisch gewendet wird«.[537]

›Rasse‹ und ›Blut‹, so Spitta, »machten Hoffnung auf eine Lösung des Begründungsproblems der Gemeinschaft«[538], das sich seit dem 18. Jahrhundert mit aller Vehemenz stellte: Zugehörigkeit ließ sich seitdem einerseits immer weniger durch Tradition, Religion oder die hergebrachten Grenzen der Klasse oder des Stammes begründen, bedurfte aber andererseits umso dringender der Begründung, als zu klären war, wer zum (als souverän deklarierten) Volk gehören sollte, wer also die revolutionär verkündeten Freiheits- und Gleichheitsrechte beanspruchen durfte.[539] Vor diesem Hintergrund erlangte das Konzept der Rasse ungeheure Popularität: »Es versprach eine verläßliche, objektive Begründung von Zugehörigkeit, gerade ohne auf vormoderne Vergemeinschaf-

---

533 Rehberg: Gemeinschaft und Gesellschaft, S. 36, Hv. i. Orig. Tönnies: Einleitung in die Soziologie, S. 72, grenzt sich ab von den »›organischen‹ Doktrinen, die nicht merken, daß sie mit ihren biologischen Analogien [...] innerhalb der [...] Biologie verharren und die spezifischen Merkmale der soziologischen Tatsachen verfehlen«.

534 Lars Clausen: Der Januskopf der Gemeinschaft. In: ders./Schlüter, Carsten (Hg.): Hundert Jahre ›Gemeinschaft und Gesellschaft‹. Ferdinand Tönnies in der internationalen Diskussion. Opladen 1991, S. 67-82, 81; siehe auch Rehberg: Gemeinschaft und Gesellschaft, S. 37f., der ebd., S. 37, Anm. 43, auf den Aufsatz Clausens verweist.

535 Spitta: Gemeinschaft jenseits von Identität, S. 179; siehe zur Darwin-Rezeption ebd., S. 173ff. Darwins Denken, so die Autorin, ermöglichte den »Einzug der Biologie ins Politische Imaginäre«. (Ebd., S. 174)

536 Siehe hierzu ebd., S. 178ff. Siehe zu ›Blut‹ etwa auch die vor allem auf Arbeiten Foucaults rekurrierenden Ausführungen von Battegay: Das andere Blut, S. 27ff.; zu ›Rasse‹ kurz Retterath: Was ist das Volk, S. 45f.

537 Lüdemann: Metaphern der Gesellschaft, S. 151, Hv. i. Orig.

538 Spitta: Gemeinschaft jenseits von Identität, S. 179.

539 Vgl. Christian Geulen: Geschichte des Rassismus. 2. durchgeseh. Aufl. München 2014, S. 62. Auch Balibar: Nation-Form, S. 123, Hv. i. Orig., bewertet ›Rasse‹ als ein modernes Zugehörigkeitskriterium: »*Die Idee einer rassischen Gemeinschaft kommt auf, wenn sich die Grenzen der Zusammengehörigkeit auf der Ebene der Sippe, der Nachbarschaftsgemeinschaft und, zumindest theoretisch, der sozialen Klasse auflösen, um imaginär an die Schwelle der Nationalität verlagert zu werden*«.

tungsformen zurückgreifen zu müssen.«[540] Zugehörigkeit konnte jetzt – auf ›Rasse‹ gründend – als naturgegeben und als wissenschaftlich gesichert ausgegeben werden.[541] Dieses Eindeutigkeitsversprechen konnte und kann allerdings nicht eingelöst werden: ›Rasse‹ ist »das unschärfste und mehrdeutigste aller Zugehörigkeitskriterien«[542], stellt Christian Geulen fest.

> Im Gegensatz zur politisch-willkürlichen Setzung einer Grenze hat der Verweis auf angeblich ›natürliche‹ Grenzen regelmäßig den Effekt, statt Eindeutigkeit Vieldeutigkeit zu produzieren und im Medium scheinbar harter Fakten ein äußerst weites und hochgradig flexibles Feld *möglicher* Zugehörigkeiten zu entwerfen. Denn je mehr sich rassenpolitische Ordnungsvisionen auf eine angebliche Natur berufen, desto weniger sind sie an die politisch gesetzten Formen der Zugehörigkeit gebunden.[543]

Mithilfe des Konzepts der Rasse lässt sich die durch sie definierte Gemeinschaft als »vorpolitische Entität« vorstellen, ausgehend von einem »vorzeitlich-natürlichen Ursprung«.[544]

Zugleich verband sich mit ›Rasse‹ die Idee ihrer Veränderbarkeit in zweierlei Hinsicht: als ›Degeneration‹ der Rasse (etwa durch Rassenmischung), und als Machbarkeit der Rasse.[545]

> Je mehr die Rasse als ein Ausdruck der Naturgrundlagen von Geschichte und Gesellschaft gedacht wurde, desto mehr wurde das rassentheoretische Wissen über diese Natur zum Instrument ihrer Manipulation im Namen einer Gesellschaftspolitik, die sich direkt auf das biologische Leben der Bevölkerung richtete.[546]

Die deutsche Gesellschaft erreichte ihre »»biologische Modernitätsschwelle««, wie Foucault sagen würde, am Übergang vom 19. zum 20. Jahrhundert: In den »politischen Strategien« geht es von nun an »um die Existenz der Gattung selber«.[547] Politik wird »*Bio-Politik der Bevölkerung*«.[548]

Angeregt z.B. durch Wilhelm Schallmayer (*Beiträge zu einer Nationalbiologie*, 1905) und Alfred Ploetz (*Die Tüchtigkeit unserer Rasse und der Schutz der Schwachen*, 1895), die 1905 die *Gesellschaft für Rassehygiene* gründeten, kam es zu einem »volksbiologische[n] Aufbruch«, bei dem die Begriffe ›Rasse‹, ›Gemeinschaft‹ und ›Volk‹ vermengt wurden: »Alle drei verwiesen auf den lebendigen, sich-selbst-reproduzierenden und ständig gefährdeten

---

540   Geulen: Geschichte des Rassismus, S. 63.
541   Vgl. Spitta: Gemeinschaft jenseits von Identität, S. 179, mit Bezug auf die zitierte Arbeit von Geulen.
542   Geulen: Geschichte des Rassismus, S. 62.
543   Ebd., S. 63, Hv. i. Orig.
544   Spitta: Gemeinschaft jenseits von Identität, S. 180.
545   Vgl. Geulen: Geschichte des Rassismus, S. 69ff.; Spitta: Gemeinschaft jenseits von Identität, S. 180f., und siehe auch Battegay: Das andere Blut, S. 32ff.
546   Geulen: Geschichte des Rassismus, S. 74.
547   Michel Foucault: Der Wille zum Wissen. Sexualität und Wahrheit. Erster Band. Frankfurt a.M. 1983, S. 138.
548   Ebd., S. 135, Hv. i. Orig. Siehe hierzu auch Spitta: Gemeinschaft jenseits von Identität, S. 189ff., sowie (wie bereits erwähnt) Battegay: Das andere Blut, S. 27ff.

Kollektivkörper jenseits und diesseits politischer Institutionen.«[549] Dieser Bedrängnis des Kollektivkörpers suchte man abzuhelfen durch Maßnahmen wie Sterilisationen, Zeugnisse der Ehetauglichkeit, Erfassung von ›Minderwertigen‹ oder »Die Freigabe der Vernichtung lebensunwerten Lebens« (so der Titel der 1920 erschienenen Schrift des Psychiaters Alfred Hoche und des Strafrechtlers Karl Binding).[550]

Die Idee der Rassenhygiene – was zugleich hieß: die Idee einer Volks- und Gemeinschaftshygiene – verbreitete sich ab circa 1910 bis weit hinein in die gesellschaftliche Mitte. Auch in der Philosophie, Ethnologie, Anthropologie, Psychiatrie, Medizin, Zoologie und Soziologie[551] diskutierte man rassenhygienische Ideen.[552] Aber erst der Nationalsozialismus zog »[a]us den Rassentheorien und dem biologistischen Weltbild [...]

---

549   Spitta: Gemeinschaft jenseits von Identität, S. 184; vgl. ebd.

550   Vgl. zum vorstehenden Absatz ebd., S. 185f., und siehe zur sogenannten Eugenik Geulen: Geschichte des Rassismus, S. 92ff. Zur wechselseitigen Beeinflussung von Konzeptionen des sozialen Körpers sowie medizinischen und anthropologischen Ansichten über den individuellen Körper siehe Koschorke et al.: Der fiktive Staat, S. 64ff.

551   Siehe hierzu die Diskussionen beim Ersten Deutschen Soziologentag (19.-22.10.1910), auf die Spitta: Gemeinschaft jenseits von Identität, S. 188f., aufmerksam macht. An der Tagung nahmen u.a. Georg Simmel, Max Weber, Werner Sombart sowie Ferdinand Tönnies teil. Ploetz definierte in seinem Vortrag die Rasse als »das biologische Substrat aller gesellschaftlichen Bildungen« (Alfred Ploetz: Die Begriffe Rasse und Gesellschaft und einige damit zusammenhängende Probleme. In: Deutsche Gesellschaft für Soziologie [Hg.]: Schriften der Deutschen Gesellschaft für Soziologie. I. Serie: Verhandlungen der Deutschen Soziologentage. I. Band. Verhandlungen des Ersten Deutschen Soziologentages vom 19.-22. Oktober 1910 in Frankfurt a.M. Tübingen 1911, S. 111-165 [die Seitenangaben beziehen sich auf den Vortragstext und das Protokoll der anschließenden Diskussion], 133) und folgerte: Also habe »[d]ie Rassenhygiene [...] dafür zu sorgen, daß das Dauerleben, dem wir angehören, in allen seinen Erhaltungsbedingungen absolut sichergestellt und womöglich zu noch höheren Graden von Kraft und Erhaltungs-Sicherheit weitergeführt wird« (Ebd., S. 122) Dazu sei auch »die Ausmerzung untüchtiger Keimzellen« geboten, denn: »Wenn keine Schwachen mehr erzeugt werden, brauchen sie auch nicht wieder ausgemerzt zu werden.« (Ebd., S. 136) An der Debatte des Beitrags erstaunt der selbstverständliche Gebrauch des Begriffs der Rasse. Grundsätzliche Kritik an ›Rasse‹ und Zweifel am Nutzen der Rassenforschung für die Soziologie, so Spitta: Gemeinschaft jenseits von Identität, S. 188, äußerte nur Weber: »Aber daß es heutzutage auch nur eine einzige Tatsache gibt [...], die eine bestimmte Gattung von soziologischen Vorgängen wirklich einleuchtend und endgültig, exakt und einwandfrei zurückführte auf angeborene und vererbliche Qualitäten, welche eine Rasse besitzt und eine andere definitiv [...] nicht, das bestreite ich mit aller Bestimmtheit und werde ich so lange bestreiten, bis mir diese eine Tatsache genau bezeichnet ist.« (Ploetz: Rasse und Gesellschaft, S. 154) Sombart hingegen unterstrich die »Interessengemeinschaft« (ebd., S. 165) zwischen der Soziologischen Gesellschaft und der Biologie. Tönnies kritisierte Ploetz' Forderung nach einer ›Ausmerzung‹ der körperlich Schwachen, hinterfragte aber das Rassekonzept selbst nicht. Sein Argument gegen rassenhygienische Maßnahmen lautete: »Die Erhaltung von Krüppeln kann [...] von höchstem Werte sein. Bedenken Sie, daß ein Mann wie Moses Mendelssohn ein verwachsener Krüppel war; sein Enkel war Mendelssohn-Bartholdy, der Komponist; in seiner Familie sind heute noch geistig tüchtige Leute vertreten.« (Ebd., S. 149f.) Tönnies kannte die Diskussionen um die ›Eugenik‹; siehe etwa Ferdinand Tönnies: Eugenik. In: ders.: Soziologische Studien und Kritiken. Erste Sammlung. Jena 1925, S. 334-349. Den Hinweis auf diesen Artikel verdanke ich Rehberg: Gemeinschaft und Gesellschaft, S. 45, Anm. 29. Siehe zu Tönnies und Schallmayer auch Lüdemann: Metaphern der Gesellschaft, S. 149ff.

552   Vgl. Spitta: Gemeinschaft jenseits von Identität, S. 186ff.

handlungsaktive Konsequenzen«.[553] Ideologie und Praxis des Rassismus fielen im Nationalsozialismus in eins.[554] Es sollte, kritisiert Tönnies, »durch Machtgebot oder Gesetz [...] aus dem Handgelenk eine Volksgemeinschaft«[555] geschaffen werden. Das Ziel war die »gemeinschaftliche Selbstverwirklichung«[556], die Verwirklichung der Volksgemeinschaft durch sich selbst.[557] Orientiert an »biologistischen Kriterien«[558], setzte sich die nationalsozialistische Volksgemeinschaft durch eine Politik der Inklusion[559] und Exklusion ins Werk, die durch eine Vielzahl von »ästhetischen Inszenierungen«[560] unterstützt wurde, wie Ulrich Herrmann und Ulrich Nassen anmerken. »Die Nationalsozialisten weiteten den Agitationsbereich von Politik auf den gesamten Vorstellungs- und Deutungshorizont der Gesellschaft aus. Gemeinschaftsästhetik, Massensymbolik und Körperpolitik prägten alle Bereiche des nationalsozialistischen Alltags.«[561] So gelang es zum einen, »den Einzelnen effektiv [...] einzubinden, Zugehörigkeit zu produzieren und die Grenze zwischen ästhetischem Gebilde und Realität zu sprengen«.[562] Zum anderen realisierte sich die Volksgemeinschaft durch die exkludierende »Erzeugung von *Feindbildern*«; sie sollten »das Zusammengehörigkeitsgefühl einer angeblich bedrohten ›schicksalhaften Volksgemeinschaft‹ [...] stärken«.[563] Zur Bildung des volksgemeinschaftlichen Wir gehörte die Schaffung eines (gegnerischen) Sie: »[I]n der Konstruktion des Volkes als ›natürliche Blutsgemeinschaft‹ war die rassistische, antisemitische Grenzlinie untrennbar eingelassen«.[564]

---

553 Ebd., S. 215.

554 Vgl. Geulen: Geschichte des Rassismus, S. 97f.

555 Tönnies: Entstehung meiner Begriffe, S. 465; siehe auch Lüdemann: Metaphern der Gesellschaft, S. 138; 151.

556 Spitta: Gemeinschaft jenseits von Identität, S. 216.

557 Siehe hierzu ebd., S. 215ff. Wie sich zeigen wird, spielte hierbei der Mythos des Ariers eine zentrale Rolle: Er war die Fiktion, mit dem sich Deutschland eine Identität ›machen‹ konnte; siehe dazu Jean-Luc Nancy/Philippe Lacoue-Labarthe: Der Nazi-Mythos. In: Weber, Elisabeth/Tholen, Georg Christoph (Hg.): Das Vergessen(e). Anamnesen des Undarstellbaren. Wien 1997, S. 158-190 (Jean-Luc Nancy/Philippe Lacoue-Labarthe: Le mythe nazi [1991]. La Tour d'Aigues 2016). Spitta: Gemeinschaft jenseits von Identität, S. 220, Anm. 35; 221 verweist auch auf diesen Text.

558 Wildt: Volk, Volksgemeinschaft, AfD, S. 76.

559 Siehe hierzu auch Rotermundt: Staat und Politik, S. 145ff., der vor allem auf das ›volksgemeinschaftliche‹ Egalitätsversprechen eingeht.

560 Ulrich Herrmann/Ulrich Nassen: Die ästhetische Inszenierung von Herrschaft und Beherrschung im nationalsozialistischen Deutschland. Über die ästhetischen und ästhetik-politischen Strategien nationalsozialistischer Herrschaftspraxis, deren mentalitäre Voraussetzungen und Konsequenzen. In: dies. (Hg.): Formative Ästhetik im Nationalsozialismus. Intentionen, Medien und Praxisformen totalitärer ästhetischer Herrschaft und Beherrschung. Weinheim, Basel 1993, S. 9-12, 10, Hv. i. Orig. Siehe dazu detailliert Spitta: Gemeinschaft jenseits von Identität, S. 229ff., der ich auch den Hinweis auf den Aufsatz von Ulrich Herrmann und Ulrich Nassen verdanke.

561 Spitta: Gemeinschaft jenseits von Identität, S. 232.

562 Ebd., S. 229f., mit Bezug auf Herrmann/Nassen: Ästhetische Inszenierung, S. 9.

563 Herrmann/Nassen: Ästhetische Inszenierung, S. 10, Hv. i. Orig.

564 Wildt: Volk, Volksgemeinschaft, AfD, S. 66.

Angriff auf den Horizont

Nach den Totalitarismen des 20. Jahrhunderts lässt sich resümieren: »Im Namen der Gemeinschaft hat die Menschheit – zuallererst jedoch in Europa – eine unvermutete Fähigkeit zur Selbstzerstörung bewiesen.«[565] Vor dem Hintergrund, »[d]ass das Werk des Todes [...] im Namen der Gemeinschaft (hier der eines selbstkonstituierten Volkes oder einer selbstkonstituierten Rasse, dort der einer selbstherausgearbeiteten Menschheit) vollbrachte wurde«[566] – wäre es nicht gut, der Gemeinschaft und jeder Politik der Gemeinschaft abzuschwören? Im Gegenteil: Eine Idee von Gemeinschaft ist aller Politik inhärent (und deshalb der Ausdruck ›Politik der Gemeinschaft‹ tautologisch). Es kommt deshalb darauf an, den Gemeinschaftsbegriff zu denken »gegen seine Okkupation durch [...] nationale, völkische, totalitäre oder naturwüchsige Überformungen, die die Spur seines Scheiterns in der Geschichte des politischen Diskurses gezeichnet haben«.[567]

Die Philosophie Jean-Luc Nancys ist der Versuch, ein solches Denken voranzutreiben.[568] Nancy entwickelt »ein Gemeinschaftskonzept jenseits von Abschlussgesten nach außen und Homogenisierung nach innen«.[569] Er denkt die Gemeinschaft von Grund auf anders: Er denkt sie ohne Grund, was immer man sich als gemeinschaftlichen Grund denkt – das Individuum, ein Wesen des Menschen, Abstammung, Blut, Boden, Tradition oder ähnliches.[570] Dies macht ihn zu einem der wichtigsten zeitgenössischen Denker einer »Politik des Gemeinschaftlichen«.[571] Nancy entwickelt tatsächlich ein »völlig eigenständiges und originelles *andere[s] Denken der Gemeinschaft*«[572], das ausfließt in die Konzeption einer »*gemeinschaftslosen Gemeinschaft*«[573], bei

---

565   Nancy: Cum, S. 141 (C 115). Zu Recht betont Nancy: »Es ist weiterhin unerlässlich, die Asymmetrie zu betonen zwischen den Faschismen, die von einer Behauptung über das Wesen der Gemeinschaft ausgehen, und den Kommunismen, die die Gemeinschaft als *Praxis* und nicht als Substanz verkünden: Das ergibt einen Unterschied, den keine Unaufrichtigkeit unterschlagen kann – was jedoch kein Grund ist, die Opferzahlen zu vergessen... (auch nicht die substanzialistischen, kommunitaristischen und rassistischen Aussagen, die sich bisweilen im sogenannt ›real existierenden‹ Kommunismus verstecken).« (Ebd., S. 141f., Anm. 23, Hv. i. Orig. [C 115, Anm. 1, Hv. i. Orig.])

566   Ebd., S. 141 (C 115).

567   Vogl: Einleitung, S. 22; vgl. Wetzel: Gemeinschaft, S. 55f., der das Vogl-Zitat (teilweise) ebenfalls anführt.

568   Ich stimme dem Urteil von Woznicki: Angst vor Gemeinschaft, S. 18, zu: »Wer über das Konzept der Gemeinschaft nachdenkt, kommt [...] nicht umhin, sich mit seinem [J.-L. Nancys, S. H.] Schaffen auseinanderzusetzen.«

569   Gertenbach/Richter: Das Imaginäre und die Gemeinschaft, S. 120.

570   »Grundlosigkeit« präge Nancys Gemeinschaftsphilosophie, so Spitta: Gemeinschaft jenseits von Identität, S. 296.

571   Thorsten Bonacker: Die politische Theorie der Dekonstruktion: Jacques Derrida. In: Brodocz, André/Schaal, Gary S[tuart] (Hg.): Politische Theorien der Gegenwart II. Eine Einführung. Opladen 2001, S. 129-159, 153; siehe auch die gleichlautende Formulierung von Wetzel: Diskurse des Politischen, S. 245.

572   Wetzel: Diskurse des Politischen, S. 246, Hv. i. Orig.

573   Wetzel: Gemeinschaft, S. 51f., Hv. i. Orig.

der den Einzelnen gemein ist, dass sie nichts gemeinsam haben.[574] Gegen ein »Identitätsdenken«, das Gemeinschaft als »einheitlich oder [...] mit sich selbst identisch«[575] auffasst, setzt Nancy eine Gemeinschaft, die nicht in einer Identität ihrer Mitglieder gründet, sondern in deren »Andersheit«.[576]

Nicht nur deshalb sticht Nancys *La communauté désœuvrée* aus der Vielzahl an Veröffentlichungen zum Thema ›Gemeinschaft‹ in den 1980er Jahren hervor, an die Étienne Balibar erinnert hat.[577] Nancys Denken begreift sich als radikale Dekonstruktion des gesamten bisherigen Gemeinschaftsdiskurses. Mit Gayatri Chakravorty Spivak lässt sich ›Dekonstruktion‹ als »a repeated staging of attention on the ›construction‹ of foundations presupposed as self-evident«[578] verstehen. Es geht um die »Abwesenheit *eines ultimativen* Grundes«[579], auf den man die Gemeinschaft zweifellos stellen könnte. Das Denken einer in diesem Sinne ›abwesenden‹ Gemeinschaft realisiert sich bei Nancy nicht durch eine Kritik des überkommenen Denkens der Gemeinschaft von außen, sondern durch eine »*Aufschließung [déclosion]*«[580], wie er sie seit einigen Jahren (auch) für den Monotheismus durchzuführen versucht.[581] Gemeint ist damit gleichsam »eine Arbeit der inneren Analyse« des Gemeinschaftsdenkens; der Versuch, die konstituierenden Komponenten des Gemeinschaftsdenkens »auseinander[zu]legen« und sich zu fragen, »ob nicht im Herzen der Konstruktion und in der Fügung der elementaren

---

574   Vgl. als möglichen Beleg unter vielen Jean-Luc Nancy: Die Erfahrung der Freiheit. Zürich, Berlin 2016, S. 89 (Jean-Luc Nancy: L'expérience de la liberté. Paris 1988, S. 92f.); siehe auch Marchart: Politische Differenz, S. 103.

575   Rosa et al.: Theorien der Gemeinschaft, S. 160.

576   Wetzel: Gemeinschaft, S. 51.

577   Étienne Balibar: Nancy's Inoperative Community. In: Andermatt Conley, Verena/Goh, Irving (Hg.): Nancy Now. Cambridge, Malden 2014, S. 20-36, 20f., erwähnt unter anderem Schriften von Claude Lefort (*L'Invention démocratique*, 1981, fälschlicherweise angegeben als: *L'Invention de la démocratie*), Jean-François Lyotard (*Le Différend*, 1983), Gilles Deleuze (*Cinéma II: L'image-temps*, 1985), Michael Walzer (*Spheres of Justice*, 1983), Benedict Anderson (*Imagined Communities*, 1983) und Jürgen Habermas (*Theorie des kommunikativen Handelns*, 1981). Es erscheint angesichts dieser Titelfülle fraglich, ob ›Gemeinschaft‹ tatsächlich zur Zeit der Entstehung von *La communauté désœuvrée*, wie Nancy: Herausgeforderte Gemeinschaft, S. 18 (CA 26), meint, ein »vom Diskurs des Denkens unbeachtetes Wort« war.

578   Gayatri Chakravorty Spivak: Foundations and Cultural Studies. In: Silverman, Hugh J. (Hg.): Questioning Foundations. Truth/Subjectivity/Culture. New York, London 1993, S. 153-175, 153. Den Hinweis auf diese Definition Spivaks entnehme ich Marchart: Politische Differenz, S. 62.

579   Marchart: Politische Differenz, S. 62, Hv. i. Orig.

580   Jean-Luc Nancy: Ouvertüre. In: ders.: Dekonstruktion des Christentums. Zürich, Berlin 2008, S. 7-26, 14, Hv. i. Orig. (Jean-Luc Nancy: Ouverture. In: ders.: La Déclosion [Déconstruction du christianisme, 1]. Paris 2005, S. 9-25, 15, Hv. i. Orig.).

581   Siehe *La Déclosion (Déconstruction du christianisme, 1)* (2005) (dt. *Dekonstruktion des Christentums*, 2008) und *L'Adoration (Déconstruction du christianisme, 2)* (2010) (dt. *Die Anbetung. Dekonstruktion des Christentums 2*, 2012). Den anti-fundamentalistischen Charakter der nancyschen ›Dekonstruktion des Christentums‹ betont Morin: Nancy, S. 17. Siehe zu Nancys ›Methodologie‹ in Bezug auf seine Arbeiten zum Monotheismus neben Morin: Nancy, S. 57ff., auch Chris[topher] Watkin: Art. ›Christianity‹. In: Gratton, Peter/Morin, Marie-Eve (Hg.): The Nancy Dictionary. Edinburgh 2015, S. 44-48, 44ff.

Bestandteile« dieses Denkens etwas verborgen liegt, was man »das noch im Kommen begriffene Ungedachte«[582] der Gemeinschaft nennen könnte.[583]

Der obige Abriss des Gemeinschaftsdenkens hat dessen Bausteine freigelegt. Als zentral vor allem für das moderne Denken der Gemeinschaft erwies sich die Gegenüberstellung von ›Gemeinschaft‹ und ›Gesellschaft‹. Die Gesellschaft komme nach der (ursprünglichen) Gemeinschaft, die sie zerstört habe. Gemäß dieser »*Ursprungsidee*«[584] ist die Gemeinschaft stets die verlorene Gemeinschaft. Dieses Verlustdenken ist von einer »Sehnsucht nach Einswerdung, Vermittlung, Kommunion«[585] bestimmt, wie sie die organizistische Metapher von der Gemeinschaft als Körper veranschaulicht. Vorstellungen von Gemeinschaft, so könnte man mit Derrida formulieren, sind von einem »Heimweh nach dem Ursprung, nach der archaischen und natürlichen Unschuld, nach einer Reinheit der Präsenz und dem Sich-selbst-Gegenwärtig-sein«[586] begleitet.

Nancy richtet sich sowohl gegen die Idee einer ursprünglichen und verlorengegangenen Gemeinschaft als auch gegen jene das Gemeinschaftsdenken dominierende »Obsession der Einswerdung«.[587] Man müsse »dem rückblickenden Bewußtsein vom Verlust der Gemeinschaft und ihrer Identität mißtrauen«[588], fordert er. Nie gab es, lautet Nancys Einsicht, eine ursprüngliche, von der Gesellschaft zerstörte Gemeinschaft als Einheit, als »organische Totalität«.[589] Vielmehr gilt ihm der Verlust von Gemeinschaft, das heißt: der Verlust der »Vertrautheit einer Einswerdung [intimité d'une communion]«[590], als Voraussetzung jeglicher Gemeinschaft.[591]

Damit widerspricht Nancy der Idee, man könne die Gemeinschaft (erneut) herstellen.[592] Das bisherige Gemeinschaftsdenken gehorchte einer »Dialektik von Ursprung und Vollendung, von Verlust und Wiederfindung«[593]; die verlorene Gemeinschaft war bereits die zukünftige: »Die fiktive ursprüngliche Gemeinschaft ist [...] eine Surrogat-

582   Jean-Luc Nancy: Entzug der Göttlichkeit. Zur Dekonstruktion und Selbstüberschreitung des Christentums. Jean-Luc Nancy im Gespräch mit Sergio Benvenuto. In: Lettre International 59 (2002), S. 76-80, 76. Die Zitatelemente beschreiben Nancys Versuch einer dekonstruktiven Lektüre des Monotheismus, nicht der Gemeinschaft; sie lassen sich aber, so meine ich, auch hierauf beziehen.

583   Dieses ›Ungedachte‹ wäre die Gemeinschaft als aufgeschlossene, nicht mehr ein- und ausschließende; siehe dazu die Andeutungen bei Rosa et al.: Theorien der Gemeinschaft, S. 165ff.; 170f.; 173.

584   Ebd., S. 165, Hv. i. Orig.

585   Wetzel: Diskurse des Politischen, S. 231.

586   Jacques Derrida: Die Struktur, das Zeichen und das Spiel im Diskurs der Wissenschaften vom Menschen. In: ders.: Die Schrift und die Differenz. Frankfurt a.M. 1972, S. 422-442, 440.

587   Wetzel: Gemeinschaft, S. 48; vgl. Rosa et al.: Theorien der Gemeinschaft, S. 165f.

588   Nancy: Entwerkte Gemeinschaft, S. 27 (CD 30).

589   Nancy: Literarischer Kommunismus, S. 159 (CL 187). Siehe neben der ›organischen Totalität‹ zu weiteren Auffassungen von Totalität etwa die an Heidegger (§ 48 von *Sein und Zeit*) orientierten Ausführungen von Morin: Brüderliche Gemeinschaft, S. 32f.

590   Nancy: Entwerkte Gemeinschaft, S. 32 (CD 35).

591   Vgl. Marchart: Politische Differenz, S. 99f.; 103f.; Morin: Nancy, S. 75f.

592   Vgl. Marchart: Politische Differenz, S. 101, und siehe auch Wetzel: Diskurse des Politischen, S. 246f., der ebenfalls Nancys Kritik an der den Gemeinschaftsdiskurs prägenden Verlust- und Wiederherstellungssemantik betont.

593   Esposito: Communitas, S. 170.

bildung der gesuchten.«[594] Wie sich bei Rousseau gezeigt hat, ist das ›Zurück zur Gemeinschaft‹ kein einfaches ›Zurück zum Ursprung‹.

> Es geht um die Wiederherstellung, oder genauer um die Erneuerung, des idealisierten ursprünglichen Referenzmodells – um dessen *Verjüngung*, wie Hölderlin richtig sagt, denn man ist sich dessen bewußt, daß das Frühere nicht einfach wiederhergestellt werden kann, daß die Umkehr unmöglich ist, daß die »Moderne« nicht rückgängig gemacht werden kann.[595]

›Verjüngt‹ werden soll die Gemeinschaft als ursprüngliche Identität, als körpergleiche Einheit. Dem stellt Nancy das Denken einer anderen Ursprünglichkeit der Gemeinschaft oder besser: des Gemeinschaftlichen entgegen, für das die »unbedingte Besonderheit«[596] der Einzelnen konstitutiv ist. Er nennt dieses Gemeinschaftliche eine »ursprüngliche oder ontologische ›Sozialität‹«.[597] Anders als bei jenen, die einen Gemeinschaftsverlust unterstellen, ist diese ›ursprüngliche‹ Gemeinschaft(lichkeit) nicht a priori positiv.[598] Nancy ist kein »›Gemeinschaftsenthusiast‹«.[599]

> Man darf das Zusammen-sein [être-ensemble] [...] nicht glorifizieren (es ist einer der versteckt perversen Effekte der jüngsten Arbeiten über die Gemeinschaft, dass sie hie und da eine christliche oder humanistische Emphase über das »Teilen«, den »Austausch« oder den »Anderen« wiederbelebt haben: gerade dies führt aber auch zu größtem Misstrauen gegenüber kommunitären oder kommunitaristischen Denkweisen). Das Zusammen-sein ist eine Bedingung, bevor es ein Wert ist (oder ein Gegenwert), und wenn es ein Wert sein soll, dann nur im Sinne dessen, was nicht bewertbar ist, was jede Bewertung übersteigt.[600]

Kann man nicht bedenkenlos positiv von der Gemeinschaft sprechen, so meint dies umgekehrt aber auch: Jeder in Erinnerung an die totalitäre Vergangenheit zu Recht geäußerte Vorbehalt gegenüber dem Thema ›Gemeinschaft‹ kann »nicht verhindern, daß *wir gemeinsam* sind, wir alle, wer auch immer wir seien und wie auch immer diese Vorgabe geartet sei, die unhintergehbar ist«.[601]

Hieraus folgt vor allem: Die Gemeinschaft lässt sich nicht herstellen, nicht ins Werk setzen, wie Nancys *La communauté désœuvrée* ausdrückt. Sie entzieht sich jedem Werk, sie (ist) entwerkt und ist also »im wesentlichen als Bruch, als Unterbrechung, als Teilung«.[602] Ihre Ursprünglichkeit ist kein »ursprüngliches Ungeteiltsein«[603], indes ebenfalls kein ursprüngliches Geteiltsein. Wenn es eine »unwiderrufliche *Gemeinschaftlich-*

---

594 Raulet: Modernität der Gemeinschaft, S. 83.
595 Ebd., S. 84, Hv. i. Orig.
596 Wetzel: Diskurse des Politischen, S. 254; siehe auch ebd., S. 251f.
597 Nancy: Entwerkte Gemeinschaft, S. 63 (CD 71).
598 Darauf verweisen zu Recht Rosa et al.: Theorien der Gemeinschaft, S. 162f.
599 Diesen Titel verleiht ihm Spitta: Gemeinschaft jenseits von Identität, S. 296.
600 Nancy: Cum, S. 147 (C 119), siehe auch Morin: Brüderliche Gemeinschaft, S. 196.
601 Nancy: Herausgeforderte Gemeinschaft, S. 38, Hv. i. Orig. (in der mir vorliegenden Ausgabe von *La Communauté affrontée* aus dem Jahr 2001 ist diese Passage nicht enthalten).
602 Wetzel: Diskurse des Politischen, S. 247.
603 Ebd., S. 257.

keit der Existenz«[604] gibt, muss die (liberale) Idee falsch sein, Gemeinschaft entstünde dadurch, dass präexistente Individuen (etwa qua Vertrag) zusammengebunden würden. »Es gibt kein für sich existierendes *Einzelnes«.*[605] Vielmehr muss man mit Nancy annehmen, dass die Gemeinschaft den Einzelnen vorausgeht, präziser: mit ihnen gleichursprünglich ist. Nancys Philosophie ließe sich als eine »Philosophie des ›Zwischen‹«[606] bezeichnen. Sie steht »zwischen den Begriffen Gesellschaft (der wesentlich auf das Individuum als Bezugspunkt zielt) und Gemeinschaft [...] (die vor allem auf die übergeordnete Einheit geht, sei sie kulturell, sprachlich oder ethnisch)«.[607] Es handelt sich, wie Nancy in immer neuen Anläufen zu zeigen versucht, bei der ›ontologischen Sozialität‹ um »[s]ingulär-plural-sein«, das zu lesen sei »in einem Strich, ohne Interpunktion, ohne Gleichheitszeichen, ohne Zeichen der Implikation oder der Abfolge. [...] Denn keiner dieser drei Termini ist dem anderen vorgängig, noch begründet er die anderen, und jeder bezeichnet das Mit-Wesen der anderen.«[608]

Wenn Nancy zwar die Auffassung kritisiert, die Welt sei von »*individuellen Atomen«*[609] bevölkert, so steht er doch im Sinne einer »*Dekonstruktion der Einswerdung«*[610] zugleich entschieden davon ab, das atomistische Individuum durch die politisch fatale Idee eines Kollektivs-als-Einheit zu ersetzen. In diesem Versuch, eine Gemeinschaft zu denken, die weder der gefährlichen Idee von Homogenität und Identität gehorcht noch sich in eine Welt von Individuen auflöst, liegt Nancys Bedeutung für ein Denken der Gemeinschaft auf der Höhe der Zeit.

Die Zeitgenossenschaft seines Denkens reklamiert Nancy selbst. Oft bezieht er sich in seinen Arbeiten auf die Situation, in der sie entstanden sind.[611] Auch sein in den 1980er Jahren begonnenes Neudenken der Gemeinschaft steht in dem gesellschaftlichen und politischen Kontext dieser Zeit, muss gelesen werden vor diesem »Realitätshinter-

---

604   Ebd., S. 255, Hv. i. Orig.

605   Nancy: Das gemeinsame Erscheinen, S. 169, Hv. i. Orig. (CP 56, Hv. i. Orig.). Rosa et al.: Theorien der Gemeinschaft, S. 158f., sprechen demgemäß von Nancys Bestreben, »die Idee der Gemeinschaft [...] in doppelter Abgrenzung neu zu bestimmen: einerseits gegen einen liberalen und neoliberalen Individualismus [...]; andererseits aber auch gegen eine Politik der Gemeinschaft, die [...] für eine falsche Vereinnahmung des Gemeinschaftsdenkens steht«.

606   Thomas Bedorf: Jean-Luc Nancy: Das Politische zwischen Gesellschaft und Gemeinschaft. In: Bröckling, Ulrich/Feustel, Robert (Hg.): Das Politische denken. Zeitgenössische Positionen. Bielefeld 2010, S. 145-157, 145.

607   Ebd., S. 145f. Morin: Nancy, S. 75, hält in diesem Sinne fest, Nancy wolle die Dichotomie von Gemeinschaft und Gesellschaft unterlaufen; siehe etwa Nancy: Das gemeinsame Erscheinen, S. 175 (CP 68): »Die Gemeinschaft wäre also der Grund, warum die ›Gesellschaft‹ keine besondere Kategorie darstellt [...], sie wäre das, was Begriffen wie ›Gesellschaft‹, ›Individuum‹, ›Beziehung‹, ›Beziehungslosigkeit‹ vorausgeht und über sie hinausgeht.«

608   Nancy: singulär plural sein, S. 68 (ESP 57). Im Original findet sich kein Bindestrich, nur »[ê]tre singulier pluriel«.

609   Jean-Luc Nancy: Anmerkung zur Übersetzung in: ders.: singulär plural sein. Berlin 2004, S. 12, Hv. i. Orig.

610   Rosa et al.: Theorien der Gemeinschaft, S. 165, Hv. i. Orig.

611   Siehe beispielhaft den titellosen Peritext in Nancys *singulär plural sein*, S. 9-11 (*Être singulier pluriel*, S. 11-12).

grund«.[612] Wie jede Theorie, so hat auch die Theorie Nancys »die Signatur ihrer eigenen Geschichte in sich eingefaltet«.[613] Um die »konkrete Situation«[614], in der und zum Teil auch gegen die Nancy seinen Gemeinschaftsbegriff entwickelt, soll es später ausführlich gehen.[615] Zunächst soll hier der allgemeine Horizont des nancyschen Denkens der Gemeinschaft und seiner »*Politik der Gemeinschaft*«[616] skizziert werden.

Mit Oliver Marchart lässt sich »[d]ie historische Konstellation«, die Nancys Arbeit prägt, »als *postfundamentalistisch*«[617] beschreiben. Sein Denken ist Symptom einer Krise des »fundamentalistischen Denkhorizonts«.[618] Gemeint ist damit, dass »[d]ie philosophischen, theoretischen und politischen Fundamente, Prinzipien oder Werte, auf denen die Gesellschaft errichtet ist, [...] sich als brüchig«[619] oder fragwürdig herausstellen, was ihren »ontologischen Status«[620] schwäche. »Nicht alle sozialen Fundamente haben sich in Luft aufgelöst [...], sondern der Geltungsanspruch eines jeden Fundaments ist umkämpft und steht prinzipiell zur Disposition.«[621] Es gibt zwar weiterhin Fundamente oder Gründe, aber keinen letzten, unbestreitbaren Grund mehr (was die Voraussetzung dafür ist, dass es unterschiedliche Gründe geben kann).[622]

Vor dieser Folie drängt sich die Frage auf: Wie ist Gemeinschaft denkbar, wenn die früheren »*Grundlagen aller Gewißheit*«[623] (Abstammung, Tradition etc.) erschüttert sind, wenn nicht mehr klar ist, worauf sich Gemeinschaft gründet? Diese Frage ist eine politische Frage, eine Frage des Politischen. »With the collapse of certainties«, so Jean-Luc Nancy und Philippe Lacoue-Labarthe, »with the deterioration of their foundations and the effacement of their horizons, it became possible – even necessary and urgent – to resume the question of [...] ›the essence of the political‹«.[624]

---

612   Marchart: Politische Differenz, S. 55; vgl. Rosa et al.: Theorien der Gemeinschaft, S. 158. Siehe zu diesem Hintergrund etwa stichpunktartig auch Woznicki: Angst vor Gemeinschaft, S. 58; Fred Dallmayr: Eine ›undarstellbare‹ globale Gemeinschaft? Reflexionen über Nancy. In: Böckelmann, Janine/Morgenroth, Claas (Hg.): Politik der Gemeinschaft. Zur Konstitution des Politischen in der Gegenwart. Bielefeld 2008, S. 106-132, 109f.

613   Vogl: Einleitung, S. 24.

614   Schmitt: Begriff des Politischen, S. 31.

615   Siehe hierzu den Abschnitt *Jean-Luc Nancy und die Undarstellbarkeit der Gemeinschaft* der vorliegenden Arbeit.

616   Rosa et al.: Theorien der Gemeinschaft, S. 169, Hv. i. Orig.

617   Marchart: Politische Differenz, S. 8, Hv. i. Orig.

618   Ebd., S. 15.

619   Ebd., S. 8.

620   Ebd., S. 62.

621   Ebd., S. 16. Mit Silke van Dyk: Poststrukturalismus. Gesellschaft. Kritik. Über Potenziale, Probleme, Perspektiven. In: Prokla 42 (2012), H. 2, S. 185-210, 189, könnte man beispielsweise sprechen von einer »Delegitimierung der für die Geschichte des christlich-westlichen Abendlandes so zentralen Vorstellungen einer objektiv gegebenen, vom erkennenden Subjekt unterschiedenen, geschichtlich oder natürlich begründeten ›Wahrheit‹ oder ›Vernunft‹«.

622   Vgl. Marchart: Politische Differenz, S. 16f.; 62f.; Marchart: Das unmögliche Objekt, S. 11; 34ff.

623   Claude Lefort: Die Frage der Demokratie. In: Rödel, Ulrich (Hg.): Autonome Gesellschaft und libertäre Demokratie. Frankfurt a.M. 1990, S. 281-297, 296, Hv. i. Orig.

624   Jean-Luc Nancy/Philippe Lacoue-Labarthe: ›Chers Amis‹. A Letter on the Closure of the Political. In: dies.: Retreating the Political (Hg. Sparks, Simon). London, New York 1997, S. 143-147, 144; vgl.

Was ist das Politische? In seinem Vorwort zur englischsprachigen Ausgabe von *La communauté désœuvrée* bringt Nancy seine Vorstellung von der Essenz des Politischen auf die Formel, »the political is the place where community as such is brought into play«.[625] Das Politische und die Gemeinschaft hängen demnach insofern miteinander zusammen, als »das Politische auf die Frage der Gründung verweist, die sich jeder Gesellschaft stellt, sobald sich die Gewissheiten, Prinzipien und Werte, auf denen sie gebaut ist, als fungibel erwiesen haben«.[626] In den Worten Michael Hirschs soll das Politische »das vorgeblich primäre Phänomen der *Gemeinschaft* [...] erfassen – die Art und Weise der Verbindung und Trennung von Menschen und Menschengruppen«.[627] Das Politische (*le politique, the political*) wäre dann von der Politik (*la politique, politics*) zu unterscheiden, die diese Verbindung oder Trennung von Menschen schon voraussetzt.[628]

Prägend für das Denken der Differenz von Politik und Politischem waren die Diskussionen an dem von Nancy und Lacoue-Labarthe gegründeten *Centre de recherches philosophiques sur le politique* (1980-1984), auf das noch genauer einzugehen sein wird.[629] Die Unterscheidung zwischen *le politique* und *la politique* war eingeführt worden, so Nancy, um mit *le politique* »den Begriff oder das Wesen der politischen Sache selbst oder der politischen Sphäre zu bezeichnen«.[630] *Le politique* sollte das Fundament der Politik – das Fundament dessen also, »was zuvor ›Regierungswissenschaft‹, ›Staatskunst‹ oder ›öffentliches Recht‹ genannt wurde«[631] – als fragwürdig erweisen. Dies mündete in eine Befragung der (Möglichkeit der) Fundamente des Sozialen insgesamt: *Le politique* benenne das »Problem der Grundlage, der Gründung oder vielmehr der Entblößung einer Grundabwesenheit«.[632] In diesem Sinne ist das Politische ›der Ort, wo die Gemeinschaft als solche ins Spiel gebracht wird‹ – es macht sichtbar, dass die Ordnung der Gemeinschaft sich nicht »auf einen Punkt der Präsenz, auf einen festen Ursprung

---

Marchart: Politische Differenz, S. 8, der diese Passage auch anführt. Der zitierte Brief liegt m.E. bislang nur in englischer Übersetzung vor.

625   Jean-Luc Nancy: Preface. In: ders.: The Inoperative Community (Hg. Connor, Peter). Minneapolis, Oxford 1991, S. xxxvi-xli, xxxvii.

626   Marchart: Politische Differenz, S. 8.

627   Michael Hirsch: Der symbolische Primat des Politischen und seine Kritik. In: Bedorf, Thomas/ Röttgers, Kurt (Hg.): Das Politische und die Politik. Berlin 2010, S. 335-363, 336, Hv. i. Orig.

628   In diesem Sinne hält Karl-Heinz Ladeur: Carl Schmitt und die Nichthintergehbarkeit der Politischen Theologie – Die Versuchung des Totalitarismus in der liberalen Gesellschaft. In: Politische Vierteljahresschrift 37 (1996), H. 4, S. 665-686, 666, mit Blick auf Carl Schmitt fest: »Die Konflikthaftigkeit des Politischen [...] weist über die Grenzen des institutionell ›gehegten‹, auf den Kompromiß angelegten Konflikts [...] hinaus: Sie ist auf einer sich der Darstellung innerhalb der Institutionen des Pluralismus entziehenden, ihr vorausliegenden Ebene der Gründung der kollektiven Ordnung angesiedelt.« Siehe auch schon Herzhoff: Nancy und Schmitt, S. 81; 88.

629   Siehe dazu Abschnitt I.1.2 dieser Arbeit. Nach der Einschätzung von Marchart: Politische Differenz, S. 87, war das *Centre* »der bislang einflussreichste Diskussionskontext, in dem der Begriff des Politischen bzw. die Differenz zwischen Politik und dem Politischen bearbeitet wurde«.

630   Jean-Luc Nancy: Philosophische Chroniken. Zürich, Berlin 2009, S. 32 (Jean-Luc Nancy: Chroniques philosophiques. Paris 2004, S. 35). Der Band sammelt Beiträge, die Nancy von September 2002 bis Juli 2003 monatlich im Radiosender *France Culture* vorgestellt hat.

631   Ebd., S. 32f. (CHP 35).

632   Ebd., S. 33 (CHP 35).

beziehen«[633] lässt. Das Politische, könnte man mit Rancière sagen, enthüllt »das Fehlen einer *Arche*, die reine Kontingenz jeder sozialen Ordnung«.[634] Mit der Unterscheidung von *le* und *la politique* »bricht [...] eine Wunde auf, die sich wie ein Phantomschmerz als Leerstelle im politischen Körper permanent bemerkbar macht«.[635] Eine Politik des Miteinander, wie sie im Folgenden umrissen werden soll, bestünde vor diesem Hintergrund nicht mehr darin, eine (etwa gerechte) Politik für eine konkrete Gemeinschaft zu bestimmen oder eine Gemeinschaft ausgehend von einer bestimmten (etwa nationalistischen oder rassistischen) Politik zu definieren, sondern wäre die nie stillzustellende Infragestellung der Gemeinschaft, »die unaufhörliche Un-Vollendung der Gemeinschaft«.[636]

Es soll im Weiteren zunächst mithilfe des Denkens Nancys gezeigt werden, »daß Gemeinschaft als substantielle Vereinigung, als ›organisches Ganzes‹ oder als unmittelbares Einswerden ihrer selbst mit ihrem eigenen Wesen nicht existiert und nie existiert hat«.[637] Aber genügt das?

Nancys Neudenken der Gemeinschaft, so ein häufiger Vorwurf, resultiere in »einer entpolitisierten Form der Ontologie«; er versetze »ein ontisches, soziales oder politisches Miteinander auf die ontologische Ebene des Seins an sich«.[638] Auf diese Weise löse er »Gemeinschaftlichkeit, die Erscheinungsform des Mit-Seins, [...] von ihrer politischen Bedeutung und ihrer konkreten Ausgestaltung«.[639] Erklärt »zu einer Art Urform des Politischen«, verliere die ›Gemeinschaftlichkeit‹ »ihren Status als konkretes Element der Politik«.[640] Wenn sich zwar auch der Vorwurf in dieser Schärfe nicht wird halten lassen, so fehlt es trotzdem in Nancys Philosophie tatsächlich an Überlegungen zur bestimmbaren Manifestation von ›Gemeinschaftlichkeit‹.[641]

Wie dem Gemeinsamen auf die Spur kommen, ohne seine Offenheit einzuschränken, jedoch auch ohne »eine apolitische Haltung«[642] zu befördern? Im Anschluss an

---

633   Derrida: Struktur, Zeichen, Spiel, S. 422.

634   Rancière: Unvernehmen, S. 28, Hv. i. Orig. Anstatt von dem Politischen spricht Rancière von der Politik, und was bei Nancy ›Politik‹ heißt, nennt er ›Polizei‹; vgl. ebd., S. 33ff.

635   Böttger: Postliberalismus, S. 25.

636   Wetzel: Diskurse des Politischen, S. 256. Siehe auch Rosa et al.: Theorien der Gemeinschaft, S. 170ff., sowie Kiefte: Anarchist concept of community, S. 153: Nancys »question is not what politics produces the proper or right concept of community, but what concept of community is required if we are committed to the political«.

637   Lüdemann: Metaphern der Gesellschaft, S. 103.

638   Spitta: Gemeinschaft jenseits von Identität, S. 297.

639   Ebd., S. 297f.

640   Ebd., S. 298.

641   Mit Gertenbach/Richter: Das Imaginäre und die Gemeinschaft, S. 120, könnte man von einer »soziologische[n] Blindheit« Nancys sprechen, »da weder Phänomene konkreter Gemeinschaftsbildung in den Blick genommen werden (und damit auch keine Differenzen zwischen verschiedenen Formen und Intensitäten von Gemeinschaft berücksichtigt werden können), noch ein besonderes Gewicht auf eine historische Perspektive gelegt wird.« Auch Gertenbach und Richter sehen bei Nancy eine »Leerstelle hinsichtlich der Frage nach der politischen Praxis«: Es sei fraglich, ob das von ihm behauptete »politische Moment« der Gemeinschaftsforderung »nicht so stark hinter das philosophisch-ontologische zurückgedrängt wird, dass es nahezu kaum noch kenntlich gemacht werden kann«. (Ebd.)

642   Ebd., 126.

Todd May möchte ich als Antwort die Analyse gemeinsamen Handelns vorschlagen, denn »a community is defined by the practices that constitute it«.[643] Die Erörterung gemeinsamen Handelns ist keine Kritik des Gemeinschaftsdenkens Nancys, sondern ergänzt es. Sie setzt die ›entwerkte‹ Gemeinschaft voraus, da der sich entziehende Grund der Gemeinschaft das Fundament kollektiver Praxis ist.

Gemeinsames Handeln soll als politische Praxis verstanden werden. Jedes Handeln ist nur dann politisches Handeln, erfüllt es die Bedingung der »Kollektivität«.[644] Handeln, so Arendt, sei »die politische Fähigkeit per excellence«.[645] Sie kann sich nur mit anderen verwirklichen, da sich das Handeln »direkt zwischen Menschen abspielt« und also auf dem »Faktum der Pluralität«[646] beruht. »Das Handeln bedarf einer Pluralität, in der zwar alle dasselbe sind, nämlich Menschen, aber dies auf die merkwürdige Art und Weise, daß keiner dieser Menschen je einem anderen gleicht, der einmal gelebt hat oder lebt oder leben wird.«[647] Hier deutet sich an, dass gemeinsames Handeln unabdingbar auf das angewiesen ist, was Nancy *singulär plural sein* nennt: die Gleichzeitigkeit von Pluralität und Singularität, von »Gleichheit« und »Verschiedenheit«, die für Arendt »die grundsätzliche Bedingung des Handelns«[648] darstellt.

Im Folgenden liegt die Aufgabe zunächst darin, Nancys Dekonstruktion der traditionellen Gemeinschaftsidee und seinen Gegenentwurf einer ›entwerkten‹ Gemeinschaft, eines ontologischen Mit-Seins, darzustellen. Den Ausgangspunkt bildet seine Frage nach dem Wesen des Politischen, die er zu Beginn der 1980er Jahre gemeinsam mit anderen im Rahmen des *Centre de recherches philosophiques sur le politique* zu beantworten versucht hat. Es wird sich zeigen, dass die Antwort auf diese Frage unmittelbar zu Nancys Überlegungen zur Gemeinschaft führt. Hinausgehend über Nancys Gedanken dazu, was es heißt, gemeinsam zu sein (oder diese ergänzend), gilt es anschließend, die Frage nach einer Politik des Miteinander als Frage nach dem gemeinsamen

---

643   Todd May: Reconsidering Difference. Nancy, Derrida, Levinas, and Deleuze. University Park 1997, S. 52. Im Sinne von Böttger: Postliberalismus, S. 28, wäre das gemeinsame Handeln die die aktuellen Theorien des Politischen »ergänzende Dimension [...], die eine explizit politische Gemeinschaft gegenüber anderen Formen menschlichen Zusammen-Seins auszeichnet und dabei auch das Moment der ›Politisierung‹ deutlich machen kann«.

644   Marchart: Politische Differenz, S. 311, Hv. i. Orig. Siehe auch Oliver Marchart: Der Auszug aus Ägypten. Eine Einleitung. In: Mouffe, Chantal: Exodus und Stellungskrieg. Die Zukunft radikaler Politik. Wien 2005, S. 7-23, 16.

645   Hannah Arendt: Freiheit und Politik. In: dies.: Zwischen Vergangenheit und Zukunft. Übungen im politischen Denken I (Hg. Ludz, Ursula). 2. Aufl. München 2013, S. 201-226, 204. Siehe zum (politischen) Handeln bei Arendt etwa auch Spitta: Gemeinschaft jenseits von Identität, S. 306ff., sowie mit dem Fokus auf die Handelnden Jennifer Ring: The Pariah as Hero: Hannah Arendt's Political Actor. In: Political Theory 19 (1991), H. 3, S. 433-452.

646   Arendt: Vita activa, S. 17.

647   Ebd.

648   Ebd., S. 213. Spitta: Gemeinschaft jenseits von Identität, S. 298, sieht ebenfalls Ähnlichkeiten, aber zugleich Differenzen zwischen Arendt und Nancy: Auch Arendt »kehrt die Hierarchie von Mit- und Dasein um und geht [...] von einer Art singulär-pluralem Sein aus. Dennoch wirkt sie [...] nicht an einer De-Politisierung der Philosophie mit. Im Gegenteil, ihre Grundannahmen [...] gehen mit konkreten Vorstellungen über politisches Handeln einher und ihr Konzept ist, im Gegensatz zu den Ausführungen Nancys, explizit anwendungs- und gegenwartsbezogen.«

Handeln zu stellen. Was heißt es, gemeinsam – als Wir – zu handeln? Die Antworten hierauf sind zugleich als Beitrag zu einer »phenomenology of community«[649] zu verstehen, denn Gemeinschaft zeigt sich nie als solche, sondern nur als bestimmte Gemeinschaft[650] – und zwar in besonders eindrücklicher und politisch relevanter Weise in Gestalt eines gemeinsam handelnden Wir.[651] In einem ersten Schritt werde ich mich den sogenannten Theorien kollektiver Intentionalität widmen. Der Tradition der analytischen Philosophie verpflichtet, versprechen diese Theorien eine Lösung des seit Hobbes virulenten Problems, wie man das Soziale vom Individuum ausgehend erfassen kann.[652] Als Pferdefuß dieser Theorien wird sich zum einen ihr Fundament erweisen: das Individuum. Problematisch an der individualistischen Grundausrichtung der Theorien ist insbesondere, dass die vorintentionalen Voraussetzungen gemeinsamen Handelns (und Denkens) kaum geklärt werden.[653] Kritikwürdig ist zum anderen, dass die Theorien kollektiver Intentionalität den Handlungsbegriff auf planvolles, zielgerichtetes Handeln einengen und dadurch das Wesen politischen Handelns verkennen. Mit Cornelius Castoriadis' Theorie des (gesellschaftlichen) Imaginären, Ernesto Laclaus und Chantal Mouffes Diskurstheorie der Gesellschaft sowie Ideen aus der Architekturphilosophie diskutiere ich deshalb weitere Ansätze zur Lösung des Problems gemeinsamen Handelns und der Bildung eines politischen Kollektivsubjekts, um im Schlussabschnitt (*Was tun?*) die Skizze (m)einer Politik des Miteinander vorstellen zu können.

---

649   May: Reconsidering difference, S. 47.

650   Vgl. Marchart: Politische Differenz, S. 113f.; 116.

651   Nancy erkennt die Notwendigkeit einer Konkretisierung des Mit-Seins, siehe etwa Nancy: singulär plural sein, S. 79, Hv. i. Orig. (ESP 66, Hv. i. Orig.): »Das Sein als solches ist jedes Mal das Sein als Sein *eines* Seienden«. Selbstkritisch meint er allerdings: »Ich habe wiederholte Male und auf verschiedene Weisen über die Gemeinschaft geschrieben, aber ich habe nie eine eingehende Analyse dieses Mit oder *avec* gemacht.« (Nancy: Demokratie und Gemeinschaft, S. 61, Hv. i. Orig.) Wie Heidegger, so Liebsch: Ausgesetzte Gemeinschaft, S. 71, Anm. 45, wolle auch Nancy den Eindruck vermeiden, »man könnte unvermittelt vom (Mit-)Sein reden, unter Umgehung des Seienden«. Marchart: Politische Differenz, S. 116, Hv. i. Orig., kritisiert, Nancy sei nicht willens »einzugestehen, dass Ontologie als solche dann konsequenterweise nur Ontologie sein kann als die Ontologie *eines bestimmten ontischen Bereichs* [...] und keine Ontologie ›als solche‹ (des Seins des Seins)«.

652   Vgl. Hans Bernhard Schmid/David P. Schweikard: Einleitung: Kollektive Intentionalität. Begriff, Geschichte, Probleme. In: dies. (Hg.): Kollektive Intentionalität. Eine Debatte über die Grundlagen des Sozialen. Frankfurt a.M. 2009, S. 11-65, 17.

653   Ich verdanke diese Einsicht einem Hinweis von Beatrice Kobow; siehe auch Schmid: Wir-Intentionalität, S. 26ff.

Erster Teil

Jean-Luc Nancy und die Undarstellbarkeit der Gemeinschaft

Der unmittelbare Anlass für die Entstehung von Nancys *La communauté désœuvrée*, seinen ersten explizit dem Motiv der Gemeinschaft gewidmeten Text, nimmt sich nüchtern aus[1]: Jean-Christophe Bailly hatte Nancy für seine Zeitschrift *Aléa* um einen Beitrag zu dem Thema ›La communauté, le nombre‹ gebeten.[2] Der entsprechende Aufsatz erschien im Februar 1983 im vierten Heft von *Aléa*, drei Jahre später in einer erweiterten Fassung mit zwei weiteren Texten Nancys als Buch.[3] *La communauté désœuvrée* erwies sich als Gründungsurkunde einer sich flugs formierenden »Gemeinschaft der Schrift«.[4] Ihr trat zunächst Maurice Blanchot bei, der im ersten Teil seines Textes *La communauté inavouable* (1983)[5] auf Nancys Aufsatz reagierte[6]; zu den weiteren Mitgliedern zählt Nancy

---

1   Vgl. zur folgenden Darstellung Morin: Brüderliche Gemeinschaft, S. 17f.; Morin: Nancy, S. 72f.

2   Vgl. Nancy: Entwerkte Gemeinschaft, S. 91 (CD 103); Nancy: Herausgeforderte Gemeinschaft, S. 18 (CA 25); Nancy in Jean-Luc Nancy/Daniel Tyradellis: Was heißt uns Denken [Gespräch]? Zürich, Berlin 2013, S. 49 (Jean-Luc Nancy/Daniel Tyradellis: Qu'appelons-nous penser [Gespräch]? Bienne, Paris 2013, S. 47).

3   Die deutsche Übersetzung des Buches erschien als *Die undarstellbare Gemeinschaft* (1988). Die erwähnten Texte sind *Le mythe interrompu* (Der unterbrochene Mythos) und ›Le communisme littéraire‹ (›Der literarische Kommunismus‹). Die französische Ausgabe ist seit der zweiten Auflage (1990) mit *De l'être-en-commun* sowie *L'histoire finie* um weitere Texte ergänzt, die seit der Neuübersetzung von *La communauté désœuvrée* unter den Titeln »Vom Im-Gemeinen-sein« und »Die endliche Geschichte« mittlerweile auch in Deutsch zugänglich sind. Statt auf die aktuelle Übersetzung (Jean-Luc Nancy: Von einer Gemeinschaft, die sich nicht verwirklicht. Wien, Berlin 2018) greife ich in der vorliegenden Arbeit auf die Erstübersetzung und die französischen Originalfassungen zurück.

4   Nancy: Entwerkte Gemeinschaft, S. 92 (CD 104).

5   Hierzu Leslie Hill: Blanchot. Extreme Contemporary. London, New York 1997, S. 195ff., der *La communauté inavouable* nicht nur als Auseinandersetzung mit Nancy interpretiert, sondern auch als Beitrag zu der am *Centre* aufgekommenen Frage, wie man die Relation auf eine nicht dem Subjekt verhaftete Weise denken könnte. (Vgl. ebd., S. 198f.)

6   Vgl. Nancy: Entwerkte Gemeinschaft, S. 91 (CD 103f.); Morin: Nancy, S. 15. Siehe auch Jean-Luc Nancy: Vorwort. In: ders.: Maurice Blanchot. Politische Passion. Eine Brieferzählung von 1984, gefolgt von einem Brief von Dionys Mascolo (Hg. Hock, Jonas). Wien, Berlin 2016, S. 9-34, 15 (Jean-Luc Nancy: Présentation. In: ders.: Maurice Blanchot. Passion politique. Lettre-récit de 1984 suivie d'une lettre de Dionys Mascolo. Paris 2011, S. 9-43, 17f.). Der angesprochene Abschnitt trägt in der Über-

etwa Giorgio Agamben, Jacques Rancière, Ernesto Laclau und Chantal Mouffe, Federico Ferrari sowie Roberto Esposito.[7] Die Entstehungsumstände von *La communauté désœuvrée* hatten aber keinesfalls nur anekdotischen Charakter.[8] Im Hintergrund des Textes und der Debatte, die ihn/er begleitete, befand sich vielmehr, resümiert Balibar,

> a conjuncture in which the development of »individualistic« ideologies and the corresponding reduction of the political to a juridical formalism call for a critique that can no longer be achieved in terms of existing models of communism, but whose renovation can take the route either of a discourse of *communication* or a discourse of *communitarianism*, and finally a discourse of a *communism to come*, which all react against the history of twentieth-century communism.[9]

Baillys Themenvorschlag, dessen Formulierung Nancy in *La Communauté affrontée* als »absolut gelungene Ellipse«[10] rühmt, spiegelte diese Problematik wider.

›Le nombre‹ stand für den grassierenden Individualismus, für »die reine Menge, die Anzahl der Einzelnen«.[11] Der Ausdruck habe daran erinnert, dass die »Vervielfachung der Weltbevölkerung« zusammenhing mit einer »Mannigfaltigkeit, die sich den unitarischen Ermächtigungen entzog, einer Mannigfaltigkeit, die ihre Differenzen vervielfachte, sich in kleine Gruppen, ja in Individuen zerstreute, in Multituden oder in Bevölkerungen«.[12] Damit habe Baillys Wendung an die Studien zu ›Masse‹ und ›Menge‹ etwa von Gustave Le Bon (1841-1931) und Sigmund Freud angeknüpft und den Blick auf die Faschismen und Kommunismen gelenkt, die Eingriffe an den ›Massen‹ und

setzung den Titel »Die negative Gemeinschaft«; siehe Maurice Blanchot: Die uneingestehbare Gemeinschaft [1983]. Berlin 2007, S. 7-49, sowie für eine Auseinandersetzung mit diesem Text Jean-Luc Nancy: Die verleugnete Gemeinschaft. Zürich, Berlin 2017 (Jean-Luc Nancy: La Communauté désavouée. Paris 2014), ferner auch Jean-Luc Nancy: Reste inavouable. Entretien avec Mathilde Girard. In: Lignes 43 (2014), S. 155-176. Zur Kontroverse zwischen Blanchot und Nancy, auf die wir im Unterabschnitt *(Ohne) Übergang: L'être et l'autre* (Abschnitt I.3.2) zurückkommen werden, äußern sich etwa Morin: Nancy, S. 83ff.; Hill: Blanchot, S. 200ff.; Ian James: The Fragmentary Demand. An Introduction to the Philosophy of Jean-Luc Nancy. Stanford 2006, S. 187ff.; Ian James: Naming the Nothing: Nancy and Blanchot on Community. In: Culture, Theory and Critique 51 (2010), H. 2, S. 171-187, und Robert Bernasconi: On Deconstructing Nostalgia for Community within the West: The Debate between Nancy and Blanchot. In: Research in Phenomenology 23 (1993), H. 1, S. 3-21.

7   Vgl. Nancy: Herausgeforderte Gemeinschaft, S. 27, Anm. 7 (CA 37, Anm. 1). Siehe auch Woznicki: Angst vor Gemeinschaft, S. 59, und Jason E. Smith: Art. ›Community‹. In: Gratton, Peter/Morin, Marie-Eve (Hg.): The Nancy Dictionary. Edinburgh 2015, S. 49-52, 50, der die Bedeutung von Nancys *La communauté désœuvrée* so resümiert: »[T]he constellation of responses it elicited came to define an entire decade of contemporary thought«.

8   Vgl. Nancy: Preface, S. xxxvi.

9   Balibar: Inoperative community, S. 22f., Hv. i. Orig.; siehe auch Jason E. Smith: Nancy, Justice and Communist Politics. In: Hutchens, Benjamin C. (Hg.): Jean-Luc Nancy. Justice, Legality and World. London, New York 2012, S. 186-203, 191, sowie Morin: Nancy, S. 73.

10   Nancy: Herausgeforderte Gemeinschaft, S. 18 (CA 25).

11   Nancy: Demokratie und Gemeinschaft, S. 49.

12   Nancy: Herausgeforderte Gemeinschaft, S. 20 (CA 28f.).

›Klassen‹ gewesen seien.[13] Es gibt also, legt Nancy nahe, einen intimen Zusammenhang zwischen Individualisierung und Totalitarismus.

Vor diesem Hintergrund verwies ›la communauté‹ auf die Schwierigkeit, eine Kritik des Individualismus nicht mehr mit einem der bekannten Gemeinschaftsmodelle begründen zu können. Zu Beginn der 1980er Jahre galt dies insbesondere für das kommunistische Modell, das sich in Frankreich spätestens seit dem Erscheinen der Übersetzung von Alexander Solchenizyns *Archipel Gulag* im Jahr 1974 endgültig in Misskredit gebracht hatte[14], und dessen Niedergang in Gestalt des »sogenannten realen Kommunismus«[15] sich bereits absehen ließ.[16]

Der Begriff des Kommunismus überschreitet aber für Nancy seine »enge politische Bedeutung«[17], und so offenbart das Scheitern des Kommunismus mehr als nur das Scheitern einer spezifischen Organisation von Wirtschaft und Gesellschaft.[18] Nancy deutet das Scheitern des Kommunismus als das Scheitern einer bestimmten Gemeinschaftsidee, ohne die Gemeinschaft und das kommunistische Verlangen nach ihr als unwiderruflich erledigt abzutun.[19] Vor dem Hintergrund des (empfundenen) Gemeinschaftsverlustes in der Moderne[20] stand ›Kommunismus‹ für

den Wunsch [désir], einen Ort für die Gemeinschaft zu finden oder wiederzufinden; dieser Ort läge jenseits der sozialen Unterschiede, jenseits der Unterjochung unter eine techno-politische Herrschaft, folglich auch jenseits der Beschneidung der Freiheit,

---

13   Vgl. ebd., S. 20f. (CA 29). Siehe etwa zu Hitlers Plänen der Massenformung (durch Architektur) Elias Canetti: Hitler, nach Speer. In: ders.: Die gespaltene Zukunft. Aufsätze und Gespräche. München 1972, S. 7-39, der Hitler bezeichnet als einen »Empiriker der Masse, wie es wenige gegeben hat«. (Ebd., S. 9) Zu Freuds Theorie der *Massenpsychologie und Ich-Analyse* (1921), auf die Nancy sich vermutlich bezieht, siehe die Ausführungen etwa bei Fink-Eitel: Gemeinschaft als Macht, S. 315f., oder Ernesto Laclau: On Populist Reason. London, New York 2007, S. 52ff., der sich ebd., S. 21ff., zudem mit Le Bon auseinandersetzt. Einen Überblick über die Theorien zur ›Masse‹ u.a. auch von Le Bon und Freud bieten fernerhin Michaela Ott: Massen und Meuten. Eine Frage der Perspektive. In: Lüdemann, Susanne/Hebekus, Uwe (Hg.): Massenfassungen. Beiträge zur Diskurs- und Mediengeschichte der Menschenmenge. München 2010, S. 201-218, 202ff., sowie Munk: Ungeheuerliche Massen, S. 59ff.

14   Vgl. David Bosshart: Politische Intellektualität und totalitäre Erfahrung. Hauptströmungen der französischen Totalitarismuskritik. Berlin 1992, S. 36f.; 263f. Nach dem sogenannten Solchenizyn-Schock galt der Sozialismus nurmehr als »a threatening utopia whose generality destroys particular freedoms«, so Dick Howard: French Rhetoric and Political Reality. In: Philosophy and Social Criticism 12 (1987), H. 4, S. 329-349, 334.

15   Nancy: Entwerkte Gemeinschaft, S. 13 (CD 13).

16   Vgl. Rosa et al.: Theorien der Gemeinschaft, S. 158.

17   Nancy: Entwerkte Gemeinschaft, S. 13 (CD 14).

18   Smith: Community, S. 50, sieht Nancys *La communauté désœuvrée* in erster Linie als einen Versuch, »to save the name communism«, und hält an anderer Stelle fest: »Communism, for Nancy, is neither a form of society nor a mode of production.« (Smith: Justice and communist politics, S. 191)

19   Vgl. hierzu und zum Weiteren in diesem Absatz Smith: Community, S. 50f.; Morin: Nancy, S. 73f.

20   Nancy: Entwerkte Gemeinschaft, S. 11 (CD 11): »Das Bedeutendste und wohl Schmerzlichste, wovon die moderne Welt Zeugnis ablegt, jenes Zeugnis, das vielleicht alle anderen, deren Bürde diese Epoche im Namen irgendeiner unbekannten Order oder Notwendigkeit zu tragen hat, in sich vereint [...], ist das Zeugnis der Auflösung, des Zerfalls oder der Erschütterung der Gemeinschaft.«

der Verkümmerung der Rede oder dem Schwinden des einfachen Glücks, was eben geschieht, sobald dies alles dem alleinigen Gesetz der Privatisierung unterworfen wird; er läge [...] jenseits dieses kümmerlichen Todes eines jeden einzelnen, der – da er nur noch der Tod des Individuums ist – zu einer erdrückenden Last wird und sich in Bedeutungslosigkeit auflöst.[21]

Der Kommunismus habe diesen Wunsch nicht erfüllt, aber gerade deshalb komme es darauf an, »die drängende und vielleicht noch immer *unerhörte [inouïe]* Forderung nach Gemeinschaft zu denken«.[22] Unerhört geblieben sei die Forderung nach Gemeinschaft nicht, stellt Nancy gegen die Hoffnung auf eine Rückkehr zur ›reinen‹ Lehre des Marxismus klar, weil der Staatskommunismus die eigentliche Idee des Kommunismus verraten hätte.[23] Vielmehr scheint die Idee des Kommunismus selbst, scheint ein bestimmtes Denken des Gemeinsamen oder der Gemeinschaft problematisch, nämlich die »Vision der Gemeinschaft von Wesen, die wesensmäßig ihre eigene Wesenheit als ihr Werk herstellen und darüberhinaus genau diese Wesenheit *als Gemeinschaft* herstellen«.[24] Für Nancy drückt diese Vorstellung den Drang nach einer »absolute[n] Immanenz im Verhältnis des Menschen zum Menschen und der Gemeinschaft zur Gemeinschaft«[25] aus: Der Mensch selbst realisiert sein Wesen und seine (menschliche) Gemeinschaft. Dieser Drang nach Immanenz, nach einem »reine[n] An-sich-Sein und -Bleiben«[26], ist als totalitär zu kritisieren; statt ›Totalitarismus‹ sagt Nancy daher »»Immanentismus««.[27]

Es stellt sich folgendes Problem: Einerseits gibt es eine bislang ›unerhörte Forderung nach Gemeinschaft‹; andererseits, so erhellt der deutsche Titel von *La communau-*

---

21   Ebd., S. 11f. (CD 11f.).

22   Ebd., S. 52, Hv. i. Orig. (CD 59, Hv. i. Orig.). Siehe auch Jean-Luc Nancy: Nothing but the World: An Interview with Vacarme [2000]. In: Rethinking Marxism 19 (2007), H. 4, S. 521-535, 528, wo er verdeutlicht, »that ›communism‹ is a term that, far from being completely voided of substance by Soviet communism, also pointed toward a task for thought that was still and indeed increasingly open«.

23   Versuche, das Werk Marx' vor dem Marxismus zu retten, kritisiert auch Castoriadis: Gesellschaft als imaginäre Institution, S. 20f. Axel Honneth: Eine ontologische Rettung der Revolution. Zur Gesellschaftstheorie von Cornelius Castoriadis. In: Merkur 39 (1985), H. 439/440, S. 807-821, 809, gibt Castoriadis' Überzeugung so wieder: »Ein Theorieprojekt, das wie das Marxsche auf praktische Verwirklichung abzielt, kann dem Resultat seiner tatsächlichen Verwirklichung nicht einfach äußerlich sein«. Nancy und Castoriadis distanzieren sich von dem, was man mit Ernesto Laclau: Theory, Democracy and Socialism [Gespräch mit Robin Blackburn, Peter Dews, Anna-Marie Smith]. In: ders.: New Reflections on The Revolution of Our Time. London, New York 1990, S. 197-245, 237, den »classical sectarian approach« nennen könnte: »After a supposedly golden age of original purity, everything that followed was a process of slow or rapid – but in any case inexorable – decline. [...] The antidote for the degeneration of Marxism is to go back to the original spirit inspiring Marx's work.«

24   Nancy: Entwerkte Gemeinschaft, S. 13f., Hv. i. Orig. (CD 14, Hv. i. Orig.).

25   Ebd., S. 14 (CD 14).

26   Nancy in Nancy/Tyradellis: Was heißt uns Denken, S. 17 (AP 15).

27   Nancy: Entwerkte Gemeinschaft, S. 15 (CD 16); vgl. Uwe Hebekus/Jan Völker: Neue Philosophien des Politischen zur Einführung. Hamburg 2012, S. 96f.; Marchart: Politische Differenz, S. 92f. Zum Begriff des Immanentismus siehe etwa Benjamin C. Hutchens: Jean-Luc Nancy and the Future of Philosophy. Chesham 2005, S. 33ff., sowie Ignaas Devisch: La ›négativité sans emploi‹. In: Symposium 4 (2000), H. 2, S. 167-187, 174ff.

té désœuvrée (»Die undarstellbare Gemeinschaft«), verfügt man über kein Bild der Gemeinschaft mehr.[28] Nancys Lösungsvorschlag besteht in einer »ontological inflexion of communism«.[29] Während sich »[d]er ›Kommunismus‹ [...] für eine ›Gemeinschaft‹ aus[spricht], die nicht gegeben ist, die er sich als Ziel setzt«[30], bezeichnet das Wort ›Kommunismus‹ für Nancy, dass wir gemeinsam sind. Mithin »eine ontologische Aussage und keine politische Option«, meint der Begriff des Kommunismus, »daß das *Sein* gemeinschaftlich [*en* commun] ist [...]. Kommunismus bedeutet, daß wir, sofern wir überhaupt ›sind‹, in der Gemeinschaft [en commun] sind. *Daß wir gemeinschaftlich sind.*«[31]

In diesem Sinne entzifferte Nancy in Baillys Formulierung die Frage: »»Was *ist* mit der Gemeinschaft, wie steht es um sie?‹, als eine Frage, die stillschweigend diese andere ersetzte: ›Welches kommunistische, kommunitäre oder kommunielle Projekt?‹«[32] Die Hervorhebung des ›ist‹ betont: Nancy geht es nicht um eine etwa soziologische Beschäftigung mit der Gemeinschaft, sondern um eine philosophische, genauer: ontologische Erörterung des »Fakt[s] des Kommunismus«.[33] In Frage steht das Sein der Gemeinschaft[34]: »Welches ist ihr Wesen, welche Ontologie legt Rechenschaft ab von dem, worauf ein wohlbekanntes Wort – *gemeinsam, gemein* [*commun*] – verweist, wohlbekannt, doch mit einem vielleicht sehr ungewiß gewordenen Konzept?‹«[35]

Das Nachdenken über die Gemeinschaft, so deutet es Nancy mit seinem Hinweis auf den Immanentismus der kommunistischen Idee an, ist ein Nachdenken über den Totalitarismus: über die Gründe seines Entstehens und über die Frage, wie man die Gemeinschaft zukünftig nicht-totalitär denken kann. ›La communauté, le nombre‹, resümiert Nancy, ließ sich entsprechend

lesen wie ein gestochener Abriß des Problems, das wir als Problem des oder der »Totalitarismen« geerbt hatten – nicht mehr direkt in politischen Begriffen gestellt (als

---

28   Vgl. Jean-Luc Nancy: Vorwort. In: ders.: Die undarstellbare Gemeinschaft. Stuttgart 1988, S. 5 (es handelt sich um das Vorwort zur deutschen Übersetzung von *La communauté désœuvrée*).

29   Smith: Justice and communist politics, S. 186.

30   Nancy: Herausgeforderte Gemeinschaft, S. 19f. (CA 27).

31   Nancy: Das gemeinsame Erscheinen, S. 176, Hv. i. Orig. (CP 69, Hv. i. Orig.). Smith: Justice and communist politics, S. 186, nennt dies »a paradoxical characterization of communism as a name [...] for an ontological affirmation that is completely detached from any historically identifiable communist politics«. Zur Differenzierung von ontologischer und politischer Bedeutung des Kommunismus siehe auch Nancy: Politik und darüber hinaus, S. 232ff. (PED 42f.), und Jean-Luc Nancy: Kommunismus, das Wort (Notizen für die Konferenz). In: Douzinas, Costas/Žižek, Slavoj (Hg.): Die Idee des Kommunismus. Bd. I. Hamburg 2012, S. 181-190, 184; 186 (Die französische Fassung weicht von der deutschen ab; siehe Jean-Luc Nancy: Communisme, le mot. In: Badiou, Alain/Žižek, Slavoj [Hg.]: L'idée du communisme. Conférence de Londres, 2009. Fécamp 2010, S. 197-214, 204; 208). Siehe zum nancyschen ›Kommunismus‹ aus der Sekundärliteratur etwa den kurzen Eintrag von Daniel McDow: Art. ›Communism‹. In: Gratton, Peter/Morin, Marie-Eve (Hg.): The Nancy Dictionary. Edinburgh 2015, S. 48-49.

32   Nancy: Herausgeforderte Gemeinschaft, S. 20, Hv. i. Orig. (CA 27f., Hv. i. Orig.).

33   Nancy: Politik und darüber hinaus, S. 232 (PED 42).

34   »*Kommunismus*« sei »ontologisch In-Gemeinschaft-Sein [être-en-commun]«, formuliert Nancy: Kommunismus, S. 185, Hv. i. Orig. (CM 206, Hv. i. Orig.).

35   Nancy: Herausgeforderte Gemeinschaft, S. 20, Hv. i. Orig. (CA 28, Hv. i. Orig.).

ginge es um ein Problem der »guten Regierung«), sondern in Begriffen, die als ontologische verstanden werden mußten: Was ist denn die Gemeinschaft, wenn die (An)zahl ihr einziges Phänomen wird – ja sogar die Sache an sich – und wenn keinerlei »Kommunismus« noch »Sozialismus« mehr […] die geringste Figur, ja nicht einmal die geringste Form, das geringste identifizierbare Schema von Gemeinschaft unterstützt? Und was also ist die Anzahl, wenn ihre Mannigfaltigkeit nicht mehr als eine Masse in Erwartung einer Formung gilt […], sondern letztlich für sich selbst steht, in einer Zerstreuung [dispersion], von der man nicht weiß, ob sie Dissemination (üppige Samenfülle) oder Zerbröckelung [émiettement] (sterile Zerstäubung) genannt werden muß?[36]

Wenn die Gemeinschaft die »totalitäre Erfahrung«[37] von Kommunismus und Faschismus begleitet, dann gilt, dass sich mit der Gemeinschaft beschäftigen muss, wer den Totalitarismus begreifen und seine drohende Wiederkehr verhindern will. Nancy möchte den Begriff des Totalitarismus/Immanentismus nicht nur auf spezifische, im Orkus der Geschichte des 20. Jahrhunderts verschwundene »Gesellschafts- oder Herrschaftstypen« gemünzt wissen, sondern erkennt »darin zugleich den allgemeinen Horizont unserer Zeit […], der wohl auch die Demokratien samt ihrem fragilen Rechtsgerüst umschließt«.[38] All diese Typen verstehen Politik als ein Mittel, das Soziale als einen Körper hervorzubringen und zu ›bewirtschaften‹.[39] Nancy hält es keineswegs für ausgeschlossen, dass »die Dreißiger Jahre vor uns liegen«[40]; die zukünftige Rückkehr zu einer immanenten Gemeinschaft – zu einer Gemeinschaft als Körper – ist immer möglich.

Am deutlichsten sichtbar wird diese Gefahr in dem Erstarken rechtspopulistischer und rechtsextremer Parteien und Gruppierungen. Sie droht aber auch durch die uneingeschränkte, weltweite »Expansion der allgemeinen Äquivalenz«[41] – durch die (kapitalistische) Globalisierung.

Nancy möchte zeigen, dass der (globale) Kapitalismus und der Erfolg ›rechter‹ Bewegungen zusammenhängen.[42] Der Umstand, »[d]ass das Werk des Todes […] im Namen der Gemeinschaft (hier der eines selbstkonstituierten Volkes oder einer selbstkonstituierten Rasse, dort der einer selbstherausgearbeiteten Menschheit [humanité])

---

36   Ebd., S. 21 (CA 29f.).

37   Diese Formulierung nach Marcel Gauchet: Die totalitäre Erfahrung und das Denken des Politischen. In: Rödel, Ulrich (Hg.): Autonome Gesellschaft und libertäre Demokratie. Frankfurt a.M. 1990, S. 207-238.

38   Nancy: Entwerkte Gemeinschaft, S. 15 (CD 16). Balibar: Inoperative community, S. 25f., gibt Nancys Ansicht mit diesen Worten wieder: »At the roots of ›totalitarianism‹ […] is ›immanentism.‹ But immanentism is not proper to communism. In fact, the communism that ›betrays‹ the dream of emancipation is the one that ›absolutizes‹ modernity or democracy as the self-realization of the human«.

39   Vgl. Peter Gratton/Marie-Eve Morin: Introduction: Worlds without Measure. In: dies. (Hg.): The Nancy Dictionary. Edinburgh 2015, S. 1-14, 6; siehe auch Marchart: Politische Differenz, S. 100f., sowie bereits Herzhoff: Nancy und Schmitt, S. 96; 98.

40   Jean-Luc Nancy: Der Sinn der Welt. Zürich, Berlin 2014, S. 168; vgl. ebd., S. 155 (Jean-Luc Nancy: Le Sens du monde. Paris 1993, S. 187; vgl. ebd., S. 171). Dazu kritisch Liebsch: Ausgesetzte Gemeinschaft, S. 61f.

41   Nancy: Herausgeforderte Gemeinschaft, S. 10 (CA 12, Hv. i. Orig.).

42   Siehe dazu auch bereits die Einleitung der vorliegenden Arbeit.

vollbracht wurde«, habe es zwar unmöglich gemacht, »sich auf irgendeinem [...] *Gege-benen* des gemeinsamen Seins auszuruhen (Blut, Substanz, Filiation, Wesen, Ursprung, Natur, Weihe, Erwählung, organische oder mystische Identität)«.[43] Die Forderung allerdings, deshalb eine (wie Georges Bataille sagt) »communauté négative: la communauté de ceux qui n'ont pas de communauté«[44], in den Blick zu nehmen, blieb unerfüllt. Anstatt ein »*Gemeinsam-sein* [être-en-commun] jenseits des als Identität, Zustand und Subjekt gedachten Seins«[45] zu erörtern, betrieb man die Auflösung jeglicher Gemeinschaft. Für Nancy zeigt sich in aktuellen Konflikten und Kriegen,

> dass wir unfähig waren, die Rückgriffe auf kommunitäre Wesenheiten zu verhindern oder zu entmutigen, ja dass wir sie eher angestachelt haben: Wir haben die kommunitären Intensitäten, die ihr System und ihre Unterscheidungen besaßen, durch die Unterschiedslosigkeit eines weltweiten Prozesses zur Weißglut gebracht, in dem die unbegrenzte Allgemeinheit jede begrenzte Koexistenz mitzureißen scheint.[46]

Nancy spielt hier auf den globalisierten Kapitalismus an, gegen den er seit seinen Veröffentlichungen um die Jahrtausendwende – vor allem *La création du monde* ou *la mondialisation* (2002) – für die Möglichkeit einer (anderen) Welt eintrat. Eng verknüpft mit der (neo)liberalen Ide(olog)ie des Individuums, deren politische Vorherrschaft sich in den 1980er Jahren durchzusetzen begann[47], ist der globalisierte Kapitalismus die Einebnung aller Unterschiede in eine Allgemeinheit, die keine Grenzen mehr (aner)kennt.[48] Mit ihm entsteht eine neue Form des Totalitarismus/Immanentismus, eine »Einheitsto-

---

43   Nancy: Cum, S. 141f., Hv. i. Orig. (C 115, Hv. i. Orig.).

44   Georges Bataille: Post-scriptum 1953. In: ders.: Œuvres complètes V. La somme athéologique. Tome I. L'expérience intérieure. Méthode de méditation. Post-scriptum 1953. Le coupable. L'alleluiah. Paris 1973, S. 229-234 u. S. 482-492, 483: »Revoir en particulier l'absence de communauté et insister sur l'idée de communauté négative: la communauté de ceux qui n'ont pas de communauté.« (Es handelt sich um das geplante Vorwort zu einer Neuauflage von Batailles *L'expérience intérieure*.) Trautmann: Partage, S. 71f., sieht in der Idee einer ›negativen Gemeinschaft‹ einen Ansatzpunkt dafür, das Konzept staatlicher Gemeinschaft und (nur) staatsbürgerlicher Rechte zu überdenken.

45   Nancy: Cum, S. 142, Hv. i. Orig. (C 115f.).

46   Ebd., S. 142 (C 116). Ähnlich argumentiert Morin: Brüderliche Gemeinschaft, S. 19: »Die Globalisierung, weit davon entfernt, Gemeinschaften gelöscht zu haben, scheint das Bedürfnis nach Zugehörigkeit mit ihren hässlichsten Gesichtern – Nationalismus, Rassenhass – zu verschärfen«.

47   Vgl. Rosa et al.: Theorien der Gemeinschaft, S. 158; zur neoliberalen Hegemonie Oliver Marchart: Die Prekarisierungsgesellschaft. Prekäre Proteste. Politik und Ökonomie im Zeichen der Prekarisierung. Bielefeld 2013, S. 107ff.

48   Alain Badiou betont in einem Gespräch mit Marcel Gauchet die Verbindung von Individualismus und Kapitalismus: »Der Liberalismus, das heißt die Doktrin, dass es nur Individuen gibt, ist von Beginn an nichts anderes als die theoretische Basis der Denker des Kapitalismus. Der Kapitalismus braucht [...] eine derartige anthropologische Auffassung. Nichts ist ihm wichtiger als diese Sichtweise, in der sich souveräne Individuen dank der wunderbaren Einwirkung der unsichtbaren Hand vertragen... Der Kapitalismus selbst lässt uns ins Zeitalter der Individuen eintreten«. (Alain Badiou/ Marcel Gauchet: Was tun? Dialog über den Kommunismus, den Kapitalismus und die Zukunft der Demokratie. Moderiert von Martin Duru und Martin Legros [Hg. Engelmann, Peter]. Wien 2016, S. 117f.)

talität [unitotalité]«[49], in der Pluralität insofern getilgt ist, als alles gleich viel wert ist –
also nichts mehr Wert hat.[50] Wie in den ›klassischen‹ Totalitarismen verbirgt sich darin
die Idee der Gemeinschaft als identisch mit sich selbst.[51] Der Kapitalismus gehe davon
aus: »Der Wert *ist* in der Gleichwertigkeit«[52], was die unmessbare, absolute Besonderheit oder Ungleichwertigkeit der Einzelnen leugne.[53] Der Kapitalismus ist eine Ent-
wertungsmethode. Der totalitären Gleichwertigkeitsannahme des Kapitalismus – dem
»kapitalistischen Kommunismus«[54] – setzt Nancy entgegen, was er in *L'Équivalence des
catastrophes* einen »Kommunismus der Ungleichwertigkeit« nennt: Eine »Gleichheit [...]
der absolut und irreduzibel Besonderen, die weder Individuen noch soziale Gruppen
sind, sondern Auftauchende [surgissements], Kommende und Gehende, Stimmen, Töne – hier und jetzt, Mal für Mal«.[55]

Die Geschichte ist nicht vorbei

Nancys Warnung vor einem Rückfall in die Dreißigerjahre ist zu verstehen als Zweifel an der »triumphale[n] Rückkehr«[56] der Demokratie nach dem Zweiten Weltkrieg,
wie sie etwa die fortschreitende Entkolonialisierung, Forderungen nach sozialer Gerechtigkeit oder die zunehmende Geltung von Rechtsstaatlichkeit und Menschenrechten zu belegen schienen.[57] Die Selbstgewissheit der Demokratie habe dazu geführt,
die Gründe für das Entstehen der Totalitarismen in einem Außen der Demokratie zu
suchen. Dadurch konnte die Demokratie als erfolgreicher Konterpart zu den Totalitarismen auftreten. Dies blendete aus, »dass die großen politischen Katastrophen der
Mitte des Jahrhunderts nicht als unerklärliches plötzliches Auftauchen von Dämonen
geschahen«.[58] Vielmehr hatten sie Nancy zufolge ihren Grund in »der Unangemessenheit der repräsentativen, formellen, bürgerlichen Demokratie gegenüber ihrer eigenen
Idee«.[59] Die Demokratie sei unfähig gewesen, der durch sie entstandenen gesellschaft-

---

49   Jean-Luc Nancy: Die Erschaffung der Welt oder Die Globalisierung. Zürich, Berlin 2003, S. 63 (Jean-
      Luc Nancy: La création du monde ou la mondialisation. Paris 2002, S. 72).

50   Vgl. hierzu und für den Rest des Absatzes Ellison: General equivalence, S. 99; 100.

51   Jane Hiddleston: Art. ›Globalisation‹. In: Gratton, Peter/Morin, Marie-Eve (Hg.): The Nancy Dic-
      tionary. Edinburgh 2015, S. 101-103, 101, Hv. i. Orig., formuliert in diesem Sinne: »The totalisation
      performed by the movement of *globalisation* turns in on itself, [...] and it interrupts relationality
      and prevents sharing.«

52   Jean-Luc Nancy: Wahrheit der Demokratie. In: ders.: Wahrheit der Demokratie (Hg. Engelmann,
      Peter). Wien 2009, S. 11-70, 51f., Hv. i. Orig. (Jean-Luc Nancy: Vérité de la démocratie. Paris 2008,
      S. 45, Hv. i. Orig.).

53   Vgl. ebd., S. 53 (VD 46f.). Dies eint nach Ansicht Nancys Kapitalismus und Demokratie: Für beide
      gelte, dass sie »den Wert der Gleichwertigkeit teilen und das Unvergleichliche oder Inkommen-
      surable gleichermaßen übergehen«. (Trautmann: Nichtmitmachen, S. 196, Anm. 56)

54   Nancy: Literarischer Kommunismus, S. 158 (CL 185).

55   Nancy: Äquivalenz der Katastrophen, S. 59 (EC 69).

56   Nancy: Wahrheit der Demokratie, S. 17 (VD 13).

57   Vgl. ebd., S. 15 (VD 11). Die Ausführungen in diesem Absatz folgen Morin: Nancy, S. 115f.

58   Nancy: Wahrheit der Demokratie, S. 23 (VD 19); vgl. ebd. Ähnlich Nancy: Reste inavouable, S. 157,
      wo er mit Blick auf die Totalitarismen spricht von »la certitude quelque peu somnambulique
      d'avoir terrassé un monstre sans vraiment nous demander plus avant d'où ce monstre avait pu
      sortir«.

59   Nancy: Wahrheit der Demokratie, S. 21 (VD 17f.).

lichen »Pluralität [...] Sinn zu geben«.[60] Dies habe dazu geführt, dass die Demokratie zwar »als das geringste Übel« galt, aber gleichwohl wahrgenommen wurde »als Trägerin, sei es der Lüge der Ausbeutung, sei es jener der Mittelmäßigkeit«.[61] Morin resümiert: »If democracy is part of the problem, then it is not enough to defend it; it must be *reinvented*.«[62] Dies trifft in gleichem Maße auf die Gemeinschaft zu.

Anstatt der gebotenen Auseinandersetzung mit den Entstehungsgründen der Totalitarismen beobachtet Nancy eine postmoderne Gleichgültigkeit.[63] 1979, vier Jahre vor der Publikation von Nancys Aufsatz *La communauté désœuvrée*, hatte Jean-François Lyotard das Ende der »große[n] Erzählung[en]«[64] behauptet. Meinte dies nur das Ende von »politischen Weltanschauungen« und das Ende der »metaphysische[n] Gründungsgeste der Philosophie«[65], hätte Nancy gegen diese These kaum Einwände. Lyotard betont aber die klaglose Hinnahme des Verlustes: »Die Sehnsucht nach der verlorenen Erzählung ist für den Großteil der Menschen selbst verloren.«[66] Dieser Verlust impliziert jenes unbeteiligte Schulterzucken, das Nancy in Bezug auf das Ende des Kommunismus erkennen will. Dieses Ende falle zusammen mit dem Begriff der Postmoderne.

> »Postmodern« meinte ein gespanntes, von Angst und Fröhlichkeit durchsetztes Verhältnis zu einer allgemein gewordenen Nicht-Darstellung: alles, was Sinn, Grund oder Wahrheit stiften konnte, blieb undargestellt. In erster Linie betraf dies natürlich jede Form von gemeinschaftlicher Substanz, sei sie nun als Subjekt der Menschheitsgeschichte oder als Subjekt des politischen Körpers verstanden. Mithin jede Form von Kommunismus. Nichts verdeutlicht wohl besser das »Postmoderne« als all die vielfältigen, überall sichtbaren Figuren des »Endes des Kommunismus«. Das Ende jeder Gemeinschaft, ob als Subjekt oder als Organismus, und jeglicher Form von »Rousseauismus«.[67]

Nancy schreibt dies während des Ersten Irakkriegs (1990/91) und macht auf die Gefahren aufmerksam, die übersieht, wer allzu rasch das Ende von Kommunismus und Gemeinschaft verkündet. Nicht zuletzt Fragen, die die Gemeinschaft betrafen, hätten den

---

60   Nancy: Demokratie und Gemeinschaft, S. 78; vgl. ebd., S. 77f.

61   Nancy: Wahrheit der Demokratie, S. 22 (VD 18).

62   Morin: Nancy, S. 115, Hv. i. Orig. Siehe dazu den Unterabschnitt *Wahre Demokratie* in Abschnitt I.3.3.3.

63   Dieser und der folgende Absatz übernimmt Elemente aus dem Abschnitt *Postmoderne Utopiekritik* meiner Master-Thesis *»Aber etwas fehlt«. Über das utopische Potential der Literatur am Beispiel von Nicolas Born*.

64   Jean-François Lyotard: Das postmoderne Wissen. Ein Bericht [1979] (Hg. Engelmann, Peter). Vollst. überarb. Fassung. Graz, Wien 1986, S. 13. Gemeint sind »die Dialektik des Geistes, die Hermeneutik des Sinns, die Emanzipation des vernünftigen oder arbeitenden Subjekts«. (Ebd.)

65   Bedorf: Das Politische und die Politik, S. 14. Jean-François Lyotard: Randbemerkungen zu den Erzählungen. In: Engelmann, Peter (Hg.): Postmoderne und Dekonstruktion. Texte französischer Philosophen der Gegenwart. Stuttgart 2007, S. 49-53, 51, möchte unter einer ›großen Erzählung‹, die er auch »Metaerzählung« nennt, eine Erzählung »mit legitimierender Funktion« verstanden wissen.

66   Lyotard: Postmodernes Wissen, S. 122. Rotermundt: Ende der Geschichte, S. 136, resümiert die postmoderne Stoßrichtung so: »Der Legitimationsverlust wird [...] nicht betrauert, sondern als Befreiung gefeiert«.

67   Nancy: Das gemeinsame Erscheinen, S. 167 (CP 53).

Grund für den Golfkrieg geliefert: »quelle ›communauté arabe‹? quelle ›israélienne‹? quelle entre les deux«?[68]

Damit verweist Nancy auf die Problematik der (postmodernen) Verabschiedung der Gemeinschaft[69]: Zwar hat die Postmoderne Recht damit, die Idee einer mit »Zwang und Terror« einhergehenden »Ganzheit« hinter sich zu lassen und an die Stelle von »Einheitsobsessionen«, wie es Wolfgang Welsch formuliert, die »Schätzung des Differenten und Heterogenen«[70] zu setzen. Zu kritisieren ist aber, wenn diese ›Schätzung‹ hinausläuft auf das »kakophonische Tralala«[71] einer einseitigen Feier von »Pluralität«, dem »Herzwort der Postmoderne«.[72] Wird Pluralität für »radikal«, das heißt: »für ununterlaufbar und unüberbietbar«[73] genommen, droht sie selbst totalitär zu werden.[74] Es genügt nicht, das ›Ende jeder Gemeinschaft‹ (oder jeder Ganzheit) zu verkünden; man muss die Frage der Gemeinschaft als Frage ernst nehmen und angehen.[75]

Dies hieße auch, den real existierenden Kommunismus nicht als Lapsus und Verblendung abzutun. »Als ob ein einziger Irrtum, ein ganz einfacher, simpler und dummer Irrtum solch eine beherrschende, richtungsweisende, mobilisierende Wirkung haben könnte.«[76] Neben der Frage, wieso der Kommunismus entstehen konnte, sei die Fraglosigkeit fraglich, mit der man sein Scheitern hinzunehmen bereit ist und darauf verzichtet, über das Geschehene nachzudenken.[77]

Nichts anderes treffe auf Faschismus und Nationalsozialismus zu; auch sie waren, »ihrer Ideologie nach, im weitesten Sinn Abarten des ›Kommunismus‹«.[78] Die Weige-

---

68   Jean-Luc Nancy: Notes pour l'avant-propos. In: Bailly, Jean-Christophe/ders.: La comparution [1991]. Paris 2007, S. 27-35, 34.

69   Ich folge in diesem Absatz Rotermundt: Ende der Geschichte, S. 138ff.

70   Wolfgang Welsch: Einleitung. In: ders. (Hg.): Wege aus der Moderne. Schlüsseltexte der Postmoderne-Diskussion. Weinheim 1988, S. 1-43, 12.

71   Paolo Virno: Grammatik der Multitude. Untersuchungen zu gegenwärtigen Lebensformen. Berlin 2005, S. 13.

72   Welsch: Einleitung, S. 13.

73   Ebd., S. 14.

74   Rotermundt: Ende der Geschichte, S. 141: »Der […] antitotalitäre Impetus verkehrt sich […] in sein Gegenteil. Denn jegliches Ganzes als Partikularität zu verwerfen, impliziert […] die Behauptung, ein nicht-partikulares Ganzes gebe es nicht. Damit jedoch wird die Partikularität als solche zum Absoluten erklärt!«

75   Virno: Grammatik der Multitude, S. 13, betont, man müsse die »Form des Einen« neu bestimmen und nicht jegliche Suche danach abstellen. Howard: French rhetoric and political reality, S. 336, merkt an, dass man von der berechtigten Kritik an einer »subsumption of the particular under a universal cause«, durch die »uniqueness of the particular claim« vernichtet werde, nicht darauf schließen dürfe, »that particularity is somehow good in itself. The universality of particularism, atomism, becomes anomie, the loss of the social, and the impossibility of politics.«

76   Nancy: Das gemeinsame Erscheinen, S. 173 (CP 63).

77   Vgl. ebd. (CP 64).

78   Ebd. Die Bedeutung der Shoah für Nancys Neudenken der Gemeinschaft betont Jeffrey S[cott] Librett: Art. ›Shoah‹. In: Gratton, Peter/Morin, Marie-Eve (Hg.): The Nancy Dictionary. Edinburgh 2015, S. 218-220, 218.

rung, das im Nationalsozialismus und Faschismus Geschehene begreifen zu wollen, tritt in zwei Formen auf.[79]

Zum einen als (moralische) Empörung über verschiedene ›Affären‹ und ›Fälle‹. In den Sinn kommen etwa die in Frankreich durch Victor Farías' Buch *Heidegger et le nazisme* (1987) ausgelöste Heidegger-Affäre, die vor allem amerikanische Debatte um Veröffentlichungen Paul de Mans aus den 1940er Jahren, zudem die Frage nach möglichen Sympathien für den Nationalsozialismus bei Maurice Blanchot.[80] Die Verstrickungen Heideggers, de Mans und Blanchots führen vor Augen, dass die Faschismen, wie Nancy meint, ihren Grund in einem – bis heute andauernden – Ungenügen (an) der als schwach empfundenen Demokratie hatten.[81] »Dieses Unbehagen [malaise] begann genau in den 1980er Jahren spürbar zu werden, jenen also, in denen die vermeintlich denunziatorischen Enthüllungen bezüglich der extrem rechten bzw. faschistoiden Orientierungen gewisser notorisch ›linker‹ Intellektueller aufgetaucht sind.«[82] Nancy zufolge wurde damals »die Notwendigkeit einer äußerst umfassenden Befragung über den Sinn der Politik«[83] deutlich – ein Unterfangen, dem er selbst sich am *Centre de recherches philosophiques sur le politique* ausführlich widmete.[84] Denn Denunziationen allein lösen keinesfalls das »Problem«[85], das Heidegger, de Man oder Blanchot aufgeben: Wieso begaben sie sich »in die Arme der Lemuren«?[86]

Die andere Form, dieser Frage auszuweichen, stellt der Versuch dar, die Shoah durch mediale Vermittlung, die Züge einer regelrechten »›Auschwitz-Kultur‹«[87] annehmen kann, zum Verschwinden zu bringen.[88] Die Shoah wird dadurch zu einem nega-

---

79 Instruktiv für die nachstehenden Ausführungen war Baranowski: Simon Srebnik kehrt nach Chełmno zurück, S. 61ff.; 285ff.; dort auch der Hinweis auf die in der folgenden Anmerkung zitierte Arbeit von Milchman/Rosenberg.

80 Siehe zu diesen (und weiteren) ›Fällen‹ etwa Alan Milchman/Alan Rosenberg: Postmodernism and the Holocaust. In: dies. (Hg.): Postmodernism and the Holocaust. Amsterdam, Atlanta 1998, S. 1-21, 4ff., sowie zu Heidegger und de Man auch Benoît Peeters: Derrida. Eine Biographie. Berlin 2013, S. 542ff. Nancy äußert sich zur Heidegger-Affäre etwa in Nancy: Philosophische Chroniken, S. 35ff. (CHP 37ff.), sowie Jean-Luc Nancy: Heideggers Banalität. In: Trawny, Peter/Mitchell, Andrew J[ohn] (Hg.): Heidegger, die Juden, noch einmal. Frankfurt a.M. 2015, S. 11-42 (Jean-Luc Nancy: Banalité de Heidegger. Paris 2015).

81 Vgl. Nancy: Vorwort (Maurice Blanchot), S. 18 (PP 20f.).

82 Ebd. (PP 21).

83 Ebd., S. 19 (PP 23).

84 Vgl. ebd.

85 So Jacob Taubes über Carl Schmitt und Martin Heidegger: »Daß beide: C.S. und M.H. die nationalsozialistische ›Revolution‹ begrüßt, ja ›mitgemacht‹ haben, ist für mich noch immer ein Problem, das ich mit Schlagworten wie: niedrig, schweinisch etc. nicht niederschlagen kann.« (Jacob Taubes: Brief an Armin Mohler [vom 14. Februar 1952]. In: ders.: Ad Carl Schmitt. Gegenstrebige Fügung [Hg. Gente, Peter]. Berlin 1987, S. 31-35, 31)

86 Ebd.; siehe zum vorangegangenen Absatz bereits Herzhoff: Nancy und Schmitt, S. 82.

87 Jean-Luc Nancy: Un Souffle/Ein Hauch. In: Berg, Nicolas/Jochimsen, Jess/Stiegler, Bernd (Hg.): Shoah – Formen der Erinnerung. Geschichte, Philosophie, Literatur, Kunst. München 1996, S. 122-129, 123. (Wie der doppelte Titel andeutet, sind die deutsche und französische Fassung nebeneinander abgedruckt.)

88 Ich folge im Weiteren den (vor allem mit Blick auf Nancys *Un Souffle/Ein Hauch*) erhellenden Ausführungen von Baranowski: Simon Srebnik kehrt nach Chełmno zurück, S. 285ff.

tivem Mythos stilisiert, einem (nicht zuletzt wegen seiner ständigen Präsenz) der Auseinandersetzung entzogenen »Unsag- und Undenkbaren«.[89] Davon sich abgrenzend, nennt Nancy die Shoah einen Hauch (*souffle*): Ein Hauch sei »[d]as Zwischen von Ausatmen und Einatmen«; ein Laut, der angesichts der »›totalitäre[n]‹ Präsenz« von ›Auschwitz‹ »nicht wirklich spricht«.[90] Und doch verbannt er das Geschehene nicht in eine (und sei es beredte) Unsagbarkeit. Der Hauch beunruhigt, da er, fragil, allen allzu groben Vereinfachungen widersteht. Als Hauch verstanden, lässt sich aus der Shoah keine (moralische, politische) Lehre ziehen, lässt sich mit ihr kein Fortschritt erzielen.[91]

Rasch enttarnt sich ein solcher Fortschrittsglaube als der Aberglaube, man stehe selbst auf der Seite der/des unbeirrbar Guten und könne jene (moralisch) aburteilen, die fehlgegangen sind.[92] Was aber, fragt Nancy, »if it must be averred that faults were committed in the name of the same principles as our own, or as the result of a blurring or aberration to which those principles themselves were susceptible«?[93] Und er fährt fort:

> Who is not aware that the various humanisms, that values, morals, and democracies, have not escaped undamaged from the fascist outburst or from its collapse? They haven't escaped undamaged because they were not undamaged from the outset. And they weren't because they were products of the *same* history and had something of the nature of ideology.[94]

---

89   Ebd., S. 291; vgl. ebd. Wie Giorgio Agamben: Was von Auschwitz bleibt. Das Archiv und der Zeuge (Homo sacer III). Frankfurt a.M. 2003, S. 29, zuspitzt, bedeute die Rede von der Undenk-/ Unsagbarkeit Auschwitz' nicht nur, »es schweigend anzubeten [...], zu seinem Ruhm beizutragen«. Man fördere das Vorhaben der Nazis, jedes Zeugnis von und aus Auschwitz zu vernichten. (Vgl. ebd., S. 137) Siehe zu diesen Bemühungen sowie allgemein zur Frage der (Un)Darstellbarkeit von Auschwitz Georges Didi-Huberman: Bilder trotz allem. München 2007, S. 35ff. Nancy setzt sich, wie Baranowski: Simon Srebnik kehrt nach Chełmno zurück, S. 286, Anm. 706, vermerkt, mit der Frage, ob die Shoah darstellbar sei oder nicht, in *Das Darstellungsverbot*. In: ders.: Am Grund der Bilder. Zürich, Berlin 2006, S. 51-89 (Jean-Luc Nancy: La représentation interdite. In: ders.: Au fond des images. Paris 2003, S. 57-99), auseinander. Siehe dazu etwa die kurzen Ausführungen bei Librett: Shoah, S. 219f., sowie eingehender Andrew Benjamin: Forbidding, Knowing, Continuing. On Representing the Shoah. In: Gratton, Peter/Morin, Marie-Eve (Hg.): Jean-Luc Nancy and Plural Thinking. Expositions of World, Ontology, Politics, and Sense. Albany 2012, S. 213-226.

90   Nancy: Un Souffle/Ein Hauch, S. 125.

91   Vgl. ebd., S. 129.

92   Vgl. Jean-Luc Nancy: Our History. In: Diacritics 20 (1990), H. 3, S. 97-115, 106f. (Nancy diskutiert in *Our History* zwei Bände, die Paul de Mans journalistische Arbeiten aus den Jahren 1939-1943 sowie Kommentare hierzu sammeln.) Siehe zu *Our History* auch Baranowski: Simon Srebnik kehrt nach Chełmno zurück, S. 306ff., dessen Ausführungen zu meinem Verständnis der Argumente Nancys wesentlich beigetragen haben.

93   Nancy: Our history, S. 107.

94   Ebd., S. 112, Hv. i. Orig. Milchman/Rosenberg: Postmodernism and the holocaust, S. 4, halten diese Überlegungen Nancys für typisch für die (nach etwa Derrida, Foucault oder Lyotard) ›zweite Generation‹ der als postmodern gelabelten Denker*innen. »However different their particular understanding of the Holocaust, and its impact, what all these second generation postmodernist thinkers share is an insistence on the transformative character of Auschwitz, its linkage to the developmental trajectory of modernity, its repeatability, and therefore its potentially lethal im-

Mit Jacques Derrida lässt sich im Sinne Nancys festhalten: »Die Verurteilung des Nazismus, welcher Konsens hierzu auch bestehen mag, ist noch kein Denken über den Nazismus. [...] Schließlich ist der Nazismus in Deutschland oder Europa nicht wie ein Pilz aus der Erde geschossen.«[95] Man müsse »die dem Nazismus und Anti-Nazismus gemeinsamen Stränge«[96] anerkennen.

Wie über den ›Nazismus‹ nachdenken? Unsere Epoche, antwortet Nancy, habe »die ›kommunistische Frage‹«[97] aufgeworfen, und diese Frage, die Frage danach also, welche Gemeinschaftsvorstellung unsere Epoche geprägt hat und vielleicht noch immer prägt, müsse man zu beantworten versuchen. Die ›kommunistische Frage‹ fragt nach dem Grund von Faschismus und Kommunismus und verrät zugleich die Richtung, in der eine mögliche Antwort liegt. Hervorgetrieben sind beide Totalitarismen (bei aller Verschiedenheit) aus einem bestimmten Denken der Gemeinschaft – der Gemeinschaft, so wird sich zeigen, als einem gegebenen gemeinsamen Sein.

Nancy fordert »a deconstruction of our history«.[98] Etwas zu dekonstruieren meine nicht, es zu zerstören, sondern bedeute, eine Konstruktion sich selbst auszusetzen und so in einen Abstand zu sich selbst, zu der eigenen (identitären) Verfestigung zu rücken.[99] In diesem Sinne müsse man etwa gewärtigen, dass die mit den Ideen z.B. von ›Gesundheit‹ und ›Volk‹ verbundenen Vorstellungen von einer ›geistigen Revolution‹ oder einer ›Erneuerung des Westens‹ in den 1920er und 1930er Jahre[100] eng mit der abendländischen Geschichte verbunden gewesen seien.

> Did not the West begin by being, simultaneously, the acknowledgment of its own decline and the demand for its own renewal? [...] I do not want to force things or oversimplify. I especially do not want to do so by restricting this schema to the West; [...] it may be a schema not of all cultures but of those we call »civilizations,« those, no doubt, that comprise the representation of their self-engendering, the production of their own identification, and the will to be origin and end to themselves.[101]

---

plications for our present and future.« Siehe zur Debatte über das Verhältnis von Postmoderne/ Dekonstruktion und Shoah Baranowski: Simon Srebnik kehrt nach Chełmno zurück, S. 61ff.

95   Jacques Derrida: Heidegger, die Hölle der Philosophen [Gespräch mit Didier Eribon]. In: ders.: Auslassungspunkte. Gespräche (Hg. Engelmann, Peter). Wien 1998, S. 193-202, 196f.; siehe auch Jacques Derrida: Vom Geist. Heidegger und die Frage. Frankfurt a.M. 1992, S. 127f. Rotermundt: Staat und Politik, S. 131, gibt zu bedenken, man verkenne durch eine lediglich moralische Diskreditierung »das im Nationalsozialismus enthaltene kritische Potential« – was keine Rechtfertigung der »Barbarei« bedeute, sondern »die Gegenwärtigkeit ihres Drohens« zeige.

96   Derrida: Hölle der Philosophen, S. 197.

97   Nancy: Das gemeinsame Erscheinen, S. 174 (CP 65).

98   Nancy: Our history, S. 102. Im folgenden Absatz äußere ich mich etwas ausführlicher zu dem, was ich in Herzhoff: Nancy und Schmitt, S. 82f., mit besonderem Fokus auf Carl Schmitt bereits angedeutet habe.

99   Nancy: Our history, S. 104, Hv. i. Orig.: »The word *deconstruction* [...] brings to light [...] the ›positivity‹ of *Destruktion*. Obviously, to ›deconstruct‹ is not to ›destroy.‹ It is rather to dismantle the structure and illustrate the play in the assemblage, as such. It is to present, to expose the construction to itself. It is therefore [...] to place it at a distance from its own immediate cohesion, from its simple identity, from its own sedimentation and self-assurance.«

100 Vgl. ebd., S. 107.

101 Ebd., S. 108.

Folgt man dieser Diagnose, sind die Totalitarismen keine jähen, unerklärlichen Einbrüche eines Irrationalen mehr. Es zeichnet sich ab, dass Faschismus und Kommunismus, so Nancy und Lacoue-Labarthe mit Blick auf den Nationalsozialismus, »eine spezifische Logik«[102] haben, die

> zu den Dispositionen des Abendlandes [...] und genauer zu der grundsätzlichen Disposition des Subjekts im metaphysischen Sinne des Wortes gehört. Der Nazismus resümiert nicht das Abendland, und er ist auch nicht dessen notwendiges Endergebnis. Aber es ist auch nicht möglich, ihn einfach als eine Abirrung und ebensowenig als eine lediglich vergangene Abirrung zu verwerfen. Das bequeme Vertrauen in die Sicherheiten der Moral und der Demokratie garantiert nicht nur nichts, sondern setzt auch dem Risiko aus, das nicht kommen oder wiederkommen zu sehen, dessen Möglichkeit nicht einem bloßen Unfall der Geschichte zuzuschreiben ist. Eine Analyse des Nazismus darf niemals als eine schlichte Anklageschrift betrachtet werden, sondern vielmehr als ein Stück einer allgemeinen Dekonstruktion der Geschichte, aus der wir herkommen.[103]

Nancys Nachdenken über die Gemeinschaft trägt zu der von ihm angemahnten ›Dekonstruktion unserer Geschichte‹ bei.[104] In der Gemeinschaft setzt sich das abendländische (metaphysische) Subjektdenken ins Werk. Die Gemeinschaft als Subjekt zu denken, heißt anzunehmen, die Gemeinschaft besäße eine ihr immanente Identität, die politisch – als ein Werk der Politik – verwirklicht werden müsse.[105] Es gilt nun zu zeigen, wie und mit welchen Folgen das metaphysische Subjekt[106] im bisherigen Denken der Gemeinschaft vorwaltet, und ob Nancys Entwurf einer ›entwerkten‹ Gemeinschaft gegen den Sirenengesang des (totalitären) Gemeinschaftsdenkens wirkt.

---

102   Nancy/Lacoue-Labarthe: Nazi-Mythos, S. 190 (MN 67).

103   Ebd.; vgl. Baranowski: Simon Srebnik kehrt nach Chełmno zurück, S. 306; 308f., siehe auch Morin: Nancy, S. 91.

104   Benjamin: Forbidding, knowing, continuing, S. 220, sieht Nancys Denken als Versuch, nach der Shoah zu philosophieren: »Indeed, it is possible to argue that Nancy's own project is an instance of the way that philosophy is able to continue after the Shoah. That continuity necessitates that what occurs within the philosophical, as the philosophical, is a transformation in which the Shoah is at the same time an event for philosophy, although it is equally an event whose possibility is inextricably bound up with philosophy's own history.« Und ebd., S. 221: »Philosophy after the Shoah works with the recognition of philosophy's already present implication in that event.«

105   Vgl. Norris: Nancy on the political, S. 900f.

106   Eine Definition dieses Subjekts findet sich beispielsweise bei Morin: Nancy, S. 29: »The subject is for itself; it folds into itself all exteriority and appropriates all otherness for itself [...]. The subject [...] is always that which remains the same across all alterations, that which always tends toward the stasis of self-identity.«

1. Die Gemeinschaft, das Politische

Für Nancy hat »*Kommunismus* [...] mehr als und etwas anderes als eine politische Bedeutung«[1]; er ist vor allem ontologisch zu verstehen. Das macht ihn politisch nicht bedeutungslos, verbietet es aber, ihn mit einem (partei)politischen Programm oder Ideal gleichzusetzen. Was Nancy ›Kommunismus‹ nennt, verschaffe der Politik »eine absolute Voraussetzung« und ermögliche ihr, »den gemeinsamen Raum gegenüber dem Gemeinsamen selbst zu öffnen [...], ohne die politische Leistung des Gemeinsamen selbst oder einen Versuch, es in eine Substanz zu verwandeln, zu erlauben. *Kommunismus* ist ein Prinzip der Aktivierung und Limitierung von Politik.«[2]

Der Kommunismus aktiviert Politik: Weil wahr ist, dass es »kein Zur-Welt-Kommen [gibt], das nicht grundsätzlich *gemeinsam* wäre«[3], kann die Politik einen Raum eröffnen, in dem sich das Gemeinsame ereignet. Das Ins-Spiel-Bringen der Gemeinschaft, das Nancy zufolge das Politische ist[4], macht den Kommunismus zugleich zu einem Prinzip der Begrenzung von Politik: Diese darf das Gemeinsame nicht bestimmen und damit das Spiel des Gemeinsamen beenden (wollen). Das Politische ist vielmehr ein Aufs-Spiel-Setzen dessen, was es bedeutet, gemeinsam zu sein. Es ist »the site where what it means to *be* in common is open to definition«.[5] Zwar gilt, wie Nancy formuliert: »Die ›Gemeinschaft‹ ist uns gegeben, das heißt, uns ist ein ›wir‹ gegeben, ehe wir ein ›wir‹ artikulieren oder gar rechtfertigen können«.[6] Dieses gegebene »Sein in der Gemeinschaft [être-en-commun]« ist allerdings »nichts ›Gegebenes‹. Das, was mit ihm

---

1   Nancy: Kommunismus, S. 184, Hv. i. Orig. (CM 204, Hv. i. Orig., wo es heißt: »signification sociale et politique«).

2   Ebd., S. 186, Hv. i. Orig. (CM 208, Hv. i. Orig.); siehe hierzu und zum nächsten Absatz kurz McDow: Communism, S. 49, sowie auch bereits die Ausführungen in meinem Aufsatz Herzhoff: Nancy und Schmitt, S. 110f.

3   Nancy: Das gemeinsame Erscheinen, S. 170, Hv. i. Orig. (CP 57f.).

4   Vgl. Nancy: Preface, S. xxxvii.

5   Christopher Fynsk: Foreword. Experiences of Finitude. In: Nancy, Jean-Luc: The Inoperative Community (Hg. Connor, Peter). Minneapolis, Oxford 1991, S. vii-xxxv, x, Hv. i. Orig.

6   Nancy: Herausgeforderte Gemeinschaft, S. 38 (in der mir vorliegenden Ausgabe von *La Communauté affrontée* [2001] ist der Abschnitt mit diesem Zitat nicht enthalten).

gegeben ist, geht jedem ›Gegebenen‹ voraus und über es hinaus«.[7] In Richtung einer »detotalisation«[8] überschreitet es vor allem jeden totalisierenden politischen Bestimmungsversuch des Gemeinsamen.

> Certes, la politique est le lieu d'un »en-commun« en tant que tel – mais seulement sur le mode de l'incommensurabilité maintenue ouverte [...]. Elle ne subsume l'»en-commun« sous aucune espèce d'union, de communauté, de sujet ni d'épiphanie. Tout ce qui est du »commun« n'est pas politique, et ce qui est politique n'est pas en tout »commun«. [...] La politique doit se comprendre désormais comme le lieu spécifique de l'articulation d'une non-unité – et de symbolisation d'une non-figure.[9]

Die Wendung vom Kommunismus als Aktivierungs- und Limitierungsprinzip der Politik führt unter der Hand eine »politische Differenz«[10] ein: die Unterscheidung zwischen der Politik (la politique) und dem Politischen (le politique). Die Politik ist in einer ersten Annäherung als das zu verstehen, was von einer Bestimmung des Gemeinsamen – einem bestimmten Gemeinsamen – ausgeht oder sich zum Ziel setzt. In der Politik hat man es mit »order and administration«[11] des Gemeinsamen zu tun; hier geht es um »das Ensemble von Praktiken und Institutionen, deren Ziel die Organisation der menschlichen Koexistenz ist«.[12] Le politique hingegen ist der Ort des substantiell unbestimmten/unbestimmbaren Gemeinsamen; der Ort dessen, was nicht auf eine erschöpfende Bestimmung des Gemeinsamen – ein ›Alles ist politisch‹ – zielt.[13]

Häufig wird Nancy als Denker des Politischen rezipiert.[14] Die Stränge seines Werks laufen aber nicht in der Frage nach dem Politischen zusammen, sondern in dem Versuch, eine Antwort auf die Frage zu finden, was es heißt, gemeinsam zu sein, was Gemeinsam-Sein ist. Viel eher ist deshalb Nancys Ontologie des (singulär pluralen) Mit-Seins »the most elementary level of his thought«.[15] Dennoch wäre es nicht falsch oder allzu bemüht, Nancy (auch) als einen Denker des Politischen zu bezeichnen. Im Gegenteil wird sich zeigen, dass die Frage nach der Gemeinschaft für Nancy im Zusammenhang mit seiner Suche nach der Essenz des Politischen auftaucht; sie geht also mit dem Bestreben einher, eine neue Bestimmung der Politik zu finden.

Können wir nicht davon absehen, »dass die Politik selbst, ihr Begriff und ihr gesellschaftliches Dasein, einer grundlegenden Befragung unterworfen ist«[16], so darf Nancy

---

7   Nancy: Das gemeinsame Erscheinen, S. 176 (CP 69f.).

8   Madeleine Fagan: Ethics and Politics after Poststructuralism. Levinas, Derrida and Nancy. Edinburgh 2013, S. 111.

9   Jean-Luc Nancy: Tout est-il politique? (simple note). In: Actuel Marx 28 (2000), H. 2, S. 77-82, 82.

10   Nach Oliver Marcharts Arbeit über Die politische Differenz.

11   Nancy: Preface, S. xxxvi.

12   Chantal Mouffe: Agonistik. Die Welt politisch denken. Berlin 2014, S. 12.

13   Siehe zu dieser Differenz vor allem den Unterabschnitt Das Philosophische und die Philosophie, das Politische und die Politik in Abschnitt I.1.2, sowie bereits Marchart: Politische Differenz, S. 96ff.

14   Dies stellt etwa James: Fragmentary demand, S. 153, fest.

15   Oliver Marchart: Being With Against: Jean-Luc Nancy on Justice, Politics and the Democratic Horizon. In: Hutchens, Benjamin C. (Hg.): Jean-Luc Nancy. Justice, Legality and World. London, New York 2012, S. 172-185, 182; so auch die Einschätzung von Morin: Nancy, S. 2; 21.

16   Nancy: Vorwort (Maurice Blanchot), S. 23 (PP 28).

(wenn auch nicht er alleine) sich anrechnen, diese bis in die Gegenwart andauernde Befragung zu einer Sache der Philosophie gemacht und ihr einen institutionellen Rahmen gegeben zu haben: Zu einem Topos der aktuellen Philosophie wurde die »Befragung über den Sinn der Politik (oder ›des Politischen‹ [...], um den Akzent auf das Problem eines Begriffs oder eines Wesens zu setzen)«[17] vor allem durch die Arbeiten, die an dem unter der Federführung von Nancy und Philippe Lacoue-Labarthe an der École Normale Supérieure in Paris eröffneten und geleiteten *Centre de recherches philosophiques sur le politique* entstanden.[18] Die Bände *Rejouer le politique* (1981) und *Le retrait du politique* (1983)[19], die einen Überblick über die dortigen Diskussionen bieten, bescherten dem Politischen »a massive entrance into the French debate«.[20]

Die (oft mit Lacoue-Labarthe verfassten) *Centre*-Beiträge Nancys sind einer genaueren Betrachtung wert, weil Nancys Nachdenken über die Gemeinschaft seine Forschungen am *Centre* begleitete, von ihnen ausging.[21] Dies meint einen zeitlichen, mehr noch einen inhaltlichen Zusammenhang: »Some of the questions raised at the Center regarding the necessity of moving away from a metaphysical and transcendent grounding of politics, as well as the question of finitude and of relationality, lead directly into Nancy's work on community in *La communauté désœuvrée*«[22], so Morin. Das heißt: Ein Rückzug von metaphysischen Gründungsbestrebungen ist für die Politik und die Gemeinschaft geboten. Weshalb? Die Antwort führt zu Nancys Auseinandersetzung mit dem Totalitarismus. Seine Befragung der Gemeinschaft und der Politik bzw. des Politischen soll auch die Ursprünge und die »»Mechanismen des Erfolgs««[23] des Totalitarismus erhellen. Die dabei gewonnenen Einsichten legen den Rückzug von einer bestimmten Idee der Politik nahe: Die Untersuchungen zum Politischen und zur Gemeinschaft verliefen zwar »parallel«, gleichwohl »trafen diese Parallelen sich nicht und zeugten gerade von der Unmöglichkeit, eine Politik auf eine richtig verstandene Gemeinschaft zu bauen, wie auch von jener, eine Gemeinschaft zu definieren ausgehend von einer für wahr oder gerecht gehaltenen Politik«.[24]

---

17 Ebd., S. 19 (PP 23). Als Vorläufer*innen dieser Befragung können Hannah Arendt und Carl Schmitt gelten; siehe dazu Marchart: Politische Differenz, S. 35ff. Ich habe in meinem Aufsatz *Jean-Luc Nancy und Carl Schmitt über das Politische* vor allem die Relation zwischen Nancys und Schmitts Überlegungen zum Politischen skizziert.

18 Die Entstehung des *Centre* verdankte sich Jacques Derrida; vgl. Nancy: Demokratie und Gemeinschaft, S. 54.

19 Jean-Luc Nancy/Philippe Lacoue-Labarthe (Hg.): Rejouer le politique. Travaux du Centre de recherches philosophiques sur le politique. Paris 1981; Jean-Luc Nancy/Philippe Lacoue-Labarthe (Hg.): Le retrait du politique. Travaux du Centre de recherches philosophiques sur le politique. Paris 1983.

20 Kari Palonen: The Two Faces of Contingency: La Politique and Le Politique in the Work of Pierre Rosanvallon. In: Contributions to the History of Concepts 5 (2009), H. 2, S. 123-139, 128. Der voranstehende Absatz findet sich (samt Palonen-Zitat) ähnlich bereits bei Herzhoff: Nancy und Schmitt, S. 81. Eine präzise, sehr kurze Übersicht über die Arbeit des *Centre* findet sich etwa bei Morin: Nancy, S. 13f., siehe ausführlicher ebd., S. 97ff.

21 Vgl. Nancy: Herausgeforderte Gemeinschaft, S. 22f., Anm. 4 (CA 31f., Anm. 1).

22 Morin: Nancy, S. 14, Hv. i. Orig.

23 Nancy: Vorwort (Maurice Blanchot), S. 24 (PP 29).

24 Nancy: Herausgeforderte Gemeinschaft, S. 22f., Anm. 4 (CA 31f., Anm. 1).

Es überrascht nicht, dass viele der Themen und Motive, die am *Centre* verhandelt wurden, aber auch die Art und Weise, wie sie angegangen und vor welchem philosophischen Hintergrund sie entwickelt wurden, bei Nancys Beschäftigung mit der Gemeinschaft wieder auftauchen und den Rahmen auch seines Denkens der Gemeinschaft bilden[25] – einen Rahmen, der dieses Denken begrenzt. Nancy wird diese Einengung erkennen und die Frage nach dem Verhältnis von Politik und Gemeinschaft zu der Frage nach dem Wesen der Gemeinschaft hin verschieben.[26]

1.1   Les fins de l'homme[27]

Der Gründung des *Centre* ging ein Kolloquium mit dem Titel »Les fins de l'homme. À partir du travail de Jacques Derrida« voraus, das vom 23. Juli bis zum 2. August 1980 unter der Leitung von Nancy und Lacoue-Labarthe am *Centre Culturel International* in Cerisy-la-Salle stattfand. Dabei sollte es nicht um Derrida(s) (Arbeiten) selbst gehen[28], sondern um die durch seine »déconstruction du propre«[29] eröffnete Frage, »à quel travail la pensée de l'écriture peut et doit soumettre l'ensemble des concepts de la praxis et des questions de la destination«.[30] In ihrem Einladungsschreiben verwiesen Nancy und Lacoue-Labarthe auf die ersten Zeilen des Derrida-Textes *Les fins de l'homme* (1968), wo es heißt: »Jedes philosophische Colloquium hat notwendigerweise eine politische

---

25   James: Fragmentary demand, S. 173, meint: »[T]he real outcome and importance of the attempt to ›retrace‹ the political lies, not in the work of the Center from 1980 to 1984, but rather in the impact it has had on subsequent developments in Nancy's thought«. Insbesondere die Frage der Beziehung von Philosophie und Politik sei eine Konstante in Nancys Werk. (Vgl. ebd., S. 152) Auch Hebekus/Völker: Philosophien des Politischen, S. 90, stellen fest, in Nancys Arbeit am *Centre* seien »erste grundlegende Momente der weiteren philosophischen Arbeit Nancys angelegt«.

26   Siehe dazu Hebekus/Völker: Philosophien des Politischen, S. 115ff., sowie Ignaas Devisch: Jean-Luc Nancy and the Question of Community. London u.a. 2013, S. 23, Hv. i. Orig.: »It is not so much that Nancy has left his earlier work entirely behind him. It is rather that Nancy never really discusses his texts from the period of the Center anymore. It is thus not another politics, a new political philosophy or a reinvented public space that Nancy has in mind. Rather, he concentrates on the question of the *social*, the question of the ontological condition in which we find ourselves and the implications of this ontology for every form of being-with. This questioning is far broader than the question of politics in the strict sense of the word, and also precedes everyday politics.«

27   Meine Darstellung in diesem Abschnitt folgt vor allem Nancy Fraser: Die französischen Derridarianer: Die Dekonstruktion politisieren oder das Politische dekonstruieren? In: dies.: Widerspenstige Praktiken. Macht, Diskurs, Geschlecht. Frankfurt a.M. 1994, S. 107-142.

28   Vgl. Jean-Luc Nancy/Philippe Lacoue-Labarthe: Ouverture. In: dies. (Hg.): Les fins de l'homme. À partir du travail de Jacques Derrida. Colloque de Cerisy 23 juillet-2 août 1980. Paris 1981, S. 9-18 (die Seitenangaben beziehen sich auf den Vortragstext und das Protokoll der anschließenden Diskussion), 11.

29   Jean-Luc Nancy/Philippe Lacoue-Labarthe: Textes de l'invitation à la décade (avril 1979). In: dies. (Hg.): Les fins de l'homme. À partir du travail de Jacques Derrida. Colloque de Cerisy 23 juillet-2 août 1980. Paris 1981, S. 19-21, 20.

30   Nancy/Lacoue-Labarthe: Ouverture (Fins de l'homme), S. 15.

Bedeutung.«[31] Das sehen auch Nancy und Lacoue-Labarthe so, nehmen aber eine Präzisierung vor, die bereits auf die spätere Arbeit des *Centre* hinweist: Das Kolloquium sei nicht als philosophisches gedacht, sondern solle philosophische und andere Systeme in Frage stellen.[32] Das impliziere, »de traverser et déplacer aussi le ›politique‹ et sa ›signification‹. Son enjeu pourrait être à tous égards, d'entamer l'inscription d'une *tout autre* politique.«[33]

In diesem Sinne verhandelten die Teilnehmer*innen des von Christopher Fynsk geleiteten *Séminaire ›politique‹* das politische Gewicht der Dekonstruktion.[34] Kann es eine dekonstruktive Politik geben? Wie sähe sie aus? Warum vermeidet Derrida eine Antwort auf konkrete politische Fragen und vor allem auf die Gretchenfrage, wie er's mit dem Marxismus habe? Sind seine Schriften auch ohne direkte Bezugnahme auf politische Probleme politisch? Wo liegen eingedenk der Beziehung Derridas zum Denken Heideggers Fallstricke bei dem Versuch, die Dekonstruktion zu politisieren? Wie kann man überhaupt noch über das Politische nachdenken, wenn das Fundament einer solchen Reflexion brüchig geworden ist?[35]

Die Beiträge von Gayatri Chakravorty Spivak und Jacob Rogozinski eröffneten die Alternative zwischen einer revolutionären und anti-revolutionären Deutung der Dekonstruktion. Die meisten Teilnehmer*innen des Politischen Seminars waren allerdings nicht bereit, die Dekonstruktion einseitig zu politisieren; weder in Richtung einer revolutionären Politik, wie von Spivak gefordert, noch als Kritik an der Idee der Revolution, wie Rogozinski vorschlug.[36] Vielmehr kam man darin überein, dass es das Poli-

---

31 Jacques Derrida: Fines hominis. In: ders.: Randgänge der Philosophie (Hg. Engelmann, Peter). Wien 1988, S. 119-141, 119. Siehe Nancy/Lacoue-Labarthe: Textes de l'invitation, S. 21.

32 Vgl. Nancy/Lacoue-Labarthe: Textes de l'invitation, S. 21.

33 Ebd., Hv. i. Orig.

34 Wie Anja Rüdiger: Dekonstruktion und Demokratisierung. Emanzipatorische Politiktheorie im Kontext der Postmoderne. Opladen 1996, S. 18, Anm. 13, festhält, begleitet die Frage, ob und in welcher Weise die Dekonstruktion (Derridas) politisch ist, die Dekonstruktion beinahe seit ihrem Beginn. Siehe hierzu auch die Erörterungen von Wetzel: Diskurse des Politischen, S. 92ff.; Morin: Brüderliche Gemeinschaft, S. 163ff.

35 Vgl. zu diesen und weiteren Fragen Fraser: Französische Derridarianer, S. 107f.

36 Vgl. ebd., S. 114f. Ich folge ebd., S. 109ff., auch der Darstellung der Vorträge Spivaks und Rogozinskis. Spivak berief sich emphatisch auf Derridas These: »Eine radikale Erschütterung kann nur von einem *Außen* her kommen. [...] Jene Erschütterung spielt sich im gewalttätigen Bezug des *Ganzen* des Okzidents auf sein Anderes ab, ob es sich nun um einen ›sprachlichen‹ Bezug [...] handeln mag oder um einen ethnologischen, ökonomischen, politischen, militärischen usw.« (Derrida: Fines hominis, S. 139, Hv. i. Orig.; vgl. Gayatri Chakravorty Spivak: Il faut s'y prendre en s'en prenant à elles. In: Nancy, Jean-Luc/Lacoue-Labarthe, Philippe [Hg.]: Les fins de l'homme. À partir du travail de Jacques Derrida. Colloque de Cerisy 23 juillet-2 août 1980. Paris 1981, S. 505-516 [die Seitenangaben beziehen sich auf den Vortragstext und das Protokoll der anschließenden Diskussion], 511) Da die Beziehungen zwischen dem Abendland und seinem ›Anderen‹ mittlerweile ökonomisch geprägt seien (vgl. ebd.), gelte es im Hinblick auf eine politisch potente Dekonstruktion, sich mit Marx und (seiner Kritik) der politischen Ökonomie zu beschäftigen: »Même si la morphologie déconstructrice peut être un instrument politique puissant, parler ›d'une *tout autre* politique‹ de déconstruction dans une version purifiée du langage de l'économie politique risque de retomber dans un espace idéologique pré-critique.« (Ebd., S. 513, Hv. i. Orig.) Anders deutete Rogozinski die politischen Implikationen der Dekonstruktion. Hatte Spivak »der Revolution den Weg [...] eb-

tische zu dekonstruieren gelte.[37] Diese Auffassung sollte später auch die theoretische Marschroute des *Centre* bestimmen: Man nimmt Abstand von einer Verteidigung der revolutionären oder anti-revolutionären Seite und prüft stattdessen die Bedingungen, die die revolutionäre und die anti-revolutionäre Haltung erst ermöglichen.[38] Im Hinblick darauf erwiesen sich die Kolloquiums-Vorträge von Fynsk und Lacoue-Labarthe als wegweisend.[39]

Der Begriff des ›retrait‹

Fynsk brachte den polysemischen Begriff »retrait«[40] (etwa: Entzug, Zurückziehung, auch Rücktritt, Abzug) ins Spiel. Gemeint war damit zweierlei. Zum einen die Beziehung (der Texte) Derridas zur Politik: Der *retrait* ist hier als ein Schweigen zu politischen Fragen aufgefasst, als ein Sich-Entziehen der Forderung, das eigene Denken in den Dienst einer Politik zu stellen.[41] Derrida selbst charakterisierte während des Kolloquiums seine Strategie in dieser Weise.[42] Im Anschluss an Rogozinskis Vortrag erläuterte er, dass er zwar der metaphysischen Idee der Revolution misstraue, aber dennoch von einer Attacke auf ein revolutionäres Projekt oder den Marxismus abgesehen habe, um nicht den Anti-Marxismus der 1968er Jahre zu unterstützen. Ihm sei daran gelegen (gewesen), »de ne pas affaiblir, ni théoriquement, ni politiquement, ce que le marxisme, ou le prolétariat, peuvent constituer comme force en France«.[43] In seinen Texten habe er

---

nen« (Fraser: Französische Derridarianer, S. 109) wollen, mahnte Rogozinski eine Dekonstruktion der Revolution an. Die radikalen Schnitte, wie Spivak sie sich wünscht, gerieten, meint Rogozinski mit Derrida, »fatalerweise immer wieder in ein altes Gewebe, das man endlos weiter zerstören muß«. (Jacques Derrida: Semiologie und Grammatologie. Gespräch mit Julia Kristeva. In: Engelmann, Peter [Hg.]: Postmoderne und Dekonstruktion. Texte französischer Philosophen der Gegenwart. Stuttgart 2007, S. 140-164, 148; vgl. Jacob Rogozinski: Déconstruire – la révolution. In: Nancy, Jean-Luc/Lacoue-Labarthe, Philippe [Hg.]: Les fins de l'homme. À partir du travail de Jacques Derrida. Colloque de Cerisy 23 juillet-2 août 1980. Paris 1981, S. 516-529 [die Seitenangaben beziehen sich auf den Vortragstext und das Protokoll der anschließenden Diskussion], 517) Die Dekonstruktion sei nötig, um »l'impossibilité dirimante d'une coupure radicale« (ebd., S. 518) und damit die Unmöglichkeit einer Revolution aufzuzeigen: »[U]ne politique de la déconstruction [...] ne pourra éviter de *déconstruire la révolution*«. (Ebd., S. 519, Hv. i. Orig.) Man müsse Abschied nehmen von der Revolution als »dernier avatar de la métaphysique politique«, beherrscht von der Idee einer »archéo-téléologie« (ebd., S. 520), wie man ihr im Kommunismus begegne. Die kommunistisch-proletarische Revolution sei das Projekt einer »auto-fondation de l'homme«. (Ebd.) Rogozinski benennt die Implikationen dieser Selbstbegründung: »Comme telos et comme archie, comme projet d'auto-fondation originaire, la révolution serait ce délire de maîtriser le sans-fond de l'avenir, cette rage d'en finir avec la déchirure du lien social.« (Ebd.) Letzteres laufe hinaus auf eine bedenkliche »utopie de la société-une, totalement transparente et reconciliée avec soi«. (Ebd., S. 523)

37 Vgl. Fraser: Französische Derridarianer, S. 116.

38 Vgl. ebd., S. 115.

39 Vgl. zum Folgenden ebd., S. 116ff.

40 Christopher Fynsk: Intervention. In: Nancy, Jean-Luc/Lacoue-Labarthe, Philippe (Hg.): Les fins de l'homme. À partir du travail de Jacques Derrida. Colloque de Cerisy 23 juillet-2 août 1980. Paris 1981, S. 487-493, 488.

41 Vgl. ebd.

42 Ich folge der Darstellung von Fraser: Französische Derridarianer, S. 114f.

43 Rogozinski: Déconstruire, S. 527; vgl. ebd., S. 526f.

deshalb »un ensemble d'écarts virtuels« vom Projekt der Revolution markiert; diese Distanznahmen zeigten sich »par une espèce de retrait, un silence quant au marxisme«.[44] Sein Rückzug sei aber nicht neutral gewesen, sondern »il était perceptible comme un geste politique«.[45]

Das Zugleich von Rückzug und Engagement, das Fynsk bei Derrida aufspürt, legt offen, dass jede Praxis, auch die philosophische, politisch ist. »Il est évident aujourd'hui que la philosophie n'existe pas hors de ce système de pouvoir et savoir qui structure nos institutions. Et que la politique forme l'horizon de toute pratique, c'est peut-être [...] l'*évidence même*«.[46] Diese These einer Allgegenwart der Politik verleiht dem Begriff des *retrait* eine zweite Bedeutung: Mit der Ubiquität der Politik tauche die Schwierigkeit auf, »à assigner un sens propre au terme ›politique‹ (ce qui définirait, en un autre sens, le ›retrait du politique‹)«.[47] Kein Zurückziehen also von der Politik mehr, sondern ein Entzug, ein Sich-Entziehen des Politischen durch seine Omnipräsenz.[48]

Vor allem um diese zweite Bedeutung des *retrait* kreiste der Vortrag Lacoue-Labarthes. Ihm gehe es um »la question du lien qui unit indissociablement le politique au philosophique«.[49] In der Moderne stehe »la domination inconditionnelle [...] du politique« in seinen verschiedenen Gestalten für »l'accomplissement d'un programme philosophique. Dans le politique, aujourd'hui, c'est le philosophique qui règne.«[50] Man könnte hier mit Rancière von einer auf Platon zurückgehenden »*Archi-Politik*«[51] sprechen. Diese »Politik der Philosophen«[52] drehe sich darum, durch die Politik eine Philosophie zu verwirklichen und auf diese Weise Politik durch Philosophie zu ersetzen.[53] Der Politik kommt als ›Archi-Politik‹ die Aufgabe zu, die Gemeinschaft mit einem Grund oder Prinzip zu versehen, einer »*Arche*«[54], um die nur die Philosophierenden wissen.[55]

Lacoue-Labarthe zufolge mündet diese ›Archi-Politik‹ in den »*fait totalitaire*«.[56] Darunter sei ebenso »l'Etat-parti« zu verstehen wie »la dictature psychologique«.[57] Mit der

---

44 Ebd., S. 527.
45 Ebd. Dies betont auch Fynsk: Intervention, S. 488, Hv. i. Orig.: »Or si Derrida hésite à s'engager dans des questions immédiatement politiques (s'il ne *politise* pas sa pensée), il n'en affirme pas moins que sa pratique *est* politique, qu'en général l'activité philosophique est une pratique politique.«
46 Fynsk: Intervention, S. 489, Hv. i. Orig.
47 Ebd.
48 Auf eine ähnliche Beobachtung zum Status des Politischen stößt man bei Carl Schmitt; siehe dazu Herzhoff: Nancy und Schmitt, S. 86, sowie zu den folgenden beiden Absätzen bereits ebd., S. 95f.
49 Philippe Lacoue-Labarthe: Intervention. In: Nancy, Jean-Luc/ders. (Hg.): Les fins de l'homme. À partir du travail de Jacques Derrida. Colloque de Cerisy 23 juillet-2 août 1980. Paris 1981, S. 493-500 (die Seitenangaben beziehen sich auf den Vortragstext und das Protokoll der anschließenden Diskussion), 494.
50 Ebd.
51 Rancière: Unvernehmen, S. 77, Hv. i. Orig.
52 Ebd., S. 75.
53 Vgl. ebd.
54 Ebd., S. 77, Hv i. Orig.
55 Vgl. Marchart: Politische Differenz, S. 181.
56 Lacoue-Labarthe: Intervention, S. 494, Hv. i. Orig.
57 Ebd.; siehe auch Marchart: Politische Differenz, S. 89.

total(itär)en Herrschaft des Politischen, pflichtet er Fynsk bei, verschwinde alle Fragwürdigkeit des Politischen/der Politik: »[L]a question elle-même du politique se retire et
laisse la place à une sorte d'*évidence* du (ou de la) politique – à un ›tout est politique‹«.[58]

Der Ausweg aus diesem Zustand des ›Alles ist politisch‹ besteht für Lacoue-
Labarthe, wie er und Nancy formulieren, in dem Verzicht auf die »effectuation
praxique«[59] der Philosophie – in einem Rückzug vom Politischen also, wie Fynsk ihn
als typisch für Derrida festgestellt hatte: »[T]out geste de désolidarisation à l'égard
du philosophique ne peut que prendre la forme d'un ›retrait‹ du politique«.[60] Handelte es sich jedoch tatsächlich um eine totale Herrschaft des Politischen, fände sich
nirgends mehr ein »*lieu sûr*«, nirgends mehr eine »›retraite‹«.[61] Der *retrait*, betont
Lacoue-Labarthe, sei deshalb nicht als Abkehr vom Politischen, als ein Rückzug aufs
Altenteil zu verstehen; »le ›retrait‹ doit être *actif*, voire offensif«.[62] Man müsse eine
»*déconstruction du politique*«[63] in Angriff nehmen. Dies sei aufgrund der Verkettung von
Philosophischem und Politischem keine geringe Aufgabe, sondern beträfe die gesamte
Philosophie, die stets darauf abgezielt habe, sich praktisch zu verwirklichen.[64] (Zuge-
spitzt bedeutet das: Die Philosophie war nie etwas anderes als politische Philosophie.)
Um aber das Politische dekonstruieren zu können, müsse man es zunächst erst wieder
als fragwürdig begreifen, was heiße: zu fragen nach der »*essence* du politique«.[65]

Auftritt der ›politischen Differenz‹[66]

Lacoue-Labarthes Diagnose und sein Therapievorschlag beruhten auf heideggerschen
Prämissen, denen nicht alle Zuhörer*innen seines Vortrags zustimmen wollten.[67] Ro-
gozinski stellte zur Diskussion, ob es geboten sei, die gesamte moderne Politik über den
Leisten von Heideggers Auffassung der abendländischen Metaphysik zu schlagen.[68]
(Lacoue-Labarthe hatte behauptet: Die Regentschaft des Philosophischen sei, was Heidegger unter dem Begriff der Technik gedacht habe.[69]) Sarah Kofman fragte sich, wie
Heidegger und Derrida über die Frage des Politischen in ein theoretisches Gespräch
miteinander kommen könnten, berücksige man die Unterschiede zwischen der historisch-politischen Situation, in der sich beide befanden oder befinden, und der politischen Betätigung beider. Weshalb und wie sollte man zur Erörterung des Politischen

---

58   Lacoue-Labarthe: Intervention, S. 495, Hv. i. Orig.

59   Nancy/Lacoue-Labarthe: Ouverture (Fins de l'homme), S. 13.

60   Lacoue-Labarthe: Intervention, S. 494.

61   Ebd., S. 495, Hv. i. Orig.; siehe auch Simon Critchley: Re-tracing the political: politics and com-
      munity in the work of Philippe Lacoue-Labarthe and Jean-Luc Nancy. In: Campbell, David/Dillon,
      Michael (Hg.): The political subject of violence. Manchester, New York 1993, S. 73-93, 82f.

62   Lacoue-Labarthe: Intervention, S. 495, Hv. i. Orig.; vgl. ebd.

63   Ebd., Hv. i. Orig.

64   Vgl. ebd.

65   Ebd., S. 497, Hv. i. Orig.; vgl. ebd., S. 495; 497.

66   Den Ausdruck übernehme ich von der bereits zitierten Studie *Die politische Differenz* von Oliver
      Marchart.

67   Vgl. zum Folgenden Fraser: Französische Derridarianer, S. 118f., für das Protokoll der Diskussion
      siehe Lacoue-Labarthe: Intervention, S. 497-500.

68   Vgl. Lacoue-Labarthe: Intervention, S. 498.

69   Vgl. ebd., S. 494.

bei Heidegger anknüpfen, wisse man doch, auf welche Irrwege er mit seiner Politik geraten sei?[70]

In Lacoue-Labarthes Antwort zeichnete sich jene ›politische Differenz‹ ab, die die Arbeit des *Centre* bestimmen würde, die aber auch die Philosophie etwa eines Alain Badiou, Giorgio Agamben, Jacques Rancière, Cornelius Castoriadis oder einer Chantal Mouffe prägt – die Unterscheidung zwischen *la* und *le politique*.[71] Wo es um das Politische *(le politique)* gehe, deutete Lacoue-Labarthe an, ließen sich Gemeinsamkeiten zwischen Heidegger und Derrida ausmachen; was jedoch die Ebene der Politik *(la politique)* betreffe, seien die Differenzen nicht zu leugnen.[72]

Zum Abschluss des Politischen Seminars einigten sich die Teilnehmer*innen darauf, dass einige der vorgetragenen Ideen und Positionen noch nicht in befriedigender Weise ausgeführt worden seien; etwa die möglichen Lesarten des Begriffs *politique* oder das dekonstruktivistische Verständnis des Verhältnisses von Theorie und Praxis.[73] Wohl aufgrund ihrer offensichtlichen Fragwürdigkeit dominierten insbesondere die Themen, die Lacoue-Labarthe und Fynsk aufgebracht hatten, die anschließende Arbeit des *Centre de recherches philosophiques sur le politique*. Dies gilt für die Annahme eines Bandes zwischen dem Philosophischen und dem Politischen; es gilt auch für das Motiv des *retrait* (verstanden als Distanzierung von Versuchen, die Dekonstruktion zu politisieren, und als Verlust der Möglichkeit, das Politische in seiner Eigentümlichkeit zu erkennen); und es gilt nicht minder für die Unterscheidung zwischen *la politique* und *le politique*; und gilt schließlich auch für die Frage nach dem Wesen des Politischen.[74]

---

70 Vgl. ebd., S. 497.

71 Siehe hierzu neben der Monographie *Die politische Differenz* von Oliver Marchart auch die Beiträge in Oliver Flügel/Reinhard Heil/Andreas Hetzel (Hg.): Die Rückkehr des Politischen. Demokratietheorien heute. Darmstadt 2004; Ulrich Bröckling/Robert Feustel (Hg.): Das Politische denken. Zeitgenössische Positionen. Bielefeld 2010; Thomas Bedorf/Kurt Röttgers (Hg.): Das Politische und die Politik. Berlin 2010. Bedorf: Das Politische und die Politik, S. 16, betont, die terminologische Unterscheidung von *le politique* und *la politique* finde sich nicht bei allen der vorgenannten Theoretikern und Theoretikerinnen. Ausschlaggebend sei aber, dass die jeweils präferierte Differenz – etwa bei Jacques Rancière die Differenz von ›Politik‹ und ›Polizei‹ – »theoriestrategisch zentral ist und sich auf das Vokabular von Politischem und Politik abbilden lässt. [...] Die Bezeichnungen variieren, die Struktur der Differenz [...] ist jedoch stets die gleiche.« Bei allen begrifflichen Unterschieden, so wird sich zeigen, gilt dabei, was Böttger: Postliberalismus, S. 13, mit Blick auf die Unterscheidung von *le* und *la politique* formuliert: »Das Gemeinsame vieler Denker innerhalb der neueren politischen Philosophie besteht darin, einen eigenständigen politischen Bereich menschlichen Handelns gegenüber einem auf bloße Verwaltung reduzierten Politikverständnis ins Spiel zu bringen.«

72 Vgl. Lacoue-Labarthe: Intervention, S. 497. Zu beachten sei, dass es einen »›point d'empiètement‹ du politique par la politique« (ebd.) gebe, wie aus Heideggers Schweigen über Auschwitz ersichtlich werde. (Vgl. ebd.)

73 Vgl. Rogozinski: Déconstruire, S. 529. Zum Verhältnis von Theorie und Praxis neuerdings Jean-Luc Nancy: Was tun? Zürich, Berlin 2017 (Jean-Luc Nancy: Que faire? Paris 2016).

74 Vgl. Fraser: Französische Derridarianer, S. 108; 119; Marchart: Politische Differenz, S. 89f.

1.2   Arbeit am Politischen:
Das Centre de recherches philosophiques sur le politique[75]

Die Tätigkeit des *Centre* bestand aus regelmäßigen Treffen in circa monatlichem Abstand, bei denen es einen Vortrag mit anschließender Debatte gab; zuweilen diskutierte man auch nur ein spezifisches Thema. Zum *inner circle* des *Centre* gehörten neben Nancy und Lacoue-Labarthe auch etwa Claude Lefort, Étienne Balibar, Jacques Rancière und Jean-François Lyotard; zu den 30 bis 40 regelmäßig Teilnehmenden zählten unter anderen Sarah Kofman und Jacques Derrida, die aber nach der Erinnerung Nancys nie einen Vortrag hielten.[76]

Bei seiner Eröffnung am 8. Dezember 1980 erklärten Nancy und Lacoue-Labarthe, die Aufgabe des *Centre* sollte es sein, nach »l'*essence du politique*«[77] zu fragen. Dies kündigte eine philosophische Herangehensweise an[78], die damit begründet wurde, dass die Möglichkeit eines unmittelbar-empirischen Zugriffs auf das Politische verwehrt sei.[79] »[U]n *concept* du politique« entstamme »nécessairement du champ philosophique«, und dieses Feld sei »déterminé, c'est-à-dire ancien, passé, fermé«.[80] Nancy und Lacoue-Labarthe mahnen zur Vorsicht gegenüber Analysen des Politischen, die nicht nur ihre eigene Abhängigkeit vom Philosophischen verkennen, sondern zudem das Politische als unabhängig vom Philosophischen ausgeben.[81] Ein solcher Bereich, betont auch Mouffe,

---

75   Einen Überblick über die Entstehung des *Centre* (vor der Folie des Kolloquiums *Les fins de l'homme*) und seine Arbeit bieten neben den schon genannten Aufsätzen von Fraser (*Die französischen Derridarianer*) und Critchley (*Re-tracing the political: politics and community in the work of Philippe Lacoue-Labarthe and Jean-Luc Nancy*) auch Simon Critchley: The Ethics of Deconstruction: Derrida and Levinas. Oxford, Cambridge 1992, S. 200-219, sowie James: Fragmentary demand, S. 155ff., und Morin: Nancy, S. 97ff., denen ich im Weiteren (und zum Teil bereits im Vorangegangenen) folg(t)e. Eine Skizze der Arbeit des *Centre* (Abschnitt I.1.2) ebenso wie die in Abschnitt I.1.3 (*Die totale Herrschaft des Politischen – Elemente und Ursprünge*) dargestellte Totalitarismusanalyse Nancys und Lacoue-Labarthes und ihre Überlegung zur Transzendenz des Politischen (Abschnitt I.1.4, *À la recherche de la transcendance perdue*) findet sich schon in den Abschnitten *Nancy und der Rückzug des Politischen* sowie *Das Wesen des Politischen* meines Aufsatzes Herzhoff: Nancy und Schmitt, S. 95ff.; 99ff., woraus ich nachfolgend einzelne Passagen übernehme.

76   Vgl. Nancy: Demokratie und Gemeinschaft, S. 55f., siehe auch Fraser: Französische Derridarianer, S. 108. Nancys Erklärung für Derridas Weigerung, bei den Sitzungen des *Centre* vorzutragen, verweist auf das Motiv des Rückzugs: »Er wollte keine politische Stellung beziehen [...]. So hat er gewartet, bis er schließlich einige Jahre später *Politik der Freundschaft* veröffentlichte, wobei diese Politik – Politik im Plural – der Freundschaft [...] auch über die Politik hinausgeht, auf einen neuen Begriff des Politischen abzielt.« (Nancy: Demokratie und Gemeinschaft, S. 56, Hv. i. Orig.)

77   Jean-Luc Nancy/Philippe Lacoue-Labarthe: Ouverture. In: dies. (Hg.): Rejouer le politique. Travaux du Centre de recherches philosophiques sur le politique. Paris 1981, S. 11-28, 12, Hv. i. Orig.

78   Die Rede ist von »l'interrogation *philosophique* du politique«. (Ebd., Hv. i. Orig.) Vgl. hierzu und zum Folgenden Fraser: Französische Derridarianer, S. 119f., und siehe auch schon Herzhoff: Nancy und Schmitt, S. 99. Philosophisch nach dem Wesen des Politischen zu fragen, das heiße vor allem, keine »*théorie politique*« (Nancy/Lacoue-Labarthe: Ouverture [Centre], S. 13, Hv. i. Orig.) vorlegen zu wollen.

79   Vgl. Nancy/Lacoue-Labarthe: Ouverture (Centre), S. 13; dazu kritisch Norris: Nancy on the political, S. 907f.

80   Nancy/Lacoue-Labarthe: Ouverture (Centre), S. 13, Hv. i. Orig.

81   Vgl. ebd., S. 14.

existiere nicht: »Es gibt keinen neutralen, vermeintlich durch Philosophie nicht kontaminierten Boden, von dem aus man sprechen könnte.«[82] Nancys und Lacoue-Labarthes Ansinnen, der Essenz des Politischen nachzuspüren, opponiert »einer politischen *Theorie* [...], die nur danach fragt, wie die Politik zu organisieren sei und wie sich diese Organisation rechtfertigen lasse«.[83] Der Grund für diese Einseitigkeit liege darin, »dass jede politische Theorie das Politische als einen Bereich des Gegebenen isoliert, wofür eine disziplinäre Zuständigkeit bestimmter (nämlich: der politischen) Philosophien in Anspruch genommen wird«.[84]

Steht jede Theorie oder Wissenschaft des Politischen auf philosophischem Boden[85], sei es die Aufgabe, das Verhältnis von Philosophischem und Politischem in den Blick zu nehmen[86]:

> [C]e qui nous paraît aujourd'hui nécessaire, et donc urgent, c'est de prendre en compte de façon rigoureuse ce que nous appellerons la co-appartenance essentielle (et non accidentelle ou simplement historique) du philosophique et du politique.[87] C'est, autrement dit, de prendre en compte le politique comme une détermination philosophique – et inversement.[88]

Die These einer Zusammengehörigkeit von Philosophischem und Politischem ruft demnach nicht das historisch-zufällige Faktum auf, dass die Griechen (und nur sie), woran Castoriadis erinnert, »Politik und Philosophie *und* die Verbindung beider«[89] erfanden. Nancy und Lacoue-Labarthe behaupten vielmehr, dass das Philosophische und das Po-

---

82 Chantal Mouffe: Dekonstruktion, Pragmatismus und die Politik der Demokratie. In: dies. (Hg.): Dekonstruktion und Pragmatismus. Demokratie, Wahrheit und Vernunft. Wien 1999, S. 11-35, 24. Marchart: Politische Differenz, S. 24, kommentiert: »Metaphysische Grundlegungsfiguren bestimmen nicht nur die Philosophie, sondern auch das Denken des Alltags und die Diskurse der Politik. Wer meint, ihnen sonstwohin entkommen zu können, wird unbemerkt von ihnen eingeholt.«
83 Bedorf: Das Politische und die Politik, S. 13, Hv. i. Orig.
84 Ebd.
85 Nancys und Lacoue-Labarthes Vorbehalt gegenüber der vermeintlichen Autonomie der positiven Wissenschaften ist möglicherweise von Heidegger inspiriert, für den die Philosophie die Bedingung der Möglichkeit der Wissenschaften ist; siehe Martin Heidegger: Die Grundbegriffe der Metaphysik. Welt – Endlichkeit – Einsamkeit [1929/30]. Frankfurt a.M. 2004, S. 33, Hv. i. Orig.: »Es gibt nicht Philosophie, weil es Wissenschaften gibt, sondern umgekehrt, es *kann* Wissenschaften geben, nur weil und nur wenn es Philosophie gibt.«
86 Vgl. Fraser: Französische Derridarianer, S. 120; Morin: Nancy, S. 97.
87 Bedorf: Das Politische und die Politik, S. 13, Anm. 3, macht auf die Herkunft dieser Formulierung bei Derrida aufmerksam; siehe Derrida: Fines hominis, S. 119, wo die Rede ist von einer »seit jeher vorhandene[n] Verbindung zwischen dem Wesen des Philosophischen und dem des Politischen«. Im französischen Original heißt es, »ce qui depuis toujours lie l'essence du philosophique à l'essence du politique«. (Jacques Derrida: Les fins de l'homme. In: ders.: Marges de la philosophie. Paris 1972, S. 129-164, 131)
88 Nancy/Lacoue-Labarthe: Ouverture (Centre), S. 14.
89 Cornelius Castoriadis: Die griechische polis und die Schöpfung der Demokratie. In: ders.: Ausgewählte Schriften. Bd. 4. Philosophie, Demokratie, Poiesis (Hg. Halfbrodt, Michael/Wolf, Harald). Lich 2011, S. 17-68, 35, Hv. i. Orig.

litische wesentlich (und nicht nur historisch) voneinander abhängen.[90] Für die Philosophie gilt in diesem Sinne: Sie ist »founded upon and founds the *polis*: philosophy can only take place within an open space of rational questioning, but it must at the same time furnish the essential principles of this opening«.[91]

Die Kritik richtet sich auf dieses Fundierungsstreben der Philosophie, auf ihre ›archi-politische‹ Geste. Unermüdlich warnt Nancy vor dem gefährlich-totalitären Wunsch der Philosophie, dem Gemeinsamen einen Grund zu legen, es auf ein Projekt zu verpflichten.[92]

> He refuses the notion that philosophy should lay theoretical grounds for a project or program which would then be conceived as the concrete effectuation, or completion, of the philosophical within the realm of the political. The expectation of such a movement from philosophical reflection to political project articulates [...] the very essence of the metaphysical attitude within philosophy, and is deeply implicated in the recent history of European totalitarianism and the destructive or genocidal energies which that history unleashed.[93]

Vor diesem Hintergrund müsse man der Frage nach dem Wesen des Politischen als »l'interrogation du philosophique lui-même quant au politique, ou plus exactement *sur le politique*«[94] nachgehen. Es gilt, das durch und durch metaphysische (Selbst-)Verständnis der Philosophie als Fundament zu dekonstruieren.[95] Metaphysisch und als solche fundamentalistisch sei die Philosophie, so Nancy, verstehe sie sich als »an order of completed and saturated significations established in an other world that is to said to support and order the world of men«.[96] Metaphysik wäre demnach der Versuch, die Welt der Menschen von einer transzendenten Welt zu trennen, diese Trennung aber

---

90   Vgl. Nancy/Lacoue-Labarthe: Ouverture (Centre), S. 14. Siehe auch Cornelius Castoriadis: Wert, Gleichheit, Gerechtigkeit, Politik. Von Marx zu Aristoteles und von Aristoteles zu uns. In: ders.: Durchs Labyrinth. Seele, Vernunft, Gesellschaft. Frankfurt a.M. 1981, S. 221-276, 237: Die gleichzeitige Geburt von Politik (Demokratie) und Philosophie sei »keine zufällige empirische Konstellation«.

91   Morin: Nancy, S. 98, Hv. i. Orig.; vgl. ebd., S. 97f. Nancy: singulär plural sein, S. 48, Hv. i. Orig. (ESP 41f., Hv. i. Orig.), spricht von einem »gegenseitigen Subjektverhältnis« von Philosophie und Polis: »Die Philosophie als Artikulation des *logos* ist danach das Subjekt der Polis als Raum dieser Artikulation, während Polis als Versammlung der *logikoi* als das Subjekt der Philosophie gilt, als Produktion ihres gemeinsamen *logos*. Der *logos* selbst bezieht sein Wesen oder seinen Sinn aus dieser Gegenseitigkeit: Er ist die gemeinsame Grundlage der Gemeinschaft, und zwar der Gemeinschaft als Grundlage des Seins.« Siehe zur These einer »co-originarity of philosophy and politics« bei Nancy auch Andreas Wagner: Jean-Luc Nancy: a negative politics? In: Philosophy and Social Criticism 32 (2006), H. 1, S. 89-109, 94, sowie Hebekus/Völker: Philosophien des Politischen, S. 118f.

92   Fraser: Französische Derridarianer, S. 121, spricht vom Begehren, »die Philosophie der Existenz aufzuzwingen«.

93   Ian James: On Interrupted Myth. In: Journal for Cultural Research 9 (2005), H. 4, S. 331-349, 340.

94   Nancy/Lacoue-Labarthe: Ouverture (Centre), S. 12, Hv. i. Orig.

95   Vgl. Morin: Nancy, S. 97. Mit Marchart: Das unmögliche Objekt, S. 47, lässt sich festhalten: »Metaphysik ist der Name für Grundlegungsdiskurse schlechthin.«

96   Nancy: Nothing but the world, S. 524.

durch ein Verweisen beider Welten aufeinander zugleich aufzuheben und ein geschlossenes, selbstreferentielles – immanent-totalitäres – System zu konstruieren.[97]

Die Grundlegungsgeste der Philosophie soll durch ein »Reflexivwerden des Denkens, das seine eigene politische Verfasstheit betrachtet«[98], gestört werden. Was man anzugehen habe, erläutern Nancy und Lacoue-Labarthe, »ce n'est pas une nouvelle institution (ou instruction) de la politique par la pensée, mais c'est l'institution politique de la pensée dite occidentale.«[99] Die Dringlichkeit dieses Vorhabens rührt daher, dass sich das Band zwischen Politischem und Philosophischem nicht zusammen mit der griechischen Polis aufgelöst hat, sondern – in Gestalt der von Lacoue-Labarthe in seinem Vortrag bei dem Kolloquium *Les fins de l'homme* evozierten total(itär)en Herrschaft des Politischen – gegenwärtig noch besteht.[100] Was also Lacoue-Labarthe und Nancy zum Ausgangspunkt ihrer Frage nach der Essenz des Politischen machen, und was dieser Frage eine politische Dimension verleiht, ist »l'effectuation et l'installation du philosophique *comme* le politique, la généralisation (la mondialisation) du philosophique *comme* le politique – et par là même le règne absolu ou la ›domination totale‹ du politique«.[101]

Die Allherrschaft des Politischen ist eine Politik der Gemeinschaft im schlechten Sinne: Auf dem Philosophischen gründend, zielt sie darauf ab, die Gemeinschaft zu bestimmen. Sie ist »eine Form der Erfüllung von Sinn (die *polis*, die Republik, das Volk)«.[102] Der Begriff des Sinns deutet hier darauf hin, dass die Suche nach einer anderen Politik nicht unmittelbar selbst eine politische Angelegenheit sein kann, sondern »dass wir mit dem Sinn beginnen müssen, wenn wir eine andere Politik erdenken wollen«.[103] Bevor es darum gehen kann, eine andere Politik zu bestimmen, gilt es, eine andere Bestimmung der Politik finden. Diese Bestimmung wäre die einer Nicht-

---

97   Vgl. Morin: Nancy, S. 54f., bei der sich ebd. bereits das folgende Zitat von Nancy: Ouvertüre (Dekonstruktion des Christentums), S. 15, Hv. i. Orig. (OUV 16, Hv. i. Orig.), findet: »Die ›Metaphysik‹ [...] bezeichnet die Repräsentation des Seins als Seiendes und Daseiendes. Daher setzt sie jenseits der Welt eine gründende und bürgende Präsenz ein (IDEE, *ens summum*, SUBJEKT, WILLE). Diese Einsetzung stabilisiert und schließt das Seiende über seiner eigenen Seiendheit: Alles – genau und eigentlich *alles* – spielt sich ab im gegenseitigen Verweis der zwei Ordnungen des Seienden oder der Präsenz – das ›Immanente‹ und das ›Transzendente‹, das ›Hienieden‹ und das ›Jenseits‹, das ›Sensible‹ und das ›Intelligible‹, der ›Schein‹ und die ›Wirklichkeit‹. Die Geschlossenheit ist die Erfüllung dieser Totalität, die sich in ihrer Selbstreferenz vollendet meint.«
98   Bedorf: Das Politische und die Politik, S. 14.
99   Nancy/Lacoue-Labarthe: Ouverture (Centre), S. 15.
100   Vgl. ebd., S. 14f.; Fraser: Französische Derridarianer, S. 120.
101   Nancy/Lacoue-Labarthe: Ouverture (Centre), S. 15, Hv. i. Orig. Einer der bekanntesten Versuche, Philosophie als Politik zu realisieren (Politik philosophisch zu fundieren), war in der jüngeren Geschichte Heideggers Rektorats-Rede, meint Critchley: Re-tracing the political, S. 75. Heidegger hegte in der Zeit seines nationalsozialistischen Engagements, so Florian Grosser: Revolution denken. Heidegger und das Politische 1919 bis 1969. 2. Aufl. München 2012, S. 73, die »Hoffnung auf ein direktes Mächtigwerden der Philosophie«. Die Idee hat Tradition: »This gesture of foundation or *instauratio* of the political by the philosophical is not novel, it is *the* classical metaphysical gesture with respect to politics that one finds in Plato's *Republic*, where the polis must be founded upon philosophy [...]. It is the metaphysico-political gesture par excellence«. (Critchley: Re-tracing the political, S. 75, Hv. i. Orig.)
102   Nancy: Politik und darüber hinaus, S. 225, Hv. i. Orig. (PED 30).
103   Ebd.

Bestimmung der Politik (und der Gemeinschaft) durch die Philosophie.[104] Nancy wird einer solchen nicht-bestimmten und nicht bestimmenden Politik den Namen ›Demokratie‹ geben. »Die demokratische Politik ist [...] Politik im Rückzug des Aufsichnehmens«[105]; eine Politik, die auf die Bestimmung »einer Wahrheit der Gemeinschaft [vérité du commun]«[106] verzichtet.

Das Philosophische und die Philosophie, das Politische und die Politik

Zu untersuchen ist: das Philosophische als das Politische. Was bedeuten diese Begriffe? In einer ersten Annäherung lässt sich festhalten, dass das Philosophische nicht mit der Philosophie gleichzusetzen ist.[107] Der Begriff der Philosophie soll vor allem die akademisch disziplinierte Spielart des Fundamentalismus bezeichnen. Schwieriger ist das Philosophische zu definieren. Das eine Mal grenzen Nancy und Lacoue-Labarthe es von der Metaphysik ab, ein anderes Mal soll es ihr entsprechen.[108] Der Unterschied zwischen dem Philosophischen und der Metaphysik bleibt dunkel. Nur wenig zur Erhellung trägt bei, dass Nancy und Lacoue-Labarthe sich zwar von Heideggers Verständnis der Metaphysik distanzieren; etwa deshalb, weil er die Geschichte der Philosophie allzu sehr vereinheitliche.[109] Gegen den Gebrauch des Begriffs ›Metaphysik‹ spreche zudem seine Karriere als banalisierender Modebegriff.[110] Insgesamt aber scheinen Nancy und Lacoue-Labarthe durch Heideggers Brille auf die abendländische Philosophiegeschichte zu blicken; so heißt es etwa, »*le* philosophique désigne une structure historico-systématique générale – ce que jusqu'à ces derniers temps, on pouvait appeler l'Occident«.[111]

Analog zu der Differenz von ›Philosophie‹ und ›Philosophischem‹ unterscheiden Nancy und Lacoue-Labarthe zwischen der Politik (*la politique*) und dem Politischen (*le politique*).[112] Den Hintergrund hierbei bildet, was Nancy als Spaltung oder konstituti-

---

104   Mit Fraser: Französische Derridarianer, S. 122, Hv. i. Orig., könnte man sagen, es sei Nancy nicht darum zu tun, »eine *politische Position* einzunehmen«, sondern »gerade die *Position* des *Politischen* in Frage zu stellen«.

105   Nancy: Wahrheit der Demokratie, S. 68 (VD 60).

106   Ebd., S. 57 (VD 50); siehe dazu etwa bereits Morin: Nancy, S. 119; 120.

107   Vgl. zum Folgenden die Argumentation von Marchart: Politische Differenz, S. 93f.

108   Nancy/Lacoue-Labarthe: Ouverture (Centre), S. 17: »[N]ous distinguions le philosophique, ici, du discours métaphysique en général«. Jean-Luc Nancy/Philippe Lacoue-Labarthe: Le ›retrait‹ du politique. In: dies. (Hg.): Le retrait du politique. Travaux du Centre de recherches philosophiques sur le politique. Paris 1983, S. 183-200 (die Seitenangaben beziehen sich auf den Vortragstext und das Protokoll der anschließenden Diskussion), 186: »[N]otre ›philosophique‹, [...] c'est la métaphysique«.

109   Vgl. Nancy/Lacoue-Labarthe: Retrait, S. 185.

110   Vgl. ebd., S. 186.

111   Ebd., Hv. i. Orig. Siehe auch die Zustimmung zu Heideggers Metaphysikbegriff: »[N]ous y souscrivons et [...] notre ›philosophique‹ n'est en rien étranger à cette métaphysique-là«. (Ebd., S. 185) Zum Einfluss Heideggers auf Nancys und Lacoue-Labarthes Analyse siehe auch Critchley: Re-tracing the political, S. 74ff.

112   Vgl. Nancy/Lacoue-Labarthe: Ouverture (Centre), S. 15; Nancy/Lacoue-Labarthe: Retrait, S. 185.

ve »Doppelbödigkeit«[113] der Politik oder des Gebrauchs dieses Begriffs beschreibt. In *Démocratie finie et infinie* schreibt er:

> Die Politik hat von den Griechen bis heute nie aufgehört, in einer doppelten Anordnung zu stehen: einerseits die bloße Regelung des gemeinsamen Daseins, andererseits die Übernahme des Sinns und der Wahrheit dieses Daseins. Bald hebt die Politik ihren Aktions- und Anspruchsradius klar ab, bald weitet sie ihn auf die Sorge um die Gesamtheit des Daseins [existence] aus [...].[114]

Gegenwärtig, so Nancys Beobachtung, scheine die Politik nur als »»Parteipolitik [politique politicienne]«« zu gelten und werde »herab[ge]würdigt [...] auf ein Geschacher zur Sicherung von kleinen Befugnissen, Positionen und mehr oder weniger legalen Einkünften«[115], erfahre aber zugleich weiterhin auch höchste Wertschätzung.[116] Man stelle also fest: »Die höhere Mission und die grassierende Korruption streiten um den Diskurs wie auch um die Realität.«[117] Anspielend auf die Arbeit des *Centre* heißt es rückblickend: »Deshalb hat man zum Beispiel von der Unterscheidung zwischen ›dem Politischen‹ und ›der Politik‹ regen Gebrauch gemacht oder einen Entzug/Rückzug [retrait/retracement] des Politischen feststellen wollen«.[118] Mit wenig Erfolg, denn »eine offenbar unheilbare Schizoidie prägt den Gebrauch des Begriffs«.[119]

Als Beispiele für *la politique* nennen Nancy und Lacoue-Labarthe zunächst die Politik der Kaiser Chinas, der Könige von Benin, Ludwigs des XIV. oder der deutschen Sozialdemokratie.[120] Spätere Bemerkungen Nancys abstrahieren: »Das Politische [Le politique]« sei nicht aufzufassen als »die Organisation der Gesellschaft«[121], was nahelegt, dass die Politik *(la politique)* genau dies ist. Diesen Schluss stützt Nancy in *La comparution*, wo er ›Politik‹ – ohne Artikel[122] – als das bezeichnet, was »für die Ordnung

---

113 Jean-Luc Nancy: Endliche und unendliche Demokratie. In: ders.: Wahrheit der Demokratie (Hg. Engelmann, Peter). Wien 2009, S. 73-100, 76 (Jean-Luc Nancy: Démocratie finie et infinie. In: ders. et al.: Démocratie, dans quel état? Paris 2009, S. 77-94, 79).

114 Ebd., S. 76f. (DFI 79).

115 Nancy: Was tun, S. 19 (QF 23f.).

116 Siehe ebd., S. 19f. (QF 24): »Das Wort bezeichnet bei den seriösesten und angesehensten Autoren die höhere Region, in der die gesamte Existenz ihren Sinn erhielt. In der sich zusammen die gemeinsame Dimension und die des Einzelnen oder Persönlichen entfaltet haben. Den Ort der vollen Gerechtigkeit oder des wirklichen Glücks. Den Raum des Austauschs und der Mit-Teilung [partage] der Vernunft, ja sogar eines Jenseits der Vernünfte. Natürlich auch den der höheren Entscheidung – Macht oder Erhebung –, die diesen Raum eröffnen würde [...]. Kurz, die Allmacht eines Lebens und/oder eines Bewusstseins, das sein Sein entwickelt und vollendet.«

117 Ebd., S. 20 (QF 25).

118 Ebd.

119 Ebd., S. 20f. (QF 25). Siehe in diesem Zusammenhang auch Wetzel: Diskurse des Politischen, S. 276, Hv. i. Orig., der mit Bezug auf Nancy von einem *»Doppelgesicht des Politischen«* spricht; zudem ebd., S. 306f.

120 Vgl. Nancy/Lacoue-Labarthe: Retrait, S. 186.

121 Nancy: Entwerkte Gemeinschaft, S. 87 (CD 99f.).

122 Im französischen Original heißt es lediglich »»politique««, in der deutschen Übersetzung m.E. nicht ganz korrekt »das ›Politische‹«, siehe Nancy: Das gemeinsame Erscheinen, S. 191 (CP 96).

der Macht, die Kanalisierung und Reglementierung von Kräfteverhältnissen und überhaupt für jegliche Form von *Polizei*« steht; sie wäre demnach eine »Politik der Macht mit
ihren Kalkülen und Zwängen«.[123] Zusammengefasst ist *la politique*

> eine Form technologischen Handelns und Denkens, die heute hauptsächlich in insti-
> tutionalisiertem Sozialmanagement besteht, sowie in den von Foucault beschriebe-
> nen *gouvernementalen Technologien* oder der Polizei [...]. Politik gehört dem Bereich der
> Kalkulation an, in dem sich alle auftretenden Probleme durch administrative Maß-
> nahmen »lösen« lassen, während alles Fragenswerte, d.h. *Fragwürdigkeit als solche*, ver-
> schwindet.[124]

Nancys Auffassung von *la politique* ähnelt den von Hannah Arendt so genannten »an-
ti-politischen Gemeinplätze[n]«, wonach Politik der »Daseinsversorgung« diene, angesichts der ›schlechten‹ menschlichen Natur notwendig sei, sich in »Herrschaft«[125] erschöpfe. Und nicht anders als Arendt möchte Nancy dagegen ein anderes Verständnis
der Politik/des Politischen stärken.[126]

Die Bestimmung von *le politique* fällt schwer, da sich das Politische nicht, wie *la po-
litique*, als »bestimmte Formen des Handelns, ein bestimmtes soziales Teilsystem oder
Ähnliches« einhegen lässt, sondern »dem Zugriff sozialer und politischer (systemischer)
Domestizierung entkommt«.[127] Das Politische steht »dem Normalfall von Politik« als
»Ausnahmefall«[128] entgegen. Als dieser ›Ausnahmefall‹ wird es zunächst negativ be-
stimmt: »Es ist allein [...] klar, was das Politische *nicht* ist: nämlich ›bloße‹ Politik.«[129]
Das Politische ist nicht auf einen Begriff zu bringen; in Frage steht vielmehr seine Es-

---

123   Ebd., Hv. i. Orig. (CP 96f.). Zu ›Polizei‹ siehe auch Rancière: Unvernehmen, S. 33ff.

124   Marchart: Politische Differenz, S. 97, Hv. i. Orig. Ähnlich Fynsk: Foreword, S. x, Hv. i. Orig. (»*la poli-
      tique:* the play of forces and interests engaged in a conflict over the representation and governance
      of social existence«), Smith: Justice and communist politics, S. 187 (»politics as the simple manage-
      ment of play or conflict between forces«), oder Hirsch: Symbolischer Primat des Politischen, S. 336
      (Die Politik sei »Element der staatlichen Institutionen, ihres Rechts, ihrer Verwaltung und ihrer
      Entscheidungen über die Organisation der Gesellschaft«; es gehe um die »Ebene der jeweiligen po-
      litischen Kräfteverhältnisse, Interessenkonstellationen, Organisationsformen, Legitimations- und
      Entscheidungsprozeduren, wie sie von der Politik- und Rechtswissenschaft, von der Soziologie,
      aber auch von der Demokratietheorie und der Politischen Philosophie analysiert werden«).

125   Arendt: Was ist Politik, S. 196.

126   Arendt spricht von einem »reinen Begriff des Politischen«, den sie zu denken versuche; so Han-
      nah Arendt in einem Brief an Karl Jaspers vom 4. März 1951. In: dies./Jaspers, Karl: Briefwech-
      sel 1926-1969 (Hg. Köhler, Lotte/Saner, Karl). München, Zürich 1985, S. 201-205, 203. Den Hinweis
      auf diesen Brief verdanke ich Ernst Vollrath: Hannah Arendt: A German-American Jewess Views
      the United States – and Looks Back to Germany. In: Glaser-Schmidt, Elisabeth/Kielmansegg, Peter
      Graf/Mewes, Horst (Hg.): Hannah Arendt and Leo Strauss. German émigrés and American political
      thought after World War II. Cambridge u.a. 1995, S. 45-58, 47.

127   Marchart: Politische Differenz, S. 27.

128   Harald Bluhm: Konträre Auffassungen über Politik und Entscheidung. Michael Th. Greven und Pa-
      najotis Kondylis – eine Skizze. In: Asbach, Olaf et al. (Hg.): Zur kritischen Theorie der politischen
      Gesellschaft. Festschrift für Michael Th. Greven zum 65. Geburtstag. Wiesbaden 2012, S. 77-95, 77.

129   Bedorf: Das Politische und die Politik, S. 33, Hv. i. Orig.

senz[130], die, so wird sich zeigen, eng mit der Gemeinschaft (als Frage) verknüpft ist. In einer ersten Annäherung ließe sich mit Smith sagen, dass das Politische der Ort ist, »where what is given in common [...] poses itself as a question«.[131]

Zunächst klären Nancy und Lacoue-Labarthe die Bedingung, unter der die Frage nach der Essenz des Politischen gestellt werden kann: Das Politische muss wieder fragwürdig werden. Dies erfordert die Anstrengung eines *retrait*, der den Zustand der Allgegenwart des Politischen beendet.[132] Diese gründet in der (metaphysischen) ›archi-politischen‹ Geste des Philosophischen, und deshalb reiche es nicht, das Streben nach einer Grundlegung der Politik und einer Politik als Grundlegung durch eine politische Kritik, die ihrem Gegenstand unweigerlich verhaftet bliebe, zu desavouieren. Man müsse sich vielmehr an dem Prozess der Dekonstruktion der Macht oder Autorität der Philosophie beteiligen und ihn noch forcieren, indem man auch das Politische in die Selbstabsetzungsbewegung der Philosophie (als Fundamentalismus) einbezieht.[133]

> Tout s'est passé comme si la philosophie se destituant n'avait pas osé toucher au politique ou comme si le politique [...] n'avait pas cessé de l'intimider. Tout s'est passé, autrement dit, comme si une part d'elle même (si ce n'est son essence même) était restée pratiquement interdite à la philosophie se destituant [...]. Et comme si, pour finir, le politique était resté, paradoxalement, la *tâche aveugle* du philosophique.[134]

Die Blindheit der Philosophie gegenüber dem Politischen gründe darin, dass sich das Politische in eine paradoxe »évidence aveuglante du politique«[135] zurückgezogen habe, in jene Allgegenwart des Politischen, von der Fynsk und Lacoue-Labarthe in Cerisy-la-Salle gesprochen hatten. Um der Essenz des Politischen nachspüren zu können, müsse man folglich allererst »la *clôture du politique*« zur Kenntnis nehmen, das »accomplissement du politique«.[136]

Diese Abgeschlossenheit oder Erfüllung des Politischen sei nicht als ein Ende oder besser: nicht nur als ein Ende des Politischen aufzufassen[137], sondern zeige einen tief-

---

130 Vgl. Nancy/Lacoue-Labarthe: Ouverture (Centre), S. 13. Laut Andrew Norris: Art. ›Schmitt, Carl‹. In: Gratton, Peter/Morin, Marie-Eve (Hg.): The Nancy Dictionary. Edinburgh 2015, S. 211-213, 212f., kommentiert die Differenzierung zwischen Begriff und Essenz des Politischen Carl Schmitt, der diese Unterscheidung nicht treffe. Schmitt: Begriff des Politischen, S. 20, gibt allerdings an, seine Arbeit zum »Begriff des Politischen« sei eine Studie zum »Wesen des Politischen«. Zum Verhältnis von Nancy und Schmitt siehe ausführlicher etwa Norris: Nancy on the political, S. 903ff., sowie meine Arbeit *Jean-Luc Nancy und Carl Schmitt über das Politische*.

131 Smith: Justice and communist politics, S. 187.

132 Vgl. Nancy/Lacoue-Labarthe: Ouverture (Centre), S. 18.

133 Vgl. ebd., S. 17; Fraser: Französische Derridarianer, S. 121.

134 Nancy/Lacoue-Labarthe: Ouverture (Centre), S. 17f., Hv. i. Orig.

135 Ebd., S. 20.

136 Ebd., S. 15, Hv. i. Orig.; vgl. ebd., S. 18.

137 Siehe in diesem Zusammenhang die Formulierung von Derrida: Grammatologie, S. 14, Hv. i. Orig. (Jacques Derrida: De la grammatologie. Paris 1967, S. 14, Hv. i. Orig.), wonach »die Einheit all dessen, was heute in den unterschiedlichsten Auffassungen von Wissenschaft und Schrift sichtbar wird, [...] im Prinzip, wenn auch mehr oder weniger verborgen, seit je durch eine historisch-metaphysische Epoche determiniert [ist], deren Geschlossenheit *[clôture]* wir gerade erst erahnen können. Wir sagen nicht *Ende [fin]*.« Als Blaupause für die *clôture du politique* dient Nancy und Lacoue-

greifenden historischen Wandel an, der ein Ende und die Möglichkeit zu einem Neubeginn zugleich ist.[138]

> We are in the midst of a shift, of a change comparable to that marking the passage from
> antiquity to the modern world [...]. This culture's entire order of dominant significations
> has been suspended, and remains so: at the outset, such a suspension can only seem
> like a loss. But it's just as much a beginning. Concerning the political, what has been
> suspended is nothing less than the philosophical foundation of the political itself. This
> foundation [...] claimed that the political was the site where an essence was actualized,
> where man's existence (and with man, the rest of the world) was fulfilled as »city« or
> as »State« in the Hegelian sense (that is, as totality of sense and presence).[139]

Geschichtlich manifestiert sich für Nancy und Lacoue-Labarthe die *clôture du politique*
im real existierenden Marxismus (und in all den Bemühungen, ihn zu kritisieren oder
in revolutionärer Absicht zu radikalisieren).[140] In diesem Sinne gelte: »»[L]e marxisme
est l'horizon indépassable de notre temps«»[141], wie Jean-Paul Sartre ihn – mit anderer
Intention – bezeichnet habe. Abstrakter gesprochen handelt es sich bei der *clôture du
politique*, wie das obige Zitat andeutet, um das Resultat des Versuchs, eine Essenz (z.B.
des Menschen) zu verwirklichen. Dieses Unterfangen zeige sich im Begriff und in der
Logik der Revolution. In der *clôture* erschöpfe sich »le discours de l'appropriation ou
de la réappropriation de l'homme dans son humanité, le discours de l'effectuation du
genre humain – bref, le discours de la révolution«.[142] Dieser Diskurs einer (Wieder-)An-

---

Labarthe Heideggers Verständnis vom Ende der Metaphysik (auf das Derridas *clôture* kritisch rekurriert); siehe dazu Robert Bernasconi: Heidegger und die Dekonstruktion. Strategien im Umgang mit der Metaphysik: Derrida, Nancy, Lacoue-Labarthe und Irigaray. In: Thomä, Dieter (Hg.):
Heidegger-Handbuch. Leben – Werk – Wirkung. Stuttgart, Weimar 2003, S. 440-450, 442. Nan-
cy/Lacoue-Labarthe: Ouverture (Centre), S. 15, beziehen sich etwa auf die Paragraphen XIX-XXVII
von Martin Heidegger: Überwindung der Metaphysik [1936-46]. In: ders.: Gesamtausgabe. I. Abteilung: Veröffentlichte Schriften 1910-1976. Bd. 7. Vorträge und Aufsätze (Hg. Herrmann, Friedrich-
Wilhelm von). Frankfurt a.M. 2000, S. 67-98, 85ff.; siehe dazu Critchley: Re-tracing the political,
S. 76.

138   Marchart: Politische Differenz, S. 100, Hv. i. Orig., betont: »Ein ›Ende‹, sei es das Ende der Philosophie oder das Verschwinden des Politischen oder die Schließung von Gesellschaft, ist für Nancy
und Lacoue-Labarthe niemals ein *dead-end*. Es ist immer zugleich Öffnung und Neubeginn.«

139   Nancy: Nothing but the world, S. 523, mit Bezug auf Derridas »»closure of metaphysics«« und Heideggers »»end of metaphysics««.

140   Vgl. Nancy/Lacoue-Labarthe: Ouverture (Centre), S. 16; Critchley: Re-tracing the political, S. 77.

141   Nancy/Lacoue-Labarthe: Ouverture (Centre), S. 16. Nancy und Lacoue-Labarthe beziehen sich möglicherweise auf Jean-Paul Sartre: Fragen der Methode [1957] (Hg. Elkaïm-Sartre, Arlette). Reinbek
bei Hamburg 1999, S. 37, Hv. i. Orig.: »[D]er Marxismus [...] bleibt [...] *die* Philosophie unserer Epoche«. Nancy lässt wenige Gelegenheiten aus, diese Wendung Sartres an- und abzuführen, wobei er
je nach Kontext ›Marxismus‹ durch ›Kommunismus‹ ersetzt; siehe etwa Nancy/Lacoue-Labarthe:
Retrait, S. 192; Nancy: Entwerkte Gemeinschaft, S. 11 (CD 11); Nancy: Das gemeinsame Erscheinen,
S. 174 (CP 65); Jean-Luc Nancy: Un sens commun. In: Lignes 48 (2015), S. 9-12, 10.

142   Nancy/Lacoue-Labarthe: Ouverture (Centre), S. 16. Hier stelle man eine Nähe zu der Revolutions-
kritik Rogozinskis fest, meint Fraser: Französische Derridarianer, S. 121. Im Einklang mit der Kritik,
die, wie wir sehen werden, auch gegen Nancy und Lacoue-Labarthe erhoben wird, merkt Howard:
French rhetoric and political reality, S. 337, zu Rogozinskis Dekonstruktion der (metaphysischen)

eignung und Vollendung des (als bekannt vorausgesetzten) menschlichen Wesens führt zum totalitären ›Alles ist politisch‹ und zum Verlust des Politischen als Frage.[143]

Es verwundert angesichts dieser Absage an die Revolution nicht, wenn Nancy Fraser das Projekt einer Befragung der Essenz des Politischen als Flucht in einen »transzendentalen Unterschlupf«[144] kritisiert. Sie sieht Nancy und Lacoue-Labarthe getrieben von der Furcht, sich die »Hände im politischen Kampf schmutzig«[145] zu machen. Damit verabschiedeten sie »die Möglichkeit der *politischen* Opposition gegen Administration und instrumentelle Vernunft«.[146] Die Intention Nancys und Lacoue-Labarthes ist dies nicht. Von einer politischen Kritik am Zustand des ›Alles ist politisch‹ abzurücken und stattdessen das Politische selbst in Frage stellen zu wollen, das heiße keineswegs: den Rückzug ins Unpolitische anzutreten und den politischen Kampf aufzugeben.[147] Ihr Vorbehalt gilt aber der Anmaßung, man könne eine Theorie vorlegen, die eine »solution politique à l'inhumanité«[148] verspricht. Denn mit diesem Wunsch sei verbunden, was einleitend als charakteristischer Zug des politischen Denkens seit der Antike dargestellt wurde, nämlich »le désir d'une transparence sociale, l'utopie de l'homogénéisation du prétendu ›corps social‹«.[149]

Lacoue-Labarthe hatte in Cerisy-la-Salle den *retrait* als eine (politische) Aktivität ausgewiesen. Nancy und er untermauern diese Behauptung, wenn sie vortragen, »le geste du re-trait est lui-même un geste politique – par où sans doute il s'agit d'excéder quelque chose du politique, mais absolument pas sur le mode d'une ›sortie hors du politique‹«.[150] Jeder Versuch, in ein solches (z.B. ethisches, ästhetisches oder religiöses) Außerhalb des Politischen zu flüchten, festige nur dessen Herrschaft. Für Nancy und Lacoue-Labarthe steht fest, dass die am *Centre* stattfindende Arbeit zum Politischen politisch wirksam sein wird.[151] Beide bemühen in diesem Kontext ein großes Wort: »Il s'agit pour nous [...] de ce qu'il n'y a pas si longtemps on aurait appelé un ›engagement‹ – ce qui fait bien autre chose qu'un gage donné à l'une ou l'autre politique.«[152]

Idee der Revolution an, diese lasse anscheinend »no perspective but empirical piecemeal engineering reforms of the status quo. [...] The deconstructionists may intend to be read as prophets of a new politics, distinct from the formally accepted party-political horse-trading which Western democracies have become. Looked at soberly, however, this new politics is simply the pragmatics of everyday life raised to theoretical dignity and rhetorical splendor.«

143   Vgl. Fagan: Ethics and politics after poststructuralism, S. 110f.; Morin: Nancy, S. 98; Fraser: Französische Derridarianer, S. 120f.

144   Fraser: Französische Derridarianer, S. 140.

145   Ebd., S. 134.

146   Ebd., S. 139, Hv. i. Orig.

147   Vgl. Nancy/Lacoue-Labarthe: Ouverture (Centre), S. 18; 24. Siehe auch James: Fragmentary demand, S. 168f., der betont, »Nancy and Lacoue-Labarthe do not seek to rule out political debate, struggle, or engagement«.

148   Nancy/Lacoue-Labarthe: Ouverture (Centre), S. 17.

149   Ebd.; vgl. Fraser: Französische Derridarianer, S. 121.

150   Nancy/Lacoue-Labarthe: Ouverture (Centre), S. 18; siehe auch schon Herzhoff: Nancy und Schmitt, S. 104.

151   Vgl. Nancy/Lacoue-Labarthe: Ouverture (Centre), S. 18f.; 20; 28.

152   Ebd., S. 19; vgl. Fraser: Französische Derridarianer, S. 122.

1.3   Die totale Herrschaft des Politischen – Elemente und Ursprünge

Die Befragung der Essenz des Politischen ist für Nancy und Lacoue-Labarthe angesichts der totalitären Allgegenwart des Politischen »une véritable urgence«.[153] Ein totalitärer Zustand sei erreicht, wenn sich das Politische bis zu dem Punkt aufbläht, »qu'il exclut tout autre domaine de référence«.[154] Was heißt das? Nancy verweist häufig auf Marx' Definition der »wahren Demokratie«, in der (im Unterschied zu ihrer republikanischen Form) der Staat »den Inhalt der übrigen nicht politischen Sphären materiell durchdringe«, was beinhalte, dass »der *politische Staat untergehe*«.[155] Zu denken wäre aber auch an solche Diskurse, die die Politik zu einer »function of *political economy*«[156] erklären wollen, der sich alle übrigen gesellschaftlichen Bereiche unterzuordnen hätten.[157] Immer geht es darum, dass sich das Politische als eine eigenständige Sphäre zurückzieht, um in dem »gemeinsamen, zum Subjekt hypostasierten Körper«[158] der Gemeinschaft aufzugehen.

Claude Leforts Analyse des Totalitarismus und der Demokratie[159]

Hatten Nancy und Lacoue-Labarthe in ihrer Rede zur Eröffnung des *Centre* das Phänomen des Totalitarismus nur gestreift, so setzten sie sich in einem Vortrag am 21. Juni 1982 ausführlicher mit ihm auseinander. Den Anlass, ihre Überlegungen zu präzisieren, lieferte nicht zuletzt ein von Claude Lefort am 18. Januar desselben Jahres gehaltener Vortrag über *La question de la démocratie*.[160] Leforts Zuhörer*innen mussten sich die Frage gefallen lassen, ob sie sich mit ihren theoretischen Höhenflügen nicht

---

153   Nancy/Lacoue-Labarthe: Ouverture (Centre), S. 12.

154   Ebd., S. 16; siehe auch Nancy/Lacoue-Labarthe: Retrait, S. 188; vgl. Fraser: Französische Derridarianer, S. 121.

155   Karl Marx: Aus der Kritik der Hegelschen Rechtsphilosophie. Kritik des Hegelschen Staatsrechts (§§ 261-313) [1843]. In: ders./Engels, Friedrich: Werke. Bd. 1 (Hg. Institut für Marxismus-Leninismus beim ZK der SED). Berlin 1956, S. 201-333, 232, Hv. i. Orig.; vgl. Smith: Justice and communist politics, S. 195f. Siehe für Referenzen Nancys auf diese Passage etwa Nancy/Lacoue-Labarthe: Ouverture (Centre), S. 21; Nancy: Nothing but the world, S. 523f., Nancy: Philosophische Chroniken, S. 30 (CHP 33), oder Nancy: Das gemeinsame Erscheinen, S. 190, Hv. i. Orig. [CP 94, Hv. i. Orig.]): »Die ›Verwirklichung‹ des Politischen bedeutet für Marx, daß es nicht länger abgetrennt ist von anderen Bereichen und daß es alle anderen Sphären der menschlichen Tätigkeit durchdringt und sich so realisiert. Anders gesagt: es ist die *Polis*, die mit dem gesamten wirklichen Leben der Gemeinschaft zusammenfällt.« Nancy wird dagegen betonen, dass in der Demokratie die Politik von den übrigen Sphären der Existenz (etwa der Kunst oder der Liebe) getrennt ist. »Die Ungleichartigkeit dieser Sphären zur eigentlich politischen zu denken, ist eine *politische* Notwendigkeit.« (Nancy: Endliche und unendliche Demokratie, S. 83, Hv. i. Orig. [DFI 83, Hv. i. Orig.]) Siehe dazu auch Smith: Justice and communist politics, S. 197ff., sowie Herzhoff: Nancy und Schmitt, S. 97.

156   James: Interrupted myth, S. 336, Hv. i. Orig.

157   Siehe allgemein zu dieser These Marchart: Politische Differenz, S. 42ff.; 93.

158   Nancy: Das gemeinsame Erscheinen, S. 190 (CP 95).

159   Meine Darstellung in diesem Unterabschnitt orientiert sich an Critchley: Re-tracing the political, S. 78ff.

160   Vgl. Fraser: Französische Derridarianer, S. 127; siehe Claude Lefort: La question de la démocratie. In: Nancy, Jean-Luc/Lacoue-Labarthe, Philippe (Hg.): Le retrait du politique. Travaux du Centre de recherches philosophiques sur le politique. Paris 1983, S. 71-88 (die Seitenangaben beziehen sich

bedenklich weit von der politischen Philosophie und ihrem Kernanliegen, die Freiheit (die Bedingungen, unter denen Freiheit möglich ist) zu denken, entfernt hätten.[161] Die Kritik gipfelt in dem Vorwurf einer »intellektuelle[n] Weigerung, die Freiheit in der als ›bürgerlich‹ definierten Demokratie, die Knechtschaft im Totalitarismus zu entdecken«.[162]

Ausgehend von dieser Zurechtweisung benennt Lefort sein Ziel: »Mein Anliegen ist die Wiederherstellung der politischen Philosophie; dazu möchte ich beitragen und anregen.«[163] Ähnlich wie Nancy und Lacoue-Labarthe knüpft daran auch Lefort eine Absage an die Disziplinen der Politologie und Soziologie.[164] Sie betrachteten die Politik als eine »partikulare Tatsache«, die man von anderen (etwa ökonomischen, rechtlichen, ästhetischen oder wissenschaftlichen) »sozialen Tatsachen«[165] abgrenzen könne. Das Politische ist für Lefort indes kein gesellschaftlicher Bereich unter anderen, sondern das, was sämtliche sozialen Beziehungen erst gründet.[166] Soziolog*innen und Politolog*innen seien blind für den Umstand, dass all das, was sie einer Inventur oder Rekonstruktion unterziehen wollen (z.B. die Beziehungen in der Gesellschaft), nur existiert, wenn zuvor – durch die Politik – die Gesellschaft schon in eine Form gebracht wurde.[167] Mit dem für die Soziologie und Politologie typischen »Wille[n] zur Objektivierung‹« sei zudem die »Fiktion« eines gesellschaftlich ungebundenen Subjekts verquickt, die ignoriere, »daß das Denken, das sich auf jedwede Form des gesellschaftlichen Lebens bezieht, mit einem Material zu tun hat, das bereits seine eigene Interpretation enthält, deren Bedeutung konstitutiv für sein Wesen ist«.[168]

Vor diesem Hintergrund unterscheidet Lefort ebenfalls zwischen *la politique* und *le politique*. Erstere spiele sich als üblicherweise so verstandenes politisches Handeln ab: Die Politik sei »jener Ort, an dem sich der Wettstreit der Parteien vollzieht, an dem

---

auf den Vortragstext und das Protokoll der anschließenden Diskussion). Im Folgenden zitiere ich nach der deutschen Übersetzung *Die Frage der Demokratie.*

161   Vgl. Lefort: Frage der Demokratie, S. 281f. Critchley: Re-tracing the political, S. 79, bescheinigt Leforts Aufsatz »an extremely provocative tone«.

162   Lefort: Frage der Demokratie, S. 283; siehe zur ›linken‹ Blindheit gegenüber den totalitären Zügen des Sozialismus die Argumentation Leforts in dem bereits zitierten Aufsatz *La logique totalitaire.*

163   Lefort: Frage der Demokratie, S. 281.

164   Vgl. ebd., S. 283, und siehe hierzu sowie zum Folgenden Daniel Gaus: Demokratie zwischen Konflikt und Konsens. Zur politischen Philosophie Claude Leforts. In: Flügel, Oliver/Heil, Reinhard/Hetzel, Andreas (Hg.): Die Rückkehr des Politischen. Demokratietheorien heute. Darmstadt 2004, S. 65-86, 66ff.; Marchart: Zivilgesellschaftlicher Republikanismus, S. 163ff.

165   Lefort: Frage der Demokratie, S. 283.

166   In diesem Sinne versteht auch Marchart: Politische Differenz, S. 29, Hv. i. Orig., »das Politische als gründendes Supplement *aller* sozialen Relationen«. Siehe zum Unterschied zwischen dem Politischen und der Politik bei Lefort auch ebd., S. 123ff., sowie Lefort: Fortdauer des Theologisch-Politischen, S. 35ff.

167   Vgl. Lefort: Frage der Demokratie, S. 283f. Siehe auch Lefort: Fortdauer des Theologisch-Politischen, S. 49, Hv. i. Orig., der »den Unterschied zwischen der politischen Wissenschaft und der politischen Philosophie« darin erkennt, »daß es der einen darum geht, eine Ordnung von einzelnen Tatsachen *im Sozialen* einzugrenzen, während die Aufgabe der anderen darin besteht, das Prinzip der Institution des Sozialen zu denken«.

168   Lefort: Frage der Demokratie, S. 285.

sich die allgemeine Machtinstanz ausbildet und erneuert«.[169] Das Politische hingegen meine jene Verfahren und Grundsätze, die den gesellschaftlichen Raum allererst instituieren und formen. Sie ermöglichten dadurch, dass sich in diesem Raum ein Bereich der Politik von anderen Bereichen unterscheiden kann.[170] Lefort unterstreicht »den Stiftungscharakter des Politischen, der nicht in den Regeln und Durchsetzungsbedingungen einer gegebenen Institution aufgeht«.[171]

Der *retrait du politique* ebnet für Lefort die Differenz zwischen *la politique* und *le politique* ein, verkennt also die Dimension der Gründung der Gesellschaft durch ihre »Formgebung«.[172] Diese ›Formgebung‹ der Gesellschaft wird flankiert von einer »Sinngebung«, die den gesellschaftlichen Raum binär gliedert (real/imaginär, wahr/falsch, gerecht/ungerecht, normal/pathologisch), sowie einer »Inszenierung«[173], durch die sich die Gesellschaft (etwa als demokratisch oder totalitär) selbst repräsentiert.[174] Lefort zufolge konstituiert sich eine Gesellschaft, wenn »sich ihre Selbstidentität von einem symbolischen Pol aus manifestiert«.[175] Dies sei der Pol der Macht.[176] Von der Form also, in der sich die Gesellschaft (sich) selbst repräsentiert; davon, wie der Pol der Macht gestaltet ist, hängt ab, wie eine Gesellschaft ist: totalitär oder demokratisch.[177]

Die Demokratie bestimmt Lefort zunächst negativ: Sie lasse sich nicht »auf ein System von Institutionen«[178] einengen, und sie sei vor allem eine »*geschichtliche Gesellschaft*«, das heißt »eine Gesellschaft, die im offenkundigen Kontrast zum Totalitarismus die Unbestimmtheit in ihre Form aufnimmt und erhält«.[179] Wesentlich für die Demokratie sei, »daß sie die *Grundlagen aller Gewißheit auflöst*«.[180] Lefort führt dies auf eine mit dem Entstehen der modernen Demokratie einhergehende Veränderung im gesell-

---

169   Ebd., S. 284.

170   Vgl. ebd., sowie Marchart: Zivilgesellschaftlicher Republikanismus, S. 165.

171   Bedorf: Das Politische und die Politik, S. 28.

172   Lefort: Frage der Demokratie, S. 284; vgl. Marchart: Politische Differenz, S. 127.

173   Lefort: Frage der Demokratie, S. 284.

174   Vgl. ebd., S. 284f., sowie Marchart: Zivilgesellschaftlicher Republikanismus, S. 166f. Siehe auch Lefort: Fortdauer des Theologisch-Politischen, S. 39.

175   Marchart: Zivilgesellschaftlicher Republikanismus, S. 167.

176   Vgl. Bedorf: Das Politische und die Politik, S. 29. Die Macht, so Lefort: Fortdauer des Theologisch-Politischen, S. 49, Hv. i. Orig., »manifestiert eine Exteriorität der Gesellschaft zu sich selber, gewährt ihr eine quasi-Reflexion über sich selbst«; die Macht weise hin »auf ein *Außen* [...], von dem aus die Gesellschaft sich definiert«. Es handele sich um ein Zugleich von Teilung und Verbindung: »Das Rätsel einer Artikulation von intern-extern, einer Spaltung, die einen gemeinsamen Raum instituiert, eines Bruchs, der gleichzeitig ein In-Beziehung-Setzen ist«. (Ebd.)

177   Vgl. Gaus: Konflikt und Konsens, S. 68. Siehe etwa Lefort: Fortdauer des Theologisch-Politischen, S. 37, Hv. i. Orig., wo er davon spricht, »daß eine Gesellschaft sich von einer anderen durch ihr *Regime* unterscheidet, oder [...] besser gesagt, durch ein bestimmtes *In-Form-Setzen* des menschlichen Miteinanderseins«.

178   Lefort: Frage der Demokratie, S. 288.

179   Ebd., S. 291, Hv. i. Orig.; siehe auch Lefort: L'image du corps, S. 174.

180   Lefort: Frage der Demokratie, S. 296, Hv. i. Orig.; siehe auch Claude Lefort: Le peuple et le pouvoir [Gespräch mit Christian Descamps]. In: ders.: Le temps présent. Écrits 1945-2005. Paris 2007, S. 471-478, 476.

schaftlichen Symbolsystem zurück.[181] In der Französischen Revolution fällt dem Monarchen nicht nur der Kopf von den Schultern. Zugleich wird mit seiner Enthauptung auch »[d]ie Verbindung zum transzendenten Legitimationsgrund der Gesellschaft, der im Körper des Königs inkarniert war, [...] gekappt«.[182] Die Macht kann sich nicht länger im Realen verkörpern, kann der Gemeinschaft keinen Körper mehr geben. Die Macht des Monarchen beruhte auf der unterstellten Einheit seines sakral-göttlichen (unsterblichen) und säkular-menschlichen (sterblichen) Körpers. Der Monarch war als Mensch erkennbar und repräsentierte die göttliche Autorität. Durch ihn und mit ihm und in ihm identifizierte sich die Gesellschaft. »Die im Fürsten verkörperte Macht verlieh [...] der Gesellschaft körperliche Gestalt.«[183] Die Guillotinierung des Königs löste diesen Körper auf, »la corporéité du social se dissout«.[184] Die Macht entkörperte sich und wurde eine »rein symbolische Instanz«.[185] Lefort fasst dies in die Formel: In der Demokratie werde »[d]er Ort der Macht [...] zu einer *Leerstelle*«.[186] Nicht, dass die Demokratie die Macht abschaffte; auch die Demokratie bedarf nach Ansicht Leforts eines Thrones.[187] Mithilfe der Macht könne sich die Gesellschaft als Ganzheit erfassen und auf sich selbst Bezug nehmen.[188]

Diese Ganzheit ist allerdings nicht substantiell: War die Monarchie, wie Critchley formuliert, »a politicised metaphysics of substance«[189], so entsteht die Demokratie durch einen Substanzverlust. Die Macht wird in der Demokratie nie angeeignet, nie königsgleich verkörpert: »In a democracy, no single person owns power or *is* power; we can only *re*present power and are therefore never really present in it.«[190] In Leforts Worten gilt also:

> [D]ie demokratische Gesellschaft begründet sich als [...] körperlose Gesellschaft, d.h. als Gesellschaft, die die Vorstellung einer organischen Totalität außer Kraft setzt. Allerdings ist dies nicht so zu verstehen, daß sie ganz ohne Einheit, ohne jede definierte

---

181 Vgl. zum Folgenden Lefort: Frage der Demokratie, S. 291ff., sowie aus der Sekundärliteratur Gaus: Konflikt und Konsens, S. 69ff., und Marchart: Zivilgesellschaftlicher Republikanismus, S. 168f.

182 Oliver Marchart: Neu beginnen. Hannah Arendt, die Revolution und die Globalisierung. Wien 2005, S. 150.

183 Lefort: Frage der Demokratie, S. 293; siehe auch Lefort: L'image du corps, S. 171f.

184 Lefort: L'image du corps, S. 172.

185 Lefort: Frage der Demokratie, S. 293. In diesem Kontext ließe sich mit Critchley: Re-tracing the political, S. 82, die kritische Nachfrage stellen, ob dieses ›französische‹ Modell verallgemeinerbar ist.

186 Lefort: Frage der Demokratie, S. 293, Hv. i. Orig.

187 »Demokratie braucht keinen Thron«, meint Ludger Schwarte: Philosophie der Architektur. München 2009, S. 76.

188 Vgl. Lefort: Frage der Demokratie, S. 293.

189 Critchley: Re-tracing the political, S. 79.

190 Ignaas Devisch: Thinking Nancy's ›Political Philosophy‹. In: Dejanovic, Sanja (Hg.): Nancy and the Political. Edinburgh 2015, S. 116-136, 125, Hv. i. Orig. Die Leere der Macht hat in der französischen Republik Verfassungsrang: Artikel 27 der nie in Kraft getretenen Verfassung von 1793 erklärt »jeden Anspruch auf persönliche Souveränität zum todeswürdigen Verbrechen«, was heißt: »Wer auch immer den leeren Platz des Königs fortan *in persona* einnehmen will, fällt [...] aus der Sphäre des nun republikanisch definierten Gemeinwesens und damit aus jedem gesellschaftlichen Rechtsverhältnis heraus.« (Koschorke et al.: Der fiktive Staat, S. 230, Hv. i. Orig.; vgl. ebd., S. 247f.)

Identität wäre. Ganz im Gegenteil bringt [...] das Verschwinden der natürlichen Bestimmung, die vormals an die Person des Fürsten und die Existenz des Adels gebunden war, die [...] rein gesellschaftliche Natur der Gesellschaft zum Vorschein. Das Volk, die Nation und der Staat errichten sich als universelle Wesenheiten, auf die jedes Individuum, jede Gruppe gleichermaßen bezogen ist. Doch weder der Staat noch das Volk, noch die Nation stellen sich als substantielle Realitäten dar. Ihre Repräsentation ist selbst ständig abhängig von einem politischen Diskurs und einer geschichtlichen und gesellschaftlichen Ausgestaltung, die ihrerseits stets an die ideologischen Auseinandersetzungen gebunden bleibt.[191]

Die Form des Zusammenseins ist mit der politischen Form einer Gesellschaft verknüpft.[192] Diese Verbindung wird klarer, stellt man der demokratischen Gesellschaftsform die des Totalitarismus gegenüber. Dabei gilt, dass Demokratie und Totalitarismus bei allen Unterschieden insofern aufeinander verweisen, als gerade die demokratische Unbestimmtheit und Grundlosigkeit der sozialen Ordnung den Nährboden für den Totalitarismus bilden kann: »In einer Gesellschaft, in der sich die Grundlagen der politischen wie gesellschaftlichen Ordnung stets entziehen [...], bleibt die Möglichkeit einer Außerkraftsetzung der demokratischen Logik stets offen.«[193] Die Demokratie enthält den Samen des Totalitarismus, und nichts schützt mit Sicherheit davor, dass er aufgeht und die Demokratie überwuchert.[194] Mit Lefort müsse man »die Unterscheidung zwischen Demokratie und Totalitarismus als eine Unterscheidung *innerhalb* der Demokratie verstehen«.[195]

---

191   Lefort: Frage der Demokratie, S. 295. Das Volk bleibt als entleertes ›Volk‹ zurück: »La légitimité du pouvoir se fonde sur le peuple; mais à l'image de la souveraineté populaire se joint celle d'un lieu vide, impossible à occuper, tel que ceux qui exercent l'autorité publique ne sauraient prétendre se l'approprier. La démocratie allie ces deux principes apparemment contradictoires: l'un, que le pouvoir émane du peuple; l'autre, qu'il n'est le pouvoir de personne.« (Lefort: La logique totalitaire, S. 92) Siehe auch Lefort: Fortdauer des Theologisch-Politischen, S. 57f.; 60.

192   Vgl. Devisch: Nancy's ›Political Philosophy‹, S. 127f. Siehe etwa Lefort: Le peuple et le pouvoir, S. 475, Hv. i. Orig., wo es in heißt, »la démocratie désigne une *forme de société*, une constitution symbolique«.

193   Lefort: Frage der Demokratie, S. 296. Siehe etwa auch Lefort: Le peuple et le pouvoir, S. 472, sowie Lefort: L'image du corps, S. 174f.: »Avec le totalitarisme, se met en place un dispositif qui tend [...] à bannir l'indétermination qui hante l'expérience démocratique.«

194   Claude Lefort/Marcel Gauchet: Über die Demokratie: Das Politische und die Instituierung des Gesellschaftlichen. In: Rödel, Ulrich (Hg.): Autonome Gesellschaft und libertäre Demokratie. Frankfurt a.M. 1990, S. 89-122, 104, Hv. i. Orig.: »Das tyrannische oder totalitäre Unternehmen kann innerhalb der Demokratie in symbolischer Weise *gebannt* werden, aber sein Weg läßt sich, gleichgültig innerhalb welchen politischen Systems, niemals endgültig versperren.« Siehe auch Gaus: Konflikt und Konsens, S. 8off., sowie Marchart: Politische Differenz, S. 143.

195   Marchart: Zivilgesellschaftlicher Republikanismus, S. 170f., Hv. i. Orig. Siehe auch Marchart: Neu beginnen, S. 150, Hv. i. Orig.: »Demokratie kann nur *in sich* mutieren in Totalitarismus.« Ähnlich auch Devisch: Nancy's ›Political Philosophy‹, S. 126; 127. Lefort: L'image du corps, S. 170, formuliert: »Le totalitarisme ne s'éclaire [...] qu'à la condition de saisir la relation qu'il entretient avec la démocratie.«

Der Unterschied zwischen Demokratie und Totalitarismus liegt in der Form ihrer Selbstrepräsentation, das heißt: in ihrem Umgang mit der Instanz der Macht.[196] Lefort setzt zwar die verschiedenen Formen des Totalitarismus nicht in eins, weist aber auf »die Ähnlichkeit der Unternehmen« von Faschismus und Kommunismus hin: »Es handelt sich, auf die eine oder andere Weise darum, der Macht eine substanzielle Realität zu verleihen [...], die soziale Spaltung in all ihren Formen zu leugnen, der Gesellschaft wieder einen *Körper* zu geben.«[197]

Die Demokratie lässt den Platz der Macht leer und erlaubt keine Figuration der Macht[198]; der Totalitarismus möchte eine solche Verkörperung (erneut) ins Werk setzen.[199] In der Demokratie ist die Macht symbolisch (nicht aber faktisch) von der Gesellschaft getrennt[200], sie besetzt »die Rolle einer radikalen Andersheit«.[201] Der Totalitarismus will diese (äußere) Trennung zwischen Gesellschaft und Macht ebenso aufheben wie die als Interessengegensätze (etwa zwischen Klassen) sich manifestierende Teilung der Gesellschaft in ihrem Inneren.[202] Er entwickele »das Phantasma des einen Einheits-

---

196   Vgl. Devisch: Nancy's ›Political Philosophy‹, S. 128.

197   Lefort: Fortdauer des Theologisch-Politischen, S. 62, Hv. i. Orig.; vgl. ebd. Hier lässt sich ein Bogen zurück zu der Einleitung dieser Arbeit schlagen: Die Idee einer ›verkörperten‹ Gesellschaft war durch die Metaphorik des Organismus bereits etabliert. Lüdemann: Metaphern der Gesellschaft, S. 203, Hv. i. Orig., interpretiert etwa die Schriften Tönnies' »als den Versuch, der *desinkorporierten* Gesellschaft wieder einen Körper zu geben«, wobei sich im 19. Jhd. eine Verschmelzung des »politische[n] Körper[s] des Volks [...] mit seinem vorgeblich biologischen Substrat« zeige. Und weiter heißt es: »Was Claude Lefort als totalitäre Schließung der Gesellschaft beschreibt [...] [,] erscheint auf textueller Ebene als Buchstäblichnehmen der Metapher, als Naturalisierung der symbolischen Konstruktion der wissenschaftlichen Texte: Politischer Totalitarismus und wissenschaftlicher Positivismus arbeiten Hand in Hand an der Substantialisierung des gesellschaftlichen Gefüges, dessen Gesetz [...] als Naturgesetz hypostasiert wird.« (Ebd.)

198   »Leer und unbesetzbar, so daß kein Individuum, keine Gruppe ihm konsubstantiell zu sein vermag, erweist sich der Ort der Macht zugleich als nichtdarstellbar.« (Lefort: Frage der Demokratie, S. 293)

199   »[L]e pouvoir cesse de désigner un lieu vide, il se voit matérialisé dans un organe (ou, à la limite, un individu), supposé capable de concentrer en lui toutes les forces de la société.« (Lefort: La logique totalitaire, S. 99) Siehe zu den folgenden Ausführungen auch Marchart: Zivilgesellschaftlicher Republikanismus, S. 171f.

200   Lefort: Fortdauer des Theologisch-Politischen, S. 50, spricht von einem unaufhebbaren »Abstand zwischen Symbolischem und Realem«. Die machtgestützte Selbstdarstellung der Gesellschaft ist – wie die Macht selbst – unmöglich und notwendig. Die Gesellschaft kann sich nur von außen als ganze sehen; wenn die Gesellschaft umfassend sein soll, kann es aber kein Außen der Gesellschaft geben. Für die Macht gilt daher: »Einerseits *veräußert* sich der Ort der Macht der Gesellschaft gegenüber, um in der Abtrennung deren Einheit zu gründen, andererseits gelingt diese Gründung der Macht nur, insofern sie Teil der Gesellschaft und damit im Inneren der Gesellschaft bleibt.« (Marchart: Zivilgesellschaftlicher Republikanismus, S. 168, Hv. i. Orig.; vgl. ebd., S. 167f.)

201   Lefort/Gauchet: Über die Demokratie, S. 99; vgl. ebd., S. 98ff., sowie Gaus: Konflikt und Konsens, S. 73f.

202   Vgl. Lefort: La logique totalitaire, S. 98ff. Siehe zur zweifachen Teilung der Gesellschaft Marchart: Zivilgesellschaftlicher Republikanismus, S. 180f. Wie die Teilung zwischen Macht und Zivilgesellschaft, so habe auch die innere Teilung eine verbindende Funktion, betont Gaus: Konflikt und Konsens, S. 74: »Durch das Aufeinanderprallen gegensätzlicher Interessen stehen die gesellschaftlichen Akteure in fortwährender Interaktion, sie können nicht anders als sich beständig wechselseitig aufeinander zu beziehen. [...] Ihre integrierende Wirkung erzeugt die interne Teilung allerdings nur im Zusammenspiel mit der äußeren: Die Abtrennung der Macht von der Zivilgesellschaft

Volkes, die Suche nach einer substantiellen Identität, nach einem Gesellschaftskörper, der gleichsam mit dem Kopf zusammengelötet ist, die Suche nach einer leibhaftigen, verkörperten Macht, einem Staat, der von jeglicher Teilung frei wäre«.[203] Im Totalitarismus verschmelzen Zivilgesellschaft und Staat sowie die in der Demokratie getrennten Bereiche von Macht, Recht und Wissen.[204] In den Besitz der Macht (in Gestalt von Partei oder ›Führer‹) geht die Kenntnis um die Endziele der Gesellschaft und die Normen der gesellschaftlichen Praktiken über. Ein Identifizierungsprozess läuft an, der die Gesellschaft homogenisiert.[205]

> Es wird eine Logik der Identifikation durchgesetzt, die [...] der Vorstellung einer verkörpernden Macht gehorcht. Proletariat und Volk, Partei und Proletariat, Politbüro und Partei und schließlich die Partei und der *Egokrat* fallen in eins. Indem sich die Vorstellung einer homogenen und für sich selbst durchsichtigen Gesellschaft, des *einen* Volkes ausbreitet, wird die gesellschaftliche Teilung in allen Formen geleugnet, werden alle Zeichen des Unterschiedes zwischen Glaubensansichten, Meinungen und Sitten bestritten.[206]

Anders als in der Monarchie, wo der König innerhalb und außerhalb der Gesellschaft situiert war[207], fällt im Totalitarismus der Bezug zu einem gesellschaftlichen Außen weg. »[D]ie Macht verweist hier nicht mehr auf ein ›Jenseits des Gesellschaftlichen‹; vielmehr herrscht sie so, als gäbe es nichts ›außer‹ ihr, als wäre sie gleichsam grenzenlos«.[208] Die Gesellschaft wird »eine Gesellschaft totaler Immanenz, der jede Dimension der Transzendenz [...] verlorengegangen ist«.[209]

---

manifestiert einen Ort, auf den die gesellschaftlichen Akteure den Interessenkonflikt symbolisch verlagern können.«Siehe auch Lefort/Gauchet: Über die Demokratie, S. 91, die von einer»Verflechtung zwischen der Teilung der Klassen und der Teilung von Macht und Zivilgesellschaft«sprechen.

203   Lefort: Frage der Demokratie, S. 296f.

204   Lefort: Fortdauer des Theologisch-Politischen, S. 93f., hält fest: »Mit der Entkörperung der Macht geht eine Entkörperung des Rechtes, eine Entkörperung des Denkens, eine Entkörperung des Sozialen einher.«Ähnlich Lefort: Frage der Demokratie, S. 293, siehe dazu auch Marchart: Zivilgesellschaftlicher Republikanismus, S. 175ff. Diese›Entflechtung‹lässt sich als das Bestreben interpretieren, »die Leere des Ortes der Macht *institutionell*« anzuerkennen: »Das demokratische Dispositiv muss einen institutionellen Rahmen bereitstellen, der Akzeptanz bezüglich der Grundlosigkeit des Sozialen garantiert.« (Marchart: Prekarisierungsgesellschaft, S. 118, Hv. i. Orig.)

205   Vgl. Lefort: Frage der Demokratie, S. 286f.

206   Ebd., S. 287, Hv. i. Orig.

207   Er war in diesem Sinne »eine Vermittlerfigur zwischen den Menschen und den Göttern«. (Ebd., S. 292)

208   Ebd., S. 287.

209   Marchart: Politische Differenz, S. 145; siehe auch Critchley: Re-tracing the political, S. 77f. Wenn das»Kennzeichen des Totalitarismus die *Behauptung der gesellschaftlichen Einheit*« (Gauchet: Totalitäre Erfahrung, S. 213, Hv. i. Orig.) ist, verstrickt sich das Einheitsphantasma in einen Widerspruch und lässt das totalitäre Projekt scheitern: Soll eine völlige Einheit der Gesellschaft erreicht werden, muss jeder Konflikt in ihrem Inneren beseitigt, müssen alle Feinde der Einheit ausgemerzt werden. Um die Feinde zu erkennen, bedarf es aber jenes Blicks von außen auf die Gesellschaft, den es der totalitären Immanenzlogik gemäß nicht geben darf. »Die widersprüchliche Logik der totalitären Erfahrung besteht also darin, daß die gesellschaftliche Teilung gerade aufgrund jenes Unternehmens wiederentsteht, das darauf zielt, sie abzuschaffen.« (Ebd., S. 220) Siehe auch

Der demokratische Totalitarismus[210]

Die Richtung, in die Nancys und Lacoue-Labarthes Replik auf Leforts Ausführungen zielen würde, deutete sich in der auf seinen Vortrag folgenden Diskussion in einer Frage Derridas an, der wissen wollte, »si l'essence de la démocratie désignée par Lefort ne peut pas par elle-même engendrer un certain totalitarisme, différent de celui que nous connaissons sous ce terme«.[211] Nancy und Lacoue-Labarthe wollen diesen Totalitarismus genauer fassen. Zunächst resümierten sie die Stoßrichtung der lefortschen Totalitarismusanalyse. Man müsse den Totalitarismus als Antwort(versuch) auf das, was man »la ›crise démocratique‹«[212] nennen könnte, verstehen; nämlich

> la disparition du triptyque autorité-tradition-religion, la désincarnation du pouvoir, l'effondrement du fondement ou la perte de la transcendance (mythico-religieuse ou philosophique: raison, nature etc.), le bouleversement des hiérarchies et des modes de différenciation sociale, la délocalisation du politique (le »lieu vide« du pouvoir, selon Lefort) et la règle de l'alternance, la désubstantialisation du corps politique qui ne fait plus un que dans la pure dispersion du suffrage, la chose politique livrée à terme au jeu des intérêts etc.[213]

Das Ansinnen des Totalitarismus sei es, die verlorene (substantielle) Einheit der Gesellschaft, den zerstückelten *corps politique*, gewaltsam wiederherzustellen.[214]

Ohne der lefortschen Betrachtung ihre Berechtigung rundweg abzusprechen, wenden Nancy und Lacoue-Labarthe ein, dass darin (wie auch in den einschlägigen Arbeiten Hannah Arendts) möglicherweise ein zu enges, nur auf Nazismus, Faschismus oder Stalinismus bezogenes Totalitarismusverständnis vorherrsche.[215] Stünden wir nicht aber vor der Gefahr eines anderen Totalitarismus, eines Totalitarismus »plus insidieuse, plus ›douce‹«?[216] Auch dieser, teilen sie Leforts These, sei von der Demokratie nicht zu trennen, sei »une manière de réponse, interne à la démocratie ou à ce que nous appelons encore ainsi, à la ›crise démocratique‹«.[217]

Die ›Krise der Demokratie‹ ist eine Krise der Einheit der Gemeinschaft. Bereits Platon, so Nancy, habe in seiner *Politeia* auf einen Verlust an gesellschaftlicher Einheit reagiert, von dem man annehmen könne, dass durch ihn das Individuum hervorgebracht (oder zumindest auf den Weg gebracht) worden sei.[218] Mit der Französischen Revolu-

---

Lefort/Gauchet: Über die Demokratie, S. 104; Gaus: Konflikt und Konsens, S. 81; Marchart: Zivilgesellschaftlicher Republikanismus, S. 172f.

210   Ich folge im Weiteren Critchley: Re-tracing the political, S. 80f.; Fraser: Französische Derridarianer, S. 127ff., siehe ferner auch Morin: Nancy, S. 99f.

211   Derrida in Lefort: Question de la démocratie, S. 86.

212   Nancy/Lacoue-Labarthe: Retrait, S. 189.

213   Ebd., S. 189f., auch zitiert etwa bei Morin: Nancy, S. 99f.

214   Vgl. Nancy/Lacoue-Labarthe: Retrait, S. 189.

215   Vgl. ebd.

216   Ebd., S. 190. Ein Indiz für ihre Vermutung entnehmen Nancy und Lacoue-Labarthe (vgl. ebd.) Lyotards Studie *Das postmoderne Wissen*, worin dieser kritisch auf die Idee eines »als Totalität verstandenen sozialen System[s] [...], das nach seiner performativsten Einheit strebt« (Lyotard: Postmodernes Wissen, S. 182), hingewiesen hatte.

217   Nancy/Lacoue-Labarthe: Retrait, S. 191.

218   Vgl. Nancy: Demokratie und Gemeinschaft, S. 76f.

tion verschärfte und verschob sich die ›Individualisierung‹, da sich nun, wie Ernesto Laclau und Chantal Mouffe formulieren, »das demokratische Prinzip der Freiheit und Gleichheit als neue Matrix des sozialen Imaginären durch[zu]setzen«[219] begann; dies bedeutete eine Ausweitung »der Pluralität und Unbestimmtheit des Sozialen«.[220] Die Totalitarismen sind nach Ansicht Nancys als Antwort auf die Frage nach dem Sinn dieser Expansion von ›Pluralität und Unbestimmtheit‹ zu deuten.[221] Sie waren der fatale Versuch, eine Gemeinschaft zu identifizieren und ihr zu einer Einheit zu verhelfen.[222]

Dem lässt sich entnehmen, dass auch die Demokratie nicht umhin kann, (sich) »die Frage ihrer ›Figur‹«[223], ihrer Darstellbarkeit, zu stellen, wie Nancy und Lacoue-Labarthe betonen.

> Es geht nicht darum – wie man es aus dem an sich untadeligen Impuls des Anti-Totalitarismus und eines bestimmten Stils demokratischen Denkens zweifellos zu oft getan hat –, die den faschistischen Regimen eigentümliche mythische Figuration einerseits und die Undarstellbarkeit als Wesenszug der Demokratie andererseits einander gegenüberzustellen. [...] Tatsächlich denken wir, daß es nicht genügt, den Verzicht auf jegliche Identifizierung, ein Ausgesetztsein an ständiges Infragegestelltwerden und schließlich [...] eine Art tiefster Zerbrechlichkeit, die zugleich eingestanden und eingefordert wird, als höchste Tugenden der Republik (die wir vorläufig nicht von der Demokratie unterscheiden wollen) zu behaupten [...].[224]

Man dürfe nicht, wendet Nancy gegen Lefort ein, »bei einer rein negativen Betrachtungsweise verharren« und sich »damit begnügen, von der Demokratie lediglich in negativer Weise zu sprechen (als Abwesenheit ihres eigenen Sinnes)«.[225] Vielmehr müsse man »eine Form der Präsentierbarkeit suchen«, die nicht totalitär ist, die also »keine imaginäre Präsenz impliziert«.[226] Für Nancy wird diese Forderung in die Frage münden, wie sich präsentieren lässt, was er »das ›Gemeinsame‹«[227] nennt. Wie ist das Gemeinsame, wie die Gemeinschaft darstellbar, wenn sie eingedenk ihrer totalitären Vergangenheit nicht länger »als Werk, als System oder als organischer Körper darstellbar

---

219 Ernesto Laclau/Chantal Mouffe: Hegemonie und radikale Demokratie. Zur Dekonstruktion des Marxismus [1985] (Hg. Hintz, Michael/Vorwallner, Gerd). 3. Aufl. Wien 2006, S. 195.

220 Ebd., S. 192. Nancy: Demokratie und Gemeinschaft, S. 77, spricht von einer »Erweiterung des demokratischen Horizontes«, mit der zugleich die »Heterogenität« dieses Horizontes zugenommen habe.

221 Vgl. Nancy: Demokratie und Gemeinschaft, S. 78.

222 Dies soll später anhand von Nancys und Lacoue-Labarthes Studie Le mythe nazi gezeigt werden.

223 Nancy/Lacoue-Labarthe: Nazi-Mythos, S. 160 (MN 15).

224 Ebd., S. 160f. (MN 15f.). Elemente dieser Passage zitieren auch Koschorke et al.: Der fiktive Staat, S. 251.

225 Nancy: Demokratie und Gemeinschaft, S. 93.

226 Jean-Luc Nancy: Die Unerträglichkeit des Undarstellbaren. Gespräch [von Michail Ryklin] mit Jean-Luc Nancy. In: Ryklin, Michail: Dekonstruktion und Destruktion. Gespräche mit Jacques Derrida, Félix Guattari, Jean Baudrillard, Philippe Lacoue-Labarthe, Jean-Luc Nancy, Paul Virilio, Richard Rorty, Slavoj Žižek, Susan Buck-Morss und Boris Groys. Zürich, Berlin 2006, S. 105-130, 108.

227 Ebd., S. 109.

ist«, sondern »in dem Sinn ›undarstellbar‹ ist, wie seit jeher die Darstellbarkeit der Gemeinschaft gedacht wurde (nämlich in ihrem Volk, ihrem Staat, ihrem Geist etc.)«?[228]

Es springt für Nancy und Lacoue-Labarthe zu kurz, wer Demokratie und Totalitarismus als miteinander unvereinbar ansieht.[229] Auch in der »real existierende[n] Demokratie«[230] unserer Tage könne sich ein bislang unbekannter Totalitarismus entwickeln.[231] Es reicht nach Ansicht Nancys keineswegs, der totalitären nur eine rivalisierende bessere, moralischere Gesellschaftsform entgegenzusetzen; man muss erfassen, was an der eigenen Gesellschaft totalitäre Züge trägt.[232]

Was kennzeichnet den neuartigen Totalitarismus?[233] Vor allem die ungeteilte Herrschaft des Politischen, »le *phénomène totalitaire*«[234] aus Nancys und Lacoue-Labarthes *Ouverture*:

> Cela désignait l'accomplissement sans reste du politique, c'est-à-dire à la fois le règne sans partage du politique (l'exclusion, comme dit Hannah Arendt, de tout autre domaine de référence, le »tout est politique« qui domine à peu près universellement aujourd'hui) et, dans ce règne ou sous cette domination, l'accomplissement du philosophique, et du philosophique principalement dans sa figure moderne, celle qu'ont dessiné les philosophies (ou même à la rigueur: la métaphysique) du Sujet.[235]

Das wichtigste Merkmal dieser Herrschaft des Politischen: Unter ihr wird das Politische »*inapparent* (il a l'évidence du ›ça va de soi‹)«.[236] Es verbirgt sich unter (s)einer Selbstverständlichkeit, deren Maß seine Omnipotenz bestimmt und umgekehrt: Je allgewaltiger das Politische, umso unsichtbarer ist es; je unsichtbarer es ist, desto mächtiger.[237] Dabei manifestiert sich die »toute-puissance«[238] des Politischen unter anderem in einer Vermengung des Politischen mit anderen (sozio-ökonomischen, aber auch technischen, kulturellen, psychologischen) Bereichen.[239] Es kommt zum Zustand eines ›Alles ist politisch‹, zu einem Zustand also, in dem das Wort ›politisch‹, erläutert Nancy in *Philosophische Chroniken*, zur Bezeichnung all dessen verwendet wird,

---

228 Nancy: Vorwort (Undarstellbare Gemeinschaft), S. 5; siehe hierzu auch Trautmann: Partage, S. 150ff.; 172f.

229 Nancy/Lacoue-Labarthe: Retrait, S. 191: Die Frage sei, ob nicht »une certaine opposition [...] entre totalitarisme et démocratie, même si elle est vraie et si les différences sont criantes, n'est pas en réalité trop simple«.

230 Nancy: Unerträglichkeit des Undarstellbaren, S. 107.

231 Vgl. Nancy/Lacoue-Labarthe: Retrait, S. 191; Fraser: Französische Derridarianer, S. 128f.

232 Vgl. Andrew Norris: Jean-Luc Nancy and the Myth of the Common. In: Constellations 7 (2000), H. 2, S. 272-295, 276; ähnlich Wagner: Negative politics, S. 91; siehe zudem bereits Herzhoff: Nancy und Schmitt, S. 98.

233 Die folgenden Ausführungen sind (zum Teil) übernommen aus Herzhoff: Nancy und Schmitt, S. 95ff.

234 Nancy/Lacoue-Labarthe: Ouverture (Centre), S. 16, Hv. i. Orig.

235 Nancy/Lacoue-Labarthe: Retrait, S. 188.

236 Ebd., Hv. i. Orig.

237 Vgl. ebd.

238 Ebd.

239 Vgl. ebd., S. 189; Marchart: Politische Differenz, S. 92.

was jeden besonderen, durch ein Fachgebiet oder eine Aktivität bestimmten Bezirk überschreitet, um auf der Ebene der gesamten Gesellschaft (ja der Menschheit) und ihrer Existenz- und Sinnbedingungen wirksam zu werden. Das Wort »politisch« wird demnach mit einem potenziell unbegrenzten Gehalt aufgeladen. Dieser Wortgebrauch beruht auf der [...] Vorstellung, dass alles politisch sei oder es doch sein müsse. Nun stellt diese Vorstellung nichts anderes als den Inhalt dessen dar, was man »Totalitarismus« genannt hat. [...] Wann immer »politisch« eine tendenziell totale Eigenschaft bezeichnet, gibt es tatsächlich »Totalitarismus«.[240]

Die Folge dieses ›Alles ist (soll) politisch (sein)‹ ist der Verlust der »Besonderheit«[241] des Politischen und damit nicht allein seiner Bestimmbarkeit, sondern insbesondere seiner »Fragwürdigkeit«.[242] Sämtliche Fragen, die über die Politik (la politique) hinausgehen und »die Anordnung [ordonnance] der Gemeinschaft als solche«[243] (le politique) betreffen, gelten als »»bien connu«»[244], als schon beantwortet. »Dans le phénomène totalitaire [...], ce qui se passe c'est que nulle part ne se pose plus la moindre question spécifiquement politique, nulle part une question politique nouvelle (à la mesure des transformations du monde) n'a la moindre chance d'émerger«.[245]

Nancy und Lacoue-Labarthe warnen vor einem »ensemble complexe (éco-socio-techno-culturel)«[246], der das Politische zum Rückzug dränge und an einer Kolonialisierung des öffentlichen Raumes durch das Soziale oder Gesellschaftliche abzulesen sei. Dieser Prozess laufe darauf hinaus, argumentieren sie mit Arendt, dass nur noch Fragen der Lebenssicherung und nicht mehr öffentliche oder politische Ziele das gemeinsame oder gemeinschaftliche Leben regierten.[247]

Zwei weitere Erscheinungsweisen des retrait du politique skizziert Nancy im Aufsatz De l'être singulier pluriel (1996).[248] Zum einen verkapsele sich das Politische im »Element

---

240   Nancy: Philosophische Chroniken, S. 30 (CHP 32f.).

241   Ebd., S. 31 (CHP 33).

242   Marchart: Politische Differenz, S. 97, Hv. i. Orig.

243   Nancy: Entwerkte Gemeinschaft, S. 87 (CD 99).

244   Nancy/Lacoue-Labarthe: Ouverture (Centre), S. 18.

245   Nancy/Lacoue-Labarthe: Retrait, S. 189. Siehe auch James: Interrupted myth, S. 336: Demnach bedeute der retrait du politique »the manner in which [...] the question of the political, that is the question as to its exact nature or essence, retires or withdraws into a kind of evidence or self-givenness, in which that which is political in politics is taken for granted or accorded a kind of obviousness which is universally accepted. [...] The political retreats, then, insofar as it is not a question or in question, but is rather that which, in politics, goes unquestioned.« Ähnlich Fagan: Ethics and politics after poststructuralism, S. 111: »Totalitarianism [...] might be understood as encompassing any political or social organization which answers the very questions which need to remain posed as questions. It is an attempt to bring into understanding and knowledge that which ultimately resists these – that is, the in-common.«

246   Nancy/Lacoue-Labarthe: Retrait, S. 191.

247   Vgl. ebd., S. 192. Zur These einer Kolonialisierung des Politischen siehe Marchart: Politische Differenz, S. 44; 93, sowie knapp auch Fraser: Französische Derridarianer, S. 117; 129.

248   Ich folge im Weiteren Illan Wall: Art. ›Politics/The Political (La/Le Politique)‹. In: Gratton, Peter/Morin, Marie-Eve (Hg.): The Nancy Dictionary. Edinburgh 2015, S. 184-186, 185f., sowie Simon Critchley: With Being-With? Notes on Jean-Luc Nancy's Rewriting of Being and Time. In: ders.:

des Rechts«.[249] Das Recht, charakterisiert durch seine »formale Abstraktion«, könne zwar »je im einzelnen und in jeder Beziehung« gleichsam Recht setzen, sei aber unfähig, »diesem Recht einen anderen Sinn zu verleihen als dieses selbst«.[250] Das Recht kreist »figurlos und nicht präsentierbar«[251] nur um sich selbst. Dies habe zur schlimmen Folge, dass »die Wirklichkeit der ökonomischen, technischen und leidenschaftlichen Kräfteverhältnisse deutlich verselbständigte Umrisse an[nimmt]«.[252]

Eine dritte Form des Rückzugs des Politischen ist zum anderen die (von Guy Debord so bezeichnete und kritisierte) »Gesellschaft des Spektakels««, eine Gesellschaft nur »sich selbst gegenüber«.[253] In der Spektakelgesellschaft verweise die »Selbst-Repräsentation [...] nicht mehr auf einen Ursprung [...], sondern auf die Leere ihrer Spiegelung«.[254] Nancy sieht darin die richtige Ahnung einer notwendigen Auflösung des Bandes zwischen Philosophischem und Politischem:

> Es war die Intuition der sich selbst exponierten Gesellschaft, die sich ihr Gesellschaft-lich-sein [être-social] selbst, ohne einen anderen Horizont als dieses, bestätigte – sprich ohne Horizont des Sinns, auf den sich das Zusammen-sein [être-ensemble] als solches beziehen ließe, ohne Instanz der Kom-Position für seine lebendig und nackt ausgebreitete Dis-Position.[255]

Gegen die situationistische Kritik der ›Gesellschaft des Spektakels‹ jedoch wendet er ein, sie verhülle »die Richtigkeit der eigenen Intuition«.[256] Nicht nur beruhte sie, meint Nancy, auf der metaphysischen »Herabsetzung der Ordnung der ›Erscheinungen‹ zugunsten einer eigentlichen Wirklichkeit«[257], sie blieb auch der romantischen Idee einer kreativen Imagination treu:

> Die Kritik des Scheinbaren gleitet mühelos selbst ins Scheinbare über, weil sie das Eigentliche – das Nicht-Scheinbare – nicht anders ausweisen muß als durch die obskure Kehrseite des Spektakels. Da letzteres den ganzen Raum besetzt, kann seine Kehrseite sich nicht anders bemerkbar machen als durch das insgeheim Unaneigenbare einer

Ethics – Politics – Subjectivity. Essays on Derrida, Levinas and Contemporary French Thought. London, New York 1999, S. 239-253, 242f.

249   Nancy: singulär plural sein, S. 81 (ESP 68).
250   Ebd., S. 81f. (ESP 68).
251   Nancy: Unerträglichkeit des Undarstellbaren, S. 107.
252   Nancy: singulär plural sein, S. 82 (ESP 68). Nancys These weist eine Nähe zu Carl Schmitts Kritik am liberalen Gesetzesbegriff auf. Dieser neutralisiere das Politische auf zweifache Weise, resümiert Christoph Menke: Gnade und Recht. Carl Schmitts Begriff der Souveränität. In: ders.: Spiegelungen der Gleichheit. Berlin 2000, S. 157-179, 157: »Das Gesetz erscheint neutral in seinem Grund und in seinen Folgen. [...] Das Gesetz gibt sich selbst, und es interpretiert sich selbst«. Siehe hierzu auch Raimondi: Zeit der Demokratie, S. 22ff., sowie (an Menke und Raimondi anknüpfend) den Abschnitt Schmitts Kritik der (liberalen) Negation des Politischen in Herzhoff: Nancy und Schmitt, S. 83ff.
253   Nancy: singulär plural sein, S. 83 (ESP 69).
254   Ebd., S. 81 (ESP 68).
255   Ebd., S. 87f. (ESP 73).
256   Ebd., S. 87 (ESP 73).
257   Ebd., S. 88 (ESP 73); vgl. Morin: Nancy, S. 137, sowie ausführlich zu Nancys Kritik an dieser dualistischen Ontologie den Aufsatz von Alison Ross: Image-Politics: Jean-Luc Nancy's Ontological Rehabilitation of the Image. In: Dejanovic, Sanja (Hg.): Nancy and the Political. Edinburgh 2015, S. 139-163.

ursprünglichen Eigenschaft, die sich unter dem Offensichtlichen versteckt hält. Deshalb ist die Rückseite des trügerischen »Imaginären« eine schöpferische »Imagination«, deren Urform alles in allem ziemlich deutlich dem romantischen Genie verhaftet bleibt.[258]

Aus der Trennung eines (bloß) Imaginären von einer »authentische[n] Wirklichkeit«[259] folgt für Nancy ein Innerlichkeitsbegehren: Wo die Forderung nach einer ›wirklichen‹ Realität erhoben werde, geschehe »dies durch eine Übernahme des Politischen oder Gemeinschaftlichen als Innerlichkeit und durch die Herabsetzung der schlicht ›gesellschaftlichen [sociale]‹ Äußerlichkeit«.[260]

Alle drei Phänomene des *retrait du politique* lassen sich als »le retrait de la transcendance ou de l'altérité«[261] zusammenfassen. Der Triumph der gesellschaftlichen ›Selbst-Repräsentation‹ besteht darin, dass »alles Transzendentale und alles Konkrete«[262] aufgesogen wird. Die Kolonialisierung des Politischen durch das Soziale bedeutet, dass es ökonomischen Gesetzen unterworfen wird, wodurch Fragen, die über die Frage der bloßen Daseinsvorsorge hinausgehen, nicht mehr gestellt werden.[263] Was ›Politik‹ genannt wird, ist dann nur noch ›politische Ökonomie‹.[264]

> L'»économie politique« ne fut pas autre chose que la considération de la *polis* comme un *oikos*: comme une réalité collective ou communautaire supposée appartenir à un ordre naturel (génération, parenté, propriété de patrimoine: sol, biens, esclaves). Il s'ensuivait logiquement que si l'*oiko-nomia* se voyait transposée à l'échelle de la *polis*, le déplacement ne pouvait être simplement dans les ordres de grandeur, mais il impliquait aussi que la *politeia*, le savoir des affaires de la cité, fût elle-même réinterprétée comme une *oiko-nomia*.[265]

Das abstrakte Recht kann dieser Entwicklung nichts entgegensetzen, treibt sie sogar noch an.

Der von Nancy und Lacoue-Labarthe skizzierte Totalitarismus ist als ein Prozess der immer weiter fortschreitenden Homogenisierung zu verstehen, in Gang gesetzt und aufrecht erhalten weniger durch Gewalt als vielmehr durch Massenkonsum und Massenmedien.[266] Im Unterschied zum ›klassischen‹ Totalitarismus, der die Transzendenz zu verkörpern oder darzustellen versucht habe (im Stalinismus etwa in Gestalt der Vernunft der Geschichte), erkenne man den ›neuen‹ Totalitarismus daran (oder gerade nicht), dass er die Transzendenz des Politischen in alle Lebensbereiche auflöse: Alles

---

258   Nancy: singulär plural sein, S. 87 (ESP 72f.).

259   Ebd., S. 88 (ESP 73).

260   Ebd.

261   Nancy/Lacoue-Labarthe: Retrait, S. 192.

262   Nancy: singulär plural sein, S. 83 (ESP 69).

263   Vgl. Nancy/Lacoue-Labarthe: Retrait, S. 192; 198.

264   Vgl. James: Fragmentary demand, S. 158, sowie Morin: Nancy, S. 104f., die ebenfalls auf Nancys *Tout est-il politique?* verweist, woraus das nachfolgende längere Zitat stammt. Eine Ökonomisierung des Politischen hatte auch bereits Carl Schmitt befürchtet; siehe dazu Herzhoff: Nancy und Schmitt, S. 85f.

265   Nancy: Tout est-il politique, S. 78, Hv. i. Orig.; siehe auch Nancy: Was tun, S. 21f. (QF 26f.).

266   Vgl. Nancy/Lacoue-Labarthe: Retrait, S. 190f., siehe auch Morin: Nancy, S. 100.

ist politisch.[267] Die Folge, so Marchart, sei »ein Zustand der Immanenz, ein Regime (im weitesten Sinne des Wortes), das von Nancy später *Immanentismus* genannt werden wird«.[268] Diese »soziale Immanenz«[269] führe dazu, dass der seit Aristoteles bekannte »fait philosophique«[270] aus dem Blick gerate: Das menschliche Zusammensein geht nicht darin auf, gegebene (natürliche) Bedürfnisse und Lebensnotwendigkeiten zu befriedigen.[271] Nancy erinnert daran, dass die Politik in der Antike keineswegs »totalisante«[272] gewesen sei. Dies zeige sich daran, dass sie nur Angelegenheit der freien Männer war und sich in einer besonderen (öffentlichen) Sphäre abspielte.[273] »Dans cet espace politique, l'homme libre jouit de la *polis* pour d'autres fins que celles de la gestion politique (par exemple, le *bios theoretikos*, le loisir de la vie pensante)«.[274] Als *zoon politikon* gebe es für den Menschen einen Exzess über das bloße Leben und das bloße soziale Zusammenleben hinaus; ein »›en plus‹ de toute organisation des besoins et de tout règlement des forces«, das sich kleide in die Frage nach einem heute unbestimmten, nicht moralisch zu verstehenden »bien«.[275] Dieses Gut(e) lege der Rückzug des Politischen als Frage frei.[276]

1.4   À la recherche de la transcendance perdue

Was das Politische ist, kann nur gesagt werden, wenn nicht mehr alles politisch ist. Präsentiert sich der *retrait* als Rückzug des Politischen »comme dimension spécifique ou comme dimension d'une altérité spécifique«[277], so ist für Nancy und Lacoue-Labarthe die Frage nach dem Wesen des Politischen erst zu beantworten, hat man die Alterität oder Transzendenz des Politischen wiederhergestellt. Dabei kann es nicht darum gehen, eine der in den Ruhestand verabschiedeten Formen der Transzendenz – Gott, den

267   Vgl. Nancy/Lacoue-Labarthe: Retrait, S. 192. In dieser Hinsicht, so Nancy: Tout est-il politique, S. 79, »il n'y a pas de différence [...] entre ›tout est politique‹ et ›tout est économique‹«. Ähnlich Nancy in Jean-Luc Nancy/Roberto Esposito: Dialogue on the Philosophy to Come. In: Minnesota Review 75 (2010), S. 71-88, 78.

268   Marchart: Politische Differenz, S. 92f., Hv. i. Orig.; vgl. ebd., S. 92; Fraser: Französische Derridarianer, S. 129.

269   Nancy: Philosophische Chroniken, S. 31 (CHP 33).

270   Nancy/Lacoue-Labarthe: Retrait, S. 198.

271   Vgl. ebd.

272   Nancy: Tout est-il politique, S. 77.

273   Vgl. ebd., S. 77f.

274   Ebd., S. 78, Hv. i. Orig.

275   Nancy/Lacoue-Labarthe: Retrait, S. 198. Die *polis* war in diesem Sinne »a specific dimension of transcendence or alterity«. (Morin: Nancy, S. 98) Hirsch: Symbolischer Primat des Politischen, S. 338, Hv. i. Orig., deutet das Politische »als ein ontologisches Urphänomen: als reines Zusammen-Sein (*être-ensemble*), das als ein Zusatz oder Überschuss (*excédent, en-plus*) vor oder jenseits aller [...] Verwaltung des gesellschaftlichen ›Lebens‹ der Menschen liegt«. Eine Nähe zu Hannah Arendt wird deutlich, wenn Kari Palonen: Das ›Webersche Moment‹. Zur Kontingenz des Politischen. Opladen 1998, S. 262, davon spricht, für Arendt sei Politik ein »Überschußphänomen«.

276   Vgl. Nancy/Lacoue-Labarthe: Retrait, S. 198.

277   Ebd., S. 193.

Menschen, die Geschichte – erneut in Tätigkeit zu setzen.[278] Dies hatten die Totalitarismen versucht und dabei die Transzendenz(en) umgemodelt in eine »immanence totale de la vie-en-commun«.[279] Man müsse sich vielmehr fragen, »comment le retrait impose de déplacer, de réélaborer et de rejouer le concept de ›transcendance politique‹«.[280]

In seinen Schriften möchte Nancy (nicht nur) der ›politischen Transzendenz‹ einen anderen Sinn geben. »Die ›Transzendenz‹«, erläutert er in *La communauté désœuvrée*, habe ihre »›heilige‹ Bedeutung« verloren und sei nun »Widerstand gegen die Immanenz«, das heißt »gegen die Einswerdung [communion] aller oder gegen die ausschließliche Leidenschaft eines einzelnen oder einiger weniger«.[281] Die Transzendenz ist nicht das absolut Andere der Immanenz, sondern in ihr enthalten als Widerstand gegen sich selbst: Es dürfe, so Nancy, »die Transzendenz [...] nicht als das verstanden werden, was die Existenz in Richtung eines reinen ›Jenseits‹ überschreiten würde [...], sondern Transzendenz muss als das verstanden werden, was die Existenz selbst in der Weise des ›Jenseits‹, der Ek-sistenz strukturiert«.[282] Als Selbstüberschreitung ist die Transzendenz nicht (eine Entität); sie geschieht. »[T]ranscendance‹ [...] désigne un acte, non un être: un mouvement par lequel on va hors de la simple identité, de l'égalité de soi, de l'équivalence (et donc de l'immanence) de tous et de tout«.[283] Um klarzumachen, dass es ihm um ein anderes Verständnis sowohl von Transzendenz als auch Immanenz geht, gebraucht Nancy den Neologismus »*Transimmanenz*«.[284] Was transimmanent ist, hat sein »*Draußen drinnen*«[285], es existiert weder absolut immanent noch transzendent,

---

278   Vgl. hierzu und zu den weiteren Ausführungen zum Verhältnis von Immanenz und Transzendenz die instruktive Darstellung bei Morin: Brüderliche Gemeinschaft, S. 193f.

279   Nancy/Lacoue-Labarthe: Retrait, S. 192f.; vgl. ebd.; Marchart: Politische Differenz, S. 100f.

280   Nancy/Lacoue-Labarthe: Retrait, S. 193; vgl. Fraser: Französische Derridarianer, S. 129. Siehe auch Herzhoff: Nancy und Schmitt, S. 98f., sowie zum folgenden Absatz bereits die Darstellung ebd., S. 103.

281   Nancy: Entwerkte Gemeinschaft, S. 77 (CD 88); siehe auch Marchart: Politische Differenz, S. 101f.

282   Jean-Luc Nancy: Heideggers ›ursprüngliche Ethik‹. In: ders.: Das nackte Denken. Zürich, Berlin 2014, S. 103-139, 127 (Jean-Luc Nancy: L'éthique originaire‹ de Heidegger. In: ders.: La pensée dérobée. Accompagné de ›L'échappée d'elle‹ de François Martin. Paris 2001, S. 85-113, 104). Siehe auch Morin: Brüderliche Gemeinschaft, S. 193, sowie Morin: Nancy, S. 48, oder ebd., S. 30: »There has to be a spacing or distance at the heart of the ›thing‹ that allows it to be, to exist. If not, there is the black hole of immanence: pure essence that cannot even be said to be anything (itself or something else).«

283   Nancy: Un sens commun, S. 11.

284   Nancy: Sinn der Welt, S. 83, Hv. i. Orig. (SM 91, Hv. i. Orig.). Fagan: Ethics and politics after poststructuralism, S. 112, hält fest: »Transimmanence is [...] a rethinking of transcendence which attempts to free it from the idea of purity or what is completely beyond. As such, it also entails a rethinking of immanence.« Siehe zum Begriff der Transimmanenz auch Hutchens: Future of philosophy, S. 96ff.; Mark Lewis Taylor: Art. ›Immanence‹. In: Gratton, Peter/Morin, Marie-Eve (Hg.): The Nancy Dictionary. Edinburgh 2015, S. 115-117; Mark Lewis Taylor: Art. ›Transimmanence‹. In: Gratton, Peter/Morin, Marie-Eve (Hg.): The Nancy Dictionary. Edinburgh 2015, S. 232-234.

285   Nancy: Sinn der Welt, S. 82, Hv. i. Orig. (SM 90, Hv. i. Orig.).

sondern ist aus sich heraus gestellt, exponiert.[286] Als transimmanente widersteht die Gemeinschaft der Immanenz und jeder Transzendenz; sie wahrt ihre Offenheit.[287]

Worin könnte die Transzendenz des Politischen bestehen? Nancy und Lacoue-Labarthe machen drei Vorschläge.[288] Mit Georges Bataille sei eine Verknüpfung zwischen der ›homogenen‹ (immanenten) Macht des Staates und der ›heterogenen‹ (transzendenten) Autorität dessen denkbar, was Bataille das Sakrale nennt. Eine solche Verbindung habe Bataille im Faschismus erkannt, nicht ohne zu sehen, dass es sich um eine *liaison dangereuse* handelte.[289] Es könne auch um einen erneuerten Bezug der Gemeinschaft zu ihrer diesseitigen Unsterblichkeit gehen, wie sie Hannah Arendts Bemerkung ausdrücke, für die Griechen sei die Polis »primär eine Garantie gegen die Vergeblichkeit und Vergänglichkeit des Lebens der Einzelnen« gewesen und also dazu da, »sterblichen Menschen Unsterblichkeit zu gewähren«.[290] (Das hieße nicht, den Tod des Einzelnen in der ›Volksgemeinschaft‹ aufheben zu wollen; Nancy kritisiert diese Dialektisierung des Todes mittels einer »sakrifiziellen Politik«.[291] Gemeint ist eher die Logik der Transimmanenz, wie sie auch das Christentum geprägt habe: Der Christ lebe zwar »*in* der Welt«, aber er sei »nicht *von* dieser Welt«.[292]) Drittens ließe sich die Transzendenz des Politischen im Sinne Leforts als Beziehung der Gemeinschaft zu sich selbst denken, als Selbstdarstellung ihres »être-commun«.[293]

Angesichts des totalitären Zustandes eines ›Alles ist politisch‹ sind die Konditionen für eine erfolgreiche Suche nach der Transzendenz und dem Wesen des Politischen ungünstig.[294] Ist diese Suche überhaupt möglich? Durchaus, meinen Nancy und Lacoue-Labarthe und ergänzen die bekannten Bedeutungen des Begriffs des *retrait* um eine weitere. Der Begriff meine nicht nur den Verzicht, die Philosophie praktisch zu verwirklichen; nicht nur den seiner Ubiquität geschuldeten Verlust der Erkennbarkeit des Politischen. Der *retrait* sei auch als »re-tracer« zu verstehen, als ein Nachvollziehen dessen, was sich zurückgezogen hat; und als ein Neumarkieren der Frage nach dem Wesen des Politischen, als »re-marquer«.[295] Diesen Bedeutungen korrespondiert die

---

286 »Exposition« und »Existenz« seien andere Ausdrücke für ›Transimmanenz‹, so Nancy ebd., S. 83 (SM 91).

287 Vgl. Fagan: Ethics and politics after poststructuralism, S. 112; Morin: Brüderliche Gemeinschaft, S. 193f.

288 Vgl. zum Folgenden Nancy/Lacoue-Labarthe: Retrait, S. 193f.; Fraser: Französische Derridarianer, S. 130; Morin: Nancy, S. 98f.

289 Nancy setzt sich mit Batailles ambivalenter Faszination für den Faschismus ausführlicher in *La communauté désœuvrée* auseinander. Ich werde darauf sowie auf Batailles Begriff des Sakralen in Abschnitt I.3.1 zurückkommen.

290 Arendt: Vita activa, S. 70.

291 Nancy: Sinn der Welt, S. 129 (SM 141); siehe auch Herzhoff: Nancy und Schmitt, S. 91; Morin: Nancy, S. 76.

292 Nancy: Demokratie und Gemeinschaft, S. 39, Hv. i. Orig.

293 Nancy/Lacoue-Labarthe: Retrait, S. 193.

294 Ich übernehme im Folgenden die Darstellung und Formulierungen aus Herzhoff: Nancy und Schmitt, S. 99f.

295 Nancy/Lacoue-Labarthe: Ouverture (Centre), S. 18; vgl. Marchart: Politische Differenz, S. 90; Fraser: Französische Derridarianer, S. 130; Morin: Nancy, S. 100, und siehe zudem Nancy: Demokratie und Gemeinschaft, S. 54: Gemeint sei »sowohl die Frage nach dem Entzug des Politischen als auch die

Differenz von *le politique* und *la politique*: »One withdraws before politics in order to re-trace the political more essentially. The approach to the political is governed by this double movement of withdrawal: a re-treat and a re-trait.«[296] Der *retrait du politique* benenne nicht das völlige »Verschwinden« des Politischen, sondern bahne ein Denken an, »das mit der Konstitution, Imagination und Bedeutung des Politischen selbst wieder neu beginnt, das es in seinem Rückzug und ausgehend von diesem Rückzug neu zu umreißen erlaubt«.[297]

Ein Nachvollzug des Politischen ist möglich, weil das Politische zwar durch seine Allgegenwart dem augenfälligen Erkennen entzogen, aber nicht völlig verschwunden ist. Wenn auch alles politisch ist, heißt dies keineswegs, es sei nichts mehr politisch.[298] In diesem Fall wäre das Politische unaufspürbar. Die Allgegenwart des Politischen (sein *retrait*) lässt jedoch etwas auftauchen: »Un tel retrait [...] fait apparaître ou délivre quelque chose.«[299] Dieses ›Etwas‹ sei nicht das Nicht-Politische (z.B. die Gesellschaft im Verhältnis zum Staat), sondern das (Wesen des) Politische(n) selbst, »retiré de l'accomplissement total du politique dans le techno-social«.[300] Durch seinen Entzug macht sich das Politische als Frage, als Forderung geltend: »[C]'est bien *du* retrait du politique que surgit le politique ›lui-même‹, sa question ou son exigence«.[301] *Retrait* bedeute also zweierlei: »[L]e retrait du politique correspond à sa *clôture* – et du coup à l'ouverture de la question: à partir de quoi, contre quoi ou le long de quoi cette clôture se trace-t-elle«?[302]

Forderung eines Nachzeichnens, eines Nachvollzugs des Politischen«; ebenfalls auch Nancy: Reste inavouable, S. 169; Jean-Luc Nancy: Weltenwechsel. In: ders.: Das nackte Denken. Zürich, Berlin 2014, S. 169-181, 176f. (Jean-Luc Nancy: Changement de monde. In: ders.: La pensée dérobée. Accompagné de ›L'échappée d'elle‹ de François Martin. Paris 2001, S. 139-148, 145).

296   Critchley: Re-tracing the political, S. 78. Ähnlich schreibt Smith: Justice and communist politics, S. 196, Hv. i. Orig., auf Marx anspielend, zum Rückzug des Politischen: »[I]t withdraws [...] not to be absorbed or to penetrate all other spheres. Its withdrawal is the condition for ›better distinguishing itself otherwise,‹ and this distinction [...] set[s] the political off against these other spheres.« Smith zitiert hier Nancy: Das gemeinsame Erscheinen, S. 190f., Hv. i. Orig. (CP 95, Hv. i. Orig.): »Kann man denken und umsetzen, wie das Politische [...] sich als Subjekt zurückzieht, *um auf andere Weise besser sichtbar zu werden* und das *Politische* als solches besser, anders, zur Geltung zu bringen?«

297   Nancy: singulär plural sein, S. 67 (ESP 57). Siehe auch Morin: Nancy, S. 99, und Bedorf: Das Politische und die Politik, S. 14, Hv. i. Orig.: »Die uns interessierende Differenz zwischen dem Politischen und der Politik wird hier so eingesetzt, dass der *Rückzug* der *Politik*, der im Machbaren befangenen Ordnung des Empirischen, gilt und die *Neuvermessung* auf das *Politische*, das – nicht näher bestimmte – ›Sein‹ des Politischen, zielt.«

298   Vgl. und siehe auch zum Folgenden Marchart: Politische Differenz, S. 90. Nancy: Philosophische Chroniken, S. 31 (CHP 33), formuliert allerdings: »Wenn alles politisch ist, ist nichts mehr politisch.«

299   Nancy/Lacoue-Labarthe: Retrait, S. 194.

300   Ebd., S. 196; vgl. ebd.

301   Ebd., S. 195, Hv. i. Orig.

302   Ebd., S. 196, Hv. i. Orig.; vgl. Fraser: Französische Derridarianer, S. 130. Siehe auch Nancy: Notes pour l'avant-propos, S. 29, wo er daran erinnert, dass jede »clôture« über sich hinausweise: »Les points de suture sont aussi les points de rupture.« Ihr Hinweis auf die Spur des Politischen nimmt Nancy und Lacoue-Labarthe von dem Vorwurf aus, einen schlichten Antifundamentalismus zu propagieren, der sich als Umkehrung des metaphysischen Fundamentalismus immer noch »im Bannkreis der Metaphysik« aufhielte, wie man mit Jürgen Habermas: Die Einheit der Vernunft in der Vielfalt ihrer Stimmen. In: ders.: Nachmetaphysisches Denken. Philosophische Aufsätze. Frankfurt

Als Antwort darf man weder eine »ewige oder unwandelbare platonische Idee des Politischen«[303] erwarten noch eine Rückkehr zu historischen Formen der Politik: Nancy und Lacoue-Labarthe bezweifeln etwa, dass es die Polis, wie Arendt sie geschildert hat, je gab[304], und warnen, man dürfe das Politische nicht zurück auf seinen verwaisten Platz stellen – was hieße, es erneut auf einen metaphysischen Grund zu stellen. Gerade dieser Grundlegungsversuch(ung)e(n) müsse man sich enthalten; die Forderung also, die mit dem *retrait du politique* auftaucht, ist »l'exigence de se dérober au *fondement* métaphysique du politique«.[305]

Möchte man das Politische neu denken, muss man es »der Abwesenheit eines letzten Grundes«[306] aussetzen. Für Nancy und Lacoue-Labarthe meint dies vor allem, »la domination arché-téléologique du Sujet«[307] zu beenden und zu ersetzen durch das von ihnen nur genannte, aber nicht ausgeführte »motif de la *finitude*«.[308] Nancy stellt ›Endlichkeit‹ später im Anschluss an Bataille und Heidegger in das Zentrum seines Denkens der Gemeinschaft[309] und belegt damit die Vermutung: »Le motif de la finitude nous semble [...] impliquer [...] la question du *rapport*«.[310]

Setzt man das metaphysische Subjekt ab, so muss »la question du ›lien social‹«[311] deshalb laut werden, weil man das soziale Band entweder von der Beziehung zwischen Subjekten abgeleitet bzw. Subjekte als die einzelnen Fäden des sozialen Bandes gesehen habe[312], oder weil man das soziale Band selbst verstanden habe im Sinne ei-

---

a.M. 1992, S. 153-186, 159f., sagen könnte. Sie vertreten vielmehr einen Postfundamentalismus, der sich charakterisieren lässt als »Prozess unabschließbarer Infragestellung metaphysischer Figuren der Fundierung und Letztbegründung [...] – Figuren wie Totalität, Universalität, Substanz, Essenz, Subjekt oder Struktur, aber auch Markt, Gene, Geschlecht, Hautfarbe, kulturelle Identität, Staat, Nation etc.«. (Marchart: Politische Differenz, S. 16)

303   Marchart: Politische Differenz, S. 90.

304   Vgl. Nancy/Lacoue-Labarthe: Retrait, S. 194. Der Kritik, Arendt idealisiere die antike Polis (siehe z.B. Bernasconi: Deconstructing nostalgia, S. 16), widerspricht Vollrath: Arendt, S. 51f., Hv. i. Orig.: Sie gehe zwar zurück »to the Greek origins of the political. But she knew far too well that a simple renewal of the Greek polis was doomed to fail under the conditions of modern age. [...] What could – perhaps – be renewed was not the Greek polis, but its *politeia*, its politicality, so to speak. Arendt found this modern analogy of the polity of the Greeks in the American republic.«

305   Nancy/Lacoue-Labarthe: Retrait, S. 196, Hv. i. Orig.; vgl. ebd., S. 194f.; Fraser: Französische Derridarianer, S. 130.

306   Marchart: Politische Differenz, S. 17.

307   Nancy/Lacoue-Labarthe: Ouverture (Centre), S. 24.

308   Nancy/Lacoue-Labarthe: Retrait, S. 196, Hv. i. Orig.; vgl. Fraser: Französische Derridarianer, S. 123; 131, und siehe zu ›Endlichkeit‹ bereits die Ausführungen bei Herzhoff: Nancy und Schmitt, S. 100ff.

309   ›Finitude‹, so Alain Badiou: L'offrande réservée. In: Guibal, Francis/Martin, Jean-Clet (Hg.): Sens en tous sens. Autour des travaux de Jean-Luc Nancy. Paris 2004, S. 13-24, 17, sei »le signifiant-maître du discours philosophique de Jean-Luc Nancy«.

310   Nancy/Lacoue-Labarthe: Retrait, S. 196f., Hv. i. Orig. Der nächste Absatz findet sich fast wortgleich bei Herzhoff: Nancy und Schmitt, S. 99f.

311   Nancy/Lacoue-Labarthe: Ouverture (Centre), S. 25.

312   Vgl. Fraser: Französische Derridarianer, S. 124. In Abschnitt II.1 werde ich ihm Rahmen einer Auseinandersetzung mit den Theorien zur kollektiven Intentionalität auf diese Grundüberzeugung (und ihr Scheitern) zurückkommen.

nes »Gemeinschaftssubjektes [Sujet Commun]«.[313] Eine Dekonstruktion des Subjekts provoziert eine Dekonstruktion des sozialen Bandes: Nancy nennt »die Frage der Gemeinschaft die große Leerstelle in der Metaphysik des Subjektes«; gleichviel, ob man das Subjekt als »Individuum oder totaler Staat«[314] auffasse. Vom Subjekt ausgehend ist die Gemeinschaft eine äußerliche Beziehung im Wesen unverbundener Individuen oder selbst ein Individuum, ein unteilbares Eines. Vor allem diese letzte Idee von Gemeinschaft zieht sich Nancy und Lacoue-Labarthe zufolge mit dem *retrait du politique* zurück: Es handele sich um »le retrait de l'unité, de la totalité et de la manifestation effective de la communauté«.[315] Der *retrait*, die Auflösung also der »philosophische[n] Voraussetzung von allem Politisch-Philosophischen«[316], gibt den Blick auf eine andere Gemeinschaft frei. »Der Rückzug des Politischen ist die ontologische Entdeckung und Entblößung des Mit-seins [être-avec].«[317]

Die Frage des *rapport* oder des sozialen Bandes sei »la question majeure; elle est même peut-être, comme telle, la question de l'essence du politique«.[318] Die Notwendigkeit, dem Politischen nachzuspüren, führt zur Auseinandersetzung mit der abendländischen Gemeinschaftsidee.[319] Was sich hier abzeichnet, ist die bei Nancy immer deutlicher werdende, problematische »Verschiebung der Opposition von Politik und Politischem zu jener von Politik und Ontologie des Sozialen«.[320] Zunehmend sucht er »das, was der Politik zugrunde liegt, in einem unauflöslichen, das politische Handeln erst ermöglichenden« Zusammen-Sein«[321], einer »archi-socialité«.[322]

Dieser »socialité ›originaire‹ ou archi-originaire«[323] lasse sich z.B. mithilfe der Psychoanalyse Sigmund Freuds nachgehen.[324] Die Begründung, weshalb die Psychoanalyse die Frage nach einer Art Sozialität im Ursprung des Subjekts beantworten könnte, weist auf Leitmotive des späteren Gemeinschaftsdenkens Nancys voraus. Als ein Denken, »qui exclut en principe et au principe la position d'une autosuffisance et d'une autocratie«, lasse die Psychoanalyse »la question du rapport« überhaupt erst wieder

---

313   Nancy: Das gemeinsame Erscheinen, S. 190 (CP 95); vgl. Nancy/Lacoue-Labarthe: Ouverture (Centre), S. 24, und siehe Morin: Nancy, S. 100f.

314   Nancy: Entwerkte Gemeinschaft, S. 16 (CD 17). Siehe zum Begriff des totalen Staates (bei Carl Schmitt) etwa meine Ausführungen Herzhoff: Nancy und Schmitt, S. 86f., ferner ebd., S. 98.

315   Nancy/Lacoue-Labarthe: Retrait, S. 195.

316   Nancy: singulär plural sein, S. 67 (ESP 57).

317   Ebd., S. 68 (ESP 57). Siehe auch Morin: Nancy, S. 99, sowie Jean-Luc Nancy: Des sens de la démocratie. In: Transeuropéennes 17 (1999), S. 45-48, 47, wo es heißt, der »retrait ne serait pas une retraite, mais un retracement de tout ce qu'il en est de l'être-en-commun (être-ensemble ou être-avec)«.

318   Nancy/Lacoue-Labarthe: Retrait, S. 197.

319   Vgl. Fausto de Petra: Georges Bataille et Jean-Luc Nancy. Le ›retracement‹ du politique. Communauté, communication, commun. In: Lignes 17 (2005), S. 157-171, 158.

320   Bedorf: Das Politische und die Politik, S. 30; kritisch dazu auch Devisch: Nancy's ›Political Philosophy‹, S. 116.

321   Bedorf: Das Politische und die Politik, S. 30.

322   Nancy/Lacoue-Labarthe: Retrait, S. 197.

323   Ebd.

324   Vgl. ebd.

als Frage auftauchen, »c'est-à-dire dans l'impossibilité de présupposer la solution du rapport, que ce soit dans un sujet ou dans une communauté«.[325]

Die *question du rapport* deute auf etwas hin, das durch das Politische (seine Herrschaft) zurückweicht.[326] Dieses Etwas, das das Politische übersteigt, lasse sich vorerst nur negativ als »non-totalité«[327] kennzeichnen: »[L]e transcendantal de la *polis* n'est pas l'organicité, ni celle d'une harmonie ou d'une communion, ni celle d'une répartition des fonctions et des différences. Mais il n'est pas non plus l'anarchie. Il est l'anarchie de l'archie elle-même«.[328] Die Forderung, eine ›an-archie de l'archie‹ zu denken, ist die Forderung, einen anfangslosen oder unbegründeten Anfang zu denken: »Der Entzug [dérobement] des Anfangs ist Teil des Selbstanfangs. Der Anfang bleibt unbegründet.«[329] Nicht zum ersten und letzten Mal begegnet man hier der postfundamentalistischen Haltung Nancys: Es gilt, die Polis nicht als in einem Prinzip, in einem Ursprung oder Anfang gegründet zu sehen, sondern ihr dieses Fundament zu entziehen – ohne in eine absolute Bodenlosigkeit oder Anarchie zu stürzen; der Vorgang des Entziehens der Fundamente ist das Fundament, auf dem die Polis allererst und immer wieder anders erscheinen kann.[330]

---

325 Nancy/Lacoue-Labarthe: Ouverture (Centre), S. 25; rückblickend Nancy: Demokratie und Gemeinschaft, S. 48: Lacoue-Labarthe und er hätten sich gefragt, »wo sich außerhalb der Philosophie ein Ansatz für das Denken des Zusammenseins finden ließe. Denn in der Philosophie hat man immer beim Einzelnen angefangen, um von ihm ausgehend das Zusammensein zu denken. Was fehlte, ist die umgekehrte Überlegung, also der Versuch, mit dem Zusammensein zu beginnen. Und diese Feststellung führte uns zu Freud.« Bei Nancy/Lacoue-Labarthe: Panik und Politik, S. 66f., Hv. i. Orig. (LPP 35, Hv. i. Orig.), liest man: »Das Problem der Kultur ist für Freud nie etwas anderes als das Problem des anderen [d'autrui] oder […] das Problem der Koexistenz und des friedlichen Zusammenlebens mit anderen. Es ist also nicht *ein* und nicht genau *das* politische Problem, weil nicht sicher ist, ob *die Politik [la politique]* es sich oder ob sie sich nur es stellt. Aber es ist durchaus das Problem *des Politischen [du politique]*, d.h. das, anläßlich dessen das Politische beginnt, Probleme zu bereiten...« Die Autoren analysieren den Zusammenhang zwischen der Psychoanalyse und dem Denken einer nicht-identitären Gemeinschaft, in der die »Beziehung« stets eine »*Nicht-Beziehung [non-rapport]*« (ebd., S. 75, Hv. i. Orig. [LPP 40, Hv. i. Orig.]) zum Grund hat. Fortgesetzt werden diese Überlegungen in Jean-Luc Nancy/Philippe Lacoue-Labarthe: Juden träumen nicht. In: Hombach, Dieter (Hg.): ZETA 01/Zukunft als Gegenwart. Berlin 1982, S. 92–117 (Jean-Luc Nancy/Philippe Lacoue-Labarthe: Le peuple juif ne rêve pas. In: Rassial, Adélie/Rassial, Jean-Jacques [Hg.]: La psychanalyse est-elle une histoire juive? Colloque de Montpellier. Paris 1981, S. 57–92). Auch Ernesto Laclau sieht die Psychoanalyse als »eine andere Weise, *Gesellschaftstheorie* zu betreiben«, meint Marchart: Das unmögliche Objekt, S. 385, Hv. i. Orig. Denn die Psychoanalyse lehre uns, »mit der modernen Erfahrung der Unmöglichkeit von Letztbegründung umzugehen«. (Ebd., S. 386)

326 Vgl. Nancy/Lacoue-Labarthe: Ouverture (Centre), S. 26.

327 Ebd.

328 Ebd., S. 27, Hv. i. Orig.; vgl. Fraser: Französische Derridarianer, S. 124.

329 Nancy: Erschaffung der Welt, S. 97 (CMM 113).

330 Siehe Marchart: Neu beginnen, S. 180f., Hv. i. Orig., der »im Geiste Arendts« zu Nancys oben zitierter Wendung von einem ›Entzug des Anfangs‹ anmerkt, dieser Entzug sei »die Bedingung der Möglichkeit jeder *Neu*-Gründung – sei es einer philosophischen oder einer historisch-politischen. Oder nochmals anders formuliert: Nur weil der Anfang selbst ungründbar ist, sind *Neu*-Beginne und *Neu*-Gründungen möglich.«

1.5   Le(s) fin(s) du centre

In einem Brief vom 16. November 1984 teilten Nancy und Lacoue-Labarthe mit, die Aktivitäten des *Centre* zeitweilig einstellen zu wollen.[331] Bei der Arbeit des *Centre*, rufen sie in Erinnerung, sollte es nicht um eine bestimmte politische Position gehen, sondern darum, die Frage nach der Essenz des Politischen und damit nach den Möglichkeitsbedingungen politischer Positionen überhaupt zu stellen.[332] Zunächst wurde klar, was das Politische nicht ist: ein Fundament, auf das man sich mit einer politischen Position beziehen könnte. Ein solches Verständnis des Politischen ist nach Ansicht Nancys ›linke‹ Politik, zu der er sich im folgenden Zitat bekennt.

> It is not a question of a political position that I hold, or might like to hold, in accordance with a political option or ideal, or even a political ideology and program. However, it is not independent from an unchanging and definite political determination, which [...] *comes from the left* [...]: »left« means, *at the very least*, that the political, as such, is receptive to what is at stake in community. (On the other hand, »right« means, at least, that the political is merely in charge of order and administration.)[333]

Der Grund für die Schließung des *Centre*, könnte man vor diesem Hintergrund sagen, lag in einem ›Rechtsruck‹ der Teilnehmer*innen, einem Einschwenken auf ein bestimmtes politisches Programm. Ein offenes (und: öffnendes) Fragen nach der Essenz des Politischen setze aber den Abschied von sämtlichen Sicherheiten in Bezug auf das Politische voraus: »[N]othing of the political is henceforth established, not even and above all its liquidation or its writing off of the West and its metaphysics«.[334] Diese Offenheit habe einem »easily accepted consensus of opinion«[335] weichen müssen, von dessen Geltung Nancy noch Jahre später überzeugt ist: Es habe sich, merkt er in *La comparution* (1991) an, »im Grunde nichts geändert«.[336] Der Meinungskonsens resultiere aus dem proklamierten ›Ende des Marxismus‹ – einem Ereignis, das überdeckt worden sei von dem Entstehen eines »economic neo-liberalism and a political neo-conformism«.[337]

Im historischen Kontext der frühen 1980er Jahre galt der angesprochene Konsens Nancy und Lacoue-Labarthe zufolge vor allem hinsichtlich der Bedeutung der Zivilgesellschaft, wie sie von der polnischen *Solidarność* verkörpert wurde. Das Konzept der Zivilgesellschaft als einer kontra- oder extrastaatlichen Größe sei bei vielen Teilnehmenden des *Centre* (etwa Lyotard) auf großes Interesse gestoßen, sogar »zu einer Art

---

331   Vgl. Nancy/Lacoue-Labarthe: Chers Amis, S. 143, sowie (auch zum Folgenden) Fraser: Französische Derridarianer, S. 137f., und James: Fragmentary demand, S. 167f.; Morin: Nancy, S. 101.

332   Vgl. Nancy/Lacoue-Labarthe: Chers Amis, S. 144.

333   Nancy: Preface, S. xxxvi, Hv. i. Orig.; siehe auch May: Reconsidering difference, S. 22. Die Philosophie Nancys, so Hebekus/Völker: Philosophien des Politischen, S. 92, wolle keinesfalls »den Grund zu einer anderen Politik« legen und sei insofern »durchgängig eine eigentümlich non-politische«.

334   Nancy/Lacoue-Labarthe: Chers Amis, S. 144; vgl. ebd.

335   Ebd., S. 145.

336   Nancy: Das gemeinsame Erscheinen, S. 203, Anm. 27 (CP 96, Anm. 1); siehe auch Nancy: Dem Politischen mangelt es an Symbolizität, S. 36.

337   Nancy/Lacoue-Labarthe: Chers Amis, S. 145; vgl. ebd.

Doxa«[338] geworden. Mit der Abwertung des Staates oder der Beschneidung seiner Zuständigkeiten zugunsten der Zivilgesellschaft habe man allerdings das Spiel des Neoliberalismus mitgespielt: »Man bemerkte nicht, dass man einfach die progressive Auslöschung des Staates unter dem Einfluss der ökonomischen Macht sanktionierte.«[339] Der anti-totalitäre »democratic consensus« lasse übersehen, »that ›democracy,‹ more and more frequently, serves only to assure a play of economic and technical forces that no politics today subjects to any end other than that of its own expansion«.[340]

In ihrem Brief prangern Lacoue-Labarthe und Nancy eine grassierende Indifferenz an, durch die das Phänomen des Totalitarismus seinen Problemcharakter verloren habe: Man habe nicht mehr wissen wollen, wie überzeugend philosophische Analysen des Totalitarismus sind, wie nahe oder fern sich Faschismus, Nationalsozialismus und Kommunismus stehen, oder ob sich mithilfe des Begriffs des Totalitarismus auch die Wirklichkeit heutiger Regime oder Gesellschaften begreifen lässt. Stattdessen erklärte man den von den sozialistischen Staaten verkörperten Totalitarismus zur »unique political danger«.[341] Dieser leichtfertige Umgang mit der totalitären Gefahr lässt sich als Resultat der Überzeugung deuten, man wisse, was die Demokratie sei, nämlich »le seul type de régime politique acceptable par une humanité majeure, émancipée et n'ayant d'autre fin qu'elle-même«[342], wie Nancy in Des sens de la démocratie schreibt. Man wiege sich in der (falschen) Sicherheit eines absoluten Gegensatzes von Demokratie und Totalitarismus: Letzterer gelte nurmehr als ein nicht weiter zu analysierendes »Übel, das rein unvorhergesehen sich ereignet, aus dem Nichts über die Demokratie herfällt, oder aber von außen, was bereits an sich schlecht wäre (die Perversität einer Doktrin oder der Wahnsinn eines Mannes)«.[343]

Am Ende sei der Konsens über die Demokratie zu einem Konsens über das Politische geworden.[344] Dies hatte zur Konsequenz, dass man die question du rapport nicht länger verfolgte. Das ›Ende des Marxismus‹ verwandelte sich »into the end of every consideration and every operation which has in view the identity of the collectivity, its destination, the nature and exercise of its sovereignty«.[345] Unmöglich wurde es zudem, eine politische Alternative zu einer Politik, die von »struggle, injustice, exclusion, stupidity and intolerance, corruption«[346] beherrscht werde, zu denken. Es verwandelte sich »a place of encounter into a place of a-politicism«.[347]

---

338 Nancy: Demokratie und Gemeinschaft, S. 56; vgl. ebd., S. 55; Nancy: Was tun, S. 27, Anm. 7 (QF 33, Anm. 1).
339 Nancy: Was tun, S. 27 (QF 33).
340 Nancy: Preface, S. xxxvii.
341 Nancy/Lacoue-Labarthe: Chers Amis, S. 145; vgl. ebd.
342 Nancy: Des sens de la démocratie, S. 45.
343 Nancy: Wahrheit der Demokratie, S. 21 (VD 17).
344 Vgl. Nancy/Lacoue-Labarthe: Chers Amis, S. 146.
345 Ebd.
346 Ebd.
347 Ebd., Hv. i. Orig.

Entpolitisierung des Politischen?

Ironischerweise entspricht der Vorwurf, den Nancy und Lacoue-Labarthe ihren Mitstreitenden am *Centre* machten, weitgehend der Kritik, die gegenüber ihrem eigenen Projekt einer Befragung der Essenz des Politischen erhoben wird: Es handele sich um ein apolitisches Unterfangen.[348] So kommt etwa Michael Hirsch zu dem Schluss, Nancy betreibe eine »fast vollständige Entpolitisierung der Kategorie des Politischen«, indem er dieses »auf ein ontologisches Urphänomen« zurücknehme und es als querstehend »zu den politischen Kämpfen und zur politischen Ordnung«[349] zu fassen versuche. Zudem könne Nancys »Denken des Politischen [...] durch den Versuch charakterisiert werden, sich der politischen Verortung oder Einordnung zu entziehen«.[350]

Eine ähnliche Einschätzung formuliert Fraser: Hinter Lacoue-Labarthes und Nancys berechtigter Kritik an einem aufkommenden Konsens, vermutet sie, stehe weniger ein Unbehagen an der neoliberalen und neokonformistischen Gesinnung ihrer Mitstreiter*innen als vielmehr ein Missfallen, dass diese überhaupt eine politische Gesinnung erkennen ließen.[351] Auch wenn Nancy und Lacoue-Labarthe mit ihren Vorschlägen zur inhaltlichen Ausrichtung des *Centre* kein starres Programm hatten dekretieren wollen[352], scheine ihr Entschluss zu einem Moratorium den Vorwurf an zumindest einige der Teilnehmer*innen zu implizieren, »den transzendentalen Pakt verletzt zu haben, in der Befragung der Essenz des Politischen wortbrüchig geworden zu sein.«[353] Zwar betonten Nancy und Lacoue-Labarthe: Die Schließung des *Centre* »responds to a political exigency«[354]; gleichwohl gewinne man den Eindruck, als wollten sie ihren Schließungsentschluss nicht als eine politische Stellungnahme verstanden wissen. Daher mangele es ihnen an politischen Argumenten gegen die sich abzeichnende Vorherrschaft des Neoliberalismus und Neokonformismus.[355] (Sieht man ab von der Warnung, dass der durch einen Konsens zu schnell seiner Fragwürdigkeit beraubte Totalitarismus eines Tages »in the classic fashion of something repressed«[356] zurückkommen könne.) Nancy und Lacoue-Labarthe schreckten getreu dem »Ethos der Dekonstruktion« – im Sinne des *retrait* Derridas, wie ihn Fynsk analysiert hatte – vor der politischen Debatte ebenso zurück wie vor der »Differenz als Streit, als gute, altmodische politische Auseinandersetzung«.[357] Dadurch liefen sie Gefahr, sich den von ihnen kritisierten neoliberalen Positionen anzunähern, denn ihre Warnung vor einer totalen Herrschaft des Politischen nähre einen pauschalen Verdacht gegen das Politische, der ein politisches Aufbegehren

---

348 Vgl. Fraser: Französische Derridarianer, S. 139.

349 Hirsch: Symbolischer Primat des Politischen, S. 339.

350 Ebd., S. 344.

351 Vgl. Fraser: Französische Derridarianer, S. 138.

352 Vgl. Nancy/Lacoue-Labarthe: Ouverture (Centre), S. 11f.

353 Fraser: Französische Derridarianer, S. 138. Siehe zum Problem einer den ›poststrukturalistischen‹ (sich anti-normativ gebenden) Theorien innewohnenden Normativität van Dyk: Poststrukturalismus, S. 194ff.; 197f.

354 Nancy/Lacoue-Labarthe: Chers Amis, S. 147.

355 Vgl. Fraser: Französische Derridarianer, S. 138.

356 Nancy/Lacoue-Labarthe: Chers Amis, S. 145.

357 Fraser: Französische Derridarianer, S. 125f.; vgl. ebd.

gegen die Dominanz des Politischen ausschließe.[358] Fraser übersieht nicht, dass Nancy und Lacoue-Labarthe in ihrer Arbeit eine »Form des politischen Engagements« sehen, eine »politische Geste«[359]; aber immer dann, wenn es darum gehen müsste, sich auf die Ebene von *la politique* zu begeben (etwa bei der Frage, welcher Totalitarismusbegriff der richtige wäre oder wie ein ›gutes Leben‹ aussehen könnte) und sich im Kampf um politisch-normative Positionen die Hände schmutzig zu machen, flüchteten sie sich zu einer Befragung (der Essenz) von *le politique*. Daraus ergebe sich »ein unaufhörliches Hin und Her zwischen den zwei heterogenen Analyseebenen«, beobachtet Fraser, »ein beständiges Vorwagen hin zur Einnahme einer politischen Position und ein Zurückziehen auf eine metapolitische philosophische Reflexion«.[360] Das Problem sei nicht, unterstreicht sie,

> daß eine solche Spekulation an sich nutzlos oder irrelevant ist. Es besteht eher darin, daß die Spekulation für Nancy und Lacoue-Labarthe ein Mittel ist, um den Schritt in die Politik zu vermeiden, zu dem sie andernfalls die Logik ihrer eigenen Hoffnungen und ihres Denkens drängen würde.[361]

Der Stoßrichtung der Kritik Frasers schließt sich Simon Critchley an.[362] Auch er argwöhnt, Nancys und Lacoue-Labarthes Rückzug von *la politique* sei dem wenig erfolgversprechenden Trachten danach geschuldet, mit sauberen Händen aus politischen Händeln herauszukommen.[363] »My claim is that the reduction of *la politique* to *le politique* [...] is *an exclusion of politics itself*, if by the latter one understands an empirical and contingent field of antagonism, conflict and struggle, the space of *doxa*.«[364] Hinter der Vermeidungsstrategie vermutet Critchley die Sorge, jeder Rekurs auf *la politique* bedeutete den Rückfall in einen metaphysischen Totalitarismus.[365] Lefort etwa aber zeige, dass es auch nicht-metaphysische Formen der Politik gibt, namentlich: die Demokratie.[366]

---

358 Vgl. ebd., S. 139. Siehe mit einer ähnlichen Kritik gegenüber Nancy auch Devisch: Nancy's ›Political Philosophy‹, S. 132, sowie Norris: Myth of the common, S. 289: »What Nancy terms ›politics‹ is devoted to its own erasure. While the task of unworking may never be complete, what guides it is the vision of a world purged of politics. In the end, Nancy is more of a liberal than he knows. Along with Locke, his claim is: the less politics the better.«

359 Hebekus/Völker: Philosophien des Politischen, S. 92.

360 Fraser: Französische Derridarianer, S. 132; vgl. ebd., S. 132f.

361 Ebd., S. 133.

362 Siehe für eine Darstellung und Würdigung unter anderem der Kritiken von Fraser und Critchley etwa James: Fragmentary demand, S. 168ff.; James: Interrupted myth, S. 333ff.; zu Critchley auch Morin: Nancy, S. 102.

363 Vgl. Critchley: Re-tracing the political, S. 85, mit expliziter Referenz auf Nancy Fraser.

364 Ebd., S. 84, Hv. i. Orig.

365 Vgl. ebd., S. 77; 85f. Siehe auch ebd., S. 82f., Hv. i. Orig.: »The thesis of the withdrawal of the political cannot be a partial withdrawal, it *must* be total. The analysis of the dual closure of the philosophical and the political *must* see totalitarianism as the final figure in the development of political forms: complete withdrawal of *le politique* in the face of the absolute domination of *la politique*. Lacoue-Labarthe and Nancy *must* therefore diagnose Western liberal democracies as being subject to an ›unheard of‹ totalitarianism.«

366 Vgl. ebd., S. 86.

Might one not speak of democracy as a metaphysical agnosticism, or, more provocatively, as the political form that is founded upon the absence of any metaphysical foundation? [...] Is there not a need for a more subtle and variegated account of the relation between metaphysics and politics and perhaps, more speculatively, the possibility of a democratic politics that would be non-metaphysical?[367]

Da Nancy und Lacoue-Labarthe offenbar alle Politik als metaphysisch kontaminiert betrachteten, seien sie gefährdet, in »political quietism and despairing resignation«[368] zu verfallen.

Fraser und Critchley formulieren den (gleichen) Vorwurf, »that the emphasis on an ontological recasting of the political comes at the expense of the possibility of engaging with and indeed properly understanding the empirical field of political events«.[369] An dieser Stelle ist es unmöglich, die Arbeit des *Centre* abschließend zu würdigen und zu prüfen, ob Frasers und Critchleys Kritik stichhaltig ist – aus dem simplen Grund, dass die Arbeit des *Centre* mit seiner Schließung nicht abgeschlossen war, sondern sich in Nancys Neudenken der Gemeinschaft fortsetzte.[370]

Die Verknüpfung zwischen der Frage nach der Essenz des Politischen und der Frage (nach) der Gemeinschaft lässt ausgehend von den skizzierten Einwänden allerdings die These zu, Nancys ontologische Annäherung an die Gemeinschaft – sein Fragen nach ihrem Sein, nach dem In-Gemeinschaft-Sein – könnte ein ähnliches Resultat zeitigen wie der Versuch, das Politische neu (oder überhaupt wieder) zu denken, nämlich die Vernachlässigung ›ontischer‹ Gemeinschaft(en), deren Mitglieder für sich das Personalpronomen ›Wir‹ beanspruchten.[371] Reklamiert der Kommunismus, »daß wir ›wir‹ sagen können, daß wir uns wir nennen können (es von uns sagen können und daß es die einen zu den anderen sagen können), von dem Augenblick an, wo weder ein Chef noch ein Gott es für uns sagt«[372], so ist diesem Anspruch nur durch Politik (*la politique*) nachzukommen: Ein (nicht mehr gegebenes) Wir muss politisch konstruiert werden.[373]

Nancy berücksichtigt vor allem den »disruptive[n] Aspekt«[374] sowohl des *retrait* des Politischen als auch der Gemeinschaft. Dies führt ihn zu einer Idee von Politik, bei

367   Ebd.

368   Ebd., S. 85.

369   James: Interrupted myth, S. 334.

370   Die Kontinuität betont etwa Nancy: Demokratie und Gemeinschaft, S. 46f., siehe auch Hebekus/ Völker: Philosophien des Politischen, S. 90: »In den Überlegungen zu dem Begriff des Politischen kündigt sich die Problematik der Gemeinschaft bereits an«.

371   Rosa et al.: Theorien der Gemeinschaft, S. 162, merken an: »Das von Nancy geforderte Denken der Gemeinschaft setzt [...] nicht bei der (ontischen) Frage nach bestimmten Gemeinschaften an, sondern bei der grundlegenderen (ontologischen) Frage der Gemeinschaftlichkeit.« Siehe auch Hebekus/Völker: Philosophien des Politischen, S. 93, sowie Morin: Brüderliche Gemeinschaft, S. 213: »Nancys Projekt ist ontologisch«.

372   Nancy: singulär plural sein, S. 73 (ESP 62). Siehe auch Jean-Luc Nancy: Wer hat Angst vor Gemeinschaft? Ein Gespräch [von Krystian Woznicki] mit Jean-Luc Nancy. In: Woznicki, Krystian: Wer hat Angst vor Gemeinschaft? Ein Dialog mit Jean-Luc Nancy. Berlin 2009, S. 76-107, 83.

373   So Marchart: Politische Differenz, S. 113f., dessen Argumentation ich nachstehend folge.

374   Ebd., S. 114.

der die Politik »nicht mehr die Gemeinschaft als solche erfüllen möchte«[375], sondern durch ihren *retrait* die Gemeinschaft ins Spiel bringt, als fragwürdig, nicht gegeben auftauchen lässt. Dabei werde, so Marchart, der dieses Entgründungsgeschehen notwendigerweise begleitende »*instituierende* Moment des Politischen«[376] vernachlässigt, der Moment einer Politik als Konstruktion (oder: Erfindung) eines Wir, das ohne ein gegebenes Modell ist.[377] Es gibt einen Zusammenhang zwischen einer Politik als Entgründung und einer Politik als Gründung. Ist die Politik im ersten Sinne »a politics of interruption«[378], die das vorhandene Zwischen unterbricht, so erfolgt diese Störung durch das kollektive Handeln eines politischen Subjekts, eines Wir, das sich, modelllos, ohne ihm vorausliegenden Grund (in Gestalt etwa eines Volkes oder einer Klasse), stets aufs Neue gründet.[379]

Es folgt die Darstellung von Nancys Dekonstruktion der traditionellen Gemeinschaftsidee sowie seines Gegenentwurfs einer ›entwerkten‹ Gemeinschaft. Hinausgehend über die Frage Nancys (oder diese ergänzend), was es heißt, gemeinsam zu sein, gilt es anschließend zu erörtern, was es heißt, gemeinsam (als Wir) zu handeln. Das Ziel ist es, die Konturen einer Politik des Miteinander im Sinne der Konstituierung eines kollektiven politischen Subjekts herauszuarbeiten.

---

375 Nancy: Angst vor Gemeinschaft, S. 81.
376 Marchart: Politische Differenz, S. 114, Hv. i. Orig.
377 Siehe etwa Nancy: Angst vor Gemeinschaft, S. 85.
378 James: Interrupted myth, S. 343.
379 In diesem Sinne betont Rancière: Unvernehmen, S. 47, Hv. i. Orig.: »Die Politik ist Sache der Subjekte oder vielmehr der Subjektivierungsweisen. [...] Eine Subjektivierungsweise erschafft nicht Subjekte *ex nihilo*. Sie erschafft diese, indem sie Identitäten, die durch die natürliche Ordnung der Verteilung der Funktionen und Plätze bestimmt sind, in Einrichtungen einer Streiterfahrung umformt.«

2. Nancys Auseinandersetzung mit der Tradition der Gemeinschaft

In dem kurzen Text *Die herausgeforderte Gemeinschaft* (*La Communauté affrontée*, 2001) blickt Nancy auf die Umstände der Genese seines Gemeinschaftsdenkens zu Beginn der 1980er Jahre zurück. Zur gleichen Zeit, als ihm Jean-Christophe Bailly das Thema (›La communauté, le nombre‹) für die Zeitschrift *Aléa* vorschlug, verantworteten Lacoue-Labarthe und Nancy nicht nur das *Centre de recherches philosophiques sur le politique*, sondern beendete Nancy auch ein (von ihm geleitetes) Seminar, das sich unter der Perspektive des Politischen mit Georges Bataille beschäftigt hatte.[1] Er habe bei Bataille »nach der Möglichkeit einer unerschlossenen Quelle gesucht, die Faschismus und Kommunismus ebenso umginge wie den demokratischen oder republikanischen Individualismus«, denn er wusste bei ihm »Wort und Motiv der Gemeinschaft im Umlauf«.[2] Nancy verweist hier implizit auf seine oben skizzierte These, mit dem *retrait* des Politischen tauche die Gemeinschaft (erneut) als Frage auf. Bei der Beschäftigung mit Bataille habe sich entsprechend ein »Abstand der Motive des ›Politischen‹ und des ›Gemeinschaftlichen [communautaire]‹«[3] offenbart. Gemeint ist die durch den *retrait* avisierte Auflösung oder Lockerung des Bandes zwischen Philosophischem (Idee der Gemeinschaft) und Politischem (Instanz der Verwirklichung dieser Idee). Dank Bataille geriet nicht nur die Notwendigkeit der »Entkoppelung von Politik und Gemeinsam-Sein [être-en-commun]«[4] in den Blick. In seiner apolitischen Idee der Gemeinschaft – »einer Gemeinschaft als Aufgehen in Innerlichkeit, als Selbstpräsenz einer realisierten Einheit«[5] – zeichnete sich für Nancy die Problematik des gesamten bisherigen Gemeinschaftsdenken ab.

So drängte sich mir folgender Gedanke auf: Durch die philosophische Tradition hatte sich – bis in ihre bataillesche (und zuvor wohl marxsche) Überwindung oder ihr Über-

---

1   Vgl. Nancy: Herausgeforderte Gemeinschaft, S. 22 (CA 30).

2   Ebd. (CA 30f.). Ich gehe auf Bataille und seine Bedeutung für Nancys Gemeinschaftsbegriff in Abschnitt I.3.1 ein.

3   Ebd., S. 23, Anm. 4 (CA 32, Anm. 1).

4   Ebd., S. 24 (CA 34).

5   Ebd., S. 25 (CA 34).

borden – eine Repräsentation der Gemeinschaft gezogen, an der die Reflexion über den »Totalitarismus« [...] in meinen Augen den wesentlichen Charakter aufdeckte: Die Gemeinschaft verwirklichte sich als ihr eigenes Werk. Die schwierige, unruhige und teilweise unglückliche Reflexion Batailles lud dagegen ein, das zu denken – mit ihr, doch über sie hinaus –, was man, wie mir schien, die »entwerkte Gemeinschaft [communauté désœuvrée]« nennen konnte.[6]

Mit Bataille wird Nancy eine Gemeinschaft jenseits des traditionellerweise »zwischen Individualismus und Kollektivismus«[7] aufgespannten Horizonts denken.[8] Zwar kritisiert Bataille einen »übersteigerten Individualismus« und einen »Verfall gemeinschaftlicher Beziehungen«, richtet sich aber »zugleich gegen die beiden von ihm als ›falsch‹ und problematisch empfundenen Versuche der Wiederherstellung von Gemeinschaft [...]: gegen die Restaurierung traditionaler Gemeinschaften wie auch gegen die aufkommenden faschistischen Gemeinschaften«.[9] Nancy folgt ihm darin zunächst, verlässt aber schließlich den von Bataille eingeschlagenen Weg.[10]

Für Nancy hat sich die Tradition des Gemeinschaftsdenkens erschöpft. Die Totalitarismen zeigen: Die Gemeinschaft kann weder essentialistisch durch eine gemeinsame Substanz begründet werden, noch ist sie das Ergebnis einer Produktion durch sich selbst (wie im Kommunismus).[11] Unerreichbar ist sie auch als Fusion von Individuen[12], nicht zuletzt deswegen, weil die »Individualitätssemantik« das Problem nicht lösen kann, wie sich die Einzelnen »zu den verlässlichen und dauerhaften sozialen Formationen sollen verbinden können, die es faktisch gibt und auf deren Existenz wir uns im Alltag ganz selbstverständlich verlassen«.[13] Es scheint ganz so, »als bildeten das Verschwinden, die Unmöglichkeit und die Verdammung« der Gemeinschaft, wie Nancy sagt, einen »neuen unüberschreitbaren Horizont«.[14]

Wenn es aber zugleich einen begehrenden Willen zum Gemeinsamen gibt[15], drängt sich die Frage auf, wie diesem nachzukommen wäre. Wie lässt sich die Gemeinschaft

---

6   Ebd., S. 25f. (CA 35f.).

7   Walter Reese-Schäfer: Kommunitarismus. 3., vollst. überarb. Aufl. Frankfurt a.M., New York 2001, S. 12, der sich nicht auf Nancy, sondern die inhaltliche Ausrichtung eines der kommunitaristischen Netzwerke bezieht.

8   »Die negative Gemeinschaft räumt mit allen Erwartungen an eine kollektive Identitätsfindung auf, ohne damit Sozialität in eine Art kollektiven Individualismus aufzulösen.« (Trautmann: Nichtmitmachen, S. 191) Siehe auch den Abschnitt *Between individualism and communalism* in Morin: Nancy, S. 74ff.

9   Rosa et al.: Theorien der Gemeinschaft, S. 157f.

10   Vgl. ebd., S. 158.

11   Vgl. Nancy: Cum, S. 141f. (C 115).

12   Vgl. Marchart: Politische Differenz, S. 100; Hebekus/Völker: Philosophien des Politischen, S. 93f.

13   Schmid/Schweikard: Einleitung, S. 17.

14   Nancy: Entwerkte Gemeinschaft, S. 25 (CD 28). Statt von ›Gemeinschaft‹ ist hier die Rede von ›Kommunismus‹, Nancys weitgefasster Begriff des Kommunismus rechtfertigt diese Verschiebung jedoch. Morin: Brüderliche Gemeinschaft, S. 18ff., trägt verschiedene Einwände gegen eine Beschäftigung mit dem Thema ›Gemeinschaft‹ vor.

15   Siehe etwa Nancy: Politik und darüber hinaus, S. 218ff. (PED 15ff.).

denken, wenn sie nicht mehr durch einen »Rückgriff auf das Gegebene einer Gemeinschaft«[16] (Substanz oder Individuum) gedacht werden kann? »Wie werden wir von nun an zusammen sein«?[17] Um zu einer Antwort zu gelangen, muss man Nancy zufolge im Sinne einer ›Dekonstruktion unserer Geschichte‹ zunächst die Vergangenheit ›unseres‹ (abendländischen) Gemeinschaftsdenkens in den Blick nehmen. Nancy möchte »den Horizont, der *hinter* uns liegt, freilegen [dégager]«.[18] Der Begriff des Horizonts macht klar, dass dabei nicht eine Inventarisierung der abendländischen Gemeinschaftsvorstellungen im Vordergrund steht.[19] Derrida lenkt in *Gesetzeskraft* die Aufmerksamkeit darauf, dass »ein Horizont eine Öffnung und zugleich eine Grenze [ist], welche die Öffnung beschränkt«.[20] Der Blick zurück auf die Beschränkungen oder Grenzen des Gemeinschaftsdenkens wäre demnach, so jedenfalls Nancy, auch das Sichtbarmachen »einer ganz anderen Bahnung [tracé]«[21] dieses Denkens, wäre seine Öffnung. Dieses ganz andere Denken der Gemeinschaft ist als Angriff auf »die *Horizonte* als solche«[22] zu verstehen: ein Denken der Gemeinschaft, das die Gemeinschaft als Überschreitung denkt. Demgemäß gelte, »daß jede Forderung nach Kommunismus teilhat an jener Geste [qu'une exigence communiste communique avec le geste], die uns, [sic!] über alle Horizonte hinauszugehen zwingt«.[23]

Anstatt die Gemeinschaft/den Kommunismus in das Reich der gefährlichen Ideologien zu verbannen und einer »Kultivierung der Idee des Individuums«[24] zu frönen, möchte Nancy einem (zukünftigen, kommenden) ›Kommunismus‹ nach dem Kommunismus den Weg bahnen.[25]

> L'*après* du »communisme« – aussi bien le »réel« que son idéalité posée dans la forme d'une essence visée – ne peut se trouver que dans l'*à venir* d'un »commun« délié de tout »-isme«, mais exposé à ce qui lui est le plus propre, et qui n'est ni une essence, ni une destination, mais toujours à nouveau un événement.[26]

Nancy geht es in seiner Auseinandersetzung mit der Gemeinschaft um zwei Fragen. Wiederum ist dafür Bataille wichtig, da er »eine bestimmte politische bzw. ethische Positionierung zu Gemeinschaft«[27] mit einer Reflexion über die existentielle Dimension der Gemeinschaft verbindet.[28] Todd May spricht von einer konstitutiven und nor-

---

16   Nancy: Cum, S. 142 (C 116).
17   Nancy: Angst vor Gemeinschaft, S. 83.
18   Nancy: Entwerkte Gemeinschaft, S. 26, Hv. i. Orig. (CD 28f., Hv. i. Orig.).
19   Kritisch dazu Bernasconi: Deconstructing nostalgia, S. 15ff.
20   Jacques Derrida: Gesetzeskraft. Der ›mystische Grund der Autorität‹. Frankfurt a.M. 1991, S. 53.
21   Nancy: Entwerkte Gemeinschaft, S. 25 (CD 28).
22   Ebd., Hv. i. Orig.
23   Ebd.
24   Ebd., S. 15 (CD 16).
25   Vgl. Critchley: Re-tracing the political, S. 88f.
26   Jean-Christophe Bailly/Jean-Luc Nancy: Note liminaire. In: dies.: La comparution [1991]. Paris 2007, S. 7-9, 7f., Hv. i. Orig. Es handelt sich um das Vorwort zu der 2007 erschienenen Neuauflage des Buches.
27   Rosa et al.: Theorien der Gemeinschaft, S. 154.
28   Vgl. ebd., S. 160. In diesem Sinne lässt sich die von Bataille und anderen gegründete *Acéphale*-Gemeinschaft (siehe hierzu Abschnitt I.3.1) als »existential community« (Simonetta Falasca-

mativen Frage bei Nancy; besser, so meine ich, passten die Begriffe ›ontologisch‹ und ›politisch‹. Die konstitutive (oder ontologische) Frage sei: »What is it to be in a community?«[29] Die normative (oder politische) Frage laute: »How can we conceive community in a nontotalitarian manner?«[30] May kritisiert, dass Nancy die Frage nach dem Sein und dem Sollen der Gemeinschaft nicht unterscheide, sondern davon auszugehen scheine, mit der Antwort auf die eine Frage wäre zugleich auch die andere beantwortet.[31]

Wohlwollender könnte man Nancys Strategie als ›Aufschließung‹ charakterisieren, als das Offenlegen eines Widerspruchs gegen das Eigene im Eigenen oder als das Eigene.[32] Was Nancy für das Christentum sagt, gilt ebenso für die Gemeinschaft: Sie ist »selbst und durch sich selbst im Zustand der Überholung [dépassement]«.[33] Selbst die totalitäre Gemeinschaft, wird Nancy behaupten, überholt/öffnet sich immer schon in Richtung einer nicht-totalitären Gemeinschaft. Die Gemeinschaft (konstitutive oder ontologische Frage) widersteht jedem Bestreben, sie in eine totalitäre Gemeinschaft verwandeln zu wollen (normative oder politische Frage). Nancy glaube offenbar, so May, »that we are in the fortunate situation in which what constitutes community is also what can save us from totalitarian conceptions of community, if only we could come to realize it«.[34] Dies sei ein Fehlschluss: Beide Fragen könnten zwar unter Umständen durch die Antwort auf eine der beiden Fragen beantwortet werden, würden es aber nicht zwangsläufig.[35]

Mit anderen Worten wiederholt May den Vorwurf, Nancy scheue davor zurück, eine politische Position zu beziehen. Aber Nancy könnte dafür gute Gründe anbringen.[36] Sein Beharren auf der Undarstellbarkeit der Gemeinschaft[37], seine Weigerung, der Ge-

---

Zamponi: Rethinking the Political. The Sacred, Aesthetic Politics, and the Collège de Sociologie. Montreal u.a. 2011, S. 155) bezeichnen.

29   May: Reconsidering difference, S. 23.

30   Ebd.

31   Vgl. ebd., S. 39ff. Kritisch zu May siehe etwa Morin: Brüderliche Gemeinschaft, S. 197, Anm. 10.

32   Nancys Vorgehen verdankt viel der derridaschen Dekonstruktion, die Devisch: Question of community, S. 46, beschreibt als »an attempt to show what in the construction of a given system escapes that system or differs from it, and so undoes this construction from the inside«.

33   Jean-Luc Nancy: Dekonstruktion des Christentums. In: ders.: Dekonstruktion des Christentums. Zürich, Berlin 2008, S. 237-264, 240f. (Jean-Luc Nancy: La déconstruction du christianisme. In: ders.: La Déclosion [Déconstruction du christianisme, 1]. Paris 2005, S. 203-226, 206).

34   May: Reconsidering difference, S. 40.

35   Vgl. ebd., S. 39f. Man könne es für eine normativ richtige Idee halten (und demgemäß politisch handeln), eine Gemeinschaft als wesentlich nicht-substantiell zu verstehen, weil ein substantielles Verständnis Ausschlüsse mit sich bringt; aber das heiße nicht, dass eine Gemeinschaft tatsächlich nicht-substantiell sei.

36   Die folgende Darstellung zum utopischen Bilderverbot rekurriert auf meine Master-Thesis »Aber etwas fehlt«. Über das utopische Potential der Literatur am Beispiel von Nicolas Born. Siehe auch Simon Herzhoff: [Rezension von] Thomas Schölderle: Utopia und Utopie. Thomas Morus, die Geschichte der Utopie und die Kontroverse um ihren Begriff. Veröffentlicht am 23.6.2011, o. S., Abs. 33. Abrufbar unter: <https://www.socialnet.de/rezensionen/11288.php> (Zugriff am 29.1.2022), und Herzhoff: Mouffe: Über das Politische, Abs. 11.

37   Zur Frage der (Möglichkeit) der Repräsentation von Gemeinschaft bei Nancy hält Kiefte: Anarchist concept of community, S. 150, fest: »Community exists at and as the limit of our representations of it, since community is not a commonality, and representation presupposes a commonality be-

meinschaft eine (politische) Form zu geben, scheint für Nancy vor allem deshalb geboten, weil jedes Bild der Gemeinschaft das, was die Gemeinschaft ›eigentlich‹ ist, korrumpiert.[38] (Aus diesem Grund ist die »Forderung nach Gemeinschaft« immer noch
eine »*unerhörte* Forderung«.[39]) Mit Blick auf das – ähnlich motivierte – utopische Bilderverbot[40] gibt allerdings Adorno zu bedenken, »daß das Verbot des ›Auspinselns‹ der
Utopie oder das Verbot, bestimmte Utopien im einzelnen zu entwerfen«[41], fatale Folgen
zeitige: Verbiete man, Konkretes über die Utopie zu sagen, laufe man Gefahr, »das utopische Bewußtsein selber zu diffamieren und das zu verschlucken, worauf es eigentlich
ankäme, nämlich diesen Willen, *daß* es anders ist«.[42] Was folgt daraus für das Denken
der Gemeinschaft? Auch dieses bedarf »der Kraft der Bilderlosigkeit«[43], braucht aber
zugleich Bilder einer anderen, nicht-totalitären Gemeinschaft, um ihre totalitäre Küm-
merform erfassen und kritisieren zu können.[44] Wenn zwar »die verlorene Gemeinschaft
eine Figur des Imaginären ist«, so lasse sich doch mit ihr (trotz der Fallstricke, die sie
birgt) »artikulieren, mitteilen und denken, was fehlt«; sie sei ein »Moment indirekter

tween what is represented and what represents. The representation of community ›spells the end‹
of community because it completes community.«

38   In diesem Sinne siehe etwa Vogl: Einleitung, S. 10.

39   Nancy: Entwerkte Gemeinschaft, S. 52, Hv. i. Orig. (CD 59, Hv. i. Orig.); siehe Rosa et al.: Theorien
der Gemeinschaft, S. 171.

40   Auf die Gemeinschaft ließe sich übertragen, was Alo Allkemper: Rettung und Utopie. Studien zu
Adorno. Paderborn u.a. 1981, S. 10, für die Utopie formuliert: »Über Utopie ist ein Bilderverbot
verhängt, da utopisches Denken sich kein Bild machen kann, das nicht den Widerruf utopischen
Denkens miteinschlösse.« Woraus folge: »Gegen die Beliebigkeit einer abstrakten Phantasie [...]
rettet sich Utopie in die bestimmte Negation dessen, was ist.« (Ebd.)

41   Theodor W[iesengrund] Adorno/Ernst Bloch: Etwas fehlt... Über die Widersprüche der utopischen
Sehnsucht (Ein Rundfunkgespräch mit Theodor W. Adorno [und Ernst Bloch], Gesprächsleiter:
Horst Krüger, 1964). In: Bloch, Ernst: Tendenz – Latenz – Utopie. Werkausgabe. Ergänzungsband.
Frankfurt a.M. 1985, S. 350-368, 361.

42   Ebd., S. 363, Hv. i. Orig.; siehe dazu auch Allkemper: Rettung und Utopie, S. 113, sowie (mit Hinweis
auf die zitierte Äußerung Adornos im Gespräch mit Bloch) Claudia Rademacher: Vexierbild der
Hoffnung. Zur Aporie utopischen Denkens bei Adorno. In: Eickelpasch, Rolf/Nassehi, Armin (Hg.):
Utopie und Moderne. Frankfurt a.M. 1996, S. 110-135, 113f., und Christian Kreis: Das Verhältnis der
›Kritischen Theorie‹ von Max Horkheimer und Theodor W. Adorno zum utopischen Denken. Stutt-
gart 2006, S. 53ff.

43   Gunzelin Schmid Noerr: Bloch und Adorno – bildhafte und bilderlose Utopie. In: Zeitschrift für
kritische Theorie 7 (2001), H. 13, S. 25-55, 55.

44   Vgl. ebd., und siehe Kreis: Utopisches Denken, S. 53, der eine fehlende »Handlungsmotivation« anmahnt, verbleibe die Utopie in der (bilderlosen) Negation. Mit Bezug auf Jean-Luc Nancy: De l'être-
en-commun. In: ders.: La communauté désœuvrée [1986]. Nouvelle édition revue et augmentée.
Paris 2004, S. 199-234, 227f., erkennt Kiefte: Anarchist concept of community, S. 150, einen »double bind« bei Nancy: »The moment we express the essence of community, we restrict the essence
to expression, but when we do not try, the essence of community remains unexpressed and we
get the feeling that there is no community.« Man könnte auch von einer Aporie sprechen, wie sie
für die Utopie gelte: Zwar müsse man vermeiden, »Utopie zur dogmatischen Antizipation herun-
ter[zu]handeln. Und doch muß Utopie die Möglichkeit des Anderen gegenüber dem Bestehenden
deutlich werden lassen, damit die Möglichkeit, gebunden an die Negation der Negation, nicht zur
Unmöglichkeit wird. Das treibt utopisches Denken in die Aporie: es muß [...] sagen, was nicht gesagt werden kann.« (Allkemper: Rettung und Utopie, S. 11)

Mitteilung dessen, was wir hoffen dürfen«[45], gibt Stoellger zu bedenken. Zugleich aber unterstützt er Nancys »Einspruch gegen nostalgische Sehnsüchte nach dem (imaginär) Ermangelten«.[46] Nancy ist bestrebt, diese Aporie in eine Bedingung der Möglichkeit von Gemeinschaft umzudeuten. Das Bild der Gemeinschaft ist die Gemeinschaft ohne Bild.

> Man sollte in der »Gemeinschaft« kein Modell sehen. [...] Wenn es ein Modell gibt, dann besteht es gerade darin, die Tatsache zu teilen, dass wir keine Modelle haben, mit denen wir uns identifizieren können. Weder die Nation, noch die (religiöse) Kommunion, weder die Familie, noch die Ordnung, weder der Körper, noch die Liebe oder die Freundschaft [...].[47]

Erst ohne ›Modell‹ kann es Gemeinschaft geben. »Kein Modell, das bedeutet: wir müssen ›uns‹ erfinden. Erfinden, ohne Unterlass, das, was ›uns‹ sagen will und wie wir ›uns‹ sagen können.«[48]

2.1 Die ursprüngliche Gemeinschaft oder Paradise Lost

> Und süßer noch wird die Erinnerung an unsere Mond- und Sonnenjahre, wenn jäher Schrecken sie beendete. Dann erst begreifen wir, wie sehr es schon ein Glücksfall für uns Menschen ist, wenn wir in unseren kleinen Gemeinschaften dahinleben, unter friedlichem Dach, bei guten Gesprächen und mit liebevollem Gruß am Morgen und zur Nacht. Ach, stets zu spät erkennen wir, daß damit schon das Füllhorn reich für uns geöffnet war.[49]

In diesen Zeilen aus Ernst Jüngers *Auf den Marmorklippen* (1939) tönt an, was sich mit Nancy als eines der Leitmotive des bisherigen Gemeinschaftsdenkens interpretieren

---

45   Stoellger: Mit-Teilung und Mit-Sein, S. 50.

46   Ebd.

47   Nancy: Angst vor Gemeinschaft, S. 85.

48   Ebd. Siehe auch Spitta: Gemeinschaft jenseits von Identität, S. 23, Hv. i. Orig., die betont: »Die Annahme, dass Menschen die Art und Weise ihres Gemein-Werdens einrichten, impliziert, dass *andere* Selbst-Bilder und *neue* Formen kollektiver Subjektivierung möglich sind. Wenn Menschen gemeinsam diese Welt gestalten, ist es keine Perspektive, sich grundsätzlich von Gemeinschaft zu verabschieden.« Woznicki: Angst vor Gemeinschaft, S. 30, fragt: »Gibt es Formen der Gemeinschaftlichkeit, die sich den geläufigen Mechanismen der Darstellung entziehen? [...] Wären neue Formen von Gemeinschaftlichkeit tatsächlich ohne neue Formen der Darstellung derselben denkbar? Und umgekehrt: Wären Verbildlichungen, die sich gängigen Mechanismen der politischen Symbolisierung entziehen, ohne subversive Konstitutionen von Gemeinschaftlichkeit vorstellbar?« Ich würde diese Fragen mit ›Nein‹ beantworten.

49   Ernst Jünger: Auf den Marmorklippen [1939]. 5. Aufl. Berlin 1998, S. 5.

lässt: der schmerzlich empfundene Gemeinschaftsverlust. Der Begriff der Gemeinschaft ist trotz der »Hypotheken, die ihn belasten«[50], alltagssprachlich in aller Regel positiv konnotiert.[51] Eine Gemeinschaft, stellt uns Jünger vor Augen, ist überschaubar klein, ihre Mitglieder grüßen sich liebevoll, führen ›gute Gespräche‹. Die Gemeinschaft verheißt Wärme, Sicherheit und Solidarität[52], man lebt ›unter friedlichem Dach‹ – »Gemeinschaft ist, so glauben wir«, resümiert Zygmunt Bauman, »immer gut.«[53] Dieser Glaube ist aus dem Negativen entwickelt, dem die idyllische Gemeinschaft entgegengesetzt sei und an das sie stets schon verloren scheine. ›Gemeinschaft‹, so Bauman weiter,

erinnert uns an all das, was wir vermissen, an die Sicherheit, die Zuversicht und das Vertrauen, das wir entbehren. Kurz: Das Wort bezeichnet eine Welt, die sich bedauerlicherweise erheblich von der unseren unterscheidet – in der wir aber liebend gerne leben würden und die wir eines Tages zurückzuerobern hoffen. [...] Gemeinschaft – das Wort ist uns zum Synonym für ein verlorenes Paradies geworden, in das wir eines Tages zurückzukehren hoffen, und so suchen wir fieberhaft nach den Wegen dorthin.[54]

Nancys Haltung gegenüber dem Diskurs der verlorenen Gemeinschaft und der darin enthaltenen Idee von der Gemeinschaft als einem »utopischen Gegenort zur ›kalten‹ modernen Gesellschaft«[55] ist zustimmend und ablehnend zugleich. Zustimmend, da Nancy einen Verlust von Gemeinschaft durchaus erkennt. Als Reaktion darauf, so meint er, entwickele sich eine Art Gemeinschaftstrieb, der sich in der (›unerhörten‹) Forderung der Gemeinschaft Gehör verschaffe.

Gemeinschaft – community – koinônia – communitas – entsteht zu Zeiten grundlegender sozialer Transformationen oder großer Umwälzungen, inklusive der Zerstörung einer

---

50   Nancy: Entwerkte Gemeinschaft, S. 25 (CD 28).
51   Vgl. Rosa et al.: Theorien der Gemeinschaft, S. 9, die als Beleg ebenfalls auf die nachstehend zitierte Arbeit von Bauman rekurrieren, und siehe auch Herzhoff: Rosa et al. Theorien der Gemeinschaft zur Einführung, Abs. 2.
52   Vgl. Bauman: Gemeinschaften, S. 7f.
53   Ebd., S. 7. Der Gemeinschaftsbegriff, so Woznicki: Angst vor Gemeinschaft, S. 15, stehe (für ihn) für: »Nähe, Wärme, Harmonie, Vertrautheit, Geborgenheit, Gewissheit, Sicherheit, Solidarität, Altruismus, Nächstenliebe, Freundschaft, Brüderlichkeit, Kumpanei, Kameradschaft, Zusammenhalt, Kollektivität, Einheit, Monolinguismus, Konsens, Tradition, Volkstümlichkeit, Frieden, Authentizität, Reinheit, Transparenz«. Canetti: Masse und Macht, S. 129f., Hv. i. Orig., würde die Gemeinschaftssehnsucht als Sehnsucht nach einem Meutenleben deuten: »Die Sehnsucht nach einem einfachen oder natürlichen Dasein, nach einer Ablösung aus den wachsenden Zwängen und Bindungen unserer Zeit [...] ist der Wunsch nach einem Leben in isolierten Meuten. Fuchsjagden in England, Ozeanfahrten auf kleinen Booten mit geringer Besatzung, Betgemeinschaften in einem Kloster, Expeditionen in unbekannte Länder, ja selbst der Traum, mit wenigen anderen in einer paradiesischen Natur zu leben, wo sich alles sozusagen von selbst vermehrt [...] – allen diesen archaischen Situationen gemeinsam ist die Vorstellung einer geringen Zahl von Leuten, die einander wohlvertraut sind und die an einem klaren und unverwirrbaren Unternehmen von großer Bestimmtheit oder Abgegrenztheit teilhaben.«
54   Bauman: Gemeinschaften, S. 9.
55   Rosa et al.: Theorien der Gemeinschaft, S. 10.

sozialen Ordnung. [...] Was wird aus der Zusammengehörigkeit, wenn ein Ganzes nicht gegeben ist und vielleicht noch nicht einmal in der Lage ist, in irgendeiner Weise gegeben zu sein? Auf diese Weise entsteht *koinônia* oder [...] der Antrieb zu ihr, der Antrieb zur *Gemeinschaft* [la pulsion de communauté]. Er kommt oder er entsteht oder schafft sich vielleicht selbst, weil das, was er anruft, was er benennt oder bezeichnet nicht oder nicht länger gegeben ist.[56]

Diese Zustimmung birgt jedoch zugleich eine subtile Ablehnung der Rede vom Verlust der Gemeinschaft, die sich in dem noch zu erläuternden Vorschlag ausdrückt, die zeitliche Orientierung der Rede vom Gemeinschaftsverlust umzukehren: Hatte man die verlorengegangene Gemeinschaft bislang in der Vergangenheit verortet, so verlegt Nancy diesen Verlust in die Zukunft. Der ›Antrieb zur Gemeinschaft‹ bezieht sich nicht auf eine zurückliegende, sondern eine erst noch zu denkende zukünftige Gemeinschaft: »Etwas, das immer noch vor uns liegt, das immer noch entdeckt werden muss oder das immer noch *kommen* wird.«[57] Nancy deutet das Schwinden von Gemeinschaft als Chance. Ihr Verlust oder *retrait*, das heißt: der Verlust ihrer »Darstellbarkeit« etwa als »organischer Körper«[58], lässt hervortreten, was Gemeinschaft wesentlich ist: ein Verlust.[59]

Die Erzählung von der verlorenen Gemeinschaft birgt das Versprechen, man könne zur Gemeinschaft zurückkehren. Diese Rückkehr erscheint zwingend, da die Gemeinschaft gemäß einer »Mythologie des Ursprungs«, so Esposito, das ist, was wir eigentlich sind, was uns zu eigen ist: »Wenn die Gemeinschaft uns als unsere eigenste Wurzel angehört hat, dann können – ja müssen – wir sie wiederfinden oder wiederherstellen, und zwar entsprechend ihrem ursprünglichen Wesen«.[60] Nancy möchte die Gemeinschaft jenseits dieser zukunftsgerichteten Rückbewegung zum Ursprung denken, jenseits der »vollendeten Symmetrie, die *arche* und *telos* miteinander verbindet«.[61] Dies erfordert es zunächst, »jene Auflösung der Gemeinschaft [zu] hinterfragen, die angeblich die entscheidende Erfahrung war, aus der das moderne Zeitalter entsprungen wäre«.[62]

---

56   Nancy: Kommunismus, S. 183, Hv. i. Orig. (CM 201f., zum Teil abweichende Hervorhebungen).

57   Ebd., S. 182, Hv. i. Orig. (CM 200). Siehe auch Nancy: Das gemeinsame Erscheinen, S. 175, Hv. i. Orig. (CP 66, Hv. i. Orig.): »*Kommunismus* ist zweifellos nur ein archaischer Name für ein Denken, das noch gar nicht da ist, das erst kommen wird.« Im Sinne meiner Ausführungen stellen Hebekus/ Völker: Philosophien des Politischen, S. 96, fest, es dürfe Nancys »These von der Auflösung der Gemeinschaft nicht als eine melancholische missverstanden werden. Entgegen einer Tendenz, die den Mythos einer verschwundenen Gemeinschaft in vielen modernen Philosophien zum Grund einer Sehnsucht macht, zielt Nancys Frage auf die Effekte, die ein solcher Mythos hervorbringt, und auf die Möglichkeit, die Frage nach der Gemeinschaft neu und anders zu stellen, ohne auf jene Sehnsucht nach dem (vermeintlich) Verlorenen zu rekurrieren.«

58   Nancy: Vorwort (Undarstellbare Gemeinschaft), S. 5.

59   Vgl. James: Fragmentary demand, S. 175f.; Trautmann: Nichtmitmachen, S. 183.

60   Esposito: Communitas, S. 31.

61   Ebd., S. 9, Hv. i. Orig.; vgl. Rosa et al.: Theorien der Gemeinschaft, S. 165.

62   Nancy: Entwerkte Gemeinschaft, S. 26 (CD 29). Ein Anhänger der These vom Verlust der Gemeinschaft in der Moderne ist beispielsweise Carl Schmitt; siehe dazu Herzhoff: Nancy und Schmitt, S. 88f.

Nancys Auseinandersetzung mit der Tradition des Gemeinschaftsdenkens macht Grundzüge deutlich, ist aber keine detaillierte Begriffs- oder Diskursanalyse.[63] Alles bisherige Denken der Gemeinschaft zeichne sich aus durch die Vorstellung »der verlorenen Gemeinschaft [...] – die es wiederzufinden oder wiederherzustellen galt«.[64] Wurde aber die Gemeinschaft immer im Bewusstsein ihres (zu behebenden) Verlustes gedacht, so ist anzunehmen, dass es eine ursprüngliche Gemeinschaft nie gab, sondern die Gemeinschaft ursprünglich verloren ist: »Alienation does not emerge once community has disappeared and been replaced by society. *Gemeinschaft* is always already lost.«[65] Man müsse deshalb, fordert Nancy,

> dem rückblickenden Bewußtsein vom Verlust der Gemeinschaft und ihrer Identität mißtrauen (einerlei nun, ob sich dieses Bewußtsein [...] als historische Rückschau begreift oder ob es, ungeachtet der Realität vergangener Ereignisse, um eines Ideals oder Zukunftsentwurfes willen, derartige Bilder herstellt) [...], weil es das Abendland von Anbeginn an zu begleiten scheint: In jedem [...] Augenblick seiner Geschichte hat es sich schon immer der Sehnsucht nach einer noch archaischeren, einer verschollenen Gemeinschaft hingegeben und den Verlust von familiärer Vertrautheit und Brüderlichkeit, des Zusammenlebens überhaupt, beklagt.[66]

Das konkrete Bild, mit dem man (sich) die verlorene Gemeinschaft jeweils »re-präsentiert«[67], mag variieren (»die natürliche Familie, die attische Polis, die römische Republik, die urchristliche Gemeinde, Korporationen, Gemeinden oder Bruderschaften«[68]), es verweist aber stets auf

> ein verlorenes Zeitalter, in dem die Gemeinschaft sich noch aus engen, harmonischen und unzerreißbaren Banden knüpfte und in dem sie in ihren Institutionen, ihren Riten und Symbolen vor allem sich selbst das Schauspiel, ja sogar die lebendige Darbietung ihrer eigenen Einheit, der ihr immanenten Vertrautheit und Autonomie offenbarte.[69]

---

63   Siehe neben der Kritik von Bernasconi: Deconstructing nostalgia, S. 15ff., auch Devisch: Question of community, S. 33f. Devisch erweitert ebd., S. 172ff., seinen Vorwurf dahingehend, Nancy lasse es etwa mit Blick auf das Paradigma der verlorenen Gemeinschaft an einer sozio-ökonomischen Analyse fehlen, die erklären könnte, weshalb dieses Paradigma aufkam und diskursbeherrschend wurde.

64   Nancy: Entwerkte Gemeinschaft, S. 26 (CD 29); vgl. Bernasconi: Deconstructing nostalgia, S. 3, und siehe auch Baranowski: Simon Srebnik kehrt nach Chełmno zurück, S. 303f.

65   Devisch: Question of community, S. 53, Hv. i. Orig. Siehe auch Morin: Nancy, S. 75f.; Marchart: Politische Differenz, S. 99f., und James: Fragmentary demand, S. 175, der festhält: »[T]he ›communal‹ is experienced in the mode of dislocation or loss«.

66   Nancy: Entwerkte Gemeinschaft, S. 27f. (CD 30f.).

67   Rosa et al.: Theorien der Gemeinschaft, S. 165, Hv. i. Orig.

68   Nancy: Entwerkte Gemeinschaft, S. 27 (CD 29f.).

69   Ebd. (CD 30). Erinnert sei in diesem Kontext an die Funktion des Imaginären, das sich nicht nur wiederfindet »in der Vorstellungswelt der einzelnen Individuen, es findet sich viel mehr noch in den Praktiken und Äußerungen des Gemeinschaftlichen selbst, die beständig die Idee der Gemeinschaft erzeugen und kontinuieren (und die Gemeinschaft deswegen für die Subjekte überhaupt erst attraktiv erscheinen lassen)«, so Gertenbach/Richter: Das Imaginäre und die Gemeinschaft, S. 121. Siehe zum Nancy-Zitat auch Lüdemann: Metaphern der Gesellschaft, S. 103f.

Kritisch merkt Bernasconi an, Nancy bringe kaum Beweise für seine Behauptung bei: »Aside from Nancy's general insistence that the West is characterized by a certain nostalgia for community from its beginnings, he fails to offer a detailed engagement with the history – thought as ›Western‹ or otherwise – of the concept of community.«[70] Er konstruiere eine Tradition des Gemeinschaftsdenkens, um sie dann dekonstruieren zu können.[71] »Nancy wants nostalgia for community to be constitutive of the West from its very beginnings«[72], er belege aber nicht, dass es eine solche Nostalgie immer schon und überall gab. Die Tradition sei uneinheitlicher oder uneindeutiger, als Nancy sie gerne hätte.[73] Selbst Tönnies, der sich mit seiner These von einem Niedergang des »Zeitalter[s] der Gemeinschaft« durch das heraufgekommene »Zeitalter der Gesellschaft«[74] mustergültig in Nancys Schema einzuordnen scheint[75], ist von der Unumkehrbarkeit dieser Entwicklung überzeugt und steht nicht für eine rückwärtsgewandte, auf Wiederherstellung der verlorenen Gemeinschaft zielende »romantische Vergangenheitsseligkeit«.[76]

Gegen eine Aburteilung der von Nancy dekonstruierten »idea of the West« als »myth« kann die einleitend vorgestellte Skizze der Tradition des Gemeinschaftsdenkens zeigen: Trotz eines »lack of an historical engagement«[77], das man Nancy vorwerfen mag, trifft seine Charakterisierung dieser Tradition.[78] Zudem fällt Bernasconis Einwand auf ihn selbst zurück. Wenn er Nancy die Konstruktion einer »identity of the West«[79] vorwirft, so sieht er nicht, dass Nancys Auseinandersetzung mit der Tradition des Gemeinschaftsdenkens komplexer ist, als es scheint.[80] Dies gilt insbesondere für zwei Denker der Gemeinschaft: für Bataille und Heidegger, ferner auch für Rousseau und Marx. In seiner dekonstruktiven Lektüre dieser Denker markiert Nancy klar die Uneindeutigkeiten, die ihre Gemeinschaftsauffassungen prägen.[81] Dies relativiert

---

70   Bernasconi: Deconstructing nostalgia, S. 15.

71   Vgl. ebd., S. 16.

72   Ebd.

73   Bernasconi meint: »This nostalgia arises only subsequently within certain determinate contexts that themselves need to be carefully analyzed in order to understand what is being sought.« (Ebd.)

74   Tönnies: Gemeinschaft und Gesellschaft, S. 251.

75   Auf Tönnies rekurriert auch Bernasconi: Deconstructing nostalgia, S. 16.

76   König: Gemeinschaft und Gesellschaft, S. 385; Reese-Schäfer: Kommunitarismus, S. 8: »Die Soziologen beklagten [...] den Verlust der Gemeinschaft, waren sich aber [...] darin einig, dass dieser Verlust [...] unvermeidlich sei.«

77   Bernasconi: Deconstructing nostalgia, S. 15.

78   Vgl. Devisch: Question of community, S. 33ff.

79   Bernasconi: Deconstructing nostalgia, S. 17.

80   Nancy wisse um die Problematik seines Ansatzes: Er sei »prepared to question the identity on which the deconstruction of Western metaphysics rests. The question, however, is not simply whether he is sufficiently sensitive to this issue, but whether he is not obliged to reflect a certain ambiguity between questioning the identity of the West, while at the same time always depending on it, that appears to be constitutive of deconstruction.« (Ebd.)

81   Nancys Lektüre ist nicht als eine den untersuchten Texten äußerliche Kritik zu verstehen, sondern als ein Kenntlichmachen von Aporien im Inneren der Texte selbst; vgl. Rick Elmore: Art. ›Deconstruction‹. In: Gratton, Peter/Morin, Marie-Eve (Hg.): The Nancy Dictionary. Edinburgh 2015, S. 59-62, 60, und siehe (mit Bezug auf Derridas ›Dekonstruktion‹) Nancy: Ouvertüre (Dekonstruktion des Christentums), S. 16 (OUV 17): »Die Geschlossenheit [clôture] schließt sich stets von selbst auf«.

seine Behauptung von einer Uniformität des traditionellen Gemeinschaftsdenkens zumindest teilweise.

Der Verlust des Abendlandes

Nancy erzählt zwar die Geschichte des Abendlandes als eine Geschichte des Verlustes, hält aber keine Trauerrede. Vielmehr behauptet er: Das Abendland entsteht erst durch einen Verlust. Die abendländische Philosophie und Politik, bringt Nancy vor, verdanken ihre Entstehung einem Rückzug, der eine ständige Suche nach dem, was sich zurück-gezogen hatte, nach sich zog:

> Philosophy and politics are founded together in the field of an essential withdrawing: that of the gods, that of being-together (the gods were custodians of the totality and the totality was assembled by their own gods), or, to put it better, in the withdrawal of presence. If one can define »metaphysics« as a »metaphysics of presence,« [...] then we also need to understand that the »presence« of metaphysics is the effect of a relation of loss with regard to an originary or divine presence. [...] We are therefore always in mourning for the loss of a »true« or »originary« presence.[82]

Derrida, auf den Nancy mit der Wendung ›metaphysics of presence‹ anspielt, hatte als wesentlich für das metaphysische Denken das Vorhaben deklariert, »»strategisch‹, ideal auf einen Ursprung oder eine einfache, intakte, normale, reine, eigene ›Priorität‹ zu-rückzugehen, um *danach* die Ableitung, die Komplikation, die Erniedrigung, den Zufall/ Unfall und so weiter zu denken«[83] – und zu beklagen, ergänzt Nancy. Die Idee eines (verlorenen) Ursprungs ermögliche ein dialektisches »Schema der Wiederkehr«.[84] Trotz aller Krisen der Gemeinschaft sei doch »nichts wirklich verlorengegangen«[85], und also könne man zum Ursprung zurückkehren, ihn wiederholen.[86]

Was ging verloren (und doch nicht)? Nancy spricht von einem Rückzug der Götter, dem Rückzug einer göttlichen Präsenz; er gebiert den Monotheismus.[87] Der Monothe-ismus sei keine Verwandlung des Polytheismus, keine Vereinzelung der Götter zu ei-nem Gott.[88] Vielmehr charakterisiere den Monotheismus die Abwesenheit Gottes: »*Der*

---

82 Nancy in Nancy/Esposito: Dialogue on the philosophy to come, S. 76.

83 Jacques Derrida: LIMITED INC a b c... In: ders.: Limited Inc. (Hg. Engelmann, Peter). Wien 2001, S. 53-168, 148, Hv. i. Orig. Den Hinweis auf diese Definition entnehme ich Morin: Nancy, S. 65.

84 Jean-Luc Nancy: Das Vergessen der Philosophie. 3., überarb. Aufl. Wien 2010, S. 17 (Jean-Luc Nancy: L'oubli de la philosophie. Paris 1986, S. 15).

85 Ebd., S. 18 (OP 16).

86 Vgl. Devisch: Question of community, S. 54f.; 58. Zur Kennzeichnung des ›Schemas der Wiederkehr‹ als dialektisch siehe Devisch: La ›négativité sans emploi‹, S. 177f. Die Rückwärtsgewandtheit dieses Schemas schließe »die gegenwärtige Realität« (Nancy: Vergessen der Philosophie, S. 21 [OP 19]) aus dem Denken aus. »Wenn man die Herkunft dieser Gegenwart nur daraufhin durchforstet, was unter der Rubrik ›Delirien der Krise‹ Beachtung finden und einzuordnen sein wird, hat man das Reale seiner Realität schon beraubt. Man hat ›seine Zeit übersprungen‹, rückwärts, um sie dann um so leichter nach vorn zu überspringen, auf eine restaurative Wiederkehr hin.« (Ebd.)

87 Vgl. hierzu und für den folgenden Absatz Morin: Nancy, S. 49ff.

88 Vgl. Jean-Luc Nancy: Des lieux divins [1987]. In: ders.: Des lieux divins suivi de Calcul du poète. 2. Aufl. Mauvezin 1997, S. 1-50, 2 (in deutscher Übersetzung liegt *Des lieux divins* – soweit ich sehe – nicht vor).

Monotheismus ist der Entzug aller Götter. Was den monotheistischen Gott [...] vom Polytheismus unterscheidet, das ist, *daß er nicht mehr in der Anwesenheit ist.*«[89] Nancy sieht
im Monotheismus einen »fundamentally atheistic impulse«[90], der den Monotheismus
hervorbringt. Wenn Mose das goldene Bild des Stieres zerschlägt, so verurteilt er die
Anwesenheit der Götter in der Welt; der monotheistische Gott ist kein Gott, der sichtbar »vor uns hergehe«.[91] Im Gegenteil konstituiert sich der Monotheismus durch einen
sich entziehenden Gott, weshalb der ausgerufene ›Tod Gottes‹[92] in der Logik des Christentums liege.[93]

Vor diesem Hintergrund wird Nancys These verständlicher, man habe den Ursprung
des »Bewußtsein[s] vom Verlust der Gemeinschaft«[94] im Christentum zu verorten. Die
Trauer eines Rousseau, Hegel oder Marx über den Gemeinschaftsverlust müsse man
verstehen als Trauer über den Verlust der Gemeinschaft im Sinne einer »mythischen
Vereinigung des Menschen mit dem göttlichen Reich«.[95] Der Rückzug Gottes aus der
Welt verwehre die »Einswerdung [communion]«[96] mit ihm. In der Moderne sei immer deutlicher geworden, dass der *deus communis* »im Grunde *selbst* der *deus absconditus*
war [...], und daß das göttliche Wesen der Gemeinschaft – oder die Gemeinschaft als
Existenz des göttlichen Wesens – das eigentlich Unmögliche darstellte«.[97]

---

89   Nancy: Entzug der Göttlichkeit, S. 77, Hv. i. Orig.; siehe etwa auch Nancy: Erschaffung der Welt,
       S. 79f. (CMM 91f.), sowie Jean-Luc Nancy: Atheismus und Monotheismus. In: ders.: Dekonstruktion
       des Christentums. Zürich, Berlin 2008, S. 27-48, 38 (Jean-Luc Nancy: Athéisme et monothéisme. In:
       ders.: La Déclosion [Déconstruction du christianisme, 1]. Paris 2005, S. 27-45, 36).

90   Morin: Nancy, S. 50.

91   Ex 32,1, zitiert nach: Die Bibel. Nach der Übersetzung Martin Luthers. Durchgeseh. Ausg. in neuer
       Rechtschreibung (Hg. Evangelische Kirche in Deutschland). Stuttgart 1999, S. 91 (Altes Testament).
       Für das Beispiel siehe Jean-Luc Nancy: Dekonstruktion des Monotheismus. In: ders.: Dekonstruk-
       tion des Christentums. Zürich, Berlin 2008, S. 49-67, 54 (Jean-Luc Nancy: Déconstruction du mo-
       nothéisme. In: ders.: La Déclosion [Déconstruction du christianisme, 1]. Paris 2005, S. 47-63, 51),
       demnach »die Präsenz in dieser Welt [...] die des ›Götzen‹ [ist], dessen Zurückweisung wohl das
       große Motiv des Bundes und der Entstehung der dreifachen abrahamitischen Tradition ist«.

92   Siehe dazu den Abschnitt *Der tolle Mensch* in Friedrich Nietzsche: Die fröhliche Wissenschaft
       [1882]. In: ders.: Kritische Studienausgabe. Bd. 3. Morgenröte. Idyllen aus Messina. Die fröhli-
       che Wissenschaft (Hg. Colli, Giorgio/Montinari, Mazzino). Neuausgabe. München 1999, S. 343-651,
       480ff. Auf Nietzsche verweist etwa Nancy: Entwerkte Gemeinschaft, S. 29 (CD 32).

93   Nancy: Entzug der Göttlichkeit, S. 77: »Der Tod Gottes ist in nichts eine atheistische und das Chris-
       tentum angreifende Behauptung. Er ist das Ergebnis oder die logische Konsequenz des Christen-
       tums selbst.« Siehe auch Nancy: Dekonstruktion des Monotheismus, S. 58ff. (DM 55ff.), wo er die
       »autodekonstruktiven Charakterzüge des Christentums« (ebd., S. 58 [DM 55]) in geraffter Weise
       darstellt; dazu Watkin: Christianity, S. 45f.

94   Nancy: Entwerkte Gemeinschaft, S. 28 (CD 31).

95   Hebekus/Völker: Philosophien des Politischen, S. 100; vgl. Nancy: Entwerkte Gemeinschaft, S. 28
       (CD 31).

96   Nancy: Entwerkte Gemeinschaft, S. 28 (CD 31).

97   Ebd., S. 29, Hv. i. Orig. (CD 32, Hv. i. Orig.); vgl. ebd., S. 28f. (CD 31f.). Für Stoellger »ist Nancys Ge-
       meinschaftsbegriff eine Gegenbesetzung zur römisch-katholischen Abendmahlsgemeinschaft«,
       bleibe aber dem »Untergrund der *communio sanctorum*« (Stoellger: Mit-Teilung und Mit-Sein, S. 61,
       Hv. i. Orig.) selbst nahe (vgl. ebd.) und müsse sich fragen lassen, ob der Immanenzvorwurf ge-
       rechtfertigt sei: Gehe es nicht in der »Gemeinschaft Christi mit den Menschen« um »das Eindringen
       einer [...] Transzendenz in die (unversöhnte) Immanenz«? (ebd., S. 49)

Der Entzug Gottes aus der Anwesenheit steht für des Christentums »Autodekon-struktion«[98], mit deren Aufweis Nancy auch eine »*Aufschließung [déclosion]*«[99] der Metaphysik avisiert.

Das, worum es geht, kann nicht anders als auf dem Wege einer gegenseitigen *Aufschließung [déclosion]* des Erbes der Religion und der Philosophie ins Spiel gebracht werden. Aufschließung bezeichnet die Öffnung einer Einfriedung [enclos], die Behebung [levée] einer Geschlossenheit [clôture]. Die Geschlossenheit [...] ist jene, die man als die »Geschlossenheit der Metaphysik« bezeichnet hat.[100]

Das Christentum beglaubige die Metaphysik.[101] Nancy möchte deshalb dekonstruieren, was Christentum (oder allgemeiner: Monotheismus) und Metaphysik verbindet[102]; nämlich die – sich selbst dekonstruierende – Vorstellung eines Absoluten, in dem alles, was ist, seinen Ursprung hat, das selbst »ein Prinzip« ist, »eine Gründung«.[103] So stehe ›Gott‹ für »die Konsistenz des Seins, begriffen als prinzipiell, gründend und wesentlich. Er repräsentiert auf die offenkundigste Weise das Sein am Prinzip, am Ursprung des Seienden«.[104] Dieses fundamentalistische Denken ist mit dem ›Tod Gottes‹ nicht verschwunden, sondern hat ›Gott‹, wie man mit Marchart feststellen könnte, durch metaphysische Konzepte wie den freien Markt, die Gene oder (auf die Gemeinschaft bezogen:) das Individuum oder Blut und Erde lediglich substituiert.[105]

Für Nancy kommt es deshalb darauf an, den ›Tod Gottes‹ zu Ende zu denken. Das heißt zum einen: sich nicht zu flüchten in den Glauben an eine mögliche Resurrektion des toten Gottes (als er selbst oder in Gestalt eines seiner Substitute), »die sowohl den Menschen als auch Gott einer gemeinsamen Immanenz zurückgibt«.[106] Zum anderen

---

98   Nancy: Dekonstruktion des Monotheismus, S. 58 (DM 55): »Das Christentum ist, durch und in sich selbst, eine Dekonstruktion und eine Autodekonstruktion. [...] Mit anderen Worten: das Christentum zeigt auf ganz aktive und zugleich für es selbst höchst ruinöse, in mancher Hinsicht höchst nihilistische Weise an, wie der Monotheismus in sich [...] das Prinzip einer Welt ohne Gott birgt.« Für einen ersten Überblick über Nancys (Auto-)Dekonstruktion des Christentums siehe etwa Watkin: Christianity, sowie Christina Smerick: Art. ›Monotheism‹. In: Gratton, Peter/Morin, Marie-Eve (Hg.): The Nancy Dictionary. Edinburgh 2015, S. 160-162.

99   Nancy: Ouvertüre (Dekonstruktion des Christentums), S. 14, Hv. i. Orig. (OUV 16, Hv. i. Orig.).

100 Ebd., S. 14f., Hv. i. Orig. (OUV 16, Hv. i. Orig.).

101 Vgl. ebd., S. 15 (OUV 16).

102 Wie James: Fragmentary demand, S. 134f., meint, spitzen Nancys Untersuchungen zum Monotheismus die Dekonstruktion ›unseres‹ (metaphysischen) Denkens zu, da für Nancy das abendländische Denken und die abendländische Kultur christlich geprägt seien; siehe etwa Nancy: Dekonstruktion des Christentums, S. 241ff. (DC 207ff.).

103 Nancy: Atheismus und Monotheismus, S. 38 (AM 36). »Das Christentum kann und muss als eine mächtige Bestätigung der Metaphysik angesehen werden, da es die Seiendheit des Seins noch zuspitzt durch die Produktion eines urgegenwärtigen und wirkenden höchsten Wesens.« (Nancy: Ouvertüre [Dekonstruktion des Christentums], S. 15 [OUV 16]) Vgl. Watkin: Christianity, S. 46; Morin: Nancy, S. 57.

104 Nancy: Atheismus und Monotheismus, S. 37 (AM 36).

105 Vgl. Marchart: Politische Differenz, S. 15.

106 Nancy: Entwerkte Gemeinschaft, S. 29 (CD 32); vgl. ebd.

gilt es, aus dem Tod oder *retrait* Gottes keine nihilistischen Schlüsse zu ziehen, son-dern »the *nihil*« zu begreifen »as an opening«.[107] Gerade die »Aufgebung [abandon]« des gründenden Denkens (des Seins: als gegründetes und als gründendes), so Nancy in *L'être abandonné*, erschließe »eine Fülle von Möglichkeiten«.[108] Sie gibt oder mehr noch: sie ist Freiheit, versteht man darunter nicht »die Freiheit‹, als eine bestimmte Sub-stanz«[109], die man besitzen könnte, sondern einen »Entzug [retrait] des Seins«.[110] Für diesen *retrait* – für die Freiheit – gelte, dass er/sie »*das Sein befreit und vom Sein befreit*, was sich auch so umschreiben lässt: *Die Freiheit entzieht das Sein und gibt die Beziehung [rapport]*«.[111] Freiheit als ›Aufgebung‹ steht für »die Abwesenheit des Grundes«[112], auch des Grundes der Gemeinschaft, sie ist »entgründender Grund [...] der Relation«.[113] Die Gemeinschaft ist aufgegeben, »the withdrawal of essence and ground«[114] ausgesetzt, aber erst als solche ›uns‹ aufgegeben. Sie ist grundlos, deshalb ist sie. Gemeinschaft er-scheint, wenn keine Götter mehr ihre Existenz verbürgen können: »[C]'est avec le retrait des dieux que la communauté est advenue [...]. [...] La communauté [...] signale que les dieux se sont absentés.«[115] Mit Blick auf das Motiv des Gemeinschaftsverlustes gespro-chen: Was man als Verlorenes beklagt und wiederherzustellen trachtet, »die Immanenz und die Vertrautheit einer Einswerdung [communion]«, sei nur, betont Nancy, »inso-fern verloren, als ein solcher ›Verlust‹ für die ›Gemeinschaft‹ selbst konstitutiv ist«.[116]

---

107   Morin: Nancy, S. 59, Hv. i. Orig. Neyrat: Communisme existentiel, S. 40, schreibt: »Il faudra donc affirmer: oui, tout est dedans; mais le dedans est ouvert sur le dehors; il n'y a rien au-delà parce que le rien, ici, est ce qui ouvre l'ici; l'immanence est déchirée, infiniment ouverte par l'infinité des existants. Tel est le sens de la ›mort de Dieu‹.«

108   Jean-Luc Nancy: Das aufgegebene Sein. In: ders.: Der kategorische Imperativ. Zürich, Berlin 2017, S. 147-159, 147 (Jean-Luc Nancy: L'être abandonné. In: ders.: L'impératif catégorique. Paris 1983, S. 139-153, 142). Siehe für eine erhellende Interpretation dieses Textes François Raffoul: Abandon-ment and the Categorical Imperative of Being. In: Hutchens, Benjamin C. (Hg.): Jean-Luc Nancy. Justice, Legality and World. London, New York 2012, S. 65-81. Wir werden auf Nancys *L'être aban-donné* in Abschnitt I.3.2 zurückkommen.

109   Nancy: Erfahrung der Freiheit, S. 74 (EL 77f.).

110   Ebd., S. 89f. (EL 93); vgl. Raffoul: Abandonment, S. 71; Morin: Nancy, S. 34f.

111   Nancy: Erfahrung der Freiheit, S. 90, Hv. i. Orig. (EL 93, Hv. i. Orig.). Die Freiheit, kommentiert Mar-chart: Politische Differenz, S. 108, sei »der Name für Grundlosigkeit als Bewegung des Gründens/ Entgründens«. Freiheit sei nicht »the property of an infinite self-positing subject but [...] the on-tological or existential ›ground‹ of finite, that is, shared existence, [...] the *surgissement* or coming-to-presence of finite beings«. (Morin: Nancy, S. 16, Hv. i. Orig.)

112   Marchart: Politische Differenz, S. 106.

113   Ebd., S. 108.

114   Raffoul: Abandonment, S. 68.

115   Nancy: Des lieux divins, S. 41; vgl. Morin: Nancy, S. 51, und siehe auch James: Naming the nothing, S. 173: »[C]ommunity is an exposure to, or of, a nothing or empty space. This nothing or empty space can be understood as the space left vacant by the withdrawal of any transcendent principle which would underpin or guarantee various forms of political organisation or historical becoming.«

116   Nancy: Entwerkte Gemeinschaft, S. 32 (CD 35); siehe auch James: Fragmentary demand, S. 175f., sowie Morin: Nancy, S. 76: »Community is the experience of the interruption of communion.« Oder Marchart: Politische Differenz, S. 103: »Nur im Sich-Zurückziehen von Gemeinschaft [...] erscheint Gemeinschaft.«

Nancy zielt auf die Überwindung des Ursprungsdenkens und verweist die Rede von einer ursprünglichen Gemeinschaft in das Reich der abendländischen Fabeln. (Er möchte also nicht nur die Idee einer ursprünglich guten Gemeinschaft widerlegen; nicht eine rousseausche Interpretation des Naturzustandes durch eine hobbessche Lesart ersetzen.)

> *Die Gemeinschaft hat nicht stattgefunden [n'a pas eu lieu]* oder anders gesagt, wenn man wohl annehmen darf, daß die Menschheit gänzlich andere Formen des sozialen Bandes als die uns bekannten erlebt hat (oder außerhalb der industrialisierten Welt noch lebt), dann hat die Gemeinschaft nicht so stattgefunden, wie wir sie uns vorstellen, wenn wir sie auf diese unterschiedlichen Gesellschaftsformen projizieren. Sie fand weder bei den Guayaki-Indianern noch in irgendeinem Hütten-Zeitalter à la Rousseau statt, weder im »Geist eines Volkes« im hegelschen Sinn noch in den *Agapen* der Christen.[117]

Diese Bemerkung ist nicht wegen ihres ›ethnologischen‹ Gehalts relevant.[118] Wichtig ist die Wendung *avoir lieu*, deren Bedeutungsvielfalt die Übersetzung mit ›stattfinden‹ nicht erfasst. Man muss ›ne pas avoir lieu d'être‹ mitlesen, was ›unbegründet sein‹[119] meint und auf das (grundlose) Sein der Gemeinschaft hindeutet. Versteht man die Wendung *avoir lieu* im wörtlichen Sinne als ›Haben einer Stätte‹, verweist sie auf das, was Nancy bezeichnet als der Gemeinschaft »*Arealität*«.[120] Als ›A-Realität‹ meint der Begriff: ›Gemeinschaft‹ geht nicht in der Gegenüberstellung von real und irreal auf; sie ist »not some ideal to be realised«.[121] ›Arealität‹ heißt zudem: Die Gemeinschaft ist/hat kein Areal, kein »Territorium«[122], auf das sie eingrenzbar wäre, sondern sie ist als entgrenzende, ekstatische Zerstreuung.[123] Die Gemeinschaft hat keine Stätte, deshalb findet sie statt.[124]

---

117 Nancy: Entwerkte Gemeinschaft, S. 30, Hv. i. Orig. (CD 33f., Hv. i. Orig.). Siehe zu diesem Zitat auch Spitta: Gemeinschaft jenseits von Identität, S. 15f.

118 Plessner: Grenzen der Gemeinschaft, S. 25, merkt zu Rousseau an, man dürfe dessen »Idee vom hinter uns liegenden goldenen Zeitalter [...] nicht einfach mit prähistorischen Gegenargumenten für erledigt halten. Dieses ›hinter uns‹ hat auch einen unzeitlichen Sinn, den Sinn des uns Zugrundeliegens, unserer ursprünglichen, radikalen, eigentlichen und unverfälschten Bestimmung«. Diese Idee eines ›Zurück zum Ursprung‹ destruiert Nancy.

119 Ein französisches Wörterbuch erklärt die Wendung ›avoir lieu de‹ in Verbindung mit einem Verb im Infinitiv mit »avoir des raisons de«; siehe Art. ›Lieu‹ in: Paul Robert/Alain Rey: Le grand Robert de la langue française. Dictionnaire alphabétique et analogique de la langue française. Deuxième édition. Nouvelle édition augmentée. Tome 4. Inco-Orga. Paris 2001, S. 806-810, 809.

120 Nancy: Entwerkte Gemeinschaft, S. 47, Hv. i. Orig. (CD 53, Hv. i. Orig.); vgl. zum Folgenden Marie-Eve Morin: Art. ›Areality‹. In: Gratton, Peter/dies. (Hg.): The Nancy Dictionary. Edinburgh 2015, S. 22-23; Morin: Nancy, S. 82, sowie Hebekus/Völker: Philosophien des Politischen, S. 106.

121 Morin: Areality, S. 22.

122 Nancy: Entwerkte Gemeinschaft, S. 47 (CD 53).

123 Vgl. ebd., S. 57 (CD 64f.). »[D]iese Bewegung«, so könnte man mit Hebekus/Völker: Philosophien des Politischen, S. 106, sagen, erschließt allerdings »ein eigenes Areal«.

124 Siehe etwa Nancy: Des lieux divins, S. 41, Hv. i. Orig.: »*A la place* de la communion, il n'y a pas de *place*, pas de lieu, pas de temple ou d'autel pour la communauté.« Trautmann: Nichtmitmachen, S. 183, spricht von einer »ursprübliche[n] ›Nicht-Statthabe‹ der Gemeinschaft selbst«.

Gemeinschaft und Gesellschaft – auf ein Neues

Mit der Rede vom Verlust der Gemeinschaft rückt seit der Moderne auch die Gesellschaft in den Blick.[125] Die Gesellschaft habe den Verlust der Gemeinschaft herbeigeführt und sei an ihre Stelle getreten. Tönnies verlieh dieser Diagnose und der Dichotomie von Gemeinschaft und Gesellschaft am Ende des 19. Jahrhunderts wissenschaftliche Weihen.[126]

Nancys Bestimmung von ›Gesellschaft‹ kommt den von Tönnies herausgestellten Merkmalen recht nahe. »Die moderne Gesellschaft [...] stellt sich nach der Äußerlichkeit ihrer Mitglieder (als Individuen angenommen) und ihrer Beziehungen (angenommen als Verhältnisse von Interessen und Kräften) dar.«[127] In einer anderen Formulierung heißt es: »Gesellschaft bedeutet eine nicht-essenzielle – wenn auch notwendige – Verbindung zwischen Individuen, die in letzter Konsequenz wesentlich getrennt sind.«[128] Nancy vermeidet entschieden Tönnies' *wertende Stellungnahme für eine vergangene Gemeinschaftskultur*[129], steht aber zugleich davon ab, angesichts eines »sozialen Radikalismus«[130], wie Plessner ihn erkannt hatte, nun das »Gesellschaftsethos« und die dazugehörige »Sehnsucht nach den Masken, hinter denen die Unmittelbarkeit verschwindet«[131], zu favorisieren. Anstatt sich auf die Seite von Gemeinschaft oder Gesellschaft zu schlagen, unterläuft Nancy die Trennung von Gemeinschaft und Gesellschaft und verabschiedet beide Begriffe: Das »Zusammen [ensemble]«, heißt es in *Vom singulär pluralen Sein*, sei »weder ein [sic!] Summe, noch ein Umfassendes, noch die ›Gesellschaft‹, noch die ›Gemeinschaft‹«.[132]

Die Gesellschaft hat die Gemeinschaft nicht verdrängt, behauptet Nancy. Zum Beleg seiner These bemüht er keine Begriffsgeschichte (die zeigen würde, dass ›Gesellschaft‹

---

125 Genauer müsste man sagen: Mit der Gesellschaft erst wird ›Gemeinschaft‹ zum Thema. So stellt Devisch: Question of community, S. 52, Hv. i. Orig., in seiner Interpretation von Tönnies fest: »*Gemeinschaft* apparently needs *Gesellschaft* to be thematizable and to become ›present.‹ It cannot be thought without *Gesellschaft*.«

126 Vgl. Rosa et al.: Theorien der Gemeinschaft, S. 39.

127 Nancy: Endliche und unendliche Demokratie, S. 88 (DFI 87), siehe auch ebd., S. 87, Hv. i. Orig. (DFI 86, Hv. i. Orig.): »Die *Gesellschaft* existiert an sich in der Äußerlichkeit ihrer Beziehungen.«

128 Nancy: Kommunismus, S. 184 (CM 203). Nancy: Entwerkte Gemeinschaft, S. 27 (CD 30), formuliert: Gesellschaft sei »ein Zusammenschluß oder eine Verteilung von Kräften und Bedürfnissen«, ebd., S. 30 (CD 34), heißt es: Gesellschaft sei »der trennende Zusammenschluß von Kräften, Bedürfnissen und Zeichen«. Zu diesen Belegen und weiter zu Nancys Gesellschaftsbegriff siehe Smith: Justice and communist politics, S. 191f.

129 König: Gemeinschaft und Gesellschaft, S. 384, Hv. i. Orig.; vgl. Marchart: Politische Differenz, S. 99.

130 Die Wendung findet sich im Untertitel von Plessners *Grenzen der Gemeinschaft. Eine Kritik des sozialen Radikalismus*. Gemeint ist mit »Radikalismus [...] die Überzeugung, daß wahrhaft Großes und Gutes nur aus bewußtem Rückgang auf die Wurzeln der Existenz entsteht«. (Plessner: Grenzen der Gemeinschaft, S. 14)

131 Ebd., S. 41.

132 Nancy: singulär plural sein, S. 63 (ESP 53); vgl. Morin: Nancy, S. 75, deren Ausführungen ebd., S. 75f., ich auch in den beiden nächsten Absätzen folge. Ähnlich wie Nancy meint Spitta: Gemeinschaft jenseits von Identität, S. 19: »Statt schlicht Positionen zu vertauschen, muss die Differenz [von ›Gemeinschaft‹ und ›Gesellschaft‹, S. H.] von ihren Grundlagen ausgehend zurückgewiesen und das gesamte begriffliche Terrain neuverhandelt werden.«

und ›Gemeinschaft‹ moderne Konzepte sind), sondern bringt ein gleichsam ontologisches Argument vor:

> Die *Gesellschaft* ist nicht aus dem Zusammenbruch einer *Gemeinschaft* entstanden. [...] Die Gemeinschaft ist [...] keinesfalls das, was die Gesellschaft zerbrochen oder verloren hätte, sondern sie ist das, *was uns zustößt* – als Frage, Erwartung, Ereignis, Aufforderung –, was uns also *von der Gesellschaft ausgehend* zustößt.[133]

Das Argument beruht auf der Prämisse, dass die Gemeinschaft besteht, wenn ihr der Grund entzogen ist: eine allen gemeinsame, die Einzelnen zu einem Körper verbindende Substanz.[134] Die Gemeinschaft sei nicht, wie es das »Rousseauian picture of community«[135] vor Augen stelle, ein »organische[s] Einswerden«, das zustande komme durch das »Mitteilen, Auflösen oder Eindringen einer Identität in eine Pluralität, und zwar so, daß jedes einzelne Mitglied dieser Pluralität seine Identität nur genau durch diese zusätzliche Vermittlung seiner Identifikation mit dem lebendigen Körper der Gemeinschaft findet«.[136] Die Gemeinschaft ist kein Organismus, dessen Glieder nur Teile des Ganzen sind. Sie stößt uns zu, wenn sie uns als (ein) Ganzes entzogen ist.

Wie vergemeinschaftet sich eine »anfängliche Nicht-Identität«?[137] Durch die Erfahrung, dass das Un-eins-Sein der Gemeinschaft, ihre Abwesenheit, eine gemeinsame Erfahrung ist, »das Kennzeichen einer gemeinsamen Dis- oder Exposition, einer geteilten Ent- oder Aussetzung«.[138] Der Entzug eines gemeinsamen Seins teilt uns, aber er teilt sich uns mit, allen Einzelnen: Gemeinsam erfahren wir, »que nous sommes *en* commun dans ou devant la déliaison du sens commun«.[139] Gemeinschaft ist die gemeinsame Erfahrung eines Gemeinschaftsverlustes.[140]

Gemeinschaft mit Rousseau

Was es heißt, dass sich ›Gemeinschaft‹ durch einen Entzug (gemeinsamer Substanz) konstituiert, erhellt aus Nancys Beschäftigung mit Rousseau.[141] Ausgerechnet in Rousseau, der das Gemeinsame als (durch die Gesellschaft aufgelöste) »immediacy of self-

---

133   Nancy: Entwerkte Gemeinschaft, S. 31, Hv. i. Orig. (CD 34, Hv. i. Orig.). Zu Recht merkt Kiefte: Anarchist concept of community, S. 143, an, Nancy richte sich hier kritisch gegen Tönnies.

134   May: Reconsidering difference, S. 28: »[B]eing-in-community [...] should not be seen [...] as an immersion in some sort of common or communal substance«.

135   Ebd., S. 29.

136   Nancy: Entwerkte Gemeinschaft, S. 27 (CD 30). Für eine andere Lesart dieser Passage siehe Wetzel: Diskurse des Politischen, S. 254.

137   Vogl: Einleitung, S. 20.

138   Trautmann: Nichtmitmachen, S. 191.

139   Nancy: De l'être-en-commun, S. 220f., Hv. i. Orig.

140   Vgl. Morin: Nancy, S. 75f.; Marchart: Politische Differenz, S. 103f.; James: Fragmentary demand, S. 176.

141   Siehe dazu Felix Trautmann: Enteignung des Ursprungs. Philippe Lacoue-Labarthe und Jean-Luc Nancy als Leser Rousseaus. In: Heil, Reinhard/Hetzel, Andreas/Hommrich, Dirk (Hg.): Unbedingte Demokratie. Fragen an die Klassiker neuzeitlichen politischen Denkens. Baden-Baden 2011, S. 95-117, dessen Darstellung ich hier folge.

presence and self-identity«[142] versteht, sieht Nancy sich selbst vorausgehen.[143] Möglich macht ihm dies eine Lektüre Rousseaus, die entdeckt, dass das Eigene bei Rousseau in einer Beziehung zu einem (es enteignenden) Nicht-Eigenen steht, auf das es angewiesen ist.[144] Übertragen auf Rousseaus Denken der Gemeinschaft heißt dies: »Rousseau seems to be a nostalgic theorist of the loss of an originary community, but in fact he proves to anticipate a much deeper recognition that the community as such is not ›lost,‹ but arises *in the form of a loss*, absence or absent common substance.«[145] Nancy interessiert sich vor allem für zwei Motive Rousseaus: »das Paradox (oder die Aporie) der gemeinsamen Stiftung [institution]«[146] sowie die »Un-Natürlichkeit des Menschen«.[147]

Rousseau nimmt an, dass der Mensch seine Menschlichkeit erst dann entwickelt, wenn er in Beziehung zu anderen tritt: Rousseau zeige, so Strauss, »daß den Anfängen des Menschen jeder menschliche Zug fehlt«.[148] Die Gesellschaft erst exponiert den Menschen. Seine soziale Natur erweist sich als un-natürlich, als ein »Spätprodukt«.[149] Der ursprüngliche oder natürliche Mensch, durch einen »ungeheuren Raum«[150] vom gesellschaftlichen Menschen getrennt, kann deshalb nie erkannt, sondern immer nur verkannt werden. Aussagen über die menschliche Natur sind stets »bedingte und hypothetische Vernunftschlüsse«.[151] Die Aneignung seiner (menschlichen) Natur ist für den Menschen zugleich eine Enteignung seiner Natur, seine »›Entaneignung‹«.[152] Als Mensch ist der Mensch von seiner Natur abgeschnitten. Es gibt damit für Rousseau

---

142   James: Fragmentary demand, S. 175.

143   So die Einschätzung von Meyzaud: Prekäre Existenz, S. 167. Vor diesem Hintergrund ist es ein beredter Fehler, wenn Spitta: Gemeinschaft jenseits von Identität, S. 15, Nancy den Vornamen Jean-Jacques gibt.

144   Vgl. Trautmann: Enteignung des Ursprungs, S. 96.

145   Balibar: Inoperative community, S. 27, Hv. i. Orig. Diese Ambivalenz Rousseaus, die auch Hutchens: Future of philosophy, S. 136ff., sieht, verkennt Norris: Myth of the common, S. 273: »Rousseau offers a particularly good example of the tendencies that Nancy argues have dominated the history of political philosophy. In particular, Rousseau advances a theory of community as a common being, an essential unity that identifies and underlies the group.«

146   Nancy: Politik und darüber hinaus, S. 215 (PED 10f.).

147   Ebd., S. 216 (PED 11).

148   Strauss: Naturrecht und Geschichte, S. 286. Dies impliziert die naturzuständliche »totale Selbstbezüglichkeit des Individuums«. (Robert Spaemann: Zur Vorgeschichte von Rousseaus Naturbegriff. In: ders.: Rousseau – Bürger ohne Vaterland. Von der Polis zur Natur. München 1980, S. 57-77, 68)

149   Spaemann: Rousseaus Naturbegriff, S. 73. Morin: Nancy, S. 101, konstatiert: »[I]n our natural state we are not related, but we are at the same time not truly human […] so that what makes us human is also what puts us in relation […]. This amounts to saying that as human we are ›naturally‹ related.«

150   Rousseau: Ursprung und Grundlagen der Ungleichheit, S. 210.

151   Ebd., S. 193; vgl. Trautmann: Enteignung des Ursprungs, S. 99; 102.

152   Jean-Luc Nancy: Identität. Fragmente, Freimütigkeiten. Wien 2010, S. 76 (Jean-Luc Nancy: Identité. Fragments, franchises. Paris 2010, S. 69). Eine ›Entaneignung‹ ist die Identitätsaneignung, weil »es niemals ein fixes Subjekt gibt, das bereits identifiziert ist, dem die Aneignung zukommen würde. Jedes Mal ist es unterschieden, sowohl von den anderen als auch von sich selbst, das heißt unterschieden von jeder Identität.« (Ebd.) Den Begriff der Entaneignung verwendet auch Trautmann: Enteignung des Ursprungs, S. 96; siehe zur ›Entaneignung‹ bei Derrida Kathrin Busch: Enklaven im Selbst. Die Figur der Ent-Aneignung bei Derrida. In: Flatscher, Matthias/Loidolt, Sophie (Hg.): Das Fremde im Selbst – Das Andere im Selben. Transformationen der Phänomenologie. Würzburg 2010, S. 176-188.

(und Nancy folgt ihm darin) keine ursprüngliche Substanz, die der menschlichen Gemeinschaft zugrunde läge, etwa ein Wesen des Menschen, eine menschliche Natur.[153] Vielmehr scheint sich »die Gemeinschaft [...] nur auf Grundlage des Mangels definieren zu können, der sie kennzeichnet«.[154]

Das ›Paradox der gemeinsamen Stiftung‹, das Nancy in Rousseaus *Contrat Social* ausfindig macht, bekräftigt diese These. Am Beispiel der amerikanischen Unabhängigkeitserklärung hatte Derrida »die zirkuläre und bodenlose Selbstbegründung konstitutioneller Urkunden vorgeführt, in der ein ›Volk‹ unterzeichnet, das sich durch seine Unterschrift als einheitliches Subjekt erst konstituiert«.[155] Analog dazu erkennt Nancy bei Rousseau »die Aporie einer Gemeinschaft [...], die sich selbst vorangehen müßte, um sich zu konstituieren«.[156] Erst der Gesellschaftsvertrag mache »aus einem stumpfsinnigen und beschränkten Lebewesen ein intelligentes Wesen und einen Menschen«.[157] Das Ereignis des Vertrags, so Nancy, bringe mehr als nur den »politischen Körper« hervor; es erschaffe »den Menschen *selbst*, die Menschlichkeit des Menschen«.[158] Der Vertrag jedoch bedarf schon des menschlichen Vermögens zum Vertragsschluss. Die Aporie lautet somit: »Der Vertrag setzt Menschen voraus, die fähig sind, einen Vertrag zu schließen, und die Menschen setzen den Vertrag voraus, der ihnen ihr Menschsein eröffnet«.[159] Die qua Vertrag gegründete Gemeinschaft kann sich nicht auf ein dem Gründungsakt vorausliegendes Wesen des Menschen berufen, da erst der Vertrag dieses (menschliche) Wesen hervorbringt.[160] Es gibt keinen Ursprung. Vielmehr »stellt der Mythos vom Gesellschaftsvertrag die ursprüngliche metaphorische Substitution eines Ursprungs dar, der als realer fehlt«.[161]

Den Mitgliedern einer Gemeinschaft mangelt es an einer Substanz, die allen gemein wäre und ihre Gemeinschaft begründete. Rousseau ahnte, dass Gemeinschaft wesent-

---

153   »Rousseau has [...] shown how modern society can no longer be founded in a first cause [...] or a final ground [...], and that the collapse of this foundation makes every form of living together contingent«. (Devisch: Question of community, S. 33) Damit opponiert Rousseau all den »Positionen [...], die von einer vermeintlich privilegierten Erkenntnisposition aus einen vorgängigen Naturzustand zu erkennen und schließlich aus dessen Bestimmung Gesetze und Rechte ableiten zu können glauben«. (Trautmann: Enteignung des Ursprungs, S. 99)

154   Esposito: Communitas, S. 31.

155   Vogl: Einleitung, S. 20, siehe dazu Morin: Brüderliche Gemeinschaft, S. 71ff.; Wetzel: Diskurse des Politischen, S. 255; Trautmann: Partage, S. 56. Kritisch zu Derrida in diesem Punkt etwa Benhabib: Demokratie und Differenz, S. 101f., die Derrida u.a. vorwirft, seine Analysemethode sei »nicht nur formalistisch, sondern auch steril, denn sie erlaubt uns nicht, das politische Denken in seinem geschichtlichen Kontext zu verstehen«. (Ebd., S. 106)

156   Nancy: singulär plural sein, S. 50 (ESP 43); siehe dazu auch Meyzaud: Prekäre Existenz, S. 168.

157   Rousseau: Gesellschaftsvertrag, S. 22.

158   Nancy: Endliche und unendliche Demokratie, S. 76, Hv. i. Orig. (DFI 79, Hv. i. Orig.).

159   Nancy: Politik und darüber hinaus, S. 216 (PED 11).

160   Vgl. Trautmann: Enteignung des Ursprungs, S. 107.

161   Lüdemann: Metaphern der Gesellschaft, S. 170; siehe auch Herzhoff: Nancy und Schmitt, S. 107f.; 109f. Lüdemann verteidigt die Theorien des Gesellschaftsvertrags (insbesondere die Theorie Hobbes') gegen den Vorwurf, die Gründung der Gesellschaft qua Vertrag sei strukturell widersinnig (in dem von Nancy beschriebenen Sinne) – »die Rückprojektion gewisser späterer Momente in den Anfang der Gesellschaft« sei vielmehr »*unvermeidlich*«. (Lüdemann: Metaphern der Gesellschaft, S. 170, Hv. i. Orig.; siehe auch ebd., S. 167)

lich auf einem Fehlen beruht, auf einem »Moment der Negativität«[162], wie Felix Trautmann formuliert.

> Erst die Abwesenheit einer Positivität und Konsistenz des Gemeinsamen ermögli
> chen die Positivierung seiner Bindungskräfte. Die Formierung der politischen Ge
> meinschaft wird erst durch die gemeinsam geteilte Trennung von einem substantiell
> Gemeinsamen möglich. Gemeinschaft ist darin nicht mehr ›etwas‹, das verlorenge
> gangen ist und wieder angeeignet werden kann.[163]

Rousseau habe die noch ihrer Entzifferung harrende »Chiffre einer Ontologie«[164] antizipiert, ein »Gemeinsam-Sein [être-en-commun] ohne gemeinsame Substanz«[165] vorgedacht.

Die rousseauschen Überlegungen, so zeigt Maud Meyzaud in *Prekäre Existenz. Rousseau und die Demokratie*, bieten Nancy auch Anhaltspunkte für ein Neudenken der Demokratie. Die ›Un-Natürlichkeit des Menschen‹ und das ›Paradox der gemeinsamen
Stiftung‹ machen die rousseausche Demokratie zu einer Demokratie ohne Grund.[166]
Nancy sieht in einer »unbegründet[en]« Demokratie, die sich der Allherrschaft des Politischen und damit auch der Metaphysik entzogen hätte, einerseits eine »Chance«[167]:
die Aussicht auf ein »Zusammenleben, das [...] sich selbst erfinden muss«[168] und insofern überhaupt erst demokratisch wäre.[169] Andererseits liegt in der Unbegründetheit
der Demokratie auch ihre »Schwäche«[170], wie in Nancys Ausführungen zum Totalitarismus deutlich wurde – die Gefahr einer Rückkehr zu einer Politik, die versuchte,
die grundlose Gemeinschaft zu (be)gründen und so die ›Chance‹ der Demokratie verspielte.[171]

Diese Gefahr verdeutlicht nicht nur Rousseaus Rekurs auf die Metapher des politischen Körpers[172], sondern auch seine Kritik am Theater, etwa im *Brief an d'Alembert*

---

162   Trautmann: Enteignung des Ursprungs, S. 106.

163   Ebd. Rousseaus Idee von Gemeinschaft erschöpft sich also nicht in der Vorstellung einer »intimacy
       or immanence that binds individuals into a common substance and that is lost with the development of modern society«, wie May: Reconsidering difference, S. 29, behauptet.

164   Nancy: singulär plural sein, S. 64 (ESP 54).

165   Nancy: Politik und darüber hinaus, S. 216 (PED 11).

166   Vgl. Nancy: Endliche und unendliche Demokratie, S. 78f. (DFI 81); zum Folgenden Meyzaud: Prekäre Existenz, S. 157; Trautmann: Enteignung des Ursprungs, S. 116f., sowie auch schon Herzhoff:
       Nancy und Schmitt, S. 109f.

167   Nancy: Endliche und unendliche Demokratie, S. 79 (DFI 81).

168   Meyzaud: Prekäre Existenz, S. 157.

169   Vgl. ebd. Für Trautmann: Enteignung des Ursprungs, S. 116, resultiert die Demokratie im Anschluss
       an Nancy »aus der unumkehrbaren Enteignung ihres Grundes«, wodurch sie, »mehr als nur eine
       Regierungsweise, der Name [ist] für das Fehlen jeder Zweckbestimmung des Menschen. [...] Politik, die auf diesem Fehlen aufruht, ist auf nichts gebaut außer der Bühne dieses Fehlens. Sie ist
       dann keine [...] Ordnungsweise, sondern trägt das Moment des Fehlens von Eigenschaften und
       Eigentlichkeit in jede politische Ordnung als ein Moment radikaler Freiheit ein.«

170   Nancy: Endliche und unendliche Demokratie, S. 79 (DFI 81).

171   Siehe auch Morin: Brüderliche Gemeinschaft, S. 217.

172   Siehe dazu Meyzaud: Prekäre Existenz, S. 169ff., die vor allem die Ambivalenz des *corps politique* bei
       Rousseau herausarbeitet. »Das Bild des politischen Körpers ist [...] bereits defekt, sobald es eingesetzt wird. Es funktioniert nicht, weil Rousseau den (Volks-)Souverän zwar als Körper, Individuum,

(1758).[173] Darin empfiehlt Rousseau, die durch das Theater gelockerten sozialen Bande durch das Feiern von Festen wieder fester zu knüpfen.[174] Dabei gehe es ihm um die Versammlung einer Gemeinschaft,

> die sich in dem Maße durchsichtig ist, wie hier jeder [...] »an seinem Platz« ist. Das wird im Fest demonstriert; es soll sich um ein Schauspiel nicht der Repräsentation, sondern der Präsentation von Identitäten handeln, die – indem hier jeder zeigt, wo er hingehört – zugleich eine Präsentation der sozialen Ordnung ist. Gegenstand der Feste ist [...] das in seiner Platzordnung sich affirmierende Gemeinwesen selbst [...].[175]

Während das Theater Rousseau zufolge die Gemeinschaft auflöst, indem es die Menschen von ihrer gesellschaftlichen Rolle, die Darstellenden von ihrem Publikum und die Zuschauer*innen voneinander scheidet[176], habe das Fest eine synthetisierende Wirkung. Es offenbare »die sittliche Einheit der Gemeinschaft, ihre Verbundenheit«[177], die eine unmittelbare Einheit sei, durch nichts repräsentiert (und dadurch entstellt).[178] Das rousseausche Schauspiel strebt die mit sich selbst identische, immanente Gemeinschaft an, vor der Nancy warnt. Für Rousseau ist die Gemeinschaft ein »ursprünglicher Mangel« und bleibt doch »auf einen letzten Versuch [...] der Vollendung gerichtet«.[179] Rousseau erträgt den (selbst entdeckten) Mangel am Grund der Gemeinschaft nicht und sinnt auf Maßnahmen, wie dem Mangel an Gemeinsamem abzuhelfen wäre.[180]

Allerdings: Ein zweiter Blick bestätigt, dass sich in den Schriften Rousseaus »für nahezu jedes Argument an anderer Stelle ein Gegenargument finden lässt«.[181] Wenn

---

Organismus denken möchte, ihm jedoch zur Grundlage die schiere Existenz, das ›augenblickliche‹ Sammeln seines Daseins verschafft.« (Ebd., S. 174) Ähnlich argumentiert Trautmann: Enteignung des Ursprungs, S. 105.

173 Jean-Jacques Rousseau: Brief an Herrn d'Alembert über seinen Artikel ›Genf‹ im VII. Band der Enzyklopädie und insbesondere über den Plan, ein Schauspielhaus in dieser Stadt zu errichten [1758]. In: ders.: Schriften. Bd. 1 (Hg. Ritter, Henning). Frankfurt a.M. 1995, S. 333-474. Meine Ausführungen folgen Rebentisch: Kunst der Freiheit, S. 271ff.; Jörn Etzold: Armes Theater. In: Meyzaud, Maud (Hg.): Arme Gemeinschaft. Die Moderne Rousseaus. Berlin 2015, S. 50-74; Trautmann: Enteignung des Ursprungs, S. 109ff. Für die Interpretation Rebentischs siehe auch Simon Herzhoff: [Rezension von] Juliane Rebentisch: Die Kunst der Freiheit. Veröffentlicht am 21.5.2012, o. S., Abs. 15. Abrufbar unter: <https://www.socialnet.de/rezensionen/12959.php> (Zugriff am 29.1.2022).

174 Vgl. Rousseau: Brief an d'Alembert, S. 462ff.

175 Rebentisch: Kunst der Freiheit, S. 296. Die Deutung ähnelt der von Derrida: Grammatologie, S. 526, Hv. i. Orig., der die Identitätspräsentation am Fehlen identitätsverbergender Masken festmacht: »Dieses Fest [...] ist [...] ein Fest ohne Opfer, ohne Verausgabung und ohne Spiel. Vor allem ohne Masken. Es kennt kein Draußen, wenngleich es sich unter freiem Himmel abspielt. Es wird in einem absolut inneren Verhältnis zu sich selbst unterhalten.«

176 Vgl. Rebentisch: Kunst der Freiheit, S. 298, sowie zum ersten dieser Kritikpunkte Etzold: Armes Theater, S. 55ff.

177 Rebentisch: Kunst der Freiheit, S. 299.

178 Vgl. Trautmann: Enteignung des Ursprungs, S. 111. Zur Gründung von Gemeinschaft bei Rousseau siehe auch Spitta: Gemeinschaft jenseits von Identität, S. 122ff.

179 Esposito: Communitas, S. 78f.

180 Vgl. Meyzaud: Prekäre Existenz, S. 157.

181 Etzold: Armes Theater, S. 54.

Rousseau schreibt, man solle beim Fest Sorge dafür tragen, »daß ein jeder sich im andern erkennt und liebt, daß alle besser miteinander verbunden sind.«[182], so formuliere er nicht (nur), wendet Etzold gegen Derrida ein, eine »Phantasie der differenzlosen Selbstpräsenz«.[183] Vielmehr bringt Rousseau, könnte man mit Nancy sagen, »die Exposition der Singularitäten« zum Ausdruck, die »das Sein der Gemeinschaft *ist*«.[184] Nancy unterstellt Rousseau eine Einsicht in die »Notwendigkeit des Spektakels«[185] für die Gemeinschaft.[186] Dieses Erfordernis ergibt sich daraus, dass das Spektakel die Selbsterkenntnis und -liebe in den anderen verlegt und auf diese Weise zeigt: Man ist »bei sich nur im Außer-sich«.[187] Dieses ›Bei-sich-außer-sich-Sein‹ ist für Nancy nichts anderes als »Gesellschaftlich-sein [être-social]«, denn dieses sei »wesentlich ein Exponiert-sein. Es ist als Exponiert-sein, das heißt es ist nicht entsprechend der immanenten Konsistenz eines Selbstseins [être-à-soi]. [...] In dieser Hinsicht weiß sich jede Gesellschaft konstituiert in der Nicht-Immanenz der Miterscheinung [comparution].«[188] Rousseau ist also einerseits, mit Derrida gesagt, der Philosoph einer »Metaphysik der Präsenz als Bei-sich-Sein«[189], andererseits aber zugleich, so nennt Nancy ihn, »der Philosoph der Komparenz [comparution] par excellence«.[190]

2.2 Ursachenforschung: Die ›Logik des Absoluten‹

Nancys Auseinandersetzung (mit) der Tradition des Gemeinschaftsdenkens ist keine simple Anklage. Es bliebe »die ›kommunistische Frage‹« unbeantwortet, spräche man die bisherigen, vor allem die faschistischen oder sozialistischen Gemeinschaftsmodelle nur als »Irrtum [erreur]«[191] an (im Original klingt die *horreur* mit). Kein Horizont,

---

182   Rousseau: Brief an d'Alembert, S. 462f.

183   Etzold: Armes Theater, S. 68, mit Bezug auf die schon zitierte Stelle bei Derrida: Grammatologie, S. 526. Einer »Präsenzmetaphysik« anzuhängen, wirft auch Spitta: Gemeinschaft jenseits von Identität, S. 114, Rousseau vor; sie rekurriert dabei ebd., S. 113f., auf Rousseaus Ablehnung von (politischer) Repräsentation und seine Theaterkritik.

184   Nancy: Entwerkte Gemeinschaft, S. 68, Hv. i. Orig. (CD 76, Hv. i. Orig.).

185   Nancy: singulär plural sein, S. 109 (ESP 91).

186   Siehe dazu auch Trautmann: Enteignung des Ursprungs, S. 110f.

187   Etzold: Armes Theater, S. 68.

188   Nancy: singulär plural sein, S. 110f. (ESP 92). Ross: Image-Politics, S. 153, führt aus: Rousseau mache deutlich, dass »the coming to presence of society in this spectacle means that the togetherness of the people needs to be defined in terms of ›acts‹ rather than an ›essence‹, of being-in-common rather than a given ›togetherness‹. Rousseau shows that ›we are‹ the staging of ourselves as exposed-to rather than bearing a predetermined meaning.«

189   Derrida: Grammatologie, S. 530.

190   Nancy: Entwerkte Gemeinschaft, S. 66 (CD 75). »Das war es wohl auch, was Rousseau als erster dachte: bei ihm taucht die Gesellschaft als Band *und* als Trennung derer auf, die im ›Naturzustand‹, da sie ohne Bande sind, auch nicht voneinander getrennt oder isoliert werden können. Der ›Gesellschaftszustand‹ setzt sie der Trennung aus; so aber exponiert er ›den Menschen‹ und setzt diesen [...] dem Urteil seinesgleichen aus. Rousseau ist [...] der Philosoph der Komparenz par excellence«. (Ebd.) Siehe hierzu auch Trautmann: Enteignung des Ursprungs, S. 107f.

191   Nancy: Das gemeinsame Erscheinen, S. 174 (CP 65).

keine Grenze, die das Denken der Gemeinschaft bislang »im Ungedachten der Gemeinschaft«[192] zurückgehalten hat, würde überschritten. Deshalb fordert Nancy die erneute Beschäftigung mit der ›kommunistischen Frage‹.[193]

Die Rousseau-Lektüre Nancys steht beispielhaft für die Art und Weise der Dekonstruktion, mit der er das Denken der Gemeinschaft und die Gemeinschaft selbst aufzuschließen sucht: »Dekonstruieren bedeutet abbauen, demontieren, auseinandernehmen, die Zusammenfügung lockern, ihr Spielraum geben, um zwischen den Teilen dieser Zusammenfügung eine Möglichkeit spielen zu lassen, von der sie herkommt, die sie als Zusammenfügung jedoch zudeckt.«[194] Wenn man sagen kann, dass die Tradition die Gemeinschaft als (ein)geschlossene auffasst[195], so legt Nancy eine in dieser Tradition verborgene Öffnung frei und damit ein Andersdenken der Gemeinschaft: als »Selbst-Öffnung und Selbst als Öffnung«.[196]

Die ›kommunistische Frage‹, behauptet Nancy, sei unverändert fragwürdig. Eine Antwort bedürfe einer »philosophische[n] Reflexion«, einer »Anamnese«[197] der beiden Totalitarismen und ihrer Gemeinschaftsvorstellungen. Nancy nimmt in *La communauté désœuvrée* vor allem den real existierenden Kommunismus in den Blick, zielt aber auf eine grundsätzliche Analyse des abendländischen Gemeinschaftsdenkens.[198] Dieses sei beherrscht von einer »Logik des Absoluten«.[199]

Selbstproduktion der menschlichen Gemeinschaft

Der real existierende Kommunismus, so Nancy, lasse sich nicht des Verrats an der Idee (an der ›reinen Lehre‹) des Kommunismus bezichtigen; diese selbst ließ den Kommunismus scheitern.[200]

> Die Kategorie des Verrats [...] erweist sich insofern als unhaltbar, als die Grundlage des kommunistischen Ideals selbst – nämlich der Mensch – letztlich in äußerst problematischem Licht erscheint: d.h. der als Produzent definierte Mensch (man könnte

---

192   Esposito: Communitas, S. 9.

193   Vgl. Nancy: Das gemeinsame Erscheinen, S. 174 (CP 65).

194   Nancy: Dekonstruktion des Christentums, S. 251 (DC 215).

195   Vgl. Esposito: Communitas, S. 30.

196   Nancy: Dekonstruktion des Christentums, S. 245 (DC 210). Nancy bezieht sich hier auf »das Wesen des Christentums als Öffnung« (ebd.), sein Vorhaben lässt sich aber meines Erachtens auch auf die Gemeinschaft beziehen.

197   Nancy: Das gemeinsame Erscheinen, S. 174 (CP 65).

198   Vgl. Hebekus/Völker: Philosophien des Politischen, S. 97f. Nancys Analyse des (historischen) Kommunismus ist auch eine Analyse von Faschismus und Nationalsozialismus, denn diese seien »im weitesten Sinn Abarten des ›Kommunismus‹« (Nancy: Das gemeinsame Erscheinen, S. 173 [CP 64]) gewesen. Devisch: La ›négativité sans emploi‹, S. 175, meint: »Ce que Nancy vise à entreprendre est en premier lieu de penser la problématique métaphysique derrière la question de la communauté. [...] Son intérêt est d'abord: comment la philosophie pense-t-elle ou a-t-elle pensé la communauté?«

199   Nancy: Entwerkte Gemeinschaft, S. 17 (CD 18).

200   Vgl. Morin: Nancy, S. 73f.; Hebekus/Völker: Philosophien des Politischen, S. 97f. Siehe zu Nancys Kritik des Kommunismus auch kurz Dallmayr: Globale Gemeinschaft, S. 110f.

auch einfach sagen: der *definierte* Mensch überhaupt), der grundsätzlich als Produzent seines eigenen Wesens in Gestalt seiner Arbeit oder seiner Werke verstanden wird.[201]

Worauf Nancy hier anspielt, könnte man mit Ernst Bloch als »humanity in action«[202] bezeichnen: Für Marx liegt das Menschlichsein des Menschen in seinem Vermögen, frei und bewusst tätig zu sein.[203] Das menschliche Tun ist frei, da es sich nicht z.B. auf die Befriedigung physischer Bedürfnisse oder auf eine artspezifische Fähigkeit beschränke[204]; es ist bewusst, insofern der tätige Mensch einer »*gegenständlichen Welt*«[205] zur Existenz verhelfe, in der er sich wiederfinde.[206] Hinter dieser These steht ein von Hegel und Ludwig Feuerbach inspiriertes »Vergegenständlichungsmodell des Handelns«[207], das Marx wie folgt umreißt:

> Der Gegenstand, den die Arbeit produziert, ihr Produkt, tritt ihr als ein *fremdes Wesen*, als eine von dem Produzenten *unabhängige Macht* gegenüber. Das Produkt der Arbeit ist die Arbeit, die sich in einem Gegenstand fixiert, sachlich gemacht hat, es ist die *Vergegenständlichung* der Arbeit. Die Verwirklichung der Arbeit ist ihre Vergegenständlichung.[208]

---

201 Nancy: Entwerkte Gemeinschaft, S. 13, Hv. i. Orig. (CD 13, Hv. i. Orig.).

202 Ernst Bloch: Das Prinzip Hoffnung. In fünf Teilen. Werkausgabe. Bd. 5. Frankfurt a.M. 1985, S. 1608.

203 Vgl. zur bewussten Tätigkeit Michael Quante: Kommentar [zu Karl Marx: Ökonomisch-Philosophische Manuskripte]. In: Marx, Karl: Ökonomisch-Philosophische Manuskripte [1844]. Frankfurt a.M. 2009, S. 209-411, 235f. Ich lege Quantes Erläuterungen meinen folgenden Ausführungen zugrunde. Marx schreibt: »Das Tier ist unmittelbar eins mit seiner Lebenstätigkeit. [...] Es ist *sie*. Der Mensch macht seine Lebenstätigkeit selbst zum Gegenstand seines Wollens und seines Bewußtseins. [...] Es ist nicht eine Bestimmtheit, mit der er unmittelbar zusammenfließt. Die bewußte Lebenstätigkeit unterscheidet den Menschen unmittelbar von der tierischen Lebenstätigkeit. Eben nur dadurch ist er ein Gattungswesen.« (Karl Marx: Ökonomisch-philosophische Manuskripte aus dem Jahr 1844. In: ders./Engels, Friedrich: Werke. Ergänzungsband. Schriften. Manuskripte. Briefe bis 1844. Erster Teil [Hg. Institut für Marxismus-Leninismus beim ZK der SED]. Berlin 1968, S. 465-588, 516, Hv. i. Orig.) Marx gebraucht zur Unterscheidung von Mensch und Tier den Begriff der Universalität: Nur der Mensch verhalte »sich zu sich als einem *universellen*, darum freien Wesen«. (Ebd., S. 515, Hv. i. Orig.) Siehe dazu Quante: Kommentar, S. 387f.

204 Vgl. Marx: Ökonomisch-philosophische Manuskripte, S. 515ff.

205 Ebd., S. 516, Hv. i. Orig.

206 Vgl. Heinz-Gerd Schmitz: Die Textur des Sozialen. Schlüsselbegriffe einer Philosophie der Gesellschaft. Stuttgart 2012, S. 136.

207 Quante: Kommentar, S. 235; vgl. ebd., S. 236ff.

208 Marx: Ökonomisch-philosophische Manuskripte, S. 511f., Hv. i. Orig. Siehe in diesem Kontext Marx' Würdigung der hegelschen *Phänomenologie des Geistes* (auf die Quante: Kommentar, S. 236, hinweist): »Das Große« an dieser sei, dass Hegel »das Wesen der *Arbeit* faßt und den gegenständlichen Menschen, wahren, weil wirklichen Menschen, als Resultat seiner *eignen Arbeit* begreift«. (Marx: Ökonomisch-philosophische Manuskripte, S. 574, Hv. i. Orig.) Allerdings habe Hegel, so Marx, einzig »die *abstrakt geistige*« (ebd., Hv. i. Orig.) Arbeit gekannt und anerkannt; er selbst wolle nun dafür sorgen, dass »der wirkliche, leibliche, auf der festen wohlgerundeten Erde stehende, alle Naturkräfte aus- und einatmende *Mensch*« (ebd., S. 577, Hv. i. Orig.) zu seinem Recht kommt.

Der Mensch entäußert sich in seine Produkte, durch sie und in ihnen begegnet er sich (selbst) als »*Gattungswesen*«.[209] Dieses ›Wesen‹ habe mithin »nichts mit der Natur zu tun«, führt Giorgio Agamben aus; es ist nicht natürlicherweise schon vorhanden, sondern »ist die Praxis [...] als ursprüngliches Prinzip (*genesis*), das in jedem Individuum und in jeder Handlung den Menschen als humanes Wesen begründet und ihn kraft dieser Begründung zusammenhält«.[210]

Wie sich zeigen wird, ist Nancy skeptisch gegenüber Marx' Verständnis der Praxis. Auch bei Marx aber, wie schon bei Rousseau, versucht Nancy zu kennzeichnen, wo dieser sich selbst entkommt: Wo Marx, was ihn als überholten, nurmehr übelriechenden »Kadaver«[211] erscheinen lässt, doch überholt, hinter sich lässt.[212] Für Nancy ist dies die Idee der Selbstschöpfung.[213]

Mit ihr bringe Marx zum Ausdruck, »dass der Mensch sich erzeugt und dass diese Erzeugung mehr wert ist als jede messbare Bewertung«.[214] Damit habe er den rousseauschen Gedanken von der Selbsthervorbringung des Menschen (durch den Gesellschaftsvertrag) beinahe mit der Formel Blaise Pascals zu verbinden vermocht, »daß der Mensch unendlich über den Menschen hinausgeht«.[215] Der Mensch ist kein feststellbares Wesen; er hat, so könnte man formulieren, keine Bedeutung, sondern ist Sinn, der »in der Zielgerichtetheit und Geschlossenheit der Bedeutung nicht aufgeht«[216], da er das ist, was jede Bedeutung »über-rascht [sur-prend]«.[217]

In Marx' Auffassung vom »Sein des Menschen als Produktion«[218] erkennt Nancy ähnliche politische Implikationen wie im Denken Rousseaus. In positiver Hinsicht ließe sich auch mit Marx eine grundlose oder unbegründete Politik denken, da es bei ihm

---

209 Marx: Ökonomisch-philosophische Manuskripte, S. 517, Hv. i. Orig. »Der Gegenstand der Arbeit ist [...] die *Vergegenständlichung des Gattungslebens des Menschen*: indem er sich nicht nur wie im Bewußtsein intellektuell, sondern werktätig, wirklich verdoppelt und sich selbst daher in einer von ihm geschaffenen Welt anschaut.« (Ebd., Hv. i. Orig.) Vgl. Schmitz: Textur des Sozialen, S. 136, und siehe zum Begriff des Gattungswesens und seinem ideengeschichtlichen Hintergrund etwa Quante: Kommentar, S. 262ff.

210 Giorgio Agamben: Der Mensch ohne Inhalt. Berlin 2012, S. 108, Hv. i. Orig.

211 Nancy: Das gemeinsame Erscheinen, S. 174 (CP 65).

212 In Anlehnung an Nancy: Dekonstruktion des Christentums, S. 241 (DC 206), wo man von einem »Zustand der Selbstüberholung [autodépassement]« liest, in dem sich das Christentum befinde.

213 Siehe zu den beiden folgenden Absätzen auch Morin: Nancy, S. 116.

214 Nancy: Wahrheit der Demokratie, S. 36 (VD 31).

215 Blaise Pascal: Gedanken über die Religion und einige andere Themen [1670] (Hg. Armogathe, Jean-Robert; Übers. Kunzmann, Ulrich). Stuttgart 1997, S. 90 (Fragment 434); vgl. Nancy: Wahrheit der Demokratie, S. 29 (VD 25), wo ›passer‹ mit ›übersteigen‹ übersetzt wird. Zu Möglichkeiten der Übersetzung und Bedeutung des *passer* siehe Nancy: Atheismus und Monotheismus, S. 34 (AM 33): »Überholen? Übersteigen? Überschreiten? Transportieren? entrücken? Transfigurieren? Vergöttlichen? Aufheben? Naturalisieren? Technisieren? Dem Abgrund aussetzen? Vernichten? Und noch weiter: Entmenschlichen? Verunmenschlichen? Verübermenschlichen?«

216 Nancy: Vergessen der Philosophie, S. 106 (OP 100).

217 Nancy: Sinn der Welt, S. 19 (SM 21). Siehe zur Unterscheidung von ›Sinn‹ und ›Bedeutung‹ etwa Nancy: Demokratie und Gemeinschaft, S. 63ff., sowie den Unterabschnitt *Sinn machen, aber keine Bedeutung* in Abschnitt I.3.3.2.

218 Agamben: Mensch ohne Inhalt, S. 105.

ebenfalls kein natürlicherweise festgelegtes Wesen des Menschen gibt.[219] Aus Marx'
Idee der Selbsterzeugung des Menschen, so Nancy, hauche uns der »Geist der Demokratie« an, nämlich »der Atem [souffle] des Menschen, nicht des Menschen eines gemä-
ßigten Humanismus, der auf der Höhe des gegebenen Menschen ist [...], sondern des
Menschen, der unendlich den Menschen übersteigt«.[220] Marx habe einen »kommunistischen Anspruch [exigence communiste]«[221] formuliert, der im Wesen unbestimmbar,
nicht berechenbar sei.[222] Nancy hebt hervor, dass jener »Anspruch [...] des Unendlichen und des Gemeinsamen«[223] einen Bruch mit der Logik des Kapital(ismu)s bedeutet, einer »Kultur der verallgemeinerten Berechnung«[224], in der allem und allen ein
bestimmter Wert zukommt, der alle/s äquivalent und austauschbar macht.[225] Die Auseinandersetzung mit diesem »schlechte[n] Unendliche[n]«[226] des Kapital(ismu)s müsse
allererst als eine denkerische Auseinandersetzung stattfinden[227], was den Vorwurf eines apolitischen »Philosophismus«[228] provozieren könnte. Ob dies berechtigt ist oder
ob nicht vielmehr die Forderungen nach einer (anti-kapitalistischen) politischen Praxis dem verhaftet bleiben, was Nancy kritisch die »Vision von Politik als Bewerkstelligung«[229] nennt, wird zu prüfen sein.

Marx gelangt Agamben zufolge mit seinem Denken der »Praxis als [...] Ursprungsdi-
mension des Menschen« nicht hinaus über die »Grenzen des Horizonts der modernen
Metaphysik«.[230] Agamben deutet die Schöpfung des Menschen durch sich selbst als
»einen ständig aktiven und präsenten Ursprungsakt«[231]: Der Mensch mache sich, los-

---

219   Siehe etwa ebd., S. 108; 110f.
220   Nancy: Wahrheit der Demokratie, S. 36 (VD 31). Nancy: Demokratie und Gemeinschaft, S. 25, er-
       kennt diesen Gedanken auch bei Martin Heidegger: Brief über den ›Humanismus‹ [1947]. In: ders.:
       Gesamtausgabe. I. Abteilung: Veröffentlichte Schriften 1914-1970. Bd. 9. Wegmarken (Hg. Herr-
       mann, Friedrich-Wilhelm von). Frankfurt a.M. 1976, S. 313-364, 330, wo es heißt, in Sein und Zeit
       werde »[g]egen den Humanismus [...] gedacht, weil er die Humanitas des Menschen nicht hoch
       genug ansetzt«.
221   Nancy: Wahrheit der Demokratie, S. 36 (VD 31).
222   Vgl. ebd. (VD 31f.). Der ›kommunistische Anspruch‹, der mit der Selbsterzeugung des Menschen
       verbunden ist, resultiert aus dem sozialen Charakter menschlicher Arbeit: »The self-production of
       humanity through human labor is of a qualitatively different kind than the production of commo-
       dities. For Marx, free human labor is essentially social [...]. That is, production and consumption are
       essentially human (social) activities that connect any individual producer or consumer to herself,
       to other human beings, and to humanity as a whole.« (Morin: Nancy, S. 116)
223   Nancy: Wahrheit der Demokratie, S. 36 (VD 31).
224   Ebd. (VD 32).
225   Vgl. ebd.; 51f. (VD 44f.), und siehe Morin: Nancy, S. 118f.
226   Nancy: Erschaffung der Welt, S. 27 (CMM 30).
227   Siehe dazu den letzten Teil des Unterabschnitts Widerwelt in Abschnitt I.3.3.2.
228   Marchart: Politische Differenz, S. 110; siehe etwa den Hinweis bei Morin: Nancy, S. 120. Gemeint ist
       mit ›Philosophismus‹ bei Marchart »eine Theorie- oder Argumentationsform, deren Endzweck in
       der Philosophie oder im Denken selbst, nicht in der Sache, um die es der Philosophie gehen soll-
       te, liegt [...]. Im Philosophismus wird Denken tendenziell von Politik entkoppelt und zum Selbst-
       zweck.« (Marchart: Politische Differenz, S. 110f., Hv. i. Orig.)
229   Nancy: Wahrheit der Demokratie, S. 40 (VD 34).
230   Agamben: Mensch ohne Inhalt, S. 111.
231   Ebd., S. 110.

gelöst von Gott und Natur, zu seinem eigenen Ursprung.[232] Damit lässt sich, so wird Nancy argumentieren, der metaphysische Horizont, innerhalb dessen Marx verbleibe, genauer als Horizont der Subjektmetaphysik fassen.

Nancy hält das kommunistische Ideal des sich selbst erzeugenden Menschen trotz seiner positiven Aspekte für verhängnisvoll, denn es berge die Idee »menschlicher Autonomie« im Sinne einer »Selbstbestimmung [autodestination] des Menschlichen«, eines »›sich selbst vollenden‹«.[233] Damit widerspreche der Kommunismus dem pascalschen Credo einer unendlichen Selbstübersteigung des Menschen.[234] Nicht nur die Unbestimmtheit des Menschen, auch die der menschlichen Gemeinschaft suche der Kommunismus in einer Bestimmtheit zu fixieren. Zwar stehe, betont Nancy, »[d]ie Idee des ›Kommunismus‹« auf der einen Seite für »unseren Zugang zu jenem Augenblick, in dem wir uns jeder Bedeutung [signification] entblößt zu denken haben«, das heißt für jenen Moment, in dem »der Sinn als solcher aufscheint [se lève]«.[235] Auf der anderen Seite aber repräsentiere er das Verlangen, »die Gemeinschaft des Sinns«[236] doch »mit Bedeutung zu füllen«[237] und dadurch so gravitätisch zu machen, dass eine Selbstübersteigung unmöglich ist. Der Kommunismus definiere den Menschen als Produzent seines eigenen Wesens und der menschlichen Gemeinschaft.[238] Der Mensch vollendet sich durch sich. Bei Marx, kritisiert Nancy,

> bleibt der »Mensch« implizit ein teleologischer oder eschatologischer Begriff, wenn man darunter eine Logik versteht, in der das *telos* und/oder das *eschaton* die Position und die Rolle der restlosen Vollendung innehaben. Der Mensch als Quelle und Entfaltung des Wertes an sich kommt ans Ende der Geschichte, in der er sich produziert: die Quelle muß also gänzlich ausgebreitet und verwirklicht enden.[239]

Für Nancy unterscheidet sich zwar, so Smith, die kommunistische Gemeinschaftsidee von all jenen, die »aus dem Blut ihre Legitimation«[240] schöpfen: Sie beruht nicht auf einer gegebenen Identität oder Substanz des Gemeinsamen. Dennoch verbleibe sie im Rahmen des Identitäts- oder Substanzdenkens, da sich die menschliche Gemeinschaft der marxistischen Idee nach durch ihr geschichtliches (gemeinsames) Handeln selbst hervorbringe, sich selbst eine Identität gebe.[241]

Nach Marx' Überzeugung, führt Nancy aus, definiere »die Menschheit sich dadurch [...], daß sie sich vollkommen selbst produziert«.[242] Die Gemeinschaft der

---

232   Vgl. ebd.

233   Nancy: Was tun, S. 41 (QF 49f.).

234   Vgl. ebd. (QF 49).

235   Nancy: Vergessen der Philosophie, S. 107 (OP 101).

236   Ebd., S. 106 (OP 101).

237   Ebd., S. 107 (OP 101).

238   Vgl. Nancy: Entwerkte Gemeinschaft, S. 13f. (CD 13f.); siehe auch Dallmayr: Globale Gemeinschaft, S. 111.

239   Nancy: Erschaffung der Welt, S. 21f., Hv. i. Orig. (CMM 23, Hv. i. Orig.).

240   Plessner: Grenzen der Gemeinschaft, S. 45.

241   Vgl. Smith: Community, S. 51.

242   Nancy: Erschaffung der Welt, S. 18 (CMM 19).

Menschen sei »Gemeinschaft als Werk«.[243] Die Idee einer autonomen Selbsterzeugung des Menschen (und seiner Gemeinschaft) antwortet auf den Entzug Gottes und impliziert den Gedanken einer (nicht-theologischen) *creatio ex nihilo*: »[H]umanity is not given in advance – we can rely on no gift from beyond or any humanism – but must instead create itself«.[244] Die Menschheit wäre demnach »without end or destination«, wäre vielmehr »always beyond itself«.[245] Allerdings verdecke Marx diesen Gedanken einer Selbstüberschreitung der (menschlichen) Gemeinschaft durch seine metaphysische Auffassung der Produktion als »an act that results in or arrives at a terminal presence«.[246] Die Selbsthervorbringung des Menschen ist sein Ursprung und Ende. Auch für seine Gemeinschaft gilt: Sie »begründet sich in sich selbst«[247] und erreicht auf diese Weise »Geschlossenheit«.[248] Hier liegt der Grund für die Kritik, Marx' Denken sei eine »metaphysics of the subjectivity« inhärent: Für ihn ist das Subjekt »a process of self-position and self-presupposition«.[249]

Nancy wird gegen ihre (marxsche) Verbergung eine Gemeinschaft denken, die sich selbst überschreitet, die nicht Resultat eines Ins-Werk-Setzens ist. In der (durch sich selbst) ›gewerkten‹ Gemeinschaft verwirklicht sich für Nancy eine gemeinsame Substanz, etwa das Wesen des Menschen; damit ist sie eine totalitäre, körpergleiche Gemeinschaft der Immanenz.[250] »Die Gemeinschaft als Werk oder die Gemeinschaft als auf Werke begründete würde voraussetzen, daß das gemeinsame Sein als solches (in Orten, Personen, Gesellschaftsordnungen, Diskursen, Institutionen, Symbolen, kurz: in Subjekten) objektivierbar und herstellbar wäre.«[251]

Den Unterschied zwischen Marx' und Nancys ›Kommunismus‹ verdeutlicht die Differenz von Poiesis und Praxis.[252] Für Marx ist die Gemeinschaft das Ziel der Tätigkeit des Menschen und also das Produkt (s)eines Herstellens; sie ist »subject-as-*poiēsis* (which is equally the subject-as-work)«.[253] Nancy hingegen denkt die Gemeinschaft als

---

243   Nancy: Der unterbrochene Mythos, S. 128 (MI 151).

244   Nancy: Nothing but the world, S. 529; siehe ebd. für den Bezug auf die Idee der *creatio ex nihilo*.

245   Ebd.

246   Ebd.; vgl. ebd.   .

247   Hebekus/Völker: Philosophien des Politischen, S. 96.

248   Ebd., S. 97.

249   Smith: Justice and communist politics, S. 192.

250   Vgl. Nancy: Entwerkte Gemeinschaft, S. 14f. (CD 15f.); Hebekus/Völker: Philosophien des Politischen, S. 96f. Siehe auch Morin: Nancy, S. 75: »The members are, in their plurality, impregnated with the same identity so that each member identifies himself or herself and each other by identifying with the living body of the community.«

251   Nancy: Entwerkte Gemeinschaft, S. 69 (CD 78); siehe auch Trautmann: Nichtmitmachen, S. 190f.

252   Zu den Kontexten, in denen diese Begriffe bei Nancy auftauchen, siehe Patrick Roney: Art. ›Poiēsis and Praxis‹. In: Gratton, Peter/Morin, Marie-Eve (Hg.): The Nancy Dictionary. Edinburgh 2015, S. 182-184. Auf einen dieser Kontexte – die Auseinandersetzung Nancys mit dem Begriff des Mythos – werde ich in Abschnitt I.2.3 eingehen.

253   Ebd., S. 183, Hv. i. Orig.

eine Praxis der »Entwerkung [désœuvrement]«[254] – als ein Tun, das jede »Herstellung oder Vollendung«[255] der Gemeinschaft unterbricht. Die Gemeinschaft ereigne sich als »Mit-Teilung [partage] der Singularitäten«.[256]

Als Gemeinschaft, in der sich das Wesen des Menschen (»als Produzent seines eigenen Wesens in Gestalt seiner Arbeit oder seiner Werke«[257]) vollendet, produziert die menschliche Gemeinschaft sich selbst: »Wenn man erwartet, daß eine Gemeinschaft die Gemeinschaft *der Menschen* zu sein hat, so setzt dies voraus, daß sie als solche vollständig ihr eigenes Wesen verwirklicht oder verwirklichen muß, und daß dieses Wesen selbst wieder das Wesen des Menschen zur Vollendung bringt.«[258] Diese Gemeinschaft folgt einer »Metaphysik des Subjektes«[259]; sie ist Subjekt: »Der Selbstbezug definiert das Subjekt.«[260] Mit der Gemeinschaft-als-Subjekt, so Norris, sei für Nancy die Idee von der Gemeinschaft als »subject-work« verknüpft: »He argues that conceiving of the community [...] as a subject entails that we understand the community to have an identity that is *immanent* to it, and that needs to be brought out, and put to work.«[261]

Der Selbstbezug der Gemeinschaft (als Subjekt) hängt mit dem ›Tod Gottes‹ zusammen, dem Wegfall eines transzendenten Grundes der Gemeinschaft, den Marx, wie Nancy meint, durch eine aufklärerisch-rationalistische Produktionsgläubigkeit, die davon ausgehe, der Mensch produziere auch sein Wesen, glaubte kompensieren zu können.[262] Mit dem Verlust ihrer Verankerung in einem transzendenten Außerhalb fällt die Gemeinschaft in eine »absolute Immanenz«[263], in einen Zustand, den Nancy und Lacoue-Labarthe als totalitär ausgewiesen hatten.[264]

Totalitarianism [...] would be predicated on a loss of the principle of transcendence and the attempt to overcome such a loss by seeking to realize this principle in a single figure, to realize this figure here and now within the totality of the social body or community to the exclusion of all other possibilities.[265]

---

254 Nancy: Entwerkte Gemeinschaft, S. 69 (CD 78). Den Begriff des *désœuvrement* übernimmt Nancy von Maurice Blanchot. Zur Frage der Übersetzung siehe Andreas Hiepko: Möglichkeiten, das Wort désœuvrement zu übersetzen. In: Gronau, Barbara/Lagaay, Alice (Hg.): Ökonomien der Zurückhaltung. Kulturelles Handeln zwischen Askese und Restriktion. Bielefeld 2010, S. 27-38.

255 Nancy: Entwerkte Gemeinschaft, S. 70 (CD 79).

256 Ebd., S. 73 (CD 83). Siehe etwa Smith: Justice and communist politics, S. 192, Hv. i. Orig.: »[C]ommunity comes into existence in the experience of what Nancy calls a *free* sharing [...]. [...] What defines community is not an activity, operation or labour.«

257 Nancy: Entwerkte Gemeinschaft, S. 13 (CD 13).

258 Ebd., S. 14, Hv. i. Orig. (CD 15, Hv. i. Orig.).

259 Ebd., S. 16 (CD 17).

260 Nancy: Dekonstruktion des Monotheismus, S. 63 (DM 59); siehe auch Nancy: singulär plural sein, S. 62 (ESP 53): Das Subjekt sei »Beziehung von sich zu sich«.

261 Norris: Myth of the common, S. 275, Hv. i. Orig.

262 Vgl. Nancy: Demokratie und Gemeinschaft, S. 71.

263 Nancy: Entwerkte Gemeinschaft, S. 14 (CD 14).

264 Vgl. Hebekus/Völker: Philosophien des Politischen, S. 97.

265 James: Fragmentary demand, S. 164.

Nancys Denken der Gemeinschaft konturiert diesen Totalitarismus, der eine »function of metaphysics«[266] ist, deutlicher. Die Immanentisierung der Transzendenz – durch die Idee einer menschlichen Essenz, die sich in der (menschlichen) Gemeinschaft selbst »ins Werk« setzt, also das »Ergebnis [...] eigenen Wirkens«[267] wird – führt nicht nur zu einem ›Alles ist politisch‹ und damit zum *retrait* des Politischen.[268] Die immanente Gemeinschaft ist (selbst)mörderisch.[269]

> Die Immanenz ist [...] genau das, was – wenn es sich ereignen würde – augenblicklich die Gemeinschaft oder auch die Kommunikation als solche vernichten würde. Der Tod ist hierfür nicht einfach ein Beispiel, er ist dessen Wahrheit. Betrachtet man am Tod jenes Moment, das in ihm die Immanenz auftauchen läßt (die Verwesung als Rückkehr zur Natur, »alles wird zu Staub und kehrt so in den Kreislauf zurück« – oder andere paradiesische Varianten dieses »Spiels«), und vergißt man, was ihn immer unwiderruflich *singulär* macht, dann gibt es im Tod keine Gemeinschaft und keine Kommunikation mehr: Hier herrscht nur die gleichförmige Identität der Atome. Aus diesem Grund ist die Wahrheit derjenigen politischen oder kollektiven Unternehmungen, die von einem Willen zur absoluten Immanenz beherrscht werden, die Wahrheit des Todes. Die Immanenz, d.h. die einheitsstiftende Verschmelzung [fusion communielle], birgt keine andere Logik in sich als die des Selbstmordes der Gemeinschaft, die sich auf das Prinzip der Immanenz bezieht.[270]

Und wenige Zeilen später:

> [D]ie Gemeinschaft der menschlichen Immanenz, der Mensch, der sich selbst, oder Gott, der Natur und seinen eigenen Werken gleich geworden ist, [ist] eine [...] Todes-

---

266   Ebd., S. 163. Gemeint ist ein Totalitarismus als Versuch, »to realize certain figures of the human within the totality of human social organization and relation to the exclusion of all other possibilities«. (Ebd.)

267   Nancy: Entwerkte Gemeinschaft, S. 14f. (CD 16).

268   Sind Gemeinschaft und Menschheit identisch und hat die Menschheit das Ziel, sich selbst zu produzieren, dann sei »›tout est politique‹ [...] une donnée de principe, d'où il suit que la ›politique‹ elle même, comme ordre séparé d'une institution ou d'un savoir (ou d'un art) spécifique, ne peut que tendre vers la suppression de sa propre séparation afin de réaliser la totalité naturelle qu'elle exprime ou qu'elle indique tout d'abord. [...] ›Tout est politique‹ revient alors aussi à affirmer qu'il y a une autosuffance de l'›homme‹, lui même considéré en tant que producteur de sa nature et, en elle, de la nature tout entière.« (Nancy: Tout est-il politique, S. 79). Ähnlich äußert sich Nancy in Nancy/Esposito: Dialogue on the philosophy to come, S. 78.

269   Vgl. Morin: Nancy, S. 76f.; May: Reconsidering difference, S. 29f., und siehe auch Herzhoff: Nancy und Schmitt, S. 91ff.; 103f. (für die folgenden Ausführungen vor allem ebd., S. 94f.), wo ich dies für das Gemeinschaftsdenken Carl Schmitts belege. Rotermundt: Ende der Geschichte, S. 122f., stellt fest, dass »Einheit«, wenn sie »nur noch als reine Sichselbstgleichheit, absolute Identität« (als Immanenz also) gedacht werde, wie im Nationalsozialismus, dazu führe, dass »Unterschiede zu absoluten Entgegensetzungen werden« und sich auf diese Weise »jede Auseinandersetzung mit welchem konkreten Anderen auch immer in den Kampf auf Leben und Tod« transformiere.

270   Nancy: Entwerkte Gemeinschaft, S. 32, Hv. i. Orig. (CD 35f., Hv. i. Orig.).

gemeinschaft – ja, eine Gemeinschaft von Toten. Der vom Humanismus vollendete Mensch, ob Individualist oder Kommunist, ist der tote Mensch.[271]

Das Ziel und die Abschaffung der immanenten Gemeinschaft ist die vollkommene Einheit (ihre reine Einheit). Immer schon führte »der Traum von einer reinen Gemeinschaft«[272] zu Ausschließungen, beispielsweise von Leprösen, wie Michel Foucault analysiert.[273] Das 20. Jahrhundert zeigt, dass dieser Traum zudem die Selbstvernichtung der ausschließenden Gemeinschaft gebiert:

> [D]ie Logik des Nazi-Deutschlands [verlangte] nicht allein die Ausrottung des anderen, des Untermenschen, der nicht jenem Eins von Blut und Boden angehörte, sondern implizierte auch virtuell das Opfer all derjenigen, die innerhalb der »arischen« Gemeinschaft den Kriterien der *reinen* Immanenz nicht entsprachen. Da zudem solche Kriterien ganz offensichtlich nicht definiert und eingegrenzt werden können, so hätte der Selbstmord der gesamten deutschen Nation eine nicht unwahrscheinliche Extrapolation dieses Prozesses darstellen können: übrigens wäre es nicht falsch zu behaupten, daß dies tatsächlich in gewisser Weise im geistigen Leben dieser Nation auch so geschehen ist.[274]

Kritik des Kommunitarismus und des Individuums

Nancys Anklage der mit sich selbst identischen, (selbst)mörderischen Gemeinschaft gilt nicht nur dem vermeintlich vergangenen totalitären Gemeinschaftsdenken[275], sondern markiert auch eine deutliche, von Nancy bis auf wenige polemische Spitzen allerdings

---

271 Ebd., S. 33f. (CD 37). »Die eine und einheitliche Gemeinschaft [communauté *une*]«, so Nancy: Lob der Vermischung, S. 6f. (ELM 179, Hv. i. Orig.), in einer Variation dieses Gedankens, »gibt es nur als tote, und das nicht einmal auf dem Friedhof, der ein verräumlichender, unterscheidender Ort ist, sondern nur in der Asche der Krematorienöfen oder den Knochenhaufen der Beinhäuser.« Man mag hier ein fernes Echo Arendts vernehmen, die in *Freiheit und Politik* schreibt: »Nur im Tod oder angesichts des Todes kann menschliches Dasein ganz und gar singularisch werden.« (Arendt: Freiheit und Politik, S. 214)

272 Michel Foucault: Überwachen und Strafen. Die Geburt des Gefängnisses [1975]. Frankfurt a.M. 1994, S. 255.

273 Vgl. ebd., S. 254f.

274 Nancy: Entwerkte Gemeinschaft, S. 32f., Hv. i. Orig. (CD 36, Hv. i. Orig.). Giorgio Agamben: Homo sacer. Die souveräne Macht und das nackte Leben. Frankfurt a.M. 2002, S. 188, würde sagen: Die Nazis versuchten sich an »dem biopolitischen Projekt der Herstellung eines bruchlosen Volkes«. Sie wollten ein Volk bilden, indem sie sich »des ›volks‹ [sic!] der Ausgeschlossenen« (ebd.) entledigten, das den politischen Volkskörper entzweit. Hierin träfen sich Nationalsozialismus und Sozialismus: Sie vereine das »Projekt, ein einiges und ungeteiltes Volk herzustellen«. (Ebd.) Auch Agamben meint, dieses Ziel sei unerreichbar: »Der Bruch, den man durch die Vernichtung des ›volkes‹ (dessen Symbol die Juden sind) ausgefüllt zu haben glaubt, reproduziert sich [...] aufs neue und verwandelt das gesamte deutsche Volk in heiliges, dem Tod geweihtes Leben und in einen biologischen Körper, der endlos gereinigt werden muß (durch die Vernichtung der Geisteskranken und der Träger von Erbkrankheiten).« (Ebd., S. 189)

275 Mit dem Begriff »›Immanentismus‹«, so hatten wir bereits gesagt, möchte Nancy: Entwerkte Gemeinschaft, S. 15 (CD 16), »den allgemeinen Horizont unserer Zeit« benennen.

nicht allzu deutlich gemachte Distanz zur Philosophie des Kommunitarismus.[276] Mit dem Kommunitarismus verbindet ihn zugleich die Kritik an der Idee des Individuums sowie das Beharren auf der »ontologischen Bedeutung des Gemeinschaftlichen«.[277] Das bedeutet: Nancy lässt sich weder der liberalen noch der kommunitaristischen Position zuschlagen, sondern wahrt zu beiden Abstand:

> Nancy is critical of *both* communitarianism and its liberal targets: he rejects the essential nature of, on the one hand, »liberal« notions of universal »rights« and the »liberty« to pursue one's own good and, on the other, communitarian notions of culturally informed relationships revolving around basic social goods.[278]

Anders als hier insinuiert, ficht Nancy seinen Kampf gegen Liberalismus und Kommunitarismus allerdings nicht auf dem Feld der Politik (*la politique*) aus. Allenfalls am Rande interessiert ihn, welche sozialen Güter den Kern gemeinschaftlicher Beziehungen bilden, oder wie es mit der Freiheit im Liberalismus steht. Sein Ziel, schließe ich mich der Meinung Devischs an, ist vielmehr die fundamentale Kritik an dem, was Liberalismus und Kommunitarismus eint:

> [F]or Nancy, both the liberal primacy of the individual and the communitarian primacy of the community are tributary to what he calls *immanentism* or the metaphysics of auto-production. By this he means that they begin from a conception of identity as an immanent totality [...]. The individual as the Self and the community as a big Other both begin from the assumption of a transparent self-presence.[279]

Mit seiner Kritik an dem Entwurf des Individuums kommt Nancy der marxschen Forderung nach, man solle es »vermeiden, die ›Gesellschaft‹ wieder als Abstraktion dem Individuum gegenüber zu fixieren. Das Individuum *ist das gesellschaftliche Wesen.*«[280]

---

276   Vgl. Rosa et al.: Theorien der Gemeinschaft, S. 159, sowie für Hinweise auf Nancys Abgrenzung vom Kommunitarismus ebd., S. 160; 162f.; 164f. Bei Nancy: Herausgeforderte Gemeinschaft, S. 17 (CA 24), ist etwa die Rede von »kommunitaristischen [communautaristes] Entladungen und Kriege[n] aller Arten und aller ›Welten‹« (wobei man den französischen Ausdruck auch neutraler als ›gemeinschaftlich‹ übersetzen könnte); an anderer Stelle verweist er auf die Notwendigkeit, »to open up the ›communities‹ that barricade themselves in their communitarian enclaves«. (Jean-Luc Nancy: ›Our World‹. An Interview [mit Peter Hallward]. In: Angelaki 8 [2003], H. 2, S. 43-54, 49) Das Fehlen einer ausführlichen Auseinandersetzung Nancys mit dem Kommunitarismus, das auch Hutchens: Future of philosophy, S. 103, auffällt, lässt sich daran ablesen, dass in dem von Peter Gratton und Marie-Eve Morin herausgegebenen *The Nancy Dictionary* (2015) ein entsprechender Eintrag fehlt.

277   Rosa at al.: Theorien der Gemeinschaft, S. 163, die im Hinblick auf diese ›Bedeutung des Gemeinschaftlichen‹ lediglich »eine geringe Differenz zu [...] kommunitaristischen Positionen« (ebd.) ausmachen.

278   Hutchens: Future of philosophy, S. 103, Hv. i. Orig. Siehe kurz zur Zwischenstellung Nancys auch Bedorf: Bodenlos, S. 696, sowie in diesem Zusammenhang allgemein Trautmann: Partage, S. 47ff., der mithilfe von Rancière und Balibar zu zeigen versucht: »Das dekonstruktive und radikaldemokratische Denken des Politischen [...] steht quer zu der Debatte zwischen Liberalismus und Kommunitarismus.« (Ebd., S. 47)

279   Devisch: Question of community, S. xi, Hv. i. Orig.; ähnlich argumentieren Rosa et al.: Theorien der Gemeinschaft, S. 189, Anm. 16.

280   Marx: Ökonomisch-philosophische Manuskripte, S. 538, Hv. i. Orig.

Dies zu zeigen, wird Nancy auf Bataille und vor allem Heidegger zurückgreifen. Was Marx ›Gesellschaft‹ nennt, wird dabei ontologisch umgedeutet zu einer »*Erfahrung, die unser Sein ausmacht [une expérience qui nous fait être]*«.[281]

Gegen die Idee des (atomistischen) Individuums führt Nancy ins Feld, es handele sich hierbei um einen »Atomismus, der übersieht, daß mit dem Atom immer auch schon eine Welt ins Spiel kommt«.[282] Der Begriff der Welt taucht in *La communauté désœuvrée* unvermittelt und ohne weitere Erläuterung auf.[283] Er spielt wohl auf Heidegger an, der in *Sein und Zeit* (1927) »[d]as In-der-Welt-sein [...] als Grundverfassung des Daseins«[284] zu bestimmen versucht hatte. Damit meinte Heidegger, »daß nicht zunächst ›ist‹ und auch nie gegeben ist ein bloßes Subjekt ohne Welt. Und so ist am Ende ebensowenig zunächst ein isoliertes Ich gegeben ohne die Anderen.«[285] Wer das Individuum (ohne die Welt, die mit ihm ins Spiel komme) zum gemeinschaftlichen Fundament erklären wollte, würde die Gemeinschaft verkennen. Das Individuum sei lediglich »das, was bei der Erfahrung der Auflösung der Gemeinschaft übrigbleibt«[286], wie Nancy formuliert, keinesfalls aber »der Beginn oder [...] die Grundsubstanz der Gemeinschaft«.[287]

Heidegger verstehe das Dasein nicht als Subjekt, meint Nancy.[288] Es ist nicht Selbst-Bezug, sondern Selbst als Abweichung von sich selbst. »Dasein is always *hors de soi* [...], without the intimacy or self-posing foundation proper to subjectivity«.[289] Dieses Außer-sich-Sein setzt es in Beziehung zur Welt, zu anderen. Nancy gebraucht hierfür den Begriff des *clinamen*[290]:

> Im übrigen machen einzelne Atome noch keine Welt. Es bedarf eines *clinamen*. Es bedarf einer Neigung [inclinaison] oder einer Zuneigung [inclination] des einen für den anderen, einer Anziehung des einen durch den anderen, eines gegenseitigen Hingezogenseins. Die Gemeinschaft ist zumindest das *clinamen* des »Individuums«. Aber keine Theorie, keine Ethik, keine Politik, keine Metaphysik des Individuums ist

---

281 Nancy: Entwerkte Gemeinschaft, S. 59, Hv. i. Orig. (CD 67, Hv. i. Orig.); siehe für einen ersten Überblick über Nancys Ontologie Rosa et al.: Theorien der Gemeinschaft, S. 160ff.

282 Nancy: Entwerkte Gemeinschaft, S. 16 (CD 17).

283 Wir werden uns mit dem Begriff der Welt vor allem in dem Unterabschnitt *Welt und Stein* von Abschnitt I.3.2 sowie in Abschnitt I.3.3.2 ausführlicher beschäftigen, siehe ferner auch den Abschnitt *Was tun?* in Teil 3.

284 Martin Heidegger: Sein und Zeit [1927]. 19. Aufl. Tübingen 2006, S. 52. Die Nähe zu Heidegger legen Hebekus/Völker: Philosophien des Politischen, S. 99, nahe, wenn sie von einem »In-der-Welt-sein« des Individuums sprechen; siehe dazu ausführlich den Unterabschnitt *Sozialität in Heideggers ›Sein und Zeit‹* in Abschnitt I.3.2.

285 Heidegger: Sein und Zeit, S. 116. Nancy: singulär plural sein, S. 148 (ESP 121), betont, »die Welt ist nicht ein Zimmer, in das man eintreten kann, und man kann auch nicht mit der Fiktion eines Jemand beginnen, der sich allein auf der Welt befindet: Im einen wie im anderen Fall würde man den Begriff der Welt selbst zerstören«. Zum Zusammenhang dieser Passage mit Heideggers Daseins-Analytik siehe Critchley: With being-with, S. 249f.

286 Nancy: Entwerkte Gemeinschaft, S. 15 (CD 16).

287 Hebekus/Völker: Philosophien des Politischen, S. 98; vgl. ebd.

288 Vgl. Nancy: Entwerkte Gemeinschaft, S. 36 (CD 40).

289 James: Fragmentary demand, S. 177, Hv. i. Orig.; vgl. ebd.

290 Vgl. Hebekus/Völker: Philosophien des Politischen, S. 98f.

in der Lage, dieses *clinamen*, diese Beugung [déclination] oder diesen Niedergang [déclin] des Individuums in der Gemeinschaft ins Auge zu fassen.[291]

Das *clinamen* ist nach Nancys Verständnis ein »Zwischenraum«, der die Individuen voneinander trennt und sie – als Raum zwischen ihnen – verbindet; er »ist Teil des Atoms/ Individuums selbst, ein ihm entzogener Teil, der sein In-der-Welt-sein markiert«.[292] Man darf das *clinamen* nicht psychologisch deuten, als Sympathie etwa, die, wie Heidegger für das Phänomen der »*Einfühlung*'« formuliert, »ontologisch gleichsam erst die Brücke schlagen [soll] von dem zunächst allein gegebenen eigenen Subjekt zu dem zunächst überhaupt verschlossenen anderen Subjekt«.[293] Das *clinamen* stiftet keine Intersubjektivität. Es öffnet die Subjekte (Individuen) ihrem Zwischen oder besser noch: hat sie ihrem Zwischen stets schon geöffnet, indem es sie (einander) exponiert, aus sich heraus in die Gemeinschaft hat fallen lassen.[294] Es trennt, ohne Kontakt auszuschließen. »Inevitably, then, the clinamen offers a useful figure for a void or nothing which nevertheless creates the possibility of relationality between singular instances.«[295]

Nancy hält das Individuum keineswegs für den erhofften »rédempteur de la communauté naufragée«.[296] Denn es folgt erst auf die Gemeinschaft, die ihm als (sein) Mitsein vorausgeht:»L'individu est un produit ou en effet second, limité, temporaire et de plus intermittent de la structure discontinue de l'›avec‹. Celle-ci n'est autre que la structure de l'être.«[297] Das Individuum ist nicht, ohne in der Welt mit anderen zu sein. Individuen kommen nicht durch eine ›Brücke‹ (wie Heidegger sagt) zusammen, die sie zwischen sich bauen, sondern sind, wenn sie sind, bereits durch ihr Außer-sich-Sein verbunden. Für Nancy ist nicht der »Bezug der Individuen untereinander (von einem auf ein anderes)« wesentlich, sondern der jedes Individuum konstituierende »Bezug auf etwas anderes«.[298] Es gibt nicht zunächst individuelles »Sein [...], dem dann ein Mit hinzugefügt wird«, vielmehr stehe »das Mit im Zentrum des Seins«.[299] Deshalb müsse es darum gehen, »die Ordnung der philosophischen Darstellung umzukehren, in

---

291   Nancy: Entwerkte Gemeinschaft, S. 16, Hv. i. Orig. (CD 17, Hv. i. Orig.).

292   Hebekus/Völker: Philosophien des Politischen, S. 99.

293   Heidegger: Sein und Zeit, S. 124, Hv. i. Orig. Michael Theunissen: Der Andere. Studien zur Sozialontologie der Gegenwart. 2., um eine Vorrede erw. Aufl. Berlin 1977, S. 165, ist der Ansicht, Heideggers Kritik an der ›Einfühlung‹ unterstreiche den »Unterschied [...] zwischen Mitseinsanalyse und Intersubjektivitätstheorie«.

294   Siehe auch Nancy: Our world, S. 48. Bedorf: Bodenlos, S. 693, hat recht mit seinem Hinweis, für Nancys Philosophie seien »nicht die Subjekte, sondern das Inter, das Zwischen« entscheidend. Nicht ganz präzise ist allerdings, wenn er von einer »Intersubjektivität« (ebd.) bei Nancy spricht.

295   James: Naming the nothing, S. 180, Anm. 8; vgl. ebd.

296   Nancy: Notes pour l'avant-propos, S. 32. Siehe auch Nancy: Entwerkte Gemeinschaft, S. 15 (CD 16): »Manche sehen in der Erfindung und Kultivierung der Idee des Individuums, ja in seinem Kult, jenes unübertreffliche Privileg, dank dessen Europa der Welt doch schon den einzig möglichen Weg aus der Tyrannei gewiesen und die Norm gesetzt habe, an der alle kollektiven oder gemeinschaftlichen Unternehmungen zu messen wären.«

297   Jean-Luc Nancy: Politique et/ou politique. In: Lignes 47 (2015), S. 310-323, 316.

298   Hebekus/Völker: Philosophien des Politischen, S. 99.

299   Nancy: singulär plural sein, S. 59 (ESP 50).

der mit großer Regelmäßigkeit das ›Mit‹ – und der Andere, der damit einhergeht [...] – immer an zweiter Stelle kommt«.[300]

Eine solche Umkehrung strebt auch der Kommunitarismus an. Wie etwa Michael J. Sandels Kritik an der Idee eines »ungebundenen Selbst«[301] zeigt, behauptet er ebenfalls ein Primat der Gemeinschaft. Dabei finden sich – und dies trennt ihn von Nancy – im Kommunitarismus Anklänge an die bekannte Organismusmetaphorik, wie Fink-Eitel belegt.[302] Der Kommunitarismus verwandele die »Zerrissenheit und Gleichgültigkeit abstrakter, gesellschaftlicher Beziehungen in die innige Einheit leibhaft konkreter Gemeinschaft«.[303] Die von John Rawls unterschiedenen Gemeinschaftstypen (die ›private‹ und die ›soziale Gemeinschaft‹[304]) ergänzt Sandel um eine dritte Form. Mit dieser »constitutive conception«[305] geht er über Rawls ›soziale Gemeinschaft‹ hinaus: Es handele sich, so Sandel, um »a conception of community that could penetrate the self more profoundly«.[306] Der Begriff der Gemeinschaft benenne in diesem Modell »not just a *feeling* but a mode of self-understanding partly constitutive of the agent's identity«.[307] Die Mitglieder einer Gemeinschaft haben demnach nicht nur gemeinsame Ziele und gehen die Gemeinschaft um ihrer selbst willen ein; sie werden durch die Gemeinschaft (teilweise) definiert.[308]

---

300 Ebd., S. 59f. (ESP 50); siehe auch Marchart: Politische Differenz, S. 112.

301 Michael [John] Sandel: Die verfahrensrechtliche Republik und das ungebundene Selbst. In: Honneth, Axel (Hg.): Kommunitarismus. Eine Debatte über die moralischen Grundlagen moderner Gesellschaften. Frankfurt a.M. 1993, S. 18-35, 24. Gemeint ist das »Bild des [...] gegenüber Zwecken und Zielen als primär und unabhängig verstandenen Selbst« (ebd.), dem Sandel eine von natürlichen und sozialen Einschränkungen befreiende Wirkung bescheinigt. (Vgl. ebd., S. 25) Dennoch meint er zu der Frage, ob »wir uns je als unabhängiges Selbst betrachten« können oder sollten: »Ich denke nicht – es sei denn auf Kosten jener Loyalitäten und Überzeugungen, deren moralische Kraft teilweise auf dem Faktum beruht, daß sie in unserem Leben untrennbar mit unserem jeweiligen Selbstverständnis verknüpft sind, d.h. mit uns als den Mitgliedern dieser Familie, dieser Gemeinschaft, dieser Nation oder dieses Volkes, mit uns als den Repräsentanten dieser Geschichte, als den Bürgern dieser Republik.« (Ebd., S. 29) Zu Sandels Kritik siehe etwa Reese-Schäfer: Kommunitarismus, S. 15ff.; Rosa et al.: Theorien der Gemeinschaft, S. 121ff.

302 Ich folge hier den Hinweisen von Fink-Eitel: Gemeinschaft als Macht, S. 307f.

303 Ebd., S. 309.

304 Bei der »privaten Gesellschaft« handelt es sich um eine Gemeinschaft, die sich aus »Einzelmenschen oder Gruppen« zusammensetzt, welche »ihre eigenen privaten Ziele haben, die einander entgegengesetzt oder unabhängig voneinander sind, aber keinesfalls einander ergänzen«; ein weiteres Kennzeichen sei: »Institutionen [wird] keinerlei Wert an sich zugeschrieben, die Teilnahme an ihnen gilt allenfalls als Last. Jeder beurteilt also die gesellschaftlichen Regelungen nur als Mittel zu seinen privaten Zielen.« (John Rawls: Eine Theorie der Gerechtigkeit [1971]. 18. Aufl. Frankfurt a.M. 2012, S. 566) Im Unterschied dazu hätten in der »*sozialen Gemeinschaft*« (ebd., S. 565, Hv. i. Orig.) die Einzelnen »gemeinsame letzte Ziele und betrachten ihre gemeinsamen Institutionen und Tätigkeiten als gut an sich. Sie brauchen einander als Partner in Lebensformen, die um ihrer selbst willen gewählt werden, und Erfolg und Freude der anderen sind notwendige Ergänzungen des eigenen Wohles.« (Ebd., S. 567)

305 Michael J[ohn] Sandel: Liberalism and the Limits of Justice. 2. Aufl. Cambridge 1998, S. 150.

306 Ebd., S. 149.

307 Ebd., S. 150, Hv. i. Orig.

308 Vgl. ebd.

Auf der These einer Vorgängigkeit der Gemeinschaft beruht auch Charles Taylors Einwand gegen die Theorien des Atomismus und ihr »understanding of the individual as metaphysically independent of society«.[309] Man könne Gemeinschaft nicht als »aggregation of individuals« verstehen, da sie für den einzelnen Menschen konstitutiv sei: »[T]he self-interpretations which define him are drawn from the interchange which the community carries on. A human being alone is an impossibility, not just *de facto*, but as it were *de jure*.«[310] Diese Bedeutung der Gemeinschaft hat politische Konsequenzen.[311] So bestehe für das Individuum eine »Verpflichtung zur Zugehörigkeit«[312] und zur Pflege des »Mutterboden[s]«, aus dem es erwachse: »Da das freie Individuum seine Identität nur innerhalb einer Gesellschaft/Kultur einer bestimmten Art aufrechterhalten kann, muß es um die Gestalt dieser Gesellschaft/Kultur als Ganzes besorgt sein.«[313]

Die Differenzen zwischen der nancyschen und der kommunitaristischen Philosophie treten am Verständnis von Gemeinschaft und an den daraus abgeleiteten politischen Folgen zutage.[314] Nancy konzipiert die Gemeinschaft nicht als identitätsstiftenden ›Mutterboden‹, sondern als das, was durch und als Entzug eines solchen Bodens erst zum Vorschein kommt. »Die Zeit ist vielleicht gekommen, um gänzlich auf die gründende oder teleologische *Logik* der Gemeinschaft zu verzichten«.[315] Damit ist der Anspruch verknüpft, die Gemeinschaft (ontologisch) als ein »»Sein-

---

309   Charles Taylor: Introduction. In: ders.: Human Agency and Language. Philosophical papers I. Cambridge u.a. 1985, S. 1-12, 8. Siehe zu Taylors Kritik des Atomismus etwa Reese-Schäfer: Kommunitarismus, S. 25ff., sowie allgemein die Feststellung von Trautmann: Partage, S. 35: »Der Kommunitarismus behauptet letztlich die strikte oder vielmehr soziologische Unmöglichkeit einer ›atomistischen‹ Gesellschaft.«

310   Taylor: Introduction, S. 8, Hv. i. Orig.; vgl. ebd.; Rosa et al.: Theorien der Gemeinschaft, S. 93f. Taylor bleibe abhängig vom Objekt seiner Kritik, so Fink-Eitel: Gemeinschaft als Macht, S. 311, nämlich dem »modernen, liberalen Individualismus«, denn Taylors Analyse habe »die traditionelle Gestalt transzendentaler Konstitution von Subjektivität«. Zwar erkenne Taylor, »daß Selbstverständigungen im direkten Austausch mit einzelnen, leibhaften Anderen stattfanden. Doch der dafür konstitutive Rahmen ist das transzendentale Bedingungsverhältnis zwischen dem *über*individuellen, kulturellen Ganzen und dem *Individuum*. [...] Der Kommunitarismus verfehlt sein Thema: Gemeinschaft, weil er Gemeinschaft nicht als *Inter*-Subjektivität zu denken vermag.« (Ebd., Hv. i. Orig.)

311   Rosa et al.: Theorien der Gemeinschaft, S. 160, Hv. i. Orig., erkennen »in der Tatsache, dass Gemeinschaft nicht nur eine zentrale *ontologische* Kategorie von Sozialität ist, sondern dass sie als politische Forderung angenommen werden muss«, eine »Übereinstimmung« zwischen Nancy und den kommunitaristischen Ansätzen. Siehe zur kommunitaristischen Politik (mit Bezug auf Charles Taylor und Michael Walzer) auch Trautmann: Partage, S. 34ff.

312   Charles Taylor: Atomismus. In: Brink, Bert van den/Reijen, Willem van (Hg.): Bürgergesellschaft, Recht und Demokratie. Frankfurt a.M. 1995, S. 73-106, 99.

313   Ebd., S. 100; siehe auch Trautmann: Partage, S. 39f. Für Taylor, so Morgenroth: Einleitung, S. 16, sei »jede Handlung in der Pflicht, den Interessen der Gemeinschaft zu dienen oder zumindest nicht zu widersprechen. Das Kriterium für politisches Handeln besteht [...] darin, ob dem Interesse der Gemeinschaft Genüge getan wird oder nicht.«

314   Siehe hierzu auch Rosa et al.: Theorien der Gemeinschaft, S. 160; 162ff.

315   Jean-Luc Nancy: Die Mit-Teilung der Stimmen. Zürich 2014, S. 73, Hv. i. Orig. (Jean-Luc Nancy: Le Partage des voix. Paris 1982, S. 90, Hv. i. Orig.); vgl. Devisch: Question of community, S. 38, der dieses Zitat als eine umgekehrte Sicht Nancys auf die vom Kommunitarismus in Anspruch genommene aristotelische Metaphysik interpretiert.

in-der-Gemeinschaft« zu denken, als ein »Zu-sammen-Sein‹ oder ›Mit-Sein««[316] – ein Anspruch, den Nancy bei Taylor vermisst.[317] Während der Kommunitarismus an einer Neu- oder Ausformulierung des aristotelischen *zoon politikon* arbeitet[318], fasst Nancy die Gemeinschaft als »eine Sozialität [...], die ihrem Wesen nach weit über die Idee eines Gesellschaftlich-Sein [être-social] des Menschen hinausreicht (das *zoon politikon* erscheint in Bezug auf diese Gemeinschaft als sekundär)«.[319] Nancy fragt nicht nach (ontischen) »historisch-konkreten ›Gemeinschaften‹«, sondern nach einer (ontologischen) »Gemeinschaftlichkeit‹«[320], nach der entgründend-gründenden »Tatsache des Gemeinsam-Seins [être-en-commun]«.[321]

Diese ›soziale Tatsache‹ ist »durch keine konkrete Formung oder spezifische Qualität ausgezeichnet«[322], was Folgen für das Verhältnis von Politik und Gemeinschaft hat. Politik kann für Nancy nicht bedeuten, eine bestimmte Gemeinschaft zu bewahren oder wiederherzustellen, wie es der Kommunitarismus fordert.[323] Der Unterschied zwischen Nancy und dem Kommunitarismus ist der zwischen *le commun* und *la commune*: Das Gemeinsame oder die ›Gemeinschaft als solche‹ ist mehr als das, was in einer bestimmten Form des Zusammenlebens – einer Gemeinde – verwirklicht ist.[324] Wenn Politik sich nicht auf *la commune*, sondern *le commun* bezöge, müsste sie ermöglichen, was Gemeinschaft(lichkeit) ist: der Verlust von (identitärer) Bestimmtheit. Dies erforderte es, Politik nicht mehr im Sinne einer »Politik der Zielbestimmung«[325] aufzufassen, sondern als den *retrait* von jedem Versuch, ein Ziel der Gemeinschaft zu bestimmen. »›Politisch‹ würde bedeuten, daß eine Gemeinschaft sich auf die Entwerkung

---

316 Nancy: Dem Politischen mangelt es an Symbolizität, S. 38.

317 Nancy gibt zu, er kenne »die anglo-amerikanischen Arbeiten [...] nur sehr schlecht«; die Ausnahme bilde eine Schrift von Charles Taylor, die er interessiert studiert habe, »ohne dort jedoch den ontologischen Anspruch zu finden«, der für eine neue Auffassung »des ›Gemeinsamen‹ und der ›Gemeinschaft‹« (ebd.) nötig sei.

318 Vgl. Rosa et al.: Theorien der Gemeinschaft, S. 93; siehe auch Devisch: Question of community, S. 17f.

319 Nancy: Entwerkte Gemeinschaft, S. 63, Hv. i. Orig. (CD 71, Hv. i. Orig.).

320 Rosa et al.: Theorien der Gemeinschaft, S. 162; siehe auch Hutchens: Future of philosophy, S. 104; Morin: Brüderliche Gemeinschaft, S. 196, und Devisch: Question of community, S. 62, Hv. i. Orig.: Man müsse für Nancy die »question of community« stellen »as an *ontological* question, an *existential* analysis«. Schon Heidegger: Sein und Zeit, S. 120, hatte die These »Dasein ist wesenhaft Mitsein« in einem »existenzial-ontologischen Sinn« aufgefasst: »Sie will nicht ontisch feststellen, daß ich faktisch nicht allein vorhanden bin, vielmehr noch andere meiner Art vorkommen.«

321 Nancy: Herausgeforderte Gemeinschaft, S. 32 (CA 45).

322 Rosa et al.: Theorien der Gemeinschaft, S. 162.

323 Hutchens: Future of philosophy, S. 107ff., sieht in der für die Moderne typischen Gemeinschaftsnostalgie des Kommunitarismus eines der Hauptangriffsziele Nancys; siehe auch Devisch: Question of community, S. 32; 38. Trautmann: Partage, S. 40ff., zeigt, dass der Kommunitarismus der Idee einer »Exklusivität der Zugehörigkeit« (ebd., S. 41) zu einer Gemeinschaft anhängt und sich in eine »unrühmliche Tradition ein[reiht], die den Ausschluss derer, die keiner Gemeinschaft angehören, politisch und bisweilen ethisch zu rechtfertigen weiß«. (Ebd., S. 45)

324 Nancy: Politique et/ou politique, S. 319: »[L]e ›commun‹ ne se détermine pas entièrement par [...] la commune«.

325 Nancy: Weltenwechsel, S. 176 (CHM 144).

[désœuvrement] ihrer Kommunikation hin ausrichtet oder zu dieser Entwerkung bestimmt ist: eine Gemeinschaft also, die ganz bewußt die Erfahrung ihrer Mit-Teilung [partage] macht.«[326] Selbst einst entstanden aus dem Rückzug eines gegebenen Zusammenseins[327], darf Politik kein Zusammensein stiften und es nicht vollenden, sondern muss sich darauf beschränken, dem Zusammensein Raum zu geben:

> La politique est la possibilisation d'un nous qui pourrait donc ne pas être possible, qui est de lui-même en défaut d'évidence et de donation. Mais le »nous« rendu possible n'est pas pour autant accompli: il s'ouvre au contraire à sa propre »impossibilité«, c'est-à-dire à une réalité de droit infinie – amour, art, justice, pensée...[328]

Fraglich ist allerdings, ob sich ein Wir ganz ohne irgendeine (politische) Bestimmung denken lässt.[329] Müsste nicht das Wir, ohne damit eine vollständige Bestimmung anzustreben, zumindest temporär bestimmt werden? Wenigstens müsste doch ›uns‹ klar sein, das heißt: müssten ›wir‹ bestimmen, dass das Wir nicht politisch bestimmt werden soll.[330]

›Logik des Absoluten‹, Logik des Subjekts[331]

Nancys Kritik des »internationalistischen« wie auch des »nationalistischen Kommunismus«[332] und seine Absage an die Idee des Individuums leiten sich von der Feststellung her: »Die Frage des Individuums und die Frage des Kommunismus sind eng verknüpft mit und in der allgemeinen Problematik der Immanenz.«[333] Neben dem Kommunismus (in all seinen Spielarten) sei das Individuum »eine weitere, eine symmetrische Figur der Immanenz: das absolut losgelöste Für-Sich als Ursprung und Gewißheit«.[334] Wie die Gemeinschaft um ihrer reinen Immanenz willen das Andere ausschließen muss, sei

---

326   Nancy: Entwerkte Gemeinschaft, S. 87 (CD 100).

327   Nancy: Politique et/ou politique, S. 318: »La politique naît dans le retrait du divin, c'est-à-dire du donné de notre être-avec, non seulement d'ailleurs avec-les-uns-les-autres, mais aussi bien avec-le-reste-du-monde ou de l'étant.«

328   Ebd., S. 319. Siehe hier schon: »Die Demokratie kann sich nicht damit begnügen, über technische Verfahren der Administration eine formelle Einheit der Gesellschaft zu erzeugen; vielmehr muss sie sich auf das hin öffnen, was diese Einheit nicht anzubieten hat, das heißt auf all die verschiedenen Sinnsphären. Und vor diesem Hintergrund muss man angesichts jeder konkreten politischen Einheit die Frage stellen, ob sie einen Raum eröffnet, in dem der Sinn sich verwirklichen und zirkulieren kann.« (Nancy: Demokratie und Gemeinschaft, S. 82f.)

329   Vgl. Marchart: Politische Differenz, S. 113f.

330   So der Einwand von May: Reconsidering difference, S. 41.

331   Im folgenden Unterabschnitt greife ich zurück auf die Darstellung und auf Formulierungen bei Herzhoff: Nancy und Schmitt, S. 92ff. Ich versuche dort insbesondere zu zeigen, wie die ›Logik des Absoluten‹ Carl Schmitts ›Unterscheidung von Freund und Feind‹ heimsucht.

332   Die Ausdrücke übernehme ich von Helmuth Plessner. »Für den nationalistischen Kommunismus [...] ist das Volk [...] immer schon Volksgemeinschaft, weil sie durch Einheit der Abstammung, Tradition und Seelenverfassung an und für sich garantiert ist«, während man im »internationalistischen Menschheitskommunismus [...] die blutsmäßige Einung aller Menschen durch das Moment ihrer Menschlichkeit« (Grenzen der Gemeinschaft, S. 49) gegeben sehe.

333   Nancy: Entwerkte Gemeinschaft, S. 20f. (CD 22).

334   Ebd., S. 15 (CD 16).

auch »das perfekte Individuum [...] eine immanente Totalität ohne anderes«[335]; es sei, formuliert Nancy bündig, »die Totalität einer Innerlichkeit«.[336]

Der ›Immanentismus‹, mit und in dem Kommunismus und Individuum verbunden sind, gründet »in der Metaphysik des Subjekts, die [...] reine, beziehungslose Einheiten hervorbringt«.[337] Bereits in ihren Überlegungen zum Wesen des Politischen hatten Nancy und Lacoue-Labarthe behauptet, mit dem *retrait* des Subjekts werde die Frage der Gemeinschaft neu gestellt werden müssen.[338] Umgekehrt bedeutet das: Bislang wurde »die Gemeinschaft durch die Logik des absoluten Subjekts der Metaphysik (Selbst, Wille, Leben, Geist usw.) ausgeschlossen«.[339] In der Subjekt-Metaphysik, das heißt: »in der Metaphysik des absoluten Für-Sich«[340], konnte und kann die Gemeinschaft nicht vorkommen, da sich das Subjekt in seinem Ursprung (selbst) vollendet; oder anders gesagt, weil das Subjekt jeder Beziehung entbehrt, genauer noch: nicht einmal entbehrt, denn die Beziehungslosigkeit ist für das (absolute) Subjekt konstitutiv.[341] Es sei seiner Idee nach »ein selbsterzeugendes, selbstbildendes, selbstzielsetzendes Für-sich-Sein [...], das Subjekt seiner eigenen Voraussetzung und seiner eigenen Voraussicht – ob es nun individuell oder kollektiv sei«.[342] Die metaphysische Subjektidee ist die Idee vom Sein

als ab-solutum, als vollständig losgelöstes, deutlich abgetrenntes und abgeschlossenes Sein, das *ohne Beziehung [sans rapport]* ist. Dieses [...] kann auftreten in der Form der Idee, der Geschichte, des Individuums, des Staates, der Wissenschaft, des Kunstwerkes[343] etc. Seine Logik wird immer dieselbe sein, insofern es ohne Beziehung ist.[344]

---

335   Nancy: singulär plural sein, S. 62 (ESP 52).

336   Nancy: Demokratie und Gemeinschaft, S. 75; vgl. Morin: Brüderliche Gemeinschaft, S. 193.

337   Hebekus/Völker: Philosophien des Politischen, S. 99 (deren Argumentation ebd., S. 99f., ich im Weiteren folge); siehe auch Woznicki: Angst vor Gemeinschaft, S. 54f. Nancy, so Balibar: Inoperative community, S. 24, sehe »the opposition of the ›individual‹ and the ›community‹ as mirroring images of self-sufficiency, which necessarily arise from the classical ontology of the subject«.

338   Siehe dazu Abschnitt I.1.4.

339   Nancy: Entwerkte Gemeinschaft, S. 17 (CD 18).

340   Ebd., S. 16 (CD 17).

341   Siehe auch Morin: Nancy, S. 29; 32; 76.

342   Nancy: Wahrheit der Demokratie, S. 29 (VD 25).

343   »Ein Fragment muß gleich einem kleinen Kunstwerke von der umgebenden Welt ganz abgesondert und in sich selbst vollendet sein wie ein Igel.« (Friedrich Schlegel: Schriften zur Literatur [Hg. Rasch, Wolfdietrich]. 2. Aufl. München 1985, S. 45) Siehe zu ›Fragment‹ auch Nancy: Sinn der Welt, S. 171ff. (SM 189ff.), der ebd., S. 173 (SM 191), auf Schlegels Vergleich des Fragments mit einem Igel verweist, sowie Morin: Nancy, S. 144ff., die ebd., S. 145, auf die Nähe zwischen der Logik des beziehungslosen Absoluten und des Igels aufmerksam macht.

344   Nancy: Entwerkte Gemeinschaft, S. 16f., Hv. i. Orig. (CD 17f., Hv. i. Orig.). Mit Blick auf aktuelle Texte Nancys wäre das Kapital als eine weitere Form des absoluten, vollkommen selbstbezogenen Seins aufzufassen, denn es stehe »nur sich selbst zu Diensten«. (Nancy: Erschaffung der Welt, S. 132 [CMM 156]) Wesentlich für das Kapital sei seine »Selbstzweckmäßigkeit [autofinalité], die sich auch als Zweckmäßigkeit ohne Zweck [finalité sans fin] gibt«; es handele sich um ein »Selbstprinzipat, das sich selbst in sein Amt einsetzt«. (Ebd. [CMM 157])

Mit dem Subjekt ist für ein Denken der Gemeinschaft nichts anzufangen, weil mit dem Subjekt nichts anfängt: »Etwas fängt nur an, wenn ein Sich [...] aus sich herausgeht«.[345] Es gibt aber Nancy zufolge kein beziehungsloses ›Für-sich-Sein‹, weder in Gestalt des Individuums noch der Gemeinschaft. Unter der Prämisse, dass der metaphysische Subjektbegriff die Gemeinschaft bislang verhindert hat, kann daraus nur folgen: Die Gemeinschaft hat immer schon angefangen.[346]

Kommunismus (im weiten Sinne) und Individualismus als zwei Ausprägungen des Subjektdenkens[347] werden von Nancy mit der Behauptung zurückgewiesen, das Seiende sei immer schon außer sich, immer schon anderem Seienden exponiert.[348] Nancy begründet diese für sein Denken der Gemeinschaft zentrale These durch ein ›logisches‹ Argument: Die ›Metaphysik des Subjekts‹ – die ›Logik des Absoluten‹ – sei nicht nur falsch, sondern ein Selbstwiderspruch:

> Es handelt sich um jene einfache und zugleich unheilvolle Logik, die impliziert, daß das, was vollständig getrennt ist, in seiner Trennung [...] mehr als das einfach Abgetrennte umschließt. Das bedeutet, daß die Trennung selbst eingeschlossen werden muß, daß die Eingrenzung nicht nur ein Territorium umschließen darf (wobei sie an ihrem äußersten Rand immer dem anderen Territorium ausgesetzt und so mit ihm in Verbindung bleibt), sondern die Eingrenzung selbst einschließen muß, um die Absolutheit der Trennung zu vollenden. Das Absolute, das Losgelöste, muß das Absolute seiner eigenen Absolutheit sein, anderfalls [sic!] existiert es nicht. Oder anders gesagt: Um absolut allein zu sein, genügt es nicht, daß ich es bin, es ist vielmehr darüberhinaus notwendig, daß allein ich allein bin. Genau dies ist aber widersprüchlich. Die Logik des Absoluten tut dem Absoluten Gewalt an. Sie verstrickt es in eine Beziehung [rapport], die das Absolute seinem Wesen nach zurückweisen und ausschließen muß. Diese Beziehung sprengt und zerreißt von Innen und Außen zugleich, oder von einem Außen her, das nichts anderes als die Kehrseite einer als unmöglich verworfenen Innerlichkeit wäre, das »Beziehungslose«, aus dem sich das Absolute konstituieren will.[349]

Der Selbstwiderspruch der Absolutheitslogik liegt darin, dass sich die Forderung nach Absolutheit nur in Form einer absoluten Abgrenzung verwirklichen kann, die es aber der ›Logik des Absoluten‹ gemäß nicht geben darf, da das Ziehen einer Grenze bedeutet: Es gibt ein Jenseits der Grenze, mit dem man durch die Grenze verbunden, dem man ausgesetzt bleibt.[350] Es kann kein völlig in sich abgeschlossenes, abgetrenntes Subjekt

---

345   Nancy in Nancy/Tyradellis: Was heißt uns Denken, S. 17 (AP 15).

346   Siehe als einen Beleg von vielen möglichen: »Wir erscheinen gemeinsam [comparaissons]: wir kommen zusammen in die Welt.« (Nancy: Das gemeinsame Erscheinen, S. 170 [CP 57])

347   Anders gesagt: Individualismus und ›Kommunismus‹ folgen der ›Logik des Absoluten‹; vgl. Morin: Nancy, S. 76.

348   Vgl. Balibar: Inoperative community, S. 32f.

349   Nancy: Entwerkte Gemeinschaft, S. 17 (CD 18). Vgl. zur folgenden Erläuterung dieser ›Logik‹ May: Reconsidering difference, S. 24ff.; Hebekus/Völker: Philosophien des Politischen, S. 99f.; Morin: Nancy, S. 32; 76; Morin: Brüderliche Gemeinschaft, S. 197f.

350   Am Beispiel absoluter Macht gezeigt: »Absolute, totale Macht bedeutet Macht, die durch nichts begrenzt ist, nicht einmal durch die Existenz von etwas anderem überhaupt, etwas außer ihr selbst

geben: »There is always commerce along the enclosure«[351], das Subjekt ist immer einem Außen gegenüber, das seine Absolutheit unterläuft. Die Idee (individueller oder kollektiver) absoluter Innerlichkeit widerspricht sich, weil das Innere an (s)einer Grenze exponiert ist, aus seiner Immanenz herausgefordert. »To be exposed‹ means to be ›posed‹ in exteriority, according to an exteriority, having to do with an outside *in the very intimacy* of an inside.«[352] Was Nancy damit festgestellt haben will, ist »die sowohl ontologische als auch gnoseologische Unmöglickeit [sic!] einer absoluten Immanenz (oder des Absoluten, also der Immanenz) und folglich die Unmöglichkeit einer Individualität im strengen Sinn wie auch die einer reinen kollektiven Totalität«.[353] Mit der Leugnung dieser Unmöglichkeit, mit dem Versuch, eine unmögliche Absolutheit, die reine Immanenz in der »vollkommene[n] Abwesenheit von Exteriorität« doch zu erreichen, öffne sich gleichsam ein »Schwarzes Loch«, in dem die zur ›Todesgemeinschaft‹ gewordene Gemeinschaft »sich selbst auslöscht und zusammenstürzt«.[354]

In dieser Argumentation zeigt sich die Vermischung der konstitutiven/ontologischen mit der normativen/politischen Frage der Gemeinschaft bei Nancy.[355] Um zu verhindern, dass die Gemeinschaft sich selbst vernichtet, so scheint es, müsste nur (an)erkannt werden, dass die Gemeinschaft nie eine absolut immanente Gemeinschaft sein kann, da sie »nichts anderes [ist] als der *Widerstand gegen Immanenz*«.[356] Eine Politik des Miteinander als Suche danach, wie Abschließungstendenzen einer Gemeinschaft politisch begegnet werden könnte, wäre unnötig oder sogar gefährlich, denn jede »Form einer *bestimmten* Gemeinschaft« negiere nach Ansicht Nancys »die grundlegende Offenheit des Mit-Seins«.[357] In gewisser Weise, merkt Balibar zu Nancys Überlegungen an, sei die Gemeinschaft »not a ›problem to solve,‹ no more than it is a result or a good

---

und von ihr Verschiedenem. Denn die bloße Existenz eines solchen anderen würde schon eine Begrenzung darstellen, und die eine Macht müßte dies andere vernichten, um ihre Absolutheit zu bewahren. Absolute Macht hat dann in ihrer Einsamkeit keinen Gegenstand, auf den sie wirken könnte. Als gegenstandlose Macht aber ist sie machtlose Macht, die sich selbst aufhebt.« (Hans Jonas: Der Gottesbegriff nach Auschwitz. Eine jüdische Stimme. Frankfurt a.M. 1987, S. 34f.)

351   May: Reconsidering difference, S. 26; siehe auch Nancy: Angst vor Gemeinschaft, S. 103.

352   Nancy: Preface, S. xxxvii, Hv. i. Orig. Siehe auch Nancy: De l'être-en-commun, S. 224: »Etre exposé, c'est être sur la limite, là où il y a à la fois dedans et dehors, et ni dehors, ni dedans.«

353   Nancy: Entwerkte Gemeinschaft, S. 20 (CD 22). Kritisch hierzu May: Reconsidering difference, S. 26f.

354   Jean-Luc Nancy: Corpus. 2. Aufl. Zürich, Berlin 2007, S. 66, Hv. i. Orig. (Jean-Luc Nancy: Corpus [1992]. Paris 2000, S. 66, Hv. i. Orig.). Nancy spricht in dieser Passage vom »absoluten Körper« (ebd., S. 65 [CO 65]) – als ein solcher Körper wurde häufig die Gemeinschaft gedacht. Siehe auch Nancy: Lob der Vermischung, S. 6, Hv. i. Orig. (ELM 178, Hv. i. Orig.): »Die Reinheit ist ein kristallener Schlund, wo das Identische, das Eigene und Echte nichtig in sich selbst als Abgrund stürzt und das andere mit sich reißt, um es zum Abgrund zu bekehren, in Abgrund zu verkehren. Das absolute und schwindelerregende Gesetz des *Eigenen* besteht darin, daß es sich in der Aneignung seiner eigenen Reinheit völlig alieniert und zum reinen Wahnsinn wird [il s'aliène *purement* et simplement].«

355   Vgl. May: Reconsidering difference, S. 23f.; 39ff.

356   Marchart: Politische Differenz, S. 101f., Hv. i. Orig.; siehe auch Morin: Brüderliche Gemeinschaft, S. 193f.

357   Rosa et al.: Theorien der Gemeinschaft, S. 162, Hv. i. Orig.; vgl. May: Reconsidering difference, S. 40ff.

to achieve through work or *praxis* [...], because it is always already ›resolved‹«.[358] Nancys Lösungsvorschlag für das Problem ›Gemeinschaft‹ ist zu negativ, zu wenig ›praktisch‹: Die nancysche ›undarstellbare‹ oder ›entwerkte‹ Gemeinschaft »will never take place as such in the ›reality‹ of institutions, but only as its own [...] *lack*, which is also its own irrepressible desire«.[359] Was Balibar Begehren, Wunsch oder Verlangen (*desire*) nennt, ist für Nancy die irreduzible Forderung der Gemeinschaft: ohne Berufung auf ein vorgegebenes Wir von ›uns‹ sprechen zu können.[360] Wollte Nancy selbst diese Forderung erfüllen, müsste er Vorschläge dazu machen, wie sich die ihrer endgültigen Bestimmung sich entziehende Gemeinschaft zumindest temporär bestimmen ließe.

2.3   Der Mythos der Gemeinschaft

Die Offenlegung der (selbstwidersprüchlichen) ›Logik des Absoluten‹ zeigt noch nicht, wie sich diese Logik ins Werk setzt, obwohl Nancy mit dem kommunistischen Ideal (des Menschen als Produzent des Menschen) und mit der nationalsozialistischen ›Todesgemeinschaft‹ schon Hinweise gab. Die absolute, immanente Gemeinschaft ist ohne Beziehung zu einem Außen (oder meint es zu sein), sie ist »Durchsichselbstsein‹[361]; als solche fällt sie unter den Bann der Subjektmetaphysik. Um das Wie des in der ›Logik des Absoluten‹/des Subjekts implizierten ›Durchsichselbstseins‹ der Gemeinschaft zu klären, bedarf es einer Theorie der Autopoiesis.[362]

Eine solche Theorie entwickelt Nancy gemeinsam mit Lacoue-Labarthe zunächst in *L'absolu littéraire* (1978), einer Studie zur Jenaer Frühromantik.[363] Die Autoren verstehen ›Autopoiesis‹ nicht allein als einen literaturtheoretischen Begriff, sondern stellen ihn in den allgemeineren philosophischen Rahmen eines »Denken[s] der Totalität und des SUBJEKTS«[364] – eines Subjekts, das sich in der und als Literatur selbst produziere.[365] Nancy und Lacoue-Labarthe behaupten, dass wir die Romantik nicht hinter uns

---

358   Balibar: Inoperative community, S. 33, Hv. i. Orig.

359   Ebd., Hv. i. Orig.

360   Vgl. Nancy: singulär plural sein, S. 73 (ESP 62); siehe auch Devisch: Question of community, S. 37.

361   Marx: Ökonomisch-philosophische Manuskripte, S. 545. Der Ausdruck findet sich im Zusammenhang der Kritik Marx' an der nur »sehr schwer aus dem Volksbewußtsein zu verdrängende[n] Vorstellung« der Schöpfung, durch die sich der Mensch seiner Selbstständigkeit und Unabhängigkeit von einem »Grund außer sich« begebe: »Das Durchsichselbstsein der Natur und des Menschen ist ihm [dem ›Volksbewußtsein‹, S. H.] *unbegreiflich*, weil es allen *Handgreiflichkeiten* des praktischen Lebens widerspricht.« (Ebd., Hv. i. Orig.)

362   Vgl. hierzu und zum Folgenden Norris: Myth of the common, S. 278ff.

363   Siehe für eine Skizze der Argumentation dieses Textes Morin: Nancy, S. 10ff.

364   Jean-Luc Nancy/Philippe Lacoue-Labarthe: Das Literarisch-Absolute. Texte und Theorie der Jenaer Frühromantik. Wien 2016, S. 34 (Jean-Luc Nancy/Philippe Lacoue-Labarthe: L'absolu littéraire. Théorie de la littérature du romantisme allemand. Paris 1978, S. 26).

365   »Die romantische Poesie beabsichtigt zum Wesen der Poesie vorzustoßen, die literarische Sache produziert dort die Wahrheit der Produktion selbst, sie produziert dort folglich [...] die Wahrheit der Produktion *von sich selbst*, der Auto-Poiesie. Und wenn es zutrifft [...], dass die Selbst-Produktion die letzte Instanz und die Schließung des Spekulativ-Absoluten bildet, dann gilt es im romantischen Denken nicht nur das Absolute der Literatur, sondern auch die Literatur als das Absolute zu erkennen. Die Romantik ist die Eröffnung des *Literarisch-Absoluten*.« (Ebd., S. 27, Hv. i. Orig. [AL 21,

gelassen haben, sondern uns immer noch mit ihren Erbteilen herumschlagen. Das gelte im Besonderen für die Idee des sich selbst produzierenden Subjekts[366], damit auch für den von der Romantik erfundenen »gründenden Mythos«[367] als Vehikel der Autopoiesis des Kollektivsubjekts ›Gemeinschaft‹.[368] In der Idee des Mythos-als-Gründung konzentriere sich möglicherweise, gibt Nancy zu bedenken,

> die ganze Anmaßung des Abendlandes, sich seinen eigenen Ursprung aneignen zu wollen, oder ihm sein Geheimnis zu entreißen, um schließlich [...] zu einer absoluten Identifikation zu gelangen. Vielleicht wird schon allein in der Idee des Mythos die eigentliche Idee des Abendlandes deutlich, d.h. seine gleichbleibende Vorstellung und sein ständiges Verlangen, an seine eigenen Quellen zurückzukehren, um sich dort als eigentliche Bestimmung der Menschheit jeweils erneut hervorzubringen.[369]

Der Mythos verknüpft das Phantasma der verlorenen Gemeinschaft mit dem Wunsch nach ihrer Wiederherstellung. Mythos und Gemeinschaft sind von der ›eigentlichen Idee des Abendlandes‹ bestimmt: Einem dem metaphysischen Subjektdenken zuzurechnenden Verlangen nach dem eigenen (verlorenen) Ursprung, zu dem es zurückzukehren gelte.[370] Eine Verbindung zwischen Mythos und Gemeinschaft besteht demnach nicht nur in dem inhaltlichen Sinne, dass die (immanente, verlorene) Gemeinschaft »der älteste Mythos des Abendlandes«[371] ist. Auch seine Funktion verzahnt den Mythos mit der Gemeinschaft: Er steht für das Begehren der Gemeinschaft, sich selbst – mithilfe des Mythos – einen (eigenen) Grund, eine (eigene) Form zu geben.[372] »Nichts ist im Grunde den Mitgliedern einer Gemeinschaft so *gemeinsam* wie ein Mythos oder eine

---

Hv. i. Orig.]) Hinter dem Projekt der Romantik stehe Kant entsubstantialisiertes »leeres Cogito« und damit die »Problematik des Subjekts, das sich selbst nicht darstellen kann«. (Ebd., S. 55 [AL 43]) Morin: Nancy, S. 11, führt aus: »If Kantian philosophy deprives the subject of its being-subject, of its presentation of itself to itself by emptying it out of all substance, literature will take the role of the subject's autoproduction in and as work of art.« Siehe auch Roney: Poiēsis and praxis, S. 182; Martta Heikkilä: At the Limits of Presentation. Coming-into-Presence and its Aesthetic Relevance in Jean-Luc Nancy's Philosophy. Diss. (University of Helsinki). Helsinki 2007, S. 242.

366 Nancy/Lacoue-Labarthe: Das Literarisch-Absolute, S. 35 (AL 27): »Wir haben die Epoche des SUBJEKTS nicht hinter uns gelassen«. Siehe auch ebd., S. 33 (AL 25f.), wo Nancy und Lacoue-Labarthe betonen, die Gründe für ihre Arbeit zur Frühromantik seien »keineswegs ›archäologischer‹ noch [...] historischer Natur«.

367 Nancy: Der unterbrochene Mythos, S. 100 (MI 115). Patrick Roney: Art. ›Literature‹. In: Gratton, Peter/Morin, Marie-Eve (Hg.): The Nancy Dictionary. Edinburgh 2015, S. 146-149, 147: »Nancy interprets the essential gesture of Romanticism as the invention of the scene of myth«.

368 Norris: Myth of the common, S. 279, Hv. i. Orig.: »Myth is both poetical and political as it is the story of the *poiesis* or fabrication of the community of the polis.« Siehe zum Zusammenhang von Mythos und Gemeinschaft bei Nancy die Darstellung bei Wetzel: Diskurse des Politischen, S. 247ff. Außerdem instruktiv war für das Folgende in diesem Abschnitt sowie vor allem für den nächsten Unterabschnitt ›Der Nazi-Mythos‹ das Kapitel *Mythopoiesis* bei Baranowski: Simon Srebnik kehrt nach Chełmno zurück, S. 299ff.

369 Nancy: Der unterbrochene Mythos, S. 101f. (MI 117f.).

370 Vgl. Morin: Nancy, S. 89 (die sich ebenfalls auf das vorstehende Zitat Nancys bezieht).

371 Nancy: Entwerkte Gemeinschaft, S. 28 (CD 31).

372 Vgl. Morin: Brüderliche Gemeinschaft, S. 220; Morin: Nancy, S. 88; siehe auch ebd., S. 14, sowie ebd., S. 87: »Myth, understood as foundational discourse, seems essential for community: it is thanks to

Gruppe von Mythen. Mythos und Gemeinschaft bestimmen sich – zumindest teilweise, vielleicht aber auch vollständig – gegenseitig«, was es unabdingbar mache, behauptet Nancy, »die Reflexion über die Gemeinschaft [...] aus der Perspektive des Mythos«[373] fortzuführen.

Diese Reflexion, so James, greife die Frage nach dem Verhältnis von Philosophischem (also: der Metaphysik), Politischem *(le politique)* und Politik *(la politique)* auf. Ist es das Begehren der Metaphysik, Grund sämtlicher menschlicher Beziehungen (›Alles ist politisch‹) zu werden, so wirkt sich dies auch auf den ›Politik‹ genannten Bereich der menschlichen Beziehungen aus. »The key issue within this context would be the question of how, and by what means, the foundational figures which structure the political are communicated to, or instantiated within, the sphere of politics.«[374] Diese Kommunikation sei Aufgabe des Mythos: Wie sich zeigen wird, ist er derjenige Behelf, mit dem eine Gemeinschaft sich als Gemeinschaft gründet und ihr Fortdauern sichert.[375]

Nancys Interesse am Inhalt des Mythos (oder verschiedener Mythen) ist dem Interesse an dem, was der Mythos tut, nachgeordnet.[376] Dieses Tun erhellt jene Szene, in der jemand kraft einer Erzählung Leute versammelt, die zwar zuvor schon miteinander umgingen (arbeitend, kämpfend), aber noch nicht versammelt waren.[377] Was den Leuten erzählt wird, sei »die Geschichte ihrer Herkunft oder ihres Ursprungs, woher sie kommen oder wie sie aus dem Ursprung selbst hergekommen sind – sie oder ihre Frauen oder ihre Namen oder ihre Herrschaftsformen«.[378] Von anderen Erzählungen unterscheidet die mythische ihr Wirkungsvermögen[379]: Der Mythos, der selbst »ursprünglich« sei, führe die Menschen zurück »zu einer mythischen Gründung [...] und durch dieses Zurückführen gründet er selbst (ein Bewußtsein, ein Volk, eine Erzählung)«.[380] Dies bedeutet mit Blick auf das Verhältnis von Politischen und Politik: Der Mythos gründet die Gemeinschaft, indem er sie mit einer Fiktion ihrer selbst aus-

---

the myth that we recognize each other as belonging together.« Ähnlich auch James: Fragmentary demand, S. 197.

373   Nancy: Entwerkte Gemeinschaft, S. 92, Hv. i. Orig. (CD 104, Hv. i. Orig.).

374   James: Fragmentary demand, S. 196; vgl. ebd.

375   Vgl. ebd.

376   Vgl. Wetzel: Diskurse des Politischen, S. 248f. Es gehe, so Nancy: Der unterbrochene Mythos, S. 99 (MI 114), »letztendlich immer um die ursprüngliche oder prinzipielle Funktion des Mythos«. Wie sich noch zeigen wird, wendet sich Nancy gegen ein vorschnelles Abtun des Mythos als irrational und gegen eine »Ablösung« des Mythos »durch ein an Rationalität und Aufklärung« (Wetzel: Diskurse des Politischen, S. 248) orientiertes Denken.

377   Vgl. Nancy: Der unterbrochene Mythos, S. 95f. (MI 109f.); Morin: Nancy, S. 88.

378   Nancy: Der unterbrochene Mythos, S. 96 (MI 110).

379   Morin: Nancy, S. 88, spricht von der »power of myth«.

380   Nancy: Der unterbrochene Mythos, 99 (MI 114). Siehe auch ebd., S. 109f., Hv. i. Orig. (MI 128, Hv. i. Orig.): »Der Mythos vollzieht jene Teilungen und Aufteilungen, die die Verteilung einer Gemeinschaft bestimmen, durch die die Gemeinschaft sich als solche unterscheidet und in sich gliedert. [...] Der Mythos kommuniziert das Kommune [le commun] [...], er teilt das *Gemein-Sein [être-commun]* dessen mit, was er offenbart oder was er erzählt. Mit jeder seiner Offenbarungen offenbart er [...] der Gemeinschaft gleichzeitig auch ihr eigenes Sein und gründet sie.«

stattet, ihr eine Form und die Möglichkeit gibt, gemeinschaftliche (politische) Praktiken auszubilden.[381]

Nancy nennt das gründende Moment des Mythos den totalitären, dem ›Immanentismus‹ zugehörigen »Wille[n] zur Macht des Mythos«.[382] Dieser Wille sei totalitär zum einen der Form nach, denn er sei »Wille zum Willen«[383], erläutert Nancy im Anschluss an Kant.[384]

> Der Mythos ist [...] die Vorstellung am Werk, die sich selbst – als autopoetische Mimesis – als Wirkung hervorbringt: er ist die Fiktion, die gründet, und sie gründet nicht eine fiktive Welt [...], sondern sie gründet das Erdichten als Bildung einer Welt, das Welt-Werden des Erdichtens. Anders ausgedrückt: die Gestaltung einer Welt des Subjekts, das Welt-Werden der Subjektivität. [...] Indem er sich mitteilt, verleiht er dem, was er sagt, Sein, gründet er seine Fiktion. Genau jene wirkmächtige Mitteilung seiner selbst ist der Wille – und der Wille ist die Subjektivität, die als alles umfassende Totalität dargestellt wird (oder sich vorstellt).[385]

Der Mythos nimmt die Gestalt der ›Subjektivität‹ an, weil er »seinem Wesen nach sich selbst mit[teilt] und nichts anderes«.[386] Er ist damit, fasst Morin zusammen, absolute »self-communication«[387], die nichts außerhalb ihrer selbst duldet (etwa andere Mythen).[388]

Totalitär ist der Mythos zum anderen aufgrund seines Inhalts, denn dieser sei »die Einswerdung [communion]«.[389] Für eine Gemeinschaft gibt es nur einen Mythos, weil der Mythos die Gemeinschaft gründet und mehr noch: alles gründet, was ist.[390] Der

---

381   Vgl. James: Fragmentary demand, S. 196f. Der Mythos »does not function as cause of historical events or political practices but rather as a [...] quasi-transcendental condition of possibility«. (James: Interrupted myth, S. 340)

382   Nancy: Der unterbrochene Mythos, S. 121 (MI 142). Zu den folgenden Ausführungen zum Totalitarismus des Mythos vgl. Morin: Nancy, S. 88, die anknüpft an Nancy: Der unterbrochene Mythos, S. 121ff. (MI 142ff.).

383   Nancy: Der unterbrochene Mythos, S. 121 (MI 143).

384   Der Wille bzw. das sogenannte »Begehrungsvermögen« sei das »Vermögen [...], durch seine Vorstellungen Ursache von der Wirklichkeit der Gegenstände dieser Vorstellungen zu sein.« (Immanuel Kant: Kritik der praktischen Vernunft [1788]. In: ders.: Werkausgabe in 12 Bänden. Bd. VII. Kritik der praktischen Vernunft. Grundlegung zur Metaphysik der Sitten [Hg. Weischeidel, Wilhelm]. 10. Aufl. Frankfurt a.M. 1989, S. 103-302, 114 [A 17])

385   Nancy: Der unterbrochene Mythos, S. 121f. (MI 143f.).

386   Ebd., S. 122 (MI 143).

387   Morin: Nancy, S. 88.

388   Vgl. ebd.

389   Nancy: Der unterbrochene Mythos, S. 122 (MI 144).

390   Deshalb könnte man sagen: Der Mythos ist eine Ideologie, eine von äußeren Faktoren sich unabhängig entwickelnde Logik einer Idee mit der Verheißung einer »totale[n] Erklärung alles geschichtlich sich Ereignenden«, so Hannah Arendt: Elemente und Ursprünge totaler Herrschaft, Antisemitismus, Imperialismus, Totalitarismus [1951]. 10. Aufl. München, Zürich 2005, S. 964. Palonen: Webersche Moment, S. 260, nennt die Ideologie mit Arendt eine »Form von Fiktion, die nach Plan zu verwirklichen ist«. An Arendt anknüpfend, verstehen Nancy/Lacoue-Labarthe: Nazi-Mythos, S. 166, Hv. i. Orig. (MN 25, Hv. i. Orig.), ›Ideologie‹«als eine politische Erklärung der Welt [...], das heißt als eine Erklärung der Geschichte [...] aus einem einzigen Begriff: dem der Rasse zum Bei-

Mythos kann nicht durch eine Bezugnahme auf etwas außerhalb seiner selbst interpretiert werden; als »volles, ursprüngliches Wort [parole pleine, originelle]«[391] enthält er seine eigene Deutung.[392] So eröffnet der Mythos eine Welt und schließt sie im gleichen Zuge wieder. »Der Mythos ist die Öffnung eines Mundes, dem die Geschlossenheit [clôture] eines Universums unmittelbar entspricht.«[393] Für die (mythische, vom Mythos gegründete) Gemeinschaft heißt das: Sie ist, wie Nancy sich ausdrückt, eine »absolute Gemeinschaft«[394], weil der Mythos alle und alles miteinander in (s)einer Totalität vereint. »Jede erdenkliche Verschmelzung: die des Menschen mit der Natur, des Menschen mit Gott, des Menschen mit sich selbst, der Menschen untereinander.«[395]

Nancy meint nun: Die Szene, in der eine mythische Erzählung die Gemeinschaft gründet, zeige nichts anderes als einen Mythos, sie sei ein von ›uns‹ ersonnener »Mythos des Mythos«.[396] Die Funktion des Mythos ist Fiktion.[397] Wir wüssten, führt Nancy aus,

> daß wir, wenn wir [...] zwar nicht die Geschichten, so doch die Funktion der Mythen, die diese Geschichten erzählen, erfunden haben. Die in der mythischen Szene dargestellte Menschheit, diese Menschheit, die beim Erdichten des Mythos zu sich selbst gelangt, die eigentlich *mythierende* Menschheit also, die in dieser *Mythation* eigentlich menschlich ist, bildet eine ebenso phantasmatische Szene wie alle Urszenen.[398]

In diesem Sinne, so Nancy, hätten wir offensichtlich »mit dem Mythos nichts mehr zu tun«.[399] Den Mythos als Mythos für erledigt zu erachten, verkennt jedoch, weshalb das Abendland den ›Mythos des Mythos‹, das heißt den Mythos als Grund der Gemeinschaft erfand – aus dem Begehren heraus, sich seinen fehlenden Grund aneignen zu wollen. »Essentially, myth is the story we tell about the foundation we feel we have lost.«[400] Von einem ›Mythos des Mythos‹ zu sprechen, heißt auch: Der Mythos ist abwesend nicht erst seit der aufklärerischen Mythenkritik[401], sondern repräsentiert seit seiner Erfindung die ursprüngliche Abwesenheit eines Ursprungs.

> Unsere mythische Szene und unsere Rede über den Mythos, unser ganzes mythologisches Denken bildet deshalb einen Mythos: über den Mythos reden heißt von jeher

---

spiel oder dem der Klasse oder sogar dem der ›gesamten Menschheit‹«, wobei zudem »diese Erklärung oder Konzeption der Welt [...] sich als *totale* will. Diese Totalität bedeutet zumindest, daß die Erklärung nicht diskutierbar ist, daß sie keinen Rest läßt und keinen Bruch kennt«.

391   Nancy: Der unterbrochene Mythos, S. 106 (MI 122).

392   Vgl. Wetzel: Diskurse des Politischen, S. 248.

393   Nancy: Der unterbrochene Mythos, S. 108 (MI 126).

394   Ebd., S. 122 (MI 144).

395   Ebd.

396   Ebd., S. 104 (MI 121).

397   Vgl. Morin: Nancy, S. 88f.

398   Nancy: Der unterbrochene Mythos, S. 99f., Hv. i. Orig. (MI 114f., Hv. i. Orig.).

399   Ebd., S. 101 (MI 117).

400   Morin: Nancy, S. 89; vgl. ebd.

401   »Das Fazit der Mythendeutung [im 18. Jhd., S. H.] ist [...], daß man in den Mythen die Urkunden abergläubischer Zeiten zu sehen habe, die der vernünftigen Überprüfung nicht standhalten oder ihrer zumindest [...] nicht entraten können.« (Frank: Der kommende Gott, S. 117)

nur über seine Abwesenheit reden. Und das Wort »Mythos« selbst bezeichnet ebenso die Abwesenheit dessen, was es nennt.[402]

Mithilfe des Mythos wollte die Gemeinschaft sich selbst (be)gründen. Die dem Mythos zugeschriebene Gründungsfunktion ist deshalb mit simpler »*Entmythologisierung des Mythos*«[403] – mit einer Kritik des Mythos als fiktiv – nicht außer Kraft gesetzt; das zugrundeliegende Grundlegungsbegehren besteht fort[404] und kann durch andere Fiktionen befriedigt werden. Für Nancy bilden in diesem Sinne »die Romantik, der Kommunismus und der Strukturalismus zusammen [...] die letzte überlieferung [sic!] [tradition] des Mythos«.[405] Sie sind Beispiele für das Fortwirken des Mythos; dafür, dass die Rede von der »*Abwesenheit des Mythos*«[406] selbst ein Mythos ist.[407]

Vor diesem Hintergrund reiche es nicht, sich zwischen An- und Abwesenheit des Mythos zu entscheiden; man müsse diese Alternative unterlaufen.[408] Allein mit dem Wissen darum, »daß der Mythos mythisch ist«[409], endet nämlich das fatale, in die Immanenz führende mythische Verlangen nach dem eigenen Grund und nach der Neugründung des Eigenen aus diesem Grund nicht. Deshalb komme es darauf an, eine »*Unterbrechung* des Mythos«[410] zu denken; nicht nur darauf, den Mythos verschwinden zu lassen, sondern das Begehren nach seiner Funktion als Fiktion, als etwas, das den Ursprung (einer Gemeinschaft) gründen könne, zu unterbinden.[411]

---

402 Nancy: Der unterbrochene Mythos, S. 113 (MI 132); vgl. Morin: Nancy, S. 89. Nancy übernimmt den Gedanken des abwesenden Mythos von Bataille; vgl. Nancy: Der unterbrochene Mythos, S. 103 (MI 118), sowie S. 125 (MI 147f.), wo er verweist auf Georges Bataille: L'absence de mythe. In: ders.: Œuvres complètes XI. Articles 1. 1944-1949. Paris 1988, S. 236, sowie Georges Bataille: La religion surréaliste. In: ders.: Œuvres complètes VII. L'économie à la mesure de l'univers. La part maudite. La limite de l'utile (fragments). Théorie de la religion. Conférences 1947-1948. Annexes. Paris 1976, S. 381-405, 393.

403 Wetzel: Diskurse des Politischen, S. 250, Hv. i. Orig.

404 Vgl. Morin: Nancy, S. 90.

405 Nancy: Der unterbrochene Mythos, S. 112 (MI 130). Die Romantik, da die von ihr propagierte ›Neue Mythologie‹ – siehe dazu Manfred Franks Buch *Der kommende Gott*, auf das auch Nancy (ebd., S. 176, Anm. 32 [MI 112, Anm. 32]) verweist – auf dem Einfall basierte, »auf der Grundlage einer abgeschlossenen Welt, nämlich der Welt der alten Mythologie, eine neue menschliche Welt entstehen zu lassen«. (Ebd., S. 111 [MI 130]) Der Kommunismus, da er sich, zitiert Nancy ebd., S. 110 (MI 129), den frühen Marx, begriff »als wirkliche *Aneignung* des *menschlichen* Wesens durch und für den Menschen«. (Marx: Ökonomisch-philosophische Manuskripte, S. 536, Hv. i. Orig.) Schließlich der Strukturalismus, da er das menschliche Mythensystem nicht nur entzauberte, sondern es zugleich wiederherstellte »und als systematische, organisierende, kombinatorische und gliedernde Totalität« (Nancy: Der unterbrochene Mythos, S. 105 [MI 121]) wiederum in den Rang eines Mythos erhob. Vgl. hierzu Morin: Nancy, S. 89f.

406 Nancy: Der unterbrochene Mythos, S. 103, Hv. i. Orig. (MI 118, Hv. i. Orig.).

407 Vgl. Wetzel: Diskurse des Politischen, S. 249f.

408 Vgl. Nancy: Der unterbrochene Mythos, S. 103 (MI 119).

409 Ebd., S. 102 (MI 118).

410 Ebd., S. 103, Hv. i. Orig. (MI 119, Hv. i. Orig.).

411 Vgl. Morin: Nancy, S. 90; Wetzel: Diskurse des Politischen, S. 250.

›Der Nazi-Mythos‹

Der Nationalsozialismus macht die Dringlichkeit eines solchen Vorhabens augenfällig: »Wenn man einmal das verblendende Extrem des ins Werk gesetzten Mythos – *Blut und Boden, Nacht und Nebel* – berührt hat, bleibt nur dies eine: bis zur Unterbrechung des Mythos vorzudringen.«[412] Der Nationalsozialismus macht die Unterbrechung des Mythos nicht nur notwendig, er ist selbst diese Unterbrechung. Er brachte den Mythos an seine Grenze.[413] Die Gemeinschaft, die der Nationalsozialismus mithilfe des Mythos verwirklichte, war die ›Todesgemeinschaft‹ absoluter Immanenz. Umgekehrt unterbricht daher die ›Unterbrechung des Mythos‹ die immanente Gemeinschaft.

> Wenn man einräumen muß, daß der Mythos der Gemeinschaft wesentlich ist – das heißt, wenn er zu ihrem Wesen insofern gehört, als er sie vollendet und ihr die Geschlossenheit und das Schicksal eines Individuums, einer abgeschlossenen Totalität verleiht – dann muß man auch einräumen, daß in der Unterbrechung des Mythos die Stimme der unterbrochenen Gemeinschaft erklingt, die Stimme der unvollendeten Gemeinschaft, die der Unterbrechung ausgesetzt ist [la voix de la communauté inachevée, exposée] [...].[414]

Der Nationalsozialismus als Mythos[415] veranschaulicht die ›Logik des Absoluten‹, mithin die Logik des metaphysischen Subjekts als Logik einer vollkommenen Selbstschöpfung (Autopoiesis). Die Analyse der »Nazi-Mythe«[416] legt offen, dass die nationalsozialistische ›Todesgemeinschaft‹ im Subjektdenken wurzelt. »Die *Ideologie des Subjekts* [...], das ist der Faschismus«.[417] Man könne den Faschismus nicht als irrational abtun.[418] Vielmehr müsse man versuchen, seine »*Logik*« zu verstehen und zu begreifen, »daß *eine gewisse Logik faschistisch ist* und daß diese Logik nicht einfach der allgemeinen Logik der Rationalität in der Metaphysik des Subjekts fremd ist«.[419]

Diese Logik versteht das Subjekt (etwa in Gestalt der Rasse, des Volkes oder der Menschheit) als »absolutes Subjekt«, das heißt gemäß »jenem Denken des Seins [...] als sich selbst gegenwärtige Subjektivität, Träger, Quelle und Ziel der Repräsentation, der Gewißheit und des Willens«.[420] Der Mythos ist das Werkzeug, durch das sich das Subjekt als absolutes hervorbringen kann, denn er erlaubt es, sich durch und mit sich selbst zu identifizieren. Der Mythos ist ein »*Identifizierungs-Apparat*«[421], wie Platons Kritik an

---

412   Nancy: Der unterbrochene Mythos, S. 103f., Hv. i. Orig. (MI 119f., Hv. i. Orig.); vgl. Baranowski: Simon Srebnik kehrt nach Chełmno zurück, S. 304f.

413   Vgl. Morin: Nancy, S. 90, an deren Ausführungen ebd., S. 90ff., ich mich auch im Weiteren orientiere.

414   Nancy: Der unterbrochene Mythos, S. 132 (MI 155).

415   Das heißt: Es geht nicht um etwa nationalsozialistische Mythen oder um die nationalsozialistische Inanspruchnahme von Mythen; vgl. Nancy/Lacoue-Labarthe: Nazi-Mythos, S. 164f. (MN 22f.); Morin: Nancy, S. 90. Siehe zur Rolle des Mythos im und für den Nationalsozialismus auch Spitta: Gemeinschaft jenseits von Identität, S. 220ff.

416   Nancy: Der unterbrochene Mythos, S. 100 (MI 116).

417   Nancy/Lacoue-Labarthe: Nazi-Mythos, S. 167, Hv. i. Orig. (MN 28, Hv. i. Orig.).

418   Vgl. ebd., S. 167f. (MN 28); Baranowski: Simon Srebnik kehrt nach Chełmno zurück, S. 300.

419   Nancy/Lacoue-Labarthe: Nazi-Mythos, S. 168, Hv. i. Orig. (MN 28, Hv. i. Orig.).

420   Ebd., S. 167 (MN 26f.).

421   Ebd., S. 171, Hv. i. Orig. (MN 33, Hv. i. Orig.); siehe auch Morin: Brüderliche Gemeinschaft, S. 221.

den Mythen zeige: Indem er sie als gesellschaftlich schädlich verurteilt, zuerkenne er den Mythen die »Funktion des *Beispielhaften*«.[422]

> Der Mythos ist eine Fiktion im strengen Sinne, im Sinne aktiver Bildung oder, wie Platon es ausdrückt, der »Plastik«: Er ist also eine *Fiktionierung*, deren Rolle es ist, Modelle oder Typen [...] vorzuschlagen, wenn nicht sogar aufzuzwingen, Typen, durch deren Nachahmung ein Individuum – oder eine Polis oder ein ganzes Volk – sich selbst fassen und identifizieren kann.[423]

Zur Lösung des Problems, dass es ihnen nicht nur an einer Identität fehlte, sondern auch an (eigenen) Mitteln, sich zu identifizieren[424], erfanden die Deutschen »den Mythos des Ariers«.[425] Anhand des ›Ariers‹ konnten sie sich identifizieren, zum Subjekt machen. »Was Deutschland [...] fehlte, war sein Subjekt, oder war, Subjekt seines eigenen Werdens zu sein [...]. Was Deutschland folglich konstruieren wollte, war ein solches Subjekt, sein eigenes Subjekt.«[426] Der Arier ist nicht nur »ein Typus unter anderen, er ist der Typus, in dem die mythische Kraft selbst [...] sich darstellt«.[427] Er begründe oder schöpfe Kultur, habe von der Kunst Griechenlands den Willen zur Form, von der deutschen Mystik die Idee einer innerlichen, unabhängigen Seele übernommen.[428] In ihm fügen sich die wesentlichen Elemente des Nazi-Mythos zusammen:

> Es handelt sich darum, *sich* zu formen, *sich* zu ›typisieren *[se typer]*‹ und sich als absolut freier Schöpfer (und folglich *Selbst*-Schöpfer) zu bilden. [...] Die Seele oder die »Persönlichkeit« oder das »Genie«, die sich in sich selbst als ihr ureigenster »Mythos« finden, oder mehr noch: die Seele, die sich aus ihrem eigenen Traum erzeugt, ist im Grunde nichts anderes als das absolute, selbst-schöpferische Subjekt, das nicht nur eine erkennende Position (wie das von Descartes) oder eine geistige (Eckehart) oder eine spekulative (Hegel) innehat, sondern all‹ diese Bestimmungen in einer unmittelbar und absolut »natürlichen« Position versammelte und transzendierte: im Blut und in der Rasse. Die arische Rasse *ist* so gesehen *das* Subjekt.[429]

---

422 Nancy/Lacoue-Labarthe: Nazi-Mythos, 172, Hv. i. Orig. (MN 35, Hv. i. Orig.); vgl. ebd., S. 171f. (MN 35).

423 Ebd., S. 172, Hv. i. Orig. (MN 35, Hv. i. Orig.); vgl. Morin: Nancy, S. 89; Baranowski: Simon Srebnik kehrt nach Chełmno zurück, S. 300. In diesem Kontext ist der Begriff ›Mimesis‹ wichtig. Der Mythos sei »*das mimetische Instrument* par excellence«. (Nancy/Lacoue-Labarthe: Nazi-Mythos, S. 172, Hv. i. Orig. [MN 36, Hv. i. Orig.]) Die Mimesis impliziert, dass die durch sie hervorzubringende Identität nie die Identität eines Subjekts im vollen Sinne sein kann: »Das Subjekt der Nachahmung ist niemals Subjekt; es handelt sich [...] um ein subjektloses Subjekt oder um ein Nichtsubjekt. [...] Was das Subjekt ist und sein kann, steht nie hinreichend fest, sondern vermag sich nur über den Umweg des mimetischen Bezugs auf Andere und Anderes zu kristallisieren.« (Rebentisch: Kunst der Freiheit, S. 67)

424 Vgl. Nancy/Lacoue-Labarthe: Nazi-Mythos, S. 173f. (MN 38ff.), siehe dazu Baranowski: Simon Srebnik kehrt nach Chełmno zurück, S. 300ff.

425 Nancy/Lacoue-Labarthe: Nazi-Mythos, S. 170 (MN 33).

426 Ebd., S. 174 (MN 40).

427 Ebd., S. 186 (MN 60).

428 Vgl. ebd., S. 187 (MN 61f.).

429 Ebd., S. 187f., Hv. i. Orig. (MN 62f., Hv. i. Orig.).

In der Praxis resultierte der Selbstschöpfungsmythos in einem Kampf um »die Kon-struktion und Kon-formierung [conformation] der Welt«[430] nach arischem Muster. »Die arische Welt muß weit mehr sein als bloß eine den Ariern unterworfene und von ihnen ausgebeutete: Sie muß eine arisch gewordene Welt sein«.[431] Das beinhaltete die völlige Vernichtung alles Nicht-Arischen, all dessen, was nur als ein verkümmerter oder – wie der Jude – als gar kein Typus galt.[432]

Mit dieser Auslöschung ist man an der »äußersten Grenze des Mythos«[433] an-gelangt; hier unterbricht er sich und mit sich die immanente Gemeinschaft, die er hervorbringt. Die Verwirklichung des (nationalsozialistischen) Mythos, das Ins-Werk-Setzen der Logik des sich selbst (als Rasse) schöpfenden Subjekts, zerstört Gemeinschaft: »[T]otalizing myth leads not to community but to death, to the impossi-bility of living-with. Hence, myth interrupts itself in being brought to its limit.«[434] Der Mythos zielt auf die Gemeinschaft als Kollektivsubjekt ab, dabei folgt er der subjektme-taphysischen ›Logik des Absoluten‹. Die Idee eines absoluten Subjekts, überhaupt die Idee des Absoluten, widerspricht sich aber, da das Absolute in Beziehung mit einem Außen sei.

> So stellt die gemeinschaftliche Verschmelzung, anstatt diese Bewegung auszudeh-nen, die Trennung wieder her: Gemeinschaft gegen Gemeinschaft. Die Vollendung der Gemeinschaft ist somit deren Beseitigung. Zur Immanenz gelangen trennt einen immer noch von einer anderen Immanenz: das Erreichen der Immanenz teilt die Im-manenz selbst.[435]

Das (vergebliche) Bestreben, die unhintergehbare Teilung der Immanenz zu beenden und eine vollständige Immanenz zu verwirklichen – herzustellen also, was nicht herge-stellt werden kann –, vernichtet die Gemeinschaft: Es entfachte schließlich das »Feuer des arisches [sic!] Mythos«.[436]

Die Unterbrechung der immanenten Gemeinschaft legt Nancy zufolge die Spur ei-ner anderen Gemeinschaft frei.[437] Diese ist keine (durch den Mythos bewerkstelligte)

430　Ebd., S. 189 (MN 65).

431　Ebd.

432　Vgl. ebd. Man müsse betonen, dass für die Nazis »der Jude nicht einfach eine schlechte Rasse, ein mangelhafter Typus ist: Er ist der Anti-Typus, der Bastard par excellence. Er hat keine eigene Kultur, sagt Hitler, und nicht einmal eine eigene Religion, denn den Monotheismus gab es schon vor ihm. Der Jude hat keine *Seelengestalt** (Form oder Figur der Seele) und deshalb auch keine *Rassengestalt** (Form oder Figur der Rasse): Seine Form ist formlos. Er ist der Mensch des abstrakten Universellen im Gegensatz zum Menschen der einzigartigen und konkreten Identität.« (Ebd., S. 184, Hv. i. Orig. [MN 55f., Hv. i. Orig.]) Siehe hierzu auch Morin: Nancy, S. 91.

433　Nancy: Der unterbrochene Mythos, S. 103 (MI 119).

434　Morin: Nancy, S. 91.

435　Nancy: Der unterbrochene Mythos, S. 128 (MI 151).

436　Ebd., S. 101 (MI 116); vgl. Morin: Nancy, S. 91.

437　Vgl. Nancy: Der unterbrochene Mythos, S. 132 (MI 155). Bernasconi: Deconstructing nostalgia, S. 4, hält fest: »A deconstructed concept of community allegedly emerges from out of the metaphysical conception of community.« Ähnlich auch Hebekus/Völker: Philosophien des Politischen, S. 102f. Siehe zu den zwei verschiedenen Begriffen von Gemeinschaft, die sich in Nancys Diskussion des Mythos finden, auch James: Fragmentary demand, S. 198.

Versammlung von Verstreuten zu einer Einheit, sondern ist »ihrem eigenen Zerstreut-Werden ausgesetzt«.[438] Mit der Beseitigung der Gemeinschaft durch ihre Vollendung ist die Gemeinschaft nicht am Ende:

> Die Abwesenheit der Gemeinschaft stellt [...] das dar, was die Gemeinschaft nicht vollendet, oder sie stellt die Gemeinschaft als Gemeinschaft dar, die sich selbst nicht vollendet und die sich selbst nicht als ein neues Individuum hervorbringt. [...] In der Abwesenheit der Gemeinschaft vollendet sich das Werk der Gemeinschaft – die Gemeinschaft als Werk, der Kommunismus – nicht, vielmehr überträgt sich die ihrer Werke enthobene Leidenschaft für die Gemeinschaft, und sie fordert, ja schreit sogar danach, jede Grenze, jede Vollendung zu überschreiten, die zur Gestalt eines Individuums führt. Dies ist also keine Abwesenheit, sondern eine Bewegung; es ist die Entwerkung [désœuvrement] in ihrer singulären »Aktivität«, etwas breitet sich aus: es ist die Verbreitung, die Übertragung [contagion], ja sogar die Kommunikation der Gemeinschaft selbst, die sich durch *ihre Unterbrechung* selbst verbreitet oder ihre Übertragung mitteilt.[439]

Die vollendete Gemeinschaft zerstört das »Gemeinsam-Sein [être *en* commun]«, macht aus ihm ein »›gemeines Sein‹ [›être commun‹]«.[440] Zugleich ist es das ›Gemeinsam-Sein‹ selbst, das zur Vollendung der Gemeinschaft drängt. Das ›Gemeinsam-Sein‹ ist der »Antrieb zur *Gemeinschaft*«[441] und der Grund dafür, weshalb wir angesichts einer fehlenden Gemeinschaft nach einem Kommunismus, nach einer Gemeinschaft als Werk verlangen. Und es legt offen, warum dieses Verlangen nicht erfüllt werden, sondern nur als Entwerkung der Gemeinschaft realisiert werden kann.[442] Die Gemeinschaft kann nicht beseitigt werden: Gerade ihre ›Verwerklichung‹, durch die sie zu verschwinden droht, so zeigt Nancy, bringt die Gemeinschaft als ›entwerkte‹ zum Vorschein.[443] »Daher verschwindet die Gemeinschaft [...] nie. Die Gemeinschaft widersteht.«[444]

Darin kann man das politische Moment der Philosophie Nancys sehen:

> [T]he political force of Nancy's thought lies less in the way it might prescribe specific modes of contestation and more in the way it allows us to understand the inevitability of contestation per se. In this thinking of unworked community there is no experience

---

438 Nancy: Der unterbrochene Mythos, S. 133 (MI 156). Hebekus/Völker: Philosophien des Politischen, S. 110, formulieren: »Als Unterbrechung des Mythos exponiert sich die Gemeinschaft, indem sie die Unterbrechung, den Bezug, die Mit-Teilung als ihre uneigentliche Essenz hervorbringt.«

439 Nancy: Der unterbrochene Mythos, S. 128f., Hv. i. Orig. (MI 151, Hv. i. Orig.).

440 Ebd., S. 133 (MI 156, Hv. i. Orig.).

441 Nancy: Kommunismus, S. 183, Hv. i. Orig. (CM 202).

442 Vgl. Morin: Nancy, S. 91f.; 149f.; siehe auch Hebekus/Völker: Philosophien des Politischen, S. 96, und James: Fragmentary demand, S. 198: »If community requires or necessarily appeals to myth as a founding fiction it does so in order to articulate itself [...] as a sharing of identity or essence. Yet, Nancy maintains, community exists always and already [...] as the nonidentity of shared finitude. Thinking these two moments together allows Nancy to address the way in which the latter necessarily disrupts [...] the former.«

443 »The affirmation of community as shared identity is constantly interrupted by its existence as shared finitude.« (James: Fragmentary demand, S. 199)

444 Nancy: Der unterbrochene Mythos, S. 124 (MI 146).

of mythic foundation without experience itself, as shared finitude, countering or interrupting myth.[445]

Nancy entwirft das Modell eines Widerstandes der (›entwerkten‹, nicht-identitären) Gemeinschaft gegen die (werkförmige, identitäre) Gemeinschaft: Demnach gibt es ein nicht als Werk zu verstehendes ›Gemeinsam-Sein‹, das alle Versuche zum Scheitern verurteilt, die Gemeinschaft – etwa mithilfe des Mythos – auf eine gemeinsame Identität zu verpflichten, sie herzustellen.[446] Dies mag erste Zweifel an dem Vorwurf wecken, Nancys Philosophie führe zu einer apolitischen Haltung.[447] Stellt Nancy in seinen Überlegungen zur ›Unterbrechung des Mythos‹ (und der Gemeinschaft) nicht »a post-metaphysical thinking of politics« in Aussicht, das nur jene enttäuscht, »who look to philosophy to lay a ground or foundation for political projects or decisions«?[448]

---

445   James: Fragmentary demand, S. 199.

446   Vgl. James: Interrupted myth, S. 341, sowie James: Fragmentary demand, S. 198f.

447   Balibar: Inoperative community, S. 31, Hv. i. Orig., betont mit Blick auf Nancys Begriff des Kommunismus, »one cannot say that Nancy has ›forgotten‹ the issue of communism, or ›retreated‹ into a ›meta-political‹ discourse, where the name ›communism‹ as a political name would become irrelevant. This is because of the reference to the idea of *resistance* that is associated with *désœuvrement* and gives it an ›active‹ meaning«.

448   James: Interrupted myth, S. 340.

3. In-Gemeinschaft-sein: Nancys Ontologie

> Wir haben nur das vor uns, was in Zukunft
> [à-venir] noch kommen soll, das Programm
> der ›Ontologie‹ des Seins-in-der Gemein-
> schaft [être-en-commun].[1]

Die ›Unterbrechung‹ von Mythos und Gemeinschaft beantwortet die Frage nach dem Wie eines zukünftigen Zusammenseins nicht. Im Folgenden wird es deshalb um die Frage gehen: »Wie wird eine Gemeinschaft gestiftet, wenn man nicht mehr dank der Teilnahme an einem gemeinsamen Ursprung zusammengebracht wird?«[2] Wie hat man sich die »aktive Unvollendetheit« der Gemeinschaft, ihre »Entwerkung«[3] also, genau vorzustellen? Nancys Auseinandersetzung mit der selbstwidersprüchlichen ›Logik des Absoluten‹ gab schon einen Hinweis: »Die Beziehung [rapport] (die Gemeinschaft) ist, wenn sie *ist*, nichts anderes als das, was die Autarkie der absoluten Immanenz in ihrem Prinzip – und am Ort ihrer Eingrenzung [clôture] oder an ihrer Grenze – auflöst.«[4] An die Stelle der Immanenz tritt die Gemeinschaft als Mit-Teilung einer Exposition: Jedes Individuum ist an seiner Grenze, die es einschließt und als Individuum konstituiert, anderen ausgesetzt; es ist in sich immer schon »*fort-von-sich [à part soi]*«[5], ohne sich völlig an das Außen zu veräußern.[6] Die Grenze bedeutet keine absolute Einschließung, sondern lässt die »singulären Seienden [...] füreinander jeweils andere«[7] werden und sein, so dass zwischen ihnen Gemeinschaft stattfinden kann. In der nicht-immanenten Gemeinschaft bleibt die Grenze zwischen den ›singulären Seienden‹ bestehen, denn

---

1   Nancy: Das gemeinsame Erscheinen, S. 189 (CP 92).

2   Morin: Brüderliche Gemeinschaft, S. 221.

3   Ebd.

4   Nancy: Entwerkte Gemeinschaft, S. 17f., Hv. i. Orig. (CD 19, Hv. i. Orig.).

5   Nancy: Corpus, S. 33, Hv. i. Orig. (CO 32, Hv. i. Orig.). »›Exposition‹ bedeutet nicht, daß die Intimi-
    tät ihrer Zurückgezogenheit entzogen und nach außerhalb getragen, sichtbar gemacht wird. [...]
    ›Exposition‹ bedeutet im Gegenteil, daß das Ausdrücken selbst die Intimität und die Zurückge-
    zogenheit ist. [...] Also *exponiert*: aber es ist nicht die Sichtbarmachung dessen, was zuallererst
    versteckt, eingeschlossen war.« (Ebd., Hv. i. Orig.)

6   Vgl. May: Reconsidering difference, S. 26f.; Morin: Nancy, S. 29f.; Morin: Brüderliche Gemeinschaft,
    S. 198.

7   Nancy: Entwerkte Gemeinschaft, S. 57 (CD 64).

ohne diese Trennung würden die »»Orte der Kommunikation«« zu »Orte[n] der Verschmelzung [fusion]«[8] aller in einem gemeinsamen Sein.[9] Kein Individuum ist, ohne
dass ihm seine Individualität von anderen, von der Gemeinschaft mitgeteilt würde; die
Gemeinschaft ist aber dabei nicht die Mitteilung einer allen Individuen gemeinsamen
(einzigen) Substanz, sondern im Gegenteil die Mitteilung, dass eine solche Substanz
fehlt.[10] Diese hier zunächst nur angerissenen Überlegungen Nancys ergeben eine erste
›Definition‹ der Gemeinschaft:

> La communauté est la communauté des *autres*, ce qui ne veut pas dire que plusieurs
> individus auraient quelque commune nature par-delà leurs différences, mais qu'ils
> participent seulement à leur altérité. L'altérité, à chaque fois, est l'altérité de chaque
> »moi-même«, qui n'est »moi-même« qu'en tant qu'un autre. L'altérité n'est pas une
> substance commune, mais c'est au contraire la non-substantialité de chaque »soi« et
> de son rapport *aux* autres. Tous les »soi« sont en rapport à travers leur altérité. Ce qui
> signifie: ils ne sont pas »en rapport« – en aucune manière déterminable du rapport –,
> ils sont *ensemble*. L'être-ensemble est l'altérité.[11]

Nancys Denken der Gemeinschaft entsteht in der Auseinandersetzung vor allem mit
Georges Bataille und Martin Heidegger.[12] Es ist im doppelten Sinne ein Denken nach
Bataille und Heidegger: Nancy folgt beiden darin, dass ›Gemeinschaft‹ nurmehr gedacht werden kann, verabschiedet man das (metaphysische) Subjekt, wirft ihnen aber
vor, auf die eine oder andere Weise dem Subjekt verhaftet geblieben zu sein und so die
Chance verspielt zu haben, die Gemeinschaft anders als bislang – oder besser: überhaupt zu verstehen.[13] Die Gemeinschaft nach Bataille und Heidegger zu denken, muss
heißen, den begonnenen Angriff auf das Subjekt zu Ende zu führen.[14]

Holzschnittartig betrachtet, werden Bataille und Heidegger in verschiedenen Phasen von Nancys Beschäftigung mit ›Gemeinschaft‹ relevant. Zwar kommt Heidegger
auch bereits in *La communauté désœuvrée* zu Wort, der bevorzugte Gesprächspartner

---

8   Ebd.

9   Vgl. May: Reconsidering difference, S. 33f.

10   Siehe etwa Nancy: Das gemeinsame Erscheinen, S. 171 (CP 61), sowie Jean-Luc Nancy: L'histoire fi-
     nie. In: ders.: La communauté désœuvrée [1986]. Nouvelle édition revue et augmentée. Paris 2004,
     S. 235-278, 256: »La communauté n'est pas un rassemblement d'individus, postérieur à l'élabora-
     tion de l'individualité elle-même, car l'individualité en tant que telle ne peut se manifester qu'à
     l'intérieur d'un tel rassemblement. […] La communauté, et la communication, sont constitutives
     de l'individualité, plutôt que le contraire […]. – Mais la communauté n'est pas davantage une es-
     sence de tous les individus, une essence qui serait donnée avant eux. Car la communauté n'est rien
     d'autre que la communication d'›êtres singuliers‹ séparés, qui n'existent comme tels qu'à travers
     la communication.«

11   Nancy: L'histoire finie, S. 258, Hv. i. Orig.

12   Siehe zu den Einflüssen Nancys etwa Hutchens: Future of philosophy, S. 24ff., der neben Heidegger
     und Bataille auch Rousseau, Kant, Hegel, Nietzsche, Blanchot, Lacan und Derrida nennt.

13   Vgl. James: Fragmentary demand, S. 185; siehe auch schon Nancy/Lacoue-Labarthe: Ouverture
     (Centre), S. 22f.

14   Bei Nancy sei »die Frage der Gemeinschaft«, so Hebekus/Völker: Philosophien des Politischen,
     S. 103, unmittelbar mit dem »Tod des Subjekts« verknüpft.

Nancys in diesem Text ist aber Bataille. In *De l'être singulier pluriel* (1996) nimmt Heidegger den Platz Batailles ein.[15] Dies hängt mit einem zunehmenden Interesse Nancys an der Konstruktion einer Sozialontologie zusammen[16], das in *La communauté désœuvrée* noch hinter einem Interesse an der Dekonstruktion von ›Gemeinschaft‹ zurückgestanden hatte, indes auch in diesem frühen Text schon gegeben war.[17] Diese ›Ontologisierung‹ wiederum resultiert, so wird sich zeigen, aus einem (nicht zuletzt vom Scheitern der Politik Batailles und Heideggers beeinflussten) wachsenden Vorbehalt Nancys gegenüber der Verknüpfung von Politik und Gemeinschaft[18] – dem jedoch selbst mit Skepsis zu begegnen ist.

Der Aufbau dieses Abschnitts stellt sich wie folgt dar: Im ersten Schritt skizziere ich Nancys Auseinandersetzung (zunächst) mit Bataille und (dann) mit Heidegger. Das Ziel ist es, nicht nur die zentralen Motive der nancyschen Gemeinschaftsphilosophie zu explizieren, sondern auch Nancys Denken der Gemeinschaft in seiner Entwicklung nachzuzeichnen und zu kontextualisieren. Nachdem im vorherigen Abschnitt die Dekonstruktion der metaphysischen Grundlagen, auf denen das Denken der Gemeinschaft bislang beruhte, im Mittelpunkt stand, geht es jetzt um Nancys Gegenentwurf eines singulär pluralen Mit-Seins. Schließlich beleuchte ich den Zusammenhang von Sozialontologie und Politik: Gibt es bei Nancy eine Politik des Miteinander?

3.1 Gemeinschaft in Ekstase (Georges Bataille)[19]

Zunächst aber: warum Bataille? Allgemein lässt sich mit Rosa et al. feststellen: Nicht nur Nancys Beschäftigung mit der Gemeinschaft, der französische Gemeinschaftsdiskurs insgesamt ist von Georges Bataille (1897-1962) beeinflusst. Vor allem die Arbeiten, die im institutionellen Rahmen des von ihm mitgegründeten *Collège de Sociologie* (1937-1939)[20] entstanden sind, machen Bataille zu einem Vermittler zwischen den ethnologisch-soziologisch ausgerichteten Gesellschaftstheorien etwa eines Émile Durkheim (1858-1917) oder Marcel Mauss auf der einen und dem von Nancy inaugurierten dekonstruktivistischen Gemeinschaftsdenken auf der anderen Seite.[21]

---

15   Nancys Hinwendung von Bataille zu Heidegger konstatieren auch Devisch: Question of community, S. 30, sowie Bernasconi: Deconstructing nostalgia, S. 5f.

16   Stephan Moebius: Die Zauberlehrlinge. Soziologiegeschichte des Collège de Sociologie (1937-1939). Konstanz 2006, S. 460, meint »Im Anschluss an Heidegger und Bataille wird Gemeinschaft [...] ontologisch gefasst«. Der Einfluss Heideggers hierfür dürfte aber höher sein; siehe auch Devisch: Question of community, S. 30f.: »Of chief interest to him are the ontological conditions [...] of community. Nancy obtains insight into these ontological conditions through a Heideggerian-inspired existential analytic – a fundamental analysis of the being of community.«

17   Vgl. James: Naming the nothing, S. 181.

18   Siehe dazu etwa Morin: Nancy, S. 113f.; Hebekus/Völker: Philosophien des Politischen, S. 115ff.

19   Eine ähnliche Überschrift bei Morin: Brüderliche Gemeinschaft, S. 193, Hv. i. Orig.: »*Die ekstatische Gemeinschaft*«.

20   Die meiner Kenntnis nach umfangreichste (deutschsprachige) Studie zum Collège de Sociologie ist die bereits zitierte Arbeit von Stephan Moebius: Die Zauberlehrlinge. Soziologiegeschichte des Collège de Sociologie (1937-1939).

21   Vgl. Rosa et al.: Theorien der Gemeinschaft, S. 154; 155.

Nancys Interesse an Bataille speiste sich aus der Hoffnung, bei ihm die »Möglichkeit eines Zugangs zu einer unerschlossenen Politik«[22] zu entdecken, jenseits von Faschismus und Kommunismus, jenseits auch eines wie immer gearteten Individualismus.[23] Nancy nimmt Bataille als politischen Denker, als einen Denker des Politischen und der Gemeinschaft ernst:

> Bei allem auch heute noch immer viel zu geringem (oft vielleicht sogar frivolem) Interesse, das man Batailles Denken entgegenbrachte, wurde noch [nicht, S. H.] ausreichend bedacht, in wie hohem Maße dieses Denken einer politischen Forderung und Sorge entsprang; oder genauer gesagt: wie sehr sein Denken von einem Anspruch an das Politische und der Sorge um das Politische durchdrungen war, die wiederum vom Denken der Gemeinschaft bestimmt waren.[24]

Worauf Nancy hier anspielt, ist der Versuch Batailles, dem von ihm diagnostizierten Verfall von Gemeinschaft durch die Gründung neuer Gemeinschaften zu begegnen, die zudem als Mittel im Kampf gegen den Erfolg vor allem des faschistischen Gemeinschaftskonzepts dienen sollten.[25]

...eine Sakralsoziologie

Die theoretische Etappe für diesen Kampf war das *Collège de Sociologie*, zu dessen führenden Köpfen neben Bataille auch Roger Caillois (1913-1978) und Michel Leiris (1901-1990) zählten.[26] Unter dem Einfluss der Soziologie Émile Durkheims und Marcel Mauss'[27],

---

22   Nancy: Herausgeforderte Gemeinschaft, S. 23 (CA 32).

23   Vgl. ebd., S. 22 (CA 30).

24   Nancy: Entwerkte Gemeinschaft, S. 40 (CD 44); siehe auch James: Fragmentary demand, S. 178.

25   Vgl. Rosa et al.: Theorien der Gemeinschaft, S. 156; 157f. Die bekannteste dieser Gemeinschaften ist die 1936 von Bataille ins Leben gerufene *Acéphale*-Gemeinschaft, deren Name auch als Titel einer Zeitschrift diente; siehe dazu etwa Rita Bischof: Tragisches Lachen. Die Geschichte von Acéphale. Berlin 2010, sowie Falasca-Zamponi: Rethinking the political, S. 155ff., oder Moebius: Zauberlehrlinge, S. 253ff.

26   Biographische Angaben sowie Ausführungen zu den theoretischen Anschauungen der drei Gründer finden sich bei Moebius: Zauberlehrlinge, S. 331ff. Wie der Sammelband von Denis Hollier (Hg.): Das Collège de Sociologie 1937-1939. Berlin 2012, zeigt, gehörten zu den Vortragenden neben Bataille, Caillois und Leiris etwa auch Alexandre Kojève, Denis de Rougemont und Hans Mayer. Im Herbst 1939, erinnert sich Hans Mayer: Ein Deutscher auf Widerruf. Erinnerungen. Bd. 1. Frankfurt a.M. 1988, S. 241, sollte Walter Benjamin vortragen, seinem Referat über Mode sei aber der Beginn des Krieges zuvorgekommen, mit dem das *Collège* seine Aktivitäten einstellte. Zu den Beziehungen zwischen dem *Collège* und dem *Institut für Sozialforschung*, die durch Benjamin verkörpert werden, siehe Michael Weingrad: The College of Sociology and the Institute of Social Research. In: New German Critique 84 (2001), S. 129-161, oder Muriel Pic: Penser au moment du danger. Le Collège et l'Institut de recherche sociale de Francfort. In: Critique 69 (2013), H. 788/789, S. 81-95 Zum (möglichen) Inhalt des Vortrags Benjamins siehe ebd., S. 91f., allgemeiner zu den deutsch-französischen Beziehungen am *Collège* Moebius: Zauberlehrlinge, S. 370ff.

27   »L'œuvre de Durkheim et, plus encore, celle de Mauss ont eu sur moi une influence décisive, mais j'ai toujours gardé les distances.« (Georges Bataille: Notice autobiographique. In: ders.: Œuvres complètes VII. L'économie à la mesure de l'univers. La part maudite. La limite de l'utile [fragments]. Théorie de la religion. Conférences 1947-1948. Annexes. Paris 1976, S. 459-462 u. S. 614-616, 615) Siehe zum Verhältnis der Kollegiaten zu(r) Durkheim(-Schule) etwa Carlos Marroquín/Hubert Sei-

versuchte sich das *Collège* an einer »ethnographischen Selbstreflektion der modernen Gesellschaft«.[28] Dieses Projekt brachten die Unterzeichner der im Jahr 1937 in der Zeitschrift *Acéphale* veröffentlichten *Notiz zur Gründung eines Collège de Sociologie*[29] auf den Begriff »*Sakralsoziologie*«.[30] Das Interesse galt aber nicht den Institutionen der Religion, sondern der von Bataille sogenannten »Gesamtheit der kommuniellen Bewegung der Gesellschaft«.[31] Dazu zählte er etwa »die Macht und die Armee«, allgemeiner »sämtliche menschlichen Aktivitäten – Wissenschaften, Künste und Techniken –, insofern sie einen vergemeinschaftenden Wert im aktiven Sinne des Wortes haben, das heißt, insofern sie *einheitsstiftend* sind«.[32] Und für einheitsstiftend hält Bataille, was sakral ist.[33]

Die Kollegiaten nahmen jene gesellschaftlichen Erscheinungen in den Blick, »die in normativen Modellen als mit der Moderne unvereinbar aus der theoretischen Reflexion verbannt werden«.[34] Das Sakrale ist der nicht-rationale Kern des Gesellschaftlichen: Es »steht für die Randbereiche menschlichen Lebens, in denen die Menschen neben den rationalen Bereichen ihre sozialen Beziehungen herstellen und vertiefen«.[35] Als solches

wert: Das Collège de Sociologie: Skizze einer Religionstheorie moderner Gesellschaften. In: Zeitschrift für Religionswissenschaft 4 (1996), H. 2, S. 135-149, 140f.; Falasca-Zamponi: Rethinking the political, S. 169ff.; Moebius: Zauberlehrlinge, S. 172ff.; Irene Albers/Stephan Moebius: Nachwort. In: Hollier, Denis (Hg.): Das Collège de Sociologie 1937-1939. Berlin 2012, S. 757-828, 770ff. Für einen Überblick über die rezipierten Quellen (neben Durkheim und Mauss z.B. Nietzsche, Halbwachs, Tönnies, Weber und Simmel) siehe Roger Caillois: Einführung. In: Hollier, Denis (Hg.): Das Collège de Sociologie 1937-1939. Berlin 2012, S. 39-42, sowie zum wissenschaftsgeschichtlichen Zusammenhang, in dem das Collège zu verorten ist, Moebius: Zauberlehrlinge, S. 58ff.

28   Moebius: Zauberlehrlinge, S. 134; ähnlich Simonetta Falasca-Zamponi: A Left Sacred or a Sacred Left? The Collège de Sociologie, Fascism, and Political Culture in Interwar France. In: South Central Review 23 (2006), H. 1, S. 40-54, 40, derzufolge es dem *Collège* darum ging, »to expand the scope of Durkheimian research by analyzing modern desacralized societies«. Den »wissenschaftlichen Anspruch« des *Collège*, mit dem es sich von den »zahlreichen Intellektuellenzirkel[n] der dreißiger Jahre« unterschieden habe, betont Peter Bürger: Ursprung des postmodernen Denkens. Weilerswist 2000, S. 78. Siehe auch Falasca-Zamponi: Rethinking the political, S. 5f., die den unzeitgemäßen Rekurs der Kollegiaten auf die Soziologie Durkheims hervorhebt.

29   Zu den Unterzeichnern zählten Bataille, Pierre Klossowski und Giorgio Ambrosino, außerdem Roger Caillois, Pierre Libra und Jules Monnerot, auf dessen Vorschlag wohl die Bezeichnung ›Collège‹ zurückgeht, wie Hollier: Collège de Sociologie, S. 15, anmerkt; siehe dazu auch Falasca-Zamponi: Rethinking the political, S. 167, Anm. 6.

30   Georges Bataille et al.: Notiz zur Gründung eines Collège de Sociologie. In: Hollier, Denis (Hg.): Das Collège de Sociologie 1937-1939. Berlin 2012, S. 28-30, 29, Hv. i. Orig.

31   Georges Bataille: Die Sakralsoziologie und die Beziehungen zwischen ›Gesellschaft‹, ›Organismus‹ und ›Wesen‹. In: Hollier, Denis (Hg.): Das Collège de Sociologie 1937-1939. Berlin 2012, S. 43-62, 43, Hv. i. Orig.; vgl. ebd.; Marroquín/Seiwert: Collège de Sociologie, S. 142; Bischof: Tragisches Lachen, S. 221; Moebius: Zauberlehrlinge, S. 135f. Siehe auch Georges Bataille: Anziehung und Abstoßung I. Tropismen, Sexualität, Lachen und Tränen. In: Hollier, Denis (Hg.): Das Collège de Sociologie 1937-1939. Berlin 2012, S. 112-129, 115.

32   Bataille: Sakralsoziologie und Beziehungen, S. 43, Hv. i. Orig.

33   Siehe etwa ebd., S. 57, mit dem »Hinweis« Batailles, aus seiner Sicht sei »das Sakrale das Spezifikum der kommuniellen Bewegung der Gesellschaft«, und vgl. Moebius: Zauberlehrlinge, S. 141.

34   Marroquín/Seiwert: Collège de Sociologie, S. 137.

35   Moebius: Zauberlehrlinge, S. 13f.; siehe auch ebd., S. 135f., sowie ebd., S. 141: »Das Sakrale verweist auf Dimensionen sozialer Bindungen, die sich von profanen oder rational gebildeten Ordnungen unterscheiden.«

rückt es in die Nähe der »*unproduktive[n] Verausgabung*«[36], die Bataille 1933 im Anschluss an Mauss' *Essai sur le don* dem Nützlichkeitsprinzip entgegengesetzt hatte, dem Prinzip der Herstellung und Bewahrung von Gütern.[37] Zu den »unproduktiven Ausgaben« rechnet Bataille »Luxus, Trauerzeremonien, Kriege, Kulte, die Errichtung von Prachtbauten, Spiele, Theater, Künste, die perverse (d.h. von der Genitalität losgelöste) Sexualität«[38] – und: den Tod, etwa in Gestalt eines Menschen- oder Tieropfers.[39] Bataille begreift das Opfer »as a transcendence of use-value«[40], wobei er darauf aufmerksam macht, dass ›Sakrifizium‹ dem Ursprung nach nichts anderes meine »als die *Erzeugung heiliger Dinge*. Damit ist klar, daß heilige Dinge durch eine Verlusthandlung entstehen.«[41] Der Tod ist für Bataille »das Extrem der möglichen Verausgabung«, ganz ohne ›Verausgabung‹ jedoch, »ohne freien Verlust«, betont er, sei »keine kollektive Existenz, nicht einmal eine individuelle Existenz möglich«.[42]

Der Grund für die gemeinschaftskonstitutive Funktion des Sakralen liegt vor allem in dem Zugleich von Gefühlen der Anziehung und Abstoßung, die es hervorruft.[43] Das Sakrale spannt sich auf zwischen »die Alltäglichkeit transzendierenden positiven und negativen Aspekten«[44], löst so die ›kommunielle Bewegung‹ der Gesellschaft aus und

---

36   Bataille: Begriff der Verausgabung, S. 11, Hv. i. Orig.; vgl. Moebius: Zauberlehrlinge, S. 143, mit Verweis auf Georges Bataille: Die psychologische Struktur des Faschismus [1933]. In: ders.: Die psychologische Struktur des Faschismus. Die Souveränität (Hg. Lenk, Elisabeth). München 1978, S. 7-43, 16f.

37   Vgl. (hierzu und zu Batailles ›Ökonomie‹ allgemein) Moebius: Zauberlehrlinge, S. 336ff. »[I]m allgemeinen geht jedes Urteil über eine soziale Tätigkeit stillschweigend davon aus, daß der Einsatz nur dann einen Wert hat, wenn er auf die grundlegenden Erfordernisse von Produktion und Erhaltung zurückführbar ist. [...] Zwar widerlegt die persönliche Erfahrung, etwa die eines Jugendlichen, der grundlos vergeudet und zerstört, jedesmal diese erbärmliche Auffassung. Aber auch der Bewußteste, wenn er sich rücksichtslos verschwendet und zerstört, weiß nicht, warum er das tut, und hält sich womöglich für krank. Er ist unfähig, sein Verhalten als *nützlich* zu rechtfertigen, und kommt gar nicht auf die Idee, daß die menschliche Gesellschaft ebenso wie er selbst ein *Interesse* an erheblichen Verlusten und Katastrophen haben könnte«. (Bataille: Begriff der Verausgabung, S. 10, Hv. i. Orig.) Bataille, so Marroquín/Seiwert: Collège de Sociologie, S. 146, sehe die Verausgabung »als eine notwendige Form sozialen Handelns [...], die sich nicht in die Begrifflichkeit einer am rationalen Handeln orientierten Theorie einordnen läßt«.

38   Bataille: Begriff der Verausgabung, S. 12.

39   Nach Auskunft von Michel Leiris bildete das Problem des Opfers den Ansatzpunkt der Forschungen am *Collège*; vgl. Marroquín/Seiwert: Collège de Sociologie, S. 139.

40   Weingrad: College of Sociology and Institute of Social Research, S. 135.

41   Bataille: Begriff der Verausgabung, S. 13, Hv. i. Orig.; vgl. Moebius: Zauberlehrlinge, S. 336f.

42   Georges Bataille: Anziehung und Abstoßung II. Die soziale Struktur. In: Hollier, Denis (Hg.): Das Collège de Sociologie 1937-1939. Berlin 2012, S. 130-150, 149.

43   Bischof: Tragisches Lachen, S. 209, bezeichnet die Sakralsoziologie als »Soziologie der sozialen Ambivalenz«; siehe auch Moebius: Zauberlehrlinge, S. 143f.; 146f.

44   Marroquín/Seiwert: Collège de Sociologie, S. 143. In diesem Zugleich von Anziehung und Abstoßung reflektiert sich »Die Ambiguität des Sakralen« (so der Titel eines Vortrags von Roger Caillois in: Hollier, Denis [Hg.]: Das Collège de Sociologie 1937-1939. Berlin 2012, S. 320-350), die bereits im lateinischen ›sacer‹ steckt, das »heilig und verflucht« bedeute, wie Sigmund Freud: Über den Gegensinn der Urworte [1910]. In: ders.: Studienausgabe. Bd. IV. Psychologische Schriften (Hg. Mitscherlich, Alexander/Richards, Angela/Strachey, James). 2., korrig. Aufl. Frankfurt a.M. 1970, S. 227-234, 233, vermerkt. (Laut Hollier: Collège de Sociologie, S. 113, und Bischof: Tragisches La-

hält sie am Leben.[45] Im Unterschied zu Tiergesellschaften, meint Bataille, erfolge die
»Interattraktion« des Menschen nicht direkt, sondern sei durch das Sakrale »mediati-
siert, *vermittelt*«.[46] Man müsse dem Faktum Rechnung tragen,

> daß die Einheit zwischen den Menschen keine unmittelbare ist; daß sie sich im Um-
> kreis einer sehr merkwürdigen, mit unvergleichlich obsessiver Kraft ausgestatteten
> Realität herstellt; daß die menschlichen Beziehungen ihres menschlichen Charakters
> verlustig gehen, wenn sie aufhören, durch diesen *terminus medius*, diesen Kern ge-
> waltsamen Schweigens hindurchzugehen. [...] Mit anderen Worten, ich glaube, daß
> es nichts Wichtigeres für den Menschen gibt als anzuerkennen, daß sein Schicksal
> unzertrennlich mit dem verbunden ist, was seinen heftigsten Abscheu hervorruft.[47]

An diesen ›negativen‹ Charakter der Gemeinschaft, an die Idee eines Fehlens unmittelbarer (substantieller) Einheit, das die Gemeinschaft, anstatt sie zu zerstören, erst
ermöglicht[48], knüpft Nancy an; und auch er wird dabei auf die gemeinschaftskonstitutive Rolle des Todes abheben.[49]

---

chen, S. 226, kannte Bataille den Text.) Hollier: Collège de Sociologie, S. 112, merkt an, dass Freud
schon in *Totem und Tabu* die Gefühlsambivalenz analysiert hatte, die vor allem das Totentabu bei
den ›Wilden‹ provoziere, vergleichbar den Affektionen zwangsneurotischer Personen, bei denen
sich die Lust und das Verbot, die eigenen Genitalien zu berühren, die Waage hielten; vgl. Sigmund
Freud: Totem und Tabu. Einige Übereinstimmungen im Seelenleben der Wilden und der Neurotiker [1912/13]. In: ders.: Studienausgabe. Bd. IX. Fragen der Gesellschaft. Ursprünge der Religion
(Hg. Mitscherlich, Alexander/Richards, Angela/Strachey, James). Frankfurt a.M. 1974, S. 287-444,
311ff. Siehe auch Moebius: Zauberlehrlinge, S. 146, der auf Agambens Ausführungen zur »Ambivalenz des Heiligen« (Agamben: Homo sacer, S. 85ff.) verweist, sowie kritisch zu Agamben etwa
Bischof: Tragisches Lachen, S. 217f.

45   Nach Ansicht Batailles sei das Soziale das Resultat einer »Bewegung, die er bald *mouvement com-
muniel, bald *mouvement d'ensemble* nennt, und in der er das eigentliche Agens der Vergesellschaftung vermutet. Ihr charakteristisches Merkmal ist, dass sie aus zwei entgegengesetzten Kräften
gebildet wird, deren eine zentripetal, deren andere zentrifugal wirkt, die aber beide auf [...] eine Realität [bezogen sind], die ebenso verführerisch wie furchterregend ist«. (Bischof: Tragisches
Lachen, S. 222, Hv. i. Orig.)

46   Bataille: Anziehung und Abstoßung I, S. 119, Hv. i. Orig.; siehe dazu Bischof: Tragisches Lachen,
S. 223ff.

47   Bataille: Anziehung und Abstoßung II, S. 132f., Hv. i. Orig.; siehe auch Falasca-Zamponi: Rethinking
the political, S. 178, zu Batailles Beispiel der Kirche »as a sacred place around which village people
gather [...]. The church [...] inspires awe and a considerable amount of dread with its ossuary, dead
bodies buried underneath, and symbolic ceremonies of sacrifice held daily. At the same time, the
church exercises a force of attraction for the villagers, who often converge on its during feast days,
even as they share the anguish and guilt of the repeated symbolic sacrifice.« Siehe dazu und für
weitere Beispiele Bataille: Anziehung und Abstoßung II, S. 139ff.

48   Siehe etwa Trautmann: Nichtmitmachen, S. 183.

49   Vgl. Moebius: Zauberlehrlinge, S. 462; 463; James: Fragmentary demand, S. 180ff., und siehe auch
Morin: Nancy, S. 78: »What Nancy finds in Bataille is a thinking of death as that which reveals the
community by revealing the impossibility of immanence or fusion«.

Das *Collège* sollte ein Ort theoretischer Studien sein[50], die man allerdings als »epistemologische[n] Aktivismus«[51] betreiben wollte. Die Unterzeichner der Gründungsnotiz stellten sich eine »moralische Gemeinschaft« vor, jedem zugänglich, der »die wesentlichen Aspekte des sozialen Lebens«[52] eingehender ergründen wolle. Wie einer erweiterten Fassung des Gründungsdokuments zu entnehmen ist, verband sich damit die Hoffnung, »daß die so entstandene Gemeinschaft ihr zunächst anvisiertes Ziel überschreitet, vom Willen zur Erkenntnis gleitend zum Willen zur Macht übergeht und zum Kern einer größeren Verschwörung wird«.[53] Die Soziologie, die das *Collège* im Namen trug, sollte nicht lediglich selbstzweckhafte Wissenschaft sein,

> sondern eine Art Krankheit, eine merkwürdige Infektion des Gesellschaftskörpers, die Alterskrankheit einer trägen, erschöpften, atomisierten Gesellschaft. [...] Der rechte Gebrauch der Soziologie bestand [...] darin, sie ansteckend, virulent werden zu lassen, für ihre rasche, unabwendbare Verbreitung zu sorgen.[54]

Die Möglichkeit einer politischen Inanspruchnahme der Forschungen zum Sakralen hatte Bataille bereits 1933 in seiner Studie über *Die psychologische Struktur des Faschismus* angedeutet.[55] Er geht darin von einer Spaltung der Gesellschaft in einen homogenen (produktiven, nützlichen) und einen heterogenen Teil aus.[56] Als die heterogenen gesellschaftlichen Elemente rubriziert Bataille, was durch ›unproduktive Verausgabung‹ entstehe: Abfall, Außenseiter*innen, Unbewusstes, die Masse, das Militär. Wie das Sakrale, so provoziere das Heterogene ebenfalls Gefühle von Anziehung und Abstoßung.[57] Dem Heterogenen schlägt Bataille auch die Führer des Faschismus zu.[58] Dies bedeutet keine Zustimmung zum Faschismus[59], wohl aber zur faschistischen Demokratieverach-

---

50   Vgl. Falasca-Zamponi: Rethinking the political, S. 165f. Ausdrücklich, so Hollier: Collège de Sociologie, S. 20ff., verweigerte man sich der Politik und der Kunst, auch der allzu hoffnungsfrohen Verbindung beider: »Das *Collège* stellt im wesentlichen keine literarische Schule aus der Zeit der historischen Avantgarde dar [...]. 1930-1939 ist für die drei Theoretiker [Bataille, Caillois, Leiris, S. H.] jenes interdisziplinären Forschungsprojekts eine Phase der Abrechnung mit der Literatur als einer Aktivität ohne soziale Wirksamkeit«, so Marroquín/Seiwert: Collège de Sociologie, S. 138, Hv. i. Orig. Siehe zur »anti-aesthetic posture« auch Falasca-Zamponi: Rethinking the political, S. 19.

51   Hollier: Collège de Sociologie, S. 23; siehe auch Bürger: Postmodernes Denken, S. 79; Moebius: Zauberlehrlinge, S. 132f., sowie Falasca-Zamponi: Rethinking the political, S. 156, die im Hinblick auf Batailles Tätigkeit in der Gruppe *Acéphale* betont, dass sein damit angestrebter »retreat from politics« keine Untätigkeit bedeutete: »Joining the group Acéphale meant [...] abandoning political action in order to be part of a moral community, an ›order‹ infused by religious spirit, an affective mystical movement.« (Ebd., S. 159) Man könnte auch sagen: Die Abkehr der Kollegiaten von der Politik war eine Hinwendung zum (Denken des) Politischen; vgl. ebd., S. 162; 204.

52   Bataille et al.: Notiz zur Gründung, S. 29.

53   Roger Caillois: Für ein Collège de Sociologie. Nouvelle revue française, Nr. 298 vom 1. Juli 1938. Einführung. In: Hollier, Denis (Hg.): Das Collège de Sociologie 1937-1939. Berlin 2012, S. 263-267, 267.

54   Hollier: Collège de Sociologie, S. 11f.

55   Zu Batailles Analysen des Faschismus siehe etwa Bürger: Postmodernes Denken, S. 46ff.

56   Vgl. Bataille: Psychologische Struktur des Faschismus, S. 10ff., und siehe für eine Gegenüberstellung der homogenen und heterogenen Elemente Moebius: Zauberlehrlinge, S. 145.

57   Vgl. Bataille: Psychologische Struktur des Faschismus, S. 16f.

58   Vgl. ebd., S. 18.

59   Siehe etwa Falasca-Zamponi: A left sacred or a sacred left, S. 44f.

tung.[60] Bataille bewunderte zudem, wie der Faschismus die Affektivität der Menschen anzusprechen und zu nutzen wusste.[61] Er hoffte, es ließen sich »Kräfte« wecken, »die anders sind als die jetzt bekannten, ebenso verschieden vom heutigen oder sogar gestrigen Kommunismus, wie der Faschismus von den dynastischen Forderungen«.[62] Dies mache es nötig, so Bataille,

> ein systematisches Wissen zu entwickeln, das es erlaubt, die affektiven sozialen Reaktionen, die den Überbau durchzucken, vorauszusehen – vielleicht sogar, bis zu einem gewissen Grad, frei über sie zu verfügen. Das Beispiel des Faschismus [...] reicht aus, um zu zeigen, was von einem günstigen Rückgriff auf erneuerte affektive Kräfte zu erwarten wäre.[63]

Das *Collège* ist der Versuch, ein solches ›systematisches Wissen‹ zu erarbeiten und für die (antifaschistische) Erneuerung ›affektiver Kräfte‹ einzusetzen. Die Kollegiaten wollten mit ihren Studien die gesellschaftliche Realität nicht nur erfassen, sondern auch verändern, wie Bataille und Caillois in ihrem Vortrag über *Die Sakralsoziologie der ge-*

---

60   Die »faschistischen Führer«, so Bataille: Psychologische Struktur des Faschismus, S. 18, Hv. i. Orig., widersetzten sich den »demokratischen Politiker[n], die in den verschiedenen Ländern die der *homogenen* Gesellschaft innewohnende Plattheit repräsentieren«. Die gemeinten Mussolini und Hitler dagegen »emanated force and broke the rhythm of homogeneous life«, fasst Falasca-Zamponi: Rethinking the political, S. 130, die Ansicht Batailles zusammen.

61   Laut Falasca-Zamponi: A left sacred or a sacred left, S. 43f., erkannte Bataille im Faschismus »the fulfillment of the sacred's ability to communify«. Bataille und Caillois sahen in ihrem Vortrag über *Die Sakralsoziologie der gegenwärtigen Welt* in dem Erfolg von Kommunismus, Faschismus und Nazismus nach dem Ersten Weltkrieg eine gegenläufige Bewegung zum Trend einer durch den Bedeutungsverlust von Kirche, Adel und Monarchie ausgelösten Verringerung der »Intensität sakraler Brennpunkte« und damit auch der »Intensität der sozialen Gesamtbewegung«. (Georges Bataille/Roger Caillois: Die Sakralsoziologie der gegenwärtigen Welt. In: Hollier, Denis [Hg.]: Das Collège de Sociologie 1937-1939. Berlin 2012, S. 211-229, 222) Als gesellschaftliche »Erregung« (ebd., S. 223) auftretend, sei der Faschismus indes nicht Ausdruck einer Resakralisierung der Gesellschaft, sondern stelle den Zerfall der kommuniellen Gesamtbewegung dar: Er bedinge ein Erstarken der »individuellen und [...] funktionalen Bewegungen« (ebd.), was dazu führe, »daß die Nützlichkeit nach und nach die Oberhand über die Existenz bekommt, daß die Existenz sich unterordnet und langsam versklavt«. (Ebd., S. 224) Eine Schilderung der sakralen Dimension des Faschismus findet sich bei Denis de Rougemont: Journal aus Deutschland 1935-1936 [1938]. Wien 1998, der »die religiöse Natur des Hitlertums«. (Ebd., S. 95) betont. Über einen Auftritt Hitlers schreibt er: »Ich empfinde jetzt das, was man wohl *heiligen Schrecken* nennen muß. Ich hatte gedacht, an einer Massenveranstaltung teilzunehmen, an einer politischen Kundgebung. *Aber sie zelebrieren ihren Kult!* Und dabei wird eine Liturgie abgehalten, die große sakrale Zeremonie einer Religion, der ich nicht angehöre und die mich überrollt und mich mit sehr viel mehr Kraft, *sogar physischer Kraft* zurückdrängt als all diese schrecklich strammen Körper. Ich bin allein, und sie sind eine Gemeinschaft.« (Ebd., S. 66, Hv. i. Orig.) Mit seiner »Obsession der Einswerdung«, könnte man mit Nancy: Entwerkte Gemeinschaft, S. 42 (CD 46), sagen, »war der Faschismus ein letztes heftiges Aufbäumen des Christentums«.

62   Bataille: Psychologische Struktur des Faschismus, S. 42.

63   Ebd.

genwärtigen Welt betonen: In der Erforschung der ›kommuniellen Bewegung‹ liege die Chance zu einer »sozialen Medikation«.[64]

Behandlungsbedürftig erschien den Kollegiaten die demokratische Gesellschaft.[65] Die Ablehnung der Demokratie gehörte Peter Bürger zufolge in der Zeit zwischen den Weltkriegen unter französischen Intellektuellen zum guten Ton. Verglichen mit den totalitären Regimes in Deutschland, Russland, Italien oder Portugal, schien die Demokratie blutleer und ihrem Ende nahe: »Le régime démocratique qui se débat dans des contradictions mortelles, ne pourra pas être sauvé.«[66] Bataille sorgte zwar der Mangel an Gemeinschaft in den zeitgenössischen Demokratien, aber er verurteilte die nationalsozialistische ›Blut-und-Boden‹-Gemeinschaft.[67] Beide Phänomene – den Mangel an Gemeinschaftssinn in der Demokratie und den Erfolg anti-demokratischer Gemeinschaftsbewegungen – erkannten die Kollegiaten als miteinander eng verknüpft. Ähnlich wie Nancy und Lacoue-Labarthe in ihrer Totalitarismusanalyse behauptet hatten, stellten sie fest: Weil in der Demokratie gemeinschaftliche Bindungen fehlen, können Gemeinschaftsbewegungen reüssieren, die das Bedürfnis nach Sakralität für ihre falschen Zwecke missbrauchen.[68]

> In this scenario, democracy came to play the Cinderella role. It constituted an inadequate, unfulfilling system of »empty structures,« a weakened and lifeless social form – in sum, a losing bet. Evaluated against the requirements of the effervescent sacred unleashed by fascism, democracy appeared anemic at best, if not sick to the bone. Furthermore, democracy did not seem able to overcome fascism's appeal.[69]

---

64 Bataille/Caillois: Sakralsoziologie der gegenwärtigen Welt, S. 219; vgl. Moebius: Zauberlehrlinge, S. 13, und siehe auch Albers/Moebius: Nachwort, S. 758, wonach dem *Collège* ein »aktivistischer Impetus« geeignet habe.

65 Siehe zu den historischen, gesellschaftlichen und politischen Problemen (vor allem: Individualisierung und Faschismus), auf die das *Collège* reagierte, Moebius: Zauberlehrlinge, S. 116ff.

66 Georges Bataille: Les Cahiers de ›Contre-Attaque‹. In: ders.: Œuvres complètes I. Premiers Écrits. 1922-1940. Histoire de l'œil. L'anus solaire. Sacrifices. Articles. Paris 1970, S. 384-392, 385; vgl. Bürger: Postmodernes Denken, S. 36f.; 41, dem ich den Hinweis auf das vorstehende Bataille-Zitat verdanke. Die Schwäche der Demokratie zeigte sich den Mitgliedern des *Collège* am Münchener Abkommen (1938); dazu Moebius: Zauberlehrlinge, S. 119ff. Bereits am Tag nach Abschluss des Abkommens erschien in der *Nouvelle revue française* eine von Caillois, Bataille und Leiris unterzeichnete Erklärung: »Das *Collège de Sociologie* betrachtet das allgemeine Ausbleiben irgendeiner lebhaften Reaktion im Angesicht des Krieges als eine [sic!] Zeichen der *Entkräftung*, der *Entmannung* des Menschen. Es zögert nicht, die Ursache dafür in dem Nachlassen der aktuellen Bindungen der Gesellschaft, ihrer Quasi-Nichtexistenz aufgrund der Entwicklung des bürgerlichen Individualismus zu sehen.« (Georges Bataille/Roger Caillois/Michel Leiris: Erklärung des Collège de Sociologie zur internationalen Krise. Nouvelle revue française, Nr. 302 vom 1. November 1938. In: Hollier, Denis [Hg.]: Das Collège de Sociologie 1937-1939. Berlin 2012, S. 313-317, 316, Hv. i. Orig.)

67 Vgl. Simonetta Falasca-Zamponi: A left sacred or a sacred left, S. 47.

68 Vgl. Albers/Moebius: Nachwort, S. 759. Falasca-Zamponi: Rethinking the political, S. 231, spricht von »the brilliant intuition of placing democracy and totalitarianism in an analytical face to face«.

69 Falasca-Zamponi: Rethinking the political, S. 227f. Nancy und Lacoue-Labarthe hatten behauptet, der Totalitarismus komme aus dem Inneren der (krisenhaften) Demokratie. Nancy: Politik und darüber hinaus, S. 237, hält diese These aufrecht, wenn er schreibt, dass die »Aufnahme des Gemeinsamen […] in ihrer demokratischen und republikanischen Version blass und schwach war«,

Was tun? Schon das Gründungsmanifest des von Bataille und André Breton (1896-1966) initiierten Kampfbundes *Contre-Attaque*[70] hatte verlautbart, man wolle den Kampf gegen den Faschismus mit den Mitteln des Faschismus führen, denn dieser nutze vorbildhaft »l'aspiration fondamentale des hommes à l'exaltation affective et au fanatisme«.[71] In diesem Geiste sollte es auch die Sakralsoziologie ermöglichen, »die Waffen des Faschismus gegen diesen selbst anzuwenden«.[72] Zwar sollte das *Collège* allererst »ein Organ für Forschungen und Studien« sein, die politischen Umstände erforderten aber, es auch als einen »Herd von Energie«[73] zu betreiben, liest man in der Erklärung des *Collège* zum Münchener Abkommen von 1938. Dem *Collège* möge sich anschließen, heißt es darin weiter, wer »die Schaffung eines vitalen Bandes zwischen den Menschen als einzigen Ausweg« aus der Misere erachtet, und wer nicht nur »ein Bewußtsein der *absoluten Verlogenheit* der gegenwärtigen Formen der Politik« wecken wolle, sondern zudem beabsichtige, »eine kollektive Existenzweise zu schaffen, die auf geographische oder soziale Grenzen keine Rücksicht nimmt und die es erlaubt, ein wenig Haltung zu bewahren, wenn der Tod droht«.[74]

(K)Eine Politik der Gemeinschaft?

Nancys Erwartung, bei Bataille Ansätze einer neuen Politik zu finden, erfüllte sich nicht.[75] Nach dem Zweiten Weltkrieg habe Bataille »die politische Möglichkeit als solche zurückgewiesen«[76], da er der Vergeblichkeit seines Denkens und Handelns in den 1930er Jahren inne geworden sei:

> Es stand nicht mehr zur Debatte, daß eine »heilige Soziologie [sociologie sacrée]« von den Faschismen die triebhafte und »aktivistische« Energie übernehmen könnte, in denen er deren hauptsächliche Triebkraft gesehen hatte. Der heterologische Aufruhr war gescheitert, und der durch den Sieg der Demokratien beendete Krieg hatte keine ekstatischen Kräfte aufleben lassen und zutage gefördert, sondern ließ statt dessen die politischen Projekte im Dunkeln.[77]

Insbesondere im Hinblick auf seine Konzeption von Gemeinschaft habe Bataille begriffen,

---

weshalb »man den Staat in höheren Totalitäten [...] [hat] überwinden wollen: Rasse, Volk, Identität, Mythos«. (In der französischen Ausgabe fehlt diese Passage.)

70   Siehe zu *Contre-Attaque* Falasca-Zamponi: Rethinking the political, S. 132ff.; Moebius: Zauberlehrlinge, S. 239ff.

71   Georges Bataille et al.: ›Contre-Attaque‹. Union de lutte des intellectuels révolutionnaires. In: Bataille, Georges: Œuvres complètes I. Premiers Écrits. 1922-1940. Histoire de l'œil. L'anus solaire. Sacrifices. Articles. Paris 1970, S. 379-383, 382; vgl. Bürger: Postmodernes Denken, S. 43.

72   Moebius: Zauberlehrlinge, S. 154; siehe auch Falasca-Zamponi: Rethinking the political, S. 137; 227.

73   Bataille/Caillois/Leiris: Erklärung zur Krise, S. 317.

74   Ebd., Hv. i. Orig.

75   Vgl. Nancy in Nancy/Tyradellis: Was heißt uns Denken?, S. 49 (AP 47).

76   Nancy: Herausgeforderte Gemeinschaft, S. 23 (CA 32). Nancy: Verleugnete Gemeinschaft, S. 26f. (CDV 31): »Ich hatte eine Politik gesucht, ich fand einen Verzicht auf die Suche nach einer politischen Gemeinschaft«.

77   Nancy: Herausgeforderte Gemeinschaft, S. 23f. (CA 33).

wie lächerlich alle sehnsüchtigen Träume von der Einswerdung waren, obgleich gerade er sich lange Zeit – sozusagen im äußerst geschärften Bewußtsein des »Verlustes« der Gemeinschaft, was er mit der ganzen Epoche teilte – die archaischen Gesellschaften und deren sakrale Ordnungen, den Ruhm der militärischen und monarchischen Gesellschaften, oder den Adel der Feudalzeit als verschwundene und faszinie-
rende Formen eines gelungenen, vertrauten mit sich selbst Gemeinsam-Seins [être-
en-commun] vorgestellt hatte.[78]

Tatsächlich stellt das Unterfangen des *Collège*, die faschistische Gemeinschaftsbewe-
gung durch eine Wiederbelebung gegengerichteter kommunieller Kräfte zu bekämpfen, einen riskanten Drahtseilakt dar.[79] »Die faszisierenden Töne«[80], die in den Texten
der Kollegiaten mitschwangen, blieben schon den Zeitgenossen nicht verborgen. Vor allem den mit Biologismen argumentierenden Artikel *Der Winterwind* von Roger Caillois,
abgedruckt im Juli-Heft 1938 der *Nouvelle revue française*, traf der Vorwurf einer bedenklichen Faschismusnähe.[81] Walter Benjamin berichtete Max Horkheimer 1939 mit Blick
auf *Der Winterwind*, »Caillois tummelt sich weiter in Zweideutigkeiten«[82] und setze seine Ausführungen mit keinem Wort in Bezug zur Realität.[83]

Es versteht sich, daß dieses Schweigen besser als jedes Bekenntnis Bescheid gibt. – Die
N. R. F. bekundet [...], mit welcher politischen Ausrichtung die Entschiedenheit erkauft
ist, mit der sie in der europäischen Krise vom September gegen den französischen

---

78   Nancy: Entwerkte Gemeinschaft, S. 43 (CD 47f.). Dieser These, so James: Fragmentary demand,
     S. 189, widerspreche Blanchot: Bataille habe die *Acéphale*-Gemeinschaft nicht als gescheitert an-
     gesehen, sondern ihr ›Scheitern‹ als für sie wesentlich erkannt; Blanchot zufolge sei *Acéphale* als
     eine abwesende, nicht werkförmige Gemeinschaft gedacht gewesen. »Die Abwesenheit von Ge-
     meinschaft ist nicht das Scheitern der Gemeinschaft: sie gehört zu ihr als ihr extremes Moment
     oder als Prüfung, die sie ihrem notwendigen Verschwinden aussetzt. Acéphale war die gemein-
     same Erfahrung dessen, was nicht gemeinsam gemacht werden konnte, was nicht als Eigentum
     bewahrt und auch nicht für eine spätere Preisgabe reserviert werden konnte. [...] Die Acéphale-
     Gemeinschaft konnte nicht als solche bestehen, sondern nur als Bevorstehen und Rückzug«, so
     Blanchot: Uneingestehbare Gemeinschaft, S. 32. Siehe auch James: Naming the nothing, S. 175f.;
     Hill: Blanchot, S. 202f.; Morin: Nancy, S. 86f.

79   Falasca-Zamponi: A left sacred or a sacred left, S. 52: »When one invokes a more expansive affective
     notion of the political, when one invokes a more involving sense of community, one is a razor-thin
     margin away from falling prey to aestheticized fascism.« Siehe auch Bischof: Tragisches Lachen,
     S. 232ff.

80   Carlo Ginzburg: Germanische Mythologie und Nazismus. Über ein altes Buch von Georges Dumé-
     zil. In: Tumult. Zeitschrift zur Verkehrswissenschaft 18 (1993), S. 70-94, 90; siehe dazu Moebius:
     Zauberlehrlinge, S. 208ff.

81   Siehe neben den untenstehenden die Beispiele für Kritik an Caillois' Denken bei Falasca-Zamponi:
     A left sacred or a sacred left, S. 51. Auch Bataille kritisierte die biologistische Argumentation Cail-
     lois'; vgl. dazu und zu weiteren Divergenzen zwischen Bataille und Caillois Bischof: Tragisches La-
     chen, S. 236ff.

82   Walter Benjamin: Brief an Max Horkheimer vom 24. Januar 1939. In: ders.: Gesammelte Briefe. Bd.
     VI. 1938-1940 (Hg. Gödde, Christoph/Lonitz, Henri). Frankfurt a.M. 2000, S. 197-209, 203.

83   Vgl. ebd.

Pazifismus Partei ergriff. Sie legitimiert zugleich den Zweifel, den man in die Solidität ihrer Entscheidung setzen konnte.[84]

Jean Paulhan, der Herausgeber der *Nouvelle revue française*, teilte Caillois in einem Brief mit, man habe ihn gefragt: »»Mais pourquoi la *nrf* devient-elle fasciste?«[85], und fügt in Klammer an, es sei wohl *Der Winterwind*, der diese Frage provozierte. Caillois verwahrte sich gegen die Faschismusunterstellung, veröffentlichte *Der Winterwind* in Frankreich aber erst im Jahr 1974 wieder.[86]

Der Vorwurf, sich vom Faschismus nicht unmissverständlich zu distanzieren, traf neben Caillois auch Bataille. Bei beiden müsse man von »einer äußerst zweideutigen Haltung gegenüber den faschistischen und Nazi-Ideologien«[87] sprechen, meint etwa Carlo Ginzburg und führt einen Brief Batailles an Raymond Queneau aus dem Jahre 1934 an, in dem er die Anziehungskraft schildert, die beim Besuch einer Ausstellung zur faschistischen Revolution in Rom die dort gezeigten Symbole des Todes auf ihn gehabt hätten.[88] Auch Jürgen Habermas, ähnlich wie Ginzburg, weiß nicht klar zu entscheiden, worin sich bei Bataille »die subversiv-spontane Äußerung und die faschistische Kanalisierung dieser Kräfte letztlich unterscheiden«.[89]

---

84   Ebd. Den Hinweis auf diesen Brief entnehme ich Moebius: Zauberlehrlinge, S. 374f. Caillois war Horkheimer und Adorno bereits durch den Text *La Mante religieuse* (1937) aufgefallen; siehe zu dieser Schrift etwa Falasca-Zamponi: Rethinking the political, S. 148ff.; Moebius: Zauberlehrlinge, S. 362ff. Wie Bischof: Tragisches Lachen, S. 237, in Erinnerung ruft, verfasste Adorno eine Rezension dieser Arbeit, in der er Caillois' Drang kritisiert, »durch Reduktion auf den Mythos und die Natur alle menschlichen Versuche, dem blinden Naturzusammenhang sich zu entwinden, als zufällig, isoliert und lebensfremd zu kompromittieren«. (Theodor W[iesengrund] Adorno: [Rezension von] Roger Caillois, La Mante religieuse. Recherche sur la nature et la signification du mythe. Paris: La Maison des Amis des Livres 1937. In: ders.: Gesammelte Schriften. Bd. 20/1. Vermischte Schriften I [Hg. Tiedemann, Rolf]. Frankfurt a.M. 1986, S. 229-230, 229f.) Adorno wird in einem Brief an Walter Benjamin vom 22. September 1937 in: Theodor W[iesengrund] Adorno: Briefe und Briefwechsel. Bd. 1. Theodor W. Adorno. Walter Benjamin. Briefwechsel 1928-1940 (Hg. Lonitz, Henri). Frankfurt a.M. 1994, S. 276-279, deutlicher: Bei Caillois sehe man eine »antihistorische, der gesellschaftlichen Analyse feindliche und in der Tat kryptofaschistische Naturgläubigkeit, die am Schluß zu einer Art Volksgemeinschaft von Biologie und Imagination führt« (ebd., S. 277); er müsse deshalb Benjamins »bedächtiges Urteil, der Mann gehöre auf die andere Seite, mit [...] rudesse bekräftigen«. (Ebd., S. 278) Zu Adornos Kritik siehe auch Pic: Penser au moment du danger, S. 87f., sowie Weingrad: College of Sociology and Institute of Social Research, S. 137ff., der ebd., S. 139, auch den Brief Adornos an Benjamin zitiert. Trotz der Kritik waren Adornos und Horkheimers Ambitionen denen Caillois' nahe: Das *Collège de Sociologie* und das *Institut für Sozialforschung* seien um die Frage gekreist, »how to respond to the apparent failure of Enlightenment rationality«. (Ebd., S. 161)

85   Jean Paulhan: Brief an Roger Caillois vom 5. August 1938. In: Cahiers Jean Paulhan 6. Correspondance Jean Paulhan-Roger Caillois 1934-1967. Édition établie et annotée par Odile Felgine et Claude-Pierre Perez avec le concours de Jacqueline Paulhan. Paris 1991, S. 87.

86   Vgl. Hollier: Collège de Sociologie, S. 288f., woher ich auch den Hinweis auf den Brief Paulhans entnehme. Zu weiteren Faschismusvorwürfen siehe Falasca-Zamponi: Rethinking the political, S. 221ff.

87   Ginzburg: Germanische Mythologie und Nazismus, S. 90.

88   Vgl. ebd.

89   Habermas: Philosophischer Diskurs der Moderne, S. 259, der sich mit ›Kräfte‹ auf Bataille: Psychologische Struktur des Faschismus, S. 42, bezieht: »Das Beispiel des Faschismus [...] reicht aus, um zu zeigen, was von einem günstigen Rückgriff auf erneuerte affektive Kräfte zu erwarten wäre.« Zu

In solcher Kritik schwingt der Tadel eines Einverständnisses mit[90]; und zugleich: Unverständnis für die Faszination, die der Faschismus – nicht nur – auf Bataille ausgeübt hat. Nancy hält dies für fatal und warnt vor einer simplen moralischen Aburteilung derer, die sich der Komplizenschaft mit Faschismus und Nationalsozialismus schuldig gemacht haben. Ein zu schneller Urteilsspruch vereitele, dass man begreift, was geschehen ist und wieder geschehen kann.[91] Den Umstand, dass sich viele vom Faschismus angezogen fühlten, so Nancy, dürfe man »nicht auf die leichte Schulter nehmen, weder im Falle Batailles, noch bei manchen anderen«.[92]

Müsste sich nicht Habermas sogar fragen lassen, ob sein universalistisch-rationalistischer Politikbegriff den Erfolg rechtspopulistischer und rechtsextremer Bewegungen nicht eher begünstigt als verhindert? Darauf jedenfalls spitzt sich der Vorwurf Chantal Mouffes zu, die dagegen ist, in der Politik »die durch kollektive Identifikationen mobilisierte affektive Dimension zu ignorieren und der Vorstellung anzuhängen, diese vermeintlich archaischen ›Leidenschaften‹ müßten mit dem Stärkerwerden des Individualismus und dem Fortschritt der Rationalität verschwinden«.[93] Entschieden widerspricht sie der Behauptung »vom Ende der kollektiven Identitäten«.[94] Im Gegenteil, meint Mouffe, verstünden sich ›rechte‹ Parteien mit großem Erfolg auf den Appell »an angeblich ›archaische‹ Formen der Identifikation wie ›das Volk‹«.[95]

Mouffes Überlegungen deuten die Möglichkeit einer Rehabilitation des Projekts des *Collège* an.[96] Gelänge sie, so würde fraglich, ob Nancy die bataillesche Politik der Gemeinschaft zu Recht ablehnt. Nancy hebt vor allem Batailles ›negative‹ Bestimmung der Gemeinschaft hervor, nämlich »l'absence de communauté et [...] l'idée de communauté négative: la communauté de ceux qui n'ont pas de communauté«.[97] Von Nancy weitgehend unbeachtet, so scheint mir, bleiben hingegen Batailles Arbeiten aus der Zeit des *Collège*, in denen er ›Gemeinschaft‹ positiv zu fassen versucht. Nancy legitimiert sein Vorgehen durch den Hinweis auf Batailles Abkehr von diesen Arbeiten. »Das Umschlagen der Sehnsucht nach einer verlorenen Einswerdung in das Bewußtsein eines ›unermeßlichen Scheiterns‹ in der Geschichte der Gemeinschaften«[98], so Nancy, habe Bataille politischen Ambitionen unter der Flagge der Gemeinschaft entsagen lassen.

Habermas in diesem Kontext siehe Moebius: Zauberlehrlinge, S. 485ff., sowie zur Rezeption des *Collège* in Deutschland Albers/Moebius: Nachwort, S. 764ff.

90   Moebius: Zauberlehrlinge, S. 210, merkt (mit Blick auf die Kritik Ginzburgs) zu Recht an: »Aber jemanden mit seinen eigenen Waffen schlagen zu wollen, ist noch kein Sympathisantentum«.

91   Vgl. Baranowski: Simon Srebnik kehrt nach Chełmno zurück, S. 308.

92   Nancy: Entwerkte Gemeinschaft, S. 41 (CD 46).

93   Mouffe: Über das Politische, S. 12; vgl. zur Kritik an Habermas ebd., S. 108ff.

94   Ebd., S. 85.

95   Ebd., S. 86.

96   Wenn es ein solches gemeinsames Projekt überhaupt gab. Daran ließe sich mit Blick auf die heterogene Zusammensetzung der Kollegiaten, die Ginzburg: Germanische Mythologie und Nazismus, S. 91, hervorhebt, zweifeln.

97   Bataille: Post-scriptum 1953, S. 483. Nancy nutze Batailles Denken »[z]ur Infragestellung und Kritik von Gemeinschaftskonzepten, die ein Verschmelzen und ein Eins-Werden propagieren«, so Moebius: Zauberlehrlinge, S. 461.

98   Nancy: Entwerkte Gemeinschaft, S. 44 (CD 49). Die Wendung ›unermeßliches Scheitern‹ bezieht sich auf Georges Bataille: La souveraineté. In: ders.: Œuvres complètes VIII. L'histoire de l'érotisme.

Stattdessen habe er nach dem Zweiten Weltkrieg die Gesellschaft mit der »*subjektive[n]* Souveränität der Liebenden und des Künstlers«[99] konfrontieren wollen. (Die Kursivsetzung macht darauf aufmerksam, wo hierbei für Nancy der Fehler liegt.) Durch diese Interpretation beschneidet Nancy die Bedeutung des *Collège:* Es ist nicht nur wegen des Scheiterns seiner Ziele wichtig, sondern bietet auch Anknüpfungspunkte für aktuelle Politikentwürfe. So teilt etwa Mouffe (implizit) die Einsicht der Kollegiaten in die gesellschaftliche und politische Notwendigkeit gemeinschaftlicher Bindungen. Mouffes Überlegungen werden noch ausführlicher beleuchtet werden, deshalb soll es hier nur um eine Skizze möglicher Verbindungslinien zwischen ihrer politischen Konzeption und dem *Collège* gehen. Ich beziehe mich dazu auf Caillois' Aufsatz *Der Winterwind*.

Benjamin spricht von ›Zweideutigkeiten‹ dieses Textes, was heißen mag, dass er nicht rundweg abzulehnen ist. Caillois offeriert ein Modell politischen Handelns, das auch eine aktuelle politische Theorie – wie die Nähe zu Mouffe zeigen soll – nutzen könnte. Politisches Handeln fasst Caillois als eine Art Kampf, für den wichtig sei, betont er gegen die Ideologie des Individuums, »daß man sich vereinigen muß, um stark zu sein«.[100] Entsprechend ist er überzeugt davon,

> daß die Individuen, die tatsächlich entschlossen sind, den Kampf aufzunehmen, notfalls in winzigem Maßstab, aber doch so wirksam, daß ihr Versuch epidemisch zu werden verspricht, sich mit der Gesellschaft auf ihrem eigenen Terrain messen und sie mit ihren eigenen Waffen angreifen müssen, das heißt, indem sie sich selbst als Gemeinschaft begründen; mehr noch, indem sie die von ihnen verfochtenen Werte [...] als die vorrangigen der Gesellschaft betrachten, die sie verwirklicht sehen wollen [...].[101]

Leitend müsse der Wunsch sein, »die Gesellschaft als Gesellschaft zu bekämpfen«[102], was heiße,

> ihr als festere und dichtere Struktur entgegenzutreten und zu versuchen, sich wie ein Krebsgeschwür in einem labileren und lockereren, wenn auch unvergleichlich viel größeren Milieu festzusetzen. Es handelt sich um eine Methode der *Übervergesellschaftung*, und das bedeutet natürlich von vornherein, daß die ins Auge gefaßte Gemeinschaft soviel wie möglich sakralisieren muß [...].[103]

Es gelte, erklärt Caillois, sich nicht mehr in »bloß verbalen Scharmützel[n]« zu verausgaben, sondern sich »zur geordneten Schlacht« zu formieren und in einen »heiligen Krieg«[104] zu ziehen.

Le surréalisme au jour le jour. Conférences 1951-1953. La souveraineté. Annexes. Paris 1976, S. 243-456, 275 (»échec immense«).

99   Nancy: Entwerkte Gemeinschaft, S. 50, Hv. i. Orig. (CD 56, Hv. i. Orig.).

100   Roger Caillois: Der Winterwind. In: Hollier, Denis (Hg.): Das Collège de Sociologie 1937-1939. Berlin 2012, S. 290-309, 290; siehe zur Kritik des Individualismus ebd., S. 291ff.

101   Ebd., S. 294f.

102   Ebd., S. 295.

103   Ebd., S. 295f., Hv. i. Orig.

104   Ebd., S. 296.

Bei aller Vorsicht vor theoretischen Kurzschlüssen: Hier ist angedacht, was Mouffe einen »agonistische[n]«[105] Politikansatz nennt. Dieser wendet sich gegen »die Annahme *eines* grundlegenden Moments des Bruchs«[106], mit dem sich die (politischen) Verhältnisse schlagartig änderten.[107] Stattdessen gelte es, gebraucht Mouffe eine Metapher Antonio Gramscis (1891-1937), an vielen Fronten zugleich einen ›Stellungskrieg‹ zu führen.[108] Das agonistische Modell politischen Handelns setzt nicht auf den einmaligen politischen Coup, nicht auf eine »revolutionäre Politik des jakobinischen Typus«[109], sondern auf das beharrliche Erstreiten von Hegemonie, auf ein »Majoritär-Werden«.[110] In diesem Sinne behauptet auch Caillois, man müsse den Kampf ›notfalls in winzigem Maßstab‹ aufnehmen, mit dem Ziel eines Epidemisch-Werdens der eigenen Werte.

Der Kampf, so Caillois, sei eine »kollektive Anstrengung«[111] und beherrscht von dem »gemeinsame[n] Wille[n], dasselbe Werk zu verwirklichen«.[112] Der Zusammenhalt gründe sich auf ein »existentielles Fundament«, auf eine »affektive Grundlage«.[113] Dabei ist gerade der Grund der Gemeinschaft, lautet die postfundamentalistische Pointe, nicht vorhanden: Ausdrücklich erteilt Caillois der Bestimmung einer Gemeinschaft durch Rasse, Sprache, Territorium oder Geschichte eine Absage.[114] Mitglied einer Gemeinschaft kann werden, wer Mitglied werden will:

> Der gemeinsame Wille, dasselbe Werk zu verwirklichen, schließt bereits Wahlverwandtschaften ein, die allein die Gemeinschaftsbildung anzuleiten und deren notwendigen und hinreichenden Grund anzugeben vermögen, indem sie jedem einzelnen im Verhältnis zu den anderen menschlichen Wesen eine doppelte Reihe komplementärer Erfahrungen von Anziehung und Abstoßung liefern.[115]

Diese Erfahrungen, führt Caillois aus, beruhten nun allerdings auf einem »essentiellen ethischen Gegensatz zwischen mindestens zwei Klassen von Menschen«[116], getrennt durch

> eine ideale Grenzlinie, anhand derer ein jeder zwischen *seinesgleichen* und den anderen unterscheidet. So entsteht diesseits der Linie eine Gemeinschaft eng miteinander

---

105 Mouffe: Über das Politische, S. 158.

106 Laclau/Mouffe: Hegemonie und radikale Demokratie, S. 192, Hv. i. Orig.

107 Mouffe bezieht sich kritisch auf Antonio Negris und Michael Hardts Theorie der Multitude, an der sie zweierlei auszusetzen hat: zum einen die Tendenz zum Determinismus, die daraus resultiere, dass Negri und Hardt keine Theorie der Genese des revolutionären Subjekts anzubieten hätten; vgl. Chantal Mouffe: Exodus und Stellungskrieg. Die Zukunft radikaler Politik. Wien 2009, S. 33f. Problematisch sei zum anderen der von Negri und Hardt avisierte »Sprung in eine Gesellschaft, in der es keine Antagonismen mehr gibt«. (Mouffe: Agonistik, S. 124)

108 Vgl. Mouffe: Agonistik, S. 119.

109 Mouffe: Über das Politische, S. 70.

110 Marchart: Politische Differenz, S. 301, Hv. i. Orig.; vgl. Mouffe: Über das Politische, S. 70, sowie zur »Politik als Hegemonie« auch ebd., S. 25ff.

111 Caillois: Winterwind, S. 297.

112 Ebd., S. 298.

113 Ebd., S. 297.

114 Vgl. ebd.

115 Ebd., S. 298.

116 Ebd.

verbundener Personen, die sich spontan als Verwandte erkannt haben und zu unbedingter gegenseitiger Unterstützung bereit sind, während auf der anderen Seite nach eigenen Gesetzen eine Vielheit von Elenden lebt, mit denen man nichts gemein hat, die man aus gutem Grund verachtet und von denen man sich wie von unreinen Dingen instinktiv fernhält.[117]

Caillois betont: Die Unterschiede zwischen den Menschen seien hierarchische »Wesensunterschiede«, die es rechtfertigten, den Schwachen »zur Bewahrung einer Integrität durch sanitäre Maßnahmen« fernzuhalten, denn auch eine Gesellschaft müsse »wie ein Organismus ihre Abfälle zu beseitigen wissen.«[118] Man mag Caillois zugestehen, dass er sich metaphorischer Rede bedient, um die rational nicht erklärbaren Phänomene von Anziehung und Abstoßung zu veranschaulichen.[119] Seine Ratschläge sind dennoch unerträglich und resultieren in einem anti-demokratischen Politikverständnis, bei dem das Umkommen der Gegner*innen im eisigen Winterwind nicht nur in Kauf genommen, sondern als gesellschaftsreinigende Maßnahme ausdrücklich begrüßt wird.[120]

Mouffe hingegen legt ihr Modell agonistischer Politik als ein Modell demokratischer Politik an. Auch sie unterstreicht die Notwendigkeit der »Konstruktion eines kollektiven Willens«[121], wofür die ›leidenschaftliche‹ Unterscheidung eines Wir von einem Sie wesentlich sei.[122] Jedoch sei diese keine antagonistische Unterscheidung, die die mögliche Vernichtung des Gegenübers impliziert, sondern – eingedenk der für die Demokratie wesentlichen Pluralität – die Unterscheidung zwischen agonistischen Gegnern und Gegnerinnen, die einander als legitim anerkennen.[123]

Diese Skizze der mouffeschen Theorie legt nahe, dass Nancys Rückzug von einer Politik berechtigt ist, die sich mit der Gemeinschaft in ein wechselseitiges Begründungsverhältnis zu setzen versucht, das heißt: eine bestimmte Gemeinschaft zur Grundlage von Politik machen oder eine bestimmte Politik zur Begründung einer Gemeinschaft nutzen möchte.[124] Sein Vorbehalt geht aber zu weit, wächst er sich zu einer Distanzierung von jeglichem »politischen Konstruktionsprojekt« aus und verurteilt er jedes Bestreben, die (politische) »Herstellung einer *gewissen* Ordnung, einer *gewissen* Gemeinschaft, einer *gewissen* civitas und einer *gewissen* Fundierung zu denken«.[125] Wie wäre einem totalitären Politikverständnis beizukommen, liefe dessen Kritik darauf hinaus,

---

117   Ebd., Hv. i. Orig.

118   Ebd., S. 299.

119   Vgl. Bürger: Postmodernes Denken, S. 82.

120   Caillois' Artikel schließt mit einer sozialdarwinistischen Vision: Ein »arktischer Wind« werde durch die Glieder der »zerfallenen, hinfälligen, halb eingefallenen Gesellschaft« fahren und eine »unwiderrufliche Reinigung« vornehmen, die nur der »robuste Nomade« überstehe: »Dieses Klima wird sehr hart sein und die Selektion wahrlich rasant.« (Caillois: Winterwind, S. 308) Am Ende aber sei dann »[d]as Feld [...] frei für die Tauglichsten: keine verstopften Wege, die sie auf ihrer Bahn behindern«. (Ebd.) Bischof: Tragisches Lachen, S. 237, betont allerdings, »die hermeneutische Gerechtigkeit« lasse es nicht zu, »Caillois auch nur in die Nähe zum Faschismus zu rücken«.

121   Mouffe: Agonistik, S. 119.

122   Vgl. Mouffe: Über das Politische, S. 12f.

123   Vgl. ebd., S. 22ff.; 29ff., sowie Mouffe: Agonistik, S. 28f.

124   Vgl. Nancy: Herausgeforderte Gemeinschaft, S. 23, Anm. 4. (CA 32, Anm. 1).

125   Marchart: Politische Differenz, S. 113, Hv. i. Orig.

»alle Ressourcen der politischen Philosophie mit dem metaphysischen Badewasser aus-
zuschütten«?[126] Verhindert dies nicht ein Andenken gegen die Gefahr eines ›Alles ist
politisch‹?

Von der Politik zur Gemeinschaft

Die vom Motiv der Gemeinschaft dominierte Sorge Batailles um das Politische hatte
Nancys Interesse geweckt. Bataille sah in dem von Individualisierung und Rationalisierung verursachten und vorangetriebenen »Verfall des Gemeinschaftlichen«[127] den wesentlichen Grund für den Erfolg der Gemeinschaftsideologie des Faschismus.[128] Deshalb musste es zum einen darum gehen, die »vérité de la communion humaine contre le
mensonge et l'imposture de l'individu«[129] zu behaupten; zum anderen galt es, die Idee
einer »communauté elective contre toute communauté de sang ou de sol«[130] zu ver-
fechten – also: ein nicht-individualistisches und nicht-identitäres Modell der Gemeinschaft zu entwickeln.[131] Wohl im Hinblick auf diese Gleichzeitigkeit von Klage (über
den Gemeinschaftsverlust) und Hoffnung (auf neue Gemeinschaftlichkeit) spricht Nancy von Batailles Denken als einer »modernen und unruhigen Variante des ›Rousseauismus‹«.[132] Bataille war nicht, wie man oft Rousseau unterstellt, von dem Wunsch nach
der Rückkehr zu einer verlorenen, ursprünglichen Gemeinschaft beseelt, sondern suchte einer noch nicht dagewesenen, »strukturell *andere[n]* Form der Gemeinschaft«[133] den
Weg zu bahnen, »einer intensiv gelebten, dem Exzeß verschriebenen Gemeinschaft«,
deren »Sinn, vielleicht sogar [...] Verwirklichung« ihm der Faschismus »anzukündigen
schien«.[134] Vor diesem Hintergrund dürfe man die Bezauberung Batailles durch den Faschismus nicht einer »politisch-moralische[n] Kritik« überlassen, denn die bataillesche

---

126   Ebd., S. 112.

127   Rosa et al.: Theorien der Gemeinschaft, S. 156; vgl. ebd.

128   Vgl. Moebius: Zauberlehrlinge, S. 116f.

129   Georges Bataille: Réunion sessionnelle du 25 juillet 1938. In: ders.: L'Apprenti Sorcier. Du cercle
       communiste démocratique à Acéphale. Textes, lettres et documents (1932-1939). Rassemblés, pré-
       sentés et annotés par Marina Galletti. Paris 1999, S. 438-444, 440. Den Hinweis auf diesen Text
       entnehme ich Moebius: Zauberlehrlinge, S. 269.

130   Bataille: Réunion sessionnelle du 25 juillet 1938, S. 441. Im Unterschied etwa zu kommunitaristi-
       schen Theorietreibenden gehe es Bataille um eine »Akzentuierung selbst gewählter Gemeinschaf-
       ten«, so Moebius: Zauberlehrlinge, S. 151. »Entgegen einer Wiederbelebung traditioneller, kom-
       munitärer Werte und einer Konsolidierung von sozialer Ordnung setzt das Collège auf die Schaf-
       fung neuer Werte qua gewählter Gemeinschaftlichkeit, die die soziale Ordnung überschreiten.
       Die Formierung neuer Gemeinschaften zielt nicht auf eine Konsolidierung bestehender Identifi-
       zierungen mit einer schon bestehenden Gemeinschaft, sondern versteht sich als Herausforderung
       sozial zugeschriebener Identitäten, diese [...] schöpferisch zu modifizieren oder neu zu erfinden.«
       (Ebd.)

131   Siehe etwa Rosa et al.: Theorien der Gemeinschaft, S. 157f., sowie de Petra: Bataille et Nancy, S. 160,
       Hv. i. Orig.: »Contrairement à la communauté de Tönnies, de la communauté-nation de matrice
       fichtéenne ou de la communauté de peuple nazie, l'idée qui fascine Bataille est celle d'une société
       secrète *existentielle*, au-delà de l'*utile*, ›*désœuvrée*‹, selon la définition de Nancy.«

132   Nancy: Entwerkte Gemeinschaft, S. 43 (CD 48).

133   Rosa et al.: Theorien der Gemeinschaft, S. 156, Hv. i. Orig.

134   Nancy: Entwerkte Gemeinschaft, S. 41 (CD 46). Nancy erinnert daran, dass Bataille vom Kommunis-
       mus abgestoßen war, da dieser (wie auch Nancy kritisiert) den Menschen in der Immanenz seiner

»Faszination« bezog sich nicht auf den Faschismus selbst[135], sondern auf die erhoffte Wiederkehr von Gemeinschaftlichkeit: Jede Kritik an dieser Begeisterung könne daher nur »stichhaltig sein, wenn sie [...] auch in der Lage ist, das System der *communio* zu dekonstruieren«.[136]

Nancys These ist, dass Bataille mit seiner Kritik der Idee des Subjekts die Mittel zu einer solchen Dekonstruktion selbst entwickelt hat, er aber der Subjektlogik schließlich doch erlegen ist.[137] Batailles Denken gelangt an eine Grenze, die Nancy als »das Paradox [...] eines Denkens, das von der Frage der Gemeinschaft fasziniert [aimantée] ist und dennoch von der Thematik der Souveränität eines *Subjektes* bestimmt wird«[138], bezeichnet. Paradox ist dieses Denken, weil beide Momente sich ausschließen, weil »jedes Denken des Subjekts ein Denken der Gemeinschaft zum Scheitern verurteilt«.[139] Dies bringt Nancy dazu, mit Bataille gegen Bataille zu denken.[140] Dazu stellt er ihm zwei Fragen: Wie trägt die Erfahrung des Sakralen dazu bei, das Phantasma der verlorenen Gemeinschaft zu überwinden bzw. den Verlust der Gemeinschaft anders zu deuten? Was leistet die ›unproduktive Verausgabung‹ für die Entstehung von Gemeinschaft?[141]

Der Tod und die Gemeinschaft

Die paradigmatische Form der gemeinschaftsbildenden ›unproduktiven Verausgabung‹ ist für Bataille das menschliche Todesopfer.[142] Damit lässt er die Gemeinschaft um einen leeren Kern kreisen, um eine Negativität, die nicht in einem hegelschen Sinne aufgehoben wird.[143] Bataille würdigt Hegels Begriff der »*Negativität*, das heißt das zerstörerische Handeln«.[144] Er habe damit »beträchtlichen Anteil an der Beschreibung dessen, was ich als das Herz unserer Existenz bezeichne«.[145] Zugleich wirft er Hegel vor, dass bei ihm »aus der Negation stets noch *etwas* als Resultat ihrer unaufhörlichen Arbeit hervorgeht«, dass also die (zerstörerische) »Arbeit des Negativen stets noch einen Zweck und eine Bestimmung besitzt«.[146] Nancy zufolge bieten sich

---

Selbstproduktion festhalte und dadurch die menschliche Souveränität verneine; vgl. ebd., S. 40 (CD 44f.).

135 Bataille habe »für die Niedrigkeit der faschistischen Rädelsführer und ihrer Gepflogenheiten« schnell »Verachtung« (ebd., S. 42 [CD 46]) empfunden.

136 Ebd., Hv. i. Orig. (CD 46).

137 Vgl. James: Fragmentary demand, S. 185.

138 Nancy: Entwerkte Gemeinschaft, S. 53, Hv. i. Orig. (CD 60, Hv. i. Orig.).

139 Ebd., S. 54 (CD 60); siehe auch Bischof: Tragisches Lachen, S. 248.

140 Vgl. Nancy: Entwerkte Gemeinschaft, S. 53 (CD 60); Nancy: Herausgeforderte Gemeinschaft, S. 25f. (CA 35f.).

141 Vgl. Morin: Nancy, S. 78; siehe auch James: Fragmentary demand, S. 179.

142 Vgl. James: Fragmentary demand, S. 180; Morin: Nancy, S. 78.

143 Für die Erörterung des batailleschen Denkens der Negativität orientiere ich mich im Folgenden vor allem an Trautmann: Nichtmitmachen, S. 184ff.; Devisch: Question of community, S. 25ff.; Devisch: La ›négativité sans emploi‹; Morin: Nancy, S. 79f.; siehe ferner auch Bürger: Postmodernes Denken, S. 62ff.

144 Bataille: Anziehung und Abstoßung II, S. 137, Hv. i. Orig.

145 Ebd., S. 136f., Hv. i. Orig.

146 Trautmann: Nichtmitmachen, S. 185, Hv. i. Orig.

zweierlei Wege, der Dialektik (d.h. der Vermittlung in der Totalität) zu entgehen, entweder entzieht man sich ihr und flüchtet in die Immanenz oder man öffnet seine Negativität so weit, bis sie »brotlos [sans emploi]« wird (wie Bataille es ausdrückt). Im letzteren Fall gibt es keine Immanenz der Negativität: »es gibt« *die Ekstase*, die des Wissens ebenso wie die der Geschichte und der Gemeinschaft.[147]

Durch die Wahl der zweiten Möglichkeit möchte Bataille aufdecken, was Jacques Derrida in seiner Auseinandersetzung mit Bataille den »blinde[n] Fleck des Hegelianismus« nennt:

> Der blinde Fleck des Hegelianismus [...] ist jener Punkt, an dem die Destruktion, die Unterdrückung, der Tod und das Opfer eine derart irreversible Verausgabung, eine so radikale – hier muß man *vorbehaltlose* sagen – Negativität bilden, daß man sie nicht einmal mehr in einem Prozeß oder in einem System bestimmen kann: der Punkt, an dem es weder Prozeß noch System gibt.[148]

Was Derrida ›vorbehaltlose Negativität‹ nennt, heißt bei Bataille (wie Nancy erwähnt) »›négativité sans emploi‹«[149] – eine brotlose oder »›unbeschäftigte Negativität‹«[150], die nicht mehr »die andere Seite und der Komplize der Positivität«[151] im dialektischen Prozess ist. In ökonomischen Begriffen ausgedrückt: Was verausgabt wird, soll keine »Investition« sein, soll sich nicht »*amortisieren*«.[152] Hegel begreife die Negativität nicht als Negativität, kritisiert Bataille; er verkenne, dass sich die Negativität nicht erschöpft in einer unaufhörlichen »Geschäftigkeit«.[153] Bataille macht eine (unbeschäftigte, brotlose) Negativität geltend, die nicht in Positivität aufgehoben werden kann. Sie komme zum Vorschein, wenn am Ende aller Geschichte[154] für den handelnden (›negierenden‹) Menschen nichts mehr zu tun sei: »Wenn das Handeln [...] die Negativität ist, dann stellt sich die Frage, ob die Negativität dessen, der ›nichts mehr zu tun‹ hat, verschwindet

---

147   Nancy: Entwerkte Gemeinschaft, S. 171, Anm. 2, Hv. i. Orig. (CD 22, Anm. 2, Hv. i. Orig.); vgl. Devisch: La ›négativité sans emploi‹, S. 168.

148   Jacques Derrida: Von der beschränkten zur allgemeinen Ökonomie. Ein rückhaltloser Hegelianismus. In: ders.: Die Schrift und die Differenz. Frankfurt a.M. 1972, S. 380-421, 392, Hv. i. Orig. Auf Derrida verweist auch Trautmann: Nichtmitmachen, S. 185.

149   Georges Bataille: Lettre à X., chargé d'un cours sur Hegel... In: ders.: Œuvres complètes V. La somme athéologique. Tome I. L'expérience intérieure. Méthode de méditation. Post-scriptum 1953. Le coupable. L'alleluiah. Paris 1973, S. 369-371, 369.

150   So heißt es in der deutschen Übersetzung des Briefes, nach der im Folgenden zitiert wird; siehe Georges Bataille: Brief an X., der mit einer Hegel-Vorlesung beauftragt ist. In: Hollier, Denis (Hg.): Das Collège de Sociologie 1937-1939. Berlin 2012, S. 75-80, 75.

151   Derrida: Von der beschränkten zur allgemeinen Ökonomie, S. 392.

152   Ebd., S. 389, Hv. i. Orig.

153   Ebd.; vgl. Trautmann: Nichtmitmachen, S. 186. Bataille kritisiert, was Nancy: Philosophische Chroniken, S. 59 (CHP 62), mit Bezug auf Hegel und unter dem Eindruck von Bataille als »das Moment der ›Vollbeschäftigung [plein emploi]‹ der Negativität« zu bezeichnen vorschlägt.

154   Zu der von Alexandre Kojève entwickelten Idee eines Geschichtsendes siehe Moebius: Zauberlehrlinge, S. 216f., sowie kritisch zu der Unterstellung, Hegel habe ein ›Ende der Geschichte‹ verkündet, die Ausführungen von Rotermundt: Ende der Geschichte, S. 67ff.

oder im Zustand einer ›unbeschäftigten Negativität‹ fortbesteht«.[155] Batailles Antwort
ist eindeutig. Die Negativität des unbeschäftigten Menschen besteht fort, sie kann sich
nicht selbst aufheben; andersherum – die Negativität bleibt aufgehoben, sie geht nicht
verloren: »Ich denke, daß mein Leben – oder sein Mißlingen, besser noch: die offene
Wunde, die mein Leben ist – schon für sich allein die Widerlegung von Hegels ge-
schlossenem System darstellt.«[156] Bataille verweist auf eine Öffnung des hegelschen
Systems in dem Augenblick seiner Schließung.[157] Maurice Blanchot erläutert Batailles Argument so (und verweist implizit auf Nancys Kritik am kommunistischen Ideal
des sich selbst produzierenden Menschen und der daraus abgeleiteten Forderung nach
einer ›entwerkten‹ Gemeinschaft): Der Mensch sei »cet être qui n'épuise pas sa négativité dans l'action, de sorte que, lorsque tout est achevé, lorsque le ›faire‹ (par lequel
l'homme aussi se fait) s'est accompli, lorsque donc l'homme n'a plus rien à faire, il lui
faut exister […] à l'état de ›négativité sans emploi‹«.[158]

Batailles Ziel ist es, den »Modus der radikalen Negation, die nichts mehr zu verneinen hat, selbst zu bejahen«.[159] Indem er jene Dimensionen der menschlichen Existenz
in den Blick nimmt, die, da unproduktiv, auch nicht nützlich sind, möchte er »das Werk
der Negativität auf- bzw. offenhalten«.[160] Die Rolle der Sakralsoziologie hierbei liegt
auf der Hand: Sie hat die vielfältigen Formen ›unproduktiver Verausgabung‹ und damit
»die menschliche Negativität«[161] zu ihrem Gegenstand. Unter diesen Formen kommt
dem Tod (vor allem in Gestalt eines Opfers) eine besondere Bedeutung zu, weil er durch
die von ihm hervorgerufenen Gefühle von Anziehung und Abstoßung Sozialität begründet.[162] In seinem Vortrag über *Die Todesfreude* erklärt Bataille: Die Gesellschaft gravitiere
um bestimmte »Kerne«, bestehend »aus einer kleinen Anzahl von Menschen […], die
untereinander durch Bindungen des Herzens verbunden sind««.[163] Diese Herzensbin-
dungen müssten, heißt es weiter, »in ihrer Verknüpfung dauerhaft und notwendig auf

---

155   Bataille: Brief an X., S. 75; siehe Devisch: La ›négativité sans emploi‹, S. 171, Hv. i. Orig.: »La remarque
      de Bataille concerne donc ce moment chez Hegel où à la fin de l'histoire de la réalité, la négativité
      est renversée en positivité universelle et où elle n'a *plus rien à faire*. Devenue l'esprit transparent
      absolu, elle se trouve dans le repos d'un ›dimanche interminable‹.«

156   Bataille: Brief an X., S. 75; vgl. Trautmann: Nichtmitmachen, S. 187f.; Devisch: Question of commu-
      nity, S. 26f.

157   Vgl. Devisch: La ›négativité sans emploi‹, S. 171f.; Morin: Nancy, S. 79f.

158   Maurice Blanchot: L'Entretien infini. Paris 1969, S. 305; den Hinweis hierauf bei Morin: Nancy, S. 80.

159   Trautmann: Nichtmitmachen, S. 188.

160   Ebd., S. 186. Es gehe mithin nicht um »die einfache Abwesenheit des Tuns oder Machens«, sondern
      um ein Machen, das gerade nichts macht, um eine »Un-Produktivität des Negativen«. (Ebd., S. 187)

161   Bataille: Brief an X., S. 78.

162   Wie Moebius: Zauberlehrlinge, S. 271f. anmerkt, plante Bataille, im Rahmen der *Acéphale*-
      Gemeinschaft ein Menschenopfer zu inszenieren. Patrick Waldberg, Mitglied der Gruppe, berich-
      tet von einem Treffen am 29. September 1938: »Bei der letzten Zusammenkunft, mitten im Wald,
      waren wir bloß vier, und Bataille bat feierlich die drei anderen, so freundlich zu sein, ihn zu töten,
      damit dieses Opfer, das den Mythos begründet, das Überleben der Gemeinschaft sichern möge.«
      (Patrick Waldberg: Acéphalogramm. In: Mattheus, Bernd: Georges Bataille. Eine Thanatographie.
      Bd. III. München 1995, S. 357-366, 366) Die Opferung blieb aus, niemand wollte sie vollbringen; vgl.
      Moebius: Zauberlehrlinge, S. 272, und siehe auch Morin: Nancy, S. 80f.

163   Georges Bataille: Die Todesfreude. In: Hollier, Denis (Hg.): Das Collège de Sociologie 1937-1939.
      Berlin 2012, S. 632-636, 633.

den Tod bezogen bleiben. [...] Wie es scheint, stellt sich eine seltsame, intensive Kommunikation zwischen Menschen jedesmal dann her, wenn ihnen die Gewalt des Todes nahe ist«.[164] Zu begründen sei dies nicht durch ein ängstliches Zusammenrücken angesichts der Todesnähe[165], sondern durch ein ekstatisches »Aus-sich-Heraustreten«[166], das sich ereigne, wenn man den Tod eines anderen Menschen und so die eigene Endlichkeit erfahre.[167] Durch diese Mitteilung der Endlichkeit teilt sich Gemeinschaft mit: »Der Tod ist mit der Gemeinschaft untrennbar verbunden, denn gerade durch den Tod offenbart sich die Gemeinschaft – und umgekehrt.«[168] James führt aus:

> It is in seeing others die, and in our participation in that same potentiality for [...] death, that we encounter our own finitude. Death, then, in Bataille's terms is not something which can be thought in isolation from community; indeed it is on the basis of the fact that our mortality or finitude is always already shared that something like community can exist in the first instance.[169]

Zwischen Tod und Gemeinschaft vermittelt die Ekstase, das ›Aus-sich-Heraustreten‹ des Subjekts: »Die *Ekstase*«, so Nancy, »antwortet [...] auf die Unmöglichkeit der Absolutheit des Absoluten oder auf die ›absolute‹ Unmöglickeit [sic!] der vollendeten Immanenz.«[170] Bataille – und Nancy – kommt es auf die von der Todeserfahrung ausgelöste Zerrüttung des absoluten, mit sich selbst identischen Subjekts an, die Gemeinschaft

---

164   Ebd. Siehe auch den von Hollier: Collège de Sociologie, S. 623f., erwähnten Brief Batailles an Caillois, in dem er den Inhalt seines Vortrags ankündigt: »Mon exposé partira de ce principe: que la société gravite autour de noyaux formés par les liens du cœur – ce que je représenterai comme le principe même de l'activité du Collège. Parlant ensuite en mon nom personnel, je chercherai à montrer que ces noyaux sont formés par des ›hommes de la mort‹, des hommes qui donnent un sens à la mort. Décrivant les diverses attitudes en face de la mort qui ont été dictées aux hommes, je montrerai que seule la joie appartient à l'homme lucide. Enfin je tenterai d'établir une relation entre les diverses formes du complexe accumulation-dépense et l'attitude envers la mort (économie de salut = économie d'accumulation; la ›joie devant la mort‹ liée à une volonté *consciente* de dépense, par conséquent entraînant un combat entre les forces de dépense et les forces d'accumulation). Dans l'ensemble je chercherai à faire ressortir que le problème de la mort est le problème essentiel des hommes.« (Georges Bataille: Brief an Roger Caillois vom 6. Juni 1939. In: ders: Lettres à Roger Caillois. 4 août 1935-4 février 1959. Présentées et annotées par Jean-Pierre Le Bouler. Romillé 1987, S. 107-109, 107f., Hv. i. Orig.)

165   Vgl. Bataille: Todesfreude, S. 633.

166   Ebd., S. 634.

167   Vgl. Bischof: Tragisches Lachen, S. 248. Siehe Bataille: Todesfreude, S. 633f., Hv. i. Orig.: »Die beklemmende und entscheidende Veränderung, die der Tod herbeiführt, wirkt auf den Geist der übrigen so bestürzend, daß sie sich, fern der vertrauten Welt, ausgestoßen, überwältigt, atemlos zwischen Himmel und Erde fühlen: als bemerkten sie plötzlich schwindelerregende, unaufhörliche Bewegung, von der sie besessen sind. Diese Bewegung erscheint dann zum Teil grauenerregend, feindlich, aber dem vom Tode Bedrohten oder Sterbenden *äußerlich*; sie bleibt für sich und läßt sowohl den, der sterben sieht, als auch den, der stirbt, unwirklich werden. Das heißt, wenn der Tod anwesend ist, ist das, was am Leben bleibt, *außer sich*.«

168   Nancy: Entwerkte Gemeinschaft, S. 35 (CD 39).

169   James: Fragmentary demand, S. 180.

170   Nancy: Entwerkte Gemeinschaft, S. 20, Hv. i. Orig. (CD 22, Hv. i. Orig.); vgl. Morin: Nancy, S. 82.

(zu denken) erlaube: »Was kein Subjekt ist, eröffnet und öffnet sich eine(r) Gemein-schaft, die zu denken wiederum alle Möglichkeiten einer Metaphysik des Subjektes übersteigt.«[171] Die Ekstase ist für Bataille der Verlust des Selbst und der Gewinn von Ge-meinschaft. »Damit Gemeinschaft entsteht, muss das Ich außer sich geraten, es muss sich verlieren und diesen Verlust kommunizieren, weil es nur in der Konfrontation mit dem Draußen an die Totalität seiner Existenz rührt, nicht aber wenn es bei sich selbst ist.«[172] Das Individuum, das nicht mehr es selbst, nicht mehr bei sich selbst, sondern »aus sich selbst geworfen ist« durch die Erfahrung der (fremden und so auch der ei-genen) Endlichkeit, kann eintreten »in die ruhmvolle Gemeinschaft [...], in der es über das ganze Elend seiner Mitmenschen lacht«.[173] Bataille hat kein Sich-Opfern für die Gemeinschaft im Sinn, auch stellt er nicht auf die Zuversicht ab, der vergänglichen Existenz durch das Aufgehen in einer Gemeinschaft Dauer zu verleihen.[174]

> Ganz im Gegenteil benötigt es [das Individuum, S. H.] die Gemeinschaft, um sich des Ruhmes bewußt zu werden, der mit dem Augenblick verbunden ist, in dem es dem Sein entrissen sein wird. Das Gefühl des Zusammenhalts mit denen, die sich auser-wählt haben, ihre große Trunkenheit gemeinsam auszukosten, ist strenggenommen nur das Mittel, all das wahrzunehmen, was der Verlust an Glanz und Gewinn bedeu-tet, all das, was der Sturz des Todes an erneuertem Leben, Aufwallung, an »Halleluja« bedeutet.[175]

Wenn die Immanenz (in Gestalt des Individuums oder der mit sich selbst identischen Gemeinschaft) die Gemeinschaft beendet, ist die Ekstase widerständige Transzendenz gegen diese Immanenz.[176] Gegen die Immanenz des Individuums, das in der Ekstase dazu gebracht wird, aus sich »heraus[zu]stehen und [zu] ek-sistieren«[177], und gegen die »Einswerdung«[178] der Gemeinschaft. Die Gemeinschaft selbst, als »Arealität einer Ekstase«[179], verhindert, dass sich die ekstatischen Subjekte in der Gemeinschaft auf-heben, sich vollkommen an sie veräußern. Denn um seine Ekstase zu erfahren, bedarf das Subjekt des Zusammenseins mit (ekstatischen) anderen Subjekten, kann also nicht mit ihnen verschmelzen »in einem einzigen und totalen Wesen«.[180]

---

171   Nancy: Entwerkte Gemeinschaft, S. 37 (CD 41); siehe auch James: Fragmentary demand, S. 180f.

172   Bischof: Tragisches Lachen, S. 248.

173   Bataille: Todesfreude, S. 635.

174   Vgl. ebd., S. 635f.

175   Ebd., S. 636. Nancy: Entwerkte Gemeinschaft, S. 74 (CD 84), spricht mit Verweis auf Batailles *Die Todesfreude* von einer »Entrückung des singulären Wesens, das die Schwelle des Todes nicht über-schreitet«. Es handele sich nicht um »die Freude der Auferstehung, die die unmittelbarste Ver-mittlung des Subjektes wäre«, sondern um eine ›Entrückung‹, bei der das ›singuläre Wesen‹ »an die äußerste Grenze seiner Singularität gelangt, ohne sie jedoch sich anzueignen; es erreicht das Ende seiner Endlichkeit [finitude], das heißt die Grenze, auf denen unaufhörlich das Zusammen-Erscheinen [comparution] mit dem anderen und das Erscheinen vor dem anderen geschieht. Die Freude wird erst durch die Gemeinschaft möglich«. (Ebd. [CD 84f.])

176   Vgl. Nancy: Entwerkte Gemeinschaft, S. 20 (CD 22); Morin: Brüderliche Gemeinschaft, S. 193.

177   Bischof: Tragisches Lachen, S. 248.

178   Ebd., S. 249.

179   Nancy: Entwerkte Gemeinschaft, S. 47 (CD 53).

180   Ebd., S. 48 (CD 54); vgl. ebd., S. 47f. (CD 53f.), sowie Morin: Nancy, S. 82.

Bataille ist nicht der Erste, der eine Verbindung zwischen Tod und Gemeinschaft sieht; Critchley weist auf ähnliche Überlegungen etwa bei Gustav Landauer (1870-1919) hin.[181] Und wie das Beispiel Nancys zeigt, ist Bataille nicht der Letzte. Nancy verbindet seinen Rekurs auf Bataille mit einer Kritik an Heidegger.[182] Dessen subjektkritische Intention teilt er zunächst: »It's an essential lever in the Heideggerian project: to carry the ›proper‹ [...] to the power of that which lies out of reach at the heart of existence itself, and which thus constitutes the *proper of the ex-* or the *ex- as proper.*«[183] Die Expropriation, die Enteignung seines Selbst, ist dem Dasein wesentlich; es ist ein »Außersichsein«.[184] Als Heidegger das Dasein als »Sein zum Tode«[185] bestimmte, so Nancy, habe er deutlich machen wollen: »Der Tod geht unwiderruflich über alle Möglichkeiten einer Metaphysik des Subjekts hinaus.«[186] Für Heidegger gelte, »*ich* ist – *bin* – kein Subjekt«.[187] In einem Punkt jedoch habe sich Heidegger geirrt (was Bataille ins Spiel bringt): Wo er

---

181   Siehe Simon Critchley: Mystischer Anarchismus. Berlin 2012, S. 69ff. Landauer hatte sich in seinem
         Aufsatz *Anarchische Gedanken über Anarchismus* in der Zeitschrift *Die Zukunft* 37 (1901), S. 134-140,
         dagegen ausgesprochen, die Anarchie »auf dem Wege der Invasion oder der bewaffneten Erhe-
         bung« (ebd., S. 136) durchsetzen zu wollen. Der Anarchismus ziele ab auf »ein neues Volk, das sich
         aus kleinen Anfängen heraus durch Innenkolonisation, mitten unter den anderen Völkern, da und
         dort in neuen Gemeinschaften bildet«. (Ebd., S. 136f.) Nicht andere zu töten sei das Ziel, »sondern
         sich selbst«. (Ebd., S. 138) Denn: »Die das Leben schaffen wollen, müssen Neulebendige und von
         innen her Wiedergeborene sein«. (Ebd., S. 137) Anarchie bezeichne »den Drang, sich selbst noch
         einmal zur Welt zu bringen [...] und danach die Umgebung, seine Welt, zu gestalten«. (Ebd.) Dies
         setze die Tötung des Selbst voraus. »Wer erst durch seinen eigenen Menschen hindurchgekrochen
         ist und tief im eigenen lebendigen Blut gewatet hat: Der hilft die neue Welt schaffen, ohne in
         fremdes Leben einzugreifen.« (Ebd., S. 138) Die durch die Selbst-Tötung herbeigeführte »subjek-
         tive Umgestaltung« (Critchley: Mystischer Anarchismus, S. 71) – die Umgestaltung des Subjekts –
         schaffe neue Gemeinschaften. Die sich selbst getötet haben und ›neulebendig‹ geworden sind,
         »werden unter einander leben als Gemeinsame, als Zusammengehörige«. (Landauer: Anarchische
         Gedanken, S. 138)

182   James: Naming the nothing, S. 174, spricht von einem »crossing of Heidegger with Bataille«. Vgl.
         zum Folgenden Morin: Nancy, S. 77f.; James: Fragmentary demand, S. 177f.; 180; Bernasconi: De-
         constructing nostalgia, S. 8f.

183   Nancy: Our world, S. 51, Hv. i. Orig.

184   Jean-Luc Nancy: Das Mit-sein des Da-seins. In: ders.: singulär plural sein. Berlin 2004, S. 151-172,
         152 (Jean-Luc Nancy: L'être-avec de l'être-là. In: Cahiers philosophiques 2007, H. 111, S. 66-78, 67.
         Abrufbar unter: <https://www.cairn.info/revue-cahiers-philosophiques1-2007-3-page-66.htm> [Zu-
         griff am 29.1.2022]). Die nach Angaben des Übersetzers 2003 in der Zeitschrift *lieu dit* erschienene
         Erstpublikation war nicht zu beschaffen.

185   Heidegger: Sein und Zeit, S. 235.

186   Nancy: Entwerkte Gemeinschaft, S. 36 (CD 40).

187   Ebd., S. 36, Hv. i. Orig. (CD 40). Kritisch Dieter Thomä: Die Zeit des Selbst und die Zeit danach. Zur
         Kritik der Textgeschichte Martin Heideggers 1910-1976. Frankfurt a.M. 1990, S. 424: »Nancy nimmt
         also den Tod als eine Negation der Macht des Subjekts; diese Negation weist für ihn umgekehrt
         darauf hin, wie sich eine Gemeinschaft ohne den Anspruch auf kollektive Einheit oder ›Fusion‹
         bilden könnte. Der Vorzug des Todes ist dabei seine Unverfügbarkeit.« Diese These vertrete Hei-
         degger gar nicht: Es gehe ihm »nicht um die Erfahrung, daß ›ich‹ kein ›Subjekt‹ mehr bin [...]; sie
         ergäbe sich nur gegenüber dem Anderen. Das Dasein aus ›Sein und Zeit‹ aber gewinnt am Tode
         ein Eigenstes, von dem aus es wieder den Zugriff auf das Seiende rechtfertigen kann. Bei Heideg-
         ger kehrt ein Anspruch auf ›Autonomie‹ zurück, den er selbst mit der ›Weltlichkeit‹ des Subjekts
         erfolgreich demontiert hatte«. (Ebd.)

der Behauptung widerspricht, das Dasein, weil es wesentlich Mitsein sei, könne durch den Tod eines anderen Menschen auch den eigenen Tod ›objektiv‹ erfahren und verstehen.[188] Der »Seinsverlust« des oder der Sterbenden könne nicht miterlebt werden: »Wir erfahren nicht im genuinen Sinne das Sterben der Anderen, sondern sind höchstens immer nur ›dabei‹.«[189] Bataille hält dagegen: Durch das Opferritual kann man am Sterben eines Anderen teilnehmen und nicht nur gemeinschaftlich die Erfahrung der eigenen Endlichkeit machen, sondern durch den Tod eines anderen Menschen auch die Erfahrung der Gemeinschaft als »a shared or collective relation to death«.[190] Heidegger meint jedoch: Das Prinzip der »*Vertretbarkeit* des einen Daseins durch ein anderes« könne man nicht von »der Alltäglichkeit des Besorgens« übertragen auf des Daseins »Zu-Ende-kommen«.[191] Hier sei der Andere unvertretbar.[192] Man könne sich füreinander opfern, aber: »Das Sterben muß jedes Dasein jeweilig selbst auf sich nehmen. Der Tod ist, sofern er ›ist‹, wesensmäßig je der meine.«[193] Für Heidegger, resümiert Bernasconi, repräsentiere der Tod »a limit to community«.[194]

Damit scheint der Vorwurf Arendts gerechtfertigt, Heidegger konstruiere ein atomförmiges Selbst, charakterisiert durch »seine absolute Selbstischkeit, seine radikale Abtrennung von allen, die seinesgleichen sind«.[195] In Anbetracht dessen, würde ihr Seyla Benhabib beipflichten, überrasche es nicht, dass Heidegger den Tod als »soziale Tatsache«[196] verkenne. Auch Nancy vermutet, bei Heidegger sei »das ›Sein zum Tode‹ des *Daseins* nicht bis in letzter Konsequenz in sein *Mitsein* impliziert«.[197] Er bestreitet die heideggersche These: »Dasein ist wesenhaft Mitsein«[198] – nur im Tode nicht. Nancy gibt den Solipsismus Heideggers auf, hält aber an der Idee der vom Tod garantierten Unmöglichkeit des Subjekts fest. Der Tod vereinzelt das Dasein nicht, denn er kann nur gemeinsam, in der Gemeinschaft erfahren werden (Bataille); dabei handelt es sich

---

188   Vgl. Heidegger: Sein und Zeit, S. 237.

189   Ebd., S. 239.

190   James: Fragmentary demand, S. 180; vgl. ebd.; Morin: Nancy, S. 78.

191   Heidegger: Sein und Zeit, S. 239, Hv. i. Orig.

192   Der Tod repräsentiere für Heidegger »the limit of substitution«, so Morin: Nancy, S. 77.

193   Heidegger: Sein und Zeit, S. 240; vgl. ebd. Nancy: Mit-sein des Da-seins, S. 161f., Hv. i. Orig. (EAEL 72, Hv. i. Orig.), resümiert: »*Mein* Tod ist das, wofür kein anderer meine Sorge durch seine ersetzen kann. Der Andere kann sich nur darum sorgen, mich auf meine Sorge zurückzuverweisen«; Ergebnis: »die absolute Einsamkeit im Tod«.

194   Bernasconi: Deconstructing nostalgia, S. 9; ähnlich Morin: Nancy, S. 77.

195   Hannah Arendt: Was ist Existenz-Philosophie [1946]? Frankfurt a.M. 1990, S. 37. Von Heideggers »atomisierten Selbsten« spricht Arendt ebd., S. 38. Siehe zur Kritik Arendts auch Roberto Esposito: Die ursprüngliche Gemeinschaft. In: Deutsche Zeitschrift für Philosophie 45 (1997), H. 4, S. 551-558, 552f.

196   Seyla Benhabib: Hannah Arendt – Die melancholische Denkerin der Moderne. Erweiterte Ausgabe. Frankfurt a.M. 2006, S. 175.

197   Nancy: Entwerkte Gemeinschaft, S. 37, Hv. i. Orig. (CD 41, Hv. i. Orig.). (Die Ausdrücke ›Dasein‹ und ›Mitsein‹ stehen im französischen Original in deutscher Sprache, wobei Nancy ›Mitsein‹ mit »être-avec« übersetzt.) Eine ähnliche These verficht (im Anschluss an Nancy) Anja Lemke: Vom Dasein zum Wirsein? – Gemeinschaftskonzeptionen im Denken Martin Heideggers. In: Philosophisches Jahrbuch 108 (2001), H. 1, S. 115-133, 116; 120.

198   Heidegger: Sein und Zeit, S. 120.

aber nicht um eine Erfahrung, die für alle gleich wäre (Heidegger).[199] Erst der Tod eines anderen enthüllt die eigene Endlichkeit.[200] »Nancy finds sharing precisely where Heidegger finds individualization.«[201]

»[I]n der Gemeinschaft und durch sie«, schreibt Nancy in diesem Sinne, zeige sich die »Endlickeit [sic!] [finitude]«.[202] Sie teilt mir mit, was ich mit anderen teile – Endlichkeit.[203]

> Die Ähnlichkeit von Seinesgleichen entsteht aus der Begegnung der »Zum Ende Seienden«, die dieses Ende, *ihr* Ende, das je »meine« (oder »deine«), *durch ein und dieselbe Grenze miteinander vereint und trennt*, eine Grenze, an der oder aus der sie gemeinsam-erscheinen [com-paraissent]. Meinesgleichen »ähnelt« mir, insofern ich selbst ihm »ähnle«: Wir »ähneln« einander gemeinsam [...], und das bedeutet, daß es weder ein Urbild noch einen Ursprung der Identität gibt, sondern daß die Mit-Teilung [partage] der Singularitäten an die Stelle des »Ursprung« [sic!] tritt. Das heißt, daß dieser »Ursprung« – der Ursprung der Gemeinschaft oder die ursprüngliche Gemeinschaft – nichts anderes als die Grenze ist: Der Ursprung ist die Bahnung jener Ränder, an denen entlang oder entlang derer die singulären Seienden sich exponieren. Wir sind gleiche, weil wir, jeder einzelne von uns, dem Draußen, das *wir für uns selbst* sind, ausgesetzt sind. Der Gleiche ist nicht der mit mir Identische. Weder finde ich *mich* im anderen wieder, noch erkenne ich *mich* in ihm: Ich erfahre in oder an ihm die Andersheit und die Alteration, die »in mir selbst« meine Singularität außerhalb meiner setzt, und sie so unendlich enden läßt. Die Gemeinschaft ist jene besondere ontologische Ordnung, in der der Andere und der Selbe der Gleiche sind, das heißt die Mit-Teilung der Identität.[204]

Das Zitat enthält vier Begriffe, die in Nancys Denken bedeutsam sind: ›Endlichkeit‹ (*finitude*), ›Singularität‹, ›Gemeinsam- oder Mit-Erscheinen‹ (*comparution*)[205] und ›Mit-

---

199   Vgl. Hebekus/Völker: Philosophien des Politischen, S. 102.

200   Zu Recht fragt Günter Figal: Martin Heidegger – Phänomenologie der Freiheit. Frankfurt a.M. 1988, S. 224: »Woher weiß man vom eigenen bevorstehenden ›Nichtmehrdasein‹, wenn nicht durch den Tod Anderer?«

201   Bernasconi: Deconstructing nostalgia, S. 9. Siehe auch Esposito: Communitas, S. 180f., Hv. i. Orig.: Sei für Heidegger die Gemeinschaft »die unübersteigbare Modalität unserer Existenz [...], ist sie für Bataille deren exzessiver und schmerzhafter Überhang über den Abgrund des Todes. Der Tod und nicht das Leben drückt uns in einen gemeinsamen Horizont. Gewiß, auch für Heidegger besteht der letzte Sinn des Lebens eines jeden in der Bezugnahme auf seinen eigenen Tod. Aber während bei ihm dieser Tod eben das eigene ist, in dem Sinne, daß der Mensch sich darauf bezieht als auf die eigenste seiner Möglichkeiten, stellt er bei Bataille [...] die Vernichtung jeglicher Möglichkeit in der enteignenden und enteigneten Dimension des Unmöglichen dar: der Tod ist unsere *gemeinsame* Unmöglichkeit, das zu sein, was wir uns bemühen zu bleiben – isolierte Individuen.«

202   Nancy: Entwerkte Gemeinschaft, S. 66 (CD 75).

203   Vgl. ebd., S. 39 (CD 43).

204   Ebd., S. 73f., Hv. i. Orig. (CD 83f., Hv. i. Orig.). Mit der Wendung ›Zum Ende Seienden‹ bezieht Nancy sich auf Heidegger: Sein und Seit, S. 245, Hv. i. Orig.: »Das mit dem Tod gemeinte Enden bedeutet kein Zu-Ende-sein des Daseins, sondern ein *Sein zum Ende* dieses Seienden.«

205   Ich werde nachfolgend für ›comparution‹ den Ausdruck ›Mit-Erscheinen‹ verwenden.

Teilung‹ *(partage)*.[206] Bevor wir mit Nancys Kritik an Bataille fortfahren, sollen diese Begriffe kurz erörtert werden.[207]

Endlichkeit[208]

Der Begriff der Endlichkeit lässt sich zunächst in Anknüpfung an den skizzierten Zusammenhang von Tod und Gemeinschaft erläutern. Nancy verwahrt sich (wie Bataille) dagegen, den Tod des Subjekts als seine »Aufhebung«[209] in einer Gemeinschaft zu denken, etwa im Sinne einer »Aufopferung von Menschen für die Gemeinschaft«.[210] Dies wäre mit Hebekus und Völker zu verstehen als der Versuch der »immanentistischen Gesellschaften [...], den Tod als äußerste Grenze verschwinden zu lassen, ihn auszublenden, indem ihm und seiner radikalen Kontingenz der Unterbrechung und der Endlichkeit die Unendlichkeit des Sinns entgegengestellt wird«.[211] Bataille hingegen hatte (Nancy) gezeigt: »[D]ie Endlichkeit ›ist‹ gemeinschaftlich, und nur sie ist gemeinschaftlich«, was bedeutet, dass die Gemeinschaft, die diese Endlichkeit »*exponiert*« (und nicht aufhebt), selbst »eine Gemeinschaft *der* Endlichkeit« sein muss: »Also nicht eine begrenzte Gemeinschaft im Verhältnis zu einer unendlichen oder absoluten Gemeinschaft«.[212]

Die *finitude*, betont Nancy, sei nicht das bloße »Endlichsein [finité] eines Existierenden«.[213] Sie stehe nicht einem Unendlichen *(infini)* gegenüber, in dem sie ihr mangelhaftes ›Endlichsein‹ dereinst aufheben könnte.[214] Was endlich ist, strebe nicht nach Vollendung im Unendlichen, sondern sei selbst unendlich oder absolut endlich:

> La *finitude* ne signifie pas que nous sommes non infinis – tels des êtres petits ou éphémères au sein d'un être grand, universel et continu –, mais cela signifie que nous sommes *infiniment* finis, infiniment exposés à notre existence comme non-essence, infiniment exposés à l'altérité de notre propre »être« (ou: l'être est en nous exposé à sa propre altérité). Nous commençons et finissons sans commencer ni finir: sans avoir

---

206 Mit dieser Auswahl folge ich Marchart: Politische Differenz, S. 102.

207 Dabei orientiere ich mich an der Struktur der Darstellung und an den Ausführungen von Morin: Nancy, S. 27ff. Siehe zu den Begriffen ›Endlichkeit‹ und ›Mit-Teilung‹ zudem die Einträge von Ian James: Art. ›Finitude‹. In: Gratton, Peter/Morin, Marie-Eve (Hg.): The Nancy Dictionary. Edinburgh 2015, S. 91-93, und François Raffoul: Art. ›Sharing‹. In: Gratton, Peter/Morin, Marie-Eve (Hg.): The Nancy Dictionary. Edinburgh 2015, S. 217-218.

208 Ich übernehme die Ausführungen zu ›Endlichkeit‹ weitgehend von Herzhoff: Nancy und Schmitt, S. 100ff.

209 Nancy: Entwerkte Gemeinschaft, S. 34 (CD 38).

210 Ebd., S. 33 (CD 37).

211 Hebekus/Völker: Philosophien des Politischen, S. 101.

212 Nancy: Entwerkte Gemeinschaft, S. 60, Hv. i. Orig. (CD 68, Hv. i. Orig.); vgl. ebd., und siehe auch Hebekus/Völker: Philosophien des Politischen, S. 109.

213 Nancy: Sinn der Welt, S. 47 (SM 51). Vgl. hierzu und auch zu den folgenden Ausführungen in diesem Abschnitt Morin: Nancy, S. 31f., sowie Morin: Brüderliche Gemeinschaft, S. 198f.

214 Vgl. Nancy: Sinn der Welt, S. 47 (SM 51f.); Nancy: Mit-Teilung der Stimmen, S. 70f. (PV 87); Devisch: Question of community, S. 29f.

un commencement et une fin qui soient *nôtres*, mais en les ayant (ou en les étants) seulement comme autres, et à travers les autres.[215]

›Endlichkeit‹ benennt mit anderen Worten die Unmöglichkeit vollkommener Selbstgenügsamkeit[216], wie sie das Absolute anstrebt.[217] Damit ist ›Endlichkeit‹ für Nancy nicht nur eine uneinholbare Grenze (des Lebens: durch Geburt und Tod), sondern eine Entgrenzung.[218] Die Endlichkeit und die Grenze, so James, seien bei Nancy gedacht als »orientated towards the question of excess«, was heiße: »Here limits are always engaged in a logic of exposure to a radical exteriority, an outside or excess *over* the limit«.[219] In diesem Sinne bezeichnet der Begriff der Endlichkeit eine »*wesentliche Affektion, die das Wesen ek-sistiert*«[220], es außer sich bringt oder immer schon außer sich gebracht hat, denn das Ek-sistieren stößt dem Wesen nicht zu, nachdem es bereits da war. Endliches Seiendes »entbehrt [...] seiner Essentialität«[221] immer schon, ist in seinem Ursprung außer sich, »affiziert [...] wie von einer ursprünglichen Trance, Transzendenz oder einem ursprünglichen Dahingehen, und zwar solchermaßen ursprünglich, dass der Ursprung sich darin bereits abgetrennt hat, auch er, er zuallererst, durchfahren, preisgegeben«.[222]

In *La communauté désœuvrée* verdeutlicht Nancy diesen Gedanken eines ursprünglichen »dem Draußen Ausgesetztseins [exposition]«[223] durch die Zurückweisung des Begriffs der »Zerrissenheit [déchirure]«, den Bataille mit dem Beispiel der »»Spalte [brèche]‹ der Frau«[224] illustriert hatte. Nancy wendet ein, hier sei keineswegs etwas zerrissen, denn die ›Spalte‹ sei »bis tief in ihr Allerinnerstes [...] immer noch die dem Draußen ausgesetzte Oberfläche«.[225] Man dürfe (wie Bataille es getan habe) keine »Innerlichkeit« unterstellen, aus der sich, wie Blut aus einer Wunde, etwas »in das Draußen verflüchti-

215   Nancy: L'histoire finie, S. 259, Hv. i. Orig. (auch zitiert bei Morin: Nancy, S. 31). Siehe auch Nancy: Ursprüngliche Ethik, S. 113 (EO 92f.): »Endlichkeit [Finitude] meint [...] nicht eine Begrenzung, die den Menschen – in negativer, positiver oder dialektischer Weise – auf eine andere Instanz bezöge, der er seinen Sinn, oder seinen Mangel an Sinn, entnähme. Endlichkeit bedeutet präzise die Nicht-Festlegung einer solchen Bedeutung: jedoch nicht als Unvermögen, sie festzulegen, sondern als Vermögen, sie offen zu lassen.«

216   Vgl. Norris: Nancy on the political, S. 902.

217   Vgl. Morin: Nancy, S. 32.

218   Vgl. James: Finitude, S. 92. Siehe auch Morin: Nancy, S. 76, sowie ebd., S. 31: »To exist means to be enclosed within a limit, but it also means to be exposed at this limit.« Siehe zu Geburt und Tod als »Erfahrung[en] der Grenze« und »Infragestellung« auch Wetzel: Diskurse des Politischen, S. 256, der mit Nancy betont, dass es sich hierbei um Erfahrungen handele, die man durch andere mache.

219   James: Finitude, S. 91, Hv. i. Orig.

220   Nancy: Sinn der Welt, S. 49, Hv. i. Orig. (SM 54, Hv. i. Orig.).

221   Ebd.

222   Ebd., S. 50 (SM 54); vgl. Morin: Nancy, S. 29f.; 31.

223   Nancy: Entwerkte Gemeinschaft, S. 66 (CD 74).

224   Ebd., S. 67 (CD 76). Auf Bataille und allgemeiner auf den Zusammenhang von Exposition und Nancys Denken des Körpers verweist auch Morin: Brüderliche Gemeinschaft, S. 199f.

225   Nancy: Entwerkte Gemeinschaft, S. 67 (CD 76); vgl. ebd.

gen würde«.[226] Die Unterscheidung von Innen und Außen trägt für Nancy nicht mehr, denn das Innen ist dem Außen unvermeidlich ausgesetzt.[227]

Endlich-sein, das heißt für Nancy: Im Ursprung und bis an das Ende – also: absolut unendlich – an (s)einer Grenze sein, die das Sein (s)einem Draußen (im Inneren) aussetzt und ihm seine Immanenz verwehrt. Die Endlichkeit sei »the infinite lack of infinite identity«[228], und dieser Mangel ermögliche Gemeinschaft. »Endlichkeit und Gemeinschaftlichkeit [en-commun] sind ein und dasselbe«.[229] Das unendlich Endliche, das Ek-sistierende, folgt einer anderen Logik als das Absolute, das seine Grenze, durch die es dem Außen ausgesetzt ist, zu umgrenzen und sich so von jeder Beziehung zu diesem Außen abzugrenzen sucht. Entgegen dieser Logik verweist die Endlichkeit auf eine »radikale Exteriorität«, die, wie der Tod »im Verhältnis zum Leben, [...] ein ›Außen‹ [ist], das im ›Innen‹ offen liegt: Es ist da, zwischen uns und in uns«.[230]

Singularität

Das (unendlich) endliche Wesen nennt Nancy das »singuläre Seiende [être singulier]«.[231] Es sei nicht mit einem Individuum zu verwechseln, stellt er klar.[232] Der Begriff des ›singulären Seienden‹ diene Nancy dazu, so Marchart, sich vom »Immanentismus des Individuums«[233] abzuwenden. Das Individuum ist »jeder Gemeinschaft gegenüber verschlossen«[234], da es der ›Logik des Absoluten‹ gehorcht, der Logik des selbstgenügsamen Subjekts.[235] Es ist innerhalb einer Grenze (oder: versucht es zu sein), aber nie, wie die Singularität, auf oder an der Grenze. Das Individuum ist nicht in seinem Innen einem Außen geöffnet, es ist nicht exponiert, während gilt: »A singularity is anything [...] that is exposed.«[236] Deshalb ist das Individuum ohne Gemeinschaft, der es durch seine

---

226 Ebd. Ähnlich Nancy: Das aufgegebene Sein, S. 149 (EA 143): »›Ich‹ verlangt einen Mund, der sich öffnet und dass ich mich von vornherein fortgezogen, fortgerissen habe aus mir selbst, dass ich mich aufgegeben habe. Die Stimme ist bereits eine Aufgebung [abandon].« Zu prüfen wäre, ob Nancy sich hier Elias Canettis »politische[r] Theorie der Epidermis« annähert, d.h. der »Aufwertung der Hautoberfläche«, einhergehend mit einer »Abwertung der ›inneren Qualität‹ der Person«. (Friedrich: Erlebnis und Masse, S. 134) Wie Friedrich ausführt, definiert Canetti in Masse und Macht »[d]ie Person [...] als ›leer‹ [...]; sie ist [...] reine Grenze. Individuelle Existenz gilt als [...] Krise, die sich als Dauerspannung an den Grenzen der Person, auf der Haut, abspielt.« (Ebd., S. 133, Hv. i. Orig.)

227 Vgl. May: Reconsidering difference, S. 27.

228 Nancy: Preface, S. xxxviii.

229 Nancy: Das gemeinsame Erscheinen, S. 192 (CP 98).

230 Nancy: Angst vor Gemeinschaft, S. 102f.; vgl. Morin: Nancy, S. 198f.; May: Reconsidering difference, S. 25ff.

231 Nancy: Entwerkte Gemeinschaft, S. 61, Hv. i. Orig. (CD 69, Hv. i. Orig.). Siehe auch Herzhoff: Nancy und Schmitt, S. 102, sowie zum Begriff der Singularität bei Nancy auch Morin: Brüderliche Gemeinschaft, S. 197ff.; Morin: Nancy, S. 36f., allgemeiner: Devisch: Question of community, S. 102ff.

232 Vgl. Nancy: Entwerkte Gemeinschaft, S. 61 (CD 69); 21f. (CD 23f.).

233 Marchart: Politische Differenz, S. 103.

234 Nancy: Entwerkte Gemeinschaft, S. 61 (CD 69).

235 Vgl. ebd., S. 16f. (CD 17f.); Marchart: Politische Differenz, S. 103f.

236 Morin Nancy, S. 36. Siehe auch Watkin: Different alterity, S. 59: »To be exposed is to be on the limit, neither within nor without.« Ähnlich Morin: Brüderliche Gemeinschaft, S. 198, Hv. i. Orig.: »Im Gegensatz zum Individuum existiert das singuläre Seiende an seiner Grenze, an seinen Rändern, à la limite. Es ist weder innerhalb noch außerhalb sich selbst [sic!] (weder in der Immanenz des mit

Exposition ausgesetzt würde.[237] Anders als Individuen bilden Singularitäten »keinen Gegensatz zur Gemeinschaft«, sondern sind »gerade dadurch, daß jede davon nur *zugleich* mit einer anderen existiert und sich in dieser Endlichkeit einem Außen, einem Anderen aussetzt«.[238]

Die Grenze, auf der Singularitäten sind, darf nicht aufgelöst werden. Dies vernichtete die singuläre Einzigartigkeit des endlichen Wesens, das in einem (ungeteilten, immanenten) Ganzen aufginge.[239] Ebenso wie der Versuch, sich gemäß der ›Logik des Absoluten‹ die eigene Grenze anzueignen, scheitert auch die Enteignung oder Entäußerung des Eigenen. Beides verhinderte die Exposition der Singularitäten an oder auf ihrer Grenze; in dem einen Fall durch ihre vollständige Trennung (Individuum), in dem anderen durch ihre Verschmelzung in einem gemeinsamen Sein.[240] So gilt: »There would not be any exposure without individuals, nor any individuals without exposure. What is exposed is, essentially, a uniqueness – if it were otherwise it would merge into that to which it is exposed, and thereby suppress the exposition.«[241]

Erneut trifft man hier auf den Gedanken einer Leere am und als Grund der Gemeinschaft: Gemeinschaft ist »Gemeinschaft ohne ein Gemeinsames«.[242] Sie ist nur, wenn die Singularitäten nicht »in einer kollektiven Totalität«[243] aufgehen. Nie ist Gemeinschaft eine Gemeinschaft von »Gleichen«, vielmehr ist sie stets »Gemeinschaft singulärer Wesen«, geprägt von Heterogenität, von »einer grundsätzlichen Asymmetrie [...], die sich an der Exteriorität, an einer irreduziblen Andersheit orientiert«.[244] Aus diesem (fehlenden) Grund kann sie nie in einem gemeinsamen Sein vollendet, das heißt: nie hergestellt werden, sondern

> findet notwendig in der [...] Entwerkung [désœuvrement] statt. Diesseits oder jenseits des Werkes, ist sie das, was sich aus dem Werk zurückzieht, was nichts mehr mit Herstellung oder Vollendung zu tun hat, sondern auf die Unterbrechung, die Fragmentarisierung, das In-der-Schwebe-Sein trifft. Die Gemeinschaft besteht aus der Unterbrechung der Singularitäten oder aus der Schwebe, welche die singulären Wesen sind.[245]

---

sich selbst Identischen, noch in der Transzendenz der Kommunion mit dem Anderen), sondern wesentlich ausgesetzt, nach außen umgedreht. Die Logik der Absolutheit wird durch eine Logik der Grenze ersetzt.«

237 Nancy: Entwerkte Gemeinschaft, S. 65 (CD 73): Das »Draußen [...] ist [...] nichts anderes als die Exposition [...] einer anderen Singularität – dieselbe, anders«. Vgl. May: Reconsidering difference, S. 28; Morin: Nancy, S. 36.

238 Vogl: Einleitung, S. 23, Hv. i. Orig.

239 Vgl. Morin: Brüderliche Gemeinschaft, S. 194.

240 Vgl. ebd.; siehe auch Morin: Nancy, S. 37.

241 Nancy: Our world, S. 48.

242 Trautmann: Nichtmitmachen, S. 197.

243 Vogl: Einleitung, S. 22.

244 Ebd., S. 23. Hebekus/Völker: Philosophien des Politischen, S. 102, sprechen in ähnlicher Weise von »Gleichheit als radikaler Unterschied«. Diese Gleichheit wollte Nancy mit Batailles und Heideggers Überlegungen zum Tod erhellen: Der andere Mensch stirbt seinen Tod, so wie ich meinen sterbe (diesbezüglich sind wir gleich); vgl. ebd.

245 Nancy: Entwerkte Gemeinschaft, S. 69f., Hv. i. Orig. (CD 78f., Hv. i. Orig.); vgl. Vogl: Einleitung, S. 23.

Die Grenze zwischen den Singularitäten, auf der und durch sie sind, verbindet sie mit- und trennt sie voneinander.[246] Dies hat für eine Phänomenologie der Gemeinschaft eine problematische Implikation: Die Verknüpfung der Singularitäten ist ohne Substanz, sie »kann nicht als solche erscheinen, sondern [...] nur als [...] Zwischenraum, zwischen zweien«.[247] Demnach muss (wenigstens zunächst) im Dunkeln bleiben, wie das Zwischen beschaffen ist und wie es sich darstellt. May kritisiert in diesem Sinne: Nancy »tells us nothing about what the nature of the opening to community must be. Even if there is a constitutive exposure to others [...] – what is its nature?«[248]

Mit-Teilung

Singularitäten verbinden sich nicht, denn dies setzte voraus, dass es Singularitäten unabhängig von und vor ihrer Verbindung gäbe, unabhängig von ihrer Exposition und Pluralität. Das aber ist unmöglich: »Das Einmalige des ›Meinen‹ ist selbst ein Plurales«.[249] Singularitäten sind nie »in relation« (was ihre vorherige Trennung implizierte), sondern »are relation«.[250] Nancy verweist auf den Wortursprung: »[S]inguli« sage man »im Lateinischen nur im Plural, weil es ›eines‹ von mehreren ›nach-ein-ander [un par un]‹ bezeichnet. [...] Das Singuläre ist ein Plural.«[251] In der es konstituierenden Pluralität löst sich das Singuläre nie auf. Dies ›garantiert‹ die schon umrissene »economy of limits and borders that cannot be fixed«.[252] Die Grenze, die die Singularitäten trennt und verbindet, ist Mit-Teilung.[253] *Partage*, so sieht es Derrida, sei das »Herz«[254] des nancyschen Denkens.

Sein Debüt hatte der Begriff in Nancys *Le Partage des voix* (1982).[255] Dieser Text, der von der Interpretation und der Hermeneutik handelt[256], nimmt Motive aus *La communauté désœuvrée* vorweg – etwa das Motiv des verlorenen und wiederzufindenden Ur-

---

246 Vgl. Fagan: Ethics and politics after poststructuralism, S. 118f.

247 Hebekus/Völker: Philosophien des Politischen, S. 93f.; siehe auch Morin: Nancy, S. 37f., sowie Fagan: Ethics and politics after poststructuralism, S. 118, die von einer »relation without content« spricht.

248 May: Reconsidering difference, S. 44f.

249 Nancy: Erfahrung der Freiheit, S. 88 (EL 92); vgl. Morin: Nancy, S. 36f.

250 Fagan: Ethics and politics after poststructuralism, S. 118f., Hv. i. Orig.; vgl. ebd., S. 103.

251 Nancy: singulär plural sein, S. 62, Hv. i. Orig. (ESP 52, Hv. i. Orig.).

252 May: Reconsidering difference, S. 34. »If the borders were clearly drawn, there would be no exposure, and thus no community; if the borders were completely effaced, there would be a common substance in which all were immersed.« (Ebd., S. 33f.)

253 ›Mit-Teilung‹, so Critchley: Re-tracing the political, S. 88, sei »both sharing and division«; siehe zu diesem Doppelsinn des Begriffs auch May: Reconsidering difference, S. 32f., und Raffoul: Sharing.

254 Jacques Derrida: Das Recht des Stärkeren (Gibt es Schurkenstaaten?). In: ders.: Schurken. Zwei Essays über die Vernunft. Frankfurt a.M. 2006, S. 15-158, 91 (Jacques Derrida: La raison du plus fort [Y a-t-il des États voyous?]. In: ders.: Voyous. Deux essais sur la raison. Paris 2003, S. 17-161, 92).

255 Vgl. Nancy: Das gemeinsame Erscheinen, S. 196ff., Anm. 2 (CP 59f., Anm. 1). Siehe zu dieser Einordnung und dem Text selbst auch Morin: Nancy, S. 38f., sowie das Resümee der Argumente in Nancy: Our world, S. 46. Ich übernehme in der folgenden Darstellung von Nancys *Le Partage des voix* Formulierungen aus Simon Herzhoff: [Rezension von] Jean-Luc Nancy: Die Mit-Teilung der Stimmen. Veröffentlicht am 2.2.2015, o. S. Abrufbar unter: <www.socialnet.de/rezensionen/17701.php> (Zugriff am 29.1.2022).

256 Vgl. Nancy: Mit-Teilung der Stimmen, S. 7f. (PV 9f.).

sprungs[257], insbesondere aber das Motiv einer ursprünglichen Pluralität der Singularität. Man müsse die Hermeneutik als eine Kundgabe verstehen, zeigt Nancy im Rückgriff auf Platons Dialog *Ion*: *Hermeneuein* meine nicht die Tätigkeit des Interpretierens im landläufigen Sinne, sondern »interpretieren im Sinne von vortragen und inszenieren des Dichter*logos*«.[258] Platon nennt die Dichter »Sprecher der Götter«.[259] Was heißt das? Das Göttliche, antwortet Nancy, geht aus sich heraus, es muss in die singulären Stimmen der Dichter, die es kundtun, aufgeteilt werden, um sich über die Rhapsoden an die Menschen mitteilen zu können.[260] Die singuläre göttliche Stimme ist plural[261]:

> Die *hermeneia* ist die *Stimme* des Göttlichen und diese Stimme ist zunächst grundsätzlich mit-geteilte [partagée] Stimme, Differenz singulärer Stimmen [...]. Anders gesagt, es gibt weder *eine* Stimme des Göttlichen noch vielleicht eine Stimme des Göttlichen überhaupt, denn diese »göttlichen Gedichte« werden in der Sprache [langue] oder den Sprachen von Menschen gesprochen. Aber *die Stimme* ist für das Göttliche die Mit-Teilung [partage] und die Differenz. [...] Der Mensch, der der Dichter ist, ist außer sich, aber auch das Göttliche ist außer sich: in der Mit-Teilung der Stimmen. [...] Das Göttliche ist das, was sich gibt, was sich in Stimmen und *hermeneiai* teilt [partage]. Das Göttliche wird wesentlich mit-geteilt [partagé], gegeben, mitgeteilt [communiqué] und geteilt [partagé] [...].[262]

---

257 Die Hermeneutik benenne »die *Geschichte* einer *Permanenz* und *Remanenz*, d.h. die Möglichkeit der Rückkehr von (oder zu) einem Ursprung«. (Ebd., S. 15, Hv. i. Orig. [PV 18f., Hv. i. Orig.])

258 Ebd., S. 45, Hv. i. Orig. (PV 56, Hv. i. Orig.). Es gehe nicht darum, »*was* der Dichter durch sein Sagen hindurch *sagt*«, vielmehr »besteht die *hermeneia* im Wiedergeben des Dichters in dessen Wortlaut, im *Ihn-sagen-lassen [le faire dire]* in dessen eigenen Worten [dires]«. (Ebd., S. 46, Hv. i. Orig. [PV 57, Hv. i. Orig.])

259 Platon: Ion. In: ders.: Sämtliche Werke. Bd. 1. Apologie, Kriton, Protagoras, Hippias II, Charmides, Laches, Ion, Euthyphron, Gorgias, Briefe. In der Übersetzung von Friedrich Schleiermacher (Hg. Otto, Walter F[riedrich]/Grassi, Ernesto/Plamböck, Gert). Reinbek bei Hamburg 1968, S. 97-110, 103 (534e).

260 Nach der Formulierung von Michael Naas: Urania – The Only Real Muse? Conversation with Jean-Luc Nancy on the Plurality of Genres. In: Internationales Jahrbuch für Hermeneutik 3 (2004), S. 1-22, 7, ist »the divine itself [...] out of itself inasmuch as it speaks through man«.

261 Ignaas Devisch: The Sense of Being (-)With Jean-Luc Nancy. In: Culture Machine 8 (2006), o. S., Abs. 29. Abrufbar unter: <https://culturemachine.net/community/the-sense-of-being/> (Zugriff am 29.1.2022): »There is a polyphony at the heart of each voice. Every voice is in itself opened, plural, exposing itself to the outside world.«

262 Nancy: Mit-Teilung der Stimmen, S. 54f., Hv. i. Orig. (PV 67f., Hv. i. Orig.). Nancys Interpretation zufolge teilten »die Poetik und die Hermeneutik [...] das ›Außer-sich-sein, Von Sinnen-sein‹ (*ekphron*), was die absolute Bedingung der poetischen ›Kreation‹ ist. Der Dichter darf nicht mehr seinen Geist *besitzen*, um geben zu können, was ihm gegeben wird. [...] In einem Ausmaß von Depossession und Enteignung, das selbst maßlos ist, ist es dem Dichter nicht *eigen*, Dichter zu sein. [...] Nichts darf ihm eigen sein – und vor allem darf er sich selbst nicht besitzen –, damit ›die Muse‹ ihn ›antreiben‹ und ›anregen‹ kann«. (Ebd., S. 53, Hv. i. Orig. [PV 65f., Hv. i. Orig.])

Der Schritt zur späteren Arbeit *La communauté désœuvrée* ist von hier aus nicht mehr weit[263] und kündigt sich in den Schlusszeilen von *Le Partage des voix* bereits an:

> Die Gemeinschaft wird gemäß der Mit-Teilung [partage] des *logos* noch zu denken sein. Das kann sicherlich nicht zu einem neuen *Grund* der Gemeinschaft werden. Aber das weist vielleicht auf eine bevorstehende Aufgabe [tâche inédite] der Gemeinschaft gegenüber hin: weder auf deren Reunion noch auf deren Division noch auf deren Assumtion noch auf deren Zerstreuung, sondern auf deren *Mit-Teilung*.[264]

Der *retrait* des gemeinsamen Grundes teilt die Singularitäten auf, separiert sie voneinander, aber versprengt sie nicht, sondern teilt mit, dass alle Singularitäten ihre Aufteilung miteinander teilen.[265] »Le ›*partage*‹ [...] noue et coupe à la fois l'ensemble des éléments qui entrent *en* contact«.[266]

Nancy spielt mit den Bedeutungen der Worte *partage* und *partager* im Französischen. Derrida liest *partage* als »Unterteilung [partition] und Teilnahme [participation]«[267], erschöpft damit die Polysemie des Begriffs aber nicht. *Partage* ist für Nancy verbunden mit der Idee »des Aufteilens [partition], der Verteilung [répartition], des Anteils [part], der Teilhabe [participation], der Teilung [séparation], der Mitteilung [communication], der Zwietracht [discord], der Spaltung [clivage], der Abtretung [dévolution], der Zuteilung [destination]...«[268] – und noch mehr, wie die Fortsetzungspunkte andeuten, die die Aufzählung abbrechen, aber nicht abschließen. Wesentlich ist: *Partage* meint ein »Auseinanderbringen« und zugleich ein »Zusammenbringen«[269]; *partage*, formuliert Nancy, ist ein »Teilen, das im Trennen zusammenführt«.[270] Die Mit-Teilung ist die geteilte »Singularität aller Einzelnen«; dasjenige, »was sie teilt [partage] und was sie

---

263   Folgt man Bernasconi: Deconstructing nostalgia, S. 5, wird in *Le Partage des voix* von Nancy erstmalig »the task of rethinking the notion of community« formuliert. Siehe auch Bernasconi: Heidegger und die Dekonstruktion, S. 446.

264   Nancy: Mit-Teilung der Stimmen, S. 73, Hv. i. Orig. (PV 90, Hv. i. Orig.).

265   Vgl. Morin: Brüderliche Gemeinschaft, S. 192; ähnlich formuliert bereits bei Herzhoff: Nancy: Die Mit-Teilung der Stimmen, Abs. 10; Herzhoff: Nancy und Schmitt, S. 103.

266   de Petra: Bataille et Nancy, S. 163, Hv. i. Orig.

267   Derrida: Recht des Stärkeren, S. 70 (RPF 71).

268   Nancy: Das gemeinsame Erscheinen, S. 171 (CP 59). In seiner Doppelbedeutung verwendet ›partage‹ auch Rancière: »›Aufteilung [partage] des Sinnlichen‹ nenne ich jenes System sinnlicher Evidenzen, das zugleich die Existenz eines Gemeinsamen aufzeigt wie auch die Unterteilungen [découpages], durch die innerhalb dieses Gemeinsamen die jeweiligen Orte und Anteile bestimmt werden. Eine Aufteilung des Sinnlichen legt sowohl ein Gemeinsames, das geteilt wird, fest als auch Teile, die exklusiv bleiben.« (Jacques Rancière: Die Aufteilung des Sinnlichen. Ästhetik und Politik. In: ders.: Die Aufteilung des Sinnlichen. Die Politik der Kunst und ihre Paradoxien [Hg. Muhle, Maria]. 2., durchgeseh. Aufl. Berlin 2008, S. 21-73, 25 [Jacques Rancière: Le partage du sensible. Esthétique et politique. Paris 2000, S. 12]) Nancy: Politik und darüber hinaus, S. 229 (PED 37), weist auf die Nähe seines Verständnisses von ›partage‹ zu dem Rancières selbst hin. Dies deutet an, dass Nancys ›ontologisches‹ Verständnis der Mit-Teilung auch politisch zu lesen ist: Die Verweigerung der Mit-Teilung ist Verweigerung der Teilhabe, ungerechter Ausschluss; siehe etwa Nancy: Das gemeinsame Erscheinen, S. 194f. (CP 102f.).

269   Morin: Brüderliche Gemeinschaft, S. 192; siehe auch Morin: Nancy, S. 38.

270   Nancy: Politik und darüber hinaus, S. 230 (PED 38).

alle (mit-)teilen [partagent] (ihre Endlichkeit, allen gemein, keinem eigen, gemeinsame kommunizierende, niemals kommunizierte oder kommunierte Uneigenheit)«.[271]

Die Mit-Teilung der endlichen Singularitäten dürfe an kein Ende kommen; sie sei ein unaufhörliches Tun, »eine entwerkte und entwerkende Tätigkeit [une activité désœuvrée, et désœuvrante]«.[272] Denn ihr Ende vernichtete die Singularitäten, die durch ihre Mit-Teilung hervorgebracht werden.[273] Daher gelte: »Die wahrhaftige Gemeinschaft der sterblichen Wesen bzw. der Tod als Gemeinschaft bedeutet die Unmöglichkeit ihrer Einswerdung.«[274] Die Gemeinschaft als Mit-Teilung der endlichen Singularitäten ist wesentlich ›entwerkt‹.[275] »Es geht nicht darum, eine Gemeinschaft zu bilden, herzustellen oder einzurichten [...] – vielmehr geht es darum, ihre Mit-Teilung [partage] nicht zur Vollendung zu bringen.«[276]

Von diesen Überlegungen aus gelangt man (vorübergehend) zurück zu Bataille. In *Die Todesfreude* hatte er erklärt, das Individuum könne dem Ungemach seiner Endlichkeit nicht »entgehen, indem es seine Person durch eine dauerhaftere Gemeinschaft ersetzte«.[277] Auch Nancy verwirft die Idee, die Gemeinschaft knüpfe »zwischen den Subjekten das Band eines höheren Lebens, eines unsterblichen oder jenseits des Todes gelegenen Lebens«.[278] Die Gemeinschaft ist untätig, insofern sie aus der unverfügbaren Endlichkeit der Singularitäten, die sie (ihnen) exponiert, nichts macht, sie nicht aufhebt. Das lässt sich am (Opfer-)Tod zeigen, der als Paradigma ›unproduktiver Verausgabung‹ nicht ins Werk gesetzt werden könne. Dies habe Bataille erkannt und deshalb die Entscheidung getroffen, »sich aus den kommunitären Projekten zurückzuziehen«.[279] Er verstand, dass »die Wahrheit des Sakrifizium [sic!] letztlich den Selbstmord des Opferpriesters verlangt«[280], denn nur dann handelte es sich beim Opfer(n) um eine absolute Negativität, um »loss without gain«.[281] Soll aber das Opfer(n), wie Bataille fordert, »offene, maßlose Verschwendung«[282] sein, kann kein Maß die Zahl der Opfer

---

271   Nancy: Sinn der Welt, S. 101 (SM 111). Raffoul: Sharing, S. 218, Hv. i. Orig., schreibt: »*Partage* [...] designates the [...] concept of a community as sharing what cannot be shared, that is, the sharing of differences and singularities.«

272   Nancy: Entwerkte Gemeinschaft, S. 77 (CD 87); vgl. ebd., S. 76f. (CD 87). Morgan Parmett: Community/Common, S. 177, resümiert Nancys Kritik essentialistischer Gemeinschaftskonzepte in diesem Sinne: »Community becomes dethingified and instead becomes a verb.«

273   Vgl. Nancy: Entwerkte Gemeinschaft, S. 57 (CD 64).

274   Ebd., S. 38 (CD 42).

275   Vgl. ebd., S. 37f. (CD 41f.); vgl. Hebekus/Völker: Philosophien des Politischen, S. 109f.

276   Nancy: Entwerkte Gemeinschaft, S. 77 (CD 87); dieser und der vorherige Absatz finden sich in ähnlicher Formulierung bereits bei Herzhoff: Nancy und Schmitt, S. 103f.

277   Bataille: Todesfreude, S. 636.

278   Nancy: Entwerkte Gemeinschaft, S. 37 (CD 41).

279   Ebd., S. 43 (CD 47), vgl. ebd., S. 42f. (CD 46f.).

280   Ebd., S. 42 (CD 47), mit Verweis auf Georges Bataille: La limite de l'utile. Fragments d'une version abandonnée de La part maudite. In: ders.: Œuvres complètes VII. L'économie à la mesure de l'univers. La part maudite. La limite de l'utile (fragments). Théorie de la religion. Conférences 1947-1948. Annexes. Paris 1976, S. 181-280, 257: »Le sacrifice met en jeu des attraits d'une grande puissance: il est l'effet d'un besoin violent de perdre. Et comme tel il menace en premier lieu le sacrificateur.«

281   James: Fragmentary demand, S. 183; vgl. ebd.

282   Georges Bataille: Das Opfer. In: Hollier, Denis (Hg.): Das Collège de Sociologie 1937-1939. Berlin 2012, S. 627-632, 630.

begrenzen – das gemeinschaftsstiftende Opfer(n) wird zum »Todeswerk«.[283] Es kann kein Werk der Gemeinschaft geben.[284]

> Ebensowenig wie die Gemeinschaft ein Werk ist, macht sie aus dem Tod ein Werk. Der Tod [...] *bewerkstelligt* kein Umschlagen des toten Wesens in irgendeine einheitsstiftende Vertrautheit, und die Gemeinschaft ihrerseits *bewerkstelligt* keine Verklärung ihrer Toten zu irgendeiner Substanz oder zu irgendeinem Subjekt, ob es nun Vaterland, Heimaterde oder Blutsbande, Nation, erlöste oder vollendete Menschheit [...], Familie oder mystischer Leib wäre. Sie ist auf den Tod hingeordnet wie auf etwas, woraus man eben kein *Werk machen* kann (es sei denn ein Todeswerk, sobald man daraus ein Werk machen will...).[285]

Man hat Nancy vorgeworfen, er rede einer »*Gemeinschaft der Zombies*«[286] das Wort. Dieser entgegnet: Die These, Gemeinschaft entstehe durch die Mit-Teilung der endlichen Existenz, drücke keine Todesbegeisterung aus. Er habe nur aussagen wollen, so Nancy, dass es sich bei der Gemeinschaft nicht um das Teilen einer gemeinsamen Substanz handele, sondern darum, dass wir alle miteinander das Faktum unserer Sterblichkeit teilen.[287] Die Gemeinschaft ist die Exposition der Endlichkeit und selbst endlich im Sinne einer Unmöglichkeit, bewerkstelligt zu werden.[288]

> Die Mit-Teilung [partage] antwortet auf folgendes: Was die Gemeinschaft mir offenbart, wenn sie mir meine Geburt und meinen Tod darbietet, ist meine Existenz außer mir. Dies meint nicht, daß meine Existenz von der Gemeinschaft oder in die Gemeinschaft erneut eingebracht würde, als ob diese ein anderes Subjekt wäre, das mich – sei es dialektisch, sei es in der Einswerdung – ersetzen und aufheben würde. *Die Gemeinschaft hebt die Endlichkeit, die sie exponiert, nicht auf. Die Gemeinschaft ist selbst letztlich nur dieses Exponieren, dieses Aussetzen.* Sie ist die Gemeinschaft der endlichen Wesen und als solche ist sie selbst *endliche* Gemeinschaft.[289]

Die durch das häufig gebrauchte ›ist‹ gekennzeichnete »language of being«[290], der sich Nancy in diesem Zitat bedient, zeigt, dass sein Denken auf eine Ontologie der Gemeinschaft abzielt, auf eine »ursprüngliche oder ontologische ›Sozialität‹«[291], die Nancy in *De l'être singulier pluriel* genauer umreißen wird. Die Gemeinschaft ›ist‹ – das heißt: Sie

---

283 Nancy: Entwerkte Gemeinschaft, S. 42 (CD 47); vgl. Marie-Eve Morin: Art. ›Sacrifice‹. In: Gratton, Peter/dies. (Hg.): The Nancy Dictionary. Edinburgh 2015, S. 204-207, 206; Morin: Nancy, S. 81.

284 Blanchot: Uneingestehbare Gemeinschaft, S. 30, Hv. i. Orig., argumentiert: »[W]enn die Gemeinschaft [von *Acéphale*, S. H.] [...] sich die Vollstreckung eines Opfertodes zum Ziel gesetzt hätte, hätte sie auf ihren Verzicht verzichtet, ein *Werk* zu vollbringen«.

285 Nancy: Entwerkte Gemeinschaft, S. 37, Hv. i. Orig. (CD 41, Hv. i. Orig.); vgl. Morin: Nancy, S. 78.

286 Gerd Bergfleth: Blanchots Dekonstruktion der Gemeinschaft. In: Blanchot, Maurice: Die uneingestehbare Gemeinschaft. München 2007, S. 110-183, 169, Hv. i. Orig.

287 Vgl. Nancy: Angst vor Gemeinschaft, S. 100f.

288 Vgl. James: Fragmentary demand, S. 185.

289 Nancy: Entwerkte Gemeinschaft, S. 60, Hv. i. Orig. (CD 68, Hv. i. Orig.).

290 James: Fragmentary demand, S. 186.

291 Nancy: Entwerkte Gemeinschaft, S. 63 (CD 71).

muss (und kann und darf) nicht gemacht werden, und insofern sie ist, kann die Gemein-schaft nicht verloren gehen. Sie ist, übernimmt Nancy die Einsicht Batailles, »weder ein herzustellendes Werk, noch eine verlorene Kommunion, sondern [...] das Eröffnen eines Raums der Erfahrung des Draußen, des Außer-Sich-Sein«.[292]

Die Nicht-Herstellbarkeit der Gemeinschaft, so James, führe zurück zu Nancys und Lacoue-Labarthes Überlegungen zum *retrait* des Politischen (und weist voraus, so wäre zu ergänzen, auf Nancys Demokratieverständnis). In den Bestrebungen, Gemeinschaft zu bewerkstelligen, zeige sich die totalitäre Auffassung des Politischen als Gründungs-instanz. »The figure of an unworked or inoperative community recasts the political out-side any possibility of grounding or any assumption of collective identity, and outside any possibility of project or historical process.«[293]

Mit-Erscheinen

Nancy fasst das Zusammenspiel der Kategorien der Endlichkeit, Singularität und Mit-Teilung in die Formel: »Die Endlichkeit schreibt das Wesen des Seins, insofern es Endlich-Sein ist, *a priori* als Mit-Teilung [partage] der Singularitäten ein.«[294] Das heißt gegen einen metaphysischen Seinsbegriff, dass das (endliche) Sein bzw. »die Endlichkeit selbst nichts *ist*, daß sie kein Grund, kein Wesen, keine Substanz ist«.[295] Das Sein, als ›Endlich-Sein‹, ist kein vorausgesetzter Grund der Existenz, sondern ist nur als plurale Existenz, als Mit-Teilung.[296] In diesem Sinne gelte es zu denken, »daß das ›Sein‹ nicht einmal voraussetzbar ist als das einfache Singuläre, auf das dieses Substantiv hinzudeuten scheint. Sein Singuläres ist plural in seinem Sein selbst.«[297] Das Sein selbst, als »*Eins-sein [être-un]*«, könne »*nicht anders als ausgehend vom Mit-ein-ander-sein [être-les-uns-avec-les-autres] begriffen werden*«.[298] Das endliche und (als solches) plurale Sein ist »grundloser ›Grund‹«[299] – ein Grund in Anführungszeichen, weil er sich als Grund entzieht.

Abgesehen von diesen ersten Hinweisen soll aber zunächst noch ausgeklammert bleiben, was später mit Nancys Ontologie genauer in den Blick rücken wird: die Plura-lität, das Mit des Seins – nicht als etwas, das dem Sein erst noch hinzugefügt werden

---

292   Ebd., S. 45 (CD 50). Batailles Gemeinschaftsdenken skizziert in diesem Sinne Bischof: Tragisches Lachen, S. 246ff., deren Lesart offenkundig stark von Nancy geprägt ist. James: Fragmentary de-mand, S. 186, Hv. i. Orig., konstatiert: »Community here is not a project to be realized, it does not occur as a series of social practices, and it is not a value or an ideal – rather, it *is* only as shared finite existence.«
293   James: Fragmentary demand, S. 186; vgl. ebd.
294   Nancy: Entwerkte Gemeinschaft, S. 63, Hv. i. Orig. (CD 71, Hv. i. Orig.); vgl. Marchart: Politische Differenz, S. 102, der dieses Nancy-Zitat ebenfalls anführt.
295   Nancy: Entwerkte Gemeinschaft, S. 63f., Hv. i. Orig. (CD 72).
296   Vgl. Critchley: With being-with, S. 244.
297   Nancy: singulär plural sein, S. 93 (ESP 78).
298   Ebd., S. 94, Hv. i. Orig. (ESP 78, Hv. i. Orig.).
299   Nancy: Entwerkte Gemeinschaft, S. 62 (CD 70).

müsste, sondern vielmehr als etwas, das dem Sein wesentlich ist: »*Das Sein wird ins Spiel gebracht als ›mit‹*«.[300]

Von Interesse sei hier die Darstellbarkeit der ›undarstellbaren Gemeinschaft‹, die »Phänomenalität«[301] der mit-geteilten Endlichkeit. In *De l'être singulier pluriel* bringt Nancy den Begriff des Symbols ins Spiel.[302] Er spricht von einer »Entblößung der gesellschaftlichen Wirklichkeit [mise à nu de la réalité sociale] – des Wirklichen des Gesellschaftlich-Seins [être-social] selbst – in der Symbolik, durch sie und als die Symbolhaftigkeit, die es konstituiert«.[303] Zum Ausdruck kommen soll dadurch die Grundlosigkeit des Gesellschaftlich-Seins, das nichts anderes sei als »die Erscheinung [...] von sich selbst, die auf keinerlei Rückhalt [arrière-fond] verweist«.[304] Symbolisch sei die Gesellschaft mithin nicht, weil sie (wie eine Flagge, die eine Nation symbolisiert) auf etwas außerhalb ihrer selbst hindeutete.[305] »Das gesellschaftliche Sein verweist jetzt auf keinerlei innere oder höhere Einheit mehr, die sich seiner annimmt.«[306] ›Symbol‹ sei die Gesellschaft vielmehr im Sinne des griechischen *symbolon*. Das Wort benannte das Stück eines Tongefäßes, das beim Auseinandergehen befreundeter Menschen entzweigebrochen und später als Zeichen des Wiedererkennens aufs Neue zusammengefügt wurde.[307] Als Symbol ist das Gesellschaftlich-Sein »Aneinanderfügung« und »Abstand«.[308] Das Auf-sich-Verweisen setzt eine Trennung von sich voraus. »Das gesellschaftliche Sein ist das Sein, das ist, indem es sich selbst gegenüber, mit sich selbst erscheint«.[309] Nancy nennt diese Art des Erscheinens »Mit-Erscheinung [comparution]«.[310]

Comparution bedeute, kommentiert Critchley, »that the ›appearing‹ [...] is inseparable from the *cum*, from the with«.[311] Der Begriff, heißt es bei Nancy, drücke aus, »daß die Endlichkeit *zusammen-erscheint [com-paraît]* und nur *zusammen-erscheinen* kann«, will

---

300 Nancy: singulär plural sein, S. 54, Hv. i. Orig. (ESP 47, Hv. i. Orig.); vgl. Fagan: Ethics and politics after poststructuralism, S. 101f., und siehe auch Critchley: With being-with, S. 240: »The question of Being is [...] equiprimordial with the question of being-with.«

301 Nancy: Entwerkte Gemeinschaft, S. 64 (CD 72).

302 Ich folge im Weiteren den Ausführungen von Critchley: With being-with, S. 244f.

303 Nancy: singulär plural sein, S. 95 (ESP 79).

304 Ebd., S. 96 (ESP 80).

305 Vgl. Critchley: With being-with, S. 245.

306 Nancy: singulär plural sein, S. 96 (ESP 80).

307 Vgl. ebd., S. 95, Anm. 46 (ESP 79, Anm. 1).

308 Ebd., S. 96 (ESP 79).

309 Ebd., S. 96 (ESP 80).

310 Ebd., die Hervorhebung im französischen Original ist in der Übersetzung nicht übernommen.

311 Critchley: With being-with, S. 245, Hv. i. Orig. *Comparution* meint im Französischen das Erscheinen vor dem/der Richter*in, impliziert also ein Erscheinen zu mehreren; siehe etwa Jean-Luc Nancy: La possibilité d'un monde. Dialogue avec Pierre-Philippe Jandin. Paris 2013, S. 43; Nancy: Das gemeinsame Erscheinen, S. 168 (CP 54f.), sowie Critchley: With being-with, S. 244. Ignaas Devisch: Doing Justice to Existence: Jean-Luc Nancy and ›The Size of Humanity‹. In: Law and Critique 22 (2011), H. 1, S. 1-13, 10, fasst zusammen: »The meaning of compearance [...] circles around the appearance or arrival of something, on the one hand, and around the multiplicity of that arrival, on the other. It is literally a coming-together of a plurality, a coming not from but as a plurality, a coming that comes to pass as nothing other than ›com‹.« Siehe zu ›comparution‹ auch Devisch: Question of community, S. 98ff.

sagen, »daß sich das endliche Sein immer gemeinsam, also (zu) mehreren darstellt, und daß sich zugleich die Endlichkeit stets im Gemeinsam-Sein [être-en-commun] und als dieses Sein selbst darstellt«.[312]

Hatte Nancy den Individualismus dafür kritisiert, das *clinamen*, die Anziehung der Individuen nicht denken zu können[313], soll nun die *comparution* diese Frage nach der Beziehung beantworten.[314] Wir sahen schon: Die Elemente, aus denen die Relation sich bildet, sind keine Individuen, sondern Singularitäten. Was sie verbindet, das könne »selbst nicht identifiziert werden«.[315] Vor allem dürfe man es nicht zu fassen versuchen mit der »Metapher des ›sozialen Bandes [lien social]‹«.[316] Diese impliziere »Wiedervereinigung und Aufgehen in einer Einheit«[317], wofür etwa die Rutenbündel (*fasces*) der Faschisten stünden.[318] Das Band ist entweder als den Einzelnen vorausliegender Grund gedacht, als »gemeinsames Sein« und als »Ziel, in dem die ›Glieder‹ ihren Sinn und ihre Wahrheit finden«[319], spielt Nancy auf die Idee der organischen Gemeinschaft an; dies liefe hinaus auf eine »Alleinheit [unitotalité], wo die Beziehung [rapport] sich im reinen Sein aufhebt«.[320] Oder umgekehrt: Man legt dem Band nicht die Verbindung, sondern das Individuum zugrunde.[321] Das *lien social* wäre dann etwas, mit dem man gegebenen »›Subjekte[n]‹ (das heißt: Objekte[n]) eine hypothetische Wirklichkeit«[322] überzöge, z.B. die des ökonomischen Bandes.[323] Das Band wäre allerdings so »nichts anderes als eine den Subjekten äußerlich bleibende Qualifizierung, es gehört nicht zu jedem Erscheinen als solchem«.[324] Beide Auffassungen mündeten in eine metaphysische Politik, die das soziale Sein verzwecke und auf etwas gründe, das ihm wesensfremd ist: Individuum, gemeinsames Sein.[325] Nancy wird die Politik des Bandes durch eine der *comparution* entsprechende (demokratische) »Politik der Knoten«[326] zu ersetzen suchen.

---

312   Nancy: Entwerkte Gemeinschaft, S. 64, Hv. i. Orig. (CD 72, Hv. i. Orig.).
313   Vgl. ebd., S. 16 (CD 17).
314   Vgl. Marchart: Politische Differenz, S. 102f.
315   Ebd., S. 22 (CD 24).
316   Ebd., S. 65 (CD 74); vgl. Marchart: Politische Differenz, S. 103, und siehe auch Trautmann: Partage, S. 153ff.
317   Nancy: Herausgeforderte Gemeinschaft, S. 39 (in der Erstauflage von *La Communauté affrontée* nicht enthalten).
318   Vgl. ebd.; Trautmann: Partage, S. 153f., und siehe Thomas Bedorf: Der Ort der Ethik im Netz der Singularitäten. Jean-Luc Nancys Begriff der Gemeinschaft und das Problem der Alterität. In: Bippus, Elke/Huber, Jörg/Richter, Dorothee (Hg.): ›Mit-Sein‹. Gemeinschaft – ontologische und politische Perspektivierungen. Zürich, Wien, New York 2010, S. 79-90, 83, demzufolge hinter dem »Bündel […] die Phantasmen der Identität lauern«.
319   Nancy: Herausgeforderte Gemeinschaft, S. 39.
320   Nancy: singulär plural sein, S. 97 (ESP 81).
321   Vgl. ebd. (ESP 80f.).
322   Nancy: Entwerkte Gemeinschaft, S. 65 (CD 74).
323   Vgl. ebd.
324   Nancy: singulär plural sein, S. 96f. (ESP 80).
325   Vgl. ebd., S. 97 (ESP 80f.).
326   Nancy: Sinn der Welt, S. 159 (SM 176). Siehe dazu den Unterabschnitt *Politik des Verknotens* in Abschnitt I.3.3.3.

Ich werde mit den Theorien der sogenannten kollektiven Intentionalität (Abschnitt II.1) eine Spielart der vom Individuum ausgehenden Auffassung des sozialen Bandes diskutieren und dabei das Scheitern des Versuchs aufzeigen, das Individuum zur Grundlage des Sozialen zu machen.[327] Obwohl sich mit den Theorien kollektiver Intentionalität für eine Politik des Miteinander schließlich wenig wird anfangen lassen, weisen sie in ihrem Bemühen, die Struktur gemeinsamen Denkens und Handelns offenzulegen, in einem wichtigen Punkt über Nancy hinaus. Sie reagieren nämlich auf die Notwendigkeit dessen, was May die (von Nancy ungedachte, weil in seiner Konzeption undenkbare, wie May meint) »phenomenology of community«[328] nennt; für sie sei das Phänomen gemeinsamen Denkens und Handelns von zentraler Bedeutung.[329]

Nancy betont, man müsse »das ontologische ›Zusammen [*ensemble*]‹ [...] denken«, das nichts gemein habe mit einem »Zusammen im substantivischen Sinn«: einer »Sammlung« substantiell getrennter Elemente, als die es in der Mengenlehre gedacht werde, wie es aber auch vorherrsche in den »Thematiken und Praktiken des ›Kollektivs‹ oder des ›Kollektivismus‹«.[330] Es gibt kein Individuum, das nicht schon ›kollektiv‹ wäre. In Abgrenzung von dem (durch die Band-Metapher veranschaulichten) Sammlungszusammen, bezeichnet *comparution* ein ›Zusammen‹, das »nie Substantiv ist, sondern immer das Adverb eines Zusammen-seins [*être-ensemble*]«[331]; ein Adverb, das ›sein‹ näher bestimmt, ohne diese Bestimmung dem Sein nachträglich hinzuzufügen.[332] Vielmehr sei »die Modalisierung [...] hier wesenhaft oder ursprünglich. Das Sein ist zusammen [*est ensemble*], und es ist nicht ein Zusammen [*un ensemble*].«[333] In diesem Sinne sei »die Komparenz [com-parution]«, meint Nancy, »von ursprünglicherer Ordnung als das Band. Sie konstituiert sich nicht, bildet sich nicht, noch erscheint sie zwischen bereits gegebenen Subjekten (Objekten).«[334]

Die Ursprünglichkeit der *comparution* ist nicht fundamentalistisch als Grund zu verstehen. Das Mit-Erscheinen könnte zwar, wie Balibar darlegt, auch auf diese Weise gelesen werden, denn es sei »»archi-political«« in zweifacher Hinsicht: »[I]t could represent an essential community beyond politics (if it forms, above all, an ›origin‹) or it could represent an anti-community that ›interrupts‹ politics, in the form of an event, or a moment (e.g. an ›absolute‹ revolutionary moment)«.[335] Nancy tendiere eher zu der zweiten dieser beiden Interpretationen.[336] Tatsächlich denkt er die Gemeinschaft, so

---

327   Siehe etwa Bedorf: Nancy, S. 150f., Hv. i. Orig.: »Die gemeinschaftliche Existenz ist im Grunde die Unausweichlichkeit, das Soziale als das Zwischen zu betrachten, insoweit es nicht als der leere Raum verstanden wird, der sich zwischen bereits bestehenden Elementen (›Subjekten‹) auftut, sondern als Relationalität, welche diese Elemente erst *als* Elemente einer Beziehung konstituiert.«

328   May: Reconsidering difference, S. 47; vgl. ebd., S. 47f.

329   Vgl. ebd., S. 52ff.

330   Nancy: singulär plural sein, S. 98 (ESP 82, Hv. i. Orig.); vgl. ebd.

331   Ebd., S. 98 (ESP 82, Hv. i. Orig.).

332   Vgl. ebd.

333   Ebd.

334   Nancy: Entwerkte Gemeinschaft, S. 65 (CD 74).

335   Balibar: Inoperative community, S. 29.

336   Vgl. ebd.

zeigte sich, als eine widerständige Unterbrechung ihrer eigenen (politischen) Verwirklichung. Die Gemeinschaftsidee ist bei Nancy verknüpft »with the idea of an *internal void* or negativity that destroys *from within* any ›collective work‹ as communitarian project, or the production of one's unity, by unraveling or disclosing its own excess or incompleteness«.[337]

Nancy möchte die Augen dafür öffnen, dass das Sein als ›Zusammen-Sein‹ keine Voraussetzung ist; im Gegenteil müsse »*die gesamte Voraussetzung des Seins in seiner Nicht-Voraussetzung bestehen*«.[338] Er betont den »abwesenden Grund«[339] (oder Ursprung), dem die Singularitäten gemeinsam ausgesetzt sind, der sie trennt-verbindet. »Die Einmaligkeiten [singularités] haben kein *gemeinsames Sein*, sie *erscheinen [com-paraissent]* je *zusammen [en* commun] angesichts des Entzugs ihres gemeinsamen Seins«.[340] Die *comparution* ist kein identifizierbares Band ›zwischen bereits gegebenen Subjekten‹, sondern das Zwischen, das die Singularitäten einander mit-teilt.

> Sie besteht im Erscheinen des *Zwischen* als solchem: du *und* ich (das Zwischen-uns); in dieser Formulierung hat das *und* nicht die Funktion des Nebeneinandersetzens, sondern die des Aussetzens. Im Zusammen-Erscheinen [com-parution] wird folgendes exponiert − und dies sollte man in allen denkbaren Kombinationen zu lesen wissen: »du (b(ist)/und) (ganz anders als) ich«; oder einfacher [...]: *du Mit-Teilung [partage] ich.*[341]

Hierzu kommentiert Marchart: »Nur im Sich-Zurückziehen von Gemeinschaft (oder Immanenz bzw. ›Werk‹) erscheint Gemeinschaft.«[342]

Das ›Zwischen‹ oder Mit, das man auch als »Verknüpfung [articulation]«[343] bezeichnen könnte, ist nicht z.B. in Symbolen, Institutionen, Personen oder Orten darstellbar; es ist »no-thing«.[344] Für seine im Grunde unmögliche Veranschaulichung greift Nancy auf verschiedene Bilder zurück.[345] In ›*Le communisme littéraire*‹ spricht er von der ›Verknüpfung‹ als dem »Spiel« an einer »Gelenkstelle [jointure]«: Die *articulation* »findet da statt, wo sich verschiedene Teile berühren, ohne ineinander aufzugehen [...], jedes Teil an der Grenze des anderen«.[346] In *De l'être singulier pluriel* findet sich die Vorstellung von

---

337   Ebd., Hv. i. Orig.

338   Nancy: singulär plural sein, S. 93, Hv. i. Orig. (ESP 77, Hv. i. Orig.).

339   Marchart: Politische Differenz, S. 103.

340   Nancy: Erfahrung der Freiheit, S. 89, Hv. i. Orig. (EL 92f., Hv. i. Orig.).

341   Nancy: Entwerkte Gemeinschaft, S. 65, Hv. i. Orig. (CD 74, Hv. i. Orig.). Siehe zu dieser Passage auch Wetzel: Diskurse des Politischen, S. 257f.

342   Marchart: Politische Differenz, S. 103, wo sich auch die beiden voranstehenden Nancy-Zitate finden.

343   Nancy: Literarischer Kommunismus, S. 160 (CL 188).

344   Morin: Nancy, S. 37; vgl. Nancy: Entwerkte Gemeinschaft, S. 69 (CD 78), und siehe auch Nancy: singulär plural sein, S. 100, Hv. i. Orig. (ESP 84, Hv. i. Orig.): »Das *Mit* [...] ist [...] nicht darstellbar.«

345   Vgl. Morin: Nancy, S. 37.

346   Nancy: Literarischer Kommunismus, S. 160 (CL 188); Morin: Nancy, S. 38, führt ebenfalls dieses Beispiel an.

einem »auf dem Leeren gezogenen Strich [trait]«.[347] Der *retrait* des gemeinsamen Seins lässt einen *trait* zurück, einen Strich, der – als Zwischen – anzieht und abstößt.[348] Man könnte auch den Begriff der Spanne anbringen: »Denn das Gemeinschaftliche ist zugleich jenes, was zusammenhält und (wie die Spannkraft) eine Brücke schlägt, sowie zugleich das, was auf Distanz bringt, die Spanne als Abstand.«[349]

Als zu weitgehende Konkretion des Zwischen würde Nancy vermutlich den Vorschlag Hannah Arendts, den öffentlichen Raum und die Welt der Dinge als ein die Menschen zugleich trennendes und verbindendes Zwischen aufzufassen[350], ablehnen. Ein spezifisches Verständnis des öffentlichen Raumes könnte aber dazu beitragen, so möchte ich später zeigen, Nancys abstrakte Rede von »Orte[n] der Kommunikation«, an denen man, ohne miteinander zu verschmelzen, »von einem zum anderen *übergeht*«[351], fassbarer zu machen, sie zu materialisieren.[352]

Bataille: Das tückische Subjekt[353]

›Endlichkeit‹, ›Singularität‹, ›Mit-Teilung‹ und ›Mit-Erscheinen‹ drücken Negativität positiv aus, ohne sie aufzuheben: Mit ihnen erfasst Nancy »die Bewegung des Sich-Entziehens von Gemeinschaft«[354] (im Sinne eines gemeinsamen Seins), das heißt die Unmöglichkeit, Gemeinschaft herzustellen oder zu machen.[355] Diese wiederum verweist darauf, dass wir nicht *nicht* gemeinsam sein können. Als endliche, singuläre Wesen sind wir – und das ›Wir‹ schließe wohl mehr als nur ›uns‹ Menschen ein[356] – in Gemeinschaft: »Zur-Welt-Kommen = Sein in der Gemeinschaft [être-en-commun].«[357] Vor diesem Hintergrund von einer abwesenden Gemeinschaft zu sprechen, bedeutet nicht, dass es keine Gemeinschaft mehr gäbe; dass Gemeinschaft fehlt, ist vielmehr

---

347 Nancy: singulär plural sein, S. 101 (ESP 84); siehe die (im französischen Original »[ê]tre singulier pluriel« geschriebene) Wendung »[s]ingulär-plural-sein«, in der der »Bindestrich [trait d'union]« zugleich ein »Trennungsstrich [trait de division]« (ebd., S. 68 [ESP 57f.]) sei.

348 Vgl. ebd., S. 101 (ESP 84). Fagan: Ethics and politics after poststructuralism, S. 102f., meint: »The hyphenation is what is of importance here, playing a role like the ›with‹ in that it both links and separates, leaving neither term primary or uncontaminated by the other.«

349 Bedorf: Nancy, S. 151. James Naming the nothing, S. 179f., nennt weitere Beispiele dafür, wie Nancy »the nothing, absence, or unworking of community« zu benennen versucht: »as ›sovereign excess‹ (Bataille), as finite transcendence (Lacoue-Labarthe), as an excess that ›is not‹ (Heidegger and ontological difference), as the outside (Blanchot), as ›déchirure‹ [...], as clinamen and as the unidentifiable«.

350 Vgl. Arendt: Vita activa, S. 66; siehe auch Marchart: Neu beginnen, S. 82f.

351 Nancy: Entwerkte Gemeinschaft, S. 57, Hv. i. Orig. (CD 64f., Hv. i. Orig.).

352 Ich gehe diesen Überlegungen in Abschnitt II.4 weiter nach.

353 Die Überschrift spielt an auf Slavoj Žižek: Die Tücke des Subjekts. Frankfurt a.M. 2010.

354 Marchart: Politische Differenz, S. 103.

355 Siehe etwa Nancy: Preface, S. xxxviiif., Hv. i. Orig.: »[C]ommunity is made or is formed by the retreat or by the subtraction of something: this something, which would be the fulfilled infinite identity of community, is what I call its ›work.‹ All our political programs imply this work: either as the product of the working community, or else the community itself as work. But in fact it is the work that the community does *not* do and that it *is* not that forms community. [...] Community is made of what retreats from it: the hypostasis of the ›common,‹ and its work.«

356 Vgl. Nancy: Entwerkte Gemeinschaft, S. 63 (CD 71f.); siehe auch Morin: Nancy, S. 36.

357 Nancy: Das gemeinsame Erscheinen, S. 170 (CP 58).

»das Kennzeichen einer gemeinsamen Dis- oder Exposition, einer geteilten Ent- oder Aussetzung«.[358]

Nancys Gewährsmann für diese Idee von Gemeinschaft ist Bataille, der vor allem angesichts des Nationalsozialismus erkannt habe, dass seine »Sehnsucht [nostalgie]« nach einer Gemeinschaft als »In-Eins-Sein [être communiel]«[359] gefährlich war. Bataille sei deshalb von jeglichem Gemeinschaftsprojekt abgerückt.[360] Nancy übernimmt den Gedanken, Gemeinschaft sei kein zu entwerfendes Werk, und der Versuch, sie dennoch zu bewerkstelligen, führe schlimmstenfalls zu einem ›Todeswerk‹. »Eine Gemeinschaft ist weder ein Projekt, das eine Verschmelzung intendieren würde [un projet fusionnel], noch allgemeiner gesehen, ein auf ein Produkt oder Werk zielendes Projekt – sie ist überhaupt kein *Projekt*«.[361] Den Schlüssel zu diesem Verständnis einer ›entwerkten‹ Gemeinschaft bildet das Opfer. Als ›unproduktive Verausgabung‹ kann es nicht ins Werk gesetzt werden, ohne »in das Unendliche der Immanenz«[362] zu führen. Nur wenn der Tod nicht zum Werk wird, ist und bleibt die Gemeinschaft, was »ihren Mitgliedern den Tod als deren Wahrheit vor Augen [stellt] [...]. Sie ist die Darstellung der Endlichkeit und des unwiderruflichen Exzesses, die das endliche Wesen ausmachen«.[363]

An der Idee des Opfers zeigt sich allerdings, dass Nancy nicht nur mit, sondern (mit Bataille) auch gegen Bataille denkt.[364] Das Opfer ist dasjenige im Denken Batailles, woran Nancy anknüpft und wovon er sich deutlich absetzt. Sein Vorwurf lautet: Bataille habe es nicht vermocht, sein Denken vollkommen von den Hinterlassenschaften des Subjekts zu säubern.[365]

Dies belegt Nancy in *La communauté désœuvrée* zunächst am batailleschen Verständnis der Kommunikation. Er betont, dass ›Kommunikation‹ den Moment der Öffnung des Subjekts bezeichne: Mit ›Subjekt‹ meine Bataille nicht das metaphysische, sich selbst gegenwärtige und gründende Subjekt[366], verdeutlicht Nancy mit einem Zitat aus Batailles *L'expérience intérieure* (1943): »›Soi-même‹, ce n'est pas le sujet s'isolant du monde, mais un lieu de communication, de fusion du sujet et de l'objet.«[367] Mit dem, was er als Kommunikation bezeichnet, merkt Fausto de Petra an, gehe es Bataille um »la critique du solipsisme«, das heißt um »une radicale *mise en question* de la subjectivité même. [...] Communiquer signifie pour Bataille mener le sujet à une expérience *de la* limite, l'exposer au-dehors de lui-même, à un flux qui sépare et lie les discontinuités

---

358   Trautmann: Nichtmitmachen, S. 191; vgl. ebd.

359   Nancy: Entwerkte Gemeinschaft, S. 42 (CD 46f.).

360   Vgl. ebd., S. 42f. (CD 46ff.).

361   Ebd., S. 38, Hv. i. Orig. (CD 42, Hv. i. Orig.).

362   Ebd., S. 42 (CD 47).

363   Ebd., S. 38f. (CD 43); siehe auch James: Fragmentary demand, S. 182f.

364   Die Frage des Verhältnisses zwischen Nancy und Bataille versteht de Petra: Bataille et Nancy, S. 157, Hv. i. Orig., als »la question d'un *partage* qui rapproche et distingue deux itinéraires de sens«.

365   Vgl. James: Fragmentary demand, S. 183ff., dessen Ausführungen ich auch im Weiteren folge.

366   Vgl. ebd., S. 183.

367   Georges Bataille: L'expérience intérieure. In: ders.: Œuvres complètes V. La somme athéologique. Tome I. L'expérience intérieure. Méthode de méditation. Post-scriptum 1953. Le coupable. L'alleluiah. Paris 1973, S. 7-189, 21; vgl. Nancy: Entwerkte Gemeinschaft, S. 54 (CD 61).

individuelles.«[368] Ähnlich fasst Nancy selbst ›Kommunikation‹, nämlich nicht als Informationsaustausch oder (wie er in *Le Partage des voix* wohl an die Adresse Jürgen Habermas' richtet) als »Aneignung eines vernünftigen Konsenses«.[369] In der Kommunikation ereigne sich vielmehr »an *exposition:* finite existence exposed to finite existence, co-appearing before it and with it«.[370] Diese unaufhebbare »Äußerlichkeit«[371] teilen sich die endlichen Existenzen mit – sie kommunizieren.[372]

Nancy meint indes zu erkennen, dass bei Bataille die Kommunikation als das, was »weit über das Subjekt hinausreicht«[373], doch wieder zum Subjekt zurückführt.[374] Wenn Bataille das ›lieu de communication‹ als den Ort einer ›fusion du sujet et de l'objet‹ ausgebe, laufe er Gefahr, die Alterität und die Kommunikation im Subjekt aufzuheben, das dann, nicht mehr aus sich herausgefordert, nicht mehr exponiert durch eine/n Andere/n, zurückfalle in ein Bei-sich-Sein:

> Wenn der andere einer Kommunikation zum Objekt eines Subjektes wird [...], so ist dieser andere kein anderer mehr, sondern Objekt der Vorstellung eines Subjektes [...]. Die Kommunikation und die Andersheit [altérité] als deren Voraussetzung können in einem Denken, das die negative [sic!] aber spiegelhafte Identität des Objekts, das heißt die Äußerlichkeit ohne Andersheit, auf das Subjekt zurückführt, grundsätzlich nur einen instrumentellen [sic!] aber keinen ontologischen Charakter oder Stellenwert haben. Das Subjekt kann nicht außer sich sein: schließlich wird es ja sogar gerade dadurch definiert, daß sein ganzes Draußen, alle seine Formen der »Entäußerung« und »Entfremdung« letztendlich von ihm selbst beseitigt und in ihm *aufgehoben* sind. Das Sein der Kommunikation dagegen [...] ist vor allem *Außer-Sich-Sein.*[375]

Als bloßes Vorstellungsobjekt eines Subjekts verliere nicht nur der/die Andere seine oder ihre ›Andersheit‹, sondern bleibe auch das Subjekt »intact and subsumes all excess to itself rather than being undone in the exposure to an excess it cannot master or appropriate«.[376] In der ›Kommunikation‹ gibt es nach Nancys Auffassung keine Identifizierung des/der endlichen Anderen, keine Aufhebung von Andersheit, die nie da-

---

368 de Petra: Bataille et Nancy, S. 164, Hv. i. Orig.

369 Nancy: Mit-Teilung der Stimmen, S. 72, Anm. 26 (PV 89, Anm. 56); vgl. Nancy: Preface, S. xl.

370 Nancy: Preface, S. xl, Hv. i. Orig.

371 Nancy: Entwerkte Gemeinschaft, S. 45 (CD 50).

372 Vgl. Hebekus/Völker: Philosophien des Politischen, S. 106; Norris: Nancy on the political, S. 902f.; Fagan: Ethics and politics after poststructuralism, S. 106f.; Stoellger: Mit-Teilung und Mit-Sein, S. 54f.; de Petra: Bataille et Nancy, S. 166ff.; Dallmayr: Globale Gemeinschaft, S. 116, und siehe Moebius: Zauberlehrlinge, S. 463: »Nancy übernimmt explizit Batailles Kommunikationsbegriff, der eben nicht auf der Ebene von Übermittlung von Botschaften, Codes oder Informationen verbleibt [...]. Was die Singularitäten kommunizieren lasse, sei die Erfahrung der Endlichkeit«. Ähnlich Wetzel: Diskurse des Politischen, S. 258. Die politischen Implikationen des nancyschen Kommunikationsverständnisses erörtert Trautmann: Partage, S. 135ff., siehe zu Batailles Begriff der Kommunikation auch Kiefte: Anarchist concept of community, S. 59f.

373 Nancy: Entwerkte Gemeinschaft, S. 55f. (CD 63).

374 Vgl. ebd., S. 56 (CD 63); James: Fragmentary demand, S. 184.

375 Nancy: Entwerkte Gemeinschaft, S. 54f., Hv. i. Orig. (CD 62, Hv. i. Orig.).

376 James: Fragmentary demand, S. 185; vgl. ebd., S. 184f.

mit endet, sich zu ›verandern‹.[377] Kommunikation ist nur möglich, wo keine Gleichheit herrscht.[378] Wenn beispielsweise, wie Vogl anführt, bei John Rawls die Subjekte hinter einem »*Schleier des Nichtwissens*«[379], der alle in die gleiche Lage des Nichtwissens bezüglich ihrer jeweiligen unterschiedlichen Neigungen, ihrer sozialen Lage etc. versetze[380], zu Prinzipien der Gerechtigkeit kommen sollen, so gehe ihre vertragliche Übereinkunft gerade nicht auf Kommunikation zurück, sondern auf »Nicht-Kommunikation. Mit der Unkenntnis aller aktuellen Unterschiede bleibt die Verständigung im Gleichen, am Gefrierpunkt stecken«.[381]

Die ›vorbehaltlose Negativität‹, von der sich Nancy eine Chance zum Neudenken der Gemeinschaft versprochen hatte, scheint weniger radikal als vermutet.[382] Bataille habe sich dem »hegelschen Gesetz einer stets vorhandenen Kraft, die jede Rückhaltlosigkeit vereitelt«, nicht entziehen können: Das Subjekt hebe seine Aufhebung auf und nehme sich »selbst wieder in Besitz«.[383]

Mit der Kritik an einer »unreflective and unthought logic of subjectivity«[384] konfrontiert Nancy das Denken Batailles auch in *L'insacrifiable*, einem Essay aus *Une pensée finie* (1990).[385] Den Ausgangspunkt Nancys bildet die Feststellung einer Zäsur in der

---

377 Nancy: Mit-Teilung der Stimmen, S. 71 (PV 87): »Die Endlichkeit [finitude] des Anderen ist darauf zurückzuführen, dass seine Alterität gerade nicht aufhört, eine andere zu werden, dass sie sich unaufhörlich differenziert oder dass sie seine Identität differenziert.«

378 Morin: Nancy, S. 40: ›Kommunikation‹ im Sinne Nancys bedürfe der »absolute incommensurability of speaking positions«. Und ebd., S. 159, Anm. 4: »Communication does not create a link, but is the appearing of the between.«

379 Rawls: Theorie der Gerechtigkeit, S. 159, Hv. i. Orig.

380 Vgl. ebd., S. 160.

381 Vogl: Einleitung, S. 13; vgl. ebd. Siehe zu Rawls kurz etwa Rosa et al.: Theorien der Gemeinschaft, S. 117ff.

382 Vgl. Nancy: Entwerkte Gemeinschaft, S. 55 (CD 62f.).

383 Ebd., S. 55 (CD 63).

384 James: Fragmentary demand, S. 185. Nancy: Entwerkte Gemeinschaft, S. 58, Hv. i. Orig. (CD 65f., Hv. i. Orig.), betont, es handele sich nicht um eine »Kritik an Bataille«, sondern »darum, eine Grenze abzuschreiten, die unsere eigene ist: seine, meine, die unserer Zeit und unserer Gemeinschaft. An der Stelle, die Bataille dem Subjekt zuwies, an diesem Ort des Subjektes – »dessen Kehrseite – anstelle der Kommunikation und am ›Ort der Kommunikation‹ *gibt es* sehr wohl etwas und nicht einfach nichts: Unsere Grenze besteht darin, eigentlich keinen Namen für dieses ›etwas‹ oder diesen ›jemand‹ zu besitzen. [...] Dieses ›es gibt‹ an (der) Stelle der Kommunikation ist weder das Subjekt noch das Eins-Sein [être communiel], sondern die Gemeinschaft und die Mit-Teilung [partage].«

385 Jean-Luc Nancy: Was nicht geopfert werden kann. In: Därmann, Iris/Jamme, Christoph (Hg.): Fremderfahrung und Repräsentation. Weilerswist 2002, S. 47-80 (Jean-Luc Nancy: L'insacrifiable. In: ders.: Une pensée finie. Paris 1990, S. 65-106). Mein Verständnis dieses Textes verdankt viel der instruktiven Darstellung der Argumentation Nancys von Patrick Ffrench [sic!]: Sacrifice, Technique: Exscription. In: The Oxford Literary Review 27 (2005), S. 103-118, und Miguel de Beistegui: Sacrifice revisited. In: Sheppard, Darren/Sparks, Simon/Thomas, Colin (Hg.): On Jean-Luc Nancy. The sense of philosophy. London, New York 1997, S. 157-173. Siehe ferner Elisabeth Arnould: The Impossible Sacrifice of Poetry: Bataille and the Nancian Critique of Sacrifice. In: Diacritics 26 (1996), H. 2, S. 86-96, sowie für eine präzise Darstellung der nancyschen Überlegungen zum Opfer auch Morin: Sacrifice.

abendländischen Idee des Opfers.[386] Das Abendland kennzeichne die Abwesenheit des
»Tauschhandel[s], den der Mensch mit den göttlichen Mächten betreibt«.[387] Dennoch
sei das Opfer auch im Abendland noch präsent, nur sei es hier »auf eine einzigartige
Weise überschritten, überwunden, sublimiert oder aufgehoben«.[388] Beispielhaft für die
abendländische Umformung des »alte[n] Opfer[s]«[389] stünden Sokrates und Christus;
an ihnen veranschaulicht Nancy die Merkmale des ›neuen‹ Opfers.[390] Es sei vor allem
»Selbstopfer«, also (in doppelter Bedeutung): »Opfer *des Subjekts*«.[391] Das Opfer(n) dient
jetzt nicht mehr einem höheren Zweck außerhalb seiner selbst; die Selbst-Opferung
zielt darauf ab, als (höheres) Selbst aufzuerstehen.[392] Mit der Abkehr vom ›alten Opfer‹
breche ein dialektischer Prozess an: Die endliche Existenz opfere sich, um zu sich zu
gelangen:

> Das Opfer wird *bloß zu einer gehobeneren, wahreren Weise der Opferlogik hin* überwunden.
> Die Versöhnung des Wesens verlangt dafür in der Tat nicht minder den Durchgang
> durch die absolute Negativität und durch den Tod. Durch diese Negativität – und eben
> *als* diese Negativität – kommuniziert das Wesen mit sich selbst. »Opfer« will sagen:
> Aneignung des SELBST in seiner eigenen Negativität, und die Opferhandlung wird nur
> deshalb der Welt der Endlichkeit [finité] überlassen, um die unendliche Opferstruktur
> dieser Aneignung des SUBJEKTS um so besser herauszustreichen.[393]

---

386 Eine andere als die abendländische Auffassung vom Opfer sei uns nicht zugänglich, denn das Op-
fer sei – ähnlich wie die ›verlorene‹ Gemeinschaft – eine Erfindung des Abendlandes; vgl. Nancy:
Was nicht geopfert werden kann, S. 49f. (IS 68f.); 59 (IS 80); 75 (IS 100f.); siehe auch de Beistegui:
Sacrifice revisited, S. 158f.

387 Nancy: Was nicht geopfert werden kann, S. 59 (IS 81).

388 Ebd., S. 48. (IS 66); siehe Ffrench: Sacrifice, S. 103: »We, in the West, no longer make sacrifices to the
Gods. [...] Sacrifice, however, is not simply left behind; it is dialectically surpassed and interiorized.«
De Beistegui: Sacrifice revisited, S. 159, spricht von einer »mimetic logic at the heart of the relation
of the West to sacrifice«.

389 Nancy: Was nicht geopfert werden kann, S. 52 (IS 72).

390 Vgl. ebd., S. 52ff. (IS 71ff), und siehe auch Ffrench: Sacrifice, S. 104.

391 Nancy: Was nicht geopfert werden kann, S. 53, Hv. i. Orig. (IS 73, Hv. i. Orig.); vgl. Morin: Sacrifice,
S. 205.

392 Sokrates' Tod befreit ihn aus seinem irdischen Gefängnis. Die Philosophie erlaubt es, um diese
Erlösung zu wissen, und durch sie vollzieht sich zugleich die Befreiung: Die »durch Weisheitslie-
be sich schon gehörig gereinigt haben, diese leben für alle künftigen Zeiten gänzlich ohne Leiber«. (Platon: Phaidon. In: ders.: Sämtliche Werke. Bd. 3. Phaidon, Politeia. In der Übersetzung
von Friedrich Schleiermacher [Hg. Otto, Walter F[riedrich]/Grassi, Ernesto/Plamböck, Gert]. Reinbek bei Hamburg 1969, S. 7-66, 63 [114c]; vgl. Nancy: Was nicht geopfert werden kann, S. 53 [IS
73]) Cornelius Castoriadis: Der Zustand des Subjekts heute. In: ders.: Ausgewählte Schriften. Bd.
5. Psychische Monade und autonomes Subjekt (Hg. Halfbrodt, Michael/Wolf, Harald). Lich 2012,
S. 205-245, 240, Hv. i. Orig. schreibt zu Sokrates, dass »er *sich* durch sein Sterben auch rettet. Er
rettet sich um seiner selbst willen«.

393 Nancy: Was nicht geopfert werden kann, S. 57, Hv. i. Orig. (IS 78, Hv. i. Orig.). Damit gehorcht das
abendländische Opfer noch der ökonomischen Logik, die es als *Do-ut-des*-Prinzip am ›alten‹ Opfer verurteilt hatte: »Die Beschuldigung des Ökonomismus und der Simulation durchzieht [...] die
ganze Dialektisierung des Opfers. Doch diese [...] Beschuldigung beschuldigt sich selbst. Denn [...]
die Faszination am Opfer hindert nicht daran, in seiner Dialektik (oder in seiner Vergeistigung) einen verallgemeinerten ›Ökonomismus‹ und ›Mimetismus‹ zu entdecken. Das Opfer als Selbstop-

Um die Kritik Nancys an Bataille zu verstehen, ist wichtig festzuhalten, dass die Aufhebung des ›alten Opfers‹ im abendländischen Opfer nicht zu einem Verschwinden der Faszination für die Grausamkeit des Opfer(n)s geführt habe.[394] Im Gegenteil konstituiere die Dialektisierung des Opfers diese Faszination erst, denn die Gewalt des Opfer(n)s erhalte den dialektischen Prozess am Leben.[395] Die Grausamkeit ist das eingeschlossene konstitutive Außen der abendländischen Opferdialektik: Diese bedarf der Grausamkeit, um sich von ihr abheben zu können.[396]

Hier betritt Bataille die Bühne. Bei aller Besessenheit von der Idee des Opfers[397], hält ihm Nancy zugute, habe er stets »die *Komödie* des Opfers«[398] angeklagt. Batailles Protest gegen die Opfer-Komödie speist sich aus seinem Vorbehalt gegenüber der Dialektik Hegels: Während der dialektische Prozess das Opfer aufhebt, sein Blut gleichsam fortspült, beharre Bataille auf der uneingeschränkten Negativität des Opfers und seines Blutes: »Auf daß der dialektische Prozeß nicht eine Komödie bleibe, hat Bataille gewollt, daß Blut fließt.«[399] Ihm ging es um die pure Gewalt, führt Elisabeth Arnould aus, um das Blut und den Tod in ihrer schieren Bedeutungslosigkeit. Mithilfe des Opfers wollte Bataille das denken, was unaufhebbar endlich ist; dasjenige, was sich nicht, indem es sich opfert, einer höheren (unendlichen) Instanz übereignet.[400]

Dennoch entkomme Bataille der Dialektik des abendländischen Opfers nicht, folge auch er der »Logik der Aufhebung des Opfers«.[401] Zwar bemüht er sich, den dialektischen Prozess durch ein Beharren auf der Sinnlosigkeit des Todesgrauens außer Kraft zu setzen. Da aber eine Faszination für die Grausamkeit des Opfers die Opferdialektik konstituiert, bleibt Bataille dieser Dialektik treu. Zudem ist bei ihm die Negativität des Opfers keineswegs völlig ›unbeschäftigt‹, sondern soll zu der Erfahrung einer Überschreitung (des Subjekts) Zugang gewähren: Batailles Theorie des Opfers, urteilt Arnould, sei lediglich »the cruel counterpart of its idealization«.[402]

---

fer […] ist die tatsächliche Einrichtung der absoluten Ökonomie der absoluten Subjektivität, die in Wirklichkeit den Durchgang durch die Negativität nur zu mimen vermag, von wo aus sie gar nicht anders kann als symmetrisch sich wiederanzueignen oder unendlich sich zu über-eignen.« (Ebd., S. 61f. [IS 83f.])

394   Vgl. Ffrench: Sacrifice, S. 103f. Siehe zu dieser Faszination ausführlich de Beistegui: Sacrifice revisited, S. 159ff.

395   Vgl. Nancy: Was nicht geopfert werden kann, S. 58 (IS 79f.); 62 (IS 84).

396   Vgl. Ffrench: Sacrifice, S. 104f.

397   Vgl. Nancy: Was nicht geopfert werden kann, S. 50 (IS 70).

398   Ebd., S. 51, Hv. i. Orig. (IS 70, Hv. i. Orig.). Siehe Georges Bataille: Hegel, la mort et le sacrifice. In: ders.: Œuvres complètes XII. Articles 2. 1950-1961. Paris 1988, S. 326-345, 336, und de Petra: Bataille et Nancy, S. 161.

399   Nancy: Was nicht geopfert werden kann, S. 62 (IS 84).

400   Vgl. Arnould: Impossible sacrifice, S. 87; siehe auch Morin: Sacrifice, S. 206.

401   Nancy: Was nicht geopfert werden kann, S. 62 (IS 84).

402   Arnould: Impossible sacrifice, S. 88; vgl. ebd., S. 87f., sowie Ffrench: Sacrifice, S. 105; Morin: Nancy, S. 81, und Nancy: Was nicht geopfert werden kann, S. 65ff. (IS 88ff.).

Widerstand der Gemeinschaft

Nancy versucht mithilfe einer »Interpretation der Lager als Opfer [interprétation sacrificielle des camps]«[403] die Unterbrechung der abendländischen Opferdialektik zu denken: Die nationalsozialistischen Lager, so möchte er zeigen, markieren das Ende – den Höhepunkt und das Debakel – der abendländischen Logik des Opfers.[404] Sie legen offen: »[W]ir haben keine Opfer mehr [...]. Das Blut, das aus unseren Wunden fließt, fließt furchterregend, und nur furchterregend«.[405] Wie in der Analyse des Nazi-Mythos, die Nancy mit Lacoue-Labarthe vorgelegt hatte, geht es ihm darum, ohne Rückgriff auf vordergründige ethische oder politische Argumente eine bestimmte Logik konsequent so weit(er) zu denken, dass sie sich selbst erledigt.

In dieser Strategie liegt verborgen, was man Nancys ›Politik‹ nennen könnte: Der Versuch, die Gemeinschaft selbst als Widerstand gegen ihre Aufhebung in einem gemeinsamen Sein zu verstehen. Wie neben dem Nazi-Mythos auch die Unterbrechung des abendländischen Opfers zeigt, gibt es Gemeinschaft nur als ›entwerkte‹ Gemeinschaft.[406] Die Gemeinschaft ist ihre eigene (nicht mehr heilige) Transzendenz und als solche widersteht sie der Immanenz.[407]

Bataille wollte die abendländische Dialektik des Opfers stillstellen, indem er die grausame Sinnlosigkeit des Opfers als dessen ganze Wahrheit ausgab; er wollte das Opferblut strömen lassen, ohne es in der Schale eines höheren Sinns wieder aufzufangen. In *L'insacrifiable* verweist Nancy darauf, dass Bataille in der Zeit nach dem Zweiten Weltkrieg klar wurde, wie nahe dieses Opferverständnis dem Geschehen in den nationalsozialistischen Lagern kam. »Die Logik des Opfers sagte: Das einzige Erwachen ist das Erwachen, das im Schrecken mündet, in dem der Augenblick der Wahrheit aufscheint.«[408] Dieser »äußerste Schrecken«[409] sei in den Lagern zutage getreten und habe erwiesen, dass die widervernünftige »›Folterwut‹« eine Menschenmöglichkeit ist: Sie stamme »nirgendwo anders her als aus der Menschheit selbst«.[410]

Eine Nähe zu behaupten zwischen Opfer- und Lagerlogik meint nicht, sie gleichzusetzen.[411] Für Bataille seien die Lager »außerhalb des Opfers« geblieben, »weil der Schrecken des Opfers hier stillschweigend aus jedem *Sinn* von Opfer, aus jeder Sinnmöglichkeit herauskippt«.[412] In den Lagern kulminiert und endet die Opferlogik: »Die-

---

403 Nancy: Was nicht geopfert werden kann, S. 70 (IS 94).

404 Vgl. de Beistegui: Sacrifice revisited, S. 167.

405 Nancy: Corpus, S. 70 (CO 70).

406 Vgl. Nancy: Entwerkte Gemeinschaft, S. 69 (CD 78).

407 Vgl. ebd., S. 77 (CD 88), und siehe Fagan: Ethics and politics after poststructuralism, S. 100; 109; 112f.

408 Nancy: Was nicht geopfert werden kann, S. 70 (IS 93).

409 Ebd.

410 Ebd., S. 69 (IS 93). Siehe zur Auseinandersetzung Batailles mit dem Geschehen in den nationalsozialistischen Lagern im Kontext mit dem Motiv des Opfers ausführlich Patrick Ffrench [sic!]: Donner à voir: Sacrifice and Poetry in the Work of Georges Bataille. In: Forum for Modern Language Studies 42 (2006), H. 2, S. 126-138, 127ff.

411 Nancy: Was nicht geopfert werden kann, S. 70 (IS 93), unterstellt keinerlei »Komplizenschaft Batailles«.

412 Ebd., S. 70, Hv. i. Orig. (IS 93, Hv. i. Orig.). Siehe auch Agamben: Was von Auschwitz bleibt, S. 24f.: »[I]n den Lagern nahm eine Vernichtung [...] Formen an, die sie absolut sinnlos machten«.

ses Opfer führt zu nichts, es leitet zu keinem Zugang«.[413] In den Lagern verwandelte sich das Opfer in bloße Vernichtung.

Nancy beruft sich in seiner Argumentation auf die nationalsozialistische Ideologie selbst. Mit Belegen aus Hitlers *Mein Kampf* und dem Verweis auf Heinrich Himmlers sogenannte *Posener Rede* vom 4. Oktober 1943[414] zeigt er, dass sich die Nationalsozialist*innen (als Arier*innen) als das paradigmatische und einzige Opfer sahen, mehr noch: als die Verkörperung des Opfers selbst.[415] »The suggestion, which Nancy does not quite articulate, is that the Nazi is the culmination of the sacrificial logic of the West, of the spirit of sacrifice.«[416] Die Behauptung spricht jüdischen Menschen das Opfersein ab: Sie sind nur auszumerzen.[417] Wenn aber der Mord an ihnen keine Opferung war, stelle Auschwitz nurmehr einen »bloßen Schrecken« dar, seien die Lager »die Parodie einer religiösen Opferung und der Rauchsäulen, die gen Himmel steigen«.[418]

Nancys These einer Nicht-Opferung jüdischer Menschen in den Lagern findet sich etwa auch bei Lacoue-Labarthe[419], prominent vertritt sie vor allem Giorgio Agamben. Der jüdische Mensch sei *homo sacer*, der getötet, nicht aber geopfert werden könne.[420] Man dürfe deshalb die Tötung jüdischer Menschen nicht als ›Holocaust‹ und damit der Wörterbuchbedeutung nach bezeichnen als »›[h]öchstes Opfer im Zusammenhang einer vollkommenen Hingabe an heilige und höhere Ziele‹«.[421] Sie sei ›Shoah‹, nämlich

---

413   Nancy: Was nicht geopfert werden kann, 70 (IS 94).

414   »Von Euch [den SS-Gruppenführern, vor denen Himmler seine Rede hielt, S. H.] werden die meisten wissen, was es heisst, wenn 100 Leichen beisammen liegen, wenn 500 daliegen oder wenn 1000 daliegen. Dies durchgehalten zu haben, und dabei – abgesehen von Ausnahmen menschlicher Schwächen – anständig geblieben zu sein, das hat uns hart gemacht. Dies ist ein niemals geschriebenes und niemals zu schreibendes Ruhmesblatt unserer Geschichte, denn wir wissen, wie schwer wir uns täten, wenn wir heute noch in jeder Stadt – bei den Bombenangriffen, bei den Lasten und Entbehrungen des Krieges – noch die Juden als Geheimsaboteure, Agitatoren und Hetzer hätten. [...] Wir hatten das moralische Recht, wir hatten die Pflicht gegenüber unserem Volk, dieses Volk, das uns umbringen wollte, umzubringen.« (Heinrich Himmler: Rede des Reichsführer-SS bei der SS-Gruppenführertagung in Posen am 4. Oktober 1943. In: Internationaler Militärgerichtshof Nürnberg: Der Prozess gegen die Hauptkriegsverbrecher vor dem Internationalen Militärgerichtshof Nürnberg. 14. November 1945-1. Oktober 1946. Bd. XXIX. Urkunden und anderes Beweismaterial. Nummer 1850-PS bis Nummer 2233-PS. Amtlicher Text. Deutsche Ausgabe. Fotomech. Nachdr. der Ausgabe Nürnberg 1948. München 1989, S. 110-173 [Dokument 1919-PS], 145f.)

415   Nancy: Was nicht geopfert werden kann, S. 71, Hv. i. Orig. (IS 95, Hv. i. Orig.): »Der ARIER ist [...] wesensmäßig derjenige, der sich für die Gemeinschaft, für die Rasse opfert, das heißt derjenige, der sein Blut für das arische BLUT hingibt. Er ist also [...] wesensmäßig Opfer, er ist *das* Opfer.«

416   Ffrench: Sacrifice, S. 106.

417   Vgl. ebd. Da er selbst Opfer sei, habe der Arier »nichts zu opfern: Er hat nur das zu eliminieren, was nicht er selbst ist«. (Nancy: Was nicht geopfert werden kann, S. 71 [IS 95])

418   Nancy: Was nicht geopfert werden kann, S. 72 (IS 96f.).

419   Darauf verweist Nancy ebd., S. 68, Anm. 42 (IS 91f., Anm 3). Siehe Philippe Lacoue-Labarthe: Die Fiktion des Politischen. Heidegger, die Kunst und die Politik. Stuttgart 1990, S. 63, Hv. i. Orig.: »Von ›Holocaust‹ zu reden, oder irgendeinen archaischen ›Opfer‹mechanismus auf den Plan zu bringen, ist interessierter Widersinn. Es gibt keinen ›Opfer‹aspekt in dieser *Operation*, in der es schlicht und einfach um eine kalte und mit einem Maximum an Effektivität und Ökonomie [...] berechnete *Beseitigung* ging.«

420   Vgl. Agamben: Homo sacer, S. 124; siehe mit dem Verweis auf Agamben Ffrench: Sacrifice, S. 106.

421   Agamben: Was von Auschwitz bleibt, S. 26; vgl. ebd., S. 27f.

»Zerstörung, Katastrophe«.[422] Die Shoah ist der Niedergang des abendländischen Opfers; nach ihr gibt es kein Opfer mehr: »Dies ist nicht mehr das abendländische Opfer [sacrifice occidental], dies ist das Abendland des Opfers [occident du sacrifice]. Ein zweiter Bruch hat stattgefunden, und dieses Mal ist es der Bruch des Opfers selbst.«[423]

Nancy konstatiert nicht nur eine Abwesenheit des Opfers, sondern hebt hervor, der Rückzug des Opfers lege etwas frei: die Existenz, die endlich ist. Endlichkeit (finitude) war nicht als finité, nicht als Mangel gegenüber einem Unendlichen zu verstehen. Man muss und kann also die Endlichkeit nicht durch ihr Opfer in einem Unendlichen (etwa der Gemeinschaft) aufheben.[424]

> [D]ie Endlichkeit [ist] nicht ein »Moment« in einem Prozeß und in einer Ökonomie. Die endliche Existenz muß nicht durch ein zerstörerisches Zersprengen ihrer Endlichkeit ihrem Sinn zum Sieg verhelfen. Nicht nur daß sie dies nicht muß, in einem gewissen Sinne kann sie dies noch nicht einmal: Die streng und gemäß ihrem Ereignis* gedachte »Endlichkeit« bedeutet, daß die Existenz nicht zu opfern ist.[425]

Indem in ihr die endliche Existenz nicht geopfert, sondern vernichtet wurde, brachte die Shoah ans Licht, dass »das ›Moment des Endlichen‹«, anders als es »die Ökonomie des abendländischen Opfers« sich vorstellte, gerade nicht »überwunden und unendlich angeeignet«[426] werden kann.

Die Nicht-Opferbarkeit der Existenz bedeute, dass sie immer schon »der Welt dargeboten [offerte] ist«.[427] Die dargebotene Existenz ist die endliche Existenz.[428] Erklärend führt Nancy eine Formulierung Heideggers an: »Das ›Wesen‹ des Daseins liegt in seiner Existenz.«[429] Hieran interessiert Nancy, was Agamben »Hermeneutik des faktischen Lebens«[430] nennt: Das Dasein, das Seiende also, das existiert, sei bei Heidegger dadurch charakterisiert, dass es »nichts anderes ist und zu sein hat als seine Seinswei-

422   Ebd., S. 27; siehe Baranowski: Simon Srebnik kehrt nach Chełmno zurück, S. 288f. Nancy: Was nicht geopfert werden kann, S. 70 (IS 94), spricht von einer Verkehrung »vom Holocaust in die Shoah«.

423   Nancy: Was nicht geopfert werden kann, S. 73 (IS 97). Siehe auch Agamben: Homo sacer, S. 124, der ebd., S. 123, auf Nancys L'insacrifiable verweist: »Es ist das Verdienst von Jean-Luc Nancy, die Doppeldeutigkeit von Batailles Opferdenken aufgedeckt und den Begriff einer ›nicht opferbaren Existenz‹ mit Nachdruck und gegen jede Opferversuchung formuliert zu haben.«

424   Ffrench: Sacrifice, S. 107: »The extenuation of sacrifice gives way to the task of thinking according to ›finite existence‹, which is unsacrificeable precisely to the extent that it is finite. Both dialectical appropriation and fascination are to be refused, since there is nothing to or for which to appropriate and nothing by which to be fascinated.«

425   Nancy: Was nicht geopfert werden kann, S. 76, Hv. i. Orig. (IS 101, Hv. i. Orig.).

426   Ebd.

427   Ebd. Siehe hierzu auch de Beistegui: Sacrifice revisited, S. 168ff.; Morin: Brüderliche Gemeinschaft, S. 195f.

428   Vgl. Nancy: Was nicht geopfert werden kann, S. 76 (IS 101).

429   Heidegger: Sein und Zeit, S. 42, Hv. i. Orig.; siehe Nancy: Was nicht geopfert werden kann, S. 76 (IS 102).

430   Agamben: Homo sacer, S. 159, Hv. i. Orig.

sen selbst«.[431] Darin liegt, dass sich das Dasein sein Sein nicht erst durch (s)ein Opfer aneignet; es gibt keine Transzendenz der Existenz.[432]

> Das »Dasein« ist das Existierende. Wenn sein Wesen (in Anführungszeichen) in seiner Existenz liegt, so heißt das, daß das Existierende kein Wesen hat. Es kann nicht in einem Bezug zur Über-eignung [trans-appropriation] eines Wesens stehen. [...] Das Existierende kommt an, es findet statt, und dies ist nur ein Geworfensein in die Welt. In diesem Geworfensein wird es dargeboten. Aber es wird dargeboten von niemandem und für niemanden. Es wird ebensowenig selbst-geopfert [auto-sacrifiée], insofern nichts, kein Sein, kein Subjekt seinem Geworfensein vorausgeht.[433]

In einem Denken der Endlichkeit liegt für Nancy der Schlüssel zu einem Denken der Gemeinschaft. Er möchte nachweisen, dass das Fehlen des Opfers nicht mit der Abwesenheit von Gemeinschaft zusammengeht (wie anzunehmen wäre, wenn man glaubt, das Opfer stifte Gemeinschaft), sondern diese ermöglicht.[434] In diesem Sinne erinnert er daran, die (endliche) Existenz könne vernichtet werden, aber auch mit-geteilt.[435] Mit dem Ende des Opfers verschwinde die Gemeinschaft als »Verschmelzung im Einssein [communion]«[436], aber wir seien »am Rande einer anderen Gemeinschaft«[437], der ›entwerkten‹ Gemeinschaft mit-geteilter Endlichkeit.[438]

Hinsichtlich Nancys »Begriff der ›Nichtopferbarkeit‹« hat Agamben Zweifel angemeldet, ob dieser genüge, »um mit der Frage der Gewalt in der modernen Biopolitik fertig zu werden. Denn der *homo sacer* ist eben nicht opferbar und darf dennoch von jedem getötet werden.«[439] Ich nehme diesen Einwand zum Anlass, eine erste Antwort auf die Frage zu versuchen, ob sich aus Nancys bisher skizzierten Gedanken eine Politik des Miteinander ableiten lässt. Können wir mit Nancy den Widerstand gegen eine (totalitäre) Bewerkstelligung der Gemeinschaft denken?

Nancys Position in dieser Frage zeichnete sich in der Arbeit zum Nazi-Mythos, in der Auseinandersetzung mit Bataille und in den Überlegungen zur ›Nichtopferbarkeit‹ der (endlichen) Existenz ab: Die Gemeinschaft selbst widersteht jedem Versuch, sie totalitär abzuschließen.

Man findet in Nancys Texten leicht Belege für diese ›Politik‹, von der man sagen könnte, sie folge der Logik einer aktiven Passivität. Die Passivität der Gemeinschaft liegt darin, dass die Gemeinschaft »nicht *gemacht* wird, sondern [...] *Ereignis* der Mit-

---

431 Ebd., S. 160.

432 Vgl. Morin: Sacrifice, S. 207.

433 Nancy: Was nicht geopfert werden kann, S. 76f. (IS 102).

434 Vgl. ebd., S. 47 (IS 66); Ffrench: Sacrifice, S. 103.

435 Vgl. Nancy: Was nicht geopfert werden kann, S. 79 (IS 105).

436 Ebd.

437 Ebd., S. 80 (IS 105).

438 Siehe etwa James: Fragmentary demand, S. 185: »Nancy's community is ›unworked,‹ then, insofar as it is a multiplicity of singular existences who are ›in common‹ only on the basis of a shared mortality which cannot be subsumed into any communal project or collective identity.«

439 Agamben: Homo sacer, S. 123, Hv. i. Orig.

Teilung«[440] ist, wie Stoellger formuliert.[441] Nancy verdeutlicht diesen Gedanken mit dem Begriff der Gabe.[442] »Die Gemeinschaft wird uns mit dem Sein und als Sein, lange vor all unseren Plänen, Vorhaben und Unternehmungen gegeben. Im Grunde können wir sie überhaupt nicht verlieren.«[443] Der Welt offeriert, ist Existenz Mit-Existenz: »Wir erscheinen gemeinsam [comparaissons]: wir kommen zusammen in die Welt.«[444] Für Nancy ist »uns noch jenseits einer konkreten (ontischen) Gemeinschaft auf der fundamentaleren ontologischen Ebene ein Mit-Sein gegeben [...], das nicht nur ›unterhalb‹ aller jeweiligen Gemeinschaften existiert, sondern uns auch gegeben ist, bevor wir Subjekte sind«.[445]

Als gegebene (und insofern passive) Gemeinschaft ist die Gemeinschaft zugleich Aktivität im Sinne eines »wesenhaften, ja urwesenhaften [archi-essentielle] Widerstandes der Gemeinschaft«.[446] Dieser resultiert aus der Struktur der Singularität, die als endliche Existenz aus sich heraus auf ihrer Grenze ist, an der sie andere Singularitäten berührt, ohne mit ihnen zu verschmelzen: Die Existenz ist »*Dasselbe-ganz-anders [la même-chose-tout-autre]*«.[447] Die totalitäre Immanenz, zu der sich die Gemeinschaft (als Werk) zu schließen droht, wird Nancy zufolge nicht, heben Madeleine Fagan und Marie-Eve Morin zu Recht hervor, von einer äußeren transzendenten Instanz aufgebrochen. Transzendenz, ein Über-sich-Hinausgehen, ist der Gemeinschaft wesentlich.[448] Ihre ›Entwerkung‹ stößt der Gemeinschaft nicht nachträglich zu: »An originary interruption [...] is the event of community as such«.[449] Worum es Nancy gehe, sei »an originary inter-rupting or ›break-between‹, the event or arrival of the between itself [...] whereby ›we are««.[450] Die Mit-Teilung der Endlichkeit, so formuliert Nancy selbst, kenne »keine Vollendung«, wobei dieses »Unvollendetbleiben« keine Unvollständigkeit, sondern »die Tätigkeit des Mit-Teilens [partage]« benenne, »die Dynamik des Übergangs«[451] der Singularitäten an ihren Grenzen; also (wie schon zitiert): »eine entwerkte und entwerkende Tätigkeit. Es geht nicht darum, eine Gemeinschaft zu bilden, herzustellen oder einzurichten [...], vielmehr geht es darum, ihre Mit-Teilung [partage] nicht zur Vollendung

---

440 Stoellger: Mit-Teilung und Mit-Sein, S. 56, Hv. i. Orig.

441 Siehe auch Smith: Justice and communist politics, S. 192.

442 Vgl. Stoellger: Mit-Teilung und Mit-Sein, S. 56.

443 Nancy: Entwerkte Gemeinschaft, S. 77 (CD 87).

444 Nancy: Das gemeinsame Erscheinen, S. 170 (CP 57).

445 Gertenbach/Richter: Das Imaginäre der Gemeinschaft, S. 126.

446 Nancy: Entwerkte Gemeinschaft, S. 175, Anm. 26 (CD 88, Anm. 26).

447 Nancy: Sinn der Welt, S. 103, Hv. i. Orig. (SM 113, Hv. i. Orig.).

448 Vgl. Nancy: Entwerkte Gemeinschaft, S. 77 (CD 87f.); Morin: Brüderliche Gemeinschaft, S. 193f. Bei Fagan heißt es: »We do not need to look to an outside as pure exteriority in order to disrupt totalisation, because the singular-plural of being itself is structured as resistance.« (Fagan: Ethics and politics after poststructuralism, S. 100; siehe auch ebd., S. 109; 112f.) Wie sich zeigen wird, ist dies nicht, wie Smith: Justice and communist politics, S. 193, anmerkt, so zu verstehen, als sei der Widerstand der Gemeinschaft »the structural impossibility of immanence«.

449 James Gilbert-Walsh: Broken imperatives. The ethical dimension of Nancy's thought. In: Philosophy and Social Criticism 26 (2000), H. 2, S. 29-50, 33.

450 Ebd., S. 34; ähnlich Hebekus/Völker: Philosophien des Politischen, S. 110.

451 Nancy: Entwerkte Gemeinschaft, S. 76 (CD 87).

zu bringen.«[452] Aber wie die Mit-Teilung nicht vollenden? Ist die Mit-Teilung ihr ›Unvollendetbleiben‹, kann und darf man das ›Unvollendetbleiben‹ nicht machen.[453]

Um das Tun der Entwerkung näher zu bezeichnen, ließe sich sagen: Die Entwerkung ereignet sich, und zwar als »Entzug des Seins«, der teilt und verbindet: »So wird von uns geteilt [partagé], was uns teilt [partage] – der Entzug [retrait] des Seins«.[454] Für die Gemeinschaft – wie für das Politische – sei ein *retrait* wesentlich, hatten Nancy und Lacoue-Labarthe in ihrem Vortrag zur Eröffnung des *Centre* gemutmaßt.[455] Dieser *retrait* ist als überraschendes Ereignis zu verstehen. Die Überraschung, schreibt Nancy in *Surprise de l'événement*, »n'est pas seulement un attribut, une qualité ou une propriété de l'événement, mais l'événement lui-même, son être ou son essence«.[456] Oder apodiktischer: »L'événement surprend, ou il n'est pas événement.«[457] Eine Überraschung mache aus, dass sie nicht vorausgesehen und also nicht erwartet werden kann, was heiße, dass sich das Ereignis auch selbst überrascht.[458] Als Überraschung sei das Ereignis »l'articulation de la différence entre rien et quelque chose«, die Differenz also »entre l'être et l'étant«, und diese (ontologische) Differenz sei Konflikt, Streit, »un différend [...]. Il y a désaccord entre l'être et l'étant: l'être est en désaccord avec l'étantité présente, donnée, déposée de l'étant, et l'étant est en désaccord avec l'essentialité substantielle, fondatrice de l'être.«[459] Darin verberge sich, kommentiert Marchart, das politische Moment des überraschend-ereignishaften Seinentzugs. Der Entzug sei das »*Moment des Politischen*«.[460] Der Widerstreit von Sein und Seiendem, »[d]as Ereignis der Differenz[,] wirkt [...] disruptiv in Bezug auf alle Immanenz und Identität«[461] – und enthülle die Existenz (das endliche Sein) als Existenz-in-Gemeinschaft, die »die

---

452   Ebd., S. 77 (CD 87).

453   So lautet in etwa der Einwand Blanchots gegen Nancy, den dieser so resümiert: »Da wo ich behauptete, das gemeinschaftliche ›Werk‹ als das Todesurteil der Gesellschaft, ihre *Verurteilung zum Tode* zutage zu fördern und im Gegenzug die Notwendigkeit einer Gemeinschaft zu begründen, die sich weigert, sich ins Werk zu setzen, und dadurch das Wesen einer unendlichen Kommunikation wahrt [...] – eben da bedeutet Blanchot mir das *Unbekennbare [inavouable]* oder zeigt es mir vielmehr an. Dem *entwerkt [désœuvrée]* meines Titels hinzu-, aber entgegengesetzt, gibt dieses Adjektiv zu denken, daß es unter der Entwerkung noch das Werk gibt, ein unbekennbares Werk.« (Nancy: Herausgeforderte Gemeinschaft, S. 28f., Hv. i. Orig. [CA 39, Hv. i. Orig.]) Blanchot habe den Verdacht, meint James: Fragmentary demand, S. 189f., dass Nancy dem (traditionellen) Denken der Gemeinschaft als Werk, das er hinter sich zu lassen suche, ungewollt verhaftet bleibe. Morin: Nancy, S. 85, fasst den Vorwurf in andere Worte, kommt James' Interpretation aber inhaltlich nahe: Für Blanchot sehe es so aus, »as if the whole is negated (community is affirmed to be impossible), but this negation is taken back into the whole and affirmed as a moment of the whole and, more precisely, as its truth. The negation of community is turned into a positivity.«

454   Nancy: Erfahrung der Freiheit, S. 91 (EL 95). Vgl. hierzu und für meine weitere Darstellung in diesem Absatz Marchart: Politische Differenz, S. 104ff.

455   Vgl. Nancy/Lacoue-Labarthe: Ouverture (Centre), S. 25ff.

456   Jean-Luc Nancy: Surprise de l'événement. In: ders.: Être singulier pluriel. Paris 1996, S. 183-202, 185. Der Aufsatz fehlt in der deutschen Ausgabe.

457   Ebd., S. 192.

458   Vgl. ebd., S. 185; 193.

459   Ebd., S. 198.

460   Marchart: Politische Differenz, S. 105, Hv. i. Orig.

461   Ebd.

techno-strukturellen Verhältnisse des Sozialen und der Politik (im depravierten Sinn) stört und unterbricht«.[462] Nancy formuliert:

> Ohne das gemeinsame Erscheinen [comparution] des Seins – oder der singulären Seienden – gäbe es nichts, oder vielmehr, es gäbe nur das Sein, das sich selbst erscheinen würde, und dies nicht einmal *gemeinsam [en commun]* mit sich selbst, sondern als das in einem dichten Scheinen versunkene, immanente *S* ein [l'Etre immanent]. Die Gemeinschaft widersteht dieser unendlichen Immanenz. Die Komparenz der singulären Seienden – oder der Singularität des Seins – bewahrt eine Öffnung, einen Bruch [espacement] in der Immanenz.[463]

Dem möglichen Problem eines solchen Verständnisses einer Politik des Miteinander kann man sich durch einen Vergleich mit den Gedanken Jacques Rancières nähern.[464] Auch er setzt das ›Moment des Politischen‹ als ereignishafte Disruption in eine Beziehung zur Gemeinschaft: Politik sei für Rancière »die Inszenierung des Streits um das Gemeinsame«.[465] Sie steht der ›Polizei‹ entgegen, die vermittelst einer »Aufteilung des Sinnlichen«[466] festlege, wer auf welche Weise wo sein, etwas tun und sagen darf.[467] Die Politik – oder genauer: die »politische Tätigkeit« – unterbricht diese Aufteilung: »Die politische Tätigkeit ist jene, die einen Körper von dem Ort entfernt, der ihm zugeordnet war oder die die Bestimmung eines Ortes ändert; sie lässt sehen, was keinen Ort hatte gesehen zu werden, lässt eine Rede hören, die nur als Lärm gehört wurde.«[468] Anders als Nancy hält Rancière am Begriff des Subjekts fest, lässt aber (ebenfalls) dessen präsenzmetaphysische Gestalt hinter sich.[469] Für ihn geht Politik mit der Konstituierung eines Subjekts einher: »Die Politik kann sich durch kein Subjekt definieren, dass [sic!] ihr vorausginge«[470], betont Rancière, denn Politik sei »Sache [...] der Sub-

---

462 Ebd., S. 106.

463 Nancy: Der unterbrochene Mythos, S. 124, Hv. i. Orig. (MI 146, Hv. i. Orig.).

464 Ich folge hier dem Vorschlag und den Ausführungen von Smith: Justice and communist politics, S. 194f. Siehe für eine Gegenüberstellung von Nancy und Rancière auch Morin: Nancy, S. 121.

465 Hebekus/Völker: Philosophien des Politischen, S. 137.

466 Jacques Rancière: Zehn Thesen zur Politik. Zürich, Berlin 2008, S. 31.

467 »Die Polizei ist [...] eine Ordnung der Körper, die die Aufteilungen unter den Weisen des Machens, den Weisen des Seins und den Weisen des Sagens bestimmt, die dafür zuständig ist, dass diese Körper durch ihre Namen diesem Platz und jener Aufgabe zugewiesen sind; sie ist eine Ordnung des Sichtbaren und des Sagbaren, die dafür zuständig ist, dass diese Tätigkeit sichtbar ist und jene andere es nicht ist, dass dieses Wort als Rede verstanden wird, und jenes andere als Lärm. [...] Die Polizei ist nicht so sehr eine ›Disziplinierung‹ der Körper, als eine Regel ihres Erscheinens, eine Gestaltung der *Beschäftigungen* und der Eigenschaften der Räume, auf die diese Beschäftigungen verteilt sind.« (Rancière: Unvernehmen, S. 41, Hv. i. Orig.) Siehe auch Hebekus/Völker: Philosophien des Politischen, S. 140ff.

468 Rancière: Unvernehmen, S. 41; siehe auch Marchart: Politische Differenz, S. 179: »Wahre Politik [...] stellt einen Bruch gegenüber der Ordnung der Polizei her (womit nicht zuletzt deren Kontingenz demonstriert wird)«.

469 Vgl. Hebekus/Völker: Philosophien des Politischen, S. 103.

470 Rancière: Thesen zur Politik, S. 9.

jektivierungsweisen«.[471] Sie erschafft Subjekte; nicht aus dem Nichts, sondern durch »Ent-Identifizierung«, durch »das Losreißen von einem natürlichen Platz«.[472] Mit der Politik taucht das Volk (der *demos*) auf, und zwar als ein in Bezug auf die von der ›Polizei‹ gezählten Bevölkerungsteile »leerer, supplementärer Teil«.[473] Es tritt auf die Bühne als Einspruch gegen die Anmaßung der ›Polizei‹, es seien von ihr alle vollständig erfasst.[474]

Nancy anerkennt Rancières Beharren darauf, der Politik als Streit oder Dissens (wieder) Geltung zu verschaffen.[475] Zugleich markiert er eine Differenz zu Rancière, durch die ein mögliches Manko seines eigenen Denkens hervortritt. Er vermisse bei Rancière »die Frage nach dem ›Wesen‹« des Gemeinsamen unter heutigen Bedingungen, die keinen Rückgriff »auf ein *gemeinsam Gegebenes*«[476] mehr erlaubten. Nancy qualifiziert diese Frage als eine metaphysische, nicht politische.[477] Es handele sich um die Frage nach dem Gemeinsamen als dem »*locus communis* von Konsens und Dissens«.[478] Diese Frage allererst metaphysisch und nicht politisch stellen zu wollen, birgt die Gefahr, dass zwar das Politische als disruptiver Entzug eines ›gemeinsam Gegebenen‹ erfasst werden kann, aber nicht in gleichem Maße »der *instituierende* Moment des Politischen, der immer in Form einer bestimmten ontischen Politik realisiert werden muss«.[479] Dadurch kann möglicherweise das Ereignis der Gemeinschaft nicht mehr als (politischer) Widerstand gegen die bestehende gesellschaftliche (Auf-)Teilung gedacht werden, nicht mehr als »Sprungfeder des Dissens' [ressort dissensuel]«[480], von dessen Notwendigkeit auch Nancy überzeugt ist.

Auch wenn uns die Gemeinschaft gegeben ist und sie sich als Ereignis des Entzugs eines gemeinsamen Seins unaufhörlich gibt, dürften wir, meint Nancy, nicht die Hän-

---

471   Rancière: Unvernehmen, S. 47. Bedorf: Das Politische und die Politik, S. 34, fragt mit Blick auf diese ›Subjektivierungsweisen‹ kritisch, ob Rancière nicht Gefahr laufe, »politische Großsubjekte [zu] privilegieren«.

472   Rancière: Unvernehmen, S. 48. Das (politische) Subjekt erscheine, fasst Hetzel: Sprachräume der Macht, S. 125, Rancières Gedanken zusammen, »wenn es den ihm zugewiesenen Platz verlässt, wenn es vernehmbar eine unvernehmbare, im Rahmen des hegemonialen Repräsentationsregimes unmögliche Forderung artikuliert«.

473   Rancière: Thesen zur Politik, S. 24.

474   Politik sei in diesem Sinne die »Handlung supplementärer Subjekte, die sich als Überschuss in Bezug auf jede Zählung der Teile der Gesellschaft einschreiben«. (Ebd.) Siehe auch Hebekus/Völker: Philosophien des Politischen, S. 135: »Das Volk, ohne einen eigentlichen Anteil an der Gemeinschaft zu haben, behauptet permanent, diese in ihrer Gänze zu sein.« Siehe zur Logik des Auftretens des *demos* ausführlich ebd., S. 132ff.

475   Vgl. Nancy: Politik und darüber hinaus, S. 230 (PED 38f.). Er fühle sich Rancières Gedanken von »der Auszeichnung des ›Volkes‹ als eines ausgeschlossenen Teiles, dessen Eindringen allererst die Politik ausmacht«, verbunden, so Nancy: Dem Politischen mangelt es an Symbolizität, S. 39.

476   Nancy: Politik und darüber hinaus, S. 231, Hv. i. Orig. (PED 40, Hv. i. Orig.).

477   Vgl. ebd., S. 232 (PED 41f.).

478   Ebd., S. 230, Hv. i. Orig. (PED 39, Hv. i. Orig., mit Kursivierung auch der Wörter ›consensus‹ und ›dissensus‹). Siehe auch Neyrat: Communisme existentiel, S. 57.

479   Marchart: Politische Differenz, S. 114, Hv. i. Orig.

480   Nancy: Politik und darüber hinaus, S. 230 (PED 39). Smith: Justice and communist politics, S. 195, formuliert, dass das Geschehen der Gemeinschaft bei Nancy nicht bestimmt sei »as an immanent disordering of a social ›logic‹ nor is it conceived of as a punctual, discrete event that could be identified«.

de in den Schoß legen. Die Gemeinschaft ist herausgefordert: durch »Nationalismen, Fundamentalismen, Faschismen«[481], durch Hungersnöte, Krankheitsepidemien, durch Kriege...[482] – nicht von ungefähr beginnt Nancys *Que faire?* (2016) mit einer »[k]leine[n] aktivistische[n] Präambel«, die nach einer langen Auflistung von aktuellen Phänomenen des Elends mit der Aufforderung schließt: »Tun Sie etwas.«[483] Zwar gelte: »Die Gemeinschaft wird uns gegeben«.[484] Aber diese »zu erneuernde, mitzuteilende Gabe [don]« sei, wenn auch »kein Werk«, so doch »eine Aufgabe [tâche]«, schreibt Nancy, gar ein »Kampf«.[485] Als der uns gegebene »Zustand [état]« sei der ›Kommunismus‹ auch »unsere Herausforderung [exigence]«[486], insbesondere angesichts eines Kapitalismus, der das Gemeinsame – im Sinne eines Mit-Teilens – in die Gemeinheit allgemeiner Äquivalenz verwandelt und Singularität vernichtet.[487] Das macht den ›Kommunismus‹ zu einem Prinzip, das Politik antreibt und begrenzt.[488] Er aktiviert, indem er dazu auffordert, ihm Gehör zu verschaffen, also »das *cum* [...] kommen und es seine eigene Chance ergreifen zu lassen«; er beschränkt, denn die Politik müsse sich unbedingt des Ziels enthalten, »das *Gemeinsame* zu erreichen [accomplir]«.[489]

Aber wer könnte wie den ›Kampf‹ führen, den die ›Gabe‹ des Gemeinsamen erfordert? Gefragt ist nicht nach einer Vorbestimmung des Subjekts der Politik, sondern danach, wie sich die Bildung (die Sich-Bildung) eines kollektiven politischen Subjekts denken ließe. Diese Frage bringt Nancy möglicherweise an die Grenze seines Denkens, was es nötig macht, über Nancy hinaus zu denken. Jedoch nicht ohne ihn, denn zu Recht verweist er darauf, dass mit einem Verständnis des Politischen die Erfahrung der Mit-Teilung der singulären Seienden einhergehen müsse.

> Das Politische [...] muß [...] die Mit-Teilung [partage] der Gemeinschaft einschreiben. Politisch wäre dann die Bahnung der Singularität, ihrer Kommunikation, ihrer Ekstase. »Politisch« würde bedeuten, daß eine Gemeinschaft sich auf die Entwerkung ihrer Kommunikation hin ausrichtet [s'ordonnant] oder zu dieser Entwerkung bestimmt ist: eine Gemeinschaft also, die ganz bewußt die Erfahrung ihrer Mit-Teilung macht. Ob man zu einer solchen Bedeutung des »Politischen« gelangt, hängt nicht, jedenfalls nicht allein, von dem ab, was man gemeinhin »politischen Willen« nennt. Es impliziert, daß man bereits auf die Gemeinschaft verpflichtet ist, das heißt, daß man sie in irgendeiner Weise als Kommunikation erfährt [...].[490]

---

481   Nancy: singulär plural sein, S. 103 (ESP 86).

482   Vgl. Nancy: Herausgeforderte Gemeinschaft, S. 11 (CA 14).

483   Nancy: Was tun, S. 7 (QF 9; 10).

484   Nancy: Entwerkte Gemeinschaft, S. 77 (CD 88).

485   Ebd., S. 77f. (CD 89); vgl. Smith: Justice and communist politics, S. 193.

486   Nancy: Politik und darüber hinaus, S. 233ff. (PED 45).

487   Vgl. ebd., S. 234 (PED 45). Siehe auch Nancy: Literarischer Kommunismus, S. 157f. (CL 185): »Das Kapital leugnet die Gemeinschaft, weil es ihr die Identität und Allgemeinheit von Produktion und Produkten voranstellt: das funktionalisierte Einssein und die allgemeine Kommunikation der Werke. [...] Dies ist ein Todes-Werk.«

488   Vgl. Nancy: Kommunismus, S. 186 (CM 208).

489   Ebd., S. 187, Hv. i. Orig. (CM 209, Hv. i. Orig.).

490   Nancy: Entwerkte Gemeinschaft, S. 87 (CD 100). Der ausgeklammerte Teil des letzten Satzes lautet: »Es impliziert also das Schreiben. Man darf nicht zu schreiben aufhören, man muß unermüdlich

Nancys Sprache, so Smith, sei in dieser Passage »delicate or inadequate«.[491] Was heiße, dass eine Gemeinschaft ›bewußt die Erfahrung ihrer Mit-Teilung macht‹, wenn dies
nicht (allein) von einem ›politischen Willen‹ abhänge? Meine ›Bewusstsein‹ nicht »a subject's capacity to represent to itself an end«?[492] Und was bedeute ›einschreiben‹, wenn
›Kommunismus‹ nicht verwechselt werden dürfe mit einer »politischen Form«[493], man
also das Einschreiben nicht reduzieren könne »to an act of instituting or constitution«?[494] Möchte man den postfundamentalistischen Horizont, vor dem sich Nancys
Denken der Politik und der Gemeinschaft abspielt (und den sein Denken mit aufgespannt hat), nicht verlassen und zurückkehren zu einer Auffassung der Politik als einem »Ort der Aufnahme des Gemeinsamen«[495], gibt es auf diese Fragen keine einfachen
Antworten.

Das Folgende soll zumindest zeigen: Es ist möglich, ein kollektives politisches Subjekt zu denken, das der Gemeinschaft ›bewußt‹ die Mit-Teilung ›einschreibt‹, aber doch
die Gemeinschaft nicht bestimmt, keine totalitäre »Figuration des ›Gemeinsamen‹«[496]
anstrebt. Um diese These zu belegen, muss klar werden, was es heißt, gemeinsam einen
Willen zu haben und gemeinsam zu handeln. Eine Antwort hierauf suche ich zunächst
in den Theorien kollektiver Intentionalität. Ausgehend von einer Kritik an diesen Theorien werde ich dann mit Castoriadis' Theorie des Imaginären, Laclaus und Mouffes Diskurstheorie der Gemeinschaft sowie architekturphilosophischen und -soziologischen
Theorien weitere Ansätze zur Lösung des Problems gemeinsamen Denkens und Handelns sowie der Bildung eines kollektiven politischen Subjekts, kurz: zur Lösung des
Problems einer (postfundamentalistischen) Politik des Miteinander erörtern.

3.2   Von der Gemeinschaft zum Mitsein

Nach *La communauté désœuvrée* erkennt man in Nancys Arbeiten eine allmähliche Umgestaltung oder Neuorientierung: Wie er selbst resümiert, wendet Nancy sich vom Begriff der Gemeinschaft ab und ersetzt ihn durch die (»explicitly ontological«[497] und
bereits gefallenen) »unschönen Ausdrücke des ›Zusammen-Seins [être-ensemble]‹, des

---

die singuläre Bahnung unseres Gemeinsam-Seins [être-en-commun] sich darbieten lassen.«(Ebd.,
S. 88 [CD 100]) Siehe hierzu weiter Nancys Aufsatz ›*Le communisme littéraire*‹, dazu etwa James:
Fragmentary demand, S. 200f.; Morin: Nancy. S. 92ff.

491   Smith: Justice and communist politics, S. 191.
492   Ebd.
493   Nancy: Politik und darüber hinaus, S. 234 (PED 46).
494   Smith: Justice and communist politics, S. 191; vgl. ebd.
495   Nancy: Politik und darüber hinaus, S. 237. In der eigenständig publizierten französischen Fassung
       dieses Textes fehlt die Passage mit diesem Zitat. Nach Auskunft von Maud Meyzaud, der Her-
       ausgeberin des Sammelbandes, in dem die Übersetzung erschienen ist, berücksichtigt die deut-
       sche Fassung des Interviews eine von Jean-Luc Nancy zur Verfügung gestellte vollständige Version,
       während der französische Verlag »es versäumt hatte, die letzten Fragen/Antworten zu drucken«.
       (E-Mail an den Verfasser von Maud Meyzaud vom 5. September 2016)
496   Nancy: Politik und darüber hinaus, S. 236 (auch diese Passage fehlt in der französischen Ausgabe).
497   Morin: Nancy, S. 72.

›Gemeinsam-Seins [être-en-commun]‹ und schließlich des ›Mitseins [être-avec]‹«.[498]
Dadurch unterstreicht er seinen bereits in *La communauté désœuvrée* gegen die Idee einer Herstellbarkeit der Gemeinschaft formulierten Anspruch auf das Denken einer »ursprüngliche[n] oder ontologische[n] ›Sozialität‹«.[499] Nancy möchte nicht, wie er in *De
l'être singulier pluriel* zeigen wird, nur eine begrenzte Ontologie des (menschlichen) Sozialen entwickeln, sondern darlegen, dass das Sein (oder: ›sein‹) Mit-Sein ist.[500] Abrü-
ckend von der Vorstellung des gemeinschaftlichen Seins als gegeben, sei die fragliche
Ontologie »keine Ontologie des gegenständlichen Seins als das, ›was ist‹, sondern eine
Ontologie des ›sein‹, insofern es nichts von dem ist, was ist«.[501] Nancy möchte das Mit
all dessen, was existiert, denken.[502] »La communauté de l'être – et non pas l'être de la
communauté – voilà ce dont il doit désormais s'agir. Ou si on préfère: la communauté
de l'existence – et non pas l'essence de la communauté.«[503]

Wie der Begriff ›Mitsein‹ andeutet, ist für dieses Projekt der Entfaltung einer »ontologie communautaire«[504] vor allem Heidegger wichtig. Die von ihm in § 26 von *Sein und
Zeit* unter dem Titel »Das Mitdasein der Anderen und das alltägliche Mitsein« ausgeführten Überlegungen nimmt Nancy zum Ausgangspunkt, um – gegen oder über Heidegger hinaus – eine »›prima philosophia‹ neu auf[zu]rollen«, deren Fundament »das
›singulär Plurale‹ des Seins«[505] ist. Nancys Ontologie stellt »das Singuläre des Seins«[506],

---

498 Nancy: Herausgeforderte Gemeinschaft, S. 30 (CA 42). Vgl. Morin: Nancy, S. 15; 72; Smith: Commu-
     nity, S. 49; Hebekus/Völker: Philosophien des Politischen, S. 111f.; Trautmann: Partage, S. 125, und
     siehe James: Naming the nothing, S. 181ff., für die nanyysche »strategy of interweaving, alternating
     and sharing terms«. (Ebd., S. 181)

499 Nancy: Entwerkte Gemeinschaft, S. 63 (CD 71).

500 Vgl. Nancy: singulär plural sein, S. 68 (ESP 58), und siehe Ross: Image-Politics, S. 141, wo es heißt,
     Sozialität sei für Nancy »not a regional ›social‹ ontology. Rather, being ›is‹ being-with.« Für Morin:
     Brüderliche Gemeinschaft, S. 196, ist Nancys De l'être singulier pluriel »sein bedeutendster Beitrag«
     zu der ausdrücklich »ontologische[n] Frage« nach der Gemeinschaft. James: Naming the nothing,
     S. 182, sieht in der Arbeit »a major step in the development of Nancy's ›refigured‹ ontology«.

501 Nancy: Das gemeinsame Erscheinen, S. 176, Hv. i. Orig. (CP 70, Hv. i. Orig.).

502 Vgl. Morin: Nancy, S. 15. Demgemäß betont Nancy: Entwerkte Gemeinschaft, S. 63 (CD 71), die
     ›ontologische Sozialität‹ überschreite »ihrem Wesen nach […] die Idee eines Gesellschaftlich-Sein
     [être-social] des Menschen«.

503 Nancy: De l'être-en-commun, S. 202. Smith: Community, S. 49, Hv. i. Orig., spricht von »a decisi-
     ve shift toward the theme of being-in-common and being-with and an attempt to articulate an
     ontology of a common or shared-out *(partagée)* existence«, der sich gegen Ende der 1980er Jahre
     in Nancys Denken vollzogen habe. Folgt man Balibar: Inoperative community, S. 26, Hv. i. Orig.,
     zeichnete sich dieses Interesse schon in *La communauté désœuvrée* ab: Er beobachtet in dem Text
     »a departure from the *anthropological* understanding of Bataille's categories […] and a ›translati-
     on‹ of these categories into an *ontological* understanding«; ähnlich de Beistegui: Sacrifice revisited,
     S. 157f. Devisch: La ›négativité sans emploi‹, S. 178, Hv. i. Orig., sieht in der Hinwendung Nancys zu
     Heidegger ebenfalls den Versuch, über Bataille hinauszugehen: »Nancy trouve jusque chez Hei-
     degger la possibilité de réfléchir profondément sur un ›Mitsein‹ fini‹ et sur la possibilité d'aller au-
     delà du refus bataillien à penser le *partage* de la communauté, pas comprise comme un être-com-
     mun immanent mais comme un être-en-commun«.

504 Nancy: De l'être-en-commun, S. 202.

505 Jean-Luc Nancy: Vorbemerkung. In: ders.: singulär plural sein. Berlin 2004, S. 13-14, 13 (Jean-Luc
     Nancy: Avertissement. In: ders.: Être singulier pluriel. Paris 1996, S. 13-14, 13).

506 Ebd.

das Sein als homogenes Eines, in Frage. Mit-Sein entstehe nicht dadurch, dass sich das Sein, nachdem es schon ist, in Seiendes noch vervielfältigt.[507] Vielmehr sei Sein, so lautet Nancys »ontologische Minimalprämisse«[508], nur als (singulär) plurales Sein.[509] »Unser Mit-sein [être-avec] [...] ist keineswegs die sekundäre und aleatorische Zerstreuung eines primären Wesens [...]. *Die Pluralität des Seienden steht am Grund des Seins.*«[510]

Die letzte ›Erste Philosophie‹, urteilt Nancy, sei Heideggers Fundamentalontologie gewesen; sie müsse man »noch einmal aufnehmen – und dieses Mal entschieden *ausgehen vom singulär Pluralen der Ursprünge*, das heißt ausgehen vom *Mit-sein*«.[511] Dieser Imperativ einer erneuten Beschäftigung mit Heidegger resultiert aus dessen politischen Verfehlungen; daraus, dass er sich »unentschuldbar« bloßgestellt habe »in der verbrecherisch gewordenen politischen Philosophie«.[512] Nicht zuletzt wegen dieses Fehlgehens Heideggers – oder allgemeiner: des Scheiterns politischer Philosophie überhaupt – fordert Nancy: »Die Philosophie muß neu-beginnen, mit sich neu-beginnen ausgehend von ihr selbst gegen sie selbst, das heißt gegen die politische Philosophie und die philosophische Politik.«[513] Dies hat zur Konsequenz, wie sich mit Marchart als Einwand vorausschicken lässt, dass Nancy (zu) wenig zu dem Moment der politischen Instituierung sagen kann, das heißt zu der – notwendigen – Instituierung des Mit durch Politik.[514]

Der Neubeginn der Philosophie erfordert für Nancy die Trennung von Philosophie und Politik.[515] Nancys Abneigung gegen die politische Philosophie oder die »*politische Ontologie*«[516] ist nicht so aufzufassen, als fände in seinem Denken nicht auch (weiter-

---

507   Siehe Devisch: Question of community, S. 97: »There is no being ›as such‹ before being singular plural.«

508   Nancy: singulär plural sein, S. 54 (ESP 47).

509   Vgl. ebd.

510   Ebd., S. 34, Hv. i. Orig. (ESP 30, Hv. i. Orig.); vgl. Marchart: Politische Differenz, S. 111; Trautmann: Partage, S. 132f. Siehe auch Nancy: De l'être-en-commun, S. 203, und zu Nancys *prima philosophia* etwa Neyrat: Communisme existentiel, S. 17ff.

511   Nancy: singulär plural sein, S. 53, Hv. i. Orig. (ESP 45, Hv. i. Orig.); vgl. ebd., S. 52 (ESP 45); Nancy: Our world, S. 50; Critchley: With being-with, S. 239f. Zu Nancys Anspruch, Heideggers *Sein und Zeit* neu zu schreiben, siehe Morin: Nancy, S. 22ff., die betont: »Nancy often expresses himself in Heideggerian terminology, but it would be a mistake to think that he simply repeats or prolongs Heidegger's project.« (Ebd., S. 22) Auch James: Naming the nothing, S. 181, verteidigt Nancy gegen den Vorwurf, er sei »›Heideggerian‹ in any orthodox sense«: Auch wenn Nancy sich der »language of ontology and finitude« bediene, tue er dies »within the demand that ontology be fundamentally refigured«. Siehe auch ebd., S. 185, Hv. i. Orig.: »[I]t is clear, that Nancy's thinking of community, of being-with, and of the nothing which community *is*, or to which it is exposed, is always a thinking in which ontology, in its persistence, persistently opens out beyond itself.«

512   Nancy: singulär plural sein, S. 52 (ESP 45); vgl. Critchley: With being-with, S. 240; siehe auch Trautmann: Partage, S. 132f., Anm. 107.

513   Nancy: singulär plural sein, S. 52 (ESP 45).

514   Vgl. Marchart: Politische Differenz, S. 113f.

515   Ich folge in diesem Absatz Morin: Nancy, S. 96f.; 113f.; Hebekus/Völker: Philosophien des Politischen, S. 115ff.

516   Marchart: Politische Differenz, S. 115, Hv. i. Orig.

hin) eine Reflexion über das Politische statt.[517] Aber wenn er politische Implikationen seiner »*pluralen Ontologie*«[518] aufzeigt, meint dies keine Politisierung der Ontologie. So gibt Nancy im Jahr 2000 rückblickend (und selbstkritisch) zu verstehen: »[I]n writing on ›community,‹ on ›compearance,‹ then on ›being with,‹ I certainly think I was right to discern the importance of the motif of the ›common‹ and the necessity to work on it anew – but I was wrong when I thought this under the banner of the ›politics.‹«[519] Stattdessen möchte er Ontologie und Politik bzw. das Politische auf ihr Verhältnis hin befragen und dadurch »einen modifizierten Begriff von Politik [...] erhalten«.[520] Damit setzt Nancy seine und Lacoue-Labarthes Arbeit über den *retrait* des Politischen in radikalisierter Weise fort. Die Notwendigkeit und Schwierigkeit des ›Entzugs‹ ergab sich aus der totalitären Allgegenwart des Politischen, aus dem Umstand einer (metaphysischen) Politisierung der gemeinschaftlichen Existenz. Nancy erkennt, dass jede kritische Antwort auf dieses ›Alles ist politisch‹, jeder *retrait* von dem Ansinnen, die Existenzsphären »under the essence of the ›political‹«[521] zu fassen, diese Metaphysik nur bestätigt.[522] Wenn es vor dieser Folie eine Politik in Nancys Denken gibt, so läge sie darin, nachzusinnen über »the relation and distinction between ›politics‹ and ›being-in-common.‹ If you like: the ontology of the common is not immediately political.«[523]

Nach diesem Aufriss geht es im Folgenden zunächst darum, Nancys Gründe für seine Abkehr vom Begriff – nicht aber dem Thema – ›Gemeinschaft‹ darzulegen.[524] Ausschlaggebend hierfür war nicht allein das zunehmende Interesse Nancys an einer Ontologie, die das Mitsein nicht mehr nur als exklusives Sein des Daseins bestimmt, sondern als Sein, das »*die Existierenden gemeinsam auf den Weg bringt, mit zu sein mit allen (den Menschen, Tieren, Pflanzen, Lebenden und Toten, Elektronen, Galaxien...)*«.[525] Wichtig waren zum anderen die Bedenken, die gegenüber Nancys Verwendung des Begriffs der Gemeinschaft etwa Alain Badiou oder Jacques Derrida äußerten.[526] Insbesondere die Kontroverse zwischen Derrida und Nancy stelle ich ausführlicher dar.[527]

Anschließend skizziere ich Nancys Anknüpfung und Kritik an Heidegger. Nancy sieht Heideggers Fehler darin, das Mitsein nicht jenseits der Alternative von (uneigent-

---

517   Trautmann: Partage, S. 139, betont, »Nancys Denken des Mitseins« könne nicht »als Abkehr von Fragen der Politik und nicht zuletzt der Demokratie verstanden werden«.

518   Nancy: Anmerkung zur Übersetzung, S. 12, Hv. i. Orig.

519   Nancy: Nothing but the world, S. 525. Morin und Hebekus/Völker beziehen sich ebenfalls auf diesen Text.

520   Hebekus/Völker: Philosophien des Politischen, S. 116.

521   Nancy: Nothing but the world, S. 525.

522   Vgl. Hebekus/Völker: Philosophien des Politischen, S. 116.

523   Nancy: Nothing but the world, S. 526.

524   Hebekus/Völker: Philosophien des Politischen, S. 91: »Der Begriff der Gemeinschaft erscheint in den Büchern der letzten Jahre kaum noch. Das [...] Problem des Bezugs allerdings, genauer eines Bezugs ohne transzendente Absicherung in einem allgemeinen Prinzip [...], bleibt das bestimmende Thema von Nancys Philosophie.«

525   Nancy: Anmerkung zur Übersetzung, S. 12, Hv. i. Orig.

526   Siehe Trautmann: Nichtmitmachen, S. 195, Anm. 54, und zur Unterstützung der These auch James: Naming the nothing, S. 184, sowie Morin: Nancy, S. 15.

527   Dabei werde ich vor allem auf die Darstellung von Marie-Eve Morin: *Jenseits der brüderlichen Gemeinschaft. Das Gespräch zwischen Jacques Derrida und Jean-Luc Nancy* rekurrieren.

lichem) ›Man‹ und (eigentlichem) ›Volk‹ gedacht zu haben.[528] Deshalb – und wegen
der davon nicht zu trennenden politischen Fehlschlüsse Heideggers – fordert Nancy,
man müsse »*Sein und Zeit* neuschreiben«, und dazu gehöre auch »die Aufgabe einer politischen Neufassung«[529] (zu lesen als: die Aufgabe einer Neufassung des Politischen,
eines Politischen losgelöst von seiner Verknüpfung mit dem Philosophischen). Dabei
gelte es, die heideggersche Analyse der Alltäglichkeit der Existenz zu bewahren[530], das
heißt unseren Kontakt mit ›sonderbaren Leuten‹[531], die weder ›Man‹ noch ›Volk‹ sind,
sondern singulär plural, »faßbar nur in der paradoxen Simultaneität der (anonymen,
verworrenen, ja massiven) Menge [ensemble] und der verstreuten Singularität (der Leute: jedes Mal diese oder jene ›gen(s)‹, Leute, oder wie wir sagen ›ein Typ‹, ›ein Mädchen‹,
›ein Kind‹)«.[532]

Von Interesse werden dann die politischen und ethischen Implikationen der ›pluralen Ontologie‹ Nancys sein. Inwiefern fordert sie zu einer Umdeutung von Begriffen
wie ›Verantwortung‹ oder ›Demokratie‹ auf und trägt selbst dazu bei?[533] Am Ende des
Abschnitts möchte ich in dem bereits angedeuteten Sinne mögliche Kritik an Nancys
Ontologie diskutieren.

The Words They Are a-Changin' – Derridas freundschaftlicher Einwand

Nancy ist sich der »bedrohlichen Resonanz«[534] des Wortes ›Gemeinschaft‹ bewusst:

> Unweigerlich klingt es von Substanz und Innerlichkeit erfüllt, ja aufgebläht; recht
> unvermeidlich hat es eine christliche Referenz (geistige oder brüderliche, kommu-
> nielle Gemeinschaft) oder eine im weiteren Sinne religiöse (jüdische Gemeinschaft,
> Gemeinschaft des Gebets, Gemeinschaft der Gläubigen – '*umma*); es wird zur Bekräf-
> tigung vorgeblicher »Ethnizitäten« verwendet – all dies konnte nur Warnung sein.[535]

An Vorbehalten gegenüber ›Gemeinschaft‹ – etwa von Badiou[536], Derrida oder Lacoue-
Labarthe – fehlte es Nancy zufolge nicht[537], und so habe er sein Vokabular überdacht
und verändert.

> Ich habe mich also lieber darauf verlegt, die Arbeit um das »Mit [avec]« herum zu
> konzentrieren: Fast ununterscheidbar vom »co-« der *communauté*, trägt es doch mit

---

528 Vgl. Critchley: With being-with, S. 240; Morin: Nancy, S. 25f.

529 Nancy: singulär plural sein, S. 144, Anm. 78, Hv. i. Orig. (ESP 118, Anm. 1, Hv. i. Orig.).

530 Vgl. Critchley: With being-with, S. 240.

531 »Wir sagen: ›Die Leute sind sonderbar [les gens sont bizarres]‹.« (Nancy: singulär plural sein, S. 26
     [ESP 24])

532 Ebd., S. 27f. (ESP 25); vgl. Morin: Nancy, S. 27.

533 Ähnlich verfährt Morin: Brüderliche Gemeinschaft, S. 196; 213ff.

534 Nancy: Angst vor Gemeinschaft, S. 82.

535 Nancy: Herausgeforderte Gemeinschaft, S. 30f., Hv. i. Orig. (CA 42, Hv. i. Orig.).

536 Vgl. hierzu Trautmann: Nichtmitmachen, S. 195, Anm. 54. Badiou formuliert seine Kritik in *L'outre-*
     passement politique du philosophème de la communauté. In: Leyenberger, Georges et al. (Hg.): Politique
     et modernité. Paris 1992, S. 55-67. Hierauf reagiert Nancy: Unerträglichkeit des Undarstellbaren,
     S. 129.

537 Vgl. Nancy: Herausgeforderte Gemeinschaft, S. 31, Anm. 10 (CA 42, Anm. 1); Nancy: Demokratie
     und Gemeinschaft, S. 59.

sich ein deutlicheres Indiz des Abstandes im Herzen der Nähe und der Intimität. Das »Mit« ist trocken und neutral: weder Kommunion noch Atomisierung, lediglich das Teilen eines Ortes, allerhöchstens der Kontakt: ein Zusammen-Sein [être-ensemble] ohne Zusammenfügen [assemblage].[538]

Vor allem Derridas Einwände veranlassten Nancy zu einer Neuausrichtung seiner Position.[539] Derrida geht den Gemeinschaftsbegriff nicht frontal an: Wo er ihn nicht durch ein beredtes Ver- oder Überschweigen aus dem (nancyschen) Diskurs zu verbannen sucht[540], macht er seine in Fußnoten oder kurzen Anmerkungen und Kommentaren verstreute Kritik am Begriff der Brüderlichkeit fest.[541] Derrida, erinnert sich Nancy, missfielen die mit ›Brüderlichkeit‹ assoziierten »christliche[n] und kommunitaristische[n] Züge« seines Denkens, »die einem ›begründenden‹ Denken des Politischen entsprächen«.[542] In Derridas *Politik der Freundschaft* (1994) heißt es:

> Und vielleicht gibt es auch bei Bataille, Blanchot und Nancy noch eine Brüderlichkeit, von der ich mich aus der Tiefe meiner Bewunderung heraus frage, ob sie es nicht verdient, daß man sich von ihr losreißt, und ob sich das Denken der Gemeinschaft – und sei es auch einer Gemeinschaft ohne Gemeinschaft oder einer Brüderlichkeit ohne Brüderlichkeit – noch an ihr ausrichten soll. […] Ich denke auch, ohne recht zu wissen, was genau ich davon denken soll, an all die versammelten »Brüder«, all die zu »Bruderschaften« »versammelten Männer«, auf die man stößt, wenn man, in *La communauté désœuvrée*, »Le mythe interrompu« […] aufschlägt.[543]

Die brüderliche Gemeinschaft kennzeichnet nach Ansicht Derridas ein Streben nach dem, was Nancy als ›Kommunion‹ oder ›Einswerdung‹ bezeichnen würde: Stets gehe

---

538 Nancy: Herausgeforderte Gemeinschaft, S. 31, Hv. i. Orig. (CA 43). Siehe auch Nancy: Demokratie und Gemeinschaft, S. 60, sowie Nancy in Nancy/Esposito: Dialogue on the philosophy to come, S. 80f.

539 Trautmann: Partage, S. 125, nimmt zwar keine Gewichtung der Einwände Derridas und Badious vor, ist aber ebenfalls der Ansicht, dass Derridas Kritik Nancy zu einem Wandel – vor allem seines Vokabulars – geführt habe.

540 Ich beziehe mich auf Esposito in Nancy/Esposito: Dialogue on the philosophy to come, S. 80, der feststellt, dass Derrida in seinem Text *Le toucher, Jean-Luc Nancy* (2000) Nancys *La communauté désœuvrée* nirgends erwähnt. Diese Beobachtung macht auch Morin: Brüderliche Gemeinschaft, S. 21.

541 Vgl. hierzu und für einen Überblick über die Fundstellen bei Derrida Morin: Brüderliche Gemeinschaft, S. 20ff. Für die folgenden Ausführungen zur Auseinandersetzung zwischen Nancy und Derrida in Bezug auf ›Brüderlichkeit‹ stütze ich mich neben Morins detaillierter Studie *Jenseits der brüderlichen Gemeinschaft* auch auf Morin: Nancy, S. 112f.

542 Nancy: Dem Politischen mangelt es an Symbolizität, S. 41; siehe auch Nancy: Angst vor Gemeinschaft, S. 82. Zu den biographischen Hintergründen von Derridas Abneigung gegen die (brüderliche) Gemeinschaft siehe etwa Derridas Ausführungen in Jacques Derrida/Elisabeth Roudinesco: Über den künftigen Antisemitismus. In: dies.: Woraus wird Morgen gemacht sein? Ein Dialog. Stuttgart 2006, S. 179–230, 185ff., sowie Peeters: Derrida, S. 35ff.; Morin: Brüderliche Gemeinschaft, S. 40, und Nancy: Angst vor Gemeinschaft, S. 82f.

543 Derrida: Politik der Freundschaft, S. 68, Anm. 13, Hv. i. Orig. Siehe zu Derridas Kritik am Konzept der Brüderlichkeit auch kurz Spitta: Gemeinschaft jenseits von Identität, S. 290f., sowie ausführlicher Trautmann: Partage, S. 109ff., der ebd., S. 113ff., auch auf den Zwist zwischen Derrida und Nancy eingeht.

es um politische Werte wie ein »harmonisches Ganzes, Einstimmigkeit, Versammlung, Identität, Teilnahme an gemeinsamen Ideen, Überzeugungen oder Zielen«.[544] Die Brüdergemeinschaft ebnet Differenzen ein und konstituiert ein Wir, dem ein Sie oder Ihr entgegensteht.[545] Der Grund hierfür liegt darin, dass das Brüderlichkeitskonzept die Figur des Bruders und die Bande, die ihn mit seinesgleichen verbinden, naturalisiert.[546] Gefährlich wird die Brüderlichkeit insbesondere »als politisches Modell«[547], wenn sie also zum Fundament und zum Mittel der Legitimierung einer bestimmten Politik gerät. Derrida, stellt Morin fest, gehe »es grundsätzlich nicht um den Bruder als solchen, sondern um die Gefahr der Politisierung einer solchen Figur«.[548] Seine Warnung gilt der »politische[n] Diktatur der Fraternokratie«.[549] Worin liegt ihr bedrohliches Moment? Zwar beinhaltet das Prinzip der Brüderlichkeit die Forderung, alle Menschen zu Brüdern zu machen.[550] Durch das Festhalten am »anthropologische[n] Schema der Familie«[551] bleibt aber unweigerlich die Differenz von Bruder und Nicht-Bruder in Kraft. Während der Französischen Revolution schloss auf diese Weise das Ideal der Allbrüderschaft mehr und mehr Menschen aus der durch den Bürgereid zusammengeschweißten Gemeinschaft der Brüder aus.[552] Diese folgt damit, so Lüdemann, dem

> Phantasma einer homosozialen Autopoiesis [...]: Autopoiesis, weil die Brüder sich gegenseitig Geburtshelfer, durch den Schöpfungsakt des Eides gleichsam ihre ›eigenen‹ Söhne‹ sind; homosozial, weil sie Brüder (und nicht Schwestern, Töchter, Frauen oder einfach irgend jemand) sind, die sich als Gemeinschaft der Gleichen – in der Differenz zu allen anderen – konstituieren.[553]

---

544   Morin: Brüderliche Gemeinschaft, S. 52; siehe auch ebd., S. 76.

545   Vgl. ebd., S. 41.

546   Entsprechend dem in der Einleitung skizzierten organizistischen Modell der Gemeinschaft verweise die Brüderlichkeit, so Susanne Lüdemann: Jacques Derrida: Das Politische jenseits der Brüderlichkeit. In: Bröckling, Ulrich/Feustel, Robert (Hg.): Das Politische denken. Zeitgenössische Positionen. Bielefeld 2010, S. 131-144, 133, »zurück in einen präpolitischen Vorstellungskreis, der [...] durch Werte der gemeinsamen Abkunft und der leiblichen Verwandtschaft gekennzeichnet bleibt«. Wo man von Brüderlichkeit spreche, bleibe man »der Sphäre des Korporealen und des Familialen als den (imaginären) Fundamenten der Gemeinschaft« (ebd., Hv. i. Orig.) verhaftet.

547   Ebd., S. 135.

548   Morin: Brüderliche Gemeinschaft, S. 41; ähnlich Trautmann: Partage, S. 110, Anm. 3. Zur politischen Figur des Bruders siehe auch Morin: Brüderliche Gemeinschaft, S. 51f.

549   Derrida: Recht des Stärkeren, S. 76, Hv. i. Orig. Siehe auch das teilweise ebenfalls von Lüdemann: Jenseits der Brüderlichkeit, S. 132, angeführte Zitat bei Derrida: Politik der Freundschaft, S. 11, Hv. i. Orig.: »Der Begriff des Politischen tritt selten [...] ohne das auf den Plan, was wir einen Schematismus der Abstammung nennen werden: der Stamm, die Gattung oder die Art, das Geschlecht*, das Blut, die Geburt, die Natur, die Nation – autochthon oder nicht, tellurisch oder nicht. [...] Die Demokratie hat selten eine Vorstellung von sich selbst gewonnen, die nicht zumindest die Möglichkeit dessen einschloß, was stets [...] der Möglichkeit einer Verbrüderung gleicht.«

550   Vgl. Morin: Brüderliche Gemeinschaft, S. 47f.

551   Derrida: Politik der Freundschaft, S. 354, Hv. i. Orig.

552   Vgl. Lüdemann: Jenseits der Brüderlichkeit, S. 133; 135f., und siehe Morin: Brüderliche Gemeinschaft, S. 47ff.

553   Lüdemann: Jenseits der Brüderlichkeit, S. 136.

Gegen die Unterstellung einer natürlichen Bruderschaft will Derrida die Gestalt des Bruders denaturalisieren[554]: Der Bruder (und die Bruderschaft) sei »keine Naturgegebenheit, nichts Substantielles, Wesentliches, Unantastbares«[555], er (sie) sei »niemals ein Faktum«.[556] Nancy widerspricht nicht: In *De l'être singulier pluriel* stellt er mit Bezug auf Derridas Kritik klar, dass es keine »gattungsmäßige Identität« der Brüder gebe, keinen »gemeinsamen Ursprung des Gemeinsamen«.[557]

Wie die Gemeinschaft, so stehe für Nancy auch die Brüderlichkeit, meint Marchart, in einem »Verhältnis zu dem sich entziehenden Grund«.[558] Nachzuprüfen ist diese Behauptung in Nancys *L'expérience de la liberté* (1988), wo er deutlich macht, dass die Brüderlichkeit

> nicht die Beziehung [rapport] der Mitglieder der gleichen Familie sondern derer ist, deren *Vater*, deren gemeinsame Substanz also, *verschwunden* ist [...]. Das sind bei Freud die Söhne des un-menschlichen Vaters der Urhorde – zu Brüdern geworden im *Teilen [partage]* seines *zerstückelten [démembré]* Körpers.[559]

Zu Brüdern oder Schwestern – zu einer Gemeinschaft – macht uns nicht, dass wir eine uns allen ›gemeinsame Substanz‹ unter uns aufteilen; eine solche Substanz gibt es nicht, sie ist ›verschwunden‹. Was die Brüder oder Schwestern und die, die in Gemeinschaft sind, miteinander teilen, ist der Umstand, dass es nichts Gemeinsames (nur etwas schon ›Zerstückeltes‹) aufzuteilen gibt.[560]

Dennoch erinnert Derrida die von Nancy aufgerufene Szene, in der die Brüder den Körper des Vaters teilen und in sich aufnehmen, allzu sehr an die Szene der »eucharistischen Transsubstantiation«.[561] Er sieht die Möglichkeit einer Wiederaneignung der verschwundenen gemeinsamen Substanz (d.h. des Vaters) nicht konsequent genug verhindert, damit auch nicht die Gefahr, dass die Brüderlichkeit doch wieder zu einer ›Fraternokratie‹ und den damit verbundenen Ausschließungen führt.[562] Nancy ist für diese Tücke keineswegs blind und umreißt auf den letzten Seiten von *L'expérience de la liberté* im Sinne des derridaschen Einwandes eine Alternative zu der obigen Szene

---

554 Vgl. ebd., S. 132.

555 Derrida: Politik der Freundschaft, S. 219.

556 Ebd., S. 220. Brüderlichkeit, zeigt Lüdemann: Jenseits der Brüderlichkeit, S. 134f., muss hergestellt und aufrechterhalten werden; siehe auch Morin: Brüderliche Gemeinschaft, S. 45f., sowie Trautmann: Partage, S. 112f.

557 Nancy: singulär plural sein, S. 51 (ESP 44); vgl. ebd., S. 51, Anm. 22 (ESP 44, Anm. 3); Morin: Brüderliche Gemeinschaft, S. 21.

558 Marchart: Politische Differenz, S. 107.

559 Nancy: Erfahrung der Freiheit, S. 94, Hv. i. Orig. (EL 97, Hv. i. Orig.), mit Bezug auf Freud: Totem und Tabu, S. 426. Gemeinsam mit Lacoue-Labarthe hat Nancy in den (bereits genannten) Arbeiten *La panique politique* sowie *Le peuple juif ne rêve pas* diese Szene ausführlich interpretiert.

560 Vgl. Marchart: Politische Differenz, S. 107.

561 Derrida: Recht des Stärkeren, S. 87. Ich folge hier und weiter Morin: Nancy, S. 112f.; Morin: Brüderliche Gemeinschaft, S. 223ff.

562 In diesem Sinne sähe Derrida: Recht des Stärkeren, S. 91, Hv. i. Orig., es mit »Sorge [...], wenn auf dem Gebiet des Politischen und der Demokratie der Fraternalismus der Versuchung erläge, einer genealogischen Bahn zu folgen, die zu Autochthonie, Nation oder gar Natur, auf jeden Fall zur Geburt zurückführt«.

(was Derrida registriert[563]). Nicht undenkbar, gibt Nancy zu, dass die Brüderlichkeit dem Schema einer »Kommunion mit derselben Substanz oder Essenz (in der Totemmahlzeit)«[564] verhaftet bleibe. Man müsse deshalb die »Deutung der Gemeinschaft als ›brüderlicher‹ sorgfältig demontieren«[565], was bedeutete, die Brüderlichkeit nicht einmal mehr mit dem Verlust einer Substanz in Verbindung zu bringen, sondern als das zu denken, was ohne jegliche Substanz ist, was also »vor und nicht nach [...] jeder gemeinsamen Substanz« in Erscheinung trete; eine vaterlose Brüderlichkeit mithin, »aber nicht um den Opferpreis eines ›Vatermordes‹ – vielmehr in der Auflösung der Figur des Bereits-toten-Vaters und seiner Thanatokratie«.[566]

Ein abermaliges Dennoch Derridas: Verzichtete man vor diesem Hintergrund nicht besser auf den Begriff der Brüderlichkeit? Warum bewahrt Nancy ihn, wenn er ›Brüderlichkeit‹ zugleich inhaltlich fast vollkommen entleert? Benennt ›Brüderlichkeit‹ dann überhaupt noch etwas?[567]

Derridas Bedenken ließe sich als ein harmloser »Streit um Worte« und nicht im Sinne eines »Einwands«[568] verstehen, wie er es selbst zu tun vorgibt. Denn tatsächlich teilt er mit Nancy, auch ohne ein »gemeinsames Projekt«[569], die Überzeugung, dass der Brüderlichkeit jede natürlich-biologische Grundlage entzogen werden müsse.[570] Trotz dieser Nähe steht in dem ›Streit‹, führt Morin aus, mehr als bloße Wortklauberei auf dem Spiel: Mit seinen Fragen an Nancy verweist Derrida auf die eigene dekonstruktive Geste und ihre Differenz zu der Nancys.[571] Derrida zufolge hält Nancy an prekären Worten – etwa ›Freiheit‹, man könnte ›Kommunismus‹ ergänzen – und ihrer

---

563   Vgl. ebd., S. 90f., Anm. 33.

564   Nancy: Erfahrung der Freiheit, S. 218 (EL 211).

565   Ebd. (EL 211f.).

566   Nancy: Sinn der Welt, S. 161 (SM 178f.). Siehe auch Nancy: Erfahrung der Freiheit, S. 218 (EL 212), wo er mit Verweis auf seinen Aufsatz *Le peuple juif ne rêve pas* vorschlägt, die Brüderlichkeit zu interpretieren »als Teilhabe [partage] an etwas Mütterlichem, das gerade keine Substanz wäre, sondern – unendliche – Mit-Teilung [partage]«.

567   Vgl. Derrida: Recht des Stärkeren, S. 91, Anm. 33; Trautmann: Nichtmitmachen, S. 194f.; Trautmann: Partage, S. 114f.

568   Derrida: Recht des Stärkeren, S. 76, siehe auch ebd., S. 84, und siehe Morin: Nancy, S. 112.

569   Nancy: Dem Politischen mangelt es an Symbolizität, S. 40; vgl. Morin: Brüderliche Gemeinschaft, S. 20, Anm. 10. Zum (theoretischen) Verhältnis Nancy–Derrida siehe Morin: Nancy, S. 19ff., zu ihrem Kennenlernen Nancy: Demokratie und Gemeinschaft, S. 43, sowie Peeters: Derrida, S. 315ff., und zur Er-/Anregung des Denkens, die die Derrida-Lektüre bei ihm ausgelöst habe, Nancy: Demokratie und Gemeinschaft, S. 23f.; Nancy in Nancy/Tyradellis: Was heißt uns Denken, S. 24f. (AP 22f.). Ein Kommentar zu(m) (Denken) Derrida(s) ist Jean-Luc Nancy: On Derrida. A conversation of Sergio Benvenuto with Jean-Luc Nancy. In: European Journal of Psychoanalysis 19 (2004), H. 2, o. S. Abrufbar unter: <www.psychomedia.it/jep/number19/benvenuto.htm> (Zugriff am 29.1.2022).

570   Das Denaturalisierungsbestreben Derridas betont Trautmann: Partage, S. 110. Nancy und Derrida kritisierten die Brüderlichkeit als »generische Verbindung« (Morin: Brüderliche Gemeinschaft, S. 225), wobei Derrida meine, man müsse den Begriff ›Brüderlichkeit‹ aufgeben, da eine nicht-generische Brüderlichkeit unmöglich sei. (Vgl. ebd.; 229)

571   Ich folge im Weiteren Morin: Brüderliche Gemeinschaft, S. 31; 228f., sowie Morin: Nancy, S. 3ff. Deshalb dürfe »[d]er Begrifflichkeitsunterschied zwischen Nancy und Derrida [...] nicht zu einem reinen Streit um Worte heruntergespielt werden«. (Morin: Brüderliche Gemeinschaft, S. 231)

»Sendung«[572] fest. (Badiou meint: Nancy pflege »un style entièrement affirmatif«.[573]) Jedoch schrecke er dabei vor einer radikalen »dekonstruktive[n] Infragestellung«[574] des traditionellen Verständnisses dieser Worte nicht zurück. Man könnte Nancys Vorgehen als ein »redeploying«[575] philosophischer und politischer Konzepte bezeichnen. Derridas Strategie dagegen ist es, zunächst den ›unterdrückten‹ Teil eines Oppositionspaares zu privilegieren und dadurch die Opposition schließlich zu verschieben.[576] Beispielhaft hierfür steht seine Frage, weshalb Nancy statt der Figur des Bruders »nicht eher derjenigen der Schwester, Kusine, Tochter, Gattin, des Fremden oder eines Beliebigen, eines beliebigen Jemand, den Vorzug gibt«.[577] Nancys Antwort müsste lauten: ›Weil ich als »›Post-Dekonstruktionist‹«[578], wie du, Derrida, mich nennst, ein Wort wie ›Brüderlichkeit‹ bereits in seiner dekonstruierten, durchgestrichenen Bedeutung verstehe und verwende.‹ Die Gefahr dieser Taktik liegt für Derrida allerdings darin, »den Akt der Durchstreichung zu vergessen und damit den alten Begriff wieder metaphysisch zu verwenden«.[579]

Nancys dekonstruktive Strategie zeigt sich nach Badious Beobachtung vor allem an den in Nancys Texten häufig anzutreffenden Gleichsetzungen nach dem Muster »ceci est cela«.[580] In ein zirkuläres Verhältnis gesetzt, führt Morin die Analyse Badious weiter, verlören die Begriffe ihre gegebene Bedeutung und begönnen Sinn zu ›machen‹.[581] Eine weitere Eigenart der nancyschen Methode begleitet und unterstützt dieses ›Machen‹ von Sinn: Nancys Texte repräsentieren nicht lediglich die Resultate (s)eines Denkens, sondern stellen das Schreiben als ein Element dieses Denkens aus.[582] Seine Texte charakterisiert »ein radikal mimetisches Verhältnis zu ihrem Gegenstand«[583], was zur Folge hat, dass sich Nancys Arbeiten nicht zu einem systematischen Werk zusammenfügen, sondern über verschiedene Motive hinweg miteinander in Bezug stehen.[584]

---

572   Derrida: Recht des Stärkeren, S. 68.

573   Badiou: L'offrande réservée, S. 17.

574   Derrida: Recht des Stärkeren, S. 68.

575   Gratton/Morin: Worlds without measure, S. 2.

576   Vgl. ebd. Bernasconi: Heidegger und die Dekonstruktion, S. 443, unterstreicht, es genüge (Derrida) keinesfalls, »einfach die Prioritäten umzukehren; man muß auch den Gegensatz selbst neutralisieren oder außer Kraft setzen«. Siehe zu Derridas dekonstruktiver Strategie auch Lüdemann: Jenseits der Brüderlichkeit, S. 138ff.

577   Derrida: Recht des Stärkeren, S. 86.

578   Nancy in Nancy/Tyradellis: Was heißt uns Denken, S. 73 (AP 71); siehe etwa Derrida in dem Dialog Jean-Luc Nancy/Jacques Derrida: Responsabilité – du sens à venir [Gespräch mit Francis Guibal]. In: Guibal, Francis/Martin, Jean-Clet (Hg.): Sens en tous sens. Autour des travaux de Jean-Luc Nancy. Paris 2004, S. 165-200, 168.

579   Morin: Brüderliche Gemeinschaft, S. 229. In diesem Sinne auch Bedorf: Bodenlos, S. 694, sowie ebd., S. 697: »Das ganze Projekt Nancys bestimmt sich in Absetzung von der abendländischen Sehnsucht nach Einheit und Brüderlichkeit, die so viele politische Ideen und Ideologien leitet. Und dennoch überlagern die substanzialistischen Konnotationen der Begriffe [wie ›Brüderlichkeit‹, S. H.] den dekonstruktiven Gestus, mit dem Nancy arbeitet.«

580   Badiou: L'offrande réservée, S. 17; siehe für Beispiele ebd., S. 17ff.

581   Vgl. Morin: Nancy, S. 5.

582   Vgl. Hebekus/Völker: Philosophien des Politischen, S. 94f.

583   Ebd., S. 94.

584   Vgl. ebd., S. 95; siehe auch Morin: Nancy, S. 2f.

Es scheint so, als habe Nancy sich Derridas Bedenken zu eigen gemacht: Bei dem Wort ›Gemeinschaft‹ rückt er ab von seinem sonst üblichen Vorgehen, bei aller dekonstruktiven ›Entwerkung‹ eines Wortes am Wort selbst und seiner ›Sendung‹ doch festzuhalten. Wohl zu Recht hat Nancy die Warnung Derridas vor dem Begriff der Brüderlichkeit als Warnung auch vor dem Begriff der Gemeinschaft aufgefasst: Es sei unvermeidbar, hatte er den Wandel in seinem Vokabular gerechtfertigt, dass das Wort ›Gemeinschaft‹ eine christliche oder religiöse Referenz habe. Mithin müsse man, lautete die Konsequenz, ›Gemeinschaft‹ verabschieden.

Das alternative ›Mit‹ sei zu seinem Vorteil ›trocken und neutral‹, es bezeichne allenfalls einen ›Kontakt‹, jedenfalls ›weder Kommunion noch Atomisierung‹, hatte Nancy erklärt. Seine Hinwendung zum ›Mit‹ ist demnach vor allem den negativen Aufladungen des Gemeinschaftsbegriffs geschuldet, »the weight of its past«[585], von dem man es trotz dekonstruktiver Anstrengung nie ganz werde befreien können: »The communitarian and/or communal premise, the *Gemeinschaft* against the *Gesellschaft*, all of it contains the terrible germs that we know so well and that today can be used again for the flags of diverse ethnic and ethno-religious identities.«[586] Kann aber die Abwendung vom Gemeinschaftsbegriff die(se) Gefahr, die von ihm ausgeht, bannen?

Mit einer Antwort lässt sich bei Nancy selbst anknüpfen. Seine Bemerkung etwa, das Wort ›Kommunismus‹ sei ein »historischer Akteur«[587], könnte man als Hinweis darauf verstehen, dass die »soziale Welt«, wie Didier Eribon schreibt, »zu großen Teilen das performative Produkt der Begriffe ist, durch die wir auf sie blicken«.[588] ›Kommunismus‹ wäre also nicht nur ein Wort, sondern eine Art Sprechakt, der etwas bewirkt; zwar nicht unmittelbar, aber über den Umweg der Politik, die der ›Kommunismus‹ aktiviere.[589] Er fordert die Politik auf, »einen Raum des Gemeinsamen zu organisieren«, in dem dieses »ungebunden seine Formen und seine Erfahrungen sucht«.[590] Ist aber nicht das Wort ›Gemeinschaft‹ ebenfalls ein ›historischer Akteur‹, ein handelndes Wort? Es brachte einerseits totalitäre Gemeinschaftsmodelle (›Volksgemeinschaft‹) hervor, kann aber andererseits auch eine Welt benennen, die nicht ist, aber sein soll; eine Welt, so hatte es Bauman formuliert, »die sich bedauerlicherweise erheblich von der unseren unterscheidet – in der wir aber liebend gerne leben würden«.[591] In diesem Bedauern verbirgt sich die bislang »*unerhörte* Forderung nach Gemeinschaft«.[592] Das Wort ›Gemeinschaft‹ aufzugeben, hätte möglicherweise zur Konsequenz, diese Forderung weiterhin zu überhören. Dies brächte als Gefahr mit sich, dass den Begriff der Gemein-

---

585   Nancy in Nancy/Esposito: Dialogue on the philosophy to come, S. 80.

586   Ebd., S. 81; vgl. ebd.

587   Nancy: Kommunismus, S. 181 (CM 197). Siehe auch Nancy: Our history, S. 102: »[W]ords and concepts have a history, and we can hardly understand or use them if we do not take that history into account«. Den Hinweis auf diese Anmerkung entnehme ich Bernasconi: Deconstructing nostalgia, S. 16.

588   Didier Eribon: Rückkehr nach Reims. 5. Aufl. Berlin 2016, S. 122.

589   Vgl. Nancy: Kommunismus, S. 186 (CM 208). Für Nancy ist »*Kommunismus* der Sprechakt der Existenz«. (Ebd., S. 185, Hv. i. Orig. [CM 206, mit zusätzlicher Kursivierung des Begriffs ›speech act‹])

590   Nancy: Angst vor Gemeinschaft, S. 81.

591   Bauman: Gemeinschaften, S. 9.

592   Nancy: Entwerkte Gemeinschaft, S. 52, Hv. i. Orig. (CD 59, Hv. i. Orig.).

schaft okkupieren kann, wer ihn zur Ausflaggung von Identität verwenden will. Mit Bataille, der erkannt und analysiert hatte, dass und wie sich der Faschismus die von der Demokratie vernachlässigten Affekte der Menschen zunutze macht, aber auch mit Nancy selbst wäre darauf hinzuweisen, dass ›Gemeinschaft‹ ein Bedürfnis transportiert[593], dessen Erfüllung man nicht rechts liegenlassen sollte. Am rechten Rand würde die Gemeinschaft (wieder) zu einem Ort der Reinheit jenseits kultureller, ethnischer, religiöser oder sexueller Unterschiede.

Wie jedoch der ›Forderung nach Gemeinschaft‹ nachkommen, ohne sie, wie Nancy es verlangt, zu verknüpfen mit »einem ›politischen Willen‹«[594], von dem sich die Politik umwillen ihrer Erneuerung nicht mehr dürfe leiten lassen?[595] Ganz ohne den ›politischen Willen‹ eines politischen Subjekts ist eine Veränderung des Bestehenden nicht möglich.[596] Es ist aber weder zwingend, den ›politischen Willen‹ als einen totalitären Willen zur »Absorbierung [...] sämtlicher Sphären der Existenz«[597] zu verstehen, noch ihn im Sinne »eines vollkommen einheitlichen und gleichartigen kollektiven Willens«[598] aufzufassen. Vielmehr hoffe ich zeigen zu können, dass sich der ›politische Wille‹ anders denken lässt. So verstehe ich Castoriadis' sowie Laclaus und Mouffes Theorien als Versuche, eine (willentliche) politische Praxis zu denken, die davon absieht, eine immanente »Totalität des Gemeinsam-Seins«[599] erreichen zu wollen, und die außerdem nicht auf der vorausgesetzten oder herzustellenden Identität eines politischen Kollektivsubjekts beruht.

Auf Heideggers Holzwegen

Im Anschluss an Derridas auf die Brüderlichkeit gemünzte Frage würde man von Nancy erfahren wollen, was eine Gemeinschaft noch benennt, die ihrer erkennbaren Attribute entkleidet wurde.[600] Seine Antwort lautete: Sie benennt das Mit. Auf sprachlicher Ebene löst diese Antwort die Schwierigkeit auf, man könne von der Gemeinschaft, wie Derrida formuliert, nurmehr »*in einer [...] paradoxen und aporetischen, [...] unmöglichen Weise*«[601] sprechen. Beispielhaft hierfür seien Wendungen wie Nancys ›undarstellbare‹ Gemeinschaft, Batailles ›Gemeinschaft derer, die keine Gemeinschaft haben‹ oder Blanchots ›uneingestehbare‹ Gemeinschaft.[602] Nancy hebt diesen Widerspruch der Gemeinschaft gegen sich selbst in dem Wort ›Mit‹ auf. Es bezeichnet die ›Undarstellbar-

593   Vgl. ebd., S. 11f. (CD 11f.).

594   Nancy: Angst vor Gemeinschaft, S. 81; vgl. Nancy: Entwerkte Gemeinschaft, S. 87 (CD 100).

595   Vgl. Nancy: Angst vor Gemeinschaft, S. 81.

596   Castoriadis: Gesellschaft als imaginäre Institution, S. 121, Hv. i. Orig., betont in diesem Sinne, die (politische) Praxis müsse einem »*Entwurf*« folgen.

597   Nancy: Philosophische Chroniken, S. 30 (CHP 33), als sinngemäße Wiedergabe der bereits zitierten Formulierung aus Marx' *Aus der Kritik der Hegelschen Rechtsphilosophie*.

598   Laclau/Mouffe: Hegemonie und radikale Demokratie, S. 32, die diese Idee, wie wir sehen werden, kritisieren.

599   Nancy: Angst vor Gemeinschaft, S. 81.

600   Vgl. Trautmann: Nichtmitmachen, S. 194f.

601   Derrida: Politik der Freundschaft, S. 121, Hv. i. Orig.

602   Vgl. ebd., S. 119.

keit‹ der Gemeinschaft *und* den Umstand, dass die Gemeinschaft dennoch ist.[603] Das ›Mit‹ setzt die Dekonstruktion der Gemeinschaft voraus und führt sie zugleich dadurch fort, dass jeder Anklang an Kommunion, wie er in dem Wort ›Gemeinschaft‹ (auch wenn ihm ein ›undarstellbar‹ hinzugefügt wird) mittönt, getilgt wird. Es bleibt, dass wir zusammen sind.[604]

Was (uns) dies heißt[605], möchte Nancy durch eine »Heideggerian-inspired existential-analytic«[606] erhellen. Warum Heidegger? »Es legt sich keineswegs von selbst nahe, sich in Fragen der Ontologie der Gemeinschaft ausgerechnet Martin Heidegger zuzuwenden«[607], urteilt Hans Bernhard Schmid. Zwar sei es Heidegger gewesen, erinnert uns Nancy, der »Zusammensein [être-ensemble]« nicht mehr nur »kategorial« verstanden habe, das heißt als ein »Nebeneinander«.[608] Vielmehr habe er »den wesentlichen Charakter des existentialen *Mit*« ans Licht gebracht, »das *Mit* als Bedingung der Möglichkeit der menschlichen Existenz«.[609] Mehr als jedes Denken vor ihm sei das Denken Heideggers »in das Rätsel des Mit-seins [être-avec] eingedrungen«.[610] Zugleich aber habe Heidegger das Mitsein nie umfassend untersucht.[611] Man könnte noch schärfer urteilen: Tritt nicht in Heideggers Daseinsanalyse sogar ein »eklatantes Sozialitätsdefizit«[612] zu Tage? Wie sich zeigen wird, stimmt Nancy dem in gewisser Hinsicht zu, meint aber dennoch: Möchte man zu einer Ontologie des Mit gelangen, führt an Heidegger kein Weg vorbei. Dieses Zugleich von Kritik und Affirmation ist kein Widerspruch. Wie Rousseau, Marx oder Bataille stößt auch Heidegger ein Neudenken der Gemeinschaft an, kann es aber nicht über gewisse Grenzen hinaus fortführen, sondern korrumpiert seine eigene Innovation wieder.[613]

---

603   Vgl. Nancy: Vorwort (Undarstellbare Gemeinschaft), S. 5.

604   Siehe in diesem Sinne Devisch: Question of community, S. 82: »For Nancy, one thing is […] clear: It is only by dealing with the problematic that community wrestles with today, only by recognizing that a specific form of community is bankrupt, that we can develop a new concept of community.«

605   Ich spiele an auf das bereits zitierte Gespräch zwischen Nancy und Daniel Tyradellis, das unter dem Titel »Was heißt uns Denken?« veröffentlicht wurde.

606   Ebd., S. 31.

607   Schmid: Wir-Intentionalität, S. 246.

608   Nancy in Nancy/Tyradellis: Was heißt uns Denken, S. 50 (AP 48). »Das kategoriale *Mit* ist das schlichte, banale Nebeneinander, die Juxtaposition«, so Nancy: Mit-Sinn, S. 23, Hv. i. Orig.; zugleich betont er, auch im ›Nebeneinander‹ sei mehr als eine »indifferente Äußerlichkeit« (ebd.) impliziert. »Die bloße Tatsache, sich zusammen an einem Ort zu befinden, in einem Eisenbahnwagen zum Beispiel oder in der Metro, schafft durchaus – wenngleich unendlich feine – Bezüge, die bei einem Ereignis (einem Unfall, einer Panne) in Erscheinung treten könnten.« (Ebd.)

609   Nancy: Mit-sein des Da-seins, S. 154, Hv. i. Orig. (EAEL 68, Hv. i. Orig.); siehe auch Nancy: Mit-Sinn, S. 21f., sowie Schmid: Wir-Intentionalität, S. 284f.

610   Nancy: Mit-sein des Da-seins, S. 157 (EAEL 69, Hv. i. Orig.). Von einem ›existenzialen‹ Mit spricht Heidegger (worauf Nancy: Demokratie und Gemeinschaft, S. 61, hinweist) in § 26 von *Sein und Zeit*: »Als Mitsein ›ist‹ […] das Dasein wesenhaft umwillen Anderer. Das muß als existenziale Wesensaussage verstanden werden.« (Heidegger: Sein und Zeit, S. 123)

611   Vgl. Nancy: Demokratie und Gemeinschaft, S. 28.

612   Schmid: Wir-Intentionalität, S. 248.

613   Für Esposito: Ursprüngliche Gemeinschaft, S. 556, ist Heidegger ein »Denker«, dem »etwas von seinem eigenen Denken verlorengeht«, und der »sich zu einer verkürzten, oberflächlichen, unangemessenen Interpretation seiner selbst hinreißen läßt«. Esposito macht dies am »Thema ›Gemein-

Heideggers Scheitern deckt auf, wo das Denken weitermachen muss – mit und gegen Heidegger.[614] Anders als Heidegger es unternommen hatte, muss man Nancy zufolge die existenziale Analyse nicht vom Dasein, sondern vom Mitsein aus beginnen. Denn, so resümiert Marchart die Überzeugung Nancys: »*Mitsein* geht *Dasein* ontologisch voraus. Das *Zwischen*, das *Mit* und das *Gemeinsam* sind irreduzible Aspekte des Seins – welches deshalb nur als *singulär plurales Sein* gedacht werden kann.«[615] Die ontologische Vorgängigkeit des Mitseins gegenüber dem Dasein zu behaupten, wäre aus Nancys Sicht indes noch kein grundsätzlicher Einspruch gegen Heidegger. Wenn Nancy (in Marcharts Worten) fordert, man müsse »die Reihenfolge der ontologischen Exposition in der Philosophie umkehren«[616], so reklamiert dies eine Rückbesinnung auf die heideggersche Einsicht, das Dasein sei wesentlich ›mit‹. Heidegger hatte betont (und deshalb sei seine Philosophie, urteilt Esposito, die »erste große Philosophie der Gemeinschaft«[617]), Dasein und Mitsein seien gleichursprünglich.[618] Jedoch verschleiert schon der formale Aufbau von *Sein und Zeit* diese Einsicht.[619] An Heideggers Analyse der »Weltlichkeit der Welt«[620], so Günter Figal, wirkten seine Ausführungen zu ›Mitsein‹ und ›Mitdasein‹ »seltsam angestückt«.[621] Deshalb komme es, meint Nancy, nicht von ungefähr, dass man mit *Sein und Zeit* Begriffe wie ›Sorge‹, ›Angst‹, ›Welt‹ oder ›Sein-zum-Tode‹ verknüpfe, weniger die Begriffe des Mitseins und des Mitdaseins.[622] Die Gliederung von *Sein und Zeit* begünstigt den Vorwurf eines heideggerschen ›Sozialitätsdefizits‹, zumal sich hinter der »Frage der formellen Reihenfolge« eine »substantielle Frage« verberge: »Soll das Mitsein, wenn ihm das Dasein vorangestellt wird, trotz der ihm zugesprochenen Ursprünglichkeit immer einen abgeleiteten und ergänzenden Charakter haben – wie ein *a posteriori* dem Dasein zugedachtes Attribut, obwohl es dieses doch zu konstituieren hätte?«[623] Heidegger selbst scheint sich darüber nicht im

---

schaft« fest, das Heidegger »in einer Richtung forcieren wollte, die ihm gar nicht eigen war und die er selbst ausgeschlossen hatte«. (Ebd.) Schmid: Wir-Intentionalität, S. 308, hält Heidegger für »interessant«, weil »er mehr gute und mehr schlechte Ideen zum Sein des Sozialen gehabt zu haben scheint als irgendein anderer der ›größeren‹ Philosophen des vergangenen Jahrhunderts«. Aus diesem Grund stelle »die Diskussion rund um Heidegger einen wichtigen, vielleicht gar einen unersetzlichen Ort der Suche nach der ontologischen Grundstruktur unserer Sozialität« (ebd.) dar.

614   Vgl. Schmid: Wir-Intentionalität, S. 308. Entsprechend sieht Daniele Rugo: Jean-Luc Nancy and the Thinking of Otherness. Philosophy and Powers of Existence. London, New York 2013, S. 1, in der Idee des Mitseins »the moment where Nancy's appropriation of Heidegger becomes at once most distant and most productive«.

615   Marchart: Politische Differenz, S. 112, Hv. i. Orig.; vgl. Critchley: With being-with, S. 240; Morin: Nancy, S. 16.

616   Marchart: Politische Differenz, S. 112.

617   Esposito: Ursprüngliche Gemeinschaft, S. 557.

618   Vgl. ebd., S. 553.

619   Vgl. Watkin: Different alterity, S. 55.

620   Heidegger: Sein und Zeit, S. 63.

621   Figal: Phänomenologie der Freiheit, S. 134. Auch Lemke bemerkt, dass trotz der »Gleichursprünglichkeit von Selbstsein und Mitsein« (Vom Dasein zum Wirsein, S. 120), wie Heidegger sie behaupte, »der Frage nach dem Mitsein im Verlauf der Analyse [des Daseins, S. H.] nur ein untergeordneter Stellenwert zukommt«. (Ebd., S. 117)

622   Vgl. Nancy: Mit-sein des Da-seins, S. 151 (EAEL 66).

623   Esposito: Ursprüngliche Gemeinschaft, S. 557, Hv. i. Orig.

Klaren gewesen zu sein, was ihn dazu geführt haben mag, gegen sich selbst zu denken: Mit dem Begriff des Volkes habe Heidegger die im Begriff ›Mitsein‹ herausgestellte »Ursprünglichkeit der Gemeinschaft« negiert; das Faktum, »daß wir immer schon ›miteinander sind‹«[624] und also die Gemeinschaft nicht in einer konkreten historischen Form erst zu verwirklichen ist.[625] Nancy spricht mit Blick auf Heideggers Existenzialanalytik von »einer Verschließung gegenüber seiner eigenen Eröffnung«.[626] Das Ziel seiner Auseinandersetzung mit Heidegger liegt nicht zuletzt darin, das von Heidegger angestoßene (Neu-)Denken der Gemeinschaft vor sich selbst zu bewahren. Vor Heidegger schützt nur Heidegger.[627]

Im Folgenden möchte ich zunächst zeigen, was Heidegger zur Enträtselung des Mitseins beiträgt, was also sein Denken (für Nancy) unverzichtbar macht. Nachfolgend skizziere ich Nancys Kritik an Heidegger, um schließlich anhand der Begriffe ›Existenz‹, ›Welt‹ und ›Körper‹ einige der Punkte zu markieren, an denen Nancy über Heidegger hinauszugehen sucht.[628]

Sozialität in Heideggers ›Sein und Zeit‹[629]

Man darf an das, was Heidegger in *Sein und Zeit* unter den Begriffen ›Mitsein‹ und ›Mitdasein‹ analysiert, keine falschen Ansprüche stellen: Die Begriffe legen nahe, dass es nicht um etwa Soziologie oder Anthropologie geht, sondern um Ontologie. Heidegger beabsichtige mit seinen Ausführungen »weder eine psychologische Erklärung der ›Erkenntnis von Fremdexistenz‹ noch eine Philosophie des ›Mitmenschen‹ oder eine

---

624   Ebd., S. 556.

625   Vgl. ebd.

626   Nancy: singulär plural sein, S. 143 (ESP 117).

627   Esposito: Ursprüngliche Gemeinschaft, S. 558, formuliert: »Wenn wir uns vor seiner Philosophie bewahren wollen, ist es doch sie selbst, der wir uns zuwenden müssen.« Norris: Nancy on the political, S. 899, meint ganz ähnlich, Nancy wolle »Heidegger against himself« lesen. Mit anderen Worten: Heidegger selbst, denke Nancy, gebe uns die Mittel in die Hand, Heidegger zu kritisieren. (Vgl. ebd.)

628   Ich folge mit diesem Vorgehen Morin: Nancy, S. 22ff., die ihr Kapitel zu Nancys Ontologie ebenfalls mit Erläuterungen zu Heideggers *Sein und Zeit* beginnt und ebd., S. 26, festhält, man müsse beachten, dass Nancys »apparently simply recasting of the ›with‹ in its essential position produces a complete overhaul of Heidegger's concepts (concepts Nancy will continue to use): existence, world, sense, finitude«. In seiner Darstellung von Nancys Ontologie widmet sich auch Devisch: Question of community, S. 76ff., Heidegger. Zum Begriff des Körpers finden sich bei Heidegger keine substantiellen Ausführungen; hier fülle Nancy eine Lücke, so Rugo: Thinking of otherness, S. 2.

629   Die Beschränkung auf *Sein und Zeit* ist hier sachlich begründet, da auch Nancy sich vor allem auf diesen Text bezieht; vgl. Devisch: Question of community, S. 81. Auf der Grundlage eines erweiterten Textkorpus findet sich eine differenzierte Darstellung der ›sozialphilosophischen‹ Überlegungen Heideggers bei Schmid: Wir-Intentionalität, S. 246ff. Neben dieser Arbeit haben meine folgenden Ausführungen vor allem profitiert von Andreas Luckner: Martin Heidegger: ›Sein und Zeit‹. Ein einführender Kommentar. Paderborn u.a. 1997; George Steiner: Martin Heidegger. Eine Einführung. München, Wien 1989, S. 127ff.; Theunissen: Der Andere, S. 164ff.; Esposito: Ursprüngliche Gemeinschaft; Figal: Phänomenologie der Freiheit, S. 77ff.; 133ff.; Lemke: Vom Dasein zum Wirsein.

Theorie sozialer Institutionen«.[630] Vielmehr wolle er zu »einer nicht mehr subjektivitätsphilosophischen Deutung des ›Ich‹«[631] beitragen.

In diesem Sinne möchte Heidegger zeigen, »daß der Ansatz eines zunächst gegebenen Ich und Subjekts den phänomenalen Bestand des Daseins von Grund aus verfehlt«.[632] Den Nachweis hierfür soll eine Analyse »des Daseins in seiner Alltäglichkeit«[633] erbringen, in seinem »In-der-Welt-sein«[634] also, von Heidegger charakterisiert als »Verfallen«.[635] Für Nancy ist dieser Ansatz unverändert relevant[636]: »Ce que Heidegger nous a transmis, c'est une nécessité de repenser radicalement le quotidien.«[637] In ihrer ›Alltäglichkeit‹ sei die Existenz »singulière et exposée à sa finitude«.[638]

Des Daseins »In-Sein«[639] verweist auf die Untrennbarkeit von Selbst- und Weltverhältnis.[640] Wie Heidegger anhand einer Analyse des Umgangs mit »Zeug«[641] zeigt, stiftet den Zusammenhang von Selbst und Welt nicht die Theorie, sondern das praktische »Besorgen«.[642] Die Praxis ist für Heidegger »eine Grundverfassung des Daseins als ursprüngliche Offenheit oder Ek-sistenz«.[643] Das Dasein bleibt blind, wenn es nur seinen

---

630 Figal: Phänomenologie der Freiheit, S. 135; vgl. ebd., S. 134f. Esposito: Ursprüngliche Gemeinschaft, S. 556, meint, Heideggers Kritiker*innen vergäßen, »daß die Ebene des Heideggerschen Diskurses die der Fundamentalontologie ist, nicht die der Soziologie oder der Anthropologie«. In ähnlicher Weise geht es auch Nancy, so die Ansicht von Morin: Brüderliche Gemeinschaft, S. 196, beim (Neu-)Denken der Gemeinschaft »nicht um die Frage nach der sozialen oder politischen Organisation des Menschen, sondern um eine ontologische Frage«.

631 Figal: Phänomenologie der Freiheit, S. 135; ähnlich Nancy: Entwerkte Gemeinschaft, S. 36 (CD 40).

632 Heidegger: Sein und Zeit, S. 46; vgl. Lemke: Vom Dasein zum Wirsein, S. 117, die dieses Zitat als Beleg für Heideggers »Kritik am traditionellen Subjektbegriff« (ebd.) ebenfalls anführt. Siehe zum Ausdruck ›Ich‹ auch Figal: Phänomenologie der Freiheit, S. 137ff.

633 Heidegger: Sein und Zeit, S. 50.

634 Ebd., S. 53, Hv. i. Orig.

635 Ebd., S. 175, Hv. i. Orig.; vgl. Schmid: Wir-Intentionalität, S. 249.

636 Vgl. Critchley: With being-with, S. 240.

637 Jean-Luc Nancy: ›Il reste à vivre un monde désenchanté sans vouloir le réenchanter‹. Un entretien avec Thomas Ferenczi. In: Le Monde, Ausgabe vom 29. März 1994, o. S. Abrufbar unter: <https://www.lemonde.fr/archives/article/1994/03/29/un-entretien-avec-jean-luc-nancy_3832807_1819218.html> (Zugriff am 29.1.2022).

638 Ebd. (Den Hinweis auf den hier zitierten Artikel verdanke ich Devisch: Question of community, S. 80.) Siehe auch Nancy: Our world, S. 51, Hv. i. Orig.: »How does the *Jemeinigkeit* communicate with the *Alltäglichkeit*? This question concerns me a great deal. How to open oneself here and now to the ›proper‹ as precisely that which doesn't allow itself to be presented and appropriated *hic et nunc*, that which doesn't allow itself to be posed here in front of me, such that instead, on the contrary, it's ›myself‹ that is ex-posed?«

639 Heidegger: Sein und Zeit, S. 53, Hv. i. Orig.; siehe dazu etwa Figal: Phänomenologie der Freiheit, S. 77f.

640 Vgl. Schmid: Wir-Intentionalität, S. 249. »›Welt‹ sei »ein Charakter des Daseins selbst«, so Heidegger: Sein und Zeit, S. 64; siehe hierzu Figal: Phänomenologie der Freiheit, S. 78.

641 Heidegger: Sein und Zeit, S. 68, Hv. i. Orig.; dazu ausführlich Figal: Phänomenologie der Freiheit, S. 78ff.

642 Heidegger: Sein und Zeit, S. 68; vgl. ebd., S. 69, sowie Schmid: Wir-Intentionalität, S. 249f.; 263, der den Ansatz Heideggers als »Reformulierung von Intentionalität« (ebd., S. 249, Hv. i. Orig.) versteht.

643 Esposito: Ursprüngliche Gemeinschaft, S. 552. Wir werden diesen Gedanken in Abschnitt I.3.3.1 ausführen.

Blick auf die Welt und die in ihr vorkommenden Dinge richtet; Erkenntnis gewinnt es durch den Umgang mit ›Zeug‹ (z.B. einem Hammer).[644] ›In-Sein‹ bedeutet, dass dem Dasein »schon so etwas wie Welt [...] entdeckt ist«.[645] Dies ist nur möglich, weil das Dasein außer sich in der Welt ist[646], weil es »nicht ein vorausgesetztes Subjekt ist«.[647]

Das ›In-der-Welt-sein‹ des Daseins beschränkt sich nicht auf den besorgenden Umgang mit ›Zeug‹. Zum ›In-Sein‹ des Daseins gehört, dass es ›mit‹ Anderen ist: »*Mitsein* und *Mitdasein*«, behauptet Heidegger, seien »mit dem In-der-Welt-sein gleich ursprünglich«.[648] Das soll heißen, »daß das In-der-Welt-sein des Daseins wesenhaft durch das Mitsein konstituiert ist«.[649] Das Mitsein sei kein räumliches oder zeitliches Beisammensein.[650] Dasein ist Sein-mit-Anderen: Mitsein, ohne das Dasein nicht wäre.[651] »Auf dem Grunde dieses *mithaften* In-der-Welt-seins ist die Welt je schon immer die, die ich mit den Anderen teile. Die Welt des Daseins ist *Mitwelt*. Das In-Sein ist *Mitsein* mit Anderen. Das innerweltliche Ansichsein dieser ist *Mitdasein*.«[652] Heidegger begreift das Mitsein in einem »existenzial-ontologischen Sinn« und nicht nur als Aussage darüber, »daß ich faktisch nicht allein vorhanden bin«.[653] Ob Dasein mit ist, hängt nicht davon ab, ob Andere mit dem Dasein da sind, verdeutlicht Heidegger am Alleinsein. Man kann nur allein sein, weil es Mitsein gibt; das Alleinsein sei des Mitseins »defizienter Modus«.[654] Alleinsein ist in einem existenzialen Sinne unmöglich, da Alleinsein die Verneinung des Mit-anderen-Seins ist, dieses also voraussetzt. Ohne

---

644   Vgl. Heidegger: Sein und Zeit, S. 69.

645   Ebd., S. 55.

646   »Im Sichrichten auf... und Erfassen geht das Dasein nicht etwa erst aus seiner Innensphäre hinaus, in die es zunächst verkapselt ist, sondern es ist in seiner primären Seinsart nach immer schon ›draußen‹ bei einem begegnenden Seienden der je schon entdeckten Welt. Und das bestimmende Sichaufhalten bei dem zu erkennenden Seienden ist nicht etwa ein Verlassen der inneren Sphäre, sondern auch in diesem ›Draußen-sein‹ beim Gegenstand ist das Dasein im rechtverstandenen Sinne ›drinnen‹, d.h. es selbst ist es als In-der-Welt-sein, das erkennt. Und wiederum, das Vernehmen des Erkannten ist nicht ein Zurückkehren des erfassenden Hinausgehens mit der gewonnenen Beute in das ›Gehäuse‹ des Bewußtseins, sondern auch im Vernehmen, Bewahren und Behalten *bleibt* das erkennende Dasein *als Dasein draußen*.« (Ebd., S. 62, Hv. i. Orig.)

647   Esposito: Ursprüngliche Gemeinschaft, S. 552.

648   Heidegger: Sein und Zeit, S. 114, Hv. i. Orig. Lemke: Vom Dasein zum Wirsein, S. 117, betont, dass es Heidegger in seiner Subjektkritik von Anfang an »auch um die Frage nach dem Bezug zum Anderen [geht]. Dasein ist [...] nicht länger als ein in sich abgeschlossenes, erst nachträglich mit anderen Dingen Beziehung aufnehmendes Ich zu bestimmen, es ist vielmehr immer schon draußen. Es ist ›In-der-Welt-sein‹ und als solches ursprünglich Mitsein«. Somit sind nach Figal: Phänomenologie der Freiheit, S. 135, Mitsein und Mitdasein »Aspekte des In-der-Welt-seins«. Diese Ansicht vertritt auch Diana Aurenque: Ethosdenken. Auf der Spur einer ethischen Fragestellung in der Philosophie Martin Heideggers. Freiburg i.Br. 2011, S. 275f.

649   Heidegger: Sein und Zeit, S. 120.

650   Vgl. Aurenque: Ethosdenken, S. 278.

651   Vgl. Theunissen: Der Andere, S. 164.

652   Heidegger: Sein und Zeit, S. 118, Hv. i. Orig.

653   Ebd., S. 120.

654   Ebd. »Das Mitsein bestimmt existenzial das Dasein auch dann, wenn ein Anderer faktisch nicht vorhanden und wahrgenommen ist. Auch das Alleinsein des Daseins ist Mitsein in der Welt. *Fehlen* kann der Andere nur *in* einem und *für* ein Mitsein.« (Ebd., Hv. i. Orig.) Siehe auch Aurenque: Ethosdenken, S. 278; Luckner: Sein und Zeit, S. 56; Theunissen: Der Andere, S. 165f.

Mitsein, so auch Nancy, kein Alleinsein: »Without *being-with* I would not be alone. I would be, purely and simply, absolutely. I would be all (or nothing!), but neither ›alone‹ nor *with*.«[655]

Das Mit wird dem Dasein nicht hinzugefügt. So wenig es ein Dasein ohne Welt gibt, so wenig gibt es »bei Heidegger die Möglichkeit eines ›ego‹ oder eines ›ipse‹ [...], das nicht immer schon ein ›Wir‹ wäre«.[656] Es ist nie »zunächst ein isoliertes Ich gegeben ohne die Anderen«[657], formuliert er. Mitsein ist Heidegger zufolge nicht ein Verhältnis des Daseins zu einem Außen (das heißt: den Anderen), sondern ist dem Dasein wesentlich.[658] Dies impliziert zweierlei.[659] Zum einen lässt sich das Mitsein nicht als Verknüpfung von »freischwebende[n] Subjekten«[660] fassen, nicht als Intersubjektivität.[661] Deshalb ist es auch kein intentionales Geschehen, kein Sich-Beziehen eines Subjekts auf ein anderes.[662] Zum anderen wird durch den Wegfall der Möglichkeit eines isolierten Ego die Rede von der oder dem Anderen und von Alterität obsolet, gesetzt man versteht den Anderen oder die Andere als ein ebenso gegebenes Subjekt, als *alter ego*.[663]

Was Heidegger »das *Verfallen* des Daseins« nennt, sei »eine Grundart des Seins der Alltäglichkeit«.[664] Es bezeichne nichts Negatives, sondern sei »[e]in *existenzialer Modus*

---

655   Jean-Luc Nancy: The Insufficiency of ›Values‹ and the Necessity of ›Sense‹ [1997]. In: Journal for Cultural Research 9 (2005), H. 4, S. 437–441, 440, Hv. i. Orig.; vgl. Martin Coward: Editor's Introduction. In: Journal for Cultural Research 9 (2005), H. 4, S. 323–329, 326, sowie Fagan: Ethics and politics after poststructuralism, S. 102.

656   Esposito: Ursprüngliche Gemeinschaft, S. 553, mit Bezug auf § 26 von *Sein und Zeit*, der besage, »daß alles, was existiert, mit-existiert oder daß die Existenz das Sein ist, dessen Wesen das ›Mit‹, ›avec‹, ›con‹, ›cum‹ ist. Die Existenz ist das ›Mit‹ als ›Mit-Existenz‹ – oder sie existiert nicht. Das ›cum‹ ist nicht etwas, das dem Sein der Existenz hinzuzufügen wäre. Es ist genau das, was sie das Sein sein läßt, das sie ist.« (Ebd.)

657   Heidegger: Sein und Zeit, S. 116. Siehe auch ebd., S. 119, Hv. i. Orig. »Die Anderen begegnen nicht im vorgängig unterscheidenden Erfassen des zunächst vorhandenen eigenen Subjektes von den übrigen auch vorkommenden Subjekten, nicht in einem primären Hinsehen auf sich selbst, darin erst das Wogegen eines Unterschieds festgelegt wird. Sie begegnen aus der *Welt* her, in der das besorgend-umsichtige Dasein sich wesenhaft aufhält.«

658   Vgl. Luckner: Sein und Zeit, S. 54; 57f. Theunissen: Der Andere, S. 164, spricht bei Heidegger von einer »Tendenz, das Miteinandersein in die Fundamente des Daseins einzulassen«.

659   Ich folge Esposito: Ursprüngliche Gemeinschaft, S. 553.

660   Heidegger: Sein und Zeit, S. 123.

661   So auch Devisch: Question of community, S. 76f.

662   Möglicherweise ist diese These zu sehr von Nancys Begriff des Mit-Seins eingefärbt: In einer Fußnote merkt Esposito an, ihm sei beim Schreiben seines Aufsatzes Nancys *Être singulier pluriel* »besonders gegenwärtig« (Esposito: Ursprüngliche Gemeinschaft, S. 552, Anm. 3) gewesen. Schmid zufolge zeige sich nämlich etwa am Mitsein als »*Fürsorge*« (Heidegger: Sein und Zeit, S. 121, Hv. i. Orig.), dass Heidegger »im Bannkreis der *Intersubjektivität*, der Analyse der intentionalen *Wechselbezüge*« gefangen bleibe und nicht bis »zu einer Analyse des *Gemeinsamseins* des Daseins« (Schmid: Wir-Intentionalität, S. 254, Hv. i. Orig.) komme.

663   Dies unterstreicht auch Devisch: Question of community, S. 78. Wie Esposito weiter ausführt, sei deshalb »Heideggers Position inkompatibel mit allen anderen Philosophien der Andersheit« (Esposito: Ursprüngliche Gemeinschaft, S. 554), etwa auch derjenigen Emmanuel Lévinas'. (Vgl. ebd.) Zu dessen Kritik an Heidegger siehe etwa Aurenque: Ethosdenken, S. 286ff.

664   Heidegger: Sein und Zeit, S. 175, Hv. i. Orig. Dieser Absatz folgt Morin: Nancy, S. 25.

des In-der-Welt-seins«.[665] Dasein ist nicht erst bei sich und geht dann in die Welt hinaus und zu anderen[666], sondern ist »zunächst und zumeist *bei* der besorgten ›Welt‹«, ist mithin »von ihm selbst als eigentlichem Selbstseinkönnen zunächst immer schon abgefallen und an die ›Welt‹ verfallen‹«.[667] (Dadurch ist es ›mit‹.) Das ›Verfallen‹ enthüllt des Daseins »Geworfenheit«[668], das Faktum seiner Endlichkeit: Weder ist das Dasein der Grund seines (In-der-Welt-)Seins[669] noch konstituiert es die Welt, in der es sich wiederfindet. Die Welt ist ihm bereits auf eine bestimmte Weise ausgelegt, und »die Anderen haben [...] über die alltäglichen Seinsmöglichkeiten des Daseins«[670] schon entschieden. Diese Anderen sind *»das Man«*.[671] Ihm ist das Dasein ›verfallen‹, wobei Heidegger betont, dass das Dasein in seiner Alltäglichkeit selbst zum ›Man‹ gehöre.[672]

> *Zunächst* ist das faktische Dasein in der durchschnittlich entdeckten Mitwelt. *Zunächst* »bin« nicht »ich« im Sinne des eigenen Selbst, sondern die Anderen in der Weise des Man. Aus diesem her und als dieses werde ich mir »selbst« zunächst »gegeben«. Zunächst ist das Dasein Man und zumeist bleibt es so.[673]

Das alltägliche Dasein ist wie alle anderen, es ist »*Man-selbst*«.[674] Zu rechnen sei auch das ›Man‹ »*zur positiven Verfassung des Daseins*«.[675] Denn die »*Uneigentlichkeit*«[676] des alltäglichen Daseins, so die Pointe, ist die Bedingung für das Erlangen des »*eigentlichen, das heißt eigens ergriffenen Selbst*«.[677]

---

665   Heidegger: Sein und Zeit, S. 176, Hv. i. Orig.; vgl. ebd., S. 175; Schmid: Wir-Intentionalität, S. 249. »›Gefallenheit‹ ist die unvermeidliche Qualität, die die Verwicklung eines Individuums in die Beziehung zu anderen und zur Welt der Phänomene charakterisiert.« (Steiner: Heidegger, S. 154)

666   Vgl. Heidegger: Sein und Zeit, S. 57; 62.

667   Ebd., S. 175, Hv. i. Orig.

668   Ebd., S. 179; vgl. Luckner: Sein und Zeit, S. 78.

669   Vgl. Steiner: Heidegger, S. 165; Devisch: Question of community, S. 78. ›Geworfenheit‹, so Brian Elliott: Community and resistance in Heidegger, Nancy and Agamben. In: Philosophy and Social Criticism 37 (2011), H. 3, S. 259-271, 261f., benenne »all those basic phenomena of human existence that are beyond any agent's control, in the first instance birth and death«.

670   Heidegger: Sein und Zeit, S. 126; siehe auch ebd., S. 268. Lemke: Vom Dasein zum Wirsein, S. 119, spricht von einer »Übernahme des Wer des Daseins«, die immer bereits erfolgt sei.

671   Heidegger: Sein und Zeit, S. 126, Hv. i. Orig.

672   Vgl. ebd.; Lemke: Vom Dasein zum Wirsein, S. 119; Figal: Phänomenologie der Freiheit, S. 142.

673   Heidegger: Sein und Zeit, S. 129, Hv. i. Orig.

674   Ebd., Hv. i. Orig.; siehe etwa ebd., S. 126f.

675   Ebd., S. 129, Hv. i. Orig.; siehe auch ebd., S. 175f. Heideggers Vokabular trägt dazu bei, dass man dieser Beteuerung nicht traut. Habermas: Philosophischer Diskurs der Moderne, S. 167, findet Heideggers Verdikte über das Man und die Öffentlichkeit unoriginell, »weil sie zum generationstypischen Meinungsrepertoire der deutschen Mandarine gehören«. Auch Pierre Bourdieu: Die politische Ontologie Martin Heideggers. Frankfurt a.M. 1988, S. 103, erkennt in Heideggers Charakterisierung des Man nur »Gemeinplätze des akademischen Aristokratismus«. Dagegen betont Figal: Phänomenologie der Freiheit, S. 150, dass Heideggers »Konzeption des ›Man‹ [...] nicht ›kulturkritisch‹ gemeint ist«. Siehe zu Heideggers Kritik der Welt des ›Man‹ und der Öffentlichkeit etwa Aurenque: Ethosdenken, S. 306ff., zur Ambivalenz des ›Verfallens‹ bei Heidegger die Ausführungen bei Schmid: Wir-Intentionalität, S. 249ff.

676   Heidegger: Sein und Zeit, S. 43, Hv. i. Orig.

677   Ebd., S. 129, Hv. i. Orig. In diesem Sinne »ist die *eigentliche* Existenz nichts, was über der verfallenden Alltäglichkeit schwebt, sondern existenzial nur ein modifiziertes Ergreifen dieser«. (Ebd.,

Für die weitere Frage nach dem ›eigentlichen‹ Selbst spielt das Mitsein kaum mehr eine Rolle.[678] Dies zeigt ein Blick auf das Phänomen des Todes, das für die Selbstwerdung des Daseins von herausgehobener Bedeutung ist. Der Tod sei die »*eigenste Möglichkeit des Daseins*«.[679] Er repräsentiert für das Dasein das »Nichts der möglichen Unmöglichkeit seiner Existenz«.[680] Nun sei aber »[die] eigenste Möglichkeit«, nicht mehr da sein zu können, eine »*unbezügliche*«; sie »vereinzelt das Dasein auf es selbst«.[681] Für Heidegger macht die »Vereinzelung [...] offenbar, daß alles Sein bei dem Besorgten und jedes Mitsein mit anderen versagt, wenn es um das eigenste Seinkönnen geht. Dasein kann nur dann *eigentlich es selbst* sein, wenn es sich von ihm selbst her dazu ermöglicht.«[682] Mitsein und eigentliches Dasein scheinen miteinander unvereinbar.[683] Es fehlt, wie Lemke mit Verweis auf Nancy sagt, »eine Verankerung des Seins zum Tode im Mitsein«.[684] Dementgegen versucht Nancy (mithilfe Batailles) »der radikalen Vereinzelung selbst noch ein kommunikatives Element abzugewinnen, ja in ihr die Bedingung der Möglichkeit für die Gemeinschaft zu sehen, ohne dabei den Tod zum gemeinsamen Sinnhorizont zu machen«.[685]

Die ›Eigentlichkeit‹ des Daseins, sein »existenziale[r] ›Solipsismus‹«[686], betont Heidegger, entferne es nicht von der Welt und nicht von den Anderen.[687] ›Eigentlichkeit‹ meine, dass sich das Dasein für die oder zu der Tatsache seiner »Geworfenheit« entschließt: Es nimmt den Umstand an, »des eigensten Seins von Grund auf *nie* mächtig [zu] sein«[688], sondern wesentlich endlich zu sein, den eigenen unverfügbaren Grenzen

---

S. 179, Hv. i. Orig.) Ähnlich Lemke: Vom Dasein zum Wirsein, S. 119. Steiner: Heidegger, S. 154f., betont: »Verfall wird zur absolut notwendigen Vorbedingung für jenen Kampf um wahres Dasein, um Gewinnung oder vielmehr Wiedergewinnung des Selbst, die die Ausgesetztheit des Menschen an die Herausforderung des Ontologischen definiert. [...] Auf dem Wege über die Uneigentlichkeit seines In-der-Welt-seins ist das Dasein gezwungen, nach dem Eigentlichen zu suchen.« Siehe zur Frage des Übergangs von der ›uneigentlichen‹ zur ›eigentlichen‹ Existenz Jean-Luc Nancy: La décision d'existence. In: ders.: Une pensée finie. Paris 1990, S. 107-145, der unterstreicht: »On n'a pas à sortir du *on* pour gagner un autre registre, plus ›authentique‹, de l'existence. [...] La mise en jeu de l'être de l'existence a lieu à même l'existence.« (Ebd., S. 131, Hv. i. Orig.) Zu diesem Text siehe etwa die Ausführungen von Catherine Malabou: Pierre aime les horranges. Lévinas – Sartre – Nancy: une approche du fantastique en philosophie. In: Guibal, Francis/Martin, Jean-Clet (Hg.): Sens en tous sens. Autour des travaux de Jean-Luc Nancy. Paris 2004, S. 39-57, 52f.

678   Ich folge hier Lemke: Vom Dasein zum Wirsein, S. 119f.

679   Heidegger: Sein und Zeit, S. 263, Hv. i. Orig. Siehe zu ›Tod‹ etwa Figal: Phänomenologie der Freiheit, S. 221ff.

680   Heidegger: Sein und Zeit, S. 266.

681   Ebd., S. 263, Hv. i. Orig.; siehe auch ebd., S. 250.

682   Ebd., S. 263, Hv. i. Orig.; vgl. Luckner: Sein und Zeit, S. 112; Theunissen: Der Andere, S. 178.

683   »Death is what individualizes me since it is the only possibility I have to take over myself. [...] Here, the essential ›with‹ seems to be lost.« (Morin: Nancy, S. 26)

684   Lemke: Vom Dasein zum Wirsein, S. 120, mit Bezug auf Nancy: Entwerkte Gemeinschaft, S. 37 (CD 41).

685   Lemke: Vom Dasein zum Wirsein, S. 120.

686   Heidegger: Sein und Zeit, S. 188.

687   Im Gegenteil: Der »existenziale ›Solipsismus‹ versetzt [...] so wenig ein isoliertes Subjektding in die harmlose Leere eines weltlosen Vorkommens, daß er das Dasein gerade in einem extremen Sinne vor seine Welt als Welt und damit es selbst vor sich selbst als In-der-Welt-sein bringt«. (Ebd.)

688   Ebd., S. 284, Hv. i. Orig.

(Geburt, Tod, Welt, Andere) ausgesetzt.[689] In diesem Sinne ließe sich ›Eigentlichkeit‹, gebraucht Nancy die Wendung Derridas, als ›Enteignung‹ fassen: Eine Aneignung des Eigenen ist unmöglich, da das Eigene durch (s)ein konstitutives ›uneigentliches‹ Außen unabwendbar enteignet ist. Das Dasein habe »nicht zu werden, sondern muß im Akt selbst dahin gelangen, sich einer wesentlichen Unwesentlichkeit anzunehmen, deren Sinn es ist, sich voraus oder exponiert, ins Spiel gebracht worden zu sein«.[690] Beim (›eigentlichen‹) Dasein gehe es darum, »meines aus dem zu machen, was es nicht sein kann, oder mich zur und von der Spitze der Jemeinigkeit ent-aneignen [désapproprier] zu lassen«.[691]

Bis hierher zeigt der Blick auf die Sozialität in *Sein und Zeit* ein »Bild sozialer Uneigentlichkeit und solitärer Eigentlichkeit«.[692] Es fehlen nur wenige Pinselstriche, um das Bild zu vervollständigen. Unter dem Titel ›Volk‹ stellt Heidegger auch ein Modell sozialer ›Eigentlichkeit‹ vor, eröffnet er »eine Dimension von authentischer Kollektividentität«.[693] In *Sein und Zeit* ist ›Volk‹, von dürren Anmerkungen in § 74 abgesehen, noch von nachrangiger Relevanz. Es werde mit dem Begriff des Volkes kaum mehr als angedeutet, urteilt Dieter Thomä, »daß das Dasein aus der Vereinzelung heraus in einen Zusammenhang mit anderen geraten wollte«.[694] Heidegger spricht in *Sein und Zeit* »das eigentliche Miteinandersein des Daseins«[695] mit dem Wort ›Geschick‹ an. Zunächst heißt es: »Die ergriffene Endlichkeit der Existenz [...] bringt das Dasein in die Einfachheit seines *Schicksals*.«[696] Dieses »ursprüngliche Geschehen des Daseins« sei, da das Dasein wesentlich in der Welt und mit Anderen ist, »ein Mitgeschehen und bestimmt als *Geschick*. Damit bezeichnen wir das Geschehen der Gemeinschaft, des Volkes.«[697] Heidegger entwerfe in dieser Passage, so Karl Löwith, die Blaupause für sein späteres politisches Engagement.[698] »Und damit«, stellt Nancy lapidar fest, »ändert sich fast alles.«[699] Ab dem Jahr 1933 gerät ›Volk‹ in den Mittelpunkt des nun explizit politischen Denkens Heideggers.[700] Wie verschiedene Interpretator*innen bemerkt haben, kon-

---

689   Vgl. Morin: Nancy, S. 25.

690   Nancy: Mit-sein des Da-seins, S. 152 (EAEL 67).

691   Ebd., S. 153 (EAEL 67, mit Hervorhebung von ›meines‹ = ›mien‹).

692   Schmid: Wir-Intentionalität, S. 257.

693   Grosser: Revolution denken, S. 100; siehe auch Aurenque: Ethosdenken, S. 285.

694   Thomä: Zeit des Selbst, S. 543.

695   Ebd., S. 432.

696   Heidegger: Sein und Zeit, S. 384, Hv. i. Orig.

697   Ebd., Hv. i. Orig. ›Geschick‹ verweist auf das dem Dasein überlieferte »Erbe« (ebd., S. 383, Hv. i. Orig.), worunter mit Thomä »eine schon strukturierte Gesamtheit vorgelebter oder denkbarer Möglichkeiten zu verstehen ist«. (Thomä: Zeit des Selbst, S. 433f.) Durch diese sei »das Dasein schon faktisch festgelegt – und diese Vorgaben sind aller Wahl, aller Auswahl entzogen«. (Ebd., S. 435)

698   Der § 74 von *Sein und Zeit* behandelt laut Überschrift *Die Grundverfassung der Geschichtlichkeit*. Folgt man der Erinnerung Löwiths, war nach Heideggers eigener Aussage »sein Begriff von der ›Geschichtlichkeit‹ die Grundlage für seinen politischen ›Einsatz‹. (Karl Löwith: Mein Leben in Deutschland vor und nach 1933. Ein Bericht. Frankfurt a.M. 1989, S. 57) Siehe auch Aurenque: Ethosdenken, S. 238, die auf diese Passage bei Löwith hinweist.

699   Nancy: Demokratie und Gemeinschaft, S. 28.

700   Vgl. Grosser: Revolution denken, S. 99.

zipiert Heidegger ›Volk‹ als ein »Überselbst«[701]: Er überträgt Merkmale des einzelnen (›eigentlichen‹) Daseins auf das kollektive Dasein als Volk[702] und macht es auf diese Weise zu einer »individualité communautaire«[703], wie man mit Sylviane Agacinski sagen könnte.

Heidegger hat 1933 die unverändert beibehaltenen Grundbegriffe der Fundamentalontologie mit einem neuen Inhalt besetzt. Hatte er bis dahin »Dasein« unmißverständlich als Namen für das im Vorlaufen zum Tode existentiell vereinzelte Individuum verwendet, so substituiert er nun dieses »je-meinige« Dasein durch das kollektive Dasein »je-unseres« schicksalhaft existierenden Volkes.[704]

Das ›Volk‹ erlangt, wie diese »obszöne Verfärbung der Semantik«[705] anzeigt, ein »weitreichendes gestalterisches Potential«.[706] Laut Grosser bestehe dies darin, dass das Volk ein Wissen um sein eigenes Wesen erlangen könne sowie eine Wirk- und Schaffenskraft besitze, durch die es den Gefährdungen der Moderne entgegenzutreten vermöge.[707] Hinter dieser subjektähnlichen ›Volksgemeinschaft‹ verbirgt sich für Nancy nichts anderes als die Idee einer als Werk herstellbaren Gemeinschaft.[708] Heidegger

---

701   Arendt: Was ist Existenz-Philosophie, S. 38. Mit seinen Versuchen, so Arendt, den zunächst »isolierten Selbsten in mythologisierenden Unbegriffen wie Volk und Erde wieder eine gemeinsame Grundlage nachträglich unterzuschieben«, habe Heidegger »nur eine mechanische Versöhnung« der Selbste in einem »Überselbst« (ebd.) konzipiert. Siehe zu Arendts Heidegger-Kritik auch Marchart: Neu beginnen, S. 36ff.

702   Siehe hierzu die differenzierte Darstellung bei Schmid: Wir-Intentionalität, S. 275ff.

703   Sylviane Agacinski: Volume. Philosophies et politiques de l'architecture. Paris 1992, S. 57.

704   Habermas: Philosophischer Diskurs der Moderne, S. 185f. »In der Linie dieser Argumentation«, so Lemke: Vom Dasein zum Wirsein, S. 116, mit Bezug auf Habermas, »kommt es mit Heideggers Rektoratsübernahme zu einem Umschlag vom Dasein zum Wirsein, wobei die Grundbewegung der Daseinsanalytik – die entschlossene Übernahme der eigenen Endlichkeit als Grundvoraussetzung für die Gestaltung der Seinsmöglichkeiten – beibehalten und auf das Volk übertragen wird, womit der Tod unter der Hand abermals zum sinnbildenden Horizont einer Gemeinschaft gerät.« Löwith: Leben in Deutschland, S. 32, spricht ebenfalls von einer »Übersetzung des ›je eigenen Daseins‹ in das ›deutsche Dasein‹«. Und Thomä: Zeit des Selbst, S. 549, hält fest, Heidegger habe mit ›Volk‹ »eine Struktur« gefunden, »die als ein ›Ganzes‹ vor aller Verständigung liegt und als einheitliche Bewegung auftritt [...]. Aus dieser Struktur bestimmt sich dann [...] der Einzelne. [...] Anstatt eine Ausformung des ›Mitseins‹ zu sein, wird das ›Volk‹ selbst zu einer einzigen handelnden Instanz.«

705   Habermas: Philosophischer Diskurs der Moderne, S. 186.

706   Grosser: Revolution denken, S. 102.

707   Vgl. ebd., und siehe auch Thomä: Zeit des Selbst, S. 549ff. Zentral in diesem Kontext ist Heideggers Rede aus dem Jahr 1933 über *Die Selbstbehauptung der deutschen Universität.* In: ders.: Gesamtausgabe. I. Abteilung: Veröffentlichte Schriften 1910-1976. Bd. 16. Reden und andere Zeugnisse eines Lebensweges. 1910-1976 (Hg. Heidegger, Hermann). Frankfurt a.M. 2000, S. 107-117. Siehe dazu Lemke: Vom Dasein zum Wirsein, S. 122ff.

708   Vgl. Thomä: Zeit des Selbst, S. 552, der sich bezieht auf Nancy: Entwerkte Gemeinschaft, S. 38 (CD 42), wo dieser in der Idee einer werkförmigen Gemeinschaft den »›Geist eines Volkes‹« tätig werden sieht, eine »Figur, die von Hegel bis Heidegger die Kollektivität als Projekt und umgekehrt das Projekt als ein kollektives erscheinen ließ«. Siehe auch ebd., S. 36 (CD 40): Heidegger habe sich, »als es um die Gemeinschaft als solche ging, [...] in der Vision eines Volkes und eines Schicksals, das zumindest teilweise als Subjekt gedacht war, verstrickt«.

widerspricht also seiner Darstellung des Mitseins in *Sein und Zeit*, die klarmachen sollte, so Esposito, Gemeinschaft könne nicht projektiert und hergestellt werden.[709]

Nancys »Prolegomena für eine Neuausarbeitung von Sein und Zeit«[710]

Nancys Kritik an Heidegger, erläutert Morin, setze bei der Frage von ›Eigentlichkeit‹ und ›Uneigentlichkeit‹ des Daseins an. Das Mitsein komme Nancy zufolge in *Sein und Zeit* nur als ›uneigentlicher‹ oder ›eigentlicher‹ Modus des Daseins vor, nicht aber als solches, nicht als »das ›singulär Plurale‹ des Seins«.[711] Das heißt auch: Heidegger blieb dem »Denken eines SEINS verhaftet«[712]; einem Denken, das er durch seine Auffassung vom Sein als Entzug schon überwunden hatte.

> Wenn das Sein nicht ist – im Sinne der »Subsistenz«, der »Anwesenheit«, der »Gegebenheit« –, sondern west, d.h. wenn es einen Raum erst sich eröffnen lässt und nichts anderes als dieses »lassen« des »sich eröffnen« ist, dann ist das Sein die Verteilung der Existenz in plurale Singularitäten. Es ist das jedesmal singuläre Ereignis eines Seienden. Die »Mit-Teilung« gibt ihm seine Struktur: Das Sein teilt (sich), verteilt (sich) und kommuniziert (sich) jedem singulären Seienden und als jedes und entsprechend jedem singulären Seienden.[713]

Heidegger habe das Sein als (mit-geteilte) ›plurale Singularität‹ nicht fassen können, da er sich nicht genügend mit dem ›Mit‹ beschäftigt habe – obwohl er Mitsein und Mitdasein, bekräftigt Nancy, verstanden hatte als »im Wesen des *Daseins** [...] mitwesentlich«.[714] Das politische Versagen Heideggers rühre letztlich daher: So wie er das Sein als »ein(z)ig« verstand, habe er auch den Begriff »des ›Volkes‹ im Sinne einer unterstellten Einheit«[715] ausgelegt.

Nancys Auseinandersetzung mit Heidegger findet auf zwei Ebenen statt. Auf der einen setzt er eine Linie der Kritik fort, die sich von dem Zeitpunkt des Erscheinens von *Sein und Zeit* bis in die Gegenwart zieht. Die Sozialität des Daseins, fasst Schmid die Anwürfe zusammen, werde von Heidegger in Gestalt des Man der ›Uneigentlichkeit‹ gezogen, während das ›eigentliche‹ (vereinzelte) Dasein asozial zu sein scheint. Und das ›Volk‹, das Heidegger in § 74 von *Sein und Zeit* einführt, sei nur als eine Art kollektiviertes (›eigentliches‹) Dasein konzipiert.[716] Für eine Sozialphilosophie eigneten sich ›Man‹ und ›Volk‹ nicht, meint Bedorf: »Aus dem Man lässt sich schon nach

---

709   Vgl. Esposito: Ursprüngliche Gemeinschaft, S. 553; 556.

710   Die Wendung übernehme ich von Ulrich Müller-Schöll: Nachwort des Übersetzers. In: Nancy, Jean-Luc: singulär plural sein. Berlin 2004, S. 173-174, 173. Ich folge im Weiteren vor allem Nancys Text *L'être-avec de l'être-là*.

711   Nancy: Vorbemerkung, S. 13 (AV 13); vgl. Morin: Nancy, S. 25f.

712   Nancy: Dem Politischen mangelt es an Symbolizität, S. 38.

713   Ebd., S. 37f. Siehe auch Nancy: Cum, S. 142, Hv. i. Orig. (C 115, Hv. i. Orig.), wo er bestreitet, man könne noch »ein *gemeinsames Sein [être commun]* nach irgendeinem Modell eines ›Seins‹ im Allgemeinen [...] denken«.

714   Nancy: Mit-sein des Da-seins, S. 151, Hv. i. Orig. (EAEL 66, Hv. i. Orig.); vgl. Nancy: Dem Politischen mangelt es an Symbolizität, S. 38.

715   Nancy: Dem Politischen mangelt es an Symbolizität, S. 38.

716   Vgl. Schmid: Wir-Intentionalität, S. 248; 275f.

Heideggers eigenen Analysen weder ein Begriff des Sozialen noch des Politischen gewinnen; der fragwürdige Terminus des Volks ist [...] ebenso wenig anschlußfähig, weil er Homogenität und Identität verheißt, wo Pluralität angebracht wäre«.[717] Nancys Kritik will trennen: Das Mit soll aus seiner Umklammerung durch ›Eigentlichkeit‹ (Volk) und ›Uneigentlichkeit‹ (Man) herausgelöst werden. Dies heißt nicht, Nancy wolle das heideggersche Denken des Mitseins nur fortsetzen oder (ohne die heideggerschen Abirrungen) zu einem guten Ende bringen.[718]

Vielmehr bringt er auf einer zweiten Ebene seiner Beschäftigung mit Heidegger eine subtile(re) Strategie zum Einsatz, die man, um den derridaschen Ausdruck erneut aufzugreifen, als ›Entaneignung‹ beschreiben könnte. Sie ist getragen von der dekonstruktiven Geste Nancys; nämlich der Verwendung metaphysisch aufgeladener Begriffe, die Nancy ihres metaphysischen Gehalts entlädt oder in einer schon ›entladenen‹ Bedeutung gebraucht. Wenn er sich also heideggersche Begriffe wie ›Existenz‹, ›Endlichkeit‹ oder ›Mitsein‹ aneignet, so ist dies zugleich als eine Enteignung zu verstehen – es handelt sich um ein fortführendes Fortführen.[719]

Die erste Ebene der Kritik an Heidegger wird mit der Frage betreten, wie Gemeinsamkeit möglich und darstellbar ist. Das Gemeinsame könne a) als äußerliche Relation erscheinen, als ein »banales Zusammenvorkommen [côtoiement] (gemeinsam im Sinne von gemein, gewöhnlich)«, oder b) als innerliches Verhältnis, d.h. »als eigene Instanz, insofern verbindend oder kollektiv«.[720]

Man erkennt in diesen zwei Modi nicht nur die Dichotomie von Gemeinschaft und Gesellschaft, sondern kann auch eine politische Dimension ausmachen: Heidegger und Bataille etwa sind Beispiele dafür, wie sich das Gemeinsame als äußerliche Beziehung mit der Demokratie, das Gemeinsame als Innerlichkeit mit dem Totalitarismus identifizieren lässt.[721]

---

717   Bedorf: Ort der Ethik, S. 79.

718   Nancy: singulär plural sein, S. 143, Hv. i. Orig. (ESP 117, Hv. i. Orig.), betont, es gehe ihm nicht darum, »eine nur skizzierte Analyse zu ›vollenden‹ oder dem *Mitsein** den ihm gebührenden Platz ›prinzipiellen‹ Platz zu verschaffen«. Man tut Nancy daher unrecht, wenn man ihm, wie Liebsch: Ausgesetzte Gemeinschaft, S. 69, vorhält, er verwende den Begriff des Mitseins »[w]eitgehend unbekümmert um die eigentümliche Nähe des Heideggerschen Mitseins zu einer bestimmten politischen Deutung der sog. Volksgemeinschaft«.

719   Vgl. Morin: Nancy, S. 16; 22; 26, und siehe auch Rugo: Thinking of otherness, S. 3, Hv. i. Orig., der Nancys Arbeit als das Bemühen darum beschreibt, »to articulate Heideggerian questions *otherwise than Heidegger*«.

720   Nancy: Mit-sein des Da-seins, S. 155 (EAEL 68), siehe dazu auch Morin: Nancy, S. 26. Nancy: Mit-sein des Da-seins, S. 155 (EAEL 68), nennt noch eine dritte Möglichkeit: »das Gemeinsame als geteilte Eigenschaften (Beziehungen, sich Kreuzendes, Mischungen)«, geht darauf aber nicht weiter ein. In Nancy: singulär plural sein, S. 97, Hv. i. Orig. (ESP 81, Hv. i. Orig.), liest man: »Der eigentliche Sinn des Worts ›zusammen [ensemble]‹ ebenso wie derjenige des Worts ›mit‹ scheint [...] zwischen zwei Bedeutungen hin- und herzuschwanken: entweder das ›Zusammen‹ des Nebeneinanders von *partes extra partes*, von isolierten Teilen ohne Beziehungen, oder das ›Zusammen‹ der Versammlung *totum intra totum*, als Alleinheit [unitotalité], wo die Beziehung [rapport] sich im reinen Sein aufhebt.«

721   Vgl. Nancy: Mit-sein des Da-seins, S. 155 (EAEL 69).

Nancy hebt hervor: Heideggers Mitsein schließt beide Konzeptionen des Gemeinsa-men – als »einfache[s] Nebeneinander der Dinge« oder in Gestalt »einer Gemeinschaft als *Dasein** jenseits der Einzelnen«[722] – im Grunde aus.[723] Heidegger denkt gegen sich selbst, wenn er das Mitsein in *Sein und Zeit* als (›uneigentliches‹) Man oder (›eigentli-ches‹) Volk entwirft. »Einerseits bleibt das *Mit* in der Äußerlichkeit – die selbst *gemein [commune]* in den beiden Bedeutungen des Wortes bleibt –, auf der anderen Seite wird es in eine Gemeinschaft verwandelt, die im Bezug zu einer einzigartigen Sache oder Anliegen steht.«[724] Zwischen Man und Volk – oder allgemeiner gesagt, um Heideggers Holzweg als einen über ihn hinausreichenden »Denkmangel« der abendländischen Tra-dition zu kennzeichnen: »Zwischen zwei Subjekten, wovon eines ›die Person‹ und das andere ›die Gemeinschaft‹ ist, gibt es für das ›Mit‹ keinen Platz«.[725]

Damit liegt die Ursache für Heideggers Scheitern am Mitsein zutage: sein Verhaf-tetsein im Subjektdenken. Die Hartnäckigkeit des Subjekts zeigt sich in *Sein und Zeit* exemplarisch am Motiv des Todes. Heidegger hatte mit seinen Überlegungen zum Tod des Daseins, hebt Nancy hervor, das Subjekt (als selbstkonstituierendes, in sich abge-schlossenes Ich) schon hinter sich gelassen: Der Tod benenne bei Heidegger die »we-sentliche Endlichkeit« des Daseins, seine »Unendlichkeit der Exposition«.[726] Auf zwei-fache Weise allerdings habe Heidegger diese Auslegung wieder verschleiert, damit aber auch die Möglichkeit ungenutzt gelassen, das Mit nicht nur als (›uneigentliche‹) »reine Äußerlichkeit« oder (›eigentliche‹) »reine Innerlichkeit«[727] zu denken.

Der Tod verliert seine Bedeutung als »Exposition des Existierenden«[728] zum einen dadurch, dass das alltägliche Dasein den Tod nicht als »sein eigenstes Seinkönnen«[729] erfahre. Wie Heidegger in § 51 von *Sein und Zeit* beschreibt, bringt das Man das Dasein ab von seinem Tod und macht aus dem Tod ein »banales Ableben«.[730] Dies bekräftigt Nancys Vorwurf, Heidegger trenne den Tod des Daseins vom Mitsein ab und verkenne, dass »die eigenste Möglichkeit mit-wesentlich eine Möglichkeit des Mit und als Mit [ist]. Mein Tod ist eine Mit-Möglichkeit [...]. Er ist, er ›wird‹ mein Tod ›sein‹ in ihrem Wort, das sagt: ›Er ist tot‹«.[731] Anders ausgedrückt: »Er ist ›meine‹ Möglichkeit insofern als sich in ihm die Möglichkeit des ›Mein‹ entzieht« und stattdessen »zurückgesetzt wird in das singulär Plurale der immer-anderen-Meinheit«.[732]

---

722 Ebd., Hv. i. Orig. (EAEL 68, Hv. i. Orig.).

723 Vgl. ebd. Das dem Dasein wesentliche »Miteinandersein« könne »nicht als summatives Resultat des Vorkommens mehrerer ›Subjekte‹ begriffen werden«, betont Heidegger: Sein und Zeit, S. 125. Dies heißt, dass man weder das Man noch das Volk als eine Art Kollektivsubjekt verstehen kann; siehe dazu etwa ebd., S. 128; 384.

724 Nancy: Mit-sein des Da-seins, S. 160, Hv. i. Orig. (EAEL 72, Hv. i. Orig.).

725 Ebd., S. 157 (EAEL 70); siehe auch Morin: Nancy, S. 26.

726 Nancy: Mit-sein des Da-seins, S. 161 (EAEL 72); siehe auch Nancy: Entwerkte Gemeinschaft, S. 36 (CD 40).

727 Nancy: Mit-sein des Da-seins, S. 155 (EAEL 68).

728 Ebd., S. 161 (EAEL 72).

729 Heidegger: Sein und Zeit, S. 250.

730 Nancy: Mit-sein des Da-seins, S. 164 (EAEL 74); siehe dazu auch Luckner: Sein und Zeit, S. 109f.

731 Nancy: singulär plural sein, S. 139f. (ESP 114).

732 Ebd., S. 140 (ESP 114f.).

Die entfremdende Rolle, die das Man für den eigenen Tod spiele, verweist auf Heideggers Vorbehalt gegenüber der Alltäglichkeit des Daseins, auf seine »Herabsetzung des Alltags«.[733] Heidegger werte das Man, das alltägliche Mitsein ab: »He posits it only as a mediocrity, and to this extent he remains firmly attached to the idea of the solitary, haughty, heroic individual.«[734]

Zum anderen führt bei Heidegger der Weg vom Tod zurück zum Subjekt (und damit zur Verkennung des Mit) – wie bei Bataille – über das Opfer. Der Tod des einzelnen Daseins, so Nancy, werde »vom *gemeinsamen Geschick* sublimiert«.[735] Nancy charakterisiert dies als eine Dialektisierung des Todes, als eine in *Sein und Zeit* zumindest zwischen den Zeilen zu entdeckende Aufhebung der »absolute[n] Endlichkeit« des einzelnen Daseins in einer »Überexistenz«.[736] Demnach finde das Dasein seine ›Wahrheit‹ (doch) nicht in sich selbst, sondern erlange sie erst durch sein Opfer. Es ›entschließt‹ sich, wie Heidegger sagt, zu den ihm überlieferten Möglichkeiten.[737] Nancy verdeutlicht, worin hierbei das Problem liegt, wenn er zitiert: »Die Entschlossenheit als Schicksal ist die Freiheit für das möglicherweise situationsmäßig geforderte *Aufgeben* eines bestimmten Entschlusses.«[738] Dieses ›Aufgeben‹ legt Nancy als ein Opfer(n) aus: »Anders gesagt ist das *Opfer* des Aufgebens das letzte Wort der Vereinigung im Augenblick des einzelnen Seins-zum-Tode und des Gemeinsam-seins-zum-Geschick.«[739] Darin sei eine Politik angebahnt, die in der Zeit von Heideggers Engagement im und für den Nationalsozialismus Praxis werden konnte: Der Tod war (dann) »Opfertod im Kampf für die Zukunft des Volks«[740], er war aufgehoben in einer »Wesensgemeinschaft [communauté

---

733 Nancy: Philosophische Chroniken, S. 43 (CHP 45). Nancy unterstreicht, dass sich diese ›Herabsetzung‹ »nicht von selbst [verstand], denn eben dieser Alltag, so wurde zunächst befunden, konstituiert den vor-ontologischen Boden der ontologischen Erfahrung, das heißt des ›Existierens‹ in starkem Sinne«. (Ebd.)

734 Nancy: Our world, S. 51; vgl. ebd.

735 Nancy: Mit-sein des Da-seins, S. 164, Hv. i. Orig. (EAEL 74, Hv. i. Orig.). Siehe auch ebd., S. 168 (EAEL 76): »Das individuelle Schicksal reicht nie aus, damit es zum Geschick kommt«.

736 Ebd., S. 166 (EAEL 75); vgl. ebd.

737 Mit der »Entschlossenheit« gewinne man »die ursprünglichste, weil *eigentliche* Wahrheit des Daseins«, so Heidegger: Sein und Zeit, S. 297, Hv. i. Orig. Dabei gelte: »Die Entschlossenheit löst als *eigentliches Selbstsein* das Dasein nicht von seiner Welt ab, isoliert es nicht auf ein freischwebendes Ich. Wie sollte sie das auch – wo sie doch als eigentliche Erschlossenheit nichts anderes als das *In-der-Welt-sein eigentlich* ist.« (Ebd., S. 298, Hv. i. Orig.) Siehe zu den vorgegebenen, gleichsam ›ererbten‹ Möglichkeiten des Daseins Thomä: Zeit des Selbst, S. 432ff.

738 Heidegger: Sein und Zeit, S. 391, Hv. i. Orig.; vgl. Nancy: Mit-sein des Da-seins, S. 167 (EAEL 75).

739 Nancy: Mit-sein des Da-seins, S. 167, Hv. i. Orig. (EAEL 75).

740 Ebd., S. 170 (EAEL 77). Eine ähnliche Interpretation findet sich bereits bei Karl Löwith: Der okkasionelle Dezisionismus von C. Schmitt. In: ders.: Sämtliche Schriften. Bd. 8. Heidegger – Denker in dürftiger Zeit. Zur Stellung der Philosophie im 20. Jahrhundert (Hg. Stichweh, Klaus). Stuttgart 1984, S. 32-71, 62.

d'essence]«.[741] Damit ist er nicht mehr das, als was Nancy ihn (mit Bataille) zu denken versucht hatte: Mit-Teilung der Endlichkeit.[742]

Heidegger also vermochte die Alltäglichkeit des wesentlich mitseienden Daseins nicht zu bewahren: Er verleugnete das alltägliche Mitsein (›Man‹), indem er es zum vereinzelt-einsamen ›eigentlichen‹ Selbst erklärte, das in der geschichtlichen ›Volksgemeinschaft‹ aufgehoben werde.[743] Nancy möchte die Alltäglichkeit des Mitseins weiter-, das heißt anders denken: ohne das alltägliche Mitsein als ›uneigentlich‹ zu denunzieren und jenseits des Gegenentwurfs der durch einen »autarchic telos and tragicheroic pathos«[744] markierten ›Eigentlichkeit‹.[745]

Von einer Rehabilitation des Alltäglichen aus stellt Nancy gleichsam »*die Frage nach dem Sinn von Sein* erneut«.[746] Wenn das Dasein zum einen, wie es in *Sein und Zeit* heißt, »ontologisch ist«, wenn also »mit und durch sein Sein dieses ihm selbst erschlossen ist«[747], und wenn es zum anderen wesentlich Mitsein ist, so muss der ›Sinn von Sein‹ der ›Sinn von Mit-Sein‹ sein: »*Denn nur* mit *ergibt Sinn*«.[748] Dieser Sinn werde zwar durch die Menschen exponiert, die als einzige ›wir‹ sagen können, aber das Wir umfasse alles Seiende (Tiere, Dinge etc.).[749] Das Sein des Daseins – Existenz – ist das Sein alles Seienden.[750] Nicht nur das Dasein, so werden wir sehen, ist für Nancy »Nicht-durch-sich-Substanz [non-subsistance-par-soi]«[751], sondern alles, was ist, existiert. Alles Seiende ist (in sich) außer sich und berührt andere/s, teilt sich als Singularität mit.

Auf eine Würdigung des alltäglichen Mitseins zielt Morin zufolge Nancys Vorschlag ab, das heideggersche ›Man‹ durch den Ausdruck *les gens* zu ersetzen.[752] *Les gens* verknüpft (aber verschmilzt nicht) Singularität und Pluralität, ohne eines dem anderen

741 Nancy: singulär plural sein, S. 52 (ESP 44). Siehe auch Morin: Nancy, S. 26f., Hv. i. Orig.: »It is the community that bestows upon my existence its sense, integration, and wholeness, yet it does this by appropriating me to the common destiny (the destinal unity) of a people. My individual fate is brought into the common destiny of a ›people,‹ the shared having-to-be *our* own possibilities. In this case, individual existence is sacrificed to a higher instance.«

742 Der Tod sei »Teilung [partage] zwischen uns, unter uns«, so Nancy: Mit-sein des Da-seins, S. 170 (EAEL 77).

743 Vgl. Nancy: Philosophische Chroniken, S. 43 (CHP 45f.).

744 Critchley: With being-with, S. 240.

745 Vgl. Morin: Nancy, S. 25f.

746 Heidegger: Sein und Zeit, S. 1, Hv. i. Orig.; vgl. Nancy: Mit-sein des Da-seins, S. 152 (EAEL 67).

747 Heidegger: Sein und Zeit, S. 12, Hv. i. Orig. Siehe hierzu Michael Steinmann: Martin Heideggers ›Sein und Zeit‹. Darmstadt 2010, S. 25f. Mit dieser These begründe Heidegger, weshalb ›die Frage nach dem Sinn von Sein‹ ausgehend von der Alltäglichkeit des Daseins zu stellen sei. »Dasein betreibt immer schon in gewisser Weise Ontologie, und Ontologie beruht ihrerseits darauf, dass Dasein Sein verstehen kann.« (Ebd., S. 23f.) Dies aber heiße »nichts anderes, als dass die Philosophie im erlebten, faktischen Leben verwurzelt ist«. (Ebd., S. 25)

748 Nancy: Anmerkung zur Übersetzung, S. 12, Hv. i. Orig. Mithin gelte für Nancy, so Critchley: With being-with, S. 240, Hv. i. Orig.: »The *Seinsfrage* has to be posed and pursued through the *Mitseinsfrage.*«

749 Vgl. Nancy: singulär plural sein, S. 21f. (ESP 21); siehe auch Morin: Nancy, S. 46.

750 Vgl. Nancy: singulär plural sein, S. 41ff. (ESP 36f.).

751 Ebd., S. 30 (ESP 27).

752 Vgl. Morin: Nancy, S. 27.

vorauszusetzen.[753] Nancys Überlegungen zum ›singulär plural sein‹ ›der Leute‹ werden Licht auch auf ein Phänomen werfen, das auf den ersten Blick für die Frage nach einer Politik des Miteinander nebensächlich erscheint: die Neugier. Die Neugier geht mit dem (Mit-)Erscheinen von (pluralen) Singularitäten einher. Sie hat eine körperliche, sinnliche Dimension: Sie ist ein Sich-anregen-Lassen von anderen Körpern, wie es auf Plätzen wie der *agora* statthat(te). Die politische Relevanz der Neugier liegt darin, dass sie Menschen miteinander in Relation bringt. Damit die Neugier geweckt werden kann, bedarf es, so deutet der Hinweis auf die *agora* an, bestimmter architektonischer Bedingungen.

Ich gebe diesen hier nur angerissenen Überlegungen zum Zusammenhang von Mitsein, Körper und Architektur in Abschnitt II.4 mehr Raum. Zunächst soll jetzt Nancys Auseinandersetzung mit Heidegger weiter verfolgt werden. Diese vollzieht sich in anderer Weise als die direkte Kritik an ›Man‹ und ›Volk‹: Nancy hält an heideggerschen Begriffen fest, legt sie aber neu aus. Im ersten Schritt soll dies an dem Begriff der Existenz gezeigt werden, anschließend stehen die Wendung ›singulär plural sein‹ sowie die Frage nach dem ›Wesen‹ dessen, was zwischen den Singularitäten ist, im Fokus. Im Weiteren skizziere ich dann Nancys Denken des Körpers.[754]

Existenz

Heidegger will wider die überkommene Metaphysik eine Idee von Sein abwehren, die Sein nicht sein lässt[755], sondern als »ständige Vorhandenheit«[756] verdinglicht. Die Tradition habe auch das Sein des Seienden, das wir (Menschen) sind, »im Sinne des *Vorhandenseins* der übrigen geschaffenen Dinge«[757] (miss)verstanden. Dagegen begreift Heidegger das Seiende ›Mensch‹ als Dasein: als ein Seiendes, dem es »in seinem Sein *um* dieses Sein selbst geht«.[758] Das Sein, zu dem das Dasein immer schon in einem verstehenden Verhältnis sei, nennt Heidegger »*Existenz*«.[759] Der Titel soll »den betont unsub-

---

753   Siehe dazu unten den Unterabschnitt *Man, diese Leute!*

754   Meine Darstellung orientiert sich insbesondere in den Unterabschnitten mit den Titeln »Existenz«, »Aufgabe des Seins«, »Die différance der Existenz«, »Welt und Stein«, »Ko-Existenz: ›singulär plural sein‹«, »Man, diese Leute!«, »Quodli(e)betalität oder Neugier auf uns«, »Identität«, »Was zwischen uns (nicht) ist oder Bericht vom ›rapport‹« inhaltlich und strukturell an den Ausführungen vor allem im Kapitel *Ontology* bei Morin: Nancy, S. 22ff. Der Unterabschnitt *(Ohne) Übergang: L'être et l'autre* hat Anregungen von ebd., S. 83ff., erfahren, *Körperwelten/Körper welten* hat unter anderem von den Erörterungen ebd., S. 64ff.; 126ff., profitiert. Eine für das Weitere instruktive Darstellung der nancyschen Ontologie ist auch Devisch: Question of community, S. 65ff. (Die folgenden Passagen greifen teilweise Bekanntes wieder auf und formulieren es neu oder anders. Diese Vorgehensweise entspricht in gewisser Weise dem ›Stil‹ Nancys; siehe dazu etwa Hebekus/Völker: Philosophien des Politischen, S. 94f., oder Morin: Nancy, S. 2f.)

755   Steiner: Heidegger, S. 125: »Wahres ontologisches Denken [...] läßt das Sein sein.«

756   Heidegger: Sein und Zeit, S. 96. Vgl. hierzu und siehe weiter zu meinen Ausführungen zu Heidegger in diesem Absatz Werner Marx: Heidegger und die Tradition. Eine problemgeschichtliche Einführung in die Grundbestimmungen des Seins. Stuttgart 1961, S. 93ff.

757   Heidegger: Sein und Zeit, S. 49, Hv. i. Orig.

758   Ebd., S. 12, Hv. i. Orig.

759   Ebd., Hv. i. Orig.

stantiellen Charakter«[760] des menschlichen Seins ausdrücken: Das Dasein könne weder »durch Angabe eines sachhaltigen Was«[761] (*essentia*) erschlossen werden, noch sei es *existentia*, also »Vorhandensein«.[762] Das menschliche Sein erfasst man nicht dadurch, dass man an ihm Eigenschaften ausmacht, die sein Wesen (sein Was) bestimmen, sondern nur durch ein Aufzeigen der »ihm mögliche[n] Weisen zu sein [...]. Alles So-sein dieses Seienden ist primär Sein.«[763] Das Sein des Menschen (Dasein) ist Existenz, »es *ist* in der Weise, sein Da zu sein«.[764] Dasein ist ›In-der-Welt-sein‹ und als solches ›Mitsein‹. Beide Seinsweisen machen Dasein zu einem Immer-schon-draußen-sein: bei der Welt, bei anderen. Das Dasein hat nichts von einem Subjekt.[765]

Einer der nancyschen Vorbehalte gegenüber Heidegger lautet nun: Unzulässigerweise fasse dieser nur das Sein des (menschlichen) Daseins als Existenz. Nancys Frage, ob man ›Existenz‹ auf das Sein alles Seienden oder nur auf bestimmtes Seiendes beziehen könne[766], muss man als eine Distanzierung von Heidegger lesen, für den nur menschliches Sein ›existiert‹. Nancy widerspricht dieser Exklusivsetzung[767] und versucht, einen »*existentialisme radicalisé*« zu entwerfen: Sein Ziel, formuliert Neyrat, sei ein Denken des Seins »à partir de l'être-au-dehors de tout ce qui se manifeste [...]. La transcendance [...] est l'être-au-monde de tous les existants, la transcendance de l'exister lui-même.«[768] Wenn alles Seiende (und nicht nur Dasein) existiert, so heißt das zugleich: Das Sein alles Seienden ist Mit-Sein – es gibt also einen »*communisme en matière d'être*«.[769]

Nancy fasst wie Heidegger Sein nicht als *essentia*, sondern im »anti-substantiellen Sinne«[770] als Dasein, das wesentlich Existenz sei.[771] Dabei rekurriert er auf Kants *Kritik der reinen Vernunft*, wo man liest: »Sein ist offenbar kein reales Prädikat, d. i. ein Begriff von irgend etwas, was zu dem Begriffe eines Dinges hinzukommen könne. Es ist bloß die Position eines Dinges, oder gewisser Bestimmungen an sich selbst.«[772] Nancy in-

---

760   Marx: Heidegger und die Tradition, S. 95.

761   Heidegger: Sein und Zeit, S. 12.

762   Ebd., S. 42, Hv. i. Orig.

763   Ebd.; vgl. ebd.

764   Ebd., S. 133, Hv. i. Orig.; vgl. Morin: Nancy, S. 23.

765   Norris: Nancy on the political, S. 900, Hv. i. Orig.: »*Da-sein* is not a subject, a self-contained intellect or will that confronts a world of objects to be manipulated and investigated. Instead it is *ecstatic*: literally, beside itself, temporally and spatially dispersed.« Siehe auch Marx: Heidegger und die Tradition, S. 96, wonach »[d]ie Kategorien der Substanz und des Subjekts« Heidegger zufolge »besonders ungeeignet« seien, das Dasein zu erfassen.

766   Vgl. Nancy: De l'être-en-commun, S. 201f.

767   Vgl. Raffoul: Abandonment, S. 70.

768   Neyrat: Communisme existentiel, S. 11, Hv. i. Orig. Der Autor sieht hier einen Einfluss Batailles, wenn er festhält, »*le préfixe de la philosophie de Nancy – ek – est bataillien*«. (Ebd., S. 21, Hv. i. Orig.)

769   Ebd., S. 11, Hv. i. Orig.

770   Marx: Heidegger und die Tradition, S. 95.

771   Nancy: Erfahrung der Freiheit, S. 9 (EL 13), affirmiert den Satz von Heidegger: Sein und Zeit, S. 42, Hv. i. Orig.: »*Das ›Wesen‹ des Daseins liegt in seiner Existenz.*« Vgl. hierzu und zum Folgenden Morin: Nancy, S. 28.

772   Immanuel Kant: Kritik der reinen Vernunft 2 [1781]. In: ders.: Werkausgabe in 12 Bänden. Bd. IV. Kritik der reinen Vernunft (Hg. Weischeidel, Wilhelm). Frankfurt a.M. 1974, S. 533 (B 626).

terpretiert: »›Sein‹ ist kein Zustand, auch keine Eigenschaft [qualité]«[773]; zudem nichts, worin ein Ding gründet, sondern das Geschehen (›sein‹) der Positionierung eines Dinges: da-sein. Sein gehe nicht als Grund voraus, sondern sei das Geschehen-Lassen des Seienden.[774] »Das Sein ist: *daß* das Seiende existiert.«[775] Eine Einheit, ein einziges Sein, sei das Sein nur insofern, als es die Einheit dieses Aktes des Geschehen-Lassens ist:

> Être [...] n'est pas »un« être, ni la production d'étants un par un. Mais »être« forme l'acte d'écartement, de distinction et de division des étants. Cet acte est un – sans être »un être«. Il est son unité d'acte, son unité transitive qui ne précède pas les »uns« des étants et qui ne leur survient pas non plus, mais qui est ou plutôt qui agit, qui acte leur événement ou avènement. Cet »un« ne se laisse pas compter. Il est l'un de la poussée, de la pulsation ou de la pulsion qui fait être ce qui est.[776]

Sein ist aktiv, Positionierung statt Position.[777] Nancy setzt das Sein in Bewegung und wehrt damit die Idee eines immanenten Seins ab.[778] Diese folgt der ›Logik des Absoluten‹: Immanenz heißt, völlig bei oder in sich sein und bleiben. Wäre aber das Sein tatsächlich absolut, gäbe es nichts, denn »[d]as Absolute, das Losgelöste, muß das Absolute seiner eigenen Absolutheit sein«.[779] Wenn etwas ist, kann das Sein kein absolutes Eines sein. Notwendigerweise gilt: »Das Eine ist *mehr* als das Eine«[780], ist stets »Einheitsexzeß«.[781] Dieses Mehr, so Nancy, ist kein (nachträgliches) Hinzufügen oder Aufteilen. Das Sein ist im Ursprung ›mehr als das Eine‹. »Oder im Atommodell: Es gibt die Atome *plus* Klinamen.«[782] Das Klinamen kommt nicht zu den Atomen als etwa ihnen Äußerliches noch hinzu, es ist »das ›Mehr‹ ihrer Exposition: Als Mehrere können sie nur einander zuneigen oder voneinander abweichen«.[783] Sein ist von sich abgespreizt, in sich von sich entfernt: »›Être‹, c'est être poussé dehors, c'est-à-dire ex-ister.«[784] Sein ist transzendent.[785]

---

773 Nancy: singulär plural sein, S. 34 (ESP 30).

774 »Elle [l'existence, S. H.] est ›la simple position‹ de la chose. L'être n'y est ni substance ni cause de la chose, mais il est un être-la-chose où le verbe ›être‹ a la valeur transitive d'un ›poser‹, mais où le ›poser‹ ne pose sur rien d'autre (et en vertu de rien d'autre) que sur (et en vertu de) l'être-là, l'être-jeté, livré, abandonné, offert de l'existence.« (Nancy: De l'être-en-commun, S. 204)

775 Nancy: Erschaffung der Welt, S. 83, Hv. i. Orig. (CMM 96, Hv. i. Orig.).

776 Jean-Luc Nancy: Plus d'un. In: ders./Barrau, Aurélien: Dans quels mondes vivons-nous? Paris 2011, S. 21-40, 34. Schon für Heidegger hält Steinmann: Sein und Zeit, S. 19f., Hv. i. Orig., fest: dass »das Sein immer nur als Sein *des Seienden*« zu verstehen ist, nämlich als »Sein in Relationen [...], als ein plurales Phänomen«.

777 Vgl. Morin: Nancy, S. 28f.; 94f. Raffoul: Abandonment, S. 66, betont, für Nancy habe »being as being-in-the-world, as existence«, einen »verbal or active sense«.

778 Vgl. hierzu und weiter für diesen Absatz Neyrat: Communisme existentiel, S. 32ff.

779 Nancy: Entwerkte Gemeinschaft, S. 17 (CD 18).

780 Nancy: singulär plural sein, S. 70, Hv. i. Orig. (ESP 60, Hv. i. Orig.). Neyrat: Communisme existentiel, S. 34, Hv. i. Orig., nennt diese Wendung »*l'axiome de Nancy*«.

781 Nancy: singulär plural sein, S. 71 (ESP 60).

782 Ebd., S. 70f., Hv. i. Orig. (ESP 60).

783 Ebd., S. 71 (ESP 60); vgl. ebd.

784 Nancy: Plus d'un, S. 34; vgl. Neyrat: Communisme existentiel, S. 43f.

785 Neyrat: Communisme existentiel, S. 34, Anm. 1, verweist auf Jean-Luc Nancy: Die Anbetung. Dekonstruktion des Christentums 2. Zürich 2012, S. 31f., Hv. i. Orig. (Jean-Luc Nancy: L'Adoration [Dé-

Vor diesem Hintergrund, so zeigt Morin[786], gibt Nancy der kantischen These vom Sein, das nicht ›zu dem Begriffe eines Dinges hinzukommen könne‹, sondern die ›Position eines Dinges‹ sei, eine kommunitäre Lesart; er schreibt: »*La communauté n'est pas un prédicat de l'être, ou de l'existence. On ne change rien au concept de l'existence en lui ajoutant ou en lui ôtant le caractère de la communauté. Mais la communauté est simplement la position réelle de l'existence.*«[787] Die Existenz ist nie die Existenz nur eines (abgeschlossen-unterschiedenen) Seienden, »*rapportée à l'unité et à l'unicité de son essence*«.[788] Das Seiende ist ›positioniert‹, nur dank seiner Positionierung ist es, wobei Nancy diese als »*ex-position*« (gegenüber sich selbst und anderen) fasst: »*Dans la position, l'essence est offerte. C'est-à-dire, elle est exposée à être – ou à exister – hors de l'être en tant que simple subsistance, ou en tant qu'immanence.*«[789] Die Exposition, genauer: »die Exposition der Singularitäten«, so hatten wir bereits gesehen, »ist« Nancy zufolge nichts anderes als »das Sein der Gemeinschaft«.[790]

Aufgabe des Seins[791]

Wichtig ist: »Nothing gives existence.«[792] Man müsse die Gabe *(don)* der Existenz als Auf- oder Preisgabe, als Verlassenheit *(abandon)* verstehen.[793] (Und auch, wie ich im Hinblick auf Nancys Begriff der Welt und auf die Frage nach Ethik und Politik des Mit-Seins andeuten möchte: als Aufgabe im Sinne eine Verpflichtung.[794]) Das aufgegebene

---

construction du christianisme, 2]. Paris 2010, S. 30, Hv. i. Orig.): Seinem »dynamischen Wert« gemäß benenne der Ausdruck der Transzendenz »nicht den Zustand eines mehr oder weniger ›höchsten‹›Wesens‹ oder ›Seins‹, sondern die Bewegung, durch die ein Seiendes [existant] aus der schlichten Gleichheit mit sich selbst heraustritt. Das heißt nichts anderes als: *ex-istieren* im vollen Sinne des Wortes.«

786   Ich folge in diesem Absatz Morin: Nancy, S. 28.

787   Nancy: De l'être-en-commun, S. 203, Hv. i. Orig.

788   Ebd., S. 204; vgl. ebd.

789   Ebd., S. 205, Hv. i. Orig. Siehe auch Devisch: Question of community, S. 97, Hv. i. Orig.: »Existing never means just being, but *ek-sisting* or *being-toward*. [...] Existing is always a being-exposed to, being-outside-oneself«. Umgekehrt gelte: »Not being in a relation is what Nancy calls *the absolute.*« (Ebd., S. 98, Hv. i. Orig.)

790   Nancy: Entwerkte Gemeinschaft, S. 68, Hv. i. Orig. (CD 76, Hv. i. Orig.).

791   Ich verdanke wesentliche Einsichten zur ›Aufgabe des Seins‹ insbesondere dem (schon genannten) Aufsatz *Abandonment and the Categorical Imperative of Being* von François Raffoul.

792   Morin: Nancy, S. 28. »Il y a, *es gibt, there is* – mais ce qui est donnée l'est sans donateur [...]. Ce n'est donc pas en terme [...] de *poiesis*, qu'il faut comprendre le créé.« (Neyrat: Communisme existentiel, S. 31, Hv. i. Orig.)

793   »Die Ontologie, die unserer seither bedarf, ist eine Ontologie, in der die Aufgebung [abandon] die einzige Situation [prédicament] des Seins ist oder [...] ihr Transzendental.« (Nancy: Das aufgegebene Sein, S. 147 [EA 141])

794   Nancy macht diese Verpflichtung im Ursprung des Wortes ›abandon‹ aus, das auf *mettre à bandon* zurückgehe, wobei ›bandon‹ soviel heiße wie »der Befehl, die Vorschrift, das Dekret, die Erlaubnis und die darüber herrschende freie Verfügungsgewalt«. (Nancy: Das aufgegebene Sein, S. 155 [EA 149]) Demnach bedeute ›abandonner‹ »einer solchen Herrschaftsgewalt aussetzen, anvertrauen oder überlassen und ihrem *ban*, das heißt ihrer Proklamation, ihrer Einberufung und ihrem Urteilsspruch ausgesetzt, anvertraut oder überlassen zu sein. Aufgegeben wird immer an ein Gesetz.« (Ebd., Hv. i. Orig. [EA 149, Hv. i. Orig.]) Siehe auch Nancy: Erschaffung der Welt, S. 45, Hv. i. Orig. (CMM 52, Hv. i. Orig.), wo es heißt, der Begriff »Verlassenheit [abandon]« meine »Verlassen *von*

oder »entblößte Sein«[795] ist Sein, von dem sich jeder Grund zurückgezogen hat, was seine Exposition – Existenz – erst ermöglichte.[796]

Die Existenz, heißt es im ersten Satz von Nancys *L'expérience de la liberté*, werde »nicht mehr produziert oder deduziert [...], sondern einfach gesetzt«, und sie sei »dieser Setzung – und durch sie – ausgesetzt [abandonnée]«.[797] Das Faktum, »*dass es etwas gibt*«[798], verdankt sich keinem oder keiner der Existenz vorausgehenden Urheber*in[799], sondern ist *creatio ex nihilo*[800], eine Schöpfung aus (dem) Nichts, wobei Nichts nichts ist, was als Grund vor der Schöpfung war; es ist nur »die Dis-Position des Auftauchens« oder ein »ursprıngen [originer]«[801] dessen, was ist.[802] Das impliziert, so zeigt Morin, dass die Schöpfung, die »singuläre Ex-Position des Seienden« oder kürzer: die »*Existenz*«[803], kein einmaliger Akt ist. Man könnte sagen, sie ist keine *poiesis*, die sich in einem Produkt vollendet[804], sondern *praxis*. In diesem Sinne ist die »Freigebigkeit [sic!] [générosité]«, als die Nancy den Entzug des gründenden Seins fasst, als »Gabe [...] nie schlicht und einfach gegeben. Sie verschwindet nicht in ihrer Übergabe – oder der Präsenz des ›Präsents‹.«[805] Deshalb ist sie als »Darbietung [offrande]«[806] zu fassen. Anders als der Gabe eigne der Darbietung das Moment einer »Zurückhaltung« des präsentierten Präsents »an der Grenze zur freien Entgegennahme«.[807] Existenz, als dargebotene, ist

---

und sich selbst überlassen sein, *um*«, sowie zu dieser Doppelbedeutung auch Raffoul: Abandonment, S. 73ff., und Gilbert Leung: Art. ›Abandonment‹. In: Gratton, Peter/Morin, Marie-Eve (Hg.): The Nancy Dictionary. Edinburgh 2015, S. 15-16.

795   Nancy: Philosophische Chroniken, S. 10 (CHP 12).

796   Vgl. Raffoul: Abandonment, S. 67f. Das »›Ende der Philosophie‹« habe darin bestanden, »ans Licht zu bringen, dass eine erste oder letzte Bedingung, ein Unbedingtes, das Prinzip oder Ursprung wäre, *nicht gibt*«. (Nancy: Philosophische Chroniken, S. 10, Hv. i. Orig. [CHP 12f.]) Es gehe um »the end of metaphysics, of onto-theology«, um eine Auszehrung der »totality of possible metaphysical principles«. (Raffoul: Abandonment, S. 67) Fynsk: Foreword, S. viii, definiert das ›Ende der Philosophie‹ als »the collapse of all foundational discourses«.

797   Nancy: Erfahrung der Freiheit, S. 9 (EL 13). Siehe auch ebd., S. 12f., Hv. i. Orig. (EL 16, Hv. i. Orig.): »Der Endzweck der Philosophie wäre also die *Befreiung des Grundes*, indem sie die Existenz der Notwendigkeit ihrer Begründung entzöge, aber auch die *Freisetzung* des Grundes wäre, den sie der grundlosen ›Freiheit‹ ausliefern würde.«

798   Ebd., S. 192, Hv. i. Orig. (EL 190, Hv. i. Orig.).

799   »Durch eine Aufgebung ist das Sein geschehen: Mehr kann man nicht sagen. Es gibt kein Zurück, das Sein trägt nichts Älteres mit sich als seine Aufgebung.« (Nancy: Das aufgegebene Sein, S. 154 [EA 148])

800   Siehe zu der Nähe, die Nancys Denken der Welt mit dem Konzept der *creatio ex nihilo* unterhält, die Anmerkung von Warren Breckman: Creatio ex nihilo. Zur postmodernen Wiederbelebung einer theologischen Metapher. In: Zeitschrift für Ideengeschichte 1 (2007), H. 2, S. 13-28, 16.

801   Nancy: singulär plural sein, S. 40 (ESP 35).

802   Vgl. Devisch: Question of community, S. 95; siehe auch Morin: Brüderliche Gemeinschaft, S. 206f.

803   Nancy: singulär plural sein, S. 41, Hv. i. Orig. (ESP 36, Hv. i. Orig.).

804   Vgl. Neyrat: Communisme existentiel, S. 31.

805   Nancy: Erfahrung der Freiheit, S. 190 (EL 188).

806   Ebd., S. 191 (EL 188).

807   Ebd.

nicht einmal für alle Zeit überreicht, sondern: Sie existiert, sie bleibt ihrer Setzung und durch diese Setzung ausgesetzt, sie ist »Bei-sich-außer-sich-sein«.[808]

Die Aufgabe des Seins ist für Nancy, was für Heidegger die ›Geworfenheit‹, also: die grundlose Endlichkeit des Daseins ist.[809] »[D]as Aufgegeben-Sein« sei zugleich »das In-die-Welt-geworfene-Sein«, und dieses, so Nancy, sei »in der Verlassenheit eine positive Möglichkeit«.[810] ›Geworfenheit‹ und Aufgebung stehen für den *retrait* eines Seinsgrundes – für Anarchie gleichsam. Heidegger betont in *Sein und Zeit*, das Dasein sei nicht von irgendwem von irgendwoher geworfen, sondern mit dem »Daß seines Da« konfrontiert, das »ihm in unerbittlicher Rätselhaftigkeit entgegenstarrt«.[811] Oder wie Nancy mit Angelus Silesius (dem sich auch Heidegger gewidmet hat) sagt: »Die Ros‹ ist ohn warumb«.[812]

Nancy wirft nun, ähnlich wie Derrida, Heidegger vor, die Aufgabe des Seins nicht radikal genug gedacht zu haben.[813] Derrida hatte kritisch gegen Heidegger eingewendet, er verknüpfe die Frage nach dem Seinssinn mit der »*Hoffnung*« auf eine Präsenz des abwesenden Seins in der Sprache, in einem »eigentlichen Wort«, einem »einzigartigen Namen«.[814] Nancy meint, man könne das Sein vor seinem Aufgegeben-Sein aber in keiner Weise schützen; auch dadurch nicht, dass man es in (s)einem Seinsvergessen behütet: »Das Sein kennt keine Verwahrung mehr, nicht einmal in einer Auflösung oder Zerrissenheit, nicht einmal in einer Verdunklung oder einem Vergessen.«[815] Man solle »[d]as Vergessen des Seins« nicht als »Vergessen des *Seins*« verstehen, denn dann »*wahrt* [das Denken, S. H.] unüberwindlich die Form und Natur einer gewaltigen Erinnerung. Das Sein des Seins entspringt darin strahlend dem Vergessen und diktiert schweigend erneut sein ›es ist‹. Die Seinsvergessenheit vergisst dann die Aufgebung des Seins.«[816] Der Vorbehalt Nancys gilt, so Morin, der ontologischen Differenz, dem Unterschied von Sein und Seiendem, den Nancy für »nichtig [nulle]«[817] erklärt, da er sich selbst ausstreiche: Man müsse dahin kommen, fordert er, »das Sein als seine eigene Auslöschung zu

808   Nancy: singulär plural sein, S. 35 (ESP 31); vgl. zu den vorangegangenen Ausführungen Morin: Nancy, S. 28f.; Morin: Brüderliche Gemeinschaft, S. 199.

809   Ich folge in diesem Absatz Raffoul: Abandonment, S. 68; 72f., sowie Morin: Nancy, S. 33.

810   Nancy: Das aufgegebene Sein, S. 155 (EA 149).

811   Heidegger: Sein und Zeit, S. 136. Das Dasein ist nur, »das Woher und Wohin bleiben im Dunkel«. (Ebd., S. 134)

812   Angelus Silesius: Cherubinischer Wandersmann [1657]. Kritische Ausgabe (Hg. Gnädinger, Louise). Stuttgart 1984, S. 69; vgl. Nancy: Erschaffung der Welt, S. 41 (CMM 46f.), und siehe Martin Heidegger: Der Satz vom Grund [1955/56]. 9. Aufl. Stuttgart 2006, S. 68ff.; dazu Jean-Paul Martinon: Immundus or Nancy's Globalising-World-Formation. In: Dejanovic, Sanja (Hg.): Nancy and the Political. Edinburgh 2015, S. 219-244, 232f.

813   Meine Ausführungen folgen in diesem und dem nächsten Absatz weiter Morin: Nancy, S. 33f.

814   Jacques Derrida: Die différance. In: ders.: Randgänge der Philosophie (Hg. Engelmann, Peter). Wien 1988, S. 29-52, 52, Hv. i. Orig.; siehe dazu Ansgar Maria Hoff: Das Poetische der Philosophie. Friedrich Schlegel, Friedrich Nietzsche, Martin Heidegger, Jacques Derrida. Diss. (Rheinische Friedrich-Wilhelms-Universität). Bonn 2000, S. 297f.

815   Nancy: Das aufgegebene Sein, S. 150 (EA 144).

816   Ebd., Hv. i. Orig.; siehe in diesem Kontext auch den Hinweis von Morin: Nancy, S. 62.

817   Nancy: Erschaffung der Welt, S. 83 (CMM 96).

denken, die es nichtig macht [néantise] und, indem sie es nichtig macht, die Verräumlichung der Konkretheit stattfinden läßt«[818] – also: Seiendes erscheinen lässt. Das Sein
zieht sich in die Präsenz von Seiendem zurück und ist nurmehr ›nichtig‹.

Sein ist als ›genichtetes‹ Sein. Damit ist nicht gemeint: Das Sein ist »Nichts
[néant]«.[819] Als ›genichtetes‹ Sein ist es vielmehr »[n]ichts [rien]«.[820] Der Unterschied
zwischen Nichts (néant) und nichts (rien) liege darin, dass letzteres durchaus etwas
ist, nämlich nichts anderes als »die Sache selbst, res: Die ursprüngliche Bedeutung von
›nichts‹ ist ›etwas [quelque chose]‹«.[821] Dieser Gedanke impliziert eine »Annullierung
der ontologischen Differenz«[822], weil Seiendes (nichts) und Sein (Nichts) nicht als voneinander getrennt aufgefasst sind. Sobald Seiendes gesetzt ist, gibt es keine Rückkehr
des Seins in das Nichts, vielmehr wird das Nichts in das nichts, das ist, als Abstand
zu sich selbst, als »Spationierung [espacement]«[823] hineingenommen. Die Existenz
existiere »als das Aufs-Spiel-Setzen ihres Seins selbst«.[824] Aufgegeben-Sein ist eine
›unproduktive Verausgabung‹, ein Verlust, der ohne Rest – ohne zurückbehaltenes
Nichts – zu »nichts« führt und so zu dem, »was diesseits oder jenseits des Bestehens,
der Substanz oder des Subjektes bestehen bleibt«.[825]

Die différance der Existenz

Aufgegeben-Sein meint zum einen, verdeutlicht Nancy wortspielerisch, eine Freigabe von Gelegenheiten: »Es ist ein glücklicher Zufall, dass die Aufgebung [abandon]
an Überfluss [abondance] denken lässt. In der Aufgebung gibt es immer [...] einen
Überfluss: Sie eröffnet eine Fülle von Möglichkeiten, weil man sich aufgibt im Über-
maß«[826], wie es, vielleicht Bezug auf Bataille nehmend, heißt. Der Entzug des Seins,
das Aufgegeben-Sein, ist Freiheit.[827]

Zum anderen unterläuft das Aufgegeben-Sein den Absolutheitsanspruch des Seins.
Was (nichts) ist, das ist nicht absolut, weil es als ›Bei-sich-außer-sich-Sein‹ ist, weil es
ek-sistiert. Die Aufgabe des Seins ist seine Exposition, seine abständige Aussetzung gegenüber sich selbst – und anderen: »Das Wesen des Seins ist, und ist nur, als Mit-Wesen

---

818   Ebd., S. 134 (CMM 159). Siehe auch Nancy: Sinn der Welt, S. 43, Hv. i. Orig. (SM 47f., Hv. i. Orig.):
      »[D]ie Differenz von Seiendem und Sein ist [...] die différance des Seins [la différance de l'être] oder
      genauer die différance von Sein [la différance d'être]. Die différance [différance] extrapoliert die ontisch-
      ontologische Differenz: sie macht sie existieren.«
819   Nancy: Erschaffung der Welt, S. 134 (CMM 158).
820   Ebd., Hv. i. Orig. (CMM 159, Hv. i. Orig.).
821   Ebd., Hv. i. Orig.; siehe auch Nancy: Plus d'un, S. 22.
822   Nancy: Erschaffung der Welt, S. 135, Hv. i. Orig. (CMM 159, Hv. i. Orig.).
823   Nancy: Das aufgegebene Sein, S. 159 (EA 153).
824   Nancy: Erschaffung der Welt, S. 135 (CMM 159).
825   Ebd. Raffoul: Abandonment, S. 68, schreibt: »Abandonment names oblivion without recovery, the
      end of all projects of appropriation«.
826   Nancy: Das aufgegebene Sein, S. 147 (EA 142). Zu diesen Möglichkeiten gehört die Existenz: »Aban-
      donment is the withdrawal of essence, and such withdrawal constitutes existence.« (Raffoul: Aban-
      donment, S. 68)
827   Vgl. Raffoul: Abandonment, S. 71; Morin: Nancy, S. 34f.

[co-essence] [...] oder *Mit-sein*«.[828] Der Gedanke, das Sein sei kein (absolutes) Subjekt, ist mutmaßlich inspiriert von der derridaschen *différance*.[829] So spielt der (oben zitierte) Begriff des *espacement* wohl ebenso auf die *différance* an wie Nancys These, »das Sein trägt nichts Älteres mit sich als seine Aufgebung«[830], was an Derridas Formulierung erinnert, die *différance* sei »›älter‹ noch als das Sein«.[831]

Différance bezieht sich zunächst auf das Wort ›différer‹ als »nicht identisch sein, anders sein«[832], und trägt die von Ferdinand de Saussure (1857-1913) entwickelte »Idee der Bestimmung-durch-Entgegensetzung (oder -durch-Negation)«[833] mit sich. Im Sinne einer »*Verräumlichung*« bezeichnet *différance* den Abstand, durch den sich ein Element »von dem trennen [muß], was es nicht ist, damit es es selbst sei«.[834] Das heißt, so Derrida: »Nichts – kein präsent und nicht differierend Seiendes – geht also der *différance* und der Verräumlichung voraus.«[835]

Zugleich muss man in ›différance‹ eine zweite Bedeutung von ›différer‹ mitlesen, nämlich »die Tätigkeit, etwas auf später zu verschieben [...]: die *Temporisation*«.[836] Die Differenz(ierung) eines Elements von einem anderen hat eine zeitliche Dimension, sie bedarf einer »generative[n] Bewegung«[837], die eine (das Subjektbewusstsein charakterisierende) »Selbst-Gegenwart«[838] unmöglich macht.[839] Letzteres betont auch Nancy:

---

828   Nancy: singulär plural sein, S. 59, Hv. i. Orig. (ESP 50, Hv. i. Orig.); siehe dazu etwa auch Devisch: Question of community, S. 90ff.

829   Dies bemerkt auch Devisch: Question of community, S. 89f.; siehe zum Folgenden neben den Ausführungen ebd. zudem Morin: Nancy, S. 29f., sowie zu Derridas *différance* Wetzel: Diskurse des Politischen, S. 80f.

830   Nancy: Das aufgegebene Sein, S. 154 (EA 148).

831   Derrida: Différance, S. 51. Zum Begriff der *différance* auch Nancy: Sinn der Welt, S. 53-56 (SM 57-60); Nancy: Erschaffung der Welt, S. 84f. (CMM 97); aus der Sekundärliteratur etwa die Darstellung bei Rick Elmore: Art. ›Différance‹. In: Gratton, Peter/Morin, Marie-Eve (Hg.): The Nancy Dictionary. Edinburgh 2015, S. 70-72.

832   Derrida: Différance, S. 34.

833   Manfred Frank: Was ist Neostrukturalismus? Frankfurt a.M. 1983, S. 44.

834   Derrida: Différance, S. 39, Hv. i. Orig. Siehe auch Derrida: Semiologie und Grammatologie, S. 151.

835   Derrida: Semiologie und Grammatologie, S. 153, Hv. i. Orig. Devisch: Question of community, S. 90, formuliert zur ›Verräumlichung‹: »[W]hat is can only exist through that which is not present to itself, through being positioned in space, through a difference with and thus a relation to itself and to others«.

836   Derrida: Différance, S. 33, Hv. i. Orig.

837   Derrida: Semiologie und Grammatologie, S. 151; vgl. Frank: Neostrukturalismus, S. 101.

838   Derrida: Différance, S. 42.

839   Wenn gilt, »daß kein Zeichen [...] sich selbst unmittelbar gegenwärtig ist«, sondern »seinen bestimmten Sinn nur dadurch erwirbt, daß es sich von allen anderen Zeichen unterscheidet« (Frank: Neostrukturalismus, S. 95), so muss es, anstatt allererst »auf *sich selbst*« verweisen zu können, »den Umweg [nehmen] über alle anderen Zeichen des Systems und kommt erst danach identifizierend auf sich selbst zurück. [...] Das bedeutet, daß die Differenz ursprünglicher ist als die Identität«. (Ebd., S. 95f., Hv. i. Orig.) Die Identität erlangt nie Präsenz, sie kommt nie bei sich an: »Everything that is and that comes to presence is marked by an unsublatable difference whose meaning is that all original presence is always already lost. With this, Derrida [...] puts an end to the metaphysical privilege of permanent presence and full-presence to oneself.« (Devisch: Question of community, S. 90)

Die *différance* sei »nicht der Unterschied« zwischen zwei Dingen, sondern »die Weise [...], in der ein Ding oder das Wesen eines Dinges sich von sich selbst unterscheidet und daher gezwungen ist, unendlich es selbst zu werden«.[840] Diese unendliche Selbstwerdung geschieht in jedem Moment; die *différance* sei in diesem Sinne »Anwesenheit des Unendlichen im Endlichen« oder »absolute Gegenwart des Unvergleichlichen«.[841]

Damit fordert die *différance* Ethik und Politik heraus: Sie berührt die Frage der Würde[842], die Frage nach dem nicht zu erschöpfenden und nicht vom Kapitalismus abzuschöpfenden – unendlichen – Wert all dessen, was ist. Dieser Würde gerecht werden könne nur, was Nancy in *Vérité de la démocratie* als »nietzscheanische Demokratie«[843] bezeichnet: eine Demokratie, die von der Ungleichwertigkeit, dem Unvergleichlich-vielwert-Sein jeder Singularität ausgeht. Ich komme darauf später (Abschnitt I.3.3) zurück und setze zuerst die Darstellung der nancyschen Ontologie fort.

Derrida nennt das *a*, das sich (unhörbar unterschieden vom *e* der *différence*) inmitten der *différance* aufhält, eine »Grabstätte des Eigenen«.[844] Die *différance*, sagt er mit Bataille, sei die »rückhaltlose Verausgabung«[845], gleichsam der Tod des Eigenen. Bataille wollte durch die ›unbeschäftigte Negativität‹ der dialektischen Ökonomie entkommen.[846] Auf eine ähnliche Weise wendet Nancy die Logik der *différance* gegen die Auffassung der Existenz als Subjekt oder Selbst an.[847]

Das Selbst, demonstriert er, kann sein Sich-selbst-Gegenüberstehen nicht aufheben. Die Exposition der Essenz sei uneinholbare Selbst-Exposition, eine Exposition des Selbst sich selbst gegenüber.[848] Mithilfe eines Denkens des Seins und seiner *différance* geht Nancy gegen ein Verständnis des Selbst an, wie er es bei Hegel ausmacht: Es gelte, dass »l'ontologie de la communauté n'a pas d'autre tâche que de radicaliser, ou d'aggraver jusqu'au défoncement, et *via* la pensée de l'être et de sa différe/ance, la pensée hégélienne du Soi«.[849] Man müsse festhalten: »*Soi* n'est pas seulement [...] la conscience-de-soi qui a besoin d'être reconnue pour *se* reconnaître«.[850] Wo Hegel mit ›Aufhebung‹ »die Bewahrung des Selben in seiner Andersheit [altération]«[851] gemeint habe, möchte Nancy im Sinne der *différance* zeigen: Das Selbst ist in seinem Ursprung

---

840 Nancy: Demokratie und Gemeinschaft, S. 88.

841 Nancy: Wahrheit der Demokratie, S. 44 (VD 38).

842 Vgl. Nancy: Demokratie und Gemeinschaft, S. 88.

843 Nancy: Wahrheit der Demokratie, S. 49 (VD 43).

844 Derrida: Différance, S. 30; vgl. ebd.

845 Ebd., S. 45.

846 In diesem Sinne schreibt Derrida: »Entgegen der metaphysischen, dialektischen, ›Hegelschen‹ Interpretation der ökonomischen Bewegung der *différance* muß man hier ein Spiel zulassen, in dem, wer verliert, gewinnt, und in dem man mit jedem Zug gewinnt und verliert.« (Ebd., S. 45f., Hv. i. Orig.)

847 Die beiden nächsten Absätze folgen Morin: Nancy, S. 29f.

848 Nancy: De l'être-en-commun, S. 205, Hv. i. Orig.: »Dans la position – c'est-à-dire, vous l'avez compris, dans l'*ex*-position, dans l'être-abandonné-au-monde – l'essence est exposée. A quoi est-elle exposée? A rien d'autre qu'à *soi*.«

849 Ebd., Hv. i. Orig.

850 Ebd., S. 207, Hv. i. Orig.

851 Nancy: Das gemeinsame Erscheinen, S. 182 (CP 79).

einem Anderen, einem Nicht-Selbst aufgegeben, ausgesetzt.[852] Einen ›unverfälschten‹ Ursprung, eine Immanenz des Selbst hat es nie gegeben und wird es nie geben.[853] Als Existenz ist das Selbst »l'être-à-soi«[854], in einer Bewegung hin zu sich (und anderen) begriffen, ohne sich (und das Gemeinsame) je ergreifen zu können – das *à-soi* verhindert ein immanentes ›Selbst-sein‹, aber ermöglicht Mitsein.[855]

> Exister ne signifie pas simplement »être«. Au contraire: exister signifie *ne pas* être en la présence immédiate ou dans l'immanence d'un étant. Exister, c'est ne pas être immanent, ou ne pas être présent à soi-même, et ne pas être présent *seul*. Exister consiste donc à considérer son »soi-même« comme une »altérité«, de telle manière qu'aucune essence, aucun sujet, aucun lieu, ne puissent présenter *cette altérité en soi*, comme le soi propre d'un autre, ou comme un »grand Autre«, ou comme un être commun (vie ou substance). Mais l'altérité de l'existence n'arrive que comme »être ensemble«.[856]

Das hier angesprochene An-sich-und-durch-sich-selbst-Sein, ruft Morin in Erinnerung, hat man als ›Aseität‹ bezeichnet und Gott zugeschrieben.[857] Nancy entwendet der Tradition diesen Begriff, indem er das *à-soi* als *à part soi*, als ein Fort- oder Getrennt-von-sich umdeutet: »L'aséité – l'à-soi, le par soi du Sujet – n'*existe* que comme l'écart et le départ de cet *a* – (de cet *à part soi*)«.[858] Damit ist ›Aseität‹ ein anderer Begriff für die Endlichkeit (*finitude*) des Selbst oder des singulär Seienden, die »das Gewebe des Einsseins, die Immanenz«[859] zerreißt, ohne dass es ein solches Gewebe für das Selbst je gegeben hätte, wie Nancy – gegen Bataille – an der ›Spalte‹ der Frau gezeigt hatte.[860]

---

852   Das Nicht-Selbst ist kein anderes Selbst: »The ›otherness‹ of the self that is not present as another self is the unappropriable limit or edge upon which I am exposed and that properly belongs neither to the inside nor to the outside.« (Morin: Nancy, S. 30)

853   Vgl. ebd., S. 29.

854   Nancy: De l'être-en-commun, S. 207.

855   »Etre soi est être-à-soi, être – exposé-à-soi: mais soi, en soi-même, n'est que l'exposition. Etre-à-soi, c'est être-à-l'exposition.« (Ebd., Hv. i. Orig.) Vgl. Devisch: Question of community, S. 91f.; 97f.

856   Nancy: L'histoire finie, S. 257f., Hv. i. Orig., auch zitiert von Morin: Nancy, S. 30.

857   Vgl. Morin: Nancy, S. 30. ›Aseität‹ bezeichne den »Selbstand Gottes«, das heißt sein »*Durch-sich-sein* oder das *Von-sich-her-sein*«, so Dietrich Schlüter: Art. ›Aseität‹. In: Ritter, Joachim (Hg.): Historisches Wörterbuch der Philosophie. Bd. 1: A-C. Basel 1971, Spp. 537-538, 537, Hv. i. Orig.

858   Nancy: Corpus, S. 32, Hv. i. Orig. Die deutsche Übersetzung gibt Nancys Wortspiel nur annähernd wieder, deshalb zitiere ich im Original. Die Übersetzung lautet: »Die Aseität – das An-sich, das Durch-sich des Subjekts – *existiert* nur als der Abstand und der Aufbruch dieses *A* der Aseität – (dieses *fort-von-sich*)«. (Nancy: Corpus, S. 33, Hv. i. Orig.) Siehe auch Rugo: Thinking of otherness, S. 43, Hv. i. Orig.: »To exist means exposing existence precisely to its *to*. The mode of the coming to presence thus cannot be identity; quite the opposite, it has to be a movement against identity. If coming to presence has to keep coming – otherwise it would be just presence, but presence of itself to itself, saturation – it needs in each coming to move from itself, it needs to come at a distance from itself.«

859   Nancy: Entwerkte Gemeinschaft, S. 67 (CD 75).

860   »Es gibt strenggenommen keine Zerrissenheit des singulären Seienden: da ist kein Einschnitt, keine offene Wunde, durch die das Drinnen sich in das Draußen verflüchtigen würde; dies würde ein ›Drinnen‹, eine Innerlichkeit voraussetzen, die dem vorausginge. [...] Die ›Zerrissenheit‹ besteht

Welt und Stein

> Es gibt eine universelle Kommunikation und
> Teilhabe der Seienden, das heißt der Körper
> der Welt.[861]

Nancys Bedenken gegenüber dem heideggerschen Begriff der Existenz werden besonders klar, wenn er ihn von den Schlacken des »Onto-Anthropozentrismus«[862] zu reinigen versucht, die sich daran noch finden. Von der Auf- oder Preisgabe des Seins ist
nichts ausgenommen, sie betrifft alles, was ist – und also existiert (Heidegger zuwider)
alles Seiende, nicht nur Dasein.[863]

Den Stein des Anstoßes bildet für Nancy vor allem Heideggers Vorlesung über *Die
Grundbegriffe der Metaphysik* (1929/30), in der Heidegger die Beziehungen zur Welt von
Stein, Tier und Mensch vergleichend in den Blick nimmt und die Thesen aufstellt: »1.
der Stein (das Materielle) ist *weltlos*; 2. das Tier ist *weltarm*; 3. der Mensch ist *weltbil-
dend*«.[864] Hat sich etwa Derrida mit der zweiten dieser Behauptungen Heideggers kritisch auseinandergesetzt, fokussiert Nancy auf das Wesen des Steins, des Materiellen
allgemein.[865] Während der Mensch eine Welt habe und das Tier eine Welt entbehre[866],

---

einzig darin, dem Draußen ausgesetzt zu sein: das ganze ›Drinnen‹ des singulären Seienden wird
dem ›Draußen‹ ausgesetzt«. (Ebd. [CD 76])

861   Nancy: Mit-Sinn, S. 25.

862   Wolfgang Welsch: Immer nur der Mensch? Entwürfe zu einer anderen Anthropologie. Berlin 2011,
S. 196.

863   Vgl. hierzu und zu der folgenden Darstellung in diesem Unterabschnitt Morin: Nancy, S. 45 f., sowie Devisch: Question of community, S. 149 f. Als Beleg für den ›Onto-Anthropozentrismus‹ siehe
etwa Heidegger: Brief über den Humanismus, S. 324: »Die Ek-sistenz läßt sich nur vom Wesen des
Menschen, das heißt, nur von der menschlichen Weise zu ›sein‹ sagen; denn der Mensch allein
ist [...] in das Geschick der Ek-sistenz eingelassen.« Andere »Lebe-Wesen«, so nahe sie uns sein
mögen, seien »durch einen Abgrund von unserem ek-sistenten Wesen geschieden«. (Ebd., S. 326)
Mit Welsch: Immer nur der Mensch, S. 197, Hv. i. Orig., lässt sich behaupten: Heidegger blieb stets
»*Human-Exklusivist*«. Hier passt die Bemerkung von Neyrat: Communisme existentiel, S. 24, Nancy
kämpfe eine (gegen Heidegger gerichtete) »lutte contre l'exclusivité humaine«.

864   Heidegger: Grundbegriffe der Metaphysik, S. 263, Hv. i. Orig.

865   Die These, Nancy schalte sich in die Auseinandersetzung Derridas mit Heidegger ein, vertritt Jason
E. Smith: Art. ›Animal‹. In: Gratton, Peter/Morin, Marie-Eve (Hg.): The Nancy Dictionary. Edinburgh
2015, S. 21-22, 21. Wie Derrida in seinen Arbeiten über das Tier, meint Elmore: Deconstruction,
S. 61, sei auch Nancy »fundamentally concerned with unseating the privilege of the human«. Diese
Meinung teilt François Raffoul: Art. ›Heidegger, Martin‹. In: Gratton, Peter/Morin, Marie-Eve (Hg.):
The Nancy Dictionary. Edinburgh 2015, S. 108-109, 109.

866   Vgl. Heidegger: Grundbegriffe der Metaphysik, S. 284 ff. Das Tier sei ›weltarm‹, weil es ›benommen‹
sei: »Die Benommenheit ist das Wesen der Tierheit [...]: *Das Tier steht als solches nicht in einer Offen-
barkeit von Seiendem. Weder seine sogenannte Umgebung noch es selbst sind als Seiendes offenbar.* Weil
das Tier aufgrund seiner Benommenheit und aufgrund des Ganzen seiner Befähigungen innerhalb
einer Triebmannigfaltigkeit umgetrieben ist, hat es grundsätzlich nicht die Möglichkeit, auf das
Seiende, das es nicht ist, sowie auf das Seiende, das es selbst ist, sich einzulassen.« (Ebd., S. 361,
Hv. i. Orig.) Zwar stehe das Tier in einer Relation zu anderem Seienden, von dem es »*irgendwie
angegangen* wird«. (Ebd., S. 368, Hv. i. Orig.) Das Seiende sei »für das Tier *in gewisser Weise offen* [...]«,
was aber keineswegs heißt: *als Seiendes offenbar*«. (Ebd., Hv. i. Orig.) Hierzu kommentiert Giorgio
Agamben: Das Offene. Der Mensch und das Tier. Frankfurt a.M. 2003, S. 63: »Das Seiende ist für
das Tier offen, aber nicht zugänglich, offen in einer Nicht-Zugänglichkeit und einer Undurchsich-

sei der Stein ›weltlos‹ im Sinne einer »Zugangslosigkeit zu dem Seienden (*als* Seiendem), worunter das betreffende Seiende dieser Seinsart ist«.[867]

›Welt‹ ruft das ›In-der-Welt-sein‹ des Daseins auf. »Dasein«, führt Heidegger in *Sein und Zeit* aus, »ist Seiendes, das sich in seinem Sein verstehend zu diesem Sein verhält. [...] Dasein existiert.«[868] Dasein ist als ›In-der-Welt-sein‹ mit dieser Welt »vertraut«[869], es erkennt Welt immer schon[870], wobei dieses Erkennen vor allem »das hantierende, gebrauchende Besorgen«[871] meint. Der »*Zusammenhang* von Welt und Bewußtsein«, erläutert Schmid, sei für Heidegger »eine Sache *praktischer* Intentionalität«.[872] Vor dieser Folie erhellt, wieso der Stein ›weltlos‹ sei, ohne Zugang zum Seienden als Seiendem: Ihm fehlt die Möglichkeit zum »besorgenden Umgang«[873] mit dem, worunter er ist; damit fehlt ihm eine Welt. Man könnte auch sagen: Der Stein berührt nicht.

> Seiendes kann ein innerhalb der Welt vorhandenes Seiendes nur berühren, wenn es von Hause aus die Seinsart des In-Seins hat — wenn mit seinem Da-sein schon so etwas wie Welt ihm entdeckt ist, aus der her Seiendes in der Berührung sich offenbaren kann, um so in seinem Vorhandensein zugänglich zu werden. Zwei Seiende, die innerhalb der Welt vorhanden und überdies an ihnen selbst *weltlos* sind, können sich nie »berühren«, keines kann »*bei*« dem andern »*sein*«.[874]

Der Begriff des Berührens[875] verleiht der vermeintlichen Weltlosigkeit des Steins zunächst Evidenz: Der herumliegende Stein »berührt‹ [...] die Erde«, aber er »betastet [...] sie nicht«, sie ist für den Stein »*nicht* als Unterlage [...] *gegeben*«, die ihn trägt und der er »nachspüren« könnte; der Stein habe »in seinem Steinsein überhaupt keinen Zugang [...] zu etwas anderem, worunter er vorkommt, um dieses andere als solches zu erreichen und zu besitzen«.[876] Genaugenommen berührt er gerade nicht, weshalb Heidegger den Begriff wohl auch in Anführungsstriche setzt. Im Unterschied zum nicht-(be)tastenden ›Berühren‹, das Heidegger am Stein ausmacht, suche etwa die Eidechse den sonnenwarmen Felsen auf, um darauf zu liegen; und noch einmal anders sei »*das*

---

tigkeit, das heißt gewissermaßen eine Nicht-Beziehung.« In einem Gespräch interpretiert Jacques Derrida: ›Man muss wohl essen‹ oder Die Berechnung des Subjekts [Gespräch mit Jean-Luc Nancy]. In: ders.: Auslassungspunkte. Gespräche (Hg. Engelmann, Peter). Wien 1998, S. 267-298, 288, die von Heidegger behauptete Weltarmut des Tieres als »eine Öffnung ohne Öffnung« und nennt »Heideggers Diskurs über das Tier [...] brutal und verworren, zuweilen widersprüchlich«.

867   Heidegger: Grundbegriffe der Metaphysik, S. 290, Hv. i. Orig.

868   Heidegger: Sein und Zeit, S. 52f.

869   Ebd., S. 54.

870   Vgl. ebd., S. 59ff.

871   Ebd., S. 67.

872   Schmid: Wir-Intentionalität, S. 250, Hv. i. Orig.

873   Heidegger: Sein und Zeit, S. 68.

874   Ebd., S. 55, Hv. i. Orig.

875   Der Begriff bildet den Mittelpunkt von Derridas Auseinandersetzung mit Nancys Denken; vgl. Smith: Animal, S. 21f., und siehe Jacques Derrida: Berühren, Jean-Luc Nancy. Berlin 2007 (Jacques Derrida: Le toucher, Jean-Luc Nancy. Accompagné de travaux de lecture de Simon Hantaï. Paris 2000).

876   Heidegger: Grundbegriffe der Metaphysik, S. 290, Hv. i. Orig.

Berühren, das wir erfahren, wenn unsere Hand auf dem Haupt eines anderen Menschen ruht«.[877]

Heideggers Missverständnis besteht für Nancy darin, das Gegebensein falsch zu deuten, als »Gabe *für* [don *pour*]« nämlich, die zugleich als »reine Gabe [don pur]«[878] gelte. Für Heidegger sei das, was ist, (nur) für den Menschen gegeben, der es in seiner Bedeutung verstehen und instrumentell verwenden könne (z. B. als ›Unterlage‹). Es gehe beim ›Zugang‹ für Heidegger stets um eine Aneignung; darum, etwas ›in seinem Vorhandensein zugänglich‹ zu machen, wie er in *Sein und Zeit* geschrieben hatte.[879] Aber, fragt Nancy: »Warum müsste man *a priori* den ›Zugang zu‹ als die notwendige Weise eines Welt-Machens und eines In-der-Welt-Seins bestimmen«?[880]

Nancy möchte eine ursprünglichere Gabe denken, »eine viel archaischere Liberalität, Freigebigkeit [...] der ›Gabe‹«, keine Gabe im Sinne einer »Schenkung‹«[881] (eines Präsents), sondern einer Darbietung oder Exposition, die der (den) Mensch(en) mit allem Seienden (mit-)teilt: Als Mensch bin ich, wie Stein und Eidechse, »gemäß dem *Da (Hier)* meines Seins«.[882] Die ›Gabe‹ sei demnach als »the spaciousness of the world, the distribution or opening of places«[883] zu verstehen, erläutert Morin. Dies kündigt einen aktiven Begriff von ›Welt‹ an, sie ist ein ›Welten‹, »a singular plurality of origins«[884], die hier und jetzt mit jedem Auftauchen einer Singularität entsteht.[885]

Da er die Gabe nur als ›Gabe für‹ zu denken bereit sei, verfehlt Heidegger nach Ansicht Nancys »die Exposition der Oberflächen, durch die sich, unerschöpflich, Ankunft auf je singuläre Weise erschöpft«.[886] Er kann deshalb das Berühren nicht auf eine der Exposition angemessene Weise verstehen. Zum einen, so zeigt Heideggers Beispiel des Auflegens der Hand auf das Haupt eines anderen Menschen, gerate ihm das Berühren zu einem »Ritterschlag«, zu einer »hieratische[n] und väterliche[n] Pose«.[887] Zum anderen erwecke das Betasten den Eindruck eines »indiskreten, erforschenden [...] ›Befingerns [palper]‹«.[888] Diesen Anschein verstärkt der Begriff des Zugangs: Als ›Zugang‹ wird das menschliche Machen von Welt oder ›In-der-Welt-sein‹ zu einer Art Penetration, zu einem Übertreten der Grenze zwischen den Seienden, zu einem Eintreten.[889]

---

877   Ebd., S. 290, Hv. i. Orig.; vgl. ebd.

878   Nancy: Sinn der Welt, S. 90, Hv. i. Orig. (SM 101, Hv. i. Orig.).

879   In diesem Sinne verstehe Heidegger den Stein »bloß abstrakt«: Der Stein sei ein »konkrete[r] Stein« für ihn erst dann, »wenn der Stein durch oder für ein Subjekt angestoßen, geworfen oder behandelt wird«. (Ebd., S. 92 [SM 102]) Siehe hierzu auch Morin: Nancy, S. 133.

880   Nancy: Sinn der Welt, S. 89, Hv. i. Orig. (SM 100, Hv. i. Orig.).

881   Ebd., S. 90 (SM 101).

882   Ebd., Hv. i. Orig. (SM 100, Hv. i. Orig.). Siehe auch Nancy: Politik und darüber hinaus, S. 230 (PED 37f.): »Ich meine, dass das Teilen [partage] die prinzipielle Bedingung der Existenz im Allgemeinen ist: Sie ist gemeinsam und zugleich unter den Seienden geteilt. Und das gilt für alle Seienden, nicht nur für die Menschen.«

883   Morin: Nancy, S. 46.

884   Devisch: Question of community, S. 94.

885   Vgl. ebd., S. 93ff.; Morin: Brüderliche Gemeinschaft, S. 207.

886   Nancy: Sinn der Welt, S. 91 (SM 102).

887   Ebd., S. 90 (SM 101).

888   Ebd., S. 91 (SM 102).

889   Vgl. ebd., S. 89f. (SM 100).

Das Berühren impliziere indes Impermeabilität.[890] Darauf wird später genauer eingegangen; hier sei nur notiert: Ohne einen Abstand zwischen dem, was sich berührt, ist das Berühren undenkbar.[891] Deshalb kann Nancy sagen, der Stein berühre: Auch er »rührt an [touche à]«[892] andere Oberflächen, wird von anderen Oberflächen berührt. So macht/ist der Stein Welt, denn die Welt sei das »Netz aller Oberflächen«[893], der »Abstand [écartement]« zwischen Seienden, der sie miteinander verknüpft, »das Zwischen-Seiende [entre-étant] aller Seienden, das selbst nichts Seiendes ist«.[894]

Der Stein, wie alles, das es gibt, ist (in der Welt) in der Weise einer differantiellen ›Verräumlichung‹, einer Trennung, durch die er (wie alle anderen, aber anders: singulär) ist. Wie der Stein hierbei besonders deutlich macht, ist die Differenz als eine »materielle Differenz«[895] zu verstehen. »Die ›Materie‹ ist [...] die Differenz selbst, durch die etwas, irgendeine Sache möglich ist, als Sache und als irgendeine«.[896] Was ist, so könnte man sagen, das hat oder ist Körper, ist ausgedehnt; und muss ausgedehnt sein, um sich zu unterscheiden und zu sein.[897]

Auch wenn Nancy, wie sich zeigt, Heideggers »ontologisch hochnäsig[e]«[898] Trennung zwischen Dasein und nicht-daseiendem Seienden nicht mitmacht[899], kommt den Menschen gleichwohl eine besondere Rolle zu. Der Mensch ordnet zwar die Welt (die Exposition der Singularitäten) nicht um sich als Zentrum herum an, er ist weder der »Grund [fond]« (des Sinns) der Welt noch (sein) ihr »Zweck [fin]«; aber er ist, da er das Wir, das Mitsein alles Seienden kommuniziert, »der Exponierende [l'exposant] der Welt«.[900] Zugleich ist der Mensch selbst der Welt ausgesetzt. Er hat keinen ›Zugang‹ zu ihr. Nancy hält Heidegger entgegen, man könne auch die »Entfernung« und den »Kontakt ohne

---

890 »›Materie‹ bedeutet [...] ›undurchdringlich‹ und ›affizierbar‹. Anders gesagt: berührbar.« (Nancy: Mit-Sinn, S. 29)

891 Vgl. Morin: Nancy, S. 41f., und siehe etwa Nancy: singulär plural sein, S. 25 (ESP 23).

892 Nancy: Sinn der Welt, S. 91, Hv. i. Orig. (SM 102, Hv. i. Orig.).

893 Ebd. (SM 101).

894 Nancy: singulär plural sein, S. 40, Hv. i. Orig. (ESP 35, Hv. i. Orig.). ›Welt‹ sei für Nancy »not limited to Dasein, but is the sharing of singularities that are exposed to one another«. (Morin: Nancy, S. 46) Siehe auch Devisch: Question of community, S. 149f., Hv. i. Orig.: »Things cannot relate to the world the way human beings do but they still are world.« Das heißt auch, der Stein ist frei; denn: »Freedom is nothing more or less than the existence shared between all beings in the world.« (Aukje van Rooden: Art. ›Experience of Freedom‹. In: Gratton, Peter/Morin, Marie-Eve [Hg.]: The Nancy Dictionary. Edinburgh 2015, S. 83-86, 84)

895 Nancy: Sinn der Welt, S. 86 (SM 96).

896 Ebd., Hv. i. Orig. (SM 95, Hv. i. Orig.).

897 Wir werden darauf zurückkommen; siehe bereits Morin: Nancy, S. 127, Hv. i. Orig.: »That I am extended means that I am exposed to (myself and others). It is thanks to this outside that I am, that I feel myself existing.«

898 Nancy: Mit-sein des Da-seins, S. 159 (EAEL 71).

899 Nancy: singulär plural sein, S. 42, Hv. i. Orig. (ESP 36, Hv. i. Orig.): »[D]as Sein des Daseins* ist kein anderes als das Sein des Seienden«. Der Vorwurf eines ontologischen Dünkels Heideggers bezieht sich auf die Trennung zwischen dem »Mit« des Daseins und dem »einfachen und platten Zusammenvorkommen[...] der Dinge«. (Nancy: Mit-sein des Da-seins, S. 159, Hv. i. Orig. [EAEL 71, Hv. i. Orig.])

900 Nancy: singulär plural sein, S. 43, Hv. i. Orig. (ESP 37, Hv. i. Orig.); vgl. ebd., S. 19 (ESP 19); 21f. (ESP 21); 132f. (ESP 108f.); Morin: Brüderliche Gemeinschaft, S. 209.

›Zugang‹« als eine »Weise [...] eines In-der-Welt-Seins bestimmen«.[901] Die Welt ist »»die Welt des Menschen«« nicht, weil allein er einen ›Zugang‹ zu ihr hat, sondern »nur, sofern sie das Nicht-Menschliche ist, dem gegenüber das Menschliche exponiert ist«.[902]

Damit sei der Mensch, so Morin, aus Sicht Nancys zum Handeln aufgerufen; an ihm sei es, (sich) für die Welt zu entscheiden. Die Schöpfung als Exposition oder (Aus-)Setzung des Seienden ist kein einmaliger Akt, kein einmal überreichtes Präsent des Seienden in die Präsenz, sondern Praxis: Wir müssen Existenz, müssen Welt machen. Dies heißt nicht, dass wir darüber entscheiden, ob wir anderen Singularitäten ausgesetzt und dadurch mit ihnen sein wollen. Es geht darum, die Möglichkeit zum Existenz-Machen offenzuhalten, also dazu, sich selbst und anderen ausgesetzt zu sein und ›Welt‹ zu bilden – eine Welt, in der es »Platz für alle Welt [tout le monde] gibt: aber wahrhaftig Platz, ein Platz, der wahrhaftig *Grund zum da (in dieser Welt) sein* schafft«.[903]

(Ohne) Übergang: L'être et l'autre

Der Begriff der Aseität zeigte: Das Nicht-selbst des Selbst ist nicht selbst ein (anderes) Selbst, sondern liegt vor einer solchen Unterscheidung. Das Selbst, formuliert Nancy, sei »*autrui avant* toute assignation du même et de l'autre«.[904] Deshalb hält Nancy ein Denken des Anderen und der Alterität für verfehlt und möchte lieber von »*éloignement*«[905] sprechen, von einer unüberbrückbaren, uneinholbaren (räumlichen/zeitlichen) Distanz des Selbst zu sich selbst.[906]

Bereits Blanchots Replik auf *La communauté désœuvrée* enthielt eine Kritik an Nancys (angeblicher) Vernachlässigung des Anderen, der Alterität. Die Auseinandersetzung zwischen Blanchot und Nancy, so Bernasconi, kläre mithin »an aspect of Nancy's thought that might not otherwise be so clear: his refusal of radical alterity, his refusal of the Other«.[907] Für Blanchot tritt diese Zurückweisung dadurch hervor, dass sich Nancy (obwohl er das Sein als ›aufgegebenes‹ Sein denkt) noch einer Ontologie verschreibt. Man sollte, schließt sich Blanchot der Argumentation Lévinas' gegen Heidegger an, das Denken des Seins aufgeben und durch das Denken des (absolut) Anderen ersetzen[908]; oder kürzer: der Ethik gegenüber der Ontologie den Vorrang

---

901 Nancy: Sinn der Welt, S. 89 (SM 100); vgl. ebd.

902 Nancy: singulär plural sein, S. 43 (ESP 37). Zum voranstehenden Absatz vgl. Raffoul: Abandonment, S. 70; Morin: Nancy, S. 46; Devisch: Question of community, S. 96.

903 Nancy: Erschaffung der Welt, S. 30, Hv. i. Orig. (CMM 34, Hv. i. Orig.); vgl. Morin: Nancy, S. 28f.; 46f., die (ebd., S. 47) ebenfalls dieses Zitat Nancys anführt.

904 Nancy: De l'être-en-commun, S. 207, Hv. i. Orig.; vgl. Morin: Nancy, S. 30.

905 Jean-Luc Nancy: The Commerce of Plural Thinking [Gespräch mit Marie-Eve Morin, Peter Gratton]. In: Gratton, Peter/Morin, Marie-Eve (Hg.): Jean-Luc Nancy and Plural Thinking. Expositions of World, Ontology, Politics, and Sense. Albany 2012, S. 229-239, 232, Hv. i. Orig.

906 Die Schwäche des Alteritäts-Motivs? »[I]t always ends up coming back to the Same: The Self needs the other, it must recognize it, it must turn itself toward it, and so forth. By doing so, the self assures its Sameness.« (Ebd.)

907 Bernasconi: Deconstructing nostalgia, S. 4; zustimmend Morin: Nancy, S. 83.

908 Umgekehrt, so Rugo: Thinking of otherness, S. 1, stellt Nancys »»return‹ to Heidegger with regard to the themes of sociality and otherness [...] a response and critique to Levinas' radically anti-Heideggerian position« dar.

einräumen.[909] Die Ontologie, resümiert James das Argument Blanchots/Lévinas', sei »irredeemably implicated in the violent gesture of a philosophical tradition which reduces the Other to a logic of the same«.[910] Damit würde auch Nancys Ontologie des Mit-Seins daran scheitern, »the ethical relation« zu denken, »the relation to transcendence or alterity prior to any horizon of being«.[911] Blanchot schreibt:

> Ethik ist nur dann möglich, wenn die Ontologie – die stets den Anderen auf den Selbigen reduziert – ihr den Vortritt läßt und sich eine vorgängige Beziehung behaupten kann, dergestalt, daß das Ich sich nicht damit begnügt, den Anderen zu erkennen oder sich in ihm zu erkennen, sondern sich von ihm in Frage gestellt fühlt, so daß es ihm nur durch eine Verantwortung antworten kann, die sich nicht begrenzen kann und die sich übersteigt, ohne sich zu erschöpfen.[912]

Den blanchotschen Vorbehalt, explizit an Lévinas anschließend, greift Simon Critchley auf. Nancys *prima philosophia*, die doch eine Ontologie des singulär pluralen Seins sein wolle, mache sich schuldig einer »suppression of ontic plurality and multiplicity«.[913] Das einzelne Seiende sei bei Nancy »always already understood within the pre-comprehension of Being. Both singularity and plurality are always understood from within Being and not as being otherwise than Being«[914], spielt Critchley auf Lévinas' *Autrement qu'être ou au-delà de l'essence* (1974) an. Dies gelte auch dann noch, wenn man berücksichtige, dass Nancy über Heidegger insofern hinausgeht, als er ›die Frage nach dem Sinn von Sein‹ als die Frage nach dem Sinn von Mit-Sein stellt.[915] Sein Denken des Mitseins laufe Gefahr, Intersubjektivität misszuverstehen als »a relation of reciprocity, equality and symmetry, where I rub shoulders or stand shoulder to shoulder with the other, but where I do not *face* him«.[916] Critchley zufolge versagt Nancy dabei, das Selbst anders denn als Aneignung (s)eines Anderen zu denken.[917] Aber nur wenn ich dem (ganz) Anderen von Angesicht zu Angesicht begegne, gibt Critchley zu bedenken, sehe ich in ihm »that dimension of surprise, separateness or secrecy that continually defies my attempts at comprehension and appropriation«.[918]

---

909   Vgl. Morin: Nancy, S. 15; 85f., und siehe auch Gratton/Morin: Worlds without measure, S. 7, sowie Hill: Blanchot, S. 204: »For Blanchot […], abandonment necessarily implies all abandonment of being; while for Nancy abandonment is still thought by him as the being of the abandonment of being.« Blanchots Vorwurf lässt sich durch den Hinweis relativieren, Nancys (allzu sehr nach Heidegger klingende) »language of ontology« (James: Naming the nothing, S. 178) sei verwoben mit anderen ›Sprachen‹, etwa dem Idiom Batailles; vgl. ebd., S. 178ff.

910   James: Fragmentary demand, S. 190.

911   Ebd., S. 191; vgl. ebd., S. 190f.

912   Blanchot: Uneingestehbare Gemeinschaft, S. 76; Bernasconi: Deconstructing nostalgia, S. 11, sieht in diesem Zitat ein »clear agreement with Levinas« und seiner Kritik an »the dominance of ontology«.

913   Critchley: With being-with, S. 250; vgl. ebd.

914   Ebd.

915   Vgl. ebd., S. 240; 251.

916   Ebd., S. 251, Hv. i. Orig.

917   Vgl. ebd.; siehe etwa Nancy: singulär plural sein, S. 144f. (ESP 118f.).

918   Critchley: With being-with, S. 251. Bernasconi kritisiert Nancy ebenfalls aus der Perspektive Lévinas': Wenn Nancy nach eigenem Bekunden nicht anders könne, als »la relation avec le visage que

Ko-Existenz: ›singulär plural sein‹[919]

Nancys Verteidigung muss bei seinem Verständnis von Mit-Sein oder ›singulär plural sein‹ ansetzen, denn diesen Begriffen gilt die Kritik seiner Kommentator*innen. Diese verstünden ›singulär plural sein‹ als »same-other binary«.[920] Aber: »To understand Nancy's ›singular plural‹ in terms of same and other is already to misunderstand it.«[921] Nancy unterlaufe diese Binarität.[922] Nachdem Heidegger »das Mitsein als konstitutiv für das Dasein« bestimmt habe, meint Nancy, könne man unmöglich noch »ausgehend vom Einen oder vom Anderen« denken, sondern nur »absolut und rückhaltlos ausgehend *vom ›Mit‹ als der Wesenseigenschaft eines Seins, das nichts als Mit-ein-an-der [l'un-avec-l'autre] ist*«.[923] Obwohl Nancy sich Lévinas' Alteritätsdenken nahe fühlt[924], wirft er ihm vor, vorbeizuphilosophieren am »*eigentlichste[n] Problem des Seins*«, dem »*Mit-sein*«.[925] Was Lévinas als »anders als Sein [›autrement qu'être‹]« fasse, sei ein Merkmal des Seins und kein »Gegensatz des Anderen zum Sein«.[926] Das Sein des Seienden sei »Mit-ein-ander-seiend [l'un-avec-l'autre]«.[927]

Die für seine Kritiker*innen maßgebliche Frage, ob Nancy »a place for otherness in his ontology«[928] reservieren könne, muss positiv beantwortet werden. »There remains a place for alterity in Nancy's work, but without its positioning as originary or tran-

---

comme seconde et constituée« (Jean-Luc Nancy: L'amour en éclats. In: ders.: Une pensée finie. Paris 1990, S. 225-268, 261) aufzufassen, werde er zum Opfer der Immanenz, die er zu vermeiden suche: »From a Levinasian perspective, Nancy's own ontological elucidation of the ›inoperative community,‹ by rendering the face to face secondary, obliterates alterity. Nancy's account thus remains tied to the philosophy of immanence that Nancy himself sets out to avoid.« (Bernasconi: Deconstructing nostalgia, S. 12; siehe auch Watkin: Different alterity, S. 60) Auf die Nähe seines Einwandes zur Kritik Critchleys weist Bernasconi: Heidegger und die Dekonstruktion, S. 447, selbst hin. Auch Bedorf: Ort der Ethik, S. 84, wirft Nancy vor, »dass die Pluralität, die als Basis […] der Ko-Existenz fungiert, keinen Platz für eine radikale Andersheit lässt«, was dazu führe, dass bei Nancy »Normativität und Deskription« auseinanderklafften. Als Abhilfe schlägt Bedorf die Einführung der Figur des Dritten vor. Mit ihr möchte er Lévinas' Figur des Anderen um eine sozialphilosophische Dimension erweitern: »Der Dritte ist eine Doppelfigur, insofern er ein anderer Anderer ist und zugleich *das* Dritte verkörpert (die Sprache, die Institution, die kulturelle Norm)«. (Ebd., S. 85, Hv. i. Orig.)

919   Die Ausführungen in diesem Unterabschnitt orientieren sich an den Darstellungen von Fagan: Ethics and politics after poststructuralism, S. 101ff.; Morin: Nancy, S. 27ff.; 36f.; Watkin: Different alterity; Devisch: Question of community, S. 97ff.; Neyrat: Communisme existentiel, S. 31ff.

920   Watkin: Different alterity, S. 61.

921   Ebd., S. 53.

922   »Nancy is not neglecting the priority of the other, but rather labouring to elaborate a thought more fundamental than the same/other dichotomy.« (Ebd., S. 61) Ähnlich Fagan: Ethics and politics after poststructuralism, S. 100.

923   Nancy: singulär plural sein, S. 64, Hv. i. Orig. (ESP 54f., Hv. i. Orig.).

924   Vgl. Nancy: Dem Politischen mangelt es an Symbolizität, S. 39.

925   Nancy: singulär plural sein, S. 61, Hv. i. Orig. (ESP 52, Hv. i. Orig.).

926   Ebd., S. 61, Anm. 32 (ESP 52, Anm. 1).

927   Ebd., S. 61 (ESP 52). Siehe auch Fagan: Ethics and politics after poststructuralism, S. 118, Hv. i. Orig.: »We are *with* the Other. As such, the Other as metric of complete otherness risks a covering over of the *with*, while at the same time being its condition of possibility; we cannot be *with* the same. There can be being-with only with alterity.«

928   Devisch: Question of community, S. 88.

scendental.«[929] Nancys Kritiker*innen müssten sich fragen lassen, ob nicht sie selbst einer »philosophy of immanence«[930] keineswegs entkommen. Wird nicht das Soziale, wenn lediglich vom Anderen unterbrochen, weiterhin als immanent gedacht? Auf diese Weise resümiert Devisch das Argument Nancys:

> Nancy sees no salvation in an ethics of the infinite Other. Such an ethics only confirms, if we are to believe Nancy, that the social remains yet another absolute, immanent sameness that is only interrupted through the arrival of the infinite Other which ought to transcend the immanence of the social. Only through a transcendence of the social could there be a place for otherness *in* the social.[931]

Für Nancy kommt es darauf an, eine ›andere Alterität‹[932] zu denken, die nicht mehr in das hergebrachte Schema von Selbst und Anderem passt, sondern ihren Platz im Selbst hat.[933]

In der bisherigen Darstellung sind Hinweise auf die »alterity [...] at the heart of Being«[934] bereits gefallen.[935] Zusammengefasst erlauben diese den Schluss, »daß es kein singuläres Wesen ohne ein anderes singuläres Wesen gibt«.[936] Gemäß dem, was Nancy »*Soziation*« nennt, nämlich: »eine Verfasstheit des Koexistierens«[937], gilt: »Was nicht *mit* etwas anderem ist, *ist* nicht.«[938]

Diese Behauptung stellt sich gegen zwei Ideen von Sozialität.[939] Zum einen gegen die Vorstellung, das Soziale sei ein Zusammenschluss von Individuen oder Subjekten, eine »Assoziation«[940] nach der Devise: »[E]rst das Individuum, dann die Gruppe [...], erst das ›Subjekt‹, dann die ›Intersubjektivität‹«.[941] Nancy betont dagegen: »Das Gemein-Sein [être *en* commun] bedeutet, daß die singulären Seienden nur in dem Maße sind, sich darstellen oder erscheinen, wie sie zusammen erscheinen [com-parais-sent] [...]. Dieses Zusammen-Erscheinen [comparution] wird ihrem Sein nicht hinzugefügt, sondern ihr Sein kommt darin zum Sein.«[942] ›Gemein-Sein‹ heißt zum anderen auch nicht, dass das Soziale auf einer gemeinsamen Substanz beruhte. Vielmehr teilen Singularitäten miteinander (und teilen sie einander mit), dass ihre »Gemeinschaft [...]

---

929   Fagan: Ethics and politics after poststructuralism, S. 117.
930   Bernasconi: Deconstructing nostalgia, S. 12.
931   Devisch: Question of community, S. 88, Hv. i. Orig.
932   In Anlehnung an den Aufsatz von Watkin: Different alterity.
933   Vgl. Devisch: Question of community, S. 88; ähnlich Rugo: Thinking of otherness, S. 1; 141f., siehe zudem Fagan: Ethics and politics after poststructuralism, S. 117ff., und Wetzel: Diskurse des Politischen, S. 252ff.
934   Rugo: Thinking of otherness, S. 141.
935   Ich übernehme im Folgenden Passagen aus Herzhoff: Nancy und Schmitt, S. 102f.
936   Nancy: Entwerkte Gemeinschaft, S. 63 (CD 71).
937   Nancy: Cum, S. 143, Hv. i. Orig. (C 117, Hv. i. Orig.).
938   Bedorf: Nancy, S. 151f., Hv. i. Orig.
939   Vgl. zum Folgenden in loser Anknüpfung ebd., S. 153, und siehe auch Fagan: Ethics and politics after poststructuralism, S. 101f.
940   Nancy: Cum, S. 143 (C 117).
941   Nancy: singulär plural sein, S. 76 (ESP 64).
942   Nancy: Der unterbrochene Mythos, S. 124 (MI 146, Hv. i. Orig.).

ohne Gemeinschaft ist«[943] – dass sie nichts gemein(sam) haben bis auf den Umstand, nichts gemein(sam) zu haben.[944]

›Singulär plural sein‹ ist also: nicht Singularität oder Pluralität, auch nicht zuerst Singularität und dann Pluralität (oder umgekehrt), sondern beides zugleich.

> *Être singulier pluriel*: diese drei hintereinandergereihten Worte ohne bestimmte Syntax [...] markieren zugleich eine absolute Äquivalenz und ihre offene Artikulation, die sich unmöglich wieder zu einer Identität verschließen läßt. Das *Sein* ist Singular und Plural (bzw. ist singulär und plural) zugleich, ununterschiedener- *und* unterschiedenermaßen. Es ist auf singuläre Weise plural und auf plurale Weise singulär. Diese selbst konstituiert keine besondere Prädikation des Seins, als wäre es oder als habe es eine bestimmte Zahl an Attributen, und darunter jenes doppelte, kontradiktorische oder chiasmatische Attribut eines singulär-pluralen Seins. Das plural Singuläre (oder: das singuläre Plurale) bildet vielmehr die Wesensverfaßtheit des Seins: eine Verfaßtheit, die folglich jedes eine und substantielle Wesen des Seins selbst auseinandernimmt oder zerfallen läßt. Das ist in diesem Fall jedoch nur eine Redensart, da es ja keinerlei vorgängige Substanz gibt, die aufgelöst werden könnte. Das Sein *existiert* absolut nicht *vorher*, nichts existiert vorher: es existiert nur, was existiert.[945]

Die Wendung ›singulär plural‹, erläutert Nancy, solle »die Gefahr der doppelten Substanzialität«[946] umgehen, die in der Opposition von ›individuell‹ und ›gemeinsam‹ impliziert sein könne.[947] Zugleich soll die Dichotomie von Selbst und Andere(r/s) aufgehoben werden.

Die Singularität entkommt dieser Zweiteilung, weil sie Selbst-als-Anderes und damit in einem Verhältnis des Mit ist.[948] Ein singulär(es) Seiendes existiert: Es ist exponiert, aus sich heraus gesetzt. Dabei gilt, dass alles Seiende als Singularität existiert: Pierre und der Stein *(pierre)*[949], Tiere, Gedanken, Städte und Gemeinschaften.[950] Sie

---

943 Nancy: Literarischer Kommunismus, S. 151 (CL 177).

944 Nancy: Erfahrung der Freiheit, S. 91, Hv. i. Orig. (EL 95, Hv. i. Orig.): »In-Gemeinschaft-sein [être-en-commun] bedeutet, dass das Sein nichts ist, was wir als eine Gemeinsamkeit [propriété commune] haben, auch wenn wir *sind*, dass uns das Sein nur gemeinsam ist in Form des *Geteilt-werdens*. Nicht so, dass eine gemeinsame, allgemeine Substanz an uns verteilt wäre, sondern das Sein *wird nur geteilt* [partagé] *unter* den Existierenden und *in* Existierenden«. Siehe auch Bailly/Nancy: Note liminaire, S. 8: »[N]ous n'avons rien à partager, aucun donné, aucune propriété ou substance commune, mais le partage est notre condition«, oder Nancy: Commerce of plural thinking, S. 238: »[T]he ›being-in-common‹ does not have a common substance and makes common a nonsubstance«.

945 Nancy: singulär plural sein, S. 57, Hv. i. Orig. (ESP 48, Hv. i. Orig., aber keine Hervorhebung der ersten Wendung ›Être singulier pluriel‹). Wie Fagan: Ethics and politics after poststructuralism, S. 102, resümiert, seien »the terms singular and plural [...] at the same time different from one another and indistinct«. Watkin: Different alterity, S. 55, merkt an, es gehe Nancy nicht darum, entweder »unity« oder »multiplicity« als den Grund des jeweils anderen zu behaupten, sondern eine Rangfolge beider zu bestreiten.

946 Nancy: Kommunismus, S. 187 (in der französischen Fassung findet sich diese Passage nicht).

947 Vgl. ebd.

948 Vgl. Fagan: Ethics and politics after poststructuralism, S. 103.

949 Zu diesem Wortspiel siehe Nancy: Sinn der Welt, S. 101 (SM 111).

950 Vgl. Morin: Nancy, S. 36; Fagan: Ethics and politics after poststructuralism, S. 105.

alle sind Geschöpfe, versteht man unter ›Schöpfung‹ keine Produktion, sondern einen »Akt des Hervorgehens [surgissement]«.[951] Nancy möchte die Logik des Nacheinander – es gibt etwas, nachdem es nichts gab – durch das Denken einer ursprünglichen Eröffnung ersetzen, einer Trennung des Seienden von sich selbst, durch die etwas ist: »Der Ursprung ist ein Abstand [écartement].«[952] Was existiert, ist folglich nicht das (absolute) Eine, sondern ›mehr als das Eine‹, wobei sich dieses Mehr keiner vervielfältigenden Teilung des Einen verdankt.[953] Es handelt sich um einen »Exzeß von Ursprung im Ursprung«[954]; anders gesagt: um eine ›Verräumlichung‹, die selbst nicht ist, aber existieren lässt, ohne die Existenz in einer Selbstpräsenz ankommen zu lassen und ihr ›Ursprungen‹ zu beenden.[955] »Die Kunft [venue] in die Präsenz des Seins hat genau als Nicht-(An)kunft der Präsenz statt.«[956]

Das heißt auch: Das Andere des Selbst ist nicht identifizierbar. Es gehe Nancy nicht, betont Neyrat, um eine etwa strukturalistische oder psychoanalytische Erklärung des Anderen im Selbst. Der Singularität liegt nichts voraus, auch keine Pluralität. Ist die Singularität ›mehr als das Eine‹, so meine das nicht, »que la *pluralité originaire* fonde un supplément au cœur du sujet«.[957]

Nicht sichtbar oder präsent sei das Andere des Selbst – also: das ›Mehr-als-das-Eine-sein‹ oder die Ko-Existenz – Nancy zufolge nicht deshalb, so Devisch, weil es sich verborgen hätte, sondern weil es *différance* ist, von der Derrida sagt, sie sei nicht.[958] Damit deutet sich eine Antwort auf die Frage an, wie die Pluralität zur Singularität (wie das Andere zum Selbst) kommt. Die Frage wäre falsch gestellt, würde sie insinuieren, es gäbe zunächst Singularität, zu der Pluralität dann noch hinzukäme. In dem Ausdruck ›singulär plural sein‹ sei keiner der »drei Termini [...] dem anderen vorgängig, noch begründet er die anderen«, sondern jeder »bezeichnet das Mit-Wesen der anderen«.[959] Es zeigte sich: Was existiert, das ist fort von sich, getrennt von (s)einer Ganzheit, die es nie erreichen, zu der es immer nur hin sein kann. In *La communauté désœuvrée* hatte

---

951   Nancy: singulär plural sein, S. 40 (ESP 35). Gegen die Idee einer Produktion der Singularitäten siehe Nancy: Sinn der Welt, S. 106, Hv. i. Orig. (SM 117): »Das Singuläre ist nicht geschaffen, und es schafft sich auch nicht. Es ist weder das Produkt noch die Produktion. Es ist das Sein-*in-actu* [être-en-acte]«. Zur Frage des Herkommens der Singularität auch schon Nancy: Entwerkte Gemeinschaft, S. 61, Hv. i. Orig. (CD 69f., Hv. i. Orig.): »Die Singularität *geht* vielleicht aus nichts *hervor*. Sie ist kein Werk, das Ergebnis eines Wirkens wäre. Es gibt keinen Prozeß der ›Singularisierung‹, und die Singularität wird weder gewonnen, noch hervorgebracht, noch abgeleitet. Ihr Ursprung [naissance] ereignet sich nicht *ausgehend von* oder *als Wirkung von*: Sie setzt vielmehr das Maß fest, aufgrund dessen der *Ursprung* als solcher weder als Herstellung noch als Selbstsetzung begriffen werden kann«.

952   Nancy: singulär plural sein, S. 40 (ESP 35); vgl. Neyrat: Communisme existentiel, S. 32.

953   Es geht auch nicht – umgekehrt – um eine anfängliche Vielfalt, zwischen deren Elementen dann Beziehungen entstünden; vgl. Nancy: singulär plural sein, S. 70f. (ESP 59f.), sowie Neyrat: Communisme existentiel, S. 33ff.

954   Nancy: singulär plural sein, S. 70 (ESP 59f.).

955   Vgl. Morin: Nancy, S. 30; 28f.

956   Nancy: Sinn der Welt, S. 55 (SM 59).

957   Neyrat: Communisme existentiel, S. 36, Hv. i. Orig.; vgl. ebd., S. 36f.

958   Vgl. Derrida: Différance, S. 47; Devisch: Question of community, S. 90.

959   Nancy: singulär plural sein, S. 68 (ESP 57); vgl. Neyrat: Communisme existentiel, S. 32f.

Nancy dies als Endlichkeit (*finitude*) bezeichnet, als eine Grenze der Singularität, die nie absolut ein- und damit von anderen Singularitäten abgrenzt. Endlichkeit heiße, so wurde schon aus *L'histoire finie* zitiert, »que nous sommes *infiniment* finis, infiniment exposés à notre existence comme non-essence, infiniment exposés à l'altérité de notre propre ›être‹ (ou: l'être est en nous exposé à sa propre altérité)«.[960] Mit Derrida könnte man in diesem Sinne formulieren, »daß *die Selbstheit der* [endlichen, S. H.] *Singularität den Entzug des Aus-sich-Seins des Seins zu ihrem Wesen hat*«.[961]

Singulär-sein heißt, sich durch eine Grenze zu unterscheiden: von sich, von anderen.[962] Eine Singularität wäre keine, wäre sie nicht anders als jede andere Singularität. Singuläres geht hervor aus einer »Singularisierung«, und diese bedeutet eine »Unterscheidung von [d'avec] anderen Singularitäten«.[963] Deshalb ist das Sein als bloße Position(ierung) eines Dinges, wie es mit Kant hieß, zugleich als »seine Unterschiedenheit *von [d'avec]* anderen [...] Positionen«[964] zu verstehen. Seine »Position« ist eine »Dis-Position«, sein »Erscheinen« (mit einem vertrauten Begriff) ein »Mit-Erscheinen [comparution]«.[965] Die Position(ierung) der Existenz ist nie nur das Geschehen, wodurch es etwas im Singular gibt, sondern immer das, was das Seiende mit anderem Seienden sein lässt.[966] Die Pluralität des Seins – oder besser: die Pluralität von sein – besteht Nancy zufolge darin, dass »das Sein zwischen den Seienden geteilt ist«.[967] Es gibt Seiende nur als voneinander ge- und unterschiedene Singularitäten; getrennt durch einen Zwischenraum, der Sein ist, das sein lässt.[968] Man könne sich, hebt Nancy hervor, auf sich nicht beziehen und sich nicht bezeichnen, ohne sich von anderen auszunehmen, was die anderen mit in das Selbst hineinnehme.[969] Das Selbst ist immer »self-as-relation«[970], so Watkin. Wenn das Eine ›mehr als das Eine‹ ist, muss man dies nicht nur als Abstand des Einen zu seinem Selbst verstehen, sondern auch als Abstand zu anderen und anderem: Das Eine ist nie nur eines.[971] »Auf Anhieb, auch wenn man sie in der Art eines einzigen und solitären ›Selbst‹ betrachtet, ist die Struktur des ›Selbst‹ Struktur des ›Mit‹. Der Solipsismus [...] ist singulär plural. Jeder ist bei-sich insofern

---

960   Nancy: L'histoire finie, S. 259, Hv. i. Orig.; siehe auch Nancy: Entwerkte Gemeinschaft, S. 74 (CD 84).

961   Derrida: Recht des Stärkeren, S. 71, Hv. i. Orig.

962   Fagan: Ethics and politics after poststructuralism, S. 104, spitzt dies noch zu, wenn sie betont, »the singular [...] might [...] be thought of as the border itself or the line on which the inside is exposed to the outside«. Siehe zum Folgenden auch Morin: Nancy, S. 28; 36f., sowie bereits Herzhoff: Nancy und Schmitt, S. 102.

963   Nancy: singulär plural sein, S. 61f. (ESP 52). Siehe zum *d'avec*, dessen korrekte Übersetzung (›von‹) das ›Mit‹ der Unterscheidung nicht erfasst, auch Nancy: Cum, S. 144f. (C 118), sowie Morin: Brüderliche Gemeinschaft, S. 200f.

964   Nancy: singulär plural sein, S. 35, Hv. i. Orig. (ESP 30, Hv. i. Orig.).

965   Ebd. (ESP 30f.).

966   Vgl. Morin: Nancy, S. 28.

967   Morin: Brüderliche Gemeinschaft, S. 192.

968   Vgl. ebd., S. 192f.

969   Vgl. Nancy: singulär plural sein, S. 71f. (ESP 60f.); 105 (ESP 87f.).

970   Watkin: Different alterity, S. 54.

971   Vgl. Heikkilä: Limits of presentation, S. 123f.

und weil er bei-anderen ist.«[972] Auf eine Formel gebracht: »[E]ines = mehr als eines [plus d'un], denn man kann nicht ›eines‹ zählen, ohne mehr als eines zu zählen«.[973] *Plus d'un* sei die Zahl, die Zählung selbst.[974]

An diesem Punkt schlägt die Darstellung einen Bogen zurück zum Anfang von Nancys Beschäftigung mit der Gemeinschaft: Wie erwähnt, ging *La communauté désœuvrée* die Anfrage voraus, einen Text zum Thema ›La communauté, le nombre‹ zu verfassen. Die (ontologische) Frage war damals und ist es heute noch, wie diese »pluralité des ›un‹«[975] zu verstehen ist.

Zum einen, noch einmal: Nicht als verschiedene (einzelne) Teile eines (allgemeinen) Ganzen; Singularität ist nicht Partikularität. Die Unterscheidung wäre in diesem Fall lediglich eine numerische Differenz, da keine ›echte‹ Differenz und damit auch keine Singularität vorliegt, wenn – wie im Organismus – jede/r Einzelne lediglich ein Glied des Ganzen ist.[976] Nancy macht deutlich, dass dem Singulären kein (gemeinschaftliches) Eines vorausgeht: »[D]as Singuläre ist nicht das Partikulare, es ist nicht *Teil* eines Gesamtzusammenhanges (Spezies, Gattung, Klasse, Ordnung)«.[977] Es handele sich nicht um eine »ursprüngliche Einheit und deren Teilen«.[978] So zu denken schriebe nur die Tradition einer »Metaphysik des Einen Ursprungs [origine-une]«[979] fort, wie sie etwa Plotin (205-270) entwickelt hatte, für den alles einzelne Seiende auf ein es gründendes (unsagbares) Eines zurückgehe.[980] Solches Denken bewahrt das Zutrauen auf eine Wiedervereinigung der Teile zu oder in einem Ganzen. Eine Sammlungsbewegung in diesem Sinne – hin zu einer ›Einigkeit‹ und ›Eigentlichkeit‹ des Seins – erkennt Nancy bei Heidegger; etwa dort, wo dieser den Menschen als »Hirt[en] des Seins«[981] bezeich-

---

972 Nancy: singulär plural sein, S. 146 (ESP 120). »Die unbedingte Existenzialität jedes *Einen* ist, dass es nicht allein aus sich selbst noch allein in sich selbst *bestehend existieren* kann.« (Nancy: Sinn der Welt, S. 105, Hv. i. Orig. [SM 116, Hv. i. Orig.]) Das meint nicht, dass zuvor etwas in seiner »Individualität oder Autonomie« da war, dem dann noch »eine bestimmte Anzahl von Beziehungen und Interdependenzen« (ebd.) beigesellt würde. Vielmehr gelte: »Der Bezug [rapport] ist den Singularitäten zeitgleich.« (Ebd., S. 106 [SM 117]) So gelte auch: »*Ego sum = ego cum*«, denn »die Evidenz des *ego sum* [verweist] konstitutiv und mit-ursprünglich auf ihre Möglichkeit [...] in jedem von uns, das heißt dieser Mit-Möglichkeit verdankt die Evidenz als Evidenz ihre Überzeugungskraft und ihren Wahrheitsgehalt«. (Nancy: singulär plural sein, S. 60, Hv. i. Orig. [ESP 51, Hv. i. Orig.]); siehe auch ebd., S. 63 (ESP 53).

973 Nancy: singulär plural sein, S. 70 (ESP 60); siehe auch Nancy: Sinn der Welt, S. 98 (SM 109), sowie Morin: Brüderliche Gemeinschaft, S. 200. Neyrat: Communisme existentiel, S. 36, verdeutlicht Nancys Argument so: »Un = plus que l'un = plus d'un«.

974 Vgl. Nancy: Plus d'un, S. 26.

975 Ebd.

976 Vgl. Nancy: singulär plural sein, S. 61f. (ESP 52); Fagan: Ethics and politics after poststructuralism, S. 103; Devisch: Question of community, S. 103.

977 Nancy: Sinn der Welt, S. 105f., Hv. i. Orig. (SM 117, Hv. i. Orig.); vgl. ebd., S. 105 (SM 116f.).

978 Nancy: singulär plural sein, S. 70 (ESP 59). Siehe auch Fagan: Ethics and politics after poststructuralism, S. 103, und Watkin: Different alterity, S. 54, der unterstreicht: »[N]o originary unity underpins Nancy's singular plurality«.

979 Nancy: singulär plural sein, S. 50 (ESP 43).

980 Vgl. Habermas: Einheit der Vernunft, S. 156ff.; den Wink zu Habermas bei Röttgers: An-archische Praxis, S. 59.

981 Heidegger: Brief über den Humanismus, S. 331; vgl. ebd., S. 342.

net. Nancy konfrontiere dieses heideggersche »centripetal movement of gathering« mit einem »centrifugal movement of dispersal which can never be gathered back into itself or into any mode of oneness or originary unifying«.[982]

Wenn damit zwar gilt, dass »die Singularität des Seins sein Plural«[983] ist, darf doch die Zerstreuungsbewegung nicht so verstanden werden, als träte an die Stelle einer ursprünglichen Einheit des Seins eine »ursprüngliche Multiplizität und ihre Korrelation«.[984] Wie bei der Vorstellung einer ursprünglichen Einheit setzte auch dies einen Ursprung voraus, der von einem Ereignis (Aufteilung oder Korrelation) ereilt würde. Es komme jedoch darauf an, »die Einheit ursprünglich plural [zu] denken: Das heißt genau, das Plurale als solches zu denken.«[985] Diese negative Abgrenzung lässt sich positiv als eine paradoxe »zweifache Vorgängigkeit [double antériorité]«[986] verstehen, die ›singulär plural sein‹ charakterisiert: Das Singuläre ist dem Pluralen vorgängig – und ist es nicht, weil auch das Plurale dem Singulären vorgängig ist. Also gibt es keine tatsächliche Vorgängigkeit, sondern ein Zugleich von Singularität und Pluralität: »[J]eder einzelne, aber alle zusammen. Das Gemeinsam-Sein [être-en-commun] ohne gemeinsame Substanz.«[987]

Man, diese Leute!

Diese These einer Simultaneität von Singularität und Pluralität – keine Verschmelzung, aber auch keine »unfettered dissemination«[988] – schließt an Heideggers ›Man‹ an, modifiziert es jedoch.[989] Heidegger wollte »die Frage nach dem Wer des alltäglichen Daseins«[990] beantworten. Das Resultat seiner Untersuchung war: »Das Selbst des alltäglichen Daseins ist das *Man-selbst*«, und als solches sei es »in das Man *zerstreut*«.[991] Nancys

---

982   James: Fragmentary demand, S. 102; vgl. ebd., S. 100ff. Siehe etwa Nancy: Erfahrung der Freiheit, S. 13, Hv. i. Orig. (EL 16f., Hv. i. Orig.): »An der Grenze der Philosophie [...] gibt es nur – aber *gibt es* [...] – die freie Verstreuung [dissémination] der Existenz. Diese freie Verstreuung [...] ist weder die Diffraktion eines Prinzips noch die vielfältige Wirkung einer Ursache, sondern die An-archie – der Ursprung, der jeder Logik des Ursprungs, jeder Archäologie entzogen ist – eines singulären, mithin wesentlich pluralen Auftauchens«.

983   Nancy: singulär plural sein, S. 69 (ESP 58).

984   Ebd., S. 70 (ESP 59). Dies betont gegen James: Fragmentary demand, S. 102, Watkin: Different alterity, S. 56f.

985   Nancy: singulär plural sein, S. 70 (ESP 59).

986   Nancy: Politik und darüber hinaus, S. 216 (PED 11). Das Motiv der ›zweifachen Vorgängigkeit‹ hatte sich auch bei Rousseau gezeigt, bei dem sich Gesellschaftsvertrag und Menschsein wechselseitig voraussetzen.

987   Ebd. Siehe auch Fagan: Ethics and politics after poststructuralism, S. 101f.: »We begin [...] together. Existence is always coexistence or being-with-others, but in a very specific way, in which neither the idea of being, not that of togetherness or the common is primary. [...] The ›with‹ [...] is not in addition to a prior being; rather, it is at the heart of being. That is, we do not start with being as a whole or with beings that are than added together. The ›with‹, relation or bond does not presuppose the pre-existence of the term upon which it relies.«

988   Watkin: Different alterity, S. 57.

989   Vgl. hierzu und zum Folgenden Morin: Nancy, S. 27, siehe ferner Devisch: Question of community, S. 100ff.

990   Heidegger: Sein und Zeit, S. 117.

991   Ebd., S. 129, Hv. i. Orig.

Einwand lautet, man müsse (über Heidegger hinaus) weiter fragen: Wer genau antwortet auf die Frage nach dem Wer (mit ›man‹)? »Im ›Man‹ – so wie man es sagt – ist nicht immer entschieden, ob derjenige, der spricht, sich selbst in die Anonymität des ›man‹ einschließt oder nicht.«[992] Nancy schlägt deshalb vor, statt ›Man‹ den Ausdruck ›Leute‹ (gens) zu verwenden; denn von ›den Leuten‹ sondere sich der/die Sprecher*in eindeutig(er) ab:

> Wir sagen: »Die Leute sind sonderbar [les gens sont bizarres]«. Dieser Satz ist eine unserer konstantesten rudimentären ontologischen Bezeugungen. Und tatsächlich besagt er viel. »Die Leute« sind alle anderen, ununterschieden, bezeichnet als Ensembles von Bevölkerungen, Ahnenreihen oder Rassen (gentes), von denen derjenige, der spricht, sich folglich ausnimmt.[993]

Und doch nicht ganz: Es bleibe eine Art Leute-Selbst erhalten, eine Zurechnung des Selbst zu ›den Leuten‹ aufgrund der Einsicht, ihnen gleich zu sein in dem Sinne, »daß wir alle genau ›gens‹ sind [...], ein ganzes gemeinsames genre«.[994] Dabei gelte (vielleicht zu optimistisch gedacht), dass der oder die, welche/r sich von ›den Leuten‹ unterscheidet, »irgendwie auch jedem (jeder) der Leute«[995] zugesteht, sich als Ausnahme von den anderen Leuten zu unterscheiden, mit anderen Worten: singulär zu sein.[996] Die Singularität unterscheide sich vom Individuum dadurch, dass sie ›infra-individuell‹ sei: »Mir begegnen nie Pierre oder Marie, sondern der eine oder die andere in gewisser ›Form‹, einem ›Zustand‹ oder einer ›Stimmung‹«.[997]

Anders als das heideggersche ›Man‹, das die Alltäglichkeit des Daseins als eine nivellierende »Durchschnittlichkeit«[998] inszeniert, soll les gens hindeuten auf das Aufblitzen, das ›Urspringen‹ von Einzigartigkeit(en) – von Gesichtern, Stimmen, Gesten, Haltungen – aus der Menge, in der Menge bleibend.[999] Eine Singularität ist keine (absolute) Ausnahme von allen anderen, sondern (auch) Teil der Leute. Die ›eigentliche‹ Existenz muss nicht aus der grauen »Bedeutungslosigkeit des Alltäglichen«[1000] sich erst herausarbeiten, sondern ist als Singularität eingelassen in das Alltägliche, das man, wie Nancy Heidegger vorwirft, nicht verwechseln dürfe »mit dem Indifferenten, Anonymen und

---

992 Nancy: singulär plural sein, S. 27 (ESP 25); vgl. ebd.

993 Ebd., S. 26, Hv. i. Orig. (ESP 24, Hv. i. Orig.).

994 Ebd., S. 27, Hv. i. Orig. (ESP 25, Hv. i. Orig.); vgl. ebd.

995 Ebd., S. 28 (ESP 26).

996 Vgl. ebd.

997 Ebd., S. 29 (ESP 27); vgl. Morin: Brüderliche Gemeinschaft, S. 211. Nancy spielt möglicherweise auf die »Befindlichkeit« in § 29 von Sein und Zeit an: »Was wir ontologisch mit dem Titel Befindlichkeit anzeigen, ist ontisch das Bekannteste und Alltäglichste: die Stimmung, das Gestimmt-sein.« (Heidegger: Sein und Zeit, S. 134, Hv. i. Orig.) Die Infraindividualität deutet auf eine Selbstdifferenz hin: »I do not differ just from others but also differ continuously from myself. [...] People never meet person Y as such, but always person Y with specific infraindividual qualities or characteristics.« (Devisch: Question of community, S. 104)

998 Heidegger: Sein und Zeit, S. 127, Hv. i. Orig.

999 Vgl. Nancy: singulär plural sein, S. 28 (ESP 25f.); 30 (ESP 27f.). Nach Ansicht von Devisch: Question of community, S. 105, möchte Nancy mit diesen Überlegungen aus der »dialectical opposition between personal, individual encounters and anonymous contacts in the masses« ausbrechen.

1000 Nancy: singulär plural sein, S. 31 (ESP 28).

Statistik«.[1001] Das Alltägliche sei täglich anders, es unterscheide sich alle Tage vom Vortag und zeichne sich aus durch seine (von Heidegger vernachlässigte) »ständig erneuerte Bruchhaftigkeit, seine intime Diskordanz, seine Polymorphie und Polyphonie«.[1002] Jeder Tag sei »der immer wieder singuläre Lauf der Welt«[1003], und kein Tag könnte dem anderen gleichen, unterschieden sich die Tage nicht voneinander.[1004] »Dasselbe gilt für die ›Leute‹, oder vielmehr ›die Leute‹ sind mit der irreduziblen Sonderbarkeit, die sie als solche konstituiert, selbst [...] die Exposition der Singularität, dernach die Existenz auf irreduzible Weise und erstlich existiert«.[1005]

Das Singuläre ist »[i]rgendeiner [Quelqu'un]: ein gewisser, egal wer, ein jeder, aber genauso dieser hier und kein anderer«.[1006] Irgendeiner – das Singuläre – ist »›einzig‹«, aber seine »Einzigkeit oder Einmaligkeit [unicité] [...] besteht ganz genau in seiner Vielzähligkeit«.[1007] Er ist so einzigartig wie alle anderen und also seiner Einzigartigkeit enteignet.[1008] Damit ist das Singuläre, mit Agamben formuliert, »Beliebiges«[1009], das durch seine »Quodlibetalität«[1010] gekennzeichnet sei. Es sei nicht »*Wie*-Sein«, besitze keine bestimmten Attribute, durch die es einer Klasse oder Menge zugehörte, sondern sei ein Sein, das ist, (so) wie es ist: »*So*-Sein«.[1011] Die Singularität, sagt Nancy, ist Existenz, »diese *hier* oder jene *da* [...], unnachahmlich im Herzen ihres Beliebigseins.«[1012]

Quodli(e)betalität oder Neugier auf uns

Für Agamben verweist das *quodlibet* »immer schon auf ein Belieben *(libet)*: beliebiges Sein und Begehren stehen in einem ursprünglichen Verhältnis«.[1013] (Wenn man liebe, so sein Beispiel, liebe man nicht bestimmte Eigenschaften des oder der Geliebten, ebensowenig aber liebe man im Sinne einer allgemeinen Menschenliebe unter Abse-

---

1001 Ebd., S. 30 (ESP 27). Nancy hebt hier die Trennung von ›Eigentlichkeit‹ und ›Uneigentlichkeit‹ auf; siehe dazu Devisch: Question of community, S. 100ff.

1002 Nancy: singulär plural sein, S. 30 (ESP 27).

1003 Ebd.

1004 Vgl. ebd.

1005 Ebd.

1006 Nancy: Sinn der Welt, S. 104 (SM 114).

1007 Ebd., S. 105 (SM 116).

1008 »Die unbedingte Existenzialität jedes *Einen* ist, dass es nicht allein aus sich selbst noch allein in sich selbst *bestehend existieren* kann.« (Ebd., Hv. i. Orig.)

1009 Giorgio Agamben: Die kommende Gemeinschaft [2001]. Berlin 2003, S. 9.

1010 Ebd., S. 22.

1011 Ebd., S. 10, Hv. i. Orig.; vgl. ebd.

1012 Nancy: Sinn der Welt, S. 108, Hv. i. Orig. (SM 119, Hv. i. Orig.). Nancy verweist zum Motiv des Beliebigseins auf Agamben (vgl. ebd., S. 106, Anm. 8 [SM 118, Anm. 1]), von dem er sich – siehe Agamben: Kommende Gemeinschaft, S. 14ff. – vielleicht auch zu seinem Beispiel des Beispiels hat inspirieren lassen, mit dem er die Gleichzeitigkeit von Singularität und Pluralität veranschaulicht. »Das Exempel wird gewählt und herausgenommen, um etwas Großes, Außerordentliches zu präsentieren. Was hier exemplifiziert wird, das ist die Ausnahme der Singularität – insofern sie genauso die banale Regel der Vielfältigkeit ist. Doch eine solche Regel hat selbstverständlich keine andere Instanz als ihre Ausnahmefälle und ihre Fälle von Exemplarität.« (Nancy: Sinn der Welt, S. 108 [SM 119])

1013 Agamben: Kommende Gemeinschaft, S. 9, Hv. i. Orig.

hung von allen Eigenschaften.[1014] Die Liebe wolle »die Sache *mit all ihren Prädikaten, ihr Sein, so wie es ist. Sie begehrt das Wie* nur insofern es *so* ist – das ist ihr besonderer Fetischismus.«[1015]) Nancys Ausführungen zu den beliebig-unnachahmlichen Singularitäten führen zu dem für eine Politik des Miteinander nur auf den ersten Blick nebensächlichen Phänomen der Neugier. Für Nancy ist die Neugier kein »Überall-und-nirgends-sein«[1016], sondern mit dem Auftauchen beliebiger Singularitäten verknüpft.[1017] Andere Singularitäten sind *curieux*, seltsam oder eigenartig, und damit wecken sie Neugier. Die Neugier ist aufrüttelnd-verwickelnder Kontakt mit einer Singularität, mit einer/einem (menschlichen, tierischen, pflanzlichen, dinglichen) Anderen.[1018] Laut Heikkilä ist die Neugier für Nancy »that which is involved in our basic relation to the world and to ourselves, which exposes its origin as always-other«.[1019] Es sei die Neugier, schreibt Nancy in *Le Sens du monde*, die Singularitäten aufeinander bezieht: »Eine ›transzendentale‹ Neugier stiftet den Bezug [rapport].«[1020]

Die Neugier ist neutral, nur die Eröffnung der Möglichkeit des liebenden, hassenden, begehrenden, fürchtenden etc. Bezugs.[1021] Dieser jedoch kann sich in negativer wie positiver Gestalt zeigen. Das (seltsame) »Andere [autre]«, auf das die Neugier sich richtet, könne zum vergötterten oder verteufelten »ANDEREN [Autre]«[1022] werden, dem man sich unterwirft oder das man auszuschließen und zu vernichten suche. Im zweiten Fall ist die Neugier nicht mehr das Interesse an dem Auftauchen einer beliebigen Singularität, sondern der Wunsch, das Andere in einer Identität zu fixieren. Insofern das Miterscheinen der Singularitäten Welt ist, bedeutet diese Fixierung zugleich den Ausschluss aus der Welt.[1023] In ihrer positiven Ausprägung zeigt sich die Neugier als eine »Bewunderung [adoration] [...], die dem Besonderen [la singularité] als solchem zugewandt ist«.[1024] Es handelt sich hierbei um eine respektvolle »Achtsamkeit [attention]«[1025] dem gegenüber, was sich nicht wertschätzen lässt, da es unendlich wertvoll ist: jede einzelne (und zugleich alle) Singularität(en). Als ›Achtsamkeit‹ ist die Neugier die Voraussetzung für einen – und ist selbst die Praxis eines – dem kapitalistischen

---

1014 Vgl. ebd., S. 10.

1015 Ebd., Hv. i. Orig.

1016 Heidegger: Sein und Zeit, S. 173; vgl. Nancy: singulär plural sein, S. 44 (ESP 38). Die Neugier sei konstituiert durch ein unruhig-aufgeregtes »*Unverweilen* beim Nächsten«, das als weiteres Moment die »Möglichkeit der *Zerstreuung*« enthalte; beide zusammen verliehen der Neugier den Charakter der »*Aufenthaltslosigkeit*«. (Heidegger: Sein und Zeit, S. 172f., Hv. i. Orig.) Siehe für eine Rehabilitierung der Neugier auch Virno: Grammatik der Multitude, S. 101ff.

1017 Vgl. Morin: Nancy, S. 27, siehe zu ›Neugier‹ bei Nancy auch Heikkilä: Limits of presentation, S. 127.

1018 Vgl. Nancy: singulär plural sein, S. 44f. (ESP 38f.).

1019 Heikkilä: Limits of presentation, S. 127.

1020 Nancy: Sinn der Welt, S. 108 (SM 119f.). Zum Begriff des Bezugs *(rapport)* siehe unten den Unterabschnitt *Was zwischen uns (nicht) ist oder Bericht vom ›rapport‹*.

1021 Vgl. ebd.

1022 Nancy: singulär plural sein, S. 45 (ESP 39).

1023 Vgl. ebd., S. 45f. (ESP 39f.); siehe auch Morin: Brüderliche Gemeinschaft, S. 212f.

1024 Nancy: Äquivalenz der Katastrophen, S. 56 (EC 66). Heikkilä: Limits of presentation, S. 127, Hv. i. Orig., spricht von einem »looking for the *singularity* of the origin in the other«.

1025 Nancy: Äquivalenz der Katastrophen, S. 56 (EC 65).

Prinzip der allgemeinen Äquivalenz entgegengesetzten »Kommunismus der Ungleich-wertigkeit«[1026], den Nancy mit der Demokratie identifiziert.[1027]

Die Neugier ist körperlich: Sie geht vom Körper, von den Sinnen aus, und sie rich-tet sich auf Körper (*les sens* sind die Sinne und die Richtungen).[1028] Der Körper des/der ANDEREN wird gemartert und vernichtet, der Körper des/der Anderen hingegen weckt meine (sinnliche) Neugier auf eine Weise, die mich ihm/ihr annähert, in Kontakt treten lässt, die vielleicht in einer wohlwollenden Sorge resultiert – *curiosus* und *cura* teilen sich dieselbe Wurzel.[1029] Für diese Form der Neugier sei möglicherweise die sexuelle Neugier exemplarisch, merkt Nancy an.[1030] Allgemeiner ist Neugier eine Heraus- und Aufforderung durch beliebige Körper, wie man sie in freien, zurückhaltend choreo-graphierten Formen des Tanzes findet, der ein »›Zusammen [ensemble]‹ ist, weder eine Kommunion noch rein äußerlich«[1031], oder wie sie sich auf Plätzen wie den Agorai er-eignete – herrschaftsfreien Stätten, die der Gemeinschaft offenstanden und sie immer wieder öffneten.

Hier tritt die Relevanz der Neugier für eine Politik des Miteinander zutage: Sie lässt (beliebige) Menschen zusammenkommen und stiftet Bezüge zwischen ihnen – was die Voraussetzung für politische Ereignisse ist. Man könnte die Neugier als Interesse am Gemeinsamen bezeichnen, was nicht heißt, dass sie ein gemeinsames Interesse voraus-setzt oder zu einem solchen hinführt. In dem Hinweis auf die Agora zeichnet sich ab, dass das Mit-Erscheinen der Beliebigen nicht nur selbst eine Verräumlichung ist, wie Nancy betont. Es ist vielleicht auch nur unter bestimmten architektonischen (›räum-lichen‹) Gegebenheiten möglich. Architektur kann Körper und ihre Bewegungen ab- und gleichrichten und so der Neugier vorbauen: Die faschistischen Massenaufmärsche auf dem Reichsparteitagsgelände in Nürnberg waren keine Tänze.[1032] Aber Architektur kann Neugier auch wecken, sie wäre dann ein »kollektiver (versammelnder) Akt«.[1033]

Identität

Nancys Vorschlag, das heideggersche ›Man‹ durch ›les gens‹ zu ersetzen, lässt deut-lich werden, dass er mit seinem Denken des ›singulär plural sein‹ nicht jede Idee von Identität verabschieden möchte.[1034] ›Singulär plural sein‹ oder ›Mit‹ sei vielmehr »das

---

1026 Ebd., S. 59 (EC 69). »Wertschätzung [estimation] […] reiht sich ein in die Kalküle der allgemeinen Äquivalenz […]. Achtung [estime] […] richtet sich auf das Besondere und die besondere Weise, in der es vergegenwärtigt wird«. (Ebd., S. 57 [EC 66])

1027 Siehe zum Zusammenhang von Kommunismus und Demokratie etwa Watkin: Being just, S. 28f.

1028 Zu dieser Doppelbedeutung siehe Bedorf: Nancy, S. 147.

1029 Vgl. Nancy: Sinn der Welt, S. 108 (SM 119f.).

1030 Vgl. Nancy: singulär plural sein, S. 45 (ESP 39).

1031 Jean-Luc Nancy: Gespräch über den Tanz [mit Véronique Fabbri]. In: ders. et al.: Allesdurchdrin-gung. Texte, Essays, Gespräche über den Tanz. Mit Beiträgen von Yvonne Rainer, Luciano Berio, David Kishik, Jean-Luc Nancy, Michel Serres und René Thom. Berlin 2008, S. 60-90, 74 (Jean-Luc Nancy: Entretien avec [Véronique Fabbri]. In: Rue Descartes 44 [2004], H. 2, S. 62-79, 69).

1032 Vgl. ebd., S. 64f. (E 64).

1033 Schwarte: Philosophie der Architektur, S. 179; siehe zum Versammlungspotential der Architektur ebd., S. 9f.; 264ff., sowie Abschnitt II.4 der vorliegenden Arbeit.

1034 Dass Nancy »not the opponent of all notions of unity and identity *par excellence*« sei, betont Chantal Bax: A Forward-looking France: Jean-Luc Nancy on National Identity. Veröffentlicht am 14.1.2013,

Prinzip der Identität, das augenblicklich vervielfacht ist [le principe d'identité instanta-
nément démultiplié]«.[1035] Wie Watkin festhält, erlaubt es Nancys ›singulär plural sein‹,
»similarity in difference«[1036] anzuerkennen. Identität wäre demnach anders zu denken, nämlich als »Identifizierungen«.[1037] Auch Kollektive (z.B. Städte, Kulturen, Sprachen, Völker) seien Singularitäten, unterstreicht Nancy in seiner *Éloge de la mêlée*, dem
Lob der Vermischung.[1038] Dabei soll der Begriff der Vermischung *(mêlée)* ein essentiali-
sierendes Verständnis von ›Mischung‹ *(mélange)* abwehren: »Die Mischung [mélange],
als solche, kann zwei Identitäten annehmen: die einer Verschmelzung [fusion] [...] oder
die einer völligen Unordnung«.[1039] Dies liege daran, dass eine Mischung aus isolierten, gleichsam reinen (und dann vermischten) Substanzen bestehe.[1040] ›Vermischung‹
betont, dass das, was vermischt wird, nie in Reinheit vorliegt[1041]: »Die Mischung [mé-
lange] ist per definitionem keine einfache Substanz, deren Ort und Wesen sich angeben
ließe, die man *als solche* herausgreifen und thematisieren könnte«.[1042] Wie die Identität »immer das andere einer anderen Identität« sei und also stets plural, sei auch die
Mischung »immer *in und als Gemeinschaft*«, nie jedoch »*als solche*«[1043], wie Nancy betont.
»Eben weil die Mischung [mélange] mit anderem vermischt und Vermischung *[mêlée]*
ist, ist sie keine Substanz.«[1044] Keine Substanz, nichts was (fest) ist – die Vermischung
ist ein (unaufhörliches) Geschehen, ein »Prozess [...], in dem sich Nicht-Identität und
Identität *zugleich* ergeben«.[1045] So habe ›unsere‹ Kultur, unterstreicht Nancy, wie jede

---

o. S., Abs. 3, Hv. i. Orig. Abrufbar unter: <www.telospress.com/a-forward-looking-france-jean-luc-
nancy-on-national-identity/> (Zugriff am 29.1.2022).

1035 Nancy: singulär plural sein, S. 65 (ESP 55).

1036 Watkin: Different alterity, S. 56.

1037 Nancy. singulär plural sein, S. 106 (ESP 88).

1038 Vgl. Morin: Nancy, S. 37, die ebd. ebenfalls auf Nancys *Éloge de la mêlée* eingeht. Siehe zur Singulari-
      tät des Pluralen auch Devisch: Question of community, S. 102ff. Im Zusammenhang mit Fragen von
      Rassismus und Multikulturalität diskutiert *Éloge de la mêlée* auch Wetzel: Diskurse des Politischen,
      S. 267ff.; Interpretationen liefern zudem Chantal Bax: Jean-Luc Nancy über Nationalität und/als
      Identität. In: Röttgers, Kurt (Hg.): Plurale Sozio-Ontologie und Staat. Jean-Luc Nancy. Baden-Baden
      2018, S. 121-138, 123ff.; Morin: Brüderliche Gemeinschaft, S. 210ff.; Trautmann: Partage, S. 130ff.

1039 Nancy: Lob der Vermischung, S. 5, Hv. i. Orig. (ELM 175).

1040 Vgl. ebd., S. 4 (ELM 172).

1041 Vgl. Morin: Brüderliche Gemeinschaft, S. 210; Morin: Nancy, S. 37.

1042 Nancy: Lob der Vermischung, S. 5, Hv. i. Orig. (ELM 174).

1043 Ebd., Hv. i. Orig.

1044 Ebd. (ELM 174, Hv. i. Orig.).

1045 Bedorf: Ort der Ethik, S. 82, Hv. i. Orig. »Die Mischung *ist* [...] nicht. Sie geschieht oder ereignet sich.
      Es gibt Vermischung, Kreuzung, Verwebung, Austausch und Teilung [partage], doch nie ist es ein
      und dasselbe. Einerseits ist die Mischung ein ›es geschieht‹, kein ›es ist‹: Verschiebungen [déplace-
      ments], Zufälle, Wanderungen, Abweichungen [clinamens], Begegnungen, Chancen und Risiken
      sind für sie konstitutiv. Andererseits ist sie nicht *eine* [›und‹]: in einer Vermischung gibt es die Be-
      gegnung und die Gegnerschaft, Vereinigung und Trennung, Durchdringung und Überkreuzung,
      Verschmelzung und Zusammensetzung, Kontakt und Kontrakt, Konzentrierendes und Dissemi-
      nierendes, Identifizierendes und Alterierendes.« (Nancy: Lob der Vermischung, S. 6, Hv. i. Orig.
      [ELM 175, Hv. i. Orig., mit dem Zusatz: »...ce qui identifie et ce qui altère – comme les deux sexes
      en chacun(e) d'entre nous.«])

Kultur keinen reinen Anfang (gehabt), sondern sei von Beginn an Vermischung gewesen.[1046] Ganz ähnlich müsse man für ein Volk sagen: Es stimmt nicht mit sich selbst überein, sondern ist eine Vielzahl von Singularitäten, die sich vermischen, ohne wie in einem Schmelztiegel ununterscheidbar zu werden.[1047] (In einem Interview aus dem Jahr 1990 erwähnt Heiner Müller, wie er auf einer Demonstration ein Transparent sah, auf das jemand – seine Singularität behauptend, wie Nancy vielleicht sagen würde – neben die Losung ›Wir sind das Volk‹ den Satz ›Ich bin Volker‹ geschrieben hatte.[1048])

Auch wenn Nancy kritisch gegenüber dem Konzept der (kollektiven) Identität ist[1049], besteht er darauf: Es gibt Identität und man muss ihr ein Recht einräumen.[1050] »Eine ›Kultur‹ ist ein gewisses ›eines‹. Die Tatsache und das Recht dieses ›einen‹ dürfen nicht vernachlässigt, erst recht nicht geleugnet werden im Namen einer Essentialisierung der ›Mischung‹.«[1051] Jede Kultur habe eine Identität, einen »Stil oder Ton«[1052], durch den sie sich unterscheide. Es gebe ein »»Franzose sein««[1053], die Frage allerdings, was es heißt, Franzose oder Französin (und Nicht-X) zu sein, lasse sich keinesfalls durch die Angabe bestimmter Merkmale beantworten. Gleich dem göttlichen *logos*, so muss auch die Identität als eine ›Mit-Teilung der Stimmen‹ verstanden werden: Der kulturtypische ›Stil‹ werde verschieden interpretiert, er sei nur als gemischter/vermischter.[1054] »Was wir gemeinsam haben, ist immer auch das, was uns unterscheidet und differenziert. Mit einem Franzosen habe ich gemeinsam, *nicht* derselbe Franzose wie er zu sein, und auch das, daß unser ›Franzosentum‹ nirgendwo ist, keine Essenz oder feste Gestalt hat.«[1055] Kulturen starren einander nie als feste Identitäten entgegen, sondern sie identifizieren sich, wie jede Identität, durch Unterscheidungen: von sich selbst, von anderen.[1056] Statt auf eine uniforme Gleichheit hebt Nancys Begriff

---

1046 Vgl. Nancy: Lob der Vermischung, S. 6 (ELM 175ff.).

1047 Vgl. ebd., S. 7; 5 (ELM 180; 174f.) In einer anderen Lesart dieser wesentlichen Nicht-Identität des Volkes könnte man mit Rancière: Unvernehmen, S. 50, sagen, ein Volk sei stets ein »Abstand zwischen zwei Völkern: demjenigen der erklärten politischen Gemeinschaft und dem, das sich als von dieser ausgeschlossen definiert«. Ähnlich formuliert Agamben: Homo sacer, S. 186: Das Wort ›Volk‹ bezeichne »sowohl das konstitutive politische Subjekt als auch die Klasse, die, wenn nicht rechtlich, so doch faktisch, von der Politik ausgeschlossen ist«.

1048 Vgl. Heiner Müller: ›Jetzt ist da eine Einheitssoße‹. Der Dramatiker Heiner Müller über die Intellektuellen und den Untergang der DDR [Gespräch mit Hellmuth Karasek, Matthias Matussek, Ulrich Schwarz]. In: Der Spiegel 44 (1990), H. 31, S. 136–141, 139.

1049 Bedorf: Ort der Ethik, S. 81, spricht bei Nancy gar von einer »Polemik gegen die Identität«.

1050 Bax: Forward-looking france, Abs. 7, hält mit Bezug auf Nancys Buch *Identité. Fragments, franchises* richtigerweise fest, Nancy »denies wanting to reject the concept of identity altogether«.

1051 Nancy: Lob der Vermischung, S. 6 (ELM 177); vgl. Bax: Nationalität und/als Identität, S. 124f.

1052 Nancy: Lob der Vermischung, S. 6 (ELM 177).

1053 Nancy: Identität, S. 46 (I 41).

1054 Vgl. Nancy: Lob der Vermischung, S. 6 (ELM 177), sowie Bax: Forward-looking france, Abs. 13; Bax: Nationalität und/als Identität, S. 126f., die ebd., S. 127, das folgende Zitat ebenfalls anführt.

1055 Nancy: Lob der Vermischung, S. 7, Hv. i. Orig. (ELM 180, Hv. i. Orig.). Fagan: Ethics and politics after poststructuralism, S. 106, macht an diesem Beispiel fest: »We have in common that which differentiates us – not the content of the difference, but the differentiation itself.« Siehe auch Devisch: Question of community, S. 104; 107.

1056 Vgl. Nancy: Identität, S. 75ff. (I 68ff.). Nancy nennt diese ›beweglichen‹ Identitäten auch ›Ipseitäten‹: »Eine Ipseität ist nicht die reine Indifferenz und Tätigkeit eines Selben, das einfach ein

der Identität auf ein Ähneln ab: »Wir ›ähneln [ressemblons]‹ einander gemeinsam [...], und das bedeutet, daß es weder ein Urbild noch einen Ursprung der Identität gibt, sondern daß die Mit-Teilung [partage] der Singularitäten an die Stelle des ›Ursprung‹ tritt«.[1057]

Was zwischen uns (nicht) ist oder Bericht vom ›rapport‹

In seiner *Éloge de la mêlée* zeigt Nancy, dass es vor und nach der Vermischung »keine Reinheit gibt«.[1058] Eine individuelle oder kollektive ›reine‹ Identität im Sinne einer absoluten Differenz von anderen ist unmöglich, denn Identität ist nichts anderes als das Sich-Unterscheiden (von sich selbst, von-mit anderen).[1059] »Das *Gemeinsame [commun]*, das Gemeinsamhaben [avoir-en-commun] oder Gemeinsamsein [être-en-commun] schließt von sich aus die innere Einheit aus, die Subsistenz oder Präsenz in und durch sich. Mitsein, Zusammensein und sogar ›vereint‹ sein, heißt gerade nicht ›eines‹ sein.«[1060] Eine Gemeinschaft als ein(heitlich)e sei eine ›Todesgemeinschaft‹.[1061]

Besser lässt sich ›Gemeinschaft‹ als »endlose Verentmischung [démêlé]«[1062] dessen, was nur eine Mélange oder identisch ist, verstehen.[1063] Nie sei eine Gemeinschaft rein, nie bestehe sie aus Reinheiten: Gemeinschaft ist, wenn Singularitäten aneinander rühren und einander anrühren und sich dadurch unterscheiden, »weil allein die Berührung, der Tastsinn [le toucher], jene Grenzen ins Spiel bringt, an denen sich die Identitäten oder Ipseitäten klären und unterscheidbar werden, indem sie sich *verentmischen [se démêler]*, sich untereinander miteinander auseinandersetzen«.[1064] In *Cum*, dem überarbeiteten Vorwort für die französische Übersetzung von Roberto Espositos *Communitas* (1998), spricht Nancy von einer »Diskonjunktion«, die *Cum* sei: »Konjunktion und Disjunktion [...], Vereinigung *mit* Trennung, Nähe *mit* Ferne, *concordia discors*

---

unmittelbar mit sich selbst gleichgesetztes Selbes bliebe [...]. Eine Ipseität läßt sich – in einem aktiven und passiven Sinn – identifizieren. Zu diesem Zweck muß eine Ipseität auf die andere, die Differenz auf die Differenz bezogen sein, sie müssen sich austauschen und anerkennen. Eine Ipseität ist nur durch und für die andere da, vermittelst der anderen, der oder besser denen sie durch ihren singulären Stil oder Touch einen identifizierbaren Ton entnimmt und gibt – *d.h.* ebensowohl *einen unidentifizierbaren*, nicht imitierbaren, nicht *einer* Identität zuweisbaren. Die ›Ipseität‹ würde insofern genau das benennen, was eine Identität mit innerer Notwendigkeit nie zu identifizieren vermag. Tatsächlich wäre eine reine Identität [...] absurd. Eine reine Identität hebt sich auf, sie kann sich nicht identifizieren. Sie ist nur mit dem identisch, das mit sich identisch ist, das sich also im Kreise dreht und nicht einmal bis zur Existenz gelangt.« (Nancy: Lob der Vermischung, S. 6, Hv. i. Orig. [ELM 178, Hv. i. Orig.]) Siehe zu ›Ipseität‹ Morin: Brüderliche Gemeinschaft, S. 211f.; Marie-Eve Morin: Art. ›Ipseity‹. In: Gratton, Peter/dies. (Hg.): The Nancy Dictionary. Edinburgh 2015, S. 125-126.

1057   Nancy: Entwerkte Gemeinschaft, S. 73 (CD 83); vgl. Watkin: Different alterity, S. 56; 61.

1058   Morin: Brüderliche Gemeinschaft, S. 210.

1059   Vgl. Nancy: Lob der Vermischung, S. 5 (ELM 174); Bax: Nationalität und/als Identität, S. 126ff.; 132ff. Die Selbst-Unterscheidung bezeichnet Nancy mit dem (oben bereits erwähnten) Ausdruck der Infra-Individualität; vgl. Morin: Brüderliche Gemeinschaft, S. 211.

1060   Nancy: Lob der Vermischung, S. 6, Hv. i. Orig. (ELM 179, Hv. i. Orig.).

1061   Vgl. ebd., S. 6f. (ELM 179).

1062   Ebd., S. 7 (ELM 181).

1063   Vgl. ebd.

1064   Ebd., Hv. i. Orig.; vgl. ebd.

und unsozialisierbare Soziabilität«.[1065] Die Singularitäten vereint und trennt ihre Einzigartigkeit, die allen zukommt.[1066]

Stets hebt Nancy hervor, dass das, was zwischen den Singularitäten ist, ihr Mit, nicht(s) ist; es sei in diesem Sinne unsagbar und undarstellbar.[1067] Deshalb ist es einfacher zu bestimmen, was das Zwischen oder Mit nicht ist: »Es führt nicht von einem zum anderen, es bildet keinen Stoff, keinen Zement, keine Brücke.«[1068] Es ist kein Drittes, das zwei Elemente verbindet.[1069] Und es ist auch kein umschließender Raum, in dem zwei oder mehr Elemente miteinander sein können.[1070]

Dieses Nicht(s)-sein des Zwischen oder Mit resultiert nicht daraus, dass es sich aus einer Anwesenheit zurückgezogen hätte[1071], was ihm die Möglichkeit einer Rückkehr in die Präsenz vorbehielte. Seit *La communauté désœuvrée* möchte Nancy die Lektion vermitteln: Es gibt kein gemeinsames Sein, vielmehr ist der Entzug oder die Aufgabe des gemeinsamen Seins die Voraussetzung für ein Gemeinsam-sein. Die Undarstellbarkeit des Mit (oder des Zwischen) also ist »nicht diejenige einer verborgenen Präsenz«.[1072] Das Mit liegt offen zutage, es ist mit jedem Seienden da. »›Mit‹ läßt sich nicht dem Sein hinzufügen, sondern bildet die innere, immanente Bedingung der Präsentation im allgemeinen. [...] Das *Ko-* der *Ko*-Präsenz ist das Unpräsentierbare par excellence: doch es ist nichts anderes als [...] Präsentation, die Existenz, die mit-erscheint [comparaît].«[1073] Das Mit oder Zwischen gibt es, aber nicht als Substanz (die Mit-Teilung teilt nichts, sondern ist die Mit-Teilung einer Leere), sondern als die Differenz, durch die etwas ist.[1074]

Mit der *comparution* jeder Singularität geht einher, was man eine »Urräumlichkeit [archi-spatialité]«[1075] nennen könnte. Sie ist das Zwischen oder Mit der Singularitäten, ihre Aussetzung, ein Abstand als Ursprung dessen, was existiert.[1076] »Das ›Zwischen‹ ist die Distanzierung und die Distanz, die vom Singulären als solchem eröffnet wird [...].

1065 Nancy: Cum, S. 145, Anm. 27, Hv. i. Orig. (C 118, Anm. 3, Hv. i. Orig.); siehe Watkin: Different alterity, S. 57.

1066 »For Nancy, what the singularities have in common *is* their incommensurability.« (Watkin: Different alterity, S. 57, Hv. i. Orig.) Siehe etwa Nancy: singulär plural sein, S. 119 (ESP 98f., Hv. i. Orig.): »Es gibt ein gemeinsames Maß, das nicht ein einheitliches Richtmaß angewandt auf alle und alles, sondern die Kommensurabilität der inkommensurablen Singularitäten ist: die Gleichheit aller Ursprünge-der-Welt *[l'égalité de toutes les origines-de-monde]*, die als die Ursprünge, die sie sind, jedes Mal strikt unsubstantiell und in diesem Sinne schlechthin ungleich sind, die aber als solche nur insofern sind, als sie alle gleichermaßen mit-ein-ander sind.«

1067 Vgl. Nancy: singulär plural sein, S. 100f. (ESP 84); 134 (ESP 110); Devisch: Question of community, S. 90; Watkin: Different alterity, S. 57; Heikkilä: Limits of presentation, S. 136.

1068 Nancy: singulär plural sein, S. 25 (ESP 23).

1069 Vgl. ebd. (ESP 23f.).

1070 Vgl. Morin: Nancy, S. 37f.; Morin: Brüderliche Gemeinschaft, S. 203.

1071 Vgl. Devisch: Question of community, S. 90.

1072 Nancy: singulär plural sein, S. 101 (ESP 84).

1073 Ebd., Hv. i. Orig.

1074 Vgl. Devisch: Question of community, S. 90; Fagan: Ethics and politics after poststructuralism, 105f.; Rugo: Thinking of otherness, S. 8f.

1075 Nancy: Sinn der Welt, S. 27 (SM 29).

1076 Vgl. Morin: Brüderliche Gemeinschaft, S. 203. Neyrat: Communisme existentiel, S. 32, Hv. i. Orig., spricht von einer »*disruption originaire*«.

Was nicht die Distanz des ›Zwischen‹ hält, ist nichts als in sich verschmolzene Immanenz«.[1077] Es bedarf der Distanz, um sich zu unterscheiden, was klar macht, dass die
Distanz, obzwar durch keine »Kontinuität« zwischen den Singularitäten überbrückt,
keine absolute Entfernung der Singularitäten voneinander meint, sondern ihr nach-
barschaftliches Aneinandergrenzen: ihre »Kontiguität«[1078], wie Nancy formuliert. »Es
gibt Nähe, jedoch insofern, als noch das extrem Nahe den Abstand beklagt [accuse], der
sich vor ihm auftut.«[1079] Das Mit sei ein/bilde einen »Binde- bzw. Trennungsstrich [trait
d'union/de désunion]«[1080], der selbst nicht sei. »Es handelt sich [...] um einen auf dem
Leeren gezogenen Strich, der diese Leere zugleich überwindet und unterstreicht [...].
Das ›Mit‹ bleibt zwischen uns, und wir bleiben unter uns: nichts als wir, aber nichts als
Abstand [intervalle] zwischen uns.«[1081]

Ein weiterer Begriff, mit dem Nancy das, was zwischen den Singularitäten (nicht)
ist, einzufangen versucht, ist der Begriff des Verhältnisses, des Bezugs oder der Beziehung: *rapport*.[1082] Der *Rapport* setzt das »Sein der Einmaligkeit«[1083] voraus; ein Sein,
das »sein Sein nur in der Besonderung des Einmaligen [la discrétion des singularités]
hat«.[1084] Die Erläuterungen Nancys zum *Rapport* fügen dem Bisherigen kaum Wesentliches mehr hinzu, führen die Diskussion aber insofern weiter, als sich abzeichnet: »Die
Ontologie ist [...] fundamental Ontologie des Körpers«.[1085] Nancys Essay *L'›il y a‹ du rap-*

1077 Nancy: singulär plural sein, S. 25 (ESP 23).

1078 Ebd.

1079 Ebd., siehe auch Fagan: Ethics and politics after poststructuralism, S. 104.

1080 Nancy: singulär plural sein, S. 100 (ESP 84).

1081 Ebd., S. 101 (ESP 84). In seiner Antrittsvorlesung zum Lehrstuhl für Alterität am *Collège d'études
mondiales* mit dem Titel »L'écart et l'entre« (2011) analysiert François Jullien die Begriffe des (kulturellen) Abstandes und des (kulturellen) Dazwischen ähnlich wie Nancy. Er zieht ›Abstand‹ dem
Begriff ›Unterschied‹ vor. Zum einen gehe dem Unterschied eine allgemeine Identität (etwa einer
Gattung) voraus, von der sich die Unterschiede als Abwandlungen abheben. Zum anderen wolle der Unterschied durch immer weitere Unterscheidungen zum Wesen einer Sache gelangen, er
betreibe eine Identifizierung. Dies aber sei in der Kultur, die sich wesentlich wandele, vergeblich.
Problematisch am Begriff des Unterschieds sei außerdem die Anmaßung einer (unmöglichen) au-
ßerkulturellen Beobachter*innenposition, von der aus die Unterschiede festgestellt würden, sowie eine Entschärfung des kulturell Anderen durch dessen Rubrizierung; vgl. François Jullien: Der
Weg zum Anderen. Alterität im Zeitalter der Globalisierung. Wien 2014, S. 23ff. Zwischen dem,
was der Unterschied unterscheidet, ereigne sich nichts mehr, jedes Unterschiedene verharre bei
sich. (Vgl. ebd., S. 49) Anders der Abstand, der nicht nur ein »*Spannungsverhältnis*« (ebd., S. 34, Hv.
i. Orig.) zwischen dem, was er trennt, begründe, sondern auch ein »*Dazwischen*« (ebd., S. 50, Hv.
i. Orig.) eröffne. Diesem Dazwischen sei eigentümlich, »nicht im Vollen, sondern im Hohlraum
zu existieren, zu sein, ohne dass eine Bestimmung ihm zukäme, also keine Essenz besitzen zu
können«. (Ebd.) Auf diese Weise entkomme das Dazwischen »dem ontologischen Zugriff, denn es
ist die Eigenheit der Ontologie, des Diskurses vom Sein, sich nur mit dem zu beschäftigen, was
sich als Sache konstituiert hat, oder, wie man sagt, als ›Seiendes‹, und Eigenschaften *zuzuweisen*.«
(Ebd., S. 52f., Hv. i. Orig.) Anstatt auf das Denken des Seins komme es zukünftig auf das Denken
des Dazwischen an. (Vgl. ebd., S. 64) Nancy würde dem widersprechen und fordern, das Sein als
Dazwischen zu denken.

1082 Meine Ausführungen hierzu folgen Morin: Nancy, S. 39f.

1083 Nancy: Erfahrung der Freiheit, S. 87 (EL 91).

1084 Ebd., S. 88 (EL 92).

1085 Nancy: Corpus, S. 19 (CO 17); siehe auch Morin: Brüderliche Gemeinschaft, S. 206.

port sexuel (2001) ließe sich sogar konkreter noch (mit kritischem Blick auf Heidegger) als »eine Arbeit gegen die Entsexualisierung des Seins«[1086] verstehen.

Der Titel des Essays greift eine Formulierung Jacques Lacans (1901-1981) auf, wonach es kein Verhältnis oder (um die sexuelle Konnotation stärker zu betonen) keinen Verkehr der Geschlechter gebe: »[I]l n'y a pas de rapport sexuel«.[1087] Es solle also, führt Nancy aus, etwas nicht geben, was doch offensichtlich vorkomme: Geschlechtsverkehr.[1088] Lacan gehe es um etwas ähnliches wie Heidegger mit seiner Aussage, »dass das Sein nicht ist«.[1089] Damit habe Heidegger ausdrücken wollen, »dass ›Sein‹ nicht irgendeine Sache ist, sondern dass ›Sein‹ schlechterdings heißt, dass es, ganz allgemein, Sachen gibt. Und dass dieses ›Es gibt‹, die *Tatsache*, dass es gibt [...], bzw. dass das ›Es gibt‹ selbst nichts Seiendes ist.«[1090] Nancy überträgt diesen Gedanken auf das Sein des *Rapport*: Gemäß seiner »Ontologie des Verhältnisses [rapport]« sei demnach »[d]as Verhältnis [...] nichts Seiendes, es ereignet sich zwischen den Seienden«.[1091] Deshalb könne es vom Verhältnis keinen (sachlichen) Bericht *(rapport)* geben.[1092] Der *Rapport* ist nicht (im Sinne einer Sache), sondern geschieht.[1093] Er ›ist‹ »nichts Distinktes, aber sehr wohl die Distinktion selbst«[1094], das Sich-Ereignen einer Unterscheidung, durch die Unterschiedenes ist. Das Unterschiedene sei aufgrund eines »*Sich-Unterscheiden[s]*«[1095], durch das es sich in ein Verhältnis setzt; umgekehrt: »Insofern es sich verhält [se rapportant], unterscheidet sich das Distinkte [...]. Es verweist auf den Anderen und setzt sich zugleich von ihm ab.«[1096] Deshalb dürfe man sich das Verhältnis nicht als Drittes zwischen dem/der/den vorhandenen Einen und dem/der/den vorhandenen Anderen denken.[1097]

1086 Judith Kasper: Nachwort. Das Geschlechtliche schreiben. In: Nancy, Jean-Luc: Es gibt – Geschlechtsverkehr. Zürich 2012, S. 85-92, 89.

1087 Jacques Lacan: Le séminaire de Jacques Lacan. Texte établi par Jacques-Alain Miller. Livre XVI. D'un autre à l'autre. 1968-1969. Paris 2006, S. 226. Zur Frage der Übersetzung(en) des Ausdrucks ›rapport sexuel‹ und seiner Elemente siehe Kasper: Nachwort, S. 86ff.

1088 Vgl. Jean-Luc Nancy: Es gibt Geschlechtsverkehr. In: ders.: Es gibt – Geschlechtsverkehr. Zürich 2012, S. 7-57, 9 (Jean-Luc Nancy: L›il y a‹ du rapport sexuel. Paris 2001, S. 11).

1089 Ebd.; vgl. ebd.

1090 Ebd., Hv. i. Orig.

1091 Ebd., S. 20 (RS 21).

1092 Nancy verdeutlicht dies ebd., S. 15f., Hv. i. Orig. (RS 17, Hv. i. Orig.), am sexuellen Verhältnis: »Wenn man also sagt, dass es keinen Geschlechtsverkehr gibt, dann meint man vielleicht, dass es kein Einkommen, keine Zusammenfassung, keine Konvention oder irgendein determiniertes Verhältnis gibt für das, was passiert, wenn ein Paar sich paart. Und in der Tat gibt es das nicht. Wenn es um einen Bericht [rapport] *von* oder *über* den sexuellen Akt geht, wenn es darum geht, was dieser Akt *einbringt* [rapporte] oder um das, was man davon *zurückbehalten, erzählen, berechnen* oder *zu Geld machen* kann [...], dann gilt ohne Zweifel, dass diesbezüglich die Rechnung, das Maß oder auch allgemein die Aneignung bzw. Determination als ›eine Sache‹ nicht möglich ist.«

1093 Ebd., S. 14 (RS 16): »Das Wort ›Verhältnis [rapport]‹ lässt eine Handlung, keine Substanz verstehen.« Und siehe ebd., S. 15, Hv. i. Orig. (RS 16, Hv. i. Orig.): »Nun bezeichnet ›Verhältnis‹ *stricto sensu* keine Sache.«

1094 Ebd., S. 22 (RS 22).

1095 Ebd., Hv. i. Orig.

1096 Ebd.

1097 Man müsse erkennen, »dass das Verhältnis nur aufgrund der Distinktion stattfindet und dass es, sofern und solange es ist, das ist, was, nicht seiend, die Seienden unterscheidet [...]. Wenn man

Das Verhältnis müsse »im Gegenteil das *Zwischen [entre]* als solches öffnen: Es muss das *Zwischen-Zwei* öffnen, aufgrund dessen es erst zwei gibt«.[1098] Keineswegs zerstört das Verhältnis die Existenz eines Ganzen (was hieße, dass es ein Ganzes gab), es verhindert ein Ganzes im Ursprung: All das, was da ist, ist alles, aber es ist nie eine ganze Totalität (gewesen).[1099]

Als Nicht-Seiendes werde das Verhältnis von einem »vierfachen Unkörperlichen«[1100] bedingt, das heißt von Raum, Zeit, Leere und Gesagtes/Aussage.[1101]

> Das Verhältnis verlangt in der Tat die Unterscheidung der Orte, die Differenz der Zeiten […], es verlangt des weiteren ein leeres Intervall zwischen den Körpern und die Möglichkeit der Sendung und Rezeption eines Sagens – eines Zwischen-Sagens [inter-dire] und eines Sich-Ver-Sagens [s'inter-dire].[1102]

Nancy fasst dieses ›Unkörperliche‹ »als die Unterscheidung der Körper«[1103] zusammen. Damit bekräftigt er, was sich in seiner Auseinandersetzung mit Heideggers These von der Weltlosigkeit des Steines bereits angedeutet hatte: Die Ontologie muss »bodily ontology«[1104] sein.

Körperwelten/Körper welten

Man müsse sich an eine Neufassung von *Sein und Zeit* machen, ist Nancy überzeugt.[1105] Dies erforderte, auch den Körper zu (be)denken, denn: »Heidegger does not speak about the body.«[1106] Dennoch finde man Passagen, so Rugo, in denen Heidegger sich dem Körper und der Körperlichkeit widmet, etwa in § 23 von *Sein und Zeit* (mit dem Titel »Die Räumlichkeit des In-der-Welt-seins«).[1107] Heidegger eröffne mit diesen wenigen Bemerkungen einen Pfad, den Nancy auszubauen versuche; ausgehend von Heidegger verknüpfe er die Frage des Körpers mit dem Dasein oder allgemeiner: mit der wesenlosen Existenz.[1108] Der Körper sei für Nancy »an event opening the singular moment of existence. The body signals the arising of singularity and opens simultaneously the horizon of sharing and otherness«.[1109] Knapp schreibt Nancy (und unterstreicht die

---

1098   sagt, dass es kein Verhältnis gibt, dann bezieht man sich folglich auf die Eigenschaft des Verhältnisses selbst: Damit es es gibt, darf keine dritte Sache zwischen beiden sein.« (Ebd., S. 22f. [RS 23])

1098   Ebd., S. 23, Hv. i. Orig. (RS 23, Hv. i. Orig.).

1099   Vgl. ebd., S. 25 (RS 25).

1100   Ebd., S. 21 (RS 22).

1101   Vgl. ebd., S. 20 (RS 21).

1102   Ebd.

1103   Ebd., S. 21 (RS 22).

1104   James: Fragmentary demand, S. 117.

1105   Vgl. Nancy: singulär plural sein, S. 144, Anm. 78 (ESP 118, Anm. 1).

1106   Rugo: Thinking of otherness, S. 11; siehe auch James: Fragmentary demand, S. 124. Nancy: Corpus, S. 62, Hv. i. Orig. (CO 62, Hv. i. Orig.), urteilt allgemein: Es habe »in der Philosophie nie Körper gegeben […] (die kein *Geist* waren)«; siehe auch Nancy in Nancy/Tyradellis: Was heißt uns Denken, S. 53ff. (AP 51ff.).

1107   Vgl. Rugo: Thinking of otherness, S. 11ff.

1108   Vgl. ebd., S. 16.

1109   Ebd., S. 7. Ähnlich Heikkilä: Limits of presentation, S. 257: »The body suggested by Nancy is singular and the place of each existence. […] The body is ›here, now‹, it is an event: it arises and opens up

Notwendigkeit, die Frage nach dem ›singulär plural sein‹ auch als Frage nach dem Körper zu stellen): »Eine Singularität ist immer ein Körper – und alle Körper sind Singularitäten«.[1110]

Im Folgenden soll und kann das weite Feld, das Nancy mit seinem Denken des Körpers beackert, nicht durchmessen werden. Außen vor bleiben muss z.B. die Frage: Wie verhält sich Nancy zur Phänomenologie etwa Maurice Merleau-Pontys?[1111] Hierbei wäre zu untersuchen, ob und in welchem Maße Nancy den »haptozentristischen Metaphysiken«[1112] verhaftet bleibt, die er zu dekonstruieren versucht.[1113] Keine Rolle spielen wird die Frage, was Nancy der Philosophie Baruch de Spinozas (1632-1677) verdankt[1114], und nur angerissen werden kann, wie Nancy (mit Descartes gegen den Cartesianismus) das Verhältnis von Körper und Seele versteht.[1115] Bloß beiläufig ist zu skizzieren, wie sich Nancys Körper-Denken in die (Auto-)Dekonstruktion des Christentums einfügt. Das Ziel der folgenden Darstellung soll sein, die Bedeutung des obigen Zitats zu erhellen: Was heißt es, dass Singularitäten Körper, und dass Körper Singularitäten sind?[1116]

Nancy nennt Körper »Existenz-Stätten [lieux d'existence]«.[1117] Nur dank des Körpers, genauer: nur als Körper existiert etwas.[1118] »Der Körper *ist* das Sein der Existenz.«[1119] (Und damit des Seins, dessen Wesen es sei, »kein Wesen zu haben«.[1120]) Als

---

the place in which being occurs.« Siehe auch ebd., S. 263, Hv. i. Orig.: »With his notion of body […], Nancy wants to replace *Dasein* by giving it more ›bodily‹ aspects or by showing its embodied and material existence – in a word, its gravity.«

1110   Nancy: singulär plural sein, S. 42 (ESP 37). Den Hinweis auf dieses Zitat entnehme ich Marie-Eve Morin: Art. ›Body‹. In: Gratton, Peter/dies. (Hg.): The Nancy Dictionary. Edinburgh 2015, S. 41-43, 43; siehe auch Rugo: Thinking of otherness, S. 48, sowie Heikkilä: Limits of presentation, S. 126.

1111   Dieser Frage widmen sich James: Fragmentary demand, S. 114ff., und Rugo: Thinking of otherness, S. 18f.

1112   Derrida: Berühren, S. 202 (T 179).

1113   Für Resümees der Einwände Derridas siehe James: Fragmentary demand, S. 118ff., sowie Morin: Nancy, S. 65f.

1114   Antworten darauf finden sich etwa bei Rugo: Thinking of otherness.

1115   Siehe dazu Jean-Luc Nancy: Ausdehnung der Seele. In: ders.: Ausdehnung der Seele. Texte zu Körper, Kunst und Tanz. Zürich, Berlin 2010, S. 73-86 (Jean-Luc Nancy: Extension de l'âme. In: ders.: 58 indices sur le corps et Extension de l'âme. Suivi de Ginette Michaud: Appendice. Québec 2004, S. 67-84), Morin: Nancy, S. 126f. (Kapitelüberschrift »Body and soul: reading Descartes against Cartesian dualism«); James: Fragmentary demand, S. 136ff.

1116   Die folgenden Ausführungen haben vor allem profitiert von James: Fragmentary demand, S. 114ff.; Morin: Nancy, S. 126ff.; Morin: Body; Heikkilä: Limits of presentation, S. 252ff., sowie Rugo: Thinking of otherness, S. 11ff.

1117   Nancy: Corpus, S. 18 (CO 16).

1118   Vgl. Morin: Nancy, S. 129. Siehe auch James: Fragmentary demand, S. 131, der den Körper »an opening or spacing of discrete places« nennt, und Rugo: Thinking of otherness, S. 47f., sowie Heikkilä: Limits of presentation, S. 259, Hv. i. Orig., wonach »localities exist by virtue of the body. […] [T]he body gives place to *local* existence«.

1119   Nancy: Corpus, S. 18, Hv. i. Orig. (CO 17, Hv. i. Orig.). Siehe ebd., S. 21f., Hv. i. Orig. (CO 20, Hv. i. Orig.): »Ex-istenz: die Körper sind das Existieren, der eigentliche Akt der Ex-istenz, *das Sein*.« Aus diesem Grund sei »*die Ontologie des Körpers* die Ontologie schlechthin«. (Ebd., S. 18, Hv. i. Orig. [CO 17, Hv. i. Orig.]) Malabou: Pierre aime les horranges, S. 53, paraphrasiert: »Le corps, c'est l'existence et l'existence, c'est l'existence du corps.« Ähnlich Rugo: Thinking of otherness, S. 55.

1120   Nancy: Corpus, S. 18 (CO 16).

»*Stätte [lieu]*« oder als das »*Da [là]*«[1121] dessen, was existiert (außer sich ist), sind Körper nicht »das Unterschiedslose einer ungeformten Materie«.[1122] Eine Singularität unterscheidet sich: von sich selbst, von (mit) anderen – »und der Körper trägt den Unterschied«[1123], wie es in Nancys *58 indices sur le corps* heißt. Der Körper materialisiert (verkörpert) den Unterschied; pointierter: »Ein Körper ist ein Unterschied.«[1124] In zweifacher Hinsicht: Er ist ein Unterschied von sich selbst und von anderen Körpern.[1125]

In *Noli me tangere* (2003) veranschaulicht Nancy den Selbst-Abstand des Körpers durch eine Interpretation jener Szene aus dem Johannes-Evangelium, in der der auferstandene Jesus vor seinem Grab der Maria von Magdala entgegenwirft: »Rühre mich nicht an!«[1126] Keineswegs inauguriere sich damit das Christentum als »religion of the *untouchable*«.[1127] Durch die Fleisch- oder Menschwerdung des Wortes, wie sie am Anfang des Evangeliums nach Johannes steht[1128], sowie durch die Konsekrationsformel »*hoc est enim corpus meum*« kommt vielmehr zum Ausdruck: Das Christentum wird »die Erfindung der Religion der Berührung, des Sensiblen, der dem Körper und dem Herzen unmittelbaren Präsenz gewesen sein«, wie Nancy schreibt: »In gewissem Sinn ist im Christentum nichts und niemand unberührbar, da der Leib Gottes selbst zu essen und zu trinken gegeben wird.«[1129] Wie muss man vor dieser Folie die *Noli-me-tangere*-Szene deuten?

Nancy nimmt vor allem den Körper des Auferstandenen in den Blick und fordert: Man solle Jesu Leib nicht als etwa regenerierten, reanimierten, reinkarnierten oder wiedergeborenen Körper sehen.[1130] Er sei eine Art Zwischenkörper: Er ist (noch) da, aber geht schon fort, ist im Aufbruch begriffen[1131], und als solcher lässt er sich nicht mehr be-

---

1121   Ebd., S. 18, Hv. i. Orig. (CO 16, Hv. i. Orig.).

1122   Nancy: Es gibt Geschlechtsverkehr, S. 21 (RS 22).

1123   Jean-Luc Nancy: 58 Indizien über den Körper. In: ders.: Ausdehnung der Seele. Texte zu Körper, Kunst und Tanz. Zürich, Berlin 2010, S. 7-24, 13 (Jean-Luc Nancy: 58 indices sur le corps. In: ders.: 58 indices sur le corps et Extension de l'âme. Suivi de Ginette Michaud: Appendice. Québec 2004, S. 5-66, 35).

1124   Ebd., S. 11 (ISLC 27). Morin: Nancy, S. 64, stellt fest, Nancy wende die Logik der *différance* auf den Körper an, und Heikkilä: Limits of presentation, S. 264, meint: »Matter is the difference through which something, and several things, are possible.«

1125   Vgl. Nancy: Indizien über den Körper, S. 11 (ISLC 27). Rugo: Thinking of otherness, S. 19: »The body is that which [...] establishes the fact that every relation can only be a relation to an outside«. Siehe auch ebd., S. 48f.

1126   Joh. 20,17, zitiert nach Bibel (Luther-Übersetzung), S. 134 (Neues Testament). Meine Skizze der nancyschen Deutung der *Noli-me-tangere*-Szene folgt James: Fragmentary demand, S. 138ff., sowie Morin: Nancy, S. 67ff.

1127   James: Fragmentary demand, S. 139, Hv. i. Orig.

1128   Siehe dazu Jean-Luc Nancy: Verbum caro factum. In: ders.: Dekonstruktion des Christentums. Zürich, Berlin 2008, S. 141-145 (Jean-Luc Nancy: Verbum caro factum. In: ders.: La Déclosion [Déconstruction du christianisme, 1]. Paris 2005, S. 125-128), sowie Nancy: Corpus, S. 58ff. (CO 57ff.).

1129   Jean-Luc Nancy: Noli me tangere. Zürich, Berlin 2008, S. 21 (Jean-Luc Nancy: Noli me tangere. Essai sur la levée du corps. 2. Aufl. Paris 2003, S. 27). Zu *hoc est enim corpus meum* siehe auch Nancy: Corpus, S. 9ff. (CO 7ff.).

1130   Vgl. Nancy: Noli me tangere, S. 25 (NMT 33).

1131   Christus spricht zu Maria Magdalena: »Rühre mich nicht an! Denn ich bin noch nicht aufgefahren zum Vater. Geh aber hin zu meinen Brüdern und sage ihnen: Ich fahre auf zu meinem Vater

greifen, nicht mehr festhalten, wie das griechische Original des Evangeliums zeigt: *me mou haptou*.[1132] Christus (oder Johannes) erscheint als ein Dekonstrukteur *avant la lettre* einer Präsenzmetaphysik, hieße doch die Berührung oder das Festhalten des Körpers Jesu, »der unmittelbaren Präsenz anzuhängen«, mithin »an die Gegenwärtigkeit des Präsen(t)s [présent] zu glauben«.[1133] Der auferstandene Körper solle nicht »die phantasmatische Zuversicht einer Unsterblichkeit«[1134] stützen; seine »*Erhebung [levée]*« hebe nichts auf: »Sie trägt nicht das supprimierte Leben zum Vermögen eines höheren Lebens«.[1135] Der auferstandene Körper sei ein »Fortgehen [partance]« von »Gegenwärtigkeit [présence]«[1136], durch das sich im Körper, der noch da ist, bereits ein Nicht-da-sein ein- bzw. aufrichtet.[1137]

> Die »Auferstehung [résurrection]« ist Aufstehen [surrection], das Auftauchen des Unverfügbaren, des Anderen und des Verschwindenden *im Körper selbst und als Körper, als Leichnam.* Das ist kein Zaubertrick, sondern das Gegenteil: Der tote Körper bleibt tot, er macht die »Leere« des Grabes aus, doch der Körper, den die Theologie später »verklärt« nennen wird [...], offenbart, dass diese Leere die Entleerung (von) der Präsenz ist.[1138]

Bei Nancy steht der auferstandene Körper, so resümiert James, für eine Unterbrechung der Körperidentität.[1139] Die Uneinigkeit des Körpers mit sich selbst ist allerdings nicht auf den auferstandenen Körper des Gottessohnes beschränkt. Lebenslang sei jeder Körper, heißt es in *Corpus*, »auch ein toter Körper, der Körper [...] des Toten, der ich lebend bin. Tot oder lebendig, weder tot noch lebendig, ich *bin* die Öffnung, das Grab oder der Mund, das eine im anderen.«[1140] Immer weist ein Körper über sich hinaus auf etwas (ihm) Unverfügbares, er ist »always an opened or gaping presence, an extension or spacing where existence takes place«.[1141] Für die Unverfügbarkeit, der ein Körper

---

und zu eurem Vater, zu meinem Gott und zu eurem Gott.« (Joh 20,17, zitiert nach Bibel [Luther-Übersetzung], S. 134 [Neues Testament])

1132 Vgl. Nancy: Noli me tangere, S. 22 (NMT 29). In der deutschen Einheitsübersetzung der Bibel liest man entsprechend: »Halte mich nicht fest«. (Joh 20,17, zitiert nach Die Bibel. Altes und Neues Testament. Einheitsübersetzung. Freiburg, Basel, Wien 2006, S. 1217)

1133 Nancy: Noli me tangere, S. 22 (NMT 29); vgl. Heikkilä: Limits of presentation, S. 256; Morin: Nancy, S. 69; Marie-Eve Morin: Art. ›Touch‹. In: Gratton, Peter/dies. (Hg.): The Nancy Dictionary. Edinburgh 2015, S. 229-232, 231. Hinter der Inkarnation, so Morin: Body, S. 41, verberge sich der Wunsch nach einer (berührbaren) materiellen Anwesenheit des Intelligiblen (Gott); siehe dazu auch James: Fragmentary demand, S. 133f.

1134 Nancy: Noli me tangere, S. 22 (NMT 29).

1135 Ebd., S. 26, Hv. i. Orig. (NMT 33, Hv. i. Orig.).

1136 Ebd., S. 22 (NMT 29).

1137 Vgl. Morin: Touch, S. 231. Die *Noli-me-tangere*-Szene sei in diesem Sinne beispielhaft für ein »Auftauchen [...], in dem sich ein Verschwinden vollzieht«. (Nancy: Noli me tangere, S. 17 [NMT 21]) Heikkilä: Limits of presentation, S. 274, formuliert, »the body is always in a state of dislocation and departure«.

1138 Nancy: Noli me tangere, S. 23, Hv. i. Orig. (NMT 29f., Hv. i. Orig.).

1139 Vgl. James: Fragmentary demand, S. 140.

1140 Nancy: Corpus, S. 18f., Hv. i. Orig. (CO 17, Hv. i. Orig.). Siehe auch Nancy: singulär plural sein, S. 137 (ESP 113): »Der Tod ist [...] die Ex-Position des Körpers.«

1141 Morin: Body, S. 41.

ausgesetzt ist, die ihn ständig exponiert, ihn zu »the distinct and the distinct-from-itself«[1142] macht, steht neben dem Tod die Geburt: Beide kann der Körper nicht (selbst) machen, beide sind ihm »entzogen«.[1143] Der Körper ist ein »Ins-Da-Geworfensein«.[1144]

Die Rede von Tod und Geburt legt nahe, es gehe Nancy um menschliche, vielleicht tierische oder pflanzliche, auf jeden Fall lebendige Körper. Aber wie Pierre ist auch *la pierre* ein Körper und »in der Welt in einer Weise des *Zu*, die zumindest die der *Arealität* ist: Ausdehnung eines Areals, Verräumlichung [espacement], Distanz«.[1145] Ein (singulärer) Körper ist, was ausgedehnt ist, und was als *res extensa* Gewicht hat, was mit seiner Oberfläche andere Oberflächen berührt.[1146]

Körper ist, was hier da ist, und alle diese »*Da-sein* [êtres-là]« sind »geworfene, geschickte, dem Da [là] preisgegebene [abandonnés] Wesen«.[1147] Wie im Unterabschnitt zur *Aufgabe des Seins* klar werden sollte, gibt es niemanden, der die Körper wirft, schickt oder preisgibt. Sie kommen zur Welt durch eine »Geburt ohne Schwangerschaft«[1148], was betont, dass nicht das Woher- und Wodurch-Sein, sondern das grundlose ›Da-Sein‹ Gewicht hat, »die Ankunft, das Statthaben und das einzigartige Auseinanderhalten [l'avoir-lieu et l'écartement singulier] eines Gewichts, eines neuen lokalen Gewichts innerhalb der Welt der Körper«.[1149] Nancy gebraucht zur Illustration das Beispiel des Fernsehbildes, »das *aus* keinem Hintergrund des Bildschirms kommt, da es der Raum [espacement] dieses Bildschirmes *ist*, da es als seine Ausdehnung [étendue] existiert«.[1150] Körper werden nicht in einen Raum geboren, sondern eröffnen diesen

---

1142 Nancy in Nancy/Esposito: Dialogue on the philosophy to come, S. 86.

1143 Nancy: Der unterbrochene Mythos, S. 129 (MI 152).

1144 Nancy: Corpus, S. 17 (CO 15).

1145 Nancy: Sinn der Welt, S. 92, Hv. i. Orig. (SM 103, Hv. i. Orig.).

1146 Vgl. Morin: Body, S. 43. Siehe auch Heikkilä: Limits of presentation, S. 261: »[G]ravity itself is the fact of the body's existence: it is the untouchable heart of the body, the body which is without essence«. Nancy: Corpus, S. 81, Hv. i. Orig. (CO 82, Hv. i. Orig., keine Hervorhebung des ›hat‹ = ›n'a pas‹), schreibt: »Ein Körper wiegt immer oder läßt sich wägen, abwägen. [...] Ein Körper *hat* kein Gewicht: Selbst für die Medizin *ist* er Gewicht. Er wiegt, drückt gegen andere Körper, direkt auf andere Körper.«

1147 Nancy: Sinn der Welt, S. 93, Hv. i. Orig. (SM 104, Hv. i. Orig.); siehe auch Heikkilä: Limits of presentation, S. 274, und Rugo: Thinking of otherness, S. 19, wonach Nancy versuche, »to understand the body in the absence of Gods or as the place that the withdrawal of Gods has left open«.

1148 Jean-Luc Nancy: Stilbruch. In: ders.: Das Gewicht eines Denkens. Gegenüber der franz. Ausg. erw. dt. Erstausg. Düsseldorf, Bonn 1995, S. 81-90, 87 (Jean-Luc Nancy: Coupe de style. In: ders.: Le poids d'une pensée. Québec, Grenoble 1991, S. 97-107, 104). Im Hintergrund steht hier Nancys Denken der *creatio ex nihilo* der Welt; siehe etwa ebd., sowie Nancy: Sinn der Welt, S. 212f. (SM 235), wo er »das Faktum der Welt« mit einer Geburt vergleicht: »Diese Faktizität ist auch die jeder Geburt: was in der Geburt geboren wird, ist nicht in erster Linie das Produkt oder das von einem Autor oder von Eltern Erzeugte, sondern was geboren wird, ist das Sein, insofern nichts es setzt und alles es aussetzt, das stets singuläre Sein.« Ich komme auf Nancys Denken der Schöpfung aus dem Nichts in Abschnitt I.3.3.2 (*Creatio ex nihilo*) sowie im Unterabschnitt *Die Schöpfung als creatio ex nihilo* von Abschnitt II.2.4 zurück.

1149 Nancy: Corpus, S. 85 (CO 85), siehe auch Nancy: Sinn der Welt, S. 212f. (SM 235).

1150 Nancy: Corpus, S. 57, Hv. i. Orig. (CO 57, Hv. i. Orig.). Siehe auch ebd., S. 85 (CO 85) (»Ein Körper hat weder ein Vorher noch ein Nachher, weder Unterbau noch Überbau.«), und vgl. Morin: Nancy, S. 129; Verena Andermatt Conley: Nancy's Worlds. In: Diacritics 42 (2014), H. 2, S. 84-99, 89. Was Nancy »in his thinking of the body or of bodies as the opening or spacing of the world« interessiere,

selbst.[1151] Ein Körper ist, was sich ausdehnt, ›arealisiert‹.[1152] Die Arealität des Körpers ist nicht viel, ein »Bißchen an Realität [peu de réalité]« nur, bloß »eine winzig kleine, leichte, schwebende Realität«[1153], die nicht vom Himmel herabkommt und Fleisch wird[1154], sondern als Oberfläche aufsteigt an die Oberfläche.[1155]

Ausgehend von dem ›Ins-Da-Geworfensein‹, das ein Körper ist, lässt sich beantworten, inwiefern Singularitäten Körper sind. Singularitäten existieren, und was existiert, das ist von sich zu sich (à-soi), das ist »ausgetrieben aus dem Wesen selbst«.[1156] Damit sei es immer »zu dem [...], was es *wesentlich* nicht ist, zu seinem eigenen Existieren«.[1157] Nancy drückt die Exposition des Singulären mit einer Körpermetapher aus: Das Singuläre sei »aus der Essentialität disenzystiert, und zwar [...] bevor die Zyste sich überhaupt gebildet hat«[1158], denn ihrem Außer-sich-Sein liegt kein Innen-Sein voraus.[1159] Der Körper materialisiert die Nicht-Essentialität der Singularitäten, ihr Ausgesetzt-Sein: Er »ist das Exponiert-Sein des Seins«.[1160] Dies formuliert Nancy als ein unübersetzbares Wortspiel, das wie das *a* der *différance* unhörbar ist: Die Exposition sei »*Expeausition*«.[1161]

---

so James: Fragmentary demand, S. 143, sei »the notion of creation or beginning«, und zwar einer Schöpfung »in the absence of any substantive ground or specific goal«.

1151   Vgl. Nancy: Corpus, S. 28f. (CO 27). Siehe Heikkilä: Limits of presentation, S. 273: »Body means spacing: it is a space as well as it makes space by dislocating itself.« Morin: Brüderliche Gemeinschaft, S. 203, schreibt: »Der Raum ist nicht die Bedingung der Möglichkeit der Körper, sondern umgekehrt liegt die Bedingung der Möglichkeit des Raumes in den Körpern, in ihrer Artikulation, d.h. im Spiel ihrer Fugen«.

1152   Ein Körper »s'aréalise« (Malabou: Pierre aime les horranges, S. 55); vgl. Heikkilä: Limits of presentation, S. 259.

1153   Nancy: Corpus, S. 40 (CO 39). Malabou: Pierre aime les horranges, S. 54, Hv. i. Orig., weist auf die Doppeldeutigkeit oder innere Spannung der Arealität hin: »Aréalité, le mot est beau en effet qui dit l'espace, l'espace comme réalité et en même temps cette réalité comme ›peu de réalité‹, comme non-chose [le *a* s'entendant alors comme préfixe privatif]; a-réal comme contraire du réal mais paraissant tout de même à même les choses.«

1154   Das Körperwerden, so Morin: Nancy, S. 129, sei keine Inkarnation. »Das Kind ist nirgendwo anders als *da*. Es ist nicht in einem Himmel, aus dem es herabgestiegen ist, um sich zu inkarnieren. Es ist Auseinanderhalten [écartement], dieser Körper ist das Auseinanderhalten eines ›Da‹.« (Nancy: Corpus, S. 121, Hv. i. Orig. [CO 124, Hv. i. Orig.]) Nancy spricht von einem »*Inkarnat [carnation]*«, das kein Vorgang sei, bei welchem »dem Körper Geist eingehaucht wird, sondern das [...] Pochen, die Farbe, Frequenz und Nuance, einer Stätte, eines Existenzereignisses«. (Ebd., S. 19, Hv. i. Orig. [CO 17, Hv. i. Orig.]) Malabou: Pierre aime les horranges, S. 53, nennt das Inkarnat »l'apparition, réelle et récente, de la différence«. Siehe zum Begriff der Inkarnation bei Nancy auch Morin: Body, S. 41f.; Morin: Nancy, S. 66f.; Rugo: Thinking of otherness, S. 19f.; 35f.

1155   Vgl. Morin: Body, S. 41f.; Morin: Nancy, S. 129. »Aber die Körper wiegen leicht. Ihr Gewicht ist der Aufstieg ihrer Massen an die Oberfläche. Die Masse steigt unaufhörlich an die Oberfläche, sie enthebt sich als Oberfläche.« (Nancy: Corpus, S. 82 [CO 82])

1156   Nancy: Sinn der Welt, S. 49 (SM 53).

1157   Ebd., S. 51, Hv. i. Orig. (SM 55, Hv. i. Orig.).

1158   Ebd., S. 49 (SM 53).

1159   Vgl. Rugo: Thinking of otherness, S. 57f.

1160   Nancy: Corpus, S. 34 (CO 32).

1161   Nancy: Corpus (frz.), S. 31, Hv. i. Orig.; in der deutschen Fassung steht »Aushäutung«. (Nancy: Corpus, S. 32)

Als ›Existenz-Stätten‹ sind die Körper das Erscheinen der (singulär pluralen) Existenz – und garantieren sie, dass die Existenz sich nicht in eine Identität mit sich selbst zurückziehen kann, sondern bleibt, was sie ist: ausgesetzt. So heißt es bei Rugo:

> The body guarantees that existence comes to have no essence, no interiority into which it can withdraw. [...] *The body is what existence exposes* (of itself): existence exposes through the body the logic of a putting at stake of interiority; from this existence receives its name. [...]. Through the body existence exposes the fact of subsisting only in the restlessness of a ›going to‹ that [...] cannot be made into a property.[1162]

Die Gewährleistung des Körpers für die Offenheit der Existenz lässt sich mithilfe des Motivs des Berührens *(toucher)* besser fassen. Entscheidend für Nancy ist, dass der/die/das Berührte wesentlich nicht der/die/das Berührende ist. Beide fallen nicht in eins, sondern bleiben einander äußerlich.[1163] Das gelte auch für die Selbstberührung, die man, anders als Husserl und Merleau-Ponty, nicht deuten dürfe als Rückkehr »zu einem ersten Inneren«.[1164] Mich selbst (mit der Haut meines Körpers) zu berühren sei nur von außerhalb meiner selbst möglich, nur dann, wenn ich (mir selbst) exponiert bin. Der Körper, der sich berührt, ist und bleibt außer sich.[1165] »Ein Körper findet Zugang zu sich selbst als einem Äußeren.«[1166] Immer sei er »außerhalb der Intimität des Körpers selbst«.[1167] (Das Französische lässt das Außerhalb-Sein des Körpers anklingen: *Corps* ähnelt *hors*.[1168]) Eine intime Selbst-Beziehung des Körpers gibt es nur, ist der Körper nicht (von sich selbst unterschiedener) Körper. Die Intimität mit dem eigenen Körper ist nicht spürbar; gesunde Organe sind unauffällig. Sobald aber die Organe zu rumoren beginnen, sobald man sie spürt, ist man außerhalb seines Körpers, spürt man ihn als etwas von sich Unterschiedenes.[1169]

Dieses »Außerhalb-von-sich-Sein [l'être hors de soi]«[1170], das der Körper ist, bezeichnet Nancy als Seele.[1171] Darunter habe man sich keineswegs etwas ›vergeistigtes‹

1162   Rugo: Thinking of otherness, S. 56, Hv. i. Orig.

1163   Heikkilä: Limits of presentation, S. 271: »It can [...] be said that touch posits the difference between the touching and the touched, and this interval is exposition itself.« Siehe auch Morin: Touch, S. 229f.

1164   Nancy: Corpus, S. 115 (CO 117); siehe auch Nancy in Nancy/Esposito: Dialogue on the philosophy to come, S. 86f., und Rugo: Thinking of otherness, S. 18f., sowie Morin: Touch, S. 230 (mit Verweis auf Derridas Analysen).

1165   Vgl. Nancy: Corpus, S. 115 (CO 117f.); Heikkilä: Limits of presentation, S. 271; Morin: Nancy, S. 128. Morin: Body, S. 42, formuliert: »For Nancy [...] the body has to be completely exterior to itself in order to touch itself and what it so touches must remain in exteriority.«

1166   Nancy: Corpus, S. 115 (CO 117).

1167   Ebd. (CO 118).

1168   Vgl. Jean-Luc Nancy: Befremdliche Fremdkörper. In: ders.: Ausdehnung der Seele. Texte zu Körper, Kunst und Tanz. Zürich, Berlin 2010, S. 43-58, 44. (Es handelt sich bei diesem Text um eine Erstveröffentlichung, die nicht mit dem in Nancys Corpus enthaltenen Kapitel Étranges corps étrangers identisch ist.)

1169   Vgl. Nancy: Corpus, S. 115 (CO 118); Morin: Body, S. 42; Morin: Nancy, S. 128.

1170   Nancy: Corpus, S. 110 (CO 113).

1171   Vgl. hierzu und weiter in diesem Absatz Morin: Nancy, S. 128; Morin: Body, S. 42.

Körperliches (etwa in Engelsgestalt) zu denken.[1172] Die Seele repräsentiere »nicht *etwas anderes* als den Körper [...], sondern vielmehr den Körper außerhalb seiner selbst«.[1173] Wenn ein Körper ›Außerhalb-von-sich-Sein‹ ist, so heißt dies: Die Seele ist, dass ein Körper ist; sie »ist die Gegenwärtigkeit des Körpers, seine Position [...] als *außerhalb [au-dehors]* (ex) seiender. Die Seele ist die Tatsache, daß ein Körper existiert, das heißt, daß es Ausdehnung [extension] und Ex-position gibt.«[1174]

Die ›haptozentristischen Metaphysiken‹, so Derrida, brächten das Berühren zusammen mit »*Kontinuität und Unteilbarkeit [indivisibilité]*«.[1175] Nancy setze sich davon ab, unterstreicht er: »Er erinnert zunächst an die Teilung [partage], an die Aufteilung [partition], an die Diskontinuität, an die Unterbrechung, an die Zäsur: an die Synkope.«[1176] Das Berühren setzt für Nancy eine Trennung der Körper voraus, sie sind *partes extra partes* in doppeltem Sinne.[1177]

Der Begriff der Seele zeigt: Körper sind abgetrennt von sich, ausgeschlossen von ihrer Intimität. »Die Seele, das ist das Außen-Sein eines Körpers, und in diesem Außen-Sein hat er sein Innen.«[1178] Das *partes extra partes* wird (mit Derrida gesagt) zu einer dem Körper eigenen »intrinsischen, essentiellen Äußerlichkeit«.[1179] Körper sind in sich auseinandergesetzt, ihre Teile bleiben einander äußerlich, fügen sich nicht zu einem Körper.[1180] Der Körper ist sich selbst ein Fremdkörper.[1181] »[I]ch wäre [...] nicht ›Mensch‹, wenn ich nicht diese Exteriorität [des Steines, S. H.] als die Quasi-Mineralität des Knochen ›in mir‹ hätte – das heißt, wenn ich nicht ein ›Körper‹, eine Verräumlichung aller anderen Körper und von ›mir‹ in ›mir‹ *wäre*«.[1182]

1172 Vgl. Nancy: Corpus, S. 111 (CO 113).

1173 Ebd., Hv. i. Orig.

1174 Ebd., S. 114, Hv. i. Orig. (CO 117, Hv. i. Orig.); siehe weiterführend Rugo: Thinking of otherness, S. 25ff.

1175 Derrida: Berühren, S. 202, Hv. i. Orig. (T 179, Hv. i. Orig.).

1176 Ebd. Siehe auch James: Fragmentary demand, S. 120; 150, sowie Morin: Brüderliche Gemeinschaft, S. 201; Morin: Nancy, S. 65 (dort auch das angeführte Derrida-Zitat), und Heikkilä: Limits of presentation, S. 256.

1177 Vgl. zu den folgenden Ausführungen zum *partes extra partes* Morin: Body, S. 42f.

1178 Nancy: Corpus, S. 116 (CO 118).

1179 Derrida: Berühren, S. 25 (T 28); vgl. Heikkilä: Limits of presentation, S. 268. Diese Äußerlichkeit im Körper wird durch die Möglichkeit sinnfällig, in den ›eigenen‹ Körper Organe anderer Körper oder Prothesen verpflanzen zu können; vgl. Roberto Esposito: Chair et corps dans la déconstruction du christianisme. In: Guibal, Francis/Martin, Jean-Clet (Hg.): Sens en tous sens. Autour des travaux de Jean-Luc Nancy. Paris 2004, S. 153-164, 163f., und siehe auch Devisch: Question of community, S. 92.

1180 Vgl. James: Fragmentary demand, S. 143.

1181 Siehe etwa Nancy: Befremdliche Fremdkörper, S. 46: »Es ist [...] der Körper selbst, der Leib bzw. der sogenannte ›Eigen‹-Körper, ›mein‹ Körper, der fremd ist. [...] Das Fremd-Sein ist der Körperlichkeit inhärent.«

1182 Nancy: singulär plural sein, S. 42, Hv. i. Orig. (ESP 37, Hv. i. Orig.). Bei Nancy: Indizien über den Körper, S. 7 (ISLC 9), heißt es demgemäß: »Ein Körper ist nicht leer. Er ist voll anderer Körper, voller Stücke, Organe, Teile, Gewebe, Kugelgelenke, Ringe, Röhren, Hebel und Blasebalge.« Der zusammengesetzte Körper, so Morin: Nancy, S. 130, ist »*Corpus*: Ein Körper ist eine Sammlung von Teilen, Stücken, Gliedern, Zonen, Zuständen, Funktionen. Köpfe, Hände und Knorpel, Brandwunden, Zartheiten, Spritzer, Schlaf, Verdauung, Schauder, Erregung, atmen, verdauen, sich fortpflanzen, sich regenerieren, Speichel, Gelenkflüssigkeit, Verstauchungen, Krämpfe und Schönheitsflecken.«

Partes extra partes sagt zudem, dass Körper von anderen Körpern getrennt und ihnen ausgesetzt sind. Körper sind zueinander in einem Äußerlichkeitsverhältnis.[1183] Nancys häufiger – Derrida meint: »obsessionell[er]« – Gebrauch der Wendung »partes extra partes« stehe für das »Begehren [désir]«, einen »Bruch mit der Unmittelbarkeit oder mit der Kontinuität des Kontakts [...] zu markieren« und an dessen Stelle ein »Intervall der Verräumlichung [espacement]« zu setzen – gerade in jenem Augenblick, betont Derrida, »in dem so sehr auf der Kontiguität, dem Berühren, dem Kontakt usw. beharrt wird«.[1184] Was Körper miteinander teilen und einander mitteilen, ist nicht eine »*gemeinsame Annahme [assomption commune]*«, sondern die »Aufteilung [partage] der Körper«, ihre gemeinsame Verschiedenheit: »Körper an Körper, Rand an Rand, [...] *nur noch das Zwischen-uns unserer Bahnen, die partes extra partes sind*«.[1185] Heikkilä bemerkt zu Recht, dass dies – insbesondere wegen des Begriffs der Mit-Teilung (*partage*) – an die nancysche Idee der Gemeinschaft erinnert, deren Mitgliedern gemein ist, dass sie nichts Gemeinsames (zu teilen) haben.[1186]

Das *partes extra partes* der Körper erhellt, inwiefern Körper Singularitäten sind: Durch ihre Distanz voneinander, durch das *extra*, das sie singulär sein lässt.[1187] Es gebe Körper, so Nancy, »nur als einen diesen hier [...] oder *eine* diese hier. Die Bestimmung im Singular ist essentiell für den Körper.«[1188] Diese singuläre Bestimmung des Körpers, sein ›diese/r hier‹ bedeutet, dass die Körper nicht zu einem einzigen Körper verschmelzen, sondern (lokale) Körper im Plural bleiben, wie ein simples Beispiel Nancys zeigt: »Zwei Körper können nicht gleichzeitig denselben Ort besetzen. [...] Folglich auch Sie und ich nicht zur selben Zeit an dem Ort sein, wo ich schreibe, an dem Ort, wo Sie lesen, wo ich spreche, wo Sie hören. Kein Kontakt ohne Abstand.«[1189]

Nur ein Abstand zwischen Körpern macht ein Berühren von Körpern (und damit, wie oben anhand des Steines angedeutet: Welt) möglich.[1190] Alles, was ist, berührt einander und rührt aneinander, »doch das Gesetz des Berührens ist Trennung, und mehr

---

(Nancy: Indizien über den Körper, S. 15, Hv. i. Orig. [ISLC 42, Hv. i. Orig.]) Siehe auch ebd., S. 19 (ISLC 52), sowie Nancy: Corpus, S. 34 (CO 33); 104 (CO 105). Zur Funktion der kataloghaften Aufzählungen, die sich durch Nancys Körper-Arbeiten ziehen, siehe etwa Heikkilä: Limits of presentation, S. 262ff.

1183 Vgl. James: Fragmentary demand, S. 143; siehe Rugo: Thinking of otherness, S. 57f., und ebd., S. 48, Hv. i. Orig.: »For Nancy mentioning one body leads not only to its *partes*, but also to a great number of other bodies.«

1184 Derrida: Berühren, S. 155 (T 137). In diesem Sinne sei das Berühren für Nancy »always an indication of both proximity *and* distance, contact *and* impenetrability«, so Watkin: Different alterity, S. 59, Hv. i. Orig.

1185 Nancy: Corpus, S. 79, Hv. i. Orig. (CO 80, Hv. i. Orig.).

1186 Vgl. Heikkilä: Limits of presentation, S. 268. Siehe auch Fagan: Ethics and politics after poststructuralism, S. 107, wonach Nancy mithilfe des Motivs des Berührens über »relation in the context of the singular-plural« nachdenke.

1187 Vgl. Heikkilä: Limits of presentation, S. 269.

1188 Nancy: Corpus, S. 114, Hv. i. Orig. (CO 116, Hv. i. Orig.).

1189 Ebd., S. 51f. (CO 51); vgl. Rugo: Thinking of otherness, S. 43; 48; siehe auch Morin: Brüderliche Gemeinschaft, S. 205f.

1190 Vgl. Conley: Nancy's worlds, S. 88, und siehe etwa Morin: Nancy, S. 65, wonach Berühren immer heiße, »to touch a limit (and hence not to penetrate or to merge with what is on the other side«.

noch, es ist Heterogenität der Oberflächen, die sich berühren«.[1191] Wenn Singularitäten Körper und Körper Singularitäten sind, muss auch für Körper gelten, was zu den Singularitäten gesagt wurde: Vom einen zum anderen gibt es keinen kontinuierlichen Übergang, nur Angrenzen, Nachbarschaft.[1192] Die für ihren Kontakt notwendige Trennung zwischen den Körpern lasse das Berühren bei Nancy, so Derrida, als ein berührungsloses Berühren erscheinen: »Man muß berühren, ohne zu berühren«.[1193] Das Berühren ereignet sich als Trennung, als ›Synkope‹ zwischen Berührtem und Berührendem; was berührt (wird), ist eine Grenze: Man rührt »nicht an die Sache selbst [...], an das, was es zu berühren gibt«.[1194] Derrida nennt dies das »Gesetz des Takts [tact]«[1195], eines (kontaktlosen) Kontakts mit Abstand. Anders gesagt: Körper sind berührbar, aber »vollkommen unantastbar [inviolables]«.[1196]

Für die Wahrung des Taktes sorgt das *Extra*, die Auseinandersetzung der Körper und der Garant ihrer Undurchdringbarkeit: Körper sind undurchdringbar, denn zwischen ihnen klafft »der Abstand des *extra*«.[1197] Dieses sei kein Drittes, »sondern lediglich die Aufteilung [partage] der Teile«.[1198] Was ist ein Körper, was sind Körper, wenn der Abstand der Körper zu sich selbst und zu anderen verloren geht? Sie sind keine Körper mehr, sondern Masse.[1199] Der Begriff benennt »etwas vollkommen in sich, an sich Ge-

---

1191 Nancy: singulär plural sein, S. 25 (ESP 23). Siehe auch Heikkilä: Limits of presentation, S. 268: »Touch demands that there should be a difference in which the touch may take place. What thus opens is an interval: it exists between ›us‹, between our contours.« Morin: Nancy, S. 42, formuliert: »›[T]ouch‹ necessitates the same spacing at the heart of presence as existence does«.

1192 Vgl. Nancy: singulär plural sein, S. 25 (ESP 23).

1193 Derrida: Berühren, S. 87 (T 81).

1194 Ebd. Heikkilä: Limits of presentation, S. 252, schreibt: »[T]o touch is to touch the untouchable, or to touch is to touch the limit«.

1195 Derrida: Berühren, S. 87, Hv. i. Orig. (T 81, Hv. i. Orig.).

1196 Nancy: Corpus, S. 52 (CO 52); vgl. Heikkilä: Limits of presentation, S. 272f. Entsprechend müssen das *Hoc est enim corpus meum* sowie das *Noli me tangere* verstanden werden. Die Konsekrationsformel, so James: Fragmentary demand, S. 134, enthülle »a fundamental ambivalence in Christian culture [...]. What is taken as a rendering present in the ›here‹ of spirit and of the absolute, in fact emerges as something like a presence which is at the same time an absence, a proximity which implies distance, a touch which implies an infinite separation.« Man müsse die Inkarnation und ihre Feier als »a contact and a separation, a touching of the intangible« (ebd.) verstehen. Ähnlich verhält es sich in der *Noli-me-tangere*-Szene: Der Körper des auferstandenen Jesu, so Nancy: Noli me tangere, S. 22 (NMT 28), »entzieht [...] sich einem Kontakt, dem er sich ausliefern könnte. Sein Sein und seine Wahrheit als Auferstandener finden sich in diesem Entzug [dérobement], in diesem Rückzug [retrait], der allein das Maß der Berührung gibt, um die es sich handeln muss – ohne diesen Körper zu berühren, an seine Ewigkeit zu rühren. Ohne in Kontakt mit seiner manifesten Präsenz zu treten, zu seiner wirklichen Präsenz gelangen, die aus seinem Fortgang besteht.«

1197 Nancy: Corpus, S. 29, Hv. i. Orig. (CO 27, Hv. i. Orig.); vgl. Morin: Nancy, S. 129; 149. Man könne den (eigenen wie fremden) Körper nur auf zweierlei Weisen durchdringen: entweder assimiliere der Körper die körperfremde Materie vollständig (mittels Aufnahme, Absorption, Verstoffwechselung) oder die Materie zerstöre den Körper. (Vgl. Nancy: Befremdliche Fremdkörper, S. 44f.) Siehe auch Nancy: Indizien über den Körper, S. 7 (ISLC 7).

1198 Nancy: Corpus, S. 29 (CO 28); vgl. ebd. Siehe auch ebd., S. 84 (CO 85), wo Nancy das *Extra* »die Stätte der Differenzierung« nennt, sowie Heikkilä: Limits of presentation, S. 268f., und Morin: Nancy, S. 129.

1199 Vgl. Morin: Body, S. 43.

schlossenes«.[1200] Eine Masse sei ihr eigener Grund. Sie sei nicht ausgedehnt, sondern ziehe sich in einem Punkt zusammen – sie konzentriere sich in sich.[1201]

> Die Konzentration in sich meint für uns heute in der Tat die Vernichtung der Körper, die Vernichtung des Körpers als Ausdehnung, des Körpers, von dem es stets mehrere gibt. Körper gibt es immer *viel*. Es gibt immer eine *Menge* von Körpern, aber es gibt nie eine *Masse* von Körpern. Dort, wo es eine Masse von Körpern gibt, gibt es keinen Körper mehr, und dort, wo es eine Masse von Körpern gibt, ist ein Massengrab.[1202]

Nancy erkennt in der »*Konzentration* (Initialen: KZ)«[1203] eine Verlagerung der Welt. Wenn die Welt zwischen den ausgedehnten, aneinandergrenzenden Körpern spielt[1204], so ist die ›Konzentration‹ der Körper das widerwärtige Wider-Weltige (*immonde*)[1205], die Zerstörung der Körper und die Zerstörung der aus einander exponierten Körpern bestehenden »*Wir-Welt*«.[1206]

Die Körperkonzentration ist auch die Ungerechtigkeit, denn es sei nicht rechtens, so Nancy, den Raum zwischen (und in) den Körpern zu zerstören, »die Körper zu vernebeln, zu zerbrechen, zu zerquetschen, zu ersticken, sie unterschiedslos zu machen«.[1207] Dagegen wäre eine Welt von (singulären) Körpern eine Welt, in der Gleichheit – »die Bedingung [condition] der Körper«[1208] – herrschte. Wie wir sehen werden, tilgt ›Gleichheit‹ für Nancy keine Unterschiede: Was gleich ist, lässt sich nicht nach einem Maß messen, sondern ist inkommensurabel, singulär.[1209] Für Nancy ist Gleichheit ein ›Kommunismus der Ungleichwertigkeit‹. Seine Verwirklichung hieße, dass die Exposition der Körper und ihr Zwischen statthaben kann. Den Körpern muss es möglich sein, »*den*

1200 Nancy: Corpus, S. 106 (CO 108).

1201 Vgl. ebd., S. 106f. (CO 108f.), ferner ebd., S. 74f. (CO 75), sowie Nancy: Befremdliche Fremdkörper, S. 46, wo er betont: »Der Körper kann nicht dimensionslos gesagt werden.« Siehe zu ›Masse‹ auch Abschnitt II.4.4 dieser Arbeit.

1202 Nancy: Corpus, S. 108, Hv. i. Orig. (CO 110, Hv. i. Orig.).

1203 Ebd., S. 69, Hv. i. Orig. (CO 69, Hv. i. Orig.).

1204 »In gewisser Weise berühren sich alle Körper: Die Welt ist gewebt aus dem Angrenzen aller Körper, zwischen denen die Luft, das Licht, der Klang, die Gerüche und alle anderen Modulationen der Materie unablässig das ebenso feine wie straffe Gewebe des Universums spinnen.« (Nancy: Befremdliche Fremdkörper, S. 49) Siehe auch Nancy: Corpus, S. 39, Hv. i. Orig. (CO 38, Hv. i. Orig.), wo er »Welt« definiert als »eigene Stätte der realen Ausdehnungen, Raum unserer Körper, der Verteilungen ihrer Existenzen, der Aufteilungen ihrer Widerstände«. Siehe auch Rugo: Thinking otherness, S. 109f.

1205 Siehe dazu den Abschnitt *Das Widerwärtige (L'immondice)* in Nancy: Corpus, S. 89ff. (CO 90ff.).

1206 Nancy: Corpus, S. 72, Hv. i. Orig. (CO 72, Hv. i. Orig.) »Auch auf diese Art kündigt sich das Weltweite der Körper an. Die gequälten, zerrissenen, verbrannten, herumgeschleiften, deportierten, massakrierten, gefolterten, verstümmelten Körper, das in Massengräber geworfene Fleisch, das Beharren auf den Wunden. Im Massengrab sind die Kadaver keine Toten, sie sind nicht unsere Toten: Es sind übereinandergeworfene, verklebte, ineinanderfließende Wunden, und die Erde wurde direkt darauf geworfen, ohne ein Tuch, um den Raum eines Toten, dann eines weiteren Toten zu definieren.« (Nancy: Corpus, S. 68f. [CO 68])

1207 Ebd., S. 44 (CO 43); vgl. ebd.

1208 Ebd., S. 45 (CO 45).

1209 Siehe auch Nancys Überlegungen zur Kapitalisierung der Körper in: Corpus, S. 80 (CO 80); 94ff. (CO 95f.).

Raum [zu] *artikulieren*«, der sie sind: Körper seien »nicht im Raum«, sondern dieser sei »in den Körpern«, als »Aufspannung [espacement]«[1210], als Abstand zu sich und anderen. Diese Distanz eröffne den Körpern »die Grundlage ihrer Beziehungen – ihrer Kontakte, ihrer Konfrontationen, ihrer Blicke, ihres Zuhörens, ihrer Geschmäcker und Reize«.[1211] Den Abstand kann man eine »Auseinanderfügung [désassemblement]«[1212] nennen. Was ›auseinandergefügt‹ ist, das ist nichts unverbunden Verstreutes, aber auch nicht ein (einziger) Körper.

An diesem Punkt muss man noch deutlich(er) machen, daß Körper politisches Gewicht haben. Nancys Rede von der ›Konzentration‹ der Körper macht einerseits nichts anderes. Er verweist damit auf den Organizismus in der Tradition des Gemeinschaftsdenkens und seine verheerenden Folgen: eine Körperpolitik, die die einzelnen Körper zu einem Gemeinschaftskörper zu vernähen und/oder das Zwischen-den-Körpern zu zerstören sucht. Wo es der Politik um den Körper der Gemeinschaft/um die Gemeinschaft als Körper gehe, dort sei, führt Nancy aus,

> kein *Raum* für das *Zwischen*-uns-Sein [être-*entre*-nous], für das Gemeinsam-Sein [être-en-commun], und kein Platz für die *Körper*, ihre Bahnen [tracés], ihr Aufeinandertreffen, ihre einzigartigen Zufälle, ihre Posten und Posen bei der Arbeit, kein Platz für den Austausch und die unbestimmte Deklination der »gemeinsamen Lebens- und Arbeitsbedingungen«.[1213]

Angedeutet ist in diesem Zitat bereits die politische Kraft mit-erscheinender Körper. Ebenfalls in diese Richtung geht Nancy, wenn er mit Blick auf die Revolutionen in Tunesien und Ägypten 2010/11 von einem »Aufstand [levée]« und der dabei erhobenen Forderung nicht nach einer »Figur des Gemeinsam-Seins [être commun]«, sondern nach einem »Zugang zu allgemeinen Bedingungen einer Existenz, die sich nicht in Elend und Verachtung erschöpft«[1214], spricht.

Dieses aufständische Potential von Körpern ist aber noch stärker zu betonen. Anknüpfen lässt sich hierfür bei Judith Butler, die am Beispiel des Arabischen Frühlings, der Gezi-Park-Proteste und der Occupy-Bewegung zeigt: Bei den von Nancy angesprochenen Forderungen nach würdigen Existenzbedingungen handelt es sich um Forderungen von Körpern, einen Zustand abzuschaffen, den Butler »Prekarität« nennt, nämlich »die ungleiche Verteilung von Gefährdetheit«, den Umstand also, dass »bestimmte Teile der Bevölkerung unter dem Versagen sozialer und ökonomischer Unterstützungsnetze mehr leiden und anders von Verletzung, Gewalt und Tod betroffen sind als andere«.[1215] Vor diesem Hintergrund eigne dem unkalkulierbaren und temporären, gemeinsamen Erscheinen von Körpern in der Öffentlichkeit eine politische Macht:

> Wir könnten in solchen Massendemonstrationen eine kollektive Ablehnung der gesellschaftlich und wirtschaftlich bedingten Prekarität sehen. Was wir aber vor allem

1210 Ebd., S. 28f., Hv. i. Orig. (CO 27, Hv. i. Orig.).
1211 Nancy: Befremdliche Fremdkörper, S. 46.
1212 Nancy: Corpus, S. 34 (CO 33).
1213 Ebd., S. 64, Hv. i. Orig. (CO 64, Hv. i. Orig.); vgl. ebd., S. 63f. (CO 63f.).
1214 Nancy: Politik und darüber hinaus, S. 239 (PED 53).
1215 Judith Butler: Anmerkungen zu einer performativen Theorie der Versammlung. Berlin 2016, S. 48.

sehen, wenn Körper auf Straßen, Plätzen oder an anderen öffentlichen Orten zusammenkommen, ist die [...] Ausübung des Rechts zu erscheinen, eine körperliche Forderung nach besseren Lebensbedingungen.[1216]

Diese Forderung ist Butler zufolge körperlich insofern, als sie – zumindest zunächst – nicht-diskursiv ist: Noch bevor eine (bestimmte) Forderung diskursiv erhoben werde, hätten Körper, die sich versammeln, eine politische Bedeutung, die darin bestehe, dass sie ihr »Recht zu erscheinen geltend machen, eines, das den Körper in die Mitte des politischen Feldes rückt«.[1217] Man könne sagen, »dass *die Versammlung bereits spricht, bevor sie ein Wort geäußert hat*«.[1218]

Mit Butler lässt sich in Nancys Begriff des *désassemblement*, der ›Auseinanderfügung‹ der Körper, eine politische Dimension kenntlich machen, die ihm ohnehin innewohnt: Man kann darin auch das Versammeln (*s'assembler*) und die Versammlung (*assemblée*) lesen. Butler zeigt, dass die Versammlung der Körper, ihr plurales Erscheinen, ein ›Auseinanderfügen‹ ist. Sie spricht von einer »Allianz voneinander getrennter und aneinander angrenzender Körper«, was die Absage an einen »einzelnen, identischen, einheitlichen Willen«[1219] der vielen Körper impliziere. Das Prinzip ihrer Verknüpfung ähnelt dem, was Laclau und Mouffe in *Hegemonie und radikale Demokratie* (*Hegemony and Socialist Strategy*, 1985) eine ›Äquivalenzkette‹ nennen.[1220] Diese schmiedet sich bei Butler durch den Zustand der Prekarität, in dem sich die Körper auf je singuläre Weise gemeinsam befinden: »Prekarität ist die Rubrik, die Frauen, Queers, Trans-Personen, Arme, anders Begabte, Staatenlose, aber auch religiöse und ethnische Minderheiten unter sich vereinigt«.[1221]

In der Versammlung zeigt sich die Möglichkeit, gemeinsam – politisch – zu handeln, ohne auf »ein vorgefertigtes kollektives Subjekt« rekurrieren zu müssen, denn »das ›Wir‹ wird von der Versammlung der Körper inszeniert – plural, fortdauernd, handelnd und eine öffentliche Sphäre beanspruchend, von der man aufgegeben worden ist«.[1222] Politik bedarf erscheinender Körper[1223], und diese wiederum seien auf einen ›Erscheinungsraum‹ angewiesen, argumentiert Butler mit und gegen Hannah Arendt.[1224] Mit ihr, weil es richtig sei, dass »[e]in Erscheinungsraum entsteht, wo immer Menschen handelnd und sprechend miteinander umgehen«[1225], wie Arendt

---

1216   Ebd., S. 37; vgl. ebd., S. 7; 14; 31.

1217   Ebd., S. 19.

1218   Ebd., S. 204, Hv. i. Orig.; vgl. ebd., S. 15f.; 28f.; 112f.; 209; 226; 235f.

1219   Ebd., S. 102.

1220   Siehe zu ›Äquivalenzkette‹ den Unterabschnitt *Hegemonie, Partikularismus und Universalismus* in Abschnitt II.3.3.

1221   Ebd., S. 80; siehe auch ebd., S. 40; 93f.

1222   Ebd., S. 81; siehe auch ebd., S. 204f.

1223   Ludger Schwarte: The City – A Popular Assembly. In: Zeitschrift für Medien- und Kulturforschung 5 (2014), H. 1, S. 73-83, 83, betont: »In order for a revolution to take place, someone has to occupy a square and kick in some doors. The better argument does not change the world.« Siehe auch Schwarte: Philosophie der Architektur, S. 147f.

1224   Zum Begriff des Erscheinungsraums siehe Arendt: Vita activa, S. 251ff.

1225   Ebd., S. 251.

schreibt. Unausdrücklich verdeutliche Arendt, dass politisches Handeln an die Erscheinung von Körpern gebunden ist, und sie zeige auch: Eine politische Handlung ist nie die Handlung eines (einzigen) Körpers, da sie (mit Arendts Worten) im »räumliche[n] Zwischen«[1226] des Erscheinungsraumes stattfindet – in dem also, was den einen vom anderen Körper trenne und den einen Körper mit dem anderen verbinde.[1227] Gegen Arendt richtet sich Butler, weil diese die »architektonische Gegebenheit« des ›Erscheinungsraumes‹, die »materiellen Unterstützungen«[1228] für die Entstehung von Pluralität zu wenig berücksichtige oder vom ›Erscheinungsraum‹ zu trennen versuche. Es braucht einen (architektonischen) Unterbau in Form etwa von (sicheren) Straßen und Plätzen, damit Körper erscheinen und ihr Recht auf ihr Erscheinen geltend machen können.[1229] Butler behandelt diesen Gedanken leider nicht in der seiner (politischen) Relevanz angemessenen Ausführlichkeit. Die Frage nach der Beziehung zwischen den Möglichkeiten einer Versammlung und der Architektur wäre genauer stellen: Wie muss der Raum beschaffen sein, damit Menschen in ihm vor- und miteinander erscheinen und gemeinsam (politisch) handeln können?

Ich werde diese Frage in Abschnitt II.4 zu klären versuchen, möchte die Fluchtlinie meiner Antwort aber schon hier mit einer Rückkehr zu Nancy vorzeichnen. Die Bewegung, die dem *Désassemblement* der Körper entspricht, wäre für Nancy wohl der Tanz, den er den »*Schritt* der Welt«[1230] nennt. Der Takt, dem tanzende Körper folgen, ist nicht der konzentrierte Gleichtakt der Masse, sondern der des Abstandes, ein synkopierter Rhythmus.[1231] Wichtig ist zum einen, wo getanzt wird: Man sollte nicht nur an den Tanzsaal- oder den Bühnenboden denken. Der Boden, auf dem die ersten Tänzer*innen tanzten, war »gestampfte Erde: ein offener Platz«[1232], ohne Funktion (man säte

---

1226 Ebd., S. 250.

1227 Vgl. Butler: Theorie der Versammlung, S. 99f. 104f.; 119f.; 202. Auch Marchart: Das unmögliche Objekt, S. 444, Hv. i. Orig., weist auf die Bedeutung von Körpern für Proteste hin und betont den für ihren Erfolg wesentlichen »Verstärkereffekt«, als den man »die *wechselseitige* Affizierung der protestierenden Körper« verstehen könne.

1228 Butler: Theorie der Versammlung, S. 105; siehe auch ebd., S. 168f.

1229 Vgl. ebd., S. 96f. Dabei hebt Butler hervor, »dass es gerade der öffentliche Charakter des Raumes ist, der zur Debatte steht und manchmal sogar heiß umkämpft ist, wenn die Massen sich versammeln. Natürlich sind die Bewegungen darauf angewiesen, dass es das Pflaster, die Straßen, den Platz schon gibt [...]; wahr ist aber auch, dass die gemeinsamen Aktionen den Raum selbst einnehmen – sie schaffen den Platz, sie beleben und organisieren die Architektur.« (Ebd., S. 97) Sie macht zudem aufmerksam auf das notwendige Vorhandensein von »infrastrukturellen Lebensbedingungen« (ebd., S. 22) – Bildungswesen, öffentlicher Personennahverkehr oder Gesundheits- und Sozialfürsorge –, die nicht den Kapitalinteressen überlassen oder anders (z.B. durch Krieg) zerstört werden dürften. Es sei das Fehlen dieser Infrastruktur, das Prekarität hervorrufe; vgl. ebd., S. 20ff.; 29; 32f.; 61f.; 88f.; 166ff.

1230 Nancy: Corpus, S. 99, Hv. i. Orig. (CO 100, Hv. i. Orig.).

1231 Die (tanzenden) Körper rhythmisieren das Sein, so wie dieses die Körper rhythmisiert: »Das Sein verstanden als Rhythmus der Körper – die Körper verstanden als Rhythmus des Seins.« (Ebd.)

1232 Jean-Luc Nancy: Alliterationen. In: ders.: Ausdehnung der Seele. Texte zu Körper, Kunst und Tanz. Zürich, Berlin 2010, S. 31-42, 34 (Jean-Luc Nancy: Allitérations. In: ders./Monnier, Mathilde: Allitérations. Conversations sur la danse. Avec la participation de Claire Denis. Paris 2005, S. 137-150, 143). Siehe auch Nancy: Gespräch über den Tanz, S. 61 (E 62).

und wohnte hier nicht) und niemandes Besitz.[1233] Dieser Boden war, was die Griechen der Antike als ihren Versammlungsort ansahen und *agora* nannten. Zum anderen ist die Absichtslosigkeit bedeutsam, die dem Körpertanz eignet. Die ›Auseinanderfügung‹ der Körper im Tanz folgt einer »*Attention ohne Intention*«.[1234] Der Tanz beginnt noch vor einer sinnlichen, vor einer (auf den oder die anderen) gerichteten, intentionalen Wahrnehmung. Es handele sich beim Tanz um ein Widerhallen, um ein Resonieren des/der anderen in und mit mir.[1235] Damit zeichnet sich die Möglichkeit eines anarchischen, eines grund- und herrschaftsfreien Zusammenseins ab. Die tänzerische ›Auseinanderfügung‹ entzieht sich dem Ins-Werk-Setzen als Gemeinschaft.

3.3   Ethik und Politik des Mit-Seins

Nancy denkt im Ausgang von Bataille und Heidegger die »Negativität der Gemeinschaft«.[1236] Zunächst nahm er sich die gemeinschaftsnegierenden Vorstellungen von Gemeinschaft vor. Zum einen ist dies die Gemeinschaft-als-Körper, hinter der sich die totalitäre Idee einer (herzustellenden) Immanenz der Gemeinschaft verbirgt.[1237] (Nancys Beschäftigung mit dem Körper, die zu einer Aus-ein-ander-Setzung des Körpers geführt hat, lässt sich als Kritik dieser Gemeinschaftsidee lesen.) Zum anderen widerspricht Nancy der aus der Totalitarismuskritik resultierenden Negation der Gemeinschaft im Namen eines (demokratischen) Individualismus, der die Gemeinschaft als Zusammenschluss Einzelner denkt: als »Assoziation (ein Vertrag, eine Konvention, eine Gruppierung, ein Kollektiv oder eine Kollektion)«.[1238] Nancy kann mit dieser Abschaffung von Gemeinschaft umso weniger einverstanden sein, als es mit dem Siegeszug des »liberale[n] Individualismus«[1239] zu einer Ausbreitung des Kapitalismus, oder vielmehr seines Prinzips: der allgemeinen Äquivalenz, kam, gegen die in einer Art Dialektik der Individualisierung der Rückgriff auf Konzeptionen der Gemeinschaft als (körpergleiche, substantielle) Einheit erfolgte.[1240]

1233 Vgl. Nancy: Alliterationen, S. 34f. (ALS 143).

1234 Ebd., S. 37, Hv. i. Orig. (ALS 145, Hv. i. Orig.).

1235 »*Mehr als einmal hat man im Blick auf einen Tänzer oder eine Tänzerin veranschaulicht, was man einst Empathie oder Intropathie nannte: die Reproduktion des anderen in sich – der Widerhall, die Resonanz des anderen. Der andere da drüben, nah in seiner Entfernung, gespannt, eingefaltet, entfaltet, verbogen, hallt in meinen Gelenken wider. Ich nehme ihn eigentlich weder mit den Augen noch mit dem Gehör noch durch Berührung wahr. Ich nehme nicht wahr, ich halle wider. Hier bin ich, gekrümmt von seiner Krümmung, geneigt nach seinem Winkel, angestoßen von seinem Schwung.*« (Ebd., S. 31, Hv. i. Orig. [ALS 139, Hv. i. Orig.]) Siehe auch Nancy: Gespräch über den Tanz, S. 71 (E 67f.).

1236 Trautmann: Nichtmitmachen, S. 182; vgl. zu den Formen dieser Negativität, die die folgenden Ausführungen aufrufen, ebd., S. 182ff.

1237 Vgl. ebd., S. 181.

1238 Nancy: Cum, S. 143 (C 117); vgl. Trautmann: Nichtmitmachen, S. 181f.

1239 Nancy: Wahrheit der Demokratie, S. 53 (VD 46).

1240 Vgl. Nancy: Cum, S. 142 (C 116); Watkin: Different alterity, S. 52.

Die ›entwerkte‹ oder ›undarstellbare‹ Gemeinschaft, das ›Gemeinsam-Sein‹, ›Mit-Sein‹ oder ›Mit‹[1241] – all diese Wendungen stoßen ein Denken an, das ›Gemeinschaft‹ nicht mehr an ein (individuelles oder kollektives) Subjekt zurückbindet.[1242] Anders als der Individualismus propagiert, sei »[d]as Zusammen-sein [être-ensemble] [...] kein Ensemble aus vielfachem Subjekte-sein«, allerdings im Unterschied zur Behauptung der Totalitarismen »auch selbst kein Subjekt«.[1243]

Hier liegt die zweite Bedeutung der ›Negativität der Gemeinschaft‹: Das Mit als nicht machbar zu verstehen[1244]; oder es radikaler als etwas zu denken, was »nichts ist: keine Substanz und kein An-und-für-sich«.[1245] Die Aussage, dass ›Mit‹ nicht(s) sei, verwandelt ›Mit‹ keineswegs in ein (göttliches) »Überwesen« oder »mystisches Nichts«.[1246] Nicht gemeint ist auch, es gäbe kein ›Mit‹ (mehr) – mitnichten: Mit-als-nichts ist ›Existenz-Stätte‹ (wie Nancy den verräumlichenden Körper genannt hatte), es ist »der Ort [lieu] selbst [...]: die Fähigkeit, dass etwas [quelque chose], oder eher einige Dinge [quelques choses], und einige Leute [quelques-uns], da sind, das heißt sich *mit-* oder *unter-*einander befinden [s'y trouvent les unes *avec* les autres ou *entre* elles]«.[1247] ›Nichts‹ weise auf nichts anderes hin als »auf das *ex*, das die Exponierung der Existenz *bewirkt*«.[1248]

Gemeinschaft geht aus nichts hervor. Es gilt, »den Ursprung der Gemeinschaft von seiner Nicht-Zugänglichkeit, seiner Enteignung, her zu begreifen«.[1249] Darin enthalten, so Trautmann, ist der Gedanke einer Werklosigkeit der Gemeinschaft. Nancy entwirft eine Gemeinschaft, die mit dem Machen einer Gemeinschaft nichts zu tun hat. Die Gemeinschaft sei »kein *Projekt*«[1250], betont er; nichts, was sich (wieder)herstellen ließe, setzte dies doch eine Sach- oder Dinghaftigkeit des Gemeinsamen voraus, die es als ›Nichts‹ nicht ist. Das Gemeinsame ist nicht auf die eine oder andere Weise (im königlichen Körper, in der Person des ›Führers‹) »objektivierbar«.[1251]

1241 Vgl. Nancy: Herausgeforderte Gemeinschaft, S. 30f. (CA 42f.). Für eine Aufzählung der Begriffe, mit denen Nancy Pluralität benennt, siehe Devisch: Question of community, S. 98.

1242 Vgl. Nancy: Cum 147 (C 120). »That is the challenge Nancy's philosophy seeks to meet: To think the ›we‹ in a way that resolves neither to the ›one‹ nor to the ›I‹, in other words to think ›we‹ otherwise than in terms of the mutually compounding dyad of globalization and fundamentalism.« (Watkin: Different alterity, S. 52f.)

1243 Nancy: Cum, S. 147 (C 120). Siehe auch Norris: Nancy on the political, S. 900, Hv. i. Orig.: »A community is not formed when a set of previously independent and self-sufficient beings unite and form a collective enterprise, as, say, social contract theorists would have it. Our relations are instead constitutive of who we are. But this does not imply that *we* is ontologically prior to and somehow more real than the *I*. For Nancy, the community is no more a subject than is the individual member of it.«

1244 Vgl. Trautmann: Nichtmitmachen, S. 182ff.

1245 Nancy: Cum, S. 147 (C 120).

1246 Ebd., S. 148 (C 120).

1247 Ebd., S. 147, Hv. i. Orig. (C 120, Hv. i. Orig.).

1248 Ebd., S. 148, Hv. i. Orig. (C 120, Hv. i. Orig.).

1249 Trautmann: Nichtmitmachen, S. 191.

1250 Nancy: Entwerkte Gemeinschaft, S. 38, Hv. i. Orig. (CD 42, Hv. i. Orig.).

1251 Ebd., S. 69 (CD 78); vgl. Trautmann: Nichtmitmachen, S. 190f.; 192f.

Das Bisherige sollte zeigen: »Das Zusammen-sein [être-ensemble] ist eine Bedingung«[1252], nicht nur des *zoon politikon*, sondern aller Existenz: Was ist, das ist »affiziert«[1253] von ›Mit‹. Deshalb ist es nicht nur gefährlich, sondern vergeblich (gefährlich, weil vergeblich), ›Mit‹ ins Werk setzen zu wollen. »Wir müssen uns nicht als uns, als ein ›Wir‹ identifizieren.«[1254] Im Gegenteil komme es darauf an, dass »wir uns als Uns des-identifizieren *von* aller Art des ›Wir‹, das Gegenstand seiner eigenen Repräsentation ist, und wir müssen dies tun, *insofern* ›wir‹ mit-erscheinen«.[1255]

Als Bedingung der Existenz sei ›Mit‹ kein (zu bejahender oder verneinender) »Wert«.[1256] Was nicht heißt, deutet Nancy mit dem Hinweis auf die Notwendigkeit einer Des-Identifikation an, uns bliebe nichts zu tun: Vielmehr sei »[d]as ›Denken‹ von ›uns‹ [...] *Praxis* und *Ethos*: die Inszenierung der Miterscheinung [comparution], jene Inszenierung, die Miterscheinung ist«.[1257] Die Aufgabe des gemeinsamen Seins, die das Gemeinsam-sein freigibt, ist unsere Aufgabe.[1258]

> Das Gemeinsam-sein [être-en-commun] wird durch eine Aufgabe [charge] definiert und konstituiert[1259], und letzten Endes ist es mit nichts anderem beauftragt als mit der Sorge um das *cum* selbst. Wir haben die Aufgabe, uns um unser *mit*, das heißt um *uns* zu kümmern. Das bedeutet nicht, dass man darin [...] eine »Verantwortung für die Gemeinschaft« (oder die »Polis« oder das »Volk« usw.) verstehen sollte; das bedeutet, dass wir den Auftrag, die Aufgabe haben — was ebensoviel heißt wie zu »leben« und zu »sein« haben —, uns um das *Mit* oder das *Zwischen* zu kümmern, in dem unsere Existenz besteht, das heißt sowohl unser Ort [lieu] oder Milieu als auch das, wozu und wodurch wir [...] *existieren*, das heißt *ausgesetzt* sind.[1260]

In dem Begriff der *Communitas* ist diese »Verpflichtung gegenüber dem Gemeinsamen«[1261] bereits angelegt. Die Wurzel »munus« lässt eine Gabe (*munus*) als Obligation, als Pflicht (*onus*) verstehen: »Munus« bezeichne die dem oder der Geber*in durch den Erhalt geschuldete Rückgabe; woraus folge, dass die Mitglieder einer Gemeinschaft

---

1252 Nancy: Cum, S. 147 (C 119).

1253 Ebd., S. 148 (C 121).

1254 Nancy: singulär plural sein, S. 112 (ESP 94).

1255 Ebd., Hv. i. Orig.; siehe auch Bedorf: Ort der Ethik, S. 82.

1256 Nancy: Cum, S. 147 (C 119); siehe auch Rosa et al.: Theorien der Gemeinschaft, S. 162.

1257 Nancy: singulär plural sein, S. 112, Hv. i. Orig. (ESP 94, Hv. i. Orig.); siehe auch ebd., S. 104 (ESP 87), sowie Fagan: Ethics and politics after poststructuralism, S. 113ff.; Morin: Brüderliche Gemeinschaft, S. 213; 217f. Morin: Nancy, S. 96, Hv. i. Orig., hält fest, »Nancy's ontological description is also an imperative: we are in-common, we are world-forming, yet we must *be* or *become* what we are. What is or what we are, then, is given not as a bare fact but as an exigency that is at once *ethical* (we are responsive *to* existence, and hence responsible *before* and *for* existence) and *political* (existing is a praxis, a comportment).«

1258 Siehe etwa Nancy: Das aufgegebene Sein, S. 155ff. (EA 149ff.); Nancy: Erschaffung der Welt, S. 45 (CMM 52).

1259 In einer Anmerkung bezieht sich Nancy hier auf Roberto Espositos *Communitas*.

1260 Nancy: Cum, S. 146, Hv. i. Orig. (C 118f., Hv. i. Orig.); siehe Nancy: Entwerkte Gemeinschaft, S. 77f. (CD 88f.).

1261 Nancy: Kommunismus, S. 187 (CM 210: »engagement dans le commun, pour lui et par lui«).

nicht durch eine (gemeinsame) positive Eigenschaft, durch eine Sache oder Substanz vereint sind, sondern durch einen Mangel.[1262]

3.3.1 Nancys ›ursprüngliche Ethik‹

Die ›Sorge um das *cum*‹ lässt sich nicht in Handlungsanweisungen oder ein politisches Programm übersetzen. Eingedenk der Gefahr eines Zustandes des ›Alles ist politisch‹, die Nancys und Lacoue-Labarthes Arbeit zum *Retrait* des Politischen motiviert hatte, käme es darauf an, die Verknüpfung von Politik und *cum* aufzulösen, ohne die Trennung absolut werden zu lassen: Die Politik darf das Gemeinsame nicht herzustellen versuchen, habe allerdings, wie sich an Nancys Begriff der Demokratie zeigen wird, die Aufgabe, »den gemeinsamen Raum gegenüber dem Gemeinsamen selbst zu öffnen«[1263] und so die ›Inszenierung der Miterscheinung‹ zu ermöglichen.[1264]

Ein Verhältnis (im Sinne des *Rapport*, der das, was er in ein Verhältnis setzt, erst hervorbringt, und der trennt und verbindet[1265]) muss es nicht nur zwischen Politik und *cum*, sondern auch zwischen Ontologie und Ethik geben. Aus dem ›singulär plural sein‹ lässt sich sowenig wie eine bestimmte Politik eine bestimmte Ethik ableiten.[1266] Fraser macht darauf aufmerksam, dass Nancy in diesem Sinne bereits 1980 in seinem während des Kolloquiums *Les fins de l'homme* gehaltenen Vortrag *La voix libre de l'homme* mit Blick auf Derridas ›Ethik‹ argumentiert hatte: Von Derridas Denken sei keine Ethik zu erwarten, auch dürfe man nicht fordern, dass eine solche Ethik dann in Praxis umgesetzt werden könne. Solche Ansinnen seien verfehlt, da Derridas Denken nicht in einem äußerlichen Verhältnis zu einer Ethik stehe, sondern selbst ethisch sei.[1267]

Nancy stellt in *La voix libre de l'homme* das Prinzip der Ableitung einer Ethik oder Politik aus dem Philosophischen in Frage.[1268] Denn für ihn scheint es keine absolute Trennung zwischen Ontologie und Ethik sowie zwischen Ontologie und (politischer) Praxis zu geben. Nancys Argument lässt sich an der Kritik Critchleys verdeutlichen:

1262 Vgl. Esposito: Communitas, S. 11ff.

1263 Nancy: Kommunismus, S. 186 (CM 208).

1264 Vgl. Hebekus/Völker: Philosophien des Politischen, S. 116f.; 127f.

1265 Vgl. Bedorf: Nancy, S. 146; 151.

1266 Fagan: Ethics and politics after poststructuralism, S. 114, verweist darauf, dass eine solche Deduktion »a totalising move« bedeutete. »Nancy's rethinking of community [...] provides no grounds on which guidelines might be based.« (Ebd.) Siehe auch ebd., S. 116: »In the same way that politics cannot be derived from a prior philosophical starting point, but is instead part of this starting point, ethics cannot be derived either.«

1267 Vgl. Jean-Luc Nancy: Die freie Stimme des Menschen. In: ders.: Der kategorische Imperativ. Zürich, Berlin 2017, S. 121-146, 123 (Jean-Luc Nancy: La voix libre de l'homme. In: ders./Lacoue-Labarthe, Philippe [Hg.]: Les fins de l'homme. À partir du travail de Jacques Derrida. Colloque de Cerisy 23 juillet-2 août 1980. Paris 1981, S. 163-184 [die Seitenangaben beziehen sich auf den Vortragstext und das Protokoll der anschließenden Diskussion], 164f.), und siehe Fraser: Französische Derridarianer, S. 115f. Eine ausführliche Analyse von Nancys *La voix libre de l'homme* legt Sascha Bischof: Gerechtigkeit – Verantwortung – Gastfreundschaft. Ethik-Ansätze nach Jacques Derrida. Freiburg, Wien 2004, S. 39ff., vor; kürzer Gilbert-Walsh: Broken imperatives, S. 40ff.

1268 Ich knüpfe im Folgenden an die Diskussion bei Fagan: Ethics and politics after poststructuralism, S. 116ff., an.

Nancys präferierte »*ontological* relation to others« reduziere Alterität auf das »Same«[1269] und ebne die »*ethical transcendence*«[1270] ein, die aus der Begegnung mit dem der verstehenden Aneignung entzogenen Anderen resultiere.

Da Critchley einem Missverständnis aufsitzt, läuft seine Kritik ins Leere; für Nancy gilt: »Instead of posing an absolute otherness, Nancy's conception of the co-essentiality of Being and Being-with opens the question of otherness within Being and at the heart of existence.«[1271] Während für Critchley Alterität und die »*ethical experience*«[1272] nur außerhalb der Ontologie zu finden sind, verortet Nancy sie gerade in der Ontologie.[1273] Insofern hat Critchley Recht, Nancys Position so zu charakterisieren: »[F]undamental ontology is ethical and ethics is fundamentally ontological«.[1274] Entsprechend schreibt Nancy selbst, »daß es keine Ethik gibt, die von der Ontologie unabhängig ist, und daß in Wahrheit nur die Ontologie ethisch sein kann«.[1275] In den (auch von Critchley zitierten) Schlusszeilen von *De l'être singulier pluriel* wiederholt er: »Es gibt keinen Unterschied zwischen Ethik und Ontologie: die ›Ethik‹ exponiert, was die ›Ontologie‹ disponiert.«[1276]

Nancy führt diese These in einem »L›éthique originaire‹ de Heidegger« betitelten Essay weiter aus.[1277] Seine Interpretation Heideggers konturiert dabei auch seine eigene Auffassung (nicht nur) der Ethik.[1278] Der Plan, bei Heidegger eine Ethik ausfindig machen zu wollen, scheine zum Scheitern verurteilt, räumt Nancy ein. Heidegger, fasst er die gängigen Vorbehalte zusammen, habe entweder (wie sein Engagement für den Nationalsozialismus oder sein späteres Schweigen über die Lager zeigten) eine üble oder (wie seine Ablehnung der ›Disziplin‹ der Ethik oder seine Zurückweisung einer moralischen Deutung der Analytik des Daseins belegten) keine Moral gehabt.[1279] Nancy

---

1269 Critchley: With being-with, S. 250, Hv. i. Orig.

1270 Ebd., S. 251, Hv. i. Orig.

1271 Rugo: Thinking of otherness, S. 1; siehe auch Fagan: Ethics and politics after poststructuralism, S. 117.

1272 Critchley: With being-with, S. 251, Hv. i. Orig.

1273 Fagan: Ethics and politics after poststructuralism, S. 118: »Ethics and ontology [...] are not in opposition, because, for Nancy, ontology is itself structured as ethics.« Siehe auch Rugo: Thinking of otherness, S. 127; Raffoul: Abandonment, S. 65f.; Watkin: Being just, S. 20ff., und Devisch: Question of community, S. 92ff.

1274 Critchley: With being-with, S. 245, Hv. i. Orig.; siehe auch ebd., S. 250.

1275 Nancy: singulär plural sein, S. 46 (ESP 40). Dies geht über die These von Devisch: Doing justice, S. 2f., hinaus, wonach Nancy die »ontological conditions« von Konzepten wie Freiheit oder Gerechtigkeit aufzeigen wolle.

1276 Nancy: singulär plural sein, S. 149 (ESP 123); siehe Critchley: With being-with, S. 250.

1277 Vgl. Critchley: With being-with, S. 245. Nancy: singulär plural sein, S. 104, Anm. 50 (ESP 87, Anm. 1), verweist (wie auch Critchley vermerkt) selbst auf diese Arbeit. Unter Einbeziehung der Interpretation Nancys findet sich eine Analyse der ›ursprünglichen Ethik‹ Heideggers bei François Raffoul: The Origins of Responsibility. Bloomington 2010, S. 220-241, dessen Ausführungen mir bei der folgenden Darstellung eine wertvolle Hilfe waren.

1278 Viele der in Nancys *L›éthique originaire‹ de Heidegger* aufgezeigten Motive, so Rugo: Thinking of otherness, S. 144, Hv. i. Orig., seien »in fact recurrent themes in Nancy's reformulation of concepts such as *world, sense* and *with*«.

1279 Vgl. Nancy: Ursprüngliche Ethik, S. 103f. (EO 85f.); 107 (EO 88). Siehe auch Raffoul: Origins of responsibility, S. 221, sowie für eine Erörterung der Probleme bei der Suche nach einer heideggerschen Ethik Aurenque: Ethosdenken, S. 15ff. Im Hinblick auf die ›schlechte‹ Moral Heideggers

möchte diese Einwände nicht (dis)qualifizieren[1280], sondern die Analyse auf das beziehen, was Heidegger in seinem *Brief über den ›Humanismus‹* (1947) als eine »ursprüngliche Ethik«[1281] bezeichnet. Behaupte man, das heideggersche Denken biete keine (oder nur eine miserable) Moral, sei dies gleichermaßen richtig und falsch. Einerseits gibt es bei Heidegger, so Bedorf, einen »unüberbrückbaren Graben von Sein und Sollen«[1282]: Sein Denken (wie die Philosophie überhaupt) ist nutzlos in dem Sinne, dass es, wie Heidegger selbst verlautbart hat, keinen Katalog von »praktische[n] Anweisungen« oder »autoritativen Aussagen«[1283] zu liefern vermag.

> Es gibt keine »Moral« bei Heidegger, wenn man darunter einen entweder autoritativ oder durch – kollektive oder individuelle – Wahlentscheidungen festgelegten Korpus von verhaltensleitenden Prinzipien und Zielen versteht. Keine Philosophie liefert oder ist selbst eine »Moral« in diesem Sinne. Es ist nicht Aufgabe der Philosophie, Normen oder Werte vorzuschreiben [...].[1284]

---

spricht z.B. Hannah Arendt von einer »komplette[n] Verantwortungslosigkeit« (Arendt: Was ist Existenz-Philosophie, S. 29, Anm.) Heideggers – ein Urteil, das sie in ihrer Würdigung Heideggers anlässlich seines 80. Geburtstags dadurch relativiert, dass sie sein Denken durchweht sieht von einem aus dem »Uralten« kommenden »Sturm« (Hannah Arendt: Martin Heidegger ist achtzig Jahre alt. In: dies.: Menschen in finsteren Zeiten [Hg. Ludz, Ursula]. 2. Aufl. München 2013, S. 181-194, 194), womit sie ein verantwortliches Ich des Denkens verwerfe, so Dieter Thomä: Was heißt ›Verantwortung des Denkens‹? Systematische Überlegungen mit Berücksichtigung Martin Heideggers. In: Deutsche Zeitschrift für Philosophie 45 (1997), H. 4, S. 559-572, 567f. Thomä identifiziert eine doppelte Unverantwortlichkeit Heideggers: Er habe a) sein Handeln in der Zeit des Nationalsozialismus als nicht intendiertes (und damit unschuldhaftes) Widerfahrnis ausgegeben, und seinem Denken fehle es b) an einem Adressat*innenbezug, womit die Leugnung einer (und sei es nur indirekten) Wirkung seines Denkens einhergehe. (Vgl. ebd., S. 560; 566f.) Ein Moraldefizit ließe sich mit Heidegger: Brief über den Humanismus, S. 354, belegen, wo die Disziplin der Ethik als bloße – das heißt: nicht-denkende – Wissenschaft abgetan wird, sowie mit Heidegger: Sein und Zeit, S. 167, wo er die »rein ontologische Absicht« der Analyse des Man betont »und von einer moralisierenden Kritik des alltäglichen Daseins« abgrenzt.

1280 Vgl. Nancy: Ursprüngliche Ethik, S. 103f. (EO 85), wobei er vor allem die Anwürfe aufgrund von Heideggers Verhalten im Nationalsozialismus und gegenüber den nationalsozialistischen Verbrechen im Blick hat.

1281 Heidegger: Brief über den Humanismus, S. 356.

1282 Bedorf: Ort der Ethik, S. 80.

1283 Martin Heidegger: Spiegel-Gespräch mit Martin Heidegger (23. September 1966) [Gespräch mit Rudolf Augstein, Georg Wolff]. In: ders.: Gesamtausgabe. I. Abteilung: Veröffentlichte Schriften 1910-1976. Bd. 16. Reden und andere Zeugnisse eines Lebensweges (Hg. Heidegger, Hermann). Frankfurt a.M. 2000, S. 652-683, 681.

1284 Nancy: Ursprüngliche Ethik, S. 104f. (EO 86). Siehe auch Nancy: Erfahrung der Freiheit, S. 222 (EL 214f.): Es sei »nie gut [...], von einem Denken, etwa des Seins, oder des Wesens, oder der Prinzipien [...], auf eine Politik oder eine Ethik zu schließen (warum vergisst man systematisch das massive und dauerhafte Eintreten für das Naziregime durch viele Theoretiker der ›Wertphilosophie‹?)«. Ähnlich zum (eingeklammerten) letzten Punkt auch Nancy: Insufficiency of values, S. 437. Watkin: Being just, S. 20, kommentiert zu dem von Nancy kritisierten Schluss von einer Ontologie auf eine Politik oder Ethik: »The error in such a move is to pass unproblematically from the interrogation of ›the principal‹ as such to the fixing of certain determinate principles.« Zur Nutzlosigkeit der Philosophie als Moralproduzentin siehe mit weiteren Belegen bei Heidegger etwa Raffoul: Origins of responsibility, S. 228ff.

Andererseits, bringt Nancy vor, verweigere sich Heideggers Werk nicht einer ethischen Lesart. Man könne Heidegger nur blind oder gar nicht gelesen haben, meint man, ihm seien Fragen der Ethik unbekannt; mehr noch: »Heideggers Denken selbst hat sich durch und durch als eine Fundamentalethik entworfen«.[1285] Man müsse Heideggers Ethik in dem suchen, was sein Denken beherrscht habe: im »»Denken des Seins««; anders gesagt: Die Ethik habe Heidegger unablässig beschäftigt und sei in seinem Werk »ein diskretes, durchgestrichenes Thema«[1286] gewesen.

Inwiefern ist das heideggersche Seinsdenken auch das Denken einer ›ursprünglichen‹, fundamentalen Ethik? Der Ausgangspunkt der nancyschen Rekonstruktion ist die Entbindung der Philosophie von der Bestimmung, Normen oder Werte zu diktieren. Stattdessen solle die Philosophie »das Wesen oder den Sinn dessen denken, was das Handeln als solches ausmacht, das heißt wodurch *es in die Lage kommt, Normen oder Werte wählen, entdecken oder schaffen zu müssen*«.[1287] In einer nur geringfügig anderen Formulierung findet sich darin wieder, was Nancy vor dem Hintergrund der »Geschichte der Vollendung [accomplissement] der Metaphysik«[1288] schon in *La voix libre de l'homme* gefordert hatte: den von der (metaphysischen) Philosophie ungedachten nicht-ethischen Grund zu denken, auf dem eine Ethik erst möglich ist.[1289] Mit Raffoul könnte man von einer »ethicality of ethics«[1290] sprechen. (In den Arbeiten zum *Retrait* des Politischen wurde daraus die Forderung, einen nicht-politischen Grund der Politik – die Essenz des Politischen – zu denken.[1291]) Dies leiste das heideggersche ›Denken des Seins‹, das stets auch das Denken einer Ethik gewesen sei: Es gehe bei Heidegger »um nichts anderes als das Ende einer metaphysisch-theologischen Begründung der Moral, *um zur Ethik als Grund des Seins vorzudringen*«.[1292]

Für ein Verständnis der Ethik Heideggers ist seine ›Definition‹ des Daseins als das Seiende, dem es »in seinem Sein *um* dieses Sein selbst geht«[1293], entscheidend. Nancy führt aus, man dürfe hierbei nicht nur eine etwa theoretische oder spekulative Wissbegierde annehmen[1294], wie er durch seine Übertragung des deutschen ›es geht um‹ in das französische ›il s'agit de‹ andeutet:

1285　Nancy: Ursprüngliche Ethik, S. 107 (EO 88); vgl. ebd., S. 104 (EO 86).

1286　Ebd., S. 105 (EO 87); vgl. ebd.

1287　Ebd., Hv. i. Orig. (EO 86, Hv. i. Orig.).

1288　Nancy: Die freie Stimme des Menschen, S. 121 (VLH 164).

1289　Vgl. Fraser: Französische Derridarianer, S. 116.

1290　Raffoul: Origins of responsibility, S. 3.

1291　Vgl. Fraser: Französische Derridarianer, S. 116.

1292　Nancy: Ursprüngliche Ethik, S. 119, Hv. i. Orig. (EO 97f., Hv. i. Orig.).

1293　Heidegger: Sein und Zeit, S. 12, Hv. i. Orig.

1294　Vgl. Nancy: Ursprüngliche Ethik, S. 108 (EO 89); siehe auch Raffoul: Origins of responsibility, S. 240f. Devisch: Question of community, S. 77, Hv. i. Orig., führt zu Heidegger aus: »The human being is a being that can reflect on itself, on its being that is. More emphatically, we are always and already in a relation to our being and we *are* always beings that pose the question of being. The question of being always emerges from factical existence.« Damit ist auch die ›ursprüngliche Ethik‹ Heideggers charakterisiert durch ihre Verankerung in der konkreten ›factical existence‹, wie Raffoul: Origins of responsibility, S. 223ff., zeigt.

Wenn es im *Dasein** um das Sein geht beziehungsweise wenn es sich im *Dasein** um das Sein handelt [il s'agit de l'être] (und wenn [...] das Sein Handeln *ist*, wenn das Sein die Natur oder die Substanz des Handelns besitzt), dann deshalb, weil das Sein, als Sein des *Daseins**, in ihm der Einsatz seines Verhaltens und sein *Verhalten das Aufs-Spiel-setzen [la mise en jeu]* des Seins ist.[1295]

Es wäre falsch, »das Handeln nur als das Bewirken einer Wirkung«[1296] zu verstehen, wie Heidegger formuliert. Vielmehr sei es eine selbstzweckhafte »*praxis*, in der das Sein das Seiende (oder das Existierende) *tut [fait]*: Es macht [fait] es aber nicht als sein Pro-dukt, sondern insofern, als es *sich sein lässt [se fait être]*, indem es im *Existierenden oder als Existierendes ek-sistiert*«.[1297] Nancy spricht hier die ›ontologische Differenz‹ an. Diese meine nicht den Unterschied von Sein und Seiendem im Sinne einer »Differenz zweier Seinsarten des Seienden«, erläutert er, sondern »die Wirklichkeit des *Daseins**, inso-fern es an sich, von sich aus, offen und zu einer wesentlichen und ›aktiven‹ Beziehung mit der reinen Tatsache zu sein, aufgerufen ist«.[1298] Für Heidegger, schließt Esposito sich Nancys Argumentation an, fallen »Dasein und *praxis*« nicht auseinander: Die Pra-xis werde nicht verstanden als »eine bloße Möglichkeit« des Daseins, sondern sei »eine Grundverfassung des Daseins als ursprüngliche Offenheit oder Ek-sistenz«.[1299] Als ein solches »Aus-sich-heraus-sein« sei das Dasein kein »vorausgesetztes Subjekt«, es sei »ein Handeln oder [...] eine ›Haltung‹«.[1300]

Nancy versucht in Heideggers Denken ein Handeln des Seins herauszupräparieren, eine »*performativity of being*«.[1301] Es gibt, betont er, kein präexistentes Sein als Absolutes oder Eines, das das (plurale) Seiende produzierte oder sich in Seiendes auflöste; »es existiert nur, was existiert«.[1302] Das Sein – als Substanz gedacht – gibt es nicht, Sein ist sein[1303], was heißt: ein ›Aufs-Spiel-Setzen‹ oder Ins-Spiel-Bringen seiner selbst im und als Dasein. In diesem Sinne sei »*Dasein** ganz entschieden kein Name einer Substanz, sondern der Satz eines Handelns«.[1304] Die *mise en jeu* des Seins ist die ›ursprüngliche Ethik‹.[1305] Sein ist ethisch, weil es *ethos* ist, also nicht das »*there is*‹ of a brute given«, sondern ein Handeln/Verhalten, »*a that not a what*«.[1306] Sein *ethos* kommt dem Sein

---

1295 Nancy: Ursprüngliche Ethik, S. 108, Hv. i. Orig. (EO 89, Hv. i. Orig.).

1296 Heidegger: Brief über den Humanismus, S. 313.

1297 Nancy: Ursprüngliche Ethik, S. 108, Hv. i. Orig. (EO 89, Hv. i. Orig.).

1298 Ebd., Hv. i. Orig.; siehe auch Raffoul: Origins of responsibility, S. 224ff.

1299 Esposito: Ursprüngliche Gemeinschaft, S. 552, der Verweis auf Nancy erfolgt ebd., S. 551, Anm. 2.

1300 Ebd., S. 552.

1301 Raffoul: Origins of responsibility, S. 240, Hv. i. Orig.; vgl. weiter für diesen Absatz ebd., S. 239ff.

1302 Nancy: singulär plural sein, S. 57 (ESP 48); vgl. ebd. Zur Gabe des Seins siehe Nancy: Ursprüngliche Ethik, S. 122f. (EO 100f.).

1303 Raffoul: Origins of responsibility, S. 240, Hv. i. Orig., formuliert: »[B]eing is not but being be-*ings*«. Siehe auch Rugo: Thinking of otherness, S. 142f.: »The Being at stake here is [...] a Being that is both multiplied and singular [...]. Being-with – co-essential and constitutive of Being – takes place as the cutting across of a singular occurrence.«

1304 Nancy: Ursprüngliche Ethik, S. 116, Hv. i. Orig. (EO 95, Hv. i. Orig.).

1305 »If, in Dasein, being is at issue, that is because being (as the being of Dasein) *is* what is at stake in its originary ethicality – and ethicality is the bringing into play of being.« (Raffoul: Origins of responsibility, S. 241, Hv. i. Orig.)

1306 Watkin: Being just, S. 21, Hv. i. Orig.

nach Nancys Auffassung nicht von außen zu, sondern ist sein (aufgegebenes, freies) Da-Sein.[1307]

Genauer liege die *praxis* des Seins – als ›sein‹ des Daseins – im Machen von Sinn.[1308] »Sein, das heißt: Sinn machen.«[1309] Dies bedeute kein Herstellen von Sinn, wodurch man die sinnlose Existenz mit Sinn versähe.[1310] Das Machen von Sinn sei ein »Handeln oder Sich-verhalten [se conduire]«[1311] des Seins, und das Handeln, schreibt Heidegger, ein »Vollbringen«, bei dem es darum gehe, das, was ist, »in die Fülle seines Wesens [zu] entfalten«.[1312] Der Umstand, dass Sein Handeln ist, meine: Im Handeln vollbringt oder entfaltet sich das Sein als »der Sinn [...], der es ist«.[1313] Als Tun, das Sinn macht, tut das Handeln nichts anderes, als »das Sein sein zu *lassen*«.[1314] Handeln ist das – nicht als »Passivität« misszuverstehende – »Sein-lassen [laisser-être]«.[1315] Beim Handeln handele es sich darum, »dem Sein zu gestatten, der Sinn, der es ist, zu sein«.[1316]

Der Sinn, formuliert Nancy mit Heidegger, sei der »Bezug des Seins zum Menschenwesen«.[1317] Dies bedeute, »dass es im Menschen um das Sein geht, oder dass der Mensch im Sein-lassen des Sinns sowie im Sinn-machen des Seins besteht«.[1318] In diesem Tun – und nicht in einer etwa marxistischen oder christlichen Vorausbestimmung seines Wesens – liege Heidegger zufolge »die Menschlichkeit des Menschen«.[1319] Vorausgesetzt ist hierbei: Der Sinn des Seins ist nicht gegeben oder vollbracht, sondern erst noch zu tun. Das Sein ist »Ek-sistenz«[1320], das heißt »eine Weise oder ein Verhalten des Seins als ›Außer‹-sich-sein, das heißt als Sein-zum-Sinn, was wiederum heißt: als Sinn-machen oder Handeln«.[1321] Mit ›Ek-sistenz‹ bezeichnet Heidegger das Dasein des Seins; zu unterscheiden von der Existenz (*existentia*) dessen, was gegeben ist.[1322]

1307 Vgl. ebd., S. 22f.

1308 Vgl. Nancy: Ursprüngliche Ethik, S. 108 (EO 89).

1309 Ebd., S. 109 (EO 89); siehe auch Rugo: Thinking of otherness, S. 144f. Wir werden auf den Begriff des Sinns zurückkommen; siehe etwa schon Morin: Nancy, S. 40f., oder den Eintrag von Jeffrey S[cott] Librett: Art. ›Sense‹. In: Gratton, Peter/Morin, Marie-Eve (Hg.): The Nancy Dictionary. Edinburgh 2015, S. 213-215.

1310 Vgl. Nancy: Ursprüngliche Ethik, S. 111 (EO 91).

1311 Ebd., S. 109 (EO 89).

1312 Heidegger: Brief über den Humanismus, S. 313; vgl. Nancy: Ursprüngliche Ethik, S. 109 (EO 89). Als ein Sinn-machen sei das Handeln für Heidegger – und auch für Nancy, wie das Weitere zeigen wird – ein Denken; vgl. Nancy: Ursprüngliche Ethik, S. 109 (EO 89f.), und siehe auch Raffoul: Origins of responsibility, S. 227f.

1313 Nancy: Ursprüngliche Ethik, S. 111 (EO 91).

1314 Ebd., Hv. i. Orig.

1315 Ebd., S. 112 (EO 91).

1316 Ebd.

1317 Heidegger: Brief über den Humanismus, S. 321; vgl. Nancy: Ursprüngliche Ethik, S. 113 (EO 93).

1318 Nancy: Ursprüngliche Ethik, S. 113 (EO 93).

1319 Heidegger: Brief über den Humanismus, S. 319; vgl. ebd., S. 319ff.; Nancy: Ursprüngliche Ethik, S. 112f. (EO 92f.).

1320 Heidegger: Brief über den Humanismus, S. 324.

1321 Nancy: Ursprüngliche Ethik, S. 114 (EO 93).

1322 Vgl. Heidegger: Brief über den Humanismus, S. 325ff. Folglich dürfe man »Dasein* [...] nicht adverbial-lokal (da sein)« auffassen, sondern nur »verbal, aktiv und transitiv [...]: das Da sein«. (Nancy: Ursprüngliche Ethik, S. 116, Hv. i. Orig. [EO 95, Hv. i. Orig.])

Diese (ontologische) ›Ek-sistenz‹, unterstreicht Nancy, sei verbunden mit der konkreten (ontischen) Existenz des Menschen, die »*als solche* die ontologische Struktur des *Daseins**«[1323] habe. Er resümiert:

> Kein »Wert«, kein über der konkreten alltäglichen Existenz von wem auch immer schwebendes »Ideal« liefert im Voraus eine Norm oder eine Bedeutung. Von genau dieser alltäglichen Existenz jedes Beliebigen wird [...] gefordert, Sinn zu machen [...]. Diese Forderung ergeht ihrerseits weder von irgendeinem Himmel noch von irgendeiner Sinnautorität her: Sie ist, innerhalb der Existenz, die eigen(tlich)e Forderung ihres Seins. Dass sich das Existierende in seinem Handeln Ideale oder Werte gibt, wird nur ausgehend von dieser ursprünglichen Forderung möglich sein – ja mehr noch: *Sinn* wird das nur entsprechend dem ursprünglichen Handeln haben, um das es in der Forderung geht. So ist dieses Denken bestrebt, der Unmöglichkeit, einen bereits gegebenen Sinn zu präsentieren [...], strikt Rechnung zu tragen.[1324]

Aus dieser Nicht-Gegebenheit eines Sein-Sinns ergeben sich für Nancy für das Machen oder Vollbringen des Sinns – das Handeln also – zwei wichtige Anknüpfungsmöglichkeiten: Die ›ursprüngliche Ethik‹ erlaube es, die Würde der Existenz und ihre Verantwortung zu denken.[1325]

Würde der wert- und maßlosen Existenz

Da der Sinn des Seins nicht gegeben ist, kann sich das Handeln, das ihn macht oder vollbringt, nach nichts richten: Es gibt eine »Maß-losigkeit des Handelns«.[1326] Der Mensch ist das Seiende, das handeln (Sinn machen) muss, wobei dieses Handeln »kein Einzelaspekt seines Seins« sei, sondern »sein Sein selbst«.[1327] Daraus folgt, dass der Mensch selbst ohne Maß oder Wert ist; darin liege seine Würde: »Die Würde ist das, was sich jenseits allen zuschreibbaren Werts findet, was der Maßgabe eines Handelns entspricht, das sich nach nichts Gegebenem richtet.«[1328] Entsprechend kann Heidegger behaupten, er denke auf die allerhumanste Weise wider den Humanismus. Dieser lege dem Menschen eine bestimmte Bedeutung bei, »die eigentliche Würde des Menschen«[1329] aber, die man mit Nancy eine »Würde des Offenen«[1330] nennen könnte, verkenne er: »Gegen den Humanismus wird gedacht, weil er die Humanitas des Menschen

---

1323 Nancy: Ursprüngliche Ethik, S. 114, Hv. i. Orig. (EO 93, Hv. i. Orig.).
1324 Ebd., S. 115, Hv. i. Orig. (EO 94, Hv. i. Orig.).
1325 Siehe die Andeutungen ebd., S. 112f. (EO 92); 120f. (EO 98f.); 130 (EO 106); 131f. (107f.), 133f. (EO 108f.). Heideggers Denken einer (ontologischen) Verantwortung widmet sich Raffoul: Origins of responsibility, S. 242ff. Für das Folgende sinnstiftende Ausführungen zu Nancys Denken einer Würde der Existenz und ihrer Maßlosigkeit finden sich bei Watkin: Being just, S. 24ff., und Devisch: Doing justice.
1326 Nancy: Ursprüngliche Ethik, S. 112 (EO 92).
1327 Ebd., S. 107 (EO 89).
1328 Ebd., S. 112 (EO 92).
1329 Heidegger: Brief über den Humanismus, S. 330.
1330 Nancy: Ursprüngliche Ethik, S. 121 (EO 99).

nicht hoch genug ansetzt.«[1331] Die Menschlichkeit des Menschen ist es, kein gesichertes (gewertetes) Wesen zu haben: Die Aufgabe des Daseins, den Sinn des Seins zu machen, sei ein Tun, behauptet Nancy, »das im Menschen jegliche Bedeutung [signification] des Menschen übersteigt«.[1332]

An den Gedanken einer menschlichen Würde, die sich aus dem Fehlen eines gegebenen Maßes oder Wertes des Menschen ergibt »und über den *Wert hinausgeht«[1333], knüpft Nancy in verschiedenen Arbeiten an.[1334] Den Hintergrund bildet ein aus dem ›Tod Gottes‹ resultierender Nihilismus – das Wissen darum, »daß es kein Jenseits gibt, das heißt kein Prinzip, das irgendwo als Ursache, Ursprung oder Substanz *gegeben* oder *gesetzt* wäre«.[1335] Nancy fordert, den ›Tod Gottes‹ konsequent anzunehmen, das ›tote‹ Prinzip ›Gott‹ also nicht durch ein anderes Prinzip wie ›Mensch‹, ›Vernunft‹ oder ›Gesellschaft‹ zu ersetzen. Die Welt sei ohne Prinzip, aber darin liege »*das Lebendigste ihres Sinnes*«.[1336] Mit dieser Ansicht nimmt Nancy dem ›Tod Gottes‹ jeglichen »despairing gloom«.[1337] Stattdessen komme es ihm, meint Morin, auf die Möglichkeiten an, die im Ohne-Grund-und-Sinn-Sein der Welt liegen. Der Nihilismus habe ein prinzipienloses Denken eröffnet, das es erlaube, »einen Weg zum Ausgang aus dem Nihilismus [zu] bahnen«.[1338]

Dieser Ausweg liegt für Nancy nicht in einer Erneuerung der durch den ›Tod Gottes‹ vernichteten Werte. Dies hieße nur, das *nihil* auszufüllen und dem Nihilismus auszu-

---

1331 Heidegger: Brief über den Humanismus, S. 330; siehe dazu auch Nancy: Demokratie und Gemeinschaft, S. 25f.

1332 Nancy: Ursprüngliche Ethik, S. 121 (EO 99). Nancy kritisiert den Humanismus als »Ideologie«, nicht als »historische[n] Humanismus [...], der einen Bruch im Denken bewirkte und für den ›der Mensch‹ ein Denken des Bruchs, nicht des Konsenses bezeichnete«. (Nancy: Vergessen der Philosophie, S. 28 [OP 26])

1333 Nancy: Erschaffung der Welt, S. 27, Hv. i. Orig. (CMM 30, Hv. i. Orig.).

1334 Dazu zählen die schon zitierten Arbeiten *La création du monde ou la mondialisation*, *Vérité de la démocratie* oder der kurze Aufsatz *The Insufficiency of ›Values‹ and the Necessity of ›Sense‹*.

1335 Jean-Luc Nancy: Derridas Spuren. Über das Risiko des Denkens und die Schrift im Herzen der Stimme. Jean-Luc Nancy im Gespräch mit Sergio Benvenuto. In: Lettre International 70 (2005), S. 98-102, 101, Hv. i. Orig.

1336 Nancy: Anbetung, S. 51f., Hv. u. Unterstr. i. Orig. (ADO 48, Hv. i. Orig.): »*Die Position des Prinzips ist es, die entleert werden muss. Es genügt nicht zu sagen, G̲ott verabsentiere sich, ziehe sich zurück oder sei inkommensurabel. Und noch weniger geht es darum, ein anderes Prinzip auf den Thron zu setzen. M̲ensch, V̲ernunft, G̲esellschaft. Dies gilt es anzugehen: Die Welt beruht auf nichts – und da liegt das Lebendigste ihres Sinnes.*« Siehe (ebenfalls mit Anführung dieses Zitats) auch Morin: Nancy, S. 60, sowie Marie-Eve Morin: Art. ›Creation‹. In: Gratton, Peter/dies. (Hg.): The Nancy Dictionary. Edinburgh 2015, S. 53-54, 54, und Hutchens: Future of philosophy, S. 87, der betont: »Nancy repudiates any effort to divinize mankind. To situate man in the place of the dead ›God‹ is merely to offer another species of odious god.«

1337 Hutchens: Future of philosophy, S. 28.

1338 Nancy: Wahrheit der Demokratie, S. 25 (VD 21); vgl. hierzu Morin: Nancy, S. 59ff., an deren Ausführungen ebd. ich mich auch in den folgenden drei Absätzen orientiere. James: Fragmentary demand, S. 234, stellt mit Blick auf »Nancy's thinking of creation«, auf das wir noch zurückkommen werden, fest: »It emerges [...] as a post-Nietzschean affirmation of active production as opposed to any reactive nostalgia for a lost ground or godhead, or a negative thinking of the absence of foundations as that which needs to be mourned or lamented.«

weichen, ihn aber nicht zu überwinden.[1339] Man müsse das Werten und Bewerten überhaupt aufgeben. Das unterstellt: Werte sind nicht vorausgesetzt, sondern werden gemacht.[1340] Unter Rückgriff auf die Etymologie des französischen Ausdrucks für ›Wert‹ *(valeur)* zeigt Nancy, dass im Gemachtwerden das Wesen des Wertes besteht. Der Ursprung von ›valeur‹ im lateinischen ›valere‹ (etwa: stark, gesund, kräftig sein) lege offen, dass ›Wert‹ vor allem die Fähigkeit zur Bewertung bedeutet.[1341] Demnach seien Werte nicht »gegebene (ideale oder normative) Anhaltspunkte«, sondern »der Wert ist zuerst die Unterscheidung der Geste, die bewertet«.[1342] Bewerten ist immer ein Vergleichen: Was Wert hat, muss zuvor in ein Verhältnis gesetzt worden sein; etwas hat Wert nur bezogen auf anderes, weshalb ein absoluter – verhältnisloser – Wert unmöglich sei.[1343]

Damit jedoch ist das Bewerten ein Entwerten, weil »durch die Kennzeichnung von etwas als ›Wert‹ das so Gewertete seiner Würde beraubt wird«.[1344] Das Bewerten mache das Seiende zu einem »Gegenstand für die Schätzung des Menschen«.[1345] Heidegger kann deshalb verkünden, das von ihm geforderte »Denken gegen ›die Werte‹« propagiere nicht »die Wertlosigkeit und Nichtigkeit des Seienden«, sondern richte sich im Gegenteil gerade »gegen die Subjektivierung des Seienden zum bloßen Objekt«.[1346] Nancy erkennt darin den Vorschlag, einen »wert-losen Wert« zu denken, der keiner »Bewertung«[1347] durch ein Subjekt mehr unterliegt. Diese Wertlosigkeit des Wertes resultiert nicht aus einer unermesslichen Höhe des Wertes, die zu ermessen es immer noch eines (menschlichen) Maßstabes bedürfte.[1348] Messe man etwas (z.B. Gott) selbst den höchsten Wert zu, setze man es doch zu einem Objekt herab.[1349] Nicht bewertbar und also wertlos ist, was an keinerlei vorausgesetztem Maßstab gemessen und auf diese Weise kommensurabel gemacht werden kann; was seine Höhe nie erreicht, da es

---

1339 Man könne »dem Nihilismus nur aus seinem Inneren heraus entkommen [...]. Mit anderen Worten: Man füllt das *nihil* nicht aus, sondern man fühlt, praktiziert und denkt es.« (Nancy: Derridas Spuren, S. 101, Hv. i. Orig.)

1340 Vgl. Morin: Nancy, S. 60, die in dieser These das Erbe Nietzsches erkennt. Siehe zu Nancys Verständnis des Denkens Nietzsches auch die Ausführungen bei James: Fragmentary demand, S. 15ff.

1341 Vgl. Nancy: Insufficiency of values, S. 438.

1342 Nancy: Wahrheit der Demokratie, S. 49 (VD 42f.).

1343 Vgl. ebd., sowie Nancy: Insufficiency of values, S. 437f.

1344 Heidegger: Brief über den Humanismus, S. 349. Siehe zu Heideggers Kritik an der Wertphilosophie auch Aurenque: Ethosdenken, S. 24f., die Heideggers Überzeugung folgendermaßen resümiert: »Alle Phänomene, auch die höchsten, werden durch ihre Setzung als Wert vergegenständlicht.« (Ebd., S. 25)

1345 Heidegger: Brief über den Humanismus, S. 349.

1346 Ebd.

1347 Nancy: Ursprüngliche Ethik, S. 119 (EO 98).

1348 Auch was unmessbar ist, muss immer noch von einem Maß abweichen; vgl. Devisch: Doing justice, S. 5.

1349 »Alles Werten ist, auch wo es positiv wertet, eine Subjektivierung. Es läßt das Seiende nicht: sein, sondern das Werten läßt das Seiende lediglich als das Objekt seines Tuns – gelten. Die absonderliche Bemühung, die Objektivität der Werte zu beweisen, weiß nicht, was sie tut. Wenn man vollends ›Gott‹ als ›den höchsten Wert‹ verkündet, so ist das eine Herabsetzung des Wesens Gottes.« (Heidegger: Brief über den Humanismus, S. 349)

sich unendlich übersteigt.[1350] Weit entfernt davon, das Seiende als wertlos und nichtig auszugeben, gestatte also der Nihilismus, sich selbst überschreitend, »das Sichzeigen von allen auf einem Grund, dessen ›Nichts‹ bedeutet, dass alle unvergleichlich, absolut und unendlich wert sind«[1351] – oder kürzer: Würde haben.[1352]

Dieses Verständnis der Würde hat zwei Implikationen, die im weiteren Verlauf der Darstellung näher erläutert werden sollen. Wenn der Nihilismus zum einen die Schöpfung der Welt ohne Schöpfer*in zu denken gibt[1353], so ist jede/r Nancy zufolge »an absolute origin of the world«.[1354] Das Absolut-Sein des Ursprungs ist Ohne-Schöpfer*in-Sein und meint nicht die (selbstwidersprüchliche) völlige Trennung von anderen Weltursprüngen. Die Ursprünge der Welt sind plurale Singularitäten (Körper), die zusammen ›Welt‹ bilden, ohne zu einer Welt zu verschmelzen, denn als singuläre Ursprünge sind sie keinem gemeinsamen (gleichmacherischen) Maß unterstellt.[1355]

Mit dem inkommensurablen, unendlichen Wert, der jede Singularität ist, verbinden sich zum anderen politische Forderungen.[1356] (Nicht im Sinne eines politischen Programms, sondern als Aufforderung, neu zu denken, was ›Politik‹ heißt.[1357]) Für Nan-

---

1350 Fehlt ein Maßkriterium, so meine dies, »that excess comes to constitute measure«. (Devisch: Doing justice, S. 5)

1351 Nancy: Wahrheit der Demokratie, S. 53 (VD 47).

1352 Die Würde, so Nancy: Insufficiency of values, S. 438, Hv. i. Orig., mit Kant, »must be understood as beyond all value (*Wert*); that which is worth more than any surplus-value. [...] Kant [...] opposes dignity [...] to any notion of value or price established on a comparative scale.« Siehe auch Nancy in Nancy/Esposito: Dialogue on the philosophy to come, S. 83: »[J]ustice, dignity, man himself, the human in the first instance (but also ›nature‹ if we prefer to give it that name) are values that are beyond any possible valuation«. Nancy bezieht sich auf Immanuel Kant: Grundlegung zur Metaphysik der Sitten [1785]. In: ders.: Werkausgabe in 12 Bänden. Bd. VII. Kritik der praktischen Vernunft. Grundlegung zur Metaphysik der Sitten (Hg. Weischeidel, Wilhelm). 10. Aufl. Frankfurt a.M. 1989, S. 7-102, 68 (BA 77): »Was einen Preis hat, an dessen Stelle kann auch etwas anderes, als Äquivalent, gesetzt werden; was dagegen über allen Preis erhaben ist, mithin kein Äquivalent verstattet, das hat eine Würde.«

1353 Siehe etwa Morin: Nancy, S. 60.

1354 Nancy: Insufficiency of values, S. 440. Anders gesagt: »[T]he dissolution of ›the transcendent‹ [...] puts transcendence into play right *at* the world itself«. (Morin: Nancy, S. 61, Hv. i. Orig.)

1355 Vgl. Nancy: Insufficiency of values, S. 440.

1356 Für ausführliche Darstellungen des hier vorerst nur angerissenen Gedankengangs verweise ich auf (die schon bibliographierten) Aufsätze von Jean-Paul Martinon (*Im-mundus or Nancy's Globalising-World-Formation*), Christopher Watkin (*Being Just? Ontology and Incommensurability in Nancy's Notion of Justice*), Verena Andermatt Conley (*Nancy's Worlds*), sowie auf Morin: Nancy, S. 117ff., und Jason E. Smith: ›A Struggle between Two Infinities‹: Jean-Luc Nancy on Marx's Revolution and Ours. In: Dejanovic, Sanja (Hg.): Nancy and the Political. Edinburgh 2015, S. 272-289.

1357 Zu Recht meint Watkin: Being just, S. 23f., Hv. i. Orig.: »In reflecting on the possible implications of Nancy's *ethos* for any determinate politics, we will find no simplistic, deductive transition; no political system springs forth from Nancy's work like Combray from Proust's Madeleine.« Dies hat, wie Fagan: Ethics and politics after poststructuralism, S. 113f., ausführt, seinen Grund in Nancys Ontologie des Mit-Seins: »[P]olitical engagement is radically reconceptualised; the question of shared finitude is at the heart of politics. If the question of the essence of the political is the question of relation, then any guidelines would be both inadequate and irresponsible. Being-with is never in a determined mode, but is inherently in flux. How we are together is not something that can be pinned down, but is rather (re)created at every instant and site of intersection of singularities.«

cy ist dies vor allem der Anspruch auf einen ›Kommunismus der Ungleichwertigkeit‹, der gegen den »nihilism of capital«[1358] mit dem entwürdigenden Bewerten der Singularitäten ein Ende mache und eine »Bejahung des unvergleichlichen Wertes«[1359] der Singularitäten – ihrer Würde also – ermögliche. Zuwider dem kapitalistischen Prinzip der Äquivalenz, das alle Singularitäten (ver)gleich(bar) macht, wären Singularitäten im ›Kommunismus der Ungleichwertigkeit‹ nur insofern gleich, als sie ihre gemeinsame Unvergleichlichkeit teilten.[1360] Daraus leitet Nancy einen Anspruch auf »*Gerechtigkeit*«[1361] ab, den er in eine »Politik der Knoten«[1362] übersetzt, bei der jede Singularität als ›ungleichwertige‹ Singularität auftauchen, sich verknüpfen[1363] und an der Erschaffung der Welt mitwirken darf.[1364]

Verantwortung

Die Möglichkeit, eine Welt (selbst) zu erschaffen, setzt die Abwesenheit eines transzendenten Prinzips der Welt voraus. Die Verantwortung nach dem ›Tod Gottes‹ sei es daher zunächst, auf diesen ›Tod‹ nicht mit der Suche nach einem neuen ›Gott‹, einem neuen Prinzip zu antworten:

> Das ist noch immer und aufs Neue unsere Verantwortung: den Platz leer zu halten oder vielleicht besser noch: es so einzurichten, dass es keinen Platz mehr gibt für eine Instanz oder für eine Frage nach dem »angegebenen Grund«, der »wiedergegebenen Vernunft [raison rendue]«, nach der Grundlage, nach dem Ursprung und nach Ziel und Zweck.[1365]

Um hier schon den Bogen zur Politik zu schlagen: Die Verantwortung, ›den Platz leer zu halten‹, lässt sich mit Nancy als eine Verantwortung der Demokratie auslegen. Die Demokratie sei »responsable de ce qui n'est pas donné: le *demos*, le peuple, ou les uns avec les autres«.[1366]

Wenn die Welt ihren Sinn nicht mehr von einem Außen bezieht und also keinen Sinn mehr hat, sondern Sinn ist, wie Nancy sagt, wäre unsere Verantwortung positiv als

---

1358 Nancy: Nothing but the world, S. 530; gemeint ist: »[E]verything has a value, nothing is worth anything«. (Ebd.)

1359 Nancy: Wahrheit der Demokratie, S. 54 (VD 47).

1360 Vgl. ebd.

1361 Nancy: Sinn der Welt, S. 160, Hv. i. Orig. (SM 178, Hv. i. Orig.).

1362 Ebd., S. 159 (SM 176).

1363 Vgl. ebd., S. 160f. (SM 178). Bezogen auf die Frage nach dem Wert der singulären Existenz heißt dies, einen solchen Wert nie allgemein, nie für alle festlegen zu können: »One cannot know what being or existence is for each person, every time. One has to invent it. One must consequently act according to this obligation to invent, or to allow to be invented, each person's meaning of being.« (Nancy: Insufficiency of values, S. 440)

1364 Nancys Kritik an Heideggers These von der Weltlosigkeit des Steines zeigte, dass an der Erschaffung der Welt nicht nur der Mensch beteiligt ist; siehe dazu Morin: Nancy, S. 45f. ›Welt‹ sei für Nancy nicht nur »a human world, but a world of the co-exposure of the human and the non-human«, so Raffoul: Origins of responsibility, S. 15.

1365 Nancy: Anbetung, S. 53 (ADO 49); vgl. Morin: Nancy, S. 59f.

1366 Jean-Luc Nancy: Répondre de l'existence. In: Ferenczi, Thomas (Hg.): De quoi sommes-nous responsables? Huitième Forum Le Monde Le Mans. Paris 1997, S. 37-50, 50, Hv. i. Orig.

Verantwortung dafür zu fassen, den Sinn der Welt zu machen; nicht als Hervorbringen des Sinns als Produkt, sondern als eine *praxis*, die darin besteht, die Welt sein zu lassen, was (aber nicht wie) sie ist.[1367] Im Vorwort zur italienischen Ausgabe seines Buches *L'impératif catégorique* (1983) schreibt Nancy:

> Der kategorische Imperativ bedeutet, dass der Begriff einer Welt untrennbar ist von dem eines Imperativs – eine Welt *muss* existieren – und dass der Begriff eines reinen (nicht auf einen gegebenen Zweck bezogenen) Imperativs untrennbar ist vom Begriff einer Welt: Was existieren muss, ist eine Welt, und nichts anderes als eine Welt *muss*, unbedingt, ins Werk gesetzt werden. [...] Es handelt sich nicht mehr darum, einer vorgegebenen Anordnung zu entsprechen, weder in der Welt noch außerhalb der Welt, in der Vorstellung einer anderen Welt, sondern darum, eine Welt zu begründen da, wo nur ein wirres Aggregat verfügbar und erkennbar ist.[1368]

Die Verantwortung dafür, dass Welt sei, ist die Antwort auf den Nihilismus.[1369] Keine Autorität mehr misst die Verantwortung ab und teilt sie auf. Dies weitet die Verantwortung ins Ungeheure aus.[1370] Wie Nancy meint, sei unsere Verantwortung »gewaltig«, eine von der Maßlosigkeit der Existenz herrührende »Verpflichtung [engagement] ohne Maß«.[1371]

Der ›Tod Gottes‹, so Raffoul, habe also »an immediate ethical impact: It is out of the groundlessness of existence that one is thrown into a responsibility that is infinitized

---

1367   Vgl. Nancy: Sinn der Welt, S. 16 (SM 19). Siehe auch Nancy: Erschaffung der Welt, S. 33 (CMM 37), und Raffoul: Abandonment, S. 77f.

1368   Jean-Luc Nancy: Vorwort. In: ders.: Der kategorische Imperativ. Zürich, Berlin 2017, S. 7-13, 10, Hv. i. Orig. (Jean-Luc Nancy: Préface à l'édition italienne de L'impératif catégorique. In: Le Portique 18 [2006], o. S., Abs. 15f., Hv. nur des zweiten ›muss‹ = ›doit‹. Abrufbar unter: <https://journals.op enedition.org/leportique/831> [Zugriff am 29.1.2022]). Den Hinweis auf diesen Text verdanke ich Raffoul: Abandonment, S. 65.

1369   Morin: Nancy, S. 59, Hv. i. Orig., erinnert daran, dass Nancy »the *nihil* [...] as an opening« deute. Nancy: Vorwort (Kategorischer Imperativ), S. 12 (PIC Abs. 23), schreibt: »Die Absetzung des höchsten Wesens hat zur direkten und notwendigen Konsequenz die Verpflichtung, eine Welt zu erschaffen.« Dies meine nicht, dass das zum Weltschaffen verpflichtete Subjekt »den Platz des demiurgischen Seienden« besetze; es sei »eben dieser Platz, der freigemacht ist. Es handelt sich darum, sich in dieser Leere zu halten und zu ihr – also aufs Neue das zu beginnen, was ›ex nihilo‹ meint: Dass *nichts* eine Welt eröffnet und sich in der Welt eröffnet, dass der Sinn der Welt jede gegebene Wahrheit verwirft und jede gebundene Bedeutung entbindet.« (Ebd., S. 13, Hv. i. Orig. [PIC Abs. 26, Hv. i. Orig.])

1370   Siehe dazu Devisch: Doing justice, S. 6ff., der von einer »[e]xcessive [r]esponsibility« (ebd., S. 6) spricht, sowie Raffoul: Origins of responsibility, S. 14f.

1371   Jean-Luc Nancy: Menschliche Maßlosigkeit. In: ders.: Das Gewicht eines Denkens. Gegenüber der franz. Ausg. erw. dt. Erstausg. Düsseldorf, Bonn 1995, S. 111-117, 117 (Jean-Luc Nancy: Démesure humaine. In: ders.: Être singulier pluriel. Paris 1996, S. 203-211, 211). Siehe auch Nancy: Répondre de l'existence, S. 38: »Rien ne peut y être soustrait à une responsabilité tendanciellement confondue avec l'existence même, prise absolument, dès lors que rien, aucune autorité, aucune puissance, aucun index de sens ou de non-sens, n'est en charge d'un destin [...], c'est-à-dire dès lors qu'il n'y a pas d'instance qui nous mesurerait la responsabilité, qui nous en répartirait les circonscriptions et en définirait l'ampleur.«

to the extent of this absence of ground«.[1372] Man könnte von einer »responsabilité ›absolue‹«[1373] sprechen, wie man sie auch bei Jean-Paul Sartre findet[1374], demzufolge der zur Freiheit verurteilte Mensch »das Gewicht der gesamten Welt auf seinen Schultern trägt: er ist für die Welt und für sich selbst als Seinsweise verantwortlich«.[1375] Für Sartre gründet die »absolute Verantwortlichkeit«[1376] darin, dass alles, was geschieht, (mir) durch mich geschieht: Ich bin »der unbestreitbare Urheber eines Ereignisses oder eines Gegenstands«.[1377] Damit erweist sich Sartres Idee absoluter Verantwortung als eine »hyperbolic inflation of subjectivity«[1378], und in diesem Festhalten an der Subjektivität unterscheidet sie sich von Nancys Auffassung der Verantwortung.

Konzepte absoluter Verantwortung kennzeichnet, dass sie moralisches Handeln nicht individuellem Ermessen zuschreiben, sondern die Handlungsgründe in einer objektiven, dem Subjekt vorausgehenden Größe (z.B. einer göttlichen Autorität) verorten.[1379] Eine solche Verantwortungsverankerung in einer Transzendenz fehlt bei Nancy, aber ebenso wenig stellt er die Verantwortung dem Belieben eines Subjekts anheim. Er bringt eine Verantwortung ins Spiel, die nicht in der Fähigkeit eines Subjekts gründet, seinem freien Willen gemäß bestimmte (rationale) Handlungen zu vollbringen. Deshalb hat Verantwortung bei ihm nichts mit Haftung oder Zurechnungsfähigkeit zu tun.[1380] Nancy verficht einen ›wesentlichen‹ Verantwortungsbegriff.[1381] Unsere Verantwortung sei uns mit unserem Sein (auf)gegeben: Verantwortlich zu sein, das meine, »durch sein Sein bis ans Ende dieses Seins verpflichtet sein, so daß diese Verbindlichkeit [engagement], dieser *conatus* selbst die Essenz des Seins ist«.[1382] Existieren und verantwortlich sein sind eins:

> C'est là notre responsabilité, celle qui ne s'ajoute pas à nous comme une tâche, mais qui fait notre être. Nous existons en tant qu'elle, c'est-à-dire, avec le mot de Heideg-

1372 Raffoul: Origins of responsibility, S. 29.

1373 Nancy: Répondre de l'existence, S. 42. Siehe auch ebd., S. 45: »La responsabilité absolue nous est venue avec l'infinité absolue des fondements et des fins, avec la loi morale et la voûte étoilée, avec la mort de Dieu et la naissance du monde, c'est-à-dire avec l'existence remise à notre responsabilité absolue.«

1374 Raffoul: Origins of responsibility, S. 29, Hv. i. Orig., sieht Sartre eine »*original or ontological responsibility*« denken. Nancy: Répondre de l'existence, S. 42, erwähnt Sartre kurz.

1375 Jean-Paul Sartre: Das Sein und das Nichts. Versuch einer phänomenologischen Ontologie [1943] (Hg. König, Traugott). 7. Aufl. Reinbek bei Hamburg 2001, S. 950.

1376 Ebd., S. 951.

1377 Ebd., S. 950.

1378 Raffoul: Origins of responsibility, S. 14; vgl. ebd., S. 17; 29ff.

1379 Vgl. Ludger Heidbrink: Kritik der Verantwortung. Zu den Grenzen verantwortlichen Handelns in komplexen Kontexten. Weilerswist 2003, S. 157.

1380 Vgl. zu diesen traditionellen Konzeptionen von Verantwortung Raffoul: Origins of responsibility, S. 5f.; 8ff.

1381 Devisch: Question of community, S. 131, spricht von einer »existential responsibility«; siehe weiter ebd., S. 131ff., und zu Nancys ontologischem Imperativ Raffoul: Abandonment, S. 75ff., der meint: »Once a certain subjectivist bias or assumption has been abandoned, a conceptual work on the very sense of *being* responsible, on what it means to *be responsible*, becomes both possible and necessary.« (Raffoul: Origins of responsibility, S. 10, Hv. i. Orig.)

1382 Nancy: Menschliche Maßlosigkeit, S. 116, Hv. i. Orig. (DH 210, Hv. i. Orig.).

ger, que nous ek-sistons, que nous sommes exposés les uns aux autres et ensemble au monde – le monde qui n'est rien que cette exposition même. L'existence est responsabilité de l'existence.[1383]

Verantwortung erwächst aus dem »Mit-ein-ander-sein [être-les-uns-avec-les-autres]«[1384]: Wir sind einander ausgesetzt, und auf diese Herausforderung müssen wir antworten, ihr sind wir ver-antwortlich. Unsere Verantwortung ist eine »co-responsabilité«, und diese: eine »co-respondance«.[1385] Da wir nicht nur mit anderen Menschen sind (oder: da nicht nur der Mensch ›mit‹ ist), sondern »alles Seiende [...] in seinem Sein als Mit-ein-ander-seiend [l'un-avec-l'autre]«[1386] zu verstehen ist, ist die Verantwortung nicht nur eine Verantwortung des Menschen für seinesgleichen, sondern eine Verantwortung für »l'existence, la nôtre, et celle de tous les étants«.[1387]

Im Sinne dieser Überlegungen spricht Nancy in seinen Ausführungen zu Heideggers Ethik von einer »absoluten Verantwortung für den Sinn«.[1388] Fehlt ein gegebener Sinn, auf den wir uns beziehen können, müssen wir »die absolute Verantwortung für das Sinn-machen der Welt übernehmen«, müssen wir uns selbst begreifen als »Verantwortung für das Sinn-machen, die sich rückhaltlos entfaltet hat«.[1389] Die ›ursprüngliche Ethik‹ Heideggers, so Nancy, gehe vom Nihilismus als Sinnauflösung aus, finde darin aber den Imperativ eines »Sinn-machens als im Wesen des Seins erfordertem Handeln«.[1390] Heidegger gebe uns keine Normen und Werte an die Hand, keine Verhaltensanleitungen, sondern »geleitet«[1391] (so drückt Heidegger sich aus) uns dazu, »das Verhalten [la conduite]«[1392] grundsätzlich(er) als eine Aufgabe des Sinn-Machens zu denken.[1393]

Allerdings müsse man die Verantwortung, Sinn zu machen, weiter als in der ›ursprünglichen Ethik‹ fassen. Soll Verantwortung tatsächlich eine »archi-responsabi-

---

1383 Nancy: Répondre de l'existence, S. 46. Siehe auch Nancy: Vorwort (Kategorischer Imperativ), S. 7, Hv. i. Orig. (PIC Abs. 1, Hv. i. Orig.): Es gehe in L'impératif catégorique »um das Motiv einer Verpflichtung [...], die nicht zuallererst eine moralische, sondern eine ontologische ist: dass das Sein als In-der-Welt-sein und als endliche Konkretion des Unendlichen des ›Seins‹ oder des Aktes, zu ›sein‹, ein Verpflichtetsein ist, ist keine Einschränkung seiner Würde, sondern im Gegenteil das, was ihm die Möglichkeit der Würde und des Sinns erschließt: den absoluten Wert des Verhältnisses, das es je (für jedes In-der-Welt-sein, in jeder Einmaligkeit) durch sich selbst unendlich und absolut ist«.

1384 Nancy: Vorbemerkung, S. 14 (AV 14).

1385 Nancy: Répondre de l'existence, S. 49. Siehe etwa Devisch: doing justice, S. 7: »Existing [...] is not only being open but also being responsible. To be responsible means that we are always already in relation to something, before we are autonomous beings. We are always already thrown into existence and must always be able to answer for our existence.« Siehe zur Verantwortung als Antwort bei Heidegger etwa Raffoul: Origins of responsibility, S. 243f.

1386 Nancy: singulär plural sein, S. 61 (ESP 52).

1387 Nancy: Répondre de l'existence, S. 37; vgl. Raffoul: Origins of responsibility, S. 14f.

1388 Nancy: Ursprüngliche Ethik, S. 132 (EO 107); siehe auch ebd., S. 121 (EO 99).

1389 Ebd., S. 134 (EO 109).

1390 Ebd., S. 115 (EO 95); vgl. ebd.

1391 Heidegger: Brief über den Humanismus, S. 359.

1392 Nancy: Ursprüngliche Ethik, S. 129 (EO 105).

1393 Vgl. ebd. (EO 105f.).

lité«[1394] sein, darf sie das menschliche Seiende nicht privilegieren: Man müsse »auch das ethische Sein oder den ethischen Sinn des nicht-menschlichen Seienden«[1395] zur Kenntnis nehmen. Nancy erweitert das Maß der Verantwortung über seine Beschränkung auf den Menschen hinaus: »Responsibility exceeds the anthropocentric closure«[1396], da die Trennung zwischen einem Bereich des Humanen (worin Verantwortung traditionellerweise ihren Platz hat) und einem Bereich des Nicht-Humanen sich im Begriff der Existenz auflöst, der nicht nur menschliches, sondern alles Seiende meint.[1397]

In der ›ursprünglichen Ethik‹ macht sich in Nancys Augen (erneut) Heideggers Versäumnis bemerkbar, das Sein schlüssig als Mit-Sein oder ›singulär plural sein‹ zu denken.[1398] Wenn Sein Mit-Sein sei, müsse gelten, »[d]ass der Sinn nur im Teilen [partage] des *Mitseins*‹ Sinn ist oder macht«.[1399] Bei Heidegger, stellt Nancy fest, gibt es jedoch zwischen menschlichem und nicht-menschlichem Seienden keine Kommunikation, versteht man darunter den Akt »des Gemeinsam-Sinn-machens [faire-sens-en-commun]« und nicht »die Mitteilung einer Botschaft (einer Bedeutung)« oder das Herstellen eines »gemeinsamen Sinn[s] [sens commun]«.[1400]

Nancy ist darum bemüht, die Forderung nach einer »Achtung [respect] der Existenz«[1401] (als Achtung der unendlichen Offenheit oder Würde der Existenz) in die Forderung nach einer Achtung der Ko-Existenz umzudenken. In diesem Sinne läge ›unsere‹ Aufgabe darin, uns um das *cum* zu kümmern, womit Nancy die Aufgabe meint, für die Welt und ihr Sinn-Sein einzutreten.[1402]

3.3.2   Zwischenstück: Die Erschaffung (des Sinns) der Welt

»Unsere Aufgabe [tâche]« sei es, formuliert Nancy in *La création du monde* ou *la mondialisation*, »eine Form oder eine Symbolisierung der Welt zu erschaffen«.[1403] Man habe darunter die »Aufgabe« zu verstehen, »an jede Geste, an jedes Benehmen, an jeden *habitus* und jeden *ethos* die Frage zu stellen: Wie führst [engages] du die Welt aus«?[1404] Damit rückt die (Erschaffung der) Welt als Fluchtpunkt der nancyschen Ethik und Politik in

---

1394 Nancy: Répondre de l'existence, S. 42.

1395 Nancy: Ursprüngliche Ethik, S. 137 (EO 112).

1396 Raffoul: Origins of responsibility, S. 15.

1397 Vgl. ebd., S. 14f.

1398 Heidbrink: Kritik der Verantwortung, S. 106, meint, es komme bei Heidegger zu einer »radikale[n] Privatisierung moralischer Handlungsmaßstäbe […], die aus dem Raum der Sozialität in die Sphäre des souveränen Individuums zurück verlagert werden, dem es um die Bewältigung seiner eigenen finalen Zeitlichkeit und die Sorge um ein eigentliches, in sich kohärentes Leben geht«.

1399 Nancy: Ursprüngliche Ethik, S. 136, Hv. i. Orig. (EO 111, Hv. i. Orig.).

1400 Ebd., S. 137 (EO 112); vgl. ebd.

1401 Ebd., S. 120 (EO 98).

1402 Raffoul: Abandonment, S. 78, fasst diese Aufgabe oder Verpflichtung knapp folgendermaßen zusammen: »Abandoned being […] entirely ›consists‹ in the obligation to make a world.« Ähnlich Sanja Dejanovic: Introduction. Sense, Praxis, and the Political. In: dies. (Hg.): Nancy and the Political. Edinburgh 2015, S. 1-18, 9.

1403 Nancy: Erschaffung der Welt, S. 51 (CMM 59).

1404 Ebd., Hv. i. Orig.

den Blick – an ihr muss sich jedes Verhalten, jede (politische) Praxis orientieren. Die Aufgabe des Welterschaffens hängt mit dem von der ›ursprünglichen Ethik‹ geforderten Sinn-Machen zusammen, denn »[e]ine Welt ist eine Sinntotalität«.[1405] Sinn kommuniziert zwischen (allen: menschlichen und nicht-menschlichen) Seienden[1406]; er »ist seine eigene Kommunikation«[1407] oder anders: »[W]ir selbst [sind] der Sinn«[1408], was ›Sinn‹ und ›Welt‹ auf die nancysche Ontologie bezieht.[1409] Will man die ethischen und politischen Implikationen dieser Ontologie erhellen, kann man auf eine Erörterung der Begriffe ›Sinn‹ und ›Welt‹ nicht verzichten. Wie andere Begriffe Nancys – etwa *rapport*, *comparution* oder *partage* – stehen sie für ein Aufbrechen von Strukturen sowohl sozialer als auch politischer Totalität.[1410]

Sinn machen, aber keine Bedeutung

Man hat ›Sinn‹ das »master word«[1411] Nancys genannt. ›Sinn‹ ist nicht mit ›Bedeutung‹ zu verwechseln.[1412] Für Nancy ist »der Wille zur Bedeutung [volonté signifiante]«[1413] ein Grundzug der Philosophie als Metaphysik, also: als Fundamentalismus.[1414] Unter Bedeutung, so Morin, verstehe man das Zusammenspiel von Signifikant und Signifikat; sie sei »die Spannung des Signifikanten zum Signifikat«[1415], definiert Nancy. Der Signifikant (das gesprochene/geschriebene Wort ›Tisch‹) bedeutet etwas, indem er von sich weg auf das Signifikat verweist (den Begriff ›Tisch‹).[1416] Bedeutung-Machen ist der Versuch, die Trennung zwischen dem Bereich des Sinnlichen/Faktischen (Signifikant) und dem Bereich des Intelligiblen/Idealen (Signifikat) zu überwinden:

> Die Bedeutung liegt darin, im Modus des Idealen (oder Intelligiblen: eben das macht »den Sinn« aus) die Präsenz einer faktischen (oder sinnlichen) Realität festzustellen oder zu unterstellen – beziehungsweise umgekehrt im Modus des Sinnlichen (denn die Realität und/oder Materialität des Zeichens ist sinnlich) die Präsenz einer intelligiblen Bestimmung zu unterstellen. Von Platon bis Saussure ist die Bedeutung eigentlich das Zusammentreffen eines Sinnlichen und eines Intelligiblen in der Weise, daß beide einander vorstellen.[1417]

1405 Ebd., S. 30 (CMM 34); siehe dazu den Abschnitt *World as ›totality of sense‹* bei Morin: Nancy, S. 43ff.

1406 Dies betont Conley: Nancy's worlds, S. 88.

1407 Nancy: singulär plural sein, S. 19 (ESP 20).

1408 Ebd. (ESP 19); siehe dazu Devisch: Question of community, S. 110ff.

1409 ›Sinn‹, meint James: Fragmentary demand, S. 9, habe bei Nancy »an ontological status«; siehe auch ebd., S. 93.

1410 Vgl. Devisch: Question of community, S. 159.

1411 Critchley: With being-with, S. 241. Bedorf: Nancy, S. 147, nennt ›Sinn‹ die »Grundkategorie« der nancyschen Philosophie. Siehe für einen detaillierten Überblick über Nancys Verständnis von ›Sinn‹ in seinen verschiedenen Schriften etwa Hutchens: Future of philosophy, S. 42ff., sowie zu ›Sinn‹ bei Nancy auch Morin: Nancy, S. 40f.

1412 Vgl. Devisch: Question of community, S. 111; James: Fragmentary demand, S. 8f.; Hutchens: Future of philosophy, S. 46f.; Librett: Sense, S. 213, der ebd. ebenfalls Critchleys Einschätzung zitiert.

1413 Nancy: Vergessen der Philosophie, S. 79 (OP 74).

1414 Vgl. ebd., S. 61f. (OP 57f.).

1415 Ebd., S. 48 (OP 45).

1416 Vgl. Morin: Nancy, S. 5; 40.

1417 Nancy: Vergessen der Philosophie, S. 33 (OP 31).

Die Bedeutung bewahrt vor dem Schrecken einer chaotischen Realität und/oder einer Leere des Denkens.[1418] Mit Kant gesagt sorgt sie dafür, »daß die Begriffe nicht mehr leer und die Anschauungen nicht mehr blind sind«, da sie beide in ein Verhältnis setzt: »Der Begriff denkt und die Anschauung sieht; der Begriff denkt, was die Anschauung sieht; und die Anschauung sieht, was der Begriff denkt«.[1419] Damit gelte, schlussfolgert Nancy: »*Die Bedeutung ist [...] das Urbild einer in sich geschlossenen Struktur oder eines in sich geschlossenen Systems*, besser noch einer *Schließung in sich.*«[1420]

In dieser Abgeschlossenheit liegt als zweites Strukturmoment der Bedeutung die »Präsenz-auf-Distanz«.[1421] Das Signifikat, das der Signifikant (re)präsentiert, anschaulich (und dadurch: bedeutend) macht, bleibt in einer ›metaphysischen‹ Ferne: »Der Sinn muß präsent, verfügbar, sichtbar, unverrückbar sein, doch zugleich abwesend, schwer zugänglich, weit hinter den Wörtern und/oder den Sachen, fern in einem Ideenhimmel oder als intentionales Ziel.«[1422] In diesem Modell der Bedeutung – als Verknüpfung von Signifikant und Signifikat – stehe die Bedeutung stets in einem (anzueignenden) »Bezug [rapport] auf irgendein ›Außerhalb‹ oder ›Anderswo‹«.[1423]

Dieser ›Bezug‹, lautet Nancys Diagnose, ist unmöglich geworden. Die Philosophie als Metaphysik und mit ihr die Bedeutungen hätten sich erschöpft, seien an ihre Grenze gelangt.[1424] Es gebe kein transzendentes »*Auf [à]* des Sinns«[1425] mehr, worauf man sich zum Bedeutung-Machen stützen könnte. »Der gesamte Sinn ist der Verlorenheit preisgegeben [est à l'abandon]«, heißt es in den ersten Zeilen von *Le Sens du monde*, und dieser »Preisgabe des Sinns« seien wir »ausgesetzt«.[1426] Nancy fasst die ›Preisgabe des Sinns‹ nicht als »nihilistischen Nicht-Sinn [non-sens]«.[1427] Sie ist vielmehr die Gelegenheit, den Sinn anders als bisher zu ›machen‹[1428], nicht mehr als Bedeutung, sondern: als Sinn.[1429] Wir müssen unserer »nonsensical [...] existence« Sinn geben, aber

---

1418 Vgl. ebd., S. 36 (OP 34).

1419 Ebd., S. 34 (OP 31). Nancy bezieht sich auf Immanuel Kant: Kritik der reinen Vernunft 1 [1781]. In: ders.: Werkausgabe in 12 Bänden. Bd. III. Kritik der reinen Vernunft (Hg. Weischeidel, Wilhelm). Frankfurt a.M. 1974, S. 98 (B 75): »Gedanken ohne Inhalt sind leer, Anschauungen ohne Begriffe sind blind.«

1420 Nancy: Vergessen der Philosophie, S. 34, Hv. i. Orig. (OP 31f., Hv. i. Orig.).

1421 Ebd., S. 48 (OP 45).

1422 Ebd., S. 44 (OP 41).

1423 Nancy: Sinn der Welt, S. 14 (SM 17); vgl. Morin: Nancy, S. 40; 52. Siehe Devisch: Question of community, S. 111: »Signification refers purely to the closure of its horizon of appropriation.«

1424 Vgl. Nancy: Vergessen der Philosophie, S. 67ff. (OP 63ff.).

1425 Nancy: Sinn der Welt, S. 14, Hv. i. Orig. (SM 17, Hv. i. Orig.).

1426 Ebd., S. 9 (SM 11).

1427 Ebd., S. 10 (SM 12).

1428 ›Machen‹ steht hier in Anführungsstrichen, weil der Sinn gerade nicht gemacht werden könne: »Der Sinn ist nichts Produziertes. [...] Was [...] gemacht werden kann, was produziert werden kann, das ist eine Information.« (Nancy: Mit-Sinn, S. 23) Etwas zu produzieren, impliziert eine Trennung zwischen Macher*in und Gemachtem; diese fehlt beim ›Machen‹ des Sinns: Hier »unterscheidet sich das, was als Objekt oder Ergebnis des ›Machens‹ erscheint, [...] in Wirklichkeit nicht vom Akt dieses ›Machens‹«. (Ebd., S. 23f.)

1429 »Nihilismus heißt, daß die Bedeutung sich selbst endlos entzieht.« (Nancy: Vergessen der Philosophie, S. 74 [OP 70]) Der Entzug ermöglicht den Sinn, weshalb gelte, »*daß der Sinnanspruch künftig*

diese Sinngabe dürfe das Fehlen des Sinns nicht durch die Berufung auf eine transzendente Instanz aufheben, sondern müsse der Sinn- oder Bedeutungslosigkeit Sinn verleihen: »[T]his giving sense to the nonsensical must be understood such that nonsense is itself or makes itself ›sense‹«.[1430] Sinn-machen hieße also, bis an »die Grenze der Bedeutung«[1431] zu gehen; dorthin, wo der Sinn sich als ein Exzess der Bedeutung ereignet und zugleich als das, was der Bedeutung vorausgeht.[1432] In diesem Sinne, so Nancy, sei *der Sinn das Element [...], in dem es Bedeutungen, Interpretationen, Vorstellungen geben kann. [...] Der Sinn ist die Möglichkeit der Bedeutungen*«.[1433]

Was bedeutet ›Sinn‹? Im Grunde kann es darauf keine Antwort geben, denn »Bedeutung ist der festgelegte, markierte Sinn«, der Sinn aber liege »nur in der Ankunft einer möglichen Bedeutung«[1434], geht also in einer Bedeutung, die den Sinn festlegt, nie auf.[1435] In *L'oubli de la philosophie* schlägt Nancy vor, den Sinn als *hermeneuein* zu verstehen, gemäß der heideggerschen Deutung des Wortes, die er in *Le Partage des voix* erörtert hatte: als das Übermitteln oder Kundgeben einer Botschaft oder Neuigkeit.[1436] *Hermeneuein* beinhaltet Verschiedenheit, denn um kommuniziert, um mitgeteilt werden zu können, so ergab Nancys *Ion*-Lektüre, muss der göttliche *logos* aufgeteilt werden. Diese »Differenz der singulären Beschaffenheiten [propriétés] der Stimmen«[1437] ist für das Verständnis des Sinns (als Unterschied zu ›Bedeutung‹) zentral: ›Sinn‹ ist, was sich zwischen (singulär Seienden) ereignet.[1438] Der Sinn verlaufe »*zwischen uns*«, betont Nancy, »und nicht zwischen Signifikant, Signifikat und Referent«.[1439] Er sei »Praxis des Gemeinschaftlichen [en-commun]«, könne also »nur in der Gemeinschaft und als Gemeinschaft angeeignet werden«.[1440]

Was es heißt, der Sinn liege ›in der Ankunft einer möglichen Bedeutung‹, wird klarer, wenn Nancy am *hermeneuein* nun vor allem die Differenz zwischen der Bedeutung einer Botschaft und dem Boten oder der Botin herausstellt.[1441] Diese/r gebe die Botschaft nur kund (lasse sie sehen oder hören), aber interpretiere (erkläre) sie nicht.[1442]

über die Erschöpfung der Bedeutungen verläuft«. (Ebd., S. 75, Hv. i. Orig. [OP 70f., Hv. i. Orig.]) Siehe auch Morin: Nancy, S. 40; Bedorf: Nancy, S. 146.

1430 Nancy: Commerce of plural thinking, S. 235; vgl. ebd.

1431 Nancy: Vergessen der Philosophie, S. 79 (OP 74).

1432 Vgl. ebd., S. 95 (OP 89).

1433 Ebd., S. 95, Hv. i. Orig. (OP 90, keine Hervorhebung der Ausdrücke ›Bedeutungen‹ = ›significations‹, ›Interpretationen‹ = ›interprétations‹ und ›Vorstellungen‹ = ›représentations‹). Siehe auch Nancy: Sinn der Welt, S. 19 (SM 21), wo die Rede davon ist, dass der Sinn »über-rascht [sur-prend]«, und vgl. James: Fragmentary demand, S. 9.

1434 Nancy: Vergessen der Philosophie, S. 16 (OP 14).

1435 Siehe auch Bedorf: Nancy, S. 148.

1436 Vgl. Nancy: Vergessen der Philosophie, S. 94f. (OP 88f.); vgl. zum Folgenden Morin: Nancy, S. 40ff.

1437 Nancy: Mit-Teilung der Stimmen, S. 65 (PV 81).

1438 Vgl. Morin: Brüderliche Gemeinschaft, S. 202; Morin: Nancy, S. 5, und siehe auch Devisch: Question of community, S. 110: »Sense is never for a single individual but always for one to the other, for the one and the other.« In diesem Sinne ist »›Mit‹ [...] die Bedingung des Sinns«. (Nancy: Mit-Sinn, S. 23)

1439 Nancy: Vergessen der Philosophie, S. 92, Hv. i. Orig. (OP 86, Hv. i. Orig.).

1440 Nancy: Das gemeinsame Erscheinen, S. 183 (CP 80).

1441 Siehe hierzu und zu der im Weiteren skizzierten Verknüpfung von ›Sinn‹ und ›Körper‹ Morin: Nancy, S. 41f., zu dem letzten Punkt auch die Erläuterungen ebd., S. 130ff.

1442 Vgl. Nancy: Vergessen der Philosophie, S. 94f. (OP 89).

Genau darin liege »der *Sinn des Sinns* [...]: präsentiert zu werden, sich zu präsentieren«; der Sinn sei »Präsentation oder Ankunft [venue] in der Präsenz«, und als solcher sei er »vor aller Bedeutung«.[1443]

Mit Blick auf Nancys Überlegungen zum Körper ließe sich die ›Ankunft in der Präsenz‹, die Sinn sei, als Verkörperung des Sinns deuten, sofern man dies nicht als Inkarnation einer Idee missversteht: »Der *Körper des Sinns* ist keinesfalls die Fleischwerdung einer Idealität des Sinns«[1444], betont Nancy, sondern beende die Vorstellung einer Sinnidealität, wonach sich der Sinn nur auf sich – seine Idealität – bezieht und auf sich verweist.[1445] Der ›Körper des Sinns‹, der Sinn als Körper, sei »Ausdehnung des Einbruchs, der die Existenz ist«.[1446] Der Sinn, dessen Sinn »*wir wären*«[1447], ist damit, unterstreicht James, »constituted in the materiality of corporeal existence«[1448] und ist auch zu verstehen »im Sinne der fünf Sinne, durch die wir in der Welt sind«.[1449]

> Die Ontologie des Mit-seins kann nur »materialistisch« sein, in dem Sinn, in dem »Materie« nicht eine Substanz oder ein Subjekt [...] bezeichnet, sondern ureigentlich das, was von sich aus geteilt ist [...]. Die Ontologie des Mit-seins ist eine Ontologie des Körpers, aller Körper – unbelebter, belebter, fühlender, sprechender, denkender, wiegender Körper. In der Tat, »Körper« bedeutet vor allem: was außerhalb ist, als außerhalb, abseits, gegen, bei, mit einem (anderen) Körper, mit dem Körper am Körper, was zur Dis-Position steht.[1450]

Sinn und Körper, führt James aus, seien »co-originary«[1451], denn der Körper eröffnet die »ursprüngliche Räumlichkeit des Sinns [...], die jeder Unterscheidung von Raum und Zeit vorgängig ist«.[1452] Nancy nennt Körper »*die Diskretion der Sinn-Plätze* [...]. Ein Körper ist die Stätte, die [...] öffnet, auseinanderhält [écarte], aufspannt [espace]«.[1453] Auf diese Weise bildet der Körper das Zwischen, in dem das Wir des Sinns sich ereignen kann. Aber, betont Nancy die Gleichursprünglichkeit von Körper und Sinn: »Das soll nicht bedeuten, daß der Körper vor dem Sinn kommt [...]. Nein, er gibt ihm Statt,

---

1443   Ebd., S. 95, Hv. i. Orig. (OP 89, Hv. i. Orig.).

1444   Nancy: Corpus, S. 25, Hv. i. Orig. (CO 24, Hv. i. Orig., das Wort ›Sinn‹ = ›sens‹ bei der zweiten Nennung in Anführungsstrichen). Zur Zurückweisung der Inkarnationsidee siehe Hutchens: Future of philosophy, S. 53ff.

1445   Vgl. Nancy: Corpus, S. 25 (CO 24); siehe hierzu auch Rugo: Thinking of otherness, S. 35.

1446   Nancy: Corpus, S. 26 (CO 24).

1447   Nancy: Vergessen der Philosophie, S. 99, Hv. i. Orig. (OP 93, Hv. i. Orig.).

1448   James: Fragmentary demand, S. 106. Die Bindung des Sinns an die »leibliche Existenz« betont ebenfalls Bedorf: Nancy, S. 147, und Morin: Nancy, S. 130, stellt fest: »[S]ense is always a bodily event«, da er sich »between singularities, between bodies« ereigne.

1449   Nancy: Vergessen der Philosophie, S. 101 (OP 96); vgl. James: Fragmentary demand, S. 106. Wie der Sinn, so sind für Nancy auch die Sinne wesentlich nicht-endlich, da sie sich immer auf eine singuläre Materialität richten; es gibt nicht ›das Berühren‹, man berührt nur eine kalte, warme, harte, weiche... Oberfläche; vgl. Morin: Nancy, S. 146.

1450   Nancy: singulär plural sein, S. 131 (ESP 107f.), auch zitiert bei James: Fragmentary demand, S. 106.

1451   James: Fragmentary demand, S. 107.

1452   Nancy: Sinn der Welt, S. 27 (SM 29).

1453   Nancy: Corpus, S. 20, Hv. i. Orig. (CO 18, Hv. i. Orig.).

absolut. Weder vorangehend noch nachfolgend *ist* die Stätte des Körpers das Statt-Haben des Sinns, absolut.«[1454] Die Körperlichkeit des Sinns verdeutlicht, wieso das Sinn-und-Welt-Machen ein Berühren ist: Sinn und Berührung setzen ein »originary spacing«[1455] voraus; es gibt sie nur, bleibt getrennt, was einander kontaktiert, denn nur »[z]wischen dem einen und dem anderen wiederholen sich in Synkopen die Ursprünge-der-Welt«.[1456]

Körper kann man allein an ihren Grenzen berühren.[1457] Nancy sieht in *Corpus* dieses Berühren des Körpers an seiner Grenze durch die Schrift, durch das Schreiben verwirklicht, womit er noch einmal die Verbindung zwischen Sinn und Körper anspricht:

> Wie an den Körper rühren? [...] Was [...] gesagt werden muß, ist, daß das – an den Körper Rühren, den Körper Berühren, endlich *Berühren* – in der Schrift fortwährend geschieht. [...] Der Schrift widerfährt [...] nie etwas anderes, falls ihr überhaupt etwas widerfährt, als zu *berühren*. Genauer: den Körper (oder vielmehr diesen und jenen einzelnen Körper) *mit dem Unkörperlichen* »des Sinns« zu berühren. Und folglich *das Unkörperliche anrührend zu machen*, oder aus dem Sinn eine Berührung zu machen. [...] Das Schreiben rührt an die Körper *entlang der absoluten Grenze*, die den Sinn des einen von der Haut und den Nerven des anderen trennt. Nichts *geht hindurch*, und eben dort berührt es.[1458]

Das Schreiben sei vor allem ein Anschreiben oder besser noch: ein Schreiben-an:

> »Schreiben« meint: weder das Zeigen noch das Aufzeigen einer Bedeutung, vielmehr eine Geste, um an den *Sinn zu rühren*. Ein Berühren, ein Tasten, das wie ein Anschreiben [adresse] ist: wer schreibt, der berührt nicht, indem er anfaßt, in die Hand nimmt [...], sondern er berührt, indem er sich richtet, sich sendet *an* [à] die Berührung eines Draußen, Entwendeten [dérobé], Auseinandergerückten [écarté], Aufgespannten [espacé].[1459]

Auch der Sinn, das zeigt die im *hermeneuein* angelegte Trennung von Botschaft und Bote/Botin, ist ein ›Anschreiben‹, er ist adressiert, ist eine »Präsentation *für*«.[1460] Die Botschaft sei »eine Bedeutung *mit einer Adresse*«[1461], einer Richtung, und als ein Sich-

---

1454   Ebd., S. 102, Hv. i. Orig. (CO 103, Hv. i. Orig.); dieses und das vorherige Zitat finden sich auch bei James: Fragmentary demand, S. 107. Rugo: Thinking of otherness, S. 35, erklärt: »That sense begins with the body should not be taken as an attempt to establish any kind of anteriority of bodies with regard to the order of signification. The point that needs to be stressed is the need to addresses their co-appearance.«

1455   Morin: Nancy, S. 42.

1456   Nancy: singulär plural sein, S. 25 (ESP 24); vgl. ebd. (ESP 23), und Morin: Nancy, S. 41f.

1457   Vgl. Morin: Brüderliche Gemeinschaft, S. 200.

1458   Nancy: Corpus, S. 14f., Hv. i. Orig. (CO 12f., Hv. i. Orig., mit wortweise zusätzlicher Hervorhebung).

1459   Ebd., S. 20, Hv. i. Orig. (CO 19, Hv. i. Orig.).

1460   Nancy: Vergessen der Philosophie, S. 102, Hv. i. Orig. (OP 97, Hv. i. Orig.).

1461   Ebd., S. 95, Hv. i. Orig. (OP 89, Hv. i. Orig.).

Richten-an/-auf muss man *sens* und *Sinn* verstehen: Sinn sei »Bezug *auf* [rapport *à*]«
oder »*Zu-etwas-Sein* [l'*être-à*-quelque chose]«.[1462]

Die Richtung des Sinns – sein ›Zu-etwas-Sein‹ – ist in zweifacher Weise zu verstehen. Zum einen soll ausgedrückt werden, dass der Sinn nicht ankommt, sondern als
›Ankunft in der Präsenz‹ immer im Kommen (zu sich hin) bleibt, wie die Übersetze-
rin von *Le Sens du monde* durch die Übertragung von *venue* in *Kunft* deutlich zu machen
versucht: »Der Sinn [...] ist die Bewegung des Sein-*zu*, oder das Sein als *Kunft [venue]* in
die Präsenz«.[1463] Nancy stützt diesen Gedanken eines unendlichen Kommens des Sinns
durch einen Verweis auf die Bedeutung des lateinischen *praesum;* dadurch unterstreicht
er zugleich, dass dem Sinn nichts vorausgeht, dass er herkunftslos ist.[1464] Gemäß der
Bedeutung von *praesum* ist er selbst nichts anderes als dieses Vorausgehen:

> *Praesum* ist nicht »ich bin da« im Sinne einer einfachen Position, die besetzt, gegeben,
> eingerichtet, unbeweglich und immanent ist. Es ist zunächst »ich gehe voraus«: es ist
> voraus sein, zu Häupten von [...], es ist befehligen, führen, leiten, mitnehmen, und
> manchmal [...] beschützen. Deshalb [...] könnte die Kunft [la venue] in die Präsenz
> selbst keiner anderen »Führung« unterstehen. – *Praeesse* ist voraus sein, vorgehen,
> vorausgehen – aber es ist sich selbst voraus sein, seiner eigenen »Präsenz« voraus
> sein [...].[1465]

Wie die Existenz, so wird auch der Sinn dargebracht, wird er davon abgehalten, in
der Präsenz der Bedeutung anzukommen.[1466] Wenn es »keine andere Welt, keine jen-
seitige Welt, auch keine ›Hinterwelt‹« gibt, so gebe es auch »keinen letzten Verweis
für das Netz der Verweise der Welt und also keinen (letzten) SINN des Sinns oder der
Sinne«.[1467] Wohl nicht zuletzt wegen solcher Überlegungen nennt Badiou das Denken
Nancys eine Art »prophétisme laïcisé«.[1468] Damit trifft er es aber nicht ganz. Das Kom-

---

1462 Nancy: Sinn der Welt, S. 15, Hv. i. Orig. (SM 17, Hv. i. Orig.). Zur Interpretation des Schreibens als
      »Praxis des Sinnes« siehe auch Morin: Brüderliche Gemeinschaft, S. 218.

1463 Nancy: Sinn der Welt, S. 23, Hv. i. Orig. (SM 25, Hv. i. Orig.); vgl. ebd., Anm. 1.

1464 Nancy: Vergessen der Philosophie, S. 97, Hv. i. Orig. (OP 91, Hv. i. Orig.): »*Es gibt* ganz einfach *keine
      Herkunft des Sinns*: es [ça] präsentiert sich, das ist alles.«

1465 Nancy: Sinn der Welt, S. 25, Hv. i. Orig. (SM 28, Hv. i. Orig.); siehe auch Nancy: Possibilité d'un
      monde, S. 42f.

1466 Vgl. Nancy: Vergessen der Philosophie, S. 102f. (OP 97f.). Zum Unterschied von Darbietung und Prä-
      senz siehe auch Jean-Luc Nancy: L'offrande sublime. In: ders.: Une pensée finie. Paris 1990, S. 147-
      195, 185: »Du ›présent‹ impliqué par la présentation, l'offrande ne retient que le geste de présenter.
      L'offrande offre, porte en avant et met devant [...], mais elle n'installe pas dans la présence. Ce qui
      est offert reste à une limite, suspendu au bord d'un accueil, d'une acceptation – qui ne peut à son
      tour qu'avoir la forme d'une offrande.« Mit Morin: Brüderliche Gemeinschaft, S. 199, könnte man
      kommentieren: »Die Darbringung ist eine entzogene, zurückhaltende Gabe, welche an der Grenze
      zwischen zwei oder mehreren Singularitäten [...] hängen bleibt.«

1467 Nancy: Mit-Sinn, S. 30.

1468 »Comme est irritant le style post-heideggerien de l'annonce perpétuelle, de l'à-venir interminable,
      cette sorte de prophétisme laïcisé qui ne cesse de déclarer que nous ne sommes pas encore en
      état de penser ce qu'il y a à penser, ce pathos de l'avoir-à-répondre de l'être [...], cette attente face
      à l'abîme, cette posture du regard qui porte loin dans la brume et dit qu'on voit venir l'indistinct!
      Comme on a envie de dire: ›Écoutez, si cette pensée est encore tout entière à venir, revenez nous
      voir quand au moins un morceau en sera venu!‹« (Badiou: L'offrande réservée, S. 15f.)

men oder die ›Kunft in die Präsenz‹ des Sinns, die seine Ankunft aufschiebt, meint kein späteres Ankommen oder ein Ankommen anderswo.[1469] Nancy möchte stattdessen eine Nicht-Immanenz des Sinns herausstellen[1470], die die geschlossene Zirkelstruktur der Bedeutung unterbricht. Aus der Geschlossenheit der Bedeutung, ihrem Zusein, soll ein Zu-Sein des Sinns (und alles Seienden) werden.[1471] Des Sinnes ›Kunft in die Präsenz‹ ist nicht, wie Badiou insinuiert, als endlose Verzögerung gemeint, sondern im Gegenteil als Sich-Präsentieren »in der Differenz zu sich selbst, weil der *Sinn* nichts anderes ist als jene unendliche Höhlung der Präsenz, die die Möglichkeit und sogar das ureigenste Wesen seiner *Ankunft [venue]* ist«.[1472]

Der Sinn als ›Präsentation für‹ bringt nicht nur die Selbstdifferenz des Sinns ins Spiel, durch die Sinn ist. Das ›Zu-etwas-Sein‹ des Sinns verweist zudem auf seine »fundamentale Pluralität«.[1473] Nancy meint: »›Sinn‹ ereignet sich erst, wenn er mehr als einem widerfährt.«[1474] Wenn der Sinn »Zu-etwas-*Sein*« ist, könne »dieses Etwas [...] nur etwas *anderes* sein«.[1475] Im Anschluss an Bataille hebt Nancy hervor, es könne Sinn nie für eine/n allein geben[1476], denn der Sinn oder genauer noch: »Der Sinn der Welt [...] spielt sich ganz und gar im gemeinsamen Verweisen ab«.[1477]

Sinn ist Kommunikation[1478], und deren Voraussetzung »Andersheit«.[1479] Damit ist die Pluralität, die der Sinn ist, näher bestimmt: Nicht als »Mehrzahl, die [...] eine Einzahl vervielfacht«[1480], sondern als Pluralität einzigartiger Singularitäten, die, so hatte Nancy in *Le Partage des voix* gezeigt, mit unterschiedlichen Stimmen sprechen und

---

1469 Vgl. Nancy: Vergessen der Philosophie, S. 103 (OP 98). Der Sinnaufschub wäre dann Mangel gegenüber der Fülle einer Sinnpräsenz. Der Sinn aber ist »finite sense« (James: Fragmentary demand, S. 106), und Endlichkeit keine entbehrte Unendlichkeit: »Sie liegt nicht in einer Begrenzung [...], die sich vor dem Hintergrund der Unendlichkeit [infini] und in ein imminentes Verhältnis von Sublimation oder Aufhebung in dieser Unendlichkeit setzen würde.« (Nancy: Mit-Teilung der Stimmen, S. 71 [PV 87]) Siehe auch Nancy: Sinn der Welt, S. 47f. (SM 51f.).

1470 Hutchens: Future of philosophy, S. 42ff., verhandelt das Motiv des Sinns bei Nancy unter dem Titel einer »›open‹ immanence« (ebd., S. 42); siehe zur Erläuterung dieses Begriffs ebd., S. 35f.

1471 »Nous sommes toujours ›à‹, dans une manière ex-posée, ex-tative. Le ›à‹ constitue notre être.« (Devisch: La ›négativité sans emploi‹, S. 179)

1472 Nancy: Vergessen der Philosophie, S. 103, Hv. i. Orig. (OP 98, Hv. i. Orig.); vgl. ebd. Diese Überlegung hat Konsequenzen für ein Denken der Politik. So grenzt Watkin: Being just, S. 27, Nancys Denken der Demokratie gegenüber der (ebenfalls von Badiou kritisierten) derridaschen »messianic democracy to come« ab: Sie sei »not an unforeseeable future but an anarchic ground of the political«. Siehe für Badious Derrida-Kritik ebd., S. 19f.

1473 Bedorf: Nancy, S. 145.

1474 Nancy: Das gemeinsame Erscheinen, S. 169 (CP 56).

1475 Nancy: Sinn der Welt, S. 15, Hv. i. Orig. (SM 17, Hv. i. Orig.).

1476 Vgl. Nancy: Demokratie und Gemeinschaft, S. 63f.

1477 Nancy: Mit-Sinn, S. 30.

1478 »[T]here is no sense [...] that is not communicated, and that is not communicating«. (Nancy: Commerce of plural thinking, S. 236) Siehe auch Nancy: singulär plural sein, S. 19 (ESP 19f.): »Die geringste Bedeutung ebenso wie die höchste [...] hat nur dann einen Sinn und ist also das, was sie ist, oder macht, was sie macht, wenn und insofern sie kommuniziert wird [...]. Der Sinn ist seine eigene Kommunikation, oder seine eigene Zirkulation.«

1479 Nancy: Entwerkte Gemeinschaft, S. 55 (CD 62).

1480 Nancy: Vergessen der Philosophie, S. 106 (OP 101).

sich so mit-voneinander unterscheiden. Während in einer »Gemeinschaft« (etwa: als ein Körper oder als Zusammenschluss rationaler Wesen) jede Stimme dasselbe sagt und also mit sich selbst spricht (oder sich selbst hört, wenn sie eine andere Stimme vernimmt), besteht das Wir, das »*wir* im Element des Sinns sind«[1481], aus einer Pluralität verschiedener, singulärer Stimmen. Kommunikation (Sinn) ereignet sich nur dort, wo ›wir‹ einander nicht gleichen, sondern inkommensurabel sind.[1482] Die »›Orte der Kommunikation‹ sind keine Orte der Verschmelzung [...], auch wenn man dort von einem zum anderen *übergeht;* sie werden gerade durch ihr Aus-einander [dis-location] bestimmt und exponiert«.[1483] Kommunikation (Sinn) ist ontologisch zu verstehen, als »das nackte und [...] ›inhaltslose‹ [...] Gewebe [trame] des ›Kom *[com-]*‹« und somit als »*unser* Gewebe, oder ›wir‹ als Gewebe, Netz«.[1484]

»Der Sinn, das sind wir.«[1485] (Wobei klar ist: »Es gibt nicht *das* Wir«.[1486]) Aber wie können wir, unserer Verantwortung entsprechend, den Sinn und unser Wir machen? Geht das überhaupt? Einerseits müssen Sinn und Wir nicht gemacht werden. Wie Morin meint, wolle Nancy mit seinem Nachsinnen über den Sinn klären, wie in einer Situation, in der der Sinn der Welt preisgegeben ist, die Existenz noch Sinn haben kann. Das Ergebnis lautet: Die Existenz hat keinen Sinn, sondern ist der Sinn: »It is not the task of the human to give meaning *to* or impose meaning *on* the world. Rather, existing itself as being-toward-itself already ›makes‹ sense. Sense is nothing but the singularities themselves, every time exposed ›to themselves and each other.«[1487]

Als Existierende, die Sinn ›machen‹, sind wir Kommunist*innen. Critchley zufolge ist der Kommunismus für Nancy unser Sinn-Machen, das Sinn-Machen von uns.[1488] Trotz der Verfehlungen des real existierenden Kommunismus sei die Forderung des Kommunismus, es müsse möglich sein, ›wir‹ zu sagen, legitim: »Hier fordert die Existenz, was ihr zukommt, oder ihre Bedingung: die Ko-Existenz.«[1489] Gemäß der Logik des *retrait* könnte man sagen: Das Scheitern der »›sozialistische[n]‹ Hoffnung«[1490] hat den Sinn, der diese Hoffnung trug, nur umso deutlicher erhellt – den Sinn eines Wir

1481   Ebd., S. 98, Hv. i. Orig. (OP 93, Hv. i. Orig.).

1482   Vgl. Devisch: Question of community, S. 112f.; Morin: Nancy, S. 40f.

1483   Nancy: Entwerkte Gemeinschaft, S. 57, Hv. i. Orig. (CD 64f., Hv. i. Orig.). Eine ähnliche Auffassung von Kommunikation weist Lemke: Vom Dasein zum Wirsein, S. 131f., in Heideggers Hölderlin-Auslegungen nach.

1484   Nancy: singulär plural sein, S. 55, Hv. i. Orig. (ESP 47, Hv. i. Orig.).

1485   Nancy: Vergessen der Philosophie, S. 99 (OP 94), und siehe auch ebd., S. 100, Hv. i. Orig. (OP 94, Hv. i. Orig.): »Wir *erscheinen [comparaissons]*, und dieses Erscheinen [parution] ist der Sinn.«

1486   Ebd., S. 108, Hv. i. Orig. (OP 102, Hv. i. Orig.). Siehe zu diesen beiden Zitaten Bedorf: Bodenlos, S. 692f.

1487   Morin: Nancy, S. 43, Hv. i. Orig.; vgl. ebd., S. 43f. Ähnlich Hutchens: Future of philosophy, S. 36: »The world just consists of a plurality of singular ›ones‹ that lack any exteriority from which their sense could originate and which are infinitely exposed to the sense of the world itself.«

1488   Vgl. Critchley: With being-with, S. 241.

1489   Nancy: singulär plural sein, S. 73 (ESP 62); vgl. ebd. (ESP 61f.).

1490   Ebd. (ESP 62).

zu machen, zu machen, dass wir den Sinn machen können, der »wir selbst [...] sind, ganz und gar, ohne Rückhalt, unendlich, ohne einen anderen Sinn als ›uns‹«.[1491]

Nancys Kritik des ›Alles ist politisch‹ legt nahe: Das Sinn-Machen des *cum* ist keine Aufgabe der Politik. Wir müssten aufhören, »politics as the assumption of sense«[1492] zu verstehen; dies beherzige die Demokratie.[1493] Wortspielerisch könnte man sagen: Das Wesen (*l'essence*) der Demokratie ist es, den Sinn (*le sens*) nicht zu machen. Ihre Aufgabe sei es aber, dem Sinn Platz zu verschaffen, so dass er sich (z.B. künstlerisch oder wissenschaftlich) ereignen kann, und dafür zu sorgen, »dass dieser Platz nicht der einer fertigen, verwirklichten und verdinglichten Bedeutung [signification] ist, die als vollendete Gestalt des Politischen verlangt werden könnte«.[1494]

Was heißt Sinn-Machen? Es handelt sich um ein Sein-Lassen des Sinns, der wir sind. In *L'oubli de la philosophie* stellt Nancy die Aktivität der Bedeutung – die buchstäblich Sinn macht, ihn etwa einem Körper einschreibt[1495] – der Passivität des Sinns gegenüber. Gemeint ist keine untätige Passivität (also strenggenommen kein Gegensatz von Aktivität und Passivität).[1496] Die Passivität sei ein Empfangen des Sinns: »Sie besteht nicht darin, passiv zu sein [être ›passif‹], sondern [...] darin, den Sinn zu gewärtigen [être *passible*]. Das heißt imstande zu sein, ihn zu empfangen, fähig zu sein, ihn aufzunehmen.«[1497] Nancy versteht diese gewärtigende Passivität als Denken.[1498]

Heidegger hatte behauptet, das Handeln sei ein Denken. Ohne etwas zu bewirken, handele das Denken, »indem es denkt«[1499], und zwar deshalb, interpretiert Nancy, »weil es im Handeln um den Sinn geht. Das Denken [...] ist keine herausragende Form des Handelns [...], sondern das, was *in allem Handeln* den Sinn (des Seins) ins Spiel bringt, ohne den es kein Handeln gäbe.«[1500] Nancy teilt offenbar die Gleichset-

---

1491 Ebd., S. 19 (ESP 19); vgl. Critchley: With being-with, S. 241f. Siehe auch Nancy: Vergessen der Philosophie, S. 106f., Hv. i. Orig. (OP 101, Hv. i. Orig.): »Wir sind die Gemeinschaft des Sinns, und diese Gemeinschaft hat keine Bedeutung [...]. Damit soll [...] gesagt sein, *daß* die Gemeinschaft darin besteht, keine Bedeutung zu haben, und daß sie besteht, *weil* sie keine Bedeutung hat. Unser Gemeinsam-Sein hat seinen Grund [...] darin, daß wir dem Sinn ausgesetzt sind. Die Idee des ›Kommunismus‹ verkörperte in unserer Geschichte einerseits den Wunsch, diese Gemeinschaft mit Bedeutung zu füllen, *und* andererseits unseren Zugang zu jenem Augenblick, in dem wir uns jeder Bedeutung entblößt zu denken haben; jenem Augenblick, in dem wir das überreiche und armselige Rätsel des *wir* als die winzige Klarheit denken müssen, in der der Sinn als solcher aufscheint.«

1492 Nancy: Commerce of plural thinking, S. 236.

1493 Vgl. ebd.

1494 Nancy: Wahrheit der Demokratie, S. 55 (VD 49); vgl. ebd. (VD 48).

1495 Man denke hier an Franz Kafkas *In der Strafkolonie*: Weil es beim Einritzen in die Haut des Offiziers um ein die Körpergrenzen durchdringendes Bedeutung-Machen geht, kann Nancy mit ihr nichts anfangen: »Ich hasse die von vorne bis hinten falsche, einfach gestrickte, pompöse Geschichte«. (Nancy: Corpus, S. 15 [CO 13])

1496 Vgl. Nancy: Vergessen der Philosophie, S. 111 (OP 105).

1497 Ebd., Hv. i. frz. Orig.

1498 Vgl. ebd.; siehe auch Devisch: Sense of being, Abs. 17; Devisch: Question of community, S. 113; 130.

1499 Heidegger: Brief über den Humanismus, S. 313; vgl. ebd.

1500 Nancy: Ursprüngliche Ethik, S. 109, Hv. i. Orig. (EO 90, Hv. i. Orig.).

zung von Handeln und Denken[1501], kritisiert aber Heideggers Neigung, das Denken zu »einer bloßen Sinnkundgabe«[1502] zu machen. Das Denken würde damit nicht mehr »auf den Sinn hin [...] öffnen«, sondern ihn mithilfe der Sprache nur »geben, und sei es schweigend«.[1503] Das Zur-Sprache-Bringen des Sinns sei indes Kommunikation, ein »Gemeinsam-Sinn-machen [faire-sens-en-commun]« durch die Sprache als »Ansprache [adresse]«.[1504]

Die Ansprache oder der ›Bezug auf‹ des Sinns, durch den wir gemeinsam (unseren) Sinn (der wir sind) – aber keinen »gemeinsamen Sinn«[1505] – machen, setzt unsere absolute Verschiedenheit voraus, das heißt: unsere Würde.[1506] Damit fällt dem Denken für Nancy die Aufgabe einer Veränderung der Welt zu, worauf es gemäß der elften Feuerbach-These Marx' ankomme.[1507] Die Welt zu verändern oder vielmehr eine Welt erst zu erschaffen, so zeigt Nancy vor allem in *La création du monde ou la mondialisation* (2002), aber auch in *Vérité de la démocratie* (2008) oder *L'Équivalence des catastrophes* (2012), muss bedeuten, mit dem weltweiten Prinzip der allgemeinen Äquivalenz zu brechen. Dieses ist sinnvernichtend, da es die Würde der Existenz, ihre unmessbare Einzigartigkeit, durch ein Gleichmachen negiert. Gegen diese Herrschaft der (sinnlosen) Gleichwertigkeit müsse man andenken, und zwar durch ein Denken der Ungleichwertigkeit:

> In dieses Denken einzutreten bedeutet bereits zu handeln; bedeutet in der *Praxis* zu stehen, durch die ein gewandeltes Subjekt entsteht, anstatt eines angepassten Produktes, ein unendliches Subjekt anstatt eines endlichen Objekts. Diese *Praxis* ist das Einzige – vor jeder Reform, jeder Anpassung, jeder vorsichtigen Verwaltung –, was mehr als einen Protest und mehr als eine Revolte anbahnen kann: das Herausreißen des Sockels der allgemeinen Äquivalenz selbst und die Infragestellung ihrer falschen Unendlichkeit.[1508]

›Gemeinsam-Sinn-Machen‹ ist nur möglich ohne einen Sinn, der allen gemeinsam ist. Einen solchen Sinn aber stellt die allgemeine Äquivalenz dar.[1509] Sie ist eine Un-Praxis des Sinns, ein pervertierter Kommunismus, in dem das Gemeinsame der Menschen in ihrer gemeinsamen Verdinglichung liegt, in ihrer absoluten (und absolut

1501 Dies bringt ihm von Marchart: Politische Differenz, S. 112, den Vorwurf eines »Philosophismus« ein; siehe zu Heidegger als dem Begründer dieses ›Philosophismus‹ ebd., S. 252f.
1502 Nancy: Ursprüngliche Ethik, S. 137 (EO 112).
1503 Ebd.
1504 Ebd., Hv. i. Orig.
1505 Ebd.
1506 Morin: Nancy, S. 43: »[S]ense presupposes the incommensurability (or the absolute value) of the singularities«.
1507 Zur Affirmation und gleichzeitigen Uminterpretation dieser These siehe Nancy: Sinn der Welt, S. 16 (SM 19). Devisch: Question of community, S. 111, meint, die These Marx' »hits the nail on the head for Nancy. We can no longer attribute a specific meaning to the world, but accede to the gift of sense that is the world. Today there is a need for a praxis of sense that enables us to make the step from having (sense) to being (sense).«
1508 Nancy: Wahrheit der Demokratie, S. 65, Hv. i. Orig. (VD 58, Hv. i. Orig.).
1509 Siehe etwa Nancy: Politik und darüber hinaus, S. 220 (PED 20).

tödlichen) Gleichheit/Gleichwertigkeit[1510], die keine Kommunikation, keinen Sinn, kein Gemeinsam-Sein sich ereignen lässt – keine Welt.

Werden der Welt (Verweltlichung)

Was ist die Welt, was gefährdet sie, und was heißt es, sie zu erschaffen? Will man den (Welt-)Sinn machen, darf er nicht gegeben sein. Nancys ›Praxis des Sinns‹ impliziere »a fairly traditional secularization thesis«[1511], meint Critchley. Damit gibt er jedoch, so wäre mit Devisch zu argumentieren, das nancysche Denken des Sinns der Welt falsch wieder.[1512] Tatsächlich hat zwar die Welt für Nancy ihren Sinn nicht mehr durch den Bezug auf eine transzendente, göttliche Instanz; sie ist säkularisiert. Diese ›Säkularisierung‹ aber bricht nicht von außen in das theologische (monotheistische) Denken ein, sondern ist darin im Sinne einer Autodekonstruktion bereits angelegt.[1513] Ein weiterer Gedanke trennt Nancy von traditionellen Säkularisierungstheorien: seine Warnung davor, die Welt mit einem (neuen) Sinn auszustatten. Dies nämlich hieße, so Devisch, eine Sinnlosigkeit der Welt anzunehmen, die wir, in Nachfolge eines Gottes, aufheben müssten.[1514] Dagegen behauptet Nancy, »that if formerly the sense of the world was always situated outside (and even ›above‹) the world, from now on this sense is not only in the world, but is the world itself«.[1515]

Eine der Möglichkeiten, den ›Tod Gottes‹ auszudrücken, ist der Begriff der »Verweltlichung [mondanisation]«.[1516] Die ›Verweltlichung‹ der Welt lässt sich zunächst als ein »Ende [fin] der Welt« verstehen, zumindest als ein Ende jeglichen Sinns der Welt:

> Es gibt keine Welt mehr, keinen *mundus*, keinen *cosmos*, keine durchkomponierte vollständige Anordnung, innerhalb der oder aus deren Innern her Ort, Aufenthalt und Anhaltspunkte für eine Orientierung zu finden wären. Es gibt nicht mehr das »Hienieden« einer Welt, die Durchlass zu einem Jenseits der Welt oder zu einer Hinterwelt

---

1510   Vgl. Nancy: Wahrheit der Demokratie, S. 63f. (VD 55f.).

1511   Critchley: With being-with, S. 241.

1512   Exzellente Darstellungen von Nancys Denken der Welt und ihres Sinns finden sich bei François Raffoul/David Pettigrew: Translators' Introduction. In: Nancy, Jean-Luc: The Creation of the World or Globalization. Albany 2007, S. 1-26, sowie François Raffoul: The Creation of the World. In: Gratton, Peter/Morin, Marie-Eve (Hg.): Jean-Luc Nancy and Plural Thinking. Expositions of World, Ontology, Politics, and Sense. Albany 2012, S. 13-26, die meinen folgenden Ausführungen eine hilfreiche Orientierung waren.

1513   Vgl. Devisch: Sense of being, Abs. 6; siehe zudem Raffoul/Pettigrew: Translators' introduction, S. 4; Morin: Nancy, S. 58f.; 63.

1514   Vgl. Devisch: Sense of being, Abs. 4; Devisch: Question of community, S. 145; siehe auch Morin: Nancy, S. 62.

1515   Nancy: Nothing but the world, S. 532. Mit Raffoul/Pettigrew: Translators' introduction, S. 5f., könnte man sagen, der Sinn der Welt werde vom Genitivus objectivus zum Genitivus subjectivus. »The world only refers to itself, and its meaning does not come from the outside«. (Ebd., S. 6) Es gehe, so Nancy, nicht um »eine ›Säkularisierung‹ des Theologischen: Es geht um eine vollständige Verschiebung des Einsatzes. Die Welt spielt nicht noch einmal die Rollen des theologischen Szenarios auf eigene Rechnung: Sie verschiebt alles in ein anderes Szenario, dem eine im voraus gegebene und bereitgestellte Bühne gerade fehlt.« (Nancy: Erschaffung der Welt, S. 35f. [CMM 40])

1516   Nancy: Erschaffung der Welt, S. 35 (CMM 40); vgl. Nancy: Nothing but the world, S. 532. Auf den Zusammenhang zwischen ›Tod Gottes‹ und ›Verweltlichung‹ verweist auch Morin: Nancy, S. 43.

[outre-monde] gewährte. Es gibt keinen Weltgeist mehr, und auch keine Geschichte, die vor seine Gerichtsschranken führte. Anders gesagt, es gibt keinen Sinn der Welt mehr.[1517]

Beendet sei nicht nur eine bestimmte Anschauung der Welt, ein Weltbild, das man durch ein anderes – ein neues, ein wiederentdecktes altes – ersetzen könnte.[1518] Mit Heidegger müsste man sagen: ›Die Zeit des Weltbildes‹ ist im Ganzen vorbei. Der Mensch kann nicht mehr »die Welt als Bild«[1519] fixieren, kann nicht mehr »dasjenige Seiende sein [...], das allem Seienden das Maß gibt und die Richtschnur zieht«.[1520] Nancy knüpft hieran an, wenn er feststellt: »Die Zeiten, in denen man sich die Figur eines *cosmotheoros*, eines Betrachters der Welt vorstellen konnte, sind vorüber. Und wenn diese Zeiten vorüber sind, dann deshalb, weil sich die Welt dem Rahmen der möglichen Vorstellung entzogen hat.«[1521] Um sich ein Bild von der Welt machen zu können, muss man Abstand nehmen von der Welt: Ein Subjekt, das selbst außerhalb der Welt (als Objekt) ist, stellt sich die Welt vor (sich hin).[1522] Selbst wenn man dieses Subjekt nicht religiös auslege, so Nancy, schreibe man die metaphysische Idee einer schöpfenden Gottheit fort, die die sinnlose Welt von außen ordne und mit Sinn versehe.[1523] Aber nie sei man getrennt von der Welt, man befinde sich stets in ihr. »[E]ine Welt liegt niemals vor mir, oder aber sie ist eine andere Welt als die meine. [...] Sobald mir eine Welt als Welt erscheint, teile ich bereits etwas mit ihr«.[1524] Dies drückt Nancy mit dem Begriff des Wohnens aus: Eine Welt sei »nur für denjenigen Welt [...], der sie bewohnt«.[1525] Dieses wohnende ›In-der-Welt-Sein‹ ist unmöglich, wenn (mir) die Welt nur Bild ist.[1526]

Nancy unterläuft eine simple Theorie der Säkularisierung, indem er die Prämisse der Säkularisierung – die Differenz von transzendenter Gottheit und immanenter Welt – in Frage stellt und eine absolute, unbezügliche Immanenz der Welt behaup-

---

1517 Nancy: Sinn der Welt, S. 11, Hv. i. Orig. (SM 13, Hv. i. Orig.); siehe auch Nancy: Possibilité d'un monde, S. 33f.

1518 Vgl. Nancy: Sinn der Welt, S. 12 (SM 15).

1519 Martin Heidegger: Die Zeit des Weltbildes [1938]. In: ders.: Gesamtausgabe. I. Abteilung: Veröffentlichte Schriften 1914-1970. Bd. 5. Holzwege (Hg. Herrmann, Friedrich-Wilhelm von). Frankfurt a.M. 1977, S. 75-113, 89.

1520 Ebd., S. 94.

1521 Nancy: Erschaffung der Welt, S. 33, Hv. i. Orig. (CMM 37f., Hv. i. Orig.); vgl. ebd., S. 33f. (CMM 37f.), und siehe auch Nancy in Nancy/Tyradellis: Was heißt uns Denken, S. 40ff. (AP 38ff.).

1522 Siehe etwa Heidegger: Zeit des Weltbildes, S. 89.

1523 Vgl. Nancy: Erschaffung der Welt, S. 28f. (CMM 31f.); Devisch: Sense of being, Abs. 4; Morin: Nancy, S. 44; Raffoul/Pettigrew: Translators' introduction, S. 4f.

1524 Nancy: Erschaffung der Welt, S. 31 (CMM 34f.).

1525 Ebd. (CMM 35); vgl. Devisch: Sense of being, Abs. 12; 15; 19f. (dort ebenfalls ein Verweis auf Heideggers Weltbild-Aufsatz), sowie Morin: Nancy, S. 44.

1526 Vgl. Karsten Harries: Die Aufgabe der Architektur in der Zeit des Weltbildes. Eine unzeitgemäße Betrachtung. In: Gleiter, Jörg H./Schwarte, Ludger (Hg.): Architektur und Philosophie. Grundlagen. Standpunkte. Perspektiven. Bielefeld 2015, S. 105-127, 108.

tet[1527], die mit der Idee einer schöpfenden Gottheit in die Welt gekommen sei.[1528] So bringt er vor, »daß es sich schon bei den klassischsten [...] Vorstellungen dieses Gottes [...] um nichts anderes handelte als um die Welt selbst, an sich und für sich selbst«.[1529] ›Gott‹ fungierte als »innerer Grund der allgemeinen Ordnung der Dinge«[1530], als Grund der Welt. Nicht erst die Säkularisierung hat die Möglichkeit eines »Verweis[es] auf irgendein Außerhalb der Welt«[1531] vernichtet und die Welt verweltlicht. Schon »der Gott der Metaphysik«, meint Nancy, »verwandelte sich [...] in eine Welt. [...] Der Gott der Onto-Theologie hat sich selbst als Subjekt der Welt [...] produziert (oder dekonstruiert).«[1532]

Diese These einer »self-deconstruction of the creator in its creation«[1533] bildet den Kern der nancyschen Dekonstruktion des Christentums, die man nicht mit Religionskritik verwechseln darf.[1534] Sie möchte vielmehr ergründen, wodurch sich das Christentum hervorgebracht und in eins ›umgebracht‹ hat.[1535] Nancy erkennt im Christentum (im Monotheismus allgemein) einen »atheistic impulse«.[1536] Bereits ›der Gott der Metaphysik‹ war nicht mehr das Andere der Welt, sondern nichts anderes als Welt: »Der ›Gott‹ der Onto-Theologie hat sich nach und nach der göttlichen Attribute einer unabhängigen Existenz gründlich entledigt, um nur noch diejenigen der Existenz der Welt zu besitzen, einer Existenz in ihrer Immanenz«.[1537] Indem er sich als »Welt-Subjekt« hervorbrachte, »brachte er sich als höchststehender Gott selbst um und transformierte sich in die für sich seiende Existenz der Welt ohne Außen (ohne ein Außen der Welt oder eine Welt außen), in der er sich gleichzeitig verlor«.[1538] Der Monotheismus verweltlicht die Welt: In dem Maße, wie ›Gott‹ sich in die Welt verwandelte, wurde die Welt (vom Objekt) zum Subjekt.[1539] Nancy kann daher sagen: Die Welt hat keinen Sinn

---

1527 Vgl. Raffoul/Pettigrew: Translators' introduction, S. 8; siehe auch Morin: Nancy, S. 43f.; Devisch: Question of community, S. 146.

1528 Ich folge in diesem und dem nächsten Absatz weiter Raffoul/Pettigrew: Translators' introduction, S. 6f.

1529 Nancy: Erschaffung der Welt, S. 29 (CMM 32).

1530 Ebd., S. 34 (CMM 39).

1531 Ebd., S. 33 (CMM 37).

1532 Ebd., S. 34 (CMM 38f.). Siehe zum Begriff ›Onto-Theologie‹ etwa Mark Lewis Taylor: Art. ›Onto-Theology‹. In: Gratton, Peter/Morin, Marie-Eve (Hg.): The Nancy Dictionary. Edinburgh 2015, S. 171-173, sowie die Erläuterung von Morin: Nancy, S. 57: »[M]etaphysics is both ontology, the process of grounding beings in Being, and theology, the process of grounding Being in the highest being, that is to say, God«.

1533 Raffoul: Creation of the world, S. 13.

1534 Dies betont Devisch: Sense of being, Abs. 7.

1535 Nancy: Dekonstruktion des Monotheismus, S. 53 (DM 51): »›Dekonstruktion des Monotheismus‹ nenne ich das Vorgehen, die konstituierenden Elemente des Monotheismus auseinanderzunehmen und zu versuchen, zwischen [...] und [...] hinter ihnen, im Hintergrund der Konstruktion zu erkennen, was ihren Zusammenschluss ermöglicht hat.«

1536 Morin: Nancy, S. 50.

1537 Nancy: Erschaffung der Welt, S. 34 (CMM 39).

1538 Ebd., S. 34f. (CMM 39).

1539 Vgl. Raffoul/Pettigrew: Translators' introduction, S. 7.

mehr, sondern ist Sinn.[1540] Damit kommt ihr ein absoluter, nicht an einem anderen Wert zu messender Wert zu. Der Wert der Welt ist inkommensurabel, ist gerade kein Wert mehr. Die Welt hat keinen Sinn mehr, aber Würde.[1541]

Creatio ex nihilo

Die »Welt-Werdung der Welt«[1542] geht mit dem einher, was Nancy »das ›Grundlose [sans raison]‹ der Welt [...], oder aber ihre Begründungslosigkeit [absence de fondement]« nennt: Die Welt verliert mit ihrem transzendenten Außen den Ort, von wo aus ihr ein »Prinzip«, ein bestimmter »Zweck [fin]« gegeben werden könnte, und wird »sich selbst ganz und gar ihr eigener Grund«.[1543] Das wirft die Frage nach der Genese dieser an-archischen Welt auf.[1544] Nancys Antwort hierauf beantwortet auch die Frage, was die Welt und was ihr Sinn ist. Möchte man die Grundlosigkeit (des Sinns) der Welt denken, muss man auf die Idee der *creatio ex nihilo* zurückgreifen.[1545]

Wir werden bei der Darstellung der Philosophie Cornelius Castoriadis' ausführlich auf das Schöpfungsmotiv zurückkommen, deswegen sei bereits hier lediglich zweierlei angemerkt.[1546] Wichtig ist zum einen (wie sich mit Blick auf Castoriadis' Kritik am Motiv der *creatio ex nihilo* zeigen wird), dass »das Motiv der Schöpfung zu denen gehört, die unweigerlich zum Tod des Urheber-Gottes, des Gottes der ersten Ursache, des höchsten Gottes geführt haben«.[1547] Hervorzuheben ist neben diesem Motiv der Autodekonstruktion zum anderen erneut, dass der ›Tod Gottes‹ nicht nihilistisch auszulegen ist, sondern es im Gegenteil erlaubt, in der »»Armut«« der Welt ihren »Reichtum«[1548] zu entdecken. Das Wort ›Armut‹, ruft uns Nancy in Erinnerung, habe

> seit den Anfängen des Abendlandes nicht etwa das Elend bezeichnet [...], sondern den
> *ethos* (und auch den *pathos*), der [...] mit Verlassenheit [abandon] zu tun hat. Die Armut

---

1540 »Solange die Welt wesentlich in Bezug zu anderem stand (zu einer anderen Welt oder zu einem Urheber der Welt) konnte sie einen Sinn *haben*. Aber das Ende der Welt ist, dass es diesen wesentlichen Bezug nicht mehr gibt, und dass es wesentlich (das heißt existenziell) nichts mehr gibt als die Welt ›selbst‹. Also *hat* die Welt keinen Sinn *mehr*, sondern sie *ist* der Sinn.« (Nancy: Sinn der Welt, S. 16, Hv. i. Orig. [SM 19, Hv. i. Orig.]) Mit anderen Worten: Die Welt hat keine Bedeutung mehr; vgl. Morin: Nancy, S. 44; Conley: Nancy's worlds, S. 88.

1541 Vgl. Nancy: Erschaffung der Welt, S. 27f. (CMM 30f.); Martinon: Im-mundus, S. 228ff.

1542 Nancy: Erschaffung der Welt, S. 30 (CMM 33).

1543 Ebd., S. 41 (CMM 47).

1544 Raffoul/Pettigrew: Translators' introduction, S. 8, Hv. i. Orig.: »[T]he world is *an-archic*. Without an exterior principle, it [...] can only refer to itself, and its meaning only arises from itself.« Siehe auch Raffoul: Creation of the world, S. 16. ›Anarchie‹ ist dabei »nicht die wirre Emphase gegen jede Art von Zwang. Sie ist die Macht, die alles beginnen, alles bedeuten muss, ohne dass irgendein Sinn vorgegeben wäre.« (Jean-Luc Nancy: Eine Erfahrung an einem Herzen. In: ders.: Dekonstruktion des Christentums. Zürich, Berlin 2008, S. 133-140, 134 [Jean-Luc Nancy: Une expérience au cœur. In: ders.: La Déclosion [Déconstruction du christianisme, 1]. Paris 2005, S. 117-123, 118])

1545 Vgl. Raffoul/Pettigrew: Translators' introduction, S. 10; Morin: Nancy, S. 61.

1546 Siehe zu Nancys *creatio ex nihilo* die Ausführungen bei Raffoul/Pettigrew: Translators' introduction, S. 10ff.

1547 Nancy: singulär plural sein, S. 39 (ESP 34).

1548 Nancy: Erschaffung der Welt, S. 45 (CMM 52).

oder das Verlassen-sein [l'être-abandonné] – in der ganzen komplexen Ambivalenz der beiden Werte: Verlassen *von* und sich selbst überlassen, *um*.[1549]

Da die Welt keinen Grund (Sinn) hat, ist sie ihr eigener Grund (Sinn), schöpft sie sich absolut selbst. Indes dürfe man bei der *creatio ex nihilo* der Welt weder ausgehen von einem Nichts (als Grund der Welt) noch von einem/einer Schöpfer*in (der oder die aus nichts etwas schaffte).[1550] Nancy reduziert die *creatio ex nihilo* auf das Präfix *ex*, auf ein ›(her)aus‹ des Seienden.[1551] Die Schöpfung sei »das Auftauchen [surgissement] oder die Ankunft [venue] *in nichts*«.[1552] Nichts, was alles Seiende mit einem Schlag (oder in sechs Tagen) produzierte, ereigne sie sich »überall und immer […], wobei sie jedes Mal singulär auftaucht«.[1553] Dieses grundlose Auftauchen, »die Explosion der Präsenz in der ursprünglichen Vielheit ihrer Aufteilung«[1554], ist die Existenz.[1555]

Nancy nennt ›Welt‹ die Fülle der sinnlichen Akte des Auftauchens der mit-ein-ander-seienden Singularitäten, der in die Präsenz explodierenden Existenzen.[1556] »Der Ursprung der Welt wird von der Pluralität der Ursprünge wesentlich zerstreut. Die Welt entspringt überall und in jedem Augenblick – simultan.«[1557] Nancys Kritik an Heideggers These von der Weltlosigkeit des Steines hatte nahegelegt, dass die Welt nicht nur aus Menschen besteht; vielmehr gilt, »that the sense of the world is made with both

---

1549 Ebd., Hv. i. Orig.; auf diese Passage verweisen auch Raffoul/Pettigrew: Translators' introduction, S. 11.

1550 Vgl. Nancy: Erschaffung der Welt, S. 47f. (CMM 55); Raffoul/Pettigrew: Translators' introduction, S. 11f.

1551 Vgl. Nancy: singulär plural sein, S. 40 (ESP 35). Raffoul/Pettigrew: Translators' introduction, S. 12, deuten das *ex* im Sinne der *différance*; siehe dazu etwa Nancy: Erschaffung der Welt, S. 84 (CMM 97), wonach Derrida mit diesem Begriff habe sagen wollen, »daß das ›Sein‹ nichts anderes ist als das ›ex-‹ von existieren«. Rugo: Thinking of otherness, S. 41, Hv. i. Orig., meint: »The *nihilo* is God himself and the *ex* is what is left in the sharing out of God.«

1552 Nancy: singulär plural sein, S. 40, Hv. i. Orig. (ESP 35, Hv. i. Orig.).

1553 Ebd.; siehe auch ebd., S. 131 (ESP 107), sowie Morin: Nancy, S. 44; 61.

1554 Nancy: singulär plural sein, S. 20f. (ESP 21).

1555 Vgl. ebd., S. 41 (ESP 36).

1556 Vgl. hierzu und zu den folgenden Ausführungen Morin: Nancy, S. 43ff. Siehe zu ›Welt‹ auch Rugo: Thinking of otherness, S. 109, Hv. i. Orig.: »The opening towards others is […] an event taking place not as much ›in‹ the world as that inside which would then be in correlation to an outside, but *as* the world. The fact that singularities open towards each other is the fact of the world and is our fact.« Genauer müsste man sagen, dass die Welt, die als das Zwischen der Singularitäten entsteht, »a plurality of *worlds*« ist, wie Conley: Nancy's worlds, S. 89, Hv. i. Orig., festhält, nämlich »a constellation of infinite units whose com-possibility (that is, the cohesion of relation […]) is identical with its fragmentation«. Dies betont auch Jane Hiddleston: Art. ›World‹. In: Gratton, Peter/Morin, Marie-Eve (Hg.): The Nancy Dictionary. Edinburgh 2015, S. 236-237, 236f.: »›[W]orld‹ is what emerges from the vast web of relations among singularities and continually exposes those singularities to one another; it is the very relationality of entities or existences one with the other. ›World‹ is […] singular plural being; it is an emptied-out collective term for our formless, immanent being-in-common. It is the space of the opening-out of singularities one to the other without common ground or origin. ›World‹ is merely the co-existence of singularities, and is also itself, then, multiple«.

1557 Nancy: singulär plural sein, S. 131 (ESP 107). »Die Welt, d.h. der Sinn der Welt beginnt immer wieder und nicht in einer einzigen Arché.« (Röttgers: An-archische Praxis, S. 59)

human *and* non-human bodies. Insofar as they are all touching, touch given to imply the presence of a gap«.[1558] Auch der Stein und das Tier existieren, lassen Welt-Sinn entstehen, sind Welt.[1559] »Jedes Seiende ist [...] von (echtem) Ursprung an, jeder ist ursprünglich (Entspringen des Entspringens selbst) und jeder ist original (unvergleichbar, unableitbar). Alle teilen sie jedoch dieselbe Ursprünglichkeit und dieselbe Originalität. Diese Teilung [partage] selbst *ist* der Ursprung.«[1560] Wenn zwar die Welt unsere Welt wurde, ist sie doch nicht allein des Menschen Welt (auch wenn der Mensch für alles Seiende sage, dass es exponiert sei).[1561]

> Die Welt ist exakt deckungsgleich mit dem Statthaben jedes Existierens, des Existierens in seiner Singularität – und deckungsgleich, *koextensiv* ist hier im doppelten Sinne von *co-étendu*, zusammen-ausgedehnt (zusammen-verräumlicht, zusammen-offen) und *co-tendu*, zusammen-gespannt (zusammen-kommend, zusammen-ausdrückend) zu verstehen. Die Welt ist immer die Pluralität der Welten: Konstellation, deren Kompossibilität identisch mit dem Zersplittern ist, Kompaktheit eines Puders aus absoluten Splittern.[1562]

Die Fülle der Existenzen, die Welt ist, ist nicht so zu verstehen, als versammele (fülle) die Welt wie ein Behälter alle singulären Existenzen in sich.[1563] Es gibt eine Einheit der Welt, aber sie ist nicht total im Sinne von einzig, sondern ist eine »parstotalitäre, nicht totalisierbare Totalität«[1564], schreibt Nancy, in der »das Ganze nur im gegenseitigen *extra* der *partes* besteht«.[1565] Die Welt ist gleichsam »alles, was es gibt [tout ce qu'il y a]«[1566], alles jedoch ist nicht Eines: Wenn ein (tierisches) Paar sich paare, so sei dessen »Allheit [le tout]« keinesfalls ein »Ganzes [entier]«.[1567] Die zwei Rücken des Paares wür-

---

1558 Conley: Nancy's worlds, S. 88, Hv. i. Orig.

1559 In diesem Sinne, so Morin: Nancy, S. 45, Hv. i. Orig., sei »world-forming [...] not a human activity but an ontological one: it worlds, or there is sense, sense itself circulates«.

1560 Nancy: singulär plural sein, S. 131, Hv. i. Orig. (ESP 107, Hv. i. Orig.).

1561 Vgl. ebd., S. 41ff. (ESP 36f.); Nancy: Sinn der Welt, S. 83f. (SM 92); Morin: Nancy, S. 46; Dejanovic: Introduction, S. 7.

1562 Nancy: Sinn der Welt, S. 212, Hv. i. Orig. (SM 234); siehe hierzu auch Conley: Nancy's worlds, S. 89.

1563 Vgl. Nancy: Erschaffung der Welt, S. 35 (CMM 39f.); 81 (CMM 93); Morin: Nancy, S. 24 (mit Bezug auf Heideggers Begriff der Welt); 43, und Raffoul/Pettigrew: Translators' introduction, S. 7.

1564 Nancy: Sinn der Welt, S. 211 (SM 234).

1565 Ebd., S. 212, Hv. i. Orig. (SM 234, Hv. i. Orig.). Morin: Nancy, S. 44, führt aus, man müsse die Einheit der Welt, ihre Totalität, gemäß der Logik des ›singulär plural sein‹ verstehen: »According to this logic, the ›one‹ world is a multiplicity of world-singularities; each world is a multiplicity of singularities exposed to each other and to others.« Devisch: Doing justice, S. 3, kommt zu dem ähnlichen Schluss, ›Welt‹ meine für Nancy »co-existing, being shared and divided at once. As the world is never an undivided unity or a totality, the law of the world cannot be equated with the accomplishment of one or the other unity or totality. [...] The world has no other law than the fact that we share it [...]; it is not subject to one or other sovereign authority than the world itself.«

1566 Nancy: Es gibt Geschlechtsverkehr, S. 25 (RS 25); siehe auch Nancy: Sinn der Welt, S. 214 (SM 237). Diese Wendung verweist (erneut) darauf, dass es »keinen Gott [gibt], weil es die Welt gibt«. (Nancy: Sinn der Welt, S. 213 [SM 236]) Hutchens: Future of philosophy, S. 96, schreibt: »[T]he world is all there is, [...] there is neither transcendence, present or traced, nor any need for discourse of it«.

1567 Nancy: Es gibt Geschlechtsverkehr, S. 25 (RS 25), auf diese Passage verweist auch Morin: Nancy, S. 44.

den nie zu einem, sondern bildeten »zwei Stöße, zwei Schwünge, ein Kräftepaar, dessen Spiel – der Abstand im Kontakt – für das Schaukeln der Teile miteinander notwendig ist. [...] Das Verhältnis [rapport] erhält sich allein aufgrund seiner Bewegung [transport]«.[1568] Auch die Welt ist bestimmt von der »Logik des Verhältnisses [rapport]«[1569], die zudem die Logik des Berührens ist: Verhältnis, Berühren, Welt gibt es nur, sofern es Trennung gibt.

> Die Einheit einer Welt ist nicht Eine: sie besteht aus einer Verschiedenheit bis hin zum Disparaten und zum Gegensatz. Sie besteht daraus, das heißt, sie fügt sich ihr nicht hinzu und reduziert sie auch nicht. Die Einheit einer Welt ist nichts anderes als ihre Verschiedenheit, und diese wiederum ist eine Verschiedenheit an Welten. Eine Welt ist eine Mannigfaltigkeit [multiplicité] an Welten, die Welt ist eine Mannigfaltigkeit an Welten, und ihre Einheit ist die Aufteilung [partage] und die gegenseitige Exposition aller ihrer Welten in dieser Welt.[1570]

Eine Welt wird also nicht zuerst geschaffen, um dann von verschiedenen Singularitäten bevölkert zu werden; es gibt kein hinzufügendes Nacheinander. Sie entsteht mit dem oder ist das Auftauchen der (singulär pluralen) Existenz(en): »In der Schöpfung wächst das Wachsen aus nichts, und dieses Nichts pflegt sich selbst, kultiviert sein Wachsen.«[1571]

Auf eine begriffliche Unterscheidung gebracht, die sich bei Hannah Arendt findet, könnte man erklären: Es geht Nancy, wenn er von der Welt spricht, nicht um die Erde.[1572] Für Arendt ist die Erde das, was dem »Menschengeschlecht«[1573] seine physische Existenz ermöglicht. Der Kollektivsingular ›Menschengeschlecht‹ führt auf die Spur der Differenz von Erde und Welt: Zurückgehend auf das althochdeutsche *gislahti*, meint ›Geschlecht‹ so viel wie ›was in dieselbe Richtung schlägt‹; das Wort verweist auf eine verwandtschaftliche Beziehung, eine gemeinsame Herkunft.[1574] In Abgrenzung zur Erde, auf der das ›Menschengeschlecht‹ (bei aller Buntscheckigkeit doch vom selben Schlag) lebt und arbeitet, ist die Welt für Arendt »der Inbegriff aller nur zwischen Menschen spielenden Angelegenheiten«[1575] und damit der Ort des Herstellens und Handelns. Das Wort ›Welt‹ bezeichnet die Pluralität der Menschen, nicht nur eine Vielzahl, die von einer Einzahl (etwa einem Stammvater) abgeleitet ist. Die Welt ist für Arendt *mundus*;

1568 Nancy: Es gibt Geschlechtsverkehr, S. 25 (RS 25).

1569 Ebd., S. 24 (RS 25); vgl. Conley: Nancy's worlds, S. 89.

1570 Nancy: Erschaffung der Welt, S. 147 (CMM 173), ebenfalls zitiert bei Morin: Nancy, S. 44f. Siehe auch Nancy: Sinn der Welt, S. 212 (SM 234).

1571 Nancy: Erschaffung der Welt, S. 48 (CMM 55); siehe hierzu Raffoul/Pettigrew: Translators' introduction, S. 11f.

1572 Vgl. zur arendtschen Unterscheidung von ›Erde‹ und ›Welt‹ Marchart: Neu beginnen, S. 33f.; 87ff.

1573 Arendt: Vita activa, S. 65.

1574 Vgl. Art. ›Geschlecht‹ in: Duden. Bd. 7. Etymologie. Herkunftswörterbuch der deutschen Sprache. Bearb. von Günther Drosdowksi, Paul Grebe und weiteren Mitarbeitern der Dudenredaktion. Mannheim, Wien, Zürich 1963, S. 215.

1575 Arendt: Vita activa, S. 66.

nicht das uns Umschließende des *globus*[1576], sondern das (verbindend-trennende) Zwischen-uns.[1577]

Als ein Zwischen fasst auch Nancy ›Welt‹ auf. Es hatte sich gezeigt: Das Zwischen ist nicht(s).[1578] Zwischen den Singularitäten sei vielmehr eine »Archispatialität der Disposition«[1579], welche die Singularitäten sein lässt; ein im Sinne der derridaschen *différance* zu verstehender »Zwischenraum [espacement] der Singulären, der das Ereignis des Seins oder das Ereignis zu sein ausmacht«.[1580] Gemeint ist also keine vorhandene Räumlichkeit (keine Erde), sondern ein Raum, der sich mit dem oder besser: als Auftauchen der Singularitäten bildet. Nancy spricht von einem »Zwischenraum der Anwesenheiten [présences]«, die als Existenzen »notwendigerweise plural«[1581] seien. An ihrer Grenze einander exponiert, sind sie präsent nur mit anderen.[1582]

> Die Öffnung der Welt ist das, was sich entlang dieser Dinge [der Welt, S. H.] und zwischen ihnen öffnet, das, was sie in der Fülle ihrer Singularitäten voneinander trennt und was sie in ihrer Koexistenz einander annähert. Die Öffnung oder das »Nichts« webt das Zusammenerscheinen [comparution] der Existierenden, ohne sie auf irgendeine andere Einheit des Ursprungs oder des Grundes zu beziehen.[1583]

Für die Welt gilt, was für den Sinn gilt: Sie ist ›Zu-etwas-Sein‹, ohne dieses Etwas als ihr Außen zu haben.[1584] Eine Singularität bezieht sich auf eine andere, wobei dieses ›Zu-Sein‹ ursprünglich ist und keine nachträgliche Öffnung eines vorherigen ›Zusein‹, kein Herausgehen aus einem Inneren.[1585] »*Welt* bedeutet [...] *Sein-zu [être-à]*, bedeutet Bezug, Beziehung, Anrede, Sendung, Schenkung, Präsentation *an [à]* – und wären es nur Seiende oder Existierende *an* oder *zu* einander.«[1586]

Die Charakterisierung der Welt als ›Sein-zu‹ führt zu einem veränderten Verständnis von Immanenz und Transzendenz. Immanenz ist in Nancys Denken der Welt keine »closed« Immanenz, sondern ist »open«[1587]; sie ist Immanenz als Transzendenz.[1588]

1576 Der Begriff des Globus bezeichne stets »a circumscribed *whole*«, so Martinon: Im-mundus, S. 221, Hv. i. Orig.

1577 Siehe zu dieser doppelten Funktion des Zwischen etwa Arendt: Vita activa, S. 66.

1578 Bei Arendt ist dieses Zwischen, wo es sich auf die Welt der hergestellten Dinge bezieht, durchaus ›handgreiflich‹; sie nennt als Beispiel einen »Tisch«, der »zwischen denen steht, die um ihn herum sitzen«. (Ebd.)

1579 Nancy: Erschaffung der Welt, S. 86 (CMM 99).

1580 Ebd., S. 85f. (CMM 98); zum Verweis auf die *différance* siehe ebd., S. 84f. (CMM 97).

1581 Ebd., S. 86 (CMM 99).

1582 Vgl. ebd.

1583 Ebd., S. 81f. (CMM 93f.).

1584 Vgl. Conley: Nancy's worlds, S. 89.

1585 Siehe etwa Nancy: Erschaffung der Welt, S. 86 (CMM 99).

1586 Nancy: Sinn der Welt, S. 15, Hv. i. Orig. (SM 18, Hv. i. Orig.; ich habe die Übersetzung, in der die Reihenfolge der Begriffe ›Schenkung‹ *(donation)* und ›Präsentation‹ *(présentation)* umgekehrt ist, nach dem Original korrigiert). Insofern Sinn und Welt ein ›Sein-zu‹ bedeuten, kann Nancy behaupten, »*Welt* [ist] nicht nur ein Korrelat von *Sinn*, sie ist als *Sinn* strukturiert, und umgekehrt ist *Sinn* als *Welt* strukturiert. Letztlich ist ›der Sinn der Welt‹ ein tautologischer Ausdruck«. (Ebd., Hv. i. Orig.)

1587 Hutchens: Future of philosophy, S. 167.

1588 Vgl. zu den verschiedenen Spielarten der Immanenz bzw. des Immanentismus in Nancys Werk ebd., S. 33ff., und siehe (die bereits bibliographierten) Einträge zu ›Immanence‹ und ›Transimma-

Welt ist ›Bezug‹, aber bezieht sich nicht mehr auf ein sinnverleihendes Außerhalb. Das Außen der Welt ist mitten in ihr, als ihre Öffnung, als ›Zwischenraum‹, als ›Sein-zu‹, als Kontakt der einander exponierten Existenzen.[1589]

> Sobald der Anschein eines Außerhalb der Welt aufgelöst ist, öffnet sich der Außer-Ort des Sinns *in* der Welt – sofern es noch Sinn hat, von einem »Innen« zu sprechen –, er gehört zu ihrer Struktur, er höhlt darin das, was man weniger die »Transzendenz« ihrer »Immanenz« als viel besser ihre *Transimmanenz* nennen sollte oder, einfacher und stärker, ihre Existenz und ihre Exposition.[1590]

In diesem Sinne kann Nancy behaupten, zwar sei Gott, aber nicht »das Göttliche« aus der Welt verschwunden, dieses bleibe in ihr (außerhalb): als »Öffnung«[1591], als »Dis-Position der Welt«.[1592]

Schöpfung der Gemeinschaft

Das Motiv der Schöpfung der Welt ist nicht nur ontologisch zu deuten.[1593] ›In-der-Welt-Sein‹ und Weltschöpfung ist Wohnen-in-der-Welt, damit eine Haltung, ein *ethos*.[1594] »Wohnen bedeutet notwendig eine Welt bewohnen, das heißt, dort mehr als nur einen Aufenthalt haben: nämlich seine Stätte [lieu] im starken Sinne des Wortes, das, was ermöglicht, daß etwas im eigentlichen Sinne statt-findet.«[1595] Diese These berge einen

---

nence‹ in *The Nancy Dictionary* von Mark Lewis Taylor (der ebenfalls auf Hutchens verweist), sowie Devisch: Question of community, S. 112ff.

1589   Die Welt, so Morin: Nancy, S. 43, sei »neither pure immanence, since edges ›open‹ right in the middle of the world, between singularities, nor is it transcendence, since the world does not refer to or open unto another world«. Raffoul/Pettigrew: Translators' introduction, S. 8, sprechen von der Immanenz der Welt als »the conjunction of a finitude and an absolute; it is an absolute finitude. This absolute finitude takes the form of an excess.«

1590   Nancy: Sinn der Welt, S. 82f., Hv. i. Orig. (SM 91, Hv. i. Orig.). Siehe auch Nancy: Wahrheit der Demokratie, S. 41 (VD 36), wo er ›Sinn‹ bezeichnet »als offenes Außen inmitten der Welt, inmitten von uns und zwischen uns als unser gemeinsamer Anteil [commun partage]«. Er rekurriert dabei auf Ludwig Wittgenstein: Tractatus logico-philosophicus [1921]. In: ders.: Werkausgabe. Bd. 1. Tractatus logico-philosophicus. Tagebücher 1914-1916. Philosophische Untersuchungen. Frankfurt a.M. 1984, S. 7-85, 82 (6.41): »Der Sinn der Welt muß außerhalb ihrer liegen.« Siehe auch Nancy: Sinn der Welt, S. 81 (SM 89); Nancy: Erschaffung der Welt, S. 49 (CMM 57); Nancy: Anbetung, S. 40 (ADO 38).

1591   Nancy: Erschaffung der Welt, S. 81 (CMM 93).

1592   Nancy: singulär plural sein, S. 41 (ESP 36); Morin: Nancy, S. 48, spricht von einem »non-metaphysical thinking of God: a God that is not seen as the ›first principle‹ of the world but as nothing but the world itself in its opening«; siehe auch ebd., S. 17; 61; 63f.

1593   Vgl. Morin: Creation, S. 54.

1594   Nancy: Erschaffung der Welt, S. 32, Hv. i. Orig. (CMM 36, Hv. i. Orig.) verweist auf »die Bedeutungen der […] griechischen Wörter *éthos* und *èthos*, die sich gegenseitig im Motiv einer Haltung, eines ›sich halten‹, das jeder Ethik zugrunde liegt, durchdrungen haben. Auf andere, aber eigenartig analoge Weise stammen die lateinischen Begriffe *habitare* und *habitus* von demselben *habere* ab, das zunächst ›halten‹ und ›sich halten‹, ›eine Stätte besetzen‹, bedeutet«.

1595   Ebd., S. 31 (CMM 35). Ich weise mit Conley: Nancy's worlds, S. 90, auf die Verbindung hin, die sich hier zu Nancys Entwurf einer ›Politik der Knoten‹ ergibt: Die zitierte Formulierung »implies absolute equality of all things that legitimizes the right to tie and untie knots, in other words, to fashion different connections and relations«.

Imperativ, so Morin.[1596] Nancy spricht von der »Aufgabe [...], an jede Geste, an jedes Benehmen, an jeden *habitus* und jeden *ethos* die Frage zu stellen: Wie führst du die Welt aus«?[1597] Weltschöpfung hieße also, eine Welt zu schaffen, »wo es Platz für alle Welt gibt: aber wahrhaftig Platz, ein Platz, der wahrhaftig *Grund zum da (in dieser Welt) sein* schafft«.[1598] Dabei stützt sich das Wohnen in der Welt nicht auf einen außerweltlichen Grund: Der Sinn der Welt entstehe »nicht als ein Verweis auf irgendein Außerhalb der Welt«.[1599]

Vor dieser Folie könnte man anmerken: Der Monotheismus, insofern er (autodekonstruktiv) einen Verlust der Bedeutung der Welt herbeiführte, bereitete das Entstehen von Politik und Philosophie vor. Der »Rückzug der Gründe [raisons] der Welt«[1600] erforderte es, philosophisch einen Sinn der Welt zu ›machen‹ und die Welt politisch als einen ›Platz für alle‹ zu gestalten.

> Er [der Sinn, S. H.] verlässt die Funktion einer Beziehung mit einer heiligen Ordnung (d.h. günstig/widrig, verheißend/verhängnisvoll). Der Sinn ist nicht mehr verbunden: Man könnte sagen, dass er auf diese Weise erst eigentlich ›der Sinn‹ wird. [...] Von nun an wird die Bedeutung [signification] zum Projekt, zum Begehren und ist nicht mehr gegeben. [...] Die Suche nach dem Sinn – der Wille, ihn hervorzubringen oder das Begehren, ihn zu finden – wird tendenziell zu seiner Definition selbst.[1601]

Die Erfindung von Polis/Politik und Philosophie, aber auch von Recht und Kunst, lässt sich mit Nancy als die Erfindung von Formen verstehen, die dem Begehren, den Sinn zu finden, und die dem Willen, ihn hervorzubringen, gerecht zu werden suchen: In ihnen »schlug sich das Schwinden der Gewissheit einer Daseinsbegründung nieder [...]: nämlich der Gewissheit dessen, was man auch als die Gegenwart der Götter bezeichnen kann. Die Griechen waren es, die dort, wo sich jene Gegenwart anbot, die Abwesenheit wahrgenommen haben.«[1602] In Griechenland, erläutert Nancy, habe sich eine »Mutation der hierophanischen und hierarchischen Welt«[1603] ereignet: Die bis dahin gegenwärtigen, anwesenden Gottheiten zogen sich in die Abwesenheit zurück.[1604] Mit den

---

1596 Vgl. Morin: Creation, S. 54.

1597 Nancy: Erschaffung der Welt, S. 51, Hv. i. Orig. (CMM 59, Hv. i. Orig.). Wir hatten diese Passage bereits zitiert.

1598 Ebd., S. 30, Hv. i. Orig. (CMM 34, Hv. i. Orig., keine Hervorhebung des ›in dieser Welt‹ = ›dans ce monde‹).

1599 Ebd., S. 33 (CMM 37). Morin: Creation, S. 54: »To learn to inhabit the world is to learn to stand within a world that has no firm ground, but the consistency of which resides only in the mutual articulation and play of all existences.« Zum Vorangegangenen siehe auch Raffoul/Pettigrew: Translators' introduction, S. 9f.

1600 Nancy: Philosophische Chroniken, S. 9 (CHP 12).

1601 Nancy: Politik und darüber hinaus, S. 222 (PED 23f.).

1602 Nancy: Anbetung, S. 38 (ADO 36); vgl. ebd., S. 37f. (ADO 36).

1603 Nancy: Politik und darüber hinaus, S. 240 (fehlt in der französischen Ausgabe).

1604 Vgl. hierzu Morin: Nancy, S. 50f.

Griechen, formuliert er, »s'est rompu, complètement, un monde qui était celui du sacré omniprésent«.[1605] Man könnte von einem »griechische[n] Atheismus«[1606] sprechen:

> Was »Griechenland« genannt wird, mag durchaus in beträchtlichem Maße von religiösem Verhalten durchzogen oder damit verwoben sein. Was das »Griechische« indessen zuallererst unterscheidet, ja konstituiert, ist nichtsdestoweniger ein Denk- und Lebensraum, den die göttliche Gegenwart weder gestaltet noch absteckt (es sei denn, die Gegenwart der Götter der *polis* oder jener der philosophischen Spekulation, die gerade keine *Gegenwarten* mehr sind).[1607]

Der Rückzug der Gottheiten aus der Anwesenheit brachte einen Rückzug auch der Gemeinschaft mit sich[1608]; genauer: eine Abwesenheit der Gemeinschaft als Kommunion mit einer Gottheit: »[L]a communion, c'est la représentation d'une présence divine au cœur de la communauté et comme la communauté elle-même«.[1609] Mit dem *retrait* entsteht eine menschliche, also: politische Gemeinschaft, die sich vom »naturhaften Zusammenleben«[1610] (und vom Zusammenleben mit Gottheiten) unterscheidet. Jetzt erst konnte die Gemeinschaft über sich nachdenken:

> [C]'est avec le retrait des dieux que la communauté est advenue: un groupe d'hommes en face de ses dieux ne se pense pas comme communauté, c'est-à-dire qu'il ne cherche pas en lui-même la présence de son lien, mais il s'éprouve comme ce groupe (famille, tribu, peuple) en face du dieu qui détient et réserve à part soi la vérité et la force de son lien. [...] La communauté, comme telle, signale que les dieux se sont absentés.[1611]

Das Sich-Ereignen der Gemeinschaft ist nicht zu trennen von der »griechische[n] Erfindung«[1612] der (demokratischen) Politik.[1613] Die Demokratie ging aus der Absentierung des Göttlichen hervor. »Die Demokratie ist zuerst das Andere der Theokratie.«[1614] Als

---

1605   Jean-Luc Nancy: Phraser la mutation. Entretien avec Juan Manuel Garrido Wainer. Veröffentlicht am 13.10.2015, o. S., Abs. 3. Abrufbar unter: <https://blogs.mediapart.fr/juan-manuel-garrido-wain er/blog/131015/phraser-la-mutation-entretien-avec-jean-luc-nancy> (Zugriff am 29.1.2022).

1606   Nancy: Atheismus und Monotheismus, S. 40 (AM 38).

1607   Ebd., S. 27, Hv. i. Orig. (AM 27, Hv. i. Orig., jedoch keine Hervorhebung von ›polis‹ = ›cité‹).

1608   Vgl. Morin: Nancy, S. 51.

1609   Nancy: Des lieux divins, S. 41.

1610   Arendt: Vita activa, S. 35.

1611   Nancy: Des lieux divins, S. 41, auch zitiert von Morin: Nancy, S. 51. Siehe zudem Nancy: Politik und darüber hinaus, S. 231 (PED 40): »[D]as ›Gemeinsame‹ erscheint als solches, und als Problem und als Schwierigkeit zur Klärung, von dem Moment an, wo alle Begründungen, die es garantierten, zurückgezogen worden sind«.

1612   Nancy: Endliche und unendliche Demokratie, S. 77 (DFI 80).

1613   Vgl. Morin: Nancy, S. 51.

1614   Nancy: Endliche und unendliche Demokratie, S. 78 (DFI 80). In diesem Sinne bezeichne der Begriff der Polis, so Jean-Luc Nancy: Grondement commun. In: Lignes 41 (2013), S. 111–114, 111, »la forme que se donnait une collectivité rassemblée et gouvernée par elle-même et non par une autorité divine«. Man könnte auch von einem Rück- oder Entzug sprechen, der es erstmals erlaubte, das Politische zu denken. Dejanovic: Introduction, S. 1, formuliert: »With the disappearance of any figure that could occupy the place of power, found community or a totality of being-together in the form of the One [...], it becomes possible to retrace the political or put it into question yet again.«

solche habe die (demokratische) Politik von Anbeginn auf einem für sie konstitutiven doppelten Boden gestanden: Sie diente dazu, das gemeinsame Leben zu verwalten, und sie sollte die gemeinsame Existenz mit Sinn und Wahrheit ausstatten (woran es fehlte) – sollte also ihre eigene abgetrennte Sphäre überschreiten und im Sinne eines ›Alles ist politisch‹ auf das Ganze der Gemeinschaft ausgreifen.[1615]

Wir werden sehen, dass Nancy demokratische Politik zwar als weiterhin wesentlich unbegründet fasst, sie aber davon entpflichtet, Sinn und Wahrheit des Gemeinsamen zu (be)gründen. Demokratie entgründe das Gemeinsame und bringe es als ›Kommunismus‹ wieder ins Spiel.[1616] Möglicherweise sagt Nancy aber zu wenig dazu, in welcher Weise die Demokratie dies vollbringt. Es ist zwar wenig dagegen einzuwenden, wenn er behauptet, »dass ›Demokratie‹ *Geist [esprit] ist*, bevor sie Form, Institution, politisches und soziales Regime ist«.[1617] Indes müsste klarer werden, wie dieser demokratische ›Geist‹ in Institutionen, in einem Regime eingefangen werden kann (ohne ihn einzusperren und ungefährlich zu machen).[1618] Unter diesem Blickwinkel werde ich später die Theorie Cornelius Castoriadis' untersuchen: Vor allem was das Motiv der Schöpfung angeht, weisen seine Überlegungen eine Nähe zu denen Nancys auf, sind aber ›politischer‹ als diese, da Castoriadis versucht, die *creatio ex nihilo* in bestimmte Formen der Politik zu übersetzen.

Widerwelt

Nancys Bestreben, die Politik, vor allem die demokratische Politik neu zu denken, ist nicht zuletzt das Bemühen darum, die moderne Demokratie gegen ihren kapitalistischen Zwilling zu verteidigen. Badiou bezeichnet die moderne Demokratie als »*capitalo-parlementarisme*«[1619] – ein Urteil, dem Nancy zustimmt.[1620] Nach dem Zweiten Weltkrieg habe sich gezeigt, »dass die Demokratie die politische Form ist, die die Ausweitung des Kapitalismus sich gibt«.[1621] Zwar ist dieser Hinweis nicht falsch[1622], er ver-

---

1615 Vgl. Nancy: Endliche und unendliche Demokratie, S. 76f. (DFI 79).

1616 Siehe hierzu Hebekus/Völker: Philosophien des Politischen, S. 124f.

1617 Nancy: Wahrheit der Demokratie, S. 35, Hv. i. Orig. (VD 30, Hv. i. Orig.).

1618 Ich folge dem Einwand von Marchart: Being with against, S. 182.

1619 Alain Badiou: D'un désastre obscur. Droit, État, Politique. La Tour d'Aigues 2012, S. 38, Hv. i. Orig.

1620 Vgl. Nancy: Demokratie und Gemeinschaft, S. 81; siehe auch Morin: Nancy, S. 115.

1621 Nancy: Demokratie und Gemeinschaft, S. 81; siehe auch Nancy: Tout est-il politique, S. 79. Gegen die aus der»Analyse des Bandes, vermittels dessen Demokratie und Kapitalismus in der Geschichte gleichzeitig auftraten«, gezogene »Schlußfolgerung, daß dem Politischen im allgemeinen der Status eines *wesentlich abgeleiteten* Phänomens zukommt und daß die demokratische Herrschaftsform im besonderen ausschließlich im Lichte der vorgängig enthüllten, geheimen Architektur des kapitalistischen Systems verständlich wird«, richten sich beispielsweise Lefort/Gauchet: Über die Demokratie, S. 90, Hv. i. Orig.

1622 Ulrike Davy/Manuela Lenzen: Einleitung: Demokratie morgen. In: dies. (Hg.): Demokratie morgen. Überlegungen aus Wissenschaft und Politik. Bielefeld 2013, S. 7-15, 9, stellen mit Blick auf den weltweiten »Siegeszug« der Demokratie in den letzten Jahrzehnten fest: »Das Demokratieverständnis, das die neuen Demokratien zum Ausdruck bringen, ist [...] ein marktbezogenes: Die Vision von einer Entwicklung hin zur Demokratie geht Hand in Hand mit der Vision eines freien Marktes, der wenig ›sozial‹ gehegt ist.« Siehe zu den einzelnen Beiträgen in diesem Band meine Besprechung Simon Herzhoff: [Rezension von] Ulrike Davy/Manuela Lenzen (Hg.): Demokratie

schleiert aber, worum es Nancy tatsächlich geht, nämlich um eine nicht nur äußerliche, sondern wesentliche Verbundenheit von Kapitalismus und Demokratie. Beide eine die Annahme: »Der Wert *ist* in der Gleichwertigkeit [équivalence]«.[1623] Mit der Ausweitung des Kapitalismus und der Demokratie expandiert das Prinzip der (allgemeinen) Äquivalenz. Üblicherweise nennt man dies ›Globalisierung‹, im Französischen *mondialisation*, was eine Verbindung zum Motiv der Weltschöpfung stiftet: Es gilt, eine Welt (*monde*) zu schöpfen, die nicht die der *mondialisation* ist.[1624] Das unterstreicht, warum man Nancys Frage nach dem Sinn der Welt nicht nur als Variation seiner Überlegungen zum Mit-Sein verstehen darf; in ihr zeigt sich das aktuelle Engagement der nancyschen Ontologie.[1625] Wurden die Arbeiten zum *retrait* des Politischen und *La communauté désœuvrée* unter dem Eindruck der Totalitarismen des 20. Jahrhunderts geschrieben, nimmt Nancy mit dem Wort ›Welt‹ den Kampf gegen den Totalitarismus des 21. Jahrhunderts auf: die kapitalistische Globalisierung.[1626] Dabei bleibt er sich insofern treu, als er mit dem Andenken und -schreiben gegen die Globalisierung seinen Kampf gegen den Immanentismus weiterführt[1627], denn die Globalisierung verwandele die Welt in eine »Unitotalität«[1628] ohne Außen.[1629]

Den Gegenentwurf dazu, den die (neu zu denkende) Demokratie bildet[1630], werden wir unten genauer in den Blick nehmen. Hier soll im Kontext einer Klärung des Weltbegriffs untersucht werden, was den Kapitalismus als Mondialisation/Globalisierung auszeichnet und was ihn abhebt sowie mit dem verbindet, was oben die ›Verweltlichung‹ (*mondianisation*) der Welt genannt wurde.

---

morgen. Überlegungen aus Wissenschaft und Politik. Veröffentlicht am 16.1.2014, o. S. Abrufbar unter: <https://www.socialnet.de/rezensionen/15112.php> (Zugriff am 29.1.2022).

1623 Nancy: Wahrheit der Demokratie, S. 51f., Hv. i. Orig. (VD 45, Hv. i. Orig.).

1624 Vgl. Raffoul/Pettigrew: Translators' introduction, S. 1f., die rekurrieren auf Jean-Luc Nancy: Note on the Untranslatable Mondialisation. In: ders.: The Creation of the World or Globalization. Albany 2007, S. 27-28. Siehe auch Hiddleston: Globalisation, S. 101f.; Smith: Struggle between infinities, S. 272f.; Raffoul: Creation of the world, S. 14, und Woznicki: Angst vor Gemeinschaft, S. 62.

1625 Mit Morin: Nancy, S. 123, ließe sich behaupten: »Nancy's ontology, his deconstruction of Christianity, and his understanding of community all tie into his recasting of political praxis as the imperative to ›create a world‹«.

1626 Siehe etwa Dejanovic: Introduction, S. 11: »The central problem that we must reckon with today, according to Nancy, is the closure of sense – not its infinite absenting or restlessness in world-formation, but by the workings of capital, or what he also refers to as globalisation«.

1627 Nancy hatte in *La communauté désœuvrée* zu verstehen gegeben, der Ausdruck ›Immanentismus‹ umfasse »auch die Demokratien samt ihrem fragilen Rechtsgerüst« (Nancy: Entwerkte Gemeinschaft, S. 15 [CD 16]); dazu Hutchens: Future of philosophy, S. 132ff. An anderer Stelle hieß es: »Das Kapital leugnet die Gemeinschaft, weil es ihr die Identität und Allgemeinheit von Produktion und Produkten voranstellt: das funktionalisierte Einssein und die allgemeine Kommunikation der Werke.« (Nancy: Literarischer Kommunismus, S. 157f. [CL 185]) Devisch: Question of community, S. 173, interpretiert diese Passage als Hinweis Nancys auf einen »immanentism« des Kapitals. Neyrat: Communisme existentiel, S. 51, meint, für Nancy sei der heutige Immanentismus die (kapitalistische) Äquivalenz.

1628 Nancy: Atheismus und Monotheismus, S. 37 (AM 36).

1629 Hutchens: Future of philosophy, S. 120, spricht daher von »the closed immanence of globalization«.

1630 Vgl. Dejanovic: Introduction, S. 13f., siehe auch Morin: Nancy, S. 119ff.

Dem Zusammenhang von *mondianisation* und *mondialisation* kommt man mit der Frage nach dem Spezifikum des Christentums auf die Spur. Nancy zufolge führte das Christentum in die antike Welt eine folgenschwere Veränderung ein, die die Vorstellung der Beziehung zwischen Leben und Tod betraf. Zwar kündigte sich bereits in der Antike ein Ende der durch das Opfer symbolisierten »ununterbrochene[n] Zirkulation zwischen Tod und Leben«[1631] an und begann stattdessen das Feiern der Sterblichkeit des Menschen, dessen Tod den Ruhm oder die Befreiung aus dem gefängnishaften Leben auf Erden verhieß.[1632] Dabei sei der Tod allerdings stets »das unversöhnbare Andere des Lebens«[1633] geblieben. Das Christentum initiierte die Idee eines (transimmanenten) Lebens »in der Welt außerhalb der Welt«.[1634] Die vom Christentum eingeleitete Zivilisationswende bestand also in der Erfindung des ›ewigen Lebens‹[1635] und damit in einer »Eröffnung des Unendlichen im Endlichen«.[1636] Mit dem Unendlichen (im Endlichen) und mit dem ›Außerhalb der Welt‹ (in der Welt) ist kein Verhältnis von Innen und Außen, von Hienieden und Jenseits »gemäß der Logik eines Geschiedenseins, einer Kluft«[1637] gemeint. Es habe sich darum gehandelt, »in der Welt zu sein, ohne *von* der Welt zu sein, das heißt, ohne sich damit zufriedenzugeben, der Inhärenz, dem Gegebenen anzuhaften«.[1638] Am Werk sei im Christentum mithin die »Logik einer Öffnung, die zur Welt gehört wie der Mund zum Körper gehört«.[1639] Diese ›Logik einer Öffnung‹ ist die Logik der Welt als das geräumige Zwischen, das die auftauchenden (pluralen) Singularitäten trennt und verbindet. Die Wendung vom ›Leben in der Welt außerhalb der Welt‹ erfährt so eine Verweltlichung: Sie sei nicht mehr nur »eine ›christliche‹ Formel«, sondern bezeichne allgemeiner ›unseren‹ »Modus des In-der-Welt-Seins, gemäß dem der Sinn der Welt sich öffnet als ein Abstand, ein Auseinander in der Welt selbst und in Bezug auf sie«.[1640]

Der Sinn der Welt ist Kommunikation zwischen einzigartigen, abständigen Singularitäten. In dieser Öffnung der Welt liegt für Nancy indes zugleich eine Gefahr. Möglich, dass »die Welt sich auf nichts anderes öffnet als auf ihr eigenes Aufklaffen« und es zu »einer gänzlichen Verflüchtigung des Sinns«[1641] kommt. Auch das nihilistische ›Aufklaffen‹ der Welt eröffnete zwar im Endlichen das Unendliche, aber es ›machte‹ keinerlei Sinn, wäre kein Erschaffen der Welt, sondern lediglich ihre Vernichtung. Der Name für dieses weltvernichtende Unendliche lautet: ›Kapitalismus‹.[1642] Das Kapital, so Watkin,

---

1631 Nancy: Anbetung, S. 40 (ADO 38).

1632 Vgl. ebd.; 38 (ADO 36).

1633 Ebd., S. 38 (ADO 36).

1634 Ebd., S. 39 (ADO 37); siehe hierzu und zum Folgenden in diesem Absatz Morin: Nancy, S. 69f.

1635 Vgl. Nancy: Anbetung, S. 39 (ADO 37).

1636 Nancy: Was tun, S. 15 (QF 18). Siehe auch Nancy: Phraser la mutation, Abs. 3: »L'homme chrétien n'est plus l'homme antique. Il est l'homme qui a l'infini dans ses gènes.«

1637 Nancy: Anbetung, S. 46 (ADO 43).

1638 Ebd., S. 39, Hv. i. Orig. (ADO 37, Hv. i. Orig.).

1639 Ebd., S. 46 (ADO 43), auch zitiert bei Morin: Nancy, S. 70.

1640 Nancy: Anbetung, S. 40 (ADO 38).

1641 Ebd.

1642 Siehe auch Morin: Nancy, S. 53.

»reduces spacing to banal general equivalence«.[1643] Wo es sich im globalen Maßstab ausbreite, fasst Raffoul die Sorge Nancys zusammen, mache »the world no longer [...] sense as world«[1644]; sie werde »an inhabitable world, an inhuman un-world«.[1645]

Der Kapitalismus ist das Resultat eines weiteren Zivilisationsumbruchs, der in der christlichen ›Öffnung des Unendlichen im Endlichen‹ angelegt war: Er ist die Erfindung »de l'infini de la production«.[1646] Mit dem Kapitalismus kommt die Produktion als Reproduktion ebenso an ein Ende wie das, was Bataille ›unproduktive Verausgabung‹ genannt hätte: eine Produktion, die sich in der Zurschaustellung von Reichtum und Macht verschwendet. Lagen über lange Zeit Legitimation und Zweck der Produktion außerhalb ihrer selbst (Reproduktion, Präsentation), so bedeutet Kapitalismus, dass die Produktion um ihrer selbst willen stattfindet. Sie dient einzig noch dazu, sich im Kreislauf von Produktion und Reinvestition selbst ins Unendliche weiterzutreiben. Kapitalistische Produktion muss sich rentieren, nicht verzehren oder in Prasserei verlieren.[1647] Statt von einer »Unendlichkeit [infini/infinité]«, so Nancy, spräche man besser von einer »Endlosigkeit«, die der Kapitalismus sei: nämlich »die endlose [interminable] Produktion von *Kapital* selbst«.[1648] Damit ist der Kapitalismus nihilistisch: Er (aner)kennt keinen anderen Wert als den einer endlosen Fortführung seiner selbst.[1649] Oder anders gesagt: Der Kapitalismus ist strukturell ein Monotheismus, denn für beide ist der zentrale Wert (Gottheit, Geld) tautologisch gedacht.[1650]

Die kapitalistische ›Endlosigkeit‹ ist weltvernichtend. Um sich selbst endlos reproduzieren zu können, muss der Kapitalismus alles (ohne Ende) kapitalisieren, in die Form austauschbarer Waren bringen. »Ends, means, values, meaning, actions, works and persons are all exchangeable, circulable, for all are substitutable according to the universal equivalence of capital.«[1651] Nichts anderes meint der Ausdruck »allgemeines Äquivalent«[1652], den Nancy von Marx übernimmt: Er benennt »das Geld und die Warenform, das heißt das Wesen des Kapitalismus«.[1653] Der Kapitalismus sei »die Wahl einer

1643 Watkin: Being just, S. 24.

1644 Raffoul: Creation of the world, S. 14.

1645 Ebd., S. 15.

1646 Nancy: Phraser la mutation, Abs. 3. Siehe auch Nancy: Was tun, S. 15 (QF 18): »Die Eröffnung des Unendlichen im Endlichen war der entscheidende Wandel der antiken Welt. Das Unendliche hat sich zweifach eröffnet: als Unabschließbares und Absolutes. Produktion und Anbetung.« Dazu weiter Nancy: Anbetung, S. 126ff. (ADO 116ff.).

1647 Vgl. Nancy: Äquivalenz der Katastrophen, S. 10 (EC 15f.); Nancy: Erschaffung der Welt, S. 42 (CMM 48f.); 132 (CMM 156f.), sowie die kurzen Anmerkungen bei Morin: Nancy, S. 51f.

1648 Nancy: Kommunismus, S. 188, Hv. i. Orig. (CM 211, Hv. i. Orig.); siehe auch Watkin: Being just, S. 24.

1649 Vgl. Morin: Nancy, S. 53; 118f.

1650 Vgl. Martinon: Im-mundus, S. 223.

1651 Watkin: Being just, S. 24.

1652 Marx: Kritik der politischen Ökonomie, S. 50.

1653 Nancy: Wahrheit der Demokratie, S. 51 (VD 44). Wenn Nancy von ›Wesen‹ spricht, macht er darauf aufmerksam, dass es sich beim Kapital um »a question of ontology« handelt: »The ontology of capital is an ontology of general equivalence.« (Watkin: Being just, S. 24)

Bewertungsmethode: der nach der Äquivalenz/Gleichwertigkeit«.[1654] Marx spricht vom »*Tauschwert*«[1655] der Ware, der einander alles gleich(wertig) mache, indem er ein »*quantitatives Verhältnis*« zwischen den Dingen stifte: »Der Tauschwert eines Palastes kann in bestimmter Anzahl von Stiefelwichsbüchsen ausgedrückt werden. Londoner Stiefelwichsfabrikanten haben umgekehrt den Tauschwert ihrer multiplizierten Büchsen in Palästen ausgedrückt.«[1656] Das Geld ist ›allgemeines Äquivalent‹, weil es sich mit allen Waren beliebig tauschen lasse.[1657]

Das Prinzip der ›allgemeinen Äquivalenz‹ vernichtet Singularität(en) – und damit jedes Außerhalb der Welt in der Welt; seine »Herrschaft« absorbiere »alle Lebensbereiche der Menschen, und mit ihnen alles Existierenden«.[1658] An die Stelle der ›Würde‹, der »Inkommensurabilität des Singulären«[1659], tritt seine entwürdigende Vergleichbarkeit. Die Welt (*monde*), die als »Expositionstotalität«[1660] das Zwischen der auftauchenden, einander ausgesetzten (und damit pluralen) einzigartigen Singularitäten ist[1661], wird zu einem widerwärtigen »Widerweltlichen [immonde]«[1662], das die Welt auslöscht, indem es die Singularitäten äquivalent macht. »In other words, it levels them, renders them uniform, open to circulation, exchange and consumption.«[1663]

Eine andere Entwicklung bleibt denkbar. Der globalisierte Kapitalismus, deutet Nancy an, mache an seinem Horizont eine Gemeinschaft sichtbar, die nicht (mehr) durch »Auspressung [extorsion]« gebildet werde, sondern durch »Exposition«.[1664] Es sei der weltweite Markt selbst, der »aus sich heraus die Möglichkeit schafft, die wirkliche Verbindung der Existenzen als ihren wirklichen Sinn zum Vorschein zu bringen«.[1665] Die Globalisierung würde zur Erschaffung der Welt, wenn es dazu käme, dass sich »das Weltweite [mondialité] des Marktes [...] in das Weltweite einer gegenseitigen und wechselseitigen Schöpfung verwandelt oder umstürzt«.[1666] Das

---

1654 Nancy: Wahrheit der Demokratie, S. 51 (VD 45). Siehe hierzu sowie zu der folgenden Auskunft zu Marx' Begriffen ›Tauschwert‹ und ›allgemeines Äquivalent‹ die Erläuterungen bei Morin: Nancy, S. 117f.

1655 Marx: Kritik der politischen Ökonomie, S. 15, Hv. i. Orig.

1656 Ebd., S. 16, Hv. i. Orig. Weiter heißt es: »Ganz gleichgültig also gegen ihre natürliche Existenzweise, und ohne Rücksicht auf die spezifische Natur des Bedürfnisses, wofür sie Gebrauchswerte, decken sich Waren in bestimmten Quantitäten, ersetzen einander im Austausch, gelten als Äquivalente, und stellen so trotz ihres buntscheckigen Scheins dieselbe Einheit dar.« (Ebd.)

1657 »Die besondere Ware, die [...] das adäquate Dasein des Tauschwerts aller Waren darstellt, oder der Tauschwert der Waren als eine besondere, ausschließliche Ware, ist – *Geld*.« (Ebd., S. 34, Hv. i. Orig.)

1658 Nancy: Äquivalenz der Katastrophen, S. 10f. (EC 16).

1659 Trautmann: Partage, S. 103; siehe auch ebd., S. 99f.; 102.

1660 Nancy: Ausdehnung der Seele, S. 83 (EDA 81).

1661 »Was in sich ist, verweist auf sich als auf das Außen des Sich – aber dieses Außen ist genau das Innen der Welt, das allein in dieser Exposition besteht«. (Ebd.)

1662 Nancy: Erschaffung der Welt, S. 15 (CMM 16).

1663 Dejanovic: Introduction, S. 11; vgl. ebd., sowie Martinon: Im-mundus, S. 224f.

1664 Nancy: Erschaffung der Welt, S. 51 (CMM 60). Siehe auch Nancy: singulär plural sein, S. 117ff. (ESP 97ff.).

1665 Nancy: Erschaffung der Welt, S. 19 (CMM 20).

1666 Ebd., S. 18 (CMM 19f.), siehe auch ebd., S. 20 (CMM 21): »Kommerz erzeugt Kommunikation, welche Gemeinschaft, Kommunismus verlangt«. Immer wieder betont Nancy die Nähe von Globali-

Gemeinsame widerstünde (auch) seiner Vereinnahmung durch das Allgemeine des Kapitalismus.[1667]

Nancy zufolge droht der Welt ohne Schöpfer*in gegenwärtig jedoch viel eher die Gefahr, sich selbst zu zerstören. Ihre Selbstzerstörung wäre dabei die Konsequenz aus der Tatsache, dass auch der Sinn der Welt als Habitat (des Menschen, aller Existierenden) nicht absolut sein kann – so wie umgekehrt die Globalisierung das Moment einer Selbstüberschreitung birgt.[1668] Gefragt, ob die sogenannte Globalisierung »eine Welt ins Leben rufen [kann], oder deren Gegenteil«[1669], ließe Nancys Antwort kaum Hoffnung übrig – wobei allerdings festzuhalten wäre, dass gerade die sich anbahnende Zerstörung der Welt das Denken provoziert, die Welt zu denken.[1670]

> Die Welt hat ihre Fähigkeit, eine Welt zu bilden, verloren: Die einzige Fähigkeit, die sie anscheinend gewonnen hat, ist die, kraft ihrer Mittel die Wucherung des Widerweltlichen [l'immonde] zu vervielfachen, das nie zuvor in der Geschichte in diesem Maße die Gesamtheit des Erdkreises geprägt hat, was auch immer man von den rückwärtsgewandten Illusionen denken mag.[1671]

In jüngeren Veröffentlichungen rückt Nancy in einem »apocalyptic tone«[1672] die Vernichtung der Menschheit in den Bereich des Möglichen. Der Reaktorunfall in Fukushima etwa habe das Zerstörungspotential des globalisierten Kapitalismus erwiesen. Der »Vernetzungszusammenhang [...] des Geldes«[1673] verknäuele Technik, Ökonomie, Politik und Ökologie auf katastrophale Weise:

---

sierung und Welterschaffung, siehe etwa auch ebd., S. 38f. (CMM 44f.). Aus jeweils unterschiedlichen Blickwinkeln finden sich Erläuterungen dazu bei Dejanovic: Introduction, S. 11ff.; Hebekus/ Völker: Philosophien des Politischen, S. 121f.; Hutchens: Future of philosophy, S. 120ff.; Martinon: Im-mundus, S. 225ff., und sehr detailliert bei Smith: Struggle between infinities, S. 275ff. Die Ansicht Nancys paraphrasiert etwa auch Woznicki: Angst vor Gemeinschaft, S. 53, Hv. i. Orig.: »*Die Welt, welche die Auflösung und Neuentstehung des großen Zusammenhangs in der doppelten Bewegung von Verbinden und Entbinden, Koppeln und Entkoppeln, Verbreiten und Verschwinden erschließt – diese Welt kann erstmals in vollem Maße als geteilte erfahren werden.* Wie nie zuvor ist die Welt erfahrbar als etwas, das ›wir‹ gemeinsam haben und benutzen und gleichzeitig als etwas, das gespalten und zerlegt ist. In diesem Sinne ist die Geburtsstunde der gegenwärtigen Globalisierungsphase auch die Geburtsstunde einer neuen Gemeinschaftlichkeit des Seins.«

1667 »Le commun se donne ainsi en tant que sujet de résistance au ›mauvais infini‹ qui prétend se mondialiser dans la violence du Capital.« (de Petra: Bataille et Nancy, S. 170)

1668 In diesem Sinne verstehe ich Martinon: Im-mundus, S. 226. Siehe als Andeutung in Richtung dieser Interpretation Nancy: Corpus, S. 92f., Hv. i. Orig. (CO 93, Hv. i. Orig.): »*Tatsächlich*, sobald die Welt *Welt [monde]* ist, produziert (vertreibt) sie *sich* auch als Widerwärtigkeit *[immondice]*. Die Welt *muß* sich als wider-weltig [im-monde] zurückweisen, *weil ihre Schöpfung ohne Schöpfer sich nicht selbst im Zaum halten kann.*«

1669 Nancy: Erschaffung der Welt, S. 9 (CMM 9).

1670 »Daß die Welt sich zerstört, ist keine Hypothese: es ist gleichsam die Feststellung, von der sich heute jedes Denken der Welt nährt.« (Ebd., S. 16 [CMM 17]) Vgl. Raffoul/Pettigrew: Translators' introduction, S. 2; Raffoul: Creation of the world, S. 16.

1671 Nancy: Erschaffung der Welt, S. 15f. (CMM 16).

1672 Devisch: Nancy's ›Political Philosophy‹, S. 123.

1673 Nancy: Äquivalenz der Katastrophen, S. 10 (EC 15).

Darin ist Fukushima exemplarisch: Ein Erdbeben und der davon ausgelöste Tsunami wird zu einer technischen Katastrophe, die wiederum zu einem gesellschaftlichen, ökonomischen, politischen und schließlich philosophischen Erdbeben führt, während sich diese Abfolge gleichzeitig mit Abfolgen von Finanzkatastrophen, ihrer Auswirkungen insbesondere auf Europa und ihrer Rückwirkungen auf die Gesamtheit der globalen Verhältnisse überkreuzt oder verschlingt. Es gibt keine Naturkatastrophen mehr – es gibt nur eine Katastrophe der Zivilisation, die bei jeder Gelegenheit um sich greift.[1674]

Auf Sigmund Freuds *Das Unbehagen in der Kultur* (1930) anspielend, unterstellt Nancy der Welt einen »Todestrieb«[1675], der in letzter Konsequenz auf eine Destruktion der Welt hinauslaufe. Ob nicht »die Menschheit [...] den Weg ihrer Vernichtung eingeschlagen hat«[1676], fragt Nancy, und es scheint ganz so, als halte er dies für eine längst entschiedene, allenfalls noch rhetorische Frage:

> Es ist möglich, dass der Mensch im Grunde nichts anderes wünscht als das »Schlechte«: nicht das »gute Leben« von Aristoteles, das eine immer erneuerte Erweiterung des »Lebens« einfordert, eine Ausdehnung über seine notwendigen Bedürfnisse hinaus, sondern umgekehrt diese andere Erweiterung und diese andere Ausdehnung, die sowohl die Vernichtung von sich selbst als auch der anderen bewirken kann, der Gemeinschaft, die somit auf die gemeinsame Verkohlung reduziert ist. Ja, das ist möglich, und das gegenwärtige Zeitalter der Menschheit stellt sich uns als eine Gemeinschaft von Massengräbern, Hungersnöten, Selbstmorden und Verdummungen dar.[1677]

Wenn es noch einen ›Kommunismus‹ gebe, so liege er in der kollektiven Selbstvernichtung, denn »[n]ichts ist gemeinsamer als der Todestrieb«[1678], mit dem die Menschen ihre Verobjektivierung bis zum Ende trieben: Das angestrebte Nichts sei »nicht so sehr ›gemeinsame‹ Sache [...], sondern ›gemeinsam als Ding, verdinglicht‹ (was bereits bis zu einem gewissen Punkt die ›Ware‹ ist)«.[1679]

Vor diesem Hintergrund ist gefordert, wie Arendt formuliert, dass man »Partei ergreift im Interesse der Welt«.[1680] Uns obliege es, so Nancy, »eine Form oder eine

---

1674 Ebd., S. 48f. (EC 56f.).

1675 Nancy: Erschaffung der Welt, S. 16 (CMM 16).

1676 Nancy: Wahrheit der Demokratie, S. 64 (VD 56).

1677 Ebd., S. 63 (VD 55). Für weitere Hinweise auf das Selbstzerstörungspotential des Menschen (zum Teil mit Rekurs auf Freud) siehe etwa Nancy: Äquivalenz der Katastrophen, S. 27f. (EC 33f.); Nancy: Angst vor Gemeinschaft, S. 87ff. Lapidar heißt es zur Selbstvernichtung: »Et pourquoi pas? pourquoi l'humanité ne serait-elle pas en fin de compte un essai ou un jeu, une variation qui atteint sa propre limite? L'humanité, ou bien peut-être la vie entière? Avant une complète redistribution des énergies...?« (Nancy: Phraser la mutation, Abs. 7)

1678 Nancy: Wahrheit der Demokratie, S. 63 (VD 55f.).

1679 Ebd., S. 64 (VD 56).

1680 Hannah Arendt: Gedanken zu Lessing. Von der Menschlichkeit in finsteren Zeiten. In: dies.: Menschen in finsteren Zeiten (Hg. Ludz, Ursula). 2. Aufl. München 2013, S. 11–45, 16. Siehe zu diesem Einsatz Arendts die bereits zitierte Studie von Oliver Marchart: *Neu beginnen. Hannah Arendt, die Revolution und die Globalisierung*.

Symbolisierung der Welt zu erschaffen«.[1681] Diese »Aufgabe« bestimmt er als einen »Kampf«.[1682] Hier mitzukämpfen, das heiße: mitzudenken[1683] (was meint: ›mit‹ zu denken). Also ist mit Nancys Forderung nach einer »*Umwertung*«[1684] das Bestreben gemeint, die entwürdigende Bewertung, die der Kapitalismus vornimmt, in Richtung eines würdevollen Verständnisses des Wertes zu überwinden: Es gehöre »die bedeutungslose Äquivalenz umgewendet in egalitäre, singuläre und gemeinsame Bedeutsamkeit«.[1685] In einem Text, der die Aktualität Nietzsches erkundet, schreibt Nancy zur ›Umwertung‹:

> Man muss die Werte transvaluieren, neu bewerten, gegenwerten. Man darf sie durchaus nicht umstürzen (sie entwerten), sondern muss wiederum *den Wert selbst neu werten*. [...] Das heißt, man muss seinen Preis überdenken und ihn als einen absoluten Preis betrachten, nicht mehr von einem Prinzip abhängig, das ihn festlegt. Der Wert muss ohne Maß gelten.[1686]

›Wert‹ müsse künftig verstanden werden als das »aktuelle Unendliche [...], wodurch eine endliche Existenz als endliche zum Unendlichen eines Sinns oder eines Wertes gelangt, das ihr ureigener Sinn oder Wert ist«.[1687] Der (umgewertete) Wert der endlichen Existenz impliziert ihre Entwertung, da sie nicht mehr wertgeschätzt, nicht mehr mit einem »price-tag«[1688] versehen werden kann – sie ist unendlich mehr wert als jede Schätzung ihres Wertes.[1689] ›Bewertet‹ man die Existenzen als inkommensurable Singularitäten, exponiert sie das aus der allgemeinen Gleichwertigkeit und ermöglicht durch den Abstand, der sich damit zwischen ihnen auftut, den Kontakt.[1690]

In einer allein denkerisch vollzogenen ›Umwertung‹ erschöpft sich für Nancy die kämpferische Parteinahme für die Welt indes nicht.[1691] Der »Kampf des Denkens«[1692] sei stets auch »eine Frage konkreter Gleichheit und tatsächlicher Gerechtigkeit«.[1693] Für

---

1681   Nancy: Erschaffung der Welt, S. 51 (CMM 59).

1682   Ebd., S. 51 (CMM 60). Siehe zu diesem Begriff die Ausführungen bei Smith: Struggle between infinities, S. 273f.

1683   Vgl. Nancy: Erschaffung der Welt, S. 51f. (CMM 60).

1684   Ebd., S. 44, Hv. i. Orig. (CMM 51, Hv. i. Orig.). Siehe hierzu auch Martinon: Im-mundus, S. 228ff.

1685   Nancy: Erschaffung der Welt, S. 44 (CMM 51).

1686   Nancy: Erfahrung an einem Herzen, S. 134f., Hv. i. Orig. (EAC 118f.; Hv. i. Orig.). Morin: Nancy, S. 118, merkt vor diesem Hintergrund an, dass ›Umwertung‹ für Nancy nicht bedeute, neue Werte zu schaffen: »The escape from nihilism is not found in the affirmation of new values, but in a transformation of the evaluative gestures themselves. [...] [T]he overcoming of nihilism can only happen via the passage to a different principle of valuation, one that presupposes the absolute distinction or incommensurability of evaluative gestures«.

1687   Nancy: Erschaffung der Welt, S. 39 (CMM 45). Zum ›aktuellen Unendlichen‹, das Nancy dem ›schlechten Unendlichen‹ gegenüberstellt (vgl. ebd. [CMM 44f.]), siehe die Ausführungen bei Smith: Struggle between infinities.

1688   Martinon: Im-mundus, S. 230; siehe auch Nancy: Erfahrung an einem Herzen, S. 138f. (EAC 122).

1689   Vgl. Nancy: Äquivalenz der Katastrophen, S. 57 (EC 66f.).

1690   Wie schon gesehen, ist Kontakt nur möglich mit Abstand; siehe etwa Nancy: Corpus, S. 52 (CO 51).

1691   Dies betont auch Smith: Struggle between infinities, S. 274.

1692   Nancy: Erschaffung der Welt, S. 51 (CMM 60).

1693   Ebd., S. 52 (CMM 60).

notwendig hält Nancy eine Pluralität der Formen des Kampfes für die Erschaffung der Welt, und zu diesem Kampf gehöre auch, deutet er an, das Streben nach Macht und das Sammeln der (kämpferischen) Kräfte.[1694]

Aber wie kämpft – handelt – man gemeinsam? Wie verknüpfen sich einzelne ›Kämpfer*innen‹ – auf der Basis ihrer singulären (pluralen) Pluralität (Singularität) und abweichend von ihrer Verflechtung in den kapitalistischen ›Vernetzungszusammenhang‹ – miteinander? Wie Arendt herauskehrt, ist Politik eine kollektive Angelegenheit. Zwar könne jeder einzelne Mensch die Initiative zu einem Neuanfang ergreifen, aber es sei so, dass »derjenige, der etwas beginnt, damit nur zu Rande kommen kann, wenn er Andere gewinnt, die ihm helfen«.[1695] Handeln sei »ein Handeln ›in concert‹«.[1696] Das konzertierte Handeln sei in politischer Hinsicht das entscheidende, da sich hier »bestimmt, was aus den Angelegenheiten der Menschen wird und wie sie aussehen«.[1697] Ausgehend von dieser Intuition werde ich im zweiten Teil dieser Arbeit verschiedene Ansätze auf ihre Eignung für eine Konzeption gemeinsamen (politischen) Handelns prüfen.

Zuvor aber bleibt zu untersuchen, ob sich nicht auch schon bei Nancy eine Politik des Miteinander findet. Gibt es bei ihm Überlegungen zu einer politischen (gemeinsamen) Praxis? Es lohnt sich, vor allem zwei Texte unter diesem Blickwinkel abzuklopfen. In *Le Sens du monde* entwirft Nancy eine ›Politik der Knoten‹, und in *Vérité de la démocratie* stellt er die Idee einer Politik vor, die es Singularitäten erlaubt, gemeinsam zu erscheinen und Sinn zu ›machen‹.

3.3.3   Politik des Mit-Seins[1698]

Zunächst soll es erneut um das Verhältnis von Philosophie und Politik gehen, von dem aus Nancy die Befragung der Essenz des Politischen unternommen hatte. Nach der Schließung des *Centre* wandelte sich sein Interesse. Essays wie *Tout est-il politique?* (2000), so legt Wagner dar, umkreisen zwar weiterhin das Motiv eines *retrait* des Politischen. Aber nicht nur hat sich im Vergleich zu den Untersuchungen der 1980er Jahre Nancys Fokus von den (alten) Totalitarismen auf den Immanentismus einer Herrschaft der ›allgemeinen Äquivalenz‹, auf das ›Alles ist ökonomisch‹ einer politischen Öko-

---

1694 Vgl. ebd., S. 54f. (CMM 63f.). Dies relativiert den von Marchart gegenüber Nancy erhobenen Vorwurf des »Philosophismus«, worunter man »ein Denken, das sich selbst schon für Handeln nimmt und darüber die außerphilosophische Sache, um die es ihm geht, vergisst«, zu verstehen habe, das vor allem aber »die Artikulation mit konkreter Politik« (Marchart: Politische Differenz, S. 252) für nicht erforderlich erachte.

1695 Arendt: Was ist Politik, S. 50. Dem Handeln, so Arendt, gehe »das Anfangen, das ›archein‹, voraus, und diese Initiative [...] liegt doch bei dem Einzelnen und seinem Mut, sich in ein Unternehmen einzulassen«. (Ebd., S. 50f.)

1696 Ebd., S. 50; siehe auch Arendt: Freiheit und Politik, S. 224, und Arendt: Elemente und Ursprünge, S. 956. Marchart: Neu beginnen, S. 21, merkt dazu an: »Man muß sich also organisieren.«

1697 Arendt: Was ist Politik, S. 50.

1698 Die Struktur in diesem Unterabschnitt ist angelehnt an das Kapitel *Politics* in Morins Studie *Jean-Luc Nancy*, siehe vor allem den Abschnitt *A politics of non-self-sufficiency* ebd., S. 103ff.

nomie verschoben.[1699] Nancy ist zudem nicht mehr darauf aus, ein durch den *retrait* als Frage der Gemeinschaft sich aufdrängendes Wesen des Politischen zu ergründen (wie es Aufgabe des *Centre* sein sollte)[1700], sondern möchte klären, was man sich heute unter einer – in den Arbeiten des *Centre* rundweg als metaphysisch verbrämten – Politik vorstellen könnte und wie Politik und Gemeinsam-Sein aufeinander zu beziehen wären.[1701] Dabei kommt er, so lässt sich im Vorausblick auf seine Demokratietheorie festhalten, zu folgendem Schluss:

> Contrairement à ce qui était affirmé par la théologico-politique aussi bien que par l'économie politique [...] la politique n'est plus le lieu d'une assomption d'unitotalité. [...] La politique est en charge d'espace et d'espacement (d'espace-temps), mais non en charge de figure. Certes, la politique est le lieu d'un »en-commun« en tant que tel – mais seulement sur le mode de l'incommensurabilité maintenue ouverte [...]. Elle ne subsume l'»en-commun« sous aucune espèce d'union, de communauté, de sujet ni d'épiphanie. Tout ce qui est du »commun« n'est pas politique, et ce qui est politique n'est pas en tout »commun«.[1702]

Weder liegt für Nancy »die Gemeinschaft kommunitaristisch als Wertekonsens den gesellschaftlichen und politischen Verhältnissen zugrunde«, noch ist »sie als zu realisierende das ideale Ziel aller Politik«.[1703] Vielmehr wurde ihm der Versuch suspekt, eine Politik auf das Gemeinsam-Sein zu beziehen (und umgekehrt). Dies führte einerseits zu einem intensivierten Nachdenken über das Gemeinsam-Sein in den – grob gesagt – 1990er Jahren, andererseits zu einer Erörterung der Frage nach den Möglichkeiten einer neuen Politik etwa ab der Jahrtausendwende.[1704]

Noch in *La comparution* (1991) hatte Nancy verkündet, dass »das Programm der ›Ontologie‹ des Seins-in-der-Gemeinschaft [être-en-commun] [...] auch ein politisches Programm sein muß«[1705]; gewiss nicht als Parteipolitik verstanden, sondern als Bemühen um eine Neuausrichtung des Politischen.[1706] Dazu müsse man die üblichen Auffassungen von Politik vermeiden: sowohl die, wonach Politik nur ›Polizei‹ und Machtpolitik sei,

---

1699 Wagner geht auf diesen Punkt nicht ein, die Lektüre etwa von Nancys *Tout est-il politique?* zeigt diese Verlagerung aber deutlich. Siehe dazu auch Morin: Nancy, S. 104f., die in dem ›Alles ist ökonomisch‹ einen Immanentismus der Selbstgenügsamkeit ausfindig macht: »Importantly, this domination of the economical is only possible on the assumption that human beings naturally belong to one and the same *oikos*; this self-sufficiency of humanity is what sustains the total domination of the economical.« (Ebd., S. 105, Hv. i. Orig.)

1700 Devisch: Question of community, S. 121 Hv. i. Orig., erkennt: »In Nancy's work, and despite his earlier interest in it with the *Centre de recherches philosophiques sur le politique*, the political seems to have gradually drifted into the background.« Ähnlich lautet die Feststellung von Hebekus/Völker: Philosophien des Politischen, S. 90.

1701 Vgl. Wagner: Negative politics, S. 101.

1702 Nancy: Tout est-il politique, S. 81f.

1703 Bedorf: Das Politische und die Politik, S. 31.

1704 Diese Schematisierung knüpft an Devisch: Question of community, S. 158, und Morin: Nancy, S. 96f., an. Meine weitere Darstellung folgt Morin: Nancy, S. 113f.; Hebekus/Völker: Philosophien des Politischen, S. 115ff.

1705 Nancy: Das gemeinsame Erscheinen, S. 189 (CP 92).

1706 Vgl. ebd.

als auch jene, der zufolge Politik sich auf eine substantielle Gemeinschaft beziehe.[1707] Eine Erneuerung der Politik glücke »nur in einer ganz entschiedenen Ausrichtung auf das Wesen des ›Gemeinschaftlichen [en-commun]‹«.[1708] Was könnte ›Politik‹ nach dieser Umwandlung bedeuten? »›Politik‹ wäre jenes Aufblitzen, dessen besondere Eigenschaft darin läge, das ›in‹ als solches bzw. das gemeinsame Erscheinen [comparution], ohne Attribute oder Eigenschaften, in der Brechung aufscheinen zu lassen.«[1709]

Auch wenn Politik und Gemeinsam-Sein hier nicht substantiell verknüpft sind, und sich zudem diese Definition Nancys späterem Denken der Demokratie annähert – in einem im Jahr 2000 veröffentlichten Interview distanziert sich Nancy von seiner Haltung in *La comparution*.

> I myself should have a turn at self-criticism: in writing on »community,« on »compearance,« then on »being-with,« I certainly think I was right to discern the importance of the motif of the »common« and the necessity to work on it anew – but I was wrong when I thought this under the banner of the »politics.« [...] The in-common, which is certainly coextensive with collective and individual existence, is not uniquely »political« [...]. There is a disparity of spheres of existence, and this disparity is not an empirical crumbling or falling apart. It must be thought for itself, according to a »unity« different from one that would subsume these spheres under the essence of the »political.«[1710]

Wiege in der Politik, so Nancy in *Des sens de la démocratie* (1999), die Frage nach Gerechtigkeit und damit Macht vor, gehe es beim Gemeinsam-Sein um die Existenz und den Sinn. Das Theologisch-Politische vermische diese Register.[1711] In dem Maße aber, wie sich die theologisch-politische Politik zurückziehe, trete Politik als von den ›spheres of existence‹ getrennte Machtinstanz wieder hervor.[1712] »So it is *justice*«, kommentiert Wagner, »that opens a space of power and relations of power or that pervades that space. [...] Justice [...] does not absorb the diverse constellations and figurations of (re)presentation of the incommensurable and unavailable being.«[1713]

1707 Vgl. ebd., S. 191 (CP 96 f.).

1708 Ebd. (CP 97).

1709 Ebd., S. 192 (CP 100).

1710 Nancy: Nothing but the world, S. 525, teilweise auch zitiert bei Morin: Nancy, S. 113.

1711 Nancy: Des sens de la démocratie, S. 47: »La politique n'a pas en charge l'identité et le destin du commun, mais le règlement – fût-il infini – de la justice (il a donc à faire avec le pouvoir). Le commun met en jeu l'existence (il a donc à faire avec le sens). [...] Le théologico-politique subsume ensemble pouvoir et sens, justice et existence, et absorbe le commun dans le politique (ou l'inverse).« Siehe auch ebd., S. 48: »Il s'agit donc de penser l'intervalle entre le commun et le politique: on n'appartient pas à l'un comme à l'autre, et ›tout‹ n'est pas ›politique‹. ›Tout‹ n'est pas commun non plus, puisque le ›commun‹ n'est ni une chose ni un tout.«

1712 »La politique s'est retirée comme donation [...] d'une essence et d'une destination communes: elle s'est retirée comme totalité ou comme totalisation. En ce sens, tout n'est pas politique. Mais la politique se retrace comme lieu d'exercice du pouvoir en vue d'une justice incommensurable – soit comme lieu de revendication d'une in-finité de l'être-homme et de l'être-monde.« (Nancy: Tout est-il politique, S. 81)

1713 Wagner: Negative politics, S. 102; siehe auch Smith: Justice and communist politics, S. 187 f.

Die selbstkritische Abkehr Nancys von seinen früheren Erwägungen, meinen Hebekus und Völker, sei vor allem von der Annahme motiviert, dass die Verknüpfung des Politischen mit der Frage der Gemeinschaft fatalerweise von der zu überwindenden (totalitären) »philosophical idea of the political as the realization of an essence«[1714] abhängig bleibe, das heißt von der Vorstellung eines ›Alles ist politisch‹.[1715] Indes breche die Entkoppelung der Frage nach dem (Wesen des) Politischen von dem Motiv der Gemeinschaft nicht mit den Überlegungen zum *retrait* des Politischen[1716], sondern führe diese konsequent(er) fort: Gerade um die Allgegenwart des Politischen beenden zu können, müsse man Abstand vom Politischen wahren. Dies erlaube es nicht nur, das Gemeinsam-Sein ›als solches‹ (ohne seine Bestimmung durch das Politische) zu verstehen; möglich werde auch ein Andersdenken der Politik *(la politique)*, von deren ›polizeilicher‹ Gestalt Nancy sich den Arbeiten zum *retrait* des Politischen distanziert hatte.[1717]

Wenn auch nicht zu erwarten ist, Nancys Ontologie werde sich in eine politische Agenda übertragen lassen, intendiert Nancy doch keinen Rückzug ins Unpolitische.[1718] Die Frage nach dem Verhältnis von Philosophie und Politik beantwortet er wie die nach dem von Ontologie und Ethik: Es gibt keinen Übergang von der Ontologie zur Politik; die Philosophie soll die politische Praxis nicht bestimmen, ihr nicht als zu realisierender Grund vorausgehen.[1719] Anstatt der bestehenden Politik eine andere zu opponieren, fordert Nancy, den Begriff ›Politik‹ zu reformulieren:

> Die aktuelle Situation besteht darin, die Politik neu erfinden zu müssen, indem man sie wieder aufgreift, und zwar in ihrem doppelten Rückzug: in die Verwaltung der »Zivilgesellschaft« [...] und/oder in die Annahme eines Gemeinsam-Seins (die ontologische oder schicksalhafte Bedeutung von »Politik«). Weder der eine noch der andere Rückzug sichert eine Politik: aber sie produzieren auf der einen Seite das *Management*, das gar nichts managt, und auf der anderen Seite die Identitätsparanoia, die alle Identitäten zerstört.[1720]

Politisch sei dieses Neudenken von ›Politik‹ insofern, gibt Nancy zu verstehen, als es insbesondere dazu anhalte, das Verhältnis von Politik und Gemeinsam-Sein zu klären.[1721]

1714 Nancy: Nothing but the world, S. 524.

1715 Vgl. Hebekus/Völker: Philosophien des Politischen, S. 115f.

1716 Auch James: Fragmentary demand, S. 152, unterstreicht, dass die Frage nach dem Verhältnis von Philosophie und Politik »Nancy's thought from its very beginning up to the present« dominiere.

1717 Vgl. Hebekus/Völker: Philosophien des Politischen, S. 116f.

1718 Fagan: Ethics and politics after poststructuralism, S. 115, meint: »There is no system of organisation which can be built upon ›being-with‹, because ›being-with‹ destabilises such systems. Nancy cannot provide alternative forms of organisation, but rather opens up already existing formations and already existing gaps and limitations.«

1719 Vgl. James: Fragmentary demand, S. 152f.

1720 Nancy: Erschaffung der Welt, S. 140, Hv. i. Orig. (CMM 166, Hv. i. Orig.).

1721 Vgl. Nancy: Nothing but the world, S. 526.

Selbstgenügsame Politik[1722]

Bereits der *retrait* des Politischen war als eine Abkehr von dem metaphysischen Ansinnen gedacht, das Philosophische als Politik in die Tat umsetzen zu wollen[1723], diente dazu, »der Politik die Herrschaft über die Identität der Gemeinschaft«[1724] zu entziehen. Dies mündete in eine Kritik am ›Alles ist politisch‹, das Nancy als totalitären Immanentismus brandmarkt(e). Nancy richtet(e) sich aber auch gegen die symmetrische Gestalt des Immanentismus: den Individualismus; gegen die Idee, das Individuum sei das Fundament der Politik. Mit anderen Worten: Er widersetzt sich entschieden dem, was man Politik(en) der »Selbstgenügsamkeit«[1725] nennen könnte.[1726]

»All unsere Politiken sind Politiken der Auflösung (von Verknüpfung) in Selbstgenügsamkeit.«[1727] Was meint das? Unseren »politischen Raum organisier(en), aber auch saturier(en) und erschöpf(en)«, behauptet Nancy, vier Begriffe, nämlich »*Subjekt, Bürger, Souveränität, Gemeinschaft*«.[1728] ›Subjekt‹ und ›Bürger‹ stünden für unterschiedliche »Haltungen eines Souveränitätsanspruchs und der Institution von Gemeinschaft«.[1729] Der Souveränitätsbegriff und die Auffassung, wie sich eine (politische) Gemeinschaft gründe und bewahre, sind also abhängig davon, welche der beiden Gestalten – ›Subjekt‹ oder ›Bürger‹ – man als Fundament voraussetzt.[1730]

Der Bürger sei »zunächst *einer, irgend* einer [*quelque* un] oder *ein jeder* [*tout un chacun*]«, er befinde sich »in der Ordnung der zahlreichen Einmaligkeiten [*unicités*]«.[1731] Verbunden seien Bürger*innen durch die »Äußerlichkeit ihrer Bezüge«.[1732] Ihre nicht substantielle Einheit stellt sich »als eine Zirkulation, eine Vernetzung, ein Austausch, eine Mit-Teilung [*partage*]«[1733] im öffentlichen Raum der Stadt dar.[1734] Der Anspruch der Souveränität bescheide sich damit, »im formalen Selbstzweck eines ›Vertrages‹ oder in seiner Selbstgesetzgebung zu beruhen«.[1735] Der Vertrag bringt ein Kollektiv hervor, das – wie die Souveränität – nur sich selbst zum Ziel hat:

1722 Für diesen sowie den nächsten Unterabschnitt mit dem Titel »Politik des Verknotens« waren vor allem die Ausführungen von Morin: Nancy, S. 106ff., instruktiv. Die Unterabschnitte wurden in Darstellung und Formulierung weitgehend identisch bereits veröffentlicht in Herzhoff: Nancy und Schmitt, S. 104ff.

1723 James: Fragmentary demand, S. 172, spricht von einer »postmetaphysical political philosophy«.

1724 Hirsch: Symbolischer Primat des Politischen, S. 345.

1725 Nancy: Sinn der Welt, S. 147 (SM 163).

1726 Nancys Kritik ›selbstgenügsamer‹ Politik wurde bislang und abgesehen von Morin: Nancy, S. 106ff., kaum behandelt; knappe Anmerkungen immerhin finden sich auch bei Devisch: Question of community, S. 106f.; Hutchens: Future of philosophy, S. 134ff.; Norris: Nancy on the political, S. 907.

1727 Nancy: Sinn der Welt, S. 156 (SM 173).

1728 Ebd., S. 147, Hv. i. Orig. (SM 163, Hv. i. Orig.).

1729 Ebd. (SM 164).

1730 Vgl. Morin: Nancy, S. 107. Norris: Nancy on the political, S. 907, spricht von »two ideal-types of political community: the politics of the subject and the politics of the citizen«.

1731 Nancy: Sinn der Welt, S. 148, Hv. i. Orig. (SM 164, Hv. i. Orig.).

1732 Ebd., S. 149 (SM 165).

1733 Ebd., S. 148 (SM 164f.).

1734 Vgl. ebd., und siehe auch ebd., S. 149 (SM 165): »Das Im-Gemeinsamen [en-commun] der Bürgerschaft hat keine andere Identität als den Raum, in dem sich die Bürger über den Weg laufen«.

1735 Ebd., S. 151 (SM 168).

> In dieser Hinsicht hat die Bürgerschaft [la cité] keinen *Sinn*: Sie bezieht sich auf kein anderes Signifikat als ihre eigene Institution, die selbst nur das Minimalsignifikat ist, die Schablone der Bürgerschaft als solcher, ohne andere »Identität«, »Aufgabe« oder »Bestimmung«, die einzunehmen oder zu entfalten wäre.[1736]

Souveränität und Gemeinschaft sind in der Bürger*innen-Politik auf ein Nichts reduziert. Die Bürger*innen, so Nancy, »haben das Sein der *res publica* als das absolute ›Nichts-Eigentliches‹«.[1737]

Das Subjekt dagegen ist nicht ein/e beliebige/r Irgendeine/r, sondern ein »*Selbst* [...], sprich jene Rückwendung auf sich, mittels der ein *Einer* seine Einmaligkeit [unicité] zur Potenz der Einheit bringt«.[1738] Das Subjekt werde dadurch zum Subjekt, dass es »seine eigene Negativität in sich zurück[hält]«[1739], sie in sich aufhebt. Das besagt hier: »[D]as politische Subjekt [sujet politique]« oder die Politik des Subjekts besteht »in der Aneignung der konstitutiven Äußerlichkeit der Bürgerschaft«.[1740] Während die Bürger*innen in ihrer Einmaligkeit getrennt bleiben und (sich) nur ihre Äußerlichkeit (mit)teilen, sei das Subjekt »in der Ordnung der identifizierenden Einheit«.[1741] Die Politik des Subjekts ist ›völkische‹ Politik: Das Volk, kommentiert Nancy das Denken Rousseaus, sei der »Neigungspunkt, an dem sich der Bürger [...] zum Subjekt macht oder sich auf den Pol des Subjekts bezieht«.[1742] Der Gemeinschaft der Bürger*innen, der nichts Eigentliches zugrunde liegt, wird in der Politik des Subjekts »eine Identität und eine Substantialität im Voraus oder nachträglich unterstellt: die des ›Volkes‹ in einer organischen Konfiguration«[1743], wodurch die äußerliche – mit Tönnies gesagt: nur gesellschaftliche – Verbindung der Bürger*innen zu einer (›völkischen‹) Gemeinschaft gerinnt. Durch die vorausliegende oder nachträgliche »Unterstellung [pré-supposition]«, komme es zu einer Kristallisation der »Identität zu einer Figur, einem Namen, einem Mythos«.[1744] Die Politik des Subjekts bestehe dann darin, die Geschichte, das Schicksal oder die Mission des Subjekts – des Volkes – zu lenken.[1745] In der Politik des Subjekts erlangt die Gemeinschaft eine substantielle »Innerlichkeit«[1746], und die Souveränität drücke dieses Innere, drücke die gemeinschaftliche Essenz aus.[1747] Um hierfür ein Beispiel zu geben: Carl Schmitt bezeichnet in seiner *Verfassungslehre* (1928) »die Akklamation« als »natürli-

---

1736   Ebd., S. 148f., Hv. i. Orig. (SM 165, Hv. i. Orig.).
1737   Ebd., S. 152, Hv. i. Orig. (SM 169, Hv. i. Orig.); vgl. ebd. Wie wir sehen werden, kündigt sich in diesem ›Nichts‹ zugleich ein anderes Politikverständnis an, eine »Politik der Nicht-Selbstgenügsamkeit«. (Ebd., S. 156 [SM 173])
1738   Ebd., S. 148, Hv. i. Orig. (SM 164, Hv. i. Orig.).
1739   Ebd., S. 150 (SM 167).
1740   Ebd.
1741   Ebd., S. 148 (SM 164).
1742   Ebd., S. 150 (SM 167).
1743   Ebd.
1744   Ebd.
1745   Vgl. ebd.
1746   Ebd., S. 151 (SM 168).
1747   Vgl. ebd.

che Form der unmittelbaren Willensäußerung eines Volkes«.[1748] Die dabei als gegeben unterstellte Einheit des souveränen Volkes muss also nur (sich selbst) zu Gehör gebracht werden.[1749] Auf diese Weise vollzieht das politische Subjekt jene »unendliche Rückkehr in sich«[1750], von der Nancy spricht.

Sind in der Politik der Bürger*innen Gemeinschaft und Souveränität nichts, so sind sie in der Subjekt-Politik alles. Sie sind »nicht nur etwas, sie sind die *res cogitans* eines Subjekts, das als Person die Autotelie seiner Substanz vollzieht (mag diese Person nun Volk, Oberhaupt, Vaterland, Klasse oder Individuum sein, jedoch stets ein ›Bewusstsein‹ oder ein ›Geist‹)«.[1751]

Beide Politiken erscheinen grundverschieden. Nancy zufolge verbindet aber beide »eine Solidarität, ja ein intimes Einverständnis«[1752], das von ihrer Absolutheit herrührt: dem Alles (der Politik des Subjekts) oder Nichts (der Politik der Bürger*innen), das die beiden Gestalten selbstgenügsamer Politik mit ihrer Selbstzerstörung bedroht. Wir hatten gesehen, wodurch sich das von der Absolutheitslogik dominierte »totalitäre Subjekt [...] als selbstmörderisch«[1753] herausstellt. Aber auch die moderne Demokratie, als die sich, Abstand nehmend von einer Identität oder Substanz des »Im-Gemeinsamen [en-commun]«[1754], die Politik der Bürger*innen verwirklicht, kommt als todgeweiht ins Spiel. Denn »die identifikationslose Demokratie erweist sich als ohne ein *demos* und ohne ein ihm eigenes *kratein*«.[1755] Damit ebnet sie in Nancys Augen einer globalen »Herrschaft des Kapitals«[1756] und in der Folge Ungerechtigkeit und Ungleichheit den Weg.[1757]

1748 Carl Schmitt: Verfassungslehre [1928]. 5. Aufl. Berlin 1970, S. 83. Der Verweis auf Schmitt liegt nahe: Die Abschnitte *Politique I* und *Politique II* in Nancys *Le Sens du monde*, auf die sich die vorliegende Darstellung bezieht, sind (vor allem in *Politique I*) eine Auseinandersetzung mit Schmitts Verständnis des ›Theologisch-Politischen‹. Siehe dazu Carl Schmitt: Politische Theologie. Vier Kapitel zur Lehre von der Souveränität [1922]. 7. Aufl. Berlin 1996.

1749 Vgl. Raimondi: Zeit der Demokratie, S. 49.

1750 Nancy: Sinn der Welt, S. 154 (SM 171).

1751 Ebd., S. 152, Hv. i. Orig. (SM 169, Hv. i. Orig.).

1752 Ebd., S. 153 (SM 169); dies betont auch Morin: Nancy, S. 107f.

1753 Nancy: Sinn der Welt, S. 153 (SM 169).

1754 Ebd., S. 149 (SM 165).

1755 Ebd., S. 153, Hv. i. Orig. (SM 169f., Hv. i. Orig.).

1756 Nancy: Erschaffung der Welt, S. 19 (CMM 20).

1757 Vgl. Morin: Nancy, S. 107. »In eben diesem Moment, wo sich zweifellos ein großer Teil der politischen Subjektivität auflöst und die substanzielle Souveränität zerfällt, lernen wir da nicht gerade, dass die virtuelle, in jedem Falle von fast allen gewünschte Herbeikunft einer Weltbürgerschaft [...] Gefahr läuft, dem [...] Siegeszug dessen zu entsprechen, was man ›die Demokratie des Marktes‹ hat nennen können? So weit man sehen kann, bedeutet das zumindest, dass die Zivilbürgerschaft darin *nur in dem Maße* ohne Innerlichkeit, ohne den beängstigenden Zwang einer Innerlichkeit und ihrer Figur bleiben kann, *wie* sie äußerlich und damit ›formal‹ bleibt [...] und äußerste Ungleichheit und Ungerechtigkeit duldet. Das Recht hat sich als fundamentlos (subjektlos) erwiesen, und die Abwesenheit seiner Aneignung öffnet von der ganzen Leere seines Selbstzwecks her auf die Aneignung oder das unendliche Verschlingen eines ›Kapitals‹, das im Übrigen genauso wenig Subjekt ist wie das Recht; oder es wäre das leere-Subjekt der reinen Aneignung der reinen Negativität (der zum Stillstand gekommene dialektische Prozess: was man ›das Ende der Geschichte‹ genannt hat).« (Nancy: Sinn der Welt, S. 153, Hv. i. Orig. [SM 170, Hv. i. Orig.]) Zudem, so Morin: Brüderliche

Für Nancy deutet alles darauf hin, als wäre einerseits die Demokratie, einst entstanden aus dem Kampf gegen den Subjekt-Staat, »dazu verteilt, mit allen Träumereien aller ›Politiken-ohne-oder-gegen-den-Staat‹ zu zerbröckeln«, und als wäre »andererseits
die Identifizierung (Staat, Nation, Volk, Figur allgemein) einseitig zur verschlingenden
totalitären und religiösen Aneignung verdammt«.[1758] Deshalb sei es geboten, formuliert er in *Cum*, »eine entschieden andere Konstitution und Artikulation des Gemeinsam-seins [être-en-commun] zu erfassen oder zu erfinden«[1759] – eines ›Gemeinsam-
seins‹ jenseits der Alternative von ›Alles‹ (Subjekt) oder ›Nichts‹ (Bürger*in). Sowohl die
Bürger*innen-Politik wie die Politik des Subjekts negieren das ›Gemeinsam-sein‹: Bei
beiden handele es sich um »dieselbe gleichzeitige Abwesenheit von Band und Bindung
[lien] und von Verräumlichung«.[1760] In der Politik des Subjekts werde das soziale Band
als sich selbst genügend gedacht, als eine substantielle »Über-Identität«.[1761] Hingegen
fasse die Bürger*innen-Politik die Elemente des sozialen Bandes – die Individuen – als
gegeben und selbstgenügsam auf; hier begegne man einem Nichts an Identität, einer
»Unter-Identität«.[1762]

Einen Hinweis darauf, wie den Politiken der ›Selbstgenügsamkeit‹ zu entkommen
sein könnte, findet Nancy bei Rousseau.[1763] Der Ausgangspunkt ist eine veränderte
Auffassung von der Souveränität des Volkes, die einer »Logik der Begründungslosigkeit«[1764] folgt. Mit Rousseau möchte Nancy zeigen: Das (souveräne) Volk ist nicht gegeben. Platon bereits habe der Demokratie angelastet, »nicht in der Wahrheit begründet
zu sein, nicht die Titel ihrer ursprünglichen Rechtmäßigkeit vorzeigen zu können«.[1765]
In der Moderne, vor allem mit Rousseau und mit der Entstehung der Idee der Volkssouveränität, trat diese Unbegründetheit noch deutlicher hervor:

> Indem die moderne Demokratie die Souveränität auf das Volk übertrug, legte sie
> das an den Tag, was durch den Anschein des »göttlichen Rechts« der Monarchie [...]
> noch (schlecht) verborgen wurde, nämlich dass die Souveränität weder im *logos* noch
> im *mythos* gegründet ist. Von Geburt an weiß sich die Demokratie (die Demokratie
> Rousseaus) als unbegründet.[1766]

Das souveräne Volk könne seine Souveränität nicht mehr, wie noch der oder die Monarch*in, auf einen transzendenten Ursprung zurückführen, sondern sei ein sich (durch

---

Gemeinschaft, S. 217, bestehe für Nancy »die Gefahr der Demokratie als Abwesenheit der Gestalt«
darin, dass es zu einer »Gegenreaktion« komme, »wo das Gemeinsame gestaltet, identifiziert und
angeeignet wird«.

1758   Nancy: Sinn der Welt, S. 154 (SM 170f.); siehe auch Morin: Nancy, S. 107.

1759   Nancy: Cum, S. 142 (C 116).

1760   Nancy: Sinn der Welt, S. 154 (SM 171).

1761   Ebd., S. 155 (SM 172).

1762   Ebd.; vgl. ebd., S. 156 (SM 173); Devisch Question of community, S. 106f.; Morin: Nancy, S. 107.

1763   Siehe zum Folgenden auch die Ausführungen zur Dekonstruktion der Souveränität bei Morin:
       Nancy, S. 106f.

1764   Nancy: Erschaffung der Welt, S. 145 (CMM 172).

1765   Nancy: Endliche und unendliche Demokratie, S. 80f. (DFI 82).

1766   Ebd., S. 78, Hv. i. Orig. (DFI 80f., Hv. i. Orig.); siehe Hebekus/Völker: Philosophien des Politischen,
       S. 124f.

den Gesellschaftsvertrag) »selbst formendes Subjekt oder Körper«.[1767] Diese Selbst-konstituierung ereignet sich notwendigerweise ohne den Rekurs auf etwas Gegebe-nes, denn wer souverän ist, dem kann seine Souveränität nicht (von einer ›höheren‹ Instanz) gegeben sein: »[D]ie Souveränität muß mit sich selbst in ihrer Institution und Ausführung identisch sein. Sie hat kein Äußeres, das ihr vorausgehen, sie begründen, geschweige denn sie ersetzen könnte«.[1768] Definitionsgemäß stehe die Souveränität in keiner Relation, sondern sei absolut.[1769] In diesem Sinne sei die Volkssouveränität »ganz einfach das Oberste. Nichts darüber.«[1770] Souveränität ist ein Desiderat: »Die Souveränität entzieht sich wesentlich dem Souverän. Der Souverän wäre überhaupt nicht souverän, wenn seine Souveränität sich ihm nicht entziehen würde.«[1771] Mit ande-ren Worten: Die Souveränität ist nicht (gegeben), sondern formiert sich als die Grenze, der der oder die Souverän*in als seiner oder ihrer »unwiderruflichen Äußerlichkeit«[1772] exponiert bleibt. Die Souveränität verweist auf einen »lack of [...] foundation«.[1773] Wer souverän sein will, muss seine Souveränität selbst »konstituieren und somit sich selbst als Souverän konstituieren«.[1774] Der Mangel an Grund ist ursächlich dafür, dass sich die souveräne Selbstkonstitution als »unendliche Institution«[1775] darstellt: Nie erreicht die Souveränität den letzten (gegebenen) Grund ihrer selbst, sie ist Selbst-Entzug.[1776] In *Vérité de la démocratie* kann Nancy deshalb davon sprechen, dass Demokratie Anarchie wolle.[1777]

Das Volk als demokratischer Souverän ist konfrontiert mit der »Abwesenheit ei-ner Begründung oder Voraussetzung«[1778], die es zwingt, sich und seine Souveränität unendlich zu instituieren. »Wenn die Souveränität keine gegebene Substanz ist, dann liegt das daran, daß sie die *Realität* ist, die sich das Volk geben muß, insofern es selbst weder gegebene Substanz noch gegebenes Subjekt ist. Ein Volk ist immer seine eige-ne Erfindung.«[1779] Als solches gelangt es zu keinem Grund, sondern bleibt »sich selbst gegenüber unendlich im Mangel oder im Überschuß«.[1780]

1767 Nancy: Erschaffung der Welt, S. 130 (CMM 154); vgl. ebd., S. 130f. (CMM 154f.).

1768 Ebd., S. 129 (CMM 152).

1769 Vgl. ebd., S. 125 (CMM 147f.).

1770 Nancy: Wahrheit der Demokratie, S. 64 (VD 57).

1771 Nancy: Erschaffung der Welt, S. 135 (CMM 160).

1772 Nancy: Entwerkte Gemeinschaft, S. 45 (CD 50).

1773 Morin: Nancy, S. 107.

1774 Nancy: Erschaffung der Welt, S. 129 (CMM 153).

1775 Ebd., S. 130 (CMM 154).

1776 Siehe zum Verständnis der Souveränität als einer »Kategorie des Entzugs« (Hirsch: Symbolischer Primat des Politischen, S. 361) etwa Oliver Marchart: Minimale Souveränität. Jean-Luc Nancy und der Wink des Souveräns. In: Bippus, Elke/Huber, Jörg/Richter, Dorothee (Hg.): ›Mit-Sein‹. Gemein-schaft – ontologische und politische Perspektivierungen. Zürich, Wien, New York 2010, S. 91-105, der rekurriert auf Jean-Luc Nancy: Von einem göttlichen Wink. In: ders.: Dekonstruktion des Chris-tentums. Zürich, Berlin 2008, S. 179-206 (Jean-Luc Nancy: D'un Wink divin. In: ders.: La Déclosion [Déconstruction du christianisme, 1]. Paris 2005, S. 155-177).

1777 Vgl. Nancy: Wahrheit der Demokratie, S. 64 (VD 57), siehe auch Morin: Nancy, S. 119.

1778 Nancy: Erschaffung der Welt, S. 136 (CMM 161).

1779 Ebd., S. 137, Hv. i. Orig. (CMM 162, Hv. i. Orig.).

1780 Ebd., S. 131 (CMM 155).

Dieser Hinweis auf die unabdingbare Selbsterfindung des (souveränen) Volkes bringt die Diskussion zu Rousseau zurück: Seine Theorie führe »nicht zu Prinzipien des Politischen, sondern zum Politischen in *statu nascendi*, zum Knüpfen des sozialen Bandes als Urverfassung des ›politischen Tiers‹«.[1781] Der Sinn des *Contrat social*, meint Nancy, liege darin, das Band zwischen den Vertragsparteien als »das *zu knüpfende* Band zu denken, nicht [als] das schon geknüpfte«.[1782] Dieses Verständnis des *lien social* ermöglicht eine »Politik ohne Subjekt«.[1783] Das heißt zum einen: eine Politik, die auskäme ohne die Annahme eines (substantiellen) Gemeinsamen:

> Es würde also darum gehen, deutlich zu machen, daß »Politik« nicht mehr die Annahme eines Subjekts oder die Aufnahme in ein Subjekt bezeichnet (egal ob letzteres individuell oder kollektiv ist, als natürliche, organische Einheit oder als geistige Wesenheit, als eine Idee oder ein Schicksal betrachtet wird), sondern die Ordnung der subjektlosen Regulierung des Verhältnisses zwischen den Subjekten: diese sind sowohl individuelle als auch kollektive oder gemeinschaftliche Subjekte, Gruppen verschiedener Gattungen, Familien, auch sie von unterschiedlicher Art, Interessens-, Arbeits- oder Geschmacksvereinigungen, Vereinigungen lokaler oder moralischer Nähe etc. Der oberste Grundsatz würde hierbei lauten, daß die Gruppierungen nicht einem einzigen gemeinsamen Sein von höherem Rang unterzuordnen sind.[1784]

Zum anderen würde eine Politik denkbar, in der »die Vertragsparteien-Subjekte« nicht mehr vorausgesetzt sind, sondern durch das Knüpfen sich »selbst [...] konstituieren«.[1785] (In diesem Sinne, so hatten wir gesehen, bringt der rousseausche Gesellschaftsvertrag Nancy zufolge nicht nur die politische Körperschaft, sondern allererst den ›menschlichen‹ Menschen hervor.[1786])

Politik des Verknotens

> Wie oft hat man es den Politfreunden vorgebetet: isoliert, dissident, allein und unglücklich bin ich eh, wie jeder andere auch, selber, ununterbrochen, jeden Tag. Das kann doch nicht Ziel von Politik sein.[1787]

Nancy entwickelt die rousseauschen Anregungen zu einer »Politik der Knoten«[1788] weiter. Nicht-selbstgenügsame Politik ist Politik der Verknüpfung: Erforderlich sei es, »ein Denken (und das heißt, nicht davon zu trennen, eine *praxis*) des *Bandes* als solchem an-

---

1781   Nancy: Sinn der Welt, S. 134, Hv. i. Orig. (SM 146f., Hv. i. Orig.).
1782   Ebd., S. 134, Hv. i. Orig. (SM 147, Hv. i. Orig.).
1783   Nancy: Erschaffung der Welt, S. 140 (CMM 167).
1784   Ebd., S. 139 (CMM 165).
1785   Nancy: Sinn der Welt, S. 134 (SM 147).
1786   Vgl. Nancy: Endliche und unendliche Demokratie, S. 76 (DFI 79); Nancy: Sinn der Welt, S. 158 (SM 175).
1787   Rainald Goetz: Celebration. Texte und Bilder zur Nacht. Frankfurt a.M. 1999, S. 221.
1788   Nancy: Sinn der Welt, S. 159 (SM 176); siehe hierzu auch Bedorf: Ort der Ethik, S. 83f.

zugehen«.[1789] Auf Platon verweisend, der im *Politikos* die Staatskunst als die »alles auf das richtigste zusammenwebende«[1790] Kunst bestimmt hatte, schlägt Nancy vor, Politik zu verstehen nicht als »Substanz« oder »Form«, sondern als »die Geste selbst des Verknüpfens und Verkettens«.[1791] Dafür benötige es »eine ganze Ontologie des Seins als Verknüpfen [nouage]«[1792] (wie wir sie oben skizziert haben).

Wesentlich wäre – hier weicht Nancy von Platon ab –, dass die »Kunst des Politischen« nicht mehr darin bestünde, vorhandenes Material zu verweben, sondern »das Weben« würdigte »als erstes, das selbst die *res* bildet«.[1793] Die ›Politik der Knoten‹ sei *praxis*, eine Tätigkeit, »die den Agenten hervorbringt und nicht das Werk«.[1794] Wenn das Knüpfen erst erschafft, was verknüpft wird (es also grund-los ist), kann das Knüpfen kein Ende haben.[1795] In Nancys ›Politik der Knoten‹ steht nicht das Band im Mittelpunkt, sondern das Binden, »der Akt des Knüpfens, der Akt der Verkettung«[1796], der selbst »nichts« sei, »keine *res*, nichts als die Inbezugsetzung [mise en rapport], die zugleich Nähe und Entfernung voraussetzt«.[1797] Das soziale Band nasziert unaufhörlich, es ist nie stillgestellter Zustand (nie *fascis*, das Rutenbündel, das sich der Faschismus zum Symbol erkor[1798]), sondern bleibt Zu-stand, eine Bewegung »ohne anderes *Ende [fin]* als die Verkettung der Knoten«, ohne Ankunft in einer selbstgenügsamen »Totalität der Verknüpfungen«.[1799]

Die ›Politik der Knoten‹ durchbricht die (beiden) Politik(en) der ›Selbstgenügsamkeit‹. Sie zwingt nicht zu einer Wahl zwischen den zwei hergebrachten Alternativen (›Über-Identität‹ oder ›Unter-Identität‹) oder votiert für einen Mittelweg[1800], sondern schlägt ein anderes Denken vor.

> Eine solche Politik besteht zunächst darin zu bezeugen, dass es Singularität nur als eine sich mit anderen Singularitäten verknüpfende gibt, wohingegen es Band jedoch nur als wiederaufgenommenes, neu ins Spiel gebrachtes, ohne Ende wiedergeknüpftes gibt, nirgends rein geknüpft noch gelöst, entknüpft.[1801]

1789 Nancy: Sinn der Welt, S. 156, Hv. i. Orig. (SM 173, Hv. i. Orig.).

1790 Platon: Politikos. In: ders.: Sämtliche Werke. Bd. 5. Politikos, Philebos, Timaios, Kritias. Nach der Übersetzung von Friedrich Schleiermacher und Hieronymus Müller (Hg. Otto, Walter F[riedrich]/ Grassi, Ernesto/Plamböck, Gert). Reinbek bei Hamburg 1969, S. 7-72, 65 (305e).

1791 Nancy: Sinn der Welt, S. 157 (SM 175). Trautmann: Partage, S. 154, Anm. 66, erkennt hier auch eine Nähe zu Hannah Arendt.

1792 Nancy: Sinn der Welt, S. 158 (SM 175).

1793 Ebd., S. 159, Hv. i. Orig. (SM 176, Hv. i. Orig.).

1794 Ebd., S. 16 (SM 19).

1795 Vgl. Morin: Nancy, S. 108.

1796 Nancy: Sinn der Welt, S. 162 (SM 180).

1797 Ebd., S. 157, Hv. i. Orig. (SM 174, Hv. i. Orig.); siehe auch Devisch: Question of community, S. 107, und Trautmann: Partage, S. 154, mit der Anmerkung, das Knüpfen des ›sozialen Bandes‹ geschehe »in der doppelten Bewegung der Entwerkung, der Verknüpfung und gleichzeitigen Entknüpfung«.

1798 Vgl. Nancy: Sinn der Welt, S. 160 (SM 177); siehe auch Bedorf: Ort der Ethik, S. 83.

1799 Nancy: Sinn der Welt, S. 157, Hv. i. Orig. (SM 174, Hv. i. Orig.); siehe auch Trautmann: Partage, S. 155.

1800 Vgl. Nancy: Sinn der Welt, S. 155 (SM 172f.).

1801 Ebd., S. 157 (SM 175). Mit Bedorf: Ort der Ethik, S. 83, könnte man sagen, es werde »weder von Individuen ausgegangen, die dann (auf welche Weise?) qua Interaktion die Gesellschaft bilden sollen,

Nancys ›Politik der Knoten‹ fordert, »im Im-Gemeinsamen [en-commun] jeder singulären Verknüpfung und der Singularität sämtlicher Verknüpfungen ›Recht‹ und ›Platz‹ zu
verschaffen«.[1802] Das Motiv des Platzschaffens, merkt Morin an, verweise zurück auf
den Imperativ, eine bewohnbare Welt zu schaffen.[1803] Allgemein lässt sich festhalten,
dass die Politik als Geste des Verknüpfens bei Nancy »normativ zugespitzt«[1804] wird
auf eine, wie er sagt: »kompromisslose Politik einer *Gerechtigkeit*«.[1805] Gerechtigkeit ist
hierbei keine »distributive justice«[1806], die jedem oder jeder Einzelnen das gleiche, ihm
oder ihr angemessene Maß an Rechten, Pflichten, Orten oder Gütern gewährte.[1807] Für
Nancy ist gerecht vielmehr »Gerechtigkeit gegenüber dem singulär Pluralen [singulier
pluriel]«.[1808] Als solche könne Gerechtigkeit nicht als »*eine* Gerechtigkeit«[1809] verstanden werden, die aufgeteilt und verteilt würde. Denn die singulär plurale Existenz ist –
wie die ihr zustehende Gerechtigkeit – »ohne gemeinsames Maß«.[1810] Sie ist jedes Mal,
wie Arendt sagen würde, das »aktive In-Erscheinung-Treten eines [...] einzigartigen Wesens«.[1811] Es sei unmöglich, jedem oder jeder das ihm oder ihr Gerechte zu geben, denn
»›jeder‹ ist nicht gegeben«.[1812] Man könne nicht wissen, »wer oder was ein ›einzelner/s

---

noch von einem vernünftigen Horizont, vor dem sich die Individualitäten als bloße Besonderun-
gen abheben würden«.

1802 Nancy: Sinn der Welt, S. 160 (SM 177).

1803 Vgl. Morin: Nancy, S. 108; Morin: Brüderliche Gemeinschaft, S. 215f.

1804 Bedorf: Ort der Ethik, S. 83.

1805 Nancy: Sinn der Welt, S. 160, Hv. i. Orig. (SM 178, Hv. i. Orig.). Siehe zum Folgenden bereits Herz-
hoff: Nancy und Schmitt, S. 111ff., wo ich Nancys Gerechtigkeitsbegriff gegen den Schmitts stelle.
Zu ›Gerechtigkeit‹ bei Nancy siehe Watkin: Being just; Devisch: Doing justice, S. 3ff.; Fagan: Ethics
and politics after poststructuralism, S. 119ff.; Morin: Brüderliche Gemeinschaft, S. 216f.; Morin:
Nancy, S. 110f., sowie Ian James: The Just Measure. In: Hutchens, Benjamin C. (Hg.): Jean-Luc Nancy.
Justice, Legality and World. London, New York 2012, S. 35-46.

1806 Watkin: Being just, S. 30.

1807 Vgl. Nancy: Erschaffung der Welt, S. 147 (CMM 173); Nancy: Sinn der Welt, S. 161 (SM 178). Vgl. hierzu
und zu den weiteren Ausführungen zu ›Gerechtigkeit‹ Morin: Brüderliche Gemeinschaft, S. 216;
Morin: Nancy, S. 110f.

1808 Nancy: Erschaffung der Welt, S. 64 (CMM 73). Mit James: Just measure, S. 39ff., wäre darauf zu
verweisen, dass es sich hiermit um eine Gerechtigkeit gegenüber (dem Erscheinen von) Körpern
handelt.

1809 Nancy: Erschaffung der Welt, S. 64, Hv. i. Orig. (CMM 73).

1810 Ebd. »The singular is the one that escapes comparison because, at least in some respect, there is no
second entity of the same order (otherwise it will not be singular). It cannot be measured because
it is precisely a common measure which is missing in the case of singularity.« (Marchart: Being
with against, S. 178) Mit Devisch: Nancy's ›Political Philosophy‹, S. 121, lässt sich dieser Gedanke
ausgehend vom Begriff ›Welt‹ so reformulieren: In der Welt, die ihre eigene Schöpfung sei, gebe
es »no fixed place for none of us. On the contrary, because the world arises in and through the
taking place of every singular plural appearance, its division and its divide are at stake time and
time again, that is within every one of us, with each appearance, and each time something or
someone appears.«

1811 Arendt: Vita activa, S. 214. Für Arendt bilde dies den »Inhalt des Politischen«, so Bedorf: Das Politische und die Politik, S. 17.

1812 Nancy: Erschaffung der Welt, S. 147 (CMM 174).

Existierender/s [existant singulier]‹ ist, weder bis zu welchem Punkt noch von welchem an«.[1813] Deshalb müsse gelten:

> Die *Gerechtigkeit*, um die es hier geht – da es sich um Teilen und Zumessen handelt – ist nicht die einer rechten Mitte, die ein gegebenes Maß voraussetzt, sondern die Sorge um ein rechtes Maß des Inkommensurablen. Deshalb kann *Gerechtigkeit* [...] nur immer wieder in der Entscheidung liegen, die Gültigkeit eines erlangten oder herrschenden »rechten Maßes« zu verwerfen *im Namen des Inkommensurablen*.[1814]

Der »Einsatz« der Gerechtigkeit, erklärt Nancy in *Le Sens du monde*, liege »in der wirklichen Gleichheit dessen, was [...] das einzigartige und inkommensurable Aufkommen [surgissement] einer Singularität konstituiert, eines an keiner Bedeutung messbaren absoluten singulären Sinns«.[1815] Wie Bedorf auseinandersetzt, spricht Nancy hiermit dem »Inkommensurable[n] [...] einen ethischen Überschuss«[1816] zu. Tatsächlich rückt Nancy die Gerechtigkeit in den Rang eines Menschenrechts, das verstanden werden müsse als das »*Recht eines Menschen, Sinn zu knüpfen*«[1817] (wozu gehöre, dass die dafür erforderlichen »materiellen Mittel«[1818] vorhanden sind).

Hier zeigt sich, dass die Orientierung der Gerechtigkeit an der Inkommensurabilität der singulären Existenzen es zwar verbietet, ein gemeinsames Maß anzulegen, Gerechtigkeit sich aber gleichwohl auch auf ein Gemeinsames bezieht. Sie ist nicht »a unique standard applied to all people«[1819], sondern Gerechtigkeit gegenüber dem Pluralen jeder singulären Existenz. Wenn die Singularitäten ihre »eigene Beschaffenheit und Beständigkeit nicht für sich«, sondern nur »als Teil der Gemeinschaft« haben, die »mit dem Existierenden kon-substantiell«[1820] ist, dann ist Gerechtigkeit nur dann angemessen, wird sie dieser Kon-Substantialität gerecht. »Gerechtigkeit besteht also darin, jedem Existierenden das zu überreichen, was ihm gemäß seiner einzigartigen

---

1813 Ebd., S. 148 (CMM 174). Mit anderen Worten: Zu behaupten, man könne einer Singularität das ihr Gerechte zumessen, missachtete ihre unhintergehbare Pluralität; vgl. Fagan: Ethics and politics after poststructuralism, S. 119. James: Just measure, S. 40, Hv. i. Orig., spricht davon, dass es die Gerechtigkeit mit einer »*infinitude*« zu tun habe, nämlich mit »the infinite indetermination and excess of all finite existence over itself«.

1814 Nancy: Erfahrung der Freiheit, S. 98, Hv. i. Orig. (EL 101, Hv. i. Orig.), auch zitiert bei Morin: Nancy, S. 111. Siehe zur Idee des ›rechten Maßes‹ Devisch: Doing justice, S. 3f.

1815 Nancy: Sinn der Welt, S. 161 (SM 178).

1816 Bedorf: Ort der Ethik, S. 83.

1817 Nancy: Sinn der Welt, S. 161, Hv. i. Orig. (SM 178, Hv. i. Orig.). Bonacker: Gemeinschaft der Dekonstruktion, S. 286, erinnert diese Formulierung an Hannah Arendts Wendung vom »Recht, Rechte zu haben«; ein Recht darauf, »in einem Beziehungssystem zu leben, in dem man aufgrund von Handlungen und Meinungen beurteilt wird«. (Arendt: Elemente und Ursprünge, S. 614)

1818 Nancy: Sinn der Welt, S. 163 (SM 181). Dies betont auch Bonacker: Gemeinschaft der Dekonstruktion, S. 285: »Eine ökonomische, politische, rechtliche oder religiöse Verweigerung der Teilhabe an der Gemeinschaft schlösse nämlich zugleich aus, daß sich das Gemeinsame ereignen kann. Diese Verweigerung ist der Versuch, das Gemeinsame zu zerstören.« Oder anders: ist der Versuch, das Recht auf Verknüpfung zu verwehren.

1819 Watkin: Different alterity, S. 58.

1820 Nancy: Erschaffung der Welt, S. 148 (CMM 175).

Schöpfung zusteht, die in ihrer Koexistenz mit all den anderen Schöpfungen singulär ist.«[1821] Sie bezeichnet ein »Recht, immer schon zur Gemeinschaft zu gehören. Es gibt [...] nichts, was den Ausschluß aus einer Gemeinschaft rechtfertigt, weil dieses gemeinsame Recht, das zugleich das Recht des Gemeinsamen ist, Bedingung der Möglichkeit jeder Gemeinschaft ist.«[1822]

Wie ereignet sich die ›Politik der Knoten‹? Nancys Antwort lautet: Das »Ereignis« der Politik sei eine »*Wortergreifung [prise de parole]*«.[1823] Er denkt dabei allerdings weder an eine Bedeutungsbestimmung oder -aneignung durch ein Subjekt noch (im Einklang mit Nancys Kritik an philosophischer Weltbildzimmerei) an das Verlautbaren ›wahrer‹ Botschaften.[1824] In einer »Politik der Wortergreifung«[1825] eigne den Worten eine allein »phatische Funktion«, sie dienten dem »Unterhalten eines Bezuges [rapport], der keinerlei Sinn mitteilt, sondern den Bezug selbst«.[1826]

Durch die *prise de parole* konstituiert sich das politische Subjekt.[1827] Mit der Subjektivierung geht keine Unterordnung unter eine Identität, unter das Wesen eines Volkes einher.[1828] Das politische Subjekt ist bei Nancy ein »Als-Ob-Volk«: ein Wir, »das nicht ist, was es zu sein scheint, und dennoch nicht nichts ist«.[1829] Das Wir des ›Volkes‹ hat keine Identität (insofern ist es nicht), aber es hat sie deshalb nicht, weil wir uns, als In-Gemeinschaft-Seiende, von ihr befreit haben (insofern ist es). Entsprechend heißt

---

1821   Ebd., S. 149 (CMM 176); vgl. Morin: Brüderliche Gemeinschaft, S. 216; Morin: Nancy, S. 111. Devisch: Doing justice, S. 8, unterstreicht: »Justice is not in the first place a matter of a singularity and only later the relation of this singularity to others. That which makes the singular unique is at once that which puts it into relation. To do justice to the singular absoluteness of one's proper being is thus simultaneously to do justice to the plurality of the singular.« Ähnlich (in Anlehnung an Nancy) auch Trautmann: Partage, S. 100: »Seine Singularität, die Achtung und Schätzung seiner unveräußerlichen Würde erfährt der Einzelne nur, indem er seine Singularität durch die Begegnung mit anderen Singularitäten konfrontiert«.

1822   Bonacker: Gemeinschaft der Dekonstruktion, S. 286.

1823   Nancy: Sinn der Welt, S. 162, Hv. i. Orig. (SM 180, Hv. i. Orig.). Siehe dazu allgemein Andreas Hetzel: Die Dramatik des Diskurses: Szenen der Wortergreifung bei Foucault, de Certeau, Nancy und Rancière. In: Gehring, Petra/Gelhard, Andreas (Hg.): Parrhesia. Foucault und der Mut zur Wahrheit. Zürich 2012, S. 231–246.

1824   Vgl. Nancy: Sinn der Welt, S. 164 (SM 182), und siehe auch Bedorf: Ort der Ethik, S. 84.

1825   Nancy: Sinn der Welt, S. 163 (SM 180).

1826   Ebd., S. 164 (SM 182). Bedorf: Ort der Ethik, S. 84, meint, es bleibe »unklar, woran Nancy hier denkt«. Folgt man Hetzel: Dramatik des Diskurses, S. 245, entwerfe Nancy »die Wortergreifung [...] als ein Ergriffenwerden durch ein Wort, das jedem Bedeuten vorausgeht und für die Möglichkeit einer Mit-teilung ohne ein überwölbendes soziales Band steht«. Siehe auch Bonacker: Gemeinschaft der Dekonstruktion, S. 278.

1827   Devisch: Question of community, S. 107, konstatiert: Das »tying of a social bond is just as applicable to the forming of a people«. Entsprechend der ›Wortergreifung‹ hätte das soziale Band »no other unity than its subsequent singular moments, nothing other than its multitudinous *knots* itself. It might be made up, for example, of support for a particular country during an international football game, comprising at that moment, for a short amount of time, a tie, a people.« (Ebd., Hv. i. Orig.) Siehe zum Folgenden schon Herzhoff: Nancy und Schmitt, S. 108f.

1828   Vgl. Bedorf: Nancy, S. 155.

1829   Ebd. Ich orientiere mich im Folgenden an Bedorf: Ort der Ethik, S. 81f.

es – wie schon zitiert – bei Nancy: »Wir müssen uns nicht als uns, als ein ›Wir‹ identifizieren. Vielmehr müssen wir uns als Uns des-identifizieren *von* aller Art des ›Wir‹«.[1830] Das Volk ist für Nancy »le peuple énonciateur, voire annonciateur, ou déclarateur, le peuple qui peut dire et se dire – le *soi-disant peuple*«.[1831] Das Volk ist seine Selbstüberschreitung:

> Au fond, »peuple« est le nom qui se précède et qui s'excède. Jamais le peuple n'est *comme un peuple*, mais chaque fois pourtant c'est *comme peuple* qu'il agit et qu'il parle. Et agir *comme peuple*, en tant que peuple, revient précisément à ne pas agir comme *un* peuple, selon la conformité à un modèle ou à une essence. Un peuple *comme peuple* est toujours un *soi-disant peuple* plutôt que ce peuple »comme tel« (comme *ce* peuple dit »*français*«, par exemple). Il est »peuple« par sa déclaration: non pas comme un produit de celle-ci, mais comme son acte même. Le peuple n'a d'être que là où et lorsqu'il *se déclare* [...].[1832]

Das Volk sagt sich, aber es sagt auf diese Weise keine Identität aus, sondern subjektiviert sich lediglich als »ein angebliches Volk«[1833]; als ein Volk, das so tut, als wäre es (das) ein(e) Volk.[1834]

Wahre Demokratie[1835]

> Selbst der kommunistische Teil meiner Seele
> empfindet sich angesichts allfälliger Geistes-
> verwirrungen noch als staatstragend.[1836]

Obgleich eine der ›Politik der Knoten‹ entsprechende politische Praxis noch aussteht, hat Nancy ein Ereignis im Blick, bei dem sich eine solche Politik schemenhaft schon zeigte: den Mai 68. Für Nancy, ähnlich wie beispielsweise für Badiou und Blanchot, ist der Mai 68 »die erste sich selbst noch dunkle Ankündigung eines anderen Einsatzes des

---

1830 Nancy: singulär plural sein, S. 112, Hv. i. Orig. (ESP 94, Hv. i. Orig.).

1831 Jean-Luc Nancy: Le chant du départ. In: Mallet, Marie-Louise (Hg.): La démocratie à venir: Autour de Jacques Derrida. Paris 2004, S. 341-359, 344, Hv. i. Orig.

1832 Ebd., S. 353, Hv. i. Orig.

1833 Bedorf: Ort der Ethik, S. 81.

1834 Vgl. ebd., und siehe auch Jean-Luc Nancy: ›Un peuple ou des multitudes?‹ Pourquoi se laisser confisquer le mot peuple par le populisme [Propos recueillis par Jérôme-Alexandre Nielsberg]. In: L'Humanité, Ausgabe vom 26. Dezember 2003, S. 12: »Le peuple, c'est celui qui cherche à se dire, qui se dit, se proclame, s'institue sans se constituer. Au populisme on peut opposer que l'épithète dont se qualifie un peuple – comme dans ›peuple français‹, par exemple – est en tous les cas une marque vide. Elle ne repose jamais sur une essence définie a priori, mais permet qu'une certaine énonciation commune puisse se faire, que puisse se dire un ›nous‹.« Mit Laclau: Populist reason, S. 118, wäre die Konstruktion des Volkes deshalb in einem radikalen Sinne zu verstehen, da sie die »social agents« erst hervorbringe und nicht »a previously given unity of the group« ausdrücke. Siehe zur grundlosen Konstitution des (unabschließbaren) Volkes durch sich selbst zudem Trautmann: Partage, S. 53ff.

1835 Ich folge mit den Ausführungen zu Nancys ›wahrer Demokratie‹ in diesem Unterabschnitt Morin: Nancy, S. 114ff., siehe zudem Hebekus/Völker: Philosophien des Politischen, S. 123ff.

1836 Peter Rühmkorf: Tabu II. Tagebücher 1971-1972. Reinbek bei Hamburg 2004, S. 205.

Politischen«.[1837] Durch zweierlei zeichnet sich in Nancys Augen der Mai 68 aus: Zum einen setzte man das demokratische Subjekt – den Menschen – »einer prinzipiellen Überschreitung« aus; es ging dabei nicht um eine »Destabilisierung«, sondern um »eine Öffnung des ›Subjekts‹«[1838] und zugleich der Demokratie.[1839] Damit war zum anderen verbunden der Verzicht auf jegliche »Identifizierung«[1840] (etwa des Gemeinsamen), auf eine »bewerkstelligende[...] Politik [politique en œuvre]«[1841], wie Nancy formuliert. »Die 68er-Bewegung hat gerade das Verdienst, sich des Willens zu enthalten, eine Vision, ihre Ausrichtung und ihre Ziele vorzulegen und zu diktieren.«[1842]

Dadurch habe »sie eine Frage nach der Wahrheit der Demokratie«[1843] aufgeworfen. Entgegen einerseits der Idee einer lediglich »verwaltende[n] Demokratie [démocratie gestionnaire]«[1844], die sich installieren konnte, weil die Demokratie (ihren) »Sinn« nurmehr repräsentiere »als unbestimmten, der auch unbestimmt bliebe und darin seine Wahrheit hätte«[1845]; entgegen andererseits aber auch einer totalitären Politik der »vollendete[n] Präsentation eines Sinns als Wahrheit«[1846], sieht Nancy die wahre Bestimmung der (demokratischen) Politik in einem ›kommunistischen‹ Begehren nach Gemeinschaft, nach einem Sinn, der nicht schon fertig geknüpft wäre, sondern sich in einer ›Politik der Knoten‹ überhaupt erst knüpfen würde.[1847] ›Kommunismus‹ ist für Nancy »die Wahrheit der Demokratie«[1848] insofern, als dem grundlosen Gemeinsam-

---

1837 Nancy: Sinn der Welt, S. 163 (SM 181). In ihren Ausführungen zu Nancys Interpretation des Mai 68 und seinem Demokratiebegriff geht auch Morin: Nancy, S. 114f., auf Badiou ein. Für Alain Badiou: Die kommunistische Hypothese. Berlin 2011, stellte der Mai 68 die Frage nach dem Wesen der Politik. (Vgl. ebd., S. 41) Hinter dieser Frage verbarg sich zum einen »die Überzeugung, dass man seit den sechziger Jahren das Ende einer alten politischen Konzeption erlebt« habe, und dass man zum anderen »nach einer anderen Konzeption der Politik« suchen müsse, die nicht mehr davon ausgehen könne, »dass ein geschichtlicher Agent existiert, der die Möglichkeit der Emanzipation trägt«. (Ebd.) Blanchot: Uneingestehbare Gemeinschaft, S. 54, Hv. i. Orig., zufolge, zeichnete den Mai 68 aus, »daß sich ohne Projekt, ohne Verschwörung, mit der Plötzlichkeit eines glücklichen Zusammentreffens eine *explosive Kommunikation* affirmieren konnte«; es sei darum gegangen, »außerhalb jedes Nutzenkalküls eine Möglichkeit des *Zusammenseins* sich manifestieren zu lassen«. Siehe weiter auch Hirsch: Symbolischer Primat des Politischen, S. 359f.

1838 Nancy: Wahrheit der Demokratie, S. 28 (VD 24f.).

1839 Vgl. Hebekus/Völker: Philosophien des Politischen, S. 125.

1840 Nancy: Wahrheit der Demokratie, S. 33 (VD 29).

1841 Ebd., S. 59 (VD 52).

1842 Ebd., S. 31 (VD 27).

1843 Ebd., S. 14 (VD 10).

1844 Ebd.; siehe auch Nancy: Erschaffung der Welt, S. 140 (CMM 166).

1845 Nancy: Sinn der Welt, S. 129 (SM 141). Mit diesem »Opfer der Wahrheit« folge die Demokratie jener »Opferlogik«, die in »der sakrifiziellen Politik« (ebd. [SM 141f.]) zu finden sei; vgl. Morin: Nancy, S. 104.

1846 Nancy: Sinn der Welt, S. 128 (SM 141).

1847 Es komme darauf an, »den Sinn des *Im-Gemeinsamen [en-commun]* zu denken, weder als Wahrheit eines gemein(sam)en Subjekts noch als einen ›allgemeinen‹, über die ›besonderen‹ Sinne gesetzten Sinn, sondern im Gegenteil als Abwesenheit eines ›allgemeinen‹ Sinns außerhalb der vielzähligen Singularität so vieler ›Sinnsubjekte‹.« (Ebd., S. 134, Hv. i. Orig. [SM 147, Hv. i. Orig.])

1848 Nancy: Wahrheit der Demokratie, S. 63 (VD 55).

Sein (dem ›Kommunismus‹, wie Nancy ihn versteht) die Grundlosigkeit der Demokratie entspricht.[1849]

> Wenn die Demokratie einen Sinn hat, dann den, über keine an einem anderen Ort und durch einen anderen Antrieb identifizierbare Autorität zu verfügen als die des Begehrens [désir] – eines Willens, einer Erwartung, eines Denkens –, in dem sich eine wahre Möglichkeit ausdrückt und wiedererkennt, *alle zusammen* zu sein, *alle und jeder Einzelne von allen*. Man muss es hier noch einmal wiederholen: die Wörter »Kommunismus« und »Sozialismus« haben nicht zufällig [...] den Anspruch und den Eifer getragen, den das Wort »Demokratie« nicht oder nicht mehr nähren konnte.[1850]

In der Demokratie steht das Gemeinsame als ›singulär plural sein‹ auf dem Spiel: »›Demokratie‹ bedeutet hier Aufnahme – ohne Übernahme – von allen Unterschiedlichkeiten in eine ›Gemeinschaft‹, die sie nicht vereint, sondern im Gegenteil ihre Vielfachheit und mit ihr das Unendliche entfaltet, deren unzählige und unabschließbare Formen sie sind.«[1851]

Wie lässt sich demokratische Politik vor diesem Hintergrund näher beschreiben?[1852] Ein Rückblick auf die ›Politik der Knoten‹ hilft weiter. Diese ist Gerechtigkeitspolitik als Gleichheit des Auftauchens inkommensurabler Singularitäten.[1853] Diesem Auftauchen steht die (Ungleichheit verursachende) Gleichheit der allgemeinen Äquivalenz im Weg. Die Demokratie bricht mit diesem kapitalistischen Prinzip.[1854] Wo in der »Kultur der verallgemeinerten Berechnung«[1855] nur wert sei, was gleichen (Tausch-)Wert habe, herrsche in der Demokratie das Prinzip einer (gemeinsamen) »Ungleichwertigkeit«[1856] – nicht einer Ungleichheit, ist zu betonen; im Gegenteil:

> Niemals ein »alles ist gleich viel wert« – Menschen, Kulturen, Worte, Glauben –, sondern immer ein »nichts ist gleichwertig« [...]. Jeder – jedes singuläre »eines« von einem, von zwei, von vielem, von einem Volk – ist einzig in einer Einzigartigkeit, einer Singularität, die unendlich *verpflichtet* und die *sich* selbst *verpflichtet*, in die Tat,

---

1849 Vgl. Hebekus/Völker: Philosophien des Politischen, S. 125. Siehe zur Verknüpfung von Kommunismus und Demokratie auch Watkin: Being just, S. 29f.

1850 Nancy: Wahrheit der Demokratie, S. 33, Hv. i. Orig. (VD 29, Hv. i. Orig.).

1851 Nancy: Endliche und unendliche Demokratie, S. 95 (DFI 91). In einem ähnlichen Sinn geht es auch für Benhabib: Demokratie und Differenz, S. 107, »in der demokratischen Politik darum, die Gemeinschaft des ›Wir‹ vergrößern – es geht darum, die Identität des ›Wir‹ zu hinterfragen; darum, ›differente‹ und andere Weisen des ›Wir‹-Seins als die bestehenden hervorzubringen«.

1852 Siehe zu diesem und dem folgenden Absatz bereits die Darstellung bei Herzhoff: Nancy und Schmitt, S. 113.

1853 Vgl. Nancy: Sinn der Welt, S. 160f. (SM 178).

1854 Vgl. Watkin: Being just, S. 26f.; Dejanovic: Introduction, S. 13f.; Morin: Nancy, S. 119f.

1855 Nancy: Wahrheit der Demokratie, S. 36 (VD 32).

1856 Ebd., S. 51 (VD 44). »Das Schicksal der Demokratie hängt an der Möglichkeit einer Veränderung des Paradigmas der Gleichwertigkeit. [...] Es wird nicht darum gehen, ein anderes System von differentiellen Werten einzuführen, sondern darum, einen Sinn der Bewertung, der bewertenden Bejahung zu finden und zu erobern, der jeder bewertenden Geste [...] die Möglichkeit gibt, selbst nicht im Vorhinein von einem gegebenen System gemessen zu werden, sondern im Gegenteil jedes Mal die Bejahung eines einzigartigen, unvergleichlichen, unersetzbaren ›Wertes‹ oder eines ›Sinns‹ zu sein.« (Ebd., S. 52f. [VD 45f.])

in Arbeit umgesetzt, ins Werk gesetzt zu werden. Doch gleichzeitig ist die strenge Gleichheit die Ordnung, wo diese Unvergleichlichen geteilt werden.[1857]

Die Demokratie schafft der Gerechtigkeit Raum und gewährt »das einzigartige und inkommensurable Aufkommen einer Singularität«.[1858] Das Fundament des Kapitalismus ist die Berechenbarkeit und Messbarkeit von allem und jedem, die (wahre) Demokratie hingegen beruht auf einem nicht mess- und berechenbaren Grund: der pluralen Singularität jedes/jeder Einzelnen.[1859]

(Demokratische) Politik hat in Nancys Augen nicht die Aufgabe, bestimmte Werte zu bejahen – es sei denn den Wert der ›Ungleichwertigkeit‹, dem sie Platz machen müsse:

> Die Bedingung der ungleichwertigen Bejahung ist politisch, insofern die Politik den Raum dafür bereiten muss. Doch die Bejahung selbst ist nicht politisch. [...] Die Politik zeichnet [...] den Umriss oder die vielen Umrisse einer Unbestimmtheit in der Öffnung, von der aus die Bejahungen stattfinden können.[1860]

Die Demokratie ist auf das Inkommensurable gerichtet, aber identifiziert es nicht; sie ermöglicht nur sein unendliches Erscheinen in den nicht-politischen Sphären etwa der Kunst, der Sprache, der Liebe, des Denkens oder des Wissens: »Die Politik muss die Zugangsform zur Öffnung der anderen Formen geben: sie ist die Vorstufe einer Zugangsbedingung, nicht einer Gründung oder einer Sinngebung.«[1861] Das heißt auch: Nicht alles ist politisch.[1862] Politik sei »nicht der Ort der Übernahme der Zwecke [...],

---

1857   Ebd., S. 54, Hv. i. Orig. (VD 47, Hv. i. Orig.). Hebekus/Völker: Philosophien des Politischen, S. 126, resümieren: »Es gilt, die Unmessbarkeit des Gemeinsamen in das gemeinsame Maß der Äquivalenz einzuführen.« Siehe zu der hier aufgeworfenen Frage nach dem Verhältnis Gleichheit/ Gerechtigkeit Marchart: Being with against, S. 177f.

1858   Nancy: Sinn der Welt, S. 161 (SM 178). Siehe auch Trautmann: Partage, S. 128: Politik bestehe für Nancy »nicht nur aus den Räumen der Macht, sondern immer auch aus der Öffnung neuer Räume. Was sich hier öffnet, ist ein Raum des Miteins, in dem die Akteure nicht schon im Vorhinein in ihren Eigenschaften und damit auch ihrer politischen Zugehörigkeit bestimmt sind.«

1859   Das Prinzip der ›Ungleichwertigkeit‹ ist der Demokratie nicht inhärent. Kapitalismus und Demokratie beruhen vielmehr auf dem Äquivalenzprinzip. (Vgl. Nancy: Wahrheit der Demokratie, S. 51 [VD 44f.]; Hebekus/Völker: Philosophien des Politischen, S. 123f.) ›Demokratie‹ sei »tendenziell der Name einer noch allgemeineren Äquivalenz als die, von der Marx spricht: Zwecke, Mittel, Sinn, Taten, Werke und Personen sind alle austauschbar, weil sie alle auf etwas zurückgeführt werden, was sie nicht unterscheiden/auszeichnen [distinguer] kann – zurückgeführt auf einen Tausch, der, weit davon entfernt, ein ›Teilen [partage]‹ zu sein, nur die Ersetzung der Rollen oder der Tausch der Plätze ist«. (Nancy: Wahrheit der Demokratie, S. 52 [VD 45, wo nach ›partage‹ ergänzt wird mit »selon la richesse propre de ce mot«])

1860   Nancy: Wahrheit der Demokratie, S. 55 (VD 48).

1861   Nancy: Endliche und unendliche Demokratie, S. 97 (DFI 93); vgl. ebd., sowie Nancy: Wahrheit der Demokratie, S. 55ff. (VD 48ff.). Damit ist »a certain degree of self-restraint« (Marchart: Being with against, S. 177) das Kennzeichen demokratischer Politik.

1862   Vgl. Nancy: Endliche und unendliche Demokratie, S. 97 (DFI 93); Nancy: Wahrheit der Demokratie, S. 47f. (VD 40f.), sowie Smith: Justice and communist politics, S. 197.

sondern derjenige des Zugangs zu deren Möglichkeit«.[1863] (In diesem Sinne ist die Politik, um die es geht, von dem Politischen *[le politique]* zu unterscheiden.[1864])

Aber wie ›macht‹ die Politik das? Wie öffnet sie Sinn-Räume, ohne Sinn zu geben? Nancy sieht den Einwand, seiner Bestimmung der Demokratie mangele es an Überlegungen zu einer politischen Praxis, voraus: »Man wird mir erwidern: Sie geben also zu, dass für Sie Demokratie nicht Politik ist! Und damit lassen Sie uns im Stich, ohne Möglichkeit zur Handlung, zum Eingreifen, zum Kampf, Sie lullen sich mit ihrem ›Unendlichen‹ ein...«[1865] Dagegen unterstreicht er nicht nur, dass bereits das Denken einer wesentlichen Ungleichwertigkeit der Singularitäten als Praxis verstanden werden müsse.[1866] Zudem erlaube das anarchistische Moment der Demokratie, ihre Grundlosigkeit und ihre Öffnung auf das Unendliche hin, keineswegs Kontemplation. Wenn Demokratie auf »Anarchie« aus sei, verpflichte dies »zu Handlungen, Operationen, Kämpfen, Gestaltungen, die erlauben, die Abwesenheit der gesetzten, abgesetzten und durchgesetzten *archie* streng zu bewahren«.[1867] Nancy scheut in diesem Kontext den Revolutionsbegriff nicht:

> Die Demokratie fordert tatsächlich eine *Revolution*, nämlich die Basis der Politik selbst umzudrehen. Sie muss sie der Abwesenheit einer Grundlage aussetzen. Doch sie erlaubt damit nicht, dass die Revolution bis zur vorausgesetzten Grundlage *zurückkehrt*. Eine Revolution in der Schwebe also.[1868]

Das Schweben der Revolution ist nicht ihr Unvollendet-Bleiben, wie es etwa Badiou propagiert, wenn er schreibt, »dass die Politik, die revolutionäre Politik [...], wesentlich endlos ist«.[1869] Für Nancy ist ›wesentlich endlos‹ nicht das Ende, sondern der Beginn der Politik.[1870]

1863 Nancy: Endliche und unendliche Demokratie, S. 99 (DFI 94, mit Kursivierung des ›nicht‹ = ›n'est pas‹).

1864 Siehe etwa Nancy: Des sens de la démocratie, S. 47.

1865 Nancy: Wahrheit der Demokratie, S. 61 (VD 53).

1866 Vgl. ebd., S. 65 (VD 57f.).

1867 Ebd., S. 64f., Hv. i. Orig. (VD 57, Hv. i. Orig.); vgl. Morin: Nancy, S. 120; Watkin: Being just, S. 27f. Mit Marchart: Being with against, S. 176, Hv. i. Orig., könnte man von einer »ethical injunction« sprechen: »In his [Nancy's, S. H.] eyes, exercising democratic power means accepting *responsibility* [...] towards the absence of a supreme and ultimate principle.« Ähnlich Watkin: Being just, S. 27, Hv. i. Orig.: »The democratic is the power to frustrate the *arche* and then to take responsibility for its infinite opening.« Marchart: Politische Differenz, S. 249, Hv. i. Orig., widerspricht diesem »*Ethizismus*« mit der Behauptung: »Aus der Tatsache der Abwesenheit des Grundes folgt erst mal keinerlei ethische Verpflichtung dem Grund in seiner Abwesenheit gegenüber«.

1868 Nancy: Endliche und unendliche Demokratie, S. 81f., Hv. i. Orig. (DFI 82f., Hv. i. Orig.).

1869 Alain Badiou: Ist Politik denkbar? Berlin 2010, S. 123.

1870 Vgl. Nancy: Erfahrung der Freiheit, S. 99f. (EL 102f.); siehe auch Watkin: Being just, S. 27. Für Nancy steckt in der Äußerung Badious, die er selbst zitiert (vgl. Nancy: Erfahrung der Freiheit, S. 99 [EL 102]), die Gefahr einer ›schlechten Unendlichkeit‹, da sie Politik als unaufhörliche Justierungsarbeit an einer regulativen Idee von Freiheit, Gleichheit, Gerechtigkeit oder Brüderlichkeit auffasse. (Vgl. ebd.) Man müsse aber »begreifen, dass das Unabschließbare nicht das Ende, sondern der Anfang ist. Anders gesagt: Der politische Akt der Freiheit *ist* die Freiheit (Gleichheit, Brüderlichkeit, Gerechtigkeit) *in actu*, nicht die Bestrebung eines regulativen Freiheitsideals.« (Ebd., S. 100, Hv. i.

Nancys Neudenken der Demokratie zielt nicht auf eine im landläufigen Sinne an-archistische, von staatlicher Macht befreite Gesellschaft ab.[1871] ›Anarchie‹ meint ein Ohne-Grund-Sein: Weder ist die Souveränität des Volkes gegeben, noch liege der De-mokratie eine menschliche Natur zugrunde.[1872] Es sei klar, »dass das Wort ›Demokra-tie‹ die Sache von der Möglichkeit eines Grundprinzips ausschließt. Tatsächlich muss man sagen, dass die Demokratie ihrem Wesen nach etwas von einer *Anarchie* impliziert, die man fast [als] prinzipiell bezeichnen könnte«.[1873]

Die Idee einer Politik und eines »Denkens des fortwährenden Kleinkrieges gegen den Staat«[1874] heißt Nancy nur in dem Fall gut, strebt dieser Krieg nicht die endgültige Beseitigung des Staates an.[1875] Denn mit dieser Absicht, gibt Nancy zu bedenken, folgte man nur

> einer großen Illusion der Moderne, die sich lange Zeit im Wunsch des Verschwindens
> des Staates ausgedrückt hat, das heißt der Ersetzung der als nicht tragend erkannten
> Grundlage durch eine Grundlage in der Wahrheit – wo die Wahrheit selbst in der
> demokratischen Projektion des gleichen, gerechten, brüderlichen und jeder Macht
> entzogenen Menschen (und der Welt) läge.[1876]

Realisierte man diese ›Illusion der Moderne‹, käme es zu einem Zustand des ›Alles ist politisch‹. Wenn Marx, auf den Nancy mit der Wendung vom ›Verschwinden des Staa-tes‹ anspielt, dafürhält, dass in der Demokratie der Staat »den Inhalt der übrigen nicht politischen Sphären materiell durchdringe«, sich in ihnen auflöse und also »*unterge-he*«[1877], findet dagegen Nancy, »so sehr wir auch ›Kommunisten‹ sind, den Sinn einer Notwendigkeit des Staates wieder«.[1878]

Nicht nur bliebe »die Eigenständigkeit der Politik«[1879] gewahrt und würde ein ›Al-les ist politisch‹ verhindert.[1880] Nancy betont zudem, man dürfe die (politische) Macht (des Staates) nicht reduzieren »auf eine Mechanik der Kräfte [...], die der Moral oder dem Ideal einer Gemeinschaft der Gerechtigkeit und der Brüderlichkeit entgegenste-hen würde«.[1881] Er gibt hiermit einen vagen Hinweis darauf, wie man das Verhältnis

---

Orig. [EL 103, Hv. i. Orig., keine Hervorhebung des ›in actu‹ = ›en acte‹]) Für Marchart: Being with against, S. 180, liegt hierin »an activist interpretation of the democratic horizon«.

1871 Vgl. Smith: Justice and communist politics, S. 190.

1872 Vgl. Nancy: Endliche und unendliche Demokratie, S. 85f. (DFI 85).

1873 Ebd., S. 85, Hv. i. Orig. (DFI 84f., Hv. i. Orig.); vgl. Hebekus/Völker: Philosophien des Politischen, S. 125; Marchart: Being with against, S. 174f.; Morin: Nancy, S. 119.

1874 Nancy: Endliche und unendliche Demokratie, S. 82 (DFI 83).

1875 Vgl. ebd.; siehe auch Marchart: Being with against, S. 180.

1876 Nancy: Endliche und unendliche Demokratie, S. 82 (DFI 83).

1877 Marx: Kritik der Hegelschen Rechtsphilosophie, S. 232, Hv. i. Orig.

1878 Nancy: Endliche und unendliche Demokratie, S. 90 (DFI 88).

1879 Nancy: Was tun, S. 26 (QF 32).

1880 Man kann deshalb Nancy nicht den Theoretikern und Theoretikerinnen einer »Verfallstheorie des Staates« zuschlagen, wie dies Hirsch: Symbolischer Primat des Politischen, S. 349, tut.

1881 Nancy: Endliche und unendliche Demokratie, S. 91 (DFI 89); siehe auch Nancy: Wahrheit der De-mokratie, S. 48 (VD 41f.), sowie zu Nancys Begriff der Macht Jason E. Smith: Art. ›Power‹. In: Gratton, Peter/Morin, Marie-Eve (Hg.): The Nancy Dictionary. Edinburgh 2015, S. 188-190.

von Ontologie und Politik genauer fassen könnte.[1882] Anstatt nur eine ›Mechanik der Kräfte‹ zu sein, erläutert er, besorge die Macht den Zusammenhalt einer Gesellschaft: »Die politische Macht ist sicher dazu bestimmt, die Gesellschaftlichkeit [socialité] sicherzustellen, bis zur Möglichkeit, die festgesetzten Verhältnisse [rapports] in Frage zu stellen und neu zu gründen.«[1883] Aus diesem gewissermaßen anthropologischen Grund mache allein der Umstand, »[d]ass die Macht organisiert, verwaltet und regiert«, erörtert Nancy, »die Teilung ihrer eigenen Sphäre nicht bereits verurteilenswert«.[1884] Die Macht ermögliche »ein Zusammensein [être-ensemble] [...], das nicht untergeht in der Panik einer verallgemeinerten Gewalt«.[1885] Unter diesem Blickwinkel, meint er, gebe es »Politik immer und überall für die menschlichen Gruppen, eben deshalb, weil es Menschheit [humanité] nur gruppiert gibt«.[1886]

In dieser »Minimaldefinition«[1887] dessen, was Politik heißt, erschöpfe sich ihre Bedeutung indes nicht. Vielmehr erschließe »die minimale Bedeutung die maximale [...]: Das Kollektiv muss zusammenhalten, weil es die Möglichkeit des Gemeinsamen eröffnet«.[1888] Das heißt nicht, betont Nancy immer wieder, dass die Politik das Gemeinsame und die darin möglichen »Formen des Sinn-Machens«[1889] bestimmt. Sie schafft dem ›Gemeinsinn‹ nur Gelegenheit, sich zu ereignen, wird also zur »Kunst [...] einer gewissen Haltung und Zurückhaltung«[1890] – und entmachtet sich dadurch selbst. Denn durch die Macht könne »die Gesellschaftlichkeit Zugang zu unbestimmten Zwecken finden [...], über die die Macht als solche ohne Macht ist: die unendlichen Zwecke des Sinns, der Sinne, der Formen, der Intensitäten des Begehrens«.[1891] Auf diese Weise, so Nancy, errichte »[d]ie Demokratie [...] das Prinzip einer Überschreitung der Macht [...] – aber als ihre Wahrheit und ihr [sic!] Größe (ja ihre Erhabenheit!) und nicht als ihre Annullierung«.[1892]

1882   So die Interpretation von Smith: Power, S. 190.

1883   Nancy: Endliche und unendliche Demokratie, S. 92 (DFI 89).

1884   Ebd., S. 90 (DFI 88).

1885   Nancy: Was tun, S. 31 (QF 37); siehe auch Smith: Justice and communist politics, S. 198.

1886   Nancy: Was tun, S. 31 (QF 38).

1887   Ebd. (QF 37).

1888   Ebd., S. 35f. (QF 43).

1889   Ebd., S. 39 (QF 47).

1890   Ebd., S. 38 (QF 46). »Politik kann nicht ausgeübt werden, ohne einen Bezug zum Sinn der Existenz zu haben. Aber sie kann sich nur öffnen für diesen Sinn [vers ce sens] und die verschiedenen Formen des Seins und Tuns: Sie kann nicht einmal daran denken, sie unter eine einzige Form zu subsumieren.« (Ebd., S. 39 [QF 46, Hv. i. Orig.]) Siehe auch Nancy: Wahrheit der Demokratie, S. 39ff. (VD 33ff.); 47 (VD 40f.); 55ff. (VD 48ff.); 67ff. (VD 60ff.); Nancy: Tout est-il politique, S. 81f.; sowie Morin: Nancy, S. 119; 120.

1891   Nancy: Endliche und unendliche Demokratie, S. 92 (DFI 89f.). Es geht hier mit anderen Worten um den Zusammenhang von Macht und Gerechtigkeit (gegenüber dem inkommensurablen Singulären), auf den Nancy an verschiedenen Stellen zu sprechen kommt; siehe etwa Nancy: Des sens de la démocratie, S. 47; Nancy: Tout est-il politique, S. 81, sowie dazu Smith: Justice and communist politics, S. 187.

1892   Nancy: Endliche und unendliche Demokratie, S. 92 (DFI 90); siehe auch Hebekus/Völker: Philosophien des Politischen, S. 127.

4. Versuch einer Kritik der Ontologie der Gemeinschaft

So wichtig es ist, den »Verzicht auf die große Identifizierung« – auf die Verkörperung der Gemeinschaft im »Bild eines Königs, eines Vaters, eines Gottes, einer Nation, einer Republik, eines Volkes, eines Menschen oder einer Menschheit, ja auch einer Demokratie« – anzumahnen und demokratische Politik als die gegenkapitalistische Öffnung des Raumes »für vielfältige Identitäten und ihre Aufteilung [partage]«[1] zu beschreiben, so wichtig wäre es darzulegen, wie Verzicht und Öffnung vor sich gehen. Man erfahre aber bei Nancy (zu) wenig, moniert Marchart, über die Funktion und institutionelle Form etwa der politischen Macht und des Staates, und nicht minder dunkel bleibe, wie und von welchen Akteur*innen der Kampf z.B. um Gleichheit und Gerechtigkeit geführt werden könnte.[2] Solche Fragen ließen sich jedoch nicht einfach umgehen, denn:

> [F]reedom, equality and solidarity remain inconsequential and idealist dreams of a beautiful soul as long as they do not pass from the ethical into politics. Acceptance, recognition and responsibility have to become *political* by being integrated into a regime of democratic institutions and a radical project of enlarging the democratic horizon. [...] In short, a democratic ethics of justice and responsibility towards the incommensurable must be both re-actualized in democratic struggles and registered by the institutions of democracy as a regime, even as one agrees that it will be impossible, in the last instance, to implement it ever fully.[3]

Die Vernachlässigung dieser im engeren Sinne politischen Fragen rühre daher, dass sich Nancy der Politik von dem *retrait* des Politischen her nähere, von einem ontologischen Problem aus.[4] Andere Kritiker*innen erheben ähnliche Vorwürfe. Devisch stellt ebenfalls fest und beklagt, dass Nancy den Begriff der Macht zu diskutieren insgesamt weitgehend versäume:

---

1   Nancy: Wahrheit der Demokratie, S. 56 (VD 49).

2   Vgl. Marchart: Being with against, S. 180f. Barend Kiefte kritisiert Nancy (sowie Bataille und Blanchot) dafür, die Funktion demokratischer Institutionen für den Schutz von Freiheit und Gleichheit zu vernachlässigen; siehe Kiefte: Anarchist concept of community, S. 20; 184; 188f.; 192.

3   Marchart: Being with against, S. 182, Hv. i. Orig.

4   Vgl. ebd., S. 181.

Although Nancy is very attentive to the political dangers of the lament over lost communality, and the shadow of totalitarianism, he never translated this attention into a discussion of the power or political struggle in democracy; neither did he dedicate an at length article or book chapter on the question of power, a crucial concept of thinking the political. [...] Apparently Nancy does not need the concept of power in his ›political philosophy‹. According to his theoretical stance, the non-necessity to think political power is indeed intentional: for Nancy, our political problems today lay bare that in our analysis of them, the ontological horizon is what matters. [...] Nancy thinks the political and democracy from the horizon of a shared existence that is opened or exposed to its absence of sense and the ultimate sense of existence. Sense, being that which matters, is not a political but a metaphysical issue.[5]

Nancy betont zwar, man müsse handeln und kämpfen, um die Anarchie der Demokratie aufrecht zu erhalten und die Offenheit der verschiedenen Existenzsphären zu gewährleisten.[6] Aber wie Smith zu Recht anmerkt, liest man hierzu kaum Genaueres.

Does such a force [...], which must refrain from taking responsibility for these events of the common, merely protect or defend [...] a set of possibilities and spaces, that, moreover, do not exist apart from the events that give rise to them? Or does this force, to the contrary, not simply hold open these spaces, maintain them – not only keep them open but also keep them up – but also assume the task of *forcing them open?*[7]

Nicht anders bei der gegen das kapitalistische Äquivalenzprinzip gerichteten Praxis: »What sorts of actions, operations and struggles would be capable of deposing or dislodging capitalism?«[8] In der Tat lässt Nancy es an »revolutionary statements«[9] nicht fehlen, aber so mitreißend seine auf radikale Veränderung abzielende Emphase auch ist – sie erschöpft sich darin.[10]

Zusammengefasst mündet die Kritik an Nancys Denken in den Vorwurf, seine (politische) Philosophie sei, wie Andrew Norris formuliert, »however theoretically brilliant, strangely removed from the political«.[11] Einig sind sich die Kommentator*innen auch

---

5   Devisch: Nancy's ›Political Philosophy‹, S. 122f. Devisch empfiehlt zur Behebung dieses Defizits (wie übrigens auch Marchart: Being with against, S. 181) den Rekurs auf die Theorie Claude Leforts, die zeige, wie man die Grundlosigkeit der Demokratie institutionell verankern könne; vgl. Devisch: Nancy's ›Political Philosophy‹, S. 125ff.

6   Vgl. Nancy: Wahrheit der Demokratie, S. 64f. (VD 57).

7   Smith: Justice and communist politics, S. 188, Hv. i. Orig., ähnlich Wagner: Negative politics, S. 103. Je nach Antwort würde sich entscheiden, ob sich Nancys politische Philosophie, wie ihm Devisch: Nancy's ›Political Philosophy‹, S. 123, und Norris: Myth of the common, S. 289, vorwerfen, nur wenig von einer liberalen Haltung trennt.

8   Smith: Justice and communist politics, S. 199.

9   Devisch: Nancy's ›Political Philosophy‹, S. 123, mit Bezug auf Nancy: Politik und darüber hinaus, S. 229 (PED 36, Hv. i. Orig.): »Wir brauchen weniger eine politische Revolution als eine Revolution der Politik [*de* la politique] oder eine, die sich auf sie bezieht. Wir brauchen einfach (!) eine andere ›Zivilisation‹, was natürlich vor allem heißt: eine andere Weise, in der der Sinn anerkannt wird.«

10   Die revolutionären Worte seien »unelaborated statements«. (Devisch: Nancy's ›Political Philosophy‹, S. 123)

11   Norris: Myth of the common, S. 285; siehe auch Hebekus/Völker: Philosophien des Politischen, S. 92f.

darin, man müsse die Ursache hierfür in Nancys ›ontologischem‹ Zugang zu politischen Fragen suchen.[12] Dabei sind zwei Formen der Kritik zu unterscheiden.[13] Die eine sieht den Fehler in Nancys Konzentration auf eine Sozialontologie. Meines Erachtens ist dies die Argumentation von Devisch, dessen These lautet, »that, though interesting and fascinating, Nancy's social ontology does not lead to a breakthrough in thinking the political. Moreover, his gesture away from the political to the social, results into a conceptual vacuum when it comes down to the political.«[14] Die andere Form der Kritik hält Nancys Sozialontologie selbst für problematisch.[15] Im Unterschied zur ersten Variante der Kritik nimmt man damit Nancys Warnung ernst, man könne aus der Ontologie keine Politik unmittelbar ableiten[16], hinterfragt aber Nancys Behauptung, seine Ontologie des Gemeinsam-Seins sei eine ›ursprüngliche‹ *praxis*.[17] Diese Kritik trägt an Nancys Denken keine Ansprüche heran, die es selbst nicht zu erfüllen sucht[18], sondern konfrontiert es mit den eigenen Ambitionen.

In diesem Sinne gilt die Kritik insbesondere Nancys Versuch »zu denken, dass das Gemeinsam-Sein kein Gemeinwesen ist, das heißt, dass es kein Sein, keine Substanz, kein gemeinschaftliches Subjekt ist«.[19] Das meint nicht, so sollte deutlich geworden sein, dass es das Gemeinsam-Sein nicht gibt; vielmehr zeigt es sich in allem oder besser: als alles, was es gibt – als Ko-Existenz: »Die Existenz [...] *ist mit:* oder es existiert

---

12   So auch die Einschätzung von James: Interrupted myth, S. 335.

13   Dies ist idealtypisch gedacht, tatsächlich vermischen sich beide Formen häufig.

14   Devisch: Nancy's ›Political Philosophy‹, S. 116. Devisch: Question of community, S. 179, beurteilt Nancys Philosophie hinsichtlich politischer Motive als »inconsistent and fragmentary. Although he touches on many themes and often acquires interesting insights into them, he arrives at little in the way of consistent analyses. His thought sometimes threatens to sputter out and fails to cover all the terrain one would expect from a political philosophy.« Dies liege daran, dass Nancy »a social-ontological interrogation of political themes« (ebd.) unternehme. Auch Gertenbach/Richter: Das Imaginäre und die Gemeinschaft, S. 135, sind der Ansicht: Dass bei Nancy »das politische Moment gegenüber dem Ontologischen in den Hintergrund« gerate, liege an »der problematischen Engführung der Argumentation Nancys auf ontologische Fragen«.

15   Hier ist an die oben skizzierte Kritik Simon Critchleys zu erinnern.

16   Siehe hierzu etwa Watkin: Being just, S. 20; Fagan: Ethics and politics after poststructuralism, S. 113f., oder James: Fragmentary demand, S. 152f. Der ›Nutzen‹ des nancyschen Denkens, so legt Norris: Myth of the common, S. 273, nahe, müsse darin gesehen werden, uns auszustatten »with enormously useful tools with which to rethink our political concepts and to evaluate their history«. James: Fragmentary demand, S. 194, schreibt mit Bezug auf Norris: »Philosophy here may not lay a ground for political thought or courses of action, but it can offer new perspectives which would alter the manner in which political events [...] are understood.«

17   Zu verweisen wäre hier etwa auf Nancys Hinweis, »daß der *Sinn* immer in der *praxis* liegt, auch wenn sich keine Praxis darauf beschränkt, einen Gedanken zu verwirklichen und kein Gedanke die Praxis erschöpfend erfaßt«. (Nancy: Erschaffung der Welt, S. 53, Hv. i. Orig. [CMM 61f., Hv. i. Orig.]) Siehe auch Morin: Nancy, S. 96.

18   Devisch: Question of community, S. 161, stellt zu Recht fest, »Nancy never had any pretension of formulating a new political or philosophical theory«. Siehe als Beleg etwa Nancy: singulär plural sein, S. 52 (ESP 45).

19   Nancy: Angst vor Gemeinschaft, S. 78.

nichts.«[20] Aus diesem Grund, erklärt Nancy, sei »[d]as ›Denken‹ von ›uns‹ [...] kein re-
präsentatives Denken (keine Idee, keine Vorstellung, kein Begriff), sondern *Praxis* und
Ethos: die Inszenierung der Miterscheinung [comparution], jene Inszenierung, die Miterscheinung ist«.[21] Nancys Überlegungen zur Demokratie verweisen implizit auf diese
Phänomenalität des Mit: In den verschiedenen, von der Politik getrennten Existenzsphären bringe sich »das Allgemeinste [ce qu'il y a de plus commun]« ins Spiel: »Seine
Darstellung ist vielfältig und weit gefächert: Kunst, Philosophie, Liebe, Ruhm und Eh-
re, Körper [...] sind Momente, in denen es aufblitzt (und nicht etwa Modi, denn es gibt
keine Substanz)«.[22] Das Axiom der nancyschen Ontologie, dass sich das Sein »in viel-
fältiger Weise«[23] äußere, erfährt in *La comparution* sogar eine gewisse institutionelle
Konkretisierung. Wie Nancy anmerkt, seien

> die Unterschiede im gesellschaftlichen Aufbau und in den politischen Grundentschei-
> dungen [enjeux politiques], das Nacheinander, die Überschneidungen und das unver-
> einbare Nebeneinander etwa von divergierenden Staatsmodellen, Klassenkämpfen,
> Differenzen oder Widerstreits [différends] anderer Art, keine Unfälle, die einer ge-
> meinschaftlichen Substanz »zustoßen«, sondern das Auftauchen [sur-venir] des »Ge-
> meinschaftlichen [en-commun]« selbst.[24]

Man muss diese Passage mit Vorsicht lesen: Wie gesehen, ist es gerade die noch in
La comparution postulierte Verknüpfung von Ontologie und Politik, von der Nancy sich
später distanziert hat.

So ist denn auch der Tenor seiner Schriften ein anderer. Wenn wir gemeinsam sind
und mit-erscheinen, weil wir kein gemeinsames Sein haben[25], so hintertreibt dieses
Fehlen an gemeinschaftlicher Substanz, hatte Nancys Auseinandersetzung mit der nationalsozialistischen ›Todesgemeinschaft‹ gezeigt, jeden Versuch, eine solche (unmögliche) Substanz ins Werk zu setzen. »Die Gemeinschaft garantiert und markiert in gewisser Weise die Unmöglichkeit der Gemeinschaft – dies ist ihre ureigene Geste und
die Spur ihres Tuns.«[26] Zu Recht bemerkt neben anderen Burkhard Liebsch, Nancy
verstehe »das *ursprüngliche ›Fehlen‹ von Gemeinschaft*« nicht als »*Mangel* an Vergemeinschaftung«[27], sondern als deren Voraussetzung. »*Das Soziale wird dem entsprechend von*

---

20   Nancy: singulär plural sein, S. 23, Hv. i. Orig. (ESP 22, Hv. i. Orig.). Marchart: Politische Differenz,
     S. 116, weist darauf hin, dass Nancy: singulär plural sein, S. 79, Hv. i. Orig. (ESP 66, Hv. i. Orig.),
     durchaus erkennt:»Das Sein als solches ist jedes Mal das Sein als Sein *eines* Seienden«.

21   Nancy: singulär plural sein, S. 112f., Hv. i. Orig. (ESP 94, Hv. i. Orig.).

22   Nancy: Das gemeinsame Erscheinen, S. 192 (CP 99f.).

23   Nancy: singulär plural sein, S. 69 (ESP 58).

24   Nancy: Das gemeinsame Erscheinen, S. 193 (CP 100).

25   »Unsere Existenz ist [...] immer schon kommunal [...] insofern, als gerade das Fehlen einer Identität
     die Bedingung der Möglichkeit von Vergemeinschaftung bedeutet.« (Bonacker: Gemeinschaft der
     Dekonstruktion, S. 275)

26   Nancy: Entwerkte Gemeinschaft, S. 38 (CD 42); vgl. Bonacker: Gemeinschaft der Dekonstruktion,
     S. 276f. (der dieses Zitat ebenfalls anführt). Anders gesagt: Nancy zeigt, dass »die *ontologische Di-
     mension* eines *Mitseins* [...] auch in der [...] vernichtenden Gewalt noch erkennbar bleibt«. (Liebsch:
     Ausgesetzte Gemeinschaft, S. 57, Hv. i. Orig.)

27   Liebsch: Ausgesetzte Gemeinschaft, S. 61, Hv. i. Orig.

Anfang an als Widerstand gegen seine Aufhebung in Formen sozialer oder politischer Ordnung gedacht.«[28]

Wie Marchart zeigt, macht sich Nancys Institutionalisierungsverbot an seinem Begriff der *polis* bemerkbar.[29] ›Polis‹, schreibt Nancy, sei »nicht zuerst eine Form der politischen Institution, sondern zuerst Mit-sein *als solches*«.[30] Marchart bezweifelt, dass man ›Mit-sein als solches‹, das heißt: Mit-Sein in einem allererst philosophischen und nicht politischen Sinne, denken könne. Warum und was hält die Polis zusammen? Dies vermöge Nancy nicht zu beantworten.[31] Kaum weniger problematisch sei die nancysche Auffassung des Wir. Vom Sein, das Mit-Sein sei, lasse sich, so Nancy, nicht mehr in der dritten Person (›es ist‹/›es gibt‹), also von einer dem Mit-Sein äußerlichen Position des ›Ich bin‹ aus sprechen. »Man müßte vielmehr die dritte Person als die in Wirklichkeit erste denken. Sie wird dann also die erste Person Plural. Und das Sein läßt sich dann nur auf diese singuläre Weise sagen: ›Wir sind‹. Die Wahrheit des *ego sum* ist ein *nos sumus*«.[32] Ein solches ursprüngliches Wir-Sagen aber sei unmöglich, wendet Marchart ein, denn das Wir komme »aus einem politischen Konstruktionsprojekt, das die verstreute Pluralität des Seins vorübergehend homogenisiert«.[33] Er widerspricht der Ansicht, »ein singulär plurales ›Wir‹ könne auch abseits seiner Einschränkung durch konkrete Politik existieren«.[34] Die »Ontologie des Mit-Seins« müsse deshalb reformuliert werden als »*politische* Ontologie«.[35]

---

28   Ebd., Hv. i. Orig. Die ›entwerkte‹ Gemeinschaft, so Balibar: Inoperative community, S. 33, Hv. i. Orig., »inheres in the aporetic form of an ›impossible‹ completion, a completion of the impossible unity or fusion that will never take place as such in the ›reality‹ of institutions, but only as its own [...] *lack*«. Hirsch zufolge gelte für Nancy: »Die irreduzible Spaltung und Fremdheit im Inneren der Gemeinschaft *verbietet* eine Übertragung auf die Ebene der politischen Organisation und Repräsentation«. (Hirsch: Symbolischer Primat des Politischen, S. 344, Hv. i. Orig.; siehe auch ebd., S. 357) James: Fragmentary demand, S. 176f., stellt fest, ›Gemeinschaft‹ sei bei Nancy »predicated on an ontological or existential recasting of its traditional meaning. It does not refer to a specific social formation or mode of organization, but rather is thought in terms of the very structure of a shared existence.« Kiefte: Anarchist concept of community, S. 10f.; 19; 52; 140; 153f.; 165, sieht vor allem darin den nancyschen Anarchismus.

29   Ich folge nachstehend Marchart: Politische Differenz, S. 113f.

30   Nancy: singulär plural sein, S. 61, Hv. i. Orig. (ESP 51, Hv. i. Orig.). Im Hintergrund steht hier die notorische Sorge vor einem totalitären ›Alles ist politisch‹, die Nancy zu der Trennung von Polis und Politik veranlasst. »[L]a ou le ›politique‹ n'est pas le tout de ce qui vient d'être désigné comme *polis* [...], et qu'on peut aussi nommer ›être ensemble‹ – disons, à la seule condition qu'il ne s'agisse pas d'un être-ensemble dont l'ensemble serait d'avance subsumé sous une loi et une autorité divine«. (Nancy: Politique et/ou politique, S. 314, Hv. i. Orig.)

31   Vgl. Marchart: Politische Differenz, S. 113.

32   Nancy: singulär plural sein, S. 63, Hv. i. Orig. (ESP 53, Hv. i. Orig.); vgl. ebd.

33   Marchart: Politische Differenz, S. 113f.

34   Ebd., S. 114, siehe den Hinweis auf Marcharts Kritik schon bei Herzhoff: Rosa et al.: Theorien der Gemeinschaft zur Einführung, Abs. 22.

35   Marchart: Politische Differenz, S. 115, Hv. i. Orig. Nur so könne sie »die Natur des ›Mit‹ erklären, ohne der einen oder anderen Form des Philosophismus zu verfallen«. (Ebd., S. 116) Das heißt: Ontologie könne es nur geben »als die Ontologie *eines bestimmten ontischen Bereichs*«, und folglich könne sie »immer nur eine ›ontische Ontologie‹ (des Seins eines *bestimmten* Seienden) und keine Ontologie ›als solche‹ (des Seins des Seins) sein«. (Ebd., Hv. i. Orig.)

Welche Folgen hat es, dass Nancy diese (Marchart zufolge) notwendigerweise politische Dimension der Ontologie vernachlässigt und die für den Postfundamentalismus typische Doppelgeste der »Gründung/Entgründung«[36] tendenziell auf eine ›Entgründung‹ verkürzt?[37]

Nach Ansicht seiner Kritiker*innen geht damit ein Verlust an Entscheidungsvermögen einher.[38] Norris' These lautet, dass sich Nancy in seiner »brilliant analysis of the paradoxes of political community« zu sehr mit »deconstructive aporias« zufriedengebe: Er sei »not sufficiently attentive to the inevitability, the necessity, and the dignity of political judgment«.[39] Stattdessen habe man bei Nancy nur die Wahl zwischen ›Eigentlichkeit‹ und ›Uneigentlichkeit‹:

> For Nancy [...] to be inauthentic is to deny our being-in-common. Instead of a lifeless conformity, this denial produces xenophobia and violent conflict, the oppression and rejection of the »other,« be she Muslim, Croatian, Mexican, or Black. To be authentic is to »consciously undergo the experience of our sharing« – and this entails a resistance to such violence.[40]

Dies schließe aus, sich für »eine *bestimmte* Ordnung«[41] und für bestimmte politische Prinzipien entscheiden zu können, wie Norris an dem von Nancy eingeforderten Prinzip des Respekts gegenüber Differenz zeigt.[42] Dieser Respekt bedinge nicht nur eine Abgrenzung gegenüber Respektlosigkeit (Respekt wäre hier negativ als »limiting condition«[43] zu verstehen), sondern betreffe auch die Art und Weise, wie wir uns zu der eigenen politischen Identität stellen: Respektierten wir, dass es keine absolute Identität unserer Gemeinschaft gebe, könnten wir uns zu unserer politischen Identität nur ironisch verhalten.[44] »However, the motivation for this irony would seem to undercut the initial political principle that Nancy's work offered us, that of respect for difference. For if all political identity constitutes a denial of our ontology, our being-in-common, then what is it precisely that we are to respect?«[45] Jeder (nicht-ironische) Bezug auf eine politische Identität, folgert Norris, müsse Nancy zufolge Gefahr laufen, das Gemeinsam-Sein zu negieren.[46]

---

36   Ebd., S. 29.

37   Vgl. ebd., S. 113; 114.

38   Siehe hierzu auch bereits den Hinweis bei Herzhoff: Nancy: Die Mit-Teilung der Stimmen, Abs. 12.

39   Norris: Myth of the common, S. 273f. Eine präzise Darstellung (und Zurückweisung) von Norris' Argumenten findet sich etwa bei James: Fragmentary demand, S. 194f.; James: Interrupted myth, S. 335.

40   Norris: Myth of the common, S. 286, mit Bezug auf Nancy: Entwerkte Gemeinschaft, S. 87 (CD 100). Siehe auch Balibar: Inoperative community, S. 33.

41   Marchart: Politische Differenz, S. 115, Hv. i. Orig.

42   »If our being is, as Nancy argues, non-self-identical, then it is a perverse misunderstanding of who we are to seek absolute unanimity or absolute communal identity. Difference is something that must be respected.« (Norris: Myth of the common, S. 286)

43   Ebd.

44   Vgl. ebd., S. 286f.

45   Ebd., S. 287.

46   Vgl. ebd., S. 289. In gewisser Weise fällt das Argument auf Norris zurück: Wenn er politische Entscheidungen einfordert, reaktiviert er genau das Identitätsprinzip, das Nancy zu dekonstruieren

Ähnlich urteilt Liebsch[47], der stärker noch als Norris auf die Gefahren dieses Negationsverdachts und den entsprechenden »*Unaufhebbarkeitsvorbehalt*«[48] aufmerksam macht.

Was sich in überhaupt keiner Gemeinschaft (oder auch Gesellschaft) je aufheben lässt, kommt nun aber mit solcher Wucht und derart einseitig zur Geltung, dass nur noch schwer zu erkennen ist, *welche* Formen der Vergemeinschaftung wir vielleicht vorziehen und vor welchen wir gewarnt sein sollten. Das radikalisierte Bedenken der Prozesse originärer Vergemeinschaftung lässt ironischerweise wichtige Differenzen in den *Ergebnissen* dieser Prozesse ganz und gar in den Hintergrund treten.[49]

Damit könnte sich rächen, dass Nancy in seiner »Negativen Ontologie«, wie Röttgers formuliert, »zwar jede Substantialisierung des Zwischen/Mit vermeidet«, indes dadurch zugleich »wenig in positiver Hinsicht über diese Mitte zu sagen weiß«.[50] Nancy verfehle den eigenen Anspruch, die ›undarstellbare Gemeinschaft‹ als politisches Ereignis in Stellung zu bringen, schätzt Liebsch mit Blick auf den von Nancy ausgerufenen Kampf gegen den globalen Kapitalismus und gegen eine drohende Rückkehr faschis-

---

sucht. So hält James: Fragmentary demand, S. 195, fest: Norris' »call for a proper theory of judgment and for some kind of legislative framework that would give criteria for decision and action is fraught with difficulty. Such a theory would, albeit in a limited or residual manner, reintroduce the principle of identity or of foundation within thought.« Mit diesem Argument wird Nancy (gegen Norris) auch verteidigt von Fagan: Ethics and politics after poststructuralism, S. 113f.

47 Für Nancy »gerät jede Art der Vergemeinschaftung, die eine begrenzte, lokale [...] Zugehörigkeit stiftet, unter den Verdacht, den Entzug dessen, was ursprünglich menschliche Koexistenz überhaupt erst eröffnet, zu leugnen«. (Liebsch: Ausgesetzte Gemeinschaft, S. 70)

48 Ebd., S. 61, Hv. i. Orig.

49 Ebd., Hv. i. Orig. Gertenbach/Richter: Das Imaginäre und die Gemeinschaft, S. 120, sprechen hier von »soziologische[r] Blindheit«, die daher rühre, dass keine »Phänomene konkreter Gemeinschaftsbildung in den Blick genommen werden (und damit auch keine Differenzen zwischen verschiedenen Formen und Intensitäten von Gemeinschaft berücksichtigt werden können)«. Wie gesehen, bringt Todd May ein ähnliches Argument vor: Nancys Denken der Gemeinschaft schließe politischen Widerstand gegen totalitäre Abschließungs- oder Substantialisierungsversuche der Gemeinschaft aus, da dieser Widerstand ein Minimum an Substanz im Sinne etwa einer antirassistischen Überzeugung voraussetzte. (Vgl. May: Reconsidering difference, S. 40ff.) Mit ähnlicher Stoßrichtung fragt auch Kiefte, »as to whether or not an ontological politics is desirable, because if existence is as community, then there may be no normative basis for criticizing totalitarian communities or encouraging democratic communities«. (Kiefte: Anarchist concept of community, S. 11) Siehe auch ebd., S. 140, mit der Kritik, Nancys »anarchism undermines his search for alternative forms of community. The ontological orientation to community is outside of concrete social relations and unable to judge among competing claims.« Folgt man van Dyk: Poststrukturalismus, S. 202f., gilt dieses Defizit allgemein für poststrukturalistische Theorien: »Die Betonung der konstitutiven Unmöglichkeit schiebt sich in ihrer Radikalität vor die empirisch je beschränkten, potenziell unterschiedlich zu qualifizierenden Weisen der Annäherung, des Verfehlens, des Scheiterns und der Verankerung. Statt dass diese (konstitutiv beschränkten) Weisen und Wege abgeschritten würden, herrscht [...] ein mehr oder weniger emphatisch aufgeladener anti-institutioneller, anarchistisch geprägter Gestus vor, der [...] das regressive Potenzial anti-institutioneller Destabilisierungen und die potenziell emanzipatorische Kraft von partiellen Stabilisierungen unterschätzt.«

50 Röttgers: An-archische Praxis, S. 59; ähnlich Liebsch: Ausgesetzte Gemeinschaft, S. 73.

toider Gemeinschaftskonzeptionen.[51] Wo bei Nancy nur ein »*indifferentes Mitsein*«[52] zu finden sei, müsste man dieses durchbrechen, um gegen »[d]ie gewaltsame Unmenschlichkeit des Kapitals«[53] (in berechtigten politischen Formen artikulierte) Ansprüche auf Unverletztheit formulieren zu können.[54] Ebenso wenig könne ein »›leere[s]‹ Mitsein« beitragen »zur Gestaltung sozialer und politischer Gemeinschaften«, stehe so aber »politisch-technischen Bemächtigungsversuchen jeglicher Couleur offen«.[55] Mit Gertenbach und Richter wäre kritisch zu fragen, ob Politik bei Nancy aus mehr besteht als einer Anerkennung der »Kluft zwischen der Ontologie des Mit-Seins und der tatsächlichen politischen Instituierung«.[56] Reduzierte sich Politik auf die Wahrung dieses Abstandes (das heißt: des Abstandes von Philosophie und Politik),

> verzichtet ein solches Unterfangen […] in zweifacher Weise auf konkrete politische Forderungen: einerseits, indem es bereits die Dekonstruktion der Einheitsvorstellungen zur radikalpolitischen Tat […] überhöht, und andererseits, indem es sich in der […] Geste des »immer-schon« darin erschöpft, auf die Vorgängigkeit und Unhintergehbarkeit des Mit-Seins, also der ontologischen Ebene, zu verweisen.[57]

Die vorgebrachte Kritik erklärt Nancys Denken einer ›Gemeinschaft ohne Gemeinschaft‹ nicht für sinnlos.[58] Seine Dekonstruktion eines substantiellen Gemeinschaftsbegriffs, die eine »Offenheit im Herzen der Gemeinschaft«[59] ausfindig macht, ist genauso wichtig wie sein Beharren darauf, gegen eine »»Kultur [civilisation] des Individuums««[60] die Gemeinschaft als unumgänglich zu markieren und als »politische Forderung«[61] anzuerkennen. Insbesondere für eine Politik des Miteinander ist Nancys Denken relevant, da es die (keineswegs vergangene) Gefahr einer unhinterfragten Verknüpfung von Politik und Gemeinschaft offenlegt.[62] Und weil es zugleich zeigt:

---

51   Vgl. Liebsch: Ausgesetzte Gemeinschaft, S. 73ff.

52   Ebd., S. 73, Hv. i. Orig.

53   Nancy: singulär plural sein, S. 117 (ESP 97).

54   Vgl. Liebsch: Ausgesetzte Gemeinschaft, S. 73.

55   Ebd., S. 74.

56   Gertenbach/Richter: Das Imaginäre und die Gemeinschaft, S. 130.

57   Ebd., S. 131.

58   Siehe auch Marchart: Politische Differenz, S. 115.

59   Bonacker: Gemeinschaft der Dekonstruktion, S. 278.

60   Nancy: Das gemeinsame Erscheinen, S. 175 (CP 67).

61   Gertenbach/Richter: Das Imaginäre und die Gemeinschaft, S. 129. Siehe auch Rosa et al.: Theorien der Gemeinschaft, S. 160, sowie Norris: Myth of the common, S. 273: »Nancy is adamant that community is our native state, and that individualistic or ›atomistic‹ political philosophies and the worldly relations they both reflect and encourage do violence to this.« Nancy zeichne aus, die Idee des individuellen Subjekts und des Kollektivsubjekts als unbrauchbar zurückzuweisen: »But he is equally insistent that conceiving community in terms of identity is itself not a denial of the ontological errors of atomism, but instead only a repetition of the same on a new level: instead of reifying the individual, the theorist of community identity reifies the community.« (Ebd.)

62   Siehe weiter Norris' Einschätzung: »Jean-Luc Nancy's contributions to political philosophy […] constitute one of our most comprehensive arguments against this understanding of politics as a form or expression of identity.« (Norris: Myth of the common, S. 273) Siehe in diesem Zusammenhang beispielsweise Nancys Kritik an dem Versuch des französischen Präsidenten a. D. Nicolas Sarkozy, eine Debatte über die französische Identität anzustoßen. Zwar habe man zur Begründung von

Politik ist dort (wenn auch bei Nancy nicht in einem engeren Sinne) politisch, wo sie das Gemeinsame betrifft; sie ist erst ›wahre‹ demokratische Politik, wenn sie dem Gemeinsamen (das kein gemeinsames Sein ist) einen Raum eröffnet, es (wieder) ins Spiel bringt.[63]

Dennoch bedarf es für eine Politik des Miteinander der Anstrengung, über Nancy hinaus zu denken. Denn zwar unterstreiche er, »dass die dekonstruktive Forderung nach Gemeinschaft per se auf dem Terrain des Politischen stattfindet«, allerdings bleibt dabei, so ist Gertenbach und Richter zuzustimmen, die Frage nach »einer konkreten politischen Praxis«[64] unbeantwortet. Über Nancy hinaus zu denken, soll nicht heißen, den Kontakt zum Denken Nancys zu verlieren. (Der Kontakt, sagt Nancy, sei das Zugleich von »Nähe« und »Abstand«.[65]) Vorschlagen möchte ich eine Ergänzung oder – noch vorsichtiger – ein Herausarbeiten dessen, was in Nancys Ausführungen zur knüpfend-entknüpfenden Praxis des (sozialen) Bandes schon angedacht ist.[66]

Identität nicht mehr auf die Kategorien von Blut und Boden zurückgegriffen. (Vgl. Nancy: Identität, S. 24 [I 21]) Aber »dennoch bleibt bestehen, dass der Ausdruck ›französische Identität‹ in sich bereits eine Einladung, ja sogar eine Anstiftung dazu enthält, so etwas wie der französischen ›Erde‹ zu schmeicheln und auf dieser Erde so etwas wie einem ›Geschlecht‹ oder einer ›Familie‹ [...] eingereiht [zu] werden«. (Ebd., S. 24f. [I 21f.]) Siehe zu diesem Text Nancys auch die Ausführungen von Bax: Nationalität und/als Identität, S. 128ff.

63   Siehe etwa Nancy: Preface, S. xxxvii. James: Interrupted myth, S. 347, sieht in Nancys Philosophie »an ungrounded, or postmetaphysical politics« impliziert, »which would displace or rather ceaselessly work to contest and suspend forms of politics premised on quasi-transcendental fictional myth. It would also be a post-metaphysical politics of solidarity, in which the fundamental demand of ›being-with‹ would be a demand for a certain kind of justice«.

64   Gertenbach/Richter: Das Imaginäre und die Gemeinschaft, S. 120 (mit Bezug auf Nancy: Preface, S. xxxvii).

65   Nancy: singulär plural sein, S. 25 (ESP 23).

66   Siehe dazu in Abschnitt I.3.3.3 den Unterabschnitt *Politik des Verknotens*. Bonacker: Gemeinschaft der Dekonstruktion, S. 278, erkennt in dem »gleichzeitige[n] Knüpfen und Entknüpfen des sozialen Bandes« einen Hinweis darauf, wie man mit Nancy »den Prozess der Vergemeinschaftung« denken könnte.

Zweiter Teil

Konstruktionen der Gemeinschaft

Im Folgenden geht es um ein Weiterdenken des sozialen Bandes als Praxis. Darzustellen ist, wie die unaufhebbare Pluralität der Singularitäten zu einer (ephemeren) Ordnung verknüpft werden kann.[1] Dabei gilt es, einen »metaphysischen Essenzialismus des Zentrums« ebenso zu vermeiden wie einen »Essenzialismus der Elemente«.[2] Besonders eine Erscheinungsform des Gemeinsam-Seins bietet sich hierfür an: das gemeinsame Handeln.[3] Auch May behauptet, »that a community is defined by the prac-

---

[1] Vgl. Marchart: Politische Differenz, S. 115, der darauf verweist, die qua Verknüpfung hergestellte »*bestimmte* Ordnung« gehe mit der »Exklusion anderer möglicher Ordnungen« (ebd., Hv. i. Orig.) einher. Damit lasse »sich das Moment des Antagonismus nicht länger aus dem Bild drängen. Wird die ›Pluralität‹ der Welt als gegebenes Faktum hingenommen, so wird dieser antagonistische und instituierende Moment des Politischen verleugnet, um einem pazifizierten und depolitisierten Begriff des Politischen Platz zu machen.« (Ebd.) (Marchart schließt sich – implizit – der Argumentation Laclaus und Mouffes an, die wir in Abschnitt II.3 darstellen werden. Bonacker: Gemeinschaft der Dekonstruktion, S. 277, Anm. 32, sieht übrigens in Nancys Hinweis auf eine Praxis des Bandes eine Nähe zu Laclaus Hegemonietheorie.) Einen ähnlichen Vorbehalt wie Marchart formuliert Liebsch: Ausgesetzte Gemeinschaft, S. 71: »Niemand kann je [...] in einer [...] Koexistenz Fuß fassen, wo nicht im Geringsten bestimmt wäre, wer jemand ist oder wer wir bzw. andere sind, wo nur ein Zwischen vorläge ohne Unterschiedene, die sich als voneinander differenziert und getrennt realisieren, und wo ›wir‹ nur durch ein reines ›mit‹ aufeinander verwiesen wären.«

[2] Marchart: Politische Differenz, S. 114f.; ähnlich bei Laclau/Mouffe: Hegemonie und radikale Demokratie, S. 25.

[3] Behauptet wird damit, man erkenne das Gemeinsam-Sein unvermittelt gar nicht. Dies unterstreicht (gegen Nancy) auch Liebsch: Ausgesetzte Gemeinschaft, S. 71; siehe zudem Schmitz' Behauptung: »Was das Soziale ist, lässt sich nicht fassen, indem man fragt, was das substantivierte Adjektiv bedeutet, man kann es nur bestimmen, indem man untersucht, welche zentralen Bezüge zwischen Subjekten es konstituieren und wie diese Relationen untereinander ihrerseits korreliert sind«. (Schmitz: Textur des Sozialen, S. 12) Zu diesen ›Bezügen‹ zählt Schmitz z.B. Neid, Feindschaft, Freundschaft, Wohlwollen oder Dank. Diese und andere »Schlüsseltermini« (ebd., S. 18) möchte er in ihrem Zusammenhang als »*Geflecht, Gewebe, Textur*« (ebd., S. 12, Hv. i. Orig.) kenntlich machen und so zu einer Aussage darüber kommen, »was es bedeutet, daß wir uns als soziale Wesen begreifen, daß zu existieren für uns deshalb in fast allen Fällen Sozial-Sein heißt«. (Ebd., S. 18) Während Schmitz m.E. nur die aristotelische Bestimmung des Menschen als *zoon politikon* variiert, geht es Nancy um ein umfassenderes ›Sozial-Sein‹ im Sinne eines ursprünglichen Plural-Seins. Schmitz denkt Pluralität als Addition von Individuen: Das »Faktum« der »Pluralität

tices that constitute it«.[4] Wolle man verstehen, was eine Gemeinschaft sei, müsse man klären, was es heiße zu handeln, und wie Handlungen auf eine Gemeinschaft bezogen seien.[5] Handlungen seien unweigerlich gemeinschaftlich: Es gebe keine »private practice«, denn (auch solitäre) Handlungen seien immer »socially and normatively governed«.[6] Während May den Fokus auf das gemeinschaftliche Fundament des (individuellen) Handelns legt, soll im Weiteren erörtert werden, was es heißt, gemeinschaftlich zu handeln. Dies soll nicht nur zu einer Art »phenomenology of community«[7] beitragen; in Frage steht das politische Handeln. Immer ist politisches Handeln gemeinsames Handeln[8] (was umgekehrt nicht gilt). Bei Nancy fehlt es nicht an einer entsprechenden Einsicht[9], wohl aber, beobachtet Elliott, an einem »plausible model of collective praxis«[10] – und deshalb auch an einer »basis for effective opposition to oppression«.[11]

Nancys Denken, so Kiefte, sei in einem Dilemma: »If he accepts agency, then he accedes to the politics of the subject that he wants so desperately to avoid. If he emphasizes inoperativeness, it is hard to understand how community has significance for politics.«[12] Diese Aporie löste sich auf, wenn gezeigt werden könnte, dass (politisches) Handeln kein kollektives Subjekt – als ›selbstgenügsame‹ Gestalt einer »unendliche[n] Rückkehr in sich«[13] – voraussetzt; ebenso wenig aber auch auf das ›bürgerliche‹ Individuum als spiegelbildliche Gestalt der ›Selbstgenügsamkeit‹ zurückgreifen muss. Das

---

der Menschen« trete »genau dann auf, wenn sich zu einem Individuum ein zweites gesellt«. (Ebd., S. 15, Anm. 21) Allerdings ist ausgehend vom Individuum, müsste man mit Nancy einwenden, ein ›Sozial-Sein‹ nicht denkbar; siehe zu dieser Kritik (und insgesamt zu Schmitz' *Die Textur des Sozialen*) Simon Herzhoff: [Rezension von] Heinz-Gerd Schmitz: Die Textur des Sozialen. Schlüsselbegriffe einer Philosophie der Gesellschaft. Veröffentlicht am 3.12.2012, o. S., Abs. 14. Abrufbar unter: <www.socialnet.de/rezensionen/12922.php> (Zugriff am 29.1.2022).

4   May: Reconsidering difference, S. 52.

5   Vgl. ebd. »*Wir* ist ein *Handlungssubjekt*, das in seiner Praxis erst *wird*. Denn *Wir* ist, wer mit anderen zusammen handelt (und erlebt, erfährt).« (Stoellger: Mit-Teilung und Mit-Sein, S. 56, Hv. i. Orig.) Stoellger sieht dieses Wir polemisch verfasst: »*Wir* ist ein Handlungssubjekt, das *mehr seine Zufälle ist, als seine Wahl.* [...] Denn für die Genesis des *Wir* ist von eminenter Bedeutung, wer sich als ›die‹ oder ›sie‹ anbietet oder ergibt. Insofern bestimmen ›die‹ gravierend mit bei der Konstitution des *Wir*.« (Ebd., S. 56-59, Hv. i. Orig. [die Seiten 57 und 58 sind Illustrationen])

6   May: Reconsidering difference, S. 53. Bonacker: Gemeinschaft der Dekonstruktion, S. 264, stützt diese These: »Ob es um das Verstehen sprachlicher Äußerungen, die Geltung moralischer Normen oder die Wertschätzung von Individuen geht – jede menschliche Praxis setzt immer einen gemeinschaftlichen Kontext voraus. Erst dieser Kontext erlaubt es uns, Begriffe zu verstehen, moralische Urteile abzugeben oder Gefühle für andere zu empfinden.«

7   May: Reconsidering difference, S. 47.

8   Siehe dazu etwa Marchart: Politische Differenz, S. 313f.

9   Siehe seinen Hinweis, es komme beim Kampf für die Erschaffung der Welt darauf an, dass man »Kräfte sammelt [trouvant des forces]«. (Nancy: Erschaffung der Welt, S. 55 [CMM 64])

10   Elliott: Community and resistance, S. 260. Siehe auch ebd., S. 263: Nancy »attempts to reconfigure community in the absence of any concrete historical determination of place, where place is understood as the context of praxis«.

11   Ebd., S. 267.

12   Kiefte: Anarchist concept of community, S. 147.

13   Nancy: Sinn der Welt, S. 154 (SM 171).

hieße zugleich, dass man ein Modell gemeinsamer Praxis – einer Politik des Miteinander – auf der Grundlage des nancyschen Denkens entwickeln kann.[14] Wäre Existenz nicht Ko-Existenz[15], wären gemeinsames Handeln und eine Politik des Miteinander unmöglich.

Ein erster Schritt in Richtung eines Modells gemeinsamen Handelns wird mithilfe der Theorien kollektiver Intentionalität versucht. Ausgehend von einer Kritik vor allem an dem unreflektierten Individualismus dieser Ansätze werden dann die Theorien Castoriadis', Laclaus und Mouffes sowie architekturphilosophische Überlegungen auf ihr ›handlungsphilosophisches‹ Potential hin abgeklopft. Der Abschnitt *Was tun?* führt die Theoriefäden zu einem Konzept gemeinsamen (politischen) Handelns – allgemeiner: zu der Skizze einer Politik des Miteinander – zusammen.

---

14   Denn Nancys Denken hat diese »*double rejection* of ›individualism‹ as atomism, and ›collectivism‹ as holism or totalitarianism, both of which form two sides of the same medal, namely the metaphysical representation of the subject as self-sufficient reflective unity« (Balibar: Inoperative community, S. 32f., Hv. i. Orig.), als seinen Kern.

15   Im Sinne einer »irreducible relationality which ruptures the totality of the self and the totality of the social«. (Kiefte: Anarchist concept of community, S. 145)

1. Gemeinschaft als das Teilen von Absichten

Dieser Abschnitt soll Licht auf ein Phänomen werfen, das bei Nancy im Dunkeln bleibt: das gemeinsame Handeln. Wie deutlich wurde, geht es in Nancys Denken »weniger um ein Zusammen-*Handeln* der Subjekte, um eine kollektive Praxis, als um eine ursprüngliche Form des Zusammen-*Seins*«.[1] Das gemeinsame Handeln ist aber ein zentraler Aspekt der ›phenomenology of community‹. Möglicherweise zeigt sich die »ontologische ›Sozialität‹«[2] als gemeinsames Tun, denn »*soziale* Wesen«, formulieren Schmid und Schweikard, sind wir »wesentlich auch durch unsere Fähigkeit [...], Dinge gemeinsam anzupacken und uns in Gemeinschaftshandlungen zu engagieren«.[3] Verstünde man, was es heißt, gemeinsam zu handeln, würde klarer, was Mit-Sein heißt.

Die weiteren Überlegungen sind indes nicht allein als eine phänomenologische Aufklärung des Mit-Seins aufzufassen; sie sollen auch zu einer Theorie einer Politik des Miteinander beitragen, diese zumindest vorbereiten. Durch die Vernachlässigung des gemeinsamen Handelns in der Ontologie des Mit-Seins, so die These, ermangelt es Nancy auch an einem Verständnis politischen Handelns, das nur als gemeinsames Handeln – als »ein Handeln ›in concert‹«[4] – adäquat zu fassen ist. Über Nancy hinaus – allerdings zu Nancy auch wieder zurück – soll es also jetzt um die Frage gehen: Wodurch ist eine Handlung ›unsere‹ Handlung, die ›wir‹ (gemeinsam) vollbringen?[5]

---

1 Hirsch: Symbolischer Primat des Politischen, S. 338, Hv. i. Orig.

2 Nancy: Entwerkte Gemeinschaft, S. 63 (CD 71).

3 Schmid/Schweikard: Einleitung, S. 12, Hv. i. Orig. Siehe auch ebd., S. 19: »Die Analyse dessen, was es bedeutet, etwas gemeinsam vorzuhaben und zu realisieren, gehört zu den entscheidenden Schritten auf dem Weg zu einem Verständnis dessen, was wir sind. ›Wir‹ – das sind nicht bloß vereinzelte Wesen oder Exemplare eines Allgemeinen. ›Wir‹, das sind auch immer wieder andere, die gemeinsam überlegen, empfinden und handeln.«

4 Arendt: Was ist Politik, S. 50.

5 Technischer ausgedrückt: Wie sind gemeinsames Beabsichtigen und Handeln strukturiert? Mit Schmid/Schweikard: Einleitung, S. 39ff., lässt sich die Struktur intentionaler Einstellungen in ›Gehalt‹, ›Modus‹ und ›Subjekt‹ differenzieren. Letzteres »ist der ›Träger‹ des intentionalen Zustandes, also dasjenige Wesen, welches die entsprechende Überzeugung oder Absicht ›hat‹«. (Ebd., S. 39) Dabei herrscht die Überzeugung vor, »dass als intentionale Subjekte bewusste, denkende und handelnde Individuen fungieren«. (Ebd.) Der Gehalt einer Intention meint das, worauf sich die Intentionalität richtet. (Vgl. ebd., S. 40f.) ›Modus‹ benennt »die *Weise*, in welcher der intentio-

Antworten hierauf versprechen die Theorien kollektiver Intentionalität. Entstanden in den späten 1980er Jahren, sind diese Ansätze heute, wie John Searle (neben Margaret Gilbert, Raimo Tuomela und Michael Bratman einer der Protagonist*innen der Debatte[6]) anmerkt, in der analytischen Philosophie fest verankert.[7] Für die vorliegende Arbeit sind die Theorien kollektiver Intentionalität wichtig, weil sie für eine Antwort auf die sozialontologische Frage nach dem »Wesen sozialer Phänomene«[8] den, wie Schmid sich ausdrückt, »Weg über das Phänomen«[9] einschlagen, also bei dem Halt machen und eingehend das untersuchen, worüber Nancy meist hinweggeht.

Mittlerweile ergeben sich Anknüpfungspunkte der Theorien kollektiver Intentionalität nicht nur mit philosophischen Disziplinen wie der Ethik oder Erkenntnistheorie, sondern auch mit der Kognitionswissenschaft, Spieltheorie, Entwicklungs- und Sozi-

---

nale Zustand eines Subjekts auf seinen Gehalt bzw. sein Objekt bezogen ist«. (Ebd., S. 41, Hv. i. Orig.) Zu unterscheiden ist zwischen kognitiven, konativen und affektiven Modi. Zu den kognitiven Modi gehören geistige Zustände, in denen es um ein Wissen über die Sachverhalte geht, auf die sie gerichtet sind (Überzeugung, Zweifel). In diesem Modus, so John R[ogers] Searle: Geist, Sprache und Gesellschaft. Philosophie in der wirklichen Welt. Frankfurt a.M. 2004, S. 94, repräsentieren wir, »wie die Dinge sind«. Im konativen Modus stehen Einstellungen (Wünsche, Hoffnungen, Absichten), die ausdrücken, »wie wir die Dinge gerne hätten oder wie wir sie zu machen versuchen«. (Ebd.) Der (von Searle nicht erwähnte) affektive Modus umfasst Einstellungen wie Freude oder Ärger über etwas; vgl. Schmid/Schweikard: Einleitung, S. 42. Siehe auch Jan Skudlarek: Relationale Intentionalität. Eine sozialontologische Untersuchung gemeinsamer Absichten. Diss. (Westfälische Wilhelms-Universität) Münster 2014, S. 18f.

6   Die Genannten werden auch als ›Big Four‹ angesprochen, siehe Sara Rachel Chant/Frank Hindriks/ Gerhard Preyer: Introduction. Beyond the Big Four and the Big Five. In: dies. (Hg.): From Individual to Collective Intentionality. New Essays. New York 2014, S. 1-9, 1ff. Skudlarek: Relationale Intentionalität, S. 13, zählt Searle, Gilbert, Tuomela und Bratman ebenfalls zu den ›klassischen‹ Autor*innen. Meist beziehen sich die Teilnehmenden an der Kontroverse um kollektive Intentionalität kritisch oder affirmativ auf eine/n der ›Big Four‹, unter denen auch selbst ein reger Austausch stattfindet; vgl. Hans Bernhard Schmid/David P. Schweikard: Einführung (II). In: dies. (Hg.): Kollektive Intentionalität. Eine Debatte über die Grundlagen des Sozialen. Frankfurt a.M. 2009, S. 227-229.

7   Laut John R[ogers] Searle: Wie wir die soziale Welt machen. Die Struktur der menschlichen Zivilisation. Berlin 2012, S. 80, »ist die kollektive Intentionalität [...] zum Produkt einer Art von Heimindustrie avanciert«. Die Feststellung von Meijers aus dem Jahre 1994, »there is very little literature on collective action and collective intentionality« (Anthonie Wilhelmus Marie Meijers: Speech Acts, Communication and Collective Intentionality beyond Searle's individualism. Utrecht 1994, S. 4), ist heute nicht mehr gültig. Siehe für eine (kurze) Geschichte der Publikationen zum Thema ›kollektive Intentionalität‹ Skudlarek: Relationale Intentionalität, S. 27f., und Hans Bernhard Schmid: Art. ›Intentionalität, kollektive‹. In: Gosepath, Stefan/Hinsch, Wilfried/Rössler, Beate (Hg.): Handbuch der Politischen Philosophie und Sozialphilosophie. Bd. 1. A-M. Berlin 2008, S. 560-564, 560f.

8   David P. Schweikard: Der Mythos des Singulären. Eine Untersuchung der Struktur kollektiven Handelns. Paderborn 2011, S. 13. Frank Hindriks: Social Ontology, Collective Intentionality, and Ockhamian Skepticism. In: Meggle, Georg (Hg.): Social Facts and Collective Intentionality. Frankfurt a.M. u.a. 2002, S. 125-149, 127ff., wertet Searles, Tuomelas und Gilberts Arbeiten zur kollektiven Intentionalität als Beiträge zu einer Sozialontologie, und mit Skudlarek: Relationale Intentionalität, S. 41, lässt sich festhalten: »[D]ie Debatte um kollektive Intentionalität ist nicht zuletzt die akademische Debatte um die philosophische Frage nach dem Wir«.

9   Schmid: Wir-Intentionalität, S. 24.

alpsychologie oder der Evolutionsbiologie.[10] Wohl nicht zuletzt diese (inter)disziplinäre Vielfalt ist der Grund dafür, dass man sich auf eine von allen Debattand*innen anerkannte Theorie kollektiver Intentionalität bislang nicht einigen konnte.[11] Die Divergenz der Auffassungen über die Struktur der Kollektivität der Intentionalität werde bereits an Ausdrücken wie *together* (Gilbert), *collective* (Searle), *shared* (Bratman) oder *joint* (Tuomela) ersichtlich, die sowohl Typen von Handlungen wie die entsprechenden Intentionen und weitere (geteilte) Geisteszustände bezeichnen.[12] Leicht läuft man Gefahr, inmitten des Hin und Her von subtil(st)en Einsprüchen und Rechtfertigungen den Überblick zu verlieren. Man könnte die Spitzfindigkeiten indes auch als Indiz für Einmütigkeit in den fundamentalen Fragen nehmen: Bei aller Stimmenvielfalt klingt in den Diskussionen der Grundtenor durch, man müsse zum Ausgangs- und Endpunkt gemeinsamen Beabsichtigens und Handelns das Individuum machen.[13] Annette C. Baier führt diese Entschiedenheit in ihrem Aufsatz *Doing Things With Others: The Mental Commons* (1997) zurück auf »Descartes' Gehirnwäsche«, die nicht nur bei Bratman, Gilbert,

---

10 Vgl. Schmid/Schweikard: Einleitung, S. 19f., sowie Chant/Hindriks/Preyer: Introduction, S. 3, und Margaret Gilbert: Acting Together, Joint Commitment, and Obligation. In: Psarros, Nikos/Schulte-Ostermann, Katinka (Hg.): Facets of Sociality. Frankfurt a.M. u.a. 2007, S. 153-168, 154, Anm. 2. Der Entwicklungspsychologe Michael Tomasello etwa rekurriert auf die Arbeiten von Searle, Gilbert, Bratman und Tuomela; siehe Michael Tomasello: Warum wir kooperieren. 2. Aufl. Berlin 2012, S. 11. Siehe zu Tomasello im Zusammenhang mit dem Stichwort ›Kollektive Intentionalität‹ die Ausführungen bei Hans Bernhard Schmid/David P. Schweikard: Art. ›Collective Intentionality‹. In: Zalta, Edward N. (Hg.): The Stanford Encyclopedia of Philosophy (Summer 2013 Edition), o. S., Abschn. 4.4. Abrufbar unter: <https://plato.stanford.edu/archives/sum2013/entries/collective-intentionality /> (Zugriff am 29.1.2022), sowie allgemein einführend etwa Frithjof Nungesser: Michael Tomasello: Auf experimentalpsychologischem Wege zu einer kognitiven Kulturtheorie. In: Moebius, Stephan/Quadflieg, Dirk (Hg.): Kultur. Theorien der Gegenwart. 2., erw. u. aktual. Aufl. Wiesbaden 2011, S. 671-682, und für einen konkreten Bezug zur Frage nach der Sozialität von Handlungen Frithjof Nungesser: Three Dimensions of the Sociality in Action. Some Reflections Based on the Cultural Psychology of Michael Tomasello and Sociological Pragmatism. In: European Journal of Pragmatism and American Philosophy 4 (2012), H. 1, S. 178-207. Nungesser argumentiert in diesem Artikel u.a. mithilfe von Tomasello für die These einer intrinsischen Beziehung zwischen Sozialität und Handeln: »In this perspective, sociality is a constitutive condition for and essential dimension of human action.« (Ebd., S. 179)

11 Dies betont Searle: Soziale Welt, S. 80. Schmid/Schweikard: Einleitung, S. 13, Hv. i. Orig., finden es »angesichts der *intuitiven Klarheit* und *Deutlichkeit* des Unterschieds von individuellem und gemeinsamem Handeln [...] irritieren[d], wie stark die Analyseansätze voneinander divergieren – die Analyseinstrumente unterscheiden sich ebenso wie die Erkenntnisinteressen, von den Befunden ganz zu schweigen«.

12 Vgl. Schmid/Schweikard: Einleitung, S. 60f.

13 Vgl. ebd., S. 16ff., sowie Schmid: Wir-Intentionalität, S. 20, Hv. i. Orig., der kritisch von einer »Theorieblockade« spricht, die »sich im [...] Individualismus [zeigt]. Sie besteht in der mehr oder weniger expliziten Annahme, daß das Phänomen des gemeinsamen Seins, Empfindens und Tuns, des ganzen Miteinanderseins, letztlich vollständig als Angelegenheit der beteiligten Individuen, also ohne direkten Rekurs auf die Tatsache, daß es hier tatsächlich um eine *Gruppe* bzw. *Gemeinschaft* geht, beschrieben werden kann und muß.«

Searle und Tuomela derart fruchtbar gewesen sei, dass sie und »wir nicht einmal daran denken können, nicht mit der ersten Person Singular zu beginnen«.[14]

Der Individualismus ist nicht die einzige Übereinstimmung zwischen den Theorien kollektiver Intentionalität. Um später die einzelnen Ansätze besser unterscheiden zu können, sollen im ersten Schritt weitere Übereinstimmungen skizziert werden.[15] Keineswegs selbstverständlich (für unsere Diskussion aber entscheidend) ist zunächst: Die Theorien kollektiver Intentionalität sind in aller Regel Theorien gemeinsamen Handelns. Diese Engführung beruht auf zwei Prämissen, die den Begriff der Intentionalität und den Begriff des (gemeinsamen) Handelns betreffen.

Intentionalität ist laut Searle zu verstehen als »diejenige Eigenschaft vieler geistiger Zustände und Ereignisse, durch die sie auf Gegenstände oder Sachverhalte in der Welt gerichtet sind oder von ihnen handeln«.[16] Intentionalität ist also nicht gleichzusetzen mit Intention: Absichten sind neben etwa Überzeugungen, Hoffnungen oder Wünschen nur ein möglicher Modus der Intentionalität.[17] Die Theorien von Searle, Tuomela, Gilbert und Bratman fokussieren auf gemeinsame Absichten, etwas (gemeinsam) zu tun.[18] Mit dieser *»praktizistischen Verengung«*[19] unterscheiden sich ihre Ansätze von phänomenologischen Theorien kollektiver Intentionalität (z.B. eines Edmund Husserl, Max Scheler, Martin Heidegger oder einer Gerda Walther), die vorrangig das gemeinsame Wahrnehmen und Erleben in den Blick nehmen.[20]

---

14 Annette C[laire] Baier: Dinge mit anderen tun: Die mentale Allmende. In: Schmid, Hans Bernhard/ Schweikard, David P. (Hg.): Kollektive Intentionalität. Eine Debatte über die Grundlagen des Sozialen. Frankfurt a.M. 2009, S. 230-265, 233.

15 Dieses Vorgehen wählen auch Schmid/Schweikard: Einleitung, S. 13, deren Erläuterungen ebd., S. 13ff., für meine folgende Darstellung ebenso hilfreich waren wie die schon zitierten Studien *Wir-Intentionalität* von Hans Bernhard Schmid (vor allem Teil I), David P. Schweikards Arbeit *Der Mythos des Singulären* sowie Jan Skudlareks *Relationale Intentionalität* (insbesondere die einleitende *Einführung in die Philosophie gemeinsamer Handlungen*). Einen guten Einstieg bieten auch der Eintrag *Collective Intentionality* von Schmid/Schweikard in *The Stanford Encyclopedia of Philosophy* sowie die Ausführungen von Schmid zu *Intentionalität, kollektive* im *Handbuch der Politischen Philosophie und Sozialphilosophie*.

16 John R[ogers] Searle: Intentionalität. Eine Abhandlung zur Philosophie des Geistes. Frankfurt a.M. 1987, S. 15. Eine Befürchtung etwa müsse »eine Befürchtung von etwas sein, oder eine Befürchtung, daß etwas geschieht«. (Ebd.)

17 Vgl. ebd., S. 17; Schmid/Schweikard: Einleitung, S. 14f.; 39; Skudlarek: Relationale Intentionalität, S. 18.

18 Schmid/Schweikard: Einleitung, S. 22, Hv. i. Orig., halten fest, in der »analytischen Diskussion« sei »das Paradigma des intentionalen Zustands [...] stets die *Absicht* [...], also *praktische* Intentionalität«. Als Beleg wäre zu verweisen auf Searle: Soziale Welt, S. 77, der aus seiner Analyse kollektiver Intentionalität Fälle kollektiven Glaubens oder Wünschens ausschließt und sich auf gemeinsame Absichten beim (kooperativen) Planen und Handeln beschränkt.

19 Schmid: Wir-Intentionalität, S. 48, Hv. i. Orig., der aber Searle von dieser Kritik ausnimmt. (Vgl. ebd., S. 49)

20 Vgl. Schmid/Schweikard: Einleitung, S. 22ff., mit einem Überblick über die phänomenologischen Ansätze. Siehe auch Schmid: Wir-Intentionalität, S. 48f., der umgekehrt den Intentionalitätstheorien phänomenologischer Provenienz eine *»kognitivistische Verengung«* (ebd., S. 48, Hv. i. Orig.) ankreidet.

Einem in der analytischen Handlungstheorie verbreiteten Konsens zufolge sind (individuelle) Handlungen intentional: »[I]n every case of action something is done intentionally; when nothing is done intentionally, no action is performed«.[21] So antworten etwa Searle und Bratman auf Wittgensteins Frage, »was übrigbleibt, wenn ich von der Tatsache, daß ich meinen Arm hebe, die abziehe, daß mein Arm sich hebt«[22]: (m)eine Absicht.[23] Mit Blick auf den Sinn einer Handlung ist auch Gilbert davon überzeugt: »In order to understand what people are doing, we need to understand their intentions.«[24] Dies soll auch auf gemeinsame Handlungen zutreffen; anhand der Absichten der Beteiligten lasse sich gemeinsames Handeln verstehen und von parallelem Handeln unterscheiden.[25] Chant formuliert diesen Analogieschluss so: »In every case of collective action some collective action (performed by that group of agents) is done intentionally.«[26]

Diese These hat gute Argumente für sich. Schmid zeigt überzeugend, dass von gemeinsamem Handeln nicht zwangsläufig schon die Rede sein könne, wenn zwei oder mehr Handelnde ihr Verhalten (beobachtbar) aneinander orientieren.[27] Dieses »Anschlußverhalten«[28] könne Beobachtenden zwar ein Kriterium dafür liefern, ob eine gemeinsame Handlung vorliegt oder nicht, konstituiere diese Handlung aber nicht.[29] »Die Analyse der Struktur des Gemeinschaftshandelns muß [...] die *Absichten* und *Überzeugungen* der Beteiligten mit in Betracht ziehen. Gemeinschaftshandeln ist nicht nur

---

21   Alfred R[emen] Mele: Art. ›Action‹. In: Borchert, Donald M. (Hg.): Encyclopedia of Philosophy. Vol. 1. Abbagnano-Byzantine Philosophy. 2. Aufl. Detroit u.a. 2006, S. 14-22, 15; den Hinweis auf diesen Artikel bei Sara Rachel Chant: Unintentional Collective Action. In: Philosophical Explorations 10 (2007), H. 3, S. 245-256, 247. Mit Latour könnte man kritisieren, dass diese These allem, was nicht menschlich ist, Handlungsfähigkeit abspricht: »Wenn Handeln a priori auf das beschränkt ist, was Menschen ›intentional‹ [...] tun, so ist kaum einzusehen, wie ein Hammer, ein Korb, ein Türschließer, eine Katze, eine Matte, eine Tasse, eine Liste oder ein Etikett handeln könnten.« (Bruno Latour: Eine neue Soziologie für eine neue Gesellschaft. Einführung in die Akteur-Netzwerk-Theorie. 3. Aufl. Frankfurt a.M. 2014, S. 123) Für Latour aber »ist *jedes Ding*, das eine gegebene Situation verändert, indem es einen Unterschied macht, ein Akteur – oder, wenn es noch keine Figuration hat, ein Aktant«. (Ebd., Hv. i. Orig.)

22   Ludwig Wittgenstein: Philosophische Untersuchungen [1953]. In: ders.: Werkausgabe. Bd. 1. Tractatus logico-philosophicus. Tagebücher 1914-1916. Philosophische Untersuchungen. Frankfurt a.M. 1984, S. 225-580, 467 (Nr. 621).

23   Vgl. Searle: Intentionalität, S. 33; Michael E. Bratman: Shared Agency. A Planning Theory of Acting Together. New York 2014, S. 9f., sowie Chant/Hindriks/Preyer: Introduction, S. 1.

24   Margaret Gilbert: The Structure of the Social Atom. Joint Commitment as the Foundation of Human Social Behavior. In: Schmitt, Frederick F[rancis] (Hg.): Socializing Metaphysics. The Nature of Social Reality. Lanham u.a. 2003, S. 39-64, 40. Gilberts Beispiel: Eine Person im Meer bewegt ihren Arm auf und ab: Winkt sie? Ertrinkt sie?

25   Vgl. Schmid/Schweikard: Einleitung, S. 13f.

26   Chant: Unintentional collective action, S. 248. Schweikard: Mythos des Singulären, S. 18, meint ebenfalls: »Als in der Debatte weithin geteilt kann die Annahme gelten, der zufolge das Spezifische an gemeinsamem Handeln in der ihm zugrunde liegenden bzw. es leitenden Intentionalität liegt.« Siehe auch ebd., S. 139; 151f.

27   Siehe das Beispiel und die Diskussion bei Schmid: Wir-Intentionalität, S. 41ff.

28   Ebd., S. 42, Hv. i. Orig.

29   Vgl. ebd., S. 45.

eine Frage des Verhaltens, es ist auch eine Frage der *Intentionalität.*«[30] Baltzer zufolge ist es nicht unproblematisch, bei der Intentionalität der Beteiligten anzusetzen:

> Modelle, die mit Intentionen argumentieren, vermitteln lediglich einen verzerrten Blick auf die soziale Wirklichkeit, weil sie regelmäßig zielgerichtete soziale Handlungen unterstellen und somit z.B. das ziellose Beisammensein im Rahmen einer Familie oder eines Freundeskreises nicht recht zu fassen bekommen.[31]

Außerdem, ergänzt er, erweise sich oft erst im Handlungsverlauf, welche (mithin unbeabsichtigte) gemeinsame Handlung gerade vor sich gehe.[32] Dies trifft vor allem, meine ich, auf politisches Handeln zu, das sich daher mit den Theorien kollektiver Intentionalität nicht angemessen begreifen lässt. Politisches Handeln ist kein (oder: nicht nur) beabsichtigtes gemeinsames Handeln, sondern entsteht spontan und (zunächst) ziellos, ohne völlig dem Zufall überlassen zu sein.

Die Verkürzung gemeinsamen Tuns auf *beabsichtigtes* Tun und die Verkürzung kollektiver Intentionalität auf gemeinsames *Tun* rührt her von der Geburt der Theorien kollektiver Intentionalität aus dem Geist der analytischen Theorien individuellen Handelns. Die Theoretiker*innen kollektiver Intentionalität zielen zwar darauf ab, »mit der traditionellen individualistischen Limitierung der Philosophie der Intentionalität bzw. Handlungstheorie zu brechen«.[33] Kritisch konstatieren Tuomela und Miller: Intentionalitätstheorien hätten sich bislang auf individuelle Absichten und Handlungen versteift und solche Handlungen vernachlässigt, für die die Absichten und Handlungen anderer Personen relevant seien.[34] Als möglichen Grund hierfür nennt Stoutland die Annahme, Handlungen basierten auf elementaren Handlungen (»Handlungen, die man nicht tut, *indem* man etwas tut«[35]), letztlich also auf Körperbewegungen. Insofern nur Individuen einen Körper hätten, den sie autonom bewegen könnten, seien soziale elementare Handlungen unmöglich.[36] Gilbert sieht die Ursache für die individualistische Limitierung in der von ihr »*singularism*«[37] genannten Idee, Handelnde handelten, um ihre individuellen Ziele oder Absichten zu erreichen.

---

30   Ebd., Hv. i. Orig.

31   Ulrich Baltzer: Gemeinschaftshandeln. Ontologische Grundlagen einer Ethik sozialen Handelns. Freiburg i.Br., München 1999, S. 23. Den Hinweis auf diesen Einwand Baltzers entnehme ich Schmid: Wir-Intentionalität, S. 46f., der selbst ebd., S. 30ff., einen ähnlichen Vorbehalt formuliert.

32   Vgl. Baltzer: Gemeinschaftshandeln, S. 23.

33   Schmid: Wir-Intentionalität, S. 221; vgl. Hans Bernhard Schmid/David P. Schweikard: Einführung (I). In: dies. (Hg.): Kollektive Intentionalität. Eine Debatte über die Grundlagen des Sozialen. Frankfurt a.M. 2009, S. 69-71, 69; Baier: Mentale Allmende, S. 235f., sowie Schweikard: Mythos des Singulären, S. 14.

34   Vgl. Raimo Tuomela/Kaarlo Miller: Wir-Absichten. In: Schmid, Hans Bernhard/Schweikard, David P. (Hg.): Kollektive Intentionalität. Eine Debatte über die Grundlagen des Sozialen. Frankfurt a.M. 2009, S. 72-98, 72.

35   Frederick Stoutland: Warum sind Handlungstheoretiker so antisozial? In: Schmid, Hans Bernhard/ Schweikard, David P. (Hg.): Kollektive Intentionalität. Eine Debatte über die Grundlagen des Sozialen. Frankfurt a.M. 2009, S. 266-300, 266, Hv. i. Orig.

36   Vgl. ebd.

37   Margaret Gilbert: On Social Facts. London, New York 1989, S. 12, Hv. i. Orig.

The issue of singularism concerns a certain restricted conceptual scheme. This may be called the conceptual scheme of *singular agency*. At its core is the idea of a (human) agent with goals of his own. One acts as a *singular agent* in so far as one acts in the light of one's own goals. It may be thought at first blush that the conceptual scheme of singular agency is the only scheme of *agency* that there can be.[38]

Entgegen diesem ›Singularismus‹ wollen Tuomela und Miller solche Absichten untersuchen, »die die Handlungen anderer Personen ernsthaft in Rechnung stellen«.[39] Es gehe ihnen um »Fälle gemeinsamen sozialen Handelns« von Handelnden, die ein gemeinsames Ziel erreichen wollen; die darauf bezogenen Absichten nennen sie »Gruppenabsichten oder *Wir-Absichten*«.[40]

Üblicherweise greifen die Theoretiker*innen kollektiver Intentionalität bei ihren Analysen gemeinsamen Beabsichtigens und Handelns auf bewährte Werkzeuge zur Analyse individuellen Beabsichtigens und Handelns zurück und verfolgen eine »*Extensionsstrategie*«.[41] Tuomela erklärt zu einem der Ziele seines Buches *A Theory of Social Action* (1984), »to extend the single-agent purposive-causal theory to the social case, viz. to the multi-agent case«.[42] Ähnlich verfährt Bratman, der von strukturellen Entsprechungen zwischen einem individuellen Vorhaben und einer Handlung mehrerer Beteiligter ausgeht – in beiden Fällen müssten Einzelhandlungen auf- und miteinander abgestimmt werden: »So trägt unsere geteilte Absicht zur Organisation und Vereinigung unseres absichtlichen Handelns bis zu einem gewissen Grad in analoger Weise bei wie die Absichten eines Individuums, sein Handeln über die Zeit hinweg zu organisieren und zu vereinheitlichen.«[43] Searle gelangt in *Collective Intentions and Actions* (1990) zu einer positiven Antwort auf die selbstgestellte Frage, ob man die von ihm in *Intentionality* (1983)

---

38   Ebd., Hv. i. Orig.; siehe auch ebd., S. 418: »One is a singular (human) agent at a given time if, at that time, one acts in the light of one's own personal goals, goals one sees as ›my goals‹.« Siehe zum Begriff des Singularismus und seiner Kritik die Diskussion bei Schweikard: Mythos des Singulären, S. 19f.; 317ff.

39   Tuomela/Miller: Wir-Absichten, S. 72.

40   Ebd., Hv. i. Orig.; vgl. ebd.

41   Schweikard: Mythos des Singulären, S. 141, Hv. i. Orig., dessen Ausführungen ebd., S. 141ff., ich in diesem Absatz weiter folge. Siehe auch Schmid/Schweikard: Einführung (I), S. 69, und Chant: Unintentional collective action, S. 245, die mit Blick auf Tuomela und Bratman meint: Trotz theoretischer Differenzen gebe es »one methodological point upon which many of these accounts agree, and that is that an account of collective action should be based upon the most successful accounts of individual action«.

42   Raimo Tuomela: A Theory of Social Action. Dordrecht 1984, S. 79. Der Hinweis auf dieses Buch und das angeführte Zitat finden sich bei Schweikard: Mythos des Singulären, S. 141f. Mit der Studie *A Theory of Social Action* habe Tuomela, urteilt Schweikard, »die erste systematische Studie zur Theorie kollektiven Handelns vorgelegt und damit die Erweiterung des Gegenstandsbereichs der analytischen Handlungstheorie begründet«. (Ebd., S. 14)

43   Michael E. Bratman: Geteilte Absichten. In: Deutsche Zeitschrift für Philosophie 55 (2007), H. 3, S. 409-424, 410f.

entwickelte Handlungstheorie so weit verallgemeinern könne, dass sie auch kollektive Absichten und Handlungen umgreife.[44]

Zu individuellen Absichten und Handlungen, sind sich die Debattand*innen einig, müsse allerdings etwas hinzukommen, damit sie zu gemeinsamen Absichten und Handlungen werden. (Die Diskussionen entzünden sich an der Frage, worum es sich dabei handelt bzw. »wo das ›Gemeinsame‹ der Absicht hingehört: zur Absicht selbst oder zu ihrem Gehalt«?[45]) Damit gilt umgekehrt, dass sich kollektive Handlungen keinesfalls auf eine Summe individueller Handlungen reduzieren lassen. Schmid und Schweikard nennen dies den »Irreducibility Claim«: Kollektive Intentionalität sei »no simple summation, aggregate, or distributive pattern of individual intentionality«.[46] Diese These konfligiere jedoch mit einer zweiten Behauptung, dem »Individual Ownership Claim« nämlich, wonach gelte: »Collective intentionality is had by the participating individuals, and all the intentionality an individual has is his or her own«.[47]

Letztere These dient vor allem der Vertreibung des »Gespenst[es] des Kollektivsubjekts oder Gruppengeistes«.[48] Als Theoretiker eines solchen Geistes kann z.B. Émile Durkheim gelten.[49] Er bestreitet laut Pettit die (›Individual Ownership Claim‹ genann-

---

44   Vgl. John R[ogers] Searle: Kollektive Absichten und Handlungen. In: Schmid, Hans Bernhard/ Schweikard, David P. (Hg.): Kollektive Intentionalität. Eine Debatte über die Grundlagen des Sozialen. Frankfurt a.M. 2009, S. 99-118; 99; 118.

45   Schmid/Schweikard: Einleitung, S. 14; für eine Übersicht über die Antwortmöglichkeiten siehe ebd., S. 45ff.

46   Schmid/Schweikard: Collective intentionality, Abschn. ›Einleitung‹.

47   Ebd.

48   Schmid: Wir-Intentionalität, S. 217; vgl. ebd., S. 217ff. Die Theoretiker*innen kollektiver Intentionalität wollten »zeigen, daß (und wie) so etwas wie kollektive Intentionalität *ohne* die Annahme eines *group mind* oder Kollektivsubjekts gedacht werden kann. Ein allgemein geteilter Programmpunkt in der Theorie der kollektiven Intentionalität lautet damit, den *group mind* bzw. das Kollektivsubjekt zu exorzieren.« (Ebd., S. 219, Hv. i. Orig.) Zu den Exorzismusstrategien, die ich im Folgenden skizziere, vgl. ebd., S. 219ff. Margaret Gilbert: Introduction: Sociality and Plural Subject Theory. In: dies.: Sociality and Responsibility. New Essays in Plural Subject Theory. Lanham u.a. 2000, S. 1-13, 3, hebt zwar hervor, ihre Pluralsubjekt-Theorie »may reasonably be characterized as both conceptually and ontologically a holist theory. In other words, it goes beyond individualism both with respect to the concepts it uses and in its understanding of what there is«. Dies bedeute aber nicht, »that plural subject theory goes beyond the plane of *humanity* in characterizing human sociality. It does not invoke any ontologically suspect kind of ›social spirit‹ or ›group mind.‹« (ebd., Hv. i. Orig.) Auch Tuomela verneint nicht die Existenz kollektiver Subjekte, gibt ihnen aber ein individualistisches Fundament. (Vgl. Schmid: Wir-Intentionalität, S. 219) Er versichert, seine Theorie meide »spooky holistic entities« (Raimo Tuomela: The Importance of Us. A Philosophical Study of Basic Social Notions. Stanford 1995, S. ix), und stellt klar, »that no supraindividual social entities exist«. (Ebd., S. 5) Es sei nicht erforderlich, »to regard groups as entities in an ontological sense, for ›groupness‹ is in the last analysis attributed to individuals«. (Ebd., S. 199) Bratman negiert die Existenz eines Kollektivsubjekts und beharrt darauf, dass jedwede Form der Intentionalität, auch die Absicht, etwas gemeinsam zu tun, die Intention eines Individuums sei. (Vgl. Schmid: Wir-Intentionalität, S. 220) So heißt es bei Bratman: Geteilte Absichten, S. 410, »eine geteilte Absicht« zweier Beteiligter sei »nicht eine Einstellung im Geist irgendeines Superakteurs, der buchstäblich aus einer Fusion der zwei Akteure besteht. Es gibt keinen einzelnen Geist, der die Fusion deines und meines Geistes ist.«

49   Siehe den Hinweis auf Durkheim bei Schmid: Wir-Intentionalität, S. 218, Anm. 69.

te) individualistische Annahme, »that individuals enjoy intentional autonomy«.[50] Man denke etwa an die von Durkheim sogenannten *faits sociaux*, spezifische »Arten des Handelns, Denkens und Fühlens, die außerhalb der Einzelnen stehen und mit zwingender Gewalt ausgestattet sind, kraft deren sie sich ihnen aufdrängen«.[51] Als weitere Beispiele für Kollektivsubjekte oder einen Gruppengeist gelten Rousseaus *volonté générale*[52] oder der hegelsche Weltgeist[53], wobei die Abwehrmanöver der Theoretiker*innen kollektiver Intentionalität bisweilen wie Kämpfe gegen Pappkameraden anmuten[54], denn eine sachliche, fundierte Auseinandersetzung mit der philosophischen oder soziologischen Tradition findet kaum statt.[55] Searle etwa hält Analysen kollektiven Verhaltens, die sich auf »den Geist einer Gruppe, das kollektive Unterbewusste und Ähnliches« berufen, zunächst ohne weitere Erklärung »bestenfalls für mysteriös, schlimmstenfalls für inkohärent«.[56]

Die Angst vor Kollektivsubjekt und Gruppengeist, meint Schmid, entspringe einer »individualistische[n] Illusion«[57], die sich einer bestimmten Auffassung von Intentionalität verdanke; stets müsse jemand eine Absicht oder Überzeugung, Wünsche, Hoffnungen etc. haben: »Intentionalität kommt zusammen mit dem guten alten Subjekt.«[58] Trifft zu, dass kollektive Intentionalität nicht auf individuelle Intentionalität reduzierbar, sondern ein eigenständiges oder wie Searle sagt: »primitives Phänomen«[59] ist, liegt es nahe, kollektive Intentionalität einem Kollektivsubjekt zuzuschreiben und

---

50   Philip Pettit: Art. ›Individualism versus Collectivism: Philosophical Aspects‹. In: Smelser, Neil J[oseph]/Baltes, Paul B[oris] (Hg.): International Encyclopedia of the Social & Behavioral Sciences. Amsterdam 2001, S. 7310-7316, 7312.

51   Émile Durkheim: Die Regeln der soziologischen Methode [1895] (Hg. König, René). Frankfurt a.M. 1984, S. 107. Wie auch Pettit: Individualism versus collectivism, S. 7312, zitiert, ahnt Durkheim, dass der »Begriff des Zwanges die Gefahr nahe[legt], eifrige Anhänger eines absoluten Individualismus in Aufregung zu versetzen. Weil sie auf die [...] Autonomie des Einzelnen schwören, erscheint es ihnen als Herabwürdigung, wenn man erklärt, der Einzelne hänge doch nicht nur von sich selbst ab.« (Durkheim: Regeln der soziologischen Methode, S. 107)

52   Baier: Mentale Allmende, S. 235, spricht von einer »Bedrohlichkeit des allgemeinen Willens«, hervorgehend aus der »Annahme einer Übersingularität«, die uns mit dem »falschen Versprechen, dass wir so frei sein werden wie zuvor, wenn wir ihm die Kontrolle über uns überlassen«, Angst einjage.

53   Siehe etwa John R[ogers] Searle: Die Konstruktion der gesellschaftlichen Wirklichkeit. Zur Ontologie sozialer Tatsachen. Frankfurt a.M. 2011, S. 35.

54   So Frederick Stoutland: [Rezension von] Michael E. Bratman: Faces of Intention: Selected Essays on Intention and Agency. In: Philosophy and Phenomenological Research 65 (2002), H. 1, S. 238-241, 239.

55   Vgl. Schmid/Schweikard: Einleitung, S. 21ff. Eine Ausnahme bilde Margaret Gilbert, die Anregungen von Georg Simmel übernimmt (vgl. ebd., S. 26f.) und sich auch mit Durkheim auseinandersetzt; siehe Gilbert: Social facts, S. 243ff.; Margaret Gilbert: Durkheim and social facts. In: Pickering, W[illiam] S[tuart] F[rederick]/Martins, H[ermínio] (Hg.): Debating Durkheim. London, New York 1994, S. 86-109.

56   Searle: Kollektive Absichten und Handlungen, S. 103.

57   Schmid: Wir-Intentionalität, S. 234.

58   Ebd., S. 218; vgl. ebd., S. 233.

59   Searle: Kollektive Absichten und Handlungen, S. 99.

dieses mit einem Bewusstsein – einem Gruppengeist – auszustatten.[60] »Das Kollektiv-subjekt ist [...] die auf die kollektive Ebene gehobene Form des Individualsubjekts.«[61]

Um die Gefahr des Kollektivsubjekts zu bannen, wäre dann aber das allfällige »Bekenntnis zum Individualismus«[62] unzureichend. Ist das Kollektivsubjekt nur das »Spiegelbild«[63] des individuellen Subjekts, genügt es nicht, sich zu seiner Abwehr auf die Seite des Individuums zu schlagen. Der Individualismus oder grundlegender: das dem Subjekt verhaftete Denken müsste überwunden werden.[64] Andernfalls bleibt man in dem von Schmid beobachteten Double Bind zwischen ›Individual Ownership Claim‹ und ›Irreducibility Claim‹ gefangen: Die Theoretiker*innen kollektiver Intentionalität wollen die individualistische Schlagseite bisheriger Intentionalitäts- und Handlungs-theorien vermeiden, sehen sich aber postwendend von Kollektivsubjekt und Gruppen-geist bedroht, vor denen sie wieder in den sicheren Hafen des Individualismus flüchten.[65]

In den Theorien kollektiver Intentionalität sind verschiedene Figuren des Individualismus im Umlauf.[66] Dies ermöglicht es den Autor*innen, die Spannung zwischen ›Individual Ownership Claim‹ und ›Irreducibility Claim‹ insofern aufzulösen, als sie dem einen Individualismus abschwören, sich aber zugleich dem anderen weiterhin verpflichten und ihn gegen den Gruppengeist in Stellung bringen können.[67] An Baiers Diktum von der cartesianischen ›Gehirnwäsche‹ anknüpfend, vermutet Schmid den Ursprung des Individualismus bei Descartes. Er verantworte zum einen den (von Bratman vertretenen) *»formalen Individualismus«*[68]: Descartes habe das *ego cogito* im Blick gehabt, das Ich, das denkt und zweifelt. Die Philosophie des Geistes verdanke ihm deshalb eine *»egologische* Perspektive«.[69] In diesem Sinne lautet bei Bratman die Formel kollektiver Intentionalität, die einem seiner Aufsätze den Titel gibt: *I Intend That We J.*[70]

---

60   Vgl. Schmid: Wir-Intentionalität, S. 218.

61   Ebd., S. 234; siehe auch ebd., S. 37f.

62   Ebd., S. 221.

63   Esposito: Communitas, S. 8.

64   Hier ist Schmid: Wir-Intentionalität, S. 233, zuzustimmen; siehe auch ebd., S. 449: »Rekonstruktion des gemeinsamen Daseins und Kritik des ontologischen Individualismus gehören [...] ›in der Sache‹ zusammen.«

65   Vgl. ebd., S. 221.

66   Für das Folgende vgl. ebd., S. 221ff.

67   Vgl. ebd., S. 226.

68   Ebd., S. 222, Hv. i. Orig.

69   Ebd., Hv. i. Orig. Folgt man Nancy: Corpus, S. 118f. (CO 120ff.), ist das cartesianische *ego* nicht als Individuum im strengen Sinne zu sehen, nicht als »vollständig reine[s] In-Sich«. (Ebd., S. 118 [CO 120]) Für Descartes sei »die *res cogitans* [...] ein Körper« (ebd., S. 119, Hv. i. Orig. [CO 121, Hv. i. Orig.]), und als Körper sei sie außer sich: »*Ego* bedeutet, in bezug auf das *ego* außerhalb zu sein. *Ego* bedeutet auch, ein Körper zu sein. [...] Der Körper, das ist das Ego, das sich als anderes Ego fühlt.« (Ebd., Hv. i. Orig. [CO 121f., Hv. i. Orig.]) Siehe hierzu Morin: Nancy, S. 126ff.

70   Michael E. Bratman: I Intend That We J. In: ders.: Faces of Intention. Selected Essays on Intention and Agency. Cambridge u.a. 1999, S. 142-161; im Folgenden zitiere ich nach der deutschen Übersetzung: Michael E. Bratman: Ich beabsichtige, dass wir G-en. In: Schmid, Hans Bernhard/Schweikard, David P. (Hg.): Kollektive Intentionalität. Eine Debatte über die Grundlagen des Sozialen. Frankfurt a.M. 2009, S. 333-355.

Zum anderen sei Descartes auch der Vordenker des (von Searle vertretenen) »*subjek-tiven Individualismus*«[71]; der These, Intentionalität sei, unabhängig von ihrer Form, im Besitz eines Subjekts. Diese Ansicht erlaube es, individuelle geistige Zustände als von der Außenwelt strukturell unabhängig zu begreifen.[72] Searle zufolge kann man »eine kollektive Handlungsabsicht«[73] (gemäß der Formel ›Wir rühren eine Sauce Hollandaise an‹[74]) auch dann haben, »wenn die scheinbare Gegenwart und Kooperation anderer eine Illusion ist [...], sogar wenn ich ein Gehirn im Tank bin«.[75]

Individualistisch grundiert sind schon die Beispiele, von denen die Analysen der Struktur gemeinsamen Handelns ausgehen. Beseelt vom »Geist analytischer Nüchtern-heit, thematischer Beschränkung und intellektueller Askese«[76], untersuchen die Theo-retiker*innen kollektiver Intentionalität zeitlich wenig ausgedehnte Alltagsphänomene wie gemeinsames Spazierengehen (Gilbert), das Zubereiten einer Sauce Hollandaise (Searle), das Anstreichen eines Hauses (Bratman) oder das Anschieben eines liegen-gebliebenen Autos (Tuomela).[77] Dyadische Handlungen gelten ihnen als paradigma-tisch für gemeinsames Handeln, für Sozialität überhaupt.[78] Anders gesagt, die Unter-suchung des gemeinsamen Anrührens einer Sauce Hollandaise kann Grundzüge der Konstruktion der gesellschaftlichen Realität enthüllen.[79] Die Wahl der Beispiele täu-

---

71   Schmid: Wir-Intentionalität, S. 223, Hv. i. Orig. Searle: Kollektive Absichten und Handlun-gen, S. 107, Anm. 2, verortet sich selbst in der Nähe des ›methodologischen Individualismus/ Solipsismus‹.

72   Vgl. Schmid: Wir-Intentionalität, S. 223f.

73   Searle: Kollektive Absichten und Handlungen, S. 111.

74   Zu diesem Beispiel vgl. ebd.

75   Ebd., S. 108.

76   Schmid/Schweikard: Einleitung, S. 19.

77   Vgl. Schmid: Wir-Intentionalität, S. 29f., der kritisch anmerkt, selbst Aktivitäten wie die erwähn-ten fänden »nicht unabhängig von größeren gesellschaftlichen Aggregaten statt; ihre soziale Ein-bettung bleibt [...] aber völlig unthematisch. Im Rahmen einer derart eingeschränkten Analyse bleiben sie deshalb möglicherweise selbst intransparent.« (Ebd., S. 30) Hinzu komme, dass die Beispiele in der Regel »von *symmetrischen* sozialen Verhältnissen« ausgingen, Machtfragen also ausblendeten; dies aber sei »empirisch keinesfalls der ›Standardfall‹«. (Ebd., S. 28, Hv. i. Orig.)

78   Vgl. Schweikard: Mythos des Singulären, S. 15. Wir werden dies später genauer erkennen.

79   Ich spiele an auf John R. Searles Buch über *Die Konstruktion der gesellschaftlichen Wirklichkeit* (1995). Margaret Gilbert: Zusammen spazieren gehen: Ein paradigmatisches soziales Phänomen. In: Schmid, Hans Bernhard/Schweikard, David P. (Hg.): Kollektive Intentionalität. Eine Debatte über die Grundlagen des Sozialen. Frankfurt a.M. 2009, S. 154-175, 172, meint im obigen Sinne: »Ob-wohl Hobbes und Rousseau mit ganzen Nationen befasst waren, kann man argumentieren, dass das Wesentliche der Mechanismen, die sie ins Auge fassten, selbst bei Phänomenen wie dem ge-meinsamen Spazierengehen zweier Leute zum Tragen kommt.« Einen möglichen Einwand Georg Simmels hält Gilbert für keine wesentliche Gefährdung ihrer These. Simmel behauptet, »[d]ie *me-thodisch* einfachste soziologische Formation [bleibe] die zwischen *zwei* Elementen wirksame. Sie gibt das Schema, den Keim und das Material für unzählige mehrgliedrige ab«, sei aber auch »selbst schon eine Vergesellschaftung«. (Georg Simmel: Soziologie. Untersuchungen über die Formen der Vergesellschaftung [1908]. In: ders.: Gesamtausgabe. Bd. 11 [Hg. Rammstedt, Otthein]. Frankfurt a.M. 1992, S. 7-875, 100, Hv. i. Orig.) Dabei macht er auf einen Unterschied zwischen zwei- und mehrgliedrigen Verbindungen aufmerksam: Die Dyade verkrafte den Verlust eines Teilnehmen-den nicht, während eine dreigliedrige Verbindung auch nach dem Ausscheiden eines Teilnehmen-den als Gruppe fortexistiere. (Vgl. ebd., S. 101) Dies bedinge, dass eine Verbindung von nur zwei

sche nicht über die Ambition der Theorien kollektiver Intentionalität: Sie wollen nicht weniger als gemeinsames Beabsichtigen und Handeln als »*Elementarphänomen* des Sozialen«[80] plausibel machen.

Problematisch an den auf »transitorische Kleingruppen«[81] gemünzten Beispielen ist, dass die analysierten Zweipersonenhandlungen nicht zwingend von zwei Personen ausgeführt werden müssen; dies bestärkt »eine individualistische Illusion«.[82] Spazierengehen, eine Sauce anrühren, ein Haus anstreichen, ein Auto anschieben – all das ließe sich auch alleine beabsichtigen und tun.[83] Für Bratman ist es sogar ein erforderliches Prinzip der Analyse gemeinsamen Handelns, sich »auf solche Typen gemeinsamen Handelns [zu] beschränken, die [...] hinsichtlich geteilter Absichten neutral sind«.[84] Stoutlands Kritik an Bratmans Prämisse ist verallgemeinerbar:

> This builds individualism into the very method, for it *requires* that social activity be understood in terms of the actions and attitudes of individuals – indeed, that all actions can be analyzed in terms of action types a single individual could perform. The effect is to rule out a non-reductivist account of social action, one which construes corporations, governments, quartets, or families as genuine social agents with attitudes which do not consist in the attitudes of individual persons (however complex and interrelated), and which recognizes that an individual person cannot perform a quartet, pass a law, or play a game of football.[85]

Mit Wittgenstein gesprochen wären es also nicht zuletzt ihre Beispiele, an denen die Theorien kollektiver Intentionalität kranken.[86] Schon die Beispiele lassen vermuten,

---

Teilnehmenden diesen nicht »als selbständige, überindividuelle Einheit« vorkomme; vielmehr sehe sich jeder »nur dem andern, aber nicht einer über ihn hinausreichenden Kollektivität gegenüber«. (Ebd.) Gilbert zufolge müsse man aber aufgrund dieser Feststellungen keinesfalls »die Idee verwerfen [...], dass eine Dyade als vollwertige soziale Gruppe zählen kann. Sie kann einfach als soziale Gruppe mit einem speziellen Charakter betrachtet werden.« (Gilbert: Zusammen spazieren gehen, S. 172)

80   Schmid: Kollektive Intentionalität, S. 560, Hv. i. Orig. Kollektive Intentionalität fundiere »sozialtheoretische Grundbegriffe wie ›Koordination‹ und ›Kooperation‹, ›Konvention‹, ›Kommunikation‹, ›Konsens‹, ›Institution‹, ›kollektives Handeln‹, aber auch klassische sozialphilosophische Konzepte wie jene der ›Gemeinschaft‹, der ›sozialen Identität‹ und der ›Intersubjektivität‹ der ›Lebenswelt‹«. (Ebd.) Weiter heißt es: »Im Lichte der Analyse der kollektiven Intentionalität erhält mithin das alte Diktum vom Menschen als dem *gemeinschaftsbildenden Lebewesen* einen neuen, elementaren Sinn.« (Ebd., S. 563f., Hv. i. Orig.)

81   Schmid: Wir-Intentionalität, S. 30.

82   Ebd., S. 32; vgl. ebd., sowie mit Blick auf Bratman kritisch dazu bereits Baier: Mentale Allmende, S. 238f.

83   Schweikard: Mythos des Singulären, S. 107, Hv. i. Orig., spricht hier von »*kontingenterweise gemeinsame[n]* Handlungen«, die er von »*notwendig gemeinsame[n]* Handlungen« wie einem Tennisspiel unterscheidet.

84   Bratman: Geteilte Absichten, S. 412.

85   Stoutland: Bratman: Faces of intention, S. 239, Hv. i. Orig. Den Hinweis auf diese Kritik verdanke ich Schmid: Wir-Intentionalität, S. 230, Anm. 95.

86   »Eine Hauptursache philosophischer Krankheiten – einseitige Diät: man nährt sein Denken mit nur einer Art von Beispielen.« (Wittgenstein: Philosophische Untersuchungen, S. 459 [Nr. 593])

dass der Bruch mit dem bisherigen individualistischen Intentionalitäts- und Handlungsverständnis doch ausbleibt.[87]

Diese Behauptung soll durch eine Analyse der einflussreichsten Theorien kollektiver Intentionalität – der Theorien von Tuomela, Bratman, Searle und Gilbert – geprüft werden. Das Ziel ist es nicht, der Debatte bis in ihre feinsten Verästelungen nachzuforschen, sondern sie nur so weit zu skizzieren, dass sich Antworten auf die Fragen ergeben: In welcher Weise strebt man die Überwindung des handlungstheoretischen Individualismus an und wie fasst man gemeinsames Handeln auf? Was haben die Autor*innen zur Ontologie sozialer Entitäten zu sagen?[88] Mit einer Kritik, die noch einmal Nancys Überlegungen ins Kalkül zieht, wird der Abschnitt schließen.

1.1   Raimo Tuomela

Tuomelas Aufsatz *We-Intentions* (1988, gemeinsam mit Kaarlo Miller), initiierte die Debatte um kollektive Intentionalität.[89] Die Autoren definieren »Gruppenabsichten oder *Wir-Absichten*« als auf Andere ausgerichtete »Absichten [...], die sich auf Fälle gemeinsamen sozialen Handelns [joint social action] beziehen, das heißt auf Situationen, in denen mehrere Akteure zusammen handeln, und zwar normalerweise oder meist zum Zweck der Erreichung eines gemeinsamen Ziels«.[90]

Diese Definition enthält eine wichtige Unterscheidung.[91] Wir-Absichten seien verknüpft mit ›Fällen gemeinsamen sozialen Handelns‹, was bedeutet: soziales und gemeinsames Handeln sind nicht identisch. Laut Tuomela gibt es soziales Handeln, das kein gemeinsames Handeln ist, und gemeinsames Handeln, das nicht sozial ist.[92] Er lehnt sich hier an Max Weber an: »Soziales Handeln (einschließlich des Unterlassens

---

87   Dieses Resümee ließe sich mit Baier: Mentale Allmende, S. 232, ziehen, die in den Ansätzen Tuomelas, Searles, Bratmans und Gilberts »eine individualistische Tendenz« ausmacht. Für Schmid ergibt sich nach Durchsicht der Theorien der ›Big Four‹ ein »Bild *durchgängiger Orthodoxie*« (Schmid: Wir-Intentionalität, S. 216, Hv. i. Orig.) im Sinne eines Festhaltens am Individuum: »So relevant die (Wieder-)Entdeckung gemeinsamer Intentionalität als Thema der philosophischen Analyse ist, so eklatant ist, daß in diesen Ansätzen jede Spur *tatsächlicher* Gemeinschaft aus der fundamentalen Ebene des Begriffs gemeinsamen Intendierens eliminiert wird.« (Ebd., S. 217, Hv. i. Orig.) Dafür sind auch nach Ansicht Schmids nicht zuletzt die gewählten Beispiele symptomatisch; vgl. ebd., S. 164.

88   Damit stehen im Folgenden zwei der nach Schweikard für die Analyse kollektiven Handelns zentralen Probleme im Fokus: zum einen die Frage, »wodurch sich parallele individuelle Handlungen von gemeinsamen Handlungen unterscheiden« (Schweikard: Mythos des Singulären, S. 18); zum anderen die »sozialontologische Frage, ob und inwiefern es außer Individuen kollektive soziale Entitäten gibt« (ebd., S. 19), die als handlungsfähig gelten können.

89   Vgl. Schweikard: Mythos des Singulären, S. 234; Schmid/Schweikard: Einleitung, S. 29.

90   Tuomela/Miller: Wir-Absichten, S. 72, Hv. i. Orig. (Raimo Tuomela/Kaarlo Miller: We-Intentions. In: Philosophical Studies 53 [1988], H. 3, S. 367-389, 367, Hv. i. Orig., mit Hervorhebung ›das heißt‹ = ›viz.‹).

91   Vgl. zu den folgenden Ausführungen in diesem Absatz Ulrich Wesser: Heteronomien des Sozialen. Sozialontologie zwischen Sozialphilosophie und Soziologie. Wiesbaden 2011, S. 105ff.

92   Vgl. Raimo Tuomela: The Philosophy of Social Practices. A Collective Acceptance View. Cambridge u.a. 2002, S. 11.

oder Duldens)«, so Weber, »kann orientiert werden am vergangenen, gegenwärtigen oder für künftig erwarteten Verhalten anderer«[93], und müsse unterschieden werden von »einem *gleichmäßigen* Handeln mehrerer«[94], wie es etwa vorliege, wenn Menschen zum Schutz vor einsetzendem Regen gleichzeitig ihre Schirme aufspannten.[95] Tuomela fasst diese Differenz so: »Basically, the predicate ›collective‹ in a pure sense applies to collections of people and their features. The predicate ›social‹ in contrast applies to (mental) dependence between individuals concerned with taking into account others' thoughts and actions.«[96] Mit dem Ausdruck »collective social action«[97] macht Tuomela klar, dass eine Handlung nicht schon durch das gleichzeitige (kollektive) Handeln mehrerer Beteiligter das Prädikat ›sozial‹ verdient, sondern nur, wenn zudem die Einzelhandlungen auf das Denken und Handeln anderer Personen bezogen sind.[98] Diese Bezogenheit soll der Begriff der Wir-Absicht ausdrücken.

Tuomela macht den Ursprung des Begriffs der Wir-Absicht bei Wilfrid Sellars (1912-1989) aus[99], von dem er vor allem zwei Gedanken aufgreift.[100] Ohne hier auf Sellars' Theorie ausführlich einzugehen[101], ist dies zum einen die Überzeugung, nur Individuen könnten eine Wir-Absicht bilden: »It must [...] be carefully borne in mind that although the concept of a group intention and a group action is a perfectly legitimate one, the action we-referential intentions we are considering are intentions had *by individuals.*«[102] Zum anderen folgt Tuomela der These Sellars', die Absicht zu einer gemeinschaftsbe-

---

93   Max Weber: Wirtschaft und Gesellschaft. Soziologie. Unvollendet. 1910-1920. Studienausgabe der Max Weber-Gesamtausgabe. Bd. I/23 (Hg. Borchardt, Knut/Hanke, Edith/Schluchter, Wolfgang). Tübingen 2014, S. 15.

94   Ebd., Hv. i. Orig.

95   »Wenn auf der Straße eine Menge Menschen beim Beginn eines Regens gleichzeitig den Regenschirm aufspannen, so ist (normalerweise) das Handeln des einen nicht an dem des andern orientiert, sondern das Handeln aller gleichartig an dem Bedürfnis nach Schutz gegen die Nässe.« (Ebd.)

96   Tuomela: Philosophy of social practices, S. 11. Demgemäß handele es sich bei dem gleichzeitigen Aufspannen der Regenschirme in Webers Beispiel um eine »*nonsocial* collective action«. (Ebd., Hv. i. Orig.)

97   Ebd.

98   »Erst wenn das Öffnen der Schirme durch andere ein motivierender Grund für viele wird, ihre Schirme ebenfalls zu öffnen, spricht man von einem kollektiven *sozialen* Sachverhalt.« (Wesser: Heteronomien des Sozialen, S. 107, Hv. i. Orig.) Wesser führt aus, dies unterscheide Tuomela etwa von »Searle, der von immanenten Grundlagen intentionaler Zustände heraus soziale Tatsachen einführt«. (Ebd., S. 106) Tuomela hingegen beginne »mit Relationen von Attitüden, die sich handlungswirksam auf Attitüden beziehen«. (Ebd.)

99   Vgl. Tuomela/Miller: Wir-Absichten, S. 72, Anm. 1; siehe auch Tuomela: Theory of social action, S. 31ff.

100 Siehe hierzu Schweikard: Mythos des Singulären, S. 238f., der vor allem Tuomelas Anschluss an das nachstehend zweite der Motive Sellars' betont; vgl. ebd., S. 240.

101 Siehe dazu etwa Schmid/Schweikard: Einleitung, S. 30ff.; Schweikard: Mythos des Singulären, S. 235ff., sowie ferner Schmid: Wir-Intentionalität, S. 187ff.

102 Wilfrid Sellars: On Reasoning about Values. In: American Philosophical Quarterly 17 (1980), H. 2, S. 81-101, 98, Hv. i. Orig., auch zitiert bei Schmid/Schweikard: Einleitung, S. 34, und Schmid: Wir-Intentionalität, S. 189.

zogenen Handlung stehe in einem spezifischen Modus, dem »we-mode«.[103] Ein Individuum mit einer Handlungsabsicht oder Überzeugung im ›Wir-Modus‹ sehe sich als »»one of the community««, als »»one of us««[104], formuliert Sellars. Mit Schweikard lässt sich festhalten, dass in Sellars' Theorie zwar der »Wir-Modus [...] eine spezifisch soziale Form intentionaler Einstellungen« ist, er aber »den individualistischen Rahmen«[105] der Theorie nicht sprengt.

Aus Tuomelas und Millers Sicht sprechen mehrere Gründe dafür, das Konzept der Wir-Absicht einzuführen. Nicht nur könne die mit Wir-Absichten verknüpfte Idee eines von den Gruppenmitgliedern internalisierten Gruppenbegriffs erklären, wie die Gruppe, der man angehört, das eigene Denken und Handeln beeinflusst (und vice versa). Ein zweites Argument hebt auf mögliche Konflikte zwischen persönlicher Absicht und Wir-Absicht ab; sie zeigten: Wir-Absichten sind nicht auf individuelle Absichten reduzierbar.[106] Deshalb benötige man, heißt es mit Verweis auf Sellars, »einen sozialen Begriff des Selbst [...], der die Wir-heit oder die Gruppe(n) der Person zum Ausdruck bringt. ›Ich‹ bezieht sich in diesem Fall auf ›einen von uns‹ und folglich darauf, was es heißt, ein Mitglied *unserer* Gruppe oder Gemeinschaft G zu sein.«[107] Wir-Absichten spielten schließlich für gemeinsames Handeln die entscheidende Rolle:

> Eine zentrale These wird [...] sein, dass wenigstens alle absichtlichen gemeinsamen Handlungen einige relevante *Wir-Einstellungen*, das heißt Wir-Absichten und wechselseitig geteilte Überzeugungen sowie die ihnen zugrunde liegenden Wir-Proeinstellungen, implizieren werden. [...] Wir behaupten, mit anderen Worten, dass die »Sozialität« oder »soziale Bezogenheit«, die für das gemeinsame Handeln von Menschen zentral ist, in einem basalen Sinn von ihren relevanten Wir-Einstellungen herrührt.[108]

Damit sei »der Begriff der Wir-Absicht [...] sehr zentral für die Begriffsbildung der Sozialwissenschaften [...]. Denn Wir-Absichten spiegeln die Idee einer Gruppe auf der Ebene des Individuums wider«.[109] Auf dem begrifflichen Fundament der Wir-Absicht lasse sich das Gebäude der Sozialwissenschaften errichten: Erklärbar würden soziale Normen und Rollen, soziale Gruppen, Organisationen und Institutionen sowie schließlich auch die soziale Gemeinschaft – und dies alles, betonen Tuomela und Miller, »ohne zu der begrifflichen Grundlage der Analyse irgendwelche holistischen sozialen Begriffe (bzw. – wenn man unsere Wir-Absichten als holistisch bezeichnen will – irgendwel-

---

103 Raimo Tuomela: The We-Mode and the I-Mode. In: Schmitt, Frederick F[rancis] (Hg.): Socializing Metaphysics. The Nature of Social Reality. Lanham u.a. 2003, S. 93-127, 93, Hv. i. Orig. Wir kommen darauf noch zurück.

104 Wilfrid Sellars: On Knowing the Better and Doing the Worse. In: ders.: Essays in Philosophy and Its History. Dordrecht, Boston 1974, S. 27-43, 40, (in Übersetzung) auch zitiert bei Schmid/Schweikard: Einleitung, S. 31.

105 Schweikard: Mythos des Singulären, S. 240.

106 Vgl. Tuomela/Miller: Wir-Absichten, S. 73.

107 Ebd., Hv. i. Orig.; siehe auch Tuomela: Importance of us, S. 114f.

108 Tuomela/Miller: Wir-Absichten, S. 75f., Hv. i. Orig.

109 Ebd., S. 78.

che überindividuellen Begriffe) hinzuzufügen«.[110] Die Einschätzung, Tuomelas Theorie rechne »zu den größten sozialtheoretischen Entwürfen der letzten Jahrzehnte«[111], scheint demnach, zumindest was den Anspruch ihres Verfassers angeht, durchaus gerechtfertigt. Mit seinem Buch *The Philosophy of Sociality* (2007) präsentiere er, kündigt Tuomela an, »almost a philosophical ›theory of everything‹ in the social world relying on the we-perspective«.[112]

> This book is about the conceptual resources and philosophical prerequisites that a proper understanding and explaining of the social world requires. The main thesis of the book is that this can only be based on a group's point of view, or as I typically will say, the group members' shared »we-perspective.« The full-blown we-perspective centrally involves group notions, as used by group members (»us«). [...] The we-mode essentially involves the idea of thinking and acting as a group member, thus for a group reason.[113]

Was bedeutet es, (mit anderen) eine ›Wir-Perspektive‹ einzunehmen? Und wie entsteht daraus das handlungsmotivierende »Relationengeflecht von Attituden«[114] mit dem Titel ›Wir-Absicht‹?

1.1.1   Wir-Absichten

Tuomela geht (mit Schweikard formuliert) von der These aus, dass sich »die Spezifika gemeinsamen Handelns [...] mittels der Untersuchung der spezifischen intentionalen Einstellungen der an gemeinsamem Handeln beteiligten Individuen«[115] offenlegen lassen. In allen Fällen einer »intentional joint action« (z.B. dem gemeinsamen Tragen eines Tisches) gelte, dass die Teilnehmer*innen eine »joint intention« haben, die etwa durch den Satz »We will carry the table jointly«[116] ausgedrückt werden könne. Das Wort ›will‹ ist dabei nicht als ankündigendes ›werden‹ zu verstehen, sondern meint das Wollen eines Vorhabens, dessen Umsetzung bereits im Gange ist oder direkt ansteht.[117]

---

110   Ebd., S. 78f.; vgl. ebd., S. 78.

111   Wesser: Heteronomien des Sozialen, S. 101.

112   Raimo Tuomela: The Philosophy of Sociality. The Shared Point of View. Oxford u.a. 2007, S. viif. Skudlarek: Relationale Intentionalität, S. 63, belegt mit diesem Zitat seine Einschätzung, dass die »thematische Bandbreite und [die] inhaltliche[n] Anwendungsmöglichkeiten« der Theorie Tuomelas »ihresgleichen suchen«. Siehe auch Tuomela: Importance of us, S. 9: »One of the aims of this book is to sketch a general theory of society or, if that seems too pretentious, at least a systemic conceptual framework useful in building factual social theories.« Einen Überblick über die wichtigsten sozialphilosophischen Bücher Tuomelas gibt Wesser: Heteronomien des Sozialen, S. 102f.

113   Tuomela: Philosophy of sociality, S. vii.

114   Wesser: Heteronomien des Sozialen, S. 106.

115   Schweikard: Mythos des Singulären, S. 241.

116   Tuomela: Philosophy of sociality, S. 83.

117   Vgl. Schweikard: Mythos des Singulären, S. 241, und siehe etwa Tuomela: Philosophy of sociality, S. 83. Eine gemeinsame Absicht beschränke sich nicht auf eine ›intentional joint action‹, sondern könne sich auch auf das gemeinsame Herbeiführen von Zuständen oder Ereignissen beziehen, ausgedrückt als ›jointly seeing it that‹; vgl. Schweikard: Mythos des Singulären, S. 241; Raimo

Die Wendung »»We will carry the table jointly«, so Tuomela, »involves our performing something together, and the pronoun ›we‹ refers to us, namely, you and me and the possible other participants considered together. When we jointly intend to carry the table, each of us can be said to *we-intend* to do it.«[118] Eine Wir-Absicht, gemeinsam zu handeln, lasse sich allgemein wiedergeben mit »»We together will do X jointly«.[119] Welche Bedingungen müssen im Einzelnen erfüllt sein, damit eine Wir-Absicht vorliegt? Tuomela schlägt folgende Antwort vor:

(WI) A member A_i of a collective g *we-intends* to do X if and only if

(i) A_i intends to do his part of X (as his part of X);

(ii) A_i has a belief to the effect that the joint action opportunities for an intentional performance of X will obtain (or at least probably will obtain), especially that a right number of the full-fledged and adequately informed members of g, as required for the performance of X, will (or at least probably will) do their parts of X, which will under normal conditions result in an intentional joint performance of X by the participants;

(iii) A_i believes that there is (or will be) a mutual belief among the participating members of g (or at least among those participants who do their parts of X intentionally as their parts of X there is or will be a mutual belief) to the effect that the joint action opportunities for an intentional performance of X will obtain (or at least probably will obtain);

(iv) (i) in part because of (ii) and (iii).[120]

Diese Struktur einer Wir-Absicht sei gemünzt auf den Fall, dass X die gemeinsame Handlung (*joint action*) eines aus mehreren Beteiligten bestehenden Kollektivs ist.[121] Festzuhalten ist, dass nicht das Kollektiv selbst eine Wir-Absicht hat, sondern das einzelne Gruppenmitglied wir-beabsichtigt, X zu tun (beispielsweise: gemeinsam einen Tisch zu tragen). Das Subjekt einer Wir-Absicht (mit dem Gehalt: ›gemeinsames Tragen eines Tisches‹) ist stets ein Individuum, das die Absicht der Gruppe, gemeinsam einen Tisch zu tragen, verinnerlicht hat und teilt.[122]

Gemäß Satz (i) muss das Gruppenmitglied beabsichtigen, seinen Teil der Handlung X zu tun, und zwar als seinen Teil von X – erforderlich für eine Wir-Absicht ist die

---

Tuomela: We-Intentions revisited. In: Philosophical Studies 125 (2005), H. 3, S. 327-369, 327f., und die Diskussion des ›sees to it that…‹ bei Tuomela: Importance of us, S. 102ff.

118 Tuomela: Philosophy of sociality, S. 83, Hv. i. Orig.

119 Tuomela: We-Intentions revisited, S. 340.

120 Ebd., S. 340f., Hv. i. Orig. Bei der folgenden Explikation dieser Analyse von Wir-Absichten folge ich Schweikard: Mythos des Singulären, S. 242ff.; siehe ferner Skudlarek: Relationale Intentionalität, S. 72f.

121 Vgl. Tuomela: We-Intentions revisited, S. 340.

122 Vgl. Tuomela/Miller: Wir-Absichten, S. 79, sowie Skudlarek: Relationale Intentionalität, S. 73.

»relevante Ich-Absicht«[123], eine Teilhandlung zu erbringen. Die exakte Bedeutung des Begriffs ›Absicht‹ hängt davon ab, ob er an ein ›Ich‹ oder ›Wir‹ geknüpft wird. Die Wir-Absicht, X zu tun, unterscheidet sich von der Ich-Absicht, seinen Teil von X zu tun. Letztere, so Tuomela, sei eine »»action intention««, die Wir-Absicht hingegen eine »»aim-intention««.[124] Bei einer ›action intention‹ müsse man gewiss sein, dass es wenigstens nicht unmöglich wäre, die beabsichtigte Handlung erfolgreich alleine durchzuführen; bei einer ›aim-intention‹ bedürfe es dieser Überzeugung nicht. Impliziere eine ›action intention‹ eine Handlungsabsicht, sei eine ›aim-intention‹ nicht an ihren Vollzug durch den oder die Akteur*in gebunden.[125] Tuomela zufolge handelt es sich lediglich bei der in (WI) (i) formulierten Absicht von A_i, seinen/ihren Teil von X zu tun, um eine ›action intention‹:

> A we-intention is not by itself an »action intention« but an »aim-intention« involving that the agent intentionally aims at X and is »aim-committed« to X, while his action commitment is to performing his part of X. The agent's intention to perform his *part* of the joint action accordingly is a proper action intention, thus something the agent believes he can, at least with some probability, satisfy by his own action (given, of course, that the others perform their parts).[126]

Satz (i) fordert, dass die Handlung des Gruppenmitglieds eine Teilhandlung von X ist. Tuomela hat diese Bedingung explizit erst in die revidierte Fassung einer Wir-Absicht aufgenommen. In der (mit Miller formulierten) ursprünglichen Version fehlte sie, war indes schon mitgemeint.[127] Die Bedingung schließt aus, dass ein/e Akteur*in zwar seinen oder ihren Teil der Handlung X vollbringt, es aber nicht darauf anlegt, dass alle Beteiligten die Handlung X ausführen können.[128] Das Gruppenmitglied müsse nicht nur seine Teilhandlung von X beabsichtigen, sondern die Aussage ›Wir tun X‹ für wahr halten. Man denke etwa an das Beispiel eines Orchestermusikers, der zwar die Absicht hat, seinen Einsatz korrekt zu intonieren, zugleich jedoch darauf aus ist, den Gastdirigenten durch eine Aktion lächerlich zu machen, was die Darbietung des Orchesters (die Gesamthandlung X) wenigstens partiell zerstörte. Ein solcher Musiker wir-beabsichtige nicht, X zu tun, da er zwar seinen Teil von X zu tun beabsichtigt, aber nicht *»als seinen Teil von X«*.[129]

---

123 Tuomela/Miller: Wir-Absichten, S. 80.

124 Tuomela: We-Intentions revisited, S. 329.

125 Vgl. ebd., S. 329f.

126 Ebd., S. 334, Hv. i. Orig.; vgl. zum voranstehenden Absatz Schweikard: Mythos des Singulären, S. 245f., der die soeben angeführte Passage aus Tuomelas Aufsatz *We-Intentions revisited* ebenfalls zitiert.

127 Darauf verweist Schmid: Wir-Intentionalität, S. 151; siehe Tuomela/Miller: Wir-Absichten, S. 83.

128 Tuomela/Miller: Wir-Absichten, S. 80, Hv. i. Orig., schreiben: »Dementsprechend verfolge ich den ganzen Prozess unserer gemeinsamen Ausführung von *X* und überprüfe mein Tun im Hinblick auf den Zweck, dass wir in diesem Kontext gemeinsam *X* ausführen.« Laut Schmid: Wir-Intentionalität, S. 151, gehe es nicht darum, »die relevanten Anderen dazu zu bringen, eine entsprechende Intention zu bilden«; worauf es vielmehr ankomme: Die Beitragshandlung darf nicht nur ›zufällig‹ als Beitrag zu der gemeinsamen Handlung X erscheinen. (Vgl. ebd.)

129 Tuomela/Miller: Wir-Absichten, S. 84, Hv. i. Orig.; vgl. ebd., S. 83f.

Wir-Absichten, so Tuomela und Miller, stützten sich »auf *soziale* Motivation«.[130] Wer seinen Teil von X (als seinen Teil von X) zu tun beabsichtige, sei überzeugt von der Anwesenheit anderer Handelnder und außerdem davon, die für X nötigen Handlungen seien unter den Beteiligten verteilt.[131] Damit ist auf die in Satz (ii) geforderten Annahmen hingewiesen. Um beabsichtigen zu können, seinen oder ihren Teil von X zu tun, muss der oder die Akteur*in nicht nur glauben, die gemeinsame Handlung X absichtlich ausführen zu können. Zusätzlich bedarf es der Überzeugung, hinreichend viele Mitglieder des Kollektivs[132] seien in entsprechender Weise informiert und täten ihren Teil von X, was unter normalen Umständen die Ausführung von X zeitige.[133]

Müssen für eine Wir-Absicht andere Beteiligte existieren? Wie Schmid zeigt, hält Tuomela dies für nicht zwingend erforderlich.[134] Ein Gruppenmitglied könne sich über seine in Satz (ii) und Satz (iii) aufgeführten Überzeugungen täuschen und dennoch eine Wir-Absicht haben (was aber den Ausnahmefall darstelle, räumt Tuomela ein).[135] Es muss kein Kollektiv geben, um eine Wir-Absicht bilden zu können: »[T]here need not actually be any other existing agents nor need there be a group formed by them«.[136] Mit Blick auf den ontologischen Status von Kollektiven lässt sich feststellen, dass die Rede von Kollektiven für Tuomela vor allem sprachliche Gründe hat: »For linguistic reasons, we shall speak as if groups really existed«.[137]

Satz (ii) setzt neben einer genügend großen Anzahl an Akteur*innen voraus, dass die Gelegenheit, eine bestimmte Handlung X zu vollbringen, zumindest für wahrscheinlich gehalten wird. Diese Bedingung betreffe die Teilhandlungen der einzelnen Beteiligten und die Gesamthandlung.[138] Um eine Wir-Absicht zu bilden, so hatten wir gesehen, muss der oder die Akteur*in fernerhin glauben, ausreichend viele andere

---

130 Ebd., S. 85, Hv. i. Orig.

131 Vgl. ebd. Wie die Teilhandlungen bestimmt und verteilt werden, lasse Tuomela offen, kritisiert Schweikard: Mythos des Singulären, S. 243, Anm. 405.

132 Eine bestimmte Anzahl an Akteur*innen kann nicht nur aufgrund physikalischer Notwendigkeiten, sondern auch wegen sozialer Konventionen erforderlich sein; vgl. Tuomela/Miller: Wir-Absichten, S. 85f.

133 Vgl. Schweikard: Mythos des Singulären, S. 243.

134 Ich folge in diesem Absatz Schmid: Wir-Intentionalität, S. 213f.

135 Vgl. Tuomela: We-Intentions revisited, S. 341.

136 Raimo Tuomela: We Will Do It: An Analysis of Group-Intentions. In: Philosophy and Phenomenological Research 51 (1991), H. 2, S. 249-277, 254. Searle: Kollektive Absichten und Handlungen, S. 108, vertritt eine ähnliche Position, und nach einem Hinweis von Schmid: Wir-Intentionalität, S. 191, Anm. 25, findet sich auch bei Wilfrid Sellars: Science and Metaphysics. Variations on Kantian Themes. London 1968, S. 225, Hv. i. Orig., der Gedanke: »Now, since an individual can have an intention of intersubjective form even if no one else in point of fact shares it, an individual rational being could have an intention [...] even though few, if any, other rational beings had such an intention. To have this intention is to *think* of oneself as a member of a community consisting of all rational being. It is possible, therefore, for a rational being to think of himself as a member of such community, even though this community does not actually exist.«

137 Tuomela: Importance of us, S. 10.

138 Vgl. Tuomela: We-Intentions revisited, S. 330. Siehe auch Tuomela/Miller: Wir-Absichten, S. 86, wo es heißt, es dürfe »keine externen Störfaktoren oder Hindernisse« geben, die den Handlungsvollzug verhindern könnten.

Beteiligte würden voraussichtlich ihren Beitrag zur Gesamthandlung X leisten.[139] Die anderen Teilhandlungen müssen nicht zwingend in einer Wir-Absicht fundiert sein; auch wenn das Gruppenmitglied annehme, die Gesamthandlung komme unabsichtlich oder zufällig zustande, sei dies Motivation genug, die Teilhandlung auszuführen.[140]

Satz (iii) macht nach Tuomelas Bekunden Wir-Absichten dadurch »sozial«[141], dass er ein Moment von (mutmaßlicher) Intersubjektivität einführt, das weiter als in Satz (ii) ausgedrückt geht.[142] Als zusätzlichen Grund, eine Wir-Absicht zu fassen, nennt Tuomela die Annahme, alle Teilnehmer*innen an der Handlung X seien wechselseitig davon überzeugt, es sei möglich, die gemeinsame Handlung X auszuführen. Dies gilt allerdings nur für den von Tuomela als »etwas idealistisch«[143] bezeichneten Fall, dass alle Beteiligten eine Wir-Absicht haben. Wie aber nicht alle Handlungsbeteiligten eine Wir-Absicht haben, so müssen auch nicht alle tatsächlich meinen, die anderen Beteiligten seien ebenfalls von der Ausführbarkeit der gemeinsamen Handlung X überzeugt. Es genüge, dass nur ein/e Akteur*in dies für wahr erachte. Schließlich hänge die Handlung eines Akteurs davon ab, »wie er die Welt sieht, anstatt davon, wie die Welt tatsächlich ist«.[144]

Der vierte Satz stellt fest, dass das Gruppenmitglied seinen Teil zur Handlung X (als Teil von X) teilweise deshalb zu erbringen beabsichtigt, weil Satz (ii) und Satz (iii) zutreffen. Die darin formulierten Überzeugungen, so Schweikard, seien keine Bedingungen für die Teilhandlung des Gruppenmitglieds, sondern würden Gründe angeben für die Absicht, seinen Teil von X zu tun.[145]

Die verschiedenen Wir-Absichten der einzelnen Gruppenmitglieder verbinden sich Tuomela zufolge zu einer gemeinsamen oder vereinten Absicht (*joint intention*)[146]:

(JI) Agents $A_1, \ldots, A_i, \ldots, A_m$ have the *joint intention to perform a joint action X* if and only if

(a) these agents have the we-intention (or are disposed to form the we-intention) to perform X; and

(b) there is a mutual belief among them to the effect that (a).

In the case of joint intention the conatively used »We will do X« is true of each participant A_i.[147]

---

139   Unklar bleibe, wie hoch genau die Wahrscheinlichkeit des Mitwirkens anderer Personen sein muss, damit ein/e Akteur*in eine Wir-Absicht fasst, so Schweikard: Mythos des Singulären, S. 243.

140   Vgl. Tuomela/Miller: Wir-Absichten, S. 87.

141   Ebd., S. 88.

142   Vgl. ebd.

143   Ebd., S. 89.

144   Ebd., S. 88; vgl. ebd., S. 88f.

145   Vgl. Schweikard: Mythos des Singulären, S. 243.

146   Vgl. ebd., S. 244, wo sich auch das folgende Zitat findet. Siehe zudem Skudlarek: Relationale Intentionalität, S. 73.

147   Tuomela: We-Intentions revisited, S. 342, Hv. i. Orig.

Die einzelnen Wir-Absichten sind nicht unabhängig von gemeinsamen Absichten, wie die Diskussion des Unterschieds zwischen ›aim-intentions‹ und ›action intentions‹ angedeutet hat. Vielmehr handelt es sich bei der Wir-Absicht eines Gruppenmitglieds um einen Teil einer gemeinsamen Absicht, aus der es die Absicht, seinen Teil von X zu tun, ableitet. Mit Sellars könnte man diese Form der Handlungsabsicht »we-derivative«[148] nennen: Meine Absicht, einen Schachzug zu tun, leitet sich von unserer gemeinsamen Absicht ab, zusammen eine Partie Schach zu spielen.[149]

> A we-intention is a participant's »slice« of their joint intention, so to speak. Or the other way round, it can technically be said that a joint intention consists of the participants' we-intentions about the existence of which the participants have mutual belief. Even if we assume that a joint intention is (ontologically) composed of the agents we-intentions about which there is mutual knowledge (or belief), these we-intentions are different from ordinary action intentions not only in being aim-intentions but also in that they conceptually depend on the joint intention in question.[150]

Eine gemeinsame Absicht, die gemeinsamem Handeln zugrunde liegt, setzt sich aus Wir-Absichten zusammen, die wiederum (begrifflich) von der gemeinsamen Absicht abhängen – es überrascht nicht, dass sich Tuomela den Vorwurf der Zirkularität eingehandelt hat.[151] Searle etwa meint: Verstehe man Satz (i) der tuomelaschen Definition einer Wir-Absicht so, dass A_i durch seine oder ihre Teilhandlung ein kollektives, gemeinsam angestrebtes Ziel erreichen wolle, wäre die kollektive Absicht bereits ein Teil der Handlungsabsicht von A_i; man bestimmte eine Wir-Absicht durch eine Wir-Absicht.[152] Auf diese Kritik, so zeigen Schmid und Schweikard, hat Tuomela mit der Unterscheidung zwischen einem »theoretician's analytic account«, der *joint intentions* im Sinne der skizzierten voraussetzungsreichen Struktur einer Wir-Absicht zu definieren versuche, und einem »preanalytic, ›surface‹ account«[153] reagiert. Dieser bindet die Absicht eines Gruppenmitglieds, seinen Teil von X zu tun, nicht an die (aus theoretischer Perspektive notwendigen) Überzeugungen, die in den Sätzen (ii) und (iii) genannt werden. Vielmehr müsse das Gruppenmitglied nur glauben, dass die anderen Beteiligten beabsichtigen, die Gesamthandlung X gemeinsam auszuführen und ihre Teilhandlungen zu erbrin-

---

148   Sellars: Reasoning about values, S. 99, Hv. i. Orig.

149   Vgl. Schmid/Schweikard: Einleitung, S. 37f., und siehe auch Schmid: Wir-Intentionalität, S. 187f.

150   Tuomela: We-Intentions revisited, S. 330; siehe auch ebd., S. 333: »An agent's we-intention [...] is his ›slice‹ or part of the agents' joint intention, and conversely a joint intention can, upon analysis, be said to consist of the participants' mutually known we-intentions.«

151   Vgl. hierzu und zum Weiteren Schmid: Wir-Intentionalität, S. 151ff. (der den Zirkularitätseinwand eher stützt), und Schweikard: Mythos des Singulären, S. 248ff. (der tendenziell auf eine Entkräftigung der Bedenken abzielt). Auf den Zirkularitätsvorwurf geht ebenfalls ein Kay Mathiesen: Searle, Collective Intentions, and Individualism. In: Meggle, Georg (Hg.): Social Facts and Collective Intentionality. Frankfurt a.M. u.a. 2002, S. 185-204, 191ff.

152   Vgl. Searle: Kollektive Absichten und Handlungen, S. 105. Searle bezieht sich noch auf die erste Fassung von Tuomelas Analyse, wie sie in Tuomelas und Millers Aufsatz *We-Intentions* formuliert ist.

153   Tuomela: We-Intentions revisited, S. 359; vgl. ebd.

gen. Das ›voranalytische‹ Verständnis einer Wir-Absicht, wie es »ordinary people«[154] besäßen, weist Tuomela zufolge die Struktur auf:

(2) A intends to perform his part of X as his part of X if and only if

(a) A intends to perform his part of X, and

(b) A intends to perform X with the others in part because (of his belief that) the others intend to perform their parts of X and intend to perform X with the others.[155]

Damit hebt Tuomela die Zirkularität seines Ansatzes zwar nicht auf, möchte allerdings dem Vorwurf seiner Kritiker*innen widersprechen, es handele sich um eine »vicious conceptual circularity«.[156] Die Absicht eines Gruppenmitglieds, seinen Teil von X zu tun, setze zwar eine kollektive Absicht voraus, »but only in an implicit and unanalyzed sense of aiming at the joint action«.[157] Tuomela bestreitet gar nicht (wie Searle ihm – fälschlicherweise – unterstellt hatte), dass sich gemeinsame Absichten nicht auf individuelle Absichten reduzieren lassen, da individuelle Absichten vielmehr umgekehrt darauf beruhen, dass eine gemeinsame Absicht bereits besteht.[158]

Wenn also gilt, dass »[j]ede Bestimmung dessen, was wir als unseren individuellen Beitrag beabsichtigen, [...] das gemeinsame Vorhaben schon voraus[setzt]«[159], ist leicht ersichtlich, dass Tuomela, wie Schmid bemerkt, auch den searleschen Anwurf des Reduktionismus zurückweisen muss.[160] Da »kollektives Verhalten ein genuines Phänomen« sei, behauptet Searle, dürften entsprechende Wir-Absichten »nicht als Mengen von Ich-Absichten analysiert werden«.[161] Eben dies zu tun wirft er Tuomela vor. Dieser hatte allerdings bereits in der ersten Version seiner Analyse von Wir-Absichten betont, ihm gehe es um »einen Begriff der Wir-Absicht, der nicht auf bloß persönliche Ich-Absichten reduzierbar ist«, vielmehr die Idee eines »sozialen ›Ich‹«[162] impliziere, das als Mitglied einer Gruppe handele und entsprechende Einstellungen habe.[163] Es genüge für eine Wir-Absicht keineswegs, dass man nur beabsichtigt, seinen Teil von X zu tun; man müsse seinen Teil als Teil der gemeinsamen Handlung zu vollbringen

---

154   Ebd., S. 356.

155   Ebd.

156   Ebd., S. 358.

157   Ebd., S. 357; vgl. ebd. Siehe kritisch zu Tuomelas Rekurs auf eine vor-analytische Intention etwa Schweikard: Mythos des Singulären, S. 251f., sowie Schmid: Wir-Intentionalität, S. 152, der bemängelt, es werde dadurch »das Verhältnis zwischen dem, was Individuen faktisch intendieren, und der philosophischen Analyse dieser Intentionen fraglich. Was wenn nicht die präanalytische Intention soll denn Gegenstand der philosophischen Analyse sein?«

158   Vgl. Schweikard: Mythos des Singulären, S. 249; Schmid: Wir-Intentionalität, S. 152f.

159   Schmid: Wir-Intentionalität, S. 153.

160   Vgl. ebd. Siehe zum Reduktionismusvorwurf Searle: Kollektive Absichten und Handlungen, S. 103ff., sowie die für meine folgende Darstellung hilfreiche Diskussion bei Schweikard: Mythos des Singulären, S. 250ff.

161   Searle: Kollektive Absichten und Handlungen, S. 103.

162   Tuomela/Miller: Wir-Absichten, S. 73.

163   Vgl. ebd. Auf diese Klarstellung verweist auch Schmid: Wir-Intentionalität, S. 153.

beabsichtigen. Kurzum, verteidigt sich Tuomela: Er wolle Wir-Absichten nicht auf individuelle Absichten und wechselseitige Überzeugungen reduzieren.[164] Seine Analyse sei »conceptually non-reductive«[165] und ziele darauf ab, »to elucidate the irreducible notion of we-intention in a functionally informative way«.[166] In begrifflicher Hinsicht nicht-reduktionistisch, führt Schweikard aus, sei die Analyse Tuomelas, weil sie die oben explizierte Struktur einer Wir-Absicht nicht auf einzelne Elemente oder Begriffe zurückführe, sondern diese nur als ›funktional informative‹ Hilfen zur Erläuterung von (irreduziblen) Wir-Absichten heranziehe. Tuomela erkenne, dass Wir-Absichten eine eigenständige, nicht auf individuelle Absichten und Überzeugungen reduzierbare Spielart von Absichten sind.[167]

1.1.2   I'm in the mode oder Vom Denken und Handeln als Gruppenmitglied

Einer der Gründe für die Einführung des Begriffs der Wir-Absicht war die These, absichtliches gemeinsames Handeln sei mit der Auffassung verknüpft, als Mitglied einer Gruppe zu handeln.[168] Mit dem Begriff der Gruppe bezeichnet Tuomela einzelne Personen, die gemeinsam handeln, sowie Kollektive, die im üblichen Sprachgebrauch selbst als Handelnde auftreten.[169] Die Basis für beide Fälle einer Gruppenhandlung liefere die Analyse vereinter Absichten und Wir-Absichten.[170] In diesem Sinne behauptet Tuomela, »that the very fact of joint intending makes the intenders in question a group. So, as a full intentional joint action must be based on a joint intention (shared we-intentions), all cases of joint action are based on acting as a group member.«[171] Schweikard nennt dies eine »Umdeklarierung von gemeinsamen Handlungen in Gruppenhandlungen«.[172] Als Gruppe zu handeln, das heißt für Tuomela: gemeinsam zu handeln, was eine aus einzelnen Wir-Absichten zusammengefügte *joint intention* voraussetzt, die Handlung X auszuführen:

> In joint intention formation, each participating agent agrees to take part in the agents' seeing to it jointly that some state or event X obtains. Concentrating on the central case in which X is a joint action (such as lifting a piano, painting a house, making a contract), the agents jointly intend *as a group*, or as one agent, to see to it that they perform X jointly.[173]

---

164   Vgl. Tuomela: Importance of us, S. 427f., Anm. 6.

165   Tuomela: We-Intentions revisited, S. 342.

166   Ebd., S. 358. Diesen und die beiden vorangegangenen Verweise übernehme ich von Schweikard: Mythos des Singulären, S. 250.

167   Vgl. Schweikard: Mythos des Singulären, S. 250; 252. Mathiesen: Searle, collective intentions, and individualism, S. 193, Anm. 11, meint: »Tuomela's view is not reductionist in the way that Searle implies.«

168   Vgl. Tuomela/Miller: Wir-Absichten, S. 73. Dieser Aspekt sei für die Theorie Tuomelas insgesamt zentral, meint Schweikard: Mythos des Singulären, S. 240; 347.

169   Vgl. Schweikard: Mythos des Singulären, S. 348.

170   Vgl. hierzu und zum Folgenden ebd., S. 348ff.

171   Tuomela: Philosophy of sociality, S. 120.

172   Schweikard: Mythos des Singulären, S. 351.

173   Tuomela: Philosophy of sociality, S. 85, Hv. i. Orig.

Für Tuomela formiert die Tatsache ihres vereinten Beabsichtigens einzelne Handelnde zu einer Gruppe. Und da jede gemeinsame Handlung eine vereinte Absicht voraussetze, beruhe jede gemeinsame Handlung auf dem Selbstverständnis der Individuen, Mitglied einer Gruppe zu sein.[174]

Die Annahme, als Mitglied einer Gruppe zu denken und zu handeln, kann Tuomela zufolge unterschiedlich stark ausgeprägt sein. Dies bringt ihn zur Unterscheidung zweier Modi des Gruppenbezugs.[175] Jede Theorie des Sozialen müsse zwischen einer Haltung und einem Handeln als Gruppenmitglied und als Privatperson differenzieren: »The social world [...] cannot adequately be studied without making use of the distinction between the notions of having an attitude or acting as a *group member* versus as a *private person*. These intuitive notions are the core of my distinction between the *we-mode* and the *I-mode*.«[176] Der ›Wir-Modus‹ sei kein reduktionistisches soziales Phänomen: »We-mode concepts are not reducible to I-mode concepts. In other words, it is we-mode collective intentionality that is ultimately needed for understanding social life.«[177]

Worin unterscheiden sich *we-mode* und *I-mode*? Um Missverständnissen vorzubauen: Beide Modi benennen ein Denken und Handeln als Mitglied einer Gruppe, weisen also einen sozialen Bezug auf.[178] Um den *we-mode* deutlicher zu konturieren, führt Tuomela mit dem »pure private mode«[179] zunächst eine Extremform des *I-mode* an, bei der jedes Absehen auf eine Gruppe fehle.[180] In diesem Modus beabsichtige man Ziele nur für sich und nur aus eigener Kraft zu erreichen.[181] Auf der Skala, deren Enden der *pure private mode* und der *we-mode* markieren, trägt Tuomela weitere Spielarten des *I-mode* ein, bei denen die Beteiligten unterschiedlich stark gruppenbezogen sind.[182]

---

174 Vgl. ebd., S. 120; Schweikard: Mythos des Singulären, S. 350.

175 Mit Skudlarek: Relationale Intentionalität, S. 64, könnte man hier von »kategorial verschiedenen intentionalen Akteursperspektiven« sprechen. Vgl. zu der weiteren Darstellung in diesem Abschnitt ebd., S. 64ff., sowie Schweikard: Mythos des Singulären, S. 351ff., und ferner Wesser: Heteronomien des Sozialen, S. 108ff.

176 Tuomela: We-mode and I-mode, S. 93, Hv. i. Orig.

177 Tuomela: Philosophy of sociality, S. vii.

178 Skudlarek: Relationale Intentionalität, S. 65, Hv. i. Orig., betont, *I-mode* und *we-mode* seien Modi »eines Gruppenmitglieds«. Mit Wesser: Heteronomien des Sozialen, S. 109, ließe sich dabei der I-mode »als eher kurz bindender sozialer Modus« auffassen.

179 Tuomela: Philosophy of sociality, S. 53, Hv. i. Orig.

180 Vgl. ebd. In einer Formel: »A has a certain attitude ATT with content p in the *pure private mode* in a certain situation C if and only if A has ATT and is privately ATT-committed to content p only for herself in C.« (Ebd., Hv. i. Orig.) Siehe zu diesem Modus Skudlarek: Relationale Intentionalität, S. 64f., der daran erinnert, dass »Handlungen im Ich-Modus das eigentliche Thema der ›klassischen‹ philosophischen Handlungstheorie« (ebd., S. 64) sind.

181 Vgl. Tuomela: We-mode and I-mode, S. 94, wo nur allgemein die Rede vom I-mode ist.

182 Dies ist zunächst der »*plain I-mode*« (Tuomela: Philosophy of sociality, S. 53, Hv. i. Orig.): Hier handelt man in einem Gruppenkontext, ist aber den Zielen der Gruppe nur privat verpflichtet. Die Handlungsbegründung lautet: »I do X because it furthers my private, possibly altruistic, interests and goals««. (Ebd., S. 53) Auf der nächsten Stufe zum *we-mode* steht der »*progroup I-mode*« (ebd., Hv. i. Orig.), in dem man gruppennützlich handelt, ohne ›mit ganzem Herzen‹ engagiert zu sein. (Vgl. ebd., S. 54; siehe auch ebd., S. 29, sowie Skudlarek: Relationale Intentionalität., S. 75f.)

Ob Beteiligte im *I-mode* oder *we-mode* handeln und denken, macht Tuomela daran fest, welchen Grund sie für ihre Handlungen angeben.[183] Er unterscheidet zwischen »*I-mode reason*« und »*we-mode reason*«[184], wobei nicht ausgeschlossen sei, dass Handelnde (sogar bei derselben Gelegenheit) *I-mode reasons* und *we-mode reasons* für ihr Tun nennen.[185] Die Handlungsbegründung im *I-mode* bezieht sich auf ein persönliches Interesse:

> (IMR) Reason R is a group member's motivating *I-mode (or private) reason* for performing an action X if and only if R is the agent's main motivating *private* reason for his performing X. Typically, R is a state that the agent wants or intends to be the case or a state that, according to his belief, obtains; and X is an action that is a means to R or an action that R requires for its obtaining such that the agent is privately committed to performing X for the reason R.[186]

Gebe man für seine Handlungen einen *we-mode reason* an, agiere man nicht im Eigeninteresse, sondern für die Ziele und Absichten seiner Gruppe. Die eigene Handlung trägt als Teil der Handlung der Gruppe dazu bei, dass der kollektiv gewünschte oder beabsichtigte Zustand eintritt:

> (WMR) Reason R is a group member's motivating *we-mode* [...] *reason* for performing an action X if and only if R is the agent's main motivating group reason for his performing X. Typically, R is a state that the group in question wants, intends, or requires to be the case or is a state that, according to the group's belief, obtains; generally speaking R is a state that is »for the group.« X is an action that is the individual's part of a collective action that is a means to R or a collective action that R requires for its obtaining, where the group members are collectively committed to performing the collective action for reason R and mutually believe so.[187]

Das Handeln im *we-mode* unter Angabe eines *we-mode reason* berührt die Frage nach dem Subjektstatus der Gruppe: Können Gruppen, wie Tuomela in dieser Passage nahelegt, etwas wollen oder beabsichtigen, können sie handeln?[188] Wir stellen eine Antwort hierauf vorerst zurück.

Nur wer als Mitglied einer Gruppe im *we-mode* denkt und handelt, der denkt und handelt nach Ansicht Tuomelas als Gruppenmitglied in vollem Sinne.[189] Und nur ein/e Akteur*in im *we-mode* übernehme die für die Erklärung und das Verstehen der sozialen Welt fundamentale ›Wir-Perspektive‹[190], die neben den bekannten *we-mode reasons* zusätzliche Elemente enthält:

---

183 Vgl. Skudlarek: Relationale Intentionalität, S. 65, und zum Folgenden ebd., S. 65ff.

184 Tuomela: Philosophy of sociality, S. 17, Hv. i. Orig.

185 Vgl. ebd., S. 4.

186 Raimo Tuomela: Collective Intentionality and Group Reasons. In: Schmid, Hans Bernhard/Schulte-Ostermann, Katinka/Psarros, Nikos (Hg.): Concepts of Sharedness. Essays on Collective Intentionality. Frankfurt a.M. u.a. 2008, S. 3-19, 8, Hv. i. Orig.

187 Ebd., Hv. i. Orig.

188 Vgl. Skudlarek: Relationale Intentionalität, S. 66.

189 Vgl. Tuomela: Philosophy of sociality, S. 7.

190 Vgl. ebd., S. 13.

When I speak of the *we-mode* in the general sense (as opposed to the I-mode), it amounts to the *full-blown we-perspective,* and this perspective is a kind of conceptual module that contains several interconnected concepts. These concepts include especially the *thick* notions of »we« and *group* as well as *we-mode thoughts* (e.g., »We will perform a joint action X together«) and *we-mode reasons* (e.g., »I am doing X because our group's doing Y requires it«), *collective acceptance* (e.g., »We accept that these stones mark the borders of our territory«), and *collective commitment,* especially to the group's *ethos.*[191]

Die Handlungsbegründung ›I am doing X because our group's doing Y requires it‹ zeigt, dass ein Handeln im *we-mode* über gemeinsames Handeln hinaus das Kollektiv selbst handlungsfähig macht. Die in *The Philosophy of Sociality* verhandelten sozialen Gruppen, so Tuomela, »are assumed to be capable of acting as groups. What will be called we-mode groups have this capacity.«[192] Da gemeinsames Handeln auch im *I-mode* möglich ist[193], bedarf es zur Beschreibung des Handelns eines Kollektivs weiterer Bausteine, um der ›full-blown we-perspective‹ des *we-mode* zu genügen.[194] Hierzu zählen vor allem die Begriffe ›kollektive Akzeptanz‹ und ›kollektive Festlegung‹.[195]

Beide Begriffe hängen derart eng zusammen, dass Tuomela den Begriff ›kollektive Akzeptanz‹ mithilfe des Begriffs der kollektiven Festlegung erklärt.[196] Möglich wird dies durch eine auf ein Individuum bezogene Annahme: Wenn ein/e Akteur*in eine Proposition als wahr akzeptiere, könne man dies als eine Verpflichtung (durch sich selbst) paraphrasieren, dieser Proposition entsprechend zu handeln.[197] Wer der Idee anhängt, die Erde sei eine Scheibe, wird sich von ihrem Rand möglichst weit entfernt halten wollen. Bei der ›kollektiven Akzeptanz‹ einer Proposition handele es sich darum, bestimmte Einstellungen im *we-mode* auszubilden und beizubehalten.[198] Heißt es: ›Wir akzeptieren, dass die Erde eine Scheibe ist‹, so verstehe sich der/die Sprecher*in als Mitglied einer Gruppe und sei davon überzeugt, auch die anderen Mitglieder akzeptierten die Vorstellung von der Erde als Scheibe.[199] Die ›kollektive Akzeptanz‹ einer Proposition kann unterschiedlich stark ausfallen und von »a rather unstructured

---

191   Ebd., S. 14, Hv. i. Orig.

192   Ebd., S. 18.

193   Siehe ebd., S. 7: »One can function and act as a group member either in the we-mode or in the I-mode.«

194   Wie Schweikard: Mythos des Singulären, S. 351, formuliert, seien »Gruppenhandlungen [...] insofern komplexer als gemeinsame Handlungen, als sie zusätzliche Elemente beinhalten bzw. zu ihrer Explikation zusätzliche Elemente einbezogen werden müssen«.

195   Vgl. zum Folgenden die Darstellungen bei Skudlarek: Relationale Intentionalität, S. 67ff., und Schweikard: Mythos des Singulären, S. 351ff.

196   Vgl. Tuomela: Philosophy of sociality, S. 127; Schweikard: Mythos des Singulären, S. 353.

197   Vgl. Tuomela: Philosophy of sociality, S. 125.

198   Vgl. Schweikard: Mythos des Singulären, S. 352, mit Bezug auf Tuomela: Philosophy of sociality, S. 128.

199   »In the group belief case (e.g., ›We believe that the earth is flat‹) the members are collectively committed to respecting the content of the belief and acting accordingly.« (Tuomela: Philosophy of sociality, S. 28)

buildup of shared we-belief or we-intention« hinreichen bis zu »an established, rule-based system to reach formal agreement«.[200]

Für das *collective commitment* ist die Bindung an das allgemein akzeptierte Ethos der Gruppe wichtig: Es verpflichtet die Gruppe(nmitglieder), dem Gruppenethos gemäß zu denken und zu handeln.[201] Das Gruppenethos bilde den spezifischen Inhalt oder die Ideologie einer Gruppe und werde häufig symbolisch ausgewiesen, z.B. durch den Namen, den sich eine Gruppe gebe.[202] Es umfasst etwa Ziele, Überzeugungen, Werte oder Vorschriften, die Tuomela als konstitutiv für die Gruppe ansieht.[203] Das will besagen, dass einzelne Handelnde dadurch eine Gruppe bilden, dass sie das Gruppenethos kollektiv akzeptieren: »By their collective acceptance the members [...] entify or quasi-entify the group in their thoughts [...]. The members have thereby constructed g as a we-mode group.«[204] So gravitätisch das Wort ›Ethos‹, so bescheiden mitunter sein Inhalt: Wenn zwei Personen beabsichtigen (das Ziel haben), gemeinsam einen Tisch hochzuheben, bestehe das Gruppenethos in dem Ziel, den Tisch hochzuheben.[205]

Im Zusammenspiel mit dem Gruppenethos hat das *collective commitment* eine doppelte Rolle. Es sorgt für die Einheit und Identität der Gruppe, und es ermöglicht, dass die Gruppe als Gruppe handeln kann, indem es jedes Mitglied darauf festlegt, dem Gruppenethos gemäß zu handeln:

> Collective commitment has two basic, intertwined roles here. First, it »glues« the members together around an ethos. This gives the foundation for the unity and identity of the group. Second, collective commitment serves to give *joint* authority to the group members to pursue ethos-related action. They can and must, in their own thinking and acting, take into account that the group members are collectively committed to the group ethos and to the group members and that they are jointly responsible for promoting the ethos. Every group member is accountable not only to himself for his participatory action but also to the other members.[206]

Die (kollektive) Verpflichtung jedes Gruppenmitglieds drückt eine Normativität aus, die nicht auf Geboten der Moral, eines Gesetzes oder der allgemeinen Klugheit beruhe, sondern »›group-socially‹ normative«[207] sei. Was heißt: »There need not always be articulated ›oughts‹ and ›mays‹ involved, but there are at least social expectations and pressures with normative force, and the source of such normativity is group-social (institutional).«[208] Wer als Gruppenmitglied handelt, soll nicht nur seinen Teil zum Ge-

---

200 Ebd., S. 128.
201 Vgl. ebd., S. 16.
202 Vgl. ebd., S. 18; 124f.
203 Vgl. ebd., S. 16.
204 Ebd., S. 20; vgl. Schweikard: Mythos des Singulären, S. 357. Das Gruppenethos sorgt in diesem Sinne vor allem für »eine mentale Kontinuität der Gruppe«, wie man mit Wesser: Heteronomien des Sozialen, S. 114, sagen könnte.
205 Vgl. Tuomela: Philosophy of sociality, S. 18.
206 Ebd., S. 5, Hv. i. Orig.
207 Ebd., S. 13; vgl. ebd., sowie Skudlarek: Relationale Intentionalität, S. 68.
208 Tuomela: Philosophy of sociality, S. 27.

lingen der Gruppenhandlung beitragen, sondern darf darüber hinaus erwarten, dass dies auch die übrigen Gruppenmitglieder tun.[209]

Damit das *collective commitment* greifen und sich eine Gruppenhandlung im *we-mode* vollziehen kann, muss zwingend die »Collectivity Condition« (CC) erfüllt sein – eine »group-version of the golden rule«.[210] Grundlegend hierfür sei das Prinzip des ›Alle für einen, einer für alle‹ der Musketiere.[211] Für die Gruppenmitglieder gelte: »They can be said to be necessarily ›in the same boat,‹ ›stand or fall together,‹ or share a ›common fate.‹«[212] Beabsichtigen du und ich, unser Mittagessen in einem italienischen Restaurant einzunehmen, wäre die ›Collectivity Condition‹ nach der Meinung Tuomelas nur dann erfüllt, wenn wir tatsächlich beide dort äßen, nicht aber, täte dies lediglich eine/r von uns; in diesem Fall handelte es sich um ein Ziel im *I-mode*.[213] Demnach gilt:

> (CC) It is true on »quasi-conceptual« grounds and hence necessarily that a goal content p is satisfied in the case of a member (qua a member) of an egalitarian collective g if and only if it is satisfied for every other member of g (qua a member of g).[214]

Die Wendung ›quasi-conceptual grounds‹ drückt aus, dass das Ziel p ein gemeinsames Ziel ist, weil die Gruppe seinen Inhalt als ihr Ziel akzeptiert hat (›Unser Ziel ist p‹) und damit die Beteiligten gegenüber diesem Ziel eine kollektive Verpflichtung eingegangen sind.[215] Das Wort ›egalitarian‹ deutet hier an, dass die ›Collectivity Condition‹ die anti-individualistische Gleichmacherin in Tuomelas Theorie ist, von deren Erfüllung die übrigen Elemente des *we-mode* abhängen. Die ›kollektive Verpflichtung‹ auf ein Ziel beispielsweise ist daran gebunden, dass nicht nur jedes einzelne Gruppenmitglied das gleiche Ziel hat, sondern die Gruppe selbst dieses Ziel hat:

> The Collectivity Condition makes the individual members' collective attitudes and actions in a sense interchangeable and depersonalized, at least in an egalitarian group: It is necessarily the case that if one group member has a (distributive and distributed) collective group attribute, then all the others who occupy a similar position will have

---

209 Vgl. ebd. Schweikard: Mythos des Singulären, S. 356, sieht in der von Tuomela beschriebenen »normativen‹ Binnenstruktur von Gruppen« eine Nähe zu der Theorie Gilberts: »Wie Gilbert erkennt auch Tuomela an, dass Gruppenhandeln durch eine gruppenrelative deontische Binnenstruktur gekennzeichnet ist. Um als Gruppe zu handeln, legen sich demnach die Gruppenmitglieder auf die kollektiv akzeptierten Absichten und Ziele fest und gehen dadurch wechselseitige Verpflichtungen ein, welche ihre Unterstützung der Gruppenhandlung betreffen.«

210 Tuomela: Philosophy of sociality, S. 64. Oder umgekehrt: Die ›Collectivity Condition‹ ist erfüllt, wenn Handelnde im *we-mode* ein gemeinsames Ziel verfolgen, wobei jedes Mitglied verpflichtet ist, gemäß den Gruppenabsichten zu handeln; vgl. Skudlarek: Relationale Intentionalität, S. 68.

211 Vgl. Tuomela: Philosophy of sociality, S. 64.

212 Tuomela: Collective intentionality and group reasons, S. 5; siehe auch Skudlarek: Relationale Intentionalität, S. 68.

213 Vgl. Tuomela: Collective intentionality and group reasons, S. 5; Tuomela: Philosophy of sociality, S. 46f., und für ein ähnliches Beispiel Tuomela: We-mode and I-mode, S. 94f.; siehe außerdem Hindriks: Social ontology, S. 135.

214 Tuomela: Philosophy of sociality, S. 48.

215 Vgl. ebd.

it. Strict individuality is thus blocked and this shows that the Collectivity Condition represents the group level on the level of group members.[216]

Tuomelas Ausführungen zum *we-mode* bringen die Frage nach der Ontologie einer Gruppe auf.[217] Mit Stoutland könnte man im Hinblick darauf »plurale Akteure«[218], deren Zusammenhandeln »transitorisch oder ephemer«[219] sei, von »kollektive[n] Akteure[n]«[220] unterscheiden, die über die einzelnen Mitglieder und ihre Handlungen hinaus Bestand hätten und Autoritätsstrukturen aufwiesen.[221] Tuomelas Philosophie der Gruppe deckt m. E. beide Typen ab.[222] Was ist eine Gruppe?

1.1.3   Tuomelas Ontologie der Gruppe[223]

Die Frage nach der Ontologie einer Gruppe ist die Frage nach dem Subjekt gemeinsamen Beabsichtigens und Handelns. Schematisch gesprochen sind drei Antworten möglich. Die Absicht, gemeinsam X zu tun, kann a) eine individuelle, nur von wir-bezogenen inneren Einstellungen abhängige Absicht sein (wie Searle meint); b) darauf beruhen, dass sich Subjekte in ihrem individuellen Beabsichtigen aufeinander beziehen und so gemeinsam beabsichtigen, X zu tun (die Position Bratmans); oder c) die Absicht eines durch die Individuen gebildeten Kollektivsubjekts sein (wofür Gilbert argumentiert).[224] Tuomela reduziert diese Optionen auf zwei. Man könne soziale Gruppen als eine Art »singular conglomeration or fusion« von Personen und ihren wechselseitigen Beziehungen betrachten; dies sei die »singular entity view«.[225] Oder man verstehe Gruppen als nur durch die sozialen Beziehungen oder gemeinsamen Aktivitäten von Individuen gebildet – die »nonentity view«.[226] In dieser Perspektive sei die Gruppe nie eine existierende Entität, wenngleich sie als solche in den Gedanken der Individuen durchaus vorkommen könne oder sogar müsse.[227]

Tuomela ist selbst keinem der beiden Lager zuzuschlagen, sondern besetzt, wie Skudlarek urteilt, eine »Zwischenposition«.[228] Einerseits scheint er der ›singular entity view‹ beizupflichten, wenn er in *The Philosophy of Sociality* verlautbart, »that groups can (but need not) be taken as (singular) entities«.[229] Man könne einer Gruppe »men-

---

216   Ebd.

217   Vgl. Skudlarek: Relationale Intentionalität, S. 66f.; Schweikard: Mythos des Singulären, S. 357.

218   Stoutland: Warum sind Handlungstheoretiker so antisozial, S. 268, Hv. i. Orig.

219   Ebd., S. 269.

220   Ebd., S. 268, Hv. i. Orig.

221   Vgl. ebd., S. 269.

222   Tuomela: Philosophy of sociality, S. 13, versteht unter »social groups« beispielhaft »task groups, small social groups, organizations, nations, states«.

223   Das Folgende orientiert sich (auch bei der Zitatauswahl) an Skudlarek: Relationale Intentionalität, S. 74f., erweitert seine Darstellung aber.

224   Vgl. Schmid/Schweikard: Einleitung, S. 47, ähnlich Skudlarek: Relationale Intentionalität, S. 26f.

225   Tuomela: Philosophy of sociality, S. 145, Hv. i. Orig.; vgl. ebd.

226   Ebd., Hv. i. Orig.

227   Vgl. ebd.

228   Skudlarek: Relationale Intentionalität, S. 74.

229   Tuomela: Philosophy of sociality, S. 145.

tal states (e.g., acceptances, goals, intentions)«[230] zuschreiben, auf deren Basis sie als Einheit urteile und handele, und die sie mit der Autorität ausstatte, ihren Mitgliedern Gründe für ihr Denken und Handeln zu geben.[231] Als intentionale Akteurin trage eine Gruppe zudem rechtliche und moralische Verantwortung für ihr Handeln.[232]

Andererseits hält Tuomela es für falsch, einer Gruppe Absichten und Handlungsfähigkeit zuzuschreiben: Gruppen seien »agents and persons only in a metaphorical sense«.[233] Was immer man Gruppen an Handlungen und Einstellungen zuerkenne, superveniere über den Handlungen und Einstellungen der Gruppenmitglieder.[234] Die metaphorische Rede von der Gruppe als einer zu Intentionen und Handlungen fähigen Entität hat für Tuomela »instrumental advantages«.[235]

Mit dieser Einschätzung könnte er sich auf Max Weber berufen[236], der ebenfalls zugesteht, die Alltagssprache (und etwa auch die Sprache der Rechtswissenschaft) kenne eine Vielzahl von »Kollektivbegriffen«[237] – etwa die Begriffe des Staates, der Nation oder der Aktiengesellschaft, des Armeekorps oder der Familie.[238] Diese »soziale[n] Gebilde«[239], so Weber, seien »Vorstellungen [...] in den Köpfen realer Menschen [...], an denen sich deren Handeln orientiert«.[240] Weil dies so sei, könne die Soziologie jene »kollektiven Gedankengebilde [...] nicht etwa ignorieren«.[241] Wenn Weber die »Kollektivgebilde«[242] als ›Vorstellungen‹ bezeichnet, so legt er nahe, dass ›Kollektivgebilde‹ in Wirklichkeit nicht existieren: Man sage zwar, eine Aktiengesellschaft oder ein Staat handele und habe bestimmte Rechte und Pflichten.[243] »Für die verstehende Deutung des Handelns durch die Soziologie sind dagegen diese Gebilde lediglich Abläufe und Zusammenhänge spezifischen Handelns einzelner Menschen, da diese allein für uns verständliche Träger von sinnhaft orientiertem Handeln sind.«[244] Für die Soziologie gebe es »keine ›handelnde‹ Kollektivpersönlichkeit«.[245] Damit urteile Weber zwar nicht über die (Nicht-)Existenz handelnder ›Kollektivgebilde‹, so Schmid, sondern schlage lediglich vor, wie in der soziologischen Analyse mit kollektiven Gebilden zu verfahren sei;

---

230   Ebd., S. 20.
231   Vgl. ebd., S. 19f.
232   Vgl. Tuomela: Importance of us, S. 231.
233   Tuomela: Philosophy of sociality, S. 145.
234   Vgl. Schweikard: Mythos des Singulären, S. 362f.; 438, und siehe etwa Tuomela: Philosophy of sociality, S. 145: »Much of what is said in this book prima facie treats groups as real but nonagentive social systems supervenient on the members functioning qua group members.«
235   Tuomela: Philosophy of sociality, S. 148.
236   Ich folge den Ausführungen hierzu von Schmid: Wir-Intentionalität, S. 20ff.; 210f.
237   Weber: Wirtschaft und Gesellschaft, S. 8.
238   Vgl. ebd., S. 8f.
239   Ebd., S. 8.
240   Ebd., S. 9, Hv. i. Orig.
241   Ebd., S. 8, Hv. i. Orig.
242   Ebd., S. 9.
243   Vgl. ebd., S. 8.
244   Ebd., S. 8, Hv. i. Orig.
245   Ebd., S. 9. »Handeln im Sinn sinnhaft verständlicher Orientierung des eignen [sic!] Verhaltens gibt es für uns stets nur als Verhalten von einer oder mehreren einzelnen Personen.« (Ebd., S. 8, Hv. i. Orig.)

anders gesagt: Webers Individualismus sei zunächst nur methodologisch.[246] Methodologische Aussagen implizierten aber stets eine Ontologie (und umgekehrt)[247]: Ob eine Methodologie etwas taugt, hängt nicht zuletzt von den ontologischen Tatsachen ab; schließlich gilt: »[T]he fact of gravity makes the rule ›exit by the window‹ poor advice«.[248]

Ganz im Sinne Webers stellt Tuomela fest, auf keinen Fall sei eine Gruppe »an extra agent over and above the group members«.[249] Er wolle keineswegs einer Theorie des Gruppengeistes das Wort reden, unterstreicht er, seine Analyse von Wir-Absichten sei im Gegenteil »a kind of modern counterpart of group-minds«.[250] Da es ihr an einem Gehirn und einem Körper fehle, könne eine Gruppe nicht selbst handeln, sondern handele nur durch ihre Mitglieder.[251]

Gruppen sind für Tuomela in ontologischer Hinsicht »keine unabhängigen Handlungssubjekte«, wie Skudlarek feststellt, könnten aber »mitunter so beschrieben werden«.[252] Den »ontologisch individualistischen [...] Gesamtrahmen seiner Theorie«[253] verlässt Tuomela zu keiner Zeit. Gruppen existierten insofern, als Individuen sich auf sie beziehen (›We will do X‹) und gruppentypische Interaktionsweisen ausbilden; man könne aber eine Gruppe nicht als Einzelwesen fassen.[254] Für Tuomela haben »social wholes such as groups, nations, parliaments, or families«, wie er betont, »no real existence, viz., existence outside the realm of thoughts«.[255] Vor diesem Hintergrund entscheidet er zwei Subjekte kollektiver Intentionalität: »We can say that the *intentional*

246   Vgl. Schmid: Wir-Intentionalität, S. 21.

247   Vgl. ebd., S. 21f.; Schweikard: Mythos des Singulären, S. 282; Skudlarek: Relationale Intentionalität, S. 15. Zu einer ähnlichen Einschätzung – mit Blick auf den methodologischen Individualismus Max Webers – kommt Cornelius Castoriadis: Individuum, Gesellschaft, Rationalität, Geschichte. In: ders.: Ausgewählte Schriften. Bd. 3. Das imaginäre Element und die menschliche Schöpfung (Hg. Halfbrodt, Michael/Wolf, Harald). Lich 2010, S. 191-226, 193f.

248   Gregory Currie: Art. ›Methodological Individualism: Philosophical Aspects‹. In: Smelser, Neil J[oseph]/Baltes, Paul B[oris] (Hg.): International Encyclopedia of the Social & Behavioral Sciences. Amsterdam 2001, S. 9755-9760, 9755. Der Hinweis auf diesen Text, der ebd., S. 9755f., kurz auch auf die Theorien kollektiver Intentionalität eingeht, ist zu finden bei Schmid: Wir-Intentionalität, S. 22, Anm. 8.

249   Tuomela: Philosophy of sociality, S. 4; siehe auch Tuomela: Importance of us, S. 5 (»no supraindividual social entities exist«).

250   Tuomela: Importance of us, S. 231; vgl. ebd.

251   Vgl. Tuomela: Philosophy of sociality, S. 4; 140; 145. Tuomelas »modernisierte Version des Kollektivsubjekts« zerfalle letztlich in »die (Wir-)Intentionalität der beteiligten Individuen«, so Schmid: Wir-Intentionalität, S. 219.

252   Skudlarek: Relationale Intentionalität, S. 66.

253   Schweikard: Mythos des Singulären, S. 363.

254   Vgl. Tuomela: Philosophy of sociality, S. 148. Damit unterscheiden sich ›singular entity view‹ und ›nonentity view‹ nicht: »[T]he entity view is only a redescription of the nonentity view«. (Ebd., S. 147) Tuomela, merkt Schmid: Wir-Intentionalität, S. 213, treffend an, »scheint Gruppen [...] als ontologische Nicht-Entitäten zu behandeln«.

255   Tuomela: Importance of us, S. 367.

subject of a we-intention is ›we,‹ while the *ontological subject* of a we-intention is a single agent.«[256]

Eine Wir-Absicht, hatte Tuomela auf Searles Vorwurf geantwortet, sei begrifflich nicht auf individuelle Absichten plus wechselseitig geteilte Überzeugungen reduzierbar. Somit zeigt sich nun: Tuomela verquickt einen (nicht-reduktionistischen) »conceptual holism« mit einem »ontological individualism«.[257] Es sei nicht notwendig, Gruppen »in an ontological sense« als Entitäten zu verstehen, »for ›groupness‹ is in the last analysis attributed to individuals«.[258]

Wie selbstverständlich pflichtet Tuomela der »ontologischen Grundprämisse«[259] bei, jegliche Intentionalität bedürfe eines Subjekts. ›Besitzt‹ aber ein Subjekt – ob kollektiv oder individuell – kollektive Intentionalität? Spielt sich kollektive Intentionalität nicht zwischen Subjekten ab? Grob umreißt dies die Haltung Bratmans, der versucht, »das von der Metaphysik des Subjekts Ausgeschlossene: die *Relation*«[260], in den Mittelpunkt seiner Theorie zu rücken.[261] Verstehe man, meint Schmid, gemeinsames Beabsichtigen als ein wesentlich relationales Geschehen, könne man nicht mehr sinnvollerweise nach einem »einheitlichen Subjekt« des gemeinsamen Beabsichtigens und Handelns fragen, sondern nur noch »nach Relationen, Verhältnissen«.[262]

Dies erforderte es zunächst, die ›Logik des Absoluten‹ aufzugeben; jene Logik »des Seins als [...] vollständig losgelöstes, deutlich abgetrenntes und abgeschlossenes Sein, das *ohne Beziehung* ist«.[263] Das ginge weiter als der Appell, gemeinsames Beabsichtigen und Handeln als wesentlich relational zu betrachten, und ermöglichte es erst, die Relation zu denken. Die Subjektmetaphysik lässt sich nicht durch das Hinzufügen eines

---

256 Tuomela: Philosophy of sociality, S. 93, Hv. i. Orig.; siehe hierzu auch Wesser: Heteronomien des Sozialen, S. 115, und Skudlarek: Relationale Intentionalität, S. 75. Dies unterscheide seine Konzeption, merkt Tuomela: Philosophy of sociality, S. 270, Anm. 18, an, von Margaret Gilberts Konzeption eines Pluralsubjekts.

257 Hindriks: Social ontology, S. 142; vgl. ebd. Siehe auch Tuomela: Theory of social action, S. 11: »It is perhaps worth emphasizing here that even though our theory of social action will be individualistic [...] it will nevertheless make use of ideas often regarded as collectivistic or holistic. [...] Our reconstruction of [...] prima facie holistic notions will be individualistic, however.«

258 Tuomela: Importance of us, S. 199; siehe auch ebd., S. 194, sowie Tuomela: Philosophy of sociality, S. 10; 19; 20. Damit betont Tuomela noch einmal, wie Schmid: Wir-Intentionalität, S. 213, Hv. i. Orig., mit Bezug auf dieses Zitat anführt, dass eine Wir-Absicht »*per se* die Existenz eines Kollektivs bzw. einer Wir-Gruppe noch nicht voraus[setzt]«.

259 Schmid: Wir-Intentionalität, S. 23.

260 Ebd., S. 227, Hv. i. Orig.

261 Tuomela bezeichnet seinen Ansatz als »ontically individualistic or, better, interrelational«. (Tuomela: We-Intentions revisited, S. 342) Der Unterschied zu Bratman besteht darin (wie sich noch zeigen wird), dass »Tuomela die Verweisstruktur nicht als grundlegende Verschränkung der Absichten mehrerer Beteiligter [expliziert], wodurch die Absicht konstituiert wird, die das gemeinsame Handeln lenkt, sondern allein anhand des Verweischarakters von individuellen Absichten«. (Schweikard: Mythos des Singulären, S. 252) Wir-Absichten seien für Tuomela »sozial orientierte Absichten von Individuen«, womit er »leugnet, dass mehrere Individuen oder gar organisierte Kollektive Träger von Wir-Absichten sind«. (Ebd.) Siehe zur relationalen Dimension der Theorie Tuomelas auch die Diskussion bei Skudlarek: Relationale Intentionalität, S. 77ff.

262 Schmid: Wir-Intentionalität, S. 235, Anm. 101.

263 Nancy: Entwerkte Gemeinschaft, S. 16, Hv. i. Orig. (CD 17f., Hv. i. Orig.).

relationalen Moments ins Wanken bringen, da so das Subjekt in der Intersubjektivität aufgehoben würde.[264] Um den Individualismus – auch in seiner spiegelbildlichen Kollektivgestalt – zu unterlaufen, muss man an seiner Wurzel ansetzen: dem Subjekt. Nancy hat hierzu einen entscheidenden Beitrag geleistet; nicht nur als Kritiker des Subjekts, sondern weil er zudem zeigt: Die Singularität ist »self-as-relation«.[265] Ein solches Verständnis des Selbst ist wohl die Voraussetzung für gemeinsames Beabsichtigen und Handeln, die im »individualistischen Denkrahmen«[266] der Theorien kollektiver Intentionalität unerkannt bleibt.

1.2   John R. Searle

Unter dem Titel »Philosophie der Gesellschaft«[267] nimmt Searle die Gründung einer neuen philosophischen Disziplin in Angriff.[268] Deren Aufgabe sei es, »die eigentliche Natur und die grundlegende Existenzweise der institutionellen Realität menschlicher Gesellschaften zu erklären«.[269] Anders als die Gesellschafts- oder Politikwissenschaft befasse sich die ›Philosophie der Gesellschaft‹ mit dem »Studium des Wesens der menschlichen Gesellschaft selbst«.[270] Der von Searle eingeführte Begriff der kollektiven Intentionalität[271] scheint für dieses Vorhaben fundamental, bilde doch kollektive Intentionalität »den Grundstein der gesamten menschlichen Sozialontologie und der menschlichen Gesellschaft überhaupt«.[272] Searle sucht nach dem (einen) Prinzip, das hinter so verschiedenen sozialen Entitäten wie Regierungen, Geld, Familien, Cocktailpartys, Gewerkschaften, Fußballspielen oder Reisepässen steckt.[273] Ihm geht es um die

---

264 In diesem Sinne schlägt Schmid: Wir-Intentionalität, S. 241, Hv. i. Orig., vor, statt ›kollektive Intentionalität‹ den Ausdruck »[g]emeinsame Intentionalität« zu verwenden, »weil die Gemeinschaft gerade keine ›Zusammenlegung‹ (con-lectio) von Individuen ist« und »sich nicht in den individualistischen Bezugsrahmen [fügt]; sie setzt tatsächliche Gemeinschaft voraus«. Um dies zu belegen, rekurriert Schmid vor allem auf das Denken Heideggers; vgl. ebd., S. 246ff.

265 Watkin: Different alterity, S. 54.

266 Schmid: Wir-Intentionalität, S. 235.

267 Searle: Soziale Welt, S. 14.

268 Vgl. Schmid: Wir-Intentionalität, S. 208.

269 Searle: Soziale Welt, S. 9.

270 Ebd., S. 15; vgl. ebd., S. 14f. Siehe auch Bernhard Waldenfels: Comment on John Searle's The Construction of Social Reality. In: Analyse und Kritik 20 (1998), H. 2, S. 159-165, 160, Hv. i. Orig. »He takes an interest in scrutinizing *sociability* (in German: *Geselligkeit*) as such, including its *institutional structure.*«

271 Vgl. Schmid/Schweikard: Einleitung, S. 14.

272 Searle: Soziale Welt, S. 76. Siehe auch John R[ogers] Searle: Social Ontology and Political Power. In: Schmitt, Frederick F[rancis] (Hg.): Socializing Metaphysics. The Nature of Social Reality. Lanham u.a. 2003, S. 195-210, 198, wo er »collective intentionality« als die »foundation of society« bezeichnet.

273 Siehe zu diesen Beispielen Searle: Soziale Welt, S. 9; 15, und für die »methodologische Voraussetzung« seiner Arbeit die Erläuterung ebd., S. 16f., Hv. i. Orig.: »Wir müssen von Anfang an davon ausgehen, daß die menschliche Gesellschaft [...] auf bestimmten recht einfachen Prinzipien beruht. Ich werde sogar geltend machen, daß die institutionellen Strukturen dieser Gesellschaft auf

»logischen Strukturen«[274] der Gesellschaft. Von der Annahme eines logischen Aufbaus der Gesellschaft leitet Searle die Zuständigkeit der Philosophie ab: Die Gesellschaft habe »eine logische (begriffliche, propositionale) Struktur [...], die eine logische Analyse zuläßt, ja geradezu verlangt«.[275]

Nach Searles Ansicht wurde in der abendländischen politischen Philosophie und auch von den »großen Philosophen-Soziologen des 19. und frühen 20. Jahrhunderts«[276] (wie Max Weber, Émile Durkheim oder Georg Simmel) zu einer »sozialen Ontologie«[277], wie er selbst sie beabsichtigt, noch kein substantieller Beitrag geleistet. Bislang nämlich habe man »die essentiell *konstitutive* Rolle der Sprache«[278] für die Konstruktion der Gesellschaft vernachlässigt.[279] Sprache sei die Voraussetzung gesellschaftlicher Institutionen[280], und also könne man »nicht einmal beginnen, das Besondere an einer menschlichen Gesellschaft zu verstehen [...], wenn man nicht vorher einige spezielle Merkmale der menschlichen Sprache versteht«.[281] Searle verfügt dank seiner eigenen Arbeiten zur Sprechakttheorie und zur Theorie der Performative nicht nur über das für eine Gesellschaftsphilosophie unerlässliche Verständnis der menschlichen Sprache,

---

genau *einem* Prinzip beruhen. Die enormen Komplexitäten der menschlichen Gesellschaft sind unterschiedliche Oberflächenäußerungen einer zugrundeliegenden Gemeinsamkeit.«

274   John R[ogers] Searle: Einige Grundprinzipien der Sozialontologie. In: Schmid, Hans Bernhard/ Schweikard, David P. (Hg.): Kollektive Intentionalität. Eine Debatte über die Grundlagen des Sozialen. Frankfurt a.M. 2009, S. 504-533, 529.

275   Searle: Soziale Welt, S. 16. Als Gegengewicht zum »Übergewicht«, das Searle in seiner Gesellschaftstheorie »formalen Regeln« (Bernhard Waldenfels: Sozialontologie auf sozialbiologischer Basis. Searles Konstruktion der gesellschaftlichen Wirklichkeit [Rezension von John R. Searle: Die Konstruktion der gesellschaftlichen Wirklichkeit. Zur Ontologie sozialer Tatsachen]. In: Philosophische Rundschau 45 [1998], H. 2, S. 97-112, 109) beimisst, soll später die Theorie Castoriadis' zeigen, dass die Gesellschaft nicht (nur) logisch, sondern (auch) imaginär instituiert ist. Auch Marchart: Das unmögliche Objekt, S. 358, Anm. 3, wendet gegen Searles »triumphalistische Gesellschaftstheorie« ein: »Das heterogene Objekt Gesellschaft entzieht sich [...] dem Begrifflichen und widersteht logischer Analyse«.

276   Searle: Konstruktion, S. 8.

277   Searle: Soziale Welt, S. 9.

278   Searle: Grundprinzipien der Sozialontologie, S. 508, Hv. i. Orig.

279   Vgl. ebd., S. 507f.

280   Dies meint nicht, es gäbe einen Nullpunkt, an dem zwar Sprache, aber keine Institutionen existierten: »Wenn eine Sprache gegeben ist, verfügt man bereits über eine reichhaltige Institutionenstruktur«. (Searle: Soziale Welt, S. 226) Einen Naturzustand, das heißt einen Zustand »ohne irgendwelche institutionellen Strukturen [...], *kann es für Menschen, die sich einer Sprache bedienen,* [...] *nicht geben*«. (Ebd., S. 227, Hv. i. Orig.)

281   Searle: Grundprinzipien der Sozialontologie, S. 507. Wohl deshalb gibt Searle: Social ontology and political power, S. 195, an, »I have always found our tradition of political philosophy in various ways unsatisfying«. Man habe – sprachvergessen – Antworten auf die falschen Fragen gesucht: »Prior to answering such questions as ›What is a just society?‹ and ›What is the proper exercise of political power?‹ it seems to me we should answer the more fundamental question: ›What is a society in the first place?‹ and ›What sort of power is political power anyhow?‹« (ebd.) Hindriks: Social ontology, S. 128, behauptet, Searles »ideas with respect to society are quite close to those of Simmel«. Beide fragten: Wie ist Gesellschaft bzw. wie sind institutionelle Tatsachen möglich? (vgl. ebd.) Hindriks bezieht sich auf den in Simmels *Soziologie* enthaltenen *Exkurs über das Problem: Wie ist Gesellschaft möglich?*

sondern ihm steht auch ein weiteres Werkzeug zu Gebote: (s)eine Theorie der (kollektiven) Intentionalität.[282]

Searles Akzent auf die Sprache relativiert die Bedeutung, die er der kollektiven Intentionalität als ›Grundstein‹ von Gesellschaften zumisst. Seine Arbeiten erwecken nicht den Eindruck, als spielte kollektive Intentionalität bei der ›Konstruktion der gesellschaftlichen Wirklichkeit‹ tatsächlich die Hauptrolle. Während Searle den Funktionen der Sprache große Aufmerksamkeit schenkt, handelt er das Phänomen der kollektiven Intentionalität insgesamt recht kurz ab.[283] Warum? Sieht er die Arbeit am Begriff der kollektiven Intentionalität als zu großen Teilen bereits geleistet an? Schließlich vertritt er die Ansicht, die in seiner Studie *Intentionality* (1983) entwickelte »Theorie absichtlichen Handelns« lasse sich mit nur wenigen Ergänzungen ausbauen »zu einer allgemeinen Theorie«.[284] Ähnliches träfe auch auf die Sprache zu: Ihre für das Hervorbringen der sozialen Welt wesentlichen Merkmale und Funktionen (z.B. die Unterscheidung zwischen sogenannten regulativen und konstitutiven Regeln[285]) hatte Searle schon in *Speech Acts* (1969) untersucht.

Deshalb muss die Erklärung für Searles Sprachfokussierung anders lauten. Einen Fingerzeig erhält, wer danach fragt, was genau Searle mit seiner ›Philosophie der Gesellschaft‹ untersuchen möchte; nämlich vornehmlich nicht, wie wir eine soziale Welt erschaffen, sondern: wie (gesellschaftliche) institutionelle Strukturen entstehen. Das ist nicht dasselbe, zeigt ein Vergleich zwischen Mensch und Tier.[286] Searle spricht beiden die Fähigkeit zu kollektiver Intentionalität zu.[287] Auch Tieren seien soziale Tatsachen bekannt, denn diese entstünden immer dort, wo die kollektive Intentionalität zweier oder mehrerer (menschlicher oder tierischer) Handelnder im Spiel sei, etwa beim gemeinsamen Beutezug oder beim Anrühren einer Sauce. Gesellschaftliche Institutionen allerdings kenne das Tier nicht. Es sei ein *zoon politikon* nur insofern, als es sozial ist. Allein der Mensch ist vom Doppelsinn der Bezeichnung ›politikon‹ erfasst: Er ist ein soziales und politisches Tier. (Anders gesagt: Zwar jagen Löwen gemeinsam Hyänen, einen König der Löwen gibt es aber nur bei Disney.) Sich kollektiv auf etwas beziehen und

---

282 Searle: Konstruktion, S. 8, spricht von »notwendigen Werkzeuge[n]«, die den ›Philosophen-Soziologen‹ nicht zur Verfügung gestanden hätten: »Das heißt, ohne eigene Schuld fehlte es ihnen an einer adäquaten Theorie der Sprechakte, der Performative, der Intentionalität, der kollektiven Intentionalität, des regelgeleiteten Verhaltens usf.« Waldenfels: Sozialontologie auf sozialbiologischer Basis, S. 98, spricht hier von einer »lapidaren Begründung« für die fehlende Auseinandersetzung Searles mit der soziologischen und philosophischen Tradition.

283 Searles *Die Konstruktion der gesellschaftlichen Wirklichkeit* widmet kollektiver Intentionalität nicht mehr als vier Seiten (was auch Waldenfels: Sozialontologie auf sozialbiologischer Basis, S. 104, vermerkt), der Text *Wie wir die soziale Welt machen* (2010) ein immerhin etwa 25 Seiten starkes Kapitel.

284 Searle: Kollektive Absichten und Handlungen, S. 99; vgl. ebd., S. 118, und siehe auch Schweikard: Mythos des Singulären, S. 142.

285 Wir werden darauf in Abschnitt II.1.2.1 eingehen.

286 Ich folge Searle: Social ontology and political power, S. 197f.; siehe ferner Searle: Grundprinzipien der Sozialontologie, S. 511f.; Searle: Soziale Welt, S. 19f.; 87; Searle: Geist, Sprache, Gesellschaft, S. 145; Searle: Kollektive Absichten und Handlungen, S. 100f., sowie zur Unterscheidung Mensch–Tier auch Schmid: Wir-Intentionalität, S. 396f.

287 Dies betont Meijers: Speech acts, communication, collective intentionality, S. 35.

gemeinsam handeln zu können, ist für Searle eine notwendige, aber nicht hinreichende Bedingung, um eine institutionelle Wirklichkeit zu begründen. Sprachvermögen müsse hinzukommen, und zwar vor allem, wie wir sehen werden, die Fähigkeit, sogenannte Statusfunktionen zuweisen zu können, das heißt: etwas als etwas gelten lassen zu können. Daran gebricht es dem Tier. Da Searle die Genese der institutionellen und nicht der sozialen Wirklichkeit erklären will[288], ist es also kaum erstaunlich, dass er sich auf die Erläuterung der Rolle der Sprache, nicht der kollektiven Intentionalität konzentriert.

Die Suche nach der Weltformel[289]

Man könne sich nur wundern, so Searle, dass es eine institutionelle Wirklichkeit gibt.[290] Dies sei keineswegs selbstverständlich, nehme man an, dass »wir in einer einzigen Welt leben«.[291] Searle lehnt dualistische (oder trialistische) Theorien, wonach neben einer Welt des Physischen eine Welt des Geistigen (sowie der Kultur und des Sozialen) existiere, ab.[292] Es gebe nur ein Universum; ein verständliches Universum, das wir vollständig begreifen könnten, und das vom menschlichen Geist unabhängig sei.[293] Die einzige und wirkliche Welt sei die von den Naturwissenschaften beschriebene.[294] Dank der Naturwissenschaften kennen wir die »»rohen‹ Tatsachen«[295], die

---

288 Es gehe ihm um »solche institutionellen sozialen Phänomene [...], [die] über die Sozialontologie hinausgehen, die bei sozialen Tieren vorliegt«. (Searle: Grundprinzipien der Sozialontologie, S. 511f.)

289 Einen für das Folgende instruktiven Überblick über Searles philosophisches Vorhaben und den Zusammenhang seiner Arbeiten bieten Anthonie W[ilhelmus] M[arie] Meijers: Kann kollektive Intentionalität individualisiert werden? In: Schmid, Hans Bernhard/Schweikard, David P. (Hg.): Kollektive Intentionalität. Eine Debatte über die Grundlagen des Sozialen. Frankfurt a.M. 2009, S. 414-432, 415ff., sowie Waldenfels: Sozialontologie auf sozialbiologischer Basis, S. 97ff., und Schmid: Wir-Intentionalität, S. 181ff.

290 Vgl. Searle: Konstruktion, S. 7.

291 Searle: Geist, Sprache, Gesellschaft, S. 16.

292 Siehe etwa Searle: Soziale Welt, S. 10; 12.

293 Vgl. zu dieser von Searle sogenannten und affirmierten »Aufklärungsvision« etwa Searle: Geist, Sprache, Gesellschaft, S. 9ff. Mit der These von der Geistunabhängigkeit der Welt wendet er sich polemisch gegen den »Anti-Realismus« (ebd., S. 47) etwa eines Jacques Derrida, Richard Rorty, Hilary Putnam oder Nelson Goodman. (Vgl. ebd., S. 28ff.) Den Vertretern und Vertreterinnen des ›Anti-Realismus‹ sei gemein »ein Wille zur Macht, eine Sehnsucht, die Dinge unter Kontrolle zu haben, und ein tiefreichendes, langanhaltendes Ressentiment«. (Ebd., S. 47) Es scheine ihnen »der Gedanke zu eklig, wir sollten der ›wirklichen Welt‹ auf Gedeih und Verderb ausgeliefert sein«. (Ebd., S. 28) Searle hält seine Gegenposition des »»externen Realismus«« (ebd., S. 23) nicht für eine beliebige andere Theorie. Man müsse voraussetzen, »daß es ein von unseren Repräsentationen unabhängiges So-und-so-Sein der Dinge« (ebd., S. 46) gibt, um Theorien über die Welt überhaupt bilden zu können. (Vgl. ebd.) Das heißt: »Die Voraussetzung des ER [externen Realismus, S. H.] ist somit eine *notwendige* Voraussetzung für einen großen Teil des Denkens und der Sprache.« (Searle: Konstruktion, S. 190, Hv. i. Orig.) Siehe ähnlich auch Searle: Intentionalität, S. 201f.

294 Was die Physik über die Atome und was die Biologie über die Evolution festgestellt habe, zähle zu den »Eigenschaften unserer Auffassung der Wirklichkeit«, die gleichsam »nicht optional« (Searle: Konstruktion, S. 15) seien; siehe auch Searle: Soziale Welt, S. 12f.

295 Searle: Konstruktion, S. 10. Von »*natürlichen* [...] *Tatsachen*« (unterschieden von »*institutionellen Tatsachen*«) spricht schon John R[ogers] Searle: Sprechakte. Ein sprachphilosophischer Essay. Frankfurt a.M. 1974, S. 78, Hv. i. Orig.

von einem/einer Beobachter*in unabhängigen und damit sowohl ontologisch wie epistemisch objektiven Merkmale der Welt wie Masse, Kraft, Gravitation oder Photosynthese.[296] Searle beharrt darauf, »daß es eine Seinsweise der Dinge gibt, die unabhängig von allen Repräsentationen der Art und Weise ist, wie die Dinge sind«.[297] Neben den ›rohen‹ gibt es die institutionellen, beobachtungsabhängigen Tatsachen, etwa Geld: Ein Stück bunt bedruckten Papiers ist Geld, weil und solange wir es als solches behandeln. Institutionellen Tatsachen eigne ontologische Subjektivität, sie seien aber epistemisch objektiv. Es liegt nicht an meiner Meinung, Bewertung oder moralischen Einstellung, ob das Papier in meinem Portemonnaie ein Geldschein ist oder nicht.[298]

Wie lässt sich behaupten, wir lebten in einer einzigen Welt, und konstatieren, die Welt teile sich in beobachtungsabhängige und -unabhängige Tatsachen? Searle fragt sich, »in welchem Verhältnis die verschiedenen Teile der Welt zueinander stehen – wie hängt alles zusammen«?[299] Diese Frage nach dem Weltzusammenhang sei die »Grundfrage der zeitgenössischen Philosophie«[300]; oder anders: die »*ontologische* Frage«[301] nach »dem, was es gibt«.[302] Eine Antwort darf nicht auf die These radikal voneinander getrennter ontologischer Bereiche (des Physischen, des Geistigen, der Kultur) hinauslaufen.[303] Daher bemüht Searle sich um eine »kontinuierliche Erzählung«.[304] Mit ihr möchte er die »Linie aufzeigen, die von Molekülen und Bergen zu

---

296 Diese ›rohen Tatsachen‹ müssten sprachlich ausgedrückt werden, bestünden aber auch, hätte es nie einen sprachbegabten Menschen gegeben; vgl. Searle: Konstruktion, S. 37; Searle: Social ontology and political power, S. 196f.

297 Searle: Konstruktion, S. 191. Diese Behauptung widerspricht der These, die Welt sei verständlich und erfassbar – sagt dies doch etwas darüber, wie die Welt verfasst ist: (naturwissenschaftlich) erfassbar; vgl. Martin Seel: Die Resistenz des Radiergummis. In: ders.: Vom Handwerk der Philosophie. 44 Kolumnen. München, Wien 2001, S. 40-42, 40f. Siehe mit einem ähnlichen Vorbehalt auch Waldenfels: Sozialontologie auf sozialbiologischer Basis, S. 110f.

298 Vgl. Searle: Konstruktion, S. 10, sowie zu der Unterscheidung von beobachtungsabhängigen und -unabhängigen Merkmalen Searle: Geist, Sprache, Gesellschaft, S. 139ff.; Searle: Konstruktion, S. 16ff.

299 Searle: Konstruktion, S. 7. »Die Theorie der Sprechakte ist zum Teil ein Versuch, die Frage zu beantworten: Wie kommen wir von der Physik der Äußerungen zu sinnvollen Sprechakten, die von Sprechern und Autoren geäußert werden? Die Theorie des Geistes [...] ist in großen Teilen ein Versuch, die Frage zu beantworten: Wie paßt eine geistige Wirklichkeit, eine Welt des Bewußtseins, der Intentionalität und anderer geistiger Phänomene in eine Welt, die vollkommen aus physischen Teilchen in Kraftfeldern besteht? [...] Wie kann es eine objektive Welt des Geldes, des Eigentums und der Ehe, von Regierungen, Wahlen, Footballspielen, Cocktailparties und Gerichtshöfen geben in einer Welt, die gänzlich aus physischen Teilchen in Kraftfeldern besteht und in der einige dieser Teilchen zu Systemen organisiert sind, die bewußte biologische Lebewesen sind wie wir selbst?« (ebd.)

300 Searle: Soziale Welt, S. 11; ähnlich Searle: Social ontology and political power, S. 196.

301 Meijers: Kollektive Intentionalität, S. 415, Hv. i. Orig.

302 Searle: Geist, Sprache, Gesellschaft, S. 13.

303 Searle: Soziale Welt, S. 10, Hv. i. Orig.: »Hier ist nur von einer einzigen Wirklichkeit die Rede, und wir müssen erklären, wie sich die menschliche Realität in diese *eine* Realität einfügt.«

304 Searle: Konstruktion, S. 234.

Schraubendrehern, Hebeln und schönen Sonnenuntergängen und dann zu Gesetzgebungen, Geld und Nationalstaaten führt«.[305] Zwischen ›rohen‹ und ›institutionellen Tatsachen‹, zwischen »Biologie und Kultur« sowie zwischen »Körper und Geist«, so Searle, dürfe »kein radikaler Bruch existieren«.[306]

An dieser Stelle wird die kollektive Intentionalität (wieder) wichtig: Sie sei »[d]er zentrale Bogen auf der Brücke von der Physik zur Gesellschaft«.[307] Weitere tragende Elemente sind sogenannte Statusfunktionen und Konstitutionsregeln.[308] Mehr Begriffe brauche man nicht, so Searle, um zeigen zu können, wie der Weg »von Elektronen zu Ehen und von Protonen zu Präsidenten«[309] verläuft. Mit dem Ziel, zumindest einen groben Eindruck von Searles gesellschaftsphilosophischem Vorhaben zu geben, skizziere ich zunächst die Bedeutung der Ausdrücke ›Statusfunktion‹ und ›Konstitutionsregel‹, anschließend die searlesche Theorie kollektiver Intentionalität.

1.2.1   ›Die Konstruktion der gesellschaftlichen Wirklichkeit‹

Bei ihren Forschungen beobachtete Jane Goodall, wie ein Schimpanse eine Art Schwamm aus gekauten Blättern dazu verwendete, letzte Überbleibsel von Pavianhirn aus einem Schädel zu wischen. Andere Schimpansen angelten mit Halmen und Stöcken Insekten aus ihren Bauten oder versorgten mit Blättern ihre Wunden.[310] Searle würde sagen: Die Schimpansen haben eine »Funktionszuweisung«[311] vorgenommen. Der Begriff benennt die Fähigkeit des Menschen und mancher Tiere, »Objekten Funktionen aufzuerlegen, sowohl natürlich vorkommenden Objekten wie denen, die speziell dazu geschaffen sind, die zugewiesenen Funktionen zu verrichten«.[312]

Jede Funktion eines Objekts sei »*intentionalitätsrelativ*«[313]: Sie liege nicht in den (physikalischen oder chemischen) Objekteigenschaften begründet, sondern in Zuschreibungen, die man im Lichte bestimmter Bewertungen vornimmt.[314] Die Entstehung der in-

---

305   Ebd., S. 49f.

306   Ebd., S. 234. Waldenfels: Sozialontologie auf sozialbiologischer Basis, S. 98, beschreibt den Weltaufbau in Searles »umfassende[r] Ontologie« als »stufenförmig«. Siehe zu Searles ›kontinuierlicher Erzählung‹ auch ebd., S. 102f.

307   Searle: Konstruktion, S. 50.

308   Vgl. Searle: Social ontology and political power, S. 198.

309   Searle: Soziale Welt, S. 11. Meijers: Kollektive Intentionalität, S. 418, spricht von einem »bemerkenswert einfachen begrifflichen Apparat«. Siehe zu diesem ›Apparat‹ und seiner Funktion in Searles Theorie die meine folgenden Erläuterungen orientierenden Darstellungen bei Waldenfels: Sozialontologie auf sozialbiologischer Basis, S. 99ff., sowie Schmid: Wir-Intentionalität, S. 183ff., und Wesser: Heteronomien des Sozialen, S. 49ff.

310   Vgl. Jane Goodall: Wilde Schimpansen. Verhaltensforschung am Gombe-Strom. Reinbek bei Hamburg 1991, S. 312.

311   Searle: Konstruktion, S. 22.

312   Ebd., S. 23.

313   Searle: Soziale Welt, S. 102, Hv. i. Orig.

314   Vgl. ebd., S. 102f. Selbst ein Herz habe nicht die (natürliche) Funktion, Blut zu pumpen. Zweifellos lasse es das Blut im Körper zirkulieren, aber dies sei ein kausaler Vorgang. Eine Funktion des Herzens werde das Blutpumpen erst im Lichte von Normen: Wir halten das (Über-)Leben für einen Wert und meinen deshalb, es sei die Funktion des Herzens, Blut zu pumpen und dadurch das Leben zu erhalten. Wem aber etwa der Lobpreis Gottes durch Klopfgeräusche am Herzen läge, der

stitutionellen Wirklichkeit verdankt sich der menschlichen Fähigkeit, allem und jedem einen Status und eine Funktion zuweisen zu können (was kollektive Intentionalität voraussetzt); darin – und nicht z.B. im Werkzeuggebrauch – liege »der wahrhaft radikale Bruch mit anderen Formen des Lebens«[315], so Searle.

> Eine Status-Funktion definiere ich als eine Funktion, die von einem Gegenstand (Gegenständen), einer Person (Personen) oder einer anderen Entität (Entitäten) erfüllt wird und die nur aufgrund der Tatsache erfüllt werden kann, daß die Gemeinschaft, in der sie erfüllt wird, dem betreffenden Gegenstand, der betreffenden Person oder der betreffenden Entität einen bestimmten Status zuschreibt, und daß die Funktion vermöge der kollektiven Akzeptierung oder Anerkennung des Gegenstands, der Person oder der Entität als Träger dieses Status erfüllt wird.[316]

Wer Statusfunktionen zuweist, der weise zugleich etwa Rechte, Pflichten oder Befugnisse zu, die durch Verben wie ›sollen‹, ›können‹, ›müssen‹ oder ›dürfen‹ ausgedrückt werden.[317] Statusfunktionen sind mit anderen Worten verknüpft mit (positiver oder negativer) deontischer Macht, die sich von der Macht aufgrund z.B. physischer Kraft darin unterscheidet, dass sie nur solange besteht, wie sie kollektiv anerkannt wird.[318] Als Träger deontischer Macht seien Statusfunktionen »das Bindemittel, das die Gesellschaft zusammenhält«.[319] Die deontische Macht liefere Gründe für Handlungen, die nicht von Wünschen abhängen.[320] Handlungsmotivierend sind diese Gründe deshalb, weil beispielsweise eine Verpflichtung, die man durch die Anerkennung einer Statusfunktion und der damit verbundenen deontischen Macht eingehe, »die *Grundlage des Wunsches* sein kann, jene Handlung, welche die Erfüllung der Verpflichtung konstituiert, zu vollziehen«.[321]

Institutionelle Tatsachen sind also Statusfunktionen, die deontische Macht einschließen, die wunschunabhängige Handlungsgründe generiert.[322] Wie entsteht eine Statusfunktion? Hier ist auf den Begriff der Konstitutionsregel zu verweisen: Konstitutionsregeln ermöglichen Statusfunktionen und sind somit »[t]he key element in the move from the brute to the institutional, and correspondingly the move from assigned physical functions to status functions«.[323] Schon früh hatte Searle analog zu der

---

sähe die Funktion des Herzens darin, klopfend Gott zu rühmen. Vgl. zu diesem Beispiel ebd., sowie Searle: Konstruktion, S. 23ff., und Searle: Geist, Sprache, Gesellschaft, S. 146f.

315   Searle: Konstruktion, S. 49; vgl. ebd., sowie Searle: Social ontology and political power, S. 200.

316   Searle: Soziale Welt, S. 160f.

317   Vgl. ebd., S. 208.

318   Vgl. Searle: Social ontology and political power, S. 201f. Deontische Macht anzuerkennen heiße nicht, sie zu billigen, betont Searle: Soziale Welt, S. 19.

319   Searle: Soziale Welt, S. 21.

320   Siehe dazu ebd., S. 215ff.; 280ff., sowie Searle: Social ontology and political power, S. 206f. Da nur der Mensch Sprache habe, kenne auch nur er, so Searle: Soziale Welt, S. 216, Handlungsgründe, die nicht wunschbasiert sind.

321   Searle: Soziale Welt, S. 218, Hv. i. Orig.

322   Vgl. ebd., S. 43.

323   Searle: Social ontology and political power, S. 200; vgl. ebd., S. 199.

Unterscheidung zwischen ›rohen‹ und ›institutionellen‹ Tatsachen unterschieden zwischen »*regulativen* und [...] *konstitutiven* Regeln«.[324] Erstere regeln nachträglich bereits bestehende Tätigkeiten. (Man kann mit dem Auto oder Fahrrad fahren, ohne mit der Straßenverkehrsordnung vertraut zu sein.) Sie haben die Form ›Tu X‹ (›Beachte die Vorfahrt‹ oder ›Fahre auf der linken Straßenseite‹). Konstitutive Regeln bringen das, was sie regeln, erst hervor. Ohne Schachregeln, so Searles Beispiel, gäbe es kein Schachspiel, und wer nicht den Regeln des Schachs gemäß spiele, der spiele irgendetwas, aber kein Schach (während die Person, die sich nicht an die Straßenverkehrsordnung hält, trotzdem Auto oder Fahrrad fährt). Eine konstitutive Regel hat die Form ›X gilt als Y im Kontext C‹.[325] Die mit dieser Formel ausgedrückte Struktur ist iterierbar: Bestimmte Laute gelten als Worte, die in einer bestimmten Ordnung als Satz gelten, der als Versprechen gilt, das als Vertrag gilt, der in ein Netz von Institutionen eingefügt ist.[326]

Konstitutionsregeln und Statusfunktionen erfordern die menschliche Sprache.[327] Dies liegt daran, dass in der Formel ›X gilt als Y im Kontext C‹ der Y-Term dieselben physischen Eigenschaften hat wie der X-Term. Papierschnipsel mögen als Geld gelten, bleiben aber hinsichtlich ihrer Materialität einfache Papierschnipsel. Zu Geld werden sie nur, weil sie sprachlich als Geld repräsentiert werden.[328] Um die logische Form dieser Repräsentationen näher zu bestimmen, zieht Searle einen besonderen Typus von Sprechakten heran, die sogenannten Deklarativa. Ihr wohl prominentestes Beispiel seien die von John L. Austin in *How to do things with words* (1962) analysierten performativen Äußerungen.[329] »›Deklarativa‹«, so Searle, »verändern die Welt, indem sie das Bestehen eines Sachverhalts proklamieren und eben dadurch dafür sorgen, daß dieser Sachverhalt besteht«.[330] Sie sagen weder nur eine Wahrheit über die Welt aus noch passen sie die Welt lediglich ihrem Inhalt an; sie tun beides: Sie gleichen die Realität dem

---

324   Searle: Sprechakte, S. 54, Hv. i. Orig. Daran erinnert Waldenfels: Sozialontologie auf sozialbiologischer Basis, S. 97, sowie Schmid: Wir-Intentionalität, S. 183.

325   Vgl. Searle: Sprechakte, S. 54ff.; 81; Searle: Soziale Welt, S. 22; Searle: Social ontology and political power, S. 199f. Olivier Morin zufolge gehörten zwar Regeln und Gesetze zu vielen Tätigkeiten und Institutionen notwendigerweise dazu; es sei dennoch falsch, dass konstitutive Regeln Tätigkeiten oder Institutionen im engeren Sinne erschüfen. Der Unterschied zwischen regulativen und konstitutiven Regeln sei ein Unterschied zwischen verschiedenen Möglichkeiten, eine Tätigkeit zu beschreiben. Festzustellen, dass manche Tätigkeiten nicht beschrieben werden könnten, ohne bestimmte Objekte in die Beschreibung mit einzuschließen, sei trivial. So wie sich das Schachspiel nicht ohne Schachregeln beschreiben lässt, so auch das Steinewerfen nicht ohne Steine. Fast alles, was existiert, ermögliche eine Tätigkeit und sei in einem schwachen Sinne konstitutiv. Vgl. Olivier Morin: Three Ways of Misunderstanding the Power of Rules. In: Schmitz, Michael/Kobow, Beatrice/Schmid, Hans Bernhard (Hg.): The Background of Social Reality. Selected Contributions from the Inaugural Meeting of ENSO. Dordrecht u.a. 2013, S. 185-199, 186ff.; 198.

326   Siehe zur Iterierung institutioneller Tatsachen Searle: Konstruktion, S. 88ff.

327   Vgl. Waldenfels: Sozialontologie auf sozialbiologischer Basis, S. 101; Schmid: Wir-Intentionalität, S. 184; Wesser: Heteronomien des Sozialen, S. 53.

328   Vgl. Searle: Konstruktion, S. 78f.

329   Vgl. Searle: Soziale Welt, S. 27.

330   Ebd., S. 26f. Austin veranschaulicht dies an der Taufe eines Schiffes, bei der man eine Flasche gegen den Schiffsrumpf wirft und dabei die Worte äußert: »›Ich taufe dieses Schiff auf den Namen ›Queen Elizabeth‹«. (John Langshaw Austin: Zur Theorie der Sprechakte [How to do things with Words]. Bibliograph. erg. Ausg. Stuttgart 2002, S. 28f.) Es gehe bei dieser Äußerung nicht um eine

Inhalt des Sprechaktes an, indem sie die Welt als im Sinne des Inhalts des Sprechaktes geschaffene oder veränderte darstellen.[331] Searle macht dies an einem Beispiel anschaulich: Allein dadurch, dass jemand Bier von der Theke holt und die Gläser mit den Worten ›Dieses hier ist für X, dieses für Y und dieses für mich‹ auf den Tisch stellt (sogar dann, würden die Gläser wortlos verteilt), habe man eine neue, von deontischen Kräften durchwirkte Realität geschaffen: Jede Person hat nun das Recht, das eigene Bier zu trinken, und die Pflicht, die Finger vom Bier der anderen Personen zu lassen.[332]

Zwischenfazit: Institutionelle Tatsachen und deontische Kräfte werden durch Worte erzeugt und haben solange Bestand, wie sie kollektiv akzeptiert werden.[333] Searle möchte eine gleichsam naturwissenschaftliche Erklärung für die Entstehung institutioneller Tatsachen liefern: Wie in den Naturwissenschaften ein einziges fundamentales Prinzip vorherrsche (das Atom in der Physik, die Zelle in der Biologie, die DNA in der Genetik), so könne man auch ein Grundprinzip des Sozialen angeben: die Deklaration von Statusfunktionen.[334] Zurückgeführt auf ein Prinzip, lässt sich die Gesellschaftskonstruktion als »eine Aufgabe für den Techniker«[335] denken. Searle malt das Bild einer sozialen Wirklichkeit, deren formaler Aufbau »ebenso einfach und elegant ist wie die Struktur der Sprache, die benutzt wird, um diese Realität hervorzubringen«.[336]

Dieses Bild verzerrt »die soziale Realität«[337] jedoch. Searle behauptet: »[D]ie gesamte institutionelle Realität – und daher in gewissem Sinn die gesamte menschliche Zivilisation – [ist] das Produkt von Sprechakten, welche die gleiche logische Form aufweisen wie Deklarativa«.[338] Die formalen Eigenschaften von Deklarativa ermöglichen die menschliche Gesellschaft. Die Macht der Sprechakte rührt daher, dass die Realität, die sie als existierende repräsentieren, (kollektiv) akzeptiert wird. Diese Akzeptanz aber, lautet ein Einwand von Olivier Morin, verdanke sich nicht der logischen Struktur einer Deklaration, sondern sei das Resultat eines historisch kontingenten Transmissionsprozesses, in dem z.B. der Einsatz von Machtmitteln wichtig war. Derlei Überlegungen kämen bei Searle nicht vor.[339] Dadurch, so könnte man Morin interpretieren, bekommt Searles Theorie eine konservative Schlagseite. Die Beobachtung, dass viele Tätigkeiten und Institutionen regelabhängig sind, könne dazu verleiten, eine bestimmte Regel für konstitutiv im Sinne von unabänderlich zu halten. Mit der Abschaffung der Regel würde dann auch die Tätigkeit oder Institution verschwinden. Diese Haltung sei essentialistisch. Eine konstitutive Regel, die heute als eine Art Wesenskern unerlässlich für eine Institution zu sein scheint (wie etwa der Zölibat für das Priestertum), war es

---

Information oder ähnliches: »Das Schiff taufen *heißt* (unter passenden Umständen) die Worte ›Ich taufe‹ usw. äußern.« (Ebd., S. 29, Hv. i. Orig.)

331 Vgl. Searle: Soziale Welt, S. 25f.
332 Vgl. ebd., S. 151f.
333 Vgl. ebd., S. 181.
334 Vgl. ebd., S. 16f.; 24ff.
335 Ebd., S. 226.
336 Ebd., S. 33.
337 Ebd.
338 Ebd., S. 27. Siehe auch ebd., S. 339.
339 »Society as pictured by Searle is not the messy product of cultural transmission, but the organised outcome of a conscious, collective enterprise«. (Morin: Power of rules, S. 191)

früher nicht, und wird es vielleicht zukünftig nicht mehr sein. Gerade weil Regeln gemacht werden, können sie verändert oder abgeschafft werden, ohne dass sich zugleich
die Institution, die auf diesen Regeln beruht, auflöst. Welche Regeln konstitutiv (unerlässlich) sind, so Morin, könne nicht formal oder logisch entschieden werden, sondern
nur empirisch.[340]

1.2.2   Kollektive Intentionalität

Die Deklaration und Aufrechterhaltung von Statusfunktionen setzt voraus, sich gemeinsam auf etwas beziehen zu können. Kollektive Intentionalität ist die vorsprach-
liche Basis der Gesellschaft:

> Es gibt eine Basisform kollektiver Intentionalität, die schon vor dem Gebrauch der
> Sprache existiert und den Gebrauch von Sprache überhaupt erst ermöglicht. [...] Das
> Gespräch setzt die Hintergrundfähigkeit zur Beteiligung am Gespräch voraus, und
> diese Hintergrundfähigkeit beruht auf einer fundamentaleren, vorsprachlichen Form
> kollektiver Intentionalität.[341]

Searles soziale Ontologie ist der Versuch, das Wesen der institutionellen Wirklichkeit zu
ergründen. Dabei steht der Mensch als das in einer Polis lebende Tier im Fokus. Mit der
Analyse des Begriffs der kollektiven Intentionalität buchstabiert Searle auch die zweite,
unpolitische Bedeutung des aristotelischen *zoon politikon* aus: Was ist der Mensch als
soziales Tier? Was heißt es, dass er mit anderen gemeinsam handeln und gemeinsame
Einstellungen, Wünsche oder Überzeugungen haben kann?[342] Es geht hierbei um zwei
Fragen: Woher kommt es, dass wir gemeinsam handeln und denken können? Und wie
handeln und denken wir gemeinsam? Searle beantwortet beide Fragen, die Antwort auf
das Wie fällt aber umfangreicher aus. Mit ihr beginne ich.

Jede Analyse kollektiver Intentionalität, zieht Searle den »Rahmen einer individualistischen Sozialontologie«[343] auf, müsse zwei »Adäquatheitsbedingungen«[344] genügen, die aus den ebenso unabänderlichen wie unmittelbar einsichtigen (naturwissen-
schaftlichen) »Grundtatsachen«[345] resultierten. Zu der »umfassenden Ontologie und
Metaphysik der Welt«[346] zählt Searle unter anderem, dass Intentionalität nur im Geist
von Individuen zu finden ist: »Solange wir die Grundtatsachen akzeptieren, müssen wir

---

340   Vgl. ebd., S. 191ff.; 198f.

341   Searle: Soziale Welt, S. 88.

342   Es gehe Searle mit seinen Erläuterungen zur kollektiven Intentionalität »um das *Mit*, um das so-
      ziale Band, das die soziale Zusammengehörigkeit vom bloßen Zusammenvorkommen, vom zufäl-
      ligen Zusammenstoß oder vom radikalen Gegeneinander unterscheidet«. (Waldenfels: Sozialon-
      tologie auf sozialbiologischer Basis, S. 104, Hv. i. Orig.) Anders gesagt: Es geht nun nicht mehr um
      das Kultur-, sondern das Lebewesen namens Mensch. (Vgl. ebd.)

343   Skudlarek: Relationale Intentionalität, S. 35.

344   Searle: Kollektive Absichten und Handlungen, S. 106. In neueren Veröffentlichungen nennt Searle
      weitere Bedingungen; siehe etwa Searle: Soziale Welt, S. 79f. Zu den beiden ›Adäquatheitsbedin-
      gungen‹, um die es im Folgenden gehen wird, siehe kurz Schweikard: Mythos des Singulären,
      S. 255; Skudlarek: Relationale Intentionalität, S. 35.

345   Searle: Soziale Welt, S. 75.

346   Searle: Kollektive Absichten und Handlungen, S. 107.

anerkennen, daß alle menschliche Intentionalität nur in menschlichen Einzelgehirnen existiert«.[347] Was immer man über kollektive Intentionalität sagt, muss mithin »einer Ontologie und Metaphysik [entsprechen], die auf der Existenz menschlicher Individuen als Ort jeder Intentionalität beruht, sei sie nun kollektiv oder individuell«.[348]

Daraus leitet Searle die erste ›Adäquatheitsbedingung‹ ab: Eine Theorie kollektiver Intentionalität müsse »mit der Tatsache im Einklang stehen, dass die Gesellschaft aus nichts als Individuen besteht«.[349] Mitgemeint ist hierbei eine Absage an die Existenz eines Gruppengeistes oder Gruppenbewusstseins, denn: »Alles Bewusstsein ist im Geist von Individuen, in individuellen Gehirnen.«[350] Die zweite Bedingung fordert, dass die Analyse kollektiver Intentionalität »mit der Tatsache [...], dass die Struktur der Intentionalität eines beliebigen Individuums davon unabhängig sein muss, ob es richtig liegt oder nicht, ob es völlig im Irrtum ist oder nicht über das, was tatsächlich geschieht«[351], überein zu bringen ist. Dies gelte für individuelle und kollektive Intentionalität, was Searle zu der (internalistischen) These führt, »dass alle Intentionalität [...] auch von einem Gehirn im Tank oder von einer Menge von Gehirnen im Tank gehabt werden kann«.[352] Wie für Tuomelas Wir-Absicht, so gilt auch für Searles kollektive Intentionalität: Sie kann die Angelegenheit nur eines einzigen Individuums sein, das irrigerweise glaubt, es gäbe außer ihm noch andere Individuen.[353] Searle weiß zwar, dass wir unsere Absichten, Überzeugungen usw. empirisch im Austausch mit unserer natürlichen und sozialen Umwelt erwerben, logisch schließt das für ihn die These von einem Gehirn-im-Tank aber nicht aus.[354] Individualismus und Internalismus – so lauten kurzgefasst Searles Anforderungen an eine Theorie kollektiver Intentionalität.

Den Individualismus kombiniert Searle mit einem »Nicht-Reduktionismus«, der Schmid zufolge »die *Prämisse* und *Grundlage*« der searleschen Analyse kollektiver Intentionalität bildet: »Gemeinsames Intendieren ist gegenüber dem individuellen Intendieren ein *eigenständiges Phänomen*.«[355] Einerseits verteidigt Searle »an account of collective intentionality which is consistent with methodological individualism«[356], wendet sich andererseits aber gegen die Auffassung, man könne kollektive auf individuelle Intentionalität reduzieren. Kollektives absichtliches Verhalten lasse sich nicht als Summe individuellen absichtlichen Verhaltens beschreiben: Identische Körperbewegungen

347   Searle: Soziale Welt, S. 78; vgl. Searle: Kollektive Absichten und Handlungen, S. 106f.

348   Searle: Kollektive Absichten und Handlungen, S. 107. Zu Recht erachtet Meijers: Kollektive Intentionalität, S. 420, Hv. i. Orig., die zwei ›Adäquatheitsbedingungen‹ als »charakteristisch für [...] *Searles Individualismus*«.

349   Searle: Kollektive Absichten und Handlungen, S. 106.

350   Ebd., S. 107. Siehe auch Searle: Soziale Welt, S. 79: »Jegliche Intentionalität – einerlei, ob kollektiver oder individueller Art – muß im Kopf von Individuen existieren.«

351   Searle: Kollektive Absichten und Handlungen, S. 107.

352   Ebd.; vgl. ebd. Schweikard: Mythos des Singulären, S. 255, spricht von einem »geist- bzw. bewusstseinstheoretischen Internalismus«.

353   Vgl. Bratman: Geteilte Absichten, S. 423, Anm. 17, der sich von dieser These distanziert.

354   Vgl. Meijers: Kollektive Intentionalität, S. 421.

355   Schmid: Wir-Intentionalität, S. 186, Hv. i. Orig.

356   John R[ogers] Searle: Responses to Critics of The Construction of Social Reality. In: Philosophy and Phenomenological Research 57 (1997), H. 2, S. 449-458, 449.

mehrerer Personen könnten einmal eine Menge individueller Handlungen, ein anderes Mal eine kollektive Handlung konstituieren, je nach Art der Absicht der Beteiligten. Searles Beispiel, mit dem er »den Unterschied zwischen bloß parallelem individuellem und gemeinsamem bzw. kollektivem Handeln«[357] demonstrieren möchte, ist das von Menschen im Park, die, als Regen einsetzt, aufspringen und zu einem Unterstand flüchten.[358] Jede/r Einzelne könnte seine oder ihre Absicht mit dem Satz ›Ich renne zu dem Unterstand‹ wiedergeben, unabhängig von den Absichten und dem Verhalten der anderen; es liege kein kollektives Handeln vor. Man stelle sich nun ein Ballettensemble vor (ein *Corps de Ballet*, schreibt Searle), dessen Choreographie vorsieht, dass sich alle Tänzer*innen an einem Punkt – dem Unterstand – sammeln. Aus der Beobachter*innenperspektive ist das Handeln der Tänzer*innen nicht vom zufälligen Handeln der Parkbesucher*innen zu unterscheiden.[359] Aber nur die Tänzer*innen handelten kollektiv, denn ihre individuellen Absichten seien von einer Wir-Absicht abgeleitet.[360]

Läge kollektive Intentionalität auch dann vor, wüssten die einzelnen regenflüchtenden Parkbesucher*innen oder wären sie überzeugt davon, dass auch die jeweils anderen beabsichtigten, den trockenen Unterstand zu erreichen? Ließen sich Wir-Absichten also möglicherweise auf individuelle Absichten und wechselseitig geteilte Überzeugungen herunterkürzen? Ein Ja auf diese Frage, so hatten wir gesehen, meint Searle in Tuomelas und Millers Aufsatz *Wir-Absichten* zu erkennen. Er hält diese Analyse für falsch. Wir-Absichten, betont Searle, seien nicht auf individuelle Absichten reduzierbar und seien insofern ein »primitives Phänomen«.[361] Ein/e Akteur*in könne beabsichtigen, seinen oder ihren Teil zur Gesamthandlung X beizutragen, und an die Existenz wechselseitig geteilter Überzeugungen glauben – und habe dennoch nicht zwingend eine Wir-Absicht.[362] Searle versucht dies mit einem weiteren Beispiel klarzumachen.[363]

Student*innen einer Business School lernen Adam Smiths Theorie der *invisible hand* kennen und kommen zu der Überzeugung, es geriete der Menschheit zum Besten,

---

357   Schweikard: Mythos des Singulären, S. 254.

358   Ich folge Searle: Kollektive Absichten und Handlungen, S. 101f.

359   Dies unterstreicht Schweikard: Mythos des Singulären, S. 140. Mit Skudlarek: Relationale Intentionalität, S. 31, könnte man von Searles »Ununterscheidbarkeitsargument« sprechen: »Die Besonderheit, die kollektive Handlungen zu dem macht, was sie sind, ist nicht auf der Ebene der körperlichen Abläufe der beteiligten Akteure zu finden.«

360   Diesen Aspekt des Beispiels betont Meijers: Speech acts, communication, collective intentionality, S. 35. Wie Searle deutlich macht, muss eine Wir-Absicht mit individuellen (abgeleiteten) Ich-Absichten verknüpft sein, da die Wir-Absicht die Einzelnen sonst buchstäblich nicht zu bewegen vermochte; vgl. Searle: Soziale Welt, S. 83; 89ff. Schmid: Wir-Intentionalität, S. 187f., weist darauf hin, dass sich Searles These einer Abgeleitetheit der individuellen Intentionalität bereits bei Sellars findet; diese Nähe sieht auch Schweikard: Mythos des Singulären, S. 261.

361   Searle: Kollektive Absichten und Handlungen, S. 106. Siehe zu Searles Kritik an Tuomela und Miller ebd., S. 103ff., sowie dazu etwa die Darstellung bei Meijers: Speech acts, communication, collective intentionality, S. 75ff.

362   Vgl. Searle: Kollektive Absichten und Handlungen, S. 104.

363   Siehe dazu ebd., S. 104ff., sowie die ausführliche Darstellung bei Mathiesen: Searle, collective intentions, and individualism, S. 187ff., und die kurzen Erörterungen bei Skudlarek: Relationale Intentionalität, S. 33f.

wenn jede Person ihr Eigeninteresse verfolgt und mit niemandem kooperiert. Entsprechend könnte jede/r Absolvent*in seine oder ihre Absicht so formulieren: ›Ich will der Menschheit durch eigennütziges Verhalten helfen.‹ Weiterhin ist jede/r Absolvent*in überzeugt, alle anderen Absolvent*innen seien ebenfalls Parteigänger*innen Smiths und beabsichtigten, der Menschheit durch eigennütziges Verhalten wohlzutun. Man nehme weiter an, diese Absicht könne wahrscheinlich erfolgreich umgesetzt werden. Obwohl sämtliche Bedingungen einer Wir-Absicht im Sinne Tuomelas und Millers erfüllt seien, liege keine Wir-Absicht vor: denn der Begriff der Wir-Absicht oder kollektiven Intentionalität impliziere den Begriff der Kooperation. Allein die individuelle Absicht, ein Ziel zu verfolgen, ergänzt mit gemeinsamem Wissen oder gemeinsamen Überzeugungen, andere Personen verfolgten dieses Ziel ebenfalls, mache aber noch keine Kooperation.[364] Dabei müsse ›Kooperation‹ nicht bedeuten, gleichsam Hand in Hand zusammenzuarbeiten, um ein kollektives Ziel zu verfolgen. Es genüge, wenn alle Beteiligten einen »Pakt«[365] schlössen, das gemeinsame Ziel durch eigenes Handeln erreichen zu wollen.[366] Kooperation setzt voraus, dass individuelles Handeln und Kollektivziel verknüpft sind. Diese Bedingung sieht Searle in seinem Beispiel nicht erfüllt. Nicht nur sprächen ideologische Gründe gegen eine Kooperation; wichtiger noch sei, dass keine/r der Absolvent*innen sein oder ihr Handeln als beabsichtigten Beitrag zum Erreichen des kollektiven Ziels verstehen müsse. Die Absolvent*innen mögen zwar wissen oder überzeugt davon sein, ihr eigennütziges Handeln helfe der Menschheit, dies beinhalte jedoch keine Wir-Absicht, gemeinsam zu handeln, um der Menschheit zu helfen.[367] Für Searle scheitert eine Analyse kollektiver Intentionalität, wie sie Tuomela und Miller vorlegten, an »Inadäquatheit«, denn hier werde »die Wir-Absicht nicht in den Begriff des Seinen-Teil-Tuns eingeschrieben«.[368] Wie deutlich wurde, ist dieses Urteil mit Blick auf Tuomelas und Millers Begriff der Wir-Absicht selbst inadäquat.[369] Hat ein/e Akteur*in die Wir-Absicht, seinen oder ihren Teil von X zu tun, so deshalb, »damit den beteiligten Akteuren die Ausführung von X gelingt«.[370]

In jüngeren Veröffentlichungen mindert Searle den Eindruck, er meine mit ›kollektiver Intentionalität‹ wohl ›Kooperation‹. Diese komme nur bei »anspruchsvollen Formen kollektiver Intentionalität« zum Tragen, und nur hierfür gelte, dass sie »nicht auf Ich-Intentionalität zurückgeführt werden können«.[371] Für einfache Formen, z.B. für

---

364 Vgl. Searle: Kollektive Absichten und Handlungen, S. 106; Searle: Soziale Welt, S. 87.

365 Searle: Kollektive Absichten und Handlungen, S. 105.

366 Vgl. ebd.

367 Vgl. ebd., S. 105f., sowie Mathiesen: Searle, collective intentions, and individualism, S. 190f.

368 Searle: Kollektive Absichten und Handlungen, S. 105.

369 Als »nicht schlagend« beurteilt Schweikard: Mythos des Singulären, S. 254, Searles Reduktionismusvorwurf.

370 Tuomela/Miller: Wir-Absichten, S. 84, Hv. i. Orig.; vgl. Mathiesen: Searle, collective intentions, and individualism, S. 191. Wie bereits gezeigt, hat Searle: Kollektive Absichten und Handlungen, S. 105, gegen Tuomela und Miller noch einen zweiten Pfeil im Köcher: den Zirkularitätsvorwurf. Siehe hierzu etwa Mathiesen: Searle, collective intentions, and individualism, S. 191f., sowie Schmid: Wir-Intentionalität, S. 151ff.

371 Searle: Soziale Welt, S. 104.

die »*kollektive Anerkennung*«[372] von Institutionen, reichten individuelle Intentionalität und wechselseitig geteilte Überzeugungen.[373]

Searle bringt weitere Argumente dafür vor, wieso kollektive Intentionalität (als Kooperation) nicht durch individuelle Intentionalität im Zusammenspiel mit wechselseitig geteilten Überzeugungen zu erklären ist. So hält er den Begriff der wechselseitigen Überzeugung für heikel, da er auf einen unendlichen Regress hinauslaufe, der die mentalen Kapazitäten des Menschen übersteige.[374] Zudem begründeten individuelle wechselseitige Überzeugungen kein Wir-Gefühl:

> Die Schwierigkeit bei diesem meinem Glauben, daß du glaubst, daß ich glaube etc. und daß du glaubst, daß ich glaube, daß du glaubst etc. ist die, daß sich daraus kein Gefühl der *Kollektivität* ergibt. Keine Menge von »Ich-Bewußtseinen«, mögen sie auch durch Überzeugungen ergänzt sein, addiert sich zu einem »Wir-Bewußtsein«. Das entscheidende Element in der kollektiven Intentionalität ist ein Gefühl, daß man etwas zusammen tut (wünscht, glaubt etc.), und die individuelle Intentionalität, die jede Person hat, *aus* der kollektiven Intentionalität, die sie teilen, abgeleitet ist.[375]

Zumindest also die höheren, eine Kooperation der Beteiligten einschließenden Formen kollektiver Intentionalität, für die ein ›Wir-Bewusstsein‹ erforderlich zu sein scheint, sind nicht auf eine Menge individueller Intentionen (plus wechselseitige Überzeugungen) zu reduzieren. Denn die Intentionalität jeder/s einzelnen Beteiligten setzt die kollektive Intentionalität voraus.[376]

Das Subjekt kollektiver Intentionalität[377]

Könnte man statt ›kollektiver Intentionalität‹ auch sagen: ›Intentionalität eines Kollektivs‹? Das nicht; gemäß den searleschen ›Adäquatheitsbedingungen‹ darf sich keine Analyse kollektiver Intentionalität auf »den Geist einer Gruppe, das kollektive Unterbewusste und Ähnliches«[378] berufen. Die Analyse kollektiver Intentionalität müsse mit dem übereinstimmen, was auf Intentionalität allgemein zutreffe: Sie kommt nur in den Gehirnen von Individuen vor.[379] Ist Searles Theorie also doch reduktionistisch? »Es

---

372   Ebd., S. 99, Hv. i. Orig.

373   Vgl. ebd., S. 101. Diese Einschränkung relativiert die Kritik von Wesser: Heteronomien des Sozialen, S. 63f.

374   Vgl. Searle: Geist, Sprache, Gesellschaft, S. 142f., und siehe die Diskussion bei Schmid: Wir-Intentionalität, S. 124ff., der ebd., S. 126ff., auf ein Argument eingeht, das sich z.B. bei Mathiesen: Searle, collective intentions, and individualism, S. 188, Anm. 4, findet: Es sei (gegen Searles Einwand gesprochen) nicht notwendig, die ganze (endlose) Kette wechselseitiger Überzeugungen zu durchlaufen. Eine detaillierte Kritik des Theorems der wechselseitigen Überzeugung findet sich bei Meijers: Speech acts, communication, collective intentionality, S. 69ff.

375   Searle: Konstruktion, S. 34, Hv. i. Orig. Mathiesen: Searle, collective intentions, and individualism, S. 193, stimmt zu: »Many individualistic analyses do not adequately capture the experience of collectivity from the perspective of the actors. [...] It is this experience of collectivity from the first person point of view that Searle attempts to capture in his own theory of collective intentionality.«

376   Vgl. Schmid: Wir-Intentionalität, S. 187f.

377   Ich folge in diesem Unterabschnitt den Ausführungen ebd., S. 188ff.

378   Searle: Kollektive Absichten und Handlungen, S. 103.

379   Vgl. Searle: Soziale Welt, S. 104.

hat [...] den Anschein, als müßten wir zwischen Reduktionismus auf der einen Seite und einem Übergeist, der über den individuellen Geistern schwebt, auf der anderen wählen.«[380] Searle findet jedoch einen Ausweg aus diesem Dilemma, indem er einem Pfad folgt, auf dem ihm Sellars vorangegangen war. Zwar hatte der die Idee von Intentionen und Handlungen einer Gruppe für legitim gehalten, aber betont, nur Individuen besäßen diese Intentionen.[381] Damit deutete er eine so einfache wie elegante Antwort auf die vertrackte Frage an, wie es kollektive Intentionalität geben kann, wenn Intentionalität einzig und allein in individuellen Gehirnen ist.[382] Searle formuliert diese Antwort so: Sicherlich finde man Intentionalität nur in Einzelgehirnen vor, aber der Inhalt einer Intention könne ›kollektiv‹ sein, das heißt »in der Form des grammatischen Plurals existieren«.[383] Fegen A und B zusammen den Hof, denken beide für sich ›Wir fegen den Hof‹.[384] Obwohl Geist nur in individuellen Gehirnen haust, folge daraus nicht, »daß mein gesamtes geistiges Leben in Form einer singulären Nominalphrase, die sich auf mich bezieht, ausgedrückt werden muß. [...] Die Intentionalität, die in jedem individuellen Kopf existiert, hat die Form ›wir beabsichtigen‹.«[385] Searle lehnt also den »*formale[n] Individualismus*«[386] ab, die These, jede Intention trete in der Form ›Ich intendiere X‹ auf. Er hält aber fest am »*materialen (oder subjektiven) Individualismus*«[387], der allein Individuen Intentionalität zuschreibt.

Deshalb kommt es für das Vorliegen kollektiver Intentionalität nicht darauf an, ob mehr als ein/e Akteur*in da ist; auch wer allein ist, kann denken, wir fegten den Hof.

Natürlich gehe ich [...] davon aus, dass meine kollektive Intentionalität in Wirklichkeit geteilt wird; [...] dass ich nicht einfach allein handle. Ich könnte aber dieselbe Intentionalität haben, die ich habe, auch wenn ich völlig irre, auch wenn die scheinbare Gegenwart und Kooperation anderer eine Illusion ist, auch wenn ich einer totalen Halluzination erliege, sogar wenn ich ein Gehirn im Tank bin. Die kollektive

---

380 Searle: Konstruktion, S. 35. John R[ogers] Searle: Social Ontology and the Philosophy of Society. In: Analyse und Kritik 20 (1998), H. 2, S. 143-158, 150: »[E]ither you reduce collective intentionality to the first person singular [...], or else you have to postulate a collective world spirit and all sorts of [...] dreadful metaphysical excrescences«.

381 Vgl. Sellars: Reasoning about values, S. 98.

382 Skudlarek: Relationale Intentionalität, S. 36, formuliert diese Frage so: »Wie kann kollektive Intentionalität einerseits irreduzibel und primitiv sein, andererseits in einer sehr individualistischen Sozialontologie kontextualisiert«?

383 Searle: Soziale Welt, S. 83. Schmid: Wir-Intentionalität, S. 185, Hv. i. Orig., meint: »Searles Regelung des Verhältnisses von ›Intentionalität des Bewußtseins‹ und Sozialität hat [...] einen geradezu subversiven *clou*.« Wesser: Heteronomien des Sozialen, S. 62, spricht von einem »›kollektiven Internalismus‹«.

384 Vgl. Searle: Soziale Welt, S. 83.

385 Searle: Konstruktion, S. 35. Siehe auch Searle: Geist, Sprache, Gesellschaft, S. 143f., und Searle: Social ontology and philosophy of society, S. 150.

386 Schmid: Wir-Intentionalität, S. 189, Hv. i. Orig.

387 Ebd., S. 190, Hv. i. Orig.; siehe auch ebd., S. 226; 228. Mathiesen: Searle, collective intentions, and individualism, S. 186, bezeichnet Searles Ansatz als ›subjektivistisch‹: Den »subjectivism« kennzeichne der Versuch, »to reduce a collective intention to an intention of an individual with a particular kind of collective content«. Zu Searle heißt es weiter: »His account is [...] strangely antisocial – it is not just individualist; it is subjectivist.« (Ebd., S. 201f.)

Intentionalität in meinem Kopf kann vorgeblich auf andere Mitglieder eines Kollektivs bezogen sein, unabhängig davon, ob es tatsächlich solche Mitglieder gibt oder nicht.[388]

Ob sich ein real existierendes Kollektiv bildet, erscheint demnach als mehr oder weniger zufällig, nämlich abhängig davon, ob kollektive Intentionalität geteilt wird oder nicht.[389] Ist es nicht aber falsch, von kollektiver Intentionalität zu sprechen, wenn es kein Kollektiv gibt, worauf sie sich bezieht?[390] Wie Schmid zeigt, entgegnet Searle diesem Einwand mit dem Argument: Kollektive Intentionalität kann fehlgehen.[391] Dies sei der Preis für die Behauptung, kollektive Intentionalität sei einzig in den Köpfen von Individuen (und lasse sich weder auf eine Menge individueller Intentionen reduzieren noch einem Kollektivbewusstsein zuschreiben). Geht kollektive Intentionalität fehl, heiße das nicht nur, dass man sich falsche Vorstellungen über die Welt macht, sondern sich vielmehr über den eigenen Bewusstseinszustand täuscht.[392] Searle erweist sich als Gegner der cartesianischen Idee von einer »unumstößliche[n] Gewissheit«[393] über das eigene Bewusstsein; er hält sie für einen der über die Bewusstseinsnatur kursierenden »Standardirrtümer«.[394] Angenommen, so Searles Beispiel, wir schieben zusammen ein Auto, aber plötzlich geht mir auf, dass nur ich schiebe. Hier hätte ich mich über das Mittun einer anderen Person und über das eigene Tun getäuscht, denn schließlich galt mir mein Schieben als Beitrag zu unserem gemeinsamen Schieben.[395] »You can be mistaken about the nature of the activity you are engaged in«, konstatiert Searle, »if you have an assumption about the collective intentionality, which is not shared by your apparent cooperators.«[396] Schmid kritisiert dies: Wäre »tatsächliche Kollektivität nur noch akzidentiell«, gehörte sie also nicht zwingend zum Begriff kollektiver Intentionalität, handelte es sich nicht um kollektive Intentionalität, denn die Beteiligten hätten

---

388   Searle: Kollektive Absichten und Handlungen, S. 108. »Die Existenz von Wir-Intentionen«, kommentiert Schmid: Wir-Intentionalität, S. 191, »verbürgt nicht die Existenz eines ›Wir‹, die tatsächliche Existenz anderer Subjekte, deren Intentionen mit den eigenen verflochten sind, kurz: Wir-Intentionen setzen keine Gruppe voraus.«

389   Siehe etwa Searle: Responses to critics, S. 449f.

390   Mathiesen: Searle, collective intentions, and individualism, S. 202, Hv. i. Orig.: »If collective intentions are placed entirely in the heads of individuals [...] we are left with no real account of *collective intentionality*.«

391   Vgl. hierzu und zum Folgenden Schmid: Wir-Intentionalität, S. 192ff.

392   Vgl. Searle: Responses to critics, S. 449f.; Searle: Social ontology and philosophy of society, S. 150.

393   Hans Poser: René Descartes. Eine Einführung. Stuttgart 2003, S. 62.

394   Searle: Geist, Sprache, Gesellschaft, S. 86; für einen Hinweis auf Descartes siehe Searle: Social ontology and philosophy of society, S. 150, zu den Irrtümern bezüglich des Bewusstseins Searle: Geist, Sprache, Gesellschaft, S. 87ff.

395   Vgl. Searle: Social ontology and philosophy of society, S. 150.

396   Ebd., S. 150f.

»keine real *gemeinsame* Absicht«.[397] Eine gemeinsame Absicht liege lediglich dann vor, wenn Absichten aufeinander bezogen sind.[398]

Etwas gemeinsam alleine tun?

Wenn Menschen meinen, etwas gemeinsam zu tun, zu glauben oder von etwas über- zeugt zu sein, teilen sie Searle zufolge kollektive Intentionalität.[399] Was meint hier ›tei- len‹? Searle, so Mathiesen, »never provides an account of what it would be for a group of persons to share a collective intention«.[400] Von einer Theorie kollektiver Intentionalität erwarte man aber »an explanation of how a group of people can *share* an intentional state«.[401] Eine ähnliche Kritik formuliert Anthonie W. M. Meijers.[402] Gegen Searles These, auch ein Gehirn-im-Tank könne kollektive Intentionalität haben, bestimmt er diese im Anschluss an Michael Bratman als ein wesentlich auf Relationen beruhendes Geschehen. Er hält fest: »[C]ollective intentional states involve relations *between* indi- viduals, and therefore do not individuate internally. They transcend the boundaries of a brain in a vat.«[403] Meijers ist mit Bratman und wie Mathiesen der Ansicht, Searle habe keine Idee davon, was es heiße, Intentionalität zu teilen.[404] Insofern sei seine Theorie »solipsistisch«.[405] Kollektive Intentionalität aber, stimmt Meijers der These Bratmans zu, sei eine *shared intention*, »ein Netz von aufeinander bezogenen und miteinander ver- flochtenen Haltungen der individuellen Beteiligten«.[406]

Meijers sieht Searles Fehler darin, sämtliche Ausprägungen von Intentionalität (Wünsche, Überzeugungen, Absichten, Gefühle etc.) mithilfe eines einzigen Modells erklären zu wollen. Jede Form von Intentionalität, gibt er Searles Annahme wieder, habe »eine ähnliche ontologische Struktur [...], die mittels desselben internalistischen Modells von Intentionalität erfasst werden kann«.[407] Der »»Eine-Größe-für-alle‹-

---

397 Schmid: Wir-Intentionalität, S. 197, Hv. i. Orig. Skudlarek: Relationale Intentionalität, S. 42, hält die »Pseudo-Sozialität«, die bei Searle das Vorliegen kollektiver Intentionalität nicht ausschließe, ebenfalls für das Manko seiner Theorie: »Ob bei kollektiver Intentionalität etwas geteilt wird oder ob es nur eine Art individueller Weltwahrnehmung ist, wird radikal ausgeblendet. Hierin liegt die Schwäche von Searles Ansatz«.

398 Vgl. Schmid: Wir-Intentionalität. S. 199f. Auch die zufällig gleiche Intention verschiedener Subjek- te wäre keine gemeinsame Intention: »Wenn gemeinsame Intentionalität nicht eine Sache *eines* Einzelbewußtseins ist, ist sie auch nicht eine Sache dessen, was im Binnenbereich *verschiedener* Einzelsubjekte stattfindet. [...] Gemeinsames Intendieren ist [...] kein *subjektives*, sondern ein durch und durch *relationales* Phänomen. Es *ist* Relation.« (Ebd., Hv. i. Orig.)

399 Vgl. etwa Searle: Konstruktion, S. 34.

400 Mathiesen: Searle, collective intentions, and individualism, S. 202.

401 Ebd., Hv. i. Orig.

402 Siehe für eine Darstellung und Diskussion der Kritik Meijers ausführlich Schmid: Wir- Intentionalität, S. 199ff.

403 Meijers: Speech acts, communication, collective intentionality, S. 127, Hv. i. Orig. Siehe auch ebd., S. 129: »The deeper problem underlying the failure of the brain in a vat model is its inadequacy to account for social relations in general and interindividual relations in particular.«

404 Meijers: Kollektive Intentionalität, S. 423, Hv. i. Orig.: »Die Idee des *Teilens* intentionaler Zustände ist in Searles internalistischer Konzeption kollektiver Intentionalität unterentwickelt.«

405 Ebd., S. 426. Dies meint auch Schweikard: Mythos des Singulären, S. 256; 262.

406 Meijers: Kollektive Intentionalität, S. 423.

407 Ebd., S. 426; vgl. ebd.

Ansatz«[408] trage aber nicht. Barry Smith etwa habe gezeigt, dass bereits verschiedene Typen individueller intentionaler Zustände strukturell nicht identisch sind.[409] Smith zufolge gibt es einen Unterschied zwischen sogenannten veridikalen intentionalen Akten (etwa einer Wahrnehmung) und nicht-veridikalen intentionalen Akten (z.B. einer Halluzination). Bei einem nicht-veridikalen intentionalen Akt scheine es dem Subjekt so, als denke es an ein wirkliches Objekt, bei einem veridikalen intentionalen Akt stehe das Subjekt notwendigerweise in einer Beziehung zu einem Objekt in der Welt.[410] Man erkennt leicht, wie Smiths Überlegung Meijers' Argumentation gegen Searles internalistische Theorie kollektiver Intentionalität stützt. Verstehe man kollektive Intentionalität als geteilte Intentionalität, so Meijers, sei klar, dass kollektive Intentionalität von der tatsächlichen Existenz anderer Personen zwingend abhängt.[411] »Kollektive intentionale Zustände benötigen eine Relation mit einer Grundlage *in re*. Gewisse Bedingungen in der *wirklichen* Welt bezüglich Mit-Akteuren müssen erfüllt sein, damit kollektive Intentionalität möglich sein kann.«[412] In diesem Fall aber könne, anders als Searle meint, die »Gegenwart und Kooperation anderer« sich keinesfalls nur darstellen als »eine Illusion«.[413] Kollektive Intentionalität, resümiert Meijers seine »externalistische«[414] Gegenposition zu Searle, setze Individuen voraus, die wirklich aufeinander bezogen sind. Mit diesem »radikal relationalen Ansatz«[415] könne man dem oben skizzierten Dilemma entgehen: weder reduziere man kollektive auf individuelle Intentionalität noch propagiere man einen Gruppengeist.[416]

Meijers stärkt seine Kritik des searleschen Internalismus mit einem weiteren Argument. Warum erkennt Searle kollektive Intentionalität auch einer einzelnen Person oder einem Gehirn-im-Tank zu? Weil er nicht bemerkt, dass für kollektive Intentionalität Normativität konstitutiv ist.[417] Viele soziale Aktivitäten gingen mit – nicht immer explizit geschlossenen – Übereinkünften einher, schließt Meijers sich Margaret Gilberts Position an. Eine Übereinkunft sei als »ein Akt, der soziale Beziehungen wie Anspruch und Verpflichtung zwischen den Beteiligten schafft«[418], zu verstehen. Solche Bezie-

---

408   Ebd., S. 427.

409   Vgl. ebd.

410   Vgl. Barry Smith: Acta Cum Fundamentis in Re. In: Dialectica 38 (1984), H. 2/3, S. 157-178, 164; 177. »Suppose Bruno walks into his study and sees a cat. To describe the seeing, here, as a relation, is to affirm that it serves somehow to tie Bruno to the cat. Bruno's act of seeing, unlike his feeling depressed, his putative thinking-about-Santa-Claus or his musing, abstractedly, about the tallest spy, has at least two fundamenta: it is, as a matter of necessity, dependent for its existence upon both Bruno himself and the cat he sees.« (Ebd., S. 158)

411   Vgl. Meijers: Kollektive Intentionalität, S. 427f.

412   Ebd., S. 429, Hv. i. Orig.

413   Searle: Kollektive Absichten und Handlungen, S. 108; vgl. Meijers: Kollektive Intentionalität, S. 429f.

414   Meijers: Kollektive Intentionalität, S. 430.

415   Ebd., S. 431.

416   Vgl. ebd.; ähnlich Schweikard: Mythos des Singulären, S. 187f.

417   Vgl. zum Folgenden Meijers: Kollektive Intentionalität, S. 424ff.; weiterhin Schmid: Wir-Intentionalität, S. 200ff.

418   Meijers: Kollektive Intentionalität, S. 431. Wir werden uns der Theorie Gilberts in Abschnitt II.1.4 widmen.

hungen übersehe eine internalistische Theorie kollektiver Intentionalität, die wirkliche nicht von scheinbaren Übereinkünften differenzieren könne.[419] Nur den realen Beziehungen zwischen zwei oder mehr Personen (nicht jedoch den Gedanken dieser Personen) lasse sich ablesen, ob die Personen eine Übereinkunft getroffen haben oder dies nur meinen.[420]

Die Pointe von Meijers' Kritik liegt für Schmid in der Annahme, dass Searles Internalismus zwangsläufig dazu führe, die normativen Aspekte kollektiver Intentionalität nicht würdigen zu können. Umgekehrt behaupte Meijers damit einen Zusammenhang zwischen Externalismus (der Idee, dass kollektive Intentionalität in Relationen zwischen real existierenden Individuen gründet) und Normativismus: »Kognitive Einstellungen genügen nicht, um das Teilen von Intentionalität zu erklären. Normative Einstellungen müssen einen Teil der Analyse ausmachen.«[421]

Man müsse aber nicht Searles internalistische Position aufgeben und zugleich eine normativistische Position einnehmen, wendet Schmid ein.[422] Nicht nur unter Berücksichtigung normativer Gesichtspunkte, sondern grundsätzlich sei Searles Internalismus falsch. Angenommen, A und B fassten (im Sinne Searles) eine gemeinsame Absicht zum Spazierengehen, die sich auf bloß kognitive Einstellungen beschränkt und keine normative Übereinkunft impliziert. Erschiene A nicht zum Spaziergang, bräche sie den Spaziergang unvermittelt ab oder ginge sie während des Spaziergangs zu schnell oder zu langsam, müsste sie sich in keiner Weise gegenüber B erklären, der wiederum A nicht rügen dürfte. Auch in diesem Fall aber, so Schmid, sei es keineswegs dasselbe, ob A tatsächlich gemeinsam mit B spazieren gehe oder ob ihr dies lediglich so scheine. Nicht nur also die normativen, auch die kognitiven Aspekte kollektiver Intentionalität verkenne Searle. Bei beiden missachte er »den Unterschied zwischen einem ›Hirn im Topf‹ und einem Bewußtseinssubjekt, welches in tatsächlichen Beziehungen zu Anderen steht«.[423]

1.2.3 Die Biologie kollektiver Intentionalität

Kritische Einwände erwidernd, bekräftigt Searle: Seine Theorie kollektiver Intentionalität solle mit dem Prinzip des methodologischen Individualismus vereinbar sein, wie es etwa Karl Popper definiert habe.[424] Popper zufolge sollten »alle sozialen Phänomene, insbesondere das Funktionieren der sozialen Institutionen, immer als das Resultat der Entscheidungen, Handlungen, Einstellungen usf. menschlicher Individuen verstanden werden«, und nie dürfe man sich bescheiden »mit einer Erklärung aufgrund sogenannter ›Kollektive‹ (Staaten, Nationen, Rassen usf.)«.[425] Searles Individualismus ist (wie der

---

419 Vgl. ebd., S. 428.
420 Vgl. Schmid: Wir-Intentionalität, S. 202f.
421 Meijers: Kollektive Intentionalität, S. 424; vgl. Schmid: Wir-Intentionalität, S. 202.
422 Vgl. für den Rest dieses Absatzes Schmid: Wir-Intentionalität, S. 203f.
423 Ebd., S. 202.
424 Vgl. Searle: Responses to critics, S. 449.
425 Karl R[aimund] Popper: Die offene Gesellschaft und ihre Feinde [1945]. Bd. II. Falsche Propheten. Hegel, Marx und die Folgen. 6. Aufl. München 1980, S. 124.

Tuomelas) aber nicht nur methodologisch, sondern auch ontologisch zu verstehen[426]:
Der Individualismus ist für Searle eine unmittelbar eingehende[427] »true thesis about
the world. For him it is not just a constraint on theory formation in the philosophy of
mind, but it is a fundamental belief about the ontological structure of the world.«[428]
Diese Überzeugung, so Meijers, sei Teil von Searles Weltsicht, zu der auch der externe
Realismus (die These von der Existenz einer beobachtungsunabhängigen Welt) sowie
ein »›biologischer Naturalismus‹« gehöre, der das Bewusstsein definiert als naturzuge-
höriges »biologisches Phänomen«.[429]

Mit dem Individualismus rückt die bislang offen gebliebene Frage nach dem Woher der kollektiven Intentionalität in den Blick. Searles Antwort darf den Rahmen der
›kontinuierlichen Erzählung‹, die den Zusammenhang der Welt erfassen soll, nicht verlassen – und tut dies auch nicht. Bewusstsein und Intentionalität hält Searle für biologische Phänomene. Gemäß der Eine-Welt-Doktrin löst der ›biologische Naturalismus‹
dualistische wie materialistische Auffassungen über das Bewusstsein ab: Das Bewusstsein sei weder ein allein Geistiges, getrennt von der nach physikalischen Gesetzen auf-
gebauten Welt (Dualismus), noch gehe es völlig in dieser Welt auf (Materialismus).[430]
Bewusstsein sei vielmehr »ein höherstufiges Merkmal des Gehirns«[431] und unterscheide sich wesentlich nicht von anderen biologischen Phänomenen wie etwa der Verdauung.[432] Auch Intentionalität sei damit »ein Teil der natürlichen Welt«.[433]

426　Vgl. Schmid: Wir-Intentionalität, S. 190, Anm. 23.

427　Searle: Kollektive Absichten und Handlungen, S. 107, Anm. 2, meint, den Lesern und Leserinnen
　　　seines Aufsatzes werde »auffallen«, dass die oben genannten ›Adäquatheitsbedingungen‹ kollek-
　　　tiver Intentionalität »einige Gemeinsamkeit mit ›methodologischem Individualismus‹ und ›me-
　　　thodologischem Solipsismus‹ in ihrer traditionellen Form haben. Ich möchte mich möglichst davor
　　　hüten, mich in den Morast dieser traditionellen Debatten zu begeben, deshalb versuche ich, eine
　　　Version dieser Positionen zu präsentieren, die man als intuitiv einleuchtende, vortheoretische An-
　　　forderungen auffassen kann.« Siehe zu dieser Passage Schweikard: Mythos des Singulären, S. 256.

428　Meijers: Speech acts, communication, collective intentionality, S. 37.

429　Searle: Geist, Sprache, Gesellschaft, S. 69; vgl. ebd., S. 69f.; Meijers: Speech acts, communication,
　　　collective intentionality, S. 37.

430　Siehe zu den materialistischen und dualistischen Positionen Searle: Geist, Sprache, Gesellschaft,
　　　S. 59ff.

431　Ebd., S. 70.

432　Vgl. ebd., S. 67; 70f.; 85. Searle möchte das »Körper/Geist-Problem« (ebd., S. 68) lösen, beschrei-
　　　be es aber nur, argwöhnt Colin McGinn: Can We Ever Understand Consciousness? [Rezension von
　　　John R. Searle: Mind, Language, and Society: Philosophy in the Real World ; Paul M. Churchland/
　　　Patricia S. Churchland: On the Contrary: Critical Essays, 1987-1997]. In: The New York Review of
　　　Books (46) 1999, H. 10, o. S., Abs. 16. Abrufbar unter: <https://www.nybooks.com/articles/1999/06/1
　　　0/can-we-ever-understand-consciousness/> (Zugriff am 29.1.2022). Searles Behauptung, Bewusst-
　　　sein sei nicht reduzierbar auf seine »kausale Basis« (das Neuronenfeuern), sondern besitze ein »ir-
　　　reduzibles subjektives Element« (Searle: Geist, Sprache, Gesellschaft, S. 71), erkläre noch nicht, wie
　　　die Subjektivität des Bewusstseins entstehe: »The problem, precisely, is how it is that the higher-
　　　level biological process of consciousness results from lower-level physical properties of neurons.«
　　　(McGinn: Understand consciousness, Abs. 16) Den Hinweis auf diese Kritik verdanke ich Schmid:
　　　Wir-Intentionalität, S. 183, Anm. 9.

433　Searle: Geist, Sprache, Gesellschaft, S. 115.

Vor diesem Hintergrund überrascht es nicht, dass sich Searle wenig Mühe gibt, (menschliche) Sozialität philosophisch zu erklären, sondern bei der Biologie um Auskunft nachfragt – er betreibt »Sozialontologie auf sozialbiologischer Basis«.[434] Was sind Menschen für Wesen, dass sie kollektive Absichten fassen können? Die Antwort, meint Searle, müsse in der Biologie liegen.[435] Kollektive Intentionalität setze »Hintergrundfähigkeiten«[436] voraus; sie machten den Menschen zum *zoon politikon*.[437] Von Bedeutung sei zum einen das basale biologische Vermögen, »andere Menschen als uns auf wichtige Weise ähnlich anzuerkennen, eine Weise, auf die uns Wasserfälle, Bäume und Steine nicht ähnlich sind«.[438] Entwicklungspsychologische Befunde stützen die These, dass diese Fähigkeit natürlicherweise vorhanden sei: Michael Tomasello schließt aus seinen Studien an Kindern und nicht-menschlichen Primaten, (nur) Menschen besäßen »eine biologisch vererbte Fähigkeit [...] zum Verstehen der Artgenossen als intentionale und geistbegabte Akteure«.[439] Wenn ein Kind im Alter von wenigen Monaten andere Personen »als ›mir ähnlich‹« erkennen könne, sei dies »das Ergebnis einer spezifisch menschlichen biologischen Anpassung«.[440]

Das Erkennen- und zumal das Anerkennen-Können Anderer ›als mir ähnlich‹ lässt sich allerdings nicht biologisch herleiten, sondern ist ein eminent politischer Vorgang. Ihm zugrunde, so könnte man mit Rancière sagen, liegt eine »symbolische Verteilung der Körper, die sie unter zwei Kategorien aufteilt: jene, die man sieht und jene, die man nicht sieht«.[441] Diese »Aufteilung des Sinnlichen«[442] entgeht Searle. Andere werden nicht auf der Basis einer biologischen Disposition als uns ähnlich (an)erkannt oder nicht; entscheidend hierfür ist eine höchst unnatürliche »Verfassung der *Aisthesis*«.[443] Sie wird als natürlich nur ausgegeben, um ihr den Anschein von Unanfechtbarkeit zu verleihen und Politik, das heißt eine Neuaufteilung des Sinnlichen, zu vereiteln.[444]

---

434 Nach Waldenfels' Aufsatz *Sozialontologie auf sozialbiologischer Basis*. Schweikard: Mythos des Singulären, S. 261, hält fest: »Was [...] der internalistischen Analyse kollektiver Absichten Halt gibt, ist der Rekurs auf die biologisch primitive Sozialität von Individuen. [...] Dem geisttheoretischen Internalismus wird [...] eine Art sozialer Biologismus an die Seite gestellt, der die weitere Forschung [...] in Richtung der biologischen Basis sozialen Verhaltens lenkt.« Laut Wesser: Heteronomien des Sozialen, S. 47, Hv. i. Orig., binde »die Einführung eines neurologisch abgefederten ›Hintergrunds‹ [...] die Intentionalität des Mentalen im sozialen Umgang an biologische Erklärungen«.

435 Vgl. Searle: Kollektive Absichten und Handlungen, S. 115.

436 Ebd. Zum ›Hintergrund‹ siehe Searle: Konstruktion, S. 138ff.; Searle: Geist, Sprache, Gesellschaft, S. 130ff., sowie Wesser: Heteronomien des Sozialen, S. 55f.; Meijers: Speech acts, communication, collective intentionality, S. 36.

437 Vgl. Searle: Kollektive Absichten und Handlungen, S. 115.

438 Ebd.

439 Michael Tomasello: Die kulturelle Entwicklung des menschlichen Denkens. Zur Evolution der Kognition. Frankfurt a.M. 2006, S. 74. Für Tomasello ist diese Fähigkeit die »Fähigkeit zur kulturellen Lebensform«. (Ebd.)

440 Ebd., S. 96.

441 Rancière: Unvernehmen, S. 34.

442 Ebd., S. 36.

443 Ebd., S. 38, Hv. i. Orig.

444 Rancière, so hatten wir schon gesehen, bestimmt Politik als eine Tätigkeit, »die einen Körper von dem Ort entfernt, der ihm zugeordnet war oder die die Bestimmung eines Ortes ändert; sie lässt

Neben »der biologischen Fähigkeit«[445], eine Ähnlichkeit zwischen mir und anderen Menschen zu erkennen, liege der kollektiven Intentionalität zum anderen ein Gemeinschaftsbewusstsein voraus.[446] Wie wir je nach Kontext wüssten, was ein Wort bedeute[447], so könnten wir wie selbstverständlich begreifen, »dass die anderen Akteure sind wie man selbst, dass sie ein ähnliches Bewusstsein von einem als Akteur haben wie man selbst und dass dieses Bewusstsein auf beiden Seiten sich zu einem Sinn von uns als möglichen oder tatsächlichen kollektiven Akteuren zusammenfügt«.[448] Als Beispiel nennt Searle »das Gespür eines ›wir gegen die‹«[449] bei einem Sportteam. Das Gemeinschaftsgespür sei aber auch dort vorhanden, wo man nicht gemeinsam zielgerichtet handelt (oder dies beabsichtigt), etwa bei Zugfahrenden oder Menschen in einer Bar.[450]

Auch den »Gemeinschaftssinn«[451] erachtet Searle als in der Menschennatur angelegt: Es handele sich bei dem »Gefühl der *Kollektivität*«[452] wohl um ein auf ein »biologisch primitive[s] Gespür«[453] zurückgehendes Gefühl. Die entscheidende (politische, sozialphilosophische) Frage, was die Gemeinschaft ist, für die wir einen Sinn haben sollen, erkennt Searle als Frage nicht einmal.[454] Er kann es gar nicht, da er das Fraglichsein der Gemeinschaft durch ihre biologische Herleitung a priori ausschließt. Gemeinschaft ist für Searle nichts anderes als eine instinktive, in der biologischen Mitgift des Menschen enthaltene Kollektivität. Die institutionelle Wirklichkeit entlarvt sich als Fortführung der Biologie in anderer Form. Searle behauptet zwar, die doppelte Bedeutung des aristotelischen *zoon politikon* klären zu wollen. Bei genauerem Hinsehen zeigt sich aber, dass er die politische Dimension menschlicher Gemeinschaften ausstreicht. Seine Darlegungen lassen vielmehr den bedenklichen Schluss zu, dass »Gesellschaftlichkeit ihren zureichenden Grund im Bereich biologischen (Über-)Lebens [findet]. Die sokratische Frage ›Wie sollen wir leben?‹ wäre nur noch rhetorisch zu verstehen.«[455] Das Soziale wird bei Searle zum unbestreitbaren Grund und auf diese Weise der Auseinandersetzung entzogen. Dies lässt die Möglichkeit zu, die ein- und ausschließende Grenze des Wir als natürliche, im Wesen unpolitische zu fassen.

---

sehen, was keinen Ort hatte gesehen zu werden, lässt eine Rede hören, die nur als Lärm gehört wurde«. (Ebd., S. 41)

445 Searle: Kollektive Absichten und Handlungen, S. 115.

446 Vgl. ebd., S. 116f.

447 Siehe etwa Searle: Konstruktion, S. 140f.

448 Searle: Kollektive Absichten und Handlungen, S. 117.

449 Ebd., S. 116.

450 Vgl. ebd., S. 116f.

451 Ebd., S. 116.

452 Searle: Konstruktion, S. 34, Hv. i. Orig.

453 Searle: Kollektive Absichten und Handlungen, S. 118.

454 Vgl. hierzu und bis zum Ende dieses Absatzes Waldenfels: Sozialontologie auf sozialbiologischer Basis, S. 104f.; Waldenfels: Comment on Searle, S. 161ff.

455 Waldenfels: Sozialontologie auf sozialbiologischer Basis, S. 105.

1.3   Michael E. Bratman

> Ja, mach nur einen Plan/Sei nur ein großes
> Licht![456]

Michael Bratman verfolgt mit seiner Theorie gemeinsamen – wie er sagt: geteilten
(*shared*) – Beabsichtigens und Handelns drei Ziele. Er will erstens einen begrifflichen
Rahmen für das philosophische Nachdenken über eine der grundlegenden Formen der
Sozialität – das gemeinsame Handeln – erarbeiten. Verknüpft ist dies zweitens mit
einer metaphysischen Untersuchung menschlichen Handelns, die dessen Platz in der
Welt klären soll. Und drittens: Gibt es fundamentale Normen gemeinsamen Handelns;
und falls ja, in welchem Verhältnis stehen diese zu gemeinsamem Handeln und wie
sind sie mit individuellen Rationalitätsnormen verknüpft?[457]

In der letzten Frage zeigt sich ein zentraler Entschluss Bratmans. Wie Searle greift
er bei der Analyse kollektiver Absichten und Handlungen auf eigene Arbeiten zurück.
In *Intention, Plans, and Practical Reason* (1987), so Bratman, habe er eine »*planning theory
of intention and our agency*«[458] entworfen, die er im Anschluss zu vertiefen und etwa auf Formen geteilten oder gemeinsamen Handelns auszuweiten versucht habe.[459]
Entsprechend kündigt *Shared Agency* (2014) im Untertitel »A Planning Theory of Acting
Together« an, verspricht also ein Modell gemeinsamen oder geteilten Handelns, das
auf der Handlungsplantheorie für individuelles Handeln aufbaut.[460] Die bratmanschen
Arbeiten zu kollektiver Intentionalität sind getragen von der Vermutung, »that a rich
account of individual planning agency facilitates the step to basic forms of sociality«.[461]

In Bratmans Augen sind »*planning structures*« ein fruchtbarer Boden: Sie begründeten »a wide range of fundamental practical capacities that are central to our human lives«.[462] Habe man die begrifflichen, metaphysischen und normativen Strukturen der individuellen Handlungsplantheorie geklärt, brauche es für die Ausdehnung
dieser Theorie auf Formen gemeinsamen Handelns keine grundlegend neuen Elemen-

---

456   Bertolt Brecht: Die Dreigroschenoper. In: ders.: Gesammelte Werke in 20 Bänden. Bd. 2. Stücke 2.
      Frankfurt a.M. 1967, S. 393-497, 465.

457   Vgl. Bratman: Shared agency, S. 3f. Bratman hält gegenseitige Verpflichtungen gemeinsam Han-
      delnder nicht für essentiell oder konstitutiv, sondern lediglich für eine mögliche Folge gemeinsa-
      men Handelns; siehe etwa ebd., S. 6f.

458   Ebd., S. ix, Hv. i. Orig.

459   Vgl. Michael E. Bratman: Introduction: Planning Agents in a Social World. In: ders.: Faces of Inten-
      tion. Selected Essays on Intention and Agency. Cambridge u.a. 1999, S. 1-12, 1. Bratmans Interesse
      an geteilten Absichten, so Margaret Gilbert: Two Approaches to Shared Intention: An Essay in the
      Philosophy of Social Phenomena. In: Analyse und Kritik 30 (2008), H. 2, S. 483-514, 490, Anm. 26,
      sei ein »offshoot« von *Intention, Plans, and Practical Reason*. Schweikard: Mythos des Singulären,
      S. 199, verortet »Bratmans Beschäftigung mit Phänomenen kollektiven Handelns […] im Kontext
      einer allgemeinen Handlungstheorie«. Siehe auch Skudlarek: Relationale Intentionalität, S. 106f.

460   Vgl. Bratman: Shared agency, S. ix.

461   Ebd., S. 4.

462   Ebd., Hv. i. Orig. Auch Bratman weiß, dass nicht alles menschliche Handeln geplant ist, sondern in
      seiner Komplexität auch etwa von Emotionen und Spontaneität geprägt wird; vgl. ebd., S. 4; 24.

te. Auf diese Weise eine »individualistische Vorentscheidung«[463] treffend, behauptet Bratman, es gebe »a deep *continuity* between individual and social agency«.[464] Mit dieser These grenzt er sich von Searles und Gilberts Ansatz insofern ab, als Searle mit dem Begriff der primitiven, irreduziblen Wir-Absicht sowie Gilbert mit dem Begriff des *joint commitment* »a new basic practical resource«[465] eingeführt hätten, die man gar nicht benötige.[466]

> As we might try saying: once God created individual planning agents and placed those agents in a world in which they have relevant knowledge of each other's minds, nothing fundamentally new – conceptually, metaphysically, or normatively – needs to be added for there to be modest sociality.[467]

Bratman nennt seine Methode im Anschluss an Paul Grice »creature construction««.[468] Das Bestreben ist es, komplexe Handlungsformen dadurch zu verstehen, dass man sie schrittweise aus zugrundeliegenden einfachen Formen entwickelt.[469] So lasse sich zielgerichtetes gegenwartsbezogenes Handeln zu einer zeitübergreifenden Handlungsplantheorie und diese wiederum zu einer Theorie gemeinsamen Handelns ausbauen.[470] Der Schritt hin zu gemeinsamem Handeln sei dabei weniger bedeutend als der Schritt hin zum zukunftsbezogenen planvollen Handeln: Nur letzterer beinhalte »the introduction of a form of psychic functioning – namely, planning – that has an independent impact on thought and action, an impact over and above the ordinary functioning of a simple desire-belief psychic economy«.[471] Davon könne beim Übergang von der individuellen Handlungsplantheorie zu einer Theorie geteilten Handelns nicht die Rede sein – nichts überschreite beim gemeinsamen Handeln den psychischen Apparat der einzelnen Beteiligten:

> Well, we do not suppose that shared intention shapes shared action in a way that reaches its hand over the psychic functioning of the individual agents who are involved. We expect that shared intention, whatever it is, works its way through the workings of the individual psychic economies, appropriately interrelated.[472]

Dies ist der Kern des bratmanschen Ansatzes: Eine geteilte Absicht besteht aus der Verknüpfung individueller Einstellungen. Worin bestehen diese Einstellungen? Für eine Antwort sind zunächst die Grundzüge der individuellen Handlungsplantheorie Brat-

---

463　David P. Schweikard: Die Sozialität intentionaler Einstellungen. In: Mertens, Karl/Müller, Jörn (Hg.): Die Dimension des Sozialen. Neue philosophische Zugänge zu Fühlen, Wollen und Handeln. Berlin, Boston 2014, S. 245-259, 255; vgl. ebd.

464　Bratman: Shared agency, S. 4, Hv. i. Orig.; siehe auch ebd., S. 8f.; 11; 26.

465　Ebd., S. 9.

466　Vgl. ebd.; 185, Anm. 11; Skudlarek: Relationale Intentionalität, S. 108.

467　Bratman: Shared agency, S. 8.

468　Ebd., S. 25.

469　Vgl. ebd.

470　Vgl. ebd., S. 25f.; 30ff.

471　Ebd., S. 31.

472　Ebd.

mans darzustellen. In einem zweiten Schritt wird dann ihre Erweiterung zu einem Modell gemeinsamen Handelns nachvollzogen.[473]

1.3.1 Bratmans individuelle Handlungsplantheorie

Der Mensch sei das einzige Tier, das geplant handelt. »Not all agents are planning agents.«[474] Zwar handelten auch Tiere zielgerichtet oder zweckbestimmt[475], aber nur menschliches Handeln sei »typically embedded in planning structures«.[476] Allein der Mensch – genauer: »normal adult human agents in a modern world«[477] – richte sein Handeln nach einem Plan. Unter einem Plan versteht Bratman keine Anleitung, wie man etwas macht, sondern »eine Art Festlegung auf eine zukünftige Handlung«.[478] Pläne sind »mental states involving an appropriate sort of commitment to action«.[479] Angesichts begrenzter kognitiver, konativer und affektiver Ressourcen[480] unterstützten uns Handlungspläne dabei, unser Leben über die Zeit hinweg und mit anderen Personen zu organisieren.[481] »At the bottom of our capacities both for distinctive forms of temporally extended agency and for distinctive forms of social agency is our capacity for planning agency.«[482]

Intentionen behandelt Bratman »as elements of stable, partial plans of action concerning present and future conduct«.[483] Sie sind »plan states«[484], die das synchrone und diachrone Denken und Handeln von Akteur*innen leiten, organisieren und koordinieren.[485] Mit einer Absicht legen wir uns auf zukünftiges Handeln fest.[486] Bratman widerspricht der Annahme, es handele sich bei dieser Selbstverpflichtung um eine

---

473 Ebenso verfahren Skudlarek: Relationale Intentionalität, S. 107ff.; Schweikard: Mythos des Singulären, S. 200ff.

474 Bratman: Shared agency, S. 23.

475 Vgl. ebd.

476 Bratman: Planning agents, S. 5; vgl. ebd.

477 Ebd.

478 Skudlarek: Relationale Intentionalität, S. 109.

479 Michael E. Bratman: Intention, Plans, and Practical reason. Cambridge, London 1987, S. 29; auch zitiert von Skudlarek: Relationale Intentionalität, S. 109.

480 Vgl. Bratman: Shared agency, S. 25.

481 Vgl. Bratman: Planning agents, S. 1; 2. Sie erleichtern also die »intrapersonal organization over time« und die »interpersonal social organization«, formuliert Bratman: Shared agency, S. 12. Siehe auch Michael E. Bratman: Dynamics of Sociality. In: Midwest Studies in Philosophy 30 (2006), H. 1, S. 1-15, 2: »The planning theory sees intentions as playing basic roles in forms of planning central to our abilities to achieve complex goals across time and interpersonally.« Ähnlich schon Bratman: Intention, plans, practical reason, S. 2f.

482 Bratman: Shared agency, S. 4; siehe auch Schweikard: Mythos des Singulären, S. 142f.; 199; (ausführlich) 200ff.

483 Bratman: Planning agents, S. 2; vgl. hierzu und weiter in dem Absatz Schweikard: Mythos des Singulären, S. 201.

484 Bratman: Shared agency, S. 15.

485 Vgl. ebd.

486 In diesem Sinne versteht Bratman: Dynamics of sociality, S. 2, Intentionen »primarily in terms of regularities and norms«, die mit den »coordinating, organizing roles« der Intentionen verknüpft seien.

internalisierte soziale Verpflichtung. Wir hätten zukunftsgerichtete Absichten, Pläne und die darin implizierte Handlungsfestlegung, so zeige das Beispiel Robinson Crusoes, auch außerhalb sozialer Beziehungen.[487] Man solle versuchen, schlägt Bratman vor, »to characterize basic structures of planning agency, including characteristic commitments to future conduct, without seeing social commitments as prior and more basic«.[488]

Soll aber Crusoes Fähigkeit, geplant zu handeln, etwas anderes sein als tierisches ziel- oder zweckgerichtetes Handeln, hat sie unweigerlich ein soziales Fundament. Da er sich allein auf seiner Insel wähnt, mag Crusoe von allen sozialen Verpflichtungen entbunden sein; er trägt das Soziale aber dennoch in sich. Sein Wissen etwa darum, dass es eine Zukunft gibt, für die ›man‹ zu planen hat, nährt sich, wie man mit Baier sagen könnte, von der »Allmende des Geistes«.[489]

Auch einen zweiten Einwand möchte ich schon andeuten: Aus einer an Hannah Arendt geschulten Perspektive erscheint es fraglich, ob man das, was Robinson Crusoe auf seiner Insel tut, überhaupt als Handeln bezeichnen kann. »Handeln [...] ist in Isolierung niemals möglich; jede Isoliertheit, ob gewollt oder ungewollt, beraubt der Fähigkeit zu handeln.«[490] Denn das Handeln (wie das Sprechen) vollziehe sich stets »in dem Bezugsgewebe zwischen den Menschen«[491] – was auch heißt: Es ist nicht planbar.[492] Es wäre planbar nur dann, sähe man von »der Tatsache der Pluralität der Menschen«[493] ab. In diesem Fall aber wäre es kein Handeln mehr.

Wenn die mit Absichten und Plänen verknüpfte Festlegung eines Individuums auf zukünftiges Handeln nicht aufgrund sozialer Verpflichtungen zustande kommt – wodurch sonst? Bratmans Antwort hebt auf typische Merkmale und Funktionen von Handlungsplänen ab.[494] Sie seien a) hierarchisch strukturiert: »Ends embed means and preliminary steps, and general intentions embed more specific intentions«.[495] Dabei sei es b) nicht notwendig, dass bereits alle Einzelheiten eines Plans ausbuchstabiert sind; Pläne ließen sich im Laufe der Zeit und angesichts aktueller Informationen zunehmend konkretisieren. Zusätzlich zu diesen beiden Merkmalen gehorchten Handlungspläne c) bestimmten »norms of intention rationality«.[496] Dazu gehöre etwa, dass der/die Akteur*in Kohärenz zwischen seinem oder ihrem Ziel und den zum Erreichen benötigten

---

487 Vgl. Bratman: Shared agency, S. 16.
488 Bratman: Planning agents, S. 2.
489 Baier: Mentale Allmende, S. 230.
490 Arendt: Vita activa, S. 234.
491 Ebd.
492 Arendt zufolge »bleiben auch in den beschränktesten Umständen die Folgen einer jeden Handlung schon darum unabsehbar, weil das gerade eben noch Absehbare, nämlich das Bezugsgewebe mit den ihm eigenen Konstellationen, oft durch ein einziges Wort oder eine einzige Geste radikal geändert werden kann«. (Ebd., S. 237f.)
493 Arendt: Was ist Politik, S. 9.
494 Vgl. zum Folgenden Bratman: Planning agents, S. 3f.; Bratman: Shared agency, S. 15ff., sowie Schweikard: Mythos des Singulären, S. 201f.; Schweikard: Sozialität intentionaler Einstellungen, S. 253f.
495 Bratman: Planning agents, S. 3.
496 Bratman: Shared agency, S. 15.

Mitteln herstellen und wahren muss. Die Anforderung, Inkohärenz zu vermeiden, diene als Filter für relevante Handlungsoptionen und trage dazu bei, dass der Plan d) in
sich und mit den Überzeugungen des/der Handelnden konsistent ist.[497] Zusammen bilden diese vier Merkmale einen Rahmen, der dafür sorgt, dass Handelnde eine gefasste
Absicht tatsächlich verfolgen.

Etwas gemeinsam planen

Bratmans »*planning theory of intention*«[498] ist nicht nur für das zeitübergreifende Planen und Handeln Einzelner von Bedeutung, sondern bildet auch den »theoretical ker-
nel«[499] gemeinsamen Handelns. Wie die Absichten eines Individuums zur zeitübergreifenden Organisation und Vereinheitlichung seines Handelns beitragen, so helfen
geteilte Absichten »bis zu einem gewissen Grad in analoger Weise«[500] dabei, gemeinsames absichtliches Handeln zu organisieren und zu vereinigen.[501] Individuelle und
geteilte Handlungsabsichten gehorchten »norms of plan rationality«.[502] Die Absicht,
etwas gemeinsam zu tun, umfasst ebenfalls vorbereitende Schritte und muss Kohärenz,
Konsistenz und Stabilität aufweisen. »Failure to satisfy these norms will normally un-
dermine the distinctive coordinating, guiding, structuring and settling roles of shared
intention in our social, practical thought and action.«[503] Diese Überlegungen münden
in die These, es gäbe »Gemeinsamkeiten zwischen ›Beabsichtigen in der Zeit‹ und ›Beabsichtigen im sozialen Raum‹«.[504]

Das individuelle Beabsichtigen eines zukünftigen Vorhabens unterscheidet sich
Bratman zufolge nicht wesentlich von dem geteilten Beabsichtigen einer gemeinsamen
Handlung. Geteilte Absichten erfüllten vor allem drei Funktionen. Sie orientieren
erstens die Handlungen der Beteiligten so aneinander, dass alle das gemeinsame Ziel
erreichen können. (Wollen wir beide ein Haus streichen, so werde ich darauf achten,
die alte Farbe zu entfernen, bevor du neue aufträgst.) Zweitens sorgt eine geteilte
Absicht – wenigstens zum Teil – für die Koordination der individuellen Rollen und
Pläne der Beteiligten. (Habe ich vor, die neue Farbe zu kaufen, werde ich prüfen, ob
du die Pinsel zu besorgen planst.) Drittens stellt eine geteilte Absicht ein »Hinter-
grundgerüst«[505] bereit, das unser Verhandeln darüber strukturiert, auf welche Weise
wir unser Ziel erreichen wollen (beispielsweise in welcher Farbe das Haus gestrichen
werden soll).[506]

---

497 Siehe dazu auch Michael E. Bratman: Practical Reasoning and Acceptance in a Context. In: ders.:
    Faces of Intention. Selected Essays on Intention and Agency. Cambridge u.a. 1999, S. 15-34, 16.
498 Bratman: Planning agents, S. 2, Hv. i. Orig.
499 Ebd., S. 7.
500 Bratman: Geteilte Absichten, S. 411.
501 Vgl. ebd., S. 410f. Eine Darstellung und Diskussion dieser »*Analogiethese*« (Schweikard: Mythos des
    Singulären, S. 203, Hv. i. Orig.) findet sich bei Schweikard: Sozialität intentionaler Einstellungen,
    S. 252ff.
502 Bratman: Shared agency, S. 14.
503 Ebd., S. 28; vgl. ebd., S. 27f.
504 Schweikard: Sozialität intentionaler Einstellungen, S. 255.
505 Bratman: Geteilte Absichten, S. 410.
506 Vgl. ebd.; Schweikard: Mythos des Singulären, S. 214f.

Was ist eine geteilte Absicht? Ganz allgemein ein »Zustand [...], der in erster Linie aus angemessenen Einstellungen der einzelnen Beteiligten und ihren Wechselbeziehungen besteht«.[507] Schon mit dieser groben Definition lässt sich Bratmans Begriff der geteilten Absicht von Searles ›kollektiver Absicht‹ und Tuomelas ›Wir-Absicht‹ abgrenzen. Searle und Tuomela, so Bratman, meinten damit die Intention eines Individuums bezüglich einer Gruppenhandlung.[508] Dies ließ zu, dass ein/e Akteur*in eine ›Wir-Absicht‹ oder ›kollektive Absicht‹ auch dann haben kann, wenn er oder sie (fälschlicherweise) nur glaubt, es gäbe tatsächlich noch andere Personen, mit denen er oder sie gemeinsam handeln könnte.[509] Bratman bestreitet diese Möglichkeit. Ein Gehirn-im-Tank möge sich auf ein ›Wir‹ beziehen, das es nicht gebe, aber es habe keine geteilte Absicht.[510] Es brauche »nicht nur mindestens zwei zum Tango-Tanzen, sondern es braucht sogar zwei, damit es sich um eine gemeinsame Intention zum Tango-Tanzen handelt«.[511] Eine geteilte Absicht sei stets »eine Absicht der Gruppe«.[512] Bratman beschwört hiermit keinen Gruppengeist herauf: »[E]ine geteilte Absicht [ist] nicht eine Einstellung im Geist irgendeines Superakteurs, der buchstäblich aus einer Fusion der zwei Akteure besteht. Es gibt keinen einzelnen Geist, der die Fusion deines und meines Geistes ist.«[513] Zugleich argumentiert er (zumindest auf den ersten Blick) nicht reduktionistisch: Es sei keine geteilte Absicht, wenn A beabsichtigt, etwas gemeinsam mit B zu tun, und B beabsichtigt, etwas gemeinsam mit A zu tun. »Solche koinzidenten Absichten stellen nicht einmal sicher, dass jeder von der Absicht des anderen weiß oder dass sich jeder in angemessener Weise auf genau dieses gemeinsame Handeln festgelegt hat.«[514]

Während Searle und Tuomela kollektive Intentionalität im Gehirn der einzelnen Personen verorten, behauptet Bratman, eine geteilte Absicht habe keinen Ort, weder im Geist der einzelnen Handelnden noch in einem Fusionsakteur.[515] Eine geteilte Absicht sei ein »Netz von Einstellungen der beteiligten Individuen«[516] und damit nicht meine oder deine Absicht, sondern »*unsere* gemeinsame Absicht«.[517] Bratmans Theorie inkludiere, so Schmid, »das von der Metaphysik des Subjekts Ausgeschlossene: die *Relation*«.[518] Damit stellt seine »*relationale Analyse*«[519] einen Fortschritt insbesondere gegen-

---

507   Bratman: Geteilte Absichten, S. 410. Ich folge im Weiteren Schmid: Wir-Intentionalität, S. 226ff.

508   Vgl. Bratman: Ich beabsichtige, dass wir G-en, S. 336, Anm. 6.

509   Vgl. Searle: Kollektive Absichten und Handlungen, S. 108; Tuomela: We will do it, S. 254.

510   Vgl. Bratman: Shared agency, S. 42; zu Searle siehe auch ebd., S. 13ff.

511   Bratman: Geteilte Absichten, S. 423, Anm. 17; ähnlich Bratman: Ich beabsichtige, dass wir G-en, S. 336.

512   Bratman: Ich beabsichtige, dass wir G-en, S. 336.

513   Bratman: Geteilte Absichten, S. 410.

514   Ebd.; vgl. ebd.

515   Vgl. ebd., S. 417.

516   Ebd., S. 418.

517   Ebd., S. 423, Anm. 17, Hv. i. Orig.; vgl. Schmid: Wir-Intentionalität, S. 226f.

518   Schmid: Wir-Intentionalität, S. 227, Hv. i. Orig. Siehe auch Balibar: Inoperative community, S. 24, wonach »the category of the *relation*« in der Metaphysik stets »secondary to that of ›substance‹ or ›subject«« gewesen sei.

519   Schweikard: Mythos des Singulären, S. 219, Hv. i. Orig. Siehe zum Ausmaß der Relationalität in Bratmans Ansatz die Diskussion bei Skudlarek: Relationale Intentionalität, S. 121ff.

über dem Internalismus Searles dar. Trotzdem bleibt die Relation bei Bratman schlecht beleumundet. Denn traditionellerweise gelte, meint Niklas Luhmann: »Eine Relation ist gegenüber dem, was sie verknüpft, fast unvermeidlich ontologisch minderwertig gedacht. [...] Die Kategorie der Relation hat [...] den Nachteil, ihren Gegenstand nicht behaupten zu können, ohne das, was bezogen wird, vorauszusetzen.«[520] Das Vorausgesetzte ist das Individuum, von dem ausgehend die Relation auch von Bratman, so werden wir sehen, als eine »äußerliche Verbindung«[521] gedacht und so in die ›Metaphysik des Subjekts‹ wieder eingeschlossen wird.

1.3.2   ›I Intend That We J‹

Bratman untersucht geteilte Absichten anhand dyadischer Handlungen.[522] Was macht das Anstreichen eines Hauses zu einer »shared intentional activity«[523] und unterscheidet es von dem Fall, in dem zwei Personen zwar gleichzeitig das gleiche Haus streichen, dies aber nicht zusammen tun?[524] Bratman geht davon aus, es sei die (geteilte) Absicht der Beteiligten, die ihr Handeln zu einem gemeinsamen Handeln macht: »Our painting together is a shared intentional activity, roughly, when we paint together because we share an intention so to act.«[525] Er richtet sein Augenmerk auf Handlungen, die unabhängig von komplexen institutionellen Gefügen und frei von Autorität sind und für die gilt, dass die Beteiligten nicht wechseln.[526] Bratman nennt diese Formen gemeinsamen Handelns »*modest sociality*«.[527] Hinter seiner »theory of small-scaled shared agency«[528] steht dabei die Hoffnung, sie lasse sich auf größere soziale Gefüge ausweiten.[529]

Welche Bedingungen müssen erfüllt sein, damit eine geteilte Absicht entsteht, die das Handeln zweier Beteiligter zu gemeinsamem Handeln macht? Bratman nennt vier Anforderungen:

---

520   Niklas Luhmann: Intersubjektivität oder Kommunikation: Unterschiedliche Ausgangspunkte soziologischer Theoriebildung. In: ders.: Soziologische Aufklärung 6. Die Soziologie und der Mensch. Opladen 1995, S. 169-188, 172. Den Hinweis auf diese Passage entnehme ich Marchart: Das unmögliche Objekt, S. 53.

521   Nancy: Kommunismus, S. 184 (CM 204).

522   Siehe zu diesem Vorgehen allgemein etwa Schmid: Wir-Intentionalität, S. 29f.

523   Bratman: Shared agency, S. 9; siehe auch Bratman: Geteilte Absichten, S. 409f.

524   Vgl. Bratman: Shared agency, S. 9f.

525   Ebd., S. 10.

526   Vgl. Bratman: Geteilte Absichten, S. 409; Bratman: Shared agency, S. 7; Michael E. Bratman: Geteiltes kooperatives Handeln. In: Schmid, Hans Bernhard/Schweikard, David P. (Hg.): Kollektive Intentionalität. Eine Debatte über die Grundlagen des Sozialen. Frankfurt a.M. 2009, S. 176-193, 176. Schweikard: Mythos des Singulären, S. 223, betont: »Klar ist, dass Bratman in seiner Analyse von formalen Autoritätsbeziehungen abstrahiert, indem er kooperativ neutrale Handlungstypen untersucht. Fälle von sozialer Macht oder Autoritätsbeziehungen, für die Asymmetrien charakteristisch sind, bleiben damit außen vor.«

527   Bratman: Shared agency, S. 8, Hv. i. Orig.

528   Ebd.

529   Vgl. ebd., S. 8. Bratman führt diese Ausweitung selbst nicht durch, verweist aber ebd., S. 160f., Anm. 15, auf Arbeiten anderer Autor*innen. Zu Bratmans »*Extensionsstrategie*« (Schweikard: Mythos des Singulären, S. 141, Hv. i. Orig.) siehe die Ausführungen ebd., S. 142f.

A. *Intention condition:* We each have intentions that we J; and we each intend that we
J by way of each of our intentions that we J (so there is interlocking and reflexivity)
and by way of relevant mutual responsiveness in sub-plan and action, and so by way
of sub-plans that mesh.

B. *Belief condition:* We each believe that if the intentions of each in favor of our J-ing
persist, we will J by way of those intentions and relevant mutual responsiveness in sub-
plan and action; and we each believe that there is interdependence in persistence of
those intentions of each in favor of our J-ing.

C. *Interdependence condition:* There is interdependence in persistence of the intentions
of each in favor of our J-ing.

D. *Common knowledge condition:* It is common knowledge that A-D.[530]

Soll aus dieser geteilten Absicht eine geteilte absichtliche Handlung und damit ein Fall
von ›modest sociality‹ werden, müsse noch eine fünfte Bedingung erfüllt sein:

E. *Mutual responsiveness condition:* our shared intention to J leads to our J-ing by way of
public mutual responsiveness in sub-intention and action that tracks the end intended
by each of the joint activity by way of the intentions of each in favor of that joint
activity.[531]

Im Folgenden liegt der Fokus auf der ›intention condition‹; sie bildet zusammen mit
der ›interdependence condition‹ die »basic building blocks«[532] einer geteilten Absicht.

Intention condition

Die ›intention condition‹ bündelt drei Momente einer geteilten Absicht:

(i) intentions on the part of each in favor of the joint activity,

(ii) intentions on the part of each in favor of the joint activity by way of the intentions
of each in (i) and by way of relevant mutual responsiveness in sub-intention and action,

(iii) intentions on the part of each in favor of the joint activity by way of meshing sub-
plans of the intentions of each in (i) [...].[533]

Die Bedingungen, die Bratman an das Vorliegen einer geteilten Absicht stellt, lassen
sich zunächst negativ bestimmen.[534] Es ist noch keine geteilte Absicht, wenn A beabsichtigt, nach X zu fahren, und B beabsichtigt, nach X zu fahren. Den individuellen

---

530   Bratman: Shared agency, S. 103, Hv. i. Orig.
531   Ebd., Hv. i. Orig.
532   Ebd., S. 57.
533   Ebd., S. 85, der Fettdruck der Aufzählungszeichen im Original wurde nicht übernommen.
534   Vgl. zum Folgenden auch Bratman: Geteilte Absichten, S. 413ff.

Absichten As und Bs fehle hier jede »kognitive Verknüpfung«.[535] Auch läge eine geteilte Absicht nicht vor, wenn A von der Absicht Bs, nach X zu fahren, Kenntnis hätte, und wenn Bs Absicht, nach X zu fahren, von As Absicht, nach X zu fahren, abhinge (und umgekehrt). Denn zwar seien nun As und Bs Absichten koordiniert, aber nur in einer Art »strategic equilibrium in a context of common knowledge«.[536] In einem solchen Gleichgewicht befänden A und B sich aber auch, gingen sie, einander fremd und darum bemüht, sich nicht anzurempeln, eine Straße entlang: Hier richtete A ihr Handeln ebenfalls strategisch an Bs (erwartetem) Handeln aus (und umgekehrt), beide gingen aber nicht zusammen spazieren. Gemäß der ›common knowledge condition‹ ist für das Teilen einer Absicht zwar gemeinsames Wissen erforderlich. Die Annahme, eine geteilte absichtliche Aktivität beruhe auf gemeinsamem Wissen und darauf aufbauenden strategischen, in ein Gleichgewicht mündenden Schlussfolgerungen der Beteiligten, sei für sich genommen aber zu schwach.[537]

Bratmans These, es müsse zu der Absicht der einzelnen Beteiligten, ihren Teil zu tun, die Absicht hinzukommen, ihren Teil zugunsten der gemeinsamen Handlung beizutragen (i), ruft den Einwand in Erinnerung, den Searle an Tuomelas und Millers Ansatz geübt hatte: Die erst noch zu analysierende gemeinsame Absicht werde als Moment der individuellen Handlungsabsicht vorausgesetzt.[538] Diesen Zirkularitätsvorwurf lässt Bratman nicht gelten: Man könne eine geteilte Absicht so analysieren, dass sich jede/r Beteiligte auf die gemeinsame Handlung bezieht, ohne dass dieser Rekurs die Idee einer geteilten Absicht beinhaltet.[539] Bratman schlägt vor, die Untersuchung »auf solche Typen gemeinsamen Handelns [zu] beschränken, die [...] hinsichtlich geteilter Absichten neutral sind«.[540] Im Sinn hat er Handlungen, die nicht, wie das Singen eines Duetts, a priori auf Kooperation angelegt, also nicht »»necessarily partnered««[541] sind, wie Gilbert formuliert. Vielmehr müsse man »*kooperativ neutral[e]*«[542] Handlungen betrachten, solche also, die kooperativ sein können, es aber nicht sein müssen (wie etwa ein Haus anstreichen).[543]

Durch die Untersuchung lediglich solcher Handlungen, die einer geteilten Absicht nicht notwendigerweise bedürfen und nicht auf Kooperation angelegt sind, schützt Bratman seine Analyse vor Zirkularität, öffnet aber, kritisiert Stoutland, dem Individualismus Tür und Tor. Bei Bratman habe der Individualismus Methode, denn die Wahl seiner Beispiele erfordere es, auch gemeinsame Handlungen als Handlungen zu analysieren, die von nur einem Individuum allein vollzogen werden könnten.[544] Dieses Vorgehen ist eingedenk der bratmanschen Kontinuitätsthese zwar konsequent, schmälert

---

535 Ebd., S. 413.

536 Bratman: Shared agency, S. 5.

537 Vgl. ebd., S. 5f.

538 Vgl. Searle: Kollektive Absichten und Handlungen, S. 105.

539 Vgl. Bratman: Shared agency, S. 44.

540 Bratman: Geteilte Absichten, S. 412; siehe auch Bratman: Shared agency, S. 44; 46.

541 Gilbert: Social facts, S. 156.

542 Bratman: Geteiltes kooperatives Handeln, S. 179, Hv. i. Orig.

543 Vgl. ebd.; Schweikard: Mythos des Singulären, S. 206.

544 Vgl. Stoutland: Bratman: Faces of intention, S. 239; den Hinweis auf diese Kritik entnehme ich Schmid: Wir-Intentionalität, S. 230, Anm. 95.

allerdings die Hoffnung darauf, Bratman werde mit der Einsicht in den relationalen Charakter gemeinsamen Handelns und Denkens eine nicht-individualistische Theorie gemeinsamen Denkens und Handelns konzipieren.[545]

Die Absichten einzelner Handelnder sind selbstverpflichtend. Auch geteilte Absichten gehen mit einer Verpflichtung einher: Die individuellen Absichten zugunsten der gemeinsamen Handlung verpflichten die Beteiligten auf die gemeinsame Handlung. Wenn A und B beabsichtigen, gemeinsam nach X zu fahren, wird die gemeinsame Handlung zu einem Element ihrer individuellen Handlungspläne, und ihr individuelles Handeln muss gemäß der Handlungsplantheorie bestimmten Anforderungen genügen. Für eine geteilte Absicht charakteristisch sei eine »norm-guided responsiveness of the thought and action of each to the end of the shared activity«.[546]

Für eine geteilte Absicht genügen aber individuelle Absichten nicht, selbst wenn es Absichten zugunsten einer gemeinsamen Handlung sind. Das Bestimmungsstück (ii) der ›intention condition‹ ergänzt deshalb, die Absicht des einen Individuums (zugunsten der gemeinsamen Handlung) müsse zum Teil wegen oder als Folge der Absicht des anderen (»by way of«[547]) zustande kommen. Bei einer geteilten Absicht muss jedes Individuum das andere nicht nur irgendwie berücksichtigen, sondern es behandeln als »intentional co-participant«.[548] Ein Beispiel: A und B sind Mitglieder verfeindeter Mafia-Clans. Beide beabsichtigen, zusammen mit dem anderen nach X zu fahren, und so lassen sie einander wissen: ›Wir beide werden nach X fahren.‹ A jedoch hat den Plan, B zu kidnappen und im Kofferraum seines Autos nach X zu bringen (und umgekehrt). Der erste Teil der ›intention condition‹ wäre erfüllt: Alle Beteiligten haben eine Absicht zugunsten der (hinsichtlich geteilter Absichten neutralen) gemeinsamen Handlung. Klar ist aber, dass A in B keinen ›intentional co-participant‹ sieht (und umgekehrt); eine koordinierte Planung, wie man nach X gelangen solle, wird es zwischen beiden nicht geben.[549] Dazu müsse zwischen den Absichten As und Bs eine »semantic interconnection« bestehen, was meint: »[T]he content of my intention includes a reference to your intention and to its role in our action. And vice versa. The intentions

---

545   Wir werden dies später genauer erkennen, siehe aber bereits die Kritik von Baier: Mentale Allmende, S. 238ff.

546   Bratman: Shared agency, S. 43; vgl. ebd., S. 42. So wird A – im Sinne der Kohärenz von Mitteln und Zweck – geeignete Maßnahmen ergreifen (z.B. Bahntickets kaufen, ein Auto mieten), damit die gemeinsame Fahrt nach X wie beabsichtigt zustande kommt. Sie wird zudem, um die Konsistenznorm einzuhalten, für die Zeit des geplanten Aufenthalts in X keine beruflichen Termine vereinbaren. Und A wird B bei Handlungen unterstützen, die für das Erreichen der beabsichtigten gemeinsamen Handlung relevant sind (ihn z.B. am Morgen des Abreisetages wecken). Bratman spricht von einem »rational pressure« (ebd., S. 56), dergleichen Schritte zu unternehmen.

547   Ebd., S. 85.

548   Ebd., S. 48; vgl. ebd., und siehe auch Skudlarek: Relationale Intentionalität, S. 111. In Bratmans Ansatz, so Schweikard: Mythos des Singulären, S. 204, Hv. i. Orig., »stellen die Handlungspartner füreinander nicht bloß äußere Parameter ihrer Überlegungen und Handlungen dar, sondern zwischen ihrem individuellen Überlegen, Planen und Handeln besteht eine weit reichende Interdependenz«.

549   Vgl. Bratman: Geteilte Absichten, S. 414; Bratman: Shared agency, S. 49. Siehe zu diesem Beispiel auch Schweikard: Mythos des Singulären, S. 209f., sowie kritisch zu den daraus von Bratman gezogenen Folgerungen Schmid: Wir-Intentionalität, S. 69ff.

of each semantically *interlock*.«[550] Bratman erhöht die Anforderungen noch: So wie B den A als intentionalen Teilnehmer an der gemeinsamen Handlung betrachtet und die Rolle seiner Absicht für die gemeinsame Handlung in der eigenen Absicht berücksichtigt, sieht B auch sich selbst als intentionalen Akteur und schließt in den Gehalt der eigenen Absicht die Wirksamkeit seiner Absicht für die gemeinsame Handlung ein. Bei einer geteilten Absicht greifen die Absichten der Beteiligten mithin nicht nur ineinander, sondern sind außerdem reflexiv.[551]

Element (iii) der ›intention condition‹ ist aus Sicht Bratmans unentbehrlich aufgrund der Funktion geteilter Absichten, die interpersonale Koordination zu unterstützen (analog zu individuellen Absichten, die das zeitübergreifende Handeln eines Individuums koordinieren). Jede/r Akteur*in müsse beabsichtigen, dass die mit seiner oder ihrer Absicht und der Absicht des anderen Akteurs oder der anderen Akteurin einhergehenden relevanten Subpläne ineinandergreifen (»meshing sub-plans«[552]). Bei einer geteilten Absicht gebe es »a tendency to track and to conform to a norm of compatibility across the relevant sub-plans of each«.[553] Es geht beim Ineinandergreifen der Subpläne nicht um ihre Kongruenz: »Your and my sub-plans can mesh even if they do not match.«[554] A zum Beispiel möchte die gemeinsame Fahrt nach X nicht während des Feierabendverkehrs antreten, B hingegen kümmert die Abfahrtszeit nicht – ihre Subpläne passen nicht, greifen aber ineinander, lassen sich beide verwirklichen.[555]

Die Forderung nach einem *meshing* der Subpläne der Beteiligten berührt einen wichtigen Aspekt: Ist gemeinsames Handeln mit Zwang und Machtausübung vereinbar?[556] A und B beabsichtigen (zum Teil aufgrund der Absicht der anderen Person), das Haus zu streichen. A möchte es rot streichen, B bevorzugt weiße Farbe. Dürfte A den B (und umgekehrt) täuschen, nötigen oder zwingen, um zu erreichen, dass die Subpläne ineinandergreifen (also B von seiner Wunschfarbe abrückt)? Gemäß einer »noncoercion condition«[557] müsste die Antwort negativ ausfallen. Solange A dem B ihre Subpläne aber nicht (gleichsam mit der Pistole auf der Brust) regelrecht aufzwinge, schließe eine geteilte Absicht asymmetrische Machtverhältnisse, etwa in Form einer stärkeren Verhandlungsposition der einen Person, nicht grundsätzlich aus, schränkt Bratman ein.

Um entscheiden zu können, ob und in welchem Maße Täuschung und Zwang mit einer gemeinsamen Handlung vereinbar sind, differenziert Bratman zwischen einer »shared *intentional* activity« und einer »shared *cooperative* activity«.[558] Nur bei einer kooperativen Handlung verböten sich Täuschung und Zwang weitgehend. Für Formen lediglich absichtlichen gemeinsamen Handelns jedoch gelte: Selbst bei einer Bedrohung

---

550 Bratman: Shared agency, S. 50, Hv. i. Orig.
551 Vgl. Bratman: Geteilte Absichten, S. 414; Bratman: Shared agency, S. 52.
552 Bratman: Shared agency, S. 85; siehe zu diesem Aspekt auch Skudlarek: Relationale Intentionalität, S. 112f.
553 Bratman: Shared agency, S. 53.
554 Ebd., S. 54.
555 Vgl. ebd.
556 Vgl. für diesen Absatz weiter Bratman: Geteilte Absichten, S. 416f.; Bratman: Shared agency, S. 55.
557 Bratman: Shared agency, S. 55.
558 Ebd., S. 38, Hv. i. Orig.

der einen Person durch die andere steckten in der gemeinsamen Handlung möglicherweise »various subtle forms of interaction, adjustment, and willingness to incorporate
the other's intentional agency into the joint activity«.[559]

Was in diesen Überlegungen fehlt, ist das Andere des Zwangs zum Mitmachen: das
Nichtmitmachen. Das Phänomen der Dissidenz, so moniert Schmid, komme bei Bratman, aber auch in den anderen Theorien kollektiver Intentionalität, kaum vor:

> Wo sind all die fahr- und nachlässigen, ungeschickten, unkonzentrierten, vergeßli-
> chen und willensschwachen Individuen geblieben, die so bezeichnend sind für Ko-
> operation in der wirklichen Welt? Wo bleiben jene, die aus irgendeinem Grund ihren
> Teil beizutragen versäumen? Und wo bleiben jene un- und widerwilligen Figuren, jene
> aufsässigen und widerborstigen Gesellen, die nicht bloß *scheitern* in ihren Beitrags-
> bemühungen, sondern von vornherein gar nicht beizutragen beabsichtigen?[560]

Die Neigung, gemeinsames Handeln als »ein Idyll glatter und reibungsloser Kooperation«[561] zu schildern, resultiert wohl zum einen aus der Entscheidung, vornehmlich
dyadische Handlungen zu analysieren. Wo nur zwei Personen gemeinsam handeln,
scheint das Nichtmitmachen schon einer Person den Zusammenbruch der gemeinsamen Handlung zu bedeuten.[562] Zum anderen ist für die Theoretiker*innen kollektiver
Intentionalität die Absicht, gemeinsam zu handeln, strukturell auf die Intentionen der
einzelnen Beteiligten angewiesen, ihren Teil zu der gemeinsamen Handlung beizutragen; fehlt diese Absicht, liegt keine gemeinsame Handlung vor.[563]

Common knowledge condition

Bei einer geteilten Absicht, so Bratman, wüssten alle Beteiligten, dass es sich um eine geteilte Absicht handele; das heißt, »that in shared intention the fact of the shared
intention will normally be out in the open: there will be public access to the fact of shared intention«.[564] Dies sei wichtig, da zu einer geteilten Absicht gehöre, dass sich die
Beteiligten im Sinne eines »shared planning«[565] Gedanken über die Umsetzung der geteilten Absicht machen. Das *common knowledge* unterstützt dieses Planen. Gemeinsames
Wissen bestehe »in a hierarchy of cognitive aspects of the relevant individuals«.[566] Zwischen A und B gibt es gemeinsames Wissen, dass p, wenn: A weiß, dass p, B weiß, dass

---

559   Ebd.; vgl. ebd.

560   Schmid: Wir-Intentionalität, S. 163f., Hv. i. Orig.; vgl. hierzu die ausführliche Darstellung ebd.,
       S. 163ff.

561   Ebd., S. 163.

562   Dies legt Baier: Mentale Allmende, S. 238f., nahe.

563   Vgl. Schmid: Wir-Intentionalität, S. 167; 164. An Bratmans (wie auch schon an Tuomelas) Entschei-
       dung, »die intentionale ›Tiefenstruktur‹ von Gemeinschaftshandeln« als »eine Kombination von
       individueller Beitragsintention« der Beteiligten anzulegen, ist zudem problematisch, dass er da-
       mit, nicht anders als Tuomela, »ein *reduktionistisches* Verständnis gemeinsamen Intendierens« prä-
       sentiert: »Die herangezogenen Definitionselemente setzen das voraus, *wovon* sie Definitionsele-
       mente sind: das gemeinsame Intendieren.« (Ebd., S. 123, Hv. i. Orig.)

564   Bratman: Shared agency, S. 57.

565   Ebd.

566   Ebd.

p; A weiß, dass B weiß, dass p, B weiß, dass A weiß, dass p etc.[567] Um die hier drohende Zirkularität zu vermeiden[568], stellt Bratman klar: Gemeinsames Wissen bedeutet nicht das Wissen der Individuen darum, mit anderen eine Absicht zu teilen, sondern ein Wissen der Beteiligten um die Geltung der Bedingungen, die eine geteilte Absicht konstituieren.[569] Alle Beteiligten müssten wissen, dass die ›intention condition‹ erfüllt ist: A weiß, dass B weiß, dass jeder von ihnen (zum Teil wegen der Absicht des anderen) eine Absicht zugunsten der gemeinsamen Handlung hat und das Ineinandergreifen der Subpläne beabsichtigt, und B weiß, dass A dies alles auch weiß. Bratman zufolge handelt es sich bei diesem Wissen nicht um »a depth-psychological knowledge of the minds of the participants«.[570] Die Beteiligten müssten nur die relevanten Absichten und Überzeugungen der anderen kennen.[571] Wie erlangen die Beteiligten dieses Wissen? Schließlich habe jedes Individuum nur zu seinen Absichten »epistemic access«[572] und könne nur über seine Absichten sagen, dass es sie habe.[573] Bei einer geteilten Absicht müsse man sich daher auf (nicht weiter erläuterte) »ordinary sources of evidence«[574] stützen, was jedoch nie die Gefahr ausschließe, dass es zu einer Falscheinschätzung der Absichten der anderen Beteiligten kommt.[575]

Mutual responsiveness condition

Bislang standen die auf vielfältige Weise miteinander verknüpften, ineinandergreifenden (und in diesem Sinne geteilten) Absichten der Beteiligten im Vordergrund. Wodurch wird aus diesen geteilten Absichten eine gemeinsame Handlung? Nach Auskunft Bratmans kommt es hierfür auf eine »mutual responsiveness«[576] in den Absichten und im Handeln der Beteiligten an:

> My conjecture is that the standard route from our shared intention to our joint action, in a case of shared intentionality, involves an appropriate form of mutual responsiveness of each to each. What form of mutual responsiveness? Well, the basic idea is that each is responsive, in her relevant intentions and actions, to the relevant intentions and actions of the other, in a way that keeps track of, and guides in the direction of, her intended end of their joint action – where all this is out in the open.[577]

Das praktische Aufeinandereingehen der Beteiligten werde insbesondere durch ihre wechselseitigen Absichten zugunsten der gemeinsamen Handlung unterstützt. Diese

---

567 Vgl. ebd.; siehe zum Problem des ›common knowledge‹ die Diskussion bei Schmid: Wir-Intentionalität, S. 124ff.
568 Zirkularität träte auf, wenn in den Gehalt der Absichten und Einstellungen der Beteiligten die Idee der geteilten Absicht schon eingebaut wäre; vgl. Bratman: Shared agency, S. 57.
569 Vgl. ebd., S. 57f.
570 Ebd., S. 58.
571 Vgl. ebd.
572 Ebd.
573 Vgl. ebd.
574 Ebd.
575 Vgl. ebd., S. 58f.
576 Ebd., S. 79. Siehe hierzu kurz auch Skudlarek: Relationale Intentionalität, S. 115f.
577 Bratman: Shared agency, S. 78f.

fehlten z.B. in einem Kampf: Auch hier gingen die Kombattant*innen zwar aufeinander ein, versuchten aber zu verhindern, dass der oder die Gegner*in sein oder ihr Ziel erreicht (und im Extremfall trachte man einander sogar nach dem Leben).[578] Eine gemeinsame, genauer: kooperative Handlung liegt in diesem Fall nicht vor: »Sowohl Feindseligkeit als auch Wettbewerb begrenzen das, was Bratman ›Kooperation‹ nennt.«[579] Damit es zu einer gemeinsamen (kooperativen) Handlung kommt, müssen die Beteiligten beabsichtigen, sich gegenseitig ›unter die Arme zu greifen‹. A und B beabsichtigen, zusammen ein Duett zu singen. Weder A noch B werde rücksichtslos (und vielleicht sogar mit dem Ziel, die andere Person scheitern zu lassen, bloßzustellen, zu demütigen etc.) agieren, sondern vielmehr mit den eigenen, dem allgemeinen Ziel nachgeordneten Absichten und entsprechenden Handlungen auf sie eingehen (etwa sich ihrem Tempo anpassen).[580]

1.3.3   Handlungen beabsichtigen

Eine *shared intention* lässt sich nach dem Bisherigen definieren als »ein Zustand, der hauptsächlich aus Einstellungen (von denen keine selbst die geteilte Absicht ist) der Beteiligten und den Wechselbeziehungen zwischen diesen Einstellungen besteht«.[581] Zu diesen Einstellungen gehört (gemäß der ›intention condition‹) die Absicht jedes Individuums, dass wir *g*-en. »We each have intentions that we *J*«[582] – was heißt: Du hast die Absicht, dass wir *g*-en, und ich habe die Absicht, dass wir *g*-en. Hier taucht die Frage auf: Kann A oder B eine gemeinsame Handlung beabsichtigen? Bezieht sich eine Absicht nicht auf das eigene Handeln?[583] Anders gefragt: »Wie gelangt [...] die Konzeption von der gemeinsamen Handlung in die Absichten der einzelnen Individuen?«[584]

Eine mögliche Antwort, so Bratman, könnte sich auf den Unterschied zwischen ›beabsichtigen zu‹ und ›beabsichtigen, dass‹ beziehen.[585] Nur mit dem ›Beabsichtigen zu‹ lege man sich auf das eigene Handeln fest. Beabsichtigt A, das Haus zu streichen, muss sie selbst zu Farbe und Pinsel greifen; beabsichtigt sie, dass das Haus gestrichen wird, könnte sie Handwerker*innen mit dem Streichen beauftragen. Aber handelt es sich bei der Absicht, dass das Haus gestrichen wird, tatsächlich um eine Absicht (und nicht z.B. um einen Wunsch)? Bratman bejaht dies und bietet folgende Begründung an: Eine ›Absicht, dass‹ sei im Unterschied zu einem Wunsch Teil eines relevanten Handlungspla-

---

578   Vgl. ebd., S. 80.
579   Baier: Mentale Allmende, S. 241.
580   Vgl. Bratman: Shared agency, S. 80f.; Bratman: Geteiltes kooperatives Handeln, S. 186ff., und siehe auch Schweikard: Mythos des Singulären, S. 212.
581   Bratman: Geteilte Absichten, S. 417. Siehe auch Bratman: Shared agency, S. 87: »The thesis is that shared intention and modest sociality consist [...] in appropriately interrelated public structures of individual planning agency.«
582   Bratman: Shared agency, S. 103, Hv. i. Orig.
583   »[W]ie kann *ich* – außer ich bin der Chef – je beabsichtigen, was *wir* tun werden? Wie könnte ich glauben, dass *meine* Absicht [...] *uns* dazu bringt zu streichen?« (Baier: Mentale Allmende, S. 242, Hv. i. Orig.)
584   Bratman: Geteilte Absichten, S. 412.
585   Vgl. hierzu Schweikard: Mythos des Singulären, S. 208.

nes und unterliege den darin enthaltenen Anforderungen etwa an Konsistenz, Stabilität und Kohärenz. Es sei also nicht falsch zu sagen, bei einer geteilten Absicht habe jedes Individuum die Absicht, dass wir g-en (und nicht: die Absicht zu g-en).[586]

Trotz dieses Arguments hat sich Kritik an der Behauptung entzündet, bei einer geteilten Absicht hätten alle Beteiligten die Absicht, die gemeinsame Handlung auszuführen.[587] Meine und deine Absicht, dass wir g-en, scheint eine fundamentale Bedingung absichtlichen Handelns zu missachten: Intentionen müssen sich auf die eigene Handlung beziehen.[588] Bratman nennt dies die »own-action condition«.[589] Sie findet sich z.B. in Annette C. Baiers Aufsatz *Act and Intent* (1970) formuliert[590]: Man könne nur Handlungen beabsichtigen, die man (selbst) vollbringen kann. »I cannot intend the sun to stop, nor can I intend to turn the moon around to see its other face.«[591] Vielmehr gelte: »The proper objects of intending [...] seem limited to my actions (not the sun's) and to things I can do«.[592] Es seien »necessary truths [...] that I cannot intend what I cannot do and that I cannot intend your actions, only my own«.[593] Halte Bratman daran fest, es sei individuell möglich zu beabsichtigen, dass wir g-en, gerate seine Analyse in einen Zirkel, so Baier:

> Es scheint vernünftig, darauf zu bestehen, dass ich nichts beabsichtigen kann, von dem ich glaube, dass es nicht in meiner Macht oder Kontrolle liegt. Begrifflich kann ich also nicht die vorgängige Absicht haben, dass wir überhaupt irgendetwas tun, außer ich habe exekutive Macht, dem Rest von »uns« Befehle zu geben. Ist dies der Fall, muss jemand (oder einige) mich dazu ermächtigt haben, selbst wenn dies dadurch geschehen ist, dass sie sich meinem Willen unterwarfen, nachdem ich sie besiegt hatte. Der Akt, jemanden als Chef zu akzeptieren, impliziert in vielen Fällen selbst die Handlung eines Pluralsubjekts [...].[594]

Im Geiste Baiers kritisiert auch Stoutland, A könne nicht Bs Tun beabsichtigen, sondern allenfalls beabsichtigen, selbst so zu handeln, dass B veranlasst werde, etwas zu tun.[595] Träfe dies zu, schlösse dies eine geteilte Absicht im Sinne Bratmans aus, erläutert Schmid: Beabsichtige ein/e Akteur*in, dass wir g-en, so rechne er oder sie nicht nur mit dem Handeln der anderen Beteiligten, sondern beabsichtige in einem starken Sinne. Er oder sie unterschiede damit auf eine mit der ›own-action condition‹ nicht zu

---

586 Vgl. Bratman: Shared agency, S. 60; 63f.; siehe auch Bratman: Geteilte Absichten, S. 412f.

587 Die Darstellung der Argumente Stoutlands, Vellemans und Baiers sowie der Gegenargumente Bratmans folgt den Ausführungen von Schmid: Wir-Intentionalität, S. 154ff., sowie Schweikard: Mythos des Singulären, S. 220ff.

588 Siehe zu der Frage, auf wessen Handlungen sich Absichten beziehen können, die ausführliche Diskussion bei Schweikard: Mythos des Singulären, S. 173ff.

589 Bratman: Shared agency, S. 13, Hv. i. Orig., ausführlich dazu ebd., S. 60ff.; siehe auch Bratman: Ich beabsichtige, dass wir G-en, S. 340ff.

590 Auf diese Arbeit weist Baier: Mentale Allmende, S. 242, Anm. 7, selbst hin.

591 Annette C[laire] Baier: Act and Intent. In: The Journal of Philosophy 67 (1970), H. 19, S. 648-658, 649.

592 Ebd.

593 Ebd., S. 650.

594 Baier: Mentale Allmende, S. 243.

595 Vgl. Stoutland: Warum sind Handlungstheoretiker so antisozial, S. 280.

vereinbarende Weise zwischen dem intendierenden Subjekt (Ich) und dem Subjekt der beabsichtigten Handlung (Wir).[596] Für unproblematisch hält Stoutland die Formulierung: ›Wir beabsichtigen, zu g-en‹. In diesem Fall wären das beabsichtigende und das handelnde Subjekt (Wir) identisch, und unsere Absicht wäre erfüllt, wenn wir g-en. ›Ich beabsichtige, dass wir g-en‹, so Stoutland, könne nur bedeuten: ›Ich beabsichtige, mein Möglichstes zu versuchen, dass wir g-en‹ – eine Absicht, die erfüllt wäre, wenn ich mein Möglichstes tue, ganz egal, ob wir tatsächlich gemeinsam g-en (etwa dem Haus einen neuen Anstrich verpassen).[597]

Bratman greift Stoutlands Version der ›own-action condition‹ (OAC) in seiner Replik nicht unmittelbar an, sondern möchte sie auf einem Umweg widerlegen, der ihm von Stoutland selbst nahegelegt wird. Stoutland stärkt sein Argument dadurch, dass er die OAC als wesentlich für ein zweites konstitutives Merkmal einer Absicht ausgibt: die Verantwortlichkeit der Handelnden:

> The own-action condition is implicit in another constitutive condition: an agent cannot intend to A if she is not prepared to take full responsibility for having done A intentionally – even if doing A depended on the will of others (or simply on luck). To intend to A is to commit oneself to do A so as *thereby* to commit oneself to take full responsibility for having done A (if and when one does). This condition can be met only if the agent who intends the action *is* the agent whose action fulfills it. I cannot take full responsibility for what *you* do – assuming you are an intentional agent – and hence for what *we* do.[598]

Bratman sieht keinen Grund, die Verantwortungsübernahme zum Wesenskern einer Intention zu erklären. Wichtig für eine Intention sei ihre Funktion als Element in einem Handlungsplan, nicht ihre Bedeutung bei der Zurechnung von Verantwortung: »It seems to me that you can be a planning agent while being reticent to take responsibility for what you plan to do.«[599] Ein/e Soziopath*in könne es ablehnen, sich für X zu verantworten und somit das »normal social functioning of adult human beings« vermissen lassen, sei aber doch ein »planning agent«.[600] Bratman lässt zudem nicht gelten, ein/e Akteur*in könne für X die Verantwortung nur übernehmen, wenn X die eigene Handlung sei. Im Falle gemeinsamen Handelns könne man zwar nicht die alleinige, aber die volle Verantwortung auf sich nehmen: Beabsichtigen A und B, dass sie gemeinsam eine Bank ausrauben, bestritten beide mit gutem Recht, für den gemeinsamen Raub allein verantwortlich zu sein, wären aber darauf vorbereitet, die volle Verantwortung übernehmen zu müssen.[601]

Nach Bratmans Überzeugung kann die OAC seine These, dass man bei einer geteilten Absicht beabsichtige, dass wir g-en, nicht gefährden.[602] Rückendeckung erfährt

---

596   Vgl. Schmid: Wir-Intentionalität, S. 155f.
597   Vgl. Stoutland: Bratman: Faces of intention, S. 240.
598   Ebd., S. 241, Hv. i. Orig.
599   Bratman: Shared agency, S. 62.
600   Ebd.; vgl. ebd.
601   Vgl. ebd., S. 63.
602   Vgl. ebd., S. 64.

er von James David Velleman, der die Absicht, dass wir *g*-en, deshalb für möglich erachtet, weil Personen Autorität oder Kontrolle über andere haben und also (entgegen der OAC) durchaus planen sowie entscheiden können, dass wir *g*-en.[603] Diese »*Kontrollbedingung*«[604] unterstützt zwar Bratmans Zurückweisung der ›own-action condition‹, stellt aber zugleich seine Strategie in Frage, nur solche Fälle geteilter Absichten analysieren zu wollen, die »nicht von [...] institutionellen Strukturen und Autoritätsbeziehungen abhängen«.[605] Eine geteilte Absicht ließe sich gar nicht als in diesem Sinne ›neutral‹ analysieren, da sie (möglicherweise) mit Autorität und Kontrolle einhergeht, mehr noch: sie voraussetzt. Wie Baier meint, bedeutete dies auch, dass geteilte Absichten keine »basic forms of sociality«[606] sein können, da ihnen komplexe Formen von Sozialität vorausliegen.[607]

Die ›Kontrollbedingung‹ lässt an Zwang denken. Velleman formuliert deshalb eine mildere (von Bratman so bezeichnete) »*settle condition*«.[608] Es handele sich bei Intentionen um »Einstellungen, die deliberative Fragen lösen und dadurch die Sachen entscheiden, welche bei einem selbst liegen«.[609] Gemeint ist: Man kann nur das beabsichtigen, was man glaubt, durch sein Beabsichtigen selbst festlegen zu können.[610] Daraus resultiere jedoch, so Velleman, folgende Schwierigkeit: Normalerweise sollte das, was wir gemeinsam tun, auch »von dir und mir gemeinsam festgelegt werden; und jeder von uns sollte die Sache als gemeinsam von uns bestimmt betrachten«.[611] Hätten aber bei einer geteilten Absicht alle Beteiligten die Absicht, dass wir *g*-en, so müsste gemäß der ›settle condition‹ auch jede/r Einzelne annehmen, es sei seine oder ihre Absicht, die festlegt, dass wir *g*-en. Legt jedoch meine (oder deine) Absicht fest, dass wir *g*-en, resümiert Bratman den Einwand Vellemans, wie kann dann auch deine (oder meine) Absicht festlegen, dass wir *g*-en?[612]

> Wie kann ich [...] eine Absicht in Bezug darauf bilden, dass »wir« handeln werden, wenn ich gleichzeitig davon ausgehe, dass die Entscheidung zum Teil bei dir liegt? Und wie kann ich dabei bleiben, die Entscheidung zum Teil als deine aufzufassen, wenn ich schon entschieden habe, dass wir *wirklich* handeln werden?[613]

Es sei das Problem der bratmanschen Analyse einer geteilten Absicht, spitzt Velleman zu, »dass sie zu viele Häuptlinge und zu wenige Indianer [...] hervorbringt«.[614]

---

603 Vgl. J[ames] David Velleman: Wie man eine Absicht teilt. In: Schmid, Hans Bernhard/Schweikard, David P. (Hg.): Kollektive Intentionalität. Eine Debatte über die Grundlagen des Sozialen. Frankfurt a.M. 2009, S. 301-332, 307f.

604 Bratman: Ich beabsichtige, dass wir G-en, S. 341, Hv. i. Orig.

605 Bratman: Geteilte Absichten, S. 409.

606 Bratman: Shared agency, S. 3.

607 Vgl. Baier: Mentale Allmende, S. 243.

608 Bratman: Shared agency, S. 65, Hv. i. Orig.

609 Velleman: Wie man eine Absicht teilt, S. 305.

610 Vgl. Bratman: Ich beabsichtige, dass wir G-en, S. 341.

611 Velleman: Wie man eine Absicht teilt, S. 308.

612 Vgl. Bratman: Shared agency, S. 64f.; Bratman: Ich beabsichtige, dass wir G-en, S. 341f.

613 Velleman: Wie man eine Absicht teilt, S. 308, Hv. i. Orig.

614 Ebd., S. 307.

Bratman hält die ›settle condition‹ für plausibel, weist aber den Einwand zurück, seine Theorie genüge ihr nicht.[615] Um zu zeigen, dass und wie bei einer geteilten Absicht gemäß der ›settle condition‹ alle Beteiligten festlegen können, dass wir g-en, führt er den Begriff der »*persistence interdependence*«[616] ein. Bei einer geteilten Absicht, so die Idee, hängt die Absicht des einen Individuums – genauer: das Fortbestehen der Absicht des einen Individuums – von der Absicht des anderen Individuums ab (und umgekehrt). Wichtig ist dabei, dass die Absicht des einen Individuums, dass wir g-en, die Absicht des anderen, dass wir g-en, unterstützt (und umgekehrt). Die fortdauernde Wechselbeziehung zwischen den Absichten der Beteiligten, dass wir g-en, impliziere »mutual rational support«.[617] Wenn meine Absicht, dass wir g-en, durch die Unterstützung deiner Absicht, dass wir g-en, dazu führt, dass wir g-en, so habe ich durch meine Absicht (teilweise) festgelegt, dass wir g-en (und umgekehrt) – die ›settle condition‹ sei erfüllt.[618]

Wie jedoch können du und ich eine geteilte Absicht, dass wir g-en, überhaupt bilden? Die erwähnte Interdependenz bezieht sich lediglich auf das Fortdauern meiner und deiner Absicht, dass wir g-en.[619] »So we can ask: how exactly do we each *arrive* at those intentions? Given the interdependence [...], it may seem that I cannot form my intention that we J until you do, but also that you cannot form your intention that we J until I do. So how could we ever get started?«[620]

Denkbar wäre, dass ein »catalyst in our common environment«[621] die individuellen Absichten, dass wir g-en, auslöst. Bratman gibt hierfür folgendes Beispiel: Du und ich sitzen im Konzert, der letzte Ton ist verklungen, und jeder von uns beabsichtigt, dass wir gemeinsam applaudieren. Dazu veranlassen uns sowohl die Qualität der musikalischen Darbietung als auch (damit zusammenhängend) spezifische Normen und Konventionen: Wir wissen, dass ein/e normale/r Besucher*in nach einem gelungenen Konzert klatscht: »Each of us arrives at his intention that we applaud primarily in response to the performance and its manifest quality, together with relevant prior common knowledge about the kind of person who attends such concerts.«[622]

Mutmaßlich genüge dazu, meint Bratman, »die normalen Akteuren üblicherweise zukommende Fähigkeit, Handlungen vorherzusagen«.[623] Eine geteilte Absicht beruhe oft auf einer »temporal asymmetry«[624]: Zunächst hat nur A die Absicht, dass wir g-en,

---

615 Vgl. Bratman: Shared agency, S. 65.
616 Ebd., S. 65, Hv. i. Orig.; siehe zu deren Formen ebd., S. 70ff., und Skudlarek: Relationale Intentionalität, S. 113ff.
617 Bratman: Shared agency, S. 70.
618 Vgl. ebd., S. 65f.
619 Vgl. ebd., S. 73.
620 Ebd., S. 73, Hv. i. Orig.
621 Ebd., S. 74.
622 Ebd., S. 68; vgl. ebd., S. 73f.
623 Bratman: Ich beabsichtige, dass wir G-en, S. 347.
624 Bratman: Shared agency, S. 75.

glaubt jedoch, auch B (zwar aufgrund von As Absicht, aber gleichwohl autonom[625]) werde eine entsprechende Absicht bilden. So könne man die Handlung eines anderen Individuums beabsichtigen, ohne Autorität, Kontrolle oder Zwang auszuüben.[626] Die entsprechende Absichtsbekundung müsse nicht sprachlich erfolgen. Ein/e Akteur*in könne »in einem Milieu der Kooperationsbereitschaft« die »»intentionale Initiative«« [627] auch dadurch ergreifen, dass er oder sie eine Handlung anfange.[628]

Eine dritte Möglichkeit erkennt Bratman in einem »prior stage-setting«[629] durch ein Individuum: A verkündet B ihre (bedingte) Absicht, dass wir g-en, sollte B (unbedingt) beabsichtigen, dass wir g-en. Diese Ankündigung lässt B darauf vertrauen, dass A, kündigt B seine unbedingte Absicht an, dass wir g-en, ebenfalls zu der unbedingten Absicht kommen wird, dass wir g-en.[630]

1.3.4   Individualismus plus Relation

Welche der drei Optionen der Entstehung einer Absicht, dass wir g-en, man auch betrachtet – sie alle sind »sozial voraussetzungsreich«.[631] Geteilte Absichten und die mit ihnen verbundenen gemeinsamen Handlungen lassen sich deshalb kaum als grundlegende Formen von Sozialität auffassen.[632] Die in Frage stehenden »sozialen Voraussetzungen«[633] muss man nicht, so viel ist Bratman zuzugeben, als Autorität oder Kontrolle auffassen; aber auch die wechselseitige Beeinflussung der Beteiligten, ein Auslöser in der gemeinsamen Umgebung oder die Vorhersagefähigkeit normaler Handelnder beruht auf Sozialität im Sinne eines »background of shared practices«.[634] Dies wird an Bratmans Beispiel der applaudierenden Konzertbesucher*innen deutlich: Impliziert

---

625   Autonomie, so Schweikard: Mythos des Singulären, S. 225, Hv. i. Orig., wäre also nicht mit »einer intentionalen *Autarkie*« zu verwechseln, »die fordert, dass nur der Selbstbezug eines Akteurs für die Struktur seiner Absichten relevant ist«.

626   Vgl. Bratman: Ich beabsichtige, dass wir G-en, S. 349ff.

627   Schmid: Wir-Intentionalität, S. 159.

628   Vgl. Bratman: Shared agency, S. 74f.

629   Ebd., S. 75.

630   Vgl. ebd.

631   Schmid: Wir-Intentionalität, S. 159, Hv. i. Orig. Siehe zu Schmids Kritik an Bratman allgemein die Darstellung bei Schweikard: Mythos des Singulären, S. 226ff.

632   Vgl. Schmid: Wir-Intentionalität, S. 160.

633   Ebd., S. 159.

634   Frank Kannetzky: Levels of Collectivity. In: Psarros, Nikos/Schulte-Ostermann, Katinka (Hg.): Facets of Sociality. Frankfurt a.M. u.a. 2007, S. 209-242, 222; vgl. Schmid: Wir-Intentionalität, S. 159. Auch Schweikard: Sozialität intentionaler Einstellungen, S. 245, weist auf die »soziale Verfasstheit bestimmter intentionaler Einstellungen hin«. Im Ganzen gegen »solipsistische Konzeptionen« (ebd., S. 246) argumentierend, macht er geltend, »dass die Sozialität intentionaler Einstellungen« nicht allererst von »der Eingebettetheit von Individuen [...] in soziale normative Praxen« (ebd., S. 247) herrühre. Vielmehr lasse sich zeigen, »dass jeder Form intentionaler Einstellungen soziale Beziehungen und Praktiken derart zugrunde liegen, dass ihre Struktur nur unter Berücksichtigung dieses sozialen Fundaments zu analysieren ist«. (Ebd.) So gründeten etwa Überzeugungen häufig nicht in eigenen Erfahrungen oder Beobachtungen, sondern seien davon abhängig, was man von anderen und durch andere erfahre. (Vgl. ebd., S. 248)

die Bestellung eines Bieres in einem Café in Paris »eine riesenhafte, unsichtbare Onto-logie«[635], wie Searle meint, so gilt dies in gleichem Maße für einen Konzertbesuch. Zu beabsichtigen, dass wir klatschen, bedarf (wie Bratman selbst sieht) eines Wissens dar-über, wie man sich in der Philharmonie angemessen verhält. Baier betont, dass bereits einfachen Fällen absichtlichen Handelns von Individuen eine Art Einführung in den ›Hintergrund geteilter Praktiken‹ vorausgeht: Man muss lernen, dass (und wie) man Bekannte grüßt, in der Menge nicht drängelt etc.[636]

> Diese Aktivitäten tendieren dazu, gewohnheitsmäßig und automatisch zu sein, und heben sich deshalb nicht als typische Fälle absichtlichen Handelns heraus. Doch im-plizieren sie die Art Kontrolle und »kohärenter Subpläne«, die Bratman und andere als typisch für absichtliches Handeln betrachten, und Kinder müssen solche Kontrolle lernen.[637]

Dies sind gewiss Allerweltsweisheiten. Es verheißt deshalb nichts Gutes, wenn schon sie als Kritik der bratmanschen Theorie herangezogen werden können. Es zeigt sich deutlich, dass geteilte Absichten und gemeinsames Handeln nicht analysiert werden können, ohne stillschweigend zurückzugreifen auf einen *background* geteilter sozialer Praktiken und sozialer Fertigkeiten.[638]

Eingedenk dieses vorausgesetzten sozialen Hintergrundes lautet Schmid zufolge die Frage bezüglich der Genese geteilter Absichten: »Unter welchen Umständen gehen Handelnde davon aus, durch Intentionen, die gemeinsames Tun im intentionalen Ge-halt haben, die anderen Beteiligten zum Mittun bewegen zu können«?[639] Bei der Suche nach einer Antwort zeige sich: Zwar ist bei Intentionen in der Form, wie Bratman sie vorschlägt (›Ich beabsichtige, dass wir g-en‹), im Unterschied zu Tuomela »das gemein-same Handeln scheinbar noch unmittelbarer und radikaler [...] in die individuelle Bei-tragsintention« eingebaut, aber zugleich sind die so formulierten Intentionen »entwe-der unplausibel oder aber redundant«.[640] Unplausibel sind sie aus folgendem Grund: Wenn A und B keine gemeinsame Handlung beabsichtigen, so kann A nicht anneh-men, ihre Intention könne B in einer Weise beeinflussen, dass er eine entsprechende Absicht bildet, etwas gemeinsam zu tun. Da Bratman geteilte Absichten in einem streng

---

635   Searle: Konstruktion, S. 12. »Der Ober besaß nicht wirklich das Bier, das er mir gegeben hat, son-dern ist Angestellter des Restaurants [...] des wirklichen Eigentümers. Das Restaurant ist verpflich-tet, eine Preisliste aller *boissons* auszuhängen, und selbst wenn ich eine derartige Liste niemals zu Gesicht bekomme, bin ich nur verpflichtet, den Listenpreis zu zahlen. Der Eigentümer des Restau-rants hat von der französischen Regierung eine Lizenz, es zu betreiben. Insofern ist er Tausenden von Regeln und Vorschriften unterworfen, von denen ich nichts weiß. Ich bin überhaupt nur des-halb zum Aufenthalt dort berechtigt, weil ich Bürger der Vereinigten Staaten bin, einen gültigen Paß besitze und Frankreich legal betreten habe.« (Ebd., Hv. i. Orig.)

636   Vgl. Baier: Mentale Allmende, S. 259.

637   Ebd.

638   Vgl. Kannetzky: Levels of collectivity, S. 222. Zu den »socially constituted competences«, die eine für das Teilen einer Absicht erforderliche »common practice« (ebd.) ermöglichen, zählt Kannetzky allererst die Sprache; vgl. ebd.

639   Schmid: Wir-Intentionalität, S. 159.

640   Ebd., S. 153.

»individualistischen Theorierahmen«[641] analysieren möchte, könne er jedoch kein vertieftes Wissen As über B voraussetzen, das es A erlauben würde, mit einiger Sicherheit vorauszusagen, wie B reagiert auf ihre Absicht, dass beide g-en.[642] Redundant (oder zirkulär) werde die bratmansche Analyse, führt Schmid weiter aus, wenn A und B eine gemeinsame Handlung bereits beabsichtigen. B hätte dann ebenfalls keinerlei Grund, die Absicht, dass wir g-en, zu bilden – er besäße sie bereits.[643]

Bratman betont zu Recht, eine geteilte Absicht setze das Vorhandensein von Handelnden voraus.[644] Damit weist er eine falsche internalistische Sicht auf das Phänomen kollektiver Intentionalität zurück – bleibt einem Individualismus aber insofern verpflichtet, als in seinem relationistischen Ansatz die Verknüpfung dem Verknüpften nachgeordnet bleibt. Der Ausweg müsste darin liegen, zu einem von Oliver Marchart sogenannten »*radikalen Relationismus*«[645] vorzustoßen:

> Die Relata können keinen ontologischen Primat gegenüber der Relation beanspruchen, zum Beispiel lässt sich nicht sagen, es existierten »Individuen« oder »Gruppen«, die später in eine Konfiguration gesetzt werden. Vielmehr entsteht die Identität der Relata (zum Beispiel *als* Individuen, *als* Gruppe) erst durch den relationalen Zusammenhang, aus dem sie hervorgehen. Der ontologische Primat liegt bei der Relation.[646]

Für die Theorie Bratmans (wie für die Theorien Tuomelas, Searles und Gilberts) hieße das, die individuellen Einstellungen der Beteiligten, die sich miteinander verschränken (oder auch nicht, wie bei Searle) und so eine geteilte Absicht konstituieren, als im Ursprung relationale, von Sozialität durchdrungene Einstellungen zu fassen. Schweikard unterstreicht, die Relationalität gemeinsamen Beabsichtigens und Handelns sei »erst dann konsequent expliziert, wenn auch die [...] Einstellungen der Beteiligten als sozial verfasst dargestellt werden« und nicht nur die von Bratman »als Netz ineinander greifender Einstellungen« beschriebene »Struktur geteilter Absichten«.[647]

Mit Blick auf Bratmans Individualismus lässt sich fragen: Wo sitzt in seiner Theorie das Gemeinsame und in welcher Gestalt? »Der Ort der Gemeinsamkeit«, so lautet die Antwort, »ist [...] der intentionale *Gehalt*.«[648] Da sich bei einer geteilten Absicht

---

641   Schweikard: Sozialität intentionaler Einstellungen, S. 257.

642   Siehe etwa Bratman: Shared agency, S. 75, Hv. i. Orig.: »[G]iven my knowledge of the kind of person you are – what you care about, how you feel about me, how you see our present circumstances, and so on – I can many times reliable predict that if I were to intend that we J and make that manifest, then your knowledge of my intention would lead you also to intend that we J«.

643   Vgl. Schmid: Wir-Intentionalität, S. 153f.; 159f.

644   Vgl. Bratman: Ich beabsichtige, dass wir G-en, S. 336.

645   Marchart: Das unmögliche Objekt, S. 52, Hv. i. Orig.

646   Ebd., S. 53, Hv. i. Orig.; siehe auch ebd., S. 346.

647   Schweikard: Sozialität intentionaler Einstellungen, S. 257. Wie man mit Schweikard: Mythos des Singulären, S. 290, sagen könnte, ist der ›radikale Relationismus‹ bereits angedeutet »durch die Konzeption von Wir-Absichten, welche Akteure gemäß ihres Selbstverständnisses als gemeinsam Handelnde nur dann fassen können, wenn die anderen Beteiligten sie auch fassen«.

648   Schmid: Wir-Intentionalität, S. 153, Hv. i. Orig.; vgl. Schweikard: Sozialität intentionaler Einstellungen, S. 257.

die individuellen Einstellungen der Beteiligten verschränken, erlaubt Bratman die Verwendung des grammatikalischen Subjekts ›Wir‹. Man könne bei einer geteilten Absicht wahrheitsgemäß sagen, dass wir beabsichtigen, dieses oder jenes zu tun, und dass wir es seien, die dieses oder jenes als eine geteilte absichtliche (oder gar kooperative) Handlung tun.[649] Wen genau meint dieses Wir? Bratman zufolge kann sich das Wir nur auf die Gruppe als Akteurin, nicht als Subjekt beziehen.[650]

Bratman knüpft mit seiner Argumentation an Björn Petersson an, der angeregt hatte, eine Gruppe als »*causal agent*«[651] zu betrachten. Die Gruppe sei kein intentionales Subjekt von Absichten, sondern ›verursache‹ bestimmte, der internen Struktur der Gruppe zuschreibbare Effekte.[652]

> I agree with Petersson that when there is [...] modest sociality, we can plausibly see the participants as together constituting a group that, because of its internal organization, is a bearer of causal powers and something to which certain effects can be causally attributed. So we can see them as constituting a group causal agent [...]. That the house is now painted can, for example, be causally attributed to *us*.[653]

Die an einer gemeinsamen Handlung Beteiligten müssen Petersson zufolge die Idee der Gruppe ›causal agent‹ in den Gehalt ihrer Absichten aufnehmen.[654] Damit widerspricht Petersson, erkennt Bratman, der These, gemeinsame absichtliche Handlungen ließen sich mit den begrifflichen Ressourcen der individuellen Handlungsplantheorie analysieren.[655] Seine Forderung begründet Petersson mit der Annahme, dass die Idee der Gruppe als ›causal agent‹ den Klebstoff bildet, der die Beteiligten zusammenhält.[656] Bratman hingegen erkennt diesen »social glue«[657] vor allem in den vielfältigen Weisen, in denen die Handelnden miteinander verwoben sind.[658] Treffend charakterisiert er seine Theorie daher als »*conceptually conservative*« und zugleich »*metaphysically accommo-*

---

649   Vgl. Bratman: Shared agency, S. 121.

650   Siehe zum Folgenden auch die Darstellung bei Skudlarek: Relationale Intentionalität, S. 118ff.

651   Björn Petersson: Collectivity and Circularity. In: The Journal of Philosophy 104 (2007), H. 3, S. 138-156, 148, Hv. i. Orig.

652   Es gehe um »a weak notion of agency, which is not intentional under any description. This way of speaking simply places the object in a certain causal role, and refers to an effect for which internal features of the object is a condition.« (Ebd., S. 149) Peterssons Beispiel ist ein Bienenschwarm, dessen Verhalten (beispielsweise das Fliegen in eine bestimmte Richtung) darauf schließen lasse, dass er eine spezifische und für sein Verhalten ursächliche innere Struktur aufweise, etwa bestimmte chemische Signale; vgl. ebd., S. 152f.

653   Bratman: Shared agency, S. 123, Hv. i. Orig.

654   »My claim is that a weak notion of collective activity must figure in the content of the intentions of the parties to a collective action.« (Petersson: Collectivity and circularity, S. 155)

655   Bratman: Shared agency, S. 123, verteidigt seinen Standpunkt gegen Petersson: Keineswegs brauche man »a concept of a group causal agent that goes beyond the conceptual resources already provided by the planning theory of individual agency and that ›must‹ appear in the relevant intention-contents«.

656   Vgl. Petersson: Collectivity and circularity, S. 153.

657   Bratman: Shared agency, S. 87.

658   Vgl. ebd., S. 87f., siehe auch Skudlarek: Relationale Intentionalität, S. 117f.

dating«.[659] Das soll heißen: Erlaubt ist die Existenz von Gruppenakteur*innen, solange damit nicht mehr gemeint ist als »appropriately interconnected structures of individual agents«.[660]

Aufgrund dieser Strukturen einer geteilten Absicht hält Bratman es für überflüssig, von einer Gruppe als Subjekt einer geteilten Absicht zu sprechen: »The social-psychological organization involved in shared intention can help constitute a group agent without constituting a group subject.«[661] Eine geteilte Absicht bedürfe, anders als eine individuelle, keines Subjekts.[662] Das Subjekt einer Intention, meint Bratman, sei »a center of a more or less coherent mental web of, at the least, intentions and cognitions«.[663] Ein solches ›mentales Netz‹ fehle, wenn eine Gruppe agiere: Eine geteilte absichtliche Handlung sei oft zeitlich nur von kurzer Dauer und nicht in ein Geflecht vergangener und zukünftiger gemeinsamer Handlungen eingebunden; außerdem beanspruche sie nicht die ganze Person. Singen A und B zusammen ein Duett, müssen sie dies weder aus den gleichen Gründen tun noch müssen sie beabsichtigen, auch bei anderen Gelegenheiten gemeinsam zu handeln. Das Duett kann nur ein paar Takte lang sein, und während A und B gemeinsam singen, sind sie möglicherweise noch mit anderen Dingen beschäftigt.[664] Der Subjektbegriff sei hier also nicht angebracht: »The claim is [...] that there can be shared intentional agency, and associated shared intention, in the absence of a social subject of that shared intention«.[665]

Eine Gruppe, die handelt, ist im bratmanschen Sinne ein »structured complex of [...] individuals«.[666] Entsprechend gibt Bratman zu verstehen, seine Theorie sei »ihrem Geiste nach weitgehend individualistischer Natur«.[667] Dabei vertritt er eine andere Form des Individualismus als Searle.[668] Dieser stand für einen internalistischen oder (mit Schmid gesagt) ›subjektiven Individualismus‹, wonach der Gehalt einer Intention unabhängig sei von allem, was außerhalb des Subjekts liegt. Kollektive Absichten sind dennoch möglich, da nach Searle »Intentionalität sowohl im Plural als auch im Singular in meinem Kopf«[669] vorkommen kann. Bratman entwickelt »eine *nicht-internalistische* Theorie des gemeinsamen Intendierens«[670]: Eine geteilte Absicht beruht auf (realen) Beziehungen zwischen den Beteiligten. Wesentlich für »modest sociality« seien

---

659 Bratman: Shared agency, S. 125, Hv. i. Orig.

660 Ebd., S. 125f.

661 Ebd., S. 130. Schweikard: Mythos des Singulären, S. 216, spricht von einem »schwachen Sinn von gemeinsamer Trägerschaft, der nicht die Existenz eines kollektiven Subjekts umfasst«.

662 Siehe zum Folgenden die Ausführungen bei Bratman: Shared agency, S. 126ff.

663 Ebd., S. 127.

664 Vgl. ebd.

665 Ebd.

666 Ebd., S. 126.

667 Bratman: Geteilte Absichten, S. 421; siehe auch Schweikard: Mythos des Singulären, S. 205.

668 Dieser und der nächste Absatz folgen Schmid: Wir-Intentionalität, S. 226ff.

669 Searle: Kollektive Absichten und Handlungen, S. 108.

670 Schmid: Wir-Intentionalität, S. 229, Hv. i. Orig. Seine Theorie, so Bratman: Shared agency, S. 12, sei neutral in Bezug auf die Debatte zwischen Internalismus und Externalismus. Siehe auch Bratman: Geteilte Absichten, S. 421f., sowie Schweikard: Mythos des Singulären, S. 229; 282.

nicht »solely certain special attitudes of each of the participants«, sondern »interpersonal interrelations«.[671]

Allerdings lässt sich auch Bratman vom Kollektivgespenst dazu verführen, nach der Pfeife des Individualismus zu tanzen. Wie Searle erkennt er den relevanten Intentionen der Beteiligten eine zentrale Rolle für das absichtliche gemeinsame Handeln zu. Bratman versteht diese Absichten aber nicht als irreduzibel, wie Searle sagt: ›primitive‹ (Wir-)Absichten. Im Gegenteil: Seine Theorie, so Bratman, sei »ihrer Natur nach reduktiv«[672] gemäß der »continuity thesis«[673], wonach es keinen Bruch zwischen den Strukturen, die das geplante Handeln einzelner Individuen prägen, und den Strukturen gemeinsamen Handelns gebe. Bratman vertritt einen

> augmented individualism. It is an individualism that builds on a rich story of our individual planning agency [...]. And it is an approach to shared intention that augments the model of individual planning agency by highlighting special contents of and interrelations between the plan states of such individual agents.[674]

Während Searle Absichten in der ersten Person Plural für auf individuelle Intentionen irreduzibel hält, sind für Bratman Absichten, die ›wir‹ haben, genau dies: zurückführbar auf individuelle Intentionen mit einem Wir-Gehalt. Bei Searle formuliert jedes Individuum seine kollektive Absicht als ›Wir beabsichtigen zu g-en‹, im bratmanschen Modell heißt es: ›Ich beabsichtige, dass wir g-en‹.[675] Das Gemeinsame liegt bei Searle als pluralförmige Absicht in den Bewusstseinen vor, während Bratman es im Gehalt der individuellen Intentionen der Beteiligten verortet.[676] Im Unterschied zu Searles ›subjektivem Individualismus‹ vertritt Bratman einen »formalen Individualismus«.[677]

Dieser trägt nicht zuletzt dazu bei, dass Bratman, wie Baier ihm vorwirft, eine zu enge Auffassung davon entwickelt, was bei einer gemeinsamen (kooperativen) Handlung der Ausdruck ›teilen‹ bedeutet.[678] Bratman möchte gemeinsame Handlungen anhand solcher Handlungen analysieren, die grundsätzlich auch nur von einem Individuum beabsichtigt und durchgeführt werden können, hinsichtlich einer Kooperation also neutral sind. ›Teilen‹ meine dabei, so Baier, entweder ein weiteres Individuum zu

---

671   Bratman: Shared agency, S. 115.

672   Bratman: Geteiltes kooperatives Handeln, S. 192; siehe auch Schmid: Wir-Intentionalität, S. 216, und für eine ausführliche Diskussion des bratmanschen Reduktionismus Schweikard: Mythos des Singulären, S. 217ff.

673   Bratman: Shared agency, S. 8, Hv. i. Orig.

674   Ebd., S. 11.

675   Schweikard: Mythos des Singulären, S. 232, hält Bratmans »Festhalten an der These, die für geteilte Absichten konstitutiven individuellen Absichten stehen in der Ich-Form«, für »ein zentrales Defizit« seiner Analyse.

676   Vgl. Baier: Mentale Allmende, S. 241f.; Schmid: Wir-Intentionalität, S. 229.

677   Schmid: Wir-Intentionalität, S. 222, Hv. i. Orig.; vgl. ebd., S. 226; 231.

678   Vgl. zum Folgenden Baier: Mentale Allmende, S. 239; 247; 262f. Siehe kritisch zur Verwendung des Ausdrucks des Teilens etwa Schweikard: Mythos des Singulären, S. 186, sowie ebd., S. 206, Hv. i. Orig., wo er vorschlägt, besser »von gemeinsamen Handlungen [zu] sprechen und [...] nicht geteilte, sondern gemeinsame Absichten als grundlegend und lenkend für gemeinsame Handlungen aufzufassen«.

›meiner‹ Tätigkeit zuzulassen (als teilte A ihren Kuchen mit B)[679] oder mich mit einem anderen Individuum zusammenzuschließen (A und B eröffnen ein gemeinsames Bankkonto). Beiden Varianten liege die Idee einer Vergangenheit zugrunde, in der mit dem Teilen aktiv und vorausplanend begonnen wurde. Baier sieht darin eine Überschätzung der Souveränität individuellen Beabsichtigens und Handelns. Zum einen könnten wir viele der Dinge, die wir gemeinsam tun, gar nicht alleine tun (etwa ein Duett singen), und einiges von dem, was wir absichtlich nicht aufhören, zusammen mit anderen zu tun, hätten wir nicht geplant (z.B. Mitglied einer Familie oder Bürger*in eines Staates zu sein). Gemeinsames Handeln folge häufig keiner Absicht. Zum anderen stehe schon individuelles Handeln auf einem sozialen Grund. Viele unserer individuellen Handlungen seien »solche, die wir mit anderen taten, bevor wir sie je allein taten: waschen, gehen, reden, lesen, diskutieren«.[680] Gemeinsames Handeln gehe individuellem Handeln voraus, nicht umgekehrt.[681] Dies verkennend, schreibt Bratman (wie die übrigen Theoretiker*innen kollektiver Intentionalität) »ein antisoziales Vorurteil«[682] fort. Auch für ihn nämlich gelte: »Soziales Handeln muss mittels individuellen Handelns erklärt werden, denn Ersteres ist problematisch in einer Weise, in der Letzteres es nicht ist«.[683] Oder zu sein scheint.

1.4   Margaret Gilbert

> Wir, das heißt Kniebundhosen, Stutzen, Wanderschuhe.[684]

Auf den ersten Blick besetzt Margaret Gilbert in der Debatte um kollektive Intentionalität die Position einer Außenseiterin. Als einzige scheint sie das »Schreckgespenst«[685] des Kollektivsubjekts nicht zu fürchten, sondern wagt im Gegenteil die These, »that our collectivity concepts incorporate the concept of a *plural subject*«.[686] Hinsichtlich einer

---

679   Siehe in diesem Zusammenhang auch die Kritik von Schweikard: Sozialität intentionaler Einstellungen, S. 256, der anmerkt, in Bratmans Personenkonzeption erscheine das individuelle Engagement in gemeinsamen Projekten »als Zugabe und eben nicht als wesentlicher Bestandteil aktiven personalen Lebens«.

680   Baier: Mentale Allmende, S. 263.

681   »Wir schaffen uns selbst unnötige philosophische Probleme, wenn wir […] vergessen, dass individuelle Handlung etwas ist, was wir alle lernen mussten, und dass wir es ausgehend von gemeinsamer Handlung lernten.« (Ebd., S. 248)

682   Stoutland: Warum sind Handlungstheoretiker so antisozial, S. 266.

683   Ebd., S. 267.

684   Elfriede Jelinek: Totenauberg. Ein Stück. Reinbek bei Hamburg 1991, S. 55.

685   Schmid: Wir-Intentionalität, S. 38.

686   Gilbert: Social facts, S. 2, Hv. i. Orig. Gilberts Theorie habe »einen starken holistischen Einschlag« (Schmid: Wir-Intentionalität, S. 214) und scheine »kollektivitätssubjektfreundlich«. (Ebd., S. 220) Zudem zeichne sich Gilbert dadurch aus, dass sie »keine […] Ausweitung einer Theorie individuellen Handelns auf Phänomene kollektiven Handelns« beabsichtigt, wie Schweikard: Mythos des Singulären, S. 141, Anm. 210, ausführt; siehe auch ebd., S. 284, die Feststellung, dass sich die Theorie Gilberts »nur schwer« in die Individualismusdebatte einbeziehen lasse.

Theorie kollektiver Absichten konfrontiert Gilbert ihren »Plural Subject Account«[687] mit der von ihr so genannten »*personal intentions perspective*«[688], für deren bekanntesten und einflussreichsten Vertreter sie Bratman hält.[689] Das Merkmal dieser Ansätze sei eine »*singularist assumption about intentions*«[690] – die Mutmaßung, Intentionen könnten nur Individuen zugeschrieben werden, da nur sie über das verfügten, was es für eine Intention brauche: etwa Bewusstsein, Geist oder ein Gehirn. Individuen drückten dabei ihre Intentionen in der ersten Person Singular aus, als »*personal intentions*«.[691]

Gilbert hält diese Prämissen für falsch. Einer der Gründe liegt wohl darin, dass aus ihrer Sicht die Theorien Bratmans und anderer bei aller Liebe für Alltagsphänomene zu theoretisch-abstrakt sind. Das Anliegen ihres Buches *On Social Facts* sei es, »the structure of certain everyday concepts«[692] darzulegen. Auch in anderen Arbeiten orientiert Gilbert sich an dem methodologischen Prinzip einer »examination of the thought and talk of ordinary people«.[693] Gegen Durkheims Forderung, in der Soziologie »*alle Vorbegriffe systematisch auszuschalten*«[694], geht sie, ähnlich wie Max Weber, davon aus, man müsse die nur als Vorstellungen existierenden, in der Alltagssprache aber gebräuchlichen und handlungsorientierenden ›Kollektivbegriffe‹ (z.B. ›Staat‹) untersuchen.[695] Sie möchte klären, »how are our everyday collectivity concepts to be explicated«.[696]

Eine Antwort ist Gilbert zufolge von Theorien, die gemäß der ›personal intentions perspective‹ unterstellen, eine geteilte Absicht bestehe aus As und Bs Absicht (zuguns-

---

687   Gilbert: Two approaches to shared intention, S. 501.

688   Ebd., S. 489, Hv. i. Orig.

689   Vgl. ebd., S. 490. Siehe auch Francesca Raimondi: Joint Commitment and the Practice of Democracy. In: Schmid, Hans Bernhard/Schulte-Ostermann, Katinka/Psarros, Nikos (Hg.): Concepts of Sharedness. Essays on Collective Intentionality. Frankfurt a.M. u.a. 2008, S. 285-304, 285, Anm. 1, die Bratman den »reductionist positions«, Gilbert hingegen den »non-reductionist positions« zuschlägt: »Apparently, only non-reductionist positions take ›collective intentionality‹ to be a genuine category of the theory of action, whereas reductionists still operate with the customary setting of individualistic terminology. Thus non-reductionists hold that a new vocabulary is required in order to explain joint actions.« Eine neue Vokabel in diesem Sinne ist der gilbertsche Begriff des Pluralsubjekts.

690   Gilbert: Two approaches to shared intention, S. 488, Hv. i. Orig. An Gilberts Kritik des Singularismus knüpft David P. Schweikard in seiner Studie *Der Mythos des Singulären* an; siehe Schweikard: Mythos des Singulären, S. 19ff.

691   Gilbert: Two approaches to shared intention, S. 488, Hv. i. Orig.; vgl. ebd. Vor diesem Hintergrund könnte man sagen, dass Gilbert an einer »Erweiterung der ›philosophy of mind‹ über ihre atomistische Beschränktheit hinaus arbeitet«, wie Schmid: Wir-Intentionalität, S. 186, Anm. 11, anmerkt.

692   Gilbert: Social facts, S. 3.

693   Gilbert: Structure of the social atom, S. 40.

694   Durkheim: Regeln der soziologischen Methode, S. 128, Hv. i. Orig. Soziologietreibende müssten »sich des Gebrauchs von Begriffen entschieden entschlagen, die außerhalb der Wissenschaft und für Bedürfnisse, die nichts Wissenschaftliches an sich haben, gebildet wurden.« (Ebd., S. 128f.)

695   Vgl. Weber: Wirtschaft und Gesellschaft, S. 8f., sowie hierzu und zu Durkheim Gilbert: Social facts, S. 3ff. »The various arguments against the use of everyday concepts for scientific purposes are not conclusive. In particular, it remains possible that the careful examination of everyday thought and talk may yet reveal metaphysically respectable concepts that have a role to play in both interpretation and social scientific description.« (Gilbert: Structure of the social atom, S. 41)

696   Gilbert: Social facts, S. 7; vgl. Schweikard: Mythos des Singulären, S. 331.

ten einer gemeinsamen Handlung), nicht zu erwarten: »Starting with observations on the way people think and talk about shared intention in everyday life, my own inquiries have led in a different direction.«[697] Gilbert nennt drei Kriterien, die »aus einer intuitiven oder vortheoretischen Perspektive«[698] eine geteilte Absicht adäquat beschreiben könnten: das »*disjunction criterion*«, das »*concurrence criterion*« und das »*obligation criterion*«.[699] Vor allem das erste dieser drei Kriterien, meint sie, »clearly rules out accounts of shared intention in terms of personal intentions«.[700]

Im Übrigen allerdings teilt Gilbert bei ihrer Analyse geteilter Absichten einige der bratmanschen Vorbedingungen. »For the sake of simplicity«[701] beschränkt auch sie sich erstens auf Absichten, die nur von zwei Individuen geteilt werden – gibt aber zu verstehen, ihr Ansatz habe »no problem with larger scale cases«.[702] Zweitens analysiert sie Intentionen, die auf zukünftiges Handeln gerichtet sind, und spricht in diesem Zusammenhang von Plänen: »I take it that [...] if one plans to do something in the future, then one intends to do it in the sense of ›intention‹ pertinent here.«[703] Drittens behandelt Gilbert solche Fälle geteilter Absichten, die in dem Sinne von Autorität frei sind, dass niemand eine geteilte Absicht für alle Beteiligten festlegen kann.[704] Zusammengenommen lassen diese Vorkehrungen skeptisch werden, ob Gilberts Pluralsubjekt-Theorie die individualistischen Grenzen, in denen etwa Bratman sich bewegte, überwinden kann.

Bevor geklärt werden soll, ob nicht auch Gilbert »das Kollektivsubjekt so domestiziert [...], daß es keine individualistische Ontologie mehr stören kann«[705], sollen die oben genannten drei Adäquatheitskriterien einer geteilten Absicht erläutert[706] und hinsichtlich der Frage untersucht werden, inwiefern sie die kritisierte ›personal intentions perspective‹ widerlegen.

---

697 Gilbert: Two approaches to shared intention, S. 490; vgl. ebd.

698 Margaret Gilbert: Was bedeutet es, dass wir beabsichtigen? In: Schmid, Hans Bernhard/ Schweikard, David P. (Hg.): Kollektive Intentionalität. Eine Debatte über die Grundlagen des Sozialen. Frankfurt a.M. 2009, S. 356-386, 360; siehe auch Gilbert: Acting together, joint commitment, obligation, S. 154.

699 Siehe etwa Gilbert: Two approaches to shared intention, S. 490ff.; Margaret Gilbert: Shared Intention and Personal Intentions. In: Philosophical Studies 144 (2009), H. 1, S. 167-187, 171ff.; Gilbert: Was bedeutet es, dass wir beabsichtigen, S. 360ff. (hier etwas umständlich übersetzt als: »Kriterium der Kompatibilität mit Fehlen der entsprechenden persönlichen Absichten«, »Kriterium der Erlaubtheit«, »Kriterium der Verpflichtung«).

700 Gilbert: Two approaches to shared intention, S. 490.

701 Ebd., S. 486.

702 Ebd., S. 486, Anm. 16. Auch bei Gilbert seien »die handlungstheoretischen Aspekte [...] in umfassendere sozialtheoretische Theorien eingebettet«, so Schweikard: Mythos des Singulären, S. 152. Siehe auch Raimondi: Joint commitment, S. 286, die in ihrem Artikel den Versuch unternimmt, die von Gilbert behauptete These einer Analogie zwischen Kleingruppen und politischen Kollektiven zu widerlegen.

703 Gilbert: Two approaches to shared intention, S. 487; die Autorin verweist in diesem Kontext ebd., S. 487, Anm. 19, auf Bratmans ›planning theory‹.

704 Vgl. ebd., S. 489.

705 Schmid: Wir-Intentionalität, S. 220.

706 Auch Skudlarek: Relationale Intentionalität, S. 84ff., geht so vor; deshalb die Nähe meiner folgenden Ausführungen zu seinen.

1.4.1   Drei Adäquatheitskriterien einer geteilten Absicht

Das ›disjunction criterion‹ hebt auf den Zusammenhang zwischen einer geteilten Absicht und den persönlichen Absichten der Beteiligten ab: »[A]n adequate account of shared intention is such that it is not necessarily the case that for every shared intention, on that account, there be correlative personal intentions of the individual parties«.[707] Unter ›correlative personal intentions‹ versteht Gilbert individuelle Absichten, die auf die Erfüllung der geteilten Absicht abzielen.[708] Den Ausnahmefall einer solchen Absicht bildet die »*(personal) contributory intention*«[709] eines Individuums, wie man sie bei Bratman findet: Bei einer geteilten Absicht müsse jede/r der Beteiligten eine Absicht zugunsten der gemeinsamen Handlung haben, also (unter dem Rationalitätsdruck der individuellen Handlungsplantheorie) beabsichtigen, so zu handeln, dass die beabsichtigte gemeinsame Handlung zustande kommt. Gilbert widerspricht nicht, dass es derlei Beitragsabsichten geben könne, sie seien aber für eine geteilte Absicht nicht erforderlich. Auch wenn keine/r der Beteiligten eine Beitragsabsicht habe, könne man allen Beteiligten eine geteilte Absicht zuschreiben.[710]

Zur Verdeutlichung bringt Gilbert das Beispiel von zwei wandernden Personen. Rückblickend berichtet A: ›Wir hatten geplant, bis zur Bergspitze zu wandern. Später erzählte mir B, er habe unterwegs schon früh gemerkt, es nicht bis dorthin zu schaffen, und sich entschieden, nur die Hälfte der Strecke mitzugehen. Er hatte also keinerlei Absicht mehr, mit mir den Gipfel zu erklimmen. Davon sagte er mir zunächst aber nichts, sondern wartete, bis wir die Hälfte des Weges bereits hinter uns hatten. Zuvor trafen wir C, die nach unserem Ziel fragte. Ich sagte ihr, unsere Absicht sei es, bis zur Bergspitze zu wandern. Zu diesem Zeitpunkt hatte übrigens auch ich mich entschieden, nicht bis zum Gipfel zu gehen, wovon B noch nichts wusste.‹[711]

Gilbert findet As Bericht konsistent. Obwohl A und B nicht beabsichtigten, ihr Möglichstes zu tun, damit die geteilte Absicht, bis zur Bergspitze zu wandern, zustande kommt, teilten sie die Absicht, bis zur Bergspitze zu wandern. Gilbert rekurriert erläuternd auf den Begriff der Vereinbarung: A und B hätten die Gipfelbesteigung vereinbart, was ihre geteilte Absicht, bis zum Gipfel zu wandern, gefestigt habe.[712] Zwar beabsichtigte keiner der beiden entsprechend der Vereinbarung zu handeln, dies ändere allerdings nichts daran, dass die Vereinbarung getroffen wurde. Dies genüge für die Bildung einer geteilten Absicht. »According to a firm pre-theoretical judgment, an agreement to do something immediately gives rise to a shared intention.«[713]

---

707   Gilbert: Two approaches to shared intention, S. 493, auch zitiert bei Skudlarek: Relationale Intentionalität, S. 89.

708   Vgl. Gilbert: Two approaches to shared intention, S. 493.

709   Ebd., S. 491, Hv. i. Orig.

710   Vgl. ebd., S. 491, und siehe etwa auch Gilbert: Was bedeutet es, dass wir beabsichtigen, S. 363.

711   Vgl. Gilbert: Two approaches to shared intention, S. 491f.

712   A könnte zu Protokoll geben: ›B und ich vereinbarten, am Nachmittag auf den Berggipfel zu wandern. Planmäßig brachen wir nach dem Mittagessen auf und wanderten los. Später erzählte mir B...‹ (vgl. ebd., S. 492)

713   Ebd.; vgl. ebd.

Bratman weist dies zurück. »It is clear that the planning model of shared intention [...] would not agree with the disjunction criterion, since the planning model sees shared intention as consisting of what Gilbert calls ›personal intentions‹.«[714] Gegen Gilbert verteidigt er sich mit dem Argument, dass »verbindliche Vereinbarungen keine Absichten seitens der individuellen Akteure gewährleisten, entsprechend zu handeln«.[715] Fehlten diese individuellen Absichten, sei jedoch fraglich, ob eine geteilte Absicht vorliege, die die gemeinsame Gipfelbesteigung erklären könnte. Gebe B den Plan auf, bis zum Gipfel zu wandern, habe er die Absicht, nicht bis zum Gipfel zu wandern, und erklärungsbedürftig sei das Scheitern der gemeinsamen Gipfelbesteigung.[716]

Auch Gilberts ›concurrence criterion‹, als »Kriterium der Erlaubtheit«[717] übersetzt, lässt sich anhand des Beispiels von A und B erläutern. Beide beabsichtigen, zum Gipfel zu wandern. Um vor Einbruch der Dunkelheit die dortige Berghütte zu erreichen, müssen sie ein gewisses Tempo einhalten. Nach der Hälfte der Strecke wird A langsamer. ›Könntest du bitte schneller gehen‹, ermahnt B ihn freundlich, ›wir schaffen es sonst nicht rechtzeitig bis zur Hütte.‹ A entschuldigt sich und geht zügiger, bis er anhält und ausruft: ›Das war's, ich gehe keinen Schritt weiter!‹ B bringt dies in Rage; er denkt sich (und sagt vielleicht auch): ›Du kannst nicht einfach entscheiden, nicht mehr weiterzugehen, wir beide sind unterwegs zum Gipfel!‹ Weniger heftig fiele Bs Reaktion aus, hätte A gefragt: ›Würde es dich stören, wenn ich hier Halt machte?‹[718]

Es wird deutlich: Gemeinsam Handelnde sind einander in bestimmter Weise verpflichtet. Sie müssen die Zustimmung des oder der Mithandelnden einholen, wollen sie aus der gemeinsamen Handlung ausscheren.[719] Dies unterscheidet eine geteilte von einer individuellen Absicht: Möchte ein Individuum seine zukunftsgerichtete Absicht oder Entscheidung ändern oder widerrufen, ist dies einzig in das Belieben des Individuums gestellt.[720] Bs Reaktion zeigt, dass es sich bei einer geteilten Absicht anders verhält. Gemäß dem ›concurrence criterion‹ gelte: »[A]n adequate account of shared intention will entail that, absent special background understandings, the concurrence of all parties is required in order that a given shared intention be changed or rescinded, or that a given party be released from participating in it«.[721] Gilbert nimmt an, die Beteiligten verstünden unmittelbar, dass ihre geteilte Absicht die Notwendigkeit einer Zustimmung beinhalte; mehr noch: dass diese Zustimmungsnotwendigkeit zum Wesen einer geteilten Absicht bzw. einer gemeinsamen Handlung gehöre.[722] Dies zeige die »naturalness«[723] von Bs Vorwurf, A könne nicht nur für sich entscheiden, stehenzubleiben. Intuitiv erkennt B, dass A, indem er stehenbleibt, das Falsche tut. Hierbei sei

---

714   Bratman: Shared agency, S. 117.

715   Bratman: Geteilte Absichten, S. 424, Anm. 31.

716   Vgl. Bratman: Shared agency, S. 117.

717   Gilbert: Was bedeutet es, dass wir beabsichtigen, S. 361.

718   Diese Darstellung in Anlehnung an Gilbert: Two approaches to shared intention, S. 494.

719   Vgl. Schmid: Wir-Intentionalität, S. 200f.; Schweikard: Mythos des Singulären, S. 292f.

720   Vgl. Gilbert: Two approaches to shared intention, S. 491; 495.

721   Ebd., S. 494 (auch zitiert bei Skudlarek: Relationale Intentionalität, S. 88). Gilbert: Structure of the social atom, S. 42, Hv. i. Orig., nennt dies »*the permission point*«.

722   Vgl. Gilbert: Structure of the social atom, S. 42; 46.

723   Gilbert: Two approaches to shared intention, S. 494.

keine Moral im Spiel, sondern ein Wissen darum, A sei »*open to criticism*«.[724] A weiß das selbst und wird sich rechtfertigen wollen: ›Ich kann einfach nicht mehr.‹ Vorausgesetzt, er bleibt nicht deshalb stehen, weil er buchstäblich keine Kraft mehr hat, lässt sich der Hinweis auf seine Erschöpfung als eine Bitte um Bs Erlaubnis deuten, stehenbleiben zu dürfen.[725]

Das ›concurrence criterion‹ weckt bei Gilbert ebenfalls Zweifel daran, ob ein Ansatz wie der bratmansche, der individuelle Absichten der Beteiligten zur Grundlage einer geteilten Absicht macht, weit trägt. Lasse sich die Absicht eines Individuums jederzeit widerrufen, so hieße dies, dass auch eine geteilte Absicht, die aus solchen individuellen Absichten besteht, durch einen bloßen Sinneswandel jederzeit zerstört werden könnte. Bei einer geteilten Absicht kann aber, so macht das ›concurrence criterion‹ klar, keine/r der Beteiligten seine oder ihre Teilnahme einseitig widerrufen – also genügten individuelle Absichten nicht, um eine geteilte Absicht zu bilden.[726]

Das sieht Bratman anders. Er wertet das ›concurrence criterion‹ (wie schon das ›disjunction criterion‹) nicht als notwendige Bedingung einer geteilten Absicht, sondern lediglich als Hinweis darauf, dass die Beteiligten einander wechselseitig verpflichtet sind.[727] Wo eine »*mutual obligation*«[728] bestehe, könnten zwar in der Tat die Beteiligten ihre Absichten nicht beliebig ändern oder widerrufen.[729] Im Unterschied zu Gilbert geht Bratman aber nicht davon aus, gegenseitige Verpflichtungen seien konstitutiv für eine geteilte Absicht.[730] Geteilte Absichten seien, »at least for adult human agents, commonly, even if not universally, supported by associated mutual obligations«[731], ohne aber dass ›mutual obligations‹ ein wesentliches Element einer geteilten Absicht wären.

---

724   Gilbert: Structure of the social atom, S. 42, Hv. i. Orig.; vgl. ebd.

725   Vgl. ebd., S. 44. Unmittelbar eingängig sei Bs Reaktion nur, hatte Gilbert präzisiert, fehlten Hintergrundabsprachen oder -regeln. So könnten sich A und B vor dem Marsch auf den Gipfel darauf verständigt haben, dass A, der sich schwach fühlt, jederzeit entscheiden kann, stehenzubleiben. Ginge A nicht mehr weiter, wäre B, da er seine Zustimmung zu diesem Verhalten vor der gemeinsamen Handlung gegeben hat, nicht empört. (Vgl. Gilbert: Two approaches to shared intention, S. 494) Neben diesem »*ad hoc agreement*« (Gilbert: Structure of the social atom, S. 43, Hv. i. Orig.) könnte es zu einer »*private convention*« (ebd., Hv. i. Orig.) gekommen sein: A mag es nicht, bei anderen um Erlaubnis für etwas, das er tun möchte, nachzusuchen, und so hat es sich zwischen ihm und B eingebürgert, dass A, ohne dafür jedes Mal die Erlaubnis seines Freundes einzuholen, bei gemeinsamen Spaziergängen jederzeit entscheiden kann, stehenzubleiben, umzukehren oder zu tun, was immer ihm beliebt. Denkbar wäre als dritte Möglichkeit auch, dass B aufgrund einer »*societal convention*« (ebd., Hv. i. Orig.) As Stehenbleiben zustimmt: Allen, die A heißen, ist es erlaubt, bei gemeinsamen Wanderungen mit solchen, die B heißen, nach Belieben stehenzubleiben.

726   Vgl. Gilbert: Two approaches to shared intention, S. 495.

727   Siehe zur Auseinandersetzung mit Gilbert ausführlich Bratman: Shared agency, S. 113ff., sowie zu geteilten Absichten und wechselseitigen Verpflichtungen auch Michael E. Bratman: Shared Intention and Mutual Obligation. In: ders.: Faces of Intention. Selected Essays on Intention and Agency. Cambridge u.a. 1999, S. 130-141.

728   Bratman: Shared agency, S. 117, Hv. i. Orig.

729   Vgl. ebd.

730   Vgl. Schweikard: Mythos des Singulären, S. 211; 219. Auch Skudlarek: Relationale Intentionalität, S. 97ff., argumentiert dafür, Normativität nicht als wesentlich für gemeinsames Handeln anzusehen.

731   Bratman: Shared agency, S. 107.

Auch ohne gegenseitige Versprechen und davon abgeleitete Verpflichtungen – ohne eine »*normative Infrastruktur*«[732], wie Gilbert sie für unabdingbar erachtet – könnten Individuen eine Absicht teilen. Das heißt einerseits, »that an aspect of the basic structure of modest sociality – namely, relevant interdependence – can be realized by certain recognized mutual moral obligations«; seine Theorie, so Bratman, erlaube aber andererseits »relevant forms of interdependence that do not depend on such mutual obligations«.[733] Für Bratman sind geteilte Absichten allererst »ein psychologisches und kein normatives Phänomen«.[734] Der Grund, weshalb geteilte Absichten funktionierten, liege in den »social-psychological structures that are broadly continuous with the psychology of planning agency«.[735] Auch dort, wo bei einer geteilten Absicht (kontingenterweise) gegenseitige Verpflichtungen eine Rolle spielen, handelt es sich nicht um Verpflichtungen der Beteiligten untereinander, sondern um »Verpflichtungen meiner selbst gegenüber mir selbst«.[736] Den »norms of social rationality«[737], denen man unterliegt, gehen Bratman zufolge die Rationalitätsanforderungen voraus, die an individuelles Beabsichtigen und Handeln gestellt sind.[738]

Für Gilbert gelte: »The single person is not only obligated by virtue of her own individual rationality but by reason of a social norm.«[739] Zurück zu A und B. Wird A langsamer, mahnt B ihn mit dem Hinweis auf die vorgerückte Stunde zur Eile; B entschuldigt sich daraufhin für seine Trödelei. Bs Rüffel und As ›Es tut mir leid‹ zeigen: Beide haben verstanden, dass sie mit ihrer geteilten Absicht, zusammen den Gipfel zu besteigen, eine wechselseitige Verpflichtung eingegangen sind (deren Verletzung B implizit rügt und für die A sich entschuldigt). Laut dem ›obligation criterion‹ besteht diese darin, in einer der geteilten Absicht angemessenen Weise zu handeln: »[A]n adequate

---

732 Schmid: Wir-Intentionalität, S. 201, Hv. i. Orig.

733 Bratman: Shared agency, S. 115. Zwei Sängerinnen wissen von der anderen, dass sie sich vorbehält, ihre geteilte Absicht, zusammen ein Duett zu singen, zu revidieren. Also besteht kein Versprechen oder eine Vereinbarung, am gemeinsamen Singen festzuhalten; und doch können beide das Singen des Duetts beabsichtigen und zuversichtlich sein, dass die andere ihren Teil zu dem gemeinsamen Tun beiträgt. (Vgl. Bratman: Geteilte Absichten, S. 420)

734 Bratman: Geteilte Absichten, S. 421.

735 Bratman: Shared agency, S. 118.

736 Meijers: Kollektive Intentionalität, S. 424; vgl. ebd.

737 Bratman: Shared agency, S. 109.

738 Vgl. ebd. Meine und deine Absicht, dass wir zusammen nach X fahren, setze uns zwar unter »rational pressure« (ebd., S. 108), unsere Subpläne miteinander zu verknüpfen und einander bei ihrer Umsetzung zu unterstützen (vgl. ebd.) – aber: »This pressure derives from the rational demand on me to make my own plans coherent and consistent, taken together with the ways in which reference to your intentions enters into the content of my intentions. Rational pressures on me to be responsive to and to coordinate with *you* are built into my *own* plans, given their special content and given demands of consistency and coherence directly on my plans (demands that are a part of the planning theory of individual agency). And similarly with you.« (Ebd., Hv. i. Orig.) Wenn A und B also zusammen nach X fahren, A aber plötzlich seinen Koffer nimmt und an der nächsten Station den Zug verlässt, heißt das nicht zwangsläufig (im Normalfall indes schon, gibt Bratman zu), dass er damit (s)einer Verpflichtung gegenüber B nicht nachkommt, sondern kann auch bedeuten, dass er sich lediglich »unvernünftig« (Bratman: Geteilte Absichten, S. 420) insofern verhält, als er die Stabilitätsnorm der bratmanschen Handlungsplantheorie verletzt; vgl. ebd.

739 Raimondi: Joint commitment, S. 287.

account of shared intention will entail that each party to a shared intention is obligated to each to act as appropriate to the shared intention in conjunction with the rest«.[740]

Die Verpflichtung sei eine »obligation to *conform*«[741], die auch bestehe, wenn Zwang im Spiel sei oder die gemeinsame Handlung moralisch fragwürdig.[742] Gilbert möchte Verpflichtungen von Moral freihalten.[743] Eine moralische Verpflichtung sei kontextabhängig, könne sich verändern oder wegfallen. Dagegen gelten die für geteilte Absichten konstitutiven Verpflichtungen kontextunabhängig so lange, wie die Beteiligten sie aufrechterhalten.[744] Gilbert bestimmt den Begriff der Obligation als »*owing*«, als ein gegenseitiges Schulden: »[T]he parties owe each other action appropriate to the shared intention«.[745] Dabei entspricht der Schuld, die das eine Individuum hat, ein Recht des anderen (und umgekehrt). In dem Beispiel der Wandersleute besitzt (»*owns*«[746]) B die Handlung, die A ihm schuldet, und deshalb könne er sie mit Recht von ihm einfordern: »[T]o be in a position to demand something from someone is for it already to be in some intuitive sense one's own. That is because demanding in the relevant sense *is* demanding as one's own.«[747] Mit seiner Entschuldigung bestätigt A, dass B ein Anrecht auf seine der geteilten Absicht angemessene Handlung hat. B darf A rügen, wenn A die ihm, B, geschuldete Handlung nicht ausführt, und verlangen, dass er sie ausführt.[748] Theorien geteilter Absichten, die auf individuelle Beitragsabsichten setzen, so Gilbert, verlieren den Aspekt des Schuldens einer Handlung aus dem Blick: Meine Absicht mag zwar – gemäß der bratmanschen Handlungsplantheorie – einen Zwang auf mein Handeln ausüben; dies gibt dir aber kein Anrecht auf meine Handlung.[749]

---

740 Gilbert: Two approaches to shared intention, S. 496, auch zitiert bei Skudlarek: Relationale Intentionalität, S. 85. Wie Gilbert ausführt, impliziert das *obligation criterion*, dass die Beteiligten gegebenenfalls verpflichtet sind, wie Bratman sagen würde: ›meshing sub-plans‹ zu bilden; Absichten also, die mit denen des oder der anderen Beteiligten in angemessener Weise zusammenpassen. Gilbert erkennt die Übereinstimmung mit Bratman in diesem Punkt ausdrücklich an; vgl. Gilbert: Two approaches to shared intention, S. 496, Anm. 34.

741 Gilbert: Shared intention and personal intentions, S. 175, Hv. i. Orig.

742 Vgl. Gilbert: Two approaches to shared intention, S. 499f. Mit ihrer These »vom verpflichtenden Charakter erzwungener Zustimmung«, so Schmid: Wir-Intentionalität, S. 70, Anm. 34, bekleide Gilbert »eine Extremposition«.

743 Vgl. Schweikard: Mythos des Singulären, S. 294f.; Skudlarek: Relationale Intentionalität, S. 86.

744 Vgl. Gilbert: Two approaches to shared intention, S. 507f., und siehe Margaret Gilbert: Agreements, Coercion, and Obligation. In: dies.: Living Together. Rationality, Sociality, and Obligation. Lanham u.a. 1996, S. 281-311, 299: »The obligation of agreement [...] is in a sense absolute, or lacking in overall context sensitivity. It has its source [...] in an existing joint commitment that stands unless and until those who participate in it concur in its dissolution.«

745 Gilbert: Two approaches to shared intention, S. 497, Hv. i. Orig.

746 Ebd., Hv. i. Orig.

747 Ebd., Hv. i. Orig. Skudlarek: Relationale Intentionalität, S. 87, schlägt vor, von einem wechselseitigen »Anrecht-auf-Beitragshandlungen-Haben« zu sprechen. Das »›Besitzen‹« könne seiner Ansicht nach »nur im Sinne eines starken ›Anrechts auf‹ verstanden (und übersetzt) werden, da ein Akteur in einem engeren Sinne lediglich ihm zugehörige intentionale Zustände und die daraus resultierenden Handlungen besitzen kann«. (Ebd., S. 86)

748 Vgl. Gilbert: Two approaches to shared intention, S. 498.

749 Vgl. ebd., S. 499.

1.4.2   Theorie des Pluralsubjekts

Gilberts Aufgabe ist klar: Sie muss eine Theorie geteilter Absichten und gemeinsamer Handlungen vorlegen, die den drei Adäquatheitsbedingungen genügt.[750] Dies schließt (vorderhand) ein, dass sie ihre Theorie nicht auf das Gleis des Individualismus setzen darf: Eine geteilte Absicht kann weder aus verknüpften individuellen Absichten der Form ›Ich beabsichtige, dass wir g-en‹ (Bratman) bestehen noch aus individuellen Absichten der Form ›Wir beabsichtigen zu g-en‹ (Searle). Eine Theorie geteilter Absichten muss – in Anlehnung an die Formulierung Schmids – sowohl den ›formalen‹ als auch den ›subjektiven‹ Individualismus überwinden. Diesem Anspruch soll der ›plural subject account‹ genügen. Zugleich muss Gilbert dafür sorgen, keine »metaphysically suspect entities« wie den Gruppengeist zu postulieren, »the scary monster that is often invoked to in order to enhance the attraction of an account in terms of singularist-intentions, personal or otherwise«[751], wie sie mit Blick auf Bratman und Searle schreibt.

Sich (einander) verpflichten

Wie das ›concurrence criterion‹ andeutet, steht im Mittelpunkt der gilbertschen Theorie des Pluralsubjekts der Begriff des *joint commitment*.[752] Handelnde teilen eine Absicht, wenn sie vereint verpflichtet sind, zu beabsichtigen, X zu tun; oder, präzisiert Gilbert, wenn sie vereint verpflichtet sind, als ein Körper zu beabsichtigen, X zu tun. Zwei (oder mehr) Personen »*share an intention* to do A if and only if they are jointly committed to intend as a body to do A«.[753]

Gilbert unterscheidet persönliche von vereinten Festlegungen.[754] Ein ›personal commitment‹ entstehe durch eine persönliche Entscheidung oder Absicht: Ein Individuum entscheidet sich oder hat die Absicht, X zu tun, und sollte – widerruft es seinen Entschluss nicht – X tun. Da es die Verpflichtung nur sich selbst gegenüber eingegangen ist, kann es sie nach Belieben auflösen; es steht zu ihr »in einer quasi hoheitlichen Beziehung«.[755] Die Normativität eines ›personal commitment‹ macht Normverstöße möglich. Diese sind kein moralisches Vergehen, sondern eine Missachtung jener Rationalitätsnormen, wie sie beispielsweise Bratmans Handlungsplantheorie aufführt. Wer in seinem Handeln (s)einer (Selbst-)Verpflichtung nicht nachkommt oder sie verletzt, setzt sich zu Recht möglicher Kritik aus.[756] Damit hebt Gilberts Begriff des *personal commitment* sich »über den Status handlungstheoretischer Gemeinplätze«[757] hinaus, betont Skudlarek. Normativität entsteht nicht erst durch Festlegungen zwischen

---

750   Vgl. Skudlarek: Relationale Intentionalität, S. 90.

751   Gilbert: Two approaches to shared intention, S. 506.

752   Vgl. Skudlarek: Relationale Intentionalität, S. 82; 91; 99. Siehe zum Begriff ›joint commitment‹ die ausführliche Darstellung bei Schweikard: Mythos des Singulären, S. 336ff.

753   Gilbert: Two approaches to shared intention, S. 501, Hv. i. Orig.

754   Vgl. zum Folgenden auch die Ausführungen von Skudlarek: Relationale Intentionalität, S. 91ff.

755   Ebd., S. 92.

756   Vgl. Gilbert: Structure of the social atom, S. 47; Gilbert: Two approaches to shared intention, S. 491; 495; 501.

757   Skudlarek: Relationale Intentionalität, S. 92.

mehreren Individuen, sondern schon auf individueller Ebene. »Handlungen sind für Gilbert durchweg normativ.«[758]

Dies gilt (gegen Bratman argumentiert) insbesondere für gemeinsame Handlungen, die auf einem ›joint commitment‹ beruhen, einer wechselseitigen Verpflichtung mehrerer Individuen. Der Ausdruck ›joint‹ sei nicht im Sinne einer »concatenation of personal commitments«[759] gemeint, nicht also gemäß der ›singularistischen‹ Auffassung, wonach alle sozialen Phänomene aus den persönlichen Handlungen, Überzeugungen, Einstellungen etc. von Individuen bestünden.[760] Ein ›joint commitment‹ »is not [...] constituted by a set of personal commitments such as might be created by a set of concordant personal decisions, resulting in two or more people each with a personal commitment«.[761] Die wichtigste Eigenschaft eines ›joint commitment‹ sei sein »holism«[762]: Es sei stets »the commitment *of two or more individuals considered as a unit or whole*« – und der Holismus eines ›joint commitment‹ deshalb passender noch anzusprechen als ein »wholism«.[763]

Was ›Ganzheit‹ meint, erhellt aus den einzelnen Momenten eines ›joint commitment‹, die denen eines ›personal commitment‹ direkt entgegenstehen.[764] Ein ›joint commitment‹ müssen alle Beteiligten bilden und auflösen. Jede/r Akteur*in ist verpflichtet, den Zweck oder das Ziel des ›joint commitment‹ auf die ihr oder ihm bestmögliche Art und Weise zu befördern. Dadurch ist jede/r Akteur*in individuell verpflichtet – zugleich mit allen anderen. Zum einen ist dies in einem temporalen Sinne zu verstehen: Die individuelle Verpflichtung wird simultan allen Beteiligten in dem Moment auferlegt, in dem das ›joint commitment‹ entsteht. Zum anderen ist gemeint, dass die individuellen Verpflichtungen konstitutiv aufeinander verwiesen sind. Jede individuelle Verpflichtung, könnte man mit Sellars sagen, ist ›wir-derivativ‹, abgeleitet also und in ihrer Existenz abhängig vom ›joint commitment‹. Eine (abgeleitete) individuelle Verpflichtung ist keine persönliche Verpflichtung, die einseitig eingegangen und aufgehoben werden kann. Bei einer Verletzung des ›joint commitment‹ sind die Beteiligten gegenüber allen anderen und nicht nur gegenüber sich selbst verantwortlich. Sie haben wechselseitige Rechte und Pflichten – insbesondere die Verpflichtung, als ein Körper zu handeln (zu entscheiden, beabsichtigen, glauben, akzeptieren etc.).

---

758   Ebd., S. 92, Anm. 222.
759   Gilbert: Two approaches to shared intention, S. 502.
760   Vgl. Gilbert: Structure of the social atom, S. 52f.
761   Ebd., S. 49; siehe auch ebd., S. 52, sowie Margaret Gilbert: Introduction. Two Standpoints – The Personal and the Collective. In: dies.: Living Together. Rationality, Sociality, and Obligation. Lanham u. a. 1996, S. 1-20, 2, und Schweikard: Mythos des Singulären, S. 336.
762   Gilbert: Structure of the social atom, S. 49, Hv. i. Orig. Siehe auch Schweikard: Mythos des Singulären, S. 340, und Skudlarek: Relationale Intentionalität, S. 92f., der ebd., S. 92, auch das folgende Zitat Gilberts anführt.
763   Gilbert: Introduction (Living Together), S. 2, Hv. i. Orig.
764   Vgl. zum Folgenden Gilbert: Structure of the social atom, S. 49ff.

Zusammen handeln

Als ein Körper zu handeln – was heißt das? Gilberts Überlegungen zu dem, was sie »*sharing in an action*«[765] nennt, geben hierauf eine Antwort. Wie Tuomela, Bratman und Searle, so möchte auch Gilbert gemeinsames Handeln »*in the strong sense*«[766] verstanden wissen. Etwas zusammen zu tun, meine nicht, etwas zur gleichen Zeit und/oder am selben Ort zu tun.[767]

A und B haben das gleiche Ziel: Sie wollen in Gesellschaft des anderen nach X fahren.[768] Diese Bedingung allein sei nicht hinreichend für ein Zusammenhandeln. Man stelle sich vor: A sieht B auf dem Bahnsteig und wünscht sich, in seiner Gesellschaft nach X zu fahren. Er verwickelt B in ein Gespräch und folgt ihm später ins Abteil, wo er ihn fragt, ob der Platz neben ihm noch frei sei, was B bejaht. A nimmt neben B Platz und beide reden bis zum Ende der Fahrt angeregt miteinander. Auch B, nachdem ihn A auf dem Bahnsteig angesprochen hatte, wünscht sich, A möge ihn auf der Fahrt nach X begleiten, hat aber Gründe, dies nicht offen zu zeigen. So sucht er zwar nach einem Sitzplatz, wo A, wenn er wollte, neben ihm sitzen könnte, gibt aber nicht zu erkennen, dass er das erwarte. Auch C ist im Zug und entdeckt B. Als er sieht, dass A und B in ein Gespräch vertieft sind, fragt er, ob die beiden gemeinsam reisen. B verneint und ergänzt, A und er plauderten lediglich miteinander. Bs Antwort ist aus Gilberts Sicht zutreffend. Obwohl A und B das Ziel hatten, in Begleitung des anderen nach X zu fahren, und obwohl dieses Ziel erreicht wurde, seien sie nicht zusammen nach X gefahren. Denn es fehlte »ein *gemeinsames Wissen* darüber«[769], dass der andere das Ziel hatte, gemeinsam nach X zu fahren.

Angenommen aber, die Geschichte hätte so begonnen: Als A den B auf dem Bahnsteig entdeckt, geht er zu ihm und fragt ihn, ob sie nicht zusammen nach X fahren sollen. B antwortet, er halte dies für eine sehr gute Idee! Oder so: Als A den B auf dem Bahnsteig entdeckt, läuft er zu ihm und ruft: ›Ich glaube es nicht! Fährst du etwa auch nach X? Toll!‹ Worauf B vergnügt entgegnet: ›Du musst mir unbedingt den neuesten Klatsch erzählen! Falls wir uns gleich beim Einsteigen verlieren sollten, werde ich dir einen Platz freihalten.‹ Hätte sich die Geschichte auf diese oder eine ähnliche Weise abgespielt, könne man von einer gemeinsamen Fahrt nach X (oder präziser: der gemeinsamen Absicht dazu) sprechen. Jede Partei habe der anderen »*certain things*«[770] verdeutlicht. Anders als im ersten Szenario, wo A und B nicht von dem Ziel des anderen, gemeinsam nach X zu fahren, wussten, haben sie dieses Ziel nun (mehr oder weniger) offenkundig gemacht. Für eine (im starken Sinne) gemeinsame Handlung reiche aber auch das noch nicht aus, meint Gilbert. Selbst wenn B wüsste, dass es As Ziel sei, in seiner Begleitung nach X zu fahren, müsste man es nicht für seltsam halten, wenn er zwar hoffte, A möge sich auf den freien Platz neben ihm setzen, sich aber nicht dazu verpflichtet fühlte, A auf den Platz neben sich zu lotsen und ihm auf diese Weise zu

---

765   Gilbert: Social facts, S. 154, Hv. i. Orig.

766   Ebd., Hv. i. Orig.

767   Vgl. ebd., S. 154f.; Raimondi: Joint Commitment, S. 286.

768   Dieser und der nächste Absatz folgen Gilbert: Social facts, S. 157f.; 161.

769   Gilbert: Zusammen spazieren gehen, S. 157, Hv. i. Orig.

770   Gilbert: Social facts, S. 161, Hv. i. Orig.

helfen, das gemeinsame Ziel zu erreichen. Dies wäre zwar klug (da B sonst sein Ziel, in Begleitung von A zu fahren, ebenfalls verfehlte), und möglicherweise wäre B auch moralisch in der Pflicht, A zu helfen, sein Ziel zu erreichen. Aber weder Klugheit (*prudence*) noch Moralität erfassten »the flavour of travelling together in the strong sense«.[771]

Was müssten die Parteien einander klarmachen, um gemeinsam zu handeln? Gilbert zufolge handelt es sich um die wechselseitige Erklärung der »Bereitschaft [...], seine *Kräfte* mit denen des anderen zu *vereinen*«.[772] Grundlage für das gemeinsame Handeln (als Pluralsubjekt) sind »intentional acts«[773], die der gilbertschen Theorie eine »voluntaristisch[e]«[774] Färbung geben. Jedes Individuum müsse dem anderen signalisieren, es sei bereit, »dafür zu sorgen, dass das fragliche Ziel *von ihm selbst und dem anderen vereint* akzeptiert wird«.[775] Anders formuliert: Jedes Individuum müsse dem anderen seine Bereitwilligkeit bekunden, es sei *jointly responsible* with the other for achieving the goal«.[776] Dazu bedarf es nicht vieler Worte[777]: Es genügt, dass A den B fragt, ob sie zusammen nach X fahren sollen, und B mit Ja antwortet. A und B hätten damit ihre Bereitschaft signalisiert, mit dem anderen ein Pluralsubjekt zu bilden, »a *plural subject* of the goal that they travel in one another's company«.[778] Dies schaffe für jedes Individuum die Basis dafür, das gemeinsame Ziel zu verfolgen, und zwar in seiner Eigenschaft als konstituierendes Mitglied eines Pluralsubjekts dieses Ziels. Aus den Zielen As und Bs, in Begleitung des anderen nach X zu fahren, wird ein »joint goal«[779], das nicht A und B als Einzelsubjekte zu erreichen beabsichtigen, sondern das der eine zusammen mit dem anderen (als Teil des Pluralsubjekts) zu verwirklichen sucht.[780]

> A participant in a shared action acts in his capacity as the member of a plural subject of the goal of the action. He will count as the member of such a plural subject when, at a minimum, and roughly, he and others have expressed to each other their willingness jointly to accept the goal in question now. They will then count as jointly accepting it, and hence as constituting the plural subject of that goal.[781]

---

771   Ebd., S. 163; vgl. ebd., S. 162f.

772   Gilbert: Zusammen spazieren gehen, S. 164, Hv. i. Orig.

773   Raimondi: Joint commitment, S. 288.

774   Schmid: Wir-Intentionalität, S. 71.

775   Gilbert: Zusammen spazieren gehen, S. 164, Hv. i. Orig.

776   Gilbert: Social facts, S. 163, Hv. i. Orig.

777   Siehe etwa Schweikard: Mythos des Singulären, S. 334f.

778   Gilbert: Social facts, S. 163, Hv. i. Orig.; siehe auch Gilbert: Zusammen spazieren gehen, S. 164. Was genau es heiße, seine Bereitschaft zu erklären, lasse Gilbert offen und erweitere so den Anwendungsbereich der ›Bereitschaftserklärung‹, so Raimondi: Joint commitment, S. 288. Dennoch könnte man mit Schmid: Wir-Intentionalität, S. 118f., einwenden, dass auch sie den Kreis derer, die zu gemeinsamem Handeln fähig sind, möglicherweise zu eng zieht. Zwar setzt Gilbert offenbar nicht »sprachliche Verständigung« im engen Sinne voraus, aber doch müssen die Beteiligten »symbolisierungsfähig« (ebd., S. 118) sein. Das Resultat wäre »eine von ihren kognitiven Voraussetzungen her sehr restriktive Sozialontologie. [...] Eine Sozialontologie [...] sollte die Beschränkung auf sprachfähige Interaktionsteilnehmer nicht unbesehen in Kauf nehmen.« (Ebd., S. 118f.) Wir kommen auf diesen Aspekt noch zurück.

779   Gilbert: Social facts, S. 164.

780   Vgl. ebd., S. 163f.

781   Ebd., S. 164.

Zwei Möglichkeiten der Entstehung eines ›joint commitment‹ (und damit eines Pluralsubjekts) schließt Gilbert aus. 1) Jedes Individuum verspricht einseitig dem anderen seine Festlegung auf das fragliche Ziel. Damit wäre es zwar dem anderen gegenüber verpflichtet, hätte ihm gegenüber aber keine Ansprüche. 2) Jedes Individuum macht seine Verpflichtung gegenüber dem anderen davon abhängig, dass sich zunächst das andere Individuum ihm gegenüber verpflichtet. Damit läge die Initiative, ein ›joint commitment‹ zu bilden, nur bei einem oder einer der Beteiligten.[782] Die Festlegung aller geschehe jedoch »*gleichzeitig und interdependent*«, nämlich so, »dass jede Person eine spezielle Form einer *bedingten Festlegung* ausdrückt, derart, dass [...] nur dann, wenn *jede* dies getan hat, *jedermann* sich festgelegt hat«.[783] Der Ausdruck dieser Festlegung ist kein zusätzliches Moment, das zum Ausdruck der Bereitschaft, ein Pluralsubjekt zu bilden, hinzukommt, sondern umgekehrt: Ein ›joint commitment‹ begründet die Bildung eines Pluralsubjekts; besser noch, die Bildung eines ›joint commitment‹ und eines Pluralsubjekts gehen miteinander einher: »When people are jointly committed to doing something as a body, they form a plural subject«.[784]

Mit einem ›joint commitment‹ (und mit der Bildung eines Pluralsubjekts) erwachsen den Beteiligten wechselseitige Ansprüche und Rechte, die niemand allein aufkündigen kann.[785] »Der Charakter jeder einzelnen Festlegung ist dann wie folgt: Keiner kann sich selbst von der Festlegung entbinden; jeder ist allen anderen gegenüber zur Leistung verpflichtet; jeder hat (deshalb) das Recht auf die vom Rest erbrachte Leistung.«[786] Ein ›joint commitment‹ ist »gemeinsames intentionales Eigentum«[787] der Beteiligten, über dessen Annullierung »neither you alone, nor I alone, but the two of us, together«[788], entscheiden.

Die Pluralsubjekt-Theorie setzt schon auf der begrifflichen Ebene einen Kontrapunkt zum Singularismus. Ging es Bratman um das Ineinandergreifen einzelner Absichten, um ihre Verknüpfung zu einer Art Netz, hält Gilbert eine engere Form der Relation für unerlässlich.[789]

---

782   Vgl. Gilbert: Zusammen spazieren gehen, S. 165.

783   Ebd., Hv. i. Orig. Es geht nicht darum, dass die Beteiligten einzeln »zunächst eine bedingte Absicht« ausdrücken, so Schweikard: Mythos des Singulären, S. 339. Dies würde lediglich eine »Verknüpfung persönlicher Festlegungen« bedeuten, »womit die Stärke der Bindung zwischen vereint Festgelegten nicht zum Ausdruck komme«. (Ebd.)

784   Margaret Gilbert: Preface. In: dies.: Sociality and Responsibility. New Essays in Plural Subject Theory. Lanham u.a. 2000, S. vii-viii, vii. Siehe auch Gilbert: Introduction (Living Together), S. 2, Hv. i. Orig.: »A plural subject [...] is founded on [...] a *joint commitment*.« Schweikard: Mythos des Singulären, S. 336, Hv. i. Orig., nennt ›joint commitments‹ das »*Constituens*« von Pluralsubjekten; siehe auch ebd., S. 341. Mit Raimondi: Joint commitment, S. 287, ist vor diesem Hintergrund zu betonen: »A plural subject [...] is not supposed to designate an obscure ontological entity but rather express the specific normativity of joint actions in contrast to other kinds of action.«

785   Gilbert wolle vor allem »Unilateralität« ausschließen, so Skudlarek: Relationale Intentionalität, S. 88; ähnlich Schweikard: Mythos des Singulären, S. 293.

786   Gilbert: Zusammen spazieren gehen, S. 165.

787   Skudlarek: Relationale Intentionalität, S. 94.

788   Gilbert: Introduction (Living Together), S. 10.

789   Skudlarek: Relationale Intentionalität, S. 101f., verwendet den Begriff des Zusammenschweißens.

> Wenn ein Ziel ein Pluralsubjekt hat, hat jede aus einer Anzahl von (zwei oder mehr) Personen tatsächlich ihren Willen als Teil in einen Willenspool gegeben, der sich, als einer, diesem Ziel verschreibt. [...] Was also erreicht wurde, ist das Zusammenbinden einer Menge von Individualwillen zu einem einzigen »Pluralwillen«, der sich einem bestimmten Ziel verschreibt.[790]

Diese Erläuterung, gesteht Gilbert zu, ist »vage«.[791] Und sie ist ein Einfallstor für Bedenken, hier werde dem Individualismus ein »Kollektivismus«[792] vorgezogen. Dieser erweist sich jedoch als »bloße Spielart des Individualismus, weil er alles, was sich der Zuordnung zu einzelnen Individuen sperrt, einfach [...] einem einzelnen Kollektivsubjekt zuschreibt«.[793] Problematisch ist demnach, dass Gilberts Theorie als Plural*subjekt*-Theorie auftritt. Sie kann dadurch den Individualismus nicht überwinden. Das Pluralsubjekt spiegelt als ›Körper‹ nur das Individuum wider.[794] Als Teile des Pluralsubjekts handeln die Beteiligten »wie Glieder eines einzigen Körpers, wobei der Körper sie [...] einschließt«.[795] In Anlehnung an Tönnies könnte man sagen: Gilbert konzipiert kollektives Handeln nicht als gesellschaftliches, sondern als gemeinschaftliches Handeln. Wer kollektiv handelt, der tut dies nicht »als ein mechanisches Aggregat und Artefact«[796] (so Tönnies' Definition von Gesellschaft), nicht »als ein bloßes Nebeneinander von einander unabhängiger Personen«[797], sondern »als ein lebendiger Organismus«[798] (als Gemeinschaft im Sinne Tönnies').

---

790   Gilbert: Zusammen spazieren gehen, S. 165.

791   Ebd., S. 166.

792   Schmid: Wir-Intentionalität, S. 38.

793   Ebd.

794   Esposito: Communitas, S. 8, betont, man bleibe im »individualistischen Paradigma« gefangen, verstehe man Kollektive als Subjekte. Im Anschluss an Esposito meint Raimondi: Joint commitment, S. 289, Anm. 12, dies gelte auch für Gilbert, denn »from a genealogical point of view her concept of a group is still conceived as the correlate of the singular wills of its members, and the group as such functions therefore as a ›larger person‹ acting out this will. To put the point in another way, such accounts remain in the singularist paradigm, since they confer on collective phenomena the ›monological‹ structure of individual actions, and therefore fail to capture the constitutive plurality of actions in which different people do things together.«

795   Gilbert: Zusammen spazieren gehen, S. 166. Es sei erwähnt, dass Gilbert statt des Ausdrucks ›pool of wills‹ in späteren Arbeiten bevorzugt den Ausdruck ›joint commitment‹ verwendet; vgl. Gilbert: Introduction (Living Together), S. 9. Den Hinweis auf diese Modifikation verdanke ich Skudlarek: Relationale Intentionalität, S. 93.

796   Tönnies: Gemeinschaft und Gesellschaft, S. 5.

797   Ebd., S. 4.

798   Ebd., S. 5. Skudlarek: Relationale Intentionalität, S. 102, hebt hervor, dass das Pluralsubjekt bei Gilbert nicht aus einzelnen Teilen bestehe; es habe »*einen* Körper, mit dem es handelt. So, wie die eigenen Arme und Beine Glieder des eigenen Körpers sind, sind auf analoge Weise die Teilnehmer einer gemeinsamen Handlung die Glieder des Pluralsubjekts; man würde sie nicht unabhängig voneinander individuieren.« Dadurch schließe Gilberts Theorie das Moment der Relationalität aus: Das Pluralsubjekt als Körper »verfolgt die (gemeinsame) Handlung als eigenständiger intentionaler Akteur – es gibt daher schlichtweg keine Relationalität zwischen mehreren Akteuren«. (Ebd., S. 104)

Gilberts politische Theorie[799]

Gilbert ordnet ihre Theorie des Pluralsubjekts in die Tradition der politischen Philosophie ein; Konvergenzen erkennt sie insbesondere mit Hobbes und Rousseau.[800] Der Verweis auf diese soll Gilbert zufolge ihrer »Idee einigen Rückhalt [verleihen], soziale Gruppen im Allgemeinen mit Pluralsubjekten zu verbinden«.[801] Der Begriff des Pluralsubjekts würde damit »ein Schlüsselbegriff zur Beschreibung menschlichen Soziallebens«.[802] Auch Gilbert reklamiert, mit ihrer Theorie nicht nur handlungstheoretische Fragen zu beantworten, sondern auch solche der Sozialphilosophie und politischen Philosophie.[803] Diesen Anspruch kann sie nur einlösen, wird ›Pluralsubjekt‹ allgemein genug gefasst. Bislang schien es so, als sei das Pluralsubjekt immer das Pluralsubjekt eines Handlungsziels; nicht alle Formen menschlichen Zusammenlebens aber, so Gilbert, seien auf das Erreichen eines Ziels ausgerichtet und lösten sich auf, sobald das Ziel erreicht sei.[804]

> Pluralsubjekt zu sein erstreckt sich [...] nicht nur auf Ziele, sondern zumindest auch auf Überzeugungen und Handlungsprinzipien. Laut meiner Darstellung sozialer Gruppen müssen Menschen ein Pluralsubjekt *einer gewissen Art* bilden, um eine soziale Gruppe zu sein. Und *jedes* Pluralsubjekt ist eine soziale Gruppe.[805]

Für Gilbert besteht die (gemeinsame) Handlung eines Pluralsubjekts nicht aus Handlungen von Individuen, die am gleichen Ort und zur gleichen Zeit stattfinden.[806] Auch ›soziale Gruppen‹ können nicht nur »eine Anhäufung [agrégation]« einzelner Personen sein, sondern müssen verstanden werden als ein »Zusammenschluß [association]«.[807]

---

799 Für die Ausführungen in diesem Unterabschnitt war der bereits zitierte Aufsatz von Francesca Raimondi *Joint Commitment and the Practice of Democracy* unverzichtbar; ihm folgt meine Argumentation.

800 Vgl. Gilbert: Zusammen spazieren gehen, S. 171f. Gilbert ebd., S. 174, Anm. 15, berichtet, sie habe eine frühe Fassung ihres Aufsatzes *Zusammen spazieren gehen* zunächst 1986 unter dem Titel »Some Footnotes to Rousseau« vorgetragen. Zu einem Zitat aus Rousseaus *Contrat Social*, dessen Inhalt Gilbert »ziemlich dunkel« findet und von dem sie keineswegs »sicher« sei, »was Rousseau im Sinn hatte«, schreibt sie: Es sei »ganz klar«, dass »diese und andere Stellen in dem Buch [...] eine gewisse Ähnlichkeit mit dem [haben], was ich über Pluralsubjekte sagen möchte«. (Ebd., S. 171) Gilbert weiß nicht (genau), was Rousseau meinte, weiß aber, dass er etwa dasselbe meinte wie sie. Das fragliche Rousseau-Zitat lautet: »Da die Menschen nun keine neuen Kräfte hervorbringen, sondern nur die vorhandenen vereinen und lenken können, haben sie kein anderes Mittel, sich zu erhalten, als durch Zusammenschluß eine Summe von Kräften zu bilden [...] und diese aus einem einzigen Antrieb einzusetzen und gemeinsam wirken zu lassen.« (Rousseau: Gesellschaftsvertrag, S. 16f.) Siehe zur Nähe zwischen Gilbert und den Theorien Hobbes' und Rousseaus die Diskussion bei Raimondi: Joint commitment, S. 296ff.

801 Gilbert: Zusammen spazieren gehen, S. 172.

802 Ebd., S. 174.

803 Vgl. Raimondi: Joint commitment, S. 285.

804 Vgl. Gilbert: Zusammen spazieren gehen, S. 168f.

805 Ebd., S. 170, Hv. i. Orig.

806 Ich folge in diesem Absatz der Darstellung von Raimondi: Joint Commitment ebd., S. 286f.

807 Rousseau: Gesellschaftsvertrag, S. 15 (CS 37). Margaret Gilbert: A Theory of Political Obligation. Membership, Commitment, and the Bonds of Society. Oxford 2006, S. 15, verweist selbst auf diese Unterscheidung Rousseaus.

In Gilberts Worten: ›Soziale Gruppen‹ sind nicht »mere aggregates«[808], sondern zeichnen sich durch die drei konstitutiven Eigenschaften »intentionality of membership, unity, and consciousness of unity«[809] aus. Um mit anderen eine Gruppe zu bilden, reiche es weder aus, über ein »significant common feature«[810] (z.B. männlich zu sein) zu verfügen noch gemeinsame Überzeugungen zu haben.[811] Kollektivität würde in beiden Fällen, so Raimondi, nur durch eine Perspektive von außen ›hergestellt‹.[812] Erst ein ›joint commitment‹ mache ein Aggregat zu einer ›sozialen Gruppe‹: »[A] social group is founded on one or more *joint commitments* of the parties. That gives a social group a substantial kind of unity, a unity perceived by its members, without whose appropriate understandings it cannot be.«[813]

Die Bildung einer Gruppe (eines Pluralsubjekts) durch ein *joint commitment* impliziert – wie gesehen – seitens der Beteiligten eine ›öffentliche‹ Willens- oder Bereitschaftserklärung, die Gruppe (das Pluralsubjekt) zu bilden: »A joint commitment is a kind of commitment of the will. In this case, the wills of two or more people create it, and two or more people are committed by it.«[814] Wie Raimondi resümiert, verbindet Gilbert auf diese Weise »an individualistic element of consent with a non-individualistic understanding of norms and obligations«.[815] Ihre Theorie reihe sich damit dem ersten Anschein nach in die Tradition des Kontraktualismus ein, in der man die Gültigkeit sozialer Normen zurückgeführt habe auf »the consent of individuals committing themselves mutually as if they were entering into a contract to conform to a social order«.[816] Wer verstehe, was es heißt, zusammen spazieren zu gehen, meint Gilbert, gewinne auch ein Verständnis für den von Rousseau skizzierten Akt, »durch welchen ein Volk zum Volk wird«.[817]

Allerdings macht Raimondi auf einen wichtigen Unterschied zwischen Gilbert und den Vertragstheorien aufmerksam. Sie begreife ihre Theorie nicht als ein Konstrukt zur (normativen) Beurteilung einer bestehenden politischen Ordnung[818], sondern als eine Theorie der Genese sozialer Gruppen. Diese untersucht Gilbert nicht im Hinblick auf normative Kriterien.[819] Das habe für ihre im engeren Sinne politische Theorie – für

---

808   Gilbert: Political obligation, S. 16.
809   Ebd., S. 96. Siehe dazu weiter ebd., S. 62f., sowie zum ›Einheitsbewusstsein‹ Schmid: Wir-Intentionalität, S. 59ff.
810   Gilbert: Political obligation, S. 15.
811   Vgl. ebd., S. 15f.
812   Vgl. Raimondi: Joint commitment, S. 287.
813   Gilbert: Political obligation, S. 91, Hv. i. Orig.
814   Ebd., S. 134.
815   Raimondi: Joint commitment, S. 289.
816   Ebd.; vgl. ebd.
817   Rousseau: Gesellschaftsvertrag, S. 16; vgl. Gilbert: Social facts, S. 438.
818   In diesem Sinne möchte etwa Rousseau »untersuchen, ob es in der bürgerlichen Ordnung irgendeine rechtmäßige und sichere Regel für das Regieren geben kann«. (Rousseau: Gesellschaftsvertrag, S. 5)
819   Vgl. Raimondi: Joint commitment, S. 289ff. Auch Schweikard: Mythos des Singulären, S. 296, stellt fest: Gilbert scheine – im Unterschied zu Rousseau und Hobbes – »den Zustand vor der Einigung [...] nicht als hypothetisches Szenario zur Explikation anthropologischer Annahmen anzusehen, sondern als faktische Gegebenheit einer jeden Handlungskoordination«. Sie trägt hierfür ein ähnli-

ihre *Theory of Political Obligation* – zur Konsequenz, dass die Frage nach dem »obligating character of political institutions«[820] abgelöst werde von der Frage nach der Funktion dieser politischen Institutionen (z.B. die Garantie von Freiheit oder Sicherheit).[821] Gilberts Frage lautet: »Does membership in a political society obligate one to uphold the political institutions of that society?«[822] Oder anders gefragt, »is one obligated to obey the commands of one's country simply because it is one's country«[823] Auf diese Frage halte Gilbert nur ein Ja für sinnvollerweise vertretbar.[824] Damit werde nicht, versichert Gilbert, ein »non-natural fact« (eine Verpflichtung) aus einem »natural fact«[825] (der Mitgliedschaft in einer Polis) abgeleitet. Die Verpflichtung resultiere vielmehr aus einem ›joint commitment‹, aus einer bestimmten Absicht der einzelnen Mitglieder der Gesellschaft.[826]

> To enter a joint commitment, the parties must express their readiness to be jointly committed with certain others. I take this to imply that entry into a joint commitment is at some level intentional. That is not to say that it must be a matter of deliberation or forethought, and, though its implications must be understood, they need not be consciously noted or dwelt on at the time.[827]

Worauf es hier ankomme, kommentiert Raimondi, sei das Wort ›readiness‹.[828] Was heißt es – in dem hier fraglichen Kontext eines politischen Kollektivs – seine Bereitschaft zu erklären, mit anderen vereint verpflichtet zu sein? Zunächst macht Gilbert

---

ches Argument wie Searle vor: Politische Philosophie müsse klären, wie Gesellschaften entstehen, bevor sie sie beurteile. »In order meaningfully to engage in political philosophy one needs an accurate social ontology. Political philosophy is the philosophy of the ›polis‹ or [...] of the collectivity or group. Traditionally, it has focused on questions of evaluation: what makes for a good polis, for a well-ordered group. These questions can hardly be answered if we do not know what a group is.« (Gilbert: Social facts, S. 436f.)

820   Raimondi: Joint commitment, S. 291.

821   Vgl. ebd. Ich folge im Weiteren den Ausführungen ebd., S. 291ff.

822   Gilbert: Political obligation, S. 1.

823   Ebd., S. 12. Gruppen werden zu »political societies« (ebd., S. 16), wenn sie über politische Institutionen verfügen, das heißt über allgemein anerkannte Regeln. »For example, in a particular marriage it may be established that, as it is sometimes put, one spouse's ›word is law‹. This marital couple, then, will count as a political society in the broad sense«. (Ebd.) Länder *(countries)* sind besondere Typen politischer Gesellschaften, die von anderen Gesellschaftstypen unterscheidet, dass sie üblicherweise ein relativ großes Territorium beständig besetzen und über eine große Anzahl von Mitgliedern verfügen, die in ›ihrem‹ Land ihr ganzes Leben verbringen (können); Länder enthalten zudem andere (politische) Gesellschaften. (Vgl. ebd., S. 16f., und siehe Raimondi: Joint commitment, S. 292, Anm. 22)

824   Vgl. Raimondi: Joint commitment, S. 291.

825   Gilbert: Political obligation, S. 9.

826   Vgl. Raimondi: Joint commitment, S. 291f.

827   Gilbert: Political obligation, S. 168. Wie geht bei größeren sozialen Gruppen der wechselseitige Ausdruck der Bereitschaft, sich vereint zu verpflichten, vor sich? Gilbert zufolge drücken die einzelnen Parteien ihre Bereitschaft dadurch aus, dass sie die anderen »in general terms« (Gilbert: Structure of the social atom, S. 55) adressieren, etwa als ›Bewohner dieser Insel‹. Es sei nicht erforderlich, dass die Beteiligten einander (als Individuen) kennen. (Vgl. ebd.)

828   Vgl. hierzu und zum Folgenden Raimondi: Joint commitment, S. 293ff.

klar: Es könne sich nicht, wie in Vertragstheorien allgemein üblich, um eine Vereinbarung handeln, ein Reihe politischer Institutionen zu akzeptieren, auf diese Weise eine Gesellschaft mit diesen Institutionen zu gründen, und dann, als Mitglied dieser Gesellschaft, verpflichtet zu sein, diese Institutionen aufrechtzuerhalten.[829] Ausführlich zeigt Gilbert, dass die Annahme einer solchen Vereinbarung (ob explizit oder stillschweigend getroffen) unplausibel ist.[830] Die *readiness* sei zudem nicht als eine (freie) Willensbekundung aufzufassen: Zum einen sei die Erklärung der Bereitschaft auch in dem Fall verpflichtend, wo sie (z.B. qua Geburt) ›erzwungen‹ werde[831]; zum anderen könne die Verpflichtung, die politischen Institutionen der Gesellschaft, der man angehört, aufrechtzuerhalten, auch dann gelten, seien diese Institutionen aus moralischer Perspektive anfechtbar (weil etwa ungerecht).[832]

Nach Ansicht Raimondis reißt Gilberts Theorie politischer Verpflichtungen eine Kluft zu ihrer Theorie ›sozialer Gruppen‹ und des ›joint commitment‹ (d.h. zur Pluralsubjekt-Theorie) auf: Für ein ›joint commitment‹ sei »the moment of individual willingness«[833] zentral, Gilberts politische Theorie könne auf dieses Moment aber offenbar verzichten. Stattdessen gelte:

> [P]olitical membership does not rest on an act of the will but is rather a sort of getting involved in a social practice, which can impose obligations one was not ›ready‹ to have. [...] Although Gilbert explains the meaning of membership in terms of a theory of action, i.e. in terms of getting involved in a shared practice, the commitment qua membership seems to hold independently of the member's own intentional attitudes.[834]

Auf diese Weise handele sich Gilbert jedoch folgendes Problem ein: Kann man Mitglied eines politischen Kollektivs auch werden, ohne sich dafür entschieden zu haben, sei das *joint commitment*, das die Mitgliedschaft fundiere, keine durch eine Willensäußerung des Individuums entstandene Verpflichtung. Den individuellen Willensäußerungen lägen die Normen und Institutionen der politischen Gemeinschaft voraus, die nach Gilberts

---

829   Vgl. Gilbert: Political obligation, S. 56. Gilbert unterscheidet diese »*actual contract theory*« von Vertragstheorien wie derjenigen John Rawls', die nur ein »»hypothetical‹ agreement« behaupteten, »that is, an agreement people would make in such-and-such-circumstances, but did not actually make«. (Ebd., S. 55, Hv. i. Orig.)

830   Vgl. ebd., S. 70ff. Gilbert nennt dies »[t]he no-agreement objection« (ebd., S. 70), die in ihrer Standardversion, dem »*no-agreement claim*«, wie folgt laute: »[M]ost people have not agreed to uphold any political institutions«. (Ebd., S. 71, Hv. i. Orig.) Nachdem sie verschiedene Versionen dieser Behauptung diskutiert hat, kommt Gilbert zu dem Schluss: »As a conceptual matter, it is not plausible to suppose that political societies must – by their nature – be constituted by what are literally speaking agreements, explicit or tacit.« (Ebd., S. 74)

831   Siehe dazu die Diskussion ebd., S. 75ff. Schmid: Wir-Intentionalität, S. 70f., hält fest, dass es für Gilbert auch gezwungenermaßen eine »*Zustimmung* zu einem gemeinsamen Tun« (ebd., S. 70, Hv. i. Orig.) geben könne.

832   Vgl. Gilbert: Political obligation, S. 82f. Raimondi: Joint commitment, S. 297, sieht darin eine Nähe zu Hobbes.

833   Raimondi: Joint commitment, S. 294.

834   Ebd.

Vorstellung durch diese individuellen Äußerungen des Willens erst entstehen sollen.[835] Ähnlich wie schon bei Bratman, so zeigt sich auch bei Gilbert: Ihre Analyse ruht (stillschweigend) auf einem Fundament des Sozialen auf, kann aber die Entstehung dieses Fundaments nicht erklären. In diesem Sinne sei festzuhalten:

> [O]ne cannot rely on intentional beings that are already capable of deciding about the norms they want to embrace; rather the converse is the case. The concept of person is not understandable independently of a collective and social sphere into which, as Heidegger puts it, the single individuals are »thrown«.[836]

Die Gründung eines politischen Kollektivs ist nicht rückführbar auf ein »pre-social agreement«[837], da es ein solches Übereinkommen in einem doppelten Verständnis überhaupt nicht geben kann: Worüber, wenn nicht über soziale Normen, sollte eine Vereinbarung getroffen werden? Und wer, wenn nicht schon ›soziale‹ Individuen, sollte diese Vereinbarung treffen?

Rückkehr zum Individualismus

Gilbert erkennt die Zirkularitätsgefahr. Ihr Ausweg liegt aber nicht in dem Zugeständnis, das Soziale gehe den individuellen Absichten und Handlungen voraus. Im Gegenteil: Explizit weist sie die »society-dependence thesis«[838] zurück, wonach sinnhaftes Verhalten bzw. intentionales Handeln notwendigerweise einen sozialen Charakter habe.[839] Insofern Gilbert davon ausgeht, eine soziale Gruppe komme durch intentionale Akte menschlicher Wesen zustande – sie nennt dies das »intentionalist programme«[840] – muss sie diese Abhängigkeitsthese zurückweisen, da ihre Theorie ansonsten zirkulär würde.[841] Auf dem Wege einer Auseinandersetzung mit Peter Winchs *The Idea of a Social Science and its Relation to Philosophy* (1958) argumentiert Gilbert zugunsten einer atomistischen Position »for the logical independence of intentions from society«.[842] (Dasselbe gelte für die Sprache; auch sie habe keine »intrinsically social nature«.[843]) In der Pluralsubjekt-Theorie macht sich diese These dort bemerkbar, wo Gilbert die Bildung

---

835   Vgl. ebd., S. 294f.

836   Ebd., S. 295.

837   Ebd., S. 296.

838   Gilbert: Social facts, S. 58, Hv. i. Orig.

839   Siehe dazu ebd., S. 58ff.

840   Ebd., S. 58, Hv. i. Orig.; ausführlich hierzu ebd., S. 128ff.

841   Vgl. ebd., S. 59.

842   Ebd., S. 131. Siehe etwa auch ebd., S. 61, wo Gilbert konstatiert, »that intentional acts are logically independent of participation in a collectivity«. Die Bezeichnung von Gilberts Position als ›atomistisch‹ übernehme ich von Schmid: Wir-Intentionalität, S. 214, der sich auf Pettits Unterscheidung zwischen Atomismus und Holismus bezieht. Während Atomist*innen die Frage, »whether the individual agent non-causally depends on relations with other people for the appearance of distinctive human capacities« mit ›Nein‹ beantworten würden, gingen Holist*innen davon aus, »that individual people are dependent on one another for the possession of distinctive human capacities: say, for the capacity to think«. (Philip Pettit: The Common Mind. An Essay on Psychology, Society, and Politics. New York, Oxford 1993, S. 138) Siehe auch Pettit: Individualism versus collectivism, S. 7313f.

843   Gilbert: Social facts, S. 59.

eines Pluralsubjekts als den Vorgang beschreibt, bei dem Einzelne ihren »Individualwillen« in einen »Willenspool«[844] geben – was als besiegelt voraussetze, so Baier, dass
Individuen einen Willen haben, den sie mit anderen zu etwas Überindividuellem zu
vereinigen bereit sind. »Doch weshalb«, wäre zu fragen, »sollten wir die erste Person
Singular eher als selbsterklärend ansehen als die erste Person Plural?«[845]

Gilbert möchte über den Individualismus hinausgelangen.[846] In diesem Sinne sei
ihre Theorie des Pluralsubjekts »both conceptually and ontologically a holist theory«.[847]
Holistisch in begrifflicher Hinsicht sei sie, da ein *joint commitment*, das Herz eines jeden
Pluralsubjekts, mehr als nur die Summe persönlicher Festlegungen meine; holistisch
in ontologischer Hinsicht, weil es *joint commitments* und Pluralsubjekte tatsächlich gebe.[848] Was heißen soll: Pluralsubjekte sind nicht nur (wie Max Weber meinte) als methodologisch relevant zu berücksichtigen, sondern haben eine ontologische Realität; sie
gehörten zum »what there is«.[849] Sie seien zwar »a *special type* of entity [...]. But as far
as I can see they are not illusory or based on illusion.«[850]

Diese kollektivitätsgefällige Aussage nimmt Gilbert jedoch sogleich zurück oder
schränkt sie zumindest ein. Sie ahnt, dass man ihrem nicht-individualistischen – *prima
facie* holistischen – Ansatz einen »lack of concern for the proper treatment of individual
human beings«[851] ankreiden könnte. Flugs versichert sie deshalb, hebt Schmid hervor,
dass ihr »ontological holism« nicht mit einem Glauben an »independent group minds
or spirits« einhergehe, denn für deren Existenz gebe es nicht den geringsten »empirical
warrant«.[852] Die Theorie des Pluralsubjekts »does not invoke any ontologically suspect
kind of ›social spirit‹ or ›group mind‹«.[853] Zwar seien Gesellschaften – entgegen dem
individualistischen Credo – keine Ansammlung von Individuen, keine »uncemented
walls of bricks«.[854] Zugleich aber gelte, »that human collectivities are ›nothing‹ over
and above some special set of states of the individual human beings which are their
members«.[855]

---

844   Gilbert: Zusammen spazieren gehen, S. 165.
845   Baier: Mentale Allmende, S. 233; vgl. ebd., und siehe auch Schmid: Wir-Intentionalität, S. 214f.
846   Ein Abschnitt in Gilberts Einleitung zu ihrem Band *Sociality and Responsibility* ist überschrieben mit
       »Plural Subject Theory: Beyond Individualism«; vgl. Gilbert: Introduction (Sociality and Responsi-
       bility), S. 3. Siehe zu den folgenden Ausführungen auch Schmid: Wir-Intentionalität, S. 214ff.
847   Gilbert: Introduction (Sociality and Responsibility), S. 3; zu Gilberts Holismus Hindriks: Social on-
       tology, S. 142ff.
848   Vgl. Gilbert: Introduction (Sociality and Responsibility), S. 3.
849   Gilbert: Social facts, S. 428; vgl. Schmid: Wir-Intentionalität, S. 214.
850   Gilbert: Social facts, S. 434, Hv. i. Orig.
851   Ebd., S. 428.
852   Ebd., S. 430; vgl. Schmid: Wir-Intentionalität, S. 220.
853   Gilbert: Introduction (Sociality and Responsibility), S. 3.
854   Gilbert: Social facts, S. 430.
855   Ebd. Hierzu merkt Schmid: Wir-Intentionalität, S. 215f., zu Recht an, dass damit »auch bei Gilbert,
       trotz allem Anti-Individualismus, Kollektive aus der fundamentalen Stufe der Ontologie des So-
       zialen letztlich völlig heraus[fallen]. Kollektive gibt es ›eigentlich‹ nicht, sondern nur Zustände von
       Individuen«.

Gilbert versucht einen »acceptable ontological holism«[856] zu verteidigen, einen individualistischen Holismus oder holistischen Individualismus[857], der auf der Unterscheidung zwischen »human beings, singular agents, and members of plural subjects«[858] beruht. Die These lautet: »[H]uman beings behave as living human beings by virtue of their acts of will«.[859] Aus diesem menschlichen ›Stoff‹ bestünden sowohl ›singular agents‹ als auch ›soziale Gruppen‹.[860]

Ein ›singular agent‹ handele definitionsgemäß allein »in the light of his own personal goals«.[861] Kollektive, verteidigt Gilbert eine holistische Position, bestünden deshalb nicht aus ›singular agents‹: »[P]henomena of singular agency are either necessary or sufficient for collectivity-hood«.[862] Bildeten ›singular agents‹ das gesellschaftliche Fundament, ließe sich die Gesellschaft nicht als »a ›new thing‹« verstehen, das mehr wäre als »a conglomeration of things of the sort that there are at the baseline«.[863] Gesellschaften existierten dann nicht mehr »in their own right«.[864]

Aber »singular agency«[865] sei keineswegs der einzige Handlungstyp. Es gebe außerdem »*participant agency*«[866], das Handeln als Teil eines Pluralsubjekts. Hierbei gründe das Handeln nicht in persönlichen Vorhaben, sondern in den Zielen, die wir (als Pluralsubjekt) verfolgen: »The concept of a plural subject is the concept of a set of persons who are set up to act without reference to their own goals.«[867] Damit ist gegen den Individualismus gesagt: Menschen müssen, um eine Gruppe zu bilden, »in special states« sein und »a whole or unit of a special kind«[868] (ein Pluralsubjekt) formen. Dieses Argument für den Holismus bleibt indes individualistisch eingehegt.[869]

Denn bei aller Kritik Gilberts an der Behauptung, Kollektive addierten sich aus den Absichten und Handlungen Einzelner, komme sie selbst über diesen Glaubenssatz nicht hinaus, unterstreicht Schmid. Es seien doch nur »[p]räkonstituierte individuelle Eigenwillen [...], die im *plural subject* zusammenkommen und durch das Zusammenkommen eine Transformation in etwas Überindividuelles erfahren«[870], einen »radical change«[871]

---

856 Gilbert: Social facts, S. 431.

857 Siehe dazu etwa Schweikard: Mythos des Singulären, S. 344f.

858 Gilbert: Social facts, S. 431. Diese Unterscheidung »is a way of reconciling individualism and holism«. (Ebd.)

859 Ebd., S. 417.

860 Vgl. ebd., S. 432f.

861 Ebd., S. 419.

862 Ebd., S. 431.

863 Ebd.

864 Ebd.

865 Ebd., S. 422.

866 Ebd., Hv. i. Orig.

867 Ebd., S. 427.

868 Ebd., S. 431.

869 Ebd., S. 430. Schmid: Wir-Intentionalität, S. 219f., spricht von einer Domestizierung des Kollektivsubjekts.

870 Schmid: Wir-Intentionalität, S. 215, Hv. i. Orig.

871 Gilbert: Social facts, S. 431. »In order for individual human beings to form collectivities, they must take on a [...] ›new‹ character, in so far as they need not, *qua* human beings, have that character.« (Ebd., Hv. i. Orig.)

durchmachen. Die Basis dieser Transformation, das ›Material‹, das verwandelt wird, bleiben die Absichten der Individuen. »So stark Gilbert das Kollektive [...] auch machen mag«, kritisiert Schmid, »die Fundierungsordnung ihrer Theorie geht ganz klar vom fundierenden Präsozial-Individuellen zum emergenten Sozialen und folgt damit dem [...] individualistischen Strickmuster.«[872] Gilbert verstärkt den Eindruck, der sich bei der Beschäftigung mit den übrigen Positionen aufgedrängt hatte, und den Schmid in das Bild eines »kakaofreien Schokokuchens«[873] kleidet. Seiner Ansicht nach wirkt die Auseinandersetzung

> wie ein Versuch, kollektive Intentionalität in den Blick zu nehmen, und sich dabei gleichzeitig zu weigern, genuine Kollektivität zur Kenntnis zu nehmen. Kollektive Intentionalität ohne genuine Kollektivität: diesbezüglich wirken die [...] philosophischen Analysen bisweilen wie die Inhaltsstoff-Deklaration eines garantiert kakaofreien Schokokuchens. Wo »We-ness«, Kollektivität, Gemeinschaft zum Thema wird, wird gleich betont, daß es »a feature of individuals« sei (und damit also *eigentlich* gar kein *tatsächliches* Wir, kein *reales* Kollektiv, keine *wirkliche* Gemeinschaft gemeint sei).[874]

Dieser Vorwurf soll zu einem kritischen Resümee der Theorien kollektiver Intentionalität überleiten, bei dem vor allem ihre (fehlende) politische Dimension in den Fokus rücken wird.

1.5   Gemeinschaft nicht machen – Kritik der Theorien kollektiver Intentionalität

Tuomela, Searle, Bratman und Gilbert wollen anhand des Phänomens des gemeinsamen Beabsichtigens und Handelns ein Licht auf »die *Grundlagen des Sozialen*«[875] werfen. Dabei folgen sie einem Weg, auf dem ihnen Hobbes, Locke und andere vorausgegangen waren: »Man fängt immer mit dem Einen an, und daran schließt sich dann die Frage an, wie man die verschiedenen Einzelnen zusammenbringt.«[876] Den Anspruch auf Grundlagenforschung können die Theoretiker*innen indes nicht einlösen, da sie Sozialität, deren Entstehen ausgehend vom Individuum untersucht werden soll, implizit voraussetzen. Insofern ist, wie man mit Nancy sagen könnte, der »Individualismus« der Theoretiker*innen kollektiver Intentionalität »ein inkonsequenter Atomismus, der übersieht, daß mit dem Atom immer auch schon eine Welt ins Spiel kommt«.[877]

---

872   Schmid: Wir-Intentionalität, S. 215. Skudlarek: Relationale Intentionalität, S. 102, Hv. i. Orig., meint, es handele sich bei Gilberts ›Pluralsubjekt‹ um eine »pluralistische *façon de parler*«. Zudem stellt auch er fest: »Die von Gilbert proklamierte Irreduzibilität ist wenig einleuchtend angesichts der Deutlichkeit des handlungstheoretischen *Bereitschaftsdenkens*, das sich in den persönlichen Festlegungen [...] wiederfindet.« (Ebd., S. 100, Hv. i. Orig.)

873   Schmid: Wir-Intentionalität, S. 217.

874   Ebd., Hv. i. Orig.

875   Schmid/Schweikard: Einleitung, S. 12, Hv. i. Orig.

876   Nancy: Demokratie und Gemeinschaft, S. 34f., auf Hobbes und Locke verweisend; siehe zudem Schmid/Schweikard: Einleitung, S. 17f.

877   Nancy: Entwerkte Gemeinschaft, S. 16 (CD 17).

Der Begriff der Sozialität ist in einem doppelten Sinne zu verstehen. In Anlehnung an Heinz-Gerd Schmitz ließe sich von einer »soziale[n] Differenz«[878] sprechen, einer (der Differenz zwischen dem Politischen und der Politik ähnelnden) Unterscheidung zwischen dem Gesellschaftlichen und der Gesellschaft. Gesellschaften – das Objekt der Soziologie – versteht Schmitz als »Konkretionen des Gesellschaftlichen«[879], wofür die Sozialphilosophie zuständig sei.[880] Die Kritik am Individualismus der Theorien kollektiver Intentionalität beruft sich meist auf gesellschaftliche (im weiteren Sinne: kulturelle) Praktiken und Einstellungen, die dem individuellen Beabsichtigen und Handeln notwendigerweise vorauslägen, in den Theorien aber nicht eigens bedacht würden. Dieser Einwand geht den Individualismus nicht konsequent genug an. Das »allerklassischste Individuum-Subjekt«, um eine Formulierung Nancys aufzugreifen, wird nurmehr in eine »soziologische Hülle«[881] gepackt. Zum Denken einer ›echten‹, gleichsam kakaohaltigen Sozialität gelangte man jedoch nur, ließe man die »Metaphysik des Individuums«[882] hinter sich. Deshalb gilt es, den Blick auf das Gesellschaftliche zu richten. Der Begriff benennt die Bezogenheit des Individuums, durch die es »außerhalb seiner selbst«[883] gesetzt ist. Mit anderen Worten steht das Gesellschaftliche dafür, was Marchart »*radikalen Relationismus*«[884] nennt, oder was Nancy als »ontologische ›Sozialität‹« bezeichnet, »eine Sozialität also, die ihrem Wesen nach weit über die Idee eines Gesellschaftlich-Sein des Menschen hinausreicht«.[885]

Die Überlegungen zum Sozialitätsdefizit der Theorien kollektiver Intentionalität führen zu der Frage: Ist das, was in diesen Theorien untersucht wird, überhaupt gemeinsames Handeln? Die Antwort wird negativ ausfallen. Es geht in den Theorien kollektiver Intentionalität nicht um *praxis*, sondern um *poiesis*, um ein Herstellen im Sinne Hannah Arendts. Nur *praxis* aber, so Nancy, »ist gemeinschaftlich [en-commun], poie-

---

878   Siehe dazu den Aufsatz von Heinz-Gerd Schmitz: Die politische und die soziale Differenz. Überlegungen im Ausgang von Carl Schmitt, Chantal Mouffe, Paul Ricœur und Jacques Rancière. In: Archiv für Rechts- und Sozialphilosophie 96 (2010), H. 2, S. 166-181.

879   Ebd., S. 178.

880   Vgl. ebd., S. 181.

881   Nancy: Entwerkte Gemeinschaft, S. 16 (CD 17).

882   Ebd.

883   Ebd. Ich schlage hier eine Lesart vor, die sich bei Schmitz in dieser Form nicht findet. Er verknüpft das Gesellschaftliche mit dem Politischen; in Anlehnung an Rancière heißt es: »Das Gesellschaftliche tritt in solchen Aufbruchsituationen in Erscheinung, in denen Anteillose einen Anteil fordern und dadurch eine Gestalt des Systems der Bedürfnisse fragwürdig machen.« (Schmitz: Politische und soziale Differenz, S. 178)

884   Marchart: Das unmögliche Objekt, S. 52, Hv. i. Orig.

885   Nancy: Entwerkte Gemeinschaft, S. 63 (CD 71). Wagner: Negative politics, S. 92, erinnert daran, dass Nancy nicht die konstitutive Rolle der Gemeinschaft für die Identität des Individuums erörtern wolle: »The focus is [...] on a more or less ›ontological‹ analysis of that which has to happen so that something can be, can appear, can come into the world in the first place.« In diesem Sinne kann man die ›ontologische Sozialität‹ verstehen als »the condition of every concrete meaning of communality«, so Devisch: Question of community, S. 31.

sis jedoch nicht – sei sie nun ›individuell‹ oder ›kollektiv‹«.[886] Somit ist auch nur das Handeln, nicht aber das Herstellen, politisch.[887]

Unsoziale Sozialität

Vor allem Annette C. Baier hat mit der bereits zitierten Wendung von einer ›Allmende des Geistes‹ gegen den Individualismus der Theorien kollektiver Intentionalität betont: Vieles selbst von dem, was wir alleine beabsichtigen, fühlen, denken oder tun, sei vergesellschaftetes Beabsichtigen, Fühlen, Denken oder Tun.[888] Das Individuum, das die Theoretiker*innen kollektiver Intentionalität als fraglos voraussetzen, existiere nur, weil es sich von den »gemeinsamen Quellen« des menschlichen Geistes«[889] nährt(e). Baier macht den Primat der Gesellschaft daran fest, dass individuelle Handlungen normiert sind. Sie bezweifelt, man könne »irgendwo [...] auf der Skala absichtlicher Aktivitäten eine Stufe erreichen, auf der *keine* Normen verwendet oder vorausgesetzt werden – eine Stufe, wo Handlung einfach bloßes ›ist‹ ist, ohne Beimengung von ›sollte‹«.[890] Auch wenn wir alleine essen, so essen wir doch auf die bei ›uns‹ übliche Weise.[891]

Baier erinnert die Theoretiker*innen kollektiver Intentionalität daran, dass der Mensch, so Marx, »ein Tier [ist], das nur in der Gesellschaft sich vereinzeln kann«.[892] Marx behauptet damit: »Individuation und Sozialisation sind zwei Seiten einer Medaille.«[893] Die Gesellschaft setze sich nicht »zusammen aus atomaren Individuen«, vielmehr seien diese (und ihre Handlungen, wäre zu ergänzen) »selbst schon gesellschaftlich geformt«.[894] Auch Virno meint, es gebe eine »vorindividuelle Realität, die die Grundlage der Individuation bildet«.[895] Das kommt einer Banalität nahe[896], und mit Marx müsste man sagen: »Der Punkt wäre gar nicht zu berühren«, tauchte nicht die

---

886 Nancy: Das gemeinsame Erscheinen, S. 180, Hv. i. Orig. (CP 76).

887 Diese Ansicht hält Arendt: Vita activa, S. 35, für das griechische Denken fest.

888 Siehe zum (vernünftigen) Denken etwa Baier: Mentale Allmende, S. 253ff.

889 Ebd., S. 230.

890 Ebd., S. 260, Hv. i. Orig.

891 Vgl. ebd., S. 236. Baier wäre den von Schmid: Wir-Intentionalität, S. 211, sogenannten »[h]eterodoxe[n]« Sozialphilosoph*innen zuzurechnen, die davon ausgingen, »daß das Handeln von Individuen auf die eine oder andere Weise viel tiefer vom Sozialen geprägt ist«, als es individualistisch orientierte Philosoph*innen annehmen würden.

892 Karl Marx: Einleitung zu den ›Grundrissen der Kritik der politischen Ökonomie‹ [1857]. In: ders./ Engels, Friedrich: Werke. Bd. 42 (Hg. Institut für Marxismus-Leninismus beim ZK der SED). Berlin 1983, S. 15-45, 20.

893 Bernhard Waldenfels: Cornelius Castoriadis: Revolutionäre Praxis und ontologische Kreation. In: ders.: Sozialität und Alterität. Modi sozialer Erfahrung. Berlin 2015, S. 386-408, 397. Schmid: Wir-Intentionalität, S. 27, Hv. i. Orig., liest Marx' Aussage als »These vom Primat der *Gemeinschaft* gegenüber der *Gesellschaft*«.

894 Waldenfels: Revolutionäre Praxis und ontologische Kreation, S. 397.

895 Virno: Grammatik der Multitude, S. 77. Gemeint sind »die biologischen Grundlagen der Spezies« (ebd.), die Sprache sowie die in einer Gesellschaft anzutreffenden Produktionsverhältnisse; vgl. ebd., S. 78ff.

896 Baier: Mentale Allmende, S. 230, hält ihre These von einer ›Allmende des Geistes‹ selbst für wenig originell.

»Fadaise«[897], es gäbe nicht- oder vor-vergesellschaftete Individuen (und Handlungen), in den Theorien kollektiver Intentionalität wieder auf. Man muss sich also doch damit beschäftigen.

›Cartesianische Prämissen‹[898]

Der Stoßrichtung von Baiers »negativen Vorbemerkungen zu einer adäquaten Handlungstheorie«[899] folgt Frank Kannetzky. Auch er ist überzeugt, gesellschaftliche Normen konstituierten individuelles Handeln.[900] Dabei knüpft er an Wittgensteins sogenanntes Privatsprachenargument an, das er zu einem »Privathandlungsargument«[901] ausbaut. Er möchte damit – wie Baier – den Cartesianismus treffen[902], einen »Typus des Philosophierens«, der dort vorherrsche »wo Begriffe des Handelns und des Sprechens mittels der Aktivität von [...] isolierten, ›atomaren‹ Individuen bzw. unter wesentlichem Bezug auf Leistungen des individuellen Bewusstseins [...] erklärt werden sollen«.[903] Cartesianisch sei das »Standardmodell der Handlung als intentionales Verhalten«, wie es die »Theorien kollektiven Handelns und der neueren Sozialphilosophie«[904] verträten.

Für Descartes gehört zu der »Natur oder Wesenheit« des Subjekts nichts anderes »als allein, daß ich ein denkendes Ding bin«[905]; ein Ich, das als *res cogitans* einer »Außenwelt der ausgedehnten Körper im Raum«[906] *(res extensa)* gegenübersteht. Mit der über das (skeptische) Denken vermittelten »*Existenzgewissheit*«[907] geht die Erkenntnis einher, »daß ich nichts leichter und augenscheinlicher erfassen kann«, so Descartes, »als meinen Geist.«[908] Für Kannetzky ist dies der »Kern des Cartesianismus«, nämlich

---

897   Marx: Einleitung zu den ›Grundrissen der Kritik der politischen Ökonomie‹, S. 20.

898   Ich übernehme die Wendung von Frank Kannetzky: Cartesianische Prämissen. Überlegungen zur Reichweite des Privatsprachenarguments. In: Grönert, Peter/ders. (Hg.): Sprache und Praxisform. Leipzig 2005, S. 105-161.

899   Baier: Mentale Allmende, S. 231.

900   Soweit ich sehe, erwähnt Kannetzky die Arbeit Baiers nicht, knüpft aber inhaltlich an sie an. Zu der Position Kannetzkys siehe auch die Darstellung bei Skudlarek: Relationale Intentionalität, S. 187ff. Ähnlich wie Baier und Kannetzky argumentiert May: Reconsidering difference, S. 52ff. Es gelte:»A practice must, in order to be a practice, be socially and normatively governed.« (Ebd., S. 52)

901   Kannetzky: Cartesianische Prämissen, S. 108; zum ›Privatsprachenargument‹ siehe auch Skudlarek: Relationale Intentionalität, S. 174ff.

902   Vgl. Kannetzky: Cartesianische Prämissen, S. 107.

903   Ebd.

904   Ebd., S.107f., Anm. 4. Gemeint sind die Theorien Tuomelas, Searles, Bratmans und Gilberts; vgl. ebd.

905   René Descartes: Meditationen über die Grundlagen der Philosophie [1641]. Mit den sämtlichen Einwänden und Erwiderungen (Übers.u. Hg. Buchenau, Artur). Unveränd. Nachdr. der 1. Aufl. von 1915. Hamburg 1994, S. 67. Kannetzky: Cartesianische Prämissen, S. 110, Hv. i. Orig., spitzt zu: »Das Subjekt *ist* Selbstbewusstsein, Denken«. Für eine kurze Übersicht über die cartesianische Philosophie des Geistes sowie ihre Folgen siehe auch Skudlarek: Relationale Intentionalität, S. 181ff., dessen Darstellung auf Kannetzky rekurriert.

906   Kannetzky: Cartesianische Prämissen, S. 113.

907   Poser: Descartes, S. 64, Hv. i. Orig.

908   Descartes: Grundlagen der Philosophie, S. 26.

»die Lehre von der Unmittelbarkeit des Selbstbewusstseins und seiner epistemischen Unfehlbarkeit hinsichtlich der seelischen Zustände seines Trägers«.[909]

Aus der Unterscheidung von *res cogitans* und *res extensa* ergebe sich die logische Trennung von Intention und Handlungsergebnis, was weiter zu der Auffassung führe, dass für die Bestimmung einer Handlung (etwa als gemeinsame Handlung) einzig die Absicht des Individuums entscheidend sei, nicht das seinem unmittelbaren Zugriff entzogene Resultat seiner Handlung.[910]

> Was in der Urheberschaft und Verantwortung des Akteurs liegt und damit einzig zählt, ist seine Absicht, die als »geistige Ursache« den weiteren Verlauf in Gang setzt und die einzige Konstante inmitten der Vielfalt möglicher Handlungsverläufe, -resultate und -interpretationen darstellt. Sie macht demnach das Wesen der Handlung aus und ist das relevante Identifikations- und Individuationskriterium für Handlungen. Das »Denken« ist demnach die Substanz auch des Handelns.[911]

Berücksichtige man zudem die cartesianische Annahme, nur das Subjekt selbst könne (unfehlbar) seinen eigenen Geist erfassen, werde zum Problem, führt Kannetzky aus, wie man die Handlungen anderer Subjekte als solche erkennen kann. Körperbewegungen – darauf hatte Searles Beispiel der regenflüchtenden Parkbesucher*innen abgehoben – zeigen nicht eindeutig, welche Handlung ein anderes Subjekt vollzieht, ja nicht einmal, ob der oder die andere handelt oder sich nur verhält: »Denn die Tatsachen der Körperwelt können nichts über den Geist besagen.«[912] Aufgrund seiner »Privatheit«[913] bleibt der Geist und damit die Instanz, die als einzige weiß, welche Absicht einer Handlung zugrunde liegt, anderen Subjekten verschlossen.[914]

Dies mündet nach Ansicht Kannetzkys in einen Solipsismus. Fasse man, wie Descartes, den menschlichen Körper als »Gliedermaschine«[915] auf, sei es nicht erforderlich, von dem äußeren Verhalten eines Individuums auf eine entsprechende (bewusste) Absicht zu schließen. Die Idee »einer Steuerung des Leibes durch die Seele«[916] abzulehnen, ermögliche es vielmehr, bewusstseins- und damit subjektlose Körper und Körperbewegungen zu denken.[917]

Die ›cartesianischen Prämissen‹ führten zu einem reduktionistischen Individualismus, resümiert Kannetzky und charakterisiert (implizit) präzise die Theorien kollektiver Intentionalität:

> Akzeptiert man den Cartesianismus und die daran anschließende Theorie des Geistes und der Handlung, dann muss auch das Soziale individualistisch, genauer: atomis-

---

909   Kannetzky: Cartesianische Prämissen, S. 109.
910   Vgl. ebd., S. 116f.
911   Ebd., S. 117. Skudlarek: Relationale Intentionalität, S. 183, bemerkt zu Recht, Kannetzky beschreibe in dieser Passage »eine Handlungstheorie, die durch und durch intentionalistisch ist«.
912   Kannetzky: Cartesianische Prämissen, S. 118.
913   Ebd.
914   Vgl. ebd.
915   Descartes: Grundlagen der Philosophie, S. 19.
916   Poser: Descartes, S. 135.
917   Vgl. Kannetzky: Cartesianische Prämissen, S. 118.

tisch, erklärt werden. Wenn es Geist ausschließlich in Form individueller Bewusst-
seinszustände gibt, also Intentionalität und Handlung individualtheoretische Begriffe sind, dann müssen soziale Phänomene, die gewöhnlich als »geistig« angesprochen
werden, etwa kollektive Intentionalität, gemeinsames Handeln, soziale Gruppen und
ihre Kultur, ihre Normen, Regeln, Praxen und Institutionen letztlich als Aggregation
bzw. Superposition individueller Intentionen und Handlungen bzw. als deren Resultate aufgefasst werden [...]. M.a.W.: Es gibt nur die Individuen und deren Handlungen,
nur eine Welt monadischer, d.h. auch: asozialer, Individuen, die jedes für sich, in ihrer privaten Welt von Überzeugungen und Wünschen leben und entscheiden und die
als solche nicht bzw. nur in ihnen äußerlichen Wechselbeziehungen stehen. Koordination und Kooperation sowie darauf beruhende soziale Einrichtungen sind daher
reduktiv in Begriffen individueller Überzeugungen, Wünsche, Entscheidungen und
Übereinkünfte zu beschreiben, d.h. in Begriffen, die zunächst nur für Individuen Anwendung haben und deren Zutreffen letztlich nur vom Individuum selbst beurteilt
werden kann.[918]

There is no such thing as private action

Mithilfe des Privatsprachenarguments möchte Kannetzky diese ›cartesianischen Prämissen‹ widerlegen. Insbesondere richtet er sich gegen das Postulat einer Gewissheit
des individuellen Geistes, wonach (nur mir selbst) unmittelbar einsichtig sei, dass ich
z.B. etwas wahrnehme.[919] Dabei setzt Kannetzky voraus, dass »[e]twas wahrzunehmen [...] bedeutet, etwas *Bestimmtes* wahrzunehmen«.[920] Anders als etwa Searle, der
annimmt: Die Tatsache, dass ich einen Baum sehe, sei durch den Aufprall von Photo-
nen auf meiner Netzhaut umfassend erklärt[921], meint Kannetzky:

> Es ist zunächst nicht erläuterungsbedürftig, *dass* ich etwas wahrnehme, glaube oder
> will, sondern dass ich etwas *Bestimmtes* wahrnehme, glaube oder will. An der Be-
> stimmtheit hängt alles! Denn ohne die Bestimmtheit der intentionalen Zustände,
> ohne Kriterien ihrer Identifikation und Individuation laufen naturalistische Erklärun-
> gen ins Leere, schlicht weil der Erklärungsgegenstand unterbestimmt wäre.[922]

---

918 Ebd., S. 136. Es sollte klar geworden sein, dass die Theoretiker*innen kollektiver Intentionalität
den hier formulierten Reduktionismusvorwurf zwar bestreiten, ihn aber nicht ausräumen. Skudlarek: Relationale Intentionalität, S. 187, Anm. 380, ist der Ansicht, Kannetzky gebe sich in diesem
Abschnitt »ein wenig radikal«, und erinnert daran, dass in den Theorien kollektiver Intentionalität
der Individualismus unterschiedlich stark ausgeprägt sei. (Vgl. ebd.)

919 Vgl. Kannetzky: Cartesianische Prämissen, S. 140.

920 Ebd., Hv. i. Orig.

921 Vgl. Searle: Geist, Sprache, Gesellschaft, S. 41f. Habe man die Merkmale eines visuellen Erlebnis-
ses mithilfe von Neurobiologie und Psychologie dargelegt, meint Searle, »kann es keine weitere
interessante Frage danach geben, wie das Erlebnis ein Fall von Jemandem-so-vorkommen-daß-er-
etwas-sieht sein kann«. (Ebd., S. 119)

922 Kannetzky: Cartesianische Prämissen, S. 140, Hv. i. Orig. (Zu den naturalistischen Theorien, denen
Kannetzky auch die Theorie Searles zuschlägt, siehe ausführlich ebd., S. 128ff.) Worauf Kannetzky
hier hinauswolle, so Skudlarek: Relationale Intentionalität, S. 188, Hv. i. Orig., sei die »Bestimmtheit des Denkens«, was zugleich heiße, dass im Mittelpunkt »nicht das cartesianische Cogito, d.h.
die unumstößliche Erkenntnis, *dass* ich denke«, stehe.

Im Cartesianismus legt das Subjekt diese Kriterien unabhängig von anderen Subjekten (deren Existenz nicht verbürgt ist) fest: Nur ich kann wissen, was ich wahrnehme, empfinde, glaube oder will.[923] Wittgenstein zeige nun, »dass ein [...] isoliertes, d.h. ein monadisches Subjekt nicht über Identifikationskriterien für geistige Zustände verfügen *kann*. Diese hängen vielmehr an einer in gemeinsame Praxisformen eingebundenen Urteils- bzw. Zuschreibungs- und Bewertungspraxis.«[924] Gerade für das geistige Phänomen, wofür die Autorität des Individuums besonders einleuchtend erscheine: die Empfindung nämlich, mache Wittgenstein deutlich, dass »die Unmittelbarkeit des Selbstbewusstseins [...] eine Illusion ist«[925], und dass das Individuum sich und seinen Geist nur aufgrund einer gemeinsamen Praxis verstehen kann, nur als »Teil eines Wir«.[926]

In seinen *Philosophischen Untersuchungen* fragt Wittgenstein: »*Wie* bezeichne ich meine Empfindungen mit Worten?«[927] Er schlägt vor, sich den Fall eines Tagebuchschreibers vorzustellen[928], der, wenn er eine bestimmte Empfindung hat, dies in seinem Diarium mit ›E‹ vermerkt. Die Definition dessen, was ›E‹ bedeutet, nimmt der Protagonist selbst vor. Dazu richtet er beim Schreiben des Zeichens seine Aufmerksamkeit auf die Empfindung, deutet »also gleichsam im Innern auf sie« und prägt sich auf diese Weise »die Verbindung des Zeichens mit der Empfindung ein«.[929] Dadurch soll sich der Tagebuchschreiber zukünftig an die Verknüpfung des Zeichens ›E‹ mit seiner Empfindung erinnern – und zwar richtig erinnern. Wittgenstein zufolge ist dies aber unmöglich: Dem Tagebuchschreiber fehle ein Kriterium dafür, ob ›E‹ und seine Empfindung richtig oder falsch verbunden sind[930]; denn da die Verknüpfung nur eine »private Worterklärung«[931] des Tagebuchschreibers sei, lasse sich die Richtigkeit der Verbindung nicht kontrollieren. Vielmehr gelte, dass »richtig ist, was immer mir als richtig erscheinen wird. Und das heißt nur, daß hier von ›richtig‹ nicht geredet werden kann.«[932] Es gibt, so kommentiert Peter Winch, für die Richtigkeit »keine äußere Kontrolle; das heißt, es ist nichts etabliert«.[933] Ohne einen (äußeren) Maßstab, an dem abzulesen wäre, ob die Verbindung richtig ist, gerate der Tagebuchschreiber in die gleiche Lage wie jemand, der »mehrere Exemplare der heutigen Morgenzeitung [kauft], um sich zu vergewissern,

---

923 Vgl. Kannetzky: Cartesianische Prämissen, S. 140.

924 Ebd., S. 140f., Hv. i. Orig.

925 Ebd., S. 141; vgl. ebd.

926 Ebd., S. 142.

927 Wittgenstein: Philosophische Untersuchungen, S. 360, Hv. i. Orig. (Nr. 256).

928 Siehe ebd., S. 361f. (Nr. 258), sowie dazu die Diskussion bei Kannetzky: Cartesianische Prämissen, S. 143ff., und die kurze Darstellung bei Skudlarek: Relationale Intentionalität, S. 176.

929 Wittgenstein: Philosophische Untersuchungen, S. 362 (Nr. 258).

930 Vgl. ebd.

931 Ebd., S. 363 (Nr. 262).

932 Ebd., S. 362 (Nr. 258).

933 Peter Winch: Die Idee der Sozialwissenschaft und ihr Verhältnis zur Philosophie. Frankfurt a.M. 1966, S. 46. »Die Etablierung eines Standards läßt sich sinnvollerweise nicht einem Individuum in völliger Isolierung von anderen Individuen zuschreiben. Denn allein der Kontakt mit anderen Individuen ermöglicht die äußere Kontrolle der Handlungen eines Menschen, von welcher die Etablierung eines Standards nicht zu trennen ist.« (Ebd.)

daß sie die Wahrheit schreibt«.[934] Was immer der Tagebuchschreiber empfindet – er kann nichts Bestimmtes (›E‹) empfinden; jede Empfindung könnte ›E‹ sein.[935]

Kannetzky liest das Argument gegen die Möglichkeit einer Privatsprache verallgemeinernd »als ein handlungstheoretisches Argument, welches die begrifflichen Grundlagen jeder Theorie der Intentionalität und Handlung unmittelbar betrifft«.[936] Wer sich nur individuell auf eine Absicht festlege, könne nicht in einer bestimmten Weise handeln: Es gebe keinen ›objektiven‹ Maßstab für die Richtigkeit oder Falschheit, für die Angemessenheit oder Unangemessenheit der Handlung. Eine richtige Handlung sei, was das Individuum als solche erachte; keine Handlung also könne richtig sein. Es fehle ein Erfolgskriterium für die Handlung, was auch ein Scheitern der Handlung ausschließe. Dass eine Handlung misslingen kann, gehöre aber zum Begriff der Handlung. Etwas zu tun, bedeute stets, etwas richtig zu tun (oder eben nicht); nur wer eine Handlung richtig vollziehe, handele. ›Richtig‹ heißt: gemäß gemeinschaftlicher Normen[937], die es erst erlaubten, dass jemand bestimmte Handlungen ausführe und bestimmte Absichten habe.[938]

> Was eine Handlung ist, versteht man erst, wenn man das Handeln in der Gemeinschaft und seine Verobjektivierungen in gemeinsamen Praxisformen und Institutionen verstanden hat, wenn man die Gestalten des objektiven Geistes qua Gesamtheit der menschlichen Denk- und Handlungsmöglichkeiten als Bedingung der Möglichkeit individuellen Denkens, Beabsichtigens und Handelns begreift.[939]

Dies treffe auf individuelles wie kollektives Handeln zu. Das ›Privathandlungsargument‹ hebe die Unterscheidung zwischen individuellem und kollektivem Handeln insofern auf, als man beide Formen als »Handeln in der Gemeinschaft«[940] verstehen müsse. In diesem Sinne hätte man den Theoretikern und Theoretikerinnen kollektiver Intentionalität die Augen dafür zu öffnen, dass gemeinsames Handeln nur durch die Existenz

---

934 Wittgenstein: Philosophische Untersuchungen, S. 364 (Nr. 265).

935 Vgl. Kannetzky: Cartesianische Prämissen, S. 144, wo sich auch das voranstehende Wittgenstein-Zitat findet.

936 Ebd., S. 146; vgl. zum Folgenden ebd., S. 146ff., und siehe auch Skudlarek: Relationale Intentionalität, S. 190f.

937 Das ist besonders gut an solchen Handlungen nachvollziehbar, für die explizit bestimmte Standards und Regeln gelten, wie Kannetzky am Beispiel des Handauflegens zeigt: Man werde das Handauflegen auch dann nicht als nach den Regeln der ärztlichen Kunst vollzogene Handlung anerkennen, wenn es als solche beabsichtigt war und es tatsächlich zu Heilungserfolgen führen sollte. (Vgl. Kannetzky: Cartesianische Prämissen, S. 155)

938 Siehe zum Folgenden auch die ausführliche Darstellung bei Skudlarek: Relationale Intentionalität, S. 191ff.

939 Kannetzky: Cartesianische Prämissen, S. 154f. Gemeinschaftliche Normen manifestieren sich häufig architektonisch: »Der erschlossene, bebaute und gestaltete Raum sozialen Handelns ist durchzogen von strukturierenden Regeln und Normen. [...] Räumliche Anordnungen sind institutionalisierte Handlungsanweisungen.« (Schwarte: Philosophie der Architektur, S. 110f.)

940 Frank Kannetzky: Konsequenzen des Privatsprachenarguments für Theorien des gemeinsamen Handelns. In: Kober, Michael (Hg.): Soziales Handeln. Beiträge zu einer Philosophie der 1. Person Plural. Ulm 2005, S. 115-129, 126; vgl. ebd., und siehe hierzu auch Skudlarek: Relationale Intentionalität, S. 195f.

von »*impersonal we-groups* (›das Man‹, the community) and their customs, norms and cultural traditions as the constitutive background of any *particular* cooperation«[941] möglich ist. Um zu kooperieren, bedürfe es »already *socialized individuals* or *persons*«.[942] Das bedeutet zum einen: Selbst gemeinsame Handlungen von nur zwei Individuen können nicht als »basic forms of sociality«[943] gelten, denn sie erklären Sozialität – dies meint auch: soziale Institutionen und Sozialisation – nicht, sondern setzen sie voraus.[944] Hieraus folgt zum anderen ein Bekenntnis zur Zirkularität. Man könne nicht umhin, so Kannetzky, Zirkularität »as a central feature of collectivity and culture«[945] anzuerkennen: Sozialität und Kultur werden durch das alltägliche Handeln sozialisierter und kulturell geprägter Individuen (re)produziert.[946]

Gegen die cartesianische »*ego*-Fixierung«[947] und die damit verknüpfte Vorstellung, individuelle und kollektive Handlungen ließen sich auf Absichten eines einzelnen Subjekts zurückführen[948], verleiht Kannetzky der Idee einer unumgänglichen Relationalität des Denkens und Handelns Rückhalt.[949] Gleichwohl ist seine Beweisführung aus drei Gründen problematisch. Zum einen greift er den Individualismus nicht radikal genug an, denn am Individuum hält auch Kannetzky fest.[950] Zum anderen ist fraglich, ob er mit seiner Kritik die Theorien kollektiver Intentionalität überhaupt trifft. Eine nähere Betrachtung enthüllt drittens eine konservative Schlagseite seiner Überlegungen: Kannetzky betrachtet die gesellschaftlichen Institutionen und ›Praxisformen‹ vorrangig unter dem Gesichtspunkt ihrer Stabilität, nicht ihrer Veränderbarkeit.

Wider den Individualismus – und wieder der Individualismus

Das Individuum ist bei Kannetzky denk- und handlungsfähig, da es in einer bestimmten Kultur sozialisiert wurde. Auch das sozialisierte Individuum aber bleibt ein Individuum. Man liest zwar: »Erst aus dem Verständnis des Wir und seiner Strukturen kann man das Ich begrifflich machen – kein Individuum ohne Dividuum, das Wir ist eine konstitutive Voraussetzung der Möglichkeit der Ausbildung eines Ich.«[951] Allerdings be-

---

941 Kannetzky: Levels of collectivity, S. 233, Hv. i. Orig.

942 Ebd., Hv. i. Orig.

943 Bratman: Shared agency, S. 3.

944 Vgl. Kannetzky: Levels of collectivity, S. 234. Siehe auch Kannetzky: Cartesianische Prämissen, S. 150: »Der wesentliche Bezugsrahmen der Rede von Handlungen, Absichten und Überzeugungen ist […] nicht das monadische Individuum und sein Bewusstsein, sondern das sozialisierte und akkulturierte Individuum und damit die Praxisformen der Gemeinschaft.«

945 Kannetzky: Levels of collectivity, S. 235.

946 Vgl. ebd., und siehe zu diesen beiden sowie weiteren Schlussfolgerungen Kannetzkys das Referat bei Skudlarek: Relationale Intentionalität, S. 197.

947 Schmid: Wir-Intentionalität, S. 37, Hv. i. Orig.

948 Vgl. ebd.

949 So die Einschätzung von Skudlarek: Relationale Intentionalität, S. 203, der Kannetzky die Einführung eines »neuartigen, notwendigerweise sozialen Intentionalitätsbegriff[s]« (ebd., S. 199) zugutehält.

950 Zwar stimmt es, wie Skudlarek meint, dass Kannetzky eine »Fundamentalkritik« formuliert, die »auf besonders allgemeine Grundannahmen zielt« (ebd., S. 172, Anm. 364); aber er lässt das individualistische Fundament intakt.

951 Kannetzky: Cartesianische Prämissen, S. 153.

stimme das Privatsprachenargument nur die Entstehungsbedingungen und den Gehalt von Absichten anti-individualistisch, nicht das beabsichtigende Subjekt.[952] Sozialität bekommt das Individuum bei Kannetzky eingeimpft, muss es lernen und einüben.[953] Dem Individuum ist Sozialität nicht wesentlich – weder im Sinne von ›Gesellschaft‹ noch des ›Gesellschaftlichen‹. Letzteres kommt aber, ließe sich mit Nancy einwenden, zum Individuum nicht nachträglich erst hinzu. Was Nancy ›singulär plural sein‹ nennt, hat mit der Kollektivität, wie sie in den Theorien kollektiver Intentionalität dargestellt wird, so wenig zu tun wie mit der ›soziologischen‹ Sozialität Kannetzkys. Das Mit (oder einfach nur ›mit‹[954]) ist keine »Zugabe«[955] zum Individuum, sondern macht sein Sein und macht das Sein des Seins aus. »*Singulär plurales Sein* heißt: Das Wesen des Seins ist, und ist nur, als Mit-Wesen *[co-essence]*.«[956]

Trifft die Kritik?

Kannetzky sieht die Theoretiker*innen kollektiver Intentionalität betroffen von »Descartes' Gehirnwäsche«.[957] Aber war diese tatsächlich so erfolgreich? Hätten Tuomela, Searle, Bratman und Gilbert überhaupt grundsätzliche Einwände gegen das ›Privathandlungsargument‹?[958]

Searle bekräftigt zunächst im Einklang mit den ›cartesianischen Prämissen‹: »The collective arises from the fact that collective intentionality is in the individual heads of individual organisms. [...] Ontologically speaking, collective intentionality gives rise to the collective, and not the other way round.«[959] Und weiter: »On my definition a social collective consists in the fact that the participants think it is a collective. Individual brains give rise to we-intentions, and the collective is created by the existence of the we-intentions in the brains of its members.«[960] Dies sei aber vor allem »a logical or conceptual point«[961], und negiere etwa nicht, dass ein Kind in der Realität nur als Teil einer für es sorgenden Gemeinschaft (über)leben könne.[962] Zudem erkennt Searle an, dass man die »Erfüllungsbedingungen« intentionaler Zustände »nur vor einem Komplex von Hintergrundfertigkeiten, Dispositionen und Fähigkeiten, die nicht Teil des intentionalen Gehalts sind und nicht als Teil des Gehalts eingeschlossen sein könnten«[963],

---

952 Vgl. ebd., S. 153, Anm. 91.

953 Siehe etwa ebd., S. 152, Anm. 90.

954 Vgl. Nancy: singulär plural sein, S. 101 (ESP 84).

955 Ebd., S. 76 (ESP 64).

956 Ebd., S. 59, Hv. i. Orig. (ESP 50, Hv. i. Orig.).

957 Baier: Mentale Allmende, S. 233.

958 Vgl. Skudlarek: Relationale Intentionalität, S. 203. Den genannten Autor*innen sei »bewusst, dass sie ihre individualistische Sozialphilosophie nur unter der Prämisse betreiben können, dass es eine Gemeinschaft gibt, die Handlungen ermöglicht, und dass es Praxen gibt, die durch Sozialisation weitergegeben werden«. (Ebd.)

959 Searle: Responses to critics, S. 449.

960 Ebd., S. 450.

961 Ebd.

962 Vgl. ebd.

963 Searle: Konstruktion, S. 141.

definieren kann. Dabei behauptet er eine Verwandtschaft seines Hintergrund-Konzepts z. B. mit Wittgenstein und Bourdieu.[964]

Auch Tuomela und Miller erklären: »Die meisten unserer Handlungen sind in dem weiten Sinn sozial, dass sie die Existenz anderer Akteure und verschiedener sozialer Institutionen begrifflich voraussetzen.«[965] Bratman würde Kannetzkys Vorwurf möglicherweise mit dem Hinweis entkräften wollen, seine Theorie wahre Neutralität in Bezug auf die Frage, ob der Gehalt individueller Einstellungen internalistisch oder externalistisch zu bestimmen sei.[966]

Als Verteidigerin des Cartesianismus gibt sich Gilbert: Denken und Sprechen seien nicht »intrinsisch sozial«[967], also nicht prinzipiell abhängig von einem sozialen Kontext: »[O]ur concept of thought and language in general is such that even an individual forever isolated from others could, in principle, think and use a language. I have argued [...], that our basic notion of thought and language in no way involves a community or society of language users.«[968] Aber auch sie bringt nur eine »logical independence of intentions from society«[969] vor und schließt eine empirische Abhängigkeit der Entwicklung des Denkvermögens vom Kontakt mit anderen nicht aus.[970]

Dennoch läuft die Kritik an den Theorien kollektiver Intentionalität keineswegs ins Leere. Gerade wenn es, wie zugestanden wird, eines gesellschaftlichen oder kulturellen Hintergrundes bedarf, um im *real life* beabsichtigen und handeln zu können, müsste die theoretische Anstrengung darauf gerichtet sein, diesen Hintergrund zu analysieren. Will man gemeinsames Beabsichtigen und Handeln erklären, so ist nicht auszugehen vom »autarke[n] Individuum«, sondern »von einer Phänomenologie der Handlungs und Praxisformen der Gesellschaft«.[971]

Nicht das Bestehen, sondern das Entstehen und die Veränderung erklären!

Der gesellschaftliche Rahmen menschlichen Handelns und Denkens sollte indes nicht nur phänomenologisch beschrieben werden; man müsste auch seine Entstehung und Veränderbarkeit in den Blick nehmen. Mit Begriffen Cornelius Castoriadis' könnte man

---

964   Vgl. ebd., und siehe auch Wesser: Heteronomien des Sozialen, S. 55.; 81f. Searle verweist zudem auf David Hume, der als erster »die zentrale Stellung des Hintergrunds bei der Erklärung menschlicher Erkenntnis erkannte«. (Searle: Konstruktion, S. 141) Auf Hume rekurriert auch Baier in ihren Ausführungen zur ›Allmende des Geistes‹.

965   Tuomela/Miller: Wir-Absichten, S. 75.

966   Vgl. Bratman: Shared agency, S. 12.

967   Baier: Mentale Allmende, S. 261, die sich hier nur auf die Sprache bezieht.

968   Gilbert: Social facts, S. 132. Im Hintergrund steht hier die Auseinandersetzung u. a. mit Peter Winch, der postuliert hatte: »[J]edes sinnhafte Verhalten muß sozial sein, weil es nur als von Regeln geleitetes sinnhaft sein kann, und Regeln setzen einen sozialen Kontext voraus«. (Winch: Idee der Sozialwissenschaft, S. 149)

969   Gilbert: Social facts, S. 131.

970   Vgl. ebd., S. 131f.

971   Frank Kannetzky: Die kooperative Struktur individuellen Handelns und Intendierens. Überlegungen zur Topologie der Begriffe des Sozialen. In: Albert, Gert/Greshoff, Rainer/Schützeichel, Rainer (Hg.): Dimensionen und Konzeptionen von Sozialität. Wiesbaden 2010, S. 65-85, 83; ähnlich Schmid: Wir-Intentionalität, S. 26ff.

sagen: Eine Gesellschaft ist nie nur instituiert, sondern stets auch instituierend – eine Gesellschaft, die sich ständig (autonom) selbst verändert.[972] Dieser Aspekt kommt bei Kannetzky zu kurz. Zwar betont er, die Bewertungen, nach denen Handlungen einem bestimmten Typ zugewiesen und bestimmten Normen und Regeln unterstellt würden, seien zumindest potentiell »Verhandlungssache‹, was die Möglichkeit von Revisionen ein- und letztgültige Feststellungen ausschließt«.[973] Zugleich jedoch sei klar, dass die als gesellschaftliche Institutionen vergegenständlichten ›Handlungs- und Praxisformen‹ den Einzelnen als eine eigenständige und stabile Größe entgegenstünden; sie könnten deshalb »nicht einfach durch Übereinkunft oder Entzug der kollektiven Anerkennung außer Kraft gesetzt werden«.[974] Darin steckt für Kannetzky ein Moment von Zwang:

> Institutionen entwickeln ein Eigenleben, sie verselbständigen sich gegenüber dem Individuum und werden zu einer objektiven Macht. Sie bringen Handlungsmöglichkeiten und damit auch die Möglichkeit entsprechender Absichten hervor. Wenn sich die Individuen diese Möglichkeiten aneignen, müssen sie sich der Eigengesetzlichkeit der Institution fügen.[975]

Wie kann es zu einer Veränderung der Institutionen kommen? Wie sollen »›neue‹ Fälle als akzeptable Instanzen einer Praxis anerkannt werden«[976], wenn gilt: Das, wofür es »keine öffentliche Kontrolle gibt, [...] macht keinen Unterschied, es existiert nicht für das Denken und Handeln«?[977]

Handeln, nicht herstellen

Kannetzky zeigt, dass die Fähigkeit zu handeln nicht, wie es Marchart zufolge eine lange philosophische Tradition aufgefasst habe, auf »der freien Intentionalität individueller Willenssubjekte« beruht, sondern eine »kollektive Kategorie«[978] darstellt. Handeln ist für Kannetzky vor allem reproduktiv: Es setzt etablierte Formen des Handelns und damit auch die gesellschaftlichen Institutionen, in denen sich die Handlungsformen entwickelt haben, voraus und fort. Das Kriterium, ob eine Handlung vorliegt (oder nicht), ließe sich jedoch mit Arendt auch darin sehen, ob mit der Handlung etwas neu beginnt, ob sich etwas verändert: »Handeln und etwas Neues Anfangen [ist] dasselbe«.[979] Dies

---

972 Vgl. Castoriadis: Gesellschaft als imaginäre Institution, S. 603ff.

973 Kannetzky: Cartesianische Prämissen, S. 157; vgl. ebd.

974 Kannetzky: Konsequenzen des Privatsprachenarguments, S. 127; vgl. ebd. Dies behauptet Searle: Konstruktion, S. 125ff., auf den Kannetzky sich hier kritisch bezieht.

975 Kannetzky: Konsequenzen des Privatsprachenarguments, S. 127.

976 Kannetzky: Cartesianische Prämissen, S. 156.

977 Ebd., S. 152.

978 Oliver Marchart: Vorwort. In: Süss, Rahel Sophia: Kollektive Handlungsfähigkeit. Gramsci – Holzkamp – Laclau/Mouffe. Wien, Berlin 2015, S. 7-11, 7.

979 Arendt: Vita activa, S. 215. Meine Ausführungen zu Arendt haben vor allem profitiert von Palonen: Webersche Moment, S. 256ff.; Ernst Vollrath: Politik und Metaphysik. Zum politischen Denken Hannah Arendts. In: Zeitschrift für Politik (Neue Folge) 18 (1971), H. 3, S. 205-232; Raimondi: Zeit der Demokratie, S. 55ff., sowie den in Oliver Marcharts Arendt-Studie *Neu beginnen* entwickelten Gedanken. Auf diese Arbeit rekurriert auch Spitta: Gemeinschaft jenseits von Identität, S. 306ff., die, ähnlich wie es hier im Folgenden versucht werden soll, mit Arendt zeigen möchte,

begründet Arendt damit, dass man, anders als die Beispiele in den Theorien kollektiver Intentionalität insinuieren, nicht alleine handeln kann.[980] Handeln findet statt in einem »Bezugsgewebe menschlicher Angelegenheiten«[981] und ist »an die Mitwelt«[982] adressiert. Aufgrund seines pluralen Charakters ist das Handeln nicht planbar. Es geht nicht im Verfolgen eines bestimmten Ziels mithilfe bestimmter Mittel auf; und es endet nicht, wenn das beabsichtigte Ziel erreicht wurde, sondern zeichnet sich durch seine Unabsehbarkeit aus.[983]

Folgt man der arendtschen Typologie, so erweist sich das, was in den Theorien kollektiver Intentionalität als Handeln gilt, als ein Herstellen; nicht als ein Herstellen im engeren Sinne, das Gegenstände hervorbringt, die die Welt der Dinge bilden, in der das menschliche Leben sich auf Dauer einrichtet[984], sondern als »ein Tun im Modus des Herstellens«.[985] Alles Herstellen, so Arendt, diene einem Zweck, mit dessen Erreichen der Herstellungsvorgang, der nur Mittel zu dem Zweck war, beendet sei.[986] Entsprechend betonen die Theoretiker*innen kollektiver Intentionalität den instrumentellen, zweckorientierten Charakter des Handelns: Wer gemeinsam handelt, dem kommt es in den Theorien kollektiver Intentionalität auf ein beabsichtigtes »Endprodukt«[987] an: ein angestrichenes Haus, eine angerührte Sauce etc. Wo Einigkeit über den Zweck des Tuns herrscht (die ›Handlung‹ X zu vollbringen, wovon die individuellen Absichten abgeleitet seien), kommt es nur noch auf die Wahl der richtigen Mittel an. In politischer Hinsicht rückt damit »die Berechenbarkeit menschlicher Angelegenheiten«[988] in den Horizont des Möglichen.[989]

Mit anderen Worten: Die Theoretiker*innen kollektiver Intentionalität verstehen die Gemeinschaft der gemeinsam Handelnden als ein Werk. Thorsten Bonacker resümiert die Idee einer Gemeinschaft-als-Werk im Anschluss an Arendt und Nancy folgendermaßen:

> Das Herstellen bringt die Mitglieder einer Gemeinschaft in ein Verhältnis zu ihr, das dem zu einem Objekt gleicht. Eine Gemeinschaft zu stiften ist dann eine technische Angelegenheit, deren Erfolg von instrumentellen Erwägungen, vom richtigen Werkzeug und den besten Männern abhängt. [...] Gemeinschaft ist hier nicht mehr eine

---

»dass es möglich ist, einen Begriff des Politischen voranzutreiben, der weder am selbstbewussten Individuum oder am Liberalismus orientiert ist, noch in Gemeinschaftssehnsucht verfällt«. (Ebd., S. 315)

980   Siehe in diesem Sinne etwa Spitta: Gemeinschaft jenseits von Identität, S. 306f.: »Kein Einzelner kann einen Neuanfang bewirken, nur gemeinsam haben Menschen Wirkungsmacht.«

981   Arendt: Vita activa, S. 222.

982   Ebd., S. 224; siehe zu diesem Begriff etwa Marchart: Neu beginnen, S. 83.

983   Dies gilt es im Folgenden genauer zu zeigen.

984   Vgl. Arendt: Vita activa, S. 160ff.

985   Ebd., S. 279.

986   Vgl. ebd., S. 168f.

987   Ebd., S. 169.

988   Ebd., S. 53.

989   Vgl. Raimondi: Zeit der Demokratie, S. 65, bei der sich auch das voranstehende Arendt-Zitat findet.

Frage des Zusammenhandelns, das keinen vorgegebenen Regeln folgt, sondern der bloßen Anwendung von Regeln.[990]

Anstatt ›Herstellen‹ und ›Handeln‹ gegenüberzusetzen, könnte man mit Nancy auch zwischen einem transitiven und intransitiven Tun unterscheiden. In seinen jüngsten Veröffentlichungen ruft Nancy ein Tun auf, das kein mit bestimmten Mitteln (planmäßig) herzustellendes Objekt (Gegenstand oder Aktion) avisiert.[991] Gegen ein vornehmlich transitives Verständnis des Tuns stärkt er ein intransitives Tun, das sich ausdrücke in Wendungen wie »Liebe machen«« oder »Lust machen««.[992] Hier sei das Tun »eine Angelegenheit des Seins und nicht des Produzierens. [...] Wir tun/machen [faisons], weil wir existieren.«[993] Er wolle zeigen, erläutert Nancy,

> que ce »faire« ne soit pas transitif, qu'il ne produise pas un objet ni une action déterminée. En ce sens, ce que je veux interroger, c'est le »que« de la question [Que faire?, S. H.]: dans son acception traditionnelle la question veut dire »quoi faire?«, »quel but se fixer et quels moyens se donner?«. [...] []e dis en effet qu'il convient de pratiquer un »faire« moins transitif, moins productif [...].[994]

Als zweckdienliche Tätigkeitsform untersteht das Herstellen einem Willen: Herstellen (und nicht das Handeln, wie die Theoretiker*innen kollektiver Intentionalität meinen) ist das Vollziehen von Absichten durch ein Subjekt.[995] Es ist ein souveränes Tun, versteht man Souveränität als »unbedingte Autonomie und Herrschaft über sich selbst«[996] und damit auch über den angestrebten Handlungszweck.[997] Souveränität dieser Art gibt es jedoch nicht, wo es Menschen und also Pluralität gibt. Souveräne Subjekte – das

---

990   Bonacker: Gemeinschaft der Dekonstruktion, S. 268.

991   Vgl. Jean-Luc Nancy: ›Apprendre à guetter dans la nuit.‹ Entretien avec Juan Manuel Garrido sur ›Que Faire?‹. Veröffentlicht am 10.3.2016, o. S., Abs. 2. Abrufbar unter: <https://strassdelaphilosop hie.blogspot.com/2016/03/apprendre-guetter-dans-la-nuit.html> (Zugriff am 29.1.2022).

992   Nancy: Was tun, S. 48 (QF 57); siehe auch Nancy: Guetter dans la nuit, Abs. 3, wo die Reihe intransitiver Ausdrücke ergänzt wird um etwa: ›il fait beau‹ oder ›c'est bien fait‹.

993   Nancy: Was tun, S. 48 (QF 57).

994   Nancy: Guetter dans la nuit, Abs. 2f.

995   Vgl. Schwarte: Philosophie der Architektur, S. 288; 342, der nicht vom Herstellen spricht, sondern »der klassischen Handlungstheorie« (ebd., S. 342) vorwirft, sich nur auf den intentionalen Handlungsvollzug zu konzentrieren.

996   Arendt: Vita activa, S. 299. In diesem Sinne souverän ist das cartesianische Ego, wie Nancy nahelegt, der die Souveränität mit der Unterscheidung von *res extensa* und *res cogitans* kurzschließt: »Der Souverän befindet sich in der Erhebung, weil diese das Oben vom Unten trennt und den Ersten von der Niedrigkeit [...] der *ausgedehnten Substanz* im allgemeinen. Das Ausgedehnte hält alles in ein und derselben Fläche, aber die Substanz, die nicht ausgedehnt ist, die das Ausgedehnte überragt und es mustert, ist *die denkende Substanz* und das Subjekt des allgemeinen Regierens der Substanzen.« (Nancy: Erschaffung der Welt, S. 124, Hv. i. Orig. [CM 146f., Hv. i. Orig.])

997   »Nur der Herstellende ist Herr und Meister; er ist souverän und darf sich aller Dinge als Material und Mittel für seinen Zweck bemächtigen.« (Hannah Arendt: Kultur und Politik. In: dies.: Zwischen Vergangenheit und Zukunft. Übungen im politischen Denken I [Hg. Ludz, Ursula]. 2. Aufl. München 2013, S. 277-302, 295)

heißt: absolute, verhältnislose Subjekte[998] – können nicht gemeinsam handeln: »Wo immer Pluralität ins Spiel kommt, ist Souveränität nur in der Einbildung möglich«.[999] Wer Handeln im Sinne von Herstellen als das Umsetzen eines Plans zum Erreichen eines bestimmten Zwecks versteht, kann dies nur auf dem Grund eines Individualismus; und umgekehrt: Wer nur Individuen kennt, der kennt auch nur Herstellende, nie Handelnde.[1000]

Während das Herstellen durch die »Weltlichkeit« des Menschen, seine »Angewiesenheit [...] auf Gegenständlichkeit und Objektivität«[1001] bedingt sei, entspreche dem Handeln die menschliche »Bedingtheit durch Pluralität«[1002], die Tatsache, dass es nicht den Menschen, sondern nur die Menschen gebe.[1003] Wegen dieser Pluralität scheitert jeglicher Versuch, das Handeln als ein souveränes, planmäßiges, auf ein Produkt abgezwecktes Tun zu verstehen. Allem Handeln liegt das ›Bezugsgewebe menschlicher Angelegenheiten‹ voraus, in das wiederum jede/r Handelnde neue Fäden einflicht und es dadurch auf unabsehbare Weise verändert.[1004] Die Theoretiker*innen kollektiver Intentionalität schneiden das Handeln aus diesem ›Bezugsgewebe‹ heraus und negieren so die »Maßlosigkeit« des Handelns, die darin liege, »daß die Bezüge, die durch das Handeln entstehen, solcher Art sind und sein müssen, daß sie ins Grenzenlose gehen«.[1005] Es gilt, dass

> die Konstellation und das Bezugsgewebe, aus denen Menschen zu handeln anfangen, [...] sich unaufhörlich durch das Handeln selbst [ändern]. Handeln trifft auf anderes Handeln und ruft anderes Handeln wieder hervor. Die potentielle Unermeßlichkeit des Handelns, d.h. der Macht, durch welche unendliche Bezüge zwischen handelnden Menschen gestiftet werden, läßt sich wesensmäßig nicht stabilisieren und begrenzen, und das schon deshalb nicht, weil alles Handeln aus seinem Charakter der Vermöglichkeit zum Anfang den Bereich des möglichen neuen Anfangens, d.h. der Zukunft, eröffnet: am Ende kommt nie heraus, was am Anfang beabsichtigt war, und die Handelnden sind am Ende niemals die, die sie als Anfangende waren.[1006]

---

998   Siehe zur verhältnislosen Absolutheit des Souveräns Nancy: Erschaffung der Welt, S. 125f. (CM 147ff.).

999   Arendt: Vita activa, S. 299; vgl. Raimondi: Zeit der Demokratie, S. 63f., und siehe hierzu sowie zum Folgenden auch Spitta: Gemeinschaft jenseits von Identität, S. 307ff.

1000   »Handeln, im Unterschied zum Herstellen, ist in Isolierung niemals möglich; jede Isoliertheit, ob gewollt oder ungewollt, beraubt der Fähigkeit zu handeln.« (Arendt: Vita activa, S. 234) Mit Bezug auf Arendts Totalitarismusanalysen formuliert Palonen: Webersche Moment, S. 260: »Die [...] Herstellbarkeit schließt gerade das Handeln, die Politik, aus, indem sie ihre Voraussetzung, die Pluralität der Menschen, konzeptionell abschafft.«

1001   Arendt: Vita activa, S. 16.

1002   Ebd., S. 17.

1003   Vgl. ebd.; Schmitz: Textur des Sozialen, S. 140.

1004   Vgl. Arendt: Vita activa, S. 226.

1005   Arendt: Was ist Politik, S. 118; siehe hierzu auch Palonen: Webersche Moment, S. 267f.

1006   Vollrath: Politik und Metaphysik, S. 220. Palonen: Webersche Moment, S. 268, nennt dies den »intentionsüberschreitende[n] Charakter der Handlungsfolgen«. Siehe auch Joas: Gemeinschaft und Demokratie, S. 61: »Alles Handeln hat Wirkungen, die über das Intendierte hinausgehen oder von ihm abweichen.«

Handeln, das maßlos ist, hat kein souveränes, sondern ein (er)duldendes Subjekt; es geht einher »mit der Preisgabe der eigenen Souveränität«.[1007] Handeln ist Passion[1008]: Handelnde müssen ertragen, dass sie das ›Produkt‹ ihres Handelns nie in den Händen halten und die Folgen ihres Handelns nie ganz absehen können. Das Handeln kommt an kein Ende, es ist unbegrenzt; jeder Mensch bewegt durch sein Handeln andere Menschen, die ihrerseits handeln und andere bewegen.[1009] Anders als das Herstellen, das Anfang und Ende habe, kenne das Handeln nur einen Anfang, »ist aber dann, wenn es erst einmal begonnen ist, [...] endlos; auf keinen Fall hat es ein Ende, das man voraussagen, und einen Zweck, den man in Gewißheit verfolgen könnte«.[1010]

Wer handelt, ist aus arendtscher Perspektive frei.[1011] Für Arendt ist »Freiheit [...] weder im Willen noch sonstwo in der Menschennatur lokalisiert; sie fällt vielmehr mit dem Handeln zusammen: Solange man handelt, ist man frei, nicht vorher und nicht nachher, weil Handeln und Frei*sein* ein und dasselbe sind.«[1012] Mit dem Begriff des Handelns einhergehend ist Freiheit das Vermögen, neu und Neues beginnen zu können.[1013] Die Freiheit als souveräne »Willens- oder Wahlfreiheit«[1014] ist für Arendt von der Politik entkoppelte Freiheit.[1015] Politisch ist Freiheit, wenn sie nicht mit Souveränität identifiziert und also als die Freiheit eines »Ich-will«[1016] gilt, sondern begriffen wird als Freiheit zu handeln.[1017] Dies aber sei »nur unter der Bedingung der Nicht-Souveränität«[1018] denkbar, die daraus resultiert, dass das Handeln nicht in Isolation, nicht in Abgrenzung von anderen vor sich geht: »Denn alles Handeln fällt in ein Netz von Bezügen, in welchem das von den einzelnen Intendierte sich sofort verwandelt und als eindeutig feststehen-

---

1007 Raimondi: Zeit der Demokratie, S. 77. Siehe zur subjektkritischen Dimension von Arendts Handlungsphilosophie auch Spitta: Gemeinschaft jenseits von Identität, S. 308f.

1008 »Weil sich der Handelnde immer unter anderen, ebenfalls handelnden Menschen bewegt, ist er niemals nur ein Täter, sondern immer auch zugleich einer, der erduldet.« (Arendt: Vita activa, S. 236) Man könnte den Begriff der Passion auch anders verstehen: Handeln – und damit Politik – hat für Arendt mit Lust, mit Spaß sogar zu tun. Siehe dazu die Anmerkungen bei Marchart: Neu beginnen, S. 73ff.

1009 Vgl. Arendt: Vita activa, S. 236f.

1010 Ebd., S. 170; vgl. ebd., S. 169f.

1011 Vgl. Palonen: Webersche Moment, S. 262f.; Vollrath: Politik und Metaphysik, S. 212; Isabell Lorey: VirtuosInnen der Freiheit – Zur Implosion von politischer Virtuosität und produktiver Arbeit. In: Altenhain, Claudio et al. (Hg.): Von ›Neuer Unterschicht‹ und Prekariat. Gesellschaftliche Verhältnisse und Kategorien im Umbruch. Kritische Perspektiven auf aktuelle Debatten. Bielefeld 2008, S. 153-164, 155f.

1012 Arendt: Freiheit und Politik, S. 206, Hv. i. Orig.

1013 Vgl. Raimondi: Zeit der Demokratie, S. 56; Spitta: Gemeinschaft jenseits von Identität, S. 309.

1014 Arendt: Freiheit und Politik, S. 205.

1015 Vgl. Lorey: VirtuosInnen der Freiheit, S. 156; 162.

1016 Arendt: Freiheit und Politik, S. 213. »Politisch hat sich vermutlich kein anderer Bestandteil des [...] Freiheitsbegriffs als so verderblich erwiesen wie die ihm inhärente Identifizierung von Freiheit und Souveränität.« (Ebd.)

1017 Für Arendt sei »politische Freiheit primär Handlungsfreiheit« und nicht eine »souveräne Willensfreiheit«, hält Raimondi: Zeit der Demokratie, S. 75, fest. Siehe zum Zusammenhang von Politik, Freiheit und Handeln auch Marchart: Neu beginnen, S. 130.

1018 Arendt: Freiheit und Politik, S. 214; auch zitiert von Lorey: VirtuosInnen der Freiheit, S. 162.

des Ziel, als Programm etwa, gerade sich nicht durchsetzen kann.«[1019] Wer handelt, ist frei, aber »bleibt immer in Bezug zu anderen Handelnden und von ihnen abhängig; souverän gerade ist er nie«.[1020] Politische Freiheit entsteht aus dem Miteinander im Handeln und ist von einer konstitutiven Heteronomie gezeichnet.[1021] Wer Handeln nach der Maßgabe des ›Ich-will‹ auffasst, sieht vom Faktum der Pluralität ab und stellt sich Unvorstellbares vor: »Menschen im Singular«.[1022]

Jene »Unbegrenztheit des Handelns«, von der Arendt spricht, ist nicht der unüberblickbaren »schieren Mengenhaftigkeit menschlichen Daseins geschuldet«.[1023] Wäre sie es, ließen sich alle möglichen Handlungsfolgen computergestützt berechnen und als Alternativen darstellen.[1024] Die ›Maßlosigkeit‹ des Handelns ist kein epistemisches Problem, sondern gründet darin, dass es zum Kern des Handelns gehört, »Anfänge zu setzen und Bezüge zu stiften, aber nicht zu stabilisieren und zu begrenzen«.[1025] Zwar geht jedem Handeln(den) das ›Bezugsgewebe menschlicher Angelegenheiten‹ voraus, aber jeder Mensch kann, indem er handelt, dennoch »aus eigener Initiative etwas Neues anfangen«.[1026] Das Handeln, so führt Virno im Anschluss an Arendt aus, »greift [...] in die gesellschaftlichen Verhältnisse ein [...]; das Handeln hat es mit dem Möglichen und dem Unvorhergesehenen zu tun«.[1027] Während die Theoretiker*innen kollektiver Intentionalität das Handeln als planbar ausgeben (und es dadurch zu einem Herstellen machen), trägt es für Arendt die Züge eines Wunders, das weder in seinem Auftreten noch seinen Folgen voraussehbar ist:

> Der Neuanfang steht stets im Widerspruch zu statistisch erfaßbaren Wahrscheinlichkeiten, er ist immer das unendlich Unwahrscheinliche; er mutet uns daher, wo wir ihm in lebendiger Erfahrung begegnen – das heißt, in der Erfahrung des Lebens, die vorgeprägt ist von den Prozeßabläufen, die ein Neuanfang unterbricht –, immer wie ein Wunder an. Die Tatsache, daß der Mensch zum Handeln im Sinne des Neuanfangens

---

1019 Arendt: Kultur und Politik, S. 294.

1020 Ebd., S. 295.

1021 Vgl. Raimondi: Zeit der Demokratie, S. 55f.

1022 Arendt: Freiheit und Politik, S. 214.

1023 Arendt: Vita activa, S. 237.

1024 Vgl. ebd., S. 239.

1025 Ebd., S. 238. »Jedenfalls bleiben auch in den beschränktesten Umständen die Folgen einer jeden Handlung [...] unabsehbar, weil das gerade eben noch Absehbare, nämlich das Bezugsgewebe mit den ihm eigenen Konstellationen, oft durch ein einziges Wort oder eine einzige Geste radikal geändert werden kann.« (Ebd., S. 237f.) Die Bedingung der Möglichkeit des Neuanfangs (und also des Handelns) liegt in der »Natalität« des Menschen beschlossen: »[D]as Geborensein«, so Arendt, sei »die ontologische Voraussetzung dafür [...], daß es so etwas wie Handeln überhaupt geben kann«. (Ebd., S. 316) Und dafür, dass es Neues geben kann: »Weil jeder Mensch auf Grund des Geborenseins ein *initium*, ein Anfang und Neuankömmling in der Welt ist, können Menschen Initiative ergreifen, Anfänger werden und Neues in Bewegung setzen.« (Ebd., S. 215, Hv. i. Orig.) Siehe auch Marchart: Neu beginnen, S. 43f.

1026 Arendt: Vita activa, S. 215. Arendt nennt die qua Handeln (und Sprechen) vollzogene »Einschaltung« in die menschliche Welt, »die existierte, bevor wir in sie geboren wurden, [...] eine zweite Geburt«. (Ebd.)

1027 Virno: Grammatik der Multitude, S. 40. Die fehlende Antizipierbarkeit des Handelns und seiner Resultate betont auch Raimondi: Zeit der Demokratie, S. 76f.

begabt ist, kann daher nur heißen, daß er sich aller Absehbarkeit und Berechenbarkeit entzieht, daß in diesem einen Fall das Unwahrscheinliche selbst noch eine gewisse Wahrscheinlichkeit hat, und daß das, was »rational«, d.h. im Sinne des Berechenbaren, schlechterdings nicht zu erwarten steht, doch erhofft werden darf.[1028]

Handeln, das stets einen Neuanfang bedeutet, hält Arendt für die einzige politische Tätigkeit.[1029] Politik bzw. das Politische ist für Arendt keine »Arbeit an der Realisierung eines Zweckes [...], sondern [...] ein öffentlicher Erscheinungsraum, in dem das gemeinsame Handeln der Vielen überhaupt erst möglich wird, ohne dass diese Pluralität zugunsten eines vereinigenden Zieles vorweg beschränkt würde«.[1030] Politisch ist, was aufgrund der menschlichen Pluralität die abseh- und berechenbaren Prozesse unterbricht und entgegen aller Wahrscheinlichkeit das Neue einräumt. »Das Anfangen ist das politisierende Moment im menschlichen Handeln, das etwas in Bewegung setzt.«[1031] Deshalb sind die Theorien kollektiver Intentionalität in ihrem Kern unpolitisch: Ihnen ist gemein, dass sie, wenn auch vielleicht nur als nicht-intendierte Nebenfolge, den ereignishaften Einbruch des Neuen ausschließen. Gemeinsames Handeln steht in den Theorien kollektiver Intentionalität nicht für das Neuanfangen, sondern für ein Fortsetzen.[1032]

Mit der Fundierung des Handelns in individuellen Absichten und der dadurch bedingten Vereinseitigung auf ein planmäßiges Herstellen, schließt sich das Handlungswir in den Theorien kollektiver Intentionalität nicht allein gegen Neues, sondern auch gegen Neue ab.[1033] Aber das Wir derer, die handeln, umfasst niemals nur die einander bekannten zwei (oder wenig mehr) Beteiligten, die gerade eine Sauce anrühren, spazieren gehen, einen Tisch tragen oder Tango tanzen.

Zum einen nämlich gilt: »Kollektive Handlungen zeitigen Konsequenzen, die immer noch andere Akteure involvieren als diejenigen, die direkt daran beteiligt sind.«[1034] Das Handlungswir ist unbegrenzt, da jede Handlung in das ›Bezugsgewebe menschlicher Angelegenheiten‹ fällt und es deshalb stets mehr (potentielle) Teilnehmer*innen einer Handlung, stets mehr von einer Handlung Betroffene gibt, als zu Beginn der Handlung

---

1028 Arendt: Vita activa, S. 216f.

1029 Das Arbeiten, als ein der Lebenserhaltung unterworfenes und damit zweckhaftes Tun, ist antipolitisch; das Herstellen, insofern es zwar den Bezug zur Dingwelt wahrt, die Menschen herstellend aber nicht in ihrer Pluralität, also gemeinsam als einzigartige Personen auftreten, ist unpolitisch; vgl. ebd., S. 270; Marchart: Neu beginnen, S. 81.

1030 Bedorf: Das Politische und die Politik, S. 18.

1031 Palonen: Webersche Moment, S. 265.

1032 In diesem Sinne könnte man Gilberts Theorem der politischen Verpflichtung deuten: Hat die Zugehörigkeit zu einer sozialen Gruppe ebenso wie zu einem politischen Kollektiv bereits wegen der baren Tatsache der Mitgliedschaft verpflichtenden Charakter, so ist nicht klar, wie dieser Verpflichtung zuwidergehandelt werden könnte, ohne aus dem Kollektiv ausgeschlossen zu werden. (Siehe zu der verwandten Frage nach dem Verhältnis von Partizipation und Exklusion im Hinblick auf ein ›Wir‹ die Diskussion bei Schmid: Wir-Intentionalität, S. 72ff.) Für eine wohlwollende Lesart der politischen Theorie Gilberts siehe Raimondi: Joint commitment, S. 298f.

1033 Ein Indiz ist, dass das Phänomen der Dissidenz vernachlässigt wird; dazu Schmid: Wir-Intentionalität, S. 163ff.

1034 Schwarte: Philosophie der Architektur, S. 161.

absehbar. Einer »prinzipiellen Unplanbarkeit kollektiven Handelns«[1035] entspräche also eine Unübersichtlichkeit des handelnden Kollektivs.

Zum anderen hängt das Handeln mit der Schaffung eines öffentlichen Raumes zusammen, dessen »Wirklichkeit [...] aus der gleichzeitigen Anwesenheit zahlloser Aspekte und Perspektiven [erwächst], in denen ein Gemeinsames sich präsentiert und für die es keinen gemeinsamen Maßstab und keinen Generalnenner je geben kann«.[1036] Das Handeln realisiert sich als Öffentlichkeit, in der Neuanfänge möglich werden.[1037] Obwohl Arendt selbst den öffentlichen Raum möglicherweise zu exklusiv denkt[1038], deuten ihre Überlegungen an, dass das Handeln, indem es einen öffentlichen Raum hervorbringt, grundsätzlich auf Inklusivität bezogen ist. Der öffentliche Raum, so Ludger Schwarte, sei »diejenige Konfiguration der sinnlichen Welt, in der die Akteure und Objekte dieser Welt überhaupt auftauchen können«; er mache »sichtbar [...], was bislang unmöglich zu sehen war, hörbar, was nicht gehört werden konnte«.[1039]

Dem ›Handeln‹ in den Theorien kollektiver Intentionalität fehlt diese Dimension des Öffnens. Ist für Gilbert gemeinsames Handeln daran geknüpft, dass eine »Menge von Individualwillen zu einem einzigen ›Pluralwillen‹« zusammengebunden wird, »der sich einem bestimmten Ziel verschreibt«[1040], so drückt sich darin vielmehr die Überzeugung, es bedürfe für gemeinsames Handeln einer »Identität des Gemeinsamen«[1041], wie man mit Nancy sagen könnte, besonders deutlich aus. Da sie gemeinsames Handeln als ein von Individuen beabsichtigtes Handeln entwerfen, ist diese Überzeugung aber auch in Bratmans, Searles und Tuomelas Theorien impliziert.

Gemeinsames Handeln lässt sich nicht als Ausdruck (des Willens) eines bestimmten Wir begreifen, sondern nur als unvermeidliche Öffnung des Wir. Dies verkennend, erweisen sich die Theorien kollektiver Intentionalität – zugespitzt – als undemokratisch.[1042] Die Demokratie, so zeigt Lefort, bricht mit der Vorstellung, das politische Kollektiv (der *demos*) handele als ein Körper, wie es etwa Gilberts Pluralsubjekt-Theorie vorschlägt. »[D]ie demokratische Gesellschaft begründet sich als gleichsam körperlose Gesellschaft [...], die die Vorstellung einer organischen Totalität außer Kraft setzt«.[1043] Soll das Bild des Volkskörpers ausschließende »*Ganzheit*«[1044] vermitteln, so fordert die Demokratie, Gleichheit und Freiheit auf immer weitere Schichten des Volkes auszuweiten.[1045] Das demokratische ›Volk‹ ist kein (substantielles, mit einem Willen versehenes)

1035 Ebd., S. 162.

1036 Arendt: Vita activa, S. 71.

1037 Vgl. Schwarte: Philosophie der Architektur, S. 288, und siehe auch Marchart: Neu beginnen, S. 84: »Öffentlichkeit entsteht performativ im Moment des Handelns selbst«. Spitta: Gemeinschaft jenseits von Identität, S. 316ff., verweist ebenfalls auf die Bedeutung der Öffentlichkeit für Arendts Theorie politischen Handelns.

1038 Vgl. Raimondi: Zeit der Demokratie, S. 92.

1039 Schwarte: Philosophie der Architektur, S. 291f.

1040 Gilbert: Zusammen spazieren gehen, S. 165.

1041 Nancy: Wahrheit der Demokratie, S. 40 (VD 34).

1042 Ich folge nachstehend der Argumentation von Raimondi: Joint commitment, S. 300ff.

1043 Lefort: Frage der Demokratie, S. 295.

1044 Koschorke et al.: Der fiktive Staat, S. 58, Hv. i. Orig.

1045 Vgl. Laclau/Mouffe: Hegemonie und radikale Demokratie, S. 195f.

Kollektivsubjekt, sondern ein »*claim* for an inclusive order«.[1046] Demokratisch wäre ein Handeln zu nennen, das nicht im Rahmen des Gegebenen operierte, sondern das Gegebene zu verändern suchte.[1047] Das hieße auch, es würden solche Weisen zu sein und zu handeln zulässig, die bislang nicht (an)erkannt wurden.[1048] Während die Theoretiker*innen kollektiver Intentionalität »ein Idyll glatter und reibungsloser Kooperation« zwischen »willigen und fähigen Teilnehmerinnen und Teilnehmern«[1049] präsentieren, scheint eine demokratische Praxis nicht denkbar, ohne »the irreducibility of conflicts and contingency in the institution and definition of the common« anzuerkennen und ohne mit der Prämisse zu brechen, »that collective actions are always to be understood as the realization of a ›we‹ somehow constituted by a common project«.[1050]

Wenn Marchart fragt, ob »ein Handeln, das keine signifikanten Veränderungen anstößt und konsequenzlos verpufft, überhaupt Handeln«[1051] ist, wäre diese Frage tendenziell wohl mit Nein zu beantworten. Man muss möglicherweise nicht so weit gehen zu behaupten, alles Handeln sei »Veränderungshandeln«[1052]; in jedem Fall aber muss ein Begriff des (kollektiven) Handelns das transformatorische Potential des Handelns in seine Bestimmung einschließen.

Wie die folgenden Abschnitte zeigen sollen, leisten dies auf unterschiedliche Weise die Theorien Castoriadis' sowie Laclaus und Mouffes. Sie fragen nach den Möglichkeiten eines ›Veränderungshandelns‹, wobei sie das Handlungssubjekt nicht als ein »intentionales, individuelles Willenssubjekt«[1053] auffassen. Beide Theorien erweitern Arendts Ansatz in entscheidender Weise. Castoriadis sieht die Schwachstelle der Überlegungen Arendts in ihrem Verständnis der Funktion der Polis (bzw. der Demokratie). Diese liege für Arendt in der Chance, sich im öffentlichen Raum zeigen zu können: »Für sie bezog die Demokratie ihren Wert aus der Tatsache, dass sie das politische Regime ist, in dem die Menschen durch ihre Worte und Taten ausdrücken können, was sie sind.«[1054] Problematisch sei, dass »dieses ›Offenbaren‹ keineswegs jeden einbeziehen [kann] – nicht einmal jeden außerhalb einer kleinen Gruppe von Leuten, die sich im politischen Feld im engeren Sinne engagieren und Initiative entfalten«.[1055] Castoriadis macht mit die-

---

1046 Raimondi: Joint commitment, S. 302, Hv. i. Orig.; vgl. ebd., und siehe ähnlich auch Marchart: Neu beginnen, S. 161, Hv. i. Orig.: »In der Demokratie ist das ›Volk‹ als Souverän eine *Inklusionskategorie*, die selbst keine Substanz besitzt, aber gerade deshalb vormals Ausgeschlossene zu inkludieren in der Lage ist.«

1047 Arendt, so Palonen: Webersche Moment, S. 271, verstehe das »Zusammenhandeln« zugleich als ein »Gegenhandeln«, und zwar als ein Handeln »gegen passivierende Strukturen und Prozesse«.

1048 Vgl. Raimondi: Joint commitment, S. 302f.

1049 Schmid: Wir-Intentionalität, S. 163.

1050 Raimondi: Joint commitment, S. 303.

1051 Marchart: Vorwort, S. 7.

1052 Ebd.

1053 Ebd.

1054 Castoriadis: Griechische polis und Schöpfung der Demokratie, S. 56. Siehe beispielsweise Arendt: Vita activa, S. 247: »Die Polis hatte die Aufgabe, die Gelegenheiten regelmäßig bereitzustellen, durch die man den ›unsterblichen Ruhm‹ erwerben konnte, bzw. die Chancen zu organisieren, unter denen ein jeder sich auszeichnen und in Wort oder Tat zur Schau stellen konnte, wer er in seiner einmaligen Verschiedenheit war.«

1055 Castoriadis: Griechische polis und Schöpfung der Demokratie, S. 56.

sem Bedenken darauf aufmerksam, dass die arendtsche Theorie »an politischem Purismus«[1056] krankt.

> Arendts Politikbegriff idealisiert [...] die Pluralität der politischen Praxis als eine nicht-
> vermachtete, an der alle angeblich gleich frei teilnehmen können. Diese Vorausset-
> zung unterschlägt aber die Position all derjenigen, für die das (noch) nicht gilt, die
> also unterdrückt und von den politischen Entscheidungen gleichwohl betroffen sind.
> Für diese Gruppen [...] ist Politik etwas anderes als die Partizipation an einer plura-
> len Praxis der bereits Freien und Gleichen – und diese Politik der Ausgeschlossenen
> sprengt [...] Arendts Politikvorstellung.[1057]

An Arendts Präferenz für die Amerikanische und ihrer dabei mitgemeinten Kritik an
der Französischen Revolution lässt sich ablesen, dass sie Politik an eine schon erfolgte
wechselseitige Anerkennung der politisch Handelnden knüpft und so einer Exklusivität des Kreises dieser Handelnden Vorschub leistet.[1058] Einer Politik des Miteinander
müsste es darum gehen, den öffentlichen Raum zu öffnen und offen zu halten, also die
Möglichkeit zuzulassen, dass sich der Kreis derer, die als politisch Handelnde zählen,
erweitert. Deshalb beziehen sich Laclau und Mouffe affirmativ auf die Französische Revolution. Sie habe »die Logik der Äquivalenz in das grundlegende Instrument der Produktion des Sozialen transformiert«.[1059] Man konnte private Verhältnisse der Unterordnung nun als politische »*Unterdrückungsverhältnisse*«[1060] artikulieren, was neue, bis
dahin politisch unsichtbare Gruppen (z.B. Frauen) auf die politische Bühne brachte.[1061]
Mit der Französischen Revolution sei »der Prozess einer Befreiung und Subjektivierung

---

1056 Raimondi: Zeit der Demokratie, S. 58.

1057 Ebd.; siehe mit einer ähnlichen Kritik Spitta: Gemeinschaft jenseits von Identität, S. 315f.

1058 Vgl. Raimondi: Zeit der Demokratie, S. 58f; 67; 92. Arendt knüpft ihre Bewertung an den Begriff
der (politischen) Freiheit, zeigt ebd., S. 85ff., Raimondi (der ich nachstehend folge). Arendts Interpretation nach erreichte die Französische Revolution nur eine negative Freiheit in Form einer
Befreiung der Massen vom *Ancien Régime* und von der verstetigten »unmittelbare[n] Leibesnot«.
(Arendt: Über die Revolution, S. 74) Mit dem Auftreten der »soziale[n] Frage« (ebd.) gerieten jedoch ökonomische Aspekte in den Vordergrund, die die Revolution schließlich unter sich begru-
ben: »Mit der Armut in ihrer konkreten Massenhaftigkeit erschien die Notwendigkeit auf dem
Schauplatz der Politik; sie entmachtete die Macht des alten Regimes, wie sie die werdende Macht
der jungen Republik im Keim erstickte, weil sich herausstellte, daß man die Freiheit der Notwendigkeit opfern mußte. Wo immer die Lebensnotwendigkeiten sich in ihrer elementar zwingenden
Gewalt zur Geltung bringen, ist es um die Freiheit einer von Menschen erstellten Welt geschehen.«
(Ebd., S. 75) Die Amerikanische Revolution war Arendt zufolge nicht mit dem »Fluch der Armut«
belegt, weshalb mit ihr politische Freiheit Einzug halten konnte: »Die Gründung der Freiheit konnte nur gelingen, weil den ›gründenden Vätern‹ die politisch unlösbare soziale Frage nicht im Wege
stand«. (Ebd., S. 85) Für Arendt lag der Impuls für die Amerikanische Revolution in einer schon vor
der Revolution »geteilten Erfahrung einer neuartigen Form von politischer Freiheit« (Raimondi:
Zeit der Demokratie, S. 85), verstanden als »Möglichkeit einer freien Ausgestaltung der gemeinsamen Existenz« (ebd., S. 87), deren Realität es zu verstetigen galt. In Amerika gab es Gleichheit
schon, wodurch sich ein politischer Raum bilden konnte, in dem es nicht um Ökonomie ging, sondern um Politik, um die auf Pluralität beruhende »Freiheit zur Setzung neuer Zwecke«. (Ebd.)

1059 Laclau/Mouffe: Hegemonie und radikale Demokratie, S. 195.

1060 Ebd., S. 194, Hv. i. Orig.

1061 Vgl. ebd.

jener, die ehemals aus der Politik ausgeschlossen waren und nichts zählten«[1062], angestoßen worden; ein Vorgang, der die Erweiterung der politischen Gemeinschaft im
Sinne ihrer Entidentifikation befeuert(e).

Wo bleibt das Positive?

Die Beschäftigung mit den Theorien kollektiver Intentionalität mag den Eindruck hinterlassen, sie hielten die konstruktive Fortführung der Diskussion auf, insbesondere
da sie weit hinter Nancys Einwände gegen die Idee des Individuums zurückfallen.[1063]
Die nancysche Argumentation legt die Mutmaßung nahe, dass nur aufgrund eines Mit-
Seins gemeinsames Handeln möglich ist. Wir können tatsächlich gemeinsam handeln,
weder als vereinzelte Individuen noch als organischer ›Körper‹, weil wir ›mit‹ sind. Unser Mit-Sein ›ist‹ nicht (im Sinne einer vorausgesetzten Substanz), sondern ereignet
sich als kollektive Praxis: Wir handeln unser Sein gemeinsam aus.[1064]

Obwohl die Mängel der Theorien kollektiver Intentionalität nach der ausgeführten
Kritik offenkundig sind, ist die Auseinandersetzung mit ihnen in zweierlei Hinsicht
von Bedeutung.

Zum einen markiert sie die Grenzen des individualistischen Paradigmas. Dies ist
nicht zuletzt als ein Nachtrag zu Nancys Abwehr der Subjektmetaphysik wichtig, die
vor allem der Idee der Gemeinschaft als Subjekt gilt, wie sie sich in den beiden Totalitarismen des 20. Jahrhunderts verwirklicht habe. Unschärfer konturiert ist die Meta-

---

1062 Raimondi: Zeit der Demokratie, S. 92; eine ähnliche Lesart findet sich bei Marchart: Neu beginnen,
      S. 161f.

1063 Ich verdanke diesen Einwand Francesca Raimondi. Grundlegend für die Kritik des Individua-
      lismus der Theorien kollektiver Intentionalität ist die schon mehrfach angeführte Studie *Wir-
      Intentionalität* von Hans Bernhard Schmid.

1064 Mit einem Fokus auf das gemeinsame Handeln übertrage ich hier in ein nancysches Vokabular,
      was Schmid: Wir-Intentionalität, S. 233, Hv. i. Orig., als Widerstand gegen den »Cartesianischen
      Denkzwang [versteht], Intentionalität auf ein Subjekt zu beziehen [...], welches dann nur *entwe-
      der* individuell oder kollektiv sein kann«. Dem entgegnet er: »Wenn gemeinsames Intendieren ein
      intersubjektiv-relationales Phänomen ist, sind gemeinsame Intentionen eben nicht von der Art, die
      ein oder mehrere einzelne, kollektive oder individuelle Subjekte *haben* – sie sind vielmehr etwas,
      worin Individuen *sich teilen*.« (Ebd., Hv. i. Orig.) Als ein »relationales Phänomen« sei die kollekti-
      ve oder »gemeinsame Intentionalität« dasjenige, »was [...] Gemeinschaft in einem ontologischen
      Sinn *ist*«. (Ebd., S. 236f., Hv. i. Orig.) Schmid bestreitet die Annahme einer »*ontologische[n]* Nach-
      rangigkeit von Kollektivität gegenüber dem Individuellen« (ebd., S. 236, Hv. i. Orig.) sowie die kon-
      träre »Kollektivsubjektkonzeption«, die meint, Kollektivität sei »eine ontologisch-fundierungslo-
      gische Vorbedingung gemeinsamen Intendierens«. (Ebd., S. 238) Vielmehr gelte, dass »das, was
      Individuen empfinden, denken oder tun, wenn sie gemeinsam intendieren, ebensowenig von ih-
      rer *tatsächlichen* Gemeinsamkeit abzulösen [ist] wie umgekehrt Gemeinschaft ohne gemeinsames
      Empfinden, Denken oder Fühlen bestehen kann«. (Ebd., S. 239, Hv. i. Orig.) In Zuspitzung dieser
      Gedanken soll die Wendung ›Wir handeln unser Sein gemeinsam aus‹ politisch gelesen werden.
      Unser gemeinschaftliches Sein ist Aushandlungssache: Es resultiert aus einem »politischen Kon-
      struktionsprojekt« (Marchart: Politische Differenz, S. 113) und kann deshalb stets auch anders kon-
      struiert werden. Diese »Dimension der immer aufs Neue anstehenden Institution« (ebd., S. 17) des
      Wir fängt der Begriff des Politischen ein; vgl. ebd., S. 15ff., siehe auch Rosa et al.: Theorien der Ge-
      meinschaft, S. 170ff.

physik des Subjekts in ihrer zweiten Ausprägung: dem Individuum.[1065] Darüber, auf welche (problematische) Weise sich der Individualismus manifestiert, liest man bei Nancy wenig – abgesehen von polemischen Spitzen gegen die »Kultivierung der Idee des Individuums«[1066] oder von der Warnung vor jener demokratiegefährdenden Auffassung der Demokratie, die (individuelle) ›Bürger*innen‹ in den Fokus rückt und dabei die Dimension der Einheit des *demos* vernachlässigt.[1067] Wie aber die Kritik der als Subjekt gedachten Gemeinschaft ihre Stichhaltigkeit durch den Nachweis der exkludierenden, tödlichen Implikationen dieser Gemeinschaftsvorstellung belegen konnte[1068], sollte auch die Kritik des Individuums an einem gegebenen ›Fall‹ nachvollzogen werden, müsste man die Unhaltbarkeit der Idee des Individuums zeigen, nicht nur behaupten.[1069] Dementsprechend wurde dargelegt, dass die Theoretiker*innen kollektiver Intentionalität daran scheitern, einen Begriff gemeinsamen Handelns zu entwickeln, der die soziale Verfasstheit der Handelnden wie auch der Handlung ernst nimmt. Die Ausführungen zu den Theorien kollektiver Intentionalität haben die Funktion einer argumentativen Nachhilfe: Ihr Beispiel fundiert eine Kritik des Individuums und liefert Gründe dafür, das Mit-Sein zur ontologischen Grundlage gemeinsamen Handelns zu machen.[1070]

Wichtig sind die Theorien kollektiver Intentionalität zum anderen wegen der Art und Weise, wie sie das Phänomen gemeinsamen Handelns zu fassen versuchen. Gerade durch Aspekte ihres methodischen Vorgehens verkennen sie zwar das gemeinsame und zumal politische Handeln.[1071] Gleichwohl verweist ihr Bestreben, sich dem gemeinsa-

---

1065 Siehe zu ›Individuum‹ und ›Gemeinschaft‹ als den zwei Gestalten der Subjektmetaphysik etwa Nancy: Entwerkte Gemeinschaft, S. 13ff. (CD 13ff.), sowie zu Nancys Abwehr von Individualismus und identitätsfixierten Gemeinschaftskonzeptionen Rosa et al.: Theorien der Gemeinschaft, S. 158ff.

1066 Nancy: Entwerkte Gemeinschaft, S. 15 (CD 16).

1067 Siehe dazu den Unterabschnitt *Selbstgenügsame Politik* in Abschnitt I.3.3.3.

1068 Siehe Nancy: Entwerkte Gemeinschaft, S. 32ff. (CD 35ff.).

1069 In diesem Sinne formuliert Schmid: Wir-Intentionalität, S. 35, Hv. i. Orig.: »Die faktische Dominanz des Individualismus lädt die Beweislast den Vertreterinnen alternativer Sozialontologien auf: es muß letztlich *innerhalb* des individualistischen *settings* gezeigt werden können, inwiefern und wo ein Abweichen von der Standardontologie des Sozialen notwendig ist.« Diese ›Standardontologie‹ besteht in der Annahme, »daß es Gesellschaften im ontologisch ›harten‹ Sinn nicht gibt, sondern nur Individuen und ihre Interaktionen«. (Ebd., S. 236)

1070 Als das Zugleich von Singularität und Pluralität ist das Mit-Sein relational zu verstehen. Mit Schmid muss man auch gemeinsames Beabsichtigen und Handeln als ein relationales Phänomen fassen: »Kein gemeinsames Intendieren ohne daß einzelne Individuen intendieren – aber die betreffende Intentionalität der einzelnen Individuen ist das, was sie ist, nur in der Bezogenheit selbst.« (Ebd., S. 239) In diesem Sinne passe »[g]emeinsame Intentionalität [...] nicht in den individualistischen Bezugsrahmen; sie setzt tatsächliche Gemeinschaft voraus«. (Ebd., S. 241, Hv. i. Orig.) Siehe zur Relationalität gemeinsamen Beabsichtigens ebd., S. 199f.; 226ff. (als Diskussion von Bratman); 230ff.

1071 Exemplarisch für die methodischen Mankos steht die Auswahl der Beispiele, die die Charakteristika gemeinsamen Beabsichtigens und Handelns anschaulich machen sollen: Sie rücken in der Regel Dyaden in den Fokus, die solche Dinge gemeinsam tun, die jede/r Akteur*in auch hätte allein tun können; siehe hierzu die Einleitung zu Abschnitt II.1 sowie zu diesen und weiteren Einwänden Schmid: Wir-Intentionalität, S. 26ff.

men Beabsichtigen und Handeln durch eine kleinschrittige Analyse seiner »Erfüllungsbedingungen«[1072] zu nähern, auf die Notwendigkeit einer genauen Bestimmung dessen, was am gemeinsamen Beabsichtigen und Handeln ›gemeinsam‹ ist[1073] und was politisches Handeln über seinen kollektiven Charakter hinaus kennzeichnet[1074] sowie von
anderen Formen gemeinsamen Handelns unterscheidet. Welche Bedingungen müssen
notwendigerweise erfüllt sein, um von gemeinsamem oder politischem Handeln sprechen zu können, welche sind hinreichend?[1075] Kollektivität kann als eine notwendige
Bedingung politischen Handelns gelten, aber soll nicht alles gemeinsame Handeln auch
als politisches Handeln zählen, reicht sie allein nicht hin, um politisches Handeln zu
definieren.[1076]

Die Theorien Castoriadis' sowie Laclaus und Mouffes kommen dem Erfordernis einer präzisen Auslegung gemeinsamen und politischen Handelns nur zum Teil nach.
Eine bis in feinste Verästelungen ausgearbeitete Explikation der einzelnen Strukturele-
mente gemeinsamen Handelns, wie sie die Theoretiker*innen kollektiver Intentionalität vorlegen, bieten sie nicht. Ihre Antwort auf die Frage, was die »*Kollektivität*«[1077], die
als wesentlich für politisches Handeln behauptet wird[1078], ausmacht, bleibt gröberen
Zuschnitts. Dennoch sind Castoriadis' und Laclaus und Mouffes Ansätze instruktiv, da
sie politisches Handeln als einen Handlungstyp ernst nehmen, der verkannt wird, wenn
er, wie es der Handlungsbegriff der Theorien kollektiver Intentionalität impliziert, als
ein Herstellen (im arendtschen Sinne) verstanden wird[1079]; und der allein durch das
Kriterium der ›Kollektivität‹ keineswegs hinreichend bestimmt ist. Aus diesem Grund
nennen die folgenden Ausführungen weitere Merkmale politischen Handelns, beanspruchen aber nicht, nach Art der Theorien kollektiver Intentionalität die ›Erfüllungsbedingungen‹ politischen Handelns *en détail* zu bestimmen. Das Ziel ist es, Mit-Sein
als die notwendige Bedingung politischen Handelns auszuweisen, und ›Kollektivität‹

1072 Vgl. hierzu Searle: Intentionalität, S. 26ff. »Erfüllungsbedingungen sind diejenigen (vom intentio-
      nalen Gehalt festgelegten) Bedingungen, die bestehen müssen, damit der Zustand erfüllt sein
      kann.« (Ebd., S. 29)
1073 Die Antworten auf diese Frage wurden in den Abschnitten zu den Protagonist*innen der Debatte
      um kollektive Intentionalität angeführt; siehe auch Schmid/Schweikard: Einleitung, S. 14; 46ff.
1074 Siehe hierzu etwa Marchart: Politische Differenz, S. 289ff.
1075 Auf die Notwendigkeit dieser Unterscheidung wies mich Ludger Schwarte hin.
1076 Hier sei vorausschickend schon angemerkt: Nicht nur muss, um als gemeinsame oder politische
      Handlung gelten zu können, eine Handlung (oder müssen die dahinterliegenden Absichten) be-
      stimmte Bedingungen erfüllen; es muss gewissen Anforderungen auch genügen, wer als Akteur*in
      gelten will. Dies deuten Schmid/Schweikard: Einleitung, S. 58f., an, die konstatieren, dass »die
      meisten der bestehenden Analysen [kollektiver Intentionalität, S. H.] zu hohe kognitive Anfor-
      derungen an die Beteiligten stellen, indem sie verlangen, dass Letztere iterierte Überzeugungen
      von den intentionalen Einstellungen der anderen Beteiligten haben. Kleinkinder sind vor der Ent-
      wicklung einer vollständigen Konzeption des Geistigen zur Bildung solcher Überzeugungen nicht
      in der Lage.« (Ebd., S. 58)
1077 Marchart: Politische Differenz, S. 311, Hv. i. Orig.
1078 Siehe dazu ebd., S. 301ff.; 311ff., sowie die Abschnitte II.2 und II.3 dieser Arbeit.
1079 Diesen Aspekt betont durch die Bestimmung des Handelns als *praxis* Castoriadis; siehe dazu Ab-
      schnitt II.2.3.

in Abkehr von einer Subjektmetaphysik, die ›Kollektivität‹ nur als »Individuum oder totale[n] Staat«[1080] begreifen kann, neu zu fassen.

Warum nicht weiter mit Hannah Arendt?

Die Kritik der Theorien kollektiver Intentionalität legte offen: Wo diese Theorien vom ›Handeln‹ sprechen, beschreiben sie das ›Herstellen‹ – ein auf einen Handlungszweck abgezieltes Tun, das auch alleine getan werden könnte.[1081] Arendt verdeutlichte, dass Handeln in einem »Zweck-Mittel-Schema« nicht aufgeht, was »ein kreativistisches Verständnis politischen Handeln[s]«[1082] nahelegt. Selbstzweckhaftigkeit[1083] und Kreativität[1084] wären mögliche Kriterien, mit denen sich das Handeln, die »eigentlich politische Tätigkeit der Vita activa«[1085], von anderen Aktivitäten unterscheiden ließe. In eins verweisen diese Kriterien auf Möglichkeitsbedingungen politischen Handelns.[1086] Das Handeln als selbstzweckhafter, kreativer »Neuanfang«[1087] ist möglich, weil oder wenn es unter der Bedingung menschlicher Pluralität stattfindet.[1088] Hinzu kommt die »Natalität«[1089] des Menschen: Sie »ist, quasi-transzendental gefasst, die Bedingung der Möglichkeit des Neubeginnens im Handeln«.[1090] Drittens bedarf das Handeln eines öffentlichen Raumes.[1091]

1080 Nancy: Entwerkte Gemeinschaft, S. 16 (CD 17).

1081 Siehe zum Begriff des Herstellens etwa Arendt: Vita activa, S. 168f.; 181ff.; 191f.; 234.

1082 Harald Bluhm: Hannah Arendt und das Problem der Kreativität politischen Handelns. In: ders./ Gebhardt, Jürgen (Hg.): Konzepte politischen Handelns. Kreativität – Innovation – Praxen. Baden-Baden 2001, S. 73-94, 90.

1083 Siehe etwa Arendt: Vita activa, S. 262, sowie (mit Verweis auf diese Arendt-Passage) Rainer Forst: Republikanismus der Furcht und der Rettung. Zur Aktualität der politischen Theorie Hannah Arendts. In: Heinrich-Böll-Stiftung (Hg.): Hannah Arendt: Verborgene Tradition – Unzeitgemäße Aktualität? Berlin 2007, S. 229-239, 234; zudem Andreas Grossmann: ›Im Anfang liegt alles beschlossen‹: Hannah Arendts politisches Denken im Schatten eines Heideggerschen problems [sic!]. In: Man and World 30 (1997), H. 1, S. 35-47, 39; Volker Gerhardt: Mensch und Politik. Anthropologie und Politische Philosophie bei Hannah Arendt. In: Heinrich-Böll-Stiftung (Hg.): Hannah Arendt: Verborgene Tradition – Unzeitgemäße Aktualität? Berlin 2007, S. 215-228, 224; Oliver Marchart: ›Acting is fun‹. Aktualität und Ambivalenz im Werk Hannah Arendts. In: Heinrich-Böll-Stiftung (Hg.): Hannah Arendt: Verborgene Tradition – Unzeitgemäße Aktualität? Berlin 2007, S. 349-358, 354.

1084 Siehe allgemein zum Zusammenhang von Kreativität und politischem Handeln die systematisierende Skizze von Bluhm: Kreativität politischen Handelns, S. 76f.

1085 Grossmann: Im Anfang liegt alles beschlossen, S. 39.

1086 Wie Vollrath: Politik und Metaphysik, S. 219, formuliert, gehe es Arendt in *Vita activa* um »die Bedingungen, die vorhanden sein müssen, auf daß Leben als menschliches, d.h. als Handeln, sich vollziehen kann«.

1087 Arendt: Vita activa, S. 216; siehe auch ebd., S. 18; 215.

1088 Siehe etwa ebd., S. 17; 213; 234, sowie Grossmann: Im Anfang liegt alles beschlossen, S. 39; Vollrath: Politik und Metaphysik, S. 219.

1089 Arendt: Vita activa, S. 18.

1090 Marchart: Acting is fun, S. 350f.; siehe zu ›Natalität‹ bei Arendt auch Marchart: Neu beginnen, S. 31ff.

1091 Siehe dazu Bluhm: Kreativität politischen Handelns, S. 84f.; 90. Bei Arendt, so Ring, sei unklar, ob der öffentliche Raum die – architektonisch und durch Gesetze abgesicherte – Gewähr dafür bietet, dass politisches Handeln stattfinden kann (siehe in diesem Sinne Arendt: Vita activa, S. 35; 244),

Insbesondere in der Gegenüberstellung mit dem Handlungsbegriff der Theorien kollektiver Intentionalität eignet dem arendtschen Handlungsverständnis ein kritisches Moment. Indes deutete sich an, dass Arendts Idee politischen Handelns und politisch Handelnder Schwachstellen hat. Ihr Ansatz wird von »politischem Purismus«[1092] heimgesucht, der mit Blick auf die politisch Handelnden sowie den Gegenstandsbereichs des Politischen Ausschlusseffekte zeitigt.[1093]

Arendts Vorstellung politisch Handelnder, gibt Jennifer Ring die Kritik wieder[1094], sei geprägt vom »profoundly antidemocratic image«[1095] des griechischen Heroen, der sich, beseelt vom »agonale[n] Geist« des »leidenschaftliche[n] Sich-an-Anderen-Messen[s]«[1096], in der »strahlende[n], Ruhm stiftende[n] Helle«[1097] der Öffentlichkeit als der Beste unter seinesgleichen hervorzutun suche.[1098] Durch sein öffentliches Handeln und Sprechen nehme er die privilegierte Gelegenheit wahr, sich selbst zu enthüllen in seiner »Einzigartigkeit«.[1099] Das Handeln, so Arendt, unterliege »dem Kriterion der Größe«, da es vordringe »in das Außerordentliche [...], wo eben das, was gemeinhin und im Alltagsleben gültig und maßgebend ist, nicht mehr gilt«.[1100] Diese Bestimmung des Handelns (und der Handelnden) verursacht eine ›antidemokratische‹ Schlagseite, weil sie eine »hierarchical segregation«[1101] zwischen den öffentlich handelnden (und sprechenden) »Gleichen«[1102] und den »Ungleichen«« voraussetzt, die, eingeschlossen in die Sphäre des *oikos*, wo sie den Handelnden und Sprechenden das Überleben sicherten, ausgeschlossen waren vom »politischen Raum«.[1103] Die(se) »Ausgeschlossenen«[1104], die nicht öffentlich als Freie und Gleiche sprechen und handeln können, haben in Arendts Idee von Politik keinen Platz.[1105] Da sie Haushalt und politische Sphäre strikt trenne, variiert Därmann diesen Anwurf, fehle Arendt der »Blick dafür, dass die despotischen Macht- und Gewalträume der Arbeit und der Zwangsarbeit zumal zum Schauplatz politischer Gesten gemacht wurden, die diese

---

oder ob das Handeln diesen Raum erschafft (so ebd., S. 249f.); siehe hierzu (und für die Verweise auf die Textstellen bei Arendt) Ring: Pariah as hero, S. 438ff.

1092 Raimondi: Zeit der Demokratie, S. 58.

1093 Vgl. ebd., S. 58f.; 67; 85ff.; 92.

1094 Meine Darstellung in diesem und dem nächsten Absatz folgt Ring: Pariah as hero, S. 433f.

1095 Ebd., S. 434.

1096 Arendt: Vita activa, S. 243.

1097 Ebd., S. 220.

1098 Vgl. ebd., S. 52f.

1099 Ebd., S. 214; vgl. ebd.; 219; 243; 263; Forst: Republikanismus der Furcht und der Rettung, S. 235.

1100 Arendt: Vita activa, S. 260f. Mit Verweis auf diese Passage spricht Forst: Republikanismus der Furcht und der Rettung, S. 235, Hv. i. Orig., von der »*heroischen* Dimension« des arendtschen Begriffs politischen Handelns.

1101 Ring: Pariah as hero, S. 434.

1102 Arendt: Vita activa, S. 53.

1103 Ebd., S. 42; siehe Ring: Pariah as hero, S. 433f.

1104 Raimondi: Zeit der Demokratie, S. 58.

1105 Vgl. ebd.; 92.

in einen politischen Raum gefährlicher Kundgebungen und Demonstrationen der Gleichheit verwandeln konnten«.[1106]

Diesem Vorwurf korrespondiert ein zweiter, der auf den Objektbereich politischen Handelns zielt.[1107] Er entfaltet die Konsequenzen aus Arendts Kritik, »daß die Gesellschaft den Bereich des Öffentlichen erobert hat«[1108], und aus ihrem Bemühen um einen »Begriff des Politischen«, der sich löst »von seiner traditionellen Unterordnung gegenüber dem Sozialen«.[1109] Diese Subordination, meint Arendt, habe zur Folge, dass nur noch »Tätigkeiten, die [...] der Erhaltung des Lebens dienen, [...] die Physiognomie des öffentlichen Raumes bestimmen dürfen«.[1110] Dies führe dazu, dass die Menschen nicht mehr handelten, sondern sich (konformistisch) verhielten, und Politik zu einer haushälterischen Verwaltungsangelegenheit herunterkomme.[1111] Die Missbilligung dieser »apolitische[n] Form von Politik«[1112] impliziert allerdings die »Entpolitisierung des Sozialen«, da Arendt »›soziale‹ Belange, also all das, was mit der ökonomischen Reproduktion der Gesellschaft zu tun hat«[1113], aus der politischen Sphäre zwar nicht rundweg verbannt, aber doch als nicht politisch, sondern administrativ-techn(okrat)isch zu lösende Fragen versteht.[1114]

Problematisch ist möglicherweise auch Arendts Akzentuierung des wundergleichen Neubeginns, der Handeln sei.[1115] Unerlässlich ist die arendtsche Neuanfangsemphase zweifellos als Gegengewicht zu der Tendenz der Theorien kollektiver Intentionalität, das Neue aus dem Begriff gemeinsamen Handelns dadurch auszuschließen, dass sie die »Unvorhersehbarkeit«[1116], die dem Handeln eignet, durch die Analyse von Handlungsabsichten und damit die Korsettierung des Handelns in eine Relation von Zweck und Mittel zu entschärfen suchen.[1117] Arendts Fokus auf das initiierende Moment des Handelns[1118] führt jedoch dazu, dass sie für »ein Kernproblem des Politischen«, das

---

1106 Därmann: Undienlichkeit, S. 302; vgl. ebd., und siehe auch ebd., S. 301: »Revolutionäre Kämpfe mit dem Ziel, sich aus dem Leiden und der Miserabilität der Armut zu befreien, stellten in ihren Augen bestenfalls präpolitische Bedingungen für die eigentliche politische Praxissphäre bereit«.

1107 Ich stütze mich hier auf die Argumentation von Forst: Republikanismus der Furcht und der Rettung, S. 233f.

1108 Arendt: Vita activa, S. 52; siehe zur folgenden Skizze dieser Kritik auch Raimondi: Zeit der Demokratie, S. 64ff.

1109 Marchart: Politische Differenz, S. 36; vgl. ebd., und siehe zudem ebd., S. 42ff.

1110 Arendt: Vita activa, S. 59.

1111 Vgl. ebd., S. 50ff.; siehe auch Spitta: Gemeinschaft jenseits von Identität, S. 311.

1112 Marchart: Politische Differenz, S. 36, Hv. i. Orig.

1113 Forst: Republikanismus der Furcht und der Rettung, S. 234, Hv. i. Orig.

1114 Vgl. ebd., mit Verweis auf Arendt: Über die Revolution, S. 346. Jürgen Habermas: Hannah Arendts Begriff der Macht [1976]. In: ders.: Philosophisch-politische Profile. Erweiterte Ausgabe. Frankfurt a.M. 1987, S. 228-248, 240, bereits hatte Arendts Vorstellung von einer »Politik, die von Fragen der Gesellschaftspolitik gereinigt ist«, als unvereinbar mit der »moderne[n] Gesellschaft« kritisiert. Zu Arendts ›Entpolitisierung des Sozialen‹ siehe auch Bluhm: Kreativität politischen Handelns, S. 91; Grossmann: Im Anfang liegt alles beschlossen, S. 40, sowie Spitta: Gemeinschaft jenseits von Identität, S. 315f., die neben Habermas' Einwand weitere kritische Stimmen vermerkt.

1115 Vgl. Arendt: Vita activa, S. 216f.

1116 Ebd., S. 216.

1117 Siehe dazu oben den Unterabschnitt *Handeln, nicht herstellen*.

1118 Vgl. ebd., S. 18.

Problem »der Reifizierung und Stillstellung«[1119], keine befriedigende Lösung hat. »Ein politischer öffentlicher Raum«, drückt Forst das Problem aus, »ist zugleich darauf angewiesen, auf Dauer gegründet zu sein, als auch darauf, in seiner Verfasstheit selbst Gegenstand des Handelns sein zu können.«[1120] Arendt gebe dieses Verhältnis von Anfang oder Veränderung und (institutionellem) Fortsetzen als ein unlösbares Problem aus: Es sei für sie stets »die Macht des gemeinsamen Neuen [...], das die Revolution trägt, welche aber genau dann verloren zu gehen droht, wenn das Unternehmen der Gründung gelingt«.[1121] Ähnlich wie Nancy schenkt auch Arendt der »*institutionellen* Dimension des Politischen«[1122] zu wenig Aufmerksamkeit.[1123] Die Ursache dafür kann man »in ihrem

---

1119   Forst: Republikanismus der Furcht und der Rettung, S. 236.

1120   Ebd.

1121   Ebd. Grossmann: Im Anfang liegt alles beschlossen, S. 42, Hv. i. Orig., sieht bei Arendt ein »strukturelles Dilemma« festgehalten: »*Entweder* es bilden sich politische Institutionen, die dem Gemeinwesen zwar Stabilität geben, jedoch den Geist des Anfangs preisgeben; *oder* man findet dem Geist der Revolution angemessene Institutionen, die den Anfang bewahren, dafür aber Errungenschaften der Revolution selbst [...] nicht zu affirmieren in der Lage sind.« Grossmann verweist hier wie Forst: Republikanismus der Furcht und der Rettung, S. 236, auf Arendts *Über die Revolution*, wo die Rede ist von einem »Versagen der [Amerikanischen, S. H.] Revolution [...], die für alles Institutionen gefunden hatte, nur nicht für den sich in ihr manifestierenden Geist. [...] Das Problem [...] scheint rein logisch schlechthin unlösbar: Wenn mit der Gründung [der Republik, S. H.] die Revolution ihr Ziel erreicht hat und an ihr Ende gekommen ist, dann ist der Geist der Revolution nicht nur nicht das Neubeginnen, sondern Beginnen von etwas, das weiteres Neubeginnen erübrigen soll; eine dem Geist des Neubeginnens entsprechende Institution würde gerade die revolutionären Errungenschaften wieder in Frage stellen.« (Arendt: Über die Revolution, S. 298f.) Grossmann: Im Anfang liegt alles beschlossen, S. 42, und Forst: Republikanismus der Furcht und der Rettung, S. 236f., machen darauf aufmerksam, dass Arendt mit dem Rätesystem eine – allerdings problematische – Lösung anbiete. Mit Habermas: Arendts Begriff der Macht, S. 236, Anm. 7, ließe sich diese Lösung als »eigentümliche Verbindung von partizipatorischer Demokratie mit [...] elitären Strukturen« bezeichnen. Seit der Französischen Revolution, so Arendt, hätten sich auch in anderen Revolutionen spontan Räte gebildet (vgl. Arendt: Über die Revolution, S. 336ff.), die beanspruchten, »sich als bleibende Staatsorgane zu etablieren.« (Ebd., S. 341) Sie schürten die »Hoffnung [...] auf eine neue Staatsform, die es jedem inmitten der Massengesellschaften doch erlauben könnte, an den öffentlichen Angelegenheiten der Zeit teilzunehmen«. (Ebd.; teilweise auch zitiert bei Forst: Republikanismus der Furcht und der Rettung, S. 237) Arendts Idee der Räte besitze indes »elitistische« (Forst: Republikanismus der Furcht und der Rettung, S. 237) Implikationen: Zwar problematisiert Arendt den Elitenbegriff, da »er die Vielen aus dem politischen Bereich prinzipiell ausschließt« und sie der Herrschaft der »Wenigen« (Arendt: Über die Revolution, S. 355) unterstellt; sie hält aber, zitieren auch Forst und Grossmann, die Rätemitglieder für elitär, da »es ihnen um anderes und vielleicht um mehr geht als um ihr privates Wohlbefinden und um ihre legitimen Privatinteressen. Nur wer an der Welt wirklich interessiert ist, sollte eine Stimme haben im Gang der Welt.« (Ebd., S. 360; vgl. ebd., S. 357f.; 359f.) Jene, die im Rätesystem nicht politisch engagiert sind, hätten »sich selbst ausgeschlossen«. (Ebd., S. 360; vgl. ebd.; Forst: Republikanismus der Furcht und der Rettung, S. 237; Grossmann: Im Anfang liegt alles beschlossen, S. 42)

1122   Forst: Republikanismus der Furcht und der Rettung, S. 236, Hv. i. Orig.

1123   Siehe zu dieser Kritik an Nancy Abschnitt I.4 dieser Arbeit. Marchart: Politische Differenz, S. 114, Hv. i. Orig., vermutet, dass Nancys Schwierigkeit, den »*instituierenden* Aspekt des Politischen« zu theoretisieren, daher rühre, dass seine Philosophie in der vor allem mit Arendt verbundenen »Traditionslinie des Assoziativ-Politischen« zu verorten sei; siehe zu dieser Tradition ebd., S. 35ff.

aufs ›Wunder‹ anfänglichen Handelns konzentrierten Ansatz«[1124] vermuten. Es bleibt unklar, auf welche Weise »eine beständige und verantwortbare Ordnung jemals aus einem wundergleichen Neuanfangen«[1125] entstehen soll. »Ein Anfang ist [...] nur Anfang, wenn er Anfang *von etwas* ist.«[1126] Arendt gehe es aber vor allem um »das Anfangen, die Möglichkeit des Anfangens«, nicht um den »Prozeß des Durchführens und Vollendens«.[1127]

Die Schwächen der arendtschen Theorie rechtfertigen es, die Argumentation mithilfe anderer Theorien fortzuführen (was weitere Rekurse auf Arendt nicht ausschließt). Dies scheint mir umso besser vertretbar, als sich zum einen die von Arendt behaupteten und in der Tat essentiellen Merkmale und Möglichkeitsbedingungen des Handelns (Selbstzweckhaftigkeit, Kreativität, Pluralität, ›Natalität‹, öffentlicher Raum) in den Theorien Castoriadis', Laclaus und Mouffes sowie in architekturphilosophischen Ansätzen wiederfinden.[1128] So stellt Castoriadis das schöpferische Moment politischen Handelns in den Vordergrund, betonen Laclau und Mouffe die dem Handeln zugrundeliegende Pluralität, und untersucht die Architekturphilosophie die (politische) Bedeutung und Gestaltung öffentlicher Räume. Dabei zeigen sowohl Castoriadis als auch Laclau und Mouffe: Das Verhältnis von Anfangen und Fortsetzen muss nicht resignativ als »Aporie«[1129] verstanden werden, sondern lässt sich so denken, dass politisches Handeln weder stillgestellt wird noch sich in immer nur neuem Anfangen leerläuft. Zum anderen verstehen Castoriadis, Laclau und Mouffe und begreift auch der unten vorgeschlagene architekturphilosophische Zugang[1130] Politik nicht als Elitenangelegenheit, sondern als eine Erweiterung des Kreises derer, die (als) politisch (Handelnde) zählen. In diesem Sinne deuten Laclau und Mouffe die Französische Revolution: Mit der dadurch in Gang gesetzten »Ausweitung von Gleichheit und Freiheit«[1131] habe man private Verhältnisse der Unterordnung in politische »*Unterdrückungsverhältnisse*«[1132] umwandeln können, wodurch neue Gruppen als politisch handlungsfähig sichtbar geworden seien.[1133]

1124 Grossmann: Im Anfang liegt alles beschlossen, S. 42.

1125 Ebd., S. 40.

1126 Ebd., Hv. i. Orig. Siehe auch ebd., S. 42, Hv. i. Orig.: »Wie sich ein aus dem ›Wunder‹ unableitbaren, unmittelbaren Handelns ergebendes *Neues* [...] institutionell konsolidieren lassen soll, ist in der Tat schwer zu denken.«

1127 Bluhm: Kreativität politischen Handelns, S. 80. Wenn dies als Vorwurf gemeint ist, relativiert Bluhm ihn zugleich: In Arendts erstmals 1970 in englischer Sprache publiziertem Text *Ziviler Ungehorsam* beispielsweise deute sich an, dass sie »zumindest eine partielle Institutionalisierung« (ebd., S. 89) des revolutionären *esprit* für möglich hält; siehe insgesamt zu Arendts Institutionen- und Institutionalisierungskonzept die Darstellung ebd., S. 86ff.

1128 Ich unterstelle nicht, die genannten Ansätze nähmen explizit oder implizit Bezug auf Arendt.

1129 Forst: Republikanismus der Furcht und der Rettung, S. 236.

1130 Siehe dazu Abschnitt II.4 dieser Arbeit.

1131 Laclau/Mouffe: Hegemonie und radikale Demokratie, S. 196.

1132 Ebd., S. 194, Hv. i. Orig.

1133 Vgl. ebd.; 196; siehe auch Raimondi: Zeit der Demokratie, S. 88f.; 92, sowie Marchart: Neu beginnen, S. 162, Hv. i. Orig.: »[D]as *Demokratische* an der Demokratie [besteht] in genau der *Ausweitung und Vertiefung* des egalitären Horizonts *qua Inklusion* vormals Ausgeschlossener«. Manches von dem, was hier als Vorteil der Theorien Castoriadis' sowie Laclau und Mouffes gegenüber dem arendtschen Ansatz behauptet wird, ließe sich schon bei Arendt finden. Jedenfalls stehen der vorgetragenen Kritik positivere Interpretationen Arendts entgegen. So sei für sie nicht der »narcis-

Anthropozentrische Verengungen

Weder Laclau und Mouffe noch Castoriadis oder Arendt[1134] überschreiten den Rahmen dessen, was man im Anschluss an Bernd Ladwigs *Politische Philosophie der Tierrechte* (2020) einen »Anthropozentrismus in der politischen Philosophie«[1135] nennen könnte. Dieser sorgt dafür, dass politische Relevanz und Akteur*innenschaft allein dem Menschen – und letztere sogar: einzig Menschen mit bestimmten Eigenschaften oder Merkmalen – vorbehalten bleibt.[1136]

> Der Mensch ist demnach das einzige politische Tier: Nur er ist zu öffentlichem Handeln fähig oder auch verpflichtet. Außerdem kann nur der Mensch ein Vollmitglied der Gemeinwesen sein, die wir durch kollektives Handeln hervorbringen. Und nur sein Los zählt, wenn wir über Gemeinwohl und Gerechtigkeit befinden.[1137]

---

sistic, sword-rattling show-off« (Ring: Pariah as hero, S. 435) der Prototyp politisch Handelnder, sondern der vom öffentlichen Leben ausgeschlossene Paria; siehe dazu ebd., S. 441ff., sowie Vollrath: Politik und Metaphysik, S. 215, der mit Verweis auf Arendts *Die verborgene Tradition* (1948) ausführt, dass für sie »die Situation des Paria die des Menschen schlechthin ist: in die Welt gekommen zu sein, die nicht ohne weiteres, d.h. nicht ohne politisches Handeln, als eine menschliche von Menschen bewohnt werden kann«. Zu erwähnen sind hier auch Arendts Gedanken zu einer »Politik der Staatenlosen«, das heißt einer »Politik, die nicht durch die Teilhabe an einer etablierten öffentlichen Sphäre entsteht, sondern genau aufgrund des Mangels an einer solchen«. (Raimondi: Zeit der Demokratie, S. 74) Ring bescheinigt der arendtschen »conception of political action« mit Blick auf die Ausführungen Arendts in *Über die Revolution* und zum zivilen Ungehorsam denn auch insgesamt einen »profound antielitism« (Ring: Pariah as hero, S. 449), der sich in einem Glauben an die politische Handlungsfähigkeit der »ordinary people« (ebd., S. 445) ausdrücke: »She believes all people are capable of choosing to act politically, to secure for themselves what no other human being can secure for them: the capacity to act and with it, the capacity for real freedom.« (Ebd., S. 448) Daher gelte: »The Greek hero becomes something of an aberration, while the outsider, the ordinary man or woman, the pariah, steps forth as the more consistently maintained model of a political actor.« (Ebd., S. 450) Vor diesem Hintergrund ist auch der Vorwurf zu hinterfragen, Arendt erkläre durch ihr »Verständnis von Revolution als historischem Ereignis größter Dimension« (Marchart: Acting is fun, S. 353) Politik zu einer nicht nur »elitäre[n]«, sondern auch »rarifizierte[n] Angelegenheit«. (Ebd., S. 354) Zwar scheint es so, wie Bluhm: Kreativität politischen Handelns, S. 86, meint, »daß es in erster Linie Ausnahmesituationen sind, wie Gründungsakte von Republiken und Verfassungsgebungen […], die Arendt interessieren.« Tatsächlich aber ›veralltägliche‹ sie politisches Handeln (vgl. Marchart: Acting is fun, S. 355) und entwerfe geradezu »eine proto-dekonstruktive Theorie des Politischen«, die von einer »Ubiquität des Handelns« (ebd., S. 353) ausgehe: Jedes Handeln, in welchem Maßstab auch immer, sei ein neuer Anfang und deshalb politisch. (Vgl. ebd., S. 353f., und siehe auch Marchart: Politische Differenz, S. 327f.)

1134   Gerhardt: Mensch und Politik, S. 218, meint, Arendt habe »den anthropologischen Bedingungen des politischen Handelns nachgespürt«. Ihr *Vita activa*, so Arendt: Vita activa, S. 14, handele von »den Grundbedingtheiten menschlicher Existenz auf der Erde«. Das Handeln stehe unter der »Grundbedingung« des »Faktum[s] der Pluralität« (ebd., S. 17), damit sei es »das ausschließliche Vorrecht des Menschen; weder Tier noch Gott sind des Handelns fähig«. (Ebd., S. 34) Für eine anthropologische Deutung der Kategorien »menschliche[r] Bedingtheit« (ebd., S. 18) – ›Pluralität‹, ›Natalität‹ sowie ›Mortalität‹ (vgl. ebd., S. 17f.) – siehe beispielsweise Gerhardt: Mensch und Politik, S. 220ff.

1135   Bernd Ladwig: Politische Philosophie der Tierrechte. Berlin 2020, S. 215.

1136   Vgl. ebd.; 217.

1137   Ebd., S. 216f.

Die Frage nach den Bedingungen, die für gemeinsames Handeln erfüllt sein müssen, macht auf diesen Anthropozentrismus aufmerksam. In allen oben untersuchten Theorien kollektiver Intentionalität finden sich – mehr oder weniger ausführliche – Überlegungen dazu, ob das Vermögen, gemeinsam beabsichtigen und handeln zu können (und ob davon abgeleitete Fähigkeiten), humanexklusiv ist (sind) oder nicht. Auch Nancy übrigens berührt, so zeigte seine Heidegger-Kritik, das Problem des Anthropozentrismus. Seine gegen die Auffassung einer ›besonders‹ sozialen Verfasstheit des Menschen formulierte These, alles Seiende sei Mit-Sein, beinhaltet aber wohl nicht, dass alles Seiende gleichermaßen zu gemeinsamem oder gar politischem Handeln fähig wäre. Die Überwindung des sozialphilosophischen oder ontologischen Anthropozentrismus lässt keineswegs auch den ›Anthropozentrismus in der politischen Philosophie‹ hinter sich.[1138]

Einzig der Mensch, lautet der anthropozentrische Lehrsatz, schaffe durch sein ›kollektives Handeln‹ ein ›Gemeinwesen‹. Ob man dies für zutreffend hält, hängt von den ›Erfüllungsbedingungen‹ ab, die man an das Vorliegen einer kollektiven Handlung stellt: Sie verengen oder erweitern den Kreis möglicher Handelnder. Dies wird deutlich an der Frage, ob auch nicht-menschliche Tiere als kollektiv (und: politisch) handlungsfähig gelten können.

Verstünde man ›kollektives Handeln‹ als kooperatives Zusammenhandeln, so ließe sich Ladwig zufolge nicht ausschließen, dass auch nicht-menschliche Tiere ›mithandeln‹ können: Zumindest einige unter ihnen seien zu kooperativem Handeln fähig.[1139] Dieses Urteil speist sich aus der Kritik an »einem Kooperationskonzept [...], das als eine notwendige Bedingung geteilte Intentionalität vorsähe«.[1140] Ohne die (nur Menschen zugeschriebene) Fähigkeit zu ›geteilter Intentionalität‹ sei Kooperation unmöglich, da zu kooperieren bedeute, dass Handelnde gemeinsame oder geteilte Ziele verfolgen und die Zielverfolgung mit normativen Ansprüchen verknüpfen.[1141] Ein derart ambitionierter Kooperationsbegriff exkludierte »sehr viele Tiere, die wir heute etwa als ›Nutztiere‹ betrachten und ausbeuten«.[1142] Stattdessen, regt Ladwig an, sollte man »unter Kooperation ein arbeitsteiliges Zusammenwirken intentionaler Subjekte [...] verstehen«[1143] und auf Bedingungen wie ›geteilte Intentionalität‹ oder reziproke Normativität verzichten.[1144]

Searles Einlassungen zu der Frage, ob das Vermögen, gemeinsam beabsichtigen und handeln zu können, auf den Menschen beschränkt ist oder auch anderen Tieren zukommt, hatten wir schon kennengelernt. Er bringt seine Ansicht auf die Formel: »There

---

1138 Siehe hierzu Abschnitt I.3.2 (*Welt und Stein*) sowie Abschnitt I.3.3.1 (*Nancys ›ursprüngliche Ethik‹*).
1139 Vgl. ebd., S. 228ff.
1140 Ebd., S. 230.
1141 Vgl. ebd., S. 229f. Ladwig bezieht sich auf Tobias Starzaks Studie *Kognition bei Menschen und Tieren. Eine vergleichende philosophische Perspektive* (2015), die wiederum auf Henrike Moll/Michael Tomasello: Cooperation and human cognition: the Vygotskian intelligence hypothesis. In: Philosophical Transactions of the Royal Society B 362 (2007), H. 1480, S. 639-648, rekurriere.
1142 Ladwig: Philosophie der Tierrechte, S. 230.
1143 Ebd.
1144 Vgl. ebd., S. 230f.

are lots of social animals, but man is the only political animal.«[1145] Nicht-menschliche *social animals* hätten die Fähigkeit zu »*kollektive[r] Intentionalität*«[1146] und könnten deshalb kooperieren; sie lebten in einer »*sozialen* Wirklichkeit«.[1147] Da es ihnen aber an einer Sprache fehle, mit der sie ›Konstitutionsregeln‹ festlegen und ›Statusfunktionen‹ zuweisen könnten[1148], seien nicht-menschliche Tiere außerstande, eine »institutionelle Wirklichkeit«[1149], zu der beispielsweise Regierungen oder politische Parteien zählten, hervorzubringen und an ihr zu partizipieren.[1150] Mit Blick auf die Ontogenese der Fähigkeit, »ein X als ein Y gelten zu lassen«[1151], also: ›Statusfunktionen‹ zu erfinden, verweist Searle auf Michael Tomasellos und Hannes Rakoczys Aufsatz *The Ontogeny of Social Ontology. Steps to Shared Intentionality and Status Functions.* Ihm könne man entnehmen, »daß menschliche Kinder schon sehr früh dazu imstande sind, dieses Zwei-Ebenen-Denken zu lernen, das die Schaffung und Aufrechterhaltung der institutionellen Wirklichkeit auszeichnet«.[1152] Auch wenn es für ihn unproblematisch sei, sollten nicht-menschliche Tiere aufgrund bislang unentdeckter Fähigkeiten die »Trennungslinie« zwischen Tier und Mensch überschreiten und sich »auf unserer Seite«[1153] einfinden, bleibt Searles Argumentation anthropozentrisch: Nur der Mensch ist ein politisches Tier.

Gilbert diskutiert »*The Question of Animals*«[1154] auf den letzten Seiten ihrer Arbeit *On Social Facts.*[1155] Sie will vor allem ihre Beschäftigung mit dem allein auf menschliche Kollektive bezogenen Begriff des Pluralsubjekts verteidigen. Fasste man den Begriff der »»social group««[1156] zu weit, verfehlte man möglicherweise »the essence of human groups«[1157], das heißt wohl die – vor allem normativen – Kriterien, die den alltagssprachlichen Gebrauch des Pronomens ›Wir‹ kennzeichneten und auf individueller Ebene mit bestimmten Verhaltensmotivationen einhergingen.[1158] Im Unterschied zu Searle enthält Gilbert sich eines Urteils »about the inner life of animals«[1159], also auch über die Fähigkeit nicht-menschlicher Tiere, ein ›Pluralsubjekt‹ zu bilden.[1160]

1145 Searle: Social ontology and political power, S. 197.

1146 Searle: Grundprinzipien der Sozialontologie, S. 510, Hv. i. Orig.

1147 Ebd., S. 511, Hv. i. Orig.

1148 Siehe zu diesen Begriffen Abschnitt II.1.2.1 der vorliegenden Arbeit.

1149 Ebd., S. 513.

1150 Vgl. Searle: Social ontology and political power, S. 198ff.; Searle: Grundprinzipien der Sozialontologie, S. 511ff.

1151 Searle: Soziale Welt, S. 205.

1152 Ebd.; vgl. ebd.

1153 Searle: Grundprinzipien der Sozialontologie, S. 519; siehe auch Searle: Soziale Welt, S. 18, Anm. 2.

1154 Gilbert: Social facts, S. 442, Hv. i. Orig.

1155 Vgl. ebd., S. 442ff.

1156 Ebd., S. 443.

1157 Ebd., S. 444.

1158 Vgl. ebd., S. 443f. Siehe zu den normativen Implikationen der Bildung eines ›Pluralsubjekts‹ Abschnitt II.1.4.1 und den Unterabschnitt *Sich (einander) verpflichten* in Abschnitt II.1.4.2 dieser Arbeit.

1159 Ebd., S. 444.

1160 »It emerges that there is an available sense of ›social‹ in which man may be the only ›social animal‹. […] Meanwhile, nothing in what I have said entails that animal populations may not be plural subjects. It is not essential for plural subjecthood that there be a group language. It is only necessary that, for instance, quasi-readiness with a certain content be openly* expressed in such a way that

Bratman hält Menschen für »planning agents«, die nicht nur (wie manche nicht-menschlichen Tiere) zielgerichtet handelten, das heißt als »purposive agents«[1161], sondern ihr Handeln einbauten in zeitlich ausgedehnte »planning structures«.[1162] Dieses Vermögen allein garantiere nicht die Begabung zu jenen »basic forms of sociality«, also Aktivitäten wie etwa: »singing duets, dancing together«[1163], für die Bratman sich interessiert. Denn zwar gebe es unter nicht-menschlichen Hominiden, so zeige Tomasello, durchaus »planning agents« – dennoch verfügten diese nicht auch über die »social capacity«[1164], in einer Weise gemeinsam zu beabsichtigen und zu handeln, wie Menschen es tun.[1165] »[O]ur capacities for certain forms of shared activity set us apart as a species«.[1166] Mit Blick auf die Frage nach der Herkunft dieser Fähigkeiten verweist Bratman weiter auf Tomasello, der evolutionäre Entwicklungen in Anschlag bringe.[1167]

Auch Tuomela verfolgt – ebenfalls mit Bezug unter anderem auf Tomasello – einen evolutionären Erklärungsansatz. Ihm gilt das kooperative Handeln als Gruppenmitglied als humanspezifisch: Nur der Mensch lebe in großen, verwandtschaftsübergreifenden Gruppen und kooperiere mit Mitgliedern anderer Gruppen auf der Grundlage von »joint intentions«.[1168] Die Basis hierfür bilde die Koevolution von »cooperative social activities«.[1169] Tuomela bemüht sich um »the evolutionary underpinnings of the we-perspective«[1170], argumentiert also dafür, »that the full we-perspective (involving we-mode collective intentionality) is deeply built into the thinking and acting of human beings. It seems to be a coevolutionary adaptation based on both biological and cultural evolution.«[1171] Demnach hätten die für das Leben in einer Gruppe typischen (kulturellen) »shared forms of thinking and acting«[1172] eine genetische Entsprechung – ähnlich so, wie die überlebensbegünstigende Milchviehhaltung in einer Gesellschaft mit dem Merkmal der Laktosetoleranz korrespondiere.[1173] Im Anschluss an Tomasello nennt Tuomela als eine wohl genetische, durch Selektionsdruck entstandene Veränderung beim Menschen die »capacity for intention reading and motivation for sharing

---

the participants are jointly ready to act in concert. Perhaps some or all nonhuman creatures are capable of this. This depends upon facts about the inner life of animals. No attempt to make a judgment on this matter need be made here.« (Ebd.)

1161   Bratman: Shared agency, S. 23.
1162   Bratman: Planning agents, S. 5; vgl. ebd; Bratman: Shared agency, S. 23.
1163   Bratman: Shared agency, S. 3.
1164   Ebd., S. 4.
1165   Vgl. ebd.
1166   Ebd., S. 3. Siehe für die Verweise auf Tomasello ebd., S. 159, Anm. 1 u. 4.
1167   Vgl. ebd., S. 180, Anm. 11; 183, Anm. 36.
1168   Tuomela: Philosophy of sociality, S. 217; vgl. ebd.
1169   Ebd., S. 215; vgl. ebd.
1170   Ebd.
1171   Ebd., S. vii.
1172   Ebd., S. 216.
1173   Vgl. ebd.

psychological states with others«.[1174] Dieses ›Teilen‹ meine nichts anderes als ›kollektive Intentionalität‹, die beteiligt sei an jeder »proper cooperation«.[1175]

Nicht nur für Searle, Bratman und Tuomela sind die Untersuchungen Michael Tomasellos eine wichtige Bezugsgröße, mit deren Hilfe sie ihre Theorien biologisch absichern.[1176] Auch in der deutschsprachigen Philosophie, wo man sie als Beitrag etwa zur philosophischen Anthropologie rezipiert, haben sie ein breites Echo gefunden.[1177] Tomasello, so Christian Thies, stehe »in der Tradition derjenigen, die den Menschen als zoon politikon ansehen, als soziales Wesen«, wobei für Tomasello »[a]m wichtigsten«[1178] die menschliche Kooperationsfähigkeit sei.[1179]

> In einem beispiellosen Ausmaß hat sich der *Homo sapiens* daran angepaßt, in Gruppen kooperativ zu handeln und zu denken; und in der Tat sind die beeindruckendsten kognitiven Leistungen der Menschen – von komplexen Technologien über linguistische und mathematische Symbole bis hin zu komplizierten sozialen Institutionen – nicht Produkte allein handelnder, sondern gemeinsam agierender Individuen.[1180]

1174 Ebd., S. 217; vgl. ebd., mit Bezug auf Michael Tomasello et al.: Understanding and sharing intentions: The origins of cultural cognition. In: Behavioral and Brain Sciences 28 (2005), H. 5, S. 675-735 (die Seitenangaben beziehen sich auf den Aufsatz selbst, den anschließenden Kommentar- und Diskussionsteil sowie das Literaturverzeichnis).

1175 Tuomela: Philosophy of sociality, S. 218; vgl. ebd., S. 217f.

1176 Tuomela sieht seine evolutionsbiologischen Thesen als »a kind of conceptual ›discussion stopper‹ […]: Collectively intentional mental states need not be grounded in any underlying mental states, as the jointness level would be based on physical entities.« (Ebd., S. 221) Bratman betont, die Stichhaltigkeit seiner Theorie – insbesondere der »*continuity thesis*« (Bratman: Shared agency, S. 8, Hv. i. Orig.) – hänge nicht davon ab, ob evolutionäre Herleitungen der Fähigkeit, gemeinsam beabsichtigen und handeln zu können, zutreffen oder nicht; vgl. ebd., S. 180, Anm. 11.

1177 Siehe etwa Christian Thies: Michael Tomasello und die philosophische Anthropologie. In: Philosophische Rundschau 64 (2017), H. 2, S. 107-121; Joachim Fischer: Michael Tomasello – Protagonist der Philosophischen Anthropologie des 21. Jahrhunderts? In: Agard, Olivier et al. (Hg.): Kritikfiguren/Figures de la critique. Festschrift für Gérard Raulet zum 65. Geburtstag/En Hommage à Gérard Raulet. Frankfurt a.M. 2015, S. 321-342. Für Hinweise auf die Rezeption Tomasellos siehe knapp Thies: Tomasello und die philosophische Anthropologie, S. 108f., der die Diskussionen in der Philosophie für die »umfangreichsten« (ebd., S. 109) hält und ebd. auf die *Deutsche Zeitschrift für Philosophie* verweist, die der Debatte der Arbeiten Tomasellos beträchtlichen Platz eingeräumt hatte; siehe Heft 5 des 55. Jahrgangs 2007, sowie die (von Thies nicht erwähnte) Fortsetzung in Heft 3 des 56. Jahrgangs 2008.

1178 Thies: Tomasello und die philosophische Anthropologie, S. 110.

1179 Vgl. ebd.

1180 Tomasello: Warum wir kooperieren, S. 13, Hv. i. Orig.; siehe auch Michael Tomasello/Hannes Rakoczy: Was macht menschliche Erkenntnis einzigartig? Von individueller über geteilte zu kollektiver Intentionalität. In: Schmid, Hans Bernhard/Schweikard, David P. (Hg.): Kollektive Intentionalität. Eine Debatte über die Grundlagen des Sozialen. Frankfurt a.M. 2009, S. 697-737, 697f. Den kollektiven ›kognitiven Leistungen‹ liegt die schon bei kleinen Kindern zu beobachtende und also ›natürliche‹ Kooperationsfähigkeit (und -bereitschaft) zugrunde. Diese Annahme eines angeborenen Kooperationsvermögens des Menschen, so Tomasello, decke sich zu großen Teilen mit den Auffassungen Rousseaus und widerspreche der hobbesschen These eines naturzuständlichen Egoismus, wenngleich man davon ausgehen müsse, dass im Laufe des Lebens auch egoistische Anteile (etwa im Sinne von Reziprozitätserwartungen) wichtig würden; vgl. Tomasello: Warum wir kooperieren,

Die Wortwahl Tomasellos in diesem Zitat (›beispielloses Ausmaß‹) lässt erkennen, was das Ziel seiner Forschungen ist: Mithilfe eines »*kontrastiven* Tier-/Mensch-Vergleich[s]«, so formuliert Joachim Fischer, den Nachweis der »naturgeschichtlich situierte[n] Sonderstellung menschlicher Lebewesen«[1181] führen. Diese Besonderheit fixiere Tomasello in exklusiv auf den Menschen gemünzten »Sonderbegriffen«[1182], worunter die »artspezifischen Fähigkeiten und Motivationen zur Kooperation« fallen, deren Psychologie er mit Bezug auf die in dieser Arbeit vorgestellten Theoretiker*innen kollektiver Intentionalität als »geteilte Intentionalität«[1183] ausweist.

Menschliches kooperatives Handeln allein, meint Tomasello, entspreche dem, was Bratman als »[g]eteiltes kooperatives Handeln« bezeichne, als »[s]hared cooperative activity«.[1184] Hierbei seien die Individuen einem gemeinsamen Ziel verpflichtet, das sie gemeinsam verfolgten, indem sie, um die Rolle des/der Mithandelnden wissend, ihre Intentionen und »Handlungspläne«[1185] miteinander koordinierten und sich gegenseitig unterstützten.[1186] Schimpansen erfüllten keines dieser Kriterien für Kooperation. Sie nähmen zwar bei der Jagd verschiedene, einander ergänzende Rollen ein; nicht aber, weil sie ein gemeinsames Ziel anstrebten, sondern zufällig und um ihre individuelle Aussicht auf Beute zu erhöhen – sie handelten gleichsam im ›I-mode‹, nicht im ›we-mode‹.[1187] Nicht-menschlichen Primaten fehle demnach offenbar »the ›togetherness‹

S. 19ff.; 46f. Insgesamt, so Thies: Tomasello und die philosophische Anthropologie, S. 120, sei bei Tomasello »ein impliziter Rousseauismus gut erkennbar«.

1181   Fischer: Protagonist der Philosophischen Anthropologie, S. 327, Hv. i. Orig.; siehe auch ebd., S. 330, sowie Wolfgang Welsch: Just what is it that makes homo sapiens so different, so appealing? In: Deutsche Zeitschrift für Philosophie 55 (2007), H. 5, S. 751-760, 752: »Tomasello sucht nach dem exklusiven Proprium des Menschen.«

1182   Fischer: Protagonist der Philosophischen Anthropologie, S. 327; vgl. ebd.

1183   Tomasello: Warum wir kooperieren, S. 11; vgl. ebd.; 51. Siehe auch Tomasello et al.: Understanding and sharing intentions, S. 680; Moll/Tomasello: Cooperation and human cognition, S. 642. Thies: Tomasello und die philosophische Anthropologie, S. 110, sieht die »philosophische Grundlage« bei Tomasello »primär« in den »neueren Theorien supra-individueller Intentionalität (Bratman, Gilbert, Searle, Tuomela)« gegeben. Wesentlich für die Fähigkeit ›geteilte Intentionalität‹ ist das von Fischer: Protagonist der Philosophischen Anthropologie, S. 327, als Beispiel für einen ›Sonderbegriff‹ genannte »Absichtenlesen«; siehe als Hinweis etwa Tomasello: Warum wir kooperieren, S. 11f.: »Unter geteilter Intentionalität verstehen wir ganz allgemein die Fähigkeit, mit anderen in kooperativen Unternehmungen gemeinsame Absichten zu verfolgen und Verpflichtungen einzugehen.« Zum Begriff ›geteilte Intentionalität‹ bei Tomasello siehe auch Nungesser: Auf experimentalpsychologischem Wege, S. 674.

1184   Vgl. Tomasello et al.: Understanding and sharing intentions, S. 680; 685f.; Moll/Tomasello: Cooperation and human cognition, S. 640ff. Tomasello bezieht sich auf den erstmals 1992 in The Philosophical Review erschienenen Aufsatz von Michael E. Bratman: Shared cooperative activity. In: ders.: Faces of Intention. Selected Essays on Intention and Agency. Cambridge u.a. 1999, S. 93-108, in dem von Schmid und Schweikard herausgegebenen Band Kollektive Intentionalität. Eine Debatte über die Grundlagen des Sozialen (2009) übersetzt als Geteiltes kooperatives Handeln.

1185   Tomasello: Warum wir kooperieren, S. 55.

1186   Vgl. Tomasello et al.: Understanding and sharing intentions, S. 680; Moll/Tomasello: Cooperation and human cognition, S. 641; Tomasello: Warum wir kooperieren, S. 55.

1187   Vgl. Tomasello: Warum wir kooperieren, S. 56f., Tomasello et al.: Understanding and sharing intentions, S. 685; Moll/Tomasello: Cooperation and human cognition, S. 641.

or ›jointness‹ that distinguishes shared cooperative activities from other sorts of group actions«.[1188]

Sein Kooperationsvermögen befähige den Menschen als einziges Tier zu einer »kulturellen Lebensform«.[1189] ›Kultur‹ meine nicht ›gesellschaftliche‹ Phänomene wie etwa Kunst, sondern sei gemäß Tönnies' Unterscheidung zu verstehen »im Sinne von Gemeinschaft [...], d.h. im Sinne des Zusammenlebens und gegenseitigen Verstehens (und Mißverstehens), was die Grundlage allen menschlichen Soziallebens ausmacht«.[1190] Zwar besäßen auch manche nicht-menschlichen Tiere eine ›Kultur‹, da ihre »Individuen so umfassend voneinander lernen, daß verschiedene Populationen einer Spezies unterschiedliche Praktiken entwickeln«.[1191] Die menschliche Kultur sei aber »qualita-

---

1188   Moll/Tomasello: Cooperation and human cognition, S. 641. Michael N[eil] Forster: Menschen und andere Tiere. Über das Verhältnis von Mensch und Tier bei Tomasello. In Deutsche Zeitschrift für Philosophie 55 (2007), H. 5, S. 761-767, 763f., kritisiert, Tomasello werte Ähnlichkeiten im Verhalten von Tieren und Menschen nicht als Übereinstimmung ihrer Fähigkeiten. In diesem Sinne ist vor allem Tomasellos These umstritten, der Mensch sei als einziges Tier kooperationsfähig. Es sei fraglich, so Thies: Tomasello und die philosophische Anthropologie, S. 118, mit Verweis u.a. auf die Forschungsresultate einer Gruppe um Frans de Waal und auf den Ethologen Christophe Boesch, ob Tomasello »die kognitiven und sozialen Leistungen der großen Affen nicht unterschätzt«. Siehe etwa Frans B[ernardus] M[aria] de Waal et al.: How chimpanzees cooperate in a competitive world. In: Proceedings of the National Academy of Sciences of the United States of America 113 (2016), H. 36, S. 10215-10220, und auch schon den kritischen Kommentar von Frans B[ernardus] M[aria] de Waal: Identifying the motivations of chimpanzees: Culture and collaboration. In: Michael Tomasello et al.: Understanding and sharing intentions: The origins of cultural cognition. In: Behavioral and Brain Sciences 28 (2005), H. 5, S. 675-735 (die Seitenangaben beziehen sich auf den Aufsatz selbst, den anschließenden Kommentar- und Diskussionsteil sowie das Literaturverzeichnis), 704-705. Welsch: Just what is it, S. 753, verweist auf weitere Vorbehalte bei R[obert] Allen Gardner: Animal cognition meets evo-devo. In: Michael Tomasello et al.: Understanding and sharing intentions: The origins of cultural cognition. In: Behavioral and Brain Sciences 28 (2005), H. 5, S. 675-735 (die Seitenangaben beziehen sich auf den Aufsatz selbst, den anschließenden Kommentar- und Diskussionsteil sowie das Literaturverzeichnis), 699-700, und Christophe Boesch: Joint cooperative hunting among wild chimpanzees: Taking natural observations seriously. In: Michael Tomasello et al.: Understanding and sharing intentions: The origins of cultural cognition. In: Behavioral and Brain Sciences 28 (2005), H. 5, S. 675-735 (die Seitenangaben beziehen sich auf den Aufsatz selbst, den anschließenden Kommentar- und Diskussionsteil sowie das Literaturverzeichnis), 692-693, die vor allem auf das Zustandekommen der Beobachtungsergebnisse Tomasellos unter Laborbedingungen abheben. Bei Tomasello zeigt sich ein ähnliches Problem wie bei den Theorien kollektiver Intentionalität: Dort waren die konstruierten Beispiele nicht geeignet, gemeinsames Handeln im *real life* einzufangen; Tomasello berücksichtigt nicht, dass nicht-menschliche Tiere im *real life* anders handeln als in experimentellen Versuchsanordnungen.

1189   Tomasello: Kulturelle Entwicklung, S. 74.

1190   Ebd., S. 10; vgl. ebd., S. 9f.

1191   Tomasello: Warum wir kooperieren, S. 9; siehe auch Fischer: Protagonist der Philosophischen Anthropologie, S. 331, sowie Markus Wild: Tierphilosophie zur Einführung. 3., korrig. Aufl. Hamburg 2013, S. 161: »Man kann Kultur [...] unabhängig von Institutionen definieren, und zwar als gruppenspezifische Präferenzen, Verhaltensmuster oder Erzeugnisse in einer bestimmten Population, die auf sozialem Lernen beruhen und auf diese Weise weitergegeben werden. Kultur in diesem Sinne findet sich auch bei Tieren.« Für Beispiele siehe Tomasello: Kulturelle Entwicklung, S. 40ff., der auch auf die bekannte Population japanischer Makaken eingeht, die das Waschen von Kartoffeln entwickelte; vgl. ebd., S. 41f. Anders als etwa Christoph Wulf: Einführung: Wozu dienen Tiere?

tiv einmalig«[1192], denn nur sie kenne die transgenerationelle Komplexitätssteigerung von Praktiken und Produkten, die »kumulative kulturelle Evolution«.[1193] Ohnegleichen sei zudem »die Schaffung sozialer Institutionen«, das Hervorbringen also »von Verhaltensweisen, die durch [...] wechselseitig anerkannte Normen und Regeln bestimmt werden«.[1194]

Woher rührt des Menschen »welterzeugende Kraft [...], kulturell-institutionelle Wirklichkeiten hervorzubringen«[1195] und in ihnen zu leben? Weshalb ist nur der Mensch begabt zu »kollektive[r] Intentionalität«?[1196] Tomasello zufolge gründet die kulturkonstitutive, in Experimenten als Spezifikum bewiesene »Ultrasozialität der Menschen«[1197] in einer »biologisch vererbte[n] Fähigkeit«[1198], die sich einer einzigen evolutionären Adaption verdanke. Im Zusammenspiel mit der ›kumulativen kulturellen Evolution‹ erklärt die These einer singulären genetischen Veränderung in der menschlichen Phylogenese, weshalb der *Homo sapiens* in einer durch biologische Evolution nicht erklärbaren Rasanz all die kognitiven Vermögen entwickeln konnte, auf denen etwa die Sprache oder die Schaffung von Institutionen fußen. Es brauchte hierfür nur eine einzige Veränderung – nämlich die, die dann eine ›kumulative kulturelle Evolution‹ ermöglichte.[1199]

Tomasello lauert in seinen ontogenetisch-vergleichenden Sozialexperimenten auf eine konstitutionelle Differenz in der naturgeschichtlichen Ähnlichkeit der Primatengruppen, auf einen evolutionären Umbruch des Lebens im Leben, in dessen Spalt eine Eigenlogik der menschlichen Soziokultur einsetzt.[1200]

Zur Anthropologie der Tiere. In: Böhme, Hartmut et al. (Hg.): Tiere. Eine andere Anthropologie. Köln, Weimar, Wien 2004, S. 161-167, 163, der hierin einen Beleg für die kulturelle Lernfähigkeit von Tieren erkennt, oder Wild, der die Makaken als ein Beispiel für »sozial vermittelte[s] Lernen« (Wild: Tierphilosophie, S. 161; siehe auch ebd., S. 164f.) nimmt, meint Tomasello, dass die Weitergabe der Kulturtechnik ›Kartoffelwaschen‹ nicht auf (genuin sozialer) »Imitation« beruhe, sondern auf »individuelle[n] Lernprozesse[n]«. (Tomasello: Kulturelle Entwicklung, S. 42; vgl. ebd., S. 41f.)

1192   Tomasello: Warum wir kooperieren, S. 9.

1193   Ebd., S. 10; siehe auch Tomasello: Kulturelle Entwicklung, S. 15f.; 54ff. Kritisch hierzu Welsch: Just what is it, S. 751f., der Tomasello vorwirft, das innovatorische (und möglicherweise frühere Errungenschaften zerstörende) Moment der kulturellen Entwicklung zu vernachlässigen.

1194   Tomasello: Warum wir kooperieren, S. 10.

1195   Tomasello/Rakoczy: Menschliche Erkenntnis, S. 726.

1196   Ebd., S. 700. Die Autoren verweisen ebd., S. 715, Anm. 17, auf Übereinstimmungen mit Searles Begriff der kollektiven Intentionalität, wobei ihre Begriffsverwendung davon ausgehe, »dass Kinder fähig werden, an Tatsachen teilzunehmen und sie zu verstehen, die [...] von der Kultur in ihrer Gesamtheit durch ein System von Überzeugungen und Praktiken geschaffen wurden«. (Ebd., S. 716, Anm. 17) Siehe zur Fähigkeit ›kollektive Intentionalität‹ und ihrer Genese bei Kindern ebd., S. 699f.; 724ff.

1197   Fischer: Protagonist der Philosophischen Anthropologie, S. 337.

1198   Tomasello: Kulturelle Entwicklung, S. 74; siehe auch ebd., S. 103; 104.

1199   Vgl. ebd., S. 14f.; 18; 26f.; 75f.; 256f.; 262f.; 271f., und siehe Wild: Tierphilosophie, S. 172; 177f.; Nungesser: Auf experimentalpsychologischem Wege, S. 672f.; Forster: Menschen und andere Tiere, S. 761.

1200   Fischer: Protagonist der Philosophischen Anthropologie, S. 332.

Diese ›konstitutionelle Differenz‹ macht Tomasello in der menschlichen Fähigkeit zu ›geteilter Intentionalität‹ aus, die grundlegend die Fähigkeit des Personenverstehens umfasse: »Die basalen kognitiven Fähigkeiten, die Prozessen kulturellen Schaffens und Lernens [und damit der ›kollektiven Intentionalität‹, S. H.] zugrunde liegen, sind die des Verstehens von Personen«.[1201] Gemeint seien hiermit im Einzelnen, schlüsselt Thies auf, zwei »sozial-kognitive Kompetenzen«: erstens eine »›theory of mind‹«, die in der Unterstellung bestehe, »dass der (oder die) Andere uns ähnlich ist und einen eigenen Blick auf die Welt hat«, sowie zweitens »eine ›theory of intentions‹«, die mutmaßen lasse, »dass die andere Person auch eigene Absichten hat«.[1202] Zu unterstreichen ist erneut: Tomasello hält diese Kompetenzen, wie Fischer mit Blick auf das »Absichtenlesen« formuliert, für »eine natürliche Disposition«: Sie seien »selbst nicht sozial induziert [...], also nicht selbst eine Konstruktion der Sozialität, sondern neurobiologisch verankert«.[1203]

Einige Kommentator*innen weisen darauf hin, dass Tomasello seine Ansichten bezüglich der kognitiven Fähigkeiten nicht-menschlicher Primaten mehrfach korrigieren musste.[1204] Zunächst hatte er angenommen, dass nur Menschen »Gedankenleser«[1205] seien, die »sich mit ihren Artgenossen tiefer ›identifizieren‹ als andere Primaten«.[1206] Zwar seien auch »[n]ichtmenschliche Primaten [...] intentionale und kausale

---

1201 Tomasello/Rakoczy: Menschliche Erkenntnis, S. 698; vgl. ebd., S. 698f.; 701f.; 731; Tomasello: Kulturelle Entwicklung, S. 26f.; 74f.; 77; 120; 123. Siehe zur Unterscheidung von ›geteilter‹ und ›kollektiver‹ Intentionalität‹ etwa Tomasello/Rakoczy: Menschliche Erkenntnis, S. 699f.; 715f., Anm. 17.

1202 Thies: Tomasello und die philosophische Anthropologie, S. 110f. Siehe etwa Tomasello: Kulturelle Entwicklung, S. 17; 26f.; 254, sowie erläuternd Wild: Tierphilosophie, S. 168ff. Beide Kompetenzen zeigten sich in der Ontogenese im Alter von ca. neun Monaten am Phänomen der »*gemeinsame[n] Aufmerksamkeit*«. (Tomasello: Kulturelle Entwicklung, S. 84, Hv. i. Orig.) Tomasello spricht hierbei von der »Neunmonatsrevolution« (ebd., S. 83), die sich aus Auftreten triadischen Verhaltens äußere (vgl. ebd., S. 84): »In diesem Alter beginnen Säuglinge zum ersten Mal, auf anpassungsfähige und zuverlässige Weise dorthin zu blicken, wohin die Erwachsenen blicken (Verfolgen des Blicks), mit ihnen während relativ langer Zeitspannen in bezug auf einen Gegenstand sozial zu interagieren (gemeinsame Beschäftigung), Erwachsene als soziale Bezugspunkte anzusehen (soziale Referenzbildung) und mit Gegenständen in derselben Weise wie die Erwachsenen umzugehen (Imitationslernen). [...] Nicht zufällig beginnen Säuglinge auch um dieselbe Zeit damit, die Aufmerksamkeit und das Verhalten der Erwachsenen auf äußere Dinge zu lenken, indem sie deiktische Gesten verwenden [...]. Diese kommunikativen Verhaltensweisen stellen Versuche der Säuglinge dar, die Erwachsenen auf *ihre* Aufmerksamkeit bezüglich einer dritten Entität einzustellen.« (Ebd., S. 85, Hv. i. Orig.) Tomasello betont, »diese Verhaltensweisen gemeinsamer Aufmerksamkeit [...] spiegeln alle das heraufdämmernde kindliche Verständnis anderer Personen als intentionale Akteure wider«. (Ebd., S. 93) Fischer: Protagonist der Philosophischen Anthropologie, S. 332, hebt vor allem die Bedeutung des Zeigens hervor: »Menschen sind die Primaten, die von Natur aus ihresgleichen etwas zeigen und damit einen gemeinsamen Aufmerksamkeitsrahmen herstellen [...]. Im Kern handelt es sich bei Tomasellos philosophisch-anthropologischer Differenztheorie um eine Anthropologie des Zeigefingers«. Siehe dazu auch Nungesser: Auf experimentalpsychologischem Wege, S. 673f.

1203 Fischer: Protagonist der Philosophischen Anthropologie, S. 333.

1204 Ich folge dem Überblick von Welsch: Just what is it, S. 752f., aber siehe auch Thies: Tomasello und die philosophische Anthropologie, S. 111; 118; Nungesser: Auf experimentalpsychologischem Wege, S. 676, Anm. 6.

1205 Wild: Tierphilosophie, S. 169; siehe für ein Beispiel ebd., S. 169f.

1206 Tomasello: Kulturelle Entwicklung, S. 26; vgl. ebd.; 102f.; 253f.

Wesen«[1207], sie wüssten aber nicht, dass sie selbst und ihre Artgenossen es sind; sie verstünden »die Welt nicht in Begriffen mittelbarer und oftmals verborgener ›Kräfte‹, zugrundeliegender Ursachen und intentionaler bzw. geistiger Zustände«.[1208]

Weitere Experimente allerdings legten den Schluss nahe, dass »Menschenaffen einige psychologische Zustände in anderen verstehen [könnten], die sowohl Verhalten als auch Wahrnehmung betreffen«.[1209] Anders als zunächst vermutet, können nicht-menschliche Primaten Verhalten offenbar doch intentional deuten: »Apes understand that others have goals and behave toward them persistently, and that this is governed by what they perceive.«[1210]

Aber es gebreche nicht-menschlichen Primaten an der »geteilte[n] Dimension« des ›Gedankenlesens‹: Zwar möge man meinen, dass »Schimpansen [...] etwas über einfache Absichten und deshalb sogar über primitive Normativität verstehen«, sie begriffen aber keinesfalls »kommunikative oder kooperative Absichten [...] und versuchen deshalb nicht, die Aufmerksamkeit ihrer Artgenossen durch Hinzeigen auf, Zeigen, Anbieten oder andere intentionale kommunikative Signale zu erregen«.[1211] Was den Menschen einzigartig macht, wäre nach neueren Erkenntnissen also »die Fähigkeit, gemeinsame oder gar kollektive Intentionen herauszubilden«.[1212] Sie ist das »›something additional‹«[1213], das beim Menschen die Fähigkeit des ›Gedankenlesens‹ ergänzt:

> We propose that human beings, and only human beings, are biologically adapted for participating in collaborative activities involving shared goals and socially coordinated action plans (joint intentions). Interactions of this type require not only an understanding of the goals, intentions, and perceptions of other persons, but also, in addition, a motivation to share these things in interaction with others [...]. The motivations and skills for participating in this kind of »we« intentionality are woven into the earliest stages of human ontogeny and underlie young children's developing ability to participate in the collectivity that is human cognition.[1214]

Tomasellos These lautet, dass die einzigartige menschliche Kognition zwar zu großen Teilen mit der nicht-menschlicher Primaten übereinstimmt[1215], der Mensch aber in

---

1207 Ebd., S. 32.
1208 Ebd., S. 31 f.; vgl. ebd. Tomasello verweist zwar auch auf »Beobachtungen, die nahelegen, daß manche nichtmenschliche Primaten manchmal in der Lage sind, ihre Artgenossen als intentionale Akteure zu verstehen«, hält dem aber »die überwältigende Mehrzahl empirischer Belege« entgegen, die zeigten, »daß nur Menschen ihre Artgenossen als intentionale Akteure wie sich selbst verstehen«. (Ebd., S. 17 f., siehe für ein Beispiel ebd., S. 35)
1209 Tomasello/Rakoczy: Menschliche Erkenntnis, S. 729; für die entsprechenden Experimente siehe ebd., S. 727 ff.
1210 Tomasello et al.: Understanding and sharing intentions, S. 685; siehe auch ebd., S. 675; 684 f.
1211 Tomasello/Rakoczy: Menschliche Erkenntnis, S. 729 f.
1212 Thies: Tomasello und die philosophische Anthropologie, S. 111; vgl. ebd.; Welsch: Just what is it, S. 753.
1213 Tomasello et al.: Understanding and sharing intentions, S. 676.
1214 Ebd.; siehe auch ebd., S. 685 f.
1215 Das ›zusätzliche Etwas‹, das den Menschen auszeichne, sei »rooted in primate cognition«. (Ebd., S. 690) Siehe auch Welsch: Just what is it, S. 755.

seiner Stammesgeschichte[1216] zusätzlich eine »small difference« entwickelt habe, »that, by creating the possibility of culture and cultural evolution, made a big difference in human cognition«[1217] – das Vermögen sowie die Motivation, Intentionalität zu teilen und sich in ›collaborative activities‹ zu engagieren.[1218]

Es steht hier nicht zur Klärung, ob und wodurch sich der Mensch von anderen Primaten unterscheidet.[1219] Tomasellos »Rückzugsgefechte«[1220], die, erzwungen durch neue Einsichten in die kognitiven Kapazitäten nicht-menschlicher Primaten, dazu führten, dass das menschliche Monopol auf bestimmte Fähigkeiten immer wieder aufgegeben und durch ein anderes ersetzt werden musste, deuten jedoch darauf hin, dass die Suche nach einer einzigen humanspezifischen Fertigkeit möglicherweise ohnehin zum Scheitern verurteilt ist.[1221] Stattdessen ist mit Markus Wild anzunehmen, »dass eine Gruppe von Unterschieden zwischen Mensch und Tier existiert und dass diese Unterschiede nicht absolut sein müssen, sondern auch graduell sein können«.[1222]

Festzuhalten ist, dass der anthropozentrische Schiedsspruch, nur der Mensch sei ein *zoon politikon*, seine Gültigkeit durch die Zu- und Aberkennung von Fähigkeiten gewinnt: Der Mensch sei in entscheidender Hinsicht anders als andere Tiere[1223], und deshalb sei nur er ein politisches Wesen. Da er es vermag, »mit anderen in kooperativen Unternehmungen gemeinsame Absichten zu verfolgen und Verpflichtungen ein-

---

1216 Siehe zu möglichen Evolutionsszenarien Tomasello et al.: Understanding and sharing intentions, S. 687f.; Moll/Tomasello: Cooperation and human cognition, S. 646f.; Tomasello: Warum wir kooperieren, S. 51ff., sowie als Überblick Thies: Tomasello und die philosophische Anthropologie, S. 112ff. Kritisch zu Tomasellos Evolutionstheorie äußert sich beispielsweise Welsch: Just what is it, S. 754f.

1217 Tomasello et al.: Understanding and sharing intentions, S. 690.

1218 Siehe etwa Tomasello: Warum wir kooperieren, S. 51, sowie ebd., S. 19ff., wo Tomasello die schon bei Kleinkindern anzutreffenden Aktivitäten des Helfens, Informierens und Teilens analysiert: »Es gibt kaum Beweise dafür, daß der in diesen drei Fällen […] von Kindern gezeigte Altruismus das Ergebnis von kultureller Prägung, elterlichem Einfluß oder irgendeiner anderen Art von Sozialisierung ist.« (Ebd., S. 36)

1219 Siehe auch Ladwig: Philosophie der Tierrechte, S. 230, sowie Thies: Tomasello und die philosophische Anthropologie, S. 118, der meint, Philosoph*innen könnten diese auf Empirie beruhenden Fragen gar nicht entscheiden.

1220 Thies: Tomasello und die philosophische Anthropologie, S. 118f.

1221 Vgl. Welsch: Just what is it, S. 754; Thies: Tomasello und die philosophische Anthropologie, S. 118f.

1222 Wild: Tierphilosophie, S. 178. Ladwig: Philosophie der Tierrechte, S. 20f., betont ebenfalls: »Alle Arten stehen in einer naturgeschichtlichen Kontinuität. Der Unterschied zwischen Menschen und Tieren ist […] nur graduell, nicht grundsätzlich. […] Ein vermeintliches Monopol des Menschen nach dem anderen, von der Intentionalität über das schlussfolgernde Denken bis zum Werkzeuggebrauch und eventuell auch zur Empathie, fällt in sich zusammen.«

1223 Wild: Tierphilosophie, S. 26, Hv. i. Orig., bringt das Bemühen um eine »Absetzung vom Tier« auf die »Formel: Der Mensch ist das Tier *plus* X«. Diese ›Formel‹ gebraucht auch Tomasello: Welsch sieht sich bei Tomasello »an die traditionellen anthropologischen Theorien [erinnert], die […] essentialistisch angesetzt waren und durch Hinweis auf eine einzige Sonderfähigkeit (Vernunft, Sprache und so weiter) angeben wollten, was den Mensch von den Tieren unterscheidet. Tomasellos Theorie scheint von den dualistischen Konnotationen dieser altertümlichen Denkweise (und von deren Speziesismus) nicht ganz frei zu sein.« (Welsch: Just what is it, S. 755; siehe auch ebd., S. 751; 758)

zugehen«[1224], schöpft er »kulturell-institutionelle Wirklichkeiten«[1225], zu denen auch politische Institutionen (z.B. die Regierung) gehören.[1226]

Derlei Unterscheidungsbestrebungen führen nicht nur dazu, kritisiert Ladwig das bis auf Aristoteles zurückzuführende »Gegenstandsverständnis des Faches«[1227], dass nicht-menschliche Tiere aus der politischen Philosophie ausgeschlossen werden. Dem »Anthropozentrismus« liegt außerdem eine bestimmte »Vorstellung politisch beachtlichen Menschseins [...] zugrunde«.[1228] Dies zeigt für Aristoteles' (politische) Philosophie etwa Rancière. Weil der Mensch, anders als andere Tiere, nicht nur eine »Stimme«, sondern eine »Sprache« habe, so Aristoteles, sei er allein fähig, »das Nützliche und das Schädliche und so denn auch das Gerechte und das Ungerechte anzuzeigen«.[1229] Diese Fähigkeit »begründet [...] das Politischsein eines höheren Typus, der sich in der Familie und im Gemeinwesen vollendet«.[1230] Und zugleich rechtfertigt sie den Ausschluss der Sklav*innen von der Politik, denn sie vernähmen zwar den *logos*, besäßen ihn aber nicht.[1231] Die Zu- und Aberkennung des *logos* bedingt »eine Aufteilung [...] des Menschlichen«.[1232]

Vor der Gefahr einer solchen Aufspaltung sind Tomasellos Arbeiten keineswegs gefeit. Sicherlich verfolgt er nicht das Ziel einer »Animalisierung bestimmter Menschen und Menschengruppen«[1233], eine solche Vertierlichung liegt aber dennoch in der Fluchtlinie seiner Bemühungen, eine (einzige) Differenz zwischen Tier und Mensch ausfindig zu machen.[1234]

Tomasello betont zwar die Gemeinsamkeiten zwischen Menschen und anderen Primaten und macht klar, dass »the biological adaptation we are looking for is one that is rooted in primate cognition«.[1235] Gleichwohl hält er an einer Differenzthese fest, die er überdies mit einer Wertung verknüpft: Tomasellos Arbeiten, kritisiert Michael N. Forster, seien in schlechter Tradition durch eine »*Kluft und Überlegenheit-Struktur*«[1236] charakterisiert. Ähnlich wie Aristoteles den *logos* verstanden und vor allem »valorisiert« habe als »einzige zentrale Eigenschaft, die angeblich alle (normalen) Menschen von allen (an-

1224 Tomasello: Warum wir kooperieren, S. 11f.

1225 Tomasello/Rakoczy: Menschliche Erkenntnis, S. 726; vgl. Tomasello: Warum wir kooperieren, S. 10f.

1226 Siehe etwa Searle: Soziale Welt, S. 155; Tomasello/Rakoczy: Menschliche Erkenntnis, S. 697; 727.

1227 Ladwig: Philosophie der Tierrechte, S. 216.

1228 Ebd., S. 217; vgl. ebd., S. 216f.

1229 Aristoteles: Politik, S. 4f. (1253a).

1230 Rancière: Unvernehmen, S. 15; vgl. ebd., S. 14f.

1231 Vgl. Aristoteles: Politik, S. 10 (1254b); Rancière: Unvernehmen, S. 30; 33.

1232 Därmann: Undienlichkeit, S. 35. Am Beispiel u.a. von Thomas Hobbes und John Locke zeigt Därmann, dass »Gewaltgeschichte und politische Philosophie« (so der Untertitel ihrer Studie) eng verknüpft sind; siehe ebd., S. 33ff.

1233 Ebd., S. 35.

1234 Im Anschluss an Welsch: Just what is it, S. 758, und Forster: Menschen und andere Tiere, S. 762, unterstelle ich Tomasello nicht, die noch aufzuzeigenden Implikationen seiner Annahmen zu befürworten – es geht darum, das Muster seiner (und ähnlicher) Argumente zu kritisieren.

1235 Tomasello et al.: Understanding and sharing intentions, S. 690. Siehe auch Welsch: Just what is it, S. 755, sowie weiter etwa Tomasello: Kulturelle Entwicklung, S. 14; 22f.; 238; 249; 253.

1236 Forster: Menschen und andere Tiere, S. 762, Hv. i. Orig.

deren) Tieren unterscheidet«[1237], so erhebe auch Tomasello eine einzige Begabung zum Distinktionsmerkmal von nicht-menschlichen Tieren und Menschen und werte dieses Vermögen sowie die darauf aufbauenden weiteren Besonderheiten des Menschen (etwa sein Leben in einer kumulativ wachsenden Kultur) positiv.[1238] Der Mensch, suggeriert Tomasello, habe sich im Vergleich zu anderen Primaten nicht nur anders, sondern zum Besseren entwickelt: Sei die menschliche Kultur auf dem Prinzip der Kooperation gegründet, beruhten »die ›Kulturen‹ anderer Tierarten fast ausschließlich auf Imitation und anderen ausbeuterischen Mechanismen«.[1239] Und während Kleinkinder andere Menschen beim Problemlösen unterstützten, z.B. gestisch informierten oder Dinge mit ihnen teilten[1240], seien »Menschenaffen nicht sehr altruistisch«[1241], sondern zeigten vielmehr etwa bei der Nahrungssuche und -verteilung ein »häßliches Dominanzverhalten«.[1242] Solche und ähnliche Bemerkungen[1243] bedienen einen »anthropologischen Narzissmus«[1244] und machen Tomasellos Theorie, urteilt Forster, ideologisch verdächtig: Der Verweis auf die menschliche Überlegenheit habe bisher nicht nur jede Grausamkeit gegenüber Tieren legitimieren sollen; das Lob der menschlichen Klugheit lasse zudem vergessen, dass die positiven Eigenschaften des Menschen für ihn selbst auch eine Gefahr darstellen.[1245]

Tomasello macht den Unterschied zwischen Menschen und nicht-menschlichen Tieren – und damit das Menschsein selbst – an einer einzigen »small difference«[1246] fest. Dies hat zur Folge, dass sich der Graben, die seine Theorie zwischen Menschen und nicht-menschlichen Tieren aufreißt, auch durch den Bereich des Humanen zieht: »Wenn wir unterstellen, daß Menschen eine biologisch angeborene Fähigkeit haben, sich mit ihren Artgenossen zu identifizieren, liegt es nahe, nach Individuen Ausschau zu halten, die ein biologisches Defizit bezüglich dieser Fähigkeit aufweisen.«[1247] Tomasellos Blick fällt dabei auf Kinder mit Autismus-Störungen: Sie könnten zwar die Intentionen anderer Menschen ›lesen‹, nicht aber psychologische Zustände (wie

---

1237 Ebd., S. 761f.

1238 Vgl. ebd.

1239 Tomasello: Warum wir kooperieren, S. 13; vgl. ebd.

1240 Vgl. ebd., S. 21ff.

1241 Ebd., S. 31.

1242 Ebd., S. 67; vgl. ebd.; 31ff. Dergleichen Formulierungen sind umso merkwürdiger, als Tomasello davor warnt, die kognitiven Kapazitäten nicht-menschlicher Tiere zu vermenschlichen oder zu romantisieren; vgl. Tomasello: Kulturelle Entwicklung, S. 258f., sowie den Hinweis hierauf bei Forster: Menschen und andere Tiere, S. 763f.

1243 Siehe für weitere Belege Thies: Tomasello und die philosophische Anthropologie, S. 118.

1244 Ebd., S. 119.

1245 Vgl. Forster: Menschen und andere Tiere, S. 762, sowie in eine ähnliche Richtung argumentierend Thies: Tomasello und die philosophische Anthropologie, S. 120f. Tomasello: Warum wir kooperieren, S. 81, merkt allerdings durchaus an, dass Menschen »keine engelsgleichen Kooperateure« seien, sondern sich auch zusammenschlössen, »um schreckliche Dinge zu tun«, vor allem gegen Menschen außerhalb der eigenen Gruppe; vgl. ebd.

1246 Tomasello et al.: Understanding and sharing intentions, S. 690.

1247 Tomasello: Kulturelle Entwicklung, S. 103.

Emotionen) mit anderen Menschen teilen.[1248] Diese »biologischen Ausfallerscheinungen«[1249] hinderten autistische Kinder daran, an der menschlichen Kultur in vollem Sinne (produktiv) zu partizipieren; sie zählten jedenfalls nicht zu den »normal funktionierenden kulturellen Akteuren«.[1250]

Beinhaltet die Differenz von Tier und Mensch eine menschliche Superiorität, müsste man konsequenterweise eine solche Hierarchisierung ebenfalls vornehmen, wo sich das Fehlen der humanspezifischen Fähigkeit als ›biologisches Defizit‹ auch bei (›anormalen‹) Menschen zeigt. (Forster erinnert daran, dass Grausamkeit gegenüber anderen Menschen – in Analogie zu der Argumentation bei grausamem Verhalten gegenüber Tieren – häufig dadurch gerechtfertigt wird, dass man den Anderen bestimmte Eigenschaften ab-, sich selbst jedoch zuerkennt.[1251]) Verzichtete man hingegen darauf, beim Vorliegen gleicher Voraussetzungen gleiche Maßstäbe anzulegen, wäre dies wohl als kritikwürdiger »Speziesismus«« anzusprechen, als »die Schlechterstellung anderer Wesen in moralisch erheblichen Hinsichten einzig aufgrund der Artangehörigkeit«.[1252]

Beide Lösungen stellen nicht zufrieden. Fasst man das Kriterium, ob ein Individuum politisch und als politisch handlungsfähig zählt[1253], zu eng, schließt man zu viele Individuen aus: nicht-menschliche Tiere und jene Menschen, die die geforderten Bedingungen nicht erfüllen.[1254]

Sicherlich müsste man die (nicht nur Tomasellos Argumentation prägende) »*Kluft und Überlegenheit-Struktur*«[1255] aufgeben. In diesem Sinne schlägt Forster vor, eine Pluralität von Eigenschaften menschlicher und nicht-menschlicher Tiere in den Blick zu nehmen und mit der These eines singulären Unterscheidungsmerkmals auch die Annahme einer menschlichen Überlegenheit fallen zu lassen.[1256] Aber selbst wenn man die »Vielfalt von Eigenschaften«[1257] erhöht – die Versuchung bleibt, dass man darunter doch eine als Überlegenheit rechtfertigende Eigenschaft hervorzuheben neigte. Auf welchem anderen Weg könnte man nicht nur den gegen eine Inklusion nicht-menschlicher Tiere gerichteten »Anthropozentrismus« der politischen Philosophie hinter sich

---

1248 Vgl. Tomasello et al.: Understanding and sharing intentions, S. 686; Tomasello: Kulturelle Entwicklung, S. 103f.

1249 Tomasello: Kulturelle Entwicklung, S. 74.

1250 Ebd., S. 270; vgl. ebd., S. 74; Tomasello et al.: Understanding and sharing intentions, S. 686f.

1251 Vgl. Forster: Menschen und andere Tiere, S. 762.

1252 Ladwig: Philosophie der Tierrechte, S. 24; vgl. ebd., S. 23.

1253 In dieser Formulierung steckt Ladwigs Unterscheidung zwischen der Mitgliedschaft in einem politischen Gemeinwesen (hierzu ebd., S. 284ff.) und einer weitergehenden »Aktivbürgerschaft«. (Ebd., S. 10; siehe ebd., S. 305ff.)

1254 Vgl. ebd., S. 23f., und siehe mit Bezug auf John Rawls' Kooperationsverständnis auch ebd., S. 226. Wie gezeigt, formuliert Tomasello die für eine ›tatsächliche‹ Kooperation zu erfüllenden Bedingungen (im Anschluss an Bratman) sehr anspruchsvoll – nicht-menschliche Tiere reißen diese Hürde beinahe zwangsläufig; siehe hierzu noch einmal Ladwigs Kritik an einem zu engen Kooperationsbegriff ebd., S. 228ff.

1255 Forster: Menschen und andere Tiere, S. 762, Hv. i. Orig.

1256 Vgl. ebd., S. 763.

1257 Ebd.

lassen, sondern auch »die Vorstellung politisch beachtlichen Menschseins«[1258] erweitern?

Denkbar wäre es, anstelle von einem (oder mehreren) Unterschied(en) die Gemeinsamkeit aller Tiere hervorzuheben.[1259] Diese würde man nicht in »>höheren< Vermögen«[1260] finden, sondern in der »Tiernatur«[1261] des Menschen. Die Anforderungen an die Zugehörigkeit zum Kreis der als politisch relevant und als politisch handlungsfähig geltenden Individuen würden damit weniger anspruchsvoll ausfallen. Allerdings, warnt Ladwig, sollten die Bedingungen vor allem für politische Akteur*innenschaft im engeren Sinne nicht zu anspruchslos formuliert werden[1262], etwa indem man »genuines Handeln mit bloßer Wirkmächtigkeit kurz[schließt]«.[1263]

Als Kandidatin für ein gemeinsames und politisch bedeutsames Merkmal aller nicht-menschlichen Tiere und aller (nicht hirntoten) Menschen käme die Fähigkeit zum Empfinden und Erleben in Frage.[1264] Wer über dieses Vermögen verfügt und also zu den »subjektiv versehrbare[n] Individuen«[1265] gehört, würde als politische/r Akteur*in zumindest insofern zählen müssen, als seine oder ihre »Interessen [...] im politischen Prozess vorkommen«.[1266] Fraglich bleibt, ob das Empfindungs- und Erlebensvermögen auch der nicht-menschlichen Tiere es rechtfertigt, sie den »politische[n] Aktivbürger[*innen]« zuzuschlagen, die »an der bewussten und intentionalen Gestaltung des Gemeinwesens durch kollektiv verbindliches Entscheiden«[1267] mitwirken.

Zu bedenken wäre, ob eine negative Antwort nicht ein »Standardverständnis politischen Handelns« fortschreibt, dass das politische »Kollektiv [als] ein auf territorialer Grundlage durch Mitgliedschaftsregeln bestimmtes Volk«[1268] versteht. Könnte oder müsste man nicht aber politisches Handeln als eine Aufkündigung dieser ›Mitglied-

---

1258 Ladwig: Philosophie der Tierrechte, S. 217.

1259 Vgl. Forster: Menschen und andere Tiere, S. 764, der ebd. erwähnt, dass Tomasello: Kulturelle Entwicklung, S. 259, selbst anmahnt, es sei »von entscheidender Bedeutung, daß Wissenschaftler sowohl die Ähnlichkeiten als auch die Unterschiede [zwischen menschlicher und nichtmenschlicher Kognition von Primaten] erfassen«.

1260 Ladwig: Philosophie der Tierrechte, S. 22.

1261 Ebd., S. 25.

1262 Siehe etwa ebd., S. 10; 217.

1263 Ebd., S. 305; vgl. ebd. Ladwig wendet sich hier gegen entsprechende Tendenzen in den Human-Animal Studies, die er auf den Einfluss der Theorie Bruno Latours zurückführt; vgl. ebd., S. 315ff.

1264 Siehe etwa ebd., S. 91f. Ladwig vertritt »ein interessentheoretisches Verständnis von Rechten« (ebd., S. 26), dessen Grundsatz lautet, dass gleiche Interessen (z.B. Schmerzvermeidung) auch gleiche Rechte begründen; vgl. ebd.; 52f.; 80f.; 111ff., sowie zum Inhalt der entsprechenden Rechte von Menschen und Tieren ebd., S. 134ff.

1265 Ebd., S. 235.

1266 Ebd., S. 33; zur Berücksichtigung (der Interessen) von nicht-menschlichen Tieren siehe ebd., S. 281ff.

1267 Ebd., S. 33. Ladwig gibt hierauf eine negative Antwort; siehe ebd., S. 33f.; 35f.; 326ff. Die Begründung lautet: »Zu politischem Handeln im engen und strengen Sinne gehört die intentionale Bezugnahme auf kollektiv verbindliches Entscheiden.« (Ebd., S. 309) Hierzu seien nicht-menschliche Tiere außerstande; vgl. ebd., S. 309f.

1268 Ebd., S. 309.

schaftsregeln‹ beschreiben? Dies jedenfalls legt die Unterscheidung zwischen der Politik *(la politique)* und dem Politischen *(le politique)* nahe.[1269]

Die weiteren Ausführungen kommen auf diese Angelegenheit immer wieder zurück. Als Übergang und als Resümee der Argumentation in diesem Abschnitt soll aber an diesem Punkt zunächst die Untersuchung der ›Erfüllungsbedingungen‹ gemeinsamen und politischen Handelns noch einmal systematisiert und in seinen verschiedenen Dimensionen dargestellt werden.[1270]

Die erste Dimension umfasst die (mit Annette C. Baier und Frank Kannetzky diskutierten) »sozialen Vorbedingungen individueller Intentionalität«.[1271] Entgegen dem individualistischen Glauben, dem auch die Theorien kollektiver Intentionalität folgen, gibt es nicht »vor Auftreten des Phänomens der Gemeinsamkeit Individuen [...], die schon selbständig handeln können und selbständig bestimmte Handlungsziele instrumentell verfolgen«.[1272] Zu bekräftigen ist vielmehr, dass wir »in Gemeinschaften erst zu den Akteuren werden [...], die ihre individuellen Ziele planmäßig verfolgen und sich im Rahmen solcher Projekte zusammenschließen können«.[1273]

Ausgehend von einer (von Bernd Ladwig angeregten) Kritik an einem politischen ›Anthropozentrismus‹, gerieten unter anderem mit Tomasello als zweite Dimension die »kognitiven Voraussetzungen«[1274] in den Blick, derer es möglicherweise bedarf, um in der (menschlichen) Gemeinschaft zum/zur politischen Akteur*in werden zu können. Gemeinsame Absichten und Handlungen – sowie das Vermögen, die für das Individuum konstitutive (wie Baier sich ausdrückt) ›Allmende des Geistes‹ nutzen zu können – setzen offenbar auf einer biologischen Ebene Fähigkeiten voraus, über die, behauptet Tomasello, nur der (normale) Mensch verfüge.

Damit deutet sich die dritte, für eine Politik des Miteinander wichtigste Dimension der Frage nach den ›Erfüllungsbedingungen‹ gemeinsamen Handelns an: die von Exklusion und Inklusion. Abhängig davon, welche Bedingungen an das Vorliegen und damit an die Ausführenden einer gemeinsamen Handlung gestellt werden, erweitert oder verengt sich der Kreis möglicher Handelnder. Wer andere nicht als intentional Handelnde verstehen kann, so legt Tomasellos Ansatz nahe, kommt als Mithandelnde/r in einer gemeinsamen Handlung nicht in Frage.[1275]

1269 Siehe in diesem Sinne auch die Begriffe ›Polizei‹ und ›Politik‹ bei Rancière: Unvernehmen, S. 39ff.

1270 Ich folge dabei (erneut) vor allem Impulsen aus der Studie *Wir-Intentionalität* von Hans Bernhard Schmid.

1271 Schmid: Wir-Intentionalität, S. 28.

1272 Ebd., S. 26f.

1273 Ebd., S. 27.

1274 Ebd., S. 118.

1275 Mit Schmid, der sich auf die Voraussetzung der Sprachfähigkeit für gemeinsames Handeln bezieht, könnte man hier von der Gefahr einer »sehr restriktive[n] Sozialontologie« (ebd.) sprechen, gegen die zu Recht vorzubringen wäre: »Eine Sozialontologie [...] sollte die Beschränkung auf sprachfähige Interaktionsteilnehmer [oder auf solche, die andere als ›intentionale Akteure‹ verstehen können, S. H.] nicht unbesehen in Kauf nehmen.« (Ebd., S. 119) Ich widerspreche allerdings Schmid, wenn er in einer Anmerkung ebd., S. 118, Anm. 10, Hv. i. Orig., Tomasellos »Versuch, kollektive Intentionalität als *humanum* anzusetzen«, als Bruch mit sozialontologischen Restriktionen deutet.

In dieser Schlussfolgerung reflektiert sich das allgemeine Problem der Gemeinschaftszugehörigkeit. Die Rede von einem ›Wir‹, meint Schmid, sei unweigerlich an »Zugehörigkeitskriterien« gebunden und habe »eine partizipativ-inklusive« ebenso wie »eine exklusive Seite«.[1276] Denn »[w]er ›wir‹ sagt, muß irgendwo eine *Grenze* setzen, welche die Mitgemeinten (bzw. das Mitgemeinte) von den (oder dem) Ausgeschlossenen scheidet«.[1277] Schmid unterscheidet zwei Positionen danach, wie sie die Fundierung von Exklusion und Partizipation/Inklusion fassen.[1278]

Die eine Position lasse die Exklusion der Inklusion nachfolgen: Zugehörigkeit gründe zunächst im »*Wir-Bewußtsein der Mitglieder*«[1279] eines Kollektivs: »Das ›Wir‹ ist Einstellungssache. ›Wir‹, das sind [...] einfach die, die sich für einen von ›uns‹ halten.«[1280] Von den ›anderen‹ unterscheidet ›uns‹ demnach nur, dass die ›anderen‹ sich als ›uns‹ nicht zugehörig sehen.[1281]

Während diese Position das Wir (samt seiner Grenzen) als grundsätzlich »disponibel« auffasst, geht die zweite Position von »vorkonstituierten Zugehörigkeitsbedingungen«[1282] aus. Zum ›Wir‹ gehörig (sich fühlend) sind diejenigen, die diese ›Zugehörigkeitsbedingungen‹, also bestimmte ›objektive‹ Eigenschaften oder Merkmale wie die Zugehörigkeit zu einer Nation, erfüllen. »Die exklusive ›Grenze des Wir‹ geht [...] dem partizipativen Wir-Bewußtsein voraus.«[1283]

Wie stellt sich hierzu eine Politik des Miteinander? Sie schlägt sich nicht auf die Seite der Fundamentalist*innen, die die Zugehörigkeit zum ›Wir‹ als gegeben verstehen und so das Miteinander jeglicher (und vor allem: der politischen) Verfügbarkeit entziehen.[1284] Problematisch ist jedoch auch der Vorschlag, Zugehörigkeit als unbegrenzt (›disponibel‹) zu fassen. Man nehme an, dass die Gründung einer »*bestimmte[n]* Ordnung [...] nur durch einen Prozess der Exklusion anderer möglicher Ordnungen [...] bewerkstelligt werden kann«.[1285] Wenn dies zutrifft, so machte die Vernachlässigung dieses ausschließenden Moments[1286] nicht nur, wie Marchart befürchtet, »einem pazifizierten und depolitisierten Begriff des Politischen Platz«[1287], sondern würde zudem, könnte man mit Schmid argumentieren, der ›partizipativ-inklusive‹ Gebrauch des ›Wir‹ ideologisch: Er verkenne nämlich »die tatsächliche Spaltung in partikulare Wir-Gruppen«.[1288] Damit ist nicht gefordert, Ausschließungen jenseits ihrer möglicherwei-

---

1276 Ebd., S. 74.
1277 Ebd., S. 73, Hv. i. Orig. Auch Trautmann: Partage, S. 75, betont: »Keine politische Gemeinschaft kommt aus, ohne sich und ihren Grenzen Gestalt zu verleihen.« Dabei ›produziere‹ sie Ausgeschlossene; vgl. ebd., S. 76.
1278 Vgl. zum Folgenden Schmid: Wir-Intentionalität, S. 74ff.
1279 Ebd., S. 82, Hv. i. Orig.
1280 Ebd., S. 83.
1281 Vgl. ebd., S. 75f.; 81ff.
1282 Ebd., S. 81.
1283 Ebd., S. 75; vgl. ebd., S. 74f.; 80f.
1284 Ich folge hier der Verwendung des Begriffs ›Fundamentalismus‹ bei Marchart: Politische Differenz, S. 15; 59f.
1285 Ebd., S. 115, Hv. i. Orig.
1286 Wir hatten dieses Versäumnis schon bei Nancy kritisiert; siehe hierzu noch einmal ebd., S. 113ff.
1287 Ebd., S. 115.
1288 Schmid: Wir-Intentionalität, S. 85; vgl. ebd., S. 84f.

se konstitutionslogischen Unabdingbarkeit einfach hinzunehmen; vielmehr ginge es darum, wie Trautmann zu Recht unterstreicht, »den ausschließenden Konzeptionen politischer Zugehörigkeit etwas entgegen zu halten«.[1289]

Der ›partizipativ-inklusive‹ und der ›exklusive‹ Begriff des Wir verhindern Politik – den Moment, der das Miteinander durch die Errichtung einer ›bestimmten Ordnung‹ gründet und zugleich entgründet, da durch seine (politische) Gründung das Miteinander als nicht gegebene, sondern immer wieder neu zu gründende, veränderbare – politische – Ordnung sichtbar wird.[1290]

1289 Trautmann: Partage, S. 74; siehe auch ebd., S. 88. Der Autor denkt bei ›Ausschluss‹ vor allem an den Skandal der Staatenlosigkeit; siehe ebd., S. 65ff.

1290 Ich rekurriere hier auf Marcharts Begriff des »Postfundamentalismus«, der auf die »*politische* Dimension des Sozialen« (Marchart: Politische Differenz, S. 16, Hv. i. Orig.) fokussiert und davon ausgeht: »Nur unter der notwendigen Bedingung der Abwesenheit eines letzten Grundes werden überhaupt plurale und partielle Gründungsversuche möglich. [...] Erst einer Gesellschaft, der kein archimedischer Punkt, kein substanzielles Gemeingut, kein unhinterfragter Wert verfügbar ist, steht die eigene Institution immer aufs Neue zur Aufgabe.« (Ebd., S. 17) In diesem Sinne übernimmt der ›Postfundamentalismus‹ den »Versuch einer Befragung der gründenden wie entgründenden Dimension sozialen Seins«. (Ebd., S. 31) Wir werden diese Überlegung in den Ausführungen zu Cornelius Castoriadis und vor allem zu Ernesto Laclau und Chantal Mouffe aufgreifen und vertiefen.

2. Gemeinschaft als imaginäre Institution (Cornelius Castoriadis)

> Ein Merkmal der Totalitarismen ist nicht zu-
> fällig die Armut des Denkens, der Kunst, der
> Vorstellungskraft [imagination].[1]

Nancy bestimmte ›Gemeinschaft‹ durch eine »Logik der Begründungslosigkeit«[2]: Sie ist nichts, was auf einem Fundament gründet, sondern ist, weil ihr ein Fundament fehlt. Dieser Verlust setzt die Singularitäten der Gemeinschaft aus. Das gemeinsame Handeln könnte eine der Gestalten sein, in denen die ›undarstellbare‹ oder ›entwerkte‹ Gemeinschaft in Erscheinung tritt. Was heißt es, etwas gemeinsam zu tun? Tuomela, Searle, Bratman und Gilbert betonen die Nicht-Reduzierbarkeit gemeinsamen Beab-sichtigens und Handelns auf individuelles Beabsichtigen und Handeln – ihre Theorien unterlaufen diese Irreduzibilität jedoch wieder: Sie beharren auf der (ontologischen) Priorität des Individuums. Dagegen wurde vorgebracht, dass Handeln gesellschaftlich instituierte Normen und Regeln voraussetzt, anhand derer es erst als solches bestimmt werden kann. Hier ergab sich allerdings das Problem »der Reifizierung und Stillstel-lung«.[3] Zwar scheint eine auf Dauer angelegte Gesellschaft unerlässlich, um überhaupt handeln zu können; aber die Gesellschaft muss auch erneut zum Objekt des (politi-schen) Handelns werden können.[4]

Castoriadis, so die für das Folgende leitende These, schlägt mit dem von ihm soge-nannten »*radikalen Imaginären*«[5] eine Lösung für diese Schwierigkeit vor: Er zeigt, wie Unbestimmtheit und Bestimmtheit der Gesellschaft zusammengehen können.[6] Seine

---

1 Nancy: Was tun, S. 39 (QF 46f.).

2 Nancy: Erschaffung der Welt, S. 145 (CMM 172).

3 Forst: Republikanismus der Furcht und der Rettung, S. 236.

4 Vgl. ebd.

5 Castoriadis: Gesellschaft als imaginäre Institution, S. 218, Hv. i. Orig.

6 Siehe in diesem Sinne allgemein Hans Joas: Institutionalisierung als kreativer Prozeß. Zur poli-tischen Philosophie von Cornelius Castoriadis. In: Politische Vierteljahresschrift 30 (1989), H. 4, S. 585-602, 594. Lars Gertenbach: Cornelius Castoriadis: Gesellschaftliche Praxis und radikale Ima-gination. In: Moebius, Stephan/Quadflieg, Dirk (Hg.): Kultur. Theorien der Gegenwart. 2., erw. u. aktual. Aufl. Wiesbaden 2011, S. 277-289, 281, hält für Castoriadis' »zentrale Einsicht, dass gesell-

Theorie ist postfundamentalistisch, da sie darauf verzichtet, die Gesellschaft auf einen festen letzten Grund setzen zu wollen, zugleich aber die Notwendigkeit bestimmter Gründungen betont.[7]

> Meine Philosophie ist keine »Philosophie der Unbestimmtheit«. Schöpfung bedeutet gerade *Setzung neuer Bestimmungen* – Auftauchen neuer Formen, *eide*, folglich *ipso facto* Auftauchen neuer *Gesetze* –, Gesetze, die diesen Seinsweisen zukommen. Auf allgemeinster Ebene *beinhaltet* der Gedanke der Schöpfung Unbestimmtheit *einzig* in dem Sinne, dass die Gesamtheit des Seienden niemals so vollständig und restlos »bestimmt« ist, dass sie das Auftauchen neuer *Bestimmungen* ausschließen (unmöglich machen) würde.[8]

Für gesellschaftlich bestimmt hält Castoriadis auch das Individuum. Die seit Hobbes im Raum stehende Frage, wie sich »Sozialität im Ausgang vom Individuum«[9] verstehen lasse, ist für Castoriadis unsinnig, da »er das *Individuum* [...] als *Geschöpf der gesellschaftlichen Institution* betrachtet«.[10] Er wendet sich gegen das von der (cartesianischen) Subjekt-Metaphysik herkommende Fundierungsverhältnis von Individuum und Gesellschaft, wie man es in den Theorien des Gesellschaftsvertrags finde, und misstraut der Idee des Staates als »»unificateur««[11] sowie der dahinter liegenden Vorstellung eines Naturzustandes, in dem ursprüngliche Zerstreuung geherrscht habe.[12]

---

schaftliche Totalität realiter zwar grundsätzlich unmöglich ist, in verschiedenen Prozessen der gesellschaftlichen Selbstschöpfung imaginär jedoch immer wieder hergestellt wird«.

7   Zu dieser Charakterisierung des Postfundamentalismus siehe Marchart: Politische Differenz, S. 16f. Marchart schlägt Castoriadis in *Die politische Differenz* den postfundamentalistischen Theoretikern und Theoretikerinnen zu (vgl. ebd., S. 28), im Register von *Das unmögliche Objekt. Eine postfundamentalistische Theorie der Gesellschaft* findet man Castoriadis aber nicht.

8   Cornelius Castoriadis: Getan und zu tun. In: ders.: Ausgewählte Schriften. Bd. 4. Philosophie, Demokratie, Poiesis (Hg. Halfbrodt, Michael/Wolf, Harald). Lich 2011, S. 183-269, 193, Hv. i. Orig. Siehe auch Cornelius Castoriadis: Démocratie et relativisme. Débat avec le MAUSS [Gespräch mit Alain Caillé, Jacques Dewitte, Chantal Mouffe, Serge Latouche, Louis Baslé, Anne-Marie Fixot]. Édition établie par Enrique Escobar, Myrto Gordicas et Pascal Vernay. Paris 2010, S. 54: »Ce mot [d'indétermination, S. H.] n'est pas du tout le mien, je le récuse. Je parle de création. Et la création n'est pas simplement de l'indétermination. [...] [C]e qui définit l'être, ce n'est pas l'indétermination, c'est la création de nouvelles déterminations«. Wolfgang Iser: Das Fiktive und das Imaginäre. Perspektiven literarischer Anthropologie. Frankfurt a.M. 1991, S. 359, betont, für Castoriadis sei »das Imaginäre [...] kein Unbestimmtes [...]; vielmehr ist es, als das Andere der Bestimmtheit, deren Veränderung«.

9   Schmid/Schweikard: Einleitung, S. 17.

10 Waldenfels: Revolutionäre Praxis und ontologische Kreation, S. 397, Hv. i. Orig. Siehe auch Yannis Stavrakakis: The Lacanian Left. Psychoanalysis, Theory, Politics. Edinburgh 2007, S. 42; Harald Wolf: Das Richtige zur falschen Zeit – zur Schöpfung des Imaginären bei Castoriadis. In: ders. (Hg.): Das Imaginäre im Sozialen. Zur Sozialtheorie von Cornelius Castoriadis. Göttingen 2012, S. 63-81, 72. Wie wir sehen werden, invertiert Castoriadis das Verhältnis Individuum/Gesellschaft nicht, sondern sieht beide als verschränkt; vgl. Delitz: Gebaute Gesellschaft, S. 120.

11 Cornelius Castoriadis: L'exigence révolutionnaire [Gespräch mit Olivier Mongin, Paul Thibaud, Pierre Rosanvallon]. In: ders.: Quelle démocratie? Tome 1 (Écrits politiques, 1945-1997, III). Édition préparée par Enrique Escobar, Myrto Gondicas et Pascal Vernay. Paris 2013, S. 541-573, 572.

12 Vgl. ebd.

[D]errière cette conception, il y a encore la philosophie classique du sujet, de l'*ego cogito*, de la conscience autarcique. [...] Et les sujets cartésiens, nécessairement solipsistes, sont réunis soit par un »contrat social«, soit par le coup de force de l'État qui les oblige à surmonter leur dispersion naturelle et même ontologique. Mais les individus sont toujours *déjà* sociaux, ils [...] ne *peuvent* exister *que* comme toujours déjà »unifiés« dans et par une socialité en général *et* une socialité concrète, que l'»État« lui-même, là où et lorsqu'il existe, présuppose.[13]

Ein zentraler Begriff in Castoriadis' Philosophie ist ›Schöpfung‹. Er hängt mit dem des Imaginären unmittelbar zusammen. Das Konzept des Imaginären soll, ähnlich wie die arendtsche Kategorie der Natalität, die Möglichkeit des Neuen einfangen.[14] Das Imaginäre sei Schöpfung, und zwar die »wesentlich *indeterminierte* Schöpfung von Gestalten/Formen/Bildern«.[15] Es ist selbst unbestimmt, treibt aber bestimmte Gestalten, Formen und Bilder hervor. Versteht man, so der Titel von Castoriadis' Hauptwerk, die »Gesellschaft als imaginäre Institution«, heißt das: Die Gesellschaft ruht auf keinem festen Boden, versinkt jedoch auch nicht im Chaos, da es unablässig zu bestimmten, aber wieder veränderbaren Instituierungen kommt.[16] Castoriadis stellt am Imaginären eine politische Schlagkraft heraus[17], die sich im Begriff der Autonomie kristallisiert.[18] Eine Politik des Miteinander wäre dem Verständnis Castoriadis' nach eine Politik der kollektiven Selbstschöpfung und -veränderung der gesellschaftlichen Institutionen. Seine Philosophie eignete sich, das von Michael Hirsch diagnostizierte Manko von (postfundamentalistischen) Theorien des Politischen zu beheben: Diese nämlich, so der harsche Vorwurf Hirschs, beinhalteten eine

---

13   Ebd., Hv. i. Orig. Matei Chihaia: Das Imaginäre bei Cornelius Castoriadis und seine Aufnahme durch Wolfgang Iser und Jean-Marie Apostolidès. In: Zaiser, Rainer (Hg.): Literaturtheorie und sciences humaines. Frankreichs Beitrag zur Methodik der Literaturwissenschaft. Berlin 2008, S. 69-85, 70, formuliert missverständlich, wenn er Castoriadis' Theorie gesellschaftlicher Institutionen als Versuch beschreibt, »eine Erklärung für das Entstehen gesellschaftlicher Strukturen zu finden, ohne auf bereits vergesellschaftete Subjekte zu rekurrieren«. Den Hinweis auf Chihaias Aufsatz verdanke ich Kohns: Politik des politischen Imaginären, S. 24, Anm. 24.

14   Vgl. Joel Whitebook: Requiem for a Selbstdenker: Cornelius Castoriadis (1922-1997). In: Constellations 5 (1998), H. 2, S. 141-160, 145, und siehe auch Ingerid S. Straume: A common world? Arendt, Castoriadis and political creation. In: European Journal of Social Theory 15 (2012), H. 3, S. 367-383, 367; 378, sowie Linda M[arie] G[elsomina] Zerilli: Castoriadis, Arendt, and the Problem of the New. In: Constellations 9 (2002), H. 4, S. 540-553.

15   Castoriadis: Gesellschaft als imaginäre Institution, S. 12, Hv. i. Orig.

16   Siehe Castoriadis' Bemerkung, es gehe ihm nicht um eine »société de l'indétermination«, sondern um eine Gesellschaft, »qui se déterminera autrement, précisément de manière à permettre sa propre mise en question etc. [...] Il faut parler d'un imaginaire créateur, instituant, c'est-à-dire déterminant.« (Castoriadis: Démocratie et relativisme, S. 54f.)

17   Martin Doll/Oliver Kohns: Ausser-Sich-Sein: Die imaginäre Dimension der Politik. Einleitung. In: dies. (Hg.): Die imaginäre Dimension der Politik. München 2014, S. 7-18, 12, nennen das Imaginäre ein »politisches Vermögen«.

18   Wie Cornelius Castoriadis: [Gespräch mit Florian Rötzer]. In: Rötzer, Florian: Französische Philosophen im Gespräch. München 1986, S. 47-65, 59, unterstreicht, sei »[d]ie Autonomie [...] einwandfrei eine imaginäre Bedeutung. Sie ist eine menschliche Schöpfung«, die »in der Realität an sich« nicht vorkomme.

konservative Doktrin von der Unmöglichkeit einer demokratischen Aneignung der politischen Ordnung der Gesellschaft. Der Begriff des Politischen ist letztlich ein Symbol dieser antidemokratischen Doktrin. Im Zentrum dieser politischen Ontologie steht nicht die aufklärerische Lehre von der (noch zu verwirklichenden) demokratischen Autonomie des Volkes, sondern die gegenaufklärerische Lehre von der demokratischen Politik als einem bloßen Zeichen der immer schon vorausgesetzten »Unmöglichkeit von Gesellschaft«.[19]

Zunächst möchte ich zeigen, auf welchen ontologischen Annahmen Castoriadis' Theorie beruht, dann die gesellschaftstheoretischen Implikationen dieser Ontologie untersuchen. Dazu wird in einem ersten Schritt Castoriadis' Kritik an anderen gesellschaftstheoretischen Entwürfen (Strukturalismus, Funktionalismus, Marxismus) dargestellt. Sich von diesen absetzend, entwickelt er seine Theorie einer imaginären Institution der Gesellschaft; vor allem der Begriff des Imaginären ist zu erläutern. Der letzte Schritt wird sein, die politische Dimension der castoriadisschen Theorie zu beleuchten und zu prüfen, ob es sich um einen brauchbaren »Entwurf einer politischen Philosophie« handelt, wie sie der Untertitel von *Gesellschaft als imaginäre Institution* ankündigt.

2.1   Kritik des bestimmten Seins

In einer Vorbemerkung zu *Être singulier pluriel* begründet Nancy die formale Unangemessenheit einer ontologischen Abhandlung damit, dass »das Singuläre des Seins [...] fraglich geworden ist«.[20] Er betont die Pluralität des Seins: »Das Sein kann nur als Mit-ein-ander-seiend *sein*, wobei es im *Mit* und als das *Mit* dieser singulär-pluralen Ko-Existenz zirkuliert«.[21] Der Sinn des Seins (und das Sein des Sinns) liegt in der Zirkulation, darin, in alle Richtungen auszugehen.[22] Er ist nicht präsent, steht weder im Hier noch Jetzt fest, sondern »beginnt dort, wo die Präsenz nicht reine Präsenz ist, sondern sich verzweigt und *als* solche sie selbst ist«.[23] Sein gibt es nicht als Eines und nicht als Bestimmtes – mit Heidegger gesagt: »›Sein‹ ist nicht so etwas wie Seiendes«.[24] Wie schon Heidegger ist Nancy bemüht um eine »Positivierung des Unbestimmten«.[25]

---

19   Hirsch: Symbolischer Primat des Politischen, S. 349. Die Wendung von der ›Unmöglichkeit von Gesellschaft‹ übernimmt Hirsch aus der Studie *Post-foundational Political Thought. Political Difference in Nancy, Lefort, Badiou and Laclau* (2007) von Oliver Marchart, die dessen Arbeit über *Die politische Differenz* zugrunde liegt.

20   Nancy: Vorbemerkung, S. 13 (AV 13).

21   Nancy: singulär plural sein, S. 21, Hv. i. Orig. (ESP 21, Hv. i. Orig.). Wie Marchart: Politische Differenz, S. 111, resümiert, kann Nancy zufolge »Sein im Allgemeinen [...] nicht länger als eine universelle, alles einschließende, homogene Kategorie verstanden werden. Sie ist in sich zersprungen, verstreut in eine primordiale Pluralität von Seiendem, eine Pluralität, die auf keinen tiefer liegenden Ursprung zurückgeführt werden kann.«

22   Vgl. Nancy: singulär plural sein, S. 21 (ESP 21).

23   Ebd., S. 20, Hv. i. Orig. (ESP 20, Hv. i. Orig.).

24   Heidegger: Sein und Zeit, S. 4.

25   Siehe Gerhard Gamm: Flucht aus der Kategorie. Die Positivierung des Unbestimmten als Ausgang der Moderne. Frankfurt a.M. 1994.

Möglicherweise sei Heidegger der Denker, so Gerhard Gamm, »der in seinen Spekula-
tionen über die ontologische Differenz das philosophische Selbstverständnis am nach-
drücklichsten mit dem Problem von Sein als Bestimmtsein (Seiendes) und Sein als Un-
bestimmtsein konfrontiert hat«.[26]

Castoriadis teilt die Ambitionen auf eine Bestimmung des Seins als ›Unbestimmt-
sein‹, wirft aber Heidegger vor, sein Streben sei gescheitert.[27] Die ›ontologische Differenz‹ zeige, kritisiert er,

> wieder nur die Grenze des überkommenen Denkens. Im Grunde hat sich die traditio-
> nelle Ontologie darauf beschränkt, als Sinn von ›sein‹ stillschweigend die Seinsweise
> jener besonderen Kategorien von Seienden einzusetzen, auf die ihr Blick gebannt
> blieb. Diesen Kategorien [...] hat sie den Sinn von ›sein‹ als ›bestimmt sein‹ entnom-
> men.[28]

Heideggers »*Wiederholung der Frage nach dem Sein*«[29] versteht Castoriadis als ein Wieder-
hervorholen von etwas, das lediglich verborgen war: »Wo war [...] das Piano im Neolithi-
kum versteckt? Nun, es war in den Möglichkeiten des Seins enthalten. Das heißt: Sein
Wesen war ›schon da‹.«[30] Diese Auffassung blendet nach Ansicht Castoriadis' das produktive Vermögen der Imagination aus; sie hole nicht (vergessene) Formen des Seins
nur wieder ans Licht, sondern schöpfe diese (neu) – die Imagination könne »Nicht-
Seiendes [...] setzen«.[31] Das Imaginäre ist eine im Wesen nicht bestimmte »Schöpfung
ex nihilo«[32], und auch die Weisen des Seins, die das Imaginäre hervorbringt, sind wesentlich unbestimmt. Anders gesagt: Das Vergehen der abendländischen Philosophie
ist es für Castoriadis, die Frage nach dem Sein nicht vergessen, sondern immer schon
entschieden zu haben: Sein ist »*Bestimmt-Sein*«.[33] Einen bestimmten Sinn von Sein kann
es aber nicht geben, da das Imaginäre stets neues Sein erschafft: Gegen die »univocal

---

26   Ebd., S. 11. Schon Heidegger habe betont, »dass es *das* Sein nicht gibt, dass *das* Sein nicht ist, dass
      man nie von *dem* Sein sprechen könne«, so Nancy: Demokratie und Gemeinschaft, S. 30, Hv. i. Orig.

27   Siehe zum Folgenden Suzi Adams: Castoriadis's Ontology. Being and Creation. New York 2011,
      S. 29ff.

28   Castoriadis: Gesellschaft als imaginäre Institution, S. 309f.; siehe Iser: Das Fiktive und das Imagi-
      näre, S. 358; Angelos Mouzakitis: Art. ›Creation ex nihilo‹. In: Adams, Suzi (Hg.): Cornelius Castoria-
      dis. Key Concepts. London, New York 2014, S. 53-64, 58. Zur Kritik Castoriadis' an Heidegger siehe
      auch Cornelius Castoriadis: Moderne Wissenschaft und philosophische Fragestellungen. In: ders.:
      Durchs Labyrinth. Seele, Vernunft, Gesellschaft. Frankfurt a.M. 1981, S. 127-192, 153f.

29   Heidegger: Sein und Zeit, S. 2, Hv. i. Orig.

30   Castoriadis: Gesellschaft als imaginäre Institution, S. 337. Mit anderer Betonung meint auch Nancy:
      Demokratie und Gemeinschaft, S. 29, es gebe »bei Heidegger die Vorstellung eines Telos [...] in
      Form der Vorstellung und Aussicht, dass eine wirkliche Beziehung zum Sein sich werde herstellen
      lassen«.

31   Castoriadis: Zustand des Subjekts, S. 219.

32   Castoriadis: Gesellschaft als imaginäre Institution, S. 12, Hv. i. Orig.

33   Gerhard Gamm: Cornelius Castoriadis: Gesellschaft als imaginäre Institution (1975). In: ders./
      Hetzel, Andreas/Lilienthal, Markus: Hauptwerke der Sozialphilosophie. Interpretationen. Stutt-
      gart 2001, S. 173-194, 179, Hv. i. Orig.; vgl. Adams: Castoriadis's Ontology, S. 31; 27.

interpretation of being«, der auch Heidegger noch folgt, setzt Castoriadis die Idee »of multiple modes and categories of being«.[34]

Diesen Gedanken einer pluralen Verfasstheit des Seins findet man ebenfalls bei Nancy, der die ›ontologische Differenz‹ in das Sein verlegt.[35] Für Nancy ist »die Differenz von Seiendem und Sein [...] kein Unterschied von Termini oder von Substanzen, es ist die *différance* des Seins oder genauer die *différance von Sein*«.[36] Nancy bringt das Sein in einen Abstand zu sich selbst, versetzt es in ein unaufhörliches »*zu* sich [*à* soi]«.[37] Das Sein ist »Sein-in-Aktion«[38]; es ereignet sich oder geschieht, kann jedoch nicht hergestellt oder produziert – nicht bestimmt – werden.[39]

Castoriadis' Kritik der traditionellen Ontologie hat, ausdrücklicher als bei Nancy, eine politische Dimension. Zwar legt Nancy (nicht zuletzt am Beispiel Heideggers) die fatalen Konsequenzen des hergebrachten Denkens offen. Castoriadis geht aber über diesen vornehmlich negativen Ansatz hinaus und legt mit seiner »*Ontologie des Unbestimmten*« als »einer nicht-deterministischen Lehre vom Sein«[40] den Grund für eine politische Philosophie – eine Disziplin, zu der Nancy Distanz hält.[41] Beinahe wörtlich greift Castoriadis eine Formulierung Heideggers in *Sein und Zeit* auf, wenn er sich durch die (seiner Ansicht nach) falschen Antworten auf die Frage nach dem Wesen des Gesellschaftlichen dazu genötigt sieht, »den Sinn von ›sein‹ erneut zu betrachten«.[42] Castoriadis' Bemühung, die ›Seinsfrage‹ anders als bisher üblich zu beantworten, geht von gesellschaftstheoretischen Erwägungen aus: »Die *ontologische* Problematik fängt mit

---

34   Adams: Castoriadis's ontology, S. 29, die ebd., S. 30, Hv. i. Orig., notiert, was man auch für Nancy festhalten könnte: »[U]nlike Heidegger in rethinking the *Seinsfrage*, the meaning of Being is not singular, but plural«. Siehe auch Johann P[all] Arnason: Castoriadis im Kontext: Genese und Anspruch eines metaphilosophischen Projekts. In: Wolf, Harald (Hg.): Das Imaginäre im Sozialen. Zur Sozialtheorie von Cornelius Castoriadis. Göttingen 2012, S. 39-62, 48, der Castoriadis' Ansatz »postheideggerianisch« nennt: »Sein Denken knüpft an die von Heidegger wiedereröffnete Seinsfrage an [...], wendet sich aber gegen die Suche nach einem Sinn von Sein im Unterschied zum Seienden.« Castoriadis gehe es stattdessen um »eine Neubestimmung der ontologischen Differenz«, die daraus hinauslaufe, »die Differenz zwischen dem Sein als Emergenz (*à-être*) und den spezifischen Seinsweisen, durch die diese Grundbestimmung in verschiedenen ontologischen Regionen eingerahmt bzw. überlagert wird« (ebd., Hv. i. Orig.), zu denken.

35   Siehe hierzu und weiter in diesem Absatz die Ausführungen von Morin: Nancy, S. 29f.; 34.

36   Nancy: Sinn der Welt, S. 43, Hv. i. Orig. (SM 47f., Hv. i. Orig.).

37   Ebd., S. 44, Hv. i. Orig. (SM 48, Hv. i. Orig.).

38   Ebd., S. 43 (SM 48).

39   Vgl. ebd. Breckman: Creatio ex nihilo, S. 16, Hv i. Orig., meint, Nancy denke »*différance* als eine Art *creatio ex nihilo*«.

40   Hans Joas/Wolfgang Knöbl: Sozialtheorie. Zwanzig einführende Vorlesungen. Frankfurt a.M. 2004, S. 572, Hv. i. Orig.

41   Siehe etwa Nancy: singulär plural sein, S. 52 (ESP 45). Die »Aufklärung«, die seine Arbeit über das Imaginäre leisten solle, sei »nicht zu trennen von einer politischen Perspektive und einem politischen Entwurf«, betont hingegen Castoriadis: Gesellschaft als imaginäre Institution, S. 12; siehe auch Gamm: Flucht aus der Kategorie, S. 83.

42   Castoriadis: Gesellschaft als imaginäre Institution, S. 309. Bei Heidegger: Sein und Zeit, S. 1, Hv. i. Orig., heißt es: »Und so gilt es denn, *die Frage nach dem Sinn von Sein* erneut zu stellen.« Adams: Castoriadis's ontology, S. 30, Hv. i. Orig., stellt fest: »In raising the question of the being of the social-historical, Castoriadis reactivates the *Seinsfrage*.«

der Frage nach der Seinsweise des Gesellschaftlich-Geschichtlichen an.«[43] Darin steckt, dass eine Theorie der Gesellschaft ohne zutreffende ontologische Annahmen schwerlich auskommt. Ist nun, wie der Titel seines Hauptwerks nahelegt, Gesellschaftstheorie für Castoriadis zugleich politische Philosophie, so sind auch Politik und Ontologie als eng verbunden zu denken – was nicht heiße, stellt Castoriadis klar, man könne eine Politik aus der Ontologie unmittelbar ableiten.[44]

Castoriadis zeigt, wie sich die abendländische Ontologie, das heißt die (mit Hans Jonas gesagt) »ontologische Entgegensetzung, die klassisches Denken zwischen Sein und Werden behauptet hatte«[45], in den hergebrachten Gesellschaftstheorien niederschlug. Insbesondere verkannte man, dass die Gesellschaft geschichtlich ist: »[D]ie Einführung einer explizit ontologischen Perspektive in die Gesellschaftstheorie«, erläutert Arnason, diene Castoriadis zur »Begründung seiner radikalen Kritik an traditionellen Denkmustern (die auf der Gleichsetzung von Sein und Bestimmtheit basierten und deshalb der von Kreativität geprägten Seinsweise des Gesellschaftlich-Geschichtlichen nicht gerecht werden konnten)«.[46] Der Begriff des Gesellschaftlich-Geschichtlichen drückt eine Wandelbarkeit der Gesellschaft aus, die sich dem Imaginären verdankt.[47] Geschichte, meint Seyfert, sei für Castoriadis »Selbstveränderung der Gesellschaft«.[48] Trennt man Gesellschaft und Geschichte, so beinhaltet dies: Das Sein der Gesellschaft liegt außerhalb ihrer selbst, wird durch ein nicht selbstgesetztes Gesetz oder Ziel bestimmt. Geschichte erscheint als etwas, das die gesellschaftliche Norm stört, oder als das Fortschreiten hin zu einer vorgegebenen Norm, zu einem vorgegebenen Ziel.[49] Dieses »überkommene Denken«[50] könne Gesellschaft und Geschichte nicht als Einheit (›Gesellschaftlich-Geschichtliches‹) fassen. Der Scheidung von Gesellschaft und Geschichte liege die Vorstellung vom Sein als ›Bestimmt-Sein‹ zugrunde, während das Sein des ›Gesellschaftlich-Geschichtlichen‹ (wie das des Imaginären) »sich

---

43   Arnason: Castoriadis im Kontext, S. 47, Hv. i. Orig. Castoriadis, so Lüdemann: Metaphern der Gesellschaft, S. 48, attestiere »dem traditionellen Denken zwar nicht Seins-, wohl aber Gesellschafts- und Geschichtsvergessenheit«.

44   Vgl. Castoriadis: Getan und zu tun, S. 183, sowie Romain Karsenty: De Marx à Castoriadis et au-delà. Dépasser l'antinomie théorie/pratique. In: Cervera-Marzal, Manuel/Fabri, Éric (Hg.): Autonomie ou barbarie. La démocratie radicale de Cornelius Castoriadis et ses défis contemporains. Neuvy-en-Champagne 2015, S. 53-71, 60f.

45   Jonas: Gottesbegriff nach Auschwitz, S. 27. Siehe auch Harries: Aufgabe der Architektur, S. 117: »Die Metaphysik sucht, das Sein alles Seienden zu begreifen. Aber was gleich verfliegt oder uns durch die Hände rinnt, lässt sich nicht greifen oder begreifen. So denkt die Metaphysik das Sein gegen die Zeit.«

46   Arnason: Castoriadis im Kontext, S. 48.

47   Siehe etwa Cornelius Castoriadis: Macht, Politik, Autonomie. In: ders.: Ausgewählte Schriften. Bd. 1. Autonomie oder Barbarei (Hg. Halfbrodt, Michael/Wolf Harald). Lich 2006, S. 135-167, 135: »Das radikale Imaginäre entfaltet sich selbst als Gesellschaft und Geschichte – als das Gesellschaftlich-Geschichtliche.«

48   Robert Seyfert: Cornelius Castoriadis: Institution, Macht, Politik. In: Bröckling, Ulrich/Feustel, Robert (Hg.): Das Politische denken. Zeitgenössische Positionen. Bielefeld 2010, S. 253-272, 261.

49   Vgl. Castoriadis: Gesellschaft als imaginäre Institution, S. 285.

50   Ebd.

der Bestimmtheit [...] entzieht«[51] und so »die überkommene Logik und Ontologie sprengt«.[52]

> Wenn [...] »sein« »bestimmt sein« heißt, dann sind Gesellschaft und Geschichte nur, insoweit ihr Platz in der Gesamtordnung des Seins (als Ergebnis von Ursachen, als Mittel für Zwecke beziehungsweise als Moment eines Prozesses) sowie ihre innere und äußere Ordnung bestimmt sind.[53]

In seiner Auseinandersetzung mit den strukturalistischen und funktionalistischen Gesellschaftstheorien wird Castoriadis diese Behauptung zu belegen versuchen.[54]
Was genau an der traditionellen Ontologie hält Castoriadis für kritikwürdig?

> Seit fünfundzwanzig Jahrhunderten beruht, arbeitet, entfaltet und verfeinert sich das griechisch-abendländische Denken auf der Grundlage dieser These: ›sein‹ heißt ›etwas Bestimmtes sein‹ *(einai ti)*; ›sagen‹ heißt ›etwas Bestimmtes sagen‹ *(ti legein)*; und natürlich, ›wahr sagen‹ heißt, das Sagen und das Gesagte den Bestimmungen des Seins gemäß oder das Sein den Bestimmungen des Sagens gemäß zu bestimmen und am Ende festzustellen, daß die einen und die anderen Bestimmungen zusammenfallen.[55]

Das griechische Denken habe all das, was existiert und worüber sich sprechen lässt, als *peras*, als Grenze oder Bestimmung bezeichnet und abgezirkelt vom *apeiron*, dem Unbestimmten. Zwar immerhin mitgedacht, war das Unbestimmte dadurch dennoch auf einen niederen Rang verwiesen: »Das wahrhaft Seiende ist das Bestimmte, und was nicht bestimmt ist, ist nicht oder weniger oder besitzt eine geringere Seinsqualität«.[56] Bis heute gelte: »Sein = Bestimmt-sein«.[57]

---

51   Ebd., S. 287; vgl. ebd., S. 287f.

52   Ebd., S. 289; siehe auch ebd., S. 300.

53   Ebd., S. 288.

54   Siehe für einen Hinweis auf den Hintergrund von Castoriadis' Kritik gängiger Gesellschaftstheorien auch Simon Herzhoff: [Rezension von] Nicola Condoleo: Vom Imaginären zur Autonomie. Grundlagen der politischen Philosophie von Cornelius Castoriadis. In: Zeitschrift für philosophische Literatur 4 (2016), H. 1, S. 8-18 (PDF-Version), 10. Abrufbar unter: <https://zfphl.org/article/view/35373/32849> (Zugriff am 29.1.2022).

55   Castoriadis: Gesellschaft als imaginäre Institution, S. 372, Hv. i. Orig.

56   Cornelius Castoriadis: Die Logik der Magmen und die Frage der Autonomie. In: ders.: Ausgewählte Schriften. Bd. 3. Das imaginäre Element und die menschliche Schöpfung (Hg. Halfbrodt, Michael/ Wolf, Harald). Lich 2010, S. 111-148, 117f.; vgl. ebd., S. 117.

57   Ebd., S. 118. Castoriadis führt hierfür kaum Belege an, erschöpfender ist ausgehend von Castoriadis etwa Gamm: Flucht aus der Kategorie, S. 41ff. Castoriadis: Logik der Magmen, S. 117, gibt zu, dass die These vom Sein als (nur) ›Bestimmt-sein‹ philosophiegeschichtlich nicht uneingeschränkt gelte. Er verweist auf Platon, der im *Philebos* erklärte, »aus Eins und Vielem sei alles, wovon jedesmal gesagt wird, daß es ist, und habe Bestimmung und Unbestimmtheit in sich verbunden«. (Platon: Philebos: In: ders.: Sämtliche Werke. Bd. 5. Politikos, Philebos, Timaios, Kritias. Nach der Übersetzung von Friedrich Schleiermacher und Hieronymus Müller [Hg. Otto, Walter F[riedrich]/Grassi, Ernesto/Plamböck, Gert]. Reinbek bei Hamburg 1969, S. 73-139, 81f. [16c]) Siehe auch Johannes Rauwald: Politische und literarische Poetologie(n) des Imaginären. Zum Potential der (Selbst-)Veränderungskräfte bei Cornelius Castoriadis und Alfred Döblin. Würzburg 2013, S. 52.

Das Denken am Leitfaden der »Hyperkategorie der *Determiniertheit*«[58] habe vor allem zwei Konsequenzen gehabt. Zum einen leugnete man das Phänomen der Zeit.[59] Steht ›Zeit‹ für die andauernde »Möglichkeit der Entstehung von Anderem«[60], fällt sie aus dem Rahmen einer Ontologie, die das Sein als Bestimmt-Sein setzt: »Wenn etwas wirklich bestimmt ist, dann seit jeher und für alle Zeiten«.[61] Die Zeit wurde lediglich als »reine Wiederholung«, als bloße »Exemplifizierung von Gesetzen«[62] gedacht. Zum anderen, führt Klooger aus, konzentrierte sich die Ontologie auf (natur)wissenschaftlich bestimmbare Arten von Sein, vor allem »purely physical and logical objects«.[63] Umgekehrt klammerte man nicht bestimmte Phänomene als »Täuschung, Willkür, Zufall«[64] aus, behandelte sie nach Maßgabe der Überzeugung vom Sein als Bestimmt-Sein. Man übersah dadurch das ›Gesellschaftlich-Geschichtliche‹ und das Imaginäre, vor allem aber: die Schöpfung.[65] Diese habe »schwerwiegende ontologische Implikationen« schreibt Castoriadis, denn wenn es Schöpfung tatsächlich gebe, müsse man verzichten auf die Vorstellung »der *Bestimmtheit* als absolute (und ihre Inkarnation, die Idee eines umfassenden Determinismus)«.[66]

Castoriadis schlägt vor, das gebräuchliche Vorgehen umzukehren: Möchte man wissen, was das Sein ist – warum mit der Erklärung nicht beispielsweise bei Träumen oder Mythen ansetzen?

> Es sei daran erinnert, dass Philosophen fast immer mit folgenden Worten beginnen: »Ich möchte herausfinden, was Sein, was Realität ist. Nun, hier ist ein Tisch. Was ist an diesem Tisch charakteristisch für reales Sein?« Kein Philosoph hat jemals mit den Worten begonnen: »Ich möchte herausfinden, was Sein, was Realität ist. Nun, hier sind meine Erinnerungen an meinen Traum von letzter Nacht. Was ist daran charakteristisch für reales Sein?« Kein Philosoph beginnt jemals mit den Worten: »Nehmen wir Mozarts *Requiem* als Seinsparadigma. Lasst uns damit anfangen«. Warum können wir nicht damit beginnen, einen Traum, ein Gedicht, eine Symphonie als paradigmatische Instanzen für die Fülle des Seins zu postulieren und die physikalische Welt als

---

58   Cornelius Castoriadis: Das Imaginäre: die Schöpfung im gesellschaftlich-geschichtlichen Bereich. In: ders.: Ausgewählte Schriften. Bd. 3. Das imaginäre Element und die menschliche Schöpfung (Hg. Halfbrodt, Michael/Wolf, Harald). Lich 2010, S. 25-45, 25, Hv. i. Orig.

59   Vgl. hierzu ebd., S. 25f.

60   Ebd., S. 26.

61   Ebd., S. 25. Siehe auch Cornelius Castoriadis: Imagination, Imaginäres, Reflexion. In: ders.: Ausgewählte Schriften. Bd. 3. Das imaginäre Element und die menschliche Schöpfung (Hg. Halfbrodt, Michael/Wolf, Harald). Lich 2010, S. 293-351, 297.

62   Castoriadis: Das Imaginäre, S. 26.

63   Jeff Klooger: Art. ›Ensemblistic-Identitary Logic (Ensidic Logic)‹. In: Adams, Suzi (Hg.): Cornelius Castoriadis. Key Concepts. London, New York 2014, S. 107-116, 108. Castoriadis: Das Imaginäre, S. 26, spricht von einer Begrenzung auf drei Kategorien: »Substanzen (de facto ›Dinge‹), Subjekte und Begriffe oder Ideen«. (Ebd., S. 26)

64   Castoriadis: Gesellschaft als imaginäre Institution, S. 288.

65   Vgl. Klooger: Ensemblistic-Identitary logic, S. 108.

66   Castoriadis: Getan und zu tun, S. 193, Hv. i. Orig.; siehe Adams: Castoriadis's ontology, S. 25; 27.

defizitäre Seinsweise zu betrachten, anstatt umgekehrt die imaginäre, d.h. menschliche Existenzweise als defizitäre oder sekundäre Seinsweise zu verstehen?[67]

Klooger betont, Castoriadis wolle nicht die Existenz einer naturwissenschaftlich erfassbaren Realität bestreiten; es gebe eine von unseren Schöpfungen unabhängige Organisation der Welt.[68] An sie müsse sich das ›Gesellschaftlich-Geschichtliche‹, der »Bereich des Menschen«[69] also, ›anlehnen‹, wie Castoriadis mit einem Begriff aus der Sexualtheorie Freuds sagt.[70] Castoriadis möchte eine Art Hierarchisierung oder Schichtung des Seins hinsichtlich seiner Bestimmtheit und Unbestimmtheit nachweisen. Nichts, was ist, ist völlig bestimmt oder unbestimmt. ›Gesellschaftlich-Geschichtliches‹ ist zu einem hohen Grade unbestimmt, enthält aber Elemente der Bestimmung; mathematisch-logische Objekte sind bestimmt, aber nie absolut. Bislang hieß es: »Man soll den Sinn von ›sein‹ nicht vermehren; ›sein‹ soll nur einen Sinn haben«.[71] Dem entgegnet Castoriadis, dass ›Sein‹ nicht stets dasselbe ist; ›das Gesellschaftlich-Geschichtliche‹ etwa ist anders als ein Gegenstand. »Thus the move from ontological determinacy to comparative indeterminacy entails a move from a single und universal meaning of ›being‹ to a polysemic understanding of the term reflecting a recognition of real ontological differences in ›what is‹ and ›how‹ it is«.[72]

Die ›mengidische Logik‹

Weshalb legt(e) man Sein als Bestimmt-Sein aus? Castoriadis' Antwort stellt eine Verbindung zwischen Ontologie und Logik (in einem weiten Sinne) her.[73] Der Ontologie, »die das Sein als Bestimmtsein und Seiendheit als Bestimmtheit auffaßt und setzt«[74], entspreche eine »Logik der Bestimmung«[75], die Castoriadis »Identitäts- oder Mengenlogik«[76], kürzer auch »mengidische Logik«[77] nennt. Er möchte mit seiner Kritik (an der Verallgemeinerung und Ausweitung) dieser Logik »das Prinzip des notwendigen und zureichenden Grundes« zurückweisen, das sich hinter Begriffen wie »Kausalität, Finalität, Motivation, Reflex, Funktion und Struktur«[78] verberge. Castoriadis' Absicht ist als eine »Kritik der ableitenden Vernunft«[79] treffend charakterisiert.

---

67   Castoriadis: Das Imaginäre, S. 27, Hv. i. Orig.

68   Vgl. hierzu sowie zum Folgenden Klooger: Ensemblistic-Identitary logic, S. 113f.; 109f.

69   Castoriadis: Das Imaginäre, S. 26.

70   Siehe zum Begriff der Anlehnung bei Freud kurz Jean Laplanche/Jean-Bertrand Pontalis: Art. ›Anlehnung‹. In: dies.: Das Vokabular der Psychoanalyse. Frankfurt a.M. 1973, S. 69-72.

71   Castoriadis: Gesellschaft als imaginäre Institution, S. 287.

72   Klooger: Ensemblistic-Identitary logic, S. 110.

73   Vgl. ebd., S. 108; Adams: Castoriadis's ontology, S. 60; 63.

74   Castoriadis: Gesellschaft als imaginäre Institution, S. 372.

75   Ebd., S. 299.

76   Ebd., S. 298, Hv. i. Orig.; siehe auch ebd., S. 372.

77   Cornelius Castoriadis: Vorwort zu Domaines de l'homme. In: ders.: Ausgewählte Schriften. Bd. 3. Das imaginäre Element und die menschliche Schöpfung (Hg. Halfbrodt, Michael/Wolf, Harald). Lich 2010, S. 13-24, 19.

78   Castoriadis: Gesellschaft als imaginäre Institution, S. 372.

79   Gamm: Flucht aus der Kategorie, S. 84, Hv. i. Orig., siehe auch Gamm: Castoriadis, S. 179.

Ihren klarsten Ausdruck finde die ›mengidische Logik‹ in der Mathematik[80], etwa in der Mengenlehre Georg Cantors (1845-1918). »Unter einer ›Menge‹ verstehen wir jede Zusammenfassung M von bestimmten wohlunterschiedenen Objecten m unsrer Anschauung oder unseres Denkens (welche die ›Elemente‹ von M genannt werden) zu einem Ganzen.«[81] Hierin sei ausgedrückt, »was im Abendland als ›Bestimmung‹ des Seienden gedacht worden ist [...]: die *Bestimmtheit*, verstanden als innere Möglichkeit, definiert und unterschieden zu werden«.[82]

Die Definition Cantors enthält ein Trennungs- und ein Vereinigungsschema.[83] Will man eine Menge von Objekten denken, müssen sich die Objekte »unterscheiden/auswählen/aufstellen/zusammenstellen/zählen/sagen lassen.«[84] Das Ergebnis dieses Vorgangs ist ein Element oder Term der Menge. Dieses oder dieser muss beim Trennen oder Unterscheiden jedoch schon gegeben sein, da sonst unklar wäre, anhand welcher Merkmale getrennt werden soll. »Das Trennungsschema [...] ist nicht nur irreduzibel, sondern setzt überdies zu seiner Anwendung voraus, daß es bereits angewandt worden ist.«[85] Das Element oder der Term, zugleich Produkt und Voraussetzung einer der oben genannten Operationen, ist, unterschieden und bestimmt, »in reiner Identität mit sich und in reiner Differenz zu dem, was er/es nicht ist«.[86] Das Trennungsschema ist zirkulär: Die Elemente, die es trennt, müssen schon vor ihrer Trennung getrennt gewesen sein. Zirkulär ist auch das Vereinigungsschema, die Bündelung der getrennten Elemente zu einer Menge. Um es anwenden zu können, muss gelten, dass »jeder der so zu einem Ganzen zusammengefaßten Terme [...] bereits selbst zu einem Ganzen zusammengefaßt wurde; daß die Verschiedenheit der Merkmale, die ihn definieren und unterscheiden, vereinigt wurde, um *dieses* Objekt zu setzen/zu bilden/zu sein«.[87] Sowohl das Schema der Trennung wie das der Vereinigung beruhen auf der Existenz ›wohlunterschiedener‹ Elemente oder Terme. »Jede Mengentheorie setzt die Identitätslogik voraus«[88], beruht also auf dem *legein*, das heißt den Operationen des Unterscheidens, Auswählens, Aufstellens, Zusammenstellens, Zählens, Sagens. Mengen gibt es »nur in und dank der Identitätslogik, im und durch das *legein*«.[89]

Die Identitätslogik bildet die Realität nicht ab, unterhält aber eine Beziehung zu ihr. Zum einen gibt es eine »Anlehnung« dieser Logik »an die primäre oder natürliche

---

80   Vgl. Castoriadis: Moderne Wissenschaft, S. 179; 184f., sowie für die folgende Darstellung Klooger: Ensemblistic-Identitary logic, S. 110ff., und Adams: Castoriadis's ontology, S. 63ff.

81   Georg Cantor: Beiträge zur Begründung der transfiniten Mengenlehre. In: Mathematische Annalen 46 (1895), H. 4, S. 481-512, 481, Hv. i. Orig., auch zitiert bei Castoriadis: Moderne Wissenschaft, S. 179.

82   Castoriadis: Moderne Wissenschaft, S. 180, Hv. i. Orig.

83   Vgl. hierzu weiter Castoriadis: Gesellschaft als imaginäre Institution, S. 376f.

84   Ebd., S. 376.

85   Ebd., S. 376f.

86   Ebd., S. 377.

87   Ebd., Hv. i. Orig.

88   Ebd., S. 380f.

89   Ebd., S. 381, Hv. i. Orig.; siehe auch ebd., S. 383, sowie zu dem Begriff ›legein‹ die Erläuterungen bei Jeff Klooger: Art. ›Legein and Teukhein‹. In: Adams, Suzi (Hg.): Cornelius Castoriadis. Key Concepts. London, New York 2014, S. 117-126, und Adams: Castoriadis's ontology, S. 72ff.

Schicht des Gegebenen«.[90] Zum anderen setzt die Identitätslogik fest, was und wie Seiendes ist; nämlich »derart, daß Mengen existieren [...]. Diese Entscheidung ist [...] Ausdruck einer Schöpfung [...]; künftig sind Mengen [...] gesetzt und instituiert, und als solche sind sie in einer neuen Seinsregion.«[91]

In gesellschaftstheoretischer Hinsicht erkennt man in der mengidischen Logik die Auffassung von der Gesellschaft als Menge von ›wohlunterschiedenen‹ Individuen. Wie die Kritik der Theorien kollektiver Intentionalität zeigte und wie auch Castoriadis klarmacht, gerät man allerdings in einen Zirkel, gibt man weiter zu, das Individuum könne nicht außerhalb der Gesellschaft existieren.[92] Dem Individuum liegt die Gesellschaft, die es konstituieren soll, schon voraus.

> Doch wie ist die Gesellschaft als Koexistenz oder Zusammenfügung von Elementen zu denken, die ihr doch offenbar vorausgehen müßten [...]? Wie [...] sollte das möglich sein, wenn diese Elemente das, was sie sind, erst in der und durch die Gesellschaft, ansonsten aber überhaupt nicht sind? Eine Gesellschaft ließe sich – wenn man sinnvoll so reden könnte – nur aus schon vergesellschafteten Individuen zusammenfügen, die das Gesellschaftliche bereits in sich trügen.[93]

Man könne von der Gesellschaft nicht auf diese Weise reden; es dennoch zu tun, verstelle den »Zugang zu ihrem Wesen«, sei doch die Gesellschaft »etwas ganz anderes [...] als eine Menge«.[94]

Obzwar die mengidische Logik nicht als Blaupause für eine Idee der Gesellschaft taugt, stehen sich Gesellschaft und mengidische Logik nicht unvereinbar gegenüber. Letztere hat einen Rückhalt in der Realität, auch in der gesellschaftlichen.[95] Castoriadis betont, eine Gesellschaft sei ohne eine mengen- und identitätslogische Dimension unvorstellbar[96]: Jede Gesellschaft müsse »unterscheiden/auswählen/aufstellen/zusam-

---

90   Castoriadis: Gesellschaft als imaginäre Institution, S. 381; vgl. Theofanis Tassis: Cornelius Castoriadis: Eine Disposition der Philosophie. Diss. (Freie Universität Berlin). Berlin 2007, S. 309f.

91   Castoriadis: Gesellschaft als imaginäre Institution, S. 381; vgl. Klooger: Ensemblistic-Identitary logic, S. 111f. Siehe auch Castoriadis: Moderne Wissenschaft, S. 180f., Hv. i. Orig., wonach die »Identitäts- oder Mengenlogik [...] eine ontologische Entscheidung über die Organisation dessen fällt, was ist [...]. An diesem Punkt verknüpfen sich Sein und Denken zu der seit Parmenides besiegelten Identität, denn aus jener ontologischen Entscheidung folgt, daß ›das was ist und was denkmöglich ist‹, immer wohlbestimmbar und wohlunterscheidbar sein muß. [...] Was nicht in dieser Weise ist, muß *weniger* oder überhaupt nichts sein, kann nur flüchtige Existenz, äußerliche Zufälligkeit, Meinung, oberflächlicher Schein, Irrtum und Täuschung sein«.

92   Vgl. Castoriadis: Gesellschaft als imaginäre Institution, S. 302.

93   Ebd., S. 303; ähnlich Castoriadis: Moderne Wissenschaft, S. 173.

94   Castoriadis: Gesellschaft als imaginäre Institution, S. 301.

95   Siehe zum Folgenden auch die detaillierte Darstellung bei Tassis: Castoriadis, S. 307ff.

96   Vgl. Castoriadis: Gesellschaft als imaginäre Institution, S. 382; Castoriadis: Moderne Wissenschaft, S. 181; Castoriadis: Gespräch mit Rötzer, S. 52f., und siehe auch Honneth: Rettung der Revolution, S. 817; Kanakis Leledakis: Society and Psyche. Social Theory and the Unconscious Dimension of the Social. Oxford, Washington 1995, S. 109. Reinhard Brunner: Die Fragmentierung der Vernunft. Rationalitätskritik im 20. Jahrhundert. Frankfurt a.M., New York 1994, S. 329, hält fest, für Castoriadis habe die »Logik der Bestimmtheit [...] als die Logik der ›Reproduktion‹ ihren berechtigten Ort in der anthropologischen Ausstattung des Menschen«.

menstellen/zählen/sagen«[97] *(legein)*; und müsse »zusammenstellen/zurichten/herstellen/errichten«[98] *(teukein).* Das *legein* und das *teukein,* die mengidischen Dimensionen des gesellschaftlichen Sagens und Tuns, sind eine Bedingung der Gesellschaft und zugleich eine gesellschaftliche Schöpfung.[99] Eine Gesellschaft ist darauf angewiesen, dass die von ihr instituierten imaginären Bedeutungen eine Entsprechung in der »›vorgesellschaftlichen‹ Welt« haben, die Castoriadis auch als »die primäre natürliche Schicht«[100] bezeichnet.

> Alles gesellschaftliche Tun/Vorstellen setzt bestimmte und wohlunterschiedene Objekte voraus und bezieht sich auf solche; Objekte also, die zusammengefaßt werden und Ganze bilden können, die sich zusammensetzen und wieder auseinandernehmen lassen, die durch bestimmte Eigenschaften definierbar sind und als Träger für die Definition dieser Eigenschaften dienen.[101]

Die ›primäre natürliche Schicht‹ hat eine mengidische Dimension, an die sich die Gesellschaft ›anlehnen‹ kann und muss.[102] So wie es ohne Mund keinen oralen Trieb gebe[103], könne es auch keine Gesellschaft ohne die natürliche ›vorgesellschaftliche Welt‹ geben. Die ›Anlehnung‹ beschreibt kein Kausalitätsverhältnis zwischen Natur und Gesellschaft oder Psyche. Die Relation zwischen Natur und Gesellschaft/Psyche ist unbestimmt.[104] (Daher ist die mengidische Logik Bedingung *und* Schöpfung der Gesellschaft.) Sichtbar wird die mengen- und identitätslogische Organisation der Welt am pflanzlichen und tierischen Lebendigen, mit dem die Gesellschaft zur Erhaltung ihrer selbst umgehen muss. Das Lebendige sei ›natürlicherweise‹ gegliedert in Gattungen und Arten, die anhand von Eigenschaften der unter sie gefassten Lebewesen definiert würden: Stets gehört eine Kuh zum Ganzen der Kühe, gebärt sie Kälber, legt keine Eier.[105]

> [D]ie lebenden Arten, die Verschiedenheiten des Bodens und der Mineralien, Sonne, Mond und Sterne haben nicht erst darauf gewartet, ausgesprochen beziehungsweise instituiert zu werden, um wohlunterschieden und bestimmt zu sein, um dauerhafte Eigenschaften zu besitzen und Klassen zu bilden.[106]

---

97 Castoriadis: Gesellschaft als imaginäre Institution, S. 375.

98 Ebd., S. 399.

99 Vgl. Gamm: Flucht aus der Kategorie, S. 86; Gamm: Castoriadis, S. 180; Klooger: Ensemblistic-Identitary logic, S. 112. Siehe etwa Castoriadis: L'exigence révolutionnaire, S. 549, Hv. i. Orig.: »[L]a logique identitaire doit être là *dès* que la société s'institue et *pour* qu'elle puisse s'instituer«.

100 Castoriadis: Das Imaginäre, S. 33.

101 Castoriadis: Gesellschaft als imaginäre Institution, S. 382.

102 Vgl. Castoriadis: Gespräch mit Rötzer, S. 53; Adams: Castoriadis's ontology, S. 66; 68.

103 Siehe hierzu Tassis: Castoriadis, S. 248f.

104 Vgl. Castoriadis: Gesellschaft als imaginäre Institution, S. 481f.; 385ff., sowie Jeff Klooger: Art. ›Anlehnung (Leaning On)‹. In: Adams, Suzi (Hg.): Cornelius Castoriadis. Key Concepts. London, New York 2014, S. 127-134.

105 Vgl. Castoriadis: Moderne Wissenschaft, S. 181f.

106 Castoriadis: Gesellschaft als imaginäre Institution, S. 388.

Die gesellschaftliche (mengidische) Organisation muss sich an die mengidische Dimension der ›natürlichen Schicht‹ ›anlehnen‹.[107] Was immer es heißen mag, Kind zu sein – es muss feststehen, wer als Kind zählt und wer nicht; wäre es anders, ließe sich das Kindsein nicht mit einer von Gesellschaft zu Gesellschaft unterschiedlichen (imaginären) Bedeutung versehen.[108]

Der Fehler des ›überkommenen Denkens‹ sei es, die mengidische Logik zum Maß allen Seins zu hypostasieren. Damit konnten Gesellschaft und Geschichte nur sein, »insoweit ihr Platz in der Gesamtordnung des Seins (als Ergebnis von Ursachen, als Mittel für Zwecke beziehungsweise als Moment eines Prozesses) sowie ihre innere und äußere Ordnung bestimmt sind«.[109]

Aus dem Blick geriet die wesentliche Unbestimmtheit der gesellschaftlichen Ordnung, die daraus resultiert, dass die Gesellschaft – so wie ihre mengidischen Anteile – Schöpfung durch das Imaginäre ist. An den funktionalistischen und strukturalistischen Gesellschaftstheorien legt Castoriadis offen, dass es nicht weit führt, beschränkt man sich bei der Beschreibung einer Gesellschaft auf ihre mengidische Dimension. Das (gesellschaftliche) Seiende ist zwar grenzenlos mengidisch organisierbar, geht jedoch in dieser Organisation nicht auf.[110] Castoriadis zufolge wandeln sich das *legein* und *teukein* in der Geschichte einer Gesellschaft[111], unterscheiden sich aber auch von Gesellschaft zu Gesellschaft. Zwar muss jede Gesellschaft die Operationen des *legein* und *teukein* durchführen, aber jede tut dies auf ihre eigene Weise und mit anderen Resultaten.[112]

Dies lässt sich am Beispiel der Institution des Gegensatzes von Mann und Frau zeigen.[113] Jede Gesellschaft müsse sich an »die *natürliche Tatsache*«[114] des Unterschieds zwischen weiblichen und männlichen Wesen ›anlehnen‹, die Unterscheidung von Mann und Frau sei aber von der Natur (bis auf triviale biologische Einschränkungen: z.B. können Männer keine Kinder gebären) vollkommen unabhängig.[115] Was es in einer Gesellschaft meine, Mann oder Frau zu sein, sei nicht naturgegeben, sondern eine *»ge-*

---

107   »If a society is to last, it has to ›function adequately‹ – maintain and reproduce itself – and therefore it must, up to a point, construct its world in some correspondence with the given first natural stratum and in accordance with some requirements of ensidic logic – to which, we find, the first natural stratum also ›corresponds‹.« (Cornelius Castoriadis: The Social-Historical: Mode of Being, Problems of Knowledge. In: ders.: Figures of the Thinkable. Stanford 2007, S. 223-235, 229)

108   Vgl. Castoriadis: Gesellschaft als imaginäre Institution, S. 386f.

109   Ebd., S. 288; vgl. ebd.; 372.

110   Vgl. Castoriadis: Getan und zu tun, S. 186f.; Klooger: Ensemblistic-Identitary logic, S. 112f.

111   Siehe hierzu vor allem Castoriadis: Gesellschaft als imaginäre Institution, S. 449ff.

112   Vgl. Klooger: Legein and teukhein, S. 117; 119; 124; Klooger: Ensemblistic-Identitary logic, S. 109. Honneth: Rettung der Revolution, S. 811, hat wohl Recht, wenn er in der von Castoriadis betonten »Fähigkeit des Menschen, stets neue Antworten auf sich gleichbleibende Situationen geben zu können«, eine Widerlegung des »historischen Determinismus« Marx' erkennt. Wir werden dies in Abschnitt II.2.2 genauer sehen.

113   Leledakis: Society and psyche, S. 113, wählt das gleiche Beispiel; siehe zudem Rauwald: Poetologie(n) des Imaginären, S. 78, und Klooger: Anlehnung, S. 129.

114   Castoriadis: Gesellschaft als imaginäre Institution, S. 385, Hv. i. Orig.

115   Vgl. ebd.

sellschaftliche imaginäre Bedeutung«.[116] Es lässt sich festhalten: »Die Naturtatsache bleibt immer und überall dieselbe; aus ihr ist weder der Akt der Umwandlung in eine Bedeutung noch der jeweilige Inhalt dieser Bedeutung herzuleiten oder zu erschließen.«[117]

Die Institution einer Gesellschaft erfolgt also zum einen gemäß der mengidischen Logik, wonach Sein bestimmtes Sein ist. Zum anderen hat die Gesellschaft eine imaginäre Dimension; hier ist Sein unbestimmte (aber identifizierbare) Bedeutung.[118] Die (imaginär instituierte) Gesellschaft ist eine instabile »*Identität* gegenüber dem fluiden Sozialen, dem Gesellschaftlich-Geschichtlichen«.[119] Das Zugleich von Bestimmtheit und Unbestimmtheit verleiht der Gesellschaft magmatischen Charakter.[120] »Ein Magma ›enthält‹ Mengen – sogar eine unbegrenzte Zahl von Mengen –, ist aber nicht auf Mengen oder Mengensysteme, wie reichhaltig und komplex sie auch sein mögen, *reduzierbar.*«[121] (Nancy würde sagen: Magma ist Sinn.[122]) Iser nennt ›Magma‹ Castoriadis' »Zentralmetapher für das Bestimmte im Zustand seines Anderswerdens«.[123] Die mengidische Logik stößt an ihre Grenze, wo sie auf die magmatische Gesellschaft trifft:

> Wie kann man sinnvoll annehmen, die Mathematik, deren gegenwärtiges Instrumentarium trotz eminenter Verfeinerungen noch keineswegs den Ansprüchen genügt, die beispielsweise die Hydrodynamik, die Elementarteilchenphysik und die Kosmologie stellen, lasse sich auf die hochkomplexen Phänomene der Biologie, der Psyche oder der Gesellschaft und der Geschichte anwenden?[124]

Die mengidische Logik kann Gesellschaft nicht erklären, was sich an den Theorien kollektiver Intentionalität ebenso wie an funktionalistischen und strukturalistischen Gesellschaftstheorien erweist. Gefangen in der Bestimmtheitsontologie und der ihr korrespondierenden Identitäts- und Mengenlogik, vermögen sie die Gesellschaft nicht als

---

116 Ebd., Hv. i. Orig. Siehe auch Cornelius Castoriadis: Primal Institution of Society and Second-Order Institutions. In: ders.: Figures of the Thinkable. Stanford 2007, S. 91-101, 95f., sowie Adams: Castoriadis's ontology, S. 67: »[A] cultural meaning is grafted onto a biological given«.

117 Castoriadis: Gesellschaft als imaginäre Institution, S. 385.

118 Vgl. Castoriadis: Das Imaginäre, S. 34; siehe auch Leledakis: Society and psyche, S. 109f.

119 Delitz: Gebaute Gesellschaft, S. 27, Hv. i. Orig.; siehe auch ebd., S. 113f.

120 »A ›magma‹ is a collection that combines fundamental indeterminacy with partial and multiple determinations.« (Jeff Klooger: Plurality and Indeterminacy: Revising Castoriadis's overly homogeneous conception of society. In: European Journal of Social Theory 15 [2012], H. 4, S. 488-504, 499) Siehe kritisch zum Begriff des Magmas bei Castoriadis etwa Lüdemann: Metaphern der Gesellschaft, S. 50ff.

121 Castoriadis: Das Imaginäre, S. 36, Hv. i. Orig.; siehe auch Castoriadis: Zustand des Subjekts, S. 222f. Gertenbach: Castoriadis, S. 284, nennt das Magma »eine Art Referenzmasse zur Generierung von Bedeutungen [...], wobei die Bedeutungen selbst hieraus nicht unmittelbar entnehmbar sind«. Peter Kelbel: Praxis und Versachlichung. Konzeptionen kritischer Sozialphilosophie bei Jürgen Habermas, Cornelius Castoriadis und Jean-Paul Sartre. Hamburg 2005, S. 239, spricht von einem »Bedeutungsreservoir für schöpferische Akte«; ähnlich Nicola Condoleo: Vom Imaginären zur Autonomie. Grundlagen der politischen Philosophie von Cornelius Castoriadis. Bielefeld 2015, S. 72f.

122 Siehe zu Nancys Begriff des Sinns den Unterabschnitt *Sinn machen, aber keine Bedeutung* in Abschnitt I.3.3.2.

123 Iser: Das Fiktive und das Imaginäre, S. 360.

124 Castoriadis: Moderne Wissenschaft, S. 178f.

›Gesellschaftlich-Geschichtliches‹ zu sehen, womit eine Blindheit gegenüber der imaginären Verfasstheit der Gesellschaft einhergeht.

2.2   Kritik der bestimmten Gesellschaft: Funktionalismus, Strukturalismus, Marxismus

Die Bestimmung des Seins als Bestimmt-Sein mache sich in der Gesellschaftstheorie als »Physikalismus und Logizismus, Kausalismus und Finalismus«[125] geltend. Solange man Gesellschaft und Geschichte in den Bahnen der traditionellen Ontologie und mengidischen Logik denkt, sind alle Theorien der Gesellschaft und der Geschichte unzulänglich; schon die Trennung von Gesellschaft und Geschichte sei falsch. Deshalb bindet Castoriadis ›Gesellschaft‹ und ›Geschichte‹ zum Begriff ›Gesellschaftlich-Geschichtliches‹ zusammen.[126] Ausgedrückt ist darin der Gedanke einer Veränderbarkeit der Gesellschaft, die sich dem Umstand verdankt, dass die Gesellschaft sich selbst schöpft: »History is the self-alteration of society – an alteration whose very forms are each time the creation of the society considered.«[127] Diese Selbstschöpfung werde dadurch verdeckt, dass die Gesellschaft ihren Grund in einem »fundierenden Sein«[128] sucht, ihn in ein gesellschaftliches Außen, etwa ein göttliches Wesen, Held*innen, Ahn*innen oder die Gesetze der Natur und der Geschichte verlegt.[129] Castoriadis nennt diese Gesellschaften heteronom: »The heteronomous character of the institution of society consists in the fact that its social law is not posited as created by society but is seen rather as having a source beyond the reach of living human beings.«[130] Vor diesem Hintergrund muss er die funktionalistischen und strukturalistischen Gesellschaftstheoretiker*innen als Apologet*innen der Heteronomie einordnen und kritisieren.

Castoriadis unterscheidet zwei Typen von Antworten auf die Frage nach dem Sein von Gesellschaft und Geschichte: einen »physikalistische[n] Typ«[131] und einen »logizistisch[en]«[132], die sich in den Theorien des (physikalistischen) Funktionalismus und des (logizistischen) Strukturalismus konkretisieren. Der Marxismus amalgamiert das Schlechte beider Typen: Er enthält neben funktionalistischen auch logizistische Elemente, die sich als Kausalismus und Finalismus äußern.[133] Bei aller Schärfe, mit der Castoriadis den Marxismus kritisiert, hält er jedoch an zentralen Einsichten Marx' fest

---

125   Castoriadis: Gesellschaft als imaginäre Institution, S. 299; siehe auch Castoriadis: Das Imaginäre, S. 36.

126   Vgl. Castoriadis: Gesellschaft als imaginäre Institution, S. 285ff.

127   Castoriadis: Social-historical, S. 223; siehe auch Gertenbach: Castoriadis, S. 281f.

128   Iser: Das Fiktive und das Imaginäre, S. 357.

129   Vgl. Castoriadis: Macht, Politik, Autonomie, S. 144; Castoriadis: Social-historical, S. 224; Stavrakakis: Lacanian left, S. 42.

130   Cornelius Castoriadis: Heritage and Revolution. In: ders.: Figures of the Thinkable. Stanford 2007, S. 105-117, 108; siehe auch Castoriadis: Primal institution of society, S. 93f.

131   Castoriadis: Gesellschaft als imaginäre Institution, S. 290.

132   Ebd., S. 291.

133   Vgl. ebd., S. 296. Für Castoriadis: Das Imaginäre, S. 28, ist der Marxismus »eine Variante des Funktionalismus«. Meine folgenden Ausführungen zu Castoriadis' Kritik an Funktionalismus, Strukturalismus und Marxismus verdanken wichtige Einsichten und folgen Rauwald: Poetologie(n) des

und will vor allem nicht vom marxistischen Streben nach einem nicht-entfremdeten bzw. nicht-heteronomen Zustand der Individuen wie der Gesellschaft lassen.[134]

Kritik des Funktionalismus

Physikalistisch-funktionalistische Theorien der Gesellschaft berufen sich auf die biologische Natur des Menschen. Auf sie wird die Institution der Gesellschaft – direkt oder indirekt – zurückgeführt. Man postuliert invariable Bedürfnisse, die von den gesellschaftlichen Institutionen befriedigt würden.[135] Die von Castoriadis so genannte »ökonomisch-funktionale«[136] Gesellschaftstheorie ist allgemein zu verstehen als »jene Anschauung, die die Existenz und die Merkmale einer Institution [...] aus der *Funktion* erklären will, die diese Institution in der vorliegenden Gesellschaft unter den gegebenen Umständen spielt, also aus ihrer Rolle in der *Gesamtökonomie* des gesellschaftlichen Lebens«.[137] Diese funktionale Betrachtungsweise, so Castoriadis, sei prinzipiell nicht falsch. Institutionen übernähmen wichtige, für das Überleben der Gesellschaft notwendige Aufgaben, etwa die Sicherstellung der materiellen Versorgung oder der Reproduktion.[138] Abgesehen jedoch von diesen »trivialen Universalien«[139], zu denen auch die in jeder Gesellschaft anzutreffenden Institutionen der Sprache und bestimmter Normen und Werte zählten[140], erkläre der Funktionalismus wenig. Er begründe z.B. nicht, warum es in Gesellschaften dysfunktionale Institutionen gebe oder Institutionen fehlten, die wichtige Funktionen ausüben müssten.[141] Man kann die Funktionalität einer gesellschaftlichen Institution nicht zum alleinigen Erklärungsprinzip machen, da sie die spezifische Form der Funktionserfüllung in einer Gesellschaft nicht erhellt.[142]

Aus ideologiekritischer Perspektive hat man es beim Funktionalismus Castoriadis zufolge mit einer (kapitalistischen) Imagination im schlechten Sinne zu tun, mit einem Trugbild:

Imaginären, S. 33ff.; Kelbel: Praxis und Versachlichung, S. 55ff.; 225ff.; Tassis: Castoriadis, S. 137ff.; 283ff.; 295ff., und Joas/Knöbl: Sozialtheorie, S. 561ff.

134   Vgl. Gertenbach: Castoriadis, S. 280; Joas/Knöbl: Sozialtheorie, S. 569. Siehe auch Arnason: Castoriadis im Kontext, S. 39f., und Honneth: Rettung der Revolution, S. 807: Castoriadis' Werk verdanke sich dem »Impuls [...] einer Rettung der praktisch-politischen Intentionen des Marxschen Werkes durch eine entschlossene Preisgabe seiner zentralen Grundannahmen«. Zu Castoriadis' Begriff der Entfremdung und der Nähe zu Marx' Entfremdungs-Begriff siehe Condoleo: Vom Imaginären zur Autonomie, S. 114ff. Lüdemann: Metaphern der Gesellschaft, S. 49, sieht Castoriadis mit seinen Bemühungen, mithilfe seiner Theorie des Imaginären den »entfremdeten Ursprung der Gesellschaft wiederanzueignen [...], den klassischen Figuren von Entfremdungstheorie und Ideologiekritik verhaftet«.

135   Vgl. Castoriadis: Gesellschaft als imaginäre Institution, S. 290f.; Tassis: Castoriadis, S. 283; 295; Kelbel: Praxis und Versachlichung, S. 226; Condoleo: Vom Imaginären zur Autonomie, S. 63.

136   Castoriadis: Gesellschaft als imaginäre Institution, S. 196f.

137   Ebd., S. 197, Hv. i. Orig.

138   Vgl. ebd., S. 199.

139   Castoriadis: Getan und zu tun, S. 200.

140   Vgl. Castoriadis: Macht, Politik, Autonomie, S. 138f.

141   Vgl. Castoriadis: Gesellschaft als imaginäre Institution, S. 198; 234, Anm. 37.

142   Vgl. Condoleo: Vom Imaginären zur Autonomie, S. 56; 64.

Die moderne Betrachtungsweise der Institution, die deren Bedeutung auf die funktionale Seite beschränkt, ist nur zum Teil richtig. Sofern sie sich als *die* Wahrheit des Institutionenproblems darstellt, ist sie bloße Projektion. Sie projiziert auf die Gesamtgeschichte eine Idee, die nicht einmal der institutionellen Wirklichkeit der westlichen kapitalistischen Welt entspricht (denn trotz der außerordentlichen Bemühungen um ›Rationalisierung‹ waren und sind die kapitalistischen Institutionen bis heute allenfalls zum Teil funktional), sondern nur dem *Wunschbild*, das der Kapitalismus von seinen Institutionen entwirft.[143]

Gesellschaftliche Institutionen sind weder auf ihre Funktionen reduzierbar noch ist die Art und Weise der Erfüllung dieser Funktionen festgelegt. Eine solche Reduktion setzte voraus, dass man die menschlichen Bedürfnisse identifizieren kann, die eine Institution befriedigen soll.[144] Man habe dem Menschen allein ökonomische Motive und Bedürfnisse unterstellt, damit aber nur den kapitalistischen Menschen, den *homo oeconomicus*, zum Menschen überhaupt erklärt.[145] Als Beleg führt Castoriadis z.B. ins Feld, was Bataille ›unproduktive Verausgabung‹ nennt: »Der Gedanke, der Sinn des Lebens bestehe in der Anhäufung und Erhaltung von Reichtümern, erschiene den Kwakiutl-Indianern als Wahnsinn – *sie* häufen Reichtümer nur, um sie zerstören zu können.«[146]

Was als Bedürfnis zählt, das durch eine (funktionale) gesellschaftliche Ordnung befriedigt werden soll, hängt von gesellschaftlichen Deutungen ab.[147] Die menschliche Bedürfnisstruktur sei (abgesehen von rein biologischen Bedürfnissen) nicht festgelegt.[148] Der Mensch ist ›bestimmt‹ als ein Wesen der Selbstübersteigung durch Selbstschöpfung: Er »überschreitet seine Definitionen stets wieder, weil er sie selbst *schafft*, indem er etwas schafft und damit auch *sich selbst* erschafft; weil keine rationale, natürliche oder geschichtliche Definition beanspruchen könnte, die endgültige zu sein«.[149] Die biologischen Bedürfnisse des Menschen sind für eine Gesellschaft(stheorie) belanglos, da die Gesellschaft stets neue, nicht-biologische Bedürfnisse und Möglichkeiten ihrer Befriedigung erfindet.[150] Die menschlichen Bedürfnisse sind gesellschaftlich produziert

143   Castoriadis: Gesellschaft als imaginäre Institution, S. 224f., Hv. i. Orig., siehe auch Tassis: Castoriadis, S. 285.

144   Vgl. Castoriadis: Gesellschaft als imaginäre Institution, S. 290f.; Joas/Knöbl: Sozialtheorie, S. 563.

145   Vgl. Castoriadis: Gesellschaft als imaginäre Institution, S. 45ff., und siehe Lüdemann: Metaphern der Gesellschaft, S. 50; Joas: Institutionalisierung als kreativer Prozeß, S. 591f., sowie Kelbel: Praxis und Versachlichung, S. 57.

146   Castoriadis: Gesellschaft als imaginäre Institution, S. 47, Hv. i. Orig.; siehe hierzu auch Tassis: Castoriadis, S. 143f.

147   Vgl. Honneth: Rettung der Revolution, S. 813. Siehe auch Arnason: Castoriadis im Kontext, S. 55f., sowie mit Blick vor allem auf Marx auch Castoriadis: Wert, Gleichheit, Gerechtigkeit, Politik, S. 265f.; 268. Castoriadis macht bei Marx eine »Antinomie« aus, die darin bestehe, dass »er […] einerseits die Bedürfnisse gesellschaftlich und geschichtlich bestimmt, andererseits aber zur Annahme fester, stabiler und determinierter Bedürfnisse genötigt ist, um von der kapitalistischen Wirtschaft und der kommunistischen Gesellschaft sprechen zu können«. (Ebd., S. 274)

148   Vgl. Castoriadis: Gesellschaft als imaginäre Institution, S. 199; 291.

149   Ebd., S. 233, Hv. i. Orig. Condoleo: Vom Imaginären zur Autonomie, S. 65, verwendet die Metapher des Rahmens (z.B. der natürlichen Beschränkungen), innerhalb dessen die Menschen frei zur Selbsterschaffung seien.

150   Vgl. Castoriadis: Gesellschaft als imaginäre Institution, S. 199.

und (biologisch) entfunktionalisiert. Es gibt eine »priority of meaning over biological need«.[151]

> *Das* Problem der Gesellschaft gibt es nicht. Es gibt nicht ›etwas‹, das die Menschen brennend begehren, aber bislang nicht bekommen konnten, weil die Technik nicht ausreichte oder die Gesellschaft immer noch in Klassen geteilt ist. Die Menschen waren – als Einzelne wie als Gemeinschaft – immer genau dieses Wollen, Bedürfen, Tun, das sich immer wieder ein neues Objekt gegeben und damit sich selbst neu ›definiert‹ hat.[152]

Es gebe »kein *bestimmtes* Bedürfnis *der* Menschheit«[153], dem auf eine festgesetzte Weise nachzukommen wäre, sondern lediglich eine ständige Überschreitung hin auf neue Bedürfnisse. Selbst der Hunger nach Nahrung, meint etwa Ernst Bloch, sei geschichtlich sowie gesellschaftlich variabel, sei also kein allein natürlicher Trieb.[154] Das gilt laut Castoriadis umso mehr für die vielfältigen Formen, die der Hunger in einem metaphorischen Sinne annehmen kann: als Hunger etwa nach Autos, Gesundheit, Brüderlichkeit, Leichen oder Festen.[155] Der Mensch muss essen, aber was als Nahrung zählt, ist nicht definiert: »Mit dem täglichen Mindestbedarf an soundsoviel Kalorien läßt sich die unendliche Verschiedenheit konkreter Ernährungsformen nicht erklären«.[156]

Der Funktionalismus postuliere eine »›eigentliche‹ Substanz der gesellschaftlichen Verhältnisse«[157], die – etwa in Form bestimmter Bedürfnisse – den Institutionen vorausliege und durch diese (symbolisch) ausgedrückt werde.[158] Es handele sich beim Funktionalismus um den Versuch, »das Leben der Gesellschaft aufgrund kategorialer Vorentscheidungen zuletzt wieder in die übergreifende Ordnung der Natur einzubin-

---

151   Stavrakakis: Lacanian left, S. 45. Der Mensch sei ein »völlig entfunktionalisiertes Wesen« (Castoriadis: Gespräch mit Rötzer, S. 52, siehe auch Castoriadis: Zustand des Subjekts, S. 218f.), dessen Sexualität z.B. nicht allein der Fortpflanzung diene; wichtiger sei die aus dem Imaginären erwachsene »unendliche Alchimie des Begehrens«. (Castoriadis: Gesellschaft als imaginäre Institution, S. 386, siehe auch Stavrakakis: Lacanian left, S. 46) Die ›Lust‹ des Menschen sei weniger eine »*Organlust*«, als vielmehr eine Lust an der Imagination, eine »*Vorstellungslust*«. (Castoriadis: Zustand des Subjekts, S. 219, Hv. i. Orig.) Siehe dazu auch Fernando Urribarri: Castoriadis: The Radical Imagination and the Post-Lacanian Unconscious. In: Thesis Eleven (71) 2002, H. 1, S. 40-51, 45.

152   Castoriadis: Gesellschaft als imaginäre Institution, S. 231, Hv. i. Orig.

153   Ebd., S. 232, Hv. i. Orig.

154   Bloch: Das Prinzip Hoffnung, S. 76: »Es gibt sogar für den Hunger keine ›natürliche‹ Triebstruktur [...]. Selbst er ist beim Menschen keine biologisch gehaltene Grundrichtung mehr, keine im fixen Instinkt der Nahrungssuche und ihrer festliegenden Wege bleibende. Er steht vielmehr als gesellschaftlich gewordenes und gesteuertes Bedürfnis in Wechselwirkung mit den übrigen gesellschaftlichen, daher geschichtlich variierenden Bedürfnissen, denen er zugrunde liegt und mit denen er sich gerade deshalb ebenso verwandelt wie er [...] verwandeln läßt.« Siehe zur Bedeutung des Hungers auch die Anmerkungen im Abschnitt zu Blochs Utopieverständnis in meiner Master-Thesis »*Aber etwas fehlt«. Über das utopische Potential der Literatur am Beispiel von Nicolas Born*.

155   Vgl. Castoriadis: Gesellschaft als imaginäre Institution, S. 232f.

156   Castoriadis: Moderne Wissenschaft, S. 171; vgl. Klooger: Anlehnung, S. 129f.

157   Castoriadis: Gesellschaft als imaginäre Institution, S. 201.

158   Vgl. ebd., S. 201; 212f.

den«.[159] Gegen diese Annahme einer rational erfassbaren (Vor-)Bestimmtheit der Gesellschaft und ihrer Institutionen betont Castoriadis den nicht-rationalen Ursprung der gesellschaftlichen Institutionen im Imaginären.[160]

Wie er mit dem Begriff der Anlehnung[161] deutlich macht, will das nicht sagen, die Gesellschaft könne gewisse naturtatsächliche »Eckpfeiler«[162] ignorieren. Diese aber bestimmen nichts.[163] Es gibt zwar eine notwendige Bezugnahme der Gesellschaft auf die ›primäre natürliche Schicht‹, aber hierin liegt, anders als funktionalistische Gesellschaftstheorien behaupten, keine Kausalität.[164] Der Begriff ›Anlehnung‹ konkretisiert Castoriadis' Kritik am »Prinzip des notwendigen und zureichenden Grundes«[165], unter das auch das Kausalitätsprinzip falle.[166] Kausalität meint hier insbesondere die *causa efficiens*, Heidegger zufolge das Paradigma der Kausalität.[167] Sie besagt, dass »das Bewirkende (Ursache) dessen [ist], was bewirkt wird«.[168] Für Castoriadis gelte indes, dass sich selbst bei genauester Kenntnis von A nicht nach allgemeinen Gesetzen voraussagen lasse, ob und in welcher Form B daraus hervorgeht.[169] Ohne sie nachzubilden, widerzuspiegeln und ohne sich von ihr bestimmen zu lassen, finde die Gesellschaft in der ›natürlichen Schicht‹ lediglich »eine Reihe von Bedingungen, Stützen, Anregungen, Grundpfeilern und Hindernissen«.[170] Die Natur trage die gesellschaftliche Organisation, sei aber nicht deren Ursache.[171] Vor allem dort, wo »der Mensch als bloßes Tier, als einfaches Lebewesen«[172] in den Blick kommt, muss sich die Gesellschaft zwar auf die

---

159   Gamm: Castoriadis, S. 183; beinahe wortgleich die Formulierung bei Gamm: Flucht aus der Kategorie, S. 89.

160   Vgl. Castoriadis: Gesellschaft als imaginäre Institution, S. 225. Noch einmal mit Blick auf die nach funktionalistischer Lesart institutionell zu befriedigenden Bedürfnisse: Jedes ›natürliche‹ Bedürfnis ist »von Anfang an über gesellschaftliche Deutungen, religiöse Weltbilder oder mythische Erzählungen kommuniziert [...]; gesellschaftliche Ordnungen sind in symbolische Ordnungen eingebettet«. (Gamm: Flucht aus der Kategorie, S. 87)

161   Siehe dazu ausführlich Klooger: Anlehnung; Adams: Castoriadis's ontology, S. 65ff.

162   Castoriadis: Gesellschaft als imaginäre Institution, S. 385.

163   Vgl. Castoriadis: Gespräch mit Rötzer, S. 51, siehe auch Zerilli: Castoriadis and Arendt, S. 543f., sowie Adams: Castoriadis's ontology, S. 62.

164   »Castoriadis's concept of *Anlehnung* [...] describes a type of relation in which creativity replaces deterministic causality. A phenomenon ›leans on‹ an extrinsic reality when that reality serves as foundation, resource and impetus for an indeterminate and variable creation rather than invariably and inevitably determining the phenomenon.« (Klooger: Anlehnung, S. 127, Hv. i. Orig.)

165   Castoriadis: Gesellschaft als imaginäre Institution, S. 372.

166   Vgl. ebd.

167   Vgl. Martin Heidegger: Die Frage nach der Technik [1954]. In: ders.: Die Technik und die Kehre. 11. Aufl. Stuttgart 2007, S. 5-36, 7f., und siehe mit dieser Ansicht auch Klooger: Anlehnung, S. 133, Anm. 1.

168   Aristoteles: Physik. Vorlesung über die Natur (Übers. Zekl, Hans Günter). Philosophische Schriften in sechs Bänden. Bd. 6. Hamburg 1995, S. 31 (194b).

169   Vgl. Klooger: Anlehnung, S. 127f.

170   Castoriadis: Gesellschaft als imaginäre Institution, S. 392; vgl. ebd. Adams: Castoriadis's ontology, S. 71, spricht von »stimuli and supports«, die die primäre/natürliche Schicht des Seins für die Gesellschaft bereithalte.

171   Vgl. Castoriadis: Gesellschaft als imaginäre Institution, S. 580.

172   Ebd., S. 389.

Natur stützen: Jede Gesellschaft hat dafür zu sorgen, dass es genügend Nahrung gibt, Männer und Frauen einander begehren, Kinder versorgt werden. Welche Form und Bedeutung aber Nahrung, Sexualität und Kindsein in einer Gesellschaft haben, sei nicht bestimmt, sondern das Ergebnis einer kreativen Schöpfung der Gesellschaft.[173] Diese Schöpfung verändere die Seinsweise auch desjenigen, an das sich die Gesellschaft ›anlehne‹: Ihm werde die (gesellschaftlich instituierte) Bedeutung eingeschrieben, werde in ihm verkörpert.[174]

Kritik des Strukturalismus

Mit dem Logizismus identifiziert Castoriadis einen weiteren Vertreter des Denkens von Gesellschaft und Geschichte in den Grenzen der überlieferten Ontologie. In seiner »ärmsten Form«[175] begegne man diesem Theorietypus im Strukturalismus.[176] Auch der Strukturalismus ist nach Ansicht Castoriadis' ein zu simples Modell zur Erklärung der Gesellschaft, da er sie auf ihre symbolische Dimension einschränkt. Castoriadis leugnet diese Dimension der Gesellschaft nicht[177], macht aber geltend, dass der Symbolismus einer Gesellschaft mit dem Imaginären eine vor-symbolische Quelle habe. Das Symbolische sei nicht auf eine subjektlose Sprach- oder Signifikantenordnung zu reduzieren[178], sondern stelle eine kreative Schöpfung durch die Gesellschaft dar.[179]

Da ihm das außersymbolische Imaginäre entgehe, auf das als ihr »letzte[s] Sinngerüst«[180] die gesellschaftlichen Institutionen verwiesen[181], bleibe der Strukturalismus die Antworten auf eine Reihe von Fragen schuldig: »Warum *dieses* Symbolsystem und kein anderes? Welche *Bedeutungen* werden von den Symbolen getragen, auf welches System von Signifikaten verweist dieses Signifikantensystem? Warum und wie gelingt es den symbolischen Netzen, sich zu verselbständigen?«[182] Um z.B. erklären zu können, wieso ein Clan durch dieses und kein anderes Tier symbolisiert wird, müsse man den »vorzeichenhaften Bedeutungskern«[183] kennen, der das Symbolsystem stützt[184]; was unmöglich sei, verstehe man »Sinn [...] schlicht und einfach [als] das Ergebnis einer Zeichenkombination«.[185] Symbolischer Sinn ist für Castoriadis nicht »ein rein zeichenin-

---

173   Vgl. ebd., S. 250; 385ff.; Klooger: Anlehnung, S. 129f.

174   Vgl. Castoriadis: Gesellschaft als imaginäre Institution, S. 395; 580f.; Adams: Castoriadis's ontology, S. 70.

175   Castoriadis: Gesellschaft als imaginäre Institution, S. 292.

176   Siehe für eine Kritik der Kritik Castoriadis' am Strukturalismus Lüdemann: Metaphern der Gesellschaft, S. 53ff.

177   Siehe etwa Castoriadis: Gesellschaft als imaginäre Institution, S. 199: »Alles, was uns in der gesellschaftlich-geschichtlichen Welt begegnet, ist untrennbar mit dem Symbolischen verwoben.«

178   Vgl. Gertenbach: Castoriadis, S. 282; Rauwald: Poetologie(n) des Imaginären, S. 37f.

179   Vgl. Condoleo: Vom Imaginären zur Autonomie, S. 57f.; 59; Kelbel: Praxis und Versachlichung, S. 229f.; Brunner: Fragmentierung der Vernunft, S. 323f.

180   Brunner: Fragmentierung der Vernunft, S. 324.

181   Vgl. Castoriadis: Gesellschaft als imaginäre Institution, S. 234f.

182   Ebd., S. 235, Hv. i. Orig.; siehe auch Castoriadis: Moderne Wissenschaft, S. 182.

183   Honneth: Rettung der Revolution, S. 814; identisch bei Kelbel: Praxis und Versachlichung, S. 228.

184   Vgl. Castoriadis: Gesellschaft als imaginäre Institution, S. 235f., siehe auch Condoleo: Vom Imaginären zur Autonomie, S. 66.

185   Castoriadis: Gesellschaft als imaginäre Institution, S. 237.

ternes Phänomen«[186], sondern bedarf eines vorherigen schöpferischen Aktes.[187] Ein/e Musikwissenschaftler*in könne ein Werk nur deshalb auf (s)einen Sinn hin analysieren, weil zuvor der oder die kreative Komponist*in Zeichen ausgewählt oder neu geschaffen habe. Dasselbe gelte für strukturalistische Ethnolog*innen, deren Forschungsobjekt die durch sich selbst erschaffene Gesellschaft sei.[188] Diese Geschöpftheit des Symbolsystems verkennt der Strukturalismus, der von »einer endlichen Anzahl gleichartiger diskreter Elemente« ausgehe, die er voraussetze als natürlich und »unhinterfragbar«.[189] Der Strukturalismus ist ein Opfer der Mengenlogik.[190]

> Er weiß nichts zu sagen über die Mengen von Elementen, mit denen er hantiert, nichts über die Gründe ihres Soseins und ihrer Veränderungen in der Zeit. Männlich und weiblich, Nord und Süd, oben und unten, trocken und feucht erscheinen ihm selbstverständlich, als von den Menschen vorgefundene Sinn-Steine, die seit Ewigkeit – vollkommen natürlich und vollkommen sinnhaltig – auf der Erde herumliegen und von denen sich jede Gesellschaft nach dem Zufallsprinzip einige herausgreift, wobei zu beachten ist, daß sie sie nur paarweise herausgreifen kann und daß die Wahl bestimmter Gegensatzpaare die Wahl von anderen einschließt oder ausschließt. Als ob die gesellschaftliche Organisation auf eine endliche Folge von Ja/Nein-Unterscheidungen zurückführbar wäre; als ob die Terme solcher Entscheidungen dort, wo sie getroffen werden, immer schon von anderswoher gegeben wären – wo sie doch als Terme und als *diese* Terme Schöpfungen der betreffenden Gesellschaft sind![191]

Castoriadis stimmt der strukturalistischen These einer »relative[n] Unbestimmtheit«[192] der Beziehung zwischen Signifikat und Signifikant zu[193], unterstreicht aber, die Auswahl der Zeichen erfolge mit der Absicht, einen Sinn auszudrücken.[194] Dieser sei von den Signifikanten, die den Sinn trügen, »relativ unabhängig« und könne »sich auf *Wahrgenommenes, Rationales* und *Imaginäres* beziehen«.[195] Für Gottesgläubige sei ›Gott‹ nicht nur etwa ein Name, sondern »eine zentrale *Bedeutung*, eine systematische Organisation von Signifikanten und Signifikaten [...]. Und da jene Bedeutung weder auf Wahrnehmbares (Reales) noch auf ein Gedachtes (Rationales) bezogen ist, handelt es sich um eine imaginäre Bedeutung.«[196] Eine solche Bedeutung, zeigt Castoriadis am Bei-

---

186   Kelbel: Praxis und Versachlichung, S. 227.

187   Vgl. Condoleo: Vom Imaginären zur Autonomie, S. 59; Joas/Knöbl: Sozialtheorie, S. 562.

188   Vgl. Castoriadis: Gesellschaft als imaginäre Institution, S. 237f.

189   Ebd., S. 292; vgl. ebd., S. 292f.

190   Vgl. Castoriadis: Moderne Wissenschaft, S. 182; siehe auch Tassis: Castoriadis, S. 296.

191   Castoriadis: Gesellschaft als imaginäre Institution, S. 292f., Hv. i. Orig.

192   Ebd., S. 238.

193   Vgl. Gertenbach: Castoriadis, S. 282; Rauwald: Poetologie(n) des Imaginären, S. 37.

194   Aus diesem Grund hält Castoriadis: Gesellschaft als imaginäre Institution, S. 237, die (bereits zitierte) These, »Sinn sei schlicht und einfach das Ergebnis einer Zeichenkombination«, für »nicht haltbar«.

195   Ebd., S. 241, Hv. i. Orig.

196   Ebd., Hv. i. Orig.; vgl. ebd., sowie Gamm: Castoriadis, S. 184; Honneth: Rettung der Revolution, S. 814f.

spiel der Entmenschlichung oder Verdinglichung von Sklav*innen und Arbeiter*innen auf, ist kein folgenloses Hirngespinst. Obwohl sich das Imaginäre nicht auf Reales oder Rationales beziehe und also »seine ›Seinsweise‹ *per definitionem* eine Weise des Nicht-Seins ist«[197], wirke es in der Gesellschaft und der Geschichte. Arbeiter*innen sind nur metaphorisch Waren, Sklav*innen in Wirklichkeit keine Tiere; ihre Entmenschlichung entspringt dem Imaginären – und ist doch sehr real.[198]

> Sowohl im Falle der Sklaverei als auch im Falle des Proletariats handelt es sich bei der Verdinglichung um die Einsetzung einer neuen *operativen Bedeutung*. Sie bewirkt, daß eine Kategorie von Menschen eine andere als etwas auffaßt, was praktisch mit Tieren oder Dingen gleichgestellt werden kann. Dies ist eine *imaginäre Schöpfung*, die [...] weder in der Realität noch in der Rationalität noch in den Gesetzen des Symbolismus eine Rechtfertigung findet [...]; eine Schöpfung, die nicht erst begriffliche oder bildhafte Gestalt erhalten muß, um zu existieren. Denn in der Praxis und im Tun der betreffenden Gesellschaft wirkt diese Schöpfung als sinnstiftende Organisation des menschlichen Verhaltens und der gesellschaftlichen Beziehungen, und zwar ohne Rücksicht darauf, ob dieser Sinn jener Gesellschaft auch ›bewußt‹ ist.[199]

Die Zeichen, die nach strukturalistischem Verständnis in ihrer Differenz einen Sinn ergeben sollen, müssen (wie ihre Relation) zuvor gebildet, imaginiert worden sein – mit dieser These macht Castoriadis »im Rücken des Strukturalismus die sinnstiftenden Leistungen der Subjektivität wieder erkennbar«[200] und bringt eine geschichtliche Dimension sowie die Möglichkeit gesellschaftlicher Entwicklung und Veränderung ins Spiel: Übersehe man, dass der Symbolismus einer Gesellschaft imaginär kreiert wurde, traktiere man »die Vielfalt der symbolischen (und demnach institutionellen) Systeme und ihre Aufeinanderfolge als rohe Tatsachen, über die es nichts zu sagen und an denen es schon gar nichts zu ändern gibt«.[201] Das Resultat ist eine kausalistische und finalistische Einfärbung des Strukturalismus, die das »Erscheinen radikaler Andersheit«[202] – Geschichte also – übertüncht. Das Neue ist immer schon alt, da es gemäß der ›Identitätslogik‹ aus Vorhandenem konstruiert wird. Die Möglichkeit eines nicht ableitbaren Anderswerdens geht verloren.[203]

---

197   Castoriadis: Gesellschaft als imaginäre Institution, S. 243, Hv. i. Orig.
198   Vgl. ebd., S. 241f., und siehe auch Condoleo: Vom Imaginären zur Autonomie, S. 67.
199   Castoriadis: Gesellschaft als imaginäre Institution, S. 242f., Hv. i. Orig.
200   Joas: Institutionalisierung als kreativer Prozeß, S. 592.
201   Castoriadis: Gesellschaft als imaginäre Institution, S. 238; vgl. ebd.
202   Ebd., S. 294.
203   Vgl. ebd., S. 294f.

Kritik des Marxismus[204]

Das lässt sich am Marxismus belegen, der versuche, die skizzierte »kausalistische« Anschauung von Gesellschaft und Geschichte »mit der finalistischen [...] zu verleimen«.[205] Den Marxismus fundiere eine rationalistische Geschichtsphilosophie, die zu einem Determinismus führe.[206] Rational sei die marxsche (Geschichts-)Philosophie, da sie davon ausgehe, dass alles, was war, ist und sein wird, vernünftig und von der Vernunft erfassbar sei. Nichts geschehe grundlos, alles unterliege quasi-naturwissenschaftlichen Gesetzmäßigkeiten, insbesondere dem Schema der Kausalität, wonach bestimmte Kräfte vorbestimmte Wirkungen erzielten.[207] »Dieses Kausalschema soll die geschichtliche Statik und Dynamik gleichermaßen erklären: einerseits die Herausbildung und das Funktionieren einer Gesellschaft, andererseits ihr Ungleichgewicht und die Umwälzungen, die zu einer neuen Form führen müssen.«[208] Diese Überzeugung laufe in einen »kausalen Determinismus«[209] aus, der das »Nicht-Kausale«[210] negiere. Castoriadis' »Einsicht in die grundlegende Offenheit und Historizität von Gesellschaften«[211] verträgt sich nicht mit der Idee gesellschaftlicher Gesetzmäßigkeiten, die die Geschichte in Richtung eines definierten Ziels trieben:

> Postuliert wird [...] eine von Rechts wegen schon vollendete, prinzipiell verfügbare Erkenntnis der gesamten bisherigen Geschichte, die ›in letzter Instanz‹ überall das Wirken derselben objektiven Gesetze erweisen würde. [...] Die Dialektik der Geschichte erzeugt die Gesellschaftsformen, sorgt für deren notwendige Überwindung, gewährleistet die aufsteigende Linie des Fortschritts und verbürgt nach einer langen Phase der Entfremdung den schließlichen Übergang der Menschheit zum Kommunismus.[212]

Gegen Marx betont Castoriadis die Unbestimmtheit, die Nicht-Kausalität des Sozialen.[213] Sie sei als die Folge des schöpferischen Verhaltens von Individuen und Kollektiven zu verstehen:

> Das Nicht-Kausale [...] erscheint nicht nur als ›unvorhersehbares‹, sondern als *schöpferisches* Verhalten (der Individuen, Gruppen, Klassen, ganzer Gesellschaften); nicht bloß als Abweichung von einem bestehenden, sondern als *Setzung* eines neuen Verhaltenstyps; als *Institution* einer neuen gesellschaftlichen Regel, *Erfindung* eines neuen Gegenstandes oder einer neuen Form. Kurz, das Nicht-Kausale erscheint als etwas aus der bisherigen Situation nicht Ableitbares, als ein Schluß, der seine Prämissen

---

204 Zu den Etappen der Marx-Kritik Castoriadis' siehe die Skizze von Karsenty: Marx à Castoriadis, S. 55ff., Darstellungen dieser Kritik, auch unter Einbeziehung der Kritik Castoriadis' an Marx' ökonomischer Theorie, finden sich bei Tassis: Castoriadis, S. 113f., und Joas/Knöbl: Sozialtheorie, S. 565ff.

205 Castoriadis: Gesellschaft als imaginäre Institution, S. 296.

206 Vgl. ebd., S. 52; 72; siehe auch Seyfert: Castoriadis, S. 259.

207 Vgl. Castoriadis: Gesellschaft als imaginäre Institution, S. 73f.; Tassis: Castoriadis, S. 155f.

208 Castoriadis: Gesellschaft als imaginäre Institution, S. 73.

209 Ebd., S. 74.

210 Ebd., S. 77.

211 Gertenbach: Castoriadis, S. 279.

212 Castoriadis: Gesellschaft als imaginäre Institution, S. 113.

213 Siehe hierzu auch Tassis: Castoriadis, S. 156f.

übersteigt beziehungsweise neue aufstellt. [...] Die Geschichte kann nicht nach einem deterministischen Schema (und ebensowenig nach einem einfachen ›dialektischen‹ Muster) gedacht werden, weil sie der Bereich der *Schöpfung* ist.[214]

Am Marxismus zeigen sich die Konsequenzen der Vernachlässigung des Schöpferischen. Nach Ansicht Castoriadis' müsse man sich entscheiden: Entweder bleibe man Marxist*in oder Revolutionär*in. Wer an Marx festhalte, müsse den Anspruch auf eine Veränderung der Gesellschaft aufgeben; wer die Gesellschaft verändern wolle, könne kein/e Marxist*in mehr sein.[215] Das Entweder-oder erstaunt: Forderte Marx in seinen *Thesen über Feuerbach* nicht die Rehabilitierung der menschlichen Praxis und die revolutionäre Transformation der Welt?[216] Castoriadis leugnet das nicht. Bei genauem Hinsehen aber – und darum der Entscheidungszwang – spiele die Revolution als revolutionäre Praxis in der marxistischen Theorie keine Rolle.[217] Castoriadis' Kritik an Marx manifestiert sich in diesem Sinne »auf handlungstheoretischer Ebene«[218], wie Hans Joas insofern etwas missverständlich formuliert, als Castoriadis bei Marx überhaupt keine kritisierbare Handlungstheorie, keine Theorie einer Praxis erkennt. Bei Marx sei »*Praxis* ein leeres Wort geblieben«.[219] Die Anklage lautet auf Nichtverwirklichung der angestrebten »Einheit von Reflexion und Aktion, von höchstem Denken und alltäglichstem Handeln«.[220] Einerseits verweise das revolutionäre Moment des Marxismus »auf die Tatsache, daß die Menschen, wenngleich unter jeweils vorgegebenen Bedingungen, ihre Geschichte selbst machen [...]. Mit diesem Moment wird es möglich, [...] die Schöpfung neuer Formen des gesellschaftlichen Lebens durch die Aktion der Massen zu erkennen.«[221] Andererseits habe Marx das Theoretische privilegiert und »die restlose Erfassung der Welt durch ein System«[222] beabsichtigt. Damit gab er, formuliert Gamm, »[d]ie revolutionäre Spontaneität der proletarischen Klasse« auf zugunsten ei-

---

214   Castoriadis: Gesellschaft als imaginäre Institution, S. 77, Hv. i. Orig.

215   Vgl. ebd., S. 28, und siehe auch Gamm: Castoriadis, S. 175; Karsenty: Marx à Castoriadis, S. 55, sowie Kelbel: Praxis und Versachlichung, S. 56. Zu den im Folgenden skizzierten Antinomien vgl. Tassis: Castoriadis, S. 167ff.

216   Vgl. Karl Marx: Thesen über Feuerbach [1845]. In: ders./Engels, Friedrich. Werke. Bd. 3 (Hg. Institut für Marxismus-Leninismus beim ZK der SED). Berlin 1969, S. 5-7.

217   Was umso mehr erstaunen muss, als Marx, wie Cornelius Castoriadis: La source hongroise. In: ders.: Quelle démocratie? Tome 1 (Écrits politiques, 1945-1997, III). Édition préparée par Enrique Escobar, Myrto Gondicas et Pascal Vernay. Paris 2013, S. 575-610, 586, meint, seine politischen Ideen aus der Praxis und aus den Schriften der Arbeiter*innenbewegung des beginnenden 19. Jahrhunderts genommen habe.

218   Joas: Institutionalisierung als kreativer Prozeß, S. 588.

219   Castoriadis: Gesellschaft als imaginäre Institution, S. 105, Hv. i. Orig. Bei Castoriadis: Heritage and revolution, S. 114, heißt es: »Marx is unable to maintain the irreducibility of praxis. To put it more sharply, he proves unable to see its creative character, looking instead for solid causes – that is, guarantees – of and for the revolution. The direct result is that he pays scant attention to the problems of political action and organization proper. Instead he looks for economic ›laws‹ that would somehow engineer the collapse of capitalism.«

220   Castoriadis: Gesellschaft als imaginäre Institution, S. 106.

221   Ebd., S. 96.

222   Ebd., S. 95.

ner »Revolutionsarithmetik nach dem Maß historischer Notwendigkeit und gesetzmä-
ßiger Freiheit«.[223]

Aus der die schöpferische Praxis negierenden »theoretischen Versteinerung«[224] resultiert für Castoriadis »die faktische Ideologie der Bürokratie«[225], die seit den 1940er
Jahren im Zentrum seiner Totalitarismuskritik steht.[226] Die Bürokratisierung in den
sozialistischen Staaten erweise in der Historie, was schon die Analyse der marxistischen
Theorie offenlege: Der Marxismus taugt nicht zum »Werkzeug der Revolution«.[227] Keineswegs erst als (bürokratisch-totalitäre) Praxis, schon »[a]ls Theorie ist der Marxismus
tot«.[228] Weil Marx seine soziozentristischen Projektionen als allgültige Wahrheiten
postuliert habe[229], ist der Marxismus als Revolutionstheorie diskreditiert. Man könnte
sagen: Weil er Revolutions*theorie* sein wollte, ist der Marxismus erledigt.[230]

> Le mouvement émancipatoire n'a pas besoin d'une »théorie du changement social«.
> Une telle théorie ne peut pas exister; la société et l'histoire ne sont pas soumises
> à des lois dont on pourrait faire la théorie. L'histoire est le domaine de la création
> humaine [...]. L'idée qu'il puisse exister une »théorie« du changement social est une
> des illusions catastrophiques de Marx; elle conduit à la monstrueuse idée d'*orthodoxie*,
> que le marxisme a été le premier à introduire dans le mouvement ouvrier.[231]

Marx' »szientistischer Objektivismus«[232], die rationalistische Schematisierung und Ka-
tegorisierung von Geschichte und Gesellschaft, kennt keine revolutionäre Praxis, keinen Klassenkampf. Marx' und Engels' Rede von der »Geschichte aller bisherigen Ge-

---

223   Gamm: Castoriadis, S. 176. Mit Kelbel: Praxis und Versachlichung, S. 61, könnte man sagen: »Die
      emanzipatorische Praxis [...] wird [...] funktionalistisch verkürzt.« Siehe auch Honneth: Rettung
      der Revolution, S. 809f.

224   Castoriadis: Gesellschaft als imaginäre Institution, S. 114.

225   Ebd., S. 115. Siehe zu diesem Zusammenhang die Ausführungen bei John V. Garner: Art. ›Cornelius
      Castoriadis (1922-1997)‹. In: Fieser, James/Dowden, Bradley (Hg.): Internet Encyclopedia of Philo-
      sophy, o. S., Abschn. 2. Abrufbar unter: <https://iep.utm.edu/castoria/> (Zugriff am 29.1.2022); Kel-
      bel: Praxis und Versachlichung, S. 61; Honneth: Rettung der Revolution, S. 810; Tassis: Castoriadis,
      S. 168ff.

226   Siehe dazu die Ausführungen bei Seyfert: Castoriadis, S. 254ff., sowie Tassis: Castoriadis, S. 72ff.

227   Castoriadis: Gesellschaft als imaginäre Institution, S. 115; vgl. ebd.

228   Ebd., S. 108. Dies hatte, obgleich aus einem anderen Grund, auch Nancy behauptet.

229   »Soziozentrismus« meint bei Castoriadis »den Umstand, daß sich jede Gesellschaft als Mittelpunkt
      der Welt setzt und alle anderen von ihrer eigenen Position aus betrachtet«. (Ebd., S. 61) Marx sei
      zwar »die geschichtliche Relativität der kapitalistischen Kategorien einerseits voll bewußt« gewe-
      sen, andererseits habe er sie »auf die gesamte Menschheitsgeschichte (rück-)projiziert«. (Ebd.)
      Siehe zu dieser Kritik Tassis: Castoriadis, S. 142ff.

230   Vgl. Castoriadis: Gesellschaft als imaginäre Institution, S. 97ff.

231   Cornelius Castoriadis: Communisme, fascisme, émancipation [Interview]. In: ders.: Une société à
      la dérive. Entretiens et débats, 1974-1997. Édition préparée par Enrique Escobar, Myrto Gondicas et
      Pascal Vernay. Paris 2005, S. 231-235, 234, Hv. i. Orig.

232   Castoriadis: Gesellschaft als imaginäre Institution, S. 112.

sellschaft« als der »Geschichte von Klassenkämpfen«[233] gibt sich als bloße Rhetorik zu erkennen.[234] Die Klassen seien lediglich

> ein Werkzeug, in dem sich das Wirken der Produktivkräfte verkörpert. Akteure sind sie höchstens im Sinne von Theaterschauspielern, die einen im voraus festgelegten Text rezitieren, vorherbestimmte Gesten ausführen und – ob sie nun gut oder schlecht spielen – den Fortgang der Tragödie zum unerbittlichen Ende nicht aufhalten können. [...] Die Klassen [...] werden eher behandelt, als daß sie handeln, wie Lukács sagt.[235]

Der marxistische Determinismus vernachlässige »das autonome Handeln der Massen«[236], damit zugleich das Neue, das nicht schon Bestimmte und Vorhersagbare, das mit jedem bewussten individuellen wie kollektiven Handeln ins Spiel komme.[237] Castoriadis' Beispiel hierfür ist die Arbeiter*innenbewegung: Die Arbeiter*innen hielten sich nicht an bestimmte Gesetze der Ökonomie oder der Geschichte, sondern erschufen sich dank ihrer Imaginationsfähigkeit selbst als Klasse.[238]

2.3   Die Veränderung entwerfen

Castoriadis setzt seine Theorie – gegen den Marxismus – auf das Gleis in Richtung einer *»unverkürzten* Praxis«.[239] Er sieht die (politische, pädagogische, psychoanalytische) Praxis als ein Tun, das jenseits der Extreme des Reflexhandelns und der Technik siedelt.[240] Sowohl beim unbewusst vollzogenen Reflexhandeln als auch bei der Technik, wo sich das Handeln als »Schlußfolgerung« aus einem erschöpfenden Wissen darstelle und sich darauf verkürze, »für die angestrebten Ziele Mittel zu finden beziehungsweise

---

233 Marx/Engels: Manifest der Kommunistischen Partei, S. 462.

234 Die auch von Castoriadis zitierte Aussage widerspreche dem Determinismus nur zum Schein: »Denn solange man die entscheidenden Thesen der materialistischen Geschichtsauffassung vertritt, ist der Klassenkampf in Wirklichkeit kein eigenständiger Faktor.« (Castoriadis: Gesellschaft als imaginäre Institution, S. 52)

235 Ebd., S. 53.

236 Ebd., S. 56.

237 Vgl. ebd., S. 58.

238 Vgl. Castoriadis: Heritage and revolution, S. 115.

239 Habermas: Philosophischer Diskurs der Moderne, S. 380, Hv. i. Orig. Siehe zu Castoriadis' Begriff der Praxis Honneth: Rettung der Revolution, S. 811f., sowie Brunner: Fragmentierung der Vernunft, S. 312ff.; Condoleo: Vom Imaginären zur Autonomie, S. 100ff.; Tassis: Castoriadis, S. 176ff. Mit Karsenty: Marx à Castoriadis, S. 53f., könnte man Castoriadis' Denken als die von Marx in seinen Feuerbach-Thesen geforderte Wendung der Philosophie hin zu einer transformativen Praxis verstehen.

240 Vgl. Castoriadis: Gesellschaft als imaginäre Institution, S. 123. Siehe auch Karsenty: Marx à Castoriadis, S. 59; Tassis: Castoriadis, S. 176f., sowie zu ›Technik‹ bei Castoriadis etwa Rauwald: Poetologie(n) des Imaginären, S. 76ff.

für das Eintreffen der gewünschten Resultate Ursachen zu schaffen«[241], sei das »Handeln auf vorhersehbare Verhaltensabläufe reduziert«.[242] Indes gelte:

> Das Wesentliche des menschlichen Tuns läßt sich [...] weder als Reflex noch als Technik verstehen. Sicherlich gäbe es kein menschliches Tun ohne Bewußtsein – aber niemand könnte sein Tun nur eine Sekunde lang fortführen, wenn man ein erschöpfendes Wissen, völlige Klarheit über seinen Gegenstand und das eigene Vorgehen zur Voraussetzung machte.[243]

Die Einengung des Handelns auf antizipierbares Verhalten betreiben die Theoretiker*innen kollektiver Intentionalität. Gewiss behaupten sie nicht explizit, man könne ein ›erschöpfendes Wissen‹ und ›völlige Klarheit über seinen Gegenstand und das eigene Vorgehen‹ erlangen, schließen die Bedingung der Möglichkeit dieser Unmöglichkeit aber implizit aus ihren Analysen aus. Zum einen dadurch, dass sie das Handeln aus dem arendtschen ›Bezugsgewebe menschlicher Angelegenheiten‹ herauslösen und ihm so seine Unplanbarkeit nehmen; zum anderen, weil sie es (mit demselben Resultat) auf einen eindeutigen Zweck verpflichten, den es mit planmäßig eingesetzten Mitteln zu erreichen gilt. In den Theorien kollektiver Intentionalität sucht man vergeblich nach einem Begriff politischen Handelns, denn »Politik ist weder eine Konkretisierung von Absolutem Wissen noch Technik noch blinder Wille, dem egal ist, was er will. Sie gehört einem anderen Bereich zu, dem des Tuns und seiner besonderen Gestalt, der *Praxis*.«[244]

Die Praxis gehe keineswegs technikgleich in einem »Zweck-Mittel-Schema«[245] auf, sei auch nicht »die Anwendung eines vorgängigen Wissens«[246], sondern werde bestimmt, so Tassis, vom

> Prinzip der Unbestimmbarkeit, da das vorhandene Wissen immer bruchstückhaft und vorläufig ist. Es ist bruchstückhaft, weil es unmöglich ist, eine erschöpfende Theorie des Menschen aufzustellen, und vorläufig, weil die Praxis selbst die Realität verändert und neues Wissen auftauchen lässt. Diese Beschränkung der Praxis [...] ist notwendig, weil die Möglichkeit zum [...] Auftauchen des Neuen, das auf keine vorausgehende Rationalität zurückführbar ist, nicht existieren würde, wenn die Welt nicht substantiell unbestimmbar wäre.[247]

---

241   Castoriadis: Gesellschaft als imaginäre Institution, S. 123.

242   Habermas: Philosophischer Diskurs der Moderne, S. 380; vgl. ebd.

243   Castoriadis: Gesellschaft als imaginäre Institution, S. 124. Siehe zum Verhältnis von Theorie und Praxis bei Castoriadis z.B. Rauwald: Poetologie(n) des Imaginären, S. 42ff.

244   Castoriadis: Gesellschaft als imaginäre Institution, S. 128, Hv. i. Orig.

245   Ebd., S. 129; vgl. Tassis: Castoriadis, S. 178; Joas/Knöbl: Sozialtheorie, S. 570.

246   Castoriadis: Gesellschaft als imaginäre Institution, S. 130.

247   Tassis: Castoriadis, S. 178. Mit Joas: Institutionalisierung als kreativer Prozeß, S. 589, gesagt: Es geht bei Castoriadis – anders als in den Theorien kollektiver Intentionalität – um »eine nicht-technische Beziehung zwischen Wissen und Handeln«. Castoriadis, betont Joas weiter, gelte »[d]as zielorientierte, geplante Moment des Handelns [...] nicht als erster Definitionsbestandteil, insofern es sich nur auf das technische Moment einer Tätigkeit bezieht, welche der Fixierung von Bedingungen, Zielen und Mitteln bedarf«. (Ebd., S. 590)

Bei aller Kritik an einem technischen Verständnis der Praxis betont Castoriadis aber, jede Praxis müsse einem »*Entwurf* [projet]«[248] folgen. Damit bringt er auf einen Begriff, dass aus der Unmöglichkeit, ein absolutes Wissen über die Gesellschaft und die Geschichte erlangen zu können, nicht die Unmöglichkeit jeglichen Wissens und jeglicher (revolutionärer) Praxis resultiert.[249]

> [L]orsque je tente de montrer que non seulement il n'y a pas de savoir rigoureux sur la société et l'histoire mais qu'il ne *peut* pas y en avoir, il n'en découle nullement que nous ne pouvons rien y comprendre, ou qu'il peut se passer n'importe quoi, que nous sommes dans une nuit de l'aléatoire où toutes les vaches seraient possibles.[250]

Demnach wäre es verfehlt, das Ziel politischen Handelns nicht zu bestimmen und gänzlich jene »allgemeine Ordnung« zu verlassen, »wo die Vision als theoretisches Paradigma auch das Ziehen von Horizontlinien, die Entschlossenheit von Absichten und die operative Voraussicht impliziert«[251], wie es Nancy in *Vérité de la démocratie* als Merkmal der 68er-Bewegung affirmiert.

> Der Entwurf ist das Element der Praxis und überhaupt aller Aktivität; er ist eine nähere Bestimmung der Praxis hinsichtlich ihrer Verknüpfung mit dem Wirklichen sowie hinsichtlich einer konkreteren Definition ihrer Ziele und deren spezifischer Vermittlungen. Der Entwurf ist die Absicht einer Veränderung des Realen, geleitet von einer Vorstellung vom Sinn dieser Veränderung, orientiert an den tatsächlichen Bedingungen und bestrebt, eine Aktivität in Gang zu setzen.[252]

Für die politische Praxis können (und müssen unter Umständen) die entworfenen Ziele in Form eines Programms konkretisiert werden.[253] Es handle sich bei einem solchen gegenüber dem Entwurf stets »bruchstückhafte[n] und vorläufige[n]«[254] Programm nicht um einen Plan, der nur »dem technischen Moment einer Tätigkeit« entspräche und voraussetzte, dass »die Bedingungen, Ziele und Mittel ›exakt‹ bestimmbar sind und bestimmt sind«.[255] Die interimsmäßige Unvollständigkeit des Entwurfs[256] ist ein Zei-

---

248 Castoriadis: Gesellschaft als imaginäre Institution, S. 121, Hv. i. Orig. (Cornelius Castoriadis: L'institution imaginaire de la société [1975]. Paris 1999, S. 105).

249 Vgl. ebd., S. 121f.; Condoleo: Vom Imaginären zur Autonomie, S. 100.

250 Castoriadis: L'exigence révolutionnaire, S. 542, Hv. i. Orig.; siehe auch Karsenty: Marx à Castoriadis, S. 62.

251 Nancy: Wahrheit der Demokratie, S. 25 (VD 22).

252 Castoriadis: Gesellschaft als imaginäre Institution, S. 132; siehe auch ebd., S. 162: Der Entwurf sei »kein Theorem, nicht die Schlußfolgerung eines Beweises, der anzeigt, was unvermeidlich kommen muß; schon die Vorstellung eines solchen Beweises erscheint absurd. Bei diesem Entwurf [einer Gesellschaft, die die Autonomie aller Menschen fördert, S. H.] handelt es sich aber auch nicht um eine Utopie, einen Akt des Glaubens oder eine willkürliche Wette.«

253 Vgl. ebd., S. 133.

254 Ebd., S. 133.

255 Ebd., S. 132; vgl. ebd.; Condoleo: Vom Imaginären zur Autonomie, S. 102.

256 Habermas: Philosophischer Diskurs der Moderne, S. 381, betont, dass die entworfene Praxis »nicht wie eine Theorie der Anwendung vorausgeht, sondern als Vorgriff im praktischen Vollzug selbst korrigiert und erweitert werden kann«; ähnlich Honneth: Rettung der Revolution, S. 811.

chen dafür, dass die Praxis, die mit ihm einhergeht, etwas Neues in die Welt bringt[257] – dass es sich also, wie man mit Nancy sagen könnte, bei der Praxis um »ein Unendliches in actu« handelt, das »eine Voraussicht nicht erschöpfen kann«.[258] Die Praxis möge nie absolut und nie ein für alle Mal vorherbestimmbar sein, aber doch müsse man ihr mit einem Entwurf »Sinn und eine Orientierung«[259] geben, sie zu einer »bewußte[n] Tätigkeit«[260] machen. Seine völlige Unbestimmtheit näherte das menschliche Tun dem Reflexhandeln an und zeitigte das gleiche Resultat wie der Versuch, die Praxis auf Basis eines absoluten Wissens vorherzubestimmen: eine Wirklichkeitsveränderung wäre ausgeschlossen. Der Entwurf ist das Mindestmaß an ›operativer Voraussicht‹, die es braucht, um eine transformatorische Aktivität zu beginnen.[261]

Dabei hat die politische Praxis nichts mit dem zu tun, was Nancy als potentiell totalitäre Idee einer Politik kritisiert, die »die verschiedenen Formen des Seins und Tuns [...] unter eine einzige Form«[262] zu bringen bestrebt ist. Zwar habe politisches Handeln »die Gesellschaft als Totalität zu berücksichtigen«[263], so Castoriadis; doch sei dies strenggenommen unmöglich, da sich die gesellschaftliche Totalität entziehe.[264] Die Gesellschaft lässt sich nicht als Totalität fassen, und deshalb kann man auch die Veränderung der Gesellschaft nicht am Reißbrett entwerfen:

> Die Situation der Praxis läßt sich vielleicht folgendermaßen zusammenfassen: Sie begegnet der Totalität als *offener, sich vollziehender Totalität*. [...] Der Blick auf die Totalität ist in der Praxis immer gegenwärtig, aber sie braucht deswegen niemals Vollendung

---

257   Vgl. Kelbel: Praxis und Versachlichung, S. 221; Tassis: Castoriadis, S. 178. Für Castoriadis: Gesellschaft als imaginäre Institution, S. 131, ist das Objekt der Praxis »das Neue, das mehr ist als bloß die materialisierte Kopie einer vorgebildeten rationalen Ordnung«. Siehe auch Habermas: Philosophischer Diskurs der Moderne, S. 381, der durch seine Wortwahl (›Anfang‹) möglicherweise einen Bezug zwischen Castoriadis und Arendt herstellen möchte: »Indem der Handelnde die Initiative ergreift, transzendiert er alle gegebenen Bestimmungen und macht einen neuen Anfang. Die Praxis ist ihrem Wesen nach schöpferisch, sie erzeugt das ›radikal Andere‹.«

258   Nancy: Wahrheit der Demokratie, S. 28 (VD 24).

259   Castoriadis: Gesellschaft als imaginäre Institution, S. 133.

260   Ebd., S. 129.

261   Wie man mit Straume: Common world, S. 375, Hv. i. Orig., sagen könnte, kombiniert Castoriadis »rationality with anti-foundationalism and lucidity with radical creation (creation *ex nihilo*)«.

262   Nancy: Was tun, S. 39 (QF 46).

263   Castoriadis: Gesellschaft als imaginäre Institution, S. 150. Castoriadis verdeutlicht dies am Beispiel der »*Arbeiterkontrolle* über die Produktion« (ebd., S. 148, Hv. i. Orig.), deren Folgen über die Sphäre der Produktion hinauswiesen: »Ihre tatsächliche Verwirklichung schließt eine praktisch umfassende Neuordnung der Gesellschaft ein, ihre Konsolidierung verlangt langfristig sogar einen anderen Typus der menschlichen Persönlichkeit. Außerdem muß sie notwendig mit einer neuen Weise einhergehen, die Wirtschaft zu lenken und zu organisieren. Sie unterstellt einen neuen Machttyp, eine andere Erziehung und dergleichen.« (Ebd., S. 149) Siehe auch ebd., S. 141, sowie Cornelius Castoriadis: Warum ich kein Marxist mehr bin. In: ders.: Ausgewählte Schriften. Bd. 2.1. Vom Sozialismus zur autonomen Gesellschaft. Über den Inhalt des Sozialismus (Hg. Halfbrodt, Michael/Wolf, Harald). Lich 2007, S. 19-64, 54ff.

264   Vgl. Castoriadis: Gesellschaft als imaginäre Institution, S. 151; Habermas: Philosophischer Diskurs der Moderne, S. 381. Straume: Common world, S. 368, formuliert: »The [...] social reality is not describable in an exhaustive manner; there is always an undetermined surplus of meaning.«

anzustreben. [...] Praxis [...] gibt es nur, wenn ihr Gegenstand seinem Wesen nach jeden Abschluß überschreitet und wenn sie selbst in einem ständig sich wandelnden
Verhältnis zu diesem Objekt steht.[265]

Etwas zu machen, »ein Buch, ein Kind oder eine Revolution«, formuliert Castoriadis,
bedeute »immer, sich auf eine künftige Situation hin entwerfen, die sich von allen Seiten dem Unbekannten öffnet und über die man also nicht vorab denkend verfügen
kann«.[266] Deshalb müsse zwar der Entwurf, das Bild der ›künftigen Situation‹, im Vollzug der Handlung dem Wirklichen angeglichen werden, aber das Handeln könne eines
Zukunftsbildes nie entraten, »weil es sonst aus dem Blick verlöre, ›wohin die Reise geht‹,
und nicht einmal mehr wüßte, wohin sie gehen *soll*«.[267]

Für Castoriadis gibt es keinen Zweifel am Reiseziel – Autonomie.[268] Sie steht am
Anfang und am Ende jeder Praxis: Autonomie, auf die Praxis abziele, könne nur erreicht
werden, wenn Autonomie vorausgesetzt werde. »Was angestrebt wird (die Entwicklung
der Autonomie), steht in einer inneren Beziehung zu dem, womit es angestrebt wird
(der Ausübung dieser Autonomie). Beide sind Momente eines einzigen Prozesses.«[269]
Die Praxis hebt das unilaterale Schema von Zweck und Mittel auf: »Die Autonomie wirkt
in der Praxis und durch ihr Tun auf sich zurück.«[270]

---

265 Castoriadis: Gesellschaft als imaginäre Institution, S. 152f., Hv. i. Orig. Meine kurzen Anmerkungen
     zur Frage der (offenen) gesellschaftlichen Totalität folgten Condoleo: Vom Imaginären zur Auto-
     nomie, S. 104f.

266 Castoriadis: Gesellschaft als imaginäre Institution, S. 150.

267 Ebd., Hv. i. Orig.; vgl. ebd. Siehe auch Castoriadis: L'exigence révolutionnaire, S. 546: »L'exigence
     de se faire à chaque instant une représentation aussi élaborée et élucidée que possible de ce que
     l'on fait et du pourquoi on le fait est une composante inéliminable de toute action humaine. Je ne
     peux pas agir sans ce besoin permanent de me représenter ce que je vise, les motifs pour lesquels
     je le vise, les voies qui peuvent m'y mener. Mais je ne peux pas agir non plus si je m'asservis à une
     représentation forgée une fois pour toutes de ce que je vise, de mes motifs et des voies que je
     suivrai.«

268 Siehe etwa Castoriadis: Gesellschaft als imaginäre Institution, S. 170. Mit der Autonomieidee be-
     ziehe Castoriadis eine »normative Position«, so Joas/Knöbl: Sozialtheorie, S. 574; siehe zur norma-
     tiven Dimension der Autonomie bei Castoriadis ausführlich Condoleo: Vom Imaginären zur Auto-
     nomie, S. 136ff.

269 Castoriadis: Gesellschaft als imaginäre Institution, S. 129. »Praxis nennen wir dasjenige Handeln,
     worin der oder die anderen als autonome Wesen angesehen und als wesentlicher Faktor bei der
     Entfaltung ihrer eigenen Autonomie betrachtet werden.« (Ebd., S. 128) Castoriadis sieht das Cha-
     rakteristikum der Praxis darin, dass sie »die Entwicklung der Autonomie bezweckt und dazu die
     Autonomie benützt«. (Ebd.) Da sie Autonomie anstrebe, so Castoriadis gegen Habermas (Philo-
     sophischer Diskurs der Moderne, S. 380f.), sei die Praxis nichts Selbstzweckhaftes. Als »Tätigkeit,
     die den Anderen als autonomiefähig betrachtet und ihm zu seiner Autonomie zu verhelfen ver-
     sucht«, betont er, »hat die *praxis* ihren Zweck *nicht* in sich selbst und *kann ihn nicht* in sich selbst
     haben (was gerade ihre *Definition* bei Aristoteles ist!): Sie zielt auf eine gewisse Veränderung ihres
     (menschlichen) ›Objekts‹ ab«. (Castoriadis: Getan und zu tun, S. 232, Hv. i. Orig.) Siehe zur Abgren-
     zung des castoriadisschen Begriffs der Praxis von dem Aristoteles' auch Tassis: Castoriadis, S. 173ff.
     Die Nähe zu Aristoteles betonen Joas/Knöbl: Sozialtheorie, S. 570f.

270 Condoleo: Vom Imaginären zur Autonomie, S. 77; vgl. ebd.

Castoriadis gibt zu verstehen, dass die Autonomie »unmittelbar in das Problem von Politik und Gesellschaft mündet«.[271] Zum einen bedeutet dies, »daß man Autonomie [...] nur wollen kann, wenn man sie für alle will«.[272] Damit wird klarer, was ›revolutionäre Politik‹ meint:

> Revolutionäre Politik nennen wir [...] eine Praxis, die sich mit der Organisation und Orientierung der Gesellschaft auf die Autonomie aller hin befaßt und die anerkennt, daß diese Autonomie einen radikalen Wandel der Gesellschaft voraussetzt, der seinerseits nur vermöge der autonomen Tätigkeit der Menschen zur Entfaltung kommen kann.[273]

Nicht nur für alle, auch nur durch alle kann Autonomie realisiert werden: Die »volle Verwirklichung« der Autonomie, so Castoriadis, sei »nur als kollektives Unternehmen denkbar«[274]; sie bedarf unbedingt einer »*gemeinsamen Praxis*«.[275] Diese Praxis nennt Castoriadis ›Demokratie‹. In der Demokratie wird die Autonomie der Gesellschaft sichtbar und als politisches Handeln manifest.

2.4   Das Imaginäre und die Schöpfung ex nihilo

Castoriadis' Kritik an den funktionalistischen, strukturalistischen und marxistischen Theorien der Gesellschaft lässt sich auf einen Nenner bringen: Schöpfungsvergessenheit.[276] Die genannten Ansätze berücksichtigten die »Unbestimmtheitsmarge«[277] jeder gesellschaftlichen Organisation nicht: Der Funktionalismus postuliert ahistorische Bedürfnisse, die stets in der gleichen Weise befriedigt würden; dem Strukturalismus entgeht die Bezogenheit des Symbolischen auf etwas außerhalb seiner selbst[278]; der marxistische Determinismus erstickt jeden Keim einer auf Veränderung zielenden Praxis.

---

271   Castoriadis: Gesellschaft als imaginäre Institution, S. 183.

272   Ebd.; siehe auch Cornelius Castoriadis: Welche Demokratie? In: ders.: Ausgewählte Schriften. Bd. 1. Autonomie oder Barbarei (Hg. Halfbrodt, Michael/Wolf, Harald). Lich 2006, S. 69-111, 76.

273   Castoriadis: Gesellschaft als imaginäre Institution, S. 132.

274   Ebd., S. 183.

275   Condoleo: Vom Imaginären zur Autonomie, S. 142, Hv. i. Orig. Für Cornelius Castoriadis: Une ›démocratie‹ sans la participation des citoyens [Gespräch mit Anne-Brigitte Kern]. In: ders.: Une société à la dérive. Entretiens et débats, 1974-1997. Édition préparée par Enrique Escobar, Myrto Gondicas et Pascal Vernay. Paris 2005, S. 203-207, 204f., impliziert dies eine Kritik an der liberalen Auffassung des Individuums: Autonomie bedeutet nicht den Rückzug auf sich selbst und die eigenen Interessen, sondern die Solidarität mit anderen. Mit anderen Worten: ›Autonomie‹ meine nicht »die unverlierbare Freiheit eines abstrakten Subjekts oder die Herrschaft eines reinen Bewußtseins über ein beliebiges Material«, sondern sei vor dem Hintergrund des »Problem[s] des Verhältnisses zwischen Subjekt und anderem (anderen)« zu denken, so Castoriadis: Gesellschaft als imaginäre Institution, S. 183.

276   Siehe so als Urteil über die gesamte Philosophie etwa Castoriadis: Gesellschaft als imaginäre Institution, S. 332f.

277   Ebd., S. 250.

278   Vgl. ebd., S. 249f.

Die Gesellschaft lasse sich aber nicht in (bekannte) Schemata zwängen, sondern bilde »einen neuen [...] ontologischen Ordnungstyp«, der sich in immer anderer Gestalt »materialisiert«.[279] Unablässig entstehen neue gesellschaftliche Formen, als synchrone Unterschiedlichkeit verschiedener Gesellschaften und als diachrone Veränderung einer Gesellschaft.[280]

Die Missachtung der kreativen Dimension der Gesellschaft ist ein Symptom der Verkennung des Imaginären – desjenigen, worin »die Schöpfung alles Neuen in der Geschichte wurzelt«.[281] Castoriadis zeigt, dass es innerhalb der »Ontologie der Bestimmtheit«[282] zwar Ansätze dazu gab, zumindest die individuelle Imagination in ihrer Radikalität zu erfassen.[283] Schon der von Aristoteles provozierte »Skandal der Imagination«[284] – die Entdeckung, dass Denken ohne Imagination unmöglich ist[285] – verpuffte

---

279   Castoriadis: Das Imaginäre, S. 36. Dieser ›Ordnungstyp‹ sowie die diversen Formen, in denen er Gestalt annimmt, werden, so wird sich im Folgenden zeigen, durch das Gesellschaftlich-Geschichtliche geschöpft. (Vgl. ebd.)

280   Vgl. Klooger: Ensemblistic-Identitary logic, S. 109.

281   Castoriadis: Gesellschaft als imaginäre Institution, S. 229.

282   Joas: Institutionalisierung als kreativer Prozeß, S. 594.

283   Siehe zu den philosophischen Hintergründen von Castoriadis' Verständnis der Imagination etwa Garner: Castoriadis, Abschn. 3.a, der vor allem auf Aristoteles und Kant eingeht. Zu Castoriadis' würdigend-kritischer Einschätzung von Kant siehe etwa Rauwald: Poetologie(n) des Imaginären, S. 53f.; 95f., sowie Ludger Schwarte: Radikale Sensibilität. Cornelius Castoriadis und die Begründung der Demokratie. In: Liebsch, Burkhard (Hg.): Sensibilität der Gegenwart. Wahrnehmung, Ethik und politische Sensibilisierung im Kontext westlicher Gewaltgeschichte. Sonderheft 17 der Zeitschrift für Ästhetik und Allgemeine Kunstwissenschaft. Hamburg 2018, S. 305-322, 309f.

284   Cornelius Castoriadis: Die Entdeckung der Imagination. In: ders.: Ausgewählte Schriften. Bd. 3. Das imaginäre Element und die menschliche Schöpfung (Hg. Halfbrodt, Michael/Wolf, Harald). Lich 2010, S. 47-86, 83.

285   Eine der zentralen Stellen findet sich im siebten Kapitel des dritten Buches der aristotelischen Abhandlung *Über die Seele*: »Für die denkfähige Seele sind die Vorstellungsbilder wie Wahrnehmungsinhalte. [...] Deshalb erkennt die Seele vernünftig nie ohne Vorstellungsbilder.« (Aristoteles: Über die Seele [Nach der Übers. von Willy Theiler bearbeitet von Horst Seidl]. Philosophische Schriften in sechs Bänden. Bd. 6. Hamburg 1995, S. 79 [431a]) Aristoteles entdecke hier eine »*primäre Imagination*« (Castoriadis: Entdeckung der Imagination, S. 63, Hv. i. Orig.), die einen Bruch mit den Spielarten der hergebrachten »*sekundären* Imagination« (ebd., S. 62, Hv. i. Orig., siehe dazu weiter ebd., S. 58ff.) herbeiführe. Imagination werde nicht mehr nur als eine »vollkommen von der Wahrnehmung abhängige Größe« (ebd., S. 60) verstanden, sondern als ursprüngliches Geschehen. Die Phantasia sei der Ursprung von Vorstellungsbildern (Phantasmata), aus denen das Denken entspringen könne; sie »ist also Voraussetzung des Denkens«. (Ebd., S. 67) Die Funktion der Phantasmata für das Denken liege in der Präsentation des zu Denkenden in abstrahierter Form, ohne wahrnehmbare Materie: »Man kann das Krumme nie ohne Materie *wahrnehmen*; das Krumme als Krummes denken, heißt, es von der Materie zu trennen, in der es sich konkretisiert und die mit dem Krummen an sich nichts zu tun hat; doch kann man das Krumme nicht denken, ohne das Krumme ›wahrzunehmen‹, ohne Präsenz und Präsentation des Krummen; diese Präsentation [...] gewährleistet die *phantasia*, sie vollzieht sich in und dank dem *Phantasma*. Die Imagination [...] ist folglich *sinnliche Abstraktion*, Abstraktion *im* Wahrnehmbaren, die das Denkbare versorgt.« (Ebd., S. 65, Hv. i. Orig.) Als Präsentationsvermögen fordere die Imagination das Verständnis der Imagination als Repräsentation heraus: »Die These, dass die Seele niemals ohne Phantasma denke, richtet die konventionellen Bestimmungen der Imagination [...] zugrunde.« (Ebd., S. 64)

indes wirkungslos. Sogar völlig vernachlässigt wurde das politisch und gesellschafts-theoretisch relevante ›gesellschaftliche Imaginäre‹.[286] Castoriadis stellt der Tradition ein schlechtes Zeugnis aus: Denken der Imagination – ungenügend.[287]

Der Grund für die fehlende Beachtung, wenn nicht Schmähung des Imaginären lie-ge darin, dass sich das philosophische Denken als vernunftgeleitete Suche nach Wahr-heit (aletheia) begriff. Was wahr zu sein beanspruchte, konnte nicht bloße Meinung (doxa) sein, die man mit irrtumsanfälligen Sinneseindrücken oder Hervorbringungen der Imagination verband.[288] »Es schien ausgeschlossen, dass Wahrheit auch nur das Geringste der phantasia verdanke – einem direkt aus phainomai, ich (er)scheine, abge-leiteten Begriff.«[289] Als wahres Sein galt bestimmtes Sein. Die Vernachlässigung des Imaginären ging mit einer Ontologie zusammen, für die »Beständigkeit, Ewigkeit und schließlich Zeitlosigkeit zu Grundeigenschaften des wahren Seins wurden, und Letzte-res gleichgesetzt mit Unwandelbarkeit«.[290] Hinter der Leugnung des Imaginären steht »das überlieferte Denken« und seine Verwurzelung in »der Heteronomie menschlicher Gesellschaften«.[291]

Diesem Denken entgeht die Untrennbarkeit von Gesellschaft und Geschichte, auf die Castoriadis mit dem Begriff ›Gesellschaftlich-Geschichtliches‹ abhebt. Die wesentli-che Geschichtlichkeit der Gesellschaft verdankt sich dem schöpferisch tätigen Imaginä-ren. »Schöpfung [ist], als Werk des gesellschaftlichen Imaginären [...], die Seinsweise des gesellschaftlich-geschichtlichen Feldes, mittels derer dieses Feld existiert. Gesell-schaft ist Selbstschöpfung, die sich als Geschichte entfaltet.«[292] Mit dem Imaginären und dem Selbstschöpfungsmotiv rücken die politischen Begriffe ›Autonomie‹ und ›He-teronomie‹ oder ›Entfremdung‹ in den Blick.[293]

Nur die Gesellschaft, die sich als selbstgeschöpfte erkennt, ist für Castoriadis auto-nom.[294] Oder umgekehrt: Die Heteronomie oder »Entfremdung der Gesellschaft wur-zelt [...] darin, daß sie sich so instituiert, daß sie nicht sehen will, daß sie sich in-

---

286   Vgl. Castoriadis: Imagination, Imaginäres, Reflexion, S. 293.

287   Mit Wolf: Das Richtige zur falschen Zeit, S. 69, gesagt: Die Geschichte der philosophischen Entde-ckung des Imaginären ist »zugleich und noch mehr seine Verdeckungsgeschichte«.

288   Vgl. Castoriadis: Imagination, Imaginäres, Reflexion, S. 295.

289   Ebd., S. 296, Hv. i. Orig.

290   Ebd., S. 297, Hv. i. Orig. Mit einer Formulierung von Žižek: Tücke des Subjekts, S. 37, könnte man sagen, dass vor diesem Hintergrund Castoriadis' »radikale[r] Begriff der Einbildungskraft [...] auf eine Lücke im ontologischen Gefüge des Seins hindeutet«.

291   Castoriadis: Imagination, Imaginäres, Reflexion, S. 293. Siehe auch Castoriadis: Gesellschaft als imaginäre Institution, S. 287f., wo er deutlich macht, dass »die Reflexion von Geschichte und Ge-sellschaft immer nur auf dem Boden und in den Grenzen der überlieferten Logik und Ontologie statt[fand]«, die den Seinssinn »als Bestimmtheit bestimmt« habe; dies aber »schloß das Vorkom-men einer Art von Sein, die sich der Bestimmtheit wesentlich entzieht (wie das Gesellschaftlich-Geschichtliche oder das Imaginäre) von vornherein aus«.

292   Castoriadis: Das Imaginäre, S. 37, Hv. i. Orig.

293   Siehe hierzu die Ausführungen von Condoleo: Vom Imaginären zur Autonomie, S. 113ff., deren Ar-beit die These einer »innere[n] Verwandtschaft« zwischen ›Imaginärem‹ und ›Autonomie‹ zu ver-teidigen sucht: »Folgt man dem Imaginären zuerst und immer wieder [...], kommt man unweiger-lich zum Begriff der Autonomie.« (Ebd., S. 55f.)

294   Vgl. Tassis: Castoriadis, S. 34.

stituiert«.[295] Wir werden noch genauer darauf eingehen, dass dem castoriadisschen »Ideal«[296] einer autonomen Gesellschaft die Demokratie als ideale politische Form entspricht.[297] Als man in Griechenland die Demokratie erfand, habe sich der Gesellschaft erstmals »die Möglichkeit eröffnet, ihr eigenes instituiertes Imaginäres explizit in Frage zu stellen«.[298] Hier wurde, formulieren Joas und Knöbl, »zum ersten Mal die *Institutionalisierung der Institutionalisierung*, also der Wille zur beständigen Hinterfragung des Alten und der damit einhergehenden Schaffung des Neuen, gedacht und zum Teil verwirklicht«.[299] Gesellschaftliche Autonomie, die sich politisch in der Demokratie realisiert, bedeutet kurzgefasst »l'auto-institution explicite de la société«[300] – wobei es hier auf das ›explicite‹ ankommt, denn selbstgeschöpft sind alle Gesellschaften.[301] Bei Castoriadis fungiert »das radikal Imaginäre [...] als Modell der autonomen politischen Aktion, welche imstande ist, ihre Institutionen als Erstarrungsformen dieses Imaginären zu begreifen und fortwährend in Frage zu stellen«.[302] Mit diesem Modell möchte er der unter dem marxistischen System begrabenen politischen Praxis wieder Geltung verschaffen. Etwas zu schöpfen, das heiße nicht, etwas Vorhandenes wieder hervorzuholen (wie Wasser aus einem Brunnen), sondern etwas Niedagewesenes zu kreieren:

[D]as Wesentliche der Schöpfung [liegt] nicht in einem ›Entdecken‹, sondern im Erschaffen von Neuem: Die Kunst entdeckt nicht, sondern schafft [...]. Und auf der gesellschaftlichen Ebene [...] ist das Auftauchen neuer Institutionen und Lebensweisen keine ›Entdeckung‹, sondern eine Gründung, ein Tun. Die Athener fanden die Demokratie nicht unter den wildwachsenden Blumen auf dem Pnyx, und die Pariser Arbeiter entdeckten die Commune nicht unter dem Pflaster der Boulevards. Sie ›entdeckten‹ diese Institution nicht im Ideenhimmel nach Durchsicht aller Regierungsformen, die dort seit Ewigkeiten in ihren Vitrinen ausgestellt wären.[303]

Sie schufen sie vielmehr auf eine Weise, wie etwa auch 1905 in Russland die Sowjets oder 1956 in Ungarn die Räte der Arbeiter*innen geschaffen wurden: »Toutes ces formes n'ont

---

295   Castoriadis: Gesellschaft als imaginäre Institution, S. 362, Hv. i. Orig.

296   Joas/Knöbl: Sozialtheorie, S. 575.

297   Vgl. ebd., S. 574f.

298   Castoriadis: Gesellschaft als imaginäre Institution, S. 363.

299   Joas/Knöbl: Sozialtheorie, S. 575, Hv. i. Orig.

300   Castoriadis: L'exigence révolutionnaire, S. 554.

301   Es ist einer Gesellschaft unmöglich, sich nicht selbst zu instituieren; sie kann sich aber so instituieren, dass sie sich diese Unmöglichkeit verdeckt; vgl. Castoriadis: Gesellschaft als imaginäre Institution, S. 362; 607f.

302   Chihaia: Das Imaginäre bei Castoriadis, S. 75.

303   Castoriadis: Gesellschaft als imaginäre Institution, S. 229; siehe auch Condoleo: Vom Imaginären zur Autonomie, S. 65. Joas/Knöbl: Sozialtheorie, S. 575, meinen, Castoriadis habe »durch seine Begeisterung für das Phänomen gesellschaftlicher Kreativität«, vor allem »Sympathien für radikale Transformationen und revolutionäre Brüche, in denen die Selbstaktivierung der Gesellschaft besonders zum Ausdruck kommt«. Kohns: Politik des politischen Imaginären, S. 36, ist ebenfalls der Ansicht, Castoriadis privilegiere »eine Avantgarde des Fortschritts«, die auf den revolutionären Moment »gesellschaftlicher Neubegründung« hinweike oder ihn gestalte.

été ni prédites ni déduites d'une théorie quelconque; elles ont été *créées* par les gens, dans et par leur lutte.«[304]

Das Imaginäre – ein politischer Begriff

Castoriadis sieht das Imaginäre als Kern einer politischen Philosophie, was seinen Ansatz von einem kulturwissenschaftlichen unterscheidet, wie man ihm z.B. in den Studien der Gruppe um Albrecht Koschorke begegnet.[305] Mit Castoriadis' Auffassung vom Imaginären hat dieser Ansatz gemein, dass auch er das Imaginäre nicht als un- oder vorpolitisch begreift, nicht als Utopie oder bloße Darstellung von Politik (›Symbolpolitik‹), sondern ihm eine wichtige Rolle für die Gründung gesellschaftlicher und politischer Institutionen zuerkennt.[306] Die diesem Verständnis zugrundeliegende Idee ist aus Nancys und Lacoue-Labarthes Analyse des Nazi-Mythos bekannt. Die Formel von der »Gründung durch die Fiktion«[307], mit der Nancy das Wirkungsvermögen des Mythos resümiert, drückt aus, was Koschorke et al. mit dem Begriff des ›sozialen Imaginären‹ beschreiben: »Unter dem sozialen Imaginären wird [...] der Schatz all jener strukturgebenden Bilder und Narrative, politischen Mythen und Verfahren der Identitätsrepräsentation verstanden, durch die ein Gemeinwesen sich selbst inszeniert – und sich selbst als *Eines* inszeniert.«[308] Wie Kohns meint (und Nancy gezeigt hatte), beinhaltet diese Auslegung »eine strukturell konservative Politik«[309], da man glaube, die Einheitsstiftung durch das Imaginäre sei ein konstitutives Erfordernis von Gesellschaften, oder anders gesagt, die mithilfe des Imaginären ermöglichte Einheit der Gesellschaft sei notwendig: »Ohne sich in irgendeiner Weise als Einheit zu konstituieren, kann eine Gesellschaft sich nicht operativ, das heißt institutionell, auf sich selbst beziehen.«[310]

Es erscheine allerdings, wendet Kohns im Anschluss an Rancière ein, »keinesfalls zwingend [...], das Politische mit der imaginären Identifizierung einer politischen Ein-

---

304   Castoriadis: L'exigence révolutionnaire, S. 557, Hv. i. Orig.; vgl. ebd. Siehe auch Castoriadis: La source hongroise, S. 582, Hv. i. Orig.: »[L]a Révolution hongroise a posé comme principes des formes organisationnelles et des significations sociales qui représentent une *création* institutionnelle social-historique«. Zur Rolle der Räte siehe die Darstellung bei Tassis: Castoriadis, S. 91ff.

305   Vgl. Kohns: Politik des politischen Imaginären, S. 26, der die Differenz darin sieht, dass »[d]as politische Imaginäre« bei Castoriadis »primär ein zentrales Element einer emphatisch *politischen* Philosophie« (ebd., Hv. i. Orig.) sei, während es in der Kulturwissenschaft als eine Kategorie zur Analyse kultureller Erscheinungen verstanden werde.

306   Vgl. Doll/Kohns: Ausser-Sich-Sein, S. 7f.

307   Nancy: Der unterbrochene Mythos, S. 119 (MI 140).

308   Koschorke et al.: Der fiktive Staat, S. 62, Hv. i. Orig. Einen möglichen Bezugspunkt fände man bei Castoriadis: Gesellschaft als imaginäre Institution, S. 252: »Jede bisherige Gesellschaft hat versucht, einige Grundfragen zu beantworten: Wer sind wir, als Gemeinschaft? Was sind wir, die einen für die anderen? Wo und worin sind wir? Was wollen wir, was begehren wir, was fehlt uns? Die Gesellschaft muß ihre ›Identität‹ bestimmen, ihre Gliederung, die Welt, ihre Beziehungen zur Welt und deren Objekten, ihre Bedürfnisse und Wünsche. Ohne eine ›Antwort‹ auf solche ›Fragen‹, ohne solche ›Definitionen‹ gibt es keine menschliche Welt, keine Gesellschaft und keine Kultur — denn alles bliebe ununterschiedenes Chaos. Die Rolle der imaginären Bedeutungen liegt darin, eine Antwort auf solche Fragen zu liefern – eine Antwort, die weder ›Realität‹ noch ›Rationalität‹ zu geben vermögen«.

309   Kohns: Politik des politischen Imaginären, S. 37.

310   Koschorke et al.: Der fiktive Staat, S. 60; vgl. Kohns: Politik des politischen Imaginären, S. 28ff.; 35f.

heit gleichzusetzen«.[311] Mit Blick auf Leforts These vom Ort der Macht als *lieu vide* führt Rancière aus: Es sei problematisch zu behaupten, man müsse nach der Enthauptung des Königs und dem damit einhergehenden »Zusammenbruch des Symbolischen, was ein entkörpertes Gesellschaftliches produzierte«[312], zwangsläufig das Volk nach dem Vorbild des königlichen Körpers als Einheit wiederherstellen. Ein solches Volk sei das »Prinzip eines jeden Totalitarismus«.[313] Die angestrebte Einheit des Volkes ist imaginär im übelsten Sinne: Sie mache vergessen, dass als zusätzliches »leere[s] Supplement«[314] zu der qua Repräsentation vereinheitlichten, gleichsam abgezählten Bevölkerung, ein »Anteil der Anteillosen« existiert, ein »Überschuss in Bezug auf jede Zählung der Teile der Gesellschaft«.[315] Auf eine Rancière ähnliche Weise, so Kohns, erkenne auch Castoriadis »die Kontingenz der Zusammensetzung jedes politischen Kollektivs«.[316] Wie ich später (etwa anhand lefortscher Überlegungen) zeigen möchte, gibt es bei Castoriadis jedoch zugleich – und wohl entgegen seiner Absicht – die Tendenz, die gesellschaftliche Einheit überzubetonen.[317]

Was ist das Imaginäre?

Der Begriff des Imaginären – oder seltener: der Imagination[318] – tritt bei Castoriadis meist in Kombination mit verschiedenen Adjektiven auf und bildet einen verzweigten Begriffsbau, in dem die Orientierung nicht leicht fällt.[319] Zentral ist der Begriff des »*radikalen Imaginären*«: Er benennt »die elementare und nicht weiter zurückführbare Fähigkeit, ein Bild hervorzurufen«.[320] Das ›radikale Imaginäre‹ ist kein Bild, nichts Imaginiertes[321], sondern ein vor jeder Bildlichkeit liegendes »Vermögen *(dynamis) etwas für*

---

311 Kohns: Politik des politischen Imaginären, S. 38; vgl. zum Folgenden ebd., S. 40f.

312 Rancière: Thesen zur Politik, S. 25.

313 Ebd.

314 Ebd.

315 Ebd., S. 24. Siehe zu dieser Kritik Rancières an Lefort auch (die von Kohns ebenfalls erwähnte Arbeit von) Rebentisch: Kunst der Freiheit, S. 329ff.

316 Kohns: Politik des politischen Imaginären, S. 40.

317 Siehe als Hinweis in diese Richtung etwa bereits Marchart: Zivilgesellschaftlicher Republikanismus, S. 162, Anm. 1, der die Differenzen zwischen Castoriadis und Lefort betont: »Castoriadis' [...] Kategorie des ›Magma‹ ontologisiert und substantialisiert eine gesellschaftliche Identität, die bei Lefort negativ offengehalten werden soll«.

318 Johann P[all] Arnason: Art. ›Creative Imagination‹. In: Adams, Suzi (Hg.): Cornelius Castoriadis. Key Concepts. London, New York 2014, S. 43-51, 44, sieht in »the shift from the imagination to the imaginary [...] Castoriadis most distinctive move«, der motiviert sei durch die »perceived limitations of the philosophical tradition and envisaged ways of overcoming them«.

319 Dazu trägt bei, dass Castoriadis eine Bedeutungsunschärfe seiner Begriffe nicht scheut, so der Vorwurf von Lüdemann: Metaphern der Gesellschaft, S. 52, Anm. 93. Ähnlich Rauwald: Poetologie(n) des Imaginären, S. 28f., der die diagnostizierte begriffliche »Unschärfe« als Folge von Castoriadis' »Annahme einer ontologischen Unbestimmtheit« (ebd., S. 28) deutet. Siehe für eine Darstellung der Dimensionen des Imaginären ebd., S. 65ff., sowie die Ausführungen von Condoleo: Vom Imaginären zur Autonomie, S. 56ff., die von »konzeptuellen Verstrickungen [des Imaginären, S. H.] mit anderen Begriffen« (ebd., S. 56) spricht.

320 Castoriadis: Gesellschaft als imaginäre Institution, S. 218, Hv. i. Orig.

321 Diesbezüglich spricht Castoriadis von einem »*aktualen Imaginären*«. (Ebd., Hv. i. Orig.)

sich und aus sich heraus zu setzen«.[322] Es sei »Schöpfung *ex nihilo*«[323] und zu unterscheiden von der »›sekundären‹ Imagination« als einer »reproduktiven und/oder kombina-
torischen Imagination«.[324] Das (radikale) Imaginäre ist »die Fähigkeit, nichtgegebene
Formen aufzustellen, die nicht einfach Kombinationen dessen sind, was existiert«.[325]

Castoriadis setzt seinen Begriff des Imaginären gegen ein lacanianisches Verständnis.[326] Das Imaginäre, spielt er auf Lacans *Das Spiegelstadium als Bildner der Ich-Funktion*
(1936/49) an[327], habe

> nichts mit dem gemein, was gewisse psychoanalytische Strömungen als ›imaginär‹
> vorstellen: das Spekulare, ›Spiegelhafte‹, das offensichtlich nur ein Bild *von*, ein re-
> flektiertes Bild ist, anders gesagt: das *Widerspiegelung* und damit ein Abfallprodukt
> der platonischen Ontologie (des *eidolon*) ist [...]. Das Imaginäre geht nicht vom Bild
> im Spiegel oder im Blick des anderen aus.[328]

Lacan zufolge entwickelt sich während des sogenannten Spiegelstadiums, der Zeit zwischen dem sechsten und achtzehnten Lebensmonat des Kleinkindes, das Ich.[329] Dieses
Ich ist kein cartesianisches *fundamentum inconcussum*, sondern stehe »jeder Philosophie
entgegen, die sich unmittelbar vom *cogito* ableitet«.[330] Mit Beginn des ›Spiegelstadiums‹ erkenne sich das Kind in seinem Spiegelbild: Verfügte es bis dahin aufgrund seiner unentwickelten Motorik nur über ein zerstückeltes Bild seines eigenen Körpers[331],

---

322 Castoriadis: Vorwort Domaines de l'homme, S. 16, Hv. i. Orig. Es benenne »den geistigen Schöp-
     fungsprozess als solchen«, so Gertenbach: Castoriadis, S. 286. Chihaia: Das Imaginäre bei Casto-
     riadis, S. 71, nennt »[d]as radikal Imaginäre [...] eine Vorform von Bildlichkeit« im Sinne einer »Er-
     möglichungsstruktur«.
323 Castoriadis: Gesellschaft als imaginäre Institution, S. 12, Hv. i. Orig.
324 Castoriadis: Imagination, Imaginäres, Reflexion, S. 293.
325 Castoriadis: Gespräch mit Rötzer, S. 51.
326 Innovativ sei bei Castoriadis, dass der Begriff des Imaginären, so Gertenbach: Castoriadis, S. 285,
     Hv. i. Orig., »in einen gesellschaftstheoretisch fundierten Horizont eingebettet wird. Folglich ver-
     weist er [...] im Gegensatz [...] zu Lacan primär auf eine *gesellschaftliche* Ebene und bildet zugleich
     eine Art Grundkategorie des Sozialen.« Ähnlich Kohns: Politik des politischen Imaginären, S. 24.
     Siehe zum Imaginären bei Lacan und den Gemeinsamkeiten mit sowie Unterschieden zu Casto-
     riadis etwa Condoleo: Vom Imaginären zur Autonomie, S. 92ff.; allgemeiner zum Begriff des Ima-
     ginären (mit Ausführungen auch zu Lacan) Spitta: Gemeinschaft jenseits von Identität, S. 37ff.
327 Dies vermutet Lüdemann: Metaphern der Gesellschaft, S. 54.
328 Castoriadis: Gesellschaft als imaginäre Institution, S. 12, Hv. i. Orig. Siehe auch die Anwürfe gegen
     Lacan bei Cornelius Castoriadis: The Psyche and Society Anew [Gespräch mit Fernando Urribarri].
     In: ders.: Figures of the Thinkable. Stanford 2007, S. 203-220, 205f.
329 Vgl. Jacques Lacan: Das Spiegelstadium als Bildner der Ich-Funktion wie sie uns in der psychoana-
     lytischen Erfahrung erscheint. Bericht für den 16. Internationalen Kongreß für Psychoanalyse in
     Zürich am 17. Juli 1949. In: ders.: Schriften I (Hg. Haas, Norbert). Olten, Freiburg i.Br. 1973, S. 61-70,
     63. Siehe zu Lacans Theorie des Subjekts etwa Yannis Stavrakakis: Lacan and the Political. London,
     New York 1999, S. 13ff.
330 Lacan: Spiegelstadium, S. 63, Hv. i. Orig.; siehe auch Stavrakakis: Lacan and the political, S. 14f.
331 Vgl. Lacan: Spiegelstadium, S. 63; 64; 67. Lacan spricht auch von einer »ursprüngliche[n] Zwie-
     tracht« des menschlichen Organismus, die seine gestörte »Beziehung zur Natur« anzeige und »sich
     durch die Zeichen von Unbehagen und motorischer Inkoordination in den ersten Monaten des
     Neugeborenen verrät«. (Ebd., S. 66)

verleihe dem Kind sein Spiegelbild »[d]ie totale Form des Körpers, kraft der das Subjekt in einer Fata Morgana die Reifung seiner Macht vorwegnimmt«.[332] Es sieht sich als ein einheitliches Selbst: »[T]he fragmentation experienced by the infant is transformed into an affirmation of its bodily unity through the assumption of its image in the mirror. This is how the infant acquires its first sense of unity and identity, a spatial imaginary identity.«[333]

Hebe Castoriadis hervor, dass das Imaginäre kein bloßes Abbild von etwas sei, so liege er damit keineswegs quer zu den Ansichten Lacans, stellt Lüdemann fest.[334] Das Spiegelbild reflektiere das Ich nicht lediglich, vielmehr bringe es das (einheitliche) Ich erst hervor.[335] Lacans »Theorie des Ich« ist in diesem Sinne »eine genetische«.[336] Das Imaginäre sei für Lacan ohne einen Ursprung, radikal also im castoriadisschen Sinne[337], und es sei außerdem eine produktive oder »formative Kraft«[338] – ganz wie für Castoriadis, der die individuelle Imagination auffasst als »radikal bildend [...], nicht *Einbildungskraft**, sondern *Bildungskraft**«.[339]

Ob dieser Nähe erstaunt der Furor, mit dem Castoriadis seine Anwürfe gegen Lacan vorträgt. Lüdemann führt die Attacke auf die subjekt- und autonomiekritischen Implikationen des lacanianischen Imaginären zurück.[340] Sein Selbst-Bild im Spiegel erscheine dem Kind nicht allein spiegelverkehrt und größenverzerrt, es sei ihm auch nur »in einem Außerhalb«[341] gegeben. Das Ich verdankt sich einem ihm äußerlichen Nicht-Ich, das das Ich sich selbst entfremdet.[342] Die »»Gestalt««[343] seines einheitlichen Körpers ist ambivalent: Sie steht für »die mentale Permanenz des *Ich* (je) und präfiguriert gleichzeitig dessen entfremdende Bestimmung«[344], denn die imaginierte Einheit

332 Ebd., S. 64.

333 Stavrakakis: Lacan and the political, S. 17.

334 Siehe zu Lüdemanns Einwand bereits Herzhoff: Condoleo: Vom Imaginären zur Autonomie, S. 11.

335 Vgl. hierzu und zum Weiteren Lüdemann: Metaphern der Gesellschaft, S. 54f. Doll/Kohns: Ausser-Sich-Sein, S. 12, merken an, bei Lacan sei das Imaginäre »ein Element der Struktur, die das Subjekt konstituiert. Es geht also nicht mehr um die Vorgängigkeit eines Bilder oder Vorstellungen erzeu-genden Subjekts, sondern umgekehrt darum, das Ich als Effekt einer Identifizierung mit etwas, das ihm äußerlich ist, zu beschreiben.« Siehe auch Kohns: Politik des politischen Imaginären, S. 24, der Lüdemann zustimmt, Castoriadis werde Lacans Ansatz nicht gerecht. Stavrakakis: Lacanian left, S. 38, hält Castoriadis' Anwürfe gegen Lacan allgemein für wenig substantiell.

336 Hermann Lang: Die Sprache und das Unbewußte. Jacques Lacans Grundlegung der Psychoanalyse. Frankfurt a.M. 1986, S. 47. »Was hier [vor dem Spiegel, S. H.] geschieht, ist ursprüngliche Identifi-kation mit der sichtbar gewordenen Gestalt des eigenen Leibes; das Menschenwesen wird sich seiner als der im Spiegel repräsentierten Gestalt, als Einheit, als Ich inne.« (Ebd., S. 48)

337 Vgl. Lüdemann: Metaphern der Gesellschaft, S. 55.

338 Lang: Sprache und Unbewußtes, S. 47.

339 Castoriadis: Gesellschaft als imaginäre Institution, S. 553, Hv. i. Orig. Lacan: Spiegelstadium, S. 65, spricht davon, »[d]aß eine ›Gestalt‹ bildnerische Wirkungen auf den Organismus auszuüben ver-mag«.

340 Vgl. Lüdemann: Metaphern der Gesellschaft, S. 55, ihr folgt Kohns: Politik des politischen Imagi-nären, S. 24f.

341 Lacan: Spiegelstadium, S. 64; vgl. ebd.

342 Vgl. Stavrakakis: Lacan and the political, S. 17f.

343 Lacan: Spiegelstadium, S. 64.

344 Ebd., S. 65, Hv. i. Orig.

des Selbst kann seine Nicht-Einheit, seinen Ursprung im Außen nie aufheben.[345] Das Ich, abhängig von einem Bild, das nicht es selbst abbildet, unterlaufe »the whole idea of a stable reconciled subjectivity based on the conception of the autonomous ego«.[346] Castoriadis möchte die »Sichselbstfremdheit der Subjekte wie der Gesellschaften«[347] aufheben. Deshalb muss ihm Lacans Begriff des Imaginären, der die »*Entfremdung* des Ich ins Bild (seiner selbst) bezeichnet«[348], suspekt sein, und muss er dieses Imaginäre als bloßes ›Bild von‹ diskreditieren.[349]

Formen des Imaginären

Das Imaginäre gibt es in individueller wie kollektiver Ausprägung:

> Das radikale Imaginäre existiert als Gesellschaftlich-Geschichtliches und als Psyche-Soma. Als Gesellschaftlich-Geschichtliches ist es offenes Strömen des anonymen Kollektivs; als Psyche-Soma ist es Strom von Vorstellungen/Affekten/Strebungen. Was im Gesellschaftlich-Geschichtlichen Setzung, Schöpfung, Seinlassen ist, nennen wir gesellschaftliches Imaginäres [...] oder instituierende Gesellschaft. Was in der Psyche-Soma-Einheit Setzung, Schöpfung, Seinlassen für die Psyche-Soma-Einheit ist, nennen wir radikale Imagination.[350]

Im Folgenden geht es zunächst um die ›radikale Imagination‹, die Imagination der Psyche.[351]

Zu unterstreichen ist insbesondere ihr autonomer Charakter. Zum einen gründen die Hervorbringungen der Imagination nicht in Wahrnehmungen.[352] Sie stehen über-

---

345 Vgl. Stavrakakis: Lacan and the political, S. 18.

346 Ebd.

347 Lüdemann: Metaphern der Gesellschaft, S. 57.

348 Ebd., S. 55, Hv. i. Orig.

349 »Das Imaginäre ist bei Lacan die Bühne einer vom identifikatorischen und projizierenden Begehren angetriebenen Täuschung und Verblendung. Es steht [...] im exakten Gegensatz zum Versprechen der vollständigen Selbsterkenntnis, das Castoriadis mit dem Begriff des Imaginären verbindet.« (Kohns: Politik des politischen Imaginären, S. 25)

350 Castoriadis: Gesellschaft als imaginäre Institution, S. 603; siehe zu dieser Passage die kurzen Ausführungen bei Arnason: Creative imagination, S. 44. Statt ›gesellschaftliches Imaginäres‹ verwendet Castoriadis auch den Ausdruck »›soziales Imaginäres‹«. (Castoriadis: Gespräch mit Rötzer, S. 51) Iser: Das Fiktive und das Imaginäre, S. 355, sieht Castoriadis' Bedeutung darin, die Rolle des Imaginären für die »Instituierung von Gesellschaft« zu betonen und so den »Horizont einer im weitesten Sinne verstandenen Subjektphilosophie« verlassen zu wollen; einer ähnlichen Ansicht ist Seyfert: Castoriadis, S. 269. Wolf: Das Richtige zur falschen Zeit, S. 69, meint, Castoriadis hebe die »Individualisierung« des Imaginären auf, »indem er generalisiert«, also auch ein ›gesellschaftliches Imaginäres‹ denke. Dies verkennt Chihaia: Das Imaginäre bei Castoriadis, S. 71, wenn er »das Entstehen gesellschaftlicher Institutionen« der »irrational[n] und asoziale[n] Psyche« zurechnet.

351 Vgl. zu den folgenden Ausführungen zu Castoriadis' Konzept der Psyche und ihrer Sozialisation in diesem und dem nächsten Unterabschnitt *(Ein verborgener Cartesianismus?)* Rauwald: Poetologie(n) des Imaginären, S. 89ff.; Condoleo: Vom Imaginären zur Autonomie, S. 80ff.; Tassis: Castoriadis, S. 238ff., sowie Karl E. Smith: Art. ›Psyche‹. In: Adams, Suzi (Hg.): Cornelius Castoriadis. Key Concepts. London, New York 2014, S. 75-87.

352 Vgl. hierzu und für diesen Absatz weiter die Darstellung bei Castoriadis: Psyche and society, S. 203ff.

haupt in keinem Verhältnis zur Realität, sondern sind Schöpfungen allein der Psyche. Das heißt, dass die menschliche Psyche, anders als die anderer Tiere, nicht biologisch-funktional bestimmt ist.[353] Wie mit dem Begriff der Anlehnung deutlich wurde, kann die Imagination der Psyche bestimmten Bedingungen unterworfen sein, diese determinieren sie jedoch nie.

Autonom ist die Imagination zum anderen aufgrund ihrer Heterogenität gegenüber dem Sozialen, ihrer Asozialität. Dies zeigt der Begriff der »psychischen Monade«[354], wie Castoriadis den »»Urzustand««[355] der menschlichen Psyche nennt.[356] Die Psyche ist von Beginn an ›radikale Imagination‹, ein Vermögen zur Schöpfung aus dem Nichts, ein »Vorstellungsstrom als beständiges Auftauchen neuer, anderer Vorstellungen«.[357] Dieses Strömen ist nicht von außen beeinflusst, denn die monadische Psyche ist ganz für sich. Eine Notiz Freuds drücke diesen Zustand der Absolutheit aus: »[I]ch bin die Brust«.[358] (Während es später über die Brust nurmehr heiße: »[I]ch habe sie, d.h. ich bin sie nicht«.[359]) Für das monadische Subjekt gelte, »that nothing exists for the subject outside of the subject itself«.[360] Die Monade ist (sich) die ganze Welt, es gibt nichts und niemanden außer ihr: Der monadische Modus der Psyche ist autistisch.[361]

Damit das Individuum biologisch und psychisch überleben kann, muss die Psyche ›aufgebrochen‹ werden, müssen Andere Eingang in sie finden und ihr ihre Sozialisation oktroyieren.[362]

Die Sozialisation der Psyche besteht wesentlich darin, ihr die Trennung [zwischen einer privaten und einer öffentlichen bzw. gemeinschaftlichen Welt, S. H.] aufzuerlegen. Für die psychische Monade kommt das einem gewaltsamen Bruch gleich, der von ihrer ›Beziehung‹ zu den anderen erzwungen wird, genauer gesagt: vom Eindringen des anderen als anderen. [...] Nicht minder als die unwiderstehliche Neigung der psychischen Monade, sich in sich selbst abzuschließen, ist dieser Bruch für das künftige

---

353   Vgl. Smith: Psyche, S. 76f. Der Mensch, erläutert Schwarte: Radikale Sensibilität, S. 311, Castoriadis' Position, ziehe »eine Lust der Repräsentation einem leiblichen Lustgewinn« vor.

354   Castoriadis: Gesellschaft als imaginäre Institution, S. 456.

355   Ebd., S. 487.

356   Die Psyche, so Stavrakakis: Lacanian left, S. 50, sei bei Castoriadis »a monadic core, a unitary and self-enclosed subjective circuit pre-existing socialisation«. Cornelius Castoriadis: Psychoanalyse und Gesellschaft I [Gespräch mit Donald Moss, David Lichtenstein]. In: ders.: Ausgewählte Schriften. Bd. 5. Psychische Monade und autonomes Subjekt (Hg. Halfbrodt, Michael/Wolf, Harald). Lich 2012, S. 15-31, 15, nennt sie ein »asoziale[s] Etwas«, ein »absolut egozentrische[s] [...] Zentrum«. Die Monade sei »asozial und antisozial«. (Ebd., S. 20)

357   Castoriadis: Gesellschaft als imaginäre Institution, S. 529; vgl. Stavrakakis: Lacanian left, S. 49; 52.

358   Sigmund Freud: Ergebnisse, Ideen, Probleme (London, Juni 1938). In: ders.: Gesammelte Werke. Bd. 17. Schriften aus dem Nachlass (Hg. Freud, Anna et al.). 6. Aufl. Frankfurt a.M. 1978, S. 149-152, 151; siehe für eine Zitation dieses Satzes etwa Castoriadis: Psyche and society, S. 210.

359   Freud: Ergebnisse, Ideen, Probleme, S. 151.

360   Castoriadis: Psyche and society, S. 210.

361   Vgl. Castoriadis: Gesellschaft als imaginäre Institution, S. 487f., sowie Urribarri: Castoriadis, S. 45.

362   Vgl. Urribarri: Castoriadis, S. 46. Castoriadis: Psychoanalyse und Gesellschaft, S. 22, spricht in diesem Zusammenhang von einer »notwendige[n], unvermeidliche[n] Gewalt«. Kritisch zur Sozialisationstheorie Castoriadis' äußert sich Habermas: Philosophischer Diskurs der Moderne, S. 387f.

Individuum konstitutiv. Wenn das Neugeborene zu einem gesellschaftlichen Individuum wird, dann deshalb, weil es diesen Bruch erleidet – und erfolgreich durchsteht, was erstaunlicherweise fast immer der Fall ist.[363]

Für diesen Gewaltakt leistet die Gesellschaft Reparationszahlungen in Form imaginärer Bedeutungen, durch die sich das Individuum einen Reim auf die Welt machen kann: »[S]ociety ›gives‹ meaning to the subject, its significations provide the meaning-making that satisfies the psyche's compelling need«.[364] Die Sozialisation eröffne der Psyche die weite »öffentliche Welt der sie sozialisierenden Gesellschaft«.[365] Diese wiederum sichert durch die Herstellung des gesellschaftlichen Individuums ihren Fortbestand: »Die Gesellschaft kann konkret nur existieren durch die fragmentarische und komplementäre Verkörperung und Verinnerlichung ihrer Institution und ihrer imaginären Bedeutungen durch lebendige, sprechende und handelnde Individuen.«[366]

Erst die Sozialisation ermöglicht eine gemeinsame Praxis.[367] Mit den oder durch die gesellschaftlichen Bedeutungen, die in die Eigenwelt der Monade einbrechen, treten andere Subjekte als Ver-/Übermittler des gesellschaftlichen Sinns auf.[368] Das Werden des Subjekts beruht auf der Anerkennung anderer Subjekte, es ist auch eine »Genese der Intersubjektivität«.[369] Für Castoriadis, so zeigt Condoleo, liegt in der von außen auferlegten Subjektivierung die Chance, (individuelle) Autonomie zu erlangen. ›Autonomie‹ heiße nicht, schreibt Castoriadis, dass man »einfach auf die Aufhebung des Diskurses des anderen hinarbeitet«, sondern den (heteronomen) Diskurs »in der Weise verarbeitet, daß der andere für den Inhalt der eigenen Rede bedeutsam wird und nicht bloß als gleichgültiges Material dient«.[370] Dadurch wird Autonomie zu einer Frage »des Verhältnisses zwischen Subjekt und anderem (anderen) [...]. Der oder die anderen treten nicht als äußeres Hindernis oder als Fluch auf [...], sondern die anderen sind für das Sub-

---

363   Castoriadis: Gesellschaft als imaginäre Institution, S. 498f.; siehe auch Castoriadis: Psyche and society, S. 213f. Man erkenne hier das Erbe Lacans, meint Waldenfels: Revolutionäre Praxis und ontologische Kreation, S. 405.

364   Castoriadis: Psyche and society, S. 216; siehe Castoriadis: Gesellschaft als imaginäre Institution, S. 529; Castoriadis: Social-historical, S. 230f.; Castoriadis: Primal institution of society, S. 99, und aus der Sekundärliteratur etwa Whitebook: Requiem for a Selbstdenker, S. 147, sowie Ingerid S. Straume: Art. ›Paideia‹. In: Adams, Suzi (Hg.): Cornelius Castoriadis. Key Concepts. London, New York 2014, S. 143-153, 145f.

365   Castoriadis: Getan und zu tun, S. 188.

366   Castoriadis: Macht, Politik, Autonomie, S. 136; vgl. Castoriadis: Social-historical, S. 231; Smith: Psyche, S. 81f.; Straume: Paideia, S. 146.

367   Siehe zu der im Folgenden skizzierten Argumentation, die sich wesentlich auf Condoleos Studie *Vom Imaginären zur Autonomie* stützt, auch schon die Darstellung bei Herzhoff: Condoleo: Vom Imaginären zur Autonomie, S. 14f., wo ich zudem bereits kurz auf die Sozialisationstheorie Castoriadis' eingegangen bin.

368   Vgl. Leledakis: Society and psyche, S. 111f.

369   Condoleo: Vom Imaginären zur Autonomie, S. 140; vgl. ebd.; Rauwald: Poetologie(n) des Imaginären, S. 90f.

370   Castoriadis: Gesellschaft als imaginäre Institution, S. 182, siehe Condoleo: Vom Imaginären zur Autonomie, S. 90.

jekt selbst konstitutiv«.[371] Mit Castoriadis ließe sich gegen die Theoretiker*innen kollektiver Intentionalität einwenden, dass »die menschliche Existenz eine gemeinsame Existenz ist und daß alles, was nicht von dieser Voraussetzung ausgeht, Unsinn ist«.[372] Die Heteronomie des Subjekts, seine Abhängigkeit von anderen, erlaubt »intersubjektives Handeln«[373], das zur Autonomie befähigt: »Denn nur wenn in der gemeinsamen Praxis neue gesellschaftliche imaginäre Bedeutungen und ihre Institutionen geschaffen werden, kann Heteronomie eingeholt und überwunden werden.«[374]

Ein verborgener Cartesianismus?[375]

Die Psyche ist zur Sozialisation imstande, weil sie sich von ihrem Beginn an im »Reich des *Sinns* [befindet]: Alles muss Sinn ergeben«.[376] Bei diesem Sinn handele es sich um eine »erste Sinnmatrix«, die sich schon in der (monadischen) »ursprünglichen Seinsart der Psyche« finde: »Dort, wo es augenscheinlich noch keinen Sinn geben kann, verwirklicht der Proto-Sinn einen totalen Sinn«.[377] Das ursprüngliche Im-Sinn-Sein verdankt sich der ›radikalen Imagination‹ oder vielmehr: es ist diese.[378] Die Imagination erweist sich als »die Bedingung der Möglichkeit von Vorstellungen, ohne selbst eine zu sein«.[379] In der Entwicklung des Subjekts ersetzen gesellschaftliche Sinnangebote den ›Proto-Sinn‹: Die Psyche wird gezwungen, das Reich ihres (Proto-)Sinns zu verlassen und Sinn fortan in den (imaginären) gesellschaftlichen Bedeutungen und Institutionen zu finden.[380] Fehlt also bei Castoriadis, wie Jürgen Habermas ihm vorwirft, tatsächlich »[e]ine Figur für die Vermittlung zwischen Individuum und Gesellschaft«[381], was dazu führe, dass »Psyche und Gesellschaft« in einen »metaphysischen Gegensatz zueinander«[382] gerieten? Mit Stavrakakis müsste man dem widersprechen: Die Imagination

---

371 Castoriadis: Gesellschaft als imaginäre Institution, S. 183f.; vgl. Condoleo: Vom Imaginären zur Autonomie, S. 89f.

372 Castoriadis: Gesellschaft als imaginäre Institution, S. 184.

373 Ebd., S. 182.

374 Condoleo: Vom Imaginären zur Autonomie, S. 142; siehe auch ebd., S. 186: »Autonomie [...] ist soziale Praxis«.

375 Whitebook: Requiem for a Selbstdenker, S. 143, formuliert: Castoriadis »preserved an essential moment of [...] Cartesianism«. Meine Ausführungen in diesem Unterabschnitt folgen neben den oben genannten Darstellungen vor allem Stavrakakis: Lacanian left, S. 50ff.

376 Castoriadis: Getan und zu tun, S. 203, Hv. i. Orig.

377 Castoriadis: Gesellschaft als imaginäre Institution, S. 495.

378 Vgl. Castoriadis: Getan und zu tun, S. 203; Stavrakakis: Lacanian left, S. 51f., von wo ich auch die Hinweise auf die zitierten Passagen zum ›Reich des Sinns‹ und zum ›Proto-Sinn‹ übernehme.

379 Condoleo: Vom Imaginären zur Autonomie, S. 86; siehe auch ebd., S. 84.

380 Vgl. Castoriadis: Getan und zu tun, S. 205. Urribarri: Castoriadis, S. 43, unterstreicht: »For Castoriadis, the psyche's demand for imaginary meaning is a precondition of socialization. The development of the psyche [...] is defined as the change from originary psychical meaning to the predominance of social imaginary significations«.

381 Habermas: Philosophischer Diskurs der Moderne, S. 387. Auch Brunner: Fragmentierung der Vernunft, S. 311, vertritt die »These, daß bei Castoriadis das Verhältnis und die Vermittlung von Individuum und Gesellschaft auf handlungs- und sprachtheoretischer Ebene weitgehend ungeklärt ist«.

382 Habermas: Philosophischer Diskurs der Moderne, S. 388.

verknüpft Psyche und Gesellschaft durch ein ununterbrochenes Im-Sinn-Sein, durch eine »continuity of meaning«.[383]

Aus einem lacanianischen Blickwinkel bietet diese Kontinuität Anlass für Kritik.[384] Castoriadis verdecke mit dem ›Proto-Sinn‹ den Bruch zwischen dem prä-symbolischen Realen und der Realität der symbolischen Ordnung[385], den er im Grunde anerkenne, wenn er die mit der Sozialisation einhergehende Entfremdung des Subjekts von sich selbst betont: »*Die Psyche ist ihr eigenes verlorenes Objekt.*«[386] Habe die ›psychische Monade‹ den Eintritt der Gesellschaft in ihre Abgeschlossenheit durchlebt, so Castoriadis, »hat sie für immer ihre Mitte verloren und ist stets an dem orientiert, was sie nicht mehr ist, was nicht mehr ist und nicht mehr sein kann«.[387] Unablässig versuche sie, die verlorene Einheit mit sich selbst wiederherzustellen.[388] Die Behauptung einer Sinnkontinuität zwischen Psyche und Gesellschaft, meint Stavrakakis, kitte den subjektkonstitutiven Bruch und hebe die Entfremdung auf.[389] Castoriadis verderbe seine Theorie durch die Einführung eines »strong metaphysical, essentialist and immanentist element«[390]: des ›Proto-Sinns‹ als Quelle der ›radikalen Imagination‹ und Kreativität. Er vertrete »a romantic and vitalist Cartesianism which fails to account in a coherent way for the dialectics of desire marking human life«.[391]

Dieser ›Cartesianismus‹ jedoch erlaubt es Castoriadis möglicherweise, eine Veränderung der Gesellschaft durch das vergesellschaftete Individuum zu denken. Die Überschreibung des monadischen Sinns mit den gesellschaftlichen (imaginären) Bedeutungen wirft die Frage auf, wie und durch wen ein Wandel der Gesellschaft herbeigeführt werden könnte. Wenn man von einem »gesellschaftlich produzierten Individuum«[392]

---

383   Stavrakakis: Lacanian left, S. 53; siehe auch ebd., S. 55f. Habermas übersehe, dass neben der Inkommensurabilität zwischen Psyche und Gesellschaft zugleich gelte: »[T]here is something very important linking the pre-symbolic psychic monad and the socio-symbolic meanings« (ebd., S. 51) – der ›Proto-Sinn‹. Die Behauptung von Brunner: Fragmentierung der Vernunft, S. 311, Castoriadis arbeite »mit der Vorstellung eines psychischen Apparats, dessen Kategorien dem Gesellschaftlichen unvermittelt sind«, scheint mir vor diesem Hintergrund nicht zutreffend. Kritisch zu Habermas' Vorwurf äußern sich auch Whitebook: Requiem for a Selbstdenker, S. 144, sowie Joas: Institutionalisierung als kreativer Prozeß, S. 597, der die Kritik für nicht stichhaltig erachtet, »da Castoriadis sehr wohl die Individuierung selbst für ein Resultat der Sozialisation hält. Er weigert sich nur, die unbewußten Antriebe und Vorstellungen des Individuums selbst auf die gesellschaftlichen Bedingungen dieser Sozialisation zurückzuführen.«

384   Ich folge nachstehend weiter Stavrakakis: Lacanian left, S. 52ff.; siehe auch bereits den knappen Verweis auf Stavrakakis' Kritik in Herzhoff: Condoleo: Vom Imaginären zur Autonomie, S. 11.

385   Siehe zur Unterscheidung von ›Realität‹ und ›Realem‹ bei Lacan etwa Stavrakakis: Lacanian left, S. 44f.

386   Castoriadis: Gesellschaft als imaginäre Institution, S. 492, Hv. i. Orig.; vgl. Stavrakakis: Lacanian left, S. 49f.

387   Castoriadis: Gesellschaft als imaginäre Institution, S. 492; vgl. ebd.

388   Vgl. ebd., S. 490f.; 499f.; siehe auch Garner: Castoriadis, Abschn. 3.b.i.

389   Vgl. Stavrakakis: Lacanian left, S. 52f.; 55f.

390   Ebd., S. 53.

391   Ebd. Lüdemann: Metaphern der Gesellschaft, S. 53, Hv. i. Orig., ist der Ansicht, Castoriadis folge »dem sehr traditionellen, idealistischen Modell der Psyche und der Einbildungskraft als *reiner Innerlichkeit*«.

392   Castoriadis: Psychoanalyse und Gesellschaft, S. 15, siehe auch Smith: Psyche, S. 75.

ausgehen muss – wie kann dieses Individuum die Gesellschaft in Richtung Autonomie verändern wollen, setzte doch dieser Wille eine Distanz zur Gesellschaft und ihren Bedeutungen – kurz: Autonomie – voraus?[393] Die Entwicklung einer autonom-reflexiven Subjektivität scheint nur in einer autonomen Gesellschaft möglich, die nur von autonom-reflexiven Individuen gebildet werden kann.[394] In dem Aufsatz *Psychoanalyse und Politik* spricht Castoriadis von einem »scheinbar unauflöslichen Paradox«, das darin bestehe, »den Menschen zur Autonomie zu verhelfen, während – oder obwohl – sie gleichzeitig die bestehenden Institutionen verinnerlichen und assimilieren«.[395] Ohne hierauf ausführlich eingehen zu wollen – die Lösung des Paradoxons liegt für Castoriadis in der Erziehung, in einer »echte[n] *paideia*«.[396] Erziehung diene zum einen dazu, »dem Neugeborenen [...] dabei zu helfen, ein menschliches Wesen zu werden«.[397] ›Erziehung‹ sei hier im Sinne von ›Sozialisation‹ zu verstehen, meint Straume; sie dient laut Castoriadis der »Selbstverewigung« der gesellschaftlichen Institutionen durch »Herstellung konformer Individuen«.[398] Die ›echte‹ Erziehung verfolge ein anderes Ziel: Sie solle »reflektierende Individuen« hervorbringen, ohne die es kein »reflektierendes Kollektiv«[399] geben könne. Dieses individuelle Reflexionsvermögen gründet in der Imaginationsfähigkeit. Die »Imagination der Psyche«, formuliert Castoriadis, sei »der Beitrag des Individuums zur gesellschaftlich-geschichtlichen Schöpfung«.[400] Heteronome Gesellschaften versuchten deshalb, die Imagination auszuschalten.[401] In diesen Gesellschaften glücke es der ›radikalen Imagination‹ so gut wie nie, »durch die sich überlagernden Schichten des gesellschaftlichen Panzers zu sickern, den das Individuum trägt und mit dem es bis zu einem unauslotbaren Grenzpunkt verwächst«.[402]

Man kann jedoch den Erfolg der Bestrebungen, die Imagination unschädlich zu machen, bezweifeln: Castoriadis gibt an, selbst das von der Gesellschaft hervorgebrachte Individuum bewahre einen innersten Kern, der nicht sozialisierbar sei – das kreative Vermögen der »singuläre[n], unaufhebbare[n] und unbezähmbare[n] Psyche«.[403] Der

---

393 Wie können, umreißt Condoleo: Vom Imaginären zur Autonomie, S. 80, das Problem, »handlungsfähige Individuen aus gesellschaftlichen institutionalisierten Bedeutungen hervorgehen, welche die gesellschaftlichen imaginären Bedeutungen wiederum ändern können«?

394 Vgl. Castoriadis: Macht, Politik, Autonomie, S. 156f., und siehe auch Kelbel: Praxis und Versachlichung, S. 266.

395 Cornelius Castoriadis: Psychoanalyse und Politik. In: ders.: Ausgewählte Schriften. Bd. 5. Psychische Monade und autonomes Subjekt (Hg. Halfbrodt, Michael/Wolf, Harald). Lich 2012, S. 113-129, 119.

396 Ebd., S. 122, Hv. i. Orig.

397 Ebd., S. 118.

398 Ebd., S. 120; vgl. Straume: Paideia, S. 145f.

399 Castoriadis: Psychoanalyse und Politik, S. 121. Dieses ›reflektierende Kollektiv‹ wäre ein demokratisches Kollektiv: »Demokratie im umfassenden Sinne kann definiert werden als das Regime kollektiver Reflexivität«. (Ebd.) Siehe zum Zusammenhang von Pädagogik und Demokratie die Ausführungen von Straume: Paideia, S. 146ff.

400 Castoriadis: Psychoanalyse und Politik, S. 122.

401 Vgl. ebd., S. 121f.

402 Castoriadis: Macht, Politik, Autonomie, S. 137; vgl. ebd.

403 Cornelius Castoriadis: Das griechische und das moderne politische Imaginäre. In: ders.: Ausgewählte Schriften. Bd. 4. Philosophie, Demokratie, Poiesis (Hg. Halfbrodt, Michael/Wolf, Harald). Lich 2011, S. 93-121, 94. Siehe Castoriadis: Getan und zu tun, S. 188; Condoleo: Vom Imaginären zur

Imaginationsstrom versiege erst, wenn das Subjekt tot sei.[404] »Die Konstitution des gesellschaftlichen Individuums«, so Castoriadis, »schafft das schöpferische Vermögen der Psyche nicht ab und kann auch ihre fortwährende Selbstveränderung und den Vorstellungsstrom als beständiges Auftauchen neuer, anderer Vorstellungen gar nicht abschaffen.«[405] Damit gefährdet die Imagination die Stabilität der Gesellschaft. Nicht nur lässt sie »individuelle Übertretungen«[406] der gesellschaftlichen Grenzen zu.[407] Sie erlaubt es dem Individuum auch, aus dem nie versiegenden Strom von Vorstellungen eine »singuläre Eigenwelt«[408] zu schöpfen. »Dieses ›Innere‹ ermöglicht und bedingt zunächst eine Distanzierung von der als bloß ›vorhanden‹ betrachteten Welt und zweitens eine aktive und engagierte *Einstellung** zu dieser Welt.«[409] Die Individuen entwickeln mit anderen Worten eine »reflective subjectivity«[410], was Castoriadis mit der Entstehung eines autonomen und reflektierten (politischen) Handelns parallelisiert. »The subject here is not simply conscious, but is capable of calling into question the significations and the rules handed down to him by his society.«[411]

Das ›gesellschaftliche Imaginäre‹/Die ›instituierende Gesellschaft‹

Die gesellschaftstheoretisch und politisch zentrale Gestalt des ›radikalen Imaginären‹ ist das ›gesellschaftliche Imaginäre‹, von Castoriadis auch als ›instituierende Gesellschaft‹ bezeichnet.[412] Das Individuum könne »private Phantasmen, nicht aber Institutionen hervorbringen«[413], betont er. Selbst Religionsstifter*innen oder andere charismatische Individuen seien mit der »Nicht-Reduzierbarkeit des Gesellschaftlichen«[414] konfrontiert, da ihre Botschaft auf Ohren treffen müsse, die schon verstünden, was man ihnen verkünde.[415] Wer (wie beispielsweise die Theoretiker*innen kollektiver Intentionalität) die Eingebundenheit des Individuums in die Gesellschaft vernachlässigt, kann aus Sicht Castoriadis' nichts zu einer Gesellschaftstheorie beitragen:

Autonomie, S. 87; Urribarri: Castoriadis, S. 46; Stavrakakis: Lacanian left, S. 56; Kelbel: Praxis und Versachlichung, S. 266, und Leledakis: Society and psyche, S. 113, der festhält, »the individual psyche is […] irreducible to its social determinations«.

404   Vgl. Castoriadis: Gesellschaft als imaginäre Institution, S. 493.

405   Ebd., S. 529. Siehe auch ebd., S. 607, wo von einer Prägung, nicht aber Zerstörung der Psyche durch die Gesellschaft die Rede ist, und Castoriadis: Heritage and revolution, S. 109. Folgt man Gamm: Flucht aus der Kategorie, S. 96, ist für Castoriadis »[d]er ewig unerfüllte Wunsch nach der ursprünglich monadischen Einheit des embryonalen Zustandes […] der Hauptantrieb für die Hervorbringung immer neuer imaginärer Bedeutungen«. Ähnlich auch Honneth: Rettung der Revolution, S. 819, sowie Chihaia: Das Imaginäre bei Castoriadis, S. 78. Condoleo: Vom Imaginären zur Autonomie, S. 132, deutet die Fähigkeit zur Imagination als eine »anthropologische Konstante«.

406   Castoriadis: Das griechische und moderne politische Imaginäre, S. 94.

407   Vgl. Smith: Psyche, S. 75.

408   Castoriadis: Imagination, Imaginäres, Reflexion, S. 305.

409   Ebd., Hv. i. Orig.

410   Castoriadis: Psyche and society, S. 219; dazu weiter auch Castoriadis: Zustand des Subjekts, S. 226ff.

411   Castoriadis: Psyche and society, S. 219; vgl. ebd., und siehe Urribarri: Castoriadis, S. 43f.

412   Vgl. Castoriadis: Gesellschaft als imaginäre Institution, S. 603.

413   Ebd., S. 248.

414   Ebd.

415   Vgl. ebd.

Will man also nicht einen mythischen Ursprung annehmen, scheint jeder Versuch, die gesellschaftlichen Bedeutungen aus der individuellen Psyche erschöpfend abzuleiten, zum Scheitern verurteilt, weil er die Unmöglichkeit verkennt, diese Psyche von einem gesellschaftlichen Kontinuum abzugrenzen, das nur als immer schon instituiertes bestehen kann.[416]

Der Ursprung der Gesellschaft und der gesellschaftlichen Bedeutungen ist nicht das Individuum, sondern das Imaginäre als ›instituierende Gesellschaft‹.[417] Diese sei »radikale Infra-Macht«; eine Macht, die als »Macht von *outis*, von niemandem«[418], keinen Ort in der Gesellschaft habe. Die ›instituierende Gesellschaft‹, hieß es oben, sei »offenes Strömen des anonymen Kollektivs«.[419] Damit trete sie, wie Habermas meint, »[a]n die Stelle des sich selbst setzenden Subjekts«.[420]

In *Macht, Politik, Autonomie* führt Castoriadis aus: »Das radikale Imaginäre entfaltet sich selbst als Gesellschaft und Geschichte – als das Gesellschaftlich-Geschichtliche. Dies geschieht in den und durch die beiden Dimensionen des *Instituierenden* und des *Instituierten*«.[421] Nur durch Instituierendes und Instituiertes ist die Gesellschaft geschichtlich, unaufhörliche Veränderung ihrer selbst.[422] Die Aufgabe oder Funktion der ›instituierenden Gesellschaft‹, so Habermas, bestehe in »der Stiftung eines schlechthin Neuen«.[423] Diese Formulierung könnte nahelegen, Castoriadis denke an einen Nullpunkt, von dem aus die Entwicklung der Gesellschaft begonnen hätte. Für ihn steht aber fest: »Die Institution der Gesellschaft durch die instituierende Gesellschaft [...] steht mit dem bereits Instituierten immer – bis zu einem niemals auslotbaren Ursprung – in einer Beziehung des Aufnehmens/Anderswerdenlassens.«[424] Auch mit Castoriadis ließe sich der Mythos von einer ursprünglichen, verlorenen Gemeinschaft hinterfragen

---

416   Ebd., S. 249.

417   Iser: Das Fiktive und das Imaginäre, S. 354, nennt das ›radikale Imaginäre‹ die »Voraussetzung der Institutionalisierung von Gesellschaft«. Seyfert: Castoriadis, S. 261, betont, dass das Gesellschaftlich-Geschichtliche »niemals nur eine unendliche Aufsummierung von Individuen, intersubjektiven Netzwerken oder deren einfaches Produkt ist«.

418   Castoriadis: Macht, Politik, Autonomie, S. 141, Hv. i. Orig.

419   Castoriadis: Gesellschaft als imaginäre Institution, S. 603. Bei Castoriadis: Das griechische und moderne politische Imaginäre, S. 93, ist die Rede von einem »anonymen kollektiven Imaginären«, dessen Macht zur Instituierung »zu einem Großteil in den Tiefen der Gesellschaft verborgen« bleibe; siehe außerdem Seyfert: Castoriadis, S. 263; Condoleo: Vom Imaginären zur Autonomie, S. 73f.

420   Habermas: Philosophischer Diskurs der Moderne, S. 383. Wie Klooger: Plurality and indeterminacy, S. 495, meint, sei dieser Vorwurf ungerechtfertigt, »if we understand ›the subject‹ in the fullest sense of ›person‹ or conscious agent«. Gegen die Gleichsetzung der instituierenden Gesellschaft mit einem Subjekt spricht auch, unterstreicht Condoleo: Vom Imaginären zur Autonomie, S. 15, dass das »gesellschaftliche Imaginäre keine intentionale Schöpfung ist«. Dennoch ist Castoriadis' Versuch, die Gesellschaft als »an agent of creation« (Klooger: Plurality and indeterminacy, S. 495) zu deuten, nicht ohne Probleme, wie weiter unten deutlich werden soll.

421   Castoriadis: Macht, Politik, Autonomie, S. 135, Hv. i. Orig.; siehe hierzu auch Condoleo: Vom Imaginären zur Autonomie, S. 71ff.

422   Vgl. Castoriadis: Gesellschaft als imaginäre Institution, S. 606f.

423   Habermas: Philosophischer Diskurs der Moderne, S. 383.

424   Castoriadis: Gesellschaft als imaginäre Institution, S. 603f. Castoriadis: Heritage and revolution, S. 110, stellt klar, »the idea of a total revolution, of the creation of a social tabula rasa, is absurd«; ähnlich Cornelius Castoriadis: Ce qu'est une révolution [Gespräch mit François Dosse]. In: ders.: Une

und als Negation der Geschichtlichkeit und Veränderbarkeit der Gemeinschaft kenntlich machen; oder, um die tönniessche Dichotomie aufzugreifen: Gemeinschaft wird als stets schon gesellschaftlich offenbar.

Die ›instituierende Gesellschaft‹ nimmt Elemente der (bereits) instituierten auf und formt sie um. Die instituierte Gesellschaft ist immer zugleich die instituierende im Sinne einer Verwandlung oder Neuschöpfung ihrer selbst. Sie ist nie ein »tote[s] Produkt«[425] des lebendigen Instituierenden, sondern ist ›Gesellschaftlich-Geschichtliches‹.[426] »Auch als instituierte kann die Gesellschaft nicht anders sein denn als ständige Selbstveränderung. Denn sie kann nur als Institution einer Welt von Bedeutungen instituiert sein, die nie mit sich identisch sind und die nur sind, insofern Anderssein ihre wesentliche Möglichkeit ist.«[427] Es gibt zwischen instituierender und instituierter Gesellschaft eine Deckungsungleichheit, eine Kluft[428], die nicht zwischen zwei verschiedenen Entitäten, sondern als ein Abstand der Gesellschaft zu sich selbst aufreißt:

> Dieser Abstand ist keine negative Größe und kein Mangel; vielmehr äußert sich darin die schöpferische Macht der Geschichte, die so daran gehindert wird, jemals zu einer ›endlich gefundenen Form‹ der gesellschaftlichen Verhältnisse und der menschlichen Tätigkeiten zu gerinnen. Dieser Abstand ist dafür verantwortlich, daß eine Gesellschaft immer *mehr* enthält, als sie gegenwärtig realisiert.[429]

Dieses Mehr ist das ›gesellschaftliche Imaginäre‹, dem die in Institutionen geronnene Gesellschaft nie entkommt: Sie »wird ständig von der instituierenden Gesellschaft bearbeitet, unter dem etablierten gesellschaftlichen Imaginären fließt unaufhörlich der Strom des radikalen Imaginären«.[430]

Das ›gesellschaftliche Imaginäre‹ und die Heteronomie der Gesellschaft

Das ›gesellschaftliche Imaginäre‹ schöpft gesellschaftliche imaginäre Bedeutungen.[431] Es ist kein irrational-illusionärer Schleier, der sich über die ›wirkliche‹ Welt legt, sondern ermöglicht im Gegenteil die Rede von ›Rationalität‹ und ›Realität‹ erst.[432] Der Schöpfungsakt der gesellschaftlichen imaginären Bedeutungen durch das ›gesellschaftliche Imaginäre‹, erläutert Castoriadis, sei

> eine Art ursprünglicher Besetzung der Welt und des Selbst mit einem Sinn, der der Gesellschaft nicht von realen Faktoren ›diktiert‹ worden ist, weil es ja eher umgekehrt

---

société à la dérive. Entretiens et débats, 1974-1997. Édition préparée par Enrique Escobar, Myrto Gondicas et Pascal Vernay. Paris 2005, S. 177-184, 178.

425   Castoriadis: Gesellschaft als imaginäre Institution, S. 606f.

426   Vgl. ebd., S. 607.

427   Ebd.

428   Vgl. ebd., S. 194f.

429   Ebd., S. 195, Hv. i. Orig.

430   Castoriadis: Macht, Politik, Autonomie, S. 143.

431   Vgl. Castoriadis: Gesellschaft als imaginäre Institution, S. 603.

432   Vgl. ebd., S. 12; Condoleo: Vom Imaginären zur Autonomie, S. 58; Seyfert: Castoriadis, S. 262f.

gerade dieser Sinn ist, der jenen realen Faktoren ihre Wichtigkeit und ihren bevorzugten Platz im Universum dieser Gesellschaft zuweist [...].[433]

Die gesellschaftlichen imaginären Bedeutungen manifestieren sich in Institutionen.[434] Die beiden wichtigsten sind das *legein* und das *teukein*.[435] Durch sie werde »die Welt als Welt einer bestimmten und für eine bestimmte Gesellschaft instituiert und zugleich diese Gesellschaft organisiert/gegliedert«.[436] Die imaginären Bedeutungen integrieren die Gesellschaft, sie verschaffen ihr einen Zusammenhalt, eine Einheit.[437] Sie sind Grund der »gemeinsamen Welt *(kosmos koinos)*«[438] in dem Sinne, dass die von der ›instituierenden Gesellschaft‹ erschaffene Gesellschaft

> alles abdecken kann und muß, daß in ihr und durch sie grundsätzlich alles sagbar und vorstellbar sein muß und daß alles restlos in ein Netz von Bedeutungen eingeknüpft sein und Sinn haben muß. [...] Mit der Institution der gemeinsamen Welt wird notwendigerweise jedesmal festgelegt, was ist und was nicht ist, was Wert hat und was keinen hat, was machbar ist und was nicht – und zwar sowohl ›außerhalb‹ der Gesellschaft (im Verhältnis zur ›Natur‹[439]) als auch ›in‹ ihr. Damit muß nun aber auch das Nichtsein, das Falsche, Fiktive, das bloß Mögliche, aber nicht Wirkliche für die Gesellschaft ›anwesend‹ werden. Erst im Zusammenwirken all jener Sinngebungsschemata bildet sich für eine Gesellschaft ihre ›Realität‹ heraus.[440]

Die Beziehung zwischen instituierender und instituierter Gesellschaft ist heikel: Das ›gesellschaftliche Imaginäre‹ wird erst im Symbolischen der auf Dauer angelegten Institutionen wirklich[441], zugleich bedroht es diese Beständigkeit. Umgekehrt wäre die instituierte Gesellschaft ohne das ›gesellschaftliche Imaginäre‹ »eine Gesellschaft ohne Fleisch unter ihrem institutionellen Gewand«[442], unternimmt aber alles, um den

---

433   Castoriadis: Gesellschaft als imaginäre Institution, S. 220.

434   Vgl. ebd., S. 603ff.; Klooger: Plurality and indeterminacy, S. 489; Rauwald: Poetologie(n) des Imaginären, S. 73, und Condoleo: Vom Imaginären zur Autonomie, S. 15, die festhält, der Begriff ›Institution‹ sei weitgefasst und enthalte u.a. »Normen, Werte, Sprache, Werkzeuge, Herstellungsprozesse oder -methoden, Individuen«. (Ebd., S. 61)

435   Castoriadis: Gesellschaft als imaginäre Institution, S. 604, spricht vom *legein* und *teukein* als den »beiden grundlegenden Institutionen«; siehe hierzu ausführlich ebd., S. 372ff.

436   Ebd., S. 604.

437   Vgl. Klooger: Plurality and indeterminacy, S. 489; Rauwald: Poetologie(n) des Imaginären, S. 76.

438   Castoriadis: Gesellschaft als imaginäre Institution, S. 605, Hv. i. Orig.

439   So liege z.B. der modernen Technik ein »Einstellungswandel« zugrunde, der zum Gedanken geführt habe, »Natur sei *nichts weiter* als ein Reservoir, das zur Ausbeutung durch den Menschen bereitsteht«. (Ebd., S. 37, Hv. i. Orig.)

440   Ebd., S. 605f.

441   »Das Imaginäre muß das Symbolische benutzen, nicht nur um sich ›auszudrücken‹ [...], sondern um überhaupt zu ›existieren‹, um etwas zu werden, das nicht mehr bloß virtuell ist«. (Ebd., S. 218) Vgl. Condoleo: Vom Imaginären zur Autonomie, S. 57; Joas/Knöbl: Sozialtheorie, S. 572, und siehe auch Seyfert: Castoriadis, S. 263, der davon spricht: »Das Imaginäre verkörpert sich in sozialen Bedeutungen«.

442   Castoriadis: Gesellschaft als imaginäre Institution, S. 194; vgl. ebd., S. 606f. »Die sozialen Bedeutungen sind abhängig vom radikalen Imaginären, wie es sich im Prozess der instituierenden Ge-

Einbruch des ›gesellschaftlichen Imaginären‹ abzuwehren: Sie kanalisiert den mitrei-
ßenden Strom des Imaginären und errichtet Schutzdeiche.[443]

Eine potente Abwehrmaßnahme ist der gesellschaftlich geschaffene Pool imaginärer Bedeutungen, durch den jeder noch so unerwarteten Veränderung oder Infragestellung der Gesellschaft ein Sinn verliehen werden kann: Naturkatastrophen, Krankheiten
oder Träume, selbst die Shoah, kurzum alles könne als Zeichen für etwas (z.B. einen
göttlichen Heilsplan) gedeutet und so neutralisiert werden.[444] Castoriadis spricht von
einer »Geschlossenheit der Bedeutung«: Wo diese in einer Gesellschaft bestehe, »bleibt
keine Frage, die in diesem System, diesem Bedeutungsmagma gestellt werden könnte,
innerhalb desselben Magma unbeantwortet«.[445]

Das stärkste Befestigungswerk besteht in der Leugnung oder Verdeckung des gesellschaftlichen oder instituierenden Imaginären, in der »instituierte[n] Heteronomie«.[446]
Castoriadis hält die Anwendung dieser Strategie für eine natürliche Neigung von Gesellschaften:

> Je crois qu'il y a une pente naturelle des sociétés humaines vers l'hétéronomie, pas
> vers la démocratie. Il y a une pente naturelle à rechercher une origine et une garantie
> du sens ailleurs que dans l'activité des hommes – dans des sources transcendantes
> ou chez les ancêtres, ou [...] dans le fonctionnement divin du darwinisme à travers le
> marché, qui fait que les plus forts et les meilleurs prévalent toujours à la longue [...].[447]

Heteronomie entsteht, wenn die Gesellschaft ihren Ursprung in einem Außen verortet,
sei dies ein göttliches Wesen, eine mythische Vergangenheit, die Tradition, sagenum-
wobene Gründungsfiguren, die Natur, die Vernunft oder die Geschichte.[448] Das Außen
der Gesellschaft, das die Rolle des gesellschaftlichen/instituierenden Imaginären verdeckt, ist selbst eine gesellschaftliche Schöpfung. Mit der Negation des ›gesellschaftlichen Imaginären‹ begibt sich die Gesellschaft in die Heteronomie – wozu sie sich
des ›gesellschaftlichen Imaginären‹ bedient. Das Imaginäre hat eine Doppelrolle: Es ist
nicht nur Kreation des Neuen, sondern auch Wurzel der Entfremdung.[449]

---

sellschaft manifestiert«, formuliert in diesem Sinne Seyfert: Castoriadis, S. 263. Siehe auch Condoleo: Vom Imaginären zur Autonomie, S. 57.

443 Vgl. hierzu und für den Rest dieses Unterabschnitts Seyfert: Castoriadis, S. 264.

444 Vgl. Castoriadis: Macht, Politik, Autonomie, S. 142f.; Castoriadis: Gesellschaft als imaginäre Institution, S. 605.

445 Castoriadis: Das griechische und moderne politische Imaginäre, S. 96. Mit Klooger: Plurality and
indeterminacy, S. 494, gesagt: »Closure signifies that the social world is self-sufficient and resistant
to alteration.«

446 Castoriadis: Macht, Politik, Autonomie, S. 137, Hv. i. Orig.; vgl. ebd., S. 144.

447 Castoriadis: Démocratie et relativisme, S. 87.

448 Vgl. Castoriadis: Gesellschaft als imaginäre Institution, S. 608; Castoriadis: Das griechische und
moderne politische Imaginäre, S. 95; Castoriadis: Psychoanalyse und Gesellschaft, S. 16f.

449 Vgl. Castoriadis: Gesellschaft als imaginäre Institution, S. 229; Kohns: Politik des politischen Imaginären, S. 22f.; Chihaia: Das Imaginäre bei Castoriadis, S. 71f.; Condoleo: Vom Imaginären zur Autonomie, S. 129.

Eine Gesellschaft sei entfremdet, vermöge sie »im Imaginären der Institutionen nicht mehr ihr eigenes Produkt zu erkennen«.[450] Waldenfels schlägt vor, »von einer Art gesellschaftlicher Selbstvergessenheit«[451] zu sprechen. Das Nicht-Vermögen der Gesellschaft, sich als Selbstschöpfung zu erkennen, so Castoriadis, sei keine wesensmäßige Unmöglichkeit; wäre sie es, ließe sich keine autonome Gesellschaft denken. Das Nicht-Können ist Nicht-Wollen: »Die Entfremdung der Gesellschaft wurzelt [...] darin, daß sie sich so instituiert, daß sie nicht sehen will, daß *sie* sich instituiert.«[452] Gesellschaftliche Entfremdung ist Entfremdung von und durch sich selbst.[453] Deshalb heißt Autonomie nicht, dass die Gesellschaft sich selbst schafft – sie kann ohnehin nicht anders[454] –, sondern bedeutet, dass die Gesellschaft gewahr wird, dass sie sich selbst schafft.[455]

Die Schöpfung als creatio ex nihilo[456]

Die explizite Selbstinstituierung der Gesellschaft setzt die Abwesenheit (der Vorstellung) einer außergesellschaftlichen Instanz voraus, aus deren Händen die Gesellschaft hervorgegangen sei. Castoriadis verdeutlicht dies durch die Metapher der *creatio ex nihilo*.[457] Das ›radikale Imaginäre‹ ist das Vermögen zur *creatio ex nihilo* als »Fähigkeit [...], sich etwas vorzustellen, das nicht ist, das weder in der Wahrnehmung noch in den Symbolketten des bereits konstituierten rationalen Denkens vorliegt«.[458] Wie für das

---

450 Castoriadis: Gesellschaft als imaginäre Institution, S. 226; vgl. Joas/Knöbl: Sozialtheorie, S. 574, und siehe auch Brunner: Fragmentierung der Vernunft, S. 322.

451 Waldenfels: Revolutionäre Praxis und ontologische Kreation, S. 402.

452 Castoriadis: Gesellschaft als imaginäre Institution, S. 362, Hv. i. Orig.; vgl. ebd.

453 »Die Entfremdung oder Heteronomie der Gesellschaft ist eine Selbstentfremdung, bei der sich die Gesellschaft ihr eigenes Sein als Selbst-Institution und ihre wesenhafte Zeitlichkeit selbst verhüllt.« (Ebd., S. 608)

454 »À partir du moment où nous parlons d'imagination radicale, chez les individus et [...] d'imaginaire instituant radical dans l'histoire, nous sommes obligés d'admettre que toutes les sociétés au même titre procèdent d'un mouvement de création d'institutions et de significations.« (Castoriadis: Démocratie et relativisme, S. 55)

455 Vgl. Castoriadis: Psychoanalyse und Gesellschaft, S. 17, und siehe neben dem Hinweis in Herzhoff: Condoleo: Vom Imaginären zur Autonomie, S. 12f., etwa auch Castoriadis: Griechische polis und Schöpfung der Demokratie, S. 49: »Autonomie ist nur möglich, wenn die Gesellschaft sich als Quelle ihrer Normen (an)erkennt.« Tassis: Castoriadis, S. 269, unterstreicht, für Castoriadis sei »jede Gesellschaft eine Selbstschöpfung [...]. Aber es ist nur die autonome Gesellschaft, die sich als [...] selbstinstituierende Gesellschaft definiert«. Das heißt: »Nicht die Beschaffenheit der Institutionen als solcher, sondern das Verhältnis einer Gesellschaft zu ihren Institutionen ist [...] entscheidend für die Frage der Entfremdung.« (Joas: Institutionalisierung als kreativer Prozeß, S. 595)

456 Für das Folgende waren Breckman: Creatio ex nihilo, und Hans Blumenberg: ›Nachahmung der Natur‹. Zur Vorgeschichte der Idee des schöpferischen Menschen. In: ders.: Wirklichkeiten in denen wir leben. Aufsätze und eine Rede. Stuttgart 2009, S. 55-103, essentiell; hilfreich Mouzakitis: Creation ex nihilo; Leidhold: Das kreative Projekt.

457 Die metaphorische Sprechweise sei erforderlich, da Castoriadis »Prozesse von Entstehung und Schöpfung« beschreibe, die »über das begriffliche und expressive Vermögen der konventionellen philosophischen Sprache hinausgehen«. (Breckman: Creatio ex nihilo, S. 26) Siehe mit Blick auf die Metapher des Magmas ähnlich Kelbel: Praxis und Versachlichung, S. 237f.

458 Castoriadis: Gesellschaft als imaginäre Institution, S. 229; vgl. ebd., S. 12.

›radikale Imaginäre‹ gilt auch für die *creatio ex nihilo:* Sie ist »[i]m Rahmen des her-kömmlichen Denkens [...] unmöglich«.[459] Stets glaube man, dass das Seiende einen Ursprung haben müsse, herkommen müsse von einem anderen Seienden, z.B. dem *ei-dos* als »logisch-ontologischem Apriori«.[460] Die Schöpfung jedoch bringe ein neues *eidos* in die Welt.[461] ›Schöpfung‹ meine also »den Übergang vom Nichtsein ins Sein«, wobei die Schöpfungen »auf keinem festen und keinem zureichenden Grund [ruhen], unter ihnen öffnet sich ein Abgrund«.[462]

Das Geschöpfte unterscheide sich nicht nur von dem, was schon da war – es sei anders.[463] Figur B ist von Figur A verschieden: Sie geht aus A hervor, wandelt A ab. Ist B eine andere Figur als A, ist beider Verhältnis unbestimmt: Figur B kann »mit Hilfe dessen, was implizit oder explizit ›in‹ A enthalten oder was unmittelbar oder mittelbar ›mit‹ A gesetzt war, weder deduziert, noch produziert noch konstruiert werden«.[464] Erst als andere Figur ist B eine Schöpfung, deren Sein »von *nichts* und *nirgendwo* her-stammt«.[465] Die Differenz von Andersheit und Verschiedenheit illustriert ein Beispiel aus den Anfängen der Fliegerei, das sich bei Hans Blumenberg findet: Lilienthals Flug-zeug sei keine Erfindung (keine Schöpfung, würde Castoriadis sagen), da es den Vogel-flug nachahme; erst bei dem Flugzeug der Wrights, in das Luftschrauben, also in der Natur nicht vorfindliche Elemente eingebaut waren, handele es sich um etwas Neues, um eine Schöpfung.[466]

Castoriadis verfolgt mit seinem Rekurs auf den theologischen Begriff der *creatio ex nihilo* eine politische Absicht.[467] Die Schöpfung aus dem Nichts steht für den Auszug aus dem Wiederholungszwang in die Autonomie. Ihm gehe es darum, schreibt Casto-riadis, »aufzuräumen mit den Ausflüchten und Spitzfindigkeiten bezüglich der Frage des *Neuen:* Entweder es gibt Schöpfung oder die Geschichte des Seins (und somit auch der Menschheit) ist endlose Wiederholung (oder ewige Wiederkehr)«.[468] Um die *crea-*

---

459   Ebd., S. 333; siehe auch Tassis: Castoriadis, S. 301f.

460   Castoriadis: Gesellschaft als imaginäre Institution, S. 332; vgl. ebd.

461   Vgl. ebd., S. 335.

462   Waldenfels: Revolutionäre Praxis und ontologische Kreation, S. 393. Zerilli: Castoriadis and Arendt, S. 544, betont ebenfalls, für Castoriadis sei das (neu) Geschöpfte »fundamentally groundless«.

463   Vgl. zum Folgenden Castoriadis: Gesellschaft als imaginäre Institution, S. 331f.; Tassis: Castoriadis, S. 300f.; Mouzakitis: Creation ex nihilo, S. 54.

464   Castoriadis: Gesellschaft als imaginäre Institution, S. 331; vgl. ebd., S. 339.

465   Ebd., S. 332., Hv. i. Orig.

466   Vgl. Blumenberg: Nachahmung der Natur, S. 60f. Auch Castoriadis: Gesellschaft als imaginäre In-stitution, S. 335, bedient sich zur Veranschaulichung bei der Technikgeschichte: Die Erfindung des an einer Achse befestigten Rades wiege ontologisch schwerer als das Auftauchen einer neuen Ga-laxie – es gab schon Galaxien, aber noch kein Rad.

467   Vgl. Breckman: Creatio ex nihilo, S. 18. Auch Leidhold: Das kreative Projekt, S. 51, für den *creatio ex nihilo* die »epochale Formel« der Theologie ist, sieht Kreativität und Politik verknüpft: Die Frage, ob »der Mensch [...] ein kreatives Wesen ist«, habe »politische Implikationen: wenn Kreativität [...] gar nicht möglich ist, dann entlarvt sich jedes kreative Projekt als bloß defekte Imitation eines perfekten Archetypus. Kreativität wäre [...] unerwünscht.«

468   Cornelius Castoriadis: Komplexität, Magmen, Geschichte. Das Beispiel der mittelalterlichen Stadt. In: ders.: Ausgewählte Schriften. Bd. 3. Das imaginäre Element und die menschliche Schöpfung (Hg. Halfbrodt, Michael/Wolf, Harald). Lich 2010, S. 275-292, 278, Hv. i. Orig. Dieses Zitat findet sich auch bei Breckman: Creatio ex nihilo, S. 20.

tio ex nihilo als politische Formel zur Geltung bringen zu können, muss Castoriadis sie gegen den antiken sowie den theologischen Schöpfungsbegriff abgrenzen.[469] Die antike Philosophie fasste Schöpfung als Mimesis. Wirkmächtig ist das in Platons *Politeia* entworfene Bild des Handwerkers, des bloßen »Werkbildner[s]«, der eine vom göttlichen »Wesensbildner«[470] geschöpfte Idee verwirkliche, ihr also zwar zu phänomenaler, nicht aber ontologischer Existenz verhelfe, wie Blumenberg resümiert: Der Handwerker stehe im Dienste der Ideen, die absolutes Sein hätten, begründe aber selbst kein Sein.[471] In diesem Sinne ist auch der von Platon im *Timaios* vorgestellte Demiurg ein schlichter ›Werkbildner‹. Seine Funktion, so Blumenberg sei »eine *dienstbare*, dem absoluten Sein der Ideen untergeordnete«; wie der Handwerker habe auch er »keine ontologische Begründungsfunktion«.[472] Der Demiurg, formuliert Nancy, produziere »eine Welt ausgehend von einer wie auch immer schon gegebenen Situation«.[473] Castoriadis interpretiert die Gestalt des Demiurgen ähnlich und verwirft sie als Idealtyp des kreativen Subjekts.[474] Der Demiurg schöpfe nicht, sondern fabriziere, er setze Ideen ins Werk, anstatt selbst Ideen zu setzen: »Die Schöpfung der Welt durch den Demiurgen ist keine Schöpfung, ist *kein* Übergang von Nicht-Sein zum Sein, sondern folgt einem vorher bestehenden Vorbild und ist durch das *eidos* schon vorherbestimmt, das sie nachahmt, wiederholt, nach-bildet.«[475]

Als Nachahmung verstanden, kritisiert Castoriadis, blieben schöpferische Hervorbringungen des Menschen für den Bestand des Seienden insofern folgenlos, als sie ihm nichts Neues hinzufügten.[476] Dabei gehe man von der (falschen) Annahme aus, es wäre »ein Körnchen Materie die Norm für das ›Sein‹«.[477] Der menschliche Makel, keine Materie schöpfen zu können, dürfe indes nicht die großartigen wie abscheulichen Schöpfungen des Menschen vergessen lassen: Kunstwerke, Sprache, Institutionen oder Konzentrationslager.[478] All diese Kreationen widerlegen die traditionelle Auffassung der

---

469   Vgl. zum Folgenden die Ausführungen bei Blumenberg: Nachahmung der Natur; Tassis: Castoriadis, S. 316ff.

470   Platon: Politeia, S. 290 (597d). Beim ›Wesensbildner‹, so Blumenberg: Nachahmung der Natur, S. 68, Hv. i. Orig., »ist *Schöpfung* als Akt der Urzeugung von Wesenheit zum erstenmal erfaßt und zum Attribut der Gottheit gemacht«.

471   Vgl. Blumenberg: Nachahmung der Natur, S. 65; 67f.

472   Ebd., S. 68, Hv. i. Orig.

473   Nancy: singulär plural sein, S. 39f. (ESP 34f.).

474   Es ist also zumindest auf begrifflicher Ebene unpräzise, wenn Habermas: Philosophischer Diskurs der Moderne, S. 383, die Instituierung der Gesellschaft, das heißt die »Selbstsetzung und ontologische Genese immer neuer ›Welten‹«, als »ein demiurgisches Sich-ins-Werksetzen« auffasst; siehe auch ebd., S. 385.

475   Castoriadis: Gesellschaft als imaginäre Institution, S. 336, Hv. i. Orig.; vgl. ebd.

476   Vgl. ebd., S. 338.

477   Ebd., S. 339.

478   Vgl. ebd., S. 338; Mouzakitis: Creation ex nihilo, S. 53. Hier zeigt sich: ›Schöpfung‹ ist für Castoriadis ein wertfreier Begriff; vgl. Garner: Castoriadis, Abschn. 3.a.iii. »Ce mot, sous ma plume, n'a aucune connotation de valeur. Une création n'est pas forcément ›bonne‹. Le Goulag est une création grandiose; comme on dit couramment, il fallait le faire; il fallait l'inventer.« (Castoriadis: L'exigence révolutionnaire, S. 563) Dieser (Selbst-)Einschätzung widerspricht Condoleo: Vom Imaginären zur Autonomie, S. 131; 133, Anm. 76; 145: Wenn das Imaginäre die Bedingung der Möglichkeit sei, das Ziel der Autonomie zu verwirklichen, werde (auch) das Imaginäre normativ aufgeladen.

Schöpfung, die besage, »im Werk des Menschen geschieht essentiell *nichts*«.[479] Diese Schöpfungsidee beschneidet den Gestaltungs- und Handlungsspielraum des Menschen, der in einer Welt leben muss, die nicht die seine, die ihm entfremdet ist.[480]

Der Schöpfungsbegriff der Theologie[481] ändert daran aus Castoriadis' Sicht nichts. *Creatio ex nihilo* sei theologisch nur eine »Pseudo-Schöpfung«[482] nach »dem Muster des *Timaios*«.[483] Castoriadis macht es sich wohl aber »sehr einfach, wenn er die theologische ›Schöpfung‹ generell als irrtümliche Form von Produktion oder Fabrikation abtut«[484], wie Waldenfels meint. Das Unbehagen Castoriadis' macht sich an den Begriffen der Notwendigkeit und der Bestimmtheit fest:

> Die ›erschaffene‹ Welt ist notwendig erschaffen, und wäre es nur als notwendige Wirkung des notwendigen Wesens Gottes. Und als Werk und Erzeugnis Gottes ist sie notwendig so, wie sie in ihrem Sosein ist. Die Schöpfung selbst ist prädestiniert und von der zeitlosen Ewigkeit Gottes durchgängig bestimmt; sie hat ein und für allemal und für immer stattgefunden [...]. [...] Die erschaffene Welt [...] ist ontologisch nicht autark und muß sich an das einzige Sein, dem ›zum Existieren nichts fehlt‹, anlehnen.[485]

Castoriadis übersieht, dass die theologische *creatio-ex-nihilo*-Lehre radikal von der antiken Idee der Schöpfung als Mimesis abweicht.[486] Ihr Fundament ist die Allmacht

---

479   Blumenberg: Nachahmung der Natur, S. 70, Hv. i. Orig.

480   In diesem Sinne sieht Blumenberg den »Kern der aristotelischen Lehre von der τέχνη« darin, »daß dem werksetzenden Menschen keine *wesentliche* Funktion zugeschrieben werden kann. Was man die ›Welt des Menschen‹ nennen wird, gibt es hier im Grunde nicht.« (Ebd., S. 73, Hv. i. Orig.)

481   Bereits das Alte Testament nähert sich im Buch Hiob (26, 7) der Idee einer *creatio ex nihilo*: »Er spannt den Norden aus über dem Leeren und hängt die Erde über das Nichts.« (Bibel [Luther-Übersetzung], S. 525 [Altes Testament]) Sie wurde aber im Alten Testament »noch nirgends konsequent durchgeführt«, so Rainer Albertz: Art. ›Schöpfung‹ (Vorderer Orient und ›Altes Testament‹). In: Ritter, Joachim/Gründer, Karlfried (Hg.): Historisches Wörterbuch der Philosophie. Bd. 8: R-Sc. Basel 1992, Spp. 1389-1393, 1392. Ihren Aufschwung, so Leidhold: Das kreative Projekt, S. 52, nahm die Theologie der Schöpfung im ersten nachchristlichen Jahrhundert, bis sie im Jahre 325 im Glaubensbekenntnis von Nicäa ausgedrückt wurde: »Wir glauben an den einen Gott, den allmächtigen Vater, den Schöpfer alles Sichtbaren und Unsichtbaren.« (Heinrich Denzinger: Kompendium der Glaubensbekenntnisse und kirchlichen Lehrentscheidungen. Verb., erw., ins Deutsche übertragen und unter Mitarbeit von Helmut Hoping hg. von Peter Hünermann. 37. Aufl. Freiburg i.Br. u.a. 1991, S. 62f., lat. Fassung)

482   Castoriadis: Gesellschaft als imaginäre Institution, S. 333.

483   Castoriadis: Das Imaginäre, S. 25, Hv. i. Orig.; siehe auch Garner: Castoriadis, Abschn. 3.a.iv.

484   Waldenfels: Revolutionäre Praxis und ontologische Kreation, S. 390, Anm. 7. Auch Mouzakitis: Creation ex nihilo, S. 55, bezweifelt die Stichhaltigkeit von Castoriadis' Verdikt: »This happens insofar as we can find in the various aspects of this ontotheological tradition at least fragmentary conceptions of the human being as co-creator.«

485   Castoriadis: Gesellschaft als imaginäre Institution, S. 333f.; siehe hierzu auch Mouzakitis: Creation ex nihilo, S. 54.

486   Breckman: Creatio ex nihilo, S. 13, hält fest, man müsse das theologische Konzept der *creatio ex nihilo* als Konkurrenzkonzept etwa zu der Schöpfung durch einen Demiurgen auffassen. Leidhold: Das kreative Projekt, S. 53, Hv. i. Orig., sieht die Idee des Schöpfens – oder eher: des Nachahmens – in der Antike als »einen *generativen Prozeß*«, der sich vom »*kreativen Prozeß* der christlichen Schöpfungstheologie« deutlich abhebe.

Gottes, die sich darin erweist, dass Gottes Schöpfung in nichts fundiert ist: »Der Kosmos entsteht [...] nicht aus irgendeinem vorgegebenen Rohstoff, sondern er ist voll und ganz *creatio*, Gottes absolute Schöpfung, und insofern ist er *ex nihilo*, also ohne irgendeine Voraussetzung.«[487] Gottes Allmacht impliziert, dass seine Schöpfung keiner Notwendigkeit untersteht, sondern willkürliches Tun ist.[488] Mit Blumenberg könnte man zuspitzen: Weil das göttliche Schöpfen gewollt ist, kann die Schöpfung als sein ›Produkt‹ nicht notwendig sein. Die aus dem Willen hervorgebrachte Schöpfung verweist auf das Nicht-Gewollte und erweist sich damit als kontingent. Was gewollt wurde, trägt die Möglichkeit seines Nicht-(gewollt-)Seins mit sich. Der »Willensakt« stellt die »*Notwendigkeit* der gegebenen Welt als der erschöpfenden Realisierung des Möglichen in Frage«.[489] Umso verbindlicher die Natur ihrer Herkunft im göttlichen Willen wegen erscheint, desto unverbindlicher wird sie tatsächlich, denn ihr korreliert »die Unbestreitbarkeit der nichtgewollten Möglichkeiten«.[490]

Das Nicht-Gewollte zu wollen, liegt außerhalb der Macht des schöpfenden Gottes. Anders gesagt: Er wird eins mit seiner Schöpfung. Nancy spricht davon, dass Gottes »Einzigartigkeit [unicité] das Korrelat zum schöpferischen Akt ist«.[491] Die Schöpfung bezeugt die Allmacht Gottes, der »zum einheitlichen ›Schöpfer‹ seiner ›Schöpfung‹ [le ›créateur‹ indistinct de sa ›création‹]«[492] wird – und sie bezeugt zugleich seine Ohnmacht, seine Nicht-Absolutheit: »Es ist nicht möglich, einen Gott allein zu denken, ohne Welt, vor der Schöpfung.«[493] Nicht nur mit dem Atom, so könnte man sagen, auch mit Gott kommt immer eine Welt ins Spiel.[494] Dadurch setzt ein Prozess der Entleerung der göttlichen Position als ein der Welt äußerliches Prinzip ein:

> Der einzige Gott [...] kann seiner Schöpfung nicht vorausgehen, genausowenig wie er auf irgendeine Weise über ihr oder neben ihr bestehen könnte. Er vereinigt sich mit ihr: indem er mit ihr eins wird, zieht er sich zurück, und indem er sich zurückzieht, leert er sich, indem er sich leert, ist er nichts als die Öffnung dieser Leere. Allein die Öffnung ist göttlich, das Göttliche jedoch ist nichts weiter als die Öffnung.[495]

Zum Kern der Schöpfung wird auf diese Weise »[d]ie Subtraktion jedes Gegebenen«.[496] Nicht nur hört Gott auf, Grund der Schöpfung zu sein; die Schöpfung hat gar keinen Grund mehr. »In ihrer tiefsten Wahrheit ist die Schöpfung [...] nichts, was von einer Produktion oder Formung des Grundes herrührt.«[497] Man dürfe das *nihil* nicht

---

487 Leidhold: Das kreative Projekt, S. 52, Hv. i. Orig.

488 Vgl. ebd.

489 Blumenberg: Nachahmung der Natur, S. 77, Hv. i. Orig.; vgl. ebd., S. 75; 77ff.

490 Ebd., S. 78.

491 Nancy: Erschaffung der Welt, S. 81 (CMM 93).

492 Nancy: singulär plural sein, S. 39 (ESP 34).

493 Nancy: Demokratie und Gemeinschaft, S. 64.

494 Ich spiele auf Nancy: Entwerkte Gemeinschaft, S. 16 (CD 17), an.

495 Nancy: Erschaffung der Welt, S. 81 (CMM 93). Morin: Nancy, S. 55, schreibt: »Christianity is the religion of the exit from religion because it erases the transcendent God, who disappears into his creation«.

496 Nancy: Erschaffung der Welt, S. 79 (CMM 91).

497 Ebd., S. 80 (CMM 92).

als vorausliegenden Grund verstehen, aus dem ein allmächtiges Schöpfersubjekt etwas hervorbrächte.[498] Wäre dies der Fall, bliebe der Begriff der Schöpfung »tatsächlich der verheerendste aller Begriffe«[499], denn er setzte die »Metaphysik der Selbsterschaffung« fort, die »der subjektzentrierten Philosophie der Moderne zugrunde liegt«.[500] Das theologische Motiv der *creatio ex nihilo* führte »zum Tod des Urheber-Gottes«.[501] Indem sich Gott in eins setzt mit der Welt, setzt er sich selbst ab.[502] Das Resultat ist die »Welt-Werdung der Welt«[503], die Selbstschöpfung einer »Welt ohne Außen«[504] – einer autonomen Welt.

Mit dem ›Tod des Urheber-Gottes‹ ist das Ende der »Geschichte der Zersetzung und Entwurzelung der Mimesis-Idee« erreicht – ein Ende, stellt Blumenberg fest, das »durch [...] theologische Ideen inauguriert wurde«.[505] Schon der theologische Schöpfungsbegriff gewährt dem Menschen (zumindest implizit) die Chance zur Schöpfung von Neuem. Im späten Mittelalter erwachte laut Blumenberg ein »Kontingenzbewußtsein«, das den »Spielraum des Menschen«[506] ausweitete: »An der Differenz zwischen Wirklichkeit und Möglichkeit, zwischen unendlicher Allmacht und faktischer Welt entdeckte der [...] Mensch, daß er etwas anderes als ein Nachahmer der Natur sein konnte.«[507] Wie Böhringer kommentiert, verloren »Wirklichkeit und Gegenwart [...] ihren Vorrang vor Möglichkeit und Zukunft«.[508] Das Schöpfungsmotiv wäre somit

> die ontologische Voraussetzung für die Möglichkeit der Erwägung, schließlich für den Antrieb und die Lockung, im Spielraum des Unverwirklichten, durch das Faktische nicht Ausgefüllten, das *originär Menschliche* zu setzen, das authentisch »Neue« zu realisieren, aus dem Angewiesensein auf »Nachahmung der Natur« ins von der Natur Unbetretene hinaus vorzustoßen.[509]

---

498   Vgl. Nancy: singulär plural sein, S. 40 (ESP 35); Nancy: Erschaffung der Welt, S. 47f. (CMM 55), und siehe Morin: Nancy, S. 61, sowie ebd., S. 59, Hv. i. Orig.: Nancy denke »the *nihil* not as firm sediment or ground«.

499   Nancy: Erschaffung der Welt, S. 76 (CMM 87); vgl. ebd., S. 75 (CMM 86f.).

500   Breckman: Creatio ex nihilo, S. 18; vgl. ebd., S. 16.

501   Nancy: singulär plural sein, S. 39 (ESP 34).

502   Vgl. Nancy: Erschaffung der Welt, S. 34f. (CMM 38f.).

503   Ebd., S. 30 (CMM 33).

504   Ebd., S. 35 (CMM 39); siehe auch Morin: Nancy, S. 43f., sowie zum Motiv der *creatio ex nihilo* ebd., S. 59ff.

505   Blumenberg: Nachahmung der Natur, S. 77.

506   Hans Blumenberg: Die Legitimität der Neuzeit. Erneuerte Ausgabe. Frankfurt a.M. 1996, S. 617.

507   Ebd., S. 618. Diese Differenz hat ihren Ursprung in der »Frage, weshalb der Schöpfer dieses und kein anderes Stäubchen aus dem Meer der unendlichen Möglichkeit herausgegriffen hatte« – eine Frage, die »das, was Wirklichkeit war, gleichgültig gegenüber dem [machte], was es als Hof der Möglichkeit umgab«. (Ebd., S. 617)

508   Hannes Böhringer: Moneten. Von der Kunst zur Philosophie. Berlin 1990, S. 41.

509   Blumenberg: Nachahmung der Natur, S. 83, Hv. i. Orig.

Einen solchen Vorstoß wagte Nikolaus von Kues (1401-1464) in seinen *Idiota*-Dialogen, in denen er das göttliche Vermögen zur Kreativität auf den Menschen übertrug.[510] In *Idiota de mente* führt der Laie, ein Löffelschnitzer, gegenüber seinem Gesprächspartner, einem Philosophen, an: »Der Löffel hat außer der von unserem Geist geschaffenen Idee kein anderes Urbild.«[511] Anders als in der Malerei oder Bildhauerei, wo Bestehendes nur nachgeahmt würde, sei seine, des Löffelschnitzers Tätigkeit, eine völlig andere: Nicht im »Nachahmen«, sondern im »Zustandebringen« bestehe sein Tun und sei »darin der unendlichen Kunst ähnlicher«.[512] Cusanus formuliere hier, meint Blumenberg, »die bestürzende Idee vom Menschen als einem seinsoriginären Wesen«.[513]

Metaphysik des Subjekts?

Das Motiv der *creatio ex nihilo* ist trotz oder gerade wegen seines angedeuteten emanzipatorischen Moments problematisch, denn es inauguriert die der modernen Idee des Subjekts zugrundeliegende Selbsterschaffungsmetaphysik.[514] Die Schöpfungsidee setzt nicht nur »eine außerordentliche Wirkursache« voraus, sondern auch, »daß das Agens dieser Wirkung selbst ein prä-existentes Subjekt ist, mit seiner Vorstellung einer Zweckursache und einer Formursache«.[515] ›Schöpfung‹ meint das Zurückführen auf ein metaphysisches »Grundprinzip [principe de raison]«[516], auf »eine gründende und bürgende Präsenz«; dies ende in »Geschlossenheit [clôture]«.[517]

Der Begriff der Geschlossenheit findet sich tatsächlich auch bei Castoriadis.[518] Er taucht auf im Zusammenhang mit der Frage nach dem Existenzmodus des Lebewesens, des Psychischen, des gesellschaftlichen Individuums und der Gesellschaft: Sie alle

---

510 Zur Bedeutung Cusanus' für das moderne Verständnis der Kreativität siehe Leidhold: Das kreative Projekt, S. 61f., sowie Blumenberg: Nachahmung der Natur, S. 58f.; Blumenberg: Legitimität der Neuzeit, S. 619ff., denen ich den Hinweis auf Cusanus und seine *Idiota*-Dialoge verdanke.

511 Nikolaus von Kues: Idiota de mente. Der Laie über den Geist [1450]. Philosophisch-theologische Werke. Lateinisch-deutsch. Bd. 2. Hamburg 2002, S. 15.

512 Ebd.; vgl. ebd.

513 Blumenberg: Nachahmung der Natur, S. 62. Von Bedeutung sei vor allem, so Blumenberg: Legitimität der Neuzeit, S. 622, dass der Cusaner das menschliche Schöpfungsvermögen nicht auf die Kunst beschränke.

514 Vgl. Breckman: Creatio ex nihilo, S. 13; 16; 18.

515 Nancy: Erschaffung der Welt, S. 75 (CMM 86f.).

516 Ebd., S. 41 (CMM 47).

517 Nancy: Ouvertüre (Dekonstruktion des Christentums), S. 15 (OUV 16). Siehe hierzu erneut Morin: Nancy, S. 57: »As such, metaphysics is both ontology, the process of grounding beings in Being, and theology, the process of grounding Being in the highest being, that is to say, God«; außerdem Derridas oben schon zitierte Charakterisierung der Präsenzmetaphysik als ein »Vorhaben, ›strategisch‹, ideal auf einen Ursprung oder eine einfache, intakte, normale, reine, eigene ›Priorität‹ zurückzugehen« (Derrida: Limited inc, S. 148), in Verbindung mit Morin: Nancy, S. 54, die festhält: »The ›closure‹ of metaphysics means that metaphysics is total system [sic!] with no outside, no beyond.«

518 Siehe die Hinweise von Condoleo: Vom Imaginären zur Autonomie, S. 75, und Mouzakitis: Creation ex nihilo, S. 60, sowie vor allem Kloogers (schon zitierten) Aufsatz *Plurality and Indeterminacy: Revising Castoriadis's overly homogeneous conception of society*, auf dessen Argumente ich später ausführlicher zurückkommen werde.

seien in der Weise des »Für-sich«.[519] Jegliches »Für-sich-sein« könne nur »im *Geschlossenen*«[520] existieren. Dies bedeutet vor allem, dass sich ein Für-sich(-Sein) nur durch sich selbst verändern kann; es wird nicht von außen determiniert, sondern reagiert autonom.[521] Im Falle der Gesellschaft gilt:

> Sie erschafft eine eigene Welt, und nichts kann für sie sinnvoll sein oder überhaupt nur existieren, was nicht auf die Weise in ihre Eigenwelt gelangt, in der diese Eigenwelt alles von außen Kommende organisiert und mit Sinn versieht. [...] Diese Eigenwelt existiert gemäß dem Modus der *Geschlossenheit* – und ihre Organisation ist das *Apriori* all dessen, was sich dem betreffenden Für-sich darbieten – ihm erscheinen, Phänomen sein – kann; und dieses *Apriori* ist zugleich »materiell« (z.B. Sinnlichkeit) und »formal« (z.B. Kategorialität).[522]

Castoriadis knüpft an das von Francisco Varela ausgearbeitete Konzept der Autopoiesis an.[523] Nancy und Lacoue-Labarthe hatten ›Autopoiesis‹ in ihrer Studie zur deutschen Frühromantik als subjektphilosophisches Konzept identifiziert: ›Autopoiesis‹ bezeichnet die Produktion des (individuellen oder kollektiven) Subjekts durch sich selbst; sie ist »*Selbst*-Bildung«.[524]

Indes gibt Castoriadis zu verstehen, man dürfe das ›Für-sich‹ – samt der es charakterisierenden Kategorien der »Zielsetzung«, der »Berechnung«, der »Selbsterhaltung« und der »Eigenwelt« – nicht gleichsetzen mit »*Subjektivität* oder Subjekt im engeren Sinne«.[525] Das ›Für-sich‹ ist nicht Subjekt – soll es aber werden, fordert er mit Blick auf das (gesellschaftliche) Individuum und die Gesellschaft. Subjekt-sein ist hierbei als

---

519   Castoriadis: Getan und zu tun, S. 187; vgl. Castoriadis: Zustand des Subjekts, S. 210f. Siehe allgemein zum ›Für-sich‹ detailliert Tassis: Castoriadis, S. 233ff., sowie zum ›Für-sich‹ in Gestalt des Lebewesens Suzi Adams: Art. ›The Living Being‹. In: dies. (Hg.): Cornelius Castoriadis. Key Concepts. London, New York 2014, S. 135-141.

520   Cornelius Castoriadis: Das ›Ende der Philosophie‹? In: ders.: Ausgewählte Schriften. Bd. 4. Philosophie, Demokratie, Poiesis (Hg. Halfbrodt, Michael/Wolf, Harald). Lich 2011, S. 69-92, 76, Hv. i. Orig. Es handelt sich um einen anderen Begriff von Geschlossenheit als oben im Zusammenhang mit der Heteronomie von Gesellschaften angedeutet: Ging es dort um Geschlossenheit als Abschließung der Gesellschaft vor Veränderung, ist hier Geschlossenheit als Merkmal eines Handlungssubjekts gemeint; vgl. Klooger: Plurality and indeterminacy, S. 494; 500.

521   Vgl. Castoriadis: Zustand des Subjekts, S. 216f. Siehe mit Blick auf das Lebewesen die Diskussion bei Castoriadis: Gesellschaft als imaginäre Institution, S. 389ff., sowie dazu Adams: Living being, S. 135f.

522   Castoriadis: Getan und zu tun, S. 188, Hv. i. Orig. Siehe auch Castoriadis: Das Imaginäre, S. 31, Hv. i. Orig.: »Wenn wir uns anschauen, wie in einer [...] Gesellschaft deren Magma an gesellschaftlichen imaginären Bedeutungen und die dazugehörigen Institutionen ›funktionieren‹, stellen wir genau in einem Punkt eine Ähnlichkeit zwischen gesellschaftlicher und biologischer Organisation fest: nämlich hinsichtlich der *Geschlossenheit* [...]. Gesellschaftliche wie biologische Organisation weisen eine organisatorische, informationelle und kognitive Geschlossenheit auf.«

523   Siehe hierzu die kurze Anmerkung von Adams: Living being, S. 137, sowie ausführlicher Suzi Adams: Castoriadis and Autopoiesis. In: Thesis Eleven 88 (2007), H. 1, S. 76-91.

524   Nancy/Lacoue-Labarthe: Das Literarisch-Absolute, S. 91, Hv. i. Orig. (AL 70, Hv. i. Orig.).

525   Castoriadis: Zustand des Subjekts, S. 210, Hv. i. Orig.

Autonomie gemeint. Das Subjekt gehöre in diesem Sinne nicht (wie das ›Für-sich‹) zum »*schlechthin Realen*«, sondern sei »*geschichtliche Schöpfung*«.[526]

Zwar hält Castoriadis am Subjektbegriff fest, macht aber, indem er ihn als den Begriff einer »Möglichkeit«[527] (neu) entwirft, zugleich deutlich, dass Subjekt-Sein nicht im metaphysischen Sinne zu begreifen ist. Das gesellschaftliche ›Für-sich‹ habe nichts mit »Hypersubjekten« und assoziierten Begriffen wie »Kollektivbewusstsein, kollektives Unbewusstes oder Volksgeist«[528] zu tun. Allerdings relativiert Castoriadis diese Zurückweisung, wenn er behauptet, Wendungen wie »›Deutschland hat Frankreich den Krieg erklärt‹« seien zwar »eigentlich falsch«, aber doch »keine reinen Metaphern«.[529] Insgesamt aber könne »keine Rede davon sein, die Gesellschaft im eigentlichen oder auch nur metaphorischen Sinne in ein ›Subjekt‹ zu verwandeln«.[530]

Castoriadis vertritt nicht die Idee eines sich völlig selbsterschaffenden Kollektivsubjekts. Dies deuten Beschränkungen an, die er der quasi-göttlichen gesellschaftlichen Schöpfungskraft auferlegt. Waldenfels erwähnt »eine Reihe moderierender Kreationsbedingungen«[531], die »der Kreation ein Gepräge [geben], das von der Vision einer absoluten Kreation deutlich absticht«.[532]

Eine dieser Bedingungen ist das Prinzip der Anlehnung. Die Gesellschaft muss bei ihrer Selbstschöpfung die mengidische Organisation der vorgesellschaftlichen Natur beachten; diese begrenzt den »*social constructionism*«.[533] Stets sind nur »relative Neuanfänge« möglich, da sich die Veränderung in einem – und sei es nur minimal – »beschränkten Spielraum«[534] vollzieht.

---

526   Ebd., S. 211, Hv. i. Orig.; vgl. ebd., und siehe auch Adams: Living being, S. 137.

527   Castoriadis: Zustand des Subjekts, S. 211.

528   Ebd.

529   Ebd. Der Grund hierfür liege in »der offenkundigen Tatsache, dass jede Gesellschaft wesentliche Attribute des Für-sich besitzt: Selbsterhaltungszweck, Selbstzentriertheit, Aufbau einer Eigenwelt«. (Ebd.) Mit Bezug auf diese Passage meint Kelbel: Praxis und Versachlichung, S. 242, derlei Zurückweisungen bestätigten »unfreiwillig die Sachhaltigkeit der Kritik«, es handele sich bei der Gesellschaft um ein »Makrosubjekt«. Er kommt daher zu dem Schluss: »Insgesamt dominiert trotz häufig auftauchender Revokationen klar die Vorstellung einer zwar ungreifbaren, aber gleichwohl reflexiv strukturierten Quasi-Entität, die der Sphäre der erfahrbaren Intersubjektivität vorgeordnet wird und diese immer schon umgreift.« (Ebd., S. 247)

530   Castoriadis: Gesellschaft als imaginäre Institution, S. 245.

531   Waldenfels: Revolutionäre Praxis und ontologische Kreation, S. 394.

532   Ebd., S. 395; vgl. zum Folgenden ebd., S. 394f., sowie Kelbel: Praxis und Versachlichung, S. 242ff., der von »einschränkende[n] Bedingungen jeder Instituierung« (ebd., S. 242) spricht, und Tassis: Castoriadis, S. 276. Einen kurzen Hinweis auf die ›Kreationsbedingungen‹ gebe ich bereits in Herzhoff: Condoleo: Vom Imaginären zur Autonomie, S. 13. Hinsichtlich der gesellschaftlichen Autonomie zeigen diese Bedingungen, dass es sich nicht um absolute Autonomie handeln kann, deren Begriff redundant wäre, wie Laclau: Reflections on the revolution, S. 37, Hv. i. Orig., meint: »If an entity was *totally* autonomous, it would mean that it was totally self-determined. But in that case the concept of autonomy would be completely redundant (what, exactly, would it be autonomous from?).«

533   Stavrakakis: Lacanian left, S. 41, Hv. i. Orig.; vgl. ebd., S. 44.

534   Waldenfels: Revolutionäre Praxis und ontologische Kreation, S. 394.

Dies gilt auch deshalb, weil die sich selbst verändernde Gesellschaft sich am Bestehenden orientiert, von dem sie sich absetzt, gegen das sie sich wendet.[535] Die Schöpfung neuer Formen finde nicht *in nihilo* oder *cum nihilo* statt.[536] Es gebe Schöpfung nur *»im* bereits Vorhandenen [...] und *dank* der Mittel, die Letzteres bereitstellt«.[537] Man kann deshalb die »*Anknüpfung*«[538] als Ermöglichung fassen: So konnten sich im 19. Jahrhundert die Arbeiter*innen in England, Deutschland oder Frankreich bei ihrem revolutionären Kampf für eine Veränderung ihrer Lebensumstände auf eine europäische Tradition des Kampfes um Demokratie und Autonomie stützen.[539]

Eine dritte Bedingung gesellschaftlicher Selbstschöpfung entgeht den meisten Kommentator*innen.[540] Castoriadis deutet sie in dem folgenden Zitat an:

> Das Tun impliziert, daß das Wirkliche nicht durchgängig vernünftig ist, ebenso aber auch, daß es kein Chaos ist; daß es Rillen, Kraftlinien, Adern darin gibt, die das Mögliche und Machbare begrenzen, das Wahrscheinliche anzeigen und es dem Handeln erlauben, im Gegebenen Eingriffspunkte zu finden.[541]

Nach Ansicht Breckmans nähert sich Castoriadis hier einer Position, wie man sie auch bei Nancy finde. Beide verträten einen »nicht-reduktiven Materialismus«[542] und wendeten sich damit gegen die Auffassung von der Materie als »bloß mechanisch, passiv und inaktiv«.[543] So schreibt Nancy zur *creatio ex nihilo*: »In der Schöpfung wächst das Wachsen aus nichts, und dieses Nichts pflegt sich selbst, kultiviert sein Wachsen. Das *ex nihilo* ist die wahre Formel eines radikalen Materialismus, das heißt eines Materialismus, der gerade keine Wurzeln hat.«[544] ›Schöpfung‹, so hatten wir gesehen, reduziert sich bei Nancy auf das *ex*, auf eine Differenz des Seins zu sich selbst.[545] Demnach meint

---

535   Vgl. ebd., S. 394f.; Kelbel: Praxis und Versachlichung, S. 243.

536   Vgl. Castoriadis: Komplexität, Magmen, Geschichte, S. 278; siehe auch Breckman: Creatio ex nihilo, S. 20; Mouzakitis: Creation ex nihilo, S. 62.

537   Castoriadis: Komplexität, Magmen, Geschichte, S. 288, Hv. i. Orig. Siehe auch Castoriadis: La source hongroise, S. 588, sowie Castoriadis: Getan und zu tun, S. 194: Die Schöpfung finde »stets unter Auflagen« statt: »Weder im gesellschaftlich-geschichtlichen Bereich noch sonstwo bedeutet Schöpfung, dass irgendetwas irgendwo, irgendwann und irgendwie geschehen kann.« Brunner: Fragmentierung der Vernunft, S. 318, bemängelt in diesem Zusammenhang, Castoriadis sei dennoch außerstande, »das Verhältnis von Struktur und Veränderung adäquat zu denken«, denn das in einem kollektiven Akt kreativ Neugeschöpfte sei »zum Bestehenden unvermittelt«.

538   Waldenfels: Revolutionäre Praxis und ontologische Kreation, S. 394, Hv. i. Orig.

539   Vgl. Castoriadis: Heritage and revolution, S. 115f.

540   Dies gilt auch für Waldenfels und Kelbel, auf die ich mich im Vorangegangenen vor allem bezogen habe.

541   Castoriadis: Gesellschaft als imaginäre Institution, S. 135f. Waldenfels: Revolutionäre Praxis und ontologische Kreation, S. 395, führt dieses Zitat zwar an, sieht aber m.E. nicht die sich daraus ergebenden Konsequenzen.

542   Breckman: Creatio ex nihilo, S. 20.

543   Ebd., S. 19; vgl. ebd., S. 20f.; 25, Anm. 36.

544   Nancy: Erschaffung der Welt, S. 48, Hv. i. Orig. (CMM 55, Hv. i. Orig.).

545   Vgl. Nancy: singulär plural sein, S. 40 (ESP 35).

›Materialismus‹ die Grund- oder Wurzellosigkeit des Seins und ist eng mit Nancys Denken der als Abstand auftauchenden, weltbildenden Körper verknüpft.[546]

Vor diesem Hintergrund sollte man die Nähe zwischen Castoriadis und Nancy nicht überbetonen. Castoriadis' »ontologische Wende der Gesellschaftstheorie«[547] hat mehr etwa mit der Philosophie Ernst Blochs gemein.[548] Zwischen beiden besteht eine auffällige, dennoch bislang fast völlig übersehene Nähe.[549] Sie macht sich bereits in den eingesetzten Metaphern bemerkbar: Für Castoriadis ist das Sein ›Magma‹, der Etymologie nach also eine geknetete Masse[550]; Bloch spricht vom »Sauerteig Welt«.[551] Diese Wendungen drücken das Nicht-Festgelegtsein der Welt aus, das Noch-nicht-Gewordene des Seins: Auch Bloch hält eine Umgestaltung des Seienden nur dann für denk- und durchführbar, ist das Wirkliche nicht bis ins Letzte gestaltet oder »durchgängig vernünftig«[552], wie Castoriadis schreibt. »Kein Ding ließe sich wunschgemäß umarbeiten, wenn die Welt geschlossen, voll fixer, gar vollendeter Tatsachen wäre.«[553] Schon »im Wirklichen selber«, so Bloch, müsse »eine zukunfttragende Bestimmtheit«[554] vorliegen. Dieses zukünftig Mögliche ist nichts anderes als die Materie: »reale Möglichkeit = Materie«[555], heißt es formelhaft.

---

546   Vgl. Morin: Brüderliche Gemeinschaft, S. 206f.; Morin: Nancy, S. 43f.; 124; 133; allgemeiner Wagner: Negative politics, S. 98f., der festhält: »Ontology has to be understood [...] as a sort of materialism. Already compearance's materiality is [...] everything but a closed and indistinct immanence, rather is it the difference which makes the appearance of any thing whatsoever possible, in as much as it is an originary expansion and divergence.« (Ebd., S. 98)

547   Arnason: Castoriadis im Kontext, S. 48.

548   Die folgenden Ausführungen greifen zurück auf die Darstellung von Blochs Philosophie in meiner Master-Thesis (»Aber etwas fehlt«. Über das utopische Potential der Literatur am Beispiel von Nicolas Born).

549   Hinweise auf Ähnlichkeiten zwischen Castoriadis und Bloch sind mir begegnet bei Brunner: Fragmentierung der Vernunft, S. 309, Anm. 1, sowie Rauwald: Poetologie(n) des Imaginären, S. 59, der sich bezieht auf Kelbel: Praxis und Versachlichung, S. 239, Anm. 26.

550   Vgl. Lüdemann: Metaphern der Gesellschaft, S. 51. Ebenfalls mit Verweis auf die Etymologie stellt Gamper: Masse lesen, Masse schreiben, S. 37, die These auf, Castoriadis' Begriff des Magmas nähere »sich in Begriff, Struktur und Eigenschaften stark dem Phänomen an, das gemeinhin seit dem ausgehenden 18. Jahrhundert als ›Masse‹ diskursiviert wird«. Er präsentiere auf diese Weise »eine politische Philosophie [...], welche die logizistische Domestizierung der ›Masse‹ ins Zentrum der Gesellschaftstheorie stellt. Denn es sind die Operationen der Identitätslogik, die [...] ins ›Magma‹ einwirken [...] und damit die Funktionalität der Gesellschaft sicherstellen.« (Ebd.)

551   Bloch: Das Prinzip Hoffnung, S. 149.

552   Castoriadis: Gesellschaft als imaginäre Institution, S. 136.

553   Bloch: Das Prinzip Hoffnung, S. 225. »In einer geschlossenen, in einer fertigen Welt ist jedes Utopikum heimatlos. [...] Verändern setzt ein Veränderbares voraus«, so Ernst Bloch: Antizipierte Realität – Wie geschieht und was leistet utopisches Denken? In: Universitätstage 1965 (Veröffentlichung der Freien Universität Berlin). Wissenschaft und Planung. Berlin 1965, S. 5-15, 9. Diesem Denken von »Möglichkeit« (ebd.) stehe entgegen der »Anamnesis-Bann, durch den Sein [...] als Gewesen-Sein galt: – Wesen ist Ge-wesenheit«. (Bloch: Tübinger Einleitung, S. 225)

554   Bloch: Das Prinzip Hoffnung, S. 271.

555   Ebd., S. 272. Siehe auch Bloch: Tübinger Einleitung, S. 227: »Reale Möglichkeit [...], soll sie nicht in weniger als Luft schweben, ist einzig die der Materie, einer [...] höchst utopisch geladenen.«

Blochs Kritik an der Idee einer erstarrten und ahistorischen »Klotz-Materie«[556] und die damit einhergehende These, »antizipatorische Elemente sind ein Bestandteil der Wirklichkeit selbst«[557], hallt wider in Castoriadis' »Bruch«[558] mit der überlieferten Ontologie. Sein Gegenentwurf einer materialistischen »*Ontologie des Unbestimmten*«[559] betont die »poietische Dimension des Seins«.[560] Zwar unterscheidet Castoriadis die menschliche Weise und andere Weisen des Seins hinsichtlich ihres poietischen Vermögens: »Human modes of being, in the case of the psyche and the social-historical, are ontologically creative; they are supported by a quality of indeterminacy. Other regions of being are [...] understood as determined.«[561] Gleichwohl gesteht er allem Sein Aktivität zu, die Fähigkeit nämlich, sich selbst zu organisieren.[562] Castoriadis betont, das Sein lasse sich mithilfe der mengidischen Logik nur erfassen, weil sich bestimmte Schichten des Seins selbst schon mengidisch geordnet hätten.[563] Das Sein ist weder vollständig bestimmt noch vollständig chaotisch, sondern »Chaos mit unregelmäßiger Schichtung«.[564] Als solches enthalte es »partielle ›Organisationen‹, die den jeweiligen Schichten entsprechen, die wir im Sein entdecken (entdecken/erzeugen, entdecken/schöpfen)«.[565] Sich das Wirkliche als völlig unorganisiertes Chaos vorzustellen, ist Castoriadis zufolge widersprüchlich, weil es damit der absoluten Organisierbarkeit verfügbar und also als Organisierbares organisiert wäre.[566] Breckman merkt hierzu an: »Das Reale umfaßt somit in sich selbst Spontaneität und das Vermögen, Organisation zu ermöglichen.«[567] Die Materie ist der Grund, der durch seine Organisation menschliches Gründen ermöglicht, diesem Gründen zugleich aber Bedingungen auferlegt, es gründend entgründet. Eine Schöpfung der Welt (im Sinne ihrer Organisation) liegt stets schon vor und ist nie ganz dem Belieben eines allmächtigen Subjekts und seines Verstandes überlassen.[568] Auch wenn sich die Organisation des Seienden der menschlichen Imagination nicht aufdränge[569], müsse man erkennen: »Die wirkliche Welt kann nur wirklich organisiert werden, wenn sie organisier*bar* ist, und das ist ein

---

556   Bloch: Das Prinzip Hoffnung, S. 273.
557   Ebd., S. 227. »Die objektiv reale Möglichkeit umgibt die vorhandene Wirklichkeit wie ein unendlich größeres Meer mit Realisierbarkeiten darin, die sozusagen auf unsere Faust warten.« (Bloch: Antizipierte Realität, S. 10)
558   Breckman: Creatio ex nihilo, S. 19.
559   Joas/Knöbl: Sozialtheorie, S. 572, Hv. i. Orig.
560   Castoriadis: Vorwort Domaines de l'homme, S. 20.
561   Adams: Castoriadis's ontology, S. 71.
562   Vgl. Adams: Living being, S. 135f.; Breckman: Creatio ex nihilo, S. 21.
563   Vgl. Castoriadis: Getan und zu tun, S. 186f.
564   Castoriadis: Das Imaginäre, S. 25; vgl. Adams: Castoriadis and Autopoiesis, S. 78. Wegen dieser Schichtungen von Sein gelte: »[T]he meaning of Being is not singular, but plural«. (Adams: Castoriadis's ontology, S. 30)
565   Castoriadis: Das Imaginäre, S. 25. Deshalb müsse man sich bemühen, »die mengidische und die eigentlich imaginäre oder poietische Dimension des Seins gleichzeitig zu unterscheiden *und* zusammenzudenken«. (Castoriadis: Vorwort Domaines de l'homme, S. 20, Hv. i. Orig.)
566   Vgl. Castoriadis: Moderne Wissenschaft, S. 150.
567   Breckman: Creatio ex nihilo, S. 21.
568   Vgl. Castoriadis: Gesellschaft als imaginäre Institution, S. 455.
569   Vgl. Castoriadis: Moderne Wissenschaft, S. 150.

Attribut der Welt, nicht des ›Subjekts‹«.[570] Mit diesen Überlegungen, so Breckman, lasse Castoriadis die Metaphysik des sich und (s)eine Welt schöpfenden Subjekts hinter sich, übersteige aber zugleich die (post)strukturalistische Subjektkritik, da er die Kreativität des Subjekts unverdrossen bejahe – eine Kreativität, die von der kreativen Welt noch gesteigert werde.[571]

Strittig ist gleichwohl, ob Castoriadis' Einschränkung der Omnipotenz des schöpfenden Subjekts nicht zu weit geht. Habermas etwa scheint in der Kreativität (oder zumindest der Organisationsfähigkeit) des Seins den Pferdefuß des castoriadisschen Projekts zu sehen: Die »Praxisphilosophie« Castoriadis' rücke »in bedenkliche Nähe des grundlos operierenden Seins«.[572] Auch Honneth hält Castoriadis' »Lehre des schöpferischen Seins« für eine Irrlehre, denn mit ihr »mündet seine Gesellschaftstheorie, auf der Flucht vor ihrer eigenen Radikalität, am Ende in eine metaphysische Kosmologie, über die heute kaum noch mit wissenschaftlichen Argumenten zu diskutieren ist«.[573] Dies verhindere, lautet Habermas' Vorwurf, die »Praxis bewußt handelnder, autonomer, sich selbst verwirklichender Individuen«.[574] Mit der Frage nach der (Möglichkeit einer) Praxis der Veränderung hängt eine zweite zusammen. Wie versteht Castoriadis, was Waldenfels »*Konkreation*« nennt: die gemeinsame »Umgestaltung einer Ordnung«?[575] Statt ›Konkreation‹ schlage ich für die kollektive Transformation einer Ordnung den Begriff ›Politik‹ vor. Die für das Folgende leitende Frage ist deshalb: Wie denkt Castoriadis politisches Handeln?

2.5 Politik der Gemeinschaft

Waldenfels verneint die Existenz einer ›Konkreation‹ bei Castoriadis: Es sei »der Zugang zu einem kreativen Zwischen von vornherein blockiert, weil er die Intersubjektivität dem Gesellschaftlichen unterordnet und geradezu einem sozialtheoretischen Hylemorphismus das Wort redet«.[576] Zwar sieht Castoriadis das Gesellschaftliche aus dem Intersubjektiven gemacht, dieses komme indes »nur als Teil und Moment des Gesellschaftlichen vor«.[577] Waldenfels' Einwand wiederholt einen Vorwurf, den Habermas

---

570   Castoriadis: Getan und zu tun, S. 189, Hv. i. Orig.

571   Vgl. Breckman: Creatio ex nihilo, S. 18.

572   Habermas: Philosophischer Diskurs der Moderne, S. 370.

573   Honneth: Rettung der Revolution, S. 821. In ähnlicher Weise kritisiert Lüdemann: Metaphern der Gesellschaft, S. 59: »Den Ursprung gesellschaftlicher Ordnung im radikalen Imaginären zu suchen, wie Castoriadis es tut, läuft darauf hinaus, die Ordnungsgenese als eine Art ›Urzeugung‹ in ein Terrain zu verlegen, das vielleicht irgendwo, aber sicher nicht von dieser Welt ist.«

574   Habermas: Philosophischer Diskurs der Moderne, S. 370.

575   Bernhard Waldenfels: Transformationen der Erfahrung. In: ders.: Sozialität und Alterität. Modi sozialer Erfahrung. Berlin 2015, S. 262-292, 290, Hv. i. Orig.

576   Waldenfels: Revolutionäre Praxis und ontologische Kreation, S. 400f.

577   Castoriadis: Gesellschaft als imaginäre Institution, S. 184; vgl. ebd. Diese Passage zitiert Waldenfels: Revolutionäre Praxis und ontologische Kreation, S. 401, als Beleg für Castoriadis' »Übersozialisierung des Individuellen und des Intersubjektiven«. Straume: Common world, S. 378, wirft Castoriadis vor, »that he did not work out an adequate conceptual apparatus for dealing with the

bereits 1983 aufgebracht hatte.[578] Das ›gesellschaftliche Imaginäre‹ und dessen welt- und sinnerschließende Funktion vereitele den Erfolg des castoriadisschen Autonomie- projekts. Die Gesellschaftsveränderung in Richtung einer »Autonomie aller«, so Casto- riadis, sei mithilfe des »autonomen Handeln[s] der Menschen selbst«[579] ins Werk zu setzen. Das ›gesellschaftliche Imaginäre‹ stellt sich nach Meinung Habermas' diesem autonomen Handeln in den Weg. Castoriadis' Kritik an der marxschen Praxisverges- senheit kehrt sich gegen ihn selbst: Das ›gesellschaftliche Imaginäre‹, mit dem er die Praxis zugunsten der Autonomie rehabilitieren will, erwiese sich als Einfallstor für eine neue Gestalt gesellschaftlicher Heteronomie, die den Individuen das dem Marxismus abgetrotzte Heft des Handelns aus den Händen haute.

Im Fokus der Kritik steht also das ›gesellschaftliche Imaginäre‹, mit dem Castoria- dis die Selbstinstituierung der Gesellschaft auf einen Begriff bringt. Habermas resü- miert und spitzt zu:

> Der gesellschaftliche Prozeß ist die Erzeugung radikal anderer Gestalten, ein demiur- gisches Sich-ins-Werksetzen, die kontinuierliche Schöpfung neuer Typen, die auf im- mer wieder andere Weise exemplarisch verkörpert werden, kurz: Selbstsetzung und ontologische Genese immer neuer »Welten«. [...] An die Stelle des sich selbst setzen- den Subjekts tritt die sich selbst instituierende Gesellschaft, wobei das, was institu- iert wird, ein kreatives Weltverständnis, ein innovativer Sinn, ein neues Universum von Bedeutungen darstellt.[580]

Hierin sieht Habermas eine problematische Einebnung der »Differenz von Sinn und Geltung«[581], denn innerhalb des geschöpften Bedeutungsuniversums sei über die Gül- tigkeit sprachlicher Äußerungen stets schon entschieden. »Das sprachliche Weltbild ist ein konkretes und ein geschichtliches Apriori; es legt inhaltliche und variable Deu- tungsperspektiven unhintergehbar fest.«[582] Bei Castoriadis könne »die innerweltliche Praxis keine Lernprozesse auslösen«; es fehle an der Möglichkeit, Wissen zu akkumu- lieren, das es erlaubte, »das vorgängige Weltverständnis [zu] affizieren und eine ge- gebene Sinntotalität [zu] sprengen«.[583] Die Frage, wieso eine Gesellschaft bestimmte Bedeutungen instituiere, weise Castoriadis als unbeantwortbar zurück.[584] Auf diese Weise, kommentiert Tassis die Ausführungen Habermas', sei Castoriadis gezwungen,

---

political condition of plurality. In his philosophical writings, subjectivity is usually related to micro- and macro-levels, not the in-between levels.«

578   Eine für das Folgende instruktive Darstellung der Kritik Habermas' und eine Auseinandersetzung mit ihr findet sich bei Tassis: Castoriadis, S. 334ff., siehe ferner auch Kelbel: Praxis und Versach- lichung, S. 248ff. Einen kurzen Wink auf Habermas' Kritik gebe ich in Herzhoff: Condoleo: Vom Imaginären zur Autonomie, S. 13f.; 17f.

579   Castoriadis: Gesellschaft als imaginäre Institution, S. 134.

580   Habermas: Philosophischer Diskurs der Moderne, S. 383, zum Teil fast wortgleich bei Gamm: Cas- toriadis, S. 187.

581   Habermas: Philosophischer Diskurs der Moderne, S. 385; siehe dazu die ausführliche Replik bei Castoriadis: Getan und zu tun, S. 213ff., sowie Kelbel: Praxis und Versachlichung, S. 250f.

582   Habermas: Philosophischer Diskurs der Moderne, S. 371.

583   Ebd., S. 385; vgl. ebd.

584   Vgl. ebd., mit Bezug auf Castoriadis: Gesellschaft als imaginäre Institution, S. 589.

»die innerweltliche Praxis in die Praxis der gesellschaftlichen Schöpfung selbst zu integrieren«.[585] Erschwerend kommt laut Habermas hinzu, dass jedes Individuum, als vergesellschaftetes, in dem von der Gesellschaft geschaffenen Bedeutungsuniversum aufgehe. Entkommen könnte es den gesellschaftlichen Bedeutungen nur durch den (unmöglichen) Rückzug in die a-soziale Monadenexistenz. Dies schließe aus, dass sich die vergesellschafteten Einzelnen in einer auf Verständigung abzielenden Art und Weise aufeinander zu beziehen vermögen.[586] Vielmehr treffe zu: »Im gesellschaftlich instituierten Weltbild sind alle [...] a priori vorverständigt«.[587] Eine praktische Veränderung des Weltbildes »im Lichte einer kommunikativen Vernunft«[588] finde nicht statt.

Das vergesellschaftete Individuum hat Castoriadis zufolge die gesellschaftlichen Institutionen, darunter auch die Sprache, verinnerlicht, sie libidinös besetzt; so garantiert es ihre Geltung.[589] Castoriadis glossiert vor dieser Folie Habermas' Ideal eines intersubjektiven Handelns als ideologisch.[590] Die Rede von der Intersubjektivität diene dazu, »das wahre (theoretische wie praktische) Problem der Gesellschaft systematisch auszuklammern«; und sie sei Ausdruck einer »fortdauernde[n] Unterwerfung unter eine Metaphysik des ›substantiellen Individuums‹ (oder ›Subjekts‹)« sowie des »verzweifelten Versuch[s], aus dem Käfig des Solipsismus auszubrechen, in den die egologische Philosophie führt«.[591] Der Begriff der Intersubjektivität sei ein »Feigenblatt, dem es nicht gelingt, die Blöße des überlieferten Denkens zu kaschieren, seine Unfähigkeit, eine Vorstellung des Gesellschaftlich-Geschichtlichen an sich zu entwickeln«.[592] Man könne die Gesellschaft nicht in Subjekte und Intersubjektivität auflösen, da sie beides erst ermögliche.[593]

> Das Gesellschaftliche ist immer schon instituiertes anonymes Kollektiv, in und dank welchem »Subjekte« erscheinen können, es geht unendlich weit über diese hinaus (sie sind stets ersetzbar und werden de facto ersetzt) und enthält in sich ein schöpferisches Potential, das nicht auf die »Kooperation« von Subjekten oder auf »Intersubjektivitäts«effekte reduzierbar ist.[594]

Castoriadis hält die Ansicht, die Gesellschaft sei »formed by a collection or combination of ›individuals‹« für »stupid«, denn: »The individual is a social fabrication«.[595] Zugleich ist die Gesellschaft nichts ohne die von ihr geschaffenen Individuen. »The individual

---

585 Tassis: Castoriadis, S. 336.

586 Vgl. Habermas: Philosophischer Diskurs der Moderne, S. 387.

587 Ebd.

588 Ebd., S. 388.

589 Vgl. Castoriadis: Macht, Politik, Autonomie, S. 139f.

590 Vgl. Castoriadis: Individuum, Gesellschaft, Rationalität, Geschichte, S. 220.

591 Ebd.

592 Castoriadis: Macht, Politik, Autonomie, S. 135.

593 Vgl. Castoriadis: Individuum, Gesellschaft, Rationalität, Geschichte, S. 220; Zerilli: Castoriadis and Arendt, S. 543. Smith: Psyche, S. 75, hält fest: »[T]here is no sense in discussing a ›relation‹ between the individual and society when there is no individual without society having already imposed itself upon the singular psyche«.

594 Castoriadis: Individuum, Gesellschaft, Rationalität, Geschichte, S. 220.

595 Castoriadis: Primal institution of society, S. 98.

is […] the effective concrete bearer of the institutions of its society« – man könne deshalb sogar von einem »>methodological individualism«« [596] sprechen. Es liegt ein zirkuläres Begründungsverhältnis vor: Ohne Athener*innen keine attische Gesellschaft, doch zugleich gibt es Athener*innen nur durch das Gesetz (*nomos*) der Polis. [597] Die Kategorien von Teil und Ganzem jedenfalls passen nicht:

> Im Akt ihrer Selbsterzeugung schafft die Gesellschaft das Individuum und die Individuen, in denen und durch die sie überhaupt nur faktisch existieren kann. Aber die Gesellschaft ist weder eine zusammengesetzte Struktur noch ein Ganzes, das mehr und anderes enthält als seine Teile, und sei es nur, weil das Sein und das So-Sein der »Teile« von diesem »Ganzen« abhängt, das doch wiederum nur durch diese Teile sein kann. [598]

In der Idee, die Gesellschaft als Ganzes ihren Teilen oder die Teile dem Ganzen der Gesellschaft vorauszusetzen, manifestiert sich für Castoriadis ein Verhaftetsein in der Ontologie des bestimmten Seins, wie man im Anschluss an Lüdemann sagen könnte:

> Der Streit, ob die Elemente oder »Teile« der Gesellschaft dem »Ganzen«, dieses erst konstituierend, vorausgehen (Liberalismus, Vertragstheorie), oder ob nicht vielmehr umgekehrt die gesellschaftliche Totalität das »Erste« sei, das die Konstitution der Elemente erst erlaubt (Organizismus, Kommunitarismus), verdeckt […] nur die tieferliegende Gemeinsamkeit, die darin besteht, Gesellschaft […] als zum determinierten Ganzen sich schließende Menge bzw. Hierarchie von Mengen (Klassen, Ständen, Geschlechtern usw.) zu denken. [599]

Die Zirkularität des Verhältnisses von Individuum und Gesellschaft erschwert eine Antwort auf die Frage, ob und wie gesellschaftliche Institutionen und Bedeutungen verändert werden können. Das Individuum, das »gesellschaftliche Schöpfung und Institution« [600] sei, »a walking fragment of the institution of society« [601], scheint keine Veränderungen anstoßen zu können: »How can you change society if both the actors and the instruments of change are living individuals, that is, the embodiment of that which is to be changed?« [602] Dieses Problem, so Castoriadis, drücke schon Rousseaus Feststellung aus, es bedürfe zur Instituierung eines Volkes einer Änderung der menschlichen Natur. [603] Wodurch sollte die menschliche Natur verändert werden, wenn nicht durch neue, veränderte Institutionen, die eine veränderte menschliche Natur voraussetzten? [604] Castoriadis' Lösungsvorschlag, eine auf Autonomie bezogene *paideia* nämlich, kam schon zur Sprache. Hier sei erneut betont: Castoriadis hält den skizzierten

---

596   Castoriadis: Social-historical, S. 231.
597   Vgl. Castoriadis: Macht, Politik, Autonomie, S. 136.
598   Ebd.
599   Lüdemann: Metaphern der Gesellschaft, S. 48.
600   Castoriadis: Gesellschaft als imaginäre Institution, S. 515.
601   Castoriadis: Primal institution of society, S. 92; ähnlich Castoriadis: Imagination, Imaginäres, Reflexion, S. 330f.
602   Castoriadis: Heritage and revolution, S. 111.
603   Vgl. Rousseau: Gesellschaftsvertrag, S. 43.
604   Vgl. Castoriadis: Heritage and revolution, S. 111.

Zirkel nicht für einen teuflischen Zirkel[605], da es sich um den »circle of historical creation« handle, der keinen Ausweg zu einer Seite (Teil oder Ganzes) hin erlaubt: »Did the Greek *politai* create the *polis* or the *polis* the *politai*? This is a meaningless question precisely because the *polis* could only have been created by the actions of human beings who were simultaneously transforming themselves into *politai*.«[606]

Wer oder was dreht das Rad der Schöpfung? Habermas kritisierte, bei Castoriadis seien die Individuen zur Untätigkeit verdammt. Bedenklich erscheint ihm in diesem Sinne, wie Castoriadis den Wunsch nach Autonomie begründet: Autonomie sei unbegründbar und unbeweisbar, da sie selbst die Voraussetzung eines jeden Versuchs der Begründung oder des Beweises sei.[607] Wenn wir Autonomie, Gleichheit oder Gerechtigkeit anstrebten, dann deshalb, weil wir es wollten.[608]

> Es sind [...] politische Ideen/Bedeutungen, die die Einrichtung/Institution der Gesellschaft betreffen, wie sie sein könnte und wie wir sie haben möchten – eine Einrichtung, die in keiner natürlichen, logischen oder transzendentalen Ordnung verankert ist. Die Menschen werden weder frei noch unfrei geboren, weder als Gleiche noch als Ungleiche. *Wir wollen* vielmehr, daß sie (wir) in einer gerechten und autonomen Gesellschaft frei und gleich sind [...].[609]

Habermas interpretiert das Streben nach Autonomie als einen »existentialistischen Entschluß«, bei dem zweifelhaft sei, ob tatsächlich wir, als Gesellschaftsgeschöpfe, uns für die Autonomie entschieden – schließlich seien »die vergesellschafteten Individuen vom gesellschaftlich Imaginären lediglich ›eingesetzt‹«.[610] Die Gesellschaft selbst würde demnach den Entschluss zu ihrer Veränderung fassen und ihn an die Individuen nur weiterreichen. Autonomie und Heteronomie glichen sich an: »Am Ende besteht zwischen voluntaristischer ›Einsetzung‹ und fatalistischer ›Schickung‹ nur noch ein rhetorischer Unterschied.«[611] Auf den ersten Blick erhält Habermas' Befürchtung durch Passagen in Castoriadis' Schriften durchaus Nahrung. So liest man etwa:

> Damit Individuen entstehen können, die Autonomie anstreben, muss das gesellschaftlich-geschichtliche Feld bereits von sich aus in einen Prozess der Selbstveränderung eingetreten sein, der einen Raum grenzenlosen Fragens eröffnet [...]. Damit jemand in sich die psychischen Mittel und in seiner Umgebung die Möglichkeiten entdeckt, um aufzustehen und zu verkünden: »Unsere Gesetze sind ungerecht, unsere Götter sind falsch«, muss das instituierende Imaginäre eine Selbstveränderung der gesellschaftlichen Institution bewirken. [...] Die Institution muss sich in einer Weise

---

605 Vgl. ebd., S. 113.

606 Ebd., Hv. i. Orig.

607 Vgl. Castoriadis: Macht, Politik, Autonomie, S. 162.

608 Siehe hierzu und zum Folgenden auch Tassis: Castoriadis, S. 335.

609 Castoriadis: Wert, Gleichheit, Gerechtigkeit, Politik, S. 275, Hv. i. Orig.

610 Habermas: Philosophischer Diskurs der Moderne, S. 370f.; vgl. ebd.

611 Ebd., S. 370. Den Vorwurf, es nehme »der Akt der Revolution als der autonomen Selbstinstitutionalisierung einer besseren Gesellschaft in Castoriadis' Schriften immer voluntaristischere Züge an«, findet man auch bei Joas: Institutionalisierung als kreativer Prozeß, S. 599.

gewandelt haben, dass sie es zulässt, von der Gemeinschaft, deren Existenz sie ermöglicht, und den Individuen, die ihr angehören, in Frage gestellt zu werden.[612]

Den Subjekten scheint es verwehrt, selbsttätig die gesellschaftlichen Bedeutungen zu verändern. »[F]ür eine intersubjektive, vergesellschafteten Individuen *zurechenbare* Praxis«, so Habermas, sei in Castoriadis' Theorie kein Raum, und so löse sich »die gesellschaftliche Praxis im anonymen Sog einer aus dem Imaginären geschöpften Instituierung immer neuer Welten auf«.[613]

Castoriadis, ein politischer Denker

Habermas' Kritik wirkt überzeugend. Allerdings verdankt sie ihre vermeintliche Plausibilität einem verengten Blick auf Castoriadis' Werk. Auf Habermas trifft zu, was Harald Wolf, einer der Herausgeber der castoriadisschen Schriften, mit Blick auf die deutsche Castoriadis-Rezeption insgesamt konstatiert: Man konzentriere sich auf den (späten) ›philosophischen‹ Castoriadis und übersehe den (früh schon) ›politischen‹ Denker.[614] Daran ist Castoriadis nicht schuldlos, sei er doch, meint Romain Karsenty, von der Versuchung nicht frei, seine Philosophie zu ontologisieren, wodurch er politische Fragen zu vernachlässigen drohe.[615] Eine Trennung zwischen dem »philosophischen« und »politischen« Castoriadis ist aber wohl falsch, da man es bei ihm zu tun habe mit ei-

---

612   Castoriadis: Macht, Politik, Autonomie, S. 156f.

613   Habermas: Philosophischer Diskurs der Moderne, S. 383f., Hv. i. Orig. Straume: Common world, S. 379, ist der Ansicht: »Castoriadis's later works become curiously void of subjects«. In die Richtung von Habermas' Kritik zielt zudem Brunner: Fragmentierung der Vernunft, S. 325: »Das Schöpferische ist [...] kein menschlich Schöpferisches mehr, sondern wird einer [...] letztlich ontologischen [...] Struktur zugeschrieben«; siehe zudem ebd., S. 337: »Praxisphilosophie mit dem Anspruch auf Autonomie und die Ontologisierung schöpferischer Sinngebungsakte klaffen unvermittelt auseinander.« Kelbel: Praxis und Versachlichung, S. 246, meint, es komme bei Castoriadis »zu einem [...] Konkurrenzverhältnis zwischen einer psychoanalytisch akzentuierten Anthropologie der Praxis und einer Sozialontologie des gesellschaftlichen Imaginären [...]. Je detaillierter er seine Idee der Instituierung imaginärer Bedeutungen entwickelt, desto subalterner erscheint dabei die Rolle von vergesellschafteten Individuen und Gruppen im Prozeß der kreativen Veränderung.« Klooger: Plurality and indeterminacy, S. 495f., Hv. i. Orig. reformuliert Habermas' Kritik als Vorwurf, Castoriadis vernachlässige gesellschaftliche Heterogenität: »Habermas identifies a real problem [...], but misnames it. The problem is not mediating between the individual and society. For Castoriadis, the individual *is* society. [...] No, the problem [...] is that of accommodating heterogeneity. For Habermas, the individual represents heterogeneity, and this is why he construes the mediation of the individual and society is a problem. On the other hand, Castoriadis's approach denies any problem exists, *but does so only by denying heterogeneity.* Whether this heterogeneity has its basis in the individual or some other social entity is unimportant. It is the difficulty of theoretically accommodating heterogeneity that is the problem, and this is related to the understanding of social self-creation.«

614   Vgl. Harald Wolf: Vorwort. In: Castoriadis, Cornelius: Ausgewählte Schriften. Bd. 2.1. Vom Sozialismus zur autonomen Gesellschaft. Über den Inhalt des Sozialismus (Hg. Halfbrodt, Michael/Wolf, Harald). Lich 2007, S. 7-18, 7f.; 16, Anm. 3. Siehe zur Rezeption Castoriadis' etwa Rauwald: Poetologie(n) des Imaginären, S. 21ff.

615   Vgl. Karsenty: Marx à Castoriadis, S. 63f.; 67ff. Hier würde sich also das gleiche Problem wie bei Nancy stellen.

ner »persönlich-politisch-philosophischen *Ganzheit*«.[616] Den Stimmen, die ihn für eine Überbetonung ontologischer und die Hintansetzung politischer Motive kritisieren, wäre mit Castoriadis selbst zu entgegnen, dass in seinen Schriften »die Ideen der Autonomie oder der Kreativität der Massen – dessen, was ich heute den Durchbruch des instituierenden Imaginären im und durch das Handeln eines anonymen Kollektivs [...] nennen würde – zuerst als politische, nicht als philosophische [...] aufgetaucht«[617] sind. In vielen seiner philosophischen Schriften denke Castoriadis weiter, was er während seiner aktivistisch-politischen Tätigkeit in der Gruppe *Socialisme ou barbarie*[618] gelernt habe; besonders gelte dies für seinen demokratietheoretischen Entwurf.[619]

Castoriadis' Überlegungen zu Politik und Demokratie spielen jedoch bei Habermas – und auch bei Bernhard Waldenfels oder Axel Honneth und Hans Joas, um weitere Rezipienten zu nennen – kaum eine Rolle oder werden als unbrauchbar abgefertigt.[620] Sein Modell der direkten Demokratie, an dem sich Castoriadis mit Blick auf eine autonome Gesellschaft orientiert, tauge nichts, meint Waldenfels.[621] Joas ist – ähnlich wie Honneth – der Ansicht, Castoriadis halte in wenig überzeugender Weise am überlebten »*Mythos der Revolution*«[622] fest. Den Vorwurf, Castoriadis sehe in der Gesellschaft das »Produkt einer anonymen Autopoiesis, die quasi-theologische Züge annimmt«[623], kann, so wie die Kritik, es fehle in seiner Theorie an einer intersubjektiven Praxis, nur

---

616   Wolf: Vorwort, S. 7, Hv. i. Orig. Ähnlich auch Tassis: Castoriadis, S. 4f., sowie Gamm: Castoriadis, S. 173, der Castoriadis' Leben dadurch charakterisiert sieht, »daß praktisch-politische Aktivitäten und theoretische Reflexionen eng ineinander gegriffen haben«. Für Joas: Institutionalisierung als kreativer Prozeß, S. 586, ist Castoriadis »Grenzgänger zwischen [...] theoretischer Systematisierung und sozialer Bewegung«. Von sich selbst sagt Castoriadis: Gespräch mit Rötzer, S. 47, er habe sich »nie nur als Philosoph betrachtet, sondern immer als jemanden, der gleichzeitig Philosophie und Politik machen will«. (Rauwald: Poetologie[n] des Imaginären, S. 42, führt dieses Zitat ebenfalls an.) Siehe auch Castoriadis' Antwort auf die Frage nach einem Zusammenhang seiner politischen Arbeit (im Kontext von *Socialisme ou barbarie*) und seiner philosophischen Arbeit: »Telles que je les ai depuis toujours vécues, les idées de philosophie et de politique (donc aussi du philosophe et du militant) ne se laissent pas séparer radicalement; chacune conduit à l'autre.« (Castoriadis: L'exigence révolutionnaire, S. 541f.)

617   Castoriadis: Getan und zu tun, S. 196; vgl. ebd.; Wolf: Vorwort, S. 8. Rauwald: Poetologie(n) des Imaginären, S. 39, nimmt eine umgekehrte Abfolge an: »Politisches Programm und realpolitisches Engagement bilden [...] eine Art Kondensat seiner gesellschaftsphilosophischen, psychoanalytischen und ontologischen Arbeiten.« Zum politischen Kontext der Entwicklung des Begriffs des Imaginären siehe Wolf: Das Richtige zur falschen Zeit, S. 64ff.

618   Siehe zur Geschichte dieser Gruppe Castoriadis' Aufsatz *Warum ich kein Marxist mehr bin*, aus der Sekundärliteratur etwa Tassis: Castoriadis, S. 52ff.

619   Vgl. Wolf: Vorwort, S. 8f.

620   Siehe hierzu ebd., S. 16, Anm. 3.

621   Vgl. Waldenfels: Revolutionäre Praxis und ontologische Kreation, S. 399.

622   Joas: Institutionalisierung als kreativer Prozeß, S. 599, Hv. i. Orig. Honneth: Rettung der Revolution, S. 812, wirft Castoriadis eine »Verallgemeinerung der revolutionären Praxis zur Bewegungsform der gesellschaftlichen Wirklichkeit« vor; er nehme »der revolutionären Praxis ihren zeitlichen und sozialen Ausnahmecharakter, indem er sie zu einem überpersönlichen Schöpfungsgeschehen ontologisiert«; siehe auch ebd., S. 815f.

623   Waldenfels: Revolutionäre Praxis und ontologische Kreation, S. 398.

vorbringen, wer seine Philosophie nicht als »Entwurf einer politischen Philosophie«[624] ernst nimmt. Die Politik *(la politique)* oder genauer: die (radikal)demokratische Politik, ist laut Castoriadis »une composante de l'auto-institution de la société, la composante correspondant à un faire lucide, élucidé autant qu'il est possible, qui vise l'institution de la société comme telle«.[625]

Der Hinweis auf die fehlende Beschäftigung mit Castoriadis' politischer Theorie soll nicht selbst schon seine Kritiker*innen widerlegen. Aber eine Kritik Castoriadis' kann nur stichhaltig sein, bezieht sie auch sein politisches Denken mit ein. Manche Urteile können nach einer Auseinandersetzung mit dem ›politischen‹ Castoriadis revidiert werden. Wenn Joas glaubt, er könne Castoriadis' Politikverständnis George Herbert Meads Vorstellung von der Demokratie als einer »›institutionalisierte[n] Revolution‹« entgegensetzen, in der sich »die mit der Idee der Demokratie verbundene Fähigkeit der Selbstveränderung«[626] artikuliere, widerspricht diese Auffassung Castoriadis' Konzept demokratischer Politik nicht, sondern umreißt es, wie wir sehen werden, recht genau. Castoriadis' Auslegung der Revolution ist mit seinem Begriff der Demokratie unmittelbar verknüpft. Besteht der Inhalt des »projet révolutionnaire« darin, »que les hommes deviennent capables de prendre en main leurs propres affaires«[627], so ist die Demokratie für Castoriadis das politische Regime, in dem dies möglich ist. Die Demokratie ist Revolution in Permanenz (›institutionalisierte Revolution‹); oder umgekehrt: In der Revolution konzentriert sich, was die Demokratie ausmacht, auf einen kurzen Moment. In diesem Sinne, so Castoriadis, verkörpere die Revolution die gesellschaftlich-geschichtliche Schöpfung »sous une forme brève et dense«.[628]

Die Politik, das Politische

Das politische Denken Castoriadis' prägt die Unterscheidung zwischen instituierender und instituierter Gesellschaft; ihr entspricht die Unterscheidung zwischen der Politik *(la politique)* und dem Politischem *(le politique)*.[629] Zwar verweist Castoriadis, soweit ich sehe, nirgends auf die Diskussionen am *Centre de recherches philosophiques sur le politique*, auch bei ihm aber begegnet man der (mit Marchart gesagt) ›politischen Differenz‹. Während allerdings *la politique* meist »die vielfältigen Praktiken der Politik im

---

624   So der Untertitel von *Gesellschaft als imaginäre Institution*. Zu Recht betont Zerilli: Castoriadis and Arendt, S. 546: »[T]he question [...] of the new [...] is not simply an ontological one [...]. It is a political question«.

625   Castoriadis: L'exigence révolutionnaire, S. 544.

626   Joas: Institutionalisierung als kreativer Prozeß, S. 600.

627   Castoriadis: L'exigence révolutionnaire, S. 548. Andere Definitionen des Begriffs ›Revolution‹ schüren erneut den Argwohn, Castoriadis vernachlässige das bewusste Handeln der Subjekte: »La révolution est un changement de certaines institutions centrales de la société par l'activité de la société elle-même: l'autotransformation explicite de la société, condensée dans un temps bref. [...] La révolution signifie l'entrée de l'essentiel de la communauté dans une phase d'activité *politique*, c'est-à-dire *instituante*. L'imaginaire social instituant se met au travail et s'attaque explicitement à la transformation des institutions existantes.« (Castoriadis: Ce qu'est une révolution, S. 177)

628   Castoriadis: Ce qu'est une révolution, S. 178; vgl. ebd.

629   Vgl. hierzu und weiter für diesen Unterabschnitt Seyfert: Castoriadis, S. 264ff.

konventionellen Sinne«[630] bezeichnet, spricht Castoriadis hier von *le politique;* umgekehrt bezieht er *la politique* auf die Dimension der gesellschaftlichen Instituierung.

Das Politische *(le politique)* benennt nicht »die Institution der Gesellschaft als Ganzer«; es dient nicht dazu, »die Beziehungen des Menschen zu seinesgleichen und zur Welt, die Vorstellung von Natur und Zeit oder das Verhältnis von Macht und Religion hervorzubringen.«[631] Vielmehr sei *le politique* die gesellschaftliche Sphäre, in der bestimmte »*Instanzen*« (beispielsweise ein Häuptling, der *demos,* die Bürokratie) »*verbindliche Anweisungen erlassen können*«.[632] Damit verfügten diese Instanzen über »explizite Macht«.[633] Bei dem Politischen also stehe »le pouvoir dans une société«[634] im Mittelpunkt. Wo Macht sei, gebe es »des décisions d'ordre collectif. Ces décisions s'imposeront à tout le monde.«[635] Ihre Existenz verdanke die (explizite) Macht der instituierenden Gesellschaft, deren Macht selbst nicht verortet werden könne.[636]

Um Missverständnisse zu vermeiden, grenzt Castoriadis die Macht gegen den Staat ab.[637] Die Entstehung des Staates – die Schöpfung des *eidos* ›Staat‹ – sei zeitlich und räumlich präzise festzumachen und stelle, anders als die Macht, keine gesellschaftliche Universalie dar. Es gebe Gesellschaften ohne Staat, aber keine Gesellschaft ohne (politische) Macht.[638] Ein weiteres Argument gegen die Identifizierung des Politischen oder der Macht mit dem Staat tritt als Kritik an Max Weber auf. Macht sei nicht reduzierbar auf »das *Monopol legitimer physischer Gewaltsamkeit*«[639], laut Weber das Kennzeichen eines Staates. Denn, so Castoriadis, »[ü]ber dem Monopol auf legitime Gewaltanwendung steht das Monopol auf das legitime Wort und über dieses wiederum herrscht das Monopol auf die gültige Bedeutung. Der Herr der Bedeutung thront also über dem Herrn der Gewalt.«[640] Das Argument erinnert an Searles These, die Macht der Regierung oder des Staates beruhe auf »kollektiver Anerkennung«.[641] Mit Castoriadis könnte man sagen: Staatliche Gewalt stützt sich auf den »imaginären Glauben an Ihre [sic!] imaginäre Legitimität«.[642] Macht beruhe »nicht auf Zwang [...], sondern auf der Verinnerlichung

---

630   Mouffe: Über das Politische, S. 15.

631   Castoriadis: Macht, Politik, Autonomie, S. 148.

632   Ebd., S. 147, Hv. i. Orig.; vgl. ebd.

633   Castoriadis: Das griechische und moderne politische Imaginäre, S. 93.

634   Castoriadis: Démocratie et relativisme, S. 46.

635   Ebd., S. 47.

636   Vgl. Castoriadis: Macht, Politik, Autonomie, S. 141.

637   Siehe etwa Castoriadis: Démocratie et relativisme, S. 47.

638   Vgl. Castoriadis: Macht, Politik, Autonomie, S. 147. Siehe zur Universalität der Macht auch Castoriadis: Démocratie et relativisme, S. 46: »Du pouvoir dans une société, il y en a toujours eu et il y en aura toujours – pouvoir au sens de décisions concernant la collectivité qui prennent un caractère obligatoire et dont le non-respect est sanctionné d'une façon ou d'une autre, ne serait-ce que le ›Tu ne tueras point‹.«

639   Max Weber: Politik als Beruf. In: ders.: Studienausgabe der Max Weber-Gesamtausgabe. Bd. I/17. Wissenschaft als Beruf 1917/1919. Politik als Beruf 1919 (Hg. Mommsen, Wolfgang J[ustin]/ Schluchter, Wolfgang). Tübingen 1994, S. 35-88, 36, Hv. i. Orig.

640   Castoriadis: Macht, Politik, Autonomie, S. 146.

641   Searle: Soziale Welt, S. 274.

642   Castoriadis: Macht, Politik, Autonomie, S. 146.

der von der fraglichen Gesellschaft instituierten Bedeutungen durch die gesellschaftlich produzierten Individuen«.[643]

Die ›explizite Macht‹ sei schließlich auch nicht das Politische im Sinne Carl Schmitts.[644] Dessen Kriterium des Politischen, »die Unterscheidung von *Freund* und *Feind*«[645], könne eine Gesellschaft nicht konstituieren[646], da die Freund/Feind-Unterscheidung durch das bedeutungsstiftende ›gesellschaftliche Imaginäre‹ zunächst einmal geschöpft werden müsse.[647]

Die griechische(n) Erfindung(en)

> Ein Philosoph ist bereits ein Autonomie-
> fragment mit zwei Beinen, und auch eine
> Volksversammlung ist ein Autonomiefrag-
> ment, trotz aller Fehler, die sie haben
> kann.[648]

La politique diente Nancy und Lacoue-Labarthe als Negativfolie, um davon *le politique* abheben und bestimmen zu können. Die gleiche Strategie verfolgt Castoriadis.[649] Er möchte die Gleichsetzung von Politischem und Politik aufheben, da sie das schöpferisch-revolutionäre Vermögen der Politik verdeckt.[650] Den Ursprung der Politik verortet Castoriadis im Griechenland des 8. bis 5. Jahrhunderts vor unserer Zeit.[651] Mit Arendt könnte man diese Datierung als einen Widerspruch gegen das »Vorurteil« lesen, es gäbe »Politik immer und überall [...], wo es Menschen gibt«.[652] Hat nämlich Politik einen angebbaren Ursprung, kann es sie nicht immer gegeben haben.[653] Wie für Arendt, deren Werk er kannte[654], wird für Castoriadis die griechische Schöpfung der Politik

---

643   Castoriadis: Das griechische und moderne politische Imaginäre, S. 94; siehe auch Condoleo: Vom Imaginären zur Autonomie, S. 61.

644   Vgl. Castoriadis: Macht, Politik, Autonomie, S. 146.

645   Schmitt: Begriff des Politischen, S. 26, Hv. i. Orig.

646   Siehe in diesem Sinne Schmitt: »Der Begriff des Staates setzt den Begriff des Politischen voraus.« (Ebd., S. 20)

647   Vgl. Castoriadis: Macht, Politik, Autonomie, S. 141. Der Antagonismus einer Gesellschaft stellt für Castoriadis »nur *eine* Art der Institutionalisierung dar, deren imaginärer Bedeutungs- und Sinnzusammenhang erst errichtet und erhalten werden muss«, so Seyfert: Castoriadis, S. 266, Hv. i. Orig.

648   Castoriadis: Gespräch mit Rötzer, S. 60.

649   Für die folgende Darstellung hilfreich waren Seyfert: Castoriadis, S. 266ff.; Straume: Common world, S. 368ff.

650   Vgl. Straume: Common world, S. 369; siehe auch Ingerid S. Straume: Art. ›Democracy‹. In: Adams, Suzi (Hg.): Cornelius Castoriadis. Key Concepts. London, New York 2014, S. 191-204, 196, sowie zur Unterscheidung von *le* und *la politique* die Anmerkungen ebd., S. 196f.

651   Vgl. Castoriadis: Das griechische und moderne politische Imaginäre, S. 97.

652   Arendt: Was ist Politik, S. 79.

653   Siehe etwa ebd., S. 37f.; 41f.

654   Vgl. Straume: Common world, S. 368. Castoriadis' Aufsatz über *Die griechische* polis *und die Schöpfung der Demokratie* enthält Passagen zu Arendt. In einer Vorlesung aus dem Jahr 1983 stimmt er ihrer Interpretation des griechischen Verständnisses von Politik zu, lehnt ihren Begriff des Politischen allerdings ab; vgl. Cornelius Castoriadis: Séminaire du 13 avril 1983. In: ders.: La cité et les lois. Ce

zum Bezugspunkt, von dem aus er die Politik – gegen die »liberale Oligarchie«[655] der Gegenwart – neu zu denken versucht.[656] Er spricht der attischen Demokratie keinen Modellcharakter zu.[657] Gegen den Vorwurf eines »hellénocentrisme«[658] stellt er klar, die antike griechische Kultur tauge nicht als Richtschnur für die Zukunft oder für die ganze Menschheit[659], sondern bilde einen »germe«, mit dem Bedeutsames begonnen habe: »la mise en question de soi-même«.[660] Keineswegs verhehlt Castoriadis die Defizite der griechischen Politik, z.b. den Ausschluss von versklavten Menschen und von Frauen von der politischen Partizipation; erst das moderne Europa breche die antiken Beschränkungen auf und entwickele eine Idee »politische[r] Universalität.«[661]

Mit dem Hinweis, in Griechenland habe man »Politik und Philosophie *und* die Verbindung beider [...] erschaffen«[662], hebt Castoriadis auf eine »co-appartenance essentielle«[663] von Politik und Philosophie ab: Beide setzen einander voraus und sind Ausdruck eines Strebens nach Autonomie.[664] Sah Nancy in der ›co-appartenance‹ den Keim zu einer total(itär)en Dominanz des Politischen, urteilt Castoriadis positiver. Auch er beklagt zwar, das Band zwischen Philosophie und Politik stelle sich oft als Unterordnung der Politik unter die Philosophie dar[665], hält aber für wichtiger, dass mit der Phi-

---

qui fait la Grèce, 2. Séminaires 1983-1984 (La création humaine, 3). Texte établi, présenté et annoté par Enrique Escobar, Myrto Gondicas et Pascal Vernay. Paris 2008, S. 71-90, 80f.

655   Castoriadis: Gespräch mit Rötzer, S. 62, zu dieser Wendung siehe auch Castoriadis: Welche Demokratie, S. 78.

656   Vgl. Straume: Common world, S. 368f., und siehe auch Straume: Democracy, S. 191f. Eine weitere Parallele zwischen Castoriadis und Arendt besteht in ihrem positiven Bezug auf die ungarischen Räte der Arbeiter*innen, an denen beide das Moment der Selbstorganisation hervorheben; vgl. Straume: Common world, S. 369, sowie Whitebook: Requiem for a Selbstdenker, S. 157, Anm. 1. Siehe für ein Lob des Systems der Räte etwa Hannah Arendt: Interview mit Adelbert Reif. In: dies.: Macht und Gewalt. 9. Aufl. München 1994, S. 105-133, 131ff.

657   Vgl. Cornelius Castoriadis: Die athenische Demokratie: falsche und richtige Fragen. In: ders.: Ausgewählte Schriften. Bd. 4. Philosophie, Demokratie, Poiesis (Hg. Halfbrodt, Michael/Wolf, Harald). Lich 2011, S. 123-137, 132.

658   Castoriadis: Démocratie et relativisme, S. 44; siehe auch ebd., S. 86.

659   Vgl. ebd., S. 44, und Condoleo: Vom Imaginären zur Autonomie, S. 78, die auf Kelbel: Praxis und Versachlichung, S. 270, verweist, der der Ansicht ist, Castoriadis' Rekurse auf die Demokratie Athens besäßen »weit mehr als nur die behauptete heuristische Funktion [...]. Wenn er sie als Kritikmaßstab an die politischen Institutionen der Moderne legt, erscheint sie als Ideal transhistorischer Gültigkeit, das es möglichst exakt nachzubilden gilt.« Diese Behauptung widerspricht der Überzeugung Castoriadis' von der wesentlichen ›Neuheit‹ verschiedener Gesellschaften: Die antike Demokratie sei daher »nichts, was eine zeitliche und räumliche Universalität beanspruchen könnte«, wie Delitz: Gebaute Gesellschaft, S. 113, zu Recht betont.

660   Castoriadis: Démocratie et relativisme, S. 45; vgl. ebd., S. 44f., und siehe auch ebd., S. 57; Castoriadis: Athenische Demokratie, S. 132, sowie Tassis: Castoriadis, S. 41; Straume: Democracy, S. 197f.

661   Castoriadis: Athenische Demokratie, S. 133; vgl. ebd., S. 132f.; Castoriadis: Welche Demokratie, S. 70. Zum Verhältnis von griechischer Antike und Moderne bei Castoriadis siehe auch Arnason: Castoriadis im Kontext, S. 44ff.

662   Castoriadis: Griechische polis und Schöpfung der Demokratie, S. 35, Hv. i. Orig.

663   Nancy/Lacoue-Labarthe: Ouverture (Centre), S. 14.

664   Vgl. Castoriadis: Heritage and revolution, S. 106; Karsenty: Marx à Castoriadis, S. 61.

665   »[L]es liens entre philosophie et pensée politique acquièrent un caractère particulier, qu'ils gardent encore (bien entendu, aussi chez Marx): celui de la *subordination* de la pensée politique à une

losophie die Chance zur Veränderung der Gesellschaft in die Welt kam: Die Philosophie durchbreche das Gefüge der gesellschaftlich instituierten Bedeutungen.[666]

> Das griechische Denken ist nicht mehr Kommentierung oder Interpretation heiliger oder überlieferter Texte, sondern *per se* Infragestellung der bedeutendsten Dimension der Institution der Gesellschaft: der Vorstellungen und Normen des Stammes, einschließlich des *Wahrheitsbegriffs* selbst. [...] Die Griechen [...] *erschaffen die Wahrheit* als unabschließbare Bewegung des Denkens, das ständig seine eigenen Grenzen überprüft und zu sich selbst zurückkehrt (Reflexivität) [...].[667]

Zugleich konnte die Philosophie nur in einer Gesellschaft entstehen, die sich als Polis bereits selbst schöpfte und ihre Existenz nicht mehr von einem etwa göttlichen Außen herleitete.[668] Nancy spricht davon, dass nicht Platon – die Philosophie – die griechische Polis gegründet habe, sondern umgekehrt: »[D]ie griechische Polis brauchte Platon als Teil ihrer endlosen Suche nach Legitimation, schließlich ist schon die Polis eine Gemeinschaft ohne absolute, das heißt göttliche Legitimation. [...] Am Anfang war die Polis, nicht die Philosophie.«[669] Hätte man Prophet*innen und heilige Schriften besessen, in denen die Gesetze unanfechtbar niedergeschrieben gewesen wären, so hätten weder Politik noch Philosophie erschaffen werden können.[670]

Politik und Philosophie eint der Impetus einer radikalen Infragestellung dessen, was ist.[671] Die Gelegenheit hierzu ist Castoriadis zufolge an eine bestimmte Ontologie

---

théorie, donc, en dernière analyse, à une philosophie [...]. Cette théorie prétend posséder – ou pouvoir accéder à – un savoir sur l'être de l'histoire, sur l'être de la société, sur l'être de l'homme. Ce savoir déterminerait et fonderait ce qui est à faire, politiquement. [...] La pensée classique prétend accéder à une vue théorique de *ce qui est* dans ses déterminations ›essentielles‹ ou ›fondamentales‹, et *ce qui est* déterminerait aussi *ce qui est à faire*. [...] Remarquons en passant que, dans cette version de la vue classique, la politique est en vérité *supprimée*: but et agents de la transformation de la société sont prédéterminés, il subsiste au mieux une *technique* ›politique‹ qui agencerait optimalement les ›moyens‹ de la transformation.« (Castoriadis: L'exigence révolutionnaire, S. 543, Hv. i. Orig.) Siehe auch Karsenty: Marx à Castoriadis, S. 60.

666   Vgl. Castoriadis: Das griechische und moderne politische Imaginäre, S. 96; Tassis: Castoriadis, S. 40.

667   Castoriadis: Macht, Politik, Autonomie, S. 150, Hv. i. Orig. Adams: Castoriadis and Autopoiesis, S. 79, schlägt vor, analog zu der Unterscheidung von *le* und *la politique* von *la philosophie* und *le philosophique* sprechen: Die Philosophie wäre »the invention of philosophy in the strong sense«, d.h. »the explicit interrogation or problematization of the social institution qua world«; das Philosophische hingegen das Unterfangen einer »mere interpretation« der Welt.

668   Karsenty: Marx à Castoriadis, S. 61: »La philosophie, tentative d'être autonome sur le plan de la pensée, ne peut [...] apparaître que dans une société qui a déjà [...] brisé la clôture de l'hétéronomie sociale et idéologique«.

669   Nancy: Unerträglichkeit des Undarstellbaren, S. 122; vgl. ebd., und siehe auch Tassis: Castoriadis, S. 41.

670   Vgl. Castoriadis: Macht, Politik, Autonomie, S. 149, ähnlich Rotermundt: Staat und Politik, S. 15.

671   Castoriadis: Primal institution of society, S. 93: »The possibility of thinking about and elucidating the instituting process and institutions only began to exist when the institution was called into question [...]. Here we have the birth of democracy and of philosophy, which go hand in hand.« Siehe auch Castoriadis: Social-historical, S. 226; 227.

geknüpft, an eine »Vorbedingung im Weltbild der Griechen«.[672] Im »Kern des griechischen Imaginären« finde man die Vorstellung vom Sein als Unbestimmt-Sein, als *chaos* (Hesiod) oder *apeiron* (Anaximander), was die in der attischen Tragödie dargestellte Überzeugung beinhaltete: Es gibt keine »Totalordnung«.[673] (Die Demokratie ist vor diesem Hintergrund ein »regime, whose only ›foundation‹ is the realization of the fact that no foundations can exist«.[674]) Zugleich jedoch gab es für die Griechen Formgebungen, Ordnungsversuche *(kosmos)* in das *chaos* und das *apeiron* hinein.[675] Erst dieses Zusammenspiel von *chaos* und *kosmos* habe Politik und Philosophie ermöglicht:

> Die Philosophie, wie die Griechen sie erschufen und praktizierten, ist nur möglich, weil die Welt nicht vollständig geordnet ist. Wäre sie es, gäbe es keinerlei Philosophie, sondern nur ein einziges, letztgültiges System des Wissens. Und wäre die Welt reines Chaos, bestünde keine Möglichkeit, überhaupt zu denken. Doch diese Weltsicht bedingt auch die Schöpfung der Politik. Wäre die menschliche Welt durchweg geordnet, sei es von außen oder durch ihr eigenes »unwillkürliches Tun« (»unsichtbare Hand« usw.), würden die menschlichen Gesetze durch Gott oder die Natur, durch die »Natur der Gesellschaft« oder die »Gesetze der Geschichte« diktiert, wäre kein Platz für politisches Denken, kein Raum für politisches Handeln und kein Sinn in der Frage nach dem richtigen Gesetz oder dem Wesen der Gerechtigkeit [...]. Wenn ferner die Menschen nicht durch Aufstellung von Gesetzen eine gewisse Ordnung für sich selbst erschaffen könnten, gäbe es wiederum keine Möglichkeit für politisches, instituierendes Handeln. Und wäre im menschlichen Bereich ein umfassendes und gesichertes Wissen *(episteme)* möglich, würde die Politik sofort aufhören und die Demokratie wäre zugleich ein Ding der Unmöglichkeit und eine Absurdität, denn Demokratie setzt voraus, dass alle Bürger eine korrekte *doxa* erlangen können *und* niemand in politischen Dingen eine *episteme* besitzt.[676]

Unter ›Politik‹ versteht Castoriadis das »*Zutagetreten* des Instituierenden selbst«, das heißt ein »explizites und mit möglichst klarem Bewusstsein (überlegt und entschlossen) durchgeführtes kollektives Handeln [...], das sich auf die Institution der Gesellschaft als solche bezieht«.[677] Politik zielt auf Autonomie ab[678], die sie zugleich voraussetzt, da klar sein muss, dass die gesellschaftlichen Institutionen »nichts ›Heiliges‹ oder ›Natürliches‹ haben, sondern dem *nomos* entspringen«.[679]

---

672   Castoriadis: Griechische polis und Schöpfung der Demokratie, S. 37; vgl. hierzu und zum Folgenden Tassis: Castoriadis, S. 325ff.

673   Castoriadis: Griechische polis und Schöpfung der Demokratie, S. 37; vgl. ebd., S. 37f.; 52f.

674   Straume: Democracy, S. 199.

675   Vgl. Castoriadis: Griechische polis und Schöpfung der Demokratie, S. 38.

676   Ebd., S. 38f., Hv. i. Orig.

677   Castoriadis: Macht, Politik, Autonomie, S. 150, Hv. i. Orig.; ähnlich Castoriadis: Heritage and revolution, S. 105.

678   Mit der Infragestellung des Existierenden durch Politik und Philosophie gewinne die Gesellschaft, so Condoleo: Vom Imaginären zur Autonomie, S. 77, »eine Macht zurück, die ihr auf- oder eingeprägten gesellschaftlichen imaginären Bedeutungen neu zu ordnen. Kurz: Sie gewinnt den Zugang zur Autonomie.«

679   Castoriadis: Macht, Politik, Autonomie, S. 150, Hv. i. Orig.

Castoriadis gilt Politik als ein Handeln im Modus der Möglichkeit. Ist nämlich Politik die kollektive Tätigkeit, »qui met en question les institutions existantes de la société«[680], so ist dieses Infragestellen nicht mit einer Veränderung dieser Institutionen gleichzusetzen. Vielmehr impliziert die Politik, wie man mit Marchart sagen könnte, eine »Schwächung des ontologischen Status«[681] der Institutionen, die aber die Geltung der Institutionen auch bestätigen könne.[682]

> Il ne s'agit donc pas de remettre quotidiennement à l'ordre du jour de l'assemblée la totalité des dispositions législatives existantes et d'inviter la population à les réapprouver ou à les changer. Il s'agit simplement de ménager la possibilité – mais la possibilité effective – que les institutions puissent être altérées, et sans qu'il faille pour cela des barricades, des torrents de sang, des bouleversements et tout le reste.[683]

Wie stellt sich Castoriadis politisches Handeln und das Subjekt politischen Handelns vor? Was begrenzt das politische Handeln?[684] Und wie lässt sich die »De-Institutionalisierung«, die Politik ist, institutionalisieren, wie kann »die Reflexivität des Institutierten [sic!] durch Institutionalisierung garantiert werden«?[685] Kurz gefragt: Welche Politik der Gemeinschaft entwirft Castoriadis?

Als *genitivus subjectivus*, so wird sich zeigen, versteht er die Politik der Gemeinschaft als eine Politik der gesamten Gemeinschaft – an ihr sollen sich alle Gemeinschaftsmitglieder unvermittelt beteiligen. Vielleicht bleibt deshalb die Politik der Gemeinschaft als *genitivus objectivus* unterbelichtet: Wie wird das kollektive politische Subjekt selbst zum Objekt (s)einer Infragestellung? Die These lautet: Bei Castoriadis finden sich zwar Ansätze zur Institutionalisierung einer Nicht-Identität des Kollektivs, aber das politische Kollektiv bleibt dennoch insgesamt zu homogen gedacht; Castoriadis übergeht die konfliktuösen Spannungen, die es durchziehen und teilen.[686]

Demokratie als Politik der Gemeinschaft

Castoriadis' Rückgang auf das griechische Politikverständnis provoziert, weil er die Forderung nach einer direkten Demokratie beinhaltet.[687] »Demokratie ist die Macht des

---

680 Castoriadis: Démocratie et relativisme, S. 47.

681 Marchart: Politische Differenz, S. 62.

682 Vgl. Castoriadis: Démocratie et relativisme, S. 47.

683 Ebd., S. 106f., ähnlich Castoriadis: Welche Demokratie, S. 75f. In diesem Sinne sei »Politik [...] der Kampf um die Transformation des *Verhältnisses* einer Gesellschaft zu ihren Institutionen«. (Seyfert: Castoriadis, S. 269, Hv. i. Orig.)

684 Vgl. hierzu Castoriadis: Griechische polis und Schöpfung der Demokratie, S. 40ff.

685 van Dyk: Poststrukturalismus, S. 206.

686 Ich folge mit dieser These den Arbeiten von Jeff Klooger: *Plurality and Indeterminacy: Revising Castoriadis's overly homogeneous conception of society* sowie Antoine Chollet: ›*Peuple-Un‹ ou dèmos: les figures du peuple chez Lefort et Castoriadis.*

687 Vgl. Chollet: Peuple-Un ou dèmos, S. 33, und siehe etwa Castoriadis: Griechische polis und Schöpfung der Demokratie, S. 41f., oder Castoriadis: Séminaire du 13 avril 1983, S. 87, wo es heißt, »la vraie démocratie est la démocratie directe, la démocratie représentative n'est pas la démocratie«. Für eine explizite Befürwortung der direkten Demokratie (gegenüber der partizipativen) siehe auch Castoriadis: Démocratie sans la participation, S. 203.

demos, das heißt der Gemeinschaft«[688]; sie sei »pouvoir du peuple, souveraineté de la collectivité«.[689] In Castoriadis' Aufsatz *La source hongroise* (1976) heißt es über die Organisation der Räte, was auch auf die Demokratie zutrifft:»[T]outes les décisions doivent en principe être prises, chaque fois que c'est matériellement possible, par le collectif entier des personnes concernées, c'est-à-dire par l'assemblée générale du ›corps politique‹«.[690] Politisches Handeln ist nicht das Handeln Einzelner, sondern eine kollektive Angelegenheit. Die Beteiligung aller an Entscheidungen müsse dort ihren Anfang nehmen und verwurzelt sein, wo die Menschen ohnehin miteinander zu tun haben, miteinander handeln: »La participation doit s'enraciner d'abord dans des lieux où les gens sont amenés, qu'ils le veuillent ou non, à s'associer. Ces lieux existent, du moins formellement: ce sont les entreprises, les services publics, les communes, les quartiers des grandes villes, par exemple.«[691]

Castoriadis spricht von einem »Geist der Demokratie«[692], dem man vor allem in den demokratischen Institutionen und der demokratischen Praxis Athens begegne.[693] Die Wendung erinnert an Nancys Behauptung, »dass ›Demokratie‹ *Geist ist*, bevor sie Form, Institution, politisches und soziales Regime ist«.[694] Auch Castoriadis stellt fest: »Demokratie ist kein institutionelles *Modell*, sie ist nicht einmal ein ›Regime‹ im herkömmlichen Sinne des Wortes. Demokratie ist die Selbstinstitution des Kollektivs durch das Kollektiv und diese Selbstinstitution als Bewegung.«[695]

Der *demos*, so Chollet, sei nicht das instituierende ›gesellschaftliche Imaginäre‹: Es gibt keine Gesellschaft ohne das Imaginäre, aber nicht jede Gesellschaft ist demokratisch; anders gesagt, nur in einer demokratischen Gesellschaft vollzieht sich die Selbstinstitution explizit, das heißt: autonom.[696] Mit der Verpflichtung der Demokratie auf die Autonomie stellt sich auch für Castoriadis die Demokratie als die Möglichkeit einer »prinzipielle[n] Überschreitung der politischen Ordnung«[697] dar, wie Nancy formuliert. Ist Politik eine Praxis der Infragestellung, so könne ihr Ziel – Autonomie – kein »Endziel« sein, betont Castoriadis, das definierbar wäre »durch irgendeinen Zustand oder irgendwelche charakteristischen Merkmale«.[698] Zwar ist mit der Autonomie

---

688 Castoriadis: Welche Demokratie, S. 74, Hv. i. Orig.

689 Castoriadis: Séminaire du 13 avril 1983, S. 74. In diesem Sinne fehle es in einer »démocratie directe« an jeglicher »distinction/opposition voulue entre peuple et représentants, peuple et experts, peuple et État«. (Ebd., S. 86)

690 Castoriadis: La source hongroise, S. 594; vgl. Chollet: Peuple-Un ou dèmos, S. 33f., dessen Text (ebd., S. 34) ich auch den Hinweis auf die beiden zuletzt angeführten Castoriadis-Zitate verdanke.

691 Castoriadis: Démocratie sans la participation, S. 204; vgl. Chollet: Peuple-Un ou dèmos, S. 39.

692 Castoriadis: Athenische Demokratie, S. 130.

693 Vgl. ebd.; Castoriadis: Das griechische und moderne politische Imaginäre, S. 98; Castoriadis: Ce qu'est une révolution, S. 182.

694 Nancy: Wahrheit der Demokratie, S. 35, Hv. i. Orig. (VD 30, Hv. i. Orig.).

695 Castoriadis: Athenische Demokratie, S. 127, Hv. i. Orig.

696 Vgl. Chollet: Peuple-Un ou dèmos, S. 34; siehe auch Straume: Common world, S. 370, und etwa Castoriadis: Démocratie et relativisme, S. 89: »[L]a démocratie [...], c'est l'auto-institution explicite«.

697 Nancy: Wahrheit der Demokratie, S. 61 (VD 53).

698 Castoriadis: Gesellschaft als imaginäre Institution, S. 129; vgl. ebd., S. 128f. Wie wir bereits zitiert haben, gilt nach Ansicht Castoriadis': »Praxis [...] gibt es nur, wenn ihr Gegenstand seinem Wesen nach jeden Abschluß überschreitet und wenn sie selbst in einem ständig sich wandelnden Verhält-

das Ziel politischen Handelns vorgegeben, jedoch nicht als ein Fixpunkt, mit dessen Erreichen die Politik endete. Autonomie meint ein Vermögen zur »ständige[n] Selbstveränderung«[699]; bedeutet, dass die ›gesellschaftlichen imaginären Bedeutungen‹ und die von ihnen getragenen Institutionen jederzeit und immer wieder aufs Neue in Frage gestellt und umgeformt werden können.[700]

Allerdings geht Castoriadis einen entscheidenden Schritt weiter als Nancy, der es versäumt, seine in der Tat recht »spiritualistisch‹ und ›idealistisch«‹[701] anmutenden Ausführungen zur Demokratie auf institutionelle Füße zu stellen. Die »prinzipielle Überschreitung der politischen Ordnung«, merkt Nancy an, könne nur »ausgehend von der *Polis* [...], von ihrer Institution und ihren Kämpfen«[702] sich ereignen, er sagt aber nicht, um welche Institution(en) es sich dabei handeln könnte. Anders Castoriadis, der erkennt: Möge die Demokratie auch ›Geist‹ sein, sie kann ohne institutionelle Rahmung nicht bestehen. Demokratie sei (notwendigerweise) ein Regime:

> La démocratie, c'est un régime. [...] La démocratie est un régime où il y a des droits, où il y a l'*habeas corpus*, où il y a la démocratie directe et où la transformation des conditions sociales et économiques permet la participation des citoyens. [...] Parce qu'il est absurde de parler d'un régime, d'une société qui s'auto-institue, s'il n'y a pas des formes déjà instituées qui permettent l'auto-institution. [...] Pour que la société puisse effectivement être libre, être autonome, pour qu'elle puisse changer ses institutions, elle a besoin d'institutions qui lui permettent de se faire.[703]

Eine autonome Gesellschaft bedarf Institutionen der Autonomie.[704] Das hieße, dass sich die Kämpfe für die Bewahrung der »Abwesenheit der gesetzten, abgesetzten und durchgesetzten *archie*«[705] als Kämpfe für die Institutionen der gesellschaftlichen Auto-

---

nis zu diesem Objekt steht.« (Ebd., S. 153) Diese Passage führt auch Condoleo: Vom Imaginären zur Autonomie, S. 78; 105, an.

699   Castoriadis: Gesellschaft als imaginäre Institution, S. 607.

700   Seyfert: Castoriadis, S. 269, betont, das »Ziel der Politik« sei für Castoriadis ein »Zustand, in dem die Frage nach der Gültigkeit der Gesetze dauerhaft offen bleiben muss. Die Gesamtheit muss immer in der Lage sein, ihre Regeln zu transformieren – mit dem Bewusstsein, dass diese Regeln weder vom Willen Gottes noch vom Wesen der Dinge oder von der Vernunft der Geschichte herrühren, sondern stets von ihr selbst.« Siehe auch Tassis: Castoriadis, S. 45: »Die Demokratie im castoriadisschen Denken ist kein Himmel auf Erden, sondern dazu verurteilt, als ständige Selbstinstituierung der Gesellschaft stets unvollkommen zu bleiben.«

701   Nancy: Wahrheit der Demokratie, S. 35 (VD 30).

702   Ebd., S. 61, Hv. i. Orig. (VD 53, Hv. i. Orig.).

703   Castoriadis: Démocratie et relativisme, S. 95f., Hv. i. Orig.

704   »Une société autonome est une société qui a des institutions d'autonomie«. (Ebd., S. 107) Für die Demokratie Athens stellt Castoriadis: Séminaire du 13 avril 1983, S. 84, Hv. i. Orig., fest: »[L]a participation des citoyens au pouvoir [...] n'est pas simplement vue comme un *desideratum* abstrait: elle est si l'on peut dire activement promue [...] par les institutions formelles et informelles de la cité«. Kelbel: Praxis und Versachlichung, S. 252, formuliert: »Konstitutionstheoretisch betrachtet, geht es darum, die Fähigkeit zur Selbstveränderung, über die jede Gesellschaft prinzipiell verfügt, institutionell auf Dauer zu stellen und dadurch zugleich der permanenten Gefahr der ›Schließung‹ vorzubeugen.« Die Wichtigkeit, den demokratischen ›Geist‹ institutionell zu verankern, betont im Anschluss an Lefort etwa auch Marchart: Prekarisierungsgesellschaft, S. 118.

705   Nancy: Wahrheit der Demokratie, S. 64f., Hv. i. Orig. (VD 57, Hv. i. Orig.).

Institution konkretisieren müssten. Was tun? Castoriadis' Antwort lautet: »[L]utter pour des institutions qui élargissent les possibilités d'autogouvernement collectif, combattre toutes les tendances qui s'y opposent«.[706]

Institutionen der Demokratie[707]

Als fundamental für das griechische Verständnis von Politik und Demokratie hebt Castoriadis die Idee einer Gleichheit aller (männlichen und freien) Bürger hervor.[708] Gleichheit meinte vor allem die durch Regeln und das *ethos* der Polis geförderte Pflicht, sich aktiv an den öffentlichen Belangen zu beteiligen.[709] Dies bedeutete, an der Volksversammlung *(ekklesia)* teilzunehmen, die somit (zumindest der Theorie nach) mit dem *demos* identisch war.[710]

Die Volksversammlung verabschiedete nicht nur Gesetze, sondern hatte eine Vielzahl weiterer Aufgaben (z.B. die Abwicklung außenpolitischer Angelegenheiten, die Verleihung von Bürgerrechten, die Entscheidung über Krieg und Frieden, die Regelung von Zoll- und Steuersachen, die Klärung religiöser Fragen), für deren Erledigung sie mit fast absoluter Macht ausgestattet war. Keine andere Institution durfte die Volksversammlung daran hindern, Beschlüsse zu fassen, und kein anderes Organ konnte ihre Beschlüsse aufheben.[711] In der Ekklesia hatten alle Bürger Rede- und Stimmrecht *(isegoria* und *isephephia)*[712], mussten ihre Meinung offen kundtun *(parrhesia)*, durften In-

---

706　Castoriadis: Ce qu'est une révolution, S. 180.

707　Ich folge nachstehend vor allem Castoriadis: Griechische polis und Schöpfung der Demokratie, S. 40ff. Eine dieser Institutionen, auf die hier jedoch nicht eingegangen werden soll, ist die Erziehung *(paideia)*; vgl. Castoriadis: Démocratie et relativisme, S. 96; 126, und siehe neben den Hinweisen im Unterabschnitt *Ein verborgener Cartesianismus?* die Darstellung von Straume: Paideia.

708　Tassis: Castoriadis, S. 44, bezeichnet ›Gleichheit‹ (neben ›Freiheit‹) als einen der »Hauptwerte« bei Castoriadis. Um in das Bürgerverzeichnis des *demos* aufgenommen zu werden, waren etwa die soziale Stellung der Eltern, das eigene oder elterliche Vermögen oder Einkommen, der Beruf, Wohnsitz oder Familienstand sowie die religiöse Gesinnung unerheblich; als Bürger anerkannt wurde, wer männlich, 18 Jahre alt war und dessen Eltern Bürger*innen Athens waren, hält Aristoteles: Der Staat der Athener. Rev. u. bibliograph. erg. Ausg. (Übers.u. Hg. Dreher, Martin). Stuttgart 2009, S. 76, fest; vgl. Tuttu Tarkiainen: Die athenische Demokratie. München 1972, S. 209f., und siehe zu der Bestimmung einer Abstammung von Athener Eltern auch Castoriadis: Séminaire du 13 avril 1983, S. 77. Arendt: Vita activa, S. 42, erinnert daran, dass die antike Gleichheitsvorstellung insofern wenig mit der modernen gemein habe, als sie »die Existenz von ›Ungleichen‹ als selbstverständlich voraus[setzte]«.

709　Vgl. Castoriadis: Griechische polis und Schöpfung der Demokratie, S. 41. Hier wird deutlich, weshalb ›Gleichheit‹ und ›Freiheit‹, wie Tassis: Castoriadis, S. 44, feststellt, eng verknüpft sind: Freiheit ist die gleiche Möglichkeit aller Bürger, sich durch Ausübung der Politik an der Selbstinstituierung der Gesellschaft zu beteiligen.

710　Vgl. Tarkiainen: Athenische Demokratie, S. 224. Die meisten Entscheidungen traf nur ein Teil des Volkes; wichtige Beschlüsse (etwa über Ostrakisierung) forderten ein Quorum von mindestens 6000 Bürgern. (Vgl. ebd., S. 224f.)

711　Vgl. ebd., S. 230ff. Peter Rhodes: Art. ›Ekklesia‹. In: Der Neue Pauly. Enzyklopädie der Antike. Bd. 3. Cl-Epi (Hg. Cancik, Hubert/Schneider, Helmuth). Stuttgart, Weimar 1997, Spp. 934-936, 934, spricht der Volksversammlung in diesem Sinne »letzte Entscheidungskompetenz« zu.

712　Arendt: Was ist Politik, S. 40, sieht in der *isegoria* (der Redefreiheit) eine Gleichheit *(isonomia)* verwirklicht, die weder bedeutet habe, »daß alle vor dem Gesetz gleich sind, noch daß das Gesetz für alle gleich ist, sondern lediglich, daß alle den gleichen Anspruch auf politische Tätigkeit ha-

itiativen einbringen, Änderungen vorschlagen. Das Engagement der Bürger erstreckte sich über die Beteiligung an der Ekklesia hinaus auch auf die Rechtsprechung (dikázein), die nicht Berufs-, sondern durch Los bestimmten Laienrichtern unterstand.[713]

Mit der Gleichheit der Bürger hängt die wichtige Institution des Losentscheids zusammen.[714] »Der Skandal der Demokratie und des Losverfahrens«[715], so Rancière, liege darin, Macht nicht wie üblich auf Herkunft, Reichtum, Kraft oder Wissen zurückzuführen[716], sondern sie als »die Macht des Beliebigen«[717] zu verstehen, als eine Macht ohne »natürliche Grundlage dafür [...], über die zu herrschen, die ihrerseits keine natürliche Grundlage zum Beherrschtwerden haben«.[718] Die Politik begründet die Macht der Regierung durch einen Entzug aller Gründe.[719]

Castoriadis führt die ›Macht des Beliebigen‹ anhand weiterer Elemente der attischen Demokratie vor Augen.[720] Er erinnert an die Expertise der Ekklesia in allen politischen Angelegenheiten. Die Volksversammlung ließ sich bei technischen – also lehr- und lernbaren – Sujets beraten.[721] Handelte es sich jedoch um Belange, die die Polis betrafen, galt fremdes Fachwissen nichts, sondern durfte jeder Bürger seine Ratschläge einbringen.[722] Die Expertise des demos zeigte sich zudem in einer Art Benutzer*innen-expertise: Ob ein Schiff etwas taugt, weiß die Besatzung am besten, und in Dingen, die die gesamte polis betreffen, urteilt sie am kompetentesten.

---

ben, und diese Tätigkeit war in der Polis vorzugsweise eine Tätigkeit des Miteinander-Redens«. Für Rancière: Unvernehmen, S. 28, Hv. i. Orig., offenbart sich in dem Umstand, dass in der athenischen Ekklesia »jeder Beliebige« sprechen durfte, die »Anarchie« der gesellschaftlichen Ordnung.

713　Vgl. Castoriadis: Griechische polis und Schöpfung der Demokratie, S. 41; Tarkiainen: Athenische Demokratie, S. 230; 237; 240; ferner auch Rhodes: Ekklesia, Sp. 935.

714　Siehe etwa die Hinweise bei Castoriadis: Griechische polis und Schöpfung der Demokratie, S. 41; 45; Castoriadis: Athenische Demokratie, S. 124; 131.

715　Jacques Rancière: Der Hass der Demokratie. Berlin 2011, S. 51.

716　Vgl. ebd., S. 50f.

717　Ebd., S. 53.

718　Ebd., S. 52.

719　Vgl. ebd., S. 54; siehe zu diesem Absatz auch die Darstellung bei Simon Herzhoff: [Rezension von] Jacques Rancière: Der Hass der Demokratie. Veröffentlicht am 1.4.2011, o. S., Abs. 17f. Abrufbar unter: <https://www.socialnet.de/rezensionen/11184.php> (Zugriff am 29.1.2022).

720　Vgl. zum folgenden Absatz Castoriadis: Griechische polis und Schöpfung der Demokratie, S. 42f.

721　Wenn etwa »im Bauwesen der Stadt etwas geschehen [soll], so holen sie [die versammelten Athener, S. H.] die Baumeister zur Beratung über die Gebäude; wenn im Schiffwesen, dann die Schiffbauer«. (Platon: Protagoras. In: ders.: Sämtliche Werke. Bd. 1. Apologie, Kriton, Protagoras, Hippias II, Charmides, Laches, Ion, Euthyphron, Gorgias, Briefe. In der Übersetzung von Friedrich Schleiermacher [Hg. Otto, Walter F[riedrich]/Grassi, Ernesto/Plamböck, Gert]. Reinbek bei Hamburg 1968, S. 49-96, 60 [319b-c]) Einige der Experten – etwa »alle mit militärischen Aufgaben betrauten Amtsträger« (Aristoteles: Staat der Athener, S. 97) – wurden gewählt. Castoriadis: La source hongroise, S. 603f., hält diese Beratungsfunktion von Expert*innen für unverändert sinnvoll; kein Experte und keine Expertin aber solle darüber entscheiden dürfen, worüber er oder sie aufgrund seines oder ihres ausgewiesenen Wissens informiert.

722　»Wenn aber über Verwaltung der Stadt zu ratschlagen ist, so steht jeder auf und erteilt [...] seinen Rat: Zimmermann, Schmied, Schuster, Krämer, Schiffsherr, Reiche, Arme, Vornehme, Geringe, einer wie der andere, und niemand macht einem Vorwürfe darüber [...], daß er, ohne dies irgendwo gelernt zu haben oder seinen Meister darin aufzeigen zu können, sich nun doch unterfangen wolle, Rat zu geben.« (Platon: Protagoras, S. 61 [319c-d])

Der Niedergang der demokratisch verstandenen Expertokratie, meint Castoriadis, sei einer der Gründe für die Entstehung der modernen, hierarchisch organisierten Bürokratie. Die Auffassung, nur Politiker*innen könnten als Expert*innen technisch-sachverständig eine Lösung für sämtliche Probleme ersinnen, disqualifiziere und entmündige die Bürger*innen und widerspreche dem demokratischen ›Geist‹.[723] Für die Griechen habe Politik nicht darin bestanden, die Angelegenheiten der Polis (bürokratisch) lediglich zu verwalten. Umgekehrt hieß das: Die attische Administration war politisch funktionslos. Die Ausführung bürokratischer Aufgaben erledigten von (ausgelosten) Bürgermagistraten beaufsichtigte versklavte Menschen.[724]

Der Grundsatz, dass »Entscheidungen, die gemeinsame Angelegenheiten betreffen, [...] von der Gemeinschaft«[725] zu treffen sind, hat eine Folge, die in eins die Voraussetzung dieses demokratischen Prinzips ist: die »Entstehung eines *öffentlichen Raumes*«.[726] Hölscher führt aus:

> Die Polis als »politische« Form zeichnete sich dadurch aus, daß Handlungen, Rechte und Verantwortungen von den einzelnen Familien in zentralen Bereichen des Lebens auf die Gemeinschaft der Bürger und ihre kollektiven Institutionen verlegt wurden, und daß dies auch Formen des Zusammen-Lebens in gemeinsamen Siedlungen mit Orten des gemeinschaftlichen Handelns nach sich zog. [...] Pointiert gesagt: Die Entstehung der Polis-Stadt ist nicht so sehr ein Phänomen der Architektur als vielmehr [...] der Strukturierung des gemeinschaftlichen Lebens im Raum.[727]

Im öffentlichen Raum, der in allen griechischen Poleis vorhanden gewesen sei[728], wurde publik, was für die Polis von Bedeutung war (z.B. die Gesetze), und konnte (nicht nur) über Politik frei geredet werden.[729] Die Schaffung des öffentlichen Raumes »geht einher mit den [...] Grundzügen des Bürgers: *isegoria*, das gleiche Recht aller, sich freimütig zu äußern, und *parrhesia*, die Verpflichtung aller, in öffentlichen Angelegenheiten ihre ehrliche Meinung zu sagen«.[730] Hierbei lässt Castoriadis jedoch die Rolle der Architektur unberücksichtigt: Der öffentliche Raum muss ein offener, freigeräumter Raum sein,

---

723 Vgl. Castoriadis: Griechische polis und Schöpfung der Demokratie, S. 43; zur *»illusion de l'expertise«* siehe auch Castoriadis: Démocratie sans la participation, S. 205, Hv. i. Orig.

724 Vgl. Castoriadis: Griechische polis und Schöpfung der Demokratie, S. 44f.

725 Ebd., S. 47.

726 Ebd., Hv. i. Orig.; vgl. ebd., S. 47f. Siehe auch Straume: Common world, S. 369, sowie Tonio Hölscher: Öffentliche Räume in frühen griechischen Städten. Heidelberg 1998, S. 12: »Die urbanistische Struktur der Stadt ist sowohl Ergebnis als auch Voraussetzung des gesellschaftlichen Lebens. Sie ist nicht nur ein sekundärer Spiegel der realen Lebensverhältnisse, sondern ein primäres formierendes Prinzip: Durch die Strukturierung der Stadt gibt die Gemeinschaft der Bewohner ihrem gesellschaftlichen Leben bestimmte, signifikante Formen.«

727 Hölscher: Öffentliche Räume, S. 15.

728 Vgl. ebd., S. 15f.

729 Vgl. Castoriadis: Griechische polis und Schöpfung der Demokratie, S. 47.

730 Ebd., S. 47f., Hv. i. Orig.

damit er, wie Castoriadis das griechische *ta koina* übersetzt, ein Raum ist, der »allen gehört«[731], auf dem alle erscheinen und frei sprechen und denken können.[732]

Einheit des politischen Körpers?

Nicht zuletzt baut der öffentliche Raum einer Politik des privaten Interesses vor. Interessen, die nicht auf das Allgemeine zielen, sollten aus Sicht Castoriadis' bei politischen Entscheidungen keine Rolle spielen.[733] Aristoteles erwähnt etwa die Regelung »daß an der Beratung über eine Kriegserklärung an einen Nachbarstaat diejenigen Bürger nicht teilnehmen dürfen, deren Güter nach der Seite dieses Staates liegen, indem man annimmt, daß ihr Eigeninteresse sie zur rechten Beratung unfähig macht«.[734] So berechtigt die Forderung nach einer Eigeninteresselosigkeit ist, wenn man damit die Auswüchse des Lobbyismus kritisieren möchte[735], so fragwürdig erscheint sie, klopfte man sie auf ihre gesellschaftstheoretischen Implikationen ab. Es zeichnet sich eine Vorstellung von der Gesellschaft als Einheit ab, aus der Konflikte weitgehend getilgt sind. »[I]l faut maintenir«, betont Castoriadis, »l'unité du corps politique en tant que corps politique qui a en vue l'intérêt général de la société et non pas, par exemple, celui des viticulteurs du Midi«.[736] Damit ist zwar nicht behauptet, dass man »l'existence de particularités dans la société« ignorieren oder von einer »société unifiée«[737] sprechen könne, wie Castoriadis auf eine Frage Chantal Mouffes hin klarstellt.[738] Dennoch beklagt er, das Gegeneinander von Interessen erodiere den politischen Raum »heillos«.[739] Das Wort ist hier unzweifelhaft negativ konnotiert, ließe sich aber auch positiv als Hinweis auf eine prinzipielle Konflikthaftigkeit des sozialen Raumes, eine »Unauslöschlichkeit des Antagonismus«[740] interpretieren, der die Gesellschaft als eine nicht totalisierbare, kontingente Ordnung enthüllt. Die Dimension des Antagonismus, so Mouffe,

> behindert [...] die vollständige Totalisierung der Gesellschaft und steht der Möglichkeit einer Gesellschaft jenseits von Spaltungen und Machtkämpfen entgegen. Dies [...]

---

731   Ebd., S. 47.

732   Vgl. ebd. Hölscher: Öffentliche Räume, S. 16, hält »für entscheidend [...] nicht die Existenz eines Platzes an sich, sondern seine Funktion: Die griechischen Poleis besaßen Plätze, auf denen die Bewohner zu politischen Aufgaben zusammenkamen und sich als Mitglieder einer autonomen städtischen Gemeinschaft formierten«.

733   Vgl. Castoriadis: Griechische polis und Schöpfung der Demokratie, S. 46.

734   Aristoteles: Politik, S. 259 (1330a); vgl. Castoriadis: Griechische polis und Schöpfung der Demokratie, S. 46; Castoriadis: Démocratie et relativisme, S. 117f.

735   Vgl. Castoriadis: Griechische polis und Schöpfung der Demokratie, S. 46.

736   Castoriadis: Démocratie et relativisme, S. 119; auch zitiert bei Chollet: Peuple-Un ou dèmos, S. 39, Anm. 1, der ausführt: »[I]l y a bien une *unité* de la démocratie chez Castoriadis, au sens profond du terme, qui se traduit tout à la fois par l'unité de la cité, l'unité des décisions ou du ›pouvoir explicite‹, l'unité des valeurs démocratiques [...] et l'unité du peuple lui-même, qui découle des précédentes tout en les rendant possibles«. (Ebd., S. 38f., Hv. i. Orig.)

737   Castoriadis: Démocratie et relativisme, S. 119.

738   Mouffe hatte von Castoriadis wissen wollen, wie sich seine Idee der Demokratie mit der »question du pluralisme« (ebd., S. 110) vertrage. Wolle man die Demokratie denken, müsse man »la défense des minorités« (ebd.) mitdenken.

739   Castoriadis: Griechische polis und Schöpfung der Demokratie, S. 46.

740   Mouffe: Agonistik, S. 12.

macht es notwendig, sich mit dem Fehlen eines letzten Urgrundes abzufinden und mit der Unentscheidbarkeit, von der jede Ordnung durchdrungen ist.[741]

In diesem Sinne lautet Mouffes Entgegnung auf Castoriadis, dass der oberflächliche Konflikt um Interessen tatsächlich ein »conflit sur les différentes interprétations du bien commun« sei, der zeige, dass man heute nicht mehr als selbstverständlich voraussetzen dürfe, »qu'il y a une seule ou même une interprétation de l'intérêt général plus juste qu'une autre«.[742]

Ein weiteres Indiz dafür, dass Castoriadis der Idee von der Polis-Gemeinschaft als »peuple-Un«[743] anhängt, ist seine Behauptung: Demokratie kenne keine Repräsentation.

> L'idée de la représentation est [...] une idée moderne, et son enracinement dans l'hétéronomie politique et l'aliénation politique est évident.[744] [...] Les représentants sont des représentants auprès du pouvoir. Donc, le fait d'élire des représentants présuppose qu'il y a un roi [...]. Et le roi gouverne. *King in his Parliament*, ce n'est pas la monarchie absolue, c'est le roi dans son Parlement avec les représentants de ses sujets.[745]

Der demokratische Souverän ist für Castoriadis die nicht repräsentierbare »Gesamtheit der Betroffenen«.[746] Es könne Demokratie nur als direkte Demokratie geben: »Une démocratie représentative n'est pas une démocratie«.[747] Repräsentiert zu werden, hält Castoriadis für eine Beleidigung.[748] Mit Aristoteles erinnert er daran, dass die Wahl (der Besten, der *aristoi*), ein aristokratisches Verfahren sei[749], das überdies die Freiheit der Bürger*innen auf einen einzigen (Wahl-)Tag alle paar Jahre beschneide, wie er der Kritik Rousseaus zustimmt.[750]

---

741   Ebd., S. 21.

742   Mouffe in Castoriadis: Démocratie et relativisme, S. 120. Klooger: Plurality and indeterminacy, S. 489, verteidigt Castoriadis: »It would be implausible to claim that Castoriadis ignored social division and conflict. Half a lifetime of Marxism, his interest in workers' movements, and his analysis of the operation of the competing imaginaries of autonomy and rational mastery all testify to the contrary.«

743   Lefort: La logique totalitaire, S. 101, siehe auch Lefort: L'image du corps, S. 165. Den Hinweis auf diese Wendung verdanke ich dem Aufsatz von Antoine Chollet ›Peuple-Un‹ ou dèmos: les figures du peuple chez Lefort et Castoriadis.

744   Siehe auch Castoriadis: La source hongroise, S. 595, wo er die Repräsentation als »une forme d'aliénation politique« ausgibt: »Décider, c'est décider soi-même; ce n'est pas décider qui va décider.«

745   Castoriadis: Démocratie et relativisme, S. 100, Hv. i. Orig.

746   Castoriadis: Griechische polis und Schöpfung der Demokratie, S. 41.

747   Castoriadis: Démocratie et relativisme, S. 98; vgl. ebd.

748   Vgl. ebd., S. 99.

749   Vgl. Castoriadis: Griechische polis und Schöpfung der Demokratie, S. 41f.; Castoriadis: Das griechische und moderne politische Imaginäre, S. 99f., und siehe Aristoteles: Politik, S. 73 (1273b); 162 (1300b).

750   Vgl. Castoriadis: Griechische polis und Schöpfung der Demokratie, S. 42; Castoriadis: Démocratie et relativisme, S. 98. Bei Rousseau: Gesellschaftsvertrag, S. 103, heißt es: »Das englische Volk glaubt frei zu sein, es täuscht sich gewaltig, es ist nur frei während der Wahl der Parlamentsmitglieder; sobald diese gewählt sind, ist es Sklave, ist es nichts.« Aber nicht einmal am Wahltag, schränkt Castoriadis ein, seien die Menschen frei: »Mais sont-ils même libres ce jour-là? Les cartes

Castoriadis kennt den üblicherweise vorgebrachten Einwand gegen die unmittelbare, nicht an Repräsentant*innen abgetretene »Macht des *demos*«.[751] Die Beteiligung aller Bürger*innen an politischen Entscheidungen, heißt es, sei in modernen Flächenstaaten nicht zu verwirklichen: »Le grand argument contre la démocratie directe dans les sociétés modernes, c'est la dimension de ces sociétés.«[752] Georg Simmel etwa schreibt: »Die wirklich direkte Demokratie [...] bedarf der räumlich engen Begrenzung ihres Kreises«.[753] Auch Ernesto Laclau und Chantal Mouffe sind der Ansicht, die »direkte Demokratie« eigne sich »nur für reduzierte soziale Räume«.[754]

Wir werden sehen, dass es gesellschaftstheoretische Gründe für eine Kritik der direkten Demokratie gibt; das Repräsentationsprinzip kann aber nur durch das Raumargument nicht legitimiert werden. Im Anschluss an Rancière könnte man die Darlegung, daß die (direkte) Demokratie »in den modernen Nationen aufgrund ihrer Größe *und* des Desinteresses der Menschen an öffentlichen Angelegenheiten unmöglich sei«[755], vielmehr für eine Verschleierungstaktik halten:

> Die Repräsentation wurde nicht als ein System erfunden, das auf das stetige Anwachsen der Bevölkerung reagieren sollte. Das repräsentative System ist nicht die Anpassung der Demokratie an die modernen Zeiten und die weiten Räume. Es ist [...] eine oligarchische Form vollen Rechts, eine Repräsentation von Minderheiten, die dazu berechtigt sind, sich um die Angelegenheiten der Gemeinschaft zu kümmern. [...] Dass man die Demokratie völlig selbstverständlich mit einer gewählten, repräsentativen Regierungsform gleichsetzt, ist [...] ein historisch noch sehr junges Phänomen. Ihrem Ursprung nach ist die Repräsentation eigentlich das genaue Gegenteil der Demokratie.[756]

---

sont forcées, les pseudo-options sont prédéterminées par les partis – et, au surplus, vides.« (Castoriadis: Démocratie sans la participation, S. 203; ähnlich Castoriadis: Welche Demokratie, S. 82f.)

751   Castoriadis: Griechische polis und Schöpfung der Demokratie, S. 41, Hv. i. Orig.

752   Castoriadis: Démocratie et relativisme, S. 99; siehe auch Castoriadis: Griechische polis und Schöpfung der Demokratie, S. 42.

753   Simmel: Soziologie, S. 746.

754   Laclau/Mouffe: Hegemonie und radikale Demokratie, S. 229. Als weiterer Beleg ließe sich die auf Rousseau rekurrierende Meinung von Antonia Geisler: Jean-Jacques Rousseau. In: Massing, Peter/ Breit, Gotthard/Buchstein, Hubertus (Hg.): Demokratietheorien. Von der Antike bis zur Gegenwart. Texte und Interpretationshilfen. 8., völlig überarb. Aufl. Schwalbach/Ts. 2012, S. 123-132 (die Seitenangaben beziehen sich auf den Auszug aus Rousseaus *Contrat social* und die Interpretation der Autorin), 130, anführen: »Rousseaus Vorstellungen vom Volk als absolutem Souverän sind [...] auf die heutigen Demokratien großer Flächenstaaten nicht anwendbar.« (Siehe hierzu und zu der Zurückweisung dieses Arguments durch Rousseau selbst, auf die ich in wenigen Zeilen kurz eingehen werde, meine Rezension Herzhoff: Massing/Breit/Buchstein: Demokratietheorien, Abs. 36f.) Eine modernisierte Variante des Einwandes formuliert Kelbel: Praxis und Versachlichung, S. 278, der »die technologisch, ökonomisch und administrativ induzierte Komplexität moderner Gesellschaften« für zu groß hält, als dass eine Gesellschaft nach dem »Idealbild der attischen Demokratie« sie noch bewältigen könne.

755   Castoriadis: Griechische polis und Schöpfung der Demokratie, S. 42, Hv. i. Orig.

756   Rancière: Hass der Demokratie, S. 58f. David Van Reybrouck zeichnet anhand historischer Dokumente nach, mit welchen Argumenten in den Jahren nach der Amerikanischen Revolution und Französischen Revolution das ›aristokratische‹ Prinzip der Repräsentant*innenwahl »ausdrücklich als antidemokratisches Instrument in Stellung gebracht wurde«. (David Van Reybrouck: Gegen

Castoriadis hätte gegen die Charakterisierung des repräsentativen Systems als ›oligarchisch‹ wohl keine Einwände.[757] Er hält die Behauptung, Repräsentation sei unumgänglich, aber aus einem anderen Grund für »mauvaise foi«.[758] Seine Argumentation bekräftigt nicht nur einen Einwand, den bereits Rousseau in seinem *Contrat social* gegen die Annahme vorgebracht hatte, es handele sich bei dem »versammelte[n] Volk« um ein in den modernen Nationen nicht mehr realisierbares »Hirngespinst«.[759] Rousseau erinnert seine Leser*innen daran, dass es im antiken Rom möglich gewesen sei, »das riesige Volk aus der Hauptstadt und ihrer Umgebung häufig zu versammeln«.[760] Castoriadis kehrt außerdem dieses Größenargument um und fragt, weshalb man nicht versuche, die direkte Demokratie in kleinen politischen Einheiten umzusetzen. »Dans une nation moderne, dit-on, il ne peut pas y avoir de démocratie directe. [...] On pourrait alors dire: établissons la démocratie directe dans des unités regroupant 40 000 citoyens actifs.«[761]

Castoriadis pocht auf eine Begründung des Repräsentationsprinzips anstatt »empirische[r] Rechtfertigungen« und einer »Metaphysik der politischen Repräsentation«.[762]

> Was ist das für ein theologisches Mysterium, was für eine alchemistische Operation, die dazu führt, dass Ihre Souveränität eines Sonntags alle fünf oder sieben Jahre sich in ein Fluidum verwandelt, welches das ganze Land durchströmt, in die Wahlurnen einzieht und diese am Abend wieder verlässt, um als Gesicht der »Volksvertreter« oder *des* Volksvertreters schlechthin, des Monarchen namens »Präsident«, auf den Bildschirmen zu erscheinen? Es handelt sich offenkundig um ein übernatürliches Geschehen, das niemand jemals zu begründen oder auch nur zu erklären versucht hat.[763]

In seiner Polemik verkennt Castoriadis jedoch die ganze Tragweite des »modernen politischen Imaginären«[764], für das er wenig Sympathie zu hegen scheint. Zuhauf findet er Beispiele für »die instituierte Verlogenheit der modernen Welt«[765], wobei ihm ent-

---

Wahlen. Warum Abstimmen nicht demokratisch ist. Göttingen 2016, S. 99) Vgl. für die Rekonstruktion der Argumente ebd., S. 91ff., und siehe als Bestätigung für Rancières Bezeichnung des Repräsentativsystems als ›oligarchisch‹ etwa ebd., S. 89f.

757   Siehe etwa Castoriadis: Welche Demokratie, S. 78.

758   Castoriadis: Démocratie et relativisme, S. 99.

759   Rousseau: Gesellschaftsvertrag, S. 98.

760   Ebd.; siehe Schwarte: Philosophie der Architektur, S. 328f.; Castoriadis: Démocratie et relativisme, S. 99f. Dies heißt für Castoriadis nicht, man könne »die politische Organisation von 30.000 Bürgern [...] eins zu eins auf die Organisation von 35 oder 150 *Millionen* Bürgern übertragen«. (Castoriadis: Getan und zu tun, S. 243, Hv. i. Orig.)

761   Castoriadis: Démocratie et relativisme, S. 100.

762   Castoriadis: Das griechische und moderne politische Imaginäre, S. 99; vgl. ebd.

763   Ebd., Hv. i. Orig.; ähnlich Castoriadis: Ce qu'est une révolution, S. 182; Castoriadis: Welche Demokratie, S. 82.

764   Castoriadis: Das griechische und moderne politische Imaginäre, S. 98.

765   Ebd., S. 101. Neben dem Repräsentationsprinzip, der Interessenpolitik oder der Expertenherrschaft zählt Castoriadis dazu etwa auch die Ineinssetzung von Regierung und Exekutive; die Unterminierung des Prinzips der Gewaltenteilung durch die Parteienmacht; die Opposition des als autark gedachten Individuums gegen den Staat; die faktische Einschränkung der politischen Teil-

geht, dass er sich mit einigen Elementen seiner Kritik im Fahrwasser von Verächtern der Demokratie wie Platon bewegt.[766] Wenn Castoriadis den Modernen »Zerstreuung, Zynismus, Konformismus« und die »Jagd nach Konsumgütern« sowie – damit einhergehend – eine fehlende »Leidenschaft für die Demokratie und die Freiheit, für die öffentlichen Angelegenheiten«[767], vorwirft, befeuert er, was Rancière den »Hass der Demokratie« nennt: »Es gibt nur eine gute Demokratie, nämlich diejenige, die die Katastrophe der demokratischen Kultur unterdrückt«[768] – einer Kultur, in der die Bürger*innen zu Konsument*innen geworden seien, die, anstatt sich politisch zu beteiligen, zur narzisstischen Befriedigung ihrer Begierden von einem Konsumexzess in den anderen taumelten.[769]

Bei aller Beanstandung des politischen Imaginären der Moderne würdigt Castoriadis dessen radikale Gesellschaftskritik. »Bei den Griechen ist die politische Tätigkeit [...] auf die *polis* in ihrem jeweils gegebenen, historisch-faktischen Sosein begrenzt.«[770] Das habe sich gewandelt:

> In der Moderne [...] kommt es zu einer [...] grenzenlosen Ausweitung der explizit instituierenden Tätigkeit und, natürlich, zur faktischen Infragestellung der ältesten, seit Menschengedenken bestehenden Institutionen [...]. Grundsätzlich ist keine Institution der modernen Gesellschaft vor der Infragestellung gefeit.[771]

In der (europäischen) Moderne kommt zu voller Ausprägung, was in der griechischen Antike initiiert wurde: die Möglichkeit, eine »Kluft im Sein der Gemeinschaft wie dem der Subjektivität zu erzeugen«.[772] Das Auseinanderklaffen der Gemeinschaft stellt Cas-

---

habe bei formaler Gewährung politischer Rechte; das Streben nach Reichtum, Macht und Genuss; das Ausblenden der Sterblichkeit, was einhergeht mit dem Wahn eines grenzenlosen Fortschritts und einer Totalbeherrschung der Welt. (Vgl. ebd., S. 101ff.)

766   Siehe zur platonischen Demokratiekritik etwa Rebentisch: Kunst der Freiheit, S. 29ff.

767   Castoriadis: Getan und zu tun, S. 254f.

768   Rancière: Hass der Demokratie, S. 10.

769   Siehe hierzu vor allem das Kapitel *Von der siegreichen zur kriminellen Demokratie* ebd., S. 11ff., sowie als Überblick über Rancières Argumentation meine Rezension Herzhoff: Rancière: Der Hass der Demokratie, Abs. 5ff. Wie ich an anderer Stelle (vgl. Herzhoff: Rebentisch: Die Kunst der Freiheit, Abs. 21) nahegelegt habe, könnte man mit Rebentisch das Desaster der demokratischen Kultur auch als eine bereits seit Platon kritisierte Ästhetisierung beschreiben: »Mit dem Ästhetischen wird [...] gemeinhin eine Gestalt von Freiheit assoziiert, die sich gegenüber der sozialen Praxis, ihren normativen Ordnungen wie gegenüber den diesen entsprechenden Identitätsangeboten oder Rollenvorgaben geltend macht – und zwar dadurch, dass private Motive (Stimmungen, Genuss, Geschmack) ein solches Gewicht gegenüber Orientierungen gewinnen, die mit einer gegebenen sozialen Ordnung übereinstimmen, dass sie zu den für die Gestaltung des eigenen Lebens maßgeblichen werden.« (Rebentisch: Kunst der Freiheit, S. 17)

770   Castoriadis: Das griechische und moderne politische Imaginäre, S. 106, Hv. i. Orig.

771   Ebd., S. 105f.

772   Ebd., S. 113; vgl. ebd. Castoriadis zufolge vollzog sich bislang genau »zwei Mal ein Bruch« innerhalb der »gewaltigen geschichtlichen Masse heteronomer Gesellschaften«, einmal im »antike[n] Griechenland«, ein zweites Mal in »Westeuropa ab der ersten Renaissance (11.-12. Jahrhundert)«. (Ebd., S. 95) Hier sei jeweils »der Entwurf individueller und gesellschaftlicher Autonomie« (ebd., S. 97) aufgetaucht. Siehe auch Karl E. Smith: Art. ›Modernity‹. In: Adams, Suzi (Hg.): Cornelius Castoriadis. Key Concepts. London, New York 2014, S. 179-190, 179; 181f.; 183f.

toriadis indes nicht deutlich genug heraus. Dies ist eine Konsequenz seines Ansatzes, denn die ›Kluft im Sein der Gemeinschaft‹ entsteht durch die Elemente im modernen politischen Imaginären, die Castoriadis als undemokratisch verwirft. Einem Hinweis Chollets folgend, soll dies später am Prinzip der Wahl verdeutlicht werden. Castoriadis' Kritik, die wichtige Implikationen des Wahlgeschehens ausblendet, ist ein Anzeichen dafür, dass er ›Gemeinschaft‹ als zu homogen auffasst.[773]

Diese Diagnose ist mit aller Vorsicht zu stellen. Castoriadis weist bei seiner Auslegung des griechischen politischen Imaginären auf Besonderheiten hin, die man als Zerklüftungsmechanismen der Gemeinschaft deuten könnte. Chollet betont zu Recht, Castoriadis sehe durchaus, »que l'unité de la démocratie et du people est et doit être limitée«.[774]

Eine solche Beschränkung zeigt sich etwa darin, Anklage aufgrund von Gesetzeswidrigkeit (*graphê paranomôn*) erheben zu können.[775] Jeder Beliebige konnte ein Gesetz zur Abstimmung in die Ekklesia einbringen. Wurde der Gesetzesvorschlag angenommen, stand es jedem (anderen) Beliebigen frei, den Vorschlagenden dafür anzuklagen, die Ekklesia zur Annahme eines rechtswidrigen Gesetzes veranlasst zu haben. Über die Klage entschied ein Volksgericht aus per Los bestimmten Mitgliedern, die erneut das Für und Wider des Gesetzes erörterten. Bei einer Verurteilung des Angeklagten wurde das Gesetz aufgehoben. Dieselbe Instanz also, die zuvor über die Annahme eines Gesetzes entschieden hatte, stimmte – in anderer Zusammensetzung – über die Rechtswidrigkeit desselben Gesetzes ab. »Somit ging der *demos* beim *demos* gegen sich selbst in Berufung«[776], formuliert Castoriadis. Dies habe »einen »Abgrund der Selbstreflexion eröffnet«[777]: Das Volk steht sich selbst als Anderes gegenüber und enthüllt sich sein Nicht-eins-Sein.

Eine zweite »Institution der Selbstbeschränkung« ist für Castoriadis die attische Tragödie[778], der er (auch) »eine fundamental politische Dimension«[779] zuerkennt. Diese resultiere vor allem aus der »ontologischen Fundierung« der Tragödie: Sie mache deutlich, »dass Sein Chaos ist«.[780] Chaos herrsche nicht nur »*im* Menschen«.[781] Es gebe

---

773 Vgl. Chollet: Peuple-Un ou dèmos, S. 35f.

774 Ebd., S. 39. Castoriadis: Griechische polis und Schöpfung der Demokratie, S. 51, spricht von »Institutionen« der »Selbstbeschränkung«. Siehe dazu auch Tassis: Castoriadis, S. 328ff., sowie Kelbel: Praxis und Versachlichung, S. 274, Anm. 62, und Sophie Klimis: Art. ›Tragedy‹. In: Adams, Suzi (Hg.): Cornelius Castoriadis. Key Concepts. London, New York 2014, S. 205-218, 210ff. Kelbel: Praxis und Versachlichung, S. 274, wirft Castoriadis vor, trotz seiner Überlegungen zur Selbstbeschränkung nur unzureichend »über den Sinn und die Reichweite einer wünschenswerten Begrenzung kollektiven Handelns [...], die sich an begründbaren Kriterien für einen schützenswerten Raum negativer Freiheit des Individuums zu orientieren hätte«, reflektiert zu haben.

775 Ich folge im Weiteren Castoriadis: Griechische polis und Schöpfung der Demokratie, S. 51f.

776 Ebd., S. 52, Hv. i. Orig.

777 Castoriadis: Athenische Demokratie, S. 132.

778 Zum Folgenden siehe auch Tassis: Castoriadis, S. 329f., sowie allgemein für einen Überblick über Castoriadis' Interpretation der (Bedeutung der) attischen Tragödie den Eintrag von Klimis: Tragedy.

779 Castoriadis: Griechische polis und Schöpfung der Demokratie, S. 52.

780 Ebd.

781 Ebd., S. 53, Hv. i. Orig.

auch »*für* den Menschen«[782] keine Ordnung des Seins: Der Mensch kann die Auswirkungen seines Handelns nicht beeinflussen, er herrscht nicht einmal darüber, was seine Taten bedeuten.[783] Hierin liegt eine Warnung an die Demokratie vor der stets drohenden Hybris, die ihr aus der Grenzenlosigkeit des eigenen Selbstschöpfungspotentials erwachsen könne. Die Menschen machen ihre Institutionen und Gesetze, ohne einem transzendenten Maßstab außerhalb ihrer Institutionen und Gesetze zu unterliegen.[784] Die Funktion der Tragödie ist es, die Endlichkeit der demokratischen Gemeinschaft darzustellen.[785] Dies hieße, Nancys Interpretation von ›Endlichkeit‹ folgend, dass die Gemeinschaft (an ihrer Grenze) unwiderruflich einem Äußeren ausgesetzt wäre, das ihre Immanenz verhinderte.[786]

Zu einem ähnlichen Schluss gelangt man übrigens, nimmt man nicht die inhaltliche, sondern die theatrale Dimension der Tragödie in den Blick.[787] Allgemein habe das Theater, formuliert Rebentisch, »eine potentiell denaturierende, das heißt kritische Pointe«.[788] Es zeige nämlich, dass eine nicht-repräsentative Darstellung des *demos* (als ›natürlich‹) unmöglich ist:

> Wenn es richtig ist, dass es den Gemeinwillen, das Gesicht des *demos*, niemals jenseits seiner politischen Repräsentation, niemals jenseits der damit zugleich etablierten Trennung zwischen Repräsentanten und Repräsentierten, Regierenden und Regierten, niemals jenseits von Macht- und Herrschaftsverhältnissen gibt, dann kommt dem Theater die politische Aufgabe zu, diesen Zusammenhang bewusst zu halten. Denn das Theater vermag [...] die Trennungen zu exponieren, die jedem politischen Repräsentationsverhältnis zugrunde liegen: zum einen die Trennung zwischen Person und Rolle – die Repräsentanten des Volkes haben in der Politik wie auf dem Theater immer zwei Körper; zum anderen die Trennung zwischen Akteuren und Publikum.[789]

Diese vom Theater aufgezeigten Trennungen, fürchtet etwa Rousseau, unterminierten »die Bedingung der Möglichkeit kollektiver Selbstregierung«[790], und man darf vor der

---

782   Ebd., S. 52, Hv. i. Orig.

783   Vgl. ebd., S. 52f.

784   Vgl. Castoriadis: Primal institution of society, S. 95; Castoriadis: Ce qu'est une révolution, S. 180; Castoriadis: Welche Demokratie, S. 74f.

785   Ich folge hier einem Hinweis von Tassis: Castoriadis, S. 45f., der zwar nicht den Begriff der Endlichkeit verwendet, aber den Tod oder die Sterblichkeit als die Grenze der gesellschaftlichen Selbstinstituierung deutet.

786   In diesem Sinne könnte man die Auslegung von Tassis verstehen: Die selbstbeschränkende »Erkenntnis der Vergänglichkeit« führe auch zu der »Anerkennung, dass die Selbstinstituierung niemals vollkommen zusammenhaltend und in sich geschlossen sein kann, was bedeutet, dass es sich um einen endlosen Prozess und [...] um eine unbegrenzte Suche handelt. Eine unbegrenzte Suche nach den Bedeutungen, die die Gesellschaft selbst ohne Fundamente, ohne Garant (Gott) oder Garantien (Geschichte, natürliches Bedürfnis) schafft.« (Ebd.)

787   Castoriadis: Griechische polis und Schöpfung der Demokratie, S. 52, Hv. i. Orig., scheint dies vermeiden zu wollen, wenn er den »Gegensatz« der »athenische[n] Tragödie zum »bloßen ›Theater‹« hervorhebt.

788   Rebentisch: Kunst der Freiheit, S. 366.

789   Ebd., Hv. i. Orig.

790   Ebd., S. 271; siehe ausführlich zur Theaterkritik Rousseaus ebd., S. 271ff.

Folie der Kritik Castoriadis' am Repräsentationsprinzip vermuten, dass auch er diese Gefahr sieht.[791] In der Einsicht, dass sich das Volk nie unvermittelt, nie ohne Repräsentation gewahr wird, kommt zum Ausdruck, was Castoriadis als das gegenüber dem griechischen politischen Imaginären Neue erkannt und gewürdigt hatte: die Infragestellung aller Institutionen der Gemeinschaft, sogar die Infragestellung der Gemeinschaft selbst, das Aufbrechen einer ›Kluft im Sein der Gemeinschaft‹.

Die Bedeutung der Repräsentation für die moderne Demokratie betont Claude Lefort, ein Mitstreiter Castoriadis' aus den Zeiten von *Socialisme ou Barbarie*.[792] Im Zusammenhang mit Nancys und Lacoue-Labarthes Deutung des (neuen) Totalitarismus wurden die wichtigsten Versatzstücke der Demokratietheorie Leforts schon skizziert. Grundlegend ist die These, mit der Französischen Revolution und der Dekapitation des Königs habe sich ein »Wandel symbolischer Natur«[793] ereignet, eine »mutation politique«[794], die eine Desubstantialisierung oder Entleerung des Ortes der Macht mit sich gebracht habe. Die Instanz der Macht sei dabei nicht bedeutungslos geworden, sondern bleibe als der (symbolische) Ort der Selbstdarstellung der Gesellschaft unabdingbar. Die theatrale Dimension der Demokratie wird deutlich, wenn Lefort mit dem Begriff des »*In-Szene-Setzens*« darauf hinweist, »daß eine Gesellschaft in einer Anordnung ihrer Beziehungen nur zu sich kommt, wenn sie [...] sich über zahllose Zeichen eine quasi-Repräsentation ihrer selbst gibt«.[795] Dieses Repräsentationserfordernis impliziert, dass die Gesellschaft außerhalb des Symbolischen keine Einheit ist. »Gesellschaft ruht [...] nicht auf einem positiven Prinzip auf, sondern auf einer unauflösbaren Negativität im Verhältnis zu ihrer Selbstidentität.«[796]

Die demokratische Wahl, von Castoriadis als undemokratisch gebrandmarkt, ruft diese Negativität der Gesellschaft, »die Teilung zwischen der Gesellschaft und dieser selbst *als ihrem anderen*«[797], stets aufs Neue ins Bewusstsein.[798] Der castoriadisschen

---

791   Das Repräsentationsprinzip bedeute die »*Entäußerung* [...] von Souveränität« (Castoriadis: Getan und zu tun, S. 243, Hv. i. Orig.) und die Einführung einer »*politische[n] Arbeitsteilung*« (ebd., S. 244, Hv. i. Orig.), die die Gesellschaft in Herrschende und Beherrschte teile. (Vgl. ebd., und siehe auch Castoriadis: La source hongroise, S. 600ff.)

792   Was ich im Folgenden versuche, ähnelt der Strategie von Devisch: Nancy's ›Political Philosophy‹, S. 125ff., der mithilfe von Lefort das seiner Ansicht nach gravierende Versäumnis Nancys offenlegt, die Demokratie nicht in politischen Begriffen (etwa dem Begriff der Macht), sondern vor allem metaphysisch zu denken.

793   Lefort: Frage der Demokratie, S. 292.

794   Lefort: L'image du corps, S. 170.

795   Lefort: Fortdauer des Theologisch-Politischen, S. 39, Hv. i. Orig.

796   Oliver Marchart: Claude Lefort: Demokratie und die doppelte Teilung der Gesellschaft. In: Bröckling, Ulrich/Feustel, Robert (Hg.): Das Politische denken. Zeitgenössische Positionen. Bielefeld 2010, S. 19-32, 22; siehe neben den Ausführungen zu Lefort in Abschnitt I.1.3 (Unterabschnitt *Claude Leforts Analyse des Totalitarismus und der Demokratie*) für das Vorangegangene ebd., S. 22f.

797   Ebd., S. 22, Hv. i. Orig.

798   Ich folge Chollet: Peuple-Un ou dèmos, S. 35f. Eine Kritik des Prinzips der direkten Demokratie findet sich mit ähnlichen Argumenten, wie sie im Weiteren genannt werden, bei Spitta: Gemeinschaft jenseits von Identität, S. 322.

Kritik des Prinzips der Repräsentation entgeht dieser Sinn des Wahlvorgangs.[799] Beinahe so, als antworteten sie auf Castoriadis' Polemik gegen die Repräsentationsmetaphysik, schreiben Lefort und Gauchet: »Die Abstimmung hat [...] eine symbolische Funktion, für die man blind bleibt, wenn man sich damit begnügt, nur ihre Mystifikation anzuprangern.«[800] Der gemeinsame Akt der Wahl bringe einerseits »dem Gemeinwesen die Bestätigung seiner Dimension als symbolische Totalität«.[801] Andererseits zeige sich, dass das Volk in dem Moment, da es sich als substantielles Volk-als-Einheit zu erkennen wähnt, dieser Einheit beraubt wird und »in eine reine Vielfalt von Individuen [...], oder genauer: von Zähleinheiten«[802] mutiert. Die Einheit des Volkes zerbricht in ein Verhältnis von Zahlen: »Le nombre décompose l'unité, anéantit l'identité.«[803] Die Mitteilung der Stimme des Volkes teilt das Volk in Stimmen auf.[804] Was nicht heißt, es habe eine Einheit des Volkes vor der Wahl gegeben; sie war nie da, und das Wahlverfahren entblößt dies nur. Es lässt sehen, dass die Gesellschaft geteilt ist, durchzogen von Antagonismen und Klassen- sowie Interessenkonflikten.[805] Aus lefortscher Sicht, so Chollet, sei es deshalb problematisch, wenn Castoriadis fordere, das Volk möge den *lieu vide* der Macht besetzen: »Vouloir que le peuple occupe le pouvoir [...], c'est ouvrir la voie au totalitarisme, car cette identification du people au pouvoir, inclusion de ce dernier à l'intérieur même de la société, ne peut qu'être un fantasme créateur de monstruosités.«[806]

---

799   Marchart: Doppelte Teilung der Gesellschaft, S. 27, hält fest, »die demokratische Letztbedeutung des allgemeinen Wahlrechts besteht für Lefort nicht darin, Repräsentanten des Volkes zu entsenden«.

800   Lefort/Gauchet: Über die Demokratie, S. 113.

801   Ebd.

802   Lefort: Fortdauer des Theologisch-Politischen, S. 52f.

803   Lefort: L'image du corps, S. 172. Das Wahlrecht, so Lefort, sei schon früh gefürchtet worden als »la dissolution du social. Le péril du nombre, c'est plus que le péril d'une intervention des masses sur la scène politique; l'idée de nombre comme tel s'oppose à celle de la substance de la société.« (Ebd.)

804   Ich spiele auf die Ausführungen (Unterabschnitt *Mit-Teilung* in Abschnitt I.3.1) zu Nancys *Le Partage des voix* an.

805   Vgl. Marchart: Doppelte Teilung der Gesellschaft, S. 27. »[M]it der Veröffentlichung des Ergebnisses der Stimmauszählung«, so Lefort/Gauchet: Über die Demokratie, S. 115, erfolge »ein bildliches Auftreten des Konflikts auf dem politischen Feld«. Castoriadis: L'exigence révolutionnaire, S. 568, Hv. i. Orig., resümiert durchaus treffend: »Pour Lefort [...], la société ne peut s'instituer qu'en se divisant *et* simultanément en ›répondant‹ à cette division [...] par l'instauration de l'État ou du ›pouvoir politique‹ *séparé* de la société, qui réaffirme et ›re-réalise‹ la division au moment même où il se présente comme son effacement.« Er hält dies aber für »une vue extrêmement partielle de l'institution de la société« und verweist auf die Rolle des gesellschaftlichen Imaginären: »La société s'institue en instituant un magma de significations imaginaires [...], et ce sont elles qui *la tiennent ensemble*«. (Ebd., Hv. i. Orig.)

806   Chollet: Peuple-Un ou dèmos, S. 36. Wie ich einem Hinweis von Schwarte: Radikale Sensibilität, S. 308f., entnehme, würde Castoriadis vermutlich entgegnen, der *lieu vide* sei in den ›Demokratien‹ der Gegenwart nicht leer, sondern besetzt von Repräsentant*innen, die den *demos* von der Teilnahme an politischen Entscheidungen fernhielten. Auf Lefort anspielend heißt es: »Wir betrachten nur *das Politische* und das Wesen der Demokratie, welches darin besteht, dass der Ort der Macht leer ist und niemand beanspruchen darf, ihn einzunehmen. – Oh Verzeihung, dass wir in unserer Dummheit geglaubt haben, die Entscheidung, Leute loszuschicken, um sich abzuschlachten [sic!] zu lassen, sie arbeitslos zu machen oder in Ghettos zu sperren, müssten von einem gut

Nur in den Formen einer direkten, nicht auf dem Repräsentationsprinzip beruhenden Demokratie verwirklicht sich Castoriadis zufolge politisches Handeln als gemeinsames, autonomes Handeln. Die (direkte) Demokratie, in der ›alle Macht vom Volke‹ ausgehe und von ihm ausgeübt werde[807], fordert die Beteiligung aller.[808] Wen umfasst das? Wer zählt zum *demos*, ausgestattet mit der »pouvoir effectif [...] sur lui-même *(kratos* du *dèmos)*«?[809] Im Anschluss an eine Bemerkung Leforts zu dem von Castoriadis hochgehaltenen »concept d'autogestion«[810] wäre zu klären, ob das Selbstverwaltungsideal nicht totalitäre Züge trüge, machte man es zum politischen Prinzip einer gesamten Gesellschaft. Gefragt, ob sich mit der Idee einer allgemeinen Selbstverwaltung nicht »une idée de transparence du corps social avec lui-même«[811] verknüpfe, antwortet Lefort:

> Je pense qu'un des pôles de la dynamique démocratique, c'est la participation des hommes aux affaires qui les concernent. Tocqueville [...] remarquait en substance que, si on interdisait aux gens de se mêler des questions qu'ils rencontrent dans le cercle le plus proche de leur vie, il était vain d'attendre d'eux qu'ils s'intéressent aux affaires générales de la société. L'autogestion est à mes yeux une formule moderne de cette participation, dans le cadre de la production, de l'administration, de la vie communale... En revanche, conçue comme mode de fonctionnement de la société, prise dans son ensemble, l'autogestion me paraît fantasmagorique et même redoutable. Elle pourrait servir les desseins d'un mouvement totalitaire; celui-ci, sous le couvert de la démocratie de masse, à tous les échelons, pourrait ramener toutes les actions et les représentations au dénominateur commun d'une supposée volonté collective.[812]

Castoriadis' Theorie gibt aber (neben den genannten) weitere Mittel an die Hand, dem »risque du peuple-Un« und dem »fantasme de l'unité et [...] ses conséquences totalitaires«[813] zu begegnen.[814] Nicht zuletzt im Vorausblick auf die Erörterungen in Ab-

---

besetzten ›Ort der Macht‹ herrühren.« (Castoriadis: Welche Demokratie, S. 83, Hv. i. Orig.) Laclau: Populist reason, S. 169f., bezweifelt ebenfalls, man könne in der Demokratie von einem *lieu vide* der Macht sprechen, bringt aber im Unterschied zu Castoriadis kein ›empirisches‹ Argument vor, sondern regt an, über Lefort hinausgehend von ›leeren‹ Subjekten der Macht zu sprechen: Es sei erforderlich, »to transfer the notion of emptiness from the *place* of power in a democratic regime – as proposed by Lefort – to the very subjects occupying that place«. (Ebd., S. 169, Hv. i. Orig.) Die Demokratie sei keineswegs körperlos: Es gebe zwar keinen unsterblichen königlichen Körper mehr, der den Ort der Macht besetze, aber viele verschiedene Körper der Macht, verschiedene hegemoniale Kräfte. (Vgl. ebd., S. 170)

807 Vgl. Castoriadis: Getan und zu tun, S. 242. Castoriadis: Griechische polis und Schöpfung der Demokratie, S. 40, Hv. i. Orig.: »Die Bürgerschaft – der *demos* – erklärt sich für absolut souverän [...]: sie erlässt ihre eigenen Gesetze, besitzt eine unabhängige Gerichtsbarkeit und regiert sich selbst«. Siehe dazu Chollet: Peuple-Un ou dèmos, S. 36f.

808 Vgl. Chollet: Peuple-Un ou dèmos, S. 34.

809 Ebd., S. 33, Hv. i. Orig.

810 Lefort: Le peuple et le pouvoir, S. 477.

811 Christian Descamps in ebd.

812 Ebd., S. 477f. Den Hinweis auf diese Passage finde ich bei Chollet: Peuple-Un ou dèmos, S. 38, Anm. 3.

813 Chollet: Peuple-Un ou dèmos, S. 38.

814 Im Folgenden orientiere ich mich an Chollet: Peuple-Un ou dèmos, S. 39f.

schnitt II.4 *(Gemeinschaft bauen)* wäre hier Castoriadis' Insistieren auf der Bedeutung der öffentlichen Sphäre zu nennen. Demokratie gebe es nur bei einer Trennung der Sphären von *oikos* (privat), *agora* (privat/öffentlich) und *ekklesia* (öffentlich/öffentlich), wobei nur letztere die Sphäre der Politik sei.[815] »Das wirkliche Öffentlichwerden der öffentlich/öffentlichen Sphäre ist [...] der Kern der Demokratie.«[816] Indem er Politik (nur) in der ›öffentlich/öffentlichen Sphäre‹ der *ekklesia* verortet, entgeht Castoriadis jedoch die eminent politische Bedeutung der *agora*: Sie liegt nicht darin, dass in ihr (über politische und andere Fragen) diskutiert wird; auch nicht darin, dass sie Handelsplatz ist.[817] Politisch relevant ist sie, weil sie das Erscheinen all derer ermöglicht, die (noch) nicht Bürger*innen sind.[818] Der öffentliche Raum der *agora* zeigt, dass die (politisch entscheidende) Gesamtheit des *demos* entschieden nicht das Ganze ist, sondern dass es, wie man mit Rancière sagen könnte, ein zweites Volk gibt, einen »Anteil der Anteillosen, der das Ganze von ihm selbst unterscheidet«.[819]

Die Offenheit des *demos* entgeht auch Castoriadis nicht. Beispielsweise wird sie für ihn durch den Umstand offenbar, dass in der attischen Demokratie restriktive Kriterien für das Bürgersein galten, die mit rationalen Argumenten niemand habe rechtfertigen wollen.[820] Die Frage der Zugehörigkeit zum »corps des citoyens«[821] sei Gegenstand ständiger Auseinandersetzungen gewesen[822], was darauf hindeutet, dass die Einheit des politischen Körpers nicht substantiell ist, sondern politisch bestimmt werden muss, ohne dass diese Bestimmung je endgültig sein könnte, wie Chollet ausführt: »La question consistant à savoir *qui* fait partie du peuple est à jamais insoluble, mais demeure

---

815 Vgl. Castoriadis: Getan und zu tun, S. 240. Castoriadis hat bei der *agora* vor allem den Marktplatz im Sinn, »jene Sphäre also, in der die Einzelnen sich nicht mit explizitem Bezug zu politischen Fragen begegnen und zusammentun, sondern um sich all den Tätigkeiten und Geschäften zu widmen, die ihnen am Herzen liegen. [...] Zu diesen Tätigkeiten und Geschäften gehören die ›ökonomischen‹ – Produktion, Handel und ihre Organisation.« (Ebd., S. 249)

816 Ebd., S. 240; siehe auch Castoriadis: Welche Demokratie, S. 76 f., sowie Condoleo: Vom Imaginären zur Autonomie, S. 178 ff.; Tassis: Castoriadis, S. 330 ff.

817 Siehe zu diesen Funktionen Castoriadis: Getan und zu tun, S. 249; Castoriadis: Welche Demokratie, S. 76 f.

818 Wir werden dem in Abschnitt II.4 weiter nachgehen; siehe auch Abschnitt II.1.5 *(Handeln, nicht herstellen)*.

819 Rancière: Unvernehmen, S. 50; vgl. ebd. Es scheint mir vor dieser Folie fraglich, ob man, wie Condoleo skizziert, nur mit Blick auf die öffentlich/öffentliche Sphäre der *ekklesia* bereits einen »Abschied vom alten Bürger« (Condoleo: Vom Imaginären zur Autonomie, S. 180) zelebrieren kann: Anstatt das Bürger*insein in einer (nationalen) Identität zu fixieren, »sollte Bürger_in so verstanden werden, dass es sich um jene handelt, die sich um die *ekklesia* kümmern. Das sind [...] gemäß dem Verständnis von Castoriadis alle. Es ist also nicht mehr möglich Mitbestimmung von der Identität wie einer nationalen Staatszugehörigkeit abhängig zu machen. Wer will, kann sich um die öffentliche gemeinsame Sache sorgen und sie mitbestimmen.« (Ebd., Hv. i. Orig.) In Frage steht aber gerade, wer ›alle‹ ist.

820 Vgl. Castoriadis: Séminaire du 13 avril 1983, 78, und siehe oben die Erläuterung zum Bürgerstatus.

821 Ebd., S. 77.

822 »Le problème des critères se pose [...] toujours.« (Ebd.)

toujours posée. Aucune démocratie ne peut faire l'économie d'une réponse à cette question, même en reconnaissant que celle-ci n'est que provisoire.«[823]

Ein weiteres Indiz für die Nicht-Einheit des *demos* ließe sich in der Zerstreuung des politischen Körpers erkennen: Stets trete er im Plural und in unterschiedlichen Formen auf – als Arbeiter*innenschaft in einer Fabrik, als Studierendenschaft, als Bewohner*innenschaft eines Stadtviertels.[824] »[L]a démocratie s'exerce partout [...]. Elle est pensée sous une forme fédérale très proche des conceptions conseillistes, où quantité des décisions différentes se prennent à tous les niveaux, ce qui ouvre à une autre idée du peuple, moins unitaire, plus éclaté et plus divers.«[825]

In der Idee einer »wirklichen Demokratie«[826], wie Castoriadis sie vor Augen stellt, scheint also mitgedacht, dass das Volk un-eins ist. Die (direkte) Demokratie setzt weder ein homogenes Volk voraus noch setzt sie sich die Erschaffung eines homogenen Volkes zum Ziel.[827] Eine solche Auffassung vertrüge sich auch schlecht mit Castoriadis' Forderung nach Autonomie: »Jede Übernahme einer irgendwie substantiellen Vorstellung von der Einheit [...] des Volkes kann die Bedingungen für eine autonome Gesellschaft nicht erfüllen, die gerade darin bestehen [...], das Verhältnis von imaginären Sinnsetzungen und historischen Lebensverhältnissen zu erneuern.«[828]

Die Öffnung hin zu einer anderen Idee des Volkes – des kollektiven politischen Subjekts – ist aber noch entschiedener zu vollziehen, als Castoriadis selbst dies tut. Es müsste auch das ›Objekt‹ der politischen Praxis in den Blick kommen: Diese, so hatte Castoriadis unterstrichen, müsse »die Gesellschaft als Totalität [...] berücksichtigen«.[829] Das Ganze jedoch entzieht sich dem Blick, weshalb Castoriadis von der gesellschaftlichen »Totalität als *offener, sich vollziehender Totalität*«[830] spricht. Das dürfte indes nicht nur heißen, dass die Gesellschaft in ihrer Komplexität und Wandelbarkeit einer

---

823 Chollet: Peuple-Un ou dèmos, S. 39, Hv. i. Orig.; hier auch der Hinweis auf diese Anmerkungen Castoriadis'.

824 Vgl. Castoriadis: La source hongroise, S. 594.

825 Chollet: Peuple-Un ou dèmos, S. 39f. Siehe in diesem Sinne zur Alltäglichkeit revolutionärer Praxis auch Castoriadis: Warum ich kein Marxist mehr bin, S. 52f.

826 Castoriadis: Das griechische und moderne politische Imaginäre, S. 109.

827 Vgl. Chollet: Peuple-Un ou dèmos, S. 39, und siehe auch ebd., S. 40: Es gehe für Castoriadis nicht darum, die Demokratie zu gründen »sur un peuple préexistant, homogène et bien délimité, mais bien plutôt de déduire, à partir d'autres principes, que le peuple doit détenir le pouvoir dans une démocratie«.

828 Seyfert: Castoriadis, S. 268. Kelbel: Praxis und Versachlichung, S. 277, wirft Castoriadis dennoch vor, er hantiere »mit überzogenen Vorstellungen von der politischen Regulierung zugrundeliegenden kollektiven Identitäten« und vernachlässige den »Blick auf die faktischen Strukturen moderner Lebenswelten« samt den darin »sich abspielenden Prozessen einer Fragmentierung der Vernunft, einer Differenzierung von kulturellen Sphären und gesellschaftlichen Funktionssystemen sowie einer Vervielfältigung von sozialen Milieus und Lebensstilen«. Hierauf wäre mit dem Hinweis auf die Trennung der Sphären von *oikos, agora* und *ekklesia* zu entgegnen, dass die Politik nicht alles reglementiere, sondern es den Menschen überlasse, im Privaten zu »machen [...], was sie wollen«, so Castoriadis: Getan und zu tun, S. 241. Siehe dazu Chollet: Peuple-Un ou dèmos, S. 39; Condoleo: Vom Imaginären zur Autonomie, S. 179.

829 Castoriadis: Gesellschaft als imaginäre Institution, S. 150.

830 Ebd., S. 152, Hv. i. Orig.

abschließenden Erfassung entwischt.[831] Anzuerkennen wäre zudem eine innere Zerklüftung der Gesellschaft, eine »Ablehnung und Opposition innerhalb der Gesellschaft
selbst«[832], wie sie im Klassenkampf aufscheine. Mit ihm wurde aus der gesellschaftlichen »Einheit, die zuvor allenfalls am Rande Störungen, Abweichungen oder Übertretungen kannte, [...] die zerrissene und konfliktreiche Totalität einer Gesellschaft, die
sich selbst in Frage stellt«.[833]

Einheit der Gesellschaft?

Ebenso wenig wie der demokratische *demos* ist die instituierende/instituierte Gesellschaft[834] als Einheit zu denken. Castoriadis zeichnet auch hier ein Bild allzu großer Homogenität.[835] Dies insinuiert der habermassche Vorwurf, Castoriadis fasse die Schöpfung gesellschaftlicher Bedeutungen durch die instituierende Gesellschaft nach dem
Modell »des sich selbst setzenden Subjekts«.[836] Castoriadis kritisiert zwar die der überlieferten Ontologie verhaftete Idee, es gäbe ein (außerhalb der Gesellschaft anzusiedeln-
des) Subjekt der gesellschaftlichen Schöpfung.[837] Er betont: »Gesellschaft ist Selbstschöpfung«, nämlich das »Werk des gesellschaftlichen Imaginären, der *instituierenden*
Gesellschaft«.[838] Wie Tassis unterstreicht, propagiere Castoriadis nicht die »Rückkehr
zu Vorstellungen von der Gesellschaft als einem Subjekt im Großformat«.[839] Ist aber
die (instituierte) Gesellschaft das Produkt der instituierenden Gesellschaft, so werde,
meint Klooger, die als unzulässig verworfene Frage: »Schöpfung *durch wen?*«[840] doch
beantwortet: Das Subjekt der Schöpfung der Gesellschaft ist die Gesellschaft. »It may
be that the agent does not exist independently of the activity or prior to it, that, on the
contrary, it exists only insofar as that activity continues. But this does not eliminate
the agency.«[841] Im Übrigen könne Castoriadis die *agency*-Idee nicht aufgeben, da auf
ihr sein Autonomiebegriff fuße: Autonomie sei die (explizite) Selbstschöpfung der Gesellschaft.[842] Die Begriffe ›Autonomie‹ und ›Heteronomie‹, so Lüdemann, ließen sich

---

831   Darauf scheinen die Überlegungen Castoriadis ebd., S. 150ff., hinauszulaufen. Siehe zum Begriff
       der (gesellschaftlichen) Totalität auch Tassis: Castoriadis, S. 185f.; Condoleo: Vom Imaginären zur
       Autonomie, S. 104f.; Leledakis: Society and psyche, S. 116f.

832   Castoriadis: Gesellschaft als imaginäre Institution, S. 267.

833   Ebd. In einer schönen Formulierung heißt es ebd. weiter: »Das Innere der Gesellschaft wird ihr
       selbst äußerlich«.

834   Siehe zur Untrennbarkeit von instituierender und instituierter Gesellschaft etwa ebd., S. 606, so-
       wie Klooger: Plurality and indeterminacy, S. 492.

835   Die nachstehenden Überlegungen folgen insbesondere der Argumentation in Kloogers Aufsatz
       Plurality and Indeterminacy: Revising Castoriadis's overly homogeneous conception of society.

836   Habermas: Philosophischer Diskurs der Moderne, S. 383; vgl. ebd.; siehe auch ebd., S. 385f.

837   Vgl. Castoriadis: Das Imaginäre, S. 37.

838   Ebd., Hv. i. Orig.

839   Tassis: Castoriadis, S. 44, Anm. 69.

840   Castoriadis: Das Imaginäre, S. 37, Hv. i. Orig.

841   Klooger: Plurality and indeterminacy, S. 493.

842   Vgl. ebd., S. 492f. Aus einem ganz ähnlichen Grund, so hatten wir mit Lüdemann: Metaphern der
       Gesellschaft, S. 55, gesehen, muss Castoriadis auch den lacanianischen Begriff des Imaginären ver-
       werfen.

sinnvollerweise überhaupt nur auf Subjekte anwenden, weshalb Castoriadis den »Rahmen klassischer Subjektphilosophie«[843] nicht verlasse. Die Gesellschaft sei aber kein Subjekt:

> [S]ie verfügt über kein ›Selbst‹, kein ›Ich‹, kein ›Wesen‹, das autonom oder heteronom sein könnte. Die Gesellschaft existiert ›grundlos‹ [...]. Eben deswegen bedarf sie eines »Gründungstheaters« und einer »Gründungsrede«, der imaginären und symbolischen Bearbeitung ihres fehlenden Grundes.[844]

Wenn auch nicht als ein Subjekt im klassischen Sinne, wie ihm zu konzedieren wäre, fasst Castoriadis die instituierende Gesellschaft doch als »singular agent«.[845] Es sei die (eine) Gesellschaft, schreibt er, die »ihre ›Identität‹ bestimmen [muß], ihre Gliederung, die Welt, ihre Beziehungen zur Welt und deren Objekten, ihre Bedürfnisse und Wünsche«.[846] Leledakis weist zu Recht darauf hin, dass sich die Gesellschaft bei Castoriadis als *eine* Gesellschaft schöpfe; mehr noch: als eine geschlossene Gesellschaft, als Totalität: »Castoriadis often refers to *a* society, considering the magma of imaginary significations as determining one totality, that of society.«[847] Aus der Schöpfung der (geschlossenen) Gesellschaft durch sich selbst resultiert ein Zirkel der Geschlossenheit: Das Werk der (instituierenden) Gesellschaft – die (instituierte) Gesellschaft – muss selbst auch geschlossen sein: »What produces closure [...] is the way the created world proceeds from a singular source and is fixed into a unified and self-consistent pattern by that singular source.«[848] Daher rührt wohl, dass Castoriadis den Gedanken vernachlässige, es könne in verschiedenen Segmenten der Gesellschaft verschiedene, einander widerstreitende Magmen an Bedeutungen geben.[849]

Castoriadis' Vorstellung von einer Gesellschaft, die sich nur als Ganzes – als Totalität – verändern könne[850], wäre die Pluralität und Heterogenität der instituierenden/instituierten Gesellschaft entgegenzuhalten. Die Schöpfung neuer gesellschaftlicher Bedeutungen kraft des Imaginären kann verschiedene, einander widerstreitende Quellen haben: »The radical imaginary is not housed in any sector of society, nor can it be brought into operation only if society acts as a totality. [...] The creativity of the social-historical field is an effervescence that can result in multiple, potentially antagonistic and genuinely alternative acts of creation.«[851]

Ein solches Verständnis beschnitte die Schöpfungspotenz des Imaginären und verwiese auf die nicht-identitäre Offenheit der geschöpften Gesellschaft. Aus einer lacanianischen Perspektive sind die Grenzen des Imaginären das Moment des Politischen.

---

843 Lüdemann: Metaphern der Gesellschaft, S. 61.

844 Ebd.

845 Klooger: Plurality and indeterminacy, S. 498; vgl. ebd., S. 495, wo er die Kritik Habermas' aufgreift und feststellt. »This accusation is wrong if we understand ›the subject‹ in the fullest sense of ›person‹ or conscious agent.«

846 Castoriadis: Gesellschaft als imaginäre Institution, S. 252.

847 Leledakis: Society and psyche, S. 116, Hv. i. Orig.

848 Klooger: Plurality and indeterminacy, S. 494; vgl. ebd., S. 489; 491f.

849 Vgl. Leledakis: Society and psyche, S. 116f.

850 Vgl. Klooger: Plurality and indeterminacy, S. 497.

851 Ebd., S. 498.

In diesem Sinne betont Stavrakakis die »limits of imagination« und die damit einhergehende »alienating side of human construction«.[852] Das Politische beziehe sich auf den Zusammenhang von Kreativität und Entfremdung:

> The political [...] is crucial in relating creativity to alienation, construction to dislocation – and vice versa. It refers to the moment of failure of a given identity or social construction; a failure, which not only dislocates the identity in question but also creates a lack, stimulating the desire for a rearticulation of the dislocated structure, stimulating [...] human creativity, becoming the condition of possibility for human freedom.[853]

Castoriadis weiß durchaus um eine entfremdende Begegnung der symbolischen Ordnung – die mit der natürlichen Welt. Diese »vor-gesellschaftliche«[854] Welt, schreibt er demgemäß,

> ist [...] stets da, als unerschöpflicher Vorrat an Andersartigkeit, als jederzeit vorhandenes Risiko, dass das Bedeutungsgewebe, mit dem die Gesellschaft sie überzogen hat, einmal zerreißt. Der Nicht-Sinn der Welt ist eine stetige Bedrohung für den Sinn der Gesellschaft, das gesellschaftliche Bedeutungsgefüge steht deshalb unter ständiger Einsturzgefahr.[855]

Im Ganzen jedoch, resümiert Stavrakakis, missachte Castoriadis die Grenzen der Imagination und der Kreativität des Menschen. Damit verliere er das Politische aus dem Blick: »The moment of the encounter with the political, the moment when the limits of human creativity and autonomy become visible [...] is disavowed by Castoriadis in favour of the autonomy of an essentialised subject.«[856] Das Politische offenbart die gesellschaftliche Totalität als eine von Antagonismen zerrissene. Dieses Fehlen, die Unmöglichkeit von Totalität, werden Laclau und Mouffe gegen eine »Ontologie der Immanenz«[857] argumentieren, sei wesentlich für jede Gesellschaft.

---

852   Stavrakakis: Lacanian left, S. 40; vgl. ebd., S. 54.
853   Ebd., S. 54.
854   Castoriadis: Macht, Politik, Autonomie, S. 142.
855   Ebd., S. 142f.; vgl. Stavrakakis: Lacanian left, S. 54f.
856   Stavrakakis: Lacanian left, S. 58. Der Autor verweist ebd., S. 57f., auf Žižek: Tücke des Subjekts, S. 37: »Castoriadis' Begriff der Einbildungskraft [bleibt] innerhalb des existentialistischen Rahmens vom Menschen als dem Wesen, das seine ›Essenz‹ in einem Akt der Einbildungskraft verwirklicht und alles wirklich Seiende transzendiert«.
857   Mouffe: Agonistik, S. 123.

3. Grenzen der Gemeinschaft[1] (Ernesto Laclau und Chantal Mouffe)

> Der Begriff der Grenze ist in allen Verhältnissen von Menschen untereinander [...] wichtig [...].[2]

> To understand social reality [...] is not to understand what society *is*, but what *prevents it from being*.[3]

Ernesto Laclau und Chantal Mouffe versuchen die Grenzen des Subjekts und der Gesellschaft zu denken, die in Castoriadis' »Super-Macho-Ding der allgemeinen Kreativität«[4] fehlen. Dafür steht in ihrer Arbeit *Hegemony and Socialist Strategy* (1985), die Slavoj Žižek als »den vielleicht radikalsten Durchbruch für die moderne Gesellschaftstheorie«[5] lobt, der Begriff des Antagonismus. Er benennt »die Negativität im Herzen der Identität«, ein konstitutives »Scheitern«, eine »Kluft oder Unvollständigkeit«[6], die individuelle wie kollektive Identität durchzieht. Weder der Gesellschaft noch dem (Kollektiv-)Subjekt

---

1   Für einen Abschnitt ihrer Studie wählt Spitta: Gemeinschaft jenseits von Identität, S. 238, ebenfalls die Überschrift »Grenzen der Gemeinschaft«. Die Wendung spielt auf Helmuth Plessners Schrift *Grenzen der Gemeinschaft* an.

2   Simmel: Soziologie, S. 696.

3   Laclau: Reflections on the revolution, S. 44, Hv. i. Orig.

4   So polemisiert »gegen die kollektive Kloake der Tröstungen namens *Spontaneität* und *Kreativität*« der frühere Mitstreiter Castoriadis', Jean-François Lyotard: Libidinöse Ökonomie. Zürich, Berlin 2007, S. 142, Hv. i. Orig. Den Hinweis auf dieses »Wort des Hasses« (ebd.) verdanke ich Stavrakakis: Lacanian left, S. 57.

5   Slavoj Žižek: Jenseits der Diskursanalyse. In: Marchart, Oliver (Hg.): Das Undarstellbare der Politik. Zur Hegemonietheorie Ernesto Laclaus. Wien 1998, S. 123-131, 123; auch zitiert bei Marchart: Das unmögliche Objekt, S. 299. Siehe zur Rezeption von *Hegemony and Socialist Strategy* Rüdiger: Dekonstruktion und Demokratisierung, S. 137ff.

6   Judith Butler/Ernesto Laclau/Slavoj Žižek: Einleitung. In: dies.: Kontingenz, Hegemonie, Universalität. Aktuelle Dialoge zur Linken (Hg. Posselt, Gerald). Wien 2013, S. 1-5, 2.

politischen Handelns ist eine volle Identität möglich: Laclaus und Mouffes Theorie richtet sich gegen »an *essentialist* conception of both society and social agency«.[7]

Die Abwehr des Essentialismus zeigt an, dass Laclaus und Mouffes Theorie[8] – nicht anders als die Castoriadis' oder Nancys – vor dem Hintergrund »einer postfundamentalistischen Horizontverschiebung«[9] zu lesen ist, eines »Sichzurückziehen[s] des ›Grundes‹«[10], genauer noch: »eines letzten Urgrundes«.[11] Diese Verschiebung ist zum einen philosophisch motiviert[12], zum anderen bildet die These vom Fehlen letzter Gründe konkrete historische Erfahrungen ab: die des Scheiterns des totalitären (Staats-)Kommunismus und die der Unfähigkeit des Marxismus, die seit dem Ende der 1960er Jahre entstehenden Neuen Sozialen Bewegungen zu erfassen.[13] Bei Laclau und Mouffe, wie schon bei Castoriadis, erfolgt die Darstellung der eigenen postfundamentalistischen Theorie in Abgrenzung zum Fundamentalismus oder Essentialismus der marxistischen Lehre. Wie Castoriadis' *L'institution imaginaire de la société*, so setzt auch Laclau und Mouffes *Hegemony and Socialist Strategy* mit einer Kritik des Marxismus und der

---

7   Ernesto Laclau: The Impossibility of Society. In: ders.: New Reflections on The Revolution of Our Time. London, New York 1990, S. 89-92, 89, Hv. i. Orig.

8   Gegen die Tendenz, Mouffes und Laclau Theorie(n) als eine Theorie zu behandeln, betont Martin Nonhoff: Chantal Mouffe und Ernesto Laclau: Konfliktivität und Dynamik des Politischen. In: Bröckling, Ulrich/Feustel, Robert (Hg.): Das Politische denken. Zeitgenössische Positionen. Bielefeld 2010, S. 33-57, 34, »unterschiedliche Schwerpunktsetzungen« beider; beispielhaft für eine Arbeit, die diese Unterschiede explizit nicht berücksichtigt, ist *Dekonstruktion und Demokratisierung* von Anja Rüdiger; vgl. Rüdiger: Dekonstruktion und Demokratisierung, S. 141.

9   Marchart: Politische Differenz, S. 186.

10   Laclau/Mouffe: Hegemonie und radikale Demokratie, S. 25.

11   Mouffe: Agonistik, S. 21. Urs Stäheli: Die politische Theorie der Hegemonie: Ernesto Laclau und Chantal Mouffe. In: Brodocz, André/Schaal, Gary S[tuart] (Hg.): Politische Theorien der Gegenwart II. Eine Einführung. Opladen 2001, S. 193-223, 194, Hv. i. Orig., sieht einen »*Anti-Essentialismus*« für die Theorie Laclaus und Mouffes kennzeichnend, da auf das Behaupten von »letzten Gründen« des Sozialen verzichtet werde.

12   Laclau/Mouffe: Hegemonie und radikale Demokratie, S. 26, verorten ihr Projekt in einer Tradition, zu der etwa Heidegger, Derrida und Wittgenstein gehören; diese hätten »ein völlig neues intellektuelles Terrain« (ebd.) eröffnet. Siehe auch Mouffe: Agonistik, S. 191f.; Ernesto Laclau/Chantal Mouffe: Post-Marxism without Apologies. In: Laclau, Ernesto: New Reflections on The Revolution of Our Time. London, New York 1990, S. 97-131, 119, sowie Rüdiger: Dekonstruktion und Demokratisierung, S. 142, und Oliver Marchart: Laclaus Rückgang auf Husserl – Diskurstheorie als Sozialphänomenologie des Raumes. In: Bedorf, Thomas/Unterthurner, Gerhard (Hg.): Zugänge. Ausgänge. Übergänge. Konstitutionsformen des sozialen Raums. Würzburg 2009, S. 157-171, 158f.

13   Vgl. Mouffe in Ernesto Laclau/Chantal Mouffe: Hegemonie, Macht und Rechtspopulismus. Ein Gespräch [von Ian Angus] mit Ernesto Laclau und Chantal Mouffe. In: Episteme. Online-Magazin für eine Philosophie der Praxis 1 (o.J.), S. 1-33 (PDF-Version), 6. Abrufbar unter: <https://www.episteme.de/download/Mouffe-Laclau-Hegemonie-Macht.pdf> (Zugriff am 29.1.2022); Rüdiger: Dekonstruktion und Demokratisierung, S. 200. Laut Jacob Torfing: New Theories of Discourse. Laclau, Mouffe and Žižek. Oxford, Malden 1999, S. 6, waren für die Genese der Diskurstheorien zentral: »The events following May 1968, the crisis of welfare state capitalism, and the collapse of Communism«. Siehe zur Verbindung von Theorie und Erleben Ernesto Laclau: ›Die Zeit ist aus den Fugen‹. In: ders.: Emanzipation und Differenz. 3. Aufl. Wien 2010, S. 104-124, 123: »Die Auflösung der Metaphysik der Präsenz ist keine rein intellektuelle Operation. Sie ist der ganzen Erfahrung vergangener Dekaden tief eingeschrieben.«

marxistischen Orthodoxie ein. Insbesondere die deutsche Übersetzung (*Hegemonie und radikale Demokratie*, 1991) zeigt, dass Laclau und Mouffe über die Aburteilung des Marxismus hinauszugehen versuchen und sich um eine zeitgemäße »Reformulierung der sozialistischen Ideale« in Gestalt »einer radikalen und pluralen Demokratie«[14] bemühen. Ihr Unternehmen lässt sich als ein »Denken[...] an den Grenzen des Marxismus«[15] deuten. Dem Bekunden Laclaus und Mouffes nach ist es »post-marxistisch«.[16] *Hegemonie und radikale Demokratie* verspricht im Untertitel einen Beitrag »Zur Dekonstruktion des Marxismus«, und nimmt man den Begriff ›Dekonstruktion‹ im derridaschen Sinne, hat man darunter eine »Radikalisierung des Marxismus« zu verstehen, die *»in der Tradition* eines gewissen Marxismus, in einem gewissen Geist *des Marxismus«*[17] erfolgt. Dem Marxismus mit dem Marxismus zu Leibe rücken zu wollen – das setzt voraus: Es gibt nicht einen Marxismus, sondern mannigfaltige, zum Teil heterodoxe Marxismen.[18] Entgegen Castoriadis' Verdikt, der Marxismus sei »keine lebendige Theorie mehr«[19],

---

14   Laclau/Mouffe: Hegemonie und radikale Demokratie, S. 23; zur Bedeutungsverschiebung zwischen dem englischen und deutschen Titel siehe Marchart: Äquivalenz und Autonomie, S. 10. Zur Fokussierung auf die Frage (radikal)demokratischer Politik siehe Chantal Mouffe: Gespräch mit Oliver Marchart. In: Mesotes. Jahrbuch für philosophischen Ost-West-Dialog 3 (1993), S. 407-413, 407, auf die Verbindung von radikaler und pluraler Demokratie und Sozialismus gehen Rüdiger: Dekonstruktion und Demokratisierung, S. 194ff., sowie Torfing: Theories of discourse, S. 256, ein, der wiederum auf Laclau/Mouffe: Hegemonie und radikale Demokratie, S. 221, verweist.

15   Thomas Sablowski: Vom Sozialismus zur radikalen Demokratie. Zum Postmarxismus von Laclau/Mouffe [Rezension von Ernesto Laclau/Chantal Mouffe: Hegemonie und radikale Demokratie. Zur Dekonstruktion des Marxismus]. In: links 3 (1992), S. 12-14, 12. Ich danke dem Autor für die Zusendung des abgelegen publizierten Artikels.

16   Laclau/Mouffe: Hegemonie und radikale Demokratie, S. 34. Marchart: Das unmögliche Objekt, S. 301, nennt Laclau und Mouffes Postmarxismus »die marxistische Unterbrechung des Marxismus«. Siehe zum Begriff des Postmarxismus auch Marchart: Prekarisierungsgesellschaft, S. 91ff., sowie allgemeiner Rüdiger: Dekonstruktion und Demokratisierung, S. 16ff. (zur Verwendung des Begriffs bei Laclau und Mouffe ebd., S. 143f.).

17   Jacques Derrida: Marx' Gespenster. Der Staat der Schuld, die Trauerarbeit und die neue Internationale. Frankfurt a.M. 2004, S. 130, Hv. i. Orig. Die Kenntnis dieser Passage verdanke ich Andreas Hetzel: Demokratie ohne Grund. Ernesto Laclaus Transformation der Politischen Theorie. In: ders./Flügel, Oliver/Heil, Reinhard (Hg.): Die Rückkehr des Politischen. Demokratietheorien heute. Darmstadt 2004, S. 185-210, 188, Anm. 11; siehe auch Rüdiger: Dekonstruktion und Demokratisierung, S. 23, Anm. 25. (Für eine Auseinandersetzung mit *Marx' Gespenster* siehe Laclaus Aufsatz ›Die Zeit ist aus den Fugen‹.) Für Ernesto Laclau: Building a New Left [Gespräch mit *Strategies*]. In: ders.: New Reflections on The Revolution of Our Time. London, New York 1990, S. 177-196, 179, Hv. i. Orig., zählt »the deconstruction of Marxist tradition, not its mere abandonment. [...] One must construct one's discourse as *difference* in relation to that tradition and this implies at the same time continuities and discontinuities.«

18   Vgl. Marchart: Das unmögliche Objekt, S. 301. Rüdiger: Dekonstruktion und Demokratisierung, S. 143, spricht von einer »Heterogenität und Ambiguität der vielfältigen marxistischen Diskurse«, die Laclau und Mouffe demonstrierten, es gehe um eine Radikalisierung der »subversiven Effekte, die schon immer die marxistische Theorie begleitet haben« (ebd., S. 144); siehe auch ebd., S. 156ff. Laclau/Mouffe: Post-Marxism without apologies, S. 119, betonen, bereits im marxistischen Denken sei »a persistent effort [...] to distance itself from essentialism« festzustellen, weshalb gelte: »[O]ur present theoretical and political efforts have a genealogy which is internal to Marxism itself«.

19   Castoriadis: Gesellschaft als imaginäre Institution, S. 23.

wollen Laclau und Mouffe vor allem Antonio Gramscis Konzept der Hegemonie für ihre Theorie fruchtbar machen.[20] Von Marx selbst übernehmen sie das Konzept des Antagonismus[21], modifizieren es aber in zweierlei Hinsicht.

Folgt man Marcel Gauchet, so bricht Marx mit der klassischen Vorstellung, die Gesellschaft könne »nur als *eine* bzw. einheitliche existieren, nur ohne den unauflösbaren Widerspruch ihrer Mitglieder«.[22] Im Gegenteil, der antagonistische Konflikt oder Kampf zwischen den gesellschaftlichen Gliedern führe nicht zum Untergang der Gesellschaft, die gesellschaftliche Uneinigkeit sei vielmehr »Lebensprinzip der Gesellschaft und [...] Motor der Geschichte«.[23] Damit habe Marx auf »die Notwendigkeit, die Gesellschaft *von ihrer Teilung aus* zu denken«[24], hingewiesen. Trotz seiner Einsicht in »die Zerrissenheit der Gesellschaft«[25] fänden sich bei Marx jedoch noch Spuren einer essentialistischen Gesellschaftskonzeption: Er habe die Abschaffung des Klassenkampfes und »eine endgültige Überwindung der gesellschaftlichen Spaltung«[26] für möglich gehalten. Gauchet nennt dies »das *Postulat des sekundären und auflösbaren Charakters der gesellschaftlichen Teilung*«.[27] Für Marx sei die »Heraufkunft einer konfliktlosen Gesellschaft«[28] nicht ausgeschlossen gewesen; er sah das Kommen eines Kommunismus, in dem es »keine grundsätzlich widerstreitenden Interessen unter den Individuen mehr geben soll, [...] eine *einheitliche und mit sich identische Gesellschaft*«.[29] Kurz gesagt: eine totalitäre Gesellschaft[30], die, so ließe sich an die Einleitung dieser Arbeit anknüpfen, der Idee einer »Gesellschaft als organischem Körper«[31] gehorcht.

---

20 Vgl. Laclau/Mouffe: Hegemonie und radikale Demokratie, S. 35. Siehe zu ›Hegemonie‹ bei Gramsci die Darstellungen bei Böttger: Postliberalismus, S. 182ff.; Marchart: Prekarisierungsgesellschaft, S. 88ff.

21 Marx' »Idee des Antagonismus« sei weiterhin eine »wichtige Einsicht«, so Mouffe: Gespräch mit Marchart, S. 408. Vgl. Nonhoff: Mouffe und Laclau, S. 33f., demzufolge Laclau und Mouffe bei Marx einen Widerspruch erkennen »zwischen Ökonomismus und historischem Determinismus einerseits und einer anderen marxistischen Überlegung andererseits, nämlich jener, dass die Geschichte eine Geschichte von Klassenkämpfen sei«. (Ebd., S. 33) Andreas Reckwitz: Ernesto Laclau: Diskurse, Hegemonien, Antagonismen. In: Moebius, Stephan/Quadflieg, Dirk (Hg.): Kultur. Theorien der Gegenwart. 2., erw. u. aktual. Aufl. Wiesbaden 2011, S. 300-310, 301, hält fest, es sei »die Marx'sche Grundintuition des sozialen Konflikt- und Kampfcharakters der modernen Gesellschaft [...], welche Laclau in der Form seines Konzeptes des ›sozialen Antagonismus‹ ins Zentrum seiner Kulturtheorie rückt«.

22 Gauchet: Totalitäre Erfahrung, S. 209, Hv. i. Orig.; vgl. ebd., S. 208f.

23 Ebd., S. 209.

24 Ebd., Hv. i. Orig. Siehe dazu auch die Ausführungen von Marchart: Politische Differenz, S. 134ff.

25 Gauchet: Totalitäre Erfahrung, S. 208.

26 Ebd., S. 210.

27 Ebd., Hv. i. Orig.

28 Ebd.

29 Ebd., Hv. i. Orig.; siehe auch Mouffe: Gespräch mit Marchart, S. 408f.

30 Siehe Gauchet: Totalitäre Erfahrung, S. 213, Hv. i. Orig, wo er als »das entscheidende Kennzeichen des Totalitarismus die *Behauptung der gesellschaftlichen Einheit*« nennt, sowie Lefort/Gauchet: Über die Demokratie, S. 92.

31 Chantal Mouffe: Inklusion/Exklusion: Das Paradox der Demokratie. In: Weibel, Peter/Žižek, Slavoj (Hg.): Inklusion – Exklusion. Probleme des Postkolonialismus und der globalen Migration. 2., überarb. Aufl. Wien 2010, S. 75-90, 89.

Dagegen fordern Mouffe und Laclau in *Hegemonie und radikale Demokratie* den Abschied von der »Konzeption des Kommunismus als einer transparenten Gesellschaft, in der die Antagonismen verschwunden sind«.[32] Sie selbst führt das zu einer Theorie der Gesellschaft, »der ihr Gegenstand – ›Gesellschaft‹ als objektive Totalität – abhanden gekommen ist«.[33] Auf keinen Fall meine dieser Verlust, stellt Mouffe klar, das individualistische Diktum Margaret Thatchers ›There is no such thing as society‹.[34] Stattdessen gehe es darum, so Jörke, »die ›Gesellschaft‹ [...] als eine partielle Konstruktion, als ein kontingentes Resultat politischer Kämpfe«[35] zu beschreiben.

Der These, dass die ›Gesellschaft als objektive Totalität‹ verloren gegangen sei, könnte Castoriadis zumindest teilweise beipflichten. Auch für ihn gibt es nicht *die* (objektive) Gesellschaft, sondern nur Gesellschaft-als-Veränderung, nur ›Gesellschaftlich-Geschichtliches‹. Ihm gilt allerdings die Gesellschaft als *eine* Gesellschaft, die sich als Totalität schöpft. Laclau und Mouffe betonen den Verlust der Gesellschaft im Sinne *einer* Gesellschaft: »Der unvollständige Charakter jeder Totalität führt uns notwendigerweise dazu, als Terrain der Analyse die Prämisse von ›Gesellschaft‹ als einer genähten und selbstdefinierten Totalität aufzugeben. ›Gesellschaft‹ ist kein gültiges Objekt des Diskurses.«[36] Die Unmöglichkeit einer absoluten Totalität resultiert aus jener als ›Antagonismus‹ bezeichneten »*constitutive* and *primordial* [...] negativity«[37], die, so wird sich zeigen, nicht nur absolute Totalität verhindert, sondern zugleich unvollständige Totalität ermöglicht.[38]

All social order [...] can only affirm itself insofar as it represses a ›constitutive outside‹ which negates it – which amounts to saying that social order never succeeds in entirely constituting itself as an objective order. It is in that sense that we have sustained

---

32   Laclau/Mouffe: Hegemonie und radikale Demokratie, S. 34; siehe zudem Mouffe: Agonistik, S. 11; 131. Auch Gauchet und Lefort, so hält Marchart: Politische Differenz, S. 135, fest, verstünden den »Klassenantagonismus [...] nicht als etwas [...], das an einem fernen Punkt in der Zukunft, nach der Sozialisierung der Produktionsmittel und dem Absterben des Staates, auflösbar wäre. Dieser Konflikt ist nicht nur unauflösbar, sondern auch notwendig für die Selbstinstituierung von Gesellschaft. Er stellt eine der Hauptquellen sozialer Kohäsion dar.«

33   Marchart: Prekarisierungsgesellschaft, S. 92; vgl. Marchart: Das unmögliche Objekt, S. 303.

34   Vgl. Mouffe: Gespräch mit Marchart, S. 409; siehe zu dieser Sentenz auch Marchart: Das unmögliche Objekt, S. 7.

35   Dirk Jörke: Die Agonalität des Demokratischen: Chantal Mouffe. In: Flügel, Oliver/Heil, Reinhard/ Hetzel, Andreas (Hg.): Die Rückkehr des Politischen. Demokratietheorien heute. Darmstadt 2004, S. 164-184, 165.

36   Laclau/Mouffe: Hegemonie und radikale Demokratie, S. 148, Hv. i. Orig.; vgl. Nonhoff: Mouffe und Laclau, S. 37.

37   Laclau: Building a new left, S. 180, Hv. i. Orig.; siehe auch Mouffe: Gespräch mit Marchart, S. 409. Damit erhalte der Antagonismus bei Laclau und Mouffe, befindet Marchart: Das unmögliche Objekt, S. 299, »den Status einer gesellschaftstheoretischen Zentralkategorie«.

38   Siehe etwa Marchart: Laclaus Rückgang auf Husserl, S. 169; Marchart: Das unmögliche Objekt, S. 326; 345; 367. Auch Lüdemann: Metaphern der Gesellschaft, S. 13, Hv. i. Orig., ist der Ansicht, »*daß jede Konstruktion gesellschaftlicher Totalität nur von dem her verständlich wird, was sie ausschließen will, ja muß*, nämlich eine (jede) andere Konstruktion gesellschaftlicher Totalität.«

the *revelatory* character of antagonism: what is shown in antagonism is the *ultimate* impossibility of social objectivity.[39]

Eine Objektivität des Kollektivs ›Gesellschaft‹ mag unerreichbar sein, man kann aber nicht darauf verzichten, Kollektivität zu denken.[40] Wenn auch gemäß der »Konfliktontologie«[41] Laclaus und Mouffes gesellschaftliche Einheit unmöglich erscheint, bedarf es doch einer Dimension der Einheit.[42] Nicht zuletzt für politisches Handeln bleibe ›Einheit‹ der unabdingbare »Horizont«[43], vor dem sich die Subjekte zu einer vereinten Artikulation ihres Veränderungswillens verknüpfen.[44]

Dieser Hinweis auf das Subjekt politischen Handelns führt zu der zweiten Umgestaltung, die Laclau und Mouffe an Marx' Denken vornehmen. »Radikale Politik ist *kollektiv* und nimmt ihren Ausgang von einer gemeinsamen Unterdrückungserfahrung.«[45] Wer unterdrückt wen? »Der Fehler von Marx und später des Marxismus lag darin, Antagonismus nur im Sinne von Klassen-Antagonismus zu denken.«[46] Anders als in der marxistischen Orthodoxie sind (kapitalistische) Unterdrückende und (proletarische) Unterdrückte heute nicht mehr vorab definiert.[47] Der Marxismus habe das Proletariat nicht nur zum bevorrechteten Subjekt der revolutionären Veränderung der Gesellschaft geadelt, mit diesem Subjekt verband sich auch die »Erwartung eines vollkommen einheitlichen und gleichartigen kollektiven Willens«.[48] Für eine demokratische Politik, machen Laclau und Mouffe deutlich, müsse man neben der Idee der Einheitsgesellschaft auch die Idee des einen Subjekts aufgeben, das die Einheit der Gesellschaft repräsentiere:

> Die demokratische Gesellschaft kann nicht länger als eine Gesellschaft begriffen werden, die den Traum von einer perfekten Harmonie in den sozialen Beziehungen verwirklicht hätte. Ihr demokratischer Charakter kann nur dadurch gegeben werden, daß

---

39   Laclau: Building a new left, S. 180, Hv. i. Orig. »Something is objective«, erläutert Laclau, »insofar as its ›being‹ is present and fully constituted. From this perspective things ›are‹ something determinate, social relations ›are‹ – and in that sense they are endowed with objectivity.« (Ebd., S. 182)

40   Vgl. Rüdiger: Dekonstruktion und Demokratisierung, S. 176.

41   Bluhm: Konträre Auffassungen, S. 83.

42   Marchart: Das unmögliche Objekt, S. 319, betont: »Nach wie vor ist das Soziale – bei Strafe seiner Auflösung in verstreute Differenzen – darauf angewiesen, Totalisierungseffekte zu erzeugen.«

43   Laclau/Mouffe: Hegemonie und radikale Demokratie, S. 232.

44   Vgl. ebd., S. 232f. Siehe auch Laclau: Subjekt der Politik, Politik des Subjekts, S. 103, und Mouffe in Laclau/Mouffe: Hegemonie, Macht, Rechtspopulismus, S. 10f.

45   Marchart: Auszug aus Ägypten, S. 16, Hv. i. Orig.

46   Mouffe: Gespräch mit Marchart, S. 408; siehe auch Mouffe in Laclau/Mouffe: Hegemonie, Macht, Rechtspopulismus, S. 20f. Rüdiger: Dekonstruktion und Demokratisierung, S. 148, resümiert: »Statt den konstitutiven Charakter von Negativität und die sich daraus ergebende Instabilität jeder sozialen Identität anzuerkennen, wird in verschiedensten marxistischen Ansätzen ein rationalistisches Modell der Positivität der Gesellschaft und ihrer Subjekte wieder eingeführt. Klassen als homogene Identitäten werden als handelnde Kraft der Geschichte bestimmt, welche in einer transparenten kommunistischen Gesellschaft ihren determinierten Endpunkt finden.«

47   Nonhoff: Mouffe und Laclau, S. 34, stellt in diesem Sinne fest, es sei nicht mehr »a priori klar, welche Konfliktformationen eine Gesellschaft beeinflussen und eventuell sogar dominieren«.

48   Laclau/Mouffe: Hegemonie und radikale Demokratie, S. 32; vgl. ebd.

kein begrenzter sozialer Akteur sich selbst die Repräsentation der Totalität zuschreiben und auf diese Weise von sich behaupten kann, über die »Macht der Gründung« zu verfügen.[49]

Laclaus und Mouffes postmoderne Theorie[50] zeichnet aus, den Niedergang einer »ontologisch privilegierten Stellung einer universalen Klasse«[51] nicht resignativ zu beklagen.[52] Konfrontierte man sie mit der »grimmigen Scherzfrage«[53] nach dem Verbleib des Proletariats, lenkten Laclau und Mouffe den Blick auf die Neuen Sozialen Bewegungen.[54] Diese hätten zu einer »Vermehrung der Kämpfe«, zu einer »Ausweitung der sozialen Konfliktualität auf ein weites Feld von Gegenständen« geführt, und besäßen »das Potential [...] für einen Fortschritt hin zu freieren, demokratischeren und egalitäreren Gesellschaften«.[55] Die Neuen Sozialen Bewegungen fordern die Vorstellung

---

49   Ebd., S. 25; siehe auch ebd., S. 28, Hv. i. Orig.: »Damit Demokratie existiert, sollte kein begrenzter sozialer Agent imstande sein, irgendeine Macht über die *Gründung* der Gesellschaft für sich in Anspruch zu nehmen.«

50   ›Postmodern‹, da sie sich von einer Moderne absetzt, als deren Vertreter man etwa Marx verstehen könnte: »Die Moderne beginnt mit der Suche nach einem grenzenlosen historischen Akteur, der in der Lage ist, die Fülle einer perfekt instituierten sozialen Ordnung zu garantieren.« (Laclau: Subjekt der Politik, Politik des Subjekts, S. 84) ›Postmodern‹ aber explizit nicht im Sinne »der postmodernen Konzeption einer Fragmentierung des Sozialen, die sich weigert, den Fragmenten irgendeine Art relationaler Identität zu geben«. (Laclau/Mouffe: Hegemonie und radikale Demokratie, S. 25) Laclau: Subjekt der Politik, Politik des Subjekts, S. 95, grenzt sich von »bestimmten Versionen des Postmodernismus« ab, insbesondere von »jenen, die aus der Kritik des Fundationalismus auf eine Implosion aller Bedeutung schließen«. Es verblieben, so Ernesto Laclau: Macht und Repräsentation. In: ders.: Emanzipation und Differenz. 3. Aufl. Wien 2010, S. 125-149, 128, »diese nihilistischen Positionen« auf dem »intellektuelle[n] Terrain [...], von dem sie sich distanzieren wollen«. Siehe allgemein zu Laclaus und Mouffes Postmoderne-Begriff Rüdiger: Dekonstruktion und Demokratisierung, S. 142f., sowie für den Zusammenhang des Begriffs der Postmoderne mit Fragen der Ethik Torfing: Theories of discourse, S. 274ff.

51   Laclau/Mouffe: Hegemonie und radikale Demokratie, S. 34.

52   In diesem Sinne attestiert Torfing: Theories of discourse, S. 245, Laclau und Mouffe ein »relatively optimistic assessment of the possibility of a democratic postmodern politics«, und Stäheli: Politische Theorie der Hegemonie, S. 195, merkt an, für Laclau und Mouffe wirke »der Verlust von letzten Fundamenten keineswegs entpolitisierend«.

53   Theodor W[iesengrund] Adorno: Minima Moralia. Reflexionen aus dem beschädigten Leben [1951]. Gesammelte Schriften. Bd. 4 (Hg. Tiedemann, Rolf). Frankfurt a.M. 2003, S. 221.

54   Siehe Rahel Sophia Süss: Kollektive Handlungsfähigkeit. Gramsci – Holzkamp – Laclau/Mouffe. Wien, Berlin 2015, S. 119f., sowie Marchart: Prekarisierungsgesellschaft, S. 93ff.

55   Laclau/Mouffe: Hegemonie und radikale Demokratie, S. 31. Siehe mit Hinweis auf die ›Frankfurter Schule‹ etwa Laclau: Theory, democracy and socialism, S. 214, weiter auch Laclau/Mouffe. Post-Marxism without apologies, S. 97f., sowie Laclau: Reflections on the revolution, S. 82: »We are faced with a growing fragmentation of social actors, but this, far from being the cause for any nostalgia for the lost ›universal class‹, must be the source for a new militancy and a new optimism.« Auch Castoriadis: Warum ich kein Marxist mehr bin, S. 51, betont, »der Gedanke, dass das Proletariat ›der‹ Träger des revolutionären Projekts ist, lässt sich nicht länger aufrechterhalten«; man müsse etwa »die historische Bedeutung der Kämpfe von Jugendlichen« oder »das, was in der weiblichen Hälfte der Bevölkerung vor sich geht«, zur Kenntnis nehmen; siehe auch Karsenty: Marx à Castoriadis, S. 57f.

eines a priori vorhandenen und »identifizierbaren Agenten« (z. B. des Proletariats) heraus und stellen die Frage, »wie sich Politik denken läßt, wenn du mit fragmentierten sozialen Identitäten beginnst [...]. Politische Identitäten sind [...] niemals unmittelbar gegeben. Politische Identitäten werden immer auf der Grundlage von komplexen diskursiven Praktiken konstruiert.«[56]

Der von Gramsci übernommene Begriff der Hegemonie beschreibt diese Konstruktion kollektiver politischer Identitäten. Für Gramsci stelle sich ein hegemoniales Bündnis nicht als die Allianz gegebener Klassen dar, sondern als ein Projekt, das eine Fülle diverser, nicht durch die Zugehörigkeit zu einer Klasse definierter Positionen zu verbinden und mit einem Kollektivwillen auszustatten bestrebt sei.[57] In diesem Sinne müsse man klären, »wie [...] sich die Reaggregationsformen politischer Willen und sozialer Forderungen denken [lassen], nachdem die Arbeiterklasse nicht mehr mit solcher Offensichtlichkeit als emanzipatorischer Akteur identifiziert werden kann«.[58] Gramsci habe dazu beigetragen, »[d]ie Verankerung sozialer Repräsentationen im ontologischen Kerngestein einer objektiven Geschichte [...] aufzulösen«.[59] Der Hegemoniebegriff berge eine neue »Logik des Sozialen«, die sich als »Logik der Kontingenz«[60] erweise und den Glauben an einen historisch notwendigen Gang der gesellschaftlichen Entwicklung sowie an ein prädestiniertes Kollektivsubjekt ablöse.[61] Bestritten wird nicht die Möglichkeit kollektiver Entitäten überhaupt, sondern die Möglichkeit einer totalen Identität dieser Entitäten mit sich selbst[62], wobei diese Unmöglichkeit für hegemoniale (politische) Projekte essentiell sei.[63] Politisches Handeln ist für Laclau und Mouffe nie das Handeln Einzelner, aber auch kein kollektives Handeln auf der Grundlage eines gegebenen Kollektivwillens. Da das politische Subjekt nicht mehr in einer gesellschaftlichen und geschichtlichen Objektivität wurzelt, kann man seine (mit Nancy gesprochen) plurale Singularität oder singuläre Pluralität denken. ›Hegemonie‹ verweist demgemäß »auf eine abwesende Totalität sowie auf die verschiedenen Versuche zur Neuzusammensetzung und Reartikulation«, die nicht mehr auf »das majestätische Entfalten einer Identität«[64] abzielten.

Das Voranstehende zeigt, weshalb es sich lohnt, nach Nancy und Castoriadis mit Laclau und Mouffe zwei weitere Denker*innen des Postfundamentalismus zu diskutieren. Nancys nicht-essentialistisches Verständnis der Gemeinschaft betont zwar die ontologisch verbürgte »Offenheit des Sozialen«[65], sagt aber zu wenig darüber, wie sich

---

56   Laclau in Laclau/Mouffe: Hegemonie, Macht, Rechtspopulismus, S. 7; dazu Süss: Kollektive Handlungsfähigkeit, S. 152ff.; Bedorf: Das Politische und die Politik, S. 22f.; Rüdiger: Dekonstruktion und Demokratisierung, S. 190ff.

57   Vgl. Marchart: Prekarisierungsgesellschaft, S. 88.

58   Laclau: Die Zeit ist aus den Fugen, S. 121; ähnlich Böttger: Postliberalismus, S. 178.

59   Laclau: Die Zeit ist aus den Fugen, S. 122.

60   Laclau/Mouffe: Hegemonie und radikale Demokratie, S. 33, Hv. i. Orig.

61   Vgl. ebd., S. 33; 37f.; Laclau: Die Zeit ist aus den Fugen, S. 122.

62   Dies verknüpft die Kontingenzlogik mit dem Begriff des Antagonismus, der »the ultimately contingent nature of all objectivity« offenlege, so Laclau: Reflections on the revolution, S. 18.

63   Vgl. Butler/Laclau/Žižek: Einleitung, S. 1f.

64   Laclau/Mouffe: Hegemonie und radikale Demokratie, S. 37.

65   Ebd., S. 130.

Gemeinschaft auf der ›ontischen‹ Ebene (politisch) gründet.[66] Deshalb bleibt Nancy auch auf die für eine Politik des Miteinander wesentliche Frage nach dem Wie kollektiven Handelns eine Antwort schuldig. Die Theorien von Tuomela, Bratman, Gilbert und Searle führten durch ihre Verpflichtung auf einen Individualismus der einen oder anderen Art in diesem Punkt kaum weiter. Ihr Unterfangen, das Soziale aus Individuen zusammenzustückeln, rückte lediglich, so könnte man mit Laclau und Mouffe sagen, an die Stelle des »Essentialismus [...] der Totalität [...] den der Elemente«, gegen den vorzubringen wäre, dass das Fehlen eines (letzten) Grundes »sowohl die Totalität als auch die Fragmente jeder Art von fixierter, der kontingenten und pragmatischen Form ihrer Artikulation vorausgehenden Identität beraubt«.[67] Mit ihrer Kritik am ›Essentialismus der Elemente‹ treffen Laclau und Mouffe sich neben Nancy auch mit Castoriadis. Dieser hatte gegen die Vorstellung vom Individuum als Grund des Sozialen die These präsentiert, das Individuum werde gesellschaftlich produziert. Hingegen scheint die Unmöglichkeit einer Totalität der Gesellschaft von Castoriadis nicht vollständig erfasst. Zwar konfrontiert er die Gesellschaft mit ihrer Kontingenz und Wandelbarkeit, würdigt aber nicht genug die Existenz gesellschaftlicher Antagonismen und die unaufhebbare Pluralität oder Spaltung der Gesellschaft, die es absurd macht, noch von *der* Gesellschaft sprechen zu wollen. Laclaus und Mouffes Ansatz verzichtet auf das Postulat einer »Positivität des Sozialen«[68] im Sinne eines letzten (einzigen) Grundes des Sozialen, verbindet aber mithilfe des Hegemoniekonzepts die mit ›Antagonismus‹ auf einen Begriff gebrachte Unabgeschlossenheit des Sozialen mit Überlegungen zu politischer Subjektivierung und gemeinsamem Handeln. Zusammengenommen macht dies ihre Theorie, befindet Marchart, zu einer postfundamentalistischen Theorie.[69]

---

66 Dies hatten wir im Anschluss an die unverkennbar von Laclaus und Mouffes Theorie(n) inspirierte Argumentation von Marchart: Politische Differenz, S. 113 ff., gezeigt. Gertenbach/Richter: Das Imaginäre und die Gemeinschaft, S. 132, greifen ebenfalls auf Laclau und Mouffe zurück, um »die bei Nancy anzutreffende Diskussion der ontologischen Ebene mit Fragen politischer Praxis zu verbinden, die über eine dekonstruktive Geste allein hinausgehen«; entsprechend meinen sie, dass »selbst jene ontologische Ebene, auf der für Nancy das Mit-Sein als grundlegendes Faktum von Existenz schlechthin angesiedelt ist, [...] nicht zu reinigen [ist] von politischen (oder im Sinne von Laclau und Mouffe: diskursiven) Bedeutungen oder sozialen Machtbeziehungen«.

67 Laclau/Mouffe: Hegemonie und radikale Demokratie, S. 25.

68 Ebd., S. 127.

69 Vgl. Oliver Marchart: Gesellschaft ohne Grund: Laclaus politische Theorie des Post-Fundationalismus. In: Laclau, Ernesto: Emanzipation und Differenz. 3. Aufl. Wien 2010, S. 7-18, 11 ff.

3.1   Diskurstheoretisches Fundament[70]

Den angestrebten Bruch »mit allen Formen des Essentialismus«[71] führen Laclau und Mouffe über eine Radikalisierung des Begriffs des Antagonismus herbei, den sie in eine Theorie des Diskurses einbetten. ›Diskurs‹ sei in einem weiten Sinne zu verstehen, macht Laclau klar:

> Unter dem »Diskursiven« verstehe ich [...] das Ensemble der Phänomene gesellschaftlicher Sinnproduktion, das eine Gesellschaft als solche begründet. Hier geht es nicht darum, das Diskursive als eine Ebene oder eine Dimension des Sozialen aufzufassen, sondern als gleichbedeutend mit dem Sozialen als solchem. Das bedeutet zunächst, daß das Diskursive [...] die Bedingung jeglicher gesellschaftlicher Praxis ist, oder – präziser – weil jede soziale Praxis Produktion von Sinn ist. [...] [E]s gibt nichts Gesellschaftliches, das außerhalb des Diskursiven bestimmt ist. Die Geschichte und die Gesellschaft sind also ein unabgeschlossener Text.[72]

Laclau und Mouffe nehmen an, dass »das gesamte gesellschaftliche Sein *diskursiv* strukturiert ist«.[73] Ihr Diskursbegriff umfasst sprachliche oder schriftliche Praxen und nicht-sprachliche Elemente wie Handlungen, Gegenstände, Institutionen und Subjekte.[74] ›Diskurs‹ rückt an die Stelle des Begriffs des Sozialen, weshalb man es bei Laclaus und Mouffes Theorie des Diskurses zu tun habe »mit einer allgemeinen Sozialtheorie«.[75] Gegen den Vorwurf eines verkappten Idealismus[76] machen sie deut-

---

70   Meine Ausführungen zu den diskurstheoretischen Grundlagen in diesem Abschnitt folgen den Darstellungen bei Jörke: Agonalität des Demokratischen, S. 165ff.; Nonhoff: Mouffe und Laclau, S. 35ff.; Reckwitz: Diskurse, Hegemonien, Antagonismen, S. 302ff.; Stäheli: Politische Theorie der Hegemonie, S. 197ff.; Rüdiger: Dekonstruktion und Demokratisierung, S. 158ff.; Marchart: Das unmögliche Objekt, S. 308ff.

71   Laclau/Mouffe: Hegemonie und radikale Demokratie, S. 25; siehe Jörke: Agonalität des Demokratischen, S. 165.

72   Ernesto Laclau: Populistischer Bruch und Diskurs. In: ders.: Politik und Ideologie im Marxismus. Kapitalismus – Faschismus – Populismus. Mit einem Anhang ›Populistischer Bruch und Diskurs‹ (1979). Berlin 1981, S. 176-185, 176. Die ›Produktion von Sinn‹ sei dabei »die Produktion eines Systems von Differenzen«. (Ebd., S. 177)

73   Nonhoff: Mouffe und Laclau, S. 36, Hv. i. Orig.

74   »Unsere Analyse verwirft die Unterscheidung zwischen diskursiven und nicht-diskursiven Praxen und behauptet, daß zum einen sich jedes Objekt insofern als Objekt eines Diskurses konstituiert, als kein Objekt außerhalb jeglicher diskursiver Bedingungen des Auftauchens gegeben ist und zum anderen jede Unterscheidung von [...] als linguistisch und behavioristisch bezeichneten Aspekten gesellschaftlicher Praxis entweder eine falsche Unterscheidung ist oder als eine Differenzierung innerhalb der sich in verschiedene diskursive Totalitäten strukturierenden gesellschaftlichen Sinnproduktion verortet werden sollte«. (Laclau/Mouffe: Hegemonie und radikale Demokratie, S. 143)

75   Nonhoff: Mouffe und Laclau, S. 36f.; vgl. ebd., S. 36; Stäheli: Politische Theorie der Hegemonie, S. 197f.; Reckwitz: Diskurse, Hegemonien, Antagonismen, S. 302f.; Sablowski: Vom Sozialismus zur radikalen Demokratie, S. 13; Jörke: Agonalität des Demokratischen, S. 166; Marchart: Prekarisierungsgesellschaft, S. 93.

76   Siehe Michael Rustin: Absolute Voluntarism: Critique of a Post-Marxist Concept of Hegemony [Rezension von Ernesto Laclau/Chantal Mouffe: Hegemony and Socialist Strategy: Towards a Radical

lich, dass ihr Diskursbegriff nicht die Existenz materieller Objekte außerhalb des Denkens leugne; ein Diskurs sei nichts allein Geistiges, sondern habe einen »*materiellen* Charakter«.[77] Es gehe ihnen um die Aufhebung der Trennung »zwischen einem objektiven Feld, das außerhalb jeder diskursiven Intervention konstituiert ist, und einem Diskurs, der aus dem reinen Ausdruck des Denkens besteht«.[78] Eine objektive, vor-diskursive gesellschaftliche Struktur gibt es für Laclau und Mouffe nicht; jede ›Objektivität‹ ist ein Produkt des Diskurses.[79] Ihre Theorie versteht sich als »Kritik des Seins als Präsenz, das heißt als ›Objektivität‹, die den ›Dingen selbst‹ angehört«.[80] Der Angriff auf den Objektivismus oder Essentialismus erfolgt als Zweischritt: Zunächst mit der (strukturalistischen) These, Bedeutung entstehe durch Differenz; dann mit der (poststrukturalistischen) Behauptung, das System der Differenzen lasse sich nicht fixieren.[81]

In seinem Essay *Die Struktur, das Zeichen und das Spiel im Diskurs der Wissenschaften vom Menschen* (1966) schreibt Derrida: »Mit Hilfe des Begriffs des *Zeichens* erschüttert man die Metaphysik der Präsenz«.[82] Nach Ansicht Ferdinand de Saussures ist das Zeichen – die Verbindung von Signifikat (Bezeichnetem) und Signifikant (Bezeichnendem) – »eine Form, keine Substanz«.[83] De Saussure verwirft die Idee, eine der beiden Seiten des Zeichens ginge der anderen voraus und würde von ihr widergespiegelt: Es gebe »weder eine Verstofflichung der Gedanken noch eine Vergeistigung der Laute«.[84] Als bloße ›Form‹ kommt das Zeichen dadurch zu einer Identität mit sich selbst, dass es sich von anderen

Democratic Politics]. In: New German Critique 43 (1988), S. 146-173, 154; 157f., sowie mit Verweis auf Rustin und andere die Diskussion (und Zurückweisung) des Idealismusvorwurfs bei Rüdiger: Dekonstruktion und Demokratisierung, S. 165ff.

77   Laclau/Mouffe: Hegemonie und radikale Demokratie, S. 145, Hv. i. Orig. Gegen ihre Kritiker*innen unterstreichen Laclau/Mouffe: Marxism without apologies, S. 100, Hv. i. Orig.: »[T]he discursive character of an object does not […] imply putting its *existence* into question«. Rüdiger: Dekonstruktion und Demokratisierung, S. 166f., merkt an: »Tatsächlich stellen Laclau/Mouffe niemals die Realität physischer, von der Bedeutung eines Objektes unabhängiger Existenz in Frage. Sie unterscheiden aber sehr wohl zwischen Sein (esse) und Existenz (ens) und stellen fest, daß Objekte der Erkenntnis nicht als existentielle Wesenheiten gegeben sind.« Als Beleg siehe etwa Laclau/Mouffe: Marxism without apologies, S. 104, Hv. i. Orig.: »[O]utside of any discursive context objects *do not have being*; they have only *existence*«. Siehe zudem Laclau: Theory, democracy and socialism, S. 217f., sowie van Dyk: Poststrukturalismus, S. 189: »Was die diskursive Konstruktion der Wirklichkeit betrifft, wird die Welt jenseits des Diskurses nicht in Abrede gestellt, sondern lediglich im Hinblick auf ihre Unerfahrbarkeit problematisiert«. Stavrakakis: Lacanian left, S. 44, weist in diesem Zusammenhang auf eine Nähe zu Castoriadis' Theorie hin.

78   Laclau/Mouffe: Hegemonie und radikale Demokratie, S. 145; siehe auch Rustin: Absolute voluntarism, S. 147.

79   Vgl. Marchart: Das unmögliche Objekt, S. 302.

80   Laclau/Mouffe: Hegemonie und radikale Demokratie, S. 26.

81   Vgl. Nonhoff: Mouffe und Laclau, S. 36f., und siehe auch Laclau: Populist reason, S. 68f.

82   Derrida: Struktur, Zeichen, Spiel, S. 425, Hv. i. Orig. Die anti-metaphysischen Implikationen der Zeichentheorie de Saussures betont Frank: Neostrukturalismus, S. 35f., dessen Darstellung (ebd., S. 41ff.) ich im Weiteren folge.

83   Ferdinand de Saussure: Grundfragen der allgemeinen Sprachwissenschaft [1916] (Hg. Bally, Charles/Sechehaye, Albert; Übers. Lommel, Herman). 3. Aufl. Berlin, New York 2001, S. 134.

84   Ebd.

Zeichen im System der Sprache unterscheidet. Für de Saussure gibt »es in der Sprache nur Verschiedenheiten«, und zwar »Verschiedenheiten ohne positive Einzelglieder«.[85] Die Sprache setze sich nicht aus präexistenten Entitäten (Gedanken oder Lauten) zusammen, sondern enthalte »begriffliche und lautliche Verschiedenheiten, die sich aus dem System ergeben. Was ein Zeichen an Vorstellung oder Lautmaterial enthält, ist weniger wichtig als das, was in Gestalt der andern Zeichen um dieses herum gelagert ist.«[86] Identität geht mit Negation einher: »Etwas *als* etwas erkennen heißt: es von allen anderen erkennbaren Dingen unterscheiden.«[87] Die Unterscheidung verknüpft die Elemente, so dass die Identität eines Elements aus Differenzierung und Relationierung hervorgeht, wie Claude Lévi-Strauss mit dem Bild eines Kristallgitters veranschaulicht: Die Moleküle sind hier getrennt und verbunden.[88]

Laclau und Mouffe teilen die Annahme: »Differenz = Identität.«[89] Für die Produktion von Bedeutung qua Negation bedarf es allerdings eines Rahmens, in dem die Differenzen verknüpft werden können. Laclau unterstreicht deshalb mit de Saussure, »daß Totalität essentiell notwendig ist: Würden die Differenzen sich zu keinem System zusammenschließen, dann wäre überhaupt keine Signifikation möglich«.[90] Identität und Bedeutung können nur in einer »strukturierte[n] Totalität«[91] generiert werden – in dem, was Laclau und Mouffe ›Diskurs‹ nennen.[92] Gemeint sei mit dem Begriff »any complex of elements in which *relations* play the constitutive role. This means that elements do not pre-exist the relational complex but are constituted through it.«[93]

Bis zu diesem Punkt folgen Laclau und Mouffe dem Strukturalismus de Saussures. Sie kritisieren aber, dass man es beim System der Sprache mit einem »*geschlossenen* System[...]«[94] zu tun habe. Als einen »Effekt von Systematizität«[95] stelle man Geschlossenheit vor allem in den am Modell de Saussures orientierten Humanwissenschaften

---

85   Ebd., S. 143.

86   Ebd., S. 143f.; vgl. ebd., S. 143.

87   Frank: Neostrukturalismus, S. 44, Hv. i. Orig.

88   Vgl. ebd., S. 34, mit Bezug auf Claude Lévi-Strauss: Anthropologie structurale. Paris 1958, S. 254.

89   Ernesto Laclau: Was haben leere Signifikanten mit Politik zu tun? In: ders.: Emanzipation und Differenz. 3. Aufl. Wien 2010, S. 65-78, 67, wo es ebd. weiter heißt: »[J]edes Element des Systems [hat] nur insofern eine Identität, als es von den anderen verschieden ist«. Siehe auch Laclau/Mouffe: Post-Marxism without apologies, S. 109, und die Festellung von van Dyk: Poststrukturalismus, S. 188, Laclau und Mouffe folgten dem »differenztheoretische[n] Denken, dem zufolge kein Element gesellschaftlicher Wirklichkeit identitätslogisch aus sich heraus bestimmt werden kann, sondern erst durch die Differenz zu dem, was es nicht ist«.

90   Laclau: Leere Signifikanten und Politik, S. 66.

91   Laclau/Mouffe: Hegemonie und radikale Demokratie, S. 141.

92   Vgl. ebd.

93   Laclau: Populist reason, S. 68, Hv. i. Orig.; siehe auch Nonhoff: Mouffe und Laclau, S. 36. Marchart: Laclaus Rückgang auf Husserl, S. 163, Hv. i. Orig., meint daher, es handele »sich bei der Laclau'schen Diskurstheorie nicht nur um eine *Differenz*theorie, sondern um einen radikalen *Relationismus*«, bei dem es nicht nur um eine »*Streuung* sozialer Differenzen« gehe, sondern um ein »*System* sozialer Differenzen«.

94   Laclau/Mouffe: Hegemonie und radikale Demokratie, S. 150, Hv. i. Orig. Insofern sie von dieser Vorstellung abweichen, ist Laclaus und Mouffes Diskurstheorie post-strukturalistisch; vgl. Torfing: Theories of discourse, S. 4.

95   Laclau/Mouffe: Hegemonie und radikale Demokratie, S. 150.

fest. Der Strukturalismus sei in diesen Theorien eine »Suche nach den zugrundeliegenden Strukturen, die das inhärente Gesetz jeder möglichen Variation bilden«, was ihn »zu einer neuen Form von Essentialismus«[96] mache. Lévi-Strauss' Bild des Kristallgitters macht das Problem des Systemgedankens deutlich: Das Gitter banne die Teilchen *an ihre Plätze* [...]: d.h., sie können weder ausschwärmen, noch gibt es irgendeine ›Unschärferelation‹, die ihre Lokalisierung und mithin ihre Verwendung unkontrollierbar machen würde«.[97] Dagegen unterstreichen Laclau und Mouffe mit Derrida die »Unmöglichkeit [...], endgültige Bedeutungen zu fixieren«[98] – eine Unmöglichkeit, die sich Derrida zufolge dem Verlust des systemzentrierenden »transzendentalen Signifikats« verdankt, dessen »Abwesenheit [...] das Feld und das Spiel des Bezeichnens ins Unendliche«[99] ausdehnt. Auf diese Weise, so hält Marchart fest, erweitern Laclau und Mouffe den strukturalistischen »Relationismus [...] um die grundlegende Bestimmung der *Kontingenz*« und entwickeln einen »*radikalen Relationismus*«.[100]

Die Behauptung, es gebe »kein außerdiskursives Fundament«[101] und also könne man keine Bedeutung endgültig festlegen, meint für Laclau und Mouffe nicht, es könne gar kein System von Differenzen etabliert und keinerlei Bedeutung bestimmt werden. Es müssten »partielle Fixierungen« stattfinden, da ohne »*Knotenpunkte*« das unendliche Bezeichnungsspiel undenkbar wäre: »Gerade um sich zu unterscheiden, um Bedeutungen zu untergraben, muß es *eine* Bedeutung geben.«[102] Ein Diskurs, der unfähig wäre, sich zu verknoten, also Bedeutungen (partiell) zu fixieren, sei nicht nur ein psychotischer Diskurs.[103] (Marchart unterstellt Nancys Philosophie in diesem Sinne psychotische Züge.[104]) Ein verknotungsunfähiger Diskurs machte auch Politik unmöglich, fasst man diese als das Bestreben, Bedeutungen und Strukturen zu verändern.[105]

---

96 Ebd.

97 Frank: Neostrukturalismus, S. 35, Hv. i. Orig.

98 Laclau/Mouffe: Hegemonie und radikale Demokratie, S. 149; auf Derridas Einfluss verweist Nonhoff: Mouffe und Laclau, S. 37.

99 Derrida: Struktur, Zeichen, Spiel, S. 424. Genauer gesagt gehe es nicht, wie Laclau: Reflections on the revolution, S. 40, verdeutlicht, um den bloßen Verlust oder die Abwesenheit eines Zentrums der Struktur, sondern um ein stetiges Dezentrieren dieser Struktur (was sich, wie deutlich werden wird, der Existenz von Antagonismen verdankt).

100 Marchart: Prekarisierungsgesellschaft, S. 85, Hv. i. Orig.

101 Stäheli: Politische Theorie der Hegemonie, S. 199; siehe etwa Laclau: Populist reason, S. 69.

102 Laclau/Mouffe: Hegemonie und radikale Demokratie, S. 150, Hv. i. Orig.; vgl. Jörke: Agonalität des Demokratischen, S. 167. In diesem Sinne hatte Castoriadis betont, es gebe nur instituierende und instituierte Gesellschaft.

103 Vgl. Laclau/Mouffe: Hegemonie und radikale Demokratie, S. 150; siehe auch Laclau: Populist reason, S. 133; Laclau: Impossibility of society, S. 90; Ernesto Laclau: Identität und Hegemonie: Die Rolle der Universalität in der Konstitution von politischen Logiken. In: ders./Butler, Judith/Žižek, Slavoj: Kontingenz, Hegemonie, Universalität. Aktuelle Dialoge zur Linken (Hg. Posselt, Gerald) Wien 2013, S. 57-111, 84.

104 Vgl. Marchart: Politische Differenz, S. 114.

105 Vgl. Nonhoff: Mouffe und Laclau, S. 37.

Die Praxis der diskursiven Bedeutungsfixierung, »[d]ie Akte des In-Beziehung-Setzens«[106] also, nennen Laclau und Mouffe »*Artikulation*«.[107] Sie macht differentielle »*Element[e]*« zu bedeutungtragenden »*Momente[n]*«[108] eines Diskurses, eines »relationalen Systems«.[109] Der Artikulationsprozess verwandelt die Identität der Elemente.[110] »Erst im Moment des Relationierungsaktes entstehen Elemente als in einer spezifischen Weise differente und deshalb sinnhafte Elemente«.[111] Setzte man die Elemente hingegen als gegeben voraus, klebte man nach der Abkehr vom ›Essentialismus der Totalität‹ sogleich an der Leimrute des ›Essentialismus der Elemente‹.[112]

Was ist ein Antagonismus?

Laclau und Mouffe wollen mit beiden Formen des Essentialismus oder Objektivismus brechen.[113] Dazu bringen sie den Begriff des Antagonismus in Stellung, denn: »Wo Antagonismus im strengen Sinn denkbar gemacht wird, wird Objektivismus undenkbar.«[114] Soll er das Denken des Objektivismus verhindern, kann mit ›Antagonismus‹ weder ein logischer Widerspruch noch eine kantische Realopposition gemeint sein.[115] Im Falle des Widerspruchs (ausgedrückt in der Formel ›A – nicht-A‹) besitzt zwar jedes Glied eine Realität nur durch seine negative Relation zum anderen. Dennoch halten Laclau und Mouffe das »Prinzip des Widerspruchs« für ungeeignet, »*der Negativität als solcher eine reale Existenz [zu] geben*«, da auf dem vom Widerspruchsprinzip beherrschten

---

106   Ebd., S. 36.

107   Laclau/Mouffe: Hegemonie und radikale Demokratie, S. 141, Hv. i. Orig. Siehe zu diesem Begriff etwa Rüdiger: Dekonstruktion und Demokratisierung, S. 160f.; Böttger: Postliberalismus, S. 187ff. Der Begriff der Artikulation findet sich schon bei de Saussure: »Man könnte die Sprache das Gebiet der Artikulation nennen [...]: jeder Bestandteil der Sprache ist ein kleines Glied, ein *articulus*, wo ein Gedanke sich in dem Laut festsetzt, und wo ein Laut das Zeichen eines Gedankens wird.« (de Saussure: Grundfragen der Sprachwissenschaft, S. 134, Hv. i. Orig.)

108   Laclau/Mouffe: Hegemonie und radikale Demokratie, S. 141, Hv. i. Orig.

109   Jörke: Agonalität des Demokratischen, S. 166; vgl. ebd.

110   Vgl. Laclau/Mouffe: Hegemonie und radikale Demokratie, S. 141; Böttger: Postliberalismus, S. 188f.; Stäheli: Politische Theorie der Hegemonie, S. 204. Laclau und Mouffe knüpften mit diesem Gedanken an Derridas *différance* an, so Reckwitz: Diskurse, Hegemonien, Antagonismen, S. 303: »Statt eine zeitenthobene Existenz von Differenzen zu postulieren, wird deutlich, dass Differenzen fortwährend in der zeitlichen Sequenz produziert werden und dabei zumindest in gewissem Umfang ihren Sinn verschieben: die ›Anwendung‹ der Differenz in einem neuen Kontext lässt die Signifikate möglicherweise nicht unberührt, sie ist mehr als nur eine Anwendung, sie vermag sich Polysemie zunutze zu machen und die Differenzen selbst zu modifizieren.«

111   Nonhoff: Mouffe und Laclau, S. 36.

112   Vgl. Marchart: Das unmögliche Objekt, S. 309. In diesen Überlegungen formt sich eine »Kritik an der essentialistischen Annahme präkonstitutiver politischer Subjekte«. (Süss: Kollektive Handlungsfähigkeit, S. 125)

113   Vgl. Laclau/Mouffe: Hegemonie und radikale Demokratie, S. 25; Jörke: Agonalität des Demokratischen, S. 165.

114   Marchart: Das unmögliche Objekt, S. 302; siehe auch Laclau/Mouffe: Hegemonie und radikale Demokratie, S. 161; Laclau: Reflections on the revolution, S. 17; Laclau: Identität und Hegemonie, S. 92; 99.

115   Ich folge im Weiteren Laclau/Mouffe: Hegemonie und radikale Demokratie, S. 162ff., und orientiere mich an Marchart: Das unmögliche Objekt, S. 303ff.; Rüdiger: Dekonstruktion und Demokratisierung, S. 162; Böttger: Postliberalismus, S. 191ff.; siehe auch Laclau: Populistischer Bruch, S. 177ff.

»*logischen* Terrain« die Idee vom Sein als Präsenz noch zu gegenwärtig sei: »[E]twas *nicht zu sein*, ist bloß die logische Konsequenz davon, etwas anderes zu sein«; die Herrschaft der »Positivität des Seins«[116] bleibe unangefochten, es gebe keinen »lack of being«[117]. Das gilt auch für die kantische Realopposition, in der A und B einander entgegengesetzt seien (A – B), aber unabhängig von der Relation zum anderen eine »eigene Positivität«[118] hätten. Anders als der Widerspruch, angesiedelt auf einer »logisch-begrifflichen Ebene«, komme die Realopposition »auf dem Terrain realer Objekte vor, in dem kein *reales* Objekt seine Identität in seinem Gegensatz zu einem anderen Objekt erschöpft: jedes besitzt seine eigene Realität, unabhängig von diesem Gegensatz«.[119] Man könnte sagen, die Glieder der Realopposition existieren ›objektiv‹. Der Begriff des Antagonismus soll aber gerade die »Grenze aller Objektivität«[120] anzeigen. Die Realopposition kann daher den Antagonismus nicht erklären, wie ein Beispiel zeigt: »Es gibt nichts Antagonistisches bei einem Zusammenstoß zwischen zwei Fahrzeugen: es handelt sich um eine materielle Tatsache, die positiven physikalischen Gesetzen gehorcht.«[121] Den Begriff der Opposition vom Feld der Physik auf das des Sozialen übertragen zu wollen, hieße, »daß das Antagonistische im Klassenkampf in dem physischen Akt besteht, in dem ein Polizist einen militanten Arbeiter schlägt«.[122]

Sowohl der Widerspruch als auch die Realopposition sind Laclau und Mouffe zufolge

> *objektive Verhältnisse* [...] – Verhältnisse zwischen begrifflichen Objekten im zweiten und zwischen realen Objekten im ersten Fall. Aber in beiden Fällen ist es etwas, das die Gegenstände *bereits sind*, was die Beziehung intelligibel macht, das heißt in beiden Fällen handelt es sich um volle Identitäten. Im Fall des Widerspruchs ist, weil A *in vollständiger Weise* A *ist*, das Nicht-A-Sein ein Widerspruch – und daher eine Unmöglichkeit. Im Fall der Realopposition produziert die Beziehung von A zu B deswegen einen objektiv bestimmbaren Effekt, weil A ebenfalls völlig A ist.[123]

Der Sache nach treffen sich Laclau und Mouffe hier mit Castoriadis' Kritik an der traditionellen Auslegung des Seins: Die Anerkennung einer radikalen Negativität (Antagonismus), die jede vollkommene Identität mit sich selbst verhindert, bedeutet auch anzuerkennen, dass nichts Seiendes restlos und endgültig bestimmbar ist.[124] Gegen die Setzung des Seins als ›Bestimmt-Sein‹ argumentierte Castoriadis mit dem Strömen des Imaginären, ließ sich dabei aber von der ›Positivität des Seins‹ verlocken: Er übersah die Grenze des Imaginären, das, auch wenn es das Festgelegtsein jeder Bedeutung aufhebe, selbst nicht subvertiert werden könne. Für diese Grenze, die eine »vollständi-

---

116   Laclau/Mouffe: Hegemonie und radikale Demokratie, S. 169, Hv. i. Orig.

117   Laclau: Theory, democracy and socialism, S. 212.

118   Laclau/Mouffe: Hegemonie und radikale Demokratie, S. 162.

119   Ebd., Hv. i. Orig.

120   Ebd., S. 161.

121   Ebd., S. 162 f.; siehe für ein ähnliches Beispiel Laclau: Reflections on the revolution, S. 17f.

122   Laclau/Mouffe: Hegemonie und radikale Demokratie, S. 163.

123   Ebd., S. 164, Hv. i. Orig.

124   Dies verweist auf den Begriff der Kontingenz, siehe Laclau: Reflections on the revolution, S. 21.

ge Präsenz«[125] eines Seienden verunmöglicht, steht der Begriff des Antagonismus. Er bezeichnet insbesondere »die Unmöglichkeit einer in sich geschlossenen Bedeutungstotalität«.[126]

›Antagonismus‹ ist ein Grenzbegriff, der zu begreifen hilft, was eine Grenze ist.[127] Damit ist er wichtig für das Verständnis dessen, was ein Diskurs ist: Die bedeutungsermöglichende Diskurstotalität entstehe durch »eine konstitutive Differenz«.[128] Es gelte, so Laclau, »daß die eigentliche Voraussetzung der Signifikation das System ist und die eigentliche Voraussetzung des Systems dessen Grenzen sind«.[129] Die Grenze eines Systems von Bezeichnungen kann von diesem System selbst nicht bezeichnet werden, sonst wäre die Grenze keine Systemgrenze, die den Prozess des Bezeichnens stillstellte.[130] Deshalb könne der Antagonismus sprachlich nicht erfasst werden: Er offenbare das Scheitern der Sprache als Differenzsystem, in dem Bedeutungen objektiv feststünden.[131] Als Nicht-Sagbares verweist der Antagonismus – darin dem lacanianischen Realen vergleichbar[132] – auf »eine bestimmte traumatische Unmöglichkeit«, auf »einen bestimmten Riß, der nicht symbolisiert werden *kann*«.[133] Der Antagonismus zeigt sich »als die *Unterbrechung* oder der *Zusammenbruch* des Prozesses der Signifikation«[134], als seine »Subversion«.[135]

Die (antagonistische) Grenze eines Systems sei nie neutral, denn eine neutrale Grenze unterscheide zwei Seiten voneinander, gehöre aber – als Differenz – mitsamt dem Unterschiedenen noch dem System der Differenzen an.[136] »Wahre Grenzen sind immer antagonistisch.«[137] Eine solche antagonistische Grenze sei eine »ausschließende Grenze«.[138] Sie unterscheidet nicht nur, sondern lässt das ausgeschlossene Jenseits zu einem Ort »reiner Negativität« werden, zu einer »Bedrohung«, einem »Dämonisierten«.[139] Einerseits negiert das Ausgeschlossene das Umgrenzte, »da die Aktualisierung dessen, was jenseits der Grenze der Ausschließung liegt, die Unmöglichkeit dessen

125   Laclau/Mouffe: Hegemonie und radikale Demokratie, S. 165.

126   Marchart: Das unmögliche Objekt, S. 308.

127   Vgl. zum Folgenden Marchart: Politische Differenz, S. 190ff.; Marchart: Das unmögliche Objekt, S. 308ff.; 315f.; 322ff.; Nonhoff: Mouffe und Laclau, S. 38f.; Stäheli: Politische Theorie der Hegemonie, S. 199f.; 202f., sowie Rüdiger: Dekonstruktion und Demokratisierung, S. 162f.

128   Stäheli: Politische Theorie der Hegemonie, S. 197.

129   Laclau: Leere Signifikanten und Politik, S. 66.

130   Vgl. ebd.; Marchart: Das unmögliche Objekt, S. 318; 323; 347.

131   Vgl. Laclau/Mouffe: Hegemonie und radikale Demokratie, S. 165; Böttger: Postliberalismus, S. 193.

132   Vgl. Žižek: Jenseits der Diskursanalyse, S. 123; Laclau: Leere Signifikanten und Politik, S. 69; Laclau: Theory, democracy and socialism, S. 235; Laclau: Identität und Hegemonie, S. 99; Hetzel: Demokratie ohne Grund, S. 207.

133   Žižek: Jenseits der Diskursanalyse, S. 123, Hv. i. Orig.

134   Laclau: Leere Signifikanten und Politik, S. 66, Hv. i. Orig.

135   Ebd., S. 69.

136   Vgl. ebd., S. 66f.; Marchart: Politische Differenz, S. 205; Marchart: Das unmögliche Objekt, S. 315.

137   Laclau: Leere Signifikanten und Politik, S. 67; vgl. Marchart: Das unmögliche Objekt, S. 323; Stäheli: Politische Theorie der Hegemonie, S. 202.

138   Marchart: Politische Differenz, S. 190.

139   Laclau: Leere Signifikanten und Politik, S. 68; siehe auch Laclau: Subjekt der Politik, Politik des Subjekts, S. 86.

beinhaltet, was diesseits der Grenze liegt«.[140] Die antagonistische Grenze hat aber insofern eine »paradoxe Doppelfunktion«[141], als sie dem System andererseits seine Systematizität ermöglicht[142], mithin konstitutiv für die Herstellung von (diskursiver) Bedeutung ist; hierin liegt »die symbolische Funktion des Antagonismus«.[143] Die Grenze – der Antagonismus – steht für die Möglichkeit *und* Unmöglichkeit des Systems.[144] Um sich als System konstituieren (schließen) zu können, muss sich das System auf etwas beziehen, was nicht selbst zum System gehört. Dies hat zur Folge, dass das System nie mit sich selbst identisch werden, nie zu voller Präsenz (Schließung) gelangen kann, sondern in Bezug auf die Bedingungen seiner Existenz kontingent bleibt.[145] Insofern seine Einheit in einer Ausschließung gründet, ist das System ohnmächtig: Es kann »keinen positiven Grund haben und folglich sich selbst nicht im Sinne irgendeines positiven Signifikats bezeichnen«.[146] Gerade die durch den Antagonismus verursachte Unmöglichkeit, einen letzten Grund angeben zu können, so die postfundamentalistische Pointe, ermöglicht verschiedene Gründe und damit auch Auseinandersetzungen um die Gründung, das heißt: Politik.[147]

Gegenüber »dem Feld der Differenzen« stellt sich der Antagonismus »[a]ls das *ganz Andere* der Differenz«[148] dar und konfrontiert auf diese Weise die systemische Differenzlogik mit einer zweiten Logik: der »*logic of equivalence*«.[149] Der Antagonismus verneint »die positive Identität der internen Differenzen«[150] und setzt sie dadurch einander gleich (äquivalent).[151] Damit führt die antagonistische Ausschließung »eine essentielle Ambivalenz«[152] in das der differentiellen Logik gehorchende System ein. Dies sorgt nicht nur für die Un/Möglichkeit des Systems der Differenzen, sondern auch dafür, »daß alle differentielle Identität konstitutiv gespalten sein wird; sie wird der Kreuzungspunkt zwischen der Logik der Differenz und der Logik der Äquivalenz sein«.[153]

---

140   Laclau: Leere Signifikanten und Politik, S. 67.

141   Nonhoff: Mouffe und Laclau, S. 39.

142   »[D]ie Systemhaftigkeit des Systems [ist] eine direkte Folge der ausschließenden Grenze«. (Laclau: Leere Signifikanten und Politik, S. 67) Laclau: Populist reason, S. 70, gibt hierfür »a political example: it is through the demonization of a section of the population that a society reaches a sense of its own cohesion«.

143   Marchart: Das unmögliche Objekt, S. 309; siehe zu dieser Funktion ausführlich ebd., S. 299f.; 308ff.

144   Vgl. Laclau: Subjekt der Politik, Politik des Subjekts, S. 87; Stäheli: Politische Theorie der Hegemonie, S. 199.

145   Vgl. Marchart: Politische Differenz, S. 191; 197; Reckwitz: Diskurse, Hegemonien, Antagonismen, S. 306.

146   Laclau: Leere Signifikanten und Politik, S. 67f.

147   Vgl. Laclau: Subjekt der Politik, Politik des Subjekts, S. 95; Marchart: Politische Differenz, S. 16f.; 203f.; 220 (mit Verweis auf die gerade angegebene Passage bei Laclau), und siehe etwa auch Laclau: Leere Signifikanten und Politik, S. 67, Hv. i. Orig.: »Nur insofern eine radikale Unmöglichkeit eines Systems als reine Präsenz gegeben ist, jenseits aller Ausschlüsse, können tatsächliche *Systeme* (im Plural) existieren.«

148   Marchart: Prekarisierungsgesellschaft, S. 105, Hv. i. Orig.

149   Laclau: Populist reason, S. 78, Hv. i. Orig.; vgl. Marchart: Prekarisierungsgesellschaft, S. 105.

150   Marchart: Politische Differenz, S. 190.

151   Vgl. ebd.

152   Laclau: Leere Signifikanten und Politik, S. 67.

153   Laclau: Subjekt der Politik, Politik des Subjekts, S. 87.

Der Antagonismus verhindere »die Existenz eines geschlossenen Raums, wo jede differentielle Position als ein spezifisches und unersetzbares Moment fixiert ist«.[154] Laclau formuliert das für jede Identität wesentliche Zugleich von Äquivalenz und Differenz folgendermaßen:

> Einerseits hat jedes Element des Systems nur insofern eine Identität, als es von den anderen verschieden ist. [...] Andererseits jedoch sind alle diese Differenzen einander äquivalent, soweit sie alle zu dieser Seite der Grenze der Ausschließung gehören. Aber in diesem Fall ist die Identität eines jeden Elements konstitutiv gespalten: Einerseits drückt sich jede Differenz selbst *als* Differenz aus, andererseits löscht sich jede selbst als solche aus, indem sie in ein Äquivalenzverhältnis mit allen anderen Differenzen des Systems eintritt.[155]

Um hierfür ein Beispiel zu geben[156]: In einer Kolonie werden die Unterschiede zwischen den Kolonisierten – was etwa ihre Kleidung, Sprache oder Gebräuche betrifft – aus der Perspektive der Kolonisierenden als gemeinsame Merkmale der Kolonisierten wahrgenommen, da sie sich allesamt von der Kleidung, der Sprache und den Gebräuchen der Kolonisierenden unterscheiden.[157] Die Differenzen zwischen den Kolonisierten verschmelzen zu einer Identität[158], die sich der »rein negative[n] Instanz«[159] der Kolonisierenden verdankt. Eine positiv angebbare Identität der Kolonisierten bleibt verwehrt: »Wenn [...] *alle* differentiellen Merkmale eines Gegenstandes äquivalent geworden sind, ist es unmöglich, etwas *Positives* über diesen Gegenstand auszudrücken. Dies kann nur bedeuten, daß durch die Äquivalenz etwas ausgedrückt wird, was der Gegenstand nicht ist.«[160] Der Antagonismus konstituiert das System der (inneren) Differenzen, indem er den Differenzen über den Bezug auf ein Äußeres eine Einheit verleiht; damit bedingt er auch eine »Nicht-Fixiertheit«[161] der Identitäten. Jede »differentielle Identität«[162] wird von der Äquivalenz heimgesucht und gerät in einen Zustand *endgültige[r]* Unsicherheit«.[163] Der Antagonismus verhindert es, »geschlossen in einem differentiellen Selbst

---

154   Laclau/Mouffe: Hegemonie und radikale Demokratie, S. 167.

155   Laclau: Leere Signifikanten und Politik, S. 67, Hv. i. Orig.; siehe auch Marchart: Politische Differenz, S. 192, sowie Ernesto Laclau: Universalismus, Partikularismus und die Frage der Identität. In: ders.: Emanzipation und Differenz. 3. Aufl. Wien 2010, S. 45-64, 56, wonach »das Partikulare nur in der widersprüchlichen Bewegung existiert, [...] eine differentielle Identität durchzusetzen und sie durch Einordnung in ein nicht-differentielles Medium aufzuheben«.

156   Das Beispiel findet sich auch bei Marchart: Das unmögliche Objekt, S. 310f., dem das Weitere folgt. Siehe für zusätzliche Beispiele Laclau: Populistischer Bruch, S. 181f.; Laclau: Reflections on the revolution, S. 32.

157   Mit Laclau: Populist reason, S. 19, könnte man hier von einer metaphorischen Gemeinsamkeit sprechen.

158   Vgl. Laclau/Mouffe: Hegemonie und radikale Demokratie, S. 167.

159   Marchart: Das unmögliche Objekt, S. 310.

160   Laclau/Mouffe: Hegemonie und radikale Demokratie, S. 168, Hv. i. Orig.

161   Ebd.

162   Laclau: Leere Signifikanten und Politik, S. 72.

163   Laclau/Mouffe: Hegemonie und radikale Demokratie, S. 168, Hv. i. Orig.

zu verharren«, das sich »von allen anderen differentiellen Identitäten durch eine ausschließlich [...] eigene Differenz unterscheidet«.[164]

Die Logiken von Differenz und Äquivalenz sind – ähnlich wie die Kategorien ›Pluralität‹ und ›Singularität‹ bei Nancy – konstitutiv aufeinander bezogen *und* unterlaufen sich. Gäbe es nur die Differenzlogik, entstünde keine Bedeutung, da es dazu einer partiellen Stillstellung (Systematisierung) der Differenzen bedarf.[165] Aber die Differenz der Identitäten kann nie ganz aufgehoben werden, denn dies entzöge der Äquivalenzlogik ihren Grund.[166] Somit »läßt sich weder der Zustand totaler Äquivalenz noch jener totaler differentieller Objektivität je ganz erreichen«.[167]

3.2   Das Soziale, die Gesellschaft und die ›politische Differenz‹[168]

Im Mittelpunkt von Laclaus und Mouffes Theorie steht die anhand des Antagonismusbegriffs entwickelte These von der Unmöglichkeit, irgendein System als mit sich selbst identisches, »reines Sein«[169] konstituieren zu können; dies gilt auch für die Gesellschaft: »Der Blick auf die Totalität des Sozialen bleibt durch die Mauer des Antagonismus verstellt. [...] Gesellschaft ist unmöglich, weil zur Totalisierung und Systematisierung von Differenzen die Instanz radikaler Negativität unabdingbar ist.«[170] Dem Glauben an eine »social totality«[171] hatte noch der Marxismus angehangen, zeigt Laclau in dem Aufsatz *The Impossibility of Society*. Die aus Basis und Überbau zusammengesetzte Totalität habe im Marxismus eine eigene beschreib- und definierbare Positivität besessen, wodurch sie »as an underlying principle of intelligibility of the social order« funktionieren konnte, das heißt als »an essence of the social order which had to be *recognized* behind the empirical variations expressed at the surface of social life«.[172] Die Totalität des Sozialen ist der Grund, weshalb man etwas über das Soziale wissen kann – sie ist eine »*founding totality*«.[173]

Laclau setzt gegen diese »essentialist vision« einer totalen, vollständig erkennbaren Gesellschaft die These einer »*infinitude of the social*«, was meint, »that any structural

---

164   Laclau: Leere Signifikanten und Politik, S. 72.

165   Vgl. Marchart: Das unmögliche Objekt, S. 311.

166   »[W]enn die äquivalentielle Logik dazu tendiert, die Relevanz jedes differentiellen Ortes auszulöschen, so ist das nur eine tendenzielle Bewegung, der immer von der essentiell nicht-gleichmacherischen Logik der Differenz widerstanden wird«. (Laclau: Leere Signifikanten und Politik, S. 73f.)

167   Laclau/Mouffe: Hegemonie und radikale Demokratie, S. 169; siehe auch Laclau: Populist reason, S. 80; 139; 200. Vgl. Stäheli: Politische Theorie der Hegemonie, S. 200; Rüdiger: Dekonstruktion und Demokratisierung, S. 160; 162f.

168   Die Ausführungen in diesem Abschnitt folgen vor allem Marchart: Politische Differenz, S. 199ff.

169   Laclau: Leere Signifikanten und Politik, S. 69.

170   Marchart: Das unmögliche Objekt, S. 319.

171   Laclau: Impossibility of society, S. 90.

172   Ebd., Hv. i. Orig.; vgl. ebd.

173   Ebd., Hv. i. Orig.; vgl. Marchart: Politische Differenz, S. 201, und siehe Laclau/Mouffe: Hegemonie und radikale Demokratie, S. 130, wo die Rede vom Verzicht »auf die Konzeption der ›Gesellschaft‹ als fundierende Totalität ihrer Teilprozesse« ist.

system is limited, that it is always surrounded by an ›excess of meaning‹ which it is unable to master and that, consequently, ›society‹ as a unitary and intelligible object which grounds its own partial processes is an impossibility«.[174] Die Gesellschaft als (gründende) Totalität verflüssigt sich zu dem von Laclau als Diskurs bezeichneten (derridaschen) »infinite play of differences«.[175] Bei dieser Entgründung des Sozialen bleibe Laclau nicht stehen, betont Marchart; er sehe »das Soziale [...] durch eine doppelte Bewegung der Fixierung/Defixierung strukturiert«.[176] Die »impossibility of fixing meaning«[177], so Laclau, müsse von dem Versuch begleitet werden, das ›Spiel der Differenzen‹ einzuhegen: »The social is not only the infinite play of differences. It is also the attempt to limit that play, to domesticate infinitude, to embrace it within the finitude of an order.«[178] Die Differenzen können nicht endgültig stillgestellt werden, müssen aber, soll es Bedeutung geben, vorübergehend fixiert werden. Dies setzt voraus, dass die Kategorie der Totalität nicht völlig verloren ist, sondern als utopischer Horizont[179], als angestrebter, indes unerreichbarer Nicht-Ort vorhanden bleibt: »[T]otality‹ does not disappear: if the suture it attempts is ultimately impossible, it is nevertheless possible to proceed to a relative fixation of the social through the institution of nodal points«.[180]

Im Anschluss an diese Überlegungen lässt sich die oben (mit Schmitz) als ›soziale Differenz‹ bezeichnete Unterscheidung zwischen dem Gesellschaftlichen und der Gesellschaft[181] als die Unterscheidung zwischen dem Sozialen und der Gesellschaft reformulieren. Das Soziale, so Laclau und Mouffe in *Hegemonie und radikale Demokratie*, kennzeichne seine wesentliche »Offenheit«[182], die man laut Marchart als »die Unmöglichkeit [...], sich zu einer Gesellschaft-als-Totalität zu wandeln«[183], verstehen müsse. Das Soziale lasse sich nicht zu einem »determinate object (i.e. ›society‹)« machen: »Rather, the social always exceeds the limits of the attempts to constitute society.«[184] Zugleich sei das Soziale nichts anderes als dieser Versuch einer Vergesellschaftung: »The social only exists as the vain attempt to institute that impossible object: society.«[185]

---

174   Laclau: Impossibility of society, S. 90, Hv. i. Orig.

175   Ebd.; vgl. ebd.

176   Marchart: Politische Differenz, S. 201.

177   Laclau: Impossibility of society, S. 90.

178   Ebd., S. 91; auch zitiert bei Rüdiger: Dekonstruktion und Demokratisierung, S. 177.

179   »Utopia is the essence of any communication and social practice.« (Laclau: Impossibility of society, S. 92) ›Utopie‹ ist hier nicht im engen Sinne des Begriffs gemeint als »blueprint of a society in which the dream of the social's positivity, of the absence of antagonisms, has been fully realized«. (Laclau: Theory, democracy and socialism, S. 232)

180   Laclau: Impossibility of society, S. 91; vgl. Marchart: Politische Differenz, S. 201f. Siehe auch Laclau: Macht und Repräsentation, S. 148: »Totalität wird nun zum Namen eines Horizonts, nicht eines Grundes«. Böttger: Postliberalismus, S. 189f., nennt das Soziale mit Bezug auf dieses Zitat »eine offene, artikulatorische Praxis. Die durch sie artikulierte Totalität ist unvollständig, besitzt grundsätzlich offenen Charakter«.

181   Siehe dazu den Beginn von Abschnitt II.1.5.

182   Laclau/Mouffe: Hegemonie und radikale Demokratie, S. 130.

183   Marchart: Politische Differenz, S. 202.

184   Laclau: Impossibility of society, S. 91, Hv. i. Orig.

185   Ebd., S. 92; siehe auch Nonhoff: Mouffe und Laclau, S. 37.

Das Doppel von ›Fixierung/Defixierung‹, das das Soziale strukturiere, ist das Verhältnis zwischen Gesellschaft und Sozialem. Das Soziale, das »selbst kein Wesen hat«[186], ist »ein *Ab-grund*«, es gründe »auf seiner eigenen Offenheit«.[187] Dieser Offenheit bedürfe es, um »bedeutungsfixierende Knotenpunkte [...] knüpfen«[188] zu können, um also das offene Soziale – notwendigerweise, da es sonst keine Bedeutung gäbe – zu einer Gesellschaft zu schließen, was aber nie ganz gelinge.[189] Die Gesellschaft sei in diesem Sinne »*zugleich* notwendig und unmöglich«.[190]

Das Soziale und das Politische

Wie und wodurch erfährt das diskursive Differenzenspiel eine (relative) Stillstellung?[191] Der Versuch, »the infinite play of differences« in der »finitude of an order« einzudämmen, erläutert Laclau, meine: »to act over that ›social‹, to *hegemonize* it«.[192] Die Instituierung des Sozialen hat demnach eine politische Dimension.[193] An dieser Stelle bietet sich die Gelegenheit, die Kritik an Nancys Ontologie in Erinnerung zu rufen.[194] Es gab Zweifel, ob es »ein singulär plurales ›Wir‹ [...] auch abseits seiner Einschränkung durch konkrete Politik«[195] geben könne. Wenn die Antwort ›Nein‹ laute – müsste dann Nancys Ontologie nicht als eine »*politische* Ontologie«[196] neu gefasst werden? Laclau und Mouffe, so wird sich zeigen, legen die Grundzüge dieser Ontologie frei.[197]

Zuvor ist eine zweite Unterscheidung einzuführen, die der Unterscheidung zwischen der Gesellschaft und dem Sozialen vorgeschaltet sei. Mit ihr rücke die Frage nach der (ursprünglichen) Instituierung des Sozialen in den Blick. Gemeint ist die Unterscheidung von Sozialem und Politischem.[198] Laclau schreibt: »The sedimented forms of ›objectivity‹ make up the field of what we will call the ›social‹. The moment of antagonism where the undecidable nature of the alternatives and their resolution through

---

186   Laclau/Mouffe: Hegemonie und radikale Demokratie, S. 130.
187   Marchart: Politische Differenz, S. 202, Hv. i. Orig.
188   Ebd.
189   Vgl. ebd., S. 202f. Laclau/Mouffe: Hegemonie und radikale Demokratie, S. 130, verstehen »die verschiedenen ›sozialen Ordnungen‹ als prekäre und letztlich verfehlte Versuche, das Feld der Differenzen zu zähmen«. Siehe auch ebd., S. 150, Hv. i. Orig.: »Auch wenn das Soziale sich nicht in den intelligiblen und instituierten Formen einer *Gesellschaft* zu fixieren vermag, so existiert es doch nur als Anstrengung, dieses unmögliche Objekt zu konstruieren. Jedweder Diskurs konstituiert sich als Versuch, das Feld der Diskursivität zu beherrschen, das Fließen der Differenzen aufzuhalten, ein Zentrum zu konstruieren.« Beide Zitate finden sich auch bei Marchart: Politische Differenz, S. 202f.
190   Marchart: Politische Differenz, S. 202, Hv. i. Orig.
191   Vgl. ebd., S. 203.
192   Laclau: Impossibility of society, S. 91, Hv. i. Orig.
193   Vgl. Marchart: Politische Differenz, S. 203; siehe auch Hetzel: Demokratie ohne Grund, S. 205.
194   Siehe dazu Abschnitt I.4 dieser Arbeit.
195   Marchart: Politische Differenz, S. 114.
196   Ebd., S. 115, Hv. i. Orig.
197   Siehe hierzu auch die Diskussion Marcharts in seinem Kapitel *Diskurstheorie als politische Ontologie* ebd., S. 211ff.
198   Vgl. ebd., S. 203. Ich folge im Weiteren der Darstellung ebd., S. 203ff., sowie der ausführlicheren Explikation in Marchart: Laclaus Rückgang auf Husserl, S. 159ff. (nahezu identisch: Marchart: Prekarisierungsgesellschaft, S. 189ff.); siehe ferner auch die kurzen (auf Marchart rekurrierenden) Anmerkungen bei Böttger: Postliberalismus, S. 199ff.

power relations becomes fully visible constitutes the field of the ›political‹.«[199] Damit kehrt Laclau die übliche Rangfolge um, wonach das Politische auf das Soziale folgt; stattdessen argumentiert er für »the primacy of the political over the social«.[200]

Erklärend rekurriert er auf Husserls Unterscheidung zwischen ›Sedimentierung‹ und ›Reaktivierung‹.[201] »Sedimentierung bzw. Traditionalisierung«[202], so Husserl in *Die Krisis der europäischen Wissenschaften und die transzendentale Phänomenologie* (1936), sei das Vergessen des »Sinnesfundament[s]«[203] naturwissenschaftlicher Theorien und Methoden.[204] Anschaulich drückt Husserl die Folgen dieses Vergessens im Bild des »Ideenkleid[s]« aus: Die Wissenschaft stülpe dieses Kleid den »konkret-anschaulichen Gestalten der Lebenswelt«[205] über und verdecke sie. »Das Ideenkleid macht es, daß wir für *wahres Sein* nehmen, was eine *Methode* ist«.[206] (Mit Castoriadis könnte man hier von einer Hypostasierung der ›mengidischen Logik‹ sprechen.) Durch die philosophische Rückbesinnung auf die Geschichte der sedimentierten Schichten könnten diese aber wieder aufgebrochen werden; das Verdeckte bleibe »aufweckbar und in neuer Lebendigkeit kritisierbar«.[207]

Laclau schließt Husserls Begriffe ›Sedimentierung‹ und ›Reaktivierung‹ mit den Begriffen ›Soziales‹ und ›Politisches‹ kurz. Das Soziale, verstanden als »das Moment der Ordnung der diskursiv-sozialen Elemente«[208], bildet einen »Raum sedimentierter Praxen«[209], die sich beispielsweise in Form von Ritualen äußern können, jedenfalls sich dadurch auszeichnen, dass sie wiederholbar und deshalb vorhersehbar sind. ›Sedimentierung‹ beschreibt mit anderen Worten den Prozess, in dem die verstreuten sozialen

---

199   Laclau: Reflections on the revolution, S. 35.

200   Ebd., S. 33; vgl. Marchart: Politische Differenz, S. 199; Nonhoff: Mouffe und Laclau, S. 41; 47. Das Politische sei keine »regional«, sondern »an ontological category«, so Laclau: Reflections on the revolution, S. 61. Siehe auch Laclau in Laclau/Mouffe: Hegemonie, Macht, Rechtspopulismus, S. 24; Mouffe: Gespräch mit Marchart, S. 409.

201   Siehe etwa Laclau: Reflections on the revolution, S. 33f.; vgl. Marchart: Laclaus Rückgang auf Husserl, S. 161f.; Marchart: Politische Differenz, S. 203, zum folgenden Absatz Marchart: Laclaus Rückgang auf Husserl, S. 159f.

202   Edmund Husserl: Die Krisis der europäischen Wissenschaften und die transzendentale Phänomenologie. Eine Einleitung in die phänomenologische Philosophie [1936] (Hg. Ströker, Elisabeth). 3. Aufl. Hamburg 1996, S. 56.

203   Ebd., S. 52.

204   In diesem Sinne spricht Husserl von Galileis Geometrie als einer »ererbte[n]« und »nicht mehr ursprüngliche[n] Geometrie«, da sie sich, wie bereits »die antike Geometrie [...] von den Urquellen wirklich unmittelbarer Anschauung und ursprünglich anschaulichen Denkens entfernt« (ebd., Hv. i. Orig.) habe.

205   Ebd., S. 55, Hv. i. Orig.

206   Ebd., Hv. i. Orig.

207   Ebd., S. 78; vgl. Marchart: Laclaus Rückgang auf Husserl, S. 166, der neben der soeben zitierten Passage ebd., S. 166, Anm. 29, auch Husserls Klarstellung anführt, es müsse der »Wille« des Philosophen sein, »die sedimentierte Begrifflichkeit, die als Selbstverständlichkeit der Boden seiner privaten und unhistorischen Arbeit ist, wieder lebendig zu machen in seinem verborgenen geschichtlichen Sinn«. (Husserl: Krisis der europäischen Wissenschaften, S. 78)

208   Nonhoff: Mouffe und Laclau, S. 41.

209   Marchart: Laclaus Rückgang auf Husserl, S. 163.

Differenzen (mehr oder weniger dauerhaft) zu einem relationalen System verknüpft werden und einen objektiven Charakter annehmen.[210]

Das Soziale instituiert/sedimentiert sich durch einen Akt der Ausschließung. Wo die strukturierte Ordnung des Sozialen nicht mehr »the form of an underlying essence of the social«[211] habe, wie Laclau betont, stelle sich jede Ordnung durch eine partielle und temporäre Einschränkung der konstitutiven ›Offenheit des Sozialen‹ her.[212] Jede (vermeintlich objektive) soziale Ordnung ist kontingent, da sie durch ihre Instituierung andere mögliche Ordnungen beiseiteschiebt: »[A]ll objectivity necessarily presupposes the repression of that which is excluded by its establishment«.[213] Die Instituierung einer sozialen Ordnung – qua Ausschluss einer anderen möglichen Ordnung – lässt sich nicht rational begründen, sondern ist, ohne irrational zu sein[214], daran geknüpft, dass eine prinzipiell unentscheidbare Alternative schließlich doch machtvoll entschieden wird.[215] Soziale Beziehungen sind kontingent, weil sie »power relations«[216] sind. Marchart spricht von einem »Kampf«, der »auf einem uneben strukturierten Terrain der Macht«[217] stattfinde. Damit habe die Macht, merkt Stäheli an, bei Laclau und Mouffe nicht nur eine negativ-einschränkende, sondern auch eine produktive Funktion: Sie bringe eine soziale Ordnung hervor.[218] Bei dem auf Macht gründenden Ausschluss, unterstreicht Laclau, handele es sich nicht um den Ausschluss nur logischer Alternativen zur gesetzten Ordnung, sondern um die Unterdrückung real vorhandener – also: antagonistischer – Bestrebungen, eine andere Ordnung zu etablieren.[219] Damit geht die Kontingenz sozialer Verhältnisse einher mit ihrer »Historizität«.[220]

Dies hat politische Implikationen. Da die etablierte Ordnung »hegemonialer Natur«[221] sei, könne sie jederzeit durch eine gegenhegemoniale Macht herausgefordert werden.[222] Wenn alle sozialen Verhältnisse Machtverhältnisse sind[223], kann es eine einträchtige, selbstidentische Gesellschaft ohne Macht nicht geben.[224] »Jede Form der Ordnung gründet auf dem Ausschluss anderer Möglichkeiten, sie ist immer Ausdruck

---

210 Vgl. ebd., S. 162f.

211 Laclau: Impossibility of society, S. 91.

212 Laclau spricht von ›hegemonisieren‹; vgl. ebd., und siehe Marchart: Politische Differenz, S. 204.

213 Laclau: Reflections on the revolution, S. 31; vgl. ebd.; Marchart: Laclaus Rückgang auf Husserl, S. 163f.

214 Es könne Motive für eine Entscheidung geben, so Laclau: Reflections on the revolution, S. 31, von denen allerdings keines »the value of an apodictic foundation« besitze.

215 Vgl. Stäheli: Politische Theorie der Hegemonie, S. 204f.; Jörke: Agonalität des Demokratischen, S. 167f.; Rüdiger: Dekonstruktion und Demokratisierung, S. 177.

216 Laclau: Reflections on the revolution, S. 31.

217 Marchart: Laclaus Rückgang auf Husserl, S. 164.

218 Vgl. Stäheli: Politische Theorie der Hegemonie, S. 205.

219 Vgl. Laclau: Reflections on the revolution, S. 34; Rüdiger: Dekonstruktion und Demokratisierung, S. 177.

220 Marchart: Laclaus Rückgang auf Husserl, S. 164; vgl. ebd.

221 Mouffe: Agonistik, S. 193.

222 Vgl. ebd., S. 22.

223 Vgl. Laclau: Macht und Repräsentation, S. 148.

224 Vgl. Laclau: Reflections on the revolution, S. 33; Rüdiger: Dekonstruktion und Demokratisierung, S. 177.

partikularer Konfigurationen und Machtverhältnisse. In diesem Sinne ist jede Ordnung eine politische Ordnung.«[225] Mouffe zieht daraus den Schluss, es sei »nicht nur konzeptionell falsch, sondern auch mit politischen Gefahren verbunden, wenn das Ziel demokratischer Politik in Begriffen von Konsens und Versöhnung anvisiert wird«.[226]

Jede soziale Ordnung tendiert nach Ansicht Laclaus dazu, ihr »Politisch-Sein«[227], das heißt ihren auf Macht gründenden kontingenten Ursprung und ihre »radical historicity«[228] zu vergessen und sich zu einer scheinbar objektiven Ordnung zu verhärten – diesen Vorgang benennt der Terminus ›Sedimentierung‹.[229] Das Soziale könne »nur in den sedimentierten Formen einer Macht bestehen, welche die Spuren ihrer eigenen Kontingenz verwischt hat«[230], damit aber auch den instituierenden »Moment der Exklusion«.[231] Im Unterschied zu Castoriadis, so zeichnet sich ab, verneint Laclau die Möglichkeit einer autonomen Selbstschöpfung der Gesellschaft: Jede Ordnung verdanke sich einem antagonistischen Außen, einem von ihr Ausgeschlossenen, das die Identität jeder Ordnung mit sich selbst ermögliche und blockiere.[232] Auch wenn die instituierte soziale Ordnung im Sedimentierungsprozess den Charakter einer »mere objective presence« annehme, so Laclau, verschwinde der »moment of original institution« nicht völlig: »If objectivity is based on exclusion, the traces of that exclusion will always be somehow present.«[233]

Was verstehen Laclau und Mouffe unter dem Politischen?[234] Ihre Auslegungen weisen eine Nähe zu Castoriadis auf, der zwar dem, was Laclau und Mouffe das Politische nennen, den Begriff ›Politik‹ vorzieht, diesen aber inhaltlich ähnlich fasst. Castoriadis definierte ›Politik‹ als das »*Zutagetreten* des Instituierenden selbst«.[235] Auch für Laclau und Mouffe bezieht sich das Politische auf die »Einrichtung des Sozialen«, weshalb es nicht (wie *la politique*) »auf einer bestimmten Ebene des Gesellschaftlichen verortet

---

225   Mouffe: Agonistik, S. 193.

226   Mouffe: Über das Politische, S. 8.

227   Nonhoff: Mouffe und Laclau, S. 48.

228   Laclau: Reflections on the revolution, S. 36.

229   Vgl. ebd., S. 34; Nonhoff: Mouffe und Laclau, S. 47f.

230   Laclau: Macht und Repräsentation, S. 149.

231   Marchart: Laclaus Rückgang auf Husserl, S. 164; vgl. ebd.

232   »In our conception of antagonism [...] we are faced with a ›constitutive outside‹. It is an ›outside‹ which blocks the identity of the ›inside‹ (and is, nonetheless, the prerequisite for its constitution at the same time).« (Laclau: Reflections on the revolution, S. 17)

233   Laclau: Reflections on the revolution, S. 34. Marchart: Laclaus Rückgang auf Husserl, S. 164, Hv. i. Orig., formuliert: »Soziale Positivität wird immer von *Spuren* ihrer ursprünglichen Negativität: ihrer Kontingenz, Historizität, Machtbasiertheit und [...] ihres antagonistischen Charakters durchzogen bleiben, selbst wo all dies bereits vergessen und in der Präsenz des Sozialen aufgehoben scheint.«

234   Siehe hierzu sowie zur Differenz zwischen Politik und Politischem Marchart: Politische Differenz, S. 206ff.

235   Castoriadis: Macht, Politik, Autonomie, S. 150, Hv. i. Orig.

werden kann«.[236] Beschränkt sich Politik darauf, das Soziale bloß zu verwalten[237], so geht das Politische dem Sozialen als dessen »Institutionsmodus«[238] voraus. In dieser Rolle des Politischen für eine »*Ontologie des Sozialen*«[239] sieht Hirsch einen Unterschied zwischen Nancy und Laclau: Letzterer interessiere sich weniger »für die philosophisch folgenreiche These einer ›Entwerkung‹ oder Undarstellbarkeit der Gemeinschaft, welche [...] der Politik die Herrschaft über die Identität der Gemeinschaft entzieht«.[240] Laclau verteidige vielmehr »die These eines *symbolischen Primats des Politischen*«, wonach gelte: »Im Politischen konstituiert sich die Gesellschaft«.[241] Damit sind die Funktionen des Politischen nicht vollständig benannt. Zum einen bezeichne das Politische, formuliert Laclau, »[t]he moment of original institution of the social«, damit zum anderen aber zugleich »the point at which its contingency is *revealed*«.[242] Das Politische steht in diesem zweiten Sinne für einen »Prozeß der Desedimentierung«, durch den zutage trete, dass es keine »notwendigen Gesetzmäßigkeiten der Gesellschaft«[243] gibt. Im Gegenteil, da die Gesellschaft politisch instituiert wurde, ist ihre Ordnung kontingent. ›Desedimentierung‹ bedeute daher auch eine »Detotalisierung des Gesellschaftlichen«.[244] Mit Marchart lässt sich das Zusammenspiel der beiden Funktionen des Politischen folgendermaßen zusammenfassen: »Das Politische interveniert, indem es auf die kontingente Natur des Sozialen verweist und offenbart, dass sich das Soziale auf keinen stabilen Grund stützen kann. Zugleich substituiert es dessen Abwesenheit, indem es das Soziale vorübergehend (neu-)gründet.«[245]

Für Laclau gibt es keine quasi-naturzuständliche Ursprungssituation – keine verlorene Gemeinschaft –, zu der man zurückkehren und von der aus man eine soziale Ordnung von Grund auf neu konstruieren könnte.[246] »Das Ensemble von sedimentierten Praktiken [...] kann tiefgreifende Dislozierungen erfahren, die drastische Neuanordnungen erfordern, die aber niemals so weit gehen, dass ein Akt *völliger* Neugründung nötig wird. Es gibt keinen Platz für einen Lykurg der sozialen Ordnung.«[247] Die schon instituierte soziale Ordnung begrenze jeden »Gründungsvoluntarismus«, formuliert

236 Laclau/Mouffe: Hegemonie und radikale Demokratie, S. 193; siehe auch Ernesto Laclau: Dekonstruktion, Pragmatismus, Hegemonie. In: Mouffe, Chantal (Hg.): Dekonstruktion und Pragmatismus. Demokratie, Wahrheit und Vernunft. Wien 1999, S. 111-153, 112, sowie Rüdiger: Dekonstruktion und Demokratisierung, S. 178; Jörke: Agonalität des Demokratischen, S. 168; Reckwitz: Diskurse, Hegemonien, Antagonismen, S. 306f.

237 Vgl. Laclau/Mouffe: Hegemonie und radikale Demokratie, S. 235f.

238 Jörke: Agonalität des Demokratischen, S. 168; vgl. Hetzel: Demokratie ohne Grund, S. 187.

239 Laclau: Macht und Repräsentation, S. 148, Hv. i. Orig.

240 Hirsch: Symbolischer Primat des Politischen, S. 345.

241 Ebd., Hv. i. Orig.

242 Laclau: Reflections on the revolution, S. 34, Hv. i. Orig.; vgl. Marchart: Politische Differenz, S. 203f.

243 Laclau: Dekonstruktion, Pragmatismus, Hegemonie, S. 112.

244 Ebd.; vgl. ebd., und siehe auch Laclau: Theory, democracy and socialism, S. 212f.

245 Marchart: Politische Differenz, S. 204. Mit Hetzel: Demokratie ohne Grund, S. 186, ließe sich das Politische (wie die Dekonstruktion) als eine »Kritik an der Naturalisierung gesellschaftlicher Verhältnisse« verstehen.

246 Ich folge Marchart: Laclaus Rückgang auf Husserl, S. 165.

247 Laclau: Identität und Hegemonie, S. 106, Hv. i. Orig.

Marchart, so dass »jede *ursprüngliche* Institution immer etwas weniger als ursprünglich sein wird«.[248] So wie das Soziale niemals ohne das Politische existieren könne –
man hätte es sonst mit »a closed universe merely reproducing itself through repetitive
practices« zu tun –, trete auch das Politische nur im Verein mit dem (sedimentierten)
Sozialen auf, denn »an act of unmediated political institution is [...] impossible: any political construction takes place against the background of a range of sedimented practices«.[249] Vor diesem Hintergrund erweise sich die Unterscheidung von Sozialem und
Politischem als »ontologically constitutive of social relations«, könne doch eine vollständige Instituierung des Sozialen durch das Politische nur von einem »absolute omnipo-
tent will«[250] vollzogen werden, wodurch die unausweichlich kontingente (politische)
›Natur‹ der instituierten Ordnung ausgestrichen würde.[251]

Diese Kontingenz der sozialen Ordnung aufzudecken, das heißt ihr »politische[s]
Moment [...] zu ›reaktivieren‹«[252], meine nicht, so Laclau, die verdrängten (historischen)
Alternativen wiederzubeleben; diese stünden, einmal unterdrückt, nicht mehr zur Verfügung.[253] Vielmehr konfrontierten neue Antagonismen die instituierte Ordnung mit
ihrer Kontingenz: »Reactivation does not [...] consist of returning to the original situation, but merely of rediscovering, through the emergence of new antagonisms, the
contingent nature of so-called ›objectivity‹.«[254] Erst wenn auf diese Weise »der *kontingente und antagonistische Charakter* sozialer Sedimente als solcher«[255] enthüllt worden
sei, könnten auch die historischen Alternativen wieder in den Blick geraten und die zur
Objektivität verhärtete Ordnung als nicht notwendig kenntlich machen.[256]

Die Begriffe des Politischen und des Antagonismus stehen für das Moment der Ver-
hinderung einer (objektiven) Totalität des Sozialen. Das Politische reaktiviert die Kontingenz, die »Unabgeschlossenheit«[257] des Sozialen, das »eine Form des Politischen im
›Schlafzustand‹«[258] darstellt; das Aufwecken bezeichnet Laclau als »moment of antagonism«.[259] Der Antagonismus bezeugt die »Unmöglichkeit einer endgültigen Naht« des
Sozialen, er ist »die ›Erfahrung‹ der Grenze des Sozialen«[260] – jener Erfahrung also,
die der Begriff des Politischen benennt.[261]

---

248   Marchart: Laclaus Rückgang auf Husserl, S. 165, Hv. i. Orig.

249   Laclau: Reflections on the revolution, S. 35.

250   Ebd.

251   Vgl. ebd., und siehe Marchart: Laclaus Rückgang auf Husserl, S. 166, der sich ebenfalls auf diese
Passage bezieht.

252   Laclau: Dekonstruktion, Pragmatismus, Hegemonie, S. 112.

253   Vgl. Marchart: Laclaus Rückgang auf Husserl, S. 165.

254   Laclau: Reflections on the revolution, S. 34f.; auch zitiert bei Marchart: Laclaus Rückgang auf
Husserl, S. 167.

255   Marchart: Laclaus Rückgang auf Husserl, S. 167, Hv. i. Orig.

256   Vgl. Laclau: Reflections on the revolution, S. 35; Marchart: Laclaus Rückgang auf Husserl, S. 167.

257   Laclau: Dekonstruktion, Pragmatismus, Hegemonie, S. 112.

258   Marchart: Politische Differenz, S. 216.

259   Laclau: Reflections on the revolution, S. 35.

260   Laclau/Mouffe: Hegemonie und radikale Demokratie, S. 165.

261   Vgl. Marchart: Politische Differenz, S. 205f.

3.3   Politik der Hegemonie

> Wir dürfen nicht an einen Determinismus
> glauben, denkt Gramsci. Wenn wir die Ge-
> schichte nicht verhandeln können, werden
> wir zu apathischen Sklaven.[262]

Die bisherige Darstellung erlaubt es, ein weiteres »zentrale[s]«[263] Konzept der Theorie Laclaus und Mouffes einzuführen: ›Hegemonie‹. Zugespitzt gesagt: Politik ist Hegemonie.[264] »Die hegemoniale Praxis stellt [...] einen spezifischen politischen Konstitutionsmodus dar, der eine bestimmte Fixierung sozialer Beziehungen bewirkt.«[265] Das Konzept der Hegemonie beantwortet die Frage nach der »Wirksamkeit des Politischen«, die Frage also: »[A]uf welche Weise werden die soziale Realität und mit ihr auch die Machtbeziehungen instituiert«?[266] Eine Antwort hierauf wäre mit Blick allein auf das Politische nicht zu bekommen. Weil das instituierende Politische »eine ontologische Kategorie« darstelle, entziehe es sich einem unvermittelten Zugang: »Unser Verständnis dieser Kategorie kann [...] nur auf einer ontischen Ebene entstehen, also aus einer Betrachtung politischer Phänomene und historischer Prozesse.«[267]

Laclau und Mouffe zufolge setzt »Hegemonie den unvollständigen und offenen Charakter des Sozialen« voraus, denn: »In einem geschlossenen System relationaler Identitäten, in dem die Bedeutung jedes Moments absolut fixiert ist, gibt es für eine hegemoniale Praxis überhaupt keinen Platz.«[268] Damit beruht die Möglichkeit hegemonialer Praktiken auf der Existenz von Antagonismen, die die Unabschließbarkeit des Sozialen bedingen.[269] Mouffe erläutert:

> Begreift man das Politische als die immerwährende Möglichkeit des Antagonismus, so erfordert dies, damit zurechtzukommen, daß man ohne einen gemeinsamen Ursprung auskommen und die Dimension der Unentscheidbarkeit und der Kontingenz anerkennen muß, die jede Ordnung ausmacht. In unserem Vokabular bezeichnet das jedoch auch unsere Überzeugung, dass jede Form sozialer Ordnung hegemonialer Natur ist. Wenn man von Hegemonie ausgeht, bedeutet dies, dass jede soziale Ordnung eine kontingente Artikulation von Machtverhältnissen ist und keinen gemeinsamen Ursprung hat.[270]

---

262   Nora Bossong: 36,9°. München 2015, S. 105.

263   Mouffe: Agonistik, S. 21.

264   Siehe etwa Laclau/Mouffe: Hegemonie und radikale Demokratie, S. 181; vgl. Böttger: Postliberalismus, S. 196f.

265   Rüdiger: Dekonstruktion und Demokratisierung, S. 161.

266   Jörke: Agonalität des Demokratischen, S. 168.

267   Nonhoff: Mouffe und Laclau, S. 41; siehe auch ebd., S. 38, und Marchart: Politische Differenz, S. 72f.

268   Laclau/Mouffe: Hegemonie und radikale Demokratie, S. 175.

269   Vgl. Jörke: Agonalität des Demokratischen, S. 169; Reckwitz: Diskurse, Hegemonien, Antagonismen, S. 304; Böttger: Postliberalismus, S. 190f.; Rüdiger: Dekonstruktion und Demokratisierung, S. 162.

270   Mouffe: Agonistik, S. 193.

Keine soziale Ordnung ist rational begründbar, jeder ›Grund‹ ist lediglich der auf Macht beruhende Ausschluss von Alternativen und also kontingent. Rüdiger formuliert demgemäß:

> [D]ie Artikulation bestimmter Elemente auf Kosten anderer folgt nicht einer rationalen Logik, sondern entspricht einer kontingenten Unterdrückung möglicher anderer Artikulationen. Die strukturelle Unentscheidbarkeit bezüglich aller möglichen Alternativen impliziert, daß jede erfolgte Entscheidung, jede Konstruktion ein Machtakt ist.[271]

Nicht entscheiden zu können, meint Hetzel, verstehe Laclau nicht als Handlungsblockade, sondern als »Möglichkeitsbedingung des Handelns«.[272] Eine Entscheidung ist nur möglich, wenn sie unmöglich ist; man kann nur entscheiden, was nicht schon entschieden ist oder was gar nicht (rational) entschieden werden kann.[273] In diesem Sinne sei etwa eine »Entscheidung über das kollektive Leben der Gemeinschaft« niemals »vollkommen rational«; wäre sie es, würde »sie völlig offensichtlich sein und es würde keine Entscheidung wirklich benötigt werden«.[274] Es muss entschieden werden, weil zwar seine antagonistische Grenze das Soziale davon abhält, sich zu »voller Präsenz«[275] zu schließen – das heißt: »Objektivität« zu erlangen –, es aber dennoch »partielle und prekäre Objektivierung«[276] gibt. »[J]edem sedimentierten Ensemble sozialer Verhältnisse«, so Laclau, liege ein »Moment der Entscheidung [...] zugrunde«.[277] Dieses Entscheidungsmoment ist das Moment des Politischen: Begreife man das Politische als den »Prozeß der Institution des Gesellschaftlichen, dann wird klar, daß dieser instituierende Augenblick mit der Frage der Beziehung von Unentscheidbarkeit und Entscheidbarkeit in Zusammenhang steht«.[278]

Die Abschweifung zu dem Verhältnis von Unentscheidbarkeit und Entscheidbarkeit führt zurück zum Begriff der Hegemonie. Wo man es zu tun habe mit einer »Unentscheidbarkeit innerhalb der sozialen Verhältnisse [...], die einer politischen Intervention bedürfen«, so Laclau, benötige man eine »Theorie der Entscheidung: wie eine Entscheidung innerhalb eines unentscheidbaren Terrains zu treffen ist. Und das ist, was die Theorie der Hegemonie zu tun versucht.«[279] Die (Un-)Entscheidbarkeitsproblematik berührt zudem das Problem, wer entscheidet. In Laclaus Worten: »Die Frage nach

271   Rüdiger: Dekonstruktion und Demokratisierung, S. 177.

272   Hetzel: Demokratie ohne Grund, S. 196; ich folge im nächsten Absatz den Ausführungen ebd., S. 196f.

273   Vgl. ebd., S. 196.

274   Laclau in Laclau/Mouffe: Hegemonie, Macht, Rechtspopulismus, S. 23f.

275   Laclau/Mouffe: Hegemonie und radikale Demokratie, S. 167.

276   Ebd., S. 165, Hv. i. Orig.

277   Laclau: Die Zeit ist aus den Fugen, S. 119, Hv. i. Orig.

278   Laclau: Dekonstruktion, Pragmatismus, Hegemonie, S. 135, Hv. i. Orig., auch zitiert bei Hetzel: Demokratie ohne Grund, S. 197.

279   Laclau in Laclau/Mouffe: Hegemonie, Macht, Rechtspopulismus, S. 32. Stäheli: Politische Theorie der Hegemonie, 206, Hv. i. Orig., konstatiert, »die Theorie der Hegemonie [setzt] dort ein, wo es um das Treffen einer Entscheidung und nicht nur um die Analyse von Unentscheidbarkeiten geht«.

dem Verhältnis von Unentscheidbarkeit und Entscheidung kann nicht hinreichend aufgeworfen werden, so lange wir es nicht mit der Frage nach dem Subjekt zu tun bekommen.«[280] Genauer ist nach dem »Subjekt hegemonialer Prozesse«[281] gefragt.

Das politische Subjekt[282]

Mouffes und Laclaus Konzeption des politischen Subjekts unterscheidet sich nicht nur von der Castoriadis' (mit der sie dennoch gewisse Annahmen teilt), sondern auch von dem Subjektverständnis der Theorien kollektiver Intentionalität. Diese unterstellten, könnte man sich Marcharts Urteil über handlungssoziologische Ansätze anschließen, »der Handlungsträger wäre ein Subjekt, eine Person, ein *Ego* oder ein menschliches Individuum oder würde sich aus Individuen zusammensetzen«.[283] Die Theoretiker*innen kollektiver Intentionalität verteidigen einen »metaphysischen Subjekt-Begriff«[284], wonach das Subjekt das Fundament seiner Handlungen sei.[285] Gegen diese Tradition, das Subjekt als eine »Fundierungsfigur«[286] aufzufassen, setze Laclau das Konzept eines Subjekts, das aus seinen Handlungen erst hervorgehe, weshalb weder Individuen noch Gruppen länger verstanden werden könnten als »voluntaristische Handlungssubjekte«.[287]

Vor allem die Kritik am Subjekt als ›Fundierungsfigur‹ lässt sich anhand von Laclaus und Mouffes Begriff der Subjektposition erhellen, der in *Hegemonie und radikale Demokratie* den Begriff des Subjekts ersetzt.[288] Wie Žižek zusammenfasst, wendet sich ihre »Argumentation [...] gegen den klassischen Begriff des *Subjekts* als einer substantiellen, essentiellen Entität, die im vorhinein gegeben ist, den sozialen Prozeß dominiert und nicht durch die Kontingenz des diskursiven Prozesses selbst produziert wird«.[289] Laclau und Mouffe selbst sprechen von einem Bruch »mit der Kategorie des ›ursprünglichen Subjekts‹«, das heißt »des Subjekts als Ursprung und Grund der gesellschaftlichen Verhältnisse«.[290] Das Subjekt gründet die Gesellschaft nicht, sondern wird im Gegenteil von ihr hervorgebracht. »Jede *Subjektposition* ist ein Effekt der strukturalen Determination [...] – es gibt kein substantielles Bewußtsein, das sich außerhalb der Struktur

---

280 Laclau: Dekonstruktion, Pragmatismus, Hegemonie, S. 125f.

281 Stäheli: Politische Theorie der Hegemonie, S. 207.

282 Dieser Unterabschnitt hat profitiert von Marchart: Das unmögliche Objekt, S. 380ff.; Marchart: Politische Differenz, S. 306ff.; Rüdiger: Dekonstruktion und Demokratisierung, S. 172ff.; Süss: Kollektive Handlungsfähigkeit, S. 132ff.; Stäheli: Politische Theorie der Hegemonie, S. 207ff.; Hetzel: Demokratie ohne Grund, S. 203f.

283 Marchart: Das unmögliche Objekt, S. 381, Hv. i. Orig.

284 Ebd.

285 Vgl. ebd.

286 Ebd.

287 Ebd., S. 383; vgl. ebd. Wie van Dyk: Poststrukturalismus, S. 190, meint, sei die »radikale Kritik gegenüber allen Ansätzen, die bei der Analyse konkreter Gesellschaftlichkeit souveräne Subjektivität und individuelle Handlungsautonomie als gegebene Konstanten voraussetzen«, eine Gemeinsamkeit »poststrukturalistische[r] Theorien«.

288 Vgl. Laclau/Mouffe: Hegemonie und radikale Demokratie, S. 153.

289 Žižek: Jenseits der Diskursanalyse, S. 124, Hv. i. Orig.

290 Laclau/Mouffe: Hegemonie und radikale Demokratie, S. 153.

konstituiert.«[291] Im Hintergrund steht hier eine Auffassung vom »Subjekt als Mangels-
subjekt«[292], dem »das Erreichen einer vollständigen Ich-Identität verwehrt bleibt«.[293]
Laclau denke das Subjekt, so Reckwitz, als konstitutiv »instabil: Es besteht aus einem
Mangel [...], einem Wunsch nach Komplettierung, der in der Unterwerfung unter sym-
bolische Ordnungen [...] nach Befriedigung sucht, dem das Stillen des primordialen
Mangels [...] jedoch grundsätzlich niemals gelingen kann«.[294]

Castoriadis hat auf die Gefahr einer Subjektkonzeption aufmerksam gemacht, die
das Subjekt als struktural determiniert sieht. Eine Veränderung könnte unmöglich sein,
da die Individuen die ihnen vorgegebenen und sie prägenden Strukturen nur reproduzieren. Stäheli merkt kritisch an, für den Begriff eines politisch handelnden Subjekts sei
wenig gewonnen, fasse man »das Subjekt [...] ausschließlich als Moment der diskursiven
Struktur« auf: »Der politische Spielraum für derartige durch den Diskurs produzierte
Identität ist äußerst beschränkt.«[295] Wie wäre ein (politisch) handlungsfähiges Subjekt
zu denken, wenn »das metaphysische Willenssubjekt als Handlungsquelle«[296] ausge-
dient hat? Dieser Frage, meint Marchart, könne man nicht aus dem Weg gehen: Politisches Handeln erfordere es, »dass sich die Handelnden als Subjekte ihres Handelns
imaginieren«, schließlich machte »ohne Vertrauen in die eigene Akteurschaft niemand
Politik«.[297]

Diese Schwierigkeit hatte Castoriadis durch den Rekurs auf ein nicht-determinier-
bares Imaginationsresiduum lösen wollen, das das Auftauchen neuer Bedeutungen und
damit Veränderung ermögliche. Aber: »Kritisch-subversive Handlungsfähigkeit liegt
nicht in einem von der Gesellschaft unberührten Kern des Individuums begründet.«[298]
Laclau wählt denn auch eine andere Lösung. Um angesichts der Determination des Subjekts durch die Struktur ein »Veränderungshandeln«[299] nicht ausschließen zu müssen,
verweist er auf die Offenheit und Unentscheidbarkeit der Struktur. Sie sei angewiesen
auf eine Entscheidung durch das Subjekt, das selbst durch diese Entscheidung (Handlung) erst hervortrete.[300] »Individuen werden zwar innerhalb diskursiver Strukturen
konstituiert, diese sind jedoch inhärent kontingent und durchlässig, so dass es keine endgültige Fixierung des Handelns bzw. der Identitäten von Akteur_innen durch

---

291   Laclau: Dekonstruktion, Pragmatismus, Hegemonie, S. 132, Hv. i. Orig. Hetzel: Demokratie ohne
        Grund, S. 203, Hv. i. Orig., kommentiert zu dieser Passage: »Das Subjekt formiert sich *in* der Spra-
        che, *in* der Ökonomie des Begehrens, *in* der Kultur; es erscheint als Position in einem vorstruk-
        turierten Feld«. Reckwitz: Diskurse, Hegemonien, Antagonismen, S. 302, fasst zusammen: »Das
        Subjekt ist kein Stifter des Diskurses, es ist ein historisch-spezifisches Produkt der ›Subjektivation‹
        durch den Diskurs.« Rüdiger: Dekonstruktion und Demokratisierung, S. 172, spricht vom »diskur-
        siven Charakter jedes Subjekts«; ähnlich Böttger: Postliberalismus, S. 190.
292   Laclau: Dekonstruktion, Pragmatismus, Hegemonie, S. 138.
293   Rüdiger: Dekonstruktion und Demokratisierung, S. 174.
294   Reckwitz: Diskurse, Hegemonien, Antagonismen, S. 307; siehe auch Marchart: Politische Diffe-
        renz, S. 314ff.; Marchart: Das unmögliche Objekt, S. 383.
295   Stäheli: Politische Theorie der Hegemonie, S. 208.
296   Marchart: Politische Differenz, S. 306.
297   Ebd., S. 306f.
298   Süss: Kollektive Handlungsfähigkeit, S. 24.
299   Marchart: Vorwort, S. 7.
300   Vgl. Stäheli: Politische Theorie der Hegemonie, S. 208.

diese Strukturen geben kann.«[301] Laclau definiert das Subjekt als »Abstand zwischen der Unentscheidbarkeit der Struktur und der Entscheidung«[302], das heißt als einen »grundlosen Grund«.[303]

> Die Bedingung für das Erscheinen des Subjekts (= die Entscheidung) ist, daß es nicht unter irgend einen strukturalen Determinismus subsumiert werden kann. Nicht weil es eine spezielle Substanz ist, sondern weil die strukturale Determination [...] darin scheitert, ihr eigener Grund zu sein, und durch kontingente Interventionen supplementiert werden muß. Auf diese Art und Weise ist hier eine Supplementenlogik am Werk, die etwas Abweichendes von der strukturalen Determination verlangt, um diese zu aktualisieren.[304]

Castoriadis entzieht das Subjekt der absoluten Determination, indem er auf einen nicht sozialisierbaren Kern individueller Imaginationsfähigkeit verweist. Auf einen solchen Substantialismus verzichtet Laclau: Die Subjektdetermination scheitert aufgrund der Unvollständigkeit der diskursiven Struktur, durch die das Subjekt hervorgebracht werde als »Subjekt-des-Mangels«.[305] Die Selbstkonstitution der Struktur wird verhindert von einem (antagonistischen) »*radical* outside«[306], und es ist dieser »lack at the very heart of structures«, das heißt »the impossibility for them to achieve a full self-identity«, den Laclau als »the *locus* of the subject«[307] bestimmt. Wie der Struktur, durch die es produziert wird, mangelt es auch dem Subjekt an einem vollen Sein. »The structure will obviously not be able to determine me, not because I have an *essence* independent from the structure, but because the structure has failed to constitute itself fully and thus to constitute me as a subject as well.«[308] Da es von der Struktur nie ganz determiniert wird, kann das Subjekt durch seine Entscheidung, die es zum Subjekt macht, strukturale Unentscheidbarkeiten auflösen. Das Subjekt, so Laclau, sei »eine Externalität, die innerhalb der Struktur erscheint«[309], wo sie eine der (unentscheidbaren) Möglichkeiten der Struktur qua Entscheidung (Handlung) verwirklicht.[310]

Wie taucht das Subjekt als entscheidendes Handlungssubjekt auf? Laclau greift erklärend auf den Begriff der Identifikation zurück: »Identifikation [ist] eine inhärente

---

301 Süss: Kollektive Handlungsfähigkeit, S. 134.

302 Laclau: Dekonstruktion, Pragmatismus, Hegemonie, S. 126, siehe Hetzel: Demokratie ohne Grund, S. 203.

303 Marchart: Neu beginnen, S. 119.

304 Laclau: Dekonstruktion, Pragmatismus, Hegemonie, S. 127; in abweichender Form zitiert diese Passage auch Hetzel: Demokratie ohne Grund, S. 204.

305 Marchart: Das unmögliche Objekt, S. 383; vgl. ebd.

306 Laclau: Reflections on the revolution, S. 44, Hv. i. Orig.; vgl. ebd.

307 Laclau: Theory, democracy and socialism, S. 210, Hv. i. Orig.

308 Laclau: Reflections on the revolution, S. 44, Hv. i. Orig.

309 Laclau: Macht und Repräsentation, S. 134; siehe auch Laclau: Reflections on the revolution, S. 30.

310 Vgl. Süss: Kollektive Handlungsfähigkeit, S. 133f.; Rüdiger: Dekonstruktion und Demokratisierung, S. 174f.; Stäheli: Politische Theorie der Hegemonie, S. 208, und siehe auch etwa Laclau: Macht und Repräsentation, S. 134f.

Dimension der Entscheidung«.[311] Anspielend auf Sartres Wendung vom Freisein, zu dem man verurteilt sei, heißt es:

> The freedom [...] won in relation to the structure is [...] a traumatic fact initially: I am *condemned* to be free, not because I have no structural identity as the existentialists assert, but because I have a *failed* structural identity. This means that the subject is partially self-determined. However, as this self-determination is not the expression of what the subject *already* is but the result of its lack of being instead, self-determination can only proceed through processes of *identification*.[312]

Der Identifikation liegt ein Fehlen von Identität zugrunde; erst ein Mangel an Identität verlangt nach Identifikation(en), die diesen Mangel allerdings niemals vollständig beheben können.[313]

Die identitätsstiftende Entscheidung charakterisiert Laclau als »*Simulation*«.[314] Entscheidungen seien nicht durch Regeln begründbar, die den Entscheidungen vorausgingen.[315] Es handele sich bei einer Entscheidung um einen »kreativen Akt«[316], genauer noch: um eine *creatio ex nihilo*, denn dem Akt des Entscheidens liegt kein Grund voraus. Laclau behauptet: »Eine Entscheidung treffen heißt Gott verkörpern.«[317] Wer Gott verkörpere, sei nicht Gott, betont er, habe aber »so zu verfahren [...], als wäre er Er«.[318] Wer entscheidet (handelt), der simuliert sein Gott-Sein nur, die Entscheidung – das Handeln – erfolgt »im Modus des *als ob*«.[319] Diese Simulation auf der Basis eines wesentlichen Mangels (an Identität) heißt ›Identifikation‹.[320]

Der Unterschied zu den Theorien kollektiver Intentionalität tritt an dieser Stelle deutlich zutage: Grundlage dieser Theorien ist ein Subjekt, das Gott nicht nur verkör-

---

311   Laclau: Dekonstruktion, Pragmatismus, Hegemonie, S. 129; siehe auch Marchart: Das unmögliche Objekt, S. 383; Stäheli: Politische Theorie der Hegemonie, S. 208; Rüdiger: Dekonstruktion und Demokratisierung, S. 174f.

312   Laclau: Reflections on the revolution, S. 44, Hv. i. Orig., siehe auch Laclau: Dekonstruktion, Pragmatismus, Hegemonie, S. 128f., wo diese Passage erneut angeführt wird. Siehe für die Anspielung auf die Verurteilung zum Freisein Sartre Jean-Paul Sartre: Der Existentialismus ist ein Humanismus. In: ders.: Der Existentialismus ist ein Humanismus und andere philosophische Essays 1943-1948. Reinbek bei Hamburg 2000, S. 145-192, 155.

313   Vgl. Rüdiger: Dekonstruktion und Demokratisierung, S. 174; Laclau: Macht und Repräsentation, S. 135; Laclau: Dekonstruktion, Pragmatismus, Hegemonie, S. 130, sowie (nach einem Wink von Rüdiger: Dekonstruktion und Demokratisierung, S. 174) zudem Chantal Mouffe: Democratic Politics Today. In: dies. (Hg.): Dimensions of Radical Democracy. Pluralism, Citizenship, Community. London, New York 1992, S. 1-14, 11, Hv. i. Orig.: »[T]he subject does not have an original identity [...] but is primarily the subject of a lack. As a result, whatever identity s/he has can be constituted only through acts of *identification*.« Einem ähnlichen Gedanken folgte Nancys und Lacoue-Labarthes Interpretation des Nazi-Mythos.

314   Laclau: Dekonstruktion, Pragmatismus, Hegemonie, S. 128, Hv. i. Orig.

315   Vgl. ebd., S. 127; siehe auch Marchart: Neu beginnen, S. 119.

316   Laclau: Dekonstruktion, Pragmatismus, Hegemonie, S. 127; siehe auch Stäheli: Politische Theorie der Hegemonie, S. 205.

317   Laclau: Dekonstruktion, Pragmatismus, Hegemonie, S. 128.

318   Ebd.; vgl. ebd.

319   Marchart: Politische Differenz, S. 317, Hv. i. Orig.

320   Vgl. Laclau: Dekonstruktion, Pragmatismus, Hegemonie, S. 128.

pert, sondern im Sinne eines unbedingten »Willenssubjekte[s]«[321] vielmehr ist. Damit schreiben die Theorien kollektiver Intentionalität den »traditionellen Dualismus von Subjektpraxis und institutioneller Struktur«[322] fort, den Laclau und Mouffe zu dekonstruieren suchten, resümiert Rüdiger:

> Auf der Seite der Struktur wird auf [...] die Abwesenheit eines geschlossenen Systems [hingewiesen], und damit auf den schwachen Integrationsgrad der Institutionen, die der permanenten Rekonstruktion durch die artikulatorischen Praxen der Subjekte bedürfen. Die Subjekte der Artikulation werden wiederum innerhalb des Differenzsystems konstituiert, innerhalb der von Antagonismen durchsetzten Institutionen.[323]

Schon ihren eigenen Handlungen liegen Subjekte nicht zugrunde.[324] Umso weniger sind sie die Basis der gesellschaftlichen Institutionen. Subjekte entstehen erst durch ihre »Entscheidung für eine bestimmte diskursive Position«.[325] Stäheli schreibt: »Weit davon entfernt, mit dem Subjekt ein stabiles Fundament für politisches Handeln einzurichten, ist es hier gerade das Scheitern des Diskurses, der Moment des Mangels, des Risses und des Unterbruchs, in dem sich das Subjekt einnistet.«[326] Vor diesem Hintergrund erscheint der Ausdruck ›politisches Subjekt‹ als ein Pleonasmus: Wenn die Entscheidung einer Unentscheidbarkeit eine (hegemoniale) politische Entscheidung ist, so ist das Subjekt, das diese Entscheidung herbeiführt, ein politisches Subjekt: »›Politics‹ is an ontological category: there is politics because there is subversion and dislocation of the social. This means that *any* subject is, by definition, political.«[327] Dieses politische Subjekt ist allerdings noch kein Subjekt, das Politik macht. Um von der Ontologie – von der Ebene des Politischen – auf die ontische Ebene der Politik (*la politique*) zu wechseln, ist die skizzierte ›Simulation‹ erforderlich, bei der das Subjekt über seinen wesentlichen Mangel hinwegsieht.[328]

> Aus Perspektive der Politik ist es [...] nicht der unabstellbare Mangel, der den Akteur zum Handeln motiviert, sondern die imaginäre Vorstellung, den Mangel *überwinden* zu können (wo diese fehlt, ist nicht Agieren die Folge, sondern passiver Nihilismus). [...] Das Subjekt des *als ob* kann nur agieren auf Basis der [...] Illusion, es besäße Gründungskraft [...].[329]

Noch ist unklar, wie aus dem Handeln einzelner Subjekte gemeinsames und damit auch erst politisches Handeln wird, das an das Kriterium der »*Kollektivität*«[330] geknüpft sei.

---

321 Marchart: Vorwort, S. 7.
322 Rüdiger: Dekonstruktion und Demokratisierung, S. 175.
323 Ebd.
324 Vgl. Marchart: Das unmögliche Objekt, S. 382.
325 Rüdiger: Dekonstruktion und Demokratisierung, S. 174.
326 Stäheli: Politische Theorie der Hegemonie, S. 209.
327 Laclau: Reflections on the revolution, S. 61, Hv. i. Orig., das Zitat bringt auch Stäheli: Politische Theorie der Hegemonie, S. 209.
328 Vgl. Marchart: Politische Differenz, S. 316f.
329 Ebd., S. 317, Hv. i. Orig.
330 Ebd., S. 311, Hv. i. Orig.

Mouffe meint etwa: »[P]olitical subjects are always collective subjects«[331], und Süss hält fest: »Die Fähigkeit, gesellschaftliche Verhältnisse zu transformieren, steht [...] im direkten Zusammenhang mit dem Prinzip der Verknüpfung vereinzelter Individuen.«[332] Die Frage nach einem solchen Prinzip kommt auf, weil die Individuen nicht bereits verknüpft sind, z.B. durch ihre gemeinsamen »strukturell bestimmbaren Interessen«.[333] Von einer gegebenen Interessensgemeinschaft der Subjekte auszugehen, unterstellte ihnen irrigerweise eine Identität. Deshalb müsse die Frage nach dem politischen Subjekt nicht als Frage nach dem Wer, sondern als Frage nach dem Wie gestellt werden:

> [T]he question of *who* or *what* transforms social relations is not pertinent. It's not a question of ›someone‹ or ›something‹ producing an effect of transformation or articulation, as if its identity was somehow previous to this effect. Rather, the production of the effect is part of the construction of the identity of the agent producing it. It is because the lack is constitutive that the production of an effect constructs the identity of the agent generating it. For example, one cannot ask *who* the agent of hegemony is, but *how* someone becomes the subject through hegemonic articulation instead.[334]

Laclau und Mouffe bringen zur Beantwortung der Frage nach dem Wie (und damit nach dem, was ›Hegemonie‹ heißt) die Begriffe ›Partikularismus‹ und ›Universalismus‹ in Stellung. Mit ihnen kollektivieren sie die Gedanken zu den Bedingungen individuellen Handelns: Simuliert das Subjekt, um handeln zu können, in einem »Größenwahn«[335] seine Gottgleichheit, so müssen einzelne Forderungen ihr »*Majoritär-Werden*«[336] anstreben: »Jede partikulare Forderung muss sich, will sie politisch effektiv werden, ›universeller‹ präsentieren, als ihr konkreter Inhalt es nahelegt.«[337]

Hegemonie, Partikularismus und Universalismus[338]

Laclau beleuchtet die Rolle von ›Partikularismus‹ und ›Universalismus‹ für das Konzept der Hegemonie[339], indem er zwei Zitate aus Marx' Einleitung zu *Zur Kritik der Hegelschen Rechtsphilosophie* einander gegenübersetzt; das folgende erste Zitat bilde den »Nullpunkt der Hegemonie«[340]:

---

331   Chantal Mouffe: Introduction: Schmitt's Challenge. In: dies. (Hg.): The Challenge of Carl Schmitt. London, New York 1999, S. 1-6, 4.

332   Süss: Kollektive Handlungsfähigkeit, S. 137.

333   Ebd., S. 136; siehe auch Marchart: Auszug aus Ägypten, S. 18.

334   Laclau: Theory, democracy and socialism, S. 210f., Hv. i. Orig.; (teilweise) ebenfalls zitiert von Süss: Kollektive Handlungsfähigkeit, S. 137.

335   Marchart: Politische Differenz, S. 317.

336   Ebd., S. 301, Hv. i. Orig.

337   Ebd., S. 303.

338   Ich folge in diesem Unterabschnitt vor allem Laclaus Aufsatz *Identität und Hegemonie: Die Rolle der Universalität in der Konstitution von politischen Logiken* sowie der auf diese Arbeit bezogenen Darstellung von Hetzel: Demokratie ohne Grund, S. 190ff. Siehe zum Verhältnis von Partikularismus und Universalismus bei Mouffe und (vor allem) Laclau ebd., S. 198ff., sowie Marchart: Politische Differenz, S. 303ff.; Süss: Kollektive Handlungsfähigkeit, S. 141ff.

339   ›Hegemonie‹ vermittele zwischen den beiden anderen Begriffen; vgl. Süss: Kollektive Handlungsfähigkeit, S. 141.

340   Laclau: Identität und Hegemonie, S. 57; vgl. Hetzel: Demokratie ohne Grund, S. 190.

Das Proletariat beginnt erst durch die hereinbrechende *industrielle* Bewegung für Deutschland zu werden, denn nicht die *naturwüchsig entstandne*, sondern die *künstlich produzierte* Armut, nicht die mechanisch durch die Schwere der Gesellschaft niedergedrückte, sondern die aus ihrer *akuten Auflösung*, vorzugsweise aus der Auflösung des Mittelstandes, hervorgehende Menschenmasse bildet das Proletariat [...]. Wenn das Proletariat die *Auflösung der bisherigen Weltordnung* verkündet, so spricht es nur das *Geheimnis seines eignen Daseins* aus, denn es ist die *faktische* Auflösung dieser Weltordnung. Wenn das Proletariat die *Negation des Privateigentums* verlangt, so erhebt es nur zum *Prinzip der Gesellschaft*, was die Gesellschaft zu *seinem* Prinzip erhoben hat, was in *ihm* als negatives Resultat der Gesellschaft schon ohne sein Zutun verkörpert ist. [...] Wie die Philosophie im Proletariat ihre *materiellen*, so findet das Proletariat in der Philosophie seine *geistigen* Waffen, und sobald der Blitz des Gedankens gründlich in diesen naiven Volksboden eingeschlagen ist, wird sich die Emanzipation der *Deutschen zu Menschen* vollziehn.[341]

In dieser Passage finde sich erstens eine deterministische Annahme: Die kapitalistische Entwicklung bringe das Proletariat hervor, das für das Ganze der Gemeinschaft stehe. Auf diese Weise, so Laclau, mache es die Trennung zwischen Zivilgesellschaft und Staat obsolet, was das Absterben des Staates zur Folge habe.[342] Dies bedinge zweitens, dass »Macht überflüssig wird, insofern sich im tatsächlichen Dasein der Zivilgesellschaft Universalität an und für sich realisiert«.[343] Drittens führe die Emanzipation nach Ansicht Marx' mittels der ›akuten Auflösung der Gesellschaft‹, wie er formuliert, »zu einer unvermittelten Fülle, zur Wiedererlangung einer Essenz, die nichts außerhalb ihrer selbst braucht, um das zu sein, was sie ist«.[344]

Um ein solches »evolutionistisches Szenario«[345] zu überwinden, lasse sich bei Marx selbst anknüpfen, verdeutlicht Laclau in seinen Erläuterungen zu einem zweiten Marx-Zitat:

Worauf beruht eine teilweise, eine nur politische Revolution? Darauf, daß ein Teil *der bürgerlichen Gesellschaft* sich emanzipiert und zur *allgemeinen* Herrschaft gelangt, darauf, daß eine bestimmte Klasse von ihrer *besondern Situation* aus die allgemeine Emanzipation der Gesellschaft unternimmt. [...] Damit die *Revolution eines Volkes* und die *Emanzipation einer besondern Klasse* der bürgerlichen Gesellschaft zusammenfallen, damit *ein* Stand für den Stand der ganzen Gesellschaft gelte, dazu müssen umgekehrt alle Mängel der Gesellschaft in einer andern Klasse konzentriert, [...] dazu muß eine besondre soziale Sphäre für das *notorische Verbrechen* der ganzen Sozietät gelten, so daß die Befreiung von dieser Sphäre als die allgemeine Selbstbefreiung erscheint. Da-

---

341 Karl Marx: Zur Kritik der Hegelschen Rechtsphilosophie. Einleitung [1844]. In: ders./Engels, Friedrich: Werke. Bd. 1 (Hg. Institut für Marxismus-Leninismus beim ZK der SED). Berlin 1956, S. 378-391, 390f., Hv. i. Orig.

342 Vgl. Laclau: Identität und Hegemonie, S. 58f.; mit Nancy: Es kommt zum Zustand eines ›Alles ist politisch‹.

343 Ebd., S. 59.

344 Ebd.; vgl. ebd., S. 58.

345 Hetzel: Demokratie ohne Grund, S. 190.

mit *ein* Stand *par excellence* der Stand der Befreiung, dazu muß umgekehrt ein andrer Stand der offenbare Stand der Unterjochung sein.[346]

Verglichen mit dem vorherigen Zitat ist hier alles anders. Zur politischen Emanzipation der Gesellschaft ist nicht mehr ihre Auflösung und also die Auflösung jeglicher Partikularität geboten.[347] Nun sei »die Partikularität die Entstehungsbedingung aller Universalisierungseffekte«[348], denn nur ein ›Teil der bürgerlichen Gesellschaft‹ emanzipiere sich und erlange die ›allgemeine Herrschaft‹. Die Universalität, die eine ›bestimmte Klasse‹ zu repräsentieren beanspruche, sei nicht länger – geschichtsphilosophisch abgesichert – unvermittelt von selbst gegeben, sondern müsse demonstriert werden.[349] Ein entscheidender, damit zusammenhängender dritter Punkt liegt im Fortbestehen antagonistischer Machtverhältnisse: Das Recht eines Teils der bürgerlichen Gesellschaft, die gesamtgesellschaftliche Emanzipation zu betreiben, setze die Existenz eines unterjochenden Standes voraus, in dem sich ›das notorische Verbrechen der ganzen Sozietät‹ konzentriere. Somit hänge »jeder potentielle Universalisierungseffekt von der antagonistischen Ausschließung eines unterdrückenden Bereichs ab – was bedeutet, dass Macht und politische Vermittlung jeder universalen, emanzipatorischen Identität inhärent sind«.[350] Marx' Traum von der Emanzipation als einer »vollständige[n], unvermittelte[n] Versöhnung«[351] der Gesellschaft mit sich selbst ist ausgeträumt. Die Emanzipation hänge vom Zusammenspiel der gesellschaftlichen Partikularitäten ab: Die Existenz eines unterjochenden, verbrecherischen Regimes sei die Bedingung dafür, dass sich die partikularen Interessen eines anderen (unterjochten) Standes zu universalen Interessen der gesamten Gesellschaft wandeln können.[352] Zusammengefasst liegen für Laclau die Unterschiede zwischen Marx' beiden Auffassungen von der Emanzipation des Menschen im Folgenden:

> In der ersten Passage bedeutet Universalität die *direkte* Versöhnung der Gesellschaft mit ihrem eigenen Wesen – das Universale wird hier ohne irgendeine Vermittlung ausgedrückt. Im zweiten Fall wird universale Emanzipation nur vermittels ihrer vorübergehenden Identifikation mit den Zielen eines partikularen sozialen Sektors erreicht – das bedeutet, dass es sich um eine *kontingente* Universalität handelt, für die politische Vermittlung und Repräsentationsverhältnisse konstitutiv sind.[353]

Das Verdienst Gramscis sei es gewesen, diese zweite Auffassung zu einer allgemeinen Theorie moderner Politik weiterentwickelt zu haben, in deren Kern die Kategorie der Hegemonie stehe.[354] Wie Laclau und Mouffe in *Hegemonie und radikale Demokratie* nachzeichnen, entstand der Hegemoniebegriff als Reaktion auf ein Stolpern des vorausgese-

---

346 Marx: Kritik der Hegelschen Rechtsphilosophie (Einleitung), S. 388, Hv. i. Orig.
347 Vgl. Laclau: Identität und Hegemonie, S. 58.
348 Ebd.
349 Vgl. ebd., S. 59.
350 Ebd.
351 Ebd.
352 Vgl. ebd.
353 Ebd., S. 65f., Hv. i. Orig.
354 Vgl. ebd., S. 66.

henen Laufs der Geschichte.[355] Er bilde eine »zunehmende Verschiebung von Notwendigkeit zu Kontingenz aufgrund einer wachsenden Komplexität der Wirklichkeit«[356] ab, resümiert Sablowski. Seine Entwicklung, heißt es bei Laclau und Mouffe, sei von einer voranschreitenden »Zerklüftung der Kategorie der ›historischen Notwendigkeit‹« sowie der dementsprechenden Ausweitung einer »›Logik des Kontingenten‹«[357] begleitet gewesen. Die für Gramscis Hegemonieverständnis prägende historische Bedingung sieht Laclau darin, dass der Kapitalismus, anders als von Marx gedacht, keine gesellschaftliche Homogenisierung herbeigeführt habe; man sei stattdessen konfrontiert gewesen mit »einer immer größeren sozialen und institutionellen Komplexität«.[358] Die Idee einer prädestinierten Klasse, die die gesamte Gesellschaft repräsentiere, ließ sich nicht mehr aufrechterhalten: Es sei klar geworden, »dass jede ›universale Klasse‹ der Effekt einer aufwendigen politischen Konstruktion sein würde und nicht der Effekt der automatischen und notwendigen Bewegungen einer Basis«.[359]

Dieser Umstand wirkt sich auf die Methode der Untersuchung der Hegemonie aus. Man könne nicht die Einbindung »*konkreter* Akteure [...] in die hegemonialen Operationen«[360] erforschen, denn die Namen, die man diesen Akteur*innen gäbe (z.B. ›Proletariat‹), bezeichneten stets nur »vorübergehende Stabilisierungspunkte«.[361] Man müsse »zu einer *formalen* Analyse der Logik dieser Operationen fortschreiten«.[362] In diesem Sinne macht Laclau im Anschluss an Gramsci (und mit Bezug auf das zweite Marx-Zitat) vier Dimensionen der Hegemonie aus.[363]

1. »*Die Ungleichverteilung der Macht ist für sie* [die hegemoniale Beziehung, S. H.] *konstitutiv*«.[364] Wie können die Partikularinteressen einer gesellschaftlichen Gruppe mit den emanzipatorischen Interessen der Gesamtgesellschaft identifiziert werden? Für Laclau setzt dies voraus, dass die Macht nicht gleich verteilt ist.[365] Allein »ein *partikularer* Sektor«[366] der Gesellschaft könne den Stand stürzen, der die ›allgemeine Selbstbefreiung‹ (so Marx' Worte) verhindere. Dies impliziere »eine Spaltung zwischen dem Partikularismus der Inhalte und der formalen Universalisierung, die von dessen Ausstrahlung auf das Gesellschaftsganze herrührt«.[367] Diese Spaltung war einst im Proletariat aufgehoben, in dem sich inhaltliche und formale Universalität kreuzten.[368]

---

355 Vgl. Böttger: Postliberalismus, S. 175. Siehe zur Genealogie des Hegemonie-Begriffs ausführlich Laclau/Mouffe: Hegemonie und radikale Demokratie, S. 37ff., sowie Rüdiger: Dekonstruktion und Demokratisierung, S. 149ff., und Böttger: Postliberalismus, S. 177ff.

356 Sablowski: Vom Sozialismus zur radikalen Demokratie, S. 13.

357 Laclau/Mouffe: Hegemonie und radikale Demokratie, S. 38.

358 Laclau: Identität und Hegemonie, S. 66; vgl. ebd.

359 Ebd.

360 Ebd., S. 68, Hv. i. Orig.

361 Ebd., S. 69.

362 Ebd., S. 68, Hv. i. Orig.; siehe auch Nonhoff: Mouffe und Laclau, S. 42.

363 Vgl. zum Folgenden Laclau: Identität und Hegemonie, S. 69ff., sowie Hetzel: Demokratie ohne Grund, S. 193f.

364 Laclau: Identität und Hegemonie, S. 69f., Hv. i. Orig.

365 Vgl. ebd., S. 69.

366 Ebd., Hv. i. Orig.

367 Ebd.

368 Vgl. ebd.

Laclau setzt sich mit dieser Überlegung von Hobbes ab: Der Vertrag, mit dem die einander feindlichen Individuen, um Gesellschaft zu ermöglichen, ihre an sie gleichmäßig verteilte Macht ganz und gar an den Leviathan abtreten, sei »ein wesentlich nichtpolitischer Akt, insofern er die Interaktion zwischen antagonistischen Willen vollständig ausschließt«.[369] Zudem verfange sich Hobbes im Widerspruch totaler Macht: »Eine Macht, die total ist, ist überhaupt keine Macht.«[370] Mächtig sei die Macht nur, wenn ihr eine andere Macht opponiere.[371] Die Voraussetzung der gesellschaftlichen Ordnung ist damit nach Ansicht Laclaus nicht die totale Machtfülle eines (absoluten) Souveräns, sondern eine ungleiche Verteilung der Macht; nur wenn die Macht ungleich verteilt sei, könne eine Partikularität eine gesellschaftliche Vormachtstellung anstreben.[372]

2. Hegemonie existiere nur, »*wenn die Dichotomie Universalität/Partikularität überwunden wird*«.[373] Sollen die partikulare Emanzipation einer gesellschaftlichen Klasse und die Revolution der Gesamtgesellschaft zusammenfallen, so muss, mit Marx gesprochen, ›eine besondere soziale Sphäre für das notorische Verbrechen der ganzen Sozietät gelten, so daß die Befreiung von dieser Sphäre als die allgemeine Selbstbefreiung erscheint‹. Laclau reformuliert diese Bedingung in den Kategorien von Partikularität und Universalität. Als Ausgangspunkt konstatiert er die (ontische) Partikularität jedes Herrschaftssystems, das einen universalen Status (›Verbrechen der ganzen Sozietät‹) dadurch erlange, dass seine Partikularität symbolisiert werde als »Hindernis, das die Gesellschaft davon abhält, mit sich selbst übereinzustimmen und ihre Fülle zu erlangen«.[374] Universalisierungseffekte finden sich auch auf Seiten der vom Herrschaftssystem Unterdrückten: Die Gesellschaft setze sich aus einer Vielzahl unterschiedlicher Gruppen, Interessen und Forderungen zusammen, die, da einem gesellschaftsweiten Verbrechen ein universales Opfer entsprechen müsse, zu vereinen seien. »Wenn es also das Subjekt einer bestimmten globalen Emanzipation geben soll, das vom allgemeinen Verbrechen antagonisierte Subjekt, dann kann dieses nur durch die *Äquivalenz* der Pluralität der Forderungen *politisch konstruiert* werden.«[375]

›Äquivalenz‹ oder vielmehr der Begriff der »Äquivalenzkette«[376] ist in der Theorie Laclaus und Mouffes »[d]as zentrale Verknüpfungsprinzip«.[377] In *Exodus und Stellungskrieg* unterstreicht Mouffe, »dass Fragen von Artikulation und Organisation für radikale Politik zentral sind«, und dass man »dem Problem, wie man sich über Differenzen hinweg organisieren solle«[378], nicht aus dem Weg gehen dürfe. Grundlegend ist, dass die Verknüpfung nicht durch einen irgendwie »positiven Inhalt«[379] gestiftet wird, sondern

---

369   Ebd., S. 70; vgl. ebd.
370   Ebd.; siehe auch Laclau: Leere Signifikanten und Politik, S. 77.
371   Vgl. Hetzel: Demokratie ohne Grund, S. 193.
372   Vgl. Laclau: Identität und Hegemonie, S. 70.
373   Ebd., S. 71, Hv. i. Orig.
374   Ebd., S. 70f.; vgl. ebd., S. 70.
375   Ebd., S. 71, Hv. i. Orig.; vgl. ebd.
376   Siehe etwa Mouffe: Agonistik, S. 118.
377   Süss: Kollektive Handlungsfähigkeit, S. 137.
378   Mouffe: Exodus und Stellungskrieg, S. 38.
379   Hetzel: Demokratie ohne Grund, S. 207.

etwa durch die gleiche Betroffenheit von einem ›notorischen Verbrechen‹, wie es bei Marx hieß, mithin durch eine »negative Gemeinsamkeit«.[380]

Was auf dem Spiel steht, ist die Erschaffung eines »kollektiven Willens« durch Verbindung einer Vielfalt demokratischer Kämpfe unterschiedlichster Provenienz (ökonomischer, politischer, sozialer und kultureller), die oft im Konflikt miteinander liegen und nicht automatisch konvergieren, zu einer Äquivalenzkette. Ihre Konvergenz kann nur das Ergebnis politischer Artikulation sein. Das Ziel radikaler Politik besteht darin, eine kollektive politische Identität durch das Prinzip demokratischer Äquivalenz zu artikulieren.[381]

Man habe dabei die gegnerische Partei, die es als negativen Konvergenzpunkt einzelner Willen zu definieren gelte, »im Sinne von Knotenpunkten der Macht«[382] zu verstehen, gegen die ein »›Stellungskrieg‹ [...] an einer Vielzahl von Orten geführt werden muss«.[383]

Das schon in *Hegemonie und radikale Demokratie* erwähnte »›Prinzip der ›demokratischen Äquivalenz‹« dient zur näheren Bestimmung »einer realen Äquivalenz«.[384] Ihr Entstehen setze voraus, dass der »Besitzindividualismus als Produktionsmatrix der Identität unterschiedlicher Gruppen«[385] überwunden werde, wie Laclau und Mouffe etwas umständlich formulieren. Demnach reiche es nicht, forderten verschiedene Gruppen – auf Grundlage des Gleichheitsprinzips – gemeinsam bestimmte Rechte ein, denn diese Forderungen müssten nicht dasselbe bedeuten, könnten einander sogar widerstreiten.[386] Von ›Äquivalenz‹ könne erst die Rede sein, wenn es nicht mehr nur um die »Allianz‹ zwischen gegebenen Interessen« gehe, sondern um die »Konstruktion eines neuen ›common sense‹, der die Identität der verschiedenen Gruppen so verändert, daß die Forderungen jeder einzelnen Gruppe mit jenen der anderen äquivalent artikuliert werden«.[387] ›Demokratisch‹ sei diese Äquivalenz, da sie die einzelnen Forderungen

---

380 Süss: Kollektive Handlungsfähigkeit, S. 138; vgl. ebd. ›Das ›identische Etwas‹, das von allen Gliedern einer Äquivalenzkette geteilt wird – das die Äquivalenz möglich macht –, kann nichts Positives sein [...], sondern entsteht aus den vereinheitlichenden Effekten, die eine externe Bedrohung in einem ansonsten perfekt heterogenen Set von Differenzen (Partikularitäten) produziert.« (Laclau: Subjekt der Politik, Politik des Subjekts, S. 91f.) Siehe zu diesem ›Mechanismus‹ (im Anschluss an Rosa Luxemburg) auch Laclau: Leere Signifikanten und Politik, S. 70f., sowie detaillierter Laclau/ Mouffe: Hegemonie und radikale Demokratie, S. 38ff.

381 Mouffe: Exodus und Stellungskrieg, S. 38.

382 Ebd.

383 Ebd., S. 39. Siehe zu dem von Gramsci übernommenen Ausdruck ›Stellungskrieg‹ Laclau/Mouffe: Hegemonie und radikale Demokratie, S. 105f.; 178f.; Marchart: Prekarisierungsgesellschaft, S. 88f., sowie zu den damit verknüpften räumlichen Aspekten kollektiver Handlungsfähigkeit auch Süss: Kollektive Handlungsfähigkeit, S. 147ff.

384 Laclau/Mouffe: Hegemonie und radikale Demokratie, S. 227.

385 Ebd.

386 Vgl. ebd.

387 Ebd. Laclau: Identität und Hegemonie, S. 71, spricht davon, dass die »Partikularitäten gespalten sind: Durch ihre Äquivalenz bleiben sie nicht [...], was sie sind, sondern konstituieren einen Bereich von Universalisierungseffekten – nicht gerade Rousseaus Gemeinwillen, aber eine pragmatische und kontingente Spielart davon«. Siehe auch Laclau: Populist reason, S. 70, wo es heißt, der Körper

so modifiziere, dass sie nicht, nur auf den individuellen Vorteil (der eigenen Gruppe) bedacht, zu Lasten anderer Forderungen durchgesetzt würden.[388] Soll die Äquivalenz ihren demokratischen Charakter bewahren, könne sie zudem nie total sein, nie auf eine absolute Gleichheit hinauslaufen. Sie müsse von einer »Logik der Autonomie ergänzt/begrenzt« werden, die »der Ungleichheit des Gesellschaftlichen«, das heißt dem »irreduzible[n] Moment der Pluralität von Räumen« Rechnung trage, das wiederum der Ausgangspunkt sei für die liberale »Forderung nach Freiheit«.[389]

Diesen Gedanken führt Laclau mit seinem Wink auf die für eine Hegemonie notwendige Verschränkung von Partikularität und Universalität fort. Marchart erläutert, dass Laclau (politische) Strategien verwirft, die auf einen absoluten Partikularismus oder Universalismus setzen: Ersterer sei unfähig, breite Bündnisse zu schließen, was zu »Selbst-Apartheid«[390] führe; letzterer übersteige jegliche Partikularität.[391] Gegen diese Ausschließlichkeit behauptet Laclau, Universalismus und Partikularismus bedingten einander und subvertierten sich gegenseitig.[392] Eine Partikularität, soll sie (politisch wirksame) hegemoniale Kraft erlangen, muss ihre Forderungen universalisieren.[393] »[W]e need a *plebs* who claims to be the only legitimate *populus* – that is, a partiality which wants to function as the totality of the community«.[394] Laclaus Beispiel ist das der polnischen *Solidarność*, die bald nach ihrer Gründung nicht mehr allein die Forderungen der Danziger Arbeiter*innen vertreten, sondern den breiten Widerstand

---

der Partikularität trenne sich auf: »[I]ts body is split between the particularity which it still is and the more universal signification of which it is the bearer«.

388   Vgl. Laclau/Mouffe: Hegemonie und radikale Demokratie, S. 228, und siehe auch Chantal Mouffe: Radical Democracy: Modern or Postmodern? In: dies.: The Return of the Political. London, New York 2005, S. 9-22, 18f.

389   Laclau/Mouffe: Hegemonie und radikale Demokratie, S. 228; vgl. ebd.

390   Laclau: Universalismus, Partikularismus, S. 60.

391   Vgl. Marchart: Gesellschaft ohne Grund, S. 10; siehe auch Süss: Kollektive Handlungsfähigkeit, S. 142, und Hetzel: Demokratie ohne Grund, S. 199f. Einen »reinen Partikularismus« anzunehmen, so Laclau: Universalismus, Partikularismus, S. 53, sei auch deshalb »eine selbstzerstörerische Unternehmung«, weil sie dazu zwinge, etwa auch die Rechte reaktionärer Gruppen zu akzeptieren.

392   Vgl. Laclau: Identität und Hegemonie, S. 71f.; siehe auch Marchart: Gesellschaft ohne Grund, S. 10ff., sowie mit Blick auf das strukturell ähnlich gelagerte Zusammenspiel von Äquivalenz und Differenz Rüdiger: Dekonstruktion und Demokratisierung, S. 192f. Zur Genealogie des Verhältnisses von Universalität und Partikularität siehe Laclau: Universalismus, Partikularismus, S. 47ff., sowie Hetzel: Demokratie ohne Grund, S. 198f.

393   Vgl. Laclau: Identität und Hegemonie, S. 71; Laclau in Laclau/Mouffe: Hegemonie, Macht, Rechtspopulismus, S. 14; Hetzel: Demokratie ohne Grund, S. 193; 199; Marchart: Politische Differenz, S. 303, und Böttger: Postliberalismus, S. 213f.

394   Laclau: Populist reason, S. 81, Hv. i. Orig. Diese Beschreibung des Verhältnisses von Partikularität und Universalität weist, so merkt Laclau ebd., S. 93f., an, eine Nähe zu Rancière auf, der schreibt: »Der *Demos* teilt sich als eigenen Anteil die Gleichheit zu, die allen Bürgern gehört. Und gleichzeitig identifiziert dieser Teil, der keiner ist, sein uneignes Eigentum mit dem ausschließlichen Prinzip der Gemeinschaft und setzt seinen Namen – den Namen der unterschiedslosen Masse der Männer ohne Eigenschaften – mit dem Namen der Gemeinschaft selbst gleich.« (Rancière: Unvernehmen, S. 21, Hv. i. Orig.) Zur Kritik Laclaus an Rancière siehe Laclau: Populist reason, S. 244ff.

gegen ein Unterdrückungsregime symbolisiert habe.[395] Die Universalisierungsbemü-
hung einer Partikularität ist so größenwahnsinnig wie die ›Simulation‹ Gottes, durch
die das Subjekt auf den Plan tritt. Hier wie dort geht es um eine Verkörperung: »Ein
bestimmter Körper will seine partikularen Merkmale als Ausdruck von etwas präsentieren, das seine eigene Partikularität übersteigt«.[396] Diese Inkarnation der Universalität durch eine Partikularität ist erforderlich, da man es sonst, mit einer Formulierung
Nancys gesagt, zu tun hätte mit einer politisch impotenten »Zerbröckelung [émiette-
ment]«.[397]

Die Universalität wiederum ist auf eine sie verkörpernde Partikularität angewiesen[398], denn da die Gesellschaft nie »mit sich selbst übereinzustimmen und ihre Fülle
zu erlangen«[399] vermag, ist die gesellschaftliche Universalität »ein leerer Ort, eine Leerstelle, die nur vom Partikularen gefüllt werden kann«.[400] Auf Universalität könne nicht verzichtet werden, und doch sei sie unmöglich, so Laclau:

> Fülle der Gesellschaft und ihr Korrelat, totales »Verbrechen«, sind notwendige Objek-
> te, wenn das »Zusammenfallen« von partikularen und universalen Zielen überhaupt
> stattfinden soll. Wenn der Durchgang durch die Partikularität notwendig ist, dann
> deshalb, weil Universalität nicht auf direktem Weg repräsentiert werden kann – es
> gibt keinen Begriff, der dem Objekt entspricht. Das bedeutet, dass das Objekt trotz
> seiner Notwendigkeit zugleich unmöglich ist.[401]

Das Partikulare repräsentiert »ein unmögliches Objekt«[402]: Stets bleibt die Universalität heimgesucht von der Partikularität, ist sie »eine entstellte Repräsentation«.[403] Auch
das Partikulare aber ist »konstitutiv inadäquat«[404], da es die Universalität verkörpern
(simulieren), nie aber sein kann.[405]

---

395   Vgl. Laclau: Populist reason, S. 81; Marchart: Politische Differenz, S. 303; Marchart: Das unmögli-
       che Objekt, S. 325. Für ein weiteres Beispiel siehe Laclau: Subjekt der Politik, Politik des Subjekts,
       S. 88ff.

396   Laclau: Die Zeit ist aus den Fugen, S. 110.

397   Nancy: Herausgeforderte Gemeinschaft, S. 21 (CA 30); vgl. Marchart: Gesellschaft ohne Grund,
       S. 13f.; Marchart: Politische Differenz, S. 303, und siehe auch Süss: Kollektive Handlungsfähigkeit,
       S. 142f.

398   Vgl. Laclau: Identität und Hegemonie, S. 71; Hetzel: Demokratie ohne Grund, S. 192; 193.

399   Vgl. Laclau: Identität und Hegemonie, S. 70f.

400   Ebd., S. 75, Hv. i. Orig.; vgl. Marchart: Gesellschaft ohne Grund, S. 12f.; Marchart: Politische Dif-
       ferenz, S. 303, und siehe Laclau: Subjekt der Politik, Politik des Subjekts, S. 91: Die Dimension der
       Universalität sei »nur ein leerer Platz, der eine Reihe äquivalenter Forderungen vereinheitlicht. [...]
       Was den Inhalt betrifft, so besitzt er keinen eigenen, sondern nur das, was ihm durch eine vor-
       übergehende Artikulation äquivalenter Forderungen gegeben ist.« Mit anderen Worten: Laclau
       »ersetzt die abstrakte Rede von der Universalität durch konkrete Universalisierungseffekte«, so
       Hetzel: Demokratie ohne Grund, S. 198, Hv. i. Orig.; siehe auch ebd., S. 202.

401   Laclau: Identität und Hegemonie, S. 72, Hv. i. Orig.; siehe auch Marchart: Das unmögliche Objekt,
       S. 319ff.

402   Laclau: Subjekt der Politik, Politik des Subjekts, S. 89.

403   Laclau: Identität und Hegemonie, S. 72.

404   Ebd., Hv. i. Orig.

405   Vgl. Marchart: Politische Differenz, S. 303. Für Marchart sind »das Singuläre und das Absolute [...]
       unerreichbare ontologische Grenzfälle ontischer Politik«, die »den Punkt [markieren], an dem Po-

Dies führt zur dritten Dimension der Hegemonie und zum Begriff des ›leeren Signifikanten‹. Er soll erklären, wie eine unmögliche Totalität (partiell) ermöglicht werden kann.[406]

3. Eine hegemoniale Beziehung *»erfordert die Produktion von tendenziell leeren Signifikanten«.*[407] Die Repräsentation des zugleich notwendigen wie unmöglichen Universalen durch eine Partikularität erfolgt mithilfe des ›leeren Signifikanten‹: Er hat »die Aufgabe, eine diskursive Differenz so weit zu entleeren, daß sie behelfsmäßig die Identität des Diskurses ausdrückt«.[408] Der ›leere Signifikant‹ transformiert die Differenzen zwischen den Partikularitäten zu einer – nie ganz erreichbaren – Äquivalenz, wobei gilt: Je mehr differente Forderungen er symbolisiert, desto leerer und demokratischer wird der Signifikant.[409] Und umgekehrt: Je leerer, also inhaltlich unspezifischer der Signifikant ist, desto besser gelingt ihm die Vereinheitlichung verschiedener Forderungen.[410]

Ohne ›leeren Signifikanten‹ keine hegemoniale Beziehung: »Damit es Hegemonie gibt, ist es nötig, dass die partiellen Ziele einer Gruppe als Name für eine Universalität fungieren, die jene transzendiert – das ist die für die hegemoniale Verbindung konstitutive Synekdoche.«[411] Um die Funktionsweise des ›leeren Signifikanten‹ zu illustrieren, bringt Laclau das Beispiel einer sich dem hobbesschen Naturzustand annähernden »radikalen Desorganisation des sozialen Gefüges«.[412] In dem Quasi-Naturzustand einer extremen Unordnung werde »›Ordnung‹ zum Namen einer abwesenden Fülle«, die »konstitutiv unerreichbar« sei und als solche ohne »eigenen Inhalt«.[413] ›Ordnung‹ verweist auf das Fehlen von Ordnung, sie ist »als das anwesend, was abwesend ist. Als Signifikant dieser Abwesenheit wird sie zum leeren Signifikanten.«[414] In dem Zustand totaler Unordnung ist es egal, was der Leviathan tut – solange er Ordnung herstellt.[415]

---

litik verschwindet. [...] Damit von Politik die Rede sein kann, muss ein partikulares Projekt eine Tendenz zum *Majoritär-Werden* aufweisen, auch wenn es nie den ontologischen Status vollkommener Universalität (i.e. das *Absolute*) [...] erreichen kann. [...] Ein Akteur, der das Gegenteil anstrebt, also ein partikularistisches Projekt der Selbstminorisierung [...], würde die Universalisierungsbewegung zum Stillstand bringen und auf Politik verzichten.« (Ebd., S. 304f., Hv. i. Orig.)

406 Vgl. Laclau: Identität und Hegemonie, S. 73; Marchart: Das unmögliche Objekt, S. 321.

407 Laclau: Identität und Hegemonie, S. 73, Hv. i. Orig.

408 Stäheli: Politische Theorie der Hegemonie, S. 201.

409 Vgl. Laclau: Identität und Hegemonie, S. 72f.; siehe auch Böttger: Postliberalismus, S. 194.

410 Vgl. Marchart: Minimale Souveränität, S. 102; Marchart: Das unmögliche Objekt, S. 325; Stäheli: Politische Theorie der Hegemonie, S. 201, und siehe auch Torfing: Theories of discourse, S. 248: »The imprecision of the key signifiers of political language helps them to function as a surface of inscription for any kind of social demand.« Allerdings kann der ›leere Signifikant‹ nie ganz und gar leer sein: »Er verkäme dann zu einer sinnlosen Kritzelei auf dem Papier oder zu bloßem Rauschen.« (Marchart: Das unmögliche Objekt, S. 322).

411 Laclau: Identität und Hegemonie, S. 73f. Laclau: Populist reason, S. 72, betont, die Synekdoche, d.h. die Repräsentation des Ganzen durch ein Teil, sei kein rhetorisches Mittel, sondern habe eine »ontological function«.

412 Laclau: Leere Signifikanten und Politik, S. 76.

413 Laclau: Die Zeit ist aus den Fugen, S. 110f.

414 Laclau: Leere Signifikanten und Politik, S. 76.

415 Vgl. ebd., S. 77; Laclau: Reflections on the revolution, S. 70f.; Laclau: Subjekt der Politik, Politik des Subjekts, S. 98; Laclau: Populist reason, S. 88; 96f.

Was ›Ordnung‹ ist, bleibt unbestimmt, weshalb unterschiedliche partikulare Kräfte ihre Ziele als (ordnungsschaffende) universale Ziele ausgeben können; als Ziele, »die das Füllen des Mangels realisieren können. Hegemonisieren bedeutet genau, diese Füllfunktion zu übernehmen.«[416] Es gibt demzufolge keinerlei Notwendigkeit, die Leere des Signifikanten auf eine bestimmte Weise zu füllen: Wodurch der Mangel behoben werden soll, ist Gegenstand antagonistischer Auseinandersetzungen.[417]

4. »*Das Terrain, in dem sie* [die Hegemonie, S. H.] *sich ausbreitet, ist das der Verallgemeinerung der Repräsentationsverhältnisse als Bedingung für die Konstitution einer sozialen Ordnung.*«[418] Die Notwendigkeit der Repräsentation, das heißt: einer »Präsenz leerer Signifikanten«, wie Laclau sie für »ein *hegemoniales Verhältnis*«[419] skizziert, gilt allgemein. Nie fällt das Repräsentierende mit dem Repräsentierten zusammen, nie sei »das repräsentative Moment absolut transparent [...] gegenüber dem, was es repräsentiert«.[420] Dies gelte zum einen für die »soziale Realität«[421], deren von einer Partikularität repräsentierte oder verkörperte Fülle nie eine substantielle Fülle sei.[422] Deshalb opponierten die hegemoniale Logik und das Spiel von Partikularität und Universalität jeder »Vorstellung einer absolut emanzipierten und transparenten Gesellschaft«.[423] Zugleich ermöglicht dieses im Begriff des ›leeren Signifikanten‹ ausgedrückte Zusammenspiel Gesellschaft:

> Wie kann es, wenn Gesellschaft als Totalität unmöglich ist, überhaupt zu Gesellschaftseffekten kommen? Es kann dazu kommen, weil ein partikulares Element des Sozialen die Aufgabe übernimmt, die Totalität des Sozialen zu verkörpern und so das verstreute Feld der Differenzen zumindest teilweise zu vereinheitlichen.[424]

Zum anderen konstituiert das Repräsentationsverhältnis auch das Subjekt, das nach Ansicht Laclaus das Bestreben ist, mithilfe einer Identifikation (s)einen Mangel an Identität zu füllen, der das Resultat seiner nie vollständigen strukturellen Determination ist.[425]

Repräsentation, so Laclau, sei – anders als etwa Castoriadis meint – nicht notwendigerweise entmündigend und autonomieverhindernd, sondern könne im Gegenteil eine Chance sein, »den marginalisierten Massen eine *Sprache* zur Verfügung zu stellen, die es ihnen wieder möglich macht, eine politische Identität und einen politischen

---

416 Laclau: Leere Signifikanten und Politik, S. 76; vgl. ebd., sowie auch Laclau: Die Zeit ist aus den Fugen, S. 111.

417 Vgl. Nonhoff: Mouffe und Laclau, S. 40f.

418 Laclau: Identität und Hegemonie, S. 74, Hv. i. Orig.

419 Laclau: Leere Signifikanten und Politik, S. 74, Hv. i. Orig.

420 Laclau: Identität und Hegemonie, S. 73.

421 Ebd., S. 74.

422 »Die Fülle der Gesellschaft ist ein unmögliches Objekt, das aufeinanderfolgende, kontingente Inhalte [...] zu verkörpern versuchen. Genau das bedeutet Hegemonie.« (Ebd., S. 102)

423 Ebd., S. 74.

424 Marchart: Das unmögliche Objekt, S. 325.

425 Vgl. Laclau: Identität und Hegemonie, S. 74. Siehe auch Laclau: Reflections on the revolution, S. 36: »The same possibility-impossibility dialectic constituting the social ›totality‹ also constitutes the identity of social actors.«

Willen neuzugründen«.[426] Die Repräsentierenden spielten »eine aktive Rolle bei der Formierung von kollektiven Willensmomenten«, seien also zum Zwecke »einer demokratischen Partizipation und Mobilisierung«[427] unabdingbar.

3.4   Die Frage der Demokratie[428]

Spätestens durch das Kolloquium *Les fins de l'homme* und durch die Arbeit des *Centre de recherches philosophiques sur le politique* wurde die Frage nach der Beziehung von Politik und Dekonstruktion virulent.[429] Wie die Intervention Leforts auf einer der *Centre*-Sitzungen und die Reaktion Nancys und Lacoue-Labarthes gezeigt haben, stand hierbei das Verhältnis von Demokratie und Dekonstruktion im Vordergrund.[430] Auch mit Blick auf die Theorie(n) Laclaus und Mouffes ist zu klären: Folgt aus der Nicht-Totalität des Sozialen eine bestimmte Politik? Vorderhand kann darüber schon nach der Lektüre des Vorwortes zur deutschen Übersetzung von *Hegemony and Socialist Strategy* kein Zweifel bestehen: Ihr Text, so Laclau und Mouffe, entwerfe das »Projekt einer radikalen und pluralen Demokratie«.[431] Für beide steht »die Wichtigkeit der Demokratie«[432] außer Frage. Aber die Unabgeschlossenheit des Sozialen führt nicht zwangsläufig zur Demokratie; vielmehr gilt: Inmitten von Unentscheidbarkeit haben sich Laclau und Mouffe für die Demokratie entschieden.[433] Auf der Grundlage ihrer Theorie bliebe eine andere Entscheidung denkbar.[434]

Laclau verdeutlicht dies in seinem Text ›*Die Zeit ist aus den Fugen*‹, einer Auseinandersetzung mit Derridas Ausführungen zu *Marx' Gespenster* (1993).[435] Einverstanden ist er mit der »allgemeine[n] Bewegung der theoretisch-politischen Intervention Derridas«,

---

426   Laclau: Dekonstruktion, Pragmatismus, Hegemonie, S. 116, Hv. i. Orig.

427   Ebd.

428   Die Überschrift spielt auf Claude Leforts Aufsatz *Die Frage der Demokratie* an.

429   Vgl. Fraser: Französische Derridarianer, S. 107ff.

430   Siehe hierzu die bereits zitierte Arbeit von Anja Rüdiger mit dem Titel »Dekonstruktion und Demokratisierung«, deren Einleitung die Diskussionslinien nachzeichnet.

431   Laclau/Mouffe: Hegemonie und radikale Demokratie, S. 23. In diesem Sinne hält Rüdiger: Dekonstruktion und Demokratisierung, S. 141f., fest: »Laclau und Mouffe verstehen ihren Postmarxismus […] als ein aus der marxistischen Tradition heraus entwickeltes Projekt zur neuen theoretischen Fundierung der politischen Konzeption einer radikalen Demokratisierung der Gesellschaft.«

432   Laclau/Mouffe: Hegemonie und radikale Demokratie, S. 23.

433   Laclaus und Mouffes Hinweise zur Genealogie der Demokratie, denen wir gleich nachgehen werden, sind in diesem Sinne »als kontingente Konstrukte im Interesse einer spezifischen politischen Argumentation« zu verstehen, so Rüdiger: Dekonstruktion und Demokratisierung, S. 189. Ich werde später zur Erörterung des Verhältnisses von Dekonstruktion und Demokratie insbesondere auf Rüdigers Darstellung ebd., S. 187ff.; 200ff., zurückgreifen.

434   In diesem Sinne schreibt Stäheli: Politische Theorie der Hegemonie, S. 210, Hv. i. Orig.: »Laclaus und Mouffes Projekt ›radikaler und pluraler Demokratie‹ […] muß […] als *eine* mögliche Artikulation der allgemeinen Diskurstheorie mit der Demokratietheorie verstanden werden. Eine Demokratietheorie durch die Dekonstruktion des liberal-demokratischen Diskurses zu entwickeln, ist selbst wiederum eine strategische Entscheidung.«

435   Ich verdanke den Hinweis auf diese Auseinandersetzung Torfing: Theories of discourse, S. 281; Stäheli: Politische Theorie der Hegemonie, S. 210.

die er darin sieht, »das Terrain der konstitutiven Unentscheidbarkeit«[436] eröffnet zu haben. Den nächsten Schritt Derridas, in diesen Boden der Unentscheidbarkeit die Idee einer *démocratie à venir* zu pflanzen und sie mit dem Emanzipationsbegriff zu verknüpfen[437], geht Laclau indes nicht mehr mit. Es sei nämlich, so erläutert er, ein »logisch illegitimer Argumentationsschritt«[438], anzunehmen,

aus der Unmöglichkeit einer in sich selbst geschlossenen Präsenz, aus einer »ontologischen« Bedingung, in welcher die Offenheit gegenüber dem Ereignis, dem Heterogenen, dem radikal anderen konstitutiv ist, würde sich irgendeine Art ethischer Imperativ notwendig ergeben, sich der Heterogenität des anderen gegenüber offen zu halten und verantwortlich zu erweisen.[439]

Laclau bestreitet eine Kausalität zwischen (ontologischer) Nicht-Totalität und (ontischer) Öffnung: Für ihn resultiert »aus der Tatsache, daß ultimative Schließung und Präsenz unmöglich ist, [...] kein ethischer Imperativ, die Offenheit zu ›kultivieren‹ oder sogar sich einer demokratischen Gesellschaft zu verschreiben«.[440] Um es anders zu sagen: »Von dem durch antagonistische Unentscheidbarkeit definierten Begriff des Politischen kann nicht unmittelbar ein politisches Projekt abgeleitet werden.«[441] Wohnt der (ontologischen) »Offenheit« tatsächlich »Unentscheidbarkeit« inne, so müsse man gewahr sein, dass »ethisch-politische Schritte gesetzt werden [können], die sich von denen einer Demokratie ›im Kommen‹ unterscheiden oder ihr sogar entgegenstehen«.[442] Es kann deshalb auch keinerlei Gewissheit darüber geben, dass politische Veränderungen Verbesserungen bedeuten; Veränderungen haben vor dem Hintergrund der Abwesenheit eines letzten Grundes experimentellen Charakter.[443] Die Demokratie sei der Offenheit nicht inhärent, sondern müsse als eine mögliche »Schließung von außen *artifiziell* hergestellt werden«, was auch heiße, dass sich die Offenheit zu einem totalitären Projekt schließen könnte, denn »ausgehend von einer Situation struktureller Unentscheidbarkeit ist jede Richtung gleichermaßen möglich«.[444]

---

436 Laclau: Die Zeit ist aus den Fugen, S. 115.

437 Vgl. ebd.

438 Ebd., S. 117. Laclau unterstellt Derrida nicht, diesen Schluss selbst vollzogen zu haben; vgl. ebd.

439 Ebd.; siehe auch Laclau: Dekonstruktion, Pragmatismus, Hegemonie, S. 124. Zu Derridas Begriff einer *démocratie à venir* siehe etwa Morin: Brüderliche Gemeinschaft, S. 168ff.

440 Laclau: Die Zeit ist aus den Fugen, S. 118. Siehe kritisch zur Tendenz poststrukturalistischer Theorien, Abweichung und Veränderung gegenüber dem Bestehenden zu affirmieren, van Dyk: Poststrukturalismus, S. 196ff.

441 Stäheli: Politische Theorie der Hegemonie, S. 210; siehe auch ebd., S. 203, sowie Torfing: Theories of discourse, S. 245, Hv. i. Orig., der meint, Diskurstheorien wie die Laclaus und Mouffes hätten zwar »important *political implications*«, unterstützten aber von sich aus keine »particular politics«.

442 Laclau: Die Zeit ist aus den Fugen, S. 118. Für Laclau: Dekonstruktion, Pragmatismus, Hegemonie, S. 136, Hv. i. Orig., ist Demokratie nicht »die manifeste Bestimmung der Dekonstruktion [...]. Theoretische und politische Argumente, die von der Dekonstruktion ausgehen, können sich in *viele* verschiedene Richtungen entwickeln.«

443 Vgl. Süss: Kollektive Handlungsfähigkeit, S. 15; 24; Marchart: Vorwort, S. 8ff.

444 Laclau: Die Zeit ist aus den Fugen, S. 118, Hv. i. Orig.; vgl. ebd. Siehe auch Laclau/Mouffe: Hegemonie und radikale Demokratie, S. 210, sowie mit Bezug auf den lefortschen ›leeren Ort‹ der Macht,

Aus der Offenheit der Gesellschaft folgt also nicht notwendigerweise ein demokratisches Projekt. Es scheint aber ein umgekehrtes Ableitungsverhältnis zu geben; dies deutet Rüdiger an, wenn sie vermerkt, »der Diskurs der demokratischen Revolution ist der einer Dekonstruktion des essentialistischen Gesellschaftsbildes«.[445] Demnach hätte erst die Demokratie Offenheit und Unentscheidbarkeit eingeführt und damit zugleich die Möglichkeit einer anti-demokratischen, sogar totalitären Schließung der Gesellschaft hervorgebracht. In diesem Sinne deuteten Nancy und Lacoue-Labarthe den Totalitarismus als eine Antwort auf die Demokratie[446] – eine These, die Nancy in jüngster Zeit als Vorwurf reformuliert hat, es sei der modernen Demokratie nicht geglückt, mit der von ihr initiierten Offenheit umzugehen. Mit der Französischen Revolution sei der neue Gedanke einer Freiheit und Gleichheit aller Menschen aufgekommen.[447]

> [M]it der Erweiterung des demokratischen Horizontes intensiviert sich auch dessen Heterogenität. Aus der Pluralität von Individuen wird eine ›Pluralität von Pluralitäten‹. Und plötzlich steht man wieder vor der Gefahr eines *belli omnium contra omnes*, die Hobbes solche Sorgen bereitet hat und deren Abwehr in den Totalitarismen des 20. Jahrhunderts mündet. [...] Ich bin der Auffassung, dass sie [der Faschismus und der Kommunismus, S. H.] aus dem Scheitern entstanden sind, der Pluralität im Rahmen der Demokratie Sinn zu geben.[448]

Laclau und Mouffe kommen zu einer ähnlichen Gefahrendiagnose[449], stellen aber in den Vordergrund ihrer Genealogie der modernen Demokratie, wie durch die »demokratische Revolution« die »Pluralität und Unbestimmtheit des Sozialen«[450] inauguriert wurde. Diese Akzentuierung ist eine politische »Intervention«[451]: So kann man

---

der »nicht notwendigerweise von demokratischen« Kräften besetzt werde, Laclau: Subjekt der Politik, Politik des Subjekts, S. 102.

445   Rüdiger: Dekonstruktion und Demokratisierung, S. 186; siehe auch ebd., S. 201. Unter Rückgriff auf Lefort meint auch Marchart: Prekarisierungsgesellschaft, S. 120: »Die durch das demokratische Dispositiv instituierte Entleerung des Ortes der Macht erweist sich [...] als historische Vorbedingung für die Ausweitung der hegemonialen Logik.«

446   Vgl. Nancy/Lacoue-Labarthe: Retrait, S. 189f.

447   Vgl. Nancy: Demokratie und Gemeinschaft, S. 77.

448   Ebd., S. 77f., Hv. i. Orig.

449   Darauf verweist Rüdiger: Dekonstruktion und Demokratisierung, S. 189, Anm. 196. »Evidently there is a strong danger of totalitarianism in the twentieth century, and the reasons are clear: insofar as dislocatory effects dominate and the old structures in which power was immanent dissolve, there is an increasing tendency to concentrate power in one point from which the attempt is made ›rationally‹ to reconstruct the ensemble of the social fabric.« (Laclau/Mouffe: Post-Marxism without apologies, S. 129) Siehe auch Laclau/Mouffe: Hegemonie und radikale Demokratie, S. 230: »Wir sehen, daß paradoxerweise gerade die Logik der Offenheit und der demokratischen Subversion der Differenzen in den heutigen Gesellschaften die Möglichkeit einer viel radikaleren Geschlossenheit als in der Vergangenheit schafft [...]. Wenn im neunzehnten Jahrhundert die Grenzen jedes Versuchs radikaler Demokratie im Überleben alter Formen von Unterordnung quer durch weite Bereiche sozialer Verhältnisse gesehen wurden, sind jene Grenzen in der Gegenwart durch eine neue Möglichkeit gegeben, die auf dem Terrain der Demokratie selbst entsteht: durch die Logik des Totalitarismus.« Die Autor*innen folgen hier Lefort; siehe ebd., S. 231f.

450   Laclau/Mouffe: Hegemonie und radikale Demokratie, S. 192.

451   Ebd., S. 23.

den deutschen Titel von Laclaus und Mouffes Hauptwerk als Aufruf dazu verstehen, der radikalen Demokratie zur Hegemonie zu verhelfen.

Mit der von Alexis de Tocqueville (1805-1859) übernommenen Wendung von der »demokratische[n] Revolution«[452] benennen Laclau und Mouffe, was Lefort als eine Entkörperung der Gesellschaft beschreibt: »[D]ie demokratische Gesellschaft begründet sich als gleichsam körperlose Gesellschaft [...], die die Vorstellung einer organischen Totalität außer Kraft setzt«.[453] Mit anderen Worten, die ›demokratische Revolution‹ machte Schluss mit der

> Gesellschaft hierarchischen und nicht-egalitären Typs [...], in der die soziale Ordnung ihre Begründung im göttlichen Willen hatte. Der Gesellschaftskörper wurde als Ganzes begriffen, in dem die Individuen in differentielle Positionen fixiert erschienen. Denn solange eine solche holistische Art und Weise der Einrichtung des Sozialen vorherrschte, konnte Politik nicht mehr sein als die Wiederholung hierarchischer Verhältnisse, die denselben Typus des untergeordneten Subjekts reproduzierten.[454]

Positiv gesprochen war das Ende dieser von einer »theologisch-politischen Logik«[455] beherrschten Gesellschaft der Beginn einer »neue[n] Art und Weise der Instituierung des Sozialen«.[456] Damit ist zunächst gemeint: Die Begründung der Legitimität der Revolution durch das Volk führte einen »Bruch mit dem ancien régime«[457] und dadurch in eins eine »Spaltung des politischen Raums« herbei, wobei sich die »antagonistischen Grenz-Fronten« allerdings (noch ohne hegemoniale Dimension) »in der Form klarer und empirisch *gegebener* Demarkationslinien darstellten«.[458] Das Auftauchen des Volkes und der ›Bruch‹ mit dem alten Herrschaftssystem, »symbolisiert durch die Erklärung der Menschenrechte«, habe zudem »die diskursiven Bedingungen der Möglichkeit« dafür geschaffen, »die verschiedenen Formen der Ungleichheit als illegitim und widernatürlich hinzustellen«.[459] Laclau und Mouffe koppeln die antagonistische ›Spaltung‹ und damit die Öffnung der Gesellschaft an die Prinzipien von Freiheit und Gleichheit: Mit der Revolution wurde »die Logik der Äquivalenz in das grundlegende Instrument der Produktion des Sozialen transformiert«.[460] Die Gestalten, in denen sich Ungleichheit gezeigt hatte, konnte man nun – in äquivalenter Weise – als ungerechtfertig-

---

452 Alexis de Tocqueville: Über die Demokratie in Amerika [1835/40] (Ausgew. u. hg. von Mayer, Jacob Peter). Stuttgart 1990, S. 15. Siehe zu Mouffes und Laclaus Erörterungen zur ›demokratischen Revolution‹ und somit zu meinen folgenden Ausführungen Rüdiger: Dekonstruktion und Demokratisierung, S. 184ff., sowie Jörke: Agonalität des Demokratischen, S. 173ff., und Marchart: Prekarisierungsgesellschaft, S. 117ff.

453 Lefort: Frage der Demokratie, S. 295.

454 Laclau/Mouffe: Hegemonie und radikale Demokratie, S. 195f.

455 Ebd., S. 195.

456 Ebd., S. 196.

457 Ebd.

458 Ebd., S. 191, Hv. i. Orig.; vgl. ebd.

459 Ebd., S. 196; zur Bedeutung der Menschenrechte siehe Marchart: Prekarisierungsgesellschaft, S. 119.

460 Laclau/Mouffe: Hegemonie und radikale Demokratie, S. 195; siehe auch Laclau in Laclau/Mouffe: Hegemonie, Macht, Rechtspopulismus, S. 12.

te Spielarten der Unterdrückung verurteilen.[461] »Hier läge die tiefe subversive Macht des demokratischen Diskurses, der die Ausweitung von Gleichheit und Freiheit auf immer größere Bereiche erlauben und deshalb als Ferment in den verschiedenen Formen des Kampfes gegen Unterordnung wirken würde.«[462] Insbesondere die Gleichheitsidee erlaubte es, (partikulare) »Unterordnungsverhältnis[se]« (etwa die Unterordnung der Frau unter die Entscheidungen des Mannes) zu (universalen) »*Unterdrückungsverhältnisse[n]*« und so »zu Orten von Antagonismen«[463] zu machen. Die gesellschaftstheoretische Pointe liegt auf der Hand: Wo es Antagonismen gibt, kann es nicht nur keine mit sich selbst versöhnte, einheitliche Gesellschaft mehr geben[464], sondern kann auch, betont Laclau, die ganze Gesellschaft politisiert werden.[465]

Die Ausarbeitung des Projekts einer radikalen Demokratie, der sich nach *Hegemonie und radikale Demokratie* vor allem Mouffe verschrieben hat[466], besteht in der Expansion und Vertiefung der demokratischen Logik.[467] Es handelt sich um den Versuch eines »*rethinking liberalism*«[468], das heißt: eines radikalen »Pluralismus, der die fortwährende Existenz von Konflikt, Spaltung und Antagonismus impliziert«.[469] Hier deutet sich an, wieso Mouffe für ihre Demokratietheorie auf Carl Schmitt zurückgreifen wird.[470] Mit »seiner kompromißlosen, aber brillanten Kritik der liberalen Demokratie«[471], findet Mouffe, gab Schmitt Hinweise darauf, in welchen Punkten der Liberalismus zu überdenken wäre. Mouffes Liberalismus ist ein durch Schmitts Liberalismuskritik geläuterter Liberalismus. In Analogie zum Begriff des Postmarxismus ließe sich mit Böttger von einem ›Postliberalismus‹ sprechen, der den Liberalismus mit dem konfrontiere,

---

461   Vgl. Laclau/Mouffe: Hegemonie und radikale Demokratie, S. 196.

462   Ebd.; siehe auch Laclau/Mouffe: Post-Marxism without apologies, S. 128.

463   Laclau/Mouffe: Hegemonie und radikale Demokratie, S. 194, Hv. i. Orig.; vgl. Rüdiger: Dekonstruktion und Demokratisierung, S. 186f.

464   Vgl. Mouffe: Gespräch mit Marchart, S. 409.

465   Vgl. Laclau: Dekonstruktion, Pragmatismus, Hegemonie, S. 112f. In diesem Kontext verweist Laclau ebd., S. 113, auf »die Dummheit der Argumente, die in der Politisierung der gesellschaftlichen Verhältnisse eine totalitäre Gefahr erblicken. Diese Gefahr bestünde nur dann, hätte das Politische ein einziges Zentrum, einen einzelnen öffentlichen Bereich, der alle gesellschaftlichen Räume in Anspruch nähme.«

466   Vgl. Stäheli: Politische Theorie der Hegemonie, S. 210.

467   Vgl. Mouffe: Democratic politics today, S. 1.

468   Mouffe: Gespräch mit Marchart, S. 407, Hv. i. Orig. Dieses Projekt erfordere es, die Gleichsetzung von politischem und ökonomischem Liberalismus aufzuheben, siehe ebd., S. 412; Mouffe: Democratic politics today, S. 2f.; Jörke: Agonalität des Demokratischen, S. 173; Torfing: Theories of discourse, S. 245.

469   Laclau/Mouffe: Hegemonie und radikale Demokratie, S. 23.

470   Für Ausführungen zu Schmitt rekurriere ich auf meinem Aufsatz *Jean-Luc Nancy und Carl Schmitt über das Politische.*

471   Mouffe: Inklusion/Exklusion, S. 75. Siehe zu Mouffes Anknüpfung an und Abgrenzung von Schmitt auch Mouffe: Agonistik, S. 198ff., sowie Mouffes Darstellungen der Argumentation Schmitts etwa in Mouffe: Inklusion/Exklusion, S. 76ff.; Chantal Mouffe: On the Articulation between Liberalism and Democracy. In: dies.: The Return of the Political. London, New York 2005, S. 102-116, 105ff.; 110f.; Chantal Mouffe: Pluralism and Modern Democracy: Around Carl Schmitt. In: dies.: The Return of the Political. London, New York 2005, S. 117-134; Chantal Mouffe: Das demokratische Paradox. Durchgeseh. Nachaufl. Wien 2013, S. 49ff.

was er ausschließe.[472] Für Mouffe ist dies das Politische: die gesellschaftskonstitutive »Dimension des Antagonismus«.[473] Sie werde durch die individualistische und rationalistische Orientierung des Liberalismus negiert.[474] Weder könne dieser, »da er das Individuum zum letzten Bezugspunkt macht«[475], kollektive Identitäten denken, noch begreife er die Unmöglichkeit eines Universalkonsenses, die daher rühre, »daß jeder Konsens auf Akten der Ausschließung basiert«.[476] Insbesondere ihre Kritik am liberalen Individualismus rückt Mouffe in die Nähe kommunitaristischer Autor*innen, deren Hinwendung vom »›unitary unencumbered self‹ to a ›unitary situated self‹«[477] sie aber wegen der essentialistischen Implikationen dieses ›situated self‹ nicht mitvollzieht.[478] Zunächst soll es nun um Mouffes Kritik an Liberalismus und Kommunitarismus, dann um ihr Gegenmodell einer agonistischen Demokratie und einer demokratischen Bürger*innenschaft gehen.[479]

›Rethinking liberalism‹

Ausdrücklich stimmt Mouffe der schmittianischen Kritik des Liberalismus zu:

> Eines der Hauptprobleme des Liberalismus – dazu noch ein potentiell demokratiegefährdendes – ist gerade seine Unfähigkeit, eine [...] Grenze [zwischen »uns« und »ihnen«, S. H.] zu denken. Der Zentralbegriff des Liberalismus ist, wie Schmitt aufzeigt, die »Menschheit«, was aber [...] kein politischer Begriff ist und auch keine politische Entsprechung hat. Die zentrale Frage der politischen Konstituierung des »Volkes«[480] ist etwas, das die liberale Theorie nicht adäquat in Angriff nehmen kann, weil die Notwendigkeit einer »Grenzziehung« in Widerspruch zu ihrer universalistischen Rhetorik gerät. Wichtig ist, gegenüber der liberalen Betonung der »Menschheit« festzuhalten,

---

472 Böttger zählt in *Postliberalismus* neben Laclau und Mouffe auch Rancière und Agamben zu den postliberalen Denkern und Denkerinnen. Deren »größte Gemeinsamkeit« liege darin, »dass sie nach dem vom liberalen Diskurs jeweils Ausgeschlossenem [sic!] fragen und dieses in Form einer Entbergungserzählung sichtbar machen wollen«. (Böttger: Postliberalismus, S. 317) ›Postliberalismus‹, da auch »ein postliberales Politikmodell, gerade weil es jenseits des Liberalismus operiert, immer an dessen Horizont geknüpft ist und demnach kein Antiliberalismus ist«. (Ebd., S. 27)

473 Mouffe: Über das Politische, S. 16; vgl. ebd.

474 Vgl. ebd., S. 18f.

475 Ebd., S. 18; siehe auch Mouffe: Gespräch mit Marchart, S. 410; Torfing: Theories of discourse, S. 251, und Böttger: Postliberalismus, S. 14, der meint, »liberales politisches Denken« legitimiere seine Behauptungen letztlich immer durch Rekurs »auf das egoistische Individuum und damit auf private Interessen«. Seit Hobbes sei »[d]ie Ableitung des Staates aus Interessen der Individuen [...] elementarer Bestandteil für diejenigen Theorien, die der philosophischen Tradition des Liberalismus zugeordnet werden«. (Ebd., S. 10)

476 Mouffe: Über das Politische, S. 19; vgl. ebd., S. 18f.

477 Mouffe: Radical democracy, S. 20.

478 Vgl. Jörke: Agonalität des Demokratischen, S. 170. Wir seien, wendet Mouffe ein, »in fact always multiple and contradictory subjects, inhabitants of a diversity of communities [...], constructed by a variety of discourses, and precariously and temporarily sutured at the intersection of those subject positions«. (Mouffe: Radical democracy, S. 20) Siehe auch ebd., S. 12, und Stäheli: Politische Theorie der Hegemonie, S. 211.

479 Eine ähnliche Struktur wählt Jörke: Agonalität des Demokratischen, S. 164; 170ff.

480 Siehe dazu auch Nonhoff: Mouffe und Laclau, S. 46.

daß die Schlüsselbegriff zum Denken der Demokratie der »Demos« und das »Volk«
sind. [...] Zwischen der liberalen »Grammatik« der Gleichheit, die Universalität postuliert und sich auf die »Menschheit« bezieht, und der Praxis demokratischer Gleichheit,
die das politische Moment einer Unterscheidung zwischen »uns« und »ihnen« erfordert, besteht ohne Zweifel ein Gegensatz.[481]

Da es hier nicht um eine Schmitt-Exegese geht, kann ausgeklammert bleiben, ob Mouffe mit ihrer Darstellung der Position Schmitts richtigliegt[482]; von Interesse ist, wie sie
seine Liberalismuskritik weiterführt. Vor allem der von Schmitt postulierten Unver-
einbarkeit von liberaler und demokratischer Logik[483] – also auch: der Unvereinbar-
keit von Freiheit und Gleichheit[484] – stimmt Mouffe nicht zu. Mit ihrer These, eine
»Liberal-Demokratie«[485] sei möglich, will sie die Differenz von freiheitlicher und egali-
tärer Logik in ein unauflösbares, gerade dadurch aber produktives Spannungsverhältnis
bringen.[486] Den liberalen Universalismus, der nur eine »allgemeine Menschengleich-
heit«[487] kenne, will sie mit der »demokratische[n] Logik der Konstituierung des Volkes
und der Einschreibung von Rechten und Gleichheit in Praxen« unterlaufen; der darin
enthaltenen demokratischen Exklusionslogik[488] wiederum »durch den Bezug auf die
›Menschheit‹ und den polemischen Einsatz der ›Menschenrechte‹«[489] begegnen. Mouffe zufolge ist die »unresolvable tension« zwischen Gleichheits- und Freiheitsprinzipien

---

481   Mouffe: Inklusion/Exklusion, S. 81.

482   Siehe zu Schmitts Liberalismuskritik etwa Raimondi: Zeit der Demokratie, S. 22ff., sowie die Dar-
       stellung in Herzhoff: Nancy und Schmitt, S. 83ff.

483   Vgl. Mouffe: Inklusion/Exklusion, S. 77. Siehe hierzu sowie zu den darin enthaltenen Dimensionen
       des Verhältnisses von Liberalismus und Demokratie die Ausführungen von Torfing: Theories of
       discourse, S. 249ff.

484   Vgl. Schmitt: Verfassungslehre, S. 224; dazu auch Torfing: Theories of discourse, S. 251f.

485   Carl Schmitt: Die geistesgeschichtliche Lage des heutigen Parlamentarismus [1923]. 2. Aufl. Mün-
       chen, Leipzig 1926, S. 21.

486   Vgl. Mouffe: Inklusion/Exklusion, S. 81f.; Mouffe: Between liberalism and democracy, S. 110; Tor-
       fing: Theories of discourse, S. 252. Dies meint wohl auch Stäheli: Politische Theorie der Hegemonie,
       S. 211, wenn er Mouffe die These zuschreibt, »daß die Logik der Demokratie und jene des Libera-
       lismus sich nicht problemlos vereinen lassen«.

487   Schmitt: Geistesgeschichtliche Lage, S. 17; siehe zu dem (nach Schmitt) ideologischen Charakter
       dieser Gleichheit Raimondi: Zeit der Demokratie, S. 24f.

488   Das Fundament der Demokratie bilde die »Zugehörigkeit zu einem bestimmten Volk«, so Schmitt:
       Verfassungslehre, S. 227; siehe auch Mouffe: Inklusion/Exklusion, S. 78; Herzhoff: Nancy und
       Schmitt, S. 90. »Die Logik der Demokratie«, stimmt Mouffe: Inklusion/Exklusion, S. 80, Schmitt
       zu, »enthält [...] ein Moment der Schließung, das schon vom Prozeß der Konstituierung des Volkes
       verlangt wird.« Schmitt: Geistesgeschichtliche Lage, S. 13f., schreibt: »Jede wirkliche Demokratie
       beruht darauf, daß nicht nur Gleiches gleich, sondern [...] das Nichtgleiche nicht gleich behandelt
       wird. Zur Demokratie gehört also notwendig erstens Homogenität und zweitens – nötigenfalls –
       die Ausscheidung oder Vernichtung des Heterogenen. [...] Die politische Kraft einer Demokratie
       zeigt sich darin, daß sie das Fremde und Ungleiche, die Homogenität Bedrohende zu beseitigen
       oder fernzuhalten weiß.«

489   Mouffe: Inklusion/Exklusion, S. 82.

die Voraussetzung »for the preservation of the indeterminacy and undecidability which is constitutive of modern democracy«.[490]

Mouffes Kritik des Liberalismus und des Kommunitarismus[491]

Mouffes Liberalismuskritik tritt als Kritik an deliberativen Demokratietheorien auf[492], die sie durch einen gemeinsamen Widersacher und ein gemeinsames Ziel geeint sieht. Der Gegner sei das aggregative Demokratiemodell. Im Überschwang eines Werte- und Interessenpluralismus verpflichte es demokratische Politik nicht mehr auf die Suche nach einem allgemeinen Gut, einer *volonté générale*, sondern reduziere sie auf ein Instrument zur Kompromissbildung zwischen divergierenden, von Parteien gebündelten individuellen Werten und Interessen.[493] Die Theoretiker*innen deliberativer Demokratie wollten die im aggregativen Modell verlorengegangene normative Dimension der Politik zurückzugewinnen, ohne den liberalen Pluralismus aufzugeben.[494]

> Ihre zentrale Behauptung lautet, dass es dank adäquater Deliberationsprozeduren möglich sei, Formen der Zustimmung zu erreichen, die sowohl den Ansprüchen der Vernunft (verstanden als Verteidigung liberaler Rechte) als auch der demokratischen Legitimität (wie sie von der Volkssouveränität repräsentiert wird) gerecht werden. Ihr Schachzug besteht in der Reformulierung demokratischer Prinzipien der Volkssouveränität auf eine Weise, welche die Gefahren, die sie für liberale Werte bedeuten könnte, eliminiert.[495]

Als wichtige Vertreter einer deliberativen Demokratietheorie legten es etwa Jürgen Habermas und John Rawls[496] darauf an, die These von der »widersprüchliche[n] Natur liberaler Demokratie«[497] zu entkräften, also einen Ausgleich zwischen Liberalismus und Demokratie zu finden. Im Sinne dieser »versöhnende[n] Dimension des deliberativen Projekts«[498] betont z.B. Habermas in *Faktizität und Geltung* »die Zusammengehörigkeit von Volkssouveränität und Menschenrechten, also die Gleichursprünglich-

---

490   Mouffe: Democratic politics today, S. 13; auch zitiert von Rüdiger: Dekonstruktion und Demokratisierung, S. 193, und Jörke: Agonalität des Demokratischen, S. 175, der Mouffes These in einen Zusammenhang mit ihren »poststrukturalistischen Grundannahmen von der unbegrenzten Heterogenität des Sozialen« bringt: Vor der Folie dieser Heterogenität könne ein »einheitliches Wesen« des Sozialen, »eine vollständige ›Versöhnung‹«, einzig und allein »das Ergebnis eines immensen Gewaltaktes sein, der das ständige Fließen des Feldes der Bedeutungen zum Stillstand bringen würde. Dies wird in der Demokratie jedoch verhindert.«

491   Siehe hierzu auch die Darstellungen von Torfing: Theories of discourse, S. 262ff.; (vor allem mit der Kritik des Liberalismus) Böttger: Postliberalismus, S. 205ff.; Jörke: Agonalität des Demokratischen, S. 170ff.

492   Ich folge im Weiteren vor allem der Argumentation in Mouffes Text über *Das demokratische Paradox*.

493   Vgl. Mouffe: Das demokratische Paradox, S. 86f.; siehe auch Mouffe: Inklusion/Exklusion, S. 83.

494   Vgl. Mouffe: Das demokratische Paradox, S. 87f.; Mouffe: Schmitt's challenge, S. 3.

495   Mouffe: Das demokratische Paradox, S. 88.

496   Vgl. ebd.; Jörke: Agonalität des Demokratischen, S. 170.

497   Mouffe: Das demokratische Paradox, S. 88.

498   Ebd., S. 89.

keit von politischer und privater Autonomie«.[499] Rawls und Habermas glaubten zudem an eine normative, nicht lediglich instrumentelle Rationalität[500], und beide versuchten nachzuweisen, dass liberal-demokratische Institutionen sich durch die öffentliche Kommunikation von Argumenten zwischen unparteiischen und vernünftigen Personen legitimierten und Autorität erlangten.[501] Ihre Vernunft ist es, die bei Rawls die hinter dem »Schleier des Nichtwissens«[502] verborgenen Individuen zu denselben fundamentalen Gerechtigkeitsprinzipien einer Gesellschaft gelangen lässt.[503] Habermas erörtert, wie sich »ein System der Rechte [...] begründen« ließe, das die angesprochene »private und öffentliche Autonomie der Bürger gleichgewichtig zur Geltung bringt«.[504] Dazu müssten die Bürger*innen als Adressat*innen und Autor*innen des Rechts auftreten.[505] Als Adressat*innen würden sie durch die verschiedenen Kategorien von Rechten angesprochen, die ihnen ihre »private Autonomie«[506] garantierten. In den Status politisch autonomer Autor*innen gelangten sie durch die »Grundrechte auf die chancengleiche Teilnahme an Prozessen der Meinungs- und Willensbildung«.[507] In Mouffes Worten: »Auf der einen Seite dient Selbstregierung der Bewahrung individueller Rechte; auf der anderen Seite stellen diese Rechte die notwendigen Bedingungen zur Ausübung der Volkssouveränität dar.«[508] Legitimität dürften für sich nur diejenigen Rechte reklamieren, die in einem rationalen Konsens gründeten, der zustande gekommen ist in einer von Habermas so genannten »ideale[n] Sprechsituation«.[509]

---

499   Jürgen Habermas: Faktizität und Geltung. Beiträge zur Diskurstheorie des Rechts und des demokratischen Rechtsstaats. Frankfurt a.M. 1992, S. 161; auch zitiert bei Mouffe: Das demokratische Paradox, S. 89.

500   Bei Rawls sei damit »das ›Vernünftige‹«, bei Habermas »die ›kommunikative Vernunft‹« gemeint, so Mouffe: Das demokratische Paradox, S. 89.

501   Vgl. ebd.

502   Rawls: Theorie der Gerechtigkeit, S. 159, Hv. i. Orig.

503   Vgl. Mouffe: Das demokratische Paradox, S. 90. Siehe für die Formulierung dieser Grundsätze Rawls: Theorie der Gerechtigkeit, S. 336, zur Gerechtigkeitstheorie Rawls etwa Chantal Mouffe: American Liberalism and its Communitarian Critics. In: dies.: The Return of the Political. London, New York 2005, S. 23-40, 25ff.; Chantal Mouffe: Rawls: Political Philosophy without Politics. In: dies.: The Return of the Political. London, New York 2005, S. 41-59, 42ff.

504   Habermas: Faktizität und Geltung, S. 151, Hv. i. Orig.; vgl. Mouffe: Das demokratische Paradox, S. 89. Siehe für die folgenden Ausführungen zu Habermas die hilfreiche Darstellung von David Strecker/Gary S[tuart] Schaal: Die politische Theorie der Deliberation: Jürgen Habermas. In: Brodocz, André/Schaal, Gary S[tuart] (Hg.): Politische Theorien der Gegenwart II. Eine Einführung. Opladen 2001, S. 89-128, 98ff. Zu Habermas' These, private und öffentliche Autonomie seien gleichwertig oder gleichursprünglich, siehe Wetzel: Diskurse des Politischen, S. 41f.

505   Vgl. Habermas: Faktizität und Geltung, S. 153; 160; Strecker/Schaal: Theorie der Deliberation, S. 99; 110f.; Wetzel: Diskurse des Politischen, S. 40.

506   Habermas: Faktizität und Geltung, S. 156, Hv. i. Orig. Dazu zähle das Recht aller Bürger*innen »auf das größtmögliche Maß gleicher subjektiver Handlungsfreiheiten« (ebd., S. 157, Hv. i. Orig.), das Recht auf »Zugehörigkeit zu einer bestimmten Assoziation von Rechtsgenossen« (ebd., S. 158, Hv. i. Orig.) sowie die »Garantie der Rechtswege« (ebd.), auf denen Ansprüche einklagbar seien.

507   Ebd., S. 156; vgl. ebd.; Strecker/Schaal: Theorie der Deliberation, S. 109f.

508   Mouffe: Das demokratische Paradox, S. 89.

509   Jürgen Habermas: Wahrheitstheorien. In: Fahrenbach, Helmut (Hg.): Wirklichkeit und Reflexion. Walter Schulz zum 60. Geburtstag. Pfullingen 1973, S. 211-265, 252; vgl. Mouffe: Das demokratische Paradox, S. 90f.

Gemäß dem Diskursprinzip dürfen genau die Normen Geltung beanspruchen, die die Zustimmung aller potentiell Betroffenen finden könnten, sofern diese überhaupt an rationalen Diskursen teilnehmen. Die gesuchten politischen Rechte müssen daher die Teilnahme an allen gesetzgebungsrelevanten Beratungs- und Entscheidungsprozessen in der Weise gewährleisten, daß darin die kommunikative Freiheit eines jeden, zu kritisierbaren Geltungsansprüchen Stellung zu nehmen, gleichmäßig zum Zuge kommen kann.[510]

Habermas gibt zu, dass sich die ›ideale Sprechsituation‹, in der jede/r einen Diskurs eröffnen oder fortsetzen, eigene Geltungsansprüche aufstellen sowie die Geltungsansprüche anderer bestreiten könnte, nie realisieren lasse.[511] Wie Mouffe kritisiert, bringe er dafür keine substantiellen, sondern empirische Gründe vor, nämlich »die raumzeitlichen Begrenzungen des Kommunikationsvorgangs wie auch [...] die psychischen Belastungsgrenzen der Diskursteilnehmer«.[512]

Dies führt zu einem der Vorwürfe Mouffes an die deliberativen Demokratietheoretiker*innen: Mit ihrer Betonung eines rationalen und umfassenden Konsenses würden sie die antagonistische Natur demokratischer Politik verkennen, nämlich die »Forderung nach Errichtung einer Grenze zwischen ›uns‹ und ›ihnen‹«[513] – was eine Teilnahme aller am Diskurs konstitutiv (und nicht nur empirisch) unmöglich mache.[514] Darüber hinaus, so werden wir sehen, verwirft Mouffe die individualistische Personenkonzeption der deliberativen Theorie. Ihre Kritik trifft sich hier mit der kommunitaristischen Kritik an der liberalen Idee des »ungebundenen Selbst«.[515]

---

510   Habermas: Faktizität und Geltung, S. 161. Ein ›rationaler Diskurs‹ sei jeglicher »Versuch der Verständigung über problematische Geltungsansprüche [...], sofern er unter Kommunikationsbedingungen stattfindet, die [...] das freie Prozessieren von Themen und Beiträgen, Informationen und Gründen ermöglichen«. (Ebd., S. 138f.)

511   Vgl. Habermas: Wahrheitstheorien, S. 257. Zu den genannten und weiteren Charakteristika einer ›idealen Sprechsituation‹ siehe ebd., S. 255f., sowie zum Begriff des Geltungsanspruchs etwa ebd., S. 219ff. Für Žižek: Jenseits der Diskursanalyse, S. 130, kommt die ›ideale Sprechsituation‹ bei Habermas einem »Fetisch« gleich: Sie »sei etwas, das sobald wir in Kommunikation eintreten, simultan verneint und behauptet wird, d.h. wir müssen das Ideal einer ungebrochenen Kommunikation voraussetzen, als wäre sie bereits realisiert, selbst wenn wir zugleich wissen, daß das nicht der Fall sein kann«. Siehe in diesem Sinne zur ›idealen Sprechsituation‹ als einer »reziprok vorgenommene[n] Unterstellung« etwa Habermas: Wahrheitstheorien, S. 258. Siehe kritisch zur Behauptung einer idealen, wenn auch kontrafaktischen Kommunikation etwa Wetzel: Diskurse des Politischen, S. 44ff.

512   Habermas: Wahrheitstheorien, S. 257; vgl. Mouffe: Das demokratische Paradox, S. 91.

513   Mouffe: Inklusion/Exklusion, S. 85; vgl. Jörke: Agonalität des Demokratischen, S. 171.

514   Vgl. Mouffe: Inklusion/Exklusion, S. 85; siehe auch Torfing: Theories of discourse, S. 251. Habermas kann dann auch nicht umhin, selbst eine Grenze zu ziehen, die eine totale Inklusion aller in das Diskursgeschehen verhindert: »Wer sich den *Grundnormen vernünftiger Rede* widersetzt oder deren kontrafaktische Geltung bestreitet, begeht einen sog. *performativen Widerspruch*, denn: wer in einen Diskurs eintreten will, der kann sich bei einer Nichtanerkennung vernünftiger Regeln (scheinbar) nur widersprüchlich verhalten. Soll heißen: Habermas verweist alle Diskursabbrecher und -Verweigerer in das Reich des Irrationalen«, so Wetzel: Diskurse des Politischen, S. 34, Hv. i. Orig.

515   Sandel: Verfahrensrechtliche Republik, S. 24.

Leugnung des Politischen I: Es gibt keinen Antagonismus

Das folgende Zitat bündelt den ersten der beiden Kritikpunkte Mouffes:

> Eine der Schwachstellen des deliberativen Zugangs ist, dass dieses Modell demokratischer Politik, insofern es die Möglichkeit eines öffentlichen Raums postuliert, aus dem Macht eliminiert und in dem ein rationaler Konsens realisiert wäre, die vom Wertepluralismus implizierte unauslöschbare Dimension des Antagonismus nicht anzuerkennen in der Lage ist. Aus diesem Grund ist es dazu verurteilt, die Spezifik des Politischen zu verpassen, das es nur als spezifische Domäne der Moral konzipieren kann.[516]

Mouffe missbilligt das Unterfangen, einen (machtfreien) Bereich zu postulieren, »der dem Wertepluralismus nicht unterworfen wäre und wo ein Konsens ohne Ausschluss hergestellt werden könnte«.[517] In ihren Augen ist ein exklusionsfreier Konsens unmöglich.[518] Auch der Liberalismus, gibt Stäheli Mouffes Ansicht wieder, unterliege der Ausschließungslogik und exkludiere etwa »den Unvernünftigen, der die Vorbedingungen für den Widerstreit vernünftiger Meinung nicht erfüllt«.[519] Trotz seiner universal-konsensualen Ausrichtung zieht auch der Liberalismus deutliche »Demarkationslinien«[520], gibt diese Grenzen nach Mouffes Beobachtung indes nicht als politische aus: »[D]ie für die Politik konstitutive Wir-Sie-Opposition [wird] nicht in politischen Begriffen, sondern in Anlehnung an moralische Kategorien von ›gut‹ und ›böse‹ konstruiert«.[521] Eine solche »Moralisierung der Politik«, so Mouffe, müsse man als »eine Folge des konsensorientierten, nicht länger am Begriff der Gegnerschaft ausgerichteten Modells«[522] interpretieren. Dieses Modell leugne den »constitutive aspect of antagonism«[523] und versuche, das Grenzziehungsproblem durch den Rückzug auf Deliberationsprozesse zu umgehen.[524]

Nach Mouffes Darstellung möchte Rawls einen universalen Konsens auf dem Wege einer Trennung zwischen privater und öffentlicher Sphäre erreichen: Das Private sei die Domäne der Pluralität von (möglicherweise unvereinbaren) universalen Lehren; das Öffentliche hingegen der Bereich, wo es zu einem Konsens über die Grundsätze der Gerechtigkeit kommen könne.[525] Dies bedeute die Entpluralisierung der öffentlichen/politischen Sphäre: »Politics is not affected by the existence of pluralism, which

---

516   Mouffe: Das demokratische Paradox, S. 100f.

517   Ebd., S. 94. Hetzel: Demokratie ohne Grund, S. 186, betont, es gebe – im Unterschied zu Habermas – bei Laclau (aber auch bei Mouffe, wie zu ergänzen wäre), »keine transzendentalen Rahmenbedingungen der Demokratie [...], die nicht selbst immer wieder in der demokratischen Auseinandersetzung in Frage gestellt werden könnten«.

518   Vgl. Mouffe: Inklusion/Exklusion, S. 82f.

519   Stäheli: Politische Theorie der Hegemonie, S. 211; so zu Rawls auch Torfing: Theories of discourse, S. 254.

520   Böttger: Postliberalismus, S. 206.

521   Mouffe: Über das Politische, S. 98; vgl. Böttger: Postliberalismus, S. 206f.

522   Mouffe: Über das Politische, S. 99.

523   Chantal Mouffe: Introduction: For an Agonistic Pluralism. In: dies.: The Return of the Political. London, New York 2005, S. 1-8, 7.

524   Vgl. Stäheli: Politische Theorie der Hegemonie, S. 212.

525   Vgl. Mouffe: Das demokratische Paradox, S. 93.

Rawls understands only as the multiplicity of the conceptions of the good that people exercise in the private sphere, perfectly separated from the public sphere where consensus based on self-interest reigns.«[526] Habermas' strikter Prozeduralismus trenne zwar nicht zwischen privaten und öffentlichen Themen; die Abgrenzung eines Bereichs der Ethik, wo konkurrierende Auffassungen von einem guten Leben ihren Platz hätten, von einem Bereich der Moral, wo mithilfe deliberativer Prozeduren ein Konsens über universelle Grundsätze angestrebt werde, verhindere den Wertepluralismus aber ebenso wie Rawls' Trennung zwischen öffentlicher und privater Sphäre.[527] Mouffe widerspricht diesen deliberativen Positionen mit der Behauptung, »dass der Bereich der Politik – selbst wenn es um fundamentale Fragen wie Gerechtigkeit oder Grundprinzipien geht – kein neutrales Terrain darstellt, das vom Wertepluralismus abgeschirmt werden könnte und wo rationale, universelle Lösungen formuliert werden könnten«.[528]

Von dieser These aus wird Mouffes Vorwurf verständlich, Habermas und Rawls seien blind für die Dimension der Macht. Mit Paolo Virno ließe sich die Absonderung einer privaten von einer öffentlichen Sphäre als der Versuch deuten, die »Unruhe« einzudämmen, die von den »Vielen«[529] (der Multitude) ausgehe. »Im liberalen Denken überlebt die Multitude als private Dimension. Die Vielen sind stumm und aus der Sphäre der öffentlichen Angelegenheiten, der Sphäre des Gemeinwesens verbannt.«[530] Virnos Bemerkung zeigt, dass ein Konsens (auch) in einer liberal-demokratischen Gesellschaft nie rational und universal sein wird, sondern »immer Ausdruck einer Hegemonie und Kristallisation von Machtverhältnissen«.[531] Akzeptiere man »Schmitts Einsicht über die Inklusions-/Exklusionsverhältnisse [...], die der – für die Ausübung der Demokratie erforderlichen – politischen Konstitution des ›Volkes‹ zwingend eingeschrieben sind«, so stelle man fest, meint Mouffe, »daß die Hindernisse, die der Verwirklichung der idealen Sprechsituation – und des dadurch zustandekommenden Konsenses ohne Exklusion – entgegenstehen, in die demokratische Logik selbst eingeschrieben sind«.[532]

---

526 Mouffe: Political philosophy without politics, S. 51. Torfing: Theories of discourse, S. 254, führt zu diesem Zitat aus: »In Rawls there is no room for a political pluralism between different hegemonic forces that are fighting over the ›correct‹ interpretation of the empty signifiers of freedom and equality. [...] Thus Rawls' deliberative democracy is a perfect liberal utopia in which disputes over the principles of justice are eliminated once and for all by a political consensus obtained by reasonable, self-interested individuals on the basis of public deliberation.«

527 Vgl. Mouffe: Das demokratische Paradox, S. 94f.

528 Ebd., S. 95; siehe auch Jörke: Agonalität des Demokratischen, S. 177; Böttger: Postliberalismus, S. 212f.

529 Virno: Grammatik der Multitude, S. 11.

530 Ebd., S. 11f.

531 Mouffe: Inklusion/Exklusion, S. 85. In diesem Sinne merkt Schwarte: Philosophie der Architektur, S. 157f., an: »Der auf Diskurse fokussierende Ansatz ist unkritisch gegenüber den hegemonialen Bestrebungen der bürgerlichen Öffentlichkeit, deren soziale Ausschlussmechanismen er als Kriterien für Öffentlichkeit überhaupt übernimmt. [...] Die Idealisierung des rationalen Diskurses und seiner Funktion bei der Formierung der Öffentlichkeit übersieht das Ausmaß der Selektion, der Exklusivität und der Repression, auf das sich die Institutionalisierung dieses Diskurses und die Architektonik der Geltung stützt.«

532 Mouffe: Inklusion/Exklusion, S. 85.

Die Weigerung der deliberativen Demokratietheoretiker*innen, die demokratische Notwendigkeit von Exklusion anzuerkennen, birgt für Mouffe Gefahren. Zum einen mit Blick auf den demokratischen Souverän, das Volk: Ist ›Volk‹ das Produkt einer »kontingente[n] und temporäre[n] hegemoniale[n] Artikulation [...] durch ein bestimmtes Regime der Ein- und Ausschließung«[533], so naturalisiert die Leugnung dieses Regimes das Volk. »Das Resultat einer solchen Operation ist eine Verdinglichung der Identität des Volkes durch die Reduzierung desselben auf eine der vielen möglichen Formen seiner Identifizierung.«[534] Nicht zuletzt die dominierende Konsensgläubigkeit ist daher nach Ansicht Mouffes für das Aufkommen und den Erfolg rechtspopulistischer Parteien und Gruppierungen (mit)verantwortlich. Diese nutzten aus, dass politische Antagonismen und somit kollektive Identitäten fehlten, und suchten diese Lücke durch demokratiegefährdende, affektiv besetzte Wir/Sie-Unterscheidungen zu füllen.[535]

Einen weiteren Fallstrick sieht Mouffe darin, dass nicht nur das Volk selbst, sondern auch die durch seinen (rationalen) Allgemeinwillen legitimierten gesellschaftlichen Institutionen verdinglicht, unter dem »Schein der Neutralität«[536] als unanfechtbar ausgegeben werden könnten. Sie erschienen dann nicht mehr als (kontingente, veränderbare) Hervorbringungen machtgestützter, hegemonialer Artikulationen. Negiere man ihre politische Dimension, geronnen die gesellschaftlichen Institutionen zu einer quasi-natürlichen und damit zugleich politisch nicht angreifbaren Ordnung.[537] »Die

---

533   Ebd.

534   Ebd., S. 85f.; vgl. ebd., S. 85. In diesem Kontext werden Unterschiede zwischen Mouffe und Schmitt deutlich – siehe zum Folgenden bereits Herzhoff: Nancy und Schmitt, S. 89f. Der *demos* sei für Schmitt wesentlich homogen, und diese »Homogenität« bilde den Kern der demokratischen Idee »substanzieller Gleichheit«, so Schmitt: Geistesgeschichtliche Lage, S. 16; vgl. Mouffe: Das demokratische Paradox, S. 51, siehe auch Raimondi: Zeit der Demokratie, S. 44f. Wie Schmitt verdeutlicht (und worauf Mouffe: Das demokratische Paradox, S. 52f., hinweist), könne »die Substanz der Gleichheit [...] in bestimmten physischen und moralischen Qualitäten« gründen oder »auf die Übereinstimmung religiöser Überzeugungen« sowie die »Zugehörigkeit zu einer bestimmten Nation« (Schmitt: Geistesgeschichtliche Lage, S. 14, siehe auch Schmitt: Verfassungslehre, S. 227) zurückgehen. Schmitt habe nie an eine nur rassische Substantialität gedacht, so Mouffe: Das demokratische Paradox, S. 52. So eindeutig ist dies aber nicht, zeigen spätere Schriften Schmitts, in denen er eine Wendung hin zu einer »Politische[n] Biologie« (Raphael Gross: Carl Schmitt und die Juden. Eine deutsche Rechtslehre. Frankfurt a.M. 2000, S. 69) vollzieht: In seiner »nationalsozialistischen Programmschrift« (ebd., S. 70) *Staat, Bewegung, Volk* aus dem Jahr 1933 (siehe hierzu auch Spitta: Gemeinschaft jenseits von Identität, S. 207ff.) bestimmt er Gleichheit als eine auf dem »Gedanke[n] der Rasse« beruhende »Artgleichheit des in sich einigen deutschen Volkes«. (Carl Schmitt: Staat, Bewegung, Volk. Die Dreigliederung der politischen Einheit. Hamburg 1933, S. 42) Schmitt naturalisiert das Volk: Bei ihm müsse die »Identität des ›Volkes‹ [...] als ein Gegebenes existieren. Aus diesem Grund ist seine Unterscheidung zwischen ›uns‹ und ›ihnen‹ nicht wirklich politisch konstruiert«. (Mouffe: Das demokratische Paradox, S. 64) Auch Hetzel: Demokratie ohne Grund, S. 208, Hv. i. Orig., meint, es handele »sich bei Carl Schmitts Freund-Feind-Gegensatz um einen substantialistischen, dem Feld des Politischen in einem transzendentalen Sinne *vorausgehenden* Gegensatz«. Den unpolitisch-substantiellen Charakter (der Einheit) des *demos* bei Schmitt betont zudem Rebentisch: Kunst der Freiheit, S. 258.

535   Vgl. Mouffe: Über das Politische, S. 91ff. Den gleichen Grund vermutet Mouffe: Agonistik, S. 206f., hinter der Konjunktur religiöser Identifikation mit einem Kollektiv.

536   Jörke: Agonalität des Demokratischen, S. 170.

537   Vgl. Mouffe: Über das Politische, S. 26f.

Behauptung der Unparteilichkeit (im Sinne der Neutralität der Rechtfertigung) immunisiert [...] die Institutionen der liberalen Demokratie vor kritischen Einwänden.«[538]

Leugnung des Politischen II: Keine Kollektivität(en), nirgends

Neben ihrer Kritik, der Liberalismus negiere die demokratische Logik von Inklusion/ Exklusion (und damit das Politische), ist Mouffe auch mit der liberalen Subjektkonzeption nicht einverstanden; hier kommt es zu Übereinstimmungen mit kommunitaristischen Theorien.[539]

Charles Taylor etwa verwirft die liberale Überzeugung, Menschen verfügten schon als solche über gleichsam natürliche Rechte.[540] Die liberale »Lehre vom Primat der Rechte«[541] stütze sich auf einen »Atomismus«, der »die Selbstgenügsamkeit des einzelnen Menschen behauptet«.[542] Ausgeblendet werde die wesentliche Sozialität des Menschen. Mit einem Argument, das Baiers Wendung von der ›Allmende des Geistes‹ in Erinnerung ruft, macht Taylor geltend, »daß Menschen [...] ihre charakteristischen menschlichen Fähigkeiten« – wie Rationalität, moralische Urteilskraft oder das Vermögen, eine bestimmte Wahl zu treffen – »nur in der Gesellschaft entwickeln können«.[543] Die Behauptung eines Primats individueller Rechte sei falsch, denn der Zuschreibung von Rechten liege die Zuschreibung jener gesellschaftlichen Fähigkeiten zugrunde. Würden diese nun, da sie Rechte begründeten, als wertvoll anerkannt und so mit der Verpflichtung zu ihrer Förderung aufgeladen, folge daraus ein Gebot, zur Gesellschaft zu gehören.[544]

> Wenn wir natürliche Rechte nicht zuschreiben können, ohne den Wert bestimmter menschlicher Fähigkeiten zu behaupten, und wenn diese Behauptung noch andere normative Konsequenzen hat (nämlich diese Fähigkeiten bei uns und anderen zu hegen und zu pflegen), dann ist jeder Beweis, daß diese Fähigkeiten sich nur in der Gesellschaft oder in einer Gesellschaft bestimmter Art entwickeln können, ein Beweis, daß wir verpflichtet sind, der Gesellschaft oder dieser Art von Gesellschaft anzugehören oder sie zu erhalten. Dann gilt aber [...], daß es unmöglich ist, ein Primat der Rechte zu behaupten, denn die betreffenden Rechte zu behaupten heißt, die Fähigkeiten zu behaupten, und wenn die soziale These hinsichtlich dieser Fähigkeiten wahr ist, dann legt uns das eine Verpflichtung zur Zugehörigkeit auf. Diese Verpflichtung ist ebenso grundlegend wie die Behauptung von Rechten, denn sie ist von ihr nicht zu trennen.[545]

---

538 Jörke: Agonalität des Demokratischen, S. 171; vgl. ebd., S. 171f.

539 Für eine Skizze der kommunitaristischen Liberalismuskritik siehe etwa Wetzel: Diskurse des Politischen, S. 229ff.

540 Zur nachfolgend umrissenen Argumentation Taylors siehe Reese-Schäfer: Kommunitarismus, S. 25ff.

541 Taylor: Atomismus, S. 74.

542 Ebd., S. 76.

543 Ebd., S. 77; vgl. ebd., S. 77f.; 86.

544 Vgl. ebd., S. 80ff.

545 Ebd., S. 86f.

Für Taylor erschöpft sich die Zugehörigkeitsverpflichtung keineswegs nur in einer Art passiver Mitgliedschaft. Vielmehr fordert er die aktive Bewirtschaftung des kulturellen und gesellschaftlichen »Mutterboden[s]«[546], dem das Individuum seine Identität verdanke.[547]

In ähnlicher Weise hält Mouffe eine »Aktivbürgerschaft« für notwendig – nur diese (und nicht etwa rationale Zustimmung) sichere »Loyalität gegenüber demokratischen Werten«.[548]

> Die Unfähigkeit gegenwärtiger Demokratietheorie, der Frage der Aktivbürgerschaft gerecht zu werden, folgt daraus, dass sie mit einer Subjektkonzeption operiert, die Individuen der Gesellschaft vorausgehen lässt als Träger von natürlichen Rechten und entweder als nutzenmaximierende Akteure oder als rationale Subjekte. In jedem Fall sind sie von Verhältnissen des Sozialen, der Macht, Sprache, Kultur und allen anderen Praktiken, die Akteurschaft möglich macht, abstrahiert. Von den rationalistischen Ansätzen wird die eigentliche Frage nach den Existenzbedingungen des demokratischen Subjekts ausgeschlossen. [...] Demokratische Individuen können nur durch eine Vervielfältigung der Institutionen, Diskurse und Lebensformen, die Identifikation mit demokratischen Werten festigen, möglich gemacht werden.[549]

Mouffe unterschreibt die kommunitaristische These von der Unmöglichkeit eines ›atomistischen‹ Subjekts, das, wirft sie Rawls vor, verstanden werde als »an origin, [...] independently of the social relations in which it is inscribed«.[550] Damit sei in Rawls' Theorie »no place for a notion of community that would be constitutive of [...] identity«.[551]

Einer identitätsbildenden Einbindung in eine demokratische Gemeinschaft und ihre Praktiken bedürfe es aber, da die Demokratie ohne sie nicht funktions- und überlebensfähig wäre: »Demokratie ist nicht allein eine Angelegenheit der Einrichtung rechtsförmiger Prozeduren, unabhängig von den Praktiken, die demokratische Formen von Individualität möglich machen.«[552] Castoriadis hatte auf dieses Erfordernis mit dem Begriff der *paideia* hingewiesen:

> Einzig die Erziehung (*paideia*) von Bürgern zu Bürgern kann dem »öffentlichen Raum« eine wirkliche inhaltliche Substanz geben. Diese *paideia* [...] zielt vornehmlich auf die Vermittlung der Einsicht, dass man selbst die *polis* ist und deren Schicksal auch vom eigenen Denken, Verhalten und Entscheiden abhängt; mit anderen Worten, ihr Sinn ist die Beteiligung am politischen Leben.[553]

---

546   Ebd., S. 100.

547   Vgl. ebd.

548   Mouffe: Das demokratische Paradox, S. 98. »Es ist notwendig zu erkennen, dass demokratische Werte nicht durch sophistizierte Vernunftargumente und kontext-unabhängige Wahrheitsbehauptungen bezüglich der Überlegenheit der liberalen Demokratie gestärkt werden können.« (Ebd., S. 77)

549   Ebd., S. 98.

550   Mouffe: Political philosophy without politics, S. 55.

551   Mouffe: Democratic politics today, S. 6.

552   Mouffe: Das demokratische Paradox, S. 76; vgl. ebd.; Jörke: Agonalität des Demokratischen, S. 172.

553   Castoriadis: Griechische polis und Schöpfung der Demokratie, S. 48, Hv. i. Orig. Siehe auch Straume: Paideia, S. 148, Hv. i. Orig.: »Castoriadis sees democracy as a *regime* embodying certain values

Eine solche Haltung, das heißt die Entwicklung einer »starke[n] Bindungskraft an demokratische Werte und Institutionen«, würde Mouffe möglicherweise einwenden, erwachse nicht aus rationaler ›Einsicht‹, sondern aus einer »*Identifikation* mit demokratischen Werten, und dies ist ein komplexer Prozess, der sich durch eine Vielzahl von Praktiken, Diskursen und Sprachspielen entwickelt«.[554] Jedenfalls aber erforderten, bringt Mouffe vor, »eine liberal-demokratische Gerechtigkeitskonzeption und liberaldemokratische Institutionen ein demokratisches Ethos [...], damit sie ordentlich funktionieren können und sich am Leben erhalten«.[555] Vor diesem Hintergrund lasse sich z.B. die liberale Trennung von »prozedural[er] und substantiell[er]« Gerechtigkeit nicht aufrechterhalten, denn die Prozeduren, die Gerechtigkeit gewährleisten sollen, setzten »substantielle ethische Überzeugungen« voraus, müssten von einem »Ethos unterstützt werden«.[556] Solle es im Zuge der Deliberation zu einer (wie es bei Wittgenstein heißt) »Übereinstimmung der Meinungen« kommen, brauche es dazu eine bereits bestehende »Übereinstimmung [...] der Lebensform«.[557] Deliberative Verfahren, so Mouffe, seien keine prinzipiengeleiteten Regeln, sondern »komplexe Ensembles von Praktiken«, die »gemeinsamen Lebensformen und Urteilsübereinstimmungen eingeschrieben sind« und nur deshalb »akzeptiert und befolgt werden«.[558]

Zu Recht bemerkt Jörke, für Mouffe könne die von ihr angemahnte »ethische Fundierung der modernen Demokratie [...] nicht durch eine unreflektierte Übernahme der Tradition des klassischen Republikanismus geschehen«.[559] Die Forderung nach einem substantiellen (demokratischen) Ethos dürfe nicht den liberalen Geist des Pluralismus austreiben wollen. Tendenzen hierzu erkennt Mouffe in den kommunitaristischen Theorien: Die Kritik an der liberalen These vom »Vorrang des Rechten gegenüber dem Guten«[560] gestatte es nicht, diese Priorisierung umzukehren und an die Stelle individueller Rechte ein substantielles gemeinsames Gut zu setzen.[561] Gegen die für Kommunitarist*innen typische »negative attitude in relation to modernity and their

---

that must be practiced, lived for, achieved by its members, and not a set of procedures that can be transplanted from one setting to another. Without democratic individuals, democracy would just be a word.«

554 Mouffe: Das demokratische Paradox, S. 77, Hv. i. Orig.; vgl. ebd.

555 Ebd., S. 76; ich folge ab hier für den Rest des Unterabschnitts Jörke: Agonalität des Demokratischen, S. 172f.

556 Mouffe: Das demokratische Paradox, S. 76.

557 Wittgenstein: Philosophische Untersuchungen, S. 356 (Nr. 241); vgl. Mouffe: Das demokratische Paradox, S. 75.

558 Mouffe: Das demokratische Paradox, S. 99; vgl. ebd.

559 Jörke: Agonalität des Demokratischen, S. 172.

560 Mouffe: Das demokratische Paradox, S. 76.

561 Vgl. Mouffe: American liberalism and communitarian critics, S. 30ff.; Chantal Mouffe: Democratic Citizenship and the Political Community. In: dies.: The Return of the Political. London, New York 2005, S. 60-73, 61f.

nostalgia for an original community of the *Gemeinschaft* type«[562] möchte Mouffe die Errungenschaften der Moderne sowie des Liberalismus bewahren.[563]

Weder die deliberativen noch die kommunitaristischen Theorien sind Mouffe zufolge in der Lage, die Prinzipien von (liberaler) Freiheit und (demokratischer) Gleichheit – von Menschenrechten und Volkssouveränität[564] – in schlüssiger Weise miteinander zu verknüpfen, mithin eine ›Liberal-Demokratie‹ zu denken. Stattdessen lösen sie die »paradoxe Natur«[565] der liberalen Demokratie zu einer Seite hin auf[566] und weichen dadurch dem folgenden Problem aus:

> How can the maximum of pluralism be defended – in order to respect the rights of the widest possible groups – without destroying the very framework of the political community as constituted by the institutions and practices that construe modern democracy and define our identity as citizens?[567]

Mouffe sieht diese Schwierigkeit durch ihr Konzept radikaler Demokratie gelöst. Ihr ist es nicht darum zu tun, die »Logiken« von Freiheit und Gleichheit zu verschmelzen: »Die Spannung [...] kann nur vorübergehend durch pragmatische Verhandlungen zwischen politischen Kräften stabilisiert werden, die immer die Hegemonie einer Seite etablieren werden.«[568] Um dem gerecht werden zu können, müsse man die ›Liberal-Demokratie‹ als »›agonistischen Pluralismus‹«[569] fassen. Mouffe hält dies(en) für den »beste[n] Weg«, das schwierige Verhältnis von Liberalismus und Demokratie »auf produktive Weise nutzbar zu machen«.[570] Gerade weil weder Freiheit noch Gleichheit jemals absolut realisiert werden könnten, seien Freiheit und Gleichheit möglich.[571]

---

562   Mouffe: American liberalism and communitarian critics, S. 32, Hv. i. Orig.; siehe auch Mouffe: Democratic politics today, S. 5, sowie Torfing: Theories of discourse, S. 265.

563   »If it is important to pose once again the question of the common good and that of civic virtue, this must be done in a modern fashion, without postulating a single moral good. We should not forego the gains of liberalism, and the critique of individualism implies neither the abandonment of the notion of ›rights‹ nor that of pluralism.« (Mouffe: American liberalism and communitarian critics, S. 33) Mouffe: Democratic citizenship, S. 64, sieht »modern democracy [...] characterized by the absence of a substantive common good«. Daher gelte: »The pre-modern view of the political community unified around a substantive idea of the common good [...] is antithetical to the pluralism that defines liberal democracy as a new political form of society.« (Mouffe: Democratic politics today, S. 12)

564   Vgl. Mouffe: Das demokratische Paradox, S. 20ff.

565   Ebd., S. 32.

566   So Mouffe ebd., S. 27, mit Blick auf den »rationalistischen Ansatz«.

567   Mouffe: Democratic politics today, S. 3; auch zitiert bei Jörke: Agonalität des Demokratischen, S. 172f. Siehe zudem Mouffe in Laclau/Mouffe: Hegemonie, Macht, Rechtspopulismus, S. 14f.

568   Mouffe: Das demokratische Paradox, S. 22; vgl. ebd.

569   Ebd., S. 25.

570   Ebd., S. 26.

571   Vgl. ebd., S. 27.

Radikale Demokratie als agonistischer Pluralismus[572]

Demokratietheorien, die auf machtbefreite Deliberation und rationalen Konsens setzen, seien unfähig, lautet die Anklage Mouffes, die Antagonismen implizierende Pluralität von Werten anders als eine nur ethische, nämlich: als genuin politische Frage
zu behandeln. Was das Politische wesentlich auszeichne – die Dimensionen der Macht
und des Antagonismus – entgehe ihnen.[573] Jede soziale Ordnung sei politischer Natur,
verdanke also ihre Errichtung und Einrichtung bestimmten Machtakten und verweise
immer auf einen konstitutiven Ausschluss.[574] Charakteristisch für den rationalistisch-
individualistisch orientierten Liberalismus ist aus Mouffes Sicht außerdem, dass er die
politische Notwendigkeit verkennt, ein Wir von einem Sie unterscheiden zu müssen.
Politik ist Politik der Gemeinschaft: Sie habe stets zu tun »mit kollektiven Identitäten [...]. Man kann Politik nicht wirklich verstehen, wenn man beim Individuum beginnt.«[575] Soweit das Fundament liberaler Theorien das Individuum ist, müssen sie
das Wesen des Politischen verfehlen.[576]

Mouffe bezieht sich auf Carl Schmitt[577], möchte ihre Theorie aber nicht als »left-
wing Schmittism«[578] verstanden wissen. Zum einen lehnt sie Schmitts These eines
»destruktiven Widerspruchs« zwischen Liberalismus und Demokratie ab: Zwar betont
sie die »letztliche Unversöhnbarkeit« beider Logiken, spricht aber bevorzugt von einer »Spannung« zwischen ihnen, deren Anerkennung es zu verstehen gestatte, »worin
die wirklichen Stärken liberaler Demokratie liegen«.[579] Aus Sicht Mouffes verunmöglicht die liberale Demokratie »sowohl totale Schließung als auch totale Verstreuung«.[580]
Zum anderen entschärft die Fortführung des liberalen Pluralismus die schmittianische
Freund/Feind-Opposition[581], weshalb man Mouffes ›agonistischen Pluralismus‹ eine
»liberal ›weichgespülte‹ Variante des Schmittschen Politikmodells«[582] genannt hat.

»Die spezifisch politische Unterscheidung« ist für Schmitt »die Unterscheidung von
Freund und *Feind*«.[583] Sie benenne »den äußersten Intensitätsgrad einer Verbindung
oder Trennung, einer Assoziation oder Dissoziation«.[584] Mouffe betont, man dürfe die-

---

572   Eine ähnliche Überschrift (»Democracy as Agonistic Pluralism«) wählt Torfing: Theories of discour-
      se, S. 252.

573   Vgl. Mouffe in Laclau/Mouffe: Hegemonie, Macht, Rechtspopulismus, S. 18; 22f.

574   Vgl. Mouffe: Das demokratische Paradox, S. 101ff.

575   Mouffe: Gespräch mit Marchart, S. 410.

576   Vgl. ebd.; Mouffe: Über das Politische, S. 17f.; Mouffe: Agonistik, S. 24f.

577   Siehe etwa Mouffe: Über das Politische, S. 18ff.

578   Mouffe: Schmitt's challenge, S. 5. Siehe für eine solche Einordnung Bluhm: Konträre Auffassungen,
      S. 77; 83.

579   Mouffe: Das demokratische Paradox, S. 26. Siehe auch Mouffe: Schmitt's challenge, S. 1; 5f.: Sie
      wolle (mit Schmitt) die Defizite des Liberalismus aufdecken und die liberale Demokratie fortent-
      wickeln, aber nicht (gegen Schmitt) den Liberalismus vollständig abschaffen.

580   Mouffe: Das demokratische Paradox, S. 27.

581   Siehe etwa Mouffe: Über das Politische, S. 29ff.; Mouffe: Agonistik, S. 28ff.

582   Böttger: Postliberalismus, S. 209.

583   Schmitt: Begriff des Politischen, S. 26, Hv. i. Orig.; siehe dazu auch Böttger: Postliberalismus,
      S. 17ff., sowie zum ›Begriff des Politischen‹ bei Schmitt bereits meine Darstellung Herzhoff: Nancy
      und Schmitt, S. 87ff.

584   Schmitt: Begriff des Politischen, S. 27.

se politische Unterscheidung nicht mit moralischen Unterscheidungen vermischen.[585] Dessen mache sich der Liberalismus schuldig: Da er Antagonismen leugne, könne er Politik nur »im Register der Moral«[586] austragen. Rechtspopulist*innen z.B. seien keine politischen Gegner*innen mehr, mit denen man sich auseinanderzusetzen hätte, sondern fielen der moralischen Verdammung anheim; sie gehörten zum bösen Teil der Gesellschaft, von dem man sich selbst als der gute Teil klar abheben könne.[587]

Die Differenz Mouffes zu Schmitt tritt an einer Implikation seines Begriffs des Politischen zutage. Die Freund/Feind-Unterscheidung, so die »thanatopolitische Pointe«[588], beinhaltet die Möglichkeit der Vernichtung des Feindes.[589] Der Begriff des Politischen habe einen »*polemischen* Sinn«[590], da er »die im Bereich des Realen liegende Eventualität eines Kampfes«[591] einschließe.

> Die Begriffe Freund, Feind und Kampf erhalten ihren realen Sinn dadurch, daß sie [...] auf die reale Möglichkeit der physischen Tötung Bezug haben und behalten. Der Krieg folgt aus der Feindschaft, denn diese ist seinsmäßige Negierung eines anderen Seins. Krieg ist nur die äußerste Realisierung der Feindschaft.[592]

Gegen diesen ›polemischen Sinn‹ der Freund/Feind-Unterscheidung verwahrt Mouffe sich. Aus Schmitts Perspektive leistet sie damit der Entstehung einer entpolitisierten Welt Vorschub: Wo der »Gegensatz« von Freund und Feind keiner mehr sei, »auf Grund dessen von Menschen das Opfer ihres Lebens verlangt werden könnte und Menschen ermächtigt werden, Blut zu vergießen und andere Menschen zu töten«, meint Schmitt, sei die Welt »ein endgültig pazifizierter Erdball, [...] eine Welt ohne Politik«.[593] Für Mouffe liegt die Herausforderung darin, mit Schmitt die Mankos einer universalistischen, auf Konsens ausgerichteten Demokratiekonzeption offenzulegen und so die Gesellschaft vor ihrer drohenden Entpolitisierung zu bewahren, gegen Schmitt aber der Freund/Feind-Unterscheidung ihre blutige Spitze zu nehmen, sie also »auf eine Weise herzustellen, die mit der pluralistischen Demokratie kompatibel ist«.[594] Das hieße, nicht »die Homogenität einer politischen Einheit«[595] anzustreben, sondern eine »Gemeinschaft des Pluralismus«.[596]

---

585   Siehe Böttger: Postliberalismus, S. 206f., sowie die Anmerkung in Herzhoff: Mouffe: Über das Politische, Abs. 6. Schon Schmitt hatte, um »[d]ie seinsmäßige Sachlichkeit und Selbständigkeit des Politischen« (Schmitt: Begriff des Politischen, S. 28) zu betonen, die Freund/Feind-Unterscheidung von anderen Unterscheidungen getrennt, etwa von der zwischen Gut und Böse: Der Feind müsse nicht böse sein, um Feind zu sein, »es genügt zu seinem Wesen, daß er in einem besonders intensiven Sinne existenziell etwas anderes und Fremdes ist«. (Ebd., S. 27; vgl. ebd.)

586   Mouffe: Über das Politische, S. 95.

587   Vgl. ebd., S. 95ff.; Mouffe: Agonistik, S. 208f.

588   Raimondi: Zeit der Demokratie, S. 37; siehe auch ebd., S. 40.

589   Vgl. Böttger: Postliberalismus, S. 18.

590   Schmitt: Begriff des Politischen, S. 31, Hv. i. Orig.

591   Ebd., S. 33.

592   Ebd.; siehe hierzu auch schon Herzhoff: Nancy und Schmitt, S. 89; 91.

593   Schmitt: Begriff des Politischen, S. 35f.

594   Mouffe: Das demokratische Paradox, S. 103.

595   Böttger: Postliberalismus, S. 23.

596   Ebd., S. 321.

Um dies zu erreichen, so Mouffe, müsse das vom Wir unterschiedene Sie nicht »als zu vernichtender Feind [...], sondern als ein ›Gegner‹« betrachtet werden, »als jemand, dessen Ideen wir bekämpfen, dessen Recht, jene Ideen zu verteidigen, wir aber nicht in Zweifel ziehen«.[597] Mouffe, wie schon Schmitt, warnt davor, Feind- oder Gegnerschaft als bloße (wirtschaftliche) Konkurrenz zu verstehen, in die sie der Liberalismus verwandelt habe.[598] Auch der ›Gegner‹ bleibe ›Feind‹, aber »doch ein legitimer Feind, mit dem wir einen gemeinsamen Grund teilen, da wir eine gemeinsame Bindung an ethisch-politische Prinzipien liberaler Demokratie besitzen: Freiheit und Gleichheit«.[599] Dieser Konsens mache aus der antagonistischen Beziehung zwischen Feinden eine agonistische Gegnerschaft.[600] Umgekehrt gelte aber: Gegner*innen, die die »grundlegenden Institutionen«[601] der Gesellschaft anzweifelten, könne die Legitimation ihrer Forderungen abgesprochen werden.[602] Mouffe macht dabei klar, der Ausschluss bestimmter Forderungen werde nicht moralisch begründet, sondern sei »Ausdruck einer eminent *politischen* Entscheidung«[603]: Wer anti-liberale Positionen vertrete, könne deshalb nicht als agonistische/r Gegner*in anerkannt werden, »weil antagonistische Legitimitätsprinzipien nicht innerhalb derselben politischen Assoziation koexistieren können, ohne die politische Realität des Staates in Frage zu stellen«.[604]

Die Formung von (aktiven) Bürgern und Bürgerinnen

Mit dem Begriff des »konfliktualen Konsens[es]‹«[605] unterstreicht Mouffe, dass die Exklusion anti-egalitärer und anti-freiheitlicher Positionen nicht bezwecke, diese Prinzipien und die auf ihnen gegründeten politischen Institutionen von jeder Diskussion auszunehmen. Der Streit über die Interpretation von Freiheit und Gleichheit sowie über die Gestaltung des Gemeinwesens bleibe möglich, denn es gehe um »einen Konsens

---

597   Mouffe: Das demokratische Paradox, S. 103; vgl. Torfing: Theories of discourse, S. 255, sowie hierzu und zum Folgenden auch Böttger: Postliberalismus, S. 207.

598   Vgl. Schmitt: Begriff des Politischen, S. 28; Mouffe: Das demokratische Paradox, S. 103; Mouffe: Agonistik, S. 30.

599   Mouffe: Das demokratische Paradox, S. 103; vgl. Jörke: Agonalität des Demokratischen, S. 177. Stäheli: Politische Theorie der Hegemonie, 212, spricht davon, dass die demokratischen ›Gegner‹ (anders als die ›Feinde‹ im Sinne Schmitts) »äquivalent sind«. In meiner Besprechung von Mouffes *Über das Politische* habe ich die Forderung nach einer Adhäsion an die Prinzipien von Freiheit und Gleichheit als ein Zurückschrecken vor der Erkenntnis gedeutet, es fehle der Gesellschaft an einem letzten Grund; vgl. Herzhoff: Mouffe: Über das Politische, Abs. 10.

600   Vgl. Mouffe: Über das Politische, S. 29ff. Siehe auch Mouffe in Laclau/Mouffe: Hegemonie, Macht, Rechtspopulismus, S. 25; Mouffe: Inklusion/Exklusion, S. 87f.

601   Mouffe: Über das Politische, S. 158.

602   Vgl. ebd. Deshalb kann es für Mouffe in Laclau/Mouffe: Hegemonie, Macht, Rechtspopulismus, S. 27, keine »Möglichkeit eines Gegnerschaftsverhältnisses zu der extremen Rechten« geben; in diesem Lager seien lediglich »die Feinde« zu finden. Siehe auch Torfing: Theories of discourse, S. 248; 255.

603   Mouffe: Das demokratische Paradox, S. 40, Hv. i. Orig. Laut dem Kommentar von Böttger: Postliberalismus, S. 207f., schließt Mouffe sich damit »einem Schmittschen Dezisionismus« an; siehe auch ebd., S. 209.

604   Mouffe: Das demokratische Paradox, S. 40; vgl. ebd.

605   Mouffe: Über das Politische, S. 158; siehe auch Mouffe: Schmitt's challenge, S. 4; Mouffe: Agonistik, S. 30.

über die ethisch-politischen Werte der Freiheit und der Gleichheit aller, einen Dissens aber über die Interpretation dieser Werte«.[606]

> Im agonistischen Kampf [...] steht die Konfiguration der Machtverhältnisse selbst auf dem Spiel, um welche herum die Gesellschaft strukturiert ist: Es ist ein Kampf zwischen unvereinbaren hegemonialen Projekten, die niemals rational miteinander versöhnt werden können. Die antagonistische Dimension ist dabei immer gegenwärtig, es ist eine reale Konfrontation, die allerdings durch eine Reihe demokratischer, von den jeweiligen Gegnern akzeptierten Verfahrensweisen reguliert wird.[607]

Wie kommt es zu einer Akzeptanz von Freiheit und Gleichheit? Und wie lassen sich zugleich die bestehenden Machtverhältnisse in Frage stellen? Offenbar steht man vor einem ähnlichen Zirkel wie bei Castoriadis. Mouffe versucht den Ausbruch aus diesem Kreislauf mit dem Entwurf einer »radical democratic citizenship«.[608] Radikaldemokratische Bürger*innen sowie die Zustimmung zu Freiheit und Gleichheit kämen dabei weder durch moralisches Räsonieren noch durch rational-individuelles Interessenkalkül zustande, so Mouffe; es bedürfe einer Identifikation.[609]

Dies erfordert es zunächst, den »affektiven Kräfte[n], die am Ursprung der kollektiven Formen von Identifikation stehen«[610], die ihnen gebührende Bedeutung zuzugestehen. Jede Demokratietheorie, reklamiert Mouffe im Anschluss an Elias Canetti und etwa Sigmund Freud sowie Slavoj Žižek, müsse »der affektiven Dimension der Politik Rechnung [...] tragen«.[611] Bei Versäumnis drohten Gefahren: Eine Entpolitisierung in Form einer Demobilisierung (fehlende Wahlbeteiligung etc.) etwa, zudem könnten nationalistische oder rechtspopulistische Kräfte die von Liberalen verdrängten Affekte für ihre antidemokratischen Programme wecken.[612]

Mit Blick auf die für ihren ›agonistischen Pluralismus‹ zentrale Bejahung von Freiheit und Gleichheit fordert Mouffe, »the lost connection between ethics and politics«[613] aufs Neue zu stiften. Dabei gehe es ihr nicht, so Torfing, um »the pre-modern fusion

---

606   Mouffe: Über das Politische, S. 158. Hierin liegt Mouffes »Differenz« zum Liberalismus: Während »die liberalen Grundprinzipien [...] der inhaltlichen Auseinandersetzung entzogen sind«, so Jörke: Agonalität des Demokratischen, S. 177, stellten sie »bei Mouffe [...] den zentralen politischen Ort innerhalb demokratischer Gesellschaften dar«.

607   Mouffe: Über das Politische, S. 31.

608   Mouffe: Democratic citizenship, S. 66, dazu weiter ebd., S. 69ff. Siehe zum liberalen Verständnis der ›democratic citizenship‹ die Ausführungen von Torfing: Theories of discourse, S. 263f.

609   Vgl. Mouffe: Democratic citizenship, S. 65f.

610   Mouffe: Über das Politische, S. 34f.

611   Ebd., S. 36; siehe auch Mouffe: Agonistik, S. 80f. Auch Laclau: Populist reason, S. 39f., fordert eine Rückbesinnung auf die politische Funktion der Affektivität. So meint er, die »crowd psychology *had* touched on some crucially important aspects in the construction of social and political identities«, dazu zähle »the predominance of the ›emotive‹ over the ›rational‹«. (Ebd., S. 39, Hv. i. Orig.) Gegen die falschen Dichotomien der Massenpsychologie (rational/irrational, normal/pathologisch etc.) komme es darauf an, ihre Erkenntnisse in eine »comprehensive theory of politics« einzubauen, da das Verhalten einer Menge Vorgänge abbilde, die, »in different degrees, structure *any* kind of socio-political life«. (Ebd., S. 40, Hv. i. Orig.)

612   Vgl. Mouffe: Über das Politische, S. 35f.; 75ff.; 91ff.

613   Mouffe: Democratic citizenship, S. 65.

of politics and morals«[614] im Sinne einer Unterordnung der Politik unter moralische, von einem Gemeingut abgeleitete Werte.[615] Zwar ist für Mouffe die Identifikation mit einem gemeinsamen Gut und mit einer Gemeinschaft erforderlich, es dürfe sich aber hierbei nicht um ein substantielles Gut, nicht um eine substantielle Gemeinschaft handeln, die die Freiheiten der Einzelnen dem Gemeinwohl unterordnete und so die Errungenschaften der Moderne opferte.[616] Am Schnittpunkt von individueller Freiheit und bürgerschaftlichem Engagement entsteht der/die (radikal)demokratische Bürger*in[617]:

> What we share and what makes us fellow citizens in a liberal democratic regime is not a substantive idea of the good but a set of political principles specific to such a tradition: the principles of freedom and equality for all. These principles constitute what we can call, following Wittgenstein, a ›grammar‹ of political conduct. To be a citizen is to recognize the authority of such principles and the rules in which they are embodied, to have them informing our political judgement and our actions. To be associated in terms of the recognition of liberal democratic principles: this is the meaning of citizenship that I want to put forward.[618]

Um ihre Position deutlicher zu machen, greift Mouffe auf Michael Oakeshotts (*On Human Conduct,* 1975) Unterscheidung zwischen *universitas* und *societas* zurück.[619] *Universitas* bezeichne den Zusammenschluss und das subjektähnliche Zusammenhandeln von Personen zur Verfolgung eines gemeinsamen Ziels oder Interesses.[620] *Societas* dagegen »designates a formal relationship in terms of rules, not a substantive relation in terms of common action«.[621] Die Regeln, die vorgeben, wie und unter welchen gemeinschaftsbezogenen Erwägungen Handlungen vollzogen werden, nicht aber bestimmen, welche Handlungen dies sind und wie die Erfüllungsbedinungen der Handlungen lauten, nenne Oakeshott *respublica.*[622] Mouffe knüpft an das Konzept der *societas* an:

> It seems to me that Oakeshott's idea of the civil association as *societas* is adequate to define political association under modern democratic conditions. Indeed it is a mode of human association that recognizes the disappearance of a single substantive idea of the common good and makes room for individual liberty. It is a form of association that can be enjoyed among relative strangers belonging to many purposive associations and whose allegiances to specific communities are not seen as conflicting with

---

614   Torfing: Theories of discourse, S. 269.

615   Vgl. ebd.

616   Vgl. Mouffe: Democratic citizenship, S. 61f.; 63ff.; Mouffe: Between liberalism and democracy, S. 112; Jörke: Agonalität des Demokratischen, S. 176.

617   Er oder sie bildet, wie man mit Torfing: Theories of discourse, S. 266, Hv. i. Orig., sagen könnte, »a synthesis of *liberal individualism* and *republican communitarianism*«. Siehe zu den Schwächen beider Traditionen und dem Versuch ihrer Verknüpfung ebd., S. 264ff.

618   Mouffe: Democratic citizenship, S. 65.

619   Vgl. zum Folgenden ebd., S. 66ff., sowie aus der Kommentarliteratur Torfing: Theories of discourse, S. 269ff.; Jörke: Agonalität des Demokratischen, S. 176.

620   Vgl. Mouffe: Democratic citizenship, S. 66.

621   Ebd.

622   Vgl. ebd., S. 67.

their membership of the civil association. This would not be possible if such an association were conceived as *universitas*, as purposive association, because it would not allow for the existence of other genuine purposive associations in which individuals would be free to participate.[623]

Von den Ideen der *societas* und der *respublica* leitet Mouffe einen neuen Begriff des Bürgers und der Bürgerin ab. Bürger*in sei nicht, wer einen Rechtsstatus und damit verbundene Rechte habe, sondern wer die Prinzipien von Freiheit und Gleichheit anerkenne und das eigene Handeln daran orientiere.[624] Gegen einen Individualismus, der zu einem »increasing lack of social cohesion in democratic societies«[625] geführt habe, wehrt Mouffe sich ebenso wie gegen die Forderung nach einer substantiellen Bindung an das Gemeinwesen. Ihr scheine, meint Jörke, »die Quadratur des Kreises gelungen zu sein: sie formuliert einen ›ethischen Liberalismus‹; eine kommunitaristische Verteidigung der liberaldemokratischen Prinzipien der Freiheit und Gleichheit«.[626]

Zu ergänzen ist aus Mouffes Sicht noch ein entscheidendes Detail: Die *respublica*, das Set an gemeinsam akzeptierten Regeln und Prinzipien, stehe nicht ein für alle Mal fest, sondern könne jederzeit herausgefordert werden; es sei »the product of a given hegemony, the expression of power relations«.[627] Es gebe stets verschiedene, einander widerstreitende Interpretationen der *respublica:* Was es heiße, andere Menschen als Freie und Gleiche zu behandeln, lasse sich auf unterschiedliche Weise auslegen.[628] Da Bürger*in-Sein heißt, sich mit einer *respublica* zu identifizieren, gibt es auch abweichende Ansichten über das Bürger*in-Sein.[629]

Mouffes Sympathie gilt den »radical democratic citizens«[630], die sich durch die Identifikation mit einer radikal verstandenen Auslegung der Prinzipien von Freiheit und Gleichheit bildeten.[631] Radikal ist, was auf eine »Verallgemeinerung der äquivalentiell-egalitären Logik«[632] abzielt, wie Mouffe und Laclau in *Hegemonie und radikale Demokratie* formulieren.[633] ›Verallgemeinerung‹ meint zwei eng miteinander verknüpfte Momente: Zum einen geht es um eine »Ausdehnung des Feldes demokratischer Kämpfe auf die ganze civil society und den Staat«[634], was zum anderen eine Verknüpfung der

---

623   Ebd., Hv. i. Orig.

624   Vgl. ebd., S. 65f.; 67; 69.

625   Ebd., S. 65.

626   Jörke: Agonalität des Demokratischen, S. 176. Siehe auch Torfing: Theories of discourse, S. 262, der »the notion of democratic citizenship« versteht als den Versuch »to go beyond both liberalism and communitarianism«.

627   Mouffe: Democratic citizenship, S. 69; vgl. ebd., S. 68f.

628   Vgl. ebd., S. 66; Mouffe: Between liberalism and democracy, S. 114.

629   Vgl. Mouffe: Democratic citizenship, S. 66.

630   Ebd., S. 70.

631   Vgl. ebd., S. 71.

632   Laclau/Mouffe: Hegemonie und radikale Demokratie, S. 209; siehe auch Mouffe in Laclau/Mouffe: Hegemonie, Macht, Rechtspopulismus, S. 17, sowie Marchart: Prekarisierungsgesellschaft, S. 95; Stäheli: Politische Theorie der Hegemonie, S. 213.

633   Vgl. hierzu und weiter Jörke: Agonalität des Demokratischen, S. 178f.; Torfing: Theories of discourse, S. 256f. Siehe zu den verschiedenen Dimensionen der Radikalität der Demokratie auch Nonhoff: Mouffe und Laclau, S. 48ff.

634   Laclau/Mouffe: Hegemonie und radikale Demokratie, S. 219.

Handelnden erfordert, die diese Durchsetzung betreiben. Man müsse die eigenen Forderungen nach mehr Freiheit und Gleichheit als äquivalentiell mit denen anderer Handelnder begreifen[635] und sich bezüglich der gemeinsamen Handlungen »certain rules of conduct«[636] verpflichten. Dadurch entstehe die kollektive politische Identität des/der radikaldemokratischen Bürgers/Bürgerin.[637] Die Konstituierung eines Wir radikaldemokratischer Bürger*innen ist die Basis für die von Mouffe beworbene »hegemony of the democratic forces«.[638]

> The creation of political identities as radical democratic citizens depends [...] on a collective form of identification among the democratic demands[639] found in a variety of movements: women, workers, black, gay, ecological, as well as in several other ›new social movements‹. This is a conception of citizenship which, through a common identification with a radical democratic interpretation of the principles of liberty and equality, aims at constructing a ›we‹, a chain of equivalence among their demands so as to articulate them through the principle of democratic equivalence.[640]

Wie der Begriff ›chain of equivalence‹ andeutet, führt die äquivalentielle Logik nicht zu einer Verschmelzung der Forderungen: »[T]otale Äquivalenz existiert niemals«, da jede Äquivalenz »von einer konstitutiven Unsicherheit durchdrungen [wird], die von der Ungleichheit des Gesellschaftlichen herrührt«.[641] Die äquivalentielle Logik werde gekontert von einer freiheitlichen »Logik der Autonomie«[642], mit der sich die radikale Demokratie das weitere Prädikat ›plural‹ verdiene.[643] Die radikale und plurale Demokratie ist »zwischen Äquivalenz und Autonomie«[644] aufgespannt und steht ihrer absoluten Verwirklichung selbst ständig im Weg.[645] Ihre Vollendung – die Versöhnung von Freiheit (Autonomie) und Gleichheit (Äquivalenz) – wäre der Moment ihres Verendens:

> [T]he tension between liberty and equality [...] characterizes modern democracy. It is the very life of such a regime and any attempt to bring about a perfect harmony, to realize a ›true‹ democracy, can only lead to its destruction. This is why a project of radical and plural democracy recognizes the impossibility of the complete realization of democracy and the final achievement of the political community. Its aim is to use the symbolic resources of the liberal democratic tradition to struggle for the deepening of the democratic revolution, knowing that it is a never-ending process.[646]

---

635   Es gelte, »die Äquivalenzketten zwischen den verschiedenen Kämpfen gegen Unterdrückung zu erweitern«. (Ebd.)

636   Mouffe: Democratic citizenship, S. 70.

637   Vgl. ebd.

638   Ebd., S. 71; vgl. ebd.

639   Siehe zum Begriff ›democratic demand‹ etwa Laclau: Populist reason, S. 72ff.; 125ff.

640   Mouffe: Democratic citizenship, S. 70.

641   Laclau/Mouffe: Hegemonie und radikale Demokratie, S. 228.

642   Ebd.; vgl. Jörke: Agonalität des Demokratischen, S. 179.

643   Vgl. Laclau/Mouffe: Hegemonie und radikale Demokratie, S. 228.

644   Ebd., S. 230.

645   Vgl. ebd., S. 29.

646   Mouffe: Democratic citizenship, S. 72; siehe auch Hetzel: Demokratie ohne Grund, S. 208f.; Jörke: Agonalität des Demokratischen, S. 175, und Laclau/Mouffe: Post-Marxism without apologies,

3.5   Theorie des Zwischen

Mouffe positioniert ihre Theorie des ›agonistischen Pluralismus‹ als eine Zwischen-Theorie – »zwischen Kommunitarismus und Liberalismus«[647], zwischen Freiheit und Gleichheit. Als Theorie auf dem Bindestrich zwischen Weder und Noch lässt sich Mouffes und Laclaus Projekt auch im Ganzen charakterisieren[648], und als solches ist es für die Frage nach einer Politik des Miteinander relevant. Dies verdeutlicht der Vergleich mit den zuvor dargestellten Theorien.

Mit Nancy sind sich Laclau und Mouffe einig, dass die gebotene Dekonstruktion eines ›Essentialismus der Totalität‹, eines Grundes der Gemeinschaft, nicht zu einem ›Essentialismus der Elemente‹ führen dürfe, zu einem Rückzug auf ein die sozialen Verhältnisse gründendes Individuum. Beide Essentialismen unterstehen dem, was bei Nancy »Metaphysik des absoluten Für-Sich«[649] (also des Subjekts) heißt: Behauptet wird eine unmögliche Identität – der Totalität oder der Elemente –, die als Grund ihrer kontingenten Artikulation vorausgehe.[650] Laclau und Mouffe sehen darin den zum Scheitern verurteilten Versuch, einen ursprünglichen Identitätsmangel zu beheben: »›Objektivismus‹ und ›Subjektivismus‹, ›Holismus‹ und ›Individualismus‹ sind symmetrische Ausdrucksweisen des Begehrens nach einer Fülle, die permanent aufgeschoben bleibt.«[651]

Nancy überreizt allerdings das anti-totalitäre Moment und kann nicht erklären, wie sich die (ontologische) Pluralität der Singularitäten z. B. in gemeinsames Handeln übersetzen ließe. Laclau und Mouffe hingegen beteiligen sich zwar am »break with metaphysical categories such as the ›last instance‹ of the social«[652], unterstreichen aber, man müsse die mithilfe der Kategorie des Antagonismus aufgewiesene Nicht-Totalität des Sozialen temporär einschränken.[653] Der Begriff der Hegemonie zeigt, dass es sich hierbei um eine (machtvolle) politische und als solche kontingente, angreifbare Einschränkung handelt.[654] Das Verdienst der Theorie Laclaus und Mouffes wäre mit Rüdiger darin zu sehen, »daß sie nicht nur jede Form von Essentialismus und Identitätslogik de-

S. 130; Mouffe: Democratic politics today, S. 13f.; Mouffe in Laclau/Mouffe: Hegemonie, Macht, Rechtspopulismus, S. 22f.

647   Stäheli: Politische Theorie der Hegemonie, S. 197. Mit Torfing: Theories of discourse, S. 262, könnte man auch (wie bereits zitiert) von einem »beyond [...] liberalism and communitarianism«, sprechen.

648   Als eine Theorie, die Entweder-oder-Dichotomien hinter sich lasse, charakterisieren Laclau/Mouffe: Post-Marxism without apologies, S. 116, ihre Theorie selbst; siehe auch den Hinweis von Rüdiger: Dekonstruktion und Demokratisierung, S. 214f.

649   Nancy: Entwerkte Gemeinschaft, S. 16 (CD 17).

650   Vgl. Laclau/Mouffe: Hegemonie und radikale Demokratie, S. 25; siehe auch Rüdiger: Dekonstruktion und Demokratisierung, S. 214.

651   Laclau/Mouffe: Hegemonie und radikale Demokratie, S. 161.

652   Laclau/Mouffe: Post-Marxism without apologies, S. 116.

653   Siehe dazu beispielsweise Marchart: Politische Differenz, S. 201ff.; Marchart: Das unmögliche Objekt, S. 309ff.

654   Vgl. Mouffe: Über das Politische, S. 25ff.

konstruiert, sondern mit der daraus folgenden Anerkennung der Konstitutivität des Politischen einen Raum für neue konstruktive Gesellschaftstheorie [...] öffnet«.[655]

Mit Blick auf Castoriadis' Theorie der Gesellschaft ist vor allem Laclaus und Mouffes Überwindung der Dichotomie von Handlung und Struktur bedeutsam.[656] Castoriadis' These von der vollständigen Fabrikation des Subjekts durch die Gesellschaft hatte sich als problematisch erwiesen. Zum einen enthielt sie die Vorstellung von einer ›geschlossenen‹ Gesellschaft. Zum anderen war fraglich, ob überhaupt, und gegebenenfalls auf welche Weise, das Subjekt die Gesellschaft, von der es hervorgebracht wird, verändern kann. Laclau und Mouffe überwinden die quasi-holistischen Anmutungen der Theorie Castoriadis', indem sie die Unabgeschlossenheit des Subjekts und der Gesellschaft in einen konstitutiven Zusammenhang bringen. Sie entwerfen, so formuliert van Dyk, »den Abstand zwischen Unentscheidbarkeit (die dem notwendigen Außen geschuldeten [sic!] Unmöglichkeit gesellschaftlicher Totalität) und Entscheidung (der temporären Fixierung) als Raum für Handlungsfähigkeit«.[657] Dadurch lassen sich politische, das heißt gesellschaftsinstituierende und -verändernde Handlungen denken, ohne gezwungen zu sein, das (individuelle oder kollektive) Subjekt zum Urheber der Gesellschaft zu erklären. Laclau erläutert:

> [A]gents are not just blind instruments or bearers of structures for the simple reason that the latter do not constitute a closed system, but are riven with antagonisms, threatened by a constitutive outside and merely have a weak or relative form of integration. All this requires constant acts of recreation of the institutional complexes by the agents: this is what constitutes the practice of articulation. It is not the practice of subjects constituted outside any system of differences (institutions), but of subjects constituted by those differences and the fissures or gaps they reveal. In opposition to the postulation of two *separate* metaphysical entities – agents and structures – we suggest the following: (a) that there are merely relative *degrees* of institutionalization of the social, which penetrate and define the subjectivity of the agents themselves; and (b) that the institutions do not constitute closed structural frameworks, but loosely integrated complexes requiring the constant intervention of articulatory practices.[658]

Für eine Politik des Miteinander ist insbesondere die Frage nach den Möglichkeiten kollektiver Handlungen wichtig, die Laclau und Mouffe mit ihren Überlegungen zum Verhältnis von Partikularismus und Universalismus sowie zur Bildung von Äquivalenzketten zu beantworten suchen. Wiederum ist dies als ein Bemühen darum zu erkennen, anstelle eines Weder-noch ein Zwischen zu denken. Die demokratische »politische Praxis besteht [...] nicht darin, die Rechte prä-konstituierter Identitäten zu verteidigen,

---

655 Rüdiger: Dekonstruktion und Demokratisierung, S. 214.

656 Siehe den Hinweis von Jörke: Agonalität des Demokratischen, S. 181f., Anm. 53, sowie die Ausführungen von Süss: Kollektive Handlungsfähigkeit, S. 132ff.; Rüdiger: Dekonstruktion und Demokratisierung, S. 172ff.; 178ff.

657 van Dyk: Poststrukturalismus, S. 195. Rüdiger: Dekonstruktion und Demokratisierung, S. 181, nennt dies eine »konstitutive Relationalität«, was meint, dass »weder das Subjekt noch die Struktur sich als vollständige Identitäten konstituieren können«, da sie in einer »gegenseitige[n] Abhängigkeit voneinander« stünden.

658 Laclau: Theory, democracy and socialism, S. 223f., Hv. i. Orig.

sondern vielmehr jene Identitäten selbst in einem prekären und jederzeit anfechtbaren Terrain zu konstituieren«.[659] Damit bewege sich Politik »[z]wischen der Logik völliger Äquivalenz und der Logik reiner Differenz«.[660] Der Begriff der Äquivalenzkette ruft Nancys Versäumnis in Erinnerung, die Negativität des Sozialen mit einer »Positivität des Sozialen«[661] zu verbinden. Für Laclau und Mouffe liegt darin die Gefahr eines »Verschwindens des Politischen«[662], die sich symmetrisch zu der Bedrohung durch den (zum Scheitern verurteilten) totalitären Versuch verhalte, »eine endgültige Naht zu etablieren und den radikal offenen Charakter des Sozialen zu verneinen«.[663] Die abzulehnende Ambition auf Herstellung einer geschlossenen Einheit der Gesellschaft rechtfertige nicht die Entsagung von

> jeglicher Bezugnahme auf eine solche Einheit. Denn obwohl sie unmöglich ist, bleibt sie ein Horizont, der unter der Voraussetzung der Abwesenheit einer Artikulation zwischen sozialen Verhältnissen notwendig ist, um eine Implosion des Sozialen und eine Abwesenheit jeglichen gemeinsamen Referenzpunktes zu verhindern. [...] Im Gegensatz zur Gefahr des Totalitarismus, der auf autoritäre Art und Weise unveränderliche Artikulationen durchsetzt, ist das Problem hier die Abwesenheit jener Artikulationen, die eine Etablierung von Bedeutungen erlauben, auf die sich die verschiedenen sozialen Subjekte beziehen.[664]

Nancys Theorie einer ›undarstellbaren‹ Gemeinschaft lässt es an einem solchen Horizont der Einheit tendenziell fehlen, damit auch an einem Referenzpunkt, der unterschiedliche Subjekte zu einer (politischen) Äquivalenzkette verknüpfen könnte. Zwar hat auch Nancy im Blick, dass Politik eine Verknüpfungspraxis ist. Aus der Perspektive Laclaus und Mouffes müsste sein Unterfangen, diese Praxis zu denken, aber ins Leere laufen, da Nancy das Woraufhin einer Verknüpfung der Singularitäten nicht deutlich genug macht. Für Laclau und Mouffe bilden den Verknüpfungshorizont die demokratischen Prinzipien von Freiheit und Gleichheit. Sie ermöglichen die Verkettung einzelner Subjekte[665], ohne ihre Unterschiede aufzuheben: »Zwischen einer Logik völliger Identität und einer reiner Differenz muß die Erfahrung der Demokratie aus der Anerkennung der Vielfalt sozialer Logiken und der Notwendigkeit ihrer Artikulation bestehen.«[666]

---

659   Laclau/Mouffe: Hegemonie und radikale Demokratie, S. 25f.
660   Ebd., S. 29. Auch Süss hebt als einen »Erkenntnisgewinn« des Ansatzes von Laclau und Mouffe die »Konzeption der Konstitution politischer Akteur_innen und Projekte« hervor, wobei sie vor allem auf die radikale Kritik des »Klassenreduktionismus« (Süss: Kollektive Handlungsfähigkeit, S. 125) und die damit verknüpfte Einsicht abhebt, »dass die Identitäten der Subjekte selbst Produkt diskursiver Artikulation sind und nicht umgekehrt«. (Ebd., S. 126)
661   Laclau/Mouffe: Hegemonie und radikale Demokratie, S. 234.
662   Ebd., S. 233.
663   Ebd., S. 232; vgl. ebd.
664   Ebd., S. 232f.
665   Vgl. ebd., S. 195f.; Mouffe: Democratic citizenship, S. 70.
666   Laclau/Mouffe: Hegemonie und radikale Demokratie, S. 233.

Rückfragen an Laclau und Mouffe

Können Laclau und Mouffe ihre Entscheidung für die radikaldemokratischen Prinzipien im Rahmen ihrer eigenen Theorie rechtfertigen? Diese Frage hat in der kritischen Auseinandersetzung mit dieser Theorie zwei eng zusammenhängende Antworten gefunden: Laclau und Mouffe sei es a) nicht möglich, sich überhaupt für irgendetwas mit guten Gründen zu entscheiden; und b) gelinge es ihnen nicht, ihre Entscheidung für die Demokratie schlüssig zu begründen.

Der erste dieser Vorwürfe lässt sich als Relativismusvorwurf resümieren: Habe nicht ihre »critique of essentialism«, fassen Laclau und Mouffe einen Anwurf von Norman Geras zusammen, »eliminated any possible basis for preferring one type of politics to another«?[667] Regelmäßig tritt dieser Vorwurf vereint mit dem eines dezisionistischen Voluntarismus auf, etwa bei Michael Rustin[668] oder Felix Böttger. Letzterer hält Mouffe vor, sie erkenne in ihrer Demokratietheorie »zwar liberale Prinzipien an, allerdings ohne Argumente für deren Anerkennung vorzutragen. Stattdessen zieht sie sich, was dies angeht, auf einen Dezisionismus zurück.«[669] Die eingeforderte Begründung ihres politischen Projekts, verteidigen sich Laclau und Mouffe, sei jedoch in einem bestimmten Sinne unmöglich: »If it is a question of a foundation that enables us to decide with apodictic certainty that one type of society is better than another, [...] there cannot be such a foundation.«[670] Eine Entscheidung, die sich auf eine »incontestable ›rationality‹«[671] berufe, wäre antipluralistisch und potentiell totalitär, da sie keine Entscheidung mehr sei, sondern lediglich die Hinnahme dessen, was eine das Subjekt übersteigende Rationalität bereits entschieden habe.[672] Auch wenn es keine »ultimate rational foundation of the social«[673] gebe, sei nicht jedem Begründungsversuch der Boden entzogen und der relativistischen Willkür Tür und Tor geöffnet. Eine Begründung, die der Klugheit gehorche und sich der Wahrheit annähere, bleibe vorstellbar.[674]

> Even if we cannot decide algorithmically about many things, this does not mean that we are confined to total nihilism, since we can reason about the *verisimilitude* of the

---

667 Laclau/Mouffe: Post-Marxism without apologies, S. 124, mit Bezug auf Norman Geras: Post-Marxism? In: New Left Review 163 (1987), S. 40-82, wo es heißt: »Laclau–Mouffian indeterminacy [...] yields the unfounded – arbitrary – choice of more or less whatever politics you want.« (Ebd., S. 78) Siehe zu Geras' Kritik zusammenfassend Nonhoff: Mouffe und Laclau, S. 51f., sowie allgemein zum Relativismusvorwurf ebd., S. 53f.; Rüdiger: Dekonstruktion und Demokratisierung, S. 170; 206ff.; Torfing: Theories of discourse, S. 274ff. Stäheli: Politische Theorie der Hegemonie, S. 215, Hv. i. Orig., hält als Kritik an Laclau und Mouffe fest, sie könnten »nicht Rechenschaft über die Kontingenz des *eigenen* Theorieunternehmens ablegen«.

668 Siehe etwa Rustin: Absolute voluntarism, S. 167; 172f.

669 Böttger: Postliberalismus, S. 209.

670 Laclau/Mouffe: Post-Marxism without apologies, S. 124.

671 Laclau: Building a new left, S. 194.

672 Vgl. ebd.

673 Ebd.

674 Siehe zum Folgenden Absatz auch Torfing: Theories of discourse, S. 284f.

available alternatives. In that sense, Aristoteles distinguishes between *phronesis* (prudence) and *theory* (purely speculative knowledge).[675]

Ein Argument, das nicht mit letzter Gewissheit, sondern im Sinne der *verisimilitude* vorgebracht werde, besitze eine »weakened rationality«[676] und sei im Wesen pluralistisch, da es sich auf andere Argumente beziehen müsse, die es in seiner Gültigkeit herausforderten.[677] In diesem Sinne gründe die Klugheit – »*ein untrüglicher Habitus vernünftigen Handelns* [...] *in Dingen, die für den Menschen Güter und Übel sind*«[678] – nicht auf universalistischen Prinzipien, sondern sei kontextgebunden und stehe in Beziehung mit der kollektiv konstruierten und als solcher veränderbaren Tradition (z.B. den Werten) einer Gesellschaft.[679] Entscheidungen bleiben also möglich, auch wenn dies keine letztgültigen, auf einem unbestreitbaren Fundament gründenden Entscheidungen sind.

Damit ist noch nicht über den zweiten Vorwurf entschieden: Können Laclau und Mouffe ihr Votum für die (radikale und plurale) Demokratie und damit ihren »Übertritt zu einer normativen Politischen Philosophie«[680] auf der Basis ihrer Theorie rechtfertigen? Rustin glaubt dies nicht: Verträten Laclau und Mouffe auf der einen Seite eine anti-essentialistische Position, so vertrauten sie auf der anderen Seite auf die »big helping hand from the immanent logic of democratic revolution«.[681] Laclau und Mouffe, so die Kritik, »seem to implicitly presuppose *one* dominant logic of discursive practice in the modern world, that of democratic revolution«[682], wobei sie andere Lesarten der Entwicklung der Moderne (etwa die Rationalisierungs- und Bürokratisierungsthese Max Webers) außen vor ließen und in einen Quasi-Essentialismus zurückfielen.[683] Von der Warte Laclaus und Mouffes aus, könnte man mit Rüdiger erwidern, ist diese Einseitigkeit nachvollziehbar und steht nicht notwendigerweise in einem Widerspruch zu ihrer Theorie. Im Gegenteil: Wenn ihre Theorie nach eigenem Bekunden als »Intervention« darauf abzielt, nicht nur die Linke von der »Wichtigkeit der Demokratie«[684] zu

---

675   Laclau/Mouffe: Post-Marxism without apologies, S. 124, Hv. i. Orig.; ähnlich Mouffe: Radical democracy, S. 13ff.

676   Laclau: Building a new left, S. 194.

677   Vgl. ebd.

678   So die Klugheits-Definition von Aristoteles: Nikomachische Ethik, S. 135, Hv. i. Orig. (1140b).

679   Vgl. Laclau: Building a new left, S. 194; Rüdiger: Dekonstruktion und Demokratisierung, S. 210f.

680   Reckwitz: Diskurse, Hegemonien, Antagonismen, S. 309.

681   Rustin: Absolute voluntarism, S. 165; vgl. ebd. Zu der Frage, wie sich die theoretische, historische und politische Analyse in der Theorie Laclaus und Mouffe zueinander verhalten, siehe Rüdiger: Dekonstruktion und Demokratisierung, S. 187ff.; 200ff., deren Darstellung der kritischen Rezeption ich wichtige Hinweise verdanke.

682   Rustin: Absolute voluntarism, S. 165, Hv. i. Orig.; auch zitiert bei Rüdiger: Dekonstruktion und Demokratisierung, S. 188.

683   Vgl. Rustin: Absolute voluntarism, S. 165; Jörke: Agonalität des Demokratischen, S. 181 (mit Bezug auf Rustins Kritik), sowie mit einem ähnlichen Einwand ebd., S. 180: »Es bleibt unklar, wie Mouffe auf der einen Seite von der irreduziblen Kontingenz und Instabilität sämtlicher diskursiver Formationen ausgehen und auf der anderen Seite dem modernen demokratischen Diskurs eine solch immense Wirkmächtigkeit zusprechen kann. [...] Es hat zumindest den Anschein, als wenn sie unter der Hand in eine essentialistische bzw. teleologische Position zurückfällt, die sich mit dem angestrebten strikten Anti-Essentialismus schwerlich vereinbaren lässt.«

684   Laclau/Mouffe: Hegemonie und radikale Demokratie, S. 23.

überzeugen, sondern allgemein für eine Ausweitung und Vertiefung der Prinzipien von Freiheit und Gleichheit zu sorgen, das heißt: eine Hegemonie des demokratischen Diskurses zu erreichen[685], liegt es nahe, den historischen Erfolg dieses Diskurses herauszustellen. Man dürfe die Geschichte aus Sicht Laclaus und Mouffes nicht als objektives, rational erfassbares Faktum missverstehen, sondern müsse sie als ein diskursives (und damit kontingentes), bestimmten politischen Interessen dienendes Konstrukt begreifen.[686]

Aus dem »offene[n], ungenähte[n] Charakter des Sozialen«[687], hatte Laclau gegen Derrida eingewandt, lasse sich kein spezifisches politisches Projekt unmittelbar ableiten.[688] Die demokratische Umwälzung impliziere keine »Teleologie«, da ihr »diskursive[r] Umfang [...] den Weg für verschiedene politische Logiken eröffnet: einerseits für Rechtspopulismus und Totalitarismus und andererseits für radikale Demokratie«.[689] Will sagen: Man muss sich für ein politisches Projekt entscheiden. Mouffe und Laclau entscheiden sich für die radikale und plurale Demokratie.[690]

Gibt es gute Gründe für diese Entscheidung? Rustin bringt gegen Laclau und Mouffe vor, ihr Vorschlag für eine radikale demokratische Politik sei »wholly ungrounded«, schwimme »in empty space [...]. They may believe that their own *a priori* notions of the contingency and openness of the social logically entail commitment to the radical democratic project.«[691] Diese Unterstellung eines Bekenntniszwangs zur Demokratie ist allerdings ungerechtfertigt, denn für Laclau und Mouffe heißt Kontingenz und Nicht-Totalität des Sozialen auch: Die von ihnen befürwortete radikale und plurale Demokratie ist nicht das einzig mögliche politische Projekt.[692] Rustins Hinweis, »[t]he idea of deconstruction need not [...] have any egalitarian implications«[693], ist richtig, als Kritik an Laclau und Mouffe aber verfehlt, da er ihre Position präzise wiedergibt.

---

685   Laclau/Mouffe: Post-Marxism without apologies, S. 124: »For us the articulation between socialism and democracy, far from being an axiom, is a political project, that is, it is the result of a long and complex hegemonic construction, which is permanently under threat and thus needs to be continuously redefined.« Laclaus und Mouffes radikale sowie plurale Demokratie sei in diesem Sinne »ein gegenhegemoniales emanzipatorisches Projekt«, schreibt Marchart: Prekarisierungsgesellschaft, S. 95.

686   Vgl. Rüdiger: Dekonstruktion und Demokratisierung, S. 189.

687   Laclau/Mouffe: Hegemonie und radikale Demokratie, S. 238.

688   Siehe auch Laclau: Building a new left, S. 191: »In the first place, let us clear up a point: there is nothing that can be called a ›politics of poststructuralism‹. The idea that theoretical approaches constitute philosophical ›systems‹ with an unbroken continuity that goes from metaphysics to politics is an idea of the past, that corresponds to a rationalistic and ultimately idealistic conception of knowledge.«

689   Laclau/Mouffe: Hegemonie und radikale Demokratie, S. 210; siehe auch Laclau: Populistischer Bruch, S. 184f.

690   Wie schon zitiert, spricht Stäheli: Politische Theorie der Hegemonie, S. 210, in diesem Sinne von einer »strategische[n] Entscheidung«. Böttger: Postliberalismus, S. 215, deutet die Diskurstheorie Laclaus und Mouffes allgemein als eine »strategisch-politische Intervention [...], die auf das Wegbrechen des klassischen Fundaments von Theorie reagiert«; siehe auch ebd., S. 217, sowie ähnlich Marchart: Politische Differenz, S. 187; 211.

691   Rustin: Absolute voluntarism, S. 172f., Hv. i. Orig.; vgl. ebd., S. 172.

692   Vgl. Stäheli: Politische Theorie der Hegemonie, S. 210.

693   Rustin: Absolute voluntarism, S. 173.

Für Laclau und Mouffe ist die Logik der *verisimilitude*, insofern sie sich auf ande-re Argumente stütze und von ihnen jederzeit herausgefordert werden könne, »essentially public and democratic. Thus, the first condition of a radically democratic society is to accept the contingent and radically open character of all its values – and in that sense, to abandon the aspiration to a single foundation.«[694] Zugespitzt könnte man mit Rustin kritisieren: »Laclau and Mouffe offer little justification for their commitment to radical democracy, but one of its decisive values for them seems to be that it leaves everything open.«[695] Nicht nur entspricht die Demokratie der Einsicht, der Gesellschaft fehle es an einer »ultimate rational foundation«[696], sie treibt diese Entfundamentalisierung beständig selbst voran.[697] In einer Demokratie, so Laclau und Mouffe, könne es keine fundamentalen, unbestreitbaren Werte geben: Auch etwa »humanist values« besäßen nicht »the metaphysical status of an essence [...] prior to any concrete history and society«.[698] Die Idee ›des Menschen‹ und der (individuellen) Menschenrechte seien diskursive Konstruktionen, was ihre Geltung nicht beschneide, sondern es vielmehr erlaube, Gefährdungen der Menschenrechte zu erkennen und zu bekämpfen.[699] Dasselbe gilt für die Demokratie: Gefragt, ob »the ›democratic imaginary‹«, wie er und Mouffe es beschrieben hätten, nicht eine »essentialist category in your narrative of the history of radical democracy«[700] darstelle, macht Laclau klar, dass das Gegenteil der Fall sei. Die Äquivalenzlogik, die den Kern des demokratischen Imaginären ausmacht, unterlaufe die essentialistische Vorstellung differentieller, positiv gegebener Identitäten: »The democratic imaginary does not constitute itself on the level of the (differential) positivity of the social, but as a transgression and subversion of it. Consequently, there is no essentialist assertion involved.«[701] Laclau warnt davor, eine Gesellschaft schon dann als demokratisch zu bezeichnen, wenn sie auf eine bestimmte Weise organisiert ist und ihre Mitglieder bestimmte Werte vertreten.[702] Laclau begreift ›Demokratie‹, ähnlich wie Castoriadis und Nancy, als ein unausgesetztes Infragestellen:

> A society is democratic [...] insofar as it refuses to give its own organization and its own values the status of a *fundamentum inconcussum*. There is democracy as long as there exists the possibility of an unlimited questioning; but this amounts to saying that democracy is not a *system* of values and a *system* of social organization, but a certain inflection, a certain ›weakening‹ of the type of validity attributable to any organization and any value. [...] ›[W]eakening‹ the foundation of values and forms of organization also means widening the area of the strategic games that it is possible to play, and therefore, widening the field of freedom.[703]

---

694   Laclau/Mouffe: Post-Marxism without apologies, S. 125; vgl. ebd.
695   Rustin: Absolute voluntarism, S. 167.
696   Laclau: Building a new left, S. 194.
697   Vgl. Jörke: Agonalität des Demokratischen, S. 174.
698   Laclau/Mouffe: Post-Marxism without apologies, S. 125.
699   Vgl. ebd., siehe auch Laclau: Theory, democracy and socialism, S. 244f.
700   So die Herausgeber der Zeitschrift *Strategies* in Laclau: Building a new left, S. 186, Hv. i. Orig.
701   Ebd., S. 187; vgl. ebd.
702   Vgl. ebd.
703   Ebd., Hv. i. Orig.

Dies führt zurück zu Laclaus und Mouffes Genealogie der Demokratie, der sie Rüdiger zufolge die Begründungslast für den Übergang »von der Dekonstruktion zur Konstruktion«[704] auferlegen, für die Engführung der diskurstheoretisch hergeleiteten Unabschließbarkeit des Sozialen in das ethisch-politische Projekt radikaler und pluraler Demokratie.[705] Es erscheint fraglich, ob sich Laclaus und Mouffes Behauptung einer allenfalls kontingenten Verknüpfung der »Indeterminiertheit des Sozialen«[706] mit der Demokratie aufrechterhalten lässt. Entweder sind Gesellschaften im Wesen offen – dann träte mit der Demokratie kein regelrechter Bruch ein, sondern käme ihre bis dahin vertuschte Unbestimmtheit nur ans Licht. Oder die Erfindung der Demokratie bedeutete in der Tat einen tiefgreifenden Wandel: In diesem Fall trüge die behauptete Offenheit der Gesellschaft einen historischen Index und besäße nur vor dem Horizont der ›demokratischen Revolution‹ Geltung. »War alles Soziale bereits wegen seines diskursiven Charakters als prekär und nur partiell fixiert bezeichnet worden, so erscheint jetzt der Zustand vor der demokratischen Revolution als vergleichsweise geschlossen.«[707] Dem ließe sich zwar erwidern:

> Es wäre ein Denkfehler anzunehmen, Gesellschaft hätte zu früherer Zeit oder anderen Orts auf einem festen Fundament geruht, das nun brüchig geworden wäre. Die moderne Kontingenzerfahrung ermöglichenden Entwicklungen wie Industrialisierung, funktionale Differenzierung oder politische Revolutionen lösen keinen Grund auf […]; sie schaffen die historischen Bedingungen für die reflexive Erkenntnis, dass keiner Gesellschaft ein ultimativer Grund zur Verfügung steht, das heißt, dass Kontingenz notwendig ist.[708]

Dennoch bleibt unklar, worin der Zweck des Versuchs einer historischen Einordnung der demokratischen Logik liegt, soll diese doch eine allgemeingültige Logik der (Möglichkeit der) Subversion von Werten und von Formen gesellschaftlicher Organisation sein.[709]

Folgt man Jörke, so wirft der subversive Charakter der demokratischen Logik ein weiteres Problem auf: Kritisch merkt er an, Mouffe bleibe »hinsichtlich der institutionellen Umsetzung bzw. Konkretisierung ihrer Konzeption einer radikalen und agonistischen Demokratie zu vage«.[710] Dahinter könne man theorieimmanente Gründe vermu-

---

704 Rüdiger: Dekonstruktion und Demokratisierung, S. 216.

705 Vgl. zum Folgenden ebd., S. 201; 203f.; Jörke: Agonalität des Demokratischen, S. 180f.

706 Jörke: Agonalität des Demokratischen, S. 180.

707 Sablowski: Vom Sozialismus zur radikalen Demokratie, S. 14; auch zitiert bei Jörke: Agonalität des Demokratischen, S. 180f., und Rüdiger: Dekonstruktion und Demokratisierung, S. 201, die ebd., S. 203, festhält: »Es ist besonders die Kombination diskurstheoretischer Kategorien von offensichtlich universalem Status mit einer historischen Darstellung, die Raum für Kritik öffnet. Die Offenheit des Sozialen, die Instabilität jeder Identität, die Pluralität von Subjektpositionen stellt sich in der historischen Analyse als Phänomen der Moderne dar. Was zunächst als elementarer Bestandteil der Diskurstheorie eingeführt wurde, scheint in der weiteren Ausführung der Theorie Resultat spezifischer historisch-politischer Bedingungen zu sein.«

708 Marchart: Das unmögliche Objekt, S. 42.

709 Vgl. Rüdiger: Dekonstruktion und Demokratisierung, S. 189; 216.

710 Jörke: Agonalität des Demokratischen, S. 182; siehe auch Stäheli: Politische Theorie der Hegemonie, S. 216f., sowie Nonhoff: Mouffe und Laclau, S. 54f.

ten, stehe doch die Wandelbarkeit des Sozialen und damit auch der politischen Institutionen im Zentrum ihres (und Laclaus) Ansatzes; dem widersprächen Vorschläge für
ein »konkretes institutionelles Design, welches für die Umsetzung und Gewährleistung
demokratischer Werte Sorge trägt«.[711] Daher erstaunt, dass Laclau und Mouffe diese
Schlussfolgerung auf einer allgemeinen Ebene keineswegs teilen.[712] Auf den letzten Seiten von *Hegemonie und radikale Demokratie* kommen sie auf die Relation »zwischen demokratischer Logik und hegemonialem Projekt« zu sprechen und machen deutlich, »daß
die Logik der Demokratie nicht für die Formulierung eines hegemonialen Projekts ausreicht«.[713] Sie sei eine negative Logik, die Unterordnungs- und Ungleichheitsverhältnisse eliminieren wolle.[714] Für sich allein sei sie außerstande, »irgendeinen Knotenpunkt
zu begründen, um den herum die soziale Struktur rekonstruiert werden kann«.[715] Ein
»hegemoniales Projekt« müsse deshalb »auch aus einer Reihe von Vorschlägen für die
positive Organisation des Sozialen bestehen«.[716] Dazu gehöre die Institutionalisierung
der Negativität: »Jedes Projekt für eine radikale Demokratie sollte sich vornehmen, dieses Moment der Spannung, der Offenheit, das dem Gesellschaftlichen seinen grundlegend unvollständigen und prekären Charakter gibt, zu institutionalisieren.«[717]

Damit kann weder eine »Verwaltung des Sozialen als Positivität«[718] noch ein Vorschlag für eine konkrete politische Form eines Projekts für (radikale) Demokratie gemeint sein. Laclau und Mouffe könnten »zwar etwas über die Modi und die allgemeinen
Prozesse des hegemonialen Geschehens sagen«, betont Nonhoff entsprechend, »aber
nichts über *bestimmte* Hegemonien«.[719] Laclau und Mouffe erachten es für unmöglich,
die Akteure und Akteurinnen, den Ort oder die Strategien der Veränderung im Voraus
und ohne Rücksicht auf den spezifischen Kontext festzulegen. Weder der Staat noch
die Zivilgesellschaft oder eine Partei ließen sich auf dem Papier als privilegierte Orte
für das Auftauchen demokratischer Antagonismen oder als geeignete Organisationsformen des politischen Kampfes bestimmen.[720] Man müsse gewahr sein,

> daß insofern, als das Feld der »Gesellschaft im allgemeinen« als gültiger Rahmen po
> litischer Analyse verlorengegangen ist, auch die Möglichkeit, eine *allgemeine* Theorie
> der Politik auf der Basis topographischer Kategorien zu etablieren, verschwunden ist —
> das heißt von Kategorien, die die Bedeutung bestimmter Inhalte als Differenzen, die
> innerhalb eines relationalen Komplexes lokalisierbar sind, dauerhaft fixieren.[721]

---

711   Jörke: Agonalität des Demokratischen, S. 182; vgl. ebd.

712   Vgl. zum Folgenden Böttger: Postliberalismus, S. 204f.; Rustin: Absolute voluntarism, S. 166.

713   Laclau/Mouffe: Hegemonie und radikale Demokratie, S. 233.

714   Vgl. ebd.

715   Ebd.; siehe auch Rüdiger: Dekonstruktion und Demokratisierung, S. 185.

716   Laclau/Mouffe: Hegemonie und radikale Demokratie, S. 233.

717   Ebd., S. 236; siehe auch Nonhoff: Mouffe und Laclau, S. 48f.

718   Laclau/Mouffe: Hegemonie und radikale Demokratie, S. 236.

719   Nonhoff: Mouffe und Laclau, S. 54, Hv. i. Orig. Ich folge nachstehend Böttger: Postliberalismus,
      S. 211f.

720   Vgl. Laclau/Mouffe: Hegemonie und radikale Demokratie, S. 222ff. Rustin: Absolute voluntarism,
      S. 165, beklagt mit Blick auf diese Klarstellung dennoch: »Their program is disappointingly abstract
      and procedural.«

721   Laclau/Mouffe: Hegemonie und radikale Demokratie, S. 224, Hv. i. Orig.

Die strategische Konsequenz aus dieser »Vermehrung politischer Räume«[722] lautet, den Kampf um die Ausweitung der Prinzipien von Freiheit und Gleichheit an vielen Orten zu führen. Dazu könnte es beispielsweise geboten sein, sich mit Parteien, Gewerkschaften oder anderen, auch und gerade staatlichen Institutionen zu verbünden, um so eine »gewaltige Äquivalenzkette« zu schmieden im Sinne einer »gemeinsame[n] Front aller fortschrittlichen Kräfte«.[723]

Mouffe und Laclau ist klar: Eine Demokratie kann nicht nur Totalität und Homogenität subvertierender ›Geist‹ sein kann; sie bedarf liberal-demokratischer Institutionen.[724]

> Once the very possibility of achieving homogeneity is discarded, the necessity of liberal institutions becomes evident. Far from being a mere cover-up for the class divisions of capitalist society [...], such institutions provide the guarantee that individual freedom will be protected against the tyranny of the majority or the domination of the totalitarian party/state.[725]

Zu den liberalen Institutionen zählt Mouffe etwa die »separation of Church and State, division of powers, the limitation of state power«.[726] Diese Institutionen ermöglichten nicht zuletzt »a proliferation of public spaces of argumentation and decision«[727], womit Mouffe und Laclau auf die für eine demokratische Politik des Miteinander große Bedeutung öffentlicher Räume aufmerksam machen.[728] Auch Nancy und Castoriadis hatten darauf (mehr oder weniger explizit) hingewiesen. Bei Nancy heißt es: »Die demokratische Politik eröffnet den Raum für vielfältige Identitäten und ihre Aufteilung [partage], doch sie hat sich nicht selbst vorzustellen.«[729] Für Castoriadis gibt es keine Demokratie ohne »[d]as wirkliche Öffentlichwerden der öffentlich/öffentlichen Sphäre«.[730] Es zeichnet sich ab, dass eine (demokratische) Politik des Miteinander auf bestimmte architektonische Konstellationen angewiesen ist, weil diese das In-Beziehung-Treten von Menschen und so ein gemeinsames Handeln begünstigen, erschweren oder verunmöglichen können. Um welche Architektur(en) handelt es sich? Hierum soll es nun gehen.

---

722 Ebd., S. 225.

723 Mouffe: Agonistik, S. 202; vgl. ebd.; Mouffe: Exodus und Stellungskrieg, S. 39, und Laclau/Mouffe: Hegemonie und radikale Demokratie, S. 226: »Die Verstärkung bestimmter demokratischer Kämpfe erfordert [...] die Ausdehnung von Äquivalenzketten hin zu anderen Kämpfen.« Siehe zudem Süss: Kollektive Handlungsfähigkeit, S. 151.

724 Siehe zur Institutionenfrage auch die Ausführungen bei Torfing: Theories of discourse, S. 258ff.

725 Mouffe: Between liberalism and democracy, S. 104f.; siehe auch ebd., S. 109f.

726 Ebd., S. 105; siehe auch Marchart: Äquivalenz und Autonomie, S. 11.

727 Laclau/Mouffe: Post-Marxism without apologies, S. 128; vgl. ebd., S. 128f.

728 Siehe mit Verweis auf Hannah Arendt auch Mouffe: Democratic politics today, S. 9, sowie allgemeiner Mouffe in Laclau/Mouffe: Hegemonie, Macht, Rechtspopulismus, S. 9f. Stäheli: Politische Theorie der Hegemonie, S. 219, Hv. i. Orig., verweist ebenfalls »auf die Relevanz politischer Räume«, sieht diesen Aspekt von Mouffe und Laclau aber noch nicht in befriedigender Weise berücksichtigt.

729 Nancy: Wahrheit der Demokratie, S. 56 (VD 49).

730 Castoriadis: Getan und zu tun, S. 240.

4. Gemeinschaft bauen

In Norbert Elias' Studie über *Die höfische Gesellschaft* (1969) heißt es in dem Abschnitt über *Wohnstrukturen als Anzeiger gesellschaftlicher Strukturen:* »[J]eder Art eines ›Beisammen‹ von Menschen entspricht eine bestimmte Ausgestaltung des Raumes, *wo* die zugehörigen Menschen, wenn nicht insgesamt, dann wenigstens in Teileinheiten tatsächlich beisammen sind oder sein können«.[1] An diese These einer Relation von Raumausgestaltung und Beisammensein lose anknüpfend, steht im Folgenden die architektonische Dimension einer Politik des Miteinander im Fokus: Wie konstituiert oder verhindert Architektur Gemeinschaft(en), wie arrangiert oder hemmt sie gemeinsames Handeln?[2] Einer Politik des Miteinander, so die Intuition, fehlte ohne die Reflexion auf ihre architektonischen Ermöglichungsbedingungen das materielle Fundament.[3]

---

1   Norbert Elias: Die höfische Gesellschaft. Untersuchungen zur Soziologie des Königtums und der höfischen Aristokratie. Mit einer Einleitung: Soziologie und Geschichtswissenschaft. In: ders.: Gesammelte Schriften. Bd. 2 (Hg. Blomert, Reinhard et al.). Frankfurt a.M. 2002, S. 78, Hv. i. Orig.

2   Ich behaupte keine der Architektur innewohnende, mühelos ablesbare politische Bedeutung. Meines Erachtens zu Recht weist Neil Leach: Architecture or revolution? In: ders. (Hg.): Architecture and Revolution. Contemporary perspectives on Central and Eastern Europe. London, New York 1999, S. 112-123, 118, darauf hin, die politische Geltung eines Gebäudes sei zeit- und kontextabhängig. Zur Verdeutlichung meiner Absicht bewährt sich möglicherweise die Unterscheidung zwischen *le* und *la politique:* Wenn auch Architektur nicht im Sinne von *la politique* inhärent politisch ist, so besteht doch ein Zusammenhang zwischen Architektur und *le politique* insofern, als Architektur Gemeinschaft und gemeinsames Handeln ermöglichen oder verhindern kann. Dies meint auch Leach: Architecture or revolution, S. 121, wenn er davon spricht, »a building may facilitate – to a greater or lesser extent – the practice of […] politics through its very physical form«, wobei ›politics‹ zu verstehen sei als »a capacity to influence the social«.

3   Die Rede von der Architektur »als *Ermöglichung*« folgt Schwarte: Philosophie der Architektur, S. 20, Hv. i. Orig. Siehe auch ebd., S. 61: »Die Gestaltung der Räume, in denen sich Menschen versammeln, beeinflusst die Weise, in der sie einander begegnen und in wechselseitigem Bezug aufeinander handeln können. Mehr noch, sie entscheiden […] darüber, was als Handlung zählt […] und wer dort überhaupt mit wem worüber handeln kann.«

Was ist und was macht Architektur?

Gemeinschaft ist das Teilen von Raum und Zeit, und die Architektur errichtet eine räumliche und zeitliche Ordnung.[4] Sie ist »das Bauen *(tektainomai)* eines Anfangs, eines Grundes oder Prinzips *(archè)*, die Freilegung einer Quelle«.[5] Dies zeigt das von Anaximander (ca. 611-546 v. Chr.) entworfene Modell des Kosmos, das aus einem Himmelsglobus, einer Art Weltkarte sowie einer Sonnenuhr *(gnōmōn)* bestand.[6] Der *gnōmōn* verband Himmel und Erde: Er übertrug die Bewegung der Planeten auf die Erde und machte so die Zeit erfahrbar.[7] Indra Kagis McEwen erläutert:

> [T]he mediating *gnōmōn* [...] obstructs the sun's light in order to throw a shadow which moved over a paved piece of earth in a graphic projection of celestial movement. The pavement [...] was marked with equinoxes, solstices, and hour indicators, whose positions as reference points the *gnōmōn*, a human artifact set up at right angles to the earth, had also determined. There may have been *durée*, lived time, before the *gnōmōn*, but before the *gnōmōn* there was no recognition or proper reading of celestial signs, and time, because it was not yet interpreted, had as yet no image: was not known in the sense of *eidenai*, to have seen. It was this human artifact, a concrete reflection both of human posture and of *chronos* as the rectilinear movement of time in the human life span, that revealed the heavenly *kosmoi* as cyclical and temporal.[8]

Das Soziale wird durch den *gnōmōn* einem kosmischen Modell gemäß geformt. Zum einen richten die Menschen ihr Leben nach der an den Himmelsbewegungen abge-

---

4   Die Gemeinschaft, so Schwarte, zielt ab auf und reklamiert »eine zeitliche Stabilität und räumliche Kontinuität«. (Ebd., S. 82) Agacinski: Volume, S. 11, meint: »[L]‹architecture entraîne inévitablement vers la question de la communauté. Le statut des œuvres architecturales, comme aussi l'organisation de l'espace, sont symptomatiques de la façon dont les communautés petites ou grandes se rapportent à elles-mêmes, se situent dans l'espace et dans le temps.«

5   Ludger Schwarte: Einen Anfang bauen. Aufgaben der Architekturphilosophie. In: Hauser, Susanne/ Weber, Julia (Hg.): Architektur in transdisziplinärer Perspektive. Von Philosophie bis Tanz. Aktuelle Zugänge und Positionen. Bielefeld 2015, S. 97-121, 100, Hv. i. Orig.; siehe hierzu auch Schwarte: Philosophie der Architektur, S. 15ff., dessen Darstellung ich im Weiteren folge. Ein solches Verständnis der Architektur sieht in ihr mehr als nur ein Bauen von (funktionalen) Gebäuden mit einem ästhetischen Mehrwert (zu dieser Auffassung kurz Harries: Aufgabe der Architektur, S. 106ff.); Architektur wird zu einer »ontologische[n] Kunst par excellence [...]. Von ihr hängt ab, was etwas ist, wie etwas existieren kann und was als Grundlage dieses Seinkönnens zählt.« (Ludger Schwarte: Gründen und Abreißen. Der Platz der Architektur im System der Philosophie. In: ders./Gleiter, Jörg H. [Hg.]: Architektur und Philosophie. Grundlagen. Standpunkte. Perspektiven. Bielefeld 2015, S. 21-38, 37f.)

6   Vgl. Indra Kagis McEwen: Socrates' Ancestor. An Essay on Architectural Beginnings. Cambridge 1993, S. 17; 19f.; 23ff. McEwen deutet die einzelnen Artefakte nicht als für sich stehende, sondern sieht sie als zusammenhängend: »Anaximander's model of several parts was, intentionally, a single undertaking.« (Ebd., S. 18)

7   Mit dem Wort *gnōmōn* konnte auch ein Mensch bezeichnet werden, »an interpreter of [...] divine utterances or prophecies, which is to say a human link between heaven and earth«. (Ebd., S. 35)

8   Ebd., S. 38, Hv. i. Orig. Auch Vernant: Entstehung des griechischen Denkens, S. 122, versteht Anaximanders Modelle als erste Veranschaulichungen (Theorien) des Kosmos.

lesenen Zeit aus.[9] Es findet eine »social synchronization«[10] statt, die Menschen sind miteinander durch die Zeit, in der Zeit. Zum anderen verwendete man den *gnōmōn* bei der Planung und Gründung griechischer wie römischer Siedlungen: Mit seiner Hilfe entwarf man die schachbrettartigen Straßennetze der antiken Städte und legte – in Gestalt der Markierung des Schnittpunkts der Himmelsrichtungen – die zentrale Kreuzung der Straßen fest: Die sozialen Vorgänge orientierten sich an den kosmischen.[11] Vernant meint, »daß die ersten Stadtplaner wie Hippodamos von Milet in Wirklichkeit politische Theoretiker sind: Die räumliche Organisation der Stadt ist nur ein Moment in einer allgemeinen Anstrengung, die die Ordnung und vernünftige Gestaltung der Menschenwelt zum Ziel hat«.[12] Die Raumdefinition, hatte Elias insinuiert, bestimmt die Form(en), die das Soziale annehmen kann, die Gelegenheiten des Sich-Begegnens und Miteinander-Handelns. In diesem Sinne ist Architektur ein »kollektiver (versammelnder) Akt«[13] und hat »die Möglichkeit der Hervorbringung eines Zusammen«[14] zum Ziel. Ihr Verdienst ist es nicht, Gebäude zu bauen, sondern liegt »darin, dass sie *die Gründung*, die Versammlung des Gemeinsamen, *vorbereitet,* dass sie *die Grenze der kulturellen Welt zieht* und *ihre Grundlagen festigt«.*[15] Sie errichtet eine (kulturelle) Ordnung, die »eine Gemeinschaft räumlich und zeitlich ausdehnt und einrichtet«, und verstetigt diese Ordnung »über den Handlungs- und Erkenntnisradius einzelner Akteure oder Kollektive hinaus«.[16]

Die räumliche und zeitliche, kurz: architektonische Dimension des Kollektiven erlaubt es, Gestalten des Kollektiven mithilfe der Architektur zu differenzieren. Dabei ließe sich mit Nancy eine kategoriale von einer existenzialen Form des Kollektiven unterscheiden.[17] Kategorial wäre ein Kollektives-als-Trennung. Das Kollektive ist hier »rein formal« aufgefasst und erschöpft sich darin, »zwischen mit und ohne zu unterscheiden

---

9   Vgl. Schwarte: Anfang bauen, S. 101; siehe auch Schwarte: Philosophie der Architektur, S. 50.

10 Schwarte: City, S. 76. Mit der Veröffentlichung der Zeit an Kirchen- oder Stadttürmen, die sich seit dem Spätmittelalter durchsetzte, gewinnt die Synchronisation eine politische Dimension. Die Zeit ist nun eine menschliche, unabhängig vom Lauf der Gestirne, und zeugt von der Fähigkeit, sich selbst zu regieren. (Vgl. ebd.) Castoriadis: Griechische polis und Schöpfung der Demokratie, S. 48, Hv. i. Orig., fasst den Begriff der »*öffentlichen Zeit«* ähnlich: Nicht nur als »die Institution einer ›sozialen‹ Zeit, eines ›Kalenders‹, eines gesellschaftlichen Systems zeitlicher Bezugspunkte«, sondern als »das Auftauchen einer Dimension, in der eine Gemeinschaft die eigene Vergangenheit als Resultat des eigenen Tuns begutachten kann und wo sich eine ungewisse Zukunft als Handlungsfeld für sie erschließt«.

11 Vgl. Schwarte: Anfang bauen, S. 102f.; Schwarte: Philosophie der Architektur, S. 16.

12 Vernant: Entstehung des griechischen Denkens, S. 127.

13 Schwarte: Philosophie der Architektur, S. 179.

14 Ebd., S. 88f.

15 Ebd., S. 89, Hv. i. Orig.; vgl. ebd.; 179. Eine Grenze ziehen, das heißt auch: festlegen, was außerhalb der eigenen Welt liegt. »Mag dies nun als Natur, Chaos oder Barbarei konzeptualisiert werden: das Nichtidentische eines kulturellen Systems ist immer auch ein Element seiner Architektur.« (Ebd., S. 89; siehe auch ebd., S. 58f.)

16 Ebd., S. 89; vgl. ebd., und siehe auch Heike Delitz: Architektur als Medium des Sozialen. Der Blick der Soziologie. In: Hauser, Susanne/Weber, Julia (Hg.): Architektur in transdisziplinärer Perspektive. Von Philosophie bis Tanz. Aktuelle Zugänge und Positionen. Bielefeld 2015, S. 257–282, 264.

17 Siehe dazu Nancy: Demokratie und Gemeinschaft, S. 61f.; Nancy: Kommunismus, S. 185 (CM 205f.).

(Du bist hier mit mir, aber du könntest hier ohne mich sein; das stört weder die Tatsache, dass du hier bist noch die Tatsache, dass du du bist, so wie ich ich bin.)«.[18] Diese Idee des Kollektiven propagieren die Theorien kollektiver Intentionalität: Das Kollektive fügt sich den Individuen hinzu, ohne sie wesentlich zu verändern. Der kategorialen Auffassung nach meint das Kollektive in diesen Theorien »bloß ein räumliches und zeitliches Nebeneinander«[19], es beschränkt sich auf »ein rein äußerliches ›Seite an Seite‹, das keine Beziehung zwischen den Seiten oder zwischen den Teilen ihrer ›partes extra partes‹ beinhaltet«.[20] Hier handelte es sich in der räumlichen Dimension um eine »collocation, juxtaposition of singulars«[21]; in der zeitlichen Dimension um eine Gleichzeitigkeit, eine zeitliche Verschmelzung, »a shared immediate presence«.[22] Die existenziale Form des Kollektiven – das »Mit«[23] – ist kein Nebeneinander oder eine geteilte Präsenz: Im existenzial verstandenen »Mitsein wird etwas zu etwas, es wird geteilt und mitgeteilt, kommuniziert«.[24] Das Mit ist ontologischer Kommunismus, der – gegen die Theorien kollektiver Intentionalität – davon ausgeht: Kein Ich ohne Andere(s).

> [D]as *Ich* existiert nicht allein. Es existiert wesentlich *mit* anderen existierenden Wesen. Das *mit* ist keine äußerliche Verbindung, es ist überhaupt keine Verbindung. Es ist Zusammengehörigkeit *[être-ensemble]* – Beziehung, Teilen [partage], Austausch, Vermittlung und Unvermitteltheit, Bedeutung und Fühlen. [...] Ein existenziales *Mit* impliziert, dass weder du noch ich gleich sind, wenn wir zusammen oder wenn wir getrennt sind. Es impliziert, dass das *Mit* zur Konstitution oder zur Anordnung selbst oder, wie man sagen kann, zu unserem *Sein* dazugehört.[25]

Ob Mit-Sein stattfindet – eine Stätte findet –, entscheidet (auch) die Architektur. Sie schafft ein Klima, in dem es zum *clinamen* der Singularitäten kommen kann.[26] Ebenso vermag sie Mit-Sein zu verhindern und an seine Stelle ein Nebeneinander oder eine Verschmelzung zu setzen. Es ist die Architektur, die, wie Delitz formuliert, »hinsichtlich des Sozialen einen ›Unterschied‹ macht«[27], was nicht nur heißt, dass sie es wahrscheinlicher oder unwahrscheinlicher macht, ob Sozialität sich ereignet, sondern auch, dass sie maßgeblich dafür ist, auf welche Weise dies geschieht:

---

18   Nancy: Kommunismus, S. 185 (CM 205).
19   Nancy: Demokratie und Gemeinschaft, S. 61.
20   Nancy: Kommunismus, S. 184, Hv. i. Orig. (CM 204, zum Teil abweichende Hervorhebungen).
21   Schwarte: City, S. 76.
22   Ebd., S. 77.
23   Nancy: Kommunismus, S. 185, Hv. i. Orig. (CM 205, Hv. i. Orig.); vgl. ebd., S. 184f. (CM 204f.).
24   Nancy: Demokratie und Gemeinschaft, S. 61.
25   Nancy: Kommunismus, S. 184f., Hv. i. Orig. (CM 204f., zum Teil abweichende Hervorhebungen).
26   Zum Begriff des architektonischen Klimas siehe Schwarte: Philosophie der Architektur, S. 28, Hv. i. Orig.: »Aus dem Zusammenspiel von Oberflächen, Benutzern und Umgebung oder von Partikeln, Beobachtung und Energie entstehen Qualitäten, die nicht auf artikulierte Volumen oder Raumrelationen zu reduzieren sind. Die Plastizität verwendeter Materialien, Terrain, Licht, Feuchtigkeit, Klang, Hall, Schatten, Druck, Temperatur, Farben, Texturen, Konturen bringen ein *Klima* hervor, das die Wahrscheinlichkeit sozialer Ereignisse steigern oder mindern kann.«
27   Delitz: Gebaute Gesellschaft, S. 11.

Eine Kommune, ein Kollektiv und eine Öffentlichkeit sind [...] durch konträre Bezüge zur Architektonik, durch unterschiedliche Tendenzen der Versammlung und Verstreuung, der Positionierung und der Habitualisierung gekennzeichnet. Derartige Verkörperungen [...] verknüpfen menschliche Verhaltensweisen mit räumlichen Beziehungen. Der Akt der Entwicklung und Qualifizierung sozialer Bindungen setzt deshalb die Latenz einer räumlichen Disposition voraus.[28]

Wenn es eine »Abhängigkeit gelingender Sozialität von Architekturen«[29] gibt, lautet die Frage: Welche Architektur(en)? Welche Sozialität? Die Dependenz meint keine simple Determination[30]: Sozialität gelingt nur als ›entwerkte‹ Sozialität, die durch Architektur nicht sozialtechnologisch fabriziert wird; und sie ist grundlose, sich überraschenderweise ereignende Sozialität, die in keinem vorgängigen gemeinsamen Sein fundiert ist. Architektur ermöglicht dieses Ereignis nur.[31]

4.1 Architektur als Ausdruck des Sozialen[32]

Der Fokus richtet sich in dieser Arbeit vor allem auf »die performative Kraft der Architektur«.[33] Hierbei ist die Architektur als ein Produktionsmedium aufgefasst, das bestimmte Formen von Sozialität hervorbringt oder verhindert. Das Verhältnis von Architektur und Sozialität lässt sich aber auch umgekehrt verstehen: In der Architektur drücke sich das Soziale (symbolisch) aus oder spiegele sich in ihr wider – Architekturen seien »materialisierte Strukturen des Sozialen«.[34] Entsprechende Überlegungen finden sich in Elias' Analyse der höfischen »Wohnstrukturen« im Ancien Régime, die

---

28   Schwarte: Philosophie der Architektur, S. 159.

29   Schwarte: Anfang bauen, S. 109.

30   Dagegen auch Delitz: Gebaute Gesellschaft, S. 13; 317.

31   »Die Architektur kann die Qualität, den Inhalt, die Frequenz und die Intensität sozialer Kontakte nicht bestimmen, sie muss aber überhaupt die Möglichkeit dafür bereitstellen und kann die Wahrscheinlichkeit bestimmter Erfahrungsmuster beeinflussen. Sie stellt daher zunächst den Kontakt auf einem ganz einfachen Niveau her, damit sich aus bloßem sporadischen gegenseitigen Sehen und Hören die Möglichkeit anderer und dauerhafter Beziehungen ergibt.« (Schwarte: Philosophie der Architektur, S. 113; siehe auch ebd., S. 10f.)

32   Ich folge im Weiteren (samt dem Rekurs auf die zitierte Arbeit Elias' und das noch zu skizzierende Theorem der ›sozialen Morphologie‹) vor allem der Struktur der Arbeit von Silke Steets: Der sinnhafte Aufbau der gebauten Welt. Eine Architektursoziologie. Berlin 2015, S. 19ff.; siehe ferner Delitz: Gebaute Gesellschaft, S. 43ff.; Heike Delitz: Architektursoziologie. Bielefeld 2009, S. 31ff., für die ›soziale Morphologie‹ auch Markus Schroer: Materielle Formen des Sozialen. Die ›Architektur der Gesellschaft‹ aus Sicht der sozialen Morphologie. In: Fischer, Joachim/Delitz, Heike (Hg.): Die Architektur der Gesellschaft. Theorien für die Architektursoziologie. Bielefeld 2009, S. 19-48.

33   Schwarte: Anfang bauen, S. 103.

34   Steets: Aufbau der gebauten Welt, S. 19. Als Ausdrucksmedium, so Karsten Harries: The Ethical Function of Architecture. Cambridge 1997, S. 285, sei die Architektur gegenüber anderen kulturellen Hervorbringungen nichts Besonderes, denn »just about everything a culture produces can be understood to express it in some way or other. Architecture [...] not only expresses but intends to express cultural values and concerns. It does not just communicate, it is intended to communicate.« Siehe hierzu den Hinweis von Schwarte: Philosophie der Architektur, S. 205.

er »als Anzeiger gesellschaftlicher Strukturen«[35] deutet, oder bei Ernst Bloch, der im Bauen »eine besonders überbauhafte [...] Kunst« sieht, fest »mit den jeweiligen gesellschaftlichen Verhältnissen, der zu zeigenden Macht, der Beeinflussung verbunden«.[36]

Die These von der Architektur als Ausdruck der Gesellschaft bildet zudem den Kern der sogenannten Sozialen Morphologie, die 1898 von Émile Durkheim als »Hilfsdisziplin der Soziologie«[37] skizziert und von seinen Schülern Marcel Mauss und Maurice Halbwachs (1877-1945) ausgefeilt und empirisch fundiert wurde.[38] Durkheim kritisiert die Idee, »daß die Gesellschaft nur aus Individuen besteht. Sie umfaßt auch Materielles, das eine wesentliche Rolle im Gemeinschaftsleben spielt.«[39] Deshalb habe die Soziologie dieses »materielle Substrat der Gesellschaften«[40] zu ergründen, postuliert Mauss und erfüllt diese Forderung in seiner Studie *Über den jahreszeitlichen Wandel der*

---

35   Elias: Höfische Gesellschaft, S. 75. Die Macht des Königs etwa habe ihren »symbolischen Ausdruck darin, daß kein anderer Mensch in der Lage ist und es wagen darf, sich ein Haus zu bauen, das in seiner Größe, seinem Prunk und in seiner Ornamentierung dem des Königs nahekommt oder es gar übertrifft«. (Ebd., S. 107) Steets: Aufbau der gebauten Welt, S. 19, Hv. i. Orig., meint, für Elias sei die Architektur kein »passiver Ausdruck oder Indikator der Sozialwelt«, denn die Gesellschaft bilde »sich im *Modus des Anzeigens*, des Repräsentierens«. Siehe mit einem ähnlichen Kommentar zu Elias auch Delitz: Gebaute Gesellschaft, S. 47f.

36   Bloch: Das Prinzip Hoffnung, S. 850. Die Bauhaus-Architektur und die funktionalistische Stadtplanung seien in ihrer Abgehobenheit »von wirklichen Menschen, von Heim, Behagen, Heimat« eine Produktionsstätte von »genormten Termiten« (ebd., S. 861); und weiter: »Die funktionalistische Architektur reflektiert und verdoppelt [...] die eiskalte Automatenwelt der Warengesellschaft, ihrer Entfremdung, ihrer arbeitsgeteilten Menschen, ihrer abstrakten Technik.« (Ebd., S. 869) Siehe zu Bloch auch Delitz: Gebaute Gesellschaft, S. 46.

37   René König: Art. ›Soziale Morphologie‹. In: ders. (Hg.): Soziologie. Frankfurt a.M. 1958, S. 257-268, 257.

38   Vgl. Schroer: Materielle Formen des Sozialen, S. 19; 23; siehe auch Delitz: Gebaute Gesellschaft, S. 40; 50ff. Die Soziale Morphologie, so könnte man mit Wolfgang Eßbach: Antitechnische und antiästhetische Haltungen in der soziologischen Theorie. In: Lösch, Andreas et al. (Hg.): Technologien als Diskurse. Konstruktionen von Wissen, Medien und Körpern. Heidelberg 2001, S. 123-136, 123, sagen, überwindet »die überkommen anti-technischen und anti-ästhetischen Ladungen soziologischer Grundbegriffe« und setzt ein Gegengewicht zum Selbstverständnis der Soziologie »als Theorie reiner Sozialwelt«. Entsprechend erklärt Schroer: Materielle Formen des Sozialen, S. 19, die in der Soziologie zu beobachtende »Renaissance des Raums, der Dinge und des Körpers« mit einem »Unbehagen gegenüber einem eingeschränkten Verständnis vom Sozialen«.

39   Émile Durkheim: Der Selbstmord [1897]. Frankfurt a.M. 1983, S. 365; siehe Schroer: Materielle Formen des Sozialen, S. 19f.; 21. Die Materialität der Gesellschaft macht dabei Schroer zufolge darauf aufmerksam, »dass das Kollektiv stets vor dem einzelnen Individuum besteht«. (Ebd., S. 21f.)

40   Marcel Mauss: Über den jahreszeitlichen Wandel der Eskimogesellschaften. Eine Studie zur Sozialen Morphologie [1904/05]. In: ders.: Soziologie und Anthropologie. Bd. I. Theorie der Magie. Soziale Morphologie (Hg. Lepenies, Wolf/Ritter, Henning). München 1978, S. 183-278, 183, mit Bezug auf Émile Durkheim: Morphologie sociale: In: L'Année sociologique 2 (1897/98), S. 520-521, 520: »La vie sociale repose sur un substrat qui est déterminé dans sa grandeur comme dans sa forme. Ce qui le constitue, c'est la masse des individus qui composent la société, la manière dont ils sont disposés sur le sol, la nature et la configuration des choses de toute sorte qui affectent les relations collectives. Suivant que la population est plus ou moins considérable, plus ou moins dense, suivant qu'elle est concentrée dans les villes ou dispersée dans la campagne, suivant la façon dont les villes et les maisons sont construites, suivant que l'espace occupé par la société est plus au moins étendu, suivant ce que sont les frontières qui le limitent, les voies de communication qui les sillon-

Eskimogesellschaften.[41] Mit dem ›materiellen Substrat‹ ist das »auskristallisiert[e]«[42] Soziale angesprochen, wozu auch die Architektur zählt. Durkheim würdigt sie als ›soziale Tatsache‹ und erkennt ihr die gleichen Eigenschaften wie anderen ›sozialen Tatsachen‹ (z.B. moralischen Normen) zu: Sie existiere losgelöst vom Individuum und übe Zwang auf es aus.[43]

> Die soziale Tatsache wird manchmal so sehr zur Wirklichkeit, daß sie zu einem Gegenstand der äußeren Welt wird. Zum Beispiel ist ein bestimmter Typus von Architektur eine soziale Erscheinung. Er ist einmal zum Teil in Häusern und allen möglichen anderen Gebäuden verwirklicht, die zu Realitäten mit eigner [sic!] Existenz werden, unabhängig von den Individuen, sobald der Bau beendet ist. [...] Das soziale Leben, das sich hier sozusagen auskristallisiert und sich materieller Hilfswerkzeuge bedient, wird auf diese Weise zu einem externen Agens, und seine Wirkung auf uns kommt daher von außen.[44]

Gerade seine Gleichsetzung mit anderen *faits sociaux* jedoch beraubt das Materielle seiner Eigenarten und des eigenen Wertes: Künstlerische wie technische Artefakte, so Eßbach, seien für die Soziologie Durkheims nur von Interesse, wenn sie ›moralische‹ Eigenschaften, das heißt eine nicht vollständig ›natürlich‹ erklärbare Zwingkraft besäßen.[45] Darin zeigt sich, dass die materiellen Formen zwar eine Hilfsfunktion bei der Analyse von Gesellschaften haben[46], nicht aber das sind, woraus das Gesellschaftsleben dann doch ausschließlich bestehe: aus »kollektiven Repräsentationen«[47], wie Halbwachs sagt, aus »Vorstellungen«.[48] Nur um diesen ›Vorstellungen‹, den »Tatbestände[n]

---

nent etc., le substrat social est différent.« Auch der Artikel von König: Soziale Morphologie, S. 257f., bezieht sich wohl auf diese programmatische Darlegung Durkheims.

41   Siehe dazu neben Steets: Aufbau der gebauten Welt, S. 21ff.; Delitz: Gebaute Gesellschaft, S. 50f.; Delitz: Architektursoziologie, S. 43f., auch Maurice Halbwachs: Was heißt soziale Morphologie? In: ders.: Soziale Morphologie. Ausgewählte Schriften (Hg. Egger, Stephan). Konstanz 2002, S. 11-22, 19ff. Mauss geht davon aus: »Die Art und Weise, wie die Menschen sich gruppieren, Ausmaße und Form ihrer Behausungen und die Natur ihrer Niederlassungen machen in der Abfolge der Jahreszeiten einen völligen Wandel durch.« (Mauss: Jahreszeitlicher Wandel, S. 184) Die jahreszeitlichen Unterschiede seien so stark, dass man von einer Sommer- und Wintergesellschaft sprechen könne, denen jeweils andere Wohnformen entsprächen. Das Zusammenrücken im Winter (im *Kashim*, einer Art Gemeinschaftshaus) sowie die sommerliche Zerstreuung in Zelten (vgl. ebd., S. 211ff.) deutet Mauss als Ausdruck eines Wechsels »zwischen einer Periode intensiver Sozialität und einer Phase einer verkümmerten und deprimierten Sozialität« (ebd., S. 271), der sich – abgeschwächt – auch in an anderen Gesellschaften nachweisen lasse; vgl. ebd., S. 272ff., und siehe mit dieser Beobachtung auch Durkheim: Selbstmord, S. 356.

42   Durkheim: Selbstmord, S. 365.

43   Vgl. Steets: Aufbau der gebauten Welt, S. 21, sowie Schroer: Materielle Formen des Sozialen, S. 21; beide Autor*innen bringen ebenda auch das folgende Zitat Durkheims.

44   Durkheim: Selbstmord, S. 365; siehe auch Durkheim: Regeln der soziologischen Methode, S. 113f.

45   Vgl. Eßbach: Antitechnische und antiästhetische Haltungen, S. 126.

46   Eßbach spricht von »Durkheims hilfswissenschaftlicher Ausgrenzung sozialer Morphologie«. (Ebd., S. 130)

47   Halbwachs: Soziale Morphologie, S. 22.

48   Ebd., S. 16.

einer kollektiven Psychologie«[49] auf die Spur zu kommen, verdienten die materiellen Formen der Gesellschaft das Interesse der Soziologie.[50] »Die soziale Morphologie geht zunächst aus von materiellen Erscheinungen. Tatsächlich aber ist dies für sie [...] nur der Beginn ihrer Wegstrecke: über diesen schmalen Pfad dringen wir ins Herz der gesellschaftlichen Wirklichkeit selbst vor.«[51] Das materielle Fundament, so König, habe nur »symptomatologische Bedeutung«.[52]

Bedenken gegenüber der These, dass die »materiellen Erscheinungen [...] äußerlich die Entwicklung einer Gesellschaft aus[drücken]«[53], formuliert Heike Delitz. Hinter der Annahme, Gebäude oder andere Architekturen seien materialgewordene Widerspiegelungen des Sozialen, verberge sich, argwöhnt sie im Anschluss unter anderem an Castoriadis[54], ein substantialistisches und »identitätslogische[s]«[55] Verständnis des Sozialen: Vertreter*innen der Ausdrucksthese sähen die Architektur (mit einer Formulierung Castoriadis') »bloß als neutrale Hülle [...], als das geeignete Instrument, einen präexistenten Inhalt, die ›eigentliche Substanz‹ der gesellschaftlichen Verhältnisse auszudrücken; eine Hülle, die nichts dazutut und nichts wegnimmt«.[56] Die Architektur sei in diesem Sinne »die weithin sichtbare Kopie des vorgängigen, ›eigentlichen‹ sozialen Seins«.[57] So führe man die Trennung zwischen Sozial- und Dingwelt fort und behaupte eine Abhängigkeit der Form (Architektur) vom Inhalt (Soziales).[58] Mit Latour könnte man sagen: Anhänger*innen der Ausdrucksthese folgen einer »asymmetrische[n] Definition der Akteure«[59], wonach

> Objekte zwar manchmal Machtbeziehungen »ausdrücken«, soziale Hierarchien »symbolisieren«, soziale Ungleichheiten »verstärken«, gesellschaftliche Macht »transportieren«, Ungleichheit »vergegenständlichen« und Geschlechtsbeziehungen »verdinglichen« können, aber doch niemals am Ursprung sozialer Aktivität stehen.[60]

---

49   Ebd., S. 12.

50   Vgl. ebd., S. 16; 22.

51   Ebd., S. 18. Mit Eßbach: Antitechnische und antiästhetische Haltungen, S. 126, könnte man die Soziale Morphologie als »Vorhalle zur reinen Soziologie« betrachten, wie sie es für Durkheim gewesen sei.

52   König: Soziale Morphologie, S. 260; zu Halbwachs ebd., S. 259f.; Schroer: Materielle Formen des Sozialen, S. 26. König bezieht sich möglicherweise auf Durkheim: Selbstmord, S. 367, wo davor gewarnt wird, »das äußere Zeichen mit dem zu verwechseln, wofür es steht. Ein Symptom bedeutet natürlich etwas [...]. Aber letztlich bleibt es doch nur ein Symptom.« In einer anschließenden Anmerkung heißt es weiter: »Wir gehen von dem Äußeren aus, weil es als einziges unmittelbar gegeben ist, aber mit der Absicht, zu dem Inneren zu kommen.« (Ebd., S. 367, Anm. 12)

53   Halbwachs: Soziale Morphologie, S. 17.

54   Siehe die Ausführungen in Delitz: Gebaute Gesellschaft, S. 111ff.

55   Ebd., S. 13.

56   Castoriadis: Gesellschaft als imaginäre Institution, S. 201, der hier nicht von der Architektur, sondern allgemeiner von der funktionalistischen Perspektive auf den »Symbolismus« (ebd.) spricht.

57   Delitz: Gebaute Gesellschaft, S. 12 (dort auch das Castoriadis-Zitat); siehe auch ebd., S. 95f.

58   Vgl. ebd., S. 13.

59   Latour: Neue Soziologie für eine neue Gesellschaft, S. 126.

60   Ebd., S. 125. Mit Verweis auf Latour wendet Delitz: Gebaute Gesellschaft, S. 14f., gegen den »klassischen Dualismus zwischen dem Sozialen und den Dingen« ein, man habe es bei (gebauten) Dingen wohl ›viel eher mit einem ›Sozius‹ zu tun als mit einem instrumentell beherrschten oder ästhe-

Diese Handlungsmacht der Objekte berücksichtigen stärker solche Theorien, die die Architektur nicht im »repräsentationslogischen«[61] Sinne als symbolische »Kopien eines [...] Vorhandenen«[62] auffassen, sondern ihren »aktiven Beitrag zum Sozialen«[63] akzentuieren. Man betont hier, dass die Architektur das soziale Sein nicht lediglich kopiere, hält aber an der Vorstellung fest, in der Architektur, so eindrücklich sie sein möge, drücke sich etwas aus: Machtbeziehungen.[64] Die »soziale ›Effektivität‹«[65] der Architektur werde als Machttechnik eingesetzt, um das Soziale zu formen.

4.2   Architektur als Sozial- und Machttechnologie

> Die Architekten dienen den gnostischen Archonten, den Herrschern dieser Welt.[66]

> Le principe commande.[67]

Besonders deutlich seit dem 20. Jahrhundert, der Idee nach aber schon viel früher, geht die Architektur einher »mit einem weitgehenden sozialtechnischen, optimierenden Anspruch und einer kreativistischen Haltung – in Bezug auf die Gesellschaft«.[68] Die Architektur will nicht mehr nur neue ästhetische Formen, sondern neue Lebensformen erfinden und die Gesellschaft (um)gestalten:

---

tisch distanzierten Gegen-Stand«. Die Autorin argumentiert dafür, »Dinge als Elemente des Sozialen […] mit zu berücksichtigen«. (Ebd., S. 31) Das Soziale sei »nicht mehr nur als Interaktion oder Kommunikation menschlicher Subjekte« aufzufassen, »sondern als Assoziation verschiedenster, gleichermaßen aktiver Entitäten«. (Ebd., S. 32, Hv. i. Orig.) Zu Latours These einer Handlungsfähigkeit von Dingen siehe etwa Markus Schroer: Vermischen, Vermitteln, Vernetzen. Bruno Latours Soziologie der Gemenge und Gemische im Kontext. In: ders./Kneer, Georg/Schüttpelz, Erhard (Hg.): Bruno Latours Kollektive. Kontroversen zur Entgrenzung des Sozialen. Frankfurt a.M. 2008, S. 361-398, 380ff., sowie allgemein zu Latours Ansatz die kurzen Ausführungen von Steets: Aufbau der gebauten Welt, S. 46ff.

61   Delitz: Medium des Sozialen, S. 261.

62   Delitz: Gebaute Gesellschaft, S. 199.

63   Thomas Schmidt-Lux: Architektursoziologie [Rezension von Heike Delitz: Gebaute Gesellschaft. Architektur als Medium des Sozialen; Peter Trebsche/Nils Müller-Scheeßel/Sabine Reinhold (Hg.): Der gebaute Raum. Bausteine einer Architektursoziologie vormoderner Gesellschaften]. In: Soziologische Revue 35 (2012), S. 63-69, 64, Hv. i. Orig., der sich hier auf Delitz' Studie Gebaute Gesellschaft bezieht.

64   Vgl. Delitz: Gebaute Gesellschaft, S. 14.

65   Ebd., S. 12. Steets: Aufbau der gebauten Welt, S. 18 (und öfter), folgt dieser Redeweise.

66   Böhringer: Moneten, S. 37.

67   Agacinski: Volume, S. 44. »C'est toujours l'archè, ainsi que ceux qui ont le savoir des premiers principes, qui gouvernent et qui commandent.« (Ebd., S. 43, Hv. i. Orig.)

68   Delitz: Gebaute Gesellschaft, S. 200, Hv. i. Orig.; siehe auch ebd., S. 11; 18; 22ff.; 190f. Mit Hinweisen zu den »sozialen Ansprüchen« (ebd., S. 201) der Architektur vom 15. bis zum 19. Jahrhundert siehe u.a. mit Inblicknahme der noch darzustellenden Position von Claude-Nicolas Ledoux und der Arbeiten von Michel Foucault ebd., S. 201ff.

Im 20. Jahrhundert zielt [...] die Architektur in ihren Avantgarden ganz dezidiert [...] auf ein neues Leben und keineswegs nur auf neue Formen. [...] Die Architektur versteht sich [...] nicht mehr als Kunst [...], sondern als rational verständliche, durchkalkulierte exakte Technik. Und sie versteht sich zugleich als diejenige Technik, die in der Lage ist, die »Krise« einer urbanisierten und industrialisierten Massengesellschaft zu lösen. Sie versteht sich als Sozialtechnik.[69]

Die Auffassung von der »Architektur als Sozialtechnologie«[70] findet sich bereits in Platons und Aristoteles' Idealstadtentwürfen, die normative Modelle des Zusammenlebens vorstellen.[71] Aber der Architektur fehlt es hier noch an einem schöpferischen Anspruch, denn für Platon und Aristoteles »sind die architektonischen Eingriffe [...] nur Modifikationen einer vorher feststehenden Struktur«.[72] Die Architektur, so könnte man mit Nancy und Lacoue-Labarthe sagen, ist ein Transmissionsriemen zwischen Politik und Philosophie – die »effectuation praxique«[73] einer Metaphysik, die sich, so Agacinski, »sous le nom d'*archè*« sowohl als »commencement« wie als »commandement«[74] begreife. Die Architektur ist ein Werkzeug, Philosophie zu realisieren.[75] Der von Aristoteles für notwendig erachteten »Trennung der Bürger nach bestimmten Klassen«[76] entspricht die Forderung nach der Unterscheidung zwischen einer am Stadtrand liegenden *agora* als Marktplatz, auf dem sich die Arbeitenden und Handeltreibenden treffen, und einer im Stadtzentrum verorteten politischen *agora*, von der Fremde und gewöhnliche Bürger*innen ausgeschlossen sind.[77] »Die aristotelische Stadt weist jedem seinen Ort zu, separiert verschiedene Funktionen und Bedürfnisse, um in der Mitte der Stadt das

---

69   Ebd., S. 201.

70   Ludger Schwarte: Befreiung – eine architektonische Aufgabe? In: Lorey, Isabell/Nigro, Roberto/Raunig, Gerald (Hg.): Inventionen 2. Exodus. Reale Demokratie. Immanenz. Territorium. Maßlose Differenz. Biopolitik. Kognitives Kapital. Zürich 2012, S. 83-97, 83. Von der »Architektur als Machttechnologie« spricht mit Verweis auf die Arbeiten Foucaults Schwarte: Philosophie der Architektur, S. 22; siehe dazu ausführlich ebd., S. 58ff.

71   Ich folge hierzu Schwarte: Philosophie der Architektur, S. 89ff.; Schwarte: Anfang bauen, S. 103ff.

72   Schwarte: Philosophie der Architektur, S. 101.

73   Nancy/Lacoue-Labarthe: Ouverture (Fins de l'homme), S. 13.

74   Agacinski: Volume, S. 10, Hv. i. Orig. Siehe auch ebd., S. 44, sowie ebd., S. 38, Hv. i. Orig.: »Avec l'*archè*, l'archi-tecture dit que cette *tecture* obéit à un *principe* qui est aussi bien *commencement* que *commandement*.« Der Architekt oder die Architektin befehle, weil er oder sie das Resultat oder Ziel dessen kenne, was er oder sie anfange: »La genèse d'une chose, le *pourquoi* qui préside à sa production, est aussi bien sa fin, son *pour quoi*, son *en vue de quoi*. La genèse requiert la vue anticipée de la fin. Tout savoir-faire et toute *technè* supposent donc ce mouvement vers l'*archè*, c'est-à-dire aussi vers le résultat final, dans lequel l'*essence* de chaque chose est atteinte, dans lequel le bien propre à chaque chose est accompli. [...] L'architecte [...] commande [...] parce qu'il connaît la fin de l'ouvrage.« (Ebd., S. 39, Hv. i. Orig.)

75   Vgl. Schwarte: Philosophie der Architektur, S. 48; 101 (dort mit Verweis auf Agacinskis *Volume*); Schwarte: Anfang bauen, S. 107; 115f.

76   Aristoteles: Politik, S. 257 (1329b).

77   Vgl. Schwarte: Anfang bauen, S. 105; Schwarte: Philosophie der Architektur, S. 61ff.; 92f.; Patrick Schollmeyer: Handbuch der antiken Architektur. Darmstadt 2013, S. 198. Ein Marktplatz sei die *agora* erst ab dem 6./5. Jhd. v. Chr. gewesen, so Frank Kolb: Art. ›Agora‹. In: Der Neue Pauly. Enzyklopädie der Antike. Bd. 1. A-Ari (Hg. Cancik, Hubert/Schneider, Helmuth). Stuttgart, Weimar 1996, Spp. 267-273, 268.

Ziel jeden Austausches, das Bild des guten Lebens zu erläutern, obschon es nur für die glückliche Elite erreichbar bleibt.«[78]

Das Bestreben, die ›natürliche‹ Ordnung der Gesellschaft zu erhalten, weicht in den utopischen Entwürfen der Neuzeit dem Versuch, die vorgefundene Gesellschafts(un)ordnung zu verändern und eine andere, bessere oder zunächst überhaupt (wieder) eine Ordnung zu errichten.[79] Seit der Neuzeit, so Böhringer, wolle die Erkenntnis »nicht mehr befestigen, sondern entkommen, überwinden, abreißen und neubauen«, und so habe man beginnen können »mit dem Neubau der Welt, der Errichtung eines besseren Gebäudes«.[80] Der geometrische Aufbau der utopischen Stadt Amaurotum[81] bezeugt zunächst den Wunsch nach wohlgeordneten gesellschaftlichen wie politischen Verhältnissen.[82] Herbeigeführt werden sollte aber zudem eine »Transformation der Individuen«[83], wie man mit Foucault sagen könnte. Dem Herrscher Utopos war es wohl auch durch die von ihm geplante Architektur Amaurotums[84] geglückt, das einst »rohe und wilde Volk« Utopias zu seiner beinahe unübertrefflichen »Gesittung und Bildung«[85] heranzubilden: Die utopische Häuserarchitektur erlaube

---

78   Schwarte: Philosophie der Architektur, S. 100.

79   Vgl. Thomas Nipperdey: Die Funktion der Utopie im politischen Denken der Neuzeit. In: Archiv für Kulturgeschichte 44 (1962), S. 357-378, 362ff. Dieses Bestreben verbindet die Utopien mit Hobbes' Vertragsdenken; siehe dazu den Abschnitt *Utopie und Kontraktualismus – die politische Welt als menschliche Konstruktion* in Schölderle: Utopia und Utopie, S. 206ff. Die hier begonnene Skizze zur Utopie greift zurück auf die Ausführungen in meiner Master-Thesis *»Aber etwas fehlt«. Über das utopische Potential der Literatur am Beispiel von Nicolas Born.*

80   Böhringer: Moneten, S. 41f. Siehe in diesem Zusammenhang die Notiz zur neuzeitlichen Zeit- und Geschichtsauffassung in der Einleitung dieser Arbeit; zudem Rotermundt: Staat und Politik, S. 20, Hv. i. Orig., der betont, »daß das antike Geschichtsverständnis [...] Utopien gar nicht zuläßt. [...] Utopien leben von der Voraussetzung, einen qualitativ anderen Zustand menschlichen Zusammenlebens als den jeweils herrschenden vorzustellen. [...] In der Antike aber ist ein *wesentlich* anderer als der gegebene Zustand menschlichen Zusammenlebens völlig undenkbar.«

81   Vgl. Thomas Morus: Utopia [1516]. In: Heinisch, Klaus][oachim] (Hg.): Der utopische Staat. Morus – Utopia, Campanella – Sonnenstaat, Bacon – Neu-Atlantis. 26. Aufl. Reinbek bei Hamburg 2001, S. 7-110, 50ff. Willi Erzgräber: Utopie und Anti-Utopie in der englischen Literatur. Morus, Morris, Wells, Huxley, Orwell. 2. Aufl. München 1985, S. 43, betont, die Architektur der utopischen Städte sei »nicht nur als ein Zeichen eines politischen Rationalismus zu werten«; ihr wohne auch »ein ästhetischer Sinn« inne: Morus habe »den Staat als eine Art Kunstwerk« betrachtet. Schölderle: Utopia und Utopie, S. 112, ergänzt: »Die wohlgeordneten Proportionen und Strukturen sind [...] Indiz politischer Modernität [...]. Soziale Ordnung und politische Herrschaft sind [...] Menschenwerk«.

82   Die Utopie sei vor allem als Gegenentwurf zu den Verhältnissen im Europa des 16. Jahrhunderts zu verstehen, sie habe »Antwort-Charakter«, so Thomas Nipperdey: Die Utopie des Thomas Morus und der Beginn der Neuzeit. In: Bracher, Karl Dietrich et al. (Hg.): Die moderne Demokratie und ihr Recht. Modern Constitutionalism and Democracy. Festschrift für Gerhard Leibholz zum 65. Geburtstag. Erster Band: Grundlagen. Tübingen 1966, S. 343-368, 346. Siehe auch Schölderle: Utopia und Utopie, S. 161, sowie ebd., S. 111, für das Beispiel der funktional konzipierten Städte auf Utopia gegenüber den engen, dunklen, gefährlichen Städten in Europa zur Zeit Morus'.

83   Foucault: Überwachen und Strafen, S. 222.

84   Vgl. Morus: Utopia, S. 52.

85   Ebd., S. 48. Morus vermittle hier »das Bild unbegrenzter Formbarkeit des Menschen«, kommentiert Schölderle: Utopia und Utopie, S. 114, und verweise auf die entscheidende Rolle der gesellschaftlichen Institutionen dabei. (Vgl. ebd.) »Die Kraft der objektiven Ordnung«, so Nipperdey:

»keinerlei Privatbereich«[86], und die Städte Utopias ließen »keinerlei Möglichkeit zum Müßiggang und keinerlei Vorwand, sich vor der Arbeit zu drücken [...]. Vor aller Augen vielmehr muß man seine gewohnte Arbeit verrichten oder seine Freizeit anständig verbringen.«[87] Die erst einmal als positiv zu verbuchende »Manipulation der Institutionen um der Person willen« verkehrt sich »in eine Manipulation der Person selbst«.[88]

Eine ähnliche Dialektik findet man in der Architektur des 18. Jahrhunderts. Die bis dahin von der Philosophie oder den Machthabenden eingenommene Rolle, eine Gesellschaft (neu) zu (be)gründen, maßen sich nun die Architekt*innen selbst an.[89] Dieser Entwicklung liegt eine Aufwertung des Entwurfs zugrunde: »Ce n'est qu'à l'époque des Lumières, dominée par l'idée de maîtrise rationnelle du réel [...], que la première place revient à la conception, au projet, et à la théorie, chez les architectes eux-mêmes.«[90] Als Entwerfende, so die These, besitzen Architekt*innen Autonomie[91]; sie sind frei von der Angewiesenheit auf fremdes Wissen, der sie begrenzenden empirischen Arbeit des Bauens sowie von den Einschränkungen durch Bestehendes:

> Par ailleurs, pour conquérir la maîtrise totale de son projet, l'architecte doit s'approprier théoriquement toutes les contraintes qui lui viennent du dehors. Il le fait en intégrant les savoirs nécessaires: sciences de la nature (connaissance des corps, de la lumière, analyse des sensations), économie, sociologie, politique. [...] C'est d'ailleurs à cette époque [...] qu'on voit reculer le partage des responsabilités. La part empirique que comportait encore le travail de l'architecte, modifiant ses plans sur le chantier, s'efface devant un travail centré sur le projet, fondé théoriquement, et programmant tous les aspects et toutes les phases de l'édification. [...] À quoi cet idéal d'autonomie totale risque-t-il de conduire? À l'idée d'un art qui ne s'inscrirait pas dans un espace ni dans un monde déjà donnés. Au rêve de la table rase cher aux utopistes, au désir de

---

Die Utopie des Thomas Morus, S. 347, »formt die Person bis in ihren Kern, sie ist es eigentlich, die den Menschen zu dem macht, was er ist.« In Morus' Entwurf sei »der Mensch oder die Person [...] sozial-institutionell bedingt«. (Ebd.)

86   Morus: Utopia, S. 52. Für Schölderle: Utopia und Utopie, S. 122, ist dies Ausdruck eines »Kollektivismus«.

87   Morus: Utopia, S. 63. Man könnte von einem Zustand des ›Alles ist politisch‹ sprechen; siehe etwa Nipperdey: Funktion der Utopie, S. 369ff., dem zufolge »die Utopien die Anschauung [vertreten], daß alle gesellschaftlichen Bereiche, nicht nur mit der politischen Ordnung in irgendwelchen Beziehungen stehen, sondern sie insgesamt konstituieren und im Gegenzug auch politisch wiederum konstituiert werden«. (Ebd., S. 371) Mit anderen Worten: »[A]lle sozialen Institutionen sind politisch, der ›Begriff‹ des Politischen ist nicht ›rein‹ politisch, sondern soziologisch-universal«. (Nipperdey: Die Utopie des Thomas Morus, S. 349)

88   Nipperdey: Funktion der Utopie, S. 376; siehe ausführlich zur Relation Institution–Person ebd., S. 373ff., sowie die Feststellung: »Die eigentliche Macht über den Einzelnen ist die gesellschaftliche Kontrolle, und sie ist allerdings total.« (Nipperdey: Die Utopie des Thomas Morus, S. 360)

89   Vgl. Agacinski: Volume, S. 21f., und siehe auch die Ausführungen von Delitz: Gebaute Gesellschaft, S. 202f., die für das 18. Jahrhundert festhält, es komme nun neben einer »Aufmerksamkeit für das individuelle Leben« auch zu der »Vorstellung einer Machbarkeit der Gesellschaft«. (Ebd., S. 202, Hv. i. Orig.)

90   Agacinski: Volume, S. 26.

91   Einen Zusammenhang zwischen dem Autonomwerden der Architektur und der Geltung des architektonischen Entwurfs sieht auch Delitz: Gebaute Gesellschaft, S. 197.

faire l'économie des réalités géographiques, historiques, urbaines et politiques, pour mieux partir de rien. La refondation théorique absolue n'est possible qu'au prix d'un effacement de ce qui est déjà là. À la limite encore, cette négation du champ, du fond réel, cette passion de la liberté fondatrice, impliquent de subordonner la fondation architecturale à une refondation totale de la société.[92]

Die Architektur entthront den/die König*in: Nicht mehr nur Machtemblem, wird die Architektur selbst mächtig.[93] Die Ziele der Architekt*innen sind ehrenwert. Claude-Nicolas Ledoux (1736-1806)[94] etwa, beeinflusst von der Aufklärungsphilosophie und unter dem Eindruck des schlechten Zustandes der königlichen Salinen sowie der Bedingungen, unter denen die Salinenarbeiter*innen lebten und arbeiteten[95], regt ein neues Kunstverständnis an: Anstatt weiter (nur) zu repräsentieren, solle die Kunst fortan (auch) soziale Aufgaben übernehmen.[96] Die Architektur müsse sich »allen verpflichtet fühlen, d.h. auch den Besitz- und Bedeutungslosen, dem untersten Stand in der bestehenden sozialen Rangordnung«.[97] Nicht länger dürfe der Architekt allein Repräsentationsbauten für die Oberschicht schaffen; als »l'Architecte de l'humanité«[98] müsse er allen Menschen ein würdiges, sicheres und gesundes Wohnen ermöglichen.[99] Aus

---

92   Agacinski: Volume, S. 27.

93   Vgl. François Ewald: Eine Macht ohne Draußen. In: ders./Waldenfels, Bernhard (Hg.): Spiele der Wahrheit. Michel Foucaults Denken. Frankfurt a.M. 1991, S. 163-170, 166, der an die von Foucault in *Überwachen und Strafen* (1975) analysierte Disziplinargesellschaft denkt. Zu dieser Passage siehe Delitz: Gebaute Gesellschaft, S. 202.

94   Siehe für einen kurzen Abriss der Biographie Ledoux' etwa Emil Kaufmann: Von Ledoux bis Le Corbusier. Ursprung und Entwicklung der Autonomen Architektur. Wien, Leipzig 1933, S. 6ff.

95   Vgl. Rosemarie Gerken: Von der Repräsentationskunst zur Sozialkunst. Der Funktionswandel der Kunst im ausgehenden 18. Jahrhundert in der ›Architecture considérée sous le rapport de l'art, des mœurs et de la législation‹ von Claude-Nicolas Ledoux. München 1987, S. 81f. Meine weiteren Ausführungen zu Ledoux folgen wesentlich dieser Arbeit sowie Kaufmanns *Von Ledoux bis Le Corbusier*.

96   Vgl. Gerken: Von der Repräsentationskunst zur Sozialkunst, S. 83ff. Delitz: Architektursoziologie, S. 26, spricht von einem »weitreichenden sozialen Anspruch«, den Ledoux mit der Architektur erhebe.

97   Gerken: Von der Repräsentationskunst zur Sozialkunst, S. 83; siehe auch Kaufmann: Ledoux bis Le Corbusier, S. 38: »Da die Rangunterschiede in der Architektur fallen, werden alle Bauaufgaben gleichwertig und der Themenkreis der Baukunst erweitert sich von da ab, wie nie zuvor.«

98   Claude-Nicolas Ledoux: L'architecture considérée sous le rapport de l'art, des mœurs et de la législation. Tome Premier. Paris 1804, S. 210. Das vollständige Zitat lautet: »Il ne suffit pas d'élever des monuments qui annoncent la splendeur des arts, d'entasser dans nos salles publiques tous les moyens de corruption; il ne suffit pas de cacher ces négligences sous les enveloppes mensongères de la somptuosité, celui qui n'aura pas dédaigné la maison du pauvre, celui qui l'aura garantie des maux qui propagent la destruction, s'il n'a pas confiance des dieux de la terre qui dispensent les faveurs, il sera l'Architecte de l'humanité.«

99   Vgl. Gerken: Von der Repräsentationskunst zur Sozialkunst, S. 51f.; 64f., und siehe etwa Ledoux: Architecture, S. 103: »Détruire les chaumières, c'est rendre à l'homme sa dignité, sa sûreté; c'est préserver les cités nombreuses des incendies destructifs, c'est les préserver des vents désastreux qui soufflent impitoyablement sous des toits fragiles; détruire les chaumières, c'est niveler l'apparente infortune avec l'aisance dont s'honore l'industrie. [...] Il n'existe pas un homme sur la terre qui ne soit susceptible d'être secouru par un Architecte; c'est à lui qu'il appartient de relever les misères.« Zu Ledoux' Versuchen, die aufklärerischen Ideale seiner Zeit architektonisch zu realisieren, siehe auch Kaufmann: Ledoux bis Le Corbusier, S. 32ff. In der Idealstadt Chaux sollten beispiels-

dem »Gebot der Repräsentation«, so Kaufmann, werde bei Ledoux die »Forderung [...] nach *Wohnlichkeit*«.[100]

Ledoux fällt es indes nicht ein, den Menschen mehr als die Gleichheit ihrer ›natürlichen‹ Rechte (z.B. das Recht auf Würde) zuzuerkennen und die ständisch gegliederte Sozialstruktur des Ancien Régime in Frage zu stellen – es müsse Rangunterschiede geben, da weder alle reich noch alle arm sein könnten.[101] So sind in seinem Entwurf der Idealstadt Chaux die Saline und das Theater »architektonische Instrumente zur Festschreibung der Sozialordnung«.[102] Die Architektur gerät Ledoux sogar zu einer Kunst der Disziplinierung im foucaultschen Sinne; was nicht verwundert: »Gerade die lichten, transparenten, systematisierten Räume aufgeklärter Architektur« erlaubten es, »die Vielen der Herrschaft der Wenigen«[103] zu unterwerfen. »Die ›Aufklärung‹, welche die Freiheiten entdeckt hat«, heißt es bei Foucault, »hat auch die Disziplinen erfunden.«[104]

Der perfekte Disziplinarapparat wäre derjenige, der es einem einzigen Blick ermöglichte, dauernd alles zu sehen. Ein zentraler Punkt wäre zugleich die Lichtquelle, die alle Dinge erhellt, und der Konvergenzpunkt für alles, was gewußt werden muß: ein vollkommenes Auge der Mitte, dem nichts entginge und auf das alle Blicke gerichtet wären.[105]

---

weise die Angestelltenhäuser »aus gesundheitlichen Gründen mit Grün umgeben werden«. (Ebd., S. 37)

100   Kaufmann: Ledoux bis Le Corbusier, S. 38, Hv. i. Orig.

101   Vgl. Gerken: Von der Repräsentationskunst zur Sozialkunst, S. 84f., die als Beleg anführt: »Sans doute que l'ordre social nous offre des degrés où l'on monte à la puissance: tous les hommes ne peuvent être pauvres, tous les hommes ne peuvent être riches«. (Ledoux: Architecture, S. 103)

102   Schwarte: Philosophie der Architektur, S. 245; siehe zu Ledoux' Entwurf der Stadt Chaux auch ebd., S. 140. Der Entwurfscharakter veranschaulicht die von Agacinski skizzierte Autonomisierung der Architektur: Ledoux emanzipiere sich vom barocken Architekturideal, das geprägt war von einer »starke[n] Abhängigkeit« (Kaufmann: Ledoux bis Le Corbusier, S. 13) der architektonischen Kunst etwa von menschlichen Körperproportionen, an denen sich das Gebaute orientieren sollte, oder von bestimmten ästhetischen Normen. (Vgl. ebd., S. 13f.) Für Ledoux' Entwurf der (idealen) Stadt Chaux hingegen habe gegolten: »Mit souveräner Ausschließlichkeit herrscht die Ratio des Planes.« (Ebd., S. 18) Dieser Plan ist autonom entworfen: »Das neue Prinzip der Autonomie duldet nicht, daß architektonische Gebilde von fremden, außerarchitektonischen Gesetzen beherrscht werden.« (Ebd., S. 43)

103   Schwarte: Befreiung, S. 84.

104   Foucault: Überwachen und Strafen, S. 285. Gamper: Masse lesen, Masse schreiben, S. 16f., merkt an, dass der am Ende des 18. Jahrhunderts »in der Selbstbeschreibung als ›Humanisierung‹ diskursivierte Kulturprozess [...] als funktionales Stratagem des sozialen Systems gelesen werden [kann], das gerade durch die menschenfreundlichen Intentionen und ihre Maßnahmen in neuer Form geschaffen hat, was es zu vermeiden versprach, nämlich die Ausübung von Zwang und Verdrängung«.

105   Foucault: Überwachen und Strafen, S. 224. Zu Foucaults architektursoziologischer Bedeutung siehe Delitz: Gebaute Gesellschaft, S. 56ff.; 162ff.; seine philosophische Relevanz zeigt Ludger Schwartes *Philosophie der Architektur*.

An einen solchen ›Disziplinarapparat‹ habe Ledoux beim Bau der Königlichen Saline in Arc-et-Senans gedacht[106], deren architektonische Anlage Foucault folgendermaßen beschreibt:

> [I]m Zentrum der ringförmig angeordneten und nach innen geöffneten Gebäude sollte ein hoher Bau die administrativen Funktionen der Leitung, die polizeilichen Funktionen der Überwachung, die ökonomischen Funktionen der Kontrolle und Erhebung, die religiösen Funktionen der Ermutigung zu Gehorsam und Arbeit auf sich vereinigen; von da würden alle Befehle kommen, da würden alle Tätigkeiten registriert, würden alle Fehler wahrgenommen und beurteilt werden. Und zwar würde sich das alles unmittelbar, dank jener strengen Geometrie vollziehen.[107]

Ein weiteres Beispiel für die aufgeklärte (Disziplinierungs-)Architektur ist Ledoux' Stich *Coup d'œil du théâtre de Besançon*.[108] Ledoux, der das Theater als eine Anstalt zur moralisch-sittlichen Erziehung der Gesellschaft verstanden habe[109], zeigt darauf ein Auge, dessen Pupille den amphitheatralisch gestalteten Innenraum des Theaters widerspiegelt.[110] Die Stelle, von der aus das Auge die Zuschauenden erfasst, liegt hinter dem zugezogenen Vorhang. Der Stich stellt dar, was man in einer »Umkehrung der theatralischen Blickrichtung«[111] durch ein Guckloch sieht. Dadurch wird der Blick auf das Parterre gelenkt: Üblicherweise nahm das ›gemeine Volk‹ dort Stehplätze ein, Ledoux' aber stattet das Parterre mit Sitzreihen aus. Zum einen veranschaulicht dies das Bemühen darum, den *tiers état* »aufzuwerten und ihn in die bestehende gesellschaftliche Rangfolge einzureihen«.[112] Zum anderen wollte Ledoux durch diese Maßnahme das Parterre ordnen und befrieden, da hier oft Unruhe und Durcheinander herrschten, wie Pierre Patte (1723-1814) beklagt:

> On y voit souvent les spectateurs se presser les uns les autres, comme dans une sédition populaire, ce qui est indécent, interrompt quelquefois les Pieces, occasionne des querelles, facilite les vols, cause des rhumes ou des pleurésies en sortant de ces lieux

---

106 Vgl. Foucault: Überwachen und Strafen, S. 224.

107 Ebd., S. 224f.; siehe auch Foucault: Auge der Macht, S. 252. Zu den Details der Hintergründe der Entstehung der Saline, ihrer Funktion und Anlage siehe etwa Michel Gallet: Claude-Nicolas Ledoux. Leben und Werk des französischen ›Revolutionsarchitekten‹. Stuttgart 1983, S. 107ff.

108 Ich folge hierzu den Ausführungen von Gerken: Von der Repräsentationskunst zur Sozialkunst, S. 134ff.

109 Vgl. ebd., S. 134. Siehe etwa Ledoux: Architecture, S. 232: »Si nos théâtres ne font pas partie du culte, il est au moins à desirer que leur distribution assure la pureté des mœurs; il est plus facile de corriger l'homme par l'attrait du plaisir que par des cérémonies religieuses, des usages accrédités par la superstition.«

110 Vgl. Gallet: Ledoux, S. 132. Die Anknüpfung an das antike Theater mit seinen »amphitheatralischen Rängen«, so Kaufmann: Ledoux bis Le Corbusier, S. 40, sei vor allem »wegen der praktischen Vorzüge, die ihm eigen sind; weil in ihm die Zuschauer am besten auf ihre Rechnung kommen«, geschehen.

111 Gerken: Von der Repräsentationskunst zur Sozialkunst, S. 135.

112 Ebd., S. 136; vgl. ebd. Den sozialreformerischen Anspruch, den Ledoux mit der Anordnung der Zuschauer*innen verfolgte, erwähnen auch Gallet: Ledoux, S. 130, und Schwarte: Philosophie der Architektur, S. 242f.

tout en sueur, produit souvent des nuages de poussiere très-incommodes, & favorise enfin les cabales pour ou contre les Pieces nouvelles.[113]

Für die (An-)Ordnung der Zuschauer*innen ist der Blick maßgeblich.[114] Alle, die Eintritt zahlten, erwürben das Anrecht auf einen Sitzplatz und darauf, nicht nur selbst gut zu sehen, sondern auch selbst gut gesehen zu werden.[115] Der Blick der anderen auf das Individuum, und dessen Blick, der die anderen trifft, garantiert die Anständigkeit aller: »[O]n voit bien par-tout, on est bien vu, ce qui contribue à l'agrément du spectacle et maintient la décence«.[116] Die Lage des überwachten Theaterpublikums, so Gerken, ähnele der Lage der Gefangenen im benthamschen Panoptikum[117], das sich als »inverses Theater«[118] bezeichnen lässt. Bezugnehmend auf die Differenz zwischen der antiken »Zivilisation des Schauspiels«[119] (in der die vielen Zuschauenden die wenigen Darstellenden beobachteten) und der modernen Gesellschaft der Disziplinen (in der Wenige die Vielen in den Blick nehmen)[120], meint Foucault: »Wir sind weit weniger Griechen, als wir glauben. Wir sind nicht auf der Bühne und nicht auf den Rängen. Sondern eingeschlossen in das Räderwerk der panoptischen Maschine, das wir selber in Gang halten – jeder ein Rädchen.«[121]

Ledoux' 1804 veröffentlichter Architekturtraktat fällt in eine Zeit, in der man die Architektur mehr und mehr als eine Regierungstechnik erkannte.[122] Im 18. Jahrhundert entwickelte sich

> eine Reflexion über Architektur im Blick auf Ziele und Techniken der Regierung von Gesellschaften [...]. Es entsteht eine politische Literatur, die danach fragt, wie die Ordnung einer Gesellschaft oder wie eine Stadt im Blick auf die Erhaltung der Ordnung beschaffen sein muss. Oder auch im Blick auf die Verhinderung von Seuchen, die Vermeidung von Revolten oder die Förderung eines moralischen und der Moral zuträglichen Familienlebens. [...] Sieht man sich Polizeitraktate oder Abhandlungen zur

---

113   Pierre Patte: Essai sur l'architecture théâtrale, ou De l'Ordonnance la plus avantageuse à une Salle de Spectacles, relativement aux principes de l'Optique & de l'Acoustique. Avec un Examen des principaux Théâtres de l'Europe, & une Analyse des écrits les plus importans sur cette matiere. Paris 1782, S. 174; den Hinweis hierauf bei Gerken: Von der Repräsentationskunst zur Sozialkunst, S. 135. Siehe zum Parterreproblem auch Gallet: Ledoux, S. 130.

114   Vgl. für das Weitere in diesem Absatz Gerken: Von der Repräsentationskunst zur Sozialkunst, S. 136f.

115   »Celui qui payera le plus sera le plus près; celui qui payera le moins sera le plus éloigné; mais tous, en payant, auront acquis le droit d'être assis commodément, sûrement; ils auront acquis le droit de voir dans un rayon égal, et d'être bien vus.« (Ledoux: Architecture, S. 223)

116   Ebd., S. 232.

117   Vgl. Gerken: Von der Repräsentationskunst zur Sozialkunst, S. 137. Schwarte: Philosophie der Architektur, S. 243, verweist neben dem Aspekt der Demokratisierung des Theaters ebenfalls auf die von Ledoux beabsichtigte »Kontrolle der Zuschauermenge« mithilfe architektonischer Mittel.

118   Schwarte: Philosophie der Architektur, S. 139.

119   Foucault: Überwachen und Strafen, S. 278.

120   Vgl. ebd.

121   Ebd., S. 279; siehe zu dieser Passage auch Delitz: Gebaute Gesellschaft, S. 163.

122   Siehe dazu auch Delitz: Gebaute Gesellschaft, S. 202ff.

Technik des Regierens aus dieser Zeit an, so stellt man fest, dass Architektur und Städtebau darin eine sehr wichtige Stellung einnehmen.[123]

Die Architektur als »Sozialkunst«[124] dient dazu, »die traditionellen Probleme der Macht zu lösen: die Vielheiten zu ordnen, das Ganze und seine Teile zu artikulieren, sie miteinander in Beziehung zu setzen«.[125] Eingesetzt als ›Polizeitechnik‹, als Teil eines rationalen Regierungsprogramms also, fängt die Architektur an, »in alle gesellschaftlichen Mechanismen einzudringen, sie zu stimulieren, zu reglementieren und gleichsam automatisch ablaufen zu lassen«.[126] Das Panoptikum, das sich in Ledoux' Salinen-Entwurf ankündigt, ist hierfür paradigmatisch.[127] Mithilfe architektonischer Mittel werden die Gefangenen einer stetigen Beobachtung ausgesetzt, die (von einem beliebigen Individuum verkörperten) Aufsichtspersonen indes bleiben unsichtbar.[128] Die Macht funktioniert automatisch, da der Gesehene, der nicht sieht, wer ihn sieht, die Machtmittel »gegen sich selber aus[spielt]; er internalisiert das Machtverhältnis [...]; er wird zum Prinzip seiner eigenen Unterwerfung«.[129] Man dürfe das Panoptikum nicht als Lösung nur für ein eng umrissenes Problem (z.B. des Strafvollzugs) sehen; es sei »ein Gesamtprinzip«[130] und als solches »eine Gestalt politischer Technologie, die man von ihrer spezifischen Verwendung ablösen kann und muß«.[131]

---

123   Michel Foucault: Raum, Wissen und Macht [Gespräch mit Paul Rabinow]. In: ders.: Schriften in vier Bänden. Dits et Ecrits. Bd. IV. 1980-1988 (Hg. Defert, Daniel/Ewald, François). Frankfurt a.M. 2005, S. 324-341, 324.

124   Delitz: Gebaute Gesellschaft, S. 202, Hv. i. Orig.

125   Ewald: Macht ohne Draußen, S. 165. Siehe zu den verschiedenen ›Disziplinarinstrumenten‹ das Kapitel *Die Mittel der guten Abrichtung* in Foucault: Überwachen und Strafen, S. 220ff.

126   Foucault: Raum, Wissen, Macht, S. 327. »Im 17. und 18. Jahrhundert stand ›Polizei‹ für ein rationales Programm des Regierens. Man kann sie definieren als Projekt zur Schaffung eines allgemeinen Reglementierungssystems für das Verhalten der Menschen, in dem alles so weit kontrolliert würde, dass die Dinge ganz von selbst liefen und ein äußerer Eingriff unnötig wäre.« (Ebd., S. 326) Zur Herausbildung der ›Policeywissenschaft‹ im 18. Jahrhundert siehe etwa Gamper: Masse lesen, Masse schreiben, S. 55ff.

127   Auf Foucaults Analyse des Panoptikums greift auch Steets: Aufbau der gebauten Welt, S. 45, zurück.

128   Das panoptische Prinzip zeigt Foucault: Auge der Macht, S. 251; Foucault: Überwachen und Strafen, S. 256ff.

129   Foucault: Überwachen und Strafen, S. 260; siehe auch Foucault: Auge der Macht, S. 260.

130   Foucault: Auge der Macht, S. 252; vgl. ebd. Die Disziplinen führten dabei als das ›Gesamtprinzip‹ der Gesellschaft zu einer »Homogenisierung des sozialen Raumes [...]: die Disziplinen stellen die Gesellschaft her; sie erschaffen eine Art gemeinsamer Sprache zwischen allen Arten von Institutionen«. (Ewald: Macht ohne Draußen, S. 164)

131   Foucault: Überwachen und Strafen, S. 264; siehe auch Delitz: Gebaute Gesellschaft, S. 164. Die politisch-polizeiliche Technologie manifestiert sich etwa auch an Veränderungen im Wohnhaus; was zeigt, dass die Macht nicht nur auf das Individuum, sondern seit dem 18. Jahrhundert zudem auf die Bevölkerung zugreift. (Vgl. Foucault: Wille zum Wissen, S. 134ff.) Die Häuserarchitektur in den Arbeiter*innenstädten im 19. Jahrhundert ordnet. Seien die Räume bis dahin funktional kaum ausdifferenziert gewesen (vgl. Foucault: Auge der Macht, S. 253), gelte nun: »Man wird die Arbeiterfamilie festlegen; man wird ihr eine Art Sittlichkeit vorschreiben, indem man ihr einen Raum zum Leben mit einem Zimmer, das Küche und Esszimmer zusammenfasst, einem Zimmer für die Eltern, welches der Ort für die Zeugung ist, und dem Zimmer für die Kinder zuweist. Mitunter, in den

Foucault wagt die vorsichtige These, dass sich die veränderte Denkungsart, die die Architektur als ein Instrument der Polizei auffasst, zunächst kaum auf das Selbstverständnis der Architekt*innen oder die von ihnen eingesetzten Techniken ausgewirkt habe.[132] Das ändert sich spätestens zu Beginn des 20. Jahrhunderts: »Der weltenschaffende Anspruch *und* die ›polizeyliche‹ Absicht werden [...] zur übergreifenden Disposition der Architektur, die sich jetzt [...] auf alle Bauaufgaben und sozialen Schichten erstrecken wird.«[133] Der Architekt, formuliert in diesem Sinne etwa Hannes Meyer (von 1928 bis 1930 Direktor des Bauhauses Dessau) in dem kurzen Text *bauen*, »war künstler und wird ein spezialist der organisation«[134]; soll heißen: ein »ordner« der gesamten Gesellschaft mit dem Ziel ihrer »harmonischen ausgestaltung«.[135]

> das neue haus ist ein soziales werk. [...] durch eine rationelle hauswirtschaft schützt es die hausfrau vor versklavung im haushalt, und durch eine rationelle gartenwirtschaft schützt es den siedler vor dem dilettantismus des kleingärtners. [...] die neue siedlung vollends ist [...] ein endziel der volkswohlfahrt [...]. die modernität dieser siedlung besteht nicht aus flachdach und vertikal-horizontaler fassadenaufteilung, – sondern in ihrer direkten beziehung zum menschlichen dasein. in ihr sind die spannungen des individuums, der geschlechter, der nachbarschaft und der gemeinschaft und die geopsychischen beziehungen überlegen gestaltet. bauen heisst die überlegte organisation von lebensvorgängen.[136]

In Opposition gegen ein ästhetisch-künstlerisches Architekturverständnis sowie gegen den Wunsch, die Architektur solle es den Menschen gemütlich machen[137], propagiert Meyer eine »funktionell-biologische auffassung des bauens als einer gestaltung des le-

---

günstigsten Fällen, hat man ein Zimmer für die Mädchen und eines für die Jungen.« (Ebd.) Siehe auch Kuchenbuch: Geordnete Gemeinschaft, S. 84: »Die Befürwortung von Grundrissen, die streng die jeweiligen Wohnfunktionen (also in der Regel die einzelnen Zimmer) voneinander abtrennten, lässt sich nicht verstehen, wenn sie nicht auch als Versuch gesehen wird, Individuen voneinander zu trennen – sei es, dass argumentiert wurde, dass eine solche Parzellierung des Raums Ansteckungsrisiken mindern könne, dass sie dem psychischen Rückzugsbedürfnis des Einzelnen entspreche, oder dass sie sexualmoralisch unerwünschte Verhaltensweisen vermeiden helfe.« Zum Grundriss als einer Technik der Regierung im Sinne Foucaults siehe weiter ebd, S. 87ff.

132   Vgl. Foucault: Raum, Wissen, Macht, S. 325.

133   Delitz: Gebaute Gesellschaft, S. 203, Hv. i. Orig. Zu den sozialtechnischen Ambitionen der Architektur siehe auch Delitz: Architektursoziologie, S. 7ff.

134   Hannes Meyer: bauen/building [1928]. In: ders.: Bauten, Projekte und Schriften. Buildings, projects and writings (Hg. Schnaidt, Claude). Stuttgart 1965, S. 94-97, 96.

135   Hannes Meyer: bauhaus und gesellschaft/bauhaus and society [1929]. In: ders.: Bauten, Projekte und Schriften. Buildings, projects and writings (Hg. Schnaidt, Claude). Stuttgart 1965, S. 98-101, 98.

136   Meyer: bauen, S. 96. Die Wendung vom Bauen als ›organisation von lebensvorgängen‹ bezieht sich wohl auf Walter Gropius: geistige und technische voraussetzungen der neuen baukunst [1927]. In: Probst, Hartmut/Schädlich, Christian (Hg.): Walter Gropius. Bd. 3. Ausgewählte Schriften. Berlin 1988, S. 114-115, 114, Hv. i. Orig.: »*bauen bedeutet gestalten von lebensvorgängen.*« Dieses Zitat findet sich auch bei Delitz: Gebaute Gesellschaft, S. 200.

137   Vgl. Meyer: bauen, S. 94.

bensprozesses«; das Wohnhaus sei ein »biologischer apparat für seelische und körperliche bedürfnisse«.[138]

> Bauen ist ein technischer, kein ästhetischer Prozess, und der zweckmässigen Funktion eines Hauses widerspricht die künstlerische Komposition. Idealerweise und elementar gestaltet, wird unser Wohnhaus eine Wohnmaschinerie. Wärmehaltung, Besonnung, natürliche und künstliche Beleuchtung, Hygiene[139], Wetterschutz, Autowartung, Kochbetrieb, Radiodienst, grösstmögliche Entlastung der Hausfrau, Geschlechts- und Familienleben usw. sind die wegleitenden Kraftlinien. Das Haus ist deren Komponente. (Gemütlichkeit und Repräsentation sind keine Leitmotive des Wohnhausbaues: das Eine ist im Menschenherzen und nicht im Perserteppich, das Andere in der persönlichen Haltung der Hausbewohner und nicht an der Zimmerwand!)[140]

Um eine solche ›Wohnmaschinerie‹ erfolgreich konstruieren zu können, bedarf es eines umfassenden Wissens über den Menschen, das von den im Zuge der Formierung der (von Foucault so bezeichneten) Disziplinargesellschaft entstandenen Wissenschaften hervorgebracht wird.[141]

Die Architekt*innen des ›Neuen Bauens‹ wollten die von Ornamentarchitektur überfrachteten Städte nicht nur ästhetisch bereinigen. Vielmehr richtete sich ihr »Ordnungsversuch auf nichts anderes als auf das Soziale«, wobei ihnen das Chaos in der Ästhetik als Indiz einer »tieferen, sozialen ›Anarchie‹«[142] galt. In der Weimarer

---

138 Ebd. Karsten Harries: Die ethische Funktion der Architektur. In: Baumberger, Christoph (Hg.): Architekturphilosophie. Grundlagentexte. Münster 2013, S. 167-179, 171, führt diese Wendung ebenfalls an. Steets: Aufbau der gebauten Welt, S. 50, nennt Meyers Ansatz »eine radikal-funktionalistische, ja antikünstlerische Entwurfsphilosophie«.

139 Für »die ›Hygiene in der Volkswohnung‹« seien etwa »billige abwaschbare Tapeten« günstig, so Hannes Meyer: Bauhaus Dessau 1927-1930. Erfahrungen einer polytechnischen Erziehung/ Bauhaus 1927-1930. My Experience of a Polytechnical Education [1940]. In: ders.: Bauten, Projekte und Schriften. Buildings, projects and writings (Hg. Schnaidt, Claude). Stuttgart 1965, S. 106-113, 110. Hygieneerwägungen dominierten noch bis in die 1960er Jahre die Ziele von Architekt*innen und Stadtplanenden, so Kuchenbuch: Geordnete Gemeinschaft, S. 84.

140 Hannes Meyer: Die neue Welt/The New World [1926]. In: ders.: Bauten, Projekte und Schriften. Buildings, projects and writings (Hg. Schnaidt, Claude). Stuttgart 1965, S. 90-95, 92.

141 Siehe hierzu ausführlich Kuchenbuch: Geordnete Gemeinschaft, S. 83ff. Ein Beispiel für diese ›wissenschaftliche‹ Denkungsart liefert Meyer: bauen, S. 96: »wir untersuchen den ablauf des tageslebens jedes hausbewohners, und dieses ergibt das funktionsdiagramm für vater, mutter, kind, kleinkind und mitmenschen. wir erforschen die beziehungen des hauses und seiner insassen zum fremden [...]. wir erforschen die menschlichen und die tierischen beziehungen zum garten, und die wechselwirkungen zwischen menschen, haustieren und hausinsekten. [...] wir kennen die atavistischen neigungen der künftigen bewohner zu unseren bauhölzern und wählen je nachdem als innenverkleidung des genormten montagehauses die flammige kiefer, die straffe pappel, das fremde okumé oder den seidigen ahorn. die farbe ist uns nur mittel der bewussten seelischen einwirkung oder ein orientierungsmittel.«

142 Delitz: Gebaute Gesellschaft, S. 203; vgl. ebd., und siehe ausführlich auch ebd., S. 234ff. Delitz bezieht sich mit dem Begriff ›Anarchie‹ auf Ludwig Mies van der Rohe: Die Voraussetzungen baukünstlerischen Schaffens [1928]. In: ders.: Das kunstlose Wort. Gedanken zur Baukunst (Hg. Neumeyer, Fritz). Berlin 1986, S. 362-366 (die Seitenangaben beziehen sich auf den Text und die bei-

Republik kam die Architektur damit einer Regierungstechnik entgegen, die nicht mehr auf souveräne Machtausübung und direkte Kontrolle, sondern auf Disziplinierung baute: Es war die »materielle Struktur [...], die im Prozess ihrer Nutzung das Verhalten formen sollte«.[143] Die sozialreformerischen Absichten der Architekt*innen – etwa der Schutz vor kleingärtnerischem Laientum, wie Hannes Meyer ihn forderte, oder das Recht auf eine günstige und gute Wohnung[144] – waren nicht zuletzt mit der Hoffnung verknüpft, eine Revolution verhindern zu können. Für Le Corbusier (1887-1965) stand fest: »Baukunst oder Revolution.«[145] Und er wusste auch: »Die Revolution läßt sich vermeiden.«[146]

Das Verständnis der Architektur als Sozial- und Machttechnologie birgt den Gedanken, das Soziale lasse sich auf der Basis eines Plans herstellen, zu dessen Anfertigung nur wenige fähig scheinen.[147] Agacinski zufolge gehorcht diese Vorstellung dem Paradigma der »invention rationnelle«[148], womit die Idee gemeint sei, das (architektonische) Werk sei die Schöpfung einer Person und verdanke sich einem einzigen Schöp-

---

gefügten Rezensionen), 362: »Chaos ist immer Zeichen einer Anarchie.« Van der Rohe skizziert den Prozess der geistigen, wirtschaftlichen, technischen und gesellschaftlichen Entwicklung von der Antike bis in die Gegenwart, für die gelte, »daß uns Bewußtheit, Wirtschaft und Technik und die Tatsache der Masse als neue Komponenten gegeben sind«. (Ebd., S. 364) Für die Gegenwart warnt er: »Autonome Tendenzen aller Kräfte setzen sich durch. Ihr Sinn scheint die Erreichung einer bestimmten Entwicklungsstufe. Aber sie erhalten ein bedrohliches Übergewicht. [...] Der Mensch ist in einen Wirbel hineingerissen. Jeder Einzelne sucht sich zu behaupten, von sich aus mit den Gewalten fertig zu werden. [...] Daher das Chaotische der Erscheinungen, die Vielfältigkeit der Strömungen.« (Ebd.) Dagegen setzt van der Rohe den Willen, das Chaos zu beherrschen: »Der entfesselten Kräfte müssen wir Herr werden und sie in eine neue Ordnung bauen, und zwar in eine Ordnung [...], die auf den Menschen bezogen ist.« (Ebd., S. 365)

143 Kuchenbuch: Geordnete Gemeinschaft, S. 87; vgl. ebd.

144 Vgl. ebd., S. 76ff.

145 Le Corbusier: Kommende Baukunst [1923] (Hg. Hildebrandt, Hans). Berlin, Leipzig 1926, S. 253.

146 Ebd. Den Hinweis auf diese Passage finde ich bei Delitz: Architektursoziologie, S. 30. Nach Ansicht von Leach: Architecture or revolution, S. 112, habe Le Corbusier mit dieser Äußerung nur von einer politischen Revolution Abstand nehmen, nicht aber die Revolution als solche diskreditieren wollen; im Gegenteil habe er eine umfassende(re), fundamentale(re) Revolution der sozialen Verhältnisse avisiert. Le Corbusier: Kommende Baukunst, S. 244, schreibt: »Der Mensch fühlt heute, daß er geistige Anregung, körperliche Erholung und Körperkultur braucht, um die Spannkraft der Muskeln oder des Gehirns [...] zu erneuern. Dieses Bündel von Wünschen setzt sich um in eine Reihe von Forderungen. Unsere soziale Organisation allerdings hat nicht das geringste zur Erfüllung dieser Forderungen bereit.« Der Begriff der Revolution hat vor dieser Folie eine doppelte Bedeutung: Er steht für den revolutionären Fortschritt etwa der (Bau-)Technik (vgl. ebd., S. 247ff.); und er benennt die Gefahr eines Aufbegehrens dagegen, dass dieser Fortschritt sich nicht in eine Verbesserung der ›sozialen Organisation‹ ummünzt, z.B. in die Schaffung »menschenwürdige[r] Wohnmaschine[n]«. (Ebd., S. 245) Zur ›Wohnmaschine‹ siehe etwa Peter Sloterdijk: Schäume. Sphären. Plurale Sphärologie. Bd. 3. Frankfurt a.M. 2004, S. 545ff.

147 Siehe in diesem Sinne Schwarte: Philosophie der Architektur, S. 18: »Die Herstellung eines Ganzen setzt Vernunft, vor allem aber Entwurfs- und Planungstechniken voraus. Nur Architekten verstehen es, bestimmte Berechnungen symmetrischer Verhältnisse anzustellen, wie sie in der Natur [...] vorkommen. Nur Architekten vermögen auf der Grundlage derartiger Berechnungen und durch eine plangerechte Bauausführung ein solches Ganzes der Natur nachzuahmen und somit die natürliche Ordnung an jeder Stelle hervorzubringen.«

148 Agacinski: Volume, S. 23.

fungsakt.[149] (Ihr entgegen stehe die »invention empirique«[150], die das Bauen, wie man mit Walter Gropius [1883-1969] sagen könnte, als eine »*kollektive arbeit* [sic!]«[151] fasse, als das Werk vieler Menschen, die also eine geteilte Erfindung sei, die sich allmählich entwickele.[152]) Die Sozialtechniker*innen träumen den Traum von einer Tabula rasa, auf der das autonome, sich selbst gründende Bauen eines absoluten Anfangs, eine Architektur im Wortsinne, möglich wäre.[153] Diesen Ort jedoch gibt es nicht, er ist Utopie, Nicht-Ort.[154]

> L'alternative est: ou bien bâtir quelque part et pour une société réelle – ou bien préférer le blanc du papier, et tout réinventer. C'est donc seulement si l'on soustrait le bâtir au motif de l'autonomie et de l'auto-fondation qu'on laisse l'invention de l'œuvre se partager. On la laisse se rapporter et se référer à son autre, s'articuler à des réalités et à des espaces qui ne lui sont pas absolument propres, à un temps dans lequel elle s'inscrit.[155]

Zurückzuweisen ist das sozialtechnologische Architekturverständnis auch, weil es das in der »identitätslogische[n]« These von der Architektur als Ausdruck oder »*Kopie* des ›eigentlichen‹ Sozialen«[156] implizierte Abhängigkeitsverhältnis zwischen Architektur

---

149 Vgl. ebd., S. 23f. Schwarte: Philosophie der Architektur, S. 289, spricht aus einer arendtschen Perspektive davon, dass Architekt*innen »die Möglichkeit des Anfangens« für sich »monopolisieren«, was darauf hinauslaufe, »die Pluralität des Handelns durch die Kontrollierbarkeit des Herstellens zu ersetzen und dadurch Politik überhaupt abzuschaffen. Die Handlung und ihre Öffentlichkeit werden durch die Herrschaft absorbiert, die sich durch das Herstellen legitimiert. Dem Herstellen liegen Ideen zugrunde, Maßstäbe, Modelle des Herzustellenden, denen gemäß das menschliche Miteinander technisch geregelt werden kann.«

150 Agacinski: Volume, S. 23.

151 Gropius: geistige und technische voraussetzungen der neuen baukunst, S. 114, Hv. i. Orig. Gropius meint damit vor allem ein »*bewußtes Mit- und Ineinanderwirken aller Werkleute untereinander*«, durch das die »*bildenden Künste*« aus »*selbstgenügsamer Eigenheit* [...] *erlöst werden können* [...]. *Architekten, Maler und Bildhauer müssen die vielgliedrige Gestalt des Baues in seiner Gesamtheit und in seinen Teilen wieder kennen- und begreifenlernen, dann werden sich von selbst ihre Werke wieder mit architektonischem Geist füllen, den sie in der Salonkunst verloren.*« (Walter Gropius: Programm des staatlichen Bauhauses in Weimar [1919]. In: Conrads, Ulrich [Hg.]: Programme und Manifeste zur Architektur des 20. Jahrhunderts. Berlin, Frankfurt a.M., Wien 1964, S. 47-50, 47, Hv. i. Orig.)

152 Vgl. Agacinski: Volume, S. 23.

153 So schreibt Agacinski zu Le Corbusier: »Avec Le Corbusier [...] l'architecte se donne, en dessinant sur le blanc de la page, l'espace pur de sa création, et il rêve de reconstruire la terre entière. L'espace utopique du dessin est ici l'instrument d'une emprise sans mesure sur l'espace réel.« (Ebd., S. 131)

154 Vgl. ebd., S. 28. Dies zeigt sich daran, dass im Zuge der Französischen Revolution zwar die bestehende (etwa klerikale) Architektur revolutionär gleichsam besetzt wurde (vgl. Sloterdijk: Schäume, S. 610ff.), es aber nicht zu einem architektonischen Neuanfang kam: Man erkenne vielmehr, »daß die Ereignisse wie die Diskurse und Gebärden zwischen 1789 und 1795 in keiner Hinsicht dem konstruktivistischen Phantasma eines Neubeginns auf einer *tabula rasa* nahekamen: Es gab zu keiner Zeit einen leeren ›republikanischen Raum‹, in dem sich die Männer der Stunde wie Geschöpfe aus einer zukünftigen Welt hätten bewegen können. Wenn in der Revolution fast nichts beim Alten blieb, so doch im Alten.« (Ebd., S. 612, Hv. i. Orig.)

155 Agacinski: Volume, S. 28.

156 Delitz: Gebaute Gesellschaft, S. 13, Hv. i. Orig.

und Sozialem nur umkehre, meint Delitz: Man behaupte eine einseitige »Determination des Sozialen durch die Architektur«.[157] Ein Beleg hierfür ist Foucaults Annahme, dass bestimmte Techniken der Architektur

> mehr oder weniger deutlich soziale Hierarchien abbilden. Etwa das Militärlager, in dem man die militärische Hierarchie an dem Platz ablesen kann, den die Zelte und sonstigen Bauten für die verschiedenen Dienstgrade einnehmen. Das Militärlager ist ein genaues Abbild der Machtpyramide im Medium der Architektur.[158]

Die Architektur, betont Schwarte, repräsentiere bei Foucault zwar nicht allein die gesellschaftliche Ordnung, sondern bringe diese hervor: »Architekturen [...] wirken [...] mit bei der Disziplinierung, Kontrolle und Verwaltung der Bevölkerung. Denn durch die Koordination von Platzierung und Bezeichnung identifizieren, organisieren und steuern sie kollektive Körper.«[159] Dies meint aber doch nur, dass Architekturen die Ordnung der Gesellschaft »bestärken«; Foucault sehe »architektonische Räume [...] in Abhängigkeit von den sozialen Relationen, innerhalb derer sie auftauchen. Er sieht sie daher entweder als Ausdruck oder als Maß gesellschaftlichen Handelns.«[160]

4.3   Architektur und Soziales – noch einmal, aber anders

Trotz ihrer Kritikwürdigkeit muss man die These von einer »sozialen Effektivität«[161] der Architektur nicht aufgeben – aber anders formulieren. Delitz schlägt vor, das Verhältnis von Architektur und Sozialem nicht als Determination oder Ausdruck zu fassen, sondern als »*Symbiose*«.[162]

> Zu denken wäre, dass sich jede Gesellschaft in ihrer Architektur eine expressive, sicht- und greifbare Gestalt *schafft*, die ihr keineswegs äußerlich oder sekundär ist. In ihrer Architektur ›erkennt‹ sich eine Gesellschaft [...] erst als *diese bestimmte* Gesellschaft. Unter anderem und vielleicht nicht zuletzt an der gebauten Gestalt des Sozialen entzündet sich die soziologische Imagination der Einzelnen: die Vorstellung von ›der Gesellschaft‹, in der diese Einzelnen in einer je bestimmten Position und Selbsteinordnung und mit je bestimmten Begehren und Selbsthaltungen leben. Anders formuliert: Symbolische Medien konstituieren allererst die soziale »Wirklichkeit« [...], statt sie einfach auszudrücken. Unter ihnen dürfte die Architektur nicht das Unwichtigste sein, in ihrer Präsenz, ihrer Unentrinnbarkeit, ihrer Materialität und nicht zuletzt in ihrer Affektivität.[163]

---

157   Ebd.

158   Foucault: Raum, Wissen, Macht, S. 340.

159   Schwarte: Befreiung, S. 83; vgl. ebd.; 85.

160   Ebd., S. 88.

161   Delitz: Medium des Sozialen, S. 264.

162   Delitz: Gebaute Gesellschaft, S. 13, Hv. i. Orig.; vgl. ebd., und siehe auch ebd, S. 21, sowie gegen die Ausdrucksthese zudem Delitz: Medium des Sozialen, S. 258.

163   Delitz: Gebaute Gesellschaft, S. 13, Hv. i. Orig.

Auch aus Delitz' Perspektive veranschaulicht die Architektur das Soziale. Jedoch liege das Soziale vor seiner architektonischen – im weiteren Sinne: symbolischen – Veranschaulichung nicht schon vor, es gelange erst durch die Symbolisierung zur Existenz: Die Architektur ist »sozial konstitutiv«.[164] Mithilfe der Architektur macht sich die Gesellschaft ein Bild von sich selbst und entwirft sich darin als Gesellschaft. Ohne Architektur, so Delitz, sei »kollektives Leben unvorstellbar, weil es zu diesem einer kulturell spezifischen sicht- und greifbaren, expressiven räumlichen Gestalt bedarf«.[165] Die Architektur ist beides: Gestalt und Gestalterin der Gesellschaft.[166] Da sie nicht unvermittelt sichtbar ist, bedarf die Gesellschaft des Symbolischen (z.B. der Architektur), um anschaulich zu werden. Architektur ist das Medium, durch das und in dem die Gesellschaft (sich) erscheint.[167] Delitz folgt hier Castoriadis: »Das Imaginäre«, heißt es dort, »muß das Symbolische benutzen, nicht nur um sich ›auszudrücken‹ [...], sondern um überhaupt zu ›existieren‹, um etwas zu werden, das nicht mehr bloß virtuell ist«.[168] Für Delitz verweist das *teukein*, die für jede Gesellschaft notwendige identitäts- und mengenlogische Dimension des Zusammenstellens, Zurichtens, Herstellens und Errichtens[169], auf die sozialkonstitutive Funktion der Architektur:

> In ihr vermag sich die Gesellschaft erst als diese bestimmte Gesellschaft zu sehen; in ihr teilt sie die Individuen ein, klassifiziert sie, weist ihnen Wohnorte zu und hierarchisiert sie [...]. Ebenso bestimmt sich in ihrer Architektur, wie sich eine Gesellschaft in soziale Funktionssysteme unterteilt versteht [...] und ob sie sich überhaupt angemessen als funktional differenzierte Gesellschaft beschreiben kann [...]. Und all dies beeinflusst mit, wie sich die Individuen entsprechend hierarchisieren und behandeln. Es gibt [...] keine ›an sich‹ gültige Gliederung der Gesellschaft, etwa in grundlegenden, material vorhandenen Strukturen. Immer handelt es sich um eine Schöpfung, um eine Gliederung, in und durch welche die Gesellschaft erst ›existiert‹.[170]

---

164   Delitz: Medium des Sozialen, S. 257; vgl. ebd.

165   Ebd., S. 258. Schroer: Materielle Formen des Sozialen, S. 24, ruft in Erinnerung, dass schon Halbwachs darauf hingewiesen habe, gesellschaftliche Institutionen (Familie, Kirche, Staat, Unternehmen) könnten nur dann in ihrer ganzen Bedeutung erfasst werden, untersuche man auch ihre materielle Gestalt: »Institutionen sind nicht einfach nur Gedankengebilde: sie müssen auf die Erde gebracht werden, ganz mit Stofflichem beschwert, menschlichem Stoff und unbelebtem Stoff, mit Lebewesen aus Fleisch und Blut, mit Bauwerken, Häusern, Plätzen, dem Gewicht des Raums. [...] In genau diesem Sinne besitzen dann alle Einrichtungen des sozialen Lebens auch materielle Formen.« (Halbwachs: Soziale Morphologie, S. 15f.) Siehe zu Halbwachs auch Steets: Aufbau der gebauten Welt, S. 24ff.

166   Siehe Delitz: Gebaute Gesellschaft, S. 86, mit der »These, die Architektur verschaffe der Gesellschaft eine Gestalt, die ihr nicht äußerlich ist, in der sich diese vielmehr erst als je spezifische Gesellschaft erkennt«.

167   Vgl. Delitz: Medium des Sozialen, S. 258f.; 263f.

168   Castoriadis: Gesellschaft als imaginäre Institution, S. 218; auch zitiert bei Delitz: Gebaute Gesellschaft, S. 120; Delitz: Medium des Sozialen, S. 263f.

169   Vgl. Castoriadis: Gesellschaft als imaginäre Institution, S. 399.

170   Delitz: Gebaute Gesellschaft, S. 123 (der Verweis auf das *teukein* findet sich ebd., S. 122); siehe auch Delitz: Medium des Sozialen, S. 265f.

Im Zentrum des castoriadisschen Denkens steht die gesellschaftliche Selbstveränderung (›Gesellschaftlich-Geschichtliches‹). In diesem Sinne betont auch Delitz »die *kreativistische* Haltung der modernen Architektur«.[171] Weil sich die Gesellschaft in einer anderen Architektur auch anders sehen könne, leiste die Architektur (und sei es durch unrealisierte Entwürfe) einen Beitrag zum »Anders-Werden des Gesellschaftlichen«.[172] Die Architektur sei demnach ein sowohl »konstitutives« als auch »*transitives* Medium. In ihrer je neuen Architektur sehen sich diese Gesellschaften [der Moderne, S. H.] mit neuen Augen: so, wie sie sich noch nie zuvor sehen konnten.«[173]

Delitz' Rückgriff auf Castoriadis enthüllt noch einmal die Schwachstelle seiner Theorie.[174] Er denkt zwar die Gesellschaft als eine sich ständig verändernde, aber nur in ihrer geschlossenen Ganzheit sich wandelnde. Maßgeblich für Castoriadis' Theorie sei, »dass es *keine* konfligierenden zentralen Bedeutungen geben kann; dass jede Kultur auf genau *einem* zentralen Imaginären ruht, es also auf dieser Ebene der gesellschaftlichen Bedeutung keine Kämpfe gibt«.[175] Delitz schließt sich dieser These an: Gesellschaftliche Differenz kennt sie als diachrone Differenzierung im Sinne gesellschaftlichen Wandels[176], ihr entgeht aber die innere Spaltung der Gesellschaft. Nur in einer kurzen Bemerkung stellt Delitz fest, eine Gesellschaft sehe »nicht von überall her gleich aus. Sie ist vielmehr je verschieden, wird aus einem Fenster einer Villa am Südhang in Dresden anders aussehen, als aus einem Fenster in einer Neubausiedlung, aus dem Fenster eines Gefängnisses anders als aus dem Fenster eines Penthouses«.[177] Delitz sieht diese architektonischen Differenzen und Hierarchisierungen nicht (auch) als Hinweis auf gesellschaftliche Antagonismen. Verschiedene Architekturen, die das konflikthafte Sich-Gegenüberstehen der Gesellschaft anzeigen, folgten vielmehr einer einzigen Leitlinie: »Jede Gesellschaft erfindet eine spezifische Identität, eine ihr allein zugehörige ›Gliederung‹ der Welt und der Subjekte; dies geschieht immer auch im Medium der architektonischen Dinge und des architektonischen Wissens.«[178]

Die Auffassung von einer durch die Architektur symbolisierten und hergestellten gesellschaftlichen Identität ist aus einem weiteren Grund kritisch zu hinterfragen: Sie würdigt nicht, dass verschiedene Architekturen verschiedene Formen des Kollektiven hervorbringen, und zwar nicht nur im Vergleich zwischen Gesellschaften, sondern auch in einer Gesellschaft. Wenn sie unterschiedlichen Architekturen unterschiedliche Ge-

---

171 Delitz: Gebaute Gesellschaft, S. 15, Hv. i. Orig.

172 Ebd., S. 124; vgl. ebd. Mit Castoriadis, so Delitz: Medium des Sozialen, S. 262, Hv. i. Orig., könne man »davon ausgehen, dass nicht das Sein, die Stabilität oder die Ordnung, sondern die stetige *Veränderung* der Wirklichkeit grundlegend ist, und zwar in jedem Seinsbereich«.

173 Delitz: Gebaute Gesellschaft, S. 16, Hv. i. Orig.; siehe auch ebd., S. 86.

174 Meine Kritik im folgenden Absatz orientiert sich an Schmidt-Lux: Architektursoziologie, S. 66.

175 Delitz: Gebaute Gesellschaft, S. 116, Hv. i. Orig.

176 Siehe etwa Delitz: Medium des Sozialen, S. 266: »Eine Gesellschaft kann sich stets dieselbe bauliche Gestalt geben – oder sich immer wieder Neues vor Augen stellen, eine architektonische Geschichte ihrer selbst erzeugend.«

177 Delitz: Gebaute Gesellschaft, S. 125.

178 Delitz: Medium des Sozialen, S. 265, mit Verweis auf Castoriadis: Gesellschaft als imaginäre Institution, S. 252.

sellschaftstypen zuordnet[179], hat Delitz im Blick, dass sich die Effekte verschiedener Architekturen auf die Konstituierung des Sozialen unterscheiden. Aber dies gilt, was sie vernachlässigt, auch für den gesellschaftlichen Binnenraum: Ein Stadion bringt das Soziale in eine andere Form als eine Stadt. (Damit würde, sofern in einer Gesellschaft unterschiedliche Architekturen vorkommen, die Vorstellung einer Gesellschaft als Einheit oder Totalität hinfällig.) Delitz zufolge differenziert und klassifiziert die Architektur eine Gesellschaft nach Geschlecht, Alter oder Schicht.[180] Aber hat diese Ordnung einen einzigen Grund? Es gibt kein »zentrale[s] Imaginäre[s]«[181], das die gesamte Gesellschaft durchherrscht und alle architektonischen Artefakte auf ein Prinzip verpflichtet. »Es ist unübersehbar«, weiß Delitz, »dass sich nicht nur im diachronen und synchronen Vergleich der Gesellschaften, sondern auch *innerhalb* einer Gesellschaft sehr unterschiedliche Architekturen finden.«[182] Eingedenk ihrer These von einer sozialeffektiven Architektur müsste sie dann aber auch zu dem Schluss kommen, dass es in einer Gesellschaft verschiedene Formen des Kollektiven gibt. In Delitz' eigenen Worten:»Divergieren die *Architekturen* [...], so divergiert auch *die Gestalt des Kollektivs und dieses selbst.*«[183]

Kann Delitz' These von der sozialeffektiven Funktion der Architektur trotz der skizzierten Mankos insgesamt dennoch überzeugen, so gilt dies für ihre Interpretation des kreativen Potentials der Architektur nur sehr eingeschränkt. Dies liegt an einer zu engen, nämlich eher architekturtheoretischen als architekturphilosophischen Auffassung. Der Unterschied beider Ansätze ist:

> Die Architekturtheorie setzt in der Regel voraus, dass Architektur im Planen und im gekonnten Bauen besteht [...]. Die Architekturphilosophie dagegen wird fragen, ob und warum das so ist und wie es anders sein könnte. Sie unterstellt nicht ohne weiteres, dass das Wesentliche an der Architektur das Planen und Ausführen von Gebäuden ist.[184]

Delitz möchte »>Architektur< [...] im breitest möglichen Sinn des Wortes«[185] verstanden wissen: Weder wolle sie zwischen einfach Gebautem und ästhetisch-kunstvoller Architektur noch zwischen namenloser (ohne Architekt*innen entstandener) und von Architekt*innen geplanter Architektur unterscheiden.[186] »Vielmehr geht es [...] um *jede* Architektur, um alles Gebaute und ebenso um alles Gewebte und Gegerbte (wie im Fall der mobilen Architekturen nomadischer Gesellschaften, ihren Zelten aus Wolle und Häuten).«[187] Man müsse die Architektur »funktional definieren«, schlägt Delitz vor, nämlich »als gezielte Rahmung bestimmter Tätigkeiten und Sichtbarkeiten«.[188] Das Wesentliche der Architektur sei es, dass sie »buchstäblich Räume schafft: sichtbare und greifba-

---

179   Vgl. Delitz: Medium des Sozialen, S. 265ff.

180   Vgl. ebd., S. 263; 265f.

181   Castoriadis: Gesellschaft als imaginäre Institution, S. 221, Hv. i. Orig.

182   Delitz: Medium des Sozialen, S. 268, Hv. i. Orig.

183   Ebd., S. 269, Hv. i. Orig.

184   Schwarte: Anfang bauen, S. 110; siehe auch Schwarte: Philosophie der Architektur, S. 21f.

185   Delitz: Gebaute Gesellschaft, S. 20; siehe ebenfalls Delitz: Medium des Sozialen, S. 259f.

186   Vgl. Delitz: Gebaute Gesellschaft, S. 20.

187   Ebd., Hv. i. Orig.; siehe auch Delitz: Architektursoziologie, S. 19f.

188   Delitz: Gebaute Gesellschaft, S. 20.

re, also materialisierte, artifizielle Räume für das soziale Leben, die sich oft gegenüber der fluktuierenden Bewegung der Individuen und Generationen durchhalten«.[189] Diese (architekturtheoretische) Definition schließt bezeichnenderweise eine »Negation des Bauens«[190] nicht mit ein, wie sie sich im Abreißen von Gebautem zeigt. Auch ein Abriss, so Schwarte, sei Architektur, weil er Grund freimache und ein (neues, grundloses) Gründen der Gesellschaft ermögliche.[191] Die Eingrenzung der Architektur auf Gebautes und die Vernachlässigung des Abbauens oder Abreißens legt nahe, dass Delitz einer »Planungsideologie der Architektur«[192] verhaftet ist, wonach es sich bei Architektur um das Entwerfen von Plänen[193] handelt, die sich in Gebautem materialisieren: Auf einem Plan beruhend, stellt das Gebaute Beabsichtigtes dar und aus. Seine Geplantheit unterscheidet es vom Bau(en) der Tiere, was der Differenzierung von Verhalten und Handeln anhand des Kriteriums der Intentionalität korrespondiert.[194]

> Dieser Metaphysik des Handelns entsprechend ist der Plan die fundamentale Ideologie der Architektur – Fundament und Ideologie der Architektur in einem. Der Plan unterwirft die Architektur den Medien des Regierens und der Subjektivierung, den Medien einer strategischen Ökonomie; er knüpft die fundamentale Orientierung des Denkens im Raum an die Versuche technisch-sozialer Beherrschung dieses Raums.[195]

Durch die planungsideologische Einfärbung ihrer Theorie verfehlt Delitz den politischen Anspruch der Philosophie Castoriadis'. Die Instituierung und Transformation der Gesellschaft, hatte Castoriadis betont, sei eine kollektive Aufgabe. Für Delitz scheint eher die »volonté créatrice«[196] der (einzelnen, über besondere Expertise verfügenden) Architekt*innen die entscheidende Rolle bei der »Ein- und Zurichtung des Sozialen«[197]

---

189   Ebd. Für Halbwachs ist eine der Funktionen der materiellen Formen einer Gesellschaft, diese einer Stabilität zu versichern, die den gesellschaftlichen Wandel tarnt; siehe dazu Schroer: Materielle Formen des Sozialen, S. 26ff.

190   Schwarte: Philosophie der Architektur, S. 22.

191   Vgl. Schwarte: Gründen und Abreißen, S. 36.

192   Schwarte: Philosophie der Architektur, S. 342.

193   Delitz: Gebaute Gesellschaft, S. 110f., betont am Entwerfen vor allem das kreative Moment: »Das Entwerfen ist nicht als zielgerichtete Planung zu verstehen, sondern als kontingentes Finden einer Raumgestalt.« (Ebd., S. 111)

194   Vgl. Schwarte: Philosophie der Architektur, S. 20f.; 342.

195   Ebd., S. 21, mit Rekurs auf Jean Attali: Le plan et le détail. Une philosophie de l'architecture et de la ville. Nîmes 2001, S. 24, wo es im Abschnitt mit dem Titel »Le plan, idéologie fondamentale de l'architecture« heißt: »Le plan soumet [...] l'architecture à des modes de gouvernement et de subjectivation, à une économie et à des raisons stratégiques. De sorte que la philosophie du plan devra rattacher l'orientation fondamentale d'une pensée de l'espace aux tentatives de maîtrise technique – c'est-à-dire sociale – de cet espace«. Dirk Baecker: Stadtluft macht frei: Die Stadt in den Medienepochen der Gesellschaft. In: Soziale Welt 60 (2009), H. 3, S. 259-283, 270f., macht den Plan zum wesentlichen Ordnungsmoment der modernen Stadt; die Pointe: Mit dem Plan gibt sich zugleich zu erkennen, was nicht planbar ist. »Der Plan ist die Leerstelle, die als Ort der Begegnung unvorhersehbarer, aber wieder erkennbarer Spielzüge aller Beteiligten inklusive der Obdachlosen und Kriminellen, der Unternehmer und Politiker, der Prediger und Künstler gedacht werden kann.« (Ebd., S. 271)

196   Agacinski: Volume, S. 14.

197   Delitz: Gebaute Gesellschaft, S. 20.

zu spielen: Sie betont zwar, die Gesellschaft erkenne den Architekt*innen diese Funkti-on zu, wähle sich also selbst eine Architektur mit sozialtechnischem Anspruch auf Ge-staltung der Gesellschaft.[198] Die Rede von einer wählenden Gesellschaft bleibt aber wie die Rede von einer Selbstveränderung der Gesellschaft mysteriös, wenn nicht klar wird, wie eine Gesellschaft wählt und sich verändert. In diesem Punkt hatte Castoriadis mit seinen Erläuterungen zur Praxis der griechischen Demokratie für Aufklärung gesorgt. Bei Delitz fehlt diese politische Dimension, versteht man ›Politik‹ nicht im Sinne einer »bewerkstelligenden Politik [la politique en œuvre]«[199], die mithilfe von Architektur realisiert werden könnte. Delitz übersieht die architektonische und politische Bedeu-tung unbebauter Räume. In diesen Freiräumen formt und verformt sich ein Kollektiv (und wird nicht von Architektur in Form gebracht), hier findet die Instituierung und der Wandel der Gesellschaft statt. Der Abriss räumt Platz für das Neugründen (des Kollek-tivs) ein und ist wohl »als Herstellung einer völlig neuen Situation erforderlich«.[200] Um zu denken, wie *sich* ein Kollektiv bildet, muss die architektonische Leere in den Blick rücken. Hervorzuheben ist die Bedeutung jener freien (öffentlichen) Räume oder Plät-ze, die keine »gezielte Rahmung bestimmter Tätigkeiten und Sichtbarkeiten«[201] sind, sondern diese erst ermöglichen.[202] Ein solches Vorhaben lässt sich mit dem Versuch verknüpfen, verschiedene Gestalten des Sozialen architektonisch herzuleiten; das sich bildende Kollektiv ist ein anderes als das gebildete: kein Produkt, sondern das Subjekt von Macht.[203]

4.4 Das Stadion: Massenproduktion oder Herstellung der immanenten Gemeinschaft

Die These, Architektur(en) und Sozialform(en) hingen zusammen, meint: Architekto-nische Konfigurationen ermöglichen oder verhindern bestimmte Formen des Sozia-len. Der von Foucault beschriebene »zellenförmig« organisierte »Raum der Diszipli-nen« etwa verhindert Sozialität; es handelt sich um einen im Wortsinne »analytischen Raum«[204], der jegliche Kollektivität zergliedert:

---

198 Vgl. ebd., S. 23ff.; 200.
199 Nancy: Wahrheit der Demokratie, S. 59 (VD 52).
200 Schwarte: Gründen und Abreißen, S. 38; vgl. ebd.
201 Delitz: Gebaute Gesellschaft, S. 20.
202 Siehe dazu Schwarte: Philosophie der Architektur, S. 13f., und mit Bezug auf die Dimension der Pla-nung auch Schwarte: Befreiung, S. 92: »Wenn man […] die Planungsideologie aufgibt, um das Han-deln weniger aus dem Verhalten innerhalb gesetzter Strukturen als vielmehr aus der unbeherrsch-ten Interaktion zu verstehen, so zeigt sich, dass Architekturen nicht zunächst aus Zwecksetzungen, Objekten und Symbolen, nicht aus objektiven Strukturen und deren individueller schematischer Aneignung bestehen, sondern aus ergebnisoffenen Prozessen hervorgehen, an denen neben he-terogenen Kräften und Dingen immer viele verschiedene Menschen mit ihren Wahrnehmungen, Emotionen, Verhaltensweisen und auch mit ihrer Passivität beteiligt sind.«
203 Vgl. Schwarte: Philosophie der Architektur, S. 346.
204 Foucault: Überwachen und Strafen, S. 184.

Jedem Individuum seinen Platz und auf jeden Platz ein Individuum. Gruppenvertei-
lungen sollen vermieden, kollektive Einnistungen sollen zerstreut, massive und un-
übersichtliche Vielheiten sollen zersetzt werden. [...] Es geht gegen die ungewissen
Verteilungen, gegen das unkontrollierte Verschwinden von Individuen, gegen ihr dif-
fuses Herumschweifen, gegen ihre unnütze und gefährliche Anhäufung: eine Antide-
sertions-, Antivagabondage-, Antiagglomerationstechnik.[205]

Die foucaultschen Räume der Disziplinen, so ließe sich mit Bataille sagen, sind Macht-
architekturen, die die Gesellschaft zu beherrschen, ihr eine mathematisch-ideale Ordnung aufzuzwängen suchen.[206] »L'architecture«, so Bataille zunächst gemäß der Ausdrucksthese, »est l'expression de l'être même des sociétés«[207], allerdings, schränkt er
ein, nur der Ausdruck des idealen gesellschaftlichen Seins und damit mehr als das –
eine Autorität, die die Vielheit zum Schweigen bringe:

> En effet, seul l'être idéal de la société, celui qui ordonne et prohibe avec autorité,
> s'exprime dans les compositions architecturales proprement dites. Ainsi les grands
> monuments s'élèvent comme des digues, opposant la logique de la majesté et de
> l'autorité à tous les éléments troubles: c'est sous la forme des cathédrales et des palais
> que l'Église ou l'État s'adressent et imposent silence aux multitudes.[208]

Wenn die Architektur der Ausdruck der staatlichen Autorität ist, überrascht es nicht,
dass die Französische Revolution mit dem Sturm der Massen auf ein Bauwerk begann:
»La prise de la Bastille est symbolique de cet état de choses : il est difficile d'expliquer ce
mouvement de foule, autrement que par l'animosité du peuple contre les monuments
qui sont ses véritables maîtres.«[209]

Was an der Menge, an den Vielen – despektierlich: der Masse – ängstigt und zu
Maßnahmen ihrer Auflösung greifen lässt, ist ihre architektonische Grenzen spren-
gende Unbeherrschbarkeit[210], die mit »ihrer Unerfassbarkeit, ihrer optischen Unüber-

---

205   Ebd., S. 183; vgl. Gamper: Masse lesen, Masse schreiben, S. 56f.; Schwarte: Philosophie der Archi-
      tektur, S. 136.
206   Vgl. Georges Bataille: Architecture. In: ders.: Œuvres complètes I. Premiers Écrits. 1922-1940. His-
      toire de l'œil. L'anus solaire. Sacrifices. Articles. Paris 1970, S. 171-172. Siehe auch Georges Bataille:
      Le cheval académique. In: ders.: Œuvres complètes I. Premiers Écrits. 1922-1940. Histoire de l'œil.
      L'anus solaire. Sacrifices. Articles. Paris 1970, S. 159-163, 160, Hv. i. Orig., wo Bataille u.a. neben der
      platonischen Philosophie auch die Architektur der Akropolis als »l'une des expressions les plus
      accomplies de l'idée« bezeichnet. Siehe zu Bataille auch Schwarte: Philosophie der Architektur,
      S. 282f.; Delitz: Gebaute Gesellschaft, S. 53f.; Delitz: Architektursoziologie, S. 47f.
207   Bataille: Architecture, S. 171.
208   Ebd. Architektur sei für Bataille, so Schwarte: Philosophie der Architektur, S. 282, »mehr als nur
      der Ausdruck von Gesellschaften, denn sie zerteilt, gliedert und umfriedet diese«. Auch Delitz:
      Gebaute Gesellschaft, S. 53, meint, Bataille spreche der Architektur nicht nur Ausdrucksvermögen
      zu, sondern »höchste soziale Effektivität«.
209   Bataille: Architecture, S. 171.
210   Vgl. Canetti: Masse und Macht, S. 11; 15.

schaubarkeit«[211] einhergeht. (Darin gleicht die Masse dem Meer.[212]) Es erscheint unmöglich, die Masse durch »die Einrichtung des zwingenden Blicks«[213] observieren und disziplinieren zu können. Damit stellt sich auch Politik als ein aussichtsloses Unterfangen dar, sofern man diese »[a]ls Technik des inneren Friedens und der inneren Ordnung« versteht, als ein »Mittel zur Verhütung der bürgerlichen Unordnung«.[214]

> Der Eindruck von Masse entsteht als Ergebnis einer verlorenen Übersicht, die die optische Einbuße als Verlust oder auch als Gewinn verbucht. Traditionellerweise wird die optische Einbuße als Verlust gewertet, da das kulturalisierte Auge, gewohnt an die zentralperspektivische, als genuin anthropomorph verstandene Fernsicht, auf Erfassen der Erscheinungen abzielt und im Erfassen der Erscheinungen zur Befriedigung gelangt. »Masse« ist dann die Bezeichnung für eine Überfülle an Phänomenen, die sich der Erfassung entziehen und von daher perhorresziert werden.[215]

Das Erfassen ist – gemäß einer »Architektonik der Macht«[216] – Kontrolle, Registrierung, Zählung etc.[217] Die Verwaltung der Masse ist auch dadurch erschwert, dass alle ihnen in der gesellschaftlichen Hierarchie zugewiesenen Plätze verlassen: »Um dieses glücklichen Augenblickes willen, da keiner *mehr*, keiner besser als der andere ist, werden die Menschen zur Masse.«[218]

Zielten die von Foucault beschriebenen »Techniken der Domestizierung von ›Masse‹«[219] darauf ab, die gefährliche Masse zu zersetzen, so gab und gibt es auch Bemü-

---

211   Ott: Massen und Meuten, S. 201. Für Marchart: Das unmögliche Objekt, S. 412, hat die Angst vor der
      Masse einen gleichsam ontologischen Hintergrund: »Angst vor der Masse ist Angst vor den unkon-
      trollierbaren Bewegungen des Sozialen, ist Schwindel vor dem sich zurückziehenden Grund, ist
      die in Panik umschlagende Erkenntnis, dass sich Gesellschaft möglicherweise doch nicht gesetz-
      mäßig entwickeln könnte, sondern von sozialen Kämpfen in Bewegung gehalten wird, ohne auf
      ein vernünftiges Ziel hinzusteuern.« Zu einem ähnlichen Schluss kommt in Anknüpfung an Cas-
      toriadis Gamper: Masse lesen, Masse schreiben, S. 38: »In der Abneigung gegen die revolutionäre
      Menschenmenge und die Entdifferenzierung der gesellschaftlichen Hierarchien in den modernen
      westlichen Gesellschaften manifestiert sich […] nicht bloß ein Aspekt von Klassenherrschaft, son-
      dern fokussiert sich auch eine allgemeinere Angst vor dem Kontingent-Werden der sozialen und
      allgemeiner gar aller (mengen-)logischen Strukturen.«
212   Die Masse besitze einen »natürlichen Drang zu wachsen«, so Canetti: Masse und Macht, S. 16. »So
      groß wie das Meer möchte die Masse werden, und um das zu erreichen, zieht sie mehr und mehr
      Menschen an. […] Wäre das Meer nicht unerfüllbar, die Masse hätte kein Bild für ihre eigene Un-
      ersättlichkeit.« (Ebd., S. 88f.) Mit Beispielen für die Metaphorik des Wassers zur Beschreibung von
      Massen siehe etwa Munk: Ungeheuerliche Massen, S. 43f.
213   Foucault: Überwachen und Strafen, S. 221.
214   Ebd., S. 217.
215   Ott: Massen und Meuten, S. 201.
216   Schwarte: Philosophie der Architektur, S. 58.
217   Siehe dazu ebd., S. 134ff.
218   Canetti: Masse und Macht, S. 13, Hv. i. Orig. In der Masse »geht […] alles plötzlich wie *innerhalb eines
      Körpers* vor sich«. (Ebd., S. 10, Hv. i. Orig.) Siehe dazu Ott: Massen und Meuten, S. 213f., sowie Axel
      Honneth: Die unendliche Perpetuierung des Naturzustandes. Zum theoretischen Erkenntnisge-
      halt von Canettis Masse und Macht. In: ders.: Die zerrissene Welt des Sozialen. Sozialphilosophi-
      sche Aufsätze. Erweiterte Neuausgabe. 2. Aufl. Frankfurt a.M. 1999, S. 203-226, 212.
219   Gamper: Masse lesen, Masse schreiben, S. 31.

hungen, die Masse als Masse zu bändigen. Hierbei kommen ebenfalls architektonische Mittel zum Einsatz, die, wie Canetti sagen würde, aus der »*offene[n]*«[220], sich (mehr oder weniger) spontan bildenden und auf Wachstum bedachten Masse[221] eine »*geschlossene* Masse«[222] machen oder nur die Bildung solcher ›geschlossenen‹ Massen zulassen.[223] ›Geschlossen‹ ist als Abschluss gegen weiteren Menschenzulauf von außen sowie als Einschluss der Masse in einen bestimmten Raum zu verstehen:

> Im Gegensatz zur offenen Masse, die ins Unendliche wachsen kann [...], steht die *geschlossene* Masse. Diese verzichtet auf Wachstum und legt ihr Hauptaugenmerk auf Bestand. Was an ihr auffällt, ist die *Grenze*.[224] Die geschlossene Masse setzt sich fest. Sie schafft sich ihren Ort, indem sie sich begrenzt; der Raum, den sie erfüllen wird, ist ihr zugewiesen. Er ist einem Gefäß vergleichbar, in das man Flüssigkeit gießt, es ist bekannt, wieviel Flüssigkeit hineingeht. Die Zugänge zum Raum sind gezählt, man kann nicht auf jede Weise hineingelangen. Die Grenze wird respektiert. Sie mag aus Stein, aus festem Mauerwerk bestehen. Vielleicht bedarf es eines besonderen Aufnahmeaktes; vielleicht hat man eine bestimmte Gebühr für den Eintritt zu entrichten. Wenn der Raum einmal dicht genug gefüllt ist, wird niemand mehr eingelassen. [...] Die Grenze verhindert eine regellose Zunahme, aber sie erschwert und verzögert auch das Auseinanderlaufen. Was an Wachstumsmöglichkeit so geopfert wird, das gewinnt die Masse an Beständigkeit. Sie ist vor äußeren Einwirkungen geschützt, die ihr feindlich und gefährlich sein könnten. Ganz besonders aber rechnet sie mit *Wiederholung*. Durch die Aussicht auf Wiederversammeln täuscht sich die Masse über ihre Auflösung jedesmal hinweg.[225]

Die ›offene Masse‹ ist auf eine »Entformung der architektonischen [...] Artefakte«[226] aus, die sie – und sei es nur symbolisch – begrenzen: »Der nackten Masse erscheint alles als Bastille.«[227] Die ›geschlossene Masse‹ fügt sich in den ihr zugewiesenen Raum.[228] Sie wird architektonisch geformt und dadurch überschaubar und erfassbar: »Was die

---

220   Canetti: Masse und Macht, S. 11, Hv. i. Orig.

221   Vgl. ebd.

222   Ebd., Hv. i. Orig.

223   Camiel van Winkel: Tanz, Disziplin, Dichte und Tod. Die Masse im Stadion. In: Marschik, Matthias et al. (Hg.): Das Stadion. Geschichte, Architektur, Politik, Ökonomie. Wien 2005, S. 229-257, 229, hält fest: »Die Architektur versucht die Masse zu disziplinieren«.

224   Hier lässt sich eine Beobachtung Georg Simmels einflechten, die auf einen Zusammenhang zwischen der (unbegrenzten) Größe des Raumes, in dem eine Masse sich bildet, und ihrem Wunsch zu wachsen hindeutet: »Der große Luftraum gibt dem Menschen ein Gefühl von Bewegungsfreiheit, von Ausgreifenkönnen ins Unbestimmte, von unbestimmtem Setzen weiter Ziele – wie es in engen Zimmern entschieden sinnlich erschwert ist. [...]. Eine Lokalität, über einem dichten Gedränge einen für den Einzelnen ungewohnt großen Luftraum bietend, muß jenes Gefühl einer ins Unbestimmte gehenden Expansion und Kraftentfaltung begünstigen, auf das große zusammenbefindliche Massen so leicht gestimmt sind«. (Simmel: Soziologie, S. 704)

225   Canetti: Masse und Macht, S. 11f., Hv. i. Orig.

226   Friedrich: Erlebnis und Masse, S. 138; siehe dazu weiter ebd., S. 137ff.

227   Canetti: Masse und Macht, S. 15.

228   Vgl. van Winkel: Tanz, Disziplin, Dichte, Tod, S. 233f.

Menschen zur Masse macht, ist [...] eine bestimmte politische Architektur, in der sie nicht anders als durch ihre schiere Masse zählen.«[229]

In seinem Essay *Hitler, nach Speer* nennt Canetti als Beispiele für die Behältnisse, in die man die Massen füllt, »Gebäude kultischer Art«[230] (z.B. Kathedralen). Zu denken ist aber vor allem auch an das Stadion, dessen vorrangige Funktion es war und ist, »die Masse zu beherbergen«[231] und sie zu disziplinieren, ihr Potential, buchstäblich außer Fassung zu geraten, zu entschärfen.[232]

Die moderne Gesellschaft, behauptet Peter Sloterdijk in *Schäume* (2004), kennzeichne eine Doppelbewegung von Individualisierung sowie Zusammensetzung der Vereinzelten zu neuen Kollektiven; beide Entwicklungen erforderten architektonische Investitionen.[233]

> Dem neu gelockerten Aggregatszustand ihrer Symbionten entsprechend, müssen sich die modernen Kollektive der Aufgabe stellen, die Raumverhältnisse hervorzubringen, in denen hier die Vereinzelung der Individuen, dort die Zusammenfassung der Einzelnen zu vielköpfigen Kooperations- oder Kontemplationsensembles ihre Unterstützung finden.[234]

Die ›Vereinzelung‹ findet als Vereinzellung in Appartements statt[235], während das Stadion mit »der Zusammenballung von gleicherregten Massen«[236] in Verbindung steht.

Sloterdijks Genealogie dieser Kollektivierungstendenz setzt mit der Französischen Revolution ein. An ihr zeigt sich, was Arendt als Merkmal »der modernen Revolutionen« gilt, nämlich auf »die Gründung eines neuen politischen Körpers«[237] abzuzielen. So habe man in Frankreich – auf »bewährte Großversammlungskonzepte« der Antike (Amphitheater, Zirkus/Arena) zurückgreifend – der »Volksmasse« die Möglichkeit verschaffen wollen, »sich bei festlichen Anlässen als aktuell präsentes Plenum der neuen ›Gesellschaft‹, das heißt als souveränes Nationalvolk, in wohlgeordneten Formen physisch zu versammeln«.[238] Den Höhepunkt dieser Verkörperungsbestrebungen habe

229 Schwarte: Philosophie der Architektur, S. 164.
230 Canetti: Hitler, nach Speer, S. 9.
231 Van Winkel: Tanz, Disziplin, Dichte, Tod, S. 230; siehe auch Bettina Kratzmüller: ›Show Yourself to the People!‹. Ancient Stadia, Politics and Society. In: Frank, Sybille/Steets, Silke (Hg.): Stadium Worlds. Football, space and the built environment. London, New York 2010, S. 36-55, 37.
232 »Im Fall des Stadionentwurfs entfiel jeder praktische Unterschied zwischen Architektur und *Crowd Control*.« (van Winkel: Tanz, Disziplin, Dichte, Tod, S. 229, Hv. i. Orig.) Wir werden sehen, dass sich, so Schroer: Materielle Formen des Sozialen, S. 31, beim Stadionbau eine »Entwicklung von der offenen zur geschlossenen Form« abzeichnet, was auch heißt, so die These: eine Entwicklung von der ›offenen‹ zur ›geschlossenen‹ Masse.
233 Vgl. Sloterdijk: Schäume, S. 607.
234 Ebd.
235 Vgl. ebd., S. 568ff. Im Appartement zeige sich »die Tendenz zur Zellenbildung, in der man das architektonische und topologische Analogon zum Individualismus der modernen Gesellschaft erkennen kann«. (Ebd., S. 568f.)
236 Ebd., S. 568.
237 Arendt: Was ist Autorität, S. 198.
238 Sloterdijk: Schäume, S. 614. Siehe auch Munk: Ungeheuerliche Massen, S. 44: »Die großen Volksaufstände und Massenkundgebungen im Zuge der Französischen Revolution lassen die breite

das Föderationsfest auf dem Pariser Marsfeld am 14. Juli 1790[239] gebildet, bei dem ca. 400.000 Menschen zusammengekommen sein sollen.[240] Dieses Fest, das laut Sloterdijk den Beginn der »moderne[n] ›Massen‹-Kultur als Event-Inszenierung«[241] markiert, habe gezeigt,

> daß es die »Masse«, die »Nation« oder das »Volk« als Kollektivsubjekt nur in dem Maß geben kann, wie die physische Versammlung dieser Größen zum Gegenstand kunstgerechter Inszenierung wird [...]. Kein Teig ohne Gefäß, in dem er geformt wird; keine »Masse«, ohne eine Hand, die weiß, wozu sie knetet.[242]

Die Wortwahl verrät Sloterdijk als Kritiker der Masse: Pauschal sagt er ihr eine Tendenz zur Regression nach, die sich in der Beeinflussbarkeit der einfältig-willfährigen Masse zeigt.[243] Bei Veranstaltungen wie dem Föderationsfest habe »der versammelte neue Souverän, das anwesende Publikum, sich gerade wegen seiner numerisch überwältigenden Präsenz mit der Rolle des animierten Beobachters und Akklamateurs zu begnügen«, der durch »Ritualregie«[244] gelenkt werde. Sloterdijks wenig origineller Affekt[245] geht mit einer Kritik an dem der antiken Demokratie abgeschauten Ideal der Volksversammlung einher, das er durch den Wink auf das faschistische »Ernstmachen

---

Masse des Volkes [...] erstmals als mächtigen politischen und sozialen Faktor ins öffentliche Bewusstsein treten.« Nach Ansicht von Gamper: Masse lesen, Masse schreiben, S. 16, wurde seit der Französischen Revolution »die Menschenmenge nicht mehr nur als akzidentieller Effekt, sondern als eigenständige Macht und Erscheinung der Gesellschaft verstanden«.

239   Siehe hierzu und allgemein zu den Festen der Republik auch Koschorke et al.: Der fiktive Staat, S. 267ff.

240   Vgl. Sloterdijk: Schäume, S. 615f. Mona Ozouf: Art. ›Fédération‹. In: dies./Furet, François (Hg.): Dictionnaire critique de la Révolution française. Événements. Paris 1992, S. 177-191, 187, nennt die Zahl von 300.000 Zuschauenden, an denen 50.000 bewaffnete Männer vorbeidefilierten.

241   Sloterdijk: Schäume, S. 620.

242   Ebd., S. 619f.

243   Auf die Formbarkeit der Masse, die Sloterdijks Zitat aufruft, weist die Etymologie hin: ›Masse‹ geht über das lateinische ›massa‹, das einen Teig, Klumpen oder Haufen meint, auf das griechische ›māza‹ (Gerstenmehlteig oder Fladen) zurück, dem das Verb ›mássein‹ (›kneten‹ oder ›pressen‹, auch ›drücken‹) zugrunde liegt; vgl. Art. ›Masse‹ in: Duden. Bd. 7. Etymologie. Herkunftswörterbuch der deutschen Sprache. Bearb. von Günther Drosdowksi, Paul Grebe und weiteren Mitarbeitern der Dudenredaktion. Mannheim, Wien, Zürich 1963, S. 426-427, 426. Die Wortherkunft in anderen Sprachen deutet eine ähnliche Bedeutung an; so wurzelt das französische ›foule‹ im lateinischen ›fullo‹ (Tuchwalker). Vgl. hierzu und für weitere Belege Munk: Ungeheuerliche Massen, S. 34f.

244   Sloterdijk: Schäume, S. 620.

245   Ähnlich wie Sloterdijk hatte bereits Le Bon argumentiert; siehe dazu kurz Ott: Massen und Meuten, S. 204f.; Friedrich: Erlebnis und Masse, S. 132. Wie Laclau: Populist reason, S. 28f., Le Bon, so könnte man auch Sloterdijk fragen: »Why are his explanations so one-sided and biased? It does not take long to realize that it is because his thought is grounded in two crucial assumptions which have dominated much of the early stages of mass psychology. The first [...] is that the dividing line between rational forms of social organization and mass phenomena coincides [...] with the frontier separating the normal from the pathological. This first assumption is [...] embedded in another [...]: the distinction between rationality and irrationality would largely overlap with the distinction between the individual and the group. The individual experiences a process of social degradation by becoming part of a group.«

mit der egalitären Totalinklusion jeweils eines Volkes in sich selbst«[246] denunziert. In diesem Kontext variiert er ein bekanntes »architektonisches Argument«[247] gegen die Idee der nicht-repräsentativen Demokratie.[248] Aufgrund der Größe des zu versammelnden Volkes könne es sich dabei, hatte schon Rousseau entsprechende Vorbehalte resümiert, nur um ein »Hirngespinst«[249] handeln. Das »Ideal des republikanischen Massenplenums«[250], so Sloterdijk, sehe nicht,

> daß die moderne Gesellschaft asynodisch verfaßt ist: Es ist ihr erstes und wichtigstes Merkmal, daß sie keine versammlungsfähige Einheit mehr bildet. Dies unterscheidet sie radikal von der antiken Demokratie, die ganz von der Forderung durchdrungen war, die Polis müsse eine versammelbare Größe bleiben [...].[251]

Der Hinweis, das ganze Volk könne sich nicht versammeln, impliziert den Schluss: Wer anderes behauptet oder versucht, beschwört totalitäres Unheil herauf.[252] Sloterdijks Sympathie für das Regressionstheorem lässt ihn die Versammlung des Volkes und die Entscheidungen, zu denen es kommt, als das Produkt gewiefter »Organisatoren«[253] verkennen. Indes sei die moderne Gesellschaft nicht nur »asynodisch«, sie sei zudem »azephal«[254] verfasst, kenne keinen führenden Kopf mehr. Somit leugnen aus Sloterdijks Perspektive die »Phantasmen von der Haupt- oder Generalversammlung der Gesellschaft«[255] die wichtigsten Merkmale einer modernen Gesellschaft. Sloterdijk suggeriert die Alternative: Entweder eine ›azephal‹ strukturierte, totalitär ver- und geführte Versammlung des Volkes oder: keine Versammlung des Volkes. Warum aber sollte sich das Volk nicht (selbst) in einer Weise versammeln können, die nicht dem totalitären »Phantasma der Präsenz und Unmittelbarkeit«[256] folgt? Ob dies gelingt, hängt von der Architektur ab.

Dies zeigt sich ex negativo an Architekturen wie dem Stadionbau, die das Präsenz- und Unmittelbarkeitsphantasma realisieren sollen.

---

246 Sloterdijk: Schäume, S. 626.

247 Schwarte: Philosophie der Architektur, S. 316.

248 Dieser Zusammenhang ergibt sich fast zwangsläufig, denn laut Gamper: Masse lesen, Masse schreiben, S. 19, »war und ist die Menschenmenge als politisch handelnde Einheit der Gleichen praktisches Modell für eine Volkssouveränität, die sich nicht in ihre Repräsentationen aufzulösen bereit ist – eine basisdemokratische Willensbezeugung«.

249 Rousseau: Gesellschaftsvertrag, S. 98.

250 Sloterdijk: Schäume, S. 614.

251 Ebd.

252 Für Sloterdijk führt ein roter Faden von den »Praktiken, Projekten und stilistischen Mustern der Französischen Revolution« zu den »politischen Liturgien, deren die europäischen Faschismen sich bedienten«. (Ebd., S. 610)

253 Ebd., S. 620.

254 Ebd., S. 624.

255 Ebd.

256 Marchart: Neu beginnen, S. 156. Marchart ist ebenfalls skeptisch hinsichtlich der direkten Demokratie und der Möglichkeit, eine nicht-totalitäre Volksversammlung zu realisieren; das Zitat lautet vollständig: »Totalitarismus und direkte Demokratie partizipieren am selben Phantasma der Präsenz und Unmittelbarkeit.«

Man darf behaupten, daß der neuzeitliche Totalitarismus eine Ausgeburt des Stadion-Konsensus ist: In einem wogenden Phonotop, in dem hunderttausend Stimmen eine Lärmglocke über die Versammelten stülpen, entsteht das Phantom der Einmütigkeit, das seither Demagogen und Sozialphilosophen heimsucht. Hier wird eine sonore *volonté générale* erzeugt – ein Plebiszit aus Schreien.[257]

Im 19. Jahrhundert habe man aufgrund der nachwirkenden Erfahrungen mit dem Gewaltpotential der Masse – dem »volksdemokratische[n] Schrecken«[258] – noch Abstand von Großversammlungen genommen. Das änderte sich zu Beginn des 20. Jahrhunderts: Nun »setzte sich der Zug zu den großen Aufläufen und Versammlungen von neuem durch und zugleich damit die Nachfrage nach den architektonischen Kollektoren für große Zahlen von physisch aggregierten Menschen«, deren »Ansprechbarkeit« man bestrebt war »zu bewirtschaften«.[259] Man könnte diese Bewegung mit Lefort als den Versuch interpretieren, die ›asynodische‹ und ›azephale‹ Gesellschaft wieder zu einer Gesellschaft zu schließen und den *lieu vide* der Macht dauerhaft zu besetzen. Jene »rezentrierenden und synodalen Tendenzen«, die sich der postmodernen »Positivierung der Mittelpunktlosigkeit« zu widersetzen suchten, spiegelten sich architektonisch in den »Attraktoren für die große Menge«[260], denen Sloterdijk etwa das Bayreuther Festspielhaus, das Nürnberger Reichsparteitagsgelände[261] und insbesondere die modernen Olympiastadien zuschlägt.[262]

Typischerweise folgt die Gestalt der modernen Stadien nicht dem Vorbild des U-förmigen, nach einer Seite hin offenen griechischen Stadions, sondern orientiert sich am geschlossenen römischen Arenenoval.[263] Dieser architektonischen Abgeschlossenheit entspricht die Abgeschlossenheit des im Stadion geformten Kollektivs. Nach Sloterdijks Beobachtung zeichnet sich die Architektur eines Stadions durch »die autologe Qualität«[264] der dort stattfindenden Ereignisse aus. Zweck und Gegenstand der Versammlung sind die Versammlung und die Versammelten selbst: »Es gehört zur Spielregel solcher Synodaldelirien, daß sie, einem idealistischen System vergleichbar, nur von dem Einen reden, das sie selbst zugleich präsentieren und repräsentieren.«[265] Die mo-

---

257   Sloterdijk: Schäume, S. 626, Hv. i. Orig.

258   Ebd., S. 628.

259   Ebd.; vgl. ebd., S. 627f.

260   Ebd., S. 630.

261   Hier habe sich »die gegenmoderne Theorie und Praxis des Versammlungszaubers« in so klarer Weise wie nirgends sonst gezeigt und sei auch »der Festspiele-Charakter des Nationalsozialismus« (ebd., S. 642) greifbar geworden. Die Massenveranstaltungen auf dem Reichsparteitagsgelände waren »verzweifelte Fehlinvestitionen in die obsolet gewordene Forderung, das Gesamtkollektiv, sprich im gegebenen Fall das Volk der Nationalgesellschaft, als versammelbares zu denken und einzuberufen«. (Ebd.) Folgt man van Winkel: Tanz, Disziplin, Dichte, Tod, S. 237ff., unterschieden sich die sozialistischen Massenveranstaltungen (z.B. die *Leipziger Massenspiele* der Jahre 1920-1924) kaum von etwa den nationalsozialistischen Thingspielen (1933-1937). Links wie rechts kämpfte man »gegen das liberale, individualistische Gesellschaftsmodell« und für »ein neues Gemeinschaftsgefühl«. (Ebd., S. 235)

262   Vgl. Sloterdijk: Schäume, S. 630ff.

263   Vgl. ebd., S. 633; siehe auch Kratzmüller: Show yourself, S. 39.

264   Sloterdijk: Schäume, S. 640.

265   Ebd., S. 641; vgl. ebd., S. 640f.

dernen Sportarenen verstärken oder ermöglichen erst diese Autologie oder Immanenz, wie Nancy sagen würde. Canetti weist darauf hin, dass die Masse durch ihre Platzierung im (halb)geschlossenen Ring der Arena »sich selber gegenübersitzt«.[266] In der Arena sei die Masse »in sich [...] geschlossen«.[267] Die Einzelnen, die man entfernt von sich sitzen oder stehen sieht, verschwimmen zu einer Fläche: »Sie werden sich alle sehr ähnlich, sie benehmen sich ähnlich.«[268] Es kommt zu einer »mimetische[n] Erregung«[269]: Der Arenabesucher, so Canetti, registriere an den anderen Menschen »nur, was ihn jetzt selber erfüllt. Ihre sichtbare Erregung steigert die seine.«[270] Zudem muss man die hörbare Aufwallung berücksichtigen, die der Masse ebenso unmittelbar zurückgespielt wird.[271] Visuell und akustisch also bietet sich die Masse sich selbst dar. Dabei sei sie »nirgends unterbrochen. Der Ring, den sie bildet, ist geschlossen. Es entkommt ihr nichts. Der Ring aus fasziniert Gesichtern übereinander hat etwas sonderbar Homogenes.«[272]

Diese innere Geschlossenheit der Masse wird durch ihre Abgeschlossenheit nach außen intensiviert. Für die Anfangszeit des Stadionbaus in Deutschland waren Erdstadien charakteristisch, bei denen der Übergang zwischen Zuschauer*innenraum und Umgebung fließend war. Heutige Stadien betonen durch jäh aufragende Tribünen ihre Außengrenzen und geben sich als »wehrhaftes Bollwerk [...], in das Einlass zu erhalten nicht ohne weiteres möglich erscheint«.[273] Die Stadionfassade errichtet eine Grenze zur Stadt und zu der Offenheit des Sozialen, die dort herrscht.

> Die Arena ist nach außen hin gut abgegrenzt. [...] Nach außen, gegen die Stadt, weist die Arena eine *leblose* Mauer. Nach innen baut sie eine Mauer von Menschen auf. Alle Anwesenden kehren der Stadt ihren *Rücken* zu. Sie haben sich aus dem Gefüge der Stadt, ihren Mauern, ihren Straßen herausgelöst. Für die Dauer ihres Aufenthalts in der Arena scheren sie sich um nichts, was in der Stadt geschieht. Sie lassen das Leben ihrer Beziehungen, ihrer Regeln und Gewohnheiten zurück.[274]

Ist die Stadt der Ort der Kommunikation, wäre das Stadion der Ort des Selbstgesprächs. Von hier dringt außer Lärm nichts nach außen, und von außen dringt nichts hinein;

---

266 Canetti: Masse und Macht, S. 25.

267 Ebd., S. 26; siehe auch Canetti: Hitler, nach Speer, S. 9f.

268 Canetti: Masse und Macht, S. 25.

269 Sloterdijk: Schäume, S. 626, der hier auf die Überlegungen Canettis rekurriert.

270 Canetti: Masse und Macht, S. 25.

271 Vgl. Sloterdijk: Schäume, S. 626f.

272 Canetti: Masse und Macht, S. 25f.

273 Schroer: Materielle Formen des Sozialen, S. 34; vgl. ebd., S. 33f.

274 Canetti: Masse und Macht, S. 25, Hv. i. Orig. Der Kontrast zu den antiken griechischen Theatern könnte nicht größer sein: »Genauso wie die politischen und gerichtlichen Versammlungsräume ist das Theater durch eine offene Gestalt gekennzeichnet, so dass auch Menschen, die keine Sitzplätze oder keinen Zugang haben, Einsicht ins Innere nehmen können. Wo es die Stadtgestalt erlaubte, war das Theatergebäude im Zentrum. Oft konnte es eine größere Anzahl von Zuschauern aufnehmen, als die Stadt überhaupt Bürger hatte. Die Gebäude waren in die Umgebung so eingefügt, dass alle Eigenschaften der Umwelt – die Berge, die Küste, die Häuserfronten – als Hintergrund und Perspektive des theatralen Ereignisses mitgesehen wurden.« (Schwarte: Philosophie der Architektur, S. 94)

nichts wird mitgeteilt. Dazu trägt neben der hochgezogenen Fassade auch die »Verkapselung der Stadien«[275] bei:

> Könnte man die Geschichte des modernen Stadionbaus als Video im Schnelldurchlauf betrachten, würde eine langwierige und kontinuierliche Einschließung der Masse sichtbar. Diese Bewegung – wie eine Auster, die sich langsam schließt – wird symbolisch durch jene Schiebedächer wiederholt, mit denen die neuesten Stadien seit den 1990er Jahren ausgestattet sind.[276]

Die Einschließung der Masse ist die Anstrengung, die Masse zu befrieden, ist der »Versuch, den Antagonismus zwischen Masse und Architektur mit Hilfe von ausgeklügelten Beherrschungstechniken und logistischen Formeln auszusetzen«.[277] Zu den dazu verwendeten Strategien gehört es, Stehplätze durch Sitzplätze zu ersetzen.[278] Wer (auf)steht, wirkt bedrohlich, aktionsparat.[279] Wer sitzt, hat eine Position der Dauer eingenommen, »vom Sitzenden [erwartet man], daß er sitzen bleibt«[280] und keinen Aufstand macht. Anders als es für Sitzende im Allgemeinen gilt, üben die im Stadion Sitzenden aber keine Macht aus, zwingen keinen unter sich[281]; sie werden selbst auf ihre Plätze herabgedrückt. Konsequent wäre es, die Stadien mit Liegeplätzen zu versehen.[282]

Seit den Olympischen Spielen 1936, so zeigt David Ratmoko, forciert die mediale Begleitung und Inszenierung der Ereignisse im Stadion das Sich-selbst-Sehen der Masse. Die Berliner Spiele waren die erste Massenzusammenkunft, die live im Fernsehen übertragen wurde, aber erst Leni Riefenstahls *Olympia: Fest der Völker, Fest der Schönheit* (1938) machte durch noch heute eingesetzte Filmtechniken den Massencharakter des Ereignisses sichtbar.[283] Als Zeitzeuge der Spiele hat Walter Benjamin auf die Relation von

---

275   Schroer: Materielle Formen des Sozialen, S. 32, der sich damit auf das folgende Zitat van Winkels bezieht.

276   Van Winkel: Tanz, Disziplin, Dichte, Tod, S. 251. »Stadien wie die *Amsterdam ArenA* und das *Stade de France* in Paris (1998) [haben] den Charakter von zugeklappten, geschlossenen Schachteln [...], völlig unempfindlich gegenüber ihrem urbanen oder räumlichen Kontext«. (Ebd., S. 251f., Hv. i. Orig.)

277   Ebd., S. 249; vgl. ebd.

278   Vgl. ebd., S. 251; 254. Diese Maßnahme impliziert eine zunehmende Segmentierung der Zuschauer*innen; siehe dazu ebd., S. 254; Schroer: Materielle Formen des Sozialen, S. 41ff.

279   Vgl. van Winkel: Tanz, Disziplin, Dichte, Tod, S. 254, dort auch der Hinweis auf eine Passage bei Canetti: »Das Stehen macht den Eindruck noch unverbrauchter Energie, weil man es am Anfang aller Fortbewegung sieht: man steht gewöhnlich, bevor man sich zu gehen oder zu laufen anschickt. Es ist die *zentrale* Position, aus der man ohne Übergang, sei es in eine andere Position, sei es in irgendeine Form von Bewegung, hinüberwechseln kann. Man neigt also dazu, im Stehenden ein größeres Maß an Spannung anzunehmen, auch in Augenblicken, da seine Absichten ganz andere sein mögen; denn vielleicht wird er sich im nächsten Moment zum Schlafe niederlegen. Immer überschätzt man den Stehenden.« (Canetti: Masse und Macht, S. 434f., Hv. i. Orig.)

280   Canetti: Masse und Macht, S. 436.

281   Vgl. ebd., S. 435f.

282   »Das Liegen ist eine Entwaffnung des Menschen.« (Ebd., S. 437)

283   Vgl. David Ratmoko: Olympia 1936 – Stadion der Massenbildung. In: Cinema 58 (2013), S. 42-51, 43f., dessen Arbeit ich im Weiteren folge. Zu den angesprochenen Techniken zählt der Autor »Grossaufnahmen für die Nähe zum Geschehen, Zeitlupen zur Dehnung des Moments, Kamerafahrten

Technik und Masse aufmerksam gemacht.[284] Dabei betont er, ähnlich wie Canetti mit seinem Fingerzeig auf die Ringform des Stadions, die Funktion der Technik als Spiegel der Masse; zudem weist er auf ihr disziplinierendes Moment hin: Durch die Einnahme der Vogelperspektive ermögliche die Technik eine leichtere Erfassung der Masse.[285] Man gewinnt die Übersicht zurück, deren Verlust die Furcht vor der Masse gebiert.

Der massenweisen Reproduktion kommt die Reproduktion von Massen besonders entgegen. In den großen Festaufzügen, den Monstreversammlungen, in den Massenveranstaltungen sportlicher Art und im Krieg, die heute sämtlich der Aufnahmeapparatur zugeführt werden, sieht die Masse sich selbst ins Gesicht. Dieser Vorgang [...] hängt aufs engste mit der Entwicklung der Reproduktions- bzw. Aufnahmetechnik zusammen. Massenbewegungen stellen sich im allgemeinen der Apparatur deutlicher dar als dem Blick. Kaders von Hunderttausenden lassen sich von der Vogelperspektive aus am besten erfassen.[286]

Während Canetti nur auf die (architektonische) Formung des unmittelbar körperlich anwesenden Stadionpublikums zu einer Masse abhebt, gibt Benjamin einen Hinweis darauf, wie mithilfe der Aufnahmetechnik auch und vor allem die verstreut außerhalb des Stadions verbliebenen Zuschauer*innen zu einer Masse, zu einem Volkskörper geformt werden können: »Seit der ersten massenmedialen Übertragung eines Sportanlasses 1936 ist das Zielpublikum der Anrufung[287], das heisst der Massenbildung und Herstellung des Volkskörpers, das Fernseh- beziehungsweise Kinopublikum.«[288] Ratmoko zeigt, wie Riefenstahl in ihrem Olympia-Film Aufnahmesequenzen immer wieder in einer bestimmten Art und Weise montiert: »Die Einstellungen gehen vom Athleten auf den Stadionzuschauer, zurück zum Athleten, dann auf die Masse und zuletzt zu

---

mittels Kamerakränen für Aufnahmen auf die Zuschauergesichter, Luftaufnahmen für Vogelperspektiven auf die Masse, Aufnahmen aus Gräben und Gruben für die Froschperspektive auf die Athleten, [...] Kameraschienen für die Aufnahme von schnellen Bewegungsabläufen. Sie alle haben den ästhetischen Entnazifizierungsprozess heil überstanden.« (Ebd.)

284   Siehe dazu mit einem anderen Fokus, als er im Folgenden gesetzt wird, auch Ott: Massen und Meuten, S. 210f.

285   Vgl. Ratmoko: Olympia, S. 45 (der – in kürzerer Fassung – auch das folgende Benjamin-Zitat anführt). Ratmoko stellt ebd., S. 46f., eine gewitzte Verbindung zu Jacques Lacans Text über *Das Spiegelstadium als Bildner der Ich-Funktion* her, dessen französischen Originaltitel »Le stade du miroir« man auch als ›Spiegelstadion‹ übersetzen könnte.

286   Walter Benjamin: Das Kunstwerk im Zeitalter seiner technischen Reproduzierbarkeit. Dritte Fassung. In: ders.: Gesammelte Schriften. Bd. I.2 (Hg. Tiedemann, Rolf/Schweppenhäuser, Hermann). Frankfurt a.M. 1991, S. 471-508, 506, Anm. 32, Hv. i. Orig.

287   Ratmoko bezieht sich in seiner Interpretation neben Lacan auch auf Louis Althussers Theorie der Anrufung.

288   Ratmoko: Olympia, S. 51, Anm. 21; siehe auch ebd., S. 49f., sowie van Winkel: Tanz, Disziplin, Dichte, Tod, S. 252; 255. Wie Ott beobachtet, gewährt der Film zugleich eine sinnliche Distanz von der Masse, vor allem von den »*Chokierungen des Geruchssinnes*« (Simmel: Soziologie, S. 736, Hv. i. Orig.), die die Masse herbeiführt: »Er erlaubt es, Massen ohne beeinträchtigende Geruchsakzidentien wahrzunehmen und gleichzeitig das Auge nahsichtig in Einsatz zu bringen; er erlaubt es, sich im Massenerlebnis aufgehoben zu fühlen und Massenbewegungen mitzuvollziehen, ohne konkret von Massen bedrängt zu werden.« (Ott: Massen und Meuten, S. 207)

Hitler«.[289] Diese Abfolge ermöglicht den Zuschauenden im Kino die Identifikation mit der Masse im Stadion. Die erste Sequenz (Großaufnahme des Athleten oder der Athletin, gefolgt von der Großaufnahme eines/einer gespannt blickenden, später jubelnden jungen Stadionzuschauers/-zuschauerin) veranschaulicht die Subjektwerdung im lacanianischen Sinne: Der oder die einzelne Zuschauer*in identifiziert sich – wie im Spiegelbild – mit dem Athleten oder der Athletin. Durch denselben Mechanismus wird mit der nächsten Sequenz (Großaufnahme des Athleten oder der Athletin, dann Darstellung der jubelnden Masse: zuerst auf Augenhöhe, danach aus der Vogelperspektive) das Kollektivsubjekt geformt. »*Filmtechnisch wird so die Anerkennung der Subjekte untereinander und ihre Formierung zum Volkskörper für den Zuschauer hergestellt.*«[290] Die anschließende Kamerafahrt zum applaudierenden Hitler suggeriert dessen Zustimmung zur Identifikation der Zuschauer*innen mit den Athlet*innen und zu ihrer Formierung zur homogenen Volksmasse.[291]

Die Masse ist keine offene Form des Sozialen. Das gilt schon dem Namen nach für die ›geschlossene Masse‹, wie sie von der Stadionarchitektur, seit den nationalsozialistischen Olympischen Spielen 1936 unterstützt von der Aufnahmetechnik, fabriziert wird. Aber auch die ›offene Masse‹ ist nicht offen. Ihr Bestreben, sich endlos zu erweitern[292], gehorcht der von Nancy beschriebenen ›Logik des Absoluten‹. Gerade wegen der sie kennzeichnenden »Möglichkeit zu wachsen«[293] (immer weiter zu wachsen), ist die ›offene Masse‹ tatsächlich geschlossen. Der Ehrgeiz der Masse, »jeden [zu] erfassen, der ihr erreichbar ist«[294], beinhaltet das Schreckensbild einer Menschengesamtheit »als absolutes Wesen jenseits von Beziehung und Gemeinschaft«.[295] Die Masse, auch die offene, zielt auf eine absolute Dichte ab, auf eine Schwärze[296], in der Kommunikation unmöglich wird, denn diese bedarf eines Abstandes, den die Masse zu tilgen versucht.[297] »*Die Masse liebt Dichte. Sie kann nie zu dicht sein. Es soll nichts dazwischenstehen, es soll nichts zwischen sie fallen, es soll möglichst alles sie selber sein.*«[298] Die

---

289   Ratmoko: Olympia, S. 48; vgl. zu der folgenden Darstellung in diesem Absatz ebd.

290   Ebd., Hv. i. Orig.

291   Großbildschirme erlauben es heute, das Fernsehbild, das die Zuschauer*innen außerhalb des Stadions sehen, auch den Zuschauenden im Stadion zu zeigen und so ihre Selbstwahrnehmung als Masse (die möglicherweise, wie etwa bei »La Ola«, einer bestimmten Choreographie folgt), zu verstärken; siehe dazu Angelika Schnell: The Mirror Stage in the Stadium. Medial Spaces of Television and Architecture. In: Frank, Sybille/Steets, Silke (Hg.): Stadium Worlds. Football, space and the built environment. London, New York 2010, S. 98-113, 101; 103, die sich ebd., S. 105f., ebenfalls auf Lacans Spiegelstadium-Text bezieht.

292   Vgl. Canetti: Masse und Macht, S. 16.

293   Canetti: Hitler, nach Speer, S. 9.

294   Canetti: Masse und Macht, S. 11.

295   Nancy: Entwerkte Gemeinschaft, S. 18 (CD 19f.).

296   »[D]as Ziel ist das schwärzeste – der Ort, wo die meisten Menschen beisammen sind«. (Canetti: Masse und Macht, S. 11) Siehe hierzu und zum Folgenden auch Friedrich: Erlebnis und Masse, S. 134ff.

297   Canetti signalisiere das Fehlen »kommunikativer Interaktionsstrukturen« in der Masse durch »physikalische Termini [...], die dem Gedanken der Eigendynamik von Massen entsprechen«. (Friedrich: Erlebnis und Masse, S. 139)

298   Canetti: Masse und Macht, S. 26, Hv. i. Orig.

Masse, getrieben vom »Willen zur absoluten Immanenz«, sucht eine »einheitsstiften-
de Verschmelzung«[299] zu erreichen, die nichts anderes wäre als das »*Ende des Sozialen
im Sozialen*«.[300] Das Stadion verdichtet die Beziehungen der Menschen zu genau der
Starre, vor der sie als Individuen in die Masse flohen.[301]

4.5   Die Stadt – Ort des Mitseins

Alles hängt ab vom sich öffnenden Raum.[302]

Die Stadien, überhaupt die Orte der sloterdijkschen »Kollektoren«[303], die die zerstreuten Individuen wieder fesseln, bündeln – faszinieren – sollen, liegen meist an der Pe-
ripherie der Städte. Das hat praktische Gründe (Parkfläche, Autobahnanschluss etc.),
zeigt aber auch den Abstand an, den die geschlossene Stadionmasse von der ganz anderen Form des Sozialen hat, die sich in der Stadt einfindet, die vielleicht sogar die
Stadt selbst ist – Mitsein und also »weder Kommunion noch Atomisierung«.[304] In den
Grenzen dieses Entweder-oder ist die Masse eingezwängt: Die Vereinzelung, die Er-
starrung und das Abgeschlossensein der Menschen in ihrer Furcht vor Berührung weiß
die Masse nur durch eine Verschmelzung, eine absolute Verdichtung aufzuheben.[305]
Gegenüber dem Stadion als Sozialtechnologie zeigt sich die Stadt, wie Nancy formu-
liert, als »Künstlerin des Zusammenlebens«.[306] Sie ermögliche »das *Ensemble* und das
Mitsein [avec]«.[307] Der Begriff der Kunst ist hier nicht als *techné*, nicht als die auf ein

---

299   Nancy: Entwerkte Gemeinschaft, S. 32 (CD 35f.). Ihre fugenlose Dichte unterscheide die Masse von
der Menge, deren einzelne Elemente nur lose verbunden und unterscheidbar seien, so Munk: Ungeheuerliche Massen, S. 35.

300   Friedrich: Erlebnis und Masse, S. 135, Hv. i. Orig.

301   »In seinen Distanzen erstarrt und verdüstert der Mensch. Er schleppt an diesen Lasten und kommt
nicht vom Fleck. Er vergißt, daß er sie sich selber auferlegt hat und sehnt sich nach einer Befreiung
von ihnen. [...] Nur alle zusammen können sich von ihren Distanzen befreien. Genau das ist es, was
in der Masse geschieht. In der *Entladung* werden die Trennungen abgeworfen und alle fühlen sich
gleich.« (Canetti: Masse und Macht, S. 13, Hv. i. Orig.)

302   Jean-Luc Nancy: Jenseits der Stadt. In: ders.: Jenseits der Stadt. Berlin 2011, S. 7-37, 18 (Jean-Luc
Nancy: La ville au loin. In: ders.: La ville au loin. Paris 2011, S. 11-46, 24).

303   Sloterdijk: Schäume, S. 626.

304   Nancy: Herausgeforderte Gemeinschaft, S. 31 (CA 43).

305   Vgl. Ott: Massen und Meuten, S. 213. Canetti: Masse und Macht, S. 9, spricht von einem »Umschlagen der Berührungsfurcht«, Friedrich: Erlebnis und Masse, S. 135, von »Zerstreuung ins Ich und
Haufenbildung ins Nicht-Ich«. Sobald der Mensch die »Grenzen seiner Person« (Canetti: Masse
und Macht, S. 10) erfasse, fürchte er die Fremdberührung und schaffe um sich einen schützenden
Abstand. (Vgl. ebd.) »Es ist die *Masse* allein, in der der Mensch von dieser Berührungsfurcht erlöst
werden kann.« (Ebd., S. 10, Hv. i. Orig.) Die ›Berührungsfurcht‹, so Honneth: Perpetuierung des
Naturzustandes, S. 206, sei der »Kern von Canettis Theorie des sozialen Lebens«.

306   Jean-Luc Nancy: Eine Kunst der Stadt. In: ders.: Jenseits der Stadt. Berlin 2011, S. 65-82, 69 (Jean-Luc
Nancy: Un art de la ville. In: ders.: La ville au loin. Paris 2011, S. 103-124, 107).

307   Ebd., S. 81, Hv. i. Orig. (ADV 122, Hv. i. Orig.).

Werk abzielende praktische Umsetzung eines Plans zu verstehen.[308] Die Stadt produziert das Mitsein nicht, sondern bietet ihm einen Ort, wo es sich einstellen kann, ohne einbestellt oder gestellt zu werden (wie die Masse in das und im Stadion).[309] Die Stadt macht »ein ›Ensemble‹ möglich [...], wo kein Ensemble gegeben war«[310] – was heißt: Es ist kein Gemeinsames gegeben, das nur ins Werk gesetzt werden müsste.[311] Das Mitsein ist entwerkt, wenn ›Werk(en)‹ meint, »qu'une représentation de la chose précède sa réalisation«.[312]

Hat Architektur eine ethische Funktion?

Die Stadt lässt das Mitsein zu, »das Teilen [partage] eines Ortes« und den »Kontakt: ein Zusammen-Sein [être-ensemble] ohne Zusammenfügen«[313], wie man mit Nancy formulieren könnte.

> In ihr regieren weder die Intimität der Gemeinschaft noch die Verordnungen eines Kollektivs und auch nicht die Reglements einer Gemeinde. Dennoch ist sie es, die im Gegenzug dem Mit-Sein sein volles Recht einräumt. Das Wort ›Mit-Sein‹ benennt [...] weder Glaubensgemeinschaft [communion] noch Gemeinwesen, noch Assoziation, noch Gruppe. [...] Es ist der Einsatz des *Miteinander*, des *In-der-Nähe-von*. Es handelt sich um Kontiguität oder um eine Ansammlung von Personen, die man nicht auswählt, um eine Nähe der Orte und Funktionen, die ohne das Identitätsstiftende einer Zugehörigkeit, ohne Kohäsion und ohne symbolische Notwendigkeit sind, ohne Himmelfahrt [assomption] in einer Repräsentation.[314]

Wenn die Stadt darauf verzichtet, eine intime Zugehörigkeit zu einem Kollektiv zu stiften oder eine Masse in sich einzuschließen, so scheint sie nicht der Ort dessen zu sein, was Karsten Harries notorisch und »questionable no doubt, genuine community«[315] nennt. Wider ein ästhetisches Verständnis der Architektur betont er ihre »performative und gemeinschaftsbildende Kraft«.[316] Die Aufgabe der Architektur sei es, uns mit einem (gemeinsamen) Ethos zu versehen:

---

308   »Die Stadt [...] operiert nicht oder vielmehr operiert sie [...] ›ohne Werk [désœuvré]‹ [...], im Sinne einer Überschreitung des ›Werks‹, der unbegrenzten, immer wieder erneuten Öffnung des ›Werks‹.« (Ebd., S. 77 [ADV 117])

309   Die Stadt, betont Nancy, setze das Mitsein keiner »Nötigung« (ebd., S. 81 [ADV 122]) aus. Siehe auch Schwarte: City, S. 82, Hv. i. Orig.: »The political performance of architectonic spaces [...] is not restricted to functioning as a mere technology of power [...]. Rather, it should be analyzed as an enablement (*Ermöglichung*) of concrete modes of perception and experience.«

310   Nancy: Kunst der Stadt, S. 69f. (ADV 107).

311   Siehe etwa ebd., S. 68 (ADV 104f.); 70 (ADV 107); 79f. (ADV 120).

312   Agacinski: Volume, S. 24.

313   Nancy: Herausgeforderte Gemeinschaft, S. 31 (CA 43).

314   Nancy: Jenseits der Stadt, S. 32f., Hv. i. Orig. (VAL 40f., zum Teil abweichende Hervorhebungen).

315   Harries: Ethical function of architecture, S. 289.

316   Schwarte: Philosophie der Architektur, S. 201, dessen Ausführungen ebd., S. 201ff., für mein Verständnis von Harries entscheidend waren. Harries: Ethical function of architecture, S. 4, kritisiert die Annahme, es handele sich bei einem architektonischen Werk um »a functional building with an added aesthetic component«; siehe dazu ebd., S. 16ff.; 21ff.

Should architecture not [...] help us find our place and way in an ever more disorienting world? In this sense I shall speak of the *ethical function* of architecture. »Ethical« derives from »ethos.« By a person's ethos we mean his or her character, nature, or disposition. Similarly we speak of a community's ethos, referring to the spirit that presides over its activities. »Ethos« here names the way the human beings exist in the world: their way of dwelling. By the ethical function of architecture I mean its task to help articulate a common ethos.[317]

Dies gelingt durch die Repräsentationsfähigkeit der Architektur. Sie (und nicht die seine Funktionalität ergänzende ästhetische Verzierung) unterscheide ein architektonisches Werk von bloß Gebautem.[318] Ein Paradigma für die repräsentative Kraft der Architektur sei die Kirche mit ihrer »public function«.[319] In Anlehnung an Thomas von Aquin führt Harries aus, dass ein Gebäude, um eine Kirche zu sein, die Kirche (als Gemeinschaft) bezeichnen oder repräsentieren müsse.[320]

On this understanding a church should be more than what has been called a prayer barn or a meeting hall, with added decoration or not. When Thomas writes that the church building signifies the Church, »Church« means not a building but the living church, a church underway to the community of the faithful, dwelling with God. [...] The church building signifies a quite specific ideal of communal dwelling [...].[321]

Die »ideal, invisible community« werde durch eine »ideal architecture«[322] sichtbar; konkret: durch die Architektur der Stadt Gottes, des Neuen Jerusalem, von dem man annahm, es kündige sich in den Architekturen an, von denen die Bibel berichtet (Salomons

---

317 Harries: Ethical function of architecture, S. 4, Hv. i. Orig.

318 Vgl. ebd., S. 98ff.; Schwarte: Philosophie der Architektur, S. 203.

319 Harries: Ethical function of architecture, S. 103. Harries' Fokus auf die »großartigen kommunalen Gebäude«, wie es Kirchen seien, kritisiert Schwarte: Philosophie der Architektur, S. 204.

320 Vgl. Harries: Ethical function of architecture, S. 103. Georg Simmel: Über räumliche Projektionen socialer Formen. In: ders.: Gesamtausgabe. Bd. 7. Aufsätze und Abhandlungen 1901-1908. Bd. 1 (Hg. Kramme, Rüdiger/Rammstedt, Angela/Rammstedt, Otthein). Frankfurt a.M. 1995, S. 201-220, 210, spricht davon, dass das Haus einer Gemeinschaft »den Gesellschaftsgedanken dar[stellt], indem es ihn lokalisiert. Der Sprachgebrauch deutet das an, [...] wenn die ›Kirche‹ gleichmäßig den Sinn des Gebäudes und der ideellen Vereinigung hat«. Simmel untersucht in seinem Aufsatz »die Einwirkung, die die räumlichen Bestimmtheiten einer Gruppe durch ihre socialen Gestaltungen und Energien erfahren«. (Ebd., S. 201) Damit möchte er das übliche Vorgehen, nämlich die Auswirkungen der Beschaffenheit des Raumes auf die ›socialen Gestaltungen‹ zu untersuchen, umkehren. (Vgl. ebd.) So zeigt er etwa, dass mit dem »Übergang aus einer ursprünglichen auf Blut- und Stammesverwandtschaft beruhenden Organisation der Gruppe zu einer mechanischeren, rationellen, mehr politischen« eine Gliederung der Gruppe »nach räumlichen Prinzipien« (ebd.) einhergeht. Simmel denkt dabei vor allem an die Durchsetzung der »Staatseinheit, die immer territorial begründet ist« und damit die nicht auf ein Territorium bezogenen, vielmehr »überräumlich[en]« (ebd.) Verwandtschaftsbeziehungen ersetzt; siehe dazu mit Blick auf die Reformen des Kleisthenes auch Vernant: Die Entstehung des griechischen Denkens, S. 100f.

321 Harries: Ethical function of architecture, S. 103.

322 Ebd.

Tempel in Jerusalem, Arche Noah, mosaische Stiftshütte).[323] Die Vagheit der biblischen Quellen habe die Frage, wie die (göttliche) Stadt und also die Kirche aussehen müsse, zu einer Sache sich mit der Zeit wandelnder Auslegungen gemacht.[324] Harries spricht von einer Abfolge verschiedener Paradigmen »that determine expectations of what a church should look like [...]. Such paradigms furnish the architect with something like a shared language; paradigms found expression in conventions.«[325] In den mittelalterlichen Kirchen übernahmen bestimmte Materialien – z.B. Gold und bemaltes Fensterglas – die Repräsentationsfunktion und eröffneten den Gläubigen eine »spiritual perspective«.[326] Zwar habe diese für die meisten Zeitgenoss*innen keine Bedeutung mehr und sei die Rede von der Kirche als einer Repräsentation des Neuen Jerusalem allenfalls noch metaphorisch zu verstehen.[327] Dennoch repräsentiere Architektur nach wie vor eine ideale Gemeinschaft. Dies meint der Interpretation Schwartes folgend, dass die Architektur Gemeinschaft nicht stiftet, sondern eine vorgängige und verborgene Gemeinschaft offenbart. Das Kirchengebäude repräsentiert die Gemeinde und präsentiert den Gläubigen ihr Zusammensein: Architektur hat eine die »Gemeinschaft artikulierende und das Gemeinsame zu Bewusstsein bringende Funktion«.[328] Ihr entspreche eine ›archaische‹ Idee menschlichen Wohnens und Bauens.[329]

> I use »archaic« here not so much to mean »primitive,« suggesting temporal priority; rather by »archē« I mean an origin that does not lose its power with the passage of time because it has its foundation in the very nature of human dwelling. To make their home in the world, that is, to build, human beings must gain more than physical control: they must establish spiritual control. To do so they must wrest order from what at first seems contingent, fleeting, and confusing, transforming chaos into cosmos. That is to say, to really build is to accomplish something very much like what God is thought to have done when creating the world.[330]

---

323   Vgl. ebd., S. 103ff. Die Beschreibung des Neuen Jerusalem findet sich in Offb 21f., zu Salomos Tempel siehe 1 Kön 6, zur Arche Noah Gen 6, und zu der (in Gottes Auftrag) von den Israeliten errichteten Stiftshütte Ex 26.

324   Vgl. Harries: Ethical function of architecture, S. 106.

325   Ebd. Unter anderem auf die Etablierung eines solchen Paradigmas, einer »common architectural language« (ebd., S. 107), habe man es am Bauhaus abgesehen; nicht zufällig sehe man auf dem Frontispiz des Gründungsmanifests (1919) eine von Lyonel Feininger entworfene kubistische Kathedrale (vgl. ebd.); Harries zitiert ebd. auch Walter Gropius, der geschrieben hatte: »Wollen, erdenken, erschaffen wir gemeinsam den neuen Bau der Zukunft, der alles in einer Gestalt sein wird: Architektur und Plastik und Malerei, der aus Millionen Händen der Handwerker einst gen Himmel steigen wird als kristallenes Schild eines neuen kommenden Glaubens.« (Gropius: Programm des Bauhauses, S. 47, Hv. i. Orig.)

326   Harries: Ethical function of architecture, S. 108; vgl. ebd., S. 107ff. Siehe zur Bedeutung des Lichts in den gotischen Kathedralen auch Schwarte: Philosophie der Architektur, S. 182ff.

327   Vgl. Harries: Ethical function of architecture, S. 110.

328   Schwarte: Philosophie der Architektur, S. 205; vgl. Schwarte: City, S. 78; Schwarte: Gründen und Abreißen, S. 34f.

329   Vgl. Schwarte: Philosophie der Architektur, S. 202, der auch das folgende Zitat Harries' anführt.

330   Harries: Ethical function of architecture, S. 109f., Hv. i. Orig.

Für Harries eröffnet die Architektur eine Perspektive, die spirituell sein kann, jedoch nicht sein muss, in jedem Falle aber »eine Leitlinie« darstellt, »eine kommunal gültige Interpretation einer Lebensweise«[331], die den Einzelnen bei der Orientierung ihres Lebens hilft. Die Funktion der Architektur ist es, das individuelle Leben in der Geschichte und der Gemeinschaft zu verorten.[332]

Harries versetzt die ›echte‹ Gemeinschaft nicht in ein ursprüngliches Jenseits der Zeit, was sie von Veränderungen ausnähme[333]; auch vergisst er über die Betonung der Gemeinschaft und des Gemeinsamen nicht die Rechte des Individuums.[334] Er meint nicht, Architektur müsse das erfundene Ideal einer Gemeinschaft auf autoritäre Weise durchsetzen.[335] Wolle man der Architektur heute noch eine ethische Funktion zusprechen, könne es sich bei dem von ihr repräsentierten Ideal nur um unsichere, widerrufbare Vorschläge oder Interpretationen handeln: »What is needed today is [...] an architecture that without surrendering its ethical function knows that it lacks authority and cannot and should not provide more than precarious conjectures about an ideal dwelling.«[336] Architektur müsse eine utopische Dimension haben und auf eine Gemeinschaft vorausweisen, die noch nicht ist (›ideal dwelling‹); sie »muss dem Möglichen Geltung verschaffen«.[337] Architekturen sind »imagined structures«[338], die das Gemeinsame projizieren.[339] Ihrer ethischen Funktion kommt die Architektur deshalb gerade dann am besten nach, manifestiert sie sich nicht in prachtvoll-monumentalen Gebäuden wie einer gotischen Kathedrale, sondern in ephemerer Weise: In diesem Sinne laden laut Harries etwa öffentliche Plätze, Straßen oder Parks zu Festen ein, bei denen sich die Individuen zu einer Gemeinschaft versammeln können.[340]

There is a continuing need for the creation of festal places on the ground of everyday dwellings, places where individuals come together and affirm themselves as mem-

---

331   Schwarte: Philosophie der Architektur, S. 202.

332   »The ethical function of architecture is inevitably also a public function. Sacred and public architecture provides the community with a center or centers. Individuals gain their sense of place in a history, in a community, by relating their dwelling to that center.« (Harries: Ethical function of architecture, S. 287) Auch zitiert bei Schwarte: City, S. 78, Anm. 7; Schwarte: Gründen und Abreißen, S. 35; Schwarte: Philosophie der Architektur, S. 205f.

333   Vgl. Schwarte: Philosophie der Architektur, S. 206f.

334   Siehe dazu Harries: Ethical function of architecture, S. 364.

335   Vgl. Schwarte: Philosophie der Architektur, S. 205; Schwarte: City, S. 78; Schwarte: Gründen und Abreißen, S. 34.

336   Harries: Ethical function of architecture, S. 364. Deshalb taugte die Kathedrale kaum mehr als Paradigma einer ›ethischen‹ Architektur, denn sie repräsentiert stets auch Macht; siehe etwa Nancy: Jenseits der Stadt, S. 13 (VAL 17).

337   Schwarte: Philosophie der Architektur, S. 206. »Architecture has an ethical function in that it calls us out of the everyday, recalls us to the values presiding over our lives as members of a society; it beckons us toward a better life, a bit closer to the ideal. One task of architecture is to preserve at least a piece of utopia, and inevitably such a piece leaves and should leave a sting, awaken utopian longings, fill us with dreams of another and better world.« (Harries: Ethical function of architecture, S. 291)

338   Harries: Ethical function of architecture, S. 286.

339   Vgl. Schwarte: Philosophie der Architektur, S. 205.

340   Vgl. Harries: Ethical function of architecture, S. 367; Schwarte: Gründen und Abreißen, S. 36.

bers of the community, as they join in public reenactments of the essential: celebrations of those centrals aspects of our life maintain and give meaning to existence. The highest function of architecture remains what it has always been: to invite such festivals.[341]

Auch wenn Harries diesen letzten Gedanken lediglich andeutet, ist damit ein Schritt dahin getan, die Architektur als Ermöglichung eines offenen Zusammenseins, eines Mitseins zu verstehen.[342] Gerade die (Architektur der) Stadt scheint der Ort für eine solche Ermöglichung zu sein.

Was ist eine Stadt?

Es wäre verfehlt, eine Stadt nur als Vehikel der Organisation oder Verwaltung des Zusammenlebens zu verstehen. Auch lässt sich eine Stadt nicht durch äußerliche Merkmale wie die räumliche Ausdehnung und Verdichtung einer Siedlung, eine festgelegte Bevölkerungszahl oder infrastrukturelle Gegebenheiten bestimmen.[343] Vielmehr wäre die Stadt, einem Vorschlag Dirk Baeckers gemäß, funktional zu definieren.[344] Ihre Funktion verweist auf die spezifische städtische Logik, die sie von anderen Formen unterscheidet, in denen Menschen miteinander leben.[345]

Nach der (auch von Baecker aufgerufenen) Definition Max Webers ist eine Stadt die Form einer »Ansiedelung«, in der wegen ihrer Größe »die sonst dem Nachbarverband spezifische, persönliche gegenseitige Bekanntschaft der Einwohner miteinander *fehlt*«.[346] Mit Nancy könnte man sagen, die »Struktur« der Stadt sei die eines »nichtfamiliären Bezugs«.[347] Eine Siedlung, sei sie noch so groß, meint Schwarte, würde man schwerlich ›Stadt‹ nennen, wäre sie nur von einer (oder wenigen) Familie(n) bewohnt, denn typisch für eine Stadt sei »the experience of strangeness and diversity [...], as is the possibility of overcoming affiliations and ›primary identification‹«.[348] Die französische Bezeichnung für ›Stadt‹, *ville*, erhellt: Die Stadt wird der Herkunft ihres Namens untreu. Nancy erinnert daran, dass ›ville‹ zurückgeht auf das lateinische Wort *villa*, jedoch etwas anderes als das damit Bezeichnete ist. ›Villa‹ war der ländliche Sitz einer

---

341   Harries: Ethical function of architecture, S. 365.

342   So auch die Forderung von Schwarte: Anfang bauen, S. 117. Siehe mit Bezug auf Harries auch Schwarte: Philosophie der Architektur, S. 207: »Hinsichtlich ihrer ethischen Funktion, als Schaufenster auf eine kommende Gemeinschaft, ist eine Architektur zu fordern, die nicht selbst Fest ist: sondern Einladung zum Fest, offene Situation, Gelegenheit zur sinnlichen Vereinigung der Gegensätze, Schauplatz der freien Assoziation.«

343   Vgl. Schwarte: City, S. 73; 76; Schwarte: Philosophie der Architektur, S. 307; Baecker: Stadtluft macht frei, S. 264, und siehe auch Nancy: Kunst der Stadt, S. 67 (ADV 104); 74 (ADV 113).

344   Vgl. Baecker: Stadtluft macht frei, S. 260ff.

345   Ebd., S. 260, Anm. 2; vgl. ebd., S. 261.

346   Max Weber: Die Stadt [1921]. Studienausgabe der Max Weber-Gesamtausgabe. Bd. I/22-5. Wirtschaft und Gesellschaft. Die Wirtschaft und die gesellschaftlichen Ordnungen und Mächte. Nachlaß. Teilband 5. Die Stadt (Hg. Nippel, Wilfried). Tübingen 2000, S. 1, Hv. i. Orig.; siehe Baecker: Stadtluft macht frei, S. 261. Die Größe einer ›Ansiedelung‹ allein, so Weber: Die Stadt, S. 1, sei noch kein entscheidendes Kriterium einer Stadt.

347   Jean-Luc Nancy: Bilder der Stadt. In: ders.: Jenseits der Stadt. Berlin 2011, S. 43-62, 46 (Jean-Luc Nancy: Images de la ville. In: ders.: La ville au loin. Paris 2011, S. 47-70, 49).

348   Schwarte: City, S. 73; vgl. ebd.

Großfamilie, gerade von der Familie und auch vom Land aber löse und entferne sich die Stadt.[349] Anders als in der Familie (durch die Blutsverwandtschaft) oder auf dem Land (durch den gemeinsamen Boden der Sprache, auf dem man steht, durch die Bräuche und Rituale, die man pflegt)[350], sind Beziehungen in der Stadt nicht vorgegeben, nicht durch die »Notwendigkeit des Zusammenseins«[351] geprägt.

> Im Dorf oder Flecken liegen die Gründe für das Zusammenleben auf der Hand; sie sind für alle sensibel, und sie sind eingeschrieben [...] ins *Land* – in die Erde, die *Landschaft* [...]. Um eine Stadt zu werden, darf im Gegenteil das Zusammenleben nicht gegeben sein: es bedarf eines gewissen Verschwindens oder eines Zerstreuens der Gemeinschaft eines *Landes* – im Sinne der *ländlichen* und *landschaftlichen* Gemeinschaft.[352]

Die Stadt ist der Ort einer »Gemeinschaft, der die gemeinsame Substanz nicht mehr gegeben ist«.[353] Deshalb musste die Stadt erfunden werden.[354] Die Entstehung der *polis* etwa im 8. vorchristlichen Jahrhundert[355] stellt nach dem Urteil Vernants »eine wirkliche Neuschöpfung dar; in ihr nehmen das gesellschaftliche Leben und die Beziehungen unter den Menschen eine neue Form an«.[356] Revolutionär ist vor allem die Abkehr von der Genealogie:

> Die Stadt (polis) bricht die Macht der Häuser und ihrer Familien.[357] Dem Herd im Haus wird der gemeinsame Herd (hestia koiné), der Versammlungsort des Marktes (agora) entgegengesetzt. Die politische Freiheit in der Stadt entsteht in der Vermittlung von Auflösung und Befestigung dessen, was genealogisch immer schon da ist:

---

349   Vgl. Nancy: Jenseits der Stadt, S. 16 (VAL 22); 26f. (VAL 33). Die Loslösung von der Familie begann bereits in der *villa*: Sie war schon »nicht gleich *domus. Villa* ist von Beginn an ein anderes Register, nicht mehr dasjenige der Familie, sondern der Nähe, der Nachbarschaft«. (Nancy: Bilder der Stadt, S. 46, Hv. i. Orig. [IDV 49, Hv. i. Orig.])

350   Vgl. Nancy: Bilder der Stadt, S. 46f. (IDV 49f.).

351   Ebd., S. 46 (IDV 49).

352   Nancy: Kunst der Stadt, S. 68, Hv. i. Orig. (ADV 104f., Hv. i. Orig.).

353   Ebd. (ADV 105).

354   Vgl. ebd. Siehe auch Dirk Baecker: Miteinander leben, ohne sich zu kennen: Die Ökologie der Stadt. In: Soziale Systeme 10 (2004), H. 2, S. 257-272, 258: »Die Stadt ist eine Einmalerfindung der menschlichen Gesellschaft.« Hinter dem Wort ›Einmalerfindung‹ steht Baeckers These »vom Singular der Institution Stadt. Wir gehen davon aus, dass es menschheits- und gesellschaftsgeschichtlich nur eine Stadt gibt, die in einer Fülle unterschiedlicher regionaler und historischer Formen immer wieder dieselbe Funktion erfüllt«. (Baecker: Stadtluft macht frei, S. 260) Diese Funktion der Stadt, so lässt sich vorausschicken, besteht für Baecker darin, »das Miteinanderleben der Einwohner zu ermöglichen, obwohl, während und vielleicht sogar indem sie sich nicht kennen«. (Ebd., S. 261)

355   Vgl. Schollmeyer: Handbuch der antiken Architektur, S. 192.

356   Vernant: Entstehung des griechischen Denkens, S. 44.

357   Siehe hierzu auch Arendt: Vita activa, S. 39: »Historisch ist es sehr wahrscheinlich, daß das Entstehen des Stadt-Staates und des öffentlichen Bereichs auf Kosten der Macht und der Bedeutung des Privaten, der Familie und des Haushalts, stattgefunden hat.« Umgekehrt sind für Arendt Versuche, Politik bzw. politische Körper nach dem Modell der Familie zu gestalten, »[d]er Ruin der Politik«. (Arendt: Was ist Politik, S. 10)

die Familie. Sie wird in ihrer ständigen Auflösung und dadurch möglichen Erneuerung befestigt. Man kann dem Haus und der Herrschaft seines Haushalts entkommen und ein eigenes Haus gründen.[358]

An die Stelle der (substantiellen) Familien- und Dorfbeziehungen setzt die Stadt nicht einfach Beziehungslosigkeit. Die Stadt ist kein Ort der Atomisierung, sondern der »Koexistenz«.[359] Nähme man nicht in irgendeiner Weise Notiz von der Anwesenheit anderer Menschen, mehr noch: begegnete man ihnen nicht ab und zu auch, wäre selbst ein Hochhaus, in dem Abertausende Menschen wohlverwaltet in Appartements wohnen, keine Stadt.[360] Für die Stadt, so Nancy, gelte die Nachbarschaftsbeziehung als typisch[361], und für diese der (Abstand implizierende) Kontakt:

> Nachbarschaft möchte [...] die freimütige Exteriorität des *partes extra partes*. [...] Genauer gesagt regelt sie sich über die doppelte Determination der Grenze, den Kontakt und die Abschottung. [...] Nachbarn teilen eine Art von Intimität ohne Intensität (gleichwohl fähig, Grenzen zu überschreiten und sich zu überfallen, lautstarke, brüskierende Intrusionen zu vollziehen), sie streifen uns, sie knistern und rascheln, wobei diese Formen der Intrusion fremd bleiben, getrennt von der eigenen Richtung eines jeden.[362]

Allerdings fehlt der Nachbarschaft, was die städtischen Beziehungen auszeichnet: kein Werk zu sein.[363] Nachbarschaft ist planerisch hergestellt, sie ist »gegebene Nähe« und als solche »nicht-politisch«; zwar auf eine andere Weise gegeben als die Familienbande oder die Dorfbeziehungen, aber dennoch gegeben – durch eine architektonisch bewirkte »Aufteilung von Orten«.[364]

Die Stadt ist eine ›Künstlerin des Zusammenlebens‹ demnach nicht deshalb, weil sie Nachbarschaft erkünstelt. Beruht Nachbarschaft auf einer »Verdichtung«[365], findet man das Mitsein gerade dort, wo die Stadt sich auseinanderzieht, wo sie ihre Dichte mit Leere stanzt.[366] Diesem Auseinander der Stadt, so ließe sich sagen, entspricht das Auseinander, das Mitsein ist.

> »Gemeinsam« bedeutet die Öffnung eines Raums zwischen Dingen (Seienden) und der unbestimmten, vielleicht unendlichen Möglichkeit, dass dieser Raum sich öffnet,

---

358   Böhringer: Moneten, S. 51; siehe auch Vernant: Entstehung des griechischen Denkens, S. 128. Diesen Bruch der Stadt mit der Familie und dem häuslichen Herd veranschaulichen die öffentlichen Bankette in den antiken *poleis*; sie ersetzten die Familienabhängigkeiten und bildeten eine andere Form der Gemeinschaft als die der häuslichen Tischgemeinschaft; siehe dazu Schwarte: Philosophie der Architektur, S. 78ff.

359   Nancy: Kunst der Stadt, S. 76 (ADV 117).

360   Vgl. Schwarte: City, S. 73; Schwarte: Philosophie der Architektur, S. 82.

361   Vgl. Nancy: Bilder der Stadt, S. 46 (IDV 49).

362   Ebd., S. 47, Hv. i. Orig. (IDV 50, Hv. i. Orig.).

363   Vgl. Nancy: Kunst der Stadt, S. 77 (ADV 117).

364   Nancy: Bilder der Stadt, S. 46 (IDV 49).

365   Ebd.

366   Siehe etwa Schwarte: City, S. 75: »The architecture of the city is [...] marked by the dispersion of public spaces«, wobei diese als »clearings« oder »open spaces« zu verstehen seien.

sich wieder öffnet, sich verändert und modalisiert. Dieser Raum schließt sich manchmal, aber niemals bis zu dem Punkt, an dem ein einziges und einsames »Seiendes« zurückbliebe, das im Augenblick seiner Isolierung selbst verschwinden würde.[367]

Die städtischen Leerräume ermöglichen das Weder-noch von Atomisierung und Kommunion. Sie machen die Stadt zu einer »soziale[n] Form, in der einander Unbekannte miteinander leben«[368], wie Baecker formuliert. Wo immer das Miteinanderleben von einander Unbekannten möglich ist, handelt es sich um eine Stadt.[369] Eine Stadt ist kein Stammesgebiet mehr[370], aber es kann Städte auch in Stammesgesellschaften geben, sofern diese das Miteinanderleben von Unbekannten einräumen.[371] Dazu bedürfe es (leerer) Orte, die definiert seien als Orte des Noch-nicht-Definierten; die Stadt nämlich, so Baecker, sei der Ort des Miteinanderlebens von Unbekannten

> nur dann, wenn sie auffälliger, das heißt zugänglicher und folgenreicher als andere soziale Formen Leerstellen einrichtet, die sichtbar und erlebbar noch nicht definiert sind, aber noch definiert werden können. Die Stadt inszeniert den Raum der Wahl, der Entscheidung, wen man aus welchem Anlass trifft oder nicht trifft, kann dies aber nur dann, wenn dieser Raum nur unspezifisch definiert ist.[372]

Stammesgesellschaften richten diese Leere im Rahmen des sogenannten *silent trade* ein.[373] »In its simplest form, it is a transaction by way of exchange between persons who not only do not address, but do not see, one another.«[374] Den Ort des Handel(n)s bildet eine Art Marktplatz außerhalb der Ansiedlungen[375], auf dem man zu festgesetzten Zeiten Dinge deponiert, die bei Gefallen zu anderer Zeit von den (unbekannten) Tauschbeteiligten genommen und durch hinterlegte Dinge entgolten werden; fällt diese Zahlung zu niedrig aus, wird das Angebot beim nächsten Mal reduziert oder ganz verweigert.[376] Diese Stätten seien die gesellschaftlichen »>Städte<«.[377]

> Wir haben es mit Begegnungen unter Unbekannten zu tun, die dennoch eine Form finden, miteinander – wenn auch nacheinander – auszukommen. Wir haben es mit einem leeren Platz zu tun, der als ein Außerhalb des Dorfes, aber auch der Wild-

---

367   Nancy: Kommunismus, S. 190 (CM 214, mit Kursivierung des ›Gemeinsam [Commun]‹).

368   Baecker: Stadtluft macht frei, S. 262; siehe auch Baecker: Miteinander leben, S. 258ff. Nancy: Jenseits der Stadt, S. 37 (VAL 46), spricht von der Stadt als einer »Nachbarschaft des Unbekannten«.

369   Vgl. Baecker: Stadtluft macht frei, S. 262.

370   Vgl. Nancy: Jenseits der Stadt, S. 32 (VAL 40).

371   Vgl. Baecker: Stadtluft macht frei, S. 264.

372   Ebd., S. 262.

373   Vgl. zum Folgenden ebd., S. 264ff., dort auch der Hinweis auf die Studie zum *silent trade* von Grierson.

374   P[hilip] J[ames] Hamilton Grierson: The Silent Trade. A Contribution to the Early History of Human Intercourse. Edinburgh 1903, S. 42.

375   Grierson verortet den *silent trade* »at a spot within the border-land between two or more tribes«. (Ebd., S. 56)

376   Vgl. Baecker: Stadtluft macht frei, S. 264f., sowie detailliert und mit Beispielen Grierson: Silent trade, S. 41ff.

377   Baecker: Stadtluft macht frei, S. 265; vgl. ebd.

nis markiert wird und an dem etwas ausprobiert werden kann, was sonst nirgendwo stattfinden kann.[378]

Allgemeiner gesprochen, so Baecker, handele es sich bei den ›Leerstellen‹, die Begegnungen unter Unbekannten erlauben, um »[d]ie öffentlich zugänglichen Plätze, ja die Öffentlichkeit schlechthin«.[379] Die Logik oder »der soziale Code der Stadt«[380], das Miteinanderleben von Unbekannten[381], habe sich etablieren können, weil die Stadt die private Kommunikation (unter Bekannten) und die öffentliche Kommunikation (mit Unbekannten) getrennt und letzterer den Vorrang gegeben habe.[382] Gegenüber der vom »Oikodespoten«[383] beherrschten (ökonomischen) Sphäre des Privaten, in der alles so notwendig wie vergänglich war, bevorzugte man die (politische) Öffentlichkeit als den Ort von Freiheit und Dauer.[384] Wegen der »gleichzeitigen Anwesenheit zahlloser Aspekte und Perspektiven, in denen ein Gemeinsames sich präsentiert«[385], galt sie als der »Ort der Vernunft«[386]; nur hier schien eine menschliche Existenz möglich.[387]

Die Genese der Öffentlichkeit, in der sich das Gemeinsame darstellen konnte, war geknüpft an die Bildung der *agora*, eines architektonisch »vollkommen neuartigen sozialen Raums«.[388] Dieser entstand nicht, wie Arendt meint, durch Mauern, die ihn

---

378   Ebd. Simmel: Räumliche Projektionen, S. 214, weist auf die (frühere) Bedeutung des »leere[n] Raum[es]« zwischen zwei Völkern hin: Territorien sollten nicht unmittelbar aneinander anschließen, sondern durch eine leere, das heißt entvölkerte und neutrale »Grenzwüste« (ebd., S. 215) getrennt sein. Das redensartliche Prinzip »[T]u' mir nichts, ich tu' dir auch nichts!«, so Simmel, sei hier »völlig in die Raumform hinein verkörpert«. (Ebd.) Habe »die Neutralität des unbewohnten Raumes« zunächst eine »trennende« Funktion, könne sie doch »auch eine verbindende werden« (ebd., S. 217), da sie etwa Handelsbeziehungen ermögliche: »So ist dieses [unbewohnte, niemandem gehörige Terrain] der gegebene Ort für den wirtschaftlichen Tauschverkehr primitiver Gruppen, die eigentlich in stetem allenfalls latentem Kriegszustande und Mißtrauen gegen einander leben.« (Ebd., S. 218)

379   Baecker: Stadtluft macht frei, S. 262.

380   Baecker: Miteinander leben, S. 259.

381   Vgl. ebd.

382   Vgl. hierzu und weiter in diesem Absatz ebd., S. 259f.

383   Jürgen Habermas: Strukturwandel der Öffentlichkeit. Untersuchungen zu einer Kategorie der bürgerlichen Gesellschaft. Mit einem Vorwort zur Neuauflage 1990. Frankfurt a.M. 1990, S. 56; siehe dazu auch Arendt: Was ist Autorität, S. 171f.

384   Vgl. Habermas: Strukturwandel der Öffentlichkeit, S. 57. Den Hinweis auf diese Ausführungen Habermas' entnehme ich Baecker: Miteinander leben, S. 261.

385   So Arendt: Vita activa, S. 71, über die »Wirklichkeit des öffentlichen Raums«. (Ebd.)

386   Baecker: Miteinander leben, S. 260.

387   »Nur ein Privatleben führen heißt in erster Linie, in einem Zustand leben, in dem man bestimmter, wesentlich menschlicher Dinge beraubt ist.« (Arendt: Vita activa, S. 73) Siehe auch Arendt: Was ist Autorität, S. 173f.

388   Vernant: Entstehung des griechischen Denkens, S. 43; siehe dazu auch Delitz: Architektursoziologie, S. 97ff.

schützten[389]; das Gemeinsame wird nicht hergestellt.[390] Ihm kann nur der Boden bereitet werden. Das Gemeinsame bedarf eines leergeräumten Bodens, dessen Leere nicht allein metaphorisch zu verstehen ist, etwa als lefortscher *lieu vide* der Macht. Die Leere, aus der das Gemeinsame hervorgeht, meint nicht nur »le sans-fond, [...] l'effacement d'un pouvoir présent et présentable«[391], sondern zugleich eine architektonische Leere, einen Entzug der Architektur, der eine leere Oberfläche hinterlässt, »on which people can appear and disappear in multiple ways, dance or look on«.[392]

Um sich versammeln zu können, braucht es Leere: »C'est [...] dans le vide [...] que les hommes, nécessairement divisés et espacés, peuvent se rapporter les uns aux autres, s'assembler.«[393] Eine im wörtlichen wie übertragenen Sinne leere, entwerkte Oberfläche[394] war die *agora* (vom griechischen Verb für ›versammeln‹, *ageiro*[395]). Die *agora*, die versammelnde Leere, ist die Stadt; ihr Vorhandensein galt als Definiens einer *polis*.[396] Bei der *agora* handelte es sich im Ursprung um »einen großen ebenen Platz aus ge-

---

389 Vgl. Arendt: Vita activa, S. 78; 244, die auch die immateriellen Mauern des Gesetzes meint. Vernant: Entstehung des griechischen Denkens, S. 43, sieht in der Ummauerung der Stadt einen Hinweis auf die Verlagerung der Macht: Nicht mehr der Palast der Herrschenden war befestigt, sondern die Stadt und alle in ihr lebenden Menschen wurden geschützt. Die Herrschenden verlieren Macht: »Die *archē* ist nicht mehr ausschließlich das Attribut irgendeines einzelnen; vielmehr ist der Staat gerade der Bereich, in dem alle Privatheit und Besonderheit beseitigt ist und [...] bereits als die Angelegenheit aller erscheint.« (Ebd., S. 42, Hv. i. Orig.) Siehe allgemein zu Mauern und Toren und ihrer Bedeutung für die Regelung des Verhältnisses von Drinnen (Gemeinschaftsmitglieder) und Draußen (Fremde) etwa Hölscher: Öffentliche Räume, S. 67ff., ferner Baecker: Stadtluft macht frei, S. 267f.

390 Kritisch zu Arendts Verständnis des öffentlichen Raumes äußert sich Schwarte: Philosophie der Architektur, S. 288f. »Architektur taucht [...] bei Arendt nur als Mauer auf. Folglich erwähnt sie auch die Agora nicht, obschon man es hätte angesichts ihres Lobes öffentlicher Räume vermuten mögen.« (Ebd., S. 289) Dabei seien die Mauern um eine Stadt für Arendt »Produkte eines Herstellens«. (Ebd., S. 288) Wir kommen darauf in dem Abschnitt *Was tun?* zurück.

391 Agacinski: Volume, S. 96.

392 Schwarte: City, S. 74; vgl. ebd.

393 Agacinski: Volume, S. 96; siehe auch Schwarte: Philosophie der Architektur, S. 102.

394 Mit Bezug auf Nancys *La communauté désœuvrée* wendet Agacinski den Gedanken einer Entwerkung gegen ein monumentales, totalitäres Bauen: »Avec le pouvoir totalitaire s'effectuerait aussi le désir d'une mise en ordre et en œuvre de la société architecturalement dominée. Cette mise en œuvre répondait au désir, de la société elle-même, de conjurer et d'exorciser sa division.« (Agacinski: Volume, S. 126) Und als Gegenentwurf: »Même si la cité reste pensée comme une sorte de ›tout‹ ou d'ensemble, cet ensemble a aussi été conçu comme ce qui ne subsiste qu'à résister à l'unification, qu'à se laisser travailler par la division, la différence, la pluralité, la diversité, le partage«. (Ebd., S. 127)

395 Vgl. Schollmeyer: Handbuch der antiken Architektur, S. 197.

396 Vgl. Kolb: Agora, Sp. 267; siehe auch Vernant: Entstehung des griechischen Denkens, S. 43; 46; 127, und Hölscher: Öffentliche Räume, S. 17: »Die Entstehung der Polis [...] kann mit der Entstehung öffentlicher Räume definiert werden.« Die Sportstätten hingegen »were not seen as essential for the preservation of political and social life, yet as buildings they always carried a political connotation«. (Kratzmüller: Show yourself, S. 38)

stampfter Erde«[397], der zunächst – sofern überhaupt – architektonisch kaum gestaltet
war, etwa keine massive Begrenzung aufwies.[398]

> Diese »Leere« der frühen Agorai [...] ist nicht nur ein Defizit, ein primitiver Zustand
> vor dem Ausbau zu einem architektonischen Platz, sondern gehört zur Substanz der
> politischen Funktionen. Sie bedeutet nicht zuletzt Freiheit von konkurrierenden Ein-
> schränkungen: vor allem von starken religiösen Ansprüchen mit ihren rituellen Zwän-
> gen. In dieser grundsätzlichen »Neutralität« konnte die Agora sich zu einem Raum für
> alle Aktivitäten der Gemeinschaft entwickeln – nicht zuletzt zu einem »politischen
> Raum«.[399]

Angelegt wurden die *agorai* meist dort, wo ein Zusammenkommen der Menschen leicht
möglich war oder ohnehin schon stattfand, etwa an Straßenkreuzungen oder in der
Nähe des Hafens.[400]

Charakteristisch für die *agora* ist, dass auf ihr keine bestehende Gemeinschaft eine
Stätte findet: Dem architektonischen Ausfransen der *agora* entspricht die Offenheit des
Kollektivs, das sich auf ihr einfindet.[401] Die *agora* – allgemeiner: ein Platz – ermöglicht
ein Sich-Versammeln, »das *cum* [...] ohne weitere Qualifikation (Einheit, Wiedervereinigung, Kommunion) [...], eine Näherung, welche die Distanz, sei sie auch winzig, immer
noch aufrechterhält«.[402] Eine Versammlung ist zu begreifen »als eine spontane Bewe-

---

397 Kolb: Agora, Sp. 268. In seinen Überlegungen zum Tanz geht Nancy auch auf den Tanzboden ein
     und beschreibt dabei implizit, so meine ich, die *agora*: »[I]mmer und unter allen Räumen gibt es
     zuletzt, oder zuerst, gestampfte Erde: ein offener Platz, schon festgetreten, gepresst, eingeeb-
     net, eine Fläche, wo man weder sät noch wohnt, sondern die nur ausgedehnt ist [...]. Der Boden
     hat vom Tanz bereits die gespannte Elastizität: Es ist ein gestampfter, rhythmisierter Boden, ein
     festgetretener und zertrampelter Boden, ein Boden der Passage [...]. Eine Art Kosmogenie: Erde,
     gestampft bis zum Boden, der sie zur Erde macht, erdig gemachte Erde, nicht gutsherrlich beses-
     sen, Territorium, nicht Landbesitz, ein ausgestrecktes, ausgestelltes, ausgeflossenes Territorium:
     ein erforschbarer und markierbarer, ein unterteilbarer, zerschneidbarer, biegbarer und entspann-
     barer, aufblähbarer und zusammendrückbarer Raum.« (Nancy: Alliterationen, S. 34f. [ALS 143])
398 Vgl. Hölscher: Öffentliche Räume, S. 30; 37; Schollmeyer: Handbuch der antiken Architektur, S. 198.
     Auf der *agora* von Megara Hyblaea (8. Jhd.) etwa gab es keine Gebäude (vgl. Kolb: Agora, Sp. 268),
     und selbst für die *agora* Athens in der ersten Hälfte des 5. Jhd. ist festzuhalten, dass ihre »architek-
     tonische Ausstattung [...] höchst bescheiden war und noch keine nennenswerte Raumkonzeption
     verriet«. (Ebd., S. 270)
399 Hölscher: Öffentliche Räume, S. 37.
400 Vgl. ebd., S. 36, und siehe auch Schollmeyer: Handbuch der antiken Architektur, S. 197f.
401 Für Baecker: Stadtluft macht frei, S. 268, sind demgemäß die antiken Märkte »Plätze für die Leere,
     das heißt für immer wieder neue Setzungen von Identitäten in Anspruch zu nehmen«. Schwar-
     te: Philosophie der Architektur, S. 154, schreibt: »Eine konkrete Öffentlichkeit hat stets unscharfe
     Ränder. Dies macht ihre spezifische Räumlichkeit aus.« Oder ebd., S. 266: »Die Versammlung von
     Menschen, die aus der Streuung zusammenströmen, gleicht einer ausgefransten Fläche inmitten
     der Stadt.« In einem anderen Sinne betont Nancy, die Stadt werde zukünftig mehr und mehr au-
     ßer Rand und Band geraten: »Die Stadt wird diffus, sie verflüchtigt sich, sie streut ihre Funktionen
     und Orte an der Peripherie aus, die in dem Maße weniger peripher wird, wie sich das Zentrum
     entleert, ohne jedoch aufzuhören, zentral zu sein. Das Zentrum ist überall und die Peripherie nir-
     gendwo, oder umgekehrt.« (Nancy: Jenseits der Stadt, S. 23 [VAL 30]) Oder kürzer: »Die Stadt ist
     eine zersplitterte Totalität.« (Ebd., S. 24 [VAL 30])
402 Nancy: Kunst der Stadt, S. 76, Hv. i. Orig. (ADV 117, Hv. i. Orig.).

gung, ein Zusammenströmen«, bei dem es nicht »bereits einen geteilten Raum, eine Anordnung oder ein gefühltes Zusammen gibt«.[403]

Wichtig ist also zudem, an (Leer-)Plätzen nicht ihr Gebautsein hervorzuheben. Für öffentliche Räume wie die *agora* ist »gerade das Ungebaute, [sind] nicht die materiellen Rahmungen, sondern die immateriellen Bewegungs-, Einfluss- und Entzugsmöglichkeiten kennzeichnend«.[404] Sie sind Orte »kreativer Anarchie«.[405] Das Gemeinsame, das sich dort einstellt, ist grundlos, wie Nancy in Abgrenzung von Arendt betont: Der öffentliche Raum sei »kein gegebener Freiraum [...], der als Institution oder vorgegebene Grundlage figuriert«.[406]

> Der Freiraum [espace libre] wird gerade dadurch eröffnet, gerade dadurch freigesetzt, dass er als Raum *durch* jene Wege und Haltungen geschaffen oder eingesetzt wird, die diejenigen der in die Existenz geworfenen Einmaligkeiten [singularités] sind. Es gibt keinen Raum, der für die Bewegung von vornherein bereitstünde [...], es gibt nur die ursprüngliche Mit-Teilung [partage], die ursprüngliche Partitur [partition], deren Einmaligkeiten sich selbst und ihr Gemeinsamsein [être-en-commun] spationieren [...].[407]

Ein leerer Platz, ließe sich mit dem Titel eines Aufsatzes von Joseph Vogl sagen, ist ein »Asyl des Politischen«: Hier manifestiert sich die »Abwesenheit einer gemeinsamen Sache«[408], ereignet sich eine »Unterbrechung des Mit-dazu-Gehörens«.[409] Leerplätze ermöglichen Begegnung:

> Die Stadt ist erfunden worden [...] durch das Sich-Versammeln und für das Ensemble. Nicht so sehr [...] für das Ensemble als Summe oder als fixierte, berechnete Komposition. Um es genau zu fassen, muss man von einer *Begegnung* sprechen: die Stadt entsteht in einer Komposition, Annäherung und Kommunikation von Begegnungen.[410]

---

403 Schwarte: Philosophie der Architektur, S. 264; siehe auch Schwarte: City, S. 74; 79.

404 Schwarte: Philosophie der Architektur, S. 346; vgl. ebd. »When considering the architecture of the agora, we should [...] not think of a built space, but rather comprehend it as an arrangement of actions, as an event, a product, and an instrument. An agora is not a place to stack the crowds or to cater for a community; instead it enables public interaction (of humans, animals, things, situations).« (Schwarte: City, S. 74)

405 Schwarte: Philosophie der Architektur, S. 346.

406 Nancy: Erfahrung der Freiheit, S. 189 (EL 187).

407 Ebd., S. 97, Hv. i. Orig. (EL 100, Hv. i. Orig.); vgl. Yasemin Sari: Art. ›Arendt, Hannah‹. In: Gratton, Peter/Morin, Marie-Eve (Hg.): The Nancy Dictionary. Edinburgh 2015, S. 23-26, 25.

408 Vogl: Asyl des Politischen, S. 30.

409 Ebd., S. 34.

410 Nancy: Kunst der Stadt, S. 70, Hv. i. Orig. (ADV 107, Hv. i. Orig.); siehe auch Schwarte: Befreiung, S. 97: »Die Architektur der Agora [...] sollten wir grundsätzlich begreifen als die Ermöglichung kollektiver Interaktion zwischen Menschen und Dingen, als Einrichtung einer Begegnung unter Gleichen, zugleich als ein lustvolles Sich-Ausliefern der Erfahrung an das Fremde, ein Ausprobieren des Unbeherrschten.«

Verhältnisse tanzen

Diese raumschaffenden Begegnungen auf einer leeren Fläche sind eine Art Tanz[411] und ähneln als solche dem, was Nancy als das »Spiel« an einer »Gelenkstelle [jointure]«[412] beschreibt:

> Die Verknüpfung [articulation] [...] findet da statt, wo sich verschiedene Teile berühren, ohne ineinander aufzugehen, wo sie übereinander gleiten, umeinander kreisen, ineinander klappen, jedes Teil an der Grenze des anderen –, dort, wo diese singulären unterschiedlichen Teile sich neigen oder aufrichten, nachgeben oder sich gemeinsam anspannen, und zwar eines durch das andere, eines in unmittelbarer Berührung mit dem anderen, ohne daß dieses wechselseitige *Spiel* – das gleichzeitig immer auch ein Spiel *zwischen* diesen Teilen ist – die Substanz und höhere Macht eines Ganzen ergäbe.[413]

Die Tanzenden (oder Spielenden) formieren sich nicht zu einem jener geometrischen Massenornamente, wie sie Siegfried Kracauer 1927 beschrieben hat.[414] Die Bewegungen und Begegnungen in einer Stadt, auf einem Platz, sind keine ballettähnliche »choreographische Kunst«[415], die kollektive Intentionalität voraussetzte[416] und implizierte, dass sich das Ensemble (›als fixierte, berechnete Komposition‹, wie es bei Nancy hieß) vor dem Unberechenbaren – den noch nicht Eingerechneten, Hinzukommenden und

---

411   Siehe auch Schwarte: City, S. 74f.

412   Nancy: Literarischer Kommunismus, S. 160 (CL 188).

413   Ebd., Hv. i. Orig.

414   Zu der Tanzformation der Tiller Girls heißt es: »Diese Produkte der amerikanischen Zerstreuungsfabriken sind keine einzelnen Mädchen mehr, sondern unauflösliche Mädchenkomplexe, deren Bewegungen mathematische Demonstrationen sind.« (Siegfried Kracauer: Das Ornament der Masse [1927]. In: ders.: Schriften. Bd. 5.2. Aufsätze 1927-1931 [Hg. Mülder-Bach, Inka]. Frankfurt a.M. 1990, S. 57-67, 57) Weiter: »Das von seinen Trägern abgelöste Ornament ist *rational* zu erfassen. Es besteht aus Graden und Kreisen, wie sie in den Lehrbüchern der euklidischen Geometrie sich finden; auch die Elementargebilde der Physik, Wellen und Spiralen, bezieht es mit ein. Verworfen bleiben die Wucherungen organischer Formen und die Ausstrahlungen des seelischen Lebens. Die Tillergirls lassen sich nachträglich nicht mehr zu Menschen zusammensetzen, die Massenfreiübungen werden niemals von den ganz erhaltenen Körpern vorgenommen, deren Krümmungen sich dem rationalen Verständnis verweigern. Arme, Schenkel und andere Teilstrecken sind die kleinsten Bestandstücke der Komposition.« (Ebd., S. 59, Hv. i. Orig.) Kracauer sieht die Massenornamente mit der kapitalistischen Produktion verbunden: »[D]er Mensch als Massenteilchen allein kann reibungslos an Tabellen emporklettern und Maschinen bedienen.« (Ebd.) Es würden daher »[d]en Beinen der Tillergirls [...] die Hände in der Fabrik« (ebd., S. 60) entsprechen. »Das Massenornament ist der ästhetische Reflex der von dem herrschenden Wirtschaftssystem erstrebten Rationalität.« (Ebd.) Sloterdijk: Schäume, S. 414f., Anm. 335, spöttelt, Kracauers Theorie »des modernen Balletts als Emanation kapitalistischer Konformierung zeigt die schultypische Verbindung von historisch-anthropologischer Unkenntnis und tiefenhermeneutischer Prätention«.

415   Nancy: Kunst der Stadt, S. 75 (ADV 115).

416   Ich erinnere an Searles Beispiel der Tanzgruppe; vgl. Searle: Kollektive Absichten und Handlungen, S. 101f.

ihren Handlungen – verschließen müsste.[417] Vielmehr ginge es um eine »Kunst der flüchtigen Annäherungen, die Kunst der passageren Passagen, der vorübergehenden, unbekannten Passanten, der ephemeren Bedeutungen, rasch entstehend, flüchtig angedeutet«.[418] Anders als die »Versammlungsbauten«[419], in denen die Blicke der Anwesenden auf den reden- und stimmungspeitschenden ›Führer‹, auf das Geschehen auf dem Spielfeld oder der Bühne, vor allem aber, wie vor einem Spiegel, auf sich selbst gerichtet sind, ermöglichen Stadt und Platz eine reziproke Wahrnehmung[420], die im Anderen nicht das Ich oder Wir sieht. Aus einer solchen ungerichteten Wahrnehmung, so Schwarte, könne eine Art Gemeinsinn entstehen, ein wechselseitiges Sich-Ausrichten noch vor jeder unmittelbaren körperlichen Wahrnehmung.[421]

Was in der Stadt stattfindet, was die Stadt ist, kann man auf den Begriff der »collective performance«[422] bringen: ein gemeinsames Hervorbringen des Gemeinsamen, weder als »Kommunion noch rein äußerlich«.[423] Wie dies vor sich geht, macht die Beschreibung anschaulich, die Mona De Weerdt von der Tanzperformance *You've changed* (2010) des Choreographen Thomas Hauert und der Kompanie ZOO gibt.[424] Ihre Analyse ist deshalb von Interesse, weil die Autorin ihre Überlegungen anhand von Nancys Begriff des Mit-Seins fundiert. Zudem macht sie unausdrücklich klar, dass gemeinsames Handeln und die Bildung eines Wir nicht notwendigerweise geplant sein müssen, wie etwa die Theoretiker*innen kollektiver Intentionalität meinen. *You've changed* habe den Charakter einer »geplanten Improvisation«[425], bei der die Tanzenden während der Aufführung (miteinander) auf choreographische Vorgaben wie den Rhythmus der Musik frei reagieren.[426] Die Tanzenden bewegen sich schwarmartig[427]: Eine/r initiiert eine Bewegung, auf die die anderen antworten; es entsteht »ein dicht verwebtes Bewegungsnetz aus Aktion und Reaktion«, ein kollektiv hervorgebrachter, dezentraler und unbe-

---

417 »Wo Menschen bereits angeordnet und medial orchestriert sind, wo sie bereits ein Bewußtsein von ihrem Zusammensein ausgebildet haben, kann keine Versammlung mehr stattfinden: Jeder Neuankömmling stellt eine Störung dar.« (Schwarte: Philosophie der Architektur, S. 267)

418 Nancy: Kunst der Stadt, S. 75 (ADV 115).

419 Sloterdijk: Schäume, S. 604.

420 Siehe hierzu Schwarte: Philosophie der Architektur, S. 266f.

421 Die leere Oberfläche z.B. der *agora*, schreibt Schwarte: City, S. 74, »develops into an arrangement of mutual experience including confrontations, observable traces of movements, and collective patterns of perception of time (like rhythm); something like a common sense. Such sensing creates relationships between singular moving bodies, before any direct corporeal perception of each other. It presupposes neither common modalities of perception nor an enclosed and structured space, but a tension that transforms the primary dispersion. Such a tension has the immediate effect of clearing and opening a space, which makes it possible to practically or symbolically orient and gather together the dispersed.«

422 Ebd., S. 75.

423 Nancy: Gespräch über den Tanz, S. 74 (E 69); siehe auch Schwarte: City, S. 76f.

424 Siehe Mona De Weerdt: Schwarmdynamik und soziales Miteinander. Zur ›improvisierten Choreographie‹ You've Changed von Thomas Hauert und der Kompanie ZOO. In: ALL-OVER. Magazin für Kunst und Ästhetik 6 (2014), S. 4-12 (PDF-Version). Abrufbar unter: <https://allover-magazin.com/wp-content/uploads/2014/03/AO_06_GESAMT.pdf> (Zugriff am 29.1.2022).

425 Ebd., S. 7.

426 Vgl. ebd.

427 Vgl. zum Folgenden ebd., S. 8f.

herrschter »Verflechtungszusammenhang«[428], dessen Form sich ausdehnt und zusammenzieht. Zwischen den Tanzenden finden »kinästhetische Übertragungsprozesse«[429] statt, die durch die Verschränkung von visuellen sowie körperlich-sinnlichen Wahrnehmungen mit den eigenen und fremden Bewegungen entstehen.[430] Diese Übertragung geht als »*Attention ohne Intention: absichtslose Aufmerksamkeit*«[431] zwischen den Körpern der Tanzenden vor sich; das Verstehen der Handlungen muss nicht durch das Denken, durch Begriffe oder Sprache vermittelt werden, da es auf einem inkorporierten Wissen beruht.[432] Die Art und Weise, wie ein (tanzender) Körper auf einen anderen wirke, so Nancy, sei ein

> *Widerhall, die Resonanz des anderen.* Der andere da drüben, nah in seiner Entfernung, gespannt, eingefaltet, entfaltet, verborgen, hallt in meinen Gelenken wider. Ich nehme ihn eigentlich weder mit den Augen noch mit dem Gehör noch durch Berührung wahr. Ich nehme nicht wahr, ich halle wider. Hier bin ich, gekrümmt von seiner Krümmung, geneigt nach seinem Winkel, angestoßen von seinem Schwung. Sein Tanz hat an meinem Platz begonnen. Er oder sie hat mich deplatziert, mich beinahe ersetzt.[433]

Anders als der von De Weerdt etwas unglücklich gewählte Begriff des Schwarms nahelegt, erkennt man bei der improvisierten Tanzpraxis im Unterschied zu einem Tierschwarm weder eine Gleichartigkeit der Tanzenden noch eine Gerichtetheit[434], wie sie eine tanztechnische Dressur und die Verpflichtung der Tanzenden auf eine starre Choreographie hervorbrächte.[435] Was sich auf der Tanzbühne (aber ebenso auf der Bühne des Stadtplatzes) verkörpere, sei »ein singulär plurales Mit-einander«[436] im Sinne Nancys, »ein Mit-einander, das nicht auf Homogenisierung zielt«.[437] Auf der Bühne (und auf dem Platz) sind »Körper unter sich, die ihr *Zwischen*, ihr *Mit*, ihr *Gegen* teilen – einander nah und miteinander vermengt, ohne Auflösung«.[438] Zwar ordnen sich die Tanzenden durch ihre Orientierung aneinander und durch die wechselseitige Bewegungsübernahme momentweise zu »schwarmartige[n] Gebilde[n]«[439], aber es kommt stets wieder zu einem Ausschwärmen, einem Auseinandergehen, Sich-Zerstreuen der Einzelnen, deren Singularität weniger eine Individualität ihrer Körper und Bewegungen meint als vielmehr die Aussichtslosigkeit, die tanzenden Körper zu einem Körper

---

428 Ebd., S. 8.

429 Ebd., S. 9.

430 Vgl. ebd.

431 Nancy: Alliterationen, S. 37, Hv. i. Orig. (ALS 145, Hv. i. Orig.).

432 Vgl. De Weerdt: Schwarmdynamik und soziales Miteinander, S. 9.

433 Nancy: Alliterationen, S. 31, Hv. i. Orig. (ALS 139, Hv. i. Orig.).

434 »Ob des ungeordneten Durcheinanderwimmelns der Tiere ist der Schwarm zum einen mit der Vorstellung einer unruhigen und lärmenden Bewegung verknüpft. Zum anderen entsteht der Eindruck des Uniformen und Blockhaft-Kompakten, da der Schwarm nur artgleiche Tiere vereinigt.« (Munk: Ungeheuerliche Massen, S. 42)

435 Vgl. hierzu und zum Folgenden De Weerdt: Schwarmdynamik und soziales Miteinander, S. 10f.

436 Ebd., S. 11.

437 Ebd., S. 10.

438 Nancy: Befremdliche Fremdkörper, S. 49, Hv. i. Orig.

439 De Weerdt: Schwarmdynamik und soziales Miteinander, S. 10.

gleichschalten zu wollen.[440] Da die Bewegungen nicht choreographisch diszipliniert sind, erkennt man in dem Schwarmverhalten eine Art Synkope: eine Verschiebung oder Verräumlichung, die entsteht, weil die Bewegungen des oder der (beliebigen) Einen oder Anderen weder direkt noch in identischer Weise, stattdessen nur »leicht verzögert und immer auch leicht different«[441] übernommen werden können. Die Körper, so könnte man De Weerdts Überlegung weiterdenken, unterscheiden sich voneinander im Sinne der *différance*. Sie sind nicht identisch, sondern sind, weil sie anders als jeder andere Körper sind, wobei diese Differenz nicht statisch ist: Sie ereignet sich in der Zeit und wird als asynchroner Nachvollzug der Körperbewegungen sichtbar. Körper müssen sich unterscheiden, denn nur getrennte Körper können sich zueinander verhalten, nur zwischen ihnen kann sich ein Verhältnis ausbilden, das ein »*Sich-Unterscheiden*« ist: »Insofern es sich verhält, unterscheidet sich das Distinkte: Es öffnet und es schließt sich sogleich. Es verweist auf den Anderen und setzt sich zugleich von ihm ab.«[442] Das Verhältnis ist nicht (wie eine Sache), sondern ist das aktive Geschehen einer Öffnung:

> Es muss [...] das *Zwischen* als solches öffnen: Es muss das *Zwischen-Zwei* öffnen, aufgrund dessen es erst zwei gibt. Dabei ist das Zwischen-Zwei keines von beiden: Es ist die Leere – entweder der Raum oder die Zeit [...] oder der Sinn, der sich verhält ohne zu versammeln oder der versammelt ohne zu vereinen oder der vereint ohne zu vollenden oder der vollendet ohne zu beenden.[443]

Der *rapport* versammelt die Körper, indem er sie auseinandersetzt, was heißt, dass er die Körper einander aussetzt, exponiert. Diese Exposition ist es, was sich auf der Bühne, auf Stadtplätzen ereignet.[444] Hier werden (nicht nur) Menschen in ihrer unübersichtlichen Unterschiedlichkeit sichtbar, die sie nicht trennt, ohne sie in ein Verhältnis zueinander zu setzen, sie zu versammeln, ohne sie zu vereinen. Jede/r Einzelne erscheint mit anderen *(comparution)*. Auf der Bühne wird anschaulich, dass das Sein als

---

440 Vgl. ebd. In diesem Kontext ist mit Nancy zu betonen, dass »die großen – man kann sagen faschistischen – Massendemonstrationen [...] keine Tänze [sind], und es wäre interessant zu untersuchen, inwiefern die Militärparade oder die gemeinsame Akklamation etwas vom Tanz unkenntlich machen, weil es hier nur eine Dimension des Körpers gibt, die zulässig ist«. (Nancy: Gespräch über den Tanz, S. 64f. [E 64]) Siehe auch ebd., S. 74 (E 69), wo es mit Verweis auf Heidegger heißt: »Wenn die Anderen [bei Heidegger, S. H.] positiv ernst genommen werden, dann in Gestalt des Volkes, und das Volk tanzt nicht, es geht im Gleichschritt oder es wird in den Schützengräben getötet.«

441 De Weerdt: Schwarmdynamik und soziales Miteinander, S. 10. Canetti: Masse und Macht, S. 28, erinnert daran, dass selbst ein einzelner Mensch nicht gleichtaktig läuft. »Die beiden Füße treten nie mit genau derselben Kraft auf.«

442 Nancy: Es gibt Geschlechtsverkehr, S. 22, Hv. i. Orig. (RS 22, Hv. i. Orig.); vgl. ebd., S. 21 (RS 22). De Weerdt: Schwarmdynamik und soziales Miteinander, S. 10, weist auf den Kontakt hin, »der durch die gegenseitige Annäherung und Abstandnahme konfiguriert wird«.

443 Nancy: Es gibt Geschlechtsverkehr, S. 23, Hv. i. Orig. (RS 23, Hv. i. Orig.) Wir haben diese Passage (teilweise) oben bereits zitiert; siehe zum *rapport* erneut auch Morin: Nancy, S. 39f.

444 Dass öffentliche Räume solche des Exponierens sind, betont auch Schwarte: Philosophie der Architektur, S. 165f.: Es handele sich um »Orte, an denen sich etwas oder jemand ausstellt und dadurch einer unvorhergesehenen Reaktion ausgeliefert ist, es sind Orte, an denen etwas aus dem Rahmen springt, an denen Eigenschaften sich herausstellen, Existenzformen riskiert und Verhaltensweisen ausprobiert werden können«.

Mit-Sein nicht einen Ursprung hat, auf den es zurückgeführt werden könnte, sondern sich »zerstreut [dissémine]« in eine »Pluralität der Ursprünge«, die sich »überall und in jedem Augenblick«[445] ereignen. In dem Stück *You've changed* kommt dies in der Ursprungsvielfalt der Bewegungsanstöße zum Ausdruck: Jede/r Beliebige ist ein Ursprung von Bewegung, die mit-geteilt wird: den anderen Tanzenden, die sie aufgreifen, um sie miteinander zu teilen. Dabei ist jede Körperbewegung eine Originalität: Von den anderen unterschieden, ein neuer Ursprung.[446] Ähnliches ereignet sich auf dem Platz in der Stadt, der als paradigmatischer öffentlicher Raum[447], wie Schwarte schreibt, »Ausdruck« sei einer der Machtarchitektonik entgegengesetzten »unruhigen, kollektiven Architektur, die tendenziell jedem Beliebigen Handlungsfähigkeit zuerkennt«[448] – und damit das Vermögen, so wäre im Sinne Arendts zu ergänzen, seine Singularität, die er mit Anderen teilt, diesen mitzuteilen[449]; vor allem aber: handelnd einen neuen Anfang zu machen[450], an den Andere anknüpfen können. »Handlungen antworten aufeinander«[451]; diese Antworten sind wie die Handlungen selbst nicht vorhersehbar und planbar[452], und so ist auch das aus ihnen geknüpfte »Bezugsgewebe menschlicher Angelegenheiten«[453] niemals starr, sondern verändert sich ständig und setzt die Möglichkeit neuer Handlungen und neuer Antworten frei.[454]

4.6   Gebär(d)en der Demokratie

Leerräume wie die *agora* sind Räume der Öffentlichkeit.[455] Dies macht sie für eine (demokratische) Politik des Miteinander relevant. Der öffentliche Raum hat seine Wurzeln im griechischen *theatron*, das einen Versammlungsort und die Menschenversammlung

---

445   Nancy: singulär plural sein, S. 131 (ESP 107); vgl. De Weerdt: Schwarmdynamik und soziales Miteinander, S. 11.

446   Vgl. De Weerdt: Schwarmdynamik und soziales Miteinander, S. 11. Siehe auch Nancy: singulär plural sein, S. 131, Hv. i. Orig. (ESP 107, Hv. i. Orig.): »Jedes Seiende ist derart von (echtem) Ursprung an, jeder ist ursprünglich (Entspringen des Entspringens selbst) und jeder ist original (unvergleichbar, unableitbar). Alle teilen sich jedoch dieselbe Ursprünglichkeit und dieselbe Originalität: Diese Teilung [partage] selbst *ist* der Ursprung.«

447   Ein »Stadtplatz« sei das »Muster eines öffentlichen Raumes«. (Schwarte: Philosophie der Architektur, S. 346)

448   Ebd., S. 279.

449   Vgl. Arendt: Vita activa, S. 214.

450   Vgl. ebd., S. 215.

451   Schwarte: Philosophie der Architektur, S. 344.

452   Vgl. ebd., S. 345f.

453   Arendt: Vita activa, S. 226.

454   »Architektur ist [...] ein Handeln, das weitere Handlungsmöglichkeiten *freisetzt*. Das *Archein* ergibt sich in einer anarchischen Situation.« (Schwarte: Philosophie der Architektur, S. 345, Hv. i. Orig.)

455   Diese Sichtweise hatte Baecker vorgeschlagen. Den öffentlichen Raum, so Schwarte, zeichne aus, dass er kein geplantes »Produkt sozialer Ingenieurwissenschaft ist«. (Ebd., S. 20) Er entstehe vielmehr »aus einem vielschichtigen, kollektiven Prozess« (ebd.; siehe auch ebd., S. 147), den er selbst dadurch auslöse, dass er »es Menschen ermöglicht, sich zu versammeln, einander wahrzunehmen und zu interagieren«. (Ebd., S. 14)

meinte und im Übrigen eine Bezeichnung für *agorai* war.[456] Folgt man den Ausführungen Platons in den *Nomoi*, ging aus dem (öffentlichen Raum des) *theatron* die Demokratie hervor.[457] »Das Theatron ist der Kreißsaal der Demokratie.«[458] Für Platon ereignete sich der »Unfall«[459] Athens in dem Moment, als die Dichtenden – deren natürliche Begabung ihre Unkenntnis »des den Musen Gebührenden und vom Gesetz Vorgeschriebenen«[460] nicht wettmachen konnte – die tradierten Differenzen zwischen den tonkünstlerischen Gattungen und Darstellungsweisen aufhoben, also nicht mehr den Gesetzmäßigkeiten der musischen Künste gehorchten.[461] Stattdessen folgten sie nurmehr dem »Gesetz der Wirkung«[462] und bemaßen die »Richtigkeit« ihrer Kunst »nach der Lust des dadurch Erfreuten, sei es nun ein Besserer oder ein Schlechterer«.[463] Hatte sich das Publikum bis dahin bei künstlerischen Darbietungen still der Herrschaftsmeinung »der Besseren«[464] unterzuordnen (notfalls wurde das Schweigen »bei den Knaben, ihren Aufsehern und der großen Menge [...] vermittels der Zuchtrute«[465] durchgesetzt), bildete sich nun »eine schlechte Zuschauerherrschaft«[466], die sich erdreistete, nicht mehr ergeben den vorgesetzten Urteilen der Elite, sondern spontan ihrem eigenen Geschmack zu folgen und »lärmend ihr Urteil abzugeben«.[467] Als unheilvoll erwies sich in Platons Augen, dass sich dieses Vermögen, selbst zu urteilen, bei der »große[n] Menge«[468] durchsetzte und sich der Gegenstandsbereich der öffentlichen Urteilsfähig-

456 Vgl. ebd., S. 149. Wichtig sei, so Schwarte ebd., S. 150, ›theatron‹ und also ›Öffentlichkeit‹ abzugrenzen von dem, was den Bürgern und Bürgerinnen gemeinsam sei *(koinon)*. Hölscher: Öffentliche Räume, S. 29, Habermas: Strukturwandel der Öffentlichkeit, S. 56 (dazu der Verweis von Schwarte: Philosophie der Architektur, S. 150), oder Castoriadis: Griechische polis und Schöpfung der Demokratie, S. 47, tun dies gerade nicht.

457 Meine Darstellung der Kritik Platons folgt Ludger Schwarte: Vom Urteilen. Gesetzlosigkeit, Geschmack, Gerechtigkeit. Berlin 2012, S. 44ff.; Schwarte: Philosophie der Architektur, S. 151f.; Rebentisch: Kunst der Freiheit, S. 71ff.

458 Schwarte: Philosophie der Architektur, S. 151.

459 Platon: Nomoi. In: ders.: Sämtliche Werke. Bd. 6. Nomoi. Nach der Übersetzung von Hieronymus Müller (Hg. Otto, Walter F[riedrich]/Grassi, Ernesto/Plambóck, Gert). Reinbek bei Hamburg 1968, S. 81 (699e).

460 Ebd., S. 82 (700d).

461 Vgl. ebd., S. 81 (700a-b); 82 (700d-e).

462 Rebentisch: Kunst der Freiheit, S. 72.

463 Platon: Nomoi, S. 82 (700e).

464 Ebd. (701a).

465 Ebd. (700c).

466 Ebd. (701a).

467 Ebd. (700d). Wie Rebentisch: Kunst der Freiheit, S. 76, festhält, ändert sich damit neben dem Kreis der Urteilenden auch der Urteilsbegriff selbst: »Grundlegender noch als der Umstand, dass die Kompetenz fürs Urteilen in der Theatrokratie auf alle übergeht, ist [...], dass sich in der theatrokratischen Demokratie der Begriff des Urteilens selbst wandelt. Denn das Urteil gründet jetzt nicht mehr in der problematisch theoretizistischen Vorstellung, das Gute sei etwas, das wir uns, jedenfalls die Besten unter uns, im Modus objektiven Wissens aneignen können und von aller individuellen Erfahrung unabhängig gültig. Vielmehr öffnet sich das Urteil über das Gute jetzt auf die Dimension historisch wandelbarer Erfahrung. Was gut ist, kann sich nie anders als in der Praxis als ein solches erweisen, das heißt: im lebendigen Austausch mit den Impulsen, die wir aus einer veränderlichen Welt empfangen.«

468 Platon: Nomoi, S. 81 (699e).

keit ausweitete: Es griff »ein auf alles sich erstreckender Weisheitsdünkel« um sich, dem »Gesetzlosigkeit« und schließlich »Freiheit«[469] folgten. Wie Schwarte resümiert, entsteht die von Platon gefürchtete

> Gesetzlosigkeit der Demokratie [...] aus der Theatrokratie, weil sie die Erfahrung vorexerziert, dass die spontanen Ausdrucksformen und Lüste der Öffentlichkeit der Grund sind, weshalb Regeln erfunden, ausgeführt oder abgeschafft werden. Der Fehler der Demokratie ist aus Platons Sicht folglich, [...] dass eine Zugänglichkeit regiert, in der all diejenigen, die weder Funktionsträger noch auch nur Bürger sind, einen wesentlichen Einfluss auf die Entscheidungen ausüben können, nicht zuletzt durch öffentliche Aufführungen. [...] Die Theatrokratie liefert [...] die politischen Entscheidungen dem Empfinden und der Meinung derjenigen aus, die noch nicht einmal Staatsbürger sind: der bloßen Öffentlichkeit.[470]

Das Zugänglichmachen des öffentlichen Raumes (*theatron*) meint also eine Öffnung des *demos* und die Schöpfung einer Politik, die nicht mehr die Angelegenheit lediglich der Besten, sondern eine Sache aller ist.[471] Im Theater, so könnte man mit Rancière sagen, ereignete sich eine »»Wortergreifung««[472], die, erläutert Hetzel, »für die Erfindung einer Sprache der Anteilslosen [steht], die sich Gehör verschaffen, ohne sich den Regeln eines etablierten Diskurses zu unterwerfen«.[473] Wie Rancière mit Blick auf Aristoteles nachzeichnet, ist die »politische Gemeinschaft« eine »geteilte, auf einem Unrecht gegründet«.[474] Ihr Fundament ist eine »symbolische Verteilung der Körper, die sie unter zwei Kategorien aufteilt«[475]: Während die Herrschenden, mit dem *logos* begabt, »das Nützliche und das Schädliche und so denn auch das Gerechte und das Ungerechte anzuzeigen« in der Lage seien, verfügten die Dienenden über eine »Stimme«, mit der sie tiergleich nur »Schmerz und Lust«[476] äußern könnten. Diese Aufteilung in stimmbegabte versklavte Menschen und sprachbegabte Herrschende[477] ist nicht nur, als was Aristoteles sie ausgibt: eine philosophische Definition, sondern die »eminent politische Geste« einer Grenzziehung »zwischen dem Politischen und dem Nichtpolitischen«.[478]

---

469 Ebd., S. 82 (701a).

470 Schwarte: Philosophie der Architektur, S. 152. Den theatrokratischen Charakter der Volksversammlung unterstreicht, dass hier – ähnlich wie im Theater – »die große Menge [...] Zustimmung durch Geschrei, Ablehnung durch Schweigen aus[drückte]«, so Rhodes: Ekklesia, Sp. 935.

471 »Die Öffentlichkeit enthält immer einen Zug von Allgemeinheit.« (Schwarte: Philosophie der Architektur, S. 153)

472 Rancière: Unvernehmen, S. 48.

473 Hetzel: Sprachräume der Macht, S. 125.

474 Rancière: Unvernehmen, S. 24.

475 Ebd., S. 34.

476 Aristoteles: Politik, S. 4f. (1253a).

477 Vgl. Rancière: Unvernehmen, S. 14f.; 33f.

478 Hetzel: Sprachräume der Macht, S. 121. Mit Arendt: Was ist Autorität, S. 185, Hv. i. Orig., könnte man von einer ›politischen Geste‹ sprechen, die zum Resultat eine Entpolitisierung hat: »Dadurch, daß Aristoteles in der *Politik* versucht, die Kategorie des Herrschens und Beherrschtwerdens in die Angelegenheiten der Polis einzuführen, entpolitisiert er eigentlich die Politik, das heißt: Er überträgt auf das Handeln und Zusammenleben der Polis Maßstäbe, die [...] eigentlich nur für das Handeln und Zusammenleben in der privaten Sphäre des Haushalts gelten.«

Diese Grenze manifestiert sich auch räumlich: Sie bannt Versklavte, Frauen und Kinder in den *oikos*, in die »Gestalt eines inneren Außens«.[479] Den Sphären von Politik und Ökonomie, so Hetzel, entsprechen zwei »Typen von Raum: Die Politik steht für den öffentlichen und offenen Raum der *agora* und der Partizipation, die Ökonomie für den geschlossenen und unsichtbaren Ort innerhalb der vier Wände eines Hauses«.[480]

Diese Raumtypen werden durch »Mauern des Verständnisses«[481] gebildet, die unterscheiden, wessen Laute als Worte zählen und wessen nicht: »Die Extremsituation des Unvernehmens ist jene, bei der X nicht den gemeinsamen Gegenstand sieht, den ihm Y präsentiert, weil er nicht vernimmt, dass die von Y ausgesendeten Töne Wörter bilden und Verknüpfungen von Wörtern, die den seinen ähnlich wären.«[482] Politik reißt die Verständnismauern zwischen X und Y ein. Sie »stellt einen Bruch gegenüber der Ordnung der Polizei her [...], indem sie die Logik der Gleichheit in Anschlag bringt«.[483] Politik, so Rancière, gebe es nur aufgrund einer fundamentalen Gleichheit. Aristoteles' These, natürlicherweise sei zum Beherrschtwerden bestimmt, wer »an der Vernunft nur insoweit teil hat, daß er sie in anderen vernimmt, sie aber nicht selbst hat«[484], übersehe, dass die Ordnung, in der die einen über die anderen herrschen und von der Politik ausschließen, nur auf dem Boden einer Gleichheit möglich ist, die diese Ordnung kontingent setzt.[485]

> Es gibt Ordnung, weil die einen befehlen und die anderen gehorchen. Aber um einem Befehl zu gehorchen, bedarf es mindestens zweier Dinge: man muss den Befehl verstehen, und man muss verstehen, dass man ihm gehorchen muss. Und um das zu tun, muss man bereits dem gleich sein, der einen befehligt. Die ist die Gleichheit, die jede natürliche Ordnung aushöhlt. [...] Die Ungleichheit ist letztlich nur durch die Gleichheit möglich. Es gibt Politik, wenn die als natürlich vorausgesetzte Logik der Herrschaft von dem Effekt dieser Gleichheit durchkreuzt wird.[486]

Die Politik durchbricht die Aufteilung in sprach- und stimmbegabte Wesen und die damit verbundene (polizeiliche) »Ordnung des Sichtbaren und des Sagbaren«.[487] Sie ist »der Konflikt über das Dasein einer gemeinsamen Bühne«, eröffnet dadurch, dass »diejenigen, die kein Recht dazu haben, als sprechende Wesen gezählt zu werden, sich dazuzählen«.[488] Nach der Auffassung Rancières ist Politik (wie schon zitiert) eine »Tätigkeit [...], die einen Körper von dem Ort entfernt, der ihm zugeordnet war oder die

---

479 Hetzel: Sprachräume der Macht, S. 121; vgl. ebd.

480 Ebd., S. 123, Hv. i. Orig.

481 Schwarte: Philosophie der Architektur, S. 290.

482 Rancière: Unvernehmen, S. 11. »Das Unvernehmen betrifft weniger die Argumentation als das Argumentierbare, die An- oder Abwesenheit eines gemeinsamen Gegenstandes zwischen einem X und einem Y. Es betrifft das sinnliche Darstellen dieses Gemeinsamen, die Eigenschaft der Gesprächspartner selbst, es darzustellen.« (Ebd.)

483 Marchart: Politische Differenz, S. 179.

484 Aristoteles: Politik, S. 10 (1254b).

485 Vgl. Marchart: Politische Differenz, S. 179.

486 Rancière: Unvernehmen, S. 29.

487 Ebd., S. 41; vgl. Marchart: Politische Differenz, S. 179; Schwarte: Philosophie der Architektur, S. 291.

488 Rancière: Unvernehmen, S. 38.

die Bestimmung eines Ortes ändert; sie lässt sehen, was keinen Ort hatte gesehen zu werden, lässt eine Rede hören, die nur als Lärm gehört wurde«.[489]

Öffentlicher Raum entsteht für Rancière durch Politik, durch politisches Handeln; wenn etwa »Demonstranten oder Barrikadenkämpfer [...] die städtischen Verkehrswege buchstäblich in ›öffentlichen Raum‹ umwandeln« und so die bisherige »Gestaltung des Sinnlichen«[490] umgestalten. Rancière berücksichtige jedoch nicht, wendet Schwarte ein, die architektonische »Infrastruktur«[491] der fundamentalen Gleichheit, die sich in der Politik inszeniere. Das Ereignis der Politik braucht einen öffentlichen Raum »als diejenige Konfiguration der sinnlichen Welt, in der die Akteure und Objekte dieser Welt überhaupt auftauchen können«; der öffentliche Raum lasse als eine »Praxis der Ausnahme« sehen, »was bislang unmöglich zu sehen war«, und mache »hörbar, was nicht gehört werden konnte«.[492] Demokratische Politik ist undenkbar ohne einen Ort, an dem (wie Platon beklagt) »*jeder Beliebige*« erscheinen und »das Fehlen einer *Arche*, die reine Kontingenz jeder sozialen Ordnung«[493] offenbaren kann. Ein solcher Ort ist die *agora*. Ihre Leere ermöglicht die »Einschreibung eines Anteils der Anteillosen«[494] und entgründet dadurch das Soziale. »Öffentliche Räume sind [...] in soziale, kommunale und politische Räume als Entgrenzungs-Dynamik, als erneutes Anfangen, als wiederholter Entwurfsprozess eingelassen.«[495]

Stellt nicht aber dieser »Zug zum Anarchischen«[496], gibt Harries zu bedenken, eine Art von *wishful thinking* dar, das die Gefahr ausblendet, Freiheit könne zu regelloser Willkür verkommen?[497] Beruhen nicht die »Sympathien mit anarchischem Denken und Handeln« auf einem »fast religiösen Glauben an eine körpergebundene, natürliche Gutartigkeit und Verträglichkeit der Menschen«?[498] Harries' Sorge speist sich aus der Befürchtung, die ethische Funktion der Architektur könne durch die Politisierung der Architektur an Bedeutung verlieren: Offenbare die Architektur die Kontingenz sozialer Ordnung, verlöre sie ihre Orientierungs- und Stabilisierungsfunktion für die Gemeinschaft. Mit dem anarchischen Architekturverständnis scheint unvereinbar, was Harries als das der Architektur Wesentliche gilt: Sie müsse dem Menschen ein Wohnen ermöglichen, indem sie »ihm seinen Platz in einer ihn umfassenden Ordnung zuweist«.[499]

---

489   Ebd., S. 41.

490   Ebd.

491   Schwarte: Philosophie der Architektur, S. 292.

492   Ebd., S. 291f.

493   Rancière: Unvernehmen, S. 28, Hv. i. Orig.

494   Ebd., S. 132.

495   Schwarte: Philosophie der Architektur, S. 166. Agacinski: Volume, S. 46, Hv. i. Orig., weist in diesem Sinne darauf hin, anarchisches Denken sei zugleich ein Denken, das auf Teleologie und Beherrschung verzichte: »[S]i tout art implique un processus téléologique, une logique de la fin, du *télos*, qui est aussi bien mouvement vers l'*archè*, une pensée an-archique serait ici une pensée également a-téléologique et étrangère à la domination autoritaire«.

496   Harries: Aufgabe der Architektur, S. 123, der sich auf Schwartes Architekturphilosophie bezieht.

497   Vgl. ebd., S. 123f.

498   Ebd., S. 124.

499   Harries: Ethische Funktion der Architektur, S. 174. Vor diesem Hintergrund wird Harries' Kritik verständlich, Schwarte vernachlässige »das, was Freiheit zu binden vermag« (Harries: Aufgabe der Architektur, S. 125) – nämlich ein die Einzelnen und ihre Freiheit übersteigendes Ideal: »Mangels

Aus Harries' Bedenken sollte nicht der Schluss gezogen werden, man müsse zu einer ›umfassenden Ordnung‹ und einer wesentlichen Gemeinschaft zurückkehren. Dies würde bedeuten, dass man die Demokratie verkennt, die anarchisch ist, wie wir mit Nancy gesehen haben.[500] Harries erliegt einem Fehlurteil über den (ontologischen) Status der gesellschaftlichen Ordnung. Er hält für Antifundamentalismus und fürchtet, was tatsächlich Postfundamentalismus ist.[501] Nur wenn man annimmt, das anarchische Potential der Architektur vernichtete jedes gesellschaftliche Fundament, taucht das bedrohliche Gespenst einer Willkürherrschaft auf. Um völlige Ordnungslosigkeit aber geht es nicht: Enthüllt die Architektur des öffentlichen Raumes die Anarchie sozialer Ordnung[502], so wird dieser damit nur ein letzter (transzendenter) Grund abgesprochen.[503] Das bannt keineswegs die von Harries ausgemachte Gefahr. Der öffentliche Raum garantiert nicht das Entstehen eines emanzipatorischen Projekts, sondern lässt die Möglichkeit eines Rückfalls in »das Unheil der Zwangsherrschaft«[504] zu. Die Bühne des öffentlichen Raumes kann auch usurpieren, wer diesen Raum mit einem (neuen) Fundament versehen und schließen will.[505]

---

transzendentaler oder traditioneller Verankerung muss die Architektur in der Moderne der Freiheit, den Erfahrungen und Bedeutungszuschreibungen jedes Einzelnen vorläufig sein. Ohne einen überzeitlichen Maßstab sind wir, so fürchtet Harries, den Wechselfällen der leidenschaftlichen Stimmungen ausgeliefert.« (Schwarte: Gründen und Abreißen, S. 35)

500 Vgl. Nancy: Wahrheit der Demokratie, S. 64f. (VD 57).

501 Ich rekurriere hier auf die Unterscheidung von Marchart: Politische Differenz, S. 16f.; 59ff.

502 Siehe in diesem Sinne etwa Schwarte: Philosophie der Architektur, S. 338.

503 Siehe etwa Marchart: Politische Differenz, S. 16. Mit Agacinski: Volume, S. 53, Hv. i. Orig., könnte man hier von einem politischen Denken der Gemeinschaft sprechen: »Penser la communauté politique implique [...] de penser *politiquement* la communauté, la penser comme ne reposant sur *rien d'autre* que son propre partage et, donc, ne pouvant être commandée ni gouvernée par aucun principe la transcendant.«

504 Harries: Aufgabe der Architektur, S. 123. Siehe etwa Schwarte: Philosophie der Architektur, S. 102, der festhält: »Der öffentliche Raum führt nicht zwangsläufig zu dieser oder jener Gestalt des Politischen.«

505 Dies scheint der Preis zu sein, den man, so hatten wir oben mit Laclau und Mouffe gesehen, für die wesentliche »Offenheit des Sozialen« (Laclau/Mouffe: Hegemonie und radikale Demokratie, S. 130) zu zahlen hat.

Dritter Teil

Was tun?

> Die Welt liegt zwischen den Menschen, und
> dies Zwischen [...] ist heute der Gegenstand
> der größten Sorge und der offenbarsten
> Erschütterung in nahezu allen Ländern der
> Erde.[1]

> Nicht das Bestehende, sondern das, was sein
> könnte und sein sollte, braucht uns.[2]

In einem 2001 auf der Veranstaltung *Mutations* gehaltenen Vortrag[3] verdeutlicht Nancy, dass eine ›Sorge‹ um die Welt, wie sie Hannah Arendt 1959 bei der Entgegennahme des Lessing-Preises zu bedenken gab, unverändert berechtigt sei: »Daß die Welt sich zerstört, ist keine Hypothese: es ist gleichsam die Feststellung, von der sich heute jedes Denken der Welt nährt.«[4] Es sehe ganz so aus, »als ob sich die Welt selbst mit einem

1   Arendt: Gedanken zu Lessing, S. 12.
2   Castoriadis: Getan und zu tun, S. 256.
3   Abgedruckt als *Urbi et Orbi* in Nancys *Die Erschaffung der Welt oder Die Globalisierung*.
4   Nancy: Erschaffung der Welt, S. 16 (CMM 17). Arendts Sorge erwächst aus einer Privatisierungs-
    tendenz: Überzeugt davon, die Politik habe ihren Sinn nicht mehr in der Freiheit, sondern lasse
    sich nur als »Freiheit von Politik« (Arendt: Gedanken zu Lessing, S. 12; siehe auch Arendt: Freiheit
    und Politik, S. 201f.) verwirklichen, entfernten sich immer mehr Menschen »von der Welt und den
    Verpflichtungen in ihr«. (Arendt: Gedanken zu Lessing, S. 12) Dieser Rückzug sei zum einen als
    Reaktion auf »die Erfahrung mit den totalitären Staatsformen, in denen ja angeblich das Gesamt-
    leben der Menschen eben total politisiert worden ist« (Arendt: Was ist Politik, S. 29), zu verstehen.
    Zum anderen halte man Politik für bedrohlich: Sie könne mit Atomwaffen »die Fortexistenz der
    Menschheit und vielleicht allen organischen Lebens auf der Erde« vernichten, und dies lasse auf
    ein Ende der Politik hoffen, ehe »alle an der Politik zugrunde gegangen sind«. (Ebd.) Die atomare
    Bedrohung lasse Politik sinnlos erscheinen: »Denn hier bedroht das Politische [...] dasjenige, um
    dessentwillen es in der Meinung der Neuzeit überhaupt seine Existenzberechtigung hat, nämlich
    die schiere Lebensmöglichkeit, und zwar der gesamten Menschheit. Wenn es wahr ist, daß Poli-
    tik nichts weiter ist als etwas, das leider für die Lebenserhaltung der Menschheit notwendig ist,
    dann hat sie in der Tat angefangen, sich aus der Welt zu schaffen, beziehungsweise ihr Sinn ist in
    Sinnlosigkeit umgeschlagen.« (Ebd., S. 30f.)

Todestrieb bearbeiten und durchdringen würde, der bald nichts anderes mehr zu zer-stören hätte als die Welt selbst«.[5] Für Nancy und Arendt ereignet sich die Welt »zwi-schen den Menschen«.[6] Sie ist kein alles um- und einschließender Container[7], sondern die Stätte, wo die Mit-Teilung, die Relation der pluralen Singularitäten vor sich geht – mehr noch: ›Welt‹ ist diese Mit-Teilung, sie ist singulär plural sein, Ko-Existenz.[8]

Bedroht sieht Nancy die Welt durch das, was im Französischen ›mondialisation‹, im Englischen ›globalization‹ heißt. Nancy umreißt die Bedeutung beider Begriffe fol-gendermaßen:

> [T]wo terms to designate the phenomenon that understands itself or seeks to be understood as a unification or as a common assumption of the totality of the parts of the worlds in a general network (if not a system) of communication, commercial exchange, juridical or political reference points (if not values), and finally of practices, forms, and procedures of all kinds linked to many aspects of ordinary existence.[9]

Trotz ihrer inhaltlichen Nähe ist für Nancy die Wertigkeit der Begriffe nicht identisch.[10] ›Mondialisation‹ bewahre noch »the horizon of a ›world‹ as a space of possible meaning for the whole of human relations«[11], während ›globalization‹ die Vorstellung »of a total-ity as a whole, in an indistinct integrality«[12] heraufbeschwöre. Im Unterschied zu ›mon-dialisation‹ stellt ›globalization‹ keine Weltschöpfung vor Augen, sondern eine »Wuche-rung des Widerweltlichen [l'immonde]«[13], eine total(itär)e Unifizierung der Welt durch die Ausbreitung des kapitalistischen Prinzips der allgemeinen Äquivalenz. Dieses tilgt die Ungleichwertigkeit der einzigartigen Singularitäten, da es alles am gleichen Wert des Geldes bemisst.[14] Zudem führt die allgemeine Äquivalenz zu einer weltbedrohen-

---

5   Nancy: Erschaffung der Welt, S. 16 (CMM 16).

6   Arendt: Gedanken zu Lessing, S. 12. Wie Marchart: Neu beginnen, S. 82f., ausführt, unterscheidet Arendt die dauerhafte Welt der (hergestellten) Dinge von der durch das Handeln erzeugten Welt der Öffentlichkeit. Beide Welten stiften ein Gemeinsames und halten auf Abstand: »Der öffentli-che Raum wie die uns gemeinsame Welt versammelt Menschen und verhindert gleichzeitig, daß sie gleichsam über- und ineinanderfallen.« (Arendt: Vita activa, S. 66)

7   Vgl. Morin: Nancy, S. 44 (zu ›Welt‹ bei Nancy ebd., S. 43ff.); Raffoul/Pettigrew: Translators' intro-duction, S. 7.

8   Vgl. Hiddleston: World, S. 236f.; Conley: Nancy's worlds, S. 89, und siehe etwa Nancy: singulär plu-ral sein, S. 29f. (ESP 27): »[W]ir wissen, daß die Welt keinen anderen Ursprung hat als diese singu-läre Vielheit von Ursprüngen. Die Welt entspringt immer und jedes Mal in einer exklusiven lokal-augenblicklichen Wendung. Ihre Einheit, Einzigkeit und Totalität besteht in der Kombinatorik die-ser vernetzten Vielheit ohne Resultante.«

9   Nancy: Note on the untranslatable mondialisation, S. 27.

10 Vgl. die auch für das Folgende in diesem Absatz herangezogene Darstellung von Raffoul/Pettigrew: Translators' introduction, S. 1f., sowie Hiddleston: Globalisation, S. 101f., und Smith: Struggle between infinities, S. 272f.

11 Nancy: Note on the untranslatable mondialisation, S. 28.

12 Ebd., S. 27. In überraschender Nähe zu Nancy schlägt Marchart: Neu beginnen, S. 168, Hv. i. Orig., ebenfalls vor, es müsste »im Interesse der Welt [...] ›Globalisierung‹ offensiv neu-gedacht werden als *Mundialisierung*«.

13 Nancy: Erschaffung der Welt, S. 15 (CMM 16).

14 Vgl. Nancy: Wahrheit der Demokratie, S. 51ff. (VD 44ff.); Martinon: Im-mundus, S. 224.

den Verquickung technischer, ökonomischer, politischer und ökologischer Sphären.[15] Die Globalisierung, resümiert Martinon, »leads us to the unworld, that is, to what is *not* a world«.[16]

Nancy führt die dräuende Vernichtung der Welt auf eine Art Wahl zurück: »An einem bestimmten Punkt [...] haben sich die westlichen Zivilisationen für Endlosigkeit [le sans-fin] entschieden. Dies war der Punkt, an dem Unendlichkeit [l'infini] als das in jeder Existenz absolut Gegebene sich in Unendlichkeit als ein endloser Prozess in Richtung Akkumulation veränderte.«[17] Für die Frage nach einem möglichen Widerstand gegen die Folgen dieser Wahl ist wichtig, dass es kein Subjekt des Entscheidens und keine expliziten Entscheidungsabläufe gab.[18] Mit Castoriadis könnte man die Wahl als das Ergebnis des »Strömen[s] des anonymen Kollektivs«[19], des ›gesellschaftlichen Imaginären‹ verstehen; Laclau und Mouffe würden von Hegemonie sprechen. Nancy setzt den Begriff der Mutation ein. Die deutsche Übersetzung von Nancys *Que faire?* gibt ›mutation‹ in der Regel mit ›Wandel‹ wieder.[20] Dies trifft die Bedeutung des Ausdrucks nicht genau: ›Wandel‹ verdeckt die quasi-biologische Anmutung von ›mutation‹ ebenso wie die überraschende Ereignishaftigkeit einer Mutation. Der Begriff der Mutation soll bei Nancy, darin dem castoriadisschen ›gesellschaftlichen Imaginären‹ ähnelnd, die Geschichtlichkeit der Gesellschaft einfangen, die Schöpfung neuer gesellschaftlicher Bedeutungen. Für Nancy ist die Geschichte des Abendlandes – die des Menschen allgemein – eine Serie von Mutationen[21], was heißt, dass die Geschichte »nicht mehr der Logik der Verkettung und Folge untersteht, sondern der Logik des Bruchs«.[22] Eine Mutation sei kein Prozess, keine Transformation oder Metamorphose, sondern eine unvorhersehbare, unableitbare, eine radikale Veränderung.[23] Als Beispiele nennt Nancy die Erfindung von Philosophie und Politik, die Geburt des Christentums, die Entstehung des Kapitalismus. Dieser wurde als die endlose Unendlichkeit der allgemeinen

---

15 Vgl. Nancy: Äquivalenz der Katastrophen, S. 47ff. (EC 54ff.).

16 Martinon: Im-mundus, S. 226, Hv. i. Orig. Wie Raffoul/Pettigrew: Translators' introduction, S. 2, betonen, ist es gerade das wuchernde ›Widerweltliche‹, das zu einem Denken von ›Welt‹ aufruft: »Globalization destroys the world and thus makes possible the emergence of the question relating to its being.« In ähnlicher Weise ermöglichte das Verschwinden des Politischen im totalitären ›Alles ist politisch‹ das erneute Fragen nach dem Wesen des Politischen.

17 Nancy: Kommunismus, S. 188 (CM 211f.).

18 Nancy: Äquivalenz der Katastrophen, S. 12 (EC 18), macht klar, dass die kapitalistische »Grundorientierung [...] ohne einen Beschluss, ohne Diskussion [...] getroffen wurde«.

19 Castoriadis: Gesellschaft als imaginäre Institution, S. 603.

20 Siehe etwa Nancy: Was tun, S. 13 (QF 16).

21 Der Mensch entstand durch Mutationen, auch die Frühgeschichte des Homo sapiens ist eine Mutationsgeschichte. (Vgl. Nancy: Phraser la mutation, Abs. 2; Nancy: Politik und darüber hinaus, S. 221f. [PED 22f.]) Ebenso gelte, »que l'histoire de la civilisation méditerranéenne-occidentale a été le fait d'une série de mutations. Nous sommes beaucoup trop habitués à y voir un processus continu, évolutif et progressif«. (Nancy: Phraser la mutation, Abs. 2)

22 Nancy: Angst vor Gemeinschaft, S. 87.

23 Vgl. Nancy: Phraser la mutation, Abs. 2.

Äquivalenz[24] in die Welt gesetzt, als Austauschbarkeit von Dingen, Bedeutungen und Menschen, die Gemeinschaft und Welt deshalb vernichtet, weil beide Unterschiedlichkeit voraussetzen. Der Äquivalenz steht die Unendlichkeit dessen entgegen, was unbewertbar ist, da es mehr ist, als es ist, immer in sich außer sich ist – und so Welt und Gemeinschaft bildet. Zwischen diesen Formen der Unendlichkeit, »zwischen Auspressung [extorsion] und Exposition«[25], gelte es (im Doppelsinn: für uns) zu wählen.[26]

Weltpolitik?

Inwiefern ist der Einsatz gegen die kapitalistische ›Auspressung‹ und für das Weltwerden der Welt ein politischer »Kampf«?[27] Erklärt Nancy nicht mit dem Konzept der Mutation politisches Handeln für irrelevant? In Anknüpfung an Arendt ließe sich sagen: Wer Veränderungen als Mutationen begreift, der vergisst, »daß der Geschichtsprozeß aus menschlichen Initiativen entstanden ist und durch neue Initiativen dauernd durchbrochen wird«.[28] Um die Dimension der (politischen) Praxis einzuholen, müsste man den Begriff der Mutation durch den des Wunders ersetzen: Der Mensch tut Wunder, weil er, als Handelnder, zum Neu- und Andersmachen begabt ist.[29] Wie für die Mutation gilt für das Wunder, dass »es sich unerwartet, unberechenbar und letztlich kausal unerklärbar [...] in den Zusammenhang berechenbarer Verläufe hineinereignet«[30]; es bewahrt aber, anders als die Mutation, den Bezug des Ereignisses des Neuen zum Handeln.[31]

In *Que faire?* unterstreicht Nancy, man müsse sich von der Idee einer Politik verabschieden, die er in *Vérité de la démocratie* »Politik als Bewerkstelligung [politique comme mise en œuvre]«[32] genannt hatte, und die nun als »›Aktionismus‹« oder »›Aktivismus‹«[33] firmiert. Der ›Aktionismus‹ nehme ein Ziel für gegeben an und suche nur nach den zur Zielerreichung einzusetzenden Mitteln.[34] Wichtiger als zu fragen, was zu tun sei, sei die Frage, was Tun sei.[35] »L'essentiel est pour moi de suggérer qu'il importe aujourd'hui de sortir de la disposition que caractérise le mot ›activisme‹«.[36] Anders als

---

24   »Der Kapitalismus ist Endlosigkeit statt Unendlichkeit [infini] oder Unendlichkeit [infinité] als die endlose [interminable] Produktion von *Kapital* selbst.« (Nancy: Kommunismus, S. 188, Hv. i. Orig. [CM 211, Hv. i. Orig.])

25   Nancy: Erschaffung der Welt, S. 51 (CMM 60).

26   Siehe hierzu ausführlich die Darstellung von Jason E. Smith in ›*A Struggle between Two Infinities*‹: *Jean-Luc Nancy on Marx's Revolution and Ours*.

27   Nancy: Erschaffung der Welt, S. 51 (CMM 59).

28   Arendt: Was ist Politik, S. 33.

29   Handeln- und Neuanfangenkönnen gründen in der menschlichen Natalität; vgl. Marchart: Neu beginnen, S. 43. »Handeln wird gleichsam zur *zweiten* Geburt und damit zu einem Sekundärwunder, das nun in *unseren eigenen Händen* liegt.« (Ebd., Hv. i. Orig.)

30   Arendt: Was ist Politik, S. 32; siehe auch Arendt: Vita activa, S. 216f.

31   »Wunder [...] bestehen aus *nichts anderem als unseren eigenen Handlungen*.« (Marchart: Neu beginnen, S. 68, Hv. i. Orig.)

32   Nancy: Wahrheit der Demokratie, S. 40 (VD 34).

33   Nancy: Was tun, S. 66 (QF 78).

34   Vgl. ebd., S. 57ff. (QF 68ff.).

35   Vgl. ebd., S. 63 (QF 74f.).

36   Nancy: Guetter dans la nuit, Abs. 4.

in den Theorien kollektiver Intentionalität und in Anlehnung etwa an Arendt[37] geht es bei Nancy um ein Tun, das nicht auf ein mit bestimmten Mitteln herzustellendes Objekt (Gegenstand oder Aktion) zielt.[38] Er möchte ein Tun ohne Was stark machen, ein nicht-produktives, nicht-planmäßiges Tun, ein »nicht-transitive[s] *Tun*, das in seinem Tun eher sich schafft, als dass es etwas schafft«.[39] Das meint für Nancy so wenig wie für Arendt, dass das Handeln leerlaufen soll. Für beide gilt, was Marchart über den arendtschen »Selbstzweckcharakter des Handelns« schreibt: »Es bedeutet, daß es dem Handeln im Handeln um seine eigenen *Bedingungen* gehen muß, also um die Gründung und Aufrechterhaltung eines öffentlichen Raums.«[40] Dies meine, »[d]ie Welt selbst zum ›Gegenstand‹ des politischen Handelns zu erklären«.[41] Im Handeln steht das Handeln selbst auf dem Spiel, die Möglichkeit, einen neuen Anfang setzen zu können. »[W]orum es im politischen Handeln immer [...] gehen muß, sind die *Bedingungen, unter denen Handeln als solches möglich oder unmöglich wird*«.[42] Zu diesen Bedingungen wäre das Mit-Sein zu zählen.

Im Sinne eines ›nicht-transitiven Tuns‹ deutet Nancy beispielsweise den Mai 68 als eine (politische) »Suspension der Politik«[43]: Das Ziel sei es gewesen, »die Ziele selbst (der ›Mensch‹ oder der ›Humanismus‹, die ›Gemeinschaft‹ oder der ›Kommunismus‹, der ›Sinn‹ oder die ›Verwirklichung‹) einer prinzipiellen Überschreitung auszusetzen, dem, was eine Voraussicht nicht erschöpfen kann«.[44] Es ging um den Abschied von einer »bewerkstelligenden Politik«[45], mithin um eine tatsächlich handelnde, nicht nur aktionistisch-produzierende Politik. Der Mai 68 trug damit zu dem Engagement gegen die (globale) kapitalistische Äquivalenz bei.[46] Dieser Einsatz impliziert vor allem »eine *Umwertung*«[47]: Man müsse Gleichwertigkeit durch Ungleichwertigkeit ersetzen und zu denken beginnen, »dass alle unvergleichlich, absolut und unendlich wert sind«.[48]

Der ›Kampf‹ des Denkens um eine Wertumwertung, meint Nancy, hat aus diesem Grund mit einer Praxis »der Achtsamkeit und der Sensibilität«[49] einherzugehen, die (auf) »das Besondere und die besondere Weise, in der es vergegenwärtigt wird«[50], achtet. (In *L'oubli de la philosophie*, so hatten wir erwähnt, weist Nancy in ganz ähnlicher Weise auf eine »Passivität« hin, die nicht als »Gegensatz zur Aktivität« zu verstehen sei, sondern deren Aufgabe darin liege, »den Sinn zu gewärtigen«, sich denkend »auf das

---

37 Siehe etwa Nancy: Was tun, S. 65f. (QF 77f.).
38 Vgl. ebd., S. 63 (QF 74f.); 64f. (QF 76f.).
39 Ebd., S. 65, Hv. i. Orig. (QF 77, Hv. i. Orig.); vgl. Nancy: Guetter dans la nuit, Abs. 2f.
40 Marchart: Neu beginnen, S. 93, Hv. i. Orig.
41 Ebd.
42 Ebd., S. 94, Hv. i. Orig. Auch für Marchart – ähnlich wie für Nancy – ist es die kapitalistische Globalisierung, die politisches Handeln und damit Neuanfänge verhindert; vgl. ebd., S. 94f.
43 Nancy: Demokratie und Gemeinschaft, S. 45.
44 Nancy: Wahrheit der Demokratie, S. 28 (VD 24).
45 Ebd., S. 59 (VD 52); siehe auch ebd., S. 14 (VD 9f.).
46 Er habe sich »gegen den Kapitalismus an sich« (ebd., S. 14 [VD 10]) gerichtet.
47 Nancy: Erschaffung der Welt, S. 44, Hv. i. Orig. (CMM 51, Hv. i. Orig.).
48 Nancy: Wahrheit der Demokratie, S. 53 (VD 47); vgl. ebd., S. 52f. (VD 45ff.); siehe Martinon: Immundus, S. 228f.
49 Nancy: Angst vor Gemeinschaft, S. 88.
50 Nancy: Äquivalenz der Katastrophen, S. 57 (EC 66).

Ereignis des Sinns einzustellen, mit ihm zu rechnen«.[51]) Nancy möchte die »Achtsamkeit [attention]«[52] als eine »Achtung [estime]«[53] verstanden wissen, als »Bewunderung [adoration] [...], die dem Besonderen [singularité] als solchem zugewandt ist«[54], dem jedes Mal unvergleichlich Besonderen. Dieses Besondere zu achten, das heiße nicht, führt Nancy aus, es wertzuschätzen und damit erneut dem Äquivalenzparadigma zu unterwerfen.[55] »Die Achtung geht letztlich über sich hinaus und richtet sich auf etwas Unschätzbares – ein Begriff, der etwas Wertvolleres bezeichnet als jeden Wert, etwas, dessen Preis nicht zu berechnen ist, der auf schier unvorstellbare Weise jede mögliche Berechnung übersteigt.«[56]

Auch wenn es kein zielbewusstes Was des (politischen) Tuns geben sollte, führt die Abkehr vom ›Aktionismus‹ nicht zu einer passiven, lediglich abwartenden Haltung. Zwar lässt sich der Wandel nicht ins Werk setzen; aber umso achtsamer gilt es, das Werk der Mutation wahrzunehmen, zu erfassen, zu beobachten: »Il faut [...] aujourd'hui savoir guetter et discerner de nouvelles possibilités, peut-être tout autres«.[57] Das radikal Neue sei längst im Kommen begriffen, eine Mutation ereigne sich, ohne dass man über ihre Gestalt bereits etwas sagen könne:

> Es gilt [Il s'agit] [...] zu verstehen, bis zu welchem Punkt etwas getan wird: welcher grundlegende Wandel [mutation profonde], welche entscheidende Metamorphose der Geschichte der Welt oder der Welten (der kosmischen, poetischen, praxischen, theoretischen, geistigen Pluriversa) im Gang ist. Oder vielmehr nicht einmal »welcher« Wandel – denn er ist noch im Gang und wird erst in bestenfalls zwei bis drei Jahrhunderten ein wenig verständlich sein. Aber zumindest, *dass es einen Wandel gibt.*[58]

Nancy betont die Notwendigkeit eines Denkens, das ausspäht nach der »Gegenwart [...] eines Kommens«[59] einer anderen, ›umgewerteten‹ Zivilisation. Dieses Denken räumt (in) der Gegenwart eine Zukunft ein, die nicht durch klugen Mitteleinsatz zu verwirklichen ist. Die Gegenwartsbetrachtung ist eine Gegenwartsachtung, die eine zukünftige Gegenwart schon sein lässt.[60]

---

51   Nancy: Vergessen der Philosophie, S. 111 (OP 105).

52   Nancy: Äquivalenz der Katastrophen, S. 56 (EC 65).

53   Ebd., S. 57 (EC 66).

54   Ebd., S. 56 (EC 66).

55   Vgl. ebd., S. 57 (EC 66).

56   Ebd. (EC 66f.). In diesem Kontext ist an den Begriff der Neugier zu erinnern: Auch sie ist, wie in Abschnitt I.3.2 im Unterabschnitt *Quodli(e)betalität oder Neugier auf uns* gezeigt, mit dem Auftauchen von Singularitäten verknüpft.

57   Nancy: Guetter dans la nuit, Abs. 17.

58   Nancy: Was tun, S. 13, Hv. i. Orig. (QF 16, Hv. i. Orig.).

59   Nancy: Äquivalenz der Katastrophen, S. 55 (EC 64).

60   Nancy sieht dieses Seinlassen vernachlässigt: »Keine Kultur hat so sehr wie unsere moderne Kultur in der unablässigen Anhäufung von Archiven und Zukunftsvisionen gelebt. Keine hat Vergangenes und Zukünftiges so sehr vergegenwärtigt, dass sich Gegenwart selbst nicht mehr zu ereignen vermag.« (Ebd., S. 57f. [EC 67])

Die Frage der politischen Praxis

Hat die Achtsamkeitspraxis, die sich wie die satirisch überspitzte Darstellung einer völligen Politikferne ausnimmt (als Beispiele für die Achtsamkeit wählt Nancy »die Betrachtung [contemplation] der Kirschblüte [...] oder [...] den Blick auf das Funkeln eines kostbaren Steins«[61]), eine politische Dimension? Nancy ist davon überzeugt: Die Forderung, das Besondere zu achten, ist für ihn das Gebot einer Achtung »der Gleichheit der Unvergleichbaren [...], die weder Individuen noch soziale Gruppen sind, sondern Auftauchende, Kommende und Gehende, Stimmen, Töne – hier und jetzt, Mal für Mal«.[62] Diese ›Gleichheit der Unvergleichbaren‹ nennt Nancy einen »Kommunismus der Ungleichwertigkeit [inéquivalence]«.[63] Erst von ihm aus lasse sich die Demokratie (neu) denken.[64] Gegen das totalitäre ›Alles ist politisch‹ unterstreicht Nancy auf diese Weise abermals, Politik falle nicht in eins mit dem Sinn des Zusammenseins in der Polis.[65]

Gibt jedoch Nancys Idee demokratischer Politik als »a site of detotalization«[66] auch einen Wink für eine politische Praxis? Wir hatten diesbezüglich Zweifel angemeldet.[67] Über den nancyschen Vorschlag für eine gegen die Globalisierung gerichtete Weltschöpfung urteilt kritisch auch Jean-Paul Martinon: »Obviously, the main problem with this vision is that, however much it flirts with communism in its attempt to derail the stubborn logic of equivalence itself [...], it does not put forward a conventional political plan of action.«[68] Nancy verkennt keineswegs die Dringlichkeit, für die ›Erschaffung der Welt‹ (politisch) handelnd eintreten, gar kämpfen zu müssen. Zwar kommt es ihm insbesondere auf eine Praxis des Denkens an, die schon ein Handeln sei.[69] »Die Bejahung des unvergleichlichen Wertes«[70], den alle gemeinsam haben, ist nach Ansicht Nancys »das Einzige [...], was mehr als einen Protest und mehr als eine Revolte anbahnen kann: das Herausreißen des Sockels der allgemeinen Äquivalenz selbst und die Infragestellung ihrer falschen Unendlichkeit«.[71] Die Praxis des Denkens – das Denken als Praxis – könne aber nicht umhin, fügt er hinzu, sich »auch in unmittelbaren politischen, ökonomischen, symbolischen Akten aufs Spiel zu setzen«.[72] Notwendig für

---

61 Ebd., S. 56 (EC 65).
62 Ebd., S. 59 (EC 69).
63 Ebd.
64 Vgl. ebd., und siehe auch Nancy: Wahrheit der Demokratie, S. 63 (VD 55), mit der These vom »»Kommunismus«« als »Wahrheit der Demokratie«, sowie Nancy: Endliche und unendliche Demokratie, S. 89, Hv. i. Orig. (DFI 87, Hv. i. Orig.): »*Kommunismus* [ist] der wahre Name, den die Demokratie begehrt«.
65 Vgl. Nancy: Politique et/ou politique, S. 314f.; Nancy: Was tun, S. 25 (QF 31); Jean-Luc Nancy: Politique tout court et très au-delà. Entretien avec Jean-Luc Nancy. Propos recueillis par Ginette Michaud. In: Spirale 239 (2012), S. 33-36, 35.
66 Nancy in Nancy/Esposito: Dialogue on the philosophy to come, S. 79.
67 Siehe hierzu vor allem Abschnitt I.4.
68 Martinon: Im-mundus, S. 234.
69 Vgl. Nancy: Wahrheit der Demokratie, S. 65 (VD 58).
70 Ebd., S. 54 (VD 47).
71 Ebd., S. 65 (VD 58).
72 Nancy: Erschaffung der Welt, S. 52 (CMM 61).

eine Welterschaffung sei nicht nur ein umstürzlerisches Denken, sondern zudem ein Kampf, bei dem man »nach Macht strebt, Kräfte sammelt«.[73]

Indes wird nicht ersichtlich, wie dies geschehen könnte. Der Hinweis, die Sammlung von Kräften sei unerlässlich, verweist nur darauf, dass der Kampf sich nicht zwischen bereits gegebenen politischen (Kollektiv-)Subjekten abspielt. Die Globalisierung scheint im Gegenteil eine »Zerbröckelung [émiettement]«[74] gerade der Kräfte mit sich zu bringen, die gemeinsam gegen die Globalisierung und für eine Weltschöpfung kämpfen könnten.[75] Ein solches Stieben charakterisiert Nancy zufolge auch die Multitude, deren Konzept zu Beginn der 2000er Jahre durch Antonio Negri und Michael Hardt zu Popularität gelangte.[76] Grundsätzlich muss die Multitude Nancy zwar sympathisch sein, widersetzt sie sich doch der Idee von der Gemeinschaft als »unified One«.[77] Sie drücke eine »réserve vis-à-vis d'une idée de peuple relevant de l'identité close«[78] aus. Aus drei Gründen verwirft Nancy das Konzept der Multitude dennoch als untauglich:

> D'abord le mouvement altermondialiste porte les revendications d'un certain nombre de minorités s'identifiant comme autant des communautés, sinon de peuples, alors que la notion de multitudes disperse tout en singularités. Ensuite, on peut se demander si cette dispersion dans les multitudes n'est pas un effet direct de l'extension de cette mondialisation sauvage du capitalisme auquel le mouvement altermondialiste s'oppose. Enfin, je perçois une grande ambiguïté dans ce mot: il multiplie les individus, ou les petits groupes, mais non pas au sens de l'accroissement, d'une force par exemple, et laisse entendre une sorte d'errance.[79]

Als Alternative schlägt Nancy mit ›Volk‹ einen Begriff vor, der sich wie ein Fremdwort in seinem Vokabular ausnimmt, da er, folgt man Paolo Virno, in aller Regel auf eine

---

73   Ebd., S. 55 (CMM 63f.). Das Machtstreben bedeute nicht, »die Ausübung der Macht« (ebd. [CMM 64]) anzuzielen.

74   Nancy: Herausgeforderte Gemeinschaft, S. 21 (CA 30).

75   Vgl. Martinon: Im-mundus, S. 225.

76   Ich übernehme in den Ausführungen zu ›Multitude‹ und ›Volk‹ Passagen aus Herzhoff: Nancy und Schmitt, S. 108f. Siehe allgemein zur Kategorie des Gemeinsamen bei Antonio Negri und Nancy die schon angeführte Arbeit von Helen Morgan Parmett: *Community/Common: Jean-Luc Nancy and Antonio Negri on Collective Potentialities*.

77   Morgan Parmett: Community/Common, S. 175: »Jean-Luc Nancy and Antonio Negri both offer a conception of the common that serves as a critique of and alternative to how community instrumentalizes collectivity and collective action into a unified One.« Zum Folgenden siehe auch ebd., S. 184f., sowie Martinon: Im-mundus, S. 225.

78   Nancy: Un peuple ou des multitudes, S. 12. Negris und Hardts nicht-identitäres Verständnis der Multitude betont auch Spitta: Gemeinschaft jenseits von Identität, S. 303f.

79   Nancy: Un peuple ou des multitudes, S. 12.

identitäre Einheit verweist.[80] Die Demokratie, so Nancy, sei jedoch ohne Rekurs auf den Begriff ›Volk‹ undenkbar:

> [L]e nom de »démocratie« vaut *au moins*, ou bien désigne, cela même: l'exigence absolue de maintenir ouverts l'attente, la question, l'appel que contient ce mot de »peuple«. Si nous oublions »peuple«, nous oublions »démocratie«: c'est ce que je déclare [...] à ceux qui veulent, pour des raisons par ailleurs compréhensibles, abandonner la référence au peuple en la remplaçant par l'invention des »multitudes« ou par celle des »gens«.[81]

In den Unterabschnitten *Selbstgenügsame Politik* und *Politik des Verknotens* wurde deutlich: Nancy versteht ›Volk‹ nicht substantiell.[82] In *Le chant du départ* möchte er dem Volk seine gegebene Identität entziehen, ohne es ganz verschwinden zu lassen: Der Titel des Vortrags – ein »titre sans paroles«, denn statt mit Worten überschreibt Nancy den Text mit der in Notenschrift festgehaltenen Melodie zu der Textzeile »le peuple souverain s'avance‹« – stelle die »question de voix chantante plutôt que de voix signifiante«.[83] Im Fokus steht nicht die festlegende Bedeutung des Volkes, sondern die Frage, wie es sich zu Gehör bringen, sich aussagen kann, ohne dass es ausgesagt, ohne dass ihm eine Identität zu- und so seine Souveränität abgesprochen wird.[84]

›Volk‹ ist für Nancy ohne Wesen oder Identität.[85] Es ist weder (in den Worten Agambens) »die Gesamtheit der Bürger als politischer Einheitskörper«[86], noch hat es (wie Alain Brossat formuliert) die Bedeutung eines »legitimierten«, in Gewerkschaften und Parteien organisierten und von diesen vertretenen Volkes, dem man die Fähigkeit zugestehe, in der Geschichte (s)eine Spur zu hinterlassen, sich als einheitliches politisches

---

80   Mit Bezug auf Hobbes führt Virno: Grammatik der Multitude, S.10, aus: »Wo das Volk ist, gibt es keine Menge oder Multitude; wo hingegen die Multitude ist, gibt es kein Volk.« Für Hobbes gehöre die Multitude, die »Seinsweise der *Vielen*« (ebd., S. 9, Hv. i. Orig.), zu dem mit der Einrichtung des Staates und des einheitlichen Volkes überwundenen Naturzustand; zugleich verkörpere sie die ständig drohende Gefahr eines Rückfalls in diesen Zustand und der Zerstörung des *corps politique*. (Vgl. ebd., S. 9f.) »Das Volk ist das Resultat einer zentripetalen Bewegung, die von den atomisierten Individuen ausgeht und zur Einheit des ›politischen Körpers‹, zur Souveränität führt. Das Eine ist das Endergebnis der zentripetalen Bewegung. Die Multitude hingegen ist das Resultat einer zentrifugalen Bewegung: vom Einen zu den Vielen.« (Ebd., S. 33) Nach Virnos Verständnis bestimmt die Multitude das Eine neu: Es »ist nicht länger ein Versprechen, es ist Voraussetzung. Die Einheit ist [...] etwas, das wir als vorgängig ansehen können, als Hintergrund, als Bedingung.« (Ebd., S. 13) Bei dieser hintergründigen Einheit handele es sich um das, was Virno mit Marx als *general intellect* bezeichnet: »Die Einheit, von der die Multitude ihren Ausgang nimmt, konstituieren die ›Gemeinplätze‹ des Verstandes, die sprachlich kognitiven Anlagen der Spezies, der *general intellect*. [...] Das Eine der Multitude ist also nicht das Eine des ›Volkes‹. Die Multitude geht nicht in einer *volonté générale* auf, aus einem einfachen Grund: weil sie schon über einen *general intellect* verfügt.« (Ebd., S. 33, Hv. i. Orig.) Siehe zum Begriff des *general intellect* auch ebd., S. 26, sowie vor allem S. 62ff.

81   Nancy: Le chant du départ, S. 342, Hv. i. Orig.

82   Siehe Abschnitt I.3.3.3 dieser Arbeit, zudem Herzhoff: Nancy und Schmitt, S.107ff.

83   Nancy: Le chant du départ, S. 341.

84   Vgl. ebd., S. 347f.

85   »[L]e peuple [...] est le sens d'une existence qu'aucune essence ne résorbe«. (Ebd., S. 342) Bedorf: Ort der Ethik, S. 81, spricht mit Blick auf das Volk bei Nancy von einer »Polemik gegen die Identität«.

86   Agamben: Homo sacer, S. 186.

Subjekt »in einen politischen Raum ein[zu]schreiben«.[87] Bei Nancy meint ›Volk‹, was Brossat (mit Foucault) ›Plebs‹ nennt[88], und was Agamben als die »fragmentarische Vielfältigkeit von bedürftigen und ausgeschlossenen Körpern«[89] bezeichnet. Ein Volk, so Nancy, sei »populace«, sei »plèbe«.[90] Das Wort ›Volk‹ bezeichne die Ausgeschlossenen, Geknechteten und Ausgebeuteten, deren Identität durch ihre Opposition zu den Macht- und Gewalthabenden geformt werde.[91] (Laclau und Mouffe würden sagen: äquivalent gemacht wird.) Ihnen gegenüber fordere das Volk, wie z.B. im sogenannten Arabischen Frühling die Völker Tunesiens und Ägyptens, das Recht auf eine würdige Existenz ein.[92]

Unabdingbar für eine Politik des Miteinander, so wäre im Anschluss an Nancys Kritik der Multitude zu betonen, ist ein Begriff des Kollektiven (›Wir‹), der anderes meint als eine zerstreute Vielheit, ohne dieses Andere in einer vorausliegenden Identität zu fixieren.[93] Das politische Wir, um das es sich handelt, und das als Wir politisch handelt, ist keine »den unitarischen Ermächtigungen« entzogene bloße »›(An)zahl [nombre]‹«.[94] Ihm liegt aber auch keine »Figur« oder »Form«[95] zugrunde, in die die Vielen gebracht werden könnten. Wie kann sich ein (politisch handlungsfähiges) Wir – ein ›Volk‹ – grundlos gründen? Eine Antwort auf diese Frage nach einer nicht-fundamentalistischen »Logik einer [...] Verknüpfung«[96] bleibt Nancy schuldig.[97] Die Verwendung des Begriffs der Mutation zeigt zudem an, dass er die Bedeutsamkeit nicht nur des kollektiven, sondern des politischen Kampfes überhaupt zurücknimmt: Möglicherweise manifestiert sich in den »tausend Aufstände[n], tausend Rasereien, tausend Zeichenschöpfungen«[98], die Nancy als Belege für eine sich schon vollziehende Revolution aufruft, überhaupt keine bewusste politische Praxis, sondern sind diese stattdessen »das vorausgegangene Zeichen einer tieferen Wandlung«, Signale einer »vollständige[n] Mutation« der uns bekannten politischen, ökonomischen und philosophischen Auffassungen, »darin vergleichbar mit dem Auftauchen des alten, planetarisch gewordenen ›Abendlandes‹, das selbst aus einer Mutation [...] hervorgegangen ist«.[99]

---

87   Alain Brossat: Plebs Invicta. Berlin 2012, S. 111; vgl. ebd., S. 29; 44.

88   Siehe vor allem ebd., S. 39ff.

89   Agamben: Homo sacer, S. 187.

90   Nancy: Un peuple ou des multitudes, S. 12.

91   Vgl. ebd.

92   Vgl. Nancy: Politik und darüber hinaus, S. 239 (PED 53); siehe auch Nancy: Un peuple ou des multitudes, S. 12.

93   Siehe erneut die Passage bei Nancy: Un peuple ou des multitudes, S. 12: »Au populisme on peut opposer que l'épithète dont se qualifie un peuple [...] est en tous les cas une marque vide. Elle ne repose jamais sur une essence définie a priori, mais permet qu'une certaine énonciation commune puisse se faire, que puisse se dire un ›nous‹.«

94   Nancy: Herausgeforderte Gemeinschaft, S. 20 (CA 28).

95   Ebd., S. 21 (CA 30).

96   Marchart: Politische Differenz, S. 115.

97   Siehe dazu die Kritik ebd., S. 113ff.

98   Nancy: Erschaffung der Welt, S. 52 (CMM 61).

99   Nancy: Politik und darüber hinaus, S. 240 (in der französischen Ausgabe fehlt diese Passage).

Was ist und wie geht das – gemeinsames Handeln?

Eine Antwort auf die für eine Politik des Miteinander zentrale Frage, was es heißt, in einem starken Sinne gemeinsam – als ›Wir‹ – zu denken und (politisch) zu handeln, ließen die Theorien kollektiver Intentionalität erwarten. Als ihr Manko trat zutage, dass sie das gemeinsame Tun auf ein planmäßiges Tun weniger Individuen zurichten, die einen im Vorhinein bestimmten (beabsichtigten) Handlungszweck verfolgen. Das Handeln jedoch, so zeigte sich mit Hannah Arendt, ist im Wesen unbestimmt. Und nur wenn das Handeln keine Planerfüllung mit bestimmten Mitteln ist – also kein Herstellen im Sinne Arendts oder ein Was-tun im Sinne Nancys –, kann es ein neuer Anfang sein. In dieser Chance zum Neuanfangen liegt die in den Theorien kollektiver Intentionalität vernachlässigte politische Relevanz gemeinsamen Handelns.[100]

Ein Schritt in Richtung eines »Veränderungshandelns«[101] sollte mit Castoriadis unternommen werden. Er differenziert die (politische, pädagogische, psychoanalytische) Praxis von einem sowohl reflexhaften wie technischen Tun, das »ein erschöpfendes Wissen, völlige Klarheit über seinen Gegenstand und das eigene Vorgehen zur Voraussetzung machte«.[102] Auf ein solches Tun beschränken sich die Theoretiker*innen kollektiver Intentionalität und schneiden sich so von der Gelegenheit ab, das Handeln als (politische) Praxis zu denken. Castoriadis macht trotz aller Kritik an einer Auffassung der Praxis als Anwendung oder Verwirklichung einer Theorie Nancys Trennung des Tuns vom Was nicht mit. Er betont, die Praxis müsse mit einem »Entwurf«[103] einhergehen. Trotz der Unmöglichkeit, ein absolutes Wissen über die Gesellschaft und die Geschichte zu erlangen, sei es falsch, das Ziel politischen Handelns gänzlich unbestimmt zu lassen. Der Entwurf, immer unvollständig und vorläufig, minimiert das Was des Tuns, eliminiert es aber nicht, um weiterhin ein gemeinsames Handeln anstoßen zu können, das Bestehendes verändert.

In der (Praxis der) Demokratie manifestiert sich für Castoriadis die Autonomie der Gesellschaft. Castoriadis bricht die Begrenztheiten des nancyschen Demokratiebegriffs auf, da er den demokratischen »Geist«[104] institutionalisiert: Die Demokratie brauche Institutionen, die die Ausübung gesellschaftlicher Autonomie, also die Auto-Institution der Gesellschaft, ermöglichen.[105]

Gegenüber Castoriadis war die Inhomogenität, das heißt die antagonistische Verfassung der Gesellschaft, deutlicher herauszustellen; zudem blieb zu klären, wie sich die Konstituierung eines kollektiven, zu einer gemeinsamen Praxis fähigen politischen Subjekts fassen ließe. Für Laclau und Mouffe stellt sich auf dem »kreuz und quer von

---

100 Siehe hierzu den Hinweis von Marchart: Neu beginnen, S. 17f., Hv. i. Orig.: »Daß es möglich sei, einen Anfang zu machen, muß [...] als grundlegendes Postulat der Arendtschen Philosophie bezeichnet werden. Für das politische Handeln entspringt ihm ein Hinweis, ja ein Zuspruch [...]: *Du kannst neu beginnen.* Ginge den Menschen die Fähigkeit ab, einen Neuanfang zu setzen, wären sie Roboter und die Welt wäre ein Uhrwerk.« Dabei gelte, dass »politisches Handeln [...] gemeinsames Handeln« (ebd., S. 21) sei, ergänzt Marchart.

101 Marchart: Vorwort, S. 7.

102 Castoriadis: Gesellschaft als imaginäre Institution, S. 124; vgl. ebd., S. 123ff.

103 Ebd., S. 121, Hv. i. Orig.

104 Nancy: Wahrheit der Demokratie, S. 35, Hv. i. Orig. (VD 30, Hv. i. Orig.).

105 Vgl. Castoriadis: Démocratie et relativisme, S. 95f.

Antagonismen durchzogenen Feld« der Gesellschaft »das Problem des Politischen [als] das Problem der Einrichtung des Sozialen«.[106] Die politische Auseinandersetzung um die – in einem fundamentalistischen Sinne unmögliche – Gründung der Gesellschaft spielt sich als ein unablässiges Ringen um Hegemonie ab. Hegemoniale Praktiken setzen Antagonismen und die Wesenslosigkeit des Sozialen voraus, die sie temporär zu einer (rational unbegründbaren) Ordnung des Sozialen zu verfestigen suchen.[107]

Das Konzept der Hegemonie ist mit dem Problem des politischen Subjekts verknüpft. Mit ihrem Entwurf eines ›agonistischen Pluralismus‹ möchte Mouffe die »Frage der politischen Konstituierung des ›Volkes‹«[108] reaktivieren. Das Politische habe »mit kollektiven Identitäten zu tun«[109], die man sich nicht als vorliegende Entitäten vorstellen darf: Das politische Subjekt (›Wir‹, ›Volk‹) geht aus einem Konstruktionsprojekt hervor, dem die antagonistische Beziehung zu einem ›Sie‹ zugrunde liegt.[110] Muss man die Idee von der Gesellschaft als einer »genähte[n] Totalität«[111] verabschieden, so ist auch nicht mehr im Voraus bestimmbar, auf welchem Spielfeld, mit welchen »Regeln« und welchen »Spieler[*innen]«[112], also wo, wie und durch wen sich Politik ereignen wird. Laclaus und Mouffes Konzept der Äquivalenzkette, mit dem sie den Vorgang der Bildung eines politischen Subjekts auf einen Begriff bringen, lässt auch offen, welcher Gegner oder welche Gegnerin »als rein negativer Bezugspunkt« die differenten Positionen – welche genau? – dem Äquivalenzprinzip unterwirft und »zu einem gemeinsamen Ensemble«[113] vereinigt.

Späherspitze der Veränderung

Eine Theorie der Veränderung, die im Voraus um das Subjekt und das Woraufhin der Veränderung wüsste, gibt es für Nancy, Castoriadis sowie Laclau und Mouffe nicht. Wie könnten Subjekt und Ziel einer Veränderung dennoch bestimmt werden? Dazu bräuchte es, ließe sich (mit einem pompösen Wort) sagen, eine Art Heuristik, eine Methode des Auffindens und Entdeckens.

Eine solche Heuristik umschreibt Castoriadis' Begriff der Erhellung, der »élucidation«.[114] Die Erhellung hat im Sinne »einer strengen soziologischen Beschreibung«[115]

---

106   Laclau/Mouffe: Hegemonie und radikale Demokratie, S. 193.

107   Vgl. ebd., S. 175ff., zur Wesenslosigkeit des Sozialen siehe auch ebd., S. 130. Laclau: Subjekt der Politik, Politik des Subjekts, S. 95, hält fest, dass »die Unmöglichkeit eines universalen Grundes nicht seine Notwendigkeit [eliminiert]: Sie transformiert nur den Grund in einen leeren Platz, der partiell und auf verschiedene Weise gefüllt werden kann. (Und in der Politik geht es um die Strategien dieser Ausfüllung.)«

108   Mouffe: Inklusion/Exklusion, S. 81.

109   Mouffe: Gespräch mit Marchart, S. 410.

110   Siehe etwa Mouffe: Über das Politische, S. 27f.

111   Mouffe: Gespräch mit Marchart, S. 409.

112   Laclau/Mouffe: Hegemonie und radikale Demokratie, S. 238.

113   Marchart: Prekarisierungsgesellschaft, S. 105.

114   Castoriadis: L'institution imaginaire de la société, S. 8. Die deutsche Ausgabe übersetzt ›élucidation‹ mit ›Aufklärung‹; siehe Castoriadis: Gesellschaft als imaginäre Institution, S. 12. Als ›Erhellung‹ hingegen versteht den Begriff etwa auch Adams: Castoriadis's ontology, S. 26.

115   Castoriadis: Gesellschaft als imaginäre Institution, S. 164.

der Gesellschaft eine analytische Funktion: Sie untersucht und beschreibt das Bestehende; dabei macht sie auf Risse darin aufmerksam, aus denen der auf Autonomie zielende Entwurf emporwachsen könnte.[116] Zudem ist die Erhellung selbst ein transformatorisches Tun. Jede Theorie der Gesellschaft und der Geschichte sei Praxis, weil sie in das, worüber sie nachdenke, einbegriffen sei als »ein Modus und eine Form des gesellschaftlich-geschichtlichen Tuns«.[117] Die Erhellung strebt danach, die Gesellschaft durch die Bedeutungen zu begreifen, die diese Gesellschaft selbst geschaffen hat.[118] Sie ist nicht der unbeteiligte Blick auf das, was ist, sondern »denkendes Tun oder sich vollbringendes Denken«[119], das durch seinen Vollzug eine Gesellschaftsveränderung herbeiführt.[120]

Ein heuristisches Moment enthält auch Nancys Vorschlag, nach den Signalen der Mutation(en) auszuspähen, nach dem glühwürmchenhaften »*Schimmern einer Gegenmacht*«[121], wie man sagen könnte. Diese Aufgabe kommt bei Nancy dem Denken zu, das, ähnlich wie bei Castoriadis, das Denken seiner Zeit und seines Ortes sei.[122] Eine

---

116 Vgl. Tassis: Castoriadis, S. 177; 182ff. Zur Illustration dient Castoriadis der Widerspruch, »daß die gesellschaftliche Organisation die von ihr selbst gesteckten Ziele nur unter Einsatz von Mitteln erreichen kann, die jenen widersprechen. [...] Sie verlangt von den Menschen [...], passiv zu bleiben und sich mit der Ausübung der zugewiesenen Aufgabe zu begnügen. Sobald sie entdeckt, daß diese Passivität ihr Krebsgeschwür ist, fordert sie zu Initiative und Beteiligung auf, um jedoch bald zu bemerken, daß sie solche Initiativen gar nicht tolerieren könnte, weil damit das Wesen der bestehenden Ordnung in Frage gestellt würde.« (Castoriadis: Gesellschaft als imaginäre Institution, S. 162) In dem Konflikt, spielt er sich etwa in einer Fabrik ab, zeichnet sich schon seine Lösung ab: »Diese Lösung heißt Arbeiterkontrolle über die Produktion (was die Beseitigung der Bürokratie einschließt). Wir finden damit in der gesellschaftlichen Wirklichkeit selbst eine konfligierende Struktur und zugleich den Keim zur Lösung.« (Ebd., S. 138) Siehe auch Tassis: Castoriadis, S. 20; 70; 107f., sowie zur Selbstverwaltung der Arbeiter*innen ebd., S. 92ff.

117 Castoriadis: Gesellschaft als imaginäre Institution, S. 13; vgl. ebd., S. 12f.

118 Vgl. Tassis: Castoriadis, S. 177.

119 Castoriadis: Gesellschaft als imaginäre Institution, S. 13.

120 Vgl. Tassis: Castoriadis, S. 26f.

121 Georges Didi-Huberman: Überleben der Glühwürmchen. München 2012, S. 81, Hv. i. Orig. Der Autor bezieht sich ebd., S. 136f., übrigens auf Arendts *Gedanken zu Lessing*, woraus eines der Mottos dieses Abschnitts stammt.

122 »Je crois qu'il faut dire que chaque grand personnage de la pensée [...] forme une cristallisation ou une concentration de flux et de forces qui travaillent son temps et son espace.« (Nancy: Guetter dans la nuit, Abs. 10) Nancy verweist in diesem Kontext auf Karl Marx: Der leitende Artikel in Nr. 179 der ›Kölnischen Zeitung‹ [1842]. In: ders./Engels, Friedrich: Werke. Bd. 1 (Hg. Institut für Marxismus-Leninismus beim ZK der SED). Berlin 1956, S. 86-104, 97, wo man liest: »Allein die Philosophen wachsen nicht wie Pilze aus der Erde, sie sind die Früchte ihrer Zeit, ihres Volkes, dessen subtilste, kostbarste und unsichtbarste Säfte in den philosophischen Ideen roulieren.« Marx denkt hier möglicherweise an Hegel: »Das *was ist* zu begreifen, ist die Aufgabe der Philosophie [...]. Was das Individuum betrifft, so ist ohnehin jedes ein *Sohn seiner Zeit*; so ist auch die Philosophie *ihre Zeit in Gedanken erfaßt*.« (Georg Wilhelm Friedrich Hegel: Grundlinien der Philosophie des Rechts oder Naturrecht und Staatswissenschaft im Grundrisse [1820]. Mit Hegels eigenhändigen Notizen und den mündlichen Zusätzen. Werke in 20 Bänden. Bd. 7 [Hg. Moldenhauer, Eva/Michel, Karl Markus]. Frankfurt a.M. 1986, S. 26, Hv. i. Orig.) Siehe zu dieser Hegel-Passage wiederum Nancy: Vergessen der Philosophie, S. 20f. (OP 18f.), wo er im obigen Sinne ein »Denken der Zeit [pensée du temps présent]« (ebd., S. 20 [OP 18]) fordert.

Philosophie nicht mehr gegen, sondern für die Welt, also: gegen die Globalisierung, müsste eine »Philosophie der gegenwärtigen Welt«[123] sein und in dieser Welt in den Blick nehmen, was über sie hinausweist: Man habe achtsam zu sein »gegenüber dem Unveröffentlichten und Unerhörten [...], das keineswegs immer im Gewand des Neuen auf ohrenbetäubende und schmetternde Weise seine Neuheit bekundet«[124], sondern sich vielleicht auch nur als ein untergründig-dumpfes Grollen, als ein Rumoren, bemerkbar mache.[125]

Nancys Anregung für eine (denkende) Praxis des Ausspähens reagiert darauf, dass die Aufgabe der Philosophie im Verhältnis zur Politik nicht in einer Vorausbestimmung dessen liegt, was durch wen wann getan werden sollte. Dies verhindert allerdings weder eine Bestimmung dessen, was sich im Hier und Jetzt tut, noch eine Bestimmung derer, die etwas tun. Zwar gebe es, schreiben Laclau und Mouffe in diesem Sinne, »nicht *eine* Politik der Linken, deren *Inhalte* isoliert von aller kontextuellen Referenz bestimmt werden können«, aber es sei doch möglich, dass »mehrere linke Politiken in bestimmten Kontexten begriffen und spezifiziert werden können«.[126] Diese Politiken – all die »großen und kleinen Aktionen, Initiativen, Kämpfe[...] und Formen des Engagements, die getan werden«[127] – gilt es auszumachen, ohne sie zu machen. Dies wäre ein Tun (fast) ohne Was, das eine politische Praxis hervorbringt, indem es sie ans Licht holt, erhellt.[128]

Die Revolution (nicht) wollen

Obwohl es keine Theorie einer Politik der Veränderung gibt, muss Politik kein blindes Tun sein. Diese These möchte ich im Rückgriff auf arendtsche Gedanken stützen, die wiederum von Rosa Luxemburg (1871-1919) beeinflusst sind.[129] Nancy verweist in seiner Kritik an einer transitiven Auffassung des Tuns auch auf Arendts Überlegungen zur Umkehrung des Theorie/Praxis-Verhältnisses[130] und dem damit einhergehenden Bedeutungswandel des Tuns:

---

123   Marx: Der leitende Artikel, S. 98.

124   Nancy: Angst vor Gemeinschaft, S. 97.

125   »La révolte ne discourt pas, elle *gronde*. [...] Le commun gronde, c'est un torrent souterrain, ça passe dessous en faisant tout trembler.« (Nancy: Grondement commun, S. 114, Hv. i. Orig.)

126   Laclau/Mouffe: Hegemonie und radikale Demokratie, S. 222, Hv. i. Orig.

127   Nancy: Was tun, S. 13 (QF 16).

128   In dieser Denkpraxis sieht Nancy die heutige Aufgabe der Philosophie: »If in the past philosophy had the meaning of contemplating and gazing, today it means to open the eyes, eyes which until now had remained shut.« (Nancy in Nancy/Esposito: Dialogue on the philosophy to come, S. 74)

129   Auf die Idee, vor allem Rosa Luxemburgs Überlegungen zum Massenstreik als Erweiterung des Denkens Nancys ins Spiel zu bringen, brachte mich Jörg Nowak in einer E-Mail vom 13. November 2014. Juliane Spitta geht ebenfalls kurz auf Luxemburg ein, um mit ihrer Hilfe eine Idee politischen Handelns zu skizzieren: »Gemeinsames politisches Handeln wäre eines, das kleinteilige, umsetzbare und ›realpolitische‹ Forderungen mit der Perspektive auf weitergehende Veränderungen verbindet.« (Spitta: Gemeinschaft jenseits von Identität, S. 323) Wichtig waren für die folgenden Überlegungen Oliver Marcharts Arbeiten *Neu beginnen. Hannah Arendt, die Revolution und die Globalisierung* sowie *Die politische Differenz. Zum Denken des Politischen bei Nancy, Lefort, Badiou, Laclau und Agamben* (insbesondere Kap. 10.4).

130   Siehe dazu Arendt: Vita activa, S. 367ff.

Das *Tun [faire]* selbst verändert hier seine Bedeutung von »handeln« oder »ausüben« [...] hin zu der Bedeutung von »produzieren«, »realisieren« oder »ausführen«. Arendt sagt, dass das »Tun« sich immer mehr ablöst vom »Handeln« – das hier das Handeln [agir] des Verhaltens bezeichnet, der Beziehung [rapport].[131]

Die produzierende Form des Tuns – »ein Tun im Modus des Herstellens«[132] – ist für Arendt »unpolitisch«, da sie, im Unterschied zum Handeln, »keinen autonom öffentlichen Bereich etablieren«[133] kann, in dem die Menschen in ihrer gemeinsamen Einzigartigkeit, ihrer Pluralität, auftauchen können.[134] (Trotzdem habe man das Herstellen als die einzig angemessene Form politischen Tuns ausgeben wollen.[135]) Zudem gilt: Nur wer handelt, unterbricht das Bestehende und räumt entgegen aller Voraussehbarkeit und Wahrscheinlichkeit dem Neuen einen Platz ein.[136] Was daher jede Handlung auszeichnet, ist ihre »Ereignishaftigkeit«.[137]

Eindrücklich manifestiert sich der »Neuanfang«[138], der Handeln ist, in Revolutionen. Sie seien »die einzigen politischen Ereignisse [...], die uns inmitten der Geschichte direkt und unausweichlich mit einem Neubeginn konfrontieren«.[139] Arendts Einsicht in das Wesen der Revolution, allgemeiner: ihre Auffassung von der »Natur politischen Handelns«[140], ist nicht zuletzt der Theorie Luxemburgs verpflichtet, die diese eingedenk ihrer Erfahrungen mit der Russischen Revolution und dem Wirken der Sowjets entwickelt habe.[141] Von Luxemburg könne man lernen,

daß gute Organisation der Aktion nicht voraufgeht, sondern erst ihr Ergebnis ist, daß »die Organisation der revolutionären Aktion nur in der Revolution selbst erlernt werden kann, so wie man Schwimmen nur im Wasser lernen kann«, daß Revolutionen von

---

131 Nancy: Was tun, S. 65f., Hv. i. Orig. (QF 78, mit zusätzlicher Hervorhebung der im Original in deutscher Sprache verwendeten Worte ›Tun‹ und ›Handeln‹); vgl. ebd. (QF 77f.).

132 Arendt: Vita activa, S. 279.

133 Ebd., S. 270.

134 Die »menschliche Pluralität ist eine Vielheit, die die paradoxe Eigenschaft hat, daß jedes ihrer Glieder in seiner Art einzigartig ist«. (Ebd., S. 214) Siehe zum Zusammenhang von Handeln und öffentlichem Raum ebd., S. 249ff.

135 »Allgemein gesprochen handelt es sich [...] immer darum, das Handeln der Vielen im Miteinander durch eine Tätigkeit zu ersetzen, für die es nur eines Mannes bedarf, der, abgesondert von den Störungen durch die anderen, von Anfang bis Ende Herr seines Tuns bleibt. Dieser Versuch, ein Tun im Modus des Herstellens an die Stelle des Handelns zu setzen, zieht sich wie ein roter Faden durch die uralte Geschichte der Polemik gegen die Demokratie, deren Argumente sich desto leichter in Einwände gegen das Politische überhaupt verwandeln lassen, je stichhaltiger und beweiskräftiger sie vorgetragen sind.« (Ebd., S. 279)

136 Vgl. ebd., S. 215ff., und siehe auch Marchart: Neu beginnen, S. 81.

137 Schwarte: Philosophie der Architektur, S. 348.

138 Arendt: Vita activa, S. 216.

139 Arendt: Über die Revolution, S. 23; vgl. Marchart: Neu beginnen, S. 18f., sowie zum Folgenden ebd., S. 61ff.

140 Hannah Arendt: Rosa Luxemburg. 1871-1919. In: dies.: Menschen in finsteren Zeiten (Hg. Ludz, Ursula). 2. Aufl. München 2013, S. 46-74, 70.

141 Vgl. ebd.

niemandem »gemacht« werden, sondern »spontan ausbrechen«, und daß der »Druck zur Aktion« immer »von unten« kommt.[142]

Revolutionäre Veränderungen lassen sich für Luxemburg nicht im Vorhinein planen und organisieren. Zugleich aber kann man nicht völlig darauf verzichten, eine Revolution zu organisieren, wobei sich die Organisation an den konkreten situativen Gegebenheiten orientieren muss.[143] Die Massenstreiks in Russland zwischen 1896 und 1905, so Luxemburgs Beispiel, charakterisierte keine planmäßige Organisation, sondern »[d]as Element des Spontanen«.[144] Der Grund für die Unplanbarkeit und Spontaneität der Revolution liegt in dem, was Laclau und Mouffe »eine neue Logik des Sozialen«[145] nennen, die sich in der für Luxemburgs Revolutionsbegriff einschlägigen Schrift *Massenstreik, Partei und Gewerkschaften* (1906) abzuzeichnen beginne.[146] Ohne weiterhin eine »Notwendigkeit«[147] der politischen Ereignisse zu behaupten, habe Luxemburg bereits eine »Pluralität der Kampfformen« und eine »Verstreuung der Kämpfe«[148] erkannt, die der Unübersichtlichkeit des Geländes geschuldet waren, auf dem sich das Proletariat bewegte: »Die Revolution ist [...] nicht ein Manöver des Proletariats im freien Felde, sondern [...] ein Kampf mitten im unaufhörlichen Krachen, Zerbröckeln, Verschieben aller sozialen Fundamente.«[149]

---

142   Ebd. Marchart: Neu beginnen, S. 63, merkt an, dieses Zitat skizziere Luxemburgs und Arendts Auffassung von der Revolution gleichermaßen. Ich konnte nicht alle von Arendt angeführten Zitate Luxemburgs ermitteln, siehe aber zumindest Rosa Luxemburg: Versäumte Pflichten [1919]. In: dies.: Gesammelte Werke. Bd. 4. August 1914 bis Januar 1919 (Hg. Institut für Marxismus-Leninismus beim ZK der SED). 2. Aufl. Berlin 1979, S. 519-522, 522, wo es heißt: »Die Organisation der revolutionären Aktionen muß und kann eben nur in der Revolution selbst gelernt werden, wie das Schwimmen nur im Wasser gelernt wird.«

143   Rosa Luxemburg: Massenstreik, Partei und Gewerkschaften [1906]. In: dies.: Schriften zur Theorie der Spontaneität (Hg. Hillmann, Susanne). Reinbek bei Hamburg 1970, S. 89-161, 142, ordnet die politische Taktik dem Streikereignis zeitlich nach: »Den Anlaß und den Moment vorauszubestimmen, an dem die Massenstreiks in Deutschland ausbrechen sollen, liegt außerhalb der Macht der Sozialdemokratie, weil es außerhalb ihrer Macht liegt, geschichtliche Situationen durch Parteitagsbeschlüsse herbeizuführen. Was sie aber kann und muß, ist, die politischen Richtlinien dieser Kämpfe, wenn sie einmal eintreten, klarlegen und in einer entschlossenen, konsequenten Taktik formulieren.«

144   Ebd., S. 124, und siehe etwa ebd., S. 117, wo Luxemburg »die Geschichte der Massenstreiks in Rußland« so resümiert: »Statt des starren und hohlen Schemas einer auf Beschluß der höchsten Instanzen mit Plan und Umsicht ausgeführten trockenen politischen ›Aktion‹ sehen wir ein Stück lebendiges Leben aus Fleisch und Blut, das sich gar nicht aus dem großen Rahmen der Revolution herausschneiden läßt, das durch tausend Adern mit dem ganzen Drum und Dran der Revolution verbunden ist.« Oder ebd., S. 118, wo sie noch klarer festhält, die Massenstreiks »entstanden [...] meistens spontan, jedesmal aus spezifischen lokalen, zufälligen Anlässen, ohne Plan und Absicht«.

145   Laclau/Mouffe: Hegemonie und radikale Demokratie, S. 38.

146   Siehe zu Laclaus und Mouffes Interpretation von Luxemburg auch Böttger: Postliberalismus, S. 178f.

147   Laclau/Mouffe: Hegemonie und radikale Demokratie, S. 38.

148   Ebd., S. 41.

149   Luxemburg: Massenstreik, Partei und Gewerkschaften, S. 124.

Revolutionen sind spontane Ereignisse, die sich »nicht schulmeistern lassen«.[150]
Sie sind ein wundersamer Anfang: »Jeder Anfang [...] ist überhaupt nicht eigentlich abzuleiten – wäre er es, so wäre er kein Anfang – und erscheint daher, was Zeit und Raum
betrifft, gleichsam aus dem Nirgendwo.«[151] Revolutionen verweisen auf die geschichtliche und politische Dimension der menschlichen Natalität, auf die Chance, mit jedem
Handeln einen Neubeginn zu machen.[152] Kontingent ist nicht nur das Sich-Ereignen
einer Revolution; die Revolution enthüllt als ein wundergleiches Ereignis auch: Das Bestehende ist nicht notwendigerweise so, wie es ist, sondern könnte anders sein. Insgesamt macht dies Arendts Revolutionsbegriff zu einer »Kontingenzformel«.[153]

Der Hinweis auf die Spontaneität politischen Handelns ist keine Agitation für ein
Nicht-Agieren, für ein ergebenes Abwarten. Arendt schlägt vor, politisches Handeln als
eine Kunst zu fassen. Dies meint nicht die Idee vom Staat als Kunstwerk, denn so verstünde man »Kunst im Sinne der herstellenden Künste [...], die etwas Handgreifliches
produzieren, das die Tätigkeit, die es hervorbrachte, überdauert und sich von ihr ganz
ablöst«.[154] Politisches Handeln sei eine ausübende Kunst, bei der es auf die Virtuosität
des Tuns, nicht auf ein Produkt ankomme.[155]

›Virtuosität‹ übersetzt Niccolò Machiavellis (1469-1527) Begriff der *virtù*, an den der
der *fortuna* geknüpft ist.[156] Die Schicksals- und Glücksgöttin Fortuna erinnert »an die
Unverfügbarkeit dessen, was der Handelnde in sich als Anlage und Disposition und
in seinen Lebenssituationen als Randbedingungen vorfindet«.[157] Fortuna steht für all
das, was der Mensch nicht selbst bewirken kann. Damit ist es Fortuna, so könnte man
mit Luxemburg sagen, die denen, die politisch handeln, »alle Augenblicke launig das
Dirigentenstöckchen aus der Hand schlägt oder in die Hand drückt«.[158] Nancys Kritik

150   Ebd. Luxemburgs Kritik richtet sich vor allem gegen die Funktionsträger*innen von Parteien und
       Gewerkschaften, »die den Massenstreik [...] auf dem Wege eines Vorstandsbeschlusses auf einen
       bestimmten Kalendertag ansetzen möchten«. (Ebd., S. 93) Ebenfalls für zu abstrakt und unhis-
       torisch hält sie die anarchistische Auffassung des Massenstreiks. (Vgl. ebd., S. 92f.) Die »Kampf-
       methoden« der Anarchist*innen seien »reine Utopien«, die es versäumten, »mit der verachteten,
       schlechten Wirklichkeit« (ebd., S. 93) zu kalkulieren. »Für den Anarchisten existieren als stoffliche
       Voraussetzungen seiner ›revolutionären‹ Spekulationen lediglich zwei Dinge: zunächst die blaue
       Luft und dann der gute Wille und der Mut, die Menschheit aus dem heutigen kapitalistischen Jam-
       mertal zu erretten.« (Ebd.)
151   Arendt: Über die Revolution, S. 265.
152   Vgl. Marchart: Neu beginnen, S. 63; 65; 68f.; ähnlich Spitta: Gemeinschaft jenseits von Identität,
       S. 309.
153   Marchart: Neu beginnen, S. 70; vgl. ebd.
154   Arendt: Freiheit und Politik, S. 207; vgl. ebd. Der Staat aber, so Arendts Einwand, sei »in seiner
       Existenz niemals unabhängig [...] von dem Handeln der Menschen, die ihn hervorgebracht haben«.
       (Ebd.)
155   Vgl. ebd., S. 206f.
156   Die weiteren Ausführungen zu *fortuna*, *virtù* und *occasione* folgen vor allem Marchart: Politische
       Differenz, S. 309ff., sowie Marchart: Neu beginnen, S. 71f.
157   Wolfgang Kersting: Niccolò Machiavelli. 2. Aufl. München 1998, S. 104; siehe auch ebd., S. 107.
158   Luxemburg: Massenstreik, Partei und Gewerkschaften, S. 124. Machiavelli vergleicht die Fortuna
       mit einem alles nieder- und alles mit sich reißenden Strom; vgl. Niccolò Machiavelli: Il Principe/
       Der Fürst [1532] (Übers.u. Hg. Rippel, Philipp). Bibliograph. aktual. Ausg. Stuttgart 2007, S. 193.

an einer aktivistischen Auffassung des (politischen) Tuns ließe sich als die Anerkennung des Waltens Fortunas deuten: Fortuna wiese uns darauf hin, dass wir uns nicht mehr »dans le schéma d'une pratique à programmer en conséquence d'une définition et d'une anticipation théoriques«[159] befinden. Denn als Zufall ist Fortuna »eine reine Gegenwartskategorie«, wie Koselleck festhält: »Weder aus dem Erwartungshorizont für die Zukunft ist er [der Zufall, S. H.] ableitbar [...]; noch als Ergebnis vergangener Gründe ist er erfahrbar«.[160]

Arendt interpretiert die Figur der Fortuna nicht als Beschränkung von Handlungsoptionen, das heißt nicht als »Kontingenz des Handelns«, sondern als »Kontingenz im Handeln [...]. Dabei wird die Kontingenz als eine dem Handeln eigene Chance verstanden, die sie in eine Figur der Freiheit verwandelt.«[161] Dies macht ein Blick auf das Verhältnis klarer, in das Arendt *fortuna* und *virtù* miteinander setzt. Zu einem besseren Verständnis dieser Relation verhilft ein weiterer Begriff Machiavellis, auf den Arendt nur implizit rekurriert: der Begriff der Gelegenheit (*occasione*). Machiavelli beschreibt die *occasione* als eine Frau, die Angesicht und Brust mit ihrem Haar verdeckt, so dass, wie Machiavelli sie sagen lässt, »keiner aufmerkt, wenn ich komme«.[162] Erst wenn sie vorüber ist oder sich abwendet, gibt sie sich als Gelegenheit zu erkennen – an ihrem kahlen Hinterkopf kann man sie dann aber nicht mehr festhalten.[163] Die *occasione* spielt eine der *fortuna* ähnliche Rolle insofern, »als die Gelegenheiten sich unabhängig vom menschlichen Handeln ereignen, und es diesem nur möglich ist, sie aufzugreifen, nicht aber sie zu schaffen«.[164]

Fortuna und *occasione* sind allerdings nicht zwei Begriffe für dasselbe. Nach einem Vorschlag Marcharts bezieht sich *fortuna* auf das Politische (*le politique*), *occasione* hingegen auf die Politik (*la politique*), auf »die ontischen, wandelbaren Bedingungen, mit denen politisches Handeln konfrontiert ist«.[165] Die Fortuna ist »als Kontingenzfigur auf der ontologischen Ebene angesiedelt«[166] und ermöglicht politisches Handeln: Wäre alles vorausbestimmt, gäbe es politisch nichts mehr zu tun. Sie schafft die Gelegenheiten,

---

159   Nancy: Guetter dans la nuit, Abs. 4.

160   Reinhart Koselleck: Der Zufall als Motivationsrest in der Geschichtsschreibung. In: ders.: Vergangene Zukunft. Zur Semantik geschichtlicher Zeiten. Frankfurt a.M. 1979, S. 158-175, 158. Den Hinweis auf diesen Text entnehme ich Kersting: Machiavelli, S. 105.

161   Palonen: Webersche Moment, S. 15; vgl. ebd., S. 264f.

162   Niccolò Machiavelli: Von der Gelegenheit. Für Filippo de' Nerli./Dell'occasione. A Filippo de' Nerli. In: Hoeges, Dirk: Niccolò Machiavelli. Dichter–Poeta. Mit sämtlichen Gedichten deutsch/italienisch. Con tutte le poesie tedesco/italiano. Frankfurt a.M. 2006, S. 137-138, 138.

163   Vgl. ebd., sowie Jürgen Mittelstraß: Politik und praktische Vernunft bei Machiavelli. In: Höffe, Otfried (Hg.): Der Mensch – ein politisches Tier? Essays zur politischen Anthropologie. Stuttgart 1992, S. 43-67, 45.

164   Palonen: Webersche Moment, S. 45. Entsprechend könne »menschliche[s] Handeln [...] *fortuna* nur eingrenzen oder kontrollieren, nicht aber ihr Wirken beseitigen oder durch das eigene Wirken ersetzen«. (Ebd., S. 41, Hv. i. Orig.) Zu der Möglichkeit, Fortuna einzuschränken, siehe etwa Machiavelli: Der Fürst, S. 193.

165   Marchart: Politische Differenz, S. 310.

166   Ebd.

deren Auftreten wir erwarten, aber nie sicher voraussagen können.[167] *Fortuna* ist »als quasi-transzendentale Bedingung des Handelns«[168] unverfügbar. Es ist aber möglich, »mit ihr [...] über den Umweg von *occasione* in ein strategisches Spiel ein[zu]treten, denn die Begegnung mit Kontingenz findet immer unter bestimmten ontischen Bedingungen statt«, unter Rekurs auf die »Gelegenheitsstruktur eines gegebenen hegemonialen Kräftefelds«.[169]

Diese ›Gelegenheitsstruktur‹ muss erkannt werden, was nicht nur Castoriadis' Begriff der Erhellung wieder auf den Plan ruft, sondern auch Nancys Forderung nach einer Gegenwarts(betr)achtung Nachdruck verleiht.[170] Das Scharnier zwischen der erhellenden Gegenwartsschau und dem Handeln bildet die *virtù* – das (nicht-intentionale) Vermögen, die *occasione* zu erkennen und beim Schopfe zu packen.[171] (Nur dank seiner »überragende[n] Tüchtigkeit [virtú]«, lautet ein Beispiel Machiavellis, habe Moses die »Gelegenheit [occasione]«[172] erkannt, das Volk Israel aus seiner Knechtschaft in Ägypten herausführen zu können.) Als ein »Verhalten zur Kontingenz«[173], wofür bei Machiavelli die Figur der Fortuna steht, verweist die *virtù* auf die Möglichkeit eines (politischen) Handelns, das Arendt als ein Spiel zwischen *virtù* und *fortuna* auffasst:

> »Virtù« ist nie ohne »fortuna«, und »fortuna« gibt es nicht ohne »virtù«; wer »fortuna« hat, dem spielt die Welt ihre Bälle als Chancen zu, damit er sie auffange und mit ihnen jongliere; wer »virtù« hat, dem hat sich die Welt in der »fortuna« geöffnet und bietet ihm ihre Chancen an. In der Wechselwirkung zwischen diesen beiden zeigt sich eine Harmonie zwischen Welt und Mensch, die sich aufeinander einspielen und in der darum alles glückt. Die Überlegenheit dieses Menschen [...] liegt offensichtlich ebenso weit ab von der Weisheit des Staatsmannes wie von der Kompetenz des Experten.[174]

Wer politisch handelt, kann nicht planen, welche unwahrscheinlichen Gelegenheiten ihm oder ihr die Welt zuspielt, versteht sich aber darauf, nach ihnen auszuspähen und sie zu ergreifen.[175]

---

167 Vgl. ebd. Die *occasione*, so Mittelstraß: Politik und praktische Vernunft, S. 45, Hv. i. Orig., sei »*nicht voraussehbar*«.

168 Marchart: Politische Differenz, S. 310.

169 Ebd., Hv. i. Orig.

170 Es komme darauf an, »dass wir, weder im Modus der Bestimmung noch irrend, vor allem anderen die Gegenwart betrachten müssen.« (Nancy: Politik und darüber hinaus, S. 238 [PED 51])

171 Vgl. Kersting: Machiavelli, S. 116. Siehe auch den Kommentar von Dirk Hoeges: Niccolò Machiavelli. Dichter–Poeta. Mit sämtlichen Gedichten deutsch/italienisch. Con tutte le poesie tedesco/italiano. Frankfurt a.M. 2006, S. 141, Hv. i. Orig.: Um die *occasione* zu ergreifen, bedürfe es »der *virtù* des Einzelnen oder auch eines Kollektivs«. Die »Nicht-Intentionalität« der Virtuosität betont Palonen: Webersche Moment, S. 267; siehe zu Arendts Verständnis der Virtuosität auch ebd., S. 263ff.

172 Machiavelli: Der Fürst, S. 43.

173 Palonen: Webersche Moment, S. 26.

174 Arendt: Was ist Autorität, S. 197f.

175 Vgl. Marchart: Neu beginnen, S. 71f. Für Arendt: Interview mit Reif, S. 111, gilt: »Die Revolutionäre machen nicht die Revolution! Die Revolutionäre sind diejenigen, die wissen, wann die Macht auf der Straße liegt und wann sie sie aufheben können!« Dafür komme es – was an Castoriadis' Begriff der Erhellung und Nancys Forderung, die Gegenwart zu be(ob)achten, erinnert – auf »eine echte Analyse der jeweiligen Lage« (ebd.) an, bei der zu prüfen wäre, ob die »Vorbedingungen der Revo-

Der Raum der Politik[176]

Politik und bestimmte Formen der Kunst verbindet nicht nur, »Tätigkeit[en] ohne Werk«[177] zu sein. Wenn die Politik »eine Kunst der Darstellung, eine performative Kunst«[178] ist, so bedarf auch sie, wie etwa das Theaterspiel, eines Publikums, vor dem die Virtuosität der Darbietung sich zeigen kann.[179] Politisch Handelnde, betont Arendt, könnten deshalb keinesfalls »der Präsenz anderer in einem eben politisch organisierten Raum«[180] entraten; dessen Existenz sei für die Politik und damit für die Freiheit unabdingbar.[181] »Ein Gemeinwesen [...], das nicht ein Erscheinungsraum für die unendlichen Variationen des Virtuosen ist, in denen Freisein sich manifestiert, ist nicht politisch.«[182] Der ›Erscheinungsraum‹ bilde sich dort, »wo immer Menschen handelnd und sprechend miteinander umgehen«; er vergehe wieder, »wenn die Tätigkeiten, in denen er entstand, verschwunden oder zum Stillstand gekommen sind«.[183] Deshalb sei er angewiesen auf den sichernden »Raum des öffentlichen Bereichs der Polis«[184], selbst geschützt durch Stadtmauern und »den Zaun des Gesetzes [...], dessen relative Stabilität den Raum der Freiheit schafft und behütet, in welchem menschliche Bewegungen und Handlungen stattfinden und sich abspielen«.[185] Die Eingrenzung dieses Raumes bringt eine Ausgrenzung aus der gemeinsamen Welt des Zwischen mit sich, denn das Gemeinsame sei für die Griechen der öffentliche Raum (der Polis)

---

lution [...]: der drohende Zusammenbruch des Staatsapparates, seine Unterhöhlung, der Verlust des Vertrauens in die Regierung seitens des Volkes, das Versagen der öffentlichen Dienste und anderes mehr« (ebd., S. 110) erfüllt sind; siehe hierzu auch Marchart: Neu beginnen, S. 70f.

176   Die Ausführungen in diesem Unterabschnitt orientieren sich an Schwarte: Philosophie der Architektur, S. 287ff.

177   Virno: Grammatik der Multitude, S. 43.

178   Lorey: VirtuosInnen der Freiheit, S. 155, siehe hierzu auch Bluhm: Kreativität politischen Handelns, S. 74f. Entsprechend ist das Theater für Arendt: Vita activa, S. 233f., »die politische Kunst par excellence; nur [...] im lebendigen Verlauf der Vorführung, kann die politische Sphäre menschlichen Lebens überhaupt so weit transfiguriert werden, daß sie sich der Kunst eignet«.

179   Vgl. Arendt: Freiheit und Politik, S. 207; Virno: Grammatik der Multitude, S. 43f.; 45.

180   Arendt: Freiheit und Politik, S. 207.

181   Vgl. ebd., S. 207f., und siehe auch Palonen: Webersche Moment, S. 262f.

182   Arendt: Freiheit und Politik, S. 208. Virno zufolge ist Virtuosität heute nicht mehr nur für das politische Handeln charakteristisch, sondern gestaltet »zunehmend neue immaterielle, auf einem weiten Begriff von Kreativität basierende Arbeitsverhältnisse«, fasst Lorey: VirtuosInnen der Freiheit, S. 157, zusammen. »Der Arbeit sind heute viele Merkmale introjiziert, die früher die politische Erfahrung auszeichneten.« (Virno: Grammatik der Multitude, S. 41) Dies erklärt für Virno die fehlende Wertschätzung der Politik, die nurmehr als »überflüssige Verdopplung der Arbeit« erscheine, als eine »billige, grobe, simplifizierende Kopie«. (Ebd., S. 42) Die Arbeit, weil sie heutzutage z.B. eine vor allem »kommunikative Tätigkeit« (ebd., S. 50) geworden sei, meint Virno, sei »schon zu sehr Politik, als dass die Politik als solche noch eigenständiges Ansehen genießen könnte«. (Ebd., S. 43)

183   Arendt: Vita activa, S. 251.

184   Ebd., S. 244.

185   Arendt: Elemente und Ursprünge, S. 950; vgl. Arendt: Vita activa, S. 244; 249; Marchart: Neu beginnen, S. 84f.; Schwarte: Philosophie der Architektur, S. 288. Die Gesetze und die Mauern fallen selbst nicht in die Sphäre des Politischen, denn sie sind hergestellt, nicht aus Handeln hervorgegangen, betont Arendt: Was ist Politik, S. 111f.; siehe auch Arendt: Vita activa, S. 244.

gewesen.[186] So lebten im antiken Griechenland außerhalb des »politische[n] Raum[es] der Erscheinungen« und damit fern der Möglichkeit des »Miteinanderhandeln[s] und -sprechen[s]«, wie Arendt in Erinnerung ruft, die Versklavten und die Fremden; und die moderne Gesellschaft exkludiere »die nur auf ihren Lebensunterhalt bedachte, erwerbstätige Bevölkerung«.[187]

Um Ausschlüsse zu vermeiden, ist gegen die Idee eines architektonischen Einschlusses des öffentlichen Raumes eine Auffassung zu setzen, die die anarchische Offenheit des öffentlichen Raumes unterstreicht; dieser Offenheit korrespondiert die des Kollektivs, das sich im öffentlichen Raum versammeln kann, durch seine Pluralität die Chance potenzierend, dass im Miteinanderhandeln Neues entsteht.[188] Wie wir gesehen haben, ermöglicht der leere Platz der *agora* als »materielle Unterbrechung von Mächten und Mauern«[189] das unvorhersehbare Erscheinen des/der Unbekannten und räumt die Möglichkeit von Ereignissen ein. Zwar kann die Theorie einer Politik des Miteinander keine »Oberflächen des Auftauchens von Antagonismen«[190] vorausbestimmen, aber Leerplätze lassen dieses Auftauchen zumindest erwarten: Hier stellt sich eine »*Pluralität von Subjekten*«[191] ein, die eine Veränderung des Bestehenden anzubahnen vermag.[192]

Mit dem Problem der Zugänglichkeit des öffentlichen Raumes verknüpft sich die Frage, wer zu den politisch handelnden Virtuos*innen zählt. Virno schlägt vor, dem Kreis der Virtuos*innen jene zuzuschlagen, die sprechen können, kurzum: alle.[193] Denn Sprachfähigkeit bedeute nicht, betont er, ein (möglicherweise elaboriertes) Sprachwerk produzieren oder ein schon bestehendes Werk verlautbaren zu können.[194] Es komme lediglich auf die »*Potenzialität der Sprache*«[195] an, mithin auf »das *Vermögen* als solches, nicht seine unzähligen besonderen Realisierungen«.[196]

Jedoch übersieht Virno, ähnlich wie Arendt, die »Mauern des Verständnisses«[197], die Rancière zufolge eine Grenze zwischen denen errichten, deren Laute als vernünf-

---

186   Vgl. Arendt: Was ist Politik, S. 96, und siehe weiter auch Arendt: Vita activa, S. 62ff. Schwarte: Philosophie der Architektur, S. 289, notiert: »Arendt denkt den öffentlichen Raum von der politischen Ökonomie her als ein Produkt rechtlicher Grenzziehungen zwischen Fremdem, Öffentlichem und Privatem.«

187   Arendt: Vita activa, S. 250; vgl. ebd.

188   Siehe in diesem Sinne die Andeutungen von Schwarte: Philosophie der Architektur, S. 287.

189   Ebd., S. 289f.

190   Laclau/Mouffe: Hegemonie und radikale Demokratie, S. 224.

191   Ebd., S. 225, Hv. i. Orig.

192   Wenn die Demokratie »gebietet [impose], den gemeinschaftlichen Raum so zu gestalten, dass man darin die ganze mögliche Fülle der Formen eröffnen kann, die das Unendliche annehmen kann« (Nancy: Wahrheit der Demokratie, S. 57 [VD 50]), so ließe sich das als Plädoyer für die Schaffung und das Offenhalten öffentlicher Räume lesen: »Öffentliche Räume bewirken eine Manifestation der Lücke, ein Freistellen und Vergegenwärtigen dessen, was Erscheinungen des Unbestimmten ermöglicht.« (Schwarte: Philosophie der Architektur, S. 338)

193   Vgl. Virno: Grammatik der Multitude, S. 48f.

194   Vgl. ebd., S. 49f.; 66.

195   Ebd., S. 50, Hv. i. Orig.

196   Ebd., S. 66, Hv. i. Orig.

197   Schwarte: Philosophie der Architektur, S. 290.

tige Rede verstanden werden, und denen, deren Laute nur als Lärm gelten.[198] Politik reiße diese (architektonischen) Aufteilungen ein[199] – aber bereits der öffentliche Raum, lautete der Einwand, interveniert in die polizeiliche Ordnung und macht das Unsichtbare sichtbar, das Unhörbare hörbar.[200]

Politik des Miteinander

Stets geht Politik, betont Rancière, mit einer »*Subjektivierung*« einher, mit dem Entstehen einer »Vielheit, die nicht in der polizeilichen Verfassung der Gemeinschaft gegeben war«.[201] Politik ist für Rancière das Ereignis, bei dem in die Ordnung der Gemeinschaft ein »Anteil der Anteillosen«[202] einbricht. Sie ist das Sichtbarwerden der Gleichheit, auf der die Aufteilung der Gemeinschaft beruht, und offenbart auf diese Weise, dass die Ordnung kontingent, ohne *archè* ist.[203]

Kein Subjekt liegt der Politik voraus.[204] Politik ist stattdessen die Selbstschöpfung des politischen Subjekts durch »eine Ent-Identifizierung«.[205] Für diesen Vorgang steht beispielhaft, was der Revolutionär Louis-Auguste Blanqui (1805-1881) während seines Prozesses auf die Frage des Gerichtspräsidenten hin als seine Profession angegeben habe: Proletarier. Blanqui, so Rancière, verstand nämlich ›Profession‹ nicht als Beruf, sondern als »Bekenntnis«, als »eine Zugehörigkeitserklärung zu einem Kollektiv«.[206] Durch seine *professio* machte Blanqui das Proletariat als eine »Klasse der Ungezählten« sichtbar, die nur dadurch existieren, dass »sie sich als die zählen, die nicht gezählt sind«, die also nicht sind, weil sie eine bestimmte (festgelegte) Identität hätten: »Die Klasse der Proletarier [...] ist in keiner Weise als gesellschaftliche Gruppe identifizierbar.«[207]

Laclau begrüßt Rancières »non-sociological«[208] Blick auf das Proletariat; zu Recht begreife er das Proletariat als ein »Subjekt des Unrechts«[209], das nicht auf einen definierten Teil der Bevölkerung reduzierbar sei.[210] Das Proletariat, würden Laclau und Mouffe sagen, subjektiviert sich durch eine äquivalentielle Logik, die differente Gruppen dadurch eint, dass sie sie auf die eine Seite einer antagonistischen Grenze stellt.[211]

---

198   Vgl. Rancière: Unvernehmen, S. 34; Schwarte: Philosophie der Architektur, S. 290. Mit Verweis auf Rancière wirft Marchart: Neu beginnen, S. 160, Arendt vor, sie habe »die Frage struktureller Ausschlüsse [...] weitgehend ignoriert«.

199   Vgl. Rancière: Unvernehmen, S. 41.

200   Vgl. Schwarte: Philosophie der Architektur, S. 291f.

201   Rancière: Unvernehmen, S. 47, Hv. i. Orig.

202   Ebd., S. 24.

203   Vgl. ebd., S. 28f.

204   Vgl. Rancière: Thesen zur Politik, S. 9.

205   Rancière: Unvernehmen, S. 48.

206   Ebd., S. 49; vgl. ebd.

207   Ebd. Das Proletariat, so Trautmann: Partage, S. 73, im Anschluss an Rancière, mache »sich gerade in der Bekennung zum eigenen Ausschluss zugehörig«.

208   Laclau: Populist reason, S. 247; siehe zu Laclaus Auseinandersetzung mit Rancière ebd., S. 244ff.

209   Rancière: Unvernehmen, S. 50.

210   »Die Proletarier sind weder die manuellen Arbeiter noch die arbeitenden Klassen.« (Ebd., S. 49)

211   Vgl. Laclau: Populist reason, S. 247.

Laclau kritisiert allerdings, dass Rancière seine Theorie durch das Einsickernlassen soziologischer Beschreibungen verwässere; etwa wenn er behaupte: »Die Einrichtung der Politik geht in eins mit der Einrichtung des Klassenkampfes.«[212] Auch wenn sich Rancière zu versichern beeile, die Klassen seien »nicht wirklich Klassen«[213], bestehe hier doch eine (zu große) Nähe zu Marx und dessen gleichsam soziologischer, auf einer Analyse der kapitalistischen Gesellschaft beruhenden Beschreibung der zentralen Rolle des Proletariats.[214]

Laclaus etwas angestrengt wirkende Kritik unterstreicht die Notwendigkeit, konsequent eine postfundamentalistische Politik des Miteinander anzugehen. Zu vermeiden wäre zum einen jener »Antifundamentalismus«[215], zu dem Nancy tendiert: Seine Philosophie erkläre nicht, so der Vorwurf Marcharts, wie sich die Pluralität des Seins verknüpfen lasse zu einer *bestimmte[n] Ordnung*«[216] (wobei Nancy das politische Erfordernis einer solchen Verknüpfung anerkennt – siehe den Hinweis auf das ›Volk‹). Zum anderen müsste sich ein postfundamentalistischer Ansatz von dem Bestreben abgrenzen, irgendeine Form einer (politischen) Gemeinschaft vorauszusetzen.

Wer handelnd einen Neuanfang macht, bedarf zur Fortführung des Begonnenen helfender Anderer.[217] Wie kommt es zu gemeinsamem Handeln? Schon Rosa Luxemburg stand Laclau und Mouffe zufolge vor der Schwierigkeit, die Kollektivität radikaler Politik mit der Pluralität der verschiedenen politischen Kämpfe überein zu bringen: Sie habe erkannt, dass auf dem Spiel nicht allein eine »Verstreuung der Kämpfe« stand, sondern es auch um »die Konstitution der *Einheit* des revolutionären Subjekts auf der Basis dieser Komplexität und Mannigfaltigkeit«[218] gehen müsse. Zur Virtuosität politischen Handelns gehört es deshalb, den »Mechanismus der Vereinheitlichung«[219] zu kennen und ihn in das zu übertragen, was Nancy eine »Politik der Knoten«[220] nennt: eine Kunst des Verknüpfens, der »Inbezugsetzung [mise en rapport]«.[221] Politisches Handeln ist dieses Verknüpfen. Das kollektive politische Subjekt ist nicht die Quelle

---

212   Rancière: Unvernehmen, S. 30.

213   Ebd., S. 31.

214   Vgl. Laclau: Populist reason, S. 248.

215   Marchart: Politische Differenz, S. 16.

216   Ebd., S. 115, Hv. i. Orig.; vgl. ebd., S. 113ff.

217   Vgl. Arendt: Was ist Politik, S. 50; Marchart: Neu beginnen, S. 78.

218   Laclau/Mouffe: Hegemonie und radikale Demokratie, S. 41, Hv. i. Orig. Zur »Pluralität der Kampfformen« (ebd.) siehe Luxemburg: Massenstreik, Partei und Gewerkschaften, S. 117: »Der Massenstreik, wie ihn uns die russische Revolution zeigt, ist eine so wandelbare Erscheinung, daß er alle Phasen des politischen und ökonomischen Kampfes, alle Stadien und Momente der Revolution in sich spiegelt. [...] Er flutet bald wie eine breite Meereswoge über das ganze Reich, bald zerteilt er sich in ein Riesennetz dünner Ströme; bald sprudelt er aus dem Untergrunde wie ein frischer Quell, bald versickert er ganz im Boden. Politische und ökonomische Streiks, Massenstreiks und partielle Streiks, Demonstrationsstreiks und Kampfstreiks, Generalstreiks einzelner Branchen und Generalstreiks einzelner Städte, ruhige Lohnkämpfe und Straßenschlachten, Barrikadenkämpfe – alles das läuft durcheinander, nebeneinander, durchkreuzt sich, flutet ineinander über; es ist ein ewig bewegliches, wechselndes Meer von Erscheinungen.«

219   Laclau/Mouffe: Hegemonie und radikale Demokratie, S. 41.

220   Nancy: Sinn der Welt, S. 159 (SM 176).

221   Ebd., S. 157 (SM 174).

politischen Handelns, sondern geht aus politischem Handeln als (symbolische) Einheit erst hervor.[222]

Die von einer »Wortergreifung«[223] (wie der Blanquis) ausgehenden Mitteilungen eines Unrechts müssen zu einer ›Mit-Teilung der Stimmen‹ im Sinne Nancys werden, zu einem geteilten Miteinander, das ihre Zerstreuung aufhebt, ohne sie zu verschmelzen. Für diese Verbindung lässt sich das Bild einer durch Magnetkraft zusammengehaltenen, aber nicht verketteten Serie von Eisenringen vorstellen.[224] Als politische Übersetzung dieses Bildes bietet sich Laclaus und Mouffes Konzept der Äquivalenzkette an. Sie verwandelt eine Stimmenvielfalt nicht in eine eintönige Stimme; der Zusammenklang erhält vielmehr die »Polyphonie der Stimmen«.[225] Den einzelnen Gliedern der Äquivalenzkette liegt keine substantielle Gemeinsamkeit zugrunde, und ihre Differenzen werden durch die Vereinheitlichung zu einem temporären und kontingenten Wir nicht getilgt.[226] Die Einheit des politischen Kollektivs resultiert aus dem Ziehen einer antagonistischen Grenze zu einem Gegenüber, das die vielfältigen Forderungen allesamt (aber jede für sich) negiert.[227] Die politische Gemeinschaft ist also keine soziologische Größe (›nicht wirklich‹ eine Klasse, so Rancière), sondern eine »political category«: Sie erwächst, schreibt Laclau, aus einem »act of institution that creates a new agency out of a plurality of heterogeneous elements«.[228]

Ausbruch der Gemeinschaft

Bevor sich Elemente zu einer ›Äquivalenzkette‹ verbinden können, müssen ihnen Räume des Erscheinens eingeräumt worden sein oder müssen sie sich solche Räume geschaffen haben. Damit rückt die von Laclau und Mouffe vernachlässigte »Dimension der Körperlichkeit«[229] einer Politik des Miteinander in den Blick. Zu den »*Artikulationsformen*« der Antagonismen, die ein Projekt radikaler Demokratie umfassen sollte«[230], gehören auch körperliche Formen.[231] Wenn Laclau und Mouffe davon sprechen, dass Antagonismen auftauchen[232], so deutet dies an und verharmlost zugleich: Politische Ereignisse sind oft ein Ausbrechen von Antagonismen im engen Sinne, ein Sich-Befreien

---

222   Vgl. Marchart: Politische Differenz, S. 312; 313f. Für Laclau: Subjekt der Politik, Politik des Subjekts, S. 91, ist die »Universalität« politisch Handelnder »nur ein leerer Platz, der eine Reihe äquivalenter Forderungen vereinheitlicht«.

223   Rancière: Unvernehmen, S. 48. Siehe zu diesem Begriff auch Nancy: Sinn der Welt, S. 162 (SM 180) – Rancière: Unvernehmen, S. 49, Anm. 17, verweist auf diese Arbeit und erkennt ein »Verhältnis« beider Begriffsverständnisse.

224   Vgl. Nancy: Mit-Teilung der Stimmen, S. 49 (PV 61), der sich bezieht auf Platon: Ion, S. 102f. (533d-e); siehe auch die Anmerkungen in meiner Rezension Herzhoff: Nancy: Die Mit-Teilung der Stimmen, Abs. 8; 10.

225   Laclau/Mouffe: Hegemonie und radikale Demokratie, S. 237.

226   Weder sei »der Zustand totaler Äquivalenz noch jener totaler differentieller Objektivität je ganz [zu] erreichen« (ebd., S. 169), betonen Laclau und Mouffe in diesem Sinne.

227   Vgl. Mouffe: Exodus und Stellungskrieg, S. 38.

228   Laclau: Populist reason, S. 224, Hv. i. Orig.

229   Schwarte: Philosophie der Architektur, S. 147.

230   Laclau/Mouffe: Hegemonie und radikale Demokratie, S. 222, Hv. i. Orig.

231   Siehe dazu den Unterabschnitt *Körperwelten/Körper welten* in Abschnitt I.3.2.

232   Vgl. ebd., S. 224.

von einer »Architektonik der Macht«.[233] Laclau und Mouffe übersehen die Bedeutung der Architektur für die Fixierung von »Individuen in differentielle Positionen«[234] (etwa in die Positionen von Herrschenden und Beherrschten); damit unterschätzen sie das Ausmaß, in dem umgekehrt jede Defixierung auch heißt, sich aus architektonischen Festlegungen zu befreien.[235] Nicht zuletzt architektonische Monumente – die »véritables maîtres«[236] des Volkes, schreibt Bataille – können den gemeinsamen Widersacher bilden, der differente »Formen der Ungleichheit […] einander äquivalent […] und so zu Formen der Unterdrückung«[237] macht. Öffentliche Räume verursachen keine Revolution – aber wohl keine Revolution findet statt, ohne dass sich diverse, bis dahin unsichtbare und unhörbare Menschen im öffentlichen Raum zeigen, gegenseitig wahrnehmen, versammeln, in eine direkte Kommunikation miteinander treten können.[238]

›Kommunismus der Ungleichwertigkeit‹[239]

Was lässt (uns) die globalisierte Welt als eine widerwärtige Nicht-Welt *(immonde)* erscheinen, was mobilisiert den Kampf für eine ›Erschaffung der Welt‹? Allgemeiner gefragt: Was motiviert eine Politik des Miteinander? Möglicherweise, könnte man mit Nancy antworten, ein Begehren, das auf das Begehren selbst und also auf einen ›Kommunismus der Ungleichwertigkeit‹ gerichtet ist.

> Wir begehren im Begehren [désir] zu sein, im Sehnen nach…, im Elan. So kommt eine Nicht-Äquivalenz zustande: Wenn ich etwas oder jemanden begehre, hebe ich ihn heraus, stelle ich ihn vor alle anderen. Und das ist eben die Frage eines Gemeinwillens [volonté générale]: Was kann er vor alle anderen stellen, wenn nicht das Gemeinsame? Aber weder als ›Gemeinschaft‹ noch als ›Kommunismus‹, obwohl diese Begriffe den Weg bereitet haben. Nicht als gemeinsame Ganzheit, sondern als Zirkulation, Teilung [partage], Resonanz, Widerhall, Wiederaufnahme des Sinns – jenes Sinns, der nur darin besteht, zu zirkulieren.[240]

Der ›Kommunismus der Ungleichwertigkeit‹ bildet die Basis, auf der die Arbeit an einer Politik des Miteinander anzugehen ist. Zu bedenken sind zwei Ebenen: die des Politischen *(le politique)* und die der Politik *(la politique)*; ihnen entsprechen ein ontologischer und ein ontischer Zugang.

---

233 Schwarte: Philosophie der Architektur, S. 58.

234 Laclau/Mouffe: Hegemonie und radikale Demokratie, S. 195. Verantwortlich sei eher ein »Ensemble der Diskurse« (ebd.), innerhalb dessen aber m.E. dem architektonischen ›Diskurs‹ eine besondere Rolle zuzusprechen wäre.

235 In diesem Sinne hält Schwarte: Philosophie der Architektur, S. 148, fest: »Damit eine Revolution stattfindet, müssen Ketten gesprengt, architektonische Zwänge und (sehr ›unsymbolische‹) Gewalten entmachtet, muss irgendwo einen Tür [sic!] eingetreten werden. Damit Akte der Befreiung eine Chance haben, […] muss die architektonische Basis eines Machtsystems verändert werden.«

236 Bataille: Architecture, S. 171.

237 Laclau/Mouffe: Hegemonie und radikale Demokratie, S. 196.

238 Vgl. Schwarte: Philosophie der Architektur, S. 9f; 147f.; 264ff.

239 Im Folgenden entwickele ich ausführlicher, was ich in Herzhoff: Nancy und Schmitt, S. 113, nur angedeutet habe.

240 Nancy: Politik und darüber hinaus, S. 221 (PED 21); siehe auch Martinon: Im-mundus, S. 230ff.

Auf der (ontischen) Ebene der Politik fordert der ›Kommunismus der Ungleichwertigkeit‹ die Überwindung des fatalen Prinzips der allgemeinen Äquivalenz; er strebt stattdessen eine Gleichheit als die Würde aller (nicht nur der menschlichen) unvergleichlichen Wesen an.[241] Damit geht es zum einen um die alte Frage nach dem ›guten Leben‹; danach, was eine würdige Existenz ermöglichte, die mehr wäre als das bloße, vereinzelte Überleben.[242] Am Horizont steht mit dem ›Kommunismus der Ungleichwertigkeit‹ zum anderen die Öffnung der Demokratie und des Volkes, das keine Grundlage hat außer der allen gemeinsamen Möglichkeit, als je Besondere zu erscheinen.[243] (Hier zeichnet sich vielleicht schon ab, was es heißen mag, würdig zu existieren.)

Das kapitalistische Äquivalenzprinzip und der ›Kommunismus der Ungleichwertigkeit‹ sind auch Aussagen über das Gemeinsam-Sein, also: über das Politische.[244] In ontologischer Hinsicht benennt ›Kommunismus‹ das Ereignis, dass wir (wie alles und mit allem, was ist) in Gemeinschaft sind.[245] Der Kapitalismus negiert das Gemeinsam-Sein. Zwar hat auch er eine kommunistische Dimension; ihn unterscheidet aber vom ›Kommunismus der Ungleichwertigkeit‹, dass er aus dem Gemeinsamen die Dimension des Singulären herausstreicht – dem Kapitalismus ist alles gleich.[246]

Das Gemeinsam-Sein ist nicht als (äquivalentielle) Gleichförmigkeit zu interpretieren. Es ist kein kommunielles Eins-Sein, sondern knüpft sich aus Singularitäten[247], deren gemeinsamer Grund ihre unvergleichliche, nicht auf ein Maß zu bringende Einzigartigkeit ist. (Genaugenommen gibt es also keinen gemeinsamen Grund.) Das Gemeinsam-Sein existiert nur – und die Existenz ist nur gemeinsam –, gibt es unvergleichliche, ungleichwertige Singularitäten. Eine Singularität ist singulär, wenn sie sich

---

241 Vgl. Nancy: Äquivalenz der Katastrophen, S. 58f. (EC 68f.).

242 In diesem Sinne repräsentiert für Nancy der Begriff des Kommunismus »den Wunsch, einen Ort für die Gemeinschaft zu finden oder wiederzufinden; dieser Ort läge jenseits der sozialen Unterschiede, jenseits der Unterjochung unter eine techno-politische Herrschaft, folglich auch jenseits der Beschneidung der Freiheit, der Verkümmerung der Rede oder dem Schwinden des einfachen Glücks, was eben geschieht, sobald dies alles dem alleinigen Gesetz der Privatisierung unterworfen wird«. (Nancy: Entwerkte Gemeinschaft, S. 11 [CD 11f.])

243 Siehe etwa Nancy: Äquivalenz der Katastrophen, S. 59 (EC 68f.), ausführlicher Abschnitt I.3.3.3 dieser Arbeit.

244 In seiner Rezension von Nancys L'Équivalence des catastrophes (Après Fukushima) betont Christof Forderer: Kirschbaumblüte statt Atomausstieg. In: taz, Nr. 9912 vom 22. September 2012, S. 29. Abrufbar unter: <https://taz.de/!556571/> (Zugriff am 29.1.2022): »Nancy ist davon überzeugt, dass die Aquivalenzform [sic!] mittlerweile längst den ökonomischen Bereich überstiegen und sich in die Existenz des Menschen und der Welt insgesamt hineingefressen hat.« Für ihn sei »die apokalyptische Drohung, die sich mit dem Namen Fukushima verbindet […], fast ein ontologisches Phänomen«. (Ebd.) Auch Watkin: Being just, S. 24, stellt fest: »Capital is […] not simply a way of universalizing value; it is also a question of ontology […]. The ontology of capital is an ontology of general equivalence.« Siehe zudem Ellison: General equivalence, S. 100.

245 Siehe als mögliche Belege von vielen in diesem Sinne etwa Nancy: Das gemeinsame Erscheinen, S. 176 (CP 69), sowie Nancy: Politik und darüber hinaus, S. 232ff. (PED 42ff.).

246 Siehe etwa Nancy: Politik und darüber hinaus, S. 220 (PED 20); Nancy: Äquivalenz der Katastrophen, S. 59 (EC 69); Nancy: Literarischer Kommunismus, S. 157f. (CL 184f.).

247 Vgl. Nancy: Literarischer Kommunismus, S. 158ff. (CL 186ff.).

von-mit *(d'avec)* anderen Singularitäten unterscheidet.[248] Deshalb ist sie wesentlich relational: Sie existiert von Anfang an individuell und gemeinschaftlich.[249]

Gemeinsam-Sein ist das ontologische ›Fundament‹ gemeinsamen Handelns. Weil wir gemeinsam sind, können wir gemeinsam handeln. Die Wendung ›Kommunismus der Ungleichwertigkeit‹ besagt für das gemeinsame und im engeren Sinne politische Handeln: Das Subjekt politischen Handelns ist unbegründet; sein Auftauchen ordnet die gemeinschaftlichen Verhältnisse neu.[250] Dabei ist es weder eine Menge beziehungsloser Individuen noch ›ein Volk‹ im Sinne eines ausschließenden Einschlusses in ein gemeinsames Sein.[251] Freigemacht von jeglicher Identität, aber nicht nichts[252], ist ›Volk‹ in einem aktiven Sinne zu verstehen.[253] Das Volk, das sich durch sein ereignishaftes, nämlich unvorhergesehenes und unvorhergehörtes Auftauchen subjektiviert, verwirklicht das Gemeinsam-Sein, indem es die Gemeinschaft des (gegebenen) Volkes öffnet und den Raum eines Abstandes des Volkes zu sich selbst einrichtet.[254] Nur wenn das Volk in diesem Sinne kein (substantielles) Volk ist, sondern uneins ist mit sich selbst, ist es ein dem Ausgeschlossenen gegenüber aufgeschlossenes Volk[255], das handelnd etwas Neues anfangen kann.

---

248 Siehe dazu oben in Abschnitt I.3.2 den Unterabschnitt *Ko-Existenz: ›singulär plural sein‹*.

249 Vgl. Nancy: Angst vor Gemeinschaft, S. 79.

250 Siehe zu dem letzten Aspekt vor allem Rancière: Unvernehmen, S. 41ff.

251 Vgl. Bedorf: Ort der Ethik, S. 81f. ›Volk‹ ist nicht »l'assomption de la multitude dans ou sous une unité«, unterstreicht Nancy: Le chant du départ, S. 342.

252 »Le peuple exige bien de n'être ni rien ni tout, mais *quelque chose*«. (Nancy: Le chant du départ, S. 351, Hv. i. Orig.)

253 Siehe etwa mit Blick auf die »*Vermischung [mêlée]*« die Feststellung Nancys, es handele sich eher um »eine Handlung als eine Substanz«. (Nancy: Lob der Vermischung, S. 6, Hv. i. Orig. [ELM 175, Hv. i. Orig.])

254 Vgl. Nancy: Le chant du départ, S. 351; siehe auch Bedorf: Ort der Ethik, S. 82, sowie Rancière: Unvernehmen, S. 50, der (wie bereits zitiert) von einem »Abstand zwischen zwei Völkern« spricht: »demjenigen der erklärten politischen Gemeinschaft und dem, das sich als von dieser ausgeschlossen definiert«.

255 Siehe dazu (ausgehend u.a. von Rancière) auch Marchart: Neu beginnen, S. 160ff.

Anhang

Siglen

ADO Nancy, Jean-Luc: L'Adoration (Déconstruction du christianisme, 2). Paris 2010.

ADV Nancy, Jean-Luc: Un art de la ville. In: ders.: La ville au loin. Paris 2011, S. 103-124.

AL Nancy, Jean-Luc/Lacoue-Labarthe, Philippe: L'absolu littéraire. Théorie de la littérature du romantisme allemand. Paris 1978.

ALS Nancy, Jean-Luc: Allitérations. In: ders./Monnier, Mathilde: Allitérations. Conversations sur la danse. Avec la participation de Claire Denis. Paris 2005, S. 137-150.

AM Nancy, Jean-Luc: Athéisme et monothéisme. In: ders.: La Déclosion (Déconstruction du christianisme, 1). Paris 2005, S. 27-45.

AP Nancy, Jean-Luc/Tyradellis, Daniel: Qu'appelons-nous penser [Gespräch]? Bienne, Paris 2013.

AV Nancy, Jean-Luc: Avertissement. In: ders.: Être singulier pluriel. Paris 1996, S. 13-14.

C Nancy, Jean-Luc: Cum. In: ders.: La pensée dérobée. Accompagné de ›L'échappée d'elle‹ de François Martin. Paris 2001, S. 115-121.

CA Nancy, Jean-Luc: La Communauté affrontée. Paris 2001.

CD Nancy, Jean-Luc: La communauté désœuvrée. In: ders.: La communauté désœuvrée [1986]. Nouvelle édition revue et augmentée. Paris 2004, S. 9-105.

CDV Nancy, Jean-Luc: La Communauté désavouée. Paris 2014.

CHM Nancy, Jean-Luc: Changement de monde. In: ders.: La pensée dérobée. Accompagné de ›L'échappée d'elle‹ de François Martin. Paris 2001, S. 139-148.

CHP Nancy, Jean-Luc: Chroniques philosophiques. Paris 2004.

CL Nancy, Jean-Luc: ›Le communisme littéraire‹. In: ders.: La communauté désœuvrée [1986]. Nouvelle édition revue et augmentée. Paris 2004, S. 175-198.

CM Nancy, Jean-Luc: Communisme, le mot. In: Badiou, Alain/Žižek, Slavoj (Hg.): L'idée du communisme. Conférence de Londres, 2009. Fécamp 2010, S. 197-214.

CMM Nancy, Jean-Luc: La création du monde ou la mondialisation. Paris 2002.

CO Nancy, Jean-Luc: Corpus [1992]. Paris 2000.

CP Nancy, Jean-Luc: La comparution. (De l'existence du ›communisme‹ à la communauté de l'›existence‹). In: Bailly, Jean-Christophe/ders.: La comparution [1991]. Paris 2007, S. 51-105.

CS Rousseau, Jean-Jacques: Du Contrat social [1762]. Paris 1992.

DC Nancy, Jean-Luc: La déconstruction du christianisme. In: ders.: La Déclosion (Déconstruction du christianisme, 1). Paris 2005, S. 203-226.

DFI Nancy, Jean-Luc: Démocratie finie et infinie. In: ders. et al.: Démocratie, dans quel état? Paris 2009, S. 77-94.

DH Nancy, Jean-Luc: Démesure humaine. In: ders.: Être singulier pluriel. Paris 1996, S. 203-211.

DM Nancy, Jean-Luc: Déconstruction du monothéisme. In: ders.: La Déclosion (Déconstruction du christianisme, 1). Paris 2005, S. 47-63.

E Nancy, Jean-Luc: Entretien avec [Véronique Fabbri]. In: Rue Descartes 44 (2004), H. 2, S. 62-79.

EA Nancy, Jean-Luc: L'être abandonné. In: ders.: L'impératif catégorique. Paris 1983, S. 139-153.

EAC Nancy, Jean-Luc: Une expérience au cœur. In: ders.: La Déclosion (Déconstruction du christianisme, 1). Paris 2005, S. 117-123.

EAEL Nancy, Jean-Luc: L'être-avec de l'être-là. In: Cahiers philosophiques 2007, H. 111, S. 66-78. Abrufbar unter: <https://www.cairn.info/revue-cahiers-philosophiques1-2007-3-page-66.htm> (Zugriff am 29.1.2022).

EC Nancy, Jean-Luc: L'Équivalence des catastrophes (Après Fukushima). Paris 2012.

EDA Nancy, Jean-Luc: Extension de l'âme. In: ders.: 58 indices sur le corps et Extension de l'âme. Suivi de Ginette Michaud: Appendice. Québec 2004, S. 67-84.

EL Nancy, Jean-Luc: L'expérience de la liberté. Paris 1988.

ELM Nancy, Jean-Luc: Éloge de la mêlée. Pour Sarajevo, mars 1993. In: ders.: Être singulier pluriel. Paris 1996, S. 169-182.

EO Nancy, Jean-Luc: L'›éthique originaire‹ de Heidegger. In: ders.: La pensée dérobée. Accompagné de ›L'échappée d'elle‹ de François Martin. Paris 2001, S. 85-113.

ESP Nancy, Jean-Luc: De l'être singulier pluriel. In: ders.: Être singulier pluriel. Paris 1996, S. 15-123.

I Nancy, Jean-Luc: Identité. Fragments, franchises. Paris 2010.

IDV Nancy, Jean-Luc: Images de la ville. In: ders.: La ville au loin. Paris 2011, S. 47-70.

IS Nancy, Jean-Luc: L'insacrifiable. In: ders.: Une pensée finie. Paris 1990, S. 65-106.

ISLC Nancy, Jean-Luc: 58 indices sur le corps. In: ders.: 58 indices sur le corps et Extension de l'âme. Suivi de Ginette Michaud: Appendice. Québec 2004, S. 5-66.

LPP Nancy, Jean-Luc/Lacoue-Labarthe, Philippe: La panique politique. In: Cahiers Confrontation 2 (1979), S. 33-57.

MI Nancy, Jean-Luc: Le mythe interrompu. In: ders.: La communauté désœuvrée [1986]. Nouvelle édition revue et augmentée. Paris 2004, S. 107-174.

MN Nancy, Jean-Luc/Lacoue-Labarthe, Philippe: Le mythe nazi [1991]. La Tour d'Aigues 2016.

NMT Nancy, Jean-Luc: Noli me tangere. Essai sur la levée du corps. 2. Aufl. Paris 2003.

OP Nancy, Jean-Luc: L'oubli de la philosophie. Paris 1986.

OUV Nancy, Jean-Luc: Ouverture. In: ders.: La Déclosion (Déconstruction du christianisme, 1). Paris 2005, S. 9-25.

PED Nancy, Jean-Luc: Politique et au-delà. Entretien avec Philip Armstrong et Jason E. Smith. Paris 2011.

PIC Nancy, Jean-Luc: Préface à l'édition italienne de L'impératif catégorique. In: Le Portique 18 (2006), o. S. Abrufbar unter: <https://journals.openedition.org/leportique/831> (Zugriff am 29.1.2022).

PP Nancy, Jean-Luc: Présentation. In: ders.: Maurice Blanchot. Passion politique. Lettre-récit de 1984 suivie d'une lettre de Dionys Mascolo. Paris 2011, S. 9-43.

PV Nancy, Jean-Luc: Le Partage des voix. Paris 1982.

QF Nancy, Jean-Luc: Que faire? Paris 2016.

RPF Derrida, Jacques: La raison du plus fort (Y a-t-il des États voyous?). In: ders.: Voyous. Deux essais sur la raison. Paris 2003, S. 17-161.

RS Nancy, Jean-Luc: L›il y a‹ du rapport sexuel. Paris 2001.

SM Nancy, Jean-Luc: Le Sens du monde. Paris 1993.

T Derrida, Jacques: Le toucher, Jean-Luc Nancy. Accompagné de travaux de lecture de Simon Hantai. Paris 2000.

VAL Nancy, Jean-Luc: La ville au loin. In: ders.: La ville au loin. Paris 2011, S. 11-46.

VD Nancy, Jean-Luc: Vérité de la démocratie. Paris 2008.

VLH Nancy, Jean-Luc: La voix libre de l'homme. In: ders./Lacoue-Labarthe, Philippe (Hg.): Les fins de l'homme. À partir du travail de Jacques Derrida. Colloque de Cerisy 23 juillet-2 août 1980. Paris 1981, S. 163-184 (Vortragstext u. Diskussion).

Literaturverzeichnis

Adams, Suzi: Castoriadis and Autopoiesis. In: Thesis Eleven 88 (2007), H. 1, S. 76-91.

Adams, Suzi: Castoriadis's Ontology. Being and Creation. New York 2011.

Adams, Suzi: Art. ›The Living Being‹. In: dies. (Hg.): Cornelius Castoriadis. Key Concepts. London, New York 2014, S. 135-141.

Adorno, Theodor W[iesengrund]/Bloch, Ernst: Etwas fehlt... Über die Widersprüche der utopischen Sehnsucht (Ein Rundfunkgespräch mit Theodor W. Adorno [und Ernst Bloch], Gesprächsleiter: Horst Krüger, 1964). In: Bloch, Ernst: Tendenz – Latenz – Utopie. Werkausgabe. Ergänzungsband. Frankfurt a.M. 1985, S. 350-368.

Adorno, Theodor W[iesengrund]: [Rezension von] Roger Caillois, La Mante religieuse. Recherche sur la nature et la signification du mythe. Paris: La Maison des Amis des Livres 1937. In: ders.: Gesammelte Schriften. Bd. 20/1. Vermischte Schriften I (Hg. Tiedemann, Rolf). Frankfurt a.M. 1986, S. 229-230.

Adorno, Theodor W[iesengrund]: Brief an Walter Benjamin vom 22. September 1937. In: ders.: Briefe und Briefwechsel. Bd. 1. Theodor W. Adorno. Walter Benjamin. Briefwechsel 1928-1940 (Hg. Lonitz, Henri). Frankfurt a.M. 1994, S. 276-279.

Adorno, Theodor W[iesengrund]: Minima Moralia. Reflexionen aus dem beschädigten Leben [1951]. Gesammelte Schriften. Bd. 4 (Hg. Tiedemann, Rolf). Frankfurt a.M. 2003.

Agacinski, Sylviane: Volume. Philosophies et politiques de l'architecture. Paris 1992.

Agamben, Giorgio: Homo sacer. Die souveräne Macht und das nackte Leben. Frankfurt a.M. 2002.

Agamben, Giorgio: Was von Auschwitz bleibt. Das Archiv und der Zeuge (Homo sacer III). Frankfurt a.M. 2003.

Agamben, Giorgio: Die kommende Gemeinschaft [2001]. Berlin 2003.

Agamben, Giorgio: Das Offene. Der Mensch und das Tier. Frankfurt a.M. 2003.

Agamben, Giorgio: Der Mensch ohne Inhalt. Berlin 2012.

Albers, Irene/Moebius, Stephan: Nachwort. In: Hollier, Denis (Hg.): Das Collège de Sociologie 1937-1939. Berlin 2012, S. 757-828.

Albertz, Rainer: Art. ›Schöpfung‹ (Vorderer Orient und ›Altes Testament‹). In: Ritter, Joachim/Gründer, Karlfried (Hg.): Historisches Wörterbuch der Philosophie. Bd. 8: R-Sc. Basel 1992, Spp. 1389-1393.

Allkemper, Alo: Rettung und Utopie. Studien zu Adorno. Paderborn u.a. 1981.

Andermatt Conley, Verena: Nancy's Worlds. In: Diacritics 42 (2014), H. 2, S. 84-99.

Anderson, Benedict: Die Erfindung der Nation. Zur Karriere eines folgenreichen Konzepts. 2., um ein Nachwort von Thomas Mergel erw. Aufl. der Neuausg. 1996. Frankfurt a.M., New York 2005.

Angelus Silesius: Cherubinischer Wandersmann [1657]. Kritische Ausgabe (Hg. Gnädinger, Louise). Stuttgart 1984.

Arendt, Hannah: Brief an Karl Jaspers vom 04. März 1951. In: dies./Jaspers, Karl: Briefwechsel 1926-1969 (Hg. Köhler, Lotte/Saner, Karl). München, Zürich 1985, S. 201-205.

Arendt, Hannah: Über die Revolution [1963]. 3. Aufl. München, Zürich 1986.

Arendt, Hannah: Was ist Existenz-Philosophie [1946]? Frankfurt a.M. 1990.

Arendt, Hannah: Interview mit Adelbert Reif. In: dies.: Macht und Gewalt. 9. Aufl. München 1994, S. 105-133.

Arendt, Hannah: Vita activa oder Vom tätigen Leben [1958]. 12. Aufl. München 2001.

Arendt, Hannah: Elemente und Ursprünge totaler Herrschaft, Antisemitismus, Imperialismus, Totalitarismus [1951]. 10. Aufl. München, Zürich 2005.

Arendt, Hannah: Was ist Politik? Fragmente aus dem Nachlaß (Hg. Ludz, Ursula). 4. Aufl. München 2010.

Arendt, Hannah: Was ist Autorität? In: dies.: Zwischen Vergangenheit und Zukunft. Übungen im politischen Denken I (Hg. Ludz, Ursula). 2. Aufl. München 2013, S. 159-200.

Arendt, Hannah: Freiheit und Politik. In: dies.: Zwischen Vergangenheit und Zukunft. Übungen im politischen Denken I (Hg. Ludz, Ursula). 2. Aufl. München 2013, S. 201-226.

Arendt, Hannah: Kultur und Politik. In: dies.: Zwischen Vergangenheit und Zukunft. Übungen im politischen Denken I (Hg. Ludz, Ursula). 2. Aufl. München 2013, S. 277-302.

Arendt, Hannah: Gedanken zu Lessing. Von der Menschlichkeit in finsteren Zeiten. In: dies.: Menschen in finsteren Zeiten (Hg. Ludz, Ursula). 2. Aufl. München 2013, S. 11-45.

Arendt, Hannah: Rosa Luxemburg. 1871-1919. In: dies.: Menschen in finsteren Zeiten (Hg. Ludz, Ursula). 2. Aufl. München 2013, S. 46-74.

Arendt, Hannah: Martin Heidegger ist achtzig Jahre alt. In: dies.: Menschen in finsteren Zeiten (Hg. Ludz, Ursula). 2. Aufl. München 2013, S. 181-194.

Aristoteles: Nikomachische Ethik (Übers. Rolfes, Eugen; bearb. von Bien, Günther). Philosophische Schriften in sechs Bänden. Bd. 3. Hamburg 1995.

Aristoteles: Politik (Übers. Rolfes, Eugen). Philosophische Schriften in sechs Bänden. Bd. 4. Hamburg 1995.

Aristoteles: Physik. Vorlesung über die Natur (Übers. Zekl, Hans Günter). Philosophische Schriften in sechs Bänden. Bd. 6. Hamburg 1995.

Aristoteles: Über die Seele (Nach der Übers. von Willy Theiler bearbeitet von Horst Seidl). Philosophische Schriften in sechs Bänden. Bd. 6. Hamburg 1995.

Aristoteles: Der Staat der Athener. Rev. u. bibliograph. erg. Ausg. (Übers. u. Hg. Dreher, Martin). Stuttgart 2009.

Arnason, Johann P[all]: Castoriadis im Kontext: Genese und Anspruch eines metaphilosophischen Projekts. In: Wolf, Harald (Hg.): Das Imaginäre im Sozialen. Zur Sozialtheorie von Cornelius Castoriadis. Göttingen 2012, S. 39-62.

Arnason, Johann P[all]: Art. ›Creative Imagination‹. In: Adams, Suzi (Hg.): Cornelius Castoriadis. Key Concepts. London, New York 2014, S. 43-51.

Arnould, Elisabeth: The Impossible Sacrifice of Poetry: Bataille and the Nancian Critique of Sacrifice. In: Diacritics 26 (1996), H. 2, S. 86-96.

Attali, Jean: Le plan et le détail. Une philosophie de l'architecture et de la ville. Nîmes 2001.

Aurenque, Diana: Ethosdenken. Auf der Spur einer ethischen Fragestellung in der Philosophie Martin Heideggers. Freiburg i.Br. 2011.

Austin, John Langshaw: Zur Theorie der Sprechakte (How to do things with Words). Bibliograph. erg. Ausg. Stuttgart 2002.

Badiou, Alain/Gauchet, Marcel: Was tun? Dialog über den Kommunismus, den Kapitalismus und die Zukunft der Demokratie. Moderiert von Martin Duru und Martin Legros (Hg. Engelmann, Peter). Wien 2016.

Badiou, Alain: L'outrepassement politique du philosophème de la communauté. In: Leyenberger, Georges et al. (Hg.): Politique et modernité. Paris 1992, S. 55-67.

Badiou, Alain: L'offrande réservée. In: Guibal, Francis/Martin, Jean-Clet (Hg.): Sens en tous sens. Autour des travaux de Jean-Luc Nancy. Paris 2004, S. 13-24.

Badiou, Alain: Ist Politik denkbar? Berlin 2010.

Badiou, Alain: Die kommunistische Hypothese. Berlin 2011.

Badiou, Alain: D'un désastre obscur. Droit, État, Politique. La Tour d'Aigues 2012.

Baecker, Dirk: Miteinander leben, ohne sich zu kennen: Die Ökologie der Stadt. In: Soziale Systeme 10 (2004), H. 2, S. 257-272.

Baecker, Dirk: Stadtluft macht frei: Die Stadt in den Medienepochen der Gesellschaft. In: Soziale Welt 60 (2009), H. 3, S. 259-283.

Baier, Annette C[laire]: Act and Intent. In: The Journal of Philosophy 67 (1970), H. 19, S. 648-658.

Baier, Annette C[laire]: Dinge mit anderen tun: Die mentale Allmende. In: Schmid, Hans Bernhard/Schweikard, David P. (Hg.): Kollektive Intentionalität. Eine Debatte über die Grundlagen des Sozialen. Frankfurt a.M. 2009, S. 230-265.

Bailly, Jean-Christophe/Nancy, Jean-Luc: Note liminaire. In: dies.: La comparution [1991]. Paris 2007, S. 7-9.

Balibar, Étienne: Die Nation-Form: Geschichte und Ideologie. In: ders./Wallerstein, Immanuel: Rasse – Klasse – Nation. Ambivalente Identitäten. 2. Aufl. Berlin 1992, S. 107-130.

Balibar, Étienne: Nancy's Inoperative Community. In: Andermatt Conley, Verena/Goh, Irving (Hg.): Nancy Now. Cambridge, Malden 2014, S. 20-36.

Baltzer, Ulrich: Gemeinschaftshandeln. Ontologische Grundlagen einer Ethik sozialen Handelns. Freiburg i.Br., München 1999.

Baranowski, Daniel: Simon Srebnik kehrt nach Chełmno zurück. Zur Lektüre der Shoah. Würzburg 2009.

Barth, Hans: Über die Idee der Selbstentfremdung des Menschen bei Rousseau. In: Zeitschrift für philosophische Forschung 8 (1959), H. 1, S. 16-35.

Bataille, Georges et al.: ›Contre-Attaque‹. Union de lutte des intellectuels révolutionnaires. In: Bataille, Georges: Œuvres complètes I. Premiers Écrits. 1922-1940. Histoire de l'œil. L'anus solaire. Sacrifices. Articles. Paris 1970, S. 379-383.

Bataille, Georges et al.: Notiz zur Gründung eines Collège de Sociologie. In: Hollier, Denis (Hg.): Das Collège de Sociologie 1937-1939. Berlin 2012, S. 28-30.

Bataille, Georges/Caillois, Roger/Leiris, Michel: Erklärung des Collège de Sociologie zur internationalen Krise. Nouvelle revue française, Nr. 302 vom 1. November 1938. In: Hollier, Denis (Hg.): Das Collège de Sociologie 1937-1939. Berlin 2012, S. 313-317.

Bataille, Georges/Caillois, Roger: Die Sakralsoziologie der gegenwärtigen Welt. In: Hollier, Denis (Hg.): Das Collège de Sociologie 1937-1939. Berlin 2012, S. 211-229.

Bataille, Georges: Le cheval académique. In: ders.: Œuvres complètes I. Premiers Écrits. 1922-1940. Histoire de l'œil. L'anus solaire. Sacrifices. Articles. Paris 1970, S. 159-163.

Bataille, Georges: Architecture. In: ders.: Œuvres complètes I. Premiers Écrits. 1922-1940. Histoire de l'œil. L'anus solaire. Sacrifices. Articles. Paris 1970, S. 171-172.

Bataille, Georges: Les Cahiers de ›Contre-Attaque‹. In: ders.: Œuvres complètes I. Premiers Écrits. 1922-1940. Histoire de l'œil. L'anus solaire. Sacrifices. Articles. Paris 1970, S. 384-392.

Bataille, Georges: L'expérience intérieure. In: ders.: Œuvres complètes V. La somme athéologique. Tome I. L'expérience intérieure. Méthode de méditation. Post-scriptum 1953. Le coupable. L'alleluiah. Paris 1973, S. 7-189.

Bataille, Georges: Post-scriptum 1953. In: ders.: Œuvres complètes V. La somme athéologique. Tome I. L'expérience intérieure. Méthode de méditation. Post-scriptum 1953. Le coupable. L'alleluiah. Paris 1973, S. 229-234 u. S. 482-492.

Bataille, Georges: Lettre à X., chargé d'un cours sur Hegel... In: ders.: Œuvres complètes V. La somme athéologique. Tome I. L'expérience intérieure. Méthode de méditation. Post-scriptum 1953. Le coupable. L'alleluiah. Paris 1973, S. 369-371.

Bataille, Georges: La limite de l'utile. Fragments d'une version abandonnée de La part maudite. In: ders.: Œuvres complètes VII. L'économie à la mesure de l'univers. La part maudite. La limite de l'utile (fragments). Théorie de la religion. Conférences 1947-1948. Annexes. Paris 1976, S. 181-280.

Bataille, Georges: La religion surréaliste. In: ders.: Œuvres complètes VII. L'économie à la mesure de l'univers. La part maudite. La limite de l'utile (fragments). Théorie de la religion. Conférences 1947-1948. Annexes. Paris 1976, S. 381-405.

Bataille, Georges: Notice autobiographique. In: ders.: Œuvres complètes VII. L'économie à la mesure de l'univers. La part maudite. La limite de l'utile (fragments). Théorie de la religion. Conférences 1947-1948. Annexes. Paris 1976, S. 459-462 u. S. 614-616.

Bataille, Georges: La souveraineté. In: ders.: Œuvres complètes VIII. L'histoire de l'érotisme. Le surréalisme au jour le jour. Conférences 1951-1953. La souveraineté. Annexes. Paris 1976, S. 243-456.

Bataille, Georges: Die psychologische Struktur des Faschismus [1933]. In: ders.: Die psychologische Struktur des Faschismus. Die Souveränität (Hg. Lenk, Elisabeth). München 1978, S. 7-43.

Bataille, Georges: Brief an Roger Caillois vom 6. Juni 1939. In: ders: Lettres à Roger Caillois. 4 août 1935-4 février 1959. Présentées et annotées par Jean-Pierre Le Bouler. Romillé 1987, S. 107-109.

Bataille, Georges: L'absence de mythe. In: ders.: Œuvres complètes XI. Articles 1. 1944-1949. Paris 1988, S. 236.

Bataille, Georges: Hegel, la mort et le sacrifice. In: ders.: Œuvres complètes XII. Articles 2. 1950-1961. Paris 1988, S. 326-345.

Bataille, Georges: Réunion sessionnelle du 25 juillet 1938. In: ders.: L'Apprenti Sorcier. Du cercle communiste démocratique à Acéphale. Textes, lettres et documents (1932-1939). Rassemblés, présentés et annotés par Marina Galletti. Paris 1999, S. 438-444.

Bataille, Georges: Der Begriff der Verausgabung [1933]. In: ders.: Das theoretische Werk in Einzelbänden. Die Aufhebung der Ökonomie. Der Begriff der Verausgabung. Der verfemte Teil. Kommunismus und Stalinismus. Die Ökonomie im Rahmen des Universums (Hg. Bergfleth, Gerd). 3., erw. Aufl. München 2001, S. 7-31.

Bataille, Georges: Die Sakralsoziologie und die Beziehungen zwischen ›Gesellschaft‹, ›Organismus‹ und ›Wesen‹. In: Hollier, Denis (Hg.): Das Collège de Sociologie 1937-1939. Berlin 2012, S. 43-62.

Bataille, Georges: Brief an X., der mit einer Hegel-Vorlesung beauftragt ist. In: Hollier, Denis (Hg.): Das Collège de Sociologie 1937-1939. Berlin 2012, S. 75-80.

Bataille, Georges: Anziehung und Abstoßung I. Tropismen, Sexualität, Lachen und Tränen. In: Hollier, Denis (Hg.): Das Collège de Sociologie 1937-1939. Berlin 2012, S. 112-129.

Bataille, Georges: Anziehung und Abstoßung II. Die soziale Struktur. In: Hollier, Denis (Hg.): Das Collège de Sociologie 1937-1939. Berlin 2012, S. 130-150.

Bataille, Georges: Das Opfer. In: Hollier, Denis (Hg.): Das Collège de Sociologie 1937-1939. Berlin 2012, S. 627-632.

Bataille, Georges: Die Todesfreude. In: Hollier, Denis (Hg.): Das Collège de Sociologie 1937-1939. Berlin 2012, S. 632-636.

Battegay, Caspar: Das andere Blut. Gemeinschaft im deutsch-jüdischen Schreiben 1830-1930. Köln, Weimar, Wien 2011.

Bauman, Zygmunt: Gemeinschaften. Auf der Suche nach Sicherheit in einer bedrohlichen Welt. Frankfurt a.M. 2009.

Bax, Chantal: A Forward-looking France: Jean-Luc Nancy on National Identity. Veröffentlicht am 14.1.2013, o. S. Abrufbar unter: <https://www.telospress.com/a-forward-looking-france-jean-luc-nancy-on-national-identity/> (Zugriff am 29.1.2022).

Bax, Chantal: Jean-Luc Nancy über Nationalität und/als Identität. In: Röttgers, Kurt (Hg.): Plurale Sozio-Ontologie und Staat. Jean-Luc Nancy. Baden-Baden 2018, S. 121-138.

Bedorf, Thomas/Herrmann, Steffen (Hg.): Das soziale Band. Geschichte und Gegenwart eines sozialtheoretischen Grundbegriffs. Frankfurt a.M., New York 2016.

Bedorf, Thomas/Herrmann, Steffen: Das Gewebe des Sozialen. Geschichte und Gegenwart des sozialen Bandes. In: dies. (Hg.): Das soziale Band. Geschichte und Gegenwart eines sozialtheoretischen Grundbegriffs. Frankfurt a.M., New York 2016, S. 11-47.

Bedorf, Thomas/Röttgers, Kurt (Hg.): Das Politische und die Politik. Berlin 2010.

Bedorf, Thomas: Bodenlos. Der Kampf um den Sinn im Politischen. In: Deutsche Zeitschrift für Philosophie 55 (2007), H. 5, S. 689-715.

Bedorf, Thomas: Das Politische und die Politik. Konturen einer Differenz. In: ders./ Röttgers, Kurt (Hg.): Das Politische und die Politik. Berlin 2010, S. 13-37.

Bedorf, Thomas: Der Ort der Ethik im Netz der Singularitäten. Jean-Luc Nancys Begriff der Gemeinschaft und das Problem der Alterität. In: Bippus, Elke/Huber, Jörg/ Richter, Dorothee (Hg.): ›Mit-Sein‹. Gemeinschaft – ontologische und politische Perspektivierungen. Zürich, Wien, New York 2010, S. 79-90.

Bedorf, Thomas: Jean-Luc Nancy: Das Politische zwischen Gesellschaft und Gemeinschaft. In: Bröckling, Ulrich/Feustel, Robert (Hg.): Das Politische denken. Zeitgenössische Positionen. Bielefeld 2010, S. 145-157.

Beistegui, Miguel de: Sacrifice revisited. In: Sheppard, Darren/Sparks, Simon/Thomas, Colin (Hg.): On Jean-Luc Nancy. The sense of philosophy. London, New York 1997, S. 157-173.

Benhabib, Seyla: Demokratie und Differenz. Betrachtungen über Rationalität, Demokratie und Postmoderne. In: Brumlik, Micha/Brunkhorst, Hauke (Hg.): Gemeinschaft und Gerechtigkeit. Frankfurt a.M. 1993, S. 97-116.

Benhabib, Seyla: Hannah Arendt – Die melancholische Denkerin der Moderne. Erweiterte Ausgabe. Frankfurt a.M. 2006.

Benjamin, Andrew: Forbidding, Knowing, Continuing. On Representing the Shoah. In: Gratton, Peter/Morin, Marie-Eve (Hg.): Jean-Luc Nancy and Plural Thinking. Expositions of World, Ontology, Politics, and Sense. Albany 2012, S. 213-226.

Benjamin, Walter: Das Kunstwerk im Zeitalter seiner technischen Reproduzierbarkeit. Dritte Fassung. In: ders.: Gesammelte Schriften. Bd. I.2 (Hg. Tiedemann, Rolf/ Schweppenhäuser, Hermann). Frankfurt a.M. 1991, S. 471-508.

Benjamin, Walter: Brief an Max Horkheimer vom 24. Januar 1939. In: ders.: Gesammelte Briefe. Bd. VI. 1938-1940 (Hg. Gödde, Christoph/Lonitz, Henri). Frankfurt a.M. 2000, S. 197-209.

Bergfleth, Gerd: Blanchots Dekonstruktion der Gemeinschaft. In: Blanchot, Maurice: Die uneingestehbare Gemeinschaft. München 2007, S. 110-183.

Bernasconi, Robert: On Deconstructing Nostalgia for Community within the West: The Debate between Nancy and Blanchot. In: Research in Phenomenology 23 (1993), H. 1, S. 3-21.

Bernasconi, Robert: Heidegger und die Dekonstruktion. Strategien im Umgang mit der Metaphysik: Derrida, Nancy, Lacoue-Labarthe und Irigaray. In: Thomä, Dieter (Hg.): Heidegger-Handbuch. Leben – Werk – Wirkung. Stuttgart, Weimar 2003, S. 440-450.

Beyerle, Dieter: Rousseaus zweiter Discours und das Goldene Zeitalter. In: Romanistisches Jahrbuch 12 (1961), S. 105-123.

Bippus, Elke/Huber, Jörg/Richter, Dorothee (Hg.): ›Mit-Sein‹. Gemeinschaft – ontologische und politische Perspektivierungen. Zürich, Wien, New York 2010.

Bischof, Rita: Tragisches Lachen. Die Geschichte von Acéphale. Berlin 2010.

Bischof, Sascha: Gerechtigkeit – Verantwortung – Gastfreundschaft. Ethik-Ansätze nach Jacques Derrida. Freiburg, Wien 2004.

Blanchot, Maurice: L'Entretien infini. Paris 1969.

Blanchot, Maurice: Die uneingestehbare Gemeinschaft [1983]. Berlin 2007.

Bloch, Ernst: Antizipierte Realität – Wie geschieht und was leistet utopisches Denken? In: Universitätstage 1965 (Veröffentlichung der Freien Universität Berlin). Wissenschaft und Planung. Berlin 1965, S. 5-15.

Bloch, Ernst: Tübinger Einleitung in die Philosophie. Werkausgabe. Bd. 13. Frankfurt a.M. 1970.

Bloch, Ernst: Das Prinzip Hoffnung. In fünf Teilen. Werkausgabe. Bd. 5. Frankfurt a.M. 1985.

Bluhm, Harald: Hannah Arendt und das Problem der Kreativität politischen Handelns. In: ders./Gebhardt, Jürgen (Hg.): Konzepte politischen Handelns. Kreativität – Innovation – Praxen. Baden-Baden 2001, S. 73-94.

Bluhm, Harald: Konträre Auffassungen über Politik und Entscheidung. Michael Th. Greven und Panajotis Kondylis – eine Skizze. In: Asbach, Olaf et al. (Hg.): Zur kritischen Theorie der politischen Gesellschaft. Festschrift für Michael Th. Greven zum 65. Geburtstag. Wiesbaden 2012, S. 77-95.

Blumenberg, Hans: Die Legitimität der Neuzeit. Erneuerte Ausgabe. Frankfurt a.M. 1996.

Blumenberg, Hans: ›Nachahmung der Natur‹. Zur Vorgeschichte der Idee des schöpferischen Menschen. In: ders.: Wirklichkeiten in denen wir leben. Aufsätze und eine Rede. Stuttgart 2009, S. 55-103.

Böckelmann, Janine/Morgenroth, Claas (Hg.): Politik der Gemeinschaft. Zur Konstitution des Politischen in der Gegenwart. Bielefeld 2008.

Boesch, Christophe: Joint cooperative hunting among wild chimpanzees: Taking natural observations seriously. In: Michael Tomasello et al.: Understanding and sharing intentions: The origins of cultural cognition. In: Behavioral and Brain Sciences 28 (2005), H. 5, S. 675-735 (Aufsatz, Kommentar/Diskussion u. Literaturverzeichnis), 692-693.

Böhringer, Hannes: Moneten. Von der Kunst zur Philosophie. Berlin 1990.

Bonacker, Thorsten: Die politische Theorie der Dekonstruktion: Jacques Derrida. In: Brodocz, André/Schaal, Gary S[tuart] (Hg.): Politische Theorien der Gegenwart II. Eine Einführung. Opladen 2001, S. 129-159.

Bonacker, Thorsten: Die Gemeinschaft der Dekonstruktion. Zum normativen Gehalt liberaler Gemeinschaften. In: Kern, Andrea/Menke, Christoph (Hg.): Philosophie der Dekonstruktion. Zum Verhältnis von Normativität und Praxis. Frankfurt a.M. 2002, S. 264-288.

Bosshart, David: Politische Intellektualität und totalitäre Erfahrung. Hauptströmungen der französischen Totalitarismuskritik. Berlin 1992.

Bossong, Nora: 36,9°. München 2015.

Böttger, Felix: Postliberalismus. Zur Liberalismuskritik der politischen Philosophie der Gegenwart. Frankfurt a.M., New York 2014.

Bourdieu, Pierre: Die politische Ontologie Martin Heideggers. Frankfurt a.M. 1988.

Bratman, Michael E.: Intention, Plans, and Practical reason. Cambridge, London 1987.

Bratman, Michael E.: Introduction: Planning Agents in a Social World. In: ders.: Faces of Intention. Selected Essays on Intention and Agency. Cambridge u.a. 1999, S. 1-12.

Bratman, Michael E.: Practical Reasoning and Acceptance in a Context. In: ders.: Faces of Intention. Selected Essays on Intention and Agency. Cambridge u.a. 1999, S. 15-34.

Bratman, Michael E.: Shared cooperative activity. In: ders.: Faces of Intention. Selected Essays on Intention and Agency. Cambridge u.a. 1999, S. 93-108.

Bratman, Michael E.: Shared Intention and Mutual Obligation. In: ders.: Faces of Intention. Selected Essays on Intention and Agency. Cambridge u.a. 1999, S. 130-141.

Bratman, Michael E.: I Intend That We J. In: ders.: Faces of Intention. Selected Essays on Intention and Agency. Cambridge u.a. 1999, S. 142-161.

Bratman, Michael E.: Dynamics of Sociality. In: Midwest Studies in Philosophy 30 (2006), H. 1, S. 1-15.

Bratman, Michael E.: Geteilte Absichten. In: Deutsche Zeitschrift für Philosophie 55 (2007), H. 3, S. 409-424.

Bratman, Michael E.: Geteiltes kooperatives Handeln. In: Schmid, Hans Bernhard/Schweikard, David P. (Hg.): Kollektive Intentionalität. Eine Debatte über die Grundlagen des Sozialen. Frankfurt a.M. 2009, S. 176-193.

Bratman, Michael E.: Ich beabsichtige, dass wir G-en. In: Schmid, Hans Bernhard/Schweikard, David P. (Hg.): Kollektive Intentionalität. Eine Debatte über die Grundlagen des Sozialen. Frankfurt a.M. 2009, S. 333-355.

Bratman, Michael E.: Shared Agency. A Planning Theory of Acting Together. New York 2014.

Brecht, Bertolt: Die Dreigroschenoper. In: ders.: Gesammelte Werke in 20 Bänden. Bd. 2. Stücke 2. Frankfurt a.M. 1967, S. 393-497.

Breckman, Warren: Creatio ex nihilo. Zur postmodernen Wiederbelebung einer theologischen Metapher. In: Zeitschrift für Ideengeschichte 1 (2007), H. 2, S. 13-28.

Bröckling, Ulrich/Feustel, Robert (Hg.): Das Politische denken. Zeitgenössische Positionen. Bielefeld 2010.

Brossat, Alain: Plebs Invicta. Berlin 2012.

Brumlik, Micha/Brunkhorst, Hauke: Vorwort. In: dies. (Hg.): Gemeinschaft und Gerechtigkeit. Frankfurt a.M. 1993, S. 9-16.

Brunkhorst, Hauke: Marxismus und Alternativbewegungen. In: Neue Rundschau 92 (1981), H. 1, S. 100-115.

Brunner, Reinhard: Die Fragmentierung der Vernunft. Rationalitätskritik im 20. Jahrhundert. Frankfurt a.M., New York 1994.

Bürger, Peter: Ursprung des postmodernen Denkens. Weilerswist 2000.

Busch, Kathrin: Enklaven im Selbst. Die Figur der Ent-Aneignung bei Derrida. In: Flatscher, Matthias/Loidolt, Sophie (Hg.): Das Fremde im Selbst – Das Andere im Selben. Transformationen der Phänomenologie. Würzburg 2010, S. 176-188.

Busch, Kathrin: Jean-Luc Nancy – Exposition und Berührung. In: Alloa, Emmanuel et al. (Hg.): Leiblichkeit. Begriff, Geschichte und Aktualität eines Konzepts. Tübingen 2012, S. 305-319.

Butler, Judith/Laclau, Ernesto/Žižek, Slavoj: Einleitung. In: dies.: Kontingenz, Hegemonie, Universalität. Aktuelle Dialoge zur Linken (Hg. Posselt, Gerald). Wien 2013, S. 1-5.

Butler, Judith: Anmerkungen zu einer performativen Theorie der Versammlung. Berlin 2016.

Caillois, Roger: Einführung. In: Hollier, Denis (Hg.): Das Collège de Sociologie 1937-1939. Berlin 2012, S. 39-42.

Caillois, Roger: Für ein Collège de Sociologie. Nouvelle revue française, Nr. 298 vom 1. Juli 1938. Einführung. In: Hollier, Denis (Hg.): Das Collège de Sociologie 1937-1939. Berlin 2012, S. 263-267.

Caillois, Roger: Der Winterwind. In: Hollier, Denis (Hg.): Das Collège de Sociologie 1937-1939. Berlin 2012, S. 290-309.

Caillois, Roger: Die Ambiguität des Sakralen. In: Hollier, Denis (Hg.): Das Collège de Sociologie 1937-1939. Berlin 2012, S. 320-350.

Canetti, Elias: Hitler, nach Speer. In: ders.: Die gespaltene Zukunft. Aufsätze und Gespräche. München 1972, S. 7-39

Canetti, Elias: Masse und Macht. Frankfurt a.M. 1980.

Cantor, Georg: Beiträge zur Begründung der transfiniten Mengenlehre. In: Mathematische Annalen 46 (1895), H. 4, S. 481-512.

Cassirer, Ernst: Freiheit und Form. Studien zur deutschen Geistesgeschichte. 2. Aufl. Berlin 1918.

Cassirer, Ernst: Das Problem Jean-Jacques Rousseau [1932]. In: ders.: Über Rousseau (Hg. Kreis, Guido). Berlin 2012, S. 7-90.

Castoriadis, Cornelius: Moderne Wissenschaft und philosophische Fragestellungen. In: ders.: Durchs Labyrinth. Seele, Vernunft, Gesellschaft. Frankfurt a.M. 1981, S. 127-192.

Castoriadis, Cornelius: Wert, Gleichheit, Gerechtigkeit, Politik. Von Marx zu Aristoteles und von Aristoteles zu uns. In: ders.: Durchs Labyrinth. Seele, Vernunft, Gesellschaft. Frankfurt a.M. 1981, S. 221-276.

Castoriadis, Cornelius: [Gespräch mit Florian Rötzer]. In: Rötzer, Florian: Französische Philosophen im Gespräch. München 1986, S. 47-65.

Castoriadis, Cornelius: Gesellschaft als imaginäre Institution [1975]. Entwurf einer politischen Philosophie. Frankfurt a.M. 1990.

Castoriadis, Cornelius: L'institution imaginaire de la société [1975]. Paris 1999.

Castoriadis, Cornelius: Ce qu'est une révolution [Gespräch mit François Dosse]. In: ders.: Une société à la dérive. Entretiens et débats, 1974-1997. Édition préparée par Enrique Escobar, Myrto Gondicas et Pascal Vernay. Paris 2005, S. 177-184.

Castoriadis, Cornelius: Une ›démocratie‹ sans la participation des citoyens [Gespräch mit Anne-Brigitte Kern]. In: ders.: Une société à la dérive. Entretiens et débats, 1974-1997. Édition préparée par Enrique Escobar, Myrto Gondicas et Pascal Vernay. Paris 2005, S. 203-207.

Castoriadis, Cornelius: Communisme, fascisme, émancipation [Interview]. In: ders.: Une société à la dérive. Entretiens et débats, 1974-1997. Édition préparée par Enrique Escobar, Myrto Gondicas et Pascal Vernay. Paris 2005, S. 231-235.

Castoriadis, Cornelius: Welche Demokratie? In: ders.: Ausgewählte Schriften. Bd. 1. Autonomie oder Barbarei (Hg. Halfbrodt, Michael/Wolf, Harald). Lich 2006, S. 69-111.

Castoriadis, Cornelius: Macht, Politik, Autonomie. In: ders.: Ausgewählte Schriften. Bd. 1. Autonomie oder Barbarei (Hg. Halfbrodt, Michael/Wolf Harald). Lich 2006, S. 135-167.

Castoriadis, Cornelius: Warum ich kein Marxist mehr bin. In: ders.: Ausgewählte Schriften. Bd. 2.1. Vom Sozialismus zur autonomen Gesellschaft. Über den Inhalt des Sozialismus (Hg. Halfbrodt, Michael/Wolf, Harald). Lich 2007, S. 19-64.

Castoriadis, Cornelius: Primal Institution of Society and Second-Order Institutions. In: ders.: Figures of the Thinkable. Stanford 2007, S. 91-101.

Castoriadis, Cornelius: Heritage and Revolution. In: ders.: Figures of the Thinkable. Stanford 2007, S. 105-117.

Castoriadis, Cornelius: The Psyche and Society Anew [Gespräch mit Fernando Urribarri]. In: ders.: Figures of the Thinkable. Stanford 2007, S. 203-220.

Castoriadis, Cornelius: The Social-Historical: Mode of Being, Problems of Knowledge. In: ders.: Figures of the Thinkable. Stanford 2007, S. 223-235.

Castoriadis, Cornelius: Séminaire du 13 avril 1983. In: ders.: La cité et les lois. Ce qui fait la Grèce, 2. Séminaires 1983-1984 (La création humaine, 3). Texte établi, présenté et annoté par Enrique Escobar, Myrto Gondicas et Pascal Vernay. Paris 2008, S. 71-90.

Castoriadis, Cornelius: Démocratie et relativisme. Débat avec le MAUSS [Gespräch mit Alain Caillé, Jacques Dewitte, Chantal Mouffe, Serge Latouche, Louis Baslé, Anne-Marie Fixot]. Édition établie par Enrique Escobar, Myrto Gordicas et Pascal Vernay. Paris 2010.

Castoriadis, Cornelius: Vorwort zu Domaines de l'homme. In: ders.: Ausgewählte Schriften. Bd. 3. Das imaginäre Element und die menschliche Schöpfung (Hg. Halfbrodt, Michael/Wolf, Harald). Lich 2010, S. 13-24.

Castoriadis, Cornelius: Das Imaginäre: die Schöpfung im gesellschaftlich-geschichtlichen Bereich. In: ders.: Ausgewählte Schriften. Bd. 3. Das imaginäre Element und die menschliche Schöpfung (Hg. Halfbrodt, Michael/Wolf, Harald). Lich 2010, S. 25-45.

Castoriadis, Cornelius: Die Entdeckung der Imagination. In: ders.: Ausgewählte Schriften. Bd. 3. Das imaginäre Element und die menschliche Schöpfung (Hg. Halfbrodt, Michael/Wolf, Harald). Lich 2010, S. 47-86.

Castoriadis, Cornelius: Die Logik der Magmen und die Frage der Autonomie. In: ders.: Ausgewählte Schriften. Bd. 3. Das imaginäre Element und die menschliche Schöpfung (Hg. Halfbrodt, Michael/Wolf, Harald). Lich 2010, S. 111-148.

Castoriadis, Cornelius: Individuum, Gesellschaft, Rationalität, Geschichte. In: ders.: Ausgewählte Schriften. Bd. 3. Das imaginäre Element und die menschliche Schöpfung (Hg. Halfbrodt, Michael/Wolf, Harald). Lich 2010, S. 191-226.

Castoriadis, Cornelius: Komplexität, Magmen, Geschichte. Das Beispiel der mittelalterlichen Stadt. In: ders.: Ausgewählte Schriften. Bd. 3. Das imaginäre Element und die menschliche Schöpfung (Hg. Halfbrodt, Michael/Wolf, Harald). Lich 2010, S. 275-292.

Castoriadis, Cornelius: Imagination, Imaginäres, Reflexion. In: ders.: Ausgewählte Schriften. Bd. 3. Das imaginäre Element und die menschliche Schöpfung (Hg. Halfbrodt, Michael/Wolf, Harald). Lich 2010, S. 293-351.

Castoriadis, Cornelius: Die griechische polis und die Schöpfung der Demokratie. In: ders.: Ausgewählte Schriften. Bd. 4. Philosophie, Demokratie, Poiesis (Hg. Halfbrodt, Michael/Wolf, Harald). Lich 2011, S. 17-68.

Castoriadis, Cornelius: Das ›Ende der Philosophie‹? In: ders.: Ausgewählte Schriften. Bd. 4. Philosophie, Demokratie, Poiesis (Hg. Halfbrodt, Michael/Wolf, Harald). Lich 2011, S. 69-92.

Castoriadis, Cornelius: Das griechische und das moderne politische Imaginäre. In: ders.: Ausgewählte Schriften. Bd. 4. Philosophie, Demokratie, Poiesis (Hg. Halfbrodt, Michael/Wolf, Harald). Lich 2011, S. 93-121.

Castoriadis, Cornelius: Die athenische Demokratie: falsche und richtige Fragen. In: ders.: Ausgewählte Schriften. Bd. 4. Philosophie, Demokratie, Poiesis (Hg. Halfbrodt, Michael/Wolf, Harald). Lich 2011, S. 123-137.

Castoriadis, Cornelius: Getan und zu tun. In: ders.: Ausgewählte Schriften. Bd. 4. Philosophie, Demokratie, Poiesis (Hg. Halfbrodt, Michael/Wolf, Harald). Lich 2011, S. 183-269.

Castoriadis, Cornelius: Psychoanalyse und Gesellschaft I [Gespräch mit Donald Moss, David Lichtenstein]. In: ders.: Ausgewählte Schriften. Bd. 5. Psychische Monade und autonomes Subjekt (Hg. Halfbrodt, Michael/Wolf, Harald). Lich 2012, S. 15-31.

Castoriadis, Cornelius: Psychoanalyse und Politik. In: ders.: Ausgewählte Schriften. Bd. 5. Psychische Monade und autonomes Subjekt (Hg. Halfbrodt, Michael/Wolf, Harald). Lich 2012, S. 113-129.

Castoriadis, Cornelius: Der Zustand des Subjekts heute. In: ders.: Ausgewählte Schriften. Bd. 5. Psychische Monade und autonomes Subjekt (Hg. Halfbrodt, Michael/ Wolf, Harald). Lich 2012, S. 205-245.

Castoriadis, Cornelius: L'exigence révolutionnaire [Gespräch mit Olivier Mongin, Paul Thibaud, Pierre Rosanvallon]. In: ders.: Quelle démocratie? Tome 1 (Écrits politiques, 1945-1997, III). Édition préparée par Enrique Escobar, Myrto Gondicas et Pascal Vernay. Paris 2013, S. 541-573.

Castoriadis, Cornelius: La source hongroise. In: ders.: Quelle démocratie? Tome 1 (Écrits politiques, 1945-1997, III). Édition préparée par Enrique Escobar, Myrto Gondicas et Pascal Vernay. Paris 2013, S. 575-610.

Chant, Sara Rachel/Hindriks, Frank/Preyer, Gerhard: Introduction. Beyond the Big Four and the Big Five. In: dies. (Hg.): From Individual to Collective Intentionality. New Essays. New York 2014, S. 1-9.

Chant, Sara Rachel: Unintentional Collective Action. In: Philosophical Explorations 10 (2007), H. 3, S. 245-256.

Chihaia, Matei: Das Imaginäre bei Cornelius Castoriadis und seine Aufnahme durch Wolfgang Iser und Jean-Marie Apostolidès. In: Zaiser, Rainer (Hg.): Literaturtheorie und sciences humaines. Frankreichs Beitrag zur Methodik der Literaturwissenschaft. Berlin 2008, S. 69-85.

Chollet, Antoine: ›Peuple-Un‹ ou dèmos: les figures du peuple chez Lefort et Castoriadis. In: Poirier, Nicolas (Hg.): Cornelius Castoriadis et Claude Lefort: L'expérience démocratique. Lormont 2015, S. 31-42.

Clausen, Lars: Der Januskopf der Gemeinschaft. In: ders./Schlüter, Carsten (Hg.): Hundert Jahre ›Gemeinschaft und Gesellschaft‹. Ferdinand Tönnies in der internationalen Diskussion. Opladen 1991, S. 67-82.

Condoleo, Nicola: Vom Imaginären zur Autonomie. Grundlagen der politischen Philosophie von Cornelius Castoriadis. Bielefeld 2015.

Coward, Martin: Editor's Introduction. In: Journal for Cultural Research 9 (2005), H. 4, S. 323-329.

Critchley, Simon: The Ethics of Deconstruction: Derrida and Levinas. Oxford, Cambridge 1992.

Critchley, Simon: Re-tracing the political: politics and community in the work of Philippe Lacoue-Labarthe and Jean-Luc Nancy. In: Campbell, David/Dillon, Michael (Hg.): The political subject of violence. Manchester, New York 1993, S. 73-93.

Critchley, Simon: With Being-With? Notes on Jean-Luc Nancy's Rewriting of Being and Time. In: ders.: Ethics – Politics – Subjectivity. Essays on Derrida, Levinas and Contemporary French Thought. London, New York 1999, S. 239-253.

Critchley, Simon: Mystischer Anarchismus. Berlin 2012.

Currie, Gregory: Art. ›Methodological Individualism: Philosophical Aspects‹. In: Smelser, Neil J[oseph]/Baltes, Paul B[oris] (Hg.): International Encyclopedia of the Social & Behavioral Sciences. Amsterdam 2001, S. 9755-9760.

Dallmayr, Fred: Eine ›undarstellbare‹ globale Gemeinschaft? Reflexionen über Nancy. In: Böckelmann, Janine/Morgenroth, Claas (Hg.): Politik der Gemeinschaft. Zur Konstitution des Politischen in der Gegenwart. Bielefeld 2008, S. 106-132.

Därmann, Iris: Undienlichkeit. Gewaltgeschichte und politische Philosophie. Berlin 2020.

Davy, Ulrike/Lenzen, Manuela: Einleitung: Demokratie morgen. In: dies. (Hg.): Demokratie morgen. Überlegungen aus Wissenschaft und Politik. Bielefeld 2013, S. 7-15.

Dejanovic, Sanja: Introduction. Sense, Praxis, and the Political. In: dies. (Hg.): Nancy and the Political. Edinburgh 2015, S. 1-18.

Delitz, Heike: Art. ›Gemeinschaft‹. In: Gosepath, Stefan/Hinsch, Wilfried/Rössler, Beate (Hg.): Handbuch der Politischen Philosophie und Sozialphilosophie. Bd. 1. A-M. Berlin 2008, S. 376-380.

Delitz, Heike: Architektursoziologie. Bielefeld 2009.

Delitz, Heike: Gebaute Gesellschaft. Architektur als Medium des Sozialen. Frankfurt a.M., New York 2010.

Delitz, Heike: Architektur als Medium des Sozialen. Der Blick der Soziologie. In: Hauser, Susanne/Weber, Julia (Hg.): Architektur in transdisziplinärer Perspektive. Von Philosophie bis Tanz. Aktuelle Zugänge und Positionen. Bielefeld 2015, S. 257-282.

Denzinger, Heinrich: Kompendium der Glaubensbekenntnisse und kirchlichen Lehrentscheidungen. Verb., erw., ins Deutsche übertragen und unter Mitarbeit von Helmut Hoping hg. von Peter Hünermann. 37. Aufl. Freiburg i.Br. u.a. 1991.

Derrida, Jacques/Roudinesco, Elisabeth: Über den künftigen Antisemitismus. In: dies.: Woraus wird Morgen gemacht sein? Ein Dialog. Stuttgart 2006, S. 179-230.

Derrida, Jacques: De la grammatologie. Paris 1967.

Derrida, Jacques: Von der beschränkten zur allgemeinen Ökonomie. Ein rückhaltloser Hegelianismus. In: ders.: Die Schrift und die Differenz. Frankfurt a.M. 1972,
S. 380-421.

Derrida, Jacques: Die Struktur, das Zeichen und das Spiel im Diskurs der Wissenschaften vom Menschen. In: ders.: Die Schrift und die Differenz. Frankfurt a.M. 1972,
S. 422-442.

Derrida, Jacques: Les fins de l'homme. In: ders.: Marges de la philosophie. Paris 1972,
S. 129-164.

Derrida, Jacques: Grammatologie. Frankfurt a.M. 1983.

Derrida, Jacques: Die différance. In: ders.: Randgänge der Philosophie (Hg. Engelmann,
Peter). Wien 1988, S. 29-52.

Derrida, Jacques: Fines hominis. In: ders.: Randgänge der Philosophie (Hg. Engelmann,
Peter). Wien 1988, S. 119-141.

Derrida, Jacques: Gesetzeskraft. Der ›mystische Grund der Autorität‹. Frankfurt a.M.
1991.

Derrida, Jacques: Vom Geist. Heidegger und die Frage. Frankfurt a.M. 1992.

Derrida, Jacques: Heidegger, die Hölle der Philosophen [Gespräch mit Didier Eri-
bon]. In: ders.: Auslassungspunkte. Gespräche (Hg. Engelmann, Peter). Wien 1998,
S. 193-202.

Derrida, Jacques: ›Man muss wohl essen‹ oder Die Berechnung des Subjekts [Gespräch
mit Jean-Luc Nancy]. In: ders.: Auslassungspunkte. Gespräche (Hg. Engelmann, Peter). Wien 1998, S. 267-298.

Derrida, Jacques: Le toucher, Jean-Luc Nancy. Accompagné de travaux de lecture de
Simon Hantai. Paris 2000 [= T].

Derrida, Jacques: LIMITED INC a b c... In: ders.: Limited Inc. (Hg. Engelmann, Peter).
Wien 2001, S. 53-168.

Derrida, Jacques: Politik der Freundschaft. Frankfurt a.M. 2002.

Derrida, Jacques: La raison du plus fort (Y a-t-il des États voyous?). In: ders.: Voyous.
Deux essais sur la raison. Paris 2003, S. 17-161 [= RPF].

Derrida, Jacques: Marx' Gespenster. Der Staat der Schuld, die Trauerarbeit und die neue
Internationale. Frankfurt a.M. 2004.

Derrida, Jacques: Das Recht des Stärkeren (Gibt es Schurkenstaaten?). In: ders.: Schurken. Zwei Essays über die Vernunft. Frankfurt a.M. 2006, S. 15-158.

Derrida, Jacques: Berühren, Jean-Luc Nancy. Berlin 2007.

Derrida, Jacques: Semiologie und Grammatologie. Gespräch mit Julia Kristeva. In: Engelmann, Peter (Hg.): Postmoderne und Dekonstruktion. Texte französischer Philosophen der Gegenwart. Stuttgart 2007, S. 140-164.

Descartes, René: Meditationen über die Grundlagen der Philosophie [1641]. Mit den
sämtlichen Einwänden und Erwiderungen (Übers.u. Hg. Buchenau, Artur). Unveränd. Nachdr. der 1. Aufl. von 1915. Hamburg 1994.

Devisch, Ignaas: La ›négativité sans emploi‹. In: Symposium 4 (2000), H. 2, S. 167-187.

Devisch, Ignaas: The Sense of Being (-)With Jean-Luc Nancy. In: Culture Machine 8
(2006), o. S. Abrufbar unter: <https://culturemachine.net/community/the-sense-of
-being/> (Zugriff am 29.1.2022).

Devisch, Ignaas: Doing Justice to Existence: Jean-Luc Nancy and ›The Size of Humanity‹. In: Law and Critique 22 (2011), H. 1, S. 1-13.

Devisch, Ignaas: Jean-Luc Nancy and the Question of Community. London u.a. 2013.

Devisch, Ignaas: Thinking Nancy's ›Political Philosophy‹. In: Dejanovic, Sanja (Hg.): Nancy and the Political. Edinburgh 2015, S. 116-136.

Didi-Huberman, Georges: Bilder trotz allem. München 2007.

Didi-Huberman, Georges: Überleben der Glühwürmchen. München 2012.

Die Bibel. Nach der Übersetzung Martin Luthers. Durchgeseh. Ausg. in neuer Rechtschreibung (Hg. Evangelische Kirche in Deutschland). Stuttgart 1999.

Die Bibel. Altes und Neues Testament. Einheitsübersetzung. Freiburg, Basel, Wien 2006.

Doll, Martin/Kohns, Oliver: Ausser-Sich-Sein: Die imaginäre Dimension der Politik. Einleitung. In: dies. (Hg.): Die imaginäre Dimension der Politik. München 2014, S. 7-18.

Duden. Bd. 7. Etymologie. Herkunftswörterbuch der deutschen Sprache. Bearb. von Günther Drosdowksi, Paul Grebe und weiteren Mitarbeitern der Dudenredaktion. Mannheim, Wien, Zürich 1963, S. 215 (Art. ›Geschlecht‹), S. 426-427 (Art. ›Masse‹).

Duden. Das große Wörterbuch der deutschen Sprache in zehn Bänden. Band 4: Gele-Impr (Hg. Wissenschaftlicher Rat der Dudenredaktion). 3., völlig neu bearb. u. erw. Aufl. Mannheim u.a. 1999, S. 1447 (Art. ›gemein‹).

Durkheim, Émile: Morphologie sociale: In: L'Année sociologique 2 (1897/98), S. 520-521.

Durkheim, Émile: Der Selbstmord [1897]. Frankfurt a.M. 1983.

Durkheim, Émile: Die Regeln der soziologischen Methode [1895] (Hg. König, René). Frankfurt a.M. 1984.

Dyk, Silke van: Poststrukturalismus. Gesellschaft. Kritik. Über Potenziale, Probleme, Perspektiven. In: Prokla 42 (2012), H. 2, S. 185-210.

Elias, Norbert: Die höfische Gesellschaft. Untersuchungen zur Soziologie des Königtums und der höfischen Aristokratie. Mit einer Einleitung: Soziologie und Geschichtswissenschaft. In: ders.: Gesammelte Schriften. Bd. 2 (Hg. Blomert, Reinhard et al.). Frankfurt a.M. 2002.

Elliott, Brian: Community and resistance in Heidegger, Nancy and Agamben. In: Philosophy and Social Criticism 37 (2011), H. 3, S. 259-271.

Ellison, Matthew: Art. ›General Equivalence‹. In: Gratton, Peter/Morin, Marie-Eve (Hg.): The Nancy Dictionary. Edinburgh 2015, S. 98-101.

Elmore, Rick: Art. ›Deconstruction‹. In: Gratton, Peter/Morin, Marie-Eve (Hg.): The Nancy Dictionary. Edinburgh 2015, S. 59-62.

Elmore, Rick: Art. ›Différance‹. In: Gratton, Peter/Morin, Marie-Eve (Hg.): The Nancy Dictionary. Edinburgh 2015, S. 70-72.

Eribon, Didier: Rückkehr nach Reims. 5. Aufl. Berlin 2016.

Erzgräber, Willi: Utopie und Anti-Utopie in der englischen Literatur. Morus, Morris, Wells, Huxley, Orwell. 2. Aufl. München 1985.

Esposito, Roberto: Die ursprüngliche Gemeinschaft. In: Deutsche Zeitschrift für Philosophie 45 (1997), H. 4, S. 551-558.

Esposito, Roberto: Chair et corps dans la déconstruction du christianisme. In: Guibal, Francis/Martin, Jean-Clet (Hg.): Sens en tous sens. Autour des travaux de Jean-Luc Nancy. Paris 2004, S. 153-164.

Esposito, Roberto: Communitas. Ursprung und Wege der Gemeinschaft [1998]. Berlin 2004.

Eßbach, Wolfgang: Antitechnische und antiästhetische Haltungen in der soziologischen Theorie. In: Lösch, Andreas et al. (Hg.): Technologien als Diskurse. Konstruktionen von Wissen, Medien und Körpern. Heidelberg 2001, S. 123-136.

Etzold, Jörn: Armes Theater. In: Meyzaud, Maud (Hg.): Arme Gemeinschaft. Die Moderne Rousseaus. Berlin 2015, S. 50-74.

Ewald, François: Eine Macht ohne Draußen. In: ders./Waldenfels, Bernhard (Hg.): Spiele der Wahrheit. Michel Foucaults Denken. Frankfurt a.M. 1991, S. 163-170.

Fagan, Madeleine: Ethics and Politics after Poststructuralism. Levinas, Derrida and Nancy. Edinburgh 2013.

Falasca-Zamponi, Simonetta: A Left Sacred or a Sacred Left? The Collège de Sociologie, Fascism, and Political Culture in Interwar France. In: South Central Review 23 (2006), H. 1, S. 40-54.

Falasca-Zamponi, Simonetta: Rethinking the Political. The Sacred, Aesthetic Politics, and the Collège de Sociologie. Montreal u.a. 2011.

Fest, Joachim: Der zerstörte Traum. Vom Ende des utopischen Zeitalters. Berlin 1991.

Fetscher, Iring: Rousseaus politische Philosophie. Zur Geschichte des demokratischen Freiheitsbegriffs. 3., überarb. Aufl. Frankfurt a.M. 1975.

Ffrench [sic!], Patrick: Sacrifice, Technique: Exscription. In: The Oxford Literary Review 27 (2005), S. 103-118.

Ffrench [sic!], Patrick: Donner à voir: Sacrifice and Poetry in the Work of Georges Bataille. In: Forum for Modern Language Studies 42 (2006), H. 2, S. 126-138.

Figal, Günter: Martin Heidegger – Phänomenologie der Freiheit. Frankfurt a.M. 1988.

Fink-Eitel, Hinrich: Gemeinschaft als Macht. Zur Kritik des Kommunitarismus. In: Brumlik, Micha/Brunkhorst, Hauke (Hg.): Gemeinschaft und Gerechtigkeit. Frankfurt a.M. 1993, S. 306-322.

Fischer, Joachim: Michael Tomasello – Protagonist der Philosophischen Anthropologie des 21. Jahrhunderts? In: Agard, Olivier et al. (Hg.): Kritikfiguren/Figures de la critique. Festschrift für Gérard Raulet zum 65. Geburtstag/En Hommage à Gérard Raulet. Frankfurt a.M. 2015, S. 321-342.

Flügel, Oliver/Heil, Reinhard/Hetzel, Andreas (Hg.): Die Rückkehr des Politischen. Demokratietheorien heute. Darmstadt 2004.

Forderer, Christof: Kirschbaumblüte statt Atomausstieg. [Rezension von Jean-Luc Nancy: ›L'Équivalence des catastrophes (Après Fukushima).‹]. In: taz, Nr. 9912 vom 22. September 2012, S. 29. Abrufbar unter: <https://taz.de/!556571/> (Zugriff am 29.1.2022).

Forst, Rainer: Republikanismus der Furcht und der Rettung. Zur Aktualität der politischen Theorie Hannah Arendts. In: Heinrich-Böll-Stiftung (Hg.): Hannah Arendt: Verborgene Tradition – Unzeitgemäße Aktualität? Berlin 2007, S. 229-239.

Forster, Michael N[eil]: Menschen und andere Tiere. Über das Verhältnis von Mensch und Tier bei Tomasello. In Deutsche Zeitschrift für Philosophie 55 (2007), H. 5, S. 761-767.

Foucault, Michel: Der Wille zum Wissen. Sexualität und Wahrheit. Erster Band. Frankfurt a.M. 1983.

Foucault, Michel: Überwachen und Strafen. Die Geburt des Gefängnisses [1975]. Frankfurt a.M. 1994.

Foucault, Michel: Das Auge der Macht [Gespräch mit Jean-Pierre Barou, Michelle Perrot]. In: ders.: Schriften in vier Bänden. Dits et Ecrits. Bd. III. 1976-1979 (Hg. Defert, Daniel/Ewald, François). Frankfurt a.M. 2003, S. 250-271.

Foucault, Michel: Raum, Wissen und Macht [Gespräch mit Paul Rabinow]. In: ders.: Schriften in vier Bänden. Dits et Ecrits. Bd. IV. 1980-1988 (Hg. Defert, Daniel/Ewald, François). Frankfurt a.M. 2005, S. 324-341.

Frank, Manfred: Der kommende Gott. Vorlesungen über die Neue Mythologie. I. Teil. Frankfurt a.M. 1982.

Frank, Manfred: Was ist Neostrukturalismus? Frankfurt a.M. 1983.

Fraser, Nancy: Die französischen Derridarianer: Die Dekonstruktion politisieren oder das Politische dekonstruieren? In: dies.: Widerspenstige Praktiken. Macht, Diskurs, Geschlecht. Frankfurt a.M. 1994, S. 107-142.

Freud, Sigmund: Über den Gegensinn der Urworte [1910]. In: ders.: Studienausgabe. Bd. IV. Psychologische Schriften (Hg. Mitscherlich, Alexander/Richards, Angela/Strachey, James). 2., korrig. Aufl. Frankfurt a.M. 1970, S. 227-234.

Freud, Sigmund: Totem und Tabu. Einige Übereinstimmungen im Seelenleben der Wilden und der Neurotiker [1912/13]. In: ders.: Studienausgabe. Bd. IX. Fragen der Gesellschaft. Ursprünge der Religion (Hg. Mitscherlich, Alexander/Richards, Angela/Strachey, James). Frankfurt a.M. 1974, S. 287-444.

Freud, Sigmund: Ergebnisse, Ideen, Probleme (London, Juni 1938). In: ders.: Gesammelte Werke. Bd. 17. Schriften aus dem Nachlass (Hg. Freud, Anna et al.). 6. Aufl. Frankfurt a.M. 1978, S. 149-152.

Friedrich, Peter: Das Erlebnis und die Masse. Zu Elias Canettis poetischer Massentheorie. In: Lüdemann, Susanne/Hebekus, Uwe (Hg.): Massenfassungen. Beiträge zur Diskurs- und Mediengeschichte der Menschenmenge. München 2010, S. 125-144.

Fynsk, Christopher: Intervention. In: Nancy, Jean-Luc/Lacoue-Labarthe, Philippe (Hg.): Les fins de l'homme. À partir du travail de Jacques Derrida. Colloque de Cerisy 23 juillet-2 août 1980. Paris 1981, S. 487-493.

Fynsk, Christopher: Foreword. Experiences of Finitude. In: Nancy, Jean-Luc: The Inoperative Community (Hg. Connor, Peter). Minneapolis, Oxford 1991, S. vii-xxxv.

Gallet, Michel: Claude-Nicolas Ledoux. Leben und Werk des französischen ›Revolutionsarchitekten‹. Stuttgart 1983.

Gamm, Gerhard: Flucht aus der Kategorie. Die Positivierung des Unbestimmten als Ausgang der Moderne. Frankfurt a.M. 1994.

Gamm, Gerhard: Cornelius Castoriadis: Gesellschaft als imaginäre Institution (1975). In: ders./Hetzel, Andreas/Lilienthal, Markus: Hauptwerke der Sozialphilosophie. Interpretationen. Stuttgart 2001, S. 173-194.

Gamper, Michael: Masse lesen, Masse schreiben. Eine Diskurs- und Imaginationsgeschichte der Menschenmenge 1765-1930. München 2007.

Gardner, R[obert] Allen: Animal cognition meets evo-devo. In: Michael Tomasello et al.: Understanding and sharing intentions: The origins of cultural cognition. In: Behavioral and Brain Sciences 28 (2005), H. 5, S. 675-735 (Aufsatz, Kommentar/Diskussion u. Literaturverzeichnis), 699-700.

Garner, John V.: Art. ›Cornelius Castoriadis (1922-1997)‹. In: Fieser, James/Dowden, Bradley (Hg.): Internet Encyclopedia of Philosophy, o. S. Abrufbar unter: <https://iep.utm.edu/castoria/> (Zugriff am 29.1.2022).

Gauchet, Marcel: Die totalitäre Erfahrung und das Denken des Politischen. In: Rödel, Ulrich (Hg.): Autonome Gesellschaft und libertäre Demokratie. Frankfurt a.M. 1990, S. 207-238.

Gaus, Daniel: Demokratie zwischen Konflikt und Konsens. Zur politischen Philosophie Claude Leforts. In: Flügel, Oliver/Heil, Reinhard/Hetzel, Andreas (Hg.): Die Rückkehr des Politischen. Demokratietheorien heute. Darmstadt 2004, S. 65-86.

Geiger, Theodor: Art. ›Gemeinschaft‹. In: Vierkandt, Alfred (Hg.): Handwörterbuch der Soziologie. Stuttgart 1959, S. 173-180.

Geisler, Antonia: Jean-Jacques Rousseau. In: Massing, Peter/Breit, Gotthard/Buchstein, Hubertus (Hg.): Demokratietheorien. Von der Antike bis zur Gegenwart. Texte und Interpretationshilfen. 8., völlig überarb. Aufl. Schwalbach/Ts. 2012, S. 123-132 (Textauszug u. Kommentar).

Geras, Norman: Post-Marxism? In: New Left Review 163 (1987), S. 40-82.

Gerhardt, Volker: Mensch und Politik. Anthropologie und Politische Philosophie bei Hannah Arendt. In: Heinrich-Böll-Stiftung (Hg.): Hannah Arendt: Verborgene Tradition – Unzeitgemäße Aktualität? Berlin 2007, S. 215-228.

Gerken, Rosemarie: Von der Repräsentationskunst zur Sozialkunst. Der Funktionswandel der Kunst im ausgehenden 18. Jahrhundert in der ›Architecture considérée sous le rapport de l'art, des mœurs et de la législation‹ von Claude-Nicolas Ledoux. München 1987.

Gertenbach, Lars/Richter, Dorothee: Das Imaginäre und die Gemeinschaft. Überlegungen im Anschluss an die dekonstruktivistische Herausforderung des Gemeinschaftsdenkens. In: Bippus, Elke/Huber, Jörg/Richter, Dorothee (Hg.): ›Mit-Sein‹. Gemeinschaft – ontologische und politische Perspektivierungen. Zürich, Wien, New York 2010, S. 119-140.

Gertenbach, Lars: Cornelius Castoriadis: Gesellschaftliche Praxis und radikale Imagination. In: Moebius, Stephan/Quadflieg, Dirk (Hg.): Kultur. Theorien der Gegenwart. 2., erw. u. aktual. Aufl. Wiesbaden 2011, S. 277-289.

Geulen, Christian: Geschichte des Rassismus. 2. durchgeseh. Aufl. München 2014.

Gilbert, Margaret: On Social Facts. London, New York 1989.

Gilbert, Margaret: Durkheim and social facts. In: Pickering, W[illiam] S[tuart] F[rederick]/Martins, H[ermínio] (Hg.): Debating Durkheim. London, New York 1994, S. 86-109.

Gilbert, Margaret: Introduction. Two Standpoints – The Personal and the Collective. In: dies.: Living Together. Rationality, Sociality, and Obligation. Lanham u.a. 1996, S. 1-20.

Gilbert, Margaret: Agreements, Coercion, and Obligation. In: dies.: Living Together. Rationality, Sociality, and Obligation. Lanham u.a. 1996, S. 281-311.

Gilbert, Margaret: Preface. In: dies.: Sociality and Responsibility. New Essays in Plural Subject Theory. Lanham u.a. 2000, S. vii-viii.

Gilbert, Margaret: Introduction: Sociality and Plural Subject Theory. In: dies.: Sociality and Responsibility. New Essays in Plural Subject Theory. Lanham u.a. 2000, S. 1-13.

Gilbert, Margaret: The Structure of the Social Atom: Joint Commitment as the Foundation of Human Social Behavior. In: Schmitt, Frederick F[rancis] (Hg.): Socializing Metaphysics. The Nature of Social Reality. Lanham u.a. 2003, S. 39-64.

Gilbert, Margaret: A Theory of Political Obligation. Membership, Commitment, and the Bonds of Society. Oxford 2006.

Gilbert, Margaret: Acting Together, Joint Commitment, and Obligation. In: Psarros, Nikos/Schulte-Ostermann, Katinka (Hg.): Facets of Sociality. Frankfurt a.M. u.a. 2007, S. 153-168.

Gilbert, Margaret: Two Approaches to Shared Intention: An Essay in the Philosophy of Social Phenomena. In: Analyse und Kritik 30 (2008), H. 2, S. 483-514.

Gilbert, Margaret: Shared Intention and Personal Intentions. In: Philosophical Studies 144 (2009), H. 1, S. 167-187.

Gilbert, Margaret: Zusammen spazieren gehen: Ein paradigmatisches soziales Phänomen. In: Schmid, Hans Bernhard/Schweikard, David P. (Hg.): Kollektive Intentionalität. Eine Debatte über die Grundlagen des Sozialen. Frankfurt a.M. 2009, S. 154-175.

Gilbert, Margaret: Was bedeutet es, dass wir beabsichtigen? In: Schmid, Hans Bernhard/Schweikard, David P. (Hg.): Kollektive Intentionalität. Eine Debatte über die Grundlagen des Sozialen. Frankfurt a.M. 2009, S. 356-386.

Gilbert-Walsh, James: Broken imperatives. The ethical dimension of Nancy's thought. In: Philosophy and Social Criticism 26 (2000), H. 2, S. 29-50.

Ginzburg, Carlo: Germanische Mythologie und Nazismus. Über ein altes Buch von Georges Dumézil. In: Tumult. Zeitschrift zur Verkehrswissenschaft 18 (1993), S. 70-94.

Goetz, Rainald: Celebration. Texte und Bilder zur Nacht. Frankfurt a.M. 1999.

Goodall, Jane: Wilde Schimpansen. Verhaltensforschung am Gombe-Strom. Reinbek bei Hamburg 1991.

Gratton, Peter/Morin, Marie-Eve: Introduction: Worlds without Measure. In: dies. (Hg.): The Nancy Dictionary. Edinburgh 2015, S. 1-14.

Grierson, P[hilip] J[ames] Hamilton: The Silent Trade. A Contribution to the Early History of Human Intercourse. Edinburgh 1903.

Grimm, Jacob/Grimm, Wilhelm: Deutsches Wörterbuch. Bd. 5 (= Vierten Bandes Erste Abtheilung. Zweiter Theil. Gefoppe-Getreibs). Bearbeitet von Rudolf Hildebrand und Hermann Wunderlich. Fotomechan. Nachdruck d. Erstausg. 1897. München 1984, Spp. 3169-3220 (Art. ›Gemein‹), Spp. 3264-3268 (Art. ›Gemeinschaft‹).

Grimm, Jacob/Grimm, Wilhelm: Deutsches Wörterbuch. Bd. 26 (= Zwölfter Band, II. Abteilung. Vesche-vulkanisch). Bearbeitet von Rudolf Meiszner. Fotomechan. Nachdruck d. Erstausg. 1951. München 1984, Sp. 486 (Art. ›Volkskörper‹).

Gropius, Walter: Programm des staatlichen Bauhauses in Weimar [1919]. In: Conrads, Ulrich (Hg.): Programme und Manifeste zur Architektur des 20. Jahrhunderts. Berlin, Frankfurt a.M., Wien 1964, S. 47-50.

Gropius, Walter: geistige und technische voraussetzungen der neuen baukunst [1927]. In: Probst, Hartmut/Schädlich, Christian (Hg.): Walter Gropius. Bd. 3. Ausgewählte Schriften. Berlin 1988, S. 114-115.

Gross, Raphael: Carl Schmitt und die Juden. Eine deutsche Rechtslehre. Frankfurt a.M. 2000.

Grosser, Florian: Revolution denken. Heidegger und das Politische 1919 bis 1969. 2. Aufl. München 2012.

Grossmann, Andreas: ›Im Anfang liegt alles beschlossen‹: Hannah Arendts politisches Denken im Schatten eines Heideggerschen problems [sic!]. In: Man and World 30 (1997), H. 1, S. 35-47.

Habermas, Jürgen: Wahrheitstheorien. In: Fahrenbach, Helmut (Hg.): Wirklichkeit und Reflexion. Walter Schulz zum 60. Geburtstag. Pfullingen 1973, S. 211-265.

Habermas, Jürgen: Hannah Arendts Begriff der Macht [1976]. In: ders.: Philosophisch-politische Profile. Erweiterte Ausgabe. Frankfurt a.M. 1987, S. 228-248.

Habermas, Jürgen: Der philosophische Diskurs der Moderne. Zwölf Vorlesungen. Frankfurt a.M. 1988.

Habermas, Jürgen: Strukturwandel der Öffentlichkeit. Untersuchungen zu einer Kategorie der bürgerlichen Gesellschaft. Mit einem Vorwort zur Neuauflage 1990. Frankfurt a.M. 1990.

Habermas, Jürgen: Die Einheit der Vernunft in der Vielfalt ihrer Stimmen. In: ders.: Nachmetaphysisches Denken. Philosophische Aufsätze. Frankfurt a.M. 1992, S. 153-186.

Habermas, Jürgen: Faktizität und Geltung. Beiträge zur Diskurstheorie des Rechts und des demokratischen Rechtsstaats. Frankfurt a.M. 1992.

Halbwachs, Maurice: Was heißt soziale Morphologie? In: ders.: Soziale Morphologie. Ausgewählte Schriften (Hg. Egger, Stephan). Konstanz 2002, S. 11-22.

Harries, Karsten: The Ethical Function of Architecture. Cambridge 1997.

Harries, Karsten: Die ethische Funktion der Architektur. In: Baumberger, Christoph (Hg.): Architekturphilosophie. Grundlagentexte. Münster 2013, S. 167-179.

Harries, Karsten: Die Aufgabe der Architektur in der Zeit des Weltbildes. Eine unzeitgemäße Betrachtung. In: Gleiter, Jörg H./Schwarte, Ludger (Hg.): Architektur und Philosophie. Grundlagen. Standpunkte. Perspektiven. Bielefeld 2015, S. 105-127.

Hebekus, Uwe/Völker, Jan: Neue Philosophien des Politischen zur Einführung. Hamburg 2012.

Hegel, Georg Wilhelm Friedrich: Grundlinien der Philosophie des Rechts oder Naturrecht und Staatswissenschaft im Grundrisse [1820]. Mit Hegels eigenhändigen Notizen und den mündlichen Zusätzen. Werke in 20 Bänden. Bd. 7 (Hg. Moldenhauer, Eva/Michel, Karl Markus). Frankfurt a.M. 1986.

Heidbrink, Ludger: Kritik der Verantwortung. Zu den Grenzen verantwortlichen Handelns in komplexen Kontexten. Weilerswist 2003.

Heidegger, Martin: Brief über den ›Humanismus‹ [1947]. In: ders.: Gesamtausgabe. I. Abteilung: Veröffentlichte Schriften 1914-1970. Bd. 9. Wegmarken (Hg. Herrmann, Friedrich-Wilhelm von). Frankfurt a.M. 1976, S. 313-364.

Heidegger, Martin: Die Zeit des Weltbildes [1938]. In: ders.: Gesamtausgabe. I. Abteilung: Veröffentlichte Schriften 1914-1970. Bd. 5. Holzwege (Hg. Herrmann, Friedrich-Wilhelm von). Frankfurt a.M. 1977, S. 75-113.

Heidegger, Martin: Überwindung der Metaphysik [1936-46]. In: ders: Gesamtausgabe. I. Abteilung: Veröffentlichte Schriften 1910-1976. Bd. 7. Vorträge und Aufsätze (Hg. Herrmann, Friedrich-Wilhelm von). Frankfurt a.M. 2000, S. 67-98.

Heidegger, Martin: Die Selbstbehauptung der deutschen Universität [1933]. In: ders.: Gesamtausgabe. I. Abteilung: Veröffentlichte Schriften 1910-1976. Bd. 16. Reden und andere Zeugnisse eines Lebensweges. 1910-1976 (Hg. Heidegger, Hermann). Frankfurt a.M. 2000, S. 107-117.

Heidegger, Martin: Spiegel-Gespräch mit Martin Heidegger (23. September 1966) [Gespräch mit Rudolf Augstein, Georg Wolff]. In: ders.: Gesamtausgabe. I. Abteilung: Veröffentlichte Schriften 1910-1976. Bd. 16. Reden und andere Zeugnisse eines Lebensweges (Hg. Heidegger, Hermann). Frankfurt a.M. 2000, S. 652-683.

Heidegger, Martin: Die Grundbegriffe der Metaphysik. Welt – Endlichkeit – Einsamkeit [1929/30]. Frankfurt a.M. 2004.

Heidegger, Martin: Sein und Zeit [1927]. 19. Aufl. Tübingen 2006.

Heidegger, Martin: Der Satz vom Grund [1955/56]. 9. Aufl. Stuttgart 2006.

Heidegger, Martin: Die Frage nach der Technik [1954]. In: ders.: Die Technik und die Kehre. 11. Aufl. Stuttgart 2007, S. 5-36.

Heikkilä, Martta: At the Limits of Presentation. Coming-into-Presence and its Aesthetic Relevance in Jean-Luc Nancy's Philosophy. Diss. (University of Helsinki). Helsinki 2007.

Herrmann, Ulrich/Nassen, Ulrich: Die ästhetische Inszenierung von Herrschaft und Beherrschung im nationalsozialistischen Deutschland. Über die ästhetischen und ästhetik-politischen Strategien nationalsozialistischer Herrschaftspraxis, deren mentalitäre Voraussetzungen und Konsequenzen. In: dies. (Hg.): Formative Ästhetik im Nationalsozialismus. Intentionen, Medien und Praxisformen totalitärer ästhetischer Herrschaft und Beherrschung. Weinheim, Basel 1993, S. 9-12.

Herzhoff, Simon: Der zivilisierte Wilde oder Über den Zusammenhang von Kulturkritik, Anthropologie und Pädagogik bei Jean-Jacques Rousseau. Veröffentlicht am 5.4.2009, o. S. Abrufbar unter: <www.iablis.de/iab2/content/view/436/95/> (letzter Zugriff am 8.4.2013, der Aufsatz ist [Stand: 29.1.2022] unter der angegebenen Adresse sowie über die Seite www.iablis.de nicht mehr zugänglich).

Herzhoff, Simon: »Aber etwas fehlt«. Über das utopische Potential der Literatur am Beispiel von Nicolas Born. Unveröffentlichte Master-Thesis (Hochschule Düsseldorf). Düsseldorf 2010.

Herzhoff, Simon: [Rezension von] Chantal Mouffe: Über das Politische. Wider die kosmopolitische Illusion. Veröffentlicht am 14.1.2011, o. S. Abrufbar unter: <https://www.socialnet.de/rezensionen/10657.php> (Zugriff am 29.1.2022).

Herzhoff, Simon: [Rezension von] Jacques Rancière: Der Hass der Demokratie. Veröffentlicht am 1.4.2011, o. S. Abrufbar unter: <https://www.socialnet.de/rezensionen/11184.php> (Zugriff am 29.1.2022).

Herzhoff, Simon: [Rezension von] Hartmut Rosa et al. Theorien der Gemeinschaft zur Einführung. Veröffentlicht am 1.6.2011, o. S. Abrufbar unter: <https://www.socialnet.de/rezensionen/11460.php> (Zugriff am 29.1.2022).

Herzhoff, Simon: [Rezension von] Thomas Schölderle: Utopia und Utopie. Thomas Morus, die Geschichte der Utopie und die Kontroverse um ihren Begriff. Veröffentlicht am 23.6.2011, o. S. Abrufbar unter: <https://www.socialnet.de/rezensionen/11288.php> (Zugriff am 29.1.2022).

Herzhoff, Simon: [Rezension von] Peter Massing/Gotthard Breit/Hubertus Buchstein (Hg.): Demokratietheorien. Von der Antike bis zur Gegenwart. Texte und Interpretationshilfen. Veröffentlicht am 6.2.2012, o. S. Abrufbar unter: <https://www.socialnet.de/rezensionen/12516.php> (Zugriff am 29.1.2022).

Herzhoff, Simon: [Rezension von] Juliane Rebentisch: Die Kunst der Freiheit. Veröffentlicht am 21.5.2012, o. S. Abrufbar unter: <https://www.socialnet.de/rezensionen/12959.php> (Zugriff am 29.1.2022).

Herzhoff, Simon: [Rezension von] Heinz-Gerd Schmitz: Die Textur des Sozialen. Schlüsselbegriffe einer Philosophie der Gesellschaft. Veröffentlicht am 3.12.2012, o. S. Abrufbar unter: <https://www.socialnet.de/rezensionen/12922.php> (Zugriff am 29.1.2022).

Herzhoff, Simon: [Rezension von] Ulrike Davy/Manuela Lenzen (Hg.): Demokratie morgen. Überlegungen aus Wissenschaft und Politik. Veröffentlicht am 16.1.2014, o. S. Abrufbar unter: <https://www.socialnet.de/rezensionen/15112.php> (Zugriff am 29.1.2022).

Herzhoff, Simon: [Rezension von] Jean-Luc Nancy: Die Mit-Teilung der Stimmen. Veröffentlicht am 2.2.2015, o. S. Abrufbar unter: <https://www.socialnet.de/rezensionen/17701.php> (Zugriff am 29.1.2022).

Herzhoff, Simon: [Rezension von] Nicola Condoleo: Vom Imaginären zur Autonomie. Grundlagen der politischen Philosophie von Cornelius Castoriadis. In: Zeitschrift für philosophische Literatur 4 (2016), H. 1, S. 8-18 (PDF-Version). Abrufbar unter: <https://zfphl.org/article/view/35373/32849> (Zugriff am 29.1.2022).

Herzhoff, Simon: Jean-Luc Nancy und Carl Schmitt über das Politische. In: Röttgers, Kurt (Hg.): Plurale Sozio-Ontologie und Staat. Jean-Luc Nancy. Baden-Baden 2018, S. 81-119.

Hetzel, Andreas: Demokratie ohne Grund. Ernesto Laclaus Transformation der Politischen Theorie. In: ders./Flügel, Oliver/Heil, Reinhard (Hg.): Die Rückkehr des Politischen. Demokratietheorien heute. Darmstadt 2004, S. 185-210.

Hetzel, Andreas: Sprachräume der Macht. Eine Rhetorik der Wortergreifung. In: Bedorf, Thomas/Unterthurner, Gerhard (Hg.): Zugänge. Ausgänge. Übergänge. Konstitutionsformen des sozialen Raums. Würzburg 2009, S. 121-127.

Hetzel, Andreas: Die Dramatik des Diskurses: Szenen der Wortergreifung bei Foucault, de Certeau, Nancy und Rancière. In: Gehring, Petra/Gelhard, Andreas (Hg.): Parrhesia. Foucault und der Mut zur Wahrheit. Zürich 2012, S. 231-246.

Hiddleston, Jane: Art. ›Globalisation‹. In: Gratton, Peter/Morin, Marie-Eve (Hg.): The Nancy Dictionary. Edinburgh 2015, S. 101-103.

Hiddleston, Jane: Art. ›World‹. In: Gratton, Peter/Morin, Marie-Eve (Hg.): The Nancy Dictionary. Edinburgh 2015, S. 236-237.

Hiepko, Andreas: Möglichkeiten, das Wort désœuvrement zu übersetzen. In: Gronau, Barbara/Lagaay, Alice (Hg.): Ökonomien der Zurückhaltung. Kulturelles Handeln zwischen Askese und Restriktion. Bielefeld 2010, S. 27-38.

Hill, Leslie: Blanchot. Extreme Contemporary. London, New York 1997.

Himmler, Heinrich: Rede des Reichsführer-SS bei der SS-Gruppenführertagung in Posen am 4. Oktober 1943. In: Internationaler Militärgerichtshof Nürnberg: Der Prozess gegen die Hauptkriegsverbrecher vor dem Internationalen Militärgerichtshof Nürnberg. 14. November 1945-1. Oktober 1946. Bd. XXIX. Urkunden und anderes Beweismaterial. Nummer 1850-PS bis Nummer 2233-PS. Amtlicher Text. Deutsche Ausgabe. Fotomech. Nachdr. der Ausgabe Nürnberg 1948. München 1989, S. 110-173 (Dokument 1919-PS).

Hindriks, Frank: Social Ontology, Collective Intentionality, and Ockhamian Skepticism. In: Meggle, Georg (Hg.): Social Facts and Collective Intentionality. Frankfurt a.M. u.a. 2002, S. 125-149.

Hirsch, Michael: Der symbolische Primat des Politischen und seine Kritik. In: Bedorf, Thomas/Röttgers, Kurt (Hg.): Das Politische und die Politik. Berlin 2010, S. 335-363.

Hobbes, Thomas: Leviathan. Erster und zweiter Teil [1651] (Übers. Mayer, Jacob Peter). Stuttgart 2002.

Hoeges, Dirk: Niccolò Machiavelli. Dichter–Poeta. Mit sämtlichen Gedichten deutsch/italienisch. Con tutte le poesie tedesco/italiano. Frankfurt a.M. 2006.

Hoff, Ansgar Maria: Das Poetische der Philosophie. Friedrich Schlegel, Friedrich Nietzsche, Martin Heidegger, Jacques Derrida. Diss. (Rheinische Friedrich-Wilhelms-Universität). Bonn 2000.

Höffding, Harald: Sozialer Pessimismus [1890]. In: Tönnies, Ferdinand/ders.: Briefwechsel (Hg. Bickel, Cornelius/Fechner, Rolf). Berlin 1989, S. 294-305.

Hollier, Denis (Hg.): Das Collège de Sociologie 1937-1939. Berlin 2012.

Hölscher, Tonio: Öffentliche Räume in frühen griechischen Städten. Heidelberg 1998.

Honneth, Axel: Eine ontologische Rettung der Revolution. Zur Gesellschaftstheorie von Cornelius Castoriadis. In: Merkur 39 (1985), H. 439/440, S. 807-821.

Honneth, Axel: Die unendliche Perpetuierung des Naturzustandes. Zum theoretischen Erkenntnisgehalt von Canettis Masse und Macht. In: ders.: Die zerrissene Welt des Sozialen. Sozialphilosophische Aufsätze. Erweiterte Neuausgabe. 2. Aufl. Frankfurt a.M. 1999, S. 203-226.

Howard, Dick: French Rhetoric and Political Reality. In: Philosophy and Social Criticism 12 (1987), H. 4, S. 329-349.

Husserl, Edmund: Die Krisis der europäischen Wissenschaften und die transzendentale Phänomenologie. Eine Einleitung in die phänomenologische Philosophie [1936] (Hg. Ströker, Elisabeth). 3. Aufl. Hamburg 1996.

Hutchens, Benjamin C.: Jean-Luc Nancy and the Future of Philosophy. Chesham 2005.

Iser, Wolfgang: Das Fiktive und das Imaginäre. Perspektiven literarischer Anthropologie. Frankfurt a.M. 1991.

James, Ian: On Interrupted Myth. In: Journal for Cultural Research 9 (2005), H. 4, S. 331-349.

James, Ian: The Fragmentary Demand. An Introduction to the Philosophy of Jean-Luc Nancy. Stanford 2006.

James, Ian: Naming the Nothing: Nancy and Blanchot on Community. In: Culture, Theory and Critique 51 (2010), H. 2, S. 171-187.

James, Ian: The Just Measure. In: Hutchens, Benjamin C. (Hg.): Jean-Luc Nancy. Justice, Legality and World. London, New York 2012, S. 35-46.

James, Ian: Art. ›Finitude‹. In: Gratton, Peter/Morin, Marie-Eve (Hg.): The Nancy Dictionary. Edinburgh 2015, S. 91-93.

Jelinek, Elfriede: Totenauberg. Ein Stück. Reinbek bei Hamburg 1991.

Joas, Hans/Knöbl, Wolfgang: Sozialtheorie. Zwanzig einführende Vorlesungen. Frankfurt a.M. 2004.

Joas, Hans: Institutionalisierung als kreativer Prozeß. Zur politischen Philosophie von Cornelius Castoriadis. In: Politische Vierteljahresschrift 30 (1989), H. 4, S. 585-602.

Joas, Hans: Gemeinschaft und Demokratie in den USA. Die vergessene Vorgeschichte der Kommunitarismus-Diskussion. In: Brumlik, Micha/Brunkhorst, Hauke (Hg.): Gemeinschaft und Gerechtigkeit. Frankfurt a.M. 1993, S. 49-62.

Jonas, Hans: Der Gottesbegriff nach Auschwitz. Eine jüdische Stimme. Frankfurt a.M. 1987.

Jörke, Dirk: Die Agonalität des Demokratischen: Chantal Mouffe. In: Flügel, Oliver/Heil, Reinhard/Hetzel, Andreas (Hg.): Die Rückkehr des Politischen. Demokratietheorien heute. Darmstadt 2004, S. 164-184.

Jullien, François: Der Weg zum Anderen. Alterität im Zeitalter der Globalisierung. Wien 2014.

Jünger, Ernst: Auf den Marmorklippen [1939]. 5. Aufl. Berlin 1998.

Kamper, Dietmar: Art. ›Körper‹. In: Barck, Karlheinz et al. (Hg.): Ästhetische Grundbegriffe. Historisches Wörterbuch in sieben Bänden. Bd. 3. Harmonie-Material. Stuttgart, Weimar 2001, S. 426-450.

Kannetzky, Frank: Cartesianische Prämissen. Überlegungen zur Reichweite des Privatsprachenarguments. In: Grönert, Peter/ders. (Hg.): Sprache und Praxisform. Leipzig 2005, S. 105-161.

Kannetzky, Frank: Konsequenzen des Privatsprachenarguments für Theorien des gemeinsamen Handelns. In: Kober, Michael (Hg.): Soziales Handeln. Beiträge zu einer Philosophie der 1. Person Plural. Ulm 2005, S. 115-129.

Kannetzky, Frank: Levels of Collectivity. In: Psarros, Nikos/Schulte-Ostermann, Katinka (Hg.): Facets of Sociality. Frankfurt a.M. u.a. 2007, S. 209-242.

Kannetzky, Frank: Die kooperative Struktur individuellen Handelns und Intendierens. Überlegungen zur Topologie der Begriffe des Sozialen. In: Albert, Gert/Greshoff, Rainer/Schützeichel, Rainer (Hg.): Dimensionen und Konzeptionen von Sozialität. Wiesbaden 2010, S. 65-85.

Kant, Immanuel: Kritik der reinen Vernunft 1 [1781]. In: ders.: Werkausgabe in 12 Bänden. Bd. III. Kritik der reinen Vernunft (Hg. Weischeidel, Wilhelm). Frankfurt a.M. 1974.

Kant, Immanuel: Kritik der reinen Vernunft 2 [1781]. In: ders.: Werkausgabe in 12 Bänden. Bd. IV. Kritik der reinen Vernunft (Hg. Weischeidel, Wilhelm). Frankfurt a.M. 1974.

Kant, Immanuel: Grundlegung zur Metaphysik der Sitten [1785]. In: ders.: Werkausgabe in 12 Bänden. Bd. VII. Kritik der praktischen Vernunft. Grundlegung zur Metaphysik der Sitten (Hg. Weischeidel, Wilhelm). 10. Aufl. Frankfurt a.M. 1989, S. 7-102.

Kant, Immanuel: Kritik der praktischen Vernunft [1788]. In: ders.: Werkausgabe in 12 Bänden. Bd. VII. Kritik der praktischen Vernunft. Grundlegung zur Metaphysik der Sitten (Hg. Weischeidel, Wilhelm). 10. Aufl. Frankfurt a.M. 1989, S. 103-302.

Karsenty, Romain: De Marx à Castoriadis et au-delà. Dépasser l'antinomie théorie/pratique. In: Cervera-Marzal, Manuel/Fabri, Éric (Hg.): Autonomie ou barbarie. La démocratie radicale de Cornelius Castoriadis et ses défis contemporains. Neuvy-en-Champagne 2015, S. 53-71.

Käsler, Dirk: Erfolg eines Mißverständnisses? Zur Wirkungsgeschichte von ›Gemeinschaft und Gesellschaft‹ in der frühen deutschen Soziologie. In: Clausen, Lars/Schlüter, Carsten (Hg.): Hundert Jahre ›Gemeinschaft und Gesellschaft‹. Ferdinand Tönnies in der internationalen Diskussion. Opladen 1991, S. 517-526.

Kasper, Judith: Nachwort. Das Geschlechtliche schreiben. In: Nancy, Jean-Luc: Es gibt – Geschlechtsverkehr. Zürich 2012, S. 85-92.

Kaufmann, Emil: Von Ledoux bis Le Corbusier. Ursprung und Entwicklung der Autonomen Architektur. Wien, Leipzig 1933.

Kelbel, Peter: Praxis und Versachlichung. Konzeptionen kritischer Sozialphilosophie bei Jürgen Habermas, Cornelius Castoriadis und Jean-Paul Sartre. Hamburg 2005.

Kersting, Wolfgang: Niccolò Machiavelli. 2. Aufl. München 1998.

Kiefte, Barend: The Anarchist Concept of Community in the Thought of Bataille, Blanchot and Nancy. Diss. (McMaster University). Hamilton 2002.

Klimis, Sophie: Art. ›Tragedy‹. In: Adams, Suzi (Hg.): Cornelius Castoriadis. Key Concepts. London, New York 2014, S. 205-218.

Klingemann, Carsten: Soziologie im Dritten Reich. Baden-Baden 1996.

Klooger, Jeff: Plurality and Indeterminacy: Revising Castoriadis's overly homogeneous conception of society. In: European Journal of Social Theory 15 (2012), H. 4, S. 488-504.

Klooger, Jeff: Art. ›Ensemblistic-Identitary Logic (Ensidic Logic)‹. In: Adams, Suzi (Hg.): Cornelius Castoriadis. Key Concepts. London, New York 2014, S. 107-116.

Klooger, Jeff: Art. ›Legein and Teukhein‹. In: Adams, Suzi (Hg.): Cornelius Castoriadis. Key Concepts. London, New York 2014, S. 117-126.

Klooger, Jeff: Art. ›Anlehnung (Leaning On)‹. In: Adams, Suzi (Hg.): Cornelius Castoriadis. Key Concepts. London, New York 2014, S. 127-134.

Kohns, Oliver: Die Politik des ›politischen Imaginären‹. In: Doll, Martin/ders. (Hg.): Die imaginäre Dimension der Politik. München 2014, S. 19-48.

Kołakowski, Leszek: Die Hauptströmungen des Marxismus. Entstehung. Entwicklung. Zerfall. Erster Band. München, Zürich 1977.

Kolb, Frank: Art. ›Agora‹. In: Der Neue Pauly. Enzyklopädie der Antike. Bd. 1. A-Ari (Hg. Cancik, Hubert/Schneider, Helmuth). Stuttgart, Weimar 1996, Spp. 267-273.

König, René: Die Begriffe Gemeinschaft und Gesellschaft bei Ferdinand Tönnies. In: Kölner Zeitschrift für Soziologie und Sozialpsychologie 7 (1955), H. 3, S. 348-420.

König, René: Art. ›Soziale Morphologie‹. In: ders. (Hg.): Soziologie. Frankfurt a.M. 1958, S. 257-268.

Koschorke, Albrecht et al.: Der fiktive Staat. Konstruktionen des politischen Körpers in der Geschichte Europas. Frankfurt a.M. 2007.

Koselleck, Reinhart: Einleitung. In: ders./Brunner, Otto/Conze, Werner (Hg.): Geschichtliche Grundbegriffe. Historisches Lexikon zur politisch-sozialen Sprache in Deutschland. Bd. 1. A-D. Stuttgart 1972, S. XIII-XXVII.

Koselleck, Reinhart: Kritik und Krise. Eine Studie zur Pathogenese der bürgerlichen Welt. 2. Aufl. Frankfurt a.M. 1976.

Koselleck, Reinhart: Vergangene Zukunft der frühen Neuzeit. In: ders.: Vergangene Zukunft. Zur Semantik geschichtlicher Zeiten. Frankfurt a.M. 1979, S. 17-37.

Koselleck, Reinhart: Historia Magistra Vitae. Über die Auflösung des Topos im Horizont neuzeitlich bewegter Geschichte. In: ders.: Vergangene Zukunft. Zur Semantik geschichtlicher Zeiten. Frankfurt a.M. 1979, S. 38-66.

Koselleck, Reinhart: Der Zufall als Motivationsrest in der Geschichtsschreibung. In: ders.: Vergangene Zukunft. Zur Semantik geschichtlicher Zeiten. Frankfurt a.M. 1979, S. 158-175.

Koselleck, Reinhart: ›Erfahrungsraum‹ und ›Erwartungshorizont‹ – zwei historische Kategorien. In: ders.: Vergangene Zukunft. Zur Semantik geschichtlicher Zeiten. Frankfurt a.M. 1979, S. 349-375.

Kracauer, Siegfried: Das Ornament der Masse [1927]. In: ders.: Schriften. Bd. 5.2. Aufsätze 1927-1931 (Hg. Mülder-Bach, Inka). Frankfurt a.M. 1990, S. 57-67.

Kratzmüller, Bettina: ›Show Yourself to the People!‹. Ancient Stadia, Politics and Society. In: Frank, Sybille/Steets, Silke (Hg.): Stadium Worlds. Football, space and the built environment. London, New York 2010, S. 36-55.

Kreis, Christian: Das Verhältnis der ›Kritischen Theorie‹ von Max Horkheimer und Theodor W. Adorno zum utopischen Denken. Stuttgart 2006.

Kuchenbuch, David: Geordnete Gemeinschaft. Architekten als Sozialingenieure – Deutschland und Schweden im 20. Jahrhundert. Bielefeld 2010.

Kues, Nikolaus von: Idiota de mente. Der Laie über den Geist [1450]. Philosophisch-theologische Werke. Lateinisch-deutsch. Bd. 2. Hamburg 2002.

Lacan, Jacques: Das Spiegelstadium als Bildner der Ich-Funktion wie sie uns in der psychoanalytischen Erfahrung erscheint. Bericht für den 16. Internationalen Kongreß für Psychoanalyse in Zürich am 17. Juli 1949. In: ders.: Schriften I (Hg. Haas, Norbert). Olten, Freiburg i.Br. 1973, S. 61-70.

Lacan, Jacques: Le séminaire de Jacques Lacan. Texte établi par Jacques-Alain Miller. Livre XVI. D'un autre à l'autre. 1968-1969. Paris 2006.

Laclau, Ernesto/Mouffe, Chantal: Post-Marxism without Apologies. In: Laclau, Ernesto: New Reflections on The Revolution of Our Time. London, New York 1990, S. 97-131.

Laclau, Ernesto/Mouffe, Chantal: Hegemonie und radikale Demokratie. Zur Dekonstruktion des Marxismus [1985] (Hg. Hintz, Michael/Vorwallner, Gerd). 3. Aufl. Wien 2006.

Laclau, Ernesto/Mouffe, Chantal: Hegemonie, Macht und Rechtspopulismus. Ein Gespräch [von Ian Angus] mit Ernesto Laclau und Chantal Mouffe. In: Episteme. Online-Magazin für eine Philosophie der Praxis 1 (o.J.), S. 1-33 (PDF-Version). Abrufbar unter: <http://www.episteme.de/download/Mouffe-Laclau-Hegemonie-Ma cht.pdf> (Zugriff am 29.1.2022).

Laclau, Ernesto: Populistischer Bruch und Diskurs. In: ders.: Politik und Ideologie im Marxismus. Kapitalismus – Faschismus – Populismus. Mit einem Anhang ›Populistischer Bruch und Diskurs‹ (1979). Berlin 1981, S. 176-185.

Laclau, Ernesto: New Reflections on The Revolution of Our Time. In: ders.: New Reflections on The Revolution of Our Time. London, New York 1990, S. 3-85.

Laclau, Ernesto: The Impossibility of Society. In: ders.: New Reflections on The Revolution of Our Time. London, New York 1990, S. 89-92.

Laclau, Ernesto: Building a New Left [Gespräch mit *Strategies*]. In: ders.: New Reflections on The Revolution of Our Time. London, New York 1990, S. 177-196.

Laclau, Ernesto: Theory, Democracy and Socialism [Gespräch mit Robin Blackburn, Peter Dews, Anna-Marie Smith]. In: ders.: New Reflections on The Revolution of Our Time. London, New York 1990, S. 197-245.

Laclau, Ernesto: Dekonstruktion, Pragmatismus, Hegemonie. In: Mouffe, Chantal (Hg.): Dekonstruktion und Pragmatismus. Demokratie, Wahrheit und Vernunft. Wien 1999, S. 111-153.

Laclau, Ernesto: On Populist Reason. London, New York 2007.

Laclau, Ernesto: Universalismus, Partikularismus und die Frage der Identität. In: ders.: Emanzipation und Differenz. 3. Aufl. Wien 2010, S. 45-64.

Laclau, Ernesto: Was haben leere Signifikanten mit Politik zu tun? In: ders.: Emanzipation und Differenz. 3. Aufl. Wien 2010, S. 65-78.

Laclau, Ernesto: Subjekt der Politik, Politik des Subjekts. In: ders.: Emanzipation und Differenz. 3. Aufl. Wien 2010, S. 79-103.

Laclau, Ernesto: ›Die Zeit ist aus den Fugen‹. In: ders.: Emanzipation und Differenz. 3. Aufl. Wien 2010, S. 104-124.

Laclau, Ernesto: Macht und Repräsentation. In: ders.: Emanzipation und Differenz. 3. Aufl. Wien 2010, S. 125-149.

Laclau, Ernesto: Identität und Hegemonie: Die Rolle der Universalität in der Konstitution von politischen Logiken. In: ders./Butler, Judith/Žižek, Slavoj: Kontingenz, Hegemonie, Universalität. Aktuelle Dialoge zur Linken (Hg. Posselt, Gerald) Wien 2013, S. 57-111.

Lacoue-Labarthe, Philippe: Intervention. In: Nancy, Jean-Luc/ders. (Hg.): Les fins de l'homme. À partir du travail de Jacques Derrida. Colloque de Cerisy 23 juillet-2 août 1980. Paris 1981, S. 493-500 (Vortragstext u. Diskussion).

Lacoue-Labarthe, Philippe: Die Fiktion des Politischen. Heidegger, die Kunst und die Politik. Stuttgart 1990.

Ladeur, Karl-Heinz: Carl Schmitt und die Nichthintergehbarkeit der Politischen Theologie – Die Versuchung des Totalitarismus in der liberalen Gesellschaft. In: Politische Vierteljahresschrift 37 (1996), H. 4, S. 665-686.

Ladwig, Bernd: Politische Philosophie der Tierrechte. Berlin 2020.

Landauer, Gustav: Anarchische Gedanken über Anarchismus. In: Die Zukunft 37 (1901), S. 134-140.

Lang, Hermann: Die Sprache und das Unbewußte. Jacques Lacans Grundlegung der Psychoanalyse. Frankfurt a.M. 1986.

Langenscheidts Großwörterbuch Latein. Teil I. Lateinisch-Deutsch. 25. Aufl. Berlin u.a. 1996, S. 238 (Art. ›donum‹), S. 489 (Art. ›munus‹), S. 523 (Art. ›officium‹), S. 525 (Art. ›onus‹).

Laplanche, Jean/Pontalis, Jean-Bertrand: Art. ›Anlehnung‹. In: dies.: Das Vokabular der Psychoanalyse. Frankfurt a.M. 1973, S. 69-72.

Latour, Bruno: Eine neue Soziologie für eine neue Gesellschaft. Einführung in die Akteur-Netzwerk-Theorie. 3. Aufl. Frankfurt a.M. 2014.

Le Corbusier: Kommende Baukunst [1923] (Hg. Hildebrandt, Hans). Berlin, Leipzig 1926.

Leach, Neil: Architecture or revolution? In: ders. (Hg.): Architecture and Revolution. Contemporary perspectives on Central and Eastern Europe. London, New York 1999, S. 112-123.

Ledoux, Claude-Nicolas: L'architecture considérée sous le rapport de l'art, des mœurs et de la législation. Tome Premier. Paris 1804.

Lefort, Claude/Gauchet, Marcel: Über die Demokratie: Das Politische und die Instituierung des Gesellschaftlichen. In: Rödel, Ulrich (Hg.): Autonome Gesellschaft und libertäre Demokratie. Frankfurt a.M. 1990, S. 89-122.

Lefort, Claude: La logique totalitaire. In: ders.: L'invention démocratique. Les limites de la domination totalitaire. Paris 1981, S. 85-106.

Lefort, Claude: L'image du corps et le totalitarisme. In: ders.: L'invention démocratique. Les limites de la domination totalitaire. Paris 1981, S. 159-176.

Lefort, Claude: La question de la démocratie. In: Nancy, Jean-Luc/Lacoue-Labarthe, Philippe (Hg.): Le retrait du politique. Travaux du Centre de recherches philosophiques sur le politique. Paris 1983, S. 71-88 (Vortragstext u. Diskussion).

Lefort, Claude: Die Frage der Demokratie. In: Rödel, Ulrich (Hg.): Autonome Gesellschaft und libertäre Demokratie. Frankfurt a.M. 1990, S. 281-297.

Lefort, Claude: Fortdauer des Theologisch-Politischen? Wien 1999.

Lefort, Claude: Le peuple et le pouvoir [Gespräch mit Christian Descamps]. In: ders.: Le temps présent. Écrits 1945-2005. Paris 2007, S. 471-478.

Leidhold, Wolfgang: Das kreative Projekt: Genealogie und Begriff. In: Bluhm, Harald/Gebhardt, Jürgen (Hg.): Konzepte politischen Handelns. Kreativität – Innovation – Praxen. Baden-Baden 2001, S. 51-72.

Leledakis, Kanakis: Society and Psyche. Social Theory and the Unconscious Dimension of the Social. Oxford, Washington 1995.

Lemke, Anja: Vom Dasein zum Wirsein? – Gemeinschaftskonzeptionen im Denken Martin Heideggers. In: Philosophisches Jahrbuch 108 (2001), H. 1, S. 115-133.

Lerch, Eugen: ›Gesellschaft‹ und ›Gemeinschaft‹. In: Deutsche Vierteljahresschrift für Literaturwissenschaft und Geistesgeschichte 22 (1944), S. 106-120.

Leung, Gilbert: Art. ›Abandonment‹. In: Gratton, Peter/Morin, Marie-Eve (Hg.): The Nancy Dictionary. Edinburgh 2015, S. 15-16.

Lévi-Strauss, Claude: Anthropologie structurale. Paris 1958.

Librett, Jeffrey S[cott]: Art. ›Sense‹. In: Gratton, Peter/Morin, Marie-Eve (Hg.): The Nancy Dictionary. Edinburgh 2015, S. 213-215.

Librett, Jeffrey S[cott]: Art. ›Shoah‹. In: Gratton, Peter/Morin, Marie-Eve (Hg.): The Nancy Dictionary. Edinburgh 2015, S. 218-220.

Liebsch, Burkhard: Ausgesetzte Gemeinschaft – unter radikalem Vorbehalt. Fragen zur aktuellen Kritik jeglicher Vergemeinschaftung mit Blick auf Helmuth Plessner und Jean-Luc Nancy. In: ders./Hetzel, Andreas/Sepp, Hans Rainer (Hg.): Profile negativistischer Sozialphilosophie. Ein Kompendium. Berlin 2011, S. 55-75.

Loraux, Nicole: Das Band der Teilung. In: Vogl, Joseph (Hg.): Gemeinschaften. Positionen zu einer Philosophie des Politischen. Frankfurt a.M. 1994, S. 31-64.

Lorey, Isabell: VirtuosInnen der Freiheit – Zur Implosion von politischer Virtuosität und produktiver Arbeit. In: Altenhain, Claudio et al. (Hg.): Von ›Neuer Unterschicht‹ und Prekariat. Gesellschaftliche Verhältnisse und Kategorien im Umbruch. Kritische Perspektiven auf aktuelle Debatten. Bielefeld 2008, S. 153-164.

Löwith, Karl: Der okkasionelle Dezisionismus von C. Schmitt. In: ders.: Sämtliche Schriften. Bd. 8. Heidegger – Denker in dürftiger Zeit. Zur Stellung der Philosophie im 20. Jahrhundert (Hg. Stichweh, Klaus). Stuttgart 1984, S. 32-71.

Löwith, Karl: Mein Leben in Deutschland vor und nach 1933. Ein Bericht. Frankfurt a.M. 1989.

Luckner, Andreas: Martin Heidegger: ›Sein und Zeit‹. Ein einführender Kommentar. Paderborn u.a. 1997.

Lüdemann, Susanne: Metaphern der Gesellschaft. Studien zum soziologischen und politischen Imaginären. München 2004.

Lüdemann, Susanne: Jacques Derrida: Das Politische jenseits der Brüderlichkeit. In: Bröckling, Ulrich/Feustel, Robert (Hg.): Das Politische denken. Zeitgenössische Positionen. Bielefeld 2010, S. 131-144.

Luhmann, Niklas: Intersubjektivität oder Kommunikation: Unterschiedliche Ausgangspunkte soziologischer Theoriebildung. In: ders.: Soziologische Aufklärung 6. Die Soziologie und der Mensch. Opladen 1995, S. 169-188.

Luxemburg, Rosa: Massenstreik, Partei und Gewerkschaften [1906]. In: dies.: Schriften zur Theorie der Spontaneität (Hg. Hillmann, Susanne). Reinbek bei Hamburg 1970, S. 89-161.

Luxemburg, Rosa: Versäumte Pflichten [1919]. In: dies.: Gesammelte Werke. Bd. 4. August 1914 bis Januar 1919 (Hg. Institut für Marxismus-Leninismus beim ZK der SED). 2. Aufl. Berlin 1979, S. 519-522.

Lyotard, Jean-François: Das postmoderne Wissen. Ein Bericht [1979] (Hg. Engelmann, Peter). Vollst. überarb. Fassung. Graz, Wien 1986.

Lyotard, Jean-François: Libidinöse Ökonomie. Zürich, Berlin 2007.

Lyotard, Jean-François: Randbemerkungen zu den Erzählungen. In: Engelmann, Peter (Hg.): Postmoderne und Dekonstruktion. Texte französischer Philosophen der Gegenwart. Stuttgart 2007, S. 49-53.

Machiavelli, Niccolò: Von der Gelegenheit. Für Filippo de' Nerli./Dell'occasione. A Filippo de' Nerli. In: Hoeges, Dirk: Niccolò Machiavelli. Dichter–Poeta. Mit sämtlichen Gedichten deutsch/italienisch. Con tutte le poesie tedesco/italiano. Frankfurt a.M. 2006, S. 137-138.

Machiavelli, Niccolò: Il Principe/Der Fürst [1532] (Übers.u. Hg. Rippel, Philipp). Bibliograph. aktual. Ausg. Stuttgart 2007.

Malabou, Catherine: Pierre aime les horranges. Lévinas – Sartre – Nancy: une approche du fantastique en philosophie. In: Guibal, Francis/Martin, Jean-Clet (Hg.): Sens en tous sens. Autour des travaux de Jean-Luc Nancy. Paris 2004, S. 39-57.

Marchart, Oliver: Die politische Theorie des zivilgesellschaftlichen Republikanismus: Claude Lefort und Marcel Gauchet. In: Brodocz, André/Schaal, Gary S[tuart] (Hg.): Politische Theorien der Gegenwart II. Eine Einführung. Opladen 2001, S. 161-191.

Marchart, Oliver: Neu beginnen. Hannah Arendt, die Revolution und die Globalisierung. Wien 2005.

Marchart, Oliver: Der Auszug aus Ägypten. Eine Einleitung. In: Mouffe, Chantal: Exodus und Stellungskrieg. Die Zukunft radikaler Politik. Wien 2005, S. 7-23.

Marchart, Oliver: ›Acting is fun‹. Aktualität und Ambivalenz im Werk Hannah Arendts. In: Heinrich-Böll-Stiftung (Hg.): Hannah Arendt: Verborgene Tradition – Unzeitgemäße Aktualität? Berlin 2007, S. 349-358.

Marchart, Oliver: Laclaus Rückgang auf Husserl – Diskurstheorie als Sozialphänomenologie des Raumes. In: Bedorf, Thomas/Unterthurner, Gerhard (Hg.): Zugänge. Ausgänge. Übergänge. Konstitutionsformen des sozialen Raums. Würzburg 2009, S. 157-171.

Marchart, Oliver: Gesellschaft ohne Grund: Laclaus politische Theorie des Post-Fundationalismus. In: Laclau, Ernesto: Emanzipation und Differenz. 3. Aufl. Wien 2010, S. 7-18.

Marchart, Oliver: Minimale Souveränität. Jean-Luc Nancy und der Wink des Souveräns. In: Bippus, Elke/Huber, Jörg/Richter, Dorothee (Hg.): ›Mit-Sein‹. Gemeinschaft – ontologische und politische Perspektivierungen. Zürich, Wien, New York 2010, S. 91-105.

Marchart, Oliver: Claude Lefort: Demokratie und die doppelte Teilung der Gesellschaft. In: Bröckling, Ulrich/Feustel, Robert (Hg.): Das Politische denken. Zeitgenössische Positionen. Bielefeld 2010, S. 19-32.

Marchart, Oliver: Die politische Differenz. Zum Denken des Politischen bei Nancy, Lefort, Badiou, Laclau und Agamben. Berlin 2010.

Marchart, Oliver: Being With Against: Jean-Luc Nancy on Justice, Politics and the Democratic Horizon. In: Hutchens, Benjamin C. (Hg.): Jean-Luc Nancy. Justice, Legality and World. London, New York 2012, S. 172-185.

Marchart, Oliver: Äquivalenz und Autonomie. Vorbemerkungen zu Chantal Mouffes Demokratietheorie. In: Mouffe, Chantal: Das demokratische Paradox. Durchgeseh. Nachaufl. Wien 2013, S. 7-14.

Marchart, Oliver: Das unmögliche Objekt. Eine postfundamentalistische Theorie der Gesellschaft. Berlin 2013.

Marchart, Oliver: Die Prekarisierungsgesellschaft. Prekäre Proteste. Politik und Ökonomie im Zeichen der Prekarisierung. Bielefeld 2013.

Marchart, Oliver: Vorwort. In: Süss, Rahel Sophia: Kollektive Handlungsfähigkeit. Gramsci – Holzkamp – Laclau/Mouffe. Wien, Berlin 2015, S. 7-11.

Marroquín, Carlos/Seiwert, Hubert: Das Collège de Sociologie: Skizze einer Religions-theorie moderner Gesellschaften. In: Zeitschrift für Religionswissenschaft 4 (1996), H. 2, S. 135-149.

Martinon, Jean-Paul: Im-mundus or Nancy's Globalising-World-Formation. In: Deja-novic, Sanja (Hg.): Nancy and the Political. Edinburgh 2015, S. 219-244.

Marx, Karl: Der leitende Artikel in Nr. 179 der ›Kölnischen Zeitung‹ [1842]. In: ders./ Engels, Friedrich: Werke. Bd. 1 (Hg. Institut für Marxismus-Leninismus beim ZK der SED). Berlin 1956, S. 86-104.

Marx, Karl: Aus der Kritik der Hegelschen Rechtsphilosophie. Kritik des Hegelschen Staatsrechts (§§ 261-313) [1843]. In: ders./Engels, Friedrich: Werke. Bd. 1 (Hg. Institut für Marxismus-Leninismus beim ZK der SED). Berlin 1956, S. 201-333.

Marx, Karl: Zur Kritik der Hegelschen Rechtsphilosophie. Einleitung [1844]. In: ders./ Engels, Friedrich: Werke. Bd. 1 (Hg. Institut für Marxismus-Leninismus beim ZK der SED). Berlin 1956, S. 378-391.

Marx, Karl/Engels, Friedrich: Manifest der Kommunistischen Partei [1848]. In: dies.: Werke. Bd. 4 (Hg. Institut für Marxismus-Leninismus beim ZK der SED). Berlin 1959, S. 459-493.

Marx, Karl: Auszüge aus James Mills Buch ›Élémens d'économie politique‹. Trad. par J. T. Parisot, Paris 1823 [1844]. In: ders./Engels, Friedrich: Werke. Ergänzungsband. Schriften. Manuskripte. Briefe bis 1844. Erster Teil (Hg. Institut für Marxismus-Leninismus beim ZK der SED). Berlin 1968, S. 443-463.

Marx, Karl: Ökonomisch-philosophische Manuskripte aus dem Jahr 1844. In: ders./ Engels, Friedrich: Werke. Ergänzungsband. Schriften. Manuskripte. Briefe bis 1844. Erster Teil (Hg. Institut für Marxismus-Leninismus beim ZK der SED). Berlin 1968, S. 465-588.

Marx, Karl: Thesen über Feuerbach [1845]. In: ders./Engels, Friedrich. Werke. Bd. 3 (Hg. Institut für Marxismus-Leninismus beim ZK der SED). Berlin 1969, S. 5-7.

Marx, Karl/Engels, Friedrich: Die deutsche Ideologie. Kritik der neuesten deutschen Philosophie in ihren Repräsentanten Feuerbach, B. Bauer und Stirner, und des deutschen Sozialismus in seinen verschiedenen Propheten [1845/46]. In: dies.: Wer-ke. Bd. 3 (Hg. Institut für Marxismus-Leninismus beim ZK der SED). Berlin 1969, S. 9-530.

Marx, Karl: Zur Kritik der Politischen Ökonomie [1859]. In: ders./Engels, Friedrich: Wer-ke. Bd. 13 (Hg. Institut für Marxismus-Leninismus beim ZK der SED). Berlin 1971, S. 3-160.

Marx, Karl: Einleitung zu den ›Grundrissen der Kritik der politischen Ökonomie‹ [1857]. In: ders./Engels, Friedrich: Werke. Bd. 42 (Hg. Institut für Marxismus-Leninismus beim ZK der SED). Berlin 1983, S. 15-45.

Marx, Werner: Heidegger und die Tradition. Eine problemgeschichtliche Einführung in die Grundbestimmungen des Seins. Stuttgart 1961.

Mathiesen, Kay: Searle, Collective Intentions, and Individualism. In: Meggle, Georg (Hg.): Social Facts and Collective Intentionality. Frankfurt a.M. u.a. 2002, S. 185-204.

Mauss, Marcel: Über den jahreszeitlichen Wandel der Eskimogesellschaften. Eine Stu-die zur Sozialen Morphologie [1904/05]. In: ders.: Soziologie und Anthropologie.

Bd. I. Theorie der Magie. Soziale Morphologie (Hg. Lepenies, Wolf/Ritter, Henning). München 1978, S. 183-278.

Mauss, Marcel: Die Gabe. Form und Funktion des Austauschs in archaischen Gesellschaften [1925]. Frankfurt a.M. 1990.

May, Todd: Reconsidering Difference. Nancy, Derrida, Levinas, and Deleuze. University Park 1997.

Mayer, Hans: Ein Deutscher auf Widerruf. Erinnerungen. Bd. 1. Frankfurt a.M. 1988.

McDow, Daniel: Art. ›Communism‹. In: Gratton, Peter/Morin, Marie-Eve (Hg.): The Nancy Dictionary. Edinburgh 2015, S. 48-49.

McEwen, Indra Kagis: Socrates' Ancestor. An Essay on Architectural Beginnings. Cambridge 1993.

McGinn, Colin: Can We Ever Understand Consciousness? [Rezension von John R. Searle: Mind, Language, and Society: Philosophy in the Real World ; Paul M. Churchland/ Patricia S. Churchland: On the Contrary: Critical Essays, 1987-1997]. In: The New York Review of Books (46) 1999, H. 10, o. S. Abrufbar unter: <https://www.nybo oks.com/articles/1999/06/10/can-we-ever-understand-consciousness/> (Zugriff am 29.1.2022).

Meijers, Anthonie Wilhelmus Marie: Speech Acts, Communication and Collective Intentionality beyond Searle's individualism. Utrecht 1994.

Meijers, Anthonie W[ilhelmus] M[arie]: Kann kollektive Intentionalität individualisiert werden? In: Schmid, Hans Bernhard/Schweikard, David P. (Hg.): Kollektive Intentionalität. Eine Debatte über die Grundlagen des Sozialen. Frankfurt a.M. 2009, S. 414-432.

Mele, Alfred R[emen]: Art. ›Action‹. In: Borchert, Donald M. (Hg.): Encyclopedia of Philosophy. Vol. 1. Abbagnano-Byzantine Philosophy. 2. Aufl. Detroit u.a. 2006, S. 14-22.

Menke, Christoph: Gnade und Recht. Carl Schmitts Begriff der Souveränität. In: ders.: Spiegelungen der Gleichheit. Berlin 2000, S. 157-179.

Meyer, Ahlrich: Mechanische und organische Metaphorik politischer Philosophie. In: Archiv für Begriffsgeschichte 13 (1969), S. 128-199.

Meyer, Hannes: Die neue Welt/The New World [1926]. In: ders.: Bauten, Projekte und Schriften. Buildings, projects and writings (Hg. Schnaidt, Claude). Stuttgart 1965, S. 90-95.

Meyer, Hannes: bauen/building [1928]. In: ders.: Bauten, Projekte und Schriften. Buildings, projects and writings (Hg. Schnaidt, Claude). Stuttgart 1965, S. 94-97.

Meyer, Hannes: bauhaus und gesellschaft/bauhaus and society [1929]. In: ders.: Bauten, Projekte und Schriften. Buildings, projects and writings (Hg. Schnaidt, Claude). Stuttgart 1965, S. 98-101.

Meyer, Hannes: Bauhaus Dessau 1927-1930. Erfahrungen einer polytechnischen Erziehung/Bauhaus 1927-1930. My Experience of a Polytechnical Education [1940]. In: ders.: Bauten, Projekte und Schriften. Buildings, projects and writings (Hg. Schnaidt, Claude). Stuttgart 1965, S. 106-113.

Meyzaud, Maud: Prekäre Existenz. Rousseau und die Demokratie. In: dies. (Hg.): Arme Gemeinschaft. Die Moderne Rousseaus. Berlin 2015, S. 156-187.

Mies van der Rohe, [Ludwig]: Die Voraussetzungen baukünstlerischen Schaffens [1928]. In: ders.: Das kunstlose Wort. Gedanken zur Baukunst (Hg. Neumeyer, Fritz). Berlin 1986, S. 362-366 (Text u. Rezensionen).

Milchman, Alan/Rosenberg, Alan: Postmodernism and the Holocaust. In: dies. (Hg.): Postmodernism and the Holocaust. Amsterdam, Atlanta 1998, S. 1-21.

Mittelstraß, Jürgen: Politik und praktische Vernunft bei Machiavelli. In: Höffe, Otfried (Hg.): Der Mensch – ein politisches Tier? Essays zur politischen Anthropologie. Stuttgart 1992, S. 43-67.

Moebius, Stephan: Die Zauberlehrlinge. Soziologiegeschichte des Collège de Sociologie (1937-1939). Konstanz 2006.

Moll, Henrike/Tomasello, Michael: Cooperation and human cognition: the Vygotskian intelligence hypothesis. In: Philosophical Transactions of the Royal Society B 362 (2007), H. 1480, S. 639-648.

Morgan Parmett, Helen: Community/Common: Jean-Luc Nancy and Antonio Negri on Collective Potentialities. In: Communication, Culture & Critique 5 (2012), S. 171-190.

Morgenroth, Claas: Einleitung. Zur Politik der Gemeinschaft. In: Böckelmann, Janine/ders. (Hg.): Politik der Gemeinschaft. Zur Konstitution des Politischen in der Gegenwart. Bielefeld 2008, S. 9-27.

Morin, Marie-Eve: Jenseits der brüderlichen Gemeinschaft. Das Gespräch zwischen Jacques Derrida und Jean-Luc Nancy. Würzburg 2006.

Morin, Marie-Eve: Jean-Luc Nancy. Cambridge, Malden 2012.

Morin, Marie-Eve: Art. ›Areality‹. In: Gratton, Peter/dies. (Hg.): The Nancy Dictionary. Edinburgh 2015, S. 22-23.

Morin, Marie-Eve: Art. ›Body‹. In: Gratton, Peter/dies. (Hg.): The Nancy Dictionary. Edinburgh 2015, S. 41-43.

Morin, Marie-Eve: Art. ›Creation‹. In: Gratton, Peter/dies. (Hg.): The Nancy Dictionary. Edinburgh 2015, S. 53-54.

Morin, Marie-Eve: Art. ›Ipseity‹. In: Gratton, Peter/dies. (Hg.): The Nancy Dictionary. Edinburgh 2015, S. 125-126.

Morin, Marie-Eve: Art. ›Sacrifice‹. In: Gratton, Peter/dies. (Hg.): The Nancy Dictionary. Edinburgh 2015, S. 204-207.

Morin, Marie-Eve: Art. ›Touch‹: In: Gratton, Peter/dies. (Hg.): The Nancy Dictionary. Edinburgh 2015, S. 229-232.

Morin, Olivier: Three Ways of Misunderstanding the Power of Rules. In: Schmitz, Michael/Kobow, Beatrice/Schmid, Hans Bernhard (Hg.): The Background of Social Reality. Selected Contributions from the Inaugural Meeting of ENSO. Dordrecht u.a. 2013, S. 185-199.

Morus, Thomas: Utopia [1516]. In: Heinisch, Klaus J[oachim] (Hg.): Der utopische Staat. Morus – Utopia, Campanella – Sonnenstaat, Bacon – Neu-Atlantis. 26. Aufl. Reinbek bei Hamburg 2001, S. 7-110.

Mouffe, Chantal: Democratic Politics Today. In: dies. (Hg.): Dimensions of Radical Democracy. Pluralism, Citizenship, Community. London, New York 1992, S. 1-14.

Mouffe, Chantal: Gespräch mit Oliver Marchart. In: Mesotes. Jahrbuch für philosophischen Ost-West-Dialog 3 (1993), S. 407-413.

Mouffe, Chantal: Dekonstruktion, Pragmatismus und die Politik der Demokratie. In: dies. (Hg.): Dekonstruktion und Pragmatismus. Demokratie, Wahrheit und Vernunft. Wien 1999, S. 11-35.

Mouffe, Chantal: Introduction: Schmitt's Challenge. In: dies. (Hg.): The Challenge of Carl Schmitt. London, New York 1999, S. 1-6.

Mouffe, Chantal: Introduction: For an Agonistic Pluralism. In: dies.: The Return of the Political. London, New York 2005, S. 1-8.

Mouffe, Chantal: Radical Democracy: Modern or Postmodern? In: dies.: The Return of the Political. London, New York 2005, S. 9-22.

Mouffe, Chantal: American Liberalism and its Communitarian Critics. In: dies.: The Return of the Political. London, New York 2005, S. 23-40.

Mouffe, Chantal: Rawls: Political Philosophy without Politics. In: dies.: The Return of the Political. London, New York 2005, S. 41-59.

Mouffe, Chantal: Democratic Citizenship and the Political Community. In: dies.: The Return of the Political. London, New York 2005, S. 60-73.

Mouffe, Chantal: On the Articulation between Liberalism and Democracy. In: dies.: The Return of the Political. London, New York 2005, S. 102-116.

Mouffe, Chantal: Pluralism and Modern Democracy: Around Carl Schmitt. In: dies.: The Return of the Political. London, New York 2005, S. 117-134.

Mouffe, Chantal: Über das Politische. Wider die kosmopolitische Illusion. Frankfurt a.M. 2007.

Mouffe, Chantal: Exodus und Stellungskrieg. Die Zukunft radikaler Politik. Wien 2009.

Mouffe, Chantal: Inklusion/Exklusion: Das Paradox der Demokratie. In: Weibel, Peter/ Žižek, Slavoj (Hg.): Inklusion – Exklusion. Probleme des Postkolonialismus und der globalen Migration. 2., überarb. Aufl. Wien 2010, S. 75-90.

Mouffe, Chantal: Das demokratische Paradox. Durchgeseh. Nachaufl. Wien 2013.

Mouffe, Chantal: Agonistik. Die Welt politisch denken. Berlin 2014.

Mouzakitis, Angelos: Art. ›Creation ex nihilo‹. In: Adams, Suzi (Hg.): Cornelius Castoriadis. Key Concepts. London, New York 2014, S. 53-64.

Müller, Adam: Die Elemente der Staatskunst [1809]. 1. Halbband. Jena 1922.

Müller, Heiner: ›Jetzt ist da eine Einheitssoße‹. Der Dramatiker Heiner Müller über die Intellektuellen und den Untergang der DDR [Gespräch mit Hellmuth Karasek, Matthias Matussek, Ulrich Schwarz]. In: Der Spiegel 44 (1990), H. 31, S. 136-141.

Müller-Schöll, Ulrich: Nachwort des Übersetzers. In: Nancy, Jean-Luc: singulär plural sein. Berlin 2004, S. 173-174.

Munk, Martina: Ungeheuerliche Massen. Tierbilder für das Phänomen des Massenhaften in der Literatur des 20. Jahrhunderts. Köln, Weimar, Wien 2011.

Naas, Michael: Urania – The Only Real Muse? Conversation with Jean-Luc Nancy on the Plurality of Genres. In: Internationales Jahrbuch für Hermeneutik 3 (2004), S. 1-22.

Nancy, Jean-Luc/Derrida, Jacques: Responsabilité – du sens à venir [Gespräch mit Francis Guibal]. In: Guibal, Francis/Martin, Jean-Clet (Hg.): Sens en tous sens. Autour des travaux de Jean-Luc Nancy. Paris 2004, S. 165-200.

Nancy, Jean-Luc/Esposito, Roberto: Dialogue on the Philosophy to Come. In: Minnesota Review 75 (2010), S. 71-88.

Nancy, Jean-Luc/Lacoue-Labarthe, Philippe: L'absolu littéraire. Théorie de la littérature du romantisme allemand. Paris 1978 [= AL].

Nancy, Jean-Luc/Lacoue-Labarthe, Philippe: La panique politique. In: Cahiers Confrontation 2 (1979), S. 33-57 [= LPP].

Nancy, Jean-Luc/Lacoue-Labarthe, Philippe: Le peuple juif ne rêve pas. In: Rassial, Adélie/Rassial, Jean-Jacques (Hg.): La psychanalyse est-elle une histoire juive? Colloque de Montpellier. Paris 1981, S. 57-92.

Nancy, Jean-Luc/Lacoue-Labarthe, Philippe: Ouverture. In: dies. (Hg.): Les fins de l'homme. À partir du travail de Jacques Derrida. Colloque de Cerisy 23 juillet-2 août 1980. Paris 1981, S. 9-18 (Vortragstext u. Diskussion).

Nancy, Jean-Luc/Lacoue-Labarthe, Philippe: Textes de l'invitation à la décade (avril 1979). In: dies. (Hg.): Les fins de l'homme. À partir du travail de Jacques Derrida. Colloque de Cerisy 23 juillet-2 août 1980. Paris 1981, S. 19-21.

Nancy, Jean-Luc/Lacoue-Labarthe, Philippe (Hg.): Rejouer le politique. Travaux du Centre de recherches philosophiques sur le politique. Paris 1981.

Nancy, Jean-Luc/Lacoue-Labarthe, Philippe: Ouverture. In: dies. (Hg.): Rejouer le politique. Travaux du Centre de recherches philosophiques sur le politique. Paris 1981, S. 11-28.

Nancy, Jean-Luc/Lacoue-Labarthe, Philippe: Juden träumen nicht. In: Hombach, Dieter (Hg.): ZETA 01/Zukunft als Gegenwart. Berlin 1982, S. 92-117.

Nancy, Jean-Luc/Lacoue-Labarthe, Philippe (Hg.): Le retrait du politique. Travaux du Centre de recherches philosophiques sur le politique. Paris 1983.

Nancy, Jean-Luc/Lacoue-Labarthe, Philippe: Le ›retrait‹ du politique. In: dies. (Hg.): Le retrait du politique. Travaux du Centre de recherches philosophiques sur le politique. Paris 1983, S. 183-200 (Vortragstext u. Diskussion).

Nancy, Jean-Luc/Lacoue-Labarthe, Philippe: Panik und Politik. In: Fragmente. Schriftenreihe zur Psychoanalyse 29/30 (1989), S. 63-98.

Nancy, Jean-Luc/Lacoue-Labarthe, Philippe: Der Nazi-Mythos. In: Weber, Elisabeth/ Tholen, Georg Christoph (Hg.): Das Vergessen(e). Anamnesen des Undarstellbaren. Wien 1997, S. 158-190.

Nancy, Jean-Luc/Lacoue-Labarthe, Philippe: ›Chers Amis‹. A Letter on the Closure of the Political. In: dies.: Retreating the Political (Hg. Sparks, Simon). London, New York 1997, S. 143-147.

Nancy, Jean-Luc/Lacoue-Labarthe, Philippe: Das Literarisch-Absolute. Texte und Theorie der Jenaer Frühromantik. Wien 2016.

Nancy, Jean-Luc/Lacoue-Labarthe, Philippe: Le mythe nazi [1991]. La Tour d'Aigues 2016 [= MN].

Nancy, Jean-Luc/Tyradellis, Daniel: Qu'appelons-nous penser [Gespräch]? Bienne, Paris 2013 [= AP].

Nancy, Jean-Luc/Tyradellis, Daniel: Was heißt uns Denken [Gespräch]? Zürich, Berlin 2013.

Nancy, Jean-Luc: La voix libre de l'homme. In: ders./Lacoue-Labarthe, Philippe (Hg.): Les fins de l'homme. À partir du travail de Jacques Derrida. Colloque de Cerisy 23 juillet-2 août 1980. Paris 1981, S. 163-184 (Vortragstext u. Diskussion) [= VLH].

Nancy, Jean-Luc: Le Partage des voix. Paris 1982 [= PV].

Nancy, Jean-Luc: L'être abandonné. In: ders.: L'impératif catégorique. Paris 1983, S. 139-153 [= EA].

Nancy, Jean-Luc: L'oubli de la philosophie. Paris 1986 [= OP].

Nancy, Jean-Luc: Vorwort. In: ders.: Die undarstellbare Gemeinschaft. Stuttgart 1988, S. 5.

Nancy, Jean-Luc: Die entwerkte Gemeinschaft. In: ders.: Die undarstellbare Gemeinschaft. Stuttgart 1988, S. 9-92.

Nancy, Jean-Luc: Der unterbrochene Mythos. In: ders.: Die undarstellbare Gemeinschaft. Stuttgart 1988, S. 93-148.

Nancy, Jean-Luc: ›Der literarische Kommunismus‹. In: ders.: Die undarstellbare Gemeinschaft. Stuttgart 1988, S. 149-169.

Nancy, Jean-Luc: L'expérience de la liberté. Paris 1988 [= EL].

Nancy, Jean-Luc: Our History. In: Diacritics 20 (1990), H. 3, S. 97-115.

Nancy, Jean-Luc: L'insacrifiable. In: ders.: Une pensée finie. Paris 1990, S. 65-106 [= IS].

Nancy, Jean-Luc: La décision d'existence. In: ders.: Une pensée finie. Paris 1990, S. 107-145.

Nancy, Jean-Luc: L'offrande sublime. In: ders.: Une pensée finie. Paris 1990, S. 147-195.

Nancy, Jean-Luc: L'amour en éclats. In: ders.: Une pensée finie. Paris 1990, S. 225-268.

Nancy, Jean-Luc: Preface. In: ders.: The Inoperative Community (Hg. Connor, Peter). Minneapolis, Oxford 1991, S. xxxvi-xli.

Nancy, Jean-Luc: Coupe de style. In: ders.: Le poids d'une pensée. Québec, Grenoble 1991, S. 97-107.

Nancy, Jean-Luc: Le Sens du monde. Paris 1993 [= SM].

Nancy, Jean-Luc: Lob der Vermischung. Für Sarajewo, März 1993. In: Lettre International 21 (1993), S. 4-7.

Nancy, Jean-Luc: ›Il reste à vivre un monde désenchanté sans vouloir le réenchanter‹. Un entretien avec Thomas Ferenczi. In: Le Monde, Ausgabe vom 29. März 1994, o. S. Abrufbar unter: <https://www.lemonde.fr/archives/article/1994/03/29/un-entretien-avec-jean-luc-nancy_3832807_1819218.html> (Zugriff am 29.1.2022).

Nancy, Jean-Luc: Das gemeinsame Erscheinen. Von der Existenz des ›Kommunismus‹ zur Gemeinschaftlichkeit der ›Existenz‹. In: Vogl, Joseph (Hg.): Gemeinschaften. Positionen zu einer Philosophie des Politischen. Frankfurt a.M. 1994, S. 167-204.

Nancy, Jean-Luc: Stilbruch. In: ders.: Das Gewicht eines Denkens. Gegenüber der franz. Ausg. erw. dt. Erstausg. Düsseldorf, Bonn 1995, S. 81-90.

Nancy, Jean-Luc: Menschliche Maßlosigkeit. In: ders.: Das Gewicht eines Denkens. Gegenüber der franz. Ausg. erw. dt. Erstausg. Düsseldorf, Bonn 1995, S. 111-117.

Nancy, Jean-Luc: Un Souffle/Ein Hauch. In: Berg, Nicolas/Jochimsen, Jess/Stiegler, Bernd (Hg.): Shoah – Formen der Erinnerung. Geschichte, Philosophie, Literatur, Kunst. München 1996, S. 122-129.

Nancy, Jean-Luc: Ohne Titel [Peritext]. In: ders.: Être singulier pluriel. Paris 1996, S. 11-12.

Nancy, Jean-Luc: Avertissement. In: ders.: Être singulier pluriel. Paris 1996, S. 13-14 [= AV].

Nancy, Jean-Luc: De l'être singulier pluriel. In: ders.: Être singulier pluriel. Paris 1996, S. 15-123 [= ESP].

Nancy, Jean-Luc: Éloge de la mêlée. Pour Sarajevo, mars 1993. In: ders.: Être singulier pluriel. Paris 1996, S. 169-182 [= ELM].

Nancy, Jean-Luc: Surprise de l'événement. In: ders.: Être singulier pluriel. Paris 1996, S. 183-202.

Nancy, Jean-Luc: Démesure humaine. In: ders.: Être singulier pluriel. Paris 1996, S. 203-211 [= DH].

Nancy, Jean-Luc: Des lieux divins [1987]. In: ders.: Des lieux divins suivi de Calcul du poète. 2. Aufl. Mauvezin 1997, S. 1-50.

Nancy, Jean-Luc: Répondre de l'existence. In: Ferenczi, Thomas (Hg.): De quoi sommes-nous responsables? Huitième Forum Le Monde Le Mans. Paris 1997, S. 37-50.

Nancy, Jean-Luc: Des sens de la démocratie. In: Transeuropéennes 17 (1999), S. 45-48.

Nancy, Jean-Luc: Corpus [1992]. Paris 2000 [= CO].

Nancy, Jean-Luc: Tout est-il politique? (simple note). In: Actuel Marx 28 (2000), H. 2, S. 77-82.

Nancy, Jean-Luc: L'›éthique originaire‹ de Heidegger. In: ders.: La pensée dérobée. Accompagné de ›L'échappée d'elle‹ de François Martin. Paris 2001, S. 85-113 [= EO].

Nancy, Jean-Luc: Cum. In: ders.: La pensée dérobée. Accompagné de ›L'échappée d'elle‹ de François Martin. Paris 2001, S. 115-121 [= C].

Nancy, Jean-Luc: Changement de monde. In: ders.: La pensée dérobée. Accompagné de ›L'échappée d'elle‹ de François Martin. Paris 2001, S. 139-148 [= CHM].

Nancy, Jean-Luc: L'›il y a‹ du rapport sexuel. Paris 2001 [= RS].

Nancy, Jean-Luc: La Communauté affrontée. Paris 2001 [= CA].

Nancy, Jean-Luc: La création du monde ou la mondialisation. Paris 2002 [= CMM].

Nancy, Jean-Luc: ›Dem Politischen mangelt es an Symbolizität‹. Ein Gespräch [von Andreas Wagner, Andreas Niederberger, Dietmar Köveker] mit Jean-Luc Nancy. In: Information Philosophie 30 (2002), H. 4, S. 35-41.

Nancy, Jean-Luc: Entzug der Göttlichkeit. Zur Dekonstruktion und Selbstüberschreitung des Christentums. Jean-Luc Nancy im Gespräch mit Sergio Benvenuto. In: Lettre International 59 (2002), S. 76-80.

Nancy, Jean-Luc: Was nicht geopfert werden kann. In: Därmann, Iris/Jamme, Christoph (Hg.): Fremderfahrung und Repräsentation. Weilerswist 2002, S. 47-80.

Nancy, Jean-Luc: ›Our World‹. An Interview [mit Peter Hallward]. In: Angelaki 8 (2003), H. 2, S. 43-54.

Nancy, Jean-Luc: ›Un peuple ou des multitudes?‹ Pourquoi se laisser confisquer le mot peuple par le populisme [Propos recueillis par Jérôme-Alexandre Nielsberg]. In: L'Humanité, Ausgabe vom 26. Dezember 2003, S. 12.

Nancy, Jean-Luc: Die Erschaffung der Welt oder Die Globalisierung. Zürich, Berlin 2003.

Nancy, Jean-Luc: La représentation interdite. In: ders.: Au fond des images. Paris 2003, S. 57-99.

Nancy, Jean-Luc: Noli me tangere. Essai sur la levée du corps. 2. Aufl. Paris 2003 [= NMT].

Nancy, Jean-Luc: Le chant du départ. In: Mallet, Marie-Louise (Hg.): La démocratie à venir: Autour de Jacques Derrida. Paris 2004, S. 341-359.

Nancy, Jean-Luc: La communauté désœuvrée. In: ders.: La communauté désœuvrée [1986]. Nouvelle édition revue et augmentée. Paris 2004, S. 9-105 [= CD].

Nancy, Jean-Luc: Le mythe interrompu. In: ders.: La communauté désœuvrée [1986]. Nouvelle édition revue et augmentée. Paris 2004, S. 107-174 [= MI].

Nancy, Jean-Luc: ›Le communisme littéraire‹. In: ders.: La communauté désœuvrée [1986]. Nouvelle édition revue et augmentée. Paris 2004, S. 175-198 [= CL].

Nancy, Jean-Luc: De l'être-en-commun. In: ders.: La communauté désœuvrée [1986]. Nouvelle édition revue et augmentée. Paris 2004, S. 199-234.

Nancy, Jean-Luc: L'histoire finie. In: ders.: La communauté désœuvrée [1986]. Nouvelle édition revue et augmentée. Paris 2004, S. 235-278.

Nancy, Jean-Luc: Chroniques philosophiques. Paris 2004 [= CHP].

Nancy, Jean-Luc: Ohne Titel [Peritext]. In: ders.: singulär plural sein. Berlin 2004, S. 9-11.

Nancy, Jean-Luc: Anmerkung zur Übersetzung in: ders.: singulär plural sein. Berlin 2004, S. 12.

Nancy, Jean-Luc: Vorbemerkung. In: ders.: singulär plural sein. Berlin 2004, S. 13-14.

Nancy, Jean-Luc: Vom singulär pluralen Sein. In: ders.: singulär plural sein. Berlin 2004, S. 15-150.

Nancy, Jean-Luc: Das Mit-sein des Da-seins. In: ders.: singulär plural sein. Berlin 2004, S. 151-172.

Nancy, Jean-Luc: 58 indices sur le corps. In: ders.: 58 indices sur le corps et Extension de l'âme. Suivi de Ginette Michaud: Appendice. Québec 2004, S. 5-66 [= ISLC].

Nancy, Jean-Luc: Extension de l'âme. In: ders.: 58 indices sur le corps et Extension de l'âme. Suivi de Ginette Michaud: Appendice. Québec 2004, S. 67-84 [= EDA].

Nancy, Jean-Luc: Entretien avec [Véronique Fabbri]. In: Rue Descartes 44 (2004), H. 2, S. 62-79 [= E].

Nancy, Jean-Luc: On Derrida. A conversation of Sergio Benvenuto with Jean-Luc Nancy. In: European Journal of Psychoanalysis 19 (2004), H. 2, o. S. Abrufbar unter: <http://www.psychomedia.it/jep/number19/benvenuto.htm> (Zugriff am 29.1.2022).

Nancy, Jean-Luc: Ouverture. In: ders.: La Déclosion (Déconstruction du christianisme, 1). Paris 2005, S. 9-25 [= OUV].

Nancy, Jean-Luc: Athéisme et monothéisme. In: ders.: La Déclosion (Déconstruction du christianisme, 1). Paris 2005, S. 27-45 [= AM].

Nancy, Jean-Luc: Déconstruction du monothéisme. In: ders.: La Déclosion (Déconstruction du christianisme, 1). Paris 2005, S. 47-63 [= DM].

Nancy, Jean-Luc: Une expérience au cœur. In: ders.: La Déclosion (Déconstruction du christianisme, 1). Paris 2005, S. 117-123 [= EAC].

Nancy, Jean-Luc: Verbum caro factum. In: ders.: La Déclosion (Déconstruction du christianisme, 1). Paris 2005, S. 125-128.

Nancy, Jean-Luc: D'un Wink divin. In: ders.: La Déclosion (Déconstruction du christianisme, 1). Paris 2005, S. 155-177.

Nancy, Jean-Luc: La déconstruction du christianisme. In: ders.: La Déclosion (Déconstruction du christianisme, 1). Paris 2005, S. 203-226 [= DC].

Nancy, Jean-Luc: Allitérations. In: ders./Monnier, Mathilde: Allitérations. Conversations sur la danse. Avec la participation de Claire Denis. Paris 2005, S. 137-150 [= ALS].

Nancy, Jean-Luc: The Insufficiency of ›Values‹ and the Necessity of ›Sense‹ [1997]. In: Journal for Cultural Research 9 (2005), H. 4, S. 437-441.

Nancy, Jean-Luc: Derridas Spuren. Über das Risiko des Denkens und die Schrift im Herzen der Stimme. Jean-Luc Nancy im Gespräch mit Sergio Benvenuto. In: Lettre International 70 (2005), S. 98-102.

Nancy, Jean-Luc: Préface à l'édition italienne de L'impératif catégorique. In: Le Portique 18 (2006), o. S. Abrufbar unter: <https://journals.openedition.org/leportique/831> (Zugriff am 29.1.2022) [= PIC].

Nancy, Jean-Luc: Das Darstellungsverbot. In: ders.: Am Grund der Bilder. Zürich, Berlin 2006, S. 51-89.

Nancy, Jean-Luc: Die Unerträglichkeit des Undarstellbaren. Gespräch [von Michail Ryklin] mit Jean-Luc Nancy. In: Ryklin, Michail: Dekonstruktion und Destruktion. Gespräche mit Jacques Derrida, Félix Guattari, Jean Baudrillard, Philippe Lacoue-Labarthe, Jean-Luc Nancy, Paul Virilio, Richard Rorty, Slavoj Žižek, Susan Buck-Morss und Boris Groys. Zürich, Berlin 2006, S. 105-130.

Nancy, Jean-Luc: Nothing but the World: An Interview with Vacarme [2000]. In: Rethinking Marxism 19 (2007), H. 4, S. 521-535.

Nancy, Jean-Luc: Corpus. 2. Aufl. Zürich, Berlin 2007.

Nancy, Jean-Luc: Die herausgeforderte Gemeinschaft. Zürich, Berlin 2007.

Nancy, Jean-Luc: L'être-avec de l'être-là. In: Cahiers philosophiques 2007, H. 111, S. 66-78. Abrufbar unter: <https://www.cairn.info/revue-cahiers-philosophiques1-2007-3-page-66.htm> (Zugriff am 29.1.2022) [= EAEL].

Nancy, Jean-Luc: Notes pour l'avant-propos. In: Bailly, Jean-Christophe/ders.: La comparution [1991]. Paris 2007, S. 27-35.

Nancy, Jean-Luc: La comparution. (De l'existence du ›communisme‹ à la communauté de l'›existence‹). In: Bailly, Jean-Christophe/ders.: La comparution [1991]. Paris 2007, S. 51-105 [= CP].

Nancy, Jean-Luc: Note on the Untranslatable Mondialisation. In: ders.: The Creation of the World or Globalization. Albany 2007, S. 27-28.

Nancy, Jean-Luc: Vérité de la démocratie. Paris 2008 [= VD].

Nancy, Jean-Luc: Noli me tangere. Zürich, Berlin 2008.

Nancy, Jean-Luc: Ouvertüre. In: ders.: Dekonstruktion des Christentums. Zürich, Berlin 2008, S. 7-26.

Nancy, Jean-Luc: Atheismus und Monotheismus. In: ders.: Dekonstruktion des Christentums. Zürich, Berlin 2008, S. 27-48.

Nancy, Jean-Luc: Dekonstruktion des Monotheismus. In: ders.: Dekonstruktion des Christentums. Zürich, Berlin 2008, S. 49-67.

Nancy, Jean-Luc: Eine Erfahrung an einem Herzen. In: ders.: Dekonstruktion des Christentums. Zürich, Berlin 2008, S. 133-140.

Nancy, Jean-Luc: Verbum caro factum. In: ders.: Dekonstruktion des Christentums. Zürich, Berlin 2008, S. 141-145.

Nancy, Jean-Luc: Von einem göttlichen Wink. In: ders.: Dekonstruktion des Christentums. Zürich, Berlin 2008, S. 179-206.

Nancy, Jean-Luc: Dekonstruktion des Christentums. In: ders.: Dekonstruktion des Christentums. Zürich, Berlin 2008, S. 237-264.

Nancy, Jean-Luc: Gespräch über den Tanz [mit Véronique Fabbri]. In: ders. et al.: Allesdurchdringung. Texte, Essays, Gespräche über den Tanz. Mit Beiträgen von Yvonne

Rainer, Luciano Berio, David Kishik, Jean-Luc Nancy, Michel Serres und René Thom. Berlin 2008, S. 60-90.

Nancy, Jean-Luc: Philosophische Chroniken. Zürich, Berlin 2009.

Nancy, Jean-Luc: Démocratie finie et infinie. In: ders. et al.: Démocratie, dans quel état? Paris 2009, S. 77-94 [= DFI].

Nancy, Jean-Luc: Wer hat Angst vor Gemeinschaft? Ein Gespräch [von Krystian Woznicki] mit Jean-Luc Nancy. In: Woznicki, Krystian: Wer hat Angst vor Gemeinschaft? Ein Dialog mit Jean-Luc Nancy. Berlin 2009, S. 76-107.

Nancy, Jean-Luc: Wahrheit der Demokratie. In: ders.: Wahrheit der Demokratie (Hg. Engelmann, Peter). Wien 2009, S. 11-70.

Nancy, Jean-Luc: Endliche und unendliche Demokratie. In: ders.: Wahrheit der Demokratie (Hg. Engelmann, Peter). Wien 2009, S. 73-100.

Nancy, Jean-Luc: 58 Indizien über den Körper. In: ders.: Ausdehnung der Seele. Texte zu Körper, Kunst und Tanz. Zürich, Berlin 2010, S. 7-24.

Nancy, Jean-Luc: Alliterationen. In: ders.: Ausdehnung der Seele. Texte zu Körper, Kunst und Tanz. Zürich, Berlin 2010, S. 31-42.

Nancy, Jean-Luc: Befremdliche Fremdkörper. In: ders.: Ausdehnung der Seele. Texte zu Körper, Kunst und Tanz. Zürich, Berlin 2010, S. 43-58.

Nancy, Jean-Luc: Ausdehnung der Seele. In: ders.: Ausdehnung der Seele. Texte zu Körper, Kunst und Tanz. Zürich, Berlin 2010, S. 73-86.

Nancy, Jean-Luc: Communisme, le mot. In: Badiou, Alain/Žižek, Slavoj (Hg.): L'idée du communisme. Conférence de Londres, 2009. Fécamp 2010, S. 197-214 [= CM].

Nancy, Jean-Luc: Das Vergessen der Philosophie. 3., überarb. Aufl. Wien 2010.

Nancy, Jean-Luc: L'Adoration (Déconstruction du christianisme, 2). Paris 2010 [= ADO].

Nancy, Jean-Luc: Identité. Fragments, franchises. Paris 2010 [= I].

Nancy, Jean-Luc: Identität. Fragmente, Freimütigkeiten. Wien 2010.

Nancy, Jean-Luc: Mit-Sinn. (Zürich, März 2010). In: Bippus, Elke/Huber, Jörg/Richter, Dorothee (Hg.): ›Mit-Sein‹. Gemeinschaft – ontologische und politische Perspektivierungen. Zürich, Wien, New York 2010, S. 21-32.

Nancy, Jean-Luc: Plus d'un. In: ders./Barrau, Aurélien: Dans quels mondes vivons-nous? Paris 2011, S. 21-40.

Nancy, Jean-Luc: Jenseits der Stadt. In: ders.: Jenseits der Stadt. Berlin 2011, S. 7-37.

Nancy, Jean-Luc: Bilder der Stadt. In: ders.: Jenseits der Stadt. Berlin 2011, S. 43-62.

Nancy, Jean-Luc: Eine Kunst der Stadt. In: ders.: Jenseits der Stadt. Berlin 2011, S. 65-82.

Nancy, Jean-Luc: La ville au loin. In: ders.: La ville au loin. Paris 2011, S. 11-46 [= VAL].

Nancy, Jean-Luc: Images de la ville. In: ders.: La ville au loin. Paris 2011, S. 47-70 [= IDV].

Nancy, Jean-Luc: Un art de la ville. In: ders.: La ville au loin. Paris 2011, S. 103-124 [= ADV].

Nancy, Jean-Luc: Politique et au-delà. Entretien avec Philip Armstrong et Jason E. Smith. Paris 2011 [= PED].

Nancy, Jean-Luc: Présentation. In: ders.: Maurice Blanchot. Passion politique. Lettre-récit de 1984 suivie d'une lettre de Dionys Mascolo. Paris 2011, S. 9-43 [= PP].

Nancy, Jean-Luc: The Commerce of Plural Thinking [Gespräch mit Marie-Eve Morin, Peter Gratton]. In: Gratton, Peter/Morin, Marie-Eve (Hg.): Jean-Luc Nancy and Plural Thinking. Expositions of World, Ontology, Politics, and Sense. Albany 2012, S. 229-239.

Nancy, Jean-Luc: Kommunismus, das Wort (Notizen für die Konferenz). In: Douzinas, Costas/Žižek, Slavoj (Hg.): Die Idee des Kommunismus. Bd. I. Hamburg 2012, S. 181-190.

Nancy, Jean-Luc: L'Équivalence des catastrophes (Après Fukushima). Paris 2012 [= EC].

Nancy, Jean-Luc: Die Anbetung. Dekonstruktion des Christentums 2. Zürich 2012.

Nancy, Jean-Luc: Es gibt Geschlechtsverkehr. In: ders.: Es gibt – Geschlechtsverkehr. Zürich 2012, S. 7-57.

Nancy, Jean-Luc: Politique tout court et très au-delà. Entretien avec Jean-Luc Nancy. Propos recueillis par Ginette Michaud. In: Spirale 239 (2012), S. 33-36.

Nancy, Jean-Luc: Grondement commun. In: Lignes 41 (2013), S. 111-114.

Nancy, Jean-Luc: Äquivalenz der Katastrophen (nach Fukushima). Zürich, Berlin 2013.

Nancy, Jean-Luc: La possibilité d'un monde. Dialogue avec Pierre-Philippe Jandin. Paris 2013.

Nancy, Jean-Luc: Heideggers ›ursprüngliche Ethik‹. In: ders.: Das nackte Denken. Zürich, Berlin 2014, S. 103-139.

Nancy, Jean-Luc: Cum. In: ders.: Das nackte Denken. Zürich, Berlin 2014, S. 141-149.

Nancy, Jean-Luc: Weltenwechsel. In: ders.: Das nackte Denken. Zürich, Berlin 2014, S. 169-181.

Nancy, Jean-Luc: La Communauté désavouée. Paris 2014 [= CDV].

Nancy, Jean-Luc: Die Mit-Teilung der Stimmen. Zürich 2014.

Nancy, Jean-Luc: Der Sinn der Welt. Zürich, Berlin 2014.

Nancy, Jean-Luc: Reste inavouable. Entretien avec Mathilde Girard. In: Lignes 43 (2014), S. 155-176.

Nancy, Jean-Luc: Banalité de Heidegger. Paris 2015.

Nancy, Jean-Luc: Demokratie und Gemeinschaft. Im Gespräch mit Peter Engelmann (Hg. Engelmann, Peter). Wien 2015.

Nancy, Jean-Luc: Heideggers Banalität. In: Trawny, Peter/Mitchell, Andrew J[ohn] (Hg.): Heidegger, die Juden, noch einmal. Frankfurt a.M. 2015, S. 11-42.

Nancy, Jean-Luc: Politique et/ou politique. In: Lignes 47 (2015), S. 310-323.

Nancy, Jean-Luc: Die Politik und darüber hinaus. Philip Armstrong und Jason Smith im Dialog mit Jean-Luc Nancy. In: Meyzaud, Maud (Hg.): Arme Gemeinschaft. Die Moderne Rousseaus. Berlin 2015, S. 214-241.

Nancy, Jean-Luc: Phraser la mutation. Entretien avec Juan Manuel Garrido Wainer. Veröffentlicht am 13.10.2015, o. S. Abrufbar unter: <https://blogs.mediapart.fr/juan-manuel-garrido-wainer/blog/131015/phraser-la-mutation-entretien-avec-jean-luc-nancy> (Zugriff am 29.1.2022).

Nancy, Jean-Luc: Un sens commun. In: Lignes 48 (2015), S. 9-12.

Nancy, Jean-Luc: Vorwort. In: ders.: Maurice Blanchot. Politische Passion. Eine Brieferzählung von 1984, gefolgt von einem Brief von Dionys Mascolo (Hg. Hock, Jonas). Wien, Berlin 2016, S. 9-34.

Nancy, Jean-Luc: Que faire? Paris 2016 [= QF].

Nancy, Jean-Luc: Die Erfahrung der Freiheit. Zürich, Berlin 2016.

Nancy, Jean-Luc: ›Apprendre à guetter dans la nuit.‹ Entretien avec Juan Manuel Garrido sur ›Que Faire?‹. Veröffentlicht am 10.3.2016, o. S. Abrufbar unter: <https://strassdelaphilosophie.blogspot.com/2016/03/apprendre-guetter-dans-la-nuit.html> (Zugriff am 29.1.2022).

Nancy, Jean-Luc: Vorwort. In: ders.: Der kategorische Imperativ. Zürich, Berlin 2017, S. 7-13.

Nancy, Jean-Luc: Die freie Stimme des Menschen. In: ders.: Der kategorische Imperativ. Zürich, Berlin 2017, S. 121-146.

Nancy, Jean-Luc: Das aufgegebene Sein. In: ders.: Der kategorische Imperativ. Zürich, Berlin 2017, S. 147-159.

Nancy, Jean-Luc: Die verleugnete Gemeinschaft. Zürich, Berlin 2017.

Nancy, Jean-Luc: Was tun? Zürich, Berlin 2017.

Nancy, Jean-Luc: Von einer Gemeinschaft, die sich nicht verwirklicht. Wien, Berlin 2018.

Neyrat, Frédéric: Le communisme existentiel de Jean-Luc Nancy. Paris 2013.

Nietzsche, Friedrich: Die fröhliche Wissenschaft [1882]. In: ders.: Kritische Studienausgabe. Bd. 3. Morgenröte. Idyllen aus Messina. Die fröhliche Wissenschaft (Hg. Colli, Giorgio/Montinari, Mazzino). Neuausgabe. München 1999, S. 343-651.

Nipperdey, Thomas: Die Funktion der Utopie im politischen Denken der Neuzeit. In: Archiv für Kulturgeschichte 44 (1962), S. 357-378.

Nipperdey, Thomas: Die Utopie des Thomas Morus und der Beginn der Neuzeit. In: Bracher, Karl Dietrich et al. (Hg.): Die moderne Demokratie und ihr Recht. Modern Constitutionalism and Democracy. Festschrift für Gerhard Leibholz zum 65. Geburtstag. Erster Band: Grundlagen. Tübingen 1966, S. 343-368.

Nonhoff, Martin: Chantal Mouffe und Ernesto Laclau: Konfliktivität und Dynamik des Politischen. In: Bröckling, Ulrich/Feustel, Robert (Hg.): Das Politische denken. Zeitgenössische Positionen. Bielefeld 2010, S. 33-57.

Norris, Andrew: Jean-Luc Nancy and the Myth of the Common. In: Constellations 7 (2000), H. 2, S. 272-295.

Norris, Andrew: Jean-Luc Nancy on the political after Heidegger and Schmitt. In: Philosophy and Social Criticism 37 (2011), H. 8, S. 899-913.

Norris, Andrew: Art. ›Schmitt, Carl‹. In: Gratton, Peter/Morin, Marie-Eve (Hg.): The Nancy Dictionary. Edinburgh 2015, S. 211-213.

Nowak, Jörg: Die Wiederkehr des Kommunismus. In: Anti New York Pläne (A.N.Y.P.). Zeitung für 10 Jahre 9 (1999), H. 1, S. 28-30.

Nungesser, Frithjof: Michael Tomasello: Auf experimentalpsychologischem Wege zu einer kognitiven Kulturtheorie. In: Moebius, Stephan/Quadflieg, Dirk (Hg.): Kultur. Theorien der Gegenwart. 2., erw. u. aktual. Aufl. Wiesbaden 2011, S. 671-682.

Nungesser, Frithjof: Three Dimensions of the Sociality in Action. Some Reflections Based on the Cultural Psychology of Michael Tomasello and Sociological Pragmatism. In: European Journal of Pragmatism and American Philosophy 4 (2012), H. 1, S. 178-207.

O'Meara, Dominic: Der Mensch als politisches Lebewesen. Zum Verhältnis zwischen Platon und Aristoteles. In: Höffe, Otfried (Hg.): Der Mensch – ein politisches Tier? Essays zur politischen Anthropologie. Stuttgart 1992, S. 14-25.

Ott, Michaela: Massen und Meuten. Eine Frage der Perspektive. In: Lüdemann, Susanne/Hebekus, Uwe (Hg.): Massenfassungen. Beiträge zur Diskurs- und Mediengeschichte der Menschenmenge. München 2010, S. 201-218.

Ozouf, Mona: Art. ›Fédération‹. In: dies./Furet, François (Hg.): Dictionnaire critique de la Révolution française. Événements. Paris 1992, S. 177-191.

Palonen, Kari: Das ›Webersche Moment‹. Zur Kontingenz des Politischen. Opladen 1998.

Palonen, Kari: The Two Faces of Contingency: La Politique and Le Politique in the Work of Pierre Rosanvallon. In: Contributions to the History of Concepts 5 (2009), H. 2, S. 123-139.

Pascal, Blaise: Gedanken über die Religion und einige andere Themen [1670] (Hg. Armogathe, Jean-Robert; Übers. Kunzmann, Ulrich). Stuttgart 1997.

Patte, Pierre: Essai sur l'architecture théâtrale, ou De l'Ordonnance la plus avantageuse à une Salle de Spectacles, relativement aux principes de l'Optique & de l'Acoustique. Avec un Examen des principaux Théâtres de l'Europe, & une Analyse des écrits les plus importans sur cette matiere. Paris 1782.

Paulhan, Jean: Brief an Roger Caillois vom 5. August 1938. In: Cahiers Jean Paulhan 6. Correspondance Jean Paulhan-Roger Caillois 1934-1967. Édition établie et annotée par Odile Felgine et Claude-Pierre Perez avec le concours de Jacqueline Paulhan. Paris 1991, S. 87.

Peeters, Benoît: Derrida. Eine Biographie. Berlin 2013.

Petersson, Björn: Collectivity and Circularity. In: The Journal of Philosophy 104 (2007), H. 3, S. 138-156.

Petra, Fausto de: Georges Bataille et Jean-Luc Nancy. Le ›retracement‹ du politique. Communauté, communication, commun. In: Lignes 17 (2005), S. 157-171.

Pettit, Philip: The Common Mind. An Essay on Psychology, Society, and Politics. New York, Oxford 1993.

Pettit, Philip: Art. ›Individualism versus Collectivism: Philosophical Aspects‹. In: Smelser, Neil J[oseph]/Baltes, Paul B[oris] (Hg.): International Encyclopedia of the Social & Behavioral Sciences. Amsterdam 2001, S. 7310-7316.

Pic, Muriel: Penser au moment du danger. Le Collège et l'Institut de recherche sociale de Francfort. In: Critique 69 (2013), H. 788/789, S. 81-95.

Platon: Protagoras. In: ders.: Sämtliche Werke. Bd. 1. Apologie, Kriton, Protagoras, Hippias II, Charmides, Laches, Ion, Euthyphron, Gorgias, Briefe. In der Übersetzung von Friedrich Schleiermacher (Hg. Otto, Walter F[riedrich]/Grassi, Ernesto/Plamböck, Gert). Reinbek bei Hamburg 1968, S. 49-96.

Platon: Ion. In: ders.: Sämtliche Werke. Bd. 1. Apologie, Kriton, Protagoras, Hippias II, Charmides, Laches, Ion, Euthyphron, Gorgias, Briefe. In der Übersetzung von Friedrich Schleiermacher (Hg. Otto, Walter F[riedrich]/Grassi, Ernesto/Plamböck, Gert). Reinbek bei Hamburg 1968, S. 97-110.

Platon: Nomoi. In: ders.: Sämtliche Werke. Bd. 6. Nomoi. Nach der Übersetzung von Hieronymus Müller (Hg. Otto, Walter F[riedrich]/Grassi, Ernesto/Plamböck, Gert). Reinbek bei Hamburg 1968.

Platon: Phaidon. In: ders.: Sämtliche Werke. Bd. 3. Phaidon, Politeia. In der Übersetzung von Friedrich Schleiermacher (Hg. Otto, Walter F[riedrich]/Grassi, Ernesto/Plamböck, Gert). Reinbek bei Hamburg 1969, S. 7-66.

Platon: Politeia. In: ders.: Sämtliche Werke. Bd. 3. Phaidon, Politeia. In der Übersetzung von Friedrich Schleiermacher (Hg. Otto, Walter F[riedrich]/Grassi, Ernesto/
Plamböck, Gert). Reinbek bei Hamburg 1969, S. 67-310.

Platon: Politikos. In: ders.: Sämtliche Werke. Bd. 5. Politikos, Philebos, Timaios, Kritias. Nach der Übersetzung von Friedrich Schleiermacher und Hieronymus Müller
(Hg. Otto, Walter F[riedrich]/Grassi, Ernesto/Plamböck, Gert). Reinbek bei Hamburg 1969, S. 7-72.

Platon: Philebos: In: ders.: Sämtliche Werke. Bd. 5. Politikos, Philebos, Timaios, Kritias. Nach der Übersetzung von Friedrich Schleiermacher und Hieronymus Müller
(Hg. Otto, Walter F[riedrich]/Grassi, Ernesto/Plamböck, Gert). Reinbek bei Hamburg 1969, S. 73-139.

Plessner, Helmuth: Grenzen der Gemeinschaft. Eine Kritik des sozialen Radikalismus
[1924]. In: ders.: Gesammelte Schriften V. Macht und menschliche Natur (Hg. Dux,
Günter/Marquard, Odo/Ströker, Elisabeth). Frankfurt a.m. 2003, S. 7-133.

Ploetz, Alfred: Die Begriffe Rasse und Gesellschaft und einige damit zusammenhängende Probleme. In: Deutsche Gesellschaft für Soziologie (Hg.): Schriften der Deutschen Gesellschaft für Soziologie. I. Serie: Verhandlungen der Deutschen Soziologentage. I. Band. Verhandlungen des Ersten Deutschen Soziologentages vom
19.-22. Oktober 1910 in Frankfurt a.M. Tübingen 1911, S. 111-165 (Vortragstext u.
Diskussion).

Pokorny, Julius: Indogermanisches Etymologisches Wörterbuch. I. Band. 2. Aufl. Bern,
Stuttgart 1989, S. 709-712 (Art. ›mei-‹).

Popper, Karl R[aimund]: Die offene Gesellschaft und ihre Feinde [1945]. Bd. II. Falsche
Propheten. Hegel, Marx und die Folgen. 6. Aufl. München 1980.

Poser, Hans: René Descartes. Eine Einführung. Stuttgart 2003.

Quante, Michael: Kommentar [zu Karl Marx: Ökonomisch-Philosophische Manuskrip-
te]. In: Marx, Karl: Ökonomisch-Philosophische Manuskripte [1844]. Frankfurt a.M.
2009, S. 209-411.

Rademacher, Claudia: Vexierbild der Hoffnung. Zur Aporie utopischen Denkens bei
Adorno. In: Eickelpasch, Rolf/Nassehi, Armin (Hg.): Utopie und Moderne. Frankfurt a.M. 1996, S. 110-135.

Raffoul, François/Pettigrew, David: Translators' Introduction. In: Nancy, Jean-Luc: The
Creation of the World or Globalization. Albany 2007, S. 1-26.

Raffoul, François: The Origins of Responsibility. Bloomington 2010.

Raffoul, François: The Creation of the World. In: Gratton, Peter/Morin, Marie-Eve (Hg.):
Jean-Luc Nancy and Plural Thinking. Expositions of World, Ontology, Politics, and
Sense. Albany 2012, S. 13-26.

Raffoul, François: Abandonment and the Categorical Imperative of Being. In: Hutchens,
Benjamin C. (Hg.): Jean-Luc Nancy. Justice, Legality and World. London, New York
2012, S. 65-81.

Raffoul, François: Art. ›Heidegger, Martin‹. In: Gratton, Peter/Morin, Marie-Eve (Hg.):
The Nancy Dictionary. Edinburgh 2015, S. 108-109.

Raffoul, François: Art. ›Sharing‹. In: Gratton, Peter/Morin, Marie-Eve (Hg.): The Nancy
Dictionary. Edinburgh 2015, S. 217-218.

Raimondi, Francesca: Joint Commitment and the Practice of Democracy. In: Schmid, Hans Bernhard/Schulte-Ostermann, Katinka/Psarros, Nikos (Hg.): Concepts of Sharedness. Essays on Collective Intentionality. Frankfurt a.M. u.a. 2008, S. 285-304.

Raimondi, Francesca: Die Zeit der Demokratie. Politische Freiheit nach Carl Schmitt und Hannah Arendt. Konstanz 2014.

Rancière, Jacques: Die Gemeinschaft der Gleichen. In: Vogl, Joseph (Hg.): Gemeinschaften. Positionen zu einer Philosophie des Politischen. Frankfurt a.M. 1993, S. 101-132.

Rancière, Jacques: Le partage du sensible. Esthétique et politique. Paris 2000.

Rancière, Jacques: Das Unvernehmen. Politik und Philosophie. Frankfurt a.M. 2002.

Rancière, Jacques: Ist Kunst widerständig? In: ders.: Ist Kunst widerständig? Herausgegeben, übersetzt, um ein Gespräch mit Jacques Rancière und ein Nachwort erweitert von Frank Ruda und Jan Völker. Berlin 2008, S. 7-35.

Rancière, Jacques: Die Aufteilung des Sinnlichen. Ästhetik und Politik. In: ders.: Die Aufteilung des Sinnlichen. Die Politik der Kunst und ihre Paradoxien (Hg. Muhle, Maria). 2., durchgeseh. Aufl. Berlin 2008, S. 21-73.

Rancière, Jacques: Zehn Thesen zur Politik. Zürich, Berlin 2008.

Rancière, Jacques: Der Hass der Demokratie. Berlin 2011.

Ratmoko, David: Olympia 1936 – Stadion der Massenbildung. In: Cinema 58 (2013), S. 42-51.

Raulet, Gérard: Die Modernität der ›Gemeinschaft‹. In: Brumlik, Micha/Brunkhorst, Hauke (Hg.): Gemeinschaft und Gerechtigkeit. Frankfurt a.M. 1993, S. 72-93.

Rauwald, Johannes: Politische und literarische Poetologie(n) des Imaginären. Zum Potential der (Selbst-)Veränderungskräfte bei Cornelius Castoriadis und Alfred Döblin. Würzburg 2013.

Rawls, John: Eine Theorie der Gerechtigkeit [1971]. 18. Aufl. Frankfurt a.M. 2012.

Rebentisch, Juliane: Die Kunst der Freiheit. Zur Dialektik demokratischer Existenz. Berlin 2012.

Reckwitz, Andreas: Ernesto Laclau: Diskurse, Hegemonien, Antagonismen. In: Moebius, Stephan/Quadflieg, Dirk (Hg.): Kultur. Theorien der Gegenwart. 2., erw. u. aktual. Aufl. Wiesbaden 2011, S. 300-310.

Reese-Schäfer, Walter: Kommunitarismus. 3., vollst. überarb. Aufl. Frankfurt a.M., New York 2001.

Rehberg, Karl-Siegbert: Gemeinschaft und Gesellschaft – Tönnies und Wir. In: Brumlik, Micha/Brunkhorst, Hauke: Gemeinschaft und Gerechtigkeit. Frankfurt a.M. 1993, S. 19-48.

Retterath, Jörn: ›Was ist das Volk?‹ Volks- und Gemeinschaftskonzepte der politischen Mitte in Deutschland 1917-1924. Berlin, Boston 2016.

Reybrouck, David Van: Gegen Wahlen. Warum Abstimmen nicht demokratisch ist. Göttingen 2016.

Rhodes, Peter: Art. ›Ekklesia‹. In: Der Neue Pauly. Enzyklopädie der Antike. Bd. 3. Cl-Epi (Hg. Cancik, Hubert/Schneider, Helmuth). Stuttgart, Weimar 1997, Spp. 934-936.

Riedel, Manfred: Art. ›Gemeinschaft‹. In: Ritter, Joachim (Hg.): Historisches Wörterbuch der Philosophie. Bd. 3: G-H. Basel, Stuttgart 1974, Spp. 239-243.

Riedel, Manfred: Art. ›Gesellschaft, Gemeinschaft‹. In: Brunner, Otto/Conze, Werner/ Koselleck, Reinhart (Hg.): Geschichtliche Grundbegriffe. Historisches Lexikon zur politisch-sozialen Sprache in Deutschland. Bd. 2. E-G. Stuttgart 1975, S. 801-862.

Ring, Jennifer: The Pariah as Hero: Hannah Arendt's Political Actor. In: Political Theory 19 (1991), H. 3, S. 433-452.

Robert, Paul/Rey, Alain: Le grand Robert de la langue française. Dictionnaire alphabétique et analogique de la langue française. Deuxième édition. Nouvelle édition augmentée. Tome 4. Inco-Orga. Paris 2001, S. 806-810 (Art. ›Lieu‹).

Rogozinski, Jacob: Déconstruire – la révolution. In: Nancy, Jean-Luc/Lacoue-Labarthe, Philippe (Hg.): Les fins de l'homme. À partir du travail de Jacques Derrida. Colloque de Cerisy 23 juillet-2 août 1980. Paris 1981, S. 516-529 (Vortragstext u. Diskussion).

Roney, Patrick: Art. ›Literature‹. In: Gratton, Peter/Morin, Marie-Eve (Hg.): The Nancy Dictionary. Edinburgh 2015, S. 146-149.

Roney, Patrick: Art. ›Poiēsis and Praxis‹. In: Gratton, Peter/Morin, Marie-Eve (Hg.): The Nancy Dictionary. Edinburgh 2015, S. 182-184.

Rooden, Aukje van: Art. ›Experience of Freedom‹. In: Gratton, Peter/Morin, Marie-Eve (Hg.): The Nancy Dictionary. Edinburgh 2015, S. 83-86.

Rosa, Hartmut et al.: Theorien der Gemeinschaft zur Einführung. Hamburg 2010.

Ross, Alison: Image-Politics: Jean-Luc Nancy's Ontological Rehabilitation of the Image. In: Dejanovic, Sanja (Hg.): Nancy and the Political. Edinburgh 2015, S. 139-163.

Rotermundt, Rainer: Jedes Ende ist ein Anfang. Auffassungen vom Ende der Geschichte. Darmstadt 1994

Rotermundt, Rainer: Staat und Politik. Münster 1997.

Röttgers, Kurt: Flexionen des Politischen. In: Bedorf, Thomas/ders. (Hg.): Das Politische und die Politik. Berlin 2010, S. 38-67.

Röttgers, Kurt: Die Möglichkeit einer an-archischen Praxis. In: Alkemeyer, Thomas/ Schürmann, Volker/Volbers, Jörg (Hg.): Praxis denken. Konzepte und Kritik. Wiesbaden 2015, S. 51-79.

Rougemont, Denis de: Journal aus Deutschland 1935-1936 [1938]. Wien 1998.

Rousseau, Jean-Jacques: Essay über den Ursprung der Sprachen, worin auch über Melodie und musikalische Nachahmung gesprochen wird [1781]. In: ders.: Musik und Sprache. Ausgewählte Schriften (Hg. Gülke, Peter; Übers. Gülke, Peter/Gülke, Dorothea). Leipzig 1989, S. 99-168.

Rousseau, Jean-Jacques: Du Contrat social [1762]. Paris 1992 [= CS].

Rousseau, Jean-Jacques: Abhandlung über die Frage, ob die Wiederherstellung der Wissenschaften und Künste zur Läuterung der Sitten beigetragen hat? Von einem Bürger Genfs [1750]. In: ders.: Schriften. Bd. 1 (Hg. Ritter, Henning). Frankfurt a.M. 1995, S. 27-60.

Rousseau, Jean-Jacques: Vorrede zu ›Narcisse‹ [1753]. In: ders.: Schriften. Bd. 1 (Hg. Ritter, Henning). Frankfurt a.M. 1995, S. 145-164.

Rousseau, Jean-Jacques: Abhandlung über den Ursprung und die Grundlagen der Ungleichheit unter den Menschen [1755]. In: ders.: Schriften. Bd. 1 (Hg. Ritter, Henning). Frankfurt a.M. 1995, S. 165-302.

Rousseau, Jean-Jacques: Brief an Herrn d'Alembert über seinen Artikel ›Genf‹ im VII. Band der Enzyklopädie und insbesondere über den Plan, ein Schauspielhaus in dieser Stadt zu errichten [1758]. In: ders.: Schriften. Bd. 1 (Hg. Ritter, Henning). Frankfurt a.M. 1995, S. 333-474.

Rousseau, Jean-Jacques: Brief an Christophe de Beaumont [1763]. In: ders.: Schriften. Bd. 1 (Hg. Ritter, Henning). Frankfurt a.M. 1995, S. 497-589.

Rousseau, Jean-Jacques: Vom Gesellschaftsvertrag oder Grundsätze des Staatsrechts [1762] (Hg. u. Übers. Brockard, Hans). Bibliograph. erg. Ausg. Stuttgart 2003.

Rousseau, Jean-Jacques: Emile oder Über die Erziehung [1762] (Hg. Rang, Martin; Übers. Sckommodau, Eleonore). Stuttgart 2006.

Rüdiger, Anja: Dekonstruktion und Demokratisierung. Emanzipatorische Politiktheorie im Kontext der Postmoderne. Opladen 1996.

Rugo, Daniele: Jean-Luc Nancy and the Thinking of Otherness. Philosophy and Powers of Existence. London, New York 2013.

Rühmkorf, Peter: Tabu II. Tagebücher 1971-1972. Reinbek bei Hamburg 2004.

Rustin, Michael: Absolute Voluntarism: Critique of a Post-Marxist Concept of Hegemony [Rezension von Ernesto Laclau/Chantal Mouffe: Hegemony and Socialist Strategy: Towards a Radical Democratic Politics]. In: New German Critique 43 (1988), S. 146-173.

Sablowski, Thomas: Vom Sozialismus zur radikalen Demokratie. Zum Postmarxismus von Laclau/Mouffe [Rezension von Ernesto Laclau/Chantal Mouffe: Hegemonie und radikale Demokratie. Zur Dekonstruktion des Marxismus]. In: links 3 (1992), S. 12-14.

Sandel, Michael [John]: Die verfahrensrechtliche Republik und das ungebundene Selbst. In: Honneth, Axel (Hg.): Kommunitarismus. Eine Debatte über die moralischen Grundlagen moderner Gesellschaften. Frankfurt a.M. 1993, S. 18-35.

Sandel, Michael J[ohn]: Liberalism and the Limits of Justice. 2. Aufl. Cambridge 1998.

Sari, Yasemin: Art. ›Arendt, Hannah‹. In: Gratton, Peter/Morin, Marie-Eve (Hg.): The Nancy Dictionary. Edinburgh 2015, S. 23-26.

Sartre, Jean-Paul: Fragen der Methode [1957] (Hg. Elkaïm-Sartre, Arlette). Reinbek bei Hamburg 1999.

Sartre, Jean-Paul: Der Existentialismus ist ein Humanismus. In: ders.: Der Existentialismus ist ein Humanismus und andere philosophische Essays 1943-1948. Reinbek bei Hamburg 2000, S. 145-192.

Sartre, Jean-Paul: Das Sein und das Nichts. Versuch einer phänomenologischen Ontologie [1943] (Hg. König, Traugott). 7. Aufl. Reinbek bei Hamburg 2001.

Saussure, Ferdinand de: Grundfragen der allgemeinen Sprachwissenschaft [1916] (Hg. Bally, Charles/Sechehaye, Albert; Übers. Lommel, Herman). 3. Aufl. Berlin, New York 2001.

Schepp, Heinz-Hermann: Die Krise in der Erziehung und der Prozeß der Demokratisierung. Zum Verhältnis von Politik und Pädagogik bei J. J. Rousseau. Kronberg/Ts. 1978.

Schepp, Heinz-Hermann: Über den Zusammenhang von Anthropologie, Politik und Pädagogik bei Jean-Jacques Rousseau. In: Kanz, Heinrich (Hg.): Bildungsgeschichte als Sozialgeschichte. Festschrift zum 60. Geburtstag von Franz Pöggeler. Frankfurt a.M. u.a. 1986, S. 257-281.

Schlegel, Friedrich: Schriften zur Literatur (Hg. Rasch, Wolfdietrich). 2. Aufl. München 1985.

Schlüter, Carsten/Clausen, Lars: Einleitung. Anfragen bei ›Gemeinschaft‹ und ›Gesellschaft‹. In: dies. (Hg.): Renaissance der Gemeinschaft? Stabile Theorie und neue Theoreme. Berlin 1990, S. 9-16.

Schlüter, Dietrich: Art. ›Aseität‹. In: Ritter, Joachim (Hg.): Historisches Wörterbuch der Philosophie. Bd. 1: A-C. Basel 1971, Spp. 537-538.

Schmid Noerr, Gunzelin: Bloch und Adorno – bildhafte und bilderlose Utopie. In: Zeitschrift für kritische Theorie 7 (2001), H. 13, S. 25-55.

Schmid, Hans Bernhard/Schweikard, David P.: Einleitung: Kollektive Intentionalität. Begriff, Geschichte, Probleme. In: dies. (Hg.): Kollektive Intentionalität. Eine Debatte über die Grundlagen des Sozialen. Frankfurt a.M. 2009, S. 11-65.

Schmid, Hans Bernhard/Schweikard, David P.: Einführung (I). In: dies. (Hg.): Kollektive Intentionalität. Eine Debatte über die Grundlagen des Sozialen. Frankfurt a.M. 2009, S. 69-71.

Schmid, Hans Bernhard/Schweikard, David P.: Einführung (II). In: dies. (Hg.): Kollektive Intentionalität. Eine Debatte über die Grundlagen des Sozialen. Frankfurt a.M. 2009, S. 227-229.

Schmid, Hans Bernhard/Schweikard, David P.: Art. ›Collective Intentionality‹. In: Zalta, Edward N. (Hg.): The Stanford Encyclopedia of Philosophy (Summer 2013 Edition), o. S. Abrufbar unter: <https://plato.stanford.edu/archives/sum2013/entries/collective-intentionality/> (Zugriff am 29.1.2022).

Schmid, Hans Bernhard: Art. ›Intentionalität, kollektive‹. In: Gosepath, Stefan/Hinsch, Wilfried/Rössler, Beate (Hg.): Handbuch der Politischen Philosophie und Sozialphilosophie. Bd. 1. A-M. Berlin 2008, S. 560-564.

Schmid, Hans Bernhard: Wir-Intentionalität. Kritik des ontologischen Individualismus und Rekonstruktion der Gemeinschaft. 2. Aufl. als Studienausgabe. Freiburg i.Br. 2012.

Schmidt-Lux, Thomas: Architektursoziologie [Rezension von Heike Delitz: Gebaute Gesellschaft. Architektur als Medium des Sozialen; Peter Trebsche/Nils Müller-Scheeßel/Sabine Reinhold (Hg.): Der gebaute Raum. Bausteine einer Architektursoziologie vormoderner Gesellschaften]. In: Soziologische Revue 35 (2012), S. 63-69.

Schmitt, Carl: Die geistesgeschichtliche Lage des heutigen Parlamentarismus [1923]. 2. Aufl. München, Leipzig 1926.

Schmitt, Carl: Staat, Bewegung, Volk. Die Dreigliederung der politischen Einheit. Hamburg 1933.

Schmitt, Carl: Der Gegensatz von Gemeinschaft und Gesellschaft als Beispiel einer zweigliedrigen Unterscheidung. Betrachtungen zur Struktur und zum Schicksal solcher Antithesen. In: Estudios Juridico-Sociales. Homenaje al Profesor Luis Legaz y Lacambra. Bd. 1. Santiago de Compostela 1960, S. 165-178.

Schmitt, Carl: Der Begriff des Politischen. Text von 1932 mit einem Vorwort und drei Corollarien. Berlin 1963.

Schmitt, Carl: Verfassungslehre [1928]. 5. Aufl. Berlin 1970.

Schmitt, Carl: Politische Theologie. Vier Kapitel zur Lehre von der Souveränität [1922]. 7. Aufl. Berlin 1996.

Schmitz, Heinz-Gerd: Die politische und die soziale Differenz. Überlegungen im Ausgang von Carl Schmitt, Chantal Mouffe, Paul Ricœur und Jacques Rancière. In: Archiv für Rechts- und Sozialphilosophie 96 (2010), H. 2, S. 166-181.

Schmitz, Heinz-Gerd: Die Textur des Sozialen. Schlüsselbegriffe einer Philosophie der
Gesellschaft. Stuttgart 2012.

Schnell, Angelika: The Mirror Stage in the Stadium. Medial Spaces of Television and
Architecture. In: Frank, Sybille/Steets, Silke (Hg.): Stadium Worlds. Football, space
and the built environment. London, New York 2010, S. 98-113.

Schölderle, Thomas: Utopia und Utopie. Thomas Morus, die Geschichte der Utopie und
die Kontroverse um ihren Begriff. Baden-Baden 2011.

Schollmeyer, Patrick: Handbuch der antiken Architektur. Darmstadt 2013.

Schroer, Markus: Vermischen, Vermitteln, Vernetzen. Bruno Latours Soziologie der Gemenge und Gemische im Kontext. In: ders./Kneer, Georg/Schüttpelz, Erhard (Hg.):
Bruno Latours Kollektive. Kontroversen zur Entgrenzung des Sozialen. Frankfurt
a.M. 2008, S. 361-398.

Schroer, Markus: Materielle Formen des Sozialen. Die ›Architektur der Gesellschaft‹
aus Sicht der sozialen Morphologie. In: Fischer, Joachim/Delitz, Heike (Hg.): Die
Architektur der Gesellschaft. Theorien für die Architektursoziologie. Bielefeld 2009,
S. 19-48.

Schwarte, Ludger: Philosophie der Architektur. München 2009.

Schwarte, Ludger: Befreiung – eine architektonische Aufgabe? In: Lorey, Isabell/Nigro,
Roberto/Raunig, Gerald (Hg.): Inventionen 2. Exodus. Reale Demokratie. Imma-
nenz. Territorium. Maßlose Differenz. Biopolitik. Kognitives Kapital. Zürich 2012,
S. 83-97.

Schwarte, Ludger: Vom Urteilen. Gesetzlosigkeit, Geschmack, Gerechtigkeit. Berlin
2012.

Schwarte, Ludger: The City – A Popular Assembly. In: Zeitschrift für Medien- und Kulturforschung 5 (2014), H. 1, S. 73-83.

Schwarte, Ludger: Einen Anfang bauen. Aufgaben der Architekturphilosophie. In: Hauser, Susanne/Weber, Julia (Hg.): Architektur in transdisziplinärer Perspektive. Von
Philosophie bis Tanz. Aktuelle Zugänge und Positionen. Bielefeld 2015, S. 97-121.

Schwarte, Ludger: Gründen und Abreißen. Der Platz der Architektur im System der Philosophie. In: ders./Gleiter, Jörg H. (Hg.): Architektur und Philosophie. Grundlagen.
Standpunkte. Perspektiven. Bielefeld 2015, S. 21-38.

Schwarte, Ludger: Radikale Sensibilität. Cornelius Castoriadis und die Begründung der
Demokratie. In: Liebsch, Burkhard (Hg.): Sensibilität der Gegenwart. Wahrnehmung, Ethik und politische Sensibilisierung im Kontext westlicher Gewaltgeschichte. Sonderheft 17 der Zeitschrift für Ästhetik und Allgemeine Kunstwissenschaft.
Hamburg 2018, S. 305-322.

Schweikard, David P.: Der Mythos des Singulären. Eine Untersuchung der Struktur kollektiven Handelns. Paderborn 2011.

Schweikard, David P.: Die Sozialität intentionaler Einstellungen. In: Mertens, Karl/
Müller, Jörn (Hg.): Die Dimension des Sozialen. Neue philosophische Zugänge zu
Fühlen, Wollen und Handeln. Berlin, Boston 2014, S. 245-259.

Searle, John R[ogers]: Sprechakte. Ein sprachphilosophischer Essay. Frankfurt a.M. 1974.

Searle, John R[ogers]: Intentionalität. Eine Abhandlung zur Philosophie des Geistes. Frankfurt a.M. 1987.

Searle, John R[ogers]: Responses to Critics of The Construction of Social Reality. In: Philosophy and Phenomenological Research 57 (1997), H. 2, S. 449-458.

Searle, John R[ogers]: Social Ontology and the Philosophy of Society. In: Analyse und Kritik 20 (1998), H. 2, S. 143-158.

Searle, John R[ogers]: Social Ontology and Political Power. In: Schmitt, Frederick F[rancis] (Hg.): Socializing Metaphysics. The Nature of Social Reality. Lanham u.a. 2003, S. 195-210.

Searle, John R[ogers]: Geist, Sprache und Gesellschaft. Philosophie in der wirklichen Welt. Frankfurt a.M. 2004.

Searle, John R[ogers]: Kollektive Absichten und Handlungen. In: Schmid, Hans Bernhard/Schweikard, David P. (Hg.): Kollektive Intentionalität. Eine Debatte über die Grundlagen des Sozialen. Frankfurt a.M. 2009, S. 99-118.

Searle, John R[ogers]: Einige Grundprinzipien der Sozialontologie. In: Schmid, Hans Bernhard/Schweikard, David P. (Hg.): Kollektive Intentionalität. Eine Debatte über die Grundlagen des Sozialen. Frankfurt a.M. 2009, S. 504-533.

Searle, John R[ogers]: Die Konstruktion der gesellschaftlichen Wirklichkeit. Zur Ontologie sozialer Tatsachen. Frankfurt a.M. 2011.

Searle, John R[ogers]: Wie wir die soziale Welt machen. Die Struktur der menschlichen Zivilisation. Berlin 2012.

Seel, Martin: Die Resistenz des Radiergummis. In: ders.: Vom Handwerk der Philosophie. 44 Kolumnen. München, Wien 2001, S. 40-42.

Sell, Madlen/Küchenhoff, Joachim: ›In Stücke zerrissen‹: Der fragmentierte Körper. Phantasma, Lustobjekt und Erkenntnisparadigma. In: Psyche. Zeitschrift für Psychoanalyse und ihre Anwendungen 69 (2015), H. 11, S. 1007-1032.

Sellars, Wilfrid: Science and Metaphysics. Variations on Kantian Themes. London 1968.

Sellars, Wilfrid: On Knowing the Better and Doing the Worse. In: ders.: Essays in Philosophy and Its History. Dordrecht, Boston 1974, S. 27-43.

Sellars, Wilfrid: On Reasoning about Values. In: American Philosophical Quarterly 17 (1980), H. 2, S. 81-101.

Sennett, Richard: Der flexible Mensch. Die Kultur des neuen Kapitalismus. 6. Aufl. Berlin 2000.

Seyfert, Robert: Cornelius Castoriadis: Institution, Macht, Politik. In: Bröckling, Ulrich/Feustel, Robert (Hg.): Das Politische denken. Zeitgenössische Positionen. Bielefeld 2010, S. 253-272.

Simmel, Georg: Soziologie. Untersuchungen über die Formen der Vergesellschaftung [1908]. In: ders.: Gesamtausgabe. Bd. 11 (Hg. Rammstedt, Otthein). Frankfurt a.M. 1992, S. 7-875.

Simmel, Georg: Über räumliche Projektionen sozialer Formen. In: ders.: Gesamtausgabe. Bd. 7. Aufsätze und Abhandlungen 1901-1908. Bd. 1 (Hg. Kramme, Rüdiger/Rammstedt, Angela/Rammstedt, Otthein). Frankfurt a.M. 1995, S. 201-220.

Skudlarek, Jan: Relationale Intentionalität. Eine sozialontologische Untersuchung gemeinsamer Absichten. Diss. (Westfälische Wilhelms-Universität) Münster 2014.

Sloterdijk, Peter: Schäume. Sphären. Plurale Sphärologie. Bd. 3. Frankfurt a.M. 2004.

Smerick, Christina: Art. ›Monotheism‹. In: Gratton, Peter/Morin, Marie-Eve (Hg.): The Nancy Dictionary. Edinburgh 2015, S. 160-162.

Smith, Barry: Acta Cum Fundamentis in Re. In: Dialectica 38 (1984), H. 2/3, S. 157-178.

Smith, Jason E.: Nancy, Justice and Communist Politics. In: Hutchens, Benjamin C. (Hg.): Jean-Luc Nancy. Justice, Legality and World. London, New York 2012, S. 186-203.

Smith, Jason E.: ›A Struggle between Two Infinities‹: Jean-Luc Nancy on Marx's Revolution and Ours. In: Dejanovic, Sanja (Hg.): Nancy and the Political. Edinburgh 2015, S. 272-289.

Smith, Jason E.: Art. ›Animal‹. In: Gratton, Peter/Morin, Marie-Eve (Hg.): The Nancy Dictionary. Edinburgh 2015, S. 21-22.

Smith, Jason E.: Art. ›Community‹. In: Gratton, Peter/Morin, Marie-Eve (Hg.): The Nancy Dictionary. Edinburgh 2015, S. 49-52.

Smith, Jason E.: Art. ›Power‹. In: Gratton, Peter/Morin, Marie-Eve (Hg.): The Nancy Dictionary. Edinburgh 2015, S. 188-190.

Smith, Karl E.: Art. ›Psyche‹. In: Adams, Suzi (Hg.): Cornelius Castoriadis. Key Concepts. London, New York 2014, S. 75-87.

Smith, Karl E.: Art. ›Modernity‹. In: Adams, Suzi (Hg.): Cornelius Castoriadis. Key Concepts. London, New York 2014, S. 179-190.

Spaemann, Robert: Zur Vorgeschichte von Rousseaus Naturbegriff. In: ders.: Rousseau – Bürger ohne Vaterland. Von der Polis zur Natur. München 1980, S. 57-77.

Spitta, Juliane: Gemeinschaft jenseits von Identität? Über die paradoxe Renaissance einer politischen Idee. Bielefeld 2013.

Spivak, Gayatri Chakravorty: Il faut s'y prendre en s'en prenant à elles. In: Nancy, Jean-Luc/Lacoue-Labarthe, Philippe (Hg.): Les fins de l'homme. À partir du travail de Jacques Derrida. Colloque de Cerisy 23 juillet-2 août 1980. Paris 1981, S. 505-516 (Vortragstext u. Diskussion).

Spivak, Gayatri Chakravorty: Foundations and Cultural Studies. In: Silverman, Hugh J. (Hg.): Questioning Foundations. Truth/Subjectivity/Culture. New York, London 1993, S. 153-175.

Stäheli, Urs: Die politische Theorie der Hegemonie: Ernesto Laclau und Chantal Mouffe. In: Brodocz, André/Schaal, Gary S[tuart] (Hg.): Politische Theorien der Gegenwart II. Eine Einführung. Opladen 2001, S. 193-223.

Starobinski, Jean: Rousseaus Anklage der Gesellschaft. Konstanz 1977.

Starobinski, Jean: Rousseau. Eine Welt von Widerständen [1971]. Frankfurt a.M. 2003.

Stavrakakis, Yannis: Lacan and the Political. London, New York 1999.

Stavrakakis, Yannis: The Lacanian Left. Psychoanalysis, Theory, Politics. Edinburgh 2007.

Steets, Silke: Der sinnhafte Aufbau der gebauten Welt. Eine Architektursoziologie. Berlin 2015.

Steiner, George: Martin Heidegger. Eine Einführung. München, Wien 1989.

Steinmann, Michael: Martin Heideggers ›Sein und Zeit‹. Darmstadt 2010.

Stoellger, Philipp: Mit-Teilung und Mit-Sein: Gemeinschaft aus ›Neigung‹ zum Anderen. Zu Nancys Dekonstruktion der Gemeinschaft. In: Bippus, Elke/Huber, Jörg/Richter, Dorothee (Hg.): ›Mit-Sein‹. Gemeinschaft – ontologische und politische Perspektivierungen. Zürich, Wien, New York 2010, S. 45-64.

Stoutland, Frederick: [Rezension von] Michael E. Bratman: Faces of Intention: Selected Essays on Intention and Agency. In: Philosophy and Phenomenological Research 65 (2002), H. 1, S. 238-241.

Stoutland, Frederick: Warum sind Handlungstheoretiker so antisozial? In: Schmid, Hans Bernhard/Schweikard, David P. (Hg.): Kollektive Intentionalität. Eine Debatte über die Grundlagen des Sozialen. Frankfurt a.M. 2009, S. 266-300.

Straume, Ingerid S.: A common world? Arendt, Castoriadis and political creation. In: European Journal of Social Theory 15 (2012), H. 3, S. 367-383.

Straume, Ingerid S.: Art. ›Paideia‹. In: Adams, Suzi (Hg.): Cornelius Castoriadis. Key Concepts. London, New York 2014, S. 143-153.

Straume, Ingerid S.: Art. ›Democracy‹. In: Adams, Suzi (Hg.): Cornelius Castoriadis. Key Concepts. London, New York 2014, S. 191-204.

Strauss, Leo: Naturrecht und Geschichte. Frankfurt a.M. 1977.

Strecker, David/Schaal, Gary S[tuart]: Die politische Theorie der Deliberation: Jürgen Habermas. In: Brodocz, André/Schaal, Gary S[tuart] (Hg.): Politische Theorien der Gegenwart II. Eine Einführung. Opladen 2001, S. 89-128.

Süss, Rahel Sophia: Kollektive Handlungsfähigkeit. Gramsci – Holzkamp – Laclau/Mouffe. Wien, Berlin 2015.

Tarkiainen, Tuttu: Die athenische Demokratie. München 1972.

Tassis, Theofanis: Cornelius Castoriadis: Eine Disposition der Philosophie. Diss. (Freie Universität Berlin). Berlin 2007.

Taubes, Jacob: Brief an Armin Mohler [vom 14. Februar 1952]. In: ders.: Ad Carl Schmitt. Gegenstrebige Fügung (Hg. Gente, Peter). Berlin 1987, S. 31-35.

Taylor, Charles: Introduction. In: ders.: Human Agency and Language. Philosophical papers I. Cambridge u.a. 1985, S. 1-12.

Taylor, Charles: Atomismus. In: Brink, Bert van den/Reijen, Willem van (Hg.): Bürgergesellschaft, Recht und Demokratie. Frankfurt a.M. 1995, S. 73-106.

Taylor, Mark Lewis: Art. ›Immanence‹. In: Gratton, Peter/Morin, Marie-Eve (Hg.): The Nancy Dictionary. Edinburgh 2015, S. 115-117.

Taylor, Mark Lewis: Art. ›Onto-Theology‹. In: Gratton, Peter/Morin, Marie-Eve (Hg.): The Nancy Dictionary. Edinburgh 2015, S. 171-173.

Taylor, Mark Lewis: Art. ›Transimmanence‹. In: Gratton, Peter/Morin, Marie-Eve (Hg.): The Nancy Dictionary. Edinburgh 2015, S. 232-234.

Theunissen, Michael: Der Andere. Studien zur Sozialontologie der Gegenwart. 2., um eine Vorrede erw. Aufl. Berlin 1977.

Thies, Christian: Michael Tomasello und die philosophische Anthropologie. In: Philosophische Rundschau 64 (2017), H. 2, S. 107-121.

Thomä, Dieter: Die Zeit des Selbst und die Zeit danach. Zur Kritik der Textgeschichte Martin Heideggers 1910-1976. Frankfurt a.M. 1990.

Thomä, Dieter: Was heißt ›Verantwortung des Denkens‹? Systematische Überlegungen mit Berücksichtigung Martin Heideggers. In: Deutsche Zeitschrift für Philosophie 45 (1997), H. 4, S. 559-572.

Tocqueville, Alexis de: Über die Demokratie in Amerika [1835/40] (Ausgew. u. hg. von Mayer, Jacob Peter). Stuttgart 1990.

Tomasello, Michael et al.: Understanding and sharing intentions: The origins of cultural cognition. In: Behavioral and Brain Sciences 28 (2005), H. 5, S. 675-735 (Aufsatz, Kommentar/Diskussion u. Literaturverzeichnis).

Tomasello, Michael: Die kulturelle Entwicklung des menschlichen Denkens. Zur Evolution der Kognition. Frankfurt a.M. 2006.

Tomasello, Michael/Rakoczy, Hannes: Was macht menschliche Erkenntnis einzigartig? Von individueller über geteilte zu kollektiver Intentionalität. In: Schmid, Hans Bernhard/Schweikard, David P. (Hg.): Kollektive Intentionalität. Eine Debatte über die Grundlagen des Sozialen. Frankfurt a.M. 2009, S. 697-737.

Tomasello, Michael: Warum wir kooperieren. 2. Aufl. Berlin 2012.

Tönnies, Ferdinand: Zur Einleitung in die Soziologie. In: ders.: Soziologische Studien und Kritiken. Erste Sammlung. Jena 1925, S. 65-74.

Tönnies, Ferdinand: Eugenik. In: ders.: Soziologische Studien und Kritiken. Erste Sammlung. Jena 1925, S. 334-349.

Tönnies, Ferdinand: Gemeinschaft und Individuum. In: ders.: Soziologische Studien und Kritiken. Zweite Sammlung. Jena 1926, S. 200-208.

Tönnies, Ferdinand: Der Begriff der Gemeinschaft. In: ders.: Soziologische Studien und Kritiken. Zweite Sammlung. Jena 1926, S. 266-276.

Tönnies, Ferdinand: Die Entstehung meiner Begriffe Gemeinschaft und Gesellschaft. In: Kölner Zeitschrift für Soziologie und Sozialpsychologie 7 (1955), H. 3, S. 463-467.

Tönnies, Ferdinand: Gemeinschaft und Gesellschaft. Grundbegriffe der reinen Soziologie [1887]. Fotomechan. Nachdr. der 8., verb. Aufl. 1935. Darmstadt 1963.

Torfing, Jacob: New Theories of Discourse. Laclau, Mouffe and Žižek. Oxford, Malden 1999.

Trautmann, Felix: Partage. Zur Figurierung politischer Zugehörigkeit in der Moderne. Marburg 2010.

Trautmann, Felix: Enteignung des Ursprungs. Philippe Lacoue-Labarthe und Jean-Luc Nancy als Leser Rousseaus. In: Heil, Reinhard/Hetzel, Andreas/Hommrich, Dirk (Hg.): Unbedingte Demokratie. Fragen an die Klassiker neuzeitlichen politischen Denkens. Baden-Baden 2011, S. 95-117.

Trautmann, Felix: Nichtmitmachen. Zur Negativität der Gemeinschaft. In: Liebsch, Burkhard/Hetzel, Andreas/Sepp, Hans Rainer (Hg.): Profile negativistischer Sozialphilosophie. Ein Kompendium. Berlin 2011, S. 181-199.

Trawny, Peter: Heidegger and the Question of Community [Unveröffentlichter Vortrag bei dem Symposium ›To Koinon – Heidegger and the Political‹ an der Södertörns Högskola in Stockholm vom 13.-14.04.2011], S. 1-12.

Tuomela, Raimo/Miller, Kaarlo: We-Intentions. In: Philosophical Studies 53 (1988), H. 3, S. 367-389.

Tuomela, Raimo/Miller, Kaarlo: Wir-Absichten. In: Schmid, Hans Bernhard/ Schweikard, David P. (Hg.): Kollektive Intentionalität. Eine Debatte über die Grundlagen des Sozialen. Frankfurt a.M. 2009, S. 72-98.

Tuomela, Raimo: A Theory of Social Action. Dordrecht 1984.

Tuomela, Raimo: We Will Do It: An Analysis of Group-Intentions. In: Philosophy and Phenomenological Research 51 (1991), H. 2, S. 249-277.

Tuomela, Raimo: The Importance of Us. A Philosophical Study of Basic Social Notions. Stanford 1995.

Tuomela, Raimo: The Philosophy of Social Practices. A Collective Acceptance View. Cambridge u.a. 2002.

Tuomela, Raimo: The We-Mode and the I-Mode. In: Schmitt, Frederick F[rancis] (Hg.): Socializing Metaphysics. The Nature of Social Reality. Lanham u.a. 2003, S. 93-127.

Tuomela, Raimo: We-Intentions revisited. In: Philosophical Studies 125 (2005), H. 3, S. 327-369.

Tuomela, Raimo: The Philosophy of Sociality. The Shared Point of View. Oxford u.a. 2007.

Tuomela, Raimo: Collective Intentionality and Group Reasons. In: Schmid, Hans Bernhard/Schulte-Ostermann, Katinka/Psarros, Nikos (Hg.): Concepts of Sharedness. Essays on Collective Intentionality. Frankfurt a.M. u.a. 2008, S. 3-19.

Urribarri, Fernando: Castoriadis: The Radical Imagination and the Post-Lacanian Unconscious. In: Thesis Eleven (71) 2002, H. 1, S. 40-51.

Velleman, J[ames] David: Wie man eine Absicht teilt. In: Schmid, Hans Bernhard/ Schweikard, David P. (Hg.): Kollektive Intentionalität. Eine Debatte über die Grundlagen des Sozialen. Frankfurt a.M. 2009, S. 301-332.

Vernant, Jean-Pierre: Die Entstehung des griechischen Denkens. Frankfurt a.M. 1982.

Virno, Paolo: Grammatik der Multitude. Untersuchungen zu gegenwärtigen Lebensformen. Berlin 2005.

Vogl, Joseph (Hg.): Gemeinschaften. Positionen zu einer Philosophie des Politischen. Frankfurt a.M. 1994.

Vogl, Joseph: Einleitung. In: ders. (Hg.): Gemeinschaften. Positionen zu einer Philosophie des Politischen. Frankfurt a.M. 1994, S. 7-27.

Vogl, Joseph: Asyl des Politischen. Zur Topologie politischer Gelegenheiten. In: Hebekus, Uwe/Matala de Mazza, Ethel/Koschorke, Albrecht (Hg.): Das Politische. Figurenlehren des sozialen Körpers nach der Romantik. München 2003, S. 23-38.

Vollrath, Ernst: Politik und Metaphysik. Zum politischen Denken Hannah Arendts. In: Zeitschrift für Politik (Neue Folge) 18 (1971), H. 3, S. 205-232.

Vollrath, Ernst: Hannah Arendt: A German-American Jewess Views the United States – and Looks Back to Germany. In: Glaser-Schmidt, Elisabeth/Kielmansegg, Peter Graf/Mewes, Horst (Hg.): Hannah Arendt and Leo Strauss. German émigrés and American political thought after World War II. Cambridge u.a. 1995, S. 45-58.

Waal, Frans B[ernardus] M[aria] de: Identifying the motivations of chimpanzees: Culture and collaboration. In: Michael Tomasello et al.: Understanding and sharing intentions: The origins of cultural cognition. In: Behavioral and Brain Sciences 28 (2005), H. 5, S. 675-735 (Aufsatz, Kommentar/Diskussion u. Literaturverzeichnis), S. 704-705.

Waal, Frans B[ernardus] M[aria] de et al.: How chimpanzees cooperate in a competitive world. In: Proceedings of the National Academy of Sciences of the United States of America 113 (2016), H. 36, S. 10215-10220.

Wagner, Andreas: Jean-Luc Nancy: a negative politics? In: Philosophy and Social Criticism 32 (2006), H. 1, S. 89-109.

Waldberg, Patrick: Acéphalogramm. In: Mattheus, Bernd: Georges Bataille. Eine Thanatographie. Bd. III. München 1995, S. 357-366.

Waldenfels, Bernhard: Comment on John Searle's The Construction of Social Reality. In: Analyse und Kritik 20 (1998), H. 2, S. 159-165.

Waldenfels, Bernhard: Sozialontologie auf sozialbiologischer Basis. Searles Konstruktion der gesellschaftlichen Wirklichkeit [Rezension von John R. Searle: Die Konstruktion der gesellschaftlichen Wirklichkeit. Zur Ontologie sozialer Tatsachen]. In: Philosophische Rundschau 45 (1998), H. 2, S. 97-112.

Waldenfels, Bernhard: Transformationen der Erfahrung. In: ders.: Sozialität und Alterität. Modi sozialer Erfahrung. Berlin 2015, S. 262-292.

Waldenfels, Bernhard: Cornelius Castoriadis: Revolutionäre Praxis und ontologische Kreation. In: ders.: Sozialität und Alterität. Modi sozialer Erfahrung. Berlin 2015, S. 386-408.

Wall, Illan: Art. ›Politics/The Political (La/Le Politique)‹. In: Gratton, Peter/Morin, Marie-Eve (Hg.): The Nancy Dictionary. Edinburgh 2015, S. 184-186.

Walzer, Michael: Die kommunitaristische Kritik am Liberalismus. In: Honneth, Axel (Hg.): Kommunitarismus. Eine Debatte über die moralischen Grundlagen moderner Gesellschaften. Frankfurt a.M., New York 1993, S. 157-180.

Watkin, Christopher: A Different Alterity: Jean-Luc Nancy's ›Singular Plural‹. In Paragraph 30 (2007), H. 2, S. 50-64.

Watkin, Christopher: Being Just? Ontology and Incommensurability in Nancy's Notion of Justice. In: Hutchens, Benjamin C. (Hg.): Jean-Luc Nancy. Justice, Legality and World. London, New York 2012, S. 19-34.

Watkin, Chris[topher]: Art. ›Christianity‹. In: Gratton, Peter/Morin, Marie-Eve (Hg.): The Nancy Dictionary. Edinburgh 2015, S. 44-48.

Weber, Max: Politik als Beruf. In: ders.: Studienausgabe der Max Weber-Gesamtausgabe. Bd. I/17. Wissenschaft als Beruf 1917/1919. Politik als Beruf 1919 (Hg. Mommsen, Wolfgang J[ustin]/Schluchter, Wolfgang). Tübingen 1994, S. 35-88.

Weber, Max: Die Stadt [1921]. Studienausgabe der Max Weber-Gesamtausgabe. Bd. I/22-5. Wirtschaft und Gesellschaft. Die Wirtschaft und die gesellschaftlichen Ordnungen und Mächte. Nachlaß. Teilband 5. Die Stadt (Hg. Nippel, Wilfried). Tübingen 2000.

Weber, Max: Wirtschaft und Gesellschaft. Soziologie. Unvollendet. 1910-1920. Studienausgabe der Max Weber-Gesamtausgabe. Bd. I/23 (Hg. Borchardt, Knut/Hanke, Edith/Schluchter, Wolfgang). Tübingen 2014.

Weerdt, Mona De: Schwarmdynamik und soziales Miteinander. Zur ›improvisierten Choreographie‹ You've Changed von Thomas Hauert und der Kompanie ZOO. In: ALL-OVER. Magazin für Kunst und Ästhetik 6 (2014), S. 4-12 (PDF-Version). Abrufbar unter: <https://allover-magazin.com/wp-content/uploads/2014/03/AO_06_GES AMT.pdf> (Zugriff am 29.1.2022).

Weingrad, Michael: The College of Sociology and the Institute of Social Research. In: New German Critique 84 (2001), S. 129-161.

Welsch, Wolfgang: Einleitung. In: ders. (Hg.): Wege aus der Moderne. Schlüsseltexte der Postmoderne-Diskussion. Weinheim 1988, S. 1-43.

Welsch, Wolfgang: Just what is it that makes homo sapiens so different, so appealing? In: Deutsche Zeitschrift für Philosophie 55 (2007), H. 5, S. 751-760.

Welsch, Wolfgang: Immer nur der Mensch? Entwürfe zu einer anderen Anthropologie. Berlin 2011.

Wesser, Ulrich: Heteronomien des Sozialen. Sozialontologie zwischen Sozialphilosophie und Soziologie. Wiesbaden 2011.

Wetzel, Dietmar J[ürgen]: Diskurse des Politischen. Zwischen Re- und Dekonstruktion. München 2003.

Wetzel, Dietmar J[ürgen]: Gemeinschaft. Vom Unteilbaren des geteilten Miteinanders. In: Moebius, Stephan/Reckwitz, Andreas (Hg.): Poststrukturalistische Sozialwissenschaften. Frankfurt a.M. 2008, S. 43-57.

Whitebook, Joel: Requiem for a Selbstdenker: Cornelius Castoriadis (1922-1997). In: Constellations 5 (1998), H. 2, S. 141-160.

Wild, Markus: Tierphilosophie zur Einführung. 3., korrig. Aufl. Hamburg 2013.

Wildt, Michael: Volk, Volksgemeinschaft, AfD. 2., aktual. Aufl. Hamburg 2017.

Winch, Peter: Die Idee der Sozialwissenschaft und ihr Verhältnis zur Philosophie. Frankfurt a.M. 1966.

Winkel, Camiel van: Tanz, Disziplin, Dichte und Tod. Die Masse im Stadion. In: Marschik, Matthias et al. (Hg.): Das Stadion. Geschichte, Architektur, Politik, Ökonomie. Wien 2005, S. 229-257.

Wittgenstein, Ludwig: Tractatus logico-philosophicus [1921]. In: ders.: Werkausgabe. Bd. 1. Tractatus logico-philosophicus. Tagebücher 1914-1916. Philosophische Untersuchungen. Frankfurt a.M. 1984, S. 7-85.

Wittgenstein, Ludwig: Philosophische Untersuchungen [1953]. In: ders.: Werkausgabe. Bd. 1. Tractatus logico-philosophicus. Tagebücher 1914-1916. Philosophische Untersuchungen. Frankfurt a.M. 1984, S. 225-580.

Wolf, Harald: Vorwort. In: Castoriadis, Cornelius: Ausgewählte Schriften. Bd. 2.1. Vom Sozialismus zur autonomen Gesellschaft. Über den Inhalt des Sozialismus (Hg. Halfbrodt, Michael/Wolf, Harald). Lich 2007, S. 7-18.

Wolf, Harald: Das Richtige zur falschen Zeit – zur Schöpfung des Imaginären bei Castoriadis. In: ders. (Hg.): Das Imaginäre im Sozialen. Zur Sozialtheorie von Cornelius Castoriadis. Göttingen 2012, S. 63-81.

Wulf, Christoph: Einführung: Wozu dienen Tiere? Zur Anthropologie der Tiere. In: Böhme, Hartmut et al. (Hg.): Tiere. Eine andere Anthropologie. Köln, Weimar, Wien 2004, S. 161-167.

Woznicki, Krystian: Wer hat Angst vor Gemeinschaft? Ein Dialog mit Jean-Luc Nancy. Berlin 2009.

Zerilli, Linda M[arie] G[elsomina]: Castoriadis, Arendt, and the Problem of the New. In: Constellations 9 (2002), H. 4, S. 540-553.

Žižek, Slavoj: Jenseits der Diskursanalyse. In: Marchart, Oliver (Hg.): Das Undarstellbare der Politik. Zur Hegemonietheorie Ernesto Laclaus. Wien 1998, S. 123-131.

Žižek, Slavoj: Die Tücke des Subjekts. Frankfurt a.M. 2010.

Philosophie

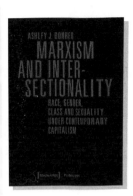

Ashley J. Bohrer
Marxism and Intersectionality
Race, Gender, Class and Sexuality
under Contemporary Capitalism

2019, 280 p., pb.
29,99 € (DE), 978-3-8376-4160-8
E-Book:
PDF: 26,99 € (DE), ISBN 978-3-8394-4160-2

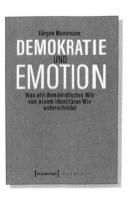

Jürgen Manemann
Demokratie und Emotion
Was ein demokratisches Wir
von einem identitären Wir unterscheidet

2019, 126 S., kart.
17,99 € (DE), 978-3-8376-4979-6
E-Book:
PDF: 15,99 € (DE), ISBN 978-3-8394-4979-0

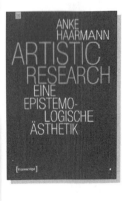

Anke Haarmann
Artistic Research
Eine epistemologische Ästhetik

2019, 318 S., kart., Dispersionsbindung
34,99 € (DE), 978-3-8376-4636-8
E-Book:
PDF: 34,99 € (DE), ISBN 978-3-8394-4636-2
EPUB: 34,99 € (DE), ISBN 978-3-7328-4636-8

**Leseproben, weitere Informationen und Bestellmöglichkeiten
finden Sie unter www.transcript-verlag.de**

Philosophie

Die konvivialistische Internationale
Das zweite konvivialistische Manifest
Für eine post-neoliberale Welt

2020, 144 S., Klappbroschur, Dispersionsbindung
10,00 € (DE), 978-3-8376-5365-6
E-Book: kostenlos erhältlich als Open-Access-Publi
PDF: ISBN 978-3-8394-5365-0
ISBN 978-3-7328-5365-6

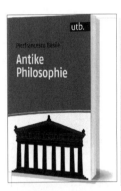

Pierfrancesco Basile
Antike Philosophie

September 2021, 180 S., kart., Dispersionsbindun
20,00 € (DE), 978-3-8376-5946-7
E-Book: kostenlos erhältlich als Open-Access-Publi
PDF: ISBN 978-3-8394-5946-1

Karl Hepfer
Verschwörungstheorien
Eine philosophische Kritik der Unvernunft

Juli 2021, 222 S., kart., Dispersionsbindung, 5 SW
25,00 € (DE), 978-3-8376-5931-3
E-Book:
PDF: 21,99 € (DE), ISBN 978-3-8394-5931-7

Leseproben, weitere Informationen und Bestellmöglichl
finden Sie unter www.transcript-verlag.de

Philosophie

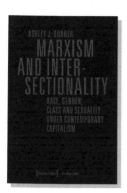

Ashley J. Bohrer
Marxism and Intersectionality
Race, Gender, Class and Sexuality
under Contemporary Capitalism

2019, 280 p., pb.
29,99 € (DE), 978-3-8376-4160-8
E-Book:
PDF: 26,99 € (DE), ISBN 978-3-8394-4160-2

Jürgen Manemann
Demokratie und Emotion
Was ein demokratisches Wir
von einem identitären Wir unterscheidet

2019, 126 S., kart.
17,99 € (DE), 978-3-8376-4979-6
E-Book:
PDF: 15,99 € (DE), ISBN 978-3-8394-4979-0

Anke Haarmann
Artistic Research
Eine epistemologische Ästhetik

2019, 318 S., kart., Dispersionsbindung
34,99 € (DE), 978-3-8376-4636-8
E-Book:
PDF: 34,99 € (DE), ISBN 978-3-8394-4636-2
EPUB: 34,99 € (DE), ISBN 978-3-7328-4636-8

Philosophie

Die konvivialistische Internationale
Das zweite konvivialistische Manifest
Für eine post-neoliberale Welt

2020, 144 S., Klappbroschur, Dispersionsbindung
10,00 € (DE), 978-3-8376-5365-6
E-Book: kostenlos erhältlich als Open-Access-Publikation
PDF: ISBN 978-3-8394-5365-0
ISBN 978-3-7328-5365-6

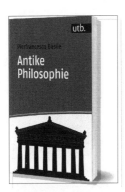

Pierfrancesco Basile
Antike Philosophie

September 2021, 180 S., kart., Dispersionsbindung
20,00 € (DE), 978-3-8376-5946-7
E-Book: kostenlos erhältlich als Open-Access-Publikation
PDF: ISBN 978-3-8394-5946-1

Karl Hepfer
Verschwörungstheorien
Eine philosophische Kritik der Unvernunft

Juli 2021, 222 S., kart., Dispersionsbindung, 5 SW-Abbildungen
25,00 € (DE), 978-3-8376-5931-3
E-Book:
PDF: 21,99 € (DE), ISBN 978-3-8394-5931-7

**Leseproben, weitere Informationen und Bestellmöglichkeiten
finden Sie unter www.transcript-verlag.de**